福建经济普查年鉴

Fujian Economic Census Yearbook

2008

第二产业卷

福建省人民政府第二次全国
经济普查领导小组办公室 编
福 建 省 统 计 局

中国统计出版社
China Statistics Press

（京）新登字 041 号

图书在版编目（CIP）数据

福建经济普查年鉴. 2008/ 福建省人民政府第二次全国经济普查领导小组办公室，福建省统计局编
—北京：中国统计出版社，2010.8
ISBN 978-7-5037-5984-0

I.①福… II.①福… ②福… III.①经济－普查－福建省-2008-年鉴 IV.①F127.45-54

中国版本图书馆 CIP 数据核字（2010）第 134733 号

福建经济普查年鉴— 2008（第二产业卷）

作　　者/福建省人民政府第二次全国经济普查领导小组办公室　福建省统计局
责任编辑/马　平
装帧设计/黄俊杰　李雪燕
出版发行/中国统计出版社
通信地址/北京市西城区月坛南街57号
邮政编码/100826
办公地址/北京市丰台区西三环南路甲6号
网　　址/www.stats.gov.cn/tjshujia
电　　话/邮购（010）63376907　书店（010）68783172
印　　刷/河北天普润印刷厂
经　　销/新华书店
开　　本/880×1230毫米　1/16
字　　数/1348千字
印　　张/43
版　　别/2010年8月第1版
版　　次/2010年8月第1次印刷
书　　号/ISBN 978-7-5037-5984-0/F・2926
定　　价/750. 00元（全三册 附光盘）

本书附同版光盘一张，内容以纸质图书为准。

编辑说明

国务院决定在2008年12月31日进行的第二次全国经济普查，是继第一次全国经济普查四年之后的一项重大国情国力调查。根据国务院统一部署，福建省开展了全国第二次经济普查。第二次全国经济普查时期资料为2008年度，普查对象是在我国境内从事第二产业和第三产业的全部法人单位、产业活动单位和个体经营户，以及有第二、三产业产业活动单位的第一产业法人。法人单位和产业活动单位采用全面调查方式，个体经营户进行全面清查 。

在国务院经济普查办公室和福建省委、省政府的领导下，经有关部门的密切配合和全省普查工作人员的共同努力，福建省第二次经济普查按照全国统一部署，结合福建省实际，精心组织，认真实施，取得了重大成果。《福建经济普查年鉴—2008》是此次普查系列成果之一，是一套全面反映福建省第二、三产业发展现状的大型综合资料书。

《福建经济普查年鉴—2008》把全省第二、三产业的23万多个法人单位、29万多个产业活动单位的基本信息及主要数据汇总加工于一套，从不同侧面、不同角度展示全省第二、三产业法人单位和产业活动单位的发展规模、结构及生产经营和效益状况等信息。各级党政领导、经济管理人员、大中专院校、科研机构和社会公众可以据此全面了解和掌握福建省第二、三产业的单位数量及其组织形式、经济成分构成、规模结构以及生产经营状况和地区分布、行业分布等情况。它真实、客观地反映福建省的省情省力，对研究制定福建省“十二五”国民经济和社会发展规划，优化产业结构，改进宏观调控，开拓新的就业渠道，转变经济发展方式，推进现代化建设进程，提高人民生活水平，建设海峡西岸经济区，全面建设小康社会具有极高的参考价值。

《经济普查年鉴—2008》全套书分为三卷，即综合卷、第二产业卷、第三产业卷，共计十四篇。为了便于历史对比，表式结构基本以2004年为基础，参照2008年第二次全国经济普查综合资料汇编表相应适当增减表式及指标、分组；分地区、分市县表按照行政区划码顺序编制；每篇目都相应编制2008与2004年主要指标对比情况表；统计分组按照惯例，组距采用含下限不含上限的归并原则；价值量绝对值指标以整数万元

为单位，不含小数点；表中“空格”表示该项统计指标数据不详或无该项数据；“#”表示其中项；全书的数据均未包括金门县和连江县的马祖列岛；本书综合卷与第二、三产业卷取数口径不同，数据略有差异；“福建省第二次经济普查主要数据公报”第一号、第二号、第三号中的数据为初步统计数，与本书出入时应以本书为准。由于编辑时间仓促，书中不足之处，敬请指正。

《福建经济普查年鉴—2008》编辑部

2010年5月

第二产业卷目录

第一篇　工业企业生产、效益状况

第二篇　规模以上工业企业生产、效益、能源消费状况

第三篇 规模以下工业生产效益状况

第四篇 规模以上工业企业科技活动情况

第五篇 建筑业企业生产经营及财务状况

第 1 篇

工业企业生产、效益状况

1-1　工业企业单位数、总产值、人数

项　　目	单位数 (个)	总产值 (万元)	年平均从业人数 (万人)
总　　计	**70216**	**164075975**	**491.57**
一、按隶属关系分			
中央	46	6758768	2.78
省	392	7831898	12.50
市	2154	6689470	16.61
县(市)	8904	8656045	31.94
街道、镇乡	5201	4209827	18.08
居(村)委会	2921	919805	6.98
其他	50598	129010161	402.67
二、按轻重工业分			
轻工业	35946	75436096	303.55
重工业	34270	88639879	188.02
三、按注册登记类型分			
内资企业	60712	83617948	278.24
国有企业	358	7512135	9.68
集体企业	3354	2211174	9.35
股份合作企业	1157	2394249	7.11
联营企业	230	987161	1.23
有限责任公司	4881	17883016	41.23
股份有限公司	871	5051199	10.56
私营企业	48143	47211430	196.34
其他企业	1718	367584	2.75
港澳台商投资企业	6044	42102582	131.53
外商投资企业	3460	38355444	81.80
四、按行业分			
煤炭开采和洗选业	280	1169631	5.78
烟煤和无烟煤的开采洗选	272	1166331	5.76
褐煤的开采洗选			
其他煤炭采选	8	3301	0.01
石油和天然气开采业			
天然原油和天然气开采			
与石油和天然气开采有关的服务活动			
黑色金属矿采选业	244	1285775	1.69
铁矿采选	215	1270929	1.60
其他黑色金属矿采选	29	14847	0.10
有色金属矿采选业	278	556303	1.30
常用有色金属矿采选	206	342544	0.79
贵金属矿采选	29	85486	0.28
稀有稀土金属矿采选	43	128273	0.23
非金属矿采选业	1637	915220	4.67
土砂石开采	1451	680152	3.50
化学矿采选	13	20769	0.08
采盐	23	12418	0.68
石棉及其他非金属矿采选	150	201882	0.41
其他采矿业	22	2505	0.02
其他采矿业	22	2505	0.02
农副食品加工业	3075	8225177	16.02
谷物磨制	342	796287	1.18
饲料加工	348	1275439	1.31
植物油加工	121	1753081	0.92
制糖	17	30412	0.21

注：本表分市县资料中，福州市包括省电力有限公司数据，其他设区市均不包括省电力有限公司拆分数。

1-1 续表 1

项　　目	单位数 (个)	总产值 (万元)	年平均从业人数 (万人)
屠宰及肉类加工	324	711899	1.91
水产品加工	934	2311241	5.85
蔬菜、水果和坚果加工	651	1019398	3.31
其他农副食品加工	338	327420	1.32
食品制造业	1840	3737539	11.47
焙烤食品制造	362	744030	2.50
糖果、巧克力及蜜饯制造	354	731461	2.58
方便食品制造	204	411624	1.27
液体乳及乳制品制造	25	149723	0.23
罐头制造	368	1078134	3.00
调味品、发酵制品制造	237	337833	0.97
其他食品制造	290	284736	0.93
饮料制造业	2458	2872820	9.19
酒精制造	4	4054	0.01
酒的制造	266	627314	1.46
软饮料制造	402	1174132	2.44
精制茶加工	1786	1067321	5.28
烟草制品业	7	1441503	0.42
烟叶复烤	3	23257	0.09
卷烟制造	3	1418246	0.32
其他烟草制品加工	1		
纺织业	2964	8572176	29.09
棉、化纤纺织及印染精加工	875	5039283	13.34
毛纺织和染整精加工	42	91785	0.32
麻纺织	8	4642	0.01
丝绢纺织及精加工	35	59087	0.15
纺织制成品制造	647	1266682	4.59
针织品、编织品及其制品制造	1357	2110696	10.67
纺织服装、鞋、帽制造业	4954	9713648	52.79
纺织服装制造	4536	9084043	48.16
纺织面料鞋的制造	393	617932	4.47
制帽	25	11672	0.17
皮革、毛皮、羽毛(绒)及其制品业	3141	11218701	63.32
皮革鞣制加工	173	718814	1.53
皮革制品制造	2906	10364541	61.52
毛皮鞣制及制品加工	14	18442	0.08
羽毛(绒)加工及制品制造	48	116905	0.19
木材加工及木、竹、藤、棕、草制品业	3634	3325147	16.16
锯材、木片加工	753	299278	1.77
人造板制造	955	1778417	6.39
木制品制造	756	574789	3.39
竹、藤、棕、草制品制造	1170	672663	4.60
家具制造业	1176	1788883	7.96
木质家具制造	744	826235	3.97
竹、藤家具制造	51	23312	0.17
金属家具制造	214	724409	2.81
塑料家具制造	24	37300	0.18
其他家具制造	143	177627	0.83
造纸及纸制品业	2263	4048640	12.58
纸浆制造	30	121707	0.33
造纸	561	1516743	3.94
纸制品制造	1672	2410192	8.31

1-1　续表 2

项　　目	单位数（个）	总产值（万元）	年平均从业人数（万人）
印刷业和记录媒介的复制	1820	1108008	5.47
印刷	1700	1031619	4.95
装订及其他印刷服务活动	114	60561	0.46
记录媒介的复制	6	15827	0.06
文教体育用品制造业	685	1431511	8.32
文化用品制造	147	216484	1.02
体育用品制造	313	943157	5.39
乐器制造	20	26741	0.21
玩具制造	196	232496	1.58
游艺器材及娱乐用品制造	9	12633	0.13
石油加工、炼焦及核燃料加工业	88	2105546	0.64
精炼石油产品的制造	82	2055498	0.59
炼焦	6	50049	0.05
核燃料加工			
化学原料及化学制品制造业	2318	5737830	10.64
基础化学原料制造	271	1023916	1.85
肥料制造	219	527307	1.40
农药制造	37	118068	0.22
涂料、油墨、颜料及类似产品制造	549	774750	1.56
合成材料制造	170	1737292	1.00
专用化学产品制造	659	1118383	2.55
日用化学产品制造	413	438115	2.06
医药制造业	306	1115312	2.49
化学药品原药制造	26	235620	0.32
化学药品制剂制造	50	325461	0.60
中药饮片加工	25	25997	0.08
中成药制造	68	270470	0.65
兽用药品制造	17	70541	0.16
生物、生化制品的制造	78	141943	0.50
卫生材料及医药用品制造	42	45279	0.17
化学纤维制造业	130	2386101	2.22
纤维素纤维原料及纤维制造	23	49800	0.14
合成纤维制造	107	2336301	2.08
橡胶制品业	829	2451960	8.60
轮胎制造	66	1019999	1.59
橡胶板、管、带的制造	68	55286	0.15
橡胶零件制造	118	121062	0.75
再生橡胶制造	30	52202	0.14
日用及医用橡胶制品制造	53	41900	0.24
橡胶靴鞋制造	343	1007373	4.92
其他橡胶制品制造	151	154138	0.80
塑料制品业	3544	6074570	22.10
塑料薄膜制造	354	951242	2.51
塑料板、管、型材的制造	271	766049	1.45
塑料丝、绳及编织品的制造	228	204458	0.85
泡沫塑料制造	281	273574	1.01
塑料人造革、合成革制造	103	581204	1.07
塑料包装箱及容器制造	270	189061	0.81

1-1 续表 3

项　　目	单位数 (个)	总产值 (万元)	年平均从业人数 (万人)
塑料零件制造	224	350649	1.39
日用塑料制造	1074	1923078	9.27
其他塑料制品制造	739	835257	3.74
非金属矿物制品业	8096	11306960	45.37
水泥、石灰和石膏的制造	463	1593170	3.70
水泥及石膏制品制造	569	965684	2.42
砖瓦、石材及其他建筑材料制造	5783	6754892	28.91
玻璃及玻璃制品制造	280	763210	1.91
陶瓷制品制造	752	975774	7.58
耐火材料制品制造	81	76378	0.25
石墨及其他非金属矿物制品制造	168	177852	0.60
黑色金属冶炼及压延加工业	429	7617926	5.73
炼铁	46	444540	0.49
炼钢	34	845405	0.73
钢压延加工	277	6059974	4.08
铁合金冶炼	72	268008	0.44
有色金属冶炼及压延加工业	344	3378870	3.43
常用有色金属冶炼	63	187383	0.21
贵金属冶炼	9	468755	0.32
稀有稀土金属冶炼	33	320835	0.24
有色金属合金制造	55	254378	0.37
有色金属压延加工	184	2147517	2.29
金属制品业	2857	4107371	12.64
结构性金属制品制造	984	1051064	3.12
金属工具制造	309	346183	1.08
集装箱及金属包装容器制造	125	874343	1.08
金属丝绳及其制品的制造	82	134950	0.37
建筑、安全用金属制品制造	426	800754	2.79
金属表面处理及热处理加工	202	150270	0.70
搪瓷制品制造	28	25503	0.12
不锈钢及类似日用金属制品制造	334	335851	1.77
其他金属制品制造	367	388454	1.61
通用设备制造业	2961	4864208	14.08
锅炉及原动机制造	72	127865	0.43
金属加工机械制造	383	309497	1.20
起重运输设备制造	107	455078	0.75
泵、阀门、压缩机及类似机械的制造	551	1198746	4.24
轴承、齿轮、传动和驱动部件的制造	197	519759	1.45
烘炉、熔炉及电炉制造	9	1269	0.01
风机、衡器、包装设备等通用设备制造	308	828290	1.40
通用零部件制造及机械修理	728	542953	2.24
金属铸、锻加工	606	880752	2.36
专用设备制造业	2084	3549045	9.11
矿山、冶金、建筑专用设备制造	331	1620080	2.30
化工、木材、非金属加工专用设备制造	738	508455	2.60
食品、饮料、烟草及饲料生产专用设备制造	69	41808	0.15
印刷、制药、日化生产专用设备制造	122	111403	0.59
纺织、服装和皮革工业专用设备制造	170	243013	0.89
电子和电工机械专用设备制造	146	114144	0.48
农、林、牧、渔专用机械制造	160	159850	0.62
医疗仪器设备及器械制造	97	190801	0.48
环保、社会公共安全及其他专用设备制造	251	559491	1.00

1-1　续表 4

项　　目	单位数（个）	总产值（万元）	年平均从业人数（万人）
交通运输设备制造业	2197	6821597	15.49
铁路运输设备制造	11	7537	0.05
汽车制造	1570	4328461	10.47
摩托车制造	220	449259	1.63
自行车制造	30	41606	0.23
船舶及浮动装置制造	335	1322798	2.50
航空航天器制造	9	664869	0.55
交通器材及其他交通运输设备制造	22	7067	0.05
电气机械及器材制造业	2167	7444928	19.19
电机制造	700	1840823	3.81
输配电及控制设备制造	531	1577170	3.62
电线、电缆、光缆及电工器材制造	216	833674	1.50
电池制造	140	1125920	2.12
家用电力器具制造	158	832278	2.89
非电力家用器具制造	47	110325	0.38
照明器具制造	297	1067479	4.52
其他电气机械及器材制造	78	57259	0.35
通信设备、计算机及其他电子设备制造业	1342	17374921	25.16
通信设备制造	184	1049543	2.45
雷达及配套设备制造	3	968	0.02
广播电视设备制造	41	135338	0.32
电子计算机制造	122	9075821	5.32
电子器件制造	246	3026922	4.84
电子元件制造	480	1996159	8.90
家用视听设备制造	83	1784873	2.37
其他电子设备制造	183	305298	0.95
仪器仪表及文化、办公用机械制造业	638	1554211	7.06
通用仪器仪表制造	150	178742	0.73
专用仪器仪表制造	72	148832	0.38
钟表与计时仪器制造	167	379382	1.51
光学仪器及眼镜制造	174	298876	2.40
文化、办公用机械制造	58	501912	1.79
其他仪器仪表的制造及修理	17	46468	0.25
工艺品及其他制造业	3388	4348057	27.71
工艺美术品制造	2524	2914973	19.70
日用杂品制造	590	1197265	6.68
煤制品制造	45	6564	0.04
核辐射加工	1	247	0.00
其他未列明的制造业	229	229008	1.30
废弃资源和废旧材料回收加工业	156	79233	0.27
金属废料和碎屑的加工处理	63	40641	0.12
非金属废料和碎屑的加工处理	93	38592	0.15
电力、热力的生产和供应业	5028	9840970	11.22
电力生产	4871	3661764	7.11
电力供应	143	6125859	4.02
热力生产和供应	14	53347	0.09
燃气生产和供应业	45	142502	0.23
燃气生产和供应业	45	142502	0.23

1-1 续表 5

项　　目	单位数 (个)	总产值 (万元)	年平均从业人数 (万人)
水的生产和供应业	790	360679	1.93
自来水的生产和供应	739	330462	1.83
污水处理及其再生利用	41	29067	0.09
其他水的处理、利用与分配	10	1151	0.01
五、按市县分			
福州市	**10819**	**36956968**	**80.01**
鼓楼区	541	4938146	4.04
台江区	318	214054	1.06
仓山区	2047	4173441	12.25
马尾区	497	4385155	7.85
晋安区	1071	2381873	8.41
闽侯县	1400	2517929	12.16
连江县	672	1177820	4.16
罗源县	333	941091	2.51
闽清县	596	839200	2.71
永泰县	483	227965	1.48
平潭县	148	129592	0.54
福清市	1249	8750286	13.01
长乐市	1464	6280417	9.82
厦门市	**8470**	**30860342**	**75.62**
思明区	1073	1733231	6.37
海沧区	830	6321837	9.84
湖里区	2795	11066532	22.05
集美区	1727	5961741	19.87
同安区	1406	2809397	11.81
翔安区	639	2967603	5.70
莆田市	**2872**	**8253806**	**27.20**
城厢区	384	906278	3.18
涵江区	880	3535308	11.16
荔城区	621	1643462	6.22
秀屿区	303	938342	2.43
仙游县	679	1105838	4.14
三明市	**5219**	**9269983**	**23.10**
梅列区	308	2743693	2.61
三元区	499	663345	1.76
明溪县	217	204498	0.76
清流县	238	210646	0.94
宁化县	313	259392	1.22
大田县	578	651811	2.33
尤溪县	775	647773	2.77
沙　县	574	1299603	2.60
将乐县	390	375976	1.35
泰宁县	232	240511	0.87
建宁县	262	216025	1.03
永安市	833	1756712	4.86
泉州市	**20857**	**46703268**	**188.88**
鲤城区	1335	3438254	14.06
丰泽区	1383	2292159	10.77
洛江区	691	1113444	5.63
泉港区	361	4080887	3.26

1-1　续表 6

项　　目	单位数（个）	总产值（万元）	年平均从业人数（万人）
惠安县	2175	4521542	20.11
安溪县	1900	3340539	11.55
永春县	981	1379273	6.48
德化县	816	1050247	6.92
石狮市	1848	4364106	17.82
晋江市	5998	14995129	62.25
南安市	3369	6127689	30.03
漳州市	**7755**	**13102727**	**37.56**
芗城区	1105	2219018	6.13
龙文区	586	1021569	3.30
云霄县	455	360628	1.73
漳浦县	1166	738771	4.15
诏安县	405	557883	2.50
长泰县	744	877682	3.18
东山县	328	504757	1.85
南靖县	615	1160311	2.78
平和县	294	293167	1.38
华安县	287	274272	0.82
龙海市	1770	5094668	9.75
南平市	**5280**	**5598229**	**21.00**
延平区	1128	1889718	5.27
顺昌县	363	358853	1.43
浦城县	474	367352	1.62
光泽县	297	253275	1.28
松溪县	346	131488	1.05
政和县	250	113103	0.78
邵武市	549	958307	2.66
武夷山市	588	231517	1.26
建瓯市	742	641165	3.14
建阳市	543	653452	2.50
龙岩市	**4330**	**7536541**	**21.96**
新罗区	1208	4134877	7.49
长汀县	560	506743	3.75
永定县	611	748835	3.03
上杭县	539	843667	1.98
武平县	466	302676	1.85
连城县	478	455569	2.13
漳平市	468	544174	1.73
宁德市	**4614**	**5794112**	**16.25**
蕉城区	451	463986	1.48
霞浦县	357	317727	1.78
古田县	772	491956	1.47
屏南县	206	186251	0.73
寿宁县	260	218961	0.65
周宁县	128	204727	0.38
柘荣县	191	265435	0.62
福安市	1304	2557287	5.62
福鼎市	945	1087782	3.52

1-2 工业企业主要

项目	固定资产原价	所有者权益合计						
			实收资本	国家资本	集体资本	法人资本	个人资本	港澳台资本
总计	**69185420**	**64195514**	**43773628**	**4214035**	**601396**	**8955232**	**11537652**	**9129004**
一、按隶属关系分								
中央	8497439	3087273	1548514	1172013	13462	358097	774	
省	6408968	3891623	2236466	696592	27176	928618	122302	108194
市	2962306	3365734	2562628	781280	67146	624384	365901	294245
县(市)	4825521	5661788	3385137	614620	89362	860149	1098052	394145
街道、镇乡	1620338	1694052	1054166	12886	198717	212896	510761	105995
街道	145813	204187	143339	1436	14032	48956	60082	15197
镇	1197735	1252357	734802	7649	147099	137536	347489	87586
乡	276790	237508	176026	3801	37586	26402	103190	3213
居(村)委会	352565	361437	283424	1863	49827	62745	148073	18758
居委会	50740	56362	42592	104	1636	7539	28466	4285
村委会	301826	305075	240832	1758	48191	55206	119607	14473
其他	44518285	46133607	32703294	934782	155708	5908344	9291789	8207667
二、按轻重分								
轻工业	24425222	28841640	19571187	950234	232033	3512938	5553100	6151353
重工业	44760200	35353874	24202441	3263801	369364	5442295	5984551	2977651
三、按注册登记类型分								
内资企业	40849209	34520043	21556994	3345500	530649	6514685	10909019	216067
国有企业	8137794	3919227	1953755	1420752	14334	506927	11595	
集体企业	811013	725114	412627	11584	304643	47997	44484	3745
股份合作企业	715299	888597	358139	11304	18195	122432	202808	2522
联营企业	1882966	703717	453185	32610	13244	353577	17841	35909
国有联营企业	1775347	623675	397490	28599	410	333857	51	34574
集体联营企业	29999	23000	18528	1071	9761	1984	5710	
国有与集体联营企业	46644	25020	16992	2486	1819	11363	539	785
其他联营企业	30975	32022	20176	455	1255	6375	11541	550
有限责任公司	10664754	7375979	4949887	1456877	51191	1996108	1381645	53329
国有独资公司	2761819	1732008	1288573	1188873		99436	205	
其他有限责任公司	7902935	5643971	3661314	268003	51191	1896673	1381441	53329
股份有限公司	3126173	4181923	1605907	378935	37229	630827	536442	11471
私营企业	15286756	16568021	11697875	28869	84135	2826265	8632693	107995
私营独资企业	1889894	1938856	1535406	4632	7895	303162	1186293	27617
私营合伙企业	1224031	1182167	961524	3963	11525	146966	794742	3129
私营有限责任公司	11542536	12769224	8756108	19970	61270	2270830	6330414	62878
私营股份有限公司	630295	677773	444836	304	3445	105307	321243	14371
其他企业	224455	157464	125620	4568	7680	30552	81513	1096
港、澳、台商投资企业	13347292	15000500	10465042	75029	30312	1160798	442937	8379930
合资经营企业	3503932	3291682	2198975	58261	28790	738117	219457	1071978
合作经营企业	857430	189374	133084	16550	976	62006	9814	41129
独资企业	8433702	10839453	7592347		546	312789	118865	6869434
投资股份有限公司	552227	679992	540636	218		47886	94802	397391
外商投资企业	14988919	14674971	11751592	793508	40435	1279750	185695	533007
中外合资经营企业	4697308	4590625	4058293	782843	36204	885019	118169	281767
中外合作经营企业	162387	103831	152190	7000	2582	12312	2448	5835
外资企业	9117870	9069076	6975865	865	950	347128	63250	237263
外商投资股份有限公司	1011355	911439	565244	2800	700	35291	1828	8143

经济效益指标

单位：万元

外商资本	主营业务收入	主营业务成本	主营业务税金及附加	营业费用、管理费用、财务费用合计	利润总额	税金总额	工资福利	本年应交增值税
9336310	**159817249**	**136512254**	**1791717**	**13003669**	**11138465**	**6236636**	**12361734**	**4444919**
4168	6681747	5455299	644606	525750	159542	1072318	204741	427712
353584	7612820	6647348	73315	741560	295270	396469	448561	323154
429672	6741184	5670158	34298	811663	307879	230633	574919	196336
328810	8365570	6941411	103630	656033	1083018	332710	629189	229080
12913	4164081	3350884	65767	283799	554777	218986	393903	153220
3636	430125	362622	4645	34774	43879	16810	45647	12165
7442	3162347	2522473	43682	206627	450038	163274	293457	119593
1835	571608	465789	17441	42399	60860	38903	54802	21462
2158	907514	710731	24272	80356	142147	56672	123213	32399
562	95293	75019	2830	9081	15761	6674	12519	3844
1596	812222	635713	21442	71277	126386	49997	110695	28554
8205006	125344334	107736423	845829	9904506	8595834	3928847	9987207	3083018
3171529	73153646	61292407	1153769	6127427	5423937	3198094	6966976	2044325
6164781	86663603	75219847	637949	6876242	5714527	3038543	5394760	2400594
41076	81631932	68651750	1465413	6602929	6255620	4098683	6618686	2633270
147	7371450	6256581	389403	560458	276890	769543	435561	380141
174	2216849	1850514	42448	168559	189396	130816	207516	88368
879	2360382	1861249	23748	157729	345591	124270	193150	100522
3	971841	830337	7989	115878	80976	64709	41263	56720
	710998	602998	5217	96741	67186	56227	25692	51010
3	79579	68385	1354	6790	4954	2943	4930	1590
	100286	90174	718	7894	3756	2496	5503	1779
	80979	68781	700	4454	5082	3043	5138	2342
10737	17527686	14898076	378727	1529409	890346	1007451	1131017	628724
60	3429745	2784756	284389	282228	142351	502184	146780	217795
10677	14097941	12113321	94338	1247181	747993	505266	984237	410928
11003	5079554	4072305	52134	506804	630269	192795	325218	140661
17920	45730657	38569978	564354	3536879	3795463	1793862	4242426	1229508
5808	4701332	3792363	105126	352350	694416	235626	596035	130499
1200	2083375	1652207	47645	181920	319556	107149	262339	59505
10746	37326029	31833578	389989	2835693	2599828	1378673	3194898	988683
167	1619922	1291829	21593	166916	181664	72414	189155	50821
213	373515	312709	6611	27213	46689	15238	42537	8627
376038	40958054	35508279	161947	3265844	2835288	1136704	3417545	974757
82375	10785532	9343677	47020	894401	503283	334461	859853	287442
2609	525263	441547	3031	56833	27457	37769	31556	34738
290713	28452438	24632259	109720	2222015	2187160	742513	2490292	632793
340	1194821	1090796	2176	92596	117388	21960	35843	19784
8919197	37227263	32352226	164357	3134896	2047557	1001250	2325503	836893
1954292	12522408	11227859	87503	1025044	463014	368200	615308	280698
122014	369302	305000	2800	55323	10802	9307	33276	6507
6326409	23464230	20059987	72096	1984199	1557862	587803	1626504	515706
516482	871325	759380	1959	70332	15879	35941	50417	33982

1-2 续表 1

项目	固定资产原价	所有者权益合计						
			实收资本					
				国家资本	集体资本	法人资本	个人资本	港澳台资本
四、按行业分								
煤炭开采和洗选业	317858	452108	233630	98430	13325	43418	59314	19143
烟煤和无烟煤的开采洗选	316900	451098	232425	98280	13325	43043	58635	19143
褐煤的开采洗选								
其他煤炭采选	958	1010	1204	150		375	679	
石油和天然气开采业								
天然原油和天然气开采								
与石油和天然气开采有关的服务活动								
黑色金属矿采选业	374508	472155	117594	6356	4050	38569	66366	2121
铁矿采选	367276	462554	113607	6356	4050	36204	64744	2121
其他黑色金属矿采选	7232	9601	3988			2366	1622	
有色金属矿采选业	188599	255739	120772	3036	2119	55256	54756	4798
常用有色金属矿采选	80733	124211	66701	1406	1214	21401	37530	4647
贵金属矿采选	23584	36739	22488	380	540	7727	13838	
稀有稀土金属矿采选	84282	94789	31583	1250	365	26128	3388	151
非金属矿采选业	362325	379710	257037	21565	11100	53136	164586	2901
土砂石开采	279637	284283	214597	17387	8844	39043	143583	1992
化学矿采选	5452	5596	3656	89	50	2180	705	632
采盐	19266	25270	6460	4044	1948	92	376	
石棉及其他非金属矿采选	57971	64561	32327	46	259	11823	19922	277
其他采矿业	1133	1514	1514	192		276	1046	
其他采矿业	1133	1514	1514	192		276	1046	
农副食品加工业	1723827	1961052	1429341	19660	16765	331673	536650	333013
谷物磨制	143830	186852	115519	2394	1419	28759	60407	15327
饲料加工	185576	241722	178144	3739	3736	32778	99765	26251
植物油加工	153905	181513	137777	1210	80	56137	49589	12970
制糖	44861	27567	14686		32	13728	926	
屠宰及肉类加工	282047	243927	122663	6406	872	30402	48530	31976
水产品加工	508339	579631	461846	5720	6392	122165	147699	129404
蔬菜、水果和坚果加工	291271	375461	293959		3441	28433	86884	87284
其他农副食品加工	113998	124380	104748	191	793	19270	42851	29802
食品制造业	1021329	1215856	923060	87446	4817	211164	359379	160430
焙烤食品制造	186977	185928	139626	221	131	31490	65252	30328
糖果、巧克力及蜜饯制造	191394	272656	191939	20	712	30721	102236	39777
方便食品制造	131632	119526	80425	1320	986	8890	26044	31805
液体乳及乳制品制造	37098	39275	34594			12994	20774	826
罐头制造	215133	288572	234191	36525	1299	75065	71444	31480
调味品、发酵制品制造	146346	162170	128729	46439	119	10614	31183	7714
其他食品制造	112752	147729	113557	2922	1571	41391	42447	18500
饮料制造业	1246409	1227675	710701	26651	15576	165536	245849	155878
酒精制造	1106	394	369			234	134	
酒的制造	473916	356029	191261	11975	2334	85426	49075	6054
软饮料制造	450256	491889	270781	6662	9780	39971	49875	132139
精制茶加工	321131	379363	248292	8013	3462	39904	146765	17685
烟草制品业	475702	935319	149696	13946		135750		
烟叶复烤	80151	87189	28875	13875		15000		
卷烟制造	395495	848078	120750			120750		
其他烟草制品加工	56	52	71	71				

单位：万元

外商资本	主营业务收入	主营业务成本	主营业务税金及附加	营业费用、管理费用、财务费用合计	利润总额	税金总额	工资福利	本年应交增值税
	1207556	782485	40234	198186	170575	122287	216447	82053
	1204385	780255	40125	197702	170056	122104	216208	81979
	3171	2230	109	484	519	183	239	74
133	1276915	907836	14742	83436	282480	91937	78313	77195
133	1260204	899946	14335	79718	276522	89987	76068	75652
	16711	7890	406	3717	5958	1949	2244	1543
810	504214	370230	10684	49282	74655	38295	32529	27611
505	320425	248583	5962	27093	40053	24213	19641	18252
3	85254	68081	2552	8369	6284	3448	6861	896
302	98535	53565	2170	13819	28318	10634	6027	8464
3749	917075	681646	51269	103234	115266	86746	94270	35477
3749	680767	490380	42076	82012	97955	70612	74818	28536
	22172	12023	360	7045	2019	2290	2073	1930
	12877	9755	510	3989	956	1834	7293	1324
1	201260	169487	8323	10188	14336	12010	10089	3686
	2419	1415	95	84	911	158	288	63
	2419	1415	95	84	911	158	288	63
191580	7906528	7072820	31316	468961	435985	159934	357193	128618
7213	802903	697250	3657	42934	45145	12554	43331	8897
11876	1238601	1126800	1759	55080	66467	5327	34285	3568
17791	1663389	1571031	4126	36351	97004	40976	32765	36851
	28463	29178	39	5486	-6131	382	3732	342
4477	690140	595267	2935	53744	48651	9000	38593	6065
50466	2214264	1974335	12708	153174	111422	70477	117883	57769
87917	964827	830383	3613	89353	55613	14766	61511	11154
11841	303943	248575	2479	32841	17812	6454	25097	3975
99823	3601241	3014738	21541	338127	269342	111109	258938	89568
12204	719537	570580	3309	81336	71306	27914	52142	24605
18474	716159	589862	5533	69339	56551	21595	51279	16062
11380	409785	342837	1947	43025	29402	11969	31472	10021
	132926	118543	290	9858	5034	1815	5090	1524
18379	1019378	896590	4849	67532	57246	26000	61570	21151
32660	313659	263684	2806	34258	23242	11856	36540	9050
6726	289796	232644	2807	32781	26563	9962	20848	7156
101214	2820453	2053308	79097	390205	338607	210406	208464	131309
	4054	3745	56	115	176	148	182	92
36397	617490	386888	55576	137762	55414	97080	37432	41505
32355	1158399	854248	3981	168238	137007	55676	71170	51695
32462	1040510	808428	19484	84090	146011	57502	99681	38018
	1427601	446491	626042	100997	267813	791488	50709	165446
	23432	10777	319	8585	8043	3758	4596	3439
	1404170	435714	625724	92398	259771	787731	46105	162007
				15			9	

1-2 续表 2

项　　目	固定资产原价	所有者权益合计						
			实收资本					
				国家资本	集体资本	法人资本	个人资本	港澳台资本
纺织业	3963234	4048914	3045793	17962	12780	437481	960252	1211915
棉、化纤纺织及印染精加工	2395124	2267844	1683428	14625	3994	240983	495415	674876
毛纺织和染整精加工	28635	27199	29666	243		2190	4203	18901
麻纺织	3098	2430	2303	606			550	1057
丝绢纺织及精加工	53262	39322	37215			1498	14582	21136
纺织制成品制造	489748	579550	406495	804	820	60001	116461	171703
针织品、编织品及其制品制造	993367	1132568	886686	1684	7966	132808	329041	324241
纺织服装、鞋、帽制造业	2027437	3531373	2017989	4541	11091	332582	509234	843373
纺织服装制造	1887602	3369625	1892009	4491	9178	298304	470377	806854
纺织面料鞋的制造	129907	154306	118012	50	1753	34227	37921	34261
制帽	9928	7441	7968		160	51	936	2257
皮革、毛皮、羽毛(绒)及其制品业	2471447	3248473	2024231	3523	7083	326640	510842	678033
皮革鞣制加工	173813	234161	169696	914	1025	42520	27266	67727
皮革制品制造	2274206	2979337	1825467	1225	5817	280141	472679	608035
毛皮鞣制及制品加工	5386	8365	8083	1000	31	3078	3331	643
羽毛(绒)加工及制品制造	18044	26611	20983	385	210	901	7566	1629
木材加工及木、竹、藤、棕、草制品业	1033807	1067028	831404	20738	17615	198218	468736	76513
锯材、木片加工	81083	108003	91329	1217	11036	11508	62241	2664
人造板制造	578402	544509	387374	19241	2839	108269	225197	23486
木制品制造	181800	191452	187044	99	1708	46809	77707	27212
竹、藤、棕、草制品制造	192522	223064	165657	181	2032	31631	103592	23150
家具制造业	538518	635667	487177	342	3201	108195	158580	137192
木质家具制造	291675	330651	254357		2375	57665	86729	67675
竹、藤家具制造	11630	11207	12227			5403	4631	200
金属家具制造	163250	211204	151074	342	826	40870	44575	44350
塑料家具制造	21668	23749	22039			197	3854	17988
其他家具制造	50296	58857	47478			4060	18792	6979
造纸及纸制品业	2161992	2010826	1364305	111677	29501	285678	485855	274948
纸浆制造	254079	50685	89929	54973	89	30037	4601	
造纸	1022251	933970	548028	55120	17128	139637	199123	85598
纸制品制造	885663	1026171	726348	1584	12284	116004	282131	189350
印刷业和记录媒介的复制	637797	597993	435734	32008	9633	114024	203825	52326
印刷	586669	560574	401424	24544	8912	106716	190195	47276
装订及其他印刷服务活动	30179	29169	22707	3525	711	7008	8730	2597
记录媒介的复制	20949	8251	11602	3940	10	300	4900	2453
文教体育用品制造业	433001	539569	453969	95	2454	51207	68223	180372
文化用品制造	50347	76129	60831	5	467	9055	13200	23757
体育用品制造	285127	324400	286456	90	345	32160	34592	109227
乐器制造	14301	19903	16998		138	280	503	1354
玩具制造	78982	114392	85323		197	9462	17319	45910
游艺器材及娱乐用品制造	4243	4744	4362		1308	250	2610	124
石油加工、炼焦及核燃料加工业	437243	1071129	1320437	619194	3169	33528	12099	29911
精炼石油产品的制造	406410	1048738	1296401	616851	2778	12528	11797	29911
炼焦	30833	22392	24036	2343	391	21000	302	
核燃料加工								

单位：万元

外商资本	主营业务收入	主营业务成本	主营业务税金及附加	营业费用、管理费用、财务费用合计	利润总额	税金总额	工资福利	本年应交增值税
405404	8245414	7233567	56150	500638	499481	210604	733409	154454
253535	4874882	4333627	22471	252733	271212	111409	368028	88939
4130	78673	71513	758	3139	4464	3012	7078	2254
90	4412	3866	28	329	312	103	291	75
	53794	46850	269	3796	1997	1457	3129	1189
56704	1242389	1081073	6182	94437	69514	29527	117338	23345
90945	1991266	1696639	26444	146204	151983	65098	237545	38653
317169	9515691	7863454	86205	864128	831524	367406	1152116	281201
302805	8904380	7333239	80047	810287	790992	350729	1048937	270682
9799	600286	521402	6114	51813	39642	16425	100224	10311
4564	11026	8814	42	2028	890	251	2956	208
498111	11113001	9333536	83418	917854	906803	437479	1421003	354061
30247	681573	592032	2519	37418	75359	27196	49516	24677
457572	10305086	8629511	80335	871364	822309	406920	1365229	326585
	17705	15857	137	1002	3134	581	1776	444
10294	108637	96136	428	8072	6000	2783	4481	2356
49586	3191042	2717189	33092	261213	211812	127595	314573	94504
2663	291367	237492	5055	26148	31445	15388	30901	10333
8343	1698385	1465898	12241	133376	92842	63085	140757	50844
33508	546706	470173	5586	48039	27633	20052	67773	14466
5072	654584	543626	10210	53650	59891	29071	75144	18861
79667	1723059	1473926	7876	163041	80627	47702	178644	39827
39915	783103	658452	5130	75503	46552	20122	88310	14993
1994	21932	15774	369	3509	3344	1040	3003	671
20111	705840	617501	1464	64279	21915	22659	65600	21194
	36973	31853	209	3724	1326	539	4826	330
17648	175209	150344	704	16028	7492	3344	16906	2640
176649	3897069	3323828	27069	314663	293740	154758	283488	127689
229	114725	106622	630	9419	-2126	5354	7446	4724
51424	1475342	1298530	10581	107665	83545	56653	91190	46072
124995	2307002	1918676	15858	197578	212322	92749	184851	76891
23918	1102556	926549	10700	101654	101093	46961	118355	36261
23782	1031705	865760	10249	92953	97765	44342	107387	34093
136	55091	44498	444	7274	5369	2303	9892	1859
	15760	16291	8	1428	-2041	316	1076	308
151618	1379034	1212392	5480	115224	58637	27259	182859	21779
14347	200004	178249	901	15156	8909	4703	20965	3801
110042	914304	807662	2217	75131	36036	12376	121351	10159
14724	26514	22575	52	2948	1367	673	4505	621
12435	226270	193640	2227	20708	11918	8966	33612	6739
70	11942	10266	84	1282	408	542	2427	458
622536	1997499	2096206	41089	66002	-53037	45801	40518	4711
622536	1946768	2063366	40864	63248	-68028	43829	37653	2965
	50731	32841	227	2754	14991	1973	2864	1746

1-2 续表 3

项　　目	固定资产原价	所有者权益合计	实收资本	国家资本	集体资本	法人资本	个人资本	港澳台资本
化学原料及化学制品制造业	2685798	2227470	1959128	94874	8569	510423	375646	208821
基础化学原料制造	584128	369551	246691	7583	3407	101683	77032	19108
肥料制造	355732	205267	144770	50269	825	49435	26678	14389
农药制造	34955	-8421	35937		4	12641	21023	1714
涂料、油墨、颜料及类似产品制造	195008	256831	170406	50	1673	39346	62069	45034
合成材料制造	1033523	561649	548120	26514	11	177088	29607	41289
专用化学产品制造	340141	592899	626189	9763	2092	100289	104503	50248
日用化学产品制造	142311	249693	187017	696	557	29941	54734	37039
医药制造业	558252	722220	461795	27963	7643	113074	116665	132875
化学药品原药制造	160047	138650	74720		420	42760	5466	19466
化学药品制剂制造	110503	177933	133808	12890	805	19655	29608	34005
中药饮片加工	20243	17993	12222		9	3890	7478	430
中成药制造	127381	210343	107673	12023		22457	34637	32952
兽用药品制造	48743	31094	21370	3050		3772	5370	
生物、生化制品的制造	83680	131439	100430		6325	18863	25987	44967
卫生材料及医药用品制造	7655	14770	11573		83	1678	8120	1056
化学纤维制造业	1328559	1463222	1081136		110	78954	143880	643753
纤维素纤维原料及纤维制造	24259	59533	25352		60	252	6515	17190
合成纤维制造	1304300	1403690	1055783		50	78702	137365	626563
橡胶制品业	1295315	1085554	748904	1358	2511	110670	146900	266612
轮胎制造	703324	437935	302290		40	49610	20009	124549
橡胶板、管、带的制造	10010	18236	12239		20	3283	6930	2006
橡胶零件制造	82870	77349	67914	50	165	13511	15620	26488
再生橡胶制造	13576	19085	13767			2773	10546	200
日用及医用橡胶制品制造	17781	15069	14108		238	2220	5654	5997
橡胶靴鞋制造	301562	397145	227419	1308	1957	31644	66469	82975
其他橡胶制品制造	166193	120735	111168		90	7630	21673	24396
塑料制品业	1865948	2105128	1554527	7308	16854	221336	463529	474507
塑料薄膜制造	311465	304950	242045	217	439	20616	39299	42710
塑料板、管、型材的制造	233454	250623	194633	1140	2302	33634	41642	64390
塑料丝、绳及编织品的制造	54918	66017	47731		224	6815	25367	11727
泡沫塑料制造	88552	128401	103361		904	14105	50284	29329
塑料人造革、合成革制造	189020	239011	120470			23036	33097	56082
塑料包装箱及容器制造	95217	96477	80614	4196	183	13143	36964	10011
塑料零件制造	128176	138756	97281	1375	1814	19951	33813	17097
日用塑料制造	450572	551292	407362	380	7913	65051	137104	143294
其他塑料制品制造	314576	329602	261034		3075	24985	65960	99867
非金属矿物制品业	5093623	4943565	3476949	79946	90505	732324	1530247	457864
水泥、石灰和石膏的制造	1178509	680883	517054	35113	51583	139229	132589	34377
水泥及石膏制品制造	397771	369737	251736	27247	3657	49655	122493	31807
砖瓦、石材及其他建筑材料制造	2403247	2758010	1723012	11208	24149	359829	998944	191125
玻璃及玻璃制品制造	762088	694857	668210	381	336	124029	141685	139052
陶瓷制品制造	265861	274888	205176	3897	3455	34607	93169	54162
耐火材料制品制造	22190	37763	23464		7146	2555	13473	290
石墨及其他非金属矿物制品制造	63958	127430	88299	2098	180	22421	27896	7052
黑色金属冶炼及压延加工业	2337040	1777000	886102	101460	15546	264042	170680	60036
炼铁	111557	14362	31061	1273	1888	8031	10611	800
炼钢	258837	117785	139148		53	75667	27271	522
钢压延加工	1829177	1536040	656791	99677	11233	156728	102895	58605
铁合金冶炼	137470	108814	59103	510	2371	23617	29902	109

单位：万元

外商资本	主营业务收入	主营业务成本	主营业务税金及附加	营业费用、管理费用、财务费用合计	利润总额	税金总额	工资福利	本年应交增值税
760794	5744894	5061265	27931	442704	253788	179874	263640	151943
37877	1025672	907708	7815	86178	33583	44070	42479	36255
3175	534681	462067	3176	43594	36238	16196	32258	13020
555	105544	74176	722	13608	35283	3019	7287	2298
22235	751498	614616	5803	74055	68188	26262	43379	20459
273611	1812608	1773512	1423	75121	-35020	27206	30401	25783
359293	1089319	884214	5953	98548	81681	45007	65967	39054
64049	425573	344972	3041	51601	33836	18116	41869	15075
63575	1002177	707745	5218	191253	112126	53207	74965	47990
6608	192925	160725	1617	25480	5901	4664	10075	3047
36846	298515	205441	1312	60059	37141	10973	13744	9661
414	30361	24867	194	3454	2647	1821	1746	1626
5605	251661	149310	1146	55916	44093	26010	30993	24863
9178	53492	43458	66	8802	1661	1311	4149	1246
4288	136602	93295	694	30777	18518	7622	11152	6928
636	38622	30651	189	6764	2168	807	3106	618
214438	2312446	2141671	4641	91605	80116	55740	67065	51100
1335	48587	40920	304	5299	2522	1754	2928	1451
213104	2263860	2100751	4337	86306	77594	53987	64137	49650
220856	2500251	2151973	21591	192468	163345	88577	194664	66986
108083	1101927	956990	9464	87483	54816	38864	39527	29400
	50825	42249	543	4267	5497	1277	3290	734
12081	121445	104785	651	12140	5690	3559	18464	2908
248	50940	44932	235	2091	2760	1800	2448	1566
	42259	37929	305	2421	2629	1633	4839	1328
43066	973814	826441	9407	67156	85629	35172	108430	25765
57379	159041	138647	986	16912	6326	6270	17669	5284
370993	5870376	5155241	31968	426338	337627	154952	505554	122983
138764	929991	848423	4188	52161	38800	14006	64710	9818
51523	730993	615089	2789	68928	54590	15389	35374	12600
3598	200539	176675	2081	14027	11671	6890	16106	4809
8739	266928	224767	1781	22827	22333	9066	21839	7285
8255	537428	470540	2840	28441	32902	16360	32223	13520
16116	185293	159345	2678	15380	13076	7322	17436	4644
23232	345505	297676	1316	28863	27113	10183	33646	8867
53621	1859480	1642199	11123	131444	96149	55960	202122	44837
67146	814219	720527	3173	64267	40994	19776	82099	16603
586063	11007633	9067044	150216	1010855	1075198	509745	1142989	359530
124164	1564287	1379695	11493	115883	52403	81901	82780	70408
16876	897110	760537	7564	82706	63116	47916	65720	40352
137758	6592906	5290965	117046	603191	740878	311783	769996	194737
262727	742897	635174	1198	92752	128648	16919	44368	15721
15886	936216	769801	10424	98675	62311	38422	161872	27999
	100500	86739	915	5299	9512	4815	5696	3900
28652	173717	144132	1575	12350	18331	7988	12561	6414
274338	7385255	6822886	19714	269992	244871	260679	216530	240965
8457	426482	415894	1034	14667	-5029	13260	12185	12225
35635	804606	737210	1123	23955	15050	21128	24338	20005
227652	5901278	5444143	15725	216444	225229	211990	170212	196265
2594	252891	225639	1832	14926	9619	14302	9794	12470

1-2 续表 4

项　目	固定资产原价	所有者权益合计	实收资本	国家资本	集体资本	法人资本	个人资本	港澳台资本
有色金属冶炼及压延加工业	1135088	2342661	759207	88815	2635	314137	186125	119834
常用有色金属冶炼	29734	46136	43947	18		2286	29636	5989
贵金属冶炼	181005	1502622	182373	42109		64090	76174	
稀有稀土金属冶炼	43516	62926	43742	4750	297	32994	5540	
有色金属合金制造	114074	124834	65117		83	37130	6337	300
有色金属压延加工	766760	606143	424029	41938	2255	177637	68437	113545
金属制品业	1688155	1617617	1247500	21522	11095	253284	330979	283676
结构性金属制品制造	342689	475049	351762	1156	2322	108569	116442	71484
金属工具制造	139390	127427	111583	315	233	15537	32388	16004
集装箱及金属包装容器制造	189323	222182	188442	10638	1893	36145	19514	62985
金属丝绳及其制品的制造	32218	47930	49022	8434	493	13624	10902	4864
建筑、安全用金属制品制造	646785	336453	239794	428	2377	35708	54641	45442
金属表面处理及热处理加工	78854	75220	57389	10	3411	8763	27982	6441
搪瓷制品制造	7798	17690	12862		24	1835	6101	248
不锈钢及类似日用金属制品制造	151696	196844	148850		72	9024	25889	61536
其他金属制品制造	99403	118823	87798	541	269	24077	37121	14673
通用设备制造业	1464673	1737894	1245665	41095	11890	239365	504293	158786
锅炉及原动机制造	29599	34652	26304	4043	1094	4402	12738	2027
金属加工机械制造	143174	156121	138673	6561	538	22629	54834	11300
起重运输设备制造	218894	172353	201115	5081	359	7782	26289	13247
泵、阀门、压缩机及类似机械的制造	387609	457177	268113	1239	1612	72287	150580	21494
轴承、齿轮、传动和驱动部件的制造	148395	246688	151707	20501	1207	33502	46530	29823
烘炉、熔炉及电炉制造	391	686	941			50	182	
风机、衡器、包装设备等通用设备制造	138574	218515	132332	400	2143	26238	53060	25897
通用零部件制造及机械修理	201308	242997	170121	1051	2771	31368	71180	37899
金属铸、锻加工	196731	208704	156360	2218	2167	41109	88900	17101
专用设备制造业	1010645	1599663	974634	63886	4829	166803	361304	180341
矿山、冶金、建筑专用设备制造	322835	551600	300925	44065	71	47676	131577	21586
化工、木材、非金属加工专用设备制造	258127	257608	184191	790	1256	37561	71876	47783
食品、饮料、烟草及饲料生产专用设备制造	15075	26021	20073	97	130	5091	10045	1563
印刷、制药、日化生产专用设备制造	43025	61831	53689	5	1971	12335	11634	11278
纺织、服装和皮革工业专用设备制造	155392	174121	111828	7595	61	13368	21475	49744
电子和电工机械专用设备制造	43702	77999	50746	5948	464	6889	31656	5174
农、林、牧、渔专用机械制造	49123	51913	37655	2348	362	4603	28097	359
医疗仪器设备及器械制造	43307	71183	49582	427	135	7379	16861	5532
环保、社会公共安全及其他专用设备制造	80061	327387	165945	2611	382	31901	38083	37324
交通运输设备制造业	2238458	2571338	1811655	119718	7701	501973	318345	299590
铁路运输设备制造	1610	2589	1715	150	112	1003	450	
汽车制造	1404253	1777764	1329865	74690	4410	352979	223043	220214
摩托车制造	165260	113547	96598	4835	2027	17202	25919	37814
自行车制造	9304	12573	13054	1374	67	780	3297	1499
船舶及浮动装置制造	416187	448827	317477	36595	1085	124161	63871	11078
航空航天器制造	238980	211546	49109	1382		5489		28985
交通器材及其他交通运输设备制造	2865	4493	3840	693		360	1765	

单位：万元

外商资本	主营业务收入	主营业务成本	主营业务税金及附加	营业费用、管理费用、财务费用合计	利润总额	税金总额	工资福利	本年应交增值税
47663	3336976	2773373	23100	160493	425177	81807	130682	58707
6018	153960	141156	447	6624	12258	3780	5128	3333
	495926	216902	11145	38124	288284	20165	21494	9020
160	330402	296836	5988	11752	15768	16695	9128	10706
21267	250907	214226	1425	16858	20288	5422	11097	3997
20219	2105782	1904254	4095	87138	88580	35747	83834	31652
346946	3960937	3459779	22772	279103	265104	103951	313432	81178
51787	1020420	881290	5679	84741	83018	28738	78649	23059
47106	341405	292214	1565	28669	17572	7849	25483	6284
57268	840469	756892	1164	45827	35740	20401	35259	19236
10708	131316	124388	336	7783	-612	2573	7211	2238
101198	760289	655634	4336	38503	70848	15571	74757	11235
10782	147417	124390	957	12453	20717	4715	14349	3757
4654	23695	20948	131	2119	876	754	2450	623
52328	330517	285603	1950	32451	17777	9046	36665	7096
11116	365408	318423	6655	26556	19170	14305	38610	7650
290237	4777569	4065155	32020	387270	357328	140247	488768	108227
2000	122676	104141	466	14014	5557	2360	9415	1894
42811	298767	257780	3852	31008	12143	10209	24030	6358
148358	524715	444128	1115	57313	30214	6249	34799	5134
20902	1134313	914768	11123	113590	120765	38982	144891	27859
20143	512877	432977	1850	32710	54485	12990	132189	11140
709	1254	1058	18	104	178	92	264	75
24596	803248	679243	3676	56683	59874	20901	41989	17225
25853	526569	456740	4050	41040	37628	18835	48311	14785
4865	853152	774322	5870	40811	36483	29627	52878	23757
197470	3493332	2913209	19226	341325	293359	96538	236588	77312
55951	1620279	1365268	6719	137961	128206	37668	76368	30948
24926	514441	440489	4963	48618	39064	18975	54649	14012
3147	38539	28491	367	3573	7302	1833	3376	1466
16466	102645	88627	675	10542	6234	3269	12214	2594
19586	232713	197266	1979	29925	13856	9222	23789	7244
614	96576	72832	675	14454	12038	2956	12911	2281
1888	157104	136627	1464	13027	10193	3847	11398	2383
19249	183077	149287	284	23659	12718	2702	14215	2419
55643	547957	434322	2099	59569	63751	16064	27669	13965
564329	6495152	5572823	51635	481992	422509	220950	478231	169315
	8241	7005	74	1021	731	481	809	407
454529	4155416	3514986	43064	362737	273087	181608	316551	138544
8801	440435	382644	5010	34723	23905	19031	38575	14022
6037	42478	36345	66	4958	1270	755	5176	689
80688	1177679	1063275	3299	55094	68790	17698	81266	14398
13253	663829	562734	19	22670	54055	999	34673	980
1022	7076	5835	103	788	672	379	1182	276

1-2 续表 5

项　　目	固定资产原价	所有者权益合计	实收资本	国家资本	集体资本	法人资本	个人资本	港澳台资本
电气机械及器材制造业	1617027	2386722	1602193	97577	49533	441105	400003	332583
电机制造	331231	462362	270147	9504	578	107197	79207	36918
输配电及控制设备制造	304112	586170	305823	3384	12753	87800	87985	50539
电线、电缆、光缆及电工器材制造	163671	171289	160452	538	3847	43119	71190	22268
电池制造	238540	380742	236916	44019		19562	52430	71926
家用电力器具制造	233436	212252	208037	1666	386	100477	42196	46501
非电力家用器具制造	26414	57165	48252	150		549	17707	29846
照明器具制造	293464	494402	357758	38317	31782	80411	44772	73986
其他电气机械及器材制造	26159	22342	14808		188	1991	4516	602
通信设备、计算机及其他电子设备制造业	3353097	3265853	2414026	75185	15402	282243	331007	626555
通信设备制造	272230	245805	272861	9748	333	50108	71322	61890
雷达及配套设备制造	2000	4363	2543	493			2050	
广播电视设备制造	22693	31556	23280			2868	13856	6297
电子计算机制造	543574	718077	375622	18227		38734	60894	136861
电子器件制造	1263896	909382	793778	29695	828	67923	43890	76392
电子元件制造	907859	893953	650511	9996	9557	78091	76280	251566
家用视听设备制造	238457	345202	213863	3200	2142	38907	43789	81599
其他电子设备制造	102392	117516	81568	3825	2542	5614	18928	11950
仪器仪表及文化、办公用机械制造业	508801	675220	507017	8300	1982	53520	82139	195701
通用仪器仪表制造	43458	80034	59205	907	1140	22294	12883	16531
专用仪器仪表制造	50756	104644	56810	6767	664	6268	17680	1730
钟表与计时仪器制造	82161	117306	83668		138	12258	28889	39674
光学仪器及眼镜制造	172146	191432	166591	229		6997	16407	78773
文化、办公用机械制造	131676	161954	129185	397		2901	5164	58236
其他仪器仪表的制造及修理	28605	19850	11558		40	2804	1117	757
工艺品及其他制造业	1042385	1427905	1043035	3677	21859	176599	297869	384591
工艺美术品制造	623645	849979	644320	543	19279	126488	203691	212145
日用杂品制造	284121	434880	301060		896	36880	45267	150424
煤制品制造	3181	5842	5423	134	4	141	5144	
核辐射加工	718	583	583			583		
其他未列明的制造业	130720	136621	91649	3000	1680	12507	43767	22022
废弃资源和废旧材料回收加工业	30946	40901	34751	4450	2382	7789	10604	9526
金属废料和碎屑的加工处理	19857	18203	15384	2450	1112	5311	5876	635
非金属废料和碎屑的加工处理	11089	22698	19368	2000	1270	2478	4729	8891
电力、热力的生产和供应业	19011013	7363759	5057860	1723037	128309	1324280	836442	108299
电力生产	12320956	4870024	4056540	861368	107807	1255045	824908	71760
电力供应	6599308	2424488	933943	813156	19579	53130	10673	36039
热力生产和供应	90749	69246	67376	48513	923	16105	861	500
燃气生产和供应业	105113	211726	235098	53980		163385	3940	12309
燃气生产和供应业	105113	211726	235098	53980		163385	3940	12309
水的生产和供应业	1399317	978002	748069	512525	37771	77602	61466	9883
自来水的生产和供应	1321697	907585	693517	501235	36088	61482	50251	7533
污水处理及其再生利用	73995	67942	52854	11290	1636	16050	9634	2350
其他水的处理、利用与分配	3625	2474	1698		48	70	1580	

单位：万元

外商资本	主营业务收入	主营业务成本	主营业务税金及附加	营业费用、管理费用、财务费用合计	利润总额	税金总额	工资福利	本年应交增值税
281391	7145579	6057237	22995	559618	598155	227817	503139	204822
36743	1686245	1474548	7074	99596	124457	45734	90127	38660
63365	1600362	1217913	4360	181628	224383	70131	99660	65771
19491	830952	758903	3347	48131	29232	22817	36097	19471
48979	1044771	857474	2314	71843	128373	36357	63314	34043
16812	750152	676165	988	54351	20707	31792	100967	30803
	109418	89700	330	12070	9077	1904	7569	1575
88491	1062509	933303	4128	86427	53098	16940	101200	12812
7512	61170	49228	456	5576	8829	2144	4204	1688
1083635	16916395	14959518	24439	1629326	914714	158065	755719	133626
79460	1044493	847738	2943	210933	-9945	25100	101912	22157
	922	403	2	475	76	8	300	6
261	129214	111552	728	11745	6091	3766	19532	3038
120908	8837286	7898187	8532	868282	624805	41464	184362	32932
575050	2975797	2792433	2688	135775	61002	21909	140414	19221
225023	1934635	1669455	5621	163562	95194	35108	212223	29487
44226	1695558	1400957	1171	192091	119416	19533	64579	18362
38709	298491	238792	2755	46463	18076	11178	32396	8423
165374	1523128	1292610	4877	144664	77745	29256	170771	24378
5451	176295	140907	1192	23535	15378	7719	16886	6528
23701	144992	108597	309	14383	26747	3204	11008	2895
2711	378192	334444	1403	30583	16843	6786	26862	5383
64185	291634	251378	774	34780	10915	4648	58314	3874
62488	486860	419842	1126	34934	5660	6681	49831	5555
6840	45156	37443	75	6449	2203	219	7870	145
158443	4180818	3487895	36805	384094	320642	148102	625505	111297
82174	2805227	2323948	27678	264935	217236	105329	439115	77652
67594	1148029	981780	7811	90701	85467	30470	156300	22659
	6540	4969	132	822	1186	374	684	241
	247	205	4	100	38	8	35	4
8675	220775	176995	1179	27537	16715	11920	29372	10741
	80882	70059	772	5469	6885	2030	5463	1259
	36723	32300	360	2189	2839	1057	2717	697
	44159	37759	412	3280	4047	973	2749	561
937495	9768914	8858967	60622	868088	255976	625172	406960	564550
935653	3635719	3104127	34566	538715	158428	327143	192470	292578
1368	6083171	5710582	25714	323805	96887	295586	211076	269872
474	50023	44260	343	5568	661	2443	3414	2100
1484	140613	133669	576	15995	6460	2913	6654	2337
1484	140613	133669	576	15995	6460	2913	6654	2337
48823	345558	248521	4507	84093	41027	19094	52310	14587
36929	315291	227660	4106	77979	33919	17595	50135	13489
11894	29355	20345	381	5837	6731	1475	2074	1094
	912	517	20	277	378	24	102	4

1-2 续表 6

项目	固定资产原价	所有者权益合计						
			实收资本	国家资本	集体资本	法人资本	个人资本	港澳台资本
五、按市县分								
福州市	**18283348**	**12907507**	**9126152**	**1482431**	**101008**	**1919920**	**2235453**	**1574714**
鼓楼区	5373375	1843817	702689	447247	3566	69338	84080	47571
台江区	124610	126005	108468	18590	4296	29687	30582	14263
仓山区	811793	1131495	796291	30318	13933	150133	213896	201483
马尾区	1780799	1615981	1384756	131164	5761	114706	195288	303952
晋安区	808815	833693	606734	70217	9715	125899	116602	120659
闽侯县	1119038	1229108	1027329	77413	4200	232283	159392	176146
连江县	1141224	339243	872127	620162	6070	93560	83080	33877
罗源县	473496	370144	158290	5909	1971	73782	22590	34735
闽清县	1160691	627535	390315	7162	9760	246446	119021	601
永泰县	184291	119762	99557	9177	13580	36659	35174	4078
平潭县	166282	98768	52017	7674	1017	24806	17363	98
福清市	2312327	1966084	1507556	27992	12558	322925	361123	488698
长乐市	2826608	2605872	1420026	29409	14583	399697	797262	148555
厦门市	**12254239**	**11649321**	**8869036**	**610505**	**48266**	**1405525**	**1099571**	**2539925**
思明区	1077197	1023834	928403	357856	19964	132286	151218	102035
海沧区	3994029	3164693	2562137	46314	10463	479725	117115	623891
湖里区	1899772	2187497	1444765	11419	6296	153877	329477	497682
集美区	3131951	3018335	2076674	130932	1858	370557	229350	627269
同安区	1214665	1344681	1116790	50427	7349	185468	176296	443321
翔安区	936627	910283	740268	13558	2336	83611	96115	245726
莆田市	**2678223**	**2675049**	**1855749**	**28435**	**57577**	**605047**	**423731**	**336736**
城厢区	220460	360988	191863	3235	9303	36844	101426	21144
涵江区	824118	830123	496928	6543	9013	103926	71329	218903
荔城区	326757	436215	283747	746	6740	86472	91387	45039
秀屿区	999229	700058	638624	3848	13174	313597	81698	19547
仙游县	307659	347665	244587	14063	19348	64208	77891	32103
三明市	**5075290**	**3343514**	**2142849**	**448184**	**71323**	**601632**	**902233**	**94441**
梅列区	1040080	782883	250315	98382	21089	37404	87628	5312
三元区	464768	270916	216292	58184	2698	80553	65277	9283
明溪县	105350	74666	57901	8756	909	19983	24580	3044
清流县	109434	82328	55119	3837	1773	15564	26049	6826
宁化县	117682	114372	58542	3488	382	6491	40421	7728
大田县	335674	258076	186613	52254	8633	29600	77371	14443
尤溪县	586033	279617	232968	7150	3723	56752	139285	25477
沙　县	802070	543883	392646	85784	19338	148179	123893	4667
将乐县	269728	148046	90960	993	1581	27892	54455	5816
泰宁县	183617	125979	89004	13241	1277	16900	54520	1636
建宁县	108435	82915	67238	6484	833	1377	56943	1550
永安市	952421	579833	445251	109629	9089	160937	151813	8661
泉州市	**15259932**	**19204008**	**12543971**	**1067487**	**109496**	**2059631**	**3640571**	**3412820**
鲤城区	805278	1171408	739422	43450	3198	119962	142136	269644
丰泽区	650709	807871	575517	58909	5285	118288	117938	186645
洛江区	235950	376915	273671	2174	180	21058	122068	101058
泉港区	1181340	1495487	1590422	620295	4952	167353	45983	92230
惠安县	1226191	1225537	731979	25823	4849	142725	214740	169221
安溪县	1176481	977993	428682	25949	17822	109830	186759	40928

单位：万元

外商资本	主营业务收入	主营业务成本	主营业务税金及附加	营业费用、管理费用、财务费用合计	利润总额	税金总额	工资福利	本年应交增值税
1812626	**35311033**	**31646139**	**214537**	**2597761**	**1902698**	**1004835**	**2031022**	**790298**
50887	4938665	4457251	23205	394160	142137	212043	182680	188838
11051	221389	188108	1747	29779	14807	9254	21152	7507
186529	4023623	3554106	21567	332123	151446	111506	261317	89939
633886	4178424	3668564	8062	367979	181302	92401	238392	84339
163644	2353452	2048225	24697	200957	95305	63986	188650	39289
377895	2267048	1888343	65477	230233	110375	145288	349745	79811
35379	1106664	1006779	4267	116486	15025	68237	85788	63970
19304	912533	770934	8594	41285	95057	23771	101518	15177
7326	829306	651952	6743	86104	136600	42010	61558	35267
889	227629	191083	3812	23008	15693	11646	21576	7834
1059	126024	95629	2040	14563	24164	6725	7498	4685
294260	8127075	7623984	14209	505185	681183	95842	280206	81633
30522	5999202	5501182	30120	255899	239604	122128	230944	92008
3165245	**30944704**	**26520640**	**332372**	**3025339**	**1405313**	**916569**	**2199818**	**584197**
165042	1801760	1503889	4576	282728	47095	46532	206344	41956
1284629	6473517	5506636	287700	482498	225405	465451	308996	177751
446014	10864300	9086012	12311	1269464	614126	153386	680671	141075
716708	6095619	5248777	17359	559403	327700	139546	609350	122187
253929	2761758	2443906	6891	259231	118646	70361	266236	63471
298924	2947752	2731422	3534	172016	72344	41293	128223	37759
404223	**8078193**	**7035723**	**64756**	**675473**	**324897**	**242513**	**620858**	**177757**
19911	885220	759086	8866	78167	47348	27112	60128	18246
87214	3472175	2946364	33362	306572	188610	110639	293675	77278
53363	1600370	1419184	10714	128274	53290	33931	125769	23217
206760	1037325	957570	8202	96270	7217	45710	59088	37508
36975	1083103	953520	3613	66190	28432	25121	82199	21508
25038	**9129041**	**7957970**	**85606**	**667715**	**392915**	**438836**	**592028**	**353230**
500	2730215	2465450	14529	155567	99120	126180	100679	111651
297	661520	580110	8983	63206	32050	28591	42326	19607
630	197037	167108	1917	14085	15210	10180	14643	8263
1071	204226	170976	1593	21078	15178	10871	19846	9278
33	251728	211275	4902	17891	16490	14584	34866	9682
4313	641392	547668	12778	59287	35097	42855	47918	30077
581	603272	539061	5684	53966	9740	34172	49225	28488
10785	1271670	1144654	5874	92172	38862	43224	62308	37350
225	364974	305036	5278	32163	20129	23188	38438	17910
1430	235666	199626	4760	20965	18382	16298	18393	11538
50	214164	171759	3117	24567	20954	11690	19721	8572
5123	1753178	1455250	16191	112773	71706	77005	143672	60814
2253966	**45694544**	**37611269**	**557313**	**3691183**	**4719860**	**2045569**	**4780089**	**1488256**
161033	3377018	2784487	15536	297875	337555	128205	442861	112669
88453	2157355	1680611	15217	210790	283788	73485	219542	58268
27134	1088250	874412	4737	86537	118439	35835	121678	31098
659611	3960764	3840905	60528	195415	203726	151522	125909	90994
174622	4396605	3654180	74984	330097	398319	198893	525688	123910
47395	3302568	2517417	41216	175085	626154	213072	302540	171856

1-2 续表 7

项目	固定资产原价	所有者权益合计	实收资本					
				国家资本	集体资本	法人资本	个人资本	港澳台资本
永春县	445664	477332	260038	7029	17930	47079	97448	69635
德化县	419877	338035	205646	13497	6105	65845	99363	7858
石狮市	1454692	1955799	1029563	6500	8110	173773	195297	484117
晋江市	5359212	7548639	4862364	211427	31190	697309	1388112	1728635
南安市	2304538	2828995	1846666	52435	9877	396410	1030727	262849
漳州市	**5490735**	**5002199**	**4048130**	**147816**	**77299**	**773358**	**985315**	**841631**
芗城区	461335	609671	428018	49419	6573	107651	140303	78837
龙文区	264965	320628	252748	4484	3267	69079	87384	55307
云霄县	148641	173155	146879	4259	1025	51888	41942	35629
漳浦县	387166	383480	346600	7003	702	80111	65008	140922
诏安县	144423	158755	124223	4586	5037	25988	26652	50694
长泰县	380899	417399	338058	641	1019	62489	113503	95839
东山县	149833	133791	100618	8182	3148	18655	29038	23884
南靖县	323802	371854	277675	12344	6452	34726	120316	71748
平和县	134208	158955	127254	4280	31624	24630	49336	13444
华安县	393001	213194	147944	17928	2186	47349	70446	5809
龙海市	2702461	2061316	1758114	34693	16267	250794	241388	269521
南平市	**3359147**	**2635862**	**1752378**	**162193**	**32053**	**501232**	**782330**	**71598**
延平区	1286679	1109852	664979	65432	8245	218938	236474	13147
顺昌县	340792	107894	89522	6198	2546	20743	46867	7643
浦城县	171506	117142	82737	7072		21276	41799	2082
光泽县	194006	159251	66317	3123	844	9289	37822	14366
松溪县	60793	56661	40319	3807	493	3152	29339	3060
政和县	95606	65055	54554	322	4656	6260	38463	170
邵武市	510069	286090	217593	38200	4629	77663	74976	10109
武夷山市	146796	148938	96327	9346	1736	30221	34517	10166
建瓯市	331034	298433	241988	17512	6894	52335	155411	6562
建阳市	221868	286547	198046	11181	2010	61357	86663	4295
龙岩市	**3932127**	**4915079**	**2304432**	**193592**	**78952**	**658673**	**927285**	**231187**
新罗区	1636145	1791866	924208	45921	35462	291489	310301	121097
长汀县	228705	244050	177233	4200	8388	25054	71192	57711
永定县	697003	426182	313898	8423	11221	111569	100637	18638
上杭县	443178	1743763	429827	72682	13664	137980	189016	9018
武平县	211739	179802	130638	15759	5291	19648	81289	691
连城县	194712	187405	114475	3481	2575	17135	85499	3297
漳平市	520648	342012	214154	43127	2351	55800	89351	20735
宁德市	**2852379**	**1862975**	**1130933**	**73392**	**25422**	**430214**	**541164**	**25953**
蕉城区	369446	389219	188728	24927	2006	57155	93807	4496
霞浦县	113094	80843	52564	5806	1381	13369	26936	3455
古田县	217154	137204	97092	16767	6837	14791	50647	6347
屏南县	316838	111130	100328	1696	1077	40890	38959	1445
寿宁县	147921	86938	70215	1859	2691	26900	36315	425
周宁县	220884	70951	64911	2666	829	44943	11429	45
柘荣县	89236	84409	47528	1361	830	413	43026	1899
福安市	1085501	610150	328314	11773	3963	185165	124531	1487
福鼎市	292305	292130	181253	6539	5809	46590	115514	6355

单位：万元

外商资本	主营业务收入	主营业务成本	主营业务税金及附加	营业费用、管理费用、财务费用合计	利润总额	税金总额	工资福利	本年应交增值税
20915	1363707	1067265	67394	92994	174738	134216	129827	66823
12978	1024552	839094	12500	111462	68819	48024	153505	35524
161766	4320195	3554138	41157	387825	378414	163152	397083	121995
805690	14743681	12171927	140523	1134107	1450633	677814	1390379	537292
94369	5959850	4626834	83523	668998	679278	221353	971077	137830
1222709	**12464304**	**11016217**	**43948**	**770168**	**756091**	**409113**	**818815**	**365164**
45237	2164298	1843412	6964	160738	173642	84048	148252	77083
33228	955166	817158	2443	97208	49562	27146	76701	24703
12138	349606	295789	1199	32005	23483	7596	31934	6397
52853	707061	611446	3522	65657	46043	28209	73296	24687
11266	554395	495646	6151	35435	22876	26752	61054	20601
64568	846243	728008	7720	67293	49201	26489	58663	18769
17711	492983	449078	1270	29602	19636	21962	28361	20692
32089	1126462	986041	2698	59952	96064	30068	53080	27371
3940	291614	250021	1951	14372	30812	9297	21218	7346
4228	265918	226341	1824	22375	19932	11115	20298	9292
945451	4710559	4313279	8206	185534	224839	136431	245960	128225
202972	**5347823**	**4509326**	**38009**	**514244**	**350392**	**200031**	**412901**	**162022**
122743	1820637	1555082	8109	178267	116951	61929	113231	53820
5526	356519	289024	1984	40439	10827	16425	23738	14442
10508	338893	292706	2497	28780	19294	10865	35168	8368
873	250110	202990	773	22142	29890	7044	23418	6271
469	116714	95685	1172	10366	13068	4936	12631	3764
4682	112826	93473	3484	11068	8635	7294	14511	3810
12016	923917	815957	5849	73933	28392	31123	56006	25275
10342	211183	167490	2282	25093	20229	11609	22037	9327
3275	614234	497049	8826	63113	50293	29533	53615	20708
32539	602792	499871	3034	61044	52813	19274	58545	16239
214743	**7390761**	**5481741**	**418370**	**630122**	**981093**	**764765**	**552149**	**346395**
119938	4064431	3046501	377009	267869	407982	589709	196507	212700
10689	485448	406479	1828	42061	45789	17595	101183	15767
63409	735710	513885	6460	142342	88716	38130	104513	31670
7468	837856	530630	14350	55351	286967	33127	46227	18777
7961	295270	226201	5838	27863	31039	18875	28180	13037
2489	441957	334392	7222	39274	67243	33075	40104	25853
2789	530089	423654	5664	55363	53359	34256	35439	28593
34786	**5456846**	**4733229**	**36808**	**431667**	**305205**	**214410**	**354053**	**177601**
6337	452331	390382	1423	44900	32260	10569	34161	9146
1615	312339	270824	2009	27883	35493	9852	32510	7843
1703	455845	366434	3443	37981	49949	14423	30107	10980
16262	183005	134289	1708	30866	10258	14054	17256	12346
2025	208963	177904	1979	19711	11510	12256	19506	10277
5000	199954	168780	1245	15087	13774	10514	10262	9269
	257377	225093	1814	24333	6769	9946	11724	8132
1397	2361682	2126257	10283	147598	83497	84324	109485	74041
448	1025352	873263	12906	83309	61695	48474	89043	35568

1-3 工业企业主要产品产量

产品名称	单位	全部工业企业	规模以上工业企业	规模以下工业企业
原煤	吨	23743639	23060656	682983
铁矿石原矿	吨	18549404	17507360	1042044
石膏	吨	2164863		2164863
高岭土(也称瓷土)	吨	4094418	2708771	1385647
硫铁矿石(折含硫35%)	吨	168761	91948	76813
原盐	吨	410958	323454	87504
小麦粉	吨	796134	752636	43498
大米	吨	1660793	1529964	130829
饲料	吨	3924441	3604849	319592
精制食用植物油	吨	580386	573069	7317
成品糖	吨	72754	72187	567
鲜、冷藏肉	吨	319316	303460	15856
冻肉	吨	18297	17785	512
冷冻水产品	吨	1102703	596587	506116
冷冻蔬菜	吨	443393	406474	36919
糖果	吨	326462	288820	37642
面制半成品	吨	123543	112737	10806
米制半成品	吨	21894	5175	16719
速冻米面食品	吨	22617	20417	2200
方便面	吨	195750	195248	502
乳制品	吨	134176	132496	1680
罐头	吨	1777586	1622021	155565
味精(谷氨酸钠)	吨	71790	70705	1085
酱油	吨	200587	146006	54581
食醋	吨	38513	31531	6982
复合调味品	吨	543268	98712	444556
食品添加剂	吨	68813	61217	7596
饮料酒	千升	3016783	2106925	909858
软饮料	吨	3690247	2609093	1081154
精制茶	吨	2224340	136875	2087465
复烤烟叶	吨	81221	81221	
卷烟	万支	7504881	7504881	
纱	吨	1440159	1416133	24026
布	万米	312038	285576	26462
印染布	万米	388101	379514	8587
床罩	万个	28	16	12
棉被	万条	8360	20	8340
毛巾被	万条	11274	11274	
毛巾	万条	6932	6109	823
毛毯	条	2943	2943	
麻袋(混合数)	万条	114		114
纤维纺制的线、绳、索、缆	吨	124165	31667	92498
棉、化纤针织坯布	吨	1728571	67239	1661332
针织袜	万双	1999	865	1134
服装	万件	458789	261998	196791
轻革	平方米	121892070	105473911	16418159
皮革鞋靴	万双	2701303	121350	2579953
皮革服装	件	2975837	1526201	1449636
衣箱、提箱及类似容器	万个	2888	2124	764
羽绒被	条	53006	52106	900
锯材	立方米	1936949	520056	1416893
人造板	立方米	9228191	7345679	1882512
人造板表面装饰板	平方米	31882304	30229013	1653291
实物制门	扇	2042926	166648	1876278

1-3　续表 1

产品名称	单位	全部工业企业	规模以上工业企业	规模以下工业企业
非实木制门	扇	96068	84651	11417
木制地板	平方米	10207082	3094779	7112303
竹地板	平方米	7369176	2798754	4570422
草制品	件	2240132	1357227	882905
家具	件	190592395	94021187	96571208
纸浆(原生浆及废纸浆)	吨	755820	746581	9239
机制纸及纸板(外购原纸加工除外)	吨	5316137	3592942	1723195
纸制品	吨	3974553	2955503	1019050
本册	万本	38366	6987	31379
圆珠笔	万支	27086	785	26301
皮或革制可充气运动用球	万个	2185	1486	699
体育器材及配件	千元	410744	141158	269586
球拍、球棒	支(根)	11884108	11205918	678190
室内训练健身器材	台	12769401	12680127	89274
运动专用手套	副	1411087	315937	1095150
运动专用鞋	双	59332328	58996917	335411
中乐器	把(件)	217063		217063
西弦乐器	把	231271	229346	1925
西乐键盘乐器	架	18754	5918	12836
电子乐器	台	504597	504597	
玩具	千元	1718984	1332133	386851
原油加工量	吨	3072687	3072687	
汽油	吨	833637	833637	
煤油	吨	64099	64099	
柴油	吨	1128419	1128419	
润滑油	吨	92388	92388	
燃料油	吨	186736	186736	
石油沥青	吨	72925	72925	
焦炭	吨	997374	997374	
硫酸(折100%)	吨	473365	469559	3806
盐酸(氯化氢,含量31%)	吨	136696	136596	100
磷酸(含量85%)	吨	930	930	
过氧化氢(双氧水)	吨	83740	83590	150
烧碱(折100%)	吨	283516	283516	
纯碱(碳酸钠)	吨	188878	188578	300
亚硝酸钠	吨	21498	15086	6412
碳化钙(电石,折 300升/千克)	吨	132288	132288	
轻质碳酸钙	吨	384789	330632	54157
精甲醇	吨	220675	220675	
合成氨(无水氨)	吨	1011348	1007263	4085
农用氮、磷、钾化学肥料总计(折纯)	吨	704013	695979	8034
#氮肥(折含N100%)	吨	662399	654387	8012
磷肥(折五氧化二磷100 %)	吨	25907	25907	
合成复合肥料(实物量)	吨	320146	261424	58722
化学农药原药(折有效成分100%)	吨	20474	17676	2798
涂料	吨	551183	345767	205416
合成粘合剂(胶粘剂)	吨	1758976	1440461	318515
初级形态的塑料	吨	505749	367622	138127
合成纤维单体	吨	1324888	1324888	
合成纤维聚合物	吨	316836	316557	279
松节油	吨	21049	18647	2402
松香	吨	57357	53085	4272
活性炭	吨	81466	65977	15489
焰火制品	千元	160143	151600	8543
肥(香)皂	吨	22850	14379	8471
合成洗涤剂	吨	27806	25874	1932
清洁类化妆品	千元	146909	97975	48934

1-3 续表 2

产品名称	单位	全部工业企业	规模以上工业企业	规模以下工业企业
护肤用化妆品	千元	500283	334089	166194
护发用化妆品	千元	17527	6779	10748
美容、修饰类化妆品	千元	293571	290123	3448
牙膏(折65克标准支)	万支	985	243	742
化学药品原药	吨	18982	6778	12204
中成药	吨	10166	6284	3882
化学纤维用浆粕	吨	17003	17003	
化学纤维	吨	1731157	1697772	33385
橡胶轮胎外胎	条	21180507	21095023	85484
橡胶输送带	平方米	1121200	720189	401011
橡胶手套	万副	71504	67074	4430
塑料制品	吨	2738799	2146663	592136
水泥熟料	吨	34729211	34561384	167827
水泥	吨	46416215	45933602	482613
石灰	吨	3385446	2550671	834775
商品混凝土	立方米	20298434	13215795	7082639
石棉水泥瓦	平方米	1295255	2489	1292766
砖	万块	791717	170898	620819
瓦	万片	53697	24949	28748
建筑砌块	立方米	816512	402174	414338
瓷质砖	平方米	569255569	547854124	21401445
炻瓷砖	平方米	63998290	60637506	3360784
陶质砖	平方米	355085673	353775718	1309955
天然大理石建筑板材	平方米	50948677	33120782	17827895
天然花岗石建筑板材	平方米	200784871	140210099	60574772
人造石材	平方米	3483657	2034109	1449548
平板玻璃	重量箱	17505005	16378117	1126888
钢化玻璃	平方米	12500213	10228957	2271256
夹层玻璃	平方米	11567577	11563047	4530
日用玻璃制品	吨	176950	141127	35823
卫生陶瓷制品	件	3186720	3110529	76191
日用陶瓷制品	万件	901899	77698	824201
石棉制品	吨	26303	13059	13244
磨具	吨	67732	28197	39535
生铁	吨	5265183	5257102	8081
粗钢	吨	7299812	7272811	27001
钢材	吨	10866303	10780165	86138
铁合金	吨	182583	153841	28742
十种有色金属	吨	98559	97992	567
矿产粗铜	吨	541		541
精炼铜(电解铜)	吨	6602	6510	92
硅	吨	115081	107720	7361
铜合金	吨	1302	949	353
锌合金	吨	8478	7337	1141
铝合金	吨	40756	38014	2742
硬质合金	吨	411	399	12
铜材	吨	85291	70714	14577
铜盘条(电工用铜线坯)	吨	759	759	
铝材	吨	654122	648383	5739
铝盘条(电工用圆铝杆)	吨	16042	16042	
钢结构及其产品	吨	506371	413014	93357
金属制门及其框架、门槛	吨	210909	89997	120912
金属制窗及窗框	吨	11439	1815	9624

1-3　续表 3

产品名称	单位	全部工业企业		
			规模以上工业企业	规模以下工业企业
金属集装箱	立方米	4543621	4543001	620
金属丝	吨	26538	10205	16333
钢丝绳	吨	1680	1520	160
钢绞线	吨	22061	22061	
不锈钢日用制品	吨	41397	13413	27984
水龙头(水嘴)	只(套)	90843941	81306368	9537573
工业锅炉	蒸发量吨	652	185	467
发动机	台	426527	56669	369858
水轮机	千瓦	50549	48129	2420
金属切削机床	台	10286	5726	4560
金属成形机床	台	9026	2969	6057
电焊机	台	1783547	1779909	3638
泵	台	8857691	8187069	670622
齿轮	吨	40648	33423	7225
风机	台	59467	46782	12685
灭火器	台	180430		180430
包装专用设备	台	79968	75268	4700
衡器(秤)	台	143204	78448	64756
压实机械	台	4535	931	3604
混凝土机械	台	204794	203760	1034
模具	套	6737829	375771	6362058
粮食加工机械	台	10352		10352
制糖机械	台	588		588
饲料生产专用设备	台	1841		1841
印刷专用设备	台	22735	21914	821
拖拉机	台	16971	16265	706
环境污染防治专用设备	台(套)	161315	20564	140751
汽车	辆	95098	95098	
改装汽车	辆	32442	24581	7861
机动车(汽车)零配件	千元	7086145	4915375	2170770
摩托车整车	辆	209247	209247	
摩托车零部件及配件	千元	1952083	1693882	258201
两轮脚踏自行车	辆	5402	4626	776
电动自行车	辆	33194	28062	5132
民用钢质船舶	载重吨	542633	518337	24296
钢质机动货船	载重吨	92044	89844	2200
钢质机动非货船	载重吨	18400	16200	2200
钢质驳船	载重吨	14200	14200	
船舶修理	载重吨	6297628	4940198	1357430
发电机	台	4278730	3532729	746001
发电机组(发电设备)	台	1666919	1564910	102009
内燃发电机组	千瓦	17907914	17907914	
电线	千米	148809	83704	65105
通信及电子网络用电缆	对千米	91907	87439	4468
电力电缆	千米	121841	112920	8921
铅酸蓄电池	千伏安时	6699990	6487117	212873
碱性蓄电池	只(自然只)	3998101	3742404	255697
锂离子电池	只(自然只)	16118978	16058548	60430
原电池及原电池组(折R20标准只)	万只	219860	219302	558
家用冷柜(家用冷冻箱)	台	66092	66092	
家用电风扇	台	1331371	1278931	52440
家用电热烘烤器具	个	2819468	2797207	22261
电水壶	个	68506	68506	

1-3 续表 4

产品名称	单位	全部工业企业	规模以上工业企业	规模以下工业企业
电冷热饮水机	台	33622	33622	
家用电炉灶	个	7832100	7630600	201500
家用电热水器	台	155763	151429	4334
家用燃气用具	台	51617	46460	5157
电光源	万只	124482	110894	13588
灯具及照明装置	套(台、个)	50209227	27634384	22574843
微波终端机	部	29057	29057	
数字程控交换机	线	63855	63855	
电话单机	部	14513289	12822241	1691048
移动通信手持机(手机)	台	7184828	7165558	19270
电视发射设备	台	15510	15510	
卫星电视接收转发设备	台	559779	559779	
电视接收机顶盒	台	2836413	2836413	
微型计算机设备	台	6473738	6473184	554
服务器	台	135	135	
显示器	台	27585703	27524578	61125
彩色显像管	只	8826889	8826889	
半导体分立器件	万只	526101	504878	21223
集成电路	万块	5036	5034	2
彩色电视机	台	6208070	6208070	
黑白电视机	台	10441	10441	
移动电视机	台	53	53	
数字激光音、视盘机	台	4956343	4956343	
收音机	台	4910816	4450816	460000
组合音响	台	124909	98909	26000
半导体存储器播放器(含MP3、MP4)	个	559692	559692	
工业自动调节仪表与控制系统	台(套)	1019954	1002010	17944
电工仪器仪表	台	4817396	2793419	2023977
工业仪表	台(个)	14763544	12175300	2588244
分析仪器及装置	台(套)	12433	3340	9093
汽车仪器仪表	台	1270330	1270330	
钟	只	109772819	100636119	9136700
表	只	36148924	29168066	6980858
光学仪器	台(个)	5248616	1146879	4101737
眼镜成镜	副	139683816	131347452	8336364
眼镜片	片	115114314	105700326	9413988
照相机	台	3640882	3603478	37404
电子计算器	台	369018933	369018746	187
自动柜员机(ATM机)	台	210	210	
雕塑工艺品	千元	6289776	3858731	2431045
金属工艺品	千元	4874356	4150277	724079
漆器工艺品	千元	725929	323496	402433
花画工艺品	千元	746190	52280	693910
天然植物纤维编织工艺品	千元	1909777	288050	1621727
抽纱刺绣工艺品	千元	233712	119326	114386
伞类制品	把	671962998	623537601	48425397
打火机	万个	3097	1806	1291
拉链	万米	604886	174436	430450
发电量	亿千瓦小时	1085.38		
供热总量	万吉焦	645	645	
煤气生产量	万立方米	819348	819348	
天然气供应量	万立方米	364	364	
液化石油气供应总量	万吨	11	9	1.68
自来水生产量	万立方米	237981	169929	68052

1-4　工业企业单位数、总产值、人数

(2004年、2008年)

项　　目	2008			2004		
	单位(个)	总产值(万元)	人员(万人)	单位(个)	总产值(万元)	人员(万人)
总　　计	**70216**	**164075975**	**491.57**	**49838**	**75160466**	**364.52**
一、按隶属关系分						
中央	46	6758768	2.78	60	3410170	2.87
省	392	7831898	12.50	334	6155073	13.01
市	2154	6689470	16.61	1007	6068775	16.67
县(市)	8904	8656045	31.94	2399	4739697	22.71
街道、镇乡	5201	4209827	18.08	2950	1992808	13.61
居(村)委会	2921	919805	6.98	1895	494148	4.70
其他	50598	129010161	402.67	41193	52299797	290.97
二、按轻重工业分						
轻工业	35946	75436096	303.55	25616	33009014	215.75
重工业	34270	88639879	188.02	24222	42151453	148.78
三、按注册登记类型分						
内资企业	60712	83617948	278.24	41399	33869934	191.20
国有企业	358	7512135	9.68	557	5989229	13.56
集体企业	3354	2211174	9.35	5249	1714125	14.99
股份合作企业	1157	2394249	7.11	1461	969380	8.01
联营企业	230	987161	1.23	407	604613	1.88
有限责任公司	4881	17883016	41.23	3100	6222733	27.85
股份有限公司	871	5051199	10.56	443	2766520	8.69
私营企业	48143	47211430	196.34	29339	15087788	113.45
其他企业	1718	367584	2.75	843	515547	2.78
港、澳、台商投资企业	6044	42102582	131.53	5432	22813979	110.71
外商投资企业	3460	38355444	81.80	3007	18476553	62.61
四、按行业分						
煤炭开采和洗选业	280	1169631	5.78	220	339647	3.84
黑色金属矿采选业	244	1285775	1.69	144	238084	0.75
有色金属矿采选业	278	556303	1.30	130	109579	0.68
非金属矿采选业	1637	915220	4.67	1100	395809	3.46
其他采矿业	22	2505	0.02			
农副食品加工业	3075	8225177	16.02	1994	3448399	10.43
食品制造业	1840	3737539	11.47	1375	1629921	8.15
饮料制造业	2458	2872820	9.19	1441	971917	4.21
烟草制品业	7	1441503	0.42	7	809202	0.41
纺织业	2964	8572176	29.09	2390	4245256	25.32
纺织服装、鞋、帽制造业	4954	9713648	52.79	3655	4132419	40.84
皮革、毛皮、羽毛(绒)及其制品业	3141	11218701	63.32	2645	4207265	49.31
木材加工及木、竹、藤、棕、草制品业	3634	3325147	16.16	2578	986242	9.58
家具制造业	1176	1788883	7.96	760	855839	6.15
造纸及纸制品业	2263	4048640	12.58	1880	1957091	9.35
印刷业和记录媒介的复制	1820	1108008	5.47	1450	602267	4.27
文教体育用品制造业	685	1431511	8.32	486	595523	6.11
石油加工、炼焦及核燃料加工业	88	2105546	0.64	66	1115285	0.39
化学原料及化学制品制造业	2318	5737830	10.64	1716	2998945	7.76
医药制造业	306	1115312	2.49	200	535989	1.94
化学纤维制造业	130	2386101	2.22	108	963917	1.57
橡胶制品业	829	2451960	8.60	697	1208423	8.77
塑料制品业	3544	6074570	22.10	2631	2730965	16.17
非金属矿物制品业	8096	11306960	45.37	6000	4966483	33.17
黑色金属冶炼及压延加工业	429	7617926	5.73	475	2842461	3.98
有色金属冶炼及压延加工业	344	3378870	3.43	282	1006272	2.04
金属制品业	2857	4107371	12.64	1510	1357579	6.85
通用设备制造业	2961	4864208	14.08	1941	1719962	8.94
专用设备制造业	2084	3549045	9.11	1171	1618861	5.74
交通运输设备制造业	2197	6821597	15.49	1451	2738841	8.60
电气机械及器材制造业	2167	7444928	19.19	1254	3320794	13.91
通信设备、计算机及其他电子设备制造业	1342	17374921	25.16	807	11857954	16.89
仪器仪表及文化、办公用机械制造业	638	1554211	7.06	464	946306	5.83
工艺品及其他制造业	3388	4348057	27.71	2497	2090612	26.64
废弃资源和废旧材料回收加工业	156	79233	0.27	91	31640	0.17
电力、热力的生产和供应业	5028	9840970	11.22	3731	5334056	10.50
燃气生产和供应业	45	142502	0.23	22	60202	0.16
水的生产和供应业	790	360679	1.93	469	190461	1.64

第2篇

规模以上工业企业生产、效益、能源消费状况

2-1　规模以上工业企业产值指标

单位：万元

项　　目	工业总产值	工业销售产值	
			出口交货值
总　　计	**152128065**	**148389618**	**39402702**
#亏损企业	21507916	20991562	3978793
一、按轻重工业分			
轻工业	69010872	66886067	19978092
以农产品为原料	48344772	47004133	10821131
以非农产品为原料	20666100	19881934	9156961
重工业	83117193	81503552	19424611
采掘工业	3686980	3608208	87688
原料工业	35529937	34820274	3114272
加工工业	43900276	43075070	16222651
二、按注册类型分			
内资企业	72774882	70945026	8426079
国有企业	7402594	7308995	252116
集体企业	1749597	1726189	66009
股份合作企业	2178894	2144808	320062
联营企业	956763	942403	23000
国有联营企业	725086	712212	
集体联营企业	63773	64151	
国有与集体联营企业	92302	91519	6928
其他联营企业	75603	74521	16073
有限责任公司	17167599	16779852	1405395
国有独资公司	3411969	3391862	18147
其他有限责任公司	13755629	13387990	1387249
股份有限公司	4886469	4724512	800149
私营企业	38279704	37188115	5538986
私营独资企业	1644512	1580200	253790
私营合作企业	831485	809921	77809
私营有限责任公司	34481151	33515010	4934979
私营股份有限公司	1322556	1282984	272408
其他企业	153262	130154	20362
港、澳、台商投资企业	41405873	40420754	16557873
合资经营企业	11376851	10905314	3746332
合作经营企业	519656	506375	53840
独资经营企业	28390957	27846530	12420979
投资股份有限公司	1118409	1162536	336723
外商投资企业	37947309	37023838	14418750
中外合资经营企业	12830654	12569615	2814820
中外合作经营企业	293550	294005	133421
外资企业	23948443	23302756	11323004
外商投资股份有限公司	874663	857461	147506
三、按规模分			
大型企业	29946161	29646019	10368546
中型企业	60454439	58933914	17616856
小型企业	61727465	59809685	11417300
四、按行业分			
采矿业	3515458	3444169	21236
煤炭开采和洗选业	1149397	1142518	
烟煤和无烟煤的开采洗选	1147385	1140654	
其他煤炭采选	2013	1863	
黑色金属矿采选业	1244252	1224394	
铁矿采选	1234433	1214568	
其他黑色金属矿采选	9819	9826	

2-1 续表 1

单位：万元

项　　目	工业总产值	工业销售产值	
			出口交货值
有色金属矿采选业	520347	477181	
常用有色金属矿采选	314659	299118	
铜矿采选	1013	1013	
铅锌矿采选	308223	292299	
锡矿采选	2727	2683	
其他常用有色金属矿采选	2696	3122	
贵金属矿采选	82497	82115	
金矿采选	78602	78613	
银矿采选	3895	3501	
稀有稀土金属矿采选	123191	95948	
钨钼矿采选	118536	90743	
稀土金属矿采选	669	708	
其他稀有金属矿采选	3986	4498	
非金属矿采选业	601462	600077	21236
土砂石开采	395679	394971	14790
石灰石、石膏开采	103600	103344	
建筑装饰用石开采	100141	99885	1
耐火土石开采	76785	75003	9220
粘土及其他土砂石开采	115153	116740	5569
化学矿采选	19223	19386	6428
采盐	8748	9136	18
石棉及其他非金属矿采选	177813	176584	
石墨、滑石采选	24289	23767	
其他非金属矿采选	153524	152817	
制造业	138771028	135141894	39381461
农副食品加工业	7752699	7376168	1342107
谷物磨制	737884	721402	
饲料加工	1218690	1128242	4449
植物油加工	1736939	1645799	
食用植物油加工	1732294	1640921	
非食用植物油加工	4645	4878	
制糖	29596	26319	531
屠宰及肉类加工	648370	626418	35664
畜禽屠宰	450450	442651	
肉制品及副产品加工	197920	183767	35664
水产品加工	2167418	2073074	777684
水产品冷冻加工	1211489	1161566	531996
鱼糜制品及水产品干腌制加工	600931	566894	237955
水产饲料制造	282449	275144	1350
鱼油提取及制品的制造	1535	1532	
其他水产品加工	71014	67938	6384
蔬菜、水果和坚果加工	933165	893703	462953
其他农副食品加工	280637	261210	60826
淀粉及淀粉制品的制造	52913	50018	4042
豆制品制造	34403	32992	
蛋品加工	79083	72616	1541
其他未列明的农副食品加工	114237	105585	55243
食品制造业	3480957	3327820	699369
焙烤食品制造	695423	671776	26500
糕点、面包制造	198466	186366	16785
饼干及其他焙烤食品制造	496957	485410	9715

2-1　续表 2　　单位：万元

项　　目	工业总产值	工业销售产值	
			出口交货值
糖果、巧克力及蜜饯制造	679272	664945	101944
糖果、巧克力制造	416763	408098	50973
蜜饯制作	262509	256847	50971
方便食品制造	380182	371011	22244
米、面制品制造	152352	148820	19371
速冻食品制造	84330	84321	2549
方便面及其他方便食品制造	143500	137870	324
液体乳及乳制品制造	145994	115975	850
罐头制造	1032527	973720	493370
肉、禽类罐头制造	54838	47949	16709
水产品罐头制造	35086	32365	25881
蔬菜、水果罐头制造	903510	853224	447875
其他罐头食品制造	39093	40182	2904
调味品、发酵制品制造	302214	292008	12238
味精制造	107096	105977	4394
酱油、食醋及类似制品的制造	83459	81923	693
其他调味品、发酵制品制造	111659	104108	7150
其他食品制造	245346	238385	42223
营养、保健食品制造	39394	35895	
冷冻饮品及食用冰制造	40624	39722	2959
盐加工	22776	23713	
食品及饲料添加剂制造	94461	90866	36738
其他未列明的食品制造	48093	48189	2527
饮料制造业	2437184	2382163	52960
酒精制造	3428	3262	
酒的制造	597744	590128	3990
白酒制造	86594	85273	212
啤酒制造	457042	450748	3303
黄酒制造	14992	15157	
葡萄酒制造	7631	7631	
其他酒制造	31485	31318	475
软饮料制造	1120464	1100531	17180
碳酸饮料制造	205148	202532	
瓶(罐)装饮用水制造	84106	83080	460
果菜汁及果菜汁饮料制造	195701	193791	755
含乳饮料和植物蛋白饮料制造	307848	302988	
固体饮料制造	55694	53980	8815
茶饮料及其他软饮料制造	271967	264161	7150
精制茶加工	715549	688242	31790
烟草制品业	1441503	1420189	623
烟叶复烤	23257	22323	
卷烟制造	1418246	1397866	623
纺织业	7959867	7765727	1155112
棉、化纤纺织及印染精加工	4905943	4805139	228589
棉、化纤纺织加工	3713458	3637155	133034
棉、化纤印染精加工	1192485	1167985	95556
毛纺织和染整精加工	82006	73229	35567
毛条加工	4077	4077	
毛纺织	42695	34566	25178
毛染整精加工	35234	34587	10390

2-1 续表 3

单位：万元

项目	工业总产值	工业销售产值	出口交货值
麻纺织	3921	3839	
丝绢纺织及精加工	50409	46935	4159
绢纺和丝织加工	50409	46935	4159
纺织制成品制造	1145850	1126322	366014
棉及化纤制品制造	587883	585433	217411
丝制品制造	4465	4465	519
绳、索、缆的制造	52966	52206	4198
纺织带和帘子布制造	115624	113549	14714
无纺布制造	264625	254649	66474
其他纺织制成品制造	120286	116019	62698
针织品、编织品及其制品制造	1771737	1710262	520783
棉、化纤针织品及编织品制造	854335	815941	180475
毛针织品及编织品制造	532900	525888	263006
丝针织品及编织品制造	208596	197304	35798
其他针织品及编织品制造	175906	171130	41504
纺织服装、鞋、帽制造业	8620293	8327875	3088457
纺织服装制造	8077062	7806764	2832908
纺织面料鞋的制造	536411	514686	249652
制帽	6819	6425	5898
皮革、毛皮、羽毛(绒)及其制品业	10526083	10475405	3676800
皮革鞣制加工	678359	656989	42046
皮革制品制造	9724264	9703362	3625622
皮鞋制造	8066113	8122500	2752815
皮革服装制造	33969	32909	28750
皮箱、包(袋)制造	1364392	1290550	749221
皮手套及皮装饰制品制造	89531	90323	83488
其他皮革制品制造	170260	167080	11349
毛皮鞣制及制品加工	14464	13722	390
毛皮鞣制加工	4880	4171	
其他毛皮制品加工	9584	9551	390
羽毛(绒)加工及制品制造	108997	101333	8743
羽毛(绒)加工	95179	87651	6109
羽毛(绒)制品加工	13818	13682	2634
木材加工及木、竹、藤、棕、草制品业	2795941	2699629	310151
锯材、木片加工	170332	162465	26781
锯材加工	131211	124401	20611
木片加工	39121	38064	6170
人造板制造	1676446	1614232	60584
胶合板制造	603859	586872	23508
纤维板制造	356836	328634	346
刨花板制造	138215	135851	
其他人造板、材制造	577537	562876	36731
木制品制造	462259	449572	154715
建筑用木料及木材组件加工	125558	122419	35965
木容器制造	54713	50755	30505
软木制品及其他木制品制造	281989	276397	88245
竹、藤、棕、草制品制造	486904	473362	68072
家具制造业	1606509	1551794	803379
木质家具制造	708477	677185	218558

2-1　续表 4　　　　单位：万元

项　　目	工业总产值	工业销售产值	
			出口交货值
竹、藤家具制造	11637	11071	2323
金属家具制造	698968	676953	439609
塑料家具制造	33014	32560	25809
其他家具制造	154413	154026	117080
造纸及纸制品业	3637252	3510941	172161
纸浆制造	117971	110768	6820
造纸	1428266	1382189	36645
机制纸及纸板制造	1285126	1239101	35035
手工纸制造	968	801	791
加工纸制造	142172	142287	819
纸制品制造	2091016	2017985	128696
纸和纸板容器的制造	1533373	1500963	60910
其他纸制品制造	557644	517022	67785
印刷业和记录媒介的复制	770643	781028	87689
印刷	713258	723821	73520
书、报、刊印刷	220919	235146	12375
本册印制	73703	69815	29169
包装装潢及其他印刷	418636	418860	31976
装订及其他印刷服务活动	41862	41753	937
记录媒介的复制	15522	15455	13233
文教体育用品制造业	1313481	1271573	842072
文化用品制造	191782	177532	90646
文具制造	151203	137314	67846
笔的制造	10389	10255	1456
教学用模型及教具制造	12320	12320	11122
其他文化用品制造	17871	17643	10222
体育用品制造	891082	868132	591439
球类制造	67983	65601	55074
体育器材及配件制造	281457	267155	192018
训练健身器材制造	447396	442316	270865
运动防护用具制造	27106	26795	25666
其他体育用品制造	67139	66266	47815
乐器制造	23007	22447	16380
中乐器制造	2258	2195	2195
西乐器制造	8596	8422	2355
电子乐器制造	12153	11831	11831
玩具制造	196949	193339	138716
游艺器材及娱乐用品制造	10661	10124	4891
游艺用品及室内游艺器材制造	10661	10124	4891
石油加工、炼焦及核燃料加工业	2094336	2003130	685
精炼石油产品的制造	2044880	1953656	685
原油加工及石油制品制造	1918582	1827681	685
人造原油生产	126298	125975	
炼焦	49457	49473	
化学原料及化学制品制造业	5422715	5358472	585982
基础化学原料制造	995758	974399	71265
无机酸制造	225128	223526	38121
无机碱制造	254099	247010	12009
无机盐制造	141840	143146	16615
有机化学原料制造	249107	237896	
其他基础化学原料制造	125583	122821	4520

2-1 续表 5 单位：万元

项目	工业总产值	工业销售产值	出口交货值
肥料制造	501002	495588	5811
氮肥制造	313988	310811	5653
磷肥制造	43730	44585	
钾肥制造	15428	12639	
复混肥料制造	90490	92395	
有机肥料及微生物肥料制造	32672	30840	158
其他肥料制造	4695	4317	
农药制造	114459	103385	37628
化学农药制造	110700	99911	37628
生物化学农药及微生物农药制造	3759	3474	
涂料、油墨、颜料及类似产品制造	695159	679122	71498
涂料制造	520654	511445	19504
油墨及类似产品制造	68338	64662	39328
颜料制造	36774	34628	8697
染料制造	13418	13026	1139
密封用填料及类似品制造	55976	55360	2831
合成材料制造	1714022	1736425	114257
初级形态的塑料及合成树脂制造	458332	437073	25612
合成橡胶制造	29008	24682	14
合成纤维单(聚合)体的制造	967446	1012762	5919
其他合成材料制造	259237	261908	82712
专用化学产品制造	1026636	1002976	145886
化学试剂和助剂制造	213999	209817	25851
专项化学用品制造	121820	118565	186
林产化学产品制造	247718	236619	57618
炸药及火工产品制造	80791	80071	
信息化学品制造	263904	265002	60451
环境污染处理专用药剂材料制造	3892	3789	
动物胶制造	5531	5322	
其他专用化学产品制造	88981	83792	1779
日用化学产品制造	375679	366578	139639
肥皂及合成洗涤剂制造	38370	38328	21861
化妆品制造	91262	93629	65183
口腔清洁用品制造	4485	4485	2492
香料、香精制造	83273	81096	25831
其他日用化学产品制造	158290	149041	24272
医药制造业	1083255	993229	173612
化学药品原药制造	232071	189755	64170
化学药品制剂制造	320716	305364	788
中药饮片加工	22830	27131	5079
中成药制造	263905	245919	15446
兽用药品制造	68140	55134	35006
生物、生化制品的制造	135682	132641	30546
卫生材料及医药用品制造	39910	37286	22577
化学纤维制造业	2373155	2262914	108851
纤维素纤维原料及纤维制造	48015	47699	523
化纤浆粕制造	23225	22967	523
人造纤维(纤维素纤维)制造	24790	24732	

2-1　续表 6　　　　单位：万元

项　　目	工业总产值	工业销售产值	
			出口交货值
合成纤维制造	2325140	2215215	108328
锦纶纤维制造	745661	689012	847
涤纶纤维制造	1453743	1407884	96925
腈纶纤维制造	1171	1160	
其他合成纤维制造	124565	117159	10555
橡胶制品业	2293821	2344153	605830
轮胎制造	1009437	1093959	324902
车辆、飞机及工程机械轮胎制造	1005291	1089871	324902
轮胎翻新加工	4146	4087	
橡胶板、管、带的制造	44563	41067	6025
橡胶零件制造	101449	97536	42523
再生橡胶制造	46786	45908	2971
日用及医用橡胶制品制造	27563	28341	22011
橡胶靴鞋制造	934637	904946	159353
其他橡胶制品制造	129386	132397	48045
塑料制品业	5415162	5206754	1890317
塑料薄膜制造	878376	845684	468719
塑料板、管、型材的制造	716601	676232	35924
塑料丝、绳及编织品的制造	168744	164831	35767
泡沫塑料制造	216530	213707	18857
塑料人造革、合成革制造	569417	528543	47838
塑料包装箱及容器制造	136897	133635	13192
塑料零件制造	306851	301164	81175
日用塑料制造	1721961	1670441	867595
塑料鞋制造	1062939	1041672	549793
日用塑料杂品制造	659022	628769	317802
其他塑料制品制造	699786	672517	321249
非金属矿物制品业	9758881	9503034	2176213
水泥、石灰和石膏的制造	1543923	1517588	1215
水泥制造	1513678	1487429	1215
石灰和石膏制造	30246	30159	
水泥及石膏制品制造	879658	818698	1995
水泥制品制造	770758	716998	1995
砼结构构件制造	48838	45046	
石棉水泥制品制造	6375	6108	
轻质建筑材料制造	18373	15337	
其他水泥制品制造	35315	35209	
砖瓦、石材及其他建筑材料制造	5542148	5406022	1358027
粘土砖瓦及建筑砌块制造	108468	107334	4329
建筑陶瓷制品制造	2050711	2003241	96943
建筑用石加工	3255306	3168666	1248551
防水建筑材料制造	1789	1737	
隔热和隔音材料制造	20389	19766	284
其他建筑材料制造	105485	105278	7921
玻璃及玻璃制品制造	725650	730408	238807
平板玻璃制造	239051	210946	51682
技术玻璃制品制造	215057	255375	127702
光学玻璃制造	60190	58417	21532
玻璃仪器制造	3310	3249	
日用玻璃制品及玻璃包装容器制造	61299	56756	7893
玻璃纤维及制品制造	41591	41423	2082
玻璃纤维增强塑料制品制造	21669	21049	4468
其他玻璃制品制造	83482	83194	23448

2-1 续表 7 单位：万元

项　　目	工业总产值	工业销售产值	
			出口交货值
陶瓷制品制造	856477	824075	558661
卫生陶瓷制品制造	26684	23735	9312
特种陶瓷制品制造	135340	128816	45920
日用陶瓷制品制造	243874	236522	91599
园林、陈设艺术及其他陶瓷制品制造	450578	435002	411830
耐火材料制品制造	61532	61119	
石棉制品制造	11501	11198	
耐火陶瓷制品及其他耐火材料制造	50031	49920	
石墨及其他非金属矿物制品制造	149494	145124	17508
石墨及碳素制品制造	37204	35059	7870
其他非金属矿物制品制造	112290	110065	9639
黑色金属冶炼及压延加工业	7572631	7404555	197932
炼铁	437809	434881	
炼钢	841891	801824	544
钢压延加工	6033562	5922752	180787
铁合金冶炼	259369	245098	16601
有色金属冶炼及压延加工业	3334455	3232400	590597
常用有色金属冶炼	177559	147235	10180
铜冶炼	73854	64049	9444
铅锌冶炼	37707	21187	
镍钴冶炼	1110	1017	90
铝冶炼	50896	49509	
其他常用有色金属冶炼	13993	11473	645
贵金属冶炼	468675	475508	
金冶炼	468675	475508	
稀有稀土金属冶炼	317008	322544	135202
钨钼冶炼	301058	307794	135202
稀土金属冶炼	13845	12950	
其他稀有金属冶炼	2105	1800	
有色金属合金制造	247362	239530	91217
有色金属压延加工	2123850	2047585	353998
常用有色金属压延加工	2068603	1993836	334940
稀有稀土金属压延加工	55248	53749	19059
金属制品业	3606205	3512325	1143287
结构性金属制品制造	881912	856179	126533
金属结构制造	760480	738229	109166
金属门窗制造	121431	117950	17367
金属工具制造	302539	294465	80886
切削工具制造	95717	89430	51095
手工具制造	20241	19244	14987
农用及园林用金属工具制造	2546	2441	2031
刀剪及类似日用金属工具制造	22796	22658	4558
其他金属工具制造	161240	160692	8216
集装箱及金属包装容器制造	855148	835474	201700
集装箱制造	190253	190804	184896
金属压力容器制造	112616	111337	51
金属包装容器制造	552279	533334	16753

2-1　续表 8　　单位：万元

项　　目	工业总产值	工业销售产值	
			出口交货值
金属丝绳及其制品的制造	121778	113164	28351
建筑、安全用金属制品制造	711097	696489	405871
建筑、家具用金属配件制造	181256	180688	68140
建筑装饰及水暖管道零件制造	411908	402694	335297
安全、消防用金属制品制造	74415	70798	879
其他建筑、安全用金属制品制造	43518	42309	1554
金属表面处理及热处理加工	104250	101734	12966
搪瓷制品制造	22888	21022	15309
搪瓷卫生洁具制造	21818	20017	15194
搪瓷日用品及其他搪瓷制品制造	1070	1005	115
不锈钢及类似日用金属制品制造	280985	278668	165574
金属制厨房调理及卫生器具制造	15737	15617	9504
金属制厨用器皿及餐具制造	118244	119308	97311
其他日用金属制品制造	147004	143743	58759
其他金属制品制造	325609	315129	106098
铸币及贵金属制实验室用品制造	440	409	409
其他未列明的金属制品制造	325169	314720	105690
通用设备制造业	4298859	4194645	723964
锅炉及原动机制造	114861	111893	25894
锅炉及辅助设备制造	24511	23197	
内燃机及配件制造	85527	84084	25894
汽轮机及辅机制造	2665	2665	
水轮机及辅机制造	2157	1947	
金属加工机械制造	250566	245064	12059
金属切削机床制造	37826	36261	2996
金属成形机床制造	50709	48533	3703
铸造机械制造	44588	44305	1273
金属切割及焊接设备制造	1214	900	48
机床附件制造	68253	67768	530
其他金属加工机械制造	47976	47298	3509
起重运输设备制造	426714	423917	197501
泵、阀门、压缩机及类似机械的制造	1044137	1001125	203931
泵及真空设备制造	172565	162601	103620
气体压缩机械制造	130022	119939	22235
阀门和旋塞的制造	671930	649479	75209
液压和气压动力机械及元件制造	69620	69106	2867
轴承、齿轮、传动和驱动部件的制造	486272	478880	130127
轴承制造	236570	228773	108775
齿轮、传动和驱动部件制造	249702	250106	21352
风机、衡器、包装设备等通用设备	778494	760189	98802
风机、风扇制造	17779	14798	1429
气体、液体分离及纯净设备制造	17099	13586	646
制冷、空调设备制造	93596	93211	14770
风动和电动工具制造	81643	81173	65668
喷枪及类似器具制造	596	596	
包装专用设备制造	18760	16574	2759
衡器制造	10602	10609	2119
其他通用设备制造	538420	529642	11412
通用零部件制造及机械修理	415322	406802	34328
金属密封件制造	9137	9137	
紧固件、弹簧制造	100716	99633	15058
机械零部件加工及设备修理	188396	186224	2302
其他通用零部件制造	117073	111808	16968

2-1 续表 9 单位：万元

项　　目	工业总产值	工业销售产值	
			出口交货值
金属铸、锻加工	782494	766776	21323
钢铁铸件制造	731496	716901	21317
锻件及粉末冶金制品制造	50999	49875	6
专用设备制造业	3184690	3061273	288985
矿山、冶金、建筑专用设备制造	1551100	1511999	100469
采矿、采石设备制造	84652	78977	1095
石油钻采专用设备制造	21322	19589	
建筑工程用机械制造	1235132	1211408	85061
建筑材料生产专用机械制造	158539	150829	14314
冶金专用设备制造	51456	51196	
化工、木材、非金属加工专用设备	373154	358556	46600
炼油、化工生产专用设备制造	36456	33287	
橡胶加工专用设备制造	58242	55554	4582
塑料加工专用设备制造	19525	17925	600
木材加工机械制造	15883	15742	
模具制造	241797	234825	41418
其他非金属加工专用设备制造	1251	1223	
食品、饮料、烟草及饲料生产专用设备制造	30337	26505	1513
食品、饮料、烟草工业专用设备制造	28806	24998	1513
农副食品加工专用设备制造	1532	1507	
印刷、制药、日化生产专用设备制造	95981	78574	13953
制浆和造纸专用设备制造	31293	20268	5107
印刷专用设备制造	27462	22783	1533
日用化工专用设备制造	501	501	
制药专用设备制造	6542	6399	
照明器具生产专用设备制造	13772	13137	3473
其他日用品生产专用设备制造	16412	15487	3841
纺织、服装和皮革工业专用设备制造	219100	206339	26062
纺织专用设备制造	155496	145309	24047
皮革、毛皮及其制品加工专用设备制造	53271	51080	1281
缝纫机械制造	9645	9269	734
其他服装加工专用设备制造	688	681	
电子和电工机械专用设备制造	83338	79126	8748
#电工机械专用设备制造	33226	32625	
电子工业专用设备制造	23365	20845	4148
航空、航天及其他专用设备制造	6176	6284	
农、林、牧、渔专用机械制造	138246	137913	3290
拖拉机制造	58407	56992	
机械化农业及园艺机具制造	45905	46793	3290
农林牧渔机械配件制造	19823	20120	
其他农林牧渔业机械制造及机械修理	14111	14008	
医疗仪器设备及器械制造	176563	173190	72435
口腔科用设备及器具制造	24432	22885	
医疗、外科及兽医用器械制造	24701	24553	5435
假肢、人工器官及植(介)入器械制造	72066	70469	55865
其他医疗设备及器械制造	55363	55284	11135
环保、社会公共安全及其他专用设备制造	516871	489072	15915
环境污染防治专用设备制造	343734	324885	2097

2-1　续表 10　　单位：万元

项　　目	工业总产值	工业销售产值	
			出口交货值
社会公共安全设备及器材制造	125641	119960	4634
交通安全及管制专用设备制造	535	536	
水资源专用机械制造	3314	3084	1634
其他专用设备制造	43647	40607	7551
交通运输设备制造业	6471547	6289149	2051799
铁路运输设备制造	4566	4998	
铁路专用设备及器材、配件制造	4566	4998	
汽车制造	4067752	3961152	603899
汽车整车制造	1293525	1323515	161529
改装汽车制造	189366	185649	816
电车制造	7048	6065	
汽车车身、挂车的制造	70272	67229	4133
汽车零部件及配件制造	2464510	2335820	437421
汽车修理	43032	42874	
摩托车制造	423353	415221	66444
摩托车整车制造	105269	98616	26981
摩托车零部件及配件制造	318084	316605	39463
自行车制造	39376	39509	18939
脚踏自行车及残疾人座车制造	27217	27370	18939
助动自行车制造	12159	12138	
船舶及浮动装置制造	1267979	1199758	737973
金属船舶制造	808440	783287	717261
非金属船舶制造	6842	6585	
娱乐船和运动船的建造和修理	19987	18433	9027
船用配套设备制造	34803	35111	
船舶修理及拆船	397907	356343	11685
航空航天器制造	664571	664571	622561
飞机制造及修理	664571	664571	622561
交通器材及其他交通运输设备制造	3950	3939	1983
交通管理用金属标志及设施制造	1103	1103	
其他交通运输设备制造	2846	2836	1983
电气机械及器材制造业	7068846	6869063	2456706
电机制造	1690358	1667177	838033
发电机及发电机组制造	1137388	1137060	539634
电动机制造	498069	476226	277261
微电机及其他电机制造	54901	53892	21138
输配电及控制设备制造	1494088	1484220	215372
变压器、整流器和电感器制造	247227	243632	55136
电容器及其配套设备制造	6039	6012	
配电开关控制设备制造	990482	985857	75215
电力电子元器件制造	200070	200335	83874
其他输配电及控制设备制造	50270	48383	1147
电线、电缆、光缆及电工器材制造	800752	806851	48462
电线电缆制造	754918	761257	35170
光纤、光缆制造	1318	1318	1318
绝缘制品制造	40398	40353	11681
其他电工器材制造	4118	3924	293
电池制造	1103605	1059447	103219
家用电力器具制造	806250	707387	539323
家用制冷电器具制造	688	664	214

2-1 续表 11 单位：万元

项　　目	工业总产值	工业销售产值	
			出口交货值
家用空气调节器制造	24579	22645	5602
家用通风电器具制造	6322	6322	5048
家用厨房电器具制造	498509	406518	391582
家用清洁卫生电器具制造	17085	16236	12033
家用美容、保健电器具制造	129242	126562	113931
家用电力器具专用配件制造	27347	28281	
其他家用电力器具制造	102479	100159	10914
非电力家用器具制造	106583	101935	82823
燃气、太阳能及类似能源的器具制造	106583	101935	82823
照明器具制造	1021733	996868	618503
电光源制造	685551	666546	469952
照明灯具制造	207804	199705	95657
灯用电器附件及其他照明器具制造	128378	130617	52894
其他电气机械及器材制造	45478	45178	10971
车辆专用照明及电气信号设备装置	10901	9691	2574
其他未列明的电气机械制造	34577	35487	8397
通信设备、计算机及其他电子设备	17178570	16933801	11108084
通信设备制造	1022811	995644	224245
通信传输设备制造	151315	140442	8980
通信交换设备制造	68207	47936	9578
通信终端设备制造	122304	117608	54966
移动通信及终端设备制造	600241	613910	137399
其他通信设备制造	80744	75748	13321
雷达及配套设备制造	865	771	
广播电视设备制造	127156	123922	36234
广播电视节目制作及发射设备制造	645	645	
广播电视接收设备及器材制造	111981	108747	36234
应用电视设备及其他广播电视设备	14529	14529	
电子计算机制造	9060025	8998007	6233849
电子计算机整机制造	4448986	4448490	2405880
计算机网络设备制造	168568	152960	
电子计算机外部设备制造	4442471	4396558	3827969
电子器件制造	2989871	2940718	2442025
电子真空器件制造	310780	297742	169318
半导体分立器件制造	103929	96449	39651
集成电路制造	192676	183145	46238
光电子器件及其他电子器件制造	2382486	2363381	2186818
电子元件制造	1927474	1871570	1015211
电子元件及组件制造	1584475	1543373	893309
印制电路板制造	342999	328197	121902
家用视听设备制造	1775353	1735117	1106714
家用影视设备制造	1352913	1314865	753812
家用音响设备制造	422440	420252	352902
其他电子设备制造	275015	268052	49808
仪器仪表及文化、办公用机械制造	1458446	1416099	834839
通用仪器仪表制造	156688	153895	33101
工业自动控制系统装置制造	40305	36995	9574
电工仪器仪表制造	60595	60794	13044
绘图、计算及测量仪器制造	1782	1754	101
实验分析仪器制造	12928	12840	9134
试验机制造	2123	2123	
供应用仪表及其他通用仪器制造	38956	39390	1248

2-1 续表 12

单位：万元

项 目	工业总产值	工业销售产值	出口交货值
专用仪器仪表制造	141231	140381	37687
环境监测专用仪器仪表制造	65524	65131	
汽车及其他用计数仪表制造	8228	8063	
农林牧渔专用仪器仪表制造	988	960	
电子测量仪器制造	7412	7275	137
其他专用仪器制造	59080	58953	37550
钟表与计时仪器制造	355641	352920	205247
光学仪器及眼镜制造	270281	265377	197925
光学仪器制造	76387	73473	42995
眼镜制造	193894	191904	154930
文化、办公用机械制造	491796	460727	327175
幻灯及投影设备制造	2036	2036	2036
照相机及器材制造	61285	54992	51478
复印和胶印设备制造	52086	50763	41570
计算器及货币专用设备制造	376389	352936	232091
其他仪器仪表的制造及修理	42809	42799	33704
工艺品及其他制造业	3767892	3619967	2212898
工艺美术品制造	2490457	2399992	1524246
雕塑工艺品制造	493499	470650	217336
金属工艺品制造	445212	433883	295771
漆器工艺品制造	113904	108999	74758
花画工艺品制造	113966	115023	89630
天然植物纤维编织工艺品制造	147675	139846	111511
抽纱刺绣工艺品制造	7147	6392	3599
地毯、挂毯制造	6990	6748	6468
珠宝首饰及有关物品的制造	223395	211393	9745
其他工艺美术品制造	938670	907059	715428
日用杂品制造	1086080	1040298	660760
制镜及类似品加工	4943	4907	2037
鬃毛加工、制刷及清扫工具的制造	20514	21159	18476
其他日用杂品制造	1060623	1014232	640247
煤制品制造	2170	2179	
其他未列明的制造业	189185	177498	27891
废弃资源和废旧材料回收加工业	45152	46621	
金属废料和碎屑的加工处理	22939	19304	
非金属废料和碎屑的加工处理	22213	27316	
电力、燃气及水的生产和供应业	9841579	9803555	
电力、热力的生产和供应业	9423945	9388719	
电力生产	3263484	3239702	
火力发电	2438454	2418461	
水力发电	781720	779081	
其他能源发电	43310	42160	
电力供应	6109103	6097917	
热力生产和供应	51358	51101	
燃气生产和供应业	133350	133351	
水的生产和供应业	284285	281485	
自来水的生产和供应	265160	262370	
污水处理及其再生利用	19125	19114	

2-2 规模以上三大主导产业产值指标

单位：万元

项目	工业总产值	工业销售产值	出口交货值
总计	**60866352**	**59451776**	**21799329**
#亏损企业	8028042	7857515	2195233
一、按轻重工业分			
轻工业	12823452	12341779	5003215
以农产品为原料	48015	47699	523
以非农产品为原料	12775437	12294079	5002692
重工业	48042900	47109997	16796114
采掘工业			
原料工业	11572077	11264631	2209223
加工工业	36470822	35845366	14586890
二、按登记类型分			
内资企业	20265313	19642881	3187311
国有企业	744990	704991	170892
集体企业	383859	374842	19310
股份合作企业	373930	367866	32002
联营企业	57931	55338	
有限责任公司	4176083	4037221	483914
股份有限公司	2298944	2292782	585146
私营企业	12162188	11764568	1891188
其他企业	67388	45273	4859
港、澳、台商投资企业	18334572	17861502	8950217
外商投资企业	22266467	21947393	9661801
三、按规模分			
大型企业	17697299	17443497	9618039
中型企业	22689406	22158796	9059704
小型企业	20479647	19849483	3121586
四、按行业分			
电子信息	17178570	16933801	11108084
机械装备	26088592	25342553	7499580
石油化工	17599190	17175422	3191665

2-3　规模以上工业园区企业产值指标

单位：万元

项　　目	工业总产值	工业销售产值	
			出口交货值
总　　计	**61153507**	**59341115**	**20194346**
#亏损企业	8138614	7978638	2203270
一、按轻重工业分			
轻工业	26581025	25486427	9047922
以农产品为原料	16501103	15807081	4217432
以非农产品为原料	10079922	9679346	4830490
重工业	34572482	33854688	11146424
采掘工业	349853	316544	42272
原料工业	12108970	11801406	1338174
加工工业	22113659	21736739	9765978
二、按规模分			
大型企业	13407680	13132472	8274341
中型企业	23341951	22659889	7193901
小型企业	24403876	23548754	4726104
三、按行业分			
采矿业	245102	217630	1587
煤炭开采和洗选业	111168	104109	
黑色金属矿采选业	18431	18268	
有色金属矿采选业	63891	43869	
非金属矿采选业	51612	51383	1587
制造业	59366623	57596550	20192759
农副食品加工业	3160131	2945946	657393
食品制造业	1483566	1423562	442955
饮料制造业	716204	707768	5991
纺织业	2973070	2884559	284886
纺织服装、鞋、帽制造业	2375927	2287471	1063274
皮革、毛皮、羽绒及其制品业	3395858	3263031	1332234
木材加工及竹、藤、棕、草制品业	1191216	1146556	179073
家具制造业	779997	763769	421219
造纸及纸制品业	1177500	1108880	42844
印刷业、记录媒介的复制	266837	267044	27626
文教体育用品制造业	493398	481615	289062
石油加工及炼焦化	222000	220054	
化学原料及化学制品制造业	2705503	2717811	258441
医药制造业	504867	480485	73364
化学纤维制造业	1222158	1180160	47124
橡胶制品业	656247	653214	141108
塑料制品业	2674616	2536779	1007472
非金属矿物制品业	2789493	2755268	873285
黑色金属冶炼及压延加工业	3282542	3164916	160736
有色金属冶炼及压延加工业	1604266	1537369	254089
金属制品业	1668074	1614612	577976
通用设备制造业	1577129	1528459	357566
专用设备制造业	1311221	1262137	149802
交通运输设备制造业	2549853	2468401	967913
电气机械及器材制造业	4098033	3947870	1622912
通信设备、计算机及其电子设备制造业	12206811	12032333	7623773
仪器仪表及文化、办公用机械制造业	903129	871661	531460
工艺品及其他制造业	1359148	1321544	799183
废弃资源和废旧材料回收加工业	17831	23279	
电力、燃气及水的生产和供应业	1541783	1526935	
电力、热力的生产和供应业	1474539	1460089	
燃气生产和供应业	33905	33905	
水的生产和供应业	33339	32942	

2-4 规模以上工业高技术产业产值指标

单位：万元

项目	工业总产值	工业销售产值	出口交货值
总计	**20212453**	**19844040**	**12458293**
#国有控股企业	499554	525383	192965
#亏损企业	1975607	1961777	1312933
一、按轻重工业分			
轻工业	3463645	3305235	1626422
以农产品为原料	490558	460824	86077
以非农产品为原料	2973087	2844411	1540345
重工业	16748808	16538805	10831871
采掘工业			
原料工业	2191379	2136572	1075662
加工工业	14557429	14402233	9756209
二、按登记类型分			
内资企业	2328815	2213587	423918
国有企业	39941	38717	10741
集体企业	4860	4524	
股份合作企业	98081	96292	13750
联营企业			
有限责任公司	800075	768067	136770
股份有限公司	421514	386891	88851
私营企业	960482	916197	173774
其他企业	3863	2900	32
港、澳、台商投资企业	7648973	7534422	5814131
外商投资企业	10234665	10096031	6220244
三、按规模分			
大型企业	11047093	10952470	7702114
中型企业	6675016	6475516	4293438
小型企业	2490344	2416054	462741
四、按行业分			
信息化学品制造	263904	265002	60451
医药制造业	1083255	993229	173612
化学药品制造	552786	495119	64958
中成药制造	263905	245919	15446
生物、生化制品的制造	135682	132641	30546
航空航天器制造	664571	664571	622561
飞机制造及修理	664571	664571	622561
电子及通信设备制造业	8118545	7935794	4874236
通信设备制造	1022811	995644	224245
#通信传输设备制造	151315	140442	8980
通信交换设备制造	68207	47936	9578
通信终端设备制造	122304	117608	54966
移动通信及终端设备制造	600241	613910	137399
雷达及配套设备制造	865	771	
广播电视设备制造	127156	123922	36234
电子器件制造	2989871	2940718	2442025
电子真空器件制造	310780	297742	169318
半导体分立器件制造	103929	96449	39651
集成电路制造	192676	183145	46238
光电子器件及其他电子器件制造	2382486	2363381	2186818
电子元件制造	1927474	1871570	1015211
家用视听设备制造	1775353	1735117	1106714
其他电子设备制造	275015	268052	49808
电子计算机及办公设备制造业	9488500	9401706	6507510
电子计算机整机制造	4448986	4448490	2405880
计算机网络设备制造	168568	152960	
电子计算机外部设备制造	4442471	4396558	3827969
办公设备制造	428475	403699	273661
医疗设备及仪器仪表制造业	593678	583738	219923
医疗设备及器械制造	176563	173190	72435
仪器仪表制造	417115	410548	147488

2-5　大中型工业企业产值指标

单位：万元

项　　目	工业总产值	工业销售产值	
			出口交货值
总　　计	**90400600**	**88579933**	**27985403**
#国有控股企业	18506378	18351718	1328285
#亏损企业	14280303	14013554	2491760
一、按轻重工业分			
轻工业	37743388	36638072	11855834
以农产品为原料	26121373	25537930	6153784
以非农产品为原料	11622015	11100142	5702050
重工业	52657211	51941861	16129569
采掘工业	1291086	1281776	49430
原料工业	23164349	22792818	2259744
加工工业	28201777	27867267	13820396
二、按登记类型分			
内资企业	33231555	32611278	4025154
国有企业	6722457	6647420	228807
集体企业	308516	306609	
股份合作企业	1102059	1097297	44676
联营企业	411116	409819	10953
有限责任公司	9158490	8952790	767125
股份有限公司	4225927	4151564	768202
私营企业	11273104	11015894	2201771
其他企业	29887	29887	3618
港、澳、台商投资企业	27880047	27287958	12374453
外商投资企业	29288997	28680697	11585797
三、按规模分			
大型企业	29946161	29646019	10368546
中型企业	60454439	58933914	17616856
四、按行业分			
采矿业	1219884	1214746	6428
煤炭开采和洗选业	283768	287441	
黑色金属矿采选业	846008	837784	
有色金属矿采选业	52989	52094	
非金属矿采选业	37119	37427	6428
制造业	81463635	79651817	27978974

2-5 续表

单位：万元

项　　目	工业总产值	工业销售产值	
			出口交货值
农副食品加工业	2622492	2506157	619825
食品制造业	1769213	1676082	247246
饮料制造业	1391513	1370614	14427
烟草加工业	1423050	1402670	623
纺织业	4621383	4539821	704477
纺织服装、鞋、帽制造业	4874694	4686643	1647298
皮革、毛皮、羽绒及其制品业	7054251	7096736	2585318
木材加工及竹、藤、棕、草制品业	504143	482503	105094
家具制造业	791044	778813	506425
造纸及纸制品业	1533810	1454833	31542
印刷业、记录媒介的复制	217749	228002	51369
文教体育用品制造业	749371	718564	468439
石油加工及炼焦化	1755440	1667520	
化学原料及化学制品制造业	2442757	2461556	314058
医药制造业	623959	546461	153007
化学纤维制造业	1839296	1743174	106315
橡胶制品业	1604080	1663905	451601
塑料制品业	2254758	2157058	1120026
非金属矿物制品业	3625417	3516022	679700
黑色金属冶炼及压延加工业	5598693	5479404	82636
有色金属冶炼及压延加工业	2288494	2233721	484544
金属制品业	1502094	1455414	798139
通用设备制造业	1765917	1746583	516740
专用设备制造业	1491228	1451014	186675
交通运输设备制造业	4393355	4289269	1851125
电气机械及器材制造业	4714035	4569675	1943002
通信设备、计算机及其电子设备制造业	15749696	15555380	10754975
仪器仪表及文化、办公用机械制造业	874052	841744	635087
工艺品及其他制造业	1378324	1326335	919262
废弃资源和废旧材料回收加工业	9331	6144	
电力、燃气及水的生产和供应业	7717081	7713370	
电力、热力的生产和供应业	7527398	7523686	
燃气生产和供应业	37580	37581	
水的生产和供应业	152103	152103	

2-6　国有控股工业企业产值指标

单位：万元

项　　目	工业总产值	工业销售产值	出口交货值
总　　计	**21114198**	**20906023**	**1445018**
#亏损企业	8369474	8273304	151110
一、按轻重工业分			
轻工业	2802362	2735557	92847
以农产品为原料	2327997	2273904	68265
以非农产品为原料	474365	461652	24582
重工业	18311836	18170466	1352170
采掘工业	539792	533733	6638
原料工业	14150647	13982019	310797
加工工业	3621397	3654715	1034735
二、按规模分			
大型企业	10144261	10094271	314108
中型企业	8362116	8257447	1014176
小型企业	2607821	2554304	116733
三、按行业分			
采矿业	547949	542306	6656
煤炭开采和洗选业	321464	321625	
黑色金属矿采选业	134192	125588	
有色金属矿采选业	34109	33827	
非金属矿采选业	58184	61266	6656
制造业	12303237	12128239	1438356
农副食品加工业	104000	100280	15312
食品制造业	95609	91832	17142
饮料制造业	125500	122843	755
烟草加工业	1441503	1420189	623
纺织业	92924	88942	4902
纺织服装、鞋、帽制造业	22254	21093	
皮革、毛皮、羽绒及其制品业	5045	4944	496
木材加工及竹、藤、棕、草制品业	114256	104526	242
家具制造业	736	505	
造纸及纸制品业	330183	313654	17241
印刷业、记录媒介的复制	102685	101479	
文教体育用品制造业			
石油加工及炼焦化	1727271	1639166	451
化学原料及化学制品制造业	680104	656518	16508
医药制造业	76185	75381	11794
化学纤维制造业			
橡胶制品业			
塑料制品业	24128	23655	6664
非金属矿物制品业	421982	420543	6589
黑色金属冶炼及压延加工业	2123731	2106663	982
有色金属冶炼及压延加工业	1308069	1307714	250634
金属制品业	95043	98495	61507
通用设备制造业	254938	249038	26071
专用设备制造业	658922	662480	42891
交通运输设备制造业	1875179	1878054	759555
电气机械及器材制造业	188498	179345	12672
通信设备、计算机及其电子设备制造业	408322	434949	169322
仪器仪表及文化、办公用机械制造业	14524	14529	11849
工艺品及其他制造业	6988	6988	4154
废弃资源和废旧材料回收加工业	4661	4438	
电力、燃气及水的生产和供应业	8263012	8235478	5
电力、热力的生产和供应业	7982450	7957651	
燃气生产和供应业	46412	46413	
水的生产和供应业	234150	231413	5

2-7 国有工业企业产值指标

单位：万元

项　　目	工业总产值	工业销售产值	出口交货值
总　　计	**7402594**	**7308995**	**252116**
#亏损企业	4279975	4262125	42829
一、按轻重工业分			
轻工业	1133998	1105504	38562
以农产品为原料	963762	939247	34408
以非农产品为原料	170237	166257	4154
重工业	6268596	6203491	213554
采掘工业	176018	176049	
原料工业	5609435	5577171	45537
加工工业	483143	450271	168018
二、按规模分			
大型企业	3753658	3756736	
中型企业	2968800	2890684	228807
小型企业	680137	661574	23309
三、按行业分			
采矿业	184175	184623	18
煤炭开采和洗选业	108958	109626	
黑色金属矿采选业	46784	46034	
有色金属矿采选业	9790	9647	
非金属矿采选业	18643	19316	18
制造业	2083955	2003173	252093
农副食品加工业	33249	29458	15312
食品制造业	65155	60581	16709
饮料制造业	10964	10964	
烟草加工业	788121	774397	473
纺织业	3862	3862	1915
纺织服装、鞋、帽制造业	8020	6855	
木材加工及竹、藤、棕、草制品业	844	818	
家具制造业	736	505	
造纸及纸制品业	547	547	
印刷业、记录媒介的复制	86482	85227	
化学原料及化学制品制造业	276947	269588	2690
医药制造业	20306	19197	
塑料制品业	4905	4905	
非金属矿物制品业	45268	45112	
黑色金属冶炼及压延加工业	6219	6012	
有色金属冶炼及压延加工业	262206	247662	42639
金属制品业			
通用设备制造业	152056	148941	2298
专用设备制造业	29257	26848	4600
交通运输设备制造业	254799	227920	150563
电气机械及器材制造业	7914	7792	
通信设备、计算机及其电子设备制造业	19111	18997	10741
工艺品及其他制造业	6988	6988	4154
电力、燃气及水的生产和供应业	5134464	5121199	5
电力、热力的生产和供应业	5003660	4992821	
燃气生产和供应业	39420	39421	
水的生产和供应业	91384	88956	5

2-8　规模以上集体工业企业产值指标

单位：万元

项　　目	工业总产值	工业销售产值	出口交货值
总　　计	**1749597**	**1726189**	**66009**
#亏损企业	134696	130779	5197
一、按轻重工业分			
轻工业	498392	490102	51567
以农产品为原料	396731	391040	30068
以非农产品为原料	101661	99061	21499
重工业	1251205	1236087	14442
采掘工业	417225	413553	2181
原料工业	555112	549801	2949
加工工业	278869	272733	9312
二、按规模分			
大型企业	153353	153222	
中型企业	155163	153387	
小型企业	1441082	1419580	66009
三、按行业分			
采矿业	416797	413097	2181
煤炭开采和洗选业	283890	282878	
黑色金属矿采选业	60421	58433	
有色金属矿采选业	21224	20917	
非金属矿采选业	51262	50870	2181
制造业	1206514	1187036	63828
农副食品加工业	39541	39343	3109
食品制造业	15397	14550	8198
饮料制造业	33528	33111	
纺织业	32734	32814	15154
纺织服装、鞋、帽制造业	7540	7372	3607
皮革、毛皮、羽绒及其制品业	159467	159548	
木材加工及竹、藤、棕、草制品业	61895	60221	
家具制造业	2989	2653	
造纸及纸制品业	80271	76359	
印刷业、记录媒介的复制	6338	6184	
文教体育用品制造业	501	490	
化学原料及化学制品制造业	56690	54932	3915
医药制造业	1206	1250	
化学纤维制造业	5091	5091	
橡胶制品业	4499	4499	
塑料制品业	71129	69272	2611
非金属矿物制品业	245020	244623	2635
黑色金属冶炼及压延加工业	110026	108027	
有色金属冶炼及压延加工业	574	569	
金属制品业	52859	52345	2071
通用设备制造业	109848	108515	2867
专用设备制造业	2397	2397	
交通运输设备制造业	23844	23838	1130
电气机械及器材制造业	52039	48872	4907
通信设备、计算机及其电子设备制造业	1177	1175	
仪器仪表及文化、办公用机械制造业	4286	3907	1809
工艺品及其他制造业	21578	21109	11815
废弃资源和废旧材料回收加工业	4050	3970	
电力、燃气及水的生产和供应业	126287	126056	
电力、热力的生产和供应业	112434	112248	
水的生产和供应业	13853	13807	

2-9 规模以上“三资”工业企业产值指标

单位：万元

项 目	工业总产值	工业销售产值	
			出口交货值
总 计	**79353183**	**77444592**	**30976623**
#亏损企业	11200919	10903686	3400813
一、按轻重工业分			
轻工业	38405135	37216822	14871797
以农产品为原料	25155705	24502824	7856398
以非农产品为原料	13249430	12713998	7015400
重工业	40948048	40227770	16104826
采掘工业	263029	255044	62879
原料工业	14218841	13824123	2483969
加工工业	26466178	26148603	13557978
二、按登记注册类型分			
港、澳、台商投资企业	41405873	40420754	16557873
合资经营企业	11376851	10905314	3746332
合作经营企业	519656	506375	53840
独资经营企业	28390957	27846530	12420979
投资股份有限公司	1118409	1162536	336723
外商投资企业	37947309	37023838	14418750
中外合资经营企业	12830654	12569615	2814820
中外合作经营企业	293550	294005	133421
外资企业	23948443	23302756	11323004
外商投资股份有限公司	874663	857461	147506
三、按规模分			
大型企业	19677084	19464465	10079584
中型企业	37491961	36504190	13880665
小型企业	22184138	21475937	7016374
四、按行业分			
采矿业	159953	157724	7663
煤炭开采和洗选业	2825	3120	
黑色金属矿采选业	13558	13373	
有色金属矿采选业	52436	51054	
非金属矿采选业	91134	90177	7663
制造业	77632756	75728719	30968960

2-9　续表　　单位：万元

项　目	工业总产值	工业销售产值	
			出口交货值
农副食品加工业	3170220	3000587	781458
食品制造业	1298416	1235150	235796
饮料制造业	1482524	1452736	33331
纺织业	3594155	3516678	868941
纺织服装、鞋、帽制造业	6053603	5873424	2449891
皮革、毛皮、羽绒及其制品业	7229903	7207710	2983117
木材加工及竹、藤、棕、草制品业	470681	457417	172975
家具制造业	904800	885309	591336
造纸及纸制品业	1426030	1361571	110120
印刷业、记录媒介的复制	184512	185714	39752
文教体育用品制造业	1069036	1030022	756729
石油加工及炼焦化	1868483	1779104	685
化学原料及化学制品制造业	2586742	2595312	335048
医药制造业	360655	327304	64723
化学纤维制造业	1784213	1688320	107881
橡胶制品业	1788376	1859140	539307
塑料制品业	3132631	2998132	1413219
非金属矿物制品业	3016043	2897801	1063298
黑色金属冶炼及压延加工业	3256362	3135570	184099
有色金属冶炼及压延加工业	1035253	966301	359939
金属制品业	2194309	2142014	993881
通用设备制造业	1222845	1199484	454070
专用设备制造业	1258713	1200611	191484
交通运输设备制造业	3578868	3528674	1189368
电气机械及器材制造业	4241505	4102588	1823621
通信设备、计算机及其电子设备制造业	15786535	15596868	10827493
仪器仪表及文化、办公用机械制造业	1157819	1118648	735962
工艺品及其他制造业	2460920	2365329	1661437
废弃资源和废旧材料回收加工业	18603	21204	
电力、燃气及水的生产和供应业	1560474	1558149	
电力、热力的生产和供应业	1446574	1444560	
燃气生产和供应业	68283	68282	
水的生产和供应业	45617	45308	

2-10 规模以上工业产品生产、销售和库存

产品名称	单位	年初库存量	本年生产量	本年销售量	本企业自用量及其他	年末库存量
原煤	吨	624639	23060656	23104987	33452	546857
洗煤	吨	28520	562269	577104		13685
铁矿石原矿	吨	240108	17507360	14852824	2651154	243490
锰矿石成品矿	吨	15104	27066	20476	3286	18408
铜金属含量	吨	27	10431	10201		257
铅金属含量	吨	4628	73806	74274		4160
锌金属含量	吨	15694	182650	183466		14877
金金属含量	千克	960	19604	18723		1841
天然大理石荒料	立方米	150604	1010071	940607	569	219499
天然花岗石荒料	立方米		188666	185467		3199
萤石	吨	6400	337012	329700	1300	12412
高岭土(也称瓷土)	吨	279172	2708771	2444822	137485	405637
硫铁矿石(折含硫35%)	吨	1600	91948	93548		
磷矿石(折含五氧化二磷30%)	吨		1641	1641		
原盐	吨	166585	323454	332006		158034
天然石墨	吨		310371	310206		165
石英砂	吨	34411	972428	985663	0	21177
小麦粉	吨	14738	752636	742650	584	24139
大米	吨	20599	1529964	1512344	97	38121
饲料	吨	71687	3604849	3276751	320632	79153
#配合饲料	吨	55085	1991399	1957699	29318	59466
混合饲料	吨	8835	1231401	935388	291314	13534
精制食用植物油	吨	39962	573069	579653	141	33236
成品糖	吨		72187	67814		4373
鲜、冷藏肉	吨	8231	303460	298981	434	12276
冷冻水产品	吨	42483	596587	578539	6168	54363
干制水生植物	吨	18764	125260	129469	50	14506
冷冻蔬菜	吨	35850	406474	388360	7657	46306
腌渍菜	吨	1544	43256	42026	1	2773
焙、炒加工的坚果及果仁	吨	675	30207	29746	5	1132
淀粉及淀粉制品	吨	2885	65957	65058		3783
豆腐及豆制品	吨	14	9110	9097		27
糕点	吨	1397	79491	78243	389	2256
面包	吨	5	6577	6048	438	96
饼干	吨	1941	199044	198223	108	2654
糖果	吨	9263	288820	280097	3861	14125
巧克力	吨	23	1330	1313		40
蜜饯	吨	7050	136744	135193	73	8528
面制半成品	吨	2159	112737	111604	64	3228
米制半成品	吨	348	5175	5304	7	211
方便面	吨	7485	195248	148619	2	54112
乳制品	吨	2628	132496	133777	294	1054
#液体乳	吨	2389	86112	87799	83	619
罐头	吨	154638	1622021	1609073	904	166681
味精(谷氨酸钠)	吨	1522	70705	67542	182	4502
酱油	吨	16230	146006	147264	15	14958
食醋	吨	5115	31531	29597	4	7045
复合调味品	吨	13386	98712	97303	155	14640
冷冻饮品	吨	1460	13374	13690		1143
饮料酒	千升	32625	2106925	2075777	19111	44662
软饮料	吨	51305	2609093	2582195	6358	71846

2-10 续表 1

产品名称	单位	年初库存量	本年生产量	本年销售量	本企业自用量及其他	年末库存量
精制茶	吨	6837	136875	132395	320	10997
复烤烟叶	吨		81221	78796		2425
卷烟	万支	16429	7504881	7458751	8796	53763
纱	吨	44891	1416133	1364565	35365	61094
布	万米	104242	285576	274813	7603	107402
印染布	万米	21551	379514	380414	368	20283
床褥单类	万条	35	61629	61619		45
床罩	万个		16	16		
棉被	万条	0	20	19		1
毛巾被	万条	572	11274	10754		1092
毛巾	万条	314	6109	6016		407
毛毯	条	2573	2943	2996		2520
服装	万件	7113	261998	257080	1309	10722
针织帽	万个	11	1200	929		282
轻革	平方米	3322728	105473911	102248409	165524	6382705
皮革鞋靴	万双	32591	121350	120044	42	33855
#皮革面旅游(运动)鞋靴	万双	28725	73471	72498	13	29686
皮革服装	件	204099	1526201	1505286		225014
衣箱、提箱及类似容器	万个	82	2124	2049		156
手提包(袋)、背包	万个	83510	1986774	1847538	1	222745
羽绒被	条	7392	52106	47644		11854
锯材	立方米	13691	520056	506954	781	26012
人造板	立方米	250446	7345679	7192990	10687	392449
#胶合板	立方米	80532	2761776	2731054	1045	110209
纤维板	立方米	74148	1794820	1711023	5269	152676
刨花板	立方米	58044	1656636	1633973	3600	77107
人造板表面装饰板	平方米	513742	30229013	26755029	450075	3537651
实物制门	扇	1721	166648	165848		2521
非实木制门	扇	3003	84651	86623		1031
木制地板	平方米	442674	3094779	3059756		477698
竹地板	平方米	198059	2798754	2676767	4319	315727
草制品	件	6139	1357227	1353231	1890	8245
家具	件	1167895	94021187	93785938	4304	1398841
#木质家具	件	194416	13046946	12894580	278	346504
竹、藤家具	件	22221	1383835	1365233		40823
金属家具	件	811057	67167100	67082087	4026	892044
纸浆(原生浆及废纸浆)	吨	33350	746581	329640	403199	47091
机制纸及纸板(外购原纸加工除外)	吨	129951	3592942	3461128	66580	195186
#新闻纸	吨	8019	272824	249079	50	31714
加工纸	吨	98723	3772894	3821378	24	50215
纸制品	吨	86929	2955503	2902929	11665	127838
单色印刷品	令	44259	1824392	1085757	23511	20770
多色印刷品	对开色令	57646	12837804	7188888		67895
本册	万本	429	6987	7172		244
文具盒(铅笔盒)	万个	18	1103	569		552
文件夹类文具	万个	178	42371	42345		204
圆珠笔	万支		785	785		
木杆铅笔	万支	1149	14758	14110		1797
皮或革制可充气运动用球	万个	44	1486	1468		62
体育器材及配件	千元	1320	141158	138413		4065
球拍、球棒	支(根)	379040	11205918	11295052		289906

2-10 续表 2

产品名称	单位	年初库存量	本年生产量	本年销售量	本企业自用量及其他	年末库存量
室内训练健身器材	台	256688	12680127	12465798	135	470882
运动专用手套	副	1765	315937	290322		27380
运动专用鞋	双	2374844	58996917	58437404		2934357
钓鱼用品和器材	千元	440	32486	32492		434
西弦乐器	把	11981	229346	224957		16370
西乐键盘乐器	架	953	5918	5723		1148
电子乐器	台	48851	504597	534567		18881
玩具	千元	113153	1332133	1321221		124065
原油加工量	吨		3072687		3072687	
汽油	吨	19856	833637	834039	566	18888
煤油	吨	4183	64099	63026	4099	1157
柴油	吨	22687	1128419	1115848	956	34302
润滑油	吨	7934	92388	93335	42	6945
燃料油	吨	4870	186736	179986		11621
润滑脂	吨	50	250	290		10
液化石油气	吨	2433	211608	213433		609
石油沥青	吨	16	72925	72629		312
焦炭	吨		997374	127650	869724	
硫酸(折100%)	吨	16948	469559	403275	60370	22862
盐酸(氯化氢,含量31%)	吨	647	136596	121450	15249	545
磷酸(含量85%)	吨		930	900		30
过氧化氢(双氧水)	吨	2916	83590	84201	451	1854
烧碱(折100%)	吨	7338	283516	223203	63304	4347
纯碱(碳酸钠)	吨	720	188578	186545	362	2391
亚硝酸钠	吨	734	15086	15786		34
碳化钙(电石,折 300升／千克)	吨	3233	132288	79844	53941	1736
轻质碳酸钙	吨	1869	330632	321912	1320	9269
纯苯	吨		14378	13288		1090
甲苯	吨		594	594		
精甲醇	吨	2814	220675	219416	75	3997
邻苯二甲酸酐	吨	777	15661	16101		337
甲醛	吨	15831	268180	265648	228	18135
合成氨(无水氨)	吨	1065	1007263	207011	798228	3088
农用氮、磷、钾化学肥料总计(折纯)	吨	19779	695979	637753	36562	41442
#氮肥(折含N100%)	吨	17292	654387	600778	36558	34342
#尿素(折含N100%)	吨	11795	340924	311739	15353	25626
合成复合肥料(实物量)	吨	34454	261424	249453	64	46361
化学农药原药(折有效成分100%)	吨	1106	17676	15532	1166	2084
涂料	吨	5313	345767	341814	52	9213
油墨	吨	298	11959	11905		352
颜料	吨	953	17540	17486		1006
染料	吨	50	240	256		34
合成粘合剂(胶粘剂)	吨	88568	1440461	1395432		133597
初级形态的塑料	吨	10011	367622	361629	245	15758
合成纤维单体	吨	118203	1324888	1434927	2	8162
#精对苯二甲酸(PTA)	吨	118203	1324888	1434927	2	8162
合成纤维聚合物	吨	25223	316557	315821	4926	21032
#聚脂	吨	23758	281709	287867	117	17482
松节油	吨	3005	18647	18342		3311
松香	吨	6636	53085	48955	3338	7428
改性松香	吨	29	1243	1222		51

2-10　续表 3

产品名称	单位	年初库存量	本年生产量	本年销售量	本企业自用量及其他	年末库存量
活性炭	吨	5518	65977	65583	356	5556
肥(香)皂	吨	269	14379	14395	5	248
合成洗涤剂	吨	581	25874	25790		665
表面活性剂	吨		1945	1945		
清洁类化妆品	千元	9819	97975	96814		10980
护肤用化妆品	千元	24438	334089	322791	1312	34424
护发用化妆品	千元	480	6779	6884		375
美容、修饰类化妆品	千元	3847	290123	293506		464
牙膏(折65克标准支)	万支	12	243	249	4	2
天然香料	吨	78	567	477		168
合成香料	吨	742	18575	17702		1615
香精	吨	205	3755	3701	68	191
化学药品原药	吨	211	6778	4862	1053	1074
粉针剂	万瓶(支)	2626	21592	22890		1328
注射液	万支	209199	1993889	1952526		250563
输液	万瓶	130085	1048619	1026050		152654
片剂	万片	2520102	1872902	3470849		922155
胶囊剂	万粒	59009	1298922	1217447		140484
颗粒剂	万袋(包)	631683	2844481	2838229		637935
膏霜剂	万支	2	57	56		3
口服液体制剂	万瓶	272	1224	1231		265
植物类饮片	千克	854	27037	26814	7	1070
中成药	吨	1006	6284	6132	47	1112
化学纤维用浆粕	吨	43	17003	15630	9	1406
化学纤维	吨	114275	1697772	1684148	26213	101686
合成纤维	吨	87166	1342279	1362216	2840	64389
橡胶轮胎外胎	条	1457728	21095023	21510940	1214	1040597
#子午线轮胎外胎	条	65729	1624538	1630572	1410	58285
#载货汽车橡胶轮胎外胎	条	120770	529783	521462		129091
#乘用车橡胶轮胎外胎	条	150	21935	21320		765
橡胶输送带	平方米	40000	720189	740189		20000
橡胶管	万标米		379	350		29
橡胶板(片、带)	吨	2668	43858	42187		4339
橡胶零件、附件	吨	1335	56718	55478	10	2566
橡胶手套	万副	2979	67074	66087		3965
日用橡胶制品	吨	113	6796	6727		183
医疗、卫生用橡胶制品	吨	18	238	214		42
胶鞋类	万双	1206	23766	22475	3	2494
塑料制品	吨	117534	2146661	2061482	4322	198391
#塑料薄膜	吨	5335	198888	198232	104	5887
#农用薄膜	吨	34	900	894		41
水泥熟料	吨	417196	34561384	9762364	24826219	389996
水泥	吨	984399	45933602	45782772	58926	1076303
石灰	吨	391086	2550671	2547685		394072
商品混凝土	立方米	427894	13215795	13213226	2250	428214
水泥混凝土排水管	千米	130	2857	2532		454
水泥混凝土压力管	千米	1	6	4		2
水泥混凝土电杆	根	46469	677404	615837		108036
预应力混凝土桩	米	1170193	27184175	27043255		1311113
水泥混凝土预制构件	立方米	5039	71059	66534		9564
石棉水泥瓦	平方米		2489	2489		

2-10 续表 4

产品名称	单位	年初库存量	本年生产量	本年销售量	本企业自用量及其他	年末库存量
砖	万块	12936	170898	169465	157	14212
瓦	万片	1873	24949	24823		1999
建筑砌块	立方米	20901	402174	397895	127	25053
瓷质砖	平方米	124365276	547854125	542275575	29962	129913864
炻瓷砖	平方米	4762630	60637506	56958422	2565	8439148
细炻砖	平方米	10002665	48731703	39970882	146500	18616986
炻质砖	平方米	11815840	350126907	348116615	365600	13460532
陶质砖	平方米	36465201	353775718	346615798	11486	43613634
陶瓷马赛克	平方米	8615	29266	22482	5926	9473
建筑琉璃制品	吨	56312	197572	178836		75048
天然大理石建筑板材	平方米	2726630	33120782	31579718	7009	4260685
天然花岗石建筑板材	平方米	4577042	140210099	138086599	275081	6425460
人造石材	平方米	149720	2034109	1935606		248223
沥青和改性沥青防水卷材	平方米		550651	550200		451
平板玻璃	重量箱	1937402	16378117	14373679	1429840	2512000
钢化玻璃	平方米	477266	10228957	10060308	152694	493221
夹层玻璃	平方米	203694	11563047	11594576	35195	136969
中空玻璃	平方米	15739	914616	906717		23638
镀膜玻璃	平方米	226563	618920	571798		273685
日用玻璃制品	吨	2789	141127	138733	40	5142
玻璃包装容器	吨	1253	22992	22436		1809
#玻璃啤酒瓶	吨	1253	22992	22436		1809
卫生陶瓷制品	件	544120	3110529	3088946		565703
日用陶瓷制品	万件	7627	77698	78492	35	6798
石棉制品	吨	680	13059	13100		639
耐火材料制品	吨	1508	82945	81131		3323
磨具	吨	3997	28197	27734		4460
生铁	吨	20915	5257102	905027	4360199	12792
粗钢	吨	56671	7272811	2343864	4897879	87738
钢材	吨	300275	10780165	10735537	108428	236474
#中小型型钢	吨	36264	1108000	1124684	3927	15653
棒材	吨	68446	907845	955984	118	20189
钢筋	吨	46075	3549347	3517508	112	77801
线材(盘条)	吨	30650	1934418	1936864	325	27879
铁合金	吨	13639	153841	145045	2087	20349
十种有色金属	吨	58	97992	17936	72673	7441
精炼铜(电解铜)	吨	16	6510	6525		2
铅	吨		14216	6947		7269
锌	吨	41	1748	1619		170
高冰镍含镍量	吨	3613	68073	64160		7526
原铝(电解铝)	吨		75518	2845	72673	
黄金	千克		10840	9253		1587
白银(银锭)	千克	4455	62505	64135		2825
仲钨酸铵	千克	10	112313	108242		4080
氧化钨	千克	78	125532	123493		2117
钨	千克	15841	1331260	1331025		16076
钼酸铵	千克		420800	420800		
钼	千克	242	95596	91028		4810
硅	吨	3269	107720	107085		3904
单晶硅	千克		100000	69000		31000
多晶硅	千克	18530	456859	436600		38789

2-10　续表 5

产品名称	单位	年初库存量	本年生产量	本年销售量	本企业自用量及其他	年末库存量
铜合金	吨	2	949	947		4
锌合金	吨		7337	7337		
铝合金	吨	2344	38014	37561		2797
硬质合金	吨	11	399	386	2	22
铜材	吨	2493	70714	67624		5583
铜盘条(电工用铜线坯)	吨	218	759	929		48
铝材	吨	19891	648383	641024	3704	23546
铝盘条(电工用圆铝杆)	吨	304	16042	15900	143	303
锌材	吨	30	747	739		38
锡材	吨	10	491	490		11
钢结构及其产品	吨	4517	413014	411343	200	5988
预制建筑物(活动房屋)	个	3	652	652		3
金属制门及其框架、门槛	吨	1937	89997	87363		4571
金属制窗及窗框	吨	65	1815	1859	21	
金属切削工具	万件	175	7453	7180		447
通用手工具	万把	97	765	747		115
专用手工具	万把	0	640	640		
金属集装箱	立方米	92854	4543001	4635855		
金属压力容器	吨	290	23149	23095		344
金属包装容器	吨	6298	86291	84075		8514
金属丝	吨	326	10205	10282		249
钢丝绳	吨	185	1520	1461		244
钢绞线	吨	379	22061	21914		526
锁具	万把	3	272	269		6
保险柜	个	1338	24845	24297		1886
搪瓷制品	吨		67	66		
不锈钢日用制品	吨	294	13413	13514		193
厨房用手动机械器具	吨		1670	1670		
水龙头(水嘴)	只(套)	75445	81306368	81268592		113221
焊条	吨	678	6843	7415		105
金属铸造制品	吨	3030	129077	128472		3636
工业锅炉	蒸发量吨	5	185	176		14
发动机	台	6599	56669	56167		7101
水轮机	千瓦	14473	48129	48948		13654
金属切削机床	台	477	5726	5431	11	761
#数控金属切削机床	台	123	846	827		142
金属成形机床	台	136	2969	2752	4	349
铸造机械	台	415	18705	18825		295
电焊机	台	259	1779909	1779514	329	325
工具夹具	件	705	8000	8400		305
轻小型起重设备	台	1100	4048	3722		1426
起重机	台	146	1009	1027		128
起重机	吨	729	19037	19034		732
电梯、自动扶梯及升降机	台	48	442	446		44
电动车辆(电动叉车)	台	393	8023	7714		702
内燃叉车	台	165	3456	3521		100
输送机械(输送机和提升机)	台		117	117		
输送机械(输送机和提升机)	米		5340	5340		
泵	台	149014	8187069	7720161	93	615829
气体压缩机	台	512	572992	560287	18	13199
阀门	吨	5675	197498	148059	10	55105

2-10 续表 6

产品名称	单位	年初库存量	本年生产量	本年销售量	本企业自用量及其他	年末库存量
液压元件	件	42556	281935	286175		38316
液压系统及装置	套	7	175	177		5
液力机械及装置	台(套)	170	12026	11854		342
气动元件	件	8163	451365	369228		90300
滚动轴承	万套	714	9079	8867	274	651
轴承零配件	吨	235	7026	6997		264
齿轮传动轴	吨	50	400	395		55
齿轮	吨	940	33423	32384		1979
风机	台	2345	46782	42294		6833
液体真空过滤器	个		32	32		
非家用制冷、空调设备	台(套)	236	10712	10126		822
电动手提式工具	台	21340	1884736	1873701		32375
包装专用设备	台	75	75268	70573		4770
衡器(秤)	台	4828	78448	77958	23	5295
减速机	台	5	1	1		5
金属密封件	万件	776	1843	1931		688
金属紧固件	吨	293	7439	7383	19	331
弹簧	吨	26	2379	2323		82
铸铁件	吨	16253	662049	649860	751	27691
铸钢件	吨	6965	227630	224861	143	9591
锻件	吨	709	44858	43791		1775
粉末冶金零件	吨	1061	11780	11751		1089
采矿专用设备	台	231	3249	3185		295
采矿专用设备	吨	222	3177	3133		266
挖掘、铲土运输机械	台	8967	49529	50081		8415
压实机械	台	98	931	901		128
水泥专用设备	吨		475	461		14
混凝土机械	台	65149	262236	220161		107224
金属冶炼设备	台	4	68	61		11
金属冶炼设备	吨	10	3706	3636		80
金属轧制设备	台	3	560109	560101		11
金属轧制设备	吨		10578	10578		
炼油、化工生产专用设备	吨		3385	3385		
炼油、化工生产专用设备	台		216	216		
橡胶加工专用设备	台		388	386		2
塑料加工专用设备	台	170	2272	2303		139
塑料加工专用设备	吨		1577	1577		
木工机床	台	117	1999	1987		129
模具	套	2392	375771	373193	565	4405
烟草加工机械	台(套、条)	203	18253	18253		203
制浆和造纸专用设备	台	40	435	435		40
印刷专用设备	台	284	21914	21697	137	364
化学纺织纤维加工专用机械	台		4850	4829		21
纺织纤维梳理机	台	19	383	386		16
织机	台	25034	55871	55967	26	24912
拖拉机	台	2969	16265	17075		2159
农林用自装或自卸式挂车	台	28	1089	1087		30
土壤耕整机械	台	37	533	511		59
植保机械	台	33000	576440	529837		79603
临床检验分析仪器及诊断系统	台	4	21	20		5
环境污染防治专用设备	台(套)	2249	20564	19952	10	2851

2-10　续表 7

产品名称	单位	年初库存量	本年生产量	本年销售量	本企业自用量及其他	年末库存量
汽车	辆	8384	95098	97951	22	5509
#乘用车	辆	4162	33079	35964	18	1259
#基本型乘用车(轿车)	辆	2602	27889	29802	8	681
客车	辆	3160	36584	35977	4	3763
载货汽车	辆	327	15501	15580		248
改装汽车	辆	441	24581	24393		629
汽车车身(包括驾驶室)	辆	3420	97701	97018		4103
挂车、半挂车	辆	251	2594	2649		196
机动车(汽车)零配件	千元	292672	4915375	4859595	5181	343271
摩托车整车	辆	6184	209247	207151		8280
摩托车零部件及配件	千元	74056	1693882	1681411	8392	78135
两轮脚踏自行车	辆	292	4626	4652		266
特种脚踏自行车	辆	451	33795	34125		121
电动自行车	辆	110	28062	27884		288
民用钢质船舶	载重吨	8518	518337	525837		1018
钢质机动货船	载重吨		89844	89844		
钢质机动非货船	载重吨		16200	16200		
钢质驳船	载重吨		14200	14200		
船舶修理	载重吨	7800	4940198	4937348		10650
发电机	台	52473	3532729	3527614	2	57586
发电机组(发电设备)	台	22629	1564910	1571445		16094
发电机组(发电设备)	千瓦	360370	638020	531100		467290
内燃发电机组	千瓦	544958	17907914	17901253		551619
交流电动机	千瓦	146350	5518107	5370296	5880	288281
变压器	台	931	44353	43384		1900
#电力变压器	台		2	2		
变压器	千伏安	470127	4110840	3845484		735483
#电力变压器	千伏安	66770	198085	129875		134980
互感器	台	619	1969	1814		774
电力电容器成套装置	套	1	14554	14456		99
配电或电器控制设备(11万伏以下)	台(套、面)	338152	2074237	2010318	12422	389649
#高压电路开关、保护电器装置	台(套)	111976	1019077	992435		138618
高压开关板	面	1887	29880	30426	84	1257
漏电断路器	台	9757	103425	93240	12338	7604
低压开关板	面	2972	36780	35121		4631
高压开关设备(11万伏以上)	台	20	1339	1298		61
安全、自动化监控设备	台(套)	7559	47141	44376		10324
电力微电子组件	万个	30	2148	1858	70	249
继电器	万个	5	415	418		2
电线	千米	7971	83704	83583		8092
通信及电子网络用电缆	对千米	100889	87439	184009		4319
电力电缆	千米	3178	112920	113402		2696
裸铜线	吨		2540	2540		
漆包绕组线	吨	1700	27812	28804		708
电子元器件引线	吨	516	5553	5277		793
绝缘制品	吨	76	1795	1671		200
铅酸蓄电池	千伏安时	170606	6487117	6418838	295	238589
碱性蓄电池	只(自然只)	105261	3742404	3742204		105461
锂离子电池	只(自然只)	1341089	16058548	16127893		1271744
原电池及原电池组(折R20标准只)	万只	9056	219302	219866	6	8486

2-10 续表 8

产品名称	单位	年初库存量	本年生产量	本年销售量	本企业自用量及其他	年末库存量
家用冷柜(家用冷冻箱)	台	6823	66092	72373		542
家用冷藏箱	台		6843	6843		
家用电风扇	台	49710	1278931	1320431		8210
家用电热烘烤器具	个	182187	2797207	2919677		59717
电水壶	个		68506	67256		1250
电冷热饮水机	台	10092	33622	33198		10516
家用电炉灶	个	49571	7630600	7677998		2173
#微波炉	台	49571	7630600	7677998		2173
家用食品加工电动器具	个	69	4328	4271		126
家用电热水器	台	11263	151429	150953		11739
电熨斗	万个	9	201	195		15
家用燃气用具	台		46460	44560		1900
电光源	万只	2758	110894	109347	306	4000
灯具及照明装置	套(台、个)	2184046	27634384	27220435		2597995
光缆中继设备	部		2000	2000		
光纤放大器	部	697	11035	10376		1356
卫星地面接收机	部	150	386978	386083		1045
GPS接收机	部		10	10		
微波收发通信机	部		178	178		
微波终端机	部	3097	29057	30035		2119
数字程控交换机	线	1075	63855	64713		217
电话单机	部	621298	12822241	12181843	160	1261536
移动通信基站设备	信道	38	14120	13863		295
移动通信手持机(手机)	台	553546	7165558	7392546	38573	287985
移动通信核心网分组域设备	套	9	1508	1499		18
电视发射设备	台	11	15510	15474		47
卫星电视接收转发设备	台	1100	559779	559079		1800
电视接收机顶盒	台	50204	2836413	2769086	100	117431
电子计算机整机	台	50486	6919806	6881502	2431	86359
#计算机工作站	台		135348	135348		
微型计算机设备	台	50486	6473184	6435971	1340	86359
#台式微型计算机	台	45921	3785519	3760168		71272
笔记本计算机	台	4565	2687665	2675803	1340	15087
服务器	台		135	135		
网络控制设备	台	7	1229	1227	1	8
网络接口和适配器	台	19235	2071903	2041507	5	49626
网络连接设备	台	21877	59923	44844		36956
显示器	台	402203	27524578	27662662		264119
#彩色显示器(CRT)	台	152203	2272219	2330303		94119
平板显示器	台	250000	25252359	25332359		170000
打印机	台	32863	830271	821696	142	41296
外存储设备及部件	台(个)		83920	83920		
彩色显像管	只	286515	8826889	8597601		515803
半导体分立器件	万只	11679	504878	490269	12067	14221
敏感元件及传感器	万只		0	0		
集成电路	万块	436	5034	4976		495
集成电路圆片	万片		1677	1677		
光电子器件	万只	312137	1320038	1322094	3014	307067
#半导体光电器件	万只	302066	1160611	1163483	1682	297512
#发光二极管(LED)	万只	4079	88985	85807		7257
液晶显示屏	万片	322	11712	11684		351
液晶显示模组	万套	34	273	227	60	20

2-10　续表 9

产品名称	单位	年初库存量	本年生产量	本年销售量	本企业自用量及其他	年末库存量
电子元件	万只	67079	1215019	1198501	12465	71133
印制电路板	平方米	212233	3283754	3276651		219336
彩色电视机	台	249871	6208070	6203186		254755
#显像管彩色(CRT)电视机	台	99783	853158	918669		34272
液晶(LCD)电视机	台	112458	5004873	4956915		160416
等离子(PDP)电视机	台	21510	327323	294245		54588
投影电视机	台	3994		3396		598
黑白电视机	台	4753	10441	14016		1178
移动电视机	台		53	53		
数字激光音、视盘机	台	313555	4956343	5072396		197502
收音机	台	27415	4450816	4383657	231	94343
家用录放音机	台	154232	2443515	2509396	152	88199
组合音响	台	776	98909	99253		432
半导体存储器播放器(含MP3、MP4)	个	15891	559692	539682		35901
工业自动调节仪表与控制系统	台(套)	10258	1002010	981594		30674
电工仪器仪表	台	228643	2793419	2723307		298755
量具	万件		9	9		
量仪	台	5790	204375	202990		7175
工业仪表	台(个)	66980	12175300	11840493	500	401287
分析仪器及装置	台(套)	25	3340	3323		42
钟	只	3434171	100631161	98934898		5130434
表	只	3630046	29168066	30305389	2000	2490723
光学仪器	台(个)	88139	1146879	1107086		127932
眼镜成镜	副	5172421	131347452	127975050	1952667	6592156
眼镜片	片	25233756	105700326	109842908		21091174
眼镜框架	副	149347	572499	655605	5693	60548
照相机	台	13333	3603478	3586124	2569	28118
电子计算器	台	11043174	369018746	358391378		21670542
雕塑工艺品	千元	174948	3858731	3547792	1576	484311
金属工艺品	千元	36085	4150277	4053484		132878
漆器工艺品	千元	31	323496	323506		21
花画工艺品	千元	747	52280	52627		400
天然植物纤维编织工艺品	千元	1684	288050	278000		11734
抽纱刺绣工艺品	千元	842	119326	119476		692
手工地毯、挂毯	平方米	10731	338943	320001		29673
机制地毯、挂毯	平方米	6326	260032	262400		3958
贵金属首饰	千元	99158	1179719	1158490	38	120349
伞类制品	把	34769565	623537601	620804605	119423	37383138
打火机	万个	15	1806	1807		14
拉链	万米	5740	174436	160529	4	19643
发电量	万千瓦小时		9996698	9679032	317665	
#火力发电量	万千瓦小时		7155457	6867988	287468	
水力发电量	万千瓦小时		2748365	2730533	17832	
供热总量	万吉焦		645	235	410	
煤气生产量	万立方米		819348	15583	803765	
天然气供应量	万立方米	266	364	386		244
液化石油气供应总量	万吨		9	9		
自来水生产量	万立方米		169929	151286	18643	

2-11 主要工业产品生产能力

产品名称	单　位	年初生产能力	年末生产能力
原煤	吨	20411154	21160042
卷烟	万支	8283064	8960764
棉纺锭	锭	5721436	6539916
气流纺锭	头	31659	32707
棉布织机	台	59580	59817
原油加工能力	吨	4000000	4000000
焦炭	吨	1700000	1700000
碳化钙(电石，折 300升／千克)	吨	160000	160000
农用氮、磷、钾化学肥料总计(折纯)	吨	912273	923860
化学纤维	吨	2112961	2371055
水泥熟料	吨	42918300	44508500
#窑外分解窑熟料	吨	16381000	19031000
立窑熟料	吨	25144900	24365100
预热器窑熟料	吨	360000	180000
中空窑熟料	吨	14000	14000
水泥	吨	65060790	68514073
平板玻璃	重量箱	22045000	17665000
#浮法玻璃	重量箱	21420000	17040000
平拉玻璃	重量箱		
生铁	吨	6795811	7319211
粗钢	吨	8700562	9474237
钢材	吨	16716157	16306041
铁合金	吨	242779	243290
原铝(电解铝)	吨	100000	100000
金属切削机床	台	6428	8242
汽车	辆	254600	260600
#基本型乘用车(轿车)	辆	90600	90600
移动通信手持机(手机)	台	28190000	28213000
电子计算机整机	台	9078150	10740650
#微型计算机设备	台	8350650	9900650
彩色电视机	台	10361412	10124412
发电设备容量	万千瓦	2398.5	2626.7

2-12　规模以上工业企业经济效益综合指数

项　　目	全部工业	#国有工业	#集体工业	#“三资”工业
总　　计	**190.34**	**287.36**	**227.93**	**178.76**
一、按轻重工业分				
轻工业	184.19	469.93	193.35	174.16
以农产品为原料	197.66	808.57	194.79	186.26
以非农产品为原料	156.45	109.78	189.39	152.61
重工业	209.30	261.79	245.32	206.00
采掘工业	348.06	351.41	409.58	183.84
原料工业	206.11	308.74	200.92	183.33
加工工业	206.78	158.49	179.50	220.65
二、按规模分				
大型企业	223.87	587.70	201.64	203.16
中型企业	198.57	335.34	193.93	185.16
小型企业	178.17	129.74	249.29	161.85
三、按行业分				
采矿业	356.53	295.12	409.00	365.49
煤炭开采和洗选业	319.30	312.68	463.90	509.79
黑色金属矿采选业	561.63	661.59	557.83	489.70
有色金属矿采选业	367.49	326.72	249.97	468.56
非金属矿采选业	268.04	78.50	260.03	324.70
制造业	187.79	363.22	181.11	178.43
农副食品加工业	217.79	160.45	233.07	234.85
食品制造业	203.68	105.85	129.32	216.29
饮料制造业	278.12	199.37	296.75	313.40
烟草制品业	2111.79	2444.67		
纺织业	163.82	211.08	319.83	152.04
纺织服装、鞋、帽制造业	192.64	155.41	152.47	197.07
皮革、毛皮、羽毛(绒)及其制品业	199.02		197.65	190.75
木材加工及木、竹、藤、棕、草制品业	177.84	361.30	312.84	145.32
家具制造业	147.16	106.37	296.36	127.34
造纸及纸制品业	181.24	71.82	173.05	212.60
印刷业和记录媒介的复制	163.71	133.51	239.97	151.02
文教体育用品制造业	122.06		14.66	119.57
石油加工、炼焦及核燃料加工业	26.86			-60.64
化学原料及化学制品制造业	199.94	214.27	228.27	219.27
医药制造业	244.46	125.01	110.65	268.40
化学纤维制造业	235.99		721.30	250.12
橡胶制品业	173.54		118.99	182.21
塑料制品业	171.30	133.14	253.49	167.22
非金属矿物制品业	200.84	149.82	169.20	203.72
黑色金属冶炼及压延加工业	288.74	130.02	199.75	300.93
有色金属冶炼及压延加工业	352.30	380.37	116.80	262.63
金属制品业	181.29		210.19	172.61
通用设备制造业	198.80	162.98	220.74	174.04
专用设备制造业	189.22	104.93	138.25	215.35
交通运输设备制造业	210.93	222.26	184.73	222.89
电气机械及器材制造业	204.47	167.60	189.55	216.47
通信设备、计算机及其他电子设备制造业	193.07	141.43	156.34	202.02
仪器仪表及文化、办公用机械制造业	142.94		100.53	137.71
工艺品及其他制造业	168.12	441.95	226.55	159.79
废弃资源和废旧材料回收加工业	271.35		396.32	332.16
电力、燃气及水的生产和供应业	288.38	332.51	274.83	611.43
电力、热力的生产和供应业	315.48	393.68	267.04	744.44
燃气生产和供应业	60.05	101.37		17.98
水的生产和供应业	165.50	96.19	344.82	244.15

2-13 规模以上工业

项目	企业单位数(个)	亏损企业	流动资产合计	#应收账款	#存货	产成品
总计	**17212**	**2481**	**57007761**	**14193871**	**15568377**	**5780074**
#国有控股企业	540	124	8770971	1306256	2447175	641903
#亏损企业	2481	2481	8915447	1987858	2681559	909943
一、按轻重工业分						
轻工业	9471	1315	25743098	6724178	7692895	2949907
以农产品为原料	6366	805	17434599	4413254	5446194	2126473
以非农产品为原料	3105	510	8308499	2310924	2246701	823434
重工业	7741	1166	31264663	7469693	7875483	2830168
采掘工业	644	81	1025921	203612	159288	83187
原料工业	2737	557	12314880	2322959	2848444	921078
加工工业	4360	528	17923862	4943122	4867751	1825903
二、按登记注册类型分						
内资企业	11381	1364	24958890	5675148	7008237	2749304
国有企业	236	66	2008759	234423	672426	101999
集体企业	404	53	503337	158197	87512	27240
股份合作企业	268	26	421994	144085	133195	44229
联营企业	66	11	267015	73841	51025	8096
有限责任公司	1882	250	6067262	1249117	1708488	583847
股份有限公司	160	25	3834703	594206	916073	361283
私营企业	8332	931	11803075	3214193	3426270	1614551
其他企业	33	2	52746	7088	13249	8060
港、澳、台商投资企业	3712	671	16243355	4675096	4549004	1814952
外商投资企业	2119	446	15805516	3843627	4011136	1215818
三、按规模分						
大型企业	95	13	10389015	2228367	2426943	825922
中型企业	1729	217	24615125	5989760	7077273	2406501
小型企业	15388	2251	22003621	5975744	6064162	2547652
四、按行业分						
采矿业	584	65	975854	189592	131116	77901
煤炭开采和洗选业	208	12	359087	52238	23444	13303
烟煤和无烟煤的开采洗选	206	12	358881	52155	23338	13291
其他煤炭采选	2		206	83	105	11
黑色金属矿采选业	89	9	212655	64134	34914	17439
铁矿采选	86	9	202551	63723	33138	16278
其他黑色金属矿采选	3		10104	410	1777	1162
有色金属矿采选业	105	25	239324	39720	52659	36468
常用有色金属矿采选	77	24	126493	21944	40727	30099
铜矿采选	1		289	198	8	8
铅锌矿采选	74	23	123894	21223	39844	29360
锡矿采选	1	1	631	244	384	240
其他常用有色金属矿采选	1		1680	280	490	490
贵金属矿采选	15		37213	7927	1535	762
金矿采选	14		36652	7665	1448	736
银矿采选	1		561	262	87	26

企业主要财务指标

单位：万元

流动资产年平均余额	固定资产合计	固定资产原价	累计折旧	固定资产净值年平均余额	资产总计	流动负债合计		长期负债合计
							应付账款	
55398532	**44888607**	**59949824**	**19511656**	**39522721**	**116949127**	**48438062**	**12688045**	**13263774**
8460205	14973582	20025196	7236825	12495363	31258127	10187935	2082667	8398119
9215822	14246093	18649366	5952622	12322171	28697729	11424869	2839180	8027456
24692705	15182405	20530974	6690665	13728423	45274109	19410803	5310046	1523521
16606930	10032627	13711000	4412531	9221089	30480389	12711478	3321985	954835
8085775	5149778	6819974	2278134	4507335	14793720	6699326	1988060	568685
30705827	29706203	39418851	12820991	25794298	71675018	29027259	7377999	11740254
968529	806103	988401	258065	640147	2233174	810848	137703	126561
12043902	20600348	27118949	8856810	17823029	40539694	13610167	2905674	10071901
17693396	8299751	11311500	3706116	7331122	28902150	14606244	4334623	1541792
23461971	26262207	32891174	9830758	22582736	58890778	22877177	5112941	8344745
1880544	6256933	7858928	2783330	4811618	10159578	3219279	811736	3191649
480995	305630	453587	168398	295049	878523	401647	89556	23085
392599	458338	546352	132482	374224	1086237	325609	114907	25462
240647	1198791	1854547	670366	1209242	1538800	372849	67884	455347
5910436	8245473	9906001	2705707	7156831	15896259	6092076	1283907	3070123
3445845	1945514	2887231	1229796	1568317	7599819	2974821	467013	463036
11061705	7812129	9343133	2130252	7131984	21628727	9449173	2270046	1114774
49200	39399	41395	10428	35472	102836	41724	7893	1268
16381470	8764203	12592457	4565834	7879543	27708514	12526325	3973710	1141842
15555091	9862197	14466194	5115065	9060442	30349835	13034560	3601394	3777187
10628932	9161038	12641256	4356235	7754236	25601173	10418787	2968661	5021231
23988189	18268418	25111342	9005598	16098179	48179712	20803879	5050837	3771654
20781411	17459151	22197227	6149823	15670307	43168242	17215396	4668547	4470889
914816	770002	938247	240211	614707	2130197	754934	126270	127564
338192	226972	289380	94387	187125	727877	281670	25241	40321
337980	226773	289174	94380	186928	727473	281565	25209	40321
213	199	206	7	197	405	105	32	
212078	294758	339965	65220	223578	665330	187384	51105	38522
203947	292073	335724	63531	221049	652355	181731	50807	38522
8131	2685	4241	1689	2529	12975	5653	297	
220422	120331	152851	39441	106518	417987	163372	26940	44132
120039	45221	55010	13665	41399	185919	88821	17801	3862
319	160	195	35	162	449	273		102
117410	43424	53030	13482	39600	180824	86078	16794	3760
631	1518	1617	99	1519	2848	1850	763	
1680	119	167	48	119	1799	620	244	
31822	11692	19904	9972	9791	58970	24450	3822	5180
31251	11110	18524	9174	9192	57695	24287	3761	5180
571	583	1380	798	599	1275	163	61	

2-13 续表 1-1

项　　目	企业单位数(个)	亏损企业	流动资产合计	#应收账款	#存货	产成品
稀有稀土金属矿采选	13	1	75617	9849	10398	5607
钨钼矿采选	11	1	73045	9748	9243	5425
稀土金属矿采选	1		46	23		
其他稀有金属矿采选	1		2527	78	1155	182
非金属矿采选业	182	19	164788	33500	20099	10691
土砂石开采	147	15	105078	28941	12224	6941
石灰石、石膏开采	38	5	16273	7647	966	437
建筑装饰用石开采	27	1	20285	4009	3150	1857
耐火土石开采	35	5	20062	5926	4004	2182
粘土及其他土砂石开采	47	4	48458	11360	4104	2465
化学矿采选	5		13234	630	998	634
采盐	7	2	29979	901	1958	1879
石棉及其他非金属矿采选	23	2	16497	3028	4919	1237
石墨、滑石采选	5		877	292	111	93
其他非金属矿采选	18	2	15620	2737	4809	1144
制造业	16165	2290	53381088	13561398	15191843	5693486
农副食品加工业	881	151	2423643	501106	835524	378457
谷物磨制	108	7	173503	34037	68342	18610
饲料加工	118	15	351104	73891	106636	20755
植物油加工	33	7	493817	35510	146127	60287
食用植物油加工	31	7	492824	35378	145828	60216
非食用植物油加工	2		993	132	299	71
制糖	5	2	21209	1574	10890	5068
屠宰及肉类加工	56	8	189201	41152	59936	23661
畜禽屠宰	24	2	108951	23910	38822	12250
肉制品及副产品加工	32	6	80249	17243	21114	11411
水产品加工	306	54	734189	215283	305128	189005
水产品冷冻加工	179	28	394451	129505	151026	94678
鱼糜制品及水产品干腌制加工	83	17	207262	44880	103143	82061
水产饲料制造	24	4	113120	38025	39198	5739
鱼油提取及制品的制造	1		238	113	60	31
其他水产品加工	19	5	19119	2761	11701	6495
蔬菜、水果和坚果加工	177	39	366740	77150	105867	46871
其他农副食品加工	78	19	93882	22508	32599	14201
淀粉及淀粉制品的制造	14	2	23836	9431	5512	3369
豆制品制造	14	2	5537	2092	1882	589
蛋品加工	7	1	12718	2817	4166	2014
其他未列明的农副食品加工	43	14	51791	8168	21038	8230
食品制造业	429	52	1028034	225493	388299	202971
焙烤食品制造	67	5	141992	31909	49155	9976
糕点、面包制造	26	3	42107	12995	13416	2552
饼干及其他焙烤食品制造	41	2	99884	18914	35739	7424

单位：万元

流动资产年平均余额	固定资产合计	固定资产原价	累计折旧	固定资产净值年平均余额	资产总计	流动负债合计	应付账款	长期负债合计
68561	63418	77937	15804	55327	173098	50100	5317	35090
65827	59284	70945	12947	51036	165841	47875	5007	34015
51	5	18	13	7	98	28	3	
2683	4129	6974	2845	4285	7159	2197	307	1075
144125	127942	156050	41164	97486	319003	122509	22985	4590
100878	79830	102658	33827	71053	206681	80284	18729	2308
15652	12209	16813	5683	11311	31296	19060	6323	113
18734	18623	23180	6674	16141	45241	14728	3386	267
19081	11128	15127	5818	9483	35998	15736	4642	509
47412	37870	47538	15652	34118	94146	30760	4378	1420
11464	2696	3726	1726	2322	17478	13572	1324	
22494	12454	15560	3298	11292	43670	20124	479	2162
9289	32961	34107	2314	12820	51174	8530	2453	120
705	22431	22625	214	3247	23404	740	277	
8584	10530	11482	2100	9573	27770	7791	2176	120
51853239	29763596	40237313	13028141	26617232	95185775	42595500	11536760	5924505
2274585	1115751	1443117	456971	986225	3863031	2035746	425596	171438
169639	87349	116984	33842	83456	293220	124765	13779	6530
333715	98569	153786	60719	92602	482826	276948	36545	6433
456547	108010	140426	51634	97161	644578	476378	101555	7843
455584	106377	138713	51553	96273	641949	474718	101365	7843
963	1632	1713	81	887	2629	1661	190	
19897	43013	44492	24552	20498	66687	38460	5423	959
180523	238134	253808	49406	185522	491360	228999	29281	43682
103734	176760	192183	29620	142253	328295	149527	21609	27032
76789	61374	61625	19786	43269	163065	79472	7672	16650
701354	314635	411629	126985	296829	1131474	604174	161595	36841
366584	196648	220614	48335	171378	635744	327519	82618	32604
206355	88223	143914	59394	98187	311825	182636	47663	4213
111014	19215	33847	15254	17467	148561	82239	28631	9
218	277	373	96	250	514	183	128	
17183	10272	12882	3906	9548	34829	11598	2555	15
326200	157037	241203	92765	146294	572806	203530	54273	57166
86712	69003	80788	17069	63865	180080	82491	23146	11985
23021	14028	13424	3721	7418	41049	24409	3549	304
5317	7472	8143	682	6719	13866	5426	1641	158
11229	10425	11374	1194	10296	24192	9072	969	3933
47144	37078	47848	11472	39431	100973	43585	16987	7590
963829	662857	847969	251191	600266	1891906	784819	195070	76444
135950	121910	161040	45904	108550	305534	125394	33558	18960
41368	27074	30516	8350	20202	80901	47631	12558	50
94582	94836	130524	37554	88348	224633	77763	21000	18910

2-13 续表 1-2

项目	企业单位数(个)	亏损企业	流动资产合计	#应收账款	#存货	产成品
糖果、巧克力及蜜饯制造	94	8	209749	56547	59793	26545
糖果、巧克力制造	37	5	120171	31358	30280	13316
蜜饯制作	57	3	89578	25190	29513	13229
方便食品制造	40	6	82053	21655	26429	9523
米、面制品制造	22	2	28798	7315	8606	3747
速冻食品制造	8	4	21093	6904	6877	1577
方便面及其他方便食品制造	10		32163	7436	10946	4199
液体乳及乳制品制造	11	4	25732	4512	9073	5053
罐头制造	128	18	352246	65791	167701	113568
肉、禽类罐头制造	4		34833	4760	26397	16045
水产品罐头制造	5		11004	2028	7144	3844
蔬菜、水果罐头制造	112	17	293536	55867	128320	92713
其他罐头食品制造	7	1	12873	3136	5840	967
调味品、发酵制品制造	36	4	119951	24598	48046	26636
味精制造	9	1	54576	11239	16330	5279
酱油、食醋及类似制品的制造	15	2	32875	4191	13019	7589
其他调味品、发酵制品制造	12	1	32500	9167	18697	13768
其他食品制造	53	7	96311	20483	28104	11672
营养、保健食品制造	6		15225	1847	6403	2975
冷冻饮品及食用冰制造	10	1	12380	3625	4940	2426
盐加工	5	1	5635	1943	915	401
食品及饲料添加剂制造	21	4	51294	8918	13189	4990
其他未列明的食品制造	11	1	11777	4150	2657	879
饮料制造业	364	34	849490	151781	261404	86432
酒精制造	1		890	789	97	4
酒的制造	49	11	228933	32863	100997	13025
白酒制造	14	3	16944	3059	9200	2933
啤酒制造	19	7	182505	20289	81691	4768
黄酒制造	6		14039	5049	4251	2407
葡萄酒制造	2	1	1188	101	474	448
其他酒制造	8		14256	4366	5381	2469
软饮料制造	70	6	408011	52636	88846	38649
碳酸饮料制造	8	1	69858	12562	22891	8468
瓶(罐)装饮用水制造	19	1	24398	10974	5717	1694
果菜汁及果菜汁饮料制造	25	2	74253	12212	21156	8715
含乳饮料和植物蛋白饮料制造	4		83311	5601	12905	2186
固体饮料制造	3		35884	4909	8653	7516
茶饮料及其他软饮料制造	11	2	120307	6377	17524	10071
精制茶加工	244	17	211656	65493	71464	34756
烟草制品业	5		801105	61676	549136	27122
烟叶复烤	3		49295	13405	1295	
卷烟制造	2		751810	48271	547841	27122

单位：万元

流动资产年平均余额	固定资产合计	固定资产原价	累计折旧	固定资产净值年平均余额	资产总计	流动负债合计		长期负债合计
							应付账款	
200072	140592	161518	29960	127555	402013	140733	29505	11898
114619	96822	113337	21261	90878	234668	69750	18728	200
85452	43770	48181	8699	36677	167344	70983	10778	11698
77811	78194	112346	36039	75488	177051	74590	25489	8073
26167	36881	46706	9931	35358	70417	23921	12533	7988
20773	13748	16496	4329	12159	41839	19328	4191	85
30871	27565	49144	21779	27971	64796	31341	8765	
23309	19096	28631	10063	18481	55752	27266	5198	302
340703	152003	187744	51913	137415	545817	269617	57815	13620
39172	35175	37476	4426	33814	79846	30394	1994	345
11210	3763	4389	1082	3719	14803	8287	509	428
279926	110981	140563	43173	97698	435735	228539	54442	12847
10395	2085	5316	3232	2183	15434	2397	870	
101503	99795	125416	50944	91778	245435	83594	31981	20570
42453	55404	62513	28956	50693	128618	42885	19095	16170
27584	26179	37032	12367	24624	64888	21549	5391	2053
31467	18211	25872	9622	16462	51929	19161	7496	2348
84481	51268	71276	26369	40999	160305	63625	11525	3022
14073	7466	12615	5299	7134	28021	6803	623	1265
9400	11194	14396	4101	9174	24978	7806	1408	1250
4482	4535	7160	2858	3527	11313	3007	1423	
44924	18266	25325	11938	13329	73794	37484	4984	260
11603	9807	11781	2173	7837	22199	8525	3087	247
858421	725226	995143	368034	619714	1768892	720329	163116	51560
754	249	975	726	679	1139	905	555	
250997	282850	450111	205706	243458	570502	229961	54980	9221
15788	19741	23198	4605	18093	40322	11788	2744	656
207357	247120	408481	197267	212149	482602	200342	48689	8174
13773	5500	6870	1734	3614	19924	9087	1365	
1190	1631	1710	193	1722	3021	779		135
12888	8858	9852	1906	7881	24634	7965	2182	256
411807	319343	401585	132319	264189	829820	362605	79865	34627
68345	65039	96235	31290	63912	153533	83828	27500	5198
20382	22346	27859	7298	19775	47805	20958	7336	800
88628	112500	122290	45810	70889	249554	88142	9374	21027
96606	78093	90649	24726	63579	172155	87850	5341	203
36006	10760	20920	10160	16156	49656	30665	7937	1500
101840	30605	43632	13035	29879	157117	51161	22378	5899
194862	122784	142472	29284	111388	367432	126858	27716	7712
827177	254624	475646	247561	232992	1181492	246226	111315	
46122	47141	80151	37114	44533	102329	15140	975	
781055	207483	395495	210447	188459	1079164	231086	110340	

2-13 续表 1-3

项　　目	企业单位数(个)	亏损企业	流动资产合计	#应收账款	#存货	产成品
纺织业	1004	135	3135575	697465	930357	442959
棉、化纤纺织及印染精加工	411	58	1883506	386631	580665	287688
棉、化纤纺织加工	295	51	1336311	229097	472385	244501
棉、化纤印染精加工	116	7	547195	157534	108281	43187
毛纺织和染整精加工	7	2	20027	5276	7614	4577
毛条加工	1		4306	173	190	
毛纺织	4	2	9437	2952	4696	3816
毛染整精加工	2		6284	2152	2728	761
麻纺织	2		1412	638	76	34
丝绢纺织及精加工	4	1	21418	556	7377	6501
绢纺和丝织加工	4	1	21418	556	7377	6501
纺织制成品制造	186	29	469416	131653	126434	43084
棉及化纤制品制造	58	13	207329	76928	53602	19160
丝制品制造	2		586	230	211	
绳、索、缆的制造	14	2	14728	3839	6610	1522
纺织带和帘子布制造	29	2	70349	15166	15736	7209
无纺布制造	40	5	128849	22737	29041	11382
其他纺织制成品制造	43	7	47574	12753	21234	3812
针织品、编织品及其制品制造	394	45	739796	172712	208191	101076
棉、化纤针织品及编织品制造	213	28	383596	87021	93783	44056
毛针织品及编织品制造	83	8	162069	35488	60467	27893
丝针织品及编织品制造	48	6	109829	23581	34312	22084
其他针织品及编织品制造	50	3	84301	26622	19629	7044
纺织服装、鞋、帽制造业	1248	151	3256324	936784	835656	375658
纺织服装制造	1172	139	3135375	901499	793712	362965
纺织面料鞋的制造	73	12	116391	34497	39628	12320
制帽	3		4558	788	2316	373
皮革、毛皮、羽毛(绒)及其制品业	1136	81	3228051	1061797	859728	311326
皮革鞣制加工	73	8	255939	63578	89422	29493
皮革制品制造	1042	69	2929393	981084	750402	272093
皮鞋制造	712	37	2477129	885586	581128	238529
皮革服装制造	6		7083	1902	2094	1304
皮箱、包(袋)制造	280	26	318845	72208	88280	24909
皮手套及皮装饰制品制造	12	4	55378	2626	43246	1067
其他皮革制品制造	32	2	70957	18764	35655	6285
毛皮鞣制及制品加工	4	1	5716	1107	1489	685
毛皮鞣制加工	1		2282	121	1053	662
其他毛皮制品加工	3	1	3434	986	437	23
羽毛(绒)加工及制品制造	17	3	37004	16028	18415	9056
羽毛(绒)加工	14	3	21740	13781	6745	4611
羽毛(绒)制品加工	3		15263	2247	11670	4445
木材加工及木、竹、藤、棕、草制品业	989	110	825668	164846	309289	125021
锯材、木片加工	72	7	40914	7633	11935	4332
锯材加工	56	5	34702	5753	10253	3818
木片加工	16	2	6212	1881	1682	515

单位：万元

流动资产年平均余额	固定资产合计	固定资产原价	累计折旧	固定资产净值年平均余额	资产总计	流动负债合计		长期负债合计
							应付账款	
3128941	2690670	3574081	998625	2505616	6426328	2568312	508431	193143
1908905	1716276	2309200	656416	1616822	4023682	1690898	286572	114012
1387725	1206881	1573399	407893	1126539	2812939	1179775	162225	95358
521180	509395	735801	248523	490283	1210743	511124	124347	18654
20532	15853	22050	6449	15501	36095	8240	4228	755
4118	1472	2232	1011	1555	5778	2519	76	
10249	9746	13747	4002	9958	19398	802	289	482
6165	4635	6071	1436	3988	10919	4918	3864	273
1362	966	1230	264	850	2650	948	388	344
20772	35373	46947	12821	8665	57962	23555	1508	11140
20772	35373	46947	12821	8665	57962	23555	1508	11140
482264	321425	421538	113751	290479	879514	367278	107923	12619
213448	115680	155868	43221	110472	360879	156240	44686	3199
634	534	1100	576	524	1233	394	15	
13389	8237	11446	3730	7346	24522	12543	5139	1077
77773	72968	99799	27568	57276	149769	56219	25807	3917
124577	90139	100094	16335	83430	251243	117708	21233	1812
52444	33866	53232	22321	31432	91868	24174	11043	2615
695107	600779	773116	208924	573299	1426425	477394	107812	54273
358690	311411	381596	92281	295507	745393	260493	56848	27706
150601	112419	152262	46641	104101	287972	93826	20841	7391
104228	102763	151889	50389	103042	217761	61566	8321	17852
81588	74187	87369	19612	70648	175299	61509	21801	1325
2903474	1153182	1547448	441039	1115272	4860156	1900426	543668	100998
2793435	1083681	1453221	412777	1052129	4650667	1807304	495068	87903
105532	67299	89859	26096	60886	202428	90433	48069	13077
4507	2202	4368	2166	2257	7062	2689	532	18
3096893	1482621	2041841	641714	1395424	5178155	2258522	878826	67876
246720	104272	159064	61594	84657	390979	181808	61628	335
2808517	1367035	1865742	574296	1300335	4731881	2049248	807964	67350
2397390	1164548	1607457	509443	1125773	3999400	1698400	692819	58208
5753	11735	13110	3416	10501	18887	8581	2175	
292552	145939	191920	51365	120740	528864	248255	75253	8848
45887	9467	14081	4745	9447	66569	41589	11468	39
66934	35346	39174	5328	33874	118162	52424	26250	255
4630	2966	3838	948	2070	9474	3004	695	
2282	800	1458	658	800	3499	493	386	
2348	2166	2380	289	1270	5975	2512	309	
37026	8349	13198	4876	8361	45821	24461	8538	191
21610	2332	3275	970	2163	24187	14814	7287	
15416	6017	9923	3906	6199	21634	9647	1251	191
771417	621215	783665	213909	558538	1593328	671611	122228	105815
31438	27714	28519	5292	21503	76063	35046	8120	1808
25586	20126	21256	4446	15489	60201	27801	5307	1208
5853	7588	7264	846	6014	15862	7245	2812	600

2-13 续表 1-4

项　　目	企业单位数(个)	亏损企业	流动资产合计	#应收账款	#存货	产成品
人造板制造	531	56	504011	96665	193321	78496
胶合板制造	248	21	134407	28232	54063	27416
纤维板制造	27	6	183179	31903	80210	22429
刨花板制造	19	2	44135	7818	6735	5046
其他人造板、材制造	237	27	142291	28713	52313	23605
木制品制造	179	30	161780	32246	55727	15811
建筑用木料及木材组件加工	45	14	64122	11442	23598	3485
木容器制造	22	4	15925	3479	6532	3680
软木制品及其他木制品制造	112	12	81734	17325	25597	8646
竹、藤、棕、草制品制造	207	17	118962	28302	48306	26383
家具制造业	287	61	627572	125786	190410	53816
木质家具制造	170	38	255126	52602	114536	29889
竹、藤家具制造	4	1	4245	1835	1670	898
金属家具制造	84	15	289296	46431	46388	10122
塑料家具制造	6	1	23085	5981	7577	3721
其他家具制造	23	6	55820	18937	20240	9186
造纸及纸制品业	610	95	1677159	534328	444408	184178
纸浆制造	10	2	32419	4174	21241	13259
造纸	195	35	693554	201520	208231	83959
机制纸及纸板制造	175	32	612558	185259	190195	77525
手工纸制造	1	1	726	92	488	196
加工纸制造	19	2	80270	16169	17548	6237
纸制品制造	405	58	951187	328634	214936	86959
纸和纸板容器的制造	283	40	680240	244485	146262	47072
其他纸制品制造	122	18	270947	84149	68675	39887
印刷业和记录媒介的复制	234	41	382810	110761	94603	36079
印刷	223	35	337098	94212	84235	30463
书、报、刊印刷	79	18	127236	38283	28353	8993
本册印制	8	1	43087	3713	8106	2880
包装装潢及其他印刷	136	16	166775	52216	47776	18591
装订及其他印刷服务活动	8	3	23762	7213	9127	5295
记录媒介的复制	3	3	21950	9337	1240	320
文教体育用品制造业	228	56	558045	148128	199489	54948
文化用品制造	43	7	63918	22522	19436	10029
文具制造	25	5	49789	19629	16000	8670
笔的制造	9	1	3782	1680	1045	394
教学用模型及教具制造	2		2619	184	93	18
其他文化用品制造	7	1	7728	1030	2298	947
体育用品制造	114	39	369134	100506	147373	35961
球类制造	17	5	33678	4535	21358	5492
体育器材及配件制造	41	12	122285	32409	50191	12036
训练健身器材制造	29	12	161239	52777	48651	14662
运动防护用具制造	9	5	21399	3274	9904	1303
其他体育用品制造	18	5	30533	7510	17269	2469

单位：万元

流动资产年平均余额	固定资产合计	固定资产原价	累计折旧	固定资产净值年平均余额	资产总计	流动负债合计		长期负债合计
							应付账款	
476651	403411	525923	153145	371937	985841	391389	66960	91643
119132	84241	103483	24867	81227	236878	94262	22363	3974
176094	159629	251465	94941	154586	379412	145915	14521	58514
48626	65089	68942	13200	56125	114615	52569	6815	24223
132799	94451	102034	20137	80000	254936	98643	23261	4931
152994	97110	118091	33047	77913	288766	155682	24268	3669
61828	42652	56807	18001	30676	122565	63026	8666	1118
14379	5904	8908	3151	6056	24082	13011	3246	41
76788	48554	52376	11895	41181	142120	79645	12356	2511
110333	92980	111132	22425	87186	242657	89494	22880	8695
601290	328365	428920	127210	269961	1033468	491462	127415	23216
229893	166073	222128	68146	124510	471275	196957	47138	15279
4533	4250	5879	1644	3825	11893	5166	1623	
289799	116277	149467	45517	101623	424977	226287	53029	7220
21229	14987	19395	4514	15387	38441	18506	6201	17
55836	26778	32051	7391	24616	86883	44547	19425	700
1611908	1269819	1921134	734008	1201561	3408383	1414464	304383	223965
50106	117138	252195	144600	124807	191127	62016	11812	81107
663983	617732	969670	392516	567626	1566001	575397	122062	113317
604976	582315	917585	368923	529722	1442496	539401	114087	112060
669	615	1275	660	640	1502	361	145	205
58338	34802	50810	22932	37263	122003	35635	7830	1052
897818	534949	699270	196892	509128	1651256	777051	170509	29541
636693	355405	467942	139649	334633	1175516	603025	115792	24015
261125	179544	231328	57243	174495	475740	174026	54717	5526
348526	283322	422174	161496	259621	727414	315742	87850	30738
308303	257119	382285	140253	238748	654232	277430	71257	20679
112351	94592	155653	66906	88911	237875	109453	28256	8153
33878	19223	27353	8130	20404	79603	11725	2181	130
162074	143305	199280	65218	129432	336755	156252	40819	12396
23576	11289	19232	9334	10270	35230	18534	8809	
16647	14914	20657	11909	10604	37952	19778	7785	10059
535997	240088	368778	143563	223065	869988	403946	171888	7955
59778	23205	37202	15788	22984	101748	44752	14503	1348
47411	20126	31403	12901	19463	74355	30250	8249	1247
3665	1543	3006	1490	1768	15126	7923	3571	101
1745	108	133	25	82	2726	2203	1166	
6957	1428	2661	1372	1670	9541	4375	1518	
354976	173029	256443	95225	156850	586447	288843	139148	4915
36438	13231	30421	17295	13576	49447	23116	12613	83
113610	69872	93797	33397	56872	209437	87781	37653	953
152865	65584	88596	25216	62426	247871	143917	74634	2388
22243	5433	12704	7271	5577	27307	10876	4676	
29822	18909	30925	12047	18399	52385	23154	9572	1491

2-13 续表 1-5

项目	企业单位数(个)	亏损企业	流动资产合计	#应收账款	#存货	产成品
乐器制造	5	1	14820	2622	9273	1724
中乐器制造	1	1	1897	371	1161	229
西乐器制造	3		6022	1978	2645	937
电子乐器制造	1		6901	273	5467	559
玩具制造	59	8	102241	19720	22220	6630
游艺器材及娱乐用品制造	7	1	7933	2758	1187	605
游艺用品及室内游艺器材制造	7	1	7933	2758	1187	605
石油加工、炼焦及核燃料加工业	23	3	799628	114564	258161	47977
精炼石油产品的制造	21	3	772441	114560	257495	47591
原油加工及石油制品制造	18	3	749316	113182	249869	45772
人造原油生产	3		23125	1378	7626	1819
炼焦	2		27188	4	666	386
化学原料及化学制品制造业	726	119	2017108	563230	503391	228260
基础化学原料制造	136	28	409505	79779	88495	35116
无机酸制造	24	6	65810	12473	15697	8041
无机碱制造	9	3	150433	13990	25884	6742
无机盐制造	41	4	63284	13905	18055	8370
有机化学原料制造	29	10	84728	20574	19415	7583
其他基础化学原料制造	33	5	45250	18837	9443	4380
肥料制造	61	11	201674	27050	69482	33360
氮肥制造	17	7	112365	9847	37050	17607
磷肥制造	6		18619	3554	5559	1536
钾肥制造	2	1	11629	2537	2928	2051
复混肥料制造	22	2	46303	7005	20445	10547
有机肥料及微生物肥料制造	12	1	12148	3724	3277	1436
其他肥料制造	2		610	383	224	184
农药制造	15	1	43424	6603	14958	10336
化学农药制造	12	1	40588	5845	14249	10124
生物化学农药及微生物农药制造	3		2836	758	709	211
涂料、油墨、颜料及类似产品制造	137	14	223065	85381	55108	20153
涂料制造	101	12	132953	53877	36150	12935
油墨及类似产品制造	13		41010	7840	5450	1732
颜料制造	10	2	22931	7925	9405	3746
染料制造	4		6134	2584	1480	1089
密封用填料及类似品制造	9		20038	13156	2624	650
合成材料制造	64	13	460442	119058	104287	42425
初级形态的塑料及合成树脂制造	48	10	169805	61295	45989	23369
合成橡胶制造	5	1	13612	5268	1996	929
合成纤维单(聚合)体的制造	3	2	206927	38409	36525	11367
其他合成材料制造	8		70098	14087	19778	6760

单位：万元

流动资产年平均余额	固定资产合计	固定资产原价	累计折旧	固定资产净值年平均余额	资产总计	流动负债合计		长期负债合计
							应付账款	
14663	7590	12643	5365	7413	24936	5273	776	1367
1952	1841	1789	259	1529	4133	1045	90	
5739	2787	4734	1947	2830	9009	3844	546	
6973	2962	6121	3159	3055	11794	385	139	1367
98372	33211	58433	26181	32753	145505	58294	16249	303
8207	3052	4057	1005	3065	11352	6784	1212	22
8207	3052	4057	1005	3065	11352	6784	1212	22
754593	361302	429704	71738	364607	3912829	822879	105681	2024862
729557	336694	399115	65564	339644	3851815	793936	105312	2014862
707712	319407	379831	63507	322508	3807360	763825	104324	2014812
21845	17287	19285	2057	17136	44455	30111	988	50
25035	24608	30588	6175	24964	61014	28943	369	10000
2048227	1756820	2476939	876197	1602737	4070359	1826111	386971	241221
356339	369064	549498	213363	355385	823082	412999	71846	40166
66468	42642	57039	21492	37177	123968	64811	11037	10629
110972	127200	215922	95898	123907	286053	170551	24238	4588
56876	93402	115839	37357	90036	163872	70809	16864	17326
77204	43424	68837	27520	40508	134970	63704	15389	2543
44820	62396	91862	31096	63757	114220	43125	4318	5080
175929	189992	338078	172847	156692	424375	196614	48593	25805
102070	150103	270756	144049	119296	282889	137123	23301	19278
19248	12774	24695	12772	11506	40859	16661	4435	3615
8766	3021	10242	7224	3202	14892	5201	3847	2827
34543	11150	16888	6054	10598	59812	30018	14145	70
10362	10735	13074	2533	10237	23095	6635	2323	
941	2210	2424	216	1854	2828	975	542	15
26351	19127	33055	16885	15147	68308	46493	6327	34317
23523	17901	31147	16202	13920	62714	45568	6073	33572
2828	1226	1909	683	1227	5594	925	255	745
210879	113293	152275	46755	103004	363521	159930	59571	5521
129589	71127	89279	25060	64057	221321	109027	33974	3546
39289	14899	19283	4819	12915	61968	12301	6121	265
21780	10507	15830	5532	10410	36046	20683	11608	1360
6277	12447	14040	1593	12391	19397	4409	3946	111
13944	4313	13843	9751	3232	24788	13510	3922	239
619847	762356	1023706	310381	717405	1258570	600541	86512	105567
159445	90807	101066	32872	69703	282139	115144	36884	22434
10208	2058	3664	1738	1736	17799	7811	1189	
365062	462325	694140	232520	458710	681024	363714	40496	12647
85132	207166	224837	43251	187255	277608	113872	7943	70487

2-13 续表 1-6

项目	企业单位数(个)	亏损企业	流动资产合计	#应收账款	#存货	产成品
专用化学产品制造	224	36	489114	192799	120254	62068
化学试剂和助剂制造	52	6	68524	28155	22191	11149
专项化学用品制造	25	8	45605	13441	12073	5944
林产化学产品制造	87	15	100705	18475	41727	26726
炸药及火工产品制造	12		28885	4164	4031	1527
信息化学品制造	11	4	206681	113145	29758	12911
环境污染处理专用药剂材料制造	4		2661	850	1044	129
动物胶制造	1		593	525	30	25
其他专用化学产品制造	32	3	35460	14044	9401	3658
日用化学产品制造	89	16	189884	52559	50807	24803
肥皂及合成洗涤剂制造	14	2	17778	4227	5194	1845
化妆品制造	17	5	35256	15111	11230	3261
口腔清洁用品制造	2	1	1299	336	809	372
香料、香精制造	25	3	44219	16100	10671	4060
其他日用化学产品制造	31	5	91331	16786	22902	15265
医药制造业	111	18	609778	140495	171000	60988
化学药品原药制造	11	2	110709	17734	46871	12325
化学药品制剂制造	25	3	178460	41276	28347	15991
中药饮片加工	9		9173	3050	3459	1232
中成药制造	34	5	173261	46960	62812	18001
兽用药品制造	7	3	24431	6261	10937	5737
生物、生化制品的制造	18	3	102091	19202	14680	4818
卫生材料及医药用品制造	7	2	11653	6013	3894	2882
化学纤维制造业	88	16	1043317	232793	305024	140233
纤维素纤维原料及纤维制造	16	2	37436	6174	2891	690
化纤浆粕制造	4		15832	3294	1739	222
人造纤维(纤维素纤维)制造	12	2	21604	2880	1152	468
合成纤维制造	72	14	1005881	226619	302133	139543
锦纶纤维制造	14		282240	75399	104061	33099
涤纶纤维制造	39	13	673638	144581	184067	98192
腈纶纤维制造	1		3106	95	12	12
其他合成纤维制造	18	1	46897	6545	13993	8241
橡胶制品业	232	34	910765	281526	238526	83767
轮胎制造	13	3	405605	120382	135018	42566
车辆、飞机及工程机械轮胎制造	9	2	403522	119448	134697	42339
轮胎翻新加工	4	1	2083	934	322	227
橡胶板、管、带的制造	11	3	9129	3026	2093	828
橡胶零件制造	25	8	48117	11534	21875	8935
再生橡胶制造	6	1	20517	6883	6284	2968
日用及医用橡胶制品制造	6	2	10186	5148	3316	1607
橡胶靴鞋制造	130	9	307704	110809	52275	20444
其他橡胶制品制造	41	8	109507	23743	17666	6421

单位：万元

流动资产年平均余额	固定资产合计	固定资产原价	累计折旧	固定资产净值年平均余额	资产总计	流动负债合计	应付账款	长期负债合计
478169	215521	278538	88181	183688	836924	296375	76172	23338
68651	46686	55521	13284	38469	123534	53984	18264	4107
43466	26478	31809	7753	24365	81292	38028	10048	2252
92427	64511	76828	21111	53423	177072	83833	13283	10720
21620	23649	27321	11275	16553	60826	14792	1382	1068
219349	32781	60994	28216	30528	327838	74295	22012	2353
2264	1081	1159	186	981	6270	2939	2762	269
599	157	169	11	159	751	399	210	
29792	20180	24737	6345	19209	59342	28106	8211	2569
180713	87469	101790	27785	71416	295579	113160	37950	6506
15421	6461	7674	1983	5647	27286	13045	3909	200
36037	23079	27205	10548	16616	62033	28520	10696	490
1478	316	576	260	323	1634	871	-704	
40946	21212	20786	4959	13285	68823	27236	7582	5427
86831	36400	45548	10035	35545	135804	43486	16467	389
577872	449626	495563	172265	329340	1180947	526285	94782	64210
105089	154599	157773	54898	104992	286940	140814	22057	29479
177140	82661	99212	36878	62919	303739	153603	20015	1657
9006	8344	11146	3000	8531	20457	8902	1835	539
161236	119859	109717	39110	73753	302392	114432	30723	18319
23915	28621	45930	17621	27667	66158	33561	5817	4775
87965	52617	67125	18973	49180	179910	63418	11145	9370
13521	2925	4661	1786	2298	21350	11555	3190	71
1038137	1035274	1298104	353661	932315	2349565	1054344	135403	64708
34224	15878	24000	8124	14173	58098	23130	7035	941
14448	8943	11424	2480	7468	26922	9312	3974	941
19776	6935	12576	5644	6706	31176	13819	3062	
1003913	1019396	1274104	345537	918141	2291467	1031213	128368	63767
276046	299505	288548	38400	254682	617308	188209	9262	26747
676213	690398	957170	300683	638275	1586397	807131	113570	31573
3052	1385	2060	675	1386	5928			
48601	28107	26326	5779	23798	81834	35873	5537	5446
941447	867248	1130216	379393	759914	1919654	727457	147910	225817
435254	520835	696766	253160	474399	1001720	355176	41325	215742
433223	519648	695291	252872	473199	997964	353363	41207	215742
2031	1187	1475	288	1200	3757	1813	118	
8423	6959	5270	1177	4114	23100	8295	1801	1889
50237	36445	67843	32726	34710	89309	25373	8776	368
17413	12455	10179	3102	8978	33538	15777	3223	500
10777	6362	10254	3927	6596	17028	10532	6120	
302180	215995	261169	69875	178747	571053	225690	64627	5204
117164	68198	78736	15425	52370	183906	86614	22039	2115

2-13 续表 1-7

项目	企业单位数(个)	亏损企业	流动资产合计	#应收账款	#存货	产成品
塑料制品业	931	160	2003123	611206	545056	208680
塑料薄膜制造	73	7	303024	126420	88819	32540
塑料板、管、型材的制造	74	14	213051	61797	71539	42000
塑料丝、绳及编织品的制造	63	11	48711	16373	17205	5566
泡沫塑料制造	66	10	107585	37597	14872	5263
塑料人造革、合成革制造	49	6	281062	65461	83933	39611
塑料包装箱及容器制造	55	11	46167	15881	12030	4585
塑料零件制造	57	7	118135	45231	23076	10075
日用塑料制造	332	48	610497	147943	160047	41733
塑料鞋制造	205	24	243515	79091	56288	17305
日用塑料杂品制造	127	24	366982	68852	103759	24428
其他塑料制品制造	162	46	274892	94503	73535	27306
非金属矿物制品业	1924	200	3529033	961597	998353	503580
水泥、石灰和石膏的制造	247	79	575665	135585	121827	41511
水泥制造	232	79	568017	134047	120768	40961
石灰和石膏制造	15		7649	1539	1059	550
水泥及石膏制品制造	124	21	375161	174832	65989	31927
水泥制品制造	100	17	334035	155662	54426	26288
砼结构构件制造	4		19244	10759	6086	4487
石棉水泥制品制造	3	2	3955	336	857	317
轻质建筑材料制造	6		3714	1285	745	351
其他水泥制品制造	11	2	14214	6791	3874	484
砖瓦、石材及其他建筑材料制造	1193	57	1632180	458421	617551	329196
粘土砖瓦及建筑砌块制造	64	8	33420	12883	5492	2564
建筑陶瓷制品制造	236	4	512026	169982	217616	155153
建筑用石加工	856	37	1048823	262905	386876	168919
防水建筑材料制造	2	1	626	160	51	51
隔热和隔音材料制造	4		2361	1232	365	197
其他建筑材料制造	31	7	34926	11260	7152	2312
玻璃及玻璃制品制造	78	24	628162	104307	103740	53364
平板玻璃制造	3	1	113128	8468	47483	29308
技术玻璃制品制造	19	8	381581	56673	20069	7235
光学玻璃制造	10	4	29069	10462	11115	5239
玻璃仪器制造	2	1	1833	508	884	312
日用玻璃制品及玻璃包装容器制造	11	6	48829	17279	8997	5621
玻璃纤维及制品制造	6		15058	4789	3940	461
玻璃纤维增强塑料制品制造	6	1	8587	2393	2532	1058
其他玻璃制品制造	21	3	30077	3734	8719	4131
陶瓷制品制造	222	16	221839	73625	61958	39322
卫生陶瓷制品制造	7	2	17338	3255	8505	6206
特种陶瓷制品制造	43	3	32282	9113	11741	7388
日用陶瓷制品制造	41	6	84683	34364	20348	12848
园林、陈设艺术及其他陶瓷制品制造	131	5	87537	26893	21365	12880

单位：万元

流动资产年平均余额	固定资产合计	固定资产原价	累计折旧	固定资产净值年平均余额	资产总计	流动负债合计		长期负债合计
							应付账款	
1895261	1000390	1492442	552808	934576	3256165	1462448	507877	55829
285784	149559	274662	131158	153139	475461	184134	94014	5135
207068	120428	200255	87078	106319	366239	142964	36528	3064
47700	22517	37329	15299	22356	78768	29972	10187	852
96013	36134	58237	24208	30926	159372	65378	23377	300
260956	143874	183701	43137	131192	462007	218258	68561	9536
42128	43375	65186	23534	44514	97834	35404	11821	2490
104053	64325	99945	39451	64167	200171	83856	29392	7928
580801	268582	362801	112211	248267	936319	474343	135106	13383
234394	100212	133921	41137	91796	378061	188222	60881	2909
346406	168370	228880	71074	156471	558258	286121	74225	10474
270761	151597	210328	76731	133697	479995	228138	98894	13141
3364881	2919518	4134267	1400516	2677828	7325533	2682556	665806	520296
529748	795226	1123217	426251	700085	1535218	551256	157314	212626
522284	784470	1108379	421594	689171	1514055	545063	152563	210772
7464	10756	14838	4657	10914	21164	6193	4750	1854
366790	206024	297376	105445	188735	645680	318724	122254	13067
328083	171970	263388	99075	165122	561802	288307	112726	10247
15571	17006	18576	2402	14104	37117	13992	2616	
3835	3951	2261	663	1659	9133	4105	786	
4774	5744	4062	505	2338	10094	2661	270	
14528	7354	9089	2801	5512	27535	9659	5857	2820
1555907	1253584	1746298	534970	1211159	3157928	1020001	279529	42701
30557	23894	31357	8553	22812	63650	29142	10294	1574
497174	595607	869868	282886	587392	1170985	274228	111206	5723
991031	611605	817014	237076	579179	1860607	683880	143921	34923
599	452	452		452	1228	651	508	
2436	1955	3189	1234	2016	4316	1435	498	411
34111	20070	24417	5221	19309	57142	30665	13102	71
618222	478757	721622	257797	403193	1429074	525358	55179	246992
77512	225576	336070	116202	227491	413954	186028	7879	7891
407284	85554	149456	67247	78925	742987	211892	17913	230449
27001	55546	64817	10325	43740	89981	36923	17949	6200
1770	585	869	284	557	2471	786	288	
49474	25120	49095	26348	22918	74650	45976	4529	2379
14834	5932	8846	4914	2914	21042	11312	443	
8327	2465	3093	630	2384	12405	4281	1335	
32022	77978	109377	31848	24264	71585	28160	4844	73
200883	143230	187030	57911	135018	399494	184771	37453	3834
16778	19029	24414	6950	19020	38840	21950	3305	989
32285	14693	20557	6842	14278	50926	26275	4872	773
69191	56611	77703	24443	52213	163392	73857	13454	1160
82629	52898	64355	19676	49508	146337	62689	15822	911

2-13 续表 1-8

项目	企业单位数(个)	亏损企业	流动资产合计	#应收账款	#存货	产成品
耐火材料制品制造	12		46600	6041	10319	1556
石棉制品制造	3		3822	2112	897	97
耐火陶瓷制品及其他耐火材料制造	9		42777	3929	9421	1459
石墨及其他非金属矿物制品制造	48	3	49427	8785	16970	6705
石墨及碳素制品制造	8		17296	1808	7015	1933
其他非金属矿物制品制造	40	3	32131	6977	9955	4772
黑色金属冶炼及压延加工业	187	54	2565310	141275	650257	207645
炼铁	23	13	116732	8108	48736	25336
炼钢	14	4	499737	33309	175859	21024
钢压延加工	102	26	1829725	87357	374365	128945
铁合金冶炼	48	11	119117	12500	51298	32339
有色金属冶炼及压延加工业	139	28	1544375	227945	376162	167348
常用有色金属冶炼	19	6	64883	9829	36415	22370
铜冶炼	4	1	14202	2053	6969	1302
铅锌冶炼	2	1	30247	518	23370	16711
镍钴冶炼	1		142		142	
铝冶炼	10	4	16336	7045	3794	2478
其他常用有色金属冶炼	2		3956	214	2141	1880
贵金属冶炼	5	1	689141	9224	23163	10951
金冶炼	5	1	689141	9224	23163	10951
稀有稀土金属冶炼	16	2	106009	47920	33230	10473
钨钼冶炼	10	1	101554	46711	30819	9177
稀土金属冶炼	4		3698	1169	1932	894
其他稀有金属冶炼	2	1	756	40	478	402
有色金属合金制造	20	2	126907	42007	51974	28019
有色金属压延加工	79	17	557435	118965	231379	95534
常用有色金属压延加工	76	17	533287	116041	217427	89754
稀有稀土金属压延加工	3		24149	2923	13953	5780
金属制品业	525	104	1441919	377207	439920	108240
结构性金属制品制造	133	18	332442	97122	83410	22509
金属结构制造	108	14	296043	86223	74935	20206
金属门窗制造	25	4	36399	10899	8475	2302
金属工具制造	65	10	94701	26511	31601	10171
切削工具制造	18	4	39544	11821	16653	5189
手工具制造	9	2	6978	1291	3526	360
农用及园林用金属工具制造	3		739	51	401	113
刀剪及类似日用金属工具制造	9	1	12151	2984	3332	1770
其他金属工具制造	26	3	35289	10364	7688	2739
集装箱及金属包装容器制造	46	5	371152	110726	118025	23951
集装箱制造	4	1	65564	8691	34011	2087
金属压力容器制造	8	1	47437	14435	13069	4804
金属包装容器制造	34	3	258151	87600	70945	17061

单位：万元

流动资产年平均余额	固定资产合计	固定资产原价	累计折旧	固定资产净值年平均余额	资产总计	流动负债合计		长期负债合计
							应付账款	
46843	8746	13276	4705	8608	70379	46261	4661	400
3723	908	1060	311	824	4752	1450	990	400
43120	7838	12216	4394	7784	65627	44811	3671	
46488	33952	45448	13437	31030	87760	36185	9416	677
16370	10737	16096	5372	10643	28622	14549	5018	3
30118	23215	29352	8064	20386	59138	21636	4398	674
2540276	1825707	2296838	629913	1634114	4988181	2914018	523457	248545
185612	84012	108454	33382	79026	269293	251582	89926	6373
445129	219303	257093	61564	192960	733777	612029	82762	6087
1796561	1407477	1799936	516420	1250452	3740405	1942413	320895	233237
112973	114916	131356	18548	111676	244706	107994	29875	2849
1349833	949757	1106657	357085	637049	3577768	970606	179886	301032
60055	21745	23966	6232	13559	99443	60367	26313	
13363	3082	7145	4074	4520	17850	4915	1029	
26241	11661	9698	683	4818	51721	39700	19300	
264	1517	1365	152	181	1659	30	30	
16329	4499	3967	516	3057	21446	14609	5708	
3858	986	1791	807	984	6767	1114	246	
457933	99968	180995	82099	56246	1706917	142885	20659	61477
457933	99968	180995	82099	56246	1706917	142885	20659	61477
123350	39295	41654	3478	29219	156386	72661	17331	20161
118542	36803	38447	2764	26771	149127	68401	17139	20001
4058	2411	3084	674	2374	6387	3608	190	160
750	82	123	41	75	872	652	1	
130653	73609	106897	35107	63115	224693	99288	29145	5416
577842	715140	753145	230168	474910	1390329	595405	86439	213978
549600	687770	714727	216555	452545	1333980	582042	85274	210454
28243	27370	38418	13613	22365	56349	13363	1165	3524
1412168	637560	879512	299592	555828	2379723	1065539	268382	65113
316018	161960	201915	62047	126692	670104	300820	47942	8961
286045	141979	177832	56688	108077	609508	272307	43003	7357
29973	19981	24083	5360	18615	60597	28513	4938	1604
92597	72430	105258	34766	67721	174915	64834	18180	17736
41013	40305	61386	21295	39253	81051	25362	6386	16722
7123	5380	10041	4661	3491	13912	3933	2005	58
772	452	604	152	453	3255	1844	291	
10861	5439	7434	2134	5083	17987	9520	1710	
32827	20854	25794	6523	19441	58711	24175	7788	956
362598	101731	176798	87475	89303	500987	270975	57485	25881
70038	17942	31868	13926	17801	93311	45834	17157	9274
45391	8030	11632	3842	7520	62517	41261	9004	75
247169	75760	133299	69707	63982	345159	183880	31325	16533

2-13 续表 1-9

项目	企业单位数(个)	亏损企业	流动资产合计	#应收账款	#存货	产成品
金属丝绳及其制品的制造	30	8	38850	11272	14708	5584
建筑、安全用金属制品制造	77	23	328098	53607	113850	19611
建筑、家具用金属配件制造	36	10	72589	22761	26736	7777
建筑装饰及水暖管道零件制造	23	11	222878	18891	76878	6271
安全、消防用金属制品制造	10	1	25042	10149	6176	3124
其他建筑、安全用金属制品制造	8	1	7590	1806	4060	2439
金属表面处理及热处理加工	30	5	32950	12277	5005	2704
搪瓷制品制造	5	1	11970	945	7880	6865
搪瓷卫生洁具制造	4	1	11620	942	7849	6838
搪瓷日用品及其他搪瓷制品制造	1		350	4	32	27
不锈钢及类似日用金属制品制造	66	21	127033	34493	41991	7682
金属制厨房调理及卫生器具制造	4	1	8513	1710	3504	662
金属制厨用器皿及餐具制造	23	12	55640	10731	17310	2374
其他日用金属制品制造	39	8	62880	22052	21178	4647
其他金属制品制造	73	13	104724	30255	23451	9164
铸币及贵金属制实验室用品制造	1		571	-27	445	
其他未列明的金属制品制造	72	13	104153	30282	23006	9164
通用设备制造业	701	92	1726071	530313	593543	211269
锅炉及原动机制造	25	7	63723	18723	13386	5680
锅炉及辅助设备制造	7	2	12120	576	1817	397
内燃机及配件制造	13	2	47457	17268	9885	4744
汽轮机及辅机制造	1		1558	354	595	75
水轮机及辅机制造	4	3	2588	525	1089	463
金属加工机械制造	77	9	102935	26040	36918	11803
金属切削机床制造	14	2	19704	5087	9296	3819
金属成形机床制造	9	2	40883	5417	16538	3322
铸造机械制造	17	1	16180	7459	2703	1164
金属切割及焊接设备制造	2	1	945	335	252	66
机床附件制造	9	2	8015	1558	2053	1226
其他金属加工机械制造	26	1	17208	6186	6077	2207
起重运输设备制造	36	7	338019	125251	163133	29467
泵、阀门、压缩机及类似机械的制造	121	18	375686	100658	131322	58108
泵及真空设备制造	24	1	60822	14225	20091	7694
气体压缩机械制造	14	3	29352	9551	13598	5141
阀门和旋塞的制造	65	8	249616	66150	83843	41696
液压和气压动力机械及元件制造	18	6	35896	10732	13791	3577
轴承、齿轮、传动和驱动部件的制造	62	5	227782	52673	66169	32286
轴承制造	32	2	124499	30613	41287	23425
齿轮、传动和驱动部件制造	30	3	103283	22060	24882	8861
风机、衡器、包装设备等通用设备	76	9	236186	77995	59435	20888
风机、风扇制造	8	4	12075	2800	4138	2098

单位：万元

流动资产年平均余额	固定资产合计	固定资产原价	累计折旧	固定资产净值年平均余额	资产总计	流动负债合计		长期负债合计
							应付账款	
37088	19381	26461	8346	15721	67546	26798	7811	1522
348746	118225	148143	40502	102067	466515	187262	79804	5312
69952	28419	36040	8968	26854	107588	53787	22496	751
246974	71632	90533	27935	57093	304242	107861	52525	3511
23663	12469	14563	2097	12949	40451	17181	3878	971
8157	5705	7008	1503	5171	14234	8434	905	80
29502	24094	29178	6067	23492	58510	27419	9684	809
10831	5792	6410	619	5937	18431	9829	2980	400
10443	5055	5640	585	5201	17034	9259	2962	400
388	737	770	34	737	1397	571	18	
119461	84423	120515	41093	79393	256461	95165	31185	1309
7438	5989	7309	1529	4766	14981	8480	2179	89
52017	32880	49008	19276	30207	106538	57139	16061	174
60006	45554	64197	20287	44421	134942	29546	12945	1047
95329	49524	64835	18678	45502	166254	82436	13312	3183
580	48	83	46	46	618	348	86	
94748	49477	64751	18632	45456	165635	82088	13226	3183
1663350	887039	1098623	326757	770748	2856233	1389675	385518	116884
62458	20907	23202	8499	15750	101314	63884	16912	125
12168	3907	4796	1424	2708	18017	13457	1416	
46354	14883	15208	5930	11022	76786	48160	15179	65
1703	663	923	261	591	2337	938	71	
2233	1455	2275	884	1429	4173	1329	246	60
95631	87464	95348	16892	77115	200739	81017	17967	15653
19056	12066	11218	5362	5383	34603	12153	2752	-319
35355	44709	49948	6755	41419	87568	39207	5407	13470
16147	14555	16027	1494	13920	32908	11981	3103	
873	313	354	41	268	1440	933	217	67
8387	4953	5678	1066	4423	14527	5585	979	441
15813	10869	12124	2175	11703	29693	11158	5510	1995
313580	138641	206736	86681	119989	495181	303234	114415	38494
353723	216740	259128	61954	200306	666144	296108	74466	43526
61690	26018	25686	6742	19158	101450	57425	11691	829
28591	19310	22673	4652	17484	56230	22097	13096	1663
229224	144180	187339	45076	146277	444649	188546	41277	27653
34218	27232	23431	5485	17387	63814	28040	8402	13381
244479	121683	127004	41627	82896	381336	160136	47002	2153
113373	73961	66635	28372	38743	216683	85032	19941	1773
131106	47722	60369	13255	44153	164653	75104	27062	381
217485	84895	112509	39031	86330	353828	166510	47099	2696
9921	4654	7741	3088	4696	17160	8560	3170	770

2-13 续表 1-10

项目	企业单位数(个)	亏损企业	流动资产合计	#应收账款	#存货	产成品
气体、液体分离及纯净设备制造	5		12892	3685	3240	1588
制冷、空调设备制造	12	1	63064	25074	11233	3607
风动和电动工具制造	5		28098	11150	15273	1005
喷枪及类似器具制造	1		56	44	5	
包装专用设备制造	6	1	3851	598	1558	434
衡器制造	4	1	12294	4059	3264	595
其他通用设备制造	35	2	103858	30586	20725	11561
通用零部件制造及机械修理	104	12	183964	59555	49306	14345
金属密封件制造	1		2234	509	770	
紧固件、弹簧制造	31	4	65758	19705	25809	9695
机械零部件加工及设备修理	35	4	78571	27307	10347	1155
其他通用零部件制造	37	4	37402	12034	12380	3496
金属铸、锻加工	200	25	197775	69419	73872	38692
钢铁铸件制造	178	24	183096	64605	68299	36610
锻件及粉末冶金制品制造	22	1	14680	4814	5574	2082
专用设备制造业	395	62	1925141	483621	784661	350635
矿山、冶金、建筑专用设备制造	98	11	801481	177071	389989	237004
采矿、采石设备制造	17	2	27140	4928	12342	6352
石油钻采专用设备制造	2		3680	1889	300	235
建筑工程用机械制造	48	7	644808	130559	336257	217580
建筑材料生产专用机械制造	23	2	101692	30245	37471	10809
冶金专用设备制造	8		24159	9450	3619	2029
化工、木材、非金属加工专用设备	99	13	213901	64389	77305	15214
炼油、化工生产专用设备制造	4		24686	3102	17866	3162
橡胶加工专用设备制造	7		67195	25063	17596	1234
塑料加工专用设备制造	6		13872	1978	4618	848
木材加工机械制造	6		2753	291	1332	805
模具制造	74	13	104512	33689	35719	9166
其他非金属加工专用设备制造	2		883	265	175	
食品、饮料、烟草及饲料生产专用设备制造	9	1	14728	4642	2274	854
食品、饮料、烟草工业专用设备制造	7	1	13071	3646	1973	710
农副食品加工专用设备制造	2		1657	996	302	144
印刷、制药、日化生产专用设备制造	35	5	58060	8079	22530	10729
制浆和造纸专用设备制造	10	3	20197	3878	6951	3621
印刷专用设备制造	12		19309	2693	10017	4886
日用化工专用设备制造	1		948	261	444	444
制药专用设备制造	1		179	36	143	143
照明器具生产专用设备制造	6	2	9318	1086	3485	1415
其他日用品生产专用设备制造	5		8109	125	1489	220
纺织、服装和皮革工业专用设备制造	52	16	152670	57438	49573	20034
纺织专用设备制造	45	14	135754	54255	44141	18702
皮革、毛皮及其制品加工专用设备制造	2		12191	1880	4055	878
缝纫机械制造	4	2	4361	1151	1195	299
其他服装加工专用设备制造	1		365	153	182	155

单位：万元

流动资产年平均余额	固定资产合计	固定资产原价	累计折旧	固定资产净值年平均余额	资产总计	流动负债合计		长期负债合计
							应付账款	
10091	2593	3481	888	2512	16056	5179	2391	318
51742	19183	18429	6010	25437	85282	27474	12204	
27263	14700	27927	14241	13684	48489	18847	14893	
83	138	150	12	138	194	24	24	
2996	3326	4408	1827	2395	8750	3167	847	18
12673	3569	5605	2036	3517	16829	15233	871	
102716	36732	44768	10930	33952	161068	88028	12700	1590
188820	106641	139323	38762	94385	334445	149612	27178	10473
1689	7117	7234	117	3717	10171	3689	528	1000
62888	39828	56782	18179	36245	118074	62491	13397	4539
83345	28813	35714	9388	25305	123090	45348	6385	3496
40899	30883	39593	11078	29119	83111	38085	6867	1438
187175	110067	135374	33311	93978	323246	169173	40481	3764
173166	98538	121017	30244	82923	295690	156737	37546	3551
14009	11530	14357	3067	11055	27557	12436	2935	213
1856414	687521	769641	219444	525683	2958900	1550834	398569	85323
810370	243437	279877	69474	187195	1157741	575341	159191	63732
32765	18564	22913	4574	13421	48829	14744	5871	341
3149	1974	2456	584	1185	5763	3236	905	
655565	183322	202408	50175	140492	905082	467887	125996	61410
95485	32423	43536	11698	25669	165047	69469	23269	1909
23407	7154	8565	2442	6427	33020	20004	3151	73
203619	126131	163193	46265	118304	360643	185993	53141	4754
26622	10530	9145	806	11556	42985	26951	5958	870
63158	13024	14525	4609	6494	81234	52986	20785	100
13629	6158	6212	885	5545	20901	5800	1149	185
2838	3575	4298	755	3321	7108	4239	279	103
96547	92094	128260	39105	90789	206781	95040	24611	3456
825	751	754	105	600	1634	977	360	40
15923	7079	7629	3202	5495	22334	5899	2219	
14259	5973	6668	2996	4715	19571	4405	1970	
1664	1106	962	206	780	2763	1493	249	
60538	23306	33977	15396	18030	93259	41412	9564	2794
23776	5960	7451	3429	3583	30569	13459	3231	2265
19050	11861	19928	10848	9129	35458	14710	4273	530
956	204	381	177	204	1260	728	205	
224	253	295	42	25	433			
8804	3484	3843	365	3541	14229	6185	958	
7728	1544	2080	535	1548	11311	6331	897	
153161	87605	125691	39826	84076	268021	112723	38513	506
133622	75114	110219	36103	72016	235960	93420	35979	342
14758	9194	11607	3131	8968	23929	15431	839	
4410	2877	3366	514	2654	7348	3636	1662	164
372	420	498	78	438	785	237	32	

2-13 续表 1-11

项目	企业单位数(个)	亏损企业	流动资产合计	#应收账款	#存货	产成品
电子和电工机械专用设备制造	17	1	47708	14478	17914	5303
电工机械专用设备制造	6		10196	3341	1896	998
电子工业专用设备制造	9	1	12997	7165	3022	436
航空、航天及其他专用设备制造	1		5303	743	1276	
农、林、牧、渔专用机械制造	26	6	40275	5740	19284	6778
拖拉机制造	12	4	22327	2823	10477	3851
机械化农业及园艺机具制造	7	1	8195	577	4133	1699
农林牧渔机械配件制造	2	1	7111	1153	3872	1021
其他农林牧渔业机械制造及机械修理	5		2643	1187	802	208
医疗仪器设备及器械制造	13	3	52430	19586	16139	2901
口腔科用设备及器具制造	1		11025	3202	3518	1025
医疗、外科及兽医用器械制造	2		3851	1649	1611	426
假肢、人工器官及植(介)入器械制造	2	1	20341	10908	5325	577
其他医疗设备及器械制造	8	2	17214	3826	5686	873
环保、社会公共安全及其他专用设备制造	46	6	543888	132199	189652	51817
环境污染防治专用设备制造	24	1	430087	94244	147271	36342
社会公共安全设备及器材制造	6		96851	33200	34526	13216
交通安全及管制专用设备制造	1		369	32	15	5
水资源专用机械制造	2	1	2127	40	1729	425
其他专用设备制造	13	4	14454	4683	6112	1830
交通运输设备制造业	559	69	3256648	700978	887200	252368
铁路运输设备制造	1		4099	1127	2097	46
铁路专用设备及器材、配件制造	1		4099	1127	2097	46
汽车制造	382	55	1898044	510092	523762	201042
汽车整车制造	13	6	586203	169426	160487	60890
改装汽车制造	11	1	100000	27508	19558	8788
电车制造	2		5307	2172	841	663
汽车车身、挂车的制造	6	2	67936	2804	30677	10687
汽车零部件及配件制造	331	44	1113230	305805	309388	119253
汽车修理	19	2	25368	2378	2810	762
摩托车制造	87	4	179147	70823	37583	15179
摩托车整车制造	2		49293	9413	8573	3186
摩托车零部件及配件制造	85	4	129855	61410	29010	11993
自行车制造	11	2	13671	6554	4083	1222
脚踏自行车及残疾人座车制造	7	2	12387	6185	3901	1059
助动自行车制造	4		1284	369	183	164
船舶及浮动装置制造	71	7	1072373	84216	310405	34677
金属船舶制造	18	1	809812	58424	225970	
非金属船舶制造	4		1606	445	813	395
娱乐船和运动船的建造和修理	5	3	23633	1366	6640	964
船用配套设备制造	3	1	7955	421	2488	1435
船舶修理及拆船	41	2	229367	23561	74494	31884

单位：万元

流动资产年平均余额	固定资产合计	固定资产原价	累计折旧	固定资产净值年平均余额	资产总计	流动负债合计		长期负债合计
							应付账款	
44792	24094	32543	10682	21557	87976	39663	10112	1202
9671	6658	8300	1645	6662	26180	16036	2056	
11861	7140	8879	2013	6767	22392	7300	3041	228
5303	129	129	58	71	5855	3714	2373	
44226	27113	36583	10534	26546	75173	31205	7446	1551
25304	13414	21451	8284	13423	39339	19480	3888	1033
7656	6231	6520	952	5545	15250	7462	1808	518
7111	6628	7726	1099	6742	13748	2071	600	
4154	841	885	199	836	6836	2193	1150	
43199	25045	33496	9085	22550	83005	32660	21103	3774
9802	5723	7120	1397	5359	17300	2921	348	500
1246	3162	3504	395	2823	8440	3232	2337	417
17252	6384	10821	4505	5910	27309	17734	13360	
14900	9777	12052	2787	8458	29955	8773	5058	2857
480587	123712	56652	14981	41930	810750	525939	97281	7009
380129	111020	40667	11513	29408	598972	392944	53140	4513
84322	5021	6203	1182	5120	183134	122750	40749	2035
363	33	45	12	35	401	10	7	
2125	1005	1573	568	1021	5714	948	428	
13648	6634	8164	1706	6346	22529	9286	2957	461
3106840	1577011	2047319	688098	1328206	5244181	2924668	655498	143197
3858	365	633	268	329	4483	3564	1998	
3858	365	633	268	329	4483	3564	1998	
1851763	910443	1266461	453740	812066	3097807	1614127	445007	71503
625097	274662	383692	145720	228505	930287	627265	159260	1549
96875	20261	13617	3520	14901	125753	81096	32909	2589
4093	121	184	67	112	5428	2857	446	
57212	32174	34911	8834	28611	109529	28660	2312	200
1044067	567186	807250	284491	525354	1883242	848248	246699	60880
24418	16038	26807	11108	14584	43569	26002	3380	6285
167673	84826	153922	70469	85751	277055	150085	56932	5269
45096	17727	43468	25741	18896	72694	55287	19789	
122577	67099	110454	44728	66855	204361	94798	37143	5269
13158	5685	7335	1691	5295	22245	10745	5348	1291
10806	3535	4913	1380	3418	18491	9355	5123	1166
2352	2151	2422	311	1877	3754	1390	225	125
995133	422574	380109	68620	284867	1570320	1081923	134768	65044
725046	258238	216661	44680	159350	1103846	873779	105700	43786
1541	878	1377	499	876	2484	867	235	200
24847	19120	19572	2929	12174	46438	14822	2530	
9138	6794	8284	1943	5998	15133	8426	807	200
234562	137543	134214	18569	106470	402419	184029	25496	20858

2-13 续表 1-12

项目	企业单位数（个）	亏损企业	流动资产合计	#应收账款	#存货	产成品
航空航天器制造	4		87374	27152	8552	29
飞机制造及修理	4		87374	27152	8552	29
交通器材及其他交通运输设备制造	3	1	1941	1014	719	172
交通管理用金属标志及设施制造	1		884	605	199	145
其他交通运输设备制造	2	1	1056	409	520	27
电气机械及器材制造业	571	96	3019712	1076964	833148	284592
电机制造	154	23	638430	192723	201028	78408
发电机及发电机组制造	84	15	425071	139558	140468	60788
电动机制造	55	3	176883	42581	47469	13851
微电机及其他电机制造	15	5	36477	10585	13091	3769
输配电及控制设备制造	154	23	849072	368472	182310	48811
变压器、整流器和电感器制造	36	9	140989	56800	39149	16240
电容器及其配套设备制造	2		1154	497	552	62
配电开关控制设备制造	67	7	587712	260881	116704	24854
电力电子元器件制造	34	4	98926	41495	22006	6218
其他输配电及控制设备制造	15	3	20292	8799	3899	1437
电线、电缆、光缆及电工器材制造	57	12	275182	108325	70848	29487
电线电缆制造	46	10	258296	101364	65548	28561
光纤、光缆制造	1	1	299	51	21	
绝缘制品制造	7		12853	6358	3638	562
其他电工器材制造	3	1	3734	553	1640	364
电池制造	63	13	436911	126634	140653	41861
家用电力器具制造	34	8	321578	99270	92468	38388
家用制冷电器具制造	1	1	116	49	23	23
家用空气调节器制造	3		30828	18502	9965	3792
家用通风电器具制造	2	1	7071	803	3391	135
家用厨房电器具制造	8	1	174383	41240	46387	17275
家用清洁卫生电器具制造	3	2	7143	1982	3675	2572
家用美容、保健电器具制造	7	2	37087	9328	6374	1352
家用电力器具专用配件制造	4		14664	5110	847	452
其他家用电力器具制造	6	1	50285	22256	21806	12787
非电力家用器具制造	9		40098	8638	18688	6100
燃气、太阳能及类似能源的器具制造	9		40098	8638	18688	6100
照明器具制造	90	16	443198	167100	121292	38707
电光源制造	37	10	295877	120399	79867	24134
照明灯具制造	34	4	69225	19887	24801	9687
灯用电器附件及其他照明器具制造	19	2	78097	26815	16625	4887
其他电气机械及器材制造	10	1	15243	5803	5861	2830
车辆专用照明及电气信号设备装置	4	1	3812	1155	2346	1267
其他未列明的电气机械制造	6		11431	4648	3515	1564

单位：万元

流动资产年平均余额	固定资产合计	固定资产原价	累计折旧	固定资产净值年平均余额	资产总计	流动负债合计		长期负债合计
							应付账款	
73506	152015	237528	93083	138815	269052	63087	10982	89
73506	152015	237528	93083	138815	269052	63087	10982	89
1749	1104	1331	227	1084	3220	1137	463	
858	1049	1221	172	1051	1951	617	247	
891	55	110	56	34	1269	521	216	
2911403	999394	1362849	460233	883682	4421958	2279805	852447	70498
581640	187590	227067	58645	163891	914332	523170	148745	19693
380170	103383	124991	33993	89038	572000	332035	106027	8414
168723	69088	83079	17862	63708	288303	167492	30927	8107
32747	15119	18997	6790	11145	54029	23644	11791	3171
806769	174965	248172	89251	155205	1107791	559271	220935	13174
126745	39485	48117	14805	33312	195686	104372	44672	1278
1097	316	401	85	281	1473	876	401	
565141	89892	132140	46642	83577	735323	383399	141832	7684
94636	33518	58059	25515	32453	141860	52841	27839	2822
19151	11754	9454	2203	5582	33449	17784	6190	1390
278005	101565	143397	47853	94459	412623	247065	64197	5645
263602	94149	136105	46247	89067	384647	232705	54982	5645
251	877	926	121	803	1563	633	257	
11087	3901	4688	878	3542	17229	10867	7564	
3064	2639	1679	607	1047	9185	2862	1394	
409979	167263	227830	80318	142036	649354	276886	80926	3247
348597	113462	215515	105758	118848	466282	264710	136169	12422
137	10	31	21	13	137	69	34	
23719	7062	10121	3059	6925	37995	28853	5253	
6851	6740	11558	4962	3277	15419	7375	3497	454
214686	78413	165323	88016	86517	269876	125813	77205	11175
7386	2233	3237	1024	2229	9696	6793	3744	15
33408	5375	6959	1618	5312	51078	33207	17897	143
13729	2737	6529	3793	5883	17723	11850	4516	98
48681	10892	11757	3265	8693	64359	50750	24022	538
43772	23295	22756	2085	20691	83949	34581	9363	96
43772	23295	22756	2085	20691	83949	34581	9363	96
428524	215351	257791	70795	174084	754881	358039	180913	16133
287946	125964	140930	37987	100003	446804	213114	119981	15759
67346	56798	70583	15571	42698	134070	81160	30562	374
73231	32589	46278	17236	31383	174007	63765	30370	
14117	15903	20322	5529	14468	32747	16083	11201	88
3698	2731	3253	1504	1747	7006	3768	2012	
10419	13172	17070	4024	12720	25741	12315	9188	88

2-13 续表 1-13

项目	企业单位数(个)	亏损企业	流动资产合计	#应收账款	#存货	产成品
通信设备、计算机及其他电子设备	467	102	6313663	1885850	1134210	360101
通信设备制造	65	11	585985	218195	158342	59303
通信传输设备制造	12	3	80437	52674	20230	6507
通信交换设备制造	5		53693	16684	14653	7408
通信终端设备制造	15	4	54593	11279	20618	5951
移动通信及终端设备制造	18	2	348658	124435	88811	34599
其他通信设备制造	15	2	48604	13124	14030	4838
雷达及配套设备制造	1		830	72	637	83
广播电视设备制造	15	3	35302	14934	11535	840
广播电视节目制作及发射设备制造	1		2962	375	85	1
广播电视接收设备及器材制造	12	3	28254	13179	9566	839
应用电视设备及其他广播电视设备	2		4085	1380	1885	
电子计算机制造	62	11	3046004	792279	432039	98372
电子计算机整机制造	10	5	1969469	252948	207916	3678
计算机网络设备制造	8	1	96764	37827	26511	16590
电子计算机外部设备制造	44	5	979771	501504	197612	78105
电子器件制造	78	21	851292	232639	138129	48765
电子真空器件制造	2	1	200038	18786	19173	1132
半导体分立器件制造	12	2	47835	11264	18859	7792
集成电路制造	16	5	76308	22764	20047	7458
光电子器件及其他电子器件制造	48	13	527111	179824	80049	32383
电子元件制造	172	43	837884	320816	213075	71676
电子元件及组件制造	142	33	701893	272555	179890	62272
印制电路板制造	30	10	135991	48261	33185	9404
家用视听设备制造	40	7	816506	261302	146932	71794
家用影视设备制造	19	2	605641	235182	129740	64939
家用音响设备制造	21	5	210865	26120	17192	6855
其他电子设备制造	34	6	139860	45613	33520	9267
仪器仪表及文化、办公用机械制造	218	38	619866	161866	206371	51303
通用仪器仪表制造	44	6	77468	30250	16922	6338
工业自动控制系统装置制造	16		14199	5697	3606	1699
电工仪器仪表制造	11	3	32867	11840	4425	1979
绘图、计算及测量仪器制造	2		652	394	191	63
实验分析仪器制造	3	1	6944	1297	3243	317
试验机制造	1		1305	740	36	
供应用仪表及其他通用仪器制造	11	2	21501	10282	5421	2281
专用仪器仪表制造	21	3	78568	13079	12923	3853
环境监测专用仪器仪表制造	3		17413	2495	1253	236
汽车及其他用计数仪表制造	2		2616	671	701	290
农林牧渔专用仪器仪表制造	1		506	73	114	114
电子测量仪器制造	5		1787	751	709	223
其他专用仪器制造	10	3	56246	9090	10146	2990

单位：万元

流动资产年平均余额	固定资产合计	固定资产原价	累计折旧	固定资产净值年平均余额	资产总计	流动负债合计		长期负债合计
							应付账款	
6651093	2058720	3135460	1065282	1871678	8891593	5343789	2202399	574019
573467	130606	232447	108231	119569	804212	592066	203501	9012
79048	10107	16162	7191	9683	99553	58892	12808	1210
47092	5895	10733	6441	4193	68202	30785	15523	1923
55910	33587	55519	23870	31163	98019	49243	19090	904
345313	72815	138561	67395	65904	475978	419334	140149	3540
46105	8203	11472	3335	8627	62461	33813	15932	1434
1748	1180	1940	760	1468	2968	488	75	186
34794	14677	19915	6294	8189	52944	25611	11036	636
2860	14	120	106	14	3009	24	12	
28531	12709	16029	4376	6061	43810	22412	8279	184
3404	1954	3766	1812	2114	6125	3175	2745	452
3404085	364946	530885	223127	317638	3553680	2573521	1140931	265501
1811575	90790	159839	78189	88499	2117626	1776604	599928	228645
100318	11452	18325	7076	11223	117217	60687	14744	
1492192	262704	352721	137862	217917	1318837	736230	526259	36856
832083	815974	1221993	274241	762785	1773428	693581	269167	249701
223990	155100	412953	79470	164020	366762	134320	15457	15745
33582	15088	20496	7445	13686	68942	34014	21007	9883
54024	58812	76688	22650	52145	155295	74262	18919	5276
520487	586974	711855	164675	532934	1182429	450984	213783	218798
873828	523935	837760	338776	491775	1462415	610694	282122	31187
737057	438024	720622	307144	412478	1230171	495832	220379	19436
136771	85911	117137	31632	79297	232243	114862	61743	11750
809214	122783	202312	93704	100752	1001988	707543	260609	11242
632435	78482	131295	63826	72895	738718	637336	229888	650
176779	44301	71018	29878	27857	263271	70207	30721	10592
121875	84620	88210	20150	69502	239957	140286	34959	6556
599828	281864	429600	166678	268056	989936	391210	140634	16899
74926	21712	29240	10208	17788	111597	56467	24378	1666
14911	7699	8144	1616	5361	22732	9649	2483	610
31929	4850	6866	2495	4222	39800	19914	7832	621
586	103	258	154	97	756	439	178	
6518	919	3871	2952	974	8214	6657	6061	342
1021	910	366	51	215	2215	1264	144	
19960	7231	9735	2939	6920	37879	18543	7682	94
64806	38053	46195	8800	26493	123463	25034	6100	497
16529	1270	1775	504	1297	22838	4925	774	485
2141	1015	1125	110	555	3825	1484	346	
544	382	435	53	393	888	202	56	
1670	1138	1418	279	1174	3565	1629	201	
43923	34247	41443	7854	23075	92347	16795	4723	12

2-13 续表 1-14

项 目	企业单位数(个)	亏损企业	流动资产合计	#应收账款	#存货	产成品
钟表与计时仪器制造	72	7	117733	35147	39971	9569
光学仪器及眼镜制造	54	17	174861	40326	70150	21183
光学仪器制造	18	4	50916	13826	18846	7705
眼镜制造	36	13	123945	26500	51304	13478
文化、办公用机械制造	23	5	150101	37127	56790	7251
幻灯及投影设备制造	1	1	2122	132		
照相机及器材制造	6	4	49003	7120	20965	5321
复印和胶印设备制造	3		14938	6877	4117	792
计算器及货币专用设备制造	13		84037	22999	31708	1137
其他仪器仪表的制造及修理	4		21135	5937	9615	3110
工艺品及其他制造业	936	125	1244695	347919	365390	146840
工艺美术品制造	711	87	684066	168326	214340	95601
雕塑工艺品制造	132	16	118254	30689	48960	28871
金属工艺品制造	88	7	111317	29080	31820	9475
漆器工艺品制造	34	5	34807	4312	8657	3931
花画工艺品制造	17	3	29511	5546	16165	11912
天然植物纤维编织工艺品制造	51	5	28115	7704	4981	2079
抽纱刺绣工艺品制造	7	3	5864	2110	2418	273
地毯、挂毯制造	2	2	10167	3304	2243	418
珠宝首饰及有关物品的制造	60	4	54854	7843	20723	12259
其他工艺美术品制造	320	42	291177	77740	78373	26382
日用杂品制造	193	33	428021	120121	117680	42782
制镜及类似品加工	4	2	1456	295	321	213
鬃毛加工、制刷及清扫工具的制造	5	2	4861	1516	2204	567
其他日用杂品制造	184	29	421704	118310	115155	42001
煤制品制造	1		81	41	20	8
其他未列明的制造业	31	5	132528	59432	33350	8449
废弃资源和废旧材料回收加工业	17	3	17462	2099	3168	697
金属废料和碎屑的加工处理	8	2	5247	1403	1585	267
非金属废料和碎屑的加工处理	9	1	12215	696	1583	430
电力、燃气及水的生产和供应业	463	126	2650819	442881	245418	8687
电力、热力的生产和供应业	370	105	2285933	406989	208422	4128
电力生产	292	90	1723305	378619	188455	1993
火力发电	24	15	1109012	277066	180339	1867
水力发电	260	74	544184	83603	5529	36
其他能源发电	8	1	70110	17950	2587	91
电力供应	71	13	475843	24190	18082	2135
热力生产和供应	7	2	86785	4180	1885	
燃气生产和供应业	12	3	90164	4426	29729	4382
水的生产和供应业	81	18	274722	31467	7268	178
自来水的生产和供应	75	17	264781	30334	7218	178
污水处理及其再生利用	6	1	9942	1133	49	

单位：万元

流动资产年平均余额	固定资产合计	固定资产原价	累计折旧	固定资产净值年平均余额	资产总计	流动负债合计		长期负债合计
							应付账款	
107287	49625	70418	23893	44924	199014	93931	21095	4383
180185	87674	140219	62388	78727	286173	117912	53796	4087
52092	20252	31328	11633	17836	80643	25883	5651	801
128093	67421	108890	50755	60891	205530	92029	48145	3286
152625	73169	120964	49584	88786	236596	82430	30184	5241
2110	682	1145	564	699	2852	1923	882	
50016	35392	61083	25906	53255	95563	37437	10302	2068
13983	3982	8678	4700	4278	19378	7395	4512	230
86516	33114	50058	18415	30554	118803	35675	14488	2943
20000	11632	22564	11806	11339	33094	15436	5080	1026
1199868	624552	786610	221446	561953	2015592	833334	236388	52629
655148	375366	435854	113616	342100	1172117	478694	120631	41997
109144	58503	76518	22287	51758	201752	61062	16061	11198
112227	69657	80941	16491	72189	198862	77130	17772	6192
29584	16071	18265	6449	15304	54895	22040	4154	229
29582	22166	26438	4935	20058	53500	16632	4009	
32280	37597	46058	11127	32992	71813	36571	4682	781
6069	5786	10318	4617	5799	14341	5271	712	361
10387	1890	3776	1886	1920	12401	5427	4111	7
49424	24477	23288	6712	18883	83447	34185	8253	889
276451	139221	150253	39113	123197	481106	220377	60878	22341
414901	158485	236522	82638	148879	613251	244348	83067	4388
1430	3032	4312	1280	3116	5115	1432	338	
5103	7021	9926	2905	6864	12191	3531	3047	
408368	148432	222285	78453	138899	595945	239385	79681	4388
82	446	522	76	470	539	189	80	
129738	90254	113712	25116	70505	229685	110103	32611	6244
19293	16555	17051	1716	10665	44116	18337	9365	277
7042	11875	12432	811	6839	21222	9342	2865	
12252	4680	4619	905	3826	22894	8996	6501	277
2630477	14355010	18774265	6243303	12290782	19633155	5087628	1025016	7211705
2311060	13369809	17557787	5821123	11520538	17610405	4726395	961188	6530187
1726896	8191196	10894513	3655129	7218219	10766513	2629866	402289	4316188
1115018	4406741	6015579	2128841	3898617	5950350	1758472	288331	2428791
567498	3273387	4624231	1494780	3104679	4225059	779647	75736	1536095
44380	511067	254703	31509	214923	591103	91747	38222	351302
499609	5117117	6574856	2137347	4240366	6666486	2075193	555730	2134161
84555	61497	88418	28647	61954	177405	21336	3169	79838
50453	69944	95089	37065	57038	666173	69625	34433	396946
268964	915256	1121389	385116	713206	1356577	291609	29395	284572
258820	882371	1081816	378098	686176	1303613	276057	26869	269854
10144	32886	39573	7018	27030	52964	15552	2526	14718

2-13 续表 2-1

项目	负债合计	所有者权益合计					
			实收资本				
				国家资本	集体资本	法人资本	个人资本
总计	**62823189**	**54125938**	**34598760**	**3979726**	**302812**	**7247256**	**6714130**
#国有控股企业	18838082	12420046	7011825	3824235	27439	2121476	225077
#亏损企业	19733701	8964029	9246661	2123395	62580	1585447	854649
一、按轻重工业分							
轻工业	21324482	23949627	15069085	860516	97594	2722209	3345029
以农产品为原料	13950238	16530151	9860659	275155	62531	1937576	2483754
以非农产品为原料	7374244	7419476	5208426	585361	35062	784633	861276
重工业	41498707	30176311	19529675	3119210	205219	4525047	3369101
采掘工业	964542	1268632	515529	111123	21412	166269	165550
原料工业	24136986	16402708	10893583	2633731	130423	2700632	1226393
加工工业	16397179	12504971	8120563	374356	53385	1658146	1977158
二、按登记注册类型分							
内资企业	31968329	26922450	14872037	3121834	255475	5047508	6253663
国有企业	6456653	3702925	1762319	1268427	12220	479450	2102
集体企业	432675	445848	177215	153	140239	27553	5620
股份合作企业	359847	726390	213424	10047	6281	75272	119080
联营企业	863150	675650	428067	27636	6588	346755	12013
有限责任公司	9298301	6597958	4266556	1429869	38762	1737953	1008760
股份有限公司	3606147	3993672	1438667	375155	34935	566986	440352
私营企业	10907924	10720803	6544917	10536	12871	1800321	4641883
其他企业	43632	59204	40873	10	3579	13218	23854
港、澳、台商投资企业	13918585	13789929	9277861	68682	26315	1101074	353452
外商投资企业	16936275	13413560	10448861	789211	21022	1098675	107015
三、按规模分							
大型企业	15460828	10140345	5023148	1445334	17506	678516	353722
中型企业	25198278	22981433	13952955	1345088	57195	3022512	1700304
小型企业	22164082	21004160	15622657	1189304	228111	3546228	4660103
四、按行业分							
采矿业	900490	1229708	444184	114787	20339	149348	150873
煤炭开采和洗选业	328722	399156	186882	86412	12274	36930	51266
烟煤和无烟煤的开采洗选	328617	398856	186332	86412	12274	36555	51091
其他煤炭采选	105	300	550			375	175
黑色金属矿采选业	230830	434501	83135	5874	2846	32818	39664
铁矿采选	224587	427768	81480	5874	2846	31643	39184
其他黑色金属矿采选	6243	6733	1656			1176	480
有色金属矿采选业	209845	208142	82416	2536	1309	47343	28044
常用有色金属矿采选	94190	91730	39540	906	892	17300	17258
铜矿采选	375	73	70		70		
铅锌矿采选	91344	89480	37302	906	822	16300	16090
锡矿采选	1850	998	1000			1000	
其他常用有色金属矿采选	620	1179	1168				1168
贵金属矿采选	29631	29339	16665	380	280	7317	8688
金矿采选	29468	28228	16515	380	280	7317	8538
银矿采选	163	1112	150				150

单位：万元

港澳台资本	外商资本	主营业务收入	#主营业务成本	#主营业务税金及附加	其他业务收入	其他业务利润	营业费用
7989125	**8365711**	**148161695**	**127274567**	**1515080**	**1499745**	**520138**	**4239138**
97797	715800	20962357	18058050	805076	396742	93036	366989
1618653	3001936	20902434	20155458	122377	245983	84515	374594
5383497	2660240	66868161	56237522	1005160	701877	275549	2243384
3413651	1687992	47036110	39176705	926361	496126	182723	1605256
1969846	972248	19832052	17060817	78798	205751	92827	638128
2605628	5705471	81293534	71037045	509921	797869	244588	1995754
19859	31316	3655032	2584310	103783	25097	17322	113168
989376	3213029	34797493	31552512	182995	335169	109251	405911
1596393	2461126	42841009	36900223	223143	437603	118016	1476675
169694	23864	71047964	60276770	1205371	665939	280319	1668970
	120	7270810	6178836	387097	122551	28978	51061
3650		1761536	1497898	30706	12105	6344	37135
1944	800	2149744	1695650	17855	4782	684	60671
35074		942424	808265	7162	26261	8719	7651
46712	4500	16827982	14335550	366166	224530	121765	370541
10493	10746	4918454	3948285	46566	90759	22296	166156
71609	7698	37012345	31663855	349063	175098	81730	972724
212		164670	148430	757	9852	9803	3030
7401471	326868	40276783	34959999	151327	439252	96191	1237014
417960	8014979	36836948	32037799	158382	394554	143628	1333155
829938	1698132	29780684	26468860	155120	294787	76872	905346
3598388	4229467	58734573	49542009	874745	649565	215476	1843894
3560799	2438112	59646438	51263698	485216	555394	227790	1489898
6073	2764	3500918	2447911	102888	19902	13820	107160
		1187224	766516	39340	4305	2915	31867
		1185391	765164	39272	4305	2915	31699
		1833	1352	68			168
1800	133	1235897	879058	13280	2943	1333	32356
1800	133	1223920	873438	13115	2555	1225	31945
		11977	5620	164	388	108	411
2680	505	470193	346835	9504	9351	8235	5971
2680	505	293829	230287	5015	8358	7286	5348
		1013	764	2			16
2680	505	287022	224111	5012	8358	7286	5159
		2683	2428	1			130
		3111	2984				43
		82357	65918	2503	54	10	369
		78887	63371	2481	47	10	337
		3470	2547	22	8		31

2-13 续表 2-2

项目	负债合计	所有者权益合计					
			实收资本	国家资本	集体资本	法人资本	个人资本
稀有稀土金属矿采选	86025	87073	26210	1250	137	22726	2098
钨钼矿采选	82725	83116	22055	1250	137	18570	2098
稀土金属矿采选	28	70	100			100	
其他稀有金属矿采选	3272	3887	4056			4056	
非金属矿采选业	131093	187910	91751	19965	3911	32257	31899
土砂石开采	86429	120251	74049	16212	3711	22736	28553
石灰石、石膏开采	19183	12113	7406	1087	486	1824	4009
建筑装饰用石开采	15291	29950	27129	3726	2269	8710	11997
耐火土石开采	19672	16326	8936		106	1910	5958
粘土及其他土砂石开采	32284	61863	30578	11399	850	10292	6590
化学矿采选	13572	3906	2272	89	50	1439	62
采盐	22286	21385	3756	3664		92	
石棉及其他非金属矿采选	8806	42368	11675		150	7991	3284
石墨、滑石采选	740	22664	1380		100	80	1200
其他非金属矿采选	8066	19704	10295		50	7911	2084
制造业	49485804	45699971	29300278	1678130	235827	5734262	6327720
农副食品加工业	2224508	1638523	1134594	8231	8483	287948	366404
谷物磨制	133057	160164	94247	1795	135	26347	43460
饲料加工	286733	196093	135824	1316	3255	26345	72202
植物油加工	484237	160341	119473	1210		54531	36528
食用植物油加工	482577	159372	118722	1210		54531	36512
非食用植物油加工	1661	969	751				16
制糖	39419	27269	14414			13628	786
屠宰及肉类加工	272782	218578	100838	325	30	27744	37701
畜禽屠宰	176591	151705	51850	325		21328	16512
肉制品及副产品加工	96191	66874	48988		30	6417	21189
水产品加工	651157	480317	370679	3585	2463	106713	103184
水产品冷冻加工	364923	270821	204584	1855	371	53145	69637
鱼糜制品及水产品干腌制加工	191601	120225	108216	1730	1792	34267	21802
水产饲料制造	82250	66311	42008			12855	6834
鱼油提取及制品的制造	183	331	268				268
其他水产品加工	12200	22629	15602		300	6447	4643
蔬菜、水果和坚果加工	261081	311725	235794		2019	19761	50368
其他农副食品加工	96043	84038	63326		581	12879	22175
淀粉及淀粉制品的制造	24713	16336	12836				4843
豆制品制造	5685	8181	7358			1762	5597
蛋品加工	13269	10924	8524		581	1931	4806
其他未列明的农副食品加工	52377	48597	34607			9186	6929
食品制造业	897314	994592	712924	83806	3193	157479	251921
焙烤食品制造	145852	159681	114435		50	27798	50429
糕点、面包制造	47681	33219	25299		50	4521	11404
饼干及其他焙烤食品制造	98171	126462	89136			23277	39024

单位：万元

		主营业务收入	#主营业务成本	#主营业务税金及附加	其他业务收入	其他业务利润	营业费用
港澳台资本	外商资本						
		94007	50630	1986	939	939	255
		89322	47263	1905	158	158	229
		708	691	8			
		3977	2676	72	781	781	26
1592	2127	607605	455502	40765	3303	1337	36966
710	2127	399168	284098	32578	2803	1516	27702
		103132	82894	4022	357	243	6469
	426	100238	82252	2936	425	109	2697
	962	74457	59091	1245	1454	688	3373
710	738	121341	59861	24375	565	477	15162
632		20641	10995	248			5328
		9859	7871	414	134	64	333
250		177937	152538	7525	366	-242	3604
		23540	16269	546			426
250		154397	136269	6979	366	-242	3177
7880126	7444214	134905047	115909519	1365041	1382548	466533	4094521
294800	168728	7431378	6700265	22455	128586	9688	165041
15327	7183	741386	647402	2730	9624	1446	10943
20833	11873	1178887	1079702	989	2396	1148	23205
9855	17348	1646472	1557078	3767	88096	-3974	16701
9120	17348	1641474	1552205	3763	88096	-3974	16683
735		4998	4872	4			18
		27635	28594	23	716	145	278
30604	4434	627517	547534	1138	16398	3435	15126
13685		443142	389038	582	16199	3417	9848
16919	4434	184375	158496	556	199	18	5277
120655	34079	2075299	1866201	10014	4991	2759	45885
69604	9973	1159346	1055699	5208	4471	2395	22346
35082	13544	561608	506792	4048	356	201	15454
15970	6350	279572	240700	86	125	124	5767
		1532	1335	29			39
	4212	73240	61674	642	40	40	2279
80421	83225	875364	760823	2329	3095	1920	37098
17105	10586	258820	212930	1465	3271	2809	15805
6797	1196	51201	40626	104	219	-11	1834
		33047	30475	305	195	70	738
507	699	72670	59065	91	2582	2582	3317
9801	8691	101903	82765	965	274	167	9916
137476	79049	3352671	2819342	16787	19370	3810	154563
28984	7174	671065	533034	2725	5588	1046	42971
5484	3841	186387	137779	370	1815	734	12594
23501	3334	484678	395255	2355	3773	311	30377

2-13 续表 2-3

项目	负债合计	所有者权益合计	实收资本	国家资本	集体资本	法人资本	个人资本
糖果、巧克力及蜜饯制造	175607	226406	146904		620	23573	71619
糖果、巧克力制造	92695	141973	91731			5425	47148
蜜饯制作	82911	84433	55174		620	18148	24472
方便食品制造	82928	94123	55418	172	750	6379	18267
米、面制品制造	31937	38479	16090		750	2517	11577
速冻食品制造	19413	22426	12253	172		3662	2313
方便面及其他方便食品制造	31578	33218	27075			200	4378
液体乳及乳制品制造	27939	27813	23998			11236	12237
罐头制造	291844	253973	201659	35148	777	58469	60203
肉、禽类罐头制造	30739	49107	47776	34788		10065	2923
水产品罐头制造	8715	6088	3981		150	844	367
蔬菜、水果罐头制造	249692	186042	143983	30	627	47560	55812
其他罐头食品制造	2698	12736	5919	330			1101
调味品、发酵制品制造	105028	140407	109141	46104		8027	18375
味精制造	59081	69537	73409	40126		1065	7569
酱油、食醋及类似制品的制造	24282	40606	22401	5979		3242	5338
其他调味品、发酵制品制造	21666	30264	13331			3720	5468
其他食品制造	68115	92189	61369	2382	996	21998	20791
营养、保健食品制造	8068	19952	11492			2060	6060
冷冻饮品及食用冰制造	9156	15822	9247				6281
盐加工	3008	8305	7647			7647	
食品及饲料添加剂制造	39112	34682	20765	2382	996	5835	3645
其他未列明的食品制造	8771	13428	12218			6456	4805
饮料制造业	778498	990394	496991	13389	9198	138094	112789
酒精制造	905	234	209			184	24
酒的制造	240858	329644	165519	10000	1851	82518	32821
白酒制造	12444	27878	18065		925	2735	7775
啤酒制造	208517	274085	131024	10000	926	77001	15278
黄酒制造	10757	9167	8167			80	6500
葡萄酒制造	914	2107	930			180	750
其他酒制造	8227	16407	7332			2522	2518
软饮料制造	397297	432523	214463	3354	6749	32921	25289
碳酸饮料制造	89046	64486	53393			2868	4960
瓶(罐)装饮用水制造	21762	26043	16298	3354		3483	3179
果菜汁及果菜汁饮料制造	109173	140381	69962		3655	8133	5106
含乳饮料和植物蛋白饮料制造	88053	84101	31177		3000	14048	373
固体饮料制造	32165	17490	13715			1200	6754
茶饮料及其他软饮料制造	57097	100021	29918		95	3189	4916
精制茶加工	139438	227993	116801	35	598	22471	54655
烟草制品业	246226	935267	149625	13875		135750	
烟叶复烤	15140	87189	28875	13875		15000	
卷烟制造	231086	848078	120750			120750	

单位：万元

港澳台资本	外商资本	主营业务收入	#主营业务成本	#主营业务税金及附加	其他业务收入	其他业务利润	营业费用
36612	14481	665875	548805	4661	665	464	31872
28073	11086	407752	330574	1996	36	19	23590
8539	3395	258124	218231	2665	630	445	8283
24101	5749	378840	318195	1363	4907	182	26966
150	1097	148430	128495	1005	163	121	3382
5180	926	82183	71970	186	378	26	5731
18771	3726	148227	117731	172	4366	34	17853
525		129378	115891	212	103	27	4290
29243	17820	975126	862302	3877	2432	7	27319
		48693	42487	111			1748
2558	62	32408	29726	119	118	114	587
22197	17758	853845	757906	3580	2208	-214	24184
4488		40181	32183	67	107	107	801
5038	31597	280957	237930	1986	4712	1913	11200
	21650	94887	86048	365	3372	1337	3230
895	6948	83530	64167	812	1339	576	4662
4143		102541	87715	809			3308
12973	2228	251429	203186	1963	963	171	9946
3222	150	39365	29558	87	84	82	3480
1700	1266	39740	29354	527	20		2507
		23867	21748	23	174	15	740
7558	349	100200	80665	1079	685	73	2669
494	463	48257	41860	246	1		550
132359	91164	2394764	1711850	67729	54487	23292	218934
		3428	3262	39	847	847	29
5046	33284	589769	366144	54508	29961	11707	70622
	6631	79152	59072	6324	492	171	2679
1166	26654	456584	269992	47171	29469	11536	62177
1587		15227	9245	297			1182
		7631	6066	84			1051
2292		31175	21769	633			3534
118331	27820	1106174	815382	2655	20258	8706	120081
44299	1267	201732	141955	370	2370	1482	31208
50	6232	82663	66996	340	372	56	5812
50412	2656	190106	152003	1030	8813	4985	14858
10382	3374	303040	256461	155	8514	2132	20491
	5761	53479	38221	594	5	2	1506
13189	8529	275155	159746	166	183	49	46207
8982	30060	695393	527062	10526	3422	2032	28202
		1427601	446491	626042	52820	9112	20688
		23432	10777	319	6558	3976	1193
		1404170	435714	625724	46262	5136	19496

2-13 续表 2-4

项目	负债合计	所有者权益合计	实收资本	国家资本	集体资本	法人资本	个人资本
纺织业	2872256	3554072	2588632	13911	4746	355372	718961
棉、化纤纺织及印染精加工	1889492	2134190	1562526	13621	3515	221610	450940
棉、化纤纺织加工	1353852	1459088	1090632	12901	430	135787	375465
棉、化纤印染精加工	535641	675102	471894	720	3085	85823	75475
毛纺织和染整精加工	19647	16448	19315				50
毛条加工	2519	3259	3170				
毛纺织	11937	7462	11548				50
毛染整精加工	5191	5727	4596				
麻纺织	1840	810	590				500
丝绢纺织及精加工	34695	23267	21211			600	400
绢纺和丝织加工	34695	23267	21211			600	400
纺织制成品制造	387283	492232	322603		24	46534	67839
棉及化纤制品制造	161183	199696	139831		24	25034	42727
丝制品制造	394	839	879				210
绳、索、缆的制造	13625	10897	6633			588	2804
纺织带和帘子布制造	60811	88959	29320			535	12551
无纺布制造	124439	126804	89919			18517	5644
其他纺织制成品制造	26832	65037	56022			1860	3903
针织品、编织品及其制品制造	539300	887125	662387	290	1207	86628	199232
棉、化纤针织品及编织品制造	290718	454675	342551		837	29822	105684
毛针织品及编织品制造	103002	184970	107845	290	335	22415	21892
丝针织品及编织品制造	79939	137822	121501			21145	47698
其他针织品及编织品制造	65641	109659	90491		36	13247	23959
纺织服装、鞋、帽制造业	2047441	2812715	1361904	1400	4841	220447	210498
纺织服装制造	1940384	2710282	1284304	1400	4541	195471	199440
纺织面料鞋的制造	104351	98077	72904		300	24976	11058
制帽	2707	4355	4696				
皮革、毛皮、羽毛(绒)及其制品业	2366736	2811419	1640488	2058	4523	252301	279744
皮革鞣制加工	182276	208703	147833	914	970	27338	22010
皮革制品制造	2156784	2575098	1470802	1115	3343	221163	250753
皮鞋制造	1785722	2213678	1263043	1115	1587	201627	227019
皮革服装制造	8581	10306	7130				250
皮箱、包(袋)制造	261365	267499	155262		1710	15200	16742
皮手套及皮装饰制品制造	41835	24733	18905			140	646
其他皮革制品制造	59280	58882	26462		46	4195	6096
毛皮鞣制及制品加工	3004	6469	6238			3078	3000
毛皮鞣制加工	493	3007	2658			2658	
其他毛皮制品加工	2512	3463	3580			420	3000
羽毛(绒)加工及制品制造	24673	21149	15614	30	210	722	3981
羽毛(绒)加工	14834	9353	5091	30	210	562	3912
羽毛(绒)制品加工	9839	11795	10523			160	69
木材加工及木、竹、藤、棕、草制品业	805794	787534	583468	19208	4009	145278	314807
锯材、木片加工	37739	38324	32412		230	1301	28063
锯材加工	29893	30308	25932		230	761	22123
木片加工	7846	8016	6480			540	5940

单位：万元

港澳台资本	外商资本	主营业务收入	#主营业务成本	#主营业务税金及附加	其他业务收入	其他业务利润	营业费用
1112913	382729	7655809	6760873	37445	38791	11784	119938
631929	240911	4745125	4227609	19170	28596	9521	57875
416377	149672	3575456	3243864	13096	22096	5236	37697
215552	91239	1169669	983746	6074	6500	4284	20178
15135	4130	69019	64044	549	43	43	524
3170		4077	3577	35			
11498		30355	27665	161	43	43	206
466	4130	34587	32802	352			319
	90	3712	3330	5			44
20211		45138	39953	111	66	34	269
20211		45138	39953	111	66	34	269
154776	53429	1124248	984572	3679	8377	1320	26244
46977	25069	584865	515834	1286	1988	608	14075
	669	4495	4096	66			86
2215	1026	51738	44716	178	21	9	752
13606	2628	109984	95573	451	180	151	1905
64106	1652	256894	223136	1267	6022	447	5492
27873	22386	116271	101217	432	166	105	3935
290861	84169	1668568	1441365	13932	1710	868	34982
179897	26312	807136	706610	4306	1105	481	12649
46916	15998	500169	419336	5072	35	-2	12133
38516	14142	190639	164568	1228	402	345	6451
25532	27718	170624	150850	3325	168	43	3749
679011	245707	8441959	6996527	56191	59192	40155	355854
646396	237056	7916000	6536240	52367	58244	39989	342198
32317	4252	519667	455431	3817	938	158	13240
298	4398	6293	4856	6	10	9	416
631289	470573	10441097	8792604	65344	66167	48172	354139
67727	28876	642177	559743	1799	12910	2671	9676
563025	431404	9684205	8130350	63251	52988	45313	340555
459494	372202	8111051	6753292	54845	49950	43093	304111
1000	5880	32857	27509	64			1573
69488	52121	1280422	1119450	6904	2765	2082	26811
16917	1202	89986	79862	76	113	-23	3407
16125		169890	150237	1362	160	160	4653
160		13723	12412	86			136
		4171	3545	16			26
160		9552	8867	70			110
378	10294	100992	90099	208	270	188	3773
378		87129	80283	185	52	16	1309
	10294	13863	9816	23	218	172	2464
54934	45233	2676764	2312412	20603	24834	18751	73440
568	2250	164494	138616	1559	2051	1592	5595
568	2250	126646	107472	1108	2049	1591	4040
		37849	31144	451	2	2	1556

2-13 续表 2-5

项目	负债合计	所有者权益合计	实收资本				
				国家资本	集体资本	法人资本	个人资本
人造板制造	497393	488448	334819	19201	2606	97948	191259
胶合板制造	101492	135386	98549	139	1106	16060	77126
纤维板制造	204617	174795	94570	18571	500	50611	24123
刨花板制造	76841	37774	31852			14858	11738
其他人造板、材制造	114444	140492	109848	492	1000	16419	78273
木制品制造	169718	119049	122887		1073	27600	42134
建筑用木料及木材组件加工	72909	49656	66596			14669	11693
木容器制造	13430	10652	8505		1073	2344	2983
软木制品及其他木制品制造	83379	58740	47787			10588	27458
竹、藤、棕、草制品制造	100944	141713	93350	7	100	18428	53352
家具制造业	523284	510184	369753	242	838	87712	84991
木质家具制造	216927	254348	184715		200	45461	44656
竹、藤家具制造	5166	6727	6449			3015	1440
金属家具制造	237422	187555	127741	242	638	37606	30688
塑料家具制造	18522	19918	18649				950
其他家具制造	45247	41636	32198			1630	7257
造纸及纸制品业	1654620	1753764	1122543	110967	20893	244535	327986
纸浆制造	143123	48004	88373	54973	44	29856	3290
造纸	694064	871936	489764	54920	15604	131394	160886
机制纸及纸板制造	656810	785686	456035	54920	15304	126934	146641
手工纸制造	566	936	1096				
加工纸制造	36688	85315	32633		300	4460	14245
纸制品制造	817432	833824	544406	1074	5245	83285	163810
纸和纸板容器的制造	636060	539457	342553	351	4995	60040	125238
其他纸制品制造	181373	294367	201854	723	250	23245	38572
印刷业和记录媒介的复制	350034	377380	225193	18686	1775	72351	81913
印刷	301663	352569	202728	12640	1775	67101	75878
书、报、刊印刷	118533	119341	73301	12219	270	17509	23776
本册印制	11855	67748	22071	220		19706	1100
包装装潢及其他印刷	171275	165480	107357	201	1505	29886	51002
装订及其他印刷服务活动	18534	16696	11122	2157		5150	1135
记录媒介的复制	29837	8116	11342	3890		100	4900
文教体育用品制造业	416145	453844	365996		1308	37291	24926
文化用品制造	46431	55317	40989			6950	2488
文具制造	31564	42791	28551			4100	1360
笔的制造	8289	6837	7203			2000	428
教学用模型及教具制造	2203	523	350				350
其他文化用品制造	4375	5166	4884			850	350
体育用品制造	296672	289775	247241			24981	17564
球类制造	23200	26248	29551			2381	
体育器材及配件制造	91646	117791	96711			1967	7953
训练健身器材制造	146306	101565	77461			17964	8112
运动防护用具制造	10876	16431	12006			1033	1050
其他体育用品制造	24644	27741	31510			1635	450

单位：万元

港澳台资本	外商资本	主营业务收入	#主营业务成本	#主营业务税金及附加	其他业务收入	其他业务利润	营业费用
17043	6762	1600542	1388140	10321	12150	8906	41400
3089	1030	583453	510592	4075	4166	3075	16875
766		325482	275532	2029	2742	1650	6125
705	4550	136557	117900	349	5	5	5423
12483	1182	555049	484117	3869	5237	4177	12976
20563	31517	438701	383893	3225	8922	6842	12737
11682	28552	113062	98837	1157	2538	806	4513
2105		50911	45433	152	2791	2759	1828
6776	2965	274728	239624	1916	3592	3277	6396
16760	4704	473027	401763	5498	1711	1410	13707
124842	71128	1547306	1333924	4347	23699	22304	53719
58810	35589	670541	569276	2912	17369	16562	24984
	1994	10743	6841	91			1610
41514	17052	681370	597784	1054	5950	5638	20208
17699		32610	28205	70		-201	1689
6819	16493	152041	131817	220	380	305	5229
251283	166881	3494300	2994144	19937	42254	9751	103506
	210	111094	103755	558	2114	532	1909
78626	48336	1389166	1229335	8736	7278	1475	29160
77290	34948	1241506	1105243	7652	7261	1459	26341
1096		742	587	1			19
240	13388	146918	123505	1083	18	17	2799
172657	118335	1994040	1661054	10643	32862	7745	72437
107662	44268	1477148	1256469	8392	23094	5724	45851
64996	74067	516893	404585	2251	9768	2020	26586
29030	21438	770938	657442	4505	11326	8138	14893
24021	21314	718750	611954	4413	11217	8030	13590
15450	4077	234157	199068	1547	5179	4393	4799
	1045	66906	57272	241			1616
8572	16192	417687	355614	2624	6038	3637	7175
2556	124	36708	29458	88			1025
2453		15480	16030	4	109	108	278
157410	145061	1262831	1117694	3253	14985	7406	31678
18348	13202	175279	158301	468	266	207	4983
16645	6446	137806	125259	326	252	192	3549
500	4275	7511	6117	51			314
		12320	11590	29	1	1	154
1203	2482	17643	15335	64	14	14	966
99130	105566	863800	765930	1128	7284	1078	20448
20104	7066	64853	58847	38	1072	156	2093
43742	43050	267638	230746	621	272	234	8646
25213	26173	437571	394684	323	5838	698	6427
2625	7299	27188	23675	70	25	7	1085
7447	21978	66550	57979	77	77	-17	2196

2-13 续表 2-6

项目	负债合计	所有者权益合计	实收资本	国家资本	集体资本	法人资本	个人资本
乐器制造	6640	18295	15432			100	
中乐器制造	1045	3089	3605				
西乐器制造	3844	5165	2734			100	
电子乐器制造	1752	10042	9094				
玩具制造	59595	85910	58243			5010	2464
游艺器材及娱乐用品制造	6806	4546	4092		1308	250	2410
游艺用品及室内游艺器材制造	6806	4546	4092		1308	250	2410
石油加工、炼焦及核燃料加工业	2848877	1063952	1314302	618694	3087	32543	8118
精炼石油产品的制造	2809933	1041882	1290568	616351	2696	11543	8118
原油加工及石油制品制造	2779773	1027587	1279385	616351	2696	6543	8118
人造原油生产	30161	14294	11183			5000	
炼焦	38943	22071	23734	2343	391	21000	
化学原料及化学制品制造业	2126134	1944225	1714376	84983	5961	458865	252423
基础化学原料制造	486149	336933	218735	7308	3006	93564	59814
无机酸制造	77625	46343	28352	1177	1000	9836	13567
无机碱制造	204439	81614	71768	5708	575	52367	8018
无机盐制造	88541	75331	46438			21559	22401
有机化学原料制造	66252	68718	29262	420	1431	5475	8677
其他基础化学原料制造	49294	64926	42914	3		4327	7151
肥料制造	235042	189333	130668	50065	747	46858	18449
氮肥制造	157190	125699	96289	48495		31787	11154
磷肥制造	20276	20584	5670	20		4115	1536
钾肥制造	8029	6863	5026				50
复混肥料制造	37571	22241	15973	1550	747	9273	3790
有机肥料及微生物肥料制造	10987	12108	6593			1684	1870
其他肥料制造	990	1838	1116				50
农药制造	80810	-12502	32447			11891	19361
化学农药制造	79140	-16426	29529			9071	19263
生物化学农药及微生物农药制造	1670	3924	2918			2820	98
涂料、油墨、颜料及类似产品制造	167857	195664	114426		911	26453	36048
涂料制造	112807	108514	67651		911	22302	24005
油墨及类似产品制造	13973	47995	15498				1710
颜料制造	22753	13293	14379			700	4431
染料制造	4519	14878	10445			3050	1600
密封用填料及类似品制造	13804	10984	6454			401	4302
合成材料制造	709366	549204	536563	26414	8	174429	23151
初级形态的塑料及合成树脂制造	140836	141303	83440	1149		22722	19411
合成橡胶制造	7811	9989	5519			280	2020
合成纤维单(聚合)体的制造	376361	304663	363663	25263		150300	
其他合成材料制造	184359	93249	83942	2	8	1127	1720

单位：万元

		主营业务收入	#主营业务成本	#主营业务税金及附加	其他业务收入	其他业务利润	营业费用
港澳台资本	外商资本						
857	14476	22835	19594	19	164	47	856
	3605	2406	2182	2	99	37	36
857	1778	8672	7188	11	54	10	446
	9094	11758	10224	7	11		374
38952	11817	190947	165378	1555	6464	5655	5157
124		9970	8491	83	807	420	234
124		9970	8491	83	807	420	234
29572	622288	1986388	2086956	40902	22123	4206	11087
29572	622288	1936201	2054568	40696	22078	4206	10760
23389	622288	1815963	1942042	40634	21667	3832	10536
6183		120238	112526	62	411	374	224
		50187	32388	207	45		327
172294	739849	5436905	4817901	21609	39101	16312	145805
18830	36212	998275	886218	7197	14944	4639	26222
2772		237024	209346	2326	1324	438	8822
	5100	248624	232367	1230	7937	349	2805
1493	985	147080	126703	973	2176	1791	4218
8167	5092	238697	211806	2148	1768	796	8213
6398	25035	126850	105996	521	1739	1265	2165
12510	2039	508646	441669	2746	5339	1551	8723
3955	900	315796	277643	1811	4069	397	3694
		42758	35347	358	1176	1111	610
4976		13084	11089	12			327
300	313	101857	90176	24	95	44	2102
2213	826	30835	23777	474			1897
1066		4317	3639	66			93
686	509	102087	71412	659	770	383	2113
686	509	99392	69468	655	770	383	1849
		2695	1944	4			264
35130	15884	673224	551346	4378	2646	2266	28249
14737	5697	505664	420373	3119	272	77	21572
5287	8502	64842	39533	114	25	-125	4186
7562	1686	34052	29394	233	20	9	1130
5795		13329	10697	235			293
1750		55337	51349	677	2329	2304	1069
39972	272589	1790370	1755455	1061	5991	2177	22975
36378	3779	472249	418848	665	3823	538	10443
3219		21440	18757	43	15	13	503
	188100	1031686	1072444	258	1273	1215	8032
375	80710	264996	245407	95	880	411	3997

2-13 续表 2-7

项目	负债合计	所有者权益合计	实收资本	国家资本	集体资本	法人资本	个人资本
专用化学产品制造	326709	510215	549036	600	1192	85177	62663
化学试剂和助剂制造	59902	63633	42669			14658	10050
专项化学用品制造	40280	41011	36336			12142	15937
林产化学产品制造	96647	80425	55376		182	15097	24318
炸药及火工产品制造	18576	42250	33633	600	710	30570	1240
信息化学品制造	76648	251191	357514			9265	150
环境污染处理专用药剂材料制造	3208	3062	2918				2918
动物胶制造	399	352	300			300	
其他专用化学产品制造	31050	28292	20291		300	3145	8051
日用化学产品制造	120201	175378	132501	596	97	20492	32936
肥皂及合成洗涤剂制造	13340	13945	11562			2682	5263
化妆品制造	29401	32632	29844	436		200	1100
口腔清洁用品制造	871	762	757			257	500
香料、香精制造	32689	36133	17860	160		7851	3043
其他日用化学产品制造	43899	91905	72477		97	9502	23031
医药制造业	594642	586305	333533	27963	7040	86707	84540
化学药品原药制造	170301	116639	54260		420	37934	3907
化学药品制剂制造	158602	145137	102526	12890	595	18480	26088
中药饮片加工	9541	10916	6448			1980	4468
中成药制造	132841	169552	70148	12023		12001	24493
兽用药品制造	38659	27500	17844	3050		3585	2859
生物、生化制品的制造	72841	107070	76287		6025	11548	18509
卫生材料及医药用品制造	11857	9493	6020			1180	4217
化学纤维制造业	1121973	1227592	867200		60	76750	136881
纤维素纤维原料及纤维制造	24505	33593	22010		60	200	5735
化纤浆粕制造	10686	16236	9355			200	3337
人造纤维(纤维素纤维)制造	13819	17357	12655		60		2398
合成纤维制造	1097468	1194000	845189			76550	131146
锦纶纤维制造	214956	402352	193213			16850	72344
涤纶纤维制造	840286	746111	618624			50701	48363
腈纶纤维制造	135	5794	560			560	
其他合成纤维制造	42091	39743	32792			8439	10439
橡胶制品业	963814	955840	638457		849	92148	82432
轮胎制造	573442	428278	293565			48329	13791
车辆、飞机及工程机械轮胎制造	571629	426334	292074			47829	12800
轮胎翻新加工	1813	1944	1491			500	991
橡胶板、管、带的制造	10187	12913	7450			2236	3824
橡胶零件制造	26080	63230	55089			11242	7432
再生橡胶制造	17929	15609	10570			1680	8890
日用及医用橡胶制品制造	10532	6496	6111				900
橡胶靴鞋制造	236902	334151	176675		783	22831	36816
其他橡胶制品制造	88743	95163	88996		65	5830	10779

单位：万元

		主营业务收入			其他业务收入	其他业务利润	营业费用
港澳台资本	外商资本		#主营业务成本	#主营业务税金及附加			
46456	352947	998882	813836	3880	7873	5769	39256
7694	10267	209039	181263	662	779	366	9535
4778	3479	119692	103675	405	196	28	2704
3498	12282	229907	202677	1071	2444	1974	5685
	512	79900	59072	1108	1582	1554	2747
27088	321010	267329	185627	222	2030	1595	15127
		3880	3350	24	59	55	62
		5322	4576	5			24
3399	5397	83814	73597	384	784	198	3371
18710	59670	365421	297965	1688	1539	-472	18267
3535	83	38505	32851	131	6	5	1629
10203	17906	93397	76209	199	164	138	4439
		4534	3929	2			266
1405	5402	81466	68545	271	214	9	1980
3568	36279	147519	116431	1086	1155	-624	9953
69285	57998	972206	685278	4499	3356	1249	88818
5806	6193	189561	158121	1525	1021	226	2013
7628	36846	293863	202234	1188	848	136	32668
		27264	22728	70	687	629	784
17352	4280	246107	144714	1052	448	139	33254
	8350	51129	41466	61	195		3008
37876	2330	130699	88982	539	155	118	15173
623		33584	27034	64	2	2	1917
619460	34048	2300033	2131400	4355	35499	16062	17239
14680	1335	46870	39470	256	4741	127	1879
5167	651	22967	18993	49	4741	127	968
9513	684	23903	20478	207			911
604780	32714	2253164	2091930	4099	30758	15936	15360
104019		706725	632491	1201	13640	13637	5817
489949	29612	1422879	1357292	2270	16957	2228	7946
		1160	1010	1			8
10812	3102	122400	101137	628	162	71	1588
245278	217751	2344533	2025995	18192	7049	2755	71940
124499	106946	1091596	948945	9267	1992	1502	45414
124499	106946	1087509	945226	9247	1992	1502	45373
		4087	3719	21			41
1390		40140	33511	309			977
25404	11012	102291	88940	376	2462	258	2940
		45647	40520	142	499		631
5211		28353	26267	54			370
73359	42886	902201	769194	7529	1895	835	17587
15414	56908	134305	118618	514	201	160	4021

2-13 续表 2-8

项　　目	负债合计	所有者权益合计	实收资本				
				国家资本	集体资本	法人资本	个人资本
塑料制品业	1565621	1690544	1175149	5462	9046	160409	236066
塑料薄膜制造	210828	264633	205140	217	336	12971	14466
塑料板、管、型材的制造	148452	217787	162334		2126	21461	27061
塑料丝、绳及编织品的制造	31138	47630	30884		67	4149	11574
泡沫塑料制造	65854	93519	73257		131	8317	31888
塑料人造革、合成革制造	232823	229183	114330			22524	28124
塑料包装箱及容器制造	38391	59442	46120	3540	18	8865	18594
塑料零件制造	91788	108383	64745	1375	1424	17977	13827
日用塑料制造	491507	444812	314452	330	4911	51653	67235
塑料鞋制造	193270	184792	144835	330	3093	31378	41113
日用塑料杂品制造	298237	260021	169617		1818	20274	26122
其他塑料制品制造	254840	225155	163890		33	12492	23297
非金属矿物制品业	3394205	3931328	2585447	66640	70754	594551	922977
水泥、石灰和石膏的制造	900646	634573	473865	34394	48603	131788	101087
水泥制造	892548	621507	466076	30716	48603	131410	97960
石灰和石膏制造	8097	13066	7789	3679		378	3127
水泥及石膏制品制造	336505	309175	194336	26114	1910	38675	83864
水泥制品制造	299131	262671	166556	25648	1910	28999	68606
砼结构构件制造	13992	23125	9050			150	6520
石棉水泥制品制造	4105	5027	3350			2850	500
轻质建筑材料制造	4121	5973	4858			2500	2358
其他水泥制品制造	15156	12379	10522	466		4176	5880
砖瓦、石材及其他建筑材料制造	1105244	2052685	1114062	2978	12741	273981	536864
粘土砖瓦及建筑砌块制造	30790	32859	23557	1200	1754	6112	10926
建筑陶瓷制品制造	286151	884835	397608	220	9429	94853	233484
建筑用石加工	755039	1105568	672022	1074	1559	168951	282966
防水建筑材料制造	651	577	560			260	300
隔热和隔音材料制造	1846	2470	1348				1348
其他建筑材料制造	30766	26376	18967	484		3805	7840
玻璃及玻璃制品制造	773424	655649	619204			117864	126607
平板玻璃制造	193919	220035	151521			24831	326
技术玻璃制品制造	442342	300645	263841			63021	108813
光学玻璃制造	43923	46058	38752				1700
玻璃仪器制造	786	1684	850			460	50
日用玻璃制品及玻璃包装容器制造	48355	26295	39535			25000	9350
玻璃纤维及制品制造	11313	9729	4229			200	870
玻璃纤维增强塑料制品制造	4282	8123	7418			3819	2868
其他玻璃制品制造	28505	43080	113057			533	2630
陶瓷制品制造	189109	210385	146443	3055	440	21162	61087
卫生陶瓷制品制造	23069	15771	30384			1300	1600
特种陶瓷制品制造	27275	23652	19203			1728	8474
日用陶瓷制品制造	75019	88372	51588	3055	440	5910	27101
园林、陈设艺术及其他陶瓷制品制造	63746	82591	45268			12223	23912

单位：万元

港澳台资本	外商资本	主营业务收入	#主营业务成本	#主营业务税金及附加	其他业务收入	其他业务利润	营业费用
423754	340412	5224062	4623373	19656	33578	13406	123652
40775	136375	858590	789686	2683	13550	4462	11458
61524	50161	682748	575543	2107	934	323	30925
11727	3366	164562	147406	1426	2011	335	3901
24761	8160	210928	178932	852	751	518	3705
55882	7800	525839	461309	2520	145	110	9063
5882	9220	134206	117496	1920	871	183	3097
7403	22740	302891	261284	768	3633	1596	7155
138814	51509	1663165	1482435	6306	4687	1453	39789
53789	15132	1037819	945086	3785	2540	218	16563
85025	36377	625346	537349	2520	2146	1235	23226
76986	51081	681133	609281	1074	6996	4427	14561
400584	529942	9501297	7879991	109984	97838	23912	342569
34267	123726	1516021	1338703	10345	7179	3227	32279
33662	123726	1485133	1313022	9915	6146	3111	31634
605		30888	25681	430	1033	116	644
30107	13665	813377	692267	5361	2046	741	32526
30107	11285	711934	607424	4190	2046	741	29459
	2380	45046	36975	379			928
		5933	5151	41			213
		15148	11230	261			1665
		35316	31487	490			261
162661	124837	5414745	4372746	84316	4168	1890	213568
695	2871	108593	90597	1684	75	12	4090
51299	8324	2007434	1600275	34152	540	89	69378
104984	112488	3175710	2579482	46858	3359	1671	135679
		1744	1552	2			
		20078	17367	601			764
5683	1154	101188	83473	1020	195	118	3657
120604	254129	706835	605160	678	78397	13075	25241
8277	118087	185637	155047	52	3292	1149	6607
90306	1701	254616	220531	137	64382	1600	9981
18795	18257	58391	44067	100	187	134	925
340		3470	2675	6	3	3	172
1448	3737	56586	53955	119	10310	9976	1693
	3159	44479	34028	76			3215
	732	21049	18014	28			521
1437	108457	82608	76843	162	223	214	2127
48927	11772	820177	674410	7968	4792	4457	36006
27124	360	23610	21268	56	7	7	570
6062	2939	128201	104483	467	4319	4319	4514
7052	8030	236340	184948	2470	466	131	14162
8689	443	432025	363712	4974			16760

2-13 续表 2-9

项　　目	负债合计	所有者权益合计	实收资本	国家资本	集体资本	法人资本	个人资本
耐火材料制品制造	46661	23718	10179		7000	936	2243
石棉制品制造	1850	2902	863			538	325
耐火陶瓷制品及其他耐火材料制造	44811	20816	9316		7000	398	1918
石墨及其他非金属矿物制品制造	42616	45144	27360	98	60	10146	11226
石墨及碳素制品制造	14552	14070	7684		60	2688	3668
其他非金属矿物制品制造	28064	31074	19676	98		7458	7558
黑色金属冶炼及压延加工业	3260463	1727718	837434	101381	14931	246057	146585
炼铁	257958	11335	28260	1194	1888	8026	7924
炼钢	618816	114961	136369			75400	24812
钢压延加工	2241716	1498690	619302	99677	10868	140419	87836
铁合金冶炼	141973	102733	53504	510	2175	22213	26012
有色金属冶炼及压延加工业	1274412	2303357	722829	88797	119	299195	170880
常用有色金属冶炼	60373	39070	36509			885	24706
铜冶炼	4915	12935	7318				1300
铅锌冶炼	39700	12021	20280				15380
镍钴冶炼	30	1629	1580				1580
铝冶炼	14614	6832	6701			885	5816
其他常用有色金属冶炼	1114	5653	630				630
贵金属冶炼	204362	1502556	182313	42109		64090	76114
金冶炼	204362	1502556	182313	42109		64090	76114
稀有稀土金属冶炼	95454	60932	41914	4750	119	32794	4250
钨钼冶炼	91033	58094	40005	4750		31494	3760
稀土金属冶炼	3768	2619	1590			1300	290
其他稀有金属冶炼	653	220	319		119		200
有色金属合金制造	104708	119985	60407			36610	3421
有色金属压延加工	809516	580814	401687	41938		164816	62388
常用有色金属压延加工	792629	541351	380089	41938		150186	61690
稀有稀土金属压延加工	16886	39463	21598			14630	698
金属制品业	1139599	1240124	894817	19978	3061	199895	138946
结构性金属制品制造	311388	358716	236417	330	1013	87155	59372
金属结构制造	279725	329782	215382	330	1013	84029	48315
金属门窗制造	31663	28934	21035			3126	11056
金属工具制造	83555	91361	77000	40	15	8933	9375
切削工具制造	42145	38906	31778	40	15	370	3032
手工具制造	3992	9921	9096			527	259
农用及园林用金属工具制造	1844	1411	1522			157	
刀剪及类似日用金属工具制造	10443	7544	4742			3017	345
其他金属工具制造	25131	33580	29862			4862	5740
集装箱及金属包装容器制造	297333	203654	170827	10633	1720	35235	12509
集装箱制造	55108	38203	39752	10395		13412	
金属压力容器制造	41811	20706	7567		252	943	2758
金属包装容器制造	200414	144745	123509	238	1468	20881	9751

单位：万元

港澳台资本	外商资本	主营业务收入	#主营业务成本	#主营业务税金及附加	其他业务收入	其他业务利润	营业费用
		85558	75211	568	608	329	482
		11129	9836	243			190
		74429	65376	325	608	329	292
4018	1812	144585	121494	747	647	193	2468
53	1216	34830	29531	142	420	168	823
3965	597	109755	91963	606	227	25	1646
57753	270727	7341737	6787934	18920	58643	12731	54250
800	8427	420291	411434	800	7909	792	3474
522	35635	801198	734470	1091	6391	1309	4002
56431	224071	5875222	5422658	15341	43791	10079	42946
	2594	245026	219372	1689	552	552	3828
117237	46602	3293159	2737586	22310	47033	11664	32914
4900	6018	144683	133633	300	2750	1627	818
	6018	64049	53954	77			148
4900		18235	22338	1	1614	1614	126
		1017	903	1			
		49930	47441	39	1026	13	269
		11451	8999	182	110		276
		495846	216838	11141	21321	3047	1290
		495846	216838	11141	21321	3047	1290
		327163	294346	5885			2059
		312645	282416	5653			1869
		12693	10345	215			179
		1826	1585	17			10
	20376	243205	207715	1343	2914	1195	3797
112337	20208	2082263	1885054	3642	20048	5795	24951
112337	13938	2028543	1843936	3589	19839	5694	23666
	6270	53720	41118	53	209	101	1285
230774	302164	3466836	3052404	14184	76494	17878	75378
48120	40426	854975	743394	3180	17092	4062	20887
44170	37524	734223	636460	2558	15447	3804	17536
3950	2903	120752	106933	622	1645	258	3350
12066	46571	298371	256537	795	7839	5035	7956
3665	24656	92416	71925	210	804	-6	4347
1715	6595	19227	17199	110	106	67	595
	1365	3166	2975	10			18
1380		22620	19541	144			808
5306	13954	160942	144898	322	6928	4974	2187
57748	52983	821322	740747	957	22239	4478	15772
9181	6765	192073	177321	256	2640	1434	4790
869	2745	111486	95954	139	10020	1672	2144
47698	43473	517763	467472	563	9578	1373	8838

2-13 续表 2-10

项　　目	负债合计	所有者权益合计	实收资本				
				国家资本	集体资本	法人资本	个人资本
金属丝绳及其制品的制造	28611	38935	43096	8434	117	12000	8841
建筑、安全用金属制品制造	192995	273521	181276		100	28773	18014
建筑、家具用金属配件制造	54548	53040	50311			12665	7686
建筑装饰及水暖管道零件制造	111781	192461	111531			4482	3750
安全、消防用金属制品制造	18152	22299	14826		100	10188	3408
其他建筑、安全用金属制品制造	8514	5721	4608			1438	3170
金属表面处理及热处理加工	28237	30273	16056			5039	4867
搪瓷制品制造	10229	8201	8367			430	4596
搪瓷卫生洁具制造	9659	7375	7541			100	4100
搪瓷日用品及其他搪瓷制品制造	571	826	826			330	496
不锈钢及类似日用金属制品制造	99737	156724	111842			5418	10157
金属制厨房调理及卫生器具制造	8569	6412	5946			486	1184
金属制厨用器皿及餐具制造	60140	46398	40019			1138	2766
其他日用金属制品制造	31028	103914	65877			3794	6207
其他金属制品制造	87515	78739	49937	541	95	16910	11217
铸币及贵金属制实验室用品制造	348	270	300				300
其他未列明的金属制品制造	87166	78469	49637	541	95	16910	10917
通用设备制造业	1536126	1320107	899460	37965	5053	174692	277241
锅炉及原动机制造	74158	27155	20327	4043	854	3614	8593
锅炉及辅助设备制造	13457	4560	4931			663	3768
内燃机及配件制造	58373	18413	12812	3810	854	2351	3075
汽轮机及辅机制造	938	1399	600			600	
水轮机及辅机制造	1391	2783	1983	233			1750
金属加工机械制造	96724	104015	92094	6134	79	15523	29281
金属切削机床制造	11835	22768	14129	3830		1000	1947
金属成形机床制造	52677	34891	41595	2200		8930	3674
铸造机械制造	12007	20901	16569			252	14228
金属切割及焊接设备制造	1012	428	510			300	210
机床附件制造	6036	8491	6912		79	3228	1756
其他金属加工机械制造	13158	16535	12380	104		1813	7467
起重运输设备制造	341843	153337	182374	5081		3665	13847
泵、阀门、压缩机及类似机械的制造	343333	322811	172789	1072	1298	65036	73395
泵及真空设备制造	59801	41649	21733	68		8564	9780
气体压缩机械制造	23812	32419	17864			8357	150
阀门和旋塞的制造	218300	226350	116636	1004	298	39934	57546
液压和气压动力机械及元件制造	41421	22393	16555		1000	8182	5919
轴承、齿轮、传动和驱动部件的制造	162402	218934	127125	20501	778	26915	32958
轴承制造	86807	129876	73186	10501	520	17524	25451
齿轮、传动和驱动部件制造	75595	89058	53939	10000	258	9391	7508
风机、衡器、包装设备等通用设备	175165	178663	98669		308	20834	33174
风机、风扇制造	9737	7423	5311			100	1476

单位：万元

港澳台资本	外商资本	主营业务收入	#主营业务成本	#主营业务税金及附加	其他业务收入	其他业务利润	营业费用
3482	10224	118110	113742	173	1663	561	2008
41157	93231	671811	583320	2619	16172	419	12982
15111	14849	178759	156695	348	2405	197	2821
26046	77253	392621	348370	415	13622	223	6167
	1130	58027	40778	1453	1		2902
		42404	37477	403	144		1092
2668	3482	101437	86524	266	5208	269	1892
	3341	21022	18888	69	25	25	421
	3341	20017	18045	61	25	25	416
		1005	843	8			6
53869	42398	276407	241806	685	4501	1735	7647
332	3944	15640	14234	10	64	-3	152
19584	16531	115557	100952	200	2762	1047	4136
33953	21923	145211	126620	475	1676	690	3359
11665	9508	303381	267448	5440	1755	1293	5812
		558	513	7	3		
11665	9508	302823	266935	5434	1752	1293	5812
140445	264065	4231163	3630481	20697	25454	9645	126783
1223	2000	110219	94174	248	874	379	3665
500		21816	18238	23	31	6	310
723	2000	82808	71053	152	841	371	3179
		3642	3333	10			82
		1953	1550	62	3	3	93
9395	31681	241671	212564	2161	2036	1197	4724
2108	5244	31848	25605	113	1244	943	1008
3214	23576	48032	44521	132	499	174	955
1377	712	43962	36985	170	59	18	921
		826	699	6	26	2	18
1849		68851	62537	1451			976
847	2150	48152	42219	290	207	60	848
12547	147235	499636	423811	604	7307	2304	30864
17840	14148	984971	798659	7435	3539	1092	36940
2162	1160	159588	138901	395	944	918	4263
8530	826	121099	101826	635	439	204	2444
5693	12162	634003	496368	6054	74	48	28080
1455		70281	61564	350	2082	-78	2153
27827	18145	480323	407367	1334	3997	1513	8772
4174	15016	228141	180520	863	2023	767	5401
23653	3129	252182	226847	471	1975	747	3372
22876	21478	754670	639151	2698	2512	423	25990
300	3435	16465	13923	140	53	30	378

2-13 续表 2-11

项目	负债合计	所有者权益合计					
			实收资本				
				国家资本	集体资本	法人资本	个人资本
气体、液体分离及纯净设备制造	5496	10560	2575			1212	1247
制冷、空调设备制造	27474	57808	29472			6560	12190
风动和电动工具制造	19721	28768	18195			30	50
喷枪及类似器具制造	24	170	150				150
包装专用设备制造	3185	5565	3418			742	750
衡器制造	15365	1465	5063			3980	300
其他通用设备制造	94164	66904	34486		308	8210	17011
通用零部件制造及机械修理	166441	168004	103403		674	14121	28382
金属密封件制造	4689	5483	5500				5500
紧固件、弹簧制造	67202	50872	38652			3537	4381
机械零部件加工及设备修理	55027	68062	22576		420	7066	7480
其他通用零部件制造	39523	43587	36676		253	3518	11021
金属铸、锻加工	176060	147187	102680	1133	1062	24985	57610
钢铁铸件制造	163409	132281	93000		1062	23804	51045
锻件及粉末冶金制品制造	12651	14906	9679	1133		1181	6566
专用设备制造业	1664856	1294044	679108	59565	2758	111969	189134
矿山、冶金、建筑专用设备制造	658806	498934	251358	42324	71	37942	98000
采矿、采石设备制造	15085	33745	21646	123	51	419	5976
石油钻采专用设备制造	3236	2527	386			128	258
建筑工程用机械制造	539042	366040	170768	42201	20	27715	55303
建筑材料生产专用机械制造	81366	83681	47811			8830	26568
冶金专用设备制造	20078	12942	10746			850	9896
化工、木材、非金属加工专用设备	191612	169031	97632		620	25047	21505
炼油、化工生产专用设备制造	28011	14975	7770			4352	3418
橡胶加工专用设备制造	53086	28148	7336			6020	785
塑料加工专用设备制造	5985	14916	5324				2950
木材加工机械制造	4367	2741	2186			654	1532
模具制造	99145	107636	74815		620	14021	12720
其他非金属加工专用设备制造	1017	616	200				100
食品、饮料、烟草及饲料生产专用设备制造	6172	16163	10309			450	6768
食品、饮料、烟草工业专用设备制造	4678	14893	9099			200	5808
农副食品加工专用设备制造	1493	1270	1210			250	960
印刷、制药、日化生产专用设备制造	45036	48222	40324		1888	8858	5173
制浆和造纸专用设备制造	16277	14292	10085			2066	1614
印刷专用设备制造	15243	20215	17525			5250	1764
日用化工专用设备制造	728	532	480				480
制药专用设备制造	273	160	120				120
照明器具生产专用设备制造	6185	8044	7499		1888	522	609
其他日用品生产专用设备制造	6331	4981	4616			1020	586
纺织、服装和皮革工业专用设备制造	116328	151693	87160	7595		9358	8733
纺织专用设备制造	96860	139100	78366	7595		8928	7983
皮革、毛皮及其制品加工专用设备制造	15431	8498	5823			430	
缝纫机械制造	3800	3548	2472				250
其他服装加工专用设备制造	237	548	500				500

单位：万元

		主营业务收入			其他业务收入	其他业务利润	营业费用
港澳台资本	外商资本		#主营业务成本	#主营业务税金及附加			
116		15058	10815	148	204	28	556
7947	2776	92737	71905	194	825	233	4142
3208	14907	79569	69191	6	80	19	3883
		586	512	2			
1926		16401	13334	289			479
633	150	10569	8169	29	17	12	1698
8747	210	523285	451302	1891	1334	102	14853
35266	24961	401876	356109	2070	3087	1288	6435
		9137	8692	86			21
14005	16729	97001	81923	326	1804	777	2294
6595	1015	185862	168123	833	652	299	1833
14666	7218	109877	97371	826	631	213	2287
13473	4417	757798	698648	4146	2101	1449	9392
12924	4167	708583	654715	3896	2052	1430	8723
549	250	49215	43932	251	50	19	670
151388	164294	3149027	2637009	12385	57866	12282	122709
19012	54009	1559324	1316550	5303	41204	4957	72767
11982	3097	78378	65953	275	1206	647	2367
		20172	16669	34			57
7029	38500	1265543	1084425	3712	39988	4300	60796
	12413	146173	104930	1109	6	6	8694
		49058	44572	174	4	4	853
33552	16908	381591	331495	2704	5824	2958	9567
		33236	29152	129	713	88	265
531		56053	48569	114	759	129	2044
374	2000	18925	15426	294			299
		15684	14186	38	24	14	240
32547	14908	256471	223082	2124	4328	2727	6717
100		1223	1081	5			3
81	3010	27439	19823	129	66	58	549
81	3010	25933	18639	125	66	58	430
		1507	1185	4			119
10073	14332	86992	76339	333	1423	272	2306
4000	2405	29125	25225	115			822
4818	5693	22729	18358	131	970	266	1217
		501	446		1		6
		6399	6170	45			
	4479	12729	11820	23	451	5	94
1255	1755	15510	14320	19	1	1	167
46231	15243	208917	178300	1451	2597	926	7597
45604	8256	144188	117749	659	2347	785	7246
	5393	54661	52088	633	250	141	146
627	1595	9277	7782	157			196
		792	681	3			9

2-13 续表 2-12

项　　目	负债合计	所有者权益合计					
			实收资本				
				国家资本	集体资本	法人资本	个人资本
电子和电工机械专用设备制造	40866	47110	20112	5397	180	3593	7263
电工机械专用设备制造	16036	10144	6450		180	1988	4283
电子工业专用设备制造	7528	14864	6264			1605	980
航空、航天及其他专用设备制造	3714	2141	2000				2000
农、林、牧、渔专用机械制造	36280	38893	26259	1976		2727	19467
拖拉机制造	22288	17051	15352	1976		867	12509
机械化农业及园艺机具制造	7979	7270	5413			310	4901
农林牧渔机械配件制造	2071	11677	3388				1500
其他农林牧渔业机械制造及机械修理	3941	2895	2106			1550	556
医疗仪器设备及器械制造	36435	46570	21488	427		3762	2506
口腔科用设备及器具制造	3421	13879	2506				2506
医疗、外科及兽医用器械制造	3649	4791	3604			432	
假肢、人工器官及植(介)入器械制造	17734	9575	3827	427			
其他医疗设备及器械制造	11630	18325	11552			3330	
环保、社会公共安全及其他专用设备制造	533322	277428	124467	1846		20232	19719
环境污染防治专用设备制造	397478	201495	103385	1846		12314	15222
社会公共安全设备及器材制造	124927	58207	10386				2900
交通安全及管制专用设备制造	10	392	218				218
水资源专用机械制造	948	4765	4692			4492	200
其他专用设备制造	9960	12569	5787			3426	1179
交通运输设备制造业	3137065	2107116	1353435	111595	3757	331711	197704
铁路运输设备制造	3564	919	911			911	
铁路专用设备及器材、配件制造	3564	919	911			911	
汽车制造	1697991	1399816	960647	70545	1612	218186	135402
汽车整车制造	632881	297406	233921	57152		84700	6216
改装汽车制造	83686	42067	29101	3095		12750	10806
电车制造	3131	2296	2110			100	2010
汽车车身、挂车的制造	29260	80269	35047			23215	8500
汽车零部件及配件制造	916745	966497	637559	9783	1327	88634	105377
汽车修理	32288	11281	22909	515	285	8788	2493
摩托车制造	177169	99886	85427	4835	1832	15817	17198
摩托车整车制造	75774	-3080	25150	4092		5183	
摩托车零部件及配件制造	101395	102967	60277	743	1832	10634	17198
自行车制造	12036	10210	7921		67	380	1400
脚踏自行车及残疾人座车制造	10521	7970	5941		67	100	
助动自行车制造	1515	2239	1980			280	1400
船舶及浮动装置制造	1181993	388326	259343	36216	246	90736	42629
金属船舶制造	917565	186281	147929	31749		49200	6980
非金属船舶制造	1067	1417	878		206		672
娱乐船和运动船的建造和修理	14822	31616	25294			6055	800
船用配套设备制造	8626	6507	6624			4132	760
船舶修理及拆船	239914	162505	78618	4467	40	31349	33417

单位：万元

港澳台资本	外商资本	主营业务收入	#主营业务成本	#主营业务税金及附加	其他业务收入	其他业务利润	营业费用
3679		73036	53594	246	1637	1371	1817
		26068	19634	192	76	52	970
3679		19692	15476	42	1217	975	831
		6284	5517	6			16
202	1888	135243	119372	855	2035	518	2975
		56431	53446	208	815	457	1059
202		44608	36416	575	1220	61	875
	1888	20275	17161	49			639
		13930	12350	23			401
4814	9979	168636	138217	171	1004	686	10481
		16537	11363	104			1458
3172		25816	22462	32	6	6	447
	3400	70979	55081		387	365	7626
1643	6579	55304	49312	35	611	315	950
33745	48924	507848	403319	1193	2077	538	14651
32564	41439	344763	281289	739	1834	372	12327
	7486	119346	85337	260			920
		536	499				
		3084	2610	6			199
1181		40119	33585	189	243	165	1204
280990	427679	6157834	5308129	44725	156394	38986	161305
		5006	4525	13	17		
		5006	4525	13	17		
202710	332192	3904942	3318579	37642	144254	31728	143094
41276	44576	1268614	1122491	29738	62703	12603	74780
2450		174216	147982	271	1522	4	1893
		6069	5233	27			101
3332		67486	57011	360	3338	2865	855
154100	278338	2346625	1952511	6988	74208	14127	63298
1552	9277	41932	33351	258	2484	2129	2166
37690	8055	414852	362658	4395	3298	2875	10399
15875		96753	87610	2243	1509	1436	2021
21815	8055	318099	275049	2152	1790	1439	8378
1499	4575	40417	34471	44	1	1	688
1199	4575	28279	23201	24	1	1	622
300		12138	11270	20			66
11078	78439	1125135	1021929	2558	7516	3308	6819
	60000	756085	699121	695	3810	1391	2755
		6585	5998	26			62
	18439	18431	14952	124	785	767	298
1732		34462	31641	260			105
9346		309572	270216	1453	2921	1150	3599

2-13 续表 2-13

项目	负债合计	所有者权益合计					
			实收资本	国家资本	集体资本	法人资本	个人资本
航空航天器制造	63176	205876	37914			5489	
飞机制造及修理	63176	205876	37914			5489	
交通器材及其他交通运输设备制造	1137	2083	1274			192	1075
交通管理用金属标志及设施制造	617	1335	1000				1000
其他交通运输设备制造	521	748	274			192	75
电气机械及器材制造业	2397730	2024228	1266933	94643	15700	340264	273361
电机制造	553354	360978	195953	8994	252	68628	55988
发电机及发电机组制造	349150	222850	117057	4565		41053	32409
电动机制造	176471	111831	61025	4429	252	24447	21511
微电机及其他电机制造	27733	26296	17872			3129	2068
输配电及控制设备制造	590135	517655	238258	1110	11012	77605	57351
变压器、整流器和电感器制造	105661	90026	58536		535	29300	8451
电容器及其配套设备制造	876	597	630				630
配电开关控制设备制造	406193	329129	121857	860	7200	38264	38505
电力电子元器件制造	57709	84151	44517	230	526	4730	5379
其他输配电及控制设备制造	19696	13753	12719	20	2750	5312	4387
电线、电缆、光缆及电工器材制造	264926	147698	134732	538	3156	37946	60301
电线电缆制造	250565	134083	124282	538	537	37946	59522
光纤、光缆制造	633	930	893				
绝缘制品制造	10867	6362	4334				679
其他电工器材制造	2862	6323	5222		2619		100
电池制造	282810	366544	224702	44019		17022	43075
家用电力器具制造	278798	187484	186259	1666	204	96721	27496
家用制冷电器具制造	70	68	106				106
家用空气调节器制造	28853	9142	9517			830	751
家用通风电器具制造	7829	7589	6036	1666			
家用厨房电器具制造	136987	132888	140061			94296	14180
家用清洁卫生电器具制造	7408	2288	3091				305
家用美容、保健电器具制造	33755	17324	10710			495	9700
家用电力器具专用配件制造	12608	5114	3293		204		775
其他家用电力器具制造	51288	13071	13445			1100	1680
非电力家用器具制造	35026	48923	39448			534	9733
燃气、太阳能及类似能源的器具制造	35026	48923	39448			534	9733
照明器具制造	376510	378371	238993	38317	1077	40638	19287
电光源制造	231207	215597	138073	6959	1074	34131	11132
照明灯具制造	81537	52533	37727			2996	5970
灯用电器附件及其他照明器具制造	63766	110241	63192	31358	3	3512	2184
其他电气机械及器材制造	16171	16576	8588			1171	130
车辆专用照明及电气信号设备装置	3768	3239	1638			200	50
其他未列明的电气机械制造	12403	13337	6950			971	80

单位：万元

港澳台资本	外商资本	主营业务收入	#主营业务成本	#主营业务税金及附加	其他业务收入	其他业务利润	营业费用
28013	4412	663531	562652	15	1087	984	185
28013	4412	663531	562652	15	1087	984	185
	7	3952	3316	59	220	90	119
		1116	738	58			
	7	2836	2577	1	220	90	119
304532	238432	6780201	5763057	18755	85976	23616	202345
36294	25797	1546192	1365798	5979	12482	4350	28222
16533	22497	1017613	893583	4214	8446	2852	18544
9517	868	475177	424941	1551	3490	1373	8778
10243	2432	53401	47275	215	546	124	900
43265	47917	1518272	1150674	3377	11338	7011	75088
14923	5327	246162	200236	1205	3613	1085	9073
		5731	5183	6			146
3536	33493	1015798	736601	1606	6119	5377	58654
24556	9096	201772	165099	425	1526	471	6188
250		48809	43555	135	79	79	1028
19139	13653	798871	732587	2857	6150	4794	12759
15577	10163	753585	697487	2797	5555	4334	12144
893		1318	1259				65
166	3490	40045	31059	41	558	452	425
2504		3924	2783	19	37	8	125
71718	48868	1022871	839664	2061	28117	3272	39637
44899	15274	724429	655584	621	3687	1171	22859
		664	557	4			23
125	7812	28885	24191	11			1317
4370		6521	6365	26	24	24	470
30866	720	416972	380724	349	2714	1008	12636
	2786	15542	13761	31	166	72	992
116	400	127885	114537	113	566	20	3654
2314		28339	22995	53	51	4	1060
7108	3556	99621	92455	33	167	43	2707
29181		105360	86146	261	918	103	3408
29181		105360	86146	261	918	103	3408
59436	80239	1014980	893405	3326	23046	2901	18634
48601	36176	685422	612550	2784	8038	1924	10256
9995	18766	201450	172455	264	1011	165	5048
839	25296	128108	108401	277	13997	813	3330
602	6685	49226	39197	274	238	15	1739
602	786	9830	8267	74	5	5	145
	5899	39395	30930	199	232	9	1594

2-13 续表 2-14

项目	负债合计	所有者权益合计	实收资本				
				国家资本	集体资本	法人资本	个人资本
通信设备、计算机及其他电子设备	5941057	2950536	2086300	65475	13124	240026	226786
通信设备制造	601999	202213	215266	5560		34621	52851
通信传输设备制造	60153	39400	17615	560		4425	2565
通信交换设备制造	32708	35493	23369			4919	1655
通信终端设备制造	50148	47871	33827			3350	8300
移动通信及终端设备制造	423744	52234	122461			17483	35673
其他通信设备制造	35247	27215	17994	5000		4444	4658
雷达及配套设备制造	674	2294	493	493			
广播电视设备制造	26268	26677	18885			1604	11011
广播电视节目制作及发射设备制造	24	2985	3000				3000
广播电视接收设备及器材制造	22597	21213	14519			438	7811
应用电视设备及其他广播电视设备	3646	2479	1366			1166	200
电子计算机制造	2845320	708360	364545	18227		38093	52900
电子计算机整机制造	2005340	112287	62656	11834		12283	837
计算机网络设备制造	61601	55616	18443	5393		4010	3976
电子计算机外部设备制造	778379	540458	283447	1000		21799	48087
电子器件制造	944141	829288	714988	27308	201	60892	24478
电子真空器件制造	150065	216697	233221				668
半导体分立器件制造	43904	25038	20494	5927	5	5701	3548
集成电路制造	79540	75755	50803	2240		4950	2110
光电子器件及其他电子器件制造	670631	511798	410471	19142	196	50241	18153
电子元件制造	649338	813076	564199	6936	9323	69497	52965
电子元件及组件制造	522726	707446	482795	6936	9323	60068	43450
印制电路板制造	126613	105631	81404			9430	9514
家用视听设备制造	726473	275515	148996	3200	2100	32263	23410
家用影视设备制造	643485	95232	102134	3200	2000	27839	19248
家用音响设备制造	82988	180283	46861		100	4424	4163
其他电子设备制造	146845	93113	58929	3750	1500	3057	9172
仪器仪表及文化、办公用机械制造	411067	578869	414472	6767	187	36574	52691
通用仪器仪表制造	58970	52627	33800		60	14995	7062
工业自动控制系统装置制造	10259	12473	6463		60	823	2270
电工仪器仪表制造	21370	18430	13010			7446	980
绘图、计算及测量仪器制造	439	317	60			50	10
实验分析仪器制造	6999	1216	3086			1100	300
试验机制造	1264	952	120				90
供应用仪表及其他通用仪器制造	18639	19240	11061			5576	3412
专用仪器仪表制造	25533	97931	49917	6767	31	5493	13289
环境监测专用仪器仪表制造	5410	17428	18926			487	228
汽车及其他用计数仪表制造	1484	2341	2232			423	1600
农林牧渔专用仪器仪表制造	202	687	680				680
电子测量仪器制造	1629	1936	985			300	670
其他专用仪器制造	16808	75539	27094	6767	31	4283	10111

单位：万元

港澳台资本	外商资本	主营业务收入	#主营业务成本	#主营业务税金及附加	其他业务收入	其他业务利润	营业费用
531936	1008953	16729171	14807963	21548	70847	28333	692824
59625	62609	1018771	827041	2450	8732	3585	108347
9800	265	139025	119658	428	1295	730	1636
9996	6800	47646	35479	212	399	389	4054
17996	4180	116587	97638	117	1553	1219	2077
17941	51365	635096	515904	1258	4630	910	92398
3892		80417	58362	436	854	338	8183
		821	314	1	27	22	7
6156	115	123266	106663	652	76	38	2942
		645	577	3	50	32	4
6156	115	108092	95214	331	25	5	2112
		14529	10872	318	1	1	827
135500	119826	8825245	7888030	8371	8887	2574	387816
4736	32965	4274305	3586413	3938	5503	1303	279129
	5064	146638	86385	476	298	117	26697
130764	81796	4404303	4215232	3957	3085	1154	81991
56715	545394	2939753	2762932	2205	9674	4456	27711
	232553	297891	312634	28	984	545	4361
	5314	97167	80158	569	210	87	2086
28183	13319	178143	152880	567	175	107	7387
28532	294208	2366552	2217261	1041	8306	3718	13877
211886	213593	1868532	1615940	4724	25370	13047	42273
179143	183876	1535470	1315396	3830	24467	12579	38640
32743	29717	333062	300544	894	903	469	3633
57521	30502	1683377	1391058	980	14143	2110	113303
42033	7815	1263514	1076092	552	12761	1475	108637
15488	22686	419862	314966	427	1383	635	4666
4534	36915	269407	215985	2166	3939	2500	10426
166740	151512	1431177	1220395	3311	18985	13449	34189
6238	5445	154877	124857	785	162	108	6730
2079	1231	37847	29194	226	69	39	1657
2056	2528	60895	49702	346	12	7	3300
		1754	1534	11			89
	1686	12873	12694	11	19		287
30		2123	1765	1			37
2073		39387	29968	189	63	63	1360
767	23570	138240	103646	200	1230	312	3927
156	18056	64977	48569	37	342	230	776
209		7275	4748	51	75	75	1348
		960	848	5			26
	15	7326	5840	27			368
403	5499	57702	43640	81	813	7	1409

2-13 续表 2-15

项目	负债合计	所有者权益合计	实收资本	国家资本	集体资本	法人资本	个人资本
钟表与计时仪器制造	100122	98892	67757		96	9241	19306
光学仪器及眼镜制造	122083	164089	137889			4316	9481
光学仪器制造	26684	53959	43171			3659	5788
眼镜制造	95399	110131	94718			657	3693
文化、办公用机械制造	87898	148698	116907			1980	2742
幻灯及投影设备制造	1923	929	1330				
照相机及器材制造	39505	56058	54673				758
复印和胶印设备制造	7626	11752	6221				
计算器及货币专用设备制造	38845	79959	54683			1980	1984
其他仪器仪表的制造及修理	16462	16632	8202			550	812
工艺品及其他制造业	906681	1108911	742977		15490	110477	153970
工艺美术品制造	539622	632495	436555		14514	76498	106006
雕塑工艺品制造	72919	128833	86338		500	10478	32819
金属工艺品制造	83740	115123	55207		722	13063	15929
漆器工艺品制造	23079	31815	29142		10231	3546	3305
花画工艺品制造	16636	36864	26751			937	703
天然植物纤维编织工艺品制造	38607	33206	17184		748	8419	3551
抽纱刺绣工艺品制造	5632	8709	9253				1300
地毯、挂毯制造	5434	6968	6576				
珠宝首饰及有关物品的制造	40807	42640	33612		1650	10282	12414
其他工艺美术品制造	252769	228337	172491		664	29774	35985
日用杂品制造	250446	362805	236374		503	24645	16671
制镜及类似品加工	2360	2755	3258		3		1460
鬃毛加工、制刷及清扫工具的制造	3531	8660	8053			5884	100
其他日用杂品制造	244555	351391	225063		500	18761	15111
煤制品制造	189	351	350				350
其他未列明的制造业	116425	113260	69699		473	9334	30943
废弃资源和废旧材料回收加工业	18627	25489	21940	2450	1046	6873	2045
金属废料和碎屑的加工处理	9343	11879	9555	2450	96	4929	1445
非金属废料和碎屑的加工处理	9284	13610	12385		950	1944	600
电力、燃气及水的生产和供应业	12436895	7196260	4854298	2186810	46646	1363646	235536
电力、热力的生产和供应业	11389231	6221174	4060242	1666933	42188	1149928	228151
电力生产	7018629	3747884	3074194	809258	23363	1083029	221941
火力发电	4215273	1735077	1782430	659400	1700	287969	34804
水力发电	2360306	1864754	1167239	149858	21663	688365	184342
其他能源发电	443050	148054	124525			106695	2795
电力供应	4260347	2406139	920268	809162	18325	50899	5444
热力生产和供应	110255	67150	65779	48513	500	16000	766
燃气生产和供应业	466576	199597	225487	53879		161280	
水的生产和供应业	581089	775489	568570	465998	4459	52439	7386
自来水的生产和供应	550802	752810	550251	465998	3323	39014	5278
污水处理及其再生利用	30286	22678	18319		1136	13425	2107

单位：万元

		主营业务收入	#主营业务成本	#主营业务税金及附加	其他业务收入	其他业务利润	营业费用
港澳台资本	外商资本						
37860	1255	354337	315116	961	652	214	8645
71877	52215	264138	229011	454	5364	2343	7731
21631	12093	73585	60818	111	2160	248	2602
50246	40122	190553	168193	342	3204	2095	5129
49997	62188	477524	412670	879	10738	10275	6071
	1330	2036	1672				29
1355	52560	54997	55036	13	225	122	2143
1090	5131	51410	46087	18	432	188	818
47552	3167	369080	309875	848	10080	9965	3082
	6840	42062	35096	33	839	197	1085
323234	139808	3614875	3028208	24297	9337	7245	122914
171393	68144	2391829	1987923	18086	7623	6634	89951
20793	21747	470545	392790	5098	29	9	17075
15750	9742	433313	332789	5037	365	259	19394
10931	1131	111925	88894	279	5638	5257	2169
20871	4240	115860	97631	230	280	158	3205
4138	329	132512	112577	748	13	11	4928
4609	3344	6238	4946	42	13	-35	447
6576		6705	6214	3	42	21	345
6183	3084	216604	193451	1959	119	31	6198
81542	24526	898128	758631	4690	1124	922	36191
130553	64001	1039666	894783	5533	1333	573	25181
	1795	4698	3814	73	3	3	289
2069		21323	18267	12			1326
128484	62206	1013645	872701	5448	1330	570	23566
		2179	1720	41			49
21288	7663	181202	143783	637	380	38	7732
9526		47025	41894	76	468	441	1409
635		19078	17044	27	25	1	414
8891		27947	24850	50	443	440	995
102927	918733	9755731	8917137	47152	97295	39785	37457
87548	885495	9351844	8595299	44200	75160	27124	14287
51509	885095	3237229	2854482	18645	17408	5825	4740
24200	774358	2420000	2363866	7960	11352	2642	63
16309	106703	774156	462966	10531	6056	3184	4341
11000	4035	43074	27650	154			336
36039	400	6066560	5698010	25259	57373	21066	9310
		48055	42808	296	379	233	237
8979	1349	131509	126783	179	6280	5390	6374
6400	31889	272377	195054	2773	15855	7271	16796
4750	31889	253155	181542	2696	15855	7271	16649
1650		19222	13512	77			147

2-13 续表 3-1

项　　目	管理费用	税　金	财务费用	利息支出	营业利润	投资收益	补贴收入	营业外收入
总　　计	**5754628**	**423883**	**1836057**	**1667820**	**9485068**	**285006**	**270880**	**284299**
#国有控股企业	930550	54717	500609	516055	720996	177086	159522	62932
#亏损企业	859782	48545	631351	630070	-1005854	50377	156969	49932
一、按轻重工业分								
轻工业	2648716	182435	629658	565291	4733360	4207	44237	114572
以农产品为原料	1779388	129353	424219	381499	3634018	8210	32166	77521
以非农产品为原料	869328	53082	205439	183792	1099342	-4003	12071	37051
重工业	3105912	241448	1206399	1102529	4751708	280799	226642	169727
采掘工业	273466	82878	21310	18048	571558	7964	1792	2553
原料工业	1059807	60503	729451	784478	1311101	109672	181305	77192
加工工业	1772639	98068	455638	300003	2869049	163163	43545	89982
二、按登记注册类型分								
内资企业	2827534	240980	1104421	1027832	4789642	136978	77018	113373
国有企业	290381	24661	197503	206985	255709	58589	8359	21533
集体企业	75492	6235	12178	9140	108778	-2037	2064	660
股份合作企业	66110	5888	13209	9786	307589	3001	3646	986
联营企业	68166	1048	36463	41307	80548	705	161	5316
有限责任公司	713805	88867	363631	344979	978196	19674	22910	26027
股份有限公司	261698	15521	62587	80557	590599	78896	4518	29946
私营企业	1347697	98562	417691	334516	2452033	-21851	35347	28863
其他企业	4185	198	1159	562	16192		15	42
港、澳、台商投资企业	1470283	103610	463819	338472	2766902	109236	27919	76081
外商投资企业	1456811	79294	267817	301516	1928524	38792	165942	94845
三、按规模分								
大型企业	947607	44743	420275	377098	1603261	141140	153233	65506
中型企业	2259975	135013	645961	641719	4202802	171160	49249	137719
小型企业	2547045	244127	769821	649003	3679004	-27293	68398	81074
四、按行业分								
采矿业	267269	82409	16896	14995	567283	8028	1801	2329
煤炭开采和洗选业	157006	77772	5080	5723	180571	99		945
烟煤和无烟煤的开采洗选	156877	77772	5062	5705	180472	99		945
其他煤炭采选	129		18	18	99			
黑色金属矿采选业	44733	1129	2734	1968	268682	5715	761	212
铁矿采选	42103	1075	2718	1953	264918	5638	761	202
其他黑色金属矿采选	2630	54	15	15	3765	77		10
有色金属矿采选业	34802	2027	5015	4990	75376	515	536	324
常用有色金属矿采选	18964	1160	264	260	40906	-94	276	206
铜矿采选	38	10	2		192			
铅锌矿采选	18694	1147	276	240	40724	-94	276	206
锡矿采选	142	3			-19			
其他常用有色金属矿采选	90		-14	20	8			
贵金属矿采选	6367	787	1257	1258	5286	461	260	108
金矿采选	5933	786	1257	1259	4851	461	260	101
银矿采选	434	1	-1	-1	436			8

单位：万元

营业外支出	利润总额	应交所得税	本年应付工资总额	本年应付福利费总额	本年应交增值税	本年进项税额	本年销项税额	全部从业人员年平均人数（人）
1030554	**8961065**	**1095525**	**9714304**	**923200**	**4093584**	**13731881**	**15355932**	**3800604**
124230	833042	247253	943800	162446	945868	2399998	3150124	241127
289743	-1128591	5907	1239467	79900	563958	2404289	2683729	502235
531353	4325845	505611	5563266	443300	1862566	6380304	6808548	2384926
419674	3309578	371205	3802884	314361	1408842	4598653	5106286	1636811
111679	1016267	134406	1760382	128939	453724	1781651	1702262	748115
499201	4635219	589914	4151039	479900	2231018	7351576	8547384	1415678
39311	541554	64570	352074	26383	212487	156369	293075	101555
334385	1216084	231313	1439404	132713	1184200	3843714	4711947	498352
125506	2877582	294031	2359560	320804	834331	3351493	3542362	815771
679255	4274308	611850	4569070	517342	2317901	6377270	7885735	1787192
39782	254453	69075	310918	102667	375945	768045	1153817	81374
12923	96826	14572	125107	11577	72486	125687	182491	46728
4018	305341	12998	149401	11989	94386	121045	172898	51145
12305	74425	21426	33698	2999	55848	84233	138640	9311
261928	764192	126441	939038	89135	604095	1605315	2044531	349348
26893	598650	113853	278090	23953	136370	507106	585164	89839
311589	2173991	252804	2723118	274437	975923	3149379	3590435	1154238
9818	6430	681	9700	586	2848	16462	17758	5209
125230	2711787	220184	3060385	238842	951139	3731453	3764553	1237422
226069	1974970	263491	2084849	167016	824544	3623157	3705645	775990
81552	1725605	228345	1398408	116037	693572	2979394	3105987	408927
388962	4016545	483864	3907613	409296	1693625	5659406	6225844	1430810
560040	3218915	383316	4408282	397867	1706386	5093081	6024100	1960867
33886	542585	64152	336498	25317	208744	141748	280408	98321
16582	165033	26332	196999	14313	81053	30721	96091	54661
16582	164934	26322	196841	14303	80995	30584	95945	54565
	99	9	158	10	58	137	146	96
1685	271655	16458	68398	4396	75393	75004	111447	13546
1616	267949	15306	66983	4270	73959	74633	109680	13106
69	3706	1151	1415	125	1435	371	1767	440
11577	65174	14751	25485	2114	26126	14263	32160	9392
8613	32680	6717	15106	1159	16984	12352	24197	5508
	192		22		35			12
8613	32498	6717	14239	1072	16944	12008	23848	5407
	-19		794	87	5	344	349	68
	8		51					21
516	5600	1553	5369	499	875	759	1089	2114
488	5185	1449	5205	481	723	713	891	2019
28	416	104	165	19	152	46	198	95

2-13 续表 3-2

项　　目	管理费用	税　金	财务费用	利息支出	营业利润	投资收益	补贴收入	营业外收入
稀有稀土金属矿采选	9470	80	3494	3472	29184	147		10
钨钼矿采选	7706	79	3392	3373	29058	147		10
稀土金属矿采选	8				2			
其他稀有金属矿采选	1757	1	103	100	125			1
非金属矿采选业	30729	1482	4068	2313	42654	1700	504	849
土砂石开采	23076	1274	3176	1973	33559	847	167	576
石灰石、石膏开采	4865	237	411	356	4791		15	15
建筑装饰用石开采	3626	387	1323	498	10068	256	97	71
耐火土石开采	4780	117	613	429	6649	-282	56	23
粘土及其他土砂石开采	9806	533	829	690	12051	874	-2	467
化学矿采选	1368	17	95	143	1607	42		11
采盐	2718	32	111	121	-496	10	291	243
石棉及其他非金属矿采选	3566	159	686	77	7983	801	47	20
石墨、滑石采选	870	15	142	62	5295			2
其他非金属矿采选	2697	145	544	15	2688	801	47	18
制造业	5127510	324398	1335247	1148784	8742209	216528	255173	231782
农副食品加工业	193769	15653	66241	75463	433783	1928	9350	12532
谷物磨制	20347	868	7092	6277	63454	1	358	318
饲料加工	24178	1242	2817	8029	78976	-292	1513	1843
植物油加工	14429	1257	3964	19131	122261	1399	98	2131
食用植物油加工	14362	1257	3964	19131	122225	1399	98	2131
非食用植物油加工	67				36			
制糖	3844	3	1238	1257	-6272	-75		43
屠宰及肉类加工	18723	947	13325	12235	33915	2076	2188	641
畜禽屠宰	11887	653	9205	8832	26049	2076	1828	488
肉制品及副产品加工	6836	295	4120	3403	7866		360	153
水产品加工	68918	9022	24581	18180	80191	-1437	4065	4209
水产品冷冻加工	28005	2035	15510	9333	40515	-574	2824	2164
鱼糜制品及水产品干腌制加工	22770	1097	6738	5227	19954	-920	807	1657
水产饲料制造	15361	5789	1545	3081	16348	57	419	322
鱼油提取及制品的制造	49	11			81			
其他水产品加工	2734	90	788	539	3292		15	67
蔬菜、水果和坚果加工	32993	1620	10692	8253	43381	-206	683	3177
其他农副食品加工	10338	695	2533	2101	17877	463	446	171
淀粉及淀粉制品的制造	2196	99	1043	922	4504		38	52
豆制品制造	583	31	172	124	844			12
蛋品加工	2964	40	180	169	9621		154	39
其他未列明的农副食品加工	4595	525	1139	887	2909	463	254	68
食品制造业	121634	8453	36133	29738	240063	-2619	3686	6074
焙烤食品制造	26330	1839	6044	4920	61223	54	431	945
糕点、面包制造	7249	363	3382	2389	25073		3	61
饼干及其他焙烤食品制造	19081	1476	2661	2531	36149	54	429	884

单位：万元

营业外支出	利润总额	应交所得税	本年应付工资总额	本年应付福利费总额	本年应交增值税	本年进项税额	本年销项税额	全部从业人员年平均人数（人）
2448	26894	6481	5010	456	8267	1152	6874	1770
2445	26769	6481	4711	415	7781	1000	6235	1553
	2	1	8		21		21	2
2	123		291	41	466	153	618	215
4042	40724	6612	45616	4495	26172	21759	40710	20722
3767	30458	5567	31050	3677	20227	16270	30771	12205
455	4366	651	9158	961	5110	6033	10362	4009
970	9169	1081	8022	1046	3636	3406	4090	2434
2037	4409	1091	4728	569	4091	3383	6765	1927
306	12515	2745	9142	1102	7391	3449	9554	3835
55	1605	438	1710	157	1837	918	2556	740
129	-81	15	5853	314	1199	106	824	5527
92	8741	592	7004	347	2908	4465	6560	2250
54	5244	352	1676	107	1455	1961	2827	458
38	3498	240	5328	239	1453	2504	3732	1792
895517	8277224	964326	9013733	871970	3323950	12616744	13565107	3618613
114581	341730	25673	276905	25856	120190	536289	515708	122461
29796	34324	2789	35369	3488	8018	55348	61090	9261
27149	54590	3324	26449	2897	2736	18619	22252	9973
31524	94365	5390	28317	2878	36196	163339	169801	8156
31524	94329	5390	28204	2869	36196	162813	169265	8093
1	36		113	10		527	536	63
56	-6359	17	3305	292	326	4526	4088	1970
2010	36084	1202	28705	2621	4729	41186	40900	14626
1733	28303	966	17748	1984	1899	29074	29848	9567
277	7781	236	10957	637	2830	12112	11052	5059
4771	82744	8549	89979	8176	55788	171057	145419	45610
1154	43595	3315	47375	5177	37989	116795	85438	26571
3395	18778	2239	33669	2387	15165	49201	53487	15414
163	16983	2729	5854	210	1220	450	394	1905
	81	18	259	33	92		92	127
59	3307	249	2823	370	1321	4612	6009	1593
10083	36914	3524	46581	4494	9482	59657	52015	24616
9194	9068	879	18201	1011	2917	22558	20143	8249
562	4032	435	2261	224	955	9383	10212	1076
16	840	174	2919	145	500	1082	1547	1546
8085	1584	84	3305	7	527	5172	5533	1509
531	2612	187	9716	636	935	6921	2851	4118
25015	220613	23769	209918	16513	83798	370705	391276	89739
1671	60933	6695	43043	2889	23143	103864	92279	19747
1006	24131	2463	10952	1165	7659	22479	29712	5598
665	36802	4233	32091	1723	15484	81386	62567	14149

2-13 续表 3-3

项目	管理费用	税金	财务费用	利息支出	营业利润	投资收益	补贴收入	营业外收入
糖果、巧克力及蜜饯制造	24919	2357	7622	5917	55421	1157	180	356
糖果、巧克力制造	15996	1105	4294	3079	30131	794	12	281
蜜饯制作	8923	1252	3327	2839	25290	363	168	75
方便食品制造	11095	615	2268	2188	20678	1961	122	1647
米、面制品制造	3671	207	1220	1197	10827		122	671
速冻食品制造	2330	42	601	573	1485			106
方便面及其他方便食品制造	5093	365	447	418	8366	1961		870
液体乳及乳制品制造	2387	113	2647	2629	4256	1	63	104
罐头制造	25420	1655	11006	9488	59536	-3737	2111	627
肉、禽类罐头制造	2621	42	9	50	2271			154
水产品罐头制造	596	60	419	349	1061		1477	27
蔬菜、水果罐头制造	21273	1102	10478	9059	49908	-3737	632	446
其他罐头食品制造	930	452	100	30	6297		2	1
调味品、发酵制品制造	17489	1151	2460	2354	19490	-1777	502	1624
味精制造	5635	350	1321	1265	5922	-1283	432	1434
酱油、食醋及类似制品的制造	7451	625	782	690	6577		1	178
其他调味品、发酵制品制造	4404	177	357	398	6992	-495	69	12
其他食品制造	13994	724	4087	2243	19459	-278	277	771
营养、保健食品制造	3772	29	383	38	2168			
冷冻饮品及食用冰制造	2123	347	722	414	2763			676
盐加工	1406	170	-16		1023	29		
食品及饲料添加剂制造	5152	126	2833	1678	9635	-307	277	43
其他未列明的食品制造	1541	52	165	113	3871			52
饮料制造业	124564	5890	17526	15994	268910	5485	2873	3359
酒精制造	46	1	1	1	896			
酒的制造	59896	2361	4342	4812	48562	1512	978	1030
白酒制造	3468	233	394	311	8621	-45		195
啤酒制造	52046	2071	3460	4100	33089	1557	944	788
黄酒制造	1517	17	97	74	2393			2
葡萄酒制造	128		67	67	1292			
其他酒制造	2737	40	324	261	3168		34	45
软饮料制造	35689	1823	6387	5997	126738	3832	1489	1795
碳酸饮料制造	7569	401	1172	88	12261	517		1000
瓶(罐)装饮用水制造	2771	48	378	342	7430		20	80
果菜汁及果菜汁饮料制造	8927	607	1696	1719	15737	3321	317	259
含乳饮料和植物蛋白饮料制造	7220	317	1744	2511	19101	-5	1153	188
固体饮料制造	3719	227	1829	1475	8186			76
茶饮料及其他软饮料制造	5483	223	-431	-137	64023			193
精制茶加工	28932	1705	6797	5184	92713	141	406	534
烟草制品业	83170	3455	-2876	-1499	267450	7246	3	2028
烟叶复烤	7864	411	-472	-473	8296		3	119
卷烟制造	75306	3044	-2404	-1026	259154	7246		1909

单位：万元

营业外支出	利润总额	应交所得税	本年应付工资总额	本年应付福利费总额	本年应交增值税	本年进项税额	本年销项税额	全部从业人员年平均人数（人）
8995	48114	6184	40703	3865	14997	61460	73130	21063
139	31076	4271	24793	2198	9075	37250	46084	13149
8856	17038	1914	15910	1666	5923	24210	27046	7914
792	23616	2666	24670	2664	9370	35672	42785	9981
553	11068	886	8676	930	3095	11143	13642	4063
3	1588	10	2939	285	653	2648	3136	1773
236	10961	1770	13055	1450	5623	21881	26007	4145
209	4216	738	4172	344	1443	15422	19519	1738
8860	48191	4680	53001	3523	20313	112273	115506	25019
51	2374	484	4133	78	987	7266	8216	1573
21	1067	139	1879	59	2434	4189	703	1092
8578	38662	4020	46104	3307	16302	95378	100570	21933
210	6089	36	885	79	592	5440	6017	421
2734	17101	748	30453	1597	8188	23055	27559	6626
1455	5050	52	11069	336	2668	5228	6469	2613
550	6204	350	5679	495	2608	6389	8952	2335
728	5846	346	13706	766	2912	11439	12138	1678
1755	18444	2058	13877	1633	6345	18959	20498	5565
186	1982	151	1195	138	946	2480	3420	418
172	3267	368	3815	609	1783	3155	4497	1446
712	310	74	992	329	430	3086	3150	604
676	8971	1039	4938	415	1904	7068	5534	1819
10	3913	427	2936	143	1281	3170	3897	1278
18908	261126	23269	134348	11793	119723	242657	343409	52226
847	50	13	64	13	80	503	583	38
2438	49311	7821	28690	5229	40870	46908	83650	11537
1429	7342	300	4905	625	2909	3352	5469	2082
859	35202	6796	21265	4321	36464	39143	72627	8210
9	2385	412	1164	72	501	1384	1609	687
	1292		264	12	54			130
141	3090	314	1092	199	942	3030	3944	428
8731	124864	7003	60615	2011	50371	137838	183527	19296
117	13660	2472	16205	837	8988	36301	45219	3899
293	7237	220	3523	238	2146	8442	10332	2093
4533	14842	662	10362	485	7206	23660	27497	3970
65	20372	3229	18278	253	10609	42414	52952	5370
3643	4619	228	1449	71	1787	3728	5419	607
81	64135	192	10799	128	19634	23294	42108	3357
6893	86901	8433	44979	4540	28403	57408	75650	21355
4723	267813	59389	44586	6114	165446	88701	251468	4134
374	8043	2031	4076	520	3439	1046	4282	943
4349	259771	57358	40511	5594	162007	87655	247186	3191

2-13 续表 3-4

项目	管理费用		财务费用		营业利润	投资收益	补贴收入	营业外收入
		税金		利息支出				
纺织业	215330	17586	112692	99732	449371	-11461	3499	9669
棉、化纤纺织及印染精加工	110358	9754	73218	68362	293832	-11290	2102	6508
棉、化纤纺织加工	63611	6178	53291	48965	199209	-7047	1450	2580
棉、化纤印染精加工	46748	3577	19927	19397	94623	-4243	651	3928
毛纺织和染整精加工	979	54	488	202	2477			8
毛条加工	110		90		265			
毛纺织	522	32	230	91	1614			8
毛染整精加工	348	22	168	111	598			
麻纺织	173	6	-2		162			10
丝绢纺织及精加工	990	123	1618	1884	2397			
绢纺和丝织加工	990	123	1618	1884	2397			
纺织制成品制造	40977	2678	14945	10503	52068	-234	547	2164
棉及化纤制品制造	19917	862	8180	5341	24178	-261	263	553
丝制品制造	149		9		59			
绳、索、缆的制造	1664	57	418	188	1647		44	10
纺织带和帘子布制造	3134	257	2523	2290	6650	28	71	36
无纺布制造	9823	1154	3138	2047	14643		70	1401
其他纺织制成品制造	6291	349	678	637	4891		100	163
针织品、编织品及其制品制造	61852	4971	22426	18781	98436	62	850	980
棉、化纤针织品及编织品制造	25767	1988	12553	10161	42217	-158	675	321
毛针织品及编织品制造	23435	1909	5075	4408	38779	1	124	308
丝针织品及编织品制造	6537	543	2757	2767	10039	219	11	145
其他针织品及编织品制造	6113	531	2041	1445	7401		40	207
纺织服装、鞋、帽制造业	346428	26697	49597	37767	700751	125	1113	14132
纺织服装制造	317666	24456	46649	35593	673271	48	1102	12345
纺织面料鞋的制造	27879	2222	2929	2115	27346	77	5	1772
制帽	883	20	19	59	135		6	16
皮革、毛皮、羽毛(绒)及其制品业	437713	33588	67017	52383	863617	-4350	1727	18170
皮革鞣制加工	20006	1980	5372	4456	73000	-1755	83	629
皮革制品制造	414284	31410	60723	47057	783122	-2444	1591	17526
皮鞋制造	347619	26142	48966	38594	690179	-2463	1265	8307
皮革服装制造	3279	62	506	210	4831			104
皮箱、包(袋)制造	50537	4628	9497	5553	72251	20	237	8353
皮手套及皮装饰制品制造	4651	152	-30	1227	1996		24	586
其他皮革制品制造	8199	427	1785	1473	13865		65	176
毛皮鞣制及制品加工	511	27	134	99	2633			15
毛皮鞣制加工	65	24			519			
其他毛皮制品加工	446	3	134	99	2114			15
羽毛(绒)加工及制品制造	2912	170	789	772	4862	-151	53	
羽毛(绒)加工	1719	52	454	440	4258	-151	53	
羽毛(绒)制品加工	1192	118	335	332	605			
木材加工及木、竹、藤、棕、草制品业	102917	6718	41420	33445	157172	-2637	10200	3077
锯材、木片加工	6556	578	2931	2409	14367		1	9
锯材加工	5046	518	2319	1922	11784		1	8
木片加工	1510	60	612	487	2583			1

单位：万元

营业外支出	利润总额	应交所得税	本年应付工资总额	本年应付福利费总额	本年应交增值税	本年进项税额	本年销项税额	全部从业人员年平均人数（人）
48451	399947	37953	601926	51662	140980	931716	803197	239678
37982	250554	23426	322572	28692	85586	688587	551130	122114
20447	173392	13014	240550	21505	57680	564765	408433	89375
17535	77162	10411	82022	7187	27906	123822	142697	32739
7	2478	132	4897	304	2066	5858	4107	2027
	265	61	418	37	192	501	693	195
7	1615	17	3028	124	1346	4011	1780	1222
	598	54	1451	143	528	1345	1634	610
	171	9	165	19	58	543	600	75
2001	396	10	1668	110	887	3822	4581	646
2001	396	10	1668	110	887	3822	4581	646
4232	50299	5580	93195	7443	20063	98423	92311	35048
2790	21943	2316	37130	2404	5834	47771	37080	13310
	59	4	336	30		69	6	168
61	1640	169	3303	334	491	5479	5524	1679
132	6652	704	7106	799	1911	12207	13873	4780
1147	14967	1723	31048	3038	8980	23977	29911	7626
102	5038	664	14273	839	2847	8921	5917	7485
4228	96050	8796	179429	15094	32320	134483	150468	79768
2997	40035	4602	81045	5891	16334	71226	80208	37404
980	38205	2176	72660	6871	9169	32765	41424	29854
56	10358	1342	9784	702	2931	16371	13526	5200
196	7452	676	15939	1631	3886	14120	15310	7310
62351	653339	66941	897904	70062	252943	806037	916956	396457
60272	626140	63374	816652	64271	245308	778117	890020	362311
2073	27049	3528	79618	5706	7534	27525	26839	33161
6	151	38	1634	86	101	395	97	985
84482	793374	88877	1206834	93882	333618	1000269	1106374	544032
2871	68971	4205	39355	3939	24300	64313	85245	12640
81458	717142	83855	1163118	89726	306695	916945	1001233	529590
73733	622472	77706	986326	75289	271075	795634	871021	437197
	4935	21	3097	113	1187	4187	5074	1824
6952	73797	4999	150089	12455	27967	96065	102911	78813
53	2553	349	11482	328	482	4710	1217	6690
721	13385	780	12125	1543	5984	16348	21010	5066
	2648	73	1105	111	408	1915	2333	486
	519	41	328	50	182	527	709	165
	2129	32	777	61	226	1388	1624	321
152	4612	745	3255	106	2216	17095	17563	1316
137	4022	677	1284	79	1747	15245	15348	689
15	590	69	1971	27	469	1850	2216	627
51735	114197	11309	221149	20827	78637	234374	266667	106095
7566	6811	931	12696	1784	6349	12916	16461	5955
7407	4387	550	9753	1512	4915	8986	11246	4768
160	2425	381	2943	271	1434	3929	5215	1187

2-13 续表 3-5

项　　目	管理费用	税　金	财务费用	利息支出	营业利润	投资收益	补贴收入	营业外收入
人造板制造	59966	3829	24077	21018	90680	-1516	9409	2137
胶合板制造	22410	1181	5195	4080	35245	-1471	301	75
纤维板制造	14737	1072	9251	9301	12175	1261	8387	1822
刨花板制造	2857	208	3442	3441	8235	-1156	180	100
其他人造板、材制造	19963	1367	6190	4197	35026	-149	541	140
木制品制造	17812	1382	8177	6072	21968	-574	522	590
建筑用木料及木材组件加工	6761	355	3961	2688	198	-54	76	447
木容器制造	2154	146	564	487	3582		207	20
软木制品及其他木制品制造	8897	882	3652	2898	18188	-520	239	123
竹、藤、棕、草制品制造	18583	929	6235	3946	30157	-546	268	340
家具制造业	71557	3682	20110	13641	70004	18	711	1446
木质家具制造	30887	1528	8084	6388	42397	11	199	472
竹、藤家具制造	730	52	114	95	1359			59
金属家具制造	32953	1503	9031	5662	21932	7	507	560
塑料家具制造	1208	86	545	543	953			45
其他家具制造	5780	513	2336	953	3363		5	311
造纸及纸制品业	132656	10553	44319	46522	226431	5474	6977	6198
纸浆制造	7222	624	31	5300	-1728	-894	83	104
造纸	46553	3772	25210	25410	63177	2267	2967	3038
机制纸及纸板制造	42783	3489	24160	24117	51657	2267	2874	2483
手工纸制造	192	16	-10		-47			
加工纸制造	3578	267	1061	1293	11566		93	555
纸制品制造	78880	6157	19078	15812	164983	4101	3928	3056
纸和纸板容器的制造	57811	4833	18268	14628	98561	3049	3719	2091
其他纸制品制造	21069	1325	809	1184	66422	1052	209	965
印刷业和记录媒介的复制	46044	2677	9286	6994	46721	-996	1848	1208
印刷	41794	2560	8464	6615	46378	-996	1758	1192
书、报、刊印刷	19409	1495	2997	2561	11312	-1031	418	642
本册印制	2159	161	503	414	4833		797	6
包装装潢及其他印刷	20225	903	4963	3640	30233	35	543	544
装订及其他印刷服务活动	3521	110	433	122	2183		90	7
记录媒介的复制	730	7	389	257	-1839			10
文教体育用品制造业	64265	4198	6153	6858	46192	-7507	212	2138
文化用品制造	5847	257	1423	862	4570		166	64
文具制造	4072	237	1267	668	3772		166	56
笔的制造	327	8	179	164	376			
教学用模型及教具制造	412	4	-44		179			
其他文化用品制造	1035	9	20	31	243			8
体育用品制造	46967	2792	1916	3711	28071	-449	35	1802
球类制造	3516	135	-197	145	714		4	103
体育器材及配件制造	15677	1577	-542	1456	12629	7	4	520
训练健身器材制造	20373	833	1861	1606	14194	-456	22	397
运动防护用具制造	2373	141	49	107	13		1	5
其他体育用品制造	5027	105	746	397	521		5	778

单位：万元

营业外支出	利润总额	应交所得税	本年应付工资总额	本年应付福利费总额	本年应交增值税	本年进项税额	本年销项税额	全部从业人员年平均人数（人）
24571	74566	7176	116141	11521	48444	149614	172419	54203
6905	27155	2787	47951	4404	13010	50226	57409	23123
4420	17752	2455	15197	1910	15967	29033	43680	6365
2779	4579	147	2971	338	5290	9423	13867	1565
10468	25081	1786	50022	4870	14178	60932	57463	23150
14143	8089	1246	49062	3163	11661	38091	38603	22700
2760	-2127	195	17763	1064	2548	7784	5641	6681
2794	1015	239	3666	316	2393	6944	7850	2080
8590	9201	812	27633	1783	6720	23363	25111	13939
5454	24730	1957	43251	4359	12183	33753	39184	23237
23501	48104	6859	143140	8253	33662	123100	105954	62221
17711	25143	2800	66678	4252	11920	44833	43859	28794
52	1366	333	1026	170	383	1212	1551	508
5090	17568	3050	59303	3107	19376	61919	48987	25559
248	750	10	3823	177	217	1693	1444	1360
401	3278	666	12311	547	1767	13443	10113	6000
13924	227003	26986	211724	19337	113143	400429	516936	91580
397	-2833	175	6330	578	4489	11449	15311	2952
3050	68365	6948	72410	7404	42598	165875	227162	31806
2871	56376	4670	67547	7017	38018	146203	202967	29701
3	-49		282	9	41	62	58	210
176	12038	2277	4582	378	4539	19610	24137	1895
10477	161471	19864	132984	11355	66055	223106	274463	56822
8952	95104	7763	98527	8415	45245	168120	203111	40278
1524	66368	12101	34457	2940	20810	54986	71353	16544
4914	43878	7516	66298	5995	26566	70078	90093	27862
4666	43675	7414	59097	5605	24976	65142	84426	24456
1642	9697	1861	19433	1683	8662	23386	31147	9121
49	5587	683	5431	618	1964	2701	4569	1666
2976	28392	4870	34233	3305	14350	39055	48709	13669
20	2260	102	6240	341	1291	4359	5356	2868
227	-2057		961	49	299	577	312	538
1833	39251	5190	155399	8072	19107	134803	82817	70358
124	4550	556	15963	1381	3230	14455	14934	8027
123	3745	416	12284	1231	2359	10256	11837	6192
	376	51	894	54	296	944	1150	555
	179	25	1241	3	21	1560	204	490
1	250	63	1545	94	555	1695	1743	790
1205	28248	3499	108133	4225	8983	102695	51229	47341
96	725	108	11309	257	599	6897	1763	5623
291	12868	1778	44119	1410	3038	18873	17024	18797
706	13445	1371	36169	1722	4146	62007	26750	14894
32	-13	36	5341	202	337	2381	1433	2818
81	1224	206	11196	634	864	12537	4260	5209

2-13 续表 3-6

项目	管理费用		财务费用		营业利润	投资收益	补贴收入	营业外收入
		税金		利息支出				
乐器制造	1536	108	209	36	716		1	11
中乐器制造	269		121		-147			8
西乐器制造	533	64	93	43	429		1	1
电子乐器制造	735	44	-5	-7	435			1
玩具制造	9269	1017	2402	2138	12390	-7058	10	260
游艺器材及娱乐用品制造	646	25	203	111	445			
游艺用品及室内游艺器材制造	646	25	203	111	445			
石油加工、炼焦及核燃料加工业	49870	1876	4192	7286	-186238		137175	254
精炼石油产品的制造	48226	1866	3439	6518	-201151		137175	246
原油加工及石油制品制造	45801	1855	3240	6292	-206272		137042	246
人造原油生产	2426	11	200	227	5121		133	
炼焦	1644	10	753	768	14913			7
化学原料及化学制品制造业	186911	12711	75328	87179	248177	-2345	7574	21218
基础化学原料制造	37451	2815	19479	18830	40797	-3086	2021	1587
无机酸制造	6437	216	3627	3399	7324	-2874	776	61
无机碱制造	11684	936	7987	7744	427	254	606	293
无机盐制造	6358	483	4203	3994	9050	-300	180	100
有机化学原料制造	6895	891	1840	1757	12511	-143	94	565
其他基础化学原料制造	6077	289	1821	1938	11486	-23	365	568
肥料制造	24950	2154	7666	6981	31086	3883	1876	5055
氮肥制造	15986	1587	5924	5352	17508	3826	861	3868
磷肥制造	3353	185	866	854	3365	57	265	33
钾肥制造	296	34	48	47	1312		667	22
复混肥料制造	3317	185	433	425	5860		83	139
有机肥料及微生物肥料制造	1871	124	342	252	2705			498
其他肥料制造	126	38	53	51	336			495
农药制造	7360	298	3945	3890	24664	-32		10532
化学农药制造	7081	280	3911	3858	24489	-36		10481
生物化学农药及微生物农药制造	279	18	33	33	175	4		51
涂料、油墨、颜料及类似产品制造	32635	1749	5001	3215	57026	-2	213	1813
涂料制造	26744	1327	3284	2637	34962	-2	115	1698
油墨及类似产品制造	2408	135	969	63	16179			5
颜料制造	1875	217	536	323	925			78
染料制造	262	40	131	45	1842			
密封用填料及类似品制造	1346	30	82	147	3118		98	32
合成材料制造	22022	2150	27850	43884	-33377	-1522	1225	1395
初级形态的塑料及合成树脂制造	12129	794	4135	3941	31389	-1567	344	102
合成橡胶制造	1091	43	276	223	682		5	51
合成纤维单(聚合)体的制造	5563	961	17977	29070	-72728	38	854	846
其他合成材料制造	3239	352	5463	10650	7280	8	23	396

单位：万元

营业外支出	利润总额	应交所得税	本年应付工资总额	本年应付福利费总额	本年应交增值税	本年进项税额	本年销项税额	全部从业人员年平均人数(人)
26	702	195	3660	166	441	1505	817	1693
8	-148		642		13	131	17	402
3	429	89	1294	80	420	774	789	511
15	421	106	1724	86	8	601	12	780
244	5540	891	25891	2246	6000	15167	15088	12240
233	212	49	1753	54	453	981	748	1057
233	212	49	1753	54	453	981	748	1057
5892	-54702	3584	36703	2742	4401	335303	289605	5533
5892	-69622	1777	34382	2238	2680	334598	287179	5017
5870	-74854	550	33677	2193	1066	325320	276349	4721
22	5232	1227	706	45	1615	9278	10830	296
	14920	1807	2320	504	1721	705	2426	516
75891	194794	30083	207867	18339	139895	592210	694760	82521
12551	28181	5064	36370	3101	35208	105100	139990	16295
1951	3336	1191	6337	486	7868	28145	34976	2695
3662	-2522	339	10456	707	7353	22154	27584	5214
3752	5278	798	7805	693	5409	14668	24433	3536
468	12559	1670	6080	758	8582	25943	33515	2588
2718	9531	1067	5691	456	5995	14190	19482	2262
7352	30996	4216	27564	2044	12454	35792	34619	11984
2055	20444	2767	20569	1246	7263	31054	25099	8552
142	3578	760	1668	54	3149	2907	5553	967
23	1977	310	249	23	1146	588	1733	96
4057	2037	263	2392	223	100	31	294	1192
634	2570	106	2107	370	694	907	1532	979
442	389	10	579	128	102	305	408	198
489	34652	7277	6441	580	2256	9902	8411	2004
486	34430	7277	5955	551	2186	9737	8185	1854
3	223		487	29	70	165	226	150
4640	54411	4837	31157	3290	18337	58539	73669	10620
2229	34545	4310	22997	2750	15633	44346	57732	7890
4	16181	110	3525	259	399	1985	2228	863
73	930	257	1668	110	851	3886	4637	612
20	1822	52	1274	33	455	924	733	582
2314	934	107	1693	137	999	7398	8339	673
6627	-38945	1237	24983	2714	25021	243775	264371	8336
3738	26529	969	14232	1033	10332	50951	57831	4428
79	658	95	670	31	789	2774	3546	277
2599	-73620		6936	1607	7155	167198	173684	2737
211	7488	173	3145	43	6745	22854	29309	894

2-13 续表 3-7

项目	管理费用	税金	财务费用	利息支出	营业利润	投资收益	补贴收入	营业外收入
专用化学产品制造	40101	2687	7998	7548	104958	-1690	2151	308
化学试剂和助剂制造	8294	360	2062	1508	8255	-72	326	37
专项化学用品制造	4555	393	1104	1166	6054	-754	51	56
林产化学产品制造	8401	708	3572	2776	14073	-865	1631	67
炸药及火工产品制造	6467	381	855	599	11144			13
信息化学品制造	8611	87	-114	384	61303	1	143	82
环境污染处理专用药剂材料制造	180	11		14	242			4
动物胶制造	40				50			
其他专用化学产品制造	3554	747	519	1101	3836			49
日用化学产品制造	22392	858	3389	2831	23024	103	87	528
肥皂及合成洗涤剂制造	2119	65	651	344	1135		19	19
化妆品制造	6551	185	509	494	5823		29	321
口腔清洁用品制造	202	2	134	83				10
香料、香精制造	2871	224	1145	1181	6389	103	6	98
其他日用化学产品制造	10650	381	952	729	9677		34	80
医药制造业	73112	4217	22705	20398	112969	9401	1614	5775
化学药品原药制造	15996	1260	7048	6323	4168		434	1358
化学药品制剂制造	19405	1111	5967	5871	40660	932	169	964
中药饮片加工	1502	142	449	433	2355	12	29	49
中成药制造	18567	1113	3400	3087	49860	5143	654	742
兽用药品制造	3676	162	1918	1423	1758		103	559
生物、生化制品的制造	10927	344	3232	2809	13240	3313	226	2058
卫生材料及医药用品制造	3039	87	691	453	928			46
化学纤维制造业	30999	3350	42389	42973	96082	112	788	3114
纤维素纤维原料及纤维制造	2598	153	693	393	4642			
化纤浆粕制造	1174	67	260	198	3823			
人造纤维(纤维素纤维)制造	1424	86	433	195	819			
合成纤维制造	28401	3197	41696	42580	91440	112	788	3114
锦纶纤维制造	10441	674	9056	8079	68860	4	95	191
涤纶纤维制造	14836	2038	30982	33709	9504	108	693	2652
腈纶纤维制造	117		12		12			
其他合成纤维制造	3008	484	1646	792	13064			271
橡胶制品业	72693	5075	33158	26216	145013	-1188	2445	6000
轮胎制造	20252	1676	20809	17696	54990		739	5303
车辆、飞机及工程机械轮胎制造	20137	1672	20721	17616	54882		667	5303
轮胎翻新加工	115	4	88	80	107		72	
橡胶板、管、带的制造	1623	16	624	416	3782			53
橡胶零件制造	5954	191	1275	737	2857	6	20	187
再生橡胶制造	692	46	514	316	4148	-1026	1387	5
日用及医用橡胶制品制造	1063	215	-64	52	653		1	2
橡胶靴鞋制造	33093	2458	10012	6483	76749	-185	178	318
其他橡胶制品制造	10016	473	-12	516	1835	17	121	133

单位：万元

营业外支出	利润总额	应交所得税	本年应付工资总额	本年应付福利费总额	本年应交增值税	本年进项税额	本年销项税额	全部从业人员年平均人数（人）
42535	63591	5284	51179	3899	34457	104354	141140	18874
1640	6906	1040	9657	1072	5597	23139	27962	3583
1353	4052	754	5016	508	2535	13304	15848	2004
4974	10528	1426	13616	837	6546	26006	26631	4892
1162	9995	1415	10849	560	4935	4645	9655	4213
33387	27947	48	7531	641	11969	26352	47623	2152
2	244	54	419	12	228	342	546	178
	50		45		76			30
17	3869	548	4046	270	2571	10566	12875	1822
1697	21908	2168	30172	2712	12164	34748	32560	14408
11	1163	127	2774	255	556	4464	2309	1546
350	5823	251	8992	538	3425	7027	4647	4182
4	6	17	101	4	165	618	578	95
340	6152	910	4348	261	4494	7865	11900	2425
992	8765	864	13957	1654	3523	14776	13126	6160
17611	105069	16503	61963	7652	46809	125278	155346	21223
294	5232	2044	8777	1033	2863	22472	18994	2992
6210	35818	5357	11684	1068	9506	28878	36129	5451
627	1813	283	975	87	1562	2127	2674	455
7721	42961	6321	26316	3617	24586	56312	78372	5671
1025	1294	50	3448	425	1208	4091	1797	1377
1630	17081	2389	8643	1310	6628	9215	15285	4106
103	871	59	2119	112	456	2183	2097	1171
21741	78259	5303	55851	7990	50789	260287	291919	20909
2339	2303	166	2354	290	1399	5855	7097	1140
2338	1485	85	1124	146	655	3238	3819	464
1	818	82	1230	144	744	2617	3277	676
19402	75956	5137	53497	7700	49391	254432	284823	19769
14138	54917	2085	10609	895	21997	65223	73287	3239
5089	7868	1880	32626	5786	21334	185501	203453	12705
	12		103		47			70
176	13160	1172	10159	1019	6013	3708	8082	3755
14106	136701	11162	158472	13115	61656	200197	239293	71185
8234	52726	5049	37027	770	29029	117177	138420	14896
8234	52618	5013	36682	685	28779	116993	137986	14741
	107	36	345	85	250	184	434	155
94	3741	255	1814	177	411	2366	2733	797
414	2655	654	13958	1489	2204	7107	8394	5827
1157	1971	70	1841	87	1386	3005	4101	954
21	635	233	2641	125	797	2970	3515	1129
4077	72977	4469	87769	9829	23887	55674	69895	41624
109	1997	432	13423	639	3942	11898	12236	5958

2-13 续表 3-8

项　　目	管理费用	税　金	财务费用	利息支出	营业利润	投资收益	补贴收入	营业外收入
塑料制品业	198547	12876	45204	32450	235165	716	1798	12261
塑料薄膜制造	29503	1380	5126	2943	25177	11	157	3314
塑料板、管、型材的制造	26567	1386	7262	4885	47509	-11	127	355
塑料丝、绳及编织品的制造	5827	435	1465	961	5960	1	425	271
泡沫塑料制造	11624	1646	2882	2490	12951		31	137
塑料人造革、合成革制造	14142	1191	4019	3753	31329	291	52	2988
塑料包装箱及容器制造	5721	394	1682	1195	4589			471
塑料零件制造	15457	677	2105	1373	18884	312	199	2670
日用塑料制造	61771	3888	12939	10189	64640	84	343	1062
塑料鞋制造	32764	2113	4756	3671	31805	-75	20	224
日用塑料杂品制造	29007	1775	8183	6518	32835	159	323	838
其他塑料制品制造	27935	1879	7722	4662	24127	29	464	993
非金属矿物制品业	419711	36246	115812	100622	829274	100846	8225	9078
水泥、石灰和石膏的制造	60172	4365	19577	23148	64818	-2210	5182	1104
水泥制造	59094	4254	19440	23045	61717	-2216	5110	1103
石灰和石膏制造	1078	111	137	103	3100	6	72	1
水泥及石膏制品制造	34800	1896	7557	6151	48991	312	724	2905
水泥制品制造	30453	1598	6641	5482	42904	312	662	1755
砼结构构件制造	2549	248	453	453	3778			1100
石棉水泥制品制造	371	11	108	108	10		62	
轻质建筑材料制造	376	10	109	56	484			
其他水泥制品制造	1051	28	246	52	1814			50
砖瓦、石材及其他建筑材料制造	241604	24359	46736	35164	510814	739	1465	2252
粘土砖瓦及建筑砌块制造	5655	462	692	231	5650	26	220	258
建筑陶瓷制品制造	68107	5504	14878	12356	223305	152	9	371
建筑用石加工	163617	18114	30136	21669	272238	561	883	1549
防水建筑材料制造	108	12			3			
隔热和隔音材料制造	339	121	70	70	672			
其他建筑材料制造	3777	147	960	837	8945		354	74
玻璃及玻璃制品制造	35706	2278	28046	24791	133573	107697	125	1163
平板玻璃制造	11660	1066	1685	2116	4490	2592	8	270
技术玻璃制品制造	7066	510	22377	20799	102307	106137	6	323
光学玻璃制造	5875	97	1352	421	6602	6	34	118
玻璃仪器制造	416	61	43		161		75	63
日用玻璃制品及玻璃包装容器制造	2013	117	749	151	8215		1	118
玻璃纤维及制品制造	3315	29	412	404	9434			
玻璃纤维增强塑料制品制造	1825	18	35		3621	-1020		
其他玻璃制品制造	3537	379	1392	899	-1256	-18	1	270
陶瓷制品制造	40126	2966	10794	9012	51781	-5464	630	1523
卫生陶瓷制品制造	1011	49	771	684	287			11
特种陶瓷制品制造	4287	190	1098	922	14594		63	32
日用陶瓷制品制造	12084	827	4698	3695	17470	-5466	422	1475
园林、陈设艺术及其他陶瓷制品制造	22745	1899	4227	3711	19431	2	145	5

单位：万元

营业外支出	利润总额	应交所得税	本年应付工资总额	本年应付福利费总额	本年应交增值税	本年进项税额	本年销项税额	全部从业人员年平均人数(人)
14910	234659	32688	385081	34005	102334	512185	559541	168149
1057	27594	2122	52381	3922	8291	60422	49244	20611
1383	46554	8423	26639	2528	10734	58274	63886	10862
1115	5542	992	10468	1047	3814	22483	24258	5382
90	13028	1322	13988	1085	5722	55207	60120	6009
3722	30821	3824	26213	3962	13224	49278	77325	9353
538	4522	654	10211	985	3262	11848	14445	4152
702	21354	3672	26932	1278	7911	30205	33710	10506
2127	64053	9593	159881	15052	36698	157865	169910	74906
415	31623	6029	94506	10780	24825	97368	110802	46629
1711	32430	3564	65375	4272	11873	60497	59108	28277
4177	21191	2085	58367	4147	12678	66603	66642	26368
48263	790930	72790	831225	90155	312393	421204	587829	322023
22633	45921	5909	67585	8838	68640	139201	205055	32518
22365	43009	5471	65199	8584	66925	137065	201312	31656
267	2912	437	2386	253	1715	2135	3743	862
2605	49092	4935	49489	5864	38328	31838	49843	17580
1580	42818	4056	42407	4829	35189	25838	41474	14822
982	3896	548	2933	616	791	4046	4837	1113
31	41		585	62	112	371	465	287
3	481	44	1605	156	478	230	392	602
8	1856	287	1959	202	1757	1354	2676	756
3552	511220	50922	542400	57621	159583	77441	146210	192439
268	5868	581	12609	1554	2898	4425	5868	5631
413	223403	24151	128093	13403	62396	12858	30873	54665
2695	272077	25409	391311	41927	90864	50188	97002	127374
	3	4	79	8	24	175	195	78
	672	77	1140	244	1000	974	1483	463
176	9196	700	9168	485	2401	8822	10789	4228
13634	122787	1482	36134	2095	14152	92682	87115	14902
1054	6306	414	7904	784	2055	13071	11809	2891
118	102518	85	11021	100	5666	53731	47655	3841
411	6350	465	3976	335	1529	4552	4402	2384
27	273	45	469	17	62	345	332	217
9881	-1547	57	3299	184	829	5212	5827	1941
160	9274	204	2894	244	1890	4589	6473	959
1824	777	69	2453	82	222	2894	2874	896
161	-1164	144	4120	350	1898	8288	7743	1773
5486	42966	7186	124313	14567	22930	54212	69639	59546
15	283	196	2729	205	527	1956	2103	1077
3767	10904	267	11681	1298	2076	7785	9720	5556
1616	12285	2375	35324	2889	5974	17984	21100	17351
88	19494	4348	74579	10175	14353	26487	36717	35562

2-13 续表 3-9

项目	管理费用	税金	财务费用	利息支出	营业利润	投资收益	补贴收入	营业外收入
耐火材料制品制造	1586	207	1726	1694	6401	1	13	57
石棉制品制造	323	136	65	64	311			13
耐火陶瓷制品及其他耐火材料制造	1264	71	1661	1630	6091	1	13	44
石墨及其他非金属矿物制品制造	5717	175	1376	661	12897	-229	87	73
石墨及碳素制品制造	1492	26	637	71	2019			42
其他非金属矿物制品制造	4225	149	740	591	10877	-229	87	31
黑色金属冶炼及压延加工业	120506	9091	91225	84575	291920	-4275	1859	4401
炼铁	6914	640	3589	2156	-5156	297		196
炼钢	8825	756	10836	7576	16414		690	286
钢压延加工	97681	7213	73342	71853	267653	-4722	801	3914
铁合金冶炼	7086	483	3458	2989	13009	150	368	5
有色金属冶炼及压延加工业	96808	4906	26720	43924	439261	63132	6330	3633
常用有色金属冶炼	2884	52	2039	1817	13437		938	456
铜冶炼	855	2	228	9	14637		936	456
铅锌冶炼	1114	4	1541	1541	-4271			
镍钴冶炼	19		8	5	88			
铝冶炼	509	46	179	179	1558		2	
其他常用有色金属冶炼	388		84	84	1426			
贵金属冶炼	39444	760	-2618	8924	291901	64211	2	830
金冶炼	39444	760	-2618	8924	291901	64211	2	830
稀有稀土金属冶炼	6496	411	2946	2978	15996		77	213
钨钼冶炼	5839	372	2693	2731	14740		54	201
稀土金属冶炼	598	25	251	244	1104			
其他稀有金属冶炼	59	14	3	3	152		23	12
有色金属合金制造	7684	152	4564	3173	19853	69	58	279
有色金属压延加工	40301	3531	19790	27033	98074	-1148	5256	1855
常用有色金属压延加工	38169	3307	19180	26682	89451	-1148	5256	1774
稀有稀土金属压延加工	2132	223	610	350	8623			81
金属制品业	130277	7217	22530	30883	196076	10826	1776	4024
结构性金属制品制造	34886	1819	11599	9697	49876	9427	270	1013
金属结构制造	30550	1698	9626	8350	45204	9427	112	877
金属门窗制造	4336	121	1974	1347	4672	1	157	137
金属工具制造	11580	544	5110	2260	24343		98	414
切削工具制造	5077	206	3620	1329	7121		60	356
手工具制造	1707	61	70	75	331			27
农用及园林用金属工具制造	115		-5		27			
刀剪及类似日用金属工具制造	862	102	336	281	1067		33	24
其他金属工具制造	3820	175	1089	575	15797		5	7
集装箱及金属包装容器制造	16685	1237	11688	9649	33412	-90	464	479
集装箱制造	3030	308	4325	1395	977			66
金属压力容器制造	3122	70	1090	989	10716		48	135
金属包装容器制造	10533	859	6274	7265	21720	-90	416	277

单位：万元

营业外支出	利润总额	应交所得税	本年应付工资总额	本年应付福利费总额	本年应交增值税	本年进项税额	本年销项税额	全部从业人员年平均人数（人）
33	6440	920	3555	413	3428	9139	11771	1427
	324	69	860	128	163	1477	1552	249
33	6117	852	2695	286	3266	7662	10219	1178
322	12505	1436	7751	758	5333	16691	18196	3611
23	2039	229	1690	138	1511	4767	4000	713
300	10466	1207	6061	620	3822	11924	14196	2898
53651	237035	33126	188878	22406	239606	955437	1109462	53914
1911	-6574	1019	10077	1116	12082	59285	70890	4388
2688	14414	252	20870	3090	19933	146241	165786	6677
43695	221029	29738	149845	17264	195527	726994	839463	38865
5357	8165	2118	8086	935	12064	22917	33323	3984
28719	417901	68603	116357	8912	56918	347551	373285	30924
4212	10618	1821	4025	241	2723	18039	19588	1572
41	15987	1535	1107	21	1136	8114	8632	311
4041	-8312	6	1432	166	12	3821	3076	620
	88		87	6	14			50
5	1555	35	1123	42	726	5953	6206	473
126	1300	246	277	7	834	151	1675	118
4459	288272	57217	19580	1900	9020	9055	15204	3229
4459	288272	57217	19580	1900	9020	9055	15204	3229
1109	15122	1057	8172	532	10438	25907	35560	1959
811	14130	848	7406	484	8909	25017	33142	1664
298	806	180	687	35	1442	636	2078	238
	186	28	80	13	87	253	340	57
1080	19177	1235	9719	382	3812	30725	33328	3103
17859	84712	7272	74861	5857	30926	263826	269604	21061
17828	76038	6464	71490	4843	28597	258323	263938	20264
31	8673	808	3371	1015	2329	5503	5667	797
25405	186250	20616	226060	17887	66587	382377	322442	86393
2392	57494	3875	50475	5113	18384	81919	89571	18041
2249	52779	3217	42857	4532	15691	73026	81969	15314
143	4715	658	7618	581	2693	8893	7603	2727
13877	10978	1228	17877	1146	4818	41944	25921	6893
335	7203	654	7432	510	1715	22855	8691	2435
36	322	135	1478	131	609	2262	984	756
6	21		418	30	15	297	215	224
10	1114	200	2312	67	447	2302	1606	909
13491	2318	238	6237	408	2032	14228	14425	2569
1181	32891	3896	31734	1426	18685	114118	97589	9437
260	783	177	7842	664	45	28808	465	1738
77	10822	1426	10830	84	1000	11796	12810	1914
844	21286	2294	13062	677	17641	73514	84314	5785

2-13　续表 3-10

项　　目	管理费用	税　金	财务费用	利息支出	营业利润	投资收益	补贴收入	营业外收入
金属丝绳及其制品的制造	3742	188	580	896	-2725		32	82
建筑、安全用金属制品制造	31859	1358	-15603	1022	55772	1200	362	919
建筑、家具用金属配件制造	9335	264	1540	619	5413		33	136
建筑装饰及水暖管道零件制造	15472	568	-19084	-374	41516	1200	34	743
安全、消防用金属制品制造	5161	291	912	657	7759		292	1
其他建筑、安全用金属制品制造	1891	235	1029	120	1084		3	39
金属表面处理及热处理加工	4683	232	791	689	13907		180	122
搪瓷制品制造	877	90	533	452	259		59	6
搪瓷卫生洁具制造	860	87	507	427	154		59	6
搪瓷日用品及其他搪瓷制品制造	17	3	26	25	105			
不锈钢及类似日用金属制品制造	15781	1268	3255	3039	8377	2	221	497
金属制厨房调理及卫生器具制造	1244	39	254	286	-257			6
金属制厨用器皿及餐具制造	7594	831	1932	2195	1614	2	30	326
其他日用金属制品制造	6942	398	1070	559	7020		190	165
其他金属制品制造	10185	481	4576	3180	12854	288	93	493
铸币及贵金属制实验室用品制造	36	35	9	7				1
其他未列明的金属制品制造	10148	446	4567	3173	12854	288	93	492
通用设备制造业	170131	14227	37331	35425	261586	2530	1712	4368
锅炉及原动机制造	7685	746	1381	470	3752		231	74
锅炉及辅助设备制造	672	18	298	56	1912		25	3
内燃机及配件制造	6397	546	895	233	2127		204	39
汽轮机及辅机制造	146		67	67	3			
水轮机及辅机制造	469	182	120	114	-290		2	33
金属加工机械制造	13854	896	6370	1728	2453	-15	107	290
金属切削机床制造	3252	97	685	437	2050	-47	86	209
金属成形机床制造	5233	578	4361	637	-6871	39	3	65
铸造机械制造	1775	98	495	459	3556			12
金属切割及焊接设备制造	113		1		-9		6	
机床附件制造	1497	44	89	30	2397			
其他金属加工机械制造	1985	79	738	165	1330	-7	13	3
起重运输设备制造	23599	3614	279	7867	26759	119	152	731
泵、阀门、压缩机及类似机械的制造	48001	2214	14115	12722	91617	844	453	465
泵及真空设备制造	5613	290	2631	2314	8333		240	12
气体压缩机械制造	3521	403	660	625	12195		46	161
阀门和旋塞的制造	35165	1317	10111	9334	70036	844	30	263
液压和气压动力机械及元件制造	3702	205	714	449	1053		136	29
轴承、齿轮、传动和驱动部件的制造	18352	1003	2086	1168	47815	2037	318	971
轴承制造	12483	549	2630	2013	28337	1578	195	304
齿轮、传动和驱动部件制造	5869	454	-544	-845	19478	459	124	667
风机、衡器、包装设备等通用设备	22796	3724	3205	2273	51270	4	129	964
风机、风扇制造	827	57	41	40	1158			13

单位：万元

营业外支出	利润总额		本年应付工资总额	本年应付福利费总额	本年应交增值税	本年进项税额	本年销项税额	全部从业人员年平均人数（人）
		应交所得税						
406	-3017	198	5014	498	1890	14964	15128	2828
1942	56300	8183	55126	5946	8697	61654	36094	20945
636	4912	845	15769	1190	4272	15310	15826	5983
775	42741	6289	27529	3673	1682	36673	8464	11029
112	7940	964	9952	994	2135	7879	9728	3119
419	706	85	1876	89	607	1792	2077	814
769	13288	1203	7522	647	1872	11990	11930	3761
	324	45	1696	135	607	2197	914	756
	219	41	1529	75	591	2130	845	686
	105	4	167	60	16	67	69	70
426	8670	1060	28529	982	5674	27145	18578	12856
13	-264	42	1573	72	244	2048	1066	759
86	1886	72	12543	491	2013	10194	5090	5370
327	7048	946	14414	419	3418	14904	12422	6727
4411	9324	928	28088	1993	5960	26447	26718	10876
	1		35		7	93	96	37
4411	9323	928	28053	1993	5954	26354	26622	10839
11899	255665	26380	291963	121994	94503	441895	474504	96836
874	3181	181	7932	311	1502	12017	10336	3455
404	1536	71	1875	47	215	833	969	509
468	1902	107	5462	225	1151	10504	8582	2558
1	2		76	11	16	603	619	40
1	-258	3	519	28	121	78	166	348
986	1843	1574	15467	971	4536	17285	23172	7524
906	1392	215	4105	192	1185	4083	4867	2138
54	-6819	213	3370	105	949	1532	5028	1186
4	3564	501	2756	206	1137	5165	6201	1212
	-9	29	105	6	31	108	137	81
1	2396	410	2317	283	436	848	1169	1401
20	1319	206	2815	179	797	5549	5772	1506
1538	25954	2396	28043	3509	4628	52740	43889	5914
2398	90913	8526	101893	20316	25868	116364	123321	29611
1585	6959	966	9712	616	6222	16074	8503	3649
384	12019	954	7696	986	1701	19214	20143	3305
387	70760	6245	79672	18529	16435	71087	83273	20476
43	1175	362	4813	186	1511	9989	11402	2181
897	48046	3419	39345	88173	10101	38486	44199	11765
194	28659	2335	29042	4163	4334	18090	19109	7571
703	19387	1084	10303	84010	5767	20396	25091	4194
564	51734	4632	31719	3583	15823	95714	102493	10240
8	1162	58	1794	175	424	2074	2332	508

2-13 续表 3-11

项目	管理费用		财务费用		营业利润	投资收益	补贴收入	营业外收入
		税金		利息支出				
气体、液体分离及纯净设备制造	940	4	-13		2533			191
制冷、空调设备制造	3348	172	664	607	12731	1	16	23
风动和电动工具制造	3911	200	290	-110	2309		61	127
喷枪及类似器具制造	11				62			
包装专用设备制造	741	96	136	74	1138		1	459
衡器制造	1239	53	821	800	-1375		5	17
其他通用设备制造	11780	3143	1265	862	32716	2	46	134
通用零部件制造及机械修理	17889	1036	3939	4181	16280	57	74	228
金属密封件制造	262	23	178	178	484			
紧固件、弹簧制造	6530	387	1042	1739	5498	31	63	49
机械零部件加工及设备修理	5208	438	1371	1073	7835	23	5	177
其他通用零部件制造	5890	187	1348	1190	2464	3	6	2
金属铸、锻加工	17956	996	5958	5016	21640	-514	248	644
钢铁铸件制造	15718	883	5408	4482	20089	-514	247	612
锻件及粉末冶金制品制造	2237	113	549	535	1551		1	32
专用设备制造业	146067	8214	32626	24753	227583	1097	7022	6208
矿山、冶金、建筑专用设备制造	41312	4406	17674	13590	111432	383	4459	2954
采矿、采石设备制造	2118	106	219	-190	8212	-133	76	15
石油钻采专用设备制造	259	14			386			
建筑工程用机械制造	29427	3697	14360	10817	80991	513	4378	2539
建筑材料生产专用机械制造	8041	526	2214	2089	20728	2	5	401
冶金专用设备制造	1468	64	882	875	1115			
化工、木材、非金属加工专用设备	20110	668	4072	3250	18733		287	1410
炼油、化工生产专用设备制造	1365	80	477	469	1992			1
橡胶加工专用设备制造	1892	84	1280	1071	1979		276	780
塑料加工专用设备制造	546	25	208	207	1275			
木材加工机械制造	475	18	122	108	659			
模具制造	15775	454	1974	1385	12757		11	629
其他非金属加工专用设备制造	58	8	11	10	70			
食品、饮料、烟草及饲料生产专用设备制造	1942	61	96	86	5030	-60	24	300
食品、饮料、烟草工业专用设备制造	1837	61	15	15	5016	-60	24	300
农副食品加工专用设备制造	104	1	81	71	14			
印刷、制药、日化生产专用设备制造	4811	87	1168	574	3122		178	451
制浆和造纸专用设备制造	1614	26	255	8	1278		5	49
印刷专用设备制造	2076	36	357	74	1030			339
日用化工专用设备制造	32		9	14	6			
制药专用设备制造	64	3			60			
照明器具生产专用设备制造	700	19	284	249	330		132	63
其他日用品生产专用设备制造	326	4	262	229	418		40	
纺织、服装和皮革工业专用设备制造	15808	670	3946	1777	9687	119	80	413
纺织专用设备制造	12907	541	2942	1753	4468	119	80	401
皮革、毛皮及其制品加工专用设备制造	2281	125	866		4750			12
缝纫机械制造	614	4	116	1	400			
其他服装加工专用设备制造	7		23	23	69			

单位：万元

营业外支出	利润总额	应交所得税	本年应付工资总额	本年应付福利费总额	本年应交增值税	本年进项税额	本年销项税额	全部从业人员年平均人数（人）
10	2714	511	721	64	554	3199	3865	669
39	12732	1011	3477	134	2426	11608	12921	1584
16	2421	871	3414	20	105	8228	2083	1564
	62		48		17			51
411	1187	164	2227	409	485	700	980	825
7	-1360	11	1173	87	290	1273	1404	434
73	32815	2005	18865	2694	11522	68632	78909	4605
1144	15476	2423	28501	2523	10967	41258	46627	12014
2	483		185	19		1556	1553	120
105	5536	660	10227	543	2947	9413	11526	4356
373	7649	1255	11328	496	5545	19917	22427	4347
664	1809	508	6762	1465	2476	10372	11121	3191
3499	18518	3229	39062	2608	21078	68031	80466	16313
3091	17342	3124	36719	2405	19450	62943	74352	15033
408	1176	105	2342	203	1628	5089	6114	1280
8194	230677	24853	169040	14832	66604	383930	435806	60984
2136	116657	14128	62856	4892	28829	214388	234033	18196
651	7534	1882	3432	272	2120	10683	12465	1424
	386	49	299	27	132	985	1123	110
1343	86629	10091	42739	2931	20629	183394	196542	11208
140	20996	1855	15118	1533	5036	15121	18893	4848
3	1112	252	1267	130	914	4206	5009	606
3359	17060	2627	30522	2613	9737	33914	40503	14435
61	1932	527	1856	63	734	4956	5251	543
96	2940	329	2622	145	1321	8266	9489	1153
	1275	270	910	121	587	1436	1931	436
173	486	4	878	105	140	939	1038	430
3029	10357	1478	24110	2170	6916	18156	22593	11795
	70	19	147	10	40	162	201	78
116	5178	72	1642	216	1249	2643	3690	625
110	5171	71	1465	205	1209	2511	3519	487
7	8	1	176	10	40	132	172	138
566	3185	271	9232	543	2129	10482	15275	4386
105	1228	163	3951	133	700	2099	2658	1795
36	1332	62	2614	167	807	5217	9737	1097
	6		107	7	22	62	84	60
41	19		117	20	100	988	1088	30
383	142	11	1906	185	363	1343	1222	1039
1	457	35	538	32	137	774	487	365
426	9531	1347	18756	1601	6738	23498	28872	6543
379	4347	962	16272	1479	5427	19182	23171	5740
45	4717	175	1225	27	995	3366	4462	285
2	398	193	1161	89	291	840	1104	479
	69	17	99	5	25	110	135	39

2-13 续表 3-12

项　　目	管理费用	税　金	财务费用	利息支出	营业利润	投资收益	补贴收入	营业外收入
电子和电工机械专用设备制造	8102	244	2064	1210	7727	123	151	259
电工机械专用设备制造	1966	46	797	715	2637	7	54	16
电子工业专用设备制造	1718	49	987	215	2302		97	180
航空、航天及其他专用设备制造	548		1		196			
农、林、牧、渔专用机械制造	7165	661	1082	964	6919	1	1	99
拖拉机制造	2475	407	333	328	95			74
机械化农业及园艺机具制造	3193	11	340	267	3060	1		2
农林牧渔机械配件制造	879	232	110	101	1883			
其他农林牧渔业机械制造及机械修理	619	12	299	268	1881		1	23
医疗仪器设备及器械制造	9553	519	670	478	9637	145	893	74
口腔科用设备及器具制造	1397		184	184	2031			
医疗、外科及兽医用器械制造	799	162	105	47	784			30
假肢、人工器官及植(介)入器械制造	4496	138	201		4040	109	82	17
其他医疗设备及器械制造	2860	218	181	246	2782	36	811	27
环保、社会公共安全及其他专用设备制造	37265	896	1855	2825	55297	387	950	247
环境污染防治专用设备制造	22414	732	1382	2317	32127	387	918	171
社会公共安全设备及器材制造	12475	88	48	109	20302		3	
交通安全及管制专用设备制造	26		8		3			
水资源专用机械制造	367	4	-33	-1	-65		28	
其他专用设备制造	1984	73	450	400	2930		2	76
交通运输设备制造业	265252	16107	19916	38527	365675	5214	5200	7705
铁路运输设备制造	431	2	20	20	34			4
铁路专用设备及器材、配件制造	431	2	20	20	34			4
汽车制造	159777	12703	33646	30036	234459	3766	2877	5403
汽车整车制造	45901	2743	5670	7251	-2414	59	1778	554
改装汽车制造	3899	215	-103	-140	20277	4		89
电车制造	428	10	90	57	201			2
汽车车身、挂车的制造	2017	165	531	554	9630	3600	325	70
汽车零部件及配件制造	102037	9453	26554	21657	203579	104	773	4686
汽车修理	5495	116	904	656	3186			4
摩托车制造	19006	833	3113	4145	20390	-347	350	530
摩托车整车制造	4228	260	964	2196	1124	-124		8
摩托车零部件及配件制造	14778	573	2149	1949	19266	-223	350	521
自行车制造	2994	195	809	196	1362		4	19
脚踏自行车及残疾人座车制造	2834	118	734	138	814		4	19
助动自行车制造	159	77	75	58	548			
船舶及浮动装置制造	55067	1241	-12151	3697	58259	381	609	1593
金属船舶制造	36210	832	-17698	-1421	35530	208	261	1084
非金属船舶制造	257	4	30	30	204			7
娱乐船和运动船的建造和修理	2113	124	685	663	1025	101	6	68
船用配套设备制造	1808	45	278	281	531			
船舶修理及拆船	14679	236	4555	4143	20968	72	342	434

单位：万元

营业外支出	利润总额	应交所得税	本年应付工资总额	本年应付福利费总额	本年应交增值税	本年进项税额	本年销项税额	全部从业人员年平均人数（人）
50	8151	701	8165	757	1232	6404	7381	2616
5	2648	303	2003	197	431	3002	3701	661
20	2558	270	2030	161	603	2366	2532	852
2	195	8	20	1		1035	1068	34
986	6033	385	7865	550	1908	10414	10714	4121
960	-791	163	3370	342	531	6240	6659	2127
5	3057	187	3455	130	1059	2879	2587	1322
	1883		586	59	224	898	1107	395
21	1884	35	454	19	94	396	361	277
132	9388	2275	10465	696	2029	12047	13219	3046
	2031	508	513	72	521	2290	2811	295
1	814	99	1675	63	70	6074	6288	475
87	3993	1316	5227	385	850	1623	2473	742
45	2550	352	3050	176	589	2060	1647	1534
423	55496	3047	19538	2964	12752	70140	82119	7016
404	32242	2661	11993	2219	6747	50556	57233	4456
	20302	194	3162	430	4437	15227	19664	907
	3		18		2	55	57	12
	-38	10	404	14	32	333	232	143
19	2987	182	3961	302	1534	3968	4933	1498
24680	355190	40742	387649	38057	160315	642942	705533	122075
1	37	25	219	37	185	674	854	144
1	37	25	219	37	185	674	854	144
19610	222972	20773	247789	29648	132347	513589	596495	81749
8668	-8691	2312	46406	5485	36592	216918	232799	9051
361	20009	559	3816	472	3136	25852	28919	1457
5	198	48	315	44	191	721	912	137
489	9251	1167	4003	170	1206	20807	21530	1329
9712	199390	16442	189590	23058	89892	242919	304358	68339
374	2816	244	3658	419	1329	6371	7976	1436
2132	18791	3577	31942	3077	13246	51591	62082	13819
86	922	136	2910	168	2047	12391	12553	1280
2046	17869	3440	29032	2909	11198	39200	49530	12539
280	1105	105	4068	355	603	4248	2785	1806
17	820	77	3664	339	537	2808	1362	1657
263	285	28	404	17	66	1440	1423	149
2511	58331	8221	69240	4596	12843	67859	37955	18881
993	36091	6105	31925	2651	5526	36756	7313	7304
	211	7	661	35	8	131	139	301
74	1126	375	5258	120	368	765	935	1710
	531	194	9449	38	846	5016	5822	818
1443	20372	1541	21947	1752	6095	25191	23746	8748

2-13 续表 3-13

项 目	管理费用	税 金	财务费用	利息支出	营业利润	投资收益	补贴收入	营业外收入
航空航天器制造	27723	1131	-5624	404	51060	1413	1360	156
飞机制造及修理	27723	1131	-5624	404	51060	1413	1360	156
交通器材及其他交通运输设备制造	255	2	103	30	110			
交通管理用金属标志及设施制造	82		32	31	20			
其他交通运输设备制造	174	2	70	-2	90			
电气机械及器材制造业	281248	8650	39362	36948	537834	13543	5061	9388
电机制造	49167	1889	13282	8879	97856	1559	1073	1234
发电机及发电机组制造	32831	950	7060	4347	71304	118	383	508
电动机制造	12949	706	5596	4024	25229	1423	367	352
微电机及其他电机制造	3386	232	626	508	1323	17	323	374
输配电及控制设备制造	88202	1504	6810	6438	215363	11164	662	2572
变压器、整流器和电感器制造	12948	206	2559	893	20315	218	364	510
电容器及其配套设备制造	216	4	2	1	178			7
配电开关控制设备制造	59522	842	1764	3658	175833	12646	169	1725
电力电子元器件制造	12524	321	2097	1496	15421		51	272
其他输配电及控制设备制造	2992	131	388	390	3616	-1700	78	58
电线、电缆、光缆及电工器材制造	23061	1180	8934	9107	26346	75	401	547
电线电缆制造	18869	1102	9051	9092	20422	-21	386	494
光纤、光缆制造	50				-57			
绝缘制品制造	3246	50	-99	15	5823		15	52
其他电工器材制造	895	28	-18		157	96		1
电池制造	28847	1985	1591	1484	125913	-1228	241	1680
家用电力器具制造	27451	49	1421	5308	14752	-2	133	1992
家用制冷电器具制造	77		2		3			
家用空气调节器制造	2026	57	148	311	1616		5	78
家用通风电器具制造	724	-260	-252	1	86		2	
家用厨房电器具制造	14124	12	94	2400	5870	-2	91	1644
家用清洁卫生电器具制造	603	5	78	8	143			69
家用美容、保健电器具制造	5634	63	-328	1190	4252		30	166
家用电力器具专用配件制造	1765	24	426	307	2091			
其他家用电力器具制造	2498	148	1254	1092	691		5	36
非电力家用器具制造	6454	198	1725	829	8513		180	41
燃气、太阳能及类似能源的器具制造	6454	198	1725	829	8513		180	41
照明器具制造	55351	1725	5974	4791	42054	1977	2347	1243
电光源制造	35105	973	2842	2880	23137	18	1289	603
照明灯具制造	9289	426	972	659	12359	-42	128	398
灯用电器附件及其他照明器具制造	10957	325	2160	1252	6557	2001	930	242
其他电气机械及器材制造	2717	121	-375	112	7037		24	80
车辆专用照明及电气信号设备装置	699	17	36	2	1614			20
其他未列明的电气机械制造	2018	105	-411	110	5423		24	60

单位：万元

营业外支出	利润总额		本年应付工资总额	本年应付福利费总额	本年应交增值税	本年进项税额	本年销项税额	全部从业人员年平均人数（人）
		应交所得税						
146	53844	8003	33938	330	944	4597	5159	5452
146	53844	8003	33938	330	944	4597	5159	5452
	110	39	454	14	148	384	204	224
	20	20	125		32			77
	90	18	329	14	116	384	204	147
18567	530764	56621	426006	29284	192644	730580	692888	160769
7650	94218	8241	68214	8733	33101	158777	126783	27768
2528	69935	5962	40124	4937	15185	102395	77642	15639
5090	22277	2055	23625	2125	16893	50885	43907	9948
32	2006	225	4465	1671	1023	5497	5234	2181
2653	210547	25062	80932	5618	62934	163311	212606	28376
139	21108	2523	27317	1816	4952	22857	22744	10339
2	183	20	279	24	62	897	974	112
598	173375	20351	36423	2651	53160	113455	163256	9813
248	15495	2017	13189	675	3488	18052	20346	6521
1667	385	151	3724	452	1271	8050	5285	1591
3569	23800	4354	28841	2394	18663	103507	121554	12170
3226	18056	3973	25580	2213	17460	98979	116012	11150
	-57		87			37	36	75
339	5552	302	2557	136	1025	4048	4887	845
5	249	79	617	45	179	443	619	100
2070	124536	12692	56076	4873	33578	103408	120178	19606
893	15982	1214	95344	2530	30079	47082	20649	26743
3			28	3	11	92	77	20
1	1697	341	1823	769	652	2659	3157	519
	88	36	1144	48	564	1819	340	686
665	6938	35	74732	721	22062	26895	3433	16791
7	206		1720	115	3533	1902	720	704
152	4295	552	7870	734	1329	5039	3936	4711
32	2059	143	4047	58	593	662	1256	1505
33	699	107	3982	82	1333	8014	7731	1807
69	8584	768	6764	303	1475	6645	5343	3406
69	8584	768	6764	303	1475	6645	5343	3406
1579	46041	3945	87583	4414	11515	143139	83591	40102
1062	23985	2556	58086	2803	2239	84371	31450	27631
257	12587	510	20498	816	4389	19920	16265	8441
260	9470	879	8999	795	4887	38849	35875	4030
83	7057	347	2252	418	1299	4712	2184	2598
62	1572	167	541	47	674	889	1217	326
21	5485	180	1712	371	625	3823	967	2272

2-13 续表 3-14

项目	管理费用	税金	财务费用	利息支出	营业利润	投资收益	补贴收入	营业外收入
通信设备、计算机及其他电子设备	680521	22160	220079	88969	855291	25332	22094	42148
通信设备制造	79761	1953	12884	10962	-10312	1233	3709	9856
通信传输设备制造	4140	69	456	288	13435	32	74	204
通信交换设备制造	3816	397	288	502	4115	45	525	566
通信终端设备制造	6113	392	417	505	10611		24	
移动通信及终端设备制造	59816	976	11289	9335	-43007	1096	2592	8937
其他通信设备制造	5877	117	435	333	4534	61	495	150
雷达及配套设备制造	461	5	-3	-3	63			
广播电视设备制造	7469	183	518	472	5081		2	35
广播电视节目制作及发射设备制造	85	1			65			
广播电视接收设备及器材制造	5286	182	463	417	4656		2	30
应用电视设备及其他广播电视设备	2098		56	56	360			5
电子计算机制造	332598	1113	146023	9481	586720	11984	14400	18085
电子计算机整机制造	244161	74	38610	-6741	123427	9773	12770	1484
计算机网络设备制造	18956	127	2690	2637	11225	-120	404	4834
电子计算机外部设备制造	69482	913	104723	13585	452068	2331	1226	11767
电子器件制造	79949	9976	21291	29675	50867	6356	1896	4945
电子真空器件制造	2544	255	-919	5025	-14959	5166	86	1346
半导体分立器件制造	8118	411	1408	1304	7077		73	672
集成电路制造	9153	282	2843	1391	5366		400	2346
光电子器件及其他电子器件制造	60134	9028	17959	21955	53383	1190	1337	581
电子元件制造	97219	5766	14019	10543	88015	4051	1377	5776
电子元件及组件制造	83537	4781	10972	8274	64199	4051	899	5286
印制电路板制造	13683	985	3047	2269	23816		479	490
家用视听设备制造	57557	1769	19562	22512	124335	1853	191	1515
家用影视设备制造	48214	763	21410	21396	27694	466	130	991
家用音响设备制造	9343	1007	-1848	1116	96641	1387	61	523
其他电子设备制造	25506	1395	5785	5327	10523	-146	519	1936
仪器仪表及文化、办公用机械制造	89830	3938	7153	8225	74312	1277	941	7007
通用仪器仪表制造	12796	422	4	681	11306	-638	248	101
工业自动控制系统装置制造	4600	185	226	187	2174		78	20
电工仪器仪表制造	3789	109	-294	341	4568	3	5	16
绘图、计算及测量仪器制造	73	21			47			
实验分析仪器制造	444	17	-73	2	-414			
试验机制造	120	6		-2	201			
供应用仪表及其他通用仪器制造	3770	85	144	152	4731	-641	165	64
专用仪器仪表制造	9315	177	-45	595	25044	518	154	228
环境监测专用仪器仪表制造	2176	38	44	44	13473	9	52	2
汽车及其他用计数仪表制造	811		52	50	340	5	3	3
农林牧渔专用仪器仪表制造	25	3	16	16	5			
电子测量仪器制造	678	66	65	42	348			1
其他专用仪器制造	5625	70	-221	443	10879	503	99	223

单位：万元

营业外支出	利润总额	应交所得税	本年应付工资总额	本年应付福利费总额	本年应交增值税	本年进项税额	本年销项税额	全部从业人员年平均人数（人）
29568	881022	97873	658918	62810	126429	951597	880774	231201
1350	-14968	3656	90658	6609	21095	110351	114885	21438
46	13593	805	3735	195	1410	19470	20344	1543
23	4658	450	4966	50	1475	5064	5977	975
260	10375	452	7363	568	1064	9473	6419	4174
873	-48685	1570	68056	5580	15004	68391	73119	12278
148	5091	379	6539	216	2143	7954	9026	2468
5	58		237	16		20	16	122
28	5088	763	16716	1882	2902	17357	17416	2527
	65	12	69	10	26	92	118	46
25	4661	669	15548	1430	2691	16227	16075	2111
4	362	83	1099	442	185	1038	1223	370
7988	623081	56087	157253	24919	32633	508000	452802	51904
314	147020	43327	55161	14519	11697	350318	356680	8843
156	16188	971	17752	687	8554	23688	16436	4209
7519	459874	11789	84340	9714	12382	133994	79686	38852
3909	54775	7528	126614	7144	17375	73008	63665	44401
209	-13822	49	21147	167	39	13908	8559	4557
147	7599	1378	9649	850	1547	10528	11238	3087
322	7752	826	21393	2228	6786	15113	18724	8089
3231	53246	5275	74426	3899	9003	33459	25144	28668
15067	83383	10996	181889	17076	27028	128144	112841	81207
14718	58947	9483	161996	15560	22771	110984	92502	72994
349	24436	1514	19893	1516	4258	17161	20339	8213
760	117235	16311	58893	3984	17914	92637	90925	22765
470	18913	2462	40211	1872	16303	81501	81936	15016
289	98322	13849	18682	2113	1611	11136	8989	7749
462	12370	2531	26656	1180	7482	22081	28223	6837
22941	59501	11611	144512	9854	20997	91927	79383	61031
341	10282	1683	12587	949	5929	17259	21485	5452
254	2019	311	3043	276	1209	3121	4678	1266
38	4166	804	3492	229	2596	7561	9448	1624
	47	17	248	20	65	230	290	100
-3	-411	11	1848	16	90	1457	647	991
1	199	18	78	9	94	267	361	29
51	4262	522	3878	398	1875	4623	6061	1442
399	25041	1658	9211	740	2570	5386	6234	2904
139	13397	28	1203	48	133	482	668	231
18	333	74	232	1	281	990	1271	88
	5	1	313	13	5	158	163	130
3	346	63	479	57	260	779	1030	262
240	10961	1494	6984	621	1891	2976	3102	2193

2-13 续表 3-15

项目	管理费用	税金	财务费用	利息支出	营业利润	投资收益	补贴收入	营业外收入
钟表与计时仪器制造	16567	428	3442	2522	13268	207	273	5397
光学仪器及眼镜制造	20564	766	1876	1762	6098	607	69	680
光学仪器制造	6484	215	1080	361	2616	114	30	201
眼镜制造	14080	552	796	1401	3481	494	40	479
文化、办公用机械制造	26046	2119	1817	2254	17137	582	131	572
幻灯及投影设备制造	339	6	82		-88			2
照相机及器材制造	9563	122	1076	1270	-13099	560	38	379
复印和胶印设备制造	1583	51	-752	95	3844		11	64
计算器及货币专用设备制造	14561	1939	1411	889	26480	22	82	128
其他仪器仪表的制造及修理	4542	27	58	411	1458		66	29
工艺品及其他制造业	173092	14288	32094	22316	239450	-399	1357	5160
工艺美术品制造	114436	9799	20904	14201	162823	406	1076	2310
雕塑工艺品制造	25822	3957	2518	1469	29267	167	49	1264
金属工艺品制造	20241	833	3859	2570	51685	-266	292	265
漆器工艺品制造	2905	136	1077	1203	14124		12	13
花画工艺品制造	7351	565	541	666	6269			24
天然植物纤维编织工艺品制造	4354	528	1364	811	8765	50	6	63
抽纱刺绣工艺品制造	671	58	155	98	-7			6
地毯、挂毯制造	518	78	-222	9	-167			
珠宝首饰及有关物品的制造	5054	461	1299	849	12378	43		11
其他工艺美术品制造	47521	3183	10312	6527	40508	412	717	664
日用杂品制造	47079	3693	7523	5012	66385	-22	175	951
制镜及类似品加工	545	37	113	83	-133		1	
鬃毛加工、制刷及清扫工具的制造	818	32	2	58	840	-45	6	18
其他日用杂品制造	45716	3624	7408	4871	65678	23	168	934
煤制品制造	113		13	12	242			1
其他未列明的制造业	11464	796	3654	3091	10000	-783	107	1898
废弃资源和废旧材料回收加工业	1889	99	-195	78	2317		2	13
金属废料和碎屑的加工处理	685	7	142	12	775		2	4
非金属废料和碎屑的加工处理	1204	93	-337	66	1542			9
电力、燃气及水的生产和供应业	359849	17077	483913	504041	175576	60450	13905	50187
电力、热力的生产和供应业	312640	13782	470744	493179	159954	54334	5513	47339
电力生产	168135	6842	297348	316674	47790	6690	5245	27600
火力发电	73371	1551	151366	167787	-87662	1085	1884	19704
水力发电	93249	5178	138750	138321	128794	5600	197	2213
其他能源发电	1516	114	7232	10566	6657	4	3164	5683
电力供应	141693	6809	171276	174339	112132	47644	128	19695
热力生产和供应	2812	131	2120	2166	33		140	45
燃气生产和供应业	7235	197	949	629	-2270	1732	7183	275
水的生产和供应业	39974	3098	12220	10234	17891	4384	1210	2573
自来水的生产和供应	38185	2897	10933	9827	14159	4384	1202	2573
污水处理及其再生利用	1789	200	1287	407	3732		8	1

单位：万元

营业外支出	利润总额	应交所得税	本年应付工资总额	本年应付福利费总额	本年应交增值税	本年进项税额	本年销项税额	全部从业人员年平均人数（人）
6167	12757	2167	22529	1182	4928	21909	16142	12952
1385	6183	1125	48237	3259	2251	20229	11492	20459
594	2367	279	8943	439	1035	6718	4346	3138
791	3816	846	39294	2821	1215	13512	7147	17321
14593	3740	4755	45368	3091	5291	23987	22867	17058
19	-105		526	22		82		102
401	-12523	133	12974	663	42	4981	812	4218
43	3876	706	2562	511	383	2419	1877	741
14129	12492	3916	29307	1895	4866	16505	20178	11997
55	1498	223	6580	633	29	3158	1162	2206
18593	225271	27804	494897	33408	92491	298992	275956	215265
16842	148096	16085	347441	18216	62958	175573	157524	151064
1684	29060	3119	65496	5149	11333	32182	35248	25101
462	51514	4416	59952	3893	15260	35100	26028	28150
5629	8509	329	10460	614	3364	6302	7900	4429
53	6240	1720	14457	930	1988	13991	13224	6937
2017	6867	462	19475	1358	3764	6992	6355	9530
21	-22	10	1795	196	134	481	419	1112
4	-171		1285	139		70	48	639
5301	7131	317	7588	843	3686	10025	10649	4214
1671	38968	5711	166932	5094	23429	70430	57654	70952
1351	66135	9933	125827	13273	19807	111873	105626	54584
5	-137	1	475	11	5	234	70	367
55	763	31	2182	16	297	1645	1440	1078
1291	65510	9902	123170	13245	19505	109995	104116	53139
80	163	38	67	5	109	261	370	29
320	10877	1748	21562	1914	9617	11284	12436	9588
469	1862	254	2161	165	764	3696	5928	835
3	778	92	1520	121	641	2073	2667	572
466	1084	162	642	45	122	1624	3260	263
101152	141256	67047	364074	25913	560889	973389	1510417	83670
98989	114216	62180	321682	22789	546255	959256	1488071	70544
60477	20916	37414	119852	12247	275040	245849	458206	30538
45749	-111067	6437	44763	5019	182856	236882	373591	7593
14722	117200	27615	73388	7013	89184	8043	80342	22493
6	14783	3362	1701	215	3001	924	4273	452
38485	93109	24390	198990	10280	269127	709316	1023882	39238
27	191	377	2840	262	2088	4092	5982	768
138	4572	123	4787	438	2153	11419	12353	1685
2024	22469	4743	37605	2686	12481	2713	9994	11441
2019	18734	4735	36837	2626	11502	2713	9946	11152
6	3735	8	769	60	979		49	289

2-14 规模以上三大主导

项目	企业单位数（个）	亏损企业	资产合计	流动资产合计	固定资产合计	流动资产年平均余额
总计	**5436**	**895**	**43251096**	**25076961**	**12150141**	**24878760**
#亏损企业	895	895	10340998	4116864	2800632	4330287
一、按轻重工业分						
轻工业	1421	252	8795589	5234294	2743169	5116691
以农产品为原料	16	2	58098	37436	15878	34224
以非农产品为原料	1405	250	8737491	5196858	2727291	5082467
重工业	4015	643	34455508	19842667	9406973	19762069
采掘工业						
原料工业	1154	218	10940584	4637571	3043754	4688922
加工工业	2861	425	23514924	15205096	6363219	15073148
二、按登记注册类型分						
内资企业	3463	448	14328720	8798013	4083392	8196141
国有企业	41	14	865899	549879	235676	485489
集体企业	98	8	133114	97092	25291	91962
股份合作企业	63	10	210612	127766	68972	123622
联营企业	12	1	30176	23658	6113	24544
有限责任公司	604	83	3136383	1720870	978539	1615528
股份有限公司	52	7	2786496	1905788	635255	1788897
私营企业	2582	324	7110463	4346018	2110661	4040704
其他企业	11	1	55577	26942	22885	25395
港、澳、台商投资企业	1160	248	11374609	6840099	3498407	7368168
外商投资企业	813	199	17547767	9438849	4568342	9314451
三、按规模分						
大型企业	46	9	12402510	6275375	2863101	6860230
中型企业	587	79	16988246	10378463	5143857	10077049
小型企业	4803	807	13860340	8423122	4143184	7941481
四、按行业分						
电子信息	467	102	8891593	6313663	2058720	6651093
机械装备	2969	461	18850931	11989357	5070388	11550003
石油化工	2000	332	15508572	6773941	5021033	6677664

注:主导产业指电子信息、石油化工、机械装备三大主导产业，统计上具体包括：通信设备计算机及其电子设备制造业、石油加工炼焦及核燃料加工业、化学原料及化学制品制造业、化学纤维制造业、橡胶制品业、塑料制品业、金属制品业、通用设备制造业、专用设备制造业、交通运输设备制造业、电气机械及器材制造业、仪器仪表及文化办公用机械制造业。

产业主要财务指标

单位：万元

固定资产年平均余额	主营业务收入	利润总额	亏损企业亏损总额	利税总额	本年应交增值税	本年应付工资	全部从业人员平均人数(人)
10798028	**59237329**	**3088780**	**580043**	**4416255**	**1087156**	**3148119**	**1167586**
2678828	7820238	-580043	580043	-416384	89414	471268	186451
2488233	12334565	616429	123482	913616	262529	836501	344508
14173	46870	2303	56	3958	1399	2354	1140
2474060	12287695	614126	123426	909658	261131	834147	343368
8309795	46902764	2472351	456561	3502639	824627	2311619	823078
2826708	11296337	314708	231198	602871	213251	600472	240986
5483087	35606428	2157643	225363	2899769	611375	1711146	582092
3476906	19640136	1140001	58484	1746890	491783	1221817	483944
217201	653551	27231	2875	45574	15711	42010	14970
22494	373970	11593	812	26287	8484	19210	9116
58730	371951	24478	991	39062	11875	20688	9305
5877	57031	1140	513	2365	1059	3512	1580
819509	4050639	224481	12642	334110	89978	248008	97295
458344	2391586	158921	10138	211167	43923	108376	31717
1872302	11660695	690222	30424	1085456	320016	777247	318746
22448	80714	1935	90	2869	738	2768	1215
3127436	17782979	1095697	209788	1421781	288599	1008126	380000
4193687	21814215	853083	311771	1247584	306775	918176	303642
2519398	17484422	760605	257355	1027353	180030	671369	196655
4531264	21970107	1244360	187283	1693166	396807	1254693	443203
3747366	19782801	1083816	135404	1695736	510320	1222056	527728
1871678	16729171	881022	183638	1028999	126429	658918	231201
4332202	25216237	1618047	129705	2333754	601650	1645229	588088
4594149	17291921	589711	266699	1053502	359077	843973	348297

2-15 规模以上工业园区

项 目	企业单位数(个)	亏损企业	资产合计	流动资产合计	固定资产合计	流动资产年平均余额
总 计	**5893**	**1046**	**41065893**	**22569819**	**14177790**	**22235774**
#亏损企业	1046	1046	8508991	3664754	4179673	3912691
一、按轻重工业分						
轻工业	3383	585	16087842	9208678	5337698	8921347
以农产品为原料	2151	375	9501338	5390356	3275221	5146156
以非农产品为原料	1232	210	6586504	3818322	2062477	3775191
重工业	2510	461	24978051	13361141	8840092	13314427
采掘工业	83	16	276394	152479	67457	134358
原料工业	849	199	11158206	4555058	5097990	4326688
加工工业	1578	246	13543450	8653604	3674646	8853381
二、按登记注册类型分						
内资企业	3606	504	16817642	8283184	6204384	7588575
国有企业	45	17	1376602	530580	671614	519102
集体企业	60	7	200886	130711	43508	130623
股份合作企业	72	11	123798	70220	40186	68973
联营企业	13	3	654574	103266	541949	77489
有限责任公司	665	96	3787122	1506851	1982242	1415134
股份有限公司	46	5	3162791	1745678	347213	1463630
私营企业	2693	364	7485162	4182852	2564852	3902008
其他企业	12	1	26708	13025	12819	11616
港、澳、台商投资企业	1404	318	11864353	6989182	3600243	7419939
外商投资企业	883	224	12383898	7297454	4373164	7227260
三、按规模分						
大型企业	35	6	7331586	4554184	1619538	4935253
中型企业	629	104	17393658	9393419	6346196	9250498
小型企业	5229	936	16340649	8622216	6212056	8050023
四、按行业分						
采矿业	55	8	178888	101322	35159	85195
煤炭开采和洗选业	13	1	59609	29899	8992	23890
黑色金属矿采选业	6	1	8328	6488	1809	5837
有色金属矿采选业	8		79289	44344	17164	35151
非金属矿采选业	28	6	31662	20592	7194	20317
制造业	5766	1017	38148322	22063490	11969680	21786026
农副食品加工业	343	71	1715509	1134935	403787	1083370

注:工业园区包括省级及以上工业园区、设区市级工业园区、县(市、区)级工业园区、乡镇级工业园区等。

企业主要财务指标

单位：万元

固定资产年平均余额	主营业务收入	利润总额	亏损企业亏损总额	利税总额	本年应交增值税	本年应付工资	全部从业人员平均人数（人）
12654071	**59145531**	**3387734**	**495350**	**4830368**	**1245167**	**3391335**	**1368692**
3714224	8011967	-495350	495350	-323322	155640	522709	224941
4887655	25395563	1292388	182982	1971111	576986	2051100	889698
2996977	15733512	847980	63237	1294629	374225	1284976	576400
1890678	9662051	444408	119745	676482	202761	766124	313298
7766416	33749967	2095347	312368	2859257	668180	1340235	478994
51347	311651	29610	2575	51622	17003	27710	9485
4480723	11791310	509209	221588	854064	306377	413796	148530
3234346	21647007	1556527	88205	1953572	344800	898729	320979
5543425	21996128	1270688	143103	1991621	587329	1287603	528484
547343	1195826	31623	11347	76523	39519	58056	15160
41599	295634	8345	771	22540	10878	19667	6773
35519	375960	20288	1651	34823	11862	31288	12794
543759	373850	-10824	17017	11460	20107	10264	2293
1718349	4672635	187190	66035	369692	156252	267999	110067
290914	1652023	364237	7257	404858	24517	71626	19299
2355726	13373313	669137	37970	1070096	323523	826804	360779
10217	56886	693	1055	1629	670	1899	1319
3179891	18893168	1234812	137304	1633386	358364	1175173	482993
3930755	18256234	882235	214943	1205361	299475	928559	357215
1430742	13175770	1072094	70581	1213126	123940	534531	185919
5594880	22594702	1178547	213387	1737133	507717	1342543	518223
5628448	23375059	1137093	211382	1880109	613509	1514261	664550
29677	222217	30224	404	48680	14082	15687	4434
7418	104343	4442	66	11168	4814	7967	1536
1635	18484	215	190	1137	725	891	320
14404	43815	20743		25882	4646	1669	492
6221	55575	4824	148	10492	3896	5160	2086
10652763	57398527	3377460	423111	4692716	1129305	3322888	1351810
376621	2929210	118540	23163	168173	43174	107323	49438

2-15 续表

项　　目	企业单位数（个）	亏损企业	资产合计	流动资产合计	固定资产合计	流动资产年平均余额
食品制造业	170	25	834588	471335	293638	449861
饮料制造业	73	4	457686	208725	215542	223123
纺织业	342	72	1987793	965227	852321	927751
纺织服装、鞋、帽制造业	384	76	1084346	660655	319555	633301
皮革、毛皮、羽毛(绒)及其制品业	355	36	1506482	873448	512515	834296
木材加工及木、竹、藤、棕、草制品业	306	46	907735	433700	372151	413454
家具制造业	128	31	477454	262704	172973	246033
造纸及纸制品业	217	41	884487	501841	327824	486722
印刷业和记录媒介的复制	98	14	329015	179077	121326	146523
文教体育用品制造业	81	18	301895	195303	89214	180027
石油加工、炼焦及核燃料加工业	9		93997	43095	36848	41392
化学原料及化学制品制造业	281	59	1948887	884675	965465	1008442
医药制造业	57	10	491914	268937	154213	257506
化学纤维制造业	27	7	1089755	334896	534483	357241
橡胶制品业	71	15	664700	296047	335449	299096
塑料制品业	358	80	1678801	1049304	510544	999517
非金属矿物制品业	540	52	2209180	1063129	810805	1049433
黑色金属冶炼及压延加工业	73	23	2125295	1202777	711273	1166638
有色金属冶炼及压延加工业	52	12	2392880	991084	455786	753533
金属制品业	225	41	1060800	673266	300205	626490
通用设备制造业	272	48	1042889	619618	348513	607190
专用设备制造业	166	30	1003265	624686	204037	598138
交通运输设备制造业	174	28	2225764	1567650	529232	1416611
电气机械及器材制造业	275	54	2630381	1796769	594971	1764719
通信设备、计算机及其他电子设备制造业	246	52	5756447	4006149	1430490	4484735
仪器仪表及文化、办公用机械制造业	94	18	538445	336829	145530	323823
工艺品及其他制造业	343	53	686459	406778	216449	395886
废弃资源和废旧材料回收加工业	6	1	21473	10853	4543	11173
电力、燃气及水的生产和供应业	72	21	2738683	405007	2172951	364553
电力、热力的生产和供应业	49	14	2534398	348032	2080523	309308
燃气生产和供应业	6	2	52567	15789	12340	16596
水的生产和供应业	17	5	151718	41187	80088	38650

单位：万元

固定资产年平均余额	主营业务收入	利润总额	亏损企业亏损总额	利税总额	本年应交增值税	本年应付工资	全部从业人员平均人数（人）
263678	1428735	82992	4478	122602	34607	80933	35649
191485	710726	55652	1075	89162	26598	39157	13693
799972	2831656	132837	11112	193756	50283	201188	83108
294094	2314777	114040	6127	188951	61324	280531	123677
468257	3248578	193723	5369	290944	77276	410982	197356
325524	1131959	43556	4742	88170	37378	90689	41921
125652	753417	11826	4579	24132	10788	64302	29455
303270	1103543	86411	5220	128109	37033	57056	26470
110191	261457	21559	3500	34866	11775	24812	9856
86160	474512	17962	2380	26596	7835	48474	21122
35938	214942	13398		15313	1802	2722	836
900984	2749025	33302	90378	94432	56216	67321	26529
139366	466504	38441	4049	69466	29470	33994	11190
468601	1201924	14715	30694	47754	31414	22411	6911
276858	648978	28395	3471	44506	12444	40298	19646
473621	2552035	111797	9599	163397	45058	179718	76941
708587	2726490	252876	9582	351794	75250	243083	93328
677773	3140330	74450	21167	142293	63628	69226	20232
250308	1561235	323559	22845	356232	20593	39039	9331
277565	1584814	52745	12135	84270	26414	79872	31058
311836	1513428	70039	19144	113607	37699	79892	29950
175025	1279209	109964	2712	141506	27590	57539	23354
391583	2433476	192102	5163	261302	65559	137282	43866
546914	3879552	324117	5413	441238	108810	248420	87570
1309170	12028616	736746	88508	831590	84412	380353	137133
152183	886503	37303	16270	49789	10547	79184	32748
207860	1319310	83280	10032	127434	34142	156513	69226
3689	23585	1134	205	1335	187	575	216
1971631	1524787	-19949	71835	88972	101779	52760	12448
1882778	1458393	-25988	69809	80191	99390	48402	10889
12228	33821	1821	329	2445	488	1016	371
76625	32574	4218	1698	6336	1902	3341	1188

2-16 规模以上高技术

项　　目	企业单位数(个)	亏损企业	资产合计	流动资产合计	固定资产合计	流动资产年平均余额
总　　计	**709**	**140**	**11239412**	**7596988**	**2846931**	**7877342**
#亏损企业	140	140	2179961	1225371	709109	1343427
一、按轻重工业分						
轻工业	180	28	2404121	1577690	634550	1530783
以农产品为原料	68	11	568918	308956	209441	282122
以非农产品为原料	112	17	1835203	1268734	425109	1248661
重工业	529	112	8835291	6019299	2212381	6346559
采掘工业						
原料工业	183	47	1790253	1044565	556715	1093177
加工工业	346	65	7045038	4974734	1655666	5253382
二、按登记类型分						
内资企业	354	51	2342229	1334875	718631	1256412
国有企业	8	3	77259	45920	22894	47732
集体企业	4	1	10213	9227	630	8660
股份合作企业	10		129951	71770	55824	66398
联营企业						
有限责任公司	107	14	702778	404213	197215	379681
股份有限公司	18	1	730205	379331	235623	368829
私营企业	204	32	687440	422045	205559	383796
其他企业	3		4384	2371	887	1318
港、澳、台商投资企业	187	35	3257855	2162960	824425	2705842
外商投资企业	168	54	5639328	4099153	1303874	3915088
三、按规模分						
大型企业	22	6	4416263	3015292	1184224	3601919
中型企业	132	21	4695492	3313046	1039101	3070134
小型企业	555	113	2127657	1268650	623606	1205289
四、按行业分						
信息化学品制造	11	4	327838	206681	32781	219349
医药制造业	111	18	1180947	609778	449626	577872

产业主要财务指标

单位：万元

固定资产年平均余额	主营业务收入	利润总额	亏损企业亏损总额	利税总额	本年应交增值税	本年应付工资	全部从业人员平均人数（人）
2501196	**19630126**	**1132825**	**208093**	**1364266**	**202992**	**842004**	**289512**
680773	1940575	-208093	208093	-197766	8872	190277	66186
487473	3244708	248061	48800	326578	72002	163190	59772
159131	455198	63149	2661	98857	33985	39383	11609
328342	2789510	184912	46139	227721	38017	123807	48163
2013723	16385418	884764	159293	1037688	130991	678815	229740
522303	2135861	111330	31744	155273	38997	189420	83359
1491420	14249556	773435	127549	882416	91993	489394	146381
570641	2196911	189844	6772	270676	64789	166572	64874
16804	44367	774	147	2722	1346	5474	1696
592	4186	34	19	229	173	718	412
25201	96700	19850		24735	4336	5054	1397
187784	757886	61795	2260	85306	18105	56889	23740
161877	383559	42068	1339	58291	11964	27862	8966
177564	906885	65079	3007	99054	28782	70182	28515
821	3328	244		338	84	394	148
716946	7535741	562253	131390	640006	72820	316844	113788
1213609	9897474	380728	69931	453585	65383	358588	110850
1060750	10972230	598076	143891	651074	48029	325785	99078
867103	6252120	344564	34096	441028	84282	339242	116617
573343	2405776	190185	30106	272164	70681	176978	73817
30528	267329	27947	16142	40138	11969	7531	2152
329340	972206	105069	6269	156378	46809	61963	21223

2-16 续表

项　　目	企业单位数(个)	亏损企业	资产合计	流动资产合计	固定资产合计	流动资产年平均余额
化学药品制造	36	5	590679	289169	237260	282229
中成药制造	34	5	302392	173261	119859	161236
生物、生化制品的制造	18	3	179910	102091	52617	87965
航空航天器制造	4		269052	87374	152015	73506
飞机制造及修理	4		269052	87374	152015	73506
电子及通信设备制造业	405	91	5337912	3267658	1693774	3247009
通信设备制造	65	11	804212	585985	130606	573467
#通信传输设备制造	12	3	99553	80437	10107	79048
通信交换设备制造	5		68202	53693	5895	47092
通信终端设备制造	15	4	98019	54593	33587	55910
移动通信及终端设备制造	18	2	475978	348658	72815	345313
雷达及配套设备制造	1		2968	830	1180	1748
广播电视设备制造	15	3	52944	35302	14677	34794
电子器件制造	78	21	1773428	851292	815974	832083
电子真空器件制造	2	1	366762	200038	155100	223990
半导体分立器件制造	12	2	68942	47835	15088	33582
集成电路制造	16	5	155295	76308	58812	54024
光电子器件及其他电子器件制造	48	13	1182429	527111	586974	520487
电子元件制造	172	43	1462415	837884	523935	873828
家用视听设备制造	40	7	1001988	816506	122783	809214
其他电子设备制造	34	6	239957	139860	84620	121875
电子计算机及办公设备制造业	78	11	3691861	3144980	402041	3504584
电子计算机整机制造	10	5	2117626	1969469	90790	1811575
计算机网络设备制造	8	1	117217	96764	11452	100318
电子计算机外部设备制造	44	5	1318837	979771	262704	1492192
办公设备制造	16		138181	98975	37095	100499
医疗设备及仪器仪表制造业	100	16	431802	280517	116694	255022
医疗设备及器械制造	13	3	83005	52430	25045	43199
仪器仪表制造	87	13	348797	228087	91649	211824

单位：万元

固定资产年平均余额	主营业务收入	利润总额	亏损企业亏损总额	利税总额	本年应交增值税	本年应付工资	全部从业人员平均人数（人）
167911	483424	41050	3508	56131	12369	20461	8443
73753	246107	42961	967	68600	24586	26316	5671
49180	130699	17081	544	24249	6628	8643	4106
138815	663531	53844		54802	944	33938	5452
138815	663531	53844		54802	944	33938	5452
1554040	7903926	257941	172143	364914	93797	501665	179297
119569	1018771	-14968	78365	8577	21095	90658	21438
9683	139025	13593	303	15430	1410	3735	1543
4193	47646	4658		6345	1475	4966	975
31163	116587	10375	359	11555	1064	7363	4174
65904	635096	-48685	77181	-32424	15004	68056	12278
1468	821	58		59		237	122
8189	123266	5088	164	8642	2902	16716	2527
762785	2939753	54775	25155	74355	17375	126614	44401
164020	297891	-13822	13885	-13755	39	21147	4557
13686	97167	7599	1060	9715	1547	9649	3087
52145	178143	7752	1282	15104	6786	21393	8089
532934	2366552	53246	8927	63290	9003	74426	28668
491775	1868532	83383	15602	115135	27028	181889	81207
100752	1683377	117235	41835	136129	17914	58893	22765
69502	269407	12370	11022	22018	7482	26656	6837
352469	9245735	639450	11496	686568	37882	189122	64642
88499	4274305	147020	2011	162655	11697	55161	8843
11223	146638	16188	1	25217	8554	17752	4209
217917	4404303	459874	9483	476213	12382	84340	38852
34832	420490	16368		22483	5249	31868	12738
96005	577399	48575	2044	61467	11592	47786	16746
22550	168636	9388	696	11588	2029	10465	3046
73456	408763	39187	1348	49879	9563	37321	13700

2-17 大中型工业

项　　目	企业单位数(个)	亏损企业	资产合计	流动资产合计	固定资产合计	流动资产年平均余额
总　　计	**1824**	**230**	**73780885**	**35004140**	**27429456**	**34617121**
#亏损企业	230	230	18607337	4964765	8787527	5397604
一、按轻重工业分						
轻工业	1118	133	26768765	15057490	8951188	14604328
以农产品为原料	780	79	17796038	10040834	5784243	9645045
以非农产品为原料	338	54	8972727	5016656	3166945	4959283
重工业	706	97	47012120	19946650	18478269	20012793
采掘工业	28	3	993971	339612	405859	320342
原料工业	276	55	27485116	7812870	13010461	7765836
加工工业	402	39	18533033	11794168	5061949	11926615
二、按登记注册类型分						
内资企业	703	68	32356538	12628384	14304024	11919297
国有企业	59	9	8376547	1551783	5120068	1493677
集体企业	6		261135	151503	79068	151928
股份合作企业	21	2	618123	178194	304551	165237
联营企业	7	2	655835	75439	526017	79969
有限责任公司	176	20	8839877	3447836	4361350	3393843
股份有限公司	62	8	6871833	3452256	1701740	3077291
私营企业	370	26	6714721	3760875	2203263	3548112
其他企业	2	1	18467	10499	7968	9241
港、澳、台商投资企业	666	80	18055939	10323784	5895759	10752067
外商投资企业	455	82	23368408	12051973	7229673	11945757
三、按规模分						
大型企业	95	13	25601173	10389015	9161038	10628932
中型企业	1729	217	48179712	24615125	18268418	23988189
四、按行业分						
采矿业	25		948370	314857	390417	294362
煤炭开采和洗选业	11		403277	165323	120111	153000
黑色金属矿采选业	8		445556	96744	233353	100217
有色金属矿采选业	3		72175	31947	32424	30186
非金属矿采选业	3		27363	20843	4529	10958
制造业	1734	217	60798113	33233246	18592928	32813189
农副食品加工业	65	12	1327294	766620	451875	704120

企业主要财务指标

单位：万元

固定资产年平均余额	主营业务收入	利润总额	亏损企业亏损总额	利税总额	本年应交增值税	本年应付工资	全部从业人员平均人数（人）
23852415	**88515257**	**5742149**	**690498**	**9159211**	**2387198**	**5306022**	**1839737**
7530027	13958683	-690498	690498	-271564	326635	679338	234488
8007749	36635110	2772958	164157	4690082	1127370	3021026	1173641
5294633	25576160	2179640	51250	3849989	902018	2115086	819221
2713116	11058950	593318	112907	840093	225352	905940	354420
15844665	51880147	2969192	526341	4469129	1259827	2284996	666096
295991	1325363	294963	1121	404750	89451	130760	34469
11173009	22798309	793848	373283	1670561	755762	885620	253822
4375665	27756474	1880381	151938	2393818	414615	1268617	377805
12022871	32655126	2321852	150822	4311539	1172470	1905492	617494
4143610	6601859	240383	20750	954908	335899	241676	53002
76535	335228	16858		31241	12142	27590	8997
225250	1107119	230353	417	299666	64142	66259	15395
525522	407625	61200	547	93577	29626	18454	3786
3674412	8981322	398949	89999	1041323	332852	457344	154773
1365434	4325479	528700	22727	685439	114545	245670	76202
2006862	10866595	846078	15327	1205602	282885	847327	304354
5246	29900	-668	1055	-218	380	1173	985
5260404	27287415	1976942	208639	2684801	620162	1953028	717785
6569140	28572715	1443356	331038	2162872	594566	1447502	504458
7754236	29780684	1725605	278842	2574297	693572	1398408	408927
16098179	58734573	4016545	411656	6584915	1693625	3907613	1430810
284178	1267501	295347		403736	87897	125786	32546
85654	333668	58599		100940	31184	66649	20682
168462	842854	233409		292690	54513	48869	7696
26080	52011	2771		5345	749	3016	1238
3983	38969	568		4761	1450	7252	2930
16385807	79566476	5339344	589685	8228701	1909628	4921485	1757974
383418	2538768	173512	9639	240820	61165	113217	47085

2-17 续表

项 目	企业单位数(个)	亏损企业	资产合计	流动资产合计	固定资产合计	流动资产年平均余额
食品制造业	58	2	981921	510357	350859	483246
饮料制造业	24	2	1055215	508477	443397	529934
烟草制品业	3		1104907	755922	227301	785471
纺织业	157	24	3973552	1885205	1672599	1958558
纺织服装、鞋、帽制造业	162	11	3077056	2090675	664824	1802172
皮革、毛皮、羽毛(绒)及其制品业	225	16	3626609	2289659	999967	2206093
木材加工及木、竹、藤、棕、草制品业	21	3	501913	241216	208638	221965
家具制造业	36	9	598731	358983	203186	348329
造纸及纸制品业	48	3	1882295	804322	700881	781195
印刷业和记录媒介的复制	15	3	170582	90592	65327	86667
文教体育用品制造业	36	9	504507	330782	144436	321961
石油加工、炼焦及核燃料加工业	3	1	3753682	702139	306825	665210
化学原料及化学制品制造业	39	11	2120242	877724	1108486	981540
医药制造业	19	3	735638	398149	290453	370887
化学纤维制造业	17	3	1857919	794510	835287	787837
橡胶制品业	42	9	1426715	634341	688161	659982
塑料制品业	84	11	1376256	821269	438273	781998
非金属矿物制品业	113	13	3720913	1679476	1450482	1597764
黑色金属冶炼及压延加工业	30	9	4043116	1998269	1580033	1986989
有色金属冶炼及压延加工业	24	4	3201313	1291867	854534	1114212
金属制品业	47	7	1134718	650526	275168	681058
通用设备制造业	47	2	1410498	866128	422690	854330
专用设备制造业	30	2	1510471	1062648	326470	1023891
交通运输设备制造业	73	5	3704409	2347460	1085249	2249603
电气机械及器材制造业	100	8	2872478	1998206	654995	1977238
通信设备、计算机及其他电子设备制造业	116	21	7596573	5509124	1683154	5898607
仪器仪表及文化、办公用机械制造业	35	8	626794	389764	182199	375986
工艺品及其他制造业	64	6	897740	577008	276953	574521
废弃资源和废旧材料回收加工业	1		4055	1828	227	1828
电力、燃气及水的生产和供应业	65	13	12034401	1456038	8446111	1509570
电力、热力的生产和供应业	58	12	10671958	1282412	7843355	1361356
燃气生产和供应业	2		572237	59273	36461	18598
水的生产和供应业	5	1	790207	114352	566295	129616

单位：万元

固定资产年平均余额	主营业务收入	利润总额	亏损企业亏损总额	利税总额	本年应交增值税	本年应付工资	全部从业人员平均人数（人）
321320	1697026	131526	530	184818	46951	117555	45841
367703	1375589	162218	4971	298327	86155	72389	22239
208300	1410491	261334		1050157	163001	42047	3718
1563560	4453641	253379	16627	337908	72701	352211	125632
651489	4782127	444146	3027	612724	146001	427753	168410
937703	7072883	571128	4141	848894	239344	826145	345530
186268	474436	21791	1121	40899	17843	33229	14715
163064	767413	18890	5373	36419	16841	77941	31726
665547	1455840	126713	7034	185970	53774	86657	32823
65890	222184	12164	1497	20586	7478	22513	8933
132278	715984	25503	2278	35235	8516	91164	39573
311514	1654029	-72577	84099	-32132		30391	3821
1026482	2488985	11671	99371	72106	55105	87850	31138
180519	536998	58350	3812	89144	29349	40390	11481
744037	1782991	48506	37508	89588	39734	34505	12532
608741	1661787	104284	3333	164002	44867	96720	39795
398364	2159813	108560	2898	147029	33629	176214	69556
1287840	3531530	394585	18817	537710	113398	266276	88197
1414517	5448199	209705	33995	423143	200314	150226	38748
558793	2297632	365559	29513	424605	38640	92790	21555
226070	1413692	114995	3743	141035	21271	101410	34483
347618	1800311	152732	5373	188517	29631	142246	35744
196310	1528732	99460	895	130432	28576	75567	22044
893106	4163279	220647	28103	353513	98352	253850	67026
589709	4602627	384690	5128	519078	126261	295199	104794
1528400	15342905	808388	157875	914005	90952	533585	178858
180311	855379	23609	16312	33346	8459	98528	40067
246706	1325104	103004	2671	139621	31000	181781	71604
234	6102	874		1201	321	1140	306
7182429	7681279	107459	100813	526774	389673	258751	49217
6739052	7499820	98213	100501	510977	383743	239155	44299
24228	37589			570	570	2577	1011
419149	143870	9246	312	15228	5359	17019	3907

2–18 国有控股工业

项 目	企业单位数(个)	亏损企业	资产合计	流动资产合计	固定资产合计	流动资产年平均余额
总 计	**540**	**124**	**31258127**	**8770971**	**14973582**	**8460205**
#亏损企业	124	124	14544900	2167933	8054432	2220303
一、按轻重工业分						
轻工业	166	36	4183388	1751210	1801584	1767882
以农产品为原料	81	16	2641734	1345439	884847	1367197
以非农产品为原料	85	20	1541654	405771	916737	400685
重工业	374	88	27074739	7019761	13171998	6692324
采掘工业	41	3	729235	311016	213765	303152
原料工业	223	57	22263844	4034130	12006449	3767277
加工工业	110	28	4081661	2674615	951784	2621894
二、按规模分						
大型企业	19	6	14560444	3521573	5733335	3261813
中型企业	145	21	11037008	3953726	5240265	4016618
小型企业	376	97	5660676	1295673	3999982	1181775
三、按行业分						
采矿业	47	5	772374	340612	226072	325297
煤炭开采和洗选业	15	1	408514	167055	120034	155518
黑色金属矿采选业	5		205183	74341	65038	83946
有色金属矿采选业	7		40388	25150	8721	21154
非金属矿采选业	20	4	118289	74066	32279	64679
制造业	290	67	15816956	7029692	3770675	6739073
农副食品加工业	12	1	48197	31712	13542	31679
食品制造业	10	2	152533	70428	60923	72918
饮料制造业	7	2	131304	49231	77936	53910
烟草制品业	5		1181492	801105	254624	827177
纺织业	4		108778	45629	46331	47708
纺织服装、鞋、帽制造业	6		29042	16733	7036	20947
皮革、毛皮、羽毛(绒)及其制品业	1	1	2578	2090	460	1968
木材加工及木、竹、藤、棕、草制品业	5	1	199346	81627	87510	76420
家具制造业	1		2583	690	55	85
造纸及纸制品业	10	4	754428	220115	317361	220064
印刷业和记录媒介的复制	25	7	127985	68138	50746	53926
石油加工、炼焦及核燃料加工业	6	1	3743603	711855	299136	673544
化学原料及化学制品制造业	23	2	669008	317114	329307	254859
医药制造业	8		197379	95721	86437	95618
塑料制品业	7	2	37824	25582	11550	25327
非金属矿物制品业	45	11	421868	210314	183572	199711
黑色金属冶炼及压延加工业	6	4	1490295	644595	602858	657633
有色金属冶炼及压延加工业	12	2	2403949	986568	432503	806918
金属制品业	4		260262	81696	35263	86590
通用设备制造业	19	6	312994	186796	110238	174476
专用设备制造业	14	5	785650	564631	145455	567357
交通运输设备制造业	20	6	1798889	1302971	398666	1282127
电气机械及器材制造业	16	4	286926	149359	58563	155861
通信设备、计算机及其他电子设备制造业	18	5	592075	324259	125144	321188
仪器仪表及文化、办公用机械制造业	2		62267	37776	24392	26794
工艺品及其他制造业	2		1170	782	388	679
废弃资源和废旧材料回收加工业	2	1	14531	2176	10677	3588
电力、燃气及水的生产和供应业	203	52	14668797	1400668	10976835	1395835
电力、热力的生产和供应业	141	34	12866089	1103779	10095292	1144434
燃气生产和供应业	4	1	583427	62419	44188	22127
水的生产和供应业	58	17	1219281	234471	837355	229274

企业主要财务指标

单位：万元

固定资产年平均余额	主营业务收入	利润总额	亏损企业亏损总额	利税总额	本年应交增值税	本年应付工资	全部从业人员平均人数（人）
12495363	**20962357**	**833042**	**414901**	**2583986**	**945868**	**943800**	**241127**
6658665	8198965	-414901	414901	-16005	307306	245084	54033
1541235	2728531	327896	15312	1191937	218168	161518	49928
841090	2287258	301278	9820	1146471	201568	105527	28892
700145	441273	26619	5493	45466	16601	55991	21036
10954128	18233826	505145	399589	1392049	727700	782283	191199
149193	588053	136779	158	201553	53416	89747	27826
10032366	14012285	341738	291221	1052717	600556	474621	112041
772569	3633488	26629	108209	137780	73728	217915	51332
4804272	10159573	199348	204077	639931	330975	367849	75394
4400976	8210838	539651	103199	1653744	439515	417161	109131
3290115	2591946	94043	107626	290310	175379	158791	56602
160332	597350	136663	351	202970	54543	95486	33263
85128	369868	62532	38	99326	31178	73236	22283
38656	131819	51795		68936	13620	8794	2331
8358	31437	8005		11394	2919	2079	756
28190	64226	14331	313	23314	6826	11377	7893
3242747	12171488	628910	229560	1816571	432472	532441	140573
12545	100302	1172	11	3735	2438	2135	994
60480	93190	1705	998	4340	2265	8965	3527
81906	129022	7947	641	31749	9088	7695	3296
232992	1427601	267813		1059302	165446	44586	4134
66471	88525	1474		4610	2773	6330	3287
6984	17304	3137		4710	1340	7801	2208
720	4950	-144	144	-60	78	133	79
83092	108172	1667	143	7090	4913	6476	2564
59	572	1		18	15	120	85
302446	317356	-3860	7003	6824	9738	14184	6874
49244	95331	5080	1223	10112	4549	13499	5612
303774	1627491	-76090	84099	-33663	2247	24130	2551
283792	700380	24352	5924	43348	16681	34186	13804
51005	73741	22852		30186	6719	9609	2624
13149	23676	710	687	2661	1826	3960	2426
171562	416380	9412	10521	34103	22082	29823	11908
522876	2122125	31707	1142	132940	91044	57941	12399
268160	1333981	309646	7957	353555	25308	49152	10548
23637	99387	11543		11754	176	5405	1707
55519	252103	18437	1498	24761	5456	18522	6809
121291	713237	27288	1106	38391	9766	35376	7436
343182	1760871	14611	25882	82082	37258	70646	13676
44889	204644	8096	1333	13786	4883	11776	6208
123118	436758	-65490	78790	-57434	4664	66661	14797
13516	13132	5818		7306	1452	2283	573
431	6918	484		761	208	899	348
5907	4342	-459	459	-395	62	147	99
9092284	8193519	67469	184990	564445	458853	315874	67291
8422396	7924563	54149	180565	539043	448259	277976	55739
31384	46422	190	391	991	787	3250	1218
638504	222534	13129	4034	24411	9808	34648	10334

2-19 国有工业企业

项目	企业单位数(个)	亏损企业	资产合计	流动资产合计	固定资产合计	流动资产年平均余额
总计	**236**	**66**	**10159578**	**2008759**	**6256933**	**1880544**
#亏损企业	66	66	5968778	404293	4486542	419489
一、按轻重工业分						
轻工业	88	24	1480102	727750	567798	692985
以农产品为原料	35	9	826726	533476	196202	519855
以非农产品为原料	53	15	653376	194275	371596	173130
重工业	148	42	8679476	1281008	5689135	1187559
采掘工业	19	2	246584	127061	49778	118768
原料工业	95	29	7899184	762711	5519519	702012
加工工业	34	11	533708	391236	119838	366779
二、按规模分						
大型企业	2	1	4996116	217019	3799500	245250
中型企业	57	8	3380431	1334764	1320569	1248427
小型企业	177	57	1783031	456975	1136865	386866
三、按行业分						
采矿业	25	4	289723	156657	62085	140913
煤炭开采和洗选业	6		135923	59581	15766	54893
黑色金属矿采选业	3		86882	57812	22131	54315
有色金属矿采选业	3		5606	2135	2788	2040
非金属矿采选业	13	4	61313	37129	21400	29665
制造业	101	26	2062441	1234937	631049	1173095
农副食品加工业	6	1	35171	25890	7079	25947
食品制造业	5	1	90989	38943	43321	42727
饮料制造业	1	1	15233	5072	9252	6281
烟草制品业	1		591800	420000	99200	410639
纺织业	2		1735	1411	325	1336
纺织服装、鞋、帽制造业	1		7559	753	1533	5735
木材加工及木、竹、藤、棕、草制品业	1		272	133	139	145
家具制造业	1		2583	690	55	85
造纸及纸制品业	1		2472	673	1798	693
印刷业和记录媒介的复制	19	6	101223	54803	39407	40568
化学原料及化学制品制造业	7		241006	128084	103846	89236
医药制造业	2		54609	29813	19308	34067
塑料制品业	1		11716	8272	3379	8286
非金属矿物制品业	14	1	40011	17163	20221	16011
黑色金属冶炼及压延加工业	2	1	4818	3522	120	3291
有色金属冶炼及压延加工业	2	1	246897	85409	153228	99404
通用设备制造业	11	4	136777	92811	37448	85994
专用设备制造业	6	5	57047	33859	17819	32584
交通运输设备制造业	7	2	308031	245658	55878	231376
电气机械及器材制造业	4	1	90226	25946	14247	24481
通信设备、计算机及其他电子设备制造业	5	2	21096	15250	3060	13534
工艺品及其他制造业	2		1170	782	388	679
电力、燃气及水的生产和供应业	110	36	7807414	617165	5563799	566536
电力、热力的生产和供应业	64	20	6741528	443115	5178698	455654
燃气生产和供应业	3	1	580960	60935	43510	20415
水的生产和供应业	43	15	484926	113115	341592	90467

主要财务指标

单位：万元

固定资产年平均余额	主营业务收入	利润总额	亏损企业亏损总额	利税总额	本年应交增值税	本年应付工资	全部从业人员平均人数（人）
4811618	**7270810**	**254453**	**51194**	**1017495**	**375945**	**310918**	**81374**
3485475	4260877	-51194	51194	146892	180884	128087	24694
491995	1104397	164199	5656	634973	110407	64628	20455
197702	944484	158882	1733	620495	102577	35513	8833
294293	159913	5317	3923	14478	7829	29116	11622
4319623	6166413	90254	45538	382522	265539	246290	60919
32110	194440	50727	121	70093	15721	29857	7599
4182141	5573026	26347	43175	293150	245131	187796	43911
105371	398947	13181	2242	19278	4687	28636	9409
3069347	3768375	-1165	11472	177436	164559	101481	13369
1074263	2833484	241548	9278	777471	171339	140195	39633
668008	668951	14070	30444	62587	40047	69242	28372
43250	203737	50612	313	71511	16848	35596	13036
14726	122707	20466		29957	8103	21991	4917
6669	50614	28910		36431	6014	5806	1406
2663	9647	691		1474	675	525	255
19191	20770	546	313	3649	2057	7274	6458
521820	1951558	190155	7573	678350	125768	93376	30482
6372	30472	580	11	3132	2428	1206	587
42243	62981	1593	58	3198	1329	6200	2450
9381	11285	-641	641	1958	878	638	281
100874	779586	154900		605401	93988	18061	1947
347	3807	148		230	78	467	333
1579	3819	413		1089	620	1967	455
118	835	206		258	44	52	47
59	572	1		18	15	120	85
846	598	25		69	40	153	96
41134	79486	3694	1023	7732	3645	11930	5003
104439	268693	13975		26318	11144	12892	4984
13585	19176	460		1776	1203	2957	841
3492	4465	443		1157	639	469	617
19398	44775	2075	25	5531	3102	3042	1853
898	7697	179	182	669	442	262	85
67355	246002	-1193	2758	957	2039	3415	1101
26450	151723	4652	714	7072	2110	9066	3294
15369	28098	1645	1106	2206	524	5579	2224
53714	166984	4016	976	4932	502	10230	2564
10608	9212	2105	14	2860	649	1377	497
3130	24375	396	66	1028	143	2396	790
431	6918	484		761	208	899	348
4246548	5115514	13686	43308	267635	233329	181945	37856
3947023	4987275	14174	39009	261954	228089	160650	29892
30666	39430	-391	391	268	649	3095	1191
268860	88810	-97	3908	5413	4592	18200	6773

2-20 规模以上集体

项目	企业单位数(个)	亏损企业	资产合计	流动资产合计	固定资产合计	流动资产年平均余额
总计	**404**	**53**	**878523**	**503337**	**305630**	**480995**
#亏损企业	53	53	89911	53834	32013	53377
一、按轻重工业分						
轻工业	122	20	217896	123038	85899	110160
以农产品为原料	76	16	167198	94174	68836	86650
以非农产品为原料	46	4	50698	28864	17063	23510
重工业	282	33	660627	380300	219731	370836
采掘工业	110	6	126959	76703	40790	74222
原料工业	103	17	372814	192247	153362	187562
加工工业	69	10	160854	111350	25579	109052
二、按规模分						
大型企业	1		79298	36276	42024	32124
中型企业	5		181838	115227	37044	119804
小型企业	398	53	617388	351835	226562	329067
三、按行业分						
采矿业	109	6	127311	76972	40878	74460
煤炭开采和洗选业	75	2	84054	49063	30413	44912
黑色金属矿采选业	7	1	16318	11607	1646	12594
有色金属矿采选业	7	1	10928	6599	3659	6657
非金属矿采选业	20	2	16012	9703	5161	10297
制造业	271	43	613284	375174	186784	361362
农副食品加工业	10	2	8686	5180	3045	5051
食品制造业	8	1	6610	5456	1085	5416
饮料制造业	10	1	7779	4838	2917	4265
纺织业	10	1	6588	3281	3247	2477
纺织服装、鞋、帽制造业	4		6078	2615	2488	2516
皮革、毛皮、羽毛(绒)及其制品业	3		81163	37609	42556	33707
木材加工及木、竹、藤、棕、草制品业	11		24617	11064	13423	9246
家具制造业	2		640	345	296	335
造纸及纸制品业	25	11	30928	21335	8591	21682
印刷业和记录媒介的复制	3		2830	1862	785	1840
文教体育用品制造业	1	1	2298	1363	935	1399
化学原料及化学制品制造业	18		17387	13188	3925	10731
医药制造业	1		8419	7839	223	7339
化学纤维制造业	1		2316	1335	743	1335
橡胶制品业	3		2523	2009	495	1953
塑料制品业	22	1	15284	10975	2993	10335
非金属矿物制品业	68	14	182381	103605	58980	103244
黑色金属冶炼及压延加工业	5	1	99321	64148	20949	67845
有色金属冶炼及压延加工业	1	1	235	222	14	222
金属制品业	7	2	11209	7525	2371	8657
通用设备制造业	19	2	32726	25841	5771	24466
专用设备制造业	1		1215	1042	173	1140
交通运输设备制造业	9	1	8972	6123	2721	5860
电气机械及器材制造业	13	1	39346	27437	5583	25892
通信设备、计算机及其他电子设备制造业	2		392	349	43	352
仪器仪表及文化、办公用机械制造业	3	1	1743	1270	473	1241
工艺品及其他制造业	10	2	11232	6969	1949	2465
废弃资源和废旧材料回收加工业	1		365	352	13	352
电力、燃气及水的生产和供应业	24	4	137928	51192	77968	45174
电力、热力的生产和供应业	18	4	110624	42840	67113	37161
水的生产和供应业	6		27304	8352	10856	8013

工业企业主要财务指标

单位：万元

固定资产年平均余额	主营业务收入	利润总额	亏损企业亏损总额	利税总额	本年应交增值税	本年应付工资	全部从业人员平均人数（人）
295049	**1761536**	**96826**	**3646**	**200018**	**72486**	**125107**	**46728**
31884	134095	-3646	3646	4990	5823	10547	5071
80541	493689	18136	997	37833	14296	39504	16231
64494	392095	14648	898	31316	12418	33293	13180
16047	101594	3489	99	6517	1877	6211	3051
214507	1267847	78689	2649	162185	58190	85603	30497
38440	416368	40729	766	85807	30847	45634	12349
151756	549588	27332	1102	53981	19320	23314	11139
24311	301890	10628	782	22396	8023	16654	7009
37957	153222	7994		15309	7009	18590	6390
38579	182006	8863		15932	5133	9000	2607
218513	1426308	79968	3646	168777	60344	97517	37731
38522	415913	40758	766	85877	30883	45678	12397
29188	284012	34820	333	68934	25631	36353	8923
1525	58801	2165	164	8127	2464	1140	460
3665	20272	764	8	1904	910	1920	602
4144	52829	3009	260	6913	1878	6265	2412
181816	1219375	41258	2690	92092	36249	74777	32442
2867	39343	1046	46	1614	164	2818	979
1109	14720	482	68	971	340	1227	787
2900	33085	511	8	1195	423	880	499
3353	32414	1936	6	4074	1393	3612	1500
2477	7043	581		772	159	1339	470
38396	159548	8190		15659	7138	18820	6507
13560	59570	3259		6954	1451	2435	1054
299	2653	195		219	14	130	82
8537	77999	1248	770	4405	2494	3698	2057
775	10184	117		225	78	135	95
935	506	-32	32	-14	17	105	66
2691	54048	3731		7146	1529	2556	1922
177	1000	10		76	60	106	48
743	5091	201		505	176	42	19
513	4086	131		332	159	583	296
2934	68764	1274	48	3050	1005	2483	1269
58928	272323	9383	910	23790	11607	13757	7018
23174	109534	1893	15	4192	1839	4374	1166
14	569	-3	3	24	23	14	14
2437	50573	-467	570	6	261	1640	720
5228	106830	4227	91	8444	2008	4267	2258
184	2397	177		240	43	94	91
2828	26036	242	72	1900	1309	2507	1012
4415	51143	2047	12	4419	1806	4241	1060
46	1175	43		82	33	116	92
477	3827	-12	19	163	154	682	377
1810	21006	828	19	1602	544	2071	966
13	3910	22		46	22	45	18
74711	126249	14810	190	22049	5354	4652	1889
64743	112482	11747	190	17430	4255	3939	1581
9967	13766	3064		4619	1100	713	308

2-21 规模以上“三资”

项　　目	企业单位数(个)	亏损企业	资产合计	流动资产合计	固定资产合计	流动资产年平均余额
总　　计	**5831**	**1117**	**58058349**	**32048872**	**18626400**	**31936561**
一、按轻重工业分						
轻工业	3885	704	26049793	15644404	8064170	15196489
以农产品为原料	2567	419	16557038	9961586	5029823	9552680
以非农产品为原料	1318	285	9492756	5682817	3034347	5643809
重工业	1946	413	32008556	16404468	10562230	16740072
采掘工业	49	15	193163	120541	50135	111621
原料工业	619	161	15115855	5803967	5741993	5960105
加工工业	1278	237	16699538	10479961	4770102	10668346
二、按登记注册类型分						
港、澳、台商投资企业	3712	671	27708514	16243355	8764203	16381470
合资经营企业	756	127	7337830	4261201	2396700	4254701
合作经营企业	33	5	661241	206096	445457	197058
港澳台商独资企业	2904	536	18294572	11124457	5602294	11259127
港澳台商投资股份有限公司	19	3	1414872	651602	319753	670585
外商投资企业	2119	446	30349835	15805516	9862197	15555091
中外合资经营企业	579	113	11546239	4972600	3310655	5126082
中外合作经营企业	26	4	239467	150891	82538	142747
外资企业	1488	322	17235546	10221300	5948666	9821644
外商投资股份有限公司	26	7	1328584	460725	520337	464619
三、按规模分						
大型企业	63	9	13371418	6733712	3241151	7353035
中型企业	1058	153	28052929	15642044	9884281	15344788
小型企业	4710	955	16634002	9673115	5500968	9238737
四、按行业分						
采矿业	26	4	86175	59356	18435	54437
煤炭开采和洗选业	1		3147	2987		2987
黑色金属矿采选业	4	1	11779	5468	6189	4846
有色金属矿采选业	8	2	37037	26059	6388	26623
非金属矿采选业	13	1	34211	24842	5857	19981
制造业	5760	1106	54539481	31069887	16441284	30986249
农副食品加工业	243	78	1674619	1157270	396352	1079115

工业企业主要财务指标

单位：万元

固定资产年平均余额	主营业务收入	利润总额	亏损企业亏损总额	利税总额	本年应交增值税	本年应付工资	全部从业人员平均人数（人）
16939985	**77113731**	**4686757**	**734998**	**6772149**	**1775683**	**5145234**	**2013412**
7332523	37182215	2555672	232044	3734375	1014657	3394183	1429481
4589958	24476880	1898784	91537	2789876	751855	2256970	956827
2742565	12705335	656889	140506	944499	262802	1137213	472654
9607462	39931517	2131085	502955	3037774	761026	1751051	583931
41275	240371	8922	4319	19755	8246	19686	7428
5274086	13788317	452884	293421	876956	364923	562188	194787
4292102	25902829	1669279	205215	2141063	387858	1169178	381716
7879543	40276783	2711787	298525	3814253	951139	3060385	1237422
2157874	10689203	486085	167650	816045	284384	787649	282375
409045	515583	26481	1435	63525	34226	27893	12260
4992082	27903607	2085657	98283	2800271	613441	2214123	931359
320542	1168390	113564	31157	134412	19088	30720	11428
9060442	36836948	1974970	436473	2957896	824544	2084849	775990
3050064	12411653	441016	255580	804537	277310	551835	187100
82557	364534	9733	2831	18766	6311	29359	7495
5498745	23201113	1510617	147271	2085702	507310	1459393	568702
429077	859649	13604	30792	48890	33613	44263	12693
2911535	19506166	1087752	251937	1506652	311192	937614	287158
8918009	36353964	2332546	287740	3341021	903535	2462915	935085
5110441	21253601	1266459	195322	1924477	560956	1744705	791169
16340	152221	11149	895	19177	5716	5091	1933
	1342			2			25
6049	13596	3442	269	4708	1137	395	172
5853	44811	5449	613	8412	2235	1407	524
4439	92472	2259	13	6055	2344	3289	1212
14807477	75407187	4611972	709948	6579170	1662457	5104644	2005364
377890	2976361	164941	27514	228653	57856	94371	41067

2-21 续表

项　　目	企业单位数(个)	亏损企业	资产合计	流动资产合计	固定资产合计	流动资产年平均余额
食品制造业	126	26	731926	400557	265052	373433
饮料制造业	75	10	1199864	578849	468116	593378
纺织业	415	74	3502316	1768559	1377650	1815357
纺织服装、鞋、帽制造业	771	103	3483029	2362698	786390	2143106
皮革、毛皮、羽毛(绒)及其制品业	621	51	3877816	2480723	1038522	2385335
木材加工及木、竹、藤、棕、草制品业	116	30	368566	195633	140721	192260
家具制造业	93	32	690504	421062	227786	413958
造纸及纸制品业	153	30	1330551	783019	448736	759516
印刷业和记录媒介的复制	43	10	194526	104574	77181	103755
文教体育用品制造业	149	38	742120	474930	207837	458981
石油加工、炼焦及核燃料加工业	11	3	3798071	736595	324661	698726
化学原料及化学制品制造业	179	42	2113087	1010336	951045	1163848
医药制造业	32	7	403327	222787	133611	209251
化学纤维制造业	50	11	1876224	793657	852289	797122
橡胶制品业	102	19	1542853	672902	750170	710797
塑料制品业	351	81	2130960	1330965	646288	1278238
非金属矿物制品业	403	66	3149529	1510463	1178887	1461444
黑色金属冶炼及压延加工业	49	17	1935405	1091202	724775	1071910
有色金属冶炼及压延加工业	33	3	910761	377159	447826	396771
金属制品业	208	59	1505540	1001862	405024	1017913
通用设备制造业	162	31	1100769	677774	340155	675002
专用设备制造业	139	29	1114659	688839	237045	667275
交通运输设备制造业	213	36	2862753	1601724	1017903	1568223
电气机械及器材制造业	192	38	2640995	1824223	625004	1782772
通信设备、计算机及其他电子设备制造业	255	70	7513758	5482670	1716186	5863869
仪器仪表及文化、办公用机械制造业	111	28	722708	457402	200981	458834
工艺品及其他制造业	462	83	1402414	850956	451950	835505
废弃资源和废旧材料回收加工业	3	1	19832	10499	3143	10555
电力、燃气及水的生产和供应业	45	7	3432694	919629	2166681	895874
电力、热力的生产和供应业	33	7	3248551	874457	2064594	843748
燃气生产和供应业	5		70525	25040	17233	24886
水的生产和供应业	7		113618	20131	84855	27240

单位：万元

固定资产年平均余额	主营业务收入	利润总额	亏损企业亏损总额	利税总额	本年应交增值税	本年应付工资	全部从业人员平均人数（人）
245234	1234121	98026	5097	140114	38448	83622	33727
373838	1453352	167204	5758	293719	87165	73629	23127
1235266	3499943	206395	19298	294222	71345	336072	122024
776487	5954066	516800	8677	732322	181990	645024	276055
976368	7181804	568259	9536	835763	232544	870212	396155
120144	443916	11178	4924	23857	11721	37910	16936
184067	871181	17615	7928	37685	19132	86228	37027
410116	1339310	137680	6590	193215	51572	74249	31854
73981	184859	11437	2268	17621	5983	15793	6769
194349	1022493	34893	4372	49178	12584	128673	58661
328775	1759675	-75345	85706	-33156	2123	26472	3224
889514	2635819	46748	98757	108205	57995	64951	22398
105856	323197	39630	4437	62961	22837	27933	7172
753801	1724637	46264	40421	75904	27523	40511	14215
662671	1857594	114168	3250	175623	48196	118276	49342
612434	3019016	148274	12187	208620	54351	218068	93967
1068625	2882581	311206	19065	417776	86026	243163	88176
623026	3068703	153893	31055	267211	109465	82230	22481
314657	1001186	70522	21584	85838	13762	34859	9434
355989	2119121	105774	16784	152156	42382	136690	51195
328397	1260896	67965	20048	92837	22795	90547	28778
204990	1233085	130415	4911	164188	29140	64328	24576
849800	3475194	160019	33543	276022	83023	226206	63440
559951	3993606	389380	8473	517965	124238	280735	97582
1570551	15382747	774668	179083	878339	93151	541885	186903
204249	1135804	40451	18396	52663	10455	117633	48022
404180	2351759	152591	10081	228313	64227	343067	150661
2273	21163	922	205	1359	428	1307	396
2116167	1554323	63637	24155	173803	107510	35500	6115
2036256	1442773	53983	24155	159944	103539	29537	4697
17172	66517	5040		6293	1214	1199	352
62740	45033	4613		7566	2757	4763	1066

2-22 规模以上工业企业劳动生产率

单位：元/人

项　　目	规模以上工业	国有控股工业	按登记注册类型分		
			#国有工业	#集体工业	#“三资”工业
总　　计	**400273**	**875646**	**909700**	**374422**	**394123**
一、按轻重工业分					
轻工业	289363	561281	554387	307062	268665
以农产品为原料	295360	805758	1091092	301010	262908
以非农产品为原料	276242	225502	146478	333206	280320
重工业	587119	957737	1029005	410272	701248
采掘工业	363053	193988	231633	337861	354105
原料工业	712949	1262988	1277456	498350	729969
加工工业	538145	705485	513490	397872	693347
二、按规模分					
大型企业	732311	1345500	2807733	239990	685235
中型企业	422519	766246	749073	595177	400947
小型企业	314797	460729	239721	381936	280397
三、按行业分					
采矿业	357549	164732	141282	336208	827485
煤炭开采和洗选业	210277	144264	221595	318155	1129840
黑色金属矿采选业	918538	575683	332745	1313504	788267
有色金属矿采选业	554032	451177	383902	352555	1000681
非金属矿采选业	290253	73715	28868	212529	751933
制造业	383492	875221	683668	371899	387126
农副食品加工业	633075	1046274	566428	403891	771963
食品制造业	387898	271078	265937	195647	384978
饮料制造业	466661	380765	390174	671912	641036
烟草制品业	3486946	3486946	4047873		
纺织业	332107	282702	115961	218227	294545
纺织服装、鞋、帽制造业	217433	100788	176262	160415	219290
皮革、毛皮、羽毛(绒)及其制品业	193483	638582		245071	182502
木材加工及木、竹、藤、棕、草制品业	263532	445616	179660	587242	277918
家具制造业	258194	86541	86541	364476	244362
造纸及纸制品业	397167	480336	57021	390231	447677
印刷业和记录媒介的复制	276593	182973	172860	667179	272583
文教体育用品制造业	186685			75833	182240
石油加工、炼焦及核燃料加工业	3785173	6770958			5795544
化学原料及化学制品制造业	657132	492686	555673	294955	1154899
医药制造业	510416	290338	241447	251250	502866
化学纤维制造业	1134992			2679263	1255162
橡胶制品业	322234			152000	362445
塑料制品业	322045	99454	79504	560513	333376
非金属矿物制品业	303049	354369	244294	349130	342048
黑色金属冶炼及压延加工业	1404576	1712824	731635	943621	1448495
有色金属冶炼及压延加工业	1078274	1240111	2381525	410143	1097364
金属制品业	417419	556784		734156	428618
通用设备制造业	443932	374413	461616	486485	424923
专用设备制造业	522217	886124	131552	263385	512171
交通运输设备制造业	530129	1371146	993756	235614	564134
电气机械及器材制造业	439690	303637	159237	490935	434661
通信设备、计算机及其他电子设备制造业	743015	275949	241913	127880	844638
仪器仪表及文化、办公用机械制造业	238968	253471		113679	241102
工艺品及其他制造业	175035	200790	200790	223375	163342
废弃资源和废旧材料回收加工业	540738	470808		2250000	469770
电力、燃气及水的生产和供应业	1176237	1227952	1356314	668536	2551879
电力、热力的生产和供应业	1335896	1432112	1673913	711156	3079783
燃气生产和供应业	791392	381053	330982		1939847
水的生产和供应业	248479	226582	134923	449766	427930

2-23　规模以上工业企业主要经济效益指标

单位：%

项　　目	企　业亏损面	产　品销售率	总资产贡献率	资　产负债率	销售收入利税率	资　金利税率	成本费用利润率	流动资产周转次数(次)
总　　计	**14.41**	**97.54**	**14.86**	**53.72**	**9.83**	**15.35**	**6.44**	**2.67**
#国有控股企业	22.96	99.01	10.76	60.27	12.33	12.33	4.20	2.48
一、按轻重工业分								
轻工业	13.88	96.92	18.21	47.10	10.76	18.72	7.00	2.71
以农产品为原料	12.65	97.23	21.59	45.77	12.00	21.86	7.70	2.83
以非农产品为原料	16.43	96.21	11.78	49.85	7.81	12.30	5.41	2.45
重工业	15.06	98.06	12.72	57.90	9.07	13.06	5.99	2.65
采掘工业	12.58	97.86	43.96	43.19	23.47	53.32	18.10	3.77
原料工业	20.35	98.00	9.11	59.54	7.42	8.65	3.60	2.89
加工工业	12.11	98.12	15.31	56.73	9.19	15.72	7.09	2.42
二、按登记注册类型分								
内资企业	11.98	97.49	16.27	54.28	10.98	16.93	6.49	3.03
国有企业	27.97	98.74	13.11	63.55	13.99	15.20	3.79	3.87
集体企业	13.12	98.66	23.55	49.25	11.35	25.77	5.97	3.66
股份合作企业	9.70	98.44	44.93	33.13	19.42	54.46	16.63	5.48
联营企业	16.67	98.50	11.45	56.09	14.58	9.48	8.08	3.92
有限责任公司	13.28	97.74	14.05	58.49	10.31	13.27	4.84	2.85
股份有限公司	15.63	96.69	12.13	47.45	15.89	15.59	13.49	1.43
私营企业	11.17	97.15	19.67	50.43	9.45	19.23	6.32	3.35
其他企业	6.06	84.92	10.71	42.43	6.09	11.85	4.10	3.35
港、澳、台商投资企业	18.08	97.62	15.87	50.23	9.47	15.72	7.11	2.46
外商投资企业	21.05	97.57	11.29	55.80	8.03	12.02	5.63	2.37
三、按规模分								
大型企业	13.68	99.00	12.72	60.39	8.64	14.00	6.00	2.80
中型企业	12.55	97.48	15.76	52.30	11.21	16.43	7.40	2.45
小型企业	14.63	96.89	15.07	51.34	9.07	14.84	5.74	2.87
四、按行业分								
采矿业	11.13	97.97	45.82	42.27	24.40	55.85	19.11	3.83
煤炭开采和洗选业	5.77	99.40	46.02	45.16	24.04	54.33	17.18	3.51
黑色金属矿采选业	10.11	98.40	59.31	34.69	29.16	82.71	28.33	5.83
有色金属矿采选业	23.81	91.70	28.90	50.20	21.44	30.83	16.60	2.13
非金属矿采选业	10.44	99.77	38.23	41.09	17.72	44.56	7.72	4.22
制造业	14.17	97.38	15.83	51.99	9.61	16.52	6.54	2.60
农副食品加工业	17.14	95.14	15.89	57.58	6.52	14.85	4.80	3.27

2-23 续表 单位：%

项目	企业亏损面	产品销售率	总资产贡献率	资产负债率	销售收入利税率	资金利税率	成本费用利润率	流动资产周转次数(次)
食品制造业	12.12	95.60	19.99	47.43	9.58	20.54	7.04	3.48
饮料制造业	9.34	97.74	28.93	44.01	18.73	30.35	12.60	2.79
烟草制品业		98.52	92.50	20.84	74.20	99.92	48.92	1.73
纺织业	13.45	97.56	11.23	44.70	7.55	10.26	5.55	2.45
纺织服装、鞋、帽制造业	12.10	96.61	23.32	42.13	11.40	23.95	8.43	2.91
皮革、毛皮、羽毛(绒)及其制品业	7.13	99.52	26.83	45.71	11.42	26.54	8.22	3.37
木材加工及木、竹、藤、棕、草制品业	11.12	96.56	17.40	50.57	7.97	16.05	4.51	3.47
家具制造业	21.25	96.59	10.55	50.63	5.57	9.88	3.25	2.57
造纸及纸制品业	15.57	96.53	12.78	48.55	10.30	12.80	6.93	2.17
印刷业和记录媒介的复制	17.52	101.35	12.46	48.12	9.72	12.32	6.03	2.21
文教体育用品制造业	24.56	96.81	8.25	47.83	4.88	8.12	3.22	2.36
石油加工、炼焦及核燃料加工业	13.04	95.65	-0.06	72.81	-0.47	-0.84	-2.54	2.63
化学原料及化学制品制造业	16.39	98.82	11.46	52.23	6.55	9.76	3.73	2.65
医药制造业	16.22	91.69	15.94	50.35	16.08	17.24	12.08	1.68
化学纤维制造业	18.18	95.35	5.92	47.75	5.80	6.77	3.52	2.22
橡胶制品业	14.66	102.19	13.69	50.21	9.24	12.73	6.20	2.49
塑料制品业	17.19	96.15	13.05	48.08	6.83	12.60	4.70	2.76
非金属矿物制品业	10.40	97.38	18.91	46.33	12.77	20.08	9.03	2.82
黑色金属冶炼及压延加工业	28.88	97.78	12.56	65.36	6.75	11.87	3.36	2.89
有色金属冶炼及压延加工业	20.14	96.94	17.60	35.62	15.10	25.02	14.44	2.44
金属制品业	19.81	97.40	13.38	47.89	7.70	13.57	5.68	2.45
通用设备制造业	13.12	97.58	15.96	53.78	8.77	15.24	6.45	2.54
专用设备制造业	15.70	96.12	11.85	56.27	9.83	13.00	7.85	1.70
交通运输设备制造业	12.34	97.18	12.37	59.82	9.10	12.63	6.17	1.98
电气机械及器材制造业	16.81	97.17	18.68	54.22	10.95	19.56	8.44	2.33
通信设备、计算机及其他电子设备制造业	21.84	98.58	12.32	66.82	6.15	12.07	5.37	2.52
仪器仪表及文化、办公用机械制造业	17.43	97.10	9.85	41.52	5.86	9.66	4.40	2.39
工艺品及其他制造业	13.35	96.07	19.37	44.98	9.46	19.42	6.71	3.01
废弃资源和废旧材料回收加工业	17.65	103.25	10.57	42.22	5.75	9.02	4.14	2.44
电力、燃气及水的生产和供应业	27.21	99.61	6.89	63.35	7.68	5.02	1.44	3.71
电力、热力的生产和供应业	28.38	99.63	7.28	64.67	7.54	5.09	1.22	4.05
燃气生产和供应业	25.00	100.00	1.69	70.04	5.25	6.42	3.23	2.61
水的生产和供应业	22.22	99.02	3.75	42.83	13.85	3.84	8.51	1.01

2-24　国有控股工业企业主要经济效益指标

单位：%

项　目	企业亏损面	产品销售率	总资产贡献率	资产负债率	销售收入利税率	资金利税率	成本费用利润率	流动资产周转次数(次)
总　计	**22.96**	**99.01**	**10.76**	**60.27**	**12.33**	**12.33**	**4.20**	**2.48**
#亏损企业	100.00	98.85	3.53	75.56	-0.20	-0.18	-4.73	3.69
一、按轻重工业分								
轻工业	21.69	97.62	29.50	36.24	43.68	36.02	18.09	1.54
以农产品为原料	19.75	97.68	44.01	32.59	50.12	51.92	21.78	1.67
以非农产品为原料	23.53	97.32	3.84	42.48	10.30	4.13	6.20	1.10
重工业	23.53	99.23	7.62	63.98	7.63	7.89	2.80	2.72
采掘工业	7.32	98.88	32.23	48.10	34.27	44.56	30.57	1.94
原料工业	25.56	98.81	7.56	63.38	7.51	7.63	2.44	3.72
加工工业	25.45	100.92	4.10	70.06	3.79	4.06	0.74	1.39
二、按规模分								
大型企业	31.58	99.51	7.01	62.42	6.30	7.93	1.97	3.11
中型企业	14.48	98.75	16.11	52.78	20.14	19.65	7.54	2.04
小型企业	25.80	97.95	8.66	69.32	11.20	6.49	3.67	2.19
三、按行业分								
采矿业	10.64	98.97	30.53	48.26	33.98	41.80	29.85	1.84
煤炭开采和洗选业	6.67	100.05	29.43	47.07	26.85	41.27	20.87	2.38
黑色金属矿采选业		93.59	38.41	51.04	52.30	56.23	61.55	1.57
有色金属矿采选业		99.17	29.16	63.83	36.24	38.61	33.04	1.49
非金属矿采选业	20.00	105.30	21.51	42.23	36.30	25.10	28.70	0.99
制造业	23.10	98.58	13.32	56.03	14.92	18.20	5.66	1.81
农副食品加工业	8.33	96.42	6.32	72.87	3.72	8.45	1.16	3.17
食品制造业	20.00	96.05	3.29	38.08	4.66	3.25	1.81	1.28
饮料制造业	28.57	97.88	35.01	23.06	24.61	23.38	7.40	2.39
烟草制品业		98.52	92.50	20.84	74.20	99.92	48.92	1.73
纺织业		95.72	5.81	39.08	5.21	4.04	1.67	1.86
纺织服装、鞋、帽制造业		94.78	12.20	20.10	27.22	16.86	29.12	0.83
皮革、毛皮、羽毛(绒)及其制品业	100.00	98.00	-2.77	54.17	-1.20	-2.21	-2.80	2.52
木材加工及木、竹、藤、棕、草制品业	20.00	91.48	5.72	60.01	6.55	4.44	1.54	1.42
家具制造业		68.67	0.72	92.75	3.11	12.38	0.17	6.76
造纸及纸制品业	40.00	94.99	2.36	45.60	2.15	1.31	-1.15	1.44
印刷业和记录媒介的复制	28.00	98.83	9.15	46.87	10.61	9.80	5.56	1.77
石油加工、炼焦及核燃料加工业	16.67	94.90	-0.93	73.42	-2.07	-3.44	-4.20	2.42
化学原料及化学制品制造业	8.70	96.53	10.47	61.85	6.19	8.05	3.55	2.75
医药制造业		98.94	16.44	40.43	40.94	20.59	39.54	0.77
塑料制品业	28.57	98.04	6.93	34.49	11.24	6.92	3.23	0.93
非金属矿物制品业	24.44	99.66	7.20	80.97	8.19	9.19	2.29	2.08
黑色金属冶炼及压延加工业	66.67	99.20	12.55	60.88	6.26	11.26	1.52	3.23
有色金属冶炼及压延加工业	16.67	99.97	18.23	24.99	26.50	32.89	28.97	1.65
金属制品业		103.63	5.40	43.52	11.83	10.66	11.67	1.15
通用设备制造业	31.58	97.69	10.39	52.02	9.82	10.77	7.72	1.44
专用设备制造业	35.71	100.54	6.11	63.58	5.38	5.57	3.97	1.26
交通运输设备制造业	30.00	100.15	5.01	77.97	4.66	5.05	0.84	1.37
电气机械及器材制造业	25.00	95.14	6.30	43.16	6.74	6.87	3.99	1.31
通信设备、计算机及其他电子设备制造业	27.78	106.52	-6.80	83.93	-13.15	-12.93	-13.22	1.36
仪器仪表及文化、办公用机械制造业		100.04	15.33	8.27	55.64	18.12	52.95	0.49
工艺品及其他制造业		100.00	130.05	10.36	11.00	68.58	7.61	10.19
废弃资源和废旧材料回收加工业	50.00	95.21	-5.22	50.70	-9.10	-4.16	-9.56	1.21
电力、燃气及水的生产和供应业	25.62	99.67	6.96	65.47	6.89	5.38	0.81	5.87
电力、热力的生产和供应业	24.11	99.69	7.57	67.35	6.80	5.63	0.68	6.92
燃气生产和供应业	25.00	100.00	0.37	70.14	2.14	1.85	0.33	2.10
水的生产和供应业	29.31	98.83	2.90	43.43	10.97	2.81	5.93	0.97

2-25 国有工业企业主要经济效益指标

单位：%

项　　目	企　业 亏损面	产　品 销售率	总资产 贡献率	资　产 负债率	销售收入 利税率	资　金 利税率	成本费用 利润率	流动资产 周转次数 （次）
总　　计	**27.97**	**98.74**	**13.11**	**63.55**	**13.99**	**15.20**	**3.79**	**3.87**
#亏损企业	100.00	99.58	10.26	72.95	3.45	3.76	-1.18	10.16
一、按轻重工业分								
轻工业	27.27	97.49	45.23	41.27	57.50	53.59	27.73	1.59
以农产品为原料	25.71	97.46	76.80	33.36	65.70	86.47	36.79	1.82
以非农产品为原料	28.30	97.66	3.69	51.28	9.05	3.10	3.32	0.92
重工业	28.38	98.96	7.34	67.35	6.20	6.95	1.47	5.19
采掘工业	10.53	100.02	34.42	38.03	36.05	46.46	35.80	1.64
原料工业	30.53	99.42	6.76	67.75	5.26	6.00	0.47	7.94
加工工业	32.35	93.20	4.51	75.02	4.83	4.08	3.36	1.09
二、按规模分								
大型企业	50.00	100.08	7.03	72.75	4.71	5.35	-0.03	15.37
中型企业	14.04	97.37	26.02	50.32	27.44	33.47	10.74	2.27
小型企业	32.20	97.27	6.06	62.85	9.36	5.93	2.10	1.73
三、按行业分								
采矿业	16.00	100.24	29.37	39.95	35.10	38.83	33.26	1.45
煤炭开采和洗选业		100.61	28.64	45.71	24.41	43.03	21.34	2.24
黑色金属矿采选业		98.40	47.98	28.06	71.98	59.74	112.45	0.93
有色金属矿采选业		98.54	37.00	34.26	15.28	31.34	7.80	4.73
非金属矿采选业	30.77	103.61	6.48	44.51	17.57	7.47	2.51	0.70
制造业	25.74	96.12	33.00	53.51	34.76	40.02	13.31	1.66
农副食品加工业	16.67	88.60	10.26	79.29	10.28	9.69	1.88	1.17
食品制造业	20.00	92.98	2.89	35.88	5.08	3.76	2.54	1.47
饮料制造业	100.00	100.00	33.90	57.89	17.35	12.50	-6.31	1.80
烟草制品业		98.26	108.18	27.88	77.66	118.35	57.21	1.90
纺织业		100.00	24.44	52.98	6.05	13.69	4.05	2.85
纺织服装、鞋、帽制造业		85.47	6.51	9.96	28.50	14.88	18.82	0.67
木材加工及木、竹、藤、棕、草制品业		96.81	62.49		30.86	97.91	31.39	5.75
家具制造业		68.67	0.72	92.75	3.11	12.38	0.17	6.76
造纸及纸制品业		100.00	3.27	51.94	11.47	4.46	2.76	0.86
印刷业和记录媒介的复制	31.58	98.55	8.77	48.61	9.73	9.46	4.83	1.96
化学原料及化学制品制造业		97.34	14.17	60.70	9.79	13.59	5.28	3.01
医药制造业		94.54	5.32	50.91	9.26	3.73	2.45	0.56
塑料制品业		100.00	10.99	30.22	25.92	9.83	13.69	0.54
非金属矿物制品业	7.14	99.66	12.28	63.05	12.35	15.62	4.39	2.80
黑色金属冶炼及压延加工业	50.00	96.67	16.64	102.76	8.69	15.97	2.39	2.34
有色金属冶炼及压延加工业	50.00	94.45	2.90	74.06	0.39	0.57	-0.48	2.47
通用设备制造业	36.36	97.95	6.01	66.94	4.66	6.29	3.11	1.76
专用设备制造业	83.33	91.77	4.08	52.60	7.85	4.60	6.30	0.86
交通运输设备制造业	28.57	89.45	2.52	86.27	2.95	1.73	2.45	0.72
电气机械及器材制造业	25.00	98.46	4.66	30.17	31.05	8.15	22.03	0.38
通信设备、计算机及其他电子设备制造业	40.00	99.40	7.69	44.17	4.22	6.17	1.68	1.80
工艺品及其他制造业		100.00	130.05	10.36	11.00	68.58	7.61	10.19
电力、燃气及水的生产和供应业	32.73	99.74	6.55	67.08	5.23	5.56	0.27	9.03
电力、热力的生产和供应业	31.25	99.78	7.17	67.57	5.25	5.95	0.28	10.95
燃气生产和供应业	33.33	100.00	0.22	70.44	0.68	0.52	-0.76	1.93
水的生产和供应业	34.88	97.34	2.53	56.25	6.09	1.51	-0.10	0.98

2-26　集体工业企业主要经济效益指标

单位：%

项　　目	企　业亏损面	产　品销售率	总资产贡献率	资　产负债率	销售收入利税率	资　金利税率	成本费用利润率	流动资产周转次数(次)
总　　计	**13.12**	**98.66**	**23.55**	**49.25**	**11.35**	**25.77**	**5.97**	**3.66**
#亏损企业	100.00	97.09	8.81	64.45	3.72	5.85	-2.73	2.51
一、按轻重工业分								
轻工业	16.39	98.34	18.04	42.47	7.66	19.84	3.87	4.48
以农产品为原料	21.05	98.57	19.45	45.59	7.99	20.72	3.93	4.53
以非农产品为原料	8.70	97.44	13.30	32.20	6.41	16.48	3.63	4.32
重工业	11.70	98.79	25.36	51.49	12.79	27.71	6.82	3.42
采掘工业	5.45	99.12	75.81	55.76	20.61	76.16	11.56	5.61
原料工业	16.50	99.04	14.65	47.80	9.82	15.91	5.33	2.93
加工工业	14.49	97.80	15.40	56.66	7.42	16.79	3.68	2.77
二、按规模分								
大型企业		99.91	21.47	35.63	9.99	21.85	5.54	4.77
中型企业		98.86	9.12	59.42	8.75	10.06	5.21	1.52
小型企业	13.32	98.51	28.68	48.01	11.83	30.82	6.11	4.33
三、按行业分								
采矿业	5.50	99.11	75.81	55.86	20.65	76.01	11.58	5.59
煤炭开采和洗选业	2.67	99.64	91.23	47.55	24.27	93.03	15.05	6.32
黑色金属矿采选业	14.29	96.71	55.88	86.00	13.82	57.56	4.08	4.67
有色金属矿采选业	14.29	98.55	23.72	54.54	9.39	18.44	4.02	3.05
非金属矿采选业	10.00	99.24	45.32	69.69	13.09	47.87	6.18	5.13
制造业	15.87	98.39	15.01	51.24	7.55	16.95	3.55	3.37
农副食品加工业	20.00	99.50	21.22	50.56	4.10	20.38	2.77	7.79
食品制造业	12.50	94.50	12.81	57.09	6.60	14.88	3.43	2.72
饮料制造业	10.00	98.76	15.65	41.99	3.61	16.68	1.66	7.76
纺织业	10.00	100.24	48.05	45.71	12.57	69.89	6.51	13.09
纺织服装、鞋、帽制造业		97.78	11.92	55.37	10.96	15.46	9.04	2.80
皮革、毛皮、羽毛(绒)及其制品业		100.05	19.48	36.28	9.81	21.72	5.44	4.73
木材加工及木、竹、藤、棕、草制品业		97.30	34.79	35.12	11.67	30.49	6.05	6.44
家具制造业		88.76	36.82	31.80	8.24	34.49	7.96	7.93
造纸及纸制品业	44.00	95.13	15.33	60.97	5.65	14.58	1.62	3.60
印刷业和记录媒介的复制		97.57	9.24	40.42	2.21	8.59	1.21	5.53
文教体育用品制造业	100.00	97.90	-0.33	69.20	-2.75	-0.60	-6.88	0.36
化学原料及化学制品制造业		96.90	34.38	61.82	13.22	53.24	7.69	5.04
医药制造业		103.65	2.82	97.74	7.64	1.02	0.99	0.14
化学纤维制造业		100.00	21.22	37.90	9.93	24.32	3.91	3.81
橡胶制品业		100.00	10.99	64.47	8.13	13.46	3.33	2.09
塑料制品业	4.55	97.39	19.53	38.89	4.44	22.99	1.88	6.65
非金属矿物制品业	20.59	99.84	12.41	50.64	8.74	14.67	3.61	2.64
黑色金属冶炼及压延加工业	20.00	98.18	4.59	62.47	3.83	4.61	1.80	1.61
有色金属冶炼及压延加工业	100.00	99.06	20.06	55.84	4.18	10.12	-0.54	2.57
金属制品业	28.57	99.03	0.25	68.60	0.01	0.06	-0.91	5.84
通用设备制造业	10.53	98.79	25.96	44.01	7.90	28.44	4.18	4.37
专用设备制造业		100.00	13.86	58.71	10.03	18.16	8.00	2.10
交通运输设备制造业	11.11	99.98	26.80	57.51	7.30	21.87	0.96	4.44
电气机械及器材制造业	7.69	93.91	12.45	54.98	8.64	14.58	4.14	1.98
通信设备、计算机及其他电子设备制造业		99.88	24.18	34.80	6.94	20.50	3.77	3.34
仪器仪表及文化、办公用机械制造业	33.33	91.17	10.85	94.07	4.26	9.49	-0.31	3.08
工艺品及其他制造业	20.00	97.83	15.64	26.95	7.63	37.49	4.46	8.52
废弃资源和废旧材料回收加工业		98.02	16.14	51.28	1.16	12.48	0.56	11.12
电力、燃气及水的生产和供应业	16.67	99.82	19.91	34.30	17.46	18.39	13.49	2.79
电力、热力的生产和供应业	22.22	99.84	19.17	33.05	15.50	17.10	11.84	3.03
水的生产和供应业		99.67	23.57	39.40	33.55	25.69	29.02	1.72

2-27 规模以上"三资"工业企业主要经济效益指标

单位：%

项　　目	企业亏损面	产品销售率	总资产贡献率	资产负债率	销售收入利税率	资金利税率	成本费用利润率	流动资产周转次数(次)
总　　计	**19.16**	**97.59**	**13.47**	**53.14**	**8.78**	**13.86**	**6.40**	**2.41**
一、按轻重工业分								
轻工业	18.12	96.91	16.56	47.93	10.04	16.58	7.38	2.45
以农产品为原料	16.32	97.40	19.48	46.52	11.40	19.73	8.40	2.56
以非农产品为原料	21.62	95.96	11.67	50.37	7.43	11.26	5.46	2.25
重工业	21.22	98.24	11.01	57.39	7.61	11.53	5.52	2.39
采掘工业	30.61	96.96	12.40	56.96	8.22	12.92	3.94	2.15
原料工业	26.01	97.22	7.40	56.36	6.36	7.81	3.37	2.31
加工工业	18.54	98.80	14.13	58.33	8.27	14.31	6.70	2.43
二、按登记注册类型分								
港、澳、台商投资企业	18.08	97.62	15.87	50.23	9.47	15.72	7.11	2.46
合资经营企业	16.80	95.86	13.13	57.69	7.63	12.73	4.79	2.51
合作经营企业	15.15	97.44	10.17	73.64	12.32	10.48	5.42	2.62
港澳台商独资企业	18.46	98.08	17.47	46.06	10.04	17.23	7.92	2.48
港澳台商投资股份有限公司	15.79	103.95	12.65	54.49	11.50	13.56	9.81	1.74
外商投资企业	21.05	97.57	11.29	55.80	8.03	12.02	5.63	2.37
中外合资经营企业	19.52	97.97	8.41	63.67	6.48	9.84	3.63	2.42
中外合作经营企业	15.38	100.16	7.60	60.87	5.15	8.33	2.73	2.55
外资企业	21.64	97.30	13.61	52.28	8.99	13.61	6.94	2.36
外商投资股份有限公司	26.92	98.03	6.02	32.20	5.69	5.47	1.66	1.85
三、按规模分								
大型企业	14.29	98.92	12.71	64.04	7.72	14.68	5.72	2.65
中型企业	14.46	97.37	14.01	52.47	9.19	13.77	6.83	2.37
小型企业	20.28	96.81	13.19	45.52	9.05	13.41	6.32	2.30
四、按行业分								
采矿业	15.38	98.61	23.95	49.52	12.60	27.09	8.19	2.80
煤炭开采和洗选业		110.46	5.89	92.56	0.13	0.06		0.45
黑色金属矿采选业	25.00	98.63	41.88	42.79	34.62	43.21	34.74	2.81
有色金属矿采选业	25.00	97.37	21.54	35.94	18.77	25.90	14.19	1.68
非金属矿采选业	7.69	98.95	22.64	62.56	6.55	24.80	2.61	4.63
制造业	19.20	97.55	13.92	53.67	8.72	14.37	6.44	2.43
农副食品加工业	32.10	94.65	16.34	58.54	7.68	15.69	5.77	2.76

2-27 续表 单位：%

项目	企业亏损面	产品销售率	总资产贡献率	资产负债率	销售收入利税率	资金利税率	成本费用利润率	流动资产周转次数(次)
食品制造业	20.63	95.13	22.86	49.65	11.35	22.65	8.63	3.30
饮料制造业	13.33	97.99	27.88	45.90	20.21	30.37	13.30	2.45
纺织业	17.83	97.84	9.93	42.15	8.41	9.64	6.30	1.93
纺织服装、鞋、帽制造业	13.36	97.02	24.50	44.94	12.30	25.08	9.52	2.78
皮革、毛皮、羽毛(绒)及其制品业	8.21	99.69	24.97	45.66	11.64	24.86	8.56	3.01
木材加工及木、竹、藤、棕、草制品业	25.86	97.18	9.29	59.65	5.37	7.64	2.58	2.31
家具制造业	34.41	97.85	6.92	50.37	4.33	6.30	2.06	2.10
造纸及纸制品业	19.61	95.48	17.04	47.57	14.43	16.52	11.39	1.76
印刷业和记录媒介的复制	23.26	100.65	10.53	50.10	9.53	9.91	6.59	1.78
文教体育用品制造业	25.50	96.35	7.62	45.19	4.81	7.53	3.54	2.23
石油加工、炼焦及核燃料加工业	27.27	95.22	-0.95	73.21	-1.88	-3.23	-3.88	2.52
化学原料及化学制品制造业	23.46	100.33	7.32	46.91	4.11	5.27	1.83	2.26
医药制造业	21.88	90.75	18.66	48.93	19.48	19.98	14.08	1.54
化学纤维制造业	22.00	94.63	6.65	48.49	4.40	4.89	2.76	2.16
橡胶制品业	18.63	103.96	13.76	50.18	9.45	12.79	6.56	2.61
塑料制品业	23.08	95.71	11.47	45.95	6.91	11.03	5.16	2.36
非金属矿物制品业	16.38	96.08	15.07	46.29	14.49	16.51	11.47	1.97
黑色金属冶炼及压延加工业	34.69	96.29	15.48	72.19	8.71	15.77	5.25	2.86
有色金属冶炼及压延加工业	9.09	93.34	12.34	55.28	8.57	12.07	7.61	2.52
金属制品业	28.37	97.62	11.67	46.80	7.18	11.07	5.24	2.08
通用设备制造业	19.14	98.09	10.16	56.27	7.36	9.25	5.66	1.87
专用设备制造业	20.86	95.38	17.26	47.87	13.32	18.82	11.61	1.85
交通运输设备制造业	16.90	98.60	10.77	51.63	7.94	11.42	4.88	2.22
电气机械及器材制造业	19.79	96.72	20.99	51.95	12.97	22.11	10.74	2.24
通信设备、计算机及其他电子设备制造业	27.45	98.80	12.31	70.54	5.71	11.81	5.11	2.62
仪器仪表及文化、办公用机械制造业	25.23	96.62	8.25	41.05	4.64	7.94	3.77	2.48
工艺品及其他制造业	17.97	96.12	17.82	44.91	9.71	18.42	6.97	2.81
废弃资源和废旧材料回收加工业	33.33	113.98	12.58	42.80	6.42	10.59	4.55	2.01
电力、燃气及水的生产和供应业	15.56	99.85	6.48	44.81	11.18	5.77	4.18	1.73
电力、热力的生产和供应业	21.21	99.86	6.48	44.52	11.09	5.55	3.81	1.71
燃气生产和供应业		100.00	5.59	68.01	9.46	14.96	7.92	2.67
水的生产和供应业		99.32	7.52	38.89	16.80	8.41	11.04	1.65

2–28 福州市规模以上工业

项目	企业单位数（个）	工业总产值	工业销售产值	出口交货值	资产合计
总计	**2900**	**32765242**	**31674103**	**9369015**	**22206069**
#国有控股企业	115	4560509	4531827	418239	5181598
#亏损企业	465	4842081	4675693	1119902	5705423
一、按轻重工业分					
轻工业	1644	13053157	12417176	3262670	8205947
以农产品为原料	966	8076747	7689168	1714784	4708554
以非农产品为原料	678	4976410	4728008	1547886	3497393
重工业	1256	19712085	19256927	6106345	14000122
采掘工业	31	232164	232136	3551	70667
原料工业	293	7087903	6934431	431255	5966422
加工工业	932	12392018	12090360	5671538	7963033
二、按登记类型分					
内资企业	1853	15019094	14595649	1764845	10786647
国有企业	57	2007576	1988962	211315	1023837
集体企业	84	367510	360350	12418	76235
股份合作企业	11	51004	55221	3253	27877
联营企业	23	568847	557701	1547	1224393
有限责任公司	344	3282886	3205273	208073	2928788
股份有限公司	34	1119221	1010994	250081	1418316
私营企业	1295	7587579	7397348	1074214	4078493
其他企业	5	34471	19801	3944	8709
港、澳、台商投资企业	562	10273565	9879397	5309911	5728542
外商投资企业	485	7472584	7199057	2294260	5690880
三、按规模分					
大型企业	19	6059374	5954412	3863463	2865013
中型企业	315	13044835	12530172	3463038	10733807
小型企业	2566	13661032	13189519	2042515	8607249
四、按行业分					
采矿业	24	216098	217178	1234	40697
煤炭开采和洗选业	1	8500	8500		537
石油和天然气开采业					
黑色金属矿采选业					
有色金属矿采选业	1	8565	8565		639
非金属矿采选业	22	199033	200113	1234	39521
其他矿采选业					
制造业	2824	29753167	28673295	9367781	18947284

企业主要产值、效益指标

单位：万元

流动资产合计	固定资产合计	流动资产年平均余额	固定资产年平均余额	主营业务收入	主营业务成本	主营业务税金及附加
11422965	**8691144**	**11426290**	**7869018**	**29889665**	**26787387**	**153754**
1680768	3033350	1635729	2707042	3146845	2849316	42135
2377502	2876059	2426876	2548445	4590741	4406847	35808
4531408	3061405	4301868	2786999	12236249	10897069	47166
2585022	1754426	2446851	1662845	7560154	6786563	31081
1946387	1306979	1855017	1124154	4676095	4110506	16085
6891556	5629739	7124421	5082019	17653416	15890319	106587
43617	20392	39463	20098	235536	183906	30147
2000296	3497737	1903762	3077477	5554139	5127103	14565
4847644	2111610	5181196	1984444	11863742	10579310	61875
4887818	5070101	4545162	4582590	13176665	11658735	105853
467324	509886	443989	381562	646205	576972	2710
52105	19326	51410	19534	364029	331069	6293
19839	5898	20540	6109	55433	49850	242
161462	1001027	141756	1020452	558111	470263	4819
1141623	1630303	1064218	1369819	3200443	2849008	12710
919836	359103	858079	291522	1068266	964285	4698
2121192	1541926	1962046	1491577	7264103	6399114	74236
4438	2632	3123	2016	20075	18174	145
3350097	1678500	3766467	1476620	9724656	9035583	12590
3185050	1942543	3114661	1809807	6988344	6093069	35311
1756746	923369	2270859	828744	5843840	5561892	29764
5394917	4165661	5199872	3708328	12391149	10956867	29731
4271301	3602115	3955559	3331946	11654676	10268628	94258
26237	12816	20112	12179	220769	171399	30078
281	9	281	9	8500	8403	
340	99	340	99	8365	6495	830
25616	12708	19492	12072	203904	156501	29248
11007956	6169373	11044588	5590542	28191127	25268988	116236

2-28 续表 1-1

项　　目	企业单位数(个)	工业总产值	工业销售产值	出口交货值	资产合计
农副食品加工业	225	2037009	1861458	439003	1079244
食品制造业	66	493965	481798	12009	233534
饮料制造业	45	273775	269885	4052	186857
烟草制品业					
纺织业	246	2729931	2660859	213134	1920718
纺织服装、鞋、帽制造业	128	730820	705536	400356	282629
皮革、毛皮、羽毛(绒)及其制品业	56	905717	838491	420268	354483
木材加工及木竹、藤、棕、草制品业	79	225874	222447	32890	168422
家具制造业	53	460608	449133	252468	236916
造纸及纸制品业	76	280282	269152	20275	185932
印刷业和记录媒介的复制	59	210666	207691	18763	216995
文教体育用品制造业	28	123841	112764	58084	80944
石油加工及炼焦化	7	169202	168288	451	84631
化学原料及化学制品制造业	91	461698	462039	52636	382285
医药制造业	30	437016	374030	80105	431913
化学纤维制造业	25	1122022	1044348	26	944815
橡胶制品业	17	61283	59923	27073	40851
塑料制品业	303	2087211	1980765	670374	1067056
非金属矿物制品业	288	1633311	1585744	331122	1520272
黑色金属冶炼及压延加工业	35	2104838	2034150	59949	1530042
有色金属冶炼及压延加工业	20	652896	628867	144983	427175
金属制品业	79	536136	522850	84651	320164
通用设备制造业	138	994440	981580	167876	420701
专用设备制造业	70	494506	461181	21794	594511
交通运输设备制造业	146	1779704	1707895	574434	1905855
电气机械及器材制造业	128	1697829	1673725	556029	921470
通信设备、计算机及其电子设备制造业	133	5968507	5857080	4097864	2797627
仪器仪表及文化、办公用机械制造业	50	408697	406474	212390	264636
工艺品及其他制造业	201	659144	636094	414724	342010
废弃资源和废旧材料回收加工业	2	12239	9051		4596
电力、燃气及水的生产和供应业	52	2795977	2783630		3218088
电力、热力的生产和供应业	32	2665553	2654667		2812338
燃气生产和供应业	7	82214	82215		97402
水的生产和供应业	13	48211	46747		308347

注：本表企业数、产值指标包含省电力有限公司分解数据，效益指标不包含省电力有限公司数据。

单位：万元

流动资产合计	固定资产合计	流动资产年平均余额	固定资产年平均余额	主营业务收入	主营业务成本	主营业务税金及附加
731601	237693	704688	240861	1833861	1665054	5841
116588	89748	109336	88358	495773	424640	1848
92186	81179	88956	75284	272827	217646	3960
903127	911810	854315	866125	2575998	2337369	11552
165370	81725	161417	80252	698481	637278	1610
198731	129198	200744	114134	833409	774879	988
72715	82258	65961	83130	217007	189026	3312
122722	94387	113117	68297	445178	398017	1213
110457	62140	107628	60698	258649	230593	1178
128251	74995	101682	77284	202302	175268	1065
56372	20335	52213	19605	109773	95801	614
40629	31396	39020	30509	161650	142814	114
205864	157467	192280	145505	455122	406734	2816
217120	173732	209104	124716	360972	273424	1495
445109	449461	434147	395681	1061399	987380	1883
28578	10273	27101	7891	52161	46723	70
667068	281150	634434	253901	1973124	1774943	7499
676747	543448	670832	480619	1557471	1315695	10391
940770	492054	885496	452618	1997386	1862358	1428
146144	252222	152083	132016	628898	604908	551
219758	75333	209458	73365	508548	465839	3877
272188	101421	252647	90575	970656	845541	4731
343146	84213	312724	80532	471917	366156	1538
1154045	614180	1105131	557051	1587298	1383157	29982
629178	206280	617068	201105	1594438	1409229	3515
1926680	668128	2367306	642253	5830841	5372223	8185
170715	67526	149064	53920	402327	333092	755
223742	95384	224363	94011	624653	525423	4224
2358	238	2273	246	9010	7777	6
388771	2508955	361590	2266297	1477769	1347001	7440
292510	2223864	274882	2042494	1350807	1236241	7020
32873	52032	32079	40309	80518	79554	143
63389	233060	54629	183494	46444	31206	277

2-28 续表 2-1

项　　目	营业费用	管理费用	财务费用	利息支出	利润总额
总　　计	**753046**	**1023006**	**403135**	**311112**	**1597266**
#国有控股企业	70403	216769	80202	100656	27977
#亏损企业	98307	196434	113879	113943	-234648
一、按轻重工业分					
轻工业	347645	421228	121417	107444	473761
以农产品为原料	187232	231994	70298	63570	320541
以非农产品为原料	160413	189234	51119	43874	153220
重工业	405401	601779	281718	203668	1123505
采掘工业	9230	5883	1731	1479	3725
原料工业	52942	194938	119042	115930	146139
加工工业	343228	400957	160945	86260	973642
二、按登记类型分					
内资企业	284574	487518	181084	182531	604472
国有企业	13016	54535	5896	12758	9833
集体企业	9094	9167	2509	354	6438
股份合作企业	1052	2177	500	463	1729
联营企业	1930	52624	28646	33270	54776
有限责任公司	56787	108957	63938	65379	123135
股份有限公司	25139	51442	6478	16371	61155
私营企业	177022	207963	72986	53810	346928
其他企业	533	653	131	127	478
港、澳、台商投资企业	193178	227506	169364	75431	736843
外商投资企业	275294	307982	52687	53151	255951
三、按规模分					
大型企业	131700	84413	128396	39050	433195
中型企业	335881	454815	126009	135057	691511
小型企业	285465	483778	148730	137005	472560
四、按行业分					
采矿业	8564	4480	538	91	4664
煤炭开采和洗选业	34	13	2		48
石油和天然气开采业					
黑色金属矿采选业					
有色金属矿采选业	254	68	27	27	619
非金属矿采选业	8276	4398	509	64	3997
其他矿采选业					
制造业	736479	901961	329472	229178	1555576

单位：万元

亏损企业亏损额	利税总额	税金总额	本年应交增值税	本年应付工资福利费	全部从业人员年平均人数（人）
234648	**2330004**	**732738**	**578984**	**1714465**	**635569**
109876	223426	195449	153315	149491	42038
234648	-66268	168380	132572	295597	116198
46478	744405	270644	223478	911703	377982
32272	483429	162888	131807	586807	245324
14206	260976	107756	91671	324896	132658
188170	1585599	462094	355506	802762	257587
1365	38191	34466	4319	10863	3444
116471	348171	202032	187467	188351	57513
70333	1199236	225595	163720	603548	196630
98657	1009095	404624	298771	730298	267793
6161	30985	21151	18441	48103	17429
1196	17724	11286	4993	18078	7157
83	2935	1206	965	3282	1237
16850	100354	45579	40760	17583	2997
54397	226813	103678	90968	146825	54546
7276	81622	20467	15769	51026	16848
12605	547695	200766	126530	443854	166956
90	968	490	345	1547	623
36279	866688	129845	117255	438922	174165
99712	454221	198270	162959	545244	193611
58713	501339	68144	38380	239292	96382
53769	990615	299105	269373	750513	256243
122166	838049	365489	271231	724660	282944
15	38708	34044	3966	10049	3498
	48			18	10
	1748	1129	299	449	150
15	36912	32915	3667	9582	3338
162454	2133673	578096	461860	1649316	620825

2-28 续表 2-2

项　　目	营业费用	管理费用	财务费用	利息支出	利润总额
农副食品加工业	45497	60303	12329	17321	92981
食品制造业	33039	19650	1764	1477	16737
饮料制造业	23670	11939	2232	1252	14570
烟草制品业					
纺织业	35094	40855	40349	35842	128237
纺织服装、鞋、帽制造业	16002	26830	2424	1817	12897
皮革、毛皮、羽毛(绒)及其制品业	7820	31055	3432	1659	16150
木材加工及木竹、藤、棕、草制品业	6024	11545	5033	3981	7423
家具制造业	12088	15643	4912	1961	13256
造纸及纸制品业	6677	11491	1904	1609	6363
印刷业和记录媒介的复制	3017	14048	1388	544	9146
文教体育用品制造业	5513	5661	813	562	1500
石油加工及炼焦化	797	4057	928	883	13183
化学原料及化学制品制造业	10480	24225	5973	5475	7368
医药制造业	16636	26522	8063	7036	34904
化学纤维制造业	6202	13501	18436	17663	33517
橡胶制品业	985	3374	454	97	747
塑料制品业	49922	66204	17457	10938	57463
非金属矿物制品业	43196	44985	31051	27974	210972
黑色金属冶炼及压延加工业	13047	19550	24727	15321	45189
有色金属冶炼及压延加工业	4854	10148	7868	7147	1862
金属制品业	9326	15568	5455	3578	9295
通用设备制造业	28115	29779	3540	1064	46526
专用设备制造业	15036	35260	1988	2806	54447
交通运输设备制造业	65711	93345	-1397	15761	27584
电气机械及器材制造业	36699	57259	10104	7141	89422
通信设备、计算机及其电子设备制造业	200943	153034	113711	32549	535773
仪器仪表及文化、办公用机械制造业	10673	24357	65	1783	39193
工艺品及其他制造业	29324	31530	4455	3928	27997
废弃资源和废旧材料回收加工业	92	245	14	12	874
电力、燃气及水的生产和供应业	8003	116566	73125	81843	37025
电力、热力的生产和供应业	666	104405	70769	78824	29579
燃气生产和供应业	5890	2499	594	394	3740
水的生产和供应业	1446	9662	1762	2626	3706

单位：万元

亏损企业亏损额	利税总额	税金总额	本年应交增值税	本年应付工资福利费	全部从业人员年平均人数（人）
13006	129699	36719	30878	81353	30412
754	30301	13564	11716	28112	10756
68	27965	13395	9436	18137	6110
6906	167608	39371	27819	150034	59037
2162	23373	10475	8865	81952	38471
3842	32283	16132	15144	154819	73764
1606	16630	9207	5896	22981	9202
1393	22892	9636	8423	39466	16399
2718	14024	7660	6483	16956	7189
1446	16696	7551	6485	18433	8218
880	4005	2505	1891	14561	6464
	14223	1040	926	2980	718
9090	21038	13671	10855	22920	10320
354	54204	19300	17806	25006	5976
2388	54297	20780	18897	16371	6308
456	1998	1250	1180	7285	3504
7273	99526	42063	34564	121771	54373
5757	253072	42100	31709	131207	41568
24269	89640	44451	43022	47429	12658
3068	8618	6757	6206	14370	3494
2970	19653	10358	6482	29760	9557
2038	68857	22331	17600	46602	16592
1741	70841	16394	14857	28459	11316
31736	103535	75951	45969	133222	38879
2680	115692	26270	22755	75434	27507
30474	584652	48879	40694	190358	63899
333	44605	5412	4657	29097	10740
3046	42546	14548	10324	98968	37061
	1202	328	321	1274	333
72179	157623	120598	113158	55100	11246
71937	145458	115879	108858	43762	7743
58	5674	1934	1791	2998	901
185	6491	2786	2509	8340	2602

2-29 厦门市规模以上工业

项目	企业单位数(个)	工业总产值	工业销售产值	出口交货值	资产合计
总计	**2076**	**29780652**	**29760281**	**13524521**	**23322182**
#国有控股企业	76	4379177	4417211	899263	4223354
#亏损企业	659	4714684	4750929	1894620	5099667
一、按轻重工业分					
轻工业	1113	9389306	9285298	4039216	8763005
以农产品为原料	589	4819713	4756660	1186924	4273524
以非农产品为原料	524	4569592	4528638	2852292	4489481
重工业	963	20391346	20474983	9485305	14559177
采掘工业	6	17579	17374	12830	14128
原料工业	275	5516771	5531245	1949929	4355458
加工工业	682	14856996	14926364	7522546	10189591
二、按登记类型分					
内资企业	969	7186605	7122064	1337306	6360489
国有企业	11	702989	694655	29452	325806
集体企业	13	57573	57028	5881	41747
股份合作企业					
联营企业	11	76394	74897	1351	66344
有限责任公司	209	2189097	2160229	290874	2573818
股份有限公司	12	1119614	1136861	379823	1095654
私营企业	711	3034930	2992542	629925	2256515
其他企业	2	6007	5853		605
港、澳、台商投资企业	633	7734215	7806404	3921728	7130949
外商投资企业	474	14859832	14831813	8265487	9830744
三、按规模分					
大型企业	28	9175168	9253482	4863877	5261135
中型企业	309	12940969	12939713	6663140	11545163
小型企业	1739	7664515	7567086	1997504	6515884
四、按行业分					
采矿业	2	2343	2521		2978
煤炭开采和洗选业					
石油和天然气开采业					
黑色金属矿采选业					
有色金属矿采选业					
非金属矿采选业	2	2343	2521		2978
其他矿采选业					
制造业	2064	28901461	28880358	13524521	22286651

企业主要产值、效益指标

单位：万元

流动资产合计	固定资产合计	流动资产年平均余额	固定资产年平均余额	主营业务收入	主营业务成本	主营业务税金及附加
14011631	**7315816**	**14045746**	**6469344**	**29389402**	**25178742**	**325197**
2192905	1448495	2284165	1204226	3966407	3141719	283856
2576365	1932867	2801145	1850940	4786047	4582179	5718
5044848	2773968	5004182	2383482	9314555	7658965	286743
2673023	1186558	2630154	1004871	4777199	3693335	281505
2371825	1587410	2374028	1378611	4537355	3965630	5238
8966784	4541847	9041565	4085862	20074847	17519777	38454
8544	4920	7512	4199	17392	16835	229
2106705	1961553	2400409	1794022	5098326	4595636	14209
6851534	2575375	6633644	2287641	14959130	12907306	24017
3832349	1775628	3708569	1449385	6730058	5537784	290927
161945	93215	160732	76929	197628	175492	423
31691	7629	29998	5347	56234	49976	281
35486	29446	35039	29865	76942	70763	242
1291142	860099	1267510	696580	2150614	1522699	274182
782554	231383	795240	191334	1200265	1023827	7787
1529606	553337	1420090	449170	3042368	2689415	8010
-74	519	-41	161	6007	5612	3
3834738	2566828	4009855	2307477	7836304	6778108	18477
6344544	2973360	6327322	2712481	14823040	12862850	15792
3451074	1458852	3512526	1307252	9358447	8185131	14832
6457435	3947064	6625095	3489346	12888664	10858187	296754
4103123	1909900	3908125	1672745	7142291	6135424	13611
1470	1498	1325	640	2521	2267	17
1470	1498	1325	640	2521	2267	17
13842532	6535613	13864778	5816441	29014051	24868849	323169

2-29 续表 1-1

项　　目	企业单位数(个)	工业总产值	工业销售产值	出口交货值	资产合计
农副食品加工业	92	1067964	1064793	208745	620294
食品制造业	34	230418	217533	56942	233440
饮料制造业	26	575383	564338	11574	499771
烟草制品业	1	630126	623469	150	487364
纺织业	83	646605	651976	259896	862582
纺织服装、鞋、帽制造业	155	649844	627957	225437	547748
皮革、毛皮、羽毛(绒)及其制品业	51	412817	413803	318006	285472
木材加工及木竹、藤、棕、草制品业	12	28562	27813	17291	23273
家具制造业	39	224666	219495	166707	214241
造纸及纸制品业	83	341233	336934	34802	406139
印刷业和记录媒介的复制	65	218616	218036	23898	267798
文教体育用品制造业	62	577974	572904	490738	410580
石油加工及炼焦化	4	34466	33932	234	9433
化学原料及化学制品制造业	89	1841324	1895695	266922	1582790
医药制造业	16	151243	143829	26859	237525
化学纤维制造业	6	303227	314079	47097	420275
橡胶制品业	47	858288	951453	233557	883331
塑料制品业	172	1067925	1059677	651220	854362
非金属矿物制品业	113	687141	672613	225052	873240
黑色金属冶炼及压延加工业	14	282313	282514	42071	125557
有色金属冶炼及压延加工业	23	804391	804803	370174	691231
金属制品业	149	1082969	1073720	658774	1066227
通用设备制造业	93	694047	684527	153148	760554
专用设备制造业	77	836264	831086	123435	834043
交通运输设备制造业	77	2224273	2239349	1198782	1593318
电气机械及器材制造业	148	2088764	2071003	910001	1580032
通信设备、计算机及其电子设备制造业	174	9646807	9600696	6353047	5198463
仪器仪表及文化、办公用机械制造业	56	293737	284944	194038	364127
工艺品及其他制造业	100	392396	389942	255925	348171
废弃资源和废旧材料回收加工业	3	7680	7448		5272
电力、燃气及水的生产和供应业	10	876847	877402		1032553
电力、热力的生产和供应业	6	779361	779916		498921
燃气生产和供应业					
水的生产和供应业	4	97487	97487		533632

注：本表产值指标包含省电力有限公司分解数据，效益指标不包含省电力有限公司数据。

单位：万元

流动资产合计	固定资产合计	流动资产年平均余额	固定资产年平均余额	主营业务收入	主营业务成本	主营业务税金及附加
418421	145030	391066	128639	1070574	964761	893
130442	85685	122372	71589	230292	190286	478
207979	206240	237879	154672	560400	440434	7827
331810	108283	370416	87585	624584	208506	269211
503379	274723	526147	238233	651625	579215	788
442238	80741	391626	74002	635228	472434	868
193269	80059	178374	74941	412695	363543	370
17054	5559	15101	5670	27829	26348	230
120061	77539	117247	72438	217682	186725	261
261938	98732	240238	91213	335737	297870	615
143323	107130	137089	90863	217597	184109	507
270007	124203	259140	110264	575345	516735	510
8906	513	10019	509	35835	34131	29
705565	749267	874842	716340	1936761	1805277	1003
122016	82597	120094	55070	142748	79472	286
42199	206130	69823	213886	327610	339991	36
378657	434558	418229	379206	959844	827066	9019
543621	267270	529874	265561	1074834	956413	1022
497410	264829	470706	248638	689500	628665	1738
93865	25999	96837	26113	279965	266380	2034
350466	287683	396841	215189	821513	719626	6935
610562	273484	639737	235451	1081022	953273	1558
500223	221221	473075	202230	762275	642184	825
603129	152155	595682	148251	883356	734164	1318
999168	476447	971636	402423	2268622	1982343	3556
1141984	298293	1105066	245683	2096833	1700111	1921
3771383	1172147	3674624	1038918	9411294	8181493	8336
223034	112252	229595	121956	287799	245158	554
208115	115266	198734	99304	387260	337100	431
2309	1581	2669	1604	7394	5036	10
167629	778705	179644	652263	372830	307626	2010
89519	408008	84116	390101	283534	236619	1737
78110	370697	95528	262161	89296	71007	273

2-29 续表 2-1

项　　目	营业费用	管理费用	财务费用	利息支出	利润总额
总　　计	**1131980**	**1377221**	**279584**	**242430**	**1196866**
#国有控股企业	159530	200428	55261	26569	164637
#亏损企业	155421	263689	113178	109410	-416968
一、按轻重工业分					
轻工业	368033	487976	103147	101373	437870
以农产品为原料	215139	231751	56441	51632	309898
以非农产品为原料	152894	256225	46706	49742	127973
重工业	763947	889245	176436	141056	758996
采掘工业	565	803	12	8	-658
原料工业	92571	169599	51512	71069	134902
加工工业	670812	718842	124913	69980	624751
二、按登记类型分					
内资企业	191419	327587	73546	59795	356737
国有企业	4948	10886	2547	2244	8670
集体企业	742	3202	143	172	3243
股份合作企业					
联营企业	1554	2761	1520	1491	1294
有限责任公司	53435	123639	24360	19668	190675
股份有限公司	55655	42965	9533	6166	65780
私营企业	74849	144009	35443	30053	87054
其他企业	237	124	1	1	21
港、澳、台商投资企业	328066	392021	89692	85604	228679
外商投资企业	612496	657613	116346	97031	611450
三、按规模分					
大型企业	414267	374857	13731	43777	337363
中型企业	510237	588863	172320	126205	544388
小型企业	207477	413501	93533	72447	315116
四、按行业分					
采矿业	98	209	-2		-79
煤炭开采和洗选业					
石油和天然气开采业					
黑色金属矿采选业					
有色金属矿采选业					
非金属矿采选业	98	209	-2		-79
其他矿采选业					
制造业	1122181	1359724	251894	234723	1181805

单位：万元

亏损企业亏损额	利税总额	税金总额	本年应交增值税	本年应付工资福利费	全部从业人员年平均人数（人）
416968	**2056102**	**859236**	**534040**	**1923895**	**622024**
81225	593595	428959	145103	309688	41305
416968	-358765	58203	52485	418585	162074
154939	946431	508560	221818	870102	336824
32791	760052	450154	168649	408683	156628
122148	186379	58407	53169	461420	180196
262029	1109672	350676	312222	1053792	285200
818	49	706	478	2589	1077
123845	241303	106401	92192	285121	98200
137366	868320	243569	219552	766083	185923
37086	844028	487291	196364	542188	167294
	13028	4359	3936	98409	4723
130	6040	2797	2516	6055	1954
670	3922	2629	2387	4882	1889
11943	566404	375729	101546	143434	44766
254	96294	30514	22727	52326	10040
24089	158288	71234	63224	236907	103839
	52	31	28	174	83
195837	399212	170532	152055	669501	231880
184045	812863	201413	185621	712206	222850
122359	442529	105166	90334	453002	119988
182736	1103414	559027	262273	879567	271057
111873	510160	195043	181432	591326	230979
109	90	168	151	437	150
109	90	168	151	437	150
412642	2015992	834187	511018	1907879	619211

2-29 续表 2-2

项　　目	营业费用	管理费用	财务费用	利息支出	利润总额
农副食品加工业	23917	24911	14623	13264	27858
食品制造业	11419	12469	3617	2928	13144
饮料制造业	47801	19442	3333	4007	42175
烟草制品业	10945	39297	-1386		104871
纺织业	12483	31050	16120	16444	7829
纺织服装、鞋、帽制造业	51442	38737	3270	319	75404
皮革、毛皮、羽毛(绒)及其制品业	13846	28125	4641	4000	7011
木材加工及木竹、藤、棕、草制品业	810	1365	73	60	-529
家具制造业	8445	14873	3870	2562	-238
造纸及纸制品业	9175	17489	6151	6142	13540
印刷业和记录媒介的复制	4305	14359	3339	3107	13585
文教体育用品制造业	11939	33482	445	2323	13435
石油加工及炼焦化	1490	626	245	231	183
化学原料及化学制品制造业	42947	36674	27838	42496	-5782
医药制造业	29637	15608	5314	4694	15050
化学纤维制造业	1854	4259	6443	8758	-30350
橡胶制品业	41090	26095	8891	9619	53074
塑料制品业	27390	52431	9686	6776	40233
非金属矿物制品业	24392	41716	6945	7401	23476
黑色金属冶炼及压延加工业	2157	6435	2882	3388	1622
有色金属冶炼及压延加工业	11889	20610	4836	11466	58519
金属制品业	25551	54660	-8069	7723	68921
通用设备制造业	38056	41028	14667	9167	33837
专用设备制造业	65271	36068	13032	7688	42384
交通运输设备制造业	49248	97345	-2869	1908	132103
电气机械及器材制造业	73866	122820	5922	9086	214133
通信设备、计算机及其电子设备制造业	458176	463725	91522	42631	215900
仪器仪表及文化、办公用机械制造业	11561	32046	1918	2751	-1339
工艺品及其他制造业	10293	31503	4571	3755	733
废弃资源和废旧材料回收加工业	789	476	24	28	1026
电力、燃气及水的生产和供应业	9702	17288	27692	7707	15140
电力、热力的生产和供应业		9468	24494	6198	12240
燃气生产和供应业					
水的生产和供应业	9702	7820	3198	1509	2900

单位：万元

亏损企业亏损额	利税总额	税金总额	本年应交增值税	本年应付工资福利费	全部从业人员年平均人数（人）
4755	35275	7416	6524	30088	12596
849	19351	6207	5729	21909	8701
347	73425	31250	23423	37145	10806
	442100	337229	68019	25593	1244
12279	20153	12325	11536	52132	20302
4678	103288	27885	27017	110399	47527
2598	13992	6981	6611	73171	33118
1041	272	800	571	3388	1566
3675	1883	2121	1861	30018	11058
3667	23580	10041	9426	26166	11135
4482	22392	8807	8299	23897	8572
3811	17102	3666	3157	79878	33712
109	423	240	211	833	182
92951	34521	40303	39300	35187	10781
3202	24199	9149	8863	18389	4738
30590	-27230	3120	3084	8634	1602
5620	88170	35096	26077	49495	19654
5838	58105	17872	16850	94966	37210
10871	50890	27414	25676	54790	18939
3550	8067	6445	4410	6072	1598
831	81436	22917	15982	26201	6269
10252	83563	14642	13084	93488	33711
14286	49024	15187	14362	141788	15895
3373	55970	13586	12269	52642	11907
4805	174165	42062	38506	130187	27787
6743	277023	62891	60970	143285	56669
151089	273344	57444	49108	420098	123991
16481	3974	5313	4758	53275	19971
9844	6409	5676	5245	64369	27867
27	1128	102	93	397	103
4217	40021	24881	22870	15579	2663
4217	34235	21994	20257	6813	1039
	5786	2886	2613	8765	1624

2-30 莆田市规模以上工业

项　　目	企业单位数(个)	工业总产值	工业销售产值	出口交货值	资产合计
总　　计	**997**	**8004239**	**7825896**	**2093500**	**5145166**
#国有控股企业	17	211726	212610	4881	915511
#亏损企业	96	786128	765653	132562	951162
一、按轻重工业分					
轻工业	729	5863486	5718554	1718218	2740170
以农产品为原料	469	4141925	4048100	1002167	2086674
以非农产品为原料	260	1721560	1670455	716051	653496
重工业	268	2140753	2107342	375282	2404996
采掘工业	10	32438	31762	4206	21193
原料工业	114	1077633	1061534	110833	1728149
加工工业	144	1030683	1014046	260244	655655
二、按登记类型分					
内资企业	685	4058449	3961958	554861	2621088
国有企业	13	168942	169298		881725
集体企业	33	84632	82712	6050	45834
股份合作企业	26	177398	176275	9370	112981
联营企业	3	13509	13496	10953	13954
有限责任公司	323	2063290	2014222	346972	834738
股份有限公司	7	54239	48913	646	124406
私营企业	273	1453028	1413700	177251	583711
其他企业	7	43412	43342	3618	23740
港、澳、台商投资企业	202	2035538	1985676	819173	855725
外商投资企业	110	1910251	1878263	719467	1668353
三、按规模分					
大型企业	4	761158	734407	320098	646464
中型企业	105	2558703	2502744	1143845	1874719
小型企业	888	4684378	4588745	629558	2623983
四、按行业分					
采矿业	6	9108	9411	1	10757
煤炭开采和洗选业					
石油和天然气开采业					
黑色金属矿采选业					
有色金属矿采选业					
非金属矿采选业	6	9108	9411	1	10757
其他矿采选业					
制造业	973	7664967	7486374	2093499	3724114

注：本表产值指标包含省电力有限公司分解数据，效益指标不包含省电力有限公司数据。

企业主要产值、效益指标

单位：万元

流动资产合计	固定资产合计	流动资产平均余额	固定资产平均余额	主营业务收入	主营业务成本	主营业务税金及附加
2393206	**1859567**	**2216260**	**1468872**	**7715048**	**6755322**	**56853**
84235	346549	36317	66741	93777	80441	532
396170	517384	381613	510935	766263	743143	1454
1638588	784281	1573915	702213	5728409	4958499	47983
1216955	585301	1177372	522405	4049476	3472108	39845
421633	198981	396542	179807	1678933	1486391	8139
754618	1075286	642346	766659	1986639	1796823	8869
7552	10008	5499	3938	31604	28475	419
404240	797688	320989	514870	943970	867689	4034
342826	267590	315858	247852	1011065	900660	4416
1064005	841511	940826	504173	3845774	3405835	26249
73818	327884	26237	50406	50369	38880	289
25231	14246	19609	12750	82208	74013	1216
37010	23696	31363	22935	175704	156351	493
13127	673	13016	648	13029	9223	8
516231	237733	469828	215800	2021624	1794739	13741
62246	25172	60362	20370	52540	44414	92
324356	200354	309689	172153	1406945	1249502	10216
11987	11753	10721	9111	43355	38715	192
596902	204109	552198	190341	2001614	1757771	6203
732298	813947	723237	774358	1867660	1591716	24401
360189	248380	362775	209862	750735	576678	20741
828650	363200	748428	343460	2482620	2160938	9946
1204367	1247987	1105057	915550	4481694	4017706	26165
6168	3359	2128	2316	9709	8478	282
6168	3359	2128	2316	9709	8478	282
2206431	1112706	2094649	996481	7494712	6540814	55476

2-30 续表 1-1

项　　目	企业单位数(个)	工业总产值	工业销售产值	出口交货值	资产合计
农副食品加工业	59	948506	911943	80872	356443
食品制造业	23	141826	140217	4133	105130
饮料制造业	14	313959	310400	3303	243456
烟草制品业					
纺织业	32	185244	176085	7328	176854
纺织服装、鞋、帽制造业	79	689296	675134	178991	317880
皮革、毛皮、羽毛(绒)及其制品业	179	1452746	1431021	683464	655466
木材加工及木竹、藤、棕、草制品业	21	66528	61141	27755	70512
家具制造业	22	129862	123703	11399	50542
造纸及纸制品业	51	273511	271300	30923	177081
印刷业和记录媒介的复制	18	50967	50988	2917	28627
文教体育用品制造业	10	115461	114021	77735	40237
石油加工及炼焦化					
化学原料及化学制品制造业	25	150604	142678	915	51918
医药制造业	6	22760	22755	1536	27011
化学纤维制造业	3	51557	49948		15718
橡胶制品业	35	486329	480563	237663	393831
塑料制品业	76	474666	470082	260240	154750
非金属矿物制品业	30	103522	100554	2163	102272
黑色金属冶炼及压延加工业	3	37237	37224		23078
有色金属冶炼及压延加工业	8	49630	49835		9539
金属制品业	27	362445	359601	9956	153512
通用设备制造业	20	93757	90915	9532	38995
专用设备制造业	15	118446	118433	16712	32590
交通运输设备制造业	20	127255	121823	1065	59392
电气机械及器材制造业	12	32902	32409	5089	18227
通信设备、计算机及其电子设备制造业	38	356019	350660	69439	148323
仪器仪表及文化、办公用机械制造业	28	475570	450205	281763	135343
工艺品及其他制造业	115	348336	337241	88607	135152
废弃资源和废旧材料回收加工业	4	6028	5497		2236
电力、燃气及水的生产和供应业	18	330164	330111		1410294
电力、热力的生产和供应业	7	289023	289023		852498
燃气生产和供应业	1	22894	22894		515033
水的生产和供应业	10	18247	18195		42763

单位：万元

流动资产合计	固定资产合计	流动资产平均余额	固定资产平均余额	主营业务收入	主营业务成本	主营业务税金及附加
233490	96430	225146	89459	928089	833024	3949
53031	34890	46519	26672	138909	114176	779
101377	109392	110169	79831	310424	173644	23290
94530	42978	91932	37259	179763	151094	715
225818	77394	198218	72216	682028	606071	2788
406620	164942	414841	160640	1409399	1247785	6754
36041	21939	26763	7632	62468	54830	752
33524	12624	30778	11670	123637	106281	172
72716	41219	63595	41006	268939	235304	1234
14319	11497	13295	9704	50967	45060	266
25186	14271	23604	13421	112999	104265	241
35496	11313	30740	11225	140782	125743	707
7818	11528	11734	10727	22779	18403	899
11686	3662	9732	2935	49946	45547	34
184175	179199	187758	169959	479829	435600	1367
111803	36620	102682	32622	467296	419692	2584
61981	34822	59533	28775	99924	91401	594
19326	2972	20926	2975	38719	35978	124
6286	3175	6399	2140	49835	47112	136
116612	29190	94542	27456	359665	323008	621
22782	12398	22053	11070	90131	76726	240
14772	16357	14043	15128	117464	105331	1435
34436	22481	33827	21631	118585	105598	382
9628	4258	8005	3242	32248	25570	239
85349	45266	72052	45016	349216	308602	1424
96450	36918	97154	34003	468551	400254	1169
90009	34441	77583	27612	335970	299301	2543
1169	532	1025	458	6152	5414	40
180608	743502	119484	470075	210627	206030	1095
123280	714148	103680	443629	169818	173710	233
43914	705	4391	71	22894	19275	
13414	28650	11413	26376	17915	13045	863

2-30 续表 2-1

项　　目	营业费用	管理费用	财务费用	利息支出	利润总额
总　　计	**228912**	**312696**	**102299**	**77912**	**249710**
#国有控股企业	1072	8508	3576	3006	3233
#亏损企业	7935	29592	28116	26972	-27647
一、按轻重工业分					
轻工业	192879	243472	53584	39016	195201
以农产品为原料	164664	186063	42727	32167	138405
以非农产品为原料	28216	57409	10858	6849	56796
重工业	36033	69223	48714	38896	54509
采掘工业	819	1043	551	313	286
原料工业	13311	36497	29093	27097	21745
加工工业	21903	31684	19070	11486	32478
二、按登记类型分					
内资企业	95463	132324	42710	28912	115112
国有企业	1011	7840	3007	2464	1605
集体企业	1131	2570	531	290	2201
股份合作企业	3647	4270	2507	2211	9601
联营企业	54	250	123	388	-28
有限责任公司	63696	72259	20833	12618	48140
股份有限公司	643	1851	3516	3470	2463
私营企业	23998	42307	11472	7294	50776
其他企业	1284	977	721	178	355
港、澳、台商投资企业	50699	87675	18210	13867	71305
外商投资企业	82750	92697	41378	35132	63293
三、按规模分					
大型企业	63942	43779	14547	10819	24699
中型企业	69497	111887	29843	24450	96038
小型企业	95473	157030	57909	42642	128973
四、按行业分					
采矿业	180	1285			423
煤炭开采和洗选业					
石油和天然气开采业					
黑色金属矿采选业					
有色金属矿采选业					
非金属矿采选业	180	1285			423
其他矿采选业					
制造业	227423	299596	80705	55917	251278

单位：万元

亏损企业亏损额	利税总额	税金总额	本年应交增值税	本年应付工资福利费	全部从业人员年平均人数（人）
27647	**472298**	**222587**	**165735**	**566491**	**231690**
283	7606	4373	3841	15278	5884
27647	-1277	26370	24916	55894	24617
17758	363007	167806	119822	438808	183000
14039	271185	132780	92936	317578	133910
3720	91822	35026	26887	121229	49090
9889	109291	54782	45912	127683	48690
145	1319	1033	614	5189	1065
8308	49801	28056	24022	61821	23547
1437	58171	25693	21276	60673	24078
12350	216775	101663	75414	251121	105159
283	3332	1727	1438	7970	3769
202	5208	3007	1791	5276	2476
177	13550	3949	3456	8351	2765
37	-8	21	12	723	371
9086	101860	53719	39978	136158	52743
61	5016	2552	2460	1840	1200
1451	86736	35960	25744	88899	40312
1055	1082	727	536	1904	1523
5025	114587	43281	37078	185533	75808
10271	140936	77643	53242	129838	50723
	73570	48871	28129	34436	11031
5399	161247	65209	55263	258816	103419
22248	237481	108508	82343	273239	117240
	1305	882	600	3936	2112
	1305	882	600	3936	2112
21469	460815	209537	154062	550401	226445

2-30 续表 2-2

项　　目	营业费用	管理费用	财务费用	利息支出	利润总额
农副食品加工业	20767	23961	10323	8285	24407
食品制造业	5811	5410	1346	1134	12274
饮料制造业	53731	40304	859	714	26613
烟草制品业					
纺织业	3650	7160	4707	3895	7086
纺织服装、鞋、帽制造业	35065	28977	5919	5905	15891
皮革、毛皮、羽毛(绒)及其制品业	27808	63411	14873	8911	39339
木材加工及木竹、藤、棕、草制品业	1604	2044	1954	1579	938
家具制造业	7475	4707	923	675	5056
造纸及纸制品业	10036	10621	3919	2665	5680
印刷业和记录媒介的复制	869	2435	819	499	1482
文教体育用品制造业	1207	2363	1182	594	1219
石油加工及炼焦化					
化学原料及化学制品制造业	5875	5488	825	326	3671
医药制造业	910	1316	314	417	1103
化学纤维制造业	375	680	599	70	324
橡胶制品业	12961	13958	14187	9736	5889
塑料制品业	7954	15367	3020	2132	17666
非金属矿物制品业	2630	3551	922	241	-377
黑色金属冶炼及压延加工业	689	901	600		337
有色金属冶炼及压延加工业	500	542	271	262	380
金属制品业	3138	7547	3728	3010	17443
通用设备制造业	3237	3996	908	428	6304
专用设备制造业	2118	4732	684	248	5061
交通运输设备制造业	2345	3626	684	593	10443
电气机械及器材制造业	1343	2704	103	45	1715
通信设备、计算机及其电子设备制造业	5130	16900	3442	872	11902
仪器仪表及文化、办公用机械制造业	3666	19062	1600	1049	16586
工艺品及其他制造业	6390	7651	1905	1596	12637
废弃资源和废旧材料回收加工业	142	182	89	38	212
电力、燃气及水的生产和供应业	1308	11814	21594	21994	-1991
电力、热力的生产和供应业	182	4632	20587	21571	-3026
燃气生产和供应业	1	3500	119		
水的生产和供应业	1124	3683	888	423	1036

单位：万元

亏损企业亏损额	利税总额	税金总额	本年应交增值税	本年应付工资福利费	全部从业人员年平均人数（人）
8481	46970	22562	18613	23832	8658
102	16440	4166	3388	5756	2922
12	73122	46509	23219	13296	3037
219	11119	4033	3318	10530	4290
1230	33072	17181	14393	71465	24522
3601	68380	29041	22287	164577	81519
354	3750	2812	2060	6923	2029
986	6919	1863	1692	10781	2874
316	13041	7362	6128	17148	5877
26	2618	1136	870	2636	1233
198	3412	2193	1952	11017	4603
108	7324	3653	2947	7006	2727
140	2497	1394	495	1103	562
	699	375	341	4584	379
1121	16851	10962	9595	24987	10723
538	27983	10317	7733	38092	15734
1425	1877	2254	1660	4338	2330
19	1169	832	708	1180	392
168	1927	1546	1411	780	386
463	21041	3599	2977	20825	5706
	8602	2299	2059	3847	1399
61	7966	2904	1470	5566	2663
63	13502	3059	2677	8456	3148
119	3043	1328	1089	1897	828
924	23103	11201	9778	33612	13865
19	23620	7034	5865	37273	14324
778	20490	7853	5310	18703	9615
	282	70	30	193	100
6178	10178	12168	11073	12154	3133
6128	7358	10384	10152	8511	1771
				842	304
50	2820	1784	921	2801	1058

2-31 三明市规模以上工业

项目	企业单位数(个)	工业总产值	工业销售产值	出口交货值	资产合计
总计	**1383**	**8778834**	**8610233**	**317630**	**6644994**
#国有控股企业	79	3140920	3116803	43806	3212798
#亏损企业	205	921798	886854	38497	1386428
一、按轻重工业分					
轻工业	425	2008737	1952303	148596	1328457
以农产品为原料	367	1800969	1755441	133041	1186317
以非农产品为原料	58	207769	196862	15555	142141
重工业	958	6770097	6657930	169034	5316536
采掘工业	176	780885	769089	17770	524483
原料工业	535	4740249	4664007	80085	3837054
加工工业	247	1248963	1224835	71179	954999
二、按登记类型分					
内资企业	1267	8021598	7892273	242909	6114306
国有企业	32	446475	447440	4600	393292
集体企业	67	398963	394155		251397
股份合作企业	4	5418	5407	2779	3431
联营企业	5	32283	30261		23054
有限责任公司	92	3095697	3077721	40364	2991618
股份有限公司	14	454726	431963	45335	625478
私营企业	1053	3588035	3505326	149831	1826036
其他企业					
港、澳、台商投资企业	90	539746	504362	59771	367382
外商投资企业	26	217491	213598	14949	163306
三、按规模分					
大型企业	5	2195847	2184829	17071	1941169
中型企业	59	1748804	1679321	106410	1906228
小型企业	1319	4834183	4746084	194149	2797597
四、按行业分					
采矿业	170	763505	752007	15648	517286
煤炭开采和洗选业	38	279814	281033		219262
石油和天然气开采业					
黑色金属矿采选业	33	141425	138240		70799
有色金属矿采选业	50	205877	197677		169427
非金属矿采选业	49	136389	135056	15648	57798
其他矿采选业					
制造业	1137	7456737	7300754	301981	5024661

注：本表产值指标包含省电力有限公司分解数据，效益指标不包含省电力有限公司数据。

企业主要产值、效益指标

单位：万元

流动资产合计	固定资产合计	流动资产平均余额	固定资产平均余额	主营业务收入	主营业务成本	主营业务税金及附加
2825063	**3035824**	**2770694**	**2710288**	**8451197**	**7445983**	**64240**
1234005	1453460	1203375	1294785	2969498	2661868	17629
407561	798044	407950	709905	885234	827448	5775
581238	559332	567114	532958	1950303	1735296	13155
520488	501015	510284	479587	1755647	1568461	11981
60750	58317	56830	53372	194656	166835	1174
2243825	2476492	2203580	2177330	6500894	5710687	51085
288368	145252	277634	119310	779504	612212	20632
1417116	1988258	1433412	1793417	4465272	4017098	23712
538341	342982	492534	264603	1256118	1081377	6742
2531346	2836074	2486196	2539369	7749027	6833795	58585
110621	171484	105759	166622	262707	206553	2517
159409	57686	162673	60821	425468	368595	10642
1965	902	2198	978	5649	5062	28
18793	2489	18288	2216	28328	14335	601
1064697	1582778	1087568	1377973	3088609	2804348	16383
284892	228399	257450	212470	436709	355996	1744
890968	792336	852261	718289	3501558	3078905	26670
215842	121363	202274	103953	495798	428699	5192
77875	78387	82223	66966	206372	183488	462
754344	846468	733629	733678	2218237	2051079	11428
802256	877174	807808	740417	1715530	1461340	11304
1268463	1312182	1229257	1236193	4517430	3933564	41508
285396	141388	274762	115791	762391	597656	20266
118210	40515	112275	26852	301771	224979	7870
41356	21868	41098	19941	137376	111853	4640
92147	58328	90140	49422	187576	155964	2956
33683	20678	31249	19577	135667	104862	4800
2399005	2017927	2338872	1788230	7332784	6557138	40530

2-31 续表 1-1

项目	企业单位数(个)	工业总产值	工业销售产值	出口交货值	资产合计
农副食品加工业	38	152572	146595	11695	56009
食品制造业	26	153468	145418	50487	87389
饮料制造业	17	72422	71540		51024
烟草制品业	1	8406	8406		41380
纺织业	143	830680	812766	15369	384407
纺织服装、鞋、帽制造业	18	68011	66831	17375	22347
皮革、毛皮、羽毛(绒)及其制品业	5	35075	33201	5070	13326
木材加工及木竹、藤、棕、草制品业	267	835002	812707	45367	455984
家具制造业	10	15900	15168	1384	11365
造纸及纸制品业	53	341597	334223	12950	468836
印刷业和记录媒介的复制	5	5548	5602		7349
文教体育用品制造业	2	2460	2449		746
石油加工及炼焦化	1	13645	13812		20748
化学原料及化学制品制造业	147	865076	837473	90953	598980
医药制造业	11	62866	59976	136	49875
化学纤维制造业	3	19959	19719		4457
橡胶制品业	7	42738	42137		29890
塑料制品业	22	70181	68894	379	28375
非金属矿物制品业	129	555430	547480	1562	417384
黑色金属冶炼及压延加工业	18	2332898	2324446		1631683
有色金属冶炼及压延加工业	8	128271	109542		79853
金属制品业	17	45527	43041	4014	28446
通用设备制造业	120	370372	364433	4831	225887
专用设备制造业	26	172491	168235	16340	223538
交通运输设备制造业	10	139250	138065	126	25162
电气机械及器材制造业	12	65859	58949		33277
通信设备、计算机及其电子设备制造业	7	24848	23660	9802	16018
仪器仪表及文化、办公用机械制造业	4	6154	6047	3868	4858
工艺品及其他制造业	8	15299	15288	10272	5585
废弃资源和废旧材料回收加工业	2	4733	4653		486
电力、燃气及水的生产和供应业	76	558593	557473		1103047
电力、热力的生产和供应业	69	547842	546731		1056759
燃气生产和供应业	1	1841	1841		8724
水的生产和供应业	6	8910	8902		37564

单位：万元

流动资产合计	固定资产合计	流动资产平均余额	固定资产平均余额	主营业务收入	主营业务成本	主营业务税金及附加
30526	21038	27866	15791	147502	130255	664
50431	29761	47464	25882	147394	127539	815
25252	23482	26539	22303	69724	47420	4482
26930	11486	22931	13415	7998	3596	98
196456	155878	198351	147600	810906	739615	2690
13061	9256	12731	10207	66175	60573	315
7808	5517	6880	4153	35609	31038	46
226539	188694	223931	168982	817999	710524	5037
5156	4582	4942	3658	15277	13144	133
140819	218546	138459	216586	332439	309428	1795
3422	2645	3225	2553	5660	4100	90
286	460	287	460	2449	2007	7
13286	7413	11134	7747	14525	6222	202
275953	282910	235332	242320	844180	726943	3349
21473	20304	21134	19564	60115	47185	354
3224	1233	3111	1572	19756	17867	87
17878	11089	13939	8172	42043	37659	55
16139	11339	15156	10115	67698	62744	290
202124	173361	208487	156236	569132	493814	4388
733309	639913	739228	563936	2330686	2167228	11107
43578	22401	38657	11567	104502	100801	150
19534	7563	18998	6775	44348	37131	219
131506	79708	123318	62644	363017	325699	2942
145799	56583	149797	35163	169237	145028	547
13954	10509	12660	9936	138707	115217	151
17695	14559	16789	13058	56365	50966	432
9330	4786	10099	5081	23279	20108	6
3631	764	3526	771	6082	5359	14
3436	2129	3488	1968	15388	13467	66
470	16	415	15	4593	4460	3
140662	876509	157060	806267	356022	291189	3444
125423	855223	144152	786047	345294	282360	3375
1662	7049	1818	6438	1841	1880	10
13578	14238	11090	13782	8887	6948	58

2-31 续表 2-1

项　　目	营业费用	管理费用	财务费用	利息支出	利润总额
总　　计	**145459**	**296072**	**154168**	**153415**	**245930**
#国有控股企业	43483	107084	63651	70429	81855
#亏损企业	12342	41125	34023	37912	-55047
一、按轻重工业分					
轻工业	32330	68545	22096	25533	41728
以农产品为原料	27787	58740	19341	23024	32398
以非农产品为原料	4543	9806	2755	2509	9330
重工业	113129	227527	132073	127882	204202
采掘工业	27025	43193	1544	2311	54170
原料工业	64264	126548	111831	108732	79288
加工工业	21840	57786	18698	16839	70745
二、按登记类型分					
内资企业	123976	268694	143099	143037	223646
国有企业	4774	15924	3313	3997	18085
集体企业	4265	17068	3580	3385	11323
股份合作企业	47	164	27	23	-203
联营企业	899	3355		-7	9135
有限责任公司	29233	88349	81746	86879	53640
股份有限公司	12835	26176	12884	12894	47596
私营企业	71924	117658	41549	35866	84069
其他企业					
港、澳、台商投资企业	15561	21766	6741	6118	17918
外商投资企业	5923	5612	4328	4260	4367
三、按规模分					
大型企业	19163	56201	45102	46751	42585
中型企业	39210	72705	46674	50191	60862
小型企业	87087	167167	62393	56473	142483
四、按行业分					
采矿业	26626	42497	1459	2256	53515
煤炭开采和洗选业	8046	15656	-39	830	28575
石油和天然气开采业					
黑色金属矿采选业	5197	7314	301	304	8471
有色金属矿采选业	4232	12936	242	222	9537
非金属矿采选业	9152	6591	955	900	6933
其他矿采选业					
制造业	117046	237618	109100	108400	195520

单位：万元

亏损企业亏损额	利税总额	税金总额	本年应交增值税	本年应付工资福利费	全部从业人员年平均人数(人)
55047	**639680**	**393749**	**329510**	**501761**	**169209**
14696	252708	170853	153224	164455	43283
55047	-16412	38636	32861	65197	26407
10863	110293	68565	55410	127834	52438
10442	93511	61113	49132	112488	46389
421	16782	7452	6279	15346	6049
44184	529387	325185	274100	373927	116771
4315	127846	73676	53044	70053	21180
36720	294433	215145	191433	229031	69947
3148	107109	36364	29622	74843	25644
42421	586842	363196	304611	465970	153146
5705	40957	22872	20355	36445	9386
900	43024	31700	21059	33619	10104
477	80	283	255	453	151
	12434	3299	2698	2320	957
19646	208921	155280	138897	133943	34645
2532	64722	17127	15382	25814	8727
13162	216704	132635	105965	233376	89176
10586	41334	23416	18224	29453	13031
2041	11504	7137	6675	6338	3032
2200	155813	113228	101800	91839	21660
28375	140377	79515	68211	108294	35750
24472	343489	201007	159499	301629	111799
4315	126093	72578	52313	68298	20604
399	61836	33262	25392	38437	10400
638	20241	11770	7130	6947	2471
3003	24653	15116	12160	11520	3682
276	19363	12431	7631	11395	4051
31007	478512	282993	242462	395677	138095

2-31 续表 2-2

项目	营业费用	管理费用	财务费用	利息支出	利润总额
农副食品加工业	3036	5039	1487	1188	2132
食品制造业	1943	3519	2323	2232	5477
饮料制造业	2669	6602	304	288	9578
烟草制品业	606	2979	-252	-252	3677
纺织业	7526	16823	8682	7672	6449
纺织服装、鞋、帽制造业	1151	1676	111	75	1265
皮革、毛皮、羽毛(绒)及其制品业	117	422	517	221	1896
木材加工及木竹、藤、棕、草制品业	22778	29933	12934	11707	27270
家具制造业	278	1016	244	175	646
造纸及纸制品业	7293	15429	4296	9988	-2432
印刷业和记录媒介的复制	182	692	325	320	1
文教体育用品制造业	80	116	8	7	233
石油加工及炼焦化	249	680	91	106	7134
化学原料及化学制品制造业	16200	36448	15300	14541	59148
医药制造业	1999	3869	1526	1442	6019
化学纤维制造业	123	279	67	49	374
橡胶制品业	569	919	572	338	1013
塑料制品业	734	1716	364	348	1532
非金属矿物制品业	15226	23505	8903	8063	9596
黑色金属冶炼及压延加工业	15827	47728	41023	40857	37414
有色金属冶炼及压延加工业	1496	1784	1837	1814	-2560
金属制品业	1139	2393	618	588	1038
通用设备制造业	6805	16235	3928	3466	7836
专用设备制造业	4294	10586	2591	2366	5655
交通运输设备制造业	2484	3273	268	256	2343
电气机械及器材制造业	1231	1974	528	433	1620
通信设备、计算机及其电子设备制造业	368	1052	369	12	607
仪器仪表及文化、办公用机械制造业	158	379	14	2	177
工艺品及其他制造业	444	496	124	102	358
废弃资源和废旧材料回收加工业	45	60			25
电力、燃气及水的生产和供应业	1788	15957	43610	42759	-3104
电力、热力的生产和供应业	1217	13116	43298	42439	-2572
燃气生产和供应业	405	452	38	38	-391
水的生产和供应业	166	2390	274	282	-142

注：本表产值指标包含省电力有限公司分解数据，效益指标不包含省电力有限公司数据。

单位：万元

亏损企业亏损额	利税总额	税金总额	本年应交增值税	本年应付工资福利费	全部从业人员年平均人数（人）
1089	4519	2387	1723	5053	2545
94	8232	2755	1940	6536	2491
	17975	8397	3915	4592	1994
	4865	1188	1090	1617	159
1969	27982	21534	18843	52548	21491
18	4424	3158	2843	6244	2703
	3476	1580	1534	1910	560
1430	57731	30461	25423	71580	26976
	1089	444	311	1316	574
7135	11948	14380	12585	19554	8903
73	403	402	313	933	425
	382	149	142	319	147
	9058	1924	1721	972	169
1766	84249	25101	21753	48395	17004
21	8791	2772	2418	2927	1177
52	1022	648	561	1251	379
168	2260	1247	1192	2049	844
400	3757	2225	1935	4317	1528
4939	35974	26378	21990	35131	13069
939	147268	109854	98747	73926	14949
8568	408	2968	2818	2704	1112
102	2511	1474	1255	2741	1150
2022	21161	13325	10383	19727	7569
	9701	4046	3499	13502	3717
	3763	1420	1270	6830	2251
56	3359	1739	1307	3859	1295
139	879	272	267	2557	1437
9	471	294	280	995	443
20	797	439	373	1512	996
	61	36	33	84	38
19725	35074	38178	34735	37786	10510
19066	34906	37478	34103	35085	9659
391	-303	88	78	611	180
268	470	612	554	2090	671

2-32 泉州市规模以上工业

项　　目	企业单位数（个）	工业总产值	工业销售产值		资产合计
				出口交货值	
总　　计	**4892**	**42713966**	**41569310**	**9199881**	**29225837**
#国有控股企业	68	4112902	3992586	8774	5538602
#亏损企业	205	2828117	2663521	253896	5309865
一、按轻重工业分					
轻工业	3211	26785575	26158674	7474636	16396685
以农产品为原料	2259	21207611	20819746	5059384	12631891
以非农产品为原料	952	5577964	5338928	2415252	3764794
重工业	1681	15928391	15410636	1725245	12829153
采掘工业	69	1160949	1152481	12703	522473
原料工业	364	7198323	6977470	190110	7537884
加工工业	1248	7569120	7280685	1522433	4768796
二、按登记类型分					
内资企业	2683	18498085	18044086	2800756	10673016
国有企业	40	1709416	1696241	6271	1062055
集体企业	32	355011	352536	18985	215514
股份合作企业	175	1641638	1612478	264163	659014
联营企业	8	184976	184862	3769	111090
有限责任公司	245	2278297	2186191	277218	1364908
股份有限公司	52	673912	668731	75349	822363
私营企业	2112	11585464	11281889	2142203	6368291
其他企业	19	69372	61158	12799	69781
港、澳、台商投资企业	1535	15204826	14909582	4505208	10030858
外商投资企业	674	9011055	8615643	1893917	8521964
三、按规模分					
大型企业	29	5430906	5345198	387916	6370677
中型企业	643	19648468	19161126	4301397	12095978
小型企业	4220	17634592	17062987	4510568	10759183
四、按行业分					
采矿业	70	1154090	1145276	2552	532774
煤炭开采和洗选业	15	115789	116655		76792
石油和天然气开采业					
黑色金属矿采选业	18	896390	887660		357962
有色金属矿采选业	10	54293	54062		28351
非金属矿采选业	27	87618	86898	2552	69670
其他矿采选业					
制造业	4749	39297667	38184895	9197329	26788607

注：本表产值指标包含省电力有限公司分解数据，效益指标不包含省电力有限公司数据。

企业主要产值、效益指标

单位：万元

流动资产合计	固定资产合计	流动资产平均余额	固定资产平均余额	主营业务收入	主营业务成本	主营业务税金及附加
14284864	**9776640**	**13417441**	**8877603**	**40955360**	**33825430**	**408756**
1107680	1513856	1008306	1323639	3161136	3139596	58871
1312255	1091555	1241862	899667	2675029	2768484	47629
9487963	5394209	8919583	5015609	26346758	21603444	209586
7363366	4066713	6894339	3836514	20993073	17176723	171555
2124597	1327497	2025244	1179095	5353685	4426721	38031
4796901	4382430	4497857	3861994	14608602	12221986	199170
125145	281111	118243	216731	1174666	798442	32737
2123329	2313916	1967497	2034910	6144998	5661350	67876
2548427	1787403	2412117	1610354	7288938	5762194	98558
4924776	4634292	4536606	4221605	17268987	14018262	229563
258006	726270	189023	535805	823059	768200	4336
91374	114421	80651	108320	352028	289020	4617
217070	333891	200341	283703	1613027	1232627	15234
16410	89520	12901	86065	187589	176309	572
514980	671159	487020	655744	2219072	1829737	23186
354146	344590	350103	329553	662717	513821	15667
3436394	2329947	3181170	2198232	11316262	9122619	165534
36395	24495	35396	24184	95233	85930	417
5980686	3153657	5587849	2914565	15000974	12261306	100483
3379402	1988690	3292986	1741433	8685399	7545863	78709
2159951	1167914	2053688	1045100	5366644	4633510	49945
6522744	4504902	6045279	4072479	19300768	15724008	141494
5602168	4103823	5318474	3760024	16287948	13467913	217317
138183	279223	128253	214749	1167962	792278	32882
22525	28537	20614	28516	130700	64845	21588
69810	208221	71715	165270	896536	623753	6207
12441	10076	7642	9724	53386	38370	2227
33408	32389	28283	11239	87340	65311	2859
13752989	8228754	12940223	7613276	38426800	31804031	367075

2-32 续表 1-1

项目	企业单位数(个)	工业总产值	工业销售产值	出口交货值	资产合计
农副食品加工业	56	1106636	1056157	32631	338114
食品制造业	78	1255098	1218504	107353	612609
饮料制造业	65	630515	617872	15157	397014
烟草制品业					
纺织业	355	2977263	2910071	555191	2636009
纺织服装、鞋、帽制造业	712	5953627	5734165	2085674	3474619
皮革、毛皮、羽毛(绒)及其制品业	777	7508937	7562812	2184037	3756412
木材加工及木竹、藤、棕、草制品业	9	77727	75165	12789	36322
家具制造业	24	189527	185476	61477	176844
造纸及纸制品业	160	1452784	1386936	26535	1160352
印刷业和记录媒介的复制	51	210476	223074	40586	138819
文教体育用品制造业	59	207568	193261	110682	191349
石油加工及炼焦化	7	1769056	1680748		3751822
化学原料及化学制品制造业	96	765433	734058	37255	509132
医药制造业	11	96753	99184	15294	102868
化学纤维制造业	46	856865	815761	61727	941707
橡胶制品业	105	787102	756768	101019	527127
塑料制品业	196	1095022	1040739	248522	730196
非金属矿物制品业	951	5160128	5024403	1540522	2985389
黑色金属冶炼及压延加工业	24	812864	803167	361	450824
有色金属冶炼及压延加工业	20	455043	442556	31442	146101
金属制品业	90	516888	490993	90449	260088
通用设备制造业	125	944526	909580	138995	604131
专用设备制造业	110	690314	640721	60439	527049
交通运输设备制造业	90	437343	414698	132022	442095
电气机械及器材制造业	55	652449	638813	61074	403743
通信设备、计算机及其电子设备制造业	62	505706	455192	106313	406978
仪器仪表及文化、办公用机械制造业	16	48895	48320	14912	31464
工艺品及其他制造业	399	2133122	2025699	1324872	1049433
废弃资源和废旧材料回收加工业					
电力、燃气及水的生产和供应业	73	2262210	2239139		1904455
电力、热力的生产和供应业	50	2159803	2137172		1617602
燃气生产和供应业	2	25412	25412		40583
水的生产和供应业	21	76995	76555		246271

单位：万元

流动资产合计	固定资产合计	流动资产平均余额	固定资产平均余额	主营业务收入	主营业务成本	主营业务税金及附加
212709	105899	190564	97382	1113249	982718	6254
289096	254566	273790	237534	1211532	971136	7295
214409	150500	199795	146918	635519	412745	18587
1215954	1121177	1233641	1019055	2895208	2465802	19749
2271653	843622	2005058	822553	5842385	4756808	48516
2345014	1077352	2226509	1020028	7558015	6201395	56333
17826	17376	17387	16365	75007	64460	1090
124777	39056	123290	32515	186237	144369	972
675887	428090	640606	415529	1402476	1118168	12291
59315	61053	61166	59034	220245	186019	2340
121568	41806	117603	42693	191546	157933	1303
709782	306166	673264	310903	1667302	1802635	40512
282341	201927	240362	195631	770978	644072	5706
59550	34464	48235	34778	99984	78846	540
528576	365649	510225	310139	823093	726037	2251
276907	213604	271421	178331	760823	636488	7158
407651	270795	361911	251662	1059354	882785	6325
1490981	1228934	1409079	1178976	5019247	3989860	79875
174988	215280	174601	178974	804955	655813	1499
87396	52876	86827	48346	445391	373709	1691
141764	91789	134354	77031	478138	390687	3648
326997	195553	307967	190796	890684	698387	8320
304232	177607	302926	157511	649032	518337	6413
229952	174155	211544	100341	439264	368117	5157
259038	98995	221845	89408	645509	516780	3734
273034	114679	265144	92308	460070	355772	2661
13316	15170	16154	14555	47764	39797	395
638278	330617	614957	293983	2033798	1664358	16462
393691	1268663	348965	1049578	1360597	1229121	8799
330956	1108924	287695	908278	1258635	1155056	8013
10895	6750	11392	6761	25328	25610	20
51841	152990	49878	134538	76634	48455	767

2-32 续表 2-1

项 目	营业费用	管理费用	财务费用	利息支出	利润总额
总 计	**1335718**	**1575175**	**364447**	**311957**	**3894361**
#国有控股企业	21919	89363	34752	36654	-3718
#亏损企业	30715	85928	42915	46868	-146782
一、按轻重工业分					
轻工业	966743	1011734	211152	181425	2522436
以农产品为原料	806358	796365	142871	127918	2042567
以非农产品为原料	160385	215368	68282	53507	479869
重工业	368975	563442	153295	130532	1371925
采掘工业	30684	38003	5161	3419	270691
原料工业	63400	170718	76174	70965	316122
加工工业	274891	354720	71959	56148	785112
二、按登记类型分					
内资企业	548145	712279	176566	140737	1680137
国有企业	3190	15993	22328	23397	25039
集体企业	10340	15041	2084	1886	30986
股份合作企业	42255	47286	5365	3109	273200
联营企业	2802	2344	2422	2407	7716
有限责任公司	73012	105084	24991	16390	194990
股份有限公司	33468	34423	9882	9383	59230
私营企业	382102	489676	109188	83908	1083400
其他企业	976	2431	307	257	5577
港、澳、台商投资企业	545828	585576	138473	112005	1438045
外商投资企业	241744	277320	49408	59215	776179
三、按规模分					
大型企业	224009	183131	39167	39646	431114
中型企业	667871	736226	163330	154432	2014999
小型企业	443838	655818	161950	117879	1448248
四、按行业分					
采矿业	30368	37665	4434	2779	271664
煤炭开采和洗选业	2216	8858	827	815	26707
石油和天然气开采业					
黑色金属矿采选业	21671	22358	2160	1437	223748
有色金属矿采选业	233	2039	290	281	10625
非金属矿采选业	6248	4411	1157	246	10585
其他矿采选业					
制造业	1297962	1495382	322420	273681	3564307

单位：万元

亏损企业亏损额	利税总额	税金总额	本年应交增值税	本年应付工资福利费	全部从业人员年平均人数（人）
146782	**5648161**	**1753800**	**1345044**	**4034930**	**1421898**
106871	123432	127151	68280	98753	23644
146782	-46774	100008	52379	138162	46811
25156	3604545	1082109	872523	2807296	1059988
12045	2913129	870562	699007	2139071	796018
13110	691416	211547	173516	668225	263970
121626	2043616	671691	472521	1227633	361910
1049	373585	102895	70158	91191	19189
117709	562695	246573	178697	315569	92866
2869	1107336	322224	223666	820873	249855
34689	2501557	821420	591856	1797664	613460
22043	64636	39597	35262	29707	10726
82	50911	19924	15307	29361	10215
157	366312	93113	77879	127566	38416
258	13263	5548	4976	4568	1120
4211	295399	100409	77223	182326	61960
4488	100316	41086	25418	57578	19017
3449	1602785	519385	353851	1359897	469026
	7934	2358	1941	6661	2980
13509	2025526	587482	486998	1571092	579525
98584	1121078	344899	266189	666174	228913
84099	665561	234447	184501	398006	93540
16982	2772821	757822	616328	1773406	574968
45700	2209779	761532	544215	1863518	753390
113	375136	103472	70590	89511	20621
	60683	33976	12388	23775	7642
	282406	58658	52451	54844	8003
86	15456	4831	2604	2296	652
27	16591	6006	3147	8596	4324
120251	5146371	1582065	1214990	3891998	1389172

2-32 续表 2-2

项目	营业费用	管理费用	财务费用	利息支出	利润总额
农副食品加工业	21281	22071	-2529	8198	126350
食品制造业	63489	49022	10959	7871	116011
饮料制造业	61455	21095	3614	2923	117923
烟草制品业					
纺织业	50110	99907	35195	28766	239142
纺织服装、鞋、帽制造业	244085	234340	35399	27792	528398
皮革、毛皮、羽毛(绒)及其制品业	301817	305433	43127	36795	717283
木材加工及木竹、藤、棕、草制品业	1396	2199	1573	1407	6004
家具制造业	8029	9928	3428	2433	15571
造纸及纸制品业	50868	47323	11958	10737	169729
印刷业和记录媒介的复制	5121	10188	2366	1944	15088
文教体育用品制造业	7233	10613	2850	2711	12177
石油加工及炼焦化	7937	42264	1323	4643	-77034
化学原料及化学制品制造业	25673	29332	8882	9098	67961
医药制造业	5366	4728	2120	2095	10512
化学纤维制造业	7242	10601	16684	16417	74127
橡胶制品业	13760	25270	8592	5924	75206
塑料制品业	25085	46475	10102	8244	99672
非金属矿物制品业	208498	239128	48099	35501	484670
黑色金属冶炼及压延加工业	6964	19762	12330	11528	134255
有色金属冶炼及压延加工业	3582	8971	2890	2580	43122
金属制品业	15347	24148	6189	5355	47271
通用设备制造业	32903	44313	12914	11233	105207
专用设备制造业	21456	29313	9615	7127	64907
交通运输设备制造业	9923	16582	3089	2174	35469
电气机械及器材制造业	13074	23892	6024	3221	96671
通信设备、计算机及其电子设备制造业	15873	25274	5648	4645	57565
仪器仪表及文化、办公用机械制造业	1275	3162	347	251	3038
工艺品及其他制造业	69122	90052	19632	12068	178011
废弃资源和废旧材料回收加工业					
电力、燃气及水的生产和供应业	7388	42128	37592	35497	58390
电力、热力的生产和供应业	4368	32324	34218	32162	42664
燃气生产和供应业	50	720	196	195	765
水的生产和供应业	2970	9084	3178	3140	14962

注：本表产值指标包含省电力有限公司分解数据，效益指标不包含省电力有限公司数据。

单位：万元

亏损企业亏损额	利税总额	税金总额	本年应交增值税	本年应付工资福利费	全部从业人员年平均人数(人)
68	162975	36625	30371	63085	15208
79	158865	42854	35559	88814	31174
4857	172236	54314	35727	38135	13030
1348	326334	87192	67442	324651	103542
2840	758206	229808	181291	613769	248309
486	1056652	339369	283037	877681	339797
963	9917	3913	2824	5703	1632
379	22004	6433	5461	19383	6834
1780	235039	65310	53018	102721	34638
161	25782	10694	8354	21509	7270
167	18286	6109	4805	27991	12319
85597	-36214	40819	308	34123	4200
2369	94750	26789	21083	52050	15203
	16916	6404	5865	6785	2953
8298	103837	29710	27459	32320	11880
	104943	29737	22579	84163	34236
712	135175	35503	29178	124664	43193
2443	726792	242122	162247	603673	206874
3972	190900	56646	55147	43481	9574
7	51585	8462	6772	30262	6848
398	67383	20113	16464	49476	18106
382	135920	30713	22393	136098	32319
712	92435	27527	21115	54586	18576
421	52263	16795	11637	33261	11979
62	125629	28957	25224	54103	16926
442	72524	14959	12298	49874	16270
	4976	1939	1544	6772	3205
1310	260261	82250	65789	312869	123077
26419	126653	68264	59464	53421	12105
24655	105492	62828	54815	43250	9316
271	1063	299	279	711	274
1493	20099	5137	4370	9460	2515

2-33 漳州市规模以上工业

项　目	企业单位数(个)	工业总产值	工业销售产值	出口交货值	资产合计
总　计	**1861**	**12442620**	**11900285**	**3470416**	**9109132**
#国有控股企业	50	774329	769071	34223	799162
#亏损企业	336	1249340	1178021	361259	1539661
一、按轻重工业分					
轻工业	1139	6505020	6176577	2806226	3978150
以农产品为原料	752	3926559	3770171	1325646	2433867
以非农产品为原料	387	2578462	2406406	1480581	1544283
重工业	722	5937600	5723708	664189	5130982
采掘工业	34	74415	73272	2872	59816
原料工业	251	3353648	3230001	168691	3394552
加工工业	437	2509537	2420436	492626	1676613
二、按登记类型分					
内资企业	1154	5281277	5120864	918968	3570440
国有企业	28	521724	521724	5	346287
集体企业	40	95350	95296	7710	46544
股份合作企业	23	134696	129812	37248	164043
联营企业	1	594	594		2045
有限责任公司	180	878540	851893	139837	942092
股份有限公司	19	113602	111695	24617	225825
私营企业	863	3536772	3409850	709551	1843604
其他企业					
港、澳、台商投资企业	486	4231570	4000090	1666351	2566054
外商投资企业	221	2929773	2779332	885097	2972639
三、按规模分					
大型企业	3	1418320	1285912	888273	662078
中型企业	139	4643241	4448449	1261289	4301567
小型企业	1719	6381059	6165924	1320854	4145488
四、按行业分					
采矿业	23	39496	39238		39205
煤炭开采和洗选业					
石油和天然气开采业					
黑色金属矿采选业	2	3795	3861		1477
有色金属矿采选业	3	4374	4796		2602
非金属矿采选业	18	31327	30581		35126
其他矿采选业					
制造业	1777	11102652	10560880	3470410	7041018

注：本表产值指标包含省电力有限公司分解数据，效益指标不包含省电力有限公司数据。

企业主要产值、效益指标

单位：万元

流动资产合计	固定资产合计	流动资产平均余额	固定资产平均余额	主营业务收入	主营业务成本	主营业务税金及附加
4999406	**3450656**	**4835891**	**3061519**	**11556873**	**10316899**	**33883**
267712	456561	254382	333937	505235	418370	4351
686111	732929	687322	614033	1150180	1088533	3682
2476788	1209091	2416976	1038626	6134304	5464407	18110
1492308	774132	1413102	643734	3721132	3329295	12259
984481	434958	1003875	394892	2413172	2135112	5851
2522618	2241565	2418915	2022893	5422569	4852492	15773
27160	27473	25800	20242	65082	52657	907
1440394	1741628	1398651	1615073	2973991	2733652	5371
1055063	472465	994464	387578	2383496	2066183	9495
1821835	1398179	1704828	1160640	4854791	4248413	25954
93948	204425	89579	181496	261085	243214	3089
31059	14380	29972	12410	91869	81382	1211
90197	67531	83308	35185	130588	102565	878
240	1800	281	1263	594	258	3
364943	493591	339737	441137	856753	748820	4235
100437	108947	95597	43549	112788	86378	782
1141011	507506	1066356	445600	3401114	2985797	15755
1716695	705326	1713689	596595	3921213	3550211	5833
1460877	1347151	1417374	1304284	2780869	2518275	2096
511112	101747	551438	108843	1295736	1108144	937
2229983	1825036	2122461	1624313	4410673	3972716	8327
2258311	1523874	2161993	1328363	5850464	5236040	24619
13539	24201	12695	22590	40059	30638	804
635	829	439	655	3861	3351	30
2025	577	2060	622	4785	4375	7
10879	22796	10196	21313	31414	22912	767
4279652	2198373	4117322	1861385	10478239	9319827	30421

2-33 续表 1-1

项　　目	企业单位数(个)	工业总产值	工业销售产值		资产合计
				出口交货值	
农副食品加工业	224	1506645	1431478	505080	837067
食品制造业	132	852265	815106	438689	414471
饮料制造业	39	189036	181825	9742	143251
烟草制品业					
纺织业	51	125122	122919	56121	103366
纺织服装、鞋、帽制造业	80	284726	283134	118427	86082
皮革、毛皮、羽毛(绒)及其制品业	45	128511	119232	57273	68450
木材加工及木竹、藤、棕、草制品业	67	183861	179918	24422	96472
家具制造业	105	501510	478314	300741	289711
造纸及纸制品业	104	597356	581849	20705	501369
印刷业和记录媒介的复制	23	47473	47597	939	39860
文教体育用品制造业	42	250881	242339	94292	127369
石油加工及炼焦化	2	81248	81102		28930
化学原料及化学制品制造业	85	407875	386370	39338	263012
医药制造业	11	62123	61541	11794	138628
化学纤维制造业	2	4105	4000		5861
橡胶制品业	5	5513	5203	1393	4249
塑料制品业	82	213788	203292	57516	109828
非金属矿物制品业	140	444380	419091	36850	268819
黑色金属冶炼及压延加工业	35	985518	921315	81806	823102
有色金属冶炼及压延加工业	14	151762	121833		65300
金属制品业	109	841706	816006	286680	440322
通用设备制造业	73	455607	434609	146199	511470
专用设备制造业	30	83072	84488	16379	89938
交通运输设备制造业	61	884437	853738	73217	508727
电气机械及器材制造业	60	858455	754667	439175	512870
通信设备、计算机及其电子设备制造业	26	608384	581088	459249	268714
仪器仪表及文化、办公用机械制造业	47	174503	172465	104584	155067
工艺品及其他制造业	78	159722	157790	89801	107470
废弃资源和废旧材料回收加工业	5	13072	18572		31245
电力、燃气及水的生产和供应业	61	1300472	1300167	5	2028910
电力、热力的生产和供应业	49	1283361	1283366		1926526
燃气生产和供应业					
水的生产和供应业	12	17111	16801	5	102384

单位：万元

流动资产合计	固定资产合计	流动资产平均余额	固定资产平均余额	主营业务收入	主营业务成本	主营业务税金及附加
541364	247224	494356	194794	1428005	1329319	2605
280953	95803	271702	90627	807926	722869	3204
88240	46958	83172	48834	178886	130437	2297
52102	44121	54011	40994	120659	108658	733
59342	23590	56118	23277	280793	254508	1008
48855	10667	47724	9319	114576	105065	225
54768	34661	50076	28005	170030	149809	1059
191979	78306	183551	62331	478731	418948	956
259099	201982	250323	168221	562836	502448	1308
19426	16098	18649	11844	46033	40466	182
73670	33682	72145	32379	236396	210973	448
18327	8392	12794	7675	81102	77229	16
143016	104993	137991	79568	382249	330278	1536
78090	57730	71819	27036	59670	28495	512
1815	3116	1836	2280	4080	2790	9
1599	2363	1431	2393	5183	4758	73
65017	39047	67493	36680	204209	185271	315
148762	104160	143463	91782	416327	360291	2807
404623	326032	375606	295900	911349	864236	607
41545	19074	38789	17368	145977	122242	114
271089	122740	256196	104938	798379	706968	3422
291279	187451	273507	139902	434237	388685	1286
51656	27141	48268	21140	84438	72298	199
381344	73719	351763	60695	827892	694599	1088
321282	164298	355273	155263	763663	684419	3061
222108	35540	237240	29833	586999	512268	617
91622	40039	83167	34639	170074	154225	331
65677	35387	66101	35453	159063	139121	395
11004	14058	12760	8213	18476	18156	7
706215	1228081	705874	1177544	1038575	966434	2658
677247	1169405	684768	1129875	1022072	953495	2605
28968	58676	21105	47669	16503	12939	53

2-33 续表 2-1

项目	营业费用	管理费用	财务费用	利息支出	利润总额
总计	**240769**	**346701**	**86370**	**127690**	**556749**
#国有控股企业	17712	25154	10081	8914	48011
#亏损企业	33444	59834	26216	24497	-63220
一、按轻重工业分					
轻工业	157566	205624	58064	58206	238919
以农产品为原料	91261	110160	40206	37639	136350
以非农产品为原料	66305	95464	17858	20567	102568
重工业	83203	141077	28306	69483	317830
采掘工业	3929	5191	1473	310	1633
原料工业	26173	55508	7582	45604	145827
加工工业	53101	80378	19251	23569	170370
二、按登记类型分					
内资企业	115064	158011	69905	58909	260816
国有企业	6337	7278	3861	3329	5914
集体企业	1934	3108	623	531	3639
股份合作企业	6722	5955	1570	1199	18448
联营企业		212	-3		158
有限责任公司	20487	32667	19749	17790	39776
股份有限公司	4677	12600	2166	1921	9152
私营企业	74907	96191	41938	34138	183729
其他企业					
港、澳、台商投资企业	78639	117162	27719	34373	148255
外商投资企业	47067	71528	-11254	34409	147678
三、按规模分					
大型企业	27712	28958	11600	16279	126612
中型企业	80557	112301	10468	52703	235141
小型企业	132500	205443	64302	58708	194996
四、按行业分					
采矿业	2463	4306	463	312	1663
煤炭开采和洗选业					
石油和天然气开采业					
黑色金属矿采选业	86	161	53	12	180
有色金属矿采选业	65	136	-10	22	211
非金属矿采选业	2312	4009	420	278	1272
其他矿采选业					
制造业	234895	325119	92951	102999	496374

单位：万元

亏损企业亏损额	利税总额	税金总额	本年应交增值税	本年应付工资福利费	全部从业人员年平均人数（人）
63220	**936097**	**379349**	**345466**	**710689**	**293988**
5668	76966	28955	24604	46847	13656
63220	-33397	29823	26140	97170	49499
39045	419320	180402	162291	453493	205123
28942	243907	107556	95297	238753	121417
10103	175414	72845	66994	214740	83706
24175	516777	198947	183175	257195	88865
503	4697	3064	2157	8772	3906
12049	265314	119487	114116	102440	33623
11623	246766	76396	66902	145984	51336
22342	430622	169806	143853	292603	125948
2947	22513	16599	13510	25449	7431
78	8019	4381	3169	6992	2617
281	25442	6994	6116	10256	3626
	198	40	37	68	24
5083	65879	26103	21868	48990	21220
5921	13600	4448	3666	14777	5106
8032	294972	111243	95488	186071	85924
22203	253015	104761	98928	293830	117592
18674	252460	104782	102686	124256	50448
	188051	61440	60503	113078	26912
19319	391145	156004	147677	246127	92874
43900	356901	161905	137286	351483	174202
272	4320	2657	1853	5085	2565
12	271	91	61	254	106
	261	50	43	110	93
260	3789	2516	1750	4721	2366
58820	802916	306542	276121	669549	283069

2-33 续表 2-2

项　　目	营业费用	管理费用	财务费用	利息支出	利润总额
农副食品加工业	24029	31149	15933	15211	22722
食品制造业	23475	20402	9588	7896	34755
饮料制造业	11482	7927	2945	3312	20035
烟草制品业					
纺织业	3250	5164	704	648	2210
纺织服装、鞋、帽制造业	4606	9763	480	518	8302
皮革、毛皮、羽毛(绒)及其制品业	1455	5186	-248	202	2246
木材加工及木竹、藤、棕、草制品业	4290	5449	2317	1212	9051
家具制造业	15106	22374	5308	4651	9572
造纸及纸制品业	10050	14159	8115	7303	26045
印刷业和记录媒介的复制	1067	2078	689	254	1617
文教体育用品制造业	5053	10195	611	418	9465
石油加工及炼焦化	17	1146	1399	1223	1284
化学原料及化学制品制造业	12136	17598	2858	3183	18828
医药制造业	6858	7752	675	387	20994
化学纤维制造业	454	620	94		114
橡胶制品业	173	271	1	44	-93
塑料制品业	5646	6437	1360	1049	5193
非金属矿物制品业	15218	14986	4221	3243	22370
黑色金属冶炼及压延加工业	7236	12276	5064	11147	19594
有色金属冶炼及压延加工业	540	1895	116	771	20474
金属制品业	14907	20244	12584	9082	42449
通用设备制造业	7231	19367	-2766	6685	26857
专用设备制造业	2910	8158	938	989	704
交通运输设备制造业	12832	16499	9496	8493	92343
电气机械及器材制造业	22466	28017	2341	4691	20749
通信设备、计算机及其电子设备制造业	11332	17513	4895	8013	53997
仪器仪表及文化、办公用机械制造业	5414	8332	2642	1871	826
工艺品及其他制造业	5456	9356	915	503	4031
废弃资源和废旧材料回收加工业	207	807	-322		-360
电力、燃气及水的生产和供应业	3411	17276	-7044	24379	58713
电力、热力的生产和供应业	2680	14144	-8846	23247	58967
燃气生产和供应业					
水的生产和供应业	731	3131	1803	1131	-254

单位：万元

亏损企业亏损额	利税总额	税金总额	本年应交增值税	本年应付工资福利费	全部从业人员年平均人数（人）
16640	49964	27242	24637	56656	31453
4248	57222	22467	19264	53033	24013
1188	34782	14747	12450	10218	4133
1770	5544	3335	2602	16519	9681
153	18545	10244	9235	36272	16883
306	5410	3164	2939	16438	10185
402	13070	4020	2961	12427	5816
3155	23849	14277	13322	40463	19630
1767	42424	16378	15070	24620	12868
31	3193	1576	1394	2332	1304
903	16008	6542	6095	24045	10647
	1469	185	169	311	118
3223	31038	12210	10673	14999	7293
17	26639	5645	5133	6434	1731
31	159	46	37	186	132
169	1	94	21	413	277
1447	9756	4563	4248	16951	7912
1474	37623	15253	12447	24746	11194
2448	35585	15990	15383	21388	7659
1393	23215	2741	2627	4920	1614
2465	68129	25680	22258	36279	13912
7734	35720	8863	7577	31214	10202
1206	2485	1781	1582	7348	3212
968	130823	38481	37393	53300	12526
1219	51553	30803	27742	96191	28578
318	66242	12245	11628	19394	8036
1776	4111	3285	2954	19246	9522
1705	8476	4445	4050	22847	12297
664	-118	241	234	361	241
4128	128862	70149	67491	36055	8354
2564	128551	69585	66979	33338	7342
1563	311	565	512	2717	1012

2-34 南平市规模以上工业

项目	企业单位数(个)	工业总产值	工业销售产值	出口交货值	资产合计
总计	**1132**	**5266712**	**5042815**	**391926**	**4403765**
#国有控股企业	45	1087257	1055237	28494	1365014
#亏损企业	175	611270	554998	67280	776777
一、按轻重工业分					
轻工业	516	2161016	2038057	272147	1841271
以农产品为原料	449	1765464	1639440	215437	1504370
以非农产品为原料	67	395552	398617	56710	336901
重工业	616	3105696	3004759	119779	2562494
采掘工业	85	203459	194067	6836	154160
原料工业	386	2131318	2063470	101542	1867946
加工工业	145	770918	747222	11401	540387
二、按登记类型分					
内资企业	1017	4466193	4264191	197672	3618333
国有企业	19	426433	414021		237805
集体企业	15	30444	27301	1257	18354
股份合作企业	2	11141	10697		6572
联营企业	4	32925	33437		78498
有限责任公司	72	842698	823670	36609	928229
股份有限公司	10	568946	532752	21384	731609
私营企业	895	2553607	2422314	138422	1617266
其他企业					
港、澳、台商投资企业	63	262374	252561	45993	218742
外商投资企业	52	538146	526064	148261	566690
三、按规模分					
大型企业	4	544172	523638	25753	843600
中型企业	51	1649917	1584407	172130	1354294
小型企业	1077	3072623	2934771	194043	2205871
四、按行业分					
采矿业	63	179362	171004		134737
煤炭开采和洗选业	5	19889	18372		31356
石油和天然气开采业					
黑色金属矿采选业	3	6831	6723		3636
有色金属矿采选业	23	90839	85337		71390
非金属矿采选业	32	61803	60572		28355
其他矿采选业					
制造业	1024	4654998	4440212	391926	3541313

注：本表产值指标包含省电力有限公司分解数据，效益指标不包含省电力有限公司数据。

企业主要产值、效益指标

单位：万元

流动资产合计	固定资产合计	流动资产平均余额	固定资产平均余额	主营业务收入	主营业务成本	主营业务税金及附加
1898781	**1973894**	**1804799**	**1794960**	**4843375**	**4129920**	**26738**
406267	727877	395605	657314	864171	776474	4736
282318	432014	251374	404082	578533	518180	3008
797175	761488	767225	699857	2022012	1672610	11125
606858	653743	588109	610461	1651740	1424528	9923
190317	107745	179115	89397	370271	248082	1202
1101606	1212407	1037574	1095103	2821363	2457310	15612
76457	45298	73572	42898	196085	151364	3007
676652	1031425	627341	936552	1870164	1652278	9322
348497	135683	336661	115653	755114	653669	3283
1541998	1646929	1464825	1489678	4087602	3559352	24851
91706	118721	91787	89395	223591	196326	1517
12637	3020	12800	3091	30141	25309	404
5339	1128	3813	940	10707	9865	62
12417	64436	10386	58997	30620	26072	279
294439	553116	293647	504558	839423	732237	4615
267465	298380	253941	289448	555201	499178	1838
857995	608128	798451	543249	2397921	2070365	16136
121673	68820	114148	62029	260931	219000	1017
235110	258146	225826	243253	494842	351568	869
264430	396533	261269	366806	534400	472624	1319
664528	530448	636081	455479	1568500	1308694	5824
969824	1046913	907449	972675	2740475	2348602	19595
64749	39909	62496	37673	172955	131895	2866
10653	2775	9812	2250	19317	11366	272
1472	2158	1544	1997	6683	5084	62
39670	23759	38394	23908	86188	66205	1594
12954	11217	12747	9519	60767	49240	938
1708482	1373321	1627050	1224762	4442773	3799243	21923

2-34 续表 1-1

项　　目	企业单位数(个)	工业总产值	工业销售产值	出口交货值	资产合计
农副食品加工业	61	357626	342758	13872	281274
食品制造业	34	206992	167255	28591	130743
饮料制造业	47	109071	100772	3565	76252
烟草制品业	1	4804	4804		25743
纺织业	53	262017	244206	22897	189309
纺织服装、鞋、帽制造业	24	38950	37864	10408	27924
皮革、毛皮、羽毛(绒)及其制品业	6	15376	14970	4054	7720
木材加工及木竹、藤、棕、草制品业	413	1059915	1018055	93654	580149
家具制造业	12	41043	39221	5341	25796
造纸及纸制品业	34	234525	217853	16405	450032
印刷业和记录媒介的复制	5	3738	3758		3378
文教体育用品制造业	11	11062	10604	1168	5543
石油加工及炼焦化					
化学原料及化学制品制造业	91	547459	532677	59353	378661
医药制造业	13	129763	116277	37888	128281
化学纤维制造业	1	778	666		496
橡胶制品业	4	34644	30416		24162
塑料制品业	20	66284	66336	1204	45487
非金属矿物制品业	43	160604	156366		177893
黑色金属冶炼及压延加工业	10	139238	131145		60237
有色金属冶炼及压延加工业	10	336096	318543	27467	290340
金属制品业	16	38591	38079	601	21455
通用设备制造业	24	62518	61454	2049	33814
专用设备制造业	23	61803	57462	2374	40336
交通运输设备制造业	13	76971	74612	1538	76741
电气机械及器材制造业	31	612164	612197	47295	427513
通信设备、计算机及其电子设备制造业	2	3703	4162	905	5143
仪器仪表及文化、办公用机械制造业	11	25879	24693	10395	19284
工艺品及其他制造业	10	11985	11610	904	7330
废弃资源和废旧材料回收加工业	1	1400	1400		281
电力、燃气及水的生产和供应业	45	432352	431600		727714
电力、热力的生产和供应业	39	425738	425512		699179
燃气生产和供应业					
水的生产和供应业	6	6614	6088		28535

单位：万元

流动资产合计	固定资产合计	流动资产平均余额	固定资产平均余额	主营业务收入	主营业务成本	主营业务税金及附加
107824	151846	104060	130117	344039	293080	983
63434	46260	49965	35369	181669	156733	1014
40962	25441	37498	20503	100887	76807	2490
4112	19818	4416	19841	6321	3334	99
89962	77153	90419	95670	240567	213470	772
16701	10697	15358	9472	37948	34415	214
5855	1234	5440	1117	14475	13615	37
308572	213467	286022	194746	1003904	867159	7284
14626	10404	14255	8056	39382	32387	281
131516	196453	141003	186701	222137	201504	735
1776	1523	1879	761	3848	3264	16
3852	1567	3744	1399	10719	9201	67
212823	127399	189012	109794	534850	460705	2706
76239	36710	69187	27572	113688	73205	116
268	228	270	226	784	666	32
15251	8525	15006	7504	27804	22892	372
24552	17636	22859	16560	63560	57938	243
65559	95551	55987	85552	152908	132534	824
33569	20199	28664	19917	134682	126028	139
95902	149137	107195	114201	341782	313060	873
13200	7006	13205	6606	38038	33509	228
19148	12311	17652	10746	61224	52892	309
22257	14240	22379	9454	56504	49359	229
49051	16946	46791	16049	82407	70242	149
274011	99287	266884	85380	586431	466314	1550
2359	2701	2395	2869	4161	3220	31
11892	5687	12376	4700	24983	20877	57
3057	3763	2979	3750	11673	9786	64
151	130	151	130	1400	1051	10
125550	560665	115253	532525	227647	198782	1949
118138	539973	108613	515731	221477	194898	1541
7413	20692	6640	16794	6170	3884	408

2-34 续表 2-1

项　　目	营业费用	管理费用	财务费用	利息支出	利润总额
总　　计	**173709**	**194543**	**99560**	**89973**	**235766**
#国有控股企业	26442	42758	32976	32554	3404
#亏损企业	19203	30787	27845	26200	-34261
一、按轻重工业分					
轻工业	94548	80040	35119	31193	141242
以农产品为原料	49078	63951	34213	30645	78228
以非农产品为原料	45470	16089	906	549	63014
重工业	79161	114503	64441	58779	94524
采掘工业	6392	17260	2209	1966	13216
原料工业	50623	66890	50629	46854	44218
加工工业	22146	30353	11603	9959	37091
二、按登记类型分					
内资企业	112680	161509	92301	84396	156475
国有企业	7654	9653	3006	3053	8661
集体企业	752	2015	295	257	881
股份合作企业	387	223	70	70	242
联营企业	26	3722	3463	3462	-702
有限责任公司	18084	28566	31140	29886	31855
股份有限公司	21274	26187	15341	14988	3496
私营企业	64503	91142	38986	32680	112042
其他企业					
港、澳、台商投资企业	8342	10429	3847	3327	17982
外商投资企业	52687	22605	3411	2250	61309
三、按规模分					
大型企业	15593	21405	18442	17852	19106
中型企业	82461	57606	28638	26501	103214
小型企业	75655	115532	52481	45620	113446
四、按行业分					
采矿业	5476	16044	1654	1502	13115
煤炭开采和洗选业	1438	2242	-8	8	2677
石油和天然气开采业					
黑色金属矿采选业	695	412	27	27	336
有色金属矿采选业	638	9736	1302	1294	6410
非金属矿采选业	2706	3654	334	173	3692
其他矿采选业					
制造业	167770	167250	74013	64836	226820

单位：万元

亏损企业亏损额	利税总额	税金总额	本年应交增值税	本年应付工资福利费	全部从业人员年平均人数（人）
34261	**412345**	**176580**	**149842**	**340791**	**146474**
16239	45750	42345	37610	61758	20550
34261	-9832	24429	21421	45367	20390
5410	203499	62258	51132	160577	73415
4506	125048	46820	36897	127769	63313
904	78451	15437	14235	32808	10102
28851	208846	114322	98710	180214	73059
1004	25839	12623	9615	20582	7164
25504	122340	78123	68801	121094	47520
2343	60667	23577	20294	38538	18375
27772	304503	148028	123177	294477	125540
1662	21409	12748	11231	17819	5293
45	2155	1274	870	2586	855
28	913	671	609	1165	713
850	2423	3126	2847	2450	1113
8485	65901	34046	29431	52282	21078
8058	22829	19333	17495	25018	10243
8646	188873	76831	60694	193157	86245
1259	25347	7365	6347	19807	10698
5229	82496	21187	20318	26507	10236
	30289	11183	9864	35945	14173
17249	166469	63255	57431	93401	31415
17012	215587	102142	82547	211444	100886
448	24831	11716	8850	17108	5318
20	4463	1785	1514	4097	773
	777	441	379	803	235
293	11887	5477	3884	7051	2449
135	7704	4012	3074	5157	1861
22032	371474	144654	122731	299380	134003

2-34 续表 2-2

项　　目	营业费用	管理费用	财务费用	利息支出	利润总额
农副食品加工业	8566	8697	7969	7158	25089
食品制造业	7880	6079	4751	4552	10294
饮料制造业	6113	5976	1287	1049	7453
烟草制品业	360	2333	100	100	1563
纺织业	4321	8551	4872	4313	7298
纺织服装、鞋、帽制造业	989	1582	388	371	507
皮革、毛皮、羽毛(绒)及其制品业	202	392	84	79	194
木材加工及木竹、藤、棕、草制品业	28066	35526	14137	10769	48119
家具制造业	1401	1299	601	455	1553
造纸及纸制品业	6757	12042	6867	7145	4454
印刷业和记录媒介的复制	85	239	50	24	301
文教体育用品制造业	324	466	88	74	364
石油加工及炼焦化					
化学原料及化学制品制造业	20954	19436	8005	6982	24793
医药制造业	18433	5565	2142	1950	12184
化学纤维制造业	49	28	17	17	-8
橡胶制品业	1936	1829	302	303	456
塑料制品业	689	1209	1728	1663	2749
非金属矿物制品业	7672	9714	3639	2919	-3339
黑色金属冶炼及压延加工业	750	2004	505	465	1470
有色金属冶炼及压延加工业	6572	9844	7835	7336	7985
金属制品业	1917	1189	679	609	906
通用设备制造业	1364	2758	901	623	2625
专用设备制造业	1880	3125	657	610	1504
交通运输设备制造业	2406	3080	1542	1391	4979
电气机械及器材制造业	36371	21234	4296	3395	62047
通信设备、计算机及其电子设备制造业	93	528	19	5	374
仪器仪表及文化、办公用机械制造业	992	1510	443	398	939
工艺品及其他制造业	495	896	110	81	-117
废弃资源和废旧材料回收加工业	135	120			85
电力、燃气及水的生产和供应业	463	11250	23893	23635	-4169
电力、热力的生产和供应业	61	9435	23790	23499	-4383
燃气生产和供应业					
水的生产和供应业	402	1814	102	136	215

单位：万元

亏损企业亏损额	利税总额	税金总额	本年应交增值税	本年应付工资福利费	全部从业人员年平均人数(人)
102	28738	3649	2665	18917	9529
318	14628	4335	3320	12609	4800
272	14660	7207	4717	7520	5013
	2656	1093	994	1661	527
893	13432	6134	5362	18475	10268
176	1766	1259	1045	4277	2967
144	683	489	452	1115	727
2407	83894	35775	28491	93043	44751
405	2970	1417	1136	4492	1881
175	10911	6457	5721	13043	5517
	469	168	152	458	238
22	829	465	398	1406	718
4403	46212	21418	18712	25200	9954
1523	15199	3014	2899	5539	2162
8	50	57	25	68	40
	1144	689	317	1726	1009
114	4950	2202	1959	2566	1457
8000	3958	7297	6473	8763	4333
489	4411	2941	2802	3555	1253
	15855	7870	6998	19602	5617
216	1817	911	683	2289	1060
170	4810	2185	1876	5387	2508
859	2645	1142	912	3731	2282
568	7325	2346	2197	5214	2994
291	84827	22780	21230	30394	8799
	533	159	128	752	533
	1691	752	695	4505	1839
479	265	382	319	3057	1207
	148	63	53	19	20
11781	16041	20210	18260	24303	7153
11736	15057	19440	17899	21134	6395
45	984	770	361	3169	758

2-35 龙岩市规模以上工业

项 目	企业单位数(个)	工业总产值	工业销售产值	出口交货值	资产合计
总 计	**1141**	**7161244**	**6981697**	**266783**	**7558951**
#国有控股企业	62	2134003	2125401	683	3513218
#亏损企业	241	1149926	1122643	68587	1358425
一、按轻重工业分					
轻工业	348	2046667	1974340	131824	1384513
以农产品为原料	286	1773211	1715095	102464	1236175
以非农产品为原料	62	273456	259245	29360	148338
重工业	793	5114577	5007358	134959	6174438
采掘工业	223	1106991	1079082	25328	780382
原料工业	357	2658008	2632395	55280	4360638
加工工业	213	1349578	1295881	54350	1033418
二、按登记类型分					
内资企业	978	5582546	5464209	76274	6237120
国有企业	28	1185427	1170469	473	827452
集体企业	112	336042	333143		164753
股份合作企业	16	101019	98940		98237
联营企业	8	38138	38049		10881
有限责任公司	187	994626	982635	12496	1333731
股份有限公司	9	749989	750367	2913	2302316
私营企业	618	2177305	2090606	60393	1499749
其他企业					
港、澳、台商投资企业	115	843181	812279	89802	674542
外商投资企业	48	735518	705210	100707	647289
三、按规模分					
大型企业	3	646575	649501	2097	2101858
中型企业	59	2754340	2682002	118986	2395453
小型企业	1079	3760329	3650195	145700	3061640
四、按行业分					
采矿业	217	1073959	1049192	210	766341
煤炭开采和洗选业	149	725406	717957		399930
石油和天然气开采业					
黑色金属矿采选业	32	193939	185939		229804
有色金属矿采选业	15	99414	88954		81219
非金属矿采选业	21	55200	56342	210	55389
其他矿采选业					
制造业	856	5455931	5301982	266573	5595474

注：本表产值指标包含省电力有限公司分解数据，效益指标不包含省电力有限公司数据。

企业主要产值、效益指标

单位：万元

流动资产合计	固定资产合计	流动资产平均余额	固定资产平均余额	主营业务收入	主营业务成本	主营业务税金及附加
3359214	**2581314**	**3078030**	**2161555**	**6852221**	**5104037**	**405104**
1403861	985607	1159801	825615	1992651	977540	374970
475221	665924	531628	564507	1102628	1073809	3724
827202	410967	803359	371374	1969122	1257680	362498
745799	357704	727906	330241	1715313	1032629	361684
81403	53263	75452	41134	253809	225051	815
2532012	2170347	2274671	1790181	4883099	3846357	42605
402632	251700	381450	195469	1095913	713713	15054
1469076	1605016	1257355	1406903	2462994	1959541	24143
660304	313631	635866	187810	1324192	1173103	3409
2743222	2028658	2450674	1694533	5349764	3749937	403669
507161	230537	496883	187822	1010512	401418	358438
90719	66149	84799	64704	335993	259665	5763
41671	21445	42138	20903	102885	93173	695
7252	2688	7166	2988	38106	34419	294
394169	801817	370866	736850	982774	735171	8311
1010904	284713	731742	129751	798495	438623	13763
691347	621309	717081	551515	2081000	1787467	16405
342142	236201	355401	199535	793308	709929	1118
273850	316455	271955	267487	709149	644171	317
954488	224552	674461	90473	698005	371193	12822
1138099	866200	1188602	696341	2652056	1885502	363727
1266626	1490562	1214967	1374741	3502160	2847342	28554
393916	247857	373908	191644	1066108	687271	15046
207419	155135	195211	129499	726936	456924	9610
98074	61397	96831	35431	189470	134180	2311
58843	13265	54338	10818	92189	63599	1486
29581	18060	27528	15896	57513	32568	1639
2795631	1455231	2525573	1151455	5328120	4037336	386928

2-35 续表 1-1

项　　目	企业单位数(个)	工业总产值	工业销售产值		资产合计
				出口交货值	
农副食品加工业	51	277901	271888	3466	134995
食品制造业	19	44819	41391	1166	33325
饮料制造业	55	72064	70648		67895
烟草制品业	2	798168	783510	473	627006
纺织业	37	194809	179232	22185	150260
纺织服装、鞋、帽制造业	42	180064	172620	45712	92130
皮革、毛皮、羽毛(绒)及其制品业	8	28830	25354	2358	17725
木材加工及木竹、藤、棕、草制品业	81	209900	198345	39427	120129
家具制造业	18	34022	32189	3435	24574
造纸及纸制品业	27	71195	69471	8914	27180
印刷业和记录媒介的复制	8	23160	24281	587	24589
文教体育用品制造业	7	13621	13263		7165
石油加工及炼焦化	2	26720	25248		17265
化学原料及化学制品制造业	79	306526	295937	36484	228157
医药制造业	4	18882	18276		26438
化学纤维制造业					
橡胶制品业	7	6625	6451		8142
塑料制品业	14	50535	49193		14963
非金属矿物制品业	151	785882	771861	7938	917840
黑色金属冶炼及压延加工业	29	425763	422498	1717	255823
有色金属冶炼及压延加工业	19	511024	518527	16532	1794591
金属制品业	15	31511	28644	1210	41853
通用设备制造业	52	205123	203019		117229
专用设备制造业	36	665570	640457	28244	578896
交通运输设备制造业	34	261124	244609	15207	166175
电气机械及器材制造业	18	115032	104035	3773	41696
通信设备、计算机及其电子设备制造业	22	59245	55916	11465	40592
仪器仪表及文化、办公用机械制造业	2	7474	5630		1647
工艺品及其他制造业	17	30342	29490	16283	17196
废弃资源和废旧材料回收加工业					
电力、燃气及水的生产和供应业	68	631353	630524		1197135
电力、热力的生产和供应业	64	626810	625981		1165830
燃气生产和供应业	1	989	989		4431
水的生产和供应业	3	3554	3554		26875

单位：万元

流动资产合计	固定资产合计	流动资产平均余额	固定资产平均余额	主营业务收入	主营业务成本	主营业务税金及附加
52720	57651	49706	50785	271582	243478	388
21288	11005	21312	10095	42235	32073	879
22354	43345	19954	36231	70662	52179	898
438253	115037	429415	112151	788699	231055	356635
78114	62321	78767	60417	173468	158642	414
57849	21944	59174	21145	174590	151771	745
10914	6390	8851	5924	25811	21162	428
70866	39939	67599	36787	197310	162314	1030
12993	9954	12303	9652	32086	25987	299
13867	11834	12570	11623	68043	60671	492
12978	8380	11540	7578	24285	19156	39
3810	3015	3379	2236	13630	11673	30
8698	7424	8362	7264	25974	23926	29
123934	80206	116503	68356	300565	258600	3420
12046	11918	11366	6550	18252	12535	68
4001	3507	3016	2487	5607	4873	44
9568	4039	9084	4116	49433	46409	155
348033	451431	313380	385022	772429	687112	5519
114951	69465	173638	62258	403116	397625	1156
719475	146067	485816	84552	534935	249418	11524
20291	16091	16260	11379	28904	27784	83
66894	43685	100832	36664	205684	184510	639
411353	151955	382148	51401	660348	595191	505
103869	46745	80735	42795	248310	205388	1020
26891	13695	22957	7332	97638	91775	151
17543	11849	16284	11682	58075	49743	262
1112	535	941	547	6630	6183	17
10967	5806	9682	4426	29822	26104	61
169666	878225	178549	818456	457993	379430	3130
157306	860716	165145	806206	453621	376594	3093
821	3410	773	3460	928	465	6
11539	14099	12632	8791	3444	2371	31

2-35 续表 2-1

项　　目	营业费用	管理费用	财务费用	利息支出	利润总额
总　　计	**119125**	**372297**	**77705**	**88518**	**833411**
#国有控股企业	24652	122786	20288	32736	546415
#亏损企业	11009	36390	30141	27791	-67181
一、按轻重工业分					
轻工业	36712	75864	10802	9757	214712
以农产品为原料	32568	66911	8523	7621	202607
以非农产品为原料	4143	8953	2279	2136	12105
重工业	82413	296434	66903	78761	618699
采掘工业	34042	157462	6090	5723	175153
原料工业	26124	98952	52738	66127	348986
加工工业	22248	40020	8075	6911	94560
二、按登记类型分					
内资企业	98092	337816	68195	75637	748406
国有企业	9980	60677	663	533	186373
集体企业	7453	21806	1880	1780	37030
股份合作企业	2581	3422	2602	2579	795
联营企业	158	2219	56	56	1001
有限责任公司	25241	107383	32266	32746	75645
股份有限公司	12006	59971	376	11570	344622
私营企业	40673	82339	30353	26373	102940
其他企业					
港、澳、台商投资企业	11317	21239	6669	5046	43935
外商投资企业	9716	13242	2841	7835	41070
三、按规模分					
大型企业	8961	53383	-2265	9009	322403
中型企业	37984	88783	17261	19470	267723
小型企业	72180	230132	62708	60039	243284
四、按行业分					
采矿业	32922	156174	5826	5551	174328
煤炭开采和洗选业	20134	130237	4298	4070	107025
石油和天然气开采业					
黑色金属矿采选业	4548	14100	193	189	38365
有色金属矿采选业	519	6781	1121	1119	17711
非金属矿采选业	7722	5057	215	172	11226
其他矿采选业					
制造业	82321	204935	33748	44822	630127

单位：万元

亏损企业亏损额	利税总额	税金总额	本年应交增值税	本年应付工资福利费	全部从业人员年平均人数（人）
67181	**1565424**	**732013**	**326909**	**478910**	**165064**
15843	1085507	539091	164122	124914	29226
67181	-29111	38070	34346	87864	35230
6299	701583	486871	124373	153839	57900
5962	681614	479007	117323	135252	49339
337	19970	7864	7050	18587	8561
60882	863841	245142	202537	325070	107164
1724	255897	80744	65690	165946	43562
51726	481138	132153	108010	106202	41835
7433	126806	32246	28837	52922	21767
38646	1436039	687633	283964	374564	125606
502	653638	467265	108827	45855	8401
992	64818	27788	22024	32907	10685
1777	5512	4717	4022	5049	2080
448	3074	2073	1779	2683	634
16644	128321	52677	44366	108703	30959
567	389779	45158	31395	62976	15976
17717	190896	87956	71551	116391	56871
13477	69139	25204	24086	77354	28440
15058	60246	19176	18859	26992	11018
	355829	33426	20604	56152	14121
34438	797036	529313	165585	128151	37522
32743	412559	169274	140720	294607	113421
1649	253448	79120	64074	164218	42585
1065	158395	51369	41759	144986	35836
411	55803	17438	15127	9624	2659
136	21904	4193	2707	4595	1979
37	17346	6120	4481	5014	2111
51822	1246176	616049	229121	290250	114703

2-35 续表 2-2

项 目	营业费用	管理费用	财务费用	利息支出	利润总额
农副食品加工业	7296	5556	2139	2039	9403
食品制造业	1905	1855	786	757	4938
饮料制造业	5080	3985	560	460	7534
烟草制品业	8778	38561	-1338	-1347	157703
纺织业	3320	5486	2022	2134	1251
纺织服装、鞋、帽制造业	2012	3804	1439	913	10334
皮革、毛皮、羽毛(绒)及其制品业	417	899	118	97	2392
木材加工及木竹、藤、棕、草制品业	4212	7807	2114	1875	9112
家具制造业	688	1424	651	588	2399
造纸及纸制品业	1298	2364	710	652	2440
印刷业和记录媒介的复制	249	2005	312	301	2659
文教体育用品制造业	231	921	140	128	587
石油加工及炼焦化	597	1097	207	201	548
化学原料及化学制品制造业	8068	12651	4316	3846	16630
医药制造业	1336	1753	632	629	1694
化学纤维制造业					
橡胶制品业	223	362	139	132	-32
塑料制品业	361	560	238	230	1595
非金属矿物制品业	9488	30889	9380	13267	33016
黑色金属冶炼及压延加工业	3128	5552	2715	1234	-8298
有色金属冶炼及压延加工业	2449	40496	-597	10995	279500
金属制品业	607	1056	573	520	-3339
通用设备制造业	2377	4624	-749	-999	14865
专用设备制造业	8842	17397	2423	2288	53979
交通运输设备制造业	6814	8259	2984	2354	21698
电气机械及器材制造业	896	2150	1037	1015	1551
通信设备、计算机及其电子设备制造业	716	2084	459	228	4941
仪器仪表及文化、办公用机械制造业	185	172	13	13	69
工艺品及其他制造业	750	1167	324	272	959
废弃资源和废旧材料回收加工业					
电力、燃气及水的生产和供应业	3882	11188	38130	38145	28956
电力、热力的生产和供应业	3782	10307	37995	38011	28306
燃气生产和供应业	28	64	2	2	458
水的生产和供应业	73	817	133	132	192

单位：万元

亏损企业亏损额	利税总额	税金总额	本年应交增值税	本年应付工资福利费	全部从业人员年平均人数（人）
1029	10932	1530	1142	8770	4237
148	6831	1892	1013	3857	2272
222	9954	2419	1521	6608	3550
	609681	451978	95343	21830	2204
3097	5489	4238	3823	27850	10720
397	18554	8221	7476	40819	13598
57	3850	1458	1029	8423	2919
1224	16414	7301	6272	15993	9227
92	3802	1404	1105	4163	2412
307	6531	4091	3599	7292	3776
17	3397	738	699	2096	602
48	797	210	180	2016	1115
	1644	1096	1067	225	146
845	31984	15355	11935	15370	7663
209	2309	615	547	721	529
176	96	128	85	639	387
23	2585	990	836	1862	1341
5007	80457	47441	41922	35265	17462
12823	3872	12170	11014	6850	3151
18884	303361	23861	12337	23266	4052
3902	-2967	372	289	2231	1054
753	20679	5814	5176	8536	3570
712	64222	10243	9738	16140	6439
557	28435	6737	5717	13862	3959
1002	3690	2139	1988	5868	2898
188	7476	2535	2274	4242	2844
	259	189	172	165	80
102	1844	885	823	5292	2496
13710	65800	36844	33714	24442	7776
13676	64876	36570	33477	23415	7454
	469	11	5	62	26
33	455	263	232	965	296

2-36 宁德市规模以上工业

项目	企业单位数(个)	工业总产值	工业销售产值	出口交货值	资产合计
总计	**830**	**5214557**	**5024997**	**769031**	**4423852**
#国有控股企业	28	609889	581789	6655	1599692
#亏损企业	98	689932	678610	42189	1661141
一、按轻重工业分					
轻工业	346	1197909	1165088	124558	635911
以农产品为原料	229	832574	810312	81284	419018
以非农产品为原料	117	365335	354776	43274	216893
重工业	484	4016647	3859909	644474	3787941
采掘工业	10	78100	58947	1591	85872
原料工业	162	1766083	1725721	26549	2582411
加工工业	312	2172464	2075241	616333	1119658
二、按登记类型分					
内资企业	775	4661037	4479734	532488	4000160
国有企业	8	233612	206184		152139
集体企业	8	24074	23670	13708	18146
股份合作企业	11	56581	55978	3249	14083
联营企业	3	9097	9106	5381	8541
有限责任公司	230	1542469	1478018	52954	1998338
股份有限公司	3	32220	32238		253853
私营企业	512	2762985	2674541	457197	1555061
其他企业					
港、澳、台商投资企业	26	280860	270405	139937	135721
外商投资企业	29	272661	274858	96606	287971
三、按规模分					
大型企业					
中型企业	49	1465162	1405981	386622	1972503
小型企业	781	3749395	3619016	382409	2451349
四、按行业分					
采矿业	9	77497	58344	1591	85422
煤炭开采和洗选业					
石油和天然气开采业					
黑色金属矿采选业	1	1871	1971		1653
有色金属矿采选业	3	56985	37789		64360
非金属矿采选业	5	18641	18583	1591	19409
其他矿采选业					
制造业	761	4483448	4313144	767440	2236653

注：本表产值指标包含省电力有限公司分解数据，效益指标不包含省电力有限公司数据。

企业主要产值、效益指标

单位：万元

流动资产合计	固定资产合计	流动资产平均余额	固定资产平均余额	主营业务收入	主营业务成本	主营业务税金及附加
1635951	**2410530**	**1595094**	**2046085**	**4793913**	**4222237**	**27226**
216856	1214604	274237	1018585	547997	504116	4666
225264	1406094	277764	1156179	653139	638226	2248
357888	227664	338484	197306	1166450	989553	8794
230782	153036	218812	130432	812375	693062	6529
127106	74628	119671	66873	354075	296491	2265
1278062	2182866	1256611	1848780	3627463	3232684	18433
46446	19950	39357	17262	59249	26708	651
500391	1869904	526199	1586328	1569000	1429555	6433
731225	293012	691056	245189	1999214	1776421	11349
1434859	2237613	1415999	1877283	4270656	3756046	26389
67547	81287	68268	78101	81014	63172	447
9112	8773	9083	8072	23565	18869	279
8903	3847	8899	3471	55752	46157	223
1828	6713	1814	6750	9106	6623	344
485039	1414878	530043	1158370	1468671	1318792	8802
52223	64828	43331	60321	31474	21763	194
810206	657287	754562	562198	2601074	2280671	16101
84581	29400	79588	28428	241985	219392	413
116512	143518	99507	140374	281272	246799	424
576513	1188734	614563	968017	1324613	1213758	7638
1059438	1221796	980531	1078069	3469300	3008478	19589
46196	19750	39137	17124	58444	26028	648
1308	284	450	284	1971	837	29
33859	14229	27508	11925	37704	11828	404
11029	5238	11179	4916	18769	13363	215
1388411	672298	1300186	574662	4196439	3713294	23284

2-36 续表 1-1

项　目	企业单位数(个)	工业总产值	工业销售产值	出口交货值	资产合计
农副食品加工业	75	297841	289098	46744	159591
食品制造业	17	102107	100601		41266
饮料制造业	56	200960	194885	5567	103373
烟草制品业					
纺织业	4	8195	7614	2991	2823
纺织服装、鞋、帽制造业	10	24955	24636	6078	8798
皮革、毛皮、羽毛(绒)及其制品业	9	38075	36522	2270	19102
木材加工及木竹、藤、棕、草制品业	40	108572	104038	16556	42066
家具制造业	4	9372	9096	428	3479
造纸及纸制品业	22	44769	43223	651	31462
印刷业和记录媒介的复制					
文教体育用品制造业	7	10613	9969	9373	6055
石油加工及炼焦化					
化学原料及化学制品制造业	23	76721	71545	2126	75425
医药制造业	9	101849	97361		38409
化学纤维制造业	2	14642	14393		16235
橡胶制品业	5	11301	11238	5127	8073
塑料制品业	46	289549	267774	863	251148
非金属矿物制品业	79	228485	224923	31005	62424
黑色金属冶炼及压延加工业	19	451963	448096	12028	87836
有色金属冶炼及压延加工业	17	245341	237894		73638
金属制品业	23	150432	139391	6952	47658
通用设备制造业	56	478469	464528	101334	143452
专用设备制造业	8	62223	59209	3270	38000
交通运输设备制造业	108	541190	494361	55409	466717
电气机械及器材制造业	107	945391	923266	434270	483130
通信设备、计算机及其电子设备制造业	3	5350	5347		9736
仪器仪表及文化、办公用机械制造业	4	17538	17322	12889	13510
工艺品及其他制造业	8	17546	16814	11511	3245
废弃资源和废旧材料回收加工业					
电力、燃气及水的生产和供应业	60	653612	653509		2101778
电力、热力的生产和供应业	54	646454	646352		2071571
燃气生产和供应业					
水的生产和供应业	6	7157	7157		30207

单位：万元

流动资产合计	固定资产合计	流动资产平均余额	固定资产平均余额	主营业务收入	主营业务成本	主营业务税金及附加
94987	52940	87134	38398	294478	258576	879
22772	15140	21369	14141	96942	79891	477
56731	38689	54459	35138	195435	160538	3898
1951	511	1358	261	7614	7007	32
4292	4212	3775	2147	24332	22669	126
10984	7261	7531	5168	37109	34122	162
21286	17321	18576	17221	105212	87942	810
1734	1512	1807	1344	9096	8066	62
10860	10824	17485	9984	43046	38158	289
3294	750	3883	608	9974	9108	33
32118	41338	31166	33998	71419	59550	367
15426	20643	15199	23328	93999	73713	230
10440	5795	8992	5597	13365	11123	24
3719	4129	3545	3971	11239	9936	35
157705	72493	151770	63360	264552	237177	1222
37436	22983	33415	22228	224360	180620	3848
49910	33794	45281	31425	440879	412289	826
53584	17123	37227	11670	220326	206711	337
29110	14364	29416	12828	129795	114205	528
95054	33292	92298	26120	453257	415858	1406
28798	7271	28447	7104	56732	51145	203
290830	141830	292753	117286	446748	383469	3240
340005	99728	297517	83210	907077	817893	4154
5875	3624	5952	3716	5236	4534	26
8094	2974	7852	2964	16967	15449	18
1415	1760	1982	1447	17249	13549	52
201344	1718481	255772	1454299	539031	482915	3294
194874	1696326	249722	1434697	531946	477716	3251
6470	22155	6050	19601	7084	5199	44

2-36 续表 2-1

项　　目	营业费用	管理费用	财务费用	利息支出	利润总额
总　　计	**110421**	**155435**	**117235**	**110900**	**162478**
#国有控股企业	1775	16220	48266	50623	-27301
#亏损企业	6217	14523	63482	62564	-71367
一、按轻重工业分					
轻工业	46929	54233	14277	11343	59977
以农产品为原料	31169	33454	9600	7283	48585
以非农产品为原料	15759	20779	4677	4060	11392
重工业	63492	101203	102958	99557	102501
采掘工业	484	4629	2539	2519	23337
原料工业	16505	38675	79295	78186	-9670
加工工业	46504	57898	21123	18852	88833
二、按登记类型分					
内资企业	99557	140315	105459	99966	139979
国有企业	151	6113	1326	1296	1744
集体企业	1423	1515	534	487	1084
股份合作企业	3980	2613	568	131	1530
联营企业	231	679	237	240	1077
有限责任公司	30568	46901	64608	63623	6336
股份有限公司	459	6082	2411	3795	5155
私营企业	62745	76412	35776	30393	123053
其他企业					
港、澳、台商投资企业	5385	6908	3104	2701	8825
外商投资企业	5479	8213	8672	8233	13674
三、按规模分					
大型企业					
中型企业	20197	36791	51419	52711	2669
小型企业	90224	118645	65816	58189	159809
四、按行业分					
采矿业	464	4609	2525	2505	23291
煤炭开采和洗选业					
石油和天然气开采业					
黑色金属矿采选业	158	389			556
有色金属矿采选业	31	3105	2045	2025	20062
非金属矿采选业	274	1115	480	480	2673
其他矿采选业					
制造业	108445	135926	40945	34228	175418

单位：万元

亏损企业亏损额	利税总额	税金总额	本年应交增值税	本年应付工资福利费	全部从业人员年平均人数(人)
71367	**348303**	**185825**	**158599**	**272878**	**103568**
52730	13680	40981	36315	42366	10421
71367	-41737	29630	27382	22836	9889
3264	100489	40512	31719	82912	38256
1415	72909	24324	17795	50843	24473
1850	27580	16188	13923	32069	13783
68102	247814	145313	126880	189966	65312
689	30401	7063	6412	3272	968
64751	56769	66439	60006	69794	22181
2663	160645	71811	60463	116900	42163
68158	306804	166825	140436	244832	92126
421	5681	3938	3490	11132	3096
22	2120	1035	757	1809	665
	2838	1308	1085	5269	2157
	1773	697	353	1420	206
54989	74956	68620	59818	75511	27431
	7407	2252	2058	10689	2682
12726	212030	88977	72876	139003	55889
349	19405	10580	10167	13735	6283
2859	22093	8420	7996	14311	5159
53389	61790	59122	51484	78634	27562
17978	286512	126703	107115	194244	76006
689	30287	6995	6347	3174	868
	830	274	245	322	72
	24896	4834	4430	1579	387
689	4561	1887	1672	1273	409
8980	310287	134869	111585	231252	93090

2-36 续表 2-2

项　　目	营业费用	管理费用	财务费用	利息支出	利润总额
农副食品加工业	10652	12081	3967	2799	10788
食品制造业	5602	3229	1000	892	6982
饮料制造业	6933	7293	2391	1988	15246
烟草制品业					
纺织业	184	335	40	19	446
纺织服装、鞋、帽制造业	502	718	166	58	342
皮革、毛皮、羽毛(绒)及其制品业	659	2791	474	419	6863
木材加工及木竹、藤、棕、草制品业	4260	7050	1285	856	6808
家具制造业	211	293	173	140	291
造纸及纸制品业	1354	1738	400	283	1184
印刷业和记录媒介的复制					
文教体育用品制造业	99	449	17	42	271
石油加工及炼焦化					
化学原料及化学制品制造业	3472	5060	1330	1232	2177
医药制造业	7643	6000	1920	1751	2609
化学纤维制造业	940	1032	51		161
橡胶制品业	244	615	20	24	442
塑料制品业	5873	8149	1249	1071	8556
非金属矿物制品业	16249	11239	2652	2013	10547
黑色金属冶炼及压延加工业	4451	6299	1380	635	5452
有色金属冶炼及压延加工业	1033	2519	1665	1553	8619
金属制品业	3447	3474	773	418	2268
通用设备制造业	6696	8030	3987	3757	11608
专用设备制造业	902	1429	697	630	2036
交通运输设备制造业	9543	23242	6120	5598	28229
电气机械及器材制造业	16400	21199	9007	7921	42857
通信设备、计算机及其电子设备制造业	193	412	14	14	-37
仪器仪表及文化、办公用机械制造业	264	811	111	107	12
工艺品及其他制造业	640	442	59	9	661
废弃资源和废旧材料回收加工业					
电力、燃气及水的生产和供应业	1513	14901	73764	74167	-36232
电力、热力的生产和供应业	1331	13329	72883	73312	-36086
燃气生产和供应业					
水的生产和供应业	182	1572	882	854	-145

单位：万元

亏损企业亏损额	利税总额	税金总额	本年应交增值税	本年应付工资福利费	全部从业人员年平均人数（人）
527	15303	4515	3637	15006	7823
187	9328	2346	1869	5808	2610
22	24460	9214	5316	10490	4553
	711	266	234	848	347
106	1246	904	778	2769	1477
9	7610	747	585	2581	1443
702	11759	4950	4140	9938	4896
21	706	415	353	1310	559
5	2585	1401	1112	3562	1677
6	793	522	489	2239	633
297	5182	3005	2639	5080	1576
803	5624	3015	2785	2712	1395
	571	410	386	427	189
	1088	646	610	830	551
522	14812	6256	5033	13896	5401
327	22665	12118	8269	23469	6254
862	14649	9197	8371	7402	2680
1537	10725	2106	1768	3167	1532
280	5890	3622	3095	6859	2137
124	26092	14484	13078	20757	6782
	3402	1366	1163	1899	872
1106	46418	18190	14950	41373	18552
1311	77348	34491	30337	44260	17269
65	247	283	257	842	326
159	103	91	73	3039	907
5	972	311	259	689	649
61698	7730	43961	40667	38452	9610
61277	7424	43510	40259	36468	8705
421	306	451	408	1984	905

2-37 各市、县规模以上工业总产值

单位：万元

地区	工业总产值	按轻重分		按登记注册类型分				工业总产值发展速度(以上年为100)
		轻工业	重工业	国有工业	集体工业	其他工业	三资工业	
全省	**15212.81**	**6901.09**	**8311.72**	**740.26**	**174.96**	**14297.59**	**7935.32**	**118.3**
福州市	**32765242**	**13053157**	**19712085**	**2007576**	**367510**	**30390157**	**17746148**	**118.7**
福州市辖区	13031481	5301063	7730418	1826450	292417	10912614	6417235	118.4
闽侯县	2330667	776440	1554228	81983	13804	2234880	1553085	110.5
连江县	1084152	422039	662113	6613	7059	1070480	526406	133.5
罗源县	902517	111981	790536	2122	28847	871548	321449	144.2
闽清县	769786	56541	713245	35886		733901	102508	114.3
永泰县	185147	102565	82583	12627		172520	36086	120.2
平潭县	109914	19500	90414	3742	2414	103758	16566	168.0
福清市	8451402	2366692	6084710	13014	22254	8416134	6872574	119.3
长乐市	5900175	3896336	2003839	25139	715	5874321	1900241	116.2
厦门市	**29780652**	**9389306**	**20391346**	**702989**	**57573**	**29020090**	**22594047**	**107.6**
莆田市	**8004239**	**5863486**	**2140753**	**168942**	**84632**	**7750665**	**3945789**	**128.1**
莆田市辖区	6981201	5120433	1860768	160037	61671	6759493	3454364	128.1
仙游县	1023038	743052	279985	8905	22961	991171	491426	128.6
三明市	**8778834**	**2008737**	**6770097**	**446475**	**398963**	**7933396**	**757237**	**137.5**
三明市辖区	3429615	263346	3166269	146133	124601	3158881	106309	145.2
明溪县	172965	65718	107247	12477	4543	155945	23363	139.4
清流县	194918	33991	160927	10073	5838	179006	45511	139.3
宁化县	207849	51016	156833	966	1510	205373	69353	149.9
大田县	587052	64070	522982	27132	139368	420552	60890	139.9
尤溪县	571396	279880	291516	9278	2402	559716	118747	127.6
沙县	1219012	491495	727518	1113	5937	1211962	208106	135.2
将乐县	318513	44949	273563	17628	28531	272354	36933	127.6
泰宁县	198752	50727	148025	10416		188336	8472	132.6
建宁县	185151	102527	82624	563	2100	182488	7490	129.3
永安市	1693614	561018	1132595	210699	84132	1398783	72063	129.0
泉州市	**42713966**	**26785575**	**15928391**	**1709416**	**355011**	**40649539**	**24215882**	**125.0**
泉州市辖区	11210660	6512824	4697836	1104515	6203	10099942	7958000	125.5
惠安县	4100314	2427651	1672663	83344	9653	4007317	2104249	129.7
安溪县	2782007	1000020	1781987	91813	20799	2669394	1014838	145.8
永春县	1155672	768196	387477	6862	78802	1070008	572631	128.9
德化县	945044	693546	251499	15896		929148	131024	118.6
石狮市	3948964	3564044	384920		162096	3786867	2418588	124.3
晋江市	13355037	10201210	3153828	399361	75577	12880099	8559490	118.4
南安市	5216268	1618086	3598182	7624	1881	5206763	1457063	129.8
漳州市	**12442620**	**6505020**	**5937600**	**521724**	**95350**	**11825546**	**7161343**	**125.3**
漳州市辖区	3244813	1394423	1850390	283736	14167	2946910	1314388	120.5
云霄县	334622	199770	134853	1046	7808	325768	89190	158.0

注：本表设区市、县(市、区)工业总产值发展速度为现价直接对比，未扣除价格因素。

2-37 续表

单位：万元

地区	工业总产值	按轻重分		按登记注册类型分				工业总产值发展速度(以上年为100)
		轻工业	重工业	国有工业	集体工业	其他工业	三资工业	
漳浦县	611991	419480	192511	39019		572972	409431	120.8
诏安县	521939	413253	108686	660	34689	486590	260900	137.7
长泰县	788452	451680	336772	22811		765640	365092	135.8
东山县	480817	352787	128030	22643	5354	452821	145645	120.8
南靖县	1089334	806201	283133	24758	11053	1053523	773065	126.8
平和县	267879	141689	126190	23588	1389	242902	84247	150.8
华安县	252118	55731	196387	12318	9351	230450	74420	160.3
龙海市	4850655	2270007	2580648	91146	11538	4747971	3644967	122.2
南平市	**5266712**	**2161016**	**3105696**	**426433**	**30444**	**4809835**	**800519**	**126.1**
南平市辖区	1964801	731665	1233136	243508	11157	1710136	319110	113.3
顺昌县	330075	28955	301120			330075	93476	117.5
浦城县	312804	189079	123726	551	1088	311166	70720	135.2
光泽县	217967	143243	74724	11891		206076	4327	141.8
松溪县	88120	49396	38725	6807		81314	10867	131.4
政和县	82115	46666	35449	5696		76419	7831	149.8
邵武市	908501	331449	577052	133788	10696	764018	143706	133.0
武夷山市	202191	142589	59601	2615		199576	47424	137.4
建瓯市	560624	262580	298044	20805	5056	534764	17109	136.2
建阳市	599514	235394	364119	773	2448	596293	85950	144.4
龙岩市	**7161244**	**2046667**	**5114577**	**1185427**	**336042**	**5639775**	**1578698**	**132.5**
龙岩市辖区	4142930	1236007	2906923	1006096	245847	2890987	1011490	128.0
长汀县	397981	302610	95372	16297	3645	378039	217239	145.6
永定县	696073	80254	615819	45697	28355	622022	85043	139.8
上杭县	790770	121617	669153	32806		757964	65848	130.5
武平县	239846	88749	151097	4324	27333	208189	18823	145.7
连城县	391346	135711	255635	21775	11023	358548	41797	148.9
漳平市	502297	81719	420578	58433	19839	424026	138458	137.8
宁德市	**5214557**	**1197909**	**4016647**	**233612**	**24074**	**4956871**	**553520**	**137.0**
宁德市辖区	522685	114161	408524	103487		419198	79310	119.2
霞浦县	241026	117378	123648	775	983	239268	20708	147.6
古田县	390607	139323	251284	8787	5705	376115	46998	134.8
屏南县	165104	71148	93956	11995		153108	38885	137.2
寿宁县	192042	16690	175352			192042	24248	144.5
周宁县	194530	13341	181189	9766	3926	180839	4160	146.0
柘荣县	243990	97725	146265			243990		146.8
福安市	2269721	212795	2056926	98802	3224	2167696	314576	139.0
福鼎市	994851	415348	579503		10236	984615	24635	141.8

2-38 各市、县规模以上工业企业从业人员平均人数

单位：人

地 区	全部工业	#国有工业	#集体工业	#"三资"工业
全 省	**3800604**	**81374**	**46728**	**2013412**
福州市	**635569**	**17429**	**7157**	**367776**
福州市辖区	266678	10428	4201	173734
闽侯县	100307	2858	880	58063
连江县	32807	269	424	22084
罗源县	19907	181	988	5755
闽清县	19180	812		4429
永泰县	6476	739		628
平潭县	3055	909	189	312
福清市	111997	763	421	87623
长乐市	75162	470	54	15148
厦门市	**622024**	**4723**	**1954**	**454730**
莆田市	**231690**	**3769**	**2476**	**126531**
莆田市辖区	200097	3191	1560	110195
仙游县	31593	578	916	16336
三明市	**169209**	**9386**	**10104**	**16063**
三明市辖区	36763	635	1906	1842
明溪县	4761	672	170	307
清流县	6780	104	300	1719
宁化县	7307	46	62	851
大田县	16301	582	2803	3154
尤溪县	17430	151	137	3095
沙 县	19474	157	568	1879
将乐县	8506	318	1344	869
泰宁县	6127	421		381
建宁县	6832	136	47	220
永安市	38928	6164	2767	1746
泉州市	**1421898**	**10726**	**10215**	**808438**
泉州市辖区	273773	4486	553	200406
惠安县	155299	1174	667	83275
安溪县	74320	2080	649	30665
永春县	34989	709	1109	17114
德化县	55033	590		10796
石狮市	131687		6667	81100
晋江市	468039	1172	377	317859
南安市	228758	515	193	67223
漳州市	**293988**	**7431**	**2617**	**168040**
漳州市辖区	77187	622	319	35740
云霄县	13795	119	326	4733

注：本表设区市、县(市、区)不包含省电力有限公司数据。

2-38　续表

单位：人

地　　区	全部工业	#国有工业	#集体工业	#“三资”工业
漳浦县	27266	1686		20251
诏安县	20100	110	1070	9594
长泰县	24960	313		16134
东山县	14902	1295	247	5663
南靖县	21667	809	237	14609
平和县	10460	1073	47	4672
华安县	6028	614	106	2020
龙海市	77623	790	265	54624
南平市	**146474**	**5293**	**855**	**20934**
南平市辖区	38664	1157	299	6358
顺昌县	9399			2533
浦城县	11945	95	86	1876
光泽县	8720	335		403
松溪县	5086	261		668
政和县	4208	252		438
邵武市	21614	2200	134	3658
武夷山市	8143	336		1535
建瓯市	20859	553	246	1173
建阳市	17836	104	90	2292
龙岩市	**165064**	**8401**	**10685**	**39458**
龙岩市辖区	62541	2789	7064	11387
长汀县	24597	455	336	16985
永定县	25644	1907	1082	2890
上杭县	13100	979		1491
武平县	11671	95	1309	1193
连城县	14746	814	375	2679
漳平市	12765	1362	519	2833
宁德市	**103568**	**3096**	**665**	**11442**
宁德市辖区	9730			1451
霞浦县	10815	195	65	848
古田县	6875	778	128	1313
屏南县	5345	316		1332
寿宁县	3511			481
周宁县	2380	240	78	265
柘荣县	3652			
福安市	34976	1567	121	4310
福鼎市	26284		273	1442

2-39 各市、县规模以上工业企业劳动生产率

单位：元/人

地区	按工业总产值计算	#国有工业	#集体工业	#"三资"工业
全 省	**400273**	**909700**	**374422**	**394123**
福州市	**495040**	**404808**	**513497**	**482526**
福州市辖区	441562	547052	696065	369371
闽侯县	227762	125726	156864	267483
连江县	330463	245818	166479	238365
罗源县	453367	117221	291975	558555
闽清县	401348	441943		231447
永泰县	285898	170867		574613
平潭县	359785	41171	127741	530946
福清市	754610	170562	528603	784334
长乐市	784994	534879	132352	1254450
厦门市	**470747**	**431812**	**294642**	**496867**
莆田市	**340341**	**132852**	**341810**	**311844**
莆田市辖区	342950	129008	395328	313477
仙游县	323818	154071	250667	300824
三明市	**507047**	**263513**	**394856**	**471417**
三明市辖区	896953	220238	653732	577139
明溪县	363295	185662	267241	761023
清流县	273386	49192	194600	264750
宁化县	284452	209891	243613	814955
大田县	360132	466180	497212	193055
尤溪县	327823	614430	175336	383673
沙 县	625969	70892	104532	1107535
将乐县	374456	554330	212281	425003
泰宁县	324387	247416		222367
建宁县	271005	41375	446809	340473
永安市	420309	248646	304054	412734
泉州市	**294276**	**781802**	**347539**	**299539**
泉州市辖区	377678	520863	112175	397094
惠安县	264027	709917	144727	252687
安溪县	374328	441410	320482	330943
永春县	330296	96790	710564	334598
德化县	171723	269427		121364
石狮市	299875		243132	298223
晋江市	285340	3407518	2004682	269286
南安市	228026	148045	97451	216751

2-39　续表

单位：元/人

地　区	按工业总产值计算	#国有工业	#集体工业	#“三资”工业
漳州市	**414347**	**350416**	**364347**	**426169**
漳州市辖区	386527	360222	444110	367764
云霄县	242568	87908	239512	188442
漳浦县	224452	231427		202178
诏安县	259671	60000	324198	271940
长泰县	315886	728799		226287
东山县	322653	174846	216745	257187
南靖县	502762	306031	466376	529170
平和县	256099	219834	295596	180323
华安县	418245	200611	882151	368415
龙海市	624899	1153747	435411	667283
南平市	**346322**	**439141**	**356067**	**382401**
南平市辖区	457999	427944	373130	501902
顺昌县	351181			369031
浦城县	261870	57958	126477	376973
光泽县	249963	354958		107375
松溪县	173261	260793		162681
政和县	195139	226016		178785
邵武市	420330	608127	798179	392854
武夷山市	248300	77824		308952
建瓯市	268768	376213	205516	145858
建阳市	336126	74317	272011	374999
龙岩市	**423797**	**1213601**	**314498**	**400096**
龙岩市辖区	635911	3012603	348027	888285
长汀县	161801	358169	108494	127901
永定县	271437	239628	262060	294266
上杭县	603641	335095		441635
武平县	205506	455147	208808	157782
连城县	265392	267510	293949	156018
漳平市	393495	429021	382249	488731
宁德市	**493499**	**420301**	**362008**	**483762**
宁德市辖区	430830			546586
霞浦县	222863	39764	151215	244200
古田县	568155	112942	445703	357946
屏南县	308894	379595		291927
寿宁县	546973			504114
周宁县	817353	406913	503269	156974
柘荣县	668100			
福安市	648937	630516	266446	729875
福鼎市	378501		374949	170840

2-40 各市、县规模以上

地 区	企业单位数（个）	亏损企业	资产总计	流动资产总计	固定资产总计	流动资产年平均余额	固定资产年平均余额
全 省	**17212**	**2481**	**116949127**	**57007761**	**44888607**	**55398532**	**39522721**
福州市	**2900**	**466**	**22206069**	**11422965**	**8691144**	**11426290**	**7869018**
福州市辖区	1216	209	8344875	5218926	2366276	4948626	2099571
闽侯县	454	36	1759649	890349	654841	910512	623930
连江县	133	22	1289171	259679	994348	240433	786240
罗源县	135	10	766459	293680	369547	287947	343337
闽清县	120	1	754164	149281	535404	149503	544284
永泰县	61	4	151961	46936	93439	45242	90306
平潭县	28	2	186069	45676	136421	37737	127467
福清市	400	128	4627475	2481171	1643945	2896431	1488703
长乐市	353	54	4326246	2037267	1896923	1909859	1765180
厦门市	**2076**	**659**	**23322182**	**14011631**	**7315816**	**14045746**	**6469344**
莆田市	**997**	**96**	**5145166**	**2393206**	**1859567**	**2216260**	**1468872**
莆田市辖区	818	70	4642161	2110686	1673199	1945864	1315385
仙游县	179	26	503005	282520	186368	270396	153486
三明市	**1383**	**205**	**6644994**	**2825063**	**3035824**	**2770694**	**2710288**
三明市辖区	257	35	2507107	1171508	1002051	1147157	872829
明溪县	68	13	114099	48333	53897	45577	48154
清流县	65	13	129529	68665	51593	68771	53187
宁化县	72	7	114183	35990	65818	33878	59588
大田县	145	36	379041	184859	159322	177852	131601
尤溪县	176	36	667408	242666	402425	224956	342479
沙 县	154	13	1116671	474942	497215	479707	449386
将乐县	78	12	261154	77119	162303	75975	147104
泰宁县	61	2	144110	37312	90326	36039	87657
建宁县	67	2	110585	46835	56819	44764	51657
永安市	240	36	1101110	436833	494056	436018	466645
泉州市	**4892**	**205**	**29225837**	**14284864**	**9776640**	**13417441**	**8877603**
泉州市辖区	1059	63	8838933	3627747	1915295	3372375	1624475
惠安县	593	21	1679956	692016	846306	637901	701889
安溪县	278	19	1397094	461939	765383	435996	645319
永春县	164	6	655947	269607	289146	257622	285817
德化县	210	13	534659	249119	233421	235523	219610
石狮市	348	18	2668045	1465769	919392	1275908	885551
晋江市	1389	24	9910065	5655270	3492581	5454087	3241981
南安市	851	41	3541138	1863397	1315117	1748029	1272961
漳州市	**1861**	**336**	**9109132**	**4999406**	**3450656**	**4835891**	**3061519**
漳州市辖区	477	63	2070215	1333122	537235	1249331	397352
云霄县	111	3	176446	87448	78144	81495	73297

注：本表设区市、县(市、区)不包含省电力有限公司分解数据。

工业企业主要财务指标

单位：万元

主营业务收入	主营业务税金及附加	利润总额	亏损企业亏损总额	利税总额	本年应交增值税	本年应付工资	全部从业人员年平均人数(人)
148161695	**1515080**	**8961065**	**1128591**	**14569729**	**4093584**	**9714304**	**3800604**
29889665	**153754**	**1597266**	**234648**	**2330004**	**578984**	**1568170**	**635569**
11398494	52433	492780	57006	771711	226498	662665	266678
2069422	60184	78551	30518	211190	72455	285136	100307
1017243	1997	-5302	45603	58488	61792	65407	32807
873874	7314	86663	389	108051	14074	82012	19907
760339	5028	123841	58	160507	31638	46418	19180
185191	2738	6683	242	16606	7186	11865	6476
107602	1505	17715	23	23707	4487	5140	3055
7832402	7424	624534	53935	706197	74239	235014	111997
5645097	15132	171802	46876	273547	86613	174514	75162
29389402	**325197**	**1196866**	**416968**	**2056102**	**534040**	**1718138**	**622024**
7715048	**56853**	**249710**	**27647**	**472298**	**165735**	**529306**	**231690**
6712116	55146	235990	21734	438700	147564	462855	200097
1002932	1707	13720	5913	33598	18171	66451	31593
8451197	**64240**	**245930**	**55047**	**639680**	**329510**	**451847**	**169209**
3284176	20532	102915	4744	250973	127526	115710	36763
166453	966	10224	1207	17544	6353	9134	4761
179006	1090	10516	579	20362	8756	14748	6780
201014	2353	9348	312	20276	8575	20490	7307
577042	10440	18014	9862	56623	28169	35258	16301
530532	3864	-3572	20449	25711	25420	35861	17430
1192478	4459	20713	8019	58043	32872	49065	19474
308479	3120	8643	630	27758	15996	30660	8506
194510	2960	10034	185	23278	10285	13340	6127
183387	1879	12135	52	22279	8265	14385	6832
1634120	12578	46961	9010	116833	57294	113197	38928
40955360	**408756**	**3894361**	**146782**	**5648161**	**1345044**	**3679321**	**1421898**
10007751	80843	840952	115300	1190674	268880	780886	273773
3984457	62404	335734	2465	509901	111763	393374	155299
2745553	23482	539049	1087	711332	148802	205195	74320
1141469	57902	132157	1013	245340	55281	76522	34989
923848	10512	47583	6390	88529	30435	118939	55033
3915870	20501	318236	1370	458106	119368	326780	131687
13159930	99624	1175014	15347	1764658	490020	1028806	468039
5076482	53488	505637	3811	679621	120496	748819	228758
11556873	**33883**	**556749**	**63220**	**936097**	**345466**	**666270**	**293988**
2866340	7648	176405	18695	279935	95883	179896	77187
323661	977	16549	80	23431	5905	24558	13795

2-40 续表

地 区	企业单位数(个)	亏损企业	资产总计	流动资产总计	固定资产总计	流动资产年平均余额	固定资产年平均余额
漳浦县	156	46	560512	258259	252513	249070	217984
诏安县	143	9	217865	106775	100083	101617	92731
长泰县	186	47	711068	374563	263765	360685	222028
东山县	112	10	273315	147652	111668	131460	98516
南靖县	171	38	603846	414292	155322	427316	146807
平和县	103	8	174509	71793	91724	67339	86218
华安县	43	9	413821	109291	304530	102109	263207
龙海市	359	103	3907535	2096212	1555673	2065471	1463378
南平市	**1132**	**175**	**4403765**	**1898781**	**1973894**	**1804799**	**1794960**
南平市辖区	226	39	1862265	757375	792593	755049	738786
顺昌县	82	30	357709	128870	199197	113807	181228
浦城县	128	18	198361	79668	96226	77674	82972
光泽县	38	1	233171	87901	135558	77501	117179
松溪县	47	3	63371	34203	22850	33514	20023
政和县	50	12	75285	33444	34798	32748	34661
邵武市	183	26	621523	290173	268572	280171	261363
武夷山市	70	10	167693	70072	73157	70642	65149
建瓯市	196	31	438659	199009	203195	172136	185245
建阳市	112	5	385728	218068	147750	191556	108354
龙岩市	**1141**	**241**	**7558951**	**3359214**	**2581314**	**3078030**	**2161555**
龙岩市辖区	443	62	3448939	1781691	1180716	1792827	959128
长汀县	95	50	306404	140042	127862	134299	129499
永定县	148	36	739066	215055	481576	205545	447594
上杭县	96	36	1999044	812362	246087	578121	161215
武平县	101	15	215329	78364	106463	69801	95682
连城县	120	7	239757	101230	111942	93742	105388
漳平市	138	35	610412	230469	326667	203697	263049
宁德市	**830**	**98**	**4423852**	**1635951**	**2410530**	**1595094**	**2046085**
宁德市辖区	65	13	663299	202476	297414	177633	251958
霞浦县	72	13	140768	64974	67589	54693	50993
古田县	59	6	178485	67826	90166	62554	85795
屏南县	50	12	298889	51480	240999	54896	226320
寿宁县	37	8	199658	52087	141969	45403	106422
周宁县	31	5	201687	38138	159042	34723	157702
柘荣县	53	12	114401	60266	49400	58338	50922
福安市	221	20	2044720	758548	1167712	782375	940878
福鼎市	242	9	581946	340157	196241	324479	175095

单位：万元

主营业务收入	主营业务税金及附加	利润总额	亏损企业亏损总额	利税总额	本年应交增值税	本年应付工资	全部从业人员年平均人数（人）
585979	1444	17658	6008	40945	21844	53669	27266
519602	5713	13757	728	39827	20356	49424	20100
757805	5529	30136	5739	52488	16823	47367	24960
470357	1154	14301	912	35785	20331	22791	14902
1054169	1781	80319	2440	107779	25680	44669	21667
266037	1646	23368	2055	31730	6715	16666	10460
243566	1176	13233	1260	22722	8312	15583	6028
4469357	6815	171022	25303	301455	123618	211647	77623
4843375	**26738**	**235766**	**34261**	**412345**	**149842**	**314027**	**146474**
1706363	5715	92979	4991	149367	50673	88051	38664
327729	1478	2755	10721	17570	13337	17570	9399
283819	1433	7002	2629	16790	8355	24948	11945
215693	463	24086	8	29596	5047	16585	8720
79519	386	2851	650	6384	3147	6908	5086
83389	2483	1405	1355	7358	3470	10059	4208
875015	4696	18531	9748	47697	24470	47459	21614
185725	1461	12305	400	22009	8243	16483	8143
535796	6232	32515	3371	58266	19518	38733	20859
550328	2391	41336	390	57310	13583	47231	17836
6852221	**405104**	**833411**	**67181**	**1565424**	**326909**	**445038**	**165064**
3906309	374201	370325	29837	952348	207823	163018	62541
377105	874	14861	2167	27617	11882	82294	24597
683105	4518	72672	2614	106981	29791	88497	25644
787211	13175	274013	26104	303827	16639	34912	13100
230963	3420	13664	877	26915	9831	18177	11671
378762	4948	46445	887	75538	24145	29939	14746
488766	3969	41432	4694	72199	26799	28201	12765
4793913	**27226**	**162478**	**71367**	**348303**	**158599**	**249491**	**103568**
406961	860	23773	4175	33248	8615	25326	9730
236900	1415	22888	658	31151	6848	15839	10815
349791	1322	24439	603	35443	9681	16130	6875
165010	1254	3097	4696	15898	11547	12437	5345
182637	1097	4519	583	15498	9882	15251	3511
189721	1033	11856	1177	21664	8776	7129	2380
236707	1041	2890	1869	11415	7485	8227	3652
2091198	8751	24611	56353	95820	62458	81687	34976
934989	10453	44405	1253	88166	33308	67465	26284

2-41 各市、县规模以上国有

地　区	企业单位数(个)	亏损企业	资产总计	流动资产总计	固定资产总计	流动资产年平均余额	固定资产年平均余额
全　省	**540**	**124**	**31258127**	**8770971**	**14973582**	**8460205**	**12495363**
福州市	**115**	**26**	**5181598**	**1680768**	**3033350**	**1635729**	**2707042**
福州市辖区	67	19	1884860	1098584	641786	1040135	512173
闽侯县	13	3	477067	259350	187295	291953	171981
连江县	6	1	870620	52683	815264	57366	659188
罗源县	4		60665	18724	40168	12955	28287
闽清县	3		484909	36672	391543	46389	402981
永泰县	3		29201	4479	20359	5192	18309
平潭县	6		133293	22453	109818	19336	108647
福清市	8	2	633587	94653	525766	74497	527262
长乐市	5	1	607395	93170	301350	87905	278215
厦门市	**76**	**12**	**4223354**	**2192905**	**1448495**	**2284165**	**1204226**
莆田市	**17**	**4**	**915511**	**84235**	**346549**	**36317**	**66741**
莆田市辖区	12	2	832401	80390	280254	28922	17578
仙游县	5	2	83110	3846	66295	7395	49163
三明市	**79**	**19**	**3212798**	**1234005**	**1453460**	**1203375**	**1294785**
三明市辖区	16	4	1676532	706842	716150	671852	612069
明溪县	4	2	22997	4584	13183	3503	13267
清流县	3	1	14903	4760	8597	4475	9726
宁化县	2	1	12600	3601	8675	2427	8626
大田县	5	2	105948	39681	47649	42662	32956
尤溪县	5	1	44170	21368	21936	19948	19781
沙　县	12	3	613655	223022	279424	232475	253452
将乐县	4	1	81964	7055	71196	7871	68183
泰宁县	4		58211	5815	47863	5564	49882
建宁县	2	1	12271	3084	7407	2933	5691
永安市	22	3	569548	214193	231382	209667	221152
泉州市	**68**	**18**	**5538602**	**1107680**	**1513856**	**1008306**	**1323639**
泉州市辖区	20	7	4385658	882279	690737	781383	539357
惠安县	7	2	162354	51322	111032	53278	109228
安溪县	10		144647	27310	114710	30042	106952
永春县	7	2	113234	30009	42912	28311	43545
德化县	10	2	142122	38555	85900	43289	82894
石狮市	4		156152	19472	125040	20305	123357
晋江市	6	3	275991	50834	216394	44904	190969
南安市	4	2	158446	7900	127130	6795	127337
漳州市	**50**	**15**	**799162**	**267712**	**456561**	**254382**	**333937**
漳州市辖区	15	3	329120	165731	141674	151735	64673
云霄县	4		17670	2396	14195	2948	11789

注：本表设区市、县(市、区)不包含省电力有限公司分解数据。

控股工业企业主要财务指标

单位：万元

主营业务收入	主营业务税金及附加	利润总额	亏损企业亏损总额	利税总额	本年应交增值税	本年应付工资	全部从业人员年平均人数（人）
20962357	**805076**	**833042**	**414901**	**2583986**	**945868**	**943800**	**241127**
3146845	**42135**	**27977**	**109876**	**223426**	**153315**	**138544**	**42038**
1301341	7079	16108	13190	49142	25955	69951	23159
477938	28175	-17475	24978	27476	16777	24689	9606
263394	1380	-36260	39872	6750	41629	4710	1065
52363	292	9533		13099	3274	2281	570
154149	1953	51110		74855	21792	10048	1578
12446	100	47		1343	1196	1552	739
33596	329	13648		16263	2286	2689	1360
353314	1809	-11273	16687	10373	19837	9453	1662
498304	1018	2539	15149	24126	20569	13172	2299
3966407	**283856**	**164637**	**81225**	**593595**	**145103**	**207181**	**41305**
93777	**532**	**3233**	**283**	**7606**	**3841**	**14776**	**5884**
53378	303	2106	64	3678	1269	10828	4518
40399	230	1127	219	3928	2571	3948	1366
2969498	**17629**	**81855**	**14696**	**252708**	**153224**	**147059**	**43283**
2059211	10630	44472	662	150241	95138	69498	16638
13532	105	223	386	1823	1495	1982	784
9912	76	277	70	1098	746	1624	655
9281	54	-205	216	488	638	1025	374
82424	1108	9611	1546	18343	7625	5061	2968
50125	566	7547	0	12891	4778	2549	978
293486	1160	-2312	7077	11391	12543	16055	6428
38517	806	885	36	7750	6060	5532	882
23016	351	2853		6214	3011	3095	807
5391	33	0	51	468	435	670	381
384603	2741	18504	4651	42002	20757	39970	12388
3161136	**58871**	**-3718**	**106871**	**123432**	**68280**	**90512**	**23644**
1891467	41194	-91751	104478	-40268	10289	35991	8096
164946	9670	12708	480	31027	8649	7044	2917
108014	572	12811		21313	7931	4698	2489
76584	1946	7855	434	15624	5823	12376	3610
148144	2758	18495	449	28435	7183	6022	1862
171826	689	14477		21697	6531	6710	1148
405815	1272	17311	93	32737	14154	6710	1352
194341	770	4376	937	12866	7721	10961	2170
505235	**4351**	**48011**	**5668**	**76966**	**24604**	**40574**	**13656**
203686	2677	43871	772	56019	9471	14644	5010
18631	79	168		1250	1004	1786	652

2-41 续表

地 区	企业单位数(个)	亏损企业	资产总计	流动资产总计	固定资产总计	流动资产年平均余额	固定资产年平均余额
漳浦县	5	3	155201	14993	128432	14742	103162
诏安县	3	1	21538	6367	13822	6156	13611
长泰县	1		14805	2528	8120	3852	7958
东山县	5	1	33439	7251	22761	7853	18839
南靖县	4	2	33550	3320	23943	4640	22945
平和县	3	1	41656	14507	24152	13253	23604
华安县	3	1	34117	6333	27784	4962	20562
龙海市	7	3	118067	44286	51678	44242	46793
南平市	**45**	**13**	**1365014**	**406267**	**727877**	**395605**	**657314**
南平市辖区	13	2	838196	247043	403071	254289	366917
顺昌县	5	2	183180	37418	134923	32159	122592
浦城县	3	1	28204	5152	23053	5596	17123
光泽县	1		8372	1339	5352	2535	4866
松溪县	2	2	10641	1617	9024	1788	7124
政和县	1	1	5529	557	4750	563	5022
邵武市	8	2	188944	93442	73009	78935	71779
武夷山市	3	1	33054	4033	23747	4169	21516
建瓯市	3	2	22591	5847	16321	5585	15663
建阳市	6		46302	9819	34628	9987	24714
龙岩市	**62**	**13**	**3513218**	**1403861**	**985607**	**1159801**	**825615**
龙岩市辖区	26	3	1232944	606915	441329	585402	396450
长汀县	1		13994	548	11644	1980	11658
永定县	8		324130	34433	280181	39182	266251
上杭县	10	4	1722646	685364	123132	458469	69696
武平县	9	3	60764	12105	41242	11865	37312
连城县	2		26250	9438	14711	8148	14562
漳平市	6	3	132491	55060	73369	54754	29686
宁德市	**28**	**4**	**1599692**	**216856**	**1214604**	**274237**	**1018585**
宁德市辖区	4		258802	51380	69639	42880	70406
霞浦县	3		24949	4065	20494	3096	16799
古田县	3		37409	4136	31454	5322	29642
屏南县	2		8688	1036	6749	2653	5860
寿宁县	1	1	9396	1540	7856	1097	5682
周宁县	2		124781	5365	119416	4721	119488
柘荣县	1	1	5891	1519	4372	1519	3310
福安市	7	2	1085589	136017	925780	200379	740293
福鼎市	5		44187	11798	28846	12569	27106

单位：万元

主营业务收入	主营业务税金及附加	利润总额	亏损企业亏损总额	利税总额	本年应交增值税	本年应付工资	全部从业人员年平均人数（人）
49847	242	-1774	2432	893	2425	3844	1811
16247	119	-16	79	1161	1058	2394	818
22811	116	627		1967	1224	1266	313
23924	349	256	95	1920	1316	3532	1323
35434	213	57	125	2046	1777	2731	833
22886	128	-201	360	1359	1431	2735	1073
12459	121	1135	40	2751	1495	2313	614
99309	309	3889	1767	7601	3403	5329	1209
864171	**4736**	**3404**	**16239**	**45750**	**37610**	**57993**	**20550**
482316	1738	5907	1656	21285	13640	31569	11658
73757	456	-6308	6650	-248	5604	3828	1579
15843	93	-103	269	1113	1123	2025	686
11891	79	106		1135	951	1643	335
5804	29	-646	646	-264	354	801	261
5696	51	-213	213	414	576	816	252
194942	1396	3551	6012	14637	9690	10999	3262
13304	112	-70	119	1136	1094	1647	619
21229	163	-665	673	1040	1542	1792	723
39389	618	1847		5500	3035	2873	1175
1992651	**374970**	**546415**	**15843**	**1085507**	**164122**	**116570**	**29226**
1172982	360421	206885	9785	693455	126149	61869	15746
14851	150	7		1216	1059	1543	455
167039	1524	28668		43740	13549	15497	3897
473417	11256	285753	5260	306674	9665	20347	3653
31908	501	1500	347	4769	2768	4036	1616
23421	243	3658		6211	2310	2242	814
109033	875	19945	451	29441	8621	11035	3045
547997	**4666**	**-27301**	**52730**	**13680**	**36315**	**37896**	**10421**
25496	160	5451		7438	1828	9429	2375
19575	83	246		1352	1022	2323	862
27370	238	803		3828	2787	4265	948
12623	66	85		866	715	660	339
11444	84	-105	105	836	857	738	207
37748	600	10064		16414	5750	2163	349
6098	59	-153	153	576	670	385	169
347606	1338	-48423	52472	-28541	18544	13070	3737
60037	2039	4731		10911	4142	4864	1435

2-42 各市、县规模以上国有

地　　区	企业单位数(个)	亏损企业	资产总计	流动资产总计	固定资产总计	流动资产年平均余额	固定资产年平均余额
全　　省	**236**	**66**	**10159578**	**2008759**	**6256933**	**1880544**	**4811618**
福州市	**57**	**16**	**1023837**	**467324**	**509886**	**443989**	**381562**
福州市辖区	33	13	815077	392380	392040	371127	272774
闽侯县	5	2	35207	17906	16879	17516	16554
连江县	3		24807	3002	21743	2194	22031
罗源县	2		24381	15105	8066	9502	8284
闽清县	2		26683	2109	20845	2921	18031
永泰县	3		29201	4479	20359	5192	18309
平潭县	3		8737	3970	4231	3597	3962
福清市	4	1	18573	5180	8104	10143	7454
长乐市	2		41172	23194	17619	21798	14162
厦门市	**11**		**325806**	**161945**	**93215**	**160732**	**76929**
莆田市	**13**	**4**	**881725**	**73818**	**327884**	**26237**	**50406**
莆田市辖区	10	2	821185	71707	277738	20829	16056
仙游县	3	2	60540	2111	50147	5408	34350
三明市	**32**	**10**	**393292**	**110621**	**171484**	**105759**	**166622**
三明市辖区	5	2	26404	8109	14892	8442	14973
明溪县	3	2	18770	3557	10070	2432	10066
清流县	1		3417	1183	2051	825	1986
宁化县	1		1410	801	608	622	594
大田县	2	1	19785	5356	13898	5292	10162
尤溪县	2		2189	953	737	1215	677
沙　县	1		6794	1714	4879	1433	4420
将乐县	2	1	11760	2218	8491	1955	8432
泰宁县	2		20596	2917	15710	2690	15985
建宁县	1	1	4498	1477	1521	1477	1521
永安市	12	3	277671	82336	98627	79376	97807
泉州市	**40**	**14**	**1062055**	**258006**	**726270**	**189023**	**535805**
泉州市辖区	12	5	560287	140148	357648	79336	201223
惠安县	6	2	80228	21693	58535	21319	54132
安溪县	7		78619	13442	64632	14425	56176
永春县	4	2	18446	10948	7456	10583	7309
德化县	3		39783	18173	14666	17441	14308
石狮市							
晋江市	5	3	255842	49460	199355	42883	178471
南安市	3	2	28851	4142	23979	3037	24186
漳州市	**28**	**10**	**346287**	**93948**	**204425**	**89579**	**181496**
漳州市辖区	5	2	53918	23819	28422	20096	22040
云霄县	1		2644	158	2487	136	1889

注：本表设区市、县(市、区)不包含省电力有限公司分解数据。

工业企业主要财务指标

单位：万元

主营业务收入	主营业务税金及附加	利润总额	亏损企业亏损总额	利税总额	本年应交增值税	本年应付工资	全部从业人员年平均人数（人）
7270810	**387097**	**254453**	**51194**	**1017495**	**375945**	**310918**	**81374**
646205	**2710**	**9833**	**6161**	**30985**	**18441**	**44129**	**17429**
524000	2017	4205	4522	16289	10067	28238	10428
30637	86	519	1454	1220	616	6054	2858
6685	17	2001		2345	327	691	269
1968	11	167		283	105	411	181
36003	196	882		3321	2244	2089	812
12446	100	47		1343	1196	1552	739
4839	157	378		848	313	877	909
9739	92	267	185	1314	955	3118	763
19889	35	1368		4022	2619	1099	470
197628	**423**	**8670**		**13028**	**3936**	**14949**	**4723**
50369	**289**	**1605**	**283**	**3332**	**1438**	**7568**	**3769**
41883	239	624	64	1740	878	6437	3191
8485	51	981	219	1592	560	1132	578
262707	**2517**	**18085**	**5705**	**40957**	**20355**	**33735**	**9386**
14969	148	719	464	1958	1090	1897	635
12295	103	54	386	1597	1440	1802	672
512	7	66		103	31	108	104
966	2	12		32	19	121	46
25307	154	147	116	2430	2129	1368	582
9135	101	625		1371	645	417	151
1113	7	28		103	67	397	157
16767	87	91	36	1392	1213	1328	318
10416	185	2488		3744	1071	971	421
501	3	-51	51	-20	29	191	136
170726	1720	13906	4651	28248	12621	25135	6164
823059	**4336**	**25039**	**22043**	**64636**	**35262**	**26669**	**10726**
221730	1159	-14048	20099	-3712	9177	9014	4486
83968	280	4605	480	7871	2986	3279	1174
86099	430	11383		17636	5823	3558	2080
6502	187	878	434	1674	610	1231	709
17803	989	8796		11987	2203	2091	590
399316	1224	14321	93	29307	13763	5967	1172
7640	67	-894	937	-128	700	1528	515
261085	**3089**	**5914**	**2947**	**22513**	**13510**	**22073**	**7431**
22985	1745	-279	707	2644	1177	1443	622
1048	6	33		102	63	246	119

2-42 续表

地 区	企业单位数(个)	亏损企业	资产总计	流动资产总计	固定资产总计	流动资产年平均余额	固定资产年平均余额
漳浦县	3	2	51042	5023	34372	6175	32840
诏安县	1	1	2378	747	1106	549	910
长泰县	1		14805	2528	8120	3852	7958
东山县	4	1	32563	6827	22437	7414	18538
南靖县	3	1	32656	2997	23840	3746	22874
平和县	3	1	41656	14507	24152	13253	23604
华安县	3	1	34117	6333	27784	4962	20562
龙海市	4	1	80509	31009	31705	29398	30282
南平市	**19**	**7**	**237805**	**91706**	**118721**	**91787**	**89395**
南平市辖区	4		66280	17855	47923	23418	23324
顺昌县							
浦城县	1		3423	975	2449	941	2211
光泽县	1		8372	1339	5352	2535	4866
松溪县	2	2	10641	1617	9024	1788	7124
政和县	1	1	5529	557	4750	563	5022
邵武市	5	1	100157	61116	19723	54748	18274
武夷山市	2	1	18850	1804	11794	1804	11548
建瓯市	2	2	21432	5211	15936	5025	15256
建阳市	1		3122	1235	1771	965	1771
龙岩市	**28**	**4**	**827452**	**507161**	**230537**	**496883**	**187822**
龙岩市辖区	11		640843	444195	120676	432754	119494
长汀县	1		13994	548	11644	1980	11658
永定县	2		5052	2235	2659	2235	2764
上杭县	6	2	23788	3236	15219	4795	11974
武平县	3		14419	3186	10886	3330	10886
连城县	2		26250	9438	14711	8148	14562
漳平市	3	2	103106	44325	54742	43641	16484
宁德市	**8**	**1**	**152139**	**67547**	**81287**	**68268**	**78101**
宁德市辖区							
霞浦县	1		3714	1058	2443	545	2443
古田县	2		22794	2422	20192	2251	18051
屏南县	1		5718	796	4019	2217	4019
寿宁县							
周宁县	1		4781	865	3916	865	3916
柘荣县							
福安市	3	1	115132	62406	50718	62389	49672
福鼎市							

单位：万元

主营业务收入	主营业务税金及附加	利润总额	亏损企业亏损总额	利税总额	本年应交增值税	本年应付工资	全部从业人员年平均人数（人）
40619	206	-586	1216	1472	1852	3415	1686
665	4	-79	79	-35	40	164	110
22811	116	627		1967	1224	1266	313
23353	337	36	95	1631	1257	3477	1295
24754	120	99	83	1941	1721	2664	809
22886	128	-201	360	1359	1431	2735	1073
12459	121	1135	40	2751	1495	2313	614
89506	305	5128	368	8682	3250	4350	790
223591	**1517**	**8661**	**1662**	**21409**	**11231**	**16571**	**5293**
43978	80	2245		3235	909	3517	1157
524	3	6		48	39	175	95
11891	79	106		1135	951	1643	335
5804	29	-646	646	-264	354	801	261
5696	51	-213	213	414	576	816	252
131975	1094	7906	10	15695	6696	7277	2200
2564	17	-100	119	71	154	448	336
20391	159	-673	673	986	1500	1671	553
768	5	30		88	53	224	104
1010512	**358438**	**186373**	**502**	**653638**	**108827**	**41789**	**8401**
831942	356910	159914		614188	97363	20274	2789
14851	150	7		1216	1059	1543	455
45238	53	4707		5097	338	9040	1907
32216	236	310	52	2809	2264	2070	979
4299	183	788		1280	310	155	95
23421	243	3658		6211	2310	2242	814
58545	664	16991	450	22837	5183	6465	1362
81014	**447**	**1744**	**421**	**5681**	**3490**	**10740**	**3096**
979	6	25		94	63	330	195
8795	112	246		1758	1400	3558	778
11995	62	9		751	681	629	316
9766	77	64		1134	993	775	240
49479	191	1400	421	1944	354	5448	1567

2-43 各市、县规模以上

地　区	企业单位数(个)	亏损企业	资产总计	流动资产总计	固定资产总计	流动资产年平均余额	固定资产年平均余额
全　省	**404**	**53**	**878523**	**503337**	**305630**	**480995**	**295049**
福州市	**84**	**9**	**76235**	**52105**	**19326**	**51410**	**19534**
福州市辖区	59	5	55654	38250	13794	37573	13836
闽侯县	8		2967	2353	481	1990	466
连江县	3	1	2602	1374	1186	1324	1219
罗源县	6		2928	471	1930	875	1938
闽清县							
永泰县							
平潭县	3		2435	2071	365	2215	425
福清市	4	2	8407	6842	1412	6612	1496
长乐市	1	1	1242	744	159	823	153
厦门市	**13**	**2**	**41747**	**31691**	**7629**	**29998**	**5347**
莆田市	**33**	**7**	**45834**	**25231**	**14246**	**19609**	**12750**
莆田市辖区	19	3	32555	16006	12216	15275	11402
仙游县	14	4	13278	9226	2030	4334	1348
三明市	**67**	**9**	**251397**	**159409**	**57686**	**162673**	**60821**
三明市辖区	8	1	158159	103338	25624	107201	27537
明溪县	2		798	434	358	326	394
清流县	4		2914	1102	1742	1115	1698
宁化县	1	1	208	19	189	13	190
大田县	21	3	40585	30842	7019	30857	6677
尤溪县	2	1	1425	702	722	704	649
沙　县	3	2	6533	4184	1881	4362	1763
将乐县	8		7856	6108	1034	5696	944
泰宁县							
建宁县	1		1402	1000	402	1250	310
永安市	17	1	31518	11680	18715	11149	20660
泉州市	**32**	**4**	**215514**	**91374**	**114421**	**80651**	**108320**
泉州市辖区	4	1	7978	4135	2372	3899	2412
惠安县	1		1158	418	740	206	507
安溪县	7	1	17094	5303	11377	5378	8886
永春县	8		42453	12448	30001	11824	30479
德化县							
石狮市	4		92470	39392	45255	35138	41176
晋江市	6	1	53133	28614	24519	23092	24700
南安市	2	1	1229	1064	157	1113	160

集体工业企业主要财务指标

单位：万元

主营业务收入	主营业务税金及附加	利润总额	亏损企业亏损总额	利税总额	本年应交增值税	本年应付工资	全部从业人员年平均人数（人）
1761536	**30706**	**96826**	**3646**	**200018**	**72486**	**125107**	**46728**
364029	**6293**	**6438**	**1196**	**17724**	**4993**	**16223**	**7157**
289128	5330	4127	841	12653	3196	8213	4201
12830	277	607		1227	342	2173	880
9247	7	418	66	659	234	710	424
28424	498	1420		2144	226	3838	988
4440	100	76		442	265	295	189
19329	72	-209	287	510	647	661	421
633	9	-1	1	90	82	334	54
56234	**281**	**3243**	**130**	**6040**	**2516**	**5649**	**1954**
82208	**1216**	**2201**	**202**	**5208**	**1791**	**4936**	**2476**
59714	1158	1857	171	4171	1156	3619	1560
22494	58	344	30	1037	634	1317	916
425468	**10642**	**11323**	**900**	**43024**	**21059**	**31025**	**10104**
151982	470	4337	90	8266	3459	5952	1906
4126	21	379		424	24	193	170
5773	138	180		818	501	702	300
1497	3	-8	8	85	90	159	62
137934	6000	3063	595	16674	7611	9450	2803
2517	10	-68	80	20	77	184	137
7152	26	162	73	477	289	1039	568
27708	935	843		3421	1643	6155	1344
2312	5	147		255	104	117	47
84467	3033	2289	54	12583	7261	7074	2767
352028	**4617**	**30986**	**82**	**50911**	**15307**	**27497**	**10215**
6151	344	458	48	974	172	980	553
9653	128	765		1273	380	1487	667
20617	653	4871	18	6607	1083	1731	649
76858	2562	6654		12554	3338	2055	1109
161673	350	9868		18206	7988	19278	6667
75397	567	8350	13	11167	2250	1501	377
1678	13	21	4	129	96	466	193

2-43 续表

地　　区	企业单位数(个)	亏损企业	资产总计	流动资产总计	固定资产总计	流动资产年平均余额	固定资产年平均余额
漳州市	**40**	**4**	**46544**	**31059**	**14380**	**29972**	**12410**
漳州市辖区	7		13656	10289	2437	9722	1157
云霄县	5		1757	1172	570	1138	575
漳浦县							
诏安县	12	1	6903	3807	3073	3478	2876
长泰县							
东山县	2		3033	2746	288	2689	287
南靖县	5		6581	3408	3123	3309	3035
平和县	2		935	605	330	621	360
华安县	1		5768	4340	1428	4524	1067
龙海市	6	3	7911	4694	3131	4491	3054
南平市	**15**	**2**	**18354**	**12637**	**3020**	**12800**	**3091**
南平市辖区	5	1	12851	9381	1425	9245	1435
顺昌县							
浦城县	1		417	171	246	171	246
光泽县							
松溪县							
政和县							
邵武市	4	1	2723	1643	564	2078	622
武夷山市							
建瓯市	4		1552	770	646	714	643
建阳市	1		811	671	140	593	145
龙岩市	**112**	**15**	**164753**	**90719**	**66149**	**84799**	**64704**
龙岩市辖区	76	8	110562	60793	44841	59059	41189
长汀县	4	2	6521	1276	5233	1392	5123
永定县	10	4	17470	10402	6781	9451	7768
上杭县							
武平县	9		12937	9603	3135	7444	4445
连城县	6		5822	2120	3302	1915	3178
漳平市	7	1	11442	6525	2857	5538	3001
宁德市	**8**	**1**	**18146**	**9112**	**8773**	**9083**	**8072**
宁德市辖区							
霞浦县	1		944	717	227	725	247
古田县	1		557	192	365	355	202
屏南县							
寿宁县							
周宁县	2		3569	2456	852	2719	179
柘荣县							
福安市	2	1	7619	2074	5545	2262	5556
福鼎市	2		5457	3674	1783	3023	1889

单位：万元

主营业务收入	主营业务税金及附加	利润总额	亏损企业亏损总额	利税总额	本年应交增值税	本年应付工资	全部从业人员年平均人数（人）
91869	**1211**	**3639**	**78**	**8019**	**3169**	**6346**	**2617**
12790	45	396		855	414	499	319
7711	16	506		559	36	571	326
35163	939	1200	20	3364	1225	3049	1070
4564	70	91		299	138	427	247
11024	71	665		1110	374	774	237
1389	4	210		249	35	79	47
7578	40	160		648	448	540	106
11649	27	410	58	936	499	408	265
30141	**404**	**881**	**45**	**2155**	**870**	**2465**	**855**
11291	39	185	41	543	319	702	299
1054	10	85		137	42	158	86
10495	299	246	4	807	262	270	134
5019	45	142		367	181	1169	246
2283	11	224		302	66	166	90
335993	**5763**	**37030**	**992**	**64818**	**22024**	**29315**	**10685**
246243	4248	29262	571	50453	16942	21381	7064
3648	78	-73	88	250	245	974	336
30014	224	891	249	2899	1784	2310	1082
26953	710	3328		5348	1310	1740	1309
10922	240	2026		2888	622	1541	375
18213	263	1595	85	2980	1122	1370	519
23565	**279**	**1084**	**22**	**2120**	**757**	**1652**	**665**
972	4	15		65	46	97	65
5705	32	415		495	48	95	128
3625	53	22		96	22	128	78
3224	25	155	22	273	93	154	121
10039	166	477		1191	548	1178	273

2-44 各市、县规模以上“三资”

地　　区	企业单位数(个)	亏损企业	资产总计	流动资产总计	固定资产总计	流动资产年平均余额	固定资产年平均余额
全　　省	**5831**	**1117**	**58058349**	**32048872**	**18626400**	**31936561**	**16939985**
福州市	**1047**	**261**	**11419421**	**6535147**	**3621043**	**6881128**	**3286427**
福州市辖区	494	115	4642159	2984191	1283836	2866219	1173205
闽侯县	177	21	1390700	700093	522081	732946	501458
连江县	40	11	231830	103013	108310	101911	78891
罗源县	17	7	294492	146430	135962	136507	124054
闽清县	27		33319	16648	15474	16128	15027
永泰县	6		11630	8326	3105	8182	4415
平潭县	4		7829	4111	3510	2934	2551
福清市	216	82	3196816	1934268	837501	2400488	733832
长乐市	66	25	1610647	638066	711264	615814	652995
厦门市	**1107**	**386**	**16961693**	**10179282**	**5540188**	**10337178**	**5019958**
莆田市	**312**	**48**	**2524078**	**1329201**	**1018057**	**1275435**	**964699**
莆田市辖区	256	38	2317837	1188039	962507	1138057	913448
仙游县	56	10	206241	141162	55549	137377	51251
三明市	**116**	**26**	**530688**	**293717**	**199751**	**284498**	**170919**
三明市辖区	15	4	102155	51755	43555	45649	40003
明溪县	5	1	12639	6538	4040	5985	1915
清流县	13	2	22610	17756	3988	17151	3894
宁化县	10		17067	8074	6573	5897	5829
大田县	15	5	37569	22423	13350	22866	12010
尤溪县	17	6	110176	64230	32143	61347	24285
沙　县	12	2	152769	76972	72980	81282	62056
将乐县	8	1	23183	14985	5442	14750	5039
泰宁县	3		5492	1422	2574	1236	1908
建宁县	3	1	2570	1473	1097	1241	1088
永安市	15	4	44460	28090	14009	27095	12890
泉州市	**2209**	**105**	**18552822**	**9360088**	**5142348**	**8880835**	**4655998**
泉州市辖区	590	36	6962095	2722043	1161046	2565070	1065021
惠安县	252	12	964832	424946	491511	380495	366579
安溪县	82	12	582940	251772	261900	242059	216370
永春县	89	1	248116	127500	92172	120739	88587
德化县	31	3	58716	35264	20155	32279	18686
石狮市	218	10	1779916	1001914	550488	930758	533558
晋江市	768	15	6934238	4180451	2233926	4029991	2038501
南安市	179	16	1021968	616200	331150	579444	328695

工业企业主要财务指标

单位：万元

主营业务收入	主营业务税金及附加	利润总额	亏损企业亏损总额	利税总额	本年应交增值税	本年应付工资	全部从业人员年平均人数（人）
77113731	**309709**	**4686757**	**734998**	**6772149**	**1775683**	**5145234**	**2013412**
16713000	**47901**	**992794**	**135991**	**1320908**	**280214**	**902654**	**367776**
6196056	12224	306622	36264	454367	135521	438021	173734
1378488	30122	42102	28462	127331	55107	169665	58063
482916	154	17866	4907	28479	10459	41479	22084
300468	815	24061	328	31814	6937	22759	5755
100757	239	11741		14177	2197	9188	4429
34410	495	807		2147	845	1114	628
15060	938	959		2939	1042	305	312
6389877	1718	590417	33288	630583	38448	178734	87623
1814968	1195	-1782	32742	29071	29658	41389	15148
22659344	**34270**	**840129**	**379882**	**1212075**	**337676**	**1296277**	**454730**
3869274	**30604**	**134598**	**15297**	**255523**	**90321**	**295954**	**126531**
3384080	30305	129049	11736	240374	81020	263248	110195
485194	299	5549	3560	15149	9301	32706	16336
702170	**5654**	**22285**	**12626**	**52838**	**24899**	**32533**	**16063**
102613	4250	5511	961	14501	4739	3453	1842
22294	21	1327	48	1920	572	638	307
44354	76	3986	15	5328	1265	2894	1719
66876	172	6004		9174	2998	2338	851
58346	270	2669	1634	5603	2665	4889	3154
91398	31	-6495	9004	-3389	3075	6515	3095
198477	251	5858	596	11578	5469	4547	1879
30803	5	1334	29	1746	407	2040	869
8446	121	308		1132	703	497	381
7705	26	1111	0	1463	327	646	220
70859	431	673	341	3782	2678	4077	1746
23686373	**179193**	**2214224**	**112093**	**3146604**	**753188**	**2051657**	**808438**
7700810	58775	638625	92446	887411	190011	606236	200406
2043171	27200	171741	1195	247185	48243	211430	83275
1006342	4147	195775	949	264825	64903	66660	30665
553102	17530	58368	29	97460	21562	34033	17114
128722	691	5218	461	9990	4082	21594	10796
2410403	11544	214684	333	298303	72074	211460	81100
8412551	51049	786094	14460	1153532	316388	680310	317859
1431272	8257	143719	2221	187899	35923	219935	67223

2-44 续表

地　　区	企业单位数(个)	亏损企业	资产总计	流动资产总计	固定资产总计	流动资产年平均余额	固定资产年平均余额
漳州市	**707**	**188**	**5538692**	**3177571**	**2052477**	**3131063**	**1900879**
漳州市辖区	152	35	772795	531530	192371	510573	172987
云霄县	28	3	68564	40279	25647	35831	24351
漳浦县	104	30	326931	201525	93847	192012	87231
诏安县	51	4	115107	55005	56747	50174	50452
长泰县	86	30	360323	179510	140440	170194	109535
东山县	27	7	122597	65579	53074	62321	46269
南靖县	63	18	379923	295362	73343	310519	67966
平和县	40	3	34381	15656	17429	14956	16996
华安县	8	2	83170	28704	54465	27982	36867
龙海市	148	56	3274902	1764420	1345113	1756501	1288225
南平市	**115**	**24**	**785432**	**356783**	**326965**	**339974**	**305282**
南平市辖区	24	6	399117	136684	203562	138062	203261
顺昌县	11	7	78652	41247	27193	39849	25395
浦城县	10	3	59935	24059	25093	23714	24181
光泽县	5		16308	9607	5701	8461	5538
松溪县	5		7899	5671	1366	5630	1235
政和县	6	1	9114	3499	5607	3206	5860
邵武市	17	3	65046	41496	20658	36544	17962
武夷山市	11	1	43097	18515	14251	17637	11719
建瓯市	13	2	21446	12856	6569	11116	5031
建阳市	13	1	84819	63150	16965	55755	5100
龙岩市	**163**	**62**	**1321831**	**615992**	**552656**	**627356**	**467022**
龙岩市辖区	43	7	758600	385686	266890	421196	232152
长汀县	47	35	132243	80549	37648	74239	34993
永定县	17	8	169887	46552	108453	40117	92812
上杭县	12	5	120920	38486	70639	31933	45627
武平县	7		23943	13086	10777	12073	7111
连城县	11	1	16906	9895	4772	8885	4536
漳平市	26	6	99331	41738	53477	38912	49792
宁德市	**55**	**17**	**423692**	**201092**	**172917**	**179095**	**168802**
宁德市辖区	7	2	34617	25806	6308	19271	4942
霞浦县	7	4	14816	9237	3464	8955	3431
古田县	8	3	13449	9521	3249	8916	3028
屏南县	12	5	134443	11849	119416	16236	119326
寿宁县	2		18968	9598	9371	9108	7142
周宁县	3	1	14394	6123	5246	6123	5226
柘荣县							
福安市	11	1	174361	115662	22226	98259	22158
福鼎市	5	1	18645	13296	3638	12227	3549

单位：万元

主营业务收入	主营业务税金及附加	利润总额	亏损企业亏损总额	利税总额	本年应交增值税	本年应付工资	全部从业人员年平均人数（人）
6702083	**7929**	**295933**	**40878**	**505475**	**201613**	**398682**	**168040**
1249065	569	40557	10428	74905	33779	81972	35740
85280	49	3919	80	5755	1787	8219	4733
387560	277	17286	3193	33801	16238	33862	20251
260614	1736	7209	238	19860	10915	26685	9594
337166	608	11616	3003	18737	6514	30888	16134
141461	32	6070	795	13433	7331	8052	5663
747029	375	69310	1800	87753	18068	30168	14609
83995	378	7678	416	10381	2325	7402	4672
74463	130	5873	51	7574	1571	4930	2020
3335449	3776	126416	20874	233276	103085	166503	54624
755773	**1886**	**79291**	**6489**	**107843**	**26665**	**41090**	**20934**
304120	426	49404	1321	65288	15458	15803	6358
96115	531	7802	2403	11771	3438	4354	2533
52633	47	1751	1175	3044	1246	3526	1876
4129	2	225		408	181	742	403
7564	22	380		499	97	804	668
7844	331	304	28	874	240	1001	438
139659	96	2798	1051	5115	2221	6899	3658
43527	104	3201	3	4994	1689	2829	1535
17024	251	38	483	1045	756	1644	1173
83158	77	13386	24	14805	1341	3488	2292
1502457	**1435**	**85005**	**28535**	**129385**	**42946**	**100244**	**39458**
963872	354	73744	7780	96981	22883	24457	11387
204508	71	11886	598	18820	6864	57554	16985
79105	301	6613	754	11099	4185	4462	2890
64237	40	-15500	18020	-14906	554	2507	1491
17294	49	1237		1848	562	1075	1193
41704	538	1679	19	5026	2809	4936	2679
131738	82	5347	1365	10517	5089	5253	2833
523257	**838**	**22498**	**3209**	**41498**	**18163**	**26144**	**11442**
83559	10	7648	256	9222	1564	3529	1451
20483	14	493	110	752	246	1450	848
29430	23	148	147	621	450	1950	1313
39144	197	-1442	2413	1793	3038	3280	1332
21458	211	2548		4773	2014	1058	481
4147	16	505	70	759	238	603	265
301193	361	12236	54	22440	9843	10787	4310
23843	7	363	159	1139	770	3487	1442

2-45 各市、县规模以上工业企业主要经济效益指标

单位：%

地区	企业亏损面	产品销售率	总资产贡献率	资产负债率	销售收入利税率	资金利税率	成本费用利润率	流动资产周转次数（次）
全省	**14.41**	**97.54**	**14.86**	**53.72**	**9.83**	**15.35**	**6.44**	**2.67**
福州市	**16.04**	**96.53**	**12.47**	**55.12**	**7.80**	**12.08**	**5.51**	**2.62**
福州市辖区	17.12	97.78	10.51	56.22	6.77	10.95	4.51	2.30
闽侯县	7.93	93.89	13.55	51.08	10.21	13.76	4.05	2.27
连江县	16.54	97.77	8.33	79.52	5.75	5.70	-0.51	4.23
罗源县	7.41	96.80	18.68	54.70	12.36	17.12	11.11	3.03
闽清县	0.83	98.74	22.78	25.71	21.11	23.13	18.30	5.09
永泰县	6.56	99.21	15.23	55.77	8.97	12.25	3.78	4.09
平潭县	7.14	98.67	15.22	55.07	22.03	14.35	18.94	2.85
福清市	32.00	94.73	16.81	61.47	9.02	16.10	7.93	2.70
长乐市	15.30	96.97	8.88	45.76	4.85	7.44	3.15	2.96
厦门市	**31.74**	**99.93**	**10.19**	**56.56**	**7.00**	**10.02**	**4.28**	**2.09**
莆田市	**9.63**	**97.74**	**12.29**	**54.12**	**6.12**	**12.82**	**3.37**	**3.48**
莆田市辖区	8.56	97.77	12.70	54.83	6.54	13.45	3.66	3.45
仙游县	14.53	97.49	8.77	47.60	3.35	7.93	1.44	3.71
三明市	**14.82**	**98.03**	**12.61**	**59.46**	**7.57**	**11.67**	**3.06**	**3.05**
三明市辖区	13.62	98.50	12.93	61.14	7.64	12.42	3.24	2.86
明溪县	19.12	96.47	17.84	53.11	10.54	18.72	6.62	3.65
清流县	20.00	96.31	19.12	55.40	11.38	16.70	6.19	2.60
宁化县	9.72	96.53	20.99	30.56	10.09	21.69	5.07	5.93
大田县	24.83	97.88	17.53	57.48	9.81	18.30	3.28	3.24
尤溪县	20.45	94.70	7.75	71.69	4.85	4.53	-0.68	2.36
沙县	8.44	98.94	7.68	57.79	4.87	6.25	1.77	2.49
将乐县	15.38	98.69	14.79	62.61	9.00	12.44	2.98	4.06
泰宁县	3.28	97.44	19.76	43.43	11.97	18.82	5.42	5.40
建宁县	2.99	98.82	26.09	54.66	12.15	23.11	7.15	4.10
永安市	15.00	98.05	13.14	56.56	7.15	12.94	3.20	3.75

2-45　续表 1　　　　单位：%

地　区	企业亏损面	产品销售率	总资产贡献率	资产负债率	销售收入利税率	资金利税率	成本费用利润率	流动资产周转次数(次)
泉州市	**4.19**	**97.26**	**22.19**	**46.73**	**13.79**	**25.33**	**10.50**	**3.05**
泉州市辖区	5.95	96.12	16.35	62.50	11.90	23.83	8.90	2.97
惠安县	3.54	96.38	38.92	39.03	12.80	38.06	9.31	6.25
安溪县	6.83	98.55	52.67	42.81	25.91	65.78	24.41	6.30
永春县	3.66	97.89	45.37	42.29	21.49	45.15	13.65	4.43
德化县	6.19	97.30	20.04	55.10	9.58	19.45	5.53	3.92
石狮市	5.17	96.88	20.20	37.31	11.70	21.19	8.92	3.07
晋江市	1.73	98.18	19.02	38.80	13.41	20.29	9.86	2.41
南安市	4.82	97.35	23.56	41.44	13.39	22.50	11.18	2.90
漳州市	**18.05**	**95.55**	**12.49**	**53.99**	**8.10**	**11.85**	**5.07**	**2.39**
漳州市辖区	13.21	96.08	16.30	62.13	9.77	17.00	6.56	2.29
云霄县	2.70	96.74	16.96	30.91	7.24	15.14	5.41	3.97
漳浦县	29.49	97.39	9.34	51.83	6.99	8.77	3.10	2.35
诏安县	6.29	99.62	21.18	46.08	7.66	20.49	2.75	5.11
长泰县	25.27	97.78	10.06	49.83	6.93	9.01	4.18	2.10
东山县	8.93	97.38	15.76	58.17	7.61	15.56	3.13	3.58
南靖县	22.22	96.75	20.05	56.73	10.22	18.77	8.16	2.47
平和县	7.77	99.02	22.18	45.09	11.93	20.66	9.59	3.95
华安县	20.93	97.02	9.45	59.64	9.33	6.22	5.77	2.39
龙海市	28.69	93.38	9.18	51.32	6.74	8.54	3.99	2.16
南平市	**15.46**	**95.59**	**12.22**	**51.50**	**8.51**	**11.45**	**5.13**	**2.68**
南平市辖区	17.26	95.60	9.95	46.21	8.75	10.00	5.68	2.26
顺昌县	36.59	98.72	9.39	78.02	5.36	5.96	0.90	2.88
浦城县	14.06	93.17	11.29	51.73	5.92	10.45	2.54	3.65

2-45 续表 2 单位：%

地　　区	企业亏损面	产品销售率	总资产贡献率	资产负债率	销售收入利税率	资金利税率	成本费用利润率	流动资产周转次数(次)
光泽县	2.63	98.87	16.87	49.79	13.72	15.20	12.42	2.78
松溪县	6.38	91.28	12.62	60.61	8.03	11.92	3.70	2.37
政和县	24.00	96.31	13.23	56.58	8.82	10.91	1.75	2.55
邵武市	14.21	96.11	10.96	59.79	5.45	8.81	2.19	3.12
武夷山市	14.29	92.97	15.55	44.37	11.85	16.21	7.20	2.63
建瓯市	15.82	95.69	17.49	48.94	10.87	16.30	6.56	3.11
建阳市	4.46	94.41	18.72	43.52	10.41	19.11	8.05	2.87
龙岩市	**21.12**	**97.43**	**24.75**	**42.95**	**22.85**	**29.88**	**14.69**	**2.23**
龙岩市辖区	14.00	97.64	30.79	53.26	24.38	34.61	11.62	2.18
长汀县	52.63	96.66	12.42	45.62	7.32	10.47	4.24	2.81
永定县	24.32	98.12	17.33	49.27	15.66	16.38	11.80	3.32
上杭县	37.50	98.71	20.04	17.85	38.60	41.09	50.19	1.36
武平县	14.85	95.92	16.54	50.90	11.65	16.26	6.72	3.31
连城县	5.83	93.90	40.47	46.28	19.94	37.93	14.21	4.04
漳平市	25.36	96.97	15.53	53.86	14.77	15.47	9.30	2.40
宁德市	**11.81**	**96.29**	**12.13**	**67.36**	**7.27**	**9.57**	**3.53**	**3.01**
宁德市辖区	20.00	96.97	5.26	49.36	8.17	7.74	6.03	2.29
霞浦县	18.06	97.80	29.92	57.72	13.15	29.47	9.87	4.33
古田县	10.17	93.44	24.26	55.41	10.13	23.89	7.71	5.59
屏南县	24.00	99.76	9.72	72.70	9.63	5.65	2.04	3.01
寿宁县	21.62	92.98	12.50	70.49	8.49	10.21	2.57	4.02
周宁县	16.13	97.67	15.05	73.50	11.42	11.26	6.78	5.46
柘荣县	22.64	97.54	14.12	45.42	4.82	10.45	1.25	4.06
福安市	9.05	96.69	10.65	77.46	4.58	5.56	1.20	2.67
福鼎市	3.72	95.33	19.97	56.71	9.43	17.65	5.05	2.88

2-46　规模以上工业企业能源购进、消费及库存

项　　目	单位	购进量	消费量			年末库存
				工业生产消费	非工业生产消费	
原煤	吨	53527439	52074589	52004191	70398	3551698
洗精煤	吨	1296474	1281222	1281218	4	96558
其他洗煤	吨	10657	10658	10648	11	18
型煤	吨	801498	802110	801417	692	36413
焦炭	吨	3084341	3680430	3680148	282	142539
其他焦化产品	吨	35330	36287	36287		1052
焦炉煤气	万立方米	880	41851	41851		
高炉煤气	万立方米	60464	610227	610227		
其他煤气	万立方米	11334	34599	34599		
天然气	万立方米	5141	5142	5141	1	
液化天然气	吨	139314	38040	37442	598	56880
原油	吨	3128533	3122227	3122176	51	175555
汽油	吨	141867	140375	97314	43061	1014
煤油	吨	12034	12110	10851	1259	614
柴油	吨	577562	554209	518761	35448	15994
燃料油	吨	437297	452885	451580	1305	39713
液化石油气	吨	140562	141211	99029	42182	1349
炼厂干气	吨		116251	116251		
其他石油制品	吨	46858	187891	187759	132	3407
热力	百万千焦	13324088	37510553	37416464	94089	
电力	万千瓦时	6445086	7203589	7108202	95387	
其他燃料	吨标准煤	660260	924166	923714	453	5554

2-47 规模以上工业企业主要

项　　目	综合能源消费量(吨标准煤)	原煤(吨)	洗精煤(吨)	焦炭(吨)
总　　计	**44356904**	**52074589**	**1281222**	**3680430**
#高耗能行业	34924628	46575299	1273704	3621921
#国有控股	16304208	24372392	1012417	1577454
一、按轻重工业分				
轻工业	7159105	4496705	3380	5785
以农产品为原料	5340748	3910977	3362	3835
以非农产品为原料	1818357	585728	18	1950
重工业	37197799	47577884	1277842	3674645
采掘工业	447962	601524	77	8517
原料工业	29721852	40699745	1268716	3617677
加工工业	7027986	6276614	9050	48452
二、按登记注册类型分				
内资企业	26863667	30065721	1267944	2440396
国有企业	2704371	2935476	294	18856
集体企业	852489	907585		10762
股份合作企业	817591	785002	1000	38106
联营企业	1504372	3266934		285
有限责任公司	10962160	13366142	1053985	2133380
股份有限公司	1840789	2055277		2483
私营企业	8164738	6748287	212665	236523
其他企业	17156	1019		
港、澳、台商投资企业	6647845	6712139	1269	299929
外商投资企业	10845392	15296729	12009	940105
三、按规模分				
大型企业	7479464	2655226	1008542	2868516
中型企业	19908295	27858654	220662	480203
小型企业	16969145	21560709	52018	331711
四、按行业分				
采矿业	436775	601252	77	8517
煤炭开采和洗选业	68116	476712		
黑色金属矿采选业	139420	16641	77	2100
有色金属矿采选业	84967	141		
非金属矿采选业	144272	107758		6417
制造业	28220241	19821510	1281145	3671913

能源产品分行业消费量

汽油 (吨)	柴油 (吨)	燃料油 (吨)	液化石油气 (吨)	热力 (百万千焦)	电力 (万千瓦时)
140375	**554209**	**452885**	**141211**	**37510553**	**7203589**
42532	250412	280226	38252	22318832	3877725
16369	52713	33553	37682	23432222	2063107
71617	202860	159099	47348	12168136	2291512
43565	96895	100925	15466	10869310	1544406
28053	105965	58174	31882	1298827	747105
68757	351349	293786	93863	25342417	4912077
2578	76786	109	48	2161	178177
23419	84480	77810	62898	16592525	3429319
42760	190083	215867	30917	8747731	1304581
85226	343037	82908	59110	25191735	4665854
8645	10092	10574	34174	163965	897163
1932	11651	370	197	100178	105816
1221	19810	2295	112		116386
555	2149	113			86819
13219	52537	11918	10650	14142078	1283699
5333	23676	13153	59	10093190	359986
54225	222647	44330	13918	692324	1803964
96	474	155			12021
37895	119277	174569	43553	3740681	1363908
17253	91895	195408	38549	8578137	1173827
12180	42913	33949	25074	24373069	1596076
37615	172710	308061	73395	11500034	2735119
90580	338586	110875	42742	1637450	2872394
2356	76289	109		2161	173728
1033	2701				41071
504	35228	1			62578
367	21788				42278
452	16572	109		2161	27802
127015	463358	434528	107037	37508393	5584995

2-47 续表

项 目	综合能源消费量(吨标准煤)	原煤(吨)	洗精煤(吨)	焦炭(吨)
农副食品加工业	451017	329768	86	1753
食品制造业	467360	385557		969
饮料制造业	312234	279773		905
烟草制品业	33522	16413		
纺织业	1719558	1224603	3106	
纺织服装、鞋、帽制造业	248863	89639	150	
皮革、毛皮、羽毛(绒)及其制品业	446371	116820		37
木材加工及竹、藤、棕、草制品业	682813	161035		9
家具制造业	70702	7133		
造纸及纸制品业	1344573	1362693	20	172
印刷业和记录媒介的复制	44583	10684		
文教体育用品制造业	57852	6256		532
石油加工及炼焦化	454304	8747	182357	
化学原料及化学制品制造业	4072625	4538487	11469	41953
医药制造业	283609	290218		
化学纤维制造业	383930	85264		177
橡胶制品业	316773	97325		
塑料制品业	493552	226715		118
非金属矿物制品业	8880320	9361175	8097	4542
黑色金属冶炼及压延加工业	5552221	973390	1071781	3571898
有色金属冶炼及压延加工业	381107	59075		3528
金属制品业	175096	20388		470
通用设备制造业	360811	94660	4062	36814
专用设备制造业	94801	9464		932
交通运输设备制造业	225664	5152		5189
电气机械及器材制造业	228794	36282	18	1912
通信设备、计算机及其电子设备制造业	206677	623		
仪器仪表及文化、办公用机械制造业	64210	1868		1
工艺品及其他制造业	160307	21862		3
废弃资源和废旧材料回收加工业	5992	440		
电力、燃气及水的生产和供应业	15699888	31651827		
电力、热力的生产和供应业	15584051	31634425		
燃气生产和供应业	50114	17402		
水的生产和供应业	65723			

汽油(吨)	柴油(吨)	燃料油(吨)	液化石油气(吨)	热力(百万千焦)	电力(万千瓦时)
4237	15631	15493	8600	7138	126130
1618	6654	13209	4201	152835	107229
1303	4608	12185	377	266155	55087
210	1069	4965	31	58797	9814
6844	18685	25333	1062	1818682	519256
7296	11870	1100	102	20887	133802
12816	20328	16658	198	42903	232381
1401	3729	17	48	338774	126578
1705	6259	309	3659		34554
4894	14371	9202	711	8495009	289309
1895	1219	203	1964	1241	24241
1543	4342	1111	1216	236175	28024
1115	1333	7761	288	2121229	25346
10909	13731	6589	5368	13530066	569389
2912	1462	2934	36	79546	52018
668	1343	13267	9	809759	191853
4142	4248	6187	23	2478213	107653
6245	16086	7670	1122	210307	229613
17779	195467	207644	22025	74868	991395
1379	10939	16410	8152	6592669	690089
1141	14787	23574	2418		216424
3723	13109	5811	11410	131856	85953
6177	13718	12449	1351	3513	169182
4014	11319	1849	253		49360
5882	26042	9506	4979	17762	123179
5410	14403	487	10179	7909	126074
3702	3051	8131	12142		140958
1558	1093	89	35	12098	48504
4487	12424	4383	5077		79066
10	38				2533
11004	14563	18248	34174		1444866
10209	14154	18248			1385081
50	69		34174		7287
744	340				52499

2-48 大中型工业企业主要

项 目	综合能源消费量(吨标准煤)	原煤(吨)	洗精煤(吨)	焦炭(吨)
总 计	**27387759**	**30513880**	**1229204**	**3348719**
#高耗能行业	22370114	27645892	1229127	3334445
#国有控股	11468313	14183677	1008619	1545320
一、按轻重工业分				
轻工业	4028328	2781688		2877
以农产品为原料	3019417	2401656		2540
以非农产品为原料	1008911	380032		337
重工业	23359431	27732192	1229204	3345842
采掘工业	135334	12811	77	
原料工业	19323390	23984361	1229127	3334445
加工工业	3900707	3735020		11397
二、按登记注册类型分				
内资企业	13015537	11474274	1229204	2161903
国有企业	1751045	1113734	77	896
集体企业	61384	36539		1197
股份合作企业	369458	374475		
联营企业	36681			
有限责任公司	6877244	5973594	1046770	2106049
股份有限公司	1717454	1982215		2482
私营企业	2197145	1993091	182357	51278
其他企业	5124	625		
港、澳、台商投资企业	4922109	5495938		293873
外商投资企业	9450112	13543669		892943
三、按规模分				
大型企业	7479464	2655226	1008542	2868516
中型企业	19908295	27858654	220662	480203
四、按行业分				
采矿业	132899	12609	77	
煤炭开采和洗选业	31217	7466		
黑色金属矿采选业	72278	5002	77	
有色金属矿采选业	29239	141		
非金属矿采选业	164			
制造业	17157179	11477368	1229127	3348719

能源产品分行业消费量

汽油 (吨)	柴油 (吨)	燃料油 (吨)	液化石油气 (吨)	热力 (百万千焦)	电力 (万千瓦时)
49795	**215622**	**342010**	**98469**	**35873103**	**4331195**
14339	67918	218730	16355	21703874	2570869
13623	39446	31188	36751	23352955	1802363
23382	74050	104899	26035	11307141	1277604
15369	43326	73289	10136	10145546	848087
8013	30724	31610	15900	1161595	429517
26413	141572	237111	72434	24565961	3053591
1114	34525		48		64845
13024	50766	47008	55500	16047381	2373877
12275	56282	190102	16885	8518580	614869
24095	100740	33452	44064	24652033	2559618
7693	8245	10511	34174	163965	831570
189	1449				9218
386	13809	722			61058
388	119				29680
5351	28301	2720	6201	14102699	852271
2294	14389	10247	12	9896190	325324
7766	34329	9252	3677	489179	446692
28	98				3806
16760	55963	143100	21087	3394224	889880
8940	58920	165457	33318	7826846	881696
12180	42913	33949	25074	24373069	1596076
37615	172710	308061	73395	11500034	2735119
1028	34311				63251
658	1636				19395
268	14771				41363
100	17904				2363
2					131
39459	172954	326083	64295	35873103	3094761

2-48 续表

项 目	综合能源消费量(吨标准煤)	原煤(吨)	洗精煤(吨)	焦炭(吨)
农副食品加工业	141709	117623		1703
食品制造业	236682	206037		837
饮料制造业	215965	214831		
烟草制品业	22054	3521		
纺织业	1130094	825253		
纺织服装、鞋、帽制造业	140485	67313		
皮革、毛皮、羽毛(绒)及其制品业	270442	56649		
木材加工及竹、藤、棕、草制品业	169722	21999		
家具制造业	33139	4618		
造纸及纸制品业	686189	821390		
印刷业和记录媒介的复制	14400	1943		
文教体育用品制造业	33167	3730		
石油加工及炼焦化	438838	1229	182357	
化学原料及化学制品制造业	2998025	3621449		34062
医药制造业	240972	257280		
化学纤维制造业	313605	62483		177
橡胶制品业	246131	81433		
塑料制品业	164262	57846		
非金属矿物制品业	3705331	4090925		
黑色金属冶炼及压延加工业	4878122	861929	1046770	3300383
有色金属冶炼及压延加工业	317024	46457		
金属制品业	74166	5805		
通用设备制造业	69494	4950		7735
专用设备制造业	31260	2240		6
交通运输设备制造业	136751	1043		3519
电气机械及器材制造业	168165	30839		297
通信设备、计算机及其电子设备制造业	171237			
仪器仪表及文化、办公用机械制造业	47210			
工艺品及其他制造业	62510	6553		
废弃资源和废旧材料回收加工业	30			
电力、燃气及水的生产和供应业	10097681	19023903		
电力、热力的生产和供应业	10032775	19023903		
燃气生产和供应业	34127			
水的生产和供应业	30779			

汽油 (吨)	柴油 (吨)	燃料油 (吨)	液化石油气 (吨)	热力 (百万千焦)	电力 (万千瓦时)
1142	7421	6394	5928		35124
462	2894	9120	2864	137131	48766
455	2037	10344			32731
159	1024	4965	31	58797	7870
2812	9092	19372	1012	1699195	336242
2787	3806	901	21	19937	71570
5946	11461	15185	184	28062	142612
276	1308		48	338774	35720
1026	2859		3225		18404
1092	4038	5102	96	8202424	143424
360	354				10094
655	2595	501	1078	236175	13679
74	456	7277	288	2121229	20127
2059	5187		107	12983383	389826
278	613	1920	11	72642	43649
88	542	13267	9	802267	148666
2367	1518	2946		2409782	75206
1442	8262	2065	28	28854	87065
2088	38261	175391	8950	6593	351294
535	5828	3205	4752	6592669	473764
668	9926	16930	2258		188476
803	5402	4237	6479	100981	33237
1133	3962	9139	576		30859
846	5363				14028
3212	19579	8175	4194	17762	66617
2721	11526	27	8699	7909	88449
2090	2331	7028	12087		115277
666	381	2	32	8536	37378
1208	4907	2588	1339		34583
9	21				24
9308	8358	15927	34174		1173182
8915	8261	15927			1147382
23	38		34174		1200
370	59				24600

2-49 规模以上三大主导

项目	综合能源消费量(吨标准煤)	原煤(吨)	洗精煤(吨)	焦炭(吨)
总计	**7077237**	**5124976**	**197906**	**87566**
#高耗能行业	4526930	4547234	193826	41953
#国有控股	2034692	1768500	3581	35757
一、按轻重工业分				
轻工业	904891	190035	18	437
以农产品为原料	6237	3252		
以非农产品为原料	898654	186783	18	437
重工业	6172346	4934940	197888	87129
采掘工业				
原料工业	3022738	2397916	193826	42242
加工工业	3149608	2537024	4062	44888
二、按登记注册类型分				
内资企业	4047473	3567772	196637	76450
国有企业	508257	533158		909
集体企业	40889	16142		2620
股份合作企业	85734	70164		711
联营企业	2473			285
有限责任公司	1409734	1492148	3581	37610
股份有限公司	600257	622634		781
私营企业	1397603	833132	193056	33533
其他企业	2525	394		
港、澳、台商投资企业	1504134	743721	1269	5407
外商投资企业	1525630	813482		5709
三、按规模分				
大型企业	1869809	1283005		34062
中型企业	2989335	2586313	182357	11734
小型企业	2218094	1255658	15549	41770
四、按行业分				
电子信息	206677	623		
机械装备	1149376	167815	4079	45318
石油化工	5721184	4956538	193826	42248

产业主要能源产品消费量

汽油 (吨)	柴油 (吨)	燃料油 (吨)	液化石油气 (吨)	热力 (百万千焦)	电力 (万千瓦时)
53544	**119477**	**79797**	**47158**	**19322713**	**1867065**
12024	15064	14350	5656	15651295	594735
2808	16051	8712	661	8243109	265799
18047	24982	15992	14319	927275	481642
46	23				3178
18000	24959	15992	14319	927275	478464
35497	94495	63805	32839	18395438	1385423
8241	20610	19421	14385	9661082	574597
27256	73885	44384	18454	8734356	810826
30317	51788	18567	7141	8583946	946845
445	2957	6			78847
1212	460	185	168		8625
663	1164		92		18438
41	262	113			1320
4843	5893	454	876	6121880	251683
3535	5893	2982	25	2411966	125596
19552	34895	14826	5981	50100	460964
26	264				1373
15484	38781	37110	18148	2957435	530117
7743	28908	24121	21868	7781332	390103
3342	28537	20877	19589	10257911	334787
14160	35971	33286	12909	8222793	771948
36042	54969	25634	14660	842009	760329
3702	3051	8131	12142		140958
26762	79684	30192	28206	173138	602252
23079	36742	41474	6810	19149574	1123855

2-50 年耗能万吨及以上工业

项 目	综合能源消费量(吨标准煤)	原煤(吨)	洗精煤(吨)	焦炭(吨)
总 计	**35016617**	**47232262**	**1050032**	**3572404**
#高耗能行业	31581632	44526519	1050032	3566618
#国有控股	15716657	24233614	1008542	1557809
一、按轻重工业分				
轻工业	2862979	2560937		2540
以农产品为原料	2259792	2240022		2540
以非农产品为原料	603187	320915		
重工业	32153638	44671324	1050032	3569864
采掘工业	121854	71628		
原料工业	27324680	39485888	1048648	3566618
加工工业	4707105	5113809	1384	3247
二、按登记注册类型分				
内资企业	20606212	26382407	1050032	2344329
国有企业	2481062	2880543		
集体企业	603065	707779		
股份合作企业	578048	585088		36189
联营企业	1439530	3226005		
有限责任公司	9886551	12805133	1046770	2128811
股份有限公司	1655279	2007253		1703
私营企业	3962676	4170606	3262	177627
其他企业				
港、澳、台商投资企业	4706578	5932533		292189
外商投资企业	9703827	14917321		935886
三、按规模分				
大型企业	7273144	2639161	1008542	2868516
中型企业	17582190	27122933	38228	471715
小型企业	10161283	17470168	3262	232173
四、按行业分				
采矿业	121854	71628		
煤炭开采和洗选业	11634			
黑色金属矿采选业	41370			
有色金属矿采选业	14491			
非金属矿采选业	54359	71628		
制造业	19480178	15520600	1050032	3572404

企业主要能源产品消费量

汽油 (吨)	柴油 (吨)	燃料油 (吨)	液化石油气 (吨)	热力 (百万千焦)	电力 (万千瓦时)
13383	**114485**	**285349**	**37334**	**35337169**	**3717421**
9194	56538	221298	14181	22216743	2936976
8564	17772	24289	2546	23130193	1748055
1699	23823	58033	9242	10390958	614355
1676	13334	29401	6076	9588691	424199
23	10488	28632	3166	802267	190157
11684	90662	227316	28092	24946211	3103066
663	23249				30996
8785	51270	45911	10939	16447570	2609416
2236	16143	181405	17153	8498641	462654
9950	54451	27157	7711	24472981	2533087
6140	2030	9982			775436
207	1522				49888
189	12574				56092
198	444				62769
1449	20702	2403	5656	13992543	863499
918	5066	5764		10083593	273776
850	12113	9008	2055	396845	451625
2325	24237	111644	12229	3091338	542045
1107	35796	146548	17394	7772850	642289
8894	30657	32289	21642	24116774	1464175
3910	68311	236829	12286	10692781	1590633
579	15517	16231	3406	527614	662613
663	23249				30996
445	1038				8428
150	12443				21855
69	9768				127
					585
5354	78088	267101	37334	35337169	2463124

2-50 续表

项　　目	综合能源消费量(吨标准煤)	原煤(吨)	洗精煤(吨)	焦炭(吨)
农副食品加工业	152306	187996		1703
食品制造业	128124	106187		837
饮料制造业	148058	165104		
烟草制品业	10343			
纺织业	846985	741606		
纺织服装、鞋、帽制造业	15333	20495		
皮革、毛皮、羽毛(绒)及其制品业	58661	12200		
木材加工及竹、藤、棕、草制品业	183292	21769		
家具制造业				
造纸及纸制品业	760549	919163		
印刷业和记录媒介的复制				
文教体育用品制造业				
石油加工及炼焦化	427823			
化学原料及化学制品制造业	3560257	4201386	1878	34062
医药制造业	222990	247536		
化学纤维制造业	274026	52941		
橡胶制品业	184342	58392		
塑料制品业	61689	42015		
非金属矿物制品业	6717752	7724990	1384	
黑色金属冶炼及压延加工业	5241051	923774	1046770	3532556
有色金属冶炼及压延加工业	264633	41950		
金属制品业	12713	388		
通用设备制造业	48892	36036		
专用设备制造业				
交通运输设备制造业	34181			3247
电气机械及器材制造业	64510	12271		
通信设备、计算机及其电子设备制造业	50286			
仪器仪表及文化、办公用机械制造业				
工艺品及其他制造业	11384	4400		
废弃资源和废旧材料回收加工业				
电力、燃气及水的生产和供应业	15414585	31640033		
电力、热力的生产和供应业	15370117	31634418		
燃气生产和供应业	44468	5615		
水的生产和供应业				

汽油 (吨)	柴油 (吨)	燃料油 (吨)	液化石油气 (吨)	热力 (百万千焦)	电力 (万千瓦时)
146	2220	362	5328		16968
11	644				41096
135	867	3042			19978
	264	3821			4174
1048	7069	10591	748	1485315	161543
3					707
47	127	9469			14570
161	776			338774	26167
286	1941	2117		8103376	147921
	230	7277	288	2121229	19892
549	4832	71	3406	13502846	446726
	151				39476
6	275	13267	9	802267	121718
1618	1214			2390693	46390
	5961				19639
658	24088	175531	8048		549442
443	8292	12957	181	6592669	539404
179	5975	7215	2258		164603
45	73	3694	84		5738
	183	8946	96		7734
18	3610	3945	2694		11576
	8565	12	3158		30784
	730	3742	11037		21387
		1044			5492
7366	13148	18248			1223301
7366	13121	18248			1216910
	27				6391

2-51　各设区市规模以上工业分品种主要能源消费量

地　区	综合能源消费量(吨标准煤)	原　煤(吨)	洗精煤(吨)	其他洗煤(吨)	型　煤(吨)	焦炭(吨)	其他焦化产品(吨)
全　省	**44356904**	**52074589**	**1281222**	**10658**	**802110**	**3680430**	**36287**
福州市	9026435	11097972	182799	119	379028	849157	
厦门市	3328553	4417768			3567	1200	
莆田市	1177812	1673801	150		5932	702	
三明市	7049550	5909957	1056349	2629	11762	1772750	8146
泉州市	8911190	8001975	8604	3839	384778	639289	
漳州市	5429371	9110471	10881		12022	10070	
南平市	2549236	2132825	3803	4072	3799	2565	20734
龙岩市	5054680	6714459	7909		30	386194	6160
宁德市	1830077	3015360	10728		1191	18503	1248

2-51　续表 1

地　区	焦炉煤气(万立方米)	高炉煤气(万立方米)	其他煤气(万立方米)	天然气(万立方米)	液化天然气(吨)	原　油(吨)	汽油(吨)
全　省	**41851**	**610227**	**34599**	**5142**	**38040**	**3122227**	**140375**
福州市	7856		62	12	1650	34	34173
厦门市					29		22839
莆田市					32615		6624
三明市	33995	610163	33039		52		3466
泉州市		64	1497	4795	2236	3122049	55244
漳州市					1286		6295
南平市				324	12	101	2671
龙岩市				11			5848
宁德市					160	43	3214

2-51　续表 2

地　区	煤油(吨)	柴油(吨)	燃料油(吨)	液化石油气(吨)	炼厂干气(吨)	其他石油制品(吨)	热力(百万千焦)	电力(万千瓦时)	其他燃料(吨标准煤)
全　省	**12110**	**554209**	**452885**	**141211**	**116251**	**187891**	**37510553**	**7203589**	**924166**
福州市	895	79217	144403	60280		2343		1873516	6526
厦门市	1203	70527	144476	29154		4270	10563985	623606	4416
莆田市	79	16646	19963	1657		737		203943	582
三明市	90	21565	7048	2848		1836	21829319	827903	162664
泉州市	7276	252408	88607	19519	116251	159909	3122124	1681638	84126
漳州市	223	41163	35418	19940		3677		611060	65251
南平市	279	16602	4723	5724		4866	1995126	496031	493381
龙岩市	569	43371	7687	998		9956		582329	107184
宁德市	1495	12709	560	1093		297		303563	37

2-52　规模以上工业企业用水情况

项　目	取水总量（万立方米）	金　额（万元）	项　目	取水总量（万立方米）	金　额（万元）
总　计	**601578**	**138424**	烟草加工业	120	167
一、按轻重工业分			纺织业	12595	23632
轻工业	208901	93426	纺织服装、鞋、帽制造业	3780	7543
以农产品为原料	46493	58213	皮革、毛皮、羽绒及其制品业	4509	8664
以非农产品为原料	162408	35214	木材加工及竹、藤、棕、草制品业	1523	1074
重工业	392677	44997	家具制造业	409	777
采掘工业	6729	923	造纸及纸制品业	12837	2934
原料工业	366144	27794	印刷业、记录媒介的复制	268	503
加工工业	19804	16281	文教体育用品制造业	424	971
二、按登记注册类型分			石油加工及炼焦化	888	452
内资企业	446355	67289	化学原料及化学制品制造业	10967	8114
国有企业	242453	13160	医药制造业	3101	3809
集体企业	3227	897	化学纤维制造业	920	1379
股份合作企业	1431	825	橡胶制品业	859	1517
联营企业	1092	892	塑料制品业	1446	2569
有限责任公司	136341	19170	非金属矿物制品业	14121	6080
股份有限公司	33148	9390	黑色金属冶炼及压延加工业	13293	4945
私营企业	28592	22831	有色金属冶炼及压延加工业	1029	1503
其他企业	72	124	金属制品业	1112	2170
港、澳、台商投资企业	44909	36220	通用设备制造业	1275	1756
外商投资企业	110314	34914	专用设备制造业	558	1050
三、按行业分			交通运输设备制造业	1265	2378
采矿业	7771	855	电气机械及器材制造业	1259	2053
煤炭开采和洗选业	3822	74	通信设备、计算机及其电子设备制造业	2148	4841
黑色金属矿采选业	932	259	仪器仪表及文化、办公用机械制造业	623	1369
有色金属矿采选业	1357	216	工艺品及其他制造业	1790	2838
非金属矿采选业	1660	305	废弃资源和废旧材料回收加工业	17	16
制造业	103148	107520	电力、燃气及水的生产和供应业	490659	30049
农副食品加工业	3710	4346	电力、热力的生产和供应业	336784	8021
食品制造业	3434	3927	燃气生产和供应业	83	150
饮料制造业	2870	4147	水的生产和供应业	153792	21878

2-53 规模以上工业

(2004年、

项目	2008年 企业单位数（个）	工业总产值（当年价）	资产合计	主营业务收入	从业人员年平均人数（人）
总计	**17212**	**152128065**	**116949127**	**148161695**	**3800604**
一、按隶属关系分					
中央	46	6758768	9916317	6681747	26346
省	172	7762839	8743314	7550692	118180
市	311	6260853	6711104	6321472	121736
县(市)	661	6780036	7416600	6537154	132858
街道、镇乡	505	3215821	1597910	3193182	85528
街道	64	309213	179456	299043	10695
镇	329	2513642	1239024	2497412	62873
乡	112	392967	179430	396727	11960
居(村)委会	78	350808	112967	345786	11627
居委会	3	16538	14749	16864	566
村委会	75	334270	98218	328923	11061
其他	15439	120998939	82450915	117531661	3304329
二、按轻重工业分					
轻工业	9471	69010872	45274109	66868161	2384926
以农产品为原料	6366	48344772	30480389	47036110	1636811
以非农产品为原料	3105	20666100	14793720	19832052	748115
重工业	7741	83117193	71675018	81293534	1415678
采掘工业	644	3686980	2233174	3655032	101555
原料工业	2737	35529937	40539694	34797493	498352
加工工业	4360	43900276	28902150	42841009	815771
三、按注册登记类型分					
内资企业	11381	72774882	58890778	71047964	1787192
国有企业	236	7402594	10159578	7270810	81374
集体企业	404	1749597	878523	1761536	46728
股份合作企业	268	2178894	1086237	2149744	51145
联营企业	66	956763	1538800	942424	9311
国有联营企业	22	725086	1403036	708109	5414
集体联营企业	10	63773	21074	64531	651
国有与集体联营企业	14	92302	62319	95568	1099
其他联营企业	20	75603	52371	74217	2147
有限责任公司	1882	17167599	15896259	16827982	349348
国有独资公司	34	3411969	3943605	3423893	33112
其他有限责任公司	1848	13755629	11952654	13404089	316236
股份有限公司	160	4886469	7599819	4918454	89839
私营企业	8332	38279704	21628727	37012345	1154238
私营独资企业	575	1644512	688944	1634719	59367
私营合伙企业	272	831485	411750	806567	34093
私营有限责任公司	7297	34481151	19787234	33298599	1021139
私营股份有限公司	188	1322556	740799	1272460	39639
其他企业	33	153262	102836	164670	5209
港、澳、台商投资企业	3712	41405873	27708514	40276783	1237422
合资经营企业	756	11376851	7337830	10689203	282375
合作经营企业	33	519656	661241	515583	12260
独资经营企业	2904	28390957	18294572	27903607	931359
投资股份有限公司	19	1118409	1414872	1168390	11428

企业主要经济指标

2008年)　　单位：万元

2004年				
企业单位数（个）	工业总产值（当年价）	资产合计	主营业务收入	从业人员年平均人数（人）
11918	**67834151**	**60340419**	**65810730**	**2723149**
44	3408316	4996354	3515099	28277
244	6135316	7041937	5949188	126536
481	5985241	7223001	5769182	153052
998	4527195	5242583	4416635	196046
652	1648897	1053456	1604383	89411
108	253746	147512	242163	12831
348	1009658	651117	982047	54374
196	385494	254827	380173	22206
98	217347	124703	210310	13385
14	28289	18943	27715	1550
84	189058	105760	182595	11835
9401	45911839	34658385	44345933	2116442
6866	29493327	23080855	28504364	1797212
4624	19680200	14924493	19057271	1187714
2242	9813127	8156362	9447093	609498
5052	38340824	37259564	37306366	925937
312	924000	726779	914905	58222
1779	16181759	20552743	15761162	370704
2961	21235064	15980042	20630300	497011
7094	27440026	27370768	26705752	1130840
557	5989229	7838659	5900800	135634
508	1035779	720998	1010737	54937
311	722430	437517	696243	51234
89	551469	927958	536144	13028
17	305557	767795	299548	4383
24	89830	35455	87289	2475
18	49776	39073	48187	1664
30	106306	85636	101120	4506
1173	5833101	6652769	5730077	229229
25	1077455	1063984	1095204	26778
1148	4755646	5588785	4634873	202451
145	2706219	4235639	2709718	79132
4275	10231682	6445139	9762956	554394
360	451439	221421	433107	32948
238	372725	202736	359378	24191
3489	8939252	5636432	8524986	467814
188	468267	384551	445485	29441
36	370118	112089	359077	13252
3111	22258594	16682624	21449393	1015507
744	7529596	5271899	7117497	268641
38	393901	517830	390678	12929
2315	13732577	9642021	13290751	723953
14	602520	1250875	650467	9984

2-53 续表 1

项　　目	2008年				
	企业单位数（个）	工业总产值（当年价）	资产合计	主营业务收入	从业人员年平均人数（人）
外商投资企业	2119	37947309	30349835	36836948	775990
中外合资经营企业	579	12830654	11546239	12411653	187100
中外合作经营企业	26	293550	239467	364534	7495
外资企业	1488	23948443	17235546	23201113	568702
外商投资股份有限公司	26	874663	1328584	859649	12693
四、按行业分					
煤炭开采和洗选业	208	1149397	727877	1187224	54661
石油和天然气开采业					
黑色金属矿采选业	89	1244252	665330	1235897	13546
有色金属矿采选业	105	520347	417987	470193	9392
非金属矿采选业	182	601462	319003	607605	20722
其他采矿业					
农副食品加工业	881	7752699	3863031	7431378	122461
食品制造业	429	3480957	1891906	3352671	89739
饮料制造业	364	2437184	1768892	2394764	52226
烟草制品业	5	1441503	1181492	1427601	4134
纺织业	1004	7959867	6426328	7655809	239678
纺织服装、鞋、帽制造业	1248	8620293	4860156	8441959	396457
皮革、毛皮、羽毛(绒)及其制品业	1136	10526083	5178155	10441097	544032
木材加工及木、竹、藤、棕、草制品业	989	2795941	1593328	2676764	106095
家具制造业	287	1606509	1033468	1547306	62221
造纸及纸制品业	610	3637252	3408383	3494300	91580
印刷业和记录媒介的复制	234	770643	727414	770938	27862
文教体育用品制造业	228	1313481	869988	1262831	70358
石油加工、炼焦及核燃料加工业	23	2094336	3912829	1986388	5533
化学原料及化学制品制造业	726	5422715	4070359	5436905	82521
医药制造业	111	1083255	1180947	972206	21223
化学纤维制造业	88	2373155	2349565	2300033	20909
橡胶制品业	232	2293821	1919654	2344533	71185
塑料制品业	931	5415162	3256165	5224062	168149
非金属矿物制品业	1924	9758881	7325533	9501297	322023
黑色金属冶炼及压延加工业	187	7572631	4988181	7341737	53914
有色金属冶炼及压延加工业	139	3334455	3577768	3293159	30924
金属制品业	525	3606205	2379723	3466836	86393
通用设备制造业	701	4298859	2856233	4231163	96836
专用设备制造业	395	3184690	2958900	3149027	60984
交通运输设备制造业	559	6471547	5244181	6157834	122075
电气机械及器材制造业	571	7068846	4421958	6780201	160769
通信设备、计算机及其他电子设备制造业	467	17178570	8891593	16729171	231201
仪器仪表及文化、办公用机械制造业	218	1458446	989936	1431177	61031
工艺品及其他制造业	936	3767892	2015592	3614875	215265
废弃资源和废旧材料回收加工业	17	45152	44116	47025	835
电力、热力的生产和供应业	370	9423945	17610405	9351844	70544
燃气生产和供应业	12	133350	666173	131509	1685
水的生产和供应业	81	284285	1356577	272377	11441

2004年				
企业单位数(个)	工业总产值(当年价)	资产合计	主营业务收入	从业人员年平均人数(人)
1713	18135530	16287027	17655586	576802
532	6458417	5627728	6003656	165803
38	305278	256102	286553	8266
1117	10303005	9044059	10319877	392598
26	1068831	1359139	1045500	10135
84	295349	288412	299696	32547
46	214427	141225	214424	5070
47	96276	97308	94493	4987
91	199655	135260	194033	13667
608	3137229	1875314	3015200	81107
340	1465386	1181028	1407528	63311
191	756449	828353	732244	23014
7	809202	818931	915942	4118
796	3766546	3365408	3575786	195129
985	3431003	1823362	3319098	293520
835	3667193	2175476	3556442	397354
377	683251	590101	646760	47775
174	759351	450555	723504	48569
469	1666931	1979795	1611504	62379
205	412908	384041	397869	21112
163	538271	447392	523335	51375
16	1107454	476730	1100514	3444
453	3096194	3714366	2957944	58195
79	521130	748855	484296	17442
56	626564	602770	603213	12621
186	1077450	1134551	1035556	69147
710	2309733	1616843	2242511	119767
1470	3978324	4232760	3863559	218033
156	2777071	2170779	2637020	34260
97	972926	1143976	953944	16622
326	1142815	954472	1111550	45785
381	1404711	1259255	1351557	60666
273	1451281	1350471	1321273	39840
343	2555254	2403158	2357084	64927
368	3182305	2275499	3040559	121152
352	11785252	6782096	11656986	158086
171	884076	579336	865829	49476
673	1683051	1011137	1635232	200691
8	11800	7127	10185	321
281	5149369	10114542	5128669	73740
9	58290	109641	71897	1398
92	159674	1070096	153496	12502

2-53 续表 2

项　目	2008年				
	企业单位数(个)	工业总产值(当年价)	资产合计	主营业务收入	从业人员年平均人数(人)
五、按市县分	**12248**	**122767627**	**91453428**	**120115313**	**3091510**
福州市	**2900**	**35177847**	**27115249**	**33604306**	**646689**
鼓楼区	128	4856932	5827042	4855871	34048
台江区	42	175382	169762	178036	6563
仓山区	518	3875438	2064328	3731260	93905
马尾区	214	4354395	3854786	4147197	73341
晋安区	314	2227989	1338137	2200771	69941
闽侯县	454	2284617	1759649	2069422	100307
连江县	133	1084152	1289171	1017243	32807
罗源县	135	902517	766459	873874	19907
闽清县	120	769786	754164	760339	19180
永泰县	61	185147	151961	185191	6476
平潭县	28	109914	186069	107602	3055
福清市	400	8451402	4627475	7832402	111997
长乐市	353	5900175	4326246	5645097	75162
厦门市	**2076**	**29281608**	**23322182**	**29389402**	**622024**
思明区	243	1548661	1893716	1620254	50485
海沧区	258	6226178	5910864	6382230	87472
湖里区	523	10492070	5915491	10284803	171993
集美区	472	5573755	5477279	5711845	168914
同安区	427	2612520	2491035	2566472	97719
翔安区	153	2828424	1633796	2823799	45441
莆田市	**997**	**7885369**	**5145166**	**7715048**	**231690**
城厢区	141	851267	552133	832889	26629
涵江区	298	3406205	1320777	3345737	98423
荔城区	233	1574329	703921	1529580	53826
秀屿区	146	1030530	2065330	1003910	21219
仙游县	179	1023038	503005	1002932	31593
三明市	**1383**	**8579692**	**6644994**	**8451197**	**169209**
梅列区	127	2705913	1981825	2692687	23851
三元区	130	591555	525282	591490	12912
明溪县	68	172965	114099	166453	4761
清流县	65	185356	129529	179006	6780
宁化县	72	207849	114183	201014	7307
大田县	145	587052	379041	577042	16301
尤溪县	176	571396	667408	530532	17430
沙县	154	1219012	1116671	1192478	19474
将乐县	78	318513	261154	308479	8506
泰宁县	61	198752	144110	194510	6127
建宁县	67	185151	110585	183387	6832
永安市	240	1636180	1101110	1634120	38928
泉州市	**4892**	**41843111**	**29225837**	**40955360**	**1421898**
鲤城区	405	3280521	1896034	3223215	116462
丰泽区	360	2007475	1454321	1873711	82544
洛江区	171	1046223	521710	1022600	47937
泉港区	123	4005585	4966869	3888225	26830
惠安县	593	4100314	1679956	3984457	155299
安溪县	278	2782007	1397094	2745553	74320

2004年				
企业单位数(个)	工业总产值(当年价)	资产合计	主营业务收入	从业人员年平均人数(人)
9328	**57658865**	**48954750**	**55962141**	**2290524**
2345	**18204362**	**16441167**	**17617691**	**506275**
153	2946095	4429328	2947165	43442
91	413735	397648	401815	15290
451	1497749	932304	1394954	74375
195	2547783	2618231	2343435	73652
328	1352469	1105155	1301945	68871
176	1340904	1118653	1265749	42933
104	256636	247523	245717	25017
118	212019	85079	200976	11457
93	398666	744136	372348	16658
52	100141	149274	99885	5306
23	30169	44552	29583	1999
286	4754051	2935834	4758762	79935
275	2353947	1633449	2255357	47340
1859	**17694147**	**14670963**	**17304503**	**511263**
287	1886660	2091030	1835361	59536
135	3258757	3909803	3125673	46165
729	8101810	4571107	7960945	187237
372	2807463	2725594	2820047	136212
261	1181216	1023334	1122057	61131
75	458241	350095	440420	20982
492	**2693898**	**2491149**	**2541242**	**152275**
65	268848	195169	248107	17649
166	1045946	673213	972412	58350
122	496587	311819	480948	36274
40	558411	1062547	528764	15749
99	324106	248401	311012	24253
709	**2970286**	**3770784**	**2982394**	**120727**
61	1116678	1200434	1131623	22232
90	323506	556001	384438	16381
29	45468	75477	42097	2783
25	50205	58061	51375	3915
32	34252	23773	32907	3050
76	174896	205998	173837	13166
90	144452	193652	136738	10238
80	341050	596459	332161	11418
45	69331	98302	62887	5151
25	52737	76739	51674	3116
29	46306	43236	43507	2619
127	571407	642654	539150	26658
3923	**16096172**	**11580687**	**15516311**	**999984**
361	1190311	794114	1145686	99811
379	952182	745439	908377	92274
114	349106	219010	332476	34049
53	1365989	814167	1335428	14826
463	1543081	726044	1504634	92404
118	734572	666571	631730	32736

2-53 续表 3

项　　目	2008年				
	企业单位数(个)	工业总产值(当年价)	资产合计	主营业务收入	从业人员年平均人数(人)
永春县	164	1155672	655947	1141469	34989
德化县	210	945044	534659	923848	55033
石狮市	348	3948964	2668045	3915870	131687
晋江市	1389	13355037	9910065	13159930	468039
南安市	851	5216268	3541138	5076482	228758
漳州市	**1861**	**12181290**	**9109132**	**11556873**	**293988**
芗城区	286	2064929	1414544	2010867	50828
龙文区	191	918554	655671	855474	26359
云霄县	111	334622	176446	323661	13795
漳浦县	156	611991	560512	585979	27266
诏安县	143	521939	217865	519602	20100
长泰县	186	788452	711068	757805	24960
东山县	112	480817	273315	470357	14902
南靖县	171	1089334	603846	1054169	21667
平和县	103	267879	174509	266037	10460
华安县	43	252118	413821	243566	6028
龙海市	359	4850655	3907535	4469357	77623
南平市	**1132**	**5072717**	**4403765**	**4843375**	**146474**
延平区	226	1770806	1862265	1706363	38664
顺昌县	82	330075	357709	327729	9399
浦城县	128	312804	198361	283819	11945
光泽县	38	217967	233171	215693	8720
松溪县	47	88120	63371	79519	5086
政和县	50	82115	75285	83389	4208
邵武市	183	908501	621523	875015	21614
武夷山市	70	202191	167693	185725	8143
建瓯市	196	560624	438659	535796	20859
建阳市	112	599514	385728	550328	17836
龙岩市	**1141**	**6995363**	**7558951**	**6852221**	**165064**
新罗区	443	3977049	3448939	3906309	62541
长汀县	95	397981	306404	377105	24597
永定县	148	696073	739066	683105	25644
上杭县	96	790770	1999044	787211	13100
武平县	101	239846	215329	230963	11671
连城县	120	391346	239757	378762	14746
漳平市	138	502297	610412	488766	12765
宁德市	**830**	**5111070**	**4423852**	**4793913**	**103568**
蕉城区	65	419198	663299	406961	9730
霞浦县	72	241026	140768	236900	10815
古田县	59	390607	178485	349791	6875
屏南县	50	165104	298889	165010	5345
寿宁县	37	192042	199658	182637	3511
周宁县	31	194530	201687	189721	2380
柘荣县	53	243990	114401	236707	3652
福安市	221	2269721	2044720	2091198	34976
福鼎市	242	994851	581946	934989	26284

2004年				
企业单位数(个)	工业总产值(当年价)	资产合计	主营业务收入	从业人员年平均人数(人)
125	397915	280867	379281	27766
154	389031	359905	371591	50898
365	1449688	1090901	1439467	97224
1216	5773132	4332089	5634844	355598
575	1951166	1551580	1832797	102398
1079	**4748101**	**5056108**	**4597468**	**194680**
230	778407	704357	742214	37502
127	383062	310302	364780	19546
54	63448	52993	61780	5032
84	188941	185959	181534	19238
87	133924	116410	128825	9660
90	170632	219677	162778	13654
71	176886	132753	170611	11461
91	475520	357477	454309	14860
35	60062	67997	57504	6424
19	38197	69085	38426	2251
191	2279023	2839098	2234709	55052
574	**1912294**	**2405823**	**1871911**	**88842**
149	874571	1297761	856118	31448
49	130814	116315	124734	6928
45	103891	91547	87261	5721
28	76131	106878	71888	5446
18	22185	32269	21976	2434
22	24536	35309	22767	2132
75	313735	364199	341014	12284
24	48204	54415	44192	3343
110	157434	169289	147858	10994
54	160794	137842	154103	8112
480	**2176585**	**2859930**	**2098403**	**91774**
215	1398085	1600602	1349566	40379
43	87133	74699	81243	15441
56	160819	482803	156318	8186
43	214368	386736	209265	8219
33	61141	82383	59486	5320
45	80884	80530	71935	7350
45	174155	152177	170590	6879
457	**1338307**	**1063809**	**1280808**	**57329**
29	108757	138058	105735	5040
34	73318	47361	71024	5147
48	120073	87905	116715	6122
23	52002	116085	50109	2557
16	72467	37374	68101	1697
22	34730	148921	31858	1638
29	54808	43344	53814	2510
111	547463	295860	523217	19114
145	274690	148902	260234	13504

2-54 规模以上工业企业能源消费情况

(2004年、2008年)

项　目	2008年			2004年		
	综合能源消费量(万吨标准煤)	原煤消费量(万吨)	电力消费量(亿千瓦时)	综合能源消费量(万吨标准煤)	原煤消费量(万吨)	电力消费量(亿千瓦时)
总　计	**4435.69**	**5200.42**	**710.82**	**3045.03**	**3578.53**	**404.22**
#高耗能行业	3492.46	4652.31	385.19	2408.71	3124.61	231.05
一、按轻重工业分						
轻工业	715.91	448.71	223.65	520.05	404.43	123.29
以农产品为原料	534.07	390.47	150.20	400.85	360.35	83.18
以非农产品为原料	181.84	58.24	73.45	119.20	44.08	40.11
重工业	3719.78	4751.71	487.17	2524.97	3174.10	280.93
采掘工业	44.80	59.29	17.62	16.05	2.31	6.45
原料工业	2972.19	4064.92	340.87	2038.25	2747.57	198.77
加工工业	702.80	627.50	128.67	470.67	424.23	75.71
二、按登记注册类型分						
内资企业	2686.37	3000.73	461.82	1627.56	1589.60	264.48
国有企业	270.44	293.55	89.46	455.96	553.18	97.41
集体企业	85.25	89.77	10.46	102.22	121.42	9.51
股份合作企业	81.76	78.49	11.54	56.99	53.74	5.61
联营企业	150.44	326.09	8.66	19.91	15.38	2.86
有限责任公司	1096.22	1333.23	127.29	508.69	363.57	60.95
股份有限公司	184.08	205.12	35.18	164.87	206.40	26.21
私营企业	816.47	674.38	178.02	318.92	275.91	61.92
其他企业	1.72	0.10	1.20			
港、澳、台商投资企业	664.78	670.51	133.60	458.66	509.40	79.13
外商投资企业	1084.54	1529.18	115.40	958.80	1479.53	60.61
三、按行业分						
采矿业	43.68	59.26	17.20	15.59	2.20	6.18
煤炭开采和洗选业	6.81	46.80	3.99	3.37	0.21	2.30
黑色金属矿采选业	13.94	1.66	6.23	3.30	1.05	1.26
有色金属矿采选业	8.50	0.01	4.21	3.69		1.05
非金属矿采选业	14.43	10.78	2.77	5.23	0.95	1.56
制造业	2822.02	1979.98	549.96	1825.22	1367.26	305.69
农副食品加工业	45.10	32.95	12.05	49.08	43.28	7.36
食品制造业	46.74	38.48	10.49	41.88	43.49	4.43
饮料制造业	31.22	27.92	5.42	17.27	15.69	2.25

2-54　续表

项　　目	2008年			2004年		
	综合能源消费量(万吨标准煤)	原　煤消费量(万吨)	电力消费量(亿千瓦时)	综合能源消费量(万吨标准煤)	原　煤消费量(万吨)	电　力消费量(亿千瓦时)
烟草制品业	3.35	1.64	0.90	3.12	1.28	0.84
纺织业	171.96	122.28	50.55	121.49	103.93	25.52
纺织服装、鞋、帽制造业	24.89	8.91	12.94	15.58	5.79	6.89
皮革、毛皮、羽毛(绒)及其制品业	44.64	11.51	22.59	25.26	6.87	11.32
木材加工及竹、藤、棕、草制品业	68.28	16.09	12.55	25.60	24.02	5.72
家具制造业	7.07	0.71	3.40	3.29	0.04	1.69
造纸及纸制品业	134.46	136.21	28.21	119.88	137.07	21.40
印刷业和记录媒介的复制	4.46	1.05	2.40	2.06	0.23	1.06
文教体育用品制造业	5.79	0.63	2.67	4.14	0.40	1.82
石油加工及炼焦化	45.43	0.87	2.53	48.68	0.23	1.75
化学原料及化学制品制造业	407.26	453.43	56.63	323.30	325.71	43.90
医药制造业	28.36	28.77	5.09	15.77	13.60	3.72
化学纤维制造业	38.39	8.52	18.78	29.58	21.52	8.28
橡胶制品业	31.68	9.73	10.63	19.74	11.68	6.55
塑料制品业	49.36	22.65	22.57	28.40	10.15	12.79
非金属矿物制品业	888.03	935.35	97.92	503.33	528.41	51.99
黑色金属冶炼及压延加工业	555.22	97.32	68.95	307.71	58.36	31.76
有色金属冶炼及压延加工业	38.11	5.90	21.45	27.14	3.80	13.64
金属制品业	17.51	2.03	8.42	9.57	1.72	3.82
通用设备制造业	36.08	9.46	16.70	16.70	6.56	5.53
专用设备制造业	9.48	0.94	4.85	4.71	0.60	2.35
交通运输设备制造业	22.57	0.52	12.13	17.18	0.25	5.88
电气机械及器材制造业	22.88	3.63	12.42	14.68	1.15	6.88
通信设备、计算机及其电子设备制造业	20.67	0.06	13.89	15.53	0.16	9.51
仪器仪表及文化、办公用机械制造业	6.42	0.19	4.81	2.92	0.01	2.20
工艺品及其他制造业	16.03	2.18	7.74	11.53	1.22	4.75
废弃资源和废旧材料回收加工业	0.60	0.04	0.25	0.13	0.06	0.07
电力、燃气及水的生产和供应业	1569.99	3161.18	143.66	1204.22	2209.07	92.35
电力、热力的生产和供应业	1558.41	3159.44	137.69	1198.54	2208.11	88.00
燃气生产和供应业	5.01	1.74	0.73	0.48	0.96	0.19
水的生产和供应业	6.57		5.24	5.19		4.16

第3篇

规模以下工业生产效益状况

3-1 规模以下工业

项 目	法人单位数(个)	工业总产值	年初存货	年末存货	固定资产原价	本年折旧
总 计	**53004**	**11947910**	**1311243**	**1541584**	**9235596**	**615382**
一、按隶属关系分						
中央						
省	220	69059	11003	17326	96440	4855
市	1843	428617	64755	75091	385382	26087
县(市)	8243	1876009	181187	325946	1476217	95373
街道、镇乡	4696	994006	81758	78446	716485	52087
街道	728	132867	15589	17691	63539	4431
镇	2972	683669	59446	53121	488503	36325
乡	996	177471	6722	7634	164443	11331
居(村)委会	2843	568997	27413	30497	284310	21525
居委会	316	81709	7862	8779	43959	3709
村委会	2527	487288	19552	21718	240352	17817
其他	35159	8011222	945127	1014277	6276762	415455
二、按注册登记类型分						
内资企业	49331	10843066	1068723	1260387	7958035	525869
国有企业	122	109541	12987	15520	278866	11588
集体企业	2950	461577	36547	39444	357426	23454
股份合作企业	889	215355	14226	17456	168947	10660
联营企业	164	30398	2534	3167	28419	1719
国有联营企业	13	3111	148	244	5848	281
集体联营企业	96	15451	1290	1395	13057	763
国有与集体联营企业	11	4817	556	750	2599	222
其他联营企业	44	7020	540	779	6915	454
有限责任公司	2999	715417	91797	232902	758753	38667
国有独资公司	16	3439	149	403	17946	505
其他有限责任公司	2983	711978	91648	232499	740807	38162
股份有限公司	711	164730	18999	24945	238942	15464
私营企业	39811	8931726	881770	913215	5943623	415259
私营独资企业	14749	3153760	253254	236339	1560707	123691
私营合伙企业	7035	1304093	71937	92982	1000507	67873
私营有限责任公司	16577	4124187	522335	543795	3116424	204553
私营股份有限公司	1450	349686	34244	40099	265985	19142
其他企业	1685	214322	9862	13739	183060	9058
港、澳、台商投资企业	2332	696709	145382	169881	754835	50580
合资经营企业(港或澳、台资)	306	94888	24354	27288	130376	8799
合作经营企业(港或澳、台资)	31	9819	1775	1952	31670	2050
港、澳、台商独资经营企业	1886	564332	115660	135882	572540	38027
港、澳、台商投资股份有限公司	109	27670	3593	4760	20248	1703
外商投资企业	1341	408135	97138	111316	522725	38934
中外合资经营企业	332	115899	24797	30237	142878	13187
中外合作经营企业	22	4927	1048	1001	6915	278
外资企业	942	275512	70327	78917	364460	24927
外商投资股份有限公司	45	11797	967	1161	8472	542
三、按轻重分						
轻工业	26475	6425224	661114	857849	3894248	276171
重工业	26529	5522686	650129	683735	5341349	339211

企业主要经济指标

单位：万元

营业收入	主营业务收入	营业成本	主营业务成本	营业税金及附加	主营业务税金及附加	主营业务利润	其他业务利润
11722029	**11655554**	**9291951**	**9237687**	**282228**	**276637**	**2177400**	**46678**
63536	62128	47672	46890	1972	1800	15625	1011
424574	419712	340662	337169	7883	7582	76086	4329
1832838	1828416	1455972	1450527	53475	52864	334759	5646
972482	970899	757619	755850	30647	29870	189816	3045
131273	131082	105039	104763	2605	2493	23832	567
666131	664935	518990	517915	21266	20692	130214	2118
175079	174881	133590	133172	6776	6685	35770	360
562029	561728	438243	437517	19236	18882	110402	962
78556	78429	62559	62444	2949	2692	13443	92
483473	483299	375684	375073	16287	16190	96960	870
7866570	7812673	6251784	6209734	169015	165639	1450713	31685
10631437	10583968	8415879	8374980	264718	260042	1981312	34948
103443	100640	79372	77745	2583	2306	22437	3025
457848	455313	354115	352616	12018	11742	92570	2701
210878	210638	166314	165599	6188	5893	40250	509
29570	29417	22137	22072	847	827	6551	64
2897	2889	2091	2091	102	102	697	9
15158	15048	11132	11067	339	320	3694	12
4718	4718	3707	3707	222	222	790	5
6796	6762	5208	5208	184	184	1371	38
706201	699704	567919	562526	12873	12561	126154	3436
5854	5852	2921	2921	165	165	2769	
700347	693852	564997	559605	12708	12396	123384	3436
163098	161100	125863	124020	5747	5568	31619	633
8750986	8718312	6935217	6906123	218563	215291	1621472	23676
3071043	3066613	2409662	2404126	86426	85055	589298	6021
1279387	1276808	975385	972360	37078	36670	271898	2751
4052804	4027430	3279597	3259356	86842	85390	690535	14493
347753	347462	270573	270281	8218	8175	69741	412
209413	208845	164942	164279	5899	5854	40259	903
690480	681271	553549	548280	11422	10620	123501	5470
98684	96329	78557	77815	1446	1445	17198	762
9716	9680	8580	8539	213	213	976	19
555649	548831	444038	439567	9337	8546	101503	4528
26431	26431	22374	22359	427	417	3824	162
400112	390315	322523	314427	6088	5975	72587	6260
113526	110755	90758	89027	1296	1291	21998	1234
4768	4768	3619	3619	78	78	1069	58
270073	263117	219029	212665	4429	4321	47245	4967
11746	11676	9116	9116	285	285	2275	
6319519	6285485	5079498	5054885	151312	148609	1098092	25799
5402510	5370069	4212453	4182802	130916	128028	1079308	20879

3-1 续表 1-1

项　　目	法人单位数(个)	工业总产值	年初存货	年末存货	固定资产原价	本年折旧
四、按行业分						
煤炭开采和洗选业	72	20234	453	769	28478	1225
烟煤和无烟煤的开采洗选	66	18946	418	728	27726	1217
褐煤的开采洗选						
其他煤炭采选	6	1288	35	41	752	9
石油和天然气开采业						
天然原油和天然气开采						
与石油和天然气开采有关的服务活动						
黑色金属矿采选业	155	41523	2332	3551	34543	2794
铁矿采选	129	36496	2225	3285	31552	2598
其他黑色金属矿采选	26	5028	107	266	2991	196
有色金属矿采选业	173	35956	3366	5470	35748	2126
常用有色金属矿采选	129	27885	2585	4461	25723	1523
贵金属矿采选	14	2989	366	276	3680	244
稀有稀土金属矿采选	30	5082	415	733	6345	360
非金属矿采选业	1455	313758	13638	16331	206275	16149
土砂石开采	1304	284473	11501	13901	176979	14369
化学矿采选	8	1546	412	74	1726	151
采盐	16	3670	948	949	3706	168
石棉及其他非金属矿采选	127	24069	777	1407	23864	1461
其他采矿业	22	2505	23	107	1133	84
其他采矿业	22	2505	23	107	1133	84
农副食品加工业	2194	472478	36622	43092	280710	19983
谷物磨制	234	58403	6655	7371	26846	2067
饲料加工	230	56749	5927	6275	31790	2066
植物油加工	88	16142	1523	1672	13479	1002
制糖	12	816	114	62	369	32
屠宰及肉类加工	268	63529	2193	2901	28239	2164
水产品加工	628	143823	11276	14102	96710	6602
蔬菜、水果和坚果加工	474	86233	6001	6786	50068	4132
其他农副食品加工	260	46783	2934	3924	33210	1920
食品制造业	1411	256582	26599	34880	173360	11595
焙烤食品制造	295	48607	4225	5794	25937	1755
糖果、巧克力及蜜饯制造	260	52189	4217	6198	29876	1921
方便食品制造	164	31442	3204	3721	19286	1381
液体乳及乳制品制造	14	3729	574	590	8467	288
罐头制造	240	45607	4964	5932	27389	1881
调味品、发酵制品制造	201	35619	3877	5978	20930	1450
其他食品制造	237	39390	5537	6668	41476	2920
饮料制造业	2094	435636	42000	46799	251266	19935
酒精制造	3	626	6	17	131	15
酒的制造	217	29570	5413	6195	23805	2291
软饮料制造	332	53668	11862	12336	48671	3433
精制茶加工	1542	351772	24719	28250	178659	14196
烟草制品业	2				56	21
烟叶复烤						
卷烟制造	1					
其他烟草制品加工	1				56	21

单位：万元

营业收入	主营业务收入	营业成本	主营业务成本	营业税金及附加	主营业务税金及附加	主营业务利润	其他业务利润
20337	20332	15969	15969	896	894	5542	4
18999	18994	15091	15091	856	853	5122	4
1338	1338	878	878	41	41	420	
41578	41018	28949	28778	1501	1462	10825	571
36838	36284	26674	26508	1259	1220	8573	566
4741	4734	2275	2270	242	242	2252	4
34021	34021	23395	23395	1180	1180	9481	62
26596	26596	18296	18296	947	947	7373	47
2897	2897	2163	2163	49	49	684	15
4528	4528	2935	2935	184	184	1424	
309853	309470	226695	226144	10548	10504	74542	751
281925	281599	206722	206282	9540	9498	67497	723
1531	1531	1028	1028	112	112	414	
3071	3018	1986	1884	96	96	1037	27
23327	23323	16959	16949	800	798	5595	2
2419	2419	1415	1415	95	95	911	
2419	2419	1415	1415	95	95	911	
476221	475150	374007	372555	9165	8861	94255	2413
61595	61517	49916	49848	1137	927	10821	207
59849	59714	47124	47098	797	770	11877	146
16947	16917	13988	13953	365	359	2639	1
828	828	584	584	16	16	228	
62766	62623	47749	47733	1798	1797	12567	923
139068	138965	108667	108134	2716	2694	28678	508
89883	89463	70189	69560	1291	1284	18699	430
45284	45123	35790	35645	1045	1014	8744	198
251547	248570	198266	195396	4805	4754	48729	1191
49473	48472	38444	37546	603	584	10373	490
50298	50284	41133	41057	877	872	8437	32
30956	30945	24756	24642	589	584	5786	44
3566	3548	2677	2652	78	78	818	5
44324	44252	34358	34288	982	972	9055	192
32839	32702	25955	25754	832	820	6141	183
40092	38367	30942	29458	845	844	8119	245
427263	425689	343029	341458	11471	11368	77481	735
626	626	483	483	17	17	126	
27802	27721	20863	20744	1082	1068	6103	63
52832	52225	39359	38866	1347	1326	12143	270
346003	345117	282325	281366	9025	8958	59110	402
9				2			7
9				2			7

3-1 续表 1-2

项　目	法人单位数(个)	工业总产值	年初存货	年末存货	固定资产原价	本年折旧
纺织业	1960	612309	56274	77077	389153	27758
棉、化纤纺织及印染精加工	464	133340	11367	15471	85924	6097
毛纺织和染整精加工	35	9779	1174	1294	6585	505
麻纺织	6	721	321	342	1868	109
丝绢纺织及精加工	31	8678	948	1202	6315	525
纺织制成品制造	461	120832	13518	15540	68210	5549
针织品、编织品及其制品制造	963	338959	28947	43227	220251	14973
纺织服装、鞋、帽制造业	3706	1093355	101431	102806	479989	36644
纺织服装制造	3364	1006981	97232	97722	434381	33258
纺织面料鞋的制造	320	81521	3306	4050	40048	2946
制帽	22	4853	893	1034	5560	440
皮革、毛皮、羽毛(绒)及其制品业	2005	692618	40764	52239	429606	21601
皮革鞣制加工	100	40455	2814	3750	14749	1412
皮革制品制造	1864	640277	37008	47152	408464	19650
毛皮鞣制及制品加工	10	3978	338	530	1548	158
羽毛(绒)加工及制品制造	31	7908	605	806	4846	381
木材加工及木、竹、藤、棕、草制品业	2645	529206	48800	63579	250142	18173
锯材、木片加工	681	128946	10780	14314	52564	3553
人造板制造	424	101971	9370	12558	52479	3755
木制品制造	577	112530	13111	17924	63709	5083
竹、藤、棕、草制品制造	963	185759	15540	18784	81390	5783
家具制造业	889	182374	22075	29486	109598	8464
木质家具制造	574	117758	15422	20510	69547	5127
竹、藤家具制造	47	11675	511	940	5751	282
金属家具制造	130	25441	3943	4604	13783	995
塑料家具制造	18	4286	185	220	2273	218
其他家具制造	120	23214	2015	3211	18245	1842
造纸及纸制品业	1653	411388	36065	154078	240858	19651
纸浆制造	20	3736	257	339	1884	146
造纸	366	88477	6861	8005	52581	3666
纸制品制造	1267	319176	28947	145733	186393	15839
印刷业和记录媒介的复制	1586	337365	69347	34882	215623	15760
印刷	1477	318361	67580	32934	204384	14798
装订及其他印刷服务活动	106	18699	1722	1904	10947	947
记录媒介的复制	3	305	46	43	292	16
文教体育用品制造业	457	118030	19505	22873	64223	5045
文化用品制造	104	24702	3846	4465	13145	994
体育用品制造	199	52075	8658	10774	28684	2558
乐器制造	15	3734	1643	1915	1658	107
玩具制造	137	35547	4763	5096	20549	1364
游艺器材及娱乐用品制造	2	1972	596	623	186	22
石油加工、炼焦及核燃料加工业	65	11210	1574	1672	7539	514
精炼石油产品的制造	61	10618	1512	1579	7295	495
炼焦	4	592	62	92	245	19
核燃料加工						

单位：万元

营业收入	主营业务收入	营业成本	主营业务成本	营业税金及附加	主营业务税金及附加	主营业务利润	其他业务利润
591321	589605	474045	472694	19189	18705	99534	2586
130402	129757	106447	106018	3323	3301	20658	325
9655	9654	7469	7469	209	209	1986	50
700	700	536	536	23	23	141	39
8656	8656	6897	6897	158	158	1601	
118455	118141	96753	96501	2750	2503	19215	450
323453	322698	255943	255274	12726	12512	55933	1722
1079697	1073732	871243	866927	30138	30014	178185	5043
994303	988380	801249	796999	27801	27680	164852	4996
80661	80619	66037	65971	2301	2297	12593	46
4733	4733	3958	3958	36	36	739	1
672629	671904	541711	540932	18296	18074	113429	636
39396	39396	32289	32289	720	720	6388	
621606	620881	499940	499161	17296	17084	105167	535
3982	3982	3445	3445	51	51	486	9
7645	7645	6037	6037	229	220	1388	92
516350	514278	407607	404777	12584	12489	97615	1426
127038	126873	98989	98876	3500	3496	24634	196
97938	97843	77911	77758	1977	1920	18276	458
109344	108005	88534	86280	2382	2361	19544	507
182031	181557	142173	141863	4724	4712	35161	266
179517	175753	141363	140002	3566	3529	32523	763
115548	112562	89971	89176	2234	2218	21409	440
11199	11189	8933	8933	288	278	1978	
24491	24470	19795	19717	410	410	4347	59
4390	4363	3669	3648	139	139	576	
23888	23168	18996	18527	495	484	4214	265
404037	402769	330912	329684	7269	7132	66737	1043
3635	3631	2883	2867	72	72	707	4
86176	86176	69271	69195	1902	1845	15180	133
314226	312962	258758	257622	5296	5215	50851	906
333533	331618	269593	269107	6346	6195	57215	3323
314420	312955	254205	253806	5939	5836	54090	2938
18833	18383	15128	15040	403	356	3109	386
280	280	261	261	4	4	16	
117553	116203	95679	94698	2238	2227	19386	473
24933	24725	20029	19948	440	433	4359	155
51505	50504	42631	41732	1089	1089	7788	207
3679	3679	2981	2981	33	33	665	
35457	35323	28262	28262	676	672	6378	103
1979	1972	1775	1775	1	1	196	8
11119	11111	9250	9250	198	187	1665	11
10575	10567	8798	8798	178	168	1594	11
544	544	453	453	20	20	71	

3-1 续表 1-3

项　　目	法人单位数(个)	工业总产值	年初存货	年末存货	固定资产原价	本年折旧
化学原料及化学制品制造业	1592	315115	50115	55904	208859	16825
基础化学原料制造	135	28158	3438	3512	34630	2018
肥料制造	158	26305	3056	3452	17654	1369
农药制造	22	3609	2375	1921	1900	178
涂料、油墨、颜料及类似产品制造	412	79591	11905	12120	42733	3776
合成材料制造	106	23270	2886	3446	9817	834
专用化学产品制造	435	91747	11201	13561	61603	5009
日用化学产品制造	324	62436	15254	17891	40521	3642
医药制造业	195	32057	5828	7916	62689	5302
化学药品原药制造	15	3549	940	882	2274	362
化学药品制剂制造	25	4745	538	538	11291	856
中药饮片加工	16	3167	832	1374	9097	823
中成药制造	34	6565	815	1173	17664	718
兽用药品制造	10	2401	291	349	2813	159
生物、生化制品的制造	60	6261	1131	2164	16555	2104
卫生材料及医药用品制造	35	5369	1282	1435	2994	280
化学纤维制造业	42	12946	1370	1548	30455	2761
纤维素纤维原料及纤维制造	7	1785	272	218	259	30
合成纤维制造	35	11161	1097	1330	30196	2730
橡胶制品业	597	158139	15073	18615	165099	7654
轮胎制造	53	10562	1380	2419	6558	550
橡胶板、管、带的制造	57	10723	1364	1476	4740	419
橡胶零件制造	93	19613	2701	3059	15027	1311
再生橡胶制造	24	5416	935	1037	3397	262
日用及医用橡胶制品制造	47	14337	1657	1879	7527	682
橡胶靴鞋制造	213	72736	4461	5194	40393	3359
其他橡胶制品制造	110	24752	2576	3552	87457	1070
塑料制品业	2613	659408	69533	82124	373506	30033
塑料薄膜制造	281	72866	5144	6543	36803	3418
塑料板、管、型材的制造	197	49448	7346	9543	33199	2945
塑料丝、绳及编织品的制造	165	35714	2777	3432	17589	1430
泡沫塑料制造	215	57044	4466	5803	30315	2906
塑料人造革、合成革制造	54	11787	1144	1259	5319	432
塑料包装箱及容器制造	215	52164	8157	6317	30031	2439
塑料零件制造	167	43798	8073	9100	28231	2556
日用塑料制造	742	201117	17540	21295	87771	6501
其他塑料制品制造	577	135471	14885	18833	104248	7406
非金属矿物制品业	6172	1548079	124875	162803	959356	73402
水泥、石灰和石膏的制造	216	49247	4757	6487	55292	2717
水泥及石膏制品制造	445	86026	9518	15675	100395	9388
砖瓦、石材及其他建筑材料制造	4590	1212744	87750	112565	656949	52033
玻璃及玻璃制品制造	202	37560	8651	9484	40466	2333
陶瓷制品制造	530	119297	9673	11173	78831	5089
耐火材料制品制造	69	14846	1116	1482	8914	568
石墨及其他非金属矿物制品制造	120	28358	3409	5937	18510	1275

单位：万元

营业收入	主营业务收入	营业成本	主营业务成本	营业税金及附加	主营业务税金及附加	主营业务利润	其他业务利润
311616	307989	245198	243364	6419	6322	58994	1884
27431	27397	21546	21490	619	618	5402	136
26043	26035	20448	20398	436	430	5242	20
3457	3457	2764	2764	63	63	631	8
78749	78274	63482	63270	1440	1425	13777	436
22310	22238	18134	18057	370	362	3925	79
92211	90437	71758	70378	2133	2073	18090	674
61416	60152	47064	47007	1358	1353	11928	532
30810	29971	23176	22467	744	719	7057	278
3364	3364	2604	2604	92	92	669	15
4652	4652	3207	3207	134	124	1323	
3097	3097	2139	2139	124	124	834	
6034	5554	4966	4596	109	94	1132	197
2363	2363	1992	1992	5	5	367	
6262	5903	4652	4313	155	155	1437	66
5038	5038	3617	3617	125	125	1297	
12443	12413	10271	10271	286	286	1857	5
1717	1717	1450	1450	48	48	219	
10726	10696	8821	8821	238	238	1638	5
155976	155718	126311	125978	3576	3399	26644	616
10331	10331	8045	8045	198	197	2090	5
10685	10685	8738	8738	234	234	1756	20
19190	19154	15859	15845	276	275	3035	47
5294	5293	4412	4412	98	93	789	
13908	13906	11662	11662	251	251	1994	31
71771	71613	57482	57247	2047	1878	12652	411
24797	24736	20113	20029	473	472	4329	102
651735	646314	536394	531868	12826	12312	102968	1742
71641	71401	58978	58737	1593	1505	11206	98
48566	48245	39606	39546	682	682	8036	179
35978	35977	29269	29269	658	655	6129	32
56310	56000	46155	45835	948	929	9305	66
12191	11589	9831	9231	321	320	2081	21
52287	51087	43094	41849	824	758	8554	184
43028	42614	36884	36392	556	548	5759	41
196583	196315	159991	159764	4961	4817	32096	233
135150	133086	112586	111246	2282	2099	19803	889
1509246	1506336	1190521	1187053	40886	40232	284268	3179
48295	48266	41108	40992	1166	1148	6482	210
84333	83733	68546	68270	2247	2203	14024	557
1178965	1178161	919853	918219	33146	32730	229658	1820
36627	36062	30452	30014	527	520	5861	203
116936	116039	96359	95391	2525	2456	19345	213
14942	14942	11528	11528	347	347	3072	46
29149	29132	22675	22638	929	828	5826	130

3-1 续表 1-4

项 目	法人单位数(个)	工业总产值	年初存货	年末存货	固定资产原价	本年折旧
黑色金属冶炼及压延加工业	242	45295	5222	5778	40202	2741
炼铁	23	6731	544	615	3103	227
炼钢	20	3514	126	175	1744	134
钢压延加工	175	26412	3993	4141	29241	1975
铁合金冶炼	24	8639	558	847	6114	405
有色金属冶炼及压延加工业	205	44415	4940	6364	28431	2261
常用有色金属冶炼	44	9824	707	1153	5768	423
贵金属冶炼	4	80	1	1	10	1
稀有稀土金属冶炼	17	3827	175	581	1862	109
有色金属合金制造	35	7016	1210	1388	7177	523
有色金属压延加工	105	23667	2848	3240	13615	1205
金属制品业	2332	501166	64573	81822	808643	28400
结构性金属制品制造	851	169152	23279	28952	140774	10794
金属工具制造	244	43644	5554	7353	34132	2085
集装箱及金属包装容器制造	79	19195	2404	3198	12525	1009
金属丝绳及其制品的制造	52	13172	1216	1589	5757	609
建筑、安全用金属制品制造	349	89657	10244	12582	498642	4859
金属表面处理及热处理加工	172	46020	5012	6741	49676	3407
搪瓷制品制造	23	2615	131	284	1388	111
不锈钢及类似日用金属制品制造	268	54866	9740	11138	31181	2454
其他金属制品制造	294	62845	6994	9987	34568	3072
通用设备制造业	2260	565349	65126	86818	366050	27461
锅炉及原动机制造	47	13004	1300	1852	6397	329
金属加工机械制造	306	58931	9133	13633	47826	3477
起重运输设备制造	71	28364	4305	6899	12158	1058
泵、阀门、压缩机及类似机械的制造	430	154609	15046	20739	128481	8603
轴承、齿轮、传动和驱动部件的制造	135	33487	5902	6817	21391	1877
烘炉、熔炉及电炉制造	9	1269	193	323	391	33
风机、衡器、包装设备等通用设备制造	232	49796	6678	7781	26065	2252
通用零部件制造及机械修理	624	127631	11254	14724	61985	5491
金属铸、锻加工	406	98258	11315	14050	61357	4340
专用设备制造业	1689	364355	58510	74287	241004	20584
矿山、冶金、建筑专用设备制造	233	68980	19057	20194	42958	3146
化工、木材、非金属加工专用设备制造	639	135301	16260	22137	94934	8835
食品、饮料、烟草及饲料生产专用设备制造	60	11471	2079	2537	7446	982
印刷、制药、日化生产专用设备制造	87	15422	4405	5032	9048	857
纺织、服装和皮革工业专用设备制造	118	23913	3391	4702	29701	2121
电子和电工机械专用设备制造	129	30806	3050	5678	11159	992
农、林、牧、渔专用机械制造	134	21604	2087	2559	12540	1103
医疗仪器设备及器械制造	84	14238	2587	3360	9811	826
环保、社会公共安全及其他专用设备制造	205	42620	5594	8088	23409	1722
交通运输设备制造业	1638	350050	38447	48375	191139	14073
铁路运输设备制造	10	2971	395	389	977	100
汽车制造	1188	260709	22417	31496	137792	10210
摩托车制造	133	25906	1577	1658	11338	634
自行车制造	19	2230	289	782	1969	150
船舶及浮动装置制造	264	54819	12985	13248	36078	2798
航空航天器制造	5	298	49	16	1452	25
交通器材及其他交通运输设备制造	19	3117	736	785	1534	157

单位：万元

营业收入	主营业务收入	营业成本	主营业务成本	营业税金及附加	主营业务税金及附加	主营业务利润	其他业务利润
44797	43518	36066	34952	868	794	7836	219
6261	6191	4557	4460	239	234	1545	
3408	3408	2740	2740	32	32	636	10
27264	26056	22501	21485	390	384	4200	209
7865	7865	6267	6267	207	143	1454	
44579	43817	36525	35787	790	790	7276	96
9281	9277	7524	7523	147	147	1640	2
80	80	64	64	4	4	12	
3239	3239	2490	2490	103	103	646	
8116	7702	6920	6511	82	82	1111	39
23864	23519	19528	19200	453	453	3868	56
497143	494101	410333	407375	8698	8588	78854	1835
166802	165445	139042	137896	2544	2499	25524	730
43136	43034	35773	35677	770	770	6594	94
19379	19147	16351	16145	207	207	2849	84
13322	13206	10662	10646	166	163	2405	101
88788	88478	72521	72314	1724	1717	14548	423
46062	45980	37959	37866	732	691	7429	74
2675	2673	2060	2060	62	62	552	2
54691	54110	44695	43797	1279	1265	9107	150
62287	62027	51270	50975	1215	1215	9846	178
548378	546406	436215	434674	12125	11323	101663	1728
12469	12457	9969	9967	218	218	2376	21
57510	57096	45495	45216	1693	1691	10300	326
25086	25079	20322	20317	512	511	4260	109
150029	149342	116716	116109	4387	3688	29852	173
32779	32554	25752	25610	523	516	6439	124
1269	1254	1097	1058	18	18	178	9
48665	48578	40175	40092	984	978	8140	165
124997	124693	100762	100631	2005	1980	22152	709
95574	95354	75926	75674	1786	1724	17965	92
346450	344305	279200	276200	6931	6841	62682	1716
61081	60955	49857	48718	1429	1416	11549	101
133717	132850	109634	108994	2290	2259	22004	606
11216	11100	8813	8668	248	238	2124	165
15715	15653	12314	12288	365	342	3049	78
23843	23796	19065	18966	529	528	4325	96
23710	23540	19362	19238	434	429	3887	83
21920	21861	17282	17255	611	609	4160	40
14585	14441	11159	11070	114	113	3330	98
40663	40109	31714	31003	911	906	8255	449
342673	337318	268985	264694	7039	6910	67319	2603
3258	3235	2494	2480	61	61	694	31
254834	250474	200316	196407	5518	5422	50115	2109
25596	25583	19989	19986	644	615	5114	103
2061	2061	1874	1874	22	22	165	9
52978	52544	41459	41346	742	741	10459	309
798	298	82	82	4	4	211	4
3149	3124	2771	2519	47	44	562	37

3-1 续表 1-5

项　　目	法人单位数(个)	工业总产值	年初存货	年末存货	固定资产原价	本年折旧
电气机械及器材制造业	1596	376082	164254	65870	254178	23555
电机制造	546	150465	17698	19621	104164	9878
输配电及控制设备制造	377	83082	11708	16192	55940	5710
电线、电缆、光缆及电工器材制造	159	32922	117126	6252	20274	1658
电池制造	77	22315	3147	5187	10710	998
家用电力器具制造	124	26028	4178	5024	17921	1650
非电力家用器具制造	38	3742	781	883	3658	307
照明器具制造	207	45746	8256	11010	35673	2788
其他电气机械及器材制造	68	11781	1360	1703	5837	564
通信设备、计算机及其他电子设备制造业	875	196351	34763	41363	217637	19515
通信设备制造	119	26732	5848	6980	39783	3014
雷达及配套设备制造	2	103	22	23	60	1
广播电视设备制造	26	8182	591	1000	2778	149
电子计算机制造	60	15796	1017	1322	12689	1189
电子器件制造	168	37051	9003	9115	41903	4887
电子元件制造	308	68685	7918	11608	70099	6520
家用视听设备制造	43	9520	6977	6226	36145	2682
其他电子设备制造	149	30283	3388	5088	14182	1073
仪器仪表及文化、办公用机械制造业	420	95765	18310	22600	79201	5325
通用仪器仪表制造	106	22054	4185	4989	14218	1055
专用仪器仪表制造	51	7601	1383	2151	4561	485
钟表与计时仪器制造	95	23741	2281	3134	11743	972
光学仪器及眼镜制造	120	28595	7837	9730	31927	1988
文化、办公用机械制造	35	10116	621	1174	10712	568
其他仪器仪表的制造及修理	13	3659	2003	1423	6041	257
工艺品及其他制造业	2453	580165	58626	77628	255775	19823
工艺美术品制造	1813	424516	44861	58099	187791	14439
日用杂品制造	397	111185	9951	13565	47599	3668
煤制品制造	44	4394	127	767	2659	161
核辐射加工	1	247			718	87
其他未列明的制造业	198	39823	3687	5197	17008	1468
废弃资源和废旧材料回收加工业	139	34081	1555	1924	13895	1036
金属废料和碎屑的加工处理	55	17702	1068	899	7425	541
非金属废料和碎屑的加工处理	84	16379	488	1026	6470	496
电力、热力的生产和供应业	4658	417025	4629	6080	1453226	73932
电力生产	4579	398280	4215	5516	1426443	72070
电力供应	72	16756	271	415	24452	1729
热力生产和供应	7	1989	144	149	2331	133
燃气生产和供应业	33	9152	439	571	10024	556
燃气生产和供应业	33	9152	439	571	10024	556
水的生产和供应业	709	76394	4190	3507	277928	12622
自来水的生产和供应	664	65302	1672	2112	239881	11623
污水处理及其再生利用	35	9942	2508	1386	34422	775
其他水的处理、利用与分配	10	1151	10	9	3625	224

单位：万元

营业收入	主营业务收入	营业成本	主营业务成本	营业税金及附加	主营业务税金及附加	主营业务利润	其他业务利润
369100	365378	297481	294180	4417	4240	67391	1281
140403	140053	109045	108750	1096	1095	30239	93
84661	82090	69606	67239	991	983	13836	465
32099	32081	26394	26316	491	490	5432	62
22100	21900	18116	17810	253	253	3837	19
25758	25723	20642	20581	368	367	4725	188
4094	4058	3585	3554	221	69	493	55
48031	47529	40062	39898	817	802	7057	346
11955	11944	10031	10031	182	182	1772	54
190474	187224	152561	151555	3136	2891	33692	1674
27191	25722	20785	20697	501	493	5023	239
101	101	89	89	1	1	18	
6231	5948	4889	4889	106	76	1003	167
12077	12041	10176	10157	191	161	1724	64
36580	36044	29754	29501	494	483	6227	489
66647	66103	53916	53515	1057	897	11811	462
12390	12181	10080	9899	192	191	2181	68
29257	29084	22872	22807	596	589	5706	186
93598	91951	73290	72215	1712	1566	18244	1458
21989	21418	16606	16050	473	407	5096	380
6810	6752	5035	4951	114	109	1706	116
23855	23855	19403	19328	516	442	4086	
27682	27496	22431	22367	320	320	4732	360
9336	9336	7202	7172	247	247	1920	35
3926	3094	2613	2347	42	42	705	568
568145	565943	460915	459687	12746	12508	95371	2209
414816	413398	337094	336025	9821	9592	69140	1354
108428	108363	87057	86997	2283	2278	19332	228
4378	4361	3264	3249	92	91	1023	9
247	247	205	205	4	4	38	
40276	39573	33296	33212	546	542	5838	618
33860	33857	28192	28165	697	696	5023	21
17647	17645	15256	15256	334	333	2061	17
16213	16212	12936	12909	362	362	2963	4
417687	417070	265301	263668	16677	16422	141760	1437
399024	398490	251127	249645	16175	15921	137512	1247
16696	16611	12572	12572	455	455	3778	189
1968	1968	1602	1452	47	47	470	
10303	9104	7816	6886	404	397	1888	513
10303	9104	7816	6886	404	397	1888	513
74014	73181	54072	53467	1770	1734	18558	1149
62969	62136	46723	46118	1446	1410	15185	777
10133	10133	6833	6833	304	304	2996	371
912	912	517	517	20	20	378	

3-1 续表 2-1

项　　目	费用合计	#税金	#利息支出	营业利润	职工工资和福利费	本年应交增值税
总　　计	**1173846**	**109628**	**59769**	**1050232**	**1724230**	**351335**
一、按隶属关系分						
中央						
省	23982	6346	6201	-7347	13088	2928
市	58808	3858	2200	21607	64966	13972
县(市)	174648	18590	7248	165756	262527	50183
街道、镇乡	82850	13023	5977	110010	147012	27500
街道	12222	1081	562	12177	20158	4683
镇	55882	9911	3694	76450	101419	17843
乡	14747	2031	1720	21383	25436	4974
居(村)委会	49313	11021	2147	62051	87950	17939
居委会	7340	1025	453	6195	11376	2942
村委会	41974	9997	1694	55856	76574	14997
其他	784243	56791	35997	698155	1148687	238813
二、按注册登记类型分						
内资企业	1002004	93830	50692	1014255	1532274	315369
国有企业	21513	1378	1611	3949	21976	4196
集体企业	43754	5663	2309	51517	70832	15882
股份合作企业	17739	2443	1120	23021	31760	6136
联营企业	3598	271	187	3017	4566	872
国有联营企业	718	7	26	-13	619	128
集体联营企业	1795	170	103	1910	2031	445
国有与集体联营企业	471	32	7	324	907	121
其他联营企业	614	62	51	795	1009	179
有限责任公司	81432	5365	5215	48158	102844	24629
国有独资公司	1449	27	234	1320	815	515
其他有限责任公司	79983	5338	4981	46838	102029	24114
股份有限公司	16363	1510	1568	15888	23175	4291
私营企业	798767	74844	38084	846382	1244871	253585
私营独资企业	253200	32116	10077	342118	451477	86198
私营合伙企业	113135	12662	8008	161514	176957	36548
私营有限责任公司	401969	27805	18197	303059	573743	119221
私营股份有限公司	30462	2262	1802	39690	42694	11618
其他企业	18839	2355	598	22324	32251	5779
港、澳、台商投资企业	94728	6035	1472	34243	118318	23618
合资经营企业(港或澳、台资)	13672	875	689	4288	16178	3058
合作经营企业(港或澳、台资)	1152	79	70	-157	1293	512
港、澳、台商独资经营企业	76914	4839	579	29117	97131	19352
港、澳、台商投资股份有限公司	2991	242	134	994	3715	696
外商投资企业	77113	9763	7605	1734	73638	12349
中外合资经营企业	19564	1074	740	3668	19241	3388
中外合作经营企业	598	25	0	529	788	196
外资企业	55760	8572	6839	-3547	52003	8396
外商投资股份有限公司	1191	92	27	1084	1607	369
三、按轻重分						
轻工业	605669	57331	22715	518221	960410	181759
重工业	568177	52297	37055	532011	763821	169576

单位：万元

从业人员年平均人数（人）	所有者权益合计	实收资本						
			国家资本	集体资本	法人资本	个人资本	港澳台资本	外商资本
1115100	**10069576**	**9174868**	**234309**	**298584**	**1707976**	**4823522**	**1139879**	**970599**
6838	192080	186123	32614	9777	38279	33247	18511	53695
44366	604052	578744	51658	23592	108677	185474	163795	45549
186580	1592152	1431886	81989	35649	301992	699800	180577	131879
95300	723337	633722	12366	125180	95490	365885	26329	8473
14089	100733	85828	1436	8207	15967	43235	13446	3536
64612	474585	424656	7129	99382	62816	240320	10569	4439
16599	148019	123239	3801	17591	16706	82330	2314	497
58127	286063	247940	1863	39324	50990	144521	10141	1102
8223	46381	37212	104	1436	5859	28466	785	562
49904	239682	210728	1758	37888	45131	116055	9356	540
723889	6671891	6096454	53820	65062	1112549	3394595	740525	729903
995197	7597593	6684957	223666	275174	1467177	4655356	46373	17212
15391	216302	191436	152325	2114	27477	9493		27
46779	279266	235412	11431	164404	20444	38864	95	174
19932	162207	144715	1257	11914	47160	83728	578	79
2966	28067	25118	4974	6656	6822	5828	835	3
239	4895	4871	2928		1892	51		
1433	13722	11566	1071	5950	1274	3269		3
571	2780	2914	521	69	1000	539	785	
723	6670	5768	455	638	2657	1968	50	
62958	778021	683331	27008	12429	258155	372885	6617	6237
459	15893	13346	12906		175	205		60
62499	762128	669985	14101	12429	257980	372681	6617	6177
15719	188251	167240	3780	2294	63841	96090	978	257
809173	5847218	5152958	18333	71264	1025944	3990810	36386	10222
285855	1535018	1299876	4522	7464	244204	1026878	15040	1768
123602	940544	820478	3673	11425	110026	691527	2629	1200
368035	3102494	2803128	9913	49515	606456	2112052	18104	7087
31681	269162	229475	225	2860	65258	160353	613	167
22279	98260	84747	4558	4101	17334	57659	884	213
77874	1210571	1187181	6347	3997	59724	89485	978459	49170
10397	187250	174187	6029	3551	25297	33653	99467	6192
967	15051	18183	100	100	5542	404	11096	941
64122	972166	958712		346	28027	53520	835122	41697
2388	36104	36099	218		858	1908	32775	340
42029	1261411	1302731	4297	19413	181075	78680	115047	904218
10970	395914	391633	3172	16342	143291	36698	46733	145398
507	10132	8571	260	1422	831	1093	3170	1796
29460	844720	892688	865	950	36099	39061	64321	751393
1092	10646	9838		700	855	1828	824	5631
650529	4892013	4502102	89718	134439	790729	2208071	767856	511289
464571	5177563	4672766	144591	164145	917248	2615450	372023	459310

3-1 续表 2-2

项　　目	费用合计	#税金	#利息支出	营业利润	职工工资和福利费	本年应交增值税
四、按行业分						
煤炭开采和洗选业	4233	290	168	1313	5135	1000
烟煤和无烟煤的开采洗选	4064	277	168	1062	5064	984
褐煤的开采洗选						
其他煤炭采选	169	13		251	71	16
石油和天然气开采业						
天然原油和天然气开采						
与石油和天然气开采有关的服务活动						
黑色金属矿采选业	3613	377	215	7783	5519	1802
铁矿采选	2952	318	150	6188	4815	1693
其他黑色金属矿采选	661	59	66	1595	704	108
有色金属矿采选业	3494	325	307	6050	4930	1485
常用有色金属矿采选	2517	300	201	4903	3376	1268
贵金属矿采选	376	5	103	323	993	21
稀有稀土金属矿采选	600	21	3	824	561	197
非金属矿采选业	31471	3977	1147	43822	44159	9305
土砂石开采	28058	3759	1011	40161	40091	8309
化学矿采选	254	25	5	160	206	93
采盐	827	32	36	236	1126	125
石棉及其他非金属矿采选	2332	161	96	3265	2738	778
其他采矿业	84	8	5	827	288	63
其他采矿业	84	8	5	827	288	63
农副食品加工业	43910	2829	2562	52757	54432	8428
谷物磨制	4552	331	328	6475	4474	879
饲料加工	4880	335	226	7143	4939	832
植物油加工	1257	178	96	1383	1570	655
制糖	126	6	4	102	135	16
屠宰及肉类加工	6570	504	130	6920	7267	1336
水产品加工	13790	672	1022	15397	19728	1981
蔬菜、水果和坚果加工	8570	407	392	10560	10436	1672
其他农副食品加工	4165	398	364	4778	5885	1058
食品制造业	25797	1875	1478	24123	32507	5770
焙烤食品制造	5991	240	181	4872	6210	1462
糖果、巧克力及蜜饯制造	4926	482	310	3543	6711	1065
方便食品制造	2696	203	76	3135	4138	651
液体乳及乳制品制造	534	17	24	289	574	81
罐头制造	3787	463	505	5459	5046	838
调味品、发酵制品制造	3109	286	176	3215	4490	862
其他食品制造	4754	185	205	3610	5338	811
饮料制造业	29181	6670	1883	49036	62323	11586
酒精制造	39	6		87	105	12
酒的制造	2902	232	156	3264	3513	635
软饮料制造	6081	684	314	6332	8544	1324
精制茶加工	20159	5748	1413	39353	50162	9615
烟草制品业	15			-8	9	
烟叶复烤						
卷烟制造						
其他烟草制品加工	15			-8	9	

单位：万元

从业人员年平均人数(人)	所有者权益合计	实收资本	国家资本	集体资本	法人资本	个人资本	港澳台资本	外商资本
3113	52952	46748	12018	1051	6488	8048	19143	
3082	52242	46093	11868	1051	6488	7544	19143	
31	710	654	150			504		
3380	37654	34459	482	1204	5751	26702	321	
2854	34786	32127	482	1204	4561	25560	321	
526	2868	2332			1190	1142		
3610	47597	38356	500	810	7913	26712	2118	305
2434	32481	27161	500	322	4101	20272	1967	
675	7400	5823		260	410	5150		3
501	7716	5373		228	3402	1290	151	302
25990	191800	165286	1600	7189	20879	132687	1309	1622
22792	164032	140548	1175	5133	16307	115030	1282	1622
93	1690	1384			741	643		
1279	3885	2704	380	1948		376		
1826	22193	20652	46	109	3832	16638	27	1
225	1514	1514	192		276	1046		
225	1514	1514	192		276	1046		
37744	322529	294747	11429	8282	43725	170246	38213	22852
2512	26688	21272	599	1284	2412	16947		30
3173	45629	42320	2423	481	6433	27563	5418	3
1083	21172	18304		80	1606	13061	3115	443
104	298	272		32	100	140		
4494	25349	21825	6081	842	2658	10829	1372	43
12919	99314	91167	2135	3929	15452	44515	8749	16387
8474	63736	58165		1422	8672	36516	6863	4692
4985	40342	41422	191	212	6391	20676	12697	1255
24992	221264	210136	3640	1624	53685	107458	22954	20774
5266	26247	25191	221	81	3692	14823	1344	5030
4714	46250	45035	20	92	7148	30617	3165	3993
2693	25403	25007	1148	236	2511	7777	7704	5631
537	11462	10596			1758	8537	301	
4947	34599	32532	1377	522	16596	11241	2237	559
3103	21763	19588	335	119	2587	12808	2676	1063
3732	55540	52188	540	575	19393	21656	5527	4498
39690	237281	213710	13262	6378	27442	133060	23519	10050
40	160	160			50	110		
3095	26385	25742	1975	483	2908	16254	1008	3113
5098	59366	56318	3308	3031	7050	24586	13808	4535
31457	151370	131491	7978	2864	17433	92110	8703	2402
22	52	71	71					
15								
7	52	71	71					

3-1 续表 2-3

项　　目	费用合计	#税金	#利息支出	营业利润	职工工资和福利费	本年应交增值税
纺织业	52678	6142	2546	49443	79821	13474
棉、化纤纺织及印染精加工	11282	1148	366	9701	16764	3353
毛纺织和染整精加工	1148	61	25	887	1877	188
麻纺织	114	34		67	107	17
丝绢纺织及精加工	919	83	32	683	1351	302
纺织制成品制造	12271	896	462	7394	16700	3282
针织品、编织品及其制品制造	26944	3920	1662	30711	43022	6333
纺织服装、鞋、帽制造业	112249	8741	1551	70978	184150	28258
纺织服装制造	103774	7343	1295	66075	168014	25374
纺织面料鞋的制造	7765	1361	217	4874	14900	2777
制帽	710	38	39	30	1236	107
皮革、毛皮、羽毛(绒)及其制品业	58985	7164	825	55079	120287	20443
皮革鞣制加工	2364	256	9	4024	6222	377
皮革制品制造	55802	6842	811	49900	112385	19890
毛皮鞣制及制品加工	221	31		274	560	36
羽毛(绒)加工及制品制造	598	36	6	881	1120	140
木材加工及木、竹、藤、棕、草制品业	43436	3411	2596	55606	72597	15867
锯材、木片加工	11066	1098	586	13764	16421	3984
人造板制造	7933	525	395	10801	13095	2400
木制品制造	9313	594	531	10738	15548	2805
竹、藤、棕、草制品制造	15125	1194	1085	20302	27534	6678
家具制造业	17655	1226	650	15632	27251	6165
木质家具制造	11548	855	448	10300	17380	3073
竹、藤家具制造	1055	54	46	923	1807	288
金属家具制造	2087	118	57	2319	3190	1818
塑料家具制造	282	97	21	294	826	113
其他家具制造	2683	103	78	1796	4048	873
造纸及纸制品业	34182	3410	1389	33598	52427	14546
纸浆制造	257	21	16	454	538	235
造纸	6742	560	189	8571	11376	3474
纸制品制造	27183	2830	1184	24574	40512	10836
印刷业和记录媒介的复制	31431	2647	858	29107	46062	9695
印刷	29105	2512	839	27923	42685	9117
装订及其他印刷服务活动	2295	135	19	1200	3311	568
记录媒介的复制	31			-15	66	9
文教体育用品制造业	13128	768	224	6731	19388	2672
文化用品制造	2903	178	41	1612	3621	571
体育用品制造	5800	354	68	2195	8993	1176
乐器制造	347	23	23	318	679	180
玩具制造	3880	211	93	2602	5475	739
游艺器材及娱乐用品制造	199	1		4	620	5
石油加工、炼焦及核燃料加工业	853	55	20	823	1073	310
精炼石油产品的制造	823	52	17	782	1033	285
炼焦	30	3	3	41	40	25
核燃料加工						

单位：万元

从业人员年平均人数（人）	所有者权益合计	实收资本						
			国家资本	集体资本	法人资本	个人资本	港澳台资本	外商资本
51225	494842	457161	4051	8034	82109	241291	99002	22675
11332	133654	120902	1004	479	19373	44475	42947	12624
1195	10751	10351	243		2190	4153	3766	
59	1620	1713	606			50	1057	
855	16055	16004			898	14182	925	
10884	87318	83892	804	796	13467	48622	16927	3275
26900	245443	224299	1394	6759	46180	129809	33380	6776
131489	718658	656085	3141	6250	112135	298736	164362	71462
119260	659343	607705	3091	4637	102833	270937	160458	65749
11557	56229	45108	50	1453	9251	26863	1944	5547
672	3086	3272		160	51	936	1959	166
89130	437054	383743	1465	2560	74339	231098	46744	27538
2633	25458	21863		55	15182	5256		1371
85565	404239	354665	110	2474	58978	221926	45010	26168
333	1896	1845	1000	31		331	483	
599	5462	5369	355		179	3585	1251	
55469	279494	247936	1530	13606	52940	153929	21579	4353
11751	69679	58917	1217	10806	10207	34178	2096	413
9693	56061	52555	40	233	10321	33938	6443	1581
11244	72403	64157	99	635	19209	35573	6649	1991
22781	81351	72307	174	1932	13203	50240	6390	368
17330	125483	117424	100	2363	20483	73589	12350	8539
10859	76303	69642		2175	12204	42073	8865	4326
1147	4480	5778			2388	3191	200	
2572	23649	23333	100	188	3264	13887	2836	3059
444	3831	3390			197	2904	289	
2308	17221	15280			2430	11535	160	1155
34222	257062	241762	710	8608	41143	157869	23665	9768
340	2681	1556		45	181	1311		19
7642	62034	58264	200	1524	8243	38237	6972	3088
26240	192347	181942	510	7039	32719	118321	16693	6660
26815	220613	210541	13322	7858	41673	121912	23296	2480
25006	208005	198696	11904	7137	39615	114317	23255	2468
1772	12473	11585	1368	711	1858	7595	41	12
37	135	260	50	10	200			
12891	85725	87973	95	1146	13916	43297	22962	6557
2173	20812	19842	5	467	2105	10712	5409	1145
6534	34625	39215	90	345	7179	17028	10097	4476
365	1608	1566		138	180	503	497	248
3609	28482	27080		197	4452	14855	6958	618
210	198	270				200		70
890	7177	6135	500	82	985	3981	339	248
861	6856	5833	500	82	985	3679	339	248
29	321	302				302		

3-1 续表 2-4

项　　目	费用合计	#税金	#利息支出	营业利润	职工工资和福利费	本年应交增值税
化学原料及化学制品制造业	34660	2717	1793	26218	37434	12048
基础化学原料制造	3026	246	375	2511	3008	1047
肥料制造	2255	196	74	3007	2650	566
农药制造	190	23	25	449	266	42
涂料、油墨、颜料及类似产品制造	8170	696	276	6043	8932	2122
合成材料制造	2274	200	96	1730	2704	762
专用化学产品制造	11193	724	393	7571	10889	4597
日用化学产品制造	7553	633	555	4907	8985	2911
医药制造业	6618	435	310	717	5350	1181
化学药品原药制造	423	26	-1	261	265	184
化学药品制剂制造	2019	180	54	-697	992	155
中药饮片加工	719	49	4	115	684	64
中成药制造	695	76	122	634	1060	277
兽用药品制造	200	9	6	167	276	38
生物、生化制品的制造	1445	87	56	57	1199	300
卫生材料及医药用品制造	1117	8	68	180	875	162
化学纤维制造业	978	102	39	884	3224	311
纤维素纤维原料及纤维制造	129	4		90	284	52
合成纤维制造	849	98	39	794	2940	259
橡胶制品业	14677	1478	430	12583	23077	5330
轮胎制造	1008	106	29	1086	1730	371
橡胶板、管、带的制造	1043	48	7	734	1299	323
橡胶零件制造	1971	120	30	1111	3017	704
再生橡胶制造	254	31	29	536	520	180
日用及医用橡胶制品制造	1052	102	7	974	2073	531
橡胶靴鞋制造	6464	816	296	6598	10832	1878
其他橡胶制品制造	2887	254	32	1544	3607	1342
塑料制品业	58935	4363	2058	45775	86468	20649
塑料薄膜制造	6074	422	153	5229	8407	1527
塑料板、管、型材的制造	4174	280	145	4042	6207	1866
塑料丝、绳及编织品的制造	2834	265	249	3326	4591	995
泡沫塑料制造	4616	415	89	4755	6766	1563
塑料人造革、合成革制造	1217	144	20	885	2048	296
塑料包装箱及容器制造	4880	312	121	3858	6240	1382
塑料零件制造	4146	253	88	1654	5436	956
日用塑料制造	16945	1301	349	15384	27189	8139
其他塑料制品制造	14049	971	844	6643	19585	3925
非金属矿物制品业	132763	12978	6165	154684	221609	47137
水泥、石灰和石膏的制造	3855	536	378	2836	6357	1768
水泥及石膏制品制造	7823	617	404	6758	10367	2024
砖瓦、石材及其他建筑材料制造	101283	9692	4373	130195	169975	35154
玻璃及玻璃制品制造	3759	398	161	2305	6139	1569
陶瓷制品制造	11749	1289	649	7809	22992	5069
耐火材料制品制造	1505	80	26	1613	1728	472
石墨及其他非金属矿物制品制造	2789	367	174	3168	4052	1081

单位：万元

从业人员年平均人数（人）	所有者权益合计	实收资本	国家资本	集体资本	法人资本	个人资本	港澳台资本	外商资本
23899	283245	244752	9891	2608	51558	123223	36527	20945
2239	32618	27956	275	401	8119	17218	278	1665
1989	15934	14102	204	78	2577	8229	1879	1136
233	4081	3490		4	750	1662	1028	46
4948	61167	55980	50	762	12893	26021	9904	6351
1614	12445	11557	100	3	2659	6456	1317	1022
6637	82684	77153	9163	900	15112	41840	3792	6346
6239	74315	54516	100	460	9449	21798	18329	4379
3631	135915	128262		603	26367	32125	63590	5577
203	22011	20460			4826	1559	13660	415
564	32796	31282		210	1175	3520	26377	
372	7077	5774		9	1910	3010	430	414
849	40791	37525			10456	10144	15600	1325
202	3594	3526			187	2511		828
900	24369	24143		300	7315	7478	7091	1958
541	5277	5553		83	498	3903	433	636
1274	235630	213936		50	2204	6999	24293	180390
243	25940	3342			52	780	2510	
1031	209690	210594		50	2152	6219	21783	180390
14839	129714	110447	1358	1662	18522	64468	21334	3105
980	9657	8725		40	1281	6218	50	1137
749	5323	4789		20	1047	3106	616	
1710	14119	12825	50	165	2269	8188	1084	1069
427	3476	3197			1093	1656	200	248
1308	8573	7997		238	2220	4754	786	
7620	62994	50744	1308	1174	8813	29653	9616	180
2045	25572	22172		25	1800	10894	8982	471
52848	414584	379378	1846	7808	60927	227463	50753	30581
4453	40317	36905		103	7645	24833	1935	2389
3634	32836	32299	1140	176	12173	14581	2866	1362
3146	18387	16847		157	2666	13793		232
4123	34882	30104		773	5788	18396	4568	579
1378	9828	6140			512	4973	200	455
3946	37035	34494	656	165	4278	18370	4129	6896
3352	30373	32536		390	1974	19986	9694	492
17787	106480	92910	50	3002	13398	69869	4480	2112
11029	104447	97144		3042	12493	42663	22881	16065
131726	1012237	891502	13306	19751	137773	607270	57280	56121
4503	46310	43189	719	2980	7441	31502	110	438
6577	60562	57400	1133	1747	10980	38629	1700	3211
96633	705325	608950	8230	11408	85848	462080	28464	12921
4239	39208	49006	381	336	6165	15078	18448	8598
16255	64503	58733	842	3015	13445	32082	5235	4114
1098	14045	13285		146	1619	11230	290	
2421	82286	60939	2000	120	12275	16670	3034	26840

3-1 续表 2-5

项　　目	费用合计	#税金	#利息支出	营业利润	职工工资和福利费	本年应交增值税
黑色金属冶炼及压延加工业	4011	406	60	4044	5246	1359
炼铁	690	55	38	856	992	143
炼钢	292	20	0	354	378	72
钢压延加工	2475	234	11	1934	3103	738
铁合金冶炼	554	97	11	901	773	406
有色金属冶炼及压延加工业	4051	437	211	3321	5413	1789
常用有色金属冶炼	883	87	23	758	862	610
贵金属冶炼	8	1		4	14	
稀有稀土金属冶炼	251	36	23	395	424	268
有色金属合金制造	813	110	134	336	996	185
有色金属压延加工	2096	204	32	1828	3116	726
金属制品业	50918	3200	1277	29771	69485	14591
结构性金属制品制造	17369	1067	334	8884	23061	4675
金属工具制造	4023	365	195	2666	6460	1466
集装箱及金属包装容器制造	1682	94	61	1251	2099	551
金属丝绳及其制品的制造	1453	97	62	1052	1699	348
建筑、安全用金属制品制造	9265	560	317	5706	13685	2538
金属表面处理及热处理加工	5087	271	79	2417	6180	1885
搪瓷制品制造	288	8	9	266	619	16
不锈钢及类似日用金属制品制造	5768	369	97	3488	7154	1422
其他金属制品制造	5983	370	122	4040	8529	1690
通用设备制造业	53025	3928	1449	50365	74811	13724
锅炉及原动机制造	1283	111	22	1113	1172	392
金属加工机械制造	6060	364	372	4567	7592	1822
起重运输设备制造	2571	148	16	1798	3247	506
泵、阀门、压缩机及类似机械的制造	14534	1267	221	15492	22682	1991
轴承、齿轮、传动和驱动部件的制造	3500	157	75	3063	4671	1039
烘炉、熔炉及电炉制造	104	13		82	264	75
风机、衡器、包装设备等通用设备制造	4692	378	163	3614	6687	1402
通用零部件制造及机械修理	12777	879	217	10085	17287	3818
金属铸、锻加工	7505	611	364	10552	11208	2679
专用设备制造业	39923	3161	1348	24475	52716	10708
矿山、冶金、建筑专用设备制造	6208	610	174	5441	8620	2119
化工、木材、非金属加工专用设备制造	14869	945	425	7742	21514	4275
食品、饮料、烟草及饲料生产专用设备制造	986	123	22	1304	1518	217
印刷、制药、日化生产专用设备制造	2257	175	54	870	2439	465
纺织、服装和皮革工业专用设备制造	2574	233	104	1847	3432	506
电子和电工机械专用设备制造	2471	149	79	1499	3989	1049
农、林、牧、渔专用机械制造	1805	281	60	2395	2983	475
医疗仪器设备及器械制造	2955	359	44	473	3054	390
环保、社会公共安全及其他专用设备制造	5798	285	388	2906	5167	1213
交通运输设备制造业	35519	3081	1223	34403	52525	9000
铁路运输设备制造	570	5	49	155	553	222
汽车制造	26220	2691	885	26004	39114	6197
摩托车制造	2205	200	72	3012	3556	776
自行车制造	467	10	14	-294	753	86
船舶及浮动装置制造	5359	149	169	5410	7430	1555
航空航天器制造	386	3	5	-171	405	36
交通器材及其他交通运输设备制造	311	22	30	288	714	128

单位：万元

从业人员年平均人数（人）	所有者权益合计	实收资本						
			国家资本	集体资本	法人资本	个人资本	港澳台资本	外商资本
3410	49282	48668	79	615	17985	24095	2283	3611
464	3027	2801	79		5	2687		30
601	2824	2779		53	267	2459		
1947	37350	37489		365	16309	15059	2174	3581
398	6081	5599		196	1404	3890	109	
3417	39304	36378	18	2516	14942	15245	2597	1061
522	7066	7438	18		1401	4930	1089	
15	66	60				60		
445	1994	1828		178	200	1290		160
581	4849	4710		83	520	2916	300	891
1854	25329	22342		2255	12821	6049	1208	11
40015	377493	352683	1544	8034	53389	192033	52902	44782
13172	116333	115345	826	1309	21414	57070	23364	11361
3946	36066	34583	275	218	6604	23013	3938	535
1379	18528	17615	5	173	910	7005	5237	4285
855	8995	5926		376	1624	2061	1382	484
6925	62932	58518	428	2277	6935	36627	4285	7967
3287	44947	41333	10	3411	3724	23115	3773	7300
418	9489	4495		24	1405	1505	248	1313
4820	40120	37008		72	3606	15732	7667	9930
5213	40084	37861		174	7167	25904	3008	1608
43982	417787	346205	3130	6837	64673	227052	18341	26172
825	7497	5977		240	788	4145	804	
4455	52106	46579	427	459	7106	25553	1905	11130
1630	19016	18741		359	4117	12442	700	1123
12769	134366	95324	167	314	7251	77185	3654	6754
2726	27754	24582		429	6587	13572	1996	1998
136	686	941			50	182		709
3762	39852	33663	400	1835	5404	19886	3021	3118
10379	74993	66718	1051	2097	17247	42798	2633	892
7300	61517	53680	1085	1105	16124	31290	3628	448
30085	305619	295526	4321	2071	54834	172170	28953	33176
4832	52666	49567	1741		9734	33577	2574	1942
11557	88577	86559	790	636	12514	50371	14231	8018
914	9858	9764	97	130	4641	3277	1482	137
1464	13609	13365	5	83	3477	6461	1205	2134
2314	22428	24668		61	4010	12742	3513	4343
2225	30889	30634	551	284	3296	24393	1495	614
2108	13020	11396	372	362	1876	8630	157	
1724	24613	28094		135	3617	14355	718	9270
2947	49959	41478	765	382	11669	18364	3579	6719
32826	464222	458220	8123	3944	170262	120641	18600	136650
388	1670	804	150	112	92	450		
22941	377948	369218	4145	2798	134793	87641	17504	122337
2499	13661	11171		195	1385	8721	124	746
490	2363	5133	1374		400	1897		1462
6155	60501	58134	379	839	33425	21242		2249
48	5670	11195	1382				972	8841
305	2410	2566	693		168	690		1015

3-1 续表 2-6

项　　目	费用合计	#税金	#利息支出	营业利润	职工工资和福利费	本年应交增值税
电气机械及器材制造业	36663	1646	755	32009	47849	12178
电机制造	8925	186	24	21406	13180	5559
输配电及控制设备制造	11528	613	306	2773	13110	2837
电线、电缆、光缆及电工器材制造	3377	160	76	2117	4862	808
电池制造	1768	89	54	2089	2365	465
家用电力器具制造	2620	210	52	2292	3093	724
非电力家用器具制造	483	43	13	66	502	100
照明器具制造	6468	241	196	936	9203	1297
其他电气机械及器材制造	1495	103	35	332	1534	389
通信设备、计算机及其他电子设备制造业	35902	1738	1536	-536	33991	7197
通信设备制造	9941	267	141	-4680	4645	1062
雷达及配套设备制造	10	0		8	47	6
广播电视设备制造	816	5	8	354	934	136
电子计算机制造	1845	48	163	-58	2190	299
电子器件制造	6824	276	287	-108	6656	1846
电子元件制造	10051	457	833	2222	13258	2459
家用视听设备制造	1669	403	21	580	1702	448
其他电子设备制造	4746	282	82	1146	4560	941
仪器仪表及文化、办公用机械制造业	13492	519	219	6210	16405	3381
通用仪器仪表制造	4005	108	97	1471	3350	599
专用仪器仪表制造	1186	49	31	637	1057	325
钟表与计时仪器制造	1929	133	9	2157	3151	455
光学仪器及眼镜制造	4609	97	77	482	6818	1623
文化、办公用机械制造	1000	115	4	954	1372	264
其他仪器仪表的制造及修理	764	19	1	509	657	116
工艺品及其他制造业	55994	5593	2049	41586	97200	18806
工艺美术品制造	39644	4337	1229	30851	73458	14694
日用杂品制造	10918	983	230	8643	17200	2852
煤制品制造	647	54	113	385	612	132
核辐射加工	100	3	15	-62	35	4
其他未列明的制造业	4687	217	462	1769	5896	1124
废弃资源和废旧材料回收加工业	2366	251	31	2678	3137	495
金属废料和碎屑的加工处理	948	114	13	1129	1076	56
非金属废料和碎屑的加工处理	1418	137	18	1549	2062	439
电力、热力的生产和供应业	70417	12633	18382	72779	62489	18295
电力生产	68492	12416	18112	70267	60371	17538
电力供应	1526	209	269	2441	1806	745
热力生产和供应	399	8		71	312	12
燃气生产和供应业	1437	68	24	963	1429	184
燃气生产和供应业	1437	68	24	963	1429	184
水的生产和供应业	15103	979	1988	4603	12019	2106
自来水的生产和供应	12212	780	1521	3750	10672	1987
污水处理及其再生利用	2614	178	467	752	1245	115
其他水的处理、利用与分配	277	21		100	102	4

单位：万元

从业人员年平均人数（人）	所有者权益合计	实收资本	国家资本	集体资本	法人资本	个人资本	港澳台资本	外商资本
31135	362494	335260	2934	33833	100841	126642	28051	42959
10318	101384	74194	510	326	38569	23219	624	10946
7843	68515	67565	2274	1741	10195	30634	7274	15448
2807	23591	25720		691	5173	10889	3129	5838
1587	14198	12214			2540	9355	208	111
2156	24768	21778		182	3756	14700	1602	1538
432	8242	8804	150		15	7974	665	
5087	116031	118765		30705	39773	25485	14550	8252
905	5766	6220		188	820	4386		827
20371	315317	327726	9710	2278	42217	104221	94619	74682
3017	43592	57595	4188	333	15487	18471	2265	16851
39	2069	2050				2050		
632	4879	4395			1264	2845	141	146
1273	9717	11077			641	7994	1361	1082
3955	80094	78790	2387	627	7031	19412	19677	29656
7788	80877	86312	3060	234	8594	23315	39680	11430
980	69687	64867		42	6644	20379	24078	13724
2687	24403	22639	75	1042	2557	9756	7416	1794
9562	96351	92545	1533	1795	16946	29448	28961	13862
1896	27407	25405	907	1080	7299	5821	10293	6
853	6713	6893		633	775	4391	963	131
2140	18414	15911		42	3017	9583	1814	1456
3538	27343	28702	229		2681	6926	6896	11970
847	13256	12278	397		921	2422	8239	300
288	3218	3356		40	2254	305	757	
61888	318994	300058	3677	6369	66122	143899	61357	18635
45934	217484	207765	543	4765	49990	97685	40752	14030
12217	72075	64686		393	12235	28596	19871	3593
353	5491	5073	134	4	141	4794		
13	583	583			583			
3371	23361	21950	3000	1207	3173	12824	734	1012
1831	15412	12811	2000	1336	916	8559		
636	6324	5829		1016	382	4431		
1195	9088	6983	2000	320	534	4129		
41644	1142585	997618	56104	86121	174352	608291	20751	52000
40520	1122140	982346	52110	84444	172016	602967	20251	50558
1007	18349	13675	3994	1254	2231	5229		968
117	2096	1597		423	105	95	500	474
595	12129	9611	101		2105	3940	3330	135
595	12129	9611	101		2105	3940	3330	135
7895	202513	179499	46527	33312	25163	54080	3483	16934
7182	154775	143266	35237	32765	22468	44973	2783	5040
625	45264	34535	11290	500	2625	7527	700	11894
88	2474	1698		48	70	1580		

3-2 各市、县规模以下

地 区	法人单位数(个)	工业总产值	年初存货	年末存货	固定资产原价	本年折旧
福州市	**7919**	**1779121**	**182958**	**233260**	**1117446**	**74103**
鼓楼区	413	81213	13978	14582	36394	2691
台江区	276	38671	10310	11607	38770	3043
仓山区	1529	298003	33412	39222	123658	12652
马尾区	283	30760	7532	9757	62215	5321
晋安区	757	153884	20892	23110	89749	5372
闽侯县	946	233313	24592	30712	134362	7463
连江县	539	93669	6529	8982	76070	4308
罗源县	198	38574	448	1579	27929	1653
闽清县	476	69414	2371	3024	73523	2425
永泰县	422	42817	1772	2014	67099	1984
平潭县	120	19678	2531	2695	13891	1656
福清市	849	298884	22265	28214	136408	13062
长乐市	1111	380242	36325	57763	237379	12473
厦门市	**6394**	**1578734**	**451667**	**432740**	**1863009**	**125898**
思明区	830	184570	46738	53809	97868	6890
海沧区	572	95660	24434	34305	547090	8117
湖里区	2272	574462	137596	169810	239268	23428
集美区	1255	387986	177822	87438	687605	66392
同安区	979	196877	43460	56834	195746	8512
翔安区	486	139180	21617	30544	95433	12559
莆田市	**1875**	**368437**	**32451**	**152194**	**407347**	**12052**
城厢区	242	51693	5217	5964	44390	2055
涵江区	582	129103	10377	123142	210062	3013
荔城区	388	69133	4311	6916	38020	2299
秀屿区	163	35709	3670	4438	32006	1423
仙游县	500	82800	8877	11735	82869	3262
三明市	**3836**	**690291**	**43023**	**53373**	**724480**	**36452**
梅列区	181	37780	2666	2874	17795	1169
三元区	369	71790	6475	7263	44022	2389
明溪县	149	31533	1652	2042	28158	2045
清流县	173	25290	392	735	35352	1769
宁化县	241	51543	1905	2038	39079	2774
大田县	433	64759	4773	6660	132847	4471
尤溪县	599	76377	6968	10415	110037	5530
沙县	420	80591	6417	6838	71688	3317
将乐县	312	57464	3099	3939	52270	2455
泰宁县	171	41759	1222	1575	52852	3563
建宁县	195	30874	597	1353	33343	1799
永安市	593	120531	6857	7640	107038	5172
泉州市	**15965**	**4860158**	**342973**	**402825**	**2749918**	**206252**
鲤城区	930	157733	15607	18680	190204	8797
丰泽区	1023	284684	17652	20139	151950	8907
洛江区	520	67221	9865	11345	48543	3447
泉港区	238	75302	3082	4571	56072	5094
惠安县	1582	421228	15897	16895	220390	18062
安溪县	1622	558532	29605	28887	307323	26528

工业企业主要经济指标

单位：万元

营业收入	主营业务收入	营业成本	主营业务成本	营业税金及附加	主营业务税金及附加	主营业务利润	其他业务利润
1716205	**1706727**	**1357973**	**1350142**	**49103**	**47452**	**316904**	**12555**
83164	82794	61062	60880	1982	1919	20311	553
43970	43353	34860	34529	469	432	8432	679
294292	292363	247010	244792	6937	6480	41118	1701
31946	31227	25700	24874	527	515	6339	1070
154839	152681	121761	120989	4418	4167	27489	4054
197959	197626	164575	164241	5389	5293	31824	581
89439	89421	67007	66905	2284	2270	20327	109
38659	38659	29227	29227	1292	1280	8394	
69763	68967	55133	54493	1741	1715	12759	141
42453	42438	32358	32355	1074	1074	9010	19
18527	18422	11776	11564	565	535	6449	-2
295759	294673	232135	231239	6916	6785	56649	327
355437	354105	275369	274054	15512	14988	67802	3322
1599944	**1555302**	**1371947**	**1341898**	**8331**	**7175**	**208447**	**17605**
185033	181506	154643	152115	642	583	28817	2429
113049	91287	100917	82179	356	345	8760	3394
593184	579497	514898	509395	1998	1715	70081	6377
388314	383774	341196	338902	1588	1494	43705	4212
195800	195286	154562	153842	1274	1268	40177	698
124564	123953	105731	105466	2472	1769	16908	496
364222	**363145**	**281396**	**280401**	**8273**	**7903**	**75187**	**1447**
52700	52331	41237	41033	1798	1771	9527	227
126483	126438	95989	95988	1953	1750	28861	227
70870	70790	55727	55619	1755	1733	13438	319
33471	33415	24163	24022	809	744	8649	618
80698	80171	64280	63740	1958	1906	14712	56
678630	**677844**	**512765**	**511987**	**21444**	**21366**	**146985**	**745**
37530	37528	26333	26333	1044	1043	10165	24
70473	70030	50422	50004	1950	1937	18089	198
30703	30584	24742	24647	958	951	4986	42
25277	25220	20087	20054	505	503	4662	23
50722	50714	41047	41040	2549	2549	7142	1
64385	64350	47280	47231	2344	2338	17083	221
72743	72740	57608	57608	1823	1820	13312	27
79192	79192	59749	59749	1415	1415	18149	5
56566	56495	42916	42854	2164	2158	11486	45
41156	41156	31009	31009	1800	1800	8348	
30814	30777	20750	20719	1240	1238	8819	53
119068	119058	90822	90740	3652	3613	24745	105
4742187	**4739184**	**3791351**	**3785839**	**149818**	**148557**	**825499**	**7464**
154340	153803	126189	125792	4145	4061	24267	1515
283938	283644	224710	224534	7321	7246	51864	644
65792	65650	54701	54455	1165	1150	10045	57
72579	72539	53641	53592	2721	2718	16380	1215
412360	412148	337912	337186	13154	12580	62585	694
557125	557015	462972	462580	17770	17734	87105	386

3-2 续表 1-1

地　区	法人单位数(个)	工业总产值	年初存货	年末存货	固定资产原价	本年折旧
永春县	817	223600	4797	6324	80439	6316
德化县	606	105203	6609	7342	105161	4896
石狮市	1500	415142	31337	36006	195162	13420
晋江市	4609	1640092	103869	142444	778902	57592
南安市	2518	911421	104654	110193	615772	53194
漳州市	**5894**	**921437**	**93518**	**108103**	**684926**	**51077**
芗城区	819	154089	17377	19366	59542	5286
龙文区	395	103015	14215	16080	37620	3120
云霄县	344	26006	905	1116	54173	3411
漳浦县	1010	126781	13975	18765	105434	7545
诏安县	262	35945	3936	3725	27138	2098
长泰县	558	89231	7226	7827	56026	4615
东山县	216	23940	2733	3337	20723	1732
南靖县	444	70976	9807	10950	106686	7101
平和县	191	25288	1856	1329	31797	1969
华安县	244	22154	996	1286	44645	2774
龙海市	1411	244013	20493	24322	141142	11425
南平市	**4148**	**525513**	**44038**	**57140**	**550465**	**31229**
延平区	902	118912	12480	15403	97898	6344
顺昌县	281	28778	4348	5201	32627	1690
浦城县	346	54548	10	8	40755	3425
光泽县	259	35307	3462	3781	37602	1940
松溪县	299	43367	2481	2773	33076	2179
政和县	200	30989	2607	4055	45223	2126
邵武市	366	49806	4202	5563	43024	2293
武夷山市	518	29326	3494	6367	56612	3615
建瓯市	546	80542	4770	6672	90833	4395
建阳市	431	53938	6184	7318	72815	3223
龙岩市	**3189**	**541178**	**27249**	**40928**	**604132**	**39858**
新罗区	765	157828	12419	16831	147622	11513
长汀县	465	108761	4628	8253	82648	7257
永定县	463	52762	3305	3329	53237	3918
上杭县	443	52897	3535	5733	90441	4926
武平县	365	62830	881	1330	76544	6226
连城县	358	64223	1175	3084	56679	3622
漳平市	330	41877	1306	2368	96963	2397
宁德市	**3784**	**683042**	**93367**	**61021**	**533873**	**38462**
蕉城区	386	44788	2788	3326	46034	1998
霞浦县	285	76701	4350	4809	43338	3717
古田县	713	101349	3298	4926	62113	4539
屏南县	156	21148	741	1095	43549	1834
寿宁县	223	26919	809	2214	21759	1583
周宁县	97	10197	445	502	20549	1034
柘荣县	138	21445	1358	1959	19872	1019
福安市	1083	287565	76120	37499	224537	20062
福鼎市	703	92931	3459	4691	52122	2677

单位：万元

营业收入	主营业务收入	营业成本	主营业务成本	营业税金及附加	主营业务税金及附加	主营业务利润	其他业务利润
222240	222238	174924	174815	9493	9492	42581	13
100964	100704	78556	78186	1996	1988	21236	252
404362	404325	324676	324669	20677	20656	60178	6
1584413	1583751	1268034	1266850	41202	40899	275619	1089
884073	883368	685038	683180	30175	30035	173641	1593
909170	**907431**	**702038**	**699318**	**10275**	**10065**	**199342**	**2225**
153794	153431	123559	122371	1269	1172	30028	581
99827	99692	82464	82356	591	588	16771	108
25947	25945	18844	18836	237	222	6934	13
121348	121082	91406	90752	2099	2078	28385	368
34793	34793	25288	25288	438	438	9119	23
88530	88438	67335	67172	2191	2191	19065	134
23236	22626	17364	17175	116	116	5335	503
72421	72293	55831	55631	935	917	15745	169
25623	25577	17899	17881	315	305	7444	34
22352	22352	15863	15863	648	648	6699	62
241300	241202	186184	185994	1436	1391	53817	230
506120	**504448**	**381152**	**379406**	**11653**	**11271**	**114626**	**1804**
114678	114274	88287	87929	2406	2394	23972	214
28847	28790	20283	20219	513	506	8072	126
55075	55074	41893	41893	1064	1064	12292	
34447	34417	28336	28303	462	310	5804	143
37798	37195	26638	26231	809	786	10217	117
29574	29437	21246	21165	1021	1001	7230	601
49014	48902	38218	37948	1189	1153	9861	68
25466	25458	17338	17333	926	821	7924	161
78564	78438	58312	58038	2619	2594	17778	195
52657	52464	40600	40348	644	643	11477	178
541765	**538540**	**380831**	**377704**	**13702**	**13266**	**147682**	**2292**
159826	158122	119404	117709	2983	2808	37657	599
108604	108343	76621	76471	954	954	30928	813
52906	52605	35147	34618	1949	1942	16044	180
50665	50645	36583	36539	1288	1175	12954	22
64689	64307	45083	44542	2560	2418	17375	59
63195	63195	40124	40124	2274	2274	20798	3
41882	41323	27869	27701	1695	1695	11927	617
663787	**662933**	**512498**	**510992**	**9629**	**9582**	**142727**	**542**
45375	45370	36327	36321	563	563	8487	26
75591	75439	62353	62240	596	594	12605	43
106144	106054	78493	78444	2121	2121	25510	84
18052	17995	11384	10389	459	454	7161	63
26326	26326	18453	18453	882	882	6991	9
10430	10233	8154	8115	214	212	1918	199
20708	20670	16146	16119	773	773	3879	11
270486	270484	210250	210203	1532	1532	58886	11
90675	90363	70938	70707	2490	2453	17290	97

3-2 续表 2-1

地 区	费用合计	#税金	#利息支出	营业利润	职工工资和福利费	本年应交增值税	从业人员年平均人数（人）
福州市	**165537**	**14113**	**8914**	**163922**	**223861**	**51858**	**153361**
鼓楼区	15556	212	192	5308	11093	2379	6321
台江区	7974	226	293	1138	6938	1638	4013
仓山区	30850	1682	592	11969	41102	13789	28545
马尾区	5743	706	84	1666	7196	1126	5207
晋安区	18454	1598	839	13090	22192	5025	14198
闽侯县	15036	2649	781	17369	34213	7356	21319
连江县	6693	356	902	13743	12222	2178	8791
罗源县	3026	29	48	5368	4896	1103	5223
闽清县	6742	234	302	6158	10321	3629	7887
永泰县	5036	541	1271	3992	8484	648	8366
平潭县	5101	83	150	1347	2008	198	2322
福清市	18244	1545	1147	38732	26336	7394	18122
长乐市	27082	4255	2315	44042	36860	5395	23047
厦门市	**236554**	**11492**	**11021**	**-10502**	**275923**	**50157**	**134166**
思明区	26108	509	866	5137	29006	4690	13193
海沧区	23957	606	1341	-11804	23651	2986	10881
湖里区	87743	1303	1291	-11286	116310	16143	48468
集美区	46929	1185	140	988	59925	13126	29765
同安区	25491	1257	1068	15383	27615	8729	20342
翔安区	26326	6632	6316	-8921	19417	4485	11517
莆田市	**31566**	**3233**	**1872**	**45068**	**54367**	**12022**	**40262**
城厢区	5564	369	555	4190	6848	1852	4878
涵江区	11389	1500	663	17700	19472	4250	13212
荔城区	4805	846	239	8952	9242	1628	8419
秀屿区	3992	115	50	5275	5736	955	3959
仙游县	5816	403	366	8951	13070	3337	9794
三明市	**72016**	**5041**	**5542**	**75714**	**90267**	**23720**	**61790**
梅列区	5522	121	159	4667	3981	1245	2213
三元区	10863	715	290	7425	8676	2487	4699
明溪县	2214	133	184	2815	4172	1910	2839
清流县	2008	158	184	2677	3526	522	2639
宁化县	3599	487	278	3544	9149	1107	4877
大田县	10214	678	763	7091	10796	1908	6973
尤溪县	7277	354	1147	6063	11223	3068	10237
沙县	7104	437	549	11049	9363	4478	6539
将乐县	4272	138	307	7259	6585	1914	4953
泰宁县	4371	398	1044	3977	4060	1253	2611
建宁县	5829	685	143	3043	3936	307	3498
永安市	8743	738	495	16107	14802	3520	9712
泉州市	**415843**	**60758**	**10520**	**417120**	**745159**	**143212**	**466874**
鲤城区	14117	2081	541	11666	25522	8674	24098
丰泽区	30890	3383	314	21618	41163	11235	25184
洛江区	5836	417	404	4266	12072	2008	8375
泉港区	8072	665	317	9523	11455	2232	5786
惠安县	39981	4986	1119	23298	82000	12147	45782
安溪县	21197	12826	821	66294	85589	23054	41196

单位：万元

所有者权益合计	实收资本	国家资本	集体资本	法人资本	个人资本	港澳台资本	外商资本
1618464	**1464420**	**40893**	**71450**	**374011**	**638361**	**146791**	**192914**
70632	73737	7937	1413	29786	25467	5634	3500
42504	43019	2555	2955	15568	15357	3091	3493
197049	169683	4600	9488	42740	84520	18625	9710
120804	127014	508	5460	34252	25355	53241	8199
143432	105941	10692	5775	11611	48286	19479	10099
368218	354267	2829	1709	116000	88110	21416	124204
75184	67073	1395	3794	9421	45538	3781	3144
22942	15853		1248	688	12586	1263	68
67244	65145	529	9760	4680	48804	147	1226
52550	47399	476	11628	9988	24667	114	526
15162	10661	526	420	1429	8101	98	87
183309	155161	4512	4238	25069	83754	11271	26317
259433	229468	4335	13563	72779	127815	8633	2344
1517453	**1652545**	**37017**	**13336**	**216852**	**526963**	**350900**	**507476**
169989	191771	14082	4317	53091	76551	28127	15602
390359	409918	5798	1498	37760	59675	66177	239010
325066	374140	4603	2288	29116	187793	84447	65893
265231	277434	9346	1266	39329	84232	87444	55816
214559	239360	954	2064	29729	81351	60020	65242
152251	159922	2235	1903	27827	37361	24684	65913
314483	**293185**	**16902**	**24642**	**73164**	**139692**	**24327**	**14458**
45644	41943	2072	1691	9424	26690	1908	158
89586	83050	2357	4736	14564	34283	16225	10886
50247	47741	80	3091	13835	28627	2087	21
44918	40297	591	11211	5380	17523	3555	2037
84088	80154	11802	3914	29961	32569	552	1356
649622	**575308**	**26770**	**22816**	**86828**	**414526**	**19795**	**4574**
28817	24146	225	769	3469	19630	53	
50810	47326	184	1946	11316	32944	936	
21164	18578	1754	221	1182	14835	99	488
24561	21591	817	1119	1451	17315	834	55
35078	31327	845	245	1465	25872	2868	33
96892	86745	14541	2693	21173	42775	4288	1276
90692	84166	391	2170	7009	69446	4869	281
72491	66927	250	4468	4588	54987	2020	614
50390	45271	590	802	13533	28755	1416	175
44454	36134	857	1277	4850	28302	458	390
32777	28171	2270	633	665	24602		
101495	84926	4045	6473	16127	55064	1955	1262
3636262	**3141444**	**33166**	**51003**	**611266**	**1878825**	**381413**	**185771**
182130	184089	574	1998	34474	70239	45781	31023
180903	168283	4487	4989	39132	79301	34300	6074
124417	120108	2174	180	10156	83671	21201	2727
49409	41751	2448	2852	14311	21141		1000
201316	154050	2970	2072	55158	81074	8596	4180
178942	145011	2452	6423	38652	89372	3930	4183

3-2 续表 2-2

地 区	费用合计	#税金	#利息支出	营业利润	职工工资和福利费	本年应交增值税	从业人员年平均人数(人)
永春县	17130	11766	803	25465	44818	11542	29774
德化县	12631	616	1325	8857	19935	5089	14181
石狮市	48794	1687	311	11389	51458	2627	46509
晋江市	128039	15152	1876	148669	234605	47272	154441
南安市	89158	7179	2690	86076	136542	17334	71548
漳州市	**96328**	**5609**	**4791**	**105239**	**108127**	**19698**	**81661**
芗城区	15429	921	331	15181	16868	3008	10512
龙文区	9744	562	430	7135	12444	2895	6603
云霄县	3321	106	52	3626	4447	492	3492
漳浦县	16076	1279	424	12677	17248	2843	14201
诏安县	4614	172	294	4528	5474	245	4944
长泰县	7703	752	834	11496	9525	1946	6858
东山县	3888	79	208	1950	3102	361	3628
南靖县	6243	474	427	9671	7002	1691	6084
平和县	2923	26	245	4555	3541	631	3322
华安县	3506	427	1023	3255	2617	980	2154
龙海市	22881	812	525	31166	25859	4607	19863
南平市	**46432**	**2763**	**5788**	**69998**	**72111**	**12180**	**63527**
延平区	8815	458	1014	15372	15629	3147	13988
顺昌县	2706	224	444	5493	4670	1105	4916
浦城县	4272	2		8021	7663	13	4283
光泽县	2848	137	523	3099	5273	1224	4089
松溪县	2864	229	719	7470	5383	617	5460
政和县	3002	332	199	4830	3496	340	3596
邵武市	4068	142	563	5861	5930	805	4986
武夷山市	4325	301	634	3759	4742	1084	4494
建瓯市	6361	772	559	11613	11334	1190	10517
建阳市	7173	167	1134	4482	7991	2656	7198
龙岩市	**60995**	**5111**	**7439**	**88980**	**73239**	**19486**	**54538**
新罗区	11050	1582	1112	27205	17002	4877	12339
长汀县	21769	250	290	9972	17914	3885	12906
永定县	5920	860	410	10304	8453	1879	4646
上杭县	3526	227	775	9449	8220	2138	6698
武平县	6251	1026	3354	11182	8813	3206	6779
连城县	6760	371	903	14041	8145	1708	6600
漳平市	5718	794	595	6826	4694	1794	4570
宁德市	**48576**	**1507**	**3883**	**94694**	**81175**	**19002**	**58921**
蕉城区	4635	184	523	3878	6128	531	5078
霞浦县	4672	218	642	7977	15698	995	6939
古田县	8863	199	303	16731	12906	1299	7857
屏南县	3234	77	1156	3990	2984	799	1925
寿宁县	3477	50	365	3524	3386	395	3012
周宁县	969	169	-6	1147	1545	493	1407
柘荣县	2316	322	489	1574	2605	647	2531
福安市	13423	6	19	45474	21448	11583	21259
福鼎市	6988	281	390	10399	14475	2260	8913

单位：万元

所有者权益合计	实收资本						
		国家资本	集体资本	法人资本	个人资本	港澳台资本	外商资本
98766	94770	3138	10030	16538	55102	9669	292
97989	77074	4648	4625	21201	42446	250	3903
283180	254117		3269	73065	124872	39042	13869
1483873	1277638	5636	7811	238646	724589	190727	110228
755339	624553	4639	6755	69933	507018	27917	8292
811443	**753812**	**25307**	**54473**	**116712**	**354146**	**155843**	**47331**
85898	86472	6974	4168	14319	40636	16358	4018
60409	54372	3739	2287	14296	19815	8778	5457
51250	49371	1679	674	22129	15546	9071	273
113473	106830	1053	352	10835	51707	32083	10800
41271	37854	595	1839	5324	14566	13956	1574
60637	58651	641	1019	6221	34362	9980	6428
19477	17000	1019	2441	1402	4613	6241	1284
110597	93354	992	3104	12828	49265	24422	2743
63135	61155	317	31554	8152	18761	1069	1302
46195	45699	7367	1896	2911	32175	1041	310
159100	143054	932	5140	18295	72700	32845	13142
499983	**420507**	**23665**	**20327**	**65241**	**283655**	**17345**	**10274**
108098	91385	822	4444	8519	72130	2884	2586
29269	24701	1109	2546	5906	14226	774	141
21392	17174			110	17064		
42166	38793	1123	844	7238	25522	3193	873
31700	23988	2307	393	2602	17380	1260	47
32364	29114	322	381	1738	26577	70	25
36205	28817	122	2911	2718	18729	172	4165
55643	43701	2904	1736	12147	20668	5128	1118
74443	72540	13932	5144	7149	43948	1330	1037
68703	50296	1023	1928	17116	27411	2535	282
603019	**549415**	**20399**	**23184**	**78506**	**384203**	**39848**	**3274**
179717	166276	12521	4543	18404	107112	22126	1570
77428	69956	1600	2973	11176	43080	11118	10
51236	47532	44	4117	3598	35566	3959	249
101601	104929	3514	7564	24783	68172	888	8
74066	66648	886	1380	11201	52982	20	180
58611	51640	481	1573	4476	44520		590
60360	42435	1353	1035	4870	32771	1738	667
418847	**324235**	**10190**	**17352**	**85396**	**203151**	**3617**	**4527**
53349	48109	947	2006	2331	38826	1434	2566
21330	18600	1599	1257	5016	10206	10	511
57614	50078	530	6283	4755	37914	66	530
29531	25747	1671	1077	6768	15327		905
28021	24994	859	516	10035	13534	50	
17508	18492	1666	527	10541	5714	45	
21974	19182	361	630	200	16093	1899	
149321	84673	1790	2163	41757	38834	114	16
40199	34359	769	2894	3994	26703		

3-3 规模以下工业企业及个体基本情况表

项目	单位数(个)	年平均从业人员(人)	总产值(万元)
全省	**274181**	**2548480**	**19855810**
企业	53004	1115100	11947910
个体	221177	1433380	7907900
福州	**31162**	**325518**	**3097538**
企业	7919	153361	1779121
个体	23243	172157	1318417
厦门	**13192**	**166962**	**1656806**
企业	6394	134166	1578734
个体	6798	32796	78072
莆田	**18515**	**128089**	**860213**
企业	1875	40262	368437
个体	16640	87827	491775
三明	**15620**	**136132**	**817732**
企业	3836	61790	690291
个体	11784	74342	127441
泉州	**85128**	**1035427**	**8491947**
企业	15965	466874	4860158
个体	69163	568553	3631789
漳州	**38843**	**287001**	**2064040**
企业	5894	81661	921437
个体	32949	205340	1142603
南平	**15585**	**121459**	**667649**
企业	4148	63527	525513
个体	11437	57932	142136
龙岩	**34348**	**199768**	**1010221**
企业	3189	54538	541178
个体	31159	145230	469043
宁德	**21788**	**148124**	**1189666**
企业	3784	58921	683042
个体	18004	89203	506624

注：个体工业总产值按第二次全国经济普查单位清查及抽样调查推算。

3-4　规模以下工业企业主要经济指标

(2004年、2008年)

项　　目	2008年			2004年		
	单位数(个)	从业人员(人)	工业总产值(万元)	单位数(个)	从业人员(人)	工业总产值(万元)
总　　计	**53004**	**1115100**	**11947910**	**37920**	**922121**	**7326316**
一、按隶属关系分						
中央				16		1854
省	220	6838	69059	90		19757
市	1843	44366	428617	526		83534
县(市)	8243	186580	1876009	1401		212502
街道、镇乡	4696	95300	994006	2298		343911
街道	728	14089	132867			
镇	2972	64612	683669			
乡	996	16599	177471			
居(村)委会	2843	58127	568997	1797		276801
居委会	316	8223	81709			
村委会	2527	49904	487288			
其他	35159	723889	8011222	31792		6387958
二、按轻重分						
轻工业	26475	650529	6425224	18749	563713	3196955
重工业	26529	464571	5522686	19171	354357	4129361
三、按注册登记类型分						
内资企业	49331	995197	10843066	34305	781316	6429908
国有企业	122	15391	109541			
集体企业	2950	46779	461577	4741	95034	678346
股份合作企业	889	19932	215355	1150	28850	246950
联营企业	164	2966	30398	318	5796	53144
国有联营企业	13	239	3111	23	460	
集体联营企业	96	1433	15451	200	3351	
国有与集体联营企业	11	571	4817	19	519	
其他联营企业	44	723	7020	76	1466	
有限责任公司	2999	62958	715417	1927	49322	389632
国有独资公司	16	459	3439			
其他有限责任公司	2983	62499	711978	1927	49322	
股份有限公司	711	15719	164730	298	7764	60301
私营企业	39811	809173	8931726	25064	580046	4856106
私营独资企业	14749	285855	3153760	9042	177222	
私营合伙企业	7035	123602	1304093	4867	87640	
私营有限责任公司	16577	368035	4124187	10328	295471	
私营股份有限公司	1450	31681	349686	827	19713	
其他企业	1685	22279	214322	807	14504	145429
港、澳、台商投资企业	2332	77874	696709	2321	91545	555385
港澳台商合资经营企业	306	10397	94888	318	10855	
港澳台商合作经营企业	31	967	9819	36	898	
港、澳、台商独资经营企业	1886	64122	564332	1954	79343	
港、澳、台商投资股份有限公司	109	2388	27670	13	449	
外商投资企业	1341	42029	408135	1294	49260	341023
中外合资经营企业	332	10970	115899	341	13776	
中外合作经营企业	22	507	4927	30	1040	
外资企业	942	29460	275512	905	34040	
外商投资股份有限公司	45	1092	11797	18	404	

注：本表单位数2004年为填报财务表的规模以下工业企业法人单位数，2008年为法人单位数。

3-4 续表

项目	2008年			2004年		
	单位数(个)	从业人员(人)	工业总产值(万元)	单位数(个)	从业人员(人)	工业总产值(万元)
四、按行业分						
煤炭开采和洗选业	72	3113	20234	136	5939	44298
石油和天然气开采业	1	8				
黑色金属矿采选业	155	3380	41523	98	2398	23657
有色金属矿采选业	173	3610	35956	83	1794	13303
非金属矿采选业	1455	25990	313758	1009	20703	196154
其他采矿业	22	225	2505			
农副食品加工业	2194	37744	472478	1386	23199	311170
食品制造业	1411	24992	256582	1035	18206	164535
饮料制造业	2094	39690	435636	1250	19096	215468
烟草制品业	2	22				
纺织业	1960	51225	612309	1594	58095	478710
纺织服装、鞋、帽制造业	3706	131489	1093355	2670	114853	701416
皮革、毛皮、羽毛(绒)及其制品业	2005	89130	692618	1810	95661	540072
木材加工及木、竹、藤、棕、草制品业	2645	55469	529206	2201	47993	302991
家具制造业	889	17330	182374	586	12932	96488
造纸及纸制品业	1653	34222	411388	1411	31085	290160
印刷业和记录媒介的复制	1586	26815	337365	1245	21599	189359
文教体育用品制造业	457	12891	118030	323	9683	57252
石油加工、炼焦及核燃料加工业	65	890	11210	50	528	7831
化学原料及化学制品制造业	1592	23899	315115	1264	21343	221483
医药制造业	195	3631	32057	121	1981	14859
化学纤维制造业	42	1274	12946	51	1186	18621
橡胶制品业	597	14839	158139	511	18616	130973
塑料制品业	2613	52848	659408	1921	41885	421232
非金属矿物制品业	6172	131726	1548079	4530	113727	988159
黑色金属冶炼及压延加工业	242	3410	45295	319	5533	65390
有色金属冶炼及压延加工业	205	3417	44415	185	3837	33346
金属制品业	2332	40015	501166	1184	22671	214764
通用设备制造业	2260	43982	565349	1560	28662	315251
专用设备制造业	1689	30085	364355	898	17587	167580
交通运输设备制造业	1638	32826	350050	1108	21112	183587
电气机械及器材制造业	1596	31135	376082	886	17927	138489
通信设备、计算机及其他电子设备制造业	875	20371	196351	455	10777	72702
仪器仪表及文化、办公用机械制造业	420	9562	95765	293	8820	62230
工艺品及其他制造业	2452	61880	580165	1824	65698	407561
废弃资源和废旧材料回收加工业	139	1831	34081	83	1420	19840
电力、热力的生产和供应业	4658	41644	417025	3450	31284	184687
燃气生产和供应业	33	595	9152	13	149	1912
水的生产和供应业	709	7895	76394	377	3939	30787

第 4 篇

规模以上工业企业科技活动情况

4-1 规模以上有科技

项　　目	企业数(个)	#有科技活动	#有R&D活动	#有新产品开发	#有科技机构
总　　计	**1511**	**1511**	**998**	**1275**	**777**
总计中：国有控股企业	117	117	91	86	69
一、按企业规模分					
大型企业	69	69	51	59	56
中型企业	508	508	357	434	320
小型企业	934	934	590	782	401
二、按登记注册类型分					
内资企业	868	868	571	719	413
国有企业	35	35	26	23	21
集体企业	10	10	4	5	3
股份合作企业	10	10	7	8	8
联营企业	5	5	4	3	
国有联营企业	3	3	2	1	
集体联营企业	1	1	1	1	
国有与集体联营企业					
其他联营企业	1	1	1	1	
有限责任公司	201	201	134	161	99
国有独资公司	14	14	11	6	5
其他有限责任公司	187	187	123	155	94
股份有限公司	54	54	46	50	42
私营企业	551	551	349	467	240
私营独资企业	16	16	6	8	2
私营合作企业	8	8	3	5	4
私营有限责任公司	512	512	331	441	225
私营股份有限公司	15	15	9	13	9
其他企业	2	2	1	2	
港、澳、台商投资企业	372	372	239	324	217
合资经营企业(港或澳、台资)	122	122	70	105	71
合作经营企业(港或澳、台资)	3	3	3	2	1
港澳台商独资经营企业	242	242	162	212	141
港澳台商投资股份有限公司	5	5	4	5	4
外商投资企业	271	271	188	232	147
中外合资经营企业	99	99	72	85	52
中外合作经营企业	3	3	2	3	2
外资企业	163	163	110	139	88
外商投资股份有限公司	6	6	4	5	5
三、按工业行业大类分					
采矿业	18	18	11	9	3
煤炭开采和洗选业	6	6	3	2	1
石油和天然气开采业					
黑色金属矿采选业	3	3	2	1	1
有色金属矿采选业	2	2	1	1	
非金属矿采选业	7	7	5	5	1
其他采矿业					
制造业	1472	1472	971	1261	764
农副食品加工业	67	67	47	54	26
食品制造业	48	48	33	41	29

活动工业企业基本情况

单位：万元

从业人员年平均人数（人）	工业总产值	主营业务收入	利润总额	年末固定资产原价	生产经营用机器设备原价	微电子控制设备原价
877004	**59292251**	**58090690**	**3829658**	**26055822**	**12511376**	**2513965**
132623	15856100	15784139	691670	13121804	5098056	623157
308656	26390053	26205002	1390672	11752870	4084520	961009
433312	25026316	24307394	1920489	11219503	6879470	1337238
135036	7875883	7578294	518497	3083449	1547387	215718
353654	23981664	23504043	1663948	14580726	5643607	845605
35460	5974850	5896918	195695	6268576	801743	107182
7475	197227	195711	8888	65710	3678	1320
3817	184632	180736	25187	60093	28708	6377
1426	302639	300889	64165	983896	973237	14676
1282	269594	267073	63380	982880	972887	14676
105	31638	32186	482	250	215	
39	1407	1630	303	765	135	
94699	6561817	6447080	352168	3892238	2145647	404255
24731	3091877	3100573	113881	2537566	1397901	210310
69968	3469941	3346506	238286	1354671	747746	193945
59499	3915681	3941925	528901	1880652	998268	210197
150984	6817774	6527492	488574	1425644	690782	101148
1541	111311	123605	4703	21249	5695	1493
1870	37420	35209	2823	11796	3425	350
139024	6341479	6066236	452285	1338235	652355	95149
8549	327565	302443	28762	54364	29308	4157
294	27043	13292	371	3917	1545	451
304952	17444838	17069824	1269970	5780715	3462761	852493
100726	5889993	5567966	234725	1829903	915348	309742
4823	309299	304978	19503	670831	462499	23039
194016	10766925	10621010	934617	2851505	1733609	504479
5387	478621	575870	81126	428476	351306	15233
218398	17865750	17516823	895741	5694382	3405008	815866
63688	7899305	7702888	244541	2942407	1722310	329811
2501	173844	248121	5616	107970	64209	540
145626	9450240	9263163	616502	2567561	1583068	481933
6583	342361	302651	29081	76444	35421	3582
19390	410679	450221	88530	216514	52138	4713
16474	200414	242232	39012	115023	28376	297
1374	69493	66877	31935	55353	7018	1562
504	31693	28276	7239	32553	13700	2400
1038	109080	112836	10343	13584	3045	454
836395	53599536	52382546	3707935	17181638	10050744	2383718
25185	1730909	1637934	98133	382227	148420	13822
18817	976950	931359	76847	218766	119140	26798

4-1 续表

项　　目	企业数(个)	#有科技活动	#有R&D活动	#有新产品开发	#有科技机构
饮料制造业	42	42	27	33	14
烟草制品业	2	2	2	1	1
纺织业	55	55	43	49	32
纺织服装、鞋、帽制造业	24	24	15	19	17
皮革、毛皮、羽毛(绒)及其制品业	61	61	34	56	40
木材加工及木、竹、藤、棕、草制品业	25	25	14	16	9
家具制造业	9	9	6	4	4
造纸及纸制品业	26	26	13	18	12
印刷业和记录媒介的复制	13	13	9	8	8
文教体育用品制造业	11	11	7	10	7
石油加工、炼焦及核燃料加工业	5	5	5	3	3
化学原料及化学制品制造业	93	93	47	75	50
医药制造业	54	54	42	51	32
化学纤维制造业	9	9	5	8	7
橡胶制品业	19	19	13	17	12
塑料制品业	64	64	39	49	29
非金属矿物制品业	89	89	57	72	45
黑色金属冶炼及压延加工业	18	18	10	11	7
有色金属冶炼及压延加工业	23	23	14	20	12
金属制品业	44	44	26	36	16
通用设备制造业	81	81	51	75	38
专用设备制造业	106	106	74	98	62
交通运输设备制造业	83	83	56	72	41
电气机械及器材制造业	125	125	87	111	61
通信设备、计算机及其他电子设备制造业	188	188	132	175	105
仪器仪表及文化、办公用机械制造业	62	62	44	57	29
工艺品及其他制造业	26	26	19	22	16
废弃资源和废旧材料回收加工业					
电力、燃气及水的生产和供应业	21	21	16	5	10
电力、热力的生产和供应业	16	16	14	5	8
燃气生产和供应业	1	1	1		1
水的生产和供应业	4	4	1		1
四、按隶属关系分					
中央	9	9	9	5	5
省	53	53	43	43	30
设区市	74	74	56	64	44
县(区、市)	79	79	47	65	38
其他	1296	1296	843	1098	660
五、按地区分					
福州市	359	359	314	309	141
厦门市	300	300	155	255	128
莆田市	67	67	46	62	43
三明市	106	106	72	82	38
泉州市	355	355	233	315	253
漳州市	117	117	61	88	66
南平市	78	78	43	57	44
龙岩市	86	86	48	73	43
宁德市	43	43	26	34	21

单位：万元

从业人员年平均人数（人）	工业总产值	主营业务收入	利润总额	年末固定资产原价	生产经营用机器设备原价	微电子控制设备原价
14766	941584	915599	96088	386361	281187	37880
3191	1418246	1404170	259771	395495	267878	79668
40058	1753013	1675334	85644	946752	664976	161921
22167	902047	866574	96017	226391	107427	49897
95168	2107286	2102099	174691	440251	156835	13215
7224	238786	221780	8138	178230	140559	9235
5772	134431	133672	4480	60736	24534	3584
12624	572666	566555	22052	715958	490664	84648
4987	130665	141790	14965	60029	34349	6910
18651	440666	415653	18313	98485	45996	9894
2362	1812063	1705012		343030	148670	2896
24038	2449388	2490876	61994	1405729	974979	87285
12888	754777	668972	86502	335862	114071	16459
7668	1303279	1274786	36841	844219	628135	151004
22813	1180753	1261149	66524	754832	427689	214626
21594	1271515	1186658	91005	432399	125212	38404
41754	1731914	1664544	224081	1008294	393368	113015
20685	3379977	3297140	186613	1375751	1081851	123749
15764	2039149	2067991	364719	825678	440412	107380
18568	784928	712515	71920	196487	104875	25712
25951	1479690	1505297	91880	412370	240729	29875
27473	2000087	1984437	164858	396652	197411	35510
46861	3846881	3695498	205270	1174260	634134	169526
81302	4054850	3949306	370965	786485	497678	103672
152700	12984424	12760984	751735	2401414	1349043	618408
27199	761663	740311	32496	242804	161251	41179
18165	416948	404554	23705	135693	49274	7549
21219	5282037	5257922	33194	8657671	2408494	125533
17576	5146511	5130473	30179	8028851	2308276	102563
707	14686	14695		47934	47934	322
2936	120840	112754	3015	580886	52284	22649
15886	5727218	5693968	192437	6474769	863944	187265
73268	5388307	5223164	180072	3928493	2662286	273591
54184	3883044	3940354	171828	1447438	644563	178244
35277	3228806	3120433	574451	1266931	611657	133363
698389	41064877	40112771	2710870	12938191	7728926	1741501
184976	17696093	16978640	993625	10592785	3160626	621609
224103	17053229	17348404	779096	6609835	4179623	1102201
36307	1788256	1746273	72960	558788	248140	78727
45511	3387056	3362107	132039	1767580	1324675	152512
243396	11147392	10807924	882781	3675545	1997937	319622
63704	3399025	3160530	239887	850012	609905	79792
34740	1716068	1647257	116286	1171417	616999	130389
33555	2562218	2558452	589513	744308	337314	23210
10712	542914	481104	23472	85553	36160	5903

4-2 规模以上工业企业科技活动人员情况

单位：人

项目	科技活动人员合计	#参加科技项目人员	#科技管理和服务人员	#全时人员	#非全时人员	#科学家和工程师	高中级技术职称人员	#R&D人员
总计	**84965**	**69416**	**13724**	**44800**	**40165**	**57234**	**24423**	**49641**
总计中：国有控股企业	15232	12184	2741	6488	8744	10112	6043	9070
一、按企业规模分								
大型企业	28616	20945	7191	14208	14408	18238	7975	15293
中型企业	36865	31487	4599	20857	16008	25217	10242	22791
小型企业	19484	16984	1934	9735	9749	13779	6206	11557
二、按登记注册类型分								
内资企业	37638	31454	5262	18109	19529	24891	12691	21281
国有企业	2812	2656	156	595	2217	2439	2042	1581
集体企业	270	193	32	20	250	91	31	219
股份合作企业	357	207	140	260	97	187	111	177
联营企业	138	125	13	20	118	122	94	105
国有联营企业	122	109	13	13	109	107	79	89
集体联营企业	1	1			1	1	1	1
国有与集体联营企业								
其他联营企业	15	15		7	8	14	14	15
有限责任公司	10723	8490	1989	4767	5956	6504	3337	5985
国有独资公司	3743	2611	1101	1193	2550	1556	969	1506
其他有限责任公司	6980	5879	888	3574	3406	4948	2368	4479
股份有限公司	7596	6399	934	4666	2930	5118	2486	4929
私营企业	15672	13320	1992	7739	7933	10365	4568	8247
私营独资企业	219	157	54	93	126	133	79	43
私营合作企业	162	106	56	50	112	110	58	83
私营有限责任公司	14787	12570	1865	7340	7447	9687	4286	7882
私营股份有限公司	504	487	17	256	248	435	145	239
其他企业	70	64	6	42	28	65	22	38
港、澳、台商投资企业	27257	20507	6298	15341	11916	17475	6063	14655
合资经营企业(港或澳、台资)	10074	7729	2219	6407	3667	7311	2248	5810
合作经营企业(港或澳、台资)	543	523	20	150	393	255	63	226
港澳台商独资经营企业	15891	11701	4034	8274	7617	9364	3602	8154
港澳台商投资股份有限公司	749	554	25	510	239	545	150	465
外商投资企业	20070	17455	2164	11350	8720	14868	5669	13705
中外合资经营企业	7802	6906	782	4264	3538	6102	1817	5677
中外合作经营企业	90	65	25	29	61	61	42	50
外资企业	11516	9955	1224	6551	4965	8288	3541	7562
外商投资股份有限公司	662	529	133	506	156	417	269	416
三、按工业行业大类分								
采矿业	1261	1162	98	194	1067	701	503	185
煤炭开采和洗选业	922	837	85	44	878	408	328	71
石油和天然气开采业								
黑色金属矿采选业	209	201	8	97	112	178	77	52
有色金属矿采选业	89	89		42	47	80	79	38
非金属矿采选业	41	35	5	11	30	35	19	24
其他采矿业								
制造业	81852	66460	13569	44273	37579	54772	22481	48334
农副食品加工业	2137	1536	244	835	1302	1268	539	897
食品制造业	1421	1150	271	657	764	1002	505	764

4-2 续表

单位：人

项　　目	科技活动人员合计	#参加科技项目人员	#科技管理和服务人员	#全时人员	#非全时人员	#科学家和工程师	高中级技术职称人员	#R&D人员
饮料制造业	1957	1529	422	666	1291	1267	384	1244
烟草制品业	276	242	34	125	151	224	129	103
纺织业	3601	3005	366	1704	1897	1797	807	2169
纺织服装、鞋、帽制造业	456	349	68	179	277	251	100	296
皮革、毛皮、羽毛(绒)及其制品业	3673	2601	993	1902	1771	1656	598	2056
木材加工及木、竹、藤、棕、草制品业	830	723	93	383	447	375	252	422
家具制造业	317	317		187	130	296	122	279
造纸及纸制品业	1248	996	183	512	736	772	300	799
印刷业和记录媒介的复制	428	338	57	95	333	301	185	250
文教体育用品制造业	832	779	45	617	215	463	54	558
石油加工、炼焦及核燃料加工业	56	48	8	38	18	31	21	52
化学原料及化学制品制造业	2094	1774	200	866	1228	1445	704	927
医药制造业	2297	1902	380	1648	649	1614	693	1514
化学纤维制造业	887	874	13	610	277	783	171	227
橡胶制品业	1315	1235	66	1027	288	645	347	468
塑料制品业	2064	1917	129	1077	987	1290	537	1189
非金属矿物制品业	3159	2683	436	1781	1378	2219	861	1941
黑色金属冶炼及压延加工业	3326	2259	1025	1194	2132	1312	817	1410
有色金属冶炼及压延加工业	2400	2056	337	1594	806	1745	966	1446
金属制品业	3026	2868	150	1201	1825	1986	1004	2700
通用设备制造业	3443	2621	786	1364	2079	2495	1257	1737
专用设备制造业	4349	3770	482	2265	2084	3119	1526	2943
交通运输设备制造业	4632	4100	466	3076	1556	3620	1741	2696
电气机械及器材制造业	8109	6684	1306	3969	4140	5860	2197	4387
通信设备、计算机及其他电子设备制造业	19409	14538	4605	12391	7018	13896	4480	12446
仪器仪表及文化、办公用机械制造业	2850	2537	256	1597	1253	2234	861	1669
工艺品及其他制造业	1260	1029	148	713	547	806	323	745
废弃资源和废旧材料回收加工业								
电力、燃气及水的生产和供应业	1852	1794	57	333	1519	1761	1439	1122
电力、热力的生产和供应业	1709	1651	57	304	1405	1618	1333	1083
燃气生产和供应业	6	6			6	6	6	6
水的生产和供应业	137	137		29	108	137	100	33
四、按隶属关系分组								
中央	1799	1734	65	510	1289	1677	1429	1124
省	8608	7077	1442	4256	4352	5496	2706	5065
设区市	8154	6189	1847	4888	3266	5460	2594	5558
县(区、市)	4151	3640	455	3014	1137	2827	1083	3002
其他	62253	50776	9915	32132	30121	41774	16611	34892
五、按地区分组								
福州市	21565	18561	2937	12402	9163	16636	6845	16766
厦门市	23411	20348	2959	14978	8433	16057	6333	12866
莆田市	3800	2520	981	1100	2700	2051	745	1499
三明市	5409	4312	1067	1940	3469	2783	1952	2438
泉州市	15683	12446	2678	6907	8776	9357	3603	8501
漳州市	6783	4760	1809	3663	3120	4718	1871	3424
南平市	3440	2694	473	1679	1761	2249	1353	1948
龙岩市	3808	2928	601	1673	2135	2650	1410	1651
宁德市	1066	847	219	458	608	733	311	548

4-3 规模以上工业企业科技活动经费筹集情况

单位：万元

项目	科技活动经费筹集总额	企业资金	金融机构贷款	政府资金	国外资金	其他资金
总计	**1810993**	**1558062**	**172393**	**39851**	**9637**	**31051**
总计中：国有控股企业	339105	303339	25904	9689		174
一、按企业规模分						
大型企业	764149	676589	77285	6522		3753
中型企业	689930	614463	47496	16370	4410	7191
小型企业	356914	267010	47612	16959	5227	20107
二、按登记注册类型分						
内资企业	657488	548459	72377	26746		9906
国有企业	77476	74842	2024	607		4
集体企业	2815	2311	500	4		
股份合作企业	5244	2424	1600	1208		12
联营企业	2194	2192				2
国有联营企业	2112	2112				
集体联营企业	7	5				2
国有与集体联营企业						
其他联营企业	75	75				
有限责任公司	178142	147640	24149	5935		418
国有独资公司	40374	25838	14074	382		80
其他有限责任公司	137768	121802	10075	5554		338
股份有限公司	143711	129380	7508	6644		180
私营企业	247159	189337	36257	12275		9290
私营独资企业	1523	1103	210	190		20
私营合作企业	2921	2118	600	2		201
私营有限责任公司	234987	181382	32979	11558		9069
私营股份有限公司	7728	4733	2468	526		
其他企业	748	336	340	72		
港、澳、台商投资企业	545354	498627	31843	6939	427	7518
合资经营企业(港或澳、台资)	174987	160041	8206	2816	75	3849
合作经营企业(港或澳、台资)	3855	3850				5
港澳台商独资经营企业	339846	308574	23187	4070	352	3663
港澳台商投资股份有限公司	26665	26162	450	53		
外商投资企业	608151	510975	68172	6167	9210	13627
中外合资经营企业	299382	223520	59083	3392	120	13266
中外合作经营企业	537	537				
外资企业	272432	252666	8089	2226	9090	361
外商投资股份有限公司	35800	34252	1000	548		
三、按工业行业大类分						
采矿业	17155	16663	450	35		6
煤炭开采和洗选业	2739	2739				
石油和天然气开采业						
黑色金属矿采选业	11702	11682		20		
有色金属矿采选业	1787	1387	400			
非金属矿采选业	926	855	50	15		6
其他采矿业						
制造业	1730649	1478323	171943	39702	9637	31044
农副食品加工业	53515	42312	6716	3205	600	683
食品制造业	36381	27312	7171	1164	75	660
饮料制造业	45582	38803	6238	518		23

4-3 续表

单位：万元

项　目	科技活动经费筹集总额	企业资金	金融机构贷款	政府资金	国外资金	其他资金
烟草制品业	4804	4800				4
纺织业	52006	46636	2932	2399		40
纺织服装、鞋、帽制造业	27279	23209	3600	110	200	160
皮革、毛皮、羽毛(绒)及其制品业	51956	49895	2000	55		6
木材加工及木、竹、藤、棕、草制品业	8929	8234	427	263		5
家具制造业	4296	2874	1400	22		
造纸及纸制品业	21664	20520	284	327		533
印刷业和记录媒介的复制	5799	2569	3140	50		40
文教体育用品制造业	11558	10988	420	150		
石油加工、炼焦及核燃料加工业	2606	2328	278			
化学原料及化学制品制造业	69505	62974	4908	1211		413
医药制造业	31420	21926	3740	3558		2197
化学纤维制造业	25345	24425	800	120		
橡胶制品业	117731	59830	52456	1299		4146
塑料制品业	39867	30095	5972	835	2	2963
非金属矿物制品业	52996	41708	5536	1887		3865
黑色金属冶炼及压延加工业	86034	72515	12926	413		180
有色金属冶炼及压延加工业	79641	69128	8550	1664		300
金属制品业	25430	21305	2430	446		1250
通用设备制造业	42089	35850	4509	1173		558
专用设备制造业	93183	81128	6698	4924		434
交通运输设备制造业	105440	97900	3565	2809		1166
电气机械及器材制造业	160112	143094	5145	2131		9742
通信设备、计算机及其他电子设备制造业	399998	375759	12289	7778	3760	412
仪器仪表及文化、办公用机械制造业	62568	49053	6467	845	5000	1203
工艺品及其他制造业	12918	11156	1350	349		63
废弃资源和废旧材料回收加工业						
电力、燃气及水的生产和供应业	63189	63075		114		
电力、热力的生产和供应业	62405	62291		114		
燃气生产和供应业	33	33				
水的生产和供应业	752	752				
四、按隶属关系分						
中央	71701	69449	2024	225		4
省	136384	115465	18768	2071		80
设区市	170105	149575	3740	7188		9603
县(区、市)	81081	73440	5082	2354	120	85
其他	1351722	1150134	142780	28012	9517	21279
五、按地区分						
福州市	468741	419082	26472	6426	8687	8075
厦门市	530436	488207	18444	13519		10266
莆田市	176718	110755	59934	1271	750	4008
三明市	71136	50071	16784	3458		823
泉州市	279729	239947	25624	7859	200	6098
漳州市	114441	100730	9068	3400		1243
南平市	72805	61670	9472	1599		64
龙岩市	77416	72467	2814	1972		164
宁德市	19571	15134	3782	346		309

4-4 规模以上工业企业

项　　目	科技活动经费支出总　额	内部经费支出	#经常费支出	劳务费	原材料费	购买和自制设备支出
总　　计	**1771284**	**1669937**	**1552201**	**343031**	**541296**	**432287**
总计中：国有控股企业	349508	304981	271542	62875	68404	82022
一、按企业规模分						
大型企业	731404	668150	632432	123994	203818	189662
中型企业	677162	651537	615020	151406	226170	162048
小型企业	362719	350251	304749	67631	111307	80577
二、按登记注册类型分						
内资企业	672364	627990	562584	121980	179406	168250
国有企业	95113	79097	61996	7665	6489	14518
集体企业	2789	2789	2784	1013	946	584
股份合作企业	5228	4812	4709	1769	1569	852
联营企业	2096	1894	1881	357	555	960
国有联营企业	2015	1813	1800	303	549	940
集体联营企业	7	6	6	3		3
国有与集体联营企业						
其他联营企业	75	75	75	52	6	17
有限责任公司	174530	169259	158765	38073	42821	59757
国有独资公司	35542	34601	34070	10219	5061	15739
其他有限责任公司	138988	134659	124695	27854	37760	44018
股份有限公司	153292	138674	123176	27209	45907	34736
私营企业	238567	230719	208529	45430	80890	56798
私营独资企业	1555	1541	1467	318	261	492
私营合作企业	7184	7095	6854	520	5396	851
私营有限责任公司	223259	215556	193688	41932	72335	54636
私营股份有限公司	6569	6527	6520	2660	2899	821
其他企业	748	746	746	463	231	46
港、澳、台商投资企业	546572	521877	499168	105389	192217	139248
合资经营企业(港或澳、台资)	175731	165256	159063	50632	40041	41454
合作经营企业(港或澳、台资)	3646	3546	3546	2188	944	210
港澳台商独资经营企业	339825	326016	310042	50229	137460	91666
港澳台商投资股份有限公司	27369	27058	26517	2339	13773	5918
外商投资企业	552348	520071	490449	115662	169673	124789
中外合资经营企业	259091	240720	238288	43661	93839	70783
中外合作经营企业	559	530	523	158	202	142
外资企业	280288	267372	241254	67810	73209	51302
外商投资股份有限公司	12411	11448	10384	4033	2422	2562
三、按工业行业大类分						
采矿业	16725	14212	13529	1693	3069	7847
煤炭开采和洗选业	2306	2218	2200	548	576	1030
石油和天然气开采业						
黑色金属矿采选业	11680	9850	9265	764	1708	6032
有色金属矿采选业	1787	1387	1387	219	464	619
非金属矿采选业	953	758	677	162	321	167
其他采矿业						
制造业	1674652	1590712	1490550	335954	537392	414847
农副食品加工业	54572	51630	49374	7606	20206	15681
食品制造业	42933	41490	34830	5443	13762	13099
饮料制造业	37699	36581	36303	5504	9371	19873

科技活动经费支出情况

单位：万元

其他	#科研基建支出	#固定资产购建	设备购置	#新产品开发经费支出	外部经费支出	#对研究院所及高等学校支出	#对其他企业支出
235588	**117736**	**550023**	**476778**	**1177701**	**101347**	**33150**	**63879**
58241	33438	115460	104459	142978	44528	19483	24292
114957	35718	225380	212349	432251	63254	16107	46088
75397	36516	198564	174544	492239	25625	11426	11749
45234	45502	126079	89885	253212	12468	5617	6042
92948	65406	233655	202049	376318	44375	21749	19994
33325	17100	31618	31212	14258	16017	4042	11938
242	6	589	587	2710			
520	103	955	955	3450	416	201	8
9	13	973	973	92	203	50	152
8	13	953	953	11	202	50	152
1		3	3	6	1		
		17	17	75			
18114	10494	70251	62114	106809	5270	3500	960
3051	531	16270	15744	4845	941	841	101
15063	9964	53981	46371	101964	4329	2659	859
15323	15499	50235	40589	75341	14618	10072	4481
25410	22190	78989	65573	172912	7848	3882	2456
397	74	566	560	711	14	4	1
88	241	1091	977	1197	89	18	11
24785	21868	76504	63215	165589	7704	3856	2407
141	7	828	823	5416	42	5	37
6		46	46	746	3	3	
62314	22709	161957	145821	431901	24694	3274	20388
26936	6193	47648	42240	137844	10475	1358	9116
204		210	210	2033	100	23	73
30687	15974	107640	97270	268146	13809	1878	10903
4488	542	6459	6101	23878	311	15	296
80325	29622	154411	128908	369483	32278	8127	23497
30004	2433	73216	71708	159691	18370	6354	11558
21	8	150	150	523	29	29	
48933	26118	77420	53699	202950	12915	1218	11502
1367	1063	3625	3352	6318	963	526	437
919	683	8531	8246	4698	2514	2412	100
46	18	1048	1040	55	88	88	
762	585	6616	6340	3820	1830	1748	82
85		619	619	345	400	400	
27	81	247	247	478	195	176	18
202357	100162	515009	442251	1172052	83939	27763	51860
5880	2256	17938	16604	38408	2942	788	1568
2528	6659	19758	14291	28281	1443	1162	235
1554	279	20152	19933	24411	1117	159	957

4-4 续表

项目	科技活动经费支出总额	内部经费支出	#经常费支出	劳务费	原材料费	购买和自制设备支出
烟草制品业	6144	5442	5432	2154	346	1920
纺织业	50867	49096	48329	11925	21576	9695
纺织服装、鞋、帽制造业	17592	17557	17094	3243	3874	7186
皮革、毛皮、羽毛(绒)及其制品业	41288	32961	32615	12059	12780	4575
木材加工及木、竹、藤、棕、草制品业	9146	8473	6410	1392	2108	2472
家具制造业	4759	4689	4182	884	2232	488
造纸及纸制品业	28192	26258	21142	3871	6913	6805
印刷业和记录媒介的复制	5723	5723	5696	1131	3169	1194
文教体育用品制造业	10577	10577	10577	3471	2598	1620
石油加工、炼焦及核燃料加工业	3014	2981	2490	116	1046	935
化学原料及化学制品制造业	68403	67005	63709	17512	17722	23303
医药制造业	32327	29879	27655	6600	10565	7552
化学纤维制造业	34557	34013	28792	2327	16288	7238
橡胶制品业	90720	88841	86047	6619	51238	19902
塑料制品业	40059	39297	37091	7187	13592	10563
非金属矿物制品业	51134	45900	41556	9256	13524	13022
黑色金属冶炼及压延加工业	79553	78822	78194	9539	11105	54194
有色金属冶炼及压延加工业	87585	84526	75946	13631	26371	25190
金属制品业	24466	24266	24062	7010	7739	6003
通用设备制造业	43294	42564	41265	9929	16240	13276
专用设备制造业	110813	103160	77677	18666	33230	17284
交通运输设备制造业	99131	85587	81830	30260	28389	14140
电气机械及器材制造业	160932	152666	145965	30853	57698	33182
通信设备、计算机及其他电子设备制造业	399085	381269	368367	93510	122628	76565
仪器仪表及文化、办公用机械制造业	26622	26318	26268	9306	6985	6478
工艺品及其他制造业	13468	13144	11652	4954	4100	1415
废弃资源和废旧材料回收加工业						
电力、燃气及水的生产和供应业	79907	65013	48122	5383	835	9593
电力、热力的生产和供应业	78920	64026	47338	4983	818	9498
燃气生产和供应业	33	33	33	20		6
水的生产和供应业	955	955	752	380	17	89
四、按隶属关系分						
中央	89882	74103	57415	6727	5911	11570
省	120951	103741	99241	30731	20288	33816
设区市	172791	160759	152137	42452	50682	36873
县(区、市)	81455	76440	73419	14616	23879	19763
其他	1306206	1254894	1169990	248506	440536	330265
五、按地区分						
福州市	473944	440657	408432	81296	163080	99142
厦门市	552072	523987	483149	137863	142818	103207
莆田市	124234	122560	115529	14431	62501	26578
三明市	65274	62409	58822	13101	13121	27374
泉州市	268994	251043	236469	51532	72146	90435
漳州市	112766	109249	104829	20875	38870	28606
南平市	76027	71957	63475	10544	23312	26462
龙岩市	78904	69720	64643	10197	19722	26343
宁德市	19069	18357	16853	3192	5728	4140

单位：万元

其他	#科研基建支出	#固定资产购建	设备购置	#新产品开发经费支出	外部经费支出	#对研究院所及高等学校支出	#对其他企业支出
1012	11	1930	1930	902	702	702	
5134	767	10461	10088	42373	1771	1220	551
2793	463	7648	7497	11767	35	15	
3201	345	4920	4919	28812	8328	370	7958
438	2063	4535	2553	3951	673	437	236
578	507	996	551	1603	70	55	15
3553	5116	11921	8931	14677	1934	652	1268
202	27	1221	1212	3686			
2888		1620	1620	10457			
394	491	1426	1413	2222	32	11	21
5172	3296	26599	24367	47479	1398	1085	150
2939	2223	9775	8061	23813	2448	1736	512
2940	5221	12459	10651	28426	544	20	
8288	2794	22696	21784	31711	1879		1879
5749	2206	12769	10885	27027	762	344	317
5755	4344	17366	15230	31918	5233	701	3997
3356	627	54822	54247	44025	732	630	58
10754	8579	33769	27377	46323	3060	3028	
3310	204	6207	6133	22600	200	9	
1821	1298	14574	14089	29849	731	460	72
8498	25483	42767	19221	63453	7653	3523	3594
9041	3756	17896	15042	58752	13545	7457	5428
24232	6701	39883	34111	125744	8266	1501	6734
75665	12902	89466	80745	346112	17816	1416	16000
3499	50	6528	6518	23765	304	206	68
1184	1492	2907	2248	9506	324	77	243
32311	16891	26484	26281	951	14894	2975	11919
32039	16688	26186	26186	951	14894	2975	11919
7		6	6				
265	203	292	89				
33207	16688	28258	28257	8119	15779	4055	11693
14407	4500	38316	34903	54029	17209	8727	7953
22131	8622	45494	38716	127780	12032	5764	6077
15161	3022	22785	21053	55423	5014	3617	1343
150683	84905	415170	353848	932349	51312	10987	36812
64915	32225	131367	121595	328358	33288	12918	19487
99262	40838	144045	106959	395143	28085	4418	23667
12020	7030	33608	28596	51777	1675	1003	86
5226	3587	30961	29501	20556	2865	2100	753
22356	14574	105009	98021	194859	17951	4110	12216
16477	4420	33027	29959	94988	3517	974	1811
3158	8482	34943	29390	45416	4070	672	3306
8381	5077	31420	28490	31175	9185	6310	2488
3794	1504	5643	4267	15430	712	646	66

4-5 规模以上工业企业研究

项　　目	R&D人员折合全时当量(人年)	#科学家和工程师	#全时人员	按活动类型分			R&D经费内部支出
				基础研究	应用研究	试验发展	
总　　计	**41799**	**32945**	**37927**		**46**	**41753**	**838320**
总计中：国有控股企业	6908	5633	5886		25	6883	148027
一、按企业规模分							
大型企业	12781	10156	11514		25	12756	245750
中型企业	19418	15027	17810		21	19398	401441
小型企业	9599	7762	8603			9599	191130
二、按登记注册类型分							
内资企业	16840	13239	14685		25	16815	337448
国有企业	891	772	670			891	25648
集体企业	178	72	150			178	2321
股份合作企业	170	161	165			170	3993
联营企业	74	71	63			74	675
国有联营企业	58	58	47			58	594
集体联营企业	1					1	6
国有与集体联营企业							
其他联营企业	15	12	15			15	75
有限责任公司	4635	3783	3950		25	4610	100747
国有独资公司	859	712	560			859	12116
其他有限责任公司	3776	3070	3390		25	3751	88631
股份有限公司	4122	3155	3644			4122	74690
私营企业	6733	5187	6005			6733	128755
私营独资企业	37	29	32			37	608
私营合作企业	59	59	45			59	896
私营有限责任公司	6414	4891	5711			6414	122777
私营股份有限公司	223	207	217			223	4475
其他企业	38	38	38			38	620
港、澳、台商投资企业	12694	9823	11694			12694	274245
合资经营企业(港或澳、台资)	5363	4258	5086			5363	105858
合作经营企业(港或澳、台资)	59	48	31			59	2283
港澳台商独资经营企业	6828	5083	6147			6828	146981
港澳台商投资股份有限公司	444	434	430			444	19123
外商投资企业	12265	9883	11548		21	12244	226627
中外合资经营企业	5149	4286	4841		21	5128	92455
中外合作经营企业	49	49	48			49	135
外资企业	6687	5213	6299			6687	127137
外商投资股份有限公司	380	335	360			380	6901
三、按工业行业大类分							
采矿业	113	98	82			113	4991
煤炭开采和洗选业	30	25	14			30	570
石油和天然气开采业							
黑色金属矿采选业	32	32	22			32	3782
有色金属矿采选业	38	29	38			38	50
非金属矿采选业	13	11	8			13	589
其他采矿业							
制造业	41141	32331	37451		46	41095	819724
农副食品加工业	704	575	619			704	28591
食品制造业	608	479	540			608	23954

与试验发展(R&D)活动情况

单位：万元

经常费支出		按活动类型分			R&D科研基建支出	固定资产购建支出		R&D经费外部支出
	人员劳务费	基础研究	应用研究	试验发展			设备购置	
833250	**206221**		**2345**	**830905**	**5070**	**230633**	**227811**	**57223**
146677	37560		1160	145517	1350	45712	45113	21939
244153	57405		1160	242993	1596	80070	79224	34131
399582	103623		1183	398399	1858	101409	100414	15059
189515	45193		2	189513	1616	49154	48173	8033
334226	77417		1162	333065	3222	101430	99792	19002
25243	4102			25243	405	7614	7593	4064
2321	684			2321		524	524	
3983	1471			3983	10	757	757	306
674	243			674	0	345	345	72
593	189			593	0	325	325	72
6	3			6		3	3	1
75	52			75		17	17	
100153	24176		1161	98992	594	37320	36869	3050
12101	4038			12101	15	4531	4516	404
88052	20139		1161	86891	579	32789	32353	2646
73780	18340			73780	910	18567	18034	7196
127452	28032		1	127452	1302	36284	35650	4314
608	167			608		200	200	1
875	154			875	21	28	17	68
121496	25922		1	121495	1281	35686	35064	4206
4474	1790			4474	1	370	369	39
620	368			620		20	20	
272985	58999			272985	1261	80106	79218	18613
105687	28390			105687	171	30825	30682	6824
2283	1415			2283		134	134	64
145913	27544			145913	1068	44774	44044	11428
19102	1649			19102	22	4373	4358	298
226039	69806		1183	224856	588	49097	48801	19607
92362	28995		1183	91179	93	20679	20621	12394
134	67			134	1	18	18	
126749	38601			126749	388	26084	25872	6343
6794	2143			6794	106	2317	2290	869
4959	570			4959	32	2855	2844	974
570	147			570	0	180	179	14
3758	259			3758	24	2505	2494	728
50	20			50		19	19	51
582	143			582	8	152	152	182
815069	203077		2345	812724	4655	224482	221671	52812
28455	4139			28455	137	8400	8335	830
23675	3519			23675	279	9402	9179	1107

4-5 续表

项　　目	R&D人员折合全时当量(人年)	#科学家和工程师	#全时人员	按活动类型分 基础研究	应用研究	试验发展	R&D经费内部支出
饮料制造业	862	678	727			862	18344
烟草制品业	72	62	51			72	2304
纺织业	1772	1063	1563			1772	36945
纺织服装、鞋、帽制造业	241	172	212			241	10062
皮革、毛皮、羽毛(绒)及其制品业	1854	1244	1718			1854	21354
木材加工及木、竹、藤、棕、草制品业	364	233	326			364	3974
家具制造业	234	217	202			234	3770
造纸及纸制品业	606	472	468			606	16446
印刷业和记录媒介的复制	172	148	126			172	914
文教体育用品制造业	548	289	542			548	6420
石油加工、炼焦及核燃料加工业	51	28	51			51	2515
化学原料及化学制品制造业	780	657	701			780	42052
医药制造业	1407	1151	1340			1407	21503
化学纤维制造业	222	193	218			222	17854
橡胶制品业	435	224	411			435	13304
塑料制品业	1001	872	960			1001	20838
非金属矿物制品业	1725	1470	1647			1725	28467
黑色金属冶炼及压延加工业	782	437	505		9	773	20887
有色金属冶炼及压延加工业	1321	923	1233		25	1296	39142
金属制品业	2528	2036	2424			2528	20816
通用设备制造业	1326	1065	1099			1326	24747
专用设备制造业	2213	1915	1847			2213	55991
交通运输设备制造业	2328	1958	2142			2328	46508
电气机械及器材制造业	3587	2765	3224		12	3575	88210
通信设备、计算机及其他电子设备制造业	11235	9217	10538			11235	178046
仪器仪表及文化、办公用机械制造业	1506	1272	1416			1506	16345
工艺品及其他制造业	658	516	601			658	9423
废弃资源和废旧材料回收加工业							
电力、燃气及水的生产和供应业	545	517	394			545	13606
电力、热力的生产和供应业	508	480	359			508	13408
燃气生产和供应业	4	4	2			4	33
水的生产和供应业	33	33	33			33	165
四、按隶属关系分							
中央	573	533	423			573	21575
省	4128	3534	3672			4128	59807
设区市	4796	3910	4334			4796	90041
县(区、市)	2772	2065	2669			2772	51391
其他	29529	22903	26829		46	29483	615507
五、按地区分							
福州市	14711	12577	13736			14711	271155
厦门市	11180	8465	10274			11180	214839
莆田市	1001	729	826			1001	31477
三明市	1604	1142	1208			1604	26399
泉州市	7033	5263	6296			7033	127873
漳州市	3081	2250	2902			3081	81489
南平市	1561	1173	1335		37	1524	45026
龙岩市	1155	1032	925			1155	28184
宁德市	474	314	425		9	465	11879

单位：万元

经常费支出	人员劳务费	按活动类型分 基础研究	应用研究	试验发展	R&D科研基建支出	固定资产购建支出	设备购置	R&D经费外部支出
18344	2330			18344		11086	11086	884
2303	960			2303	0	758	758	232
36903	9026			36903	42	6014	5990	1077
10016	2106			10016	46	3294	3279	35
21333	6116			21333	21	4173	4173	7832
3874	1014			3874	100	1397	1302	538
3733	823			3733	37	499	464	61
16192	2933			16192	254	5129	5067	1462
913	530			913	0	116	116	
6420	2286			6420		477	477	
2487	114			2487	28	963	962	32
41921	13911			41921	131	13219	13132	457
21332	4961			21332	171	5795	5659	2004
17645	918			17645	209	3617	3593	543
13107	1546			13107	197	4334	4325	475
20758	4355			20758	80	5829	5772	741
28174	6977			28174	292	7506	7355	1942
20869	3237		300	20569	18	8195	8178	201
38733	7079		1160	37573	410	16972	16635	1279
20807	6104			20807	9	5264	5260	160
24663	7055			24663	84	9040	9016	370
55492	14821			55492	499	10570	10219	4606
46234	15617			46234	274	9116	8889	13279
87837	19506		885	86952	373	25148	24843	6369
177217	51496			177217	829	42433	41937	5879
16342	5609			16342	3	4551	4550	153
9292	3990			9292	131	1188	1123	262
13222	2574			13222	384	3296	3296	3437
13024	2426			13024	384	3273	3273	3437
33	20			33		6	6	
165	128			165		17	17	
21191	3489			21191	384	4685	4685	4055
59727	20845			59727	80	16087	16017	13377
89379	28383			89379	662	25474	24955	6524
51240	10396			51240	151	12844	12769	3053
611715	143109		2345	609370	3793	171543	169385	30214
269667	68988			269666	1488	61669	61066	21727
213935	63549			213935	904	57070	56330	11360
31137	5474			31137	340	10571	10369	653
26119	5432			26119	280	10159	10084	1375
126932	32521			126931	941	32629	32145	14212
81223	15536		1	81222	266	24422	24238	3041
44439	8056		2043	42396	587	20275	19943	745
27993	4753			27993	190	11197	11063	3556
11805	1913		300	11505	74	2640	2574	554

4-6 规模以上工业企业办科技机构情况

单位：万元

项　　目	企业办科技机构数合计(个)	科技活动人员(人)			机构科技经费内部支出	仪器设备
			#博士毕业	#硕士毕业		
总　　计	**840**	**42839**	**640**	**2360**	**909365**	**718716**
总计中：国有控股企业	77	6273	81	685	148011	128362
一、按企业规模分						
大型企业	74	15665	113	878	432242	274102
中型企业	358	19327	325	984	347026	332055
小型企业	408	7847	202	498	130097	112559
二、按登记注册类型分						
内资企业	442	16696	286	1152	272840	228826
国有企业	21	843	11	89	11478	3384
集体企业	3	139			2320	813
股份合作企业	8	300	6	7	4073	1440
联营企业						
国有联营企业						
集体联营企业						
国有与集体联营企业						
其他联营企业						
有限责任公司	110	4140	80	325	76613	80083
国有独资公司	5	518	1	79	7658	7609
其他有限责任公司	105	3622	79	246	68955	72474
股份有限公司	58	3913	66	370	87568	76648
私营企业	242	7361	123	361	90788	66458
私营独资企业	2	15		3	115	162
私营合伙企业	4	92	2	4	1121	516
私营有限责任公司	227	6930	118	336	84679	64837
私营股份有限公司	9	324	3	18	4873	943
其他企业						
港、澳、台商投资企业	234	15786	206	464	332989	301003
合资经营企业(港或澳、台资)	79	5871	111	183	95148	129239
合作经营企业(港或澳、台资)	1	334	2	3	2712	2100
港、澳、台商独资经营企业	149	9281	75	252	224009	152660
港、澳、台商投资股份有限公司	5	300	18	26	11120	17005
外商投资企业	164	10357	148	744	303536	188887
中外合资经营企业	55	4973	53	522	145770	88164
中外合作经营企业	2	51	3	18	483	113
外资企业	101	4890	87	184	150924	95844
外商投资股份有限公司	6	443	5	20	6359	4767
三、按工业行业大类分						
采矿业	4	194		23	6205	4142
煤炭开采和洗选业	1	8			11	367
石油和天然气开采业						
黑色金属矿采选业	2	174		23	6023	3700
有色金属矿采选业			1			
非金属矿采选业	1	12	2		172	75
其他采矿业			3			
制造业	826	42253	4	2283	900014	707294
农副食品加工业	28	912	5	58	20252	11897
食品制造业	30	727	6	50	19762	12662
饮料制造业	18	1285	7	50	24820	24961

4-6 续表　　单位：万元

项　　目	企业办科技机构数合计(个)	科技活动人员(人)	#博士毕业	#硕士毕业	机构科技经费内部支出	仪器设备
烟草制品业	1	57		8	2	89
纺织业	33	1441	9	31	28905	19472
纺织服装、鞋、帽制造业	20	392	8	8	16314	7526
皮革、毛皮、羽毛(绒)及其制品业	42	2916	15	50	28912	13265
木材加工及木、竹、藤、棕、草制品业	10	303	10	43	2600	3198
家具制造业	11	252	14	30	3992	5456
造纸及纸制品业	13	584	5	28	7936	10384
印刷业和记录媒介的复制	8	291			2185	14330
文教体育用品制造业	7	275		2	3045	5613
石油加工、炼焦及核燃料加工业	3	44	3	2	2222	100
化学原料及化学制品制造业	54	967	30	55	42185	20144
医药制造业	34	1159	39	140	14641	11394
化学纤维制造业	7	299	9	3	14167	55042
橡胶制品业	12	705	8	28	63742	31297
塑料制品业	29	785	6	57	17287	18743
非金属矿物制品业	46	1884	38	76	21443	38628
黑色金属冶炼及压延加工业	7	889	7	86	10763	17915
有色金属冶炼及压延加工业	15	1642	52	238	50990	33948
金属制品业	16	1098	3	23	14142	7356
通用设备制造业	40	1158	19	57	17087	17515
专用设备制造业	70	1992	23	129	41597	28738
交通运输设备制造业	43	2074	8	57	48894	46002
电气机械及器材制造业	62	3605	77	124	83997	58445
通信设备、计算机及其他电子设备制造业	120	12235	137	716	272146	161518
仪器仪表及文化、办公用机械制造业	29	1282	19	86	16126	24622
工艺品及其他制造业	18	1000	10	48	9860	7039
废弃资源和废旧材料回收加工业						
电力、燃气及水的生产和供应业	10	392	7	54	3145	7280
电力、热力的生产和供应业	8	366	7	52	3048	7214
燃气生产和供应业	1	6			33	6
水的生产和供应业	1	20		2	65	60
四、按隶属关系分						
中央	5	437	11	81	8236	2008
省	30	3466	25	377	44001	48214
设区市	60	4734	36	219	99198	133592
县(区、市)	41	2962	124	258	50684	56590
其他	704	31240	444	1425	707246	478311
五、按地区分						
福州市	143	10821	176	717	222531	101613
厦门市	144	10606	161	624	261525	229145
莆田市	44	2780	43	105	105977	70096
三明市	41	1325	27	139	16447	22170
泉州市	267	9555	110	307	142300	161433
漳州市	80	3796	43	139	72544	47020
南平市	48	1584	29	83	42758	28945
龙岩市	52	2005	38	229	39031	53785
宁德市	21	367	13	17	6254	4511

4-7 规模以上工业企业新产品产出和专利情况

单位：万元

项　　目	新产品产值	新产品销售收入	出口	专利申请数(件)	发明专利	拥有发明专利数(件)
总　　计	**17776860**	**17465101**	**8808285**	**3249**	**901**	**1651**
总计中：国有控股企业	2508877	2490858	563281	314	104	135
一、按企业规模分						
大型企业	9711889	9778520	6538204	811	220	198
中型企业	6189671	5929465	1980901	1449	347	581
小型企业	1875299	1757116	289180	989	334	872
二、按登记注册类型分						
内资企业	4658116	4407392	951925	1421	408	792
国有企业	321741	277296	136504	107	26	13
集体企业	1704	1688	1000	25	12	13
股份合作企业	42923	40550	304	7	6	10
联营企业	16770	16739				
国有联营企业						
集体联营企业	15743	15743				
国有与集体联营企业						
其他联营企业	1027	996				
有限责任公司	1018912	934375	194782	263	81	140
国有独资公司	179730	180002	102	24	3	1
其他有限责任公司	839181	754373	194680	239	78	139
股份有限公司	1289121	1311335	192377	144	66	107
私营企业	1940927	1813141	426959	872	217	509
私营独资企业	21914	24096		2	2	1
私营合伙企业	4318	4170		16	8	
私营有限责任公司	1819831	1711747	423638	847	207	501
私营股份有限公司	94863	73128	3321	7		7
其他企业	26019	12268		3		
港、澳、台商投资企业	7534945	7442225	4784128	1127	281	560
合资经营企业(港或澳、台资)	2065533	1938863	960603	619	171	321
合作经营企业(港或澳、台资)	52139	50193	6330	13	12	3
港、澳、台商独资经营企业	5123914	5058711	3687634	479	86	227
港、澳、台商投资股份有限公司	293360	394458	129560	16	12	9
外商投资企业	5583799	5615485	3072232	701	212	299
中外合资经营企业	2057694	2119320	500519	304	93	114
中外合作经营企业	32665	30906	19399	4		
外资企业	3415352	3390998	2533808	363	116	123
外商投资股份有限公司	78088	74260	18507	30	3	62
三、按工业行业大类分						
采矿业	40610	41073				
煤炭开采和洗选业						
石油和天然气开采业						
黑色金属矿采选业	3700	4174				
有色金属矿采选业	4200	4200				
非金属矿采选业	32710	32699				
其他采矿业						
制造业	17727523	17416625	8808285	3188	884	1646
农副食品加工业	292959	258732	56773	77	38	27
食品制造业	303346	297366	34625	62	19	44
饮料制造业	262665	254064	9936	99	6	29

4-7 续表　　　　单位：万元

项　　目	新产品产值	新产品销售收入	出口	专利申请数(件)	发明专利	拥有发明专利数(件)
烟草制品业	14894	13864		15	6	3
纺织业	425242	383498	95784	28	13	9
纺织服装、鞋、帽制造业	334076	307159	32685	15	2	1
皮革、毛皮、羽毛(绒)及其制品业	484930	439586	83333	106	8	29
木材加工及木、竹、藤、棕、草制品业	88230	87208	25821	28	8	23
家具制造业	76339	76233	63710	20	3	13
造纸及纸制品业	69757	78717	431	76	21	14
印刷业和记录媒介的复制	27983	25433				1
文教体育用品制造业	71169	69629	23135	36	1	75
石油加工、炼焦及核燃料加工业	79785	84846				3
化学原料及化学制品制造业	221079	238338	30499	63	27	32
医药制造业	252901	243668	58947	78	48	58
化学纤维制造业	522053	503408	10000	7	7	16
橡胶制品业	282289	297027	54835	26	4	7
塑料制品业	414515	355699	77722	113	46	74
非金属矿物制品业	538601	557771	176725	75	30	37
黑色金属冶炼及压延加工业	255426	251742	12252	32	11	8
有色金属冶炼及压延加工业	587568	608861	69600	88	40	18
金属制品业	295766	274192	214631	213	31	28
通用设备制造业	345369	332037	87561	106	16	67
专用设备制造业	643670	659443	81985	197	79	197
交通运输设备制造业	1572702	1432969	507234	107	18	61
电气机械及器材制造业	1089527	1063533	542372	546	147	191
通信设备、计算机及其他电子设备制造业	7884751	7942729	6340763	596	156	256
仪器仪表及文化、办公用机械制造业	172536	162018	78254	299	75	237
工艺品及其他制造业	117396	116856	38671	80	24	88
废弃资源和废旧材料回收加工业						
电力、燃气及水的生产和供应业	8727	7403		61	17	5
电力、热力的生产和供应业	8727	7403		61	17	5
燃气生产和供应业						
水的生产和供应业						
四、按隶属关系分						
中央	137615	136585	13197	86	29	10
省	1437824	1435404	275310	173	69	33
设区市	1671217	1698498	565615	185	66	96
县(区、市)	1178824	1186929	598973	158	42	71
其他	13351380	13007685	7355190	2647	695	1441
五、按地区分						
福州市	6522738	6371880	3981112	887	269	387
厦门市	5652216	5744823	3502336	900	260	373
莆田市	363586	347660	82105	130	38	33
三明市	384569	369789	10279	71	19	31
泉州市	2353737	2252958	315668	557	108	250
漳州市	1308768	1227574	740727	469	126	219
南平市	390590	369451	68453	89	27	204
龙岩市	611926	618785	53727	106	42	108
宁德市	188732	162181	53878	40	12	46

4-8 规模以上工业

项　　目	科技项目数(项)	#新产品开发项目数	#R&D项目数	参加项目人员合计(人)
总　　计	**4026**	**3066**	**2614**	**61126**
总计中：国有控股企业	706	395	494	10303
一、按企业规模分				
大型企业	636	382	422	15711
中型企业	1719	1299	1148	29465
小型企业	1671	1385	1044	15950
二、按登记注册类型分				
内资企业	2202	1617	1447	28040
国有企业	148	61	103	2363
集体企业	10	9	5	184
股份合作企业	42	37	35	197
联营企业	17	4	15	122
国有联营企业	15	2	13	107
集体联营企业				
国有与集体联营企业				
其他联营企业	2	2	2	15
有限责任公司	579	398	388	7136
国有独资公司	80	10	51	1755
其他有限责任公司	499	388	337	5381
股份有限公司	366	256	256	5834
私营企业	1038	850	644	12140
私营独资企业	12	8	5	137
私营合伙企业	7	5	3	96
私营有限责任公司	996	818	622	11443
私营股份有限公司	23	19	14	464
其他企业	2	2	1	64
港、澳、台商投资企业	937	756	515	18659
合资经营企业(港或澳、台资)	356	292	208	6645
合作经营企业(港或澳、台资)	38	16	18	282
港、澳、台商独资经营企业	524	435	278	11178
港、澳、台商投资股份有限公司	19	13	11	554
外商投资企业	887	693	652	14427
中外合资经营企业	393	292	297	5537
中外合作经营企业	4	4	2	65
外资企业	476	387	344	8296
外商投资股份有限公司	14	10	9	529

企业科技项目情况

科学家和工程师	高中级技术职称人员	参加项目人员实际工作时间（人年）	项目经费内部支出（万元）	#R&D项目支出	#新产品项目支出
46047	**20467**	**55005**	**1316639**	**773707**	**1062029**
8284	5236	7893	214761	137048	128379
11810	5639	13495	482991	220954	378999
21811	9235	27582	557743	373812	451440
12426	5593	13928	275905	178942	231590
21350	11051	23015	473353	313772	336564
2119	1781	1223	29901	23897	13338
75	21	140	1721	1320	1708
158	92	200	3300	3106	3074
119	91	83	1710	668	79
107	79	66	1635	593	4
12	12	17	75	75	75
5297	2548	5862	145338	95554	96943
1186	609	1011	29592	10686	4699
4111	1939	4851	115746	84868	92243
4515	2323	5282	107212	69444	67445
9003	4173	10175	183527	119164	153332
93	55	86	1351	571	604
71	41	47	1989	862	1092
8428	3953	9650	176047	115605	148861
411	124	392	4140	2126	2775
64	22	51	645	620	645
13296	4825	17803	465830	251733	396644
5062	1794	6674	139949	92797	121242
139	63	59	2755	1703	1341
7564	2818	10447	296996	138260	250951
531	150	623	26130	18972	23110
11401	4591	14187	377456	208203	328822
4519	1518	5385	175165	82283	149140
61	42	60	516	127	516
6419	2762	8175	192617	119244	172998
402	269	567	9158	6548	6168

4-8 续表 1

项　　目	科技项目数（项）	#新产品开发项目数	#R&D项目数	参加项目人员合计（人）
三、按工业行业大类分				
采矿业	51	8	23	799
煤炭开采和洗选业	25	2	9	589
石油和天然气开采业				
黑色金属矿采选业	11		5	93
有色金属矿采选业	5	3	1	89
非金属矿采选业	10	3	8	28
其他采矿业				
制造业	3868	3053	2519	58540
农副食品加工业	134	95	85	1466
食品制造业	86	70	51	1077
饮料制造业	79	48	53	1081
烟草制品业	47	11	16	240
纺织业	153	118	107	2950
纺织服装、鞋、帽制造业	38	30	30	324
皮革、毛皮、羽毛(绒)及其制品业	88	71	54	2478
木材加工及木、竹、藤、棕、草制品业	47	28	30	699
家具制造业	38	17	29	306
造纸及纸制品业	80	56	62	991
印刷业和记录媒介的复制	20	12	13	331
文教体育用品制造业	38	37	15	744
石油加工、炼焦及核燃料加工业	4	3	4	46
化学原料及化学制品制造业	186	148	80	1664
医药制造业	206	192	167	1772
化学纤维制造业	35	34	12	682
橡胶制品业	39	28	24	1210
塑料制品业	105	85	52	1872
非金属矿物制品业	123	82	78	2404
黑色金属冶炼及压延加工业	53	18	31	1428
有色金属冶炼及压延加工业	146	81	90	2042
金属制品业	93	78	65	1772
通用设备制造业	180	149	126	2366
专用设备制造业	333	283	244	3157
交通运输设备制造业	221	184	140	4054
电气机械及器材制造业	468	363	300	5459
通信设备、计算机及其他电子设备制造业	580	530	381	12766
仪器仪表及文化、办公用机械制造业	185	163	136	2407
工艺品及其他制造业	63	39	44	752
废弃资源和废旧材料回收加工业				
电力、燃气及水的生产和供应业	107	5	72	1787
电力、热力的生产和供应业	90	5	66	1644
燃气生产和供应业	1		1	6
水的生产和供应业	16		5	137

科学家和工程师	高中级技术职称人员	参加项目人员实际工作时间（人年）	项目经费内部支出（万元）	#R&D项目支出	#新产品项目支出
412	275	352	8781	2974	817
214	134	203	1963	570	43
93	49	57	4894	1851	
80	79	75	1387	50	345
25	13	17	537	504	429
43882	18758	53896	1289645	757563	1060870
1155	504	1197	46840	27834	35311
888	449	911	29183	21406	23153
826	329	902	20267	16827	14988
220	127	145	3928	1628	902
1652	744	2613	45426	35607	40338
232	100	272	14147	9717	11310
1525	528	2273	28119	18550	25104
365	245	528	5035	3807	3053
288	116	258	4172	3730	1603
756	287	740	19737	16091	13286
246	158	248	5608	841	3511
379	53	819	10523	6400	10404
25	15	51	2482	2482	2221
1327	627	1417	60570	41021	45699
1460	652	1848	25821	20725	21930
559	146	678	24893	13976	24757
589	312	1305	31236	8890	25954
1192	530	1834	34438	20058	24468
1832	711	2189	37538	26039	28055
912	447	951	73687	19646	43711
1608	935	2131	67575	37665	41218
1355	720	1628	22750	19691	18805
1930	1105	1856	33133	23293	26929
2635	1377	2539	65060	49620	55670
3387	1643	4062	76662	43656	54988
3820	1816	4769	129463	77224	115464
10110	3026	12932	337316	167321	317937
2011	774	2094	24762	16071	22543
598	282	708	9275	7749	7558
1753	1434	757	18213	13170	342
1610	1328	647	17429	12972	342
6	6	4	33	33	
137	100	106	752	165	

4-8 续表 2

项　　目	科技项目数(项)	#新产品开发项目数	#R&D项目数	参加项目人员合计(人)
四、按隶属关系分				
中央	101	23	62	1732
省	242	154	188	5231
设区市	400	314	291	5447
县(区、市)	201	140	137	3591
其他	3082	2435	1936	45125
五、按项目来源分				
国家科技项目	133	98	79	2242
地方科技项目	435	354	304	5779
其他企业委托科技项目	133	115	98	1636
本企业自选科技项目	3071	2310	2002	46738
来自国外的科技项目	103	89	58	2351
其他科技项目	151	100	73	2380
六、按项目合作形式分				
与境外机构合作	103	91	65	1714
与国内高校合作	288	199	201	3999
与国内独立研究院所合作	203	152	143	3443
与境内注册的外商独资企业合作	92	80	62	795
与境内注册的其他企业合作	187	110	130	2054
以本企业所办科技机构为主完成	1314	1054	932	19847
由本企业有关部门组成联合攻关小组协作完成	1672	1272	997	27150
其他	167	108	84	2124
七、按项目活动类型分				
基础研究				
应用研究	6	4	6	44
试验发展	2608	2067	2608	39491
研究与试验发展成果应用	1412	995		21591
八、按项目技术经济目标分				
开发全新产品	1915	1915	1350	28360
增加已有产品的功能	376	376	243	4990
提高产品性能	775	775	478	12961
提高劳动生产率	342		207	5019
减少能源消耗	171		93	2714
节约原材料	99		61	1670
减少环境污染	127		76	1722
其他	221		106	3690
九、按地区分				
福州市	924	746	809	17008
厦门市	1110	868	596	18734
莆田市	149	111	95	1872
三明市	214	125	134	3156
泉州市	723	575	443	11224
漳州市	278	220	170	3540
南平市	255	161	163	2559
龙岩市	306	200	157	2377
宁德市	67	60	47	656

单位：万元

科学家和工程师	高中级技术职称人员	参加项目人员实际工作时间（人年）	项目经费内部支出（万元）	#R&D项目支出	#新产品项目支出
1673	1427	783	26267	20516	8033
4150	1945	4413	88926	54551	49366
4356	2292	4922	137595	81031	116615
2689	1028	3632	64423	50191	53339
33179	13775	41256	999427	567419	834676
1795	852	2117	72788	37233	56421
4299	2118	5204	105815	74421	81617
1254	544	1405	25714	19404	22082
35416	15855	41984	1019243	587524	829677
1570	585	2298	55255	35095	42570
1713	513	1997	37824	20032	29663
1297	535	1624	58723	43061	42234
3036	1548	3328	82164	58853	67613
2369	1306	3199	86862	37662	71148
627	296	621	12000	8153	9085
1476	708	1409	37015	26206	23828
15433	7004	18389	511649	324882	468062
20203	8379	24387	486597	257134	350767
1606	691	2047	41629	17757	29293
42	33	49	2343	2343	1213
30415	13348	36609	771364	771364	655714
15590	7086	18348	542932		405102
22147	9484	26486	701323	419899	701323
3735	1640	4429	82302	54063	82302
9473	3799	12080	278404	182965	278404
4182	2365	3546	70152	45284	
2066	916	2199	56705	19915	
845	444	1558	23879	13465	
1111	534	1383	37827	14165	
2488	1285	3324	66048	23951	
14027	6014	16473	363919	261816	314146
13692	5272	17859	445236	203164	360525
1393	610	1291	42009	25629	35917
2181	1378	2261	53968	24698	20176
7812	3193	9274	206691	109728	173596
2575	1313	3585	91980	72047	84570
1925	1207	2135	56459	43554	36566
1963	1194	1547	41929	23116	23417
479	286	581	14448	9955	13115

4-9 规模以上工业企业技术改造、技术获取及减免税情况

单位：万元

项　　目	技术改造经费支出	引进国外技术经费支　出	引进技术消化吸收经费支出	购买国内技术经费支　出	享受各级政府对技术开发的减免税
总　　计	**556533**	**109377**	**24890**	**257065**	**14716**
总计中：国有控股企业	296072	24654	7619	215298	5788
一、按企业规模分					
大型企业	256736	76265	9396	35906	3384
中型企业	252368	23993	11379	218081	8613
小型企业	47430	9120	4116	3079	2720
二、按登记注册类型分					
内资企业	388991	26512	6920	17330	6208
国有企业	49274	8713	141	556	1066
集体企业	741			1	
股份合作企业	1693	150			
联营企业	6234				
国有联营企业	6234				
集体联营企业					
国有与集体联营企业					
其他联营企业					
有限责任公司	135015	10394	1415	13241	695
国有独资公司	63875	6398	73	12702	
其他有限责任公司	71140	3996	1342	539	695
股份有限公司	137261	2580	2396	1469	2794
私营企业	58773	4675	2967	2063	1652
私营独资企业	228				
私营合伙企业	159		41	64	213
私营有限责任公司	57241	4675	2927	1999	1440
私营股份有限公司	1145				
其他企业					
港、澳、台商投资企业	79358	14230	7619	206418	1726
合资经营企业(港或澳、台资)	27130	9123	1507	5519	839
合作经营企业(港或澳、台资)	2289			198000	250
港、澳、台商独资经营企业	46216	3042	4076	2464	637
港、澳、台商投资股份有限公司	3723	2065	2035	436	
外商投资企业	88184	68635	10352	33318	6782
中外合资经营企业	66162	4753	6462	1668	6040
中外合作经营企业	1060				
外资企业	14962	63882	3691	31649	522
外商投资股份有限公司	6000		200		220
三、按工业行业大类分					
采矿业	17332		26	48	400
煤炭开采和洗选业	10074		26		
石油和天然气开采业					
黑色金属矿采选业	6638			48	400
有色金属矿采选业	10				
非金属矿采选业	609				
其他采矿业					
制造业	510539	109377	24864	58878	14316
农副食品加工业	7236	35	15	301	225
食品制造业	14210	382	633	467	230
饮料制造业	8384	900		2323	

4-9 续表

单位：万元

项　　目	技术改造经费支出	引进国外技术经费支出	引进技术消化吸收经费支出	购买国内技术经费支出	享受各级政府对技术开发的减免税
烟草制品业	12679	12375	104	12022	1066
纺织业	18869	1115	949	30	436
纺织服装、鞋、帽制造业	3074	80	121	30	21
皮革、毛皮、羽毛(绒)及其制品业	1638	16	300	231	
木材加工及木、竹、藤、棕、草制品业	15975	1600	309	74	95
家具制造业	494	2	1758		
造纸及纸制品业	21209	103	96	131	
印刷业和记录媒介的复制	1246	658	50		
文教体育用品制造业	725	32	29		
石油加工、炼焦及核燃料加工业	1072			9	
化学原料及化学制品制造业	35427	148	1293	879	20
医药制造业	9665		151	808	629
化学纤维制造业	6736	800	1400	2800	
橡胶制品业	12368	1885			300
塑料制品业	7055		4	82	125
非金属矿物制品业	49965	2333	1902	941	887
黑色金属冶炼及压延加工业	95771	811	253	683	
有色金属冶炼及压延加工业	27860	4707	63	882	2434
金属制品业	483		922	5	
通用设备制造业	12985	207	409	369	1343
专用设备制造业	52849	1262	1280	811	1460
交通运输设备制造业	28485	6040	6608	1750	454
电气机械及器材制造业	24865	6951	1929	2451	2311
通信设备、计算机及其他电子设备制造业	36985	66741	4108	30695	1998
仪器仪表及文化、办公用机械制造业	764	151	142	68	13
工艺品及其他制造业	1467	42	38	37	270
废弃资源和废旧材料回收加工业					
电力、燃气及水的生产和供应业	28663			198139	
电力、热力的生产和供应业	27730			198139	
燃气生产和供应业	15				
水的生产和供应业	918				
四、按隶属关系分					
中央	56122	14295	104	12022	1066
省	128315	2817	6553	1107	31
设区市	82885	4527	2097	5313	2606
县(区、市)	36896	4198	2838	1146	902
其他	252315	83540	13299	237478	10111
五、按地区分					
福州市	94295	9980	9329	2382	1987
厦门市	96536	80333	4969	245749	5614
莆田市	4107	152	2981	417	645
三明市	145334	3311	782	2762	385
泉州市	86045	1985	3328	2633	2746
漳州市	13598	2187	256	1664	1275
南平市	77016	2576	167	332	206
龙岩市	35413	7403	1622	1006	1857
宁德市	4190	1450	1458	120	

4-10 有科技活动大中型

项 目	企业数(个)	#有科技活动	#有R&D活动	#有新产品开发	#有科技机构
总 计	**577**	**577**	**408**	**493**	**376**
总计中：国有控股企业	79	79	68	60	53
一、按企业规模分					
大型企业	69	69	51	59	56
中型企业	508	508	357	434	320
二、按登记注册类型分					
内资企业	239	239	175	198	160
国有企业	25	25	20	17	16
集体企业	1	1	1	1	1
股份合作企业	4	4	3	3	4
联营企业	2	2	2	1	
国有联营企业	2	2	2	1	
集体联营企业					
国有与集体联营企业					
其他联营企业					
有限责任公司	65	65	44	49	36
国有独资公司	9	9	7	4	4
其他有限责任公司	56	56	37	45	32
股份有限公司	37	37	33	34	34
私营企业	105	105	72	93	69
私营独资企业					
私营合伙企业	1	1	1	1	1
私营有限责任公司	100	100	70	89	66
私营股份有限公司	4	4	1	3	2
其他企业					
港、澳、台商投资企业	195	195	132	169	124
合资经营企业(港或澳、台资)	57	57	39	49	39
合作经营企业(港或澳、台资)	3	3	3	2	1
港、澳、台商独资经营企业	131	131	86	114	80
港、澳、台商投资股份有限公司	4	4	4	4	4
外商投资企业	143	143	101	126	92
中外合资经营企业	41	41	33	36	29
中外合作经营企业	2	2	1	2	2
外资企业	94	94	63	83	56
外商投资股份有限公司	6	6	4	5	5
三、按工业行业大类分					
采矿业	8	8	5	4	2
煤炭开采和洗选业	5	5	3	2	1
石油和天然气开采业					
黑色金属矿采选业	2	2	1	1	1
有色金属矿采选业	1	1	1	1	
非金属矿采选业					
其他采矿业					
制造业	555	555	392	486	366
农副食品加工业	21	21	15	15	11

工业企业基本情况

单位：万元

从业人员年平均人数（人）	工业总产值	主营业务收入	利润总额	年末固定资产原价	生产经营用机器设备原　价	微电子控制设备原价
741968	**51416368**	**50512395**	**3311161**	**22972373**	**10963990**	**2298247**
125302	15149647	15103159	713338	11867652	4467741	572868
308656	26390053	26205002	1390672	11752870	4084520	961009
433312	25026316	24307394	1920489	11219503	6879470	1337238
274498	19103955	18837891	1408659	12364685	4519108	716582
32992	5813867	5751949	215355	5985298	611940	106471
6390	153353	153222	7994	58090	1612	1102
3024	125661	123236	23730	44029	21353	2731
1143	253139	253139	57057	981167	972187	14676
1143	253139	253139	57057	981167	972187	14676
77302	5191861	5096620	297353	2697193	1560357	335724
24025	2855572	2861581	146153	1653398	1002281	170112
53277	2336289	2235038	151200	1043795	558076	165611
57026	3610780	3690750	490429	1838937	982757	205480
96621	3955293	3768975	316741	759970	368903	50400
1200	7428	7385	227	3055	1069	
88507	3694823	3522634	292956	731889	356565	47231
6914	253042	238957	23558	25027	11268	3169
272478	15893810	15566141	1153485	5286227	3250576	805710
89782	5278687	4975677	195953	1665387	847327	299740
4823	309299	304978	19503	670831	462499	23039
172525	9828436	9710872	857016	2521631	1589493	467738
5348	477389	574615	81014	428378	351257	15193
194992	16418604	16108363	749017	5321462	3194306	775955
54552	7330506	7154733	166313	2796630	1632249	310377
2416	173143	247331	5457	106561	64069	540
131441	8572594	8403648	548167	2341827	1462568	461456
6583	342361	302651	29081	76444	35421	3582
17748	267596	304913	71106	195075	47998	4259
16174	192601	233430	38562	114877	28285	297
1209	59757	57141	31628	49357	6713	1562
365	15237	14342	917	30840	13000	2400
704040	46230035	45302454	3147761	15307087	9120891	2209244
19232	971728	919688	42991	282730	107589	6966

4-10 续表

项　　目	企业数(个)	#有科技活动	#有R&D活动	#有新产品开发	#有科技机构
食品制造业	18	18	14	18	18
饮料制造业	9	9	8	8	5
烟草制品业	2	2	2	1	1
纺织业	42	42	34	38	26
纺织服装、鞋、帽制造业	15	15	9	12	12
皮革、毛皮、羽毛(绒)及其制品业	41	41	19	37	30
木材加工及木、竹、藤、棕、草制品业	5	5	3	4	4
家具制造业	5	5	3	1	2
造纸及纸制品业	12	12	9	8	9
印刷业和记录媒介的复制	4	4	3	3	3
文教体育用品制造业	7	7	5	7	4
石油加工、炼焦及核燃料加工业	1	1	1		
化学原料及化学制品制造业	20	20	10	14	12
医药制造业	13	13	11	13	10
化学纤维制造业	7	7	4	6	5
橡胶制品业	13	13	10	12	10
塑料制品业	22	22	15	20	15
非金属矿物制品业	35	35	24	30	25
黑色金属冶炼及压延加工业	8	8	6	5	4
有色金属冶炼及压延加工业	13	13	9	12	10
金属制品业	14	14	10	11	5
通用设备制造业	23	23	19	22	12
专用设备制造业	18	18	16	17	14
交通运输设备制造业	32	32	24	30	19
电气机械及器材制造业	50	50	38	45	35
通信设备、计算机及其他电子设备制造业	78	78	53	71	46
仪器仪表及文化、办公用机械制造业	17	17	11	17	10
工艺品及其他制造业	10	10	7	9	9
废弃资源和废旧材料回收加工业					
电力、燃气及水的生产和供应业	14	14	11	3	8
电力、热力的生产和供应业	10	10	9	3	6
燃气生产和供应业	1	1	1		1
水的生产和供应业	3	3	1		1
四、按隶属关系分					
中央	5	5	5	4	4
省	37	37	30	28	25
设区市)	39	39	36	35	28
县(区、市)	32	32	23	25	21
其他	464	464	314	401	298
五、按地区分					
福州市	132	132	114	111	72
厦门市	140	140	83	123	77
莆田市	21	21	15	19	17
三明市	30	30	23	23	15
泉州市	167	167	109	146	128
漳州市	35	35	22	28	24
南平市	22	22	16	17	19
龙岩市	17	17	14	14	14
宁德市	13	13	12	12	10

单位：万元

从业人员年平均人数（人）	工业总产值	主营业务收入	利润总额	年末固定资产原价	生产经营用机器设备原价	
						微电子控制设备原价
14596	723991	689294	61352	177000	99329	24987
10383	724207	712624	73953	286120	236130	33301
3191	1418246	1404170	259771	395495	267878	79668
38131	1582824	1514105	74371	906441	636992	154472
20011	876105	840143	94937	216622	102480	48730
88163	1992332	1991758	170643	411991	147718	12739
4375	161554	151561	3793	158171	132211	8967
5173	125264	124926	4603	48794	19552	973
10950	520257	508362	17426	686156	481079	81073
3802	70187	79937	4473	26851	13524	3662
17843	382730	357741	16381	92901	43160	9735
2138	1673116	1571856		327667	141300	2500
17131	1824798	1871659	13929	1258024	895922	77845
7443	469109	400172	52054	224435	69513	4783
7268	1236632	1210946	31524	826246	611163	149753
21747	1155319	1235406	65257	746706	421738	213455
15958	790139	726911	57370	268637	68620	24229
32298	1420156	1363539	200562	837522	316604	102905
19729	3081237	2999708	188671	1323105	1044681	112473
14808	1876059	1907174	358436	804025	427610	102801
14761	624590	564083	67762	154515	80400	24999
18513	1077095	1119386	76343	312414	191713	25330
14996	1367233	1404851	91155	244012	116324	20876
39508	3475300	3342498	170316	1041330	566100	160350
70056	3384573	3293668	298771	687995	438999	95110
136546	12368790	12166172	707059	2241795	1261506	584152
21430	534423	519764	8612	202372	138651	35312
13860	322043	310355	19347	117017	42408	7099
20180	4918738	4905028	92295	7470212	1795102	84744
16632	4783762	4778103	89287	6844818	1694918	61807
707	14686	14695		47934	47934	322
2841	120290	112230	3008	577460	52250	22615
15216	5384662	5360123	246938	5406100	358451	145731
70962	5267578	5105524	174963	3894202	2644281	271434
47882	3490844	3559833	134405	1356931	596834	170082
29152	2757366	2699441	534795	1163763	557759	115318
578756	34515918	33787475	2220059	11151377	6806665	1595683
155223	15116451	14550317	869636	9346558	2612776	534871
200777	15585842	15893508	649513	6119060	3941928	1042852
28190	1294210	1258900	44654	474788	210211	67152
36971	2936634	2931685	104991	1643012	1256699	143766
208172	9757237	9464864	755307	2986004	1621312	293982
52823	2808627	2585889	212784	648829	468745	67682
27210	1450495	1400791	100681	1085717	572662	128599
26355	2137558	2149920	561622	618654	262989	16014
6247	329315	276523	11974	49751	16667	3330

4-11 大中型工业企业科技活动人员情况

单位：人

项　　目	科技活动人员合计	#参加科技项目人员	#科技管理和服务人员	#全时人员	#非全时人员	#科学家和工程师	高中级技术职称人员	#R&D人员
总　　计	**65481**	**52432**	**11790**	**35065**	**30416**	**43455**	**18217**	**38084**
总计中：国有控股企业	14216	11218	2693	5904	8312	9359	5678	8439
一、按企业规模分								
大型企业	28616	20945	7191	14208	14408	18238	7975	15293
中型企业	36865	31487	4599	20857	16008	25217	10242	22791
二、按登记注册类型分								
内资企业	24731	20185	3992	11878	12853	15753	8477	13623
国有企业	2644	2498	146	547	2097	2340	1976	1474
集体企业	197	131	25	1	196	59	13	197
股份合作企业	241	147	94	216	25	119	71	113
联营企业	113	100	13	13	100	98	71	89
国有联营企业	113	100	13	13	100	98	71	89
集体联营企业								
国有与集体联营企业								
其他联营企业								
有限责任公司	7505	5726	1710	3136	4369	4060	2200	3867
国有独资公司	3483	2354	1099	982	2501	1310	855	1253
其他有限责任公司	4022	3372	611	2154	1868	2750	1345	2614
股份有限公司	7030	5901	905	4453	2577	4748	2332	4504
私营企业	7001	5682	1099	3512	3489	4329	1814	3379
私营独资企业								
私营合作企业	29	18	11	29		29	2	18
私营有限责任公司	6690	5392	1078	3362	3328	4058	1741	3311
私营股份有限公司	282	272	10	121	161	242	71	50
其他企业								
港、澳、台商投资企业	23589	17441	5844	13477	10112	14958	4932	12595
合资经营企业(港或澳、台资)	8723	6569	2081	5737	2986	6299	1760	5209
合作经营企业(港或澳、台资)	543	523	20	150	393	255	63	226
港澳台商独资经营企业	13577	9798	3718	7080	6497	7859	2959	6695
港澳台商投资股份有限公司	746	551	25	510	236	545	150	465
外商投资企业	17161	14806	1954	9710	7451	12744	4808	11866
中外合资经营企业	6537	5756	686	3558	2979	5158	1432	4835
中外合作经营企业	75	51	24	25	50	47	33	36
外资企业	9887	8470	1111	5621	4266	7122	3074	6579
外商投资股份有限公司	662	529	133	506	156	417	269	416
三、按工业行业大类分								
采矿业	1187	1096	91	181	1006	642	466	150
煤炭开采和洗选业	909	824	85	44	865	402	323	71
石油和天然气开采业								
黑色金属矿采选业	198	192	6	95	103	169	72	41
有色金属矿采选业	80	80		42	38	71	71	38
非金属矿采选业								
其他采矿业								
制造业	62767	49858	11650	34755	28012	41353	16463	37074
农副食品加工业	1203	742	106	509	694	629	242	368
食品制造业	839	648	191	386	453	534	316	448
饮料制造业	1497	1127	369	402	1095	937	223	941
烟草制品业	276	242	34	125	151	224	129	103

4-11 续表　　　　单位：人

项　　目	科技活动人员合计	#参加科技项目人员	#科技管理和服务人员	#全时人员	#非全时人员	#科学家和工程师	高中级技术职称人员	#R&D人员
纺织业	3347	2821	321	1587	1760	1650	726	2031
纺织服装、鞋、帽制造业	384	287	60	150	234	209	87	248
皮革、毛皮、羽毛(绒)及其制品业	3214	2215	933	1618	1596	1353	479	1748
木材加工及木、竹、藤、棕、草制品业	644	560	84	326	318	251	178	312
家具制造业	281	281		173	108	267	105	247
造纸及纸制品业	1085	844	172	451	634	694	270	760
印刷业和记录媒介的复制	228	225	3	6	222	186	123	180
文教体育用品制造业	717	691	26	599	118	391	33	504
石油加工、炼焦及核燃料加工业	6	2	4		6	6	6	6
化学原料及化学制品制造业	920	817	73	437	483	685	309	501
医药制造业	1292	991	301	947	345	811	325	825
化学纤维制造业	837	824	13	574	263	738	145	189
橡胶制品业	1237	1175	52	989	248	598	328	441
塑料制品业	1394	1306	88	732	662	828	333	821
非金属矿物制品业	2049	1732	314	1275	774	1487	495	1308
黑色金属冶炼及压延加工业	3171	2137	1014	1101	2070	1212	767	1376
有色金属冶炼及压延加工业	2249	1922	326	1512	737	1651	923	1381
金属制品业	2407	2294	113	943	1464	1542	837	2326
通用设备制造业	2404	1762	622	1000	1404	1769	815	1308
专用设备制造业	2363	2006	300	1296	1067	1580	839	1662
交通运输设备制造业	3606	3199	395	2468	1138	2923	1454	2058
电气机械及器材制造业	6100	4887	1161	3020	3080	4444	1627	3239
通信设备、计算机及其他电子设备制造业	16286	11825	4270	10633	5653	11793	3748	10333
仪器仪表及文化、办公用机械制造业	1785	1541	197	978	807	1390	386	927
工艺品及其他制造业	946	755	108	518	428	571	215	483
废弃资源和废旧材料回收加工业								
电力、燃气及水的生产和供应业	1527	1478	49	129	1398	1460	1288	860
电力、热力的生产和供应业	1384	1335	49	100	1284	1317	1182	821
燃气生产和供应业	6	6			6	6	6	6
水的生产和供应业	137	137		29	108	137	100	33
四、按隶属关系分								
中央	1542	1480	62	281	1261	1438	1304	870
省	7991	6471	1432	3956	4035	5004	2521	4629
设区市	7307	5446	1750	4495	2812	4888	2354	5108
县(区、市)	3259	2884	372	2649	610	2184	793	2440
其他	45382	36151	8174	23684	21698	29941	11245	25037
五、按地区分								
福州市	16586	13720	2808	9569	7017	12648	5139	12338
厦门市	19241	16459	2697	12645	6596	13241	5299	11119
莆田市	2599	1655	706	627	1972	1396	450	956
三明市	4564	3486	1048	1656	2908	2195	1594	1939
泉州市	11280	8922	2039	5002	6278	6368	2227	5835
漳州市	5128	3528	1531	2821	2307	3475	1278	2655
南平市	2644	2053	359	1282	1362	1717	1045	1634
龙岩市	2777	2111	438	1205	1572	1948	1029	1244
宁德市	662	498	164	258	404	467	156	364

4-12 大中型工业企业科技活动经费筹集情况

单位：万元

项　　目	科技活动经费筹集总额	企业资金	金融机构贷　　款	政府资金	国外资金	其他资金
总　　计	**1454078**	**1291052**	**124781**	**22892**	**4410**	**10944**
总计中：国有控股企业	322901	288690	24798	9303		111
一、按企业规模分						
大型企业	764149	676589	77285	6522		3753
中型企业	689930	614463	47496	16370	4410	7191
二、按登记注册类型分						
内资企业	442881	389251	39109	13494		1027
国有企业	76152	73575	2024	550		4
集体企业	2380	1880	500			
股份合作企业	2324	1386		938		
联营企业	1120	1120				
国有联营企业	1120	1120				
集体联营企业						
国有与集体联营企业						
其他联营企业						
有限责任公司	124326	101093	18917	4156		160
国有独资公司	39053	24576	14074	323		80
其他有限责任公司	85273	76517	4843	3833		80
股份有限公司	135792	124446	6000	5170		177
私营企业	100787	85752	11669	2680		686
私营独资企业						
私营合作企业	165	165				
私营有限责任公司	98287	83267	11669	2665		686
私营股份有限公司	2335	2320		15		
其他企业						
港、澳、台商投资企业	477386	444698	22203	4242	200	6043
合资经营企业(港或澳、台资)	154096	144253	4563	2203		3077
合作经营企业(港或澳、台资)	3855	3850				5
港澳台商独资经营企业	292783	270446	17190	1986	200	2961
港澳台商投资股份有限公司	26651	26148	450	53		
外商投资企业	533812	457104	63468	5156	4210	3874
中外合资经营企业	267211	204492	55866	3042	120	3691
中外合作经营企业	501	501				
外资企业	230300	217859	6602	1566	4090	183
外商投资股份有限公司	35800	34252	1000	548		
三、按工业行业大类分						
采矿业	15039	14639	400			
煤炭开采和洗选业	2622	2622				
石油和天然气开采业						
黑色金属矿采选业	11622	11622				
有色金属矿采选业	795	395	400			
非金属矿采选业						
其他采矿业						
制造业	1378316	1215689	124381	22892	4410	10944
农副食品加工业	29360	24090	4012	633	600	25
食品制造业	23023	19052	3333	638		
饮料制造业	28535	27795	603	135		2
烟草制品业	4804	4800				4

4-12 续表

单位：万元

项　　目	科技活动经费筹集总额	企业资金	金融机构贷　　款	政府资金	国外资金	其他资金
纺织业	46638	42255	2258	2125		
纺织服装、鞋、帽制造业	24425	20421	3600	54	200	150
皮革、毛皮、羽毛(绒)及其制品业	47219	45368	1800	45		6
木材加工及木、竹、藤、棕、草制品业	4531	4212	150	169		
家具制造业	4107	2685	1400	22		
造纸及纸制品业	20113	19525	284	304		
印刷业和记录媒介的复制	3368	1368	2000			
文教体育用品制造业	9986	9444	420	122		
石油加工、炼焦及核燃料加工业						
化学原料及化学制品制造业	42930	39900	2578	342		110
医药制造业	15928	12356	200	1286		2087
化学纤维制造业	22245	22145		100		
橡胶制品业	115870	58738	52456	530		4146
塑料制品业	23173	16370	3712	135		2956
非金属矿物制品业	35973	31323	3418	1152		80
黑色金属冶炼及压延加工业	81522	68193	12926	403		
有色金属冶炼及压延加工业	71897	65319	5024	1555		
金属制品业	19292	15850	1980	310		1153
通用设备制造业	25843	22757	2494	512		80
专用设备制造业	51429	47719	500	3184		27
交通运输设备制造业	90292	86568	1560	2164		
电气机械及器材制造业	122626	117908	3276	1387		56
通信设备、计算机及其他电子设备制造业	359675	342103	8929	5033	3610	
仪器仪表及文化、办公用机械制造业	43930	38471	5170	290		
工艺品及其他制造业	9582	8955	300	264		63
废弃资源和废旧材料回收加工业						
电力、燃气及水的生产和供应业	60724	60724				
电力、热力的生产和供应业	59940	59940				
燃气生产和供应业	33	33				
水的生产和供应业	752	752				
四、按隶属关系分						
中央	70215	67996	2024	191		4
省	129602	108847	18768	1907		80
设区市	145021	136639	1494	6782		107
县(区、市)	67441	64691	1675	955	120	
其他	1041800	912879	100821	13057	4290	10754
五、按地区分						
福州市	363307	339492	12417	2764	3610	5025
厦门市	452951	434597	8817	9316		222
莆田市	151975	89225	57734	770	600	3646
三明市	57395	39176	15746	1767		705
泉州市	203967	185145	15154	3182	200	286
漳州市	90405	82408	4660	2287		1050
南平市	60952	52697	6929	1320		6
龙岩市	58710	56812	649	1246		4
宁德市	14417	11501	2676	240		

4-13 大中型工业企业

项目	科技活动经费支出总额	内部经费支出	#经常费支出	劳务费	原材料费	购买和自制设备支出
总计	**1408565**	**1319686**	**1247452**	**275400**	**429989**	**351710**
总计中：国有控股企业	333442	289584	256377	59281	60950	79068
一、按企业规模分						
大型企业	731404	668150	632432	123994	203818	189662
中型企业	677162	651537	615020	151406	226170	162048
二、按登记注册类型分						
内资企业	467285	430295	383881	82247	114544	117524
国有企业	93609	77708	60823	7412	6078	14058
集体企业	2293	2293	2293	667	916	522
股份合作企业	3040	2648	2648	853	928	433
联营企业	1023	821	808	243	85	471
国有联营企业	1023	821	808	243	85	471
集体联营企业						
国有与集体联营企业						
其他联营企业						
有限责任公司	123017	119865	112730	26610	25474	46472
国有独资公司	34268	33520	32995	9301	5007	15688
其他有限责任公司	88749	86345	79735	17309	20468	30784
股份有限公司	143879	129980	115510	25576	41079	34089
私营企业	100425	96980	89070	20887	39984	21480
私营独资企业						
私营合作企业	165	105	105	79	25	
私营有限责任公司	98261	94875	86966	19918	39244	21094
私营股份有限公司	2000	2000	2000	889	714	386
其他企业						
港、澳、台商投资企业	477544	454443	437638	91823	171608	120024
合资经营企业(港或澳、台资)	155645	145454	140598	45999	32615	37172
合作经营企业(港或澳、台资)	3646	3546	3546	2188	944	210
港澳台商独资经营企业	290899	278399	266992	41304	124277	76732
港澳台商投资股份有限公司	27354	27044	26502	2332	13773	5910
外商投资企业	463736	434949	425934	101331	143837	114161
中外合资经营企业	227201	209053	207301	38105	83031	66736
中外合作经营企业	527	498	490	128	202	139
外资企业	223598	213951	207759	59065	58181	44725
外商投资股份有限公司	12411	11448	10384	4033	2422	2562
三、按工业行业大类分						
采矿业	14625	12307	11704	1449	2276	7105
煤炭开采和洗选业	2208	2120	2102	536	576	955
石油和天然气开采业						
黑色金属矿采选业	11622	9792	9207	753	1700	6000
有色金属矿采选业	795	395	395	160		150
非金属矿采选业						
其他采矿业						
制造业	1316676	1245006	1190063	269645	427109	336039
农副食品加工业	30437	29438	28313	4456	14236	7847
食品制造业	24989	24308	22513	3656	9912	7980
饮料制造业	28574	27628	27628	3829	6357	17158

科技活动经费支出情况

单位：万元

其他	#科研基建支出	#固定资产购建	设备购置	#新产品开发经费支出	外部经费支出	#对研究院所及高等学校支出	#对其他企业支出
190354	**72234**	**423944**	**386893**	**924490**	**88879**	**27533**	**57837**
57078	33207	112275	101485	131560	43858	18910	24203
114957	35718	225380	212349	432251	63254	16107	46088
75397	36516	198564	174544	492239	25625	11426	11749
69566	46414	163938	145385	231233	36990	17588	17542
33275	16886	30943	30743	13553	15900	3975	11894
188		522	522	2293			
434		433	433	1943	392	201	
8	13	484	484	11	202	50	152
8	13	484	484	11	202	50	152
14173	7135	53608	47730	68006	3152	1836	730
3000	526	16213	15692	4752	748	665	83
11174	6610	37394	32037	63254	2404	1171	647
14767	14470	48559	39342	68783	13899	9385	4449
6720	7910	29390	26131	76645	3445	2141	316
				60	60		
6709	7910	29004	25745	75650	3385	2141	316
11		386	386	935			
54183	16805	136830	124441	380104	23101	2380	19727
24812	4857	42029	37480	123360	10191	1193	8998
204		210	210	2033	100	23	73
24679	11407	88139	80658	230847	12500	1149	10360
4488	542	6452	6093	23863	311	15	296
66605	9015	123176	117067	313153	28787	7566	20568
19428	1752	68488	67296	131489	18149	6148	11543
21	8	146	146	490	29	29	
45789	6192	50917	46273	174856	9647	863	8588
1367	1063	3625	3352	6318	963	526	437
874	603	7708	7424	4220	2318	2236	82
35	18	973	965	55	88	88	
754	585	6585	6308	3820	1830	1748	82
85		150	150	345	400	400	
157270	54944	390982	354215	919849	71669	22324	45837
1774	1126	8973	8108	19661	998	88	325
966	1794	9774	8783	18232	681	503	131
284		17158	17158	19451	946	105	840

4-13 续表

项目	科技活动经费支出总额	内部经费支出	#经常费支出	劳务费	原材料费	购买和自制设备支出
烟草制品业	6144	5442	5432	2154	346	1920
纺织业	45555	43851	43117	10500	20535	7442
纺织服装、鞋、帽制造业	15682	15667	15354	3015	3583	6051
皮革、毛皮、羽毛(绒)及其制品业	37172	28844	28499	10549	10747	4110
木材加工及木、竹、藤、棕、草制品业	4633	4091	3778	1156	1268	1089
家具制造业	4540	4470	3963	808	2198	388
造纸及纸制品业	26284	24462	19400	3427	6385	6191
印刷业和记录媒介的复制	3366	3366	3366	484	2575	267
文教体育用品制造业	8920	8920	8920	2909	2049	1370
石油加工、炼焦及核燃料加工业	483	483	7	3		
化学原料及化学制品制造业	39510	39134	38770	13941	4683	17383
医药制造业	17563	16400	15417	3949	5424	4050
化学纤维制造业	30177	29653	26432	2109	15439	5956
橡胶制品业	89258	87379	84585	6368	50858	19115
塑料制品业	24553	23871	22446	4949	7625	7090
非金属矿物制品业	35869	31113	29429	6793	9460	8917
黑色金属冶炼及压延加工业	76837	76154	75529	9214	10477	52535
有色金属冶炼及压延加工业	78942	75882	68212	12981	24100	21252
金属制品业	18697	18499	18419	5445	5972	4372
通用设备制造业	23994	23502	22656	6655	6623	8942
专用设备制造业	52903	46316	41022	9211	16760	9778
交通运输设备制造业	80171	68148	66613	25682	22650	11362
电气机械及器材制造业	125296	119209	112805	23952	46606	28792
通信设备、计算机及其他电子设备制造业	359109	342268	331034	81749	113355	68805
仪器仪表及文化、办公用机械制造业	18127	17941	17941	5844	4191	5054
工艺品及其他制造业	8892	8568	8463	3860	2696	823
废弃资源和废旧材料回收加工业						
电力、燃气及水的生产和供应业	77265	62374	45686	4306	604	8566
电力、热力的生产和供应业	76480	61589	44901	3906	587	8471
燃气生产和供应业	33	33	33	20		6
水的生产和供应业	752	752	752	380	17	89
四、按隶属关系分						
中央	88075	72525	55840	5674	5889	11140
省	114423	97317	92911	28122	18464	32729
设区市	147310	135905	128445	37982	43852	33663
县(区、市)	67303	63118	61314	11974	18999	16454
其他	991454	950822	908943	191649	342785	257724
五、按地区分						
福州市	370517	339846	317998	59024	127278	79451
厦门市	455725	430959	410822	123495	120010	87090
莆田市	102467	101388	95968	9801	55248	20462
三明市	52003	49827	46889	11232	9810	21639
泉州市	198980	183762	173686	36636	49900	72005
漳州市	86904	84214	82410	15977	27911	23470
南平市	65189	61413	55581	9133	20720	23261
龙岩市	63198	55101	51712	7946	14869	21785
宁德市	13581	13178	12388	2157	4244	2548

单位：万元

其他	#科研基建支出	#固定资产购建	设备购置	#新产品开发经费支出	外部经费支出	#对研究院所及高等学校支出	#对其他企业支出
1012	11	1930	1930	902	702	702	
4640	734	8176	7825	37211	1704	1172	531
2705	313	6364	6293	10138	15	15	
3092	345	4456	4455	24713	8328	370	7958
265	313	1403	1089	2154	542	336	206
569	507	895	450	1472	70	55	15
3397	5062	11253	8286	12980	1822	548	1262
40		267	267	3218			
2592		1370	1370	8920			
4	476	476	476				
2763	364	17747	17441	25702	376	279	32
1994	983	5033	4127	12684	1163	628	344
2929	3221	9177	7469	26146	524		
8244	2794	21909	20997	30379	1879		1879
2783	1425	8515	7334	16301	682	305	317
4259	1684	10601	10256	22844	4756	324	3927
3304	625	53160	52585	41850	683	625	58
9880	7670	28922	23409	38959	3060	3028	
2629	80	4452	4452	17527	199	8	
436	846	9788	9618	18600	492	299	30
5274	5293	15071	10960	28359	6587	3054	3337
6918	1535	12898	11518	47483	12023	7261	4124
13456	6403	35195	29555	97096	6088	1240	4848
67126	11234	80039	72024	312519	16841	1168	15398
2853		5054	5054	17474	187	135	32
1084	105	929	929	6874	324	77	243
32210	16688	25254	25254	421	14891	2973	11918
31938	16688	25159	25159	421	14891	2973	11918
7		6	6				
265		89	89				
33138	16686	27825	27825	8095	15549	3825	11693
13596	4406	37135	33726	48381	17106	8646	7937
12948	7460	41123	35040	104899	11405	5297	5917
13887	1804	18257	17184	45953	4185	2874	1311
116785	41879	299603	273119	717163	40633	6891	30978
52245	21848	101299	97787	251874	30671	12433	17749
80227	20137	107227	89979	335082	24766	3295	21471
10457	5420	25882	21985	35484	1079	417	76
4208	2938	24577	23585	12238	2176	1600	564
15146	10076	82080	77715	139794	15219	3056	10611
15052	1805	25275	24267	76997	2689	473	1654
2468	5833	29093	25811	40206	3776	446	3284
7112	3389	25174	23144	20959	8098	5434	2403
3440	790	3337	2620	11855	404	379	25

4-14 大中型工业企业研究

项　　目	R&D人员折合全时当量(人年)	#科学家和工程师	#全时人员	按活动类型分			R&D经费内部支出
				基础研究	应用研究	试验发展	
总　　计	**32199**	**25183**	**29324**		**46**	**32153**	**647190**
总计中：国有控股企业	6349	5124	5362		25	6324	138365
一、按企业规模分							
大型企业	12781	10156	11514		25	12756	245750
中型企业	19418	15027	17810		21	19398	401441
二、按登记注册类型分							
内资企业	10583	8054	9117		25	10558	224840
国有企业	831	734	629			831	24758
集体企业	167	64	142			167	2293
股份合作企业	113	113	113			113	2030
联营企业	58	58	47			58	594
国有联营企业	58	58	47			58	594
集体联营企业							
国有与集体联营企业							
其他联营企业							
有限责任公司	2744	2133	2194		25	2718	70308
国有独资公司	615	480	322			615	11053
其他有限责任公司	2128	1652	1872		25	2103	59255
股份有限公司	3841	2930	3427			3841	68607
私营企业	2828	2023	2564			2828	56251
私营独资企业							
私营合作企业	18	18	18			18	68
私营有限责任公司	2760	1955	2496			2760	56033
私营股份有限公司	50	50	50			50	150
其他企业							
港、澳、台商投资企业	10931	8455	10090			10931	235488
合资经营企业(港或澳、台资)	4844	3856	4614			4844	97313
合作经营企业(港或澳、台资)	59	48	31			59	2283
港澳台商独资经营企业	5585	4117	5015			5585	116768
港澳台商投资股份有限公司	444	434	430			444	19123
外商投资企业	10685	8674	10117		21	10664	186863
中外合资经营企业	4422	3715	4182		21	4401	74823
中外合作经营企业	35	35	34			35	102
外资企业	5849	4589	5541			5849	105038
外商投资股份有限公司	380	335	360			380	6901
三、按工业行业大类分							
采矿业	97	83	73			97	4344
煤炭开采和洗选业	30	25	14			30	570
石油和天然气开采业							
黑色金属矿采选业	29	29	21			29	3724
有色金属矿采选业	38	29	38			38	50
非金属矿采选业							
其他采矿业							
制造业	31782	24798	29069		46	31736	630997
农副食品加工业	313	263	284			313	14082
食品制造业	345	235	309			345	15491
饮料制造业	591	459	478			591	12946

与试验发展(R&D)活动情况

单位：万元

经常费支出	人员劳务费	按活动类型分：基础研究	应用研究	试验发展	#R&D科研基建支出	内部支出中：固定资产购建支出	设备购置	R&D经费外部支出
643735	**161028**		**2343**	**641392**	**3455**	**181480**	**179638**	**49190**
137017	35231		1160	135857	1348	44738	44139	21369
244153	57405		1160	242993	1596	80070	79224	34131
399582	103623		1183	398399	1858	101409	100414	15059
222700	51668		1160	221540	2139	69484	68509	14989
24354	3945			24354	404	7210	7190	3948
2293	667			2293		522	522	
2030	640			2030		332	332	306
593	189			593	0	325	325	72
593	189			593	0	325	325	72
69976	16403		1160	68816	333	29214	28943	1707
11038	3125			11038	15	4483	4468	224
58938	13278		1160	57778	318	24732	24475	1483
67778	17014			67778	830	17908	17400	6555
55678	12811			55678	573	13972	13797	2402
68	52			68				39
55460	12659			55460	573	13972	13797	2363
150	100			150				
234660	49952			234660	827	68940	68328	17333
97158	26066			97158	156	29023	28888	6750
2283	1415			2283		134	134	64
116118	20822			116118	650	35410	34948	10222
19102	1649			19102	22	4373	4358	298
186375	59408		1183	185191	488	43056	42801	16868
74764	25005		1183	73580	59	17475	17446	12280
101	38			101	1	14	14	
104716	32222			104716	322	23250	23051	3719
6794	2143			6794	106	2317	2290	869
4320	416			4320	24	2672	2661	793
570	147			570	0	180	179	14
3700	249			3700	24	2473	2462	728
50	20			50		19	19	51
627950	158936		2343	625607	3047	176219	174389	44963
14043	1909			14043	39	4523	4492	388
15408	2414			15408	84	5624	5584	426
12946	1447			12946		9211	9211	758

4-14 续表

项目	R&D人员折合全时当量(人年)	#科学家和工程师	#全时人员	按活动类型分			R&D经费内部支出
				基础研究	应用研究	试验发展	
烟草制品业	72	62	51			72	2304
纺织业	1661	970	1464			1661	33873
纺织服装、鞋、帽制造业	202	141	174			202	9489
皮革、毛皮、羽毛(绒)及其制品业	1560	1031	1430			1560	18260
木材加工及木、竹、藤、棕、草制品业	282	170	260			282	2659
家具制造业	210	200	181			210	3559
造纸及纸制品业	581	459	450			581	16145
印刷业和记录媒介的复制	118	116	80			118	533
文教体育用品制造业	496	248	491			496	5095
石油加工、炼焦及核燃料加工业	6	3	6			6	30
化学原料及化学制品制造业	462	387	443			462	27688
医药制造业	771	588	742			771	12818
化学纤维制造业	186	157	183			186	15481
橡胶制品业	413	213	392			413	13045
塑料制品业	671	613	652			671	12068
非金属矿物制品业	1251	1086	1231			1251	21636
黑色金属冶炼及压延加工业	750	411	474		9	741	19183
有色金属冶炼及压延加工业	1269	884	1189		25	1244	33911
金属制品业	2281	1858	2242			2281	17633
通用设备制造业	1016	829	847			1016	18413
专用设备制造业	1214	1052	964			1214	28155
交通运输设备制造业	1766	1542	1630			1766	37181
电气机械及器材制造业	2663	2012	2411		12	2652	72674
通信设备、计算机及其他电子设备制造业	9360	7793	8811			9360	150417
仪器仪表及文化、办公用机械制造业	851	694	819			851	10001
工艺品及其他制造业	419	322	379			419	6228
废弃资源和废旧材料回收加工业							
电力、燃气及水的生产和供应业	320	302	182			320	11850
电力、热力的生产和供应业	284	266	147			284	11652
燃气生产和供应业	4	4	2			4	33
水的生产和供应业	33	33	33			33	165
四、按隶属关系分							
中央	336	311	190			336	19999
省	3754	3208	3336			3754	54895
设区市	4420	3648	4002			4420	81233
县(区、市)	2357	1706	2317			2357	43673
其他	21332	16310	19478		46	21286	447390
五、按地区分							
福州市	10780	9304	10075			10780	190339
厦门市	9944	7514	9247			9944	186678
莆田市	539	389	419			539	19202
三明市	1240	885	915			1240	19919
泉州市	4806	3474	4304			4806	90173
漳州市	2448	1693	2343			2448	66577
南平市	1295	954	1099		37	1258	42408
龙岩市	839	777	654			839	22193
宁德市	307	194	269		9	298	9701

经常费支出		按活动类型分			#R&D科研基建支出	内部支出中:固定资产购建支出		R&D经费外部支出
	人员劳务费	基础研究	应用研究	试验发展			设备购置	
2303	960			2303	0	758	758	232
33834	7769			33834	39	4881	4860	1051
9458	1969			9458	31	3017	3009	15
18239	5115			18239	21	3709	3709	7832
2629	867			2629	30	762	732	494
3522	754			3522	37	399	363	61
15890	2800			15890	254	5079	5017	1460
533	382			533		39	39	
5095	1920			5095		245	245	
4	2			4	27	27	27	
27681	12501			27681	8	9361	9358	93
12725	3100			12725	93	3884	3798	949
15465	716			15465	16	2267	2252	524
12848	1455			12848	197	4295	4285	475
11992	3048			11992	77	3169	3114	661
21511	5497			21511	125	5116	5087	1630
19165	3119		300	18865	18	6943	6927	201
33584	6868		1160	32424	327	14014	13760	1279
17633	5258			17633		4125	4125	160
18348	5603			18348	65	7545	7539	272
27754	6806			27754	401	6403	6106	3694
37064	12586			37064	116	7676	7570	11961
72319	15555		883	71435	355	22265	21964	4752
149731	42695			149731	686	36924	36498	5199
10001	2880			10001		3485	3485	138
6228	2942			6228		475	474	262
11466	1677			11466	384	2589	2589	3434
11268	1529			11268	384	2566	2566	3434
33	20			33		6	6	
165	128			165		17	17	
19615	2436			19615	384	4254	4254	3825
54825	18648			54825	70	15337	15267	13274
80686	25742			80686	547	24143	23692	5963
43597	8939			43597	76	11066	11016	2327
445012	105265		2343	442669	2378	126680	125409	23801
189513	48253			189513	826	43615	43330	19237
185845	57548			185845	834	49541	48831	8994
19020	2649			19020	182	6866	6772	417
19670	4275			19670	249	7279	7223	933
89604	22701			89604	569	23086	22843	13038
66529	12789			66529	48	21138	21138	2486
41900	7548		2043	39857	508	19139	18872	671
22023	3824			22023	170	8817	8698	3096
9632	1443		300	9332	69	1998	1932	317

4-15 大中型工业企业办科技机构情况

单位：万元

项目	企业办科技机构数合计(个)	科技活动人员(人)	#博士毕业	#硕士毕业	机构科技经费内部支出	仪器设备
总计	**432**	**34992**	**438**	**1862**	**779268**	**606157**
总计中：国有控股企业	60	5960	77	672	140616	126151
一、按企业规模分						
大型企业	74	15665	113	878	432242	274102
中型企业	358	19327	325	984	347026	332055
二、按登记注册类型分						
内资企业	187	11960	155	787	205128	165899
国有企业	16	771	11	87	11137	2763
集体企业	1	131			2293	522
股份合作企业	4	236	2	6	2440	1129
联营企业						
国有联营企业						
集体联营企业						
国有与集体联营企业						
其他联营企业						
有限责任公司	46	2843	42	235	55408	47533
国有独资公司	4	506	1	79	7487	7534
其他有限责任公司	42	2337	41	156	47921	39999
股份有限公司	49	3699	54	347	82296	74040
私营企业	71	4280	46	112	51555	39912
私营独资企业						
私营合作企业	1	29			105	275
私营有限责任公司	68	4097	46	112	50665	39146
私营股份有限公司	2	154			785	490
其他企业						
港、澳、台商投资企业	137	13867	163	379	297002	266850
合资经营企业(港或澳、台资)	46	5120	95	155	84444	108419
合作经营企业(港或澳、台资)	1	334	2	3	2712	2100
港澳台商独资经营企业	85	8113	48	195	198726	139326
港澳台商投资股份有限公司	5	300	18	26	11120	17005
外商投资企业	108	9165	120	696	277137	173408
中外合资经营企业	32	4424	35	498	131948	81389
中外合作经营企业	2	51	3	18	483	113
外资企业	68	4247	77	160	138347	87139
外商投资股份有限公司	6	443	5	20	6359	4767
三、按工业行业大类分						
采矿业	3	182		23	6034	4067
煤炭开采和洗选业	1	8			11	367
石油和天然气开采业						
黑色金属矿采选业	2	174		23	6023	3700
有色金属矿采选业						
非金属矿采选业						
其他采矿业						
制造业	421	34487	431	1785	771078	600330
农副食品加工业	12	448	10	23	12139	6898
食品制造业	19	556	24	44	13105	9959
饮料制造业	9	1132	12	28	21413	22334
烟草制品业	1	57		8	2	89

4-15 续表

单位：万元

项　　目	企业办科技机构数合计(个)	科技活动人员(人)	#博士毕业	#硕士毕业	机构科技经费内部支出	仪器设备
纺织业	27	1383	9	31	25867	18211
纺织服装、鞋、帽制造业	15	341	7	6	14794	7126
皮革、毛皮、羽毛(绒)及其制品业	32	2640	15	50	25441	12515
木材加工及木、竹、藤、棕、草制品业	5	237	2	32	2216	2815
家具制造业	9	243	14	30	3849	4855
造纸及纸制品业	10	524	5	28	7611	10302
印刷业和记录媒介的复制	3	217			500	293
文教体育用品制造业	4	197		2	1507	4837
石油加工、炼焦及核燃料加工业						
化学原料及化学制品制造业	13	427	8	10	27354	12618
医药制造业	11	596	4	43	7488	7271
化学纤维制造业	5	249	9	1	11887	54742
橡胶制品业	10	670	8	26	63489	30872
塑料制品业	15	526	4	47	12885	13742
非金属矿物制品业	26	1458	21	51	16973	32400
黑色金属冶炼及压延加工业	4	825	4	76	9932	8438
有色金属冶炼及压延加工业	13	1618	51	236	49790	33565
金属制品业	5	882	1	15	12769	6334
通用设备制造业	14	848	11	40	10487	13423
专用设备制造业	21	1116	10	76	28264	23389
交通运输设备制造业	21	1716	4	48	40210	36210
电气机械及器材制造业	36	2970	61	88	76385	51135
通信设备、计算机及其他电子设备制造业	60	10950	115	638	255595	148800
仪器仪表及文化、办公用机械制造业	10	855	13	63	11972	22425
工艺品及其他制造业	11	806	9	45	7155	4734
废弃资源和废旧材料回收加工业						
电力、燃气及水的生产和供应业	8	323	7	54	2156	1760
电力、热力的生产和供应业	6	297	7	52	2058	1694
燃气生产和供应业	1	6			33	6
水的生产和供应业	1	20		2	65	60
四、按隶属关系分						
中央	4	417	11	80	8106	1933
省	25	3323	22	366	41193	46858
设区市	44	4382	26	205	91428	117038
县(区、市)	23	2554	113	238	41893	38727
其他	336	24316	266	973	596649	401600
五、按地区分						
福州市	73	9411	139	600	196229	81817
厦门市	93	9323	109	480	240847	214921
莆田市	18	2175	23	69	90298	61590
三明市	18	1084	10	114	14062	18361
泉州市	137	7145	63	201	102531	134071
漳州市	37	2821	30	110	57362	28991
南平市	23	1214	20	63	39282	26765
龙岩市	23	1582	33	214	34576	38046
宁德市	10	237	11	11	4080	1593

4-16 大中型工业企业新产品产出和专利情况

单位：万元

项目	新产品产值	新产品销售收入	出口	专利申请数(件)	发明专利	拥有发明专利数(件)
总计	**15901561**	**15707985**	**8519105**	**2260**	**567**	**779**
总计中：国有控股企业	2464879	2451551	562356	298	95	120
一、按企业规模分						
大型企业	9711889	9778520	6538204	811	220	198
中型企业	6189671	5929465	1980901	1449	347	581
二、按登记注册类型分						
内资企业	3586868	3415663	825259	723	189	233
国有企业	313343	269486	136504	101	26	13
集体企业				9	1	11
股份合作企业	24788	22335	304	6	5	9
联营企业						
国有联营企业						
集体联营企业						
国有与集体联营企业						
其他联营企业						
有限责任公司	877088	803576	184212	128	42	57
国有独资公司	179718	179990	102	24	3	1
其他有限责任公司	697370	623586	184111	104	39	56
股份有限公司	1264887	1292052	190979	128	56	69
私营企业	1106761	1028215	313260	351	59	74
私营独资企业						
私营合作企业	1675	1675				
私营有限责任公司	1029861	972079	312467	351	59	74
私营股份有限公司	75225	54461	793			
其他企业						
港、澳、台商投资企业	7112967	7044845	4726269	972	219	357
合资经营企业(港或澳、台资)	1917722	1809616	945665	540	126	161
合作经营企业(港或澳、台资)	52139	50193	6330	13	12	3
港澳台商独资经营企业	4849782	4790619	3644714	403	69	184
港澳台商投资股份有限公司	293324	394418	129560	16	12	9
外商投资企业	5201726	5247477	2967577	565	159	189
中外合资经营企业	1949720	2016481	480905	257	75	83
中外合作经营企业	31964	30116	19399	4		
外资企业	3141954	3126620	2448766	274	81	44
外商投资股份有限公司	78088	74260	18507	30	3	62
三、按工业行业大类分						
采矿业	7900	8374				
煤炭开采和洗选业						
石油和天然气开采业						
黑色金属矿采选业	3700	4174				
有色金属矿采选业	4200	4200				
非金属矿采选业						
其他采矿业						
制造业	15893661	15699611	8519105	2199	550	774
农副食品加工业	175923	151082	38104	11	5	4
食品制造业	250508	244128	33018	54	16	26
饮料制造业	228798	225559	7560	72		19
烟草制品业	14894	13864		15	6	3

4-16 续表

单位：万元

项 目	新产品产 值	新产品销售收入		专 利申请数(件)		拥有发明专 利 数(件)
			出口		发明专利	
纺织业	402735	361258	91832	25	12	9
纺织服装、鞋、帽制造业	322668	295769	24593	15	2	1
皮革、毛皮、羽毛(绒)及其制品业	441550	403122	73514	100	6	26
木材加工及木、竹、藤、棕、草制品业	70299	66563	22471	8	1	4
家具制造业	75639	75633	63510	15	2	9
造纸及纸制品业	63496	72652	184	69	19	10
印刷业和记录媒介的复制	20421	17994				
文教体育用品制造业	50744	48382	4061	36	1	75
石油加工、炼焦及核燃料加工业						
化学原料及化学制品制造业	73612	103136	20414	5	2	11
医药制造业	138798	134629	54031	35	14	22
化学纤维制造业	518653	500008	10000	7	7	16
橡胶制品业	274814	289669	54444	22	2	7
塑料制品业	195238	160209	59203	88	32	21
非金属矿物制品业	468730	489371	155629	45	15	17
黑色金属冶炼及压延加工业	222583	220619	9577	24	3	
有色金属冶炼及压延加工业	557903	579774	65001	87	39	18
金属制品业	218122	202895	174706	96	13	18
通用设备制造业	265031	254599	76288	49	4	36
专用设备制造业	502772	534530	70874	63	9	18
交通运输设备制造业	1469587	1339371	505057	76	11	13
电气机械及器材制造业	904709	891282	497606	420	117	154
通信设备、计算机及其他电子设备制造业	7723507	7787849	6307649	463	126	150
仪器仪表及文化、办公用机械制造业	136113	130149	63603	224	64	39
工艺品及其他制造业	105814	105516	36175	75	22	48
废弃资源和废旧材料回收加工业						
电力、燃气及水的生产和供应业				61	17	5
电力、热力的生产和供应业				61	17	5
燃气生产和供应业						
水的生产和供应业						
四、按隶属关系分						
中央	131984	130954	13188	86	29	9
省	1411613	1410205	275263	143	49	25
设区市	1598354	1630679	558532	154	42	81
县(区、市)	1106444	1118473	595170	128	28	30
其他	11653166	11417674	7076951	1749	419	634
五、按地区分						
福州市	5874658	5767543	3910160	665	183	139
厦门市	5292797	5404932	3408634	561	157	243
莆田市	293611	282551	57772	83	13	20
三明市	289976	281803	6800	42	9	13
泉州市	1996825	1905253	262577	410	74	134
漳州市	1157214	1075587	719798	377	90	144
南平市	319034	309006	63139	37	14	20
龙岩市	550146	561782	47363	68	27	30
宁德市	127300	119529	42863	17		36

4-17 大中型工业

项目	科技项目数(项)	#新产品开发项目数	#R&D项目数	参加项目人员合计(人)
总计	**2355**	**1681**	**1570**	**45176**
总计中：国有控股企业	623	338	444	9395
一、按企业规模分				
大型企业	636	382	422	15711
中型企业	1719	1299	1148	29465
二、按登记注册类型分				
内资企业	1086	695	741	17555
国有企业	137	53	95	2211
集体企业	3	3	3	131
股份合作企业	33	29	31	146
联营企业	14	2	13	98
国有联营企业	14	2	13	98
集体联营企业				
国有与集体联营企业				
其他联营企业				
有限责任公司	320	190	217	4564
国有独资公司	69	7	41	1503
其他有限责任公司	251	183	176	3061
股份有限公司	309	205	210	5386
私营企业	270	213	172	5019
私营独资企业				
私营合作企业	1	1	1	8
私营有限责任公司	263	208	170	4762
私营股份有限公司	6	4	1	249
其他企业				
港、澳、台商投资企业	629	505	350	15767
合资经营企业(港或澳、台资)	234	199	148	5582
合作经营企业(港或澳、台资)	38	16	18	282
港澳台商独资经营企业	339	278	173	9352
港澳台商投资股份有限公司	18	12	11	551
外商投资企业	640	481	479	11854
中外合资经营企业	286	198	218	4436
中外合作经营企业	3	3	1	51
外资企业	337	270	251	6838
外商投资股份有限公司	14	10	9	529

企业科技项目情况

科学家和工程师	高中级技术职称人员	参加项目人员实际工作时间(人年)	项目经费内部支出(万元)	#R&D项目支出	#新产品项目支出
33621	**14874**	**41077**	**1040734**	**594766**	**830439**
7549	4876	7066	199873	127529	117051
11810	5639	13495	482991	220954	378999
21811	9235	27582	557743	373812	451440
13115	7211	14083	315877	210565	206924
2027	1716	1131	28827	23034	12673
50	7	111	1291	1291	1291
115	71	158	2016	1930	1801
98	71	62	643	593	4
98	71	62	643	593	4
3155	1550	3510	103148	67041	61602
946	497	728	28624	9728	4633
2209	1053	2783	74524	57312	56969
4165	2178	4958	99857	63553	61195
3505	1618	4153	80094	53124	68358
8	2	10	55	55	55
3278	1565	3964	78071	52919	67400
219	51	179	1968	150	903
11085	3873	15186	409043	214433	349719
4219	1417	5740	122633	84335	107911
139	63	59	2755	1703	1341
6196	2243	8766	257539	109423	217371
531	150	621	26116	18972	23095
9421	3790	11807	315814	169768	273796
3658	1168	4363	145377	65365	121463
47	33	43	483	94	483
5314	2320	6834	160796	97760	145682
402	269	567	9158	6548	6168

4-17 续表 1

项　　目	科　技项目数(项)	#新产品开发项目　数	#R&D项目数	参加项目人员合计(人)
三、按工业行业大类分				
采矿业	36	5	14	740
煤炭开采和洗选业	22	2	9	576
石油和天然气开采业				
黑色金属矿采选业	10		4	84
有色金属矿采选业	4	3	1	80
非金属矿采选业				
其他采矿业				
制造业	2225	1672	1492	42965
农副食品加工业	47	28	26	715
食品制造业	47	38	30	589
饮料制造业	42	21	35	695
烟草制品业	47	11	16	240
纺织业	130	97	90	2766
纺织服装、鞋、帽制造业	27	24	21	262
皮革、毛皮、羽毛(绒)及其制品业	71	55	39	2111
木材加工及木、竹、藤、棕、草制品业	16	12	11	547
家具制造业	30	11	22	270
造纸及纸制品业	67	46	58	839
印刷业和记录媒介的复制	4	3	3	225
文教体育用品制造业	22	22	11	656
石油加工、炼焦及核燃料加工业				
化学原料及化学制品制造业	39	21	17	753
医药制造业	90	82	79	874
化学纤维制造业	31	30	9	632
橡胶制品业	33	23	21	1150
塑料制品业	51	48	22	1280
非金属矿物制品业	60	42	37	1502
黑色金属冶炼及压延加工业	45	12	27	1313
有色金属冶炼及压延加工业	133	71	83	1908
金属制品业	42	36	36	1201
通用设备制造业	88	70	77	1548
专用设备制造业	138	116	118	1546
交通运输设备制造业	126	102	88	3168
电气机械及器材制造业	322	243	203	3885
通信设备、计算机及其他电子设备制造业	341	304	216	10240
仪器仪表及文化、办公用机械制造业	85	74	63	1536
工艺品及其他制造业	51	30	34	514
废弃资源和废旧材料回收加工业				
电力、燃气及水的生产和供应业	94	4	64	1471
电力、热力的生产和供应业	77	4	58	1328
燃气生产和供应业	1		1	6
水的生产和供应业	16		5	137

科学家和工程师	高中级技术职称人员	参加项目人员实际工作时间(人年)	项目经费内部支出(万元)	#R&D项目支出	#新产品项目支出
363	244	323	7096	2412	388
208	129	199	1865	570	43
84	44	54	4836	1793	
71	71	71	395	50	345
31806	13347	40276	1017812	580890	829842
577	221	669	26516	13524	17934
460	273	495	17468	13177	13861
513	175	545	12382	11762	10304
220	127	145	3928	1628	902
1517	671	2442	40439	32758	35383
190	87	218	12437	9190	9776
1243	423	1900	24091	15531	21090
251	178	409	3508	2620	2026
259	99	230	3953	3519	1472
678	257	636	18022	15799	12380
186	123	164	3366	533	3218
308	32	743	8900	5075	8900
639	268	696	37361	27287	24910
694	300	934	13836	12198	11242
514	120	629	22613	11796	22477
546	295	1246	29794	8640	24642
749	330	1233	20484	11372	14285
1201	392	1467	26539	20044	20190
834	416	853	71368	17943	41823
1516	892	2007	59841	32517	33874
935	566	1213	17273	16527	14129
1302	699	1243	20785	17139	16580
1233	762	1201	32455	25020	26347
2729	1370	3231	62788	34778	44161
2607	1322	3432	100088	64096	88276
8248	2389	10553	304186	141705	288156
1259	360	1269	17242	9985	16536
398	200	473	6149	4731	4968
1452	1283	478	15826	11464	209
1309	1177	368	15042	11266	209
6	6	4	33	33	
137	100	106	752	165	

4-17 续表 2

项 目	科 技 项目数 (项)	#新产品 开发项 目 数	#R&D项 目数	参加项目 人员合计 (人)
四、按隶属关系分				
中央	95	22	56	1478
省	199	116	157	4662
设区市	335	263	252	4803
县(区、市)	109	66	79	2874
其他	1617	1214	1026	31359
五、按项目来源分				
国家科技项目	80	59	54	1546
地方科技项目	200	146	144	3658
其他企业委托科技项目	56	50	41	896
本企业自选科技项目	1870	1325	1263	35594
来自国外的科技项目	65	58	34	2000
其他科技项目	84	43	34	1482
六、按项目合作形式分				
与境外机构合作	81	71	59	1503
与国内高校合作	141	78	109	2624
与国内独立研究院所合作	130	94	89	2715
与境内注册的外商独资企业合作	46	38	37	412
与境内注册的其他企业合作	114	52	82	1468
以本企业所办科技机构为主完成	825	640	598	15322
由本企业有关部门组成联合攻关小组协作完成	937	663	555	19807
其他	81	45	41	1325
七、按项目活动类型分				
基础研究				
应用研究	6	4	6	44
试验发展	1564	1188	1564	29272
研究与试验发展成果应用	785	489		15860
八、按项目技术经济目标分				
开发全新产品	1060	1060	776	20809
增加已有产品的功能	206	206	142	3387
提高产品性能	415	415	274	9192
提高劳动生产率	257		162	4167
减少能源消耗	115		59	1950
节约原材料	71		44	1487
减少环境污染	78		48	1219
其他	153		65	2965
九、按地区分				
福州市	492	371	430	12356
厦门市	734	554	407	14938
莆田市	58	37	39	1127
三明市	110	49	70	2359
泉州市	430	327	267	7882
漳州市	144	114	104	2548
南平市	170	102	120	1985
龙岩市	181	94	102	1595
宁德市	36	33	31	386

科学家和工程师	高中级技术职称人员	参加项目人员实际工作时间(人年)	项目经费内部支出(万元)	#R&D项目支出	#新产品项目支出
1434	1302	503	24692	18941	8008
3664	1760	3901	82597	49649	43717
3926	2102	4423	114357	72497	94493
2103	776	3066	53135	42813	44527
22494	8934	29185	765954	410866	639694
1289	643	1447	54772	28736	43109
2621	1291	3273	68989	50614	49318
667	271	859	13046	8918	11631
26810	12021	32379	831790	465194	669563
1244	429	1981	50036	31007	39510
990	219	1137	22100	10296	17309
1117	436	1399	55320	40707	39271
1920	943	2170	56006	38300	43530
1803	1005	2529	77832	30303	65785
294	168	290	6308	4351	3586
1024	525	985	24700	19727	14856
11857	5314	14364	432850	269377	399527
14611	6077	18034	362822	184173	245913
995	406	1305	24897	7828	17971
42	33	49	2343	2343	1213
22295	9712	27377	592422	592422	501213
11284	5129	13651	445968		328012
16128	6786	19859	559683	326673	559683
2488	1085	3017	59395	38589	59395
6614	2571	8792	211361	137165	211361
3537	2073	2817	59606	39980	
1448	604	1577	46735	14287	
698	366	1429	20270	10857	
741	338	986	27215	9431	
1967	1051	2600	56470	17785	
10183	4385	11975	281652	184677	244726
11021	4288	14723	376584	176461	302513
865	370	695	25189	14013	22196
1618	1031	1662	42230	18292	12022
5125	1950	6436	148629	75374	123303
1684	880	2663	73707	59054	68169
1472	950	1635	51474	41341	33288
1386	867	947	30969	17560	14584
267	153	340	10301	7995	9638

4-18 大中型工业企业技术改造、技术获取及减免税情况

单位：万元

项目	技术改造经费支出	引进国外技术经费支出	引进技术的消化吸收经费支出	购买国内技术经费支出	享受各级政府对技术开发的减免税
总计	**509104**	**100257**	**20775**	**253986**	**11996**
总计中：国有控股企业	287556	24648	7613	215283	5755
一、按企业规模分					
大型企业	256736	76265	9396	35906	3384
中型企业	252368	23993	11379	218081	8613
二、按登记注册类型分					
内资企业	352092	22276	3758	14922	4759
国有企业	47156	8708	135	540	1066
集体企业					
股份合作企业	1566	150			
联营企业	6224				
国有联营企业	6224				
集体联营企业					
国有与集体联营企业					
其他联营企业					
有限责任公司	125317	10394	416	12918	583
国有独资公司	63342	6398	73	12702	
其他有限责任公司	61975	3996	343	217	583
股份有限公司	136807	2580	2332	927	2541
私营企业	35023	445	875	536	569
私营独资企业					
私营合作企业	25			64	
私营有限责任公司	34767	445	875	472	569
私营股份有限公司	232				
其他企业					
港、澳、台商投资企业	73588	12334	7085	205850	1013
合资经营企业(港或澳、台资)	25071	7660	1419	5364	701
合作经营企业(港或澳、台资)	2289			198000	250
港澳台商独资经营企业	42505	2609	3630	2050	62
港澳台商投资股份有限公司	3723	2065	2035	436	
外商投资企业	83423	65648	9933	33215	6224
中外合资经营企业	65054	2058	6410	1657	5773
中外合作经营企业	1060				
外资企业	11309	63590	3323	31558	232
外商投资股份有限公司	6000		200		220
三、按工业行业大类分					
采矿业	14357		26	48	400
煤炭开采和洗选业	7727		26		
石油和天然气开采业					
黑色金属矿采选业	6630			48	400
有色金属矿采选业					
非金属矿采选业					
其他采矿业					
制造业	471971	100257	20749	55799	11596
农副食品加工业	5732		15	158	219
食品制造业	11477	382	504	251	230
饮料制造业	8288	900		2256	

4-18 续表

单位：万元

项　　目	技术改造经费支出	引进国外技术经费支出	引进技术的消化吸收经费支出	购买国内技术经费支出	享受各级政府对技术开发的减免税
烟草制品业	12272	12375	104	12022	1066
纺织业	18282	1021	885	30	432
纺织服装、鞋、帽制造业	2762		51		
皮革、毛皮、羽毛(绒)及其制品业	1638	16	300	231	
木材加工及木、竹、藤、棕、草制品业	14579	1600	275	25	
家具制造业	401	2	1758		
造纸及纸制品业	20885		87	119	
印刷业和记录媒介的复制	346				
文教体育用品制造业	686	32	17		
石油加工、炼焦及核燃料加工业	261				
化学原料及化学制品制造业	33121		396	428	
医药制造业	8678			238	
化学纤维制造业	4736		1000	2000	
橡胶制品业	12368	1885			300
塑料制品业	6524			82	
非金属矿物制品业	47496	2059	1781	941	631
黑色金属冶炼及压延加工业	95752	811	253	683	
有色金属冶炼及压延加工业	27490	4707	63	882	2434
金属制品业	120		922		
通用设备制造业	11136	134	210	45	1343
专用设备制造业	47822	1262	1052	801	668
交通运输设备制造业	26463	5247	6230	1650	305
电气机械及器材制造业	15248	2839	717	2448	2131
通信设备、计算机及其他电子设备制造业	36021	64814	4088	30470	1587
仪器仪表及文化、办公用机械制造业	20	151	9	19	
工艺品及其他制造业	1368	22	33	22	250
废弃资源和废旧材料回收加工业					
电力、燃气及水的生产和供应业	22776			198139	
电力、热力的生产和供应业	22189			198139	
燃气生产和供应业					
水的生产和供应业	587				
四、按隶属关系分					
中央	54132	14295	104	12022	1066
省	125540	2811	6547	1091	
设区市	81336	4527	2097	5313	2535
县(区、市)	33027	3540	2640	1057	869
其他	215070	75085	9388	234503	7526
五、按地区分					
福州市	80350	6817	8823	1377	1339
厦门市	93763	76864	4746	245691	5388
莆田市	2667	152	2817	200	336
三明市	137356	3311	591	2126	385
泉州市	79754	1052	2732	2375	1379
漳州市	8278	2037	9	1369	1221
南平市	73999	2576	112	183	111
龙岩市	30857	7300	767	606	1836
宁德市	2081	150	180	60	

4-19 规模以上有科技活动

项目	企业数(个)	#有科技活动	#有R&D活动	#有新产品开发	#有科技机构
总计	**934**	**934**	**590**	**782**	**401**
总计中：国有控股企业	38	38	23	26	16
一、按登记注册类型分					
内资企业	629	629	396	521	253
国有企业	10	10	6	6	5
集体企业	9	9	3	4	2
股份合作企业	6	6	4	5	4
联营企业	3	3	2	2	
国有联营企业	1	1			
集体联营企业	1	1	1	1	
国有与集体联营企业					
其他联营企业	1	1	1	1	
有限责任公司	136	136	90	112	63
国有独资公司	5	5	4	2	1
其他有限责任公司	131	131	86	110	62
股份有限公司	17	17	13	16	8
私营企业	446	446	277	374	171
私营独资企业	16	16	6	8	2
私营合作企业	7	7	2	4	3
私营有限责任公司	412	412	261	352	159
私营股份有限公司	11	11	8	10	7
其他企业	2	2	1	2	
港、澳、台商投资企业	177	177	107	155	93
合资经营企业(港或澳、台资)	65	65	31	56	32
合作经营企业(港或澳、台资)					
港澳台商独资经营企业	111	111	76	98	61
港澳台商投资股份有限公司	1	1		1	
外商投资企业	128	128	87	106	55
中外合资经营企业	58	58	39	49	23
中外合作经营企业	1	1	1	1	
外资企业	69	69	47	56	32
外商投资股份有限公司					
二、按工业行业大类分					
采矿业	10	10	6	5	1
煤炭开采和洗选业	1	1			
石油和天然气开采业					
黑色金属矿采选业	1	1	1		
有色金属矿采选业	1	1			
非金属矿采选业	7	7	5	5	1
其他采矿业					
制造业	917	917	579	775	398
农副食品加工业	46	46	32	39	15
食品制造业	30	30	19	23	11
饮料制造业	33	33	19	25	9
烟草制品业					

小型工业企业基本情况

单位：万元

从业人员平均人数（人）	工业总产值	主营业务收入	利润总额	年末固定资产原价	生产经营用机器设备原价	微电子控制设备原价
135036	**7875883**	**7578294**	**518497**	**3083449**	**1547387**	**215718**
7321	706453	680979	-21668	1254152	630315	50289
79156	4877709	4666152	255288	2216041	1124499	129023
2468	160983	144969	-19660	283277	189803	711
1085	43874	42489	893	7621	2066	219
793	58971	57500	1457	16064	7354	3646
283	49500	47751	7108	2729	1050	
139	16455	13935	6323	1713	700	
105	31638	32186	482	250	215	
39	1407	1630	303	765	135	
17397	1369956	1350460	54814	1195045	585290	68532
706	236304	238992	-32272	884169	395620	40198
16691	1133652	1111468	87086	310876	189670	28334
2473	304901	251175	38472	41715	15511	4717
54363	2862481	2758516	171833	665674	321880	50748
1541	111311	123605	4703	21249	5695	1493
670	29992	27824	2596	8742	2356	350
50517	2646655	2543602	159330	606347	295790	47918
1635	74523	63486	5204	29337	18039	987
294	27043	13292	371	3917	1545	451
32474	1551027	1503682	116485	494488	212186	46784
10944	611307	592289	38772	164516	68021	10001
21491	938489	910138	77601	329874	144115	36742
39	1232	1255	112	98	50	41
23406	1447146	1408460	146724	372920	210702	39911
9136	568799	548155	78229	145778	90062	19434
85	701	790	160	1409	140	
14185	877646	859515	68335	225734	120500	20477
1642	143083	145308	17424	21439	4141	454
300	7813	8802	450	146	91	
165	9735	9735	308	5996	305	
139	16455	13935	6323	1713	700	
1038	109080	112836	10343	13584	3045	454
132355	7369501	7080092	560175	1874551	929854	174474
5953	759181	718246	55142	99498	40832	6856
4221	252959	242065	15495	41766	19810	1812
4383	217378	202975	22135	100242	45057	4580

4-19 续表

项　　目	企业数(个)	#有科技活动	#有R&D活动	#有新产品开发	#有科技机构
纺织业	13	13	9	11	6
纺织服装、鞋、帽制造业	9	9	6	7	5
皮革、毛皮、羽毛(绒)及其制品业	20	20	15	19	10
木材加工及木、竹、藤、棕、草制品业	20	20	11	12	5
家具制造业	4	4	3	3	2
造纸及纸制品业	14	14	4	10	3
印刷业和记录媒介的复制	9	9	6	5	5
文教体育用品制造业	4	4	2	3	3
石油加工、炼焦及核燃料加工业	4	4	4	3	3
化学原料及化学制品制造业	73	73	37	61	38
医药制造业	41	41	31	38	22
化学纤维制造业	2	2	1	2	2
橡胶制品业	6	6	3	5	2
塑料制品业	42	42	24	29	14
非金属矿物制品业	54	54	33	42	20
黑色金属冶炼及压延加工业	10	10	4	6	3
有色金属冶炼及压延加工业	10	10	5	8	2
金属制品业	30	30	16	25	11
通用设备制造业	58	58	32	53	26
专用设备制造业	88	88	58	81	48
交通运输设备制造业	51	51	32	42	22
电气机械及器材制造业	75	75	49	66	26
通信设备、计算机及其他电子设备制造业	110	110	79	104	59
仪器仪表及文化、办公用机械制造业	45	45	33	40	19
工艺品及其他制造业	16	16	12	13	7
废弃资源和废旧材料回收加工业					
电力、燃气及水的生产和供应业	7	7	5	2	2
电力、热力的生产和供应业	6	6	5	2	2
燃气生产和供应业					
水的生产和供应业	1	1			
三、按隶属关系分					
中央	4	4	4	1	1
省	16	16	13	15	5
设区市	35	35	20	29	16
县(区、市)	47	47	24	40	17
其他	832	832	529	697	362
四、按地区分					
福州市	228	228	201	198	69
厦门市	160	160	72	132	51
莆田市	46	46	31	43	26
三明市	76	76	49	59	23
泉州市	192	192	125	169	125
漳州市	83	83	40	60	42
南平市	57	57	28	40	25
龙岩市	69	69	34	59	29
宁德市	30	30	14	22	11

单位：万元

从业人员平均人数（人）	工业总产值	主营业务收入	利润总额	年末固定资产原价	生产经营用机器设备原价	微电子控制设备原价
1927	170189	161229	11274	40310	27984	7449
2156	25942	26431	1080	9770	4947	1167
7005	114954	110342	4049	28260	9117	475
2849	77233	70219	4346	20059	8349	268
599	9167	8746	-123	11942	4981	2611
1674	52409	58193	4626	29801	9585	3575
1185	60479	61852	10492	33178	20825	3247
808	57936	57912	1932	5584	2836	159
224	138947	133157	5787	15363	7370	396
6907	624590	619217	48065	147705	79057	9440
5445	285668	268800	34448	111427	44559	11676
400	66648	63841	5317	17973	16972	1252
1066	25435	25743	1267	8127	5951	1170
5636	481376	459747	33635	163762	56592	14175
9456	311757	301006	23520	170772	76764	10111
956	298740	297432	-2059	52646	37171	11276
956	163090	160817	6283	21653	12802	4579
3807	160338	148432	4158	41972	24476	713
7438	402596	385911	15537	99955	49016	4545
12477	632854	579585	73703	152640	81087	14634
7353	371580	353000	34955	132930	68034	9176
11246	670278	655638	72194	98490	58679	8562
16154	615634	594812	44676	159619	87537	34256
5769	227240	220547	23884	40432	22600	5867
4305	94905	94199	4358	18676	6867	450
1039	363299	352894	-59102	1187459	613392	40790
944	362749	352370	-59108	1184033	613358	40756
95	551	524	6	3426	34	34
670	342556	333845	-54501	1068669	505493	41535
2306	120729	117640	5110	34292	18004	2157
6302	392201	380521	37422	90507	47729	8163
6125	471440	420993	39656	103168	53899	18046
119633	6548959	6325296	490811	1786814	922261	145818
29753	2579642	2428323	123989	1246226	547850	86738
23326	1467387	1454897	129584	490775	237694	59349
8117	494046	487373	28307	84001	37929	11575
8540	450423	430422	27048	124568	67976	8747
35224	1390155	1343060	127474	689541	376625	25641
10881	590398	574642	27102	201183	141159	12110
7530	265573	246466	15605	85700	44337	1790
7200	424660	408532	27891	125654	74325	7196
4465	213599	204581	11498	35802	19493	2573

4-20 规模以上小型工业企业科技活动人员情况

单位：人

项目	科技活动人员合计	#参加科技项目人员	#科技管理和服务人员	#全时人员	#非全时人员	#科学家和工程师	高中级技术职称人员	#R&D人员
总计	**19484**	**16984**	**1934**	**9735**	**9749**	**13779**	**6206**	**11557**
总计中：国有控股企业	1016	966	48	584	432	753	365	631
一、按登记注册类型分								
内资企业	12907	11269	1270	6231	6676	9138	4214	7658
国有企业	168	158	10	48	120	99	66	107
集体企业	73	62	7	19	54	32	18	22
股份合作企业	116	60	46	44	72	68	40	64
联营企业	25	25		7	18	24	23	16
国有联营企业	9	9			9	9	8	
集体联营企业	1	1			1	1	1	1
国有与集体联营企业								
其他联营企业	15	15		7	8	14	14	15
有限责任公司	3218	2764	279	1631	1587	2444	1137	2118
国有独资公司	260	257	2	211	49	246	114	253
其他有限责任公司	2958	2507	277	1420	1538	2198	1023	1865
股份有限公司	566	498	29	213	353	370	154	425
私营企业	8671	7638	893	4227	4444	6036	2754	4868
私营独资企业	219	157	54	93	126	133	79	43
私营合作企业	133	88	45	21	112	81	56	65
私营有限责任公司	8097	7178	787	3978	4119	5629	2545	4571
私营股份有限公司	222	215	7	135	87	193	74	189
其他企业	70	64	6	42	28	65	22	38
港、澳、台商投资企业	3668	3066	454	1864	1804	2517	1131	2060
合资经营企业(港或澳、台资)	1351	1160	138	670	681	1012	488	601
合作经营企业(港或澳、台资)								
港澳台商独资经营企业	2314	1903	316	1194	1120	1505	643	1459
港澳台商投资股份有限公司	3	3			3			
外商投资企业	2909	2649	210	1640	1269	2124	861	1839
中外合资经营企业	1265	1150	96	706	559	944	385	842
中外合作经营企业	15	14	1	4	11	14	9	14
外资企业	1629	1485	113	930	699	1166	467	983
外商投资股份有限公司								
二、按工业行业大类分								
采矿业	74	66	7	13	61	59	37	35
煤炭开采和洗选业	13	13			13	6	5	
石油和天然气开采业								
黑色金属矿采选业	11	9	2	2	9	9	5	11
有色金属矿采选业	9	9			9	9	8	
非金属矿采选业	41	35	5	11	30	35	19	24
其他采矿业								
制造业	19085	16602	1919	9518	9567	13419	6018	11260
农副食品加工业	934	794	138	326	608	639	297	529
食品制造业	582	502	80	271	311	468	189	316
饮料制造业	460	402	53	264	196	330	161	303
烟草制品业								
纺织业	254	184	45	117	137	147	81	138

4-20 续表　　单位：人

项　　目	科技活动人员合计	#参加科技项目人员	#科技管理和服务人员	#全时人员	#非全时人员	#科学家和工程师	高中级技术职称人员	#R&D人员
纺织服装、鞋、帽制造业	72	62	8	29	43	42	13	48
皮革、毛皮、羽毛(绒)及其制品业	459	386	60	284	175	303	119	308
木材加工及木、竹、藤、棕、草制品业	186	163	9	57	129	124	74	110
家具制造业	36	36		14	22	29	17	32
造纸及纸制品业	163	152	11	61	102	78	30	39
印刷业和记录媒介的复制	200	113	54	89	111	115	62	70
文教体育用品制造业	115	88	19	18	97	72	21	54
石油加工、炼焦及核燃料加工业	50	46	4	38	12	25	15	46
化学原料及化学制品制造业	1174	957	127	429	745	760	395	426
医药制造业	1005	911	79	701	304	803	368	689
化学纤维制造业	50	50		36	14	45	26	38
橡胶制品业	78	60	14	38	40	47	19	27
塑料制品业	670	611	41	345	325	462	204	368
非金属矿物制品业	1110	951	122	506	604	732	366	633
黑色金属冶炼及压延加工业	155	122	11	93	62	100	50	34
有色金属冶炼及压延加工业	151	134	11	82	69	94	43	65
金属制品业	619	574	37	258	361	444	167	374
通用设备制造业	1039	859	164	364	675	726	442	429
专用设备制造业	1986	1764	182	969	1017	1539	687	1281
交通运输设备制造业	1026	901	71	608	418	697	287	638
电气机械及器材制造业	2009	1797	145	949	1060	1416	570	1148
通信设备、计算机及其他电子设备制造业	3123	2713	335	1758	1365	2103	732	2113
仪器仪表及文化、办公用机械制造业	1065	996	59	619	446	844	475	742
工艺品及其他制造业	314	274	40	195	119	235	108	262
废弃资源和废旧材料回收加工业								
电力、燃气及水的生产和供应业	325	316	8	204	121	301	151	262
电力、热力的生产和供应业	325	316	8	204	121	301	151	262
燃气生产和供应业								
水的生产和供应业								
三、按隶属关系分组								
中央	257	254	3	229	28	239	125	254
省	617	606	10	300	317	492	185	436
设区市	847	743	97	393	454	572	240	450
县(区、市)	892	756	83	365	527	643	290	562
其他	16871	14625	1741	8448	8423	11833	5366	9855
四、按地区分组								
福州市	4979	4841	129	2833	2146	3988	1706	4428
厦门市	4170	3889	262	2333	1837	2816	1034	1747
莆田市	1201	865	275	473	728	655	295	543
三明市	845	826	19	284	561	588	358	499
泉州市	4403	3524	639	1905	2498	2989	1376	2666
漳州市	1655	1232	278	842	813	1243	593	769
南平市	796	641	114	397	399	532	308	314
龙岩市	1031	817	163	468	563	702	381	407
宁德市	404	349	55	200	204	266	155	184

4-21 规模以上小型工业企业科技活动经费筹集情况

单位：万元

项目	科技活动经费筹集总额	企业资金	金融机构贷款	政府资金	国外资金	其他资金
总计	**356914**	**267010**	**47612**	**16959**	**5227**	**20107**
总计中：国有控股企业	16205	14649	1106	387		63
一、按登记注册类型分						
内资企业	214607	159209	33268	13251		8879
国有企业	1324	1267		57		
集体企业	435	431		4		
股份合作企业	2920	1038	1600	270		12
联营企业	1074	1072				2
国有联营企业	992	992				
集体联营企业	7	5				2
国有与集体联营企业						
其他联营企业	75	75				
有限责任公司	53816	46547	5232	1779		258
国有独资公司	1321	1262		59		
其他有限责任公司	52495	45285	5232	1721		258
股份有限公司	7919	4934	1508	1474		3
私营企业	146372	103585	24588	9595		8604
私营独资企业	1523	1103	210	190		20
私营合作企业	2756	1953	600	2		201
私营有限责任公司	136700	98115	21310	8893		8383
私营股份有限公司	5393	2414	2468	511		
其他企业	748	336	340	72		
港、澳、台商投资企业	67968	53930	9640	2697	227	1474
合资经营企业(港或澳、台资)	20891	15788	3643	613	75	772
合作经营企业(港或澳、台资)						
港澳台商独资经营企业	47063	38127	5997	2084	152	702
港澳台商投资股份有限公司	15	15				
外商投资企业	74339	53871	4704	1011	5000	9753
中外合资经营企业	32171	19028	3217	350		9575
中外合作经营企业	36	36				
外资企业	42132	34807	1487	661	5000	178
外商投资股份有限公司						
二、按工业行业大类分						
采矿业	2116	2024	50	35		6
煤炭开采和洗选业	117	117				
石油和天然气开采业						
黑色金属矿采选业	80	60		20		
有色金属矿采选业	992	992				
非金属矿采选业	926	855	50	15		6
其他采矿业						
制造业	352334	262634	47562	16810	5227	20100
农副食品加工业	24155	18222	2703	2572		658
食品制造业	13359	8261	3838	525	75	660
饮料制造业	17047	11008	5635	383		21
烟草制品业						
纺织业	5369	4381	674	274		40

4-21 续表　　单位：万元

项　　目	科技活动经费筹集总额	企业资金	金融机构贷　　款	政府资金	国外资金	其他资金
纺织服装、鞋、帽制造业	2854	2788		56		10
皮革、毛皮、羽毛(绒)及其制品业	4737	4527	200	10		
木材加工及木、竹、藤、棕、草制品业	4397	4022	276	94		5
家具制造业	189	189				
造纸及纸制品业	1551	995		23		533
印刷业和记录媒介的复制	2430	1200	1140	50		40
文教体育用品制造业	1571	1543		28		
石油加工、炼焦及核燃料加工业	2606	2328	278			
化学原料及化学制品制造业	26575	23074	2330	869		303
医药制造业	15492	9570	3540	2272		110
化学纤维制造业	3100	2280	800	20		
橡胶制品业	1861	1092		769		
塑料制品业	16694	13725	2260	700	2	7
非金属矿物制品业	17023	10385	2118	735		3785
黑色金属冶炼及压延加工业	4512	4322		10		180
有色金属冶炼及压延加工业	7744	3809	3526	109		300
金属制品业	6138	5455	450	136		97
通用设备制造业	16247	13092	2015	661		478
专用设备制造业	41754	33409	6198	1740		408
交通运输设备制造业	15148	11332	2005	646		1166
电气机械及器材制造业	37486	25186	1870	744		9686
通信设备、计算机及其他电子设备制造业	40323	33656	3360	2745	150	412
仪器仪表及文化、办公用机械制造业	18637	10583	1297	556	5000	1203
工艺品及其他制造业	3336	2201	1050	85		
废弃资源和废旧材料回收加工业						
电力、燃气及水的生产和供应业	2465	2352		114		
电力、热力的生产和供应业	2465	2352		114		
燃气生产和供应业						
水的生产和供应业						
三、按隶属关系分组						
中央	1487	1453		34		
省	6782	6618		164		
设区市	25084	12936	2246	406		9496
县(区、市)	13640	8749	3407	1399		85
其他	309922	237254	41959	14956	5227	10526
四、按地区分组						
福州市	105434	79590	14055	3662	5077	3051
厦门市	77485	53610	9627	4204		10044
莆田市	24744	21530	2200	502	150	362
三明市	13741	10895	1038	1690		118
泉州市	75762	54802	10470	4677		5812
漳州市	24036	18322	4408	1113		193
南平市	11852	8973	2542	279		58
龙岩市	18706	15655	2165	726		160
宁德市	5155	3633	1107	106		309

4-22 规模以上小型工业企业

项目	科技活动经费支出总额	内部经费支出	#经常费支出	劳务费	原材料费	购买和自制设备支出	其他
总计	**362719**	**350251**	**304749**	**67631**	**111307**	**80577**	**45234**
总计中：国有控股企业	16067	15396	15165	3594	7454	2954	1164
一、按登记注册类型分							
内资企业	205079	197695	178703	39734	64862	50726	23382
国有企业	1505	1388	1174	254	411	460	49
集体企业	497	497	491	346	29	62	54
股份合作企业	2189	2164	2061	917	640	418	86
联营企业	1074	1073	1073	114	470	489	1
国有联营企业	992	992	992	59	464	469	
集体联营企业	7	6	6	3		3	1
国有与集体联营企业							
其他联营企业	75	75	75	52	6	17	
有限责任公司	51513	49394	46035	11464	17346	13285	3941
国有独资公司	1274	1080	1075	918	54	52	52
其他有限责任公司	50239	48314	44960	10545	17292	13233	3889
股份有限公司	9413	8694	7666	1634	4828	647	556
私营企业	138142	133739	119458	24543	40907	35319	18690
私营独资企业	1555	1541	1467	318	261	492	397
私营合作企业	7019	6990	6749	441	5370	851	88
私营有限责任公司	124999	120681	106722	22014	33091	33542	18076
私营股份有限公司	4569	4527	4520	1772	2184	435	129
其他企业	748	746	746	463	231	46	6
港、澳、台商投资企业	69028	67434	61530	13566	20609	19224	8131
合资经营企业(港或澳、台资)	20086	19802	18465	4633	7426	4282	2124
合作经营企业(港或澳、台资)							
港澳台商独资经营企业	48927	47617	43050	8926	13183	14934	6007
港澳台商投资股份有限公司	15	15	15	7		7	
外商投资企业	88612	85122	64515	14331	25836	10628	13720
中外合资经营企业	31890	31668	30987	5556	10808	4047	10576
中外合作经营企业	33	33	33	29		3	
外资企业	56690	53422	33496	8746	15028	6577	3144
外商投资股份有限公司							
二、按工业行业大类分							
采矿业	2101	1905	1825	244	793	742	45
煤炭开采和洗选业	98	98	98	12		75	11
石油和天然气开采业							
黑色金属矿采选业	58	58	58	11	8	32	8
有色金属矿采选业	992	992	992	59	464	469	
非金属矿采选业	953	758	677	162	321	167	27
其他采矿业							
制造业	357976	345706	300488	66309	110283	78808	45087
农副食品加工业	24136	22192	21062	3151	5970	7834	4106
食品制造业	17944	17182	12317	1786	3850	5119	1562
饮料制造业	9124	8953	8674	1675	3015	2715	1270
烟草制品业							

科技活动经费支出情况

单位：万元

#科研基建支出	#固定资产购建	设备购置	#新产品开发经费支出	外部经费支出	#对研究院所及高等学校支出	#对其他企业支出
45502	**126079**	**89885**	**253212**	**12468**	**5617**	**6042**
231	3185	2973	11418	670	573	90
18992	69717	56664	145084	7384	4161	2452
215	675	469	705	117	67	44
6	68	65	417			
103	521	521	1507	25		8
	489	489	81	1		
	469	469				
	3	3	6	1		
	17	17	75			
3359	16644	14385	38803	2118	1665	229
5	57	52	93	193	176	18
3354	16587	14333	38710	1925	1489	212
1028	1676	1247	6558	719	687	32
14281	49599	39443	96268	4403	1741	2140
74	566	560	711	14	4	1
241	1091	977	1137	29	18	11
13959	47500	37469	89939	4318	1715	2091
7	442	437	4481	42	5	37
	46	46	746	3	3	
5904	25128	21380	51798	1594	894	661
1337	5619	4760	14484	284	166	118
4567	19501	16612	37299	1310	729	543
	7	7	15			
20607	31234	11842	56330	3490	561	2929
681	4728	4412	28203	222	206	15
	3	3	33			
19926	26503	7426	28095	3269	355	2914
81	823	823	478	195	176	18
	75	75				
	32	32				
	469	469				
81	247	247	478	195	176	18
45218	124027	88036	252204	12270	5439	6023
1130	8964	8496	18747	1944	701	1243
4865	9984	5508	10049	762	659	103
279	2993	2775	4960	171	54	117

4-22 续表

项目	科技活动经费支出总额	内部经费支出	#经常费支出	劳务费	原材料费	购买和自制设备支出	其他
纺织业	5311	5244	5211	1425	1040	2252	494
纺织服装、鞋、帽制造业	1910	1890	1740	228	291	1134	88
皮革、毛皮、羽毛(绒)及其制品业	4116	4116	4116	1510	2033	464	109
木材加工及木、竹、藤、棕、草制品业	4513	4382	2632	236	840	1382	174
家具制造业	219	219	219	76	34	100	9
造纸及纸制品业	1909	1797	1742	444	528	614	156
印刷业和记录媒介的复制	2357	2357	2330	647	593	927	162
文教体育用品制造业	1657	1657	1657	562	549	250	296
石油加工、炼焦及核燃料加工业	2531	2498	2483	113	1046	935	390
化学原料及化学制品制造业	28892	27870	24939	3571	13039	5920	2409
医药制造业	14764	13479	12238	2651	5141	3502	945
化学纤维制造业	4380	4360	2360	218	849	1282	11
橡胶制品业	1462	1462	1462	252	380	787	44
塑料制品业	15506	15426	14645	2238	5968	3473	2966
非金属矿物制品业	15265	14788	12127	2463	4064	4104	1496
黑色金属冶炼及压延加工业	2716	2667	2665	325	628	1660	52
有色金属冶炼及压延加工业	8643	8643	7734	650	2271	3939	875
金属制品业	5768	5768	5644	1565	1767	1631	681
通用设备制造业	19300	19062	18610	3274	9617	4334	1386
专用设备制造业	57910	56844	36655	9455	16470	7506	3224
交通运输设备制造业	18960	17438	15218	4578	5739	2778	2122
电气机械及器材制造业	35635	33457	33160	6901	11092	4391	10776
通信设备、计算机及其他电子设备制造业	39975	39001	37333	11762	9273	7760	8539
仪器仪表及文化、办公用机械制造业	8495	8378	8327	3462	2794	1424	647
工艺品及其他制造业	4576	4576	3189	1094	1404	591	100
废弃资源和废旧材料回收加工业							
电力、燃气及水的生产和供应业	2643	2640	2437	1078	231	1027	102
电力、热力的生产和供应业	2440	2437	2437	1078	231	1027	102
燃气生产和供应业							
水的生产和供应业	203	203					
三、按隶属关系分							
中央	1808	1578	1575	1053	22	431	69
省	6527	6424	6330	2609	1824	1086	811
设区市	25481	24854	23692	4470	6830	3209	9183
县(区、市)	14152	13323	12104	2642	4879	3309	1274
其他	314752	304073	261047	56857	97751	72541	33897
四、按地区分							
福州市	103427	100811	90433	22271	35802	19691	12669
厦门市	96347	93028	72327	14367	22808	16117	19035
莆田市	21768	21172	19562	4631	7252	6116	1563
三明市	13270	12582	11933	1869	3312	5735	1018
泉州市	70014	67282	62784	14897	22246	18431	7210
漳州市	25862	25034	22419	4899	10959	5136	1425
南平市	10838	10544	7895	1412	2592	3201	690
龙岩市	15706	14619	12932	2251	4853	4559	1269
宁德市	5488	5179	4465	1035	1484	1592	354

单位：万元

#科研基建支出	#固定资产购建	设备购置	#新产品开发经费支出	外部经费支出	#对研究院所及高等学校支出	#对其他企业支出
33	2285	2264	5161	67	48	20
150	1284	1204	1629	20		
	464	464	4098			
1750	3132	1463	1798	131	101	30
	100	100	131			
55	668	645	1697	112	104	6
27	955	946	468			
	250	250	1537			
15	950	937	2222	32	11	21
2932	8852	6927	21778	1022	806	118
1241	4743	3934	11129	1285	1108	168
2000	3282	3182	2280	20	20	
	787	787	1332			
781	4254	3552	10726	80	39	
2661	6765	4974	9074	477	377	69
2	1662	1662	2175	49	5	
909	4847	3969	7364			
124	1755	1681	5073	1	1	
453	4786	4470	11249	238	162	42
20190	27696	8261	35094	1066	468	258
2221	4999	3525	11269	1522	197	1303
298	4688	4556	28648	2178	262	1886
1668	9427	8722	33593	974	248	602
50	1475	1465	6291	117	71	36
1387	1978	1319	2633			
203	1230	1027	530	3	2	1
	1027	1027	530	3	2	1
203	203					
2	433	432	24	230	230	
94	1181	1178	5649	103	81	16
1162	4371	3676	22882	626	467	160
1218	4528	3869	9471	829	743	32
43025	115567	80730	215186	10680	4096	5834
10378	30068	23808	76484	2616	485	1738
20701	36818	16980	60061	3319	1123	2196
1610	7726	6611	16293	596	586	10
649	6384	5916	8318	688	499	189
4498	22929	20306	55064	2732	1054	1605
2616	7752	5692	17991	828	501	157
2649	5850	3579	5210	294	227	22
1688	6246	5346	10216	1087	876	85
714	2306	1647	3575	309	267	41

4-23 规模以上小型工业企业

项目	R&D人员折合全时当量(人年)	#科学家和工程师	#全时人员	按活动类型分			R&D经费内部支出
				基础研究	应用研究	试验发展	
总计	**9600**	**7762**	**8603**			**9600**	**191130**
总计中：国有控股企业	559	509	524			559	9662
一、按登记注册类型分							
内资企业	6257	5185	5568			6257	112608
国有企业	60	38	41			60	890
集体企业	11	8	8			11	29
股份合作企业	57	48	52			57	1963
联营企业	16	13	16			16	81
国有联营企业							
集体联营企业	1					1	6
国有与集体联营企业							
其他联营企业	15	12	15			15	75
有限责任公司	1891	1650	1756			1892	30439
国有独资公司	244	232	238			244	1063
其他有限责任公司	1648	1418	1518			1648	29376
股份有限公司	281	225	217			281	6083
私营企业	3905	3164	3441			3905	72504
私营独资企业	37	29	32			37	608
私营合作企业	41	41	27			41	828
私营有限责任公司	3654	2936	3215			3654	66744
私营股份有限公司	173	157	167			173	4325
其他企业	38	38	38			38	620
港、澳、台商投资企业	1763	1368	1604			1763	38758
合资经营企业(港或澳、台资)	519	402	472			519	8544
合作经营企业(港或澳、台资)							
港澳台商独资经营企业	1243	966	1132			1243	30213
港澳台商投资股份有限公司							
外商投资企业	1580	1209	1431			1580	39764
中外合资经营企业	727	571	659			727	17633
中外合作经营企业	14	14	14			14	33
外资企业	838	624	758			838	22099
外商投资股份有限公司							
二、按工业行业大类分							
采矿业	16	15	9			16	647
煤炭开采和洗选业							
石油和天然气开采业							
黑色金属矿采选业	3	3	1			3	58
有色金属矿采选业							
非金属矿采选业	13	11	8			13	589
其他采矿业							
制造业	9359	7533	8382			9359	188727
农副食品加工业	391	312	335			391	14509
食品制造业	263	244	231			263	8463
饮料制造业	271	219	249			271	5398

研究与试验发展(R&D)情况

单位：万元

经常费支出	人员劳务费	按活动类型分：基础研究	应用研究	试验发展	#R&D科研基建支出	内部支出中:固定资产购建支出	设备购置	R&D经费外部支出
189515	**45193**		**2**	**189513**	**1616**	**49154**	**48173**	**8033**
9661	2329			9661	1	974	974	571
111526	25748		2	111524	1082	31946	31283	4013
889	157			889	1	404	403	117
29	17			29		2	2	
1953	831			1953	10	425	425	
81	54			81		20	20	1
6	3			6		3	3	1
75	52			75		17	17	
30178	7774		1	30177	262	8106	7926	1342
1063	913			1063		48	48	180
29114	6861		1	29113	262	8057	7878	1163
6003	1326			6003	80	659	635	641
71775	15222		1	71774	729	22311	21853	1913
608	167			608		200	200	1
807	103			807	21	28	17	29
66036	13263		1	66036	708	21714	21267	1843
4324	1690			4324	1	370	369	39
620	368			620		20	20	
38324	9046			38324	433	11167	10890	1280
8529	2324			8529	15	1802	1794	74
29795	6723			29795	418	9365	9096	1206
39665	10398			39665	100	6041	6000	2739
17599	3990			17599	34	3204	3176	114
33	29			33		3	3	
22033	6379			22033	66	2834	2821	2625
640	154			640	8	184	184	182
58	11			58		32	32	
582	143			582	8	152	152	182
187119	44142		2	187118	1608	48263	47283	7848
14412	2230			14412	98	3877	3843	442
8267	1105			8267	196	3778	3594	681
5398	883			5398		1875	1875	126

4-23 续表

项目	R&D人员折合全时当量(人年)	#科学家和工程师	#全时人员	按活动类型分 基础研究	应用研究	试验发展	R&D经费内部支出
纺织业	111	93	99			111	3072
纺织服装、鞋、帽制造业	39	31	38			39	573
皮革、毛皮、羽毛(绒)及其制品业	294	213	288			294	3094
木材加工及木、竹、藤、棕、草制品业	82	63	66			82	1315
家具制造业	24	17	21			24	211
造纸及纸制品业	25	13	18			25	302
印刷业和记录媒介的复制	54	32	46			54	381
文教体育用品制造业	52	41	51			52	1325
石油加工、炼焦及核燃料加工业	45	25	45			45	2485
化学原料及化学制品制造业	318	270	258			318	14364
医药制造业	636	563	598			636	8685
化学纤维制造业	36	36	35			36	2373
橡胶制品业	22	11	19			22	259
塑料制品业	330	259	308			330	8769
非金属矿物制品业	474	384	416			474	6830
黑色金属冶炼及压延加工业	32	26	31			32	1703
有色金属冶炼及压延加工业	52	39	44			52	5231
金属制品业	247	178	182			247	3183
通用设备制造业	310	236	252			310	6334
专用设备制造业	999	863	883			999	27836
交通运输设备制造业	562	416	512			562	9327
电气机械及器材制造业	924	753	813			923	15536
通信设备、计算机及其他电子设备制造业	1875	1424	1727			1875	27629
仪器仪表及文化、办公用机械制造业	655	578	597			655	6344
工艺品及其他制造业	239	194	222			239	3195
废弃资源和废旧材料回收加工业							
电力、燃气及水的生产和供应业	225	215	212			225	1756
电力、热力的生产和供应业	224	214	212			224	1756
燃气生产和供应业							
水的生产和供应业							
三、按隶属关系分							
中央	237	222	233			237	1576
省	374	326	336			374	4911
设区市	376	262	332			376	8808
县(区、市)	415	359	352			415	7718
其他	8197	6593	7351			8197	168117
四、按地区分							
福州市	3931	3273	3661			3931	80816
厦门市	1236	951	1027			1236	28161
莆田市	462	340	407			462	12275
三明市	364	257	293			364	6480
泉州市	2227	1789	1992			2227	37700
漳州市	633	557	559			633	14912
南平市	266	219	236			266	2618
龙岩市	316	255	271			316	5991
宁德市	167	120	156			167	2178

单位：万元

经常费支出	人员劳务费	基础研究	应用研究	试验发展	#R&D科研基建支出	内部支出中：固定资产购建支出	设备购置	R&D经费外部支出
		按活动类型分						
3069	1258			3069	3	1132	1130	26
558	137			558	15	277	269	20
3094	1002			3094		464	464	
1245	147			1245	70	634	570	45
211	69			211		100	100	
302	134			302		50	50	3
381	148			381	0	77	77	
1325	366			1325		232	232	
2483	113			2483	2	936	935	32
14241	1410			14241	123	3858	3774	364
8607	1861			8607	78	1911	1862	1056
2180	203			2180	193	1350	1341	19
259	91			259		40	40	
8766	1307			8766	4	2660	2659	80
6663	1481			6663	167	2390	2267	312
1703	118			1703		1252	1252	
5149	211			5149	83	2958	2875	
3174	847			3174	9	1139	1135	
6315	1453			6315	19	1496	1478	99
27739	8015			27739	97	4167	4113	912
9170	3031			9170	157	1440	1318	1318
15518	3950		2	15516	18	2883	2879	1617
27486	8800			27486	143	5509	5439	680
6341	2729			6341	3	1067	1066	15
3064	1048			3064	131	713	648	
1756	898			1756		707	707	3
1756	898			1756		707	707	3
1575	1053			1575	0	431	431	230
4902	2197			4902	10	750	750	103
8693	2641			8693	116	1332	1263	560
7642	1457			7642	76	1777	1754	726
166703	37844		2	166701	1415	44863	43976	6414
80153	20736		0	80153	663	18054	17736	2491
28091	6000			28091	71	7528	7498	2366
12117	2825			12117	158	3706	3597	236
6450	1157			6450	30	2880	2862	442
37327	9820		0	37327	373	9543	9302	1174
14694	2747		1	14693	217	3284	3100	554
2539	509			2539	79	1136	1071	74
5971	928			5971	20	2380	2366	460
2173	470			2173	5	642	642	237

4-24 规模以上小型工业企业办科技机构情况

项　　目	企业办科技机构数合计（个）	科技活动人员（人）	#博士毕业	#硕士毕业	机构科技经费内部支出（万元）	仪器设备（万元）
总　　计	**408**	**7847**	**202**	**498**	**130097**	**112559**
总计中：国有控股企业	17	313	4	13	7395	2210
一、按登记注册类型分						
内资企业	255	4736	131	365	67712	62927
国有企业	5	72		2	342	621
集体企业	2	8			27	291
股份合作企业	4	64	4	1	1633	311
联营企业						
国有联营企业						
集体联营企业						
国有与集体联营企业						
其他联营企业						
有限责任公司	64	1297	38	90	21205	32550
国有独资公司	1	12			172	75
其他有限责任公司	63	1285	38	90	21033	32475
股份有限公司	9	214	12	23	5273	2607
私营企业	171	3081	77	249	39233	26547
私营独资企业	2	15		3	115	162
私营合作企业	3	63	2	4	1016	241
私营有限责任公司	159	2833	72	224	34014	25691
私营股份有限公司	7	170	3	18	4088	453
其他企业						
港、澳、台商投资企业	97	1919	43	85	35987	34153
合资经营企业(港或澳、台资)	33	751	16	28	10704	20820
合作经营企业(港或澳、台资)						
港澳台商独资经营企业	64	1168	27	57	25283	13333
港澳台商投资股份有限公司						
外商投资企业	56	1192	28	48	26399	15479
中外合资经营企业	23	549	18	24	13822	6774
中外合作经营企业						
外资企业	33	643	10	24	12577	8705
外商投资股份有限公司						
二、按工业行业大类分						
采矿业	1	12			172	75
煤炭开采和洗选业						
石油和天然气开采业						
黑色金属矿采选业						
有色金属矿采选业						
非金属矿采选业	1	12			172	75
其他采矿业						
制造业	405	7766	202	498	128936	106964
农副食品加工业	16	464	17	35	8113	4999
食品制造业	11	171	6	6	6657	2702
饮料制造业	9	153	15	22	3407	2627
烟草制品业						
纺织业	6	58			3038	1261

4-24 续表

项　　目	企业办科技机构数合计(个)	科技活动人员(人)	#博士毕业	#硕士毕业	机构科技经费内部支出(万元)	仪器设备(万元)
纺织服装、鞋、帽制造业	5	51	1	2	1520	400
皮革、毛皮、羽毛(绒)及其制品业	10	276			3471	750
木材加工及木、竹、藤、棕、草制品业	5	66	8	11	384	383
家具制造业	2	9			143	601
造纸及纸制品业	3	60			326	82
印刷业和记录媒介的复制	5	74			1686	14037
文教体育用品制造业	3	78			1537	776
石油加工、炼焦及核燃料加工业	3	44	3	2	2222	100
化学原料及化学制品制造业	41	540	22	45	14830	7526
医药制造业	23	563	35	97	7154	4124
化学纤维制造业	2	50		2	2280	300
橡胶制品业	2	35		2	252	425
塑料制品业	14	259	2	10	4402	5000
非金属矿物制品业	20	426	17	25	4471	6228
黑色金属冶炼及压延加工业	3	64	3	10	831	9476
有色金属冶炼及压延加工业	2	24	1	2	1200	383
金属制品业	11	216	2	8	1373	1022
通用设备制造业	26	310	8	17	6600	4091
专用设备制造业	49	876	13	53	13333	5349
交通运输设备制造业	22	358	4	9	8685	9791
电气机械及器材制造业	26	635	16	36	7612	7310
通信设备、计算机及其他电子设备制造业	60	1285	22	78	16551	12719
仪器仪表及文化、办公用机械制造业	19	427	6	23	4154	2197
工艺品及其他制造业	7	194	1	3	2706	2306
废弃资源和废旧材料回收加工业						
电力、燃气及水的生产和供应业	2	69			990	5520
电力、热力的生产和供应业	2	69			990	5520
燃气生产和供应业						
水的生产和供应业						
三、按隶属关系分						
中央	1	20		1	131	75
省	5	143	3	11	2808	1356
设区市	16	352	10	14	7771	16554
县(区、市)	18	408	11	20	8791	17863
其他	368	6924	178	452	110597	76711
四、按地区分						
福州市	70	1410	37	117	26301	19796
厦门市	51	1283	52	144	20678	14224
莆田市	26	605	20	36	15679	8505
三明市	23	241	17	25	2384	3809
泉州市	130	2410	47	106	39769	27361
漳州市	43	975	13	29	15182	18028
南平市	25	370	9	20	3475	2180
龙岩市	29	423	5	15	4455	15739
宁德市	11	130	2	6	2174	2918

4-25 规模以上小型工业企业新产品产出和专利情况

项目	新产品产值(万元)	新产品销售收入(万元)		专利申请数(件)		拥有发明专利数(件)
			出口		发明专利	
总计	**1875299**	**1757116**	**289180**	**989**	**334**	**872**
总计中：国有控股企业	43998	39307	926	16	9	15
一、按登记注册类型分						
内资企业	1071248	991730	126666	698	219	559
国有企业	8398	7811		6		
集体企业	1704	1688	1000	16	11	2
股份合作企业	18135	18215		1	1	1
联营企业	16770	16739				
国有联营企业						
集体联营企业	15743	15743				
国有与集体联营企业						
其他联营企业	1027	996				
有限责任公司	141824	130800	10569	135	39	83
国有独资公司	12	12				
其他有限责任公司	141812	130788	10569	135	39	83
股份有限公司	24234	19283	1398	16	10	38
私营企业	834166	784926	113699	521	158	435
私营独资企业	21914	24096		2	2	1
私营合作企业	2643	2494		16	8	
私营有限责任公司	789970	739668	111171	496	148	427
私营股份有限公司	19639	18668	2528	7		7
其他企业	26019	12268		3		
港、澳、台商投资企业	421979	397379	57859	155	62	203
合资经营企业(港或澳、台资)	147811	129248	14938	79	45	160
合作经营企业(港或澳、台资)						
港澳台商独资经营企业	274132	268092	42920	76	17	43
港澳台商投资股份有限公司	36	40				
外商投资企业	382072	368007	104655	136	53	110
中外合资经营企业	107973	102839	19614	47	18	31
中外合作经营企业	701	790				
外资企业	273398	264378	85042	89	35	79
外商投资股份有限公司						
二、按工业行业大类分						
采矿业	32710	32699				
煤炭开采和洗选业						
石油和天然气开采业						
黑色金属矿采选业						
有色金属矿采选业						
非金属矿采选业	32710	32699				
其他采矿业						
制造业	1833862	1717014	289180	989	334	872
农副食品加工业	117036	107651	18670	66	33	23
食品制造业	52838	53238	1607	8	3	18
饮料制造业	33867	28505	2376	27	6	10

4-25 续表

单位：万元

项　　目	新产品产　值（万元）	新 产 品销售收入（万元）	出口	专利申请数（件）	发明专利	拥有发明专利数（件）
纺织业	22507	22240	3952	3	1	
纺织服装、鞋、帽制造业	11408	11390	8092			
皮革、毛皮、羽毛(绒)及其制品业	43380	36464	9820	6	2	3
木材加工及木、竹、藤、棕、草制品业	17932	20644	3350	20	7	19
家具制造业	700	600	200	5	1	4
造纸及纸制品业	6261	6065	247	7	2	4
印刷业和记录媒介的复制	7562	7439				1
文教体育用品制造业	20425	21247	19074			
石油加工、炼焦及核燃料加工业	79785	84846				3
化学原料及化学制品制造业	147467	135202	10085	58	25	21
医药制造业	114103	109040	4916	43	34	36
化学纤维制造业	3400	3400				
橡胶制品业	7475	7358	390	4	2	
塑料制品业	219277	195490	18519	25	14	53
非金属矿物制品业	69871	68400	21096	30	15	20
黑色金属冶炼及压延加工业	32843	31123	2675	8	8	8
有色金属冶炼及压延加工业	29666	29087	4599	1	1	
金属制品业	77644	71297	39925	117	18	10
通用设备制造业	80338	77438	11272	57	12	31
专用设备制造业	140898	124913	11111	134	70	179
交通运输设备制造业	103115	93598	2176	31	7	48
电气机械及器材制造业	184818	172251	44766	126	30	37
通信设备、计算机及其他电子设备制造业	161244	154880	33114	133	30	106
仪器仪表及文化、办公用机械制造业	36423	31868	14651	75	11	198
工艺品及其他制造业	11582	11340	2496	5	2	40
废弃资源和废旧材料回收加工业						
电力、燃气及水的生产和供应业	8727	7403				
电力、热力的生产和供应业	8727	7403				
燃气生产和供应业						
水的生产和供应业						
三、按隶属关系分						
中央	5631	5631	9			1
省	26211	25200	47	30	20	8
设区市	72864	67819	7083	31	24	15
县(区、市)	72380	68456	3803	30	14	41
其他	1698214	1590010	278238	898	276	807
四、按地区分						
福州市	648080	604337	70953	222	86	248
厦门市	359419	339891	93701	339	103	130
莆田市	69975	65109	24333	47	25	13
三明市	94592	87986	3479	29	10	18
泉州市	356912	347705	53091	147	34	116
漳州市	151553	151987	20930	92	36	75
南平市	71556	60445	5314	52	13	184
龙岩市	61780	57004	6364	38	15	78
宁德市	61432	42652	11015	23	12	10

4-26 规模以上小型工业

项目	科技项目数(个)	#新产品开发项目数	#R&D项目数	参加项目人员合计(人)
总计	**1671**	**1385**	**1044**	**15950**
总计中：国有控股企业	83	57	50	908
一、按登记注册类型分				
内资企业	1116	922	706	10485
国有企业	11	8	8	152
集体企业	7	6	2	53
股份合作企业	9	8	4	51
联营企业	3	2	2	24
国有联营企业	1			9
集体联营企业				
国有与集体联营企业				
其他联营企业	2	2	2	15
有限责任公司	259	208	171	2572
国有独资公司	11	3	10	252
其他有限责任公司	248	205	161	2320
股份有限公司	57	51	46	448
私营企业	768	637	472	7121
私营独资企业	12	8	5	137
私营合作企业	6	4	2	88
私营有限责任公司	733	610	452	6681
私营股份有限公司	17	15	13	215
其他企业	2	2	1	64
港、澳、台商投资企业	308	251	165	2892
合资经营企业(港或澳、台资)	122	93	60	1063
合作经营企业(港或澳、台资)				
港澳台商独资经营企业	185	157	105	1826
港澳台商投资股份有限公司	1	1		3
外商投资企业	247	212	173	2573
中外合资经营企业	107	94	79	1101
中外合作经营企业	1	1	1	14
外资企业	139	117	93	1458
外商投资股份有限公司				

企业科技项目情况

科学家和工程师	高中级技术职称人员	参加项目人员实际工作时间（人年）	项目经费内部支出（万元）	#R&D项目支出	#新产品项目支出
12426	**5593**	**13928**	**275905**	**178942**	**231590**
735	360	827	14888	9519	11327
8235	3840	8932	157476	103207	129640
92	65	92	1074	863	665
25	14	29	430	28	417
43	21	42	1284	1176	1273
21	20	21	1067	75	75
9	8	4	992		
12	12	17	75	75	75
2142	998	2352	42190	28514	35341
240	112	283	968	958	66
1902	886	2068	41223	27556	35275
350	145	324	7354	5891	6251
5498	2555	6022	103433	66041	84974
93	55	86	1351	571	604
63	39	37	1934	807	1037
5150	2388	5686	97976	62687	81462
192	73	213	2172	1976	1872
64	22	51	645	620	645
2211	952	2617	56787	37300	46924
843	377	934	17316	8463	13331
1368	575	1681	39456	28837	33579
		2	15		15
1980	801	2380	61642	38435	55026
861	350	1022	29789	16918	27677
14	9	17	33	33	33
1105	442	1341	31821	21484	27317

4-26 续表1

项　　目	科技项目数(个)	#新产品开发项目数	#R&D项目数	参加项目人员合计(人)
三、按工业行业大类分				
采矿业	15	3	9	59
煤炭开采和洗选业	3			13
石油和天然气开采业				
黑色金属矿采选业	1		1	9
有色金属矿采选业	1			9
非金属矿采选业	10	3	8	28
其他采矿业				
制造业	1643	1381	1027	15575
农副食品加工业	87	67	59	751
食品制造业	39	32	21	488
饮料制造业	37	27	18	386
烟草制品业				
纺织业	23	21	17	184
纺织服装、鞋、帽制造业	11	6	9	62
皮革、毛皮、羽毛(绒)及其制品业	17	16	15	367
木材加工及木、竹、藤、棕、草制品业	31	16	19	152
家具制造业	8	6	7	36
造纸及纸制品业	13	10	4	152
印刷业和记录媒介的复制	16	9	10	106
文教体育用品制造业	16	15	4	88
石油加工、炼焦及核燃料加工业	4	3	4	46
化学原料及化学制品制造业	147	127	63	911
医药制造业	116	110	88	898
化学纤维制造业	4	4	3	50
橡胶制品业	6	5	3	60
塑料制品业	54	37	30	592
非金属矿物制品业	63	40	41	902
黑色金属冶炼及压延加工业	8	6	4	115
有色金属冶炼及压延加工业	13	10	7	134
金属制品业	51	42	29	571
通用设备制造业	92	79	49	818
专用设备制造业	195	167	126	1611
交通运输设备制造业	95	82	52	886
电气机械及器材制造业	146	120	97	1574
通信设备、计算机及其他电子设备制造业	239	226	165	2526
仪器仪表及文化、办公用机械制造业	100	89	73	871
工艺品及其他制造业	12	9	10	238
废弃资源和废旧材料回收加工业				
电力、燃气及水的生产和供应业	13	1	8	316
电力、热力的生产和供应业	13	1	8	316
燃气生产和供应业				
水的生产和供应业				

科学家和工程师	高中级技术职称人员	参加项目人员实际工作时间（人年）	项目经费内部支出（万元）	#R&D项目支出	#新产品项目支出
49	31	29	1685	562	429
6	5	4	98		
9	5	3	58	58	
9	8	4	992		
25	13	17	537	504	429
12076	5411	13620	271834	176674	231028
578	283	528	20324	14310	17377
428	176	416	11715	8230	9291
313	154	357	7885	5066	4684
135	73	171	4987	2849	4956
42	13	54	1710	528	1534
282	105	373	4029	3020	4014
114	67	119	1527	1187	1027
29	17	28	219	211	131
78	30	104	1714	292	906
60	35	84	2242	309	292
71	21	76	1623	1325	1504
25	15	51	2482	2482	2221
688	359	721	23209	13734	20789
766	352	914	11985	8527	10688
45	26	49	2280	2180	2280
43	17	59	1442	250	1312
443	200	601	13953	8686	10184
631	319	722	10999	5995	7865
78	31	98	2319	1703	1888
92	43	124	7734	5149	7344
420	154	415	5477	3164	4676
628	406	613	12348	6154	10349
1402	615	1338	32606	24599	29323
658	273	831	13874	8877	10827
1213	494	1337	29375	13128	27188
1862	637	2379	33129	25615	29781
752	414	825	7520	6086	6007
200	82	235	3125	3018	2590
301	151	279	2387	1706	133
301	151	279	2387	1706	133

4-26 续表2

项目	科技项目数(个)	#新产品开发项目数	#R&D项目数	参加项目人员合计(人)
三、按隶属关系分				
中央	6	1	6	254
省	43	38	31	569
设区市	65	51	39	644
县(区、市)	92	74	58	717
其他	1465	1221	910	13766
四、按项目来源分				
国家科技项目	53	39	25	696
地方科技项目	235	208	160	2121
其他企业委托科技项目	77	65	57	740
本企业自选科技项目	1201	985	739	11144
来自国外的科技项目	38	31	24	351
其他科技项目	67	57	39	898
五、按项目合作形式分				
与境外机构合作	22	20	6	211
与国内高校合作	147	121	92	1375
与国内独立研究院所合作	73	58	54	728
与境内注册的外商独资企业合作	46	42	25	383
与境内注册的其他企业合作	73	58	48	586
以本企业所办科技机构为主完成	489	414	334	4525
由本企业有关部门组成联合攻关小组协作完成	735	609	442	7343
其他	86	63	43	799
六、按项目活动类型分				
基础研究				
应用研究				
试验发展	1044	879	1044	10219
研究与试验发展成果应用	627	506		5731
七、按项目技术经济目标分				
开发全新产品	855	855	574	7551
增加已有产品的功能	170	170	101	1603
提高产品性能	360	360	204	3769
提高劳动生产率	85		45	852
减少能源消耗	56		34	764
节约原材料	28		17	183
减少环境污染	49		28	503
其他	68		41	725
八、按地区分				
福州市	432	375	379	4652
厦门市	376	314	189	3796
莆田市	91	74	56	745
三明市	104	76	64	797
泉州市	293	248	176	3342
漳州市	134	106	66	992
南平市	85	59	43	574
龙岩市	125	106	55	782
宁德市	31	27	16	270

科学家和工程师	高中级技术职称人员	参加项目人员实际工作时间（人年）	项目经费内部支出（万元）	#R&D项目支出	#新产品项目支出
239	125	280	1575	1575	24
486	185	512	6330	4902	5649
430	190	499	23238	8534	22122
586	252	566	11288	7378	8813
10685	4841	12071	233473	156553	194982
506	209	670	18016	8496	13313
1678	827	1931	36826	23806	32299
587	273	546	12668	10486	10451
8606	3834	9605	187453	122329	160115
326	156	317	5220	4088	3060
723	294	860	15724	9736	12354
180	99	225	3403	2354	2964
1116	605	1158	26158	20554	24083
566	301	670	9031	7358	5363
333	128	331	5692	3802	5498
452	183	424	12315	6479	8972
3576	1690	4025	78799	55505	68535
5592	2302	6353	123776	72961	104854
611	285	742	16733	9929	11322
8120	3636	9232	178942	178942	154501
4306	1957	4697	96964		77089
6019	2698	6627	141640	93227	141640
1247	555	1412	22906	15474	22906
2859	1228	3288	67043	45800	67043
645	292	729	10546	5305	
618	312	622	9970	5628	
147	78	129	3609	2608	
370	196	397	10612	4734	
521	234	724	9578	6166	
3844	1629	4498	82267	77139	69420
2671	984	3136	68652	26703	58012
528	240	596	16820	11616	13721
563	347	599	11739	6407	8154
2687	1243	2838	58062	34354	50294
891	433	922	18273	12994	16401
453	257	500	4985	2214	3278
577	327	600	10960	5556	8833
212	133	241	4147	1960	3477

4-27 规模以上小型工业企业技术改造、技术获取及减免税情况

单位：万元

项　　目	技术改造经费支出	引进国外技术经费支出	引进技术的消化吸收经费支出	购买国内技术经费支出	享受各级政府对技术开发的减免税
总　　计	**47430**	**9120**	**4116**	**3079**	**2720**
总计中：国有控股企业	8516	6	6	16	33
一、按登记注册类型分					
内资企业	36899	4236	3162	2408	1449
国有企业	2118	6	6	16	
集体企业	741			1	0
股份合作企业	127				
联营企业	10				
国有联营企业	10				
集体联营企业					
国有与集体联营企业					
其他联营企业					
有限责任公司	9698		999	323	113
国有独资公司	533				
其他有限责任公司	9165		999	323	113
股份有限公司	454		64	542	253
私营企业	23750	4230	2093	1527	1084
私营独资企业	228				
私营合作企业	134		41		213
私营有限责任公司	22474	4230	2052	1527	871
私营股份有限公司	913				
其他企业					
港、澳、台商投资企业	5770	1896	534	568	714
合资经营企业(港或澳、台资)	2059	1464	88	155	139
合作经营企业(港或澳、台资)					
港澳台商独资经营企业	3711	433	446	414	575
港澳台商投资股份有限公司					
外商投资企业	4761	2988	420	103	557
中外合资经营企业	1108	2696	52	12	267
中外合作经营企业					
外资企业	3653	292	368	91	290
外商投资股份有限公司					
二、按工业行业大类分					
采矿业	2975				
煤炭开采和洗选业	2347				
石油和天然气开采业					
黑色金属矿采选业	8				
有色金属矿采选业	10				
非金属矿采选业	609				
其他采矿业					
制造业	38568	9120	4116	3079	2720
农副食品加工业	1504	35		143	6
食品制造业	2733		129	216	
饮料制造业	96			67	
烟草制品业	407				
纺织业	587	94	63		3

4-27 续表

单位：万元

项　　目	技术改造经费支出	引进国外技术经费支出	引进技术的消化吸收经费支出	购买国内技术经费支出	享受各级政府对技术开发的减免税
纺织服装、鞋、帽制造业	312	80	70	30	21
皮革、毛皮、羽毛(绒)及其制品业					
木材加工及木、竹、藤、棕、草制品业	1396		34	49	95
家具制造业	93				
造纸及纸制品业	324	103	9	12	
印刷业和记录媒介的复制	900	658	50		
文教体育用品制造业	39		12		
石油加工、炼焦及核燃料加工业	811			9	
化学原料及化学制品制造业	2306	148	897	452	20
医药制造业	987		151	570	629
化学纤维制造业	2000	800	400	800	
橡胶制品业					
塑料制品业	531		4		125
非金属矿物制品业	2469	275	121		256
黑色金属冶炼及压延加工业	19				
有色金属冶炼及压延加工业	370				
金属制品业	363			5	
通用设备制造业	1849	73	199	325	
专用设备制造业	5028		229	10	793
交通运输设备制造业	2021	793	378	100	149
电气机械及器材制造业	9617	4112	1212	3	180
通信设备、计算机及其他电子设备制造业	964	1927	20	225	411
仪器仪表及文化、办公用机械制造业	744		133	49	13
工艺品及其他制造业	99	20	5	15	20
废弃资源和废旧材料回收加工业					
电力、燃气及水的生产和供应业	5887				
电力、热力的生产和供应业	5541				
燃气生产和供应业	15				
水的生产和供应业	331				
三、按隶属关系分					
中央	1990				
省	2775	6	6	16	31
设区市	1549				71
县(区、市)	3870	658	199	89	33
其他	37246	8455	3911	2975	2585
四、按地区分					
福州市	13945	3163	506	1005	648
厦门市	2773	3470	223	58	226
莆田市	1440		164	217	309
三明市	7978		192	636	
泉州市	6291	933	596	258	1367
漳州市	5320	150	248	295	54
南平市	3017		55	149	95
龙岩市	4557	103	855	400	21
宁德市	2109	1300	1278	60	

4-28 各市、县、区规模以上

地 区	企业数(个)	#有科技活动	#有R&D活动	#有新产品开发	#有科技机构	从业人员年平均人数(人)
总 计	**1511**	**1511**	**998**	**1275**	**777**	**877004**
福州市	**359**	**359**	**314**	**309**	**141**	**184976**
鼓楼区	50	50	48	42	19	23162
台江区	9	9	8	8	3	1723
仓山区	76	76	66	61	20	27808
马尾区	47	47	44	44	18	23987
晋安区	36	36	36	35	17	14307
闽侯县	35	35	22	30	18	18003
连江县	20	20	18	19	2	20306
罗源县	4	4	4	1		2873
闽清县	9	9	7	3	3	3006
永泰县	7	7	7	6	4	845
平潭县	2	2	2		2	502
福清市	50	50	41	47	31	39390
长乐市	14	14	11	13	4	9064
厦门市	**300**	**300**	**155**	**255**	**128**	**224103**
思明区	29	29	15	25	7	19728
海沧区	53	53	22	44	16	36554
湖里区	78	78	36	66	34	66578
集美区	72	72	51	63	44	68132
同安区	33	33	17	26	10	12772
翔安区	35	35	14	31	17	20339
莆田市	**67**	**67**	**46**	**62**	**43**	**36307**
城厢区	8	8	7	7	5	3366
涵江区	34	34	23	33	26	21871
荔城区	13	13	6	11	5	5466
秀屿区	3	3	3	3	2	3395
仙游县	9	9	7	8	5	2209
三明市	**106**	**106**	**72**	**82**	**38**	**45511**
梅列区	9	9	8	9	4	13458
三元区	16	16	10	11	2	5487
明溪县	2	2	1	1	2	235
清流县	5	5	1	1		588
宁化县	3	3	2	2		738
大田县	2	2		2		150
尤溪县	6	6	4	3	1	1421
沙县	15	15	13	14	10	5499
将乐县	10	10	5	3	2	2360
泰宁县	8	8	4	7	3	972
建宁县	9	9	7	9	2	1672
永安市	21	21	17	20	12	12931
泉州市	**355**	**355**	**233**	**315**	**253**	**243396**
鲤城区	55	55	50	52	46	19075
丰泽区	21	21	13	20	21	8510
洛江区	18	18	9	17	8	4020
泉港区	9	9	7	6	6	2844
惠安县	13	13	7	11	11	4712

有科技活动工业企业基本情况

工业总产值	主营业务收入	利润总额	年末固定资产原价	#生产经营用机器设备原价	微电子控制设备原价
59292251	**58090690**	**3829658**	**26055822**	**12511376**	**2513965**
17696093	**16978640**	**993625**	**10592785**	**3160626**	**621609**
4469926	4462204	76664	5249935	128059	37474
37783	41923	2621	17340	10955	4361
1327514	1254860	74100	269714	123006	40437
2620965	2463735	102623	965632	530850	79738
613137	624704	26204	272896	187253	7010
841869	735377	2750	460335	276364	95968
665702	632321	-16310	942636	348875	44250
297244	274894	27244	172604	107602	12075
219712	218080	58486	915446	890622	3534
29680	28749	493	15926	11040	475
14594	14300	609	19472	19401	2824
5441345	5218727	605238	893832	268216	149453
1116620	1008765	32902	397017	258383	144011
17053229	**17348404**	**779096**	**6609835**	**4179623**	**1102201**
851015	933786	-19953	790784	266461	146353
4441076	4567880	134580	2688187	1906053	231039
5867263	5871627	394100	968069	588772	228544
3271263	3370589	209218	1278424	956081	346665
583410	584001	21697	294447	194791	17558
2039202	2020523	39455	589924	267464	132042
1788256	**1746273**	**72960**	**558788**	**248140**	**78727**
99994	97496	9226	23426	11774	2563
1121829	1102325	54408	255134	200136	61353
196887	186257	5942	33995	12153	1947
304520	299133	672	228707	13028	12854
65026	61063	2713	17527	11048	11
3387056	**3362107**	**132039**	**1767580**	**1324675**	**152512**
1977440	1972748	66332	800172	638455	72527
221033	220241	8771	208672	136651	5878
35417	33539	5251	7933	4371	165
14467	14065	-152	4714	2927	
21808	20861	920	32063	13914	2435
18780	18428	935	2308	1838	
42483	36994	6661	8703	5638	307
358263	347035	1969	271987	236770	33212
110384	112501	3270	51910	30386	3047
42568	41503	1748	13040	7070	16
50480	50207	5604	25251	14341	2578
493932	493984	30730	340827	232316	32347
11147392	**10807924**	**882781**	**3675545**	**1997937**	**319622**
835004	808614	67355	196281	105597	27259
420072	378642	63272	96288	56224	24294
196986	191279	24948	35134	18998	1480
1895760	1787415	-83953	607259	328148	2955
185818	178217	28540	60842	5898	548

4-28 续表

地 区	企业数(个)	#有科技活动	#有R&D活动	#有新产品开发	#有科技机构	从业人员年平均人数(人)
安溪县	13	13	7	10	6	9138
永春县	7	7	2	5	2	3870
德化县	16	16	14	13	6	13598
石狮市	21	21	15	16	13	23905
晋江市	155	155	100	138	122	135738
南安市	27	27	9	27	12	17986
漳州市	**117**	**117**	**61**	**88**	**66**	**63704**
芗城区	24	24	12	21	22	16995
龙文区	19	19	9	13	11	5935
云霄县	8	8	1	2	2	1061
漳浦县	5	5	4	4	2	1422
诏安县	4	4	4	4	4	405
长泰县	13	13	9	12	9	2545
东山县	11	11	10	2		3014
南靖县	10	10	1	10	3	7062
平和县						
华安县	4	4	4	3	3	359
龙海市	19	19	7	17	10	24906
南平市	**78**	**78**	**43**	**57**	**44**	**34740**
延平区	19	19	12	18	15	17312
顺昌县	4	4	1	2	4	2475
浦城县	17	17	5	5	5	2006
光泽县	3	3	2	1	2	5520
松溪县	2	2	2	2	2	191
政和县	5	5	3	4		638
邵武市	7	7	3	5	6	1505
武夷山市	7	7	5	6		1052
建瓯市	7	7	7	7	5	1977
建阳市	7	7	3	7	5	2064
龙岩市	**86**	**86**	**48**	**73**	**43**	**33555**
新罗区	45	45	34	41	27	25079
长汀县	4	4	2	2	1	328
永定县	7	7	3	7		597
上杭县	6	6	3	6	4	2765
武平县	4	4		1	1	319
连城县	9	9	3	8	3	726
漳平市	11	11	3	8	7	3741
宁德市	**43**	**43**	**26**	**34**	**21**	**10712**
蕉城区	5	5	1	3		1420
霞浦县						
古田县	1	1	1	1		690
屏南县	1	1		1		165
寿宁县	1	1	1	1	1	430
周宁县	2	2		2	1	240
柘荣县	1	1	1	1	1	276
福安市	13	13	13	13	12	4448
福鼎市	19	19	9	12	6	3043

单位：万元

工业总产值	主营业务收入	利润总额	年末固定资产原价		
				生产经营用机器设备原价	
					微电子控制设备原价
823203	809695	173131	277348	215172	9595
129073	141555	14661	69593	50242	699
203426	197346	7772	63003	11888	1834
759197	740024	40802	346358	189329	37748
4989105	4913117	467865	1740797	950184	183414
709750	662019	78388	182643	66257	29798
3399025	**3160530**	**239887**	**850012**	**609905**	**79792**
983177	944971	114723	178833	91214	20311
182386	171503	8172	44220	27922	1502
30246	31090	3011	5062	2617	975
88748	83741	12654	98440	83270	1542
35508	35584	1777	7113	912	290
135315	132855	6179	21330	12892	
153707	153185	5823	22134	9727	1286
563960	543056	56785	36799	18207	2050
21661	21318	1873	3539	599	229
1204318	1043228	28890	432543	362544	51607
1716068	**1647257**	**116286**	**1171417**	**616999**	**130389**
1040369	1012249	63880	697006	435940	88903
134648	135959	2386	151577	74092	14284
65729	56999	3582	17567	4505	234
139192	138964	16717	126254	33856	3587
3435	3250	110	870	111	
13719	12946	515	4937	610	
91709	85421	1104	122082	50118	22782
47197	41763	4834	7412	1762	283
60905	60347	5705	20374	6898	243
119166	99359	17454	23339	9106	73
2562218	**2558452**	**589513**	**744308**	**337314**	**23210**
1917824	1901848	276378	508054	279412	17830
23690	22677	756	2959	1098	218
16225	14774	1849	3747	2404	172
418159	440743	287072	161881	17259	1290
10644	10573	680	11034	1866	159
46792	43022	1827	15685	7562	53
128885	124814	20950	40948	27713	3488
542914	**481104**	**23472**	**85553**	**36160**	**5903**
44519	38248	1454	11250	5012	37
24092	9639	27	3877	160	160
5575	5575	575	1013	87	
23022	20309	1869	6648	1300	410
11134	10793	944	4556	2694	1665
34000	32466	900	4306	2655	
300905	268744	12588	33631	11076	1491
99668	95329	5116	20274	13177	2140

4-29 各市、县、区规模以上工业企业科技活动人员情况

单位：人

地　区	科技活动人员合计	#参加科技项目人员	#科技管理和服务人员	#全时人员	#非全时人员	#科学家和工程师	高中级技术职称人员	#R&D人员
总　计	**84965**	**69416**	**13724**	**44800**	**40165**	**57234**	**24423**	**49641**
福州市	**21565**	**18561**	**2937**	**12402**	**9163**	**16636**	**6845**	**16766**
鼓楼区	4325	4254	71	1681	2644	3998	1801	3776
台江区	206	203		98	108	123	77	168
仓山区	3875	3588	226	2714	1161	3138	1041	3106
马尾区	2483	2434	49	1747	736	2281	757	2386
晋安区	1320	1282	38	953	367	1105	557	1235
闽侯县	1530	1424	106	643	887	1196	647	1142
连江县	647	641	3	509	138	487	223	477
罗源县	44	44		43	1	44	18	44
闽清县	208	188	20	22	186	159	94	166
永泰县	85	85		8	77	58	23	85
平潭县	33	30	3	28	5	33	13	33
福清市	6256	3843	2413	3561	2695	3726	1453	3683
长乐市	553	545	8	395	158	288	141	465
厦门市	**23411**	**20348**	**2959**	**14978**	**8433**	**16057**	**6333**	**12866**
思明区	2056	1593	392	1087	969	1551	580	1105
海沧区	3292	3177	115	2057	1235	2074	716	1804
湖里区	7795	6378	1409	5706	2089	5849	2352	3453
集美区	7044	6523	514	4129	2915	4692	1992	5372
同安区	1451	1117	334	1076	375	867	360	532
翔安区	1773	1560	195	923	850	1024	333	600
莆田市	**3800**	**2520**	**981**	**1100**	**2700**	**2051**	**745**	**1499**
城厢区	407	224	181	71	336	128	56	108
涵江区	2490	1755	641	680	1810	1503	529	935
荔城区	627	333	109	279	348	230	75	278
秀屿区	106	66	24	3	103	59	19	49
仙游县	170	142	26	67	103	131	66	129
三明市	**5409**	**4312**	**1067**	**1940**	**3469**	**2783**	**1952**	**2438**
梅列区	2823	1829	994	839	1984	1085	780	1165
三元区	307	277	30	87	220	207	122	162
明溪县	29	29		29		19	6	9
清流县	17	17		1	16	12	6	2
宁化县	87	87		42	45	74	74	41
大田县	27	18	9	18	9	10	8	
尤溪县	176	176		79	97	44	27	22
沙　县	425	413	12	198	227	281	210	312
将乐县	96	96		20	76	67	50	53
泰宁县	100	100		40	60	83	45	41
建宁县	130	125	5	5	125	86	56	59
永安市	1192	1145	17	582	610	815	568	572
泉州市	**15683**	**12446**	**2678**	**6907**	**8776**	**9357**	**3603**	**8501**
鲤城区	2327	1889	386	859	1468	1288	599	1661
丰泽区	512	374	99	174	338	249	136	320
洛江区	358	231	82	111	247	225	85	168
泉港区	120	86	34	44	76	84	51	99
惠安县	306	244	28	139	167	233	129	86

4-29　续表　　　　单位：人

地　　区	科技活动人员合计	#参加科技项目人员	#科技管理和服务人员	#全时人员	#非全时人员	#科学家和工程师	高中级技术职称人员	#R&D人员
安溪县	337	296	20	78	259	248	79	77
永春县	528	442	86	80	448	102	65	62
德化县	555	494	61	300	255	425	171	274
石狮市	1514	1067	136	277	1237	678	299	1027
晋江市	7712	6209	1461	4405	3307	4727	1568	4386
南安市	1414	1114	285	440	974	1098	421	341
漳州市	**6783**	**4760**	**1809**	**3663**	**3120**	**4718**	**1871**	**3424**
芗城区	1820	1153	625	1108	712	931	573	964
龙文区	631	481	70	460	171	493	253	357
云霄县	22	20	2	6	16	14	14	7
漳浦县	69	69		39	30	55	24	34
诏安县	89	74	15	36	53	73	18	74
长泰县	818	619	119	406	412	550	236	495
东山县	94	73	21	53	41	46	20	63
南靖县	804	649	153	801	3	391	144	496
平和县								
华安县	33	26	7	11	22	27	21	26
龙海市	2403	1596	797	743	1660	2138	568	908
南平市	**3440**	**2694**	**473**	**1679**	**1761**	**2249**	**1353**	**1948**
延平区	2322	1837	248	1243	1079	1538	940	1517
顺昌县	51	44	7	48	3	45	39	18
浦城县	118	98	20	22	96	98	41	46
光泽县	41	32	7	13	28	30	13	18
松溪县	39	28	4	19	20	30	21	24
政和县	38	32		10	28	21	14	17
邵武市	177	150	27	104	73	119	67	49
武夷山市	83	72	6	28	55	62	27	65
建瓯市	401	288	97	106	295	208	133	154
建阳市	170	113	57	86	84	98	58	40
龙岩市	**3808**	**2928**	**601**	**1673**	**2135**	**2650**	**1410**	**1651**
新罗区	2954	2235	442	1337	1617	1985	1005	1370
长汀县	33	25	8	5	28	17	8	9
永定县	50	40	10	16	34	39	22	11
上杭县	502	408	92	253	249	404	251	197
武平县	28	27	1	6	22	28	6	
连城县	89	78	11	38	51	71	49	22
漳平市	152	115	37	18	134	106	69	42
宁德市	**1066**	**847**	**219**	**458**	**608**	**733**	**311**	**548**
蕉城区	112	60	52	11	101	59	37	16
霞浦县								
古田县	20	20			20	10	10	20
屏南县	22	22		6	16	22	12	
寿宁县	52	44	8	47	5	44	21	9
周宁县	15	15		5	10	15	8	
柘荣县	26	20	6	16	10	21	9	20
福安市	650	525	125	278	372	426	136	408
福鼎市	169	141	28	95	74	136	78	75

4-30 各市、县、区规模以上工业企业科技活动经费筹集情况

单位：万元

地 区	科技活动经费筹集总额	企业资金	金融机构贷款	政府资金	国外资金	其他资金
总 计	**1810993**	**1558062**	**172393**	**39851**	**9637**	**31051**
福州市	**468741**	**419082**	**26472**	**6426**	**8687**	**8075**
鼓楼区	95195	86048	2193	1924	5000	30
台江区	5713	4365		148		1200
仓山区	46993	37183	4908	1121	3490	291
马尾区	60295	50648	7926	1264	120	338
晋安区	17491	16277	820	277	2	114
闽侯县	36088	34780	600	708		
连江县	6959	6339	20		75	525
罗源县	3147	2847		300		
闽清县	3816	2631	440	120		625
永泰县	1012	965		47		
平潭县	103	31	72			
福清市	171406	157854	8094	507		4952
长乐市	20523	19113	1400	10		
厦门市	**530436**	**488207**	**18444**	**13519**		**10266**
思明区	41291	29418	20	2356		9496
海沧区	118685	113482	2948	2210		45
湖里区	177185	172844	2291	1856		193
集美区	143563	127887	10429	5041		207
同安区	26728	23454	1766	1370		138
翔安区	22985	21121	990	686		188
莆田市	**176718**	**110755**	**59934**	**1271**	**750**	**4008**
城厢区	5636	5488	100	48		
涵江区	75813	66601	8098	603	150	362
荔城区	10723	8993	733	397	600	
秀屿区	83299	28640	51003	10		3646
仙游县	1247	1033		214		
三明市	**71136**	**50071**	**16784**	**3458**		**823**
梅列区	33712	20873	12568	185		86
三元区	4423	3765	285	293		80
明溪县	263	250		13		
清流县	173	153		20		
宁化县	1015	556	400	59		
大田县	580	452		18		110
尤溪县	1707	1521	150	35		1
沙县	10828	8046	453	1809		520
将乐县	1216	1156		60		
泰宁县	2193	1535	535	123		
建宁县	2085	1788	95	202		
永安市	12941	9977	2298	641		26
泉州市	**279729**	**239947**	**25624**	**7859**	**200**	**6098**
市辖区						
鲤城区	29802	21553	5500	1704		1045
丰泽区	13327	10407	2665	195		60
洛江区	7649	6462	863	231		93
泉港区	2476	2392	10	40		34
惠安县	5152	3586	1150	390		27

4-30　续表　　　　　　单位：万元

地　区	科技活动经费筹集总额	企业资金	金融机构贷款	政府资金	国外资金	其他资金
安溪县	40119	39798	203	61		57
永春县	1449	1353		96		
德化县	6648	5642	816	187		3
石狮市	21721	16566	4600	487		68
晋江市	131956	119927	7617	3914	200	298
南安市	19431	12263	2200	554		4414
漳州市	**114441**	**100730**	**9068**	**3400**		**1243**
芗城区	27564	21534	3780	2150		100
龙文区	6038	4445	1230	363		
云霄县	163	75		25		63
漳浦县	578	534		44		
诏安县	3271	1731	1380	80		80
长泰县	8156	7462	300	393		
东山县	913	635	278			
南靖县	21478	21182	20	276		
平和县						
华安县	1123	1123				
龙海市	45158	42008	2080	70		1000
南平市	**72805**	**61670**	**9472**	**1599**		**64**
延平区	44437	43061	736	621		19
顺昌县	6193	2493	3000	700		
浦城县	1017	808	159	50		
光泽县	3888	1608	2250	30		
松溪县	286	160	110	16		
政和县	155	128		2		25
邵武市	1800	1600	200			
武夷山市	5840	4251	1570			20
建瓯市	2457	1335	968	154		
建阳市	6732	6227	479	26		
龙岩市	**77416**	**72467**	**2814**	**1972**		**164**
新罗区	52931	49719	1944	1265		4
长汀县	364	334		30		
永定县	659	544		115		
上杭县	18884	17844	450	440		150
武平县	168	168				
连城县	1371	1271	20	70		10
漳平市	3040	2588	400	52		
宁德市	**19571**	**15134**	**3782**	**346**		**309**
蕉城区	1136	836	300			
霞浦县						
古田县	35	35				
屏南县	51	51				
寿宁县	1100	600	280	220		
周宁县	1335	910	405	20		
柘荣县	378	258	100	20		
福安市	14080	11234	2532	20		293
福鼎市	1457	1210	165	66		16

4-31 各市、县、区规模以上

地 区	科技活动经费支出总额	内部经费支出	#经常费支出	劳务费	原材料费	购买和自制设备支出	其他
总 计	**1771284**	**1669937**	**1552201**	**343031**	**541296**	**432287**	**235588**
福州市	**473944**	**440657**	**408432**	**81296**	**163080**	**99142**	**64915**
鼓楼区	106798	91680	74198	16535	5816	11274	40573
台江区	4592	4544	4519	902	3106	331	179
仓山区	51530	49066	45242	13994	17087	9628	4534
马尾区	59834	58021	56923	15306	25961	9809	5847
晋安区	17221	16680	16382	5619	4914	5390	458
闽侯县	34016	23606	19750	6059	7398	4202	2092
连江县	7710	7226	6420	3528	1408	979	505
罗源县	3147	3147	3147	232	1075	1840	
闽清县	2581	2510	2405	591	650	976	187
永泰县	1589	1559	1009	194	394	344	77
平潭县	103	103	103	46	34		23
福清市	163000	161107	158960	15945	83243	50023	9749
长乐市	21824	21408	19374	2343	11994	4347	690
厦门市	**552072**	**523987**	**483149**	**137863**	**142818**	**103207**	**99262**
思明区	41889	37742	36164	12628	6424	3217	13896
海沧区	138751	136189	111410	28508	35033	34881	12988
湖里区	175542	163324	155557	57608	31017	16198	50734
集美区	142356	134462	129571	30101	50556	31890	17024
同安区	27219	26887	26105	5467	12837	5072	2729
翔安区	26315	25382	24343	3553	6951	11949	1891
莆田市	**124234**	**122560**	**115529**	**14431**	**62501**	**26578**	**12020**
城厢区	5592	5497	5216	1409	1229	1621	957
涵江区	50495	49795	44552	8666	14332	19863	1691
荔城区	9897	9024	8716	2128	2578	2342	1668
秀屿区	56748	56748	55845	1945	43944	2417	7539
仙游县	1503	1497	1201	283	418	334	166
三明市	**65274**	**62409**	**58822**	**13101**	**13121**	**27374**	**5226**
梅列区	28887	28138	27572	8105	3300	13954	2213
三元区	4532	4181	4068	637	1012	2259	160
明溪县	250	244	244	107	121	5	11
清流县	173	123	123	20	24	75	3
宁化县	1015	615	615	174	18	287	137
大田县	568	468	468	68	110	251	40
尤溪县	1684	1680	1677	199	699	766	13
沙 县	10790	10564	8664	1195	3078	3144	1247
将乐县	1142	1085	1085	164	153	546	222
泰宁县	1804	1797	1528	241	421	632	234
建宁县	1980	1815	1802	275	658	790	79
永安市	12451	11700	10978	1914	3528	4666	870
泉州市	**268994**	**251043**	**236469**	**51532**	**72146**	**90435**	**22356**
鲤城区	37490	34708	32715	7370	14208	7152	3984
丰泽区	10520	10388	10263	1200	4101	3676	1286
洛江区	5899	5745	5412	1158	2358	944	953
泉港区	3111	3106	2605	216	967	842	579
惠安县	5441	5325	4799	1116	1374	2122	188

工业企业科技活动经费支出情况

单位：万元

#科研基建支出	#固定资产购建	#设备购置	#新产品开发经费支出	外部经费支出	#对研究院所及高等学校支出	#对其他企业支出
117736	**550023**	**476778**	**1177701**	**101347**	**33150**	**63879**
32225	**131367**	**121595**	**328358**	**33288**	**12918**	**19487**
17482	28756	28027	24082	15118	2938	12180
25	356	344	4504	48	20	28
3824	13451	10532	41031	2464	1442	670
1098	10907	9994	54489	1813	1737	45
298	5688	5685	16000	541	458	74
3855	8057	5791	12876	10411	5015	4938
806	1785	1230	5653	484	456	28
	1840	1840	1200			
105	1081	1003	1024	71	50	
550	894	394	964	30	10	7
2148	52170	50497	147381	1893	490	1403
2034	6381	6258	19155	416	303	114
40838	**144045**	**106959**	**395143**	**28085**	**4418**	**23667**
1578	4795	3495	33118	4147	122	4025
24780	59661	36649	83064	2562	770	1792
7768	23966	16555	123934	12217	225	11992
4891	36781	32719	108656	7895	2962	4933
782	5854	5337	23317	332	146	186
1039	12988	12203	23054	933	193	740
7030	**33608**	**28596**	**51777**	**1675**	**1003**	**86**
280	1901	1866	3476	96	47	48
5243	25106	21468	34321	700	690	10
309	2651	2495	8480	873	260	27
903	3320	2417	4304			
295	630	350	1197	6	6	
3587	**30961**	**29501**	**20556**	**2865**	**2100**	**753**
567	14520	13987	4009	748	674	74
113	2372	2332	1685	351	111	240
	5	5	165	6	6	
	75	75	30	50	30	20
	287	287	415	400	400	
	251	251	458	100	100	
3	769	768	30	4	4	
1901	5045	4980	5484	225	167	58
	546	546	228	57	57	
269	901	670	1280	7	7	
13	803	803	1802	165	89	64
722	5388	4797	4969	751	454	297
14574	**105009**	**98021**	**194859**	**17951**	**4110**	**12216**
1993	9145	7868	27701	2781	1359	887
125	3801	3741	10158	132	120	
333	1277	1125	5355	154	150	4
501	1344	1342	2239	5	5	
526	2648	2328	4132	116	51	50

4-31 续表

地　区	科技活动经费支出总额	内部经费支出	#经常费支出	劳务费	原材料费	购买和自制设备支出	其他
安溪县	39983	39983	39978	1106	1295	37205	371
永春县	1442	1442	1434	276	496	639	23
德化县	6248	6208	5268	934	2408	1523	403
石狮市	20752	19981	19407	5699	3910	6390	3409
晋江市	123914	110480	102934	30216	36476	26382	9861
南安市	14195	13678	11654	2241	4552	3561	1300
漳州市	**112766**	**109249**	**104829**	**20875**	**38870**	**28606**	**16477**
芗城区	26039	25077	24429	4844	10722	4655	4208
龙文区	5654	5510	5450	1871	1474	1821	284
云霄县	170	168	161	41	11	91	18
漳浦县	541	541	541	190	95	134	122
诏安县	4773	4212	2710	327	852	1262	269
长泰县	7051	6860	6756	2267	2488	1867	134
东山县	882	882	882	158	313	337	74
南靖县	21492	21490	21475	3584	4835	4428	8628
平和县							
华安县	1985	1985	1131	198	322	404	207
龙海市	44179	42525	41294	7394	17758	13608	2533
南平市	**76027**	**71957**	**63475**	**10544**	**23312**	**26462**	**3158**
延平区	48496	48164	42955	7553	18174	15796	1432
顺昌县	6076	3165	3153	117	16	2554	466
浦城县	1834	1834	1035	302	186	286	260
光泽县	4099	3810	3599	201	601	2787	10
松溪县	285	275	275	80	43	148	5
政和县	134	134	134	87	42		5
邵武市	1614	1604	1483	376	404	669	34
武夷山市	4087	4059	2514	235	790	1282	207
建瓯市	2739	2478	2273	418	1008	567	280
建阳市	6662	6432	6053	1175	2048	2372	459
龙岩市	**78904**	**69720**	**64643**	**10197**	**19722**	**26343**	**8381**
新罗区	54189	48084	45184	7383	13769	18970	5062
长汀县	469	439	334	63	154	107	10
永定县	631	629	629	79	176	268	105
上杭县	19188	16620	15321	2003	4797	5838	2683
武平县	248	228	148	21	57	70	
连城县	1672	1302	753	212	155	108	277
漳平市	2509	2419	2275	435	614	982	244
宁德市	**19069**	**18357**	**16853**	**3192**	**5728**	**4140**	**3794**
蕉城区	895	885	885	151	277	436	22
霞浦县							
古田县	30	30	30	8	4	4	15
屏南县	51	51	51	18	20	2	11
寿宁县	1220	1220	1100	393	60	400	247
周宁县	1334	1334	1334	310	582	443	
柘荣县	426	324	276	85	54	77	61
福安市	13113	12620	11950	1862	4380	2463	3246
福鼎市	2000	1892	1225	366	352	315	193

单位：万元

#科研基建支出	#固定资产购建	#设备购置	#新产品开发经费支出	外部经费支出	#对研究院所及高等学校支出	#对其他企业支出
5	37210	37210	31336	1		
8	647	639	520			
940	2462	1871	4312	40	23	7
574	6963	6629	13041	771	291	206
7546	33927	30292	84583	13434	1795	11032
2024	5585	4977	11482	517	316	30
4420	**33027**	**29959**	**94988**	**3517**	**974**	**1811**
648	5303	5297	21184	963	443	
60	1881	1832	4637	144	60	64
7	98	98	107	2		
	134	134	441			
1502	2764	1340	2624	560	468	92
104	1971	1887	5100	191		
	337	337	168			
15	4443	4428	21475	3	3	
854	1258	788	497			
1232	14840	13819	38756	1654		1654
8482	**34943**	**29390**	**45416**	**4070**	**672**	**3306**
5209	21005	18254	35487	332	277	50
12	2566	2562	102	2911	16	2895
799	1086	571	735			
211	2998	2787	2	289		289
	148	148	124	10		
0	0	0	116			
121	790	689	636	10	10	
1545	2827	1282	1731	28	28	
206	773	691	992	261	159	72
379	2751	2406	5492	230	183	
5077	**31420**	**28490**	**31175**	**9185**	**6310**	**2488**
2901	21870	20182	23349	6105	3260	2478
105	212	147	284	30	10	
	268	268	611	2	2	
1299	7137	6544	4568	2568	2568	
80	150	96	130	20	10	10
549	657	262	687	370	370	
143	1126	990	1546	90	90	
1504	**5643**	**4267**	**15430**	**712**	**646**	**66**
	436	436	437	10	10	
	4	4	30			
	2	2	21			
120	520	450	1100			
	443	443	1334			
48	125	125	276	102	102	
670	3133	2485	11515	493	427	65
666	981	323	716	108	107	1

4-32 各市、县、区规模以上工业

地区	R&D人员折合全时当量(人年)	#科学家和工程师	#全时人员	按活动类型分			R&D经费内部支出
				基础研究	应用研究	试验发展	
总计	**41799**	**32945**	**37927**		**46**	**41753**	**838320**
福州市	**14711**	**12577**	**13736**			**14711**	**271155**
鼓楼区	2967	2726	2693			2967	41399
台江区	161	84	157			161	4044
仓山区	2923	2536	2846			2923	40888
马尾区	2153	2001	2021			2153	56558
晋安区	1166	1010	1125			1166	15773
闽侯县	955	805	865			955	11105
连江县	458	394	442			458	5244
罗源县	44	44	44			44	3147
闽清县	136	112	116			136	2166
永泰县	61	42	49			61	1064
平潭县	28	28	26			28	103
福清市	3216	2566	2928			3216	71599
长乐市	442	228	425			442	18066
厦门市	**11180**	**8465**	**10274**			**11180**	**214839**
思明区	847	687	724			847	12675
海沧区	1595	869	1466			1595	59061
湖里区	3047	2602	2841			3047	35191
集美区	4791	3596	4467			4791	81508
同安区	408	328	352			408	13397
翔安区	492	382	424			492	13009
莆田市	**1001**	**729**	**826**			**1001**	**31477**
城厢区	85	75	77			85	4063
涵江区	544	385	395			544	16980
荔城区	257	162	253			257	4134
秀屿区	34	31	26			34	5269
仙游县	82	76	75			82	1031
三明市	**1604**	**1142**	**1208**			**1604**	**26399**
梅列区	552	417	270			552	8163
三元区	113	66	94			113	2330
明溪县	9	7	9			9	100
清流县	1		1			1	30
宁化县	40	30	39			40	200
大田县							
尤溪县	16	12	13			16	203
沙 县	250	170	210			250	6494
将乐县	25	22	16			25	743
泰宁县	33	33	28			33	583
建宁县	34	28	24			34	799
永安市	531	358	505			531	6755
泉州市	**7033**	**5263**	**6296**			**7033**	**127873**
鲤城区	1316	927	1175			1316	27147
丰泽区	203	179	145			203	6612
洛江区	124	118	101			124	3012
泉港区	65	59	51			65	2327
惠安县	61	60	46			61	2265

企业研究与试验发展(R&D)情况

单位：万元

经常费支出	人员劳务费	按活动类型分 基础研究	应用研究	试验发展	R&D科研基建支出	内部支出中：固定资产购建支出	设备购置	R&D经费外部支出
833250	**206221**		**2345**	**830905**	**5070**	**230633**	**227811**	**57223**
269667	**68988**		**0**	**269666**	**1488**	**61669**	**61066**	**21727**
40935	14451		0	40935	463	5589	5517	3850
4043	751			4043	1	156	155	41
40567	12396			40567	320	8144	7904	2197
56448	15215			56448	110	9550	9459	1810
15743	5416			15743	30	5339	5339	541
10949	4535			10949	156	2849	2822	10407
5239	2987			5239	6	685	679	484
3147	232			3147		1840	1840	
2155	532			2155	11	927	919	64
1009	194			1009	55	399	349	30
103	46			103				
71459	10177			71459	141	22700	22603	1893
17869	2056			17869	196	3492	3480	411
213935	**63549**			**213935**	**904**	**57070**	**56330**	**11360**
12538	5205			12538	137	1697	1576	1423
58793	18525			58793	268	17216	17027	2111
34998	15170			34998	193	5667	5490	2067
81213	21367			81213	295	20279	20036	4836
13397	2211			13397		3462	3462	137
12998	1071			12998	11	8749	8740	786
31137	**5474**			**31137**	**340**	**10571**	**10369**	**653**
4035	1105			4035	28	1204	1201	96
16706	2761			16706	274	7684	7521	276
4134	1090			4134		1120	1120	275
5261	263			5261	8	278	270	
1001	255			1001	30	285	257	6
26119	**5432**			**26119**	**280**	**10159**	**10084**	**1375**
8143	2389			8143	21	3884	3866	248
2323	360			2323	7	1108	1108	146
100	46			100		3	3	3
30	4			30		26	26	25
200	30			200		139	139	51
203	31			203	0	144	144	3
6306	915			6306	188	2187	2182	185
743	92			743		396	396	37
583	124			583		234	234	
799	194			799	0	233	233	81
6690	1247			6690	64	1805	1753	598
126932	**32521**		**0**	**126931**	**941**	**32629**	**32145**	**14212**
26964	5965		0	26963	184	5544	5417	2435
6601	775			6601	12	2086	2081	101
2979	606			2979	33	424	409	130
2301	180			2301	27	854	854	5
2217	344			2217	48	934	903	75

4-32 续表

地区	R&D人员折合全时当量（人年）	#科学家和工程师	#全时人员	按活动类型分			R&D经费内部支出
				基础研究	应用研究	试验发展	
安溪县	71	47	69			71	795
永春县	45	35	33			45	221
德化县	206	185	177			206	4098
石狮市	716	458	612			716	13197
晋江市	3928	2980	3616			3928	61577
南安市	299	217	271			299	6621
漳州市	**3081**	**2250**	**2902**			**3081**	**81489**
芗城区	861	469	809			861	15904
龙文区	349	328	346			349	3942
云霄县	7	6	7			7	82
漳浦县	26	14	23			26	188
诏安县	60	58	50			60	2821
长泰县	401	255	355			401	4455
东山县	60	36	58			60	748
南靖县	496	296	496			496	15061
平和县							
华安县	21	20	18			21	968
龙海市	798	769	741			798	37320
南平市	**1561**	**1173**	**1335**		**37**	**1524**	**45026**
延平区	1266	920	1084		37	1229	34569
顺昌县	18	13	18			18	67
浦城县	20	19	12			20	358
光泽县	18	18	18			18	3618
松溪县	17	16	13			17	252
政和县	11	9	9			11	98
邵武市	34	31	27			34	538
武夷山市	45	42	33			45	868
建瓯市	101	76	95			101	820
建阳市	31	30	26			31	3838
龙岩市	**1155**	**1032**	**925**			**1155**	**28184**
新罗区	938	840	748			938	21410
长汀县	5	4	4			5	64
永定县	6	5	3			6	148
上杭县	167	152	142			167	5178
武平县							
连城县	21	17	21			21	218
漳平市	17	14	7			17	1166
宁德市	**474**	**314**	**425**		**9**	**465**	**11879**
蕉城区	8	8	4			8	20
霞浦县							
古田县	20	10	20			20	30
屏南县							
寿宁县	9	9	9		9		303
周宁县							
柘荣县	20	20	19			20	281
福安市	350	207	309			350	10417
福鼎市	67	61	63			67	828

单位：万元

经常费支出		按活动类型分			R&D科研基建支出	内部支出中：固定资产购建支出		R&D经费外部支出
	人员劳务费	基础研究	应用研究	试验发展			设备购置	
	220			794	0	355	355	
	39			221		76	76	
	538			4005	93	1393	1335	40
	3884			13166	30	4626	4596	608
	19071			61253	324	14307	14148	10552
	900			6431	190	2031	1972	267
	15536		**1**	**81222**	**266**	**24422**	**24238**	**3041**
	3672			15855	48	3221	3221	643
	1173			3938	4	1506	1502	37
	9			82		50	50	
	82			188		32	32	
	316			2674	148	1393	1253	554
	1489		1	4452	2	1305	1303	152
	143			748		300	300	
	2511			15061		3253	3253	
	160			906	62	341	304	
	5982			37319	2	13021	13019	1654
	8056		**2043**	**42396**	**587**	**20275**	**19943**	**745**
	6487		2043	32054	472	14351	14119	153
	27			67		17	17	
	125			342	16	78	67	
	201			3599	18	2806	2787	289
	75			252		139	139	10
	65			98				
	141			531	7	255	250	3
	47			810	58	497	440	4
	118			814	7	205	203	96
	770			3829	10	1928	1921	191
	4753			**27993**	**190**	**11197**	**11063**	**3556**
	3875			21261	149	8563	8451	2734
	12			64		22	22	5
	15			148		23	23	2
	664			5143	35	2084	2068	787
	48			216	1	20	18	18
	138			1161	5	486	481	10
	1913		**300**	**11505**	**74**	**2640**	**2574**	**554**
	20			20				
	8			30		4	4	
	107		300		3	112	111	
	85			276	5	82	82	102
	1513			10351	66	2221	2156	413
	181			828		222	222	40

4-33 各市、县、区规模以上工业企业办科技机构情况

地　　区	企业办科技机构数合计（个）	科技活动人员（人）	#博士毕业	#硕士毕业	机构科技经费内部支出（万元）	仪器设备（万元）
总　计	**840**	**42839**	**640**	**2360**	**909365**	**718716**
福州市	**143**	**10821**	**176**	**717**	**222531**	**101613**
鼓楼区	19	1118	15	187	12766	3612
台江区	3	64		2	615	1331
仓山区	20	1830	27	213	20050	15908
马尾区	18	1392	81	110	25824	16417
晋安区	17	777	14	68	9522	15822
闽侯县	18	809	3	18	6880	20978
连江县	2	103	1	4	1239	237
罗源县						
闽清县	3	81			745	1602
永泰县	4	53	1	7	896	687
平潭县	2	33			103	3
福清市	33	4312	33	106	130830	15156
长乐市	4	249	1	2	13062	9860
厦门市	**144**	**10606**	**161**	**624**	**261525**	**229145**
思明区	7	1459	8	53	18112	52919
海沧区	16	890	24	44	47180	31465
湖里区	41	3588	58	261	94403	68436
集美区	53	3412	41	199	83192	68656
同安区	10	482	16	26	10702	2300
翔安区	17	775	14	41	7936	5370
莆田市	**44**	**2780**	**43**	**105**	**105977**	**70096**
城厢区	5	301	2	5	3776	641
涵江区	26	1803	28	61	41333	51484
荔城区	6	493	8	11	4685	3982
秀屿区	2	57	1	20	55365	12941
仙游县	5	126	4	8	818	1049
三明市	**41**	**1325**	**27**	**139**	**16447**	**22170**
梅列区	5	458	3	74	7233	3680
三元区	2	40		1	271	435
明溪县	2	29	1	1	228	131
清流县						
宁化县						
大田县						
尤溪县	1	7		3	15	122
沙县	10	238	3	10	2151	4770
将乐县	2	17			24	989
泰宁县	3	25	5	4	553	533
建宁县	3	57	2		505	1386
永安市	13	454	13	46	5466	10124
泉州市	**267**	**9555**	**110**	**307**	**142300**	**161433**
鲤城区	49	1256	26	70	19888	37991
丰泽区	21	435	7	22	8221	4698
洛江区	8	107	1	2	2107	1086
泉港区	6	68	4	2	1156	3514
惠安县	14	152	5	28	2204	1246

4-33　续表

地　　区	企业办科技机构数合计（个）	科技活动人员（人）	#博士毕业	#硕士毕业	机构科技经费内部支出（万元）	仪器设备（万元）
安溪县	6	179	3	1	2381	4480
永春县	2	111		1	96	30
德化县	6	323		4	1900	5204
石狮市	13	660	4	14	16301	12926
晋江市	130	5607	48	138	80209	67297
南安市	12	657	12	25	7838	22962
漳州市	**80**	**3796**	**43**	**139**	**72544**	**47020**
芗城区	30	1213	14	55	21779	26090
龙文区	16	526	6	12	4304	3862
云霄县	2	20			79	40
漳浦县	3	40			394	107
诏安县	4	79		1	2657	1475
长泰县	9	342	8	16	3558	4341
东山县						
南靖县	3	774	3	20	20948	7046
平和县						
华安县	3	18	4	5	349	394
龙海市	10	784	8	30	18477	3664
南平市	**48**	**1584**	**29**	**83**	**42758**	**28945**
延平区	19	1039	19	49	35381	23092
顺昌县	4	45	1	2	3153	2808
浦城县	5	93	3	11	913	958
光泽县	2	33		1	64	43
松溪县	2	20		4	183	52
政和县						
邵武市	6	63		3	963	908
武夷山市						
建瓯市	5	147	4	8	714	624
建阳市	5	144	2	5	1387	460
龙岩市	**52**	**2005**	**38**	**229**	**39031**	**53785**
新罗区	36	1388	13	95	26160	37319
长汀县	1	19		2	10	100
永定县						
上杭县	4	480	23	127	11557	14468
武平县	1	12			140	130
连城县	3	48		2	268	747
漳平市	7	58	2	3	896	1022
宁德市	**21**	**367**	**13**	**17**	**6254**	**4511**
蕉城区						
霞浦县						
古田县						
屏南县						
寿宁县	1	52	2	2	1100	400
周宁县	1	10			1123	1665
柘荣县	1	15	1	2	270	448
福安市	12	219	10	13	3272	1588
福鼎市	6	71			489	410

4-34 各市、县、区规模以上工业企业新产品产出和专利情况

单位：万元

地　　区	新产品产值	新产品销售收入	出口	专利申请数（件）	发明专利	拥有发明专利数（件）
总　计	**17776860**	**17465101**	**8808285**	**3249**	**901**	**1651**
福州市	**6522738**	**6371880**	**3981112**	**887**	**269**	**387**
台江区	13095	13326	2528	23	5	8
仓山区	189213	300079	104938	221	56	59
马尾区	990105	876941	253059	104	28	108
晋安区	308237	300077	82281	138	61	25
闽侯县	383611	346627	18742	36	2	37
连江县	109215	84200	74544	6	2	19
罗源县						
闽清县	6062	5284	2665	4	3	2
永泰县	2543	2534		6	3	3
平潭县						
福清市	4125634	4093854	3412197	165	59	53
长乐市	234201	186903	878			1
厦门市	**5652216**	**5744823**	**3502336**	**900**	**260**	**373**
思明区	394934	383197	193133	85	28	25
湖里区	1361171	1367132	723339	244	67	176
集美区	1396461	1495323	699052	236	90	96
同安区	112479	109840	12015	57	9	9
翔安区	1684541	1681033	1548039	75	18	24
莆田市	**363586**	**347660**	**82105**	**130**	**38**	**33**
城厢区	40393	38650	9262	14	2	
涵江区	250358	242593	27623	96	16	33
荔城区	39009	37768	30240			
秀屿区	25931	21374	14980	1	1	
仙游县	7895	7277		19	19	
三明市	**384569**	**369789**	**10279**	**71**	**19**	**31**
梅列区	184401	185278		29	5	1
三元区	19646	18494		5	1	4
明溪县	3656	3316		2	2	2
清流县						
宁化县	4200	4200				
大田县	3520	3234				
尤溪县	3777	1415	1185	10	1	3
沙　县	99176	93750	582	11	7	6
将乐县	185	185	10	1		1
泰宁县	15253	15231	234	1		1
建宁县	5682	5853	1615			2
永安市	45072	38834	6653	12	3	11
泉州市	**2353737**	**2252958**	**315668**	**557**	**108**	**250**
鲤城区	336388	304519	63749	135	20	77
丰泽区	61902	54438	93	16	4	6
洛江区	35848	32466	8000	16	6	18
泉港区	16198	18421		8	1	1
惠安县	32991	31969	3171	7	4	6
安溪县	16455	15740	6951	4		

4-34　续表　　单位：万元

地　区	新产品产值	新产品销售收入	出口	专利申请数(件)	发明专利	拥有发明专利数(件)
永春县	2230	2230	748			
德化县	34005	32828	23923	10	3	5
石狮市	50672	85939	12229	24	2	19
晋江市	1574964	1494751	176600	271	57	106
南安市	192084	179657	20204	66	11	12
漳州市	**1308768**	**1227574**	**740727**	**469**	**126**	**219**
芗城区	258659	227461	64241	97	15	88
龙文区	70958	69105	26054	38		11
云霄县	505	501		9	9	1
漳浦县	1212	1165	940	6	2	4
诏安县	6007	6242		4	4	7
长泰县	46435	45337	34707	21	8	5
东山县	855	825	9	1		
南靖县	560665	539469	467922	35	3	9
平和县						
华安县	9265	10535	2120			
龙海市	354207	326934	144735	258	85	94
南平市	**390590**	**369451**	**68453**	**89**	**27**	**204**
延平区	266525	257740	35513	37	15	20
顺昌县	153	152		27		169
浦城县	36826	24330	10681			3
光泽县	3258	3554				
松溪县	1155	1142		5	2	1
政和县	813	808	300			
邵武市	11299	8793		2		
武夷山市	6186	8800	1660	6	2	2
建瓯市	18244	18647	9391	7	5	2
建阳市	46133	45487	10908	5	3	7
龙岩市	**611926**	**618785**	**53727**	**106**	**42**	**108**
新罗区	301227	289416	31424	87	30	68
长汀县	4489	4123	2841			
永定县	304	284				2
上杭县	275667	296079	2455	13	12	10
武平县						
连城县	5317	4226				12
漳平市	24923	24658	17007	6		16
宁德市	**188732**	**162181**	**53878**	**40**	**12**	**46**
蕉城区	528	282		1		3
霞浦县						
古田县						
屏南县				5	3	
寿宁县	17000	16000	7648			
周宁县	9165	8852				
柘荣县	6040	6040		1	1	1
福安市	144688	120002	45720	24	5	35
福鼎市	11311	11006	510	9	3	7

4-35 各市、县、区规模以上工业企业科技项目情况

地　区	科技项目数(项)	#新产品开发项目数	#R&D项目数	参加项目人员合计(人)	科学家和工程师	高中级技术职称人员	参加项目人员实际工作时间(人年)	项目经费内部支出(万元)	#R&D项目支出	#新产品项目支出
总　计	**4026**	**3066**	**2614**	**61126**	**46047**	**20467**	**55005**	**1316639**	**773707**	**1062029**
福州市	**924**	**746**	**809**	**17008**	**14027**	**6014**	**16473**	**363919**	**261816**	**314146**
鼓楼区	211	139	202	3715	3435	1776	2755	43692	40150	22952
台江区	21	21	10	203	120	74	217	4504	4043	4504
仓山区	164	139	148	2677	2246	789	2779	39501	36407	34276
马尾区	124	111	119	2432	2254	752	2463	54574	54099	51879
晋安区	92	84	89	1261	1083	543	1359	16212	15609	14455
闽侯县	92	77	55	1362	1151	647	1225	14349	10706	11721
连江县	30	22	28	641	487	223	692	6420	5239	5353
罗源县	4	1	4	44	44	18	52	3147	3147	1200
闽清县	19	2	16	185	158	93	152	2356	2155	998
永泰县	10	8	10	75	52	23	53	979	979	951
平潭县	1		1	25	25	8	24	102	102	
福清市	114	102	88	3843	2691	927	4143	158908	71407	147230
长乐市	42	40	39	545	281	141	558	19175	17774	18629
厦门市	**1110**	**868**	**596**	**18734**	**13692**	**5272**	**17859**	**445236**	**203164**	**360525**
思明区	89	70	46	1390	1143	413	1155	33318	11808	32108
海沧区	250	166	134	3049	1890	681	2890	108419	57893	80576
湖里区	270	236	105	6231	4986	1851	6211	130497	29858	103544
集美区	353	274	243	5419	3921	1697	5241	125721	78265	101539
同安区	80	63	48	1091	785	319	1013	25058	12969	21980
翔安区	68	59	20	1554	967	311	1349	22222	12371	20779
莆田市	**149**	**111**	**95**	**1872**	**1393**	**610**	**1291**	**42009**	**25629**	**35917**
城厢区	10	6	8	129	89	45	79	3846	3830	2750
涵江区	96	66	51	1284	970	440	821	27840	15812	23546
荔城区	14	12	7	315	199	67	300	8441	4105	8369
秀屿区	5	3	5	41	37	11	27	1054	1054	424
仙游县	24	24	24	103	98	47	64	829	829	829
三明市	**214**	**125**	**134**	**3156**	**2181**	**1378**	**2261**	**53968**	**24698**	**20176**
梅列区	39	15	29	988	726	428	507	23363	6873	3991
三元区	33	21	18	256	186	113	182	3939	2249	1630
明溪县	6	4	2	29	19	6	35	244	100	165
清流县	5	1	1	17	12	6	8	123	30	30
宁化县	6	4	2	87	74	74	76	615	200	415
大田县	2	2		18	9	7	16	455		455
尤溪县	6	1	3	168	39	24	121	1661	197	20
沙县	41	28	29	405	270	202	337	8589	6247	5484
将乐县	13	5	7	93	65	50	44	1076	743	228
泰宁县	10	8	5	100	83	45	74	1528	583	1280
建宁县	10	9	7	125	86	56	51	1641	786	1521
永安市	43	27	31	870	612	367	812	10736	6690	4957
泉州市	**723**	**575**	**443**	**11224**	**7812**	**3193**	**9274**	**206691**	**109728**	**173596**
鲤城区	123	107	96	1780	1073	507	1602	25271	20509	21416
丰泽区	28	26	16	277	236	129	194	9230	5773	9194
洛江区	34	31	17	215	174	77	172	5110	2863	4813
泉港区	8	7	7	84	77	45	56	2570	2269	2211
惠安县	25	21	12	244	214	123	187	4761	2199	4056

4-35　续表

地　区	科　技项目数(项)	#新产品开发项目数	#R&D项目数	参加项目人员合计(人)	科学家和工程师	高中级技术职称人员	参加项目人员实际工作时间(人年)	项目经费内部支出(万元)	#R&D项目支出	#新产品项目支出
安溪县	32	13	12	296	221	74	210	39824	781	31298
永春县	12	8	2	442	102	65	186	1352	215	436
德化县	16	8	14	398	307	132	313	4485	3825	3103
石狮市	56	38	39	1067	652	292	688	14465	11703	11399
晋江市	343	276	208	5506	3993	1406	5074	88159	53326	75343
南安市	46	40	20	915	763	343	594	11463	6264	10328
漳州市	**278**	**220**	**170**	**3540**	**2575**	**1313**	**3585**	**91980**	**72047**	**84570**
芗城区	113	96	83	1131	712	469	1156	22598	15755	20253
龙文区	36	27	21	351	313	164	390	3937	3238	3571
云霄县	4	2	1	20	14	14	15	143	82	105
漳浦县	5	4	4	69	55	24	68	491	138	441
诏安县	5	5	5	74	72	17	62	2576	2576	2576
长泰县	38	27	19	437	329	173	446	4985	3113	4127
东山县	16	2	15	70	44	20	72	738	715	156
南靖县	24	24	6	649	390	143	776	21326	15061	21326
平和县										
华安县	4	2	4	26	24	21	23	713	713	274
龙海市	33	31	12	713	622	268	575	34472	30657	31741
南平市	**255**	**161**	**163**	**2559**	**1925**	**1207**	**2135**	**56459**	**43554**	**36566**
延平区	172	106	116	1803	1329	873	1622	41048	33749	31596
顺昌县	4	1	1	44	39	37	52	3153	67	67
浦城县	8	6	2	98	98	41	38	908	324	629
光泽县	2	1	2	18	18	2	20	3599	3599	2
松溪县	4	4	4	24	22	14	17	123	123	123
政和县	16	6	11	27	17	11	23	129	93	61
邵武市	11	5	4	142	101	54	138	1458	531	607
武夷山市	8	6	4	68	58	26	51	971	765	820
建瓯市	16	15	11	242	167	104	101	968	743	688
建阳市	14	11	8	93	76	45	73	4101	3560	1973
龙岩市	**306**	**200**	**157**	**2377**	**1963**	**1194**	**1547**	**41929**	**23116**	**23417**
新罗区	220	144	127	1703	1374	809	1058	30752	17227	16971
长汀县	2	2	1	24	15	8	14	284	14	284
永定县	7	5	2	38	33	20	29	619	146	587
上杭县	42	20	20	408	364	249	305	7388	4383	3370
武平县	4	4		24	20	4	11	100		100
连城县	10	10	2	73	61	41	72	559	185	559
漳平市	21	15	5	107	96	63	59	2227	1161	1546
宁德市	**67**	**60**	**47**	**656**	**479**	**286**	**581**	**14448**	**9955**	**13115**
蕉城区	7	5	3	60	49	32	29	885	20	437
霞浦县										
古田县	1	1	1	20	10	10	24	30	30	30
屏南县										
寿宁县	4	4	1	44	44	21	50	1100	300	1100
周宁县	2	2		15	15	8	16	1334		1334
柘荣县	3	3	3	20	20	9	20	276	276	276
福安市	33	31	32	376	232	136	337	9823	8714	9298
福鼎市	17	14	7	121	109	70	105	999	615	639

4-36 各市、县、区规模以上工业企业技术改造、技术获取及减免税情况

单位：万元

地　区	技术改造经费支出	引进国外技术经费支出	引进技术的消化吸收经费支出	购买国内技术经费支出	享受各级政府对技术开发的减免税
总　计	**556533**	**109377**	**24890**	**257065**	**14716**
福州市	**94295**	**9980**	**9329**	**2382**	**1987**
鼓楼区	13947	1948		100	882
台江区	1454			10	
仓山区	14917		39	67	87
马尾区	12699	2210	813		897
晋安区	3899	6	6	16	20
闽侯县	5266	3097	6296	33	
连江县				119	22
罗源县	300				
闽清县	6373		31		
永泰县	108			29	
平潭县	1				
福清市	14637	1740	1744	1174	80
长乐市	20693	979	400	835	
厦门市	**96536**	**80333**	**4969**	**245749**	**5614**
思明区	4452	2237	421	1491	246
海沧区	23179	5587		211187	1952
湖里区	7753	20416	2268	31341	367
集美区	52456	6043	2235	1686	2855
同安区	3100				130
翔安区	5596	46051	44	45	65
莆田市	**4107**	**152**	**2981**	**417**	**645**
城厢区	242		300	200	
涵江区	3058	152	2681	217	36
荔城区	807				
秀屿区					300
仙游县					309
三明市	**145334**	**3311**	**782**	**2762**	**385**
梅列区	47803	811	79	761	
三元区	17999	900		1035	
明溪县	16			510	
清流县					
宁化县	172				
大田县	380				
尤溪县	1753		10	1	
沙　县	34268		161	60	232
将乐县	6194				
泰宁县	933				
建宁县	970		87		
永安市	34846	1600	446	395	153
泉州市	**86045**	**1985**	**3328**	**2633**	**2746**
鲤城区	764	20	70	50	154
丰泽区	557	20	4		
洛江区	384	30	30		65
泉港区	1320		8	4	
惠安县	388	20	110	25	751

4-36　续表　　　　单位：万元

地　　区	技术改造经费支出	引进国外技术经费支出	引进技术的消化吸收经费支出	购买国内技术经费支出	享受各级政府对技术开发的减免税
安溪县	39128				
永春县					1
德化县	8697	45	31	5	133
石狮市	5779	658	81		
晋江市	26238	955	2666	2537	1643
南安市	2789	237	328	12	
漳州市	**13598**	**2187**	**256**	**1664**	**1275**
芗城区	5098			135	1221
龙文区	688	31	17	1260	
云霄县	63				
漳浦县					
诏安县	766		28	133	51
长泰县	2657			2	2
东山县	258				
南靖县	2612		20		
平和县					
华安县	594	150	100		
龙海市	864	2006	92	134	
南平市	**77016**	**2576**	**167**	**332**	**206**
延平区	37480	2576	70	28	81
顺昌县	29235			2	
浦城县	3289			59	
光泽县	3924			92	30
松溪县	42			1	
政和县	32			2	
邵武市	1369			60	
武夷山市	85		24		95
建瓯市	546		73	78	
建阳市	1015			10	
龙岩市	**35413**	**7403**	**1622**	**1006**	**1857**
新罗区	29446	7403	806	613	1839
长汀县	140				
永定县	2508				
上杭县	3154				
武平县	60		40	15	
连城县	81		86	320	
漳平市	24		690	58	18
宁德市	**4190**	**1450**	**1458**	**120**	
蕉城区					
霞浦县					
古田县					
屏南县					
寿宁县	400		180		
周宁县					
柘荣县	181		121	60	
福安市	2346	1300	1157	60	
福鼎市	1263	150			

4-37 按各类分组的规模以上工业企业科技活动主要指标对比表

(2004年、2008年)

项目	科技活动人员合计(人)			科技活动经费内部支出(万元)			R&D人员全时当量(人年)		
	2008年	2004年	增长(%)	2008年	2004年	增长(%)	2008年	2004年	增长(%)
总计	**84965**	**42933**	**97.9**	**1669937**	**665779**	**150.8**	**41799**	**18534**	**125.5**
按登记注册类型分									
内资企业	37638	21841	72.3	627990	275171	128.2	16840	8760	92.2
港澳台商投资	27257	12969	110.2	521877	192670	170.9	12694	6514	94.9
外商投资	20070	8123	147.1	520071	197938	162.7	12265	3260	276.2
按工业行业大类分									
采矿业	1261	682	84.9	14212	1574	803.2	113	51	121.6
制造业	81852	41080	99.3	1590712	652793	143.7	41141	17728	132.1
电力、燃气及水的生产和供应业	1852	1171	58.2	65013	11412	469.7	545	758	-28.1
按地区分									
福州市	21565	9785	120.4	440657	166379	164.9	14711	5511	166.9
厦门市	23411	12644	85.2	523987	247922	111.4	11180	5615	99.1
莆田市	3800	1694	124.3	122560	38847	215.5	1001	551	81.7
三明市	5409	4079	32.6	62409	30041	107.7	1604	884	81.4
泉州市	15683	7227	117.0	251043	88418	183.9	7033	2445	187.6
漳州市	6783	3238	109.5	109249	30940	253.1	3081	1716	79.5
南平市	3440	2076	65.7	71957	32802	119.4	1561	992	57.4
龙岩市	3808	1287	195.9	69720	20253	244.2	1155	410	181.7
宁德市	1066	903	18.1	18357	10178	80.4	474	411	15.3

4-37 续表

项目	R&D经费内部支出(万元)			专利申请数(件)			拥有发明专利数(件)		
	2008年	2004年	增长(%)	2008年	2004年	增长(%)	2008年	2004年	增长(%)
总计	**838320**	**360048**	**132.8**	**3249**	**1308**	**148.4**	**1651**	**870**	**89.8**
按登记注册类型分									
内资企业	337448	128573	162.5	1421	590	140.8	792	426	85.9
港澳台商投资	274245	105943	158.9	1127	440	156.1	560	288	94.4
外商投资	226627	125532	80.5	701	278	152.2	299	156	91.7
按工业行业大类分									
采矿业	4991	505	888.5		1	-100.0			
制造业	819724	352801	132.3	3188	1302	144.9	1646	868	89.6
电力、燃气及水的生产和供应业	13606	6742	101.8	61	5	1120.0	5		
按地区分									
福州市	271155	106752	154.0	887	271	227.3	387	278	39.2
厦门市	214839	130356	64.8	900	415	116.9	373	255	46.3
莆田市	31477	10587	197.3	130	9	1344.4	33	3	1000.0
三明市	26399	10029	163.2	71	21	238.1	31	10	210.0
泉州市	127873	38717	230.3	557	290	92.1	250	165	51.5
漳州市	81489	23942	240.4	469	84	458.3	219	44	397.7
南平市	45026	23009	95.7	89	166	-46.4	204	69	195.7
龙岩市	28184	11222	151.1	106	24	341.7	108	18	500.0
宁德市	11879	5435	118.6	40	28	42.9	46	28	64.3

第5篇

建筑业企业生产经营及财务状况

5-1 分地区分行业建筑业企业主要经济指标

单位：万元、人

项 目	建筑业总产值				年末从业人员
		建筑工程产值	安装工程产值	其他产值	
总 计	**20819297**	**18371364**	**1790996**	**656937**	**1635713**
按地区分					
福州市	7299671	6495360	642871	161440	543219
厦门市	3971699	3506041	330353	135305	427622
莆田市	655182	606456	35578	13148	49228
三明市	844620	750444	83499	10677	53515
泉州市	3687489	3141710	328363	217416	251790
漳州市	1737363	1575825	126998	34540	115866
南平市	524868	394945	113882	16041	36015
龙岩市	1432181	1302434	70265	59482	105166
宁德市	666225	598150	59187	8888	53292
按行业分					
房屋和土木工程建筑业	17181891	16069126	683402	429363	1218769
房屋工程建筑	13647486	13008766	370982	267739	1005070
土木工程建筑	3534405	3060361	312420	161624	213699
建筑安装业	1581777	515680	1010434	55664	92579
建筑装饰业	858462	751201	56608	50653	66297
其他建筑业	1197168	1035357	40553	121258	258068

5-2 总承包和专业承包建筑业企业合同

单位：万元

项目	签订的合同额	上年结转合同额	本年新签合同额
总计	**32179269**	**12958954**	**19220315**
按地区分			
福州市	12675610	5008946	7666663
厦门市	6354520	3212374	3142146
莆田市	1208913	471728	737185
三明市	1139605	384809	754796
泉州市	4972715	1866294	3106422
漳州市	2660160	982415	1677744
南平市	560158	206948	353210
龙岩市	1869536	572823	1296714
宁德市	738053	252617	485436
按行业分			
房屋和土木工程建筑业	28932368	12145134	16787235
房屋工程建筑	22806498	9308109	13498389
土木工程建筑	6125870	2837025	3288846
铁路、道路、隧道和桥梁工程建筑	4244731	2029121	2215610
水利和港口工程建筑	693007	335490	357517
工矿工程建筑	473581	121217	352364
架线和管道工程建筑	614203	327381	286822
其他土木工程建筑	100348	23816	76532
建筑安装业	1701220	354640	1346580
建筑装饰业	861717	176282	685436
其他建筑业	683964	282899	401065
工程准备	71846	17407	54440
提供施工设备服务	21377	8452	12925
其他未列明的建筑活动	590741	257041	333700
按登记注册类型分			
内资企业	31713695	12755163	18958532
国有企业	5099601	2014144	3085457
集体企业	653981	294407	359574
股份合作企业	504179	159961	344218
联营企业	298053	195456	102597
国有联营企业	36771	31782	4988
集体联营企业	36257	3787	32470
国有与集体联营企业			
其他联营企业	225025	159886	65139
有限责任公司	12779401	5270344	7509057
国有独资公司	198287	52217	146070
其他有限责任公司	12581114	5218127	7362987
股份有限公司	1771173	667234	1103938
私营企业	10607308	4153617	6453691
私营独资企业	78873	22631	56242
私营合伙企业	58643	17333	41310
私营有限责任公司	8941981	3507166	5434815
私营股份有限公司	1527812	606488	921324
其他企业			
港、澳、台商投资企业	392673	183791	208881
外商投资企业	72902	20000	52902
按企业资质等级分			
施工总承包	28684667	12039744	16644923
特级	1713617	707058	1006559
一级	15005839	6622912	8382926
二级	9520771	3966315	5554457
三级	2444440	743459	1700981
专业承包	3494602	919211	2575392
一级	1552721	508881	1043840
二级	1265175	260117	1005058
三级	527639	84374	443265
不分等级	149067	65838	83229

5-3　总承包和专业承包建筑业企业承包工程完成情况

单位：万元

项　　目	直接从建设单位承揽工程完成的产值			从建设单位以外承揽工程完成的产值
		自行完成施工产值	分包出去工程的产值	
总　　计	**17660681**	**17537843**	**122838**	**989552**
按地区分				
福州市	6107918	6023294	84624	822313
厦门市	3197241	3168571	28670	58143
莆田市	637507	637507		15584
三明市	675686	672276	3410	2212
泉州市	3112069	3111186	883	60713
漳州市	1630612	1628173	2439	4274
南平市	427884	427884		7374
龙岩市	1334149	1331421	2728	2902
宁德市	537614	537531	83	16037
按行业分				
房屋和土木工程建筑业	15294431	15203426	91006	871510
房屋工程建筑	12595421	12527912	67509	526395
土木工程建筑	2699010	2675514	23496	345116
铁路、道路、隧道和桥梁工程建筑	1755606	1747944	7662	306713
水利和港口工程建筑	310517	310517		20310
工矿工程建筑	320028	305878	14150	
架线和管道工程建筑	240368	239407	960	16377
其他土木工程建筑	72492	71768	724	1716
建筑安装业	1309485	1282890	26595	77904
建筑装饰业	698619	697497	1122	11377
其他建筑业	358145	354030	4115	28761
工程准备	55430	55430		3682
提供施工设备服务	9999	9999		6875
其他未列明的建筑活动	292717	288602	4115	18204
按登记注册类型分				
内资企业	17326621	17204833	121788	984934
国有企业	2609641	2576166	33475	68725
集体企业	434990	434162	828	1035
股份合作企业	361350	351011	10339	10339
联营企业	144812	143475	1338	13571
国有联营企业	26578	25748	830	934
集体联营企业	32202	32202		
国有与集体联营企业				
其他联营企业	86032	85524	508	12637
有限责任公司	6853987	6819717	34270	204939
国有独资公司	162700	148550	14150	
其他有限责任公司	6691287	6671168	20120	204939
股份有限公司	887067	866915	20152	179851
私营企业	6034773	6013387	21386	506475
私营独资企业	72283	68707	3575	10578
私营合伙企业	46422	46422		620
私营有限责任公司	5340941	5335911	5030	148190
私营股份有限公司	575127	562346	12781	347086
其他企业				
港、澳、台商投资企业	285030	283980	1050	1835
外商投资企业	49030	49030		2783
按企业资质等级分				
施工总承包	15406434	15314513	91922	647756
特级	945413	943324	2089	2663
一级	7600623	7534444	66180	131294
二级	5254751	5245735	9016	450639
三级	1605647	1591010	14637	63160
专业承包	2254246	2223330	30916	341796
一级	742053	740266	1788	278600
二级	973468	957142	16326	40301
三级	438393	426812	11581	22589
不分等级	100332	99111	1221	306

5-4 总承包和专业承包建筑业企业总产值和竣工产值

单位：万元

项目	建筑业总产值	#装饰装修产值	#在外省完成的产值	按总产值构成分			竣工产值
				建筑工程产值	安装工程产值	其他产值	
总计	**18527395**	**954738**	**5831273**	**16554188**	**1551260**	**421947**	**12436949**
按地区分							
福州市	6845607	363520	2673511	6119599	602192	123816	4077613
厦门市	3226714	298246	655589	2893322	265658	67734	2314136
莆田市	653091	21279	70449	605747	34630	12714	407561
三明市	674488	16677	86696	594222	74777	5489	375374
泉州市	3171898	149477	874258	2760006	272842	139050	2335861
漳州市	1632448	29396	311975	1522130	101783	8535	1277478
南平市	435258	11238	115345	331716	99662	3880	247326
龙岩市	1334323	30637	818985	1217432	61023	55868	988142
宁德市	553568	34268	224466	510014	38693	4861	413459
按行业分							
房屋和土木工程建筑业	16074936	327208	5198434	15128567	602266	344103	10829780
房屋工程建筑	13054306	310551	4028372	12468327	341731	244249	8993283
土木工程建筑	3020630	16657	1170062	2660241	260535	99854	1836497
铁路、道路、隧道和桥梁工程建筑	2054658	14943	799908	1962876	45621	46161	1340676
水利和港口工程建筑	330827		67512	301851	23520	5456	176468
工矿工程建筑	305878	677	132637	146870	130423	28586	116985
架线和管道工程建筑	255784	345	158824	192150	60831	2804	147341
其他土木工程建筑	73484	692	11181	56495	141	16848	55027
建筑安装业	1360793	35097	341283	435341	897607	27846	998875
建筑装饰业	708874	583256	171707	657026	27201	24647	414236
其他建筑业	382792	9178	119850	333253	24187	25352	194058
工程准备	59112	5000	445	46686	544	11881	39032
提供施工设备服务	16873	1812	1071	6541	4839	5493	12094
其他未列明的建筑活动	306806	2366	118334	280026	18804	7977	142932
按登记注册类型分							
内资企业	18189766	834936	5699225	16253777	1519012	416977	12259514
国有企业	2644891	53344	628710	2397370	189807	57714	1418590
集体企业	435197	21148	126145	416084	16142	2971	283449
股份合作企业	361350	2282	93872	342337	14385	4628	213052
联营企业	157045	1926	7021	154109	1185	1752	111566
国有联营企业	26682	1146		23761	1169	1752	26324
集体联营企业	32202		402	32202			24178
国有与集体联营企业							
其他联营企业	98161	781	6619	98145	16		61064
有限责任公司	7024656	320623	2294124	6130330	774741	119586	4819472
国有独资公司	148550		48836	57508	88122	2920	44913
其他有限责任公司	6876106	320623	2245288	6072822	686619	116666	4774559
股份有限公司	1046766	16558	314123	881347	143197	22222	881726
私营企业	6519861	419055	2235230	5932201	379556	208105	4531660
私营独资企业	79286	4100	15522	45682	6844	26760	42639
私营合伙企业	47042	5583	28619	37090	800	9152	38357
私营有限责任公司	5484102	377293	1654195	4977646	354193	152263	3812257
私营股份有限公司	909432	32080	536893	871783	17718	19931	638407
其他企业							
港、澳、台商投资企业	285816	119678	111800	255256	26352	4208	139383
外商投资企业	51813	124	20249	45155	5895	763	38052
按企业资质等级分							
施工总承包	15962269	340568	5054142	14780419	850711	331138	10786396
特级	945987	42481	407473	802270	41341	102376	660904
一级	7665737	190585	2606427	7161281	474595	29861	4877092
二级	5696374	77814	1730838	5339980	227644	128750	3994563
三级	1654170	29688	309404	1476888	107131	70152	1253838
专业承包	2565126	614171	777132	1773769	700549	90809	1650553
一级	1018866	336245	472565	851672	145412	21782	562737
二级	997443	226798	239906	609575	347041	40827	693189
三级	449401	50939	60006	217330	208096	23975	316762
不分等级	99417	189	4655	95193		4224	77866

5-5　总承包和专业承包建筑业企业房屋建筑面积和竣工面积

单位：万平方米

项　目	房屋建筑施工面积	#本年新开工面积	#实行投标承包面积		房屋建筑竣工面积	房屋建筑面积竣工率(%)
				本年新开工		
总　计	**20028.29**	**8700.55**	**16483.20**	**7184.96**	**7637.76**	**38.1**
按地区分						
福州市	7423.26	3240.05	6416.76	2864.78	2489.99	33.5
厦门市	2845.46	942.62	2225.79	799.55	966.05	34.0
莆田市	1007.72	413.40	935.51	376.40	303.36	30.1
三明市	842.65	387.02	831.23	380.48	236.45	28.1
泉州市	3621.18	1694.68	2916.54	1375.05	1870.72	51.7
漳州市	2154.26	1038.79	1457.89	690.25	842.00	39.1
南平市	385.96	123.83	353.18	99.63	139.22	36.1
龙岩市	1079.56	596.58	792.75	384.18	527.09	48.8
宁德市	668.25	263.58	553.55	214.63	262.89	39.3
按行业分						
房屋和土木工程建筑业	19863.45	8639.42	16336.78	7133.89	7564.07	38.1
房屋工程建筑	19167.47	8372.53	15734.41	6887.93	7299.96	38.1
土木工程建筑	695.99	266.89	602.37	245.96	264.12	37.9
铁路、道路、隧道和桥梁工程建筑	544.86	178.17	478.27	173.72	200.41	36.8
水利和港口工程建筑	52.74	38.35	51.95	37.57	20.50	38.9
工矿工程建筑	16.43	7.93	10.21	7.72	11.52	70.1
架线和管道工程建筑	65.41	30.40	61.13	26.15	18.00	27.5
其他土木工程建筑	16.54	12.04	0.81	0.81	13.68	82.7
建筑安装业	133.30	48.10	116.24	38.11	66.14	49.6
建筑装饰业						
其他建筑业	31.53	13.03	30.18	12.96	7.55	24.0
工程准备	0.03	0.03	0.03	0.03	0.03	100.0
提供施工设备服务						
其他未列明的建筑活动	31.50	13.00	30.15	12.93	7.52	23.9
按登记注册类型分						
内资企业	19801.24	8591.76	16273.38	7087.20	7522.35	38.0
国有企业	2398.64	794.08	2201.93	722.01	665.06	27.7
集体企业	727.07	261.92	467.33	163.56	258.65	35.6
股份合作企业	469.59	211.74	441.78	198.78	171.17	36.4
联营企业	166.86	69.77	152.88	67.22	58.51	35.1
国有联营企业	22.64		22.64		22.11	97.7
集体联营企业	31.26	16.41	17.27	13.87	4.65	14.9
国有与集体联营企业						
其他联营企业	112.96	53.36	112.96	53.36	31.74	28.1
有限责任公司	8366.33	3787.49	7331.06	3367.72	3077.27	36.8
国有独资公司	14.96		14.96		5.92	39.6
其他有限责任公司	8351.38	3787.49	7316.10	3367.72	3071.35	36.8
股份有限公司	1123.42	486.03	766.97	330.53	530.06	47.2
私营企业	6549.31	2980.74	4911.43	2237.39	2761.64	42.2
私营独资企业	42.31	11.13	41.88	10.70	34.88	82.4
私营合伙企业	56.57	32.72	29.84	6.73	31.67	56.0
私营有限责任公司	5745.24	2611.32	4320.48	1962.36	2391.59	41.6
私营股份有限公司	705.18	325.58	519.24	257.61	303.50	43.0
其他企业						
港、澳、台商投资企业	196.22	84.16	196.22	84.16	103.03	52.5
外商投资企业	30.83	24.62	13.60	13.60	12.38	40.2
按企业资质等级分						
施工总承包	19624.78	8405.86	16248.92	7017.63	7385.52	37.6
特级	1031.91	316.30	606.04	73.25	601.56	58.3
一级	8981.76	3791.68	8418.75	3570.83	2849.96	31.7
二级	7652.46	3347.59	5793.39	2658.32	3064.79	40.0
三级	1958.65	950.30	1430.74	715.22	869.21	44.4
专业承包	403.51	294.69	234.29	167.34	252.24	62.5
一级	113.56	97.06	26.41	22.53	99.74	87.8
二级	256.92	175.55	201.12	138.78	140.01	54.5
三级	32.03	22.07	6.76	6.02	12.49	39.0
不分等级	1.00					

5-6 总承包和专业承包建筑业企业

项　　目	合　计	厂房、仓库	住宅	办公用房	批发和零售用房
总　　计	**7637.76**	**1951.89**	**4370.06**	**538.11**	**116.38**
按地区分					
福州市	2489.99	333.74	1821.82	105.50	20.93
厦门市	966.05	284.27	475.05	109.46	12.01
莆田市	303.36	45.17	210.46	7.63	8.84
三明市	236.45	50.66	117.66	21.46	5.55
泉州市	1870.72	593.20	930.78	141.06	42.64
漳州市	842.00	319.47	386.17	81.18	
南平市	139.22	25.20	101.69	8.35	
龙岩市	527.09	250.35	194.49	36.24	1.17
宁德市	262.89	49.83	131.94	27.24	25.24
按行业分					
房屋和土木工程建筑业	7564.07	1900.04	4357.78	529.49	116.38
房屋工程建筑	7299.96	1858.19	4211.06	520.52	91.38
土木工程建筑	264.12	41.85	146.72	8.97	25.00
铁路、道路、隧道和桥梁工程建筑	200.41	33.01	107.76	4.26	25.00
水利和港口工程建筑	20.50	1.97	15.48	0.88	
工矿工程建筑	11.52	4.86	1.89	3.65	
架线和管道工程建筑	18.00		18.00		
其他土木工程建筑	13.68	2.01	3.59	0.19	
建筑安装业	66.14	44.80	12.28	8.33	
建筑装饰业					
其他建筑业	7.55	7.05		0.29	
工程准备	0.03				
提供施工设备服务					
其他未列明的建筑活动	7.52	7.05		0.29	
按登记注册类型分					
内资企业	7522.35	1944.76	4264.18	538.11	116.25
国有企业	665.06	100.69	430.39	24.21	11.73
集体企业	258.65	25.38	177.78	13.35	5.62
股份合作企业	171.17	20.46	133.36	14.18	
联营企业	58.51	5.03	39.84	0.70	8.45
国有联营企业	22.11	0.56	21.56		
集体联营企业	4.65	2.96	0.91		
国有与集体联营企业					
其他联营企业	31.74	1.52	17.37	0.70	8.45
有限责任公司	3077.27	780.27	1776.71	208.88	76.36
国有独资公司	5.92	1.42	4.50		
其他有限责任公司	3071.35	778.85	1772.21	208.88	76.36
股份有限公司	530.06	157.38	275.87	51.98	0.38
私营企业	2761.64	855.55	1430.22	224.79	13.71
私营独资企业	34.88	20.77	13.11		
私营合伙企业	31.67	21.82	1.82	6.84	
私营有限责任公司	2391.59	708.82	1264.53	207.32	13.19
私营股份有限公司	303.50	104.14	150.76	10.64	0.53
其他企业					
港、澳、台商投资企业	103.03		100.63		0.14
外商投资企业	12.38	7.13	5.25		
按企业资质等级分					
施工总承包	7385.52	1754.80	4328.46	528.56	116.38
特级	601.56	188.65	261.00	74.95	47.67
一级	2849.96	593.62	1773.75	200.77	42.58
二级	3064.79	700.91	1896.64	179.70	23.11
三级	869.21	271.61	397.08	73.14	3.03
专业承包	252.24	197.08	41.59	9.54	
一级	99.74	98.80			
二级	140.01	87.29	41.04	9.09	
三级	12.49	10.99	0.56	0.45	
不分等级					

按主要用途分的房屋建筑竣工面积

单位：万平方米

住宿和餐饮用房	居民服务业用房	教育用房	文化、体育和娱乐用房	卫生医疗用房	科研用房	其他用房
83.81	**57.94**	**242.00**	**69.88**	**48.48**	**15.47**	**143.75**
19.21	22.68	79.45	12.01	17.67	6.92	50.06
7.80	16.55	34.15	15.90	4.37	4.35	2.15
3.93	0.30	6.99	6.87	1.30	0.42	11.45
0.87	1.20	28.69	5.96	2.30		2.12
18.02	9.11	50.13	11.61	17.30	1.20	55.66
21.78	0.20	16.68	9.13	1.27	0.62	5.48
0.54		1.70				1.74
11.45	7.90	13.65	1.40	3.50	1.96	4.97
0.21		10.54	6.99	0.77		10.13
83.78	57.94	241.90	69.70	48.48	15.47	143.12
83.78	55.62	224.54	62.95	47.13	15.47	129.32
	2.32	17.36	6.75	1.35		13.79
	2.32	14.28				13.79
		1.96		0.21		
		1.12				
			6.75	1.14		
		0.10				0.63
0.03			0.18			
0.03						
			0.18			
83.81	57.94	242.00	69.88	48.48	15.47	141.49
10.40	5.92	38.88	8.17	17.50	1.76	15.41
10.09	1.70	9.37	9.93	0.34		5.10
2.31		0.68				0.18
4.10					0.38	
0.40					0.38	
3.70						
26.14	35.47	80.61	24.95	10.79	1.06	56.05
26.14	35.47	80.61	24.95	10.79	1.06	56.05
6.01	0.20	20.36	0.97	4.96	0.62	11.32
24.77	14.65	92.10	25.87	14.88	11.65	53.44
		1.00				
					1.19	
23.07	14.65	82.07	25.69	7.39	10.33	34.53
1.70		9.02	0.18	7.50	0.12	18.91
						2.26
83.61	57.94	240.45	69.68	48.48	15.43	141.72
	0.53	2.10	0.99	7.29	2.36	16.01
37.96	31.77	84.60	34.28	16.65	4.05	29.95
28.55	23.97	110.53	20.31	9.63	6.58	64.87
17.10	1.67	43.23	14.10	14.91	2.44	30.89
0.20		1.55	0.20		0.04	2.03
		0.73				0.20
0.17		0.41	0.18			1.83
0.03		0.40	0.02		0.04	

5-7 总承包和专业承包建筑业企业

项目	合计	厂房、仓库	住宅	办公用房	批发和零售用房
总计	**7555890**	**1582748**	**4533757**	**553513**	**178589**
按地区分					
福州市	2506109	297623	1836394	109822	21967
厦门市	1082948	245177	579966	131309	15427
莆田市	268273	32039	186572	7302	8020
三明市	241247	47106	115158	20117	6762
泉州市	1822956	482406	1010662	139297	51059
漳州市	813431	275362	407951	72580	
南平市	122161	24520	85955	8328	
龙岩市	410943	145428	183689	37857	1116
宁德市	287824	33089	127411	26902	74239
按行业分					
房屋和土木工程建筑业	7522118	1563473	4524166	549311	178589
房屋工程建筑	7203637	1533224	4367471	540316	104589
土木工程建筑	318481	30249	156695	8995	74000
铁路、道路、隧道和桥梁工程建筑	261009	23112	121667	5071	74000
水利和港口工程建筑	14054	1100	10374	650	
工矿工程建筑	9387	3951	1340	3117	
架线和管道工程建筑	20954		20954		
其他土木工程建筑	13076	2087	2360	157	
建筑安装业	28774	14824	9591	3899	
建筑装饰业					
其他建筑业	4998	4452		303	
工程准备	65				
提供施工设备服务					
其他未列明的建筑活动	4933	4452		303	
按登记注册类型分					
内资企业	7449700	1573137	4439362	553513	178440
国有企业	766528	94948	485371	31197	11220
集体企业	234168	19379	161174	13330	7000
股份合作企业	182690	17996	147038	14565	
联营企业	58561	3773	35269	1129	11100
国有联营企业	22027	915	21112		
集体联营企业	2411	1488	456		
国有与集体联营企业					
其他联营企业	34122	1370	13701	1129	11100
有限责任公司	3215732	698164	1916926	227059	135320
国有独资公司	8866	4478	4388		
其他有限责任公司	3206866	693686	1912538	227059	135320
股份有限公司	459374	122657	243120	47919	250
私营企业	2532648	616220	1450463	218314	13551
私营独资企业	24418	11274	12195		
私营合伙企业	23031	15758	1788	4406	
私营有限责任公司	2236186	519897	1298080	203730	13140
私营股份有限公司	249014	69291	138401	10179	411
其他企业					
港、澳、台商投资企业	94215		92032		149
外商投资企业	11974	9611	2363		
按企业资质等级分					
施工总承包	7392096	1473967	4492493	543414	178589
特级	643530	188147	291099	72668	53607
一级	3221009	538867	2033998	236350	97843
二级	2803190	550743	1818082	168966	24601
三级	724367	196210	349315	65430	2538
专业承包	163795	108781	41264	10099	
一级	46004	45396			
二级	110302	57380	40833	9731	
三级	7488	6006	431	368	
不分等级					

按主要用途分的房屋竣工价值

单位：万元

住宿和餐饮用房	居民服务业用房	教育用房	文化、体育和娱乐用房	卫生医疗用房	科研用房	其他用房
88687	**62470**	**263170**	**77621**	**56035**	**18885**	**140415**
23488	20025	88730	13871	27754	8903	57533
11457	21004	42499	19982	8011	5397	2720
3552	275	6309	7986	1182	255	14782
599	2082	35393	9664	2972		1394
16195	9394	44002	8932	11894	1402	47714
23495	215	19220	9019	1177	536	3878
430		1380				1549
9269	9475	13576	1589	2360	2392	4192
203		12062	6579	687		6652
88622	62470	263034	77442	56035	18885	140090
88622	58720	241679	69594	55203	18885	125334
	3750	21355	7849	832		14756
	3750	18653				14756
		1723		208		
		980				
			7849	624		
		136				325
65			179			
65						
			179			
88687	62470	263170	77621	56035	18885	138380
13075	8072	56546	12312	26431	2641	24716
9804	1000	8673	9947	361		3499
2106		751				234
7061					229	
238					229	
6823						
27282	36061	87780	26741	14226	1140	45034
27282	36061	87780	26741	14226	1140	45034
4892	215	22166	1198	3003	536	13418
24468	17122	87255	27423	12015	14339	51480
		950				
					1080	
21524	17122	79767	27333	7012	13109	35472
2944		6538	90	5003	150	16008
						2035
88324	62470	261871	77519	56035	18859	138553
	697	2974	1490	10739	3360	18749
46077	39094	113709	44668	26341	5164	38897
28047	20763	107253	17785	8759	7288	50902
14200	1916	37935	13576	10197	3046	30004
363		1299	102		26	1862
		450				158
298		268	90			1704
65		581	12		26	

5-8 总承包和专业承包建筑业企业主要生产效益

项目	建筑业企业个数（个）	计算建筑业劳动生产率的平均人数（人）	按总产值计算的劳动生产率（元/人）	人均竣工产值（元/人）	人均施工面积（平方米/人）	人均竣工面积（平方米/人）
总计	**2098**	**1421752**	**130314**	**87476**	**141**	**54**
按地区分						
福州市	599	615998	111130	66195	121	40
厦门市	355	191410	168576	120899	149	50
莆田市	118	50786	128597	80251	198	60
三明市	108	39634	170179	94710	213	60
泉州市	390	229497	138211	101782	158	82
漳州市	146	113154	144268	112897	190	74
南平市	132	30970	140542	79860	125	45
龙岩市	167	103299	129171	95658	105	51
宁德市	83	47004	117770	87963	142	56
按行业分						
房屋和土木工程建筑业	1145	1242465	129379	87164	160	61
房屋工程建筑	838	1055104	123725	85236	182	69
土木工程建筑	307	187361	161220	98019	37	14
铁路、道路、隧道和桥梁工程建筑	156	127060	161708	105515	43	16
水利和港口工程建筑	48	24653	134193	71581	21	8
工矿工程建筑	26	17356	176238	67403	9	7
架线和管道工程建筑	41	11332	225718	130022	58	16
其他土木工程建筑	36	6960	105580	79062	24	20
建筑安装业	360	85303	159525	117097	16	8
建筑装饰业	488	56482	125504	73339		
其他建筑业	105	37502	102072	51746	8	2
工程准备	42	5209	113480	74933		
提供施工设备服务	9	786	214674	153863		
其他未列明的建筑活动	54	31507	97377	45365	10	2
按登记注册类型分						
内资企业	2055	1397983	130114	87694	142	54
国有企业	91	241188	109661	58817	99	28
集体企业	55	36036	120767	78657	202	72
股份合作企业	25	32577	110922	65399	144	53
联营企业	12	9998	157077	111588	167	59
国有联营企业	3	2647	100801	99447	86	84
集体联营企业	3	3096	104013	78096	101	15
国有与集体联营企业	1					
其他联营企业	5	4255	230696	143510	265	75
有限责任公司	593	480202	146285	100363	174	64
国有独资公司	4	6697	221816	67065	22	9
其他有限责任公司	589	473505	145217	100834	176	65
股份有限公司	96	74169	141133	118881	151	71
私营企业	1183	523813	124469	86513	125	53
私营独资企业	33	6396	123961	66665	66	55
私营合伙企业	12	3725	126287	102970	152	85
私营有限责任公司	1047	435149	126028	87608	132	55
私营股份有限公司	91	78543	115788	81281	90	39
其他企业						
港、澳、台商投资企业	35	19726	144893	70660	99	52
外商投资企业	8	4043	128154	94118	76	31
按企业资质等级分						
施工总承包	1084	1230266	129746	87675	160	60
特级	3	80580	117397	82018	128	75
一级	104	581745	131771	83836	154	49
二级	447	433763	131325	92091	176	71
三级	530	134178	123282	93446	146	65
专业承包	1014	191486	133959	86197	21	13
一级	112	67612	150693	83230	17	15
二级	436	80415	124037	86201	32	17
三级	445	34875	128860	90828	9	4
不分等级	21	8584	115816	90711	1	

5-9　总承包和专业承包建筑业企业机械设备装备

项　　目	自有施工机械设备总台数（台）	自有施工机械设备总功率（万千瓦）	自有施工机械设备净值（万元）	技　术装备率（元/人）	动力装备率（千瓦/人）
总　　计	**247505**	**451.87**	**893267**	**6283**	**3.18**
按地区分					
福州市	64182	125.08	268111	4352	2.03
厦门市	37227	61.54	104354	5452	3.21
莆田市	10582	19.60	26920	5301	3.86
三明市	7719	17.85	34278	8649	4.50
泉州市	64028	106.99	239934	10455	4.66
漳州市	22286	27.69	58890	5204	2.45
南平市	9303	16.96	31037	10022	5.47
龙岩市	21981	53.53	87052	8427	5.18
宁德市	10197	22.63	42691	9082	4.81
按行业分					
房屋和土木工程建筑业	192142	395.43	769126	6190	3.18
房屋工程建筑	151080	286.48	553154	5243	2.72
土木工程建筑	41062	108.95	215972	11527	5.82
铁路、道路、隧道和桥梁工程建筑	24060	75.37	151710	11940	5.93
水利和港口工程建筑	3717	10.24	13173	5343	4.16
工矿工程建筑	8178	12.16	28695	16533	7.00
架线和管道工程建筑	3521	7.53	14868	13121	6.64
其他土木工程建筑	1586	3.65	7526	10813	5.25
建筑安装业	25364	23.40	48030	5631	2.74
建筑装饰业	20323	13.35	26203	4639	2.36
其他建筑业	9676	19.69	49908	13308	5.25
工程准备	1534	4.58	11486	22050	8.78
提供施工设备服务	167	0.21	909	11566	2.73
其他未列明的建筑活动	7975	14.90	37513	11906	4.73
按登记注册类型分					
内资企业	244967	449.87	889845	6365	3.22
国有企业	20686	45.84	82039	3401	1.90
集体企业	6800	6.89	11499	3191	1.91
股份合作企业	4453	6.92	12627	3876	2.12
联营企业	1487	2.15	6609	6611	2.15
国有联营企业	182	0.87	677	2558	3.29
集体联营企业	741	0.77	4790	15472	2.47
国有与集体联营企业					
其他联营企业	564	0.52	1142	2684	1.21
有限责任公司	85508	159.21	304419	6339	3.32
国有独资公司	4956	5.24	6540	9765	7.82
其他有限责任公司	80552	153.97	297879	6291	3.25
股份有限公司	18601	26.31	39553	5333	3.55
私营企业	107432	202.56	433099	8268	3.87
私营独资企业	1934	4.80	8186	12798	7.50
私营合伙企业	1135	2.00	3949	10601	5.36
私营有限责任公司	94282	173.88	365531	8400	4.00
私营股份有限公司	10081	21.88	55434	7058	2.79
其他企业					
港、澳、台商投资企业	2301	1.42	2757	1398	0.72
外商投资企业	237	0.57	665	1646	1.42
按企业资质等级分					
施工总承包	194759	393.06	779058	6332	3.19
特级	6919	9.18	34527	4285	1.14
一级	57572	123.09	231492	3979	2.12
二级	84975	167.62	352427	8125	3.86
三级	45293	93.18	160612	11970	6.94
专业承包	52746	58.80	114209	5964	3.07
一级	20608	17.66	33872	5010	2.61
二级	21014	23.73	44937	5588	2.95
三级	9867	15.29	30645	8787	4.38
不分等级	1257	2.12	4755	5539	2.47

5-10 总承包和专业承包建筑业企业从业人员

单位：人

项目	计算建筑业劳动生产率的平均人数	期末从业人数	#管理人员	#工程技术人员	#一级建造师	#现场施工人	持证上岗人员
总计	**1421752**	**1258632**	**103701**	**161518**	**6507**	**905461**	**569057**
按地区分							
福州市	615998	465698	37631	47363	2867	358047	220384
厦门市	191410	191888	16676	25719	1243	125637	86620
莆田市	50786	48599	3436	7074	172	36820	20936
三明市	39634	42182	5016	6469	263	32964	18723
泉州市	229497	230851	18504	30714	1026	177464	123812
漳州市	113154	106874	6651	18061	367	69971	40774
南平市	30970	31141	3611	6679	130	19398	12703
龙岩市	103299	97688	7747	13065	311	55058	30916
宁德市	47004	43711	4429	6374	128	30102	14189
按行业分							
房屋和土木工程建筑业	1242465	1107556	84082	133758	4341	806904	500894
房屋工程建筑	1055104	926815	67193	108492	3288	673450	414643
土木工程建筑	187361	180741	16889	25266	1053	133454	86251
铁路、道路、隧道和桥梁工程建筑	127060	121683	10907	15492	728	92316	61412
水利和港口工程建筑	24653	25367	2653	3700	98	18185	11806
工矿工程建筑	17356	14982	1404	2360	82	10370	6769
架线和管道工程建筑	11332	11646	1221	2443	86	7837	4845
其他土木工程建筑	6960	7063	704	1271	59	4746	1419
建筑安装业	85303	77868	9571	14467	1029	51592	36697
建筑装饰业	56482	52234	7471	9550	894	33832	24037
其他建筑业	37502	20974	2577	3743	243	13133	7429
工程准备	5209	4895	821	864	73	2752	2028
提供施工设备服务	786	509	123	201	13	171	72
其他未列明的建筑活动	31507	15570	1633	2678	157	10210	5329
按登记注册类型分							
内资企业	1397983	1238836	101523	158979	6286	890582	558697
国有企业	241188	170509	13544	12765	945	138663	73846
集体企业	36036	24795	2896	3461	153	14989	9383
股份合作企业	32577	21894	2456	3081	109	16131	4141
联营企业	9998	10087	953	808	69	8331	2909
国有联营企业	2647	2237	444	160	25	1978	1941
集体联营企业	3096	1846	113	283		909	222
国有与集体联营企业							
其他联营企业	4255	6004	396	365	44	5444	746
有限责任公司	480202	450478	34702	55928	2012	338562	226835
国有独资公司	6697	6043	325	518	59	4282	1172
其他有限责任公司	473505	444435	34377	55410	1953	334280	225663
股份有限公司	74169	75169	5696	9866	216	58100	39309
私营企业	523813	485904	41276	73070	2782	315806	202274
私营独资企业	6396	6433	865	1294	54	4488	3173
私营合伙企业	3725	3016	171	607	15	1564	1261
私营有限责任公司	435149	403012	36031	64169	2507	257001	157772
私营股份有限公司	78543	73443	4209	7000	206	52753	40068
其他企业							
港、澳、台商投资企业	19726	16719	1898	1744	165	13225	9629
外商投资企业	4043	3077	280	795	56	1654	731
按企业资质等级分							
施工总承包	1230266	1084559	83501	131714	4443	784956	484724
特级	80580	80719	2702	2577	198	71085	52079
一级	581745	458798	31277	41796	2446	332683	200374
二级	433763	406690	34434	60156	1236	288547	177106
三级	134178	138352	15088	27185	563	92641	55165
专业承包	191486	174073	20200	29804	2064	120505	84333
一级	67612	59078	6307	7846	939	44389	33397
二级	80415	73978	8397	13826	718	50134	35629
三级	34875	33579	5167	7563	384	19998	12901
不分等级	8584	7438	329	569	23	5984	2406

5-11　总承包和专业承包建筑业企业建筑材料消耗量

项　　目	钢　材 (吨)	木　材 (立方米)	水　泥 (吨)	平板玻璃 (平方米)	铝　材 (吨)
总　　计	**9611793**	**5590974**	**43241086**	**38470172**	**469926**
按地区分					
福州市	3732803	2571033	18642906	16235400	222830
厦门市	1282514	736178	3978646	7329190	51516
莆田市	370407	338670	1834930	1614535	18699
三明市	364292	274198	2046651	3008012	8062
泉州市	1530866	595146	8565200	4851012	100207
漳州市	1243062	409118	3022928	3291512	34829
南平市	277100	133914	1239283	318316	16105
龙岩市	463137	376325	2238249	1262552	9540
宁德市	347612	156392	1672293	559643	8138
按行业分					
房屋和土木工程建筑业	8860858	5304068	39048841	31917150	427331
房屋工程建筑	7623041	4657297	30618927	30661114	404693
土木工程建筑	1237817	646771	8429914	1256036	22638
铁路、道路、隧道和桥梁工程建筑	891597	544929	6280272	693554	12393
水利和港口工程建筑	170478	74717	1121512	216624	5253
工矿工程建筑	56833	6278	464692	33624	1429
架线和管道工程建筑	92646	8298	382053	223718	1449
其他土木工程建筑	26263	12549	181385	88516	2114
建筑安装业	497625	65564	2193070	2677065	17253
建筑装饰业	163902	194064	1128119	3328490	21801
其他建筑业	89408	27278	871056	547467	3541
工程准备	16769	161	124048	174138	24
提供施工设备服务	2945	1480	72699	59240	10
其他未列明的建筑活动	69694	25637	674309	314089	3507
按登记注册类型分					
内资企业	9403041	5530879	42676707	37562341	466737
国有企业	1300843	573360	5787632	4543031	114891
集体企业	277656	117175	971398	815897	19013
股份合作企业	210246	170070	922659	673395	10795
联营企业	75467	35096	236931	61695	2782
国有联营企业	11994	2446	31306	12575	2460
集体联营企业	23363	17894	97727	5420	10
国有与集体联营企业					
其他联营企业	40110	14756	107898	43700	312
有限责任公司	3710700	1650328	16142841	13916367	176352
国有独资公司	74313	31	697816	1212624	
其他有限责任公司	3636387	1650297	15445025	12703743	176352
股份有限公司	598927	444592	2718133	1863130	19615
私营企业	3229202	2540258	15897113	15688826	123289
私营独资企业	21402	9945	169004	126977	857
私营合伙企业	20843	8905	68145	74918	1711
私营有限责任公司	2833581	1947300	13160852	13794732	106510
私营股份有限公司	353376	574108	2499112	1692199	14211
其他企业					
港、澳、台商投资企业	166915	53380	391894	742637	3169
外商投资企业	41837	6715	172485	165194	20
按企业资质等级分					
施工总承包	8718408	4977063	38193208	33003099	427795
特级	368294	189179	2414739	1639287	88845
一级	4361109	1819999	15251988	15845806	170682
二级	3097733	2461868	15859212	13587561	137298
三级	891272	506017	4667269	1930445	30970
专业承包	893385	613911	5047878	5467073	42131
一级	367733	395419	2173929	2068008	15131
二级	395087	155905	2108341	2857617	20414
三级	124560	62140	730356	529682	6507
不分等级	6005	447	35252	11766	79

5-12 总承包和专业承包

项目	资产合计	流动资产合计	存货	固定资产合计	#固定资产原价	生产经营用
总计	**12530984**	**9827787**	**3136499**	**2028488**	**2594776**	**1904248**
按地区分						
福州市	4668640	3559159	963192	809703	1054385	662163
厦门市	2878469	2461416	1021785	242619	316376	247666
莆田市	483329	416482	110066	57255	66457	53986
三明市	441270	331998	76581	76723	105318	87587
泉州市	1715403	1260545	432714	407807	528043	450557
漳州市	942654	774227	305755	138501	156158	118599
南平市	347717	255546	62664	68786	77943	57504
龙岩市	720558	537791	122939	134305	186179	155173
宁德市	332943	230624	40803	92790	103918	71013
按行业分						
房屋和土木工程建筑业	9835836	7645458	2483884	1670932	2128580	1547555
房屋工程建筑	7433180	5800164	1987965	1243572	1501127	1028714
土木工程建筑	2402656	1845294	495920	427360	627453	518840
铁路、道路、隧道和桥梁工程建筑	1585778	1262180	427756	256347	374347	305023
水利和港口工程建筑	226646	178250	29025	34507	49305	37143
工矿工程建筑	274296	176406	13691	70041	118337	101520
架线和管道工程建筑	228420	164544	17238	46091	61303	55427
其他土木工程建筑	87517	63914	8210	20375	24162	19728
建筑安装业	1644806	1390643	480107	161740	224084	169161
建筑装饰业	634503	517203	117214	93661	121128	85379
其他建筑业	415838	274483	55294	102155	120985	102153
工程准备	70774	46468	8575	18537	26735	19758
提供施工设备服务	12551	9168	1409	2271	3491	2458
其他未列明的建筑活动	332513	218847	45310	81348	90759	79937
按登记注册类型分						
内资企业	12304598	9636137	3086878	2005757	2558262	1877669
国有企业	2567311	1914528	492387	463943	594212	302557
集体企业	258767	205317	66743	39166	42419	26464
股份合作企业	152267	127473	60781	22196	36116	32191
联营企业	102050	85655	20810	10038	12929	7262
国有联营企业	11814	11051	1749	749	1094	972
集体联营企业	12303	6159	135	6144	6817	4934
国有与集体联营企业						
其他联营企业	77932	68445	18926	3145	5018	1356
有限责任公司	4365192	3550589	1157104	595731	794756	647334
国有独资公司	102198	72653	3034	23124	37411	20680
其他有限责任公司	4262993	3477936	1154070	572607	757345	626653
股份有限公司	892312	768084	394914	88930	90295	67937
私营企业	3966701	2984491	894138	785753	987535	793925
私营独资企业	131446	94790	21461	19524	26688	23412
私营合伙企业	27133	17068	5570	9160	10565	7936
私营有限责任公司	3469887	2626826	766229	677871	847391	684635
私营股份有限公司	338235	245808	100879	79197	102891	77943
其他企业						
港、澳、台商投资企业	165711	141877	44439	17756	25905	18307
外商投资企业	60675	49773	5182	4976	10609	8271
按企业资质等级分						
施工总承包	10210131	7983790	2600052	1672079	2147013	1571195
特级	856277	705720	244397	68740	97903	74139
一级	3994453	3101745	870952	620292	844516	515394
二级	3574973	2813876	1046477	621787	815869	674127
三级	1784428	1362450	438226	361260	388725	307535
专业承包	2320853	1843996	536448	356409	447764	333053
一级	516659	392685	100137	93296	115901	84154
二级	1130961	934843	334932	143039	190658	142616
三级	614719	470745	98501	109538	125890	93803
不分等级	58514	45723	2877	10537	15314	12480

建筑业企业资产负债

单位：万元

#固定资产折旧	本年折旧	#在建工程	无形及递延资产	无形资产	长期投资	其他资产	负债合计	流动负债	长期负债
771809	**168549**	**148922**	**206868**	**176382**	**432299**	**35542**	**7502712**	**7277514**	**225199**
306639	68089	39448	114427	100376	178519	6831	2883213	2770803	112410
119505	24096	38733	29701	23446	124324	20410	2116224	2067683	48541
19261	3865	7176	1996	1110	6676	920	289149	280949	8200
32873	5062	3123	9316	8822	22102	1131	263323	253267	10056
143101	32685	11078	20291	18147	22627	4134	741570	734473	7097
47757	10471	27525	12638	11536	16477	812	542829	515829	27000
19736	4682	7939	9185	7875	13436	765	162033	160904	1129
65390	15934	8098	7008	3609	41080	374	326536	319557	6979
17548	3664	5802	2306	1462	7057	166	177836	174050	3786
605773	131098	111397	166476	142232	324497	28474	5886218	5704024	182194
370904	83837	89932	131676	116658	247418	10350	4339074	4206233	132840
234869	47262	21465	34800	25573	77079	18124	1547144	1497791	49353
134651	24527	5953	26750	19559	26010	14491	1075677	1032439	43239
17647	3139	1718	2257	1919	11613	19	145898	144096	1802
51888	11908	3430	1588	1093	25723	538	151115	148155	2960
24280	6571	7998	3812	2734	11095	2879	126326	126216	110
6404	1116	2366	393	269	2639	197	48128	46885	1243
86152	18191	14492	14186	11975	76149	2088	1118227	1103755	14472
41405	7859	5905	9438	7246	13461	741	235579	231263	4316
38479	11401	17129	16768	14929	18192	4240	262688	238471	24217
9190	1575	768	1206	1076	4471	92	32182	31698	484
1234	300		222	213	763	128	5552	5540	11
28056	9526	16361	15341	13640	12958	4020	224955	201233	23722
755106	162579	146197	204377	174014	422906	35422	7364279	7139710	224569
154519	23576	18432	93356	87087	87611	7873	1777855	1652828	125027
14473	2828	10348	6228	6109	7275	781	182314	181126	1188
14090	2857	164	330	120	1967	301	95716	95673	43
3318	411	305	5774	5732	583		62601	59943	2658
353	167		4	4	10		8608	8608	
672	54						1539	1539	
2293	190	305	5769	5728	573		52454	49796	2658
260740	57161	40766	53730	42283	144319	20823	2804243	2756579	47664
15520	1864	1233	1589	1265	4438	395	70524	70524	
245220	55297	39533	52141	41019	139881	20428	2733719	2686055	47664
25707	5973	18507	5476	2628	29672	150	659938	656896	3042
282259	69774	57677	39484	30055	151479	5494	1781613	1736665	44948
8287	2144	764	335	52	16729	68	74014	67723	6291
3028	975	385	273	270	632		8811	8811	
242859	58955	54840	34966	26918	125760	4464	1546019	1509507	36512
28085	7700	1689	3910	2815	8358	962	152769	150624	2145
11071	5102	2725	1238	1177	4766	74	101598	101569	29
5633	868		1253	1190	4627	46	36835	36235	600
608317	134554	102468	185514	159753	336305	32441	6282568	6073221	209347
33786	7197	4624	45471	44751	36089	257	553996	488785	65211
246562	46921	21149	93751	82730	153734	24930	2704186	2608608	95578
240553	54636	31163	32777	23124	102232	4301	2001606	1960790	40816
87416	25801	45532	13516	9149	44250	2952	1022779	1015038	7741
163492	33996	46454	21353	16629	95993	3101	1220145	1204292	15852
51883	9259	17400	5322	4151	25034	323	244911	241923	2989
65080	14603	13767	9284	7047	42540	1255	622593	615326	7266
41632	8843	15224	6447	5148	26480	1510	323198	317843	5354
4897	1291	63	301	282	1940	14	29443	29200	243

5-13 总承包和专业承包建筑业企业所有者权益、实收资本

单位：万元

项 目	所有者权益	实收资本	国家资本	集体资本	法人资本	个人资本	港澳台商资本	外商资本
总 计	**5028271**	**3652119**	**466160**	**169877**	**574833**	**2382475**	**40263**	**18511**
按地区分								
福州市	1785428	1178946	243255	57409	173154	666360	26316	12451
厦门市	762245	586726	86868	37358	106967	347883	7475	175
莆田市	194180	151627	13370	7462	36639	92056		2100
三明市	177946	150576	29253	3648	30422	87252		
泉州市	973834	706204	38967	26361	100562	530702	6337	3276
漳州市	399826	268804	11691	4664	70216	182234		
南平市	185684	156162	15684	14043	29183	97252		
龙岩市	394022	312787	9044	627	23562	278910	135	510
宁德市	155107	140287	18028	18305	4127	99826		
按行业分								
房屋和土木工程建筑业	3949618	2854912	384263	133122	420727	1894592	9878	12330
房屋工程建筑	3094107	2178366	235100	113563	315680	1494935	8858	10230
土木工程建筑	855512	676546	149163	19559	105047	399657	1020	2100
铁路、道路、隧道和桥梁工程建筑	510101	416462	98003	7819	58396	249125	1020	2100
水利和港口工程建筑	80748	67369	15045	4512	5937	41875		
工矿工程建筑	123180	74193	13265		3095	57834		
架线和管道工程建筑	102093	82543	18428	1690	32444	29981		
其他土木工程建筑	39390	35979	4422	5538	5176	20842		
建筑安装业	526579	357048	35856	32266	68477	198072	16445	5931
建筑装饰业	398924	319901	7406	4218	71264	223378	13385	250
其他建筑业	153150	120259	38636	271	14365	66433	554	
工程准备	38592	38991	14500	271	2854	20996	370	
提供施工设备服务	7000	6089			620	5285	184	
其他未列明的建筑活动	107558	75178	24136		10891	40152		
按登记注册类型分								
内资企业	4940319	3581347	466160	169877	562841	2381329	965	175
国有企业	789456	360869	347046		13823			
集体企业	76453	62657		59397	3260			
股份合作企业	56552	45332		32931	7358	5044		
联营企业	39449	28827	15712	8923	1166	3026		
国有联营企业	3206	2272	2005		267			
集体联营企业	10764	8923		8923				
国有与集体联营企业								
其他联营企业	25478	17633	13707		900	3026		
有限责任公司	1560948	1159657	96913	53513	255528	752563	965	175
国有独资公司	31674	19590	19590					
其他有限责任公司	1529275	1140067	77323	53513	255528	752563	965	175
股份有限公司	232374	180345	6489	15113	56766	101976		
私营企业	2185087	1743660			224940	1518720		
私营独资企业	57432	43381			13783	29598		
私营合伙企业	18322	14157			1184	12973		
私营有限责任公司	1923869	1530255			191514	1338742		
私营股份有限公司	185466	155867			18460	137407		
其他企业								
港、澳、台商投资企业	64113	53314			11347	810	39298	1860
外商投资企业	23840	17458			646	336		16477
按企业资质等级分								
施工总承包	3927563	2809257	390090	130225	427450	1837955	12072	11466
特级	302281	110461	48643		1700	60118		
一级	1290266	826211	239860	13913	152711	412444	5424	1860
二级	1573367	1243568	79251	83997	164172	903015	5627	7506
三级	761648	629017	22337	32315	108867	462379	1020	2100
专业承包	1100709	842862	76070	39652	147384	544520	28191	7045
一级	271747	187078	17986	1080	42135	101857	19021	5000
二级	508369	388390	19847	20691	60309	277986	7511	2045
三级	291522	252806	31810	15882	42490	160966	1659	
不分等级	29071	14588	6427	2000	2450	3711		

5-14 总承包和专业承包建筑业企业收入

单位：万元

项目	工程结算收入	#工程结算成本	#工程结算税金及附加	#工程结算利润	其他业务收入	其他业务利润
总计	**17752478**	**15903504**	**677122**	**1095500**	**166541**	**36607**
按地区分						
福州市	6934534	6241231	259409	406203	76431	13340
厦门市	3141897	2857888	101055	176245	25000	8808
莆田市	589113	515956	25869	44768	3089	1576
三明市	545985	484395	25218	32677	12971	1831
泉州市	3095449	2731047	127299	225516	5203	2097
漳州市	1276102	1157680	46239	66780	36990	5877
南平市	392724	343107	16000	30942	2490	1060
龙岩市	1260182	1100941	55165	91665	3308	1192
宁德市	516492	471259	20868	20704	1062	828
按行业分						
房屋和土木工程建筑业	15298351	13847920	595450	800305	43415	16808
房屋工程建筑	12325157	11189117	486541	610654	32292	11644
土木工程建筑	2973194	2658803	108910	189651	11123	5164
铁路、道路、隧道和桥梁工程建筑	2028976	1842785	73785	102712	6374	2600
水利和港口工程建筑	300146	258738	12346	25777	813	766
工矿工程建筑	320992	272011	12683	34662	1478	487
架线和管道工程建筑	254640	225721	7344	20567	2202	1186
其他土木工程建筑	68439	59548	2751	5933	256	124
建筑安装业	1379619	1143662	44191	181471	108857	16013
建筑装饰业	671759	561423	24348	76768	10805	2861
其他建筑业	402750	350499	13133	36956	3464	926
工程准备	61841	51208	2524	6680	284	142
提供施工设备服务	16163	13381	673	1865	105	84
其他未列明的建筑活动	324746	285910	9937	28412	3074	700
按登记注册类型分						
内资企业	17422551	15612966	665646	1068007	165028	36048
国有企业	3114616	2810488	124882	168447	33941	7127
集体企业	350872	321006	12627	16973	4773	1849
股份合作企业	325667	298507	12084	14981	1999	1307
联营企业	143763	127070	5431	11075	333	201
国有联营企业	28294	26627	838	797	50	37
集体联营企业	30271	26945	1409	1900	282	282
国有与集体联营企业						
其他联营企业	85198	73498	3184	8378	1	-118
有限责任公司	6409154	5768714	235927	385366	62271	14028
国有独资公司	103196	92713	3629	6854	436	12
其他有限责任公司	6305957	5676002	232298	378511	61835	14016
股份有限公司	1040682	940966	38163	56371	7426	2065
私营企业	6037798	5346214	236532	414795	54285	9471
私营独资企业	69931	59878	2828	6929	1270	444
私营合伙企业	46509	41104	1615	3282	321	37
私营有限责任公司	5025697	4444153	194807	358623	52298	8656
私营股份有限公司	895660	801080	37283	45961	396	334
其他企业						
港、澳、台商投资企业	274164	245583	9295	18894	1287	430
外商投资企业	55763	44955	2181	8599	226	129
按企业资质等级分						
施工总承包	15232334	13800444	588078	798324	87961	22364
特级	1359427	1210507	61678	82895	13	13
一级	6996440	6424749	253273	308675	33633	5988
二级	5297307	4785724	207371	285134	14949	7314
三级	1579160	1379465	65757	121620	39365	9049
专业承包	2520143	2103060	89044	297176	78581	14243
一级	969290	836112	35773	87024	15718	3069
二级	992778	816317	33683	129833	10253	3857
三级	468982	373837	16960	70931	51364	7237
不分等级	89094	76795	2629	9388	1245	80

5-15 总承包和专业承包建筑业企业费用

单位：万元

项目	管理费用	#税金	#财产保险费	#差旅费	#工会经费	财务费用	利息支出	经营费用
总计	**519475**	**27456**	**2388**	**30472**	**6267**	**55295**	**38838**	**76353**
按地区分								
福州市	201830	7304	681	11784	2306	26830	18695	27692
厦门市	105430	2189	323	3818	812	8607	5680	6709
莆田市	16633	784	52	830	246	2838	2445	2520
三明市	16799	861	302	1267	206	2136	1609	3695
泉州市	77178	12062	426	6019	1541	6732	5023	11587
漳州市	29794	1515	139	1545	230	1765	1182	5403
南平市	17398	723	57	1051	249	1023	485	2675
龙岩市	42204	1794	360	3146	453	4124	2795	12411
宁德市	12208	224	48	1012	223	1241	924	3662
按行业分								
房屋和土木工程建筑业	345653	21661	1802	20515	4421	48123	34527	54675
房屋工程建筑	253768	18421	1158	14813	3212	37492	27474	38844
土木工程建筑	91885	3240	644	5703	1208	10631	7053	15831
铁路、道路、隧道和桥梁工程建筑	46431	1953	222	2875	652	8617	5997	9695
水利和港口工程建筑	9118	570	59	711	78	323	256	3285
工矿工程建筑	23273	313	209	1142	329	899	443	1636
架线和管道工程建筑	9868	285	103	715	101	439	343	1008
其他土木工程建筑	3195	121	51	261	49	354	14	207
建筑安装业	117258	2843	300	5066	1387	3587	1955	10296
建筑装饰业	35594	2270	241	3945	335	1781	1195	9221
其他建筑业	20972	682	46	945	125	1805	1161	2161
工程准备	4806	211	29	353	13	454	62	1429
提供施工设备服务	1331	17		44	1	170	166	244
其他未列明的建筑活动	14834	453	17	549	112	1181	933	488
按登记注册类型分								
内资企业	505952	26929	2346	29704	6204	54322	38074	75933
国有企业	99976	2761	161	4574	1362	21425	15006	10799
集体企业	13008	342	28	385	171	189	168	266
股份合作企业	10604	308	17	349	60	640	500	95
联营企业	3625	77	3	130	125	1820	1719	188
国有联营企业	626	56	1	8	1	82	25	32
集体联营企业	1308	5		13	114	95	94	17
国有与集体联营企业								
其他联营企业	1690	15	2	109	10	1643	1600	139
有限责任公司	188162	12800	787	9871	2172	14887	10217	19147
国有独资公司	5988	174	11	404	165	530	527	
其他有限责任公司	182174	12626	776	9467	2007	14357	9690	19147
股份有限公司	20543	953	32	986	205	-91	-462	5182
私营企业	170035	9689	1320	13409	2109	15453	10928	40256
私营独资企业	3986	314	19	198	42	673	647	296
私营合伙企业	940	11	5	114	44	70	66	509
私营有限责任公司	149016	8350	1177	11623	1808	13562	9560	28115
私营股份有限公司	16094	1014	119	1475	216	1149	656	11336
其他企业								
港、澳、台商投资企业	5869	441	42	657	40	531	361	391
外商投资企业	7655	86		110	24	442	403	28
按企业资质等级分								
施工总承包	354333	20905	1737	20173	4198	47756	34839	45489
特级	34811	4447		1239	183	13723	8537	4347
一级	141086	6065	649	9084	2062	20523	16327	9744
二级	117229	6020	631	6749	1349	10702	8453	19079
三级	61206	4373	457	3102	604	2807	1523	12318
专业承包	165143	6551	651	10298	2069	7540	3999	30864
一级	43771	1615	110	2835	613	2562	2020	10381
二级	78027	3331	397	5166	1090	3210	1507	12946
三级	38087	1535	140	2106	318	1703	475	7254
不分等级	5258	70	3	192	49	65	3	283

5-16　总承包和专业承包建筑业企业利润总额

单位：万元

项　　目	利润总额	#应交所得税	#应付利润	营业利润	营业外收入	营业外支出
总　　计	**519163**	**147612**	**155757**	**557336**	**13706**	**14120**
按地区分						
福州市	158484	47622	28359	190883	6241	7859
厦门市	74306	13128	27762	71015	4081	2998
莆田市	26124	7711	8612	26872	267	138
三明市	12288	3239	5477	15573	685	279
泉州市	141464	42838	44495	143702	1324	849
漳州市	39759	14144	18605	41098	453	1531
南平市	11441	3303	5151	13581	523	241
龙岩市	47473	12572	13828	46529	91	201
宁德市	7823	3056	3467	8083	41	24
按行业分						
房屋和土木工程建筑业	389131	120701	105254	423337	9614	10747
房屋工程建筑	309525	104179	79931	331039	8217	6579
土木工程建筑	79606	16522	25323	92299	1398	4168
铁路、道路、隧道和桥梁工程建筑	47229	9918	14186	50264	961	2695
水利和港口工程建筑	10423	1969	2966	17103	108	130
工矿工程建筑	11319	2269	3833	10977	35	68
架线和管道工程建筑	8115	1623	3598	11446	235	1267
其他土木工程建筑	2521	743	740	2509	58	8
建筑安装业	79294	16671	39279	76639	1702	2691
建筑装饰业	38869	6747	8913	42255	2162	202
其他建筑业	11868	3493	2311	15106	228	480
工程准备	1632	525	511	1562	92	26
提供施工设备服务	310	64	192	448		25
其他未列明的建筑活动	9927	2904	1609	13096	135	429
按登记注册类型分						
内资企业	503197	145382	153128	543780	13186	13821
国有企业	51695	12807	9554	54174	2748	2366
集体企业	6589	2781	1641	5624	1914	925
股份合作企业	5212	2252	1330	5044	42	56
联营企业	6819	1219	308	5830	207	125
国有联营企业	140	30		125	87	72
集体联营企业	500	121	292	778	3	
国有与集体联营企业						
其他联营企业	6179	1069	16	4927	117	53
有限责任公司	191921	59875	54524	196345	4887	6808
国有独资公司	966	526	1545	349	33	62
其他有限责任公司	190955	59348	52980	195997	4854	6746
股份有限公司	36425	9731	15307	37984	582	357
私营企业	204537	56718	70464	238778	2806	3183
私营独资企业	2609	576	572	2715	60	39
私营合伙企业	2230	899	805	2310		
私营有限责任公司	170742	49165	63370	204702	1339	3036
私营股份有限公司	28956	6078	5717	29051	1407	107
其他企业						
港、澳、台商投资企业	13973	1832	1821	12924	328	265
外商投资企业	1993	398	808	632	192	35
按企业资质等级分						
施工总承包	387584	121250	112698	418599	9762	12088
特级	36242	13268	3514	34374	1282	413
一级	124277	37361	29785	153054	4510	7272
二级	163825	54504	51461	164516	2682	2495
三级	63239	16116	27939	66656	1289	1908
专业承包	131579	26363	43059	138737	3944	2032
一级	41176	7826	11526	43761	518	511
二级	50313	9378	12105	52454	2829	701
三级	38438	8147	19273	38378	544	711
不分等级	1652	1011	155	4144	53	110

5-17 总承包和专业承包建筑业企业劳动者报酬

单位：万元

项目	本年应付工资	主营业务应付工资	本年应付福利费	主营业务应付福利费	劳动、失业保险费	住房公积金及住房补贴
总计	**4005632**	**3972988**	**300092**	**295132**	**44883**	**26950**
按地区分						
福州市	1672518	1661390	114778	113358	17329	8039
厦门市	536777	528871	21736	21178	6878	6513
莆田市	144180	143131	11724	11618	3037	847
三明市	136540	135740	15863	15778	3482	1318
泉州市	711086	704764	54600	53295	6509	8545
漳州市	325406	322853	41045	40703	1315	524
南平市	95207	94718	6996	6928	1166	507
龙岩市	272692	271224	21307	20854	3309	555
宁德市	111227	110297	12043	11422	1860	102
按行业分						
房屋和土木工程建筑业	3553106	3529835	274625	270585	33426	20092
房屋工程建筑	2984469	2967353	239661	236100	21509	12609
土木工程建筑	568637	562481	34964	34486	11917	7484
铁路、道路、隧道和桥梁工程建筑	380923	376235	24218	23869	5814	5090
水利和港口工程建筑	71191	70892	3820	3815	1247	491
工矿工程建筑	70939	70587	3806	3767	2203	1104
架线和管道工程建筑	28925	28470	2183	2128	2457	720
其他土木工程建筑	16659	16298	937	906	196	78
建筑安装业	234610	230574	15319	14868	6731	5304
建筑装饰业	140651	136962	5895	5627	2112	299
其他建筑业	77266	75618	4252	4051	2614	1255
工程准备	12494	11956	687	644	268	67
提供施工设备服务	2138	2138	76	63	113	
其他未列明的建筑活动	62635	61525	3490	3344	2234	1188
按登记注册类型分						
内资企业	3929865	3897836	296939	292302	44518	26935
国有企业	531914	526619	36178	35803	11023	8099
集体企业	95715	94695	8320	8204	1312	528
股份合作企业	87354	86867	9011	8944	902	247
联营企业	30102	30102	1064	1064	97	44
国有联营企业	5150	5150	636	636	16	8
集体联营企业	7598	7598	328	328	39	
国有与集体联营企业						
其他联营企业	17354	17354	100	100	42	37
有限责任公司	1494214	1485744	111163	109676	17435	16101
国有独资公司	20642	20358	1158	1118	224	900
其他有限责任公司	1473572	1465386	110005	108558	17211	15201
股份有限公司	227481	226153	17198	16700	1974	724
私营企业	1463084	1447655	114006	111913	11774	1193
私营独资企业	16232	15754	574	559	880	16
私营合伙企业	10576	10576	578	578	44	
私营有限责任公司	1206518	1192440	96353	94401	10019	1073
私营股份有限公司	229758	228885	16501	16374	832	105
其他企业						
港、澳、台商投资企业	62836	62221	2530	2215	320	15
外商投资企业	12932	12932	623	615	45	
按企业资质等级分						
施工总承包	3476262	3452329	264877	261061	35118	21690
特级	259996	259996	26867	26867	1400	7093
一级	1547935	1540907	114033	113113	14979	9925
二级	1324641	1312889	100580	98436	15236	2545
三级	343689	338538	23397	22646	3503	2127
专业承包	529371	520659	35214	34070	9765	5260
一级	223416	221546	13985	13523	1957	575
二级	196317	192685	13728	13318	4143	2883
三级	91950	89286	6162	5963	3280	1671
不分等级	17688	17142	1340	1267	384	131

5-18　总承包和专业承包建筑业企业利润率及利税率

单位：%

项　目	实收资本利润率	实收资本利税率	产值利润率	产值利税率	资产负债率	人均利润（元/人）
总　计	**14.2**	**33.5**	**2.8**	**6.6**	**59.9**	**3652**
按地区分						
福州市	13.4	36.1	2.3	6.2	61.8	2573
厦门市	12.7	30.3	2.3	5.5	73.5	3882
莆田市	17.2	34.8	4.0	8.1	59.8	5144
三明市	8.2	25.5	1.8	5.7	59.7	3100
泉州市	20.0	39.8	4.5	8.9	43.2	6164
漳州市	14.8	32.6	2.4	5.4	57.6	3514
南平市	7.3	18.0	2.6	6.5	46.6	3694
龙岩市	15.2	33.4	3.6	7.8	45.3	4596
宁德市	5.6	20.6	1.4	5.2	53.4	1664
按行业分						
房屋和土木工程建筑业	13.6	35.2	2.4	6.3	59.8	3132
房屋工程建筑	14.2	37.4	2.4	6.2	58.4	2934
土木工程建筑	11.8	28.3	2.6	6.3	64.4	4249
铁路、道路、隧道和桥梁工程建筑	11.3	29.5	2.3	6.0	67.8	3717
水利和港口工程建筑	15.5	34.6	3.2	7.1	64.4	4228
工矿工程建筑	15.3	32.8	3.7	7.9	55.1	6521
架线和管道工程建筑	9.8	19.1	3.2	6.2	55.3	7161
其他土木工程建筑	7.0	15.0	3.4	7.3	55.0	3622
建筑安装业	22.2	35.4	5.8	9.3	68.0	9296
建筑装饰业	12.2	20.5	5.5	9.2	37.1	6882
其他建筑业	9.9	21.4	3.1	6.7	63.2	3165
工程准备	4.2	11.2	2.8	7.4	45.5	3133
提供施工设备服务	5.1	16.4	1.8	5.9	44.2	3938
其他未列明的建筑活动	13.2	27.0	3.2	6.6	67.7	3151
按登记注册类型分						
内资企业	14.1	33.4	2.8	6.6	59.8	3599
国有企业	14.3	49.7	2.0	6.8	69.2	2143
集体企业	10.5	31.2	1.5	4.5	70.5	1828
股份合作企业	11.5	38.8	1.4	4.9	62.9	1600
联营企业	23.7	42.8	4.3	7.8	61.3	6820
国有联营企业	6.2	45.5	0.5	3.9	72.9	528
集体联营企业	5.6	21.5	1.6	5.9	12.5	1614
国有与集体联营企业						
其他联营企业	35.0	53.2	6.3	9.6	67.3	14522
有限责任公司	16.5	38.0	2.7	6.3	64.2	3997
国有独资公司	4.9	24.3	0.7	3.2	69.0	1442
其他有限责任公司	16.7	38.2	2.8	6.3	64.1	4033
股份有限公司	20.2	41.9	3.5	7.2	74.0	4911
私营企业	11.7	25.9	3.1	6.9	44.9	3905
私营独资企业	6.0	13.3	3.3	7.3	56.3	4079
私营合伙企业	15.8	27.2	4.7	8.2	32.5	5986
私营有限责任公司	11.2	24.4	3.1	6.8	44.6	3924
私营股份有限公司	18.6	43.1	3.2	7.4	45.2	3687
其他企业						
港、澳、台商投资企业	26.2	44.5	4.9	8.3	61.3	7084
外商投资企业	11.4	24.4	3.8	8.2	60.7	4930
按企业资质等级分						
施工总承包	13.8	35.5	2.4	6.2	61.5	3150
特级	32.8	92.7	3.8	10.8	64.7	4498
一级	15.0	46.4	1.6	5.0	67.7	2136
二级	13.2	30.3	2.9	6.6	56.0	3777
三级	10.1	21.2	3.8	8.1	57.3	4713
专业承包	15.6	27.0	5.1	8.9	52.6	6871
一级	22.0	42.0	4.0	7.7	47.4	6090
二级	13.0	22.5	5.0	8.8	55.0	6257
三级	15.2	22.5	8.6	12.7	52.6	11022
不分等级	11.3	29.8	1.7	4.4	50.3	1925

5-19 总承包和专业承包建筑业企业工程拖欠款及亏损情况

项目	应收工程款(万元)	竣工工程	建筑业企业个数(个)	亏损企业个数(个)	亏损企业比重(%)
总计	**1661638**	**906363**	**2098**	**286**	**13.6**
按地区分					
福州市	612066	277513	599	66	11.0
厦门市	319036	174037	355	101	28.5
莆田市	41183	26048	118	8	6.8
三明市	63211	21525	108	16	14.8
泉州市	252031	150696	390	19	4.9
漳州市	110566	53405	146	24	16.4
南平市	41955	27939	132	22	16.7
龙岩市	169119	136523	167	14	8.4
宁德市	52471	38678	83	16	19.3
按行业分					
房屋和土木工程建筑业	1265929	694995	1145	147	12.8
房屋工程建筑	863216	486124	838	105	12.5
土木工程建筑	402713	208871	307	42	13.7
铁路、道路、隧道和桥梁工程建筑	265206	120154	156	24	15.4
水利和港口工程建筑	29641	22770	48	3	6.3
工矿工程建筑	68889	53749	26	5	19.2
架线和管道工程建筑	31174	5524	41	5	12.2
其他土木工程建筑	7803	6674	36	5	13.9
建筑安装业	197645	103061	360	44	12.2
建筑装饰业	129869	77240	488	72	14.8
其他建筑业	68195	31067	105	23	21.9
工程准备	4344	1433	42	18	42.9
提供施工设备服务	7505	6685	9		
其他未列明的建筑活动	56345	22949	54	5	9.3
按登记注册类型分					
内资企业	1634578	898467	2055	283	13.8
国有企业	258778	147964	91	11	12.1
集体企业	40964	18359	55	7	12.7

5-19　续表

项　　目	应收工程款(万元)	竣工工程	建筑业企业个数(个)	亏损企业个数(个)	亏损企业比重(%)
股份合作企业	23265	16696	25	4	16.0
联营企业	10688	2848	12	2	16.7
国有联营企业	670	656	3		
集体联营企业	1096	282	3		
国有与集体联营企业			1		
其他联营企业	8922	1910	5	2	40.0
有限责任公司	566834	277013	593	96	16.2
国有独资公司	31253	11654	4	1	25.0
其他有限责任公司	535580	265360	589	95	16.1
股份有限公司	105866	67697	96	11	11.5
私营企业	628184	367890	1183	152	12.8
私营独资企业	10396	6020	33	5	15.2
私营合伙企业	3078	606	12	3	25.0
私营有限责任公司	532473	323209	1047	136	13.0
私营股份有限公司	82238	38055	91	8	8.8
其他企业					
港、澳、台商投资企业	14345	5011	35	3	8.6
外商投资企业	12715	2886	8		
按企业资质等级分					
施工总承包	1248141	675527	1084	137	12.6
特级	23307	15310	3		
一级	564049	264725	104	2	1.9
二级	429585	260234	447	35	7.8
三级	231200	135259	530	100	18.9
专业承包	413497	230836	1014	149	14.7
一级	173612	97038	112	1	0.9
二级	151058	74847	436	44	10.1
三级	80879	53421	445	103	23.1
不分等级	7948	5531	21	1	4.8

5-20 国有经济总承包和专业承包建筑业企业合同

单位：万元

项 目	签订的合同额	上年结转合同额	本年新签合同额
总 计	**5334659**	**2098143**	**3236516**
按地区分			
福州市	3566313	1276607	2289706
厦门市	521024	303699	217325
莆田市	291338	143733	147605
三明市	358895	126187	232708
泉州市	452986	193052	259934
漳州市	39767	9479	30288
南平市	48790	23100	25690
龙岩市	8276	775	7501
宁德市	47271	21511	25760
按行业分			
房屋和土木工程建筑业	4633301	1838986	2794315
房屋工程建筑	3053367	1083510	1969857
土木工程建筑	1579935	755476	824458
建筑安装业	144484	11634	132850
建筑装饰业	53538	9089	44449
其他建筑业	503336	238434	264902
按企业资质等级分			
施工总承包	5094573	2064009	3030565
特级	690589	248466	442123
一级	3939982	1570136	2369846
二级	399518	222317	177201
三级	64484	23090	41394
专业承包	240086	34134	205951
一级	124646	14139	110507
二级	34419	5813	28606
三级	25978	8634	17344
不分等级	55043	5549	49495

5-21　国有经济总承包和专业承包建筑业企业承包工程完成情况

单位：万元

项　目	直接从建设单位承揽工程完成的产值			从建设单位以外承揽工程完成的产值
		自行完成施工产值	分包出去工程的产值	
总　计	**2798919**	**2750464**	**48455**	**69659**
按地区分				
福州市	1838053	1794420	43634	23940
厦门市	304564	303735	830	9523
莆田市	103841	103841		
三明市	163162	160250	2912	
泉州市	231631	231631		34287
漳州市	32179	31824	356	
南平市	33769	33769		
龙岩市	5849	5125	724	1909
宁德市	85870	85870		
按行业分				
房屋和土木工程建筑业	2362221	2320384	41837	48138
房屋工程建筑	1661284	1634321	26963	37676
土木工程建筑	700938	686063	14874	10462
建筑安装业	170582	168079	2503	934
建筑装饰业	36627	36627		
其他建筑业	229489	225374	4115	20588
按企业资质等级分				
施工总承包	2620336	2577662	42674	60996
特级	292749	290660	2089	2663
一级	2059849	2020583	39267	54100
二级	231648	230330	1318	2476
三级	36089	36089		1757
专业承包	178583	172802	5781	8663
一级	77926	77926		1047
二级	31924	26867	5057	7316
三级	17323	17323		
不分等级	51411	50687	724	300

5-22 国有经济总承包和专业承包建筑业企业总产值和竣工产值

单位：万元

项　　目	建筑业总产值	#装饰装修产值	#在外省完成的产值	按总产值构成分			竣工产值
				建筑工程产值	安装工程产值	其他产值	
总　　计	**2820123**	**54490**	**677546**	**2478640**	**279098**	**62385**	**1489827**
按地区分							
福州市	1818360	36878	424272	1573336	202039	42985	915815
厦门市	313258	1793	126309	289653	18146	5459	204411
莆田市	103841		4779	103841			56668
三明市	160250	1501	22156	136988	17773	5489	87038
泉州市	265918	13269	12113	249613	11155	5150	185449
漳州市	31824	1049	4774	11854	19367	603	11245
南平市	33769		11255	26339	7430		11240
龙岩市	7034		724	1145	3188	2701	7034
宁德市	85870		71165	85870			10929
按行业分							
房屋和土木工程建筑业	2368522	25095	516620	2152784	166377	49362	1265060
房屋工程建筑	1671997	25095	325935	1529832	101588	40577	825736
土木工程建筑	696525		190685	622952	64788	8785	439324
建筑安装业	169013		50728	61493	100280	7240	82788
建筑装饰业	36627	29197	5609	29197	7430		23053
其他建筑业	245962	197	104589	235167	5011	5784	118927
按企业资质等级分							
施工总承包	2638658	25155	667291	2349320	240653	48685	1408036
特级	293323	4862	46776	250591	7306	35427	130723
一级	2074683	19177	601407	1868826	195711	10146	1125620
二级	232806	1116	9586	208481	24326		128420
三级	37846		9522	21422	13311	3112	23274
专业承包	181465	29335	10255	129320	38445	13700	81791
一级	78972	26355	5609	57064	16420	5489	56393
二级	34183	1049	850	17121	15310	1752	7392
三级	17323	1793	62	6298	6715	4310	15856
不分等级	50987	138	3735	48836		2150	2150

5-23　国有经济总承包和专业承包建筑业企业房屋建筑面积和竣工面积

单位：万平方米

项　　目	房屋建筑施工面积	#本年新开工面积	#实行投标承包面积	本年新开工	房屋建筑竣工面积	房屋建筑面积竣工率(%)
总　　计	**2436.24**	**794.08**	**2239.53**	**722.01**	**693.09**	**28.4**
按地区分						
福州市	1538.73	487.66	1441.82	438.52	465.82	30.3
厦门市	103.25	7.06	22.02	0.26	10.03	9.7
莆田市	222.78	71.85	222.78	71.85	39.32	17.7
三明市	191.59	64.20	191.59	64.20	42.08	22.0
泉州市	354.68	143.15	352.25	143.15	133.77	37.7
漳州市						
南平市						
龙岩市						
宁德市	25.21	20.16	9.08	4.03	2.08	8.2
按行业分						
房屋和土木工程建筑业	2433.90	794.08	2237.19	722.01	693.09	28.5
房屋工程建筑	2323.31	754.93	2126.60	682.85	642.76	27.7
土木工程建筑	110.59	39.16	110.59	39.16	50.33	45.5
建筑安装业						
建筑装饰业						
其他建筑业	2.34		2.34			
按企业资质等级分						
施工总承包	2436.16	794.08	2239.45	722.01	693.09	28.5
特级	135.55	63.55	72.91	16.91	97.56	72.0
一级	2091.53	681.36	2061.53	681.36	558.40	26.7
二级	190.51	33.04	105.01	23.74	35.06	18.4
三级	18.56	16.13			2.08	11.2
专业承包	0.08		0.08			
一级	0.08		0.08			
二级						
三级						
不分等级						

5-24 国有经济总承包和专业承包建筑业

项　　目	合　计	厂房、仓库	住宅	办公用房	批发和零售用房
总　　计	**693.09**	**102.67**	**456.45**	**24.21**	**11.73**
按地区分					
福州市	465.82	61.20	303.94	20.37	11.73
厦门市	10.03	1.42	8.61		
莆田市	39.32	1.14	36.05	1.50	
三明市	42.08	11.85	14.13	2.35	
泉州市	133.77	27.06	91.64		
漳州市					
南平市					
龙岩市					
宁德市	2.08		2.08		
按行业分					
房屋和土木工程建筑业	693.09	102.67	456.45	24.21	11.73
房屋工程建筑	642.76	96.75	423.04	24.21	11.73
土木工程建筑	50.33	5.92	33.41		
建筑安装业					
建筑装饰业					
其他建筑业					
按企业资质等级分					
施工总承包	693.09	102.67	456.45	24.21	11.73
特级	97.56	19.94	50.94	1.02	9.30
一级	558.40	79.95	371.52	22.82	2.43
二级	35.06	2.78	31.91	0.37	
三级	2.08		2.08		
专业承包					
一级					
二级					
三级					
不分等级					

企业按主要用途分的房屋建筑竣工面积

单位：万平方米

住宿和餐饮用房	居民服务业用房	教育用房	文化、体育和娱乐用房	卫生医疗用房	科研用房	其他用房
10.40	**5.92**	**38.88**	**8.17**	**17.50**	**1.76**	**15.41**
5.87	2.79	21.77	6.56	14.77	1.76	15.06
				0.29		0.35
	1.01	11.13	1.61			
4.52	2.12	5.99		2.43		
10.40	5.92	38.88	8.17	17.50	1.76	15.41
10.40	5.92	29.31	8.17	17.50	1.76	13.98
		9.57				1.43
10.40	5.92	38.88	8.17	17.50	1.76	15.41
		1.68	0.78	6.80	1.76	5.33
10.40	5.92	37.20	7.38	10.70		10.08

5-25 国有经济总承包和专业承包建筑业

项　目	合　计	厂房、仓库	住宅	办公用房	批发和零售用房
总　计	**797421**	**100341**	**510871**	**31197**	**11220**
按地区分					
福州市	542084	60129	341650	26440	11220
厦门市	13921	4478	9443		
莆田市	40652	1450	36165	2277	
三明市	62437	12594	23961	2480	
泉州市	135633	21690	96959		
漳州市					
南平市					
龙岩市					
宁德市	2694		2694		
按行业分					
房屋和土木工程建筑业	797421	100341	510871	31197	11220
房屋工程建筑	732964	94889	472226	31197	11220
土木工程建筑	64457	5452	38645		
建筑安装业					
建筑装饰业					
其他建筑业					
按企业资质等级分					
施工总承包	797421	100341	510871	31197	11220
特级	113349	17741	65626	1320	6800
一级	646255	79300	411186	29419	4420
二级	35123	3300	31366	458	
三级	2694		2694		
专业承包					
一级					
二级					
三级					
不分等级					

企业按主要用途分的房屋建筑竣工价值

单位：万元

住宿和餐饮用房	居民服务业用房	教育用房	文化、体育和娱乐用房	卫生医疗用房	科研用房	其他用房
13075	**8072**	**56546**	**12312**	**26431**	**2641**	**24716**
7560	3722	30885	9222	24401	2641	24216
				260		500
	1717	18595	3090			
5515	2633	7066		1770		
13075	8072	56546	12312	26431	2641	24716
13075	8072	42787	12312	26431	2641	18115
		13759				6601
13075	8072	56546	12312	26431	2641	24716
		2522	1174	10201	2641	5324
13075	8072	54024	11138	16230		19392

5-26 国有经济总承包和专业承包建筑业企业主要生产效益

项目	建筑业企业个数(个)	计算建筑业劳动生产率的平均人数(人)	按总产值计算的劳动生产率(元/人)	人均竣工产值(元/人)	人均施工面积(平方米/人)	人均竣工面积(平方米/人)
总计	**98**	**250532**	**112565**	**59467**	**97**	**28**
按地区分						
福州市	39	188188	96625	48665	82	25
厦门市	19	13801	226982	148113	75	7
莆田市	5	8293	125216	68332	269	47
三明市	6	7523	213013	115696	255	56
泉州市	8	20860	127477	88901	170	64
漳州市	7	2122	149970	52990		
南平市	7	2079	162429	54065		
龙岩市	3	651	108045	108045		
宁德市	4	7015	122409	15579	36	3
按行业分						
房屋和土木工程建筑业	64	214803	110265	58894	113	32
房屋工程建筑	26	165891	100789	49776	140	39
土木工程建筑	38	48912	142404	89819	23	10
建筑安装业	10	8250	204864	100349		
建筑装饰业	10	2239	163586	102959		
其他建筑业	14	25240	97449	47118	1	
按企业资质等级分						
施工总承包	61	234249	112643	60109	104	30
特级	1	32550	90115	40161	42	30
一级	21	177200	117081	63523	118	32
二级	27	21230	109659	60490	90	17
三级	12	3269	115772	71195	57	6
专业承包	37	16283	111444	50231		
一级	9	7002	112785	80539		
二级	8	2875	118897	25711		
三级	14	1018	170168	155751		
不分等级	6	5388	94630	3991		

5-27 国有经济总承包和专业承包建筑业企业机械设备装备

项目	自有施工机械设备总台数（台）	自有施工机械设备总功率（万千瓦）	自有施工机械设备净值（万元）	技术装备率（元/人）	动力装备率（千瓦/人）
总计	**25824**	**51.95**	**89256**	**3563**	**2.07**
按地区分					
福州市	17784	30.69	59863	3181	1.63
厦门市	1330	4.93	9820	7115	3.57
莆田市	1096	1.70	1756	2118	2.05
三明市	909	1.43	2286	3039	1.90
泉州市	2131	7.71	7633	3659	3.70
漳州市	330	0.85	371	1748	4.02
南平市	1073	2.96	2930	14091	14.25
龙岩市	95	0.06	124	1908	0.94
宁德市	1076	1.61	4473	6376	2.30
按行业分					
房屋和土木工程建筑业	18147	37.95	59688	2779	1.77
房屋工程建筑	8447	17.17	27115	1635	1.04
土木工程建筑	9700	20.78	32572	6659	4.25
建筑安装业	1868	2.52	2931	3552	3.06
建筑装饰业	234	0.19	473	2112	0.83
其他建筑业	5575	11.28	26164	10366	4.47
按企业资质等级分					
施工总承包	22956	48.15	80149	3422	2.06
特级	899	2.94	1644	505	0.90
一级	18332	36.63	65102	3674	2.07
二级	3338	7.93	12394	5838	3.74
三级	387	0.65	1010	3090	1.99
专业承包	2868	3.80	9107	5593	2.33
一级	1180	1.57	4063	5802	2.25
二级	450	1.14	631	2194	3.97
三级	345	0.49	371	3646	4.79
不分等级	893	0.60	4042	7502	1.11

5-28 国有经济总承包和专业承包建筑业企业从业人员

单位：人

项目	计算建筑业劳动生产率的平均人数	期末从业人数	#管理人员	#工程技术人员	#一级建造师	#现场施工工人	持证上岗人员
总计	**250532**	**178789**	**14313**	**13443**	**1029**	**144923**	**76959**
按地区分							
福州市	188188	120840	8352	7960	680	98568	50012
厦门市	13801	13644	1948	1454	109	10334	9855
莆田市	8293	5383	420	390	46	4411	3205
三明市	7523	7549	1016	853	63	5780	4421
泉州市	20860	19520	953	1239	74	17917	4532
漳州市	2122	2672	255	240	9	1317	781
南平市	2079	2045	327	562	16	1347	845
龙岩市	651	629	96	88	4	419	36
宁德市	7015	6507	946	657	28	4830	3272
按行业分							
房屋和土木工程建筑业	214803	158741	12453	10868	820	131756	71208
房屋工程建筑	165891	111412	8481	6239	529	94085	50191
土木工程建筑	48912	47329	3972	4629	291	37671	21017
建筑安装业	8250	8138	668	793	56	5659	1700
建筑装饰业	2239	1194	238	262	25	682	544
其他建筑业	25240	10716	954	1520	128	6826	3507
按企业资质等级分							
施工总承包	234249	165131	12944	11660	912	134737	72872
特级	32550	32560	1030	596	75	30308	15302
一级	177200	109469	8746	7934	700	87469	45736
二级	21230	19954	2755	2661	129	14812	11345
三级	3269	3148	413	469	8	2148	489
专业承包	16283	13658	1369	1783	117	10186	4087
一级	7002	5684	774	844	70	3752	1147
二级	2875	2606	350	292	17	2164	1122
三级	1018	1006	164	322	16	671	639
不分等级	5388	4362	81	325	14	3599	1179

5-29　国有经济总承包和专业承包建筑业企业建筑材料消耗量

项　　目	钢　材（吨）	木　材（立方米）	水　泥（吨）	平板玻璃（平方米）	铝　材（吨）
总　　计	**1387150**	**575837**	**6516754**	**5768230**	**117351**
按地区分					
福州市	908703	326155	4053147	2599210	104123
厦门市	87508	7935	674501	482	2238
莆田市	44572	51709	297256	289257	5527
三明市	96993	70358	464678	1703664	166
泉州市	136368	90678	596383	1029256	4272
漳州市	10404	8884	6447	1850	69
南平市	28272	7631	96031	140000	788
龙岩市	879	677	817		
宁德市	73451	11810	327494	4511	168
按行业分					
房屋和土木工程建筑业	1259027	561746	5351167	4150981	114300
房屋工程建筑	914913	490154	3524754	3691261	104479
土木工程建筑	344114	71592	1826413	459720	9821
建筑安装业	77417	380	646362	1282805	
建筑装饰业	6191	590	12685	142030	1050
其他建筑业	44515	13121	506540	192414	2001
按企业资质等级分					
施工总承包	1337805	571093	6290932	5374625	114701
特级	76925	36675	514224	145190	31330
一级	1127556	483244	5059232	4942069	74747
二级	118079	45486	631017	236582	8419
三级	15245	5688	86459	50784	205
专业承包	49345	4744	225822	393605	2650
一级	25345	2000	97827	241004	1963
二级	16082	840	93563	152421	65
三级	4993	1644	27533	180	622
不分等级	2925	260	6899		

5-30 国有经济总承包和专业

项 目	资产合计	流动资产合计	存货	固定资产合计	#固定资产原价	生产经营用	#固定资产折旧
总 计	**2681323**	**1998232**	**497171**	**487817**	**632717**	**324210**	**170392**
按地区分							
福州市	1913789	1371358	370334	379086	468531	199061	102643
厦门市	339433	287642	79787	33576	57407	39614	24403
莆田市	119695	109934	7032	8392	11351	6503	3728
三明市	66842	43193	13525	16250	28438	22261	12396
泉州市	121073	98355	15030	19619	27181	26705	12590
漳州市	28901	15126	983	13202	16000	15109	6492
南平市	37189	30112	4965	6091	9144	6556	3279
龙岩市	15460	14602	931	616	600	552	152
宁德市	38941	27909	4584	10986	14066	7850	4710
按行业分							
房屋和土木工程建筑业	2297587	1725328	450282	417849	527451	229807	128699
房屋工程建筑	1674148	1216808	319494	330966	388995	115497	70827
土木工程建筑	623439	508520	130789	86883	138456	114310	57872
建筑安装业	106781	81943	13978	16402	32457	30556	16055
建筑装饰业	18145	11244	2010	6368	2242	1585	905
其他建筑业	258811	179717	30901	47197	70567	62262	24732
按企业资质等级分							
施工总承包	2490796	1853839	474501	450736	584741	281741	149468
特级	729054	616300	211963	35857	54009	30245	22776
一级	1465745	1001920	215903	368571	459039	194454	99761
二级	259352	207340	39998	38506	61190	49222	23841
三级	36645	28279	6637	7803	10502	7820	3091
专业承包	190527	144393	22669	37080	47977	42469	20923
一级	58995	46761	11684	11093	11511	10872	5461
二级	47835	40729	5263	3497	4155	3414	1992
三级	47496	27230	3910	16346	22323	18900	9624
不分等级	36200	29673	1813	6144	9989	9283	3846

注：表中固定资产合计≥(固定资产原价－累计折旧)＋在建工程

承包建筑业企业资产负债

单位：万元

本年折旧	#在建工程	无形及递延资产	无形资产	长期投资	其他资产	负债合计	流动负债	长期负债
25607	**19665**	**94949**	**88356**	**92059**	**8267**	**1856987**	**1731961**	**125027**
18917	12972	85024	80201	73335	4987	1293408	1202818	90591
1927	572	8269	7278	8945	1001	261413	230689	30724
850	769	790	293	236	343	97152	96912	240
1233	64			6544	855	41829	40926	903
1169		8	8	2242	849	88438	85935	2503
731	3265	536	495	30	8	12733	12667	66
387	226	81	81	693	211	24136	24136	
26	168	241		1		12545	12545	
368	1630			32	14	25334	25334	
15975	18300	81031	74561	69273	4107	1586773	1486578	100195
9172	12439	64964	61298	59107	2303	1091548	1021510	70038
6803	5861	16067	13263	10166	1804	495225	465068	30157
1672		993	974	7330	114	63914	62762	1153
201	2	82	81	450	1	9573	9573	
7759	1362	12843	12741	15007	4046	196727	173048	23679
22639	15023	93015	86529	85040	8166	1743027	1618595	124433
3006	4624	44961	44242	31848	87	532590	467379	65211
16152	8932	47268	41778	40503	7485	1026787	979797	46990
3052	1076	542	507	12384	580	160521	148315	12206
429	391	244	3	305	14	23129	23104	26
2968	4642	1934	1828	7019	101	113960	113366	594
649	15	155	89	985	1	37569	37499	70
193	1334	692	692	2910	8	36586	36561	25
1214	3291	807	767	3020	92	21870	21371	499
913	2	280	280	103		17936	17936	

5-31 国有经济总承包和专业承包建筑业企业所有者权益、实收资本

单位：万元

项目	所有者权益	实收资本	国家资本	集体资本	法人资本	个人资本	港澳台商资本	外商资本
总计	**824336**	**382730**	**368641**		**14089**			
按地区分								
福州市	620381	225935	224875		1060			
厦门市	78020	54817	54030		787			
莆田市	22544	19420	12470		6950			
三明市	25013	20128	15690		4438			
泉州市	32635	23124	23124					
漳州市	16168	11599	10745		855			
南平市	13053	11993	11993					
龙岩市	2915	2825	2825					
宁德市	13607	12890	12890					
按行业分								
房屋和土木工程建筑业	710814	313491	305482		8010			
房屋工程建筑	582600	207421	202511		4910			
土木工程建筑	128213	106070	102971		3100			
建筑安装业	42867	23320	18362		4958			
建筑装饰业	8572	6967	6162		805			
其他建筑业	62083	38952	38636		316			
按企业资质等级分								
施工总承包	747769	327337	314370		12968			
特级	196464	48643	48643					
一级	438959	196886	191176		5710			
二级	98830	69087	61829		7258			
三级	13516	12722	12722					
专业承包	76567	55393	54272		1122			
一级	21427	17906	17906					
二级	11250	6669	6131		539			
三级	25626	24391	23808		583			
不分等级	18265	6427	6427					

5-32　国有经济总承包和专业承包建筑业企业收入

单位：万元

项　目	工程结算收入	#工程结算成本	#工程结算税金及附加	#工程结算利润	其他业务收入	其他业务利润
总　计	**3246106**	**2929827**	**129349**	**176098**	**34428**	**7176**
按地区分						
福州市	2310672	2078203	93891	132567	16449	2989
厦门市	330877	302024	10651	17155	5008	2303
莆田市	67937	61698	2476	3764	158	145
三明市	129172	118272	6662	3944	12157	1386
泉州市	269116	247795	9239	11690	412	165
漳州市	29590	26172	1122	2014	32	9
南平市	16500	13665	654	2120	75	58
龙岩市	6395	5486	213	697	76	59
宁德市	85847	76513	4441	2148	63	61
按行业分						
房屋和土木工程建筑业	2826317	2558793	116329	141223	17284	4126
房屋工程建筑	2122322	1919914	93041	101126	12526	1929
土木工程建筑	703995	638878	23288	40097	4759	2197
建筑安装业	102499	87531	3654	11225	14177	2277
建筑装饰业	36197	33404	1191	1554	423	142
其他建筑业	281093	250100	8175	22096	2544	631
按企业资质等级分						
施工总承包	3074831	2782193	124016	158652	18551	4684
特级	750000	654838	41600	49751		
一级	2034944	1868175	72589	89095	17487	4012
二级	254053	227445	8512	17032	621	485
三级	35833	31734	1315	2774	443	187
专业承包	171275	147635	5333	17446	15876	2492
一级	64081	59135	2014	2840	12198	1203
二级	36510	31326	1278	3874	317	181
三级	18296	13458	585	3529	2227	1060
不分等级	52388	43716	1456	7204	1134	48

5-33 国有经济总承包和专业承包建筑业企业费用

单位：万元

项目	管理费用	#税金	#财产保险费	#差旅费	#工会经费	财务费用	利息支出	经营费用
总计	**106591**	**2991**	**173**	**4986**	**1527**	**22037**	**15557**	**10831**
按地区分								
福州市	75163	2295	130	3754	1035	19103	12989	6010
厦门市	12589	271	15	486	152	1187	1118	1046
莆田市	2370	50		75	9	536	523	
三明市	4278	57	20	132	33	349	341	295
泉州市	6817	182		290	234	577	492	392
漳州市	1188	20	4	66	21	120	49	283
南平市	1763	43		60	26	60	53	60
龙岩市	509	28	4	15	6	-12	-12	
宁德市	1913	46		109	11	115	2	2745
按行业分								
房屋和土木工程建筑业	87487	2457	141	4372	1325	20830	14577	9973
房屋工程建筑	61900	1596	105	3067	849	17705	11773	8240
土木工程建筑	25588	861	36	1305	476	3124	2803	1732
建筑安装业	6918	219	25	231	88	193	134	88
建筑装饰业	1039	39		43	11	61	54	48
其他建筑业	11147	276	7	340	104	952	792	722
按企业资质等级分								
施工总承包	95777	2772	149	4721	1412	21750	15524	9971
特级	21118	216		1056	97	13445	8260	3811
一级	62372	2190	133	3232	1160	8176	7182	5085
二级	9872	283	14	375	141	139	96	1064
三级	2414	84	3	57	15	10	-14	11
专业承包	10813	219	24	266	115	286	32	861
一级	2490	62	12	93	30	159	31	91
二级	2886	76	3	33	22	120	60	32
三级	2125	33	6	70	15	30	60	724
不分等级	3312	48	2	70	48	38	1	13

5-34　国有经济总承包和专业承包建筑业企业利润总额

单位：万元

项　　目	利润总额	#应交所得税	#应付利润	营业利润	营业外收入	营业外支出
总　　计	**52801**	**13362**	**11098**	**54647**	**2869**	**2501**
按地区分						
福州市	39147	10225	4673	41291	1460	1893
厦门市	5539	1044	4961	5682	499	381
莆田市	1181	864	184	1003	192	24
三明市	1315	360	161	702	611	85
泉州市	4229	370	488	4461	57	25
漳州市	662	277	403	714	30	82
南平市	363	166	88	355	18	11
龙岩市	186	7	108	258		
宁德市	179	49	33	180		1
按行业分						
房屋和土木工程建筑业	37162	9129	5772	37032	2392	1887
房屋工程建筑	24318	8127	1744	23450	1965	776
土木工程建筑	12843	1003	4028	13583	428	1111
建筑安装业	7127	1525	4869	6392	285	196
建筑装饰业	609	210	201	596	15	3
其他建筑业	7904	2498	256	10627	177	414
按企业资质等级分						
施工总承包	46192	11104	9252	45808	2440	2229
特级	16500	4967		15188	712	400
一级	21780	5019	6444	22558	1556	1659
二级	7492	965	2697	7506	135	99
三级	421	153	111	556	37	71
专业承包	6609	2258	1846	8839	428	272
一级	1491	412	263	1394	161	65
二级	1047	313	366	1048	109	88
三级	2624	560	1079	2494	113	36
不分等级	1447	974	139	3902	45	83

5-35 国有经济总承包和专业承包建筑业企业劳动者报酬

单位：万元

项目	本年应付工资	主营业务应付工资	本年应付福利费	主营业务应付福利费	劳动、失业保险费	住房公积金及住房补贴
总计	**557706**	**552128**	**37972**	**37557**	**11263**	**9007**
按地区分						
福州市	369766	365725	26470	26254	7993	4498
厦门市	46638	45862	1881	1715	943	3330
莆田市	19639	19639	680	680	169	101
三明市	26369	25761	3522	3490	1029	532
泉州市	62950	62819	1993	1993	735	404
漳州市	6261	6261	554	554	83	33
南平市	7557	7557	512	512	101	76
龙岩市	1118	1097	91	88	52	12
宁德市	17406	17406	2271	2271	156	22
按行业分						
房屋和土木工程建筑业	485352	481485	34066	33923	7623	6967
房屋工程建筑	352511	348905	29480	29342	4492	2123
土木工程建筑	132841	132580	4587	4581	3131	4844
建筑安装业	18092	17584	1290	1141	1324	761
建筑装饰业	4987	4987	67	67	100	37
其他建筑业	49275	48072	2549	2426	2216	1241
按企业资质等级分						
施工总承包	522208	517539	35710	35384	9995	8316
特级	58665	58665	5867	5867		
一级	397545	393726	25897	25717	8286	7528
二级	58615	57786	3465	3322	1579	704
三级	7383	7362	482	479	130	84
专业承包	35498	34589	2262	2172	1267	691
一级	17407	17332	409	409	680	288
二级	5041	5041	353	353	134	128
三级	3007	2691	190	173	220	146
不分等级	10044	9525	1310	1237	234	129

5-36　国有经济总承包和专业承包建筑业企业利润率及利税率

单位：%

项　　目	实收资本利润率	实收资本利税率	产值利润率	产值利税率	资产负债率	人均利润(元/人)
总　　计	**13.8**	**48.4**	**1.9**	**6.6**	**69.3**	**2108**
按地区分						
福州市	17.3	59.9	2.2	7.4	67.6	2080
厦门市	10.1	30.0	1.8	5.3	77.0	4014
莆田市	6.1	19.1	1.1	3.6	81.2	1424
三明市	6.5	39.9	0.8	5.0	62.6	1748
泉州市	18.3	59.0	1.6	5.1	73.0	2027
漳州市	5.7	15.6	2.1	5.7	44.1	3121
南平市	3.0	8.8	1.1	3.1	64.9	1746
龙岩市	6.6	15.1	2.6	6.0	81.1	2849
宁德市	1.4	36.2	0.2	5.4	65.1	255
按行业分						
房屋和土木工程建筑业	11.9	49.7	1.6	6.6	69.1	1730
房屋工程建筑	11.7	57.3	1.5	7.1	65.2	1466
土木工程建筑	12.1	34.9	1.8	5.3	79.4	2626
建筑安装业	30.6	47.2	4.2	6.5	59.9	8638
建筑装饰业	8.7	26.4	1.7	5.0	52.8	2718
其他建筑业	20.3	42.0	3.2	6.6	76.0	3132
按企业资质等级分						
施工总承包	14.1	52.8	1.8	6.6	70.0	1972
特级	33.9	119.9	5.6	19.9	73.1	5069
一级	11.1	49.0	1.0	4.7	70.1	1229
二级	10.8	23.6	3.2	7.0	61.9	3529
三级	3.3	14.3	1.1	4.8	63.1	1288
专业承包	11.9	22.0	3.6	6.7	59.8	4059
一级	8.3	19.9	1.9	4.5	63.7	2130
二级	15.7	36.0	3.1	7.0	76.5	3642
三级	10.8	13.3	15.1	18.7	46.0	25774
不分等级	22.5	45.9	2.8	5.8	49.5	2685

5-37 国有经济总承包和专业承包建筑业企业工程拖欠款及亏损情况

项目	应收工程款(万元)	竣工工程	建筑业企业个数(个)	亏损企业个数(个)	亏损企业比重(%)
总计	**290701**	**160274**	**98**	**12**	**12.2**
按地区分					
福州市	185732	77704	39	3	7.7
厦门市	53009	40851	19	4	21.1
莆田市	4550	3465	5		
三明市	612	612	6	1	16.7
泉州市	31563	24199	8	2	25.0
漳州市	3004	1611	7	1	14.3
南平市	835	580	7	1	14.3
龙岩市	1300	1224	3		
宁德市	10097	10026	4		
按行业分					
房屋和土木工程建筑业	228653	141627	64	8	12.5
房屋工程建筑	143044	84568	26	4	15.4
土木工程建筑	85609	57059	38	4	10.5
建筑安装业	18017	4963	10		
建筑装饰业	4874	4115	10	2	20.0
其他建筑业	39157	9569	14	2	14.3
按企业资质等级分					
施工总承包	260301	148934	61	5	8.2
特级			1		
一级	228772	126223	21	1	4.8
二级	30472	21782	27	3	11.1
三级	1058	929	12	1	8.3
专业承包	30400	11340	37	7	18.9
一级	8226	6270	9		
二级	16986	2504	8	1	12.5
三级	2065	683	14	5	35.7
不分等级	3123	1883	6	1	16.7

5-38　集体经济总承包和专业承包建筑业企业合同

单位：万元

项　目	签订的合同额	上年结转合同额	本年新签合同额
总　计	**1194417**	**458155**	**736262**
按地区分			
福州市	832515	333994	498521
厦门市	99252	29753	69499
莆田市	24463	2285	22178
三明市	5435	1700	3735
泉州市	136361	58363	77997
漳州市	10627	3176	7451
南平市	40368	20037	20331
龙岩市	896	51	845
宁德市	44502	8797	35705
按行业分			
房屋和土木工程建筑业	1129821	448861	680960
房屋工程建筑	1097157	438394	658763
土木工程建筑	32663	10467	22197
建筑安装业	46469	5279	41190
建筑装饰业	16667	3453	13214
其他建筑业	1460	563	897
按企业资质等级分			
施工总承包	1131805	445545	686260
特级			
一级	391097	145868	245229
二级	634404	263928	370476
三级	106305	35749	70556
专业承包	62612	12611	50001
一级	5078		5078
二级	37734	10787	26946
三级	19800	1823	17977
不分等级			

5-39 集体经济总承包和专业承包建筑业企业承包工程完成情况

单位：万元

项目	直接从建设单位承揽工程完成的产值	自行完成施工产值	分包出去工程的产值	从建设单位以外承揽工程完成的产值
总计	**828542**	**817375**	**11167**	**11373**
按地区分				
福州市	565928	554761	11167	10719
厦门市	66336	66336		
莆田市	18377	18377		655
三明市	8467	8467		
泉州市	96500	96500		
漳州市	6628	6628		
南平市	26398	26398		
龙岩市	712	712		
宁德市	39198	39198		
按行业分				
房屋和土木工程建筑业	768106	767278	828	1035
房屋工程建筑	741729	740900	828	380
土木工程建筑	26378	26378		655
建筑安装业	45476	35138	10339	10339
建筑装饰业	13761	13761		
其他建筑业	1199	1199		
按企业资质等级分				
施工总承包	770442	769613	828	1035
特级				
一级	262738	262738		
二级	424757	423929	828	380
三级	82947	82947		655
专业承包	58101	47762	10339	10339
一级	5078	5078		
二级	33327	33327		
三级	19696	9358	10339	10339
不分等级				

5-40　集体经济总承包和专业承包建筑业企业总产值和竣工产值

单位：万元

项　　目	建筑业总产值	#装饰装修产值	#在外省完成的产值	按总产值构成分			竣工产值
				建筑工程产值	安装工程产值	其他产值	
总　　计	**828749**	**23430**	**220420**	**790623**	**30527**	**7599**	**520679**
按地区分							
福州市	565480	8672	198662	551481	12459	1540	309374
厦门市	66336	11156	1161	65427	10	899	36089
莆田市	19032	1978	1990	18211	166	655	11594
三明市	8467			6717	1750		10411
泉州市	96500	1295	6150	76086	16142	4272	72460
漳州市	6628	274		6628			12255
南平市	26398		3705	26165		233	35429
龙岩市	712	55		712			584
宁德市	39198		8752	39198			32484
按行业分							
房屋和土木工程建筑业	768313	9679	219259	749258	12355	6700	472177
房屋工程建筑	741281	9407	213396	724742	12355	4184	451255
土木工程建筑	27032	272	5863	24517		2516	20922
建筑安装业	45476			27314	18162		40957
建筑装饰业	13761	13751	1161	13741	10	10	6095
其他建筑业	1199			310		889	1450
按企业资质等级分							
施工总承包	770648	9709	213406	743238	20934	6477	478239
特级							
一级	262738		49031	252733	6532	3473	112100
二级	424309	8410	159665	410543	13361	405	283150
三级	83602	1299	4710	79962	1041	2598	82989
专业承包	58101	13721	7014	47385	9593	1122	42440
一级	5078	5078	1151	5078			
二级	33327	8463	5863	33327			24075
三级	19696	180		8981	9593	1122	18365
不分等级							

5-41 集体经济总承包和专业承包建筑业企业房屋建筑面积和竣工面积

单位：万平方米

项目	房屋建筑施工面积	#本年新开工面积	#实行投标承包面积	本年新开工	房屋建筑竣工面积	房屋建筑面积竣工率(%)
总计	**1227.93**	**490.06**	**926.39**	**376.20**	**434.47**	**35.4**
按地区分						
福州市	903.68	347.63	660.67	264.18	271.28	30.0
厦门市	73.79	38.40	62.95	30.26	30.34	41.1
莆田市	25.26	10.16	5.11	1.86	12.95	51.3
三明市	10.66	5.86	10.66	5.86	9.77	91.6
泉州市	108.58	56.20	81.17	42.23	59.97	55.2
漳州市	15.79	6.87	15.79	6.87	12.07	76.5
南平市	53.34	1.04	53.22	1.04	26.37	49.4
龙岩市						
宁德市	36.81	23.91	36.81	23.91	11.71	31.8
按行业分						
房屋和土木工程建筑业	1216.66	490.03	915.12	376.17	433.93	35.7
房屋工程建筑	1207.28	483.26	915.12	376.17	425.52	35.2
土木工程建筑	9.37	6.77			8.42	89.8
建筑安装业	11.24		11.24		0.50	4.4
建筑装饰业						
其他建筑业	0.03	0.03	0.03	0.03	0.03	100.0
按企业资质等级分						
施工总承包	1216.66	490.03	915.12	376.17	433.93	35.7
特级						
一级	380.81	144.04	380.81	144.04	100.28	26.3
二级	696.08	291.54	428.64	194.12	239.17	34.4
三级	139.77	54.45	105.66	38.01	94.48	67.6
专业承包	11.27	0.03	11.27	0.03	0.53	4.7
一级						
二级	11.24		11.24		0.50	4.4
三级	0.03	0.03	0.03	0.03	0.03	100.0
不分等级						

5-42　集体经济总承包和专业承包建筑业企业按主要用途分的房屋建筑竣工面积

单位：万平方米

项　　目	合　　计	厂房、仓库	住宅	办公用房	批发和零售用房	住宿和餐饮用房
总　　计	**434.47**	**48.79**	**312.05**	**27.54**	**5.62**	**12.79**
按地区分						
福州市	271.28	13.18	233.07	4.91	4.30	3.36
厦门市	30.34	14.72	13.17	1.11		0.58
莆田市	12.95	4.99	1.13			0.40
三明市	9.77		3.90	3.23		
泉州市	59.97	11.06	27.53	8.45	1.32	7.48
漳州市	12.07	4.76	3.92	1.78		0.98
南平市	26.37	0.08	26.29			
龙岩市						
宁德市	11.71		3.04	8.05		
按行业分						
房屋和土木工程建筑业	433.93	48.79	311.55	27.54	5.62	12.76
房屋工程建筑	425.52	46.78	311.33	27.35	5.62	12.76
土木工程建筑	8.42	2.01	0.22	0.19		
建筑安装业	0.50		0.50			
建筑装饰业						
其他建筑业	0.03					0.03
按企业资质等级分						
施工总承包	433.93	48.79	311.55	27.54	5.62	12.76
特级						
一级	100.28	2.63	93.56	1.89	0.50	
二级	239.17	27.68	174.65	16.27	5.12	5.66
三级	94.48	18.48	43.35	9.37		7.10
专业承包	0.53		0.50			0.03
一级						
二级	0.50		0.50			
三级	0.03					0.03
不分等级						

5-42 续表 单位：万平方米

项 目	居民服务业用房	教育用房	文化、体育和娱乐用房	卫生医疗用房	科研用房	其他用房
总 计	**1.70**	**10.06**	**9.93**	**0.34**	**0.38**	**5.28**
按地区分						
福州市	1.70	3.31	2.97	0.25		4.23
厦门市		0.33	0.27	0.09		0.06
莆田市		0.05	6.00		0.38	
三明市		2.64				
泉州市		3.09	0.69			0.36
漳州市		0.63				
南平市						
龙岩市						
宁德市						0.63
按行业分						
房屋和土木工程建筑业	1.70	10.06	9.93	0.34	0.38	5.28
房屋工程建筑	1.70	10.06	3.93	0.34	0.38	5.28
土木工程建筑			6.00			
建筑安装业						
建筑装饰业						
其他建筑业						
按企业资质等级分						
施工总承包	1.70	10.06	9.93	0.34	0.38	5.28
特级						
一级	1.70					0.01
二级		2.67	2.60	0.08		4.44
三级		7.39	7.33	0.26	0.38	0.83
专业承包						
一级						
二级						
三级						
不分等级						

5-43 集体经济总承包和专业承包建筑业企业按主要用途分的房屋建筑竣工价值

单位：万元

项 目	合 计	厂房、仓库	住宅	办公用房	批发和零售用房	住宿和餐饮用房
总 计	**419269**	**38864**	**308668**	**27895**	**7000**	**12147**
按地区分						
福州市	282290	12795	242650	6270	5620	5312
厦门市	24680	9999	11974	1347		503
莆田市	10466	2484	587			238
三明市	8061		3040	2901		
泉州市	55079	9761	26200	8639	1380	5389
漳州市	9661	3752	2642	1856		706
南平市	19222	74	19148			
龙岩市						
宁德市	9811		2428	6883		
按行业分						
房屋和土木工程建筑业	418824	38864	308288	27895	7000	12082
房屋工程建筑	409566	36777	308157	27738	7000	12082
土木工程建筑	9258	2087	131	157		
建筑安装业	380		380			
建筑装饰业						
其他建筑业	65					65
按企业资质等级分						
施工总承包	418824	38864	308288	27895	7000	12082
特级						
一级	109810	3160	102043	2893	670	
二级	235765	23094	174912	15980	6330	7417
三级	73249	12610	31333	9021		4665
专业承包	445		380			65
一级						
二级	380		380			
三级	65					65
不分等级						

5-43 续表

单位：万元

项　目	居民服务业用房	教育用房	文化、体育和娱乐用房	卫生医疗用房	科研用房	其他用房
总　计	**1000**	**9424**	**9947**	**361**	**229**	**3733**
按地区分						
福州市	1000	3383	2268	220		2773
厦门市		322	310	141		84
莆田市		45	6883		229	
三明市		2121				
泉州市		2847	487			376
漳州市		706				
南平市						
龙岩市						
宁德市						500
按行业分						
房屋和土木工程建筑业	1000	9424	9947	361	229	3733
房屋工程建筑	1000	9424	3065	361	229	3733
土木工程建筑			6883			
建筑安装业						
建筑装饰业						
其他建筑业						
按企业资质等级分						
施工总承包	1000	9424	9947	361	229	3733
特级						
一级	1000					44
二级		2840	2080	98		3013
三级		6584	7867	263	229	676
专业承包						
一级						
二级						
三级						
不分等级						

5-44 集体经济总承包和专业承包建筑业企业主要生产效益

项目	建筑业企业个数(个)	计算建筑业劳动生产率的平均人数(人)	按总产值计算的劳动生产率(元/人)	人均竣工产值(元/人)	人均施工面积(平方米/人)	人均竣工面积(平方米/人)
总计	**83**	**71709**	**115571**	**72610**	**171**	**61**
按地区分						
福州市	24	51668	109445	59877	175	53
厦门市	14	5113	129739	70582	144	59
莆田市	7	1653	115134	70137	153	78
三明市	4	670	126373	155393	159	146
泉州市	15	6622	145726	109424	164	91
漳州市	6	683	97035	179422	231	177
南平市	7	1326	199079	267185	402	199
龙岩市	2	93	76505	62817		
宁德市	4	3881	100999	83701	95	30
按行业分						
房屋和土木工程建筑业	67	68758	111742	68672	177	63
房屋工程建筑	54	66147	112066	68220	183	64
土木工程建筑	13	2611	103531	80131	36	32
建筑安装业	6	2033	223690	201459	55	2
建筑装饰业	9	707	194638	86215		
其他建筑业	1	211	56825	68720	2	2
按企业资质等级分						
施工总承包	68	68562	112402	69753	177	63
特级						
一级	3	23400	112281	47906	163	43
二级	28	36718	115559	77115	190	65
三级	37	8444	99007	98281	166	112
专业承包	15	3147	184622	134860	36	2
一级	1	210	241810			
二级	7	1650	201979	145910	68	3
三级	7	1287	153038	142699		
不分等级						

5-45 集体经济总承包和专业承包建筑业企业机械设备装备

项　　目	自有施工机械设备总台数(台)	自有施工机械设备总功率(万千瓦)	自有施工机械设备净值(万元)	技术装备率(元/人)	动力装备率(千瓦/人)
总　　计	**11994**	**14.58**	**28915**	**4032**	**2.03**
按地区分					
福州市	5077	6.35	11258	2179	1.23
厦门市	1536	1.63	1733	3388	3.19
莆田市	480	0.32	1276	7717	1.96
三明市	376	0.72	912	13618	10.78
泉州市	2977	3.58	8846	13359	5.40
漳州市	473	0.19	585	8558	2.83
南平市	386	0.82	1471	11095	6.16
龙岩市	22	0.01	13	1387	0.58
宁德市	667	0.95	2822	7272	2.44
按行业分					
房屋和土木工程建筑业	11091	13.14	27156	3949	1.91
房屋工程建筑	10549	11.77	25559	3864	1.78
土木工程建筑	542	1.37	1597	6117	5.26
建筑安装业	362	0.81	1507	7411	4.00
建筑装饰业	446	0.60	207	2931	8.52
其他建筑业	95	0.02	46	2171	0.90
按企业资质等级分					
施工总承包	10985	12.40	27058	3946	1.81
特级					
一级	1740	2.54	5573	2382	1.09
二级	5789	6.84	16440	4477	1.86
三级	3456	3.02	5045	5974	3.58
专业承包	1009	2.17	1858	5903	6.90
一级	125	0.02	12	590	0.90
二级	511	1.67	1244	7542	10.14
三级	373	0.48	601	4668	3.71
不分等级					

5-46　集体经济总承包和专业承包建筑业企业从业人员

单位：人

项　　目	计算建筑业劳动生产率的平均人数	期末从业人数	#管理人员	#工程技术人员	#一级建造师	#现场施工工人	持证上岗人员
总　　计	**71709**	**48535**	**5465**	**6825**	**262**	**32029**	**13746**
按地区分							
福州市	51668	29942	3276	3261	140	19915	6671
厦门市	5113	5203	620	754	27	3815	2133
莆田市	1653	1653	177	268	2	990	417
三明市	670	623	96	127	5	427	373
泉州市	6622	6544	780	1329	63	4814	2944
漳州市	683	650	67	149		253	213
南平市	1326	1251	241	437	5	520	469
龙岩市	93	56	19	19		37	3
宁德市	3881	2613	189	481	20	1258	523
按行业分							
房屋和土木工程建筑业	68758	45720	5024	6183	244	30613	12711
房屋工程建筑	66147	43314	4723	5628	219	29113	11889
土木工程建筑	2611	2406	301	555	25	1500	822
建筑安装业	2033	1819	238	441		975	770
建筑装饰业	707	761	179	180	18	230	192
其他建筑业	211	235	24	21		211	73
按企业资质等级分							
施工总承包	68562	45349	4962	6067	244	30333	12740
特级							
一级	23400	12574	1700	1127	54	10411	1579
二级	36718	23967	2153	3470	74	14081	8026
三级	8444	8808	1109	1470	116	5841	3135
专业承包	3147	3186	503	758	18	1696	1006
一级	210	178	126	48	8	50	45
二级	1650	1680	152	497	9	661	305
三级	1287	1328	225	213	1	985	656
不分等级							

5-47 集体经济总承包和专业承包建筑业企业建筑材料消耗量

项目	钢材（吨）	木材（立方米）	水泥（吨	平板玻璃（平方米）	铝材（吨）
总计	**511265**	**305139**	**1991784**	**1494712**	**29818**
按地区分					
福州市	361227	211989	1390025	1012258	24172
厦门市	38101	12001	145835	176434	1310
莆田市	11446	19051	36816	19120	1158
三明市	5750	2089	29432	3815	93
泉州市	46967	23366	195960	91531	1617
漳州市	3674	6143	20310	41516	84
南平市	19806	4492	60940	11160	1225
龙岩市	109		3976	130	2
宁德市	24185	26008	108490	138748	157
按行业分					
房屋和土木工程建筑业	479737	301052	1832245	1398083	27215
房屋工程建筑	465631	292366	1771532	1326849	26240
土木工程建筑	14106	8686	60713	71234	975
建筑安装业	26594	1160	143083	500	2014
建筑装饰业	4906	2902	15738	96129	589
其他建筑业	28	25	718		
按企业资质等级分					
施工总承包	477257	300686	1847976	1339939	27929
特级					
一级	163303	127266	477355	486621	10193
二级	266178	136698	1183222	680419	15373
三级	47776	36722	187399	172899	2363
专业承包	34008	4453	143808	154773	1889
一级	178	124	105	750	125
二级	21988	3506	79919	152893	1470
三级	11842	823	63784	1130	294
不分等级					

5-48 集体经济总承包和专业承包建筑业企业资产负债

单位：万元

项目	资产合计	流动资产合计	存货	固定资产合计	#固定资产原价	生产经营用	#固定资产折旧
总计	**423337**	**338949**	**127659**	**67506**	**85351**	**63588**	**29234**
按地区分							
福州市	170198	141300	58728	20997	32940	23750	12419
厦门市	65458	46226	23826	15107	8499	5884	3361
莆田市	8037	6364	338	1673	2700	2473	1191
三明市	10968	9727	4861	1240	1780	1489	598
泉州市	95311	75254	25146	17413	25843	20210	9033
漳州市	32638	30099	10264	1706	2266	1942	592
南平市	21018	15061	3695	4792	6344	3695	1641
龙岩市	860	657	47	198	307	105	110
宁德市	18850	14261	756	4381	4672	4039	290
按行业分							
房屋和土木工程建筑业	381898	300865	115835	64751	80624	60070	27257
房屋工程建筑	346267	274643	110598	56702	70096	51293	24765
土木工程建筑	35631	26222	5237	8049	10528	8777	2492
建筑安装业	28621	26491	6600	2127	3468	2933	1347
建筑装饰业	11375	10359	4155	539	1133	459	595
其他建筑业	1443	1234	1069	90	126	126	36
按企业资质等级分							
施工总承包	385904	307237	116000	62387	78142	57964	27133
特级							
一级	51577	43544	8707	6432	13151	10693	6719
二级	219566	179715	78902	29735	43754	31769	14499
三级	114761	83979	28392	26220	21237	15502	5915
专业承包	37433	31711	11659	5120	7210	5624	2102
一级	3043	2892	545	112	404	12	292
二级	20930	17329	4086	3162	4257	3645	1094
三级	13461	11490	7028	1846	2549	1966	715
不分等级							

注：表中固定资产合计≥(固定资产原价－累计折旧)＋在建工程

5-48 续表　　　　单位：万元

项　　目	本年折旧	#在建工程	无形及递延资产	无形资产	长期投资	其他资产	负债合计	流动负债	长期负债
总　　计	**5739**	**10511**	**6558**	**6229**	**9243**	**1082**	**279568**	**278337**	**1231**
按地区分									
福州市	3401	355	4620	4540	3165	117	112723	112719	5
厦门市	480	9969	219	180	3902	5	47923	47739	184
莆田市	99	163					2225	2225	
三明市	71	8					8648	8648	
泉州市	1135	5	332	313	1551	760	58123	58123	
漳州市	61		600	600	33	200	28329	28130	199
南平市	379	12	596	596	569		10846	10685	161
龙岩市	8				5		256	256	
宁德市	107		191		17		10493	9811	682
按行业分									
房屋和土木工程建筑业	5498	10506	6400	6110	8804	1078	250322	249096	1226
房屋工程建筑	4939	10494	5733	5450	8219	970	230823	229597	1226
土木工程建筑	559	12	667	660	585	108	19499	19499	
建筑安装业	198	5	3	3			21380	21380	
建筑装饰业	42		39		438		6702	6697	5
其他建筑业	1		115	115		5	1164	1164	
按企业资质等级分									
施工总承包	5382	10500	6399	6109	8804	1078	254807	253581	1226
特级									
一级	990		1	1	1500	101	29569	29569	
二级	3526	360	4736	4653	5364	16	142371	142338	33
三级	867	10140	1662	1456	1941	961	82867	81674	1193
专业承包	357	12	159	120	438	5	24761	24757	5
一级	12		39				1880	1880	
二级	266				438		12881	12876	5
三级	79	12	120	120		5	10001	10001	
不分等级									

5-49　集体经济总承包和专业承包建筑业企业所有者权益、实收资本

单位：万元

项　　目	所有者权益	实收资本						
			国家资本	集体资本	法人资本	个人资本	港澳台商资本	外商资本
总　　计	**143769**	**116912**		**101250**	**10618**	**5044**		
按地区分								
福州市	57475	44278		39499	2902	1877		
厦门市	17534	12159		12159				
莆田市	5812	5362		5362				
三明市	2319	2252		2252				
泉州市	37187	31181		23314	4916	2951		
漳州市	4309	4739		1723	2800	216		
南平市	10172	9207		9207				
龙岩市	604	577		577				
宁德市	8357	7157		7157				
按行业分								
房屋和土木工程建筑业	131576	107005		91645	10618	4742		
房屋工程建筑	115444	94893		79834	10316	4742		
土木工程建筑	16132	12113		11811	302			
建筑安装业	7240	5468		5166		302		
建筑装饰业	4673	4168		4168				
其他建筑业	279	271		271				
按企业资质等级分								
施工总承包	131098	106150		90790	10618	4742		
特级								
一级	22008	15354		9750	4028	1576		
二级	77194	62039		53520	5568	2951		
三级	31895	28756		27519	1022	216		
专业承包	12672	10762		10460		302		
一级	1163	1080		1080				
二级	8048	6752		6752				
三级	3460	2931		2629		302		
不分等级								

5-50 集体经济总承包和专业承包建筑业企业收入

单位：万元

项目	工程结算收入	#工程结算成本	#工程结算税金及附加	#工程结算利润	其他业务收入	其他业务利润
总计	**706810**	**646458**	**26120**	**33854**	**7053**	**3437**
按地区分						
福州市	459596	424573	15838	19142	2722	1298
厦门市	59979	55313	1957	2707	2014	738
莆田市	18750	16251	1005	1412	287	287
三明市	7676	6479	346	851		
泉州市	89910	79441	4118	6197	1857	971
漳州市	5930	5422	247	198	5	5
南平市	24070	21262	839	1963	96	79
龙岩市	712	613	40	58	26	19
宁德市	40189	37105	1728	1326	46	41
按行业分						
房屋和土木工程建筑业	651918	600756	24232	26599	6564	3291
房屋工程建筑	625174	576522	23269	25089	5460	2829
土木工程建筑	26744	24234	963	1510	1105	462
建筑安装业	43525	36228	1449	5836	425	135
建筑装饰业	10519	8702	393	1390	64	11
其他建筑业	849	773	46	29		
按企业资质等级分						
施工总承包	656463	604113	24359	27658	6835	3325
特级						
一级	254824	235247	9494	10077	1516	373
二级	306515	283148	10992	12173	3955	1622
三级	95124	85718	3874	5409	1365	1330
专业承包	50347	42345	1761	6196	219	112
一级	5078	4062	168	848		
二级	27518	23988	966	2531	53	2
三级	17751	14296	626	2817	166	110
不分等级						

5-51 集体经济总承包和专业承包建筑业企业费用

单位：万元

项 目	管理费用	#税金	#财产保险费	#差旅费	#工会经费	财务费用	利息支出	经营费用
总 计	**24921**	**656**	**44**	**747**	**345**	**924**	**762**	**378**
按地区分								
福州市	13757	394	22	545	107	162	72	43
厦门市	3159	58	5	43	26	-22	-24	1
莆田市	984	11	7	37	2	45	44	82
三明市	412	19		14	4	34	34	
泉州市	3531	132	2	63	43	568	506	155
漳州市	151	3	10	2		2	2	62
南平市	1663	25		23	51	131	131	5
龙岩市	59	5		3		1	1	
宁德市	1205	7		16	112	6		30
按行业分								
房屋和土木工程建筑业	19536	602	39	692	249	819	658	332
房屋工程建筑	18284	507	32	637	240	818	660	295
土木工程建筑	1253	95	7	55	9	1	2	37
建筑安装业	4290	44	5	37	96	103	102	12
建筑装饰业	1067	9		17		2	2	34
其他建筑业	27	1		1				
按企业资质等级分								
施工总承包	19915	605	39	698	263	795	634	333
特级								
一级	6575	92		285	11	55	3	7
二级	9340	366	30	297	218	619	519	202
三级	4000	146	9	116	34	121	112	124
专业承包	5005	51	5	49	82	129	128	45
一级	627							
二级	1949	22		28	50	125	124	33
三级	2429	30	5	21	31	4	3	12
不分等级								

5-52 集体经济总承包和专业承包建筑业企业利润总额

单位：万元

项目	利润总额	#应交所得税	#应付利润	营业利润	营业外收入	营业外支出
总计	**12300**	**5154**	**3264**	**11447**	**1959**	**981**
按地区分						
福州市	7037	2890	1241	6522	1203	892
厦门市	846	179	161	308	635	102
莆田市	392	101	188	670	3	
三明市	405	99	306	405		
泉州市	3056	1747	937	3068	40	
漳州市	74	21	104	54	1	20
南平市	311	92	170	249	62	
龙岩市	17	8	1	17		
宁德市	165	16	156	156	15	6
按行业分						
房屋和土木工程建筑业	10240	4503	2120	9534	1775	946
房屋工程建筑	9395	4150	1965	8816	1667	944
土木工程建筑	845	353	155	719	108	1
建筑安装业	1560	538	1019	1578	16	34
建筑装饰业	497	111	124	332	168	2
其他建筑业	3		1	3		
按企业资质等级分						
施工总承包	10982	4801	2642	10273	1778	946
特级						
一级	3896	2098	752	3820	86	33
二级	4410	1937	1272	3835	1063	814
三级	2677	765	618	2618	630	99
专业承包	1318	353	621	1174	181	35
一级	221	40	88	221		
二级	624	190	195	460	168	2
三级	473	124	338	494	13	34
不分等级						

5-53　集体经济总承包和专业承包建筑业企业劳动者报酬

单位：万元

项　　目	本年应付工资	主营业务应付工资	本年应付福利费	主营业务应付福利费	劳动、失业保险费	住房公积金及住房补贴
总　　计	**190668**	**189160**	**17659**	**17476**	**2254**	**775**
按地区分						
福州市	136499	136075	13853	13837	1340	340
厦门市	14361	13605	1366	1265	368	107
莆田市	3571	3479	276	263	12	
三明市	2067	2067	263	263	16	18
泉州市	19677	19482	1095	1048	268	101
漳州市	1345	1345	123	123	54	8
南平市	4988	4952	143	138	39	187
龙岩市	205	201	4	4	7	
宁德市	7956	7956	535	535	151	14
按行业分						
房屋和土木工程建筑业	178999	177581	16444	16273	1879	400
房屋工程建筑	172807	171542	16112	15954	1844	384
土木工程建筑	6192	6039	332	319	35	16
建筑安装业	9597	9561	998	993	288	372
建筑装饰业	1620	1570	213	207	75	2
其他建筑业	452	448	4	4	12	1
按企业资质等级分						
施工总承包	178934	177517	16594	16423	1904	474
特级						
一级	66501	66216	8062	8019	464	126
二级	94033	92998	7251	7136	1101	298
三级	18400	18303	1280	1267	340	50
专业承包	11733	11644	1065	1054	350	301
一级	615	615	86	86	24	
二级	6050	5968	355	344	58	178
三级	5068	5060	624	624	267	123
不分等级						

5-54 集体经济总承包和专业承包建筑业企业利润率及利税率

单位：%

项目	实收资本利润率	实收资本利税率	产值利润率	产值利税率	资产负债率	人均利润（元/人）
总计	**10.5**	**33.4**	**1.5**	**4.7**	**66.0**	**1715**
按地区分						
福州市	15.9	52.6	1.2	4.1	66.2	1362
厦门市	7.0	23.5	1.3	4.3	73.2	1654
莆田市	7.3	26.3	2.1	7.4	27.7	2368
三明市	18.0	34.2	4.8	9.1	78.9	6040
泉州市	9.8	23.4	3.2	7.6	61.0	4614
漳州市	1.6	6.8	1.1	4.9	86.8	1081
南平市	3.4	12.8	1.2	4.5	51.6	2344
龙岩市	2.9	10.8	2.4	8.8	29.8	1817
宁德市	2.3	26.5	0.4	4.8	55.7	425
按行业分						
房屋和土木工程建筑业	9.6	32.8	1.3	4.6	65.5	1489
房屋工程建筑	9.9	35.0	1.3	4.5	66.7	1420
土木工程建筑	7.0	15.7	3.1	7.0	54.7	3236
建筑安装业	28.5	55.8	3.4	6.7	74.7	7675
建筑装饰业	11.9	21.6	3.6	6.5	58.9	7031
其他建筑业	0.9	18.3	0.2	4.1	80.7	118
按企业资质等级分						
施工总承包	10.3	33.9	1.4	4.7	66.0	1602
特级						
一级	25.4	87.8	1.5	5.1	57.3	1665
二级	7.1	25.4	1.0	3.7	64.8	1201
三级	9.3	23.3	3.2	8.0	72.2	3170
专业承包	12.2	29.1	2.3	5.4	66.1	4189
一级	20.5	36.0	4.4	7.7	61.8	10519
二级	9.2	23.9	1.9	4.8	61.5	3782
三级	16.2	38.5	2.4	5.7	74.3	3678
不分等级						

5-55　集体经济总承包和专业承包建筑业企业工程拖欠款及亏损情况

项　　目	应收工程款（万元）		建筑业企业个数（个）	亏损企业个数（个）	亏损企业比重（%）
		竣工工程			
总　　计	**65324**	**35337**	**83**	**11**	**13.3**
按地区分					
福州市	37616	16020	24	3	12.5
厦门市	6768	5202	14	3	21.4
莆田市	536	416	7	1	14.3
三明市	1302	899	4		
泉州市	15705	11191	15		
漳州市	539	339	6	2	33.3
南平市	843	22	7	1	14.3
龙岩市	23	23	2		
宁德市	1992	1224	4	1	25.0
按行业分					
房屋和土木工程建筑业	63935	34649	67	9	13.4
房屋工程建筑	59818	32467	54	8	14.8
土木工程建筑	4117	2183	13	1	7.7
建筑安装业	513	31	6		
建筑装饰业	877	657	9	2	22.2
其他建筑业			1		
按企业资质等级分					
施工总承包	63935	34649	68	11	16.2
特级					
一级	10007	6695	3		
二级	45510	21174	28	5	17.9
三级	8418	6781	37	6	16.2
专业承包	1390	687	15		
一级	623	523	1		
二级	750	148	7		
三级	17	17	7		
不分等级					

5-56 联营经济总承包和专业承包建筑业企业合同

单位：万元

项　　目	签订的合同额	上年结转合同额	本年新签合同额
总　　计	**225025**	**159886**	**65139**
按地区分			
福州市	4262	3386	876
厦门市	216561	155050	61511
莆田市	4202	1450	2752
三明市			
泉州市			
漳州市			
南平市			
龙岩市			
宁德市			
按行业分			
房屋和土木工程建筑业	223304	159118	64186
房屋工程建筑	223304	159118	64186
土木工程建筑			
建筑安装业	1556	680	876
建筑装饰业	165	88	77
其他建筑业			
按企业资质等级分			
施工总承包	223304	159118	64186
特级			
一级	216396	154962	61434
二级			
三级	6908	4156	2752
专业承包	1721	768	953
一级			
二级	1721	768	953
三级			
不分等级			

5-57　联营经济总承包和专业承包建筑业企业承包工程完成情况

单位：万元

项　　目	直接从建设单位承揽工程完成的产值			从建设单位以外承揽工程完成的产值
		自行完成施工产值	分包出去工程的产值	
总　　计	**86032**	**85524**	**508**	**12637**
按地区分				
福州市	2729	2729		
厦门市	80782	80274	508	12637
莆田市	2522	2522		
三明市				
泉州市				
漳州市				
南平市				
龙岩市				
宁德市				
按行业分				
房屋和土木工程建筑业	84748	84240	508	12637
房屋工程建筑	84748	84240	508	12637
土木工程建筑				
建筑安装业	1159	1159		
建筑装饰业	126	126		
其他建筑业				
按企业资质等级分				
施工总承包	84748	84240	508	12637
特级				
一级	80656	80148	508	12637
二级				
三级	4092	4092		
专业承包	1284	1284		
一级				
二级	1284	1284		
三级				
不分等级				

5-58 联营经济总承包和专业承包建筑业企业总产值和竣工产值

单位：万元

项目	建筑业总产值	#装饰装修产值	#在外省完成的产值	按总产值构成分			竣工产值
				建筑工程产值	安装工程产值	其他产值	
总计	**98161**	**781**	**6619**	**98145**	**16**		**61064**
按地区分							
福州市	2729			2729			84
厦门市	92911	781	6619	92895	16		58667
莆田市	2522			2522			2312
三明市							
泉州市							
漳州市							
南平市							
龙岩市							
宁德市							
按行业分							
房屋和土木工程建筑业	96877	655	6619	96861	16		60864
房屋工程建筑	96877	655	6619	96861	16		60864
土木工程建筑							
建筑安装业	1159			1159			84
建筑装饰业	126	126		126			116
其他建筑业							
按企业资质等级分							
施工总承包	96877	655	6619	96861	16		60864
特级							
一级	92785	655	6619	92769	16		58552
二级							
三级	4092			4092			2312
专业承包	1284	126		1284			200
一级							
二级	1284	126		1284			200
三级							
不分等级							

5-59　联营经济总承包和专业承包建筑业企业房屋建筑面积和竣工面积

单位：万平方米

项　　目	房屋建筑施工面积	#本年新开工面积	#实行投标承包面积	本年新开工	房屋建筑竣工面积	房屋建筑面积竣工率(%)
总　　计	**112.96**	**53.36**	**112.96**	**53.36**	**31.74**	**28.1**
按地区分						
福州市	4.74		4.74			
厦门市	102.94	50.07	102.94	50.07	31.74	30.8
莆田市	5.29	3.29	5.29	3.29		
三明市						
泉州市						
漳州市						
南平市						
龙岩市						
宁德市						
按行业分						
房屋和土木工程建筑业	112.96	53.36	112.96	53.36	31.74	28.1
房屋工程建筑	112.96	53.36	112.96	53.36	31.74	28.1
土木工程建筑						
建筑安装业						
建筑装饰业						
其他建筑业						
按企业资质等级分						
施工总承包	112.96	53.36	112.96	53.36	31.74	28.1
特级						
一级	102.94	50.07	102.94	50.07	31.74	30.8
二级						
三级	10.02	3.29	10.02	3.29		
专业承包						
一级						
二级						
三级						
不分等级						

5-60 联营经济总承包和专业承包建筑业

项目	合计	厂房、仓库	住宅	办公用房	批发和零售用房
总计	**31.74**	**1.52**	**17.37**	**0.70**	**8.45**
按地区分					
福州市					
厦门市	31.74	1.52	17.37	0.70	8.45
莆田市					
三明市					
泉州市					
漳州市					
南平市					
龙岩市					
宁德市					
按行业分					
房屋和土木工程建筑业	31.74	1.52	17.37	0.70	8.45
房屋工程建筑	31.74	1.52	17.37	0.70	8.45
土木工程建筑					
建筑安装业					
建筑装饰业					
其他建筑业					
按企业资质等级分					
施工总承包	31.74	1.52	17.37	0.70	8.45
特级					
一级	31.74	1.52	17.37	0.70	8.45
二级					
三级					
专业承包					
一级					
二级					
三级					
不分等级					

企业按主要用途分的房屋建筑竣工面积

单位：万平方米

住宿和餐饮用房	居民服务业用房	教育用房	文化、体育和娱乐用房	卫生医疗用房	科研用房	其他用房
3.70						
3.70						
3.70						
3.70						
3.70						
3.70						

5-61 联营经济总承包和专业承包建筑业

项　　目	合　　计	厂房、仓库	住宅	办公用房	批发和零售用房
总　　计	**34122**	**1370**	**13701**	**1129**	**11100**
按地区分					
福州市					
厦门市	34122	1370	13701	1129	11100
莆田市					
三明市					
泉州市					
漳州市					
南平市					
龙岩市					
宁德市					
按行业分					
房屋和土木工程建筑业	34122	1370	13701	1129	11100
房屋工程建筑	34122	1370	13701	1129	11100
土木工程建筑					
建筑安装业					
建筑装饰业					
其他建筑业					
按企业资质等级分					
施工总承包	34122	1370	13701	1129	11100
特级					
一级	34122	1370	13701	1129	11100
二级					
三级					
专业承包					
一级					
二级					
三级					
不分等级					

企业按主要用途分的房屋建筑竣工价值

单位：万元

住宿和餐饮用房	居民服务业用房	教育用房	文化、体育和娱乐用房	卫生医疗用房	科研用房	其他用房
6823						
6823						
6823						
6823						
6823						
6823						

5-62 联营经济总承包和专业承包建筑业企业主要生产效益

项目	建筑业企业个数(个)	计算建筑业劳动生产率的平均人数(人)	按总产值计算的劳动生产率(元/人)	人均竣工产值(元/人)	人均施工面积(平方米/人)	人均竣工面积(平方米/人)
总计	**6**	**4255**	**230696**	**143510**	**265**	**75**
按地区分						
福州市	3	430	63458	1963	110	
厦门市	2	3635	255600	161395	283	87
莆田市	1	190	132737	121684	278	
三明市						
泉州市						
漳州市						
南平市						
龙岩市						
宁德市						
按行业分						
房屋和土木工程建筑业	4	4035	240092	150839	280	79
房屋工程建筑	4	4035	240092	150839	280	79
土木工程建筑						
建筑安装业	1	192	60349	4396		
建筑装饰业	1	28	44821	41250		
其他建筑业						
按企业资质等级分						
施工总承包	4	4035	240092	150839	280	79
特级						
一级	1	3607	257236	162328	285	88
二级						
三级	3	428	95607	54019	234	
专业承包	2	220	58373	9086		
一级						
二级	2	220	58373	9086		
三级						
不分等级						

5-63　联营经济总承包和专业承包建筑业企业机械设备装备

项　　目	自有施工机械设备总台数(台)	自有施工机械设备总功率(万千瓦)	自有施工机械设备净值(万元)	技术装备率(元/人)	动力装备率(千瓦/人)
总　　计	**564**	**0.52**	**1142**	**2684**	**1.21**
按地区分					
福州市	50	0.08	67	1551	1.88
厦门市	431	0.33	1060	2916	0.91
莆田市	83	0.10	16	826	5.35
三明市					
泉州市					
漳州市					
南平市					
龙岩市					
宁德市					
按行业分					
房屋和土木工程建筑业	326	0.48	1080	2678	1.20
房屋工程建筑	326	0.48	1080	2678	1.20
土木工程建筑					
建筑安装业					
建筑装饰业	238	0.03	62	22071	11.43
其他建筑业					
按企业资质等级分					
施工总承包	326	0.48	1080	2678	1.20
特级					
一级	193	0.30	998	2767	0.83
二级					
三级	133	0.18	82	1925	4.27
专业承包	238	0.03	62	2809	1.45
一级					
二级	238	0.03	62	2809	1.45
三级					
不分等级					

5-64 联营经济总承包和专业承包建筑业企业从业人员

单位：人

项目	计算建筑业劳动生产率的平均人数	期末从业人数	#管理人员	#工程技术人员	#一级建造师	#现场施工工人	持证上岗人员
总计	**4255**	**6004**	**396**	**365**	**44**	**5444**	**746**
按地区分							
福州市	430	507	44	131	10	275	275
厦门市	3635	5317	287	234	34	5016	440
莆田市	190	180	65			153	31
三明市							
泉州市							
漳州市							
南平市							
龙岩市							
宁德市							
按行业分							
房屋和土木工程建筑业	4035	5709	361	265	44	5284	586
房屋工程建筑	4035	5709	361	265	44	5284	586
土木工程建筑							
建筑安装业	192	267	29	86		152	152
建筑装饰业	28	28	6	14		8	8
其他建筑业							
按企业资质等级分							
施工总承包	4035	5709	361	265	44	5284	586
特级							
一级	3607	5289	281	220	34	5008	432
二级							
三级	428	420	80	45	10	276	154
专业承包	220	295	35	100		160	160
一级							
二级	220	295	35	100		160	160
三级							
不分等级							

5-65　联营经济总承包和专业承包建筑业企业建筑材料消耗量

项　　目	钢　材 (吨)	木　材 (立方米)	水　泥 (吨)	平板玻璃 (平方米)	铝　材 (吨)
总　　计	**40110**	**14756**	**107898**	**43700**	**312**
按地区分					
福州市	1995	150	7853	2100	23
厦门市	37365	12686	97545	41350	39
莆田市	750	1920	2500	250	250
三明市					
泉州市					
漳州市					
南平市					
龙岩市					
宁德市					
按行业分					
房屋和土木工程建筑业	39315	14736	106042	43690	312
房屋工程建筑	39315	14736	106042	43690	312
土木工程建筑					
建筑安装业	695		1853		
建筑装饰业	100	20	3	10	
其他建筑业					
按企业资质等级分					
施工总承包	39315	14736	106042	43690	312
特级					
一级	37265	12666	97542	41340	39
二级					
三级	2050	2070	8500	2350	273
专业承包	795	20	1856	10	
一级					
二级	795	20	1856	10	
三级					
不分等级					

5-66 联营经济总承包和专业

项目	资产合计	流动资产合计	存货	固定资产合计	#固定资产原价	生产经营用	#固定资产折旧
总计	**77932**	**68445**	**18926**	**3145**	**5018**	**1356**	**2293**
按地区分							
福州市	1280	1128		141	197	148	170
厦门市	75516	66496	18926	2689	4429	1183	2045
莆田市	1136	821		315	393	25	78
三明市							
泉州市							
漳州市							
南平市							
龙岩市							
宁德市							
按行业分							
房屋和土木工程建筑业	76831	67444	18885	3056	4893	1231	2256
房屋工程建筑	76831	67444	18885	3056	4893	1231	2256
土木工程建筑							
建筑安装业	527	489		27	63	63	36
建筑装饰业	574	512	41	62	62	62	
其他建筑业							
按企业资质等级分							
施工总承包	76831	67444	18885	3056	4893	1231	2256
特级							
一级	74942	65984	18885	2627	4367	1121	2045
二级							
三级	1889	1460		429	527	110	212
专业承包	1101	1001	41	89	125	125	37
一级							
二级	1101	1001	41	89	125	125	37
三级							
不分等级							

注：表中固定资产合计≥(固定资产原价－累计折旧)＋在建工程

承包建筑业企业资产负债

单位：万元

本年折旧	#在建工程	无形及递延资产	无形资产	长期投资	其他资产	负债合计	流动负债	长期负债
190	**305**	**5769**	**5728**	**573**		**52454**	**49796**	**2658**
17				11		302	302	
168	305	5769	5728	562		51926	49268	2658
5						226	226	
183	305	5769	5728	562		52277	49620	2658
183	305	5769	5728	562		52277	49620	2658
6				11		26	26	
						151	151	
183	305	5769	5728	562		52277	49620	2658
168	305	5769	5728	562		51776	49118	2658
15						502	502	
6				11		177	177	
6				11		177	177	

5-67 联营经济总承包和专业承包建筑业企业所有者权益、实收资本

单位：万元

项　　目	所有者权益	实收资本	国家资本	集体资本	法人资本	个人资本	港澳台商资本	外商资本
总　　计	**25478**	**17633**	**13707**		**900**	**3026**		
按地区分								
福州市	978	930				930		
厦门市	23590	16093	13707		300	2087		
莆田市	910	610			600	10		
三明市								
泉州市								
漳州市								
南平市								
龙岩市								
宁德市								
按行业分								
房屋和土木工程建筑业	24554	16633	13463		900	2270		
房屋工程建筑	24554	16633	13463		900	2270		
土木工程建筑								
建筑安装业	501	500				500		
建筑装饰业	424	500	244			256		
其他建筑业								
按企业资质等级分								
施工总承包	24554	16633	13463		900	2270		
特级								
一级	23167	15593	13463		300	1831		
二级								
三级	1388	1040			600	440		
专业承包	924	1000	244			756		
一级								
二级	924	1000	244			756		
三级								
不分等级								

5-68　联营经济总承包和专业承包建筑业企业收入

项　　目	工程结算收入	#工程结算成本	#工程结算税金及附加	#工程结算利润	其他业务收入	其他业务利润
总　　计	**85198**	**73498**	**3184**	**8378**	**1**	**-118**
按地区分						
福州市	2250	2069	86	95		
厦门市	80427	69097	2959	8233		-119
莆田市	2522	2331	140	51	1	1
三明市						
泉州市						
漳州市						
南平市						
龙岩市						
宁德市						
按行业分						
房屋和土木工程建筑业	83956	72367	3135	8315	1	-118
房屋工程建筑	83956	72367	3135	8315	1	-118
土木工程建筑						
建筑安装业	1111	1036	44	31		
建筑装饰业	132	95	5	32		
其他建筑业						
按企业资质等级分						
施工总承包	83956	72367	3135	8315	1	-118
特级						
一级	80295	69002	2954	8200		-119
二级						
三级	3660	3364	181	115	1	1
专业承包	1243	1131	49	63		
一级						
二级	1243	1131	49	63		
三级						
不分等级						

5-69 联营经济总承包和专业承包建筑业企业费用

单位：万元

项目	管理费用	#税金	#财产保险费	#差旅费	#工会经费	财务费用	利息支出	经营费用
总计	**1690**	**15**	**2**	**109**	**10**	**1643**	**1600**	**139**
按地区分								
福州市	104			8	1			
厦门市	1559	15	2	101	9	1643	1599	138
莆田市	27					1	1	
三明市								
泉州市								
漳州市								
南平市								
龙岩市								
宁德市								
按行业分								
房屋和土木工程建筑业	1585	15	2	104	9	1643	1600	139
房屋工程建筑	1585	15	2	104	9	1643	1600	139
土木工程建筑								
建筑安装业	72			5	1			
建筑装饰业	33							
其他建筑业								
按企业资质等级分								
施工总承包	1585	15	2	104	9	1643	1600	139
特级								
一级	1526	15	2	101	9	1643	1599	138
二级								
三级	59			3		1	1	
专业承包	105			5	1			
一级								
二级	105			5	1			
三级								
不分等级								

5-70　联营经济总承包和专业承包建筑业企业利润总额

单位：万元

项　　目	利润总额	#应交所得税	#应付利润	营业利润	营业外收入	营业外支出
总　　计	**6179**	**1069**	**16**	**4927**	**117**	**53**
按地区分						
福州市	29	2		9		1
厦门市	6127	1059		4912	117	53
莆田市	23	8	16	24		
三明市						
泉州市						
漳州市						
南平市						
龙岩市						
宁德市						
按行业分						
房屋和土木工程建筑业	6183	1068	16	4970	117	53
房屋工程建筑	6183	1068	16	4970	117	53
土木工程建筑						
建筑安装业	3	2		-41		1
建筑装饰业	1			1		
其他建筑业						
按企业资质等级分						
施工总承包	6183	1068	16	4970	117	53
特级						
一级	6128	1059		4914	117	53
二级						
三级	55	8	16	56		
专业承包	4	2		-42		1
一级						
二级	4	2		-42		1
三级						
不分等级						

5-71 联营经济总承包和专业承包建筑业企业劳动者报酬

单位：万元

项目	本年应付工资	主营业务应付工资	本年应付福利费	主营业务应付福利费	劳动、失业保险费	住房公积金及住房补贴
总计	**17354**	**17354**	**100**	**100**	**42**	**37**
按地区分						
福州市	824	824	7	7	11	
厦门市	15799	15799	22	22	29	37
莆田市	731	731	71	71	3	
三明市						
泉州市						
漳州市						
南平市						
龙岩市						
宁德市						
按行业分						
房屋和土木工程建筑业	16976	16976	95	95	34	37
房屋工程建筑	16976	16976	95	95	34	37
土木工程建筑						
建筑安装业	353	353	1	1	6	
建筑装饰业	25	25	4	4	2	
其他建筑业						
按企业资质等级分						
施工总承包	16976	16976	95	95	34	37
特级						
一级	15774	15774	19	19	27	37
二级						
三级	1202	1202	77	77	7	
专业承包	378	378	5	5	8	
一级						
二级	378	378	5	5	8	
三级						
不分等级						

5-72　联营经济总承包和专业承包建筑业企业利润率及利税率

单位：%

项　　目	实收资本利润率	实收资本利税率	产值利润率	产值利税率	资产负债率	人均利润（元/人）
总　　计	**35.0**	**53.2**	**6.3**	**9.6**	**67.3**	**14522**
按地区分						
福州市	3.1	12.3	1.1	4.2	23.6	667
厦门市	38.1	56.6	6.6	9.8	68.8	16856
莆田市	3.8	26.7	0.9	6.5	19.9	1221
三明市						
泉州市						
漳州市						
南平市						
龙岩市						
宁德市						
按行业分						
房屋和土木工程建筑业	37.2	56.1	6.4	9.6	68.0	15324
房屋工程建筑	37.2	56.1	6.4	9.6	68.0	15324
土木工程建筑						
建筑安装业	-0.6	8.3	-0.3	3.6	5.0	-161
建筑装饰业	-0.2	0.7	-1.0	2.9	26.2	-429
其他建筑业						
按企业资质等级分						
施工总承包	37.2	56.1	6.4	9.6	68.0	15324
特级						
一级	39.3	58.3	6.6	9.8	69.1	16990
二级						
三级	5.3	22.7	1.3	5.8	26.6	1285
专业承包	-0.4	4.5	-0.3	3.5	16.1	-195
一级						
二级	-0.4	4.5	-0.3	3.5	16.1	-195
三级						
不分等级						

5-73 联营经济总承包和专业承包建筑业企业工程拖欠款及亏损情况

项　目	应收工程款(万元)	竣工工程	建筑业企业个数(个)	亏损企业个数(个)	亏损企业比重(%)
总　计	**8922**	**1910**	**6**	**2**	**33.3**
按地区分					
福州市	67	67	3	1	33.3
厦门市	8855	1843	2	1	50.0
莆田市			1		
三明市					
泉州市					
漳州市					
南平市					
龙岩市					
宁德市					
按行业分					
房屋和土木工程建筑业	8855	1843	4		
房屋工程建筑	8855	1843	4		
土木工程建筑					
建筑安装业	67	67	1	1	100.0
建筑装饰业			1	1	100.0
其他建筑业					
按企业资质等级分					
施工总承包	8855	1843	4		
特级					
一级	8855	1843	1		
二级					
三级			3		
专业承包	67	67	2	2	100.0
一级					
二级	67	67	2	2	100.0
三级					
不分等级					

5-74　股份制经济总承包和专业承包建筑业企业合同

单位：万元

项　　目	签订的合同额	上年结转合同额	本年新签合同额
总　　计	**1771173**	**667234**	**1103938**
按地区分			
福州市	676478	248844	427634
厦门市	526303	208344	317959
莆田市	27590	8406	19184
三明市			
泉州市	287769	103988	183782
漳州市	150545	52046	98498
南平市	97711	41820	55891
龙岩市	4778	3788	990
宁德市			
按行业分			
房屋和土木工程建筑业	1589406	648148	941258
房屋工程建筑	1322524	507191	815334
土木工程建筑	266882	140957	125925
建筑安装业	163164	12428	150736
建筑装饰业	15974	6656	9318
其他建筑业	2628	2	2627
按企业资质等级分			
施工总承包	1570799	587111	983689
特级			
一级	469379	201117	268263
二级	830104	323862	506242
三级	271316	62132	209184
专业承包	200374	80124	120250
一级	35515	8865	26650
二级	71770	7548	64222
三级	13663	7165	6498
不分等级	79425	56546	22879

5-75 股份制经济总承包和专业承包建筑业企业承包工程完成情况

单位：万元

项目	直接从建设单位承揽工程完成的产值	自行完成施工产值	分包出去工程的产值	从建设单位以外承揽工程完成的产值
总计	**887067**	**866915**	**20152**	**179851**
按地区分				
福州市	229388	229068	320	161580
厦门市	275196	255364	19832	10751
莆田市	22784	22784		
三明市				
泉州市	175969	175969		6120
漳州市	106376	106376		
南平市	72774	72774		1400
龙岩市	4581	4581		
宁德市				
按行业分				
房屋和土木工程建筑业	766638	746486	20152	167700
房屋工程建筑	654213	634061	20152	158503
土木工程建筑	112425	112425		9197
建筑安装业	105980	105980		12151
建筑装饰业	11821	11821		
其他建筑业	2628	2628		
按企业资质等级分				
施工总承包	746743	726591	20152	175374
特级				
一级	224898	205066	19832	
二级	355625	355625		164303
三级	166221	165901	320	11071
专业承包	140324	140324		4477
一级	28689	28689		
二级	63282	63282		4477
三级	9405	9405		
不分等级	38949	38949		

5-76　股份制经济总承包和专业承包建筑业企业总产值和竣工产值

单位：万元

项　　目	建筑业总产值	#装饰装修产值	#在外省完成的产值	按总产值构成分 建筑工程产值	安装工程产值	其他产值	竣工产值
总　　计	**1046766**	**16558**	**314123**	**881347**	**143197**	**22222**	**881726**
按地区分							
福州市	390648	11137	223198	372948	13737	3963	321419
厦门市	266115	918	15478	186528	70941	8646	281694
莆田市	22784		12191	22784			15014
三明市							
泉州市	182089	4383	19579	176970	577	4542	141331
漳州市	106376		11550	84993	17171	4211	84635
南平市	74174	120	32127	32544	40771	860	34982
龙岩市	4581			4581			2651
宁德市							
按行业分							
房屋和土木工程建筑业	914186	9661	265809	866316	34273	13597	775861
房屋工程建筑	792564	9661	251252	759248	21152	12163	651938
土木工程建筑	121622		14557	107067	13121	1434	123922
建筑安装业	118131	999	45033	4132	105375	8624	102585
建筑装饰业	11821	5898	3281	8272	3549		3256
其他建筑业	2628			2628			25
按企业资质等级分							
施工总承包	901965	9661	254591	830399	59403	12163	768897
特级							
一级	205066		12487	193466	10258	1342	167414
二级	519928	2148	230437	508506	10228	1194	419299
三级	176972	7513	11668	128426	38918	9628	182185
专业承包	144801	6897	59531	50948	83794	10058	112828
一级	28689	4048	14751	4048	16017	8624	1911
二级	67759	2473	40484	5071	61254	1434	36243
三级	9405	376	4296	2881	6524		5761
不分等级	38949			38949			68913

5-77 股份制经济总承包和专业承包建筑业企业房屋建筑面积和竣工面积

单位：万平方米

项目	房屋建筑施工面积	#本年新开工面积	#实行投标承包面积	本年新开工	房屋建筑竣工面积	房屋建筑面积竣工率(%)
总计	**1123.42**	**486.03**	**766.97**	**330.53**	**530.06**	**47.2**
按地区分						
福州市	436.85	205.36	315.16	160.89	187.91	43.0
厦门市	210.63	67.48	200.31	63.44	87.89	41.7
莆田市	30.21	13.11	30.21	13.11	16.13	53.4
三明市						
泉州市	273.81	124.19	93.99	38.92	150.20	54.9
漳州市	117.31	55.56	75.26	36.42	68.66	58.5
南平市	47.78	17.77	45.20	15.19	14.89	31.2
龙岩市	6.84	2.55	6.84	2.55	4.38	64.1
宁德市						
按行业分						
房屋和土木工程建筑业	1122.42	486.03	766.97	330.53	530.06	47.2
房屋工程建筑	1120.87	484.48	766.97	330.53	529.74	47.3
土木工程建筑	1.55	1.55			0.33	21.2
建筑安装业						
建筑装饰业						
其他建筑业	1.00					
按企业资质等级分						
施工总承包	1122.42	486.03	766.97	330.53	530.06	47.2
特级						
一级	305.45	140.81	168.35	69.23	120.83	39.6
二级	643.26	261.95	459.03	199.91	299.61	46.6
三级	173.72	83.27	139.60	61.38	109.62	63.1
专业承包	1.00					
一级						
二级						
三级						
不分等级	1.00					

5-78　股份制经济总承包和专业承包建筑业企业按主要用途分的房屋建筑竣工面积

单位：万平方米

项　　目	合　　计	厂房、仓库	住宅	办公用房	批发和零售用房	住宿和餐饮用房
总　　计	**530.06**	**157.38**	**275.87**	**51.98**	**0.38**	**6.01**
按地区分						
福州市	187.91	35.85	124.88	11.68		0.21
厦门市	87.89	37.48	31.75	14.36		
莆田市	16.13	5.60	1.14	2.66		0.09
三明市						
泉州市	150.20	44.13	84.49	12.80	0.38	2.62
漳州市	68.66	32.58	21.04	7.37		3.09
南平市	14.89	0.48	10.27	3.11		
龙岩市	4.38	1.27	2.30			
宁德市						
按行业分						
房屋和土木工程建筑业	530.06	157.38	275.87	51.98	0.38	6.01
房屋工程建筑	529.74	157.38	275.54	51.98	0.38	6.01
土木工程建筑	0.33		0.33			
建筑安装业						
建筑装饰业						
其他建筑业						
按企业资质等级分						
施工总承包	530.06	157.38	275.87	51.98	0.38	6.01
特级						
一级	120.83	31.38	67.46	16.91		
二级	299.61	86.49	166.60	19.52		4.29
三级	109.62	39.51	41.82	15.55	0.38	1.72
专业承包						
一级						
二级						
三级						
不分等级						

5-78 续表 单位：万平方米

项目	居民服务业用房	教育用房	文化、体育和娱乐用房	卫生医疗用房	科研用房	其他用房
总计	**0.20**	**20.36**	**0.97**	**4.96**	**0.62**	**11.32**
按地区分						
福州市		10.51	0.42	0.65		3.70
厦门市		3.92	0.33			0.05
莆田市		0.20				6.44
三明市						
泉州市		2.89		2.90		
漳州市	0.20	2.00	0.21	1.07	0.62	0.50
南平市		0.39				0.63
龙岩市		0.46		0.35		
宁德市						
按行业分						
房屋和土木工程建筑业	0.20	20.36	0.97	4.96	0.62	11.32
房屋工程建筑	0.20	20.36	0.97	4.96	0.62	11.32
土木工程建筑						
建筑安装业						
建筑装饰业						
其他建筑业						
按企业资质等级分						
施工总承包	0.20	20.36	0.97	4.96	0.62	11.32
特级						
一级		4.03	0.33	0.57		0.16
二级		11.39	0.40	0.08	0.62	10.23
三级	0.20	4.94	0.24	4.32		0.93
专业承包						
一级						
二级						
三级						
不分等级						

5-79　股份制经济总承包和专业承包建筑业企业按主要用途分的房屋建筑竣工价值

单位：万元

项　　目	合　　计	厂房、仓库	住宅	办公用房	批发和零售用房	住宿和餐饮用房
总　　计	**459374**	**122657**	**243120**	**47919**	**250**	**4892**
按地区分						
福州市	148911	27436	97161	8466		230
厦门市	94290	30112	41343	16139		
莆田市	15014	3059	784	2100		125
三明市						
泉州市	124611	35277	73168	10675	250	1910
漳州市	58783	25725	18634	7702		2627
南平市	15114	384	10815	2838		
龙岩市	2651	665	1215			
宁德市						
按行业分						
房屋和土木工程建筑业	459374	122657	243120	47919	250	4892
房屋工程建筑	459069	122657	242815	47919	250	4892
土木工程建筑	305		305			
建筑安装业						
建筑装饰业						
其他建筑业						
按企业资质等级分						
施工总承包	459374	122657	243120	47919	250	4892
特级						
一级	116040	24112	67523	16799		
二级	263784	72434	145511	17422		3225
三级	79550	26112	30087	13699	250	1667
专业承包						
一级						
二级						
三级						
不分等级						

5-79 续表 单位：万元

项目	居民服务业用房	教育用房	文化、体育和娱乐用房	卫生医疗用房	科研用房	其他用房
总计	**215**	**22166**	**1198**	**3003**	**536**	**13418**
按地区分						
福州市		11087	471	665		3394
厦门市		6160	500			37
莆田市		255				8691
三明市						
泉州市		2362		969		
漳州市	215	1625	227	970	536	523
南平市		304				773
龙岩市		372		399		
宁德市						
按行业分						
房屋和土木工程建筑业	215	22166	1198	3003	536	13418
房屋工程建筑	215	22166	1198	3003	536	13418
土木工程建筑						
建筑安装业						
建筑装饰业						
其他建筑业						
按企业资质等级分						
施工总承包	215	22166	1198	3003	536	13418
特级						
一级		6166	500	540		400
二级		12088	448	125	536	11996
三级	215	3912	250	2338		1022
专业承包						
一级						
二级						
三级						
不分等级						

5-80　股份制经济总承包和专业承包建筑业企业主要生产效益

项　目	建筑业企业个数(个)	计算建筑业劳动生产率的平均人数(人)	按总产值计算的劳动生产率(元/人)	人均竣工产值(元/人)	人均施工面积(平方米/人)	人均竣工面积(平方米/人)
总　计	**96**	**74169**	**141133**	**118881**	**151**	**71**
按地区分						
福州市	31	26982	144781	119123	162	70
厦门市	16	12741	208865	221093	165	69
莆田市	4	2137	106615	70257	141	75
三明市						
泉州市	16	16956	107389	83352	161	89
漳州市	16	10557	100763	80169	111	65
南平市	12	4289	172941	81562	111	35
龙岩市	1	507	90355	52288	135	86
宁德市						
按行业分						
房屋和土木工程建筑业	73	68126	134191	113886	165	78
房屋工程建筑	63	62528	126753	104263	179	85
土木工程建筑	10	5598	217260	221369	3	1
建筑安装业	12	4991	236687	205539		
建筑装饰业	9	747	158240	43581		
其他建筑业	2	305	86170	826	33	
按企业资质等级分						
施工总承包	73	65674	137340	117078	171	81
特级						
一级	4	15230	134646	109924	201	79
二级	28	37487	138695	111852	172	80
三级	41	12957	136584	140607	134	85
专业承包	23	8495	170454	132817	1	
一级	2	1643	174612	11631		
二级	9	3757	180354	96469		
三级	10	695	135319	82888		
不分等级	2	2400	162285	287139	4	

5-81 股份制经济总承包和专业承包建筑业企业机械设备装备

项目	自有施工机械设备总台数（台）	自有施工机械设备总功率（万千瓦）	自有施工机械设备净值（万元）	技术装备率（元/人）	动力装备率（千瓦/人）
总计	**18601**	**26.31**	**39553**	**5333**	**3.55**
按地区分					
福州市	3526	6.65	10378	3846	2.47
厦门市	8473	4.05	6993	5489	3.18
莆田市	611	1.92	2351	11002	9.00
三明市					
泉州市	2859	8.41	12204	7197	4.96
漳州市	1825	3.16	5464	5176	3.00
南平市	1191	1.48	1467	3421	3.45
龙岩市	116	0.64	696	13728	12.57
宁德市					
按行业分					
房屋和土木工程建筑业	10697	24.78	36989	5429	3.64
房屋工程建筑	9750	21.55	33609	5375	3.45
土木工程建筑	947	3.23	3380	6037	5.77
建筑安装业	7694	1.06	1879	3765	2.11
建筑装饰业	190	0.46	430	5754	6.10
其他建筑业	20	0.02	256	8393	0.66
按企业资质等级分					
施工总承包	10184	23.63	36877	5615	3.60
特级					
一级	818	2.87	7219	4740	1.88
二级	5691	12.95	17752	4735	3.46
三级	3675	7.81	11907	9189	6.03
专业承包	8417	2.68	2676	3150	3.15
一级	7561	0.83	1378	8384	5.04
二级	571	0.15	538	1433	0.41
三级	137	0.30	252	3630	4.38
不分等级	148	1.39	508	2117	5.80

5-82　股份制经济总承包和专业承包建筑业企业从业人员

单位：人

项　　目	计算建筑业劳动生产率的平均人数	期末从业人数	#管理人员	#工程技术人员	#一级建造师	#现场施工工人	持证上岗人员
总　　计	**74169**	**75169**	**5696**	**9866**	**216**	**58100**	**39309**
按地区分							
福州市	26982	27595	1438	2929	48	21378	16701
厦门市	12741	13520	1415	1936	109	11748	8436
莆田市	2137	2128	217	252	5	1671	852
三明市							
泉州市	16956	17675	1415	1992	22	14023	9697
漳州市	10557	9436	617	1790	1	6176	2280
南平市	4289	4295	443	816	31	2870	1187
龙岩市	507	520	151	151		234	156
宁德市							
按行业分							
房屋和土木工程建筑业	68126	69368	4877	8807	184	53908	36550
房屋工程建筑	62528	64355	4453	7708	129	50547	34633
土木工程建筑	5598	5013	424	1099	55	3361	1917
建筑安装业	4991	5037	672	861	25	3965	2618
建筑装饰业	747	656	130	176	7	227	141
其他建筑业	305	108	17	22			
按企业资质等级分							
施工总承包	65674	67013	4827	8481	172	52135	35773
特级							
一级	15230	16617	890	925	83	14179	10446
二级	37487	37984	2365	4358	72	29711	21181
三级	12957	12412	1572	3198	17	8245	4146
专业承包	8495	8156	869	1385	44	5965	3536
一级	1643	1686	488	409	23	1484	1449
二级	3757	3325	201	736	8	2091	806
三级	695	734	78	145	11	184	131
不分等级	2400	2411	102	95	2	2206	1150

5-83 股份制经济总承包和专业承包建筑业企业建筑材料消耗量

项　　目	钢　材 (吨)	木　材 (立方米)	水　泥 (吨)	平板玻璃 (平方米)	铝　材 (吨)
总　　计	**598927**	**444592**	**2718133**	**1863130**	**19615**
按地区分					
福州市	211564	330215	1095864	1486859	9195
厦门市	152364	32094	276446	66842	2740
莆田市	12862	5363	86877	18960	645
三明市					
泉州市	116603	36119	713700	25338	2467
漳州市	70564	29184	350845	254181	1050
南平市	32598	10346	189063	7625	3495
龙岩市	2372	1271	5338	3325	23
宁德市					
按行业分					
房屋和土木工程建筑业	540442	442231	2576500	1828447	17072
房屋工程建筑	513248	436188	2242133	1696787	16886
土木工程建筑	27194	6043	334367	131660	186
建筑安装业	55228	126	118537	32305	2330
建筑装饰业	2191	2230	6828	2368	212
其他建筑业	1066	5	16268	10	1
按企业资质等级分					
施工总承包	585333	442203	2508607	1729252	16901
特级					
一级	156468	36880	499516	124064	619
二级	299376	330512	1541441	1315608	13197
三级	129489	74811	467650	289580	3085
专业承包	13594	2389	209526	133878	2714
一级	31	214	646	576	131
二级	8996		185461	131250	2511
三级	4540	2170	5638	2042	71
不分等级	27	5	17781	10	1

5-84 股份制经济总承包和专业承包建筑业企业资产负债

单位：万元

项目	资产合计	流动资产合计	存货	固定资产合计	#固定资产原价	生产经营用	#固定资产折旧
总计	**892312**	**768084**	**394914**	**88930**	**90295**	**67937**	**25707**
按地区分							
福州市	177981	148322	38074	19709	24467	15346	8138
厦门市	507062	474388	286234	11023	16977	14032	6001
莆田市	11693	5842	2040	5852	4053	3776	1208
三明市							
泉州市	67013	45017	33093	21342	24051	20470	5654
漳州市	73364	48295	20879	23682	13847	8462	2275
南平市	44011	35753	8744	6603	6180	5151	2074
龙岩市	11187	10467	5851	720	720	700	358
宁德市							
按行业分							
房屋和土木工程建筑业	660350	559376	292854	81951	80793	61358	22299
房屋工程建筑	407731	321183	120760	72704	70673	52368	18421
土木工程建筑	252619	238193	172094	9247	10121	8990	3877
建筑安装业	219677	199962	100224	4642	6635	5011	2399
建筑装饰业	10908	8683	1831	1832	2298	1566	882
其他建筑业	1377	62	5	505	569	2	128
按企业资质等级分							
施工总承包	833495	722628	388920	81629	79820	59911	21397
特级							
一级	282486	271548	184858	9264	13557	11641	4293
二级	222718	177016	67433	33896	41611	29432	10818
三级	328292	274064	136629	38470	24652	18838	6286
专业承包	58817	45456	5994	7301	10475	8026	4310
一级	14819	10130	897	1690	2848	2314	1158
二级	22183	19103	1780	1806	2741	2173	1205
三级	14132	10603	3262	2466	3183	2157	1584
不分等级	7683	5621	55	1340	1703	1383	363

注：表中固定资产合计≥(固定资产原价－累计折旧)＋在建工程

5-84 续表 单位：万元

项目	本年折旧	#在建工程	无形及递延资产	无形资产	长期投资	其他资产	负债合计	流动负债	长期负债
总计	**5973**	**18507**	**5476**	**2628**	**29672**	**150**	**659938**	**656896**	**3042**
按地区分									
福州市	1323	193	2400	181	7536	13	105829	105537	292
厦门市	1242	46	1099	1075	20499	54	439830	439813	17
莆田市	198	1286					4357	4357	
三明市									
泉州市	1572	2474	594	109	2	58	36225	33894	2331
漳州市	911	12022	1025	1025	363		46913	46913	
南平市	607	2486	358	238	1272	25	18298	17896	402
龙岩市	120						8485	8485	
宁德市									
按行业分									
房屋和土木工程建筑业	5097	17923	5115	2469	13843	66	466272	463857	2415
房屋工程建筑	4016	15548	4982	2466	8821	41	248335	246007	2329
土木工程建筑	1081	2374	133	2	5022	25	217937	217851	87
建筑安装业	638	199	54	50	15018		189473	189081	392
建筑装饰业	202	385	307	109		85	3613	3378	235
其他建筑业	36				811		580	580	
按企业资质等级分									
施工总承包	4807	17473	5050	2517	24123	66	635685	633320	2365
特级									
一级	1169		170	72	1480	24	250083	249884	199
二级	2164	155	4466	2102	7337	3	122786	120672	2113
三级	1474	17317	413	342	15306	39	262816	262764	52
专业承包	1166	1034	426	111	5549	85	24253	23576	677
一级	142				3000		3679	3679	
二级	392	199	37		1238		8996	8903	93
三级	491	835	387	109	591	85	7105	6521	584
不分等级	141		2	2	720		4473	4473	

5-85　股份制经济总承包和专业承包建筑业企业所有者权益、实收资本

单位：万元

项　　目	所有者权益	实收资本	国家资本	集体资本	法人资本	个人资本	港澳台商资本	外商资本
总　　计	**232374**	**180345**	**6489**	**15113**	**56766**	**101976**		
按地区分								
福州市	72152	57411	5000	5449	16778	30183		
厦门市	67232	44044	1040	7617	16807	18580		
莆田市	7336	5522			1000	4522		
三明市								
泉州市	30788	25151		347	2993	21811		
漳州市	26451	23295	77		15029	8189		
南平市	25713	22223	372	1700	1460	18691		
龙岩市	2702	2700			2700			
宁德市								
按行业分								
房屋和土木工程建筑业	194078	160026	5489	12403	45174	96960		
房屋工程建筑	159396	135682	449	10056	37972	87205		
土木工程建筑	34682	24344	5040	2347	7202	9755		
建筑安装业	30205	14943		2710	9817	2416		
建筑装饰业	7295	4799	1000		1473	2326		
其他建筑业	797	577			303	274		
按企业资质等级分								
施工总承包	197810	157836	489	12113	47634	97600		
特级								
一级	32403	28829			3882	24947		
二级	99932	81505		9769	29588	42148		
三级	65476	47502	489	2344	14164	30505		
专业承包	34564	22508	6000	3000	9132	4376		
一级	11140	6034			5016	1018		
二级	13187	9419	5000		2403	2016		
三级	7027	4781	1000	1000	1713	1068		
不分等级	3210	2274		2000		274		

5-86 股份制经济总承包和专业承包建筑业企业收入

单位：万元

项目	工程结算收入	#工程结算成本	#工程结算税金及附加	#工程结算利润	其他业务收入	其他业务利润
总计	**1040682**	**940966**	**38163**	**56371**	**7426**	**2065**
按地区分						
福州市	395852	361579	14622	18152	609	507
厦门市	258768	234999	7474	15679	5556	1346
莆田市	22550	19474	961	1756		
三明市						
泉州市	148592	133556	6243	8385	1090	99
漳州市	113106	98839	5272	7393	78	63
南平市	97233	88287	3420	4849	84	41
龙岩市	4581	4233	170	158	10	9
宁德市						
按行业分						
房屋和土木工程建筑业	900493	821854	33777	41776	2141	868
房屋工程建筑	787295	719891	30513	34559	2026	791
土木工程建筑	113199	101963	3264	7217	115	77
建筑安装业	125575	107177	3740	13132	643	500
建筑装饰业	11764	9368	531	1349	4642	697
其他建筑业	2850	2568	115	114		
按企业资质等级分						
施工总承包	912774	830676	33623	45995	2658	1303
特级						
一级	172827	163057	5419	4240	1177	182
二级	555062	507668	21633	24228	572	367
三级	184884	159951	6572	17527	909	755
专业承包	127908	110290	4540	10375	4768	762
一级	28689	24440	1136	3019		
二级	62048	52437	2264	5409	88	88
三级	9604	7797	255	969	4676	707
不分等级	27567	25617	885	977	5	-33

5-87 股份制经济总承包和专业承包建筑业企业费用

单位：万元

项　　目	管理费用	#税金	#财　产保险费	#差旅费	#工会经费	财务费用	利息支出	经营费用
总　　计	**20543**	**953**	**32**	**986**	**205**	**-91**	**-462**	**5182**
按地区分								
福州市	3764	369	7	351	35	52	40	1500
厦门市	8892	90	13	223	51	-495	-560	617
莆田市	806	36	4	70	4	5	3	359
三明市								
泉州市	1459	270	4	174	88	108	18	408
漳州市	4021	87		32	7	27	17	1601
南平市	1541	81	2	130	20	207	17	678
龙岩市	59	20	1	7		5	3	20
宁德市								
按行业分								
房屋和土木工程建筑业	13163	802	29	645	133	336	63	3086
房屋工程建筑	10371	677	16	409	116	85	28	2332
土木工程建筑	2793	126	13	237	17	251	35	755
建筑安装业	6632	62	2	206	67	-451	-521	1527
建筑装饰业	649	83	1	84		24	4	516
其他建筑业	100	6		51	4			53
按企业资质等级分								
施工总承包	16289	748	29	636	152	-234	-463	2479
特级								
一级	1748	144	13	101	85	4		112
二级	6821	232	1	298	16	90	17	1533
三级	7720	373	15	238	50	-327	-480	834
专业承包	4254	204	3	350	53	142	1	2703
一级	1196	40		61	13	89		94
二级	1283	76	1	199	33	16	9	1939
三级	864	87	1	77	8	42	3	583
不分等级	910	1	1	13		6	6	88

5-88 股份制经济总承包和专业承包建筑业企业利润总额

单位：万元

项　　目	利润总额	#应交所得税	#应付利润	营业利润	营业外收入	营业外支出
总　　计	**36425**	**9731**	**15307**	**37984**	**582**	**357**
按地区分						
福州市	11547	3303	3369	14843	190	43
厦门市	10142	1867	6739	8628	271	212
莆田市	945	321	438	945		
三明市						
泉州市	7322	2198	1277	6917	99	72
漳州市	3383	1155	1383	3407	10	25
南平市	2983	887	2088	3142	11	6
龙岩市	105	1	13	103	2	
宁德市						
按行业分						
房屋和土木工程建筑业	26313	7752	8315	29145	570	342
房屋工程建筑	23931	7194	8141	24895	245	142
土木工程建筑	2382	558	173	4250	325	200
建筑安装业	8773	1796	6928	7451	10	16
建筑装饰业	1322	181	65	1374	2	
其他建筑业	17	2		15		
按企业资质等级分						
施工总承包	32217	8932	14070	31243	447	314
特级						
一级	2741	1419	704	2670	267	195
二级	17907	4780	6224	17684	73	36
三级	11569	2734	7143	10889	108	83
专业承包	4208	799	1237	6741	135	43
一级	1726	255	802	1734	4	12
二级	1812	419	370	4198	118	13
三级	637	118	65	770	6	4
不分等级	33	8		40	8	15

5-89　股份制经济总承包和专业承包建筑业企业劳动者报酬

单位：万元

项　目	本年应付工　资	主营业务应付工资	本年应付福利费	主营业务应付福利费	劳动、失业保险费	住房公积金及住房补贴
总　计	**227481**	**226153**	**17198**	**16700**	**1974**	**724**
按地区分						
福州市	106933	106894	8912	8591	877	262
厦门市	42339	41314	1708	1708	489	355
莆田市	4996	4792	227	227	42	6
三明市						
泉州市	33111	33081	1622	1484	97	
漳州市	21767	21736	2423	2387	90	10
南平市	17419	17419	2182	2178	354	91
龙岩市	916	916	125	125	25	
宁德市						
按行业分						
房屋和土木工程建筑业	206237	205579	15363	14865	1530	402
房屋工程建筑	189763	189156	14411	13924	877	111
土木工程建筑	16474	16423	952	940	653	291
建筑安装业	17749	17731	1758	1758	247	222
建筑装饰业	2967	2315	16	16	192	97
其他建筑业	529	529	61	61	5	3
按企业资质等级分						
施工总承包	200693	200035	15341	14842	918	333
特级						
一级	37879	37594	1264	1264	74	70
二级	128656	128596	11534	11238	519	92
三级	34159	33846	2543	2341	325	171
专业承包	26788	26118	1857	1857	1056	391
一级	4337	4337	201	201	33	4
二级	13969	13953	1572	1572	564	236
三级	2373	1719	83	83	338	150
不分等级	6109	6109	1	1	122	

5-90 股份制经济总承包和专业承包建筑业企业利润率及利税率

单位：%

项目	实收资本利润率	实收资本利税率	产值利润率	产值利税率	资产负债率	人均利润(元/人)
总计	**20.2**	**41.9**	**3.5**	**7.2**	**74.0**	**4911**
按地区分						
福州市	20.1	46.2	3.0	6.8	59.5	4279
厦门市	23.0	40.2	3.8	6.7	86.7	7960
莆田市	17.1	35.2	4.1	8.5	37.3	4421
三明市						
泉州市	29.1	55.0	4.0	7.6	54.1	4318
漳州市	14.5	37.5	3.2	8.2	63.9	3205
南平市	13.4	29.2	4.0	8.7	41.6	6954
龙岩市	3.9	10.9	2.3	6.4	75.8	2063
宁德市						
按行业分						
房屋和土木工程建筑业	16.4	38.1	2.9	6.7	70.6	3862
房屋工程建筑	17.6	40.6	3.0	7.0	60.9	3827
土木工程建筑	9.8	23.7	2.0	4.7	86.3	4254
建筑安装业	58.7	84.1	7.4	10.6	86.3	17578
建筑装饰业	27.5	40.3	11.2	16.4	33.1	17696
其他建筑业	3.0	24.0	0.7	5.3	42.1	564
按企业资质等级分						
施工总承包	20.4	42.2	3.6	7.4	76.3	4906
特级						
一级	9.5	28.8	1.3	4.0	88.5	1800
二级	22.0	48.8	3.4	7.6	55.1	4777
三级	24.4	39.0	6.5	10.5	80.1	8929
专业承包	18.7	39.8	2.9	6.2	41.2	4954
一级	28.6	48.1	6.0	10.1	24.8	10505
二级	19.2	44.1	2.7	6.1	40.6	4824
三级	13.3	20.5	6.8	10.4	50.3	9170
不分等级	1.4	40.4	0.1	2.4	58.2	136

5-91　股份制经济总承包和专业承包建筑业企业工程拖欠款及亏损情况

项　　目	应收工程款(万元)		建筑业企业个数(个)	亏损企业个数(个)	亏损企业比重(%)
		竣工工程			
总　　计	**105866**	**67697**	**96**	**11**	**11.5**
按地区分					
福州市	44585	30633	31	2	6.5
厦门市	11605	7898	16	6	37.5
莆田市	1502	351	4		
三明市					
泉州市	13469	9075	16		
漳州市	20811	11625	16	2	12.5
南平市	13851	8069	12	1	8.3
龙岩市	45	45	1		
宁德市					
按行业分					
房屋和土木工程建筑业	99305	62002	73	6	8.2
房屋工程建筑	94173	57352	63	6	9.5
土木工程建筑	5132	4650	10		
建筑安装业	3587	2906	12	2	16.7
建筑装饰业	2707	2543	9	3	33.3
其他建筑业	268	246	2		
按企业资质等级分					
施工总承包	98801	61498	73	6	8.2
特级					
一级	8493	6719	4		
二级	55611	36596	28	1	3.6
三级	34697	18184	41	5	12.2
专业承包	7066	6199	23	5	21.7
一级	32		2		
二级	3702	2906	9	2	22.2
三级	2451	2434	10	3	30.0
不分等级	880	859	2		

5-92 外商投资经济总承包和专业承包建筑业企业合同

单位：万元

项 目	签订的合同额	上年结转合同额	本年新签合同额
总 计	**72902**	**20000**	**52902**
按地区分			
福州市	51229	8183	43045
厦门市			
莆田市	8430	4205	4224
三明市			
泉州市	11456	7603	3853
漳州市			
南平市			
龙岩市	1788	9	1779
宁德市			
按行业分			
房屋和土木工程建筑业	52088	17134	34955
房屋工程建筑	43659	12929	30730
土木工程建筑	8430	4205	4224
建筑安装业	20689	2866	17823
建筑装饰业	124		124
其他建筑业			
按企业资质等级分			
施工总承包	47429	16781	30649
特级			
一级			
二级	39000	12576	26424
三级	8430	4205	4224
专业承包	25473	3219	22254
一级	17571	2777	14794
二级	7901	442	7460
三级			
不分等级			

5-93 外商投资经济总承包和专业承包建筑业企业承包工程完成情况

单位：万元

项 目	直接从建设单位承揽工程完成的产值	自行完成施工产值	分包出去工程的产值	从建设单位以外承揽工程完成的产值
总 计	**49030**	**49030**		**2783**
按地区分				
福州市	34561	34561		2783
厦门市				
莆田市	8276	8276		
三明市				
泉州市	5590	5590		
漳州市				
南平市				
龙岩市	603	603		
宁德市				
按行业分				
房屋和土木工程建筑业	31808	31808		2783
房屋工程建筑	23531	23531		2783
土木工程建筑	8276	8276		
建筑安装业	17098	17098		
建筑装饰业	124	124		
其他建筑业				
按企业资质等级分				
施工总承包	31290	31290		
特级				
一级				
二级	23013	23013		
三级	8276	8276		
专业承包	17740	17740		2783
一级	15332	15332		
二级	2408	2408		2783
三级				
不分等级				

5-94 外商投资经济总承包和专业承包建筑业企业总产值和竣工产值

单位：万元

项目	建筑业总产值	#装饰装修产值	#在外省完成的产值	按总产值构成分：建筑工程产值	安装工程产值	其他产值	竣工产值
总计	**51813**	**124**	**20249**	**45155**	**5895**	**763**	**38052**
按地区分							
福州市	37344	124	20249	31289	5292	763	26809
厦门市							
莆田市	8276			8276			8276
三明市							
泉州市	5590			5590			2363
漳州市							
南平市							
龙岩市	603				603		603
宁德市							
按行业分							
房屋和土木工程建筑业	34591		11656	29698	4130	763	21992
房屋工程建筑	26314		11656	21422	4130	763	13715
土木工程建筑	8276			8276			8276
建筑安装业	17098		8593	15332	1765		15936
建筑装饰业	124	124		124			124
其他建筑业							
按企业资质等级分							
施工总承包	31290		11656	26397	4130	763	20251
特级							
一级							
二级	23013		11656	18121	4130	763	11974
三级	8276			8276			8276
专业承包	20523	124	8593	18758	1765		17801
一级	15332		8593	15332			15332
二级	5191	124		3425	1765		2469
三级							
不分等级							

5-95　外商投资经济总承包和专业承包建筑业企业房屋建筑面积和竣工面积

单位：万平方米

项　　目	房屋建筑施工面积	#本年新开工面积	#实行投标承包面积	本年新开工	房屋建筑竣工面积	房屋建筑面积竣工率(%)
总　　计	**30.83**	**24.62**	**13.60**	**13.60**	**12.38**	**40.2**
按地区分						
福州市	20.69	18.87	13.60	13.60	7.13	34.5
厦门市						
莆田市						
三明市						
泉州市	10.14	5.75			5.25	51.8
漳州市						
南平市						
龙岩市						
宁德市						
按行业分						
房屋和土木工程建筑业	30.83	24.62	13.60	13.60	12.38	40.2
房屋工程建筑	30.83	24.62	13.60	13.60	12.38	40.2
土木工程建筑						
建筑安装业						
建筑装饰业						
其他建筑业						
按企业资质等级分						
施工总承包	30.83	24.62	13.60	13.60	12.38	40.2
特级						
一级						
二级	30.83	24.62	13.60	13.60	12.38	40.2
三级						
专业承包						
一级						
二级						
三级						
不分等级						

5-96 外商投资经济总承包和专业承包建筑业

项目	合计	厂房、仓库	住宅	办公用房	批发和零售用房
总计	**12.38**	**7.13**	**5.25**		
按地区分					
福州市	7.13	7.13			
厦门市					
莆田市					
三明市					
泉州市	5.25		5.25		
漳州市					
南平市					
龙岩市					
宁德市					
按行业分					
房屋和土木工程建筑业	12.38	7.13	5.25		
房屋工程建筑	12.38	7.13	5.25		
土木工程建筑					
建筑安装业					
建筑装饰业					
其他建筑业					
按企业资质等级分					
施工总承包	12.38	7.13	5.25		
特级					
一级					
二级	12.38	7.13	5.25		
三级					
专业承包					
一级					
二级					
三级					
不分等级					

企业按主要用途分的房屋建筑竣工面积

单位：万平方米

住宿和餐饮用房	居民服务业用房	教育用房	文化、体育和娱乐用房	卫生医疗用房	科研用房	其他用房

5-97 外商投资经济总承包和专业承包建筑业

项目	合计	厂房、仓库	住宅	办公用房	批发和零售用房
总计	**11974**	**9611**	**2363**		
按地区分					
福州市	9611	9611			
厦门市					
莆田市					
三明市					
泉州市	2363		2363		
漳州市					
南平市					
龙岩市					
宁德市					
按行业分					
房屋和土木工程建筑业	11974	9611	2363		
房屋工程建筑	11974	9611	2363		
土木工程建筑					
建筑安装业					
建筑装饰业					
其他建筑业					
按企业资质等级分					
施工总承包	11974	9611	2363		
特级					
一级					
二级	11974	9611	2363		
三级					
专业承包					
一级					
二级					
三级					
不分等级					

企业按主要用途分的房屋建筑竣工价值

单位：万元

住宿和餐饮用房	居民服务业用房	教育用房	文化、体育和娱乐用房	卫生医疗用房	科研用房	其他用房

5-98 外商投资经济总承包和专业承包建筑业企业主要生产效益

项 目	建筑业企业个数(个)	计算建筑业劳动生产率的平均人数(人)	按总产值计算的劳动生产率(元/人)	人均竣工产值(元/人)	人均施工面积(平方米/人)	人均竣工面积(平方米/人)
总 计	**8**	**4043**	**128154**	**94118**	**76**	**31**
按地区分						
福州市	5	3187	117174	84119	65	22
厦门市						
莆田市	1	476	173874	173874		
三明市						
泉州市	1	351	159245	67333	289	150
漳州市						
南平市						
龙岩市	1	29	208069	208069		
宁德市						
按行业分						
房屋和土木工程建筑业	4	2103	164483	104573	147	59
房屋工程建筑	3	1627	161736	84299	189	76
土木工程建筑	1	476	173874	173874		
建筑安装业	3	1903	89847	83740		
建筑装饰业	1	37	33568	33568		
其他建筑业						
按企业资质等级分						
施工总承包	3	1805	173351	112193	171	69
特级						
一级						
二级	2	1329	173163	90101	232	93
三级	1	476	173874	173874		
专业承包	5	2238	91702	79540		
一级	1	1812	84616	84616		
二级	4	426	121845	57948		
三级						
不分等级						

5-99　外商投资经济总承包和专业承包建筑业企业机械设备装备

项　　目	自有施工机械设备总台数（台）	自有施工机械设备总功率（万千瓦）	自有施工机械设备净值（万元）	技术装备率（元/人）	动力装备率（千瓦/人）
总　　计	**237**	**0.57**	**665**	**1646**	**1.42**
按地区分					
福州市	142	0.44	545	1709	1.37
厦门市					
莆田市	26	0.13	99	2084	2.70
三明市					
泉州市					
漳州市					
南平市					
龙岩市	69	0.01	21	7345	2.48
宁德市					
按行业分					
房屋和土木工程建筑业	126	0.51	507	2412	2.44
房屋工程建筑	100	0.38	408	2508	2.36
土木工程建筑	26	0.13	99	2084	2.70
建筑安装业	111	0.06	158	831	0.31
建筑装饰业					
其他建筑业					
按企业资质等级分					
施工总承包	86	0.29	449	2489	1.62
特级					
一级					
二级	60	0.16	350	2634	1.23
三级	26	0.13	99	2084	2.70
专业承包	151	0.28	216	966	1.25
一级	42	0.05	137	755	0.29
二级	109	0.23	79	1862	5.36
三级					
不分等级					

5-100 外商投资经济总承包和专业承包建筑业企业从业人员

单位：人

项目	计算建筑业劳动生产率的平均人数	期末从业人数	#管理人员	#工程技术人员	#一级建造师	#现场施工工人	持证上岗人员
总计	**4043**	**3077**	**280**	**795**	**56**	**1654**	**731**
按地区分							
福州市	3187	2190	180	457	56	1390	482
厦门市							
莆田市	476	476	50	181		60	60
三明市							
泉州市	351	380	45	150		185	170
漳州市							
南平市							
龙岩市	29	31	5	7		19	19
宁德市							
按行业分							
房屋和土木工程建筑业	2103	1948	221	706	41	768	635
房屋工程建筑	1627	1472	171	525	41	708	575
土木工程建筑	476	476	50	181		60	60
建筑安装业	1903	1090	52	64	13	862	79
建筑装饰业	37	39	7	25	2	24	17
其他建筑业							
按企业资质等级分							
施工总承包	1805	1670	187	657	41	573	539
特级							
一级							
二级	1329	1194	137	476	41	513	479
三级	476	476	50	181		60	60
专业承包	2238	1407	93	138	15	1081	192
一级	1812	1000	45	50	12	838	55
二级	426	407	48	88	3	243	137
三级							
不分等级							

5-101　外商投资经济总承包和专业承包建筑业企业建筑材料消耗量

项　　目	钢　材 (吨)	木　材 (立方米)	水　泥 (吨)	平板玻璃 (平方米)	铝　材 (吨)
总　　计	**41837**	**6715**	**172485**	**165194**	**20**
按地区分					
福州市	30062	100	110175	164944	
厦门市					
莆田市	5300	6430	53800		
三明市					
泉州市	6415	185	8510	250	20
漳州市					
南平市					
龙岩市	60				
宁德市					
按行业分					
房屋和土木工程建筑业	33500	6615	89885	250	20
房屋工程建筑	28200	185	36085	250	20
土木工程建筑	5300	6430	53800		
建筑安装业	8307	100	82472	164944	
建筑装饰业	30		128		
其他建筑业					
按企业资质等级分					
施工总承包	30473	6615	73148	250	20
特级					
一级					
二级	25173	185	19348	250	20
三级	5300	6430	53800		
专业承包	11364	100	99337	164944	
一级	7666	100	76662	153324	
二级	3698		22675	11620	
三级					
不分等级					

5-102 外商投资经济总承包和

项目	资产合计	流动资产合计	存货	固定资产合计	#固定资产原价	生产经营用	#固定资产折旧
总计	**60675**	**49773**	**5182**	**4976**	**10609**	**8271**	**5633**
按地区分							
福州市	35796	26371	4553	3894	8086	5877	4192
厦门市							
莆田市	12038	11773		250	501	390	251
三明市							
泉州市	11992	10824	358	789	1968	1968	1180
漳州市							
南平市							
龙岩市	849	806	272	43	53	36	10
宁德市							
按行业分							
房屋和土木工程建筑业	44567	39519	2558	3685	8644	6588	4959
房屋工程建筑	32529	27746	2558	3435	8143	6198	4708
土木工程建筑	12038	11773		250	501	390	251
建筑安装业	15725	9873	2581	1289	1960	1684	671
建筑装饰业	383	381	43	2	5		3
其他建筑业							
按企业资质等级分							
施工总承包	42141	37654	2510	3124	7292	5708	4167
特级							
一级							
二级	30103	25881	2510	2874	6790	5318	3916
三级	12038	11773		250	501	390	251
专业承包	18534	12119	2672	1852	3317	2563	1465
一级	12953	8273	1986	216	783	650	566
二级	5581	3846	686	1636	2535	1913	899
三级							
不分等级							

注：表中固定资产合计≥(固定资产原价－累计折旧)＋在建工程

专业承包建筑业企业资产负债

单位：万元

本年折旧	#在建工程	无形及递延资产	无形资产	长期投资	其他资产	负债合计	流动负债	长期负债
868		**1253**	**1190**	**4627**	**46**	**36835**	**36235**	**600**
668		874	811	4627	31	20464	19864	600
26					15	8252	8252	
173		379	379			7998	7998	
1						120	120	
557		820	758	497	46	29009	29009	
532		820	758	497	31	20756	20756	
26					15	8252	8252	
309		433	433	4130		7791	7191	600
1						35	35	
507		820	758	497	46	27733	27733	
482		820	758	497	31	19480	19480	
26					15	8252	8252	
361		433	433	4130		9102	8502	600
290		353	353	4110		6860	6860	
71		80	80	20		2242	1642	600

5-103 外商投资经济总承包和专业承包建筑业企业所有者权益、实收资本

单位：万元

项目	所有者权益	实收资本						
			国家资本	集体资本	法人资本	个人资本	港澳台商资本	外商资本
总计	**23840**	**17458**			**646**	**336**		**16477**
按地区分								
福州市	15332	11237			646			10591
厦门市								
莆田市	3785	2100						2100
三明市								
泉州市	3994	3561				286		3276
漳州市								
南平市								
龙岩市	729	560				50		510
宁德市								
按行业分								
房屋和土木工程建筑业	15558	10756				286		10470
房屋工程建筑	11773	8656				286		8370
土木工程建筑	3785	2100						2100
建筑安装业	7934	6382			576	50		5756
建筑装饰业	348	320			70			250
其他建筑业								
按企业资质等级分								
施工总承包	14408	9892				286		9606
特级								
一级								
二级	10623	7792				286		7506
三级	3785	2100						2100
专业承包	9432	7566			646	50		6870
一级	6092	5000						5000
二级	3340	2566			646	50		1870
三级								
不分等级								

5-104 外商投资经济总承包和专业承包建筑业企业收入

单位：万元

项 目	工程结算收入	#工程结算成本	#工程结算税金及附加	#工程结算利润	其他业务收入	其他业务利润
总 计	**55763**	**44955**	**2181**	**8599**	**226**	**129**
按地区分						
福州市	41293	33028	1586	6651	226	129
厦门市						
莆田市	8276	6456	372	1449		
三明市						
泉州市	5590	5015	186	389		
漳州市						
南平市						
龙岩市	603	456	37	110		
宁德市						
按行业分						
房屋和土木工程建筑业	40841	35539	1572	3729	226	129
房屋工程建筑	32564	29084	1200	2281	226	129
土木工程建筑	8276	6456	372	1449		
建筑安装业	14798	9315	605	4849		
建筑装饰业	124	100	4	20		
其他建筑业						
按企业资质等级分						
施工总承包	37231	32155	1493	3583	226	129
特级						
一级						
二级	28955	25700	1120	2135	226	129
三级	8276	6456	372	1449		
专业承包	18532	12800	688	5015		
一级	13033	7820	521	4692		
二级	5499	4980	167	324		
三级						
不分等级						

5-105 外商投资经济总承包和专业承包建筑业企业费用

单位：万元

项目	管理费用	#税金	#财产保险费	#差旅费	#工会经费	财务费用	利息支出	经营费用
总计	**7655**	**86**		**110**	**24**	**442**	**403**	**28**
按地区分								
福州市	7137	72		108	24	190	185	28
厦门市								
莆田市	262	4		3		252	220	
三明市								
泉州市	213	10				1	1	
漳州市								
南平市								
龙岩市	42							
宁德市								
按行业分								
房屋和土木工程建筑业	2852	82		103	23	439	401	
房屋工程建筑	2590	79		100	23	187	181	
土木工程建筑	262	4		3		252	220	
建筑安装业	4789	4		8	1	3	2	28
建筑装饰业	13							
其他建筑业								
按企业资质等级分								
施工总承包	2750	82		103	23	439	401	
特级								
一级								
二级	2488	79		100	23	187	181	
三级	262	4		3		252	220	
专业承包	4905	4		8	1	3	2	28
一级	4707							
二级	198	4		8	1	3	2	28
三级								
不分等级								

5-106　外商投资经济总承包和专业承包建筑业企业利润总额

单位：万元

项　　目	利润总额	#应交所得税	#应付利润	营业利润	营业外收入	营业外支出
总　　计	**1993**	**398**	**808**	**632**	**192**	**35**
按地区分						
福州市	814	153	415	-547	192	35
厦门市						
莆田市	934	162	232	934		
三明市						
泉州市	177	72	105	177		
漳州市						
南平市						
龙岩市	68	11	56	68		
宁德市						
按行业分						
房屋和土木工程建筑业	1407	269	359	567	192	34
房屋工程建筑	472	107	128	-368	192	34
土木工程建筑	934	162	232	934		
建筑安装业	580	127	449	58		
建筑装饰业	6	3		7		1
其他建筑业						
按企业资质等级分						
施工总承包	1366	251	336	524	192	32
特级						
一级						
二级	432	89	105	-410	192	32
三级	934	162	232	934		
专业承包	627	147	472	108		3
一级	463	116	347	-15		
二级	164	32	124	123		3
三级						
不分等级						

5-107 外商投资经济总承包和专业承包建筑业企业劳动者报酬

单位：万元

项目	本年应付工资	主营业务应付工资	本年应付福利费	主营业务应付福利费	劳动、失业保险费	住房公积金及住房补贴
总计	**12932**	**12932**	**623**	**615**	**45**	
按地区分						
福州市	9785	9785	567	560	40	
厦门市						
莆田市	1688	1688	3	3		
三明市						
泉州市	1372	1372	52	52	6	
漳州市						
南平市						
龙岩市	86	86				
宁德市						
按行业分						
房屋和土木工程建筑业	9172	9172	124	124	31	
房屋工程建筑	7484	7484	121	121	31	
土木工程建筑	1688	1688	3	3		
建筑安装业	3722	3722	499	491	10	
建筑装饰业	37	37			5	
其他建筑业						
按企业资质等级分						
施工总承包	8636	8636	66	66	31	
特级						
一级						
二级	6948	6948	63	63	31	
三级	1688	1688	3	3		
专业承包	4296	4296	557	549	14	
一级	3258	3258	456	456		
二级	1038	1038	101	93	14	
三级						
不分等级						

5-108　外商投资经济总承包和专业承包建筑业企业利润率及利税率

单位：%

项　　目	实收资本利润率	实收资本利税率	产值利润率	产值利税率	资产负债率	人均利润（元/人）
总　　计	**11.4**	**24.4**	**3.8**	**8.2**	**60.7**	**4930**
按地区分						
福州市	7.2	22.0	2.2	6.6	57.2	2555
厦门市						
莆田市	44.5	62.4	11.3	15.8	68.6	19628
三明市						
泉州市	5.0	10.5	3.2	6.7	66.7	5046
漳州市						
南平市						
龙岩市	12.1	18.7	11.2	17.3	14.1	23276
宁德市						
按行业分						
房屋和土木工程建筑业	13.1	28.5	4.1	8.8	65.1	6689
房屋工程建筑	5.5	20.2	1.8	6.7	63.8	2904
土木工程建筑	44.5	62.4	11.3	15.8	68.6	19628
建筑安装业	9.1	18.6	3.4	7.0	49.5	3049
建筑装饰业	1.9	3.1	4.9	8.1	9.2	1649
其他建筑业						
按企业资质等级分						
施工总承包	13.8	29.7	4.4	9.4	65.8	7567
特级						
一级						
二级	5.5	20.9	1.9	7.1	64.7	3247
三级	44.5	62.4	11.3	15.8	68.6	19628
专业承包	8.3	17.4	3.1	6.4	49.1	2803
一级	9.3	19.7	3.0	6.4	53.0	2555
二级	6.4	13.0	3.2	6.4	40.2	3857
三级						
不分等级						

5-109 外商投资经济总承包和专业承包建筑业企业工程拖欠款及亏损情况

项目	应收工程款(万元)		建筑业企业个数(个)	亏损企业个数(个)	亏损企业比重(%)
		竣工工程			
总计	**12715**	**2886**	**8**		
按地区分					
福州市	12614	2825	5		
厦门市					
莆田市			1		
三明市					
泉州市			1		
漳州市					
南平市					
龙岩市	101	61	1		
宁德市					
按行业分					
房屋和土木工程建筑业	10232	903	4		
房屋工程建筑	10232	903	3		
土木工程建筑			1		
建筑安装业	2464	1963	3		
建筑装饰业	20	20	1		
其他建筑业					
按企业资质等级分					
施工总承包	9329		3		
特级					
一级					
二级	9329		2		
三级			1		
专业承包	3386	2886	5		
一级	2300	1840	1		
二级	1086	1046	4		
三级					
不分等级					

5-110　港澳台商投资经济总承包和专业承包建筑业企业合同

单位：万元

项　　目	签订的合同额	上年结转合同额	本年新签合同额
总　　计	**392673**	**183791**	**208881**
按地区分			
福州市	280921	151536	129384
厦门市	97846	25017	72828
莆田市			
三明市			
泉州市	13792	7238	6554
漳州市			
南平市			
龙岩市	115		115
宁德市			
按行业分			
房屋和土木工程建筑业	187271	122975	64296
房屋工程建筑	185218	122955	62262
土木工程建筑	2054	20	2034
建筑安装业	50004	14090	35914
建筑装饰业	155370	46714	108656
其他建筑业	27	12	15
按企业资质等级分			
施工总承包	193271	128975	64296
特级			
一级	38023	32772	5251
二级	153194	96183	57011
三级	2054	20	2034
专业承包	199401	54816	144585
一级	146715	38427	108288
二级	50077	16377	33700
三级	2609	12	2597
不分等级			

5-111 港澳台商投资经济总承包和专业承包建筑业企承包工程完成情况

单位：万元

项目	直接从建设单位承揽工程完成的产值	自行完成施工产值	分包出去工程的产值	从建设单位以外承揽工程完成的产值
总计	**285030**	**283980**	**1050**	**1835**
按地区分				
福州市	194769	193719	1050	1050
厦门市	81864	81864		785
莆田市				
三明市				
泉州市	8267	8267		
漳州市				
南平市				
龙岩市	130	130		
宁德市				
按行业分				
房屋和土木工程建筑业	134865	134865		
房屋工程建筑	132831	132831		
土木工程建筑	2034	2034		
建筑安装业	33393	33393		
建筑装饰业	116746	115696	1050	1835
其他建筑业	27	27		
按企业资质等级分				
施工总承包	136462	136462		
特级				
一级	30175	30175		
二级	104253	104253		
三级	2034	2034		
专业承包	148568	147518	1050	1835
一级	111193	111193		785
二级	34751	33701	1050	1050
三级	2625	2625		
不分等级				

5-112　港澳台商投资经济总承包和专业承包建筑业企业总产值和竣工产值

单位：万元

项　　目	建筑业总产值	#装饰装修产值	#在外省完成的产值	按总产值构成分			竣工产值
				建筑工程产值	安装工程产值	其他产值	
总　　计	**285816**	**119678**	**111800**	**255256**	**26352**	**4208**	**139383**
按地区分							
福州市	194769	38222	81468	168315	22376	4078	112710
厦门市	82650	74786	27456	78673	3976		24248
莆田市							
三明市							
泉州市	8267	6670	2876	8267			2295
漳州市							
南平市							
龙岩市	130					130	130
宁德市							
按行业分							
房屋和土木工程建筑业	134865		43089	134865			95927
房屋工程建筑	132831		43089	132831			94215
土木工程建筑	2034			2034			1712
建筑安装业	33393	3882	11526	7040	26352		9621
建筑装饰业	117531	115796	57184	113324		4208	33808
其他建筑业	27			27			27
按企业资质等级分							
施工总承包	136462		43089	136462			95927
特级							
一级	30175			30175			23741
二级	104253		43089	104253			70474
三级	2034			2034			1712
专业承包	149354	119678	68711	118794	26352	4208	43456
一级	111979	89603	43058	86353	22376	3250	36256
二级	34751	27614	24526	29946	3976	828	4582
三级	2625	2461	1126	2495		130	2619
不分等级							

5-113 港澳台商投资经济总承包和专业承包建筑业企业房屋建筑面积和竣工面积

单位：万平方米

项目	房屋建筑施工面积	#本年新开工面积	#实行投标承包面积	本年新开工	房屋建筑竣工面积	房屋建筑面积竣工率(%)
总计	**196.22**	**84.16**	**196.22**	**84.16**	**103.03**	**52.5**
按地区分						
福州市	196.22	84.16	196.22	84.16	103.03	52.5
厦门市						
莆田市						
三明市						
泉州市						
漳州市						
南平市						
龙岩市						
宁德市						
按行业分						
房屋和土木工程建筑业	171.89	73.83	171.89	73.83	103.03	59.9
房屋工程建筑	171.89	73.83	171.89	73.83	103.03	59.9
土木工程建筑						
建筑安装业	24.33	10.33	24.33	10.33		
建筑装饰业						
其他建筑业						
按企业资质等级分						
施工总承包	171.89	73.83	171.89	73.83	103.03	59.9
特级						
一级	54.72	6.49	54.72	6.49	22.69	41.5
二级	117.17	67.34	117.17	67.34	80.34	68.6
三级						
专业承包	24.33	10.33	24.33	10.33		
一级						
二级	24.33	10.33	24.33	10.33		
三级						
不分等级						

5-114　港澳台商投资经济总承包和专业承包建筑业企业按主要用途分的房屋建筑竣工面积

单位：万平方米

项　　目	合　计	厂房、仓库	住宅	办公用房	批发和零售用房	住宿和餐饮用房
总　　计	**103.03**		**100.63**		**0.14**	
按地区分						
福州市	103.03		100.63		0.14	
厦门市						
莆田市						
三明市						
泉州市						
漳州市						
南平市						
龙岩市						
宁德市						
按行业分						
房屋和土木工程建筑业	103.03		100.63		0.14	
房屋工程建筑	103.03		100.63		0.14	
土木工程建筑						
建筑安装业						
建筑装饰业						
其他建筑业						
按企业资质等级分						
施工总承包	103.03		100.63		0.14	
特级						
一级	22.69		20.29		0.14	
二级	80.34		80.34			
三级						
专业承包						
一级						
二级						
三级						
不分等级						

5-114 续表

单位：万平方米

项目	居民服务业用房	教育用房	文化、体育和娱乐用房	卫生医疗用房	科研用房	其他用房
总计						**2.26**
按地区分						
福州市						2.26
厦门市						
莆田市						
三明市						
泉州市						
漳州市						
南平市						
龙岩市						
宁德市						
按行业分						
房屋和土木工程建筑业						2.26
房屋工程建筑						2.26
土木工程建筑						
建筑安装业						
建筑装饰业						
其他建筑业						
按企业资质等级分						
施工总承包						2.26
特级						
一级						2.26
二级						
三级						
专业承包						
一级						
二级						
三级						
不分等级						

5-115　港澳台商投资经济总承包和专业承包建筑业企业按主要用途分的房屋建筑竣工价值

单位：万元

项　目	合　计	厂房、仓库	住宅	办公用房	批发和零售用房	住宿和餐饮用房
总　计	**94215**		**92032**		**149**	
按地区分						
福州市	94215		92032		149	
厦门市						
莆田市						
三明市						
泉州市						
漳州市						
南平市						
龙岩市						
宁德市						
按行业分						
房屋和土木工程建筑业	94215		92032		149	
房屋工程建筑	94215		92032		149	
土木工程建筑						
建筑安装业						
建筑装饰业						
其他建筑业						
按企业资质等级分						
施工总承包	94215		92032		149	
特级						
一级	23741		21557		149	
二级	70474		70474			
三级						
专业承包						
一级						
二级						
三级						
不分等级						

5-115 续表

单位：万元

项目	居民服务业用房	教育用房	文化、体育和娱乐用房	卫生医疗用房	科研用房	其他用房
总计						**2035**
按地区分						
福州市						2035
厦门市						
莆田市						
三明市						
泉州市						
漳州市						
南平市						
龙岩市						
宁德市						
按行业分						
房屋和土木工程建筑业						2035
房屋工程建筑						2035
土木工程建筑						
建筑安装业						
建筑装饰业						
其他建筑业						
按企业资质等级分						
施工总承包						2035
特级						
一级						2035
二级						
三级						
专业承包						
一级						
二级						
三级						
不分等级						

5-116　港澳台商投资经济总承包和专业承包建筑业企业主要生产效益

项　　目	建筑业企业个数（个）	计算建筑业劳动生产率的平均人数（人）	按总产值计算的劳动生产率（元/人）	人均竣工产值（元/人）	人均施工面积（平方米/人）	人均竣工面积（平方米/人）
总　　计	**35**	**19726**	**144893**	**70660**	**99**	**52**
按地区分						
福州市	18	14479	134518	77844	136	71
厦门市	9	4431	186526	54722		
莆田市						
三明市						
泉州市	7	807	102444	28444		
漳州市						
南平市						
龙岩市	1	9	144333	144333		
宁德市						
按行业分						
房屋和土木工程建筑业	4	9426	143077	101769	182	109
房屋工程建筑	3	9286	143044	101460	185	111
土木工程建筑	1	140	145264	122264		
建筑安装业	9	1802	185308	53390	135	
建筑装饰业	21	8491	138419	39816		
其他建筑业	1	7	39000	39000		
按企业资质等级分						
施工总承包	5	9717	140436	98721	177	106
特级						
一级	1	3640	82898	65223	150	62
二级	3	5937	175599	118704	197	135
三级	1	140	145264	122264		
专业承包	30	10009	149220	43417	24	
一级	11	6022	185949	60205		
二级	14	3772	92128	12147	65	
三级	5	215	122074	121791		
不分等级						

5-117 港澳台商投资经济总承包和专业承包建筑业企业机械设备装备

项　　目	自有施工机械设备总台数（台）	自有施工机械设备总功率（万千瓦）	自有施工机械设备净值（万元）	技术装备率	动力装备率（千瓦/人）
总　　计	**2301**	**1.42**	**2757**	**1398**	**0.72**
按地区分					
福州市	1570	1.01	1793	1238	0.69
厦门市	454	0.28	246	555	0.62
莆田市					
三明市					
泉州市	277	0.14	718	8898	1.74
漳州市					
南平市					
龙岩市					
宁德市					
按行业分					
房屋和土木工程建筑业	1293	0.82	1479	1569	0.87
房屋工程建筑	1283	0.81	1477	1591	0.87
土木工程建筑	10	0.01	1	100	0.86
建筑安装业	179	0.17	530	2942	0.92
建筑装饰业	829	0.44	748	881	0.51
其他建筑业					
按企业资质等级分					
施工总承包	1304	0.91	1787	1839	0.93
特级					
一级	104	0.29	593	1628	0.81
二级	1190	0.60	1193	2010	1.01
三级	10	0.01	1	100	0.86
专业承包	997	0.51	970	969	0.51
一级	534	0.39	502	834	0.65
二级	380	0.11	448	1189	0.30
三级	83	0.01	19	893	0.36
不分等级					

5-118　港澳台商投资经济总承包和专业承包建筑业企业从业人员

单位：人

项　　目	计算建筑业劳动生产率的平均人数	期末从业人数	#管理人员	#工程技术人员	#一级建造师	#现场施工工人	持证上岗人员
总　　计	**19726**	**16719**	**1898**	**1744**	**165**	**13225**	**9629**
按地区分							
福州市	14479	11809	1155	1135	90	9651	7672
厦门市	4431	4386	553	428	38	3258	1842
莆田市							
三明市							
泉州市	807	516	188	179	36	313	115
漳州市							
南平市							
龙岩市	9	8	2	2	1	3	
宁德市							
按行业分							
房屋和土木工程建筑业	9426	7438	759	702	27	6192	4861
房屋工程建筑	9286	7298	747	670	25	6096	4811
土木工程建筑	140	140	12	32	2	96	50
建筑安装业	1802	1203	200	241	10	748	397
建筑装饰业	8491	8058	919	781	128	6285	4371
其他建筑业	7	20	20	20			
按企业资质等级分							
施工总承包	9717	7645	813	738	32	6354	4861
特级							
一级	3640	1650	309	215	11	1341	232
二级	5937	5855	492	491	19	4917	4579
三级	140	140	12	32	2	96	50
专业承包	10009	9074	1085	1006	133	6871	4768
一级	6022	5240	715	596	87	3964	2019
二级	3772	3662	316	344	45	2829	2734
三级	215	172	54	66	1	78	15
不分等级							

5-119 港澳台商投资经济总承包和专业承包建筑业企业建筑材料消耗量

项目	钢材(吨)	木材(立方米)	水泥(吨)	平板玻璃(平方米)	铝材(吨)
总计	**166915**	**53380**	**391894**	**742637**	**3169**
按地区分					
福州市	160779	33409	341964	403492	2270
厦门市	2032	7153	43158	316715	700
莆田市					
三明市					
泉州市	4104	12818	6755	22430	199
漳州市					
南平市					
龙岩市			17		
宁德市					
按行业分					
房屋和土木工程建筑业	117030	27218	191528	99139	1854
房屋工程建筑	116330	26218	173107	99139	1854
土木工程建筑	700	1000	18421		
建筑安装业	27607	1065	3612	64040	706
建筑装饰业	22265	25093	196750	579442	606
其他建筑业	13	4	4	16	3
按企业资质等级分					
施工总承包	117924	27872	194371	103979	1917
特级					
一级	24140	7218	60365	54139	674
二级	93084	19654	115585	49840	1243
三级	700	1000	18421		
专业承包	48991	25508	197523	638658	1252
一级	34533	22947	67384	321618	467
二级	14030	2179	129878	311131	775
三级	428	382	261	5909	10
不分等级					

5-120　港澳台商投资经济总承包和专业承包建筑业企业资产负债

单位：万元

项　目	资产合计	流动资产合计	存货	固定资产合计	#固定资产原价	生产经营用	#固定资产折旧	本年折旧
总　计	**165711**	**141877**	**44439**	**17756**	**25905**	**18307**	**11071**	**5102**
按地区分								
福州市	103612	86660	27060	11347	17196	14101	7981	4730
厦门市	45951	43089	15815	2540	2868	1801	962	145
莆田市								
三明市								
泉州市	16061	12052	1557	3859	5783	2347	2080	226
漳州市								
南平市								
龙岩市	87	77	7	10	58	58	49	1
宁德市								
按行业分								
房屋和土木工程建筑业	59691	52426	16488	2063	5294	4335	3232	2121
房屋工程建筑	57752	50516	16488	2034	5252	4322	3219	2116
土木工程建筑	1939	1911		29	42	12	13	5
建筑安装业	37584	28305	8279	8683	12527	9418	4633	2539
建筑装饰业	67880	60936	19593	6664	7577	4554	3017	441
其他建筑业	556	210	80	346	507		189	1
按企业资质等级分								
施工总承包	65344	56346	16488	3796	7972	5135	4177	2238
特级								
一级	42294	38645	15632	945	3346	2684	2401	1991
二级	21111	15790	856	2822	4584	2439	1762	242
三级	1939	1911		29	42	12	13	5
专业承包	100367	85531	27951	13960	17933	13173	6894	2864
一级	81718	71553	25280	9848	12541	11371	4604	2568
二级	16548	12416	2585	3585	4537	1666	1936	281
三级	2100	1562	86	528	855	136	354	14
不分等级								

注：表中固定资产合计≥(固定资产原价－累计折旧)＋在建工程

5-120 续表 单位：万元

项目	#在建工程	无形及递延资产	无形资产	长期投资	其他资产	负债合计	流动负债	长期负债
总计	**2725**	**1238**	**1177**	**4766**	**74**	**101598**	**101569**	**29**
按地区分								
福州市	1936	998	998	4607		65079	65076	3
厦门市	633	240	179	9	74	33452	33426	26
莆田市								
三明市								
泉州市	156			150		3060	3060	
漳州市								
南平市								
龙岩市						6	6	
宁德市								
按行业分								
房屋和土木工程建筑业		722	722	4481		42752	42752	
房屋工程建筑		722	722	4481		41800	41800	
土木工程建筑						952	952	
建筑安装业	789	320	277	276		16788	16788	
建筑装饰业	1909	196	178	9	74	41878	41849	29
其他建筑业	27					180	180	
按企业资质等级分								
施工总承包		722	722	4481		42852	42852	
特级								
一级				2704		34545	34545	
二级		722	722	1777		7355	7355	
三级						952	952	
专业承包	2725	516	455	285	74	58746	58717	29
一级	1909	234	216	9	74	51005	50979	26
二级	789	272	239	276		6702	6699	3
三级	27	11	1			1039	1039	
不分等级								

5-121　港澳台商投资经济总承包和专业承包建筑业企业所有者权益、实收资本

单位：万元

项　目	所有者权益	实收资本	国家资本	集体资本	法人资本	个人资本	港澳台商资本	外商资本
总　计	**64113**	**53314**			**11347**	**810**	**39298**	**1860**
按地区分								
福州市	38532	34554			5787	810	26097	1860
厦门市	12499	9915			3186		6729	
莆田市								
三明市								
泉州市	13001	8711			2374		6337	
漳州市								
南平市								
龙岩市	80	135					135	
宁德市								
按行业分								
房屋和土木工程建筑业	16939	15247			3509		9878	1860
房屋工程建筑	15952	14227			3509		8858	1860
土木工程建筑	987	1020					1020	
建筑安装业	20796	17545			1100		16445	
建筑装饰业	26002	20152			6738	810	12605	
其他建筑业	375	370					370	
按企业资质等级分								
施工总承包	22492	17441			3509		12072	1860
特级								
一级	7749	7749			465		5424	1860
二级	13756	8671			3044		5627	
三级	987	1020					1020	
专业承包	41621	35874			7838	810	27226	
一级	30714	26053			6407	810	18837	
二级	9846	8833			1357		7476	
三级	1061	988			74		914	
不分等级								

5-122 港澳台商投资经济总承包和专业承包建筑业企业收入

单位：万元

项目	工程结算收入	#工程结算成本	#工程结算税金及附加	#工程结算利润	其他业务收入	其他业务利润
总计	**274164**	**245583**	**9295**	**18894**	**1287**	**430**
按地区分						
福州市	179950	161259	6211	12267	282	251
厦门市	85852	78190	2831	4668	1005	179
莆田市						
三明市						
泉州市	8267	6060	250	1943		
漳州市						
南平市						
龙岩市	95	75	4	16		
宁德市						
按行业分						
房屋和土木工程建筑业	123098	115847	4222	2870	23	19
房屋工程建筑	121593	114677	4176	2740	23	19
土木工程建筑	1505	1170	46	130		
建筑安装业	29782	26377	1131	2047	208	184
建筑装饰业	121269	103352	3941	13970	1056	228
其他建筑业	15	7	1	7		
按企业资质等级分						
施工总承包	124695	117183	4273	3080	23	19
特级						
一级	37799	35606	1334	859	23	19
二级	85391	80407	2893	2092		
三级	1505	1170	46	130		
专业承包	149469	128400	5023	15814	1264	412
一级	113011	100697	3836	8264	1161	321
二级	33875	25437	1101	7320	103	90
三级	2583	2267	85	230		
不分等级						

5-123 港澳台商投资经济总承包和专业承包建筑业企业费用

单位：万元

项目	管理费用	#税金	#财产保险费	#差旅费	#工会经费	财务费用	利息支出	经营费用
总计	**5869**	**441**	**42**	**657**	**40**	**531**	**361**	**391**
按地区分								
福州市	2991	313	36	348	37	390	380	214
厦门市	2275	90		88		79	-38	163
莆田市								
三明市								
泉州市	589	36	6	222	4	63	18	14
漳州市								
南平市								
龙岩市	13	2						
宁德市								
按行业分								
房屋和土木工程建筑业	1312	101	15	207	29	107		160
房屋工程建筑	1234	55	15	175	29			
土木工程建筑	78	46		32		107		159
建筑安装业	930	108	19	58	5	415	368	227
建筑装饰业	3611	231	8	392	6	9	7	5
其他建筑业	16	1						
按企业资质等级分								
施工总承包	1377	102	15	232	29	143		160
特级								
一级	655	32		35	2			
二级	645	24	15	165	27	36		
三级	78	46		32		107		159
专业承包	4491	339	27	425	11	389	361	232
一级	3474	291	24	358	4	339	319	214
二级	838	44	3	62	7	49	42	17
三级	179	4		5				1
不分等级								

5-124 港澳台商投资经济总承包和专业承包建筑业企业利润总额

单位：万元

项目	利润总额	#应交所得税	#应付利润	营业利润	营业外收入	营业外支出
总计	**13973**	**1832**	**1821**	**12924**	**328**	**265**
按地区分						
福州市	9871	1362	773	9137	120	238
厦门市	2809	301	968	2493	209	27
莆田市						
三明市						
泉州市	1290	168	80	1292		
漳州市						
南平市						
龙岩市	3	1		3		
宁德市						
按行业分						
房屋和土木工程建筑业	1530	829	533	1470	56	51
房屋工程建筑	1530	829	533	1524	56	51
土木工程建筑				-55		
建筑安装业	1501	247	110	885	62	204
建筑装饰业	10951	756	1178	10578	211	11
其他建筑业	8			8		
按企业资质等级分						
施工总承包	1639	855	543	1579	56	51
特级						
一级	192	48		223		30
二级	1446	806	543	1411	56	20
三级				-55		
专业承包	12334	978	1278	11346	272	215
一级	5803	748	1257	4773	260	150
二级	6489	219	20	6522	10	54
三级	42	10	1	51	3	11
不分等级						

5-125　港澳台商投资经济总承包和专业承包建筑业企业劳动者报酬

单位：万元

项　　目	本年应付工资	主营业务应付工资	本年应付福利费	主营业务应付福利费	劳动、失业保险费	住房公积金及住房补贴
总　　计	**62836**	**62221**	**2530**	**2215**	**320**	**15**
按地区分						
福州市	45552	45546	2422	2108	225	2
厦门市	15492	14893	95	95	89	13
莆田市						
三明市						
泉州市	1770	1759	10	10	4	
漳州市						
南平市						
龙岩市	23	23	2	2	2	
宁德市						
按行业分						
房屋和土木工程建筑业	31954	31954	1644	1330	142	
房屋工程建筑	31734	31734	1614	1300	142	
土木工程建筑	220	220	30	30		
建筑安装业	7674	7662	157	156	42	2
建筑装饰业	23200	22596	729	729	137	13
其他建筑业	9	9				
按企业资质等级分						
施工总承包	32537	32537	1644	1330	142	
特级						
一级	6560	6560	42	42		
二级	25758	25758	1572	1258	142	
三级	220	220	30	30		
专业承包	30299	29683	886	886	179	15
一级	22818	22219	205	205	83	13
二级	6817	6801	675	675	75	2
三级	663	663	6	6	21	
不分等级						

5-126 港澳台商投资经济总承包和专业承包建筑业企业利润率及利税率

单位：%

项目	实收资本利润率	实收资本利税率	产值利润率	产值利税率	资产负债率	人均利润（元/人）
总计	**26.2**	**44.5**	**4.9**	**8.3**	**61.3**	**7084**
按地区分						
福州市	28.6	47.4	5.1	8.4	62.8	6817
厦门市	28.3	57.8	3.4	6.9	72.8	6340
莆田市						
三明市						
泉州市	14.8	18.1	15.6	19.1	19.1	15989
漳州市						
南平市						
龙岩市	2.0	7.0	2.1	7.2	7.3	3000
宁德市						
按行业分						
房屋和土木工程建筑业	10.0	38.4	1.1	4.3	71.6	1623
房屋工程建筑	10.8	40.5	1.2	4.3	72.4	1647
土木工程建筑		9.0		4.5	49.1	
建筑安装业	8.6	15.6	4.5	8.2	44.7	8329
建筑装饰业	54.3	75.0	9.3	12.9	61.7	12897
其他建筑业	-2.2	-1.9	-30.4	-26.4	32.5	-11857
按企业资质等级分						
施工总承包	9.4	34.5	1.2	4.4	65.6	1686
特级						
一级	2.5	20.1	0.6	5.2	81.7	529
二级	16.7	50.3	1.4	4.2	34.8	2436
三级		9.0		4.5	49.1	
专业承包	34.4	49.3	8.3	11.8	58.5	12323
一级	22.3	38.1	5.2	8.9	62.4	9636
二级	73.5	86.4	18.7	22.0	40.5	17203
三级	4.3	13.3	1.6	5.0	49.5	1967
不分等级						

5-127　港澳台商投资经济总承包和专业承包建筑业企业工程拖欠款及亏损情况

项　　目	应收工程款（万元）		建筑业企业个数（个）	亏损企业个数（个）	亏损企业比重（%）
		竣工工程			
总　　计	**14345**	**5011**	**35**	**3**	**8.6**
按地区分					
福州市	9022	2726	18	1	5.6
厦门市	3812	944	9	1	11.1
莆田市					
三明市					
泉州市	1511	1342	7	1	14.3
漳州市					
南平市					
龙岩市			1		
宁德市					
按行业分					
房屋和土木工程建筑业	2021	337	4		
房屋工程建筑	1685		3		
土木工程建筑	337	337	1		
建筑安装业	6634	513	9	1	11.1
建筑装饰业	5690	4161	21	1	4.8
其他建筑业			1	1	100.0
按企业资质等级分					
施工总承包	2021	337	5		
特级					
一级			1		
二级	1685		3		
三级	337	337	1		
专业承包	12324	4674	30	3	10.0
一级	7622	2140	11		
二级	4617	2534	14	2	14.3
三级	84		5	1	20.0
不分等级					

5-128 其他经济总承包和专业承包建筑业企业合同

单位：万元

项目	签订的合同额	上年结转合同额	本年新签合同额
总计	**23188422**	**9371745**	**13816677**
按地区分			
福州市	7263893	2986397	4277497
厦门市	4893535	2490511	2403024
莆田市	852891	311649	541242
三明市	775275	256923	518353
泉州市	4070352	1496051	2574302
漳州市	2459221	917715	1541507
南平市	373289	121991	251298
龙岩市	1853684	568201	1285483
宁德市	646281	222309	423972
按行业分			
房屋和土木工程建筑业	21117176	8909912	12207264
房屋工程建筑	16881269	6984013	9897256
土木工程建筑	4235907	1925899	2310008
建筑安装业	1274854	307662	967191
建筑装饰业	619879	110282	509598
其他建筑业	176513	43889	132624
按企业资质等级分			
施工总承包	20423484	8638205	11785279
特级	1023028	458592	564436
一级	9950961	4518058	5432903
二级	7464551	3047448	4417103
三级	1984944	614107	1370837
专业承包	2764937	733539	2031398
一级	1223196	444673	778523
二级	1061554	218383	843172
三级	465588	66739	398849
不分等级	14599	3744	10855

5-129　其他经济总承包和专业承包建筑业企业承包工程完成情况

单位：万元

项　　目	直接从建设单位承揽工程完成的产值	自行完成施工产值	分包出去工程的产值	从建设单位以外承揽工程完成的产值
总　　计	**12726060**	**12684554**	**41506**	**711414**
按地区分				
福州市	3242491	3214037	28454	622241
厦门市	2388500	2380999	7501	24447
莆田市	481707	481707		14929
三明市	504057	503560	497	2212
泉州市	2594113	2593230	883	20306
漳州市	1485430	1483346	2083	4274
南平市	294943	294943		5974
龙岩市	1322274	1320270	2004	994
宁德市	412546	412463	83	16037
按行业分				
房屋和土木工程建筑业	11146045	11118365	27680	639218
房屋工程建筑	9297085	9278027	19058	314415
土木工程建筑	1848960	1840338	8622	324802
建筑安装业	935798	922044	13754	54481
建筑装饰业	519415	519343	72	9542
其他建筑业	124802	124802		8174
按企业资质等级分				
施工总承包	11016414	10988654	27759	397715
特级	652664	652664		
一级	4942308	4935735	6573	64557
二级	4115454	4108585	6870	283480
三级	1305988	1291671	14317	49679
专业承包	1709646	1695900	13746	313699
一级	503835	502048	1788	276768
二级	806494	796275	10219	24675
三级	389344	388102	1242	12250
不分等级	9973	9476	497	6

5-130 其他经济总承包和专业承包建筑业企业总产值和竣工产值

单位：万元

项目	建筑业总产值	#装饰装修产值	#在外省完成的产值	按总产值构成分			竣工产值
				建筑工程产值	安装工程产值	其他产值	
总计	**13395968**	**739679**	**4480517**	**12005022**	**1066174**	**324771**	**9306218**
按地区分							
福州市	3836278	268488	1725662	3419501	346289	70489	2391402
厦门市	2405446	208812	478566	2180147	172569	52730	1709028
莆田市	496636	19301	51489	450113	34464	12060	313697
三明市	505772	15176	64540	450517	55254		277925
泉州市	2613535	123861	833541	2243480	244969	125086	1931962
漳州市	1487621	28074	295651	1418655	65245	3721	1169344
南平市	300917	11118	68258	246669	51461	2787	165675
龙岩市	1321264	30582	818261	1210995	57232	53037	977140
宁德市	428500	34268	144549	384946	38693	4861	370046
按行业分							
房屋和土木工程建筑业	11757583	282118	4135382	11098787	385115	273681	8137900
房屋工程建筑	9592443	265733	3176426	9203392	202489	186562	6895560
土木工程建筑	2165140	16385	958956	1895395	182626	87120	1242340
建筑安装业	976525	30216	225402	318871	645673	11981	746904
建筑装饰业	528885	418365	104472	492244	16211	20429	347785
其他建筑业	132975	8980	15261	95121	19176	18679	73629
按企业资质等级分							
施工总承包	11386369	295388	3857490	10597743	525576	263051	7954182
特级	652664	37619	360697	551680	34035	66949	530181
一级	5000291	170753	1936884	4723312	262079	14900	3389664
二级	4392064	66140	1276406	4090076	175600	126388	3081245
三级	1341349	20876	283503	1232675	53861	54813	953091
专业承包	2009599	444290	623028	1407280	540599	61720	1352037
一级	778816	211161	399403	683796	90600	4419	452845
二级	820949	186950	168183	519401	264735	36814	618228
三级	400352	46129	54521	196675	185264	18414	274162
不分等级	9482	51	920	7408		2074	6802

5-131 其他经济总承包和专业承包建筑业企业房屋建筑面积和竣工面积

单位：万平方米

项 目	房屋建筑施工面积	#本年新开工面积	#实行投标承包面积	本年新开工	房屋建筑竣工面积	房屋建筑面积竣工率(%)
总 计	**14900.69**	**6768.23**	**12227.53**	**5605.11**	**5832.99**	**39.1**
按地区分						
福州市	4322.35	2096.37	3784.56	1903.44	1454.82	33.7
厦门市	2354.84	779.60	1837.57	655.51	806.06	34.2
莆田市	724.18	315.00	672.12	286.30	234.95	32.4
三明市	640.39	316.95	628.98	310.41	184.61	28.8
泉州市	2873.97	1365.39	2389.13	1150.75	1521.52	52.9
漳州市	2021.16	976.36	1366.84	646.96	761.26	37.7
南平市	284.84	105.02	254.77	83.40	97.96	34.4
龙岩市	1072.72	594.03	785.91	381.63	522.70	48.7
宁德市	606.23	219.51	507.66	186.69	249.10	41.1
按行业分						
房屋和土木工程建筑业	14774.80	6717.47	12119.05	5564.40	5759.83	39.0
房屋工程建筑	14200.32	6498.06	11627.28	5357.60	5554.79	39.1
土木工程建筑	574.47	219.41	491.78	206.80	205.04	35.7
建筑安装业	97.73	37.77	80.67	27.78	65.64	67.2
建筑装饰业						
其他建筑业	28.16	13.00	27.81	12.93	7.52	26.7
按企业资质等级分						
施工总承包	14533.87	6483.92	12028.94	5448.14	5581.28	38.4
特级	896.36	252.75	533.13	56.34	504.00	56.2
一级	6046.32	2768.90	5650.41	2619.64	2016.01	33.3
二级	5974.62	2669.10	4669.94	2159.62	2398.23	40.1
三级	1616.57	793.17	1175.46	612.54	663.03	41.0
专业承包	366.82	284.32	198.60	156.97	251.71	68.6
一级	113.48	97.06	26.33	22.53	99.74	87.9
二级	221.35	165.22	165.55	128.45	139.51	63.0
三级	31.99	22.04	6.72	5.99	12.46	38.9
不分等级						

5-132 其他经济总承包和专业承包建筑业

项目	合计	厂房、仓库	住宅	办公用房	批发和零售用房
总计	**5832.99**	**1634.40**	**3202.43**	**433.67**	**90.07**
按地区分					
福州市	1454.82	216.38	1059.29	68.53	4.76
厦门市	806.06	229.13	404.14	93.28	3.56
莆田市	234.95	33.43	172.15	3.47	8.84
三明市	184.61	38.81	99.63	15.88	5.55
泉州市	1521.52	510.96	721.87	119.81	40.95
漳州市	761.26	282.14	361.21	72.03	
南平市	97.96	24.64	65.13	5.23	
龙岩市	522.70	249.08	192.18	36.24	1.17
宁德市	249.10	49.83	126.83	19.19	25.24
按行业分					
房屋和土木工程建筑业	5759.83	1582.55	3190.65	425.05	90.07
房屋工程建筑	5554.79	1548.63	3077.89	416.27	65.07
土木工程建筑	205.04	33.92	112.76	8.79	25.00
建筑安装业	65.64	44.80	11.78	8.33	
建筑装饰业					
其他建筑业	7.52	7.05		0.29	
按企业资质等级分					
施工总承包	5581.28	1437.31	3161.33	424.13	90.07
特级	504.00	168.71	210.06	73.94	38.37
一级	2016.01	478.15	1203.54	158.45	31.06
二级	2398.23	576.83	1437.90	143.52	17.99
三级	663.03	213.63	309.83	48.22	2.65
专业承包	251.71	197.08	41.09	9.54	
一级	99.74	98.80			
二级	139.51	87.29	40.54	9.09	
三级	12.46	10.99	0.56	0.45	
不分等级					

企业按主要用途分的房屋建筑竣工面积

单位：万平方米

住宿和餐饮用房	居民服务业用房	教育用房	文化、体育和娱乐用房	卫生医疗用房	科研用房	其他用房
50.91	**50.11**	**172.70**	**50.82**	**25.68**	**12.71**	**109.49**
9.77	18.19	43.87	2.07	1.99	5.16	24.81
3.53	16.55	29.90	15.30	4.28	4.35	2.04
3.44	0.30	6.74	0.87	1.01	0.04	4.66
0.87	0.19	14.92	4.36	2.30		2.12
3.39	6.99	38.17	10.92	11.97	1.20	55.30
17.72		14.06	8.92	0.21		4.98
0.54		1.31				1.11
11.45	7.90	13.19	1.40	3.15	1.96	4.97
0.21		10.54	6.99	0.77		9.50
50.91	50.11	172.60	50.64	25.68	12.71	108.86
50.91	47.80	164.81	49.89	24.33	12.71	96.49
	2.32	7.79	0.75	1.35		12.37
		0.10				0.63
			0.18			
50.74	50.11	171.15	50.62	25.68	12.67	107.46
	0.53	0.42	0.21	0.49	0.60	10.69
23.86	24.15	43.36	26.57	5.38	4.05	17.44
18.59	23.97	96.47	17.31	9.47	5.96	50.21
8.28	1.47	30.90	6.54	10.34	2.06	29.12
0.17		1.55	0.20		0.04	2.03
		0.73				0.20
0.17		0.41	0.18			1.83
		0.40	0.02		0.04	

5-133 其他经济总承包和专业承包建筑业

项目	合计	厂房、仓库	住宅	办公用房	批发和零售用房
总计	**5739515**	**1309905**	**3363001**	**445374**	**148871**
按地区分					
福州市	1428998	187652	1062902	68646	4978
厦门市	915935	199219	503506	112694	4327
莆田市	202141	25046	149035	2925	8020
三明市	170748	34512	88157	14737	6762
泉州市	1505270	415678	811971	119984	49429
漳州市	744987	245885	386675	63022	
南平市	87825	24062	55992	5490	
龙岩市	408292	144763	182474	37857	1116
宁德市	275319	33089	122289	20019	74239
按行业分					
房屋和土木工程建筑业	5706187	1290630	3353791	441171	148871
房屋工程建筑	5461726	1267920	3236177	432333	74871
土木工程建筑	244461	22710	117614	8838	74000
建筑安装业	28394	14824	9211	3899	
建筑装饰业					
其他建筑业	4933	4452		303	
按企业资质等级分					
施工总承包	5576165	1201124	3322118	435275	148871
特级	530181	170406	225473	71348	46807
一级	2291040	430925	1417989	186110	81504
二级	2186070	442305	1393456	135107	18271
三级	568874	157489	285201	42711	2288
专业承包	163350	108781	40884	10099	
一级	46004	45396			
二级	109922	57380	40453	9731	
三级	7423	6006	431	368	
不分等级					

企业按主要用途分的房屋建筑竣工价值

单位：万元

住宿和餐饮用房	居民服务业用房	教育用房	文化、体育和娱乐用房	卫生医疗用房	科研用房	其他用房
51750	**53183**	**175035**	**54163**	**26241**	**15479**	**96513**
10386	15303	43375	1910	2468	6262	25116
4131	21004	36016	19172	7870	5397	2599
3189	275	6009	1104	922	26	5591
599	365	14677	6574	2972		1394
3381	6761	31727	8445	9155	1402	47338
20162		16889	8792	207		3355
430		1076				776
9269	9475	13204	1589	1961	2392	4192
203		12062	6579	687		6152
51750	53183	174898	53985	26241	15479	96189
51750	49433	167302	53019	25409	15479	88034
	3750	7596	966	832		8155
		136				325
			179			
51452	53183	173735	54062	26241	15453	94652
	697	452	316	538	720	13426
26180	30022	53519	33030	9571	5164	17026
17405	20763	92326	15257	8536	6752	35893
7868	1702	27438	5458	7596	2817	28307
298		1299	102		26	1862
		450				158
298		268	90			1704
		581	12		26	

5-134 其他经济总承包和专业承包建筑业企业主要生产效益

项　　目	建筑业企业个数(个)	计算建筑业劳动生产率的平均人数(人)	按总产值计算的劳动生产率(元/人)	人均竣工产值(元/人)	人均施工面积(平方米/人)	人均竣工面积(平方米/人)
总　　计	**1772**	**997318**	**134320**	**93312**	**149**	**58**
按地区分						
福州市	479	331064	115877	72234	131	44
厦门市	295	151689	158577	112667	155	53
莆田市	100	38037	130567	82472	190	62
三明市	98	31441	160864	88396	204	59
泉州市	343	183901	142116	105054	156	83
漳州市	117	99792	149072	117178	203	76
南平市	106	23276	129282	71178	122	42
龙岩市	159	102010	129523	95789	105	51
宁德市	75	36108	118672	102483	168	69
按行业分						
房屋和土木工程建筑业	929	875214	134340	92982	169	66
房屋工程建筑	685	745590	128656	92485	190	75
土木工程建筑	244	129624	167032	95842	44	16
建筑安装业	319	66132	147663	112941	15	10
建筑装饰业	437	44233	119568	78626		
其他建筑业	87	11739	113277	62722	24	6
按企业资质等级分						
施工总承包	870	846224	134555	93996	172	66
特级	2	48030	135887	110385	187	105
一级	74	358668	139413	94507	169	56
二级	359	331062	132666	93072	180	72
三级	435	108464	123668	87872	149	61
专业承包	902	151094	133003	89483	24	17
一级	88	50923	152940	88927	22	20
二级	392	67715	121236	91299	33	21
三级	409	31660	126454	86596	10	4
不分等级	13	796	119117	85454		

5-135　其他经济总承包和专业承包建筑业企业机械设备装备

项　　目	自有施工机械设备总台数（台）	自有施工机械设备总功率（万千瓦）	自有施工机械设备净值（万元）	技术装备率（元/人）	动力装备率（千瓦/人）
总　　计	**187984**	**356.53**	**730978**	**7329**	**3.57**
按地区分					
福州市	36033	79.86	184209	5564	2.41
厦门市	25003	50.32	84503	5571	3.32
莆田市	8286	15.42	21422	5632	4.05
三明市	6434	15.70	31079	9885	4.99
泉州市	55784	87.15	210533	11448	4.74
漳州市	19658	23.48	52471	5258	2.35
南平市	6653	11.70	25169	10813	5.03
龙岩市	21679	52.82	86198	8450	5.18
宁德市	8454	20.07	35395	9803	5.56
按行业分					
房屋和土木工程建筑业	150462	317.74	642228	7338	3.63
房屋工程建筑	120625	234.32	463905	6222	3.14
土木工程建筑	29837	83.43	178323	13757	6.44
建筑安装业	15150	18.78	41026	6204	2.84
建筑装饰业	18386	11.64	24283	5490	2.63
其他建筑业	3986	8.36	23442	19970	7.13
按企业资质等级分					
施工总承包	148918	307.20	631658	7464	3.63
特级	6020	6.24	32883	6846	1.30
一级	36385	80.45	152008	4238	2.24
二级	68907	139.13	304299	9192	4.20
三级	37606	81.38	142468	13135	7.50
专业承包	39066	49.33	99321	6573	3.26
一级	11166	14.80	27780	5455	2.91
二级	18755	20.39	41934	6193	3.01
三级	8929	14.01	29402	9287	4.43
不分等级	216	0.13	205	2577	1.61

5-136 其他经济总承包和专业承包建筑业企业从业人员

单位：人

项目	计算建筑业劳动生产率的平均人数	期末从业人数	#管理人员	#工程技术人员	#一级建造师	#现场施工工人	持证上岗人员
总计	**997318**	**930339**	**75653**	**128480**	**4735**	**650086**	**427937**
按地区分							
福州市	331064	272815	23186	31490	1843	206870	138571
厦门市	151689	149818	11853	20913	926	91466	63914
莆田市	38037	38779	2507	5983	119	29535	16371
三明市	31441	34010	3904	5489	195	26757	13929
泉州市	183901	186216	15123	25825	831	140212	106354
漳州市	99792	94116	5712	15882	357	62225	37500
南平市	23276	23550	2600	4864	78	14661	10202
龙岩市	102010	96444	7474	12798	306	54346	30702
宁德市	36108	34591	3294	5236	80	24014	10394
按行业分							
房屋和土木工程建筑业	875214	818632	60387	106227	2981	578383	374343
房屋工程建筑	745590	693255	48257	87457	2301	487617	311958
土木工程建筑	129624	125377	12130	18770	680	90766	62385
建筑安装业	66132	60314	7712	11981	925	39231	30981
建筑装饰业	44233	41498	5992	8112	714	26376	18764
其他建筑业	11739	9895	1562	2160	115	6096	3849
按企业资质等级分							
施工总承包	846224	792042	59407	103846	2998	555540	357353
特级	48030	48159	1672	1981	123	40777	36777
一级	358668	313199	19351	31375	1564	214275	141949
二级	331062	317736	26532	48700	901	224513	131496
三级	108464	112948	11852	21790	410	75975	47131
专业承包	151094	138297	16246	24634	1737	94546	70584
一级	50923	45290	4159	5899	739	34301	28682
二级	67715	62003	7295	11769	636	41986	30365
三级	31660	30339	4646	6817	355	18080	11460
不分等级	796	665	146	149	7	179	77

5-137　其他经济总承包和专业承包建筑业企业建筑材料消耗量

项　目	钢　材 (吨)	木　材 (立方米)	水　泥 (吨)	平板玻璃 (平方米)	铝　材 (吨)
总　计	**6865589**	**4190555**	**31342138**	**28392569**	**299641**
按地区分					
福州市	2058473	1669015	11643878	10566537	83047
厦门市	965144	664309	2741161	6727367	44489
莆田市	295477	254197	1357681	1286948	11119
三明市	261549	201751	1552541	1300533	7803
泉州市	1220409	431980	7043892	3682207	91632
漳州市	1158420	364907	2645326	2993965	33626
南平市	196424	111445	893249	159531	10597
龙岩市	459717	374377	2228101	1259097	9515
宁德市	249976	118574	1236309	416384	7813
按行业分					
房屋和土木工程建筑业	6391807	3950470	28901474	24396560	266558
房屋工程建筑	5545404	3397450	22765274	23803138	254902
土木工程建筑	846403	553020	6136200	593422	11656
建筑安装业	301777	62733	1197151	1132471	12203
建筑装饰业	128219	163229	895987	2508511	19344
其他建筑业	43786	14123	347526	355027	1536
按企业资质等级分					
施工总承包	6130301	3613858	27172132	24411364	266015
特级	291369	152504	1900515	1494097	57515
一级	2852377	1152725	9057978	10197573	84410
二级	2295843	1929333	12368599	11304862	99046
三级	690712	379296	3845040	1414832	25044
专业承包	735288	576697	4170006	3981205	33626
一级	299980	370034	1931305	1350736	12445
二级	329498	149360	1594989	2098292	15593
三级	102757	57121	633140	520421	5510
不分等级	3053	182	10572	11756	78

5-138 其他经济总承包和专业

项目	资产合计	流动资产合计	存货	固定资产合计	#固定资产原价	生产经营用	#固定资产折旧
总计	**8229694**	**6462427**	**2048208**	**1358360**	**1744880**	**1420579**	**527479**
按地区分							
福州市	2265985	1784021	464443	374530	502969	403880	171097
厦门市	1845049	1543576	597197	177685	226196	185152	82734
莆田市	330730	281748	100657	40774	47459	40819	12805
三明市	363460	279077	58195	59233	75100	63837	19880
泉州市	1403953	1019043	357531	344785	443217	378859	112564
漳州市	807751	680707	273629	99912	124045	93085	38398
南平市	245499	174620	45261	51300	56274	42101	12742
龙岩市	692115	511182	115832	132718	184440	153721	64712
宁德市	275152	188455	35463	77423	85180	59125	12547
按行业分							
房屋和土木工程建筑业	6314912	4900500	1586982	1097578	1420880	1184167	417071
房屋工程建筑	4837922	3841825	1399182	774675	953075	797806	246708
土木工程建筑	1476990	1058675	187800	322903	467805	386361	170363
建筑安装业	1235892	1043580	348446	128570	166975	119497	61012
建筑装饰业	525239	425087	89541	78194	107811	77152	36002
其他建筑业	153652	93260	23240	54018	49215	39762	13395
按企业资质等级分							
施工总承包	6315620	4938643	1582747	1067352	1384153	1159505	399718
特级	127223	89419	32434	32883	43893	43893	11010
一级	2077409	1680104	426967	232455	351057	294802	131342
二级	2822125	2208135	856777	513955	657940	555946	185717
三级	1288863	960985	266568	288060	331263	264863	71648
专业承包	1914075	1523785	465461	291008	360727	261074	127762
一级	345130	253075	59745	70338	87815	58934	39801
二级	1016783	840420	320492	129265	172309	129682	57918
三级	537531	419860	84215	88353	96980	70644	29354
不分等级	14631	10429	1010	3053	3623	1814	689

注：表中固定资产合计≥(固定资产原价－累计折旧)＋在建工程

承包建筑业企业资产负债

单位：万元

本年折旧	#在建工程	无形及递延资产	无形资产	长期投资	其他资产	负债合计	流动负债	长期负债
125071	**97209**	**91625**	**71074**	**291360**	**25923**	**4515332**	**4422720**	**92612**
39035	23992	20512	13645	85239	1683	1285407	1264488	20919
20134	27209	14105	9006	90408	19276	1281679	1266747	14932
2687	4958	1206	817	6440	562	176937	168976	7960
3758	3052	9316	8822	15558	276	212846	203693	9153
28411	8444	18977	17338	18681	2467	547725	545462	2263
8769	12238	10477	9415	16050	605	454854	428119	26735
3310	5215	8149	6959	10902	529	108754	108187	567
15779	7930	6767	3609	41074	374	305124	298145	6979
3189	4172	2115	1462	7008	152	142009	138905	3104
101667	64363	66619	51885	227038	23178	3458812	3383113	75700
62879	51146	48686	40236	165731	7006	2653534	2596944	56590
38788	13217	17933	11648	61306	16173	805278	786168	19110
12828	13499	12383	10237	49384	1974	818856	806528	12328
6973	3609	8813	6879	12564	581	173628	169581	4047
3603	15739	3810	2073	2374	189	64036	63498	538
98797	59168	73740	57392	212799	23086	3526187	3447522	78666
4191		510	510	4241	170	21406	21406	
26451	11913	40544	35151	106986	17320	1311428	1265696	45732
45170	29572	21490	14383	74873	3672	1549093	1522629	26464
22986	17684	11197	7348	26699	1923	644261	637791	6470
26274	38041	17885	13682	78561	2836	989145	975198	13947
5597	15477	4541	3494	16930	247	143919	141026	2893
13394	11445	8204	6037	37646	1248	555008	548468	6540
7045	11059	5121	4152	22869	1328	283183	278912	4271
238	61	19		1117	14	7034	6792	243

5-139 其他经济总承包和专业承包建筑业企业所有者权益、实收资本

单位：万元

项目	所有者权益	实收资本						
			国家资本	集体资本	法人资本	个人资本	港澳台商资本	外商资本
总　计	**3714362**	**2883727**	**77323**	**53513**	**480468**	**2271283**	**965**	**175**
按地区分								
福州市	980578	804601	13380	12461	145983	632559	219	
厦门市	563371	449699	18091	17582	85888	327217	746	175
莆田市	153793	118614	900	2100	28089	87525		
三明市	150614	128195	13564	1396	25984	87252		
泉州市	856229	614476	15842	2700	90279	505655		
漳州市	352897	229172	870	2941	51532	173829		
南平市	136746	112739	3319	3136	27723	78561		
龙岩市	386991	305991	6219	50	20862	278860		
宁德市	133143	120239	5138	11148	4127	99826		
按行业分								
房屋和土木工程建筑业	2856099	2231753	59829	29074	352516	1790334		
房屋工程建筑	2184388	1700855	18676	23674	258073	1400432		
土木工程建筑	671712	530899	41152	5401	94444	389902		
建筑安装业	417036	288889	17494	24389	52027	194804		175
建筑装饰业	351611	282996		50	62179	219986	781	
其他建筑业	89616	80089			13746	66159	184	
按企业资质等级分								
施工总承包	2789432	2173969	61769	27322	351821	1733058		
特级	105817	61818			1700	60118		
一级	765981	561800	35221	4163	138326	384091		
二级	1273032	1014474	17422	20708	118713	857631		
三级	644602	535877	9126	2451	93082	431219		
专业承包	924930	709758	15554	26192	128647	538226	965	175
一级	201211	131005	80		30712	100029	184	
二级	461774	353151	8473	13939	55365	275164	35	175
三级	254348	219715	7001	12253	40119	159596	746	
不分等级	7596	5887			2450	3437		

5-140 其他经济总承包和专业承包建筑业企业收入

单位：万元

项目	工程结算收入	#工程结算成本	#工程结算税金及附加	#工程结算利润	其他业务收入	其他业务利润
总计	**12343755**	**11022216**	**468830**	**793306**	**116120**	**23487**
按地区分						
福州市	3544922	3180519	127176	217330	56142	8165
厦门市	2325995	2118266	75183	127803	11417	4361
莆田市	469078	409747	20914	36337	2643	1142
三明市	409137	359644	18210	27883	814	445
泉州市	2573974	2259181	107263	196912	1844	862
漳州市	1127477	1027247	39597	57175	36875	5800
南平市	254921	219893	11087	22009	2236	881
龙岩市	1247796	1090078	54701	90627	3197	1104
宁德市	390457	357640	14699	17230	953	726
按行业分						
房屋和土木工程建筑业	10671729	9642765	412184	575794	17175	8492
房屋工程建筑	8552254	7756663	331207	436546	12030	6065
土木工程建筑	2119475	1886102	80977	139248	5145	2428
建筑安装业	1062329	875997	33567	144351	93404	12917
建筑装饰业	491755	406403	18283	58452	4622	1783
其他建筑业	117943	97051	4796	14710	920	295
按企业资质等级分						
施工总承包	10342385	9361757	397180	551040	59666	13022
特级	609427	555669	20078	33144	13	13
一级	4415750	4053661	161484	196204	13430	1522
二级	4067331	3661356	162222	227474	9575	4711
三级	1249877	1091072	53397	94218	36648	6777
专业承包	2001370	1660458	71650	242267	56454	10464
一级	745399	639959	28097	67361	2359	1545
二级	826086	677018	27857	110313	9693	3496
三级	420747	336020	15408	63386	44296	5359
不分等级	9138	7462	288	1207	106	64

5-141 其他经济总承包和专业承包建筑业企业费用

单位：万元

项目	管理费用	#税金	#财产保险费	#差旅费	#工会经费	财务费用	利息支出	经营费用
总计	**352208**	**22314**	**2096**	**22876**	**4117**	**29810**	**20618**	**59403**
按地区分								
福州市	98915	3861	487	6671	1068	6933	5030	19897
厦门市	76956	1665	287	2877	574	6216	3585	4742
莆田市	12184	684	42	645	232	1999	1655	2080
三明市	12110	785	281	1121	169	1752	1233	3400
泉州市	64569	11432	416	5270	1173	5418	3991	10618
漳州市	24434	1405	125	1445	202	1619	1117	3457
南平市	12431	573	55	839	152	624	284	1932
龙岩市	41521	1739	355	3122	447	4129	2803	12391
宁德市	9090	171	48	887	100	1119	921	888
按行业分								
房屋和土木工程建筑业	219717	17602	1575	14392	2652	23949	17228	40987
房屋工程建筑	157805	15494	987	10321	1947	17054	13232	27839
土木工程建筑	61912	2108	588	4071	705	6896	3996	13148
建筑安装业	93628	2406	249	4522	1129	3324	1870	8413
建筑装饰业	29181	1908	232	3409	318	1684	1150	8617
其他建筑业	9683	398	39	553	17	852	369	1386
按企业资质等级分								
施工总承包	216639	16581	1504	13680	2310	23219	17142	32408
特级	13693	4231		183	86	278	277	537
一级	68210	3593	501	5331	795	10647	7542	4401
二级	88063	5037	572	5514	924	9631	7639	16280
三级	46673	3719	431	2653	504	2664	1684	11190
专业承包	135569	5734	592	9196	1807	6591	3476	26995
一级	31277	1222	75	2323	566	1975	1670	9981
二级	70766	3109	390	4832	976	2897	1270	10898
三级	32491	1381	127	1932	264	1686	534	5933
不分等级	1036	22		109	1	33	2	182

5-142　其他经济总承包和专业承包建筑业企业利润总额

单位：万元

项　　目	利润总额	#应交所得税	#应付利润	营业利润	营业外收入	营业外支出
总　　计	**395491**	**116066**	**123443**	**434775**	**7659**	**9929**
按地区分						
福州市	90040	29686	17887	119647	3077	4758
厦门市	48843	8678	14934	48992	2351	2223
莆田市	22649	6255	7556	23296	72	115
三明市	10569	2781	5011	14466	74	195
泉州市	125390	38283	41609	127789	1128	753
漳州市	35640	12690	16714	36923	413	1443
南平市	7785	2158	2805	9835	431	224
龙岩市	47096	12544	13650	46081	89	201
宁德市	7479	2991	3277	7747	26	17
按行业分						
房屋和土木工程建筑业	306297	97151	88139	340620	4512	7435
房屋工程建筑	243695	82706	67404	267752	3976	4579
土木工程建筑	62602	14446	20735	72868	536	2856
建筑安装业	59756	12436	25905	60316	1329	2241
建筑装饰业	25486	5487	7345	29369	1767	186
其他建筑业	3953	993	2054	4470	51	66
按企业资质等级分						
施工总承包	289005	94240	85839	324204	4732	8465
特级	19742	8302	3514	19186	570	14
一级	89540	27718	21885	118870	2485	5303
二级	132138	45926	40620	134491	1163	1493
三级	47584	12294	19820	51657	514	1655
专业承包	106487	21826	37604	110571	2927	1464
一级	31472	6256	8768	35654	93	284
二级	40180	8205	11030	40146	2426	541
三级	34662	7335	17790	34569	409	626
不分等级	173	30	16	202		12

5-143 其他经济总承包和专业承包建筑业企业劳动者报酬

单位：万元

项目	本年应付工资	主营业务应付工资	本年应付福利费	主营业务应付福利费	劳动、失业保险费	住房公积金及住房补贴
总计	**2936656**	**2913041**	**224011**	**220470**	**28985**	**16393**
按地区分						
福州市	1003159	996540	62546	62002	6843	2938
厦门市	402149	397399	16665	16373	4960	2673
莆田市	113555	112802	10468	10374	2811	739
三明市	108103	107912	12078	12025	2436	768
泉州市	592205	586251	49828	48707	5399	8040
漳州市	296033	293511	37946	37639	1088	473
南平市	65243	64790	4160	4101	673	154
龙岩市	270343	268901	21084	20635	3223	543
宁德市	85865	84935	9236	8615	1553	66
按行业分						
房屋和土木工程建筑业	2624417	2607088	206889	203977	22186	12287
房屋工程建筑	2213195	2201556	177828	175364	14089	9954
土木工程建筑	411222	405532	29061	28613	8098	2333
建筑安装业	177423	173961	10618	10329	4816	3947
建筑装饰业	107814	105431	4867	4605	1602	150
其他建筑业	27002	26561	1637	1560	380	9
按企业资质等级分						
施工总承包	2516277	2499089	195427	192922	22094	12531
特级	201332	201332	21000	21000	1400	7093
一级	1023677	1021038	78750	78053	6128	2165
二级	1010631	1000804	76696	75420	11865	1452
三级	280637	275916	18982	18449	2701	1822
专业承包	420379	413951	28583	27548	6891	3863
一级	174980	173785	12628	12166	1137	270
二级	163023	159507	10668	10276	3290	2339
三级	80840	79153	5260	5078	2435	1252
不分等级	1536	1507	28	28	29	2

5-144 其他经济总承包和专业承包建筑业企业利润率及利税率

单位：%

项　　目	实收资本利润率	实收资本利税率	产值利润率	产值利税率	资产负债率	人均利润（元/人）
总　　计	**13.7**	**30.7**	**3.0**	**6.6**	**54.9**	**3966**
按地区分						
福州市	11.2	27.5	2.3	5.8	56.7	2720
厦门市	10.9	27.9	2.0	5.2	69.5	3220
莆田市	19.1	37.3	4.6	8.9	53.5	5955
三明市	8.2	23.1	2.1	5.8	58.6	3361
泉州市	20.4	39.7	4.8	9.3	39.0	6818
漳州市	15.6	33.4	2.4	5.2	56.3	3571
南平市	6.9	17.2	2.6	6.5	44.3	3345
龙岩市	15.4	33.8	3.6	7.8	44.1	4617
宁德市	6.2	18.6	1.7	5.2	51.6	2071
按行业分						
房屋和土木工程建筑业	13.7	33.0	2.6	6.3	54.8	3500
房屋工程建筑	14.3	34.7	2.5	6.2	54.8	3268
土木工程建筑	11.8	27.4	2.9	6.7	54.5	4829
建筑安装业	20.7	33.1	6.1	9.8	66.3	9036
建筑装饰业	9.0	16.1	4.8	8.6	33.1	5762
其他建筑业	4.9	11.4	3.0	6.9	41.7	3367
按企业资质等级分						
施工总承包	13.3	32.3	2.5	6.2	55.8	3415
特级	31.9	71.3	3.0	6.7	16.8	4110
一级	15.9	45.3	1.8	5.1	63.1	2496
二级	13.0	29.5	3.0	6.8	54.9	3991
三级	8.9	19.5	3.5	7.8	50.0	4387
专业承包	15.0	25.9	5.3	9.1	51.7	7048
一级	24.0	46.4	4.0	7.8	41.7	6180
二级	11.4	20.1	4.9	8.7	54.6	5934
三级	15.8	23.4	8.7	12.9	52.7	10948
不分等级	2.9	8.2	1.8	5.1	48.1	2177

5-145 其他经济总承包和专业承包建筑业企业工程拖欠款及亏损情况

项目	应收工程款(万元)	竣工工程	建筑业企业个数(个)	亏损企业个数(个)	亏损企业比重(%)
总计	**1163765**	**633250**	**1772**	**247**	**13.9**
按地区分					
福州市	322430	147538	479	56	11.7
厦门市	234986	117299	295	86	29.2
莆田市	34595	21815	100	7	7.0
三明市	61297	20014	98	15	15.3
泉州市	189784	104889	343	16	4.7
漳州市	86212	39830	117	19	16.2
南平市	26426	19268	106	19	17.9
龙岩市	167650	135170	159	14	8.8
宁德市	40382	27428	75	15	20.0
按行业分					
房屋和土木工程建筑业	852929	453634	929	124	13.3
房屋工程建筑	545410	308991	685	87	12.7
土木工程建筑	307518	144643	244	37	15.2
建筑安装业	166364	92619	319	40	12.5
建筑装饰业	115703	65744	437	63	14.4
其他建筑业	28770	21252	87	20	23.0
按企业资质等级分					
施工总承包	804899	428265	870	115	13.2
特级	23307	15310	2		
一级	307923	123245	74	1	1.4
二级	286979	180682	359	26	7.2
三级	186690	109029	435	88	20.2
专业承包	358865	204984	902	132	14.6
一级	154809	86266	88	1	1.1
二级	123848	65643	392	37	9.4
三级	76263	50286	409	94	23.0
不分等级	3945	2790	13		

5-146　劳务分包建筑业企业数及总产值

单位：个、万元

项　　目	企业个数	建筑业总产值	
			装饰装修产值
总　　计	**300**	**685200**	**12773**
按地区分			
福州市	89	158397	669
厦门市	93	499778	11204
莆田市	10	303	
三明市	12	9639	
泉州市	35	4737	107
漳州市	21	9785	85
南平市	5	553	532
龙岩市	5	854	
宁德市	30	1155	176
按行业分			
房屋和土木工程建筑业	109	159207	667
房屋工程建筑	86	131365	212
土木工程建筑	23	27842	455
建筑安装业	16	10600	
建筑装饰业	3	117	107
其他建筑业	172	515277	11999
按企业资质等级分			
一级	150	248150	344
二级	108	325817	11415
三级			
不分等级	42	111233	1013

5-147 劳务分包建筑业企业从业人员

单位：人

项目	计算建筑业劳动生产率的平均人数	年末从业人数	#管理人员	#工程技术人员	#现场施工工人
总计	**294273**	**280389**	**3262**	**7525**	**264571**
按地区分					
福州市	70225	61677	950	1743	58633
厦门市	218083	212291	1629	4778	201759
莆田市	197	191	41	34	93
三明市	691	529	67	91	384
泉州市	1652	1839	170	235	1424
漳州市	2635	2797	225	491	1603
南平市	94	101	9	26	45
龙岩市	222	270	37	25	149
宁德市	474	694	134	102	481
按行业分					
房屋和土木工程建筑业	69177	61305	934	2357	57767
房屋工程建筑	62179	54365	691	1956	51473
土木工程建筑	6998	6940	243	401	6294
建筑安装业	629	434	80	63	293
建筑装饰业	25	28	9	2	16
其他建筑业	224442	218622	2239	5103	206495
按企业资质等级分					
一级	106475	105398	1545	3428	99437
二级	153183	144026	1137	3381	135378
三级					
不分等级	34615	30965	580	716	29756

5-148　劳务分包建筑业企业资产负债

单位：万元

项　　目	固定资产原价	本年折旧	资产总计	负债合计
总　　计	**33396**	**1759**	**213857**	**156485**
按地区分				
福州市	19161	489	56357	35286
厦门市	3799	581	129649	113504
莆田市	693	44	1456	19
三明市	727	47	6971	4854
泉州市	7130	443	10670	1367
漳州市	652	104	5094	1053
南平市	191	4	550	134
龙岩市	555	33	1102	71
宁德市	490	14	2008	199
按行业分				
房屋和土木工程建筑业	9128	558	48017	24112
房屋工程建筑	5242	376	39322	22314
土木工程建筑	3886	182	8695	1798
建筑安装业	758	76	7356	4977
建筑装饰业	64	19	280	9
其他建筑业	23446	1107	158205	127388
按企业资质等级分				
一级	13836	1012	73080	43492
二级	4971	454	99970	84085
三级				
不分等级	14589	293	40808	28908

5-149 劳务分包建筑业企业实收资本及其构成

单位：万元

项目	实收资本	国家资本	集体资本	法人资本	个人资本	港澳台商资本	外商资本
总计	**44904**	**230**	**940**	**9665**	**33968**	**101**	
按地区分							
福州市	15791	50	200	2377	13164		
厦门市	12806	150	302	3731	8623		
莆田市	1396		300	530	566		
三明市	1767	30		170	1567		
泉州市	7684		133	1462	5988	101	
漳州市	2560		5	1195	1360		
南平市	251			150	101		
龙岩市	980				980		
宁德市	1670			50	1620		
按行业分							
房屋和土木工程建筑业	17985		638	3269	14078		
房屋工程建筑	12192		505	2831	8856		
土木工程建筑	5793		133	438	5222		
建筑安装业	1792	80		126	1586		
建筑装饰业	255				255		
其他建筑业	24872	150	302	6270	18049	101	
按企业资质等级分							
一级	22902	230	596	4633	17342	101	
二级	13326		265	1935	11126		
三级							
不分等级	8676		79	3097	5500		

5-150　劳务分包建筑业企业收入及分配

单位：万元

项　　目	营业收入合计	主营业务收入	工程结算成本	工程结算税金及附加	费用合计	营业利润	利润总额	劳动报酬	劳动、失业保险费	住房公积金及住房补贴
总　　计	**653359**	**644462**	**627310**	**13002**	**9387**	**3661**	**4819**	**537379**	**1283**	**157**
按地区分										
福州市	169854	161898	164595	2322	2354	583	811	131250	548	65
厦门市	453652	453401	437027	9542	5574	1509	2516	397248	601	30
莆田市	298	297	216	21	72	-11	-17	257	13	
三明市	14032	13455	12315	432	437	848	800	765	40	9
泉州市	4675	4673	3686	227	462	300	297	2130	23	5
漳州市	8341	8335	7629	362	218	132	148	4871	37	42
南平市	658	553	401	18	49	190	190	108	7	5
龙岩市	704	704	502	32	102	68	34	251	7	
宁德市	1146	1146	939	46	120	42	41	499	7	
按行业分										
房屋和土木工程建筑业	161145	153207	155155	2648	2393	950	1123	127641	624	55
房屋工程建筑	142939	135276	139014	1865	1811	249	460	112164	282	45
土木工程建筑	18207	17932	16141	783	582	701	663	15477	343	10
建筑安装业	14865	14213	13185	487	473	719	755	823	41	14
建筑装饰业	111	111	82	7	21	1	1	35	2	
其他建筑业	477238	476930	458887	9861	6501	1990	2941	408880	616	88
按企业资质等级分										
一级	243483	234975	233806	4562	3774	1341	1521	190866	531	122
二级	295710	295667	283994	6579	4054	1083	1498	249890	509	19
三级										
不分等级	114167	113820	109510	1862	1559	1236	1801	96623	243	16

5-151 资质外建筑业企业总产值

单位:万元

项目	建筑业企业总产值		总产值按构成分			竣工产值
		装饰装修产值	建筑工程产值	安装工程产值	其他产值	
总计	**1606703**	**133974**	**1131976**	**239738**	**234989**	**808950**
按建筑业行业(中类)分						
房屋和土木工程建筑业	947749	21238	781352	81136	85260	480414
房屋工程建筑	461815	6359	409074	29251	23490	253052
土木工程建筑	485933	14879	372278	51885	61770	227362
建筑安装业	210384	17254	69739	112827	27818	96251
建筑装饰业	149470	81469	94058	29407	26006	77653
其他建筑业	299099	14012	186827	16367	95905	154633
工程准备	95123	1768	55812	1886	37424	60560
提供施工设备服务	13054	1293	3555	3931	5567	4834
其他未列明的建筑活动	190923	10951	127459	10550	52914	89240
按登记注册类型分						
内资企业	1571851	133275	1115278	224454	232119	792962
国有企业	225996	2034	170745	26788	28463	58666
集体企业	48729	3692	31705	9220	7804	30562
股份合作企业	17540	1390	13890	2009	1641	6801
联营企业	8991	42	8126	70	795	3075
国有联营企业	910		910			
集体联营企业	7288	42	7216	70	2	2281
国有与集体联营企业						
其他联营企业	793				793	793
有限责任公司	301163	23525	213943	45547	41673	174493
国有独资公司	25600		21842	3758		14365
其他有限责任公司	275563	23525	192101	41789	41673	160128
股份有限公司	110361	5723	94532	8757	7072	89568
私营企业	766250	92328	504724	121243	140284	398354
私营独资企业	116839	15444	92705	14633	9501	56842
私营合伙企业	129991	5877	107145	8232	14614	51689
私营有限责任公司	490403	68737	289638	90563	110203	266319
私营股份有限公司	29018	2271	15236	7815	5967	23505
其他企业	92822	4541	77613	10821	4387	31443
港、澳、台商投资企业	14385	355	11334	181	2870	3207
合资经营企业(港或澳、台资)	12987		10269	50	2667	2667
合作经营企业(港或澳、台资)						
港、澳、台商独资经营企业	1399	355	1065	131	203	540
港、澳、台商投资股份有限公司						
外商投资企业	20466	344	5364	15103		12781
中外合资经营企业	522	344	178	344		522
中外合作经营企业						
外资企业	17410		2652	14759		12260
外商投资股份有限公司	2534		2534			
按控股情况分						
国有控股	409032	2498	341679	34789	32564	181224
集体控股	101928	3524	57414	19519	24995	71986
私人控股	890959	108649	609834	143392	137733	443066
港澳台商控股	8921	355	1220	1422	6279	7337
外商控股	17999	1366	2829	15170		11826
其他	177864	17582	119000	25445	33419	93511
按隶属关系分						
中央	100450		84749	13127	2574	32131
省	148945	1087	129283	5801	13861	94144

5-151 续表 1　　　　单位:万元

项　　目	建筑业企业总产值		总产值按构成分			竣工产值
		装饰装修产值	建筑工程产值	安装工程产值	其他产值	
设区市	163447	24704	91079	28544	43824	99555
县(区、市)	333335	17994	186343	54607	92385	203048
街道	14190	2307	10003	2599	1588	4938
镇	33374	3232	30651	1270	1454	22475
乡	23754	2108	20887	899	1969	13114
居委会	2834	314	628	1261	945	435
村委会	12151	2373	11640	298	213	6845
其他	774221	79855	566714	131331	76177	332266
按市县分						
福州市	295667	32076	217364	40679	37624	135032
鼓楼区	164477	10730	131451	21486	11540	97601
台江区	20487	5178	10184	4610	5693	4786
仓山区	3559	510	26	1279	2254	327
马尾区	14344	346	2592	3450	8302	10222
晋安区	72522	14342	61878	5154	5489	12761
闽侯县	7827		4727	1550	1550	
连江县	1872	54	19	1818	35	7
罗源县	1157	84			1157	1112
闽清县	1594	479	959	379	257	1521
永泰县	469		189	239	42	98
平潭县	3300	30	3300			2988
福清市	282	180			282	
长乐市	3778	145	2040	716	1022	3608
厦门市	245206	35880	112941	64695	67571	112749
思明区	132911	29899	45455	44032	43424	86579
海沧区	30260	2705	18083	7453	4724	2093
湖里区	26620	95	14443	6439	5739	4134
集美区	12207	1163	7066	280	4862	11354
同安区	10393	584	6985	2656	752	3476
翔安区	32814	1435	20909	3835	8071	5114
莆田市	1788	522	406	948	434	906
城厢区	1253	433	44	786	424	680
涵江区	302	35	208	92	2	118
荔城区						
秀屿区	108		100		8	108
仙游县	125	54	54	71		
三明市	160493	6642	146583	8722	5188	103277
梅列区	29247	2158	25173	1932	2142	3982
三元区	16292	312	14719	1462	111	1329
明溪县	9889		7132	117	2640	11233
清流县	9268		9083	185		5106
宁化县	16128		14380	1748		16122
大田县	14729	582	14492	210	27	14729
尤溪县	6936		6681	255		6936
沙　县	13284		12246	771	268	13284
将乐县	9124	487	7589	1536		8964
泰宁县	11304	511	10948	356		7463
建宁县	5214		5214			901
永安市	19078	2593	18927	151		13228
泉州市	510854	37323	376967	55521	78366	292257
鲤城区	13127	4900	709	4934	7485	591

5-151 续表 2　　单位:万元

项目	建筑业企业总产值	总产值按构成分				竣工产值
		装饰装修产值	建筑工程产值	安装工程产值	其他产值	
丰泽区	180244	7568	166918	10528	2798	62219
洛江区	6843		5999	804	40	3062
泉港区	232121	3732	135711	34696	61714	212554
惠安县	43544	10763	43544			
安溪县	3304	3034	886	1323	1095	
永春县	6354	2109	6354			4375
德化县	486		200	286		236
石狮市	9848	2297	9020	367	462	3360
晋江市	13692	1630	7189	1856	4647	5332
南安市	1291	1291	438	727	126	528
漳州市	95131	9354	43910	25215	26005	59106
芗城区	39379	5337	7459	9187	22733	23966
龙文区	4107	308	3031	843	232	1503
云霄县	4968	48	1126	3841	1	4408
漳浦县	8288	2111	4010	2900	1378	4533
诏安县	1944		1944			1452
长泰县	1878		144	1709	26	157
东山县	2720	75	95	2577	47	2720
南靖县	1587	33		1554	33	
平和县	3041	15	2545	471	25	3006
华安县	27			27		27
龙海市	27194	1428	23556	2107	1531	17334
南平市	89057	4069	62676	14220	12161	39716
延平区	5536	695	2179	2497	860	4727
顺昌县	5327	522	2763	657	1907	256
浦城县	9086	85	4800	547	3739	5351
光泽县	25682	136	23410	246	2026	5364
松溪县	1259		1059	100	100	759
政和县	425		393	32		425
邵武市	2624	217	2290	335		2444
武夷山市	12297	855	7658	4315	324	9968
建瓯市	13956	1407	6889	4221	2845	13
建阳市	12866	153	11236	1272	359	10409
龙岩市	97004	2698	84148	9242	3614	28950
新罗区	3000	782	1416	1531	54	2109
长汀县	29304	71	25177	3189	937	10976
永定县	5258		4564	693	1	3971
上杭县	440			126	314	
武平县	49526	1845	45807	1410	2309	10813
连城县						
漳平市	9477		7183	2294		1080
宁德市	111503	5410	86981	20494	4027	36959
蕉城区	4814	586	3347	1321	146	1380
霞浦县	62382	110	46661	15315	407	13447
古田县	2105	1310	522	1583		2077
屏南县						
寿宁县	32754	1299	29673	1020	2061	16706
周宁县	97		97			97
柘荣县	1464		578	886		468
福安市	4767	1744	2983	370	1414	
福鼎市	3121	361	3121			2784

5-152　资质外建筑业企业房屋建筑施工面积和竣工面积

单位:平方米

项　　目	房屋建筑施工面积		房屋建筑竣工面积	
		本年新开工面积		住　宅
总　　计	**8702959**	**4627438**	**2968428**	**1733631**
按建筑业行业(中类)分				
房屋和土木工程建筑业	7249187	3939163	2044764	1396347
房屋工程建筑	2571109	1298435	1456590	979977
土木工程建筑	4678078	2640728	588174	416370
建筑安装业	184275	123013	119823	13248
建筑装饰业	1083719	432922	714605	323836
其他建筑业	185778	132340	89236	200
工程准备	36920	20182	65869	200
提供施工设备服务	20000			
其他未列明的建筑活动	128858	112158	23367	
按登记注册类型分	**8702959**	**4627438**	**2968428**	**1733631**
内资企业	8695919	4620398	2966428	1733631
国有企业	77256	73225	3000	3000
集体企业	100659	68585	84511	78665
股份合作企业	3472	1821	200	
联营企业				
国有联营企业				
集体联营企业				
国有与集体联营企业				
其他联营企业				
有限责任公司	1651718	826651	906485	475949
国有独资公司				
其他有限责任公司	1651718	826651	906485	475949
股份有限公司	209783	56002	70316	53889
私营企业	6312136	3310626	1641251	960110
私营独资企业	199959	47936	93714	43157
私营合伙企业	271926	145712	177082	142797
私营有限责任公司	4281512	2095398	1337616	761106
私营股份有限公司	1558739	1021580	32839	13050
其他企业	340895	283488	260665	162018
港、澳、台商投资企业				
合资经营企业(港或澳、台资)				
合作经营企业(港或澳、台资)				
港、澳、台商独资经营企业				
港、澳、台商投资股份有限公司				
外商投资企业	7040	7040	2000	
中外合资经营企业				
中外合作经营企业				
外资企业	7040	7040	2000	
外商投资股份有限公司				
按控股情况分				
国有控股	194448	73225	41136	36989
集体控股	100291	74367	77315	73469
私人控股	6940517	3648749	2097193	1342551
港澳台商控股	2700	2700	2700	
外商控股	7040	7040	2000	
其他	1457963	821357	748084	280622
按隶属关系分				
中央	22019	22019		
省	62919	56348		

5-152 续表 1

单位:平方米

项　　目	房屋建筑施工面积	本年新开工面积	房屋建筑竣工面积	住　宅
设区市	1579007	1043242	85363	20350
县(区、市)	536021	287374	318402	41767
街道	234338	155508	208958	163858
镇	63230	35110	53590	40760
乡	101515	98505	97745	94813
居委会	3200	500	3200	3200
村委会	16020	3520	3200	3200
其他	6084690	2925312	2197970	1365683
按市县分				
福州市	2806576	1286510	365653	253392
鼓楼区	356656	38887	105787	57099
台江区				
仓山区				
马尾区	5020	3870	3400	3200
晋安区	2416056	1229460	234200	183100
闽侯县				
连江县	800		800	530
罗源县				
闽清县	15114	11363	13536	6533
永泰县				
平潭县				
福清市				
长乐市	12930	2930	7930	2930
厦门市	2490475	1689341	643787	184936
思明区	1907291	1264253	280215	157886
海沧区	20667	17240	11900	2400
湖里区	209818	198108	168568	8350
集美区	134840	134840	135250	
同安区	800	600	700	300
翔安区	217059	74300	47154	16000
莆田市	51200	30000	21200	800
城厢区				
涵江区	51200	30000	21200	800
荔城区				
秀屿区				
仙游县				
三明市	619081	498997	472597	286086
梅列区	185906	185906	136940	44843
三元区	420	420	780	700
明溪县	68691	38253	52588	43501
清流县	67825	47535	37090	36090
宁化县				
大田县				
尤溪县	18500	15500	18500	15500
沙　县				
将乐县	57340	39670	57340	46000
泰宁县	96664	96664	96664	74657
建宁县	7285	2449		
永安市	116450	72600	72695	24795
泉州市	1273299	290274	635910	334293
鲤城区	9569	500	4500	500

5-152　续表 2　　　　单位:平方米

项　目	房屋建筑施工面积	本年新开工面积	房屋建筑竣工面积	住　宅
丰泽区	965368	238974	447593	236185
洛江区	17937	17937	17937	17051
泉港区	79286	5100	67357	15981
惠安县				
安溪县				
永春县	11700			
德化县				
石狮市	66261	16813	19800	2000
晋江市	123178	10950	78723	62576
南安市				
漳州市	451788	200006	347976	300650
芗城区	277082	116082	277582	261500
龙文区	113422	35790	12000	600
云霄县				
漳浦县	60174	47584	57284	38350
诏安县				
长泰县				
东山县				
南靖县				
平和县				
华安县				
龙海市	1110	550	1110	200
南平市	510096	274185	284218	199055
延平区	80000	20000	50000	20000
顺昌县	15500	600	3600	600
浦城县	21000	8800	21000	15100
光泽县	193519	110696	42167	34315
松溪县				
政和县				
邵武市	7575	4875	7575	3409
武夷山市	65725	33024	57751	54551
建瓯市	700	500	200	
建阳市	126077	95690	101925	71080
龙岩市	73020	50162	42833	35917
新罗区				
长汀县				
永定县	46590	33052	29588	25641
上杭县				
武平县	26430	17110	13245	10276
连城县				
漳平市				
宁德市	427424	307963	154254	138502
蕉城区				
霞浦县	295567	183375	38136	33989
古田县				
屏南县				
寿宁县	118915	118915	104915	97633
周宁县				
柘荣县	8254	2350	6880	6880
福安市	365			
福鼎市	4323	3323	4323	

5-153 资质外建筑业企业个数及从业人员情况

单位:个、人

项目	企业个数	年末从业人员	#管理人员	#工程技术人员	#现场施工人员	计算建筑业劳动生产率的平均人数	全部从业人员年平均人数
总计	**3578**	**96692**	**11567**	**12165**	**61778**	**81036**	**103884**
按建筑业行业(中类)分							
房屋和土木工程建筑业	1230	49908	5027	6220	38450	46498	55554
房屋工程建筑	593	23890	2358	3212	17727	21009	26468
土木工程建筑	637	26018	2669	3008	20723	25489	29086
建筑安装业	654	14277	2090	1893	6285	10132	13987
建筑装饰业	1031	14035	2710	2206	6184	9394	14325
其他建筑业	663	18472	1740	1846	10859	15012	20018
工程准备	236	7420	598	575	3871	5158	7630
提供施工设备服务	76	996	141	156	723	866	1293
其他未列明的建筑活动	351	10056	1001	1115	6265	8988	11095
按登记注册类型分							
内资企业	3537	95121	11370	11969	60313	79137	101843
国有企业	116	9194	787	1269	7800	9680	11523
集体企业	159	3461	531	517	1917	3002	3779
股份合作企业	33	1360	137	212	623	848	1270
联营企业	15	640	62	29	284	362	506
国有联营企业	2	8	5		14	19	19
集体联营企业	10	360	57	29	270	343	371
国有与集体联营企业	1	120					110
其他联营企业	2	152					6
有限责任公司	554	18939	2150	2107	12299	16128	18871
国有独资公司	15	429	78	59	211	302	1051
其他有限责任公司	539	18510	2072	2048	12088	15826	17820
股份有限公司	108	2423	255	296	989	2255	2756
私营企业	2428	53866	7047	6969	31891	41430	57217
私营独资企业	355	6978	803	860	4633	6148	8063
私营合伙企业	223	9203	946	1085	7663	8542	10476
私营有限责任公司	1732	35578	4876	4587	18174	24698	36420
私营股份有限公司	118	2107	422	437	1421	2042	2258
其他企业	124	5238	401	570	4510	5432	5921
港、澳、台商投资企业	23	432	75	70	744	903	968
合资经营企业(港或澳、台资)	8	236	37	50	700	776	788
合作经营企业(港或澳、台资)	1	3	1	1	1		3
港、澳、台商独资经营企业	14	193	37	19	43	127	177
港、澳、台商投资股份有限公司							
外商投资企业	18	1139	122	126	721	996	1073
中外合资经营企业	3	87	15	32	64	70	76
中外合作经营企业	1	5					5
外资企业	13	905	102	79	632	881	947
外商投资股份有限公司	1	142	5	15	25	45	45
按控股情况分							
国有控股	189	14408	1235	1667	11863	15194	16631
集体控股	206	5324	766	768	4367	6218	7142
私人控股	2558	62341	7946	7864	37362	48044	64901
港澳台商控股	24	463	79	95	528	748	811
外商控股	18	1018	113	95	688	921	1054
其他	583	13138	1428	1676	6970	9911	13345

5-153 续表 1

单位:个、人

项目	企业个数	年末从业人员	#管理人员	#工程技术人员	#现场施工人员	计算建筑业劳动生产率的平均人数	全部从业人员年平均人数
按隶属关系分							
中央	19	2304	293	352	2877	3319	4125
省	71	6158	400	566	4102	5768	4541
设区市	540	11331	1562	1495	5707	8169	13333
县(区、市)	648	16126	2029	1938	10466	14784	19645
街道	77	1172	179	135	640	927	1475
镇	84	3199	150	183	1602	2219	2286
乡	22	1492	91	64	1347	1544	1585
居委会	15	224	27	21	105	149	201
村委会	25	429	92	213	445	560	796
其他	2077	54257	6744	7198	34487	43597	55897
按市县分							
福州市	841	15844	2555	2181	8241	13064	14250
鼓楼区	367	7849	1372	905	4139	5472	5034
台江区	123	1545	246	156	363	1966	2043
仓山区	44	679	50	15	66	79	682
马尾区	52	1506	212	328	910	1666	1843
晋安区	173	2911	550	593	2208	3073	3189
闽侯县	1	40					363
连江县	9	301	13	21	16	54	50
罗源县	9	108	11	8	58	43	55
闽清县	8	254	27	64	110	157	291
永泰县	12	150	8	13	58	105	112
平潭县	6	103	14	20	162	214	216
福清市	7	52	15	8	23	47	49
长乐市	27	346	37	50	128	188	323
厦门市	1015	23443	2769	2259	8942	10330	21062
思明区	515	14231	1536	1288	4040	5413	13284
海沧区	130	1015	169	102	300	538	1127
湖里区	188	2839	646	515	1237	2080	2475
集美区	44	2284	158	126	2057	824	1274
同安区	75	627	163	85	238	272	570
翔安区	63	2447	97	143	1070	1203	2332
莆田市	46	438	29	46	68	90	273
城厢区	21	284	12	31	45	35	154
涵江区	11	53	12	11	21	47	48
荔城区	3	12	5	4	2	3	7
秀屿区	5	47					47
仙游县	6	42				5	17
三明市	273	10804	983	1299	9880	11456	11903
梅列区	58	2535	146	269	2107	2443	2509
三元区	14	352	95	92	1338	1438	1554
明溪县	20	558	30	105	515	649	691
清流县	17	716	49	56	608	604	689
宁化县	18	1065	56	93	935	1047	1065
大田县	26	1763	122	202	1025	1349	1349
尤溪县	14	430	34	41	370	606	608
沙　县	19	788	96	97	630	780	790
将乐县	20	401	181	125	335	358	387
泰宁县	20	921	49	98	880	880	921
建宁县	14	406	47	29	369	444	471
永安市	33	869	78	92	768	858	869
泉州市	472	19100	2345	3159	15342	21229	27587
鲤城区	30	215	49	43	55	86	429

5-153 续表 2 单位:个、人

项目	企业个数	年末从业人员	#管理人员	#工程技术人员	#现场施工人员	计算建筑业劳动生产率的平均人数	全部从业人员年平均人数
丰泽区	132	5893	894	1870	5498	8279	9006
洛江区	24	276	32	39	219	344	256
泉港区	146	8270	877	554	7089	9431	13235
惠安县	38	1995	180	255	1103	1508	2033
安溪县	13	667					677
永春县	7	96	45	157	270	292	377
德化县	6	221	35	20	180	219	201
石狮市	31	569	78	93	421	441	596
晋江市	33	800	147	122	478	587	705
南安市	12	98	8	6	29	42	72
漳州市	401	6195	789	899	3193	5669	7517
芗城区	146	1977	402	376	1281	2851	3628
龙文区	25	658	43	82	168	142	452
云霄县	11	259	33	24	297	340	348
漳浦县	53	609	39	60	375	283	767
诏安县	2	66				180	185
长泰县	7	50	16	8	22	100	101
东山县	16	110	17	20	62	86	94
南靖县	3	24	1	1	1		87
平和县	7	133	19	22	189	242	249
华安县	4	8	2	3	3	5	5
龙海市	127	2301	217	303	795	1440	1601
南平市	261	4773	662	723	3326	4930	5455
延平区	70	1077	109	135	416	816	630
顺昌县	16	226	18	16	53	40	444
浦城县	10	312	22	27	284	305	362
光泽县	27	1032	141	175	1407	1599	1599
松溪县	11	225	32	15	56	115	238
政和县	4	31	38	16	16	81	31
邵武市	31	329	50	54	172	256	261
武夷山市	46	385	59	88	201	381	379
建瓯市	15	349	54	58	142	165	346
建阳市	31	807	139	139	579	1172	1165
龙岩市	150	7208	816	969	5336	6226	7265
新罗区	54	471	185	113	152	440	488
长汀县	14	766	96	163	555	814	836
永定县	29	322	52	74	258	397	471
上杭县	10	138	31	8	48	38	67
武平县	27	4759	360	489	3792	3846	4651
连城县							
漳平市	16	752	92	122	531	691	752
宁德市	119	8887	619	630	7450	8042	8572
蕉城区	32	509	38	54	272	252	472
霞浦县	12	3148	338	385	2909	3039	3182
古田县	12	157	18	12	78	152	179
屏南县							
寿宁县	23	4052	173	130	3824	4139	3993
周宁县	2	6	3	3	3	28	15
柘荣县	2	108	13	15	80	104	116
福安市	15	455	7	7	12	1	223
福鼎市	21	452	29	24	272	327	392

5-154 资质外建筑业企业固定资产情况

单位：万元

项目	固定资产原价	本年折旧	项目	固定资产原价	本年折旧	项目	固定资产原价	本年折旧
总计	**662579**	**46018**	**按隶属关系分**			泉州市	161933	12654
按建筑业行业中类分			中央	18897	997	鲤城区	2677	152
房屋和土木工程建筑业	477035	29193	省	239762	9568	丰泽区	44697	2864
房屋工程建筑	136625	10121	设区市	51329	5168	洛江区	915	118
土木工程建筑	340410	19072	县(区、市)	125468	10186	泉港区	84483	6628
建筑安装业	44831	4259	街道	8808	567	惠安县	14156	1316
建筑装饰业	38517	3695	镇	6831	786	安溪县	1670	228
其他建筑业	102195	8872	乡	2993	164	永春县	924	85
工程准备	31963	2878	居委会	415	50	德化县	100	10
提供施工设备服务	14379	958	村委会	2588	185	石狮市	3846	424
其他未列明的建筑活动	55854	5036	其他	205487	18348	晋江市	7085	701
按登记注册类型分			**按地区分**			南安市	1382	129
内资企业	638774	44497	福州市	288863	13199	漳州市	23797	2266
国有企业	47576	4075	鼓楼区	251459	10546	芗城区	12530	1374
集体企业	16889	1416	台江区	3229	358	龙文区	1208	69
股份合作企业	5302	528	仓山区	4581	307	云霄县	432	65
联营企业	10270	1130	马尾区	6908	588	漳浦县	2899	241
国有联营企业	2274	257	晋安区	16869	739	诏安县	93	10
集体联营企业	7836	855	闽侯县	893	290	长泰县	123	11
国有与集体联营企业	72	3	连江县	309	90	东山县	360	41
其他联营企业	89	14	罗源县	195	18	南靖县	281	21
有限责任公司	79479	7113	闽清县	227	24	平和县	399	35
国有独资公司	12900	1126	永泰县	418	15	华安县	9	1
其他有限责任公司	66579	5987	平潭县	1185	45	龙海市	5463	398
股份有限公司	234119	8835	福清市	49	3	南平市	21353	1772
私营企业	220973	19134	长乐市	2542	177	延平区	2495	238
私营独资企业	36507	3073	厦门市	62957	6932	顺昌县	1558	324
私营合伙企业	28523	3192	思明区	27207	2852	浦城县	3388	465
私营有限责任公司	147377	12166	海沧区	4686	543	光泽县	1783	39
私营股份有限公司	8566	702	湖里区	11145	1183	松溪县	1649	161
其他企业	24167	2268	集美区	4245	401	政和县	171	14
港、澳、台商投资企业	13349	890	同安区	8988	1039	邵武市	1278	153
合资经营企业(港或澳、台资)	12860	867	翔安区	6686	915	武夷山市	1179	142
合作经营企业(港或澳、台资)	6	0	莆田市	6984	282	建瓯市	5410	161
港、澳、台商独资经营企业	484	22	城厢区	690	212	建阳市	2443	77
港、澳、台商投资股份有限公司			涵江区	2420	46	龙岩市	22276	2791
外商投资企业	10455	631	荔城区	12	1	新罗区	1086	110
中外合资经营企业	1504	26	秀屿区	3800	20	长汀县	5271	538
中外合作经营企业	38	5	仙游县	62	4	永定县	471	62
外资企业	5545	388	三明市	44656	2949	上杭县	169	7
外商投资股份有限公司	3369	213	梅列区	8481	686	武平县	11078	1632
按控股情况分			三元区	2298	125	连城县		
国有控股	311976	15110	明溪县	1938	183	漳平市	4201	442
集体控股	39488	3730	清流县	2015	185	宁德市	29760	3173
私人控股	241539	20997	宁化县	4303	301	蕉城区	3101	227
港澳台商控股	5253	471	大田县	5707	291	霞浦县	19450	2431
外商控股	7211	479	尤溪县	2947	103	古田县	440	28
其他	57113	5232	沙县	2803	256	屏南县		
			将乐县	1481	172	寿宁县	1474	146
			泰宁县	7884	394	周宁县	26	1
			建宁县	318	27	柘荣县	500	50
			永安市	4483	225	福安市	1283	180
						福鼎市	3486	110

5-155　资质外建筑业企业资本及构成情况

单位：万元

项　　目	所有者权益合计	实收资本	国家资本	集体资本	法人资本	个人资本	港澳台资本	外商资本
总　　计	**1326037**	**1058971**	**184943**	**35674**	**210176**	**591783**	**11266**	**25129**
按建筑业行业中类分								
房屋和土木工程建筑业	911494	664785	166009	24880	113988	353494	2921	3494
房屋工程建筑	262615	237724	17335	10410	48939	157726	871	2444
土木工程建筑	648879	427061	148674	14471	65049	195768	2050	1050
建筑安装业	132059	119432	1163	3573	23328	69062	2006	20301
建筑装饰业	112633	124219	953	1806	29458	86265	4540	1198
其他建筑业	169851	150535	16819	5416	43402	82963	1799	136
工程准备	48057	43216	11198	746	10786	20386	100	
提供施工设备服务	18802	15873	2258	3200	2868	7101	447	
其他未列明的建筑活动	102992	91446	3363	1470	29749	55476	1252	136
按登记注册类型分								
内资企业	1237733	976670	184593	34474	207839	541708	5903	2153
国有企业	79893	70804	45748	5400	15072	4585		
集体企业	20926	17561	436	9234	5978	1913		
股份合作企业	8512	8196	860	210	3988	3138		
联营企业	13961	14121	3127	9629	450	915		
国有联营企业	3193	3227	3127			100		
集体联营企业	10742	10789		9629	350	810		
国有与集体联营企业	-33							
其他联营企业	59	105			100	5		
有限责任公司	184297	169590	25373	4984	48204	88900		2130
国有独资公司	28752	22800	11000		11800			
其他有限责任公司	155545	146790	14373	4984	36404	88900		2130
股份有限公司	364150	186901	96529	2121	21044	65826	1381	
私营企业	528890	477361	1220	2297	105109	364190	4522	23
私营独资企业	47752	44266		836	12762	30465	203	
私营合伙企业	72959	49547		80	5907	43560		
私营有限责任公司	388181	364993	1100	1381	81421	276799	4269	23
私营股份有限公司	19999	18554	120		5019	13365	50	
其他企业	37105	32137	11300	600	7995	12242		
港、澳、台商投资企业	59338	58370	350	1200	462	50075	5183	1100
合资经营企业(港或澳、台资)	55229	53854	350	1200	362	50075	767	1100
合作经营企业(港或澳、台资)	71							
港、澳、台商独资经营企业	4038	4516			100		4416	
港、澳、台商投资股份有限公司								
外商投资企业	28966	23931			1875		180	21875
中外合资经营企业	1284	2792			400			2392
中外合作经营企业	128	214						214
外资企业	16312	9972					180	9792
外商投资股份有限公司	11242	10952			1475			9477
按控股情况分								
国有控股	520527	322958	168691	8116	29835	116242	75	
集体控股	51088	45265	2016	21406	14711	7132		
私人控股	575155	531304	7330	2823	121407	395149	4572	23
港澳台商控股	12273	10510	333	1200	462	1030	6435	1050
外商控股	19840	15575			400	596		14579
其他	147154	133360	6573	2129	43362	71634	184	9477
按隶属关系分								
中央	15242	9817	2213	5000	1718	886		
省	371732	195717	101414	2507	8705	71822		11269
设区市	151206	147332	21483	2826	49294	65100	6278	2352

5-155　续表 1

单位：万元

项　　目	所有者权益合计	实收资本	国家资本	集体资本	法人资本	个人资本	港澳台资本	外商资本
县(区、市)	186364	150115	32836	7787	49963	56675	1403	1450
街道	16397	17271	3527	2423	3026	7794		500
镇	15878	15593		1923	2532	11088	50	
乡	9260	7936	1050	499	863	5525		
居委会	1028	696	3	101	62	530		
村委会	2911	2731	9	509	455	1758		
其他	556021	511765	22408	12098	93558	370606	3536	9558
按市县分								
福州市	524449	335884	112348	5269	45079	153440	3882	15865
鼓楼区	418188	243299	100270	1659	21747	101388	3022	15213
台江区	14025	14762	2450	182	3414	8665		50
仓山区	11099	9125	1619	944	2083	4476		2
马尾区	13220	13591	800	652	3731	8318	90	
晋安区	51881	39969	1050	418	12371	24760	770	600
闽侯县	5505	5505	5000	490	10	5		
连江县	772	654			10	644		
罗源县	106	228			30	198		
闽清县	1081	1011	600			411		
永泰县	1146	1128	59			1069		
平潭县	1959	1808	500	88		1220		
福清市	330	330				330		
长乐市	5137	4475		836	1683	1956		
厦门市	184143	179816	4930	2921	46509	120482	1383	3591
思明区	104322	103213	4890	1042	21350	74012	561	1358
海沧区	16405	20314		86	4047	13828	120	2233
湖里区	28269	30314	40	50	9773	19798	652	
集美区	6368	6018		200	345	5473		
同安区	16573	11237		1455	6170	3612		
翔安区	12206	8721		88	4824	3759	50	
莆田市	9447	8051	2273	669	1798	3311		
城厢区	1796	1690		201	794	695		
涵江区	949	886	23	418	253	191		
荔城区	805	805				805		
秀屿区	5267	4050	2250	50	750	1000		
仙游县	629	621			1	620		
三明市	61996	53556	8859	1305	6065	37327		
梅列区	7629	7352		323	539	6491		
三元区	3968	2317	91	54		2172		
明溪县	1000	458	75	20		363		
清流县	3075	2721		10		2711		
宁化县	2324	2299		104		2195		
大田县	6523	6291	55	257	5526	454		
尤溪县	3411	2320				2320		
沙　县	13596	10072	8470	458		1144		
将乐县	1702	1635	168			1467		
泰宁县	12700	12700				12700		
建宁县								
永安市	6069	5392		80		5312		
泉州市	268999	240585	17898	11084	72381	132974	647	5603
鲤城区	22164	21756	300		17100	4356		
丰泽区	130408	122091	8348	6368	21963	85213	200	

5-155 续表 2

单位：万元

项　　目	所有者权益合计	实收资本						
			国家资本	集体资本	法人资本	个人资本	港澳台资本	外商资本
洛江区	5026	4629				4629		
泉港区	70331	53639	8150	4150	22898	12392	447	5603
惠安县	11644	11085		566	5915	4604		
安溪县	788	788				788		
永春县	464	458			300	158		
德化县	1083	1081	980			101		
石狮市	9764	9729	120		3304	6305		
晋江市	16063	14206			793	13413		
南安市	1264	1123			108	1015		
漳州市	90606	81504	16939	1242	10982	49342	3000	
芗城区	41619	35629	15920		1992	15617	2100	
龙文区	14097	14022	500		4204	9318		
云霄县	552	633		233	360	40		
漳浦县	3010	2655	315	848	421	1071		
诏安县	121	120				120		
长泰县	1245	1060				1060		
东山县	1535	1468	204	72		1193		
南靖县	956	598				598		
平和县	4030	3861			3000	861		
华安县	20	20		20				
龙海市	23421	21438		68	1005	19465	900	
南平市	37169	35560	1303	2265	8752	20816	2354	70
延平区	16135	16058	911	66	5982	7715	1384	
顺昌县	728	671	3	151	50	467		
浦城县	1608	1608	80	272		1256		
光泽县	3582	3508	250	28		3230		
松溪县	361	253	30		100	23	100	
政和县	159	159	13			147		
邵武市	2348	2073	2	167	1665	238		
武夷山市	1626	1313			323	990		
建瓯市	5855	5852	8	30	504	4440	870	
建阳市	4768	4068	6	1552	128	2312		70
龙岩市	77987	55274	3353	1165	6115	44641		
新罗区	9817	9797	55			9742		
长汀县	10197	9370	2298	1000	5044	1028		
永定县	1842	1649		165	1	1483		
上杭县	2774	2774				2774		
武平县	49066	27573				27573		
连城县								
漳平市	4291	4111	1000		1070	2041		
宁德市	71243	68741	17040	9755	12497	29450		
蕉城区	6190	7075	80	105	1690	5200		
霞浦县	43272	43253	16410	9430	7800	9613		
古田县	1972	1296	500	70	260	466		
屏南县								
寿宁县	13410	13408			1912	11497		
周宁县	57	57				57		
柘荣县	250	250		150		100		
福安市	1171	640	50		100	490		
福鼎市	4920	2763			735	2028		

5-156　资质外建筑业企业经营情况

单位：万元

项　　目	营业收入	主营业务收入	营业成本	主营业务成本	营业利润	主营业务利润	营业务税金及附加	营业、管理、财务费用合计	税金	职工工资和福利费
总　　计	**1616225**	**1606122**	**1107002**	**1094452**	**225919**	**434575**	**64416**	**226235**	**7758**	**268207**
按建筑业行业中类分										
房屋和土木工程建筑业	946696	943672	634541	631931	154833	269695	37531	123541	4710	140244
房屋工程建筑	450434	450156	320533	320066	47403	109792	18829	64584	1727	67704
土木工程建筑	496262	493516	314008	311864	107430	159903	18702	58957	2982	72540
建筑安装业	214158	209523	154603	147047	16954	50741	6989	36951	800	37116
建筑装饰业	157731	156633	115415	114824	15382	33843	7086	20199	782	31648
其他建筑业	297640	296295	202444	200650	38749	80297	12810	45544	1467	59199
工程准备	96474	96151	63479	63479	13348	27892	4210	16881	398	21201
提供施工设备服务	13594	13466	8783	8709	1139	4337	477	3377	122	3023
其他未列明的建筑活动	187572	186678	130182	128462	24262	48068	8123	25287	947	34976
按登记注册类型分										
内资企业	1580513	1570766	1083457	1071098	222395	423829	63376	218672	7573	261432
国有企业	220900	220669	154211	153100	29361	57323	7559	30217	782	27305
集体企业	48908	48749	32750	32466	5543	13480	2246	8562	292	9322
股份合作企业	19101	19101	11466	11445	3341	6411	971	3382	126	4048
联营企业	9491	9491	4912	4912	1163	4280	449	3161	33	1825
国有联营企业	710	710	400	400	42	310	150	268		46
集体联营企业	7298	7298	4358	4358	1145	2706	234	1605	33	1377
国有与集体联营企业	660	660	37	37	-34	603	19	637		158
其他联营企业	823	823	116	116	10	661	46	650		244
有限责任公司	309796	306558	228703	223896	28992	65825	12152	40958	1070	46655
国有独资公司	26235	26210	18728	18728	3552	6912	572	3382	68	2945
其他有限责任公司	283562	280348	209974	205168	25441	58913	11581	37576	1002	43710
股份有限公司	106321	106048	38741	38452	48582	63866	3672	15431	86	10203
私营企业	782005	776173	558159	552354	88103	187907	31466	109051	4887	144723
私营独资企业	125884	125481	78850	78539	22291	41120	6240	19246	893	23400
私营合伙企业	130026	130017	90915	90862	19081	34217	4726	15356	1391	25266
私营有限责任公司	496593	491240	366781	362174	43843	106108	19323	70050	2512	90328
私营股份有限公司	29502	29435	21613	20780	2889	6462	1177	4398	91	5730
其他企业	83991	83976	54516	54472	17310	24738	4861	7910	298	17351
港、澳、台商投资企业	14801	14501	11565	11373	1367	2519	392	1519	34	1957
合资经营企业(港或澳、台资)	13202	13202	10972	10784	906	1907	279	1036	30	1753
合作经营企业(港或澳、台资)										4
港、澳、台商独资经营企业	1599	1299	593	590	462	612	113	482	4	200
港、澳、台商投资股份有限公司										
外商投资企业	20911	20856	11980	11980	2156	8227	648	6045	150	4818
中外合资经营企业	522	522	327	327	30	177	17	149	6	155
中外合作经营企业	221	221	185	185	-13	24	12	37		9
外资企业	17634	17579	9432	9432	2008	7549	598	5508	93	4526
外商投资股份有限公司	2534	2534	2037	2037	131	477	21	350	52	128
按控股情况分										
国有控股	395136	394635	243587	242221	86782	136096	14248	51739	1004	45721
集体控股	107547	106221	68467	67769	13438	33965	4223	21291	413	21748
私人控股	874230	867000	634129	627446	93709	199743	34750	117452	5092	162178
港澳台商控股	9314	9014	4711	4520	1505	3849	407	2673	140	1921
外商控股	18459	18403	10069	10069	2089	7696	638	5586	98	4900
其他	211539	210849	146039	142427	28397	53226	10150	27494	1011	31739
按隶属关系分										
中央	102330	102206	77914	76981	6658	21984	2409	15355	161	10461
省	151970	151531	77107	76384	49858	68290	5748	19424	304	12936

5-156 续表 1 单位：万元

项目	营业收入	主营业务收入	营业成本	主营业务成本	营业利润	主营业务利润	营业务税金及附加	营业、管理、财务费用合计	税金	职工工资和福利费
设区市	190977	186951	138348	135348	15417	43484	7195	30430	741	30510
县(区、市)	324809	323464	200794	199898	50612	106680	14171	62232	2025	63864
街道	15144	15099	12201	12193	157	2093	680	2165	32	3034
镇	33503	33489	21038	21038	6433	11053	1339	4883	293	6945
乡	12833	12833	7104	7104	2587	5143	590	2564	115	2750
居委会	2793	2793	2245	2245	141	448	100	307	7	408
村委会	10274	10274	7846	7811	1573	1907	570	426	70	2395
其他	771594	767484	562406	555451	92483	173493	31617	88450	4010	134903
按市县分										
福州市	298872	296405	193509	189986	60481	90754	13293	32807	826	38718
鼓楼区	169337	168593	95574	94911	50352	67370	6032	18966	286	13370
台江区	18263	18211	15398	15357	457	2140	701	1799	27	5757
仓山区	8766	8734	6785	6738	375	1505	442	1231	20	843
马尾区	13689	13627	11230	10764	757	1898	626	1066	22	4488
晋安区	69816	68359	48871	47541	7437	15541	4328	7772	360	8359
闽侯县	180	180	73	73	88	104	517	17	5	3392
连江县	6610	6505	6112	6055	104	307	138	245	2	86
罗源县	1135	1135	966	159	23	108	60	86		147
闽清县	3319	3309	2748	2686	93	499	125	408	10	568
永泰县	469	469	265	265	22	193	11	170	3	159
平潭县	3300	3300	2744	2744	194	432	125	238	7	892
福清市	282	282	210	210	20	61	11	41	8	70
长乐市	3706	3700	2535	2485	560	598	177	769	76	586
厦门市	238341	232890	189475	185050	4012	38528	7423	38368	417	43038
思明区	148488	146184	117197	115448	1539	24648	4413	25563	211	25634
海沧区	15238	15188	10501	10240	719	4338	478	3802	63	3188
湖里区	32502	29522	26220	23953	149	4693	888	5325	47	5006
集美区	12099	11995	11069	10946	-93	630	398	793	40	4270
同安区	10465	10455	7655	7630	779	2412	414	1920	38	1366
翔安区	19549	19546	16833	16833	918	1807	834	965	18	3575
莆田市	2448	2440	1642	1628	232	709	188	494	39	502
城厢区	1355	1355	823	823	60	464	155	399	16	312
涵江区	326	326	239	239	20	69	18	49	12	77
荔城区	15	6	14		-1	0	1	13		12
秀屿区	628	628	475	475	135	143	14	18	9	76
仙游县	125	125	91	91	18	33	0	15	1	24
三明市	157222	157139	111893	111860	19881	37598	7424	20912	647	34500
梅列区	29247	29247	22221	22211	3684	5483	1451	1944	17	7713
三元区	16320	16296	10471	10449	848	4944	767	4237	40	3665
明溪县	9697	9697	7477	7477	1239	1684	536	445	11	2296
清流县	8730	8730	6156	6156	2018	2330	244	437	78	1128
宁化县	16121	16121	12439	12439	2391	2747	935	356	40	3361
大田县	14719	14719	11272	11272	1500	2716	713	3677	171	3599
尤溪县	6913	6913	3738	3738	848	2830	346	1981	1	1708
沙　县	13284	13284	8849	8849	2338	3806	630	1472	11	1819
将乐县	8264	8207	4114	4114	1912	3680	413	1825	6	1055
泰宁县	11304	11304	7064	7064	1442	3916	325	2737	266	1938
建宁县	5214	5214	3095	3095	420	1857	262	1438		1378
永安市	17407	17407	14998	14998	1242	1605	805	363	8	4842
泉州市	519570	519402	339681	339542	72798	158071	19808	87195	2933	82884
鲤城区	8728	8728	4477	4476	2000	3817	429	1815	12	1635

5-156　续表 2　　单位：万元

项　目	营业收入	主营业务收入	营业成本	主营业务成本	营业利润	主营业务利润	营业务税金及附加	营业、管理、财务费用合计	税金	职工工资和福利费
丰泽区	177639	177536	148704	148610	6201	22863	5906	17036	538	15081
洛江区	5712	5707	4651	4651	304	875	190	577	20	593
泉港区	232159	232129	130189	130189	31614	93406	8535	61821	873	53204
惠安县	42882	42882	21005	20978	17880	19235	2671	1435	400	6077
安溪县	16221	16221	5790	5790	7786	7811	678	1409	857	1176
永春县	6354	6354	4739	4739	980	1166	449	186	58	1367
德化县	454	446	327	320	40	87	39	49	1	294
石狮市	11236	11214	7828	7818	1730	2924	584	1244	76	1574
晋江市	16628	16628	10798	10798	4109	5565	265	1456	75	1750
南安市	1557	1557	1174	1174	155	322	61	167	26	133
漳州市	96989	95441	69330	68299	9503	23705	3493	15694	630	18072
芗城区	39084	38734	23149	22769	5026	14470	1495	10078	361	8251
龙文区	5657	5635	5084	5073	194	348	215	165	6	950
云霄县	4699	4551	4141	4044	100	368	166	321	1	1260
漳浦县	7807	7693	4608	4466	707	2933	372	2303	192	1766
诏安县	1452	1452	1367	1367	33	41	43	14		350
长泰县	1878	1878	1215	1215	164	554	109	390	1	375
东山县	3836	2931	2882	2486	623	392	53	414	1	298
南靖县	1587	1577	1169	1165	273	403	12	135	6	298
平和县	3240	3240	2175	2175	357	929	136	569		565
华安县	27	27	16	16	4	10	1	6	0	5
龙海市	27724	27724	23524	23524	2023	3256	892	1299	63	3954
南平市	88746	88403	67431	67350	11163	16975	3844	6220	276	14738
延平区	5367	5331	4470	4438	233	710	200	498	84	974
顺昌县	3896	3896	2727	2677	431	569	267	149	15	1235
浦城县	10081	10081	7314	7314	754	2032	568	1508	7	1261
光泽县	25599	25599	20479	20479	3086	4074	1046	988	46	3256
松溪县	4364	4064	2609	2609	929	1197	259	568		362
政和县	425	425	361	361	25	49	15	26	3	83
邵武市	2753	2753	2044	2044	264	567	143	307	21	825
武夷山市	12307	12307	7294	7294	3729	4596	718	703	28	667
建瓯市	11390	11390	9517	9517	1395	1697	176	302		2932
建阳市	12565	12558	10618	10618	317	1486	454	1171	72	3144
龙岩市	105174	105174	68419	65207	23425	28622	5306	9286	1591	15069
新罗区	3012	3012	2229	2229	-37	644	139	685	24	712
长汀县	29277	29277	17095	17095	8746	10399	2522	1991	250	1748
永定县	8685	8685	7324	4131	729	1274	87	574	44	817
上杭县	502	502	284	265	111	125	93	13	0	81
武平县	49526	49526	34572	34572	10927	13420	1535	2493	1239	9658
连城县										
漳平市	14172	14172	6916	6916	2949	2761	930	3530	34	2055
宁德市	108864	108829	65623	65530	24423	39613	3637	15261	399	20686
蕉城区	4949	4949	3618	3618	353	1181	150	827	40	1211
霞浦县	62382	62347	41011	41011	13970	19499	1837	5597	160	10449
古田县	2269	2269	1731	1731	318	445	94	127	12	502
屏南县										
寿宁县	32754	32754	15557	15557	8351	15874	1323	7523	161	7079
周宁县	117	117	79		10	32	5	25	2	25
柘荣县	1464	1464	811	811	149	582	70	433	15	297
福安市	2759	2759	1199	1185	1027	1541	63	514		456
福鼎市	2171	2171	1617	1617	245	459	95	213	10	665

5-157 总承包和专业承包建筑业企业主要指标

(2004年、2008年)

项　目	单位	2008年	2004年	2008年比2004年增长(%)
企业个数	个	2098	1680	25.0
有工作量企业个数	个	2003	1601	25.1
签订的合同额	亿元	3217.93	1054.50	205.2
建筑业总产值	亿元	1852.74	671.63	175.9
装饰装修产值	亿元	95.47	41.64	129.3
在外省完成的产值	亿元	583.13	140.70	314.5
建筑工程产值	亿元	1655.42	577.27	186.8
安装工程产值	亿元	155.13	72.05	115.3
其他产值	亿元	42.19	22.32	89.1
竣工产值	亿元	1243.69	466.57	166.6
房屋建筑施工面积	万平方米	20028.29	7587.15	164.0
房屋建筑竣工面积	万平方米	7637.76	3587.05	112.9
计算建筑业劳动生产率的平均人数	万人	142.18	57.00	149.4
年末从业人数	万人	125.86	53.86	133.7
资产总计	亿元	1253.10	641.72	95.3
固定资产	亿元	202.85	112.67	80.0
流动资产	亿元	982.78	486.21	102.1
负债合计	亿元	750.27	393.05	90.9
流动负债	亿元	727.75	383.23	89.9
长期负债	亿元	22.52	9.83	129.2
工程结算收入	亿元	1775.25	632.30	180.8
工程结算成本	亿元	1590.35	568.66	179.7
工程结算税金及附加	亿元	67.71	22.23	204.6
工程结算利润	亿元	109.55	39.54	177.1
利润总额	亿元	51.92	15.70	230.7
建筑业企业增加值	亿元	577.62	133.05	334.1

5-158　劳务分包建筑业企业主要指标

(2004年、2008年)

项　　目	单位	2008年	2004年	2008年比2004年增长(%)
企业个数	个	300	102	194.1
有工作量企业个数	个	237	85	178.8
建筑业总产值	亿元	68.52	7.71	788.3
计算建筑业劳动生产率的平均人数	万人	29.43	3.94	647.0
年末从业人数	万人	28.04	4.59	511.2
资产总计	亿元	21.39	3.18	573.1
固定资产原价	亿元	3.40	0.72	364.6
负债合计	亿元	15.65	1.87	736.5
工程结算收入	亿元	64.45	7.11	807.0
工程结算成本	亿元	62.73	6.80	822.3
工程结算税金及附加	亿元	1.30	0.12	995.7
工程结算利润	亿元	0.37	0.03	1016.7
利润总额	亿元	0.48	0.01	5389.0
建筑业企业增加值	亿元	55.73	4.99	1016.8

5-159　资质外建筑业企业主要指标

(2004年、2008年)

项　　目	单位	2008年	2004年	2008年比2004年增长(%)
企业个数	个	3578	1714	108.8
建筑业总产值	亿元	160.67	31.4	411.7
装饰装修产值	亿元	13.4	4.93	171.8
建筑工程产值	亿元	113.2	13.56	734.8
安装工程产值	亿元	23.97	8.45	183.7
其他产值	亿元	23.5	9.39	150.3
竣工产值	亿元	80.9	15.83	411.1
房屋建筑施工面积	万平方米	870.3	75.99	1045.3
房屋建筑竣工面积	万平方米	296.84	30.58	870.7
计算建筑业劳动生产率的平均人数	万人	8.1	4.31	87.9
年平均从业人数	万人	10.39	4.34	139.4
资产总计	亿元	132.6	77.81	70.4
固定资产原价	亿元	66.26	12.14	445.8
工程结算收入	亿元	161.62	29.6	446.0
工程结算成本	亿元	110.7	25.05	341.9
工程结算税金及附加	亿元	6.44	0.98	557.1
营业利润	亿元	22.59	0.52	4244.2

附　录

主要指标解释

主要指标解释

一、工业、能源

工业：工业是从事自然资源的开采，对采掘品及农产品进行加工和再加工的物质生产部门。工业生产活动主要包括：

1. 对自然资源的开采，如采矿、晒盐等，但不包括禽兽捕猎和水产捕捞；

2. 对农副产品的加工、再加工，如粮油加工、食品加工、轧花、纺织等；

3. 对采掘品的加工、再加工，如冶金加工、石油加工、化学加工，以及电力、自来水、煤气的生产和供应业；

4. 对工业品的修理、翻新，如机器设备的修理、交通运输工具的修理。拆船业也是工业生产活动，它是对废旧船舶的拆解、整理、恢复废旧钢材等的使用价值。但不包括对日用工业品的修理。

规模以上工业：指年主营业务收入500万元及以上的工业法人企业。

规模以下工业：指年主营业务收入500万元以下工业的法人企业。

登记注册类型：以企业在工商行政管理部门登记时（营业执照）上所填列的类型为准，主要划分为国有企业、集体企业、股份合作企业、联营企业、有限责任公司、股份有限公司、私营企业、其他内资企业、与港澳台商合资经营企业、与港澳台商合作经营企业、港澳台商独资经营企业、港澳台商投资股份有限公司、中外合资经营企业、中外合作经营企业、外资企业、外商投资股份有限公司、个体户等。

行业类别：指以产品经济用途、使用原材料、生产工艺性质为标志，对工业生产活动进行分类。现行工业统计执行《国民经济行业类别和代码 GB/T2002》中关于工业行业分类和代码的规定。这个规定把工业行业分为3个门类，40个大类，97个中类，607个小类。其中工业行业小类是整个分类的基础。

重工业：指提供生产资料的工业，是为国民经济各部门提供物资技术基础的工业。按其生产性质和产品用途，可分为三类：一是采掘(伐)工业，是对自然资源的开采，包括石油开采、煤炭开采、金属矿开采、非金属矿开采等工业；二是原材料工业，指向国民经济各部门提供基本材料、动力和燃料的工业，包括金属冶炼及加工、炼焦及焦炭化学、化工原料、水泥、人造板以及电力、石油和煤炭加工等工业；三是加工工业，是指对工业原材料进行再加工制造的工业。包括装备国民经济各部门的机械设备制造工业、金属结构、水泥制品等工业，以及为农业提供的生产资料如化肥、农药等工业。修理业中以重工业产品为修理作业对象的也划为重工业。

轻工业：指提供生活消费品和制作手工工具的工业，是为满足人们吃、穿、用需要的工业。按其所使用的原料不同，可分为两大类：一是以农产品为基本原料的轻工业，是指直接或间接以农产品为原料的轻工业。主要包括食品制造、饮料制造、烟草加工、纺织、缝纫、皮革和毛皮制作、造纸以及印刷等工业。二是以非农产品为原料的轻工业，是指以工业品为原料的轻工业。主要包括文教体育用品、化学药品制造、合成纤维制造、日用化学制品、日用玻璃制品、日用金属制品、手工工具制造、医疗器械制造、文化和办公用机械制造等工业。修理业中以轻工业产品为修理作业对象的也划为轻工业。

轻、重工业的划分，是在工业行业分类的基础上，以工业行业中的细分类为划分对象，而不是把企业作为划分对象的。例如，把行业细分类中“锅炉制造业”全部划为重工业，把“机制纸及纸板制造业”全部划为轻工业。

大型企业：指符合职工人数在2000人及以上、年销售额30000万元及以上、资产总额40000万元及以上三个条件并存的工业法人企业。

中型企业：指符合职工人数在300人及以上、年销售额3000万元及以上、资产总额4000万元及以上三个条件并存，且不符合大型企业划分标准的工业法人企业。

小型企业：指职工人数在300人以下、或者年销售额3000以下、或者资产总额4000以下的工业法人企业。

工业总产值（当年价格）：指工业企业在本年内生产的以货币形式表现的工业最终产品和提供工业劳务活动的总价值量。包括三部分：生产的成品价值、对外加工费收入、自制半成品在制品期末期初差额价值。

1. 成品价值：指企业在本年内生产，并在本年内不再进行加工，经检验合格、包装入库的已经销售和准备销售的全部工业成品（包括半成品）价值合计。成品价值中包括企业生产的自制设备及提供给本企业在建工程、其他非工业部门和生活福利部门等单位使用的成品价值，但不包括用订货者来料加工的成品（半成品）价值。

成品价值按成品实物量乘以本年不含应交增值税（销项税额）的产品实际销售平均单价计算。会计核算中按成本价格转帐的自制设备和自产自用的成品，按成本价格计算生产成品价值。

2. 对外加工费收入：指企业在报告期内完成的对外承做的工业品加工（包括用订货者来料加工生产）的加工费收入和对外工业品修理作业所收取的加工费收入和对内非工业部门提供的加工修理、设备安装等收入。对外加工费收入按不含应交增值税（销项税额）的价格计算。

3．自制半成品在制品期末期初差额价值。为了使工业总产值与工业中间投入中的物耗价值一致，以便同口径地计算工业增加值，规定本指标的计算原则是：凡是企业会计产品成本核算中计算半成品、在制品成本，则工业总产值中必须包括自制半成品在制品期末期初差额价值。反之则不包括。

工业销售产值（当年价格）：是以货币形式表现的，工业企业在本年内销售的本企业生产的工业产品或提供工业性劳务价值的总价值量。包括的内容为：

1．销售成品价值：指企业在报告期内实际销售（包括本期生产和非本期生产）的全部成品、半成品的总价值，即按报告期产品的实际销售数量乘以不含增值税（销项税额）的产品实际销售平均单价计算。销售成品价值中包括企业生产的自制设备及提供给本企业在建工程、其他非工业部门和生活福利部门等单位使用的成品价值，但不包括用订货者来料加工，并且只收取加工费的成品（半成品）价值。

2．对外加工费收入：指企业在报告期内完成的对外承接的工业品加工（包括用定货者来料加工的产品）的加工费收入；对外工业品修理作业可收取的加工费收入和对内非工业部门提供的加工修理、设备安装等收入。对外加工费收入按不含增值税（销项税额）的价格计算。

出口交货值：指工业企业交给外贸部门或自营（委托）出口（包括销往香港、澳门、台湾），用外汇价格结算的产品价值，以及外商来样、来料加工、来件装配和补偿贸易等生产的产品价值。在计算出口交货值时，要把外汇价格按交易时的汇率折成人民币计算。

存货：指企业在日常生产经营过程中持有以备销售，或者仍然处在生产过程，或者在生产或提供劳务过程中将消耗的材料或物资等，包括各类材料、商品、在产品、半成品、产成品等。

流动资产合计：指企业可以在一年内或者超过一年的一个生产周期内变现或者耗用的资产，包括现金及各种存款、短期投资、应收及预付款项、存货等。

应收账款：指企业因销售商品、产品、提供劳务等，应向购货单位或接受劳务单位收取款项。

产成品：指企业报告期末已经加工生产并完成全部生产过程，可以对外销售的制成产品。

流动资产年平均余额：指企业在报告期内全部流动资产的平均余额。计算公式为：

$$\text{流动资产年平均余额}=\frac{\text{1至12月各月流动资产平均余额之和}}{12}$$

固定资产合计：指企业使用期限超过一年的房屋、建筑物、机器、机械、运输工具以及其他与生产、经营有关的设备、器具、工具等。不属于生产经营主要设备的物品，单位价值在2000元以上，并且使用年限超过2年的，也应当作为固定资产。

固定资产原价：指企业在购置、自行建造、安装、改建、扩建、技术改造某项固定资产时所支出的全部支出总额。

固定资产折旧：指对固定资产由于磨损和损耗而转移到产品中去的那一部分价值的补偿。一般根据固定资产原价（选用双倍余额递减法计提折旧的企业，为固定资产帐面净值）和确定的折旧率计算。“累计折旧”：指企业在报告期末提取的历年固定资产折旧累计数。

固定资产净值年平均余额：固定资产净值指固定资产原价减去累计折旧后的净额，其平均余额指报告期内余额的平均数。计算公式为：

$$\text{固定资产净值年平均余额}=\frac{\text{1至12月各月固定资产净值平均余额之和}}{12}$$

资产总计：指企业拥有或控制的能以货币计量的经济资源，包括各种财产、债权和其他权利。资产按其流动性（即资产的变现能力和支付能力）划分为：流动资产、长期投资、固定资产、无形资产、递延资产和其他资产。

流动负债合计：指企业在一年内或超过一年的一个营业周期内需要偿还的债务，包括短期借款、应付票据、应付账款、预收账款、应付工资、应交税金、应付利润、预提费用等。

应付账款：指因购买材料、商品或接受劳务供应等而发生的债务。它是买卖双方在购销活动中由于取得物资与支付货款在时间上不一致而产生的负债。

长期负债合计：指企业偿还期在一年以上或者超过一年的一个营业周期以上的债务，包括长期借款、长期应付款、应付债券等。

负债合计：指企业所承担的能以货币计量，将以资产或劳务偿付的债务，偿还形式包括货币、资产或提供劳务。负债一般按偿还期长短分为流动负债和长期负债。

所有者权益合计：所有者权益是指所有者在企业资产中享有的经济利益，它等于企业资产减去负债后的余额。包括实收资本（或股本）、资本公积、盈余公积和未分配利润等。

实收资本：指投资者按照企业章程，或合同、协议的约定，实际投入企业的资本。企业实收资本按照投资主体划分为国家资本、集体资本、法人资本、个人资本、港澳台资本和外商资本六种。

国家资本：指有权代表国家投资的政府部门或机构以国有资产投入企业形成的资本。不论企业的资本是哪个政府部门或机构投入的，只要是以国家资金进行投资的，均作为国家资本。

集体资本：指劳动群众集体所有的资产实际投人企业形成的资本。

法人资本：指我国具有法人资格的单位以其依法可以支配的资产投入企业形成的资本。

个人资本：指我国公民以其合法财产投入企业形成的资本。

港澳台资本：指我国香港、澳门和台湾地区投资者将所有的资产实际投入企业形成的资本。

外商资本：指外国投资者（不包括我国香港、澳门和台湾地区投资者）将所有的资产实际投入企业形成的资本。

营业收入：指企业（单位）在报告期内从事销售商品、

提供劳务及转让资产使用权等日常活动中所形成的总收入，包括主营业务收入和其他业务收入。

主营业务收入：指企业经营主要业务所取得的收入总额。

营业成本：指企业（单位）在报告期内从事销售商品、提供劳务等日常活动发生的各种耗费。

主营业务成本：指企业经营主要业务发生的实际成本。

营业税金及附加：指企业与营业收入有关的，应由各项经营业务负担的税金及附加。

主营业务税金及附加：指企业经营主要业务应负担的营业税、消费税、城市维护建设税、资源税、土地增值税、教育费附加。

主营业务利润：指企业经营主要业务实现的利润。

其他业务收入：是指企业主营业务以外的收入

其他业务利润：指企业经营除主要业务以外的其它业务实现的利润。

营业费用、管理费用和财务费用合计：指企业报告期内营业费用、管理费用、财务费用三项费用的合计。

营业费用：指企业在销售商品过程中发生的各项费用。

管理费用：指企业行政管理部门和企业的董事会为组织和管理企业生产经营活动而发生的各项费用。

财务费用：指企业为筹集生产经营所需资金等发生的费用，包括利息净支出、汇兑净损失（已减汇兑收益）、以及相关的手续费等。

税金：指企业按照规定从管理费用中支付的房产税、印花税、车船使用税和土地使用税。

利息支出：指企业短期借款利息、长期借款利息、应付票据利息、票据贴现利息、应付债券利息、长期应付引进国外设备款利息等利息支出（除资本化的利息外）减去银行存款等的利息收入后的净额。

营业利润：指企业从事生产经营活动所取得的利润，即主营业务收入减主营业务成本和主营业务税金及附加,加上其他业务利润，减去营业费用、管理费用、财务费用后的金额。

投资收益：指企业以各种方式对外投资所取得的收益或发生的损失

补贴收入：指企业实际收到的补贴收入，包括实际收到的先征后返的增值税；企业按销量或工作量等，依据国家规定的补助定额计算并按期给予的定额补贴。

利润总额：指企业在生产经营过程中各种收入扣除各种耗费后的盈余，反映企业在报告期内实现的亏盈总额，包括营业利润、补贴收入、投资净收益和营业外收支净额。

应交所得税：指企业按税法规定，应从生产经营等活动的所得中交纳的税金。

本年应付工资总额：指企业在报告期内支付给本单位职工的全部工资，它反映企业本期累计应付的工资总额。

本年应付福利费总额：指企业在报告期内累计提取的福利费总额，它反映本期应付福利费的全部发生额。

职工工资和福利费：职工工资和福利费包括职工工资总额和职工福利费两部分，是企业为获得职工提供服务而给予的各种形式的报酬以及其他相关支出。

本年应交增值税：指企业按税法规定，从事货物销售或提供加工、修理修配劳务等增加货物价值的活动本期应交纳的税金。指企业在报告期应交增值税额。计算公式为：

本年应交增值税=销项税额-（进项税额-进项税额转出）-出口抵减内销产品应纳税额-减免税款+出口退税

本年进项税额：指工业企业在报告期内购入货物或接受应税劳务而支付的、准予从销项税额中抵扣的增值税额。

本年销项税额：指工业企业在报告期内销售货物或提供应税劳务应收取的增值税额。

资产减值损失：是指企业各项资产发生的减值损失。

公允价值变动收益：指企业应当计入当期损益的资产或负债公允价值变动收益。

全部从业人员年平均人数：指企业单位年内各月平均拥有的人数，其计算公式为：

$$\text{全部从业人员年平均人数}=\frac{\text{1月平均人数}+\text{2月平均人数}+\cdots+\text{12月平均人数}}{12}$$

$$\text{月平均人数}=\frac{\text{月初从业人员数}+\text{月末从业人员数}}{2}$$

工业经济效益综合指数：指现行综合评价工业经济效益总体水平及工业经济运行质量的指数。它是以一组经济效益指标分别除以各项指标的全国标准值，乘以各自的权数，加总后除以总权数求得。其计算公式为：

工业经济效益综合指数 = Σ某项经济效益指标报告期数值该项指标全国标准值 × 权数总权数

全国选择以下七项指标进行评价考核：总资产贡献率；资本保值增值率；资产负债率；流动资产周转率；成本费用利润率；全员劳动生产率；产品销售率，以综合反映工业企业的经营能力、发展能力、偿债能力、产出效率和产销衔接情况。

年末生产能力：一般指产品的综合生产能力，但也有些产品指其主要设备的能力。

产品年末生产能力：指在一个企业范围内生产某种产品的综合平衡能力，是生产某种产品的全部设备(包括主要生产设备、辅助生产设备、起重运输设备、动力设备及有关的厂房和生产用建筑物等)在原材料、燃料动力供应充分，劳动力配备合理，设备正常运转的条件下，可能达到的年生产量。

设备能力：指某种设备的单位时间内可能生产的产品数量，也就是说，某种设备在单位时间内的工作量，即一般所称的设备效率，或设备生产率，它不考虑与其他设备的平衡问题。如棉纺锭、气流纺锭、棉布织机、发电设备容量等。

能源购进量：指能源使用单位在报告期内外购的、用于企业消费的各种一次能源和二次能源。

能源购进量金额：是指本单位在报告期实际购进的、已办理验收入库手续的各种一次能源和二次能源的金额。其金额以购货发票上的总金额(含增值税)计算。

能源消费量：是指能源使用单位在报告期内实际消费的一次能源或二次能源的数量。

工业企业能源消费量：是指工业企业在生产过程中作为

燃料、动力、原料、辅助材料使用的能源以及工艺用能、非生产用能；作为能源加工转换企业，还要包括能源加工转换的投入量。具体包括：

1. 用于本企业产品生产、工业性作业和其他生产性活动的能源。

2. 用于技术更新改造措施、新技术研究和新产品试制以及科学试验等方面的能源。

3. 用于经营维修、建筑及设备大修理、机电设备和交通运输工具等方面的能源。

4. 用于劳动保护的能源。

5. 其他非生产消费的能源。

工业生产能源消费：是指工业企业为进行工业生产活动所使用的能源。主要包括：

1.用于本企业产品生产、工业性作业的能源，包括用作原料、材料、燃料、动力；作为能源加工转换企业，还包括用作加工转换的能源。

2.产品生产过程中作为辅助材料使用的能源。

3.生产工艺过程使用的能源。

4.新技术研究、新产品试制、科学试验使用的能源。

5.为了工业生产活动而在进行的各种修理过程中使用的能源。

6.生产区内的劳动保护用能等。

非工业生产能源消费：是指在工业企业能源消费中，除“工业生产能源消费”以外的能源消费，即非工业生产用能和工业企业附属的不从事工业生产活动的非独立核算单位用能。

能源库存量：是指能源使用企业用于消费的能源库存，即能源消费企业购进的，在报告期某一时点尚未消费的实际结存的商品库存量。

原材料购进量：工业企业本年外购的、用于企业消费的原材料数量。

原材料库存量：指工业企业用于消费的、在报告期的某时间点(年初或年末)所拥有的原材料数量，不包括本企业的产成品库存。

原材料消费量：指工业企业在报告期内实际消费的原材料数量。

原材料工业生产消费：指工业企业从事工业生产所使用的原材料。

工业取水总量：是指工业企业从各种水源提取的，并用于工业生产活动的水量总和，包括自来水、地下水、地表水、海水、苦咸水、经城市污水处理厂处理后回用于工业的水量，以及企业从市场购得的其他水或水的产品(如纯净水、矿泉水、蒸汽、热水、地热水等)。

二、科技

科技活动： 指在自然科学、农业科学、医药科学、工程与技术科学、人文与社会科学领域(简称科学技术领域)中与科技知识的产生、发展、传播和应用密切相关的有组织的活动。为核算科技投入的需要，科技活动可分为科学研究与试验发展(R&D)、科学研究与试验发展成果应用及相关的科技服务三类活动。本报表制度规定，工业企业只统计科学研究与试验发展(R&D)及其成果应用两类活动，即通常讲的技术开发活动。

科学研究与试验发展： 指在科学技术领域，为增加知识总量、以及运用这些知识去创造新的应用进行的系统的创造性的活动，包括基础研究、应用研究、试验发展三类活动。在工业企业开展的科学研究与试验发展(R&D)活动中，较为普遍的和大量的活动属于试验发展活动。

科学研究与试验发展成果应用： 指为使试验发展阶段产生的新产品、材料和装置，建立的新工艺、系统和服务以及作实质性改进后的上述各项能够投入生产或实际应用，解决所存在的技术问题而进行的系统性的工作。这类活动的成果形式大多是可供生产和实际操作的带有技术和工艺参数的图纸、技术标准和操作规范。

微电子控制机器设备原价： 指企业在年末拥有的、利用微电子技术(包括电子计算机、集成电路等)对生产过程进行控制、观察测量、测试等生产机器设备的原价。

科技活动人员：指工业企业在报告年度直接从事(或参与)科技活动、以及专门从事科技活动管理和为科技活动提供直接服务的人员。累计从事科技活动的时间占制度工作时间10%(不含)以下的人员不统计。(1)直接从事(或参与)科技活动的人员包括 工业企业所属的技术开发中心及中试车间(基地)等机构中从事科技活动的研究人员、工程技术人员、技术工人及其它辅助人员；虽不在上述机构工作，但编入科技活动项目组(攻关小组)的人员。(2)专门从事科技活动管理和为科技活动提供直接服务的人员包括 工业企业主管科技工作的负责人，企业科技管理部门(科研管理处、部、科等)的工作人员，直接为科技活动提供资料文献、材料供应、设备维护等服务的人员。不包括保卫、医疗保健、司机、食堂人员、茶炉工、水暖工、清洁工等间接服务人员。

科技活动全时人员： 指企业科技活动人员中在报告年度实际从事科技活动的时间占制度工作时间 90%以上(含90%)的人员。在企业科技管理部门(科研管理处、部、科等)专职从事科技管理工作的人员、企业所属常年有开发任务的科技机构中专职从事科技活动及其管理和直接服务的人员，以及上述人员以外在报告年度主要从事科技项目开发的人员可视作科技活动全时人员。

研究与试验发展人员： 指企业科技活动人员中从事基础研究、应用研究和试验发展三类活动的人员。包括直接参加上述三类项目活动的人员及这类项目的管理和服务人员。研究与试验发展项目的管理和服务人员，可按研究与试验发展(R&D)项目人员占全部科技项目人员的比重计算。

科技活动经费筹集总额： 指企业在报告年度从各种渠道筹集到的计划用于科技活动的经费，包括企业资金、金融机构贷款、政府资金、事业单位资金、国外资金、其他资金等。

科技活动经费支出总额： 指企业在报告年度实际支出

的全部科技活动费用，包括列入技术开发的经费支出以及技措技改等资金实际用于科技活动的支出。不包括生产性支出和归还贷款支出。科技活动经费支出总额分为内部支出和外部支出。

科技活动经费内部支出： 指企业在报告年度用于内部开展科技活动实际支出的费用，包括外协加工费。不包括委托研制或合作研制而支付外单位的经费。科技活动经费内部支出按用途分为科技活动人员劳务费、原材料费、购买与自制设备支出、其他支出。

研究与试验发展经费支出： 指报告年度在企业科技活动经费内部支出中用于基础研究、应用研究和试验发展三类项目以及这三类项目的管理和服务费用的支出。不论何种经费来源，只要实际用于上述三类项目的经费支出都应计算在内。具体计算办法 可将企业全部科技项目中确定为基础研究、应用研究和试验发展三类项目的经费支出加总，再加上按上述三类项目支出占全部科技项目经费支出比重计算分摊的科技管理和服务费用取得。上述三类项目经费支出包括的内容与科技活动经费内部支出按用途分组所列的支出项一致。

新产品开发经费支出： 指报告年度内企业用于新产品研究开发的经费支出。包括研究、设计、模型研制、测试、试验等费用支出。新产品的概念见“新产品工程准备和产出情况”中的有关解释。

用于科研的基建经费支出： 指企业在报告年度为改善科研条件，提高研制开发能力，使用基本建设资金、技措技改等资金进行新建、改建、扩建、购置、安装科研用固定资产、以及进行科研设备改造及大修理等的实际支出。科研与生产共用的基建项目，按企业计划和生产使用安排进行分摊。

科研土建工程支出：指企业用于科研的基建经费支出中购置土地、建造科研楼、中试车间和试验场地，或对现有科研用房和固定设施进行更新改造等的经费支出。

新产品：指采用新技术原理、新设计构思研制、生产的全新产品，或在结构、材质、工艺等某一方面比原有产品有明显改进，从而显著提高了产品性能或扩大了使用功能的产品。本报表中的新产品产值、新产品销售收入、新产品销售利润等指标既包括经政府有关部门认定并在有效期内的新产品，也包括企业自行研制开发，未经政府有关部门认定，从投产之日起一年之内的新产品。

新产品工程准备和试生产费用支出： 指企业为生产新产品、应用新工艺发生的建筑物、机器设备、工装模具等固定资产的购买和建造，以及在生产线上进行试生产的费用支出。

为生产新产品和应用新工艺发生的培训费支出： 指企业为生产新产品、应用新工艺而对有关人员进行的设备使用和维护、工艺规程、质量检测、生产组织和系统管理等的培训费用支出。

新产品试销费用： 指报告年度企业为使新产品顺利进入市场而发生的市场调研、试销展销、广告等费用的支出，不包括建立市场销售网络的费用支出。

全部科技项目数： 指企业在报告年度当年立项并开展研制工作、以前年份立项仍继续进行研制的科技项目数，包括当年完成和年内研制工作已告失败的科技项目，但不包括委托外单位进行研制的科技项目。

限额以上科技项目数： 指全部项目中立项经费在10万（大中型）或5万（小型）的项目。

研究与试验发展项目数： 指企业在报告年度进行的全部科技项目中，属于研究与试验发展的项目数。

专利申请数： 指企业在报告年度内向专利行政部门提出专利申请并被受理的件数。

发明专利申请数： 指企业在报告年度内向专利行政部门提出发明专利申请并被受理的件数。

拥有发明专利数： 指企业作为专利权人在报告年度拥有的、经国内外专利行政部门授权且在有效期内的发明专利件数。

三、建筑业

签订的合同额：指建筑业企业在报告期直接同建设单位签订合同的总价款和以前年度同建设单位签订合同的未完工程跨入本年度继续施工工程合同的总价款余额。

上年结转合同额：指以前年度同建设单位签订合同的未完工程跨入本年度继续施工工程合同的总价款余额。

本年新签合同额：指建筑业企业在报告期内同建设单位直接新签订的各种国内工程合同的总价款，不包括与其他建筑业企业新签的分包合同额。

直接从建设单位承揽工程完成的产值：指总承包企业或专业承包企业直接与建设单位(业主)签订的承包合同(包括报告期及以往年度签订的合同，不包括无效合同和中途解除的合同)，在报告期内完成的工程总值。包括企业向其他专业承包企业或劳务分包企业分包出去的工程所完成产值，还包括分包企业缴纳的管理费。

自行完成施工产值：指总承包企业或专业承包企业直接与建设单位(业主)签订的总承包合同或专业承包合同中，自行完成的工程总值。包括总承包企业和专业承包企业自行完成的工作量和分包企业缴纳的管理费。

分包出去工程的产值：指专业承包企业或劳务分包企业与总承包企业或专业承包企业签订的专业承包或劳务分包合同中在报告期所完成的产值。分包企业如果是一个独立核算的经济实体，其完成的产量产值，不包括在总承包企业或专业承包企业自行完成产值中。

在当前建筑市场中，还有一些零散的建筑业包工队(组)以小包工队形式从建筑施工企业分包部分“单位工程”或“分部工程”，这些包工队(组)并不具备填报国家统计报表的条件，其完成的产量产值均应由总承包企业或专业承包企业填报。为了保持相关数据的一致性，包工队(组)参与施工的人数也应统计在总承包企业或专业承包企业的人数内。

从建设单位以外承揽工程完成的产值：指总承包企业或

专业承包企业从其他总承包企业或专业承包企业处承揽工程而完成的产值。不包括总承包企业或专业承包企业从建设单位承揽工程中自行完成的产值和分包企业缴纳的管理费。

建筑业总产值: 建筑业总产值是以货币表现的建筑业企业在一定时期内生产的建筑业产品和服务的总和。建筑业总产值包括建筑工程产值、安装工程产值和其他产值三部分内容。

建筑工程产值: 指列入建筑工程预算内的各种工程价值，包括:

a.各种房屋如厂房、仓库、办公室、住宅、商店、学校、医院、俱乐部、食堂、车库、招待所等房屋建筑，按照当前预算制度规定，列入房屋工程预算内的暖气、卫生、通风、照明、煤气等设备价值及其装饰油漆工程，以及列入建筑工程预算内的各种管道(如蒸汽、压缩空气、石油、给排水等管道)，电力、电讯电缆导线的敷设等工程。

b.设备基础、支柱、操作平台、梯子、烟囱、凉水塔、水池、灰塔等建筑工程，炼焦炉、裂解炉、蒸汽炉等各种窑炉的砌筑工程及金属结构工程。

c.为施工而进行的建筑场地的布置，工程地质勘探，原有建筑物和障碍物的拆除及平整土地，施工临时用水、电、汽、道路工程，以及完工后建筑场地的清理，环境绿化工作等。

d.矿井的开凿、井巷掘进延伸、露天矿的剥离、石油、天然气钻井工程和铁路、公路、港口、桥梁等工程。

e.水利工程，如水库、堤坝、灌渠以及河道整治等工程。

f.防空、地下建筑等特殊工程。

g.装饰装修工程。

安装工程产值: 指设备安装工程价值，包括:

a.生产、动力、起重、运输、传动和医疗、实验等各种需要安装设备的装配和安装与设备相连的工作台、梯子、栏杆等装设工程，附属于被安装设备的管线敷设工程、被安装设备的绝缘、防腐、保温、油漆等工作。

b.为测定安装工作质量，对单个设备、系统设备进行单机试运和系统联动无负荷试运工作。在设备安装产值中，不得包括被安装设备本身价值。

其他产值: 建筑业总产值中除建筑工程、安装工程以外的产值。包括房屋构筑物修理产值、非标准设备制造产值、总包企业向分包企业收取的管理费以及不能明确划分的施工活动所完成的产值。

房屋构筑物修理产值: 指房屋和构筑物的修理所完成的产值，但不包括被修理房屋、构筑物本身价值和生产设备的修理价值。

非标准设备制造产值: 指加工制造没有定型的非标准生产设备的加工费和原材料价值(如化工厂、炼油厂用的各种罐、槽，矿井生产统一使用的各种漏斗、三角槽、阀门等)以及附属加工厂为本企业承建工程制作的非标准设备的价值。

装饰装修产值: 包括装饰、装修两部分产值。装修装饰指对新旧房屋及建筑物进行的内外装修装饰; 对新建房屋及建筑物经过施工后，尚未完全达到使用标准，而进行的二次装修装饰; 以及对原有房屋经使用若干年后进行的二次内外装饰。包括抹灰、门窗、玻璃、吊顶、隔断、饰面板(砖)、涂料、裱糊、刷浆、花饰等。

在外省完成的产值: 指建筑业企业在其他省份施工所完成的建筑业产值。

竣工产值: 一般是以单位工程为对象，当该工程按照设计所规定的工程内容全部完成，达到了设计规定的交工条件，经有关部门检查验收鉴定合格的单位工程价值，即为竣工产值。竣工产值包括范围应是报告期内竣工单位工程从开工到竣工的全部自行完成的价值，如果一个单位工程跨两个年度施工，其竣工价值应当包括上年度完成的价值。有些大型单位工程，如大型厂房、高级宾馆、各种管道、公路、铁路等，能够分跨、分层、分段施工并按合同规定，能够分开交付使用的，可以分开计算竣工产值。竣工产值不包括附属辅助企业或内部核算的其他单位为外单位生产和服务的价值。

房屋建筑面积: 指房屋全部平面面积的总和。它从房屋的外墙线算起，包括可供使用的有效面积和墙柱等结构占用面积。多层房屋按各层(包括地下室)面积总合计算。旧房加层或改造，只计算增加的建筑面积; 旧房拆除重建，计算其全部面积; 临时房屋不计算建筑面积。

(1)房屋建筑面积的计算范围包括:

a.单层建筑物不论其高度如何均按一层计算，其建筑面积按建筑物外墙勒脚以上的外围水平面积计算，单层建筑物内如带有部分楼层者，亦应计算建筑面积。

b.高低联跨的单层建筑物，也需分别计算建筑面积。当高跨为边跨时，其建筑面积按勒脚以上两端山墙外表面的水平长度乘勒脚以上的外墙表面至高跨中柱外边线的水平宽度计算。当高跨为中跨时，其建筑面积按勒脚以上两端山墙外表面的水平长度乘以中柱外边线的水平宽度计算。

c.多层建筑物的建筑面积按各层建筑面积的总和计算，其底层按建筑物外墙勒脚以上的外围水平面积计算，二层及二层以上按外墙外围水平面积计算。

d.地下室、半地下室、地下车间、仓库、商店、地下指挥部等及相应出入口的建筑面积，按其上口外墙(不包括采光井、防潮层及其保护墙)外围的水平面积计算。

e.用深基础做地下架空层加以利用，层高超过 2.2 米的按架空层外围的水平面积的一半计算建筑面积。

f.坡地建筑物利用吊脚做架空层加以利用，且层高超过 2.2 米的，按围护结构外围水平面积计算建筑面积。

g.穿过建筑物的通道、建筑物内的门厅、大厅不论其高度如何，均按一层计算建筑面积。门厅、大厅内回廊部分按其水平投影面积计算建筑面积。

h.图书馆的书库按书架层计算建筑面积。

i.电梯井、提物井、垃圾道、管道井等均按建筑物自然层计算建筑面积。

j.舞台灯光控制室按围护结构外墙水平面积乘以实际层数计算建筑面积。

k.建筑物的技术层，层高超过2.2米的应计算建筑面积。

l.柱雨棚按外围水平面积计算建筑面积，独立柱的雨棚按顶盖的水平投影面积的一半计算建筑面积。

m.有柱的车棚、货棚、站台等按柱外围水平面积计算建筑面积，单排柱、独立柱的车棚、货棚、站台等按顶盖的水平投影面积的一半计算建筑面积。

n.突出屋面的有围护结构的楼梯间、水箱间、电梯机房等按围护结构外围水平面积计算建筑面积。

o.突出墙外的门斗按围护结构外围水平面积计算建筑面积。

p.封闭式阳台、挑廊按其水平投影面积计算建筑面积。凹阳台、挑阳台按其水平投影面积的一半计算建筑面积。

q.建筑物墙外有顶盖和柱的走廊、檐廊按柱的外边线水平面积计算建筑面积，无柱的走廊、檐廊按其投影面积的一半计算建筑面积。

r.两个建筑物间有顶盖的架空通廊，按通廊的投影面积计算建筑面积，无顶盖的架空通廊按其投影面积的一半计算建筑面积。

s.室外楼梯做为主要通道和用于疏散的均按每层水平投影面积计算建筑面积。楼内有楼梯的室外楼梯按水平投影面积的一半计算建筑面积。

t.跨越其他建筑物、构筑物的高架单层建筑物，按水平投影面积计算建筑面积，多层者按多层计算。

(2)不计算建筑面积的范围：

①突出墙面的构件配件和艺术装饰，如柱垛、勒脚、台阶、无柱雨蓬等。

②检修、消防等用的室外爬梯。

③层高在2.2米以内的技术层。

④构筑物，如独立烟囱、烟道、油罐、水塔、贮油(水)池、贮仓、圆库、地下人防干、支线等。

⑤建筑物内外的操作平台、上料平台及利用建筑物的空间安置箱罐的平台。

⑥没有围护结构的屋顶水箱，舞台及台后悬挂幕布，布影的天桥、挑台。

⑦单层建筑物内分隔的操作间、控制室、仪表间等单层房间。

⑧层高小于2.2米的深基础地下架空层、坡地建筑物吊脚架空层。

房屋建筑面积按房屋设计所规定的用途进行划分，一般分为以下几种：

厂房、仓库：厂房指直接用于生产或为生产配套的各种房屋，包括主要车间、辅助用房及附属设施用房。凡工业、农业、建筑业、交通运输业、商业等单位中的厂房都包括在内。仓库指工业、农业、建筑业、交通运输业、商业、供销、外贸及其他企事业单位建造的成品库、原材料库、货物仓库、物资储备库以及冷藏库、粮油库等。

住宅：指专供居住用的房屋。包括别墅、公寓、各部门的职工家属宿舍和集体宿舍(包括职工单身宿舍和学生宿舍)等供居住的房屋。不包括住宅楼中作为人防工程用的房屋，也不包括不住人的地下室。

办公用房：指企业、事业、机关、团体、学校、医院等单位的办公用房，也包括商务办公楼。

批发和零售用房：指批发和零售企业对外营业的各种批发市场、超级市场、商店、门市部、粮店、书店、供销店等房屋。不包括批发零售企业的厂房和仓库。

住宿和餐饮用房：指住宿餐饮行业对外营业的宾馆、度假村、招待所、各种饭店、酒楼、餐厅、快餐店、酒吧茶馆等房屋。

居民服务业用房：指浴室、理发、洗染、照相以及各种日用品修理等为居民生活服务的用房。

教育用房：指各类学校(包括党校、技校、干校、工读学校、幼儿园在内)的教室、图书馆、试验室、体育馆、展览馆等有关教育用房。不包括学校的教职员工宿舍、学生宿舍、食堂、浴室等非教育用房。

文化、体育和娱乐用房：指各种俱乐部、博物馆、图书馆、影剧院、文化馆、展览馆、宗教寺院等文化用房；各种健身房、体育馆等体育用房；各种娱乐厅、游乐园、夜总会等休闲娱乐用房。不包括各类学校内的文化体育用房。

卫生医疗用房：指各类医疗机构(包括防疫站、防治所)的病房、门诊部、保健站、卫生所、化验室、药房、病案室、太平间等房屋，不包括医护人员的职工宿舍、食堂及独立的办公用房。

科研用房：指独立的科学实验研究机构或企业、事业单位进行科学实验研究工作所用的房屋(包括天文台的科研用房)。

其他用房：指凡不属于上述各项用途的房屋。如各种人防工程、厕所等。

房屋建筑施工面积：指报告期内施过工的全部房屋建筑面积，它包括本期新开工的面积、上期跨入本期继续施工的房屋面积、上期停缓建在本期恢复施工的房屋面积、本期竣工的房屋面积以及本期施工后又停缓建的房屋面积。

房屋新开工面积：指在报告期内新开工的各个房屋单位工程的建筑面积之和。它不包括在上期开工跨入报告期继续施工的房屋建筑面积和上期停缓建而在本期复工的建筑面积。新开工面积用于反映报告期内投入施工的房屋建筑规模，为科学组织施工提供依据。

实行投标承包面积：是指报告期内建筑施工企业经过投标招标而承担的全部房屋建筑面积。

房屋建筑竣工面积：指在报告期内房屋建筑按照设计要求已全部完工，达到了使用条件，经检查验收鉴定合格的房屋建筑面积。计算房屋竣工面积，必须严格执行房屋竣工验收标准。对民用建筑来讲，一般应按设计要求在土建工程和房屋本身附属的水、卫、气、暖等工程已经完工，通风、电梯等设备已安装完毕，做到水通、灯亮、经验收鉴定合格，并正式交付给使用单位后，才能计算竣工面积。对于工业及科研等生产性房屋建筑：一般应按设计要求在土建工程(包括水、暖、电、卫、通风)及属于房屋组成部分的生活间、操作间等已经完成，经验收合格后才计算竣工面积。只差安装工艺设备、管线工程的亦可以计算竣工面积。

竣工房屋价值：指在报告期内按规定已经上报竣工的房屋本身的建造价值。一般按房屋设计和预算规定的内容计算。可按“竣工结算价”或“中标价”填报。

年末自有施工机械设备净值：指本企业(或单位)自有施工机械设备经过使用、磨损后实际存在的价值，即原值减去折旧后的净额。

年末自有施工机械设备总台数：指年末本企业(或单位)自有的直接用于工程施工的各种机械设备的台数。但不包括附属辅助生产机械设备、运输机械设备、生产试验机械设备的台数。

年末自有施工机械设备总功率：指年末本企业(或单位)自有的直接用于工程施工的各种机械设备年末总功率，按设定能力或查定能力计算。包括施工机械本身的动力和为该机械服务的单独动力设备，如电动机等。但不包括附属辅助生产机械设备、运输机械设备、生产试验机械设备的功率。计量单位用千瓦，动力换算可按 1 马力＝0.735 千瓦折合成千瓦数。电焊机、变压器、锅炉不计算动力。

计算建筑业劳动生产率的平均人数：指建筑业企业(或单位)报告期实际拥有的、与建筑施工活动有关的人员的平均人数，包括参加本企业(或单位)建筑施工活动的非本企业(或单位)人员，但不包括企业内部社会服务性机构的人员以及由本企业支付工资但所从事的工作与本企业生产基本无关的人员。

年末从业人员中管理人员：指行政管理人员、工程项目管理人员和工程技术管理人员。

年末从业人员中工程技术人员：指负担工程技术和工程技术管理工作，并具有工程技术工作能力的人员，包括：

(1)取得工程技术职务资格，已被聘或任命工程技术职务，并担任工程技术工作的人员；(2)无工程技术职务，但取得工程技术职务资格或从大、中专理工科系毕业，并担任工程技术工作的人员；(3)未取得工程技术职务资格或无学历，但实际担任工程技术工作的人员；(4)已取得工程技术职务资格或大学、中专理工科系毕业，在企业中担任工程技术管理工作的人员。包括：总工程师、车间主任以及在计划、生产、生产准备、检查、安全技术、设计、工艺、劳动定额、工具设备、动力、基建、环境保护等科室从事工程技术管理工作的人员。工程技术人员中，不包括已取得工程技术职务资格或大学、中专理工科系毕业，但未担任工程技术和工程技术管理工作的人员。

年末从业人员中持有一级资质证书的项目经理：指具有建设部门认证颁发的一级资质证书的项目经理人数。

末从业人员中现场施工工人：指在施工现场从事建筑安装工作和直接服务于施工过程的工人。

持证上岗人员：指经过企业培训或劳动部门培训后，考试(考核)合格，经主管部门批准承认并持有各类证书的人员。

建筑材料消耗量：指报告期内实际耗用于建筑产品生产过程中的全部材料数量，包括建设工程直接耗用的材料，现场临时设施，预制建筑构件，非标准设备制造等所耗用的材料。它是编制和检查材料消耗计划，核算单位产品材料消耗水平，考核消耗定额和反映节约情况的依据。

钢材：包括重轨、轻轨、大型型钢、中型型钢、小型型钢、带钢、线材、特厚钢板、中厚钢板、薄钢板、硅钢片、优质型材、无缝钢管、焊接钢管和其他钢材等品种，以吨为计量单位。不包括钢锭、钢材边角料，已经使用过的旧钢材、铸铁管，以及钢丝绳、铅丝等金属制品。

木材：包括原木、锯材和各种人造板，统一按原木数量计算，以立方米为计量单位。不经过纵锯就直接使用的原木，如桩木、电杆和脚手杆等，可直接计入消耗量。经过纵锯或加工而成的材料、板材和人造板，必须按规定的出材率和换算方法计算出原木数量后，再计如消耗量。计算木材消耗量，不包括小规格材和废旧材料。

水泥：包括普通建筑水泥、装饰水泥和特种水泥(如快硬高强水泥、膨胀水泥、耐酸耐火、防射线水泥等)，以吨为计量单位。不包括无熟料水泥和土水泥。

平板玻璃：建筑用平板玻璃主要指无色的普通平板玻璃和吸热玻璃(即在熔化玻璃液时加入不同的着色剂，可以生产茶、灰、蓝等不同色泽的平板玻璃，俗称彩色玻璃)。

计量单位为重量箱和平方米。“每一重量箱”指厚度为 2 毫米，面积 10 平方米的平板玻璃。其折算公式如下：

$$\text{某种玻璃的重量箱数}=\frac{\text{某种厚玻璃消耗量(平方米)}\times\text{某种玻璃的厚度}/2}{10}$$

“平方米”指不同厚度玻璃的实际表面面积。

铝材：指铝成品材。包括纯铝及铝合金加工的板材、带材、箔材、管材、棒材、线材、型材、压模件、自由锻件等。不包括边角料、裸铝线及电线厂自产自用的铝盘条。

企业总产值：指建筑业企业在报告期内全部经济活动的最终成果的货币表现。在企业总产值中除包括建筑业总产值外，还包括建筑业企业从事其他经济活动所创造的价值(如工业产值、交通运输产值、商业服务业产值、其他产值收入和劳务收入等)。

境外完成的营业额：指建筑业企业报告期内在国外及港、澳、台等区域所有经营活动的货币表现。

年初存货：指企业在生产经营过程中为销售或耗用而储备的各种资产，包括原材料、周转材料、包装物、低值易耗品、在产品、自制半成品、产成品等。根据“资产负债表”中“存货”项的期初数填列。

资产总计：是企业拥有或控制的能以货币计量的经济资源，包括各种财产、债权和其他权利。建筑业企业的资产其按流动性分为：流动资产、长期投资、固定资产、无形资产、递延资产和其他资产。即：

资产总计=流动资产+长期投资+固定资产+无形资产+递延资产+其他资产

流动资产合计：指可以在一年或者超过一年的一个营业周期内变现或者耗用的资产，包括现金及各种存款、短期投资、应收及预付款项、存货等。流动资产的一个重要特点是它在参加生产经营时，其价值一次转移到产品成本或费用中去。流动资产期末合计应根据“资产负债表”(会计报表，下同)的“流动资产合计”项目的期末数填列。

其中：存货：指企业在生产经营过程中为销售或者耗用而储存的各种资产。包括主要材料、其他材料、周转材料、设备、低值易耗品、机械配件、在产品、半成品、产成品、结构件、商品等。根据“资产负债表”中“存货”项的期末数填列。

长期投资：指企业直接向其他单位投资的回收期限在一年以上的现金、实物和无形资产以及购入的不准备在一年内变现的股票和债券。根据会计“资产负债表”中的“长期投资”项的期末数填列。

固定资产合计：指使用期超过一年的房屋及建筑物、机器、机械、运输工具以及其他与生产经营有关的设备、器具、工具等。不属于生产经营主要设备的物品，单位价值在2000元以上，并且使用期限超过两年的，也包括在内。包括企业已有的固定资产和在建的工程以及企业按规定提取的固定资产减值准备等。

固定资产原价：指企业在建造、购置、安装、改建、扩建、技术改造某项固定资产时所支出的全部货币总额。它一般包括买价、包装费、运杂费和安装费等。根据“资产负债表”中“固定资产原价”项目的期末数填列。

生产经营用固定资产：指参加企业生产经营过程或直接服务于企业生产经营过程的各种固定资产。如生产和行政管理用的房屋及建筑物、施工机械、运输设备、生产设备、仪器及试验设备和其他生产用固定资产。根据企业会计“固定资产”科目分析归纳填报。

累计折旧：指企业计提的固定资产折旧，即从固定资产投入使用月份的次月起，按月计提的固定资产折旧累计数。根据“资产负债表”中“累计折旧”项的期末数填列。

本年折旧：反映企业年度内累计提取的折旧。根据“财务状况变动表”中“固定资产折旧”项“金额”栏填报。

在建工程：指建筑业企业在报告期末为自己建造的各项未完工程实际支出和尚未使用的工程物资的实际成本。根据“资产负债表”中“在建工程”项目的期末数填列。

无形资产：无形资产指企业长期使用但没有实物形态的资产，包括专利权、非专利技术、商标权、著作权、土地使用权、商誉等。根据“资产负债表”中“无形资产”项目的期末数填列。

递延资产：递延资产指不能全部计入当年损益、应当在以后各年度内分期摊销的各项费用，包括开办费、融资租入的固定资产的改良支出，摊销期限在一年以上的固定资产修理支出以及其他递延支出等。根据“资产负债表”中“递延资产”项目的期末数填列。

其他资产：指除以上资产以外的其他资产。

负债合计：是企业所承担的能以货币计量、将以资产或劳务偿付的债务。负债一般按其偿还期长短分为流动负债和长期负债。

流动负债合计：指将在一年或者超过一年的一个营业周期内偿还的债务。包括短期借款、应付票据、应付账款、预收账款、应付工资、应交税金、应付利润、其他应付款、预提费用等。根据“资产负债表”中“流动负债合计”项的期末数填列。

长期负债合计：指偿还期在一年或者超过一年的一个营业周期以上的债务。它是除了投资人投入企业的资本以外，企业向债权人筹集，可供企业长期使用的资金。根据“资产负债表”中“长期负债合计”项的期末数填列。

所有者权益合计：是企业投资人对企业净资产的所有权，企业净资产等于企业全部资产减去全部负债后的余额。其中包括实收资本、资本公积、盈余公积和未分配利润四部分。根据“资产负债表”中“所有者权益合计”项的期末数填列。

实收资本：指企业实际收到的投资人投入的资本。按照投资主体划分为国家资本、集体资本、法人资本、个人资本、港澳台资本和外商资本六种。企业在填报实收资本时，根据会计“资产负债表”中“实收资本”项的期末数填列，实收资本中如有外币形式投入的资本，折合成人民币形式填报。

损益及分配：损益及分配表主要反映企业在一定时期内的生产经营成果。通过损益表所反映的财务信息，评价一个企业的经济效益，评估投资的价值和报酬，从而衡量一个企业的经营管理水平，了解投入企业的资本在经营过程中是否保持原始投资的全额完整，反映企业的获利能力状况，预测在未来一定时期内企业的盈利趋势。建筑施工企业采用分步式的损益表结构，主要包括：工程结算收入、工程结算成本、工程结算税金及附加、工程结算利润、其他业务收入、其他业务利润、管理费用、财务费用、营业利润、利润总额。

工程结算收入(主营业务收入)：指本企业承包工程实现的工程价款结算收入以及向发包单位收取的除工程价款以外按规定列作营业收入的各种款项，如临时设施费、劳动保险费、施工机构调迁费等以及向发包单位收取的各种索赔款。根据“损益表”中“工程结算收入”项的本年累计数填列。

工程结算成本(主营业务成本)：指在报告期内与发包单位办理工程价款结算的已完工程实际成本。根据“损益表”中“工程结算成本”项的本年累计数填列。

经营费用：指企业从事施工生产活动过程中发生的各项费用。包括应由企业负担的运输费、装卸费、包装费、保险费、维修费、展览费、差旅费、广告费和其他经费。

根据会计“利润表”中对应指标计算填列。执行2001年《企业会计制度》的企业，用“营业费用”年末数代替。

工程结算税金及附加(业务税金及附加)：指因从事建筑业生产活动，取得工程价款结算收入而按规定应该交纳的营业税、城市维护建设税等以及随同营业税金一并计算交纳的教育费附加等。根据会计“利润表”中对应指标年末累计数填列。

工程结算利润：指已结算工程实现的利润。

其计算公式为：

工程结算利润=工程结算收入-工程结算成本-经营费用-工程结算税金及附加

本项根据“损益表”中“工程结算利润”项的本年累计

数填列(亏损以“-”号表示)。

其他业务收入：指企业除工程结算收入外的其他业务收入，如产品销售收入、机械作业收入、材料销售收入、无形资产转让收入、固定资产出租收入等。根据会计“其他业务收入”科目的本年贷方发生额归纳填报。

营业收入(企业总收入)：指与企业生产经营直接有关的各项收入，包括工程结算收入与其他业务收入。即：

企业总收入=工程结算收入+其他业务收入

其他业务利润：指企业除结算收入外的其他业务收入扣除其他业务支出(包括其他业务成本及应负担的费用、税金)后的净收益(如为净支出应以“-”号表示)。根据“损益表”中“其他业务利润”项的本年累计数填列。

管理费用：指企业行政管理部门为组织和管理生产经营活动而发生的各项费用。包括公司经费、工会经费、职工教育经费、劳动保险费、待业保险费、董事会费、咨询费、审计费、诉讼费、排污费、绿化费、税金、土地使用费、土地损失补偿费、技术转让费、技术开发费、无形资产摊销、开办费摊销、业务招待费、坏帐损失、存货盘亏、毁损和报废(减盘盈)损失，以及其他管理费用。根据“损益表”中“管理费用”项的本年累计数填列。

税金：指企业按照规定支付的房产税、车船使用税、土地使用税、印花税等。根据“管理费用明细表”或“管理费用”科目中有关项目归纳填报。

财产保险费：指企业向保险公司投保所支付的财产保险费用。该指标根据会计“管理费用”科目归纳计算填列。

差旅费：根据会计“管理费用”科目中的对应项目填列。

工会经费：根据会计“管理费用”科目中的对应项目填列。

财务费用：指企业为筹集生产经营所需资金等发生的费用。包括利息支出；汇兑净损失(已减汇兑收益)、调剂外汇手续费、金融机构手续费，以及企业筹资发生的其他费用。根据“损益表”中“财务费用”项目的本年累计数填列。

其中：利息支出：指企业生产经营期间发生的利息净支出(已减利息收入)。根据“财务费用”科目的发生额分析填列。

营业利润：指企业生产经营活动所实现的利润。分为主营业务利润和其他利润。

营业利润=工程结算利润+其他业务利润-管理费用-财务费用

根据“损益表”中“营业利润”项的本年累计数填列。

营业外收入：指企业经营业务以外的收入。根据企业会计“损益表”中“营业外收入”项的年末数填列。

营业外支出：指企业经营业务外的支出。根据企业会计“损益表”中“营业外支出”项的年末数填列。

利润总额：指企业在工程施工生产过程中，取得工程价款收入、机械作业收入等，扣除投入的成本及其他一系列费用，再加减非经营性质的收支及投资收益，即为施工企业全年实现的利润总额(或亏损总额)。亏损以“-”号表示。根据“损益表”中“利润总额”项的本年累计数填列。

应交所得税：指企业按照国家的税法规定应计算交纳的所得税。根据“损益表”中“利润分配表”中“应交所得税”项的本年实际数填列。

应付利润：指企业在报告年度内应付给投资者的利润。

利润总额=营业利润+投资收益+营业外收入-营业外支出

劳动、失业保险费：指企业向社会保障部门和保险公司为本单位职工支付的劳动保险、失业保险的费用。根据会计“管理费用”等相关成本、费用项目归纳计算填列。

住房公积金及住房补贴：根据会计“管理费用”等科目中的相关项目归纳计算填列。

本年应付工资总额：指企业在报告期内支付给本单位职工的全部工资，它反映企业本期累计应付的工资总额，而不是会计“应付工资”科目的余额。根据会计“应付工资”科目的本期贷方累计发生额填列。

主营业务应付工资总额：指报告期内企业应付给与工程施工直接有关的职工的工资。本项根据会计“应付工资”科目中与“工程施工”、“机械作业”、“辅助生产”、“采购保管费”、“管理费用”科目有关的“应付工资”贷方发生额归纳取得，或从“本年应付工资”中扣除与会计“工业生产”、“应付福利费”科目有关的“应付工资”科目贷方发生额后取得。

本年应付福利费总额：指企业报告期内提取的福利费，反映的是报告期的发生额。本项根据会计“应付福利费”科目的本期贷方发生额填列。

主营业务应付福利费总额：指企业在报告期内累计提取的福利费总额，它反映本期应付福利费的全部发生额，而不是会计“应付福利费”科目的余额。根据会计“应付福利费”科目的本期贷方累计发生额填列。

应收工程款：指建筑业企业在报告期末应向发包单位收取而未收取的工程款，取自会计科目“应收账款”中的明细科目“应收工程款”。

竣工工程：指建筑业企业在报告期末已完成施工任务，单位工程已全部竣工后应向发包单位收取而未收取的工程款。

全部从业人员年平均人数：指年内每月平均拥有的人数，其计算公式为：

$$全部从业人员年平均人数=\frac{1月平均从业人员数+2月平均从业人员数+\cdots+12月平均从业人员数}{12}$$

$$月平均从业人员数=\frac{月初从业人员数+月末从业人员数}{2}$$

劳务收入：指劳务分包企业与总承包企业或专业承包企业签订劳务分包合同后，按照合同规定应收取的各项收入。

从业人员报酬：指各单位在一定时期内直接支付给本单位全部从业人员的劳动报酬总额。包括在岗职工工资总额和其他从业人员劳动报酬两部分。

福建经济普查年鉴

Fujian Economic Census Yearbook

2008

第三产业卷

福建省人民政府第二次全国
经济普查领导小组办公室 编
福 建 省 统 计 局

中国统计出版社
China Statistics Press

(京)新登字041号

图书在版编目（CIP）数据

福建经济普查年鉴. 2008/ 福建省人民政府第二次全国经济普查领导小组办公室，福建省统计局编
—北京：中国统计出版社，2010.8
ISBN 978-7-5037-5984-0

I.①福… II.①福… ②福… III.①经济－普查－福建省－2008－年鉴 IV.①F127.45-54

中国版本图书馆CIP数据核字（2010）第134733号

福建经济普查年鉴—2008（第三产业卷）

作　　者/福建省人民政府第二次全国经济普查领导小组办公室　福建省统计局
责任编辑/马　平
装帧设计/黄俊杰　李雪燕
出版发行/中国统计出版社
通信地址/北京市西城区月坛南街57号
邮政编码/100826
办公地址/北京市丰台区西三环南路甲6号
网　　址/www.stats.gov.cn/tjshujia
电　　话/邮购（010）63376907　书店（010）68783172
印　　刷/河北天普润印刷厂
经　　销/新华书店
开　　本/880×1230毫米　1/16
字　　数/1028千字
印　　张/33
版　　别/2010年8月第1版
版　　次/2010年8月第1次印刷
书　　号/ISBN 978-7-5037-5984-0/F・2926
定　　价/750.00元（全三册 附光盘）

编辑委员会

编辑说明

国务院决定在2008年12月31日进行的第二次全国经济普查，是继第一次全国经济普查四年之后的一项重大国情国力调查。根据国务院统一部署，福建省开展了全国第二次经济普查。第二次全国经济普查时期资料为2008年度，普查对象是在我国境内从事第二产业和第三产业的全部法人单位、产业活动单位和个体经营户，以及有第二、三产业产业活动单位的第一产业法人。法人单位和产业活动单位采用全面调查方式，个体经营户进行全面清查 。

在国务院经济普查办公室和福建省委、省政府的领导下，经有关部门的密切配合和全省普查工作人员的共同努力，福建省第二次经济普查按照全国统一部署，结合福建省实际，精心组织，认真实施，取得了重大成果。《福建经济普查年鉴—2008》是此次普查系列成果之一，是一套全面反映福建省第二、三产业发展现状的大型综合资料书。

《福建经济普查年鉴—2008》把全省第二、三产业的23万多个法人单位、29万多个产业活动单位的基本信息及主要数据汇总加工于一套，从不同侧面、不同角度展示全省第二、三产业法人单位和产业活动单位的发展规模、结构及生产经营和效益状况等信息。各级党政领导、经济管理人员、大中专院校、科研机构和社会公众可以据此全面了解和掌握福建省第二、三产业的单位数量及其组织形式、经济成分构成、规模结构以及生产经营状况和地区分布、行业分布等情况。它真实、客观地反映福建省的省情省力，对研究制定福建省“十二五”国民经济和社会发展规划，优化产业结构，改进宏观调控，开拓新的就业渠道，转变经济发展方式，推进现代化建设进程，提高人民生活水平，建设海峡西岸经济区，全面建设小康社会具有极高的参考价值。

《经济普查年鉴—2008》全套书分为三卷，即综合卷、第二产业卷、第三产业卷，共计十四篇。为了便于历史对比，表式结构基本以2004年为基础，参照2008年第二次全国经济普查综合资料汇编表相应适当增减表式及指标、分组；分地区、分市县表按照行政区划码顺序编制；每篇目都相应编制2008与2004年主要指标对比情况表；统计分组按照惯例，组距采用含下限不含上限的归并原则；价值量绝对值指标以整数万元

为单位，不含小数点；表中“空格”表示该项统计指标数据不详或无该项数据；“#”表示其中项；全书的数据均未包括金门县和连江县的马祖列岛；本书综合卷与第二、三产业卷取数口径不同，数据略有差异；“福建省第二次经济普查主要数据公报”第一号、第二号、第三号中的数据为初步统计数，与本书出入时应以本书为准。由于编辑时间仓促，书中不足之处，敬请指正。

《福建经济普查年鉴—2008》编辑部

2010年5月

第三产业卷　目录

第一篇　交通运输、仓储、邮政企业生产经营及财务状况

第二篇　批发和零售企业商品销售和财务状况

第三篇　住宿和餐饮企业生产经营及财务状况

第四篇　房地产业生产经营及财务状况

第五篇　其他服务业企业财务指标

第六篇　行政、事业、社团及其他财务指标

第1篇

交通运输、仓储、邮政企业生产经营及财务状况

1-1　按登记注册类型分组的交通运输、仓储、邮政业单位数

单位：个

行　业	单位数									港澳台商投资	外商投资
		内资	#国有企业	#集体企业	#股份合作	#联营企业	#有限责任公司	#股份有限公司	#私营企业		
合　计	**5101**	**4924**	**406**	**251**	**69**	**33**	**783**	**200**	**3028**	**95**	**82**
铁路运输业	12	12	4	1					5	95	82
铁路旅客运输	2	2	1						1		
铁路货物运输	4	4	2						2		
铁路运输辅助活动	6	6	1	1					2		
道路运输业	2060	2044	122	124	41	14	284	120	1265	8	8
公路旅客运输	330	328	46	31	9	4	63	36	131	1	1
道路货物运输	1507	1495	41	69	27	2	191	62	1054	6	6
道路运输辅助活动	223	221	35	24	5	8	30	22	80	1	1
城市公共交通业	197	192	47	20	5	1	42	9	66	3	2
公共电汽车客运	76	75	33	4	1	1	17	5	13		1
轨道交通											
出租车客运	94	92	6	10	3		22	2	48	1	1
城市轮渡	5	5	2	1			1		1		
其他城市公共交通	22	20	6	5	1		2	2	4	2	
水上运输业	857	831	46	36	7	6	62	19	641	15	11
水上旅客运输	49	46	4	5	1	1	8	2	24	3	
水上货物运输	684	675	19	28	5	4	34	12	563	4	5
水上运输辅助活动	124	110	23	3	1	1	20	5	54	8	6
航空运输业	29	27	7			1	9	3	7		2
航空客货运输	9	9	3			1	3		2		
通用航空服务	2	2	1						1		
航空运输辅助活动	18	16	3				6	3	4		2
管道运输业	2	2					1		1		
装卸搬运和其他运输服务业	1561	1481	71	65	14	7	335	38	898	55	25
装卸搬运	246	237	12	62	6	1	20	4	126	4	5
运输代理服务	1315	1244	59	3	8	6	315	34	772	51	20
仓储业	283	235	92	4	1	4	36	8	84	14	34
谷物、棉花等农产品仓储	56	56	47				2	1	4		
其他仓储	227	179	45	4	1	4	34	7	80	14	34
邮政业	100	100	17	1	1		14	3	61		
国家邮政业	6	6	4	1			1				
其他寄递服务	94	94	13		1		13	3	61		

1-2 按地区分组的交通运输、仓储、邮政业单位数

单位：个

行　业	福州市	厦门市	莆田市	三明市	泉州市	漳州市	南平市	龙岩市	宁德市
合　计	**1368**	**1420**	**133**	**343**	**677**	**480**	**309**	**201**	**170**
铁路运输业	3	2		1	1		4	1	
铁路旅客运输	2								
铁路货物运输	1	2					1		
铁路运输辅助活动				1	1		3	1	
道路运输业	417	240	76	278	362	284	169	155	79
公路旅客运输	75	23	18	28	52	51	31	27	25
道路货物运输	284	205	52	223	280	201	102	123	37
道路运输辅助活动	58	12	6	27	30	32	36	5	17
城市公共交通业	37	29	15	17	24	21	24	11	19
公共电汽车客运	9	15	4	7	10	6	12	4	9
轨道交通									
出租车客运	25	12	7	4	13	11	9	6	7
城市轮渡	2		1	1		1			
其他城市公共交通	1	2	3	5	1	3	3	1	3
水上运输业	589	72	17	7	79	37	14		42
水上旅客运输	19	10	3	4		6	2		5
水上货物运输	517	40	11	3	59	17	11		26
水上运输辅助活动	53	22	3		20	14	1		11
航空运输业	11	13	1		1		1	2	
航空客货运输	1	7						1	
通用航空服务	1	1							
航空运输辅助活动	9	5	1		1		1	1	
管道运输业		1			1				
装卸搬运和其他运输服务业	228	929	16	33	146	94	71	20	24
装卸搬运	41	44	5	27	28	38	47	9	7
运输代理服务	187	885	11	6	118	56	24	11	17
仓储业	63	100	7	7	45	31	15	11	4
谷物、棉花等农产品仓储	4	7	2	1	12	12	10	7	1
其他仓储	59	93	5	6	33	19	5	4	3
邮政业	20	34	1		18	13	11	1	2
国家邮政业	2	1			1	1	1		
其他寄递服务	18	33	1		17	12	10	1	2

1-3　按登记注册类型分组的交通运输、仓储、邮政业从业人员数

单位：人

行　业	从业人员	内资	#国有企业	#集体企业	#股份合作	#联营企业	#有限责任公司	#股份有限公司	#私营企业	港澳台商投资	外商投资
合　计	**262215**	**251529**	**58009**	**10676**	**3626**	**7271**	**47560**	**21840**	**99777**	**4805**	**5881**
铁路运输业	1713	1713	1608	22					81		
铁路旅客运输	404	404	367						37		
铁路货物运输	1120	1120	1109						11		
铁路运输辅助活动	189	189	132	22					33		
道路运输业	123846	122409	21448	5184	2209	706	15604	12359	63319	415	1022
公路旅客运输	36141	36120	15661	1068	885	154	4242	7880	6107	1	20
道路货物运输	76867	75498	2753	3317	1156	290	9101	2236	55291	378	991
道路运输辅助活动	10838	10791	3034	799	168	262	2261	2243	1921	36	11
城市公共交通业	32229	31531	11571	867	158	20	15051	667	3170	271	427
公共电汽车客运	19869	19447	9286	314	20	20	8732	445	608		422
轨道交通											
出租车客运	9300	9118	294	412	86		6088	55	2178	177	5
城市轮渡	255	255	219	29			6		1		
其他城市公共交通	2805	2711	1772	112	52		225	167	383	94	
水上运输业	36497	35079	5563	1236	535	66	4691	6283	16189	932	486
水上旅客运输	2773	2644	338	99	175	10	824	686	434	129	
水上货物运输	24747	24646	2907	1103	351	52	3162	1735	14934	35	66
水上运输辅助活动	8977	7789	2318	34	9	4	705	3862	821	768	420
航空运输业	10355	10349	2289			6320	492	1191	57		6
航空客货运输	6548	6548	130			6320	63		35		
通用航空服务	518	518	516						2		
航空运输辅助活动	3289	3283	1643				429	1191	20		6
管道运输业	62	62					34		28		
装卸搬运和其他运输服务业	41332	36578	6666	3291	703	97	10304	1069	13908	2658	2096
装卸搬运	14190	12995	2554	3112	256	5	3172	446	3317	325	870
运输代理服务	27142	23583	4112	179	447	92	7132	623	10591	2333	1226
仓储业	7434	5061	2241	75	18	62	1113	193	1298	529	1844
谷物、棉花等农产品仓储	1509	1509	1058				322	12	101		
其他仓储	5925	3552	1183	75	18	62	791	181	1197	529	1844
邮政业	8747	8747	6623	1	3		271	78	1727		
国家邮政业	6242	6242	6226	1			15				
其他寄递服务	2505	2505	397		3		256	78	1727		

1-4 按地区分组的交通运输、仓储、邮政业从业人员数

单位：人

行　　业	福州市	厦门市	莆田市	三明市	泉州市	漳州市	南平市	龙岩市	宁德市
合　　计	**54859**	**68470**	**6419**	**15512**	**55984**	**18492**	**13385**	**9695**	**19399**
铁路运输业	408	130		22	15		1120	18	
铁路旅客运输	404								
铁路货物运输	4	130					986		
铁路运输辅助活动				22	15		134	18	
道路运输业	22275	10164	3447	11757	41566	11416	4857	8006	10358
公路旅客运输	7595	3539	1439	3568	7063	2356	747	3488	6346
道路货物运输	13347	6136	1875	6988	32934	7217	1822	4260	2288
道路运输辅助活动	1333	489	133	1201	1569	1843	2288	258	1724
城市公共交通业	8003	13285	1294	1866	1563	735	1751	1027	2705
公共电汽车客运	6770	6664	243	1607	1166	295	1397	519	1208
轨道交通									
出租车客运	914	5850	404	60	345	335	146	502	744
城市轮渡	144		104	6		1			
其他城市公共交通	175	771	543	193	52	104	208	6	753
水上运输业	14091	8304	488	94	6986	848	276		5410
水上旅客运输	271	1114	73	78		185	7		1045
水上货物运输	12042	1988	383	16	5479	449	268		4122
水上运输辅助活动	1778	5202	32		1507	214	1		243
航空运输业	1564	7986	4		442		288	71	
航空客货运输	40	6501						7	
通用航空服务	2	516							
航空运输辅助活动	1522	969	4		442		288	64	
管道运输业		28			34				
装卸搬运和其他运输服务业	6648	22999	939	1610	3744	2207	1939	373	873
装卸搬运	3565	3096	624	1171	1898	1565	1575	261	435
运输代理服务	3083	19903	315	439	1846	642	364	112	438
仓储业	1702	3030	242	163	954	613	487	198	45
谷物、棉花等农产品仓储	87	285	87	9	245	251	391	135	19
其他仓储	1615	2745	155	154	709	362	96	63	26
邮政业	168	2544	5		680	2673	2667	2	8
国家邮政业	16	1277			13	2386	2550		
其他寄递服务	152	1267	5		667	287	117	2	8

1-5　交通运输、仓储、邮政业信息化情况

行　业	单位数(个)				年末在用计算机数(台)	年末拥有网站数(个)	全年电子商务采购金额(万元)	全年电子商务销售金额(万元)
	有计算机的单位数	有网站的单位数	有电子商务采购的单位数	有电子商务销售的单位数				
合　计	**2913**	**374**	**52**	**12**	**36905**	**487**	**1036**	**8238**
铁路运输业	9	3	1		293	3	9	
铁路旅客运输	2				51			
铁路货物运输	4	2	1		238	2	9	
铁路运输辅助活动	3	1			4	1		
道路运输业	1188	95	9	4	10914	99	227	139
公路旅客运输	185	14	2		4547	16	66	
道路货物运输	895	72	6	3	4558	73	136	111
道路运输辅助活动	108	9	1	1	1809	10	25	28
城市公共交通业	115	10			777	10		
公共电汽车客运	53	6			558	6		
轨道交通								
出租车客运	52	2			165	2		
城市轮渡	1	1			12	1		
其他城市公共交通	9	1			42	1		
水上运输业	246	32	20	2	4294	43	336	
水上旅客运输	22	2			175	2		
水上货物运输	151	18	15	2	1428	18	65	
水上运输辅助活动	73	12	5		2691	23	271	
航空运输业	23	6	1	1	3255	6	17	7616
航空客货运输	8	3		1	2344	3		7616
通用航空服务	1	1			88	1		
航空运输辅助活动	14	2	1		823	2	17	
管道运输业								
装卸搬运和其他运输服务业	1115	197	18	4	13545	294	443	478
装卸搬运	85	6	1		872	10		
运输代理服务	1030	191	17	4	12673	284	443	478
仓储业	166	22	2		1707	23	2	
谷物、棉花等农产品仓储	25	1			162	1		
其他仓储	141	21	2		1545	22	2	
邮政业	51	9	1	1	2120	9	2	5
国家邮政业	4	1			1578	1		
其他寄递服务	47	8	1	1	542	8	2	5

1-6 按行业分组的交通运输、仓储、邮政业主要财务指标

单位：万元

行　　业	年初存货	年末存货	固定资产原　价	所有者权　益		本年折旧	营业收入
					实收资本		
合　计	**293014**	**323438**	**11112267**	**9045200**	**5631302**	**850106**	**9061811**
铁路运输业	94	77	342606	184991	181608	10229	48509
铁路旅客运输	94	77	10074	3902	1730	4749	14345
铁路货物运输			331786	180352	179179	5395	32416
铁路运输辅助活动			746	737	699	84	1749
道路运输业	17781	25816	4670937	3532058	1376546	381108	3951920
公路旅客运输	2261	4833	662391	338837	230488	124601	790798
道路货物运输	12595	18084	1163025	829434	475948	162889	2396406
道路运输辅助活动	2925	2899	2845521	2363788	670111	93618	764716
城市公共交通业	7031	6273	286036	162662	129251	38435	312938
公共电汽车客运	2102	1405	206017	123061	100481	29288	194173
轨道交通							
出租车客运	173	394	56428	25283	23240	6665	93788
城市轮渡	32	19	8141	5340	1855	530	2679
其他城市公共交通	4725	4455	15451	8979	3675	1951	22298
水上运输业	80123	59621	2673741	2037602	1785768	228384	1632944
水上旅客运输	438	739	73260	66137	45113	7336	55165
水上货物运输	20298	17289	1778100	1122658	809139	179627	1138741
水上运输辅助活动	59387	41593	822380	848807	931517	41421	439038
航空运输业	13627	13255	1520124	708223	409591	61758	795511
航空客货运输	13486	13059	1181701	519277	306860	46448	696375
通用航空服务			8101	4058	2010	866	7307
航空运输辅助活动	141	196	330322	184888	100721	14444	91830
管道运输业			4010	684	700	385	2672
装卸搬运和其他运输服务业	14177	26122	1065059	1622884	1189239	88137	1712132
装卸搬运	2710	3153	571697	675973	563173	43730	200339
运输代理服务	11466	22969	493362	946911	626066	44407	1511793
仓储业	157167	188115	378240	669198	523623	28710	500381
谷物、棉花等农产品仓储	141866	172668	105474	100221	71852	6249	222497
其他仓储	15302	15447	272766	568977	451771	22461	277884
邮政业	3015	4160	171514	126899	34975	12961	104804
国家邮政业	2828	3799	166877	120981	29968	12327	82498
其他寄递服务	187	361	4637	5918	5007	634	22305

1-6　续表 1

单位：万元

行　业	主营业务收入	营业成本	主营业务成本	营业税金及附加	主营业务税金及附加	主营业务利润	其他业务利润
合　计	**8974529**	**5598086**	**5551422**	**303383**	**296973**	**2997857**	**66763**
铁路运输业	48418	21738	21464	1633	1633	10484	308
铁路旅客运输	14345	11438	11438	480	480	2427	
铁路货物运输	32325	9552	9278	1114	1114	7131	308
铁路运输辅助活动	1749	748	748	40	40	925	
道路运输业	3914956	1954997	1925960	152744	147554	1820481	24962
公路旅客运输	768126	472438	456160	34750	32268	277757	19455
道路货物运输	2387478	1316652	1308137	108359	105860	957403	4459
道路运输辅助活动	759353	165907	161664	9635	9426	585321	1048
城市公共交通业	310627	242233	241091	8633	8400	59823	8047
公共电汽车客运	193130	150661	149712	5923	5715	36476	6092
轨道交通							
出租车客运	93585	73333	73170	1984	1962	18394	508
城市轮渡	2679	1350	1350	90	90	1218	129
其他城市公共交通	21235	16890	16860	636	634	3735	1318
水上运输业	1625303	936826	932597	70063	69568	598258	3569
水上旅客运输	54559	34353	34036	1843	1836	17122	607
水上货物运输	1135739	561723	560923	58883	58471	501393	1810
水上运输辅助活动	435006	340750	337638	9338	9261	79744	1152
航空运输业	782088	662205	659665	25743	25694	43013	10853
航空客货运输	687505	606843	606228	22130	22105	7826	8255
通用航空服务	7175	5388	5388	242	242	1546	126
航空运输辅助活动	87408	49975	48050	3371	3347	33642	2473
管道运输业	2672	1104	1104	322	322	1246	
装卸搬运和其他运输服务业	1697174	1316110	1312306	33154	32924	354080	7668
装卸搬运	196011	103643	102704	10008	9909	97852	2572
运输代理服务	1501163	1212467	1209603	23146	23015	256228	5096
仓储业	492791	382057	378135	9071	8905	100736	10000
谷物、棉花等农产品仓储	219024	205314	203496	398	359	14908	7729
其他仓储	273767	176744	174639	8672	8546	85827	2271
邮政业	100499	80816	79098	2021	1973	9737	1356
国家邮政业	78284	68923	67310	1125	1122	390	1120
其他寄递服务	22215	11893	11789	896	851	9347	237

1-6 续表 2 单位：万元

行　业	费用合计	#税金	#利息支出	营业利润	职工工资和福利费	本年应交增值税	年平均从业人员数(人)
合　计	**1523732**	**94147**	**184313**	**1722825**	**955802**	**31641**	**260407**
铁路运输业	16782	42	9053	8356	5296	33	1579
铁路旅客运输	1458		17	969	1328		404
铁路货物运输	15101	5	9030	6649	3799	8	1120
铁路运输辅助活动	222	37	6	739	168	25	55
道路运输业	797058	69938	105901	1072820	405948	13517	123889
公路旅客运输	124431	5164	4890	176631	110823	1943	37597
道路货物运输	352592	27074	6884	625626	263583	10858	75751
道路运输辅助活动	320035	37699	94127	270563	31542	716	10541
城市公共交通业	36325	2020	1171	33746	88125	2145	31528
公共电汽车客运	21240	1184	692	23444	47858	1885	19302
轨道交通							
出租车客运	10295	583	263	8665	32994	259	9230
城市轮渡	1146	27	55	222	619		248
其他城市公共交通	3644	227	161	1415	6654		2748
水上运输业	295974	9064	27598	356632	166962	11275	35475
水上旅客运输	9816	349	802	9492	8958	352	2755
水上货物运输	237455	6262	18398	288503	107208	8834	23641
水上运输辅助活动	48703	2454	8398	58637	50796	2089	9079
航空运输业	79317	3514	19523	28281	94480	61	10321
航空客货运输	61501	1064	15649	6256	78892	51	7061
通用航空服务	1243	2		429	3228		517
航空运输辅助活动	16574	2448	3873	21596	12360	10	2743
管道运输业	244	8		1002	181		52
装卸搬运和其他运输服务业	217408	5323	16358	165917	142978	3474	41476
装卸搬运	54040	1626	8560	51976	45259	806	14066
运输代理服务	163368	3697	7799	113942	97719	2668	27410
仓储业	56318	2714	4675	59370	24597	987	7354
谷物、棉花等农产品仓储	17766	190	2231	5135	5388	18	1483
其他仓储	38552	2524	2444	54235	19210	969	5871
邮政业	24307	1524	36	-3300	27235	151	8733
国家邮政业	18939	1169		-7740	19043	76	6405
其他寄递服务	5368	355	36	4440	8192	75	2328

1-7　按登记注册类型、地区分组的交通运输、仓储、邮政业主要财务指标

单位：万元

项　目	年初存货	年末存货	固定资产原　价	所有者权　益		本年折旧	营业收入	
					实收资本			主营业务收入
合　计	**293014**	**323438**	**11112267**	**9045200**	**5631302**	**850106**	**9061811**	**8974529**
按登记注册类型分								
内资企业	280421	311000	9887187	7576098	4370694	762168	8465090	8385980
国有企业	143478	168154	3844122	2678559	1377381	245459	1950332	1913547
集体企业	474	766	93317	63769	49135	12068	202805	199014
股份合作企业	433	432	74614	59248	33593	8119	77815	76964
联营企业	15252	14219	1140624	244489	132536	44516	704131	698728
有限任公司	44028	60997	1959322	2369124	1303311	134438	1522693	1510388
股份有限公司	47563	31513	552849	582651	264343	53101	799747	791503
私营企业	28434	34065	2148792	1526261	1162254	253266	3118721	3110931
其他企业	760	853	73546	51997	48141	11202	88846	84905
港澳台商投资企业	7595	7381	593465	738096	643084	49362	311958	308073
外商投资企业	4998	5057	631615	731006	617524	38575	284763	280476
按地区分								
福州市	42417	45851	2444609	2034317	1410217	244901	1481646	1460499
厦门市	126197	122503	3075756	2906887	2370227	205093	3313668	3282954
莆田市	5122	4618	113857	76728	56683	7045	81395	80879
三明市	773	1001	225036	558102	498850	30410	385911	381909
泉州市	28126	29912	1562286	1217410	555383	194732	2219351	2209590
漳州市	36765	56423	1328687	976948	368283	110149	864873	855829
南平市	46665	51448	1315170	669925	249950	13597	164897	159413
龙岩市	5332	10135	147747	86085	56114	23543	208223	205260
宁德市	1616	1547	899118	518798	65594	20638	341848	338197

1-7 续表 1

单位：万元

行　业	营业成本	主营业务成本	营业税金及附加	主营业务税金及附加	主营业务利　润	其他业务利　润	资产总计
合　计	**5598086**	**5551422**	**303383**	**296973**	**2997857**	**66763**	**17731903**
按登记注册类型分							
内资企业	5211610	5169034	285302	279112	2810997	62126	15388169
国有企业	1080454	1060644	42419	40177	773397	28207	6573526
集体企业	118171	113627	10575	9310	73668	719	97079
股份合作企业	40367	40078	4580	4454	33229	740	88306
联营企业	613123	612801	22775	22771	11798	5144	1012619
有限任公司	1000408	994205	46122	45883	453834	9627	3677804
股份有限公司	535633	531295	24038	23792	225417	10744	1292829
私营企业	1762475	1755404	132180	130115	1218550	6805	2536315
其他企业	60980	60982	2612	2612	21104	141	109692
港澳台商投资企业	224844	223150	6329	6150	87095	2292	1110503
外商投资企业	161631	159238	11752	11711	99765	2346	1233232
按地区分							
福州市	883899	872689	58827	56281	517200	13556	3559495
厦门市	2706677	2698230	65840	65461	446144	30193	6642990
莆田市	52958	52020	2839	2819	26039	1222	156917
三明市	154362	151885	17977	17883	208604	1482	237523
泉州市	1111364	1107470	126261	124573	962688	6324	2571226
漳州市	282765	279994	11602	11387	564349	4363	1878090
南平市	114424	109406	5087	5065	22609	2967	1505978
龙岩市	105291	104012	6869	6720	94527	5837	250290
宁德市	186347	175716	8081	6784	155697	820	929393

1-7 续表 2

单位：万元

行 业	费用合计	#税金	#利息支出	营业利润	职工工资和福利费	本年应交增值税	年平均从业人员数(人)
合 计	**1523732**	**94147**	**184313**	**1722825**	**955802**	**31641**	**260407**
按登记注册类型分							
内资企业	1437291	90600	169173	1601742	908738	30836	249776
国有企业	483160	8536	79908	377813	200549	2065	57358
集体企业	26610	4221	292	50703	27713	543	10735
股份合作企业	13140	1026	64	21214	10889	182	3447
联营企业	59048	1084	14991	9581	78060	544	7394
有限任公司	227483	42007	45901	256958	163981	10570	49003
股份有限公司	90729	4643	11084	168668	81988	6203	22274
私营企业	525343	28709	15683	707130	337626	10169	96532
其他企业	11777	373	1250	9676	7930	560	3033
港澳台商投资企业	43514	1624	5025	52257	21219	280	4714
外商投资企业	42927	1923	10114	68826	25845	525	5917
按地区分							
福州市	306022	8643	29998	247677	162459	1036	55192
厦门市	343110	11773	32411	248462	334158	6017	68774
莆田市	18543	761	1613	8720	12682	287	5856
三明市	95991	2042	29145	118641	54993	585	16726
泉州市	298850	28954	12593	684911	227200	9671	54534
漳州市	326192	3184	40427	244487	61665	630	19474
南平市	36465	37143	11009	11606	23254	1018	12852
龙岩市	27996	1181	2545	72368	27894	8091	9188
宁德市	70564	465	24572	85953	51497	4305	17811

1-8 按地区分组的交通运输、仓储、邮政业资产总额

单位：万元

行　业	福州市	厦门市	莆田市	三明市	泉州市	漳州市	南平市	龙岩市	宁德市
合　计	**3559495**	**6642990**	**156917**	**237523**	**2571226**	**1878090**	**1505978**	**250290**	**929393**
铁路运输业	14175	1553		187	600		283009	150	
铁路旅客运输	14080								
铁路货物运输	95	1553					283009		
铁路运输辅助活动				187	600			150	
道路运输业	607300	312858	58451	210171	1528905	1525086	1079847	203418	854894
公路旅客运输	158153	105279	30452	43910	178775	73256	10486	111847	56309
道路货物运输	226975	199678	26894	86282	664257	62409	18081	76270	20598
道路运输辅助活动	222172	7901	1106	79979	685872	1389421	1051281	15301	777986
城市公共交通业	67759	98027	13590	13768	35257	5051	13411	11522	14883
公共电汽车客运	56085	76729	1814	11254	24180	2358	12186	9166	7170
轨道交通									
出租车客运	8276	16439	951	1502	10882	2641	478	2255	4138
城市轮渡	2113		7522						
其他城市公共交通	1285	4859	3304	1011	195	53	747	101	3575
水上运输业	1877025	2295838	12166	2625	610653	27146	2502		52619
水上旅客运输	40813	58070	540	2075		6349	173		2513
水上货物运输	1294829	364381	11219	550	476357	9354	2329		29815
水上运输辅助活动	541383	1873388	407		134296	11443			20291
航空运输业	179049	1536065	5		23228		17941	13532	
航空客货运输	4433	1379412						277	
通用航空服务	10	6703							
航空运输辅助活动	174606	149950	5		23228		17941	13254	
管道运输业		213			3890				
装卸搬运和其他运输服务业	684962	1543488	61180	7716	237684	228692	10437	8228	5365
装卸搬运	60634	572371	53064	1469	149376	195538	4472	1909	1364
运输代理服务	624329	971116	8115	6247	88308	33154	5965	6318	4001
仓储业	127983	771305	11305	3057	127183	56738	65413	13423	1612
谷物、棉花等农产品仓储	7402	110804	1350	986	79914	36972	64257	11840	349
其他仓储	120581	660501	9956	2071	47269	19766	1156	1584	1263
邮政业	1242	83644	220		3827	35378	33419	19	20
国家邮政业	168	77673			400	34884	33083		
其他寄递服务	1074	5971	220		3427	494	337	19	20

1-9　按地区分组的交通运输、仓储、邮政业所有者权益合计

单位：万元

行　业	福州市	厦门市	莆田市	三明市	泉州市	漳州市	南平市	龙岩市	宁德市
合　计	**2034317**	**2906887**	**76728**	**558102**	**1217410**	**976947**	**669925**	**86085**	**518798**
铁路运输业	3997	1475		56	600		178782	80	
铁路旅客运输	3902								
铁路货物运输	95	1475					178782		
铁路运输辅助活动				56	600			80	
道路运输业	321321	135472	23002	544455	757056	795133	421820	60905	472894
公路旅客运输	77144	48154	8066	18404	93314	31622	8809	26809	26516
道路货物运输	138707	81213	14395	48323	459040	34959	10149	28141	14508
道路运输辅助活动	105471	6105	541	477729	204702	728553	402863	5956	431870
城市公共交通业	31772	81360	8973	5675	15219	2316	5599	3199	8550
公共电汽车客运	23946	74320	1093	4420	7215	1080	4663	2568	3756
轨道交通									
出租车客运	5774	5663	675	507	7897	1184	285	621	2677
城市轮渡	1677		3663						
其他城市公共交通	375	1376	3543	748	107	53	651	10	2117
水上运输业	992958	707074	7391	760	285711	10342	755		32611
水上旅客运输	27368	29024	491	654		5167	78		3356
水上货物运输	686739	201010	6478	106	207666	3306	677		16677
水上运输辅助活动	278852	477041	422		78045	1870			12578
航空运输业	110529	562643	39		9700		14540	10773	
航空客货运输	4433	514549						294	
通用航空服务	8	4050							
航空运输辅助活动	106087	44044	39		9700		14540	10479	
管道运输业		184			500				
装卸搬运和其他运输服务业	466307	901068	23607	5820	99839	113375	4941	4400	3526
装卸搬运	52734	444838	17710	931	51619	103218	2357	1228	1337
运输代理服务	413572	456230	5897	4888	48220	10157	2584	3172	2190
仓储业	106714	452212	13660	1335	45821	25869	15681	6703	1203
谷物、棉花等农产品仓储	600	42604	1615	99	16315	17826	15177	5789	197
其他仓储	106114	409608	12045	1237	29506	8043	505	914	1006
邮政业	721	65399	57		2965	29911	27808	25	15
国家邮政业	83	63437			300	29618	27543		
其他寄递服务	638	1962	57		2665	293	264	25	15

1-10 按地区分组的交通运输、仓储、邮政业营业收入

单位：万元

行业	福州市	厦门市	莆田市	三明市	泉州市	漳州市	南平市	龙岩市	宁德市
合计	**1481646**	**3313668**	**81395**	**385911**	**2219351**	**864873**	**164897**	**208223**	**341848**
铁路运输业	14359	1688		437	750		30714	562	
铁路旅客运输	14345								
铁路货物运输	14	1688					30714		
铁路运输辅助活动				437	750			562	
道路运输业	499812	332465	38777	337383	1582844	707074	56802	178282	218482
公路旅客运输	146401	109481	20991	87890	213786	64431	11150	63085	73584
道路货物运输	307440	217538	16672	174058	1313636	188072	21268	110994	46728
道路运输辅助活动	45971	5446	1114	75434	55422	454572	24384	4203	98170
城市公共交通业	39688	145079	8387	14037	46164	6247	10286	13287	29764
公共电汽车客运	29034	79105	943	11454	37262	2260	8138	8141	17837
轨道交通									
出租车客运	8520	56079	2973	916	8584	3502	930	5019	7267
城市轮渡	1259		1419						
其他城市公共交通	875	9895	3052	1668	319	485	1218	127	4660
水上运输业	601948	564855	6450	3053	361140	7022	1163		87313
水上旅客运输	6569	26040	885	2768		3024	82		15797
水上货物运输	554466	181667	5197	285	323998	2597	1080		69450
水上运输辅助活动	40913	357148	367		37142	1402			2066
航空运输业	36642	746945	16		6687		3378	1843	
航空客货运输	1429	694795						150	
通用航空服务	2	7305							
航空运输辅助活动	35211	44845	16		6687		3378	1693	
管道运输业		51			2621				
装卸搬运和其他运输服务业	227246	1243420	10904	27979	121872	57185	8647	9083	5796
装卸搬运	31083	64466	6802	11954	52132	23862	5184	3532	1325
运输代理服务	196163	1178954	4102	16025	69740	33323	3464	5551	4472
仓储业	60174	230807	16736	3022	90555	61350	32131	5154	452
谷物、棉花等农产品仓储	5215	90293	4481	570	35666	50731	31138	4303	102
其他仓储	54958	140514	12256	2453	54890	10619	993	851	350
邮政业	1778	48359	125		6717	25995	21776	13	41
国家邮政业	208	36880			300	23892	21218		
其他寄递服务	1570	11479	125		6417	2103	558	13	41

1-11　按地区分组的交通运输、仓储、邮政业主营业务收入

单位：万元

行　业	福州市	厦门市	莆田市	三明市	泉州市	漳州市	南平市	龙岩市	宁德市
合　计	**1460499**	**3282954**	**80879**	**381909**	**2209590**	**855829**	**159413**	**205260**	**338197**
铁路运输业	14359	1688		437	750		30623	562	
铁路旅客运输	14345								
铁路货物运输	14	1688					30623		
铁路运输辅助活动				437	750			562	
道路运输业	491256	328676	38651	333542	1575183	702540	54525	175556	215027
公路旅客运输	142418	107545	20885	85485	207764	61180	11101	61072	70676
道路货物运输	303066	215686	16668	173996	1312124	187560	21258	110392	46728
道路运输辅助活动	45773	5446	1098	74061	55295	453800	22166	4092	97623
城市公共交通业	39593	143361	8323	13903	46164	6152	10184	13285	29661
公共电汽车客运	29034	78259	917	11340	37262	2251	8122	8140	17805
轨道交通									
出租车客运	8425	56078	2935	896	8584	3469	925	5019	7255
城市轮渡	1259		1419						
其他城市公共交通	875	9024	3052	1668	319	432	1138	127	4601
水上运输业	596672	563310	6255	3053	360892	6735	1163		87222
水上旅客运输	6569	25696	881	2768		2765	82		15797
水上货物运输	552212	181241	5007	285	323892	2597	1080		69425
水上运输辅助活动	37891	356373	367		37000	1374			2001
航空运输业	33712	737943	16		6180		2416	1820	
航空客货运输	1429	685925						150	
通用航空服务	2	7173							
航空运输辅助活动	32281	44845	16		6180		2416	1670	
管道运输业		51			2621				
装卸搬运和其他运输服务业	224308	1233191	10796	27959	121687	56381	7977	9081	5794
装卸搬运	28249	64322	6694	11954	52132	23087	4717	3532	1325
运输代理服务	196060	1168869	4102	16005	69556	33294	3260	5549	4470
仓储业	58821	227699	16713	3015	89395	60536	31219	4942	452
谷物、棉花等农产品仓储	4923	89770	4457	570	34505	49926	30680	4091	102
其他仓储	53898	137929	12256	2445	54890	10610	539	851	350
邮政业	1778	47035	125		6717	23485	21306	13	41
国家邮政业	208	35646			300	21383	20747		
其他寄递服务	1570	11389	125		6417	2102	558	13	41

1-12 按地区分组的交通运输、仓储、邮政业营业成本

单位：万元

行　　业	福州市	厦门市	莆田市	三明市	泉州市	漳州市	南平市	龙岩市	宁德市
合　　计	**883899**	**2706677**	**52958**	**154362**	**1111364**	**282765**	**114424**	**105291**	**186347**
铁路运输业	11438	1077		198	285		8475	264	
铁路旅客运输	11438								
铁路货物运输		1077					8475		
铁路运输辅助活动				198	285			264	
道路运输业	381775	241753	23647	137015	758501	176373	40989	90624	104320
公路旅客运输	111482	87757	13629	36058	92010	40472	8138	35183	47709
道路货物运输	245513	149247	9176	79282	640773	99075	14426	54039	25120
道路运输辅助活动	24781	4749	842	21674	25718	36825	18425	1402	31490
城市公共交通业	29774	137704	5769	6728	25400	2456	8131	6928	19344
公共电汽车客运	24310	75827	570	5720	20480	1442	6388	4521	11404
轨道交通									
出租车客运	4709	53806	2166	294	4657	840	697	2319	3846
城市轮渡	344		1005						
其他城市公共交通	411	8071	2027	715	263	175	1046	87	4094
水上运输业	269248	422602	4250	1129	175382	4652	774		58789
水上旅客运输	4193	16625	519	1010		2037	38		9930
水上货物运输	238129	115142	3633	119	154422	1719	735		47823
水上运输辅助活动	26926	290834	99		20960	896			1036
航空运输业	26446	628559	7		4682		2427	84	
航空客货运输	888	605872						84	
通用航空服务		5388							
航空运输辅助活动	25559	17300	7		4682		2427		
管道运输业		49			1056				
装卸搬运和其他运输服务业	134329	1044666	6318	8114	72373	36951	5413	4375	3571
装卸搬运	10953	33157	4136	3212	30689	15485	3135	1992	883
运输代理服务	123376	1011509	2183	4902	41683	21466	2277	2383	2688
仓储业	29782	188474	12896	1176	70235	47633	28555	3011	296
谷物、棉花等农产品仓储	4507	87820	4181	370	34628	43419	27849	2442	99
其他仓储	25275	100653	8715	807	35607	4215	706	569	197
邮政业	1106	41795	71		3451	14700	19660	6	28
国家邮政业	137	35593			199	13696	19298		
其他寄递服务	969	6202	71		3252	1004	362	6	28

1-13　按地区分组的交通运输、仓储、邮政业主营业务成本

单位：万元

行　业	福州市	厦门市	莆田市	三明市	泉州市	漳州市	南平市	龙岩市	宁德市
合　计	**872689**	**2698230**	**52020**	**151885**	**1107470**	**279994**	**109406**	**104012**	**175716**
铁路运输业	11438	1077		198	285		8201	264	
铁路旅客运输	11438								
铁路货物运输		1077					8201		
铁路运输辅助活动				198	285			264	
道路运输业	375365	240139	23134	134558	755936	175565	38166	89354	93743
公路旅客运输	110754	87694	13464	33918	90186	40414	8116	34481	37133
道路货物运输	240021	147696	8840	79253	640460	98842	14410	53495	25120
道路运输辅助活动	24591	4749	829	21387	25290	36309	15641	1378	31490
城市公共交通业	29734	136925	5625	6710	25279	2448	8131	6928	19312
公共电汽车客运	24310	75069	558	5702	20359	1433	6388	4521	11372
轨道交通									
出租车客运	4669	53804	2045	294	4657	840	697	2319	3846
城市轮渡	344		1005						
其他城市公共交通	411	8051	2017	715	263	175	1046	87	4094
水上运输业	266466	421521	4170	1129	175187	4585	774		58767
水上旅客运输	4111	16405	518	1010		2024	38		9930
水上货物运输	237583	115104	3553	119	154362	1664	735		47801
水上运输辅助活动	24772	290012	99		20825	896			1036
航空运输业	25484	627944	7		4682		1465	84	
航空客货运输	888	605257						84	
通用航空服务		5388							
航空运输辅助活动	24596	17300	7		4682		1465		
管道运输业		49			1056				
装卸搬运和其他运输服务业	134005	1042107	6119	8114	72268	36691	5060	4372	3571
装卸搬运	10758	33151	4036	3212	30664	15225	2782	1992	883
运输代理服务	123246	1008956	2083	4902	41604	21466	2277	2380	2688
仓储业	29091	187220	12896	1174	69327	46933	28194	3005	296
谷物、棉花等农产品仓储	4476	87681	4181	370	33719	42718	27816	2435	99
其他仓储	24614	99540	8715	805	35607	4215	377	569	197
邮政业	1106	41248	71		3451	13773	19416	6	28
国家邮政业	137	35151			199	12769	19054		
其他寄递服务	969	6097	71		3252	1004	362	6	28

1-14 按地区分组的交通运输、仓储、邮政业本年折旧

单位：万元

行业	福州市	厦门市	莆田市	三明市	泉州市	漳州市	南平市	龙岩市	宁德市
合计	**244901**	**205093**	**7045**	**30410**	**194732**	**110149**	**13597**	**23543**	**20638**
铁路运输业	4751	18		16	60		5375	8	
铁路旅客运输	4749								
铁路货物运输	2	18					5375		
铁路运输辅助活动				16	60			8	
道路运输业	87863	30618	3045	27243	108611	85846	3742	19717	14422
公路旅客运输	56707	16605	1419	7025	19855	9214	1487	6684	5606
道路货物运输	20900	13683	1456	14580	81001	14011	1820	12848	2591
道路运输辅助活动	10256	330	170	5638	7756	62621	435	185	6226
城市公共交通业	12362	13656	983	1834	5028	567	1195	1384	1426
公共电汽车客运	11070	9544	197	1455	3937	249	1043	978	815
轨道交通									
出租车客运	957	3212	120	260	1055	315	46	398	302
城市轮渡	271		259						
其他城市公共交通	63	900	407	119	36	3	106	8	309
水上运输业	111588	52458	1211	561	56961	1661	132		3812
水上旅客运输	1901	3163	227	541		665	11		828
水上货物运输	98782	22981	974	21	53839	390	120		2520
水上运输辅助活动	10905	26314	10		3122	606			464
航空运输业	12189	47877	1		898		157	636	
航空客货运输	807	45627						14	
通用航空服务		866							
航空运输辅助活动	11382	1384	1		898		157	622	
管道运输业		13			372				
装卸搬运和其他运输服务业	8159	41132	1420	483	17470	17080	286	1138	969
装卸搬运	2159	13002	1124	122	12400	14537	158	173	57
运输代理服务	6000	28130	296	361	5071	2543	128	966	912
仓储业	7940	11239	383	273	5178	2314	716	658	9
谷物、棉花等农产品仓储	166	1608	27	59	1636	1682	668	396	7
其他仓储	7774	9631	356	213	3543	632	47	262	2
邮政业	49	8081	1		153	2681	1994	3	
国家邮政业	11	7690			4	2644	1978		
其他寄递服务	37	390	1		149	37	16	3	

1-15　按地区分组的交通运输、仓储、邮政业营业税金及附加

单位：万元

行　业	福州市	厦门市	莆田市	三明市	泉州市	漳州市	南平市	龙岩市	宁德市
合　计	**58827**	**65840**	**2839**	**17977**	**126261**	**11602**	**5087**	**6869**	**8081**
铁路运输业	480	65		20	10		1048	10	
铁路旅客运输	480								
铁路货物运输	1	65					1048		
铁路运输辅助活动				20	10			10	
道路运输业	21657	10442	1341	15509	80702	7956	3056	5856	6226
公路旅客运输	5078	2664	676	4494	12369	1914	427	1960	5168
道路货物运输	14275	7625	637	10051	64881	4972	1707	3625	586
道路运输辅助活动	2304	153	29	964	3452	1069	923	271	471
城市公共交通业	1541	2947	267	639	1947	108	322	434	429
公共电汽车客运	1052	2459	41	467	1030	42	268	280	286
轨道交通									
出租车客运	437	168	73	87	907	57	24	147	84
城市轮渡	42		48						
其他城市公共交通	11	320	105	86	10	9	29	8	58
水上运输业	25735	10697	208	171	31733	185	41		1294
水上旅客运输	198	831	22	158		96	5		533
水上货物运输	23712	4291	164	13	29929	41	37		697
水上运输辅助活动	1825	5575	22		1804	47			64
航空运输业	1307	24094			233		81	28	
航空客货运输	29	22086						16	
通用航空服务		242							
航空运输辅助活动	1278	1766			233		81	13	
管道运输业		2			320				
装卸搬运和其他运输服务业	6024	14040	367	1552	7694	2624	273	464	117
装卸搬运	2915	2161	226	658	2904	819	152	150	23
运输代理服务	3109	11879	141	894	4790	1805	121	314	95
仓储业	1913	2511	654	86	3356	385	75	76	14
谷物、棉花等农产品仓储	24	29	1		239	51	47	8	
其他仓储	1889	2482	653	86	3117	335	29	68	14
邮政业	169	1044	2		265	346	192	2	1
国家邮政业	12	652			6	284	171		
其他寄递服务	158	392	2		259	62	21	2	1

1-16 按地区分组的交通运输、仓储、邮政业主营业务税金及附加

单位：万元

行 业	福州市	厦门市	莆田市	三明市	泉州市	漳州市	南平市	龙岩市	宁德市
合 计	**56281**	**65461**	**2819**	**17883**	**124573**	**11387**	**5065**	**6720**	**6784**
铁路运输业	480	65		20	10		1048	10	
铁路旅客运输	480								
铁路货物运输	1	65					1048		
铁路运输辅助活动				20	10			10	
道路运输业	19506	10393	1328	15416	79422	7795	3055	5708	4931
公路旅客运输	4971	2633	672	4423	11563	1885	427	1821	3874
道路货物运输	12238	7607	627	10030	64584	4861	1705	3622	586
道路运输辅助活动	2297	153	29	964	3275	1049	923	264	471
城市公共交通业	1526	2923	259	638	1770	102	322	433	426
公共电汽车客运	1052	2435	34	466	853	42	268	279	286
轨道交通									
出租车客运	421	168	72	87	907	52	24	147	84
城市轮渡	42		48						
其他城市公共交通	11	320	105	86	10	9	29	8	57
水上运输业	25390	10654	208	171	31625	185	41		1294
水上旅客运输	198	824	22	158		96	5		533
水上货物运输	23379	4291	164	13	29849	41	36		697
水上运输辅助活动	1812	5539	22		1777	47			64
航空运输业	1282	24094			210		80	28	
航空客货运输	3	22086						16	
通用航空服务		242							
航空运输辅助活动	1278	1766			210		80	13	
管道运输业		2			320				
装卸搬运和其他运输服务业	6016	13930	367	1552	7631	2579	269	464	117
装卸搬运	2912	2155	226	658	2851	785	148	150	23
运输代理服务	3103	11775	141	894	4780	1794	121	314	95
仓储业	1913	2402	654	86	3319	383	59	76	14
谷物、棉花等农产品仓储	24	28	1		202	51	47	8	
其他仓储	1889	2374	653	86	3117	332	12	68	14
邮政业	169	999	2		265	343	192	2	1
国家邮政业	12	652			6	281	171		
其他寄递服务	158	347	2		259	62	21	2	1

1-17　按地区分组的交通运输、仓储、邮政业主营业务利润

单位：万元

行　　业	福州市	厦门市	莆田市	三明市	泉州市	漳州市	南平市	龙岩市	宁德市
合　　计	**517200**	**446144**	**26039**	**208604**	**962688**	**564349**	**22609**	**94527**	**155697**
铁路运输业	2440	547		218	420		6572	288	
铁路旅客运输	2427								
铁路货物运输	13	547					6572		
铁路运输辅助活动				218	420			288	
道路运输业	92954	78400	14189	180992	725861	519315	11923	80494	116353
公路旅客运输	25814	17218	6749	47144	104396	19524	2473	24769	29669
道路货物运输	50140	60277	7200	82346	594898	83350	4896	53275	21021
道路运输辅助活动	17001	905	240	51501	26567	416441	4554	2450	65662
城市公共交通业	8215	3513	2439	5600	18974	3597	1640	5924	9922
公共电汽车客运	3621	755	325	4218	15909	776	1385	3340	6147
轨道交通									
出租车客运	3288	2105	818	515	3020	2578	193	2553	3326
城市轮渡	852		366						
其他城市公共交通	453	653	930	868	45	243	62	32	450
水上运输业	299475	111683	1878	1747	154080	1885	348		27162
水上旅客运输	778	8468	342	1594		566	39		5335
水上货物运输	288301	49842	1289	153	139681	891	309		20926
水上运输辅助活动	10396	53373	247		14399	428			901
航空运输业	6947	32190	9		1288		871	1708	
航空客货运输	539	7236						51	
通用航空服务	2	1544							
航空运输辅助活动	6406	23410	9		1288		871	1657	
管道运输业		1			1245				
装卸搬运和其他运输服务业	83886	180382	4310	18293	41344	17074	2440	4246	2106
装卸搬运	15014	43207	2432	8084	18614	7061	1632	1390	419
运输代理服务	68872	137176	1878	10209	22730	10013	808	2856	1687
仓储业	22780	38359	3162	1755	16586	13124	2967	1861	143
谷物、棉花等农产品仓储	423	2061	275	200	421	7061	2817	1647	3
其他仓储	22357	36297	2887	1555	16165	6063	149	214	140
邮政业	503	1071	52		2890	9354	-4151	6	12
国家邮政业	60	-3771			95	8332	-4326		
其他寄递服务	444	4842	52		2795	1022	176	6	12

1-18 各设区市交通运输、仓储、邮政业其他业务利润

单位：万元

行 业	福州市	厦门市	莆田市	三明市	泉州市	漳州市	南平市	龙岩市	宁德市
合 计	**13556**	**30193**	**1222**	**1482**	**6324**	**4363**	**2967**	**5837**	**820**
铁路运输业							308		
铁路旅客运输									
铁路货物运输							308		
铁路运输辅助活动									
道路运输业	5416	3309	474	1330	4953	2518	1421	4904	637
公路旅客运输	3652	2272	377	1648	3438	2275	105	4679	1010
道路货物运输	1484	972	94	37	1415	247	113	97	
道路运输辅助活动	280	65	3	-354	100	-4	1203	128	-373
城市公共交通业	1354	4661	635	146	193	96	178	694	90
公共电汽车客运	1149	3779	99	145		23	172	694	32
轨道交通									
出租车客运	205	30			193	73	6		1
城市轮渡			129						
其他城市公共交通		852	408	2					58
水上运输业	1702	722	44		238	752	20		91
水上旅客运输		346	2			259			
水上货物运输	695	423	42		139	466	20		25
水上运输辅助活动	1007	-47			99	28			65
航空运输业	1967	8381			484			22	
航空客货运输		8255							
通用航空服务		126							
航空运输辅助活动	1967				484			22	
管道运输业									
装卸搬运和其他运输服务业	2082	4359	46		192	710	273	3	2
装卸搬运	1723	272	44			465	67	2	
运输代理服务	360	4088	2		192	245	207	2	2
仓储业	1035	7735	24	5	262	158	567	214	
谷物、棉花等农产品仓储	296	6347	24		251	157	440	214	
其他仓储	739	1388		5	11	1	126		
邮政业		1026			2	129	200		
国家邮政业		791				129	200		
其他寄递服务		234			2				

1-19　按地区分组的交通运输、仓储、邮政业费用合计

单位：万元

行　业	福州市	厦门市	莆田市	三明市	泉州市	漳州市	南平市	龙岩市	宁德市
合　计	**306022**	**343110**	**18543**	**95991**	**298850**	**326193**	**36465**	**27996**	**70564**
铁路运输业	1475	466		94	36		14619	93	
铁路旅客运输	1458								
铁路货物运输	17	466					14619		
铁路运输辅助活动				94	36			93	
道路运输业	56319	41797	9601	84555	222389	296596	8759	22005	55036
公路旅客运输	14389	9763	4860	20358	36037	12420	849	7713	18042
道路货物运输	34613	31248	4598	31089	177028	46151	2859	13314	11694
道路运输辅助活动	7318	787	143	33108	9324	238026	5051	978	25300
城市公共交通业	6010	7315	2353	5046	5832	2295	1599	1970	3905
公共电汽车客运	3078	4251	381	4145	4838	617	1451	989	1491
轨道交通									
出租车客运	2047	1997	567	347	962	1565	78	967	1767
城市轮渡	674		472						
其他城市公共交通	212	1067	934	554	33	113	70	15	647
水上运输业	183341	55538	1505	287	43281	1757	154		10110
水上旅客运输	1799	4686	210	235		559	8		2319
水上货物运输	169318	23989	1178	52	35319	706	146		6747
水上运输辅助活动	12224	26862	118		7962	492			1045
航空运输业	11321	64334	7		1675		134	1846	
航空客货运输	528	60965						8	
通用航空服务	2	1241							
航空运输辅助活动	10791	2129	7		1675		134	1839	
管道运输业		3			241				
装卸搬运和其他运输服务业	36581	137576	3493	5539	18003	11591	2014	1135	1477
装卸搬运	15642	10663	2716	3795	10051	9067	1374	616	116
运输代理服务	20939	126913	777	1745	7952	2524	639	519	1361
仓储业	10791	27865	1539	470	6337	5290	3051	943	32
谷物、棉花等农产品仓储	715	7631	600	20	2645	2414	2925	816	3
其他仓储	10076	20234	940	450	3693	2877	126	128	29
邮政业	183	8218	44		1055	8664	6137	3	4
国家邮政业	56	4605			63	8140	6076		
其他寄递服务	127	3612	44		993	524	61	3	4

1-20 按地区分组的交通运输、仓储、邮政业营业利润

单位：万元

行　业	福州市	厦门市	莆田市	三明市	泉州市	漳州市	南平市	龙岩市	宁德市
合　计	**247677**	**248462**	**8720**	**118641**	**684911**	**244488**	**11606**	**72368**	**85953**
铁路运输业	965	81		124	420		6572	195	
铁路旅客运输	969								
铁路货物运输	-4	81					6572		
铁路运输辅助活动				124	420			195	
道路运输业	45772	40305	5062	100343	522446	226952	6594	63393	61954
公路旅客运输	15928	9727	2265	28434	73416	10675	1814	21735	12638
道路货物运输	17992	30107	2696	53661	431524	37866	2394	40058	9328
道路运输辅助活动	11852	471	101	18248	17505	178411	2387	1600	39988
城市公共交通业	3677	859	722	2665	13354	1403	311	4648	6108
公共电汽车客运	1743	282	45	2182	11092	182	186	3045	4688
轨道交通									
出租车客运	1494	139	251	168	2251	1086	132	1585	1560
城市轮渡	199		23						
其他城市公共交通	242	438	404	315	12	135	-7	17	-140
水上运输业	130707	94673	417	1466	111037	975	214		17142
水上旅客运输	461	4127	134	1365		358	31		3016
水上货物运输	128638	40071	154	101	104501	651	183		14205
水上运输辅助活动	1608	50475	129		6536	-34			-79
航空运输业	-2407	29969	2		97		737	-116	
航空客货运输	10	6202						43	
通用航空服务	0	429							
航空运输辅助活动	-2418	23338	2		97		737	-160	
管道运输业		-2			1004				
装卸搬运和其他运输服务业	50622	66865	863	12754	23932	6230	908	3114	631
装卸搬运	1486	37844	-241	4289	8565	-1525	478	776	303
运输代理服务	49136	29021	1104	8465	15367	7755	429	2338	328
仓储业	18021	17921	1647	1290	10674	8093	482	1131	111
谷物、棉花等农产品仓储	4	778	-301	180	-1809	4905	333	1045	1
其他仓储	18017	17143	1948	1110	12484	3187	150	86	110
邮政业	321	-2208	8		1948	834	-4211	3	8
国家邮政业	4	-3771			33	321	-4326		
其他寄递服务	317	1563	8		1915	513	115	3	8

1-21　按地区分组的交通运输、仓储、邮政业职工工资和福利费

单位：万元

行　业	福州市	厦门市	莆田市	三明市	泉州市	漳州市	南平市	龙岩市	宁德市
合　计	**162459**	**334158**	**12682**	**54993**	**227200**	**61665**	**23254**	**27894**	**51497**
铁路运输业	1335	587		88	27		3206	53	
铁路旅客运输	1328								
铁路货物运输	7	587					3206		
铁路运输辅助活动				88	27			53	
道路运输业	46900	31119	6701	45139	168037	44911	7412	22491	33238
公路旅客运输	16404	12505	3771	13697	23331	8827	1247	9243	21799
道路货物运输	26976	16805	2847	25886	139417	28604	2850	12663	7536
道路运输辅助活动	3520	1809	84	5556	5290	7480	3315	585	3903
城市公共交通业	11985	51386	2063	4421	7159	1508	1859	2374	5370
公共电汽车客运	9753	24419	374	3744	4192	641	1354	1245	2138
轨道交通									
出租车客运	1752	24124	465	175	2894	630	166	1115	1673
城市轮渡	271		348						
其他城市公共交通	210	2843	876	503	73	237	340	14	1559
水上运输业	70391	50787	1180	262	31336	1618	375		11014
水上旅客运输	1238	4280	203	222		830	18		2166
水上货物运输	62975	8806	936	40	25280	604	357		8211
水上运输辅助活动	6178	37700	42		6056	184			637
航空运输业	5531	85746	5		1858		885	456	
航空客货运输	88	78790						15	
通用航空服务	1	3227							
航空运输辅助活动	5443	3729	5		1858		885	441	
管道运输业		37			144				
装卸搬运和其他运输服务业	20549	89380	2217	4669	14371	5762	2121	2119	1793
装卸搬运	10962	13130	1752	3266	8125	4294	1568	1617	547
运输代理服务	9587	76250	464	1404	6245	1468	553	502	1246
仓储业	5499	12210	508	414	2663	1417	1418	399	70
谷物、棉花等农产品仓储	213	2151	182	18	547	679	1301	275	22
其他仓储	5286	10059	327	396	2116	738	117	124	47
邮政业	269	12908	8		1606	6450	5978	3	13
国家邮政业	43	7261			39	5854	5846		
其他寄递服务	226	5647	8		1567	596	132	3	13

1-22 按地区分组的交通运输、仓储、邮政业本年应缴增值税

单位：万元

行 业	福州市	厦门市	莆田市	三明市	泉州市	漳州市	南平市	龙岩市	宁德市
合 计	**1036**	**6017**	**287**	**585**	**9671**	**630**	**1018**	**8091**	**4305**
铁路运输业				4	21		8		
铁路旅客运输									
铁路货物运输							8		
铁路运输辅助活动				4	21				
道路运输业	508	1042	58	522	2426	388	391	7822	359
公路旅客运输	105	64	43	228	798	155	96	315	140
道路货物运输	303	967	15	232	1116	230	273	7508	215
道路运输辅助活动	101	12		62	512	3	22		4
城市公共交通业	1	468	12	14	445		575	253	378
公共电汽车客运	1	455		14	445		575	241	155
轨道交通									
出租车客运		13	12					12	223
城市轮渡									
其他城市公共交通									
水上运输业	222	2156	216		5108	3	1		3568
水上旅客运输		208				3			142
水上货物运输	64	261	216		4865	1	1		3427
水上运输辅助活动	158	1688			243	0			
航空运输业	0	53					8		
航空客货运输		51							
通用航空服务									
航空运输辅助活动	0	2					8		
管道运输业									
装卸搬运和其他运输服务业	241	1911	1	45	1198	45	18	16	1
装卸搬运	192	207		44	332		14	16	
运输代理服务	49	1703	1	1	866	45	4		
仓储业	65	328			400	190	4		
谷物、棉花等农产品仓储		2			10	6			
其他仓储	65	325			391	184	4		
邮政业		59			74	4	14		
国家邮政业		58				4	14		
其他寄递服务		1			74				

1－23　按地区分组的交通运输个体户主要经营情况

地　区	单位数合　计(个)	#道路	#水路	#城市公交	从　业人员数(人)	#道路	#水路	#城市公交
全　省	**337544**	**258602**	**2748**	**68701**	**672034**	**534269**	**10942**	**104295**
福州市	**56893**	**42702**	**649**	**11206**	**56893**	**42702**	**649**	**11206**
鼓楼区	6477	5432		1023	6477	5432		1023
台江区	4725	1639		1878	4725	1639		1878
仓山区	3051	1782	35	777	3051	1782	35	777
马尾区	531	406	12	23	531	406	12	23
晋安区	6669	4666	1	1740	6669	4666	1	1740
闽侯县	8077	7414	200	415	8077	7414	200	415
连江县	4537	3153	109	1216	4537	3153	109	1216
罗源县	2956	2099	99	750	2956	2099	99	750
闽清县	2212	2040	87	66	2212	2040	87	66
永泰县	2335	2044	1	281	2335	2044	1	281
平潭县	1669	1090	36	534	1669	1090	36	534
福清市	8110	6611	18	1347	8110	6611	18	1347
长乐市	5544	4326	51	1156	5544	4326	51	1156
厦门市	**13472**	**5839**	**55**	**7119**	**13472**	**5839**	**55**	**7119**
思明区	5438	56	2	5284	5438	56	2	5284
海沧区	1006	931		41	1006	931		41
湖里区	961	38		801	961	38		801
集美区	723	555	3		723	555	3	
同安区	2606	1578	1	991	2606	1578	1	991
翔安区	2738	2681	49	2	2738	2681	49	2
莆田市	**19614**	**12493**	**133**	**6732**	**19614**	**12493**	**133**	**6732**
城厢区	4069	2853	12	1173	4069	2853	12	1173
涵江区	3712	2308	2	1287	3712	2308	2	1287
荔城区	2431	1586	3	792	2431	1586	3	792
秀屿区	3890	3651	116	77	3890	3651	116	77
仙游县	5512	2095		3403	5512	2095		3403
三明市	**29855**	**24508**	**60**	**5168**	**29855**	**24508**	**60**	**5168**
梅列区	1765	1177	3	585	1765	1177	3	585
三元区	1724	969		729	1724	969		729
明溪县	1589	1242		347	1589	1242		347
清流县	2189	2118		71	2189	2118		71
宁化县	2284	1996	1	286	2284	1996	1	286
大田县	4477	4464		9	4477	4464		9
尤溪县	3906	3460	5	433	3906	3460	5	433
沙县	2131	1330		779	2131	1330		779
将乐县	2383	1853		522	2383	1853		522
泰宁县	1869	1559	1	308	1869	1559	1	308
建宁县	1799	1681		100	1799	1681		100
永安市	3739	2659	50	999	3739	2659	50	999
泉州市	**82373**	**67383**	**355**	**13353**	**82373**	**67383**	**355**	**13353**
鲤城区	1873	557		1253	1873	557		1253
丰泽区	2611	698	311	1405	2611	698	311	1405
洛江区	1477	1008		460	1477	1008		460
泉港区	3970	2503	24	1410	3970	2503	24	1410
惠安县	6247	6024	1	39	6247	6024	1	39
安溪县	11027	10942	2	60	11027	10942	2	60
永春县	7145	7075		38	7145	7075		38
德化县	4054	3238		745	4054	3238		745
石狮市	11423	9852	3	1529	11423	9852	3	1529
晋江市	21369	18235	10	2717	21369	18235	10	2717
南安市	11177	7251	4	3697	11177	7251	4	3697

1-23 续表

地 区	单位数合 计(个)	#道路	#水路	#城市公交	从 业人员数(人)	#道路	#水路	#城市公交
漳州市	**44259**	**36256**	**143**	**7361**	**44259**	**36256**	**143**	**7361**
芗城区	7244	5133	2	1996	7244	5133	2	1996
龙文区	1032	943		37	1032	943		37
云霄县	1789	1605	6	10	1789	1605	6	10
漳浦县	5616	5590	6	7	5616	5590	6	7
诏安县	2991	2777		205	2991	2777		205
长泰县	2924	2608		309	2924	2608		309
东山县	2132	1005	18	1102	2132	1005	18	1102
南靖县	6726	6233	4	484	6726	6233	4	484
平和县	3238	2437		789	3238	2437		789
华安县	1098	1093		4	1098	1093		4
龙海市	9469	6832	107	2418	9469	6832	107	2418
南平市	**26526**	**20030**	**89**	**5425**	**26526**	**20030**	**89**	**5425**
延平区	5929	3588	86	2222	5929	3588	86	2222
顺昌县	1906	1829		60	1906	1829		60
浦城县	3518	2493		1022	3518	2493		1022
光泽县	984	799		169	984	799		169
松溪县	1048	670		369	1048	670		369
政和县	1661	1660		1	1661	1660		1
邵武市	3311	2821	1	346	3311	2821	1	346
武夷山市	1470	1080		342	1470	1080		342
建瓯市	3315	2492	2	137	3315	2492	2	137
建阳市	3384	2598		757	3384	2598		757
龙岩市	**36614**	**32537**	**14**	**3123**	**36614**	**32537**	**14**	**3123**
新罗区	10829	10336	1	408	10829	10336	1	408
长汀县	4184	2280	1	1541	4184	2280	1	1541
永定县	7089	6906	2	148	7089	6906	2	148
上杭县	3640	3171		444	3640	3171		444
武平县	3520	3397	8		3520	3397	8	
连城县	3398	2529	1	582	3398	2529	1	582
漳平市	3954	3918	1		3954	3918	1	
宁德市	**27938**	**16854**	**1250**	**9214**	**27938**	**16854**	**1250**	**9214**
蕉城区	2953	1663	318	866	2953	1663	318	866
霞浦县	6057	2176	658	3127	6057	2176	658	3127
古田县	3345	2823	59	228	3345	2823	59	228
屏南县	1588	1586			1588	1586		
寿宁县	1912	1623		284	1912	1623		284
周宁县	1249	768	1	477	1249	768	1	477
柘荣县	1300	628		669	1300	628		669
福安市	4921	3045	82	1764	4921	3045	82	1764
福鼎市	4613	2542	132	1799	4613	2542	132	1799

1-24　按行业(大类)分组的交通运输、仓储、邮政业主要指标

(2004年、2008年)

行　业	2008年				2004年			
	单位数(个)	从业人员数(人)	营业收入(万元)	资产总计(万元)	单位数(个)	从业人员数(人)	营业收入(万元)	资产总计(万元)
合　计	**5101**	**262215**	**9061811**	**17731903**	**2956**	**226659**	**3618747**	**9825612**
铁路运输业	12	1713	48509	299673	10	28979	375590	2078466
道路运输业	2060	123846	3951920	6380930	1446	88588	1347455	2656515
城市公共交通业	197	32229	312938	273268	146	27509	205757	214265
水上运输业	857	36497	1632944	4880574	367	27429	631577	2134397
航空运输业	29	10355	795511	1769819	26	7595	510116	1271526
管道运输业	2	62	2672	4103				
装卸搬运和其他运输服务业	1561	41332	1712132	2787751	701	23230	249048	470944
仓储业	283	7434	500381	1178018	210	6830	132049	539640
邮政业	100	8747	104804	157769	50	16499	167155	459859

说明：2004年铁路运输业含铁道部反馈数据。

第 2 篇

批发和零售企业商品销售和财务状况

2-1　批发和零售企业分登记注册类型商品销售情况

登记注册类型	法人单位（个）	年末从业人数（人）	销售总额（万元）		
				批发额	零售额
合　计	**39342**	**535382**	**73456421**	**59034578**	**14421843**
内资企业	**38665**	**495543**	**66347122**	**54938591**	**11408531**
国有企业	1277	47456	10319458	9277195	1042263
集体企业	1670	24398	1029016	815481	213536
股份合作企业	392	5528	303609	206556	97054
联营企业	146	1913	667787	573861	93926
国有联营企业	51	946	312732	236255	76476
集体联营企业	42	310	9879	7061	2819
国有与集体联营企业	11	207	270434	262963	7471
其他联营企业	42	450	74742	67582	7160
有限责任公司	5054	90426	17288622	14123165	3165456
国有独资公司	64	2042	1472963	1471590	1374
其他有限责任公司	4990	88384	15815658	12651576	3164083
股份有限公司	657	19894	7668331	6667367	1000964
私营企业	28508	297745	28602717	22992616	5610101
私营独资企业	6607	51150	2289297	1378798	910499
私营合伙企业	1902	20554	1115741	867387	248353
私营有限责任公司	18940	213160	24229454	19983611	4245842
私营股份有限公司	1059	12881	968226	762820	205406
其他企业	961	8183	467583	282351	185232
港、澳、台商投资企业	**291**	**13479**	**2604466**	**2406977**	**197489**
合资经营企业	55	8020	1419514	1306357	113158
合作经营企业	7	264	25316	18537	6778
独资经营企业	209	4964	1125322	1048747	76575
投资股份有限公司	20	231	34315	33336	979
外商投资企业	**386**	**26360**	**4504833**	**1689010**	**2815823**
中外合资经营企业	84	14373	3389582	1031814	2357768
中外合作经营企业	12	100	41150	1775	39375
外资企业	250	10549	911762	564821	346940
外商投资股份有限公司	40	1338	162340	90600	71740

2-2 批发业企业分登记注册类型商品销售情况

登记注册类型	法人单位（个）	年末从业人数（人）	销售总额（万元）		
				批发额	零售额
合　计	**25440**	**330118**	**58894349**	**57508526**	**1385823**
内资企业	**24915**	**212412**	**55397132**	**54082827**	**1314306**
国有企业	943	36484	9183239	9129836	53403
集体企业	942	13818	837835	792143	45692
股份合作企业	229	3658	200501	192813	7688
联营企业	91	1359	591056	567774	23282
国有联营企业	33	669	244759	230176	14583
集体联营企业	24	181	7166	7061	105
国有与集体联营企业	9	199	269643	262963	6680
其他联营企业	25	310	69489	67575	1914
有限责任公司	3667	53856	14341691	13915113	426578
国有独资公司	55	1963	1471636	1471590	46
其他有限责任公司	3612	51893	12870055	12443523	426532
股份有限公司	416	13711	6573027	6468907	104120
私营企业	18194	185369	23378811	22736709	642102
私营独资企业	2605	23055	1408829	1352024	56805
私营合伙企业	1089	12365	904014	863246	40768
私营有限责任公司	13754	141578	20297475	19766326	531148
私营股份有限公司	746	8371	768494	755113	13380
其他企业	433	4157	290973	279533	11440
港、澳、台商投资企业	**225**	**10424**	**2427520**	**2392936**	**34584**
合资经营企业	41	6619	1307320	1292884	14436
合作经营企业	6	177	18582	18537	45
独资经营企业	162	3442	1068550	1048447	20103
投资股份有限公司	16	186	33068	33068	
外商投资企业	**300**	**7282**	**1069696**	**1032763**	**36933**
中外合资经营企业	53	2054	407080	400936	6144
中外合作经营企业	7	46	1770	1770	
外资企业	208	4634	575595	545635	29960
外商投资股份有限公司	32	548	85251	84422	830

2-3 零售业企业分登记注册类型商品销售情况

登记注册类型	法人单位（个）	年末从业人数（人）	销售总额（万元）	
			批发额	零售额
合 计	**13902**	**205264**	**14562072**	**1526052**	**13036020**
内资企业	**13750**	**183131**	**10949990**	**855764**	**10094225**
国有企业	334	10972	1136219	147359	988860
集体企业	728	10580	191181	23338	167843
股份合作企业	163	1870	103108	13743	89366
联营企业	55	554	76731	6087	70643
国有联营企业	18	277	67973	6080	61893
集体联营企业	18	129	2714		2714
国有与集体联营企业	2	8	791		791
其他联营企业	17	140	5253	8	5246
有限责任公司	1387	36570	2946931	208052	2738878
国有独资公司	9	79	1328		1328
其他有限责任公司	1378	36491	2945603	208052	2737551
股份有限公司	241	6183	1095305	198460	896844
私营企业	10314	112376	5223906	255907	4967999
私营独资企业	4002	28095	880468	26774	853694
私营合伙企业	813	8189	211727	4142	207585
私营有限责任公司	5186	71582	3931979	217285	3714694
私营股份有限公司	313	4510	199732	7707	192025
其他企业	528	4026	176610	2818	173792
港、澳、台商投资企业	**66**	**3055**	**176946**	**14041**	**162905**
合资经营企业	14	1401	112194	13473	98722
合作经营企业	1	87	6734		6734
独资经营企业	47	1522	56772	301	56471
投资股份有限公司	4	45	1247	268	979
外商投资企业	**86**	**19078**	**3435137**	**656247**	**2778889**
中外合资经营企业	31	12319	2982502	630878	2351624
中外合作经营企业	5	54	39380	5	39375
外资企业	42	5915	336167	19186	316981
外商投资股份有限公司	8	790	77088	6178	70910

2-4 批发业企业分行业商品销售情况

行业	法人单位(个)	年末从业人数(人)	销售总额(万元)	批发额	零售额
合计	**25440**	**330118**	**58894349**	**57508526**	**1385823**
农畜产品批发	634	8039	691531	683189	8343
谷物、豆及薯类批发	127	2959	230315	228996	1318
种子、饲料批发	319	2453	336380	333766	2614
棉、麻批发	14	122	23907	23088	819
牲畜批发	42	575	10497	10193	304
其他农畜产品批发	132	1930	90433	87145	3288
食品、饮料及烟草制品批发	2881	63371	8936322	8774813	161510
米、面制品及食用油批发	402	6695	900508	886415	14093
糕点、糖果及糖批发	109	1057	89522	87520	2002
果品、蔬菜批发	564	14263	816203	754912	61292
肉、禽、蛋及水产品批发	308	4238	430227	424774	5454
盐及调味品批发	99	1925	98233	96004	2229
饮料及茶叶批发	692	12493	1046612	1016266	30346
烟草制品批发	81	15327	4819950	4801097	18854
其他食品批发	626	7373	735066	707827	27240
纺织、服装及日用品批发	3387	45479	9677093	9558389	118704
纺织品、针织品及原料批发	835	9087	1726917	1697459	29458
服装批发	828	12068	3618537	3581726	36811
鞋帽批发	404	7309	2430120	2407331	22790
厨房卫生间用具及日用杂货批发	203	1891	74222	69004	5219
化妆品及卫生用品批发	229	2476	115810	112148	3662
其他日用品批发	888	12648	1711486	1690722	20765
文化、体育用品及器材批发	1123	14485	1068201	896253	171948
文具用品批发	304	2239	108259	102625	5634
体育用品批发	85	651	42400	39959	2441
图书批发	111	5192	330964	191034	139930
报刊批发	5	109	1628	1628	
音像制品及电子出版物批发	29	322	19984	18380	1604
首饰、工艺品及收藏品批发	394	3943	341980	334753	7227
其他文化用品批发	195	2029	222984	207874	15111
医药及医疗器材批发	724	15639	1637920	1576133	61787
西药批发	205	8526	1230752	1183833	46920
中药材及中成药批发	103	2660	177177	168021	9156
医疗用品及器材批发	416	4453	229991	224279	5712
矿产品、建材及化工产品批发	7542	86457	25217681	24823114	394567
煤炭及制品批发	266	3254	1062190	1049246	12944
石油及制品批发	452	7399	2122480	2012646	109835
非金属矿及制品批发	186	1931	287651	285696	1954
金属及金属矿批发	1123	18148	11974177	11886469	87708
建材批发	2926	27039	4236031	4110710	125321
化肥批发	712	10285	890889	852229	38660
农药批发	264	2325	147141	143606	3535
农用薄膜批发	12	182	7040	6769	271
其他化工产品批发	1601	15894	4490083	4475743	14340
机械设备五金交电及电子产品批发	6741	68614	6876489	6467154	409335
农业机械批发	152	1241	53022	50208	2814
汽车、摩托车及零配件批发	674	8192	1007324	895759	111565
五金、交电批发	1459	12254	973582	932591	40991
家用电器批发	511	8886	765060	712425	52636
计算机、软件及辅助设备批发	675	7488	687361	587631	99730
通讯及广播电视设备批发	266	3451	637343	614641	22702
其他机械设备及电子产品批发	3004	27102	2752797	2673899	78898
贸易经纪与代理	499	6097	1188398	1184178	4220
其他批发	1909	21937	3600714	3545304	55410

2-5　零售业企业分行业商品销售情况

行　业	法人单位(个)	年末从业人数(人)	销售总额(万元)		
				批发额	零售额
合　计	**13902**	**205264**	**14562072**	**1526052**	**13036020**
综合零售	1291	62309	2481456	38364	2443092
百货零售	469	16188	788631	15855	772777
超级市场零售	385	37140	1443698	4017	1439681
其他综合零售	437	8981	249127	18492	230635
食品、饮料及烟草制品专门零售	1527	14973	468517	36720	431797
粮油零售	184	2032	27893	1266	26627
糕点、面包零售	97	1340	24690	2872	21818
果品、蔬菜零售	58	669	11157	346	10812
肉、禽、蛋及水产品零售	128	2348	112121	23638	88483
饮料及茶叶零售	580	4780	127500	4945	122555
烟草制品零售	88	1184	98745	532	98213
其他食品零售	392	2620	66411	3122	63290
纺织、服装及日用品专门零售	1886	17205	401595	22372	379223
纺织品及针织品零售	181	1704	42281	3790	38491
服装零售	656	8269	221637	11729	209908
鞋帽零售	109	1179	39794	4365	35429
钟表、眼镜零售	117	1629	25592	126	25467
化妆品及卫生用品零售	333	1420	22807	600	22208
其他日用品零售	490	3004	49485	1764	47721
文化、体育用品及器材专门零售	853	6859	220516	9614	210901
文具用品零售	209	1286	27823	786	27037
体育用品零售	93	667	14443	249	14194
图书零售	91	977	25630	1343	24287
报刊零售	9	65	504		504
音像制品及电子出版物零售	24	153	6737	38	6699
珠宝首饰零售	167	1657	88528	2839	85689
工艺美术品及收藏品零售	143	879	15522	465	15058
照相器材零售	17	282	11864	2153	9711
其他文化用品零售	100	893	29463	1741	27722
医药及医疗器材专门零售	909	10973	600253	148576	451677
药品零售	713	9432	554250	144265	409985
医疗用品及器材零售	196	1541	46003	4311	41692
汽车摩托车燃料及零配件零售	2478	40900	7932245	1067851	6864394
汽车零售	698	18635	3162241	202584	2959657
汽车零配件零售	283	2445	156854	3654	153200
摩托车及零配件零售	387	3526	221317	4174	217143
机动车燃料零售	1110	16294	4391833	857439	3534394
家用电器及电子产品专门零售	2252	29292	1403609	104653	1298957
家用电器零售	586	13654	891938	71904	820034
计算机、软件及辅助设备零售	807	7045	280806	19551	261255
通信设备零售	395	5444	155129	8186	146943
其他电子产品零售	464	3149	75737	5012	70725
五金家具及室内装修材料零售	1767	12983	577319	28899	548420
五金零售	637	3959	137738	9966	127771
家具零售	451	3953	249936	990	248946
涂料零售	83	690	16982	1546	15436
其他室内装修材料零售	596	4381	172663	16397	156266
无店铺及其他零售	939	9770	476562	69003	407559

2-6 批发和零售业企业分行业商品销售情况

单位：万元

行业	批发和零售业			#零售业		
	销售总额	批发额	零售额	销售总额	批发额	零售额
合计	**73456421**	**59034579**	**14421843**	**14562073**	**1526053**	**13036020**
食品、饮料、烟酒类	10927563	9256819	1670744	1538037	41734	1496303
粮油类	1454107	1176727	277380	261679	2547	259132
肉禽蛋类	397627	182365	215262	232973	22867	210107
其他食品类	2603807	1973572	630235	545547	8239	537308
饮料类	980646	736702	243944	225921	3751	222170
烟酒类	5491376	5187454	303922	271917	4331	267587
服装、鞋帽、针纺织品类	8760770	7874352	886418	804899	20273	784626
服装类	4040570	3470396	570173	537639	7380	530258
鞋帽类	2636824	2467168	169656	149877	9294	140584
针、纺织品类	2083376	1936788	146589	117383	3599	113784
化妆品类	167676	42041	125635	122879	508	122371
金银珠宝类	361881	170239	191642	191628	2899	188729
日用品类	2515686	2072047	443639	407487	3817	403669
#洗涤用品类	306782	132724	174058	168652	1078	167575
儿童玩具类	54445	30404	24041	23352	135	23218
五金、电料类	865544	698357	167187	148833	13407	135426
体育、娱乐用品类	167786	104197	63589	65468	3739	61729
书报杂志类	355323	188772	166551	33111	1316	31796
电子出版物及音像制品类	74184	45214	28970	19650	668	18982
家用电器和音像器材类	1943124	992979	950145	941076	66806	874270
中西药品类	2106089	1598238	507852	596494	147873	448621
#西药	1471223	1117005	354218	448712	134489	314223
中草药及中成药	206607	129389	77218	75464	9774	65690
文化办公用品类	1208309	791502	416807	343061	20411	322649
家俱类	398487	211502	186984	187668	2392	185277
通讯器材类	1068708	779288	289419	273825	17624	256201
煤炭及制品类	1228708	1192863	35846	14772	2443	12330
木材及制品类	1106821	1106410	411	2697	2697	
石油及制品类	6555364	2802947	3752418	4517831	876600	3641231
化工材料及制品类	5906732	5906329	404	21437	21270	166
#化肥类	846506	846506		16068	16068	
金属材料类	9679657	9679657		1884	1884	
建筑及装潢材料类	3511681	3105749	405932	297213	19975	277238
机电产品及设备类	4115126	3678754	436372	391247	46251	344996
#农机类	69842	69842		793	793	
汽车类	4282671	1047033	3235638	3256565	203927	3052638
种子饲料类	409908	409908		466	466	
棉麻类	47547	45058	2490	946	550	396
其他类	5691076	5234324	456752	382902	6525	376377

2-7　批发和零售业企业分规模商品销售情况

单位：万元

行　业	限额以上企业			限额以下企业		
	销售总额	批发额	零售额	销售总额	批发额	零售额
合　计	**57433907**	**45725789**	**11708119**	**16022514**	**13308790**	**2713724**
食品、饮料、烟酒类	7553340	6266091	1287249	3374223	2990728	383495
粮油类	1150175	938587	211588	303933	238140	65793
肉禽蛋类	325020	125826	199194	72607	56539	16068
其他食品类	1820159	1334532	485628	783648	639040	144608
饮料类	806071	634700	171371	174574	102001	72573
烟酒类	3451914	3232446	219468	2039461	1955008	84454
服装、鞋帽、针纺织品类	6974020	6313573	660447	1786750	1560779	225971
服装类	3261407	2823572	437834	779163	646824	132339
鞋帽类	2277551	2141743	135809	359273	325425	33848
针、纺织品类	1435062	1348258	86804	648314	588530	59784
化妆品类	112215	16817	95398	55461	25224	30238
金银珠宝类	298968	152149	146819	62913	18091	44823
日用品类	2017858	1697878	319981	497828	374169	123659
#洗涤用品类	250484	98826	151658	56297	33897	22400
儿童玩具类	36761	18388	18373	17684	12016	5668
五金、电料类	437248	396625	40623	428296	301732	126564
体育、娱乐用品类	117885	71497	46388	49900	32700	17200
书报杂志类	304087	153858	150228	51237	34914	16323
电子出版物及音像制品类	23455	7863	15592	50729	37351	13378
家用电器和音像器材类	1526023	750911	775112	417101	242068	175033
中西药品类	1692120	1345977	346143	413970	252261	161709
#西药	1287484	1014593	272891	183739	102412	81327
中草药及中成药	134376	91676	42701	72231	37714	34517
文化办公用品类	799383	540134	259248	408926	251368	157558
家俱类	262391	163749	98642	136096	47754	88342
通讯器材类	771069	590227	180842	297639	189061	108578
煤炭及制品类	981783	960532	21251	246925	232331	14595
木材及制品类	1009273	1009273		97548	97137	411
石油及制品类	5976580	2500662	3475917	578785	302284	276500
化工材料及制品类	4731849	4731849		1174884	1174480	404
#化肥类	547421	547421		299085	299085	
金属材料类	8682344	8682344		997313	997313	
建筑及装潢材料类	2140063	1913892	226172	1371618	1191858	179760
机电产品及设备类	2707805	2437292	270513	1407321	1241462	165858
#农机类	11148	11148		58694	58694	
汽车类	3699607	689096	3010510	583064	357937	225127
种子饲料类	313724	313724		96184	96184	
棉麻类	38822	37682	1140	8725	7376	1350
其他类	4261996	3982095	279902	1429080	1252229	176851

2-8 限额以上批发和零售企业分登记注册类型商品销售情况

登记注册类型	企业数（个）	年末从业人数（人）	销售总额（万元）		
				批发额	零售额
合　计	**3519**	**213977**	**57433907**	**45725789**	**11708119**
内资企业	**3388**	**181021**	**50837814**	**42120131**	**8717682**
国有企业	298	30143	8080818	7105673	975145
集体企业	80	4365	546951	474867	72084
股份合作企业	23	1155	182678	120167	62511
联营企业	28	796	592669	509470	83200
国有联营企业	17	555	275997	202375	73622
集体联营企业					
国有与集体联营企业	3	138	267766	261389	6377
其他联营企业	8	103	48906	45706	3201
有限责任公司	910	50348	15276115	12421694	2854420
国有独资公司	19	1278	1454903	1453902	1000
其他有限责任公司	891	49070	13821212	10967792	2853420
股份有限公司	78	14124	7385805	6434360	951445
私营企业	1943	78730	18526556	14907637	3618919
私营独资企业	115	5557	556416	314148	242268
私营合伙企业	59	2153	500783	439890	60893
私营有限责任公司	1708	67793	16896916	13724681	3172235
私营股份有限公司	61	3227	572440	428918	143522
其他企业	28	1360	246224	146265	99959
港、澳、台商投资企业	**51**	**9613**	**2365838**	**2178873**	**186965**
合资经营企业	19	6496	1317252	1208285	108968
合作经营企业	2	217	20506	13772	6734
独资经营企业	27	2811	1006922	935658	71264
投资股份有限公司	3	89	21159	21159	
外商投资企业	**80**	**23343**	**4230256**	**1426784**	**2803471**
中外合资经营企业	32	13648	3342390	989188	2353203
中外合作经营企业	1	11			
外资企业	43	8689	716484	375173	341311
外商投资股份有限公司	4	995	132807	62423	70384

2-9　限额以上批发企业分登记注册类型商品销售情况

登记注册类型	企业数（个）	年末从业人数（人）	销售总额（万元）		
				批发额	零售额
合　计	**2246**	**106847**	**45163566**	**44293491**	**870075**
内资企业	**2164**	**94673**	**42166575**	**41357720**	**808856**
国有企业	228	23757	6993956	6961993	31963
集体企业	29	2080	475347	467095	8252
股份合作企业	12	530	112345	108357	3988
联营企业	18	538	523433	503382	20051
国有联营企业	9	324	209969	196295	13674
集体联营企业					
国有与集体联营企业	3	138	267766	261389	6377
其他联营企业	6	76	45698	45698	
有限责任公司	601	23999	12578970	12225324	353647
国有独资公司	18	1249	1453903	1453902	1
其他有限责任公司	583	22750	11125067	10771422	353646
股份有限公司	42	9538	6332466	6237221	95245
私营企业	1221	33696	15003218	14708083	295135
私营独资企业	36	687	307695	304159	3535
私营合伙企业	30	725	448152	439341	8812
私营有限责任公司	1119	31212	13824127	13542396	281732
私营股份有限公司	36	1072	423244	422188	1057
其他企业	13	535	146840	146265	575
港、澳、台商投资企业	**38**	**7475**	**2194692**	**2165136**	**29556**
合资经营企业	12	5463	1206748	1194825	11923
合作经营企业	1	131	13772	13772	
独资经营企业	22	1792	953014	935381	17632
投资股份有限公司	3	89	21159	21159	
外商投资企业	**44**	**4699**	**802299**	**770635**	**31664**
中外合资经营企业	17	1540	362780	358398	4383
中外合作经营企业					
外资企业	25	2929	383274	355993	27281
外商投资股份有限公司	2	230	56245	56245	

2-10 限额以上零售企业分登记注册类型商品销售情况

登记注册类型	企业数(个)	年末从业人数(人)	销售总额(万元)		
				批发额	零售额
合　计	**1273**	**107130**	**12270341**	**1432298**	**10838044**
内资企业	**1224**	**86348**	**8671238**	**762412**	**7908827**
国有企业	70	6386	1086862	143680	943182
集体企业	51	2285	71604	7772	63832
股份合作企业	11	625	70332	11810	58522
联营企业	10	258	69236	6087	63149
国有联营企业	8	231	66028	6080	59948
集体联营企业					
国有与集体联营企业					
其他联营企业	2	27	3208	8	3201
有限责任公司	309	26349	2697144	196370	2500774
国有独资公司	1	29	999		999
其他有限责任公司	308	26320	2696145	196370	2499774
股份有限公司	36	4586	1053339	197139	856200
私营企业	722	45034	3523337	199553	3323784
私营独资企业	79	4870	248721	9988	238733
私营合伙企业	29	1428	52631	550	52081
私营有限责任公司	589	36581	3072789	182286	2890504
私营股份有限公司	25	2155	149196	6730	142466
其他企业	15	825	99385		99385
港、澳、台商投资企业	**13**	**2138**	**171147**	**13737**	**157410**
合资经营企业	7	1033	110505	13460	97045
合作经营企业	1	86	6734		6734
独资经营企业	5	1019	53908	277	53632
投资股份有限公司					
外商投资企业	**36**	**18644**	**3427956**	**656149**	**2771807**
中外合资经营企业	15	12108	2979610	630790	2348820
中外合作经营企业	1	11	38574		38574
外资企业	18	5760	333210	19181	314029
外商投资股份有限公司	2	765	76562	6178	70384

2-11　限额以上批发企业分行业商品销售情况

行　业	企业数(个)	年末从业人数(人)	销售总额(万元)		
				批发额	零售额
合　计	**2246**	**106847**	**45163566**	**44293491**	**870075**
农畜产品批发	37	1636	444729	444700	29
谷物、豆及薯类批发	14	1039	160918	160917	1
种子、饲料批发	18	419	237689	237689	
棉、麻批发	3	16	19833	19804	28
牲畜批发					
其他农畜产品批发	2	162	26289	26289	
食品、饮料及烟草制品批发	225	26373	6003941	5913892	90049
米、面制品及食用油批发	47	1805	690101	683048	7053
糕点、糖果及糖批发	5	138	34657	34657	
果品、蔬菜批发	20	877	550792	501892	48900
肉、禽、蛋及水产品批发	22	740	293642	292713	929
盐及调味品批发	11	754	69290	69068	222
饮料及茶叶批发	30	6089	848900	830778	18123
烟草制品批发	42	14126	2970521	2967669	2852
其他食品批发	48	1844	546037	534068	11970
纺织、服装及日用品批发	370	17472	7759114	7706573	52541
纺织品、针织品及原料批发	91	1653	1043793	1036458	7335
服装批发	125	5213	3089368	3068727	20641
鞋帽批发	100	4044	2130382	2110901	19481
厨房卫生间用具及日用杂货批发	3	191	14684	14684	
化妆品及卫生用品批发	7	536	65735	65735	
其他日用品批发	44	5835	1415153	1410068	5085
文化、体育用品及器材批发	55	5792	735433	587514	147919
文具用品批发	6	94	30276	30267	9
体育用品批发	2	17	16748	16748	
图书批发	4	4132	286789	149857	136932
报刊批发					
音像制品及电子出版物批发	1	25	7497	7497	
首饰、工艺品及收藏品批发	17	901	220637	219739	898
其他文化用品批发	25	623	173485	163405	10080
医药及医疗器材批发	90	6659	1250990	1210249	40741
西药批发	71	5594	1117053	1079628	37426
中药材及中成药批发	13	819	112274	108958	3316
医疗用品及器材批发	6	246	21663	21663	
矿产品、建材及化工产品批发	930	26045	21228353	20957984	276846
煤炭及制品批发	52	851	867278	856631	10647
石油及制品批发	80	3249	1847450	1753638	93812
非金属矿及制品批发	18	364	189590	189590	
金属及金属矿批发	304	10904	11128130	11045110	83020
建材批发	220	4507	2878217	2802929	75288
化肥批发	25	1592	581173	581173	
农药批发	5	190	51799	51799	
农用薄膜批发					
其他化工产品批发	226	4388	3684717	3677115	7602
机械设备五金交电及电子产品批发	324	15145	4152739	3914055	238685
农业机械批发	1	24	4673	4673	
汽车、摩托车及零配件批发	66	2428	577377	489481	87896
五金、交电批发	37	1547	421608	415389	6219
家用电器批发	52	4206	583370	545740	37630
计算机、软件及辅助设备批发	27	1522	424901	351701	73201
通讯及广播电视设备批发	20	1067	519317	505834	13483
其他机械设备及电子产品批发	121	4351	1621494	1601237	20256
贸易经纪与代理	39	1143	887198	887198	
其他批发	176	6582	2701070	2671328	29742

2-12 限额以上零售企业分行业商品销售情况

行业	企业数（个）	年末从业人数（人）	销售总额（万元）	批发额	零售额
合计	**1273**	**107130**	**12270341**	**1432298**	**10838044**
综合零售	299	46163	2201002	20742	2180260
百货零售	68	9357	663108	6501	656608
超级市场零售	187	33040	1363253	3037	1360215
其他综合零售	44	3766	174641	11204	163437
食品、饮料及烟草制品专门零售	56	4115	274530	28007	246523
粮油零售	3	78	3930		3930
糕点、面包零售	2	540	10442	2858	7584
果品、蔬菜零售	1	5	521		521
肉、禽、蛋及水产品零售	16	1412	96453	23392	73061
饮料及茶叶零售	16	1109	55856	1757	54099
烟草制品零售	12	832	90994		90994
其他食品零售	6	139	16335		16335
纺织、服装及日用品专门零售	54	4334	177672	13914	163759
纺织品及针织品零售	11	347	10935	201	10734
服装零售	23	2544	123405	9193	114211
鞋帽零售	6	297	23826	4023	19804
钟表、眼镜零售	5	793	9839		9839
化妆品及卫生用品零售	2	46	1368	159	1209
其他日用品零售	7	307	8300	338	7963
文化、体育用品及器材专门零售	31	1679	110841	6030	104811
文具用品零售	3	119	2882		2882
体育用品零售	1	53	1299		1299
图书零售	5	264	13644	814	12830
报刊零售					
音像制品及电子出版物零售	1	26	3562		3562
珠宝首饰零售	12	688	56212	1831	54382
工艺美术品及收藏品零售	1	55	5630		5630
照相器材零售	3	140	9616	2120	7497
其他文化用品零售	5	334	17997	1266	16731
医药及医疗器材专门零售	50	4238	447326	142774	304552
药品零售	46	4132	436070	142264	293806
医疗用品及器材零售	4	106	11256	510	10746
汽车摩托车燃料及零配件零售	517	27665	7424388	1055720	6368668
汽车零售	321	15112	3014690	198903	2815787
汽车零配件零售	12	724	113263	1198	112066
摩托车及零配件零售	59	1208	123985	2282	121703
机动车燃料零售	125	10621	4172450	853337	3319113
家用电器及电子产品专门零售	152	13799	1050652	93805	956847
家用电器零售	80	9594	789066	69218	719848
计算机、软件及辅助设备零售	45	1762	160921	15630	145291
通信设备零售	21	2210	82675	6941	75735
其他电子产品零售	6	233	17990	2017	15973
五金家具及室内装修材料零售	52	1727	272342	11654	260687
五金零售	13	368	37971	4335	33636
家具零售	18	523	164342	66	164277
涂料零售	1	65	2637	1210	1427
其他室内装修材料零售	20	771	67391	6043	61348
无店铺及其他零售	62	3410	311589	59652	251936

2-13　限额以下批发和零售企业分登记注册类型商品销售情况

登记注册类型	企业数（个）	年末从业人数（人）	销售总额（万元）		
				批发额	零售额
合　计	**35823**	**321405**	**16022514**	**13308790**	**2713724**
内资企业	**35277**	**314522**	**15509308**	**12818460**	**2690849**
国有企业	980	17345	2307159	2239549	67610
集体企业	1589	20001	481148	340189	140959
股份合作企业	369	4373	120932	86389	34543
联营企业	118	1117	75117	64391	10726
国有联营企业	34	391	36735	33881	2854
集体联营企业	42	310	9879	7061	2819
国有与集体联营企业	8	69	2668	1574	1095
其他联营企业	34	347	25835	21876	3959
有限责任公司	4144	40078	2004854	1693818	311036
国有独资公司	45	764	18061	17688	373
其他有限责任公司	4099	39314	1986793	1676130	310663
股份有限公司	579	5770	282527	233007	49520
私营企业	26565	219015	10016213	8025031	1991182
私营独资企业	6492	45593	1732881	1064650	668231
私营合伙企业	1843	18401	614957	427497	187460
私营有限责任公司	17232	145367	7272589	6198982	1073607
私营股份有限公司	998	9654	395786	333902	61883
其他企业	933	6823	221359	136086	85273
港、澳、台商投资企业	**240**	**3866**	**238628**	**228104**	**10524**
合资经营企业	36	1524	102262	98072	4190
合作经营企业	5	47	4810	4765	45
独资经营企业	182	2153	118400	113089	5311
投资股份有限公司	17	142	13156	12178	979
外商投资企业	**306**	**3017**	**274577**	**262226**	**12352**
中外合资经营企业	52	725	47191	42626	4565
中外合作经营企业	11	89	2576	1775	801
外资企业	207	1860	195278	189648	5630
外商投资股份有限公司	36	343	29533	28177	1356

2-14 限额以下批发企业分登记注册类型商品销售情况

登记注册类型	企业数（个）	年末从业人数（人）	销售总额（万元）		
				批发额	零售额
合　计	**23194**	**223271**	**13730783**	**13215035**	**515748**
内资企业	**22751**	**217739**	**13230557**	**12725107**	**505450**
国有企业	715	12727	2256884	2235444	21440
集体企业	913	11738	362489	325049	37440
股份合作企业	217	3128	88156	84456	3700
联营企业	73	821	67623	64391	3231
国有联营企业	24	345	34789	33881	909
集体联营企业	24	181	7166	7061	105
国有与集体联营企业	6	61	1877	1574	304
其他联营企业	19	234	23790	21876	1914
有限责任公司	3066	29857	1755067	1682136	72931
国有独资公司	37	714	17732	17688	45
其他有限责任公司	3029	29143	1737335	1664449	72887
股份有限公司	374	4173	240561	231686	8875
私营企业	16973	151673	8315644	7968678	346967
私营独资企业	2569	22368	1101135	1047865	53270
私营合伙企业	1059	11640	455861	423905	31956
私营有限责任公司	12635	110366	6413399	6163982	249417
私营股份有限公司	710	7299	345250	332926	12324
其他企业	420	3622	144133	133268	10866
港、澳、台商投资企业	**187**	**2949**	**232828**	**227800**	**5028**
合资经营企业	29	1156	100573	98060	2513
合作经营企业	5	46	4810	4765	45
独资经营企业	140	1650	115536	113065	2471
投资股份有限公司	13	97	11910	11910	
外商投资企业	**256**	**2583**	**267397**	**262128**	**5269**
中外合资经营企业	36	514	44300	42538	1761
中外合作经营企业	7	46	1770	1770	
外资企业	183	1705	192321	189643	2679
外商投资股份有限公司	30	318	29006	28177	830

2-15　限额以下零售企业分登记注册类型商品销售情况

登记注册类型	企业数（个）	年末从业人数（人）	销售总额（万元）		
				批发额	零售额
合　计	**12629**	**98134**	**2291731**	**93755**	**2197977**
内资企业	**12526**	**96783**	**2278751**	**93352**	**2185399**
国有企业	265	4618	50275	4105	46170
集体企业	676	8263	118659	15140	103519
股份合作企业	152	1245	32776	1933	30843
联营企业	45	296	7495		7495
国有联营企业	10	46	1945		1945
集体联营企业	18	129	2714		2714
国有与集体联营企业	2	8	791		791
其他联营企业	15	113	2045		2045
有限责任公司	1078	10221	249787	11682	238105
国有独资公司	8	50	328		328
其他有限责任公司	1070	10171	249458	11682	237777
股份有限公司	205	1597	41966	1321	40644
私营企业	9592	67342	1700569	56354	1644215
私营独资企业	3923	23225	631747	16785	614961
私营合伙企业	784	6761	159096	3592	155504
私营有限责任公司	4597	35001	859190	35000	824191
私营股份有限公司	288	2355	50536	977	49560
其他企业	513	3201	77225	2818	74407
港、澳、台商投资企业	**53**	**917**	**5800**	**304**	**5496**
合资经营企业	7	368	1690	12	1677
合作经营企业		1			
独资经营企业	42	503	2864	24	2840
投资股份有限公司	4	45	1247	268	979
外商投资企业	**50**	**434**	**7180**	**98**	**7082**
中外合资经营企业	16	211	2892	88	2804
中外合作经营企业	4	43	806	5	801
外资企业	24	155	2956	5	2951
外商投资股份有限公司	6	25	527		527

2-16 限额以下批发企业分行业商品销售情况

行业	企业数(个)	年末从业人数(人)	销售总额(万元)		
				批发额	零售额
合计	**23194**	**223271**	**13730783**	**13215035**	**515748**
农畜产品批发	597	6403	246802	241103	5699
谷物、豆及薯类批发	113	1920	69396	68079	1317
种子、饲料批发	301	2034	98691	98691	
棉、麻批发	11	106	4074	3284	791
牲畜批发	42	575	10497	10193	304
其他农畜产品批发	130	1768	64144	60856	3288
食品、饮料及烟草制品批发	2656	36998	2932381	2860921	71461
米、面制品及食用油批发	355	4890	210407	203367	7041
糕点、糖果及糖批发	104	919	54865	52863	2002
果品、蔬菜批发	544	13386	265411	253020	12391
肉、禽、蛋及水产品批发	286	3498	136585	132060	4525
盐及调味品批发	88	1171	28943	26936	2007
饮料及茶叶批发	662	6404	197711	185488	12223
烟草制品批发	39	1201	1849430	1833428	16002
其他食品批发	578	5529	189029	173759	15270
纺织、服装及日用品批发	3017	28007	1917979	1851816	66163
纺织品、针织品及原料批发	744	7434	683125	661001	22124
服装批发	703	6855	529169	512999	16170
鞋帽批发	304	3265	299739	296430	3309
厨房卫生间用具及日用杂货批发	200	1700	59538	54320	5219
化妆品及卫生用品批发	222	1940	50075	46414	3662
其他日用品批发	844	6813	296333	280654	15680
文化、体育用品及器材批发	1068	8693	332769	308740	24029
文具用品批发	298	2145	77984	72358	5625
体育用品批发	83	634	25652	23211	2441
图书批发	107	1060	44176	41177	2999
报刊批发	5	109	1628	1628	
音像制品及电子出版物批发	28	297	12487	10883	1604
首饰、工艺品及收藏品批发	377	3042	121343	115014	6329
其他文化用品批发	170	1406	49499	44468	5031
医药及医疗器材批发	634	8980	386930	365884	21046
西药批发	134	2932	113699	104205	9494
中药材及中成药批发	90	1841	64903	59063	5841
医疗用品及器材批发	410	4207	208328	202617	5712
矿产品、建材及化工产品批发	6612	60412	3989328	3907595	81733
煤炭及制品批发	214	2403	194912	192615	2297
石油及制品批发	372	4150	275031	259008	16023
非金属矿及制品批发	168	1567	98061	96106	1954
金属及金属矿批发	819	7244	846047	841359	4688
建材批发	2706	22532	1357814	1307781	50033
化肥批发	687	8693	309716	309716	
农药批发	259	2135	95342	95342	
农用薄膜批发	12	182	7040	7040	
其他化工产品批发	1375	11506	805366	798628	6738
机械设备五金交电及电子产品批发	6417	53469	2723750	2553099	170651
农业机械批发	151	1217	48349	45535	2814
汽车、摩托车及零配件批发	608	5764	429947	406279	23668
五金、交电批发	1422	10707	551974	517201	34772
家用电器批发	459	4680	181690	166684	15006
计算机、软件及辅助设备批发	648	5966	262460	235930	26530
通讯及广播电视设备批发	246	2384	118026	108807	9219
其他机械设备及电子产品批发	2883	22751	1131304	1072662	58642
贸易经纪与代理	460	4954	301200	296980	4220
其他批发	1733	15355	899644	828897	70747

2-17　限额以下零售企业分行业商品销售情况

行　业	企业数（个）	年末从业人数（人）	销售总额（万元）		
				批发额	零售额
合　计	**12629**	**98134**	**2291731**	**93755**	**2197977**
综合零售	992	16146	280455	17622	262832
百货零售	401	6831	125523	9354	116169
超级市场零售	198	4100	80446	980	79466
其他综合零售	393	5215	74486	7288	67198
食品、饮料及烟草制品专门零售	1471	10858	193987	8714	185274
粮油零售	181	1954	23963	1266	22697
糕点、面包零售	95	800	14248	14	14234
果品、蔬菜零售	57	664	10637	346	10291
肉、禽、蛋及水产品零售	112	936	15668	246	15422
饮料及茶叶零售	564	3671	71645	3188	68457
烟草制品零售	76	352	7751	532	7219
其他食品零售	386	2481	50076	3122	46955
纺织、服装及日用品专门零售	1832	12871	223923	8459	215464
纺织品及针织品零售	170	1357	31346	3589	27757
服装零售	633	5725	98232	2535	95697
鞋帽零售	103	882	15967	342	15625
钟表、眼镜零售	112	836	15754	126	15628
化妆品及卫生用品零售	331	1374	21440	441	20999
其他日用品零售	483	2697	41185	1426	39758
文化、体育用品及器材专门零售	822	5180	109674	3584	106090
文具用品零售	206	1167	24941	786	24155
体育用品零售	92	614	13145	249	12896
图书零售	86	713	11986	529	11456
报刊零售	9	65	504		504
音像制品及电子出版物零售	23	127	3175	38	3138
珠宝首饰零售	155	969	32316	1008	31308
工艺美术品及收藏品零售	142	824	9893	465	9428
照相器材零售	14	142	2248	34	2214
其他文化用品零售	95	559	11467	475	10991
医药及医疗器材专门零售	859	6735	152927	5802	147125
药品零售	667	5300	118180	2001	116179
医疗用品及器材零售	192	1435	34747	3801	30946
汽车摩托车燃料及零配件零售	1961	13235	507857	12131	495726
汽车零售	377	3523	147551	3681	143870
汽车零配件零售	271	1721	43591	2456	41134
摩托车及零配件零售	328	2318	97332	1892	95440
机动车燃料零售	985	5673	219383	4102	215281
家用电器及电子产品专门零售	2100	15493	352957	10848	342110
家用电器零售	506	4060	102872	2686	100186
计算机、软件及辅助设备零售	762	5283	119885	3921	115964
通信设备零售	374	3234	72453	1246	71208
其他电子产品零售	458	2916	57748	2995	54752
五金家具及室内装修材料零售	1715	11256	304978	17245	287733
五金零售	624	3591	99767	5631	94136
家具零售	433	3430	85594	924	84670
涂料零售	82	625	14345	336	14009
其他室内装修材料零售	576	3610	105272	10354	94918
无店铺及其他零售	877	6360	164974	9351	155623

2-18 设区市批发和零售企业分登记注册类型单位数

单位：个

登记注册类型	全省	福州市	厦门市	莆田市	三明市	泉州市	漳州市	南平市	龙岩市	宁德市
合　计	**39342**	**10013**	**12178**	**965**	**2280**	**5731**	**2947**	**1870**	**1812**	**1546**
内资企业	**38665**	**9864**	**11780**	**956**	**2268**	**5662**	**2935**	**1860**	**1805**	**1535**
国有企业	1277	366	162	39	81	203	170	98	62	96
集体企业	1670	432	122	78	166	249	234	169	107	113
股份合作企业	392	63	41	26	25	102	67	40	13	15
联营企业	146	32	48	7	5	24	9	7	4	10
国有联营企业	51	11	16	1	3	11	4	1	1	3
集体联营企业	42	10	11	4	2	4	4	3	1	3
国有与集体联营企业	11	2	4			2		1		2
其他联营企业	42	9	17	2		7	1	2	2	2
有限责任公司	5054	861	2479	253	283	469	188	164	191	166
国有独资公司	64	20	10	5	5	9	7	3	2	3
其他有限责任公司	4990	841	2469	248	278	460	181	161	189	163
股份有限公司	657	162	106	45	40	118	63	65	25	33
私营企业	28508	7667	8695	447	1615	4289	2137	1262	1336	1060
私营独资企业	6607	1768	733	192	425	1671	604	448	363	403
私营合伙企业	1902	505	352	78	186	299	85	107	110	180
私营有限责任公司	18940	5142	7348	152	903	2185	1363	638	810	399
私营股份有限公司	1059	252	262	25	101	134	85	69	53	78
其他企业	961	281	127	61	53	208	67	55	67	42
港、澳、台商投资企业	**291**	**72**	**176**	**3**	**6**	**21**	**4**	**3**	**3**	**3**
合资经营企业	55	18	25	2	4	3		1		2
合作经营企业	7	3	3			1				
独资经营企业	209	44	142	1	2	12	4	2	1	1
投资股份有限公司	20	7	6			5			2	
外商投资企业	**386**	**77**	**222**	**6**	**6**	**48**	**8**	**7**	**4**	**8**
中外合资经营企业	84	31	27	1	3	11	3	4	1	3
中外合作经营企业	12	1	4			3	1		1	2
外资企业	250	36	179	4	2	19	3	3	1	3
外商投资股份有限公司	40	9	12	1	1	15	1		1	

2-19　设区市批发和零售企业分登记注册类型年末从业人员数

单位：个

登记注册类型	全省	福州市	厦门市	莆田市	三明市	泉州市	漳州市	南平市	龙岩市	宁德市
合　　计	**535382**	**136023**	**153346**	**14913**	**29434**	**84039**	**38308**	**27024**	**29252**	**23043**
内资企业	**495543**	**122020**	**135626**	**13653**	**28712**	**81249**	**37304**	**26025**	**28412**	**22542**
国有企业	47456	11259	5734	1323	3205	7043	4679	3894	5513	4806
集体企业	24398	5858	958	1932	1485	4658	2961	2095	1702	2749
股份合作企业	5528	666	604	201	367	1972	565	549	420	184
联营企业	1913	403	724	37	118	204	105	81	89	152
国有联营企业	946	164	336	6	104	117	64	5	76	74
集体联营企业	310	53	84	19	10	30	35	60	5	14
国有与集体联营企业	207	119	49			14		4		21
其他联营企业	450	67	255	12	4	43	6	12	8	43
有限责任公司	90426	25290	31094	3976	4888	9617	5533	3398	4118	2512
国有独资公司	2042	603	461	90	246	341	93	109	54	45
其他有限责任公司	88384	24687	30633	3886	4642	9276	5440	3289	4064	2467
股份有限公司	19894	3776	9167	747	774	2185	1094	1057	420	674
私营企业	297745	73124	85783	4741	17502	53906	21938	14270	15268	11213
私营独资企业	51150	11354	6001	1170	3001	15271	4714	3506	2951	3182
私营合伙企业	20554	4415	2958	624	2938	4011	1280	977	1538	1813
私营有限责任公司	213160	53755	74344	2745	10551	32313	15044	8807	10189	5412
私营股份有限公司	12881	3600	2480	202	1012	2311	900	980	590	806
其他企业	8183	1644	1562	696	373	1664	429	681	882	252
港、澳、台商投资企业	**13479**	**2330**	**9384**	**781**	**108**	**318**	**58**	**35**	**91**	**374**
合资经营企业	8020	867	6381	192	68	161	3	10		338
合作经营企业	264	151	106			7				
独资经营企业	4964	1181	2870	589	40	113	55	25	55	36
投资股份有限公司	231	131	27			37			36	
外商投资企业	**26360**	**11673**	**8336**	**479**	**614**	**2472**	**946**	**964**	**749**	**127**
中外合资经营企业	14373	8803	1473	453	604	1046	232	946	731	85
中外合作经营企业	100	3	21			34	15		5	22
外资企业	10549	2696	5982	24	3	1320	479	18	7	20
外商投资股份有限公司	1338	171	860	2	7	72	220		6	

2-20 设区市批发和零售企业分登记注册类型销售总额

单位：万元

登记注册类型	全省	福州市	厦门市	莆田市	三明市	泉州市	漳州市	南平市	龙岩市	宁德市
合　计	**73456421**	**16891750**	**34157229**	**1529953**	**3254850**	**9006628**	**3404374**	**1592032**	**2289427**	**1330178**
内资企业	**66347122**	**15288074**	**30803016**	**1109134**	**3063878**	**8305646**	**3064770**	**1382642**	**2026132**	**1303830**
国有企业	10319458	2125453	4275995	233313	383067	1403302	564855	416499	388151	528824
集体企业	1029016	405799	51936	44245	123180	149287	71152	53664	71270	58483
股份合作企业	303609	54487	84812	8017	13001	92961	19201	15401	8710	7019
联营企业	667787	248856	337614	3164	8607	28743	1453	3136	17584	18630
国有联营企业	312732	20087	224337	186	8514	24585	688	46	17381	16909
集体联营企业	9879	2836	1440	530	93	1330	765	2072	146	667
国有与集体联营企业	270434	223414	45085			753		454		728
其他联营企业	74742	2520	66751	2449		2076		564	57	327
有限责任公司	17288622	4459150	8782036	533012	686286	1778084	415511	176229	337355	120959
国有独资公司	1472963	237049	1142261	2002	19539	50993	1777	9834	8768	740
其他有限责任公司	15815658	4222101	7639776	531010	666746	1727091	413734	166395	328587	120219
股份有限公司	7668331	698634	6017929	74207	92959	391209	236710	69221	22990	64472
私营企业	28602717	7155887	11128229	196352	1742591	4366995	1739860	637426	1136004	499375
私营独资企业	2289297	557066	447967	26294	127721	713742	123015	77029	106557	109907
私营合伙企业	1115741	163055	483309	18687	75218	206899	31119	22945	53544	60966
私营有限责任公司	24229454	6153652	9872289	146954	1442315	3330593	1554195	510286	928975	290195
私营股份有限公司	968226	282115	324664	4417	97337	115761	31531	27166	46929	38307
其他企业	467583	139807	124466	16825	14188	95065	16028	11066	44069	6069
港、澳、台商投资企业	**2604466**	**290269**	**1970184**	**248476**	**5831**	**74315**	**162**	**831**	**1428**	**12972**
合资经营企业	1419514	60687	1280247	1136	4749	60500		722		11474
合作经营企业	25316	16467	8601			248				
独资经营企业	1125322	190025	676720	247340	1082	8311	162	108	76	1498
投资股份有限公司	34315	23090	4617			5255			1353	
外商投资企业	**4504833**	**1313408**	**1384029**	**172343**	**185142**	**626668**	**339442**	**208560**	**261867**	**13376**
中外合资经营企业	3389582	1049120	695183	171419	185101	501230	314282	202338	259380	11528
中外合作经营企业	41150	70	38603			1042	130		1193	112
外资企业	911762	253271	535869	915	30	109840	2813	6222	1064	1737
外商投资股份有限公司	162340	10946	114374	9	11	14555	22217		229	

2-21　设区市批发和零售企业分登记注册类型批发额

单位：万元

登记注册类型	全省	福州市	厦门市	莆田市	三明市	泉州市	漳州市	南平市	龙岩市	宁德市
合　计	**59034578**	**11847455**	**31101416**	**1080856**	**2696152**	**6185975**	**2599915**	**1097607**	**1539932**	**885271**
内资企业	**54938591**	**11240898**	**28383632**	**819988**	**2651457**	**5960589**	**2501003**	**1058570**	**1463531**	**858923**
国有企业	9277195	1688077	4039963	214557	375123	1342806	556976	408796	332705	318192
集体企业	815481	347342	43869	29930	113820	88238	52042	45576	51771	42894
股份合作企业	206556	49427	38050	5591	9566	65386	15805	11646	5141	5943
联营企业	573861	237163	303903	124	8232	2002	1328	2540	176	18394
国有联营企业	236255	15321	194207		8139	1166	661			16761
集体联营企业	7061	2630	754	104	93		667	2000	146	667
国有与集体联营企业	262963	217038	44782			416				728
其他联营企业	67582	2174	64161	20		420		540	30	238
有限责任公司	14123165	3110079	7990941	407692	575915	1319448	247284	115180	262512	94113
国有独资公司	1471590	236783	1142255	1995	19538	49994	1717	9800	8768	740
其他有限责任公司	12651576	2873296	6848687	405697	556377	1269454	245567	105380	253745	93373
股份有限公司	6667367	429000	5827644	45531	48133	123175	123316	36823	14551	19194
私营企业	22992616	5316960	10040180	109592	1511747	2970303	1492823	430527	764533	355951
私营独资企业	1378798	312072	343358	11771	75988	419138	77202	43430	26146	69692
私营合伙企业	867387	101201	464250	14604	56205	118141	25372	12165	28855	46594
私营有限责任公司	19983611	4732393	8919965	79815	1292047	2367153	1365301	356521	667270	203145
私营股份有限公司	762820	171294	312606	3402	87508	65871	24947	18411	42262	36520
其他企业	282351	62849	99083	6971	8922	49231	11430	7482	32142	4241
港、澳、台商投资企业	**2406977**	**228157**	**1915265**	**229708**	**5269**	**14592**	**76**		**939**	**12972**
合资经营企业	1306357	34469	1254442		4187	1785				11474
合作经营企业	18537	16467	1823			248				
独资经营企业	1048747	154407	654422	229708	1082	7479	76		76	1498
投资股份有限公司	33336	22814	4578			5080			864	
外商投资企业	**1689010**	**378400**	**802519**	**31161**	**39425**	**210794**	**98836**	**39037**	**75462**	**13376**
中外合资经营企业	1031814	241684	438568	30761	39425	87676	76381	32815	72976	11528
中外合作经营企业	1775	70	23			377			1193	112
外资企业	564821	131258	315598	400		108305	238	6222	1064	1737
外商投资股份有限公司	90600	5389	48330			14435	22217		229	

2-22 设区市批发和零售企业分登记注册类型零售额

单位：万元

登记注册类型	全省	福州市	厦门市	莆田市	三明市	泉州市	漳州市	南平市	龙岩市	宁德市
合　计	**14421843**	**5044295**	**3055813**	**449097**	**558699**	**2820653**	**804459**	**494425**	**749494**	**444907**
内资企业	**11408531**	**4047176**	**2419384**	**289146**	**412421**	**2345057**	**563767**	**324072**	**562601**	**444907**
国有企业	1042263	437376	236033	18756	7943	60495	7879	7703	55446	210631
集体企业	213536	58457	8067	14315	9360	61049	19110	8089	19499	15589
股份合作企业	97054	5060	46763	2426	3436	27575	3395	3755	3568	1076
联营企业	93926	11693	33711	3040	375	26742	125	596	17408	236
国有联营企业	76476	4766	30130	186	375	23419	27	46	17381	147
集体联营企业	2819	206	686	426		1330	98	72		
国有与集体联营企业	7471	6377	304			337		454		
其他联营企业	7160	346	2591	2429		1656		24	27	89
有限责任公司	3165456	1349071	791095	125320	110371	458636	168227	61048	74843	26846
国有独资公司	1374	266	6	7	1	999	60	34		
其他有限责任公司	3164083	1348805	791089	125313	110370	457636	168167	61014	74843	26846
股份有限公司	1000964	269634	190285	28676	44826	268034	113395	32398	8439	45279
私营企业	5610101	1838926	1088049	86759	230844	1396693	247037	206899	371471	143424
私营独资企业	910499	244994	104609	14523	51734	294604	45812	33599	80411	40215
私营合伙企业	248353	61854	19059	4083	19012	88759	5747	10780	24689	14372
私营有限责任公司	4245842	1421258	952324	67139	150268	963440	188894	153765	261705	87050
私营股份有限公司	205406	110821	12058	1015	9830	49890	6584	8755	4667	1787
其他企业	185232	76958	25382	9854	5266	45834	4599	3584	11927	1828
港、澳、台商投资企业	**197489**	**62112**	**54919**	**18768**	**561**	**59722**	**87**	**831**	**489**	
合资经营企业	113158	26218	25805	1136	561	58715		722		
合作经营企业	6778		6778							
独资经营企业	76575	35618	22297	17632		832	87	108		
投资股份有限公司	979	276	39			175			489	
外商投资企业	**2815823**	**935007**	**581510**	**141182**	**145717**	**415874**	**240605**	**169523**	**186405**	
中外合资经营企业	2357768	807436	256615	140659	145676	413553	237901	169523	186405	
中外合作经营企业	39375		38580			665	130			
外资企业	346940	122014	220272	515	30	1535	2575			
外商投资股份有限公司	71740	5558	66043	9	11	120				

2-23 设区市批发企业分登记注册类型单位数

单位：个

登记注册类型	全省	福州市	厦门市	莆田市	三明市	泉州市	漳州市	南平市	龙岩市	宁德市
合　计	**25440**	**6296**	**9354**	**558**	**1579**	**2942**	**1748**	**1070**	**1008**	**885**
内资企业	**24915**	**6197**	**9014**	**556**	**1572**	**2893**	**1741**	**1065**	**1003**	**874**
国有企业	943	278	138	19	66	131	128	83	48	52
集体企业	942	200	58	33	128	105	145	117	80	76
股份合作企业	229	39	29	15	18	46	36	27	9	10
联营企业	91	22	38	3	5	5	6	2	2	8
国有联营企业	33	8	14		3	3	3			2
集体联营企业	24	6	7	2	2		2	1	1	3
国有与集体联营企业	9	2	4			1				2
其他联营企业	25	6	13	1		1	1	1	1	1
有限责任公司	3667	588	1968	166	221	272	111	104	133	104
国有独资公司	55	17	8	4	5	8	6	2	2	3
其他有限责任公司	3612	571	1960	162	216	264	105	102	131	101
股份有限公司	416	112	79	26	28	56	34	41	18	22
私营企业	18194	4864	6609	267	1070	2199	1256	657	691	581
私营独资企业	2605	581	444	95	206	642	226	171	70	170
私营合伙企业	1089	279	262	49	115	126	48	53	51	106
私营有限责任公司	13754	3812	5698	105	674	1366	935	396	531	237
私营股份有限公司	746	192	205	18	75	65	47	37	39	68
其他企业	433	94	95	27	36	79	25	34	22	21
港、澳、台商投资企业	**225**	**52**	**144**	**1**	**6**	**15**	**2**		**2**	**3**
合资经营企业	41	14	20		4	1				2
合作经营企业	6	3	2			1				
独资经营企业	162	29	117	1	2	9	2		1	1
投资股份有限公司	16	6	5			4			1	
外商投资企业	**300**	**47**	**196**	**1**	**1**	**34**	**5**	**5**	**3**	**8**
中外合资经营企业	53	17	24		1	4	2	2		3
中外合作经营企业	7	1	2			1			1	2
外资企业	208	24	159	1		15	2	3	1	3
外商投资股份有限公司	32	5	11			14	1		1	

2-24 设区市批发企业分登记注册类型年末从业人员数

单位：人

登记注册类型	全省	福州市	厦门市	莆田市	三明市	泉州市	漳州市	南平市	龙岩市	宁德市
合　计	**330118**	**78906**	**110818**	**7593**	**19002**	**44458**	**23452**	**16580**	**15857**	**13452**
内资企业	**312412**	**75146**	**99978**	**7002**	**18892**	**42994**	**23140**	**16538**	**15771**	**12951**
国有企业	36484	8311	4144	850	3029	5500	3979	3560	5009	2102
集体企业	13818	3218	579	623	1250	1602	1773	1552	1136	2085
股份合作企业	3658	432	305	111	262	1331	356	425	318	118
联营企业	1359	318	589	10	118	58	88	63	8	107
国有联营企业	669	115	276		104	43	61		1	69
集体联营企业	181	35	33	8	10		21	55	5	14
国有与集体联营企业	199	119	49			10				21
其他联营企业	310	49	231	2	4	5	6	8	2	3
有限责任公司	53856	14054	22301	2350	3037	4215	2899	1858	1566	1576
国有独资公司	1963	583	455	76	246	312	91	101	54	45
其他有限责任公司	51893	13471	21846	2274	2791	3903	2808	1757	1512	1531
股份有限公司	13711	1952	8294	539	449	881	374	608	311	303
私营企业	185369	46162	62544	2333	10503	28695	13441	7991	7195	6505
私营独资企业	23055	4611	3161	474	1348	6815	2721	1817	452	1656
私营合伙企业	12365	2263	2340	439	2260	1775	1013	469	614	1192
私营有限责任公司	141578	37493	55236	1258	6122	18698	9146	5028	5666	2931
私营股份有限公司	8371	1795	1807	162	773	1407	561	677	463	726
其他企业	4157	699	1222	186	244	712	230	481	228	155
港、澳、台商投资企业	**10424**	**1748**	**7304**	**589**	**108**	**182**	**51**		**68**	**374**
合资经营企业	6619	610	5546		68	54	3			338
合作经营企业	177	150	20			7				
独资经营企业	3442	863	1715	589	40	96	48		55	36
投资股份有限公司	186	125	23			25			13	
外商投资企业	**7282**	**2012**	**3536**	**2**	**2**	**1282**	**261**	**42**	**18**	**127**
中外合资经营企业	2054	1025	834		2	64	20	24		85
中外合作经营企业	46	3	4			10	2		5	22
外资企业	4634	838	2588	2		1142	19	18	7	20
外商投资股份有限公司	548	146	110			66	220		6	

2-25　设区市批发企业分登记注册类型销售总额

单位：万元

登记注册类型	全省	福州市	厦门市	莆田市	三明市	泉州市	漳州市	南平市	龙岩市	宁德市
合　计	**58894349**	**11806504**	**31205226**	**1110895**	**2664084**	**6159525**	**2537417**	**1060900**	**1516218**	**833581**
内资企业	**55397132**	**11288614**	**28683746**	**863154**	**2658202**	**6014008**	**2514590**	**1054526**	**1513060**	**807232**
国有企业	9183239	1674996	3987019	226117	375146	1345012	556703	408831	340086	269330
集体企业	837835	346359	46470	28635	114439	92645	54873	46795	58833	48787
股份合作企业	200501	49288	29584	5564	10548	65687	15925	12076	5887	5943
联营企业	591056	243658	313770	124	8607	2460	1328	2540	176	18394
国有联营企业	244759	15321	201877		8514	1624	661			16761
集体联营企业	7166	2639	850	104	93		667	2000	146	667
国有与集体联营企业	269643	223414	45085			416				728
其他联营企业	69489	2284	65957	20		420		540	30	238
有限责任公司	14341691	3171539	8097561	441115	569535	1336017	260140	105903	263033	96847
国有独资公司	1471636	236828	1142255	1995	19539	49994	1717	9800	8768	740
其他有限责任公司	12870055	2934712	6955307	439120	549995	1286023	258423	96103	254266	96108
股份有限公司	6573027	315201	5892088	37716	48772	105287	106635	37581	20955	8792
私营企业	23378811	5425169	10214547	116910	1521856	3013754	1507348	432738	791562	354927
私营独资企业	1408829	316884	353550	13712	78815	426282	78371	44827	26996	69392
私营合伙企业	904014	115105	471455	15518	58419	124076	25578	13594	33267	47002
私营有限责任公司	20297475	4823159	9071899	84251	1296820	2396780	1378577	355998	688224	201767
私营股份有限公司	768494	170021	317643	3430	87803	66617	24822	18318	43075	36766
其他企业	290973	62404	102709	6974	9299	53147	11637	8062	32529	4213
港、澳、台商投资企业	**2427520**	**240215**	**1905748**	**247340**	**5831**	**14671**	**73**		**671**	**12972**
合资经营企业	1307320	46787	1242526		4749	1785				11474
合作经营企业	18582	16467	1867			248				
独资经营企业	1068550	154148	656776	247340	1082	7558	73		76	1498
投资股份有限公司	33068	22814	4578			5080			596	
外商投资企业	**1069696**	**277675**	**615732**	**400**	**52**	**130846**	**22755**	**6374**	**2486**	**13376**
中外合资经营企业	407080	119189	268214		52	7659	287	152		11528
中外合作经营企业	1770	70	18			377			1193	112
外资企业	575595	153028	304518	400		108375	251	6222	1064	1737
外商投资股份有限公司	85251	5389	42982			14435	22217		229	

2-26 设区市批发企业分登记注册类型批发额

单位：万元

登记注册类型	全省	福州市	厦门市	莆田市	三明市	泉州市	漳州市	南平市	龙岩市	宁德市
合　计	**57508526**	**11392652**	**30667455**	**1029612**	**2629864**	**5978474**	**2498896**	**1044089**	**1451714**	**815769**
内资企业	**54082827**	**10915776**	**28158074**	**799505**	**2624542**	**5833156**	**2476082**	**1037715**	**1448557**	**789420**
国有企业	9129836	1668995	3971033	212568	374993	1336489	555909	408731	332705	268413
集体企业	792143	341335	43792	27806	112903	80211	49949	45236	49897	41015
股份合作企业	192813	49249	26598	5551	9566	63700	15777	11646	4783	5943
联营企业	567774	237163	297815	124	8232	2002	1328	2540	176	18394
国有联营企业	230176	15321	188127		8139	1166	661			16761
集体联营企业	7061	2630	754	104	93		667	2000	146	667
国有与集体联营企业	262963	217038	44782			416				728
其他联营企业	67575	2174	64153	20		420		540	30	238
有限责任公司	13915113	2985265	7959316	405987	562457	1300272	244936	102760	261356	92765
国有独资公司	1471590	236783	1142255	1995	19538	49994	1717	9800	8768	740
其他有限责任公司	12443523	2748482	6817061	403993	542919	1250278	243218	92960	252588	92025
股份有限公司	6468907	310046	5811709	31822	46283	102964	106568	36591	14551	8373
私营企业	22736709	5261657	9948883	108683	1501188	2900040	1490276	422729	752948	350307
私营独资企业	1352024	301712	341379	11693	75708	406655	76692	43086	25957	69142
私营合伙企业	863246	99098	463795	14604	55858	117292	25292	12020	28727	46561
私营有限责任公司	19766326	4694225	8831136	78985	1283640	2311380	1363531	349345	656002	198084
私营股份有限公司	755113	166623	312572	3402	85982	64713	24762	18277	42262	36520
其他企业	279533	62066	98927	6964	8922	47479	11339	7482	32142	4213
港、澳、台商投资企业	**2392936**	**227213**	**1902438**	**229708**	**5269**	**14592**	**73**		**671**	**12972**
合资经营企业	1292884	33802	1241636		4187	1785				11474
合作经营企业	18537	16467	1823			248				
独资经营企业	1048447	154131	654401	229708	1082	7479	73		76	1498
投资股份有限公司	33068	22814	4578			5080			596	
外商投资企业	**1032763**	**249664**	**606943**	**400**	**52**	**130726**	**22742**	**6374**	**2486**	**13376**
中外合资经营企业	400936	114806	266502		52	7609	287	152		11528
中外合作经营企业	1770	70	18			377			1193	112
外资企业	545635	129399	298271	400		108305	238	6222	1064	1737
外商投资股份有限公司	84422	5389	42152			14435	22217		229	

2-27 设区市批发企业分登记注册类型零售额

单位：万元

登记注册类型	全省	福州市	厦门市	莆田市	三明市	泉州市	漳州市	南平市	龙岩市	宁德市
合　　计	**1385823**	**413851**	**537771**	**81282**	**34221**	**181051**	**38521**	**16810**	**64504**	**17812**
内资企业	**1314306**	**372838**	**525672**	**63650**	**33659**	**180852**	**38508**	**16810**	**64504**	**17812**
国有企业	53403	6001	15985	13549	154	8523	794	100	7381	918
集体企业	45692	5025	2677	829	1536	12434	4924	1559	8936	7772
股份合作企业	7688	39	2985	14	982	1987	147	430	1104	
联营企业	23282	6495	15954		375	458				
国有联营企业	14583		13750		375	458				
集体联营企业	105	9	96							
国有与集体联营企业	6680	6377	304							
其他联营企业	1914	110	1804							
有限责任公司	426578	186274	138245	35128	7078	35745	15205	3143	1678	4083
国有独资公司	46	45			1					
其他有限责任公司	426532	186230	138245	35128	7076	35745	15205	3143	1678	4083
股份有限公司	104120	5155	80379	5894	2489	2323	67	990	6404	420
私营企业	642102	163512	265664	8227	20669	113715	17073	10009	38614	4620
私营独资企业	56805	15173	12170	2018	3107	19627	1679	1741	1040	250
私营合伙企业	40768	16007	7661	915	2561	6784	287	1574	4539	441
私营有限责任公司	531148	128934	240763	5266	13181	85400	15046	6653	32222	3683
私营股份有限公司	13380	3398	5071	28	1820	1903	61	41	813	246
其他企业	11440	338	3782	10	378	5668	298	580	387	
港、澳、台商投资企业	**34584**	**13002**	**3310**	**17632**	**561**	**79**				
合资经营企业	14436	12985	890		561					
合作经营企业	45		45							
独资经营企业	20103	17	2375	17632		79				
投资股份有限公司										
外商投资企业	**36933**	**28012**	**8789**			**120**	**13**			
中外合资经营企业	6144	4383	1711			50				
中外合作经营企业										
外资企业	29960	23629	6248			70	13			
外商投资股份有限公司	830		830							

2-28 设区市零售企业分登记注册类型单位数

单位：个

登记注册类型	全省	福州市	厦门市	莆田市	三明市	泉州市	漳州市	南平市	龙岩市	宁德市
合　计	**13902**	**3717**	**2824**	**407**	**701**	**2789**	**1199**	**800**	**804**	**661**
内资企业	**13750**	**3667**	**2766**	**400**	**696**	**2769**	**1194**	**795**	**802**	**661**
国有企业	334	88	24	20	15	72	42	15	14	44
集体企业	728	232	64	45	38	144	89	52	27	37
股份合作企业	163	24	12	11	7	56	31	13	4	5
联营企业	55	10	10	4		19	3	5	2	2
国有联营企业	18	3	2	1		8	1	1	1	1
集体联营企业	18	4	4	2		4	2	2		
国有与集体联营企业	2					1		1		
其他联营企业	17	3	4	1		6		1	1	1
有限责任公司	1387	273	511	87	62	197	77	60	58	62
国有独资公司	9	3	2	1		1	1	1		
其他有限责任公司	1378	270	509	86	62	196	76	59	58	62
股份有限公司	241	50	27	19	12	62	29	24	7	11
私营企业	10314	2803	2086	180	545	2090	881	605	645	479
私营独资企业	4002	1187	289	97	219	1029	378	277	293	233
私营合伙企业	813	226	90	29	71	173	37	54	59	74
私营有限责任公司	5186	1330	1650	47	229	819	428	242	279	162
私营股份有限公司	313	60	57	7	26	69	38	32	14	10
其他企业	528	187	32	34	17	129	42	21	45	21
港、澳、台商投资企业	**66**	**20**	**32**	**2**		**6**	**2**	**3**	**1**	
合资经营企业	14	4	5	2		2		1		
合作经营企业	1		1							
独资经营企业	47	15	25			3	2	2		
投资股份有限公司	4	1	1			1			1	
外商投资企业	**86**	**30**	**26**	**5**	**5**	**14**	**3**	**2**	**1**	
中外合资经营企业	31	14	3	1	2	7	1	2	1	
中外合作经营企业	5		2			2	1			
外资企业	42	12	20	3	2	4	1			
外商投资股份有限公司	8	4	1	1	1	1				

2-29　设区市零售企业分登记注册类型年末从业人员数

单位：人

登记注册类型	全省	福州市	厦门市	莆田市	三明市	泉州市	漳州市	南平市	龙岩市	宁德市
合　计	**205264**	**57117**	**42528**	**7320**	**10432**	**39581**	**14856**	**10444**	**13395**	**9591**
内资企业	**183131**	**46874**	**35648**	**6651**	**9820**	**38255**	**14164**	**9487**	**12641**	**9591**
国有企业	10972	2948	1590	473	176	1543	700	334	504	2704
集体企业	10580	2640	379	1309	235	3056	1188	543	566	664
股份合作企业	1870	234	299	90	105	641	209	124	102	66
联营企业	554	85	135	27		146	17	18	81	45
国有联营企业	277	49	60	6		74	3	5	75	5
集体联营企业	129	18	51	11		30	14	5		
国有与集体联营企业	8					4		4		
其他联营企业	140	18	24	10		38		4	6	40
有限责任公司	36570	11236	8793	1626	1851	5402	2634	1540	2552	936
国有独资公司	79	20	6	14		29	2	8		
其他有限责任公司	36491	11216	8787	1612	1851	5373	2632	1532	2552	936
股份有限公司	6183	1824	873	208	325	1304	720	449	109	371
私营企业	112376	26962	23239	2408	6999	25211	8497	6279	8073	4708
私营独资企业	28095	6743	2840	696	1653	8456	1993	1689	2499	1526
私营合伙企业	8189	2152	618	185	678	2236	267	508	924	621
私营有限责任公司	71582	16262	19108	1487	4429	13615	5898	3779	4523	2481
私营股份有限公司	4510	1805	673	40	239	904	339	303	127	80
其他企业	4026	945	340	510	129	952	199	200	654	97
港、澳、台商投资企业	**3055**	**582**	**2080**	**192**		**136**	**7**	**35**	**23**	
合资经营企业	1401	257	835	192		107		10		
合作经营企业	87	1	86							
独资经营企业	1522	318	1155			17	7	25		
投资股份有限公司	45	6	4			12			23	
外商投资企业	**19078**	**9661**	**4800**	**477**	**612**	**1190**	**685**	**922**	**731**	
中外合资经营企业	12319	7778	639	453	602	982	212	922	731	
中外合作经营企业	54		17			24	13			
外资企业	5915	1858	3394	22	3	178	460			
外商投资股份有限公司	790	25	750	2	7	6				

2-30 设区市零售企业分登记注册类型销售总额

单位：万元

登记注册类型	全省	福州市	厦门市	莆田市	三明市	泉州市	漳州市	南平市	龙岩市	宁德市
合 计	**14562072**	**5085246**	**2952003**	**419058**	**590766**	**2847103**	**866957**	**531133**	**773209**	**496598**
内资企业	**10949990**	**3999460**	**2119270**	**245980**	**405677**	**2291638**	**550181**	**328116**	**513071**	**496598**
国有企业	1136219	450458	288977	7196	7920	58290	8152	7668	48065	259494
集体企业	191181	59440	5466	15611	8741	56642	16279	6869	12438	9696
股份合作企业	103108	5200	55229	2453	2453	27274	3276	3325	2823	1076
联营企业	76731	5198	23844	3040		26283	125	596	17408	236
国有联营企业	67973	4766	22460	186		22961	27	46	17381	147
集体联营企业	2714	197	590	426		1330	98	72		
国有与集体联营企业	791					337		454		
其他联营企业	5253	236	794	2429		1656		24	27	89
有限责任公司	2946931	1287611	684475	91897	116751	442067	155371	70326	74322	24112
国有独资公司	1328	221	6	7		999	60	34		
其他有限责任公司	2945603	1287390	684469	91890	116751	441068	155311	70292	74322	24112
股份有限公司	1095305	383433	125840	36491	44188	285923	130075	31640	2035	55680
私营企业	5223906	1730718	913682	79441	220735	1353241	232512	204688	344442	144448
私营独资企业	880468	240181	94417	12583	48906	287460	44644	32202	79560	40515
私营合伙企业	211727	47950	11854	3168	16799	82824	5541	9351	20278	13964
私营有限责任公司	3931979	1330492	800390	62704	145495	933813	175618	154288	240751	88428
私营股份有限公司	199732	112094	7021	987	9535	49144	6709	8848	3854	1541
其他企业	176610	77404	21757	9851	4889	41918	4391	3004	11540	1856
港、澳、台商投资企业	**176946**	**50054**	**64436**	**1136**		**59643**	**90**	**831**	**757**	
合资经营企业	112194	13901	37721	1136		58715		722		
合作经营企业	6734		6734							
独资经营企业	56772	35878	19943			753	90	108		
投资股份有限公司	1247	276	39			175			757	
外商投资企业	**3435137**	**1035733**	**768297**	**171943**	**185090**	**495821**	**316687**	**202186**	**259380**	
中外合资经营企业	2982502	929931	426970	171419	185049	493571	313996	202186	259380	
中外合作经营企业	39380		38585			665	130			
外资企业	336167	100244	231351	515	30	1465	2562			
外商投资股份有限公司	77088	5558	71391	9	11	120				

2-31　设区市零售企业分登记注册类型批发额

单位：万元

登记注册类型	全省	福州市	厦门市	莆田市	三明市	泉州市	漳州市	南平市	龙岩市	宁德市
合　计	**1526052**	**454802**	**433961**	**51244**	**66288**	**207501**	**101019**	**53518**	**88218**	**69502**
内资企业	**855764**	**325122**	**225558**	**20483**	**26915**	**127433**	**24921**	**20855**	**14975**	**69502**
国有企业	147359	19082	68929	1989	130	6317	1067	65		49780
集体企业	23338	6007	76	2124	917	8027	2092	340	1874	1880
股份合作企业	13743	179	11451	40		1686	28		359	
联营企业	6087		6087							
国有联营企业	6080		6080							
集体联营企业										
国有与集体联营企业										
其他联营企业	8		8							
有限责任公司	208052	124814	31625	1704	13458	19177	2349	12420	1157	1349
国有独资公司										
其他有限责任公司	208052	124814	31625	1704	13458	19177	2349	12420	1157	1349
股份有限公司	198460	118954	15935	13710	1851	20211	16748	232		10821
私营企业	255907	55303	91297	909	10560	70263	2547	7799	11585	5644
私营独资企业	26774	10360	1979	78	280	12483	511	344	189	550
私营合伙企业	4142	2103	456	1	347	849	80	145	128	33
私营有限责任公司	217285	38169	88829	830	8407	55774	1770	7176	11268	5062
私营股份有限公司	7707	4671	33		1525	1157	186	134		
其他企业	2818	783	156	8		1752	90			29
港、澳、台商投资企业	**14041**	**943**	**12827**				**3**		**268**	
合资经营企业	13473	667	12806							
合作经营企业										
独资经营企业	301	277	21				3			
投资股份有限公司	268								268	
外商投资企业	**656247**	**128737**	**195576**	**30761**	**39373**	**80068**	**76095**	**32663**	**72976**	
中外合资经营企业	630878	126878	172066	30761	39373	80068	76095	32663	72976	
中外合作经营企业	5		5							
外资企业	19186	1859	17327							
外商投资股份有限公司	6178		6178							

2-32 设区市零售企业分登记注册类型零售额

单位：万元

登记注册类型	全省	福州市	厦门市	莆田市	三明市	泉州市	漳州市	南平市	龙岩市	宁德市
合　计	**13036020**	**4630444**	**2518043**	**367814**	**524478**	**2639602**	**765938**	**477615**	**684991**	**427096**
内资企业	**10094225**	**3674338**	**1893712**	**225497**	**378761**	**2164205**	**525259**	**307261**	**498097**	**427096**
国有企业	988860	431376	220047	5207	7790	51973	7085	7603	48065	209714
集体企业	167843	53432	5390	13486	7824	48615	14186	6530	10563	7817
股份合作企业	89366	5021	43778	2413	2453	25588	3248	3325	2464	1076
联营企业	70643	5198	17757	3040		26283	125	596	17408	236
国有联营企业	61893	4766	16380	186		22961	27	46	17381	147
集体联营企业	2714	197	590	426		1330	98	72		
国有与集体联营企业	791					337		454		
其他联营企业	5246	236	787	2429		1656		24	27	89
有限责任公司	2738878	1162797	652850	90193	103294	422890	153022	57905	73165	22763
国有独资公司	1328	221	6	7		999	60	34		
其他有限责任公司	2737551	1162576	652844	90186	103294	421891	152962	57871	73165	22763
股份有限公司	896844	264479	109906	22782	42337	265712	113328	31408	2035	44859
私营企业	4967999	1675415	822384	78532	210175	1282978	229964	196889	332857	138804
私营独资企业	853694	229821	92438	12504	48627	274977	44133	31858	79371	39965
私营合伙企业	207585	45847	11398	3168	16452	81975	5460	9206	20150	13931
私营有限责任公司	3714694	1292324	711561	61874	137088	878040	173848	147111	229483	83367
私营股份有限公司	192025	107423	6987	987	8010	47987	6523	8714	3854	1541
其他企业	173792	76620	21601	9843	4889	40167	4301	3004	11540	1828
港、澳、台商投资企业	**162905**	**49110**	**51609**	**1136**		**59643**	**87**	**831**	**489**	
合资经营企业	98722	13234	24915	1136		58715		722		
合作经营企业	6734		6734							
独资经营企业	56471	35601	19922			753	87	108		
投资股份有限公司	979	276	39			175			489	
外商投资企业	**2778889**	**906996**	**572721**	**141182**	**145717**	**415754**	**240592**	**169523**	**186405**	
中外合资经营企业	2351624	803053	254904	140659	145676	413503	237901	169523	186405	
中外合作经营企业	39375		38580			665	130			
外资企业	316981	98385	214024	515	30	1465	2562			
外商投资股份有限公司	70910	5558	65213	9	11	120				

2-33　设区市批发企业分行业单位数

单位：个

行　　业	全省	福州市	厦门市	莆田市	三明市	泉州市	漳州市	南平市	龙岩市	宁德市
合　　计	**25440**	**6296**	**9354**	**558**	**1579**	**2942**	**1748**	**1070**	**1008**	**885**
农畜产品批发	634	149	111	9	75	41	111	63	46	29
谷物、豆及薯类批发	127	23	8	5	12	8	20	27	11	13
种子、饲料批发	319	91	54	2	27	14	69	27	25	10
棉、麻批发	14	5	2		5	1		1		
牲畜批发	42	5	7		12	4	3	4	2	5
其他农畜产品批发	132	25	40	2	19	14	19	4	8	1
食品、饮料及烟草制品批发	2881	624	814	80	182	413	360	138	104	166
米、面制品及食用油批发	402	86	74	20	33	77	52	27	11	22
糕点、糖果及糖批发	109	19	18	2	6	26	17	11	7	3
果品、蔬菜批发	564	34	75	23	67	115	131	52	18	49
肉、禽、蛋及水产品批发	308	126	76	5	10	33	17	5	3	33
盐及调味品批发	99	32	27	4	4	17	8	4	2	1
饮料及茶叶批发	692	181	235	14	25	77	79	20	27	34
烟草制品批发	81	7	15	4	11	12	11	3	11	7
其他食品批发	626	139	294	8	26	56	45	16	25	17
纺织、服装及日用品批发	3387	875	1497	93	74	618	139	37	36	18
纺织品、针织品及原料批发	835	141	336	13	24	289	17	8	5	2
服装批发	828	239	380	8	13	152	24	1	6	5
鞋帽批发	404	112	159	58		68	2	1	3	1
厨房卫生间用具及日用杂货批发	203	52	94	5	7	11	15	11	5	3
化妆品及卫生用品批发	229	89	80	4	8	27	14	4	2	1
其他日用品批发	888	242	448	5	22	71	67	12	15	6
文化、体育用品及器材批发	1123	392	528	32	11	80	44	10	18	8
文具用品批发	304	110	131	2	5	25	17	5	5	4
体育用品批发	85	26	42	2	1	7	4	1	1	1
图书批发	111	73	8	3	2	13	7	2	3	
报刊批发	5	3	1			1				
音像制品及电子出版物批发	29	12	10			2	4		1	
首饰、工艺品及收藏品批发	394	105	238	21	2	19	5	2	2	
其他文化用品批发	195	63	98	4	1	13	7		6	3
医药及医疗器材批发	724	281	170	26	41	65	56	30	31	24
西药批发	205	64	21	19	17	26	24	15	10	9
中药材及中成药批发	103	33	16	2	6	19	13	5	4	5
医疗用品及器材批发	416	184	133	5	18	20	19	10	17	10
矿产品、建材及化工产品批发	7542	1441	2656	166	742	809	540	409	407	372
煤炭及制品批发	266	53	24	2	51	21	13	17	78	7
石油及制品批发	452	110	123	19	12	77	49	23	16	23
非金属矿及制品批发	186	36	65		27	27	7	4	15	5
金属及金属矿批发	1124	207	371	7	221	89	52	37	47	93
建材批发	2925	649	1242	52	153	294	150	122	111	152
化肥批发	712	94	21	30	122	76	120	93	89	67
农药批发	264	20	11	17	48	24	53	61	18	12
农用薄膜批发	12	3	2				2	3		2
其他化工产品批发	1601	269	797	39	108	201	94	49	33	11
机械设备五金交电及电子产品批发	6741	1980	2780	93	321	545	343	247	284	148
农业机械批发	152	32	8	8	15	27	21	29	4	8
汽车、摩托车及零配件批发	674	105	236	13	48	94	64	47	37	30
五金、交电批发	1459	379	649	30	74	121	71	60	59	16
家用电器批发	511	202	148	9	14	44	60	10	17	7
计算机、软件及辅助设备批发	675	335	236	4	24	21	24	5	22	4
通讯及广播电视设备批发	266	117	73	5	7	30	21	7	5	1
其他机械设备及电子产品批发	3004	810	1430	24	139	208	82	89	140	82
贸易经纪与代理	499	112	56	30	15	168	39	27	12	40
其他批发	1909	442	742	29	118	203	116	109	70	80

2-34 设区市批发企业分行业年末从业人员数

单位：人

行　　业	全省	福州市	厦门市	莆田市	三明市	泉州市	漳州市	南平市	龙岩市	宁德市
合　　计	**330118**	**78906**	**110818**	**7593**	**19002**	**44458**	**23452**	**16580**	**15857**	**13452**
农畜产品批发	8039	1559	1072	121	1121	779	1121	769	1015	482
谷物、豆及薯类批发	2959	438	84	69	249	232	366	543	777	201
种子、饲料批发	2453	791	457	19	171	135	382	143	170	185
棉、麻批发	122	77	6		31	3		5		
牲畜批发	575	37	60		173	92	80	30	17	86
其他农畜产品批发	1930	216	465	33	497	317	293	48	51	10
食品、饮料及烟草制品批发	63371	10584	11814	1550	4994	11094	9902	5037	5047	3349
米、面制品及食用油批发	6695	1661	1004	313	391	1672	680	601	195	178
糕点、糖果及糖批发	1057	230	134	24	62	213	234	72	74	14
果品、蔬菜批发	14263	514	1244	341	1774	3815	4262	1047	436	830
肉、禽、蛋及水产品批发	4238	1533	901	41	133	433	257	133	64	743
盐及调味品批发	1925	443	335	74	90	303	154	415	51	60
饮料及茶叶批发	12493	3292	3869	162	260	2051	1964	309	288	298
烟草制品批发	15327	1228	1050	508	2023	1767	1843	2271	3683	954
其他食品批发	7373	1683	3277	87	261	840	508	189	256	272
纺织、服装及日用品批发	45479	10732	21874	1528	732	8337	1206	417	422	231
纺织品、针织品及原料批发	9087	1329	3631	158	207	3477	146	84	38	17
服装批发	12068	3631	5152	45	155	2734	228	8	48	67
鞋帽批发	7309	2018	2833	1227		1071	22	8	124	6
厨房卫生间用具及日用杂货批发	1891	447	920	27	59	109	96	136	54	43
化妆品及卫生用品批发	2476	694	1124	24	94	276	179	60	20	5
其他日用品批发	12648	2613	8214	47	217	670	535	121	138	93
文化、体育用品及器材批发	14485	7309	5498	235	73	749	316	108	135	62
文具用品批发	2239	966	814	10	36	238	82	32	36	25
体育用品批发	651	172	341	6	8	69	33	2	17	3
图书批发	5192	4406	489	18	9	126	93	36	15	
报刊批发	109	106	1			2				
音像制品及电子出版物批发	322	128	152			11	23		8	
首饰、工艺品及收藏品批发	3943	1001	2490	180	16	177	31	37	11	
其他文化用品批发	2029	530	1211	21	4	126	54	1	48	34
医药及医疗器材批发	15639	5493	2329	787	1071	2139	1219	1096	830	675
西药批发	8526	2618	673	573	637	1246	823	815	595	546
中药材及中成药批发	2660	878	193	6	202	734	263	199	99	86
医疗用品及器材批发	4453	1997	1463	208	232	159	133	82	136	43
矿产品、建材及化工产品批发	86457	15566	31328	1891	6722	9868	5089	5298	4843	5852
煤炭及制品批发	3254	657	481	33	464	318	132	234	831	104
石油及制品批发	7399	1974	1634	408	121	1340	658	357	209	698
非金属矿及制品批发	1931	358	713		241	298	67	78	127	49
金属及金属矿批发	18148	2061	10069	65	1954	1273	402	563	668	1093
建材批发	27039	5532	10670	537	1446	3356	1310	1432	1238	1518
化肥批发	10285	1717	252	357	925	1048	1338	1531	1262	1855
农药批发	2325	264	42	101	396	167	272	557	210	316
农用薄膜批发	182	31	20				25	88		18
其他化工产品批发	15894	2972	7447	390	1175	2068	885	458	298	201
机械设备五金交电及电子产品批发	68614	21548	27919	847	2560	6530	2960	2238	2747	1265
农业机械批发	1241	249	60	34	139	242	209	230	28	50
汽车、摩托车及零配件批发	8192	1409	2642	138	429	1517	607	633	572	245
五金、交电批发	12254	3695	5113	348	542	1096	493	389	469	109
家用电器批发	8886	4101	2748	102	157	677	479	158	337	127
计算机、软件及辅助设备批发	7488	3842	2635	32	230	229	238	39	198	45
通讯及广播电视设备批发	3451	1153	1100	44	155	760	111	46	76	6
其他机械设备及电子产品批发	27102	7099	13621	149	908	2009	823	743	1067	683
贸易经纪与代理	6097	1637	470	463	279	2100	409	266	86	387
其他批发	21937	4478	8514	171	1450	2862	1230	1351	732	1149

2-35　设区市批发企业分行业销售总额

单位：万元

行　业	全省	福州市	厦门市	莆田市	三明市
合　计	**58894349**	**11806504**	**31205226**	**1110895**	**2664084**
农畜产品批发	691531	358638	104914	1667	51001
谷物、豆及薯类批发	230315	113910	4190	940	13017
种子、饲料批发	336380	229575	50924	581	4875
棉、麻批发	23907	1038	126		21930
牲畜批发	10497	1056	250		4177
其他农畜产品批发	90433	13059	49425	147	7002
食品、饮料及烟草制品批发	8936322	1570087	3985656	276133	250145
米、面制品及食用油批发	900508	302721	327641	14083	29029
糕点、糖果及糖批发	89522	26514	17659	605	5987
果品、蔬菜批发	816203	17192	529441	9743	28504
肉、禽、蛋及水产品批发	430227	202235	136494	1745	7588
盐及调味品批发	98233	37586	20164	2571	3892
饮料及茶叶批发	1046612	369936	369361	32032	6370
烟草制品批发	4819950	458862	2137946	211496	155350
其他食品批发	735066	155042	446949	3857	13426
纺织、服装及日用品批发	9677093	1758835	6130790	290476	104233
纺织品、针织品及原料批发	1726917	141212	1089252	2885	10507
服装批发	3618537	681809	2367419	1308	82472
鞋帽批发	2430120	706014	1145756	282288	
厨房卫生间用具及日用杂货批发	74222	26193	26769	1474	1185
化妆品及卫生用品批发	115810	40367	49528	1301	2457
其他日用品批发	1711486	163240	1452065	1220	7612
文化、体育用品及器材批发	1068201	586648	403354	6487	1617
文具用品批发	108259	40745	46258	840	924
体育用品批发	42400	6869	32256	380	11
图书批发	330964	299202	20549	468	333
报刊批发	1628	1598	12		
音像制品及电子出版物批发	19984	9742	8227		
首饰、工艺品及收藏品批发	341980	202794	115787	4063	329
其他文化用品批发	222984	25699	180265	736	21
医药及医疗器材批发	1637920	811843	242990	38928	92311
西药批发	1230752	606984	160526	33030	75916
中药材及中成药批发	177177	68871	21677	96	8409
医疗用品及器材批发	229991	135988	60787	5801	7987
矿产品、建材及化工产品批发	25217681	3995496	15092245	256549	1581030
煤炭及制品批发	1062190	380417	176815	1114	85375
石油及制品批发	2122480	439190	764733	32848	8601
非金属矿及制品批发	287651	83028	125628		31137
金属及金属矿批发	11986347	1182877	8644492	13802	1043432
建材批发	4223861	1103445	1848666	167366	105635
化肥批发	890889	338477	111157	6648	119735
农药批发	147141	67857	3153	3314	18687
农用薄膜批发	7040	1089	262		
其他化工产品批发	4490083	399116	3417341	31457	168428
机械设备五金交电及电子产品批发	6876489	1854278	3756974	76202	206135
农业机械批发	53022	12582	6152	644	5239
汽车、摩托车及零配件批发	1007324	177767	492597	9976	52179
五金、交电批发	973582	317134	410243	38329	28474
家用电器批发	765060	373238	259869	16584	13928
计算机、软件及辅助设备批发	687361	432162	211286	346	12696
通讯及广播电视设备批发	637343	89457	459446	1570	22762
其他机械设备及电子产品批发	2752797	451938	1917381	8753	70858
贸易经纪与代理	1188398	211082	28536	153141	6923
其他批发	3600714	659598	1459767	11313	370689

2-35 续表 单位：万元

行　业	泉州市	漳州市	南平市	龙岩市	宁德市
合　计	**6159525**	**2537417**	**1060900**	**1516218**	**833581**
农畜产品批发	39150	53213	27393	45570	9986
谷物、豆及薯类批发	17843	29287	20203	26772	4154
种子、饲料批发	7189	17154	4417	16966	4701
棉、麻批发			813		
牲畜批发	1282	995	1073	570	1096
其他农畜产品批发	12837	5777	888	1262	36
食品、饮料及烟草制品批发	1110447	784974	351761	283128	323991
米、面制品及食用油批发	82820	87384	42669	9120	5042
糕点、糖果及糖批发	22360	10335	4072	1913	77
果品、蔬菜批发	68916	123291	12596	9595	16926
肉、禽、蛋及水产品批发	50130	4427	1773	936	24900
盐及调味品批发	15165	6667	4599	3843	3745
饮料及茶叶批发	92122	147612	9584	7582	12013
烟草制品批发	726230	367293	270994	241475	250304
其他食品批发	52703	37966	5476	8663	10985
纺织、服装及日用品批发	1235998	55917	15916	73683	11245
纺织品、针织品及原料批发	437977	4205	8152	31310	1417
服装批发	466058	6718	26	7453	5274
鞋帽批发	266284	1670	85	27194	830
厨房卫生间用具及日用杂货批发	7170	6647	2465	1208	1111
化妆品及卫生用品批发	15140	4305	2166	385	160
其他日用品批发	43369	32372	3022	6133	2453
文化、体育用品及器材批发	45168	15301	3691	4343	1592
文具用品批发	14499	2713	630	761	891
体育用品批发	2114	298	32	360	81
图书批发	4426	3907	2020	60	
报刊批发	18				
音像制品及电子出版物批发	1741	243		31	
首饰、工艺品及收藏品批发	11189	6037	1010	772	
其他文化用品批发	11180	2105		2359	620
医药及医疗器材批发	184023	115476	52876	69201	30274
西药批发	123368	101463	41991	63301	24175
中药材及中成药批发	52146	11221	9286	2442	3030
医疗用品及器材批发	8509	2793	1600	3458	3069
矿产品、建材及化工产品批发	2049706	838242	370227	745471	288716
煤炭及制品批发	56665	17849	22317	315732	5907
石油及制品批发	622115	187783	14559	10661	41990
非金属矿及制品批发	29740	3097	1912	12210	900
金属及金属矿批发	524957	351693	60902	71234	92957
建材批发	385578	136398	148158	242909	85707
化肥批发	81214	57909	67921	60992	46836
农药批发	19585	6431	13629	9954	4532
农用薄膜批发		217	2656		2816
其他化工产品批发	329853	76867	38171	21779	7071
机械设备五金交电及电子产品批发	440895	146884	130342	177450	87329
农业机械批发	11636	3991	7756	1337	3685
汽车、摩托车及零配件批发	98357	41064	59285	50856	25243
五金、交电批发	112763	18012	15887	25962	6780
家用电器批发	41608	28599	5383	21382	4471
计算机、软件及辅助设备批发	8614	8564	250	10393	3050
通讯及广播电视设备批发	55830	2160	4466	1586	65
其他机械设备及电子产品批发	112088	44495	37315	65935	44034
贸易经纪与代理	702892	13976	40919	2316	28613
其他批发	351247	513435	67775	115056	51835

2-36　设区市批发企业分行业批发额

单位：万元

行　业	全省	福州市	厦门市	莆田市	三明市
合　计	**57508526**	**11392652**	**30667455**	**1029612**	**2629864**
农畜产品批发	685803	358012	103310	1667	49438
谷物、豆及薯类批发	228996	113910	3822	939	13011
种子、饲料批发	336380	229575	50924	581	4875
棉、麻批发	23088	1027	126		21122
牲畜批发	10193	1055	250		4034
其他农畜产品批发	87145	12445	48188	147	6396
食品、饮料及烟草制品批发	8774813	1551168	3901826	261163	243684
米、面制品及食用油批发	886415	299551	320677	13858	28342
糕点、糖果及糖批发	87520	25964	17622	605	5939
果品、蔬菜批发	754912	15228	478523	9443	24386
肉、禽、蛋及水产品批发	424774	200412	134779	1738	7148
盐及调味品批发	96004	36976	18858	2571	3790
饮料及茶叶批发	1016266	368773	359232	31832	5704
烟草制品批发	4801097	458839	2137131	197948	155350
其他食品批发	707827	145426	435003	3168	13025
纺织、服装及日用品批发	9558389	1729020	6090763	272579	101650
纺织品、针织品及原料批发	1697459	139010	1080307	2885	10363
服装批发	3581726	664363	2352063	1303	82132
鞋帽批发	2407331	705118	1142765	264608	
厨房卫生间用具及日用杂货批发	69004	23718	25403	1341	827
化妆品及卫生用品批发	112148	39987	47799	1274	2263
其他日用品批发	1690722	156825	1442426	1167	6065
文化、体育用品及器材批发	896253	447739	374134	5642	1537
文具用品批发	102625	39565	42378	840	872
体育用品批发	39959	5180	31698	358	11
图书批发	191034	165685	15301	461	333
报刊批发	1628	1598	12		
音像制品及电子出版物批发	18380	9697	6808		
首饰、工艺品及收藏品批发	334753	201209	111035	3250	300
其他文化用品批发	207874	24805	166901	733	21
医药及医疗器材批发	1576133	794635	229034	38661	85509
西药批发	1183833	592745	149531	32764	70971
中药材及中成药批发	168021	68295	21677	96	6551
医疗用品及器材批发	224279	133595	57826	5801	7987
矿产品、建材及化工产品批发	24865579	3945747	14945152	216172	1576253
煤炭及制品批发	1049246	369766	176010	1114	84560
石油及制品批发	2012646	429415	740970	26881	6973
非金属矿及制品批发	285696	82901	124186		31127
金属及金属矿批发	11898638	1181247	8560504	13802	1042107
建材批发	4098540	1076827	1821984	132956	104643
化肥批发	890889	338477	111157	6648	119735
农药批发	147141	67857	3153	3314	18687
农用薄膜批发	7040	1089	262		
其他化工产品批发	4475743	398167	3406926	31457	168423
机械设备五金交电及电子产品批发	6467154	1720980	3560761	69446	196019
农业机械批发	50208	12044	6085	644	5239
汽车、摩托车及零配件批发	895759	171519	410701	9976	48434
五金、交电批发	932591	305135	387928	36831	27706
家用电器批发	712425	348113	249057	11540	13288
计算机、软件及辅助设备批发	587631	366695	181709	329	10026
通讯及广播电视设备批发	614641	87031	455569	1507	22196
其他机械设备及电子产品批发	2673899	430444	1869713	8621	69130
贸易经纪与代理	1184178	209568	28114	153138	6923
其他批发	3500225	635784	1434362	11144	368852

2-36 续表 单位：万元

行 业	泉州市	漳州市	南平市	龙岩市	宁德市
合 计	**5978474**	**2498896**	**1044089**	**1451714**	**815769**
农畜产品批发	38605	52373	27363	45360	9676
谷物、豆及薯类批发	17833	28593	20203	26712	3974
种子、饲料批发	7189	17154	4417	16966	4701
棉、麻批发			813		
牲畜批发	1282	995	1043	570	966
其他农畜产品批发	12302	5631	888	1112	36
食品、饮料及烟草制品批发	1098708	770844	349573	274933	322914
米、面制品及食用油批发	81832	87149	41983	8077	4946
糕点、糖果及糖批发	22060	10226	3131	1896	77
果品、蔬菜批发	67700	123096	12116	7807	16613
肉、禽、蛋及水产品批发	48739	4419	1773	867	24900
盐及调味品批发	14959	6662	4599	3843	3745
饮料及茶叶批发	88031	134184	9576	7247	11687
烟草制品批发	725676	367293	270994	237862	250004
其他食品批发	49712	37814	5403	7334	10942
纺织、服装及日用品批发	1211498	53921	15194	73127	10638
纺织品、针织品及原料批发	419859	4170	8152	31296	1417
服装批发	463538	5642	26	7385	5274
鞋帽批发	265261	1670	85	26994	830
厨房卫生间用具及日用杂货批发	6839	6331	2465	1193	887
化妆品及卫生用品批发	13975	4139	2166	385	160
其他日用品批发	42027	31969	2299	5875	2070
文化、体育用品及器材批发	43820	14781	3607	3493	1500
文具用品批发	14216	2669	630	621	834
体育用品批发	2114	298	22	198	81
图书批发	3750	3503	1945	55	
报刊批发	18				
音像制品及电子出版物批发	1646	204		25	
首饰、工艺品及收藏品批发	11141	6037	1010	772	
其他文化用品批发	10935	2072		1822	585
医药及医疗器材批发	172533	113060	48042	67028	27632
西药批发	116980	99774	37572	61782	21715
中药材及中成药批发	47133	10751	8882	1788	2848
医疗用品及器材批发	8419	2535	1589	3458	3069
矿产品、建材及化工产品批发	1974078	830735	366937	726035	284469
煤炭及制品批发	56307	17597	22317	315719	5856
石油及制品批发	564910	183139	12555	8970	38834
非金属矿及制品批发	29363	3097	1912	12210	900
金属及金属矿批发	524627	351377	60812	71205	92957
建材批发	369503	134777	146963	226220	84666
化肥批发	81214	57909	67921	60992	46836
农药批发	19585	6431	13629	9954	4532
农用薄膜批发		217	2656		2816
其他化工产品批发	328570	76193	38171	20765	7071
机械设备五金交电及电子产品批发	411017	139715	126290	156960	85966
农业机械批发	9712	3723	7739	1337	3685
汽车、摩托车及零配件批发	92955	38473	56256	43087	24360
五金、交电批发	110701	17270	15269	24972	6780
家用电器批发	40345	26382	5307	14394	3999
计算机、软件及辅助设备批发	8177	8052	232	9361	3050
通讯及广播电视设备批发	40626	1815	4466	1367	65
其他机械设备及电子产品批发	108501	44002	37021	62441	44027
贸易经纪与代理	700928	13976	40816	2243	28472
其他批发	327287	509491	66268	102535	44502

2-37 设区市批发企业分行业零售额

单位：万元

行业	全省	福州市	厦门市	莆田市	三明市	泉州市	漳州市	南平市	龙岩市	宁德市
合计	**1385823**	**413851**	**537771**	**81282**	**34221**	**181051**	**38521**	**16810**	**64504**	**17812**
农畜产品批发	5728	626	1604	1	1563	545	840	30	210	310
谷物、豆及薯类批发	1318		368	1	6	10	694		60	180
种子、饲料批发										
棉、麻批发	819	11			808					
牲畜批发	304	1			143			30		130
其他农畜产品批发	3288	614	1237		606	535	146		150	
食品、饮料及烟草制品批发	161510	18918	83829	14970	6461	11739	14131	2189	8195	1077
米、面制品及食用油批发	14093	3170	6964	225	687	988	235	686	1043	95
糕点、糖果及糖批发	2002	549	37		48	300	109	942	18	
果品、蔬菜批发	61292	1964	50918	300	4118	1217	194	480	1788	313
肉、禽、蛋及水产品批发	5454	1823	1715	7	439	1392	8		69	
盐及调味品批发	2229	610	1306		102	207	5			
饮料及茶叶批发	30346	1164	10129	200	666	4091	13427	8	335	326
烟草制品批发	18854	23	815	13548		554			3614	300
其他食品批发	27240	9616	11946	689	401	2991	152	73	1329	43
纺织、服装及日用品批发	118704	29815	40027	17897	2584	24499	1996	722	556	608
纺织品、针织品及原料批发	29458	2202	8946		144	18118	35		14	
服装批发	36811	17446	15356	5	341	2520	1076		68	
鞋帽批发	22790	896	2991	17680		1023			200	
厨房卫生间用具及日用杂货批发	5219	2475	1366	132	358	331	316		16	225
化妆品及卫生用品批发	3662	381	1729	27	194	1165	166			
其他日用品批发	20765	6416	9640	53	1547	1343	404	722	258	383
文化、体育用品及器材批发	171948	138909	29221	844	80	1348	520	85	849	92
文具用品批发	5634	1180	3880		52	283	44		140	57
体育用品批发	2441	1689	558	22				10	162	
图书批发	139930	133517	5248	6		676	404	75	4	
报刊批发										
音像制品及电子出版物批发	1604	45	1419			95	39		6	
首饰、工艺品及收藏品批发	7227	1585	4752	813	29	48				
其他文化用品批发	15111	894	13364	3		246	33		537	35
医药及医疗器材批发	61787	17208	13956	267	6802	11490	2416	4834	2173	2642
西药批发	46920	14239	10995	267	4945	6388	1689	4419	1519	2460
中药材及中成药批发	9156	576			1858	5013	470	404	655	182
医疗用品及器材批发	5712	2393	2961			89	257	11		
矿产品、建材及化工产品批发	352102	49749	147093	40377	4777	75628	7506	3290	19437	4247
煤炭及制品批发	12944	10652	804		815	358	252		13	50
石油及制品批发	109835	9775	23763	5967	1629	57205	4644	2005	1692	3156
非金属矿及制品批发	1954	127	1441		10	377				
金属及金属矿批发	87708	1630	83988		1325	330	316	90	29	
建材批发	125321	26617	26682	34410	992	16075	1621	1195	16689	1040
化肥批发										
农药批发										
农用薄膜批发										
其他化工产品批发	14340	948	10415		6	1283	674		1014	
机械设备五金交电及电子产品批发	409335	133299	196213	6755	10117	29878	7169	4051	20490	1363
农业机械批发	2814	538	67			1924	268	17		
汽车、摩托车及零配件批发	111565	6248	81896		3745	5403	2591	3030	7769	883
五金、交电批发	40991	11999	22315	1498	768	2062	742	618	990	
家用电器批发	52636	25126	10812	5045	640	1262	2217	76	6987	472
计算机、软件及辅助设备批发	99730	65467	29577	18	2670	437	512	18	1032	
通讯及广播电视设备批发	22702	2427	3877	63	566	15204	346		219	
其他机械设备及电子产品批发	78898	21494	47669	132	1728	3587	494	293	3494	8
贸易经纪与代理	4220	1514	422	3		1964		103	73	141
其他批发	100489	23814	25405	168	1837	23960	3945	1507	12520	7333

2-38 设区市零售企业分行业单位数

单位：个

行业	全省	福州市	厦门市	莆田市	三明市	泉州市	漳州市	南平市	龙岩市	宁德市
合计	**13902**	**3717**	**2824**	**407**	**701**	**2789**	**1199**	**800**	**804**	**661**
综合零售	1291	309	117	65	78	380	121	91	73	57
百货零售	469	91	60	34	16	155	65	16	13	19
超级市场零售	385	109	25	18	44	69	26	28	38	28
其他综合零售	437	109	32	13	18	156	30	47	22	10
食品、饮料及烟草制品专门零售	1527	369	352	40	50	273	159	85	87	112
粮油零售	184	47	15	9	4	34	21	13	8	33
糕点、面包零售	97	23	10	4	3	34	9	5	2	7
果品、蔬菜零售	58	10	11	4	4	7	8	3	4	7
肉、禽、蛋及水产品零售	128	29	27	7	4	25	11	5	5	15
饮料及茶叶零售	580	123	152	8	17	107	65	31	51	26
烟草制品零售	88	15	26	3	3	9	10	12	2	8
其他食品零售	392	122	111	5	15	57	35	16	15	16
纺织、服装及日用品专门零售	1886	768	372	46	54	331	124	70	51	70
纺织品及针织品零售	181	67	44	5	4	36	6	2	4	13
服装零售	656	241	114	22	12	154	34	32	24	23
鞋帽零售	109	40	16	2	8	23	7	3	6	4
钟表、眼镜零售	117	37	14	6	6	27	8	9	5	5
化妆品及卫生用品零售	333	184	46	4	6	42	27	11	3	10
其他日用品零售	490	199	138	7	18	49	42	13	9	15
文化、体育用品及器材专门零售	853	248	265	16	22	162	58	28	36	18
文具用品零售	209	66	87	3	5	25	12	5	1	5
体育用品零售	93	26	27	2	2	21	4	5	3	3
图书零售	91	30	15	1	5	29	6	2	1	2
报刊零售	9	4			2	1	2			
音像制品及电子出版物零售	24	8	4		1	7	3		1	
珠宝首饰零售	167	35	25	9	3	51	12	9	22	1
工艺美术品及收藏品零售	143	42	65	1	1	12	12	5	3	2
照相器材零售	17	4	6		3	1	1		1	1
其他文化用品零售	100	33	36			15	6	2	4	4
医药及医疗器材专门零售	909	275	82	45	33	250	66	56	47	55
药品零售	713	191	55	41	23	223	47	47	43	43
医疗用品及器材零售	196	84	27	4	10	27	19	9	4	12
汽车摩托车燃料及零配件专门零售	2478	418	287	77	268	556	329	197	220	126
汽车零售	698	125	103	21	59	169	64	55	76	26
汽车零配件零售	283	67	90	10	17	47	16	18	8	10
摩托车及零配件零售	387	55	26	18	46	75	76	39	23	29
机动车燃料零售	1110	171	68	28	146	265	173	85	113	61
家用电器及电子产品专门零售	2252	598	544	58	96	380	185	128	155	108
家用电器零售	586	148	85	20	29	99	59	51	55	40
计算机、软件及辅助设备零售	807	193	219	21	57	125	62	47	52	31
通信设备零售	395	100	69	11	7	91	37	18	36	26
其他电子产品零售	464	157	171	6	3	65	27	12	12	11
五金家具及室内装修材料专门零售	1767	447	525	33	68	305	114	103	101	71
五金零售	637	160	222	10	22	104	37	37	15	30
家具零售	451	105	113	14	31	75	30	24	45	14
涂料零售	83	32	23		1	16	6	1	1	3
其他室内装修材料零售	596	150	167	9	14	110	41	41	40	24
无店铺及其他零售	939	285	280	27	32	152	43	42	34	44

2-39　设区市零售企业分行业年末从业人员数

单位：人

行　业	全省	福州市	厦门市	莆田市	三明市	泉州市	漳州市	南平市	龙岩市	宁德市
合　计	**205264**	**57117**	**42528**	**7320**	**10432**	**39581**	**14856**	**10444**	**13395**	**9591**
综合零售	62309	20082	10016	3216	4216	12509	4578	2274	3679	1739
百货零售	16188	4338	3027	1689	642	4329	1119	304	231	509
超级市场零售	37140	13900	6000	1009	3435	4139	2858	1714	2990	1095
其他综合零售	8981	1844	989	518	139	4041	601	256	458	135
食品、饮料及烟草制品专门零售	14973	2957	3214	482	487	2914	1705	991	797	1426
粮油零售	2032	404	117	135	40	306	198	113	109	610
糕点、面包零售	1340	208	78	27	39	752	65	80	11	80
果品、蔬菜零售	669	74	144	48	46	39	106	19	59	134
肉、禽、蛋及水产品零售	2348	450	938	152	46	299	100	182	57	124
饮料及茶叶零售	4780	713	917	65	93	1078	977	307	381	249
烟草制品零售	1184	344	313	36	75	53	95	148	13	107
其他食品零售	2620	764	707	19	148	387	164	142	167	122
纺织、服装及日用品专门零售	17205	5294	4613	611	534	3130	651	709	664	999
纺织品及针织品零售	1704	597	408	31	33	291	27	11	29	277
服装零售	8269	2101	2307	435	112	1820	199	435	362	498
鞋帽零售	1179	466	129	17	148	180	90	26	90	33
钟表、眼镜零售	1629	343	753	34	105	196	56	60	51	31
化妆品及卫生用品零售	1420	556	348	11	22	268	93	55	29	38
其他日用品零售	3004	1231	668	83	114	375	186	122	103	122
文化、体育用品及器材专门零售	6859	2073	2199	134	205	1200	303	188	439	118
文具用品零售	1286	387	604	10	39	121	60	32	3	30
体育用品零售	667	170	234	18	8	146	18	30	24	19
图书零售	977	322	103	26	81	353	58	5	18	11
报刊零售	65	21			25	12	7			
音像制品及电子出版物零售	153	48	30		3	58	11		3	
珠宝首饰零售	1657	326	456	72	15	326	55	67	334	6
工艺美术品及收藏品零售	879	240	386	8	6	96	60	38	27	18
照相器材零售	282	58	169		28	4	8		4	11
其他文化用品零售	893	501	217			84	26	16	26	23
医药及医疗器材专门零售	10973	3447	1999	277	365	2025	718	693	585	864
药品零售	9432	2673	1783	251	304	1846	599	647	572	757
医疗用品及器材零售	1541	774	216	26	61	179	119	46	13	107
汽车摩托车燃料及零配件专门零售	40900	8781	6627	1449	2800	9392	3594	2707	3566	1984
汽车零售	18635	4737	3970	539	735	4903	1069	897	1542	243
汽车零配件零售	2445	975	556	57	73	412	91	90	58	133
摩托车及零配件零售	3526	478	245	134	446	774	733	317	178	221
机动车燃料零售	16294	2591	1856	719	1546	3303	1701	1403	1788	1387
家用电器及电子产品专门零售	29292	7777	7603	771	1003	4726	2068	1591	2402	1351
家用电器零售	13654	3588	3073	495	439	2282	984	910	1049	834
计算机、软件及辅助设备零售	7045	1935	1723	170	491	1011	567	477	457	214
通信设备零售	5444	1036	1804	64	51	999	342	120	804	224
其他电子产品零售	3149	1218	1003	42	22	434	175	84	92	79
五金家具及室内装修材料专门零售	12983	3801	3409	248	424	2334	783	657	854	473
五金零售	3959	1046	1269	60	100	748	276	208	97	155
家具零售	3953	983	883	122	247	765	186	224	407	136
涂料零售	690	256	154		8	148	33	12	27	52
其他室内装修材料零售	4381	1516	1103	66	69	673	288	213	323	130
无店铺及其他零售	9770	2905	2848	132	398	1351	456	634	409	637

2-40 设区市零售企业分行业销售总额

单位：万元

行业	全省	福州市	厦门市	莆田市	三明市	泉州市	漳州市	南平市	龙岩市	宁德市
合计	**14562072**	**5085246**	**2952003**	**419058**	**590766**	**2847103**	**866957**	**531133**	**773209**	**496598**
综合零售	2481456	1169926	481654	52590	120995	408233	66128	66055	73572	42305
百货零售	788631	335008	238424	19498	38251	122338	17512	2699	5325	9577
超级市场零售	1443698	795440	222674	26818	79070	125351	42978	60324	59686	31358
其他综合零售	249127	39479	20556	6274	3674	160543	5638	3031	8561	1370
食品、饮料及烟草制品专门零售	468517	109998	132022	5720	16844	98368	22129	25703	27383	30350
粮油零售	27893	6096	3070	514	775	9362	1317	1106	1582	4072
糕点、面包零售	24690	2026	186	268	343	19511	260	269	626	1200
果品、蔬菜零售	11157	1162	1700	266	969	1521	2139	229	1141	2032
肉、禽、蛋及水产品零售	112121	14182	73741	1129	704	8930	2423	5554	2421	3036
饮料及茶叶零售	127500	30469	8628	1353	3433	40100	8724	7477	17109	10208
烟草制品零售	98745	31167	29607	1966	5822	7365	4900	9653	659	7607
其他食品零售	66411	24897	15091	225	4798	11579	2366	1414	3845	2196
纺织、服装及日用品专门零售	401595	137650	121141	7598	9945	77903	9340	7115	18224	12679
纺织品及针织品零售	42281	19552	3509	267	1195	12841	309	106	1066	3436
服装零售	221637	53384	97519	6004	3178	37565	3031	4184	10710	6062
鞋帽零售	39794	27376	1548	49	1982	4806	982	202	2133	718
钟表、眼镜零售	25592	6067	7847	175	1318	6764	858	697	1332	536
化妆品及卫生用品零售	22807	9677	2685	68	352	7015	1240	516	541	713
其他日用品零售	49485	21595	8033	1035	1920	8912	2920	1411	2443	1216
文化、体育用品及器材专门零售	220516	71967	69214	3481	5688	49652	4655	3026	11390	1443
文具用品零售	27823	7992	12571	214	416	4936	1095	252	83	265
体育用品零售	14443	3831	5109	467	29	3280	190	571	729	239
图书零售	25630	7964	1348	73	3533	11218	883	44	300	266
报刊零售	504	204			147	87	67			
音像制品及电子出版物零售	6737	3981	580		12	2018	124		23	
珠宝首饰零售	88528	23062	32586	2631	247	18635	749	1258	9273	89
工艺美术品及收藏品零售	15522	2797	3623	96	56	6534	1009	673	523	212
照相器材零售	11864	592	9728		1248	24	68		24	182
其他文化用品零售	29463	21546	3670			2922	472	228	435	190
医药及医疗器材专门零售	600253	246445	141135	6001	7918	74312	10168	33507	17161	63605
药品零售	554250	215771	137618	5646	7089	68776	8378	32909	16381	61682
医疗用品及器材零售	46003	30674	3516	355	830	5537	1790	598	781	1923
汽车摩托车燃料及零配件专门零售	7932245	2260225	1500841	300141	357791	1736801	676537	306433	511379	282097
汽车零售	3162241	1188212	722077	67714	56963	762617	113660	60874	172031	18094
汽车零配件零售	156854	104750	19758	2560	1879	13615	1650	2373	1224	9044
摩托车及零配件零售	221317	18813	34665	15110	21042	66437	31303	11295	10760	11893
机动车燃料零售	4391833	948450	724341	214757	277907	894133	529923	231891	327364	243067
家用电器及电子产品专门零售	1403609	555594	327095	36323	48095	209336	57548	57605	75394	36620
家用电器零售	891938	367785	193154	29500	27440	125495	36352	41665	41386	29161
计算机、软件及辅助设备零售	280806	109626	62854	5178	19332	39273	14356	12644	14437	3107
通信设备零售	155129	38750	52192	830	860	35555	4083	2031	17642	3188
其他电子产品零售	75737	39434	18895	816	463	9013	2757	1266	1929	1164
五金家具及室内装修材料专门零售	577319	288933	88306	4336	13705	111350	15043	17037	26742	11867
五金零售	137738	41141	31945	1562	3357	44967	4187	4571	2289	3718
家具零售	249936	173184	12402	1723	6297	27313	5060	7413	13849	2695
涂料零售	16982	7645	2802		146	3851	741	186	445	1167
其他室内装修材料零售	172663	66964	41158	1050	3905	35219	5055	4867	10159	4287
无店铺及其他零售	476562	244507	90597	2869	9785	81147	5409	14653	11965	15631

2-41　设区市零售企业分行业批发额

单位：万元

行　　业	全省	福州市	厦门市	莆田市	三明市	泉州市	漳州市	南平市	龙岩市	宁德市
合　　计	**1526052**	**454802**	**433961**	**51244**	**66288**	**207501**	**101019**	**53518**	**88218**	**69502**
综合零售	38364	13386	2745	2766	2632	11958	1987	593	2076	221
百货零售	15855	2883	2629	1368	1453	5678	1285	232	326	
超级市场零售	4017	2657		1	1078	160	3	108		10
其他综合零售	18492	7846	116	1397	101	6119	699	254	1750	211
食品、饮料及烟草制品专门零售	36720	3614	22173	251	163	7542	1301	226	51	1400
粮油零售	1266			62	33	555	63	43	46	465
糕点、面包零售	2872		14			2858				
果品、蔬菜零售	346	64	15			22	155			90
肉、禽、蛋及水产品零售	23638	736	21883	180		124	715			
饮料及茶叶零售	4945	1924	204		70	2279	139	144	2	184
烟草制品零售	532	15	8			3				506
其他食品零售	3122	875	49	9	61	1702	229	39	4	155
纺织、服装及日用品专门零售	22372	8364	8583	108	69	3994	91	16	118	1031
纺织品及针织品零售	3790	2120	29	19		1389				233
服装零售	11729	1103	7622	46		2266				691
鞋帽零售	4365	4023	148			73		14		107
钟表、眼镜零售	126	126								
化妆品及卫生用品零售	600	190	273		63	71		2		
其他日用品零售	1764	802	510	43	5	195	91		118	
文化、体育用品及器材专门零售	9614	2842	4665	47	809	572	213	182	177	109
文具用品零售	786	304	304	1	2	133			3	40
体育用品零售	249		101			20		11	49	69
图书零售	1343	27			807	339	170			
报刊零售										
音像制品及电子出版物零售	38					30	8			
珠宝首饰零售	2839	944	1831			29	35			
工艺美术品及收藏品零售	465	72	156	46		20		171		
照相器材零售	2153	34	2120							
其他文化用品零售	1741	1462	154						125	
医药及医疗器材专门零售	148576	78462	47414	804	162	1617	104	8664	602	10746
药品零售	144265	74544	47272	804	162	1367	104	8664	602	10746
医疗用品及器材零售	4311	3918	142			251				
汽车摩托车燃料及零配件专门零售	1067851	227784	305650	46622	58031	161947	96587	41975	77434	51821
汽车零售	202584	37998	82204	1984	5786	58108	2087	8909	4134	1375
汽车零配件零售	3654	718	1077	330	23	428	56	125		898
摩托车及零配件零售	4174	361	227		891	717	1375	279	325	
机动车燃料零售	857439	188708	222143	44308	51331	102694	93069	32663	72976	49548
家用电器及电子产品专门零售	104653	60144	21398	425	3691	7721	440	1239	6882	2714
家用电器零售	71904	51825	7754		1625	3368	91	877	3669	2695
计算机、软件及辅助设备零售	19551	5349	8589	209	1968	2281	321	118	718	
通信设备零售	8186	169	4470	6	98	695	15	244	2470	19
其他电子产品零售	5012	2801	585	210		1377	14		25	
五金家具及室内装修材料专门零售	28899	13389	9836	150	197	4278	163	599	152	134
五金零售	9966	5059	2140	102	193	2074	57	179	133	30
家具零售	990	175	196	40	4	293		239	14	29
涂料零售	1546	1310	198			38				
其他室内装修材料零售	16397	6846	7302	8		1874	106	181	5	76
无店铺及其他零售	69003	46817	11496	72	536	7871	134	25	726	1326

2-42 设区市零售企业分行业零售额

单位：万元

行　业	全省	福州市	厦门市	莆田市	三明市	泉州市	漳州市	南平市	龙岩市	宁德市
合　计	**13036020**	**4630444**	**2518043**	**367814**	**524478**	**2639602**	**765938**	**477615**	**684991**	**427096**
综合零售	2443092	1156540	478909	49824	118363	396275	64141	65461	71495	42084
百货零售	772777	332124	235795	18130	36797	116660	16227	2467	4999	9577
超级市场零售	1439681	792783	222674	26817	77992	125191	42975	60216	59686	31348
其他综合零售	230635	31633	20440	4877	3574	154424	4940	2777	6811	1158
食品、饮料及烟草制品专门零售	431797	106384	109849	5469	16682	90826	20828	25477	27332	28950
粮油零售	26627	6096	3070	452	742	8807	1255	1062	1536	3607
糕点、面包零售	21818	2026	172	268	343	16653	260	269	626	1200
果品、蔬菜零售	10812	1097	1685	266	969	1499	1984	229	1141	1942
肉、禽、蛋及水产品零售	88483	13446	51858	948	704	8806	1708	5554	2421	3036
饮料及茶叶零售	122555	28545	8425	1353	3364	37822	8585	7333	17107	10023
烟草制品零售	98213	31152	29598	1966	5822	7362	4900	9653	659	7101
其他食品零售	63290	24021	15042	217	4737	9877	2137	1376	3841	2041
纺织、服装及日用品专门零售	379223	129287	112558	7490	9876	73909	9249	7099	18107	11648
纺织品及针织品零售	38491	17432	3480	248	1195	11452	309	106	1066	3203
服装零售	209908	52281	89897	5958	3178	35299	3031	4184	10710	5371
鞋帽零售	35429	23353	1399	49	1982	4733	982	188	2133	611
钟表、眼镜零售	25467	5941	7847	175	1318	6764	858	697	1332	536
化妆品及卫生用品零售	22208	9487	2412	68	289	6944	1240	514	541	713
其他日用品零售	47721	20793	7523	992	1915	8717	2830	1411	2325	1216
文化、体育用品及器材专门零售	210901	69125	64549	3434	4879	49081	4442	2844	11213	1335
文具用品零售	27037	7688	12267	213	414	4803	1095	252	80	225
体育用品零售	14194	3831	5008	467	29	3260	190	561	680	171
图书零售	24287	7938	1348	73	2727	10879	712	44	300	266
报刊零售	504	204			147	87	67			
音像制品及电子出版物零售	6699	3981	580		12	1988	116		23	
珠宝首饰零售	85689	22118	30755	2631	247	18605	714	1258	9273	89
工艺美术品及收藏品零售	15058	2725	3468	50	56	6514	1009	502	523	212
照相器材零售	9711	558	7608		1248	24	68		24	182
其他文化用品零售	27722	20084	3517			2922	472	228	310	190
医药及医疗器材专门零售	451677	167983	93720	5197	7756	72695	10065	24843	16559	52859
药品零售	409985	141228	90346	4842	6927	67409	8274	24245	15778	50936
医疗用品及器材零售	41692	26756	3374	355	830	5286	1790	598	781	1923
汽车摩托车燃料及零配件专门零售	6864394	2032441	1195191	253519	299761	1574854	579949	264458	433945	230277
汽车零售	2959657	1150214	639873	65729	51177	704509	111573	51966	167897	16719
汽车零配件零售	153200	104032	18682	2231	1856	13186	1594	2248	1224	8147
摩托车及零配件零售	217143	18453	34438	15110	20151	65720	29928	11016	10435	11893
机动车燃料零售	3534394	759742	502198	170449	226576	791439	436855	199228	254388	193519
家用电器及电子产品专门零售	1298957	495450	305697	35899	44404	201615	57108	56366	68512	33906
家用电器零售	820034	315959	185400	29500	25815	122128	36262	40789	37717	26466
计算机、软件及辅助设备零售	261255	104277	54266	4969	17364	36992	14035	12526	13719	3107
通信设备零售	146943	38581	47722	824	763	34860	4068	1787	15171	3169
其他电子产品零售	70725	36633	18309	606	463	7636	2744	1266	1904	1164
五金家具及室内装修材料专门零售	548420	275544	78470	4186	13508	107072	14880	16438	26590	11733
五金零售	127771	36082	29805	1460	3164	42894	4130	4392	2156	3688
家具零售	248946	173009	12206	1683	6293	27021	5060	7173	13835	2666
涂料零售	15436	6335	2604		146	3813	741	186	445	1167
其他室内装修材料零售	156266	60119	33855	1043	3905	33344	4949	4687	10154	4211
无店铺及其他零售	407559	197690	79100	2797	9249	73276	5275	14628	11239	14305

2-43　设区市限额以上批发和零售企业分登记注册类型单位数

单位：个

登记注册类型	全省	福州市	厦门市	莆田市	三明市	泉州市	漳州市	南平市	龙岩市	宁德市
合　计	**3519**	**718**	**1381**	**68**	**269**	**493**	**194**	**124**	**171**	**101**
内资企业	**3388**	**678**	**1312**	**66**	**268**	**483**	**191**	**121**	**170**	**99**
国有企业	297	73	70	5	16	43	27	15	24	24
集体企业	81	21	6	5	6	24	3	3	9	4
股份合作企业	23	2	5	1	1	11	1	1	1	
联营企业	28	5	17	1	2	2			1	
国有联营企业	17	4	8		2	2			1	
集体联营企业										
国有与集体联营企业	3	1	2							
其他联营企业	8		7	1						
有限责任公司	910	184	407	30	77	116	32	22	25	17
国有独资公司	19	5	4		2	5		1	2	
其他有限责任公司	891	179	403	30	75	111	32	21	23	17
股份有限公司	78	18	22	3	4	15	6	7	2	1
私营企业	1943	370	777	16	161	267	121	71	107	53
私营独资企业	115	25	27	1	20	20	7	9	1	5
私营合伙企业	59	5	25		5	12	2	2	7	1
私营有限责任公司	1708	330	705	14	128	226	107	55	98	45
私营股份有限公司	61	10	20	1	8	9	5	5	1	2
其他企业	28	5	8	5	1	5	1	2	1	
港、澳、台商投资企业	**51**	**14**	**31**	**1**		**2**		**1**		**2**
合资经营企业	19	5	9			2		1		2
合作经营企业	2	1	1							
独资经营企业	27	6	20	1						
投资股份有限公司	3	2	1							
外商投资企业	**80**	**26**	**38**	**1**	**1**	**8**	**3**	**2**	**1**	
中外合资经营企业	32	14	9	1	1	4	1	1	1	
中外合作经营企业	1		1							
外资企业	43	11	26			4	1	1		
外商投资股份有限公司	4	1	2				1			

2-44 设区市限额以上批发和零售企业分登记注册类型年末从业人员数

单位：人

登记注册类型	全省	福州市	厦门市	莆田市	三明市	泉州市	漳州市	南平市	龙岩市	宁德市
合　计	**213977**	**57387**	**70375**	**5764**	**11224**	**27491**	**12803**	**9134**	**13142**	**6657**
内资企业	**181021**	**45035**	**56535**	**4723**	**10631**	**25228**	**11911**	**8228**	**12411**	**6319**
国有企业	30111	6038	4232	738	2414	3505	2516	2863	4952	2853
集体企业	4397	1465	297	238	245	1117	121	89	348	477
股份合作企业	1155	140	339	20	66	463	7	50	70	
联营企业	796	199	387	10	78	47			75	
国有联营企业	555	82	273		78	47			75	
集体联营企业										
国有与集体联营企业	138	117	21							
其他联营企业	103		93	10						
有限责任公司	50348	17464	14683	1667	2544	5650	3800	1368	2452	720
国有独资公司	1278	349	431		148	247		49	54	
其他有限责任公司	49070	17115	14252	1667	2396	5403	3800	1319	2398	720
股份有限公司	14124	2296	8572	374	325	1245	551	412	85	264
私营企业	78730	17233	27525	1333	4933	13077	4910	3306	4408	2005
私营独资企业	5557	1138	1933	61	516	904	327	329	45	304
私营合伙企业	2153	317	664		248	608	10	103	187	16
私营有限责任公司	67793	14319	24381	1264	4017	10934	4400	2678	4138	1662
私营股份有限公司	3227	1459	547	8	152	631	173	196	38	23
其他企业	1360	200	500	343	26	124	6	140	21	
港、澳、台商投资企业	**9613**	**1219**	**7351**	**588**		**107**		**10**		**338**
合资经营企业	6496	510	5531			107		10		338
合作经营企业	217	131	86							
独资经营企业	2811	495	1728	588						
投资股份有限公司	89	83	6							
外商投资企业	**23343**	**11133**	**6489**	**453**	**593**	**2156**	**892**	**896**	**731**	
中外合资经营企业	13648	8615	1238	453	593	922	212	884	731	
中外合作经营企业	11		11							
外资企业	8689	2503	4480			1234	460	12		
外商投资股份有限公司	995	15	760				220			

2-45　设区市限额以上批发和零售企业分登记注册类型销售总额

单位：万元

登记注册类型	全省	福州市	厦门市	莆田市	三明市	泉州市	漳州市	南平市	龙岩市	宁德市
合　　计	**57433907**	**13189229**	**28253494**	**1158629**	**2443583**	**6043600**	**2707725**	**1144993**	**1662178**	**830477**
内资企业	**50837814**	**11700607**	**25229312**	**739870**	**2258866**	**5381055**	**2368951**	**937354**	**1402797**	**819003**
国有企业	8012298	1982399	2480571	178611	357396	1240143	503296	392887	364163	512834
集体企业	547868	317512	26059	21536	71127	42326	13696	15845	22267	17500
股份合作企业	182678	38374	73497	1202	1049	56810	7631	1724	2391	
联营企业	592669	231157	312716	2429	7565	21422			17381	
国有联营企业	275997	7773	221857		7565	21422			17381	
集体联营企业										
国有与集体联营企业	267766	223384	44381							
其他联营企业	48906		46478	2429						
有限责任公司	15283768	4035522	7880724	393468	574154	1574370	362993	121399	272889	68248
国有独资公司	1454903	231907	1140907		16377	48188		8757	8768	
其他有限责任公司	13828865	3803615	6739818	393468	557777	1526183	362993	112642	264121	68248
股份有限公司	7385805	654975	5929840	45930	71171	342162	220480	54134	13507	53606
私营企业	18586504	4333679	8440252	90116	1174335	2093596	1256173	346424	685114	166816
私营独资企业	556416	177616	273495	1101	30269	38345	12006	8691	229	14664
私营合伙企业	500783	30882	396189		16791	32746	8809	1797	12024	1546
私营有限责任公司	16956865	3950834	7511268	88413	1069183	1987907	1219826	325932	660003	143499
私营股份有限公司	572440	174348	259301	602	58091	34598	15532	10003	12858	7107
其他企业	246224	106988	85652	6578	2069	10226	4683	4942	25086	
港、澳、台商投资企业	**2365838**	**209062**	**1838525**	**247340**		**58715**		**722**		**11474**
合资经营企业	1317252	50068	1196273			58715		722		11474
合作经营企业	20506	13772	6734							
独资经营企业	1006922	127607	631974	247340						
投资股份有限公司	21159	17615	3544							
外商投资企业	**4230256**	**1279561**	**1185657**	**171419**	**184717**	**603830**	**338774**	**206917**	**259380**	
中外合资经营企业	3342390	1027139	684417	171419	184717	499606	313996	201716	259380	
中外合作经营企业	38574		38574							
外资企业	716484	247251	357246			104225	2562	5201		
外商投资股份有限公司	132807	5170	105420				22217			

2-46 设区市限额以上批发和零售企业分登记注册类型批发额

单位：万元

登记注册类型	全省	福州市	厦门市	莆田市	三明市	泉州市	漳州市	南平市	龙岩市	宁德市
合　计	**45725789**	**8723960**	**25740707**	**791318**	**2022141**	**4034215**	**2054939**	**755390**	**1115706**	**487414**
内资企业	**42120131**	**8228333**	**23342270**	**530849**	**1982768**	**3843088**	**1956628**	**717526**	**1042730**	**475940**
国有企业	7037646	1560108	2247305	175050	351645	1200736	499364	386945	311268	305224
集体企业	475292	288642	22093	18128	69600	23861	10193	15845	14117	12813
股份合作企业	120167	37214	30168			44795	7631		359	
联营企业	509470	220015	281890		7565					
国有联营企业	202375	3007	191803		7565					
集体联营企业										
国有与集体联营企业	261389	217008	44381							
其他联营企业	45706		45706							
有限责任公司	12429347	2739312	7221746	286903	477098	1165910	205536	71226	208164	53452
国有独资公司	1453902	231907	1140907		16376	47188		8757	8768	
其他有限责任公司	10975445	2507405	6080839	286903	460722	1118722	205536	62470	199396	53452
股份有限公司	6434360	391656	5748893	21571	29102	87992	110595	25854	7976	10721
私营企业	14967585	2948051	7723475	29198	1047758	1316823	1118627	214163	475760	93730
私营独资企业	314148	74478	196829		16272	18069	5266			3233
私营合伙企业	439890	12015	391008		13287	9661	8212		5707	
私营有限责任公司	13784630	2786664	6879740	29198	963177	1283144	1092666	209457	457194	83390
私营股份有限公司	428918	74893	255898		55022	5949	12484	4706	12858	7107
其他企业	146265	43334	66700			2971	4683	3492	25086	
港、澳、台商投资企业	**2178873**	**149490**	**1788201**	**229708**						**11474**
合资经营企业	1208285	25386	1171425							11474
合作经营企业	13772	13772								
独资经营企业	935658	92718	613232	229708						
投资股份有限公司	21159	17615	3544							
外商投资企业	**1426784**	**346137**	**610236**	**30761**	**39373**	**191127**	**98311**	**37864**	**72976**	
中外合资经营企业	989188	220144	429570	30761	39373	87608	76095	32663	72976	
中外合作经营企业										
外资企业	375173	125993	140460			103519		5201		
外商投资股份有限公司	62423		40206				22217			

2-47　设区市限额以上批发和零售企业分登记注册类型零售额

单位：万元

登记注册类型	全省	福州市	厦门市	莆田市	三明市	泉州市	漳州市	南平市	龙岩市	宁德市
合　计	**11708119**	**4465270**	**2512787**	**367311**	**421443**	**2009384**	**652786**	**389603**	**546472**	**343063**
内资企业	**8717682**	**3472274**	**1887042**	**209020**	**276098**	**1537967**	**412323**	**219828**	**360067**	**343063**
国有企业	974652	422290	233267	3561	5751	39406	3932	5942	52895	207609
集体企业	72576	28870	3967	3408	1527	18465	3503		8150	4687
股份合作企业	62511	1160	43328	1202	1049	12016		1724	2032	
联营企业	83200	11142	30826	2429		21422			17381	
国有联营企业	73622	4766	30054			21422			17381	
集体联营企业										
国有与集体联营企业	6377	6377								
其他联营企业	3201		772	2429						
有限责任公司	2854420	1296210	658978	106566	97056	408460	157458	50172	64725	14796
国有独资公司	1000				1	999				
其他有限责任公司	2853420	1296210	658978	106566	97055	407461	157458	50172	64725	14796
股份有限公司	951445	263319	180948	24359	42069	254170	109885	28280	5531	42885
私营企业	3618919	1385628	716777	60918	126577	776773	137546	132260	209354	73086
私营独资企业	242268	103137	76666	1101	13997	20276	6740	8691	229	11431
私营合伙企业	60893	18867	5181		3504	23085	598	1797	6317	1546
私营有限责任公司	3172235	1164170	631528	59215	106006	704763	127160	116476	202809	60110
私营股份有限公司	143522	99454	3403	602	3070	28648	3048	5297		
其他企业	99959	63654	18951	6578	2069	7256		1450		
港、澳、台商投资企业	**186965**	**59572**	**50324**	**17632**		**58715**		**722**		
合资经营企业	108968	24682	24848			58715		722		
合作经营企业	6734		6734							
独资经营企业	71264	34890	18742	17632						
投资股份有限公司										
外商投资企业	**2803471**	**933424**	**575421**	**140659**	**145344**	**412703**	**240463**	**169053**	**186405**	
中外合资经营企业	2353203	806996	254848	140659	145344	411998	237901	169053	186405	
中外合作经营企业	38574		38574							
外资企业	341311	121258	216786			705	2562			
外商投资股份有限公司	70384	5170	65213							

2-48 设区市限额以上批发企业分登记注册类型单位数

单位：个

登记注册类型	全省	福州市	厦门市	莆田市	三明市	泉州市	漳州市	南平市	龙岩市	宁德市
合　　计	**2246**	**389**	**1180**	**24**	**163**	**206**	**111**	**51**	**86**	**36**
内资企业	**2164**	**368**	**1129**	**23**	**163**	**201**	**110**	**50**	**86**	**34**
国有企业	228	58	57	1	15	31	23	13	20	10
集体企业	29	6	4	1	5	3	1	3	3	3
股份合作企业	12	1	2			8	1			
联营企业	18	2	14		2					
国有联营企业	9	1	6		2					
集体联营企业										
国有与集体联营企业	3	1	2							
其他联营企业	6		6							
有限责任公司	601	95	349	14	51	55	13	9	8	7
国有独资公司	18	5	4		2	4		1	2	
其他有限责任公司	583	90	345	14	49	51	13	8	6	7
股份有限公司	42	10	17	2	2	5	1	4	1	
私营企业	1221	193	680	5	88	98	70	20	53	14
私营独资企业	36	5	23		2	4	1			1
私营合伙企业	30	1	23		1	2	1		2	
私营有限责任公司	1119	182	616	5	80	90	66	19	50	11
私营股份有限公司	36	5	18		5	2	2	1	1	2
其他企业	13	3	6			1	1	1	1	
港、澳、台商投资企业	**38**	**10**	**25**	**1**						**2**
合资经营企业	12	3	7							2
合作经营企业	1	1								
独资经营企业	22	4	17	1						
投资股份有限公司	3	2	1							
外商投资企业	**44**	**11**	**26**			**5**	**1**	**1**		
中外合资经营企业	17	7	8			2				
中外合作经营企业										
外资企业	25	4	17			3		1		
外商投资股份有限公司	2		1				1			

2-49　设区市限额以上批发企业分登记注册类型年末从业人员数

单位：人

登记注册类型	全省	福州市	厦门市	莆田市	三明市	泉州市	漳州市	南平市	龙岩市	宁德市
合　计	**106847**	**24533**	**45323**	**2165**	**4890**	**10477**	**5968**	**4261**	**6737**	**2493**
内资企业	**94673**	**22117**	**37852**	**1577**	**4890**	**9348**	**5748**	**4249**	**6737**	**2155**
国有企业	23757	4454	2809	419	2344	3056	2324	2690	4531	1130
集体企业	2080	900	194	64	224	70	22	89	130	387
股份合作企业	530	75	142			306	7			
联营企业	538	150	310		78					
国有联营企业	324	33	213		78					
集体联营企业										
国有与集体联营企业	138	117	21							
其他联营企业	76		76							
有限责任公司	23999	8302	9494	669	1027	1706	1729	512	305	255
国有独资公司	1249	349	431		148	218		49	54	
其他有限责任公司	22750	7953	9063	669	879	1488	1729	463	251	255
股份有限公司	9538	792	7819	272	80	350	29	129	67	
私营企业	33696	7355	16778	153	1137	3843	1631	733	1683	383
私营独资企业	687	118	361		27	55	65			61
私营合伙企业	725	58	592		11	38	3		23	
私营有限责任公司	31212	7022	15438	153	1004	3529	1508	637	1622	299
私营股份有限公司	1072	157	387		95	221	55	96	38	23
其他企业	535	89	306			17	6	96	21	
港、澳、台商投资企业	**7475**	**867**	**5682**	**588**						**338**
合资经营企业	5463	382	4743							338
合作经营企业	131	131								
独资经营企业	1792	271	933	588						
投资股份有限公司	89	83	6							
外商投资企业	**4699**	**1549**	**1789**			**1129**	**220**	**12**		
中外合资经营企业	1540	870	614			56				
中外合作经营企业										
外资企业	2929	679	1165			1073		12		
外商投资股份有限公司	230		10				220			

2-50 设区市限额以上批发企业分登记注册类型销售总额

单位：万元

登记注册类型	全省	福州市	厦门市	莆田市	三明市	泉州市	漳州市	南平市	龙岩市	宁德市
合　　计	**45163566**	**8621076**	**25634785**	**803178**	**1965604**	**3955235**	**1976080**	**709716**	**1069675**	**428218**
内资企业	**42166575**	**8215653**	**23440508**	**555837**	**1965604**	**3844176**	**1953863**	**704515**	**1069675**	**416744**
国有企业	6926354	1545317	2193675	173341	351735	1202116	498311	386945	318349	256565
集体企业	475347	286119	23582	18429	68793	20608	10193	15845	15176	16602
股份合作企业	112345	37214	21278			46223	7631			
联营企业	523433	226391	289477		7565					
国有联营企业	209969	3007	199397		7565					
集体联营企业										
国有与集体联营企业	267766	223384	44381							
其他联营企业	45698		45698							
有限责任公司	12586623	2801426	7281902	319092	466681	1177550	216578	61120	208050	54226
国有独资公司	1453903	231907	1140907		16377	47188		8757	8768	
其他有限责任公司	11132720	2569519	6140995	319092	450304	1130361	216578	52363	199282	54226
股份有限公司	6332466	277347	5811526	11409	29450	69848	93888	26024	12976	
私营企业	15063167	2998505	7752369	33567	1041379	1324862	1122580	210515	490039	89351
私营独资企业	307695	66194	198867		16272	18069	5266			3026
私营合伙企业	448152	19806	390662		13083	9661	8212		6729	
私营有限责任公司	13884076	2842274	6906355	33567	958514	1291271	1096619	205809	470451	79217
私营股份有限公司	423244	70233	256485		53510	5861	12484	4706	12858	7107
其他企业	146840	43334	66700			2971	4683	4066	25086	
港、澳、台商投资企业	**2194692**	**160470**	**1775408**	**247340**						**11474**
合资经营企业	1206748	36642	1158631							11474
合作经营企业	13772	13772								
独资经营企业	953014	92441	613232	247340						
投资股份有限公司	21159	17615	3544							
外商投资企业	**802299**	**244953**	**418869**			**111059**	**22217**	**5201**		
中外合资经营企业	362780	97737	257504			7540				
中外合作经营企业										
外资企业	383274	147216	127337			103519		5201		
外商投资股份有限公司	56245		34028				22217			

2-51　设区市限额以上批发企业分登记注册类型批发额

单位：万元

登记注册类型	全省	福州市	厦门市	莆田市	三明市	泉州市	漳州市	南平市	龙岩市	宁德市
合　计	**44293491**	**8291793**	**25324185**	**743011**	**1957710**	**3863427**	**1957765**	**703964**	**1030028**	**421609**
内资企业	**41357720**	**7925753**	**23134112**	**513303**	**1957710**	**3752368**	**1935548**	**698763**	**1030028**	**410135**
国有企业	6894392	1541290	2178375	173341	351645	1197334	498311	386945	311268	255882
集体企业	467095	286119	22093	17823	68793	20608	10193	15845	12808	12813
股份合作企业	108357	37214	18717			44795	7631			
联营企业	503382	220015	275803		7565					
国有联营企业	196295	3007	185723		7565					
集体联营企业										
国有与集体联营企业	261389	217008	44381							
其他联营企业	45698		45698							
有限责任公司	12232977	2618544	7192480	285413	463996	1149473	203266	59227	207886	52693
国有独资公司	1453902	231907	1140907		16376	47188		8757	8768	
其他有限责任公司	10779075	2386637	6051573	285413	447620	1102285	203266	50470	199119	52693
股份有限公司	6237221	272722	5733006	8024	27251	68731	93888	25623	7976	
私营企业	14768032	2906516	7646938	28703	1038460	1268457	1117578	207631	465003	88746
私营独资企业	304159	66170	195356		16272	18069	5266			3026
私营合伙企业	439341	12015	390662		13083	9661	8212		5707	
私营有限责任公司	13602344	2758099	6805022	28703	955594	1235336	1091616	202925	446438	78612
私营股份有限公司	422188	70233	255898		53510	5392	12484	4706	12858	7107
其他企业	146265	43334	66700			2971	4683	3492	25086	
港、澳、台商投资企业	**2165136**	**148547**	**1775408**	**229708**						**11474**
合资经营企业	1194825	24719	1158631							11474
合作经营企业	13772	13772								
独资经营企业	935381	92441	613232	229708						
投资股份有限公司	21159	17615	3544							
外商投资企业	**770635**	**217493**	**414665**			**111059**	**22217**	**5201**		
中外合资经营企业	358398	93354	257504			7540				
中外合作经营企业										
外资企业	355993	124139	123133			103519		5201		
外商投资股份有限公司	56245		34028				22217			

2-52 设区市限额以上批发企业分登记注册类型零售额

单位：万元

登记注册类型	全省	福州市	厦门市	莆田市	三明市	泉州市	漳州市	南平市	龙岩市	宁德市
合　　计	**870075**	**329283**	**310600**	**60167**	**7894**	**91808**	**18315**	**5752**	**39647**	**6609**
内资企业	**808856**	**289900**	**306396**	**42534**	**7894**	**91808**	**18315**	**5752**	**39647**	**6609**
国有企业	31963	4027	15300		90	4782			7081	683
集体企业	8252		1489	606					2368	3789
股份合作企业	3988		2560			1428				
联营企业	20051	6377	13674							
国有联营企业	13674		13674							
集体联营企业										
国有与集体联营企业	6377	6377								
其他联营企业										
有限责任公司	353647	182882	89422	33679	2685	28077	13313	1893	163	1533
国有独资公司	1				1					
其他有限责任公司	353646	182882	89422	33679	2684	28077	13313	1893	163	1533
股份有限公司	95245	4625	78519	3385	2199	1116		401	5000	
私营企业	295135	91989	105432	4864	2919	56405	5002	2884	25035	605
私营独资企业	3535	24	3511							
私营合伙企业	8812	7790							1022	
私营有限责任公司	281732	84175	101333	4864	2919	55935	5002	2884	24014	605
私营股份有限公司	1057		587			469				
其他企业	575							575		
港、澳、台商投资企业	**29556**	**11923**		**17632**						
合资经营企业	11923	11923								
合作经营企业										
独资经营企业	17632			17632						
投资股份有限公司										
外商投资企业	**31664**	**27460**	**4204**							
中外合资经营企业	4383	4383								
中外合作经营企业										
外资企业	27281	23078	4204							
外商投资股份有限公司										

2-53 设区市限额以上零售企业分登记注册类型单位数

单位：个

登记注册类型	全省	福州市	厦门市	莆田市	三明市	泉州市	漳州市	南平市	龙岩市	宁德市
合　计	**1273**	**329**	**201**	**44**	**106**	**287**	**83**	**73**	**85**	**65**
内资企业	**1224**	**310**	**183**	**43**	**105**	**282**	**81**	**71**	**84**	**65**
国有企业	69	15	13	4	1	12	4	2	4	14
集体企业	52	15	2	4	1	21	2		6	1
股份合作企业	11	1	3	1	1	3		1	1	
联营企业	10	3	3	1		2			1	
国有联营企业	8	3	2			2			1	
集体联营企业										
国有与集体联营企业										
其他联营企业	2		1	1						
有限责任公司	309	89	58	16	26	61	19	13	17	10
国有独资公司	1					1				
其他有限责任公司	308	89	58	16	26	60	19	13	17	10
股份有限公司	36	8	5	1	2	10	5	3	1	1
私营企业	722	177	97	11	73	169	51	51	54	39
私营独资企业	79	20	4	1	18	16	6	9	1	4
私营合伙企业	29	4	2		4	10	1	2	5	1
私营有限责任公司	589	148	89	9	48	136	41	36	48	34
私营股份有限公司	25	5	2	1	3	7	3	4		
其他企业	15	2	2	5	1	4		1		
港、澳、台商投资企业	**13**	**4**	**6**			**2**		**1**		
合资经营企业	7	2	2			2		1		
合作经营企业	1		1							
独资经营企业	5	2	3							
投资股份有限公司										
外商投资企业	**36**	**15**	**12**	**1**	**1**	**3**	**2**	**1**	**1**	
中外合资经营企业	15	7	1	1	1	2	1	1	1	
中外合作经营企业	1		1							
外资企业	18	7	9			1	1			
外商投资股份有限公司	2	1	1							

2-54 设区市限额以上零售企业分登记注册类型年末从业人员数

单位:人

登记注册类型	全省	福州市	厦门市	莆田市	三明市	泉州市	漳州市	南平市	龙岩市	宁德市
合　　计	**107130**	**32854**	**25052**	**3599**	**6334**	**17014**	**6835**	**4873**	**6405**	**4164**
内资企业	**86348**	**22918**	**18683**	**3146**	**5741**	**15880**	**6163**	**3979**	**5674**	**4164**
国有企业	6354	1584	1423	319	70	449	192	173	421	1723
集体企业	2317	565	103	174	21	1047	99		218	90
股份合作企业	625	65	197	20	66	157		50	70	
联营企业	258	49	77	10		47			75	
国有联营企业	231	49	60			47			75	
集体联营企业										
国有与集体联营企业										
其他联营企业	27		17	10						
有限责任公司	26349	9162	5189	998	1517	3944	2071	856	2147	465
国有独资公司	29					29				
其他有限责任公司	26320	9162	5189	998	1517	3915	2071	856	2147	465
股份有限公司	4586	1504	753	102	245	895	522	283	18	264
私营企业	45034	9878	10747	1180	3796	9234	3279	2573	2725	1622
私营独资企业	4870	1020	1572	61	489	849	262	329	45	243
私营合伙企业	1428	259	72		237	570	7	103	164	16
私营有限责任公司	36581	7297	8943	1111	3013	7405	2892	2041	2516	1363
私营股份有限公司	2155	1302	160	8	57	410	118	100		
其他企业	825	111	194	343	26	107		44		
港、澳、台商投资企业	**2138**	**352**	**1669**			**107**		**10**		
合资经营企业	1033	128	788			107		10		
合作经营企业	86		86							
独资经营企业	1019	224	795							
投资股份有限公司										
外商投资企业	**18644**	**9584**	**4700**	**453**	**593**	**1027**	**672**	**884**	**731**	
中外合资经营企业	12108	7745	624	453	593	866	212	884	731	
中外合作经营企业	11		11							
外资企业	5760	1824	3315			161	460			
外商投资股份有限公司	765	15	750							

2-55　设区市限额以上零售企业分登记注册类型销售总额

单位：万元

登记注册类型	全省	福州市	厦门市	莆田市	三明市	泉州市	漳州市	南平市	龙岩市	宁德市
合　计	**12270341**	**4568153**	**2618710**	**355452**	**477980**	**2088365**	**731645**	**435277**	**592503**	**402259**
内资企业	**8671238**	**3484953**	**1788804**	**184032**	**293263**	**1536879**	**415088**	**232839**	**333122**	**402259**
国有企业	1085944	437081	286897	5270	5661	38027	4985	5942	45814	256268
集体企业	72522	31393	2478	3107	2334	21719	3503		7091	898
股份合作企业	70332	1160	52219	1202	1049	10588		1724	2391	
联营企业	69236	4766	23239	2429		21422			17381	
国有联营企业	66028	4766	22460			21422			17381	
集体联营企业										
国有与集体联营企业										
其他联营企业	3208		780	2429						
有限责任公司	2697144	1234096	598823	74377	107473	396821	146415	60279	64839	14022
国有独资公司	999					999				
其他有限责任公司	2696145	1234096	598823	74377	107473	395821	146415	60279	64839	14022
股份有限公司	1053339	377629	118315	34521	41721	272315	126591	28111	531	53606
私营企业	3523337	1335174	687883	56549	132955	768734	133593	135908	195076	77465
私营独资企业	248721	111422	74628	1101	13997	20276	6740	8691	229	11638
私营合伙企业	52631	11077	5527		3708	23085	598	1797	5295	1546
私营有限责任公司	3072789	1108561	604913	54846	110670	696636	123208	120124	189552	64282
私营股份有限公司	149196	104115	2816	602	4581	28737	3048	5297		
其他企业	99385	63654	18951	6578	2069	7256		876		
港、澳、台商投资企业	**171147**	**48592**	**63117**			**58715**		**722**		
合资经营企业	110505	13426	37642			58715		722		
合作经营企业	6734		6734							
独资经营企业	53908	35166	18742							
投资股份有限公司										
外商投资企业	**3427956**	**1034608**	**766788**	**171419**	**184717**	**492771**	**316557**	**201716**	**259380**	
中外合资经营企业	2979610	929402	426914	171419	184717	492066	313996	201716	259380	
中外合作经营企业	38574		38574							
外资企业	333210	100035	229909			705	2562			
外商投资股份有限公司	76562	5170	71391							

2-56 设区市限额以上零售企业分登记注册类型批发额

单位：万元

登记注册类型	全省	福州市	厦门市	莆田市	三明市	泉州市	漳州市	南平市	龙岩市	宁德市
合　计	**1432298**	**432167**	**416523**	**48307**	**64431**	**170788**	**97174**	**51426**	**85678**	**65806**
内资企业	**762412**	**302580**	**208158**	**17546**	**25058**	**90720**	**21079**	**18763**	**12702**	**65806**
国有企业	143254	18819	68929	1709		3403	1053			49342
集体企业	8197	2523		305	807	3254			1309	
股份合作企业	11810		11451						359	
联营企业	6087		6087							
国有联营企业	6080		6080							
集体联营企业										
国有与集体联营企业										
其他联营企业	8		8							
有限责任公司	196370	120768	29266	1490	13103	16437	2270	11999	278	759
国有独资公司										
其他有限责任公司	196370	120768	29266	1490	13103	16437	2270	11999	278	759
股份有限公司	197139	118934	15887	13547	1851	19261	16707	232		10721
私营企业	199553	41535	76538	495	9298	48366	1049	6532	10757	4984
私营独资企业	9988	8309	1473							207
私营合伙企业	550		346		204					
私营有限责任公司	182286	28566	74719	495	7583	47808	1049	6532	10757	4778
私营股份有限公司	6730	4661			1511	558				
其他企业										
港、澳、台商投资企业	**13737**	**943**	**12793**							
合资经营企业	13460	667	12793							
合作经营企业										
独资经营企业	277	277								
投资股份有限公司										
外商投资企业	**656149**	**128644**	**195571**	**30761**	**39373**	**80068**	**76095**	**32663**	**72976**	
中外合资经营企业	630790	126790	172066	30761	39373	80068	76095	32663	72976	
中外合作经营企业										
外资企业	19181	1854	17327							
外商投资股份有限公司	6178		6178							

2-57　设区市限额以上零售企业分登记注册类型零售额

单位:万元

登记注册类型	全省	福州市	厦门市	莆田市	三明市	泉州市	漳州市	南平市	龙岩市	宁德市
合　计	**10838044**	**4135986**	**2202187**	**307144**	**413549**	**1917577**	**634471**	**383851**	**506825**	**336453**
内资企业	**7908827**	**3182374**	**1580646**	**166486**	**268205**	**1446159**	**394009**	**214075**	**320420**	**336453**
国有企业	942690	418263	217967	3561	5661	34624	3932	5942	45814	206926
集体企业	64324	28870	2478	2802	1527	18465	3503		5782	898
股份合作企业	58522	1160	40768	1202	1049	10588		1724	2032	
联营企业	63149	4766	17152	2429		21422			17381	
国有联营企业	59948	4766	16380			21422			17381	
集体联营企业										
国有与集体联营企业										
其他联营企业	3201		772	2429						
有限责任公司	2500774	1113328	569556	72886	94371	380383	144145	48280	64561	13263
国有独资公司	999					999				
其他有限责任公司	2499774	1113328	569556	72886	94371	379384	144145	48280	64561	13263
股份有限公司	856200	258695	102428	20974	39870	253054	109885	27879	531	42885
私营企业	3323784	1293639	611346	56054	123657	720368	132544	129376	184319	72481
私营独资企业	238733	103113	73155	1101	13997	20276	6740	8691	229	11431
私营合伙企业	52081	11077	5181		3504	23085	598	1797	5295	1546
私营有限责任公司	2890504	1079995	530194	54351	103087	648828	122158	113591	178795	59504
私营股份有限公司	142466	99454	2816	602	3070	28179	3048	5297		
其他企业	99385	63654	18951	6578	2069	7256		876		
港、澳、台商投资企业	**157410**	**47649**	**50324**			**58715**		**722**		
合资经营企业	97045	12759	24848			58715		722		
合作经营企业	6734		6734							
独资经营企业	53632	34890	18742							
投资股份有限公司										
外商投资企业	**2771807**	**905964**	**571217**	**140659**	**145344**	**412703**	**240463**	**169053**	**186405**	
中外合资经营企业	2348820	802613	254848	140659	145344	411998	237901	169053	186405	
中外合作经营企业	38574		38574							
外资企业	314029	98181	212582			705	2562			
外商投资股份有限公司	70384	5170	65213							

2-58 设区市限额以上批发企业分行业单位数

单位：个

行　　业	全省	福州市	厦门市	莆田市	三明市	泉州市	漳州市	南平市	龙岩市	宁德市
合　　计	**2246**	**389**	**1180**	**24**	**163**	**206**	**111**	**51**	**86**	**36**
农畜产品批发	37	11	10		4	2	2	3	5	
谷物、豆及薯类批发	14	3			1	2	1	3	4	
种子、饲料批发	18	8	8				1		1	
棉、麻批发	3				3					
牲畜批发										
其他农畜产品批发	2		2							
食品、饮料及烟草制品批发	225	33	103	2	17	15	29	7	11	8
米、面制品及食用油批发	47	10	22		2	5	2	4	2	
糕点、糖果及糖批发	5	1	3		1					
果品、蔬菜批发	20		12			1	7			
肉、禽、蛋及水产品批发	22	5	13		1	1				2
盐及调味品批发	11	4	1		1	1	1	1	1	1
饮料及茶叶批发	30	5	16	1		2	5	1		
烟草制品批发	42	2	3	1	11	2	10	1	8	4
其他食品批发	48	6	33		1	3	4			1
纺织、服装及日用品批发	370	65	251	2	1	43	3	1	3	1
纺织品、针织品及原料批发	91	5	72			12		1	1	
服装批发	125	24	83		1	15			1	1
鞋帽批发	100	23	60	2		14			1	
厨房卫生间用具及日用杂货批发	3	2	1							
化妆品及卫生用品批发	7	3	4							
其他日用品批发	44	8	31			2	3			
文化、体育用品及器材批发	55	13	40			1	1			
文具用品批发	6	3	3							
体育用品批发	2		2							
图书批发	4	2	2							
报刊批发										
音像制品及电子出版物批发	1	1								
首饰、工艺品及收藏品批发	17	5	11				1			
其他文化用品批发	25	2	22			1				
医药及医疗器材批发	90	29	10	6	7	16	6	5	6	5
西药批发	71	23	6	5	6	11	5	4	6	5
中药材及中成药批发	13	3	2		1	5	1	1		
医疗用品及器材批发	6	3	2	1						
矿产品、建材及化工产品批发	930	133	487	6	115	71	41	18	43	16
煤炭及制品批发	52	8	10		8	4	3	3	15	1
石油及制品批发	80	17	32	3	1	19	6	1		1
非金属矿及制品批发	18	3	12		2	1				
金属及金属矿批发	305	46	135	1	76	16	17	2	4	8
建材批发	219	35	132	1	5	13	7	4	20	2
化肥批发	25	3	5		4	1	2	5	2	3
农药批发	5	3			2					
农用薄膜批发										
其他化工产品批发	226	18	161	1	17	17	6	3	2	1
机械设备五金交电及电子产品批发	324	75	184	5	11	17	9	9	12	2
农业机械批发	1		1							
汽车、摩托车及零配件批发	66	9	31	1	3	7	4	5	5	1
五金、交电批发	37	11	21	1		3			1	
家用电器批发	52	15	22	3	3	3	3		3	
计算机、软件及辅助设备批发	27	16	11							
通讯及广播电视设备批发	20	3	12		2	2		1		
其他机械设备及电子产品批发	121	21	86		3	2	2	3	3	1
贸易经纪与代理	39	4		3		28	1	2		1
其他批发	176	26	95		8	13	19	6	6	3

2-59　设区市限额以上批发企业分行业年末从业人员数

单位：人

行　　业	全省	福州市	厦门市	莆田市	三明市	泉州市	漳州市	南平市	龙岩市	宁德市
合　　计	**106847**	**24533**	**45323**	**2165**	**4890**	**10477**	**5968**	**4261**	**6737**	**2493**
农畜产品批发	1636	256	366		64	56	63	122	709	
谷物、豆及薯类批发	1039	110			48	56	10	122	693	
种子、饲料批发	419	146	204				53		16	
棉、麻批发	16				16					
牲畜批发										
其他农畜产品批发	162		162							
食品、饮料及烟草制品批发	26373	4794	5083	517	2200	2759	3732	2555	3741	992
米、面制品及食用油批发	1805	658	580		64	112	70	256	65	
糕点、糖果及糖批发	138	86	39		13					
果品、蔬菜批发	877		503			260	114			
肉、禽、蛋及水产品批发	740	290	382		15	20				33
盐及调味品批发	754	216	78		53	145	113	46	43	60
饮料及茶叶批发	6089	1833	2038	98		651	1459	10		
烟草制品批发	14126	1200	451	419	2023	1429	1836	2243	3633	892
其他食品批发	1844	511	1012		32	142	140			7
纺织、服装及日用品批发	17472	3198	11306	593	11	2243	55	17	30	19
纺织品、针织品及原料批发	1653	181	1159			286		17	10	
服装批发	5213	1264	2462		11	1448			9	19
鞋帽批发	4044	1123	1850	593		467			11	
厨房卫生间用具及日用杂货批发	191	16	175							
化妆品及卫生用品批发	536	138	398							
其他日用品批发	5835	476	5262			42	55			
文化、体育用品及器材批发	5792	4010	1706			61	15			
文具用品批发	94	74	20							
体育用品批发	17		17							
图书批发	4132	3692	440							
报刊批发										
音像制品及电子出版物批发	25	25								
首饰、工艺品及收藏品批发	901	174	712				15			
其他文化用品批发	623	45	517			61				
医药及医疗器材批发	6659	2099	606	318	450	1356	519	528	395	388
西药批发	5594	1900	422	283	358	938	484	426	395	388
中药材及中成药批发	819	108	64		92	418	35	102		
医疗用品及器材批发	246	91	120	35						
矿产品、建材及化工产品批发	26045	4132	15198	397	1499	1772	723	602	1085	637
煤炭及制品批发	851	160	198		82	40	55	34	266	16
石油及制品批发	3249	1075	900	269	37	620	229	95		24
非金属矿及制品批发	364	62	234		15	53				
金属及金属矿批发	10904	573	8267	11	831	383	158	222	312	147
建材批发	4507	978	2509	55	63	292	151	56	352	51
化肥批发	1592	638	155		100	47	32	141	92	387
农药批发	190	112			78					
农用薄膜批发										
其他化工产品批发	4388	534	2935	62	293	337	98	54	63	12
机械设备五金交电及电子产品批发	15145	5142	7144	131	246	1094	465	306	576	41
农业机械批发	24		24							
汽车、摩托车及零配件批发	2428	314	1010	14	37	441	142	209	230	31
五金、交电批发	1547	877	526	64		49			31	
家用电器批发	4206	2179	1424	53	65	177	92		216	
计算机、软件及辅助设备批发	1522	1009	513							
通讯及广播电视设备批发	1067	107	523		76	353		8		
其他机械设备及电子产品批发	4351	656	3124		68	74	231	89	99	10
贸易经纪与代理	1143	95		209		728	11	40		60
其他批发	6582	807	3914		420	408	385	91	201	356

2-60 设区市限额以上批发企业分行业销售总额

单位:万元

行　业	全省	福州市	厦门市	莆田市	三明市	泉州市	漳州市	南平市	龙岩市	宁德市
合　计	**45163566**	**8621076**	**25634785**	**803178**	**1965604**	**3955235**	**1976080**	**709716**	**1069675**	**428218**
农畜产品批发	444729	289560	65917		23163	13591	10739	14482	27277	
谷物、豆及薯类批发	160918	104822			3331	13591	2507	14482	22186	
种子、饲料批发	237689	184738	39628				8232		5091	
棉、麻批发	19833				19833					
牲畜批发										
其他农畜产品批发	26289		26289							
食品、饮料及烟草制品批发	6003941	1363965	2006459	201350	189084	787362	651107	315359	245804	243450
米、面制品及食用油批发	690101	252771	295821		14170	18462	66964	36468	5446	
糕点、糖果及糖批发	34657	19964	9836		4858					
果品、蔬菜批发	550792		491694			4760	54339			
肉、禽、蛋及水产品批发	293642	160630	106789		4342	17852				4030
盐及调味品批发	69290	28961	11084		2791	9696	5855	3610	3548	3745
饮料及茶叶批发	848900	331258	303324	28009		50756	131203	4350		
烟草制品批发	2970521	458389	410676	173341	155350	665879	367202	270931	236810	231943
其他食品批发	546037	111992	377237		7573	19958	25545			3732
纺织、服装及日用品批发	7759114	1322682	5360659	250328	75908	663200	15344	5256	61646	4091
纺织品、针织品及原料批发	1043793	66271	831461			109866		5256	30939	
服装批发	3089368	544676	2133968		75908	325583			5141	4091
鞋帽批发	2130382	584039	1056304	250328		214144			25566	
厨房卫生间用具及日用杂货批发	14684	6391	8293							
化妆品及卫生用品批发	65735	29811	35924							
其他日用品批发	1415153	91495	1294708			13606	15344			
文化、体育用品及器材批发	735433	462612	259739			7224	5858			
文具用品批发	30276	14026	16250							
体育用品批发	16748		16748							
图书批发	286789	268648	18140							
报刊批发										
音像制品及电子出版物批发	7497	7497								
首饰、工艺品及收藏品批发	220637	162080	52699				5858			
其他文化用品批发	173485	10360	155901			7224				
医药及医疗器材批发	1250990	638845	176942	30084	60145	129116	99539	36463	58153	21704
西药批发	1117053	577521	152122	24976	55259	100447	95551	31320	58153	21704
中药材及中成药批发	112274	52572	17017		4886	28669	3988	5143		
医疗用品及器材批发	21663	8752	7803	5107						
矿产品、建材及化工产品批发	21228353	2903038	13914712	167811	1233589	1477175	670584	222564	526456	112424
煤炭及制品批发	867278	330318	167096		47597	38178	10570	14025	255678	3816
石油及制品批发	1847450	379022	672731	25208	4409	577236	171699	3319		13825
非金属矿及制品批发	189590	60867	95968		17156	15600				
金属及金属矿批发	11140299	796687	8467920	11104	935524	454569	335439	40387	47170	51500
建材批发	2866048	748659	1356285	121303	24181	178656	101387	108506	203149	23923
化肥批发	581173	313014	101847		80912	9296	14474	33723	11305	16602
农药批发	51799	44234			7565					
农用薄膜批发										
其他化工产品批发	3684717	230236	3052866	10196	116247	203640	37015	22604	9154	2758
机械设备五金交电及电子产品批发	4152739	1073284	2643555	35755	64058	135036	58442	57057	72744	12809
农业机械批发	4673		4673							
汽车、摩托车及零配件批发	577377	97911	351710	2989	13896	28926	14479	37849	25476	4141
五金、交电批发	421608	149877	216039	18429		32628			4635	
家用电器批发	583370	302381	210499	14337	11206	13517	15775		15654	
计算机、软件及辅助设备批发	424901	323976	100926							
通讯及广播电视设备批发	519317	22590	436128		19380	37857		3363		
其他机械设备及电子产品批发	1621494	176550	1323581		19575	22108	28188	15845	26979	8668
贸易经纪与代理	887198	118892		117849		594012	4414	34898		17133
其他批发	2701070	448200	1206801		319657	148519	460053	23638	77595	16607

2-61　设区市限额以上批发企业分行业批发额

单位：万元

行　业	全省	福州市	厦门市	莆田市	三明市
合　计	**44293491**	**8291793**	**25324185**	**743011**	**1957710**
农畜产品批发	444700	289560	65917		23134
谷物、豆及薯类批发	160917	104822			3330
种子、饲料批发	237689	184738	39628		
棉、麻批发	19804				19804
牲畜批发					
其他农畜产品批发	26289		26289		
食品、饮料及烟草制品批发	5913892	1354285	1944812	201350	188994
米、面制品及食用油批发	683048	250505	292267		14170
糕点、糖果及糖批发	34657	19964	9836		4858
果品、蔬菜批发	501892		442793		
肉、禽、蛋及水产品批发	292713	160630	106789		4342
盐及调味品批发	69068	28961	10952		2701
饮料及茶叶批发	830778	331216	298402	28009	
烟草制品批发	2967669	458389	410676	173341	155350
其他食品批发	534068	104620	373098		7573
纺织、服装及日用品批发	7706573	1302451	5353851	232696	75908
纺织品、针织品及原料批发	1036458	66271	831118		
服装批发	3068727	529243	2128947		75908
鞋帽批发	2110901	584039	1055146	232696	
厨房卫生间用具及日用杂货批发	14684	6391	8293		
化妆品及卫生用品批发	65735	29811	35924		
其他日用品批发	1410068	86696	1294422		
文化、体育用品及器材批发	587514	329980	244452		
文具用品批发	30267	14017	16250		
体育用品批发	16748		16748		
图书批发	149857	136923	12933		
报刊批发					
音像制品及电子出版物批发	7497	7497			
首饰、工艺品及收藏品批发	219739	161182	52699		
其他文化用品批发	163405	10360	145821		
医药及医疗器材批发	1210249	624640	166425	29817	55262
西药批发	1079628	563316	141605	24710	51400
中药材及中成药批发	108958	52572	17017		3862
医疗用品及器材批发	21663	8752	7803	5107	
矿产品、建材及化工产品批发	20957984	2868250	13796825	131194	1232323
煤炭及制品批发	856631	320620	166363		47597
石油及制品批发	1753638	372006	650888	19255	3797
非金属矿及制品批发	189590	60867	95968		17156
金属及金属矿批发	11057279	796235	8386006	11104	934869
建材批发	2790759	731041	1349577	90639	24181
化肥批发	581173	313014	101847		80912
农药批发	51799	44234			7565
农用薄膜批发					
其他化工产品批发	3677115	230233	3046175	10196	116247
机械设备五金交电及电子产品批发	3914055	968386	2550623	30104	62433
农业机械批发	4673		4673		
汽车、摩托车及零配件批发	489481	95279	279615	2989	12636
五金、交电批发	415389	144308	215996	17823	
家用电器批发	545740	280863	207219	9293	10842
计算机、软件及辅助设备批发	351701	262773	88927		
通讯及广播电视设备批发	505834	22590	436055		19380
其他机械设备及电子产品批发	1601237	162572	1318139		19575
贸易经纪与代理	887198	118892		117849	
其他批发	2671328	435350	1201281		319657

2-61 续表 单位：万元

行业	泉州市	漳州市	南平市	龙岩市	宁德市
合计	**3863427**	**1957765**	**703964**	**1030028**	**421609**
农畜产品批发	13591	10739	14482	27277	
谷物、豆及薯类批发	13591	2507	14482	22186	
种子、饲料批发		8232		5091	
棉、麻批发					
牲畜批发					
其他农畜产品批发					
食品、饮料及烟草制品批发	784768	638944	315359	241930	243450
米、面制品及食用油批发	18251	66964	36468	4424	
糕点、糖果及糖批发					
果品、蔬菜批发	4760	54339			
肉、禽、蛋及水产品批发	16923				4030
盐及调味品批发	9696	5855	3610	3548	3745
饮料及茶叶批发	49761	119039	4350		
烟草制品批发	665879	367202	270931	233958	231943
其他食品批发	19498	25545			3732
纺织、服装及日用品批发	655331	15344	5256	61646	4091
纺织品、针织品及原料批发	102875		5256	30939	
服装批发	325396			5141	4091
鞋帽批发	213454			25566	
厨房卫生间用具及日用杂货批发					
化妆品及卫生用品批发					
其他日用品批发	13606	15344			
文化、体育用品及器材批发	7224	5858			
文具用品批发					
体育用品批发					
图书批发					
报刊批发					
音像制品及电子出版物批发					
首饰、工艺品及收藏品批发		5858			
其他文化用品批发	7224				
医药及医疗器材批发	125934	98241	32460	57982	19488
西药批发	98963	94443	27721	57982	19488
中药材及中成药批发	26971	3798	4739		
医疗用品及器材批发					
矿产品、建材及化工产品批发	1418872	667110	222164	509428	111819
煤炭及制品批发	37962	10570	14025	255678	3816
石油及制品批发	522545	168403	2918		13825
非金属矿及制品批发	15600				
金属及金属矿批发	454569	335439	40387	47170	51500
建材批发	175271	101209	108506	187018	23318
化肥批发	9296	14474	33723	11305	16602
农药批发					
农用薄膜批发					
其他化工产品批发	203629	37015	22604	8258	2758
机械设备五金交电及电子产品批发	118228	57062	55708	58701	12809
农业机械批发					
汽车、摩托车及零配件批发	25529	14479	36501	18312	4141
五金、交电批发	32628			4635	
家用电器批发	13517	14396		9611	
计算机、软件及辅助设备批发					
通讯及广播电视设备批发	24446		3363		
其他机械设备及电子产品批发	22108	28188	15845	26143	8668
贸易经纪与代理	594012	4414	34898		17133
其他批发	145468	460053	23638	73064	12818

2-62　设区市限额以上批发企业分行业零售额

单位:万元

行　业	全省	福州市	厦门市	莆田市	三明市	泉州市	漳州市	南平市	龙岩市	宁德市
合　计	**870075**	**329283**	**310600**	**60167**	**7894**	**91808**	**18315**	**5752**	**39647**	**6609**
农畜产品批发	29				29					
谷物、豆及薯类批发	1				1					
种子、饲料批发										
棉、麻批发	28				28					
牲畜批发										
其他农畜产品批发										
食品、饮料及烟草制品批发	90049	9680	61647		90	2595	12163		3874	
米、面制品及食用油批发	7053	2266	3554			211			1022	
糕点、糖果及糖批发										
果品、蔬菜批发	48900		48900							
肉、禽、蛋及水产品批发	929					929				
盐及调味品批发	222		132		90					
饮料及茶叶批发	18123	42	4922			996	12163			
烟草制品批发	2852								2852	
其他食品批发	11970	7372	4138			460				
纺织、服装及日用品批发	52541	20231	6809	17632		7869				
纺织品、针织品及原料批发	7335		343			6991				
服装批发	20641	15432	5021			187				
鞋帽批发	19481		1158	17632		690				
厨房卫生间用具及日用杂货批发										
化妆品及卫生用品批发										
其他日用品批发	5085	4799	286							
文化、体育用品及器材批发	147919	132632	15287							
文具用品批发	9	9								
体育用品批发										
图书批发	136932	131725	5207							
报刊批发										
音像制品及电子出版物批发										
首饰、工艺品及收藏品批发	898	898								
其他文化用品批发	10080		10080							
医药及医疗器材批发	40741	14204	10517	267	4883	3182	1298	4003	171	2216
西药批发	37426	14204	10517	267	3859	1484	1109	3599	171	2216
中药材及中成药批发	3316				1025	1698	189	404		
医疗用品及器材批发										
矿产品、建材及化工产品批发	270369	34787	117887	36617	1267	58304	3474	401	17028	605
煤炭及制品批发	10647	9699	733			216				
石油及制品批发	93812	7016	21842	5954	612	54692	3295	401		
非金属矿及制品批发										
金属及金属矿批发	83020	452	81914		655					
建材批发	75288	17618	6707	30663		3385	178		16131	605
化肥批发										
农药批发										
农用薄膜批发										
其他化工产品批发	7602	3	6691			11			897	
机械设备五金交电及电子产品批发	238685	104899	92932	5651	1625	16807	1379	1348	14043	
农业机械批发										
汽车、摩托车及零配件批发	87896	2632	72095		1260	3397		1348	7164	
五金、交电批发	6219	5569	44	606						
家用电器批发	37630	21518	3280	5045	365		1379		6043	
计算机、软件及辅助设备批发	73201	61202	11999							
通讯及广播电视设备批发	13483		72			13411				
其他机械设备及电子产品批发	20256	13978	5443						836	
贸易经纪与代理										
其他批发	29742	12850	5521			3051			4531	3789

2-63 设区市限额以上零售企业分行业单位数

单位:个

行业	全省	福州市	厦门市	莆田市	三明市	泉州市	漳州市	南平市	龙岩市	宁德市
合计	**1273**	**329**	**201**	**44**	**106**	**287**	**83**	**73**	**85**	**65**
综合零售	299	73	34	17	38	71	15	16	16	19
百货零售	68	14	15	6	4	20	1	1	2	5
超级市场零售	187	49	13	9	34	30	12	15	11	14
其他综合零售	44	10	6	2		21	2		3	
食品、饮料及烟草制品专门零售	56	15	9	2	8	9	5	3	1	4
粮油零售	3	1	1							1
糕点、面包零售	2					2				
果品、蔬菜零售	1				1					
肉、禽、蛋及水产品零售	16	4	3	1	1	3	1	1	1	1
饮料及茶叶零售	16	5	2		1	3	3	1		1
烟草制品零售	12	3	3	1	1	1	1	1		1
其他食品零售	6	2			4					
纺织、服装及日用品专门零售	54	24	14		3	5		1	2	5
纺织品及针织品零售	11	6				2				3
服装零售	23	8	9		1	2			1	2
鞋帽零售	6	5			1					
钟表、眼镜零售	5	1	2		1				1	
化妆品及卫生用品零售	2	1	1							
其他日用品零售	7	3	2			1		1		
文化、体育用品及器材专门零售	31	11	8	2	4	5			1	
文具用品零售	3	1	1		1					
体育用品零售	1		1							
图书零售	5	2			2	1				
报刊零售										
音像制品及电子出版物零售	1	1								
珠宝首饰零售	12	3	3	2		3			1	
工艺美术品及收藏品零售	1					1				
照相器材零售	3		2		1					
其他文化用品零售	5	4	1							
医药及医疗器材专门零售	50	16	7	2	3	6	4	4	4	4
药品零售	46	12	7	2	3	6	4	4	4	4
医疗用品及器材零售	4	4								
汽车摩托车燃料及零配件专门零售	517	112	89	17	30	143	47	23	41	15
汽车零售	321	83	51	9	15	92	20	15	30	6
汽车零配件零售	12	6	3			1				2
摩托车及零配件零售	59	5	6	3	7	16	13	3	4	2
机动车燃料零售	125	18	29	5	8	34	14	5	7	5
家用电器及电子产品专门零售	152	37	27	4	11	25	9	15	15	9
家用电器零售	80	13	9	3	7	15	2	11	12	8
计算机、软件及辅助设备零售	45	12	11	1	4	5	6	4	2	
通信设备零售	21	6	7			5	1		1	1
其他电子产品零售	6	6								
五金家具及室内装修材料专门零售	52	21	7		4	13	1	3	2	1
五金零售	13	5	3			5				
家具零售	18	3	1		3	6	1	3	1	
涂料零售	1	1								
其他室内装修材料零售	20	12	3		1	2			1	1
无店铺及其他零售	62	20	6		5	10	2	8	3	8

2-64　设区市限额以上零售企业分行业年末从业人员数

单位:人

行　业	全省	福州市	厦门市	莆田市	三明市	泉州市	漳州市	南平市	龙岩市	宁德市
合　计	**107130**	**32854**	**25052**	**3599**	**6334**	**17014**	**6835**	**4873**	**6405**	**4164**
综合零售	46163	16101	9313	2018	3682	7068	2890	1549	2504	1038
百货零售	9357	3150	2639	873	468	1588	270	29	79	261
超级市场零售	33040	12534	5870	924	3214	3497	2435	1520	2269	777
其他综合零售	3766	417	804	221		1983	185		156	
食品、饮料及烟草制品专门零售	4115	694	1042	103	202	852	762	267	15	178
粮油零售	78	24	34							20
糕点、面包零售	540					540				
果品、蔬菜零售	5				5					
肉、禽、蛋及水产品零售	1412	202	735	85	32	116	34	157	15	36
饮料及茶叶零售	1109	132	37		9	175	658	20		78
烟草制品零售	832	283	236	18	70	21	70	90		44
其他食品零售	139	53			86					
纺织、服装及日用品专门零售	4334	1338	2060		173	400		50	77	236
纺织品及针织品零售	347	202				12				133
服装零售	2544	598	1380		38	370			55	103
鞋帽零售	297	241			56					
钟表、眼镜零售	793	73	619		79				22	
化妆品及卫生用品零售	46	28	18							
其他日用品零售	307	196	43			18		50		
文化、体育用品及器材专门零售	1679	571	635	24	95	184			170	
文具用品零售	119	3	95		21					
体育用品零售	53		53							
图书零售	264	118			50	96				
报刊零售										
音像制品及电子出版物零售	26	26								
珠宝首饰零售	688	115	346	24		33			170	
工艺美术品及收藏品零售	55					55				
照相器材零售	140		116		24					
其他文化用品零售	334	309	25							
医药及医疗器材专门零售	4238	1489	1176	73	66	279	328	233	196	398
药品零售	4132	1383	1176	73	66	279	328	233	196	398
医疗用品及器材零售	106	106								
汽车摩托车燃料及零配件专门零售	27665	6859	5054	1014	1501	5932	1858	1707	2334	1406
汽车零售	15112	4341	3352	387	387	4133	689	570	1129	124
汽车零配件零售	724	563	63			13				85
摩托车及零配件零售	1208	138	142	42	154	322	229	62	61	58
机动车燃料零售	10621	1817	1497	585	960	1464	940	1075	1144	1139
家用电器及电子产品专门零售	13799	3698	4518	367	387	1839	771	687	926	606
家用电器零售	9594	2585	2698	349	293	1472	562	598	511	526
计算机、软件及辅助设备零售	1762	602	616	18	94	128	180	89	35	
通信设备零售	2210	278	1204			239	29		380	80
其他电子产品零售	233	233								
五金家具及室内装修材料专门零售	1727	977	265		81	265	20	44	55	20
五金零售	368	149	113			106				
家具零售	523	192	18		66	148	20	44	35	
涂料零售	65	65								
其他室内装修材料零售	771	571	134		15	11			20	20
无店铺及其他零售	3410	1127	989		147	195	206	336	128	282

2-65　设区市限额以上零售企业分行业销售总额

单位:万元

行　业	全省	福州市	厦门市	莆田市	三明市	泉州市	漳州市	南平市	龙岩市	宁德市
合　计	**12270341**	**4568153**	**2618710**	**355452**	**477980**	**2088365**	**731645**	**435277**	**592503**	**402259**
综合零售	2201002	1111820	459268	38630	112277	282822	50834	58440	54971	31940
百货零售	663108	324360	220290	10586	36030	54269	8481	505	2574	6013
超级市场零售	1363253	763092	220307	25535	76247	104791	40331	57935	49088	25927
其他综合零售	174641	24369	18671	2508		123761	2023		3309	
食品、饮料及烟草制品专门零售	274530	77868	103750	2436	11596	33229	11300	18304	686	15362
粮油零售	3930	1766	1428							736
糕点、面包零售	10442					10442				
果品、蔬菜零售	521				521					
肉、禽、蛋及水产品零售	96453	11708	71686	642	521	2722	1888	5148	686	1452
饮料及茶叶零售	55856	21483	1691		1628	14336	4817	4509		7391
烟草制品零售	90994	29841	28945	1793	5661	5729	4595	8646		5783
其他食品零售	16335	13070			3265					
纺织、服装及日用品专门零售	177672	61670	95807		3022	8593		713	4325	3543
纺织品及针织品零售	10935	5652				3374				1909
服装零售	123405	24652	87079		1595	4658			3786	1634
鞋帽零售	23826	23146			680					
钟表、眼镜零售	9839	1837	6716		747				539	
化妆品及卫生用品零售	1368	747	621							
其他日用品零售	8300	5636	1391			560		713		
文化、体育用品及器材专门零售	110841	43038	43379	1582	3817	14932			4094	
文具用品零售	2882	929	1833		121					
体育用品零售	1299		1299							
图书零售	13644	5620			2955	5070				
报刊零售										
音像制品及电子出版物零售	3562	3562								
珠宝首饰零售	56212	15811	30493	1582		4233			4094	
工艺美术品及收藏品零售	5630					5630				
照相器材零售	9616		8875		742					
其他文化用品零售	17997	17117	880							
医药及医疗器材专门零售	447326	205858	131334	2578	2442	6099	5532	28011	9515	55958
药品零售	436070	194601	131334	2578	2442	6099	5532	28011	9515	55958
医疗用品及器材零售	11256	11256								
汽车摩托车燃料及零配件专门零售	7424388	2171596	1439852	284796	308056	1578523	624997	279273	476182	261114
汽车零售	3014690	1147619	700520	63684	47732	729921	102190	52492	156485	14047
汽车零配件零售	113263	95434	8737			709				8382
摩托车及零配件零售	123985	5204	25326	10777	8727	45838	16083	3149	4657	4223
机动车燃料零售	4172450	923339	705269	210335	251597	802054	506724	223632	315040	234462
家用电器及电子产品专门零售	1050652	470295	276652	25431	29614	111802	36820	38254	37676	24109
家用电器零售	789066	344429	186586	24633	21722	98364	27514	33542	29361	22917
计算机、软件及辅助设备零售	160921	86055	43597	798	7893	7382	8344	4712	2140	
通信设备零售	82675	21822	46469			6055	962		6176	1192
其他电子产品零售	17990	17990								
五金家具及室内装修材料专门零售	272342	223909	17524		2549	22769	711	2350	1479	1052
五金零售	37971	18616	6009			13345				
家具零售	164342	153261	1259		826	5194	711	2350	741	
涂料零售	2637	2637								
其他室内装修材料零售	67391	49394	10256		1722	4230			738	1052
无店铺及其他零售	311589	202100	51145		4606	29597	1450	9932	3575	9182

2-66　设区市限额以上零售企业分行业批发额

单位：万元

行　　业	全省	福州市	厦门市	莆田市	三明市	泉州市	漳州市	南平市	龙岩市	宁德市
合　　计	**1432298**	**432167**	**416523**	**48307**	**64431**	**170788**	**97174**	**51426**	**85678**	**65806**
综合零售	20742	10499	1202	1065	2489	3582	318	232	1355	
百货零售	6501	2316	1202	305	1411	708		232	326	
超级市场零售	3037	1955		1	1078		3			
其他综合零售	11204	6228		759		2874	314		1029	
食品、饮料及烟草制品专门零售	28007	2493	21869	71		2858	715			
粮油零售										
糕点、面包零售	2858					2858				
果品、蔬菜零售										
肉、禽、蛋及水产品零售	23392	736	21869	71			715			
饮料及茶叶零售	1757	1757								
烟草制品零售										
其他食品零售										
纺织、服装及日用品专门零售	13914	5387	7513			1013				
纺织品及针织品零售	201	201								
服装零售	9193	667	7513			1013				
鞋帽零售	4023	4023								
钟表、眼镜零售										
化妆品及卫生用品零售	159	159								
其他日用品零售	338	338								
文化、体育用品及器材专门零售	6030	1197	4020		807	8				
文具用品零售										
体育用品零售										
图书零售	814				807	8				
报刊零售										
音像制品及电子出版物零售										
珠宝首饰零售	1831		1831							
工艺美术品及收藏品零售										
照相器材零售	2120		2120							
其他文化用品零售	1266	1197	69							
医药及医疗器材专门零售	142774	74380	47272	733		391	24	8664	590	10721
药品零售	142264	73869	47272	733		391	24	8664	590	10721
医疗用品及器材零售	510	510								
汽车摩托车燃料及零配件专门零售	1055720	225222	303373	46292	57332	157658	95890	41661	76470	51821
汽车零售	198903	37359	81705	1984	5431	56922	1725	8909	3495	1375
汽车零配件零售	1198					300				898
摩托车及零配件零售	2282		227		600		1365	90		
机动车燃料零售	853337	187863	221441	44308	51301	100437	92801	32663	72976	49548
家用电器及电子产品专门零售	93805	57835	20253	146	3334	2450	227	804	6656	2100
家用电器零售	69218	51371	7587		1511	2288		804	3557	2100
计算机、软件及辅助设备零售	15630	4447	8196	146	1823	162	227		629	
通信设备零售	6941		4470						2470	
其他电子产品零售	2017	2017								
五金家具及室内装修材料专门零售	11654	11235	346			8		66		
五金零售	4335	3982	346			8				
家具零售	66							66		
涂料零售	1210	1210								
其他室内装修材料零售	6043	6043								
无店铺及其他零售	59652	43920	10674		469	2821			606	1164

2-67 设区市限额以上零售企业分行业零售额

单位：万元

行　业	全省	福州市	厦门市	莆田市	三明市	泉州市	漳州市	南平市	龙岩市	宁德市
合　计	**10838044**	**4135986**	**2202187**	**307144**	**413549**	**1917577**	**634471**	**383851**	**506825**	**336453**
综合零售	2180260	1101321	458066	37565	109788	279240	50517	58209	53615	31940
百货零售	656608	322043	219088	10281	34619	53562	8481	274	2247	6013
超级市场零售	1360215	761137	220307	25535	75169	104791	40327	57935	49088	25927
其他综合零售	163437	18141	18671	1749		120887	1709		2280	
食品、饮料及烟草制品专门零售	246523	75375	81880	2364	11596	30371	10585	18304	686	15362
粮油零售	3930	1766	1428							736
糕点、面包零售	7584					7584				
果品、蔬菜零售	521				521					
肉、禽、蛋及水产品零售	73061	10972	49816	571	521	2722	1173	5148	686	1452
饮料及茶叶零售	54099	19726	1691		1628	14336	4817	4509		7391
烟草制品零售	90994	29841	28945	1793	5661	5729	4595	8646		5783
其他食品零售	16335	13070			3265					
纺织、服装及日用品专门零售	163759	56282	88293		3022	7580		713	4325	3543
纺织品及针织品零售	10734	5450				3374				1909
服装零售	114211	23985	79566		1595	3645			3786	1634
鞋帽零售	19804	19124			680					
钟表、眼镜零售	9839	1837	6716		747				539	
化妆品及卫生用品零售	1209	588	621							
其他日用品零售	7963	5298	1391			560		713		
文化、体育用品及器材专门零售	104811	41842	39359	1582	3011	14924			4094	
文具用品零售	2882	929	1833		121					
体育用品零售	1299		1299							
图书零售	12830	5620			2148	5062				
报刊零售										
音像制品及电子出版物零售	3562	3562								
珠宝首饰零售	54382	15811	28662	1582		4233			4094	
工艺美术品及收藏品零售	5630					5630				
照相器材零售	7497		6755		742					
其他文化用品零售	16731	15921	811							
医药及医疗器材专门零售	304552	131478	84062	1845	2442	5709	5509	19347	8924	45237
药品零售	293806	120732	84062	1845	2442	5709	5509	19347	8924	45237
医疗用品及器材零售	10746	10746								
汽车摩托车燃料及零配件专门零售	6368668	1946374	1136479	238503	250724	1420865	529107	237612	399712	209293
汽车零售	2815787	1110260	618815	61700	42301	673000	100466	43584	152991	12672
汽车零配件零售	112066	95434	8737			409				7485
摩托车及零配件零售	121703	5204	25099	10777	8127	45838	14719	3059	4657	4223
机动车燃料零售	3319113	735476	483828	166026	200295	701617	413923	190970	242064	184914
家用电器及电子产品专门零售	956847	412460	256400	25285	26280	109352	36592	37450	31020	22009
家用电器零售	719848	293058	179000	24633	20210	96076	27514	32738	25804	20816
计算机、软件及辅助设备零售	145291	81607	35401	652	6070	7221	8117	4712	1511	
通信设备零售	75735	21822	41999			6055	962		3705	1192
其他电子产品零售	15973	15973								
五金家具及室内装修材料专门零售	260687	212674	17178		2549	22761	711	2284	1479	1052
五金零售	33636	14635	5663			13338				
家具零售	164277	153261	1259		826	5194	711	2284	741	
涂料零售	1427	1427								
其他室内装修材料零售	61348	43351	10256		1722	4230			738	1052
无店铺及其他零售	251936	158181	40472		4137	26777	1450	9932	2969	8018

2-68　设区市限额以下批发和零售企业分登记注册类型单位数

单位：个

登记注册类型	全省	福州市	厦门市	莆田市	三明市	泉州市	漳州市	南平市	龙岩市	宁德市
合　　计	**35823**	**9295**	**10797**	**897**	**2011**	**5238**	**2753**	**1746**	**1641**	**1445**
内资企业	**35277**	**9186**	**10468**	**890**	**2000**	**5179**	**2744**	**1739**	**1635**	**1436**
国有企业	980	293	92	34	65	160	143	83	38	72
集体企业	1589	411	116	73	160	225	231	166	98	109
股份合作企业	369	61	36	25	24	91	66	39	12	15
联营企业	118	27	31	6	3	22	9	7	3	10
国有联营企业	34	7	8	1	1	9	4	1		3
集体联营企业	42	10	11	4	2	4	4	3	1	3
国有与集体联营企业	8	1	2			2		1		2
其他联营企业	34	9	10	1		7	1	2	2	2
有限责任公司	4144	677	2072	223	206	353	156	142	166	149
国有独资公司	45	15	6	5	3	4	7	2		3
其他有限责任公司	4099	662	2066	218	203	349	149	140	166	146
股份有限公司	579	144	84	42	36	103	57	58	23	32
私营企业	26565	7297	7918	431	1454	4022	2016	1191	1229	1007
私营独资企业	6492	1743	706	191	405	1651	597	439	362	398
私营合伙企业	1843	500	327	78	181	287	83	105	103	179
私营有限责任公司	17232	4812	6643	138	775	1959	1256	583	712	354
私营股份有限公司	998	242	242	24	93	125	80	64	52	76
其他企业	933	276	119	56	52	203	66	53	66	42
港、澳、台商投资企业	**240**	**58**	**145**	**2**	**6**	**19**	**4**	**2**	**3**	**1**
合资经营企业	36	13	16	2	4	1				
合作经营企业	5	2	2			1				
独资经营企业	182	38	122		2	12	4	2	1	1
投资股份有限公司	17	5	5			5			2	
外商投资企业	**306**	**51**	**184**	**5**	**5**	**40**	**5**	**5**	**3**	**8**
中外合资经营企业	52	17	18		2	7	2	3		3
中外合作经营企业	11	1	3			3	1		1	2
外资企业	207	25	153	4	2	15	2	2	1	3
外商投资股份有限公司	36	8	10	1	1	15			1	

2-69 设区市限额以下批发和零售企业分登记注册类型年末从业人员数

单位：人

注册登记类型	全省	福州市	厦门市	莆田市	三明市	泉州市	漳州市	南平市	龙岩市	宁德市
合　计	**321405**	**78636**	**82971**	**9149**	**18210**	**56548**	**25505**	**17890**	**16110**	**16386**
内资企业	**314522**	**76985**	**79091**	**8930**	**18081**	**56021**	**25393**	**17797**	**16001**	**16223**
国有企业	17345	5221	1502	585	791	3538	2163	1031	561	1953
集体企业	20001	4393	661	1694	1240	3541	2840	2006	1354	2272
股份合作企业	4373	526	265	181	301	1509	558	499	350	184
联营企业	1117	204	337	27	40	157	105	81	14	152
国有联营企业	391	82	63	6	26	70	64	5	1	74
集体联营企业	310	53	84	19	10	30	35	60	5	14
国有与集体联营企业	69	2	28			14		4		21
其他联营企业	347	67	162	2	4	43	6	12	8	43
有限责任公司	40078	7826	16411	2309	2344	3967	1733	2030	1666	1792
国有独资公司	764	254	30	90	98	94	93	60		45
其他有限责任公司	39314	7572	16381	2219	2246	3873	1640	1970	1666	1747
股份有限公司	5770	1480	595	373	449	940	543	645	335	410
私营企业	219015	55891	58258	3408	12569	40829	17028	10964	10860	9208
私营独资企业	45593	10216	4068	1109	2485	14367	4387	3177	2906	2878
私营合伙企业	18401	4098	2294	624	2690	3403	1270	874	1351	1797
私营有限责任公司	145367	39436	49963	1481	6534	21379	10644	6129	6051	3750
私营股份有限公司	9654	2141	1933	194	860	1680	727	784	552	783
其他企业	6823	1444	1062	353	347	1540	423	541	861	252
港、澳、台商投资企业	**3866**	**1111**	**2033**	**193**	**108**	**211**	**58**	**25**	**91**	**36**
合资经营企业	1524	357	850	192	68	54	3			
合作经营企业	47	20	20			7				
独资经营企业	2153	686	1142	1	40	113	55	25	55	36
投资股份有限公司	142	48	21			37			36	
外商投资企业	**3017**	**540**	**1847**	**26**	**21**	**316**	**54**	**68**	**18**	**127**
中外合资经营企业	725	188	235		11	124	20	62		85
中外合作经营企业	89	3	10			34	15		5	22
外资企业	1860	193	1502	24	3	86	19	6	7	20
外商投资股份有限公司	343	156	100	2	7	72			6	

2-70　设区市限额以下批发和零售企业分登记注册类型销售总额

单位：万元

注册登记类型	全省	福州市	厦门市	莆田市	三明市	泉州市	漳州市	南平市	龙岩市	宁德市
合　计	**16022514**	**3702521**	**5903735**	**371324**	**811267**	**2963028**	**696650**	**447039**	**627249**	**499701**
内资企业	**15509308**	**3587467**	**5573704**	**369264**	**805012**	**2924591**	**695820**	**445288**	**623335**	**484827**
国有企业	2307159	143055	1795424	54702	25671	163159	61559	23612	23988	15990
集体企业	481148	88287	25877	22709	52053	106961	57456	37819	49003	40983
股份合作企业	120932	16113	11316	6815	11952	36151	11570	13678	6319	7019
联营企业	75117	17699	24898	736	1041	7322	1453	3136	203	18630
国有联营企业	36735	12314	2480	186	949	3163	688	46		16909
集体联营企业	9879	2836	1440	530	93	1330	765	2072	146	667
国有与集体联营企业	2668	30	704			753		454		728
其他联营企业	25835	2520	20274	20		2076		564	57	327
有限责任公司	2004854	423628	901312	139543	112132	203714	52518	54830	64467	52711
国有独资公司	18061	5142	1354	2002	3162	2806	1777	1078		740
其他有限责任公司	1986793	418486	899958	137541	108970	200908	50741	53752	64467	51971
股份有限公司	282527	43658	88088	28277	21788	49047	16231	15087	9484	10866
私营企业	10016213	2822208	2687976	106236	568256	2273400	483687	291002	450889	332559
私营独资企业	1732881	379450	174472	25193	97452	675398	111009	68338	106327	95243
私营合伙企业	614957	132173	87120	18687	58427	174153	22310	21148	41520	59420
私营有限责任公司	7272589	2202818	2361021	58542	373132	1342686	334369	184354	268972	146696
私营股份有限公司	395786	107768	65363	3815	39246	81163	15999	17163	34070	31200
其他企业	221359	32819	38814	10246	12119	84839	11346	6124	18983	6069
港、澳、台商投资企业	**238628**	**81207**	**131659**	**1136**	**5831**	**15600**	**162**	**108**	**1428**	**1498**
合资经营企业	102262	10619	83974	1136	4749	1785				
合作经营企业	4810	2695	1867			248				
独资经营企业	118400	62418	44745		1082	8311	162	108	76	1498
投资股份有限公司	13156	5475	1073			5255			1353	
外商投资企业	**274577**	**33847**	**198372**	**923**	**425**	**22837**	**668**	**1643**	**2486**	**13376**
中外合资经营企业	47191	21981	10766		384	1624	287	622		11528
中外合作经营企业	2576	70	29			1042	130		1193	112
外资企业	195278	6020	178623	915	30	5616	251	1021	1064	1737
外商投资股份有限公司	29533	5776	8954	9	11	14555			229	

2-71 设区市限额以下批发和零售企业分登记注册类型批发额

单位：万元

注册登记类型	全省	福州市	厦门市	莆田市	三明市	泉州市	漳州市	南平市	龙岩市	宁德市
合　计	**13308790**	**3123495**	**5360709**	**289538**	**674011**	**2151760**	**544976**	**342217**	**424227**	**397857**
内资企业	**12818460**	**3012565**	**5041363**	**289138**	**668690**	**2117501**	**544376**	**341044**	**420801**	**382982**
国有企业	2239549	127969	1792658	39507	23478	142070	57612	21851	21436	12968
集体企业	340189	58700	21776	11802	44220	64377	41849	29731	37654	30081
股份合作企业	86389	12213	7881	5591	9566	20592	8174	11646	4783	5943
联营企业	64391	17148	22013	124	667	2002	1328	2540	176	18394
国有联营企业	33881	12314	2404		574	1166	661			16761
集体联营企业	7061	2630	754	104	93		667	2000	146	667
国有与集体联营企业	1574	30	400			416				728
其他联营企业	21876	2174	18455	20		420		540	30	238
有限责任公司	1693818	370767	769195	120789	98817	153538	41749	43954	54348	40661
国有独资公司	17688	4876	1348	1995	3162	2806	1717	1044		740
其他有限责任公司	1676130	365891	767848	118794	95654	150732	40031	42911	54348	39921
股份有限公司	233007	37343	78752	23960	19032	35183	12721	10969	6576	8473
私营企业	8025031	2368909	2316705	80394	463989	1653480	374196	216364	288773	262221
私营独资企业	1064650	237594	146529	11771	59715	401069	71936	43430	26146	66459
私营合伙企业	427497	89185	73242	14604	42918	108480	17160	12165	23148	46594
私营有限责任公司	6198982	1945729	2040225	50617	328870	1084010	272636	147065	210076	119756
私营股份有限公司	333902	96401	56708	3402	32486	59921	12464	13704	29403	29413
其他企业	136086	19515	32383	6971	8922	46260	6747	3991	7056	4241
港、澳、台商投资企业	**228104**	**78667**	**127064**		**5269**	**14592**	**76**		**939**	**1498**
合资经营企业	98072	9083	83017		4187	1785				
合作经营企业	4765	2695	1823			248				
独资经营企业	113089	61690	41190		1082	7479	76		76	1498
投资股份有限公司	12178	5200	1034			5080			864	
外商投资企业	**262226**	**32264**	**192283**	**400**	**52**	**19667**	**525**	**1173**	**2486**	**13376**
中外合资经营企业	42626	21540	8999		52	69	287	152		11528
中外合作经营企业	1775	70	23			377			1193	112
外资企业	189648	5265	175137	400		4786	238	1021	1064	1737
外商投资股份有限公司	28177	5389	8124			14435			229	

2-72　设区市限额以下批发和零售企业分登记注册类型零售额

单位：万元

注册登记类型	全省	福州市	厦门市	莆田市	三明市	泉州市	漳州市	南平市	龙岩市	宁德市
合　计	**2713724**	**579026**	**543026**	**81785**	**137256**	**811269**	**151673**	**104822**	**203022**	**101845**
内资企业	**2690849**	**574902**	**532342**	**80126**	**136322**	**807091**	**151444**	**104244**	**202533**	**101845**
国有企业	67610	15086	2766	15195	2192	21089	3947	1762	2551	3022
集体企业	140959	29587	4101	10907	7833	42584	15607	8089	11349	10902
股份合作企业	34543	3900	3434	1224	2387	15559	3395	2032	1536	1076
联营企业	10726	551	2885	612	375	5320	125	596	27	236
国有联营企业	2854		76	186	375	1997	27	46		147
集体联营企业	2819	206	686	426		1330	98	72		
国有与集体联营企业	1095		304			337		454		
其他联营企业	3959	346	1819			1656		24	27	89
有限责任公司	311036	52861	132117	18755	13315	50176	10769	10876	10118	12050
国有独资公司	373	266	6	7			60	34		
其他有限责任公司	310663	52595	132111	18748	13315	50176	10709	10842	10118	12050
股份有限公司	49520	6315	9337	4317	2757	13864	3510	4118	2908	2394
私营企业	1991182	453299	371272	25841	104267	619920	109491	74638	162116	70337
私营独资企业	668231	141857	27943	13421	37737	274328	39073	24908	80181	28784
私营合伙企业	187460	42987	13878	4083	15508	65674	5149	8983	18372	12827
私营有限责任公司	1073607	257089	320796	7925	44262	258676	61734	37289	58896	26940
私营股份有限公司	61883	11367	8655	413	6760	21242	3536	3458	4667	1787
其他企业	85273	13304	6431	3275	3197	38579	4599	2134	11927	1828
港、澳、台商投资企业	**10524**	**2540**	**4595**	**1136**	**561**	**1008**	**87**	**108**	**489**	
合资经营企业	4190	1536	957	1136	561					
合作经营企业	45		45							
独资经营企业	5311	728	3555			832	87	108		
投资股份有限公司	979	276	39			175			489	
外商投资企业	**12352**	**1583**	**6089**	**523**	**373**	**3170**	**143**	**470**		
中外合资经营企业	4565	441	1767		332	1555		470		
中外合作经营企业	801		6			665	130			
外资企业	5630	755	3486	515	30	830	13			
外商投资股份有限公司	1356	387	830	9	11	120				

2-73 设区市限额以下批发企业分登记注册类型单位数

单位：个

注册登记类型	全省	福州市	厦门市	莆田市	三明市	泉州市	漳州市	南平市	龙岩市	宁德市
合　计	**23194**	**5907**	**8174**	**534**	**1416**	**2736**	**1637**	**1019**	**922**	**849**
内资企业	**22751**	**5829**	**7885**	**533**	**1409**	**2692**	**1631**	**1015**	**917**	**840**
国有企业	715	220	81	18	51	100	105	70	28	42
集体企业	913	194	54	32	123	102	144	114	77	73
股份合作企业	217	38	27	15	18	38	35	27	9	10
联营企业	73	20	24	3	3	5	6	2	2	8
国有联营企业	24	7	8		1	3	3			2
集体联营企业	24	6	7	2	2		2	1	1	3
国有与集体联营企业	6	1	2			1				2
其他联营企业	19	6	7	1		1	1	1	1	1
有限责任公司	3066	493	1619	152	170	217	98	95	125	97
国有独资公司	37	12	4	4	3	4	6	1		3
其他有限责任公司	3029	481	1615	148	167	213	92	94	125	94
股份有限公司	374	102	62	24	26	51	33	37	17	22
私营企业	16973	4671	5929	262	982	2101	1186	637	638	567
私营独资企业	2569	576	421	95	204	638	225	171	70	169
私营合伙企业	1059	278	239	49	114	124	47	53	49	106
私营有限责任公司	12635	3630	5082	100	594	1276	869	377	481	226
私营股份有限公司	710	187	187	18	70	63	45	36	38	66
其他企业	420	91	89	27	36	78	24	33	21	21
港、澳、台商投资企业	**187**	**42**	**119**		**6**	**15**	**2**		**2**	**1**
合资经营企业	29	11	13		4	1				
合作经营企业	5	2	2			1				
独资经营企业	140	25	100		2	9	2		1	1
投资股份有限公司	13	4	4			4			1	
外商投资企业	**256**	**36**	**170**	**1**	**1**	**29**	**4**	**4**	**3**	**8**
中外合资经营企业	36	10	16		1	2	2	2		3
中外合作经营企业	7	1	2			1			1	2
外资企业	183	20	142	1		12	2	2	1	3
外商投资股份有限公司	30	5	10			14			1	

2-74　设区市限额以下批发企业分登记注册类型年末从业人员数

单位：人

注册登记类型	全省	福州市	厦门市	莆田市	三明市	泉州市	漳州市	南平市	龙岩市	宁德市
合　计	**223271**	**54373**	**65495**	**5428**	**14112**	**33981**	**17484**	**12319**	**9120**	**10959**
内资企业	**217739**	**53029**	**62126**	**5425**	**14002**	**33646**	**17392**	**12289**	**9034**	**10796**
国有企业	12727	3857	1335	431	685	2444	1655	870	478	972
集体企业	11738	2318	385	559	1026	1532	1751	1463	1006	1698
股份合作企业	3128	357	163	111	262	1025	349	425	318	118
联营企业	821	168	279	10	40	58	88	63	8	107
国有联营企业	345	82	63		26	43	61		1	69
集体联营企业	181	35	33	8	10		21	55	5	14
国有与集体联营企业	61	2	28			10				21
其他联营企业	234	49	155	2	4	5	6	8	2	3
有限责任公司	29857	5752	12807	1681	2010	2509	1170	1346	1261	1321
国有独资公司	714	234	24	76	98	94	91	52		45
其他有限责任公司	29143	5518	12783	1605	1912	2415	1079	1294	1261	1276
股份有限公司	4173	1160	475	267	369	531	345	479	244	303
私营企业	151673	38807	45766	2180	9366	24852	11810	7258	5512	6122
私营独资企业	22368	4493	2800	474	1321	6760	2656	1817	452	1595
私营合伙企业	11640	2205	1748	439	2249	1737	1010	469	591	1192
私营有限责任公司	110366	30471	39798	1105	5118	15169	7638	4391	4044	2632
私营股份有限公司	7299	1638	1420	162	678	1186	506	581	425	703
其他企业	3622	610	916	186	244	695	224	385	207	155
港、澳、台商投资企业	**2949**	**881**	**1622**	**1**	**108**	**182**	**51**		**68**	**36**
合资经营企业	1156	228	803		68	54	3			
合作经营企业	46	19	20			7				
独资经营企业	1650	592	782	1	40	96	48		55	36
投资股份有限公司	97	42	17			25			13	
外商投资企业	**2583**	**463**	**1747**	**2**	**2**	**153**	**41**	**30**	**18**	**127**
中外合资经营企业	514	155	220		2	8	20	24		85
中外合作经营企业	46	3	4			10	2		5	22
外资企业	1705	159	1423	2		69	19	6	7	20
外商投资股份有限公司	318	146	100			66			6	

2-75 设区市限额以下批发企业分登记注册类型销售总额

单位：万元

注册登记类型	全省	福州市	厦门市	莆田市	三明市	泉州市	漳州市	南平市	龙岩市	宁德市
合　计	**13730783**	**3185428**	**5570441**	**307717**	**698481**	**2204290**	**561338**	**351184**	**446543**	**405363**
内资企业	**13230557**	**3072961**	**5243239**	**307317**	**692598**	**2169832**	**560727**	**350011**	**443385**	**390488**
国有企业	2256884	129679	1793344	52776	23411	142896	58392	21886	21737	12765
集体企业	362489	60240	22888	10206	45646	72038	44681	30950	43657	32185
股份合作企业	88156	12074	8306	5564	10548	19464	8294	12076	5887	5943
联营企业	67623	17267	24293	124	1041	2460	1328	2540	176	18394
国有联营企业	34789	12314	2480		949	1624	661			16761
集体联营企业	7166	2639	850	104	93		667	2000	146	667
国有与集体联营企业	1877	30	704			416				728
其他联营企业	23790	2284	20259	20		420		540	30	238
有限责任公司	1755067	370114	815659	122023	102854	158467	43562	44783	54983	42621
国有独资公司	17732	4921	1348	1995	3162	2806	1717	1044		740
其他有限责任公司	1737335	365193	814312	120028	99691	155662	41845	43740	54983	41881
股份有限公司	240561	37854	80563	26307	19322	35439	12747	11557	7979	8792
私营企业	8315644	2426664	2462178	83343	480477	1688892	384769	222223	301523	265576
私营独资企业	1101135	250690	154683	13712	62542	408213	73104	44827	26996	66366
私营合伙企业	455861	95299	80793	15518	45336	114415	17367	13594	26538	47002
私营有限责任公司	6413399	1980886	2165544	50684	338306	1105509	281959	150190	217773	122550
私营股份有限公司	345250	99789	61158	3430	34292	60756	12339	13611	30216	29658
其他企业	144133	19070	36009	6974	9299	50176	6954	3996	7443	4213
港、澳、台商投资企业	**232828**	**79745**	**130340**		**5831**	**14671**	**73**		**671**	**1498**
合资经营企业	100573	10144	83895		4749	1785				
合作经营企业	4810	2695	1867			248				
独资经营企业	115536	61707	43544		1082	7558	73		76	1498
投资股份有限公司	11910	5200	1034			5080			596	
外商投资企业	**267397**	**32722**	**196863**	**400**	**52**	**19787**	**538**	**1173**	**2486**	**13376**
中外合资经营企业	44300	21452	10710		52	119	287	152		11528
中外合作经营企业	1770	70	18			377			1193	112
外资企业	192321	5811	177182	400		4856	251	1021	1064	1737
外商投资股份有限公司	29006	5389	8954			14435			229	

2-76　设区市限额以下批发企业分登记注册类型批发额

单位：万元

注册登记类型	全省	福州市	厦门市	莆田市	三明市	泉州市	漳州市	南平市	龙岩市	宁德市
合　计	**13215035**	**3100860**	**5343271**	**286602**	**672154**	**2115047**	**541131**	**340125**	**421686**	**394160**
内资企业	**12725107**	**2990022**	**5023963**	**286202**	**666832**	**2080788**	**540533**	**338953**	**418529**	**379286**
国有企业	2235444	127705	1792658	39227	23348	139156	57598	21786	21436	12530
集体企业	325049	55216	21700	9983	44110	59603	39757	29391	37089	28201
股份合作企业	84456	12035	7881	5551	9566	18905	8146	11646	4783	5943
联营企业	64391	17148	22013	124	667	2002	1328	2540	176	18394
国有联营企业	33881	12314	2404		574	1166	661			16761
集体联营企业	7061	2630	754	104	93		667	2000	146	667
国有与集体联营企业	1574	30	400			416				728
其他联营企业	21876	2174	18455	20		420		540	30	238
有限责任公司	1682136	366721	766836	120575	98461	150799	41670	43533	53469	40071
国有独资公司	17688	4876	1348	1995	3162	2806	1717	1044		740
其他有限责任公司	1664449	361845	765488	118580	95299	147993	39953	42490	53469	39331
股份有限公司	231686	37324	78703	23798	19032	34233	12680	10969	6576	8373
私营企业	7968678	2355141	2301945	79980	462728	1631582	372698	215098	287944	261561
私营独资企业	1047865	235542	146023	11693	59435	388586	71425	43086	25957	66116
私营合伙企业	423905	87083	73133	14604	42775	107631	17080	12020	23020	46561
私营有限责任公司	6163982	1936126	2026115	50282	328045	1076044	271915	146420	209564	119472
私营股份有限公司	332926	96391	56675	3402	32472	59322	12278	13571	29403	29413
其他企业	133268	18732	32227	6964	8922	44508	6656	3991	7056	4213
港、澳、台商投资企业	**227800**	**78667**	**127031**		**5269**	**14592**	**73**		**671**	**1498**
合资经营企业	98060	9083	83005		4187	1785				
合作经营企业	4765	2695	1823			248				
独资经营企业	113065	61690	41169		1082	7479	73		76	1498
投资股份有限公司	11910	5200	1034			5080			596	
外商投资企业	**262128**	**32171**	**192278**	**400**	**52**	**19667**	**525**	**1173**	**2486**	**13376**
中外合资经营企业	42538	21452	8999		52	69	287	152		11528
中外合作经营企业	1770	70	18			377			1193	112
外资企业	189643	5260	175137	400		4786	238	1021	1064	1737
外商投资股份有限公司	28177	5389	8124			14435			229	

2-77 设区市限额以下批发企业分登记注册类型零售额

单位：万元

注册登记类型	全省	福州市	厦门市	莆田市	三明市	泉州市	漳州市	南平市	龙岩市	宁德市
合　计	**515748**	**84568**	**227171**	**21115**	**26327**	**89243**	**20207**	**11058**	**24856**	**11203**
内资企业	**505450**	**82938**	**219276**	**21115**	**25766**	**89044**	**20193**	**11058**	**24856**	**11203**
国有企业	21440	1973	686	13549	64	3740	794	100	300	235
集体企业	37440	5025	1188	223	1536	12434	4924	1559	6568	3983
股份合作企业	3700	39	425	14	982	559	147	430	1104	
联营企业	3231	119	2280		375	458				
国有联营企业	909		76		375	458				
集体联营企业	105	9	96							
国有与集体联营企业	304		304							
其他联营企业	1914	110	1804							
有限责任公司	72931	3392	48823	1448	4392	7669	1892	1250	1514	2550
国有独资公司	45	45								
其他有限责任公司	72887	3347	48823	1448	4392	7669	1892	1250	1514	2550
股份有限公司	8875	531	1860	2509	290	1206	67	589	1404	420
私营企业	346967	71522	160233	3363	17749	57310	12071	7125	13579	4015
私营独资企业	53270	15148	8659	2018	3107	19627	1679	1741	1040	250
私营合伙企业	31956	8217	7661	915	2561	6784	287	1574	3518	441
私营有限责任公司	249417	44759	139429	402	10261	29465	10044	3769	8209	3078
私营股份有限公司	12324	3398	4484	28	1820	1434	61	41	813	246
其他企业	10866	338	3782	10	378	5668	298	5	387	
港、澳、台商投资企业	**5028**	**1079**	**3310**		**561**	**79**				
合资经营企业	2513	1062	890		561					
合作经营企业	45		45							
独资经营企业	2471	17	2375			79				
投资股份有限公司										
外商投资企业	**5269**	**551**	**4585**			**120**	**13**			
中外合资经营企业	1761		1711			50				
中外合作经营企业										
外资企业	2679	551	2044			70	13			
外商投资股份有限公司	830		830							

2-78　设区市限额以下零售企业分登记注册类型单位数

单位：个

注册登记类型	全省	福州市	厦门市	莆田市	三明市	泉州市	漳州市	南平市	龙岩市	宁德市
合　计	**12629**	**3388**	**2623**	**363**	**595**	**2502**	**1116**	**727**	**719**	**596**
内资企业	**12526**	**3357**	**2583**	**357**	**591**	**2487**	**1113**	**724**	**718**	**596**
国有企业	265	73	11	16	14	60	38	13	10	30
集体企业	676	217	62	41	37	123	87	52	21	36
股份合作企业	152	23	9	10	6	53	31	12	3	5
联营企业	45	7	7	3		17	3	5	1	2
国有联营企业	10			1		6	1	1		1
集体联营企业	18	4	4	2		4	2	2		
国有与集体联营企业	2					1		1		
其他联营企业	15	3	3			6		1	1	1
有限责任公司	1078	184	453	71	36	136	58	47	41	52
国有独资公司	8	3	2	1			1	1		
其他有限责任公司	1070	181	451	70	36	136	57	46	41	52
股份有限公司	205	42	22	18	10	52	24	21	6	10
私营企业	9592	2626	1989	169	472	1921	830	554	591	440
私营独资企业	3923	1167	285	96	201	1013	372	268	292	229
私营合伙企业	784	222	88	29	67	163	36	52	54	73
私营有限责任公司	4597	1182	1561	38	181	683	387	206	231	128
私营股份有限公司	288	55	55	6	23	62	35	28	14	10
其他企业	513	185	30	29	16	125	42	20	45	21
港、澳、台商投资企业	**53**	**16**	**26**	**2**		**4**	**2**	**2**	**1**	
合资经营企业	7	2	3	2						
合作经营企业										
独资经营企业	42	13	22			3	2	2		
投资股份有限公司	4	1	1			1			1	
外商投资企业	**50**	**15**	**14**	**4**	**4**	**11**	**1**	**1**		
中外合资经营企业	16	7	2		1	5		1		
中外合作经营企业	4		1			2	1			
外资企业	24	5	11	3	2	3				
外商投资股份有限公司	6	3		1	1	1				

2-79　设区市限额以下零售企业分登记注册类型从业人员数

单位：人

注册登记类型	全省	福州市	厦门市	莆田市	三明市	泉州市	漳州市	南平市	龙岩市	宁德市
合　计	**98134**	**24263**	**17476**	**3721**	**4098**	**22567**	**8021**	**5571**	**6990**	**5427**
内资企业	**96783**	**23956**	**16965**	**3505**	**4079**	**22375**	**8001**	**5508**	**6967**	**5427**
国有企业	4618	1364	167	154	106	1094	508	161	83	981
集体企业	8263	2075	276	1135	214	2009	1089	543	348	574
股份合作企业	1245	169	102	70	39	484	209	74	32	66
联营企业	296	36	58	17		99	17	18	6	45
国有联营企业	46			6		27	3	5		5
集体联营企业	129	18	51	11		30	14	5		
国有与集体联营企业	8					4		4		
其他联营企业	113	18	7			38		4	6	40
有限责任公司	10221	2074	3604	628	334	1458	563	684	405	471
国有独资公司	50	20	6	14			2	8		
其他有限责任公司	10171	2054	3598	614	334	1458	561	676	405	471
股份有限公司	1597	320	120	106	80	409	198	166	91	107
私营企业	67342	17084	12492	1228	3203	15977	5218	3706	5348	3086
私营独资企业	23225	5723	1268	635	1164	7607	1731	1360	2454	1283
私营合伙企业	6761	1893	546	185	441	1666	260	405	760	605
私营有限责任公司	35001	8965	10165	376	1416	6210	3006	1738	2007	1118
私营股份有限公司	2355	503	513	32	182	494	221	203	127	80
其他企业	3201	834	146	167	103	845	199	156	654	97
港、澳、台商投资企业	**917**	**230**	**411**	**192**		**29**	**7**	**25**	**23**	
合资经营企业	368	129	47	192						
合作经营企业	1	1								
独资经营企业	503	94	360			17	7	25		
投资股份有限公司	45	6	4			12			23	
外商投资企业	**434**	**77**	**100**	**24**	**19**	**163**	**13**	**38**		
中外合资经营企业	211	33	15		9	116		38		
中外合作经营企业	43		6			24	13			
外资企业	155	34	79	22	3	17				
外商投资股份有限公司	25	10		2	7	6				

2-80　设区市限额以下零售企业分登记注册类型销售总额

单位：万元

注册登记类型	全省	福州市	厦门市	莆田市	三明市	泉州市	漳州市	南平市	龙岩市	宁德市
合　计	**2291731**	**517093**	**333293**	**63607**	**112787**	**758738**	**135312**	**95856**	**180707**	**94339**
内资企业	**2278751**	**514507**	**330466**	**61948**	**112414**	**754759**	**135093**	**95278**	**179949**	**94339**
国有企业	50275	13376	2080	1927	2259	20263	3167	1726	2251	3225
集体企业	118659	28047	2989	12504	6407	34923	12776	6869	5347	8798
股份合作企业	32776	4040	3010	1251	1404	16687	3276	1602	432	1076
联营企业	7495	433	605	612		4862	125	596	27	236
国有联营企业	1945			186		1539	27	46		147
集体联营企业	2714	197	590	426		1330	98	72		
国有与集体联营企业	791					337		454		
其他联营企业	2045	236	15			1656		24	27	89
有限责任公司	249787	53514	85653	17520	9278	45247	8956	10047	9483	10090
国有独资公司	328	221	6	7			60	34		
其他有限责任公司	249458	53293	85647	17513	9278	45247	8896	10013	9483	10090
股份有限公司	41966	5804	7526	1970	2467	13608	3484	3530	1504	2074
私营企业	1700569	395544	225798	22892	87779	584508	98918	68780	149366	66983
私营独资企业	631747	128760	19789	11481	34910	267184	37904	23511	79331	28877
私营合伙企业	159096	36874	6327	3168	13091	59739	4943	7554	14983	12418
私营有限责任公司	859190	221932	195478	7858	34825	237177	52411	34164	51199	24146
私营股份有限公司	50536	7979	4205	385	4954	20407	3660	3551	3854	1541
其他企业	77225	13749	2805	3273	2819	34663	4391	2129	11540	1856
港、澳、台商投资企业	**5800**	**1462**	**1319**	**1136**		**929**	**90**	**108**	**757**	
合资经营企业	1690	475	79	1136						
合作经营企业										
独资经营企业	2864	712	1201			753	90	108		
投资股份有限公司	1247	276	39			175			757	
外商投资企业	**7180**	**1125**	**1509**	**523**	**373**	**3050**	**130**	**470**		
中外合资经营企业	2892	529	56		332	1505		470		
中外合作经营企业	806		11			665	130			
外资企业	2956	209	1442	515	30	760				
外商投资股份有限公司	527	387		9	11	120				

2-81 设区市限额以下零售企业分登记注册类型批发额

单位：万元

注册登记类型	全省	福州市	厦门市	莆田市	三明市	泉州市	漳州市	南平市	龙岩市	宁德市
合　　计	**93755**	**22635**	**17438**	**2937**	**1857**	**36713**	**3845**	**2092**	**2541**	**3697**
内资企业	**93352**	**22543**	**17400**	**2937**	**1857**	**36713**	**3842**	**2092**	**2273**	**3697**
国有企业	4105	264		280	130	2914	14	65		438
集体企业	15140	3484	76	1819	110	4774	2092	340	565	1880
股份合作企业	1933	179		40		1686	28			
联营企业										
国有联营企业										
集体联营企业										
国有与集体联营企业										
其他联营企业										
有限责任公司	11682	4046	2359	214	355	2740	79	421	879	590
国有独资公司										
其他有限责任公司	11682	4046	2359	214	355	2740	79	421	879	590
股份有限公司	1321	20	48	162		950	41			100
私营企业	56354	13768	14760	414	1261	21898	1498	1267	829	660
私营独资企业	16785	2052	506	78	280	12483	511	344	189	343
私营合伙企业	3592	2103	110	1	143	849	80	145	128	33
私营有限责任公司	35000	9603	14111	335	824	7966	721	644	512	284
私营股份有限公司	977	11	33		14	600	186	134		
其他企业	2818	783	156	8		1752	90			29
港、澳、台商投资企业	**304**		**33**				**3**		**268**	
合资经营企业	12		12							
合作经营企业										
独资经营企业	24		21				3			
投资股份有限公司	268								268	
外商投资企业	**98**	**93**	**5**							
中外合资经营企业	88	88								
中外合作经营企业	5		5							
外资企业	5	5								
外商投资股份有限公司										

2-82　设区市限额以下零售企业分登记注册类型零售额

单位：万元

注册登记类型	全省	福州市	厦门市	莆田市	三明市	泉州市	漳州市	南平市	龙岩市	宁德市
合　　计	**2197977**	**494458**	**315855**	**60670**	**110929**	**722025**	**131467**	**93764**	**178166**	**90642**
内资企业	**2185399**	**491964**	**313066**	**59011**	**110557**	**718046**	**131251**	**93186**	**177677**	**90642**
国有企业	46170	13113	2080	1647	2129	17349	3153	1662	2251	2788
集体企业	103519	24563	2913	10684	6297	30149	10683	6530	4782	6919
股份合作企业	30843	3861	3010	1211	1404	15000	3248	1602	432	1076
联营企业	7495	433	605	612		4862	125	596	27	236
国有联营企业	1945			186		1539	27	46		147
集体联营企业	2714	197	590	426		1330	98	72		
国有与集体联营企业	791					337		454		
其他联营企业	2045	236	15			1656		24	27	89
有限责任公司	238105	49469	83294	17306	8923	42507	8877	9626	8604	9500
国有独资公司	328	221	6	7			60	34		
其他有限责任公司	237777	49248	83287	17299	8923	42507	8817	9592	8604	9500
股份有限公司	40644	5785	7477	1808	2467	12658	3443	3530	1504	1974
私营企业	1644215	381776	211039	22478	86518	562610	97421	67513	148538	66322
私营独资企业	614961	126708	19283	11403	34630	254701	37394	23167	79142	28534
私营合伙企业	155504	34771	6217	3168	12947	58890	4863	7408	14855	12385
私营有限责任公司	824191	212329	181367	7523	34001	229211	51690	33520	50688	23862
私营股份有限公司	49560	7969	4171	385	4940	19808	3475	3418	3854	1541
其他企业	74407	12966	2649	3265	2819	32911	4301	2129	11540	1828
港、澳、台商投资企业	**5496**	**1462**	**1286**	**1136**		**929**	**87**	**108**	**489**	
合资经营企业	1677	475	67	1136						
合作经营企业										
独资经营企业	2840	712	1180			753	87	108		
投资股份有限公司	979	276	39			175			489	
外商投资企业	**7082**	**1032**	**1504**	**523**	**373**	**3050**	**130**	**470**		
中外合资经营企业	2804	441	56		332	1505		470		
中外合作经营企业	801		6			665	130			
外资企业	2951	204	1442	515	30	760				
外商投资股份有限公司	527	387		9	11	120				

2-83 设区市限额以下批发企业分行业单位数

单位：个

行业	全省	福州市	厦门市	莆田市	三明市	泉州市	漳州市	南平市	龙岩市	宁德市
合计	**23194**	**5907**	**8174**	**534**	**1416**	**2736**	**1637**	**1019**	**922**	**849**
农畜产品批发	597	138	101	9	71	39	109	60	41	29
谷物、豆及薯类批发	113	20	8	5	11	6	19	24	7	13
种子、饲料批发	301	83	46	2	27	14	68	27	24	10
棉、麻批发	11	5	2		2	1		1		
牲畜批发	42	5	7		12	4	3	4	2	5
其他农畜产品批发	130	25	38	2	19	14	19	4	8	1
食品、饮料及烟草制品批发	2656	591	711	78	165	398	331	131	93	158
米、面制品及食用油批发	355	76	52	20	31	72	50	23	9	22
糕点、糖果及糖批发	104	18	15	2	5	26	17	11	7	3
果品、蔬菜批发	544	34	63	23	67	114	124	52	18	49
肉、禽、蛋及水产品批发	286	121	63	5	9	32	17	5	3	31
盐及调味品批发	88	28	26	4	3	16	7	3	1	
饮料及茶叶批发	662	176	219	13	25	75	74	19	27	34
烟草制品批发	39	5	12	3		10	1	2	3	3
其他食品批发	578	133	261	8	25	53	41	16	25	16
纺织、服装及日用品批发	3017	810	1246	91	73	575	136	36	33	17
纺织品、针织品及原料批发	744	136	264	13	24	277	17	7	4	2
服装批发	703	215	297	8	12	137	24	1	5	4
鞋帽批发	304	89	99	56		54	2	1	2	1
厨房卫生间用具及日用杂货批发	200	50	93	5	7	11	15	11	5	3
化妆品及卫生用品批发	222	86	76	4	8	27	14	4	2	1
其他日用品批发	844	234	417	5	22	69	64	12	15	6
文化、体育用品及器材批发	1068	379	488	32	11	79	43	10	18	8
文具用品批发	298	107	128	2	5	25	17	5	5	4
体育用品批发	83	26	40	2	1	7	4	1	1	1
图书批发	107	71	6	3	2	13	7	2	3	
报刊批发	5	3	1			1				
音像制品及电子出版物批发	28	11	10			2	4		1	
首饰、工艺品及收藏品批发	377	100	227	21	2	19	4	2	2	
其他文化用品批发	170	61	76	4	1	12	7		6	3
医药及医疗器材批发	634	252	160	20	34	49	50	25	25	19
西药批发	134	41	15	14	11	15	19	11	4	4
中药材及中成药批发	90	30	14	2	5	14	12	4	4	5
医疗用品及器材批发	410	181	131	4	18	20	19	10	17	10
矿产品、建材及化工产品批发	6612	1308	2169	160	627	738	499	391	364	356
煤炭及制品批发	214	45	14	2	43	17	10	14	63	6
石油及制品批发	372	93	91	16	11	58	43	22	16	22
非金属矿及制品批发	168	33	53		25	26	7	4	15	5
金属及金属矿批发	819	161	236	6	145	73	35	35	43	85
建材批发	2706	614	1110	51	148	281	143	118	91	150
化肥批发	687	91	16	30	118	75	118	88	87	64
农药批发	259	17	11	17	46	24	53	61	18	12
农用薄膜批发	12	3	2				2	3		2
其他化工产品批发	1375	251	636	38	91	184	88	46	31	10
机械设备五金交电及电子产品批发	6417	1905	2596	88	310	528	334	238	272	146
农业机械批发	151	32	7	8	15	27	21	29	4	8
汽车、摩托车及零配件批发	608	96	205	12	45	87	60	42	32	29
五金、交电批发	1422	368	628	29	74	118	71	60	58	16
家用电器批发	459	187	126	6	11	41	57	10	14	7
计算机、软件及辅助设备批发	648	319	225	4	24	21	24	5	22	4
通讯及广播电视设备批发	246	114	61	5	5	28	21	6	5	1
其他机械设备及电子产品批发	2883	789	1344	24	136	206	80	86	137	81
贸易经纪与代理	460	108	56	27	15	140	38	25	12	39
其他批发	1733	416	647	29	110	190	97	103	64	77

2-84　设区市限额以下批发企业分行业年末从业人员数

单位：人

行　　业	全省	福州市	厦门市	莆田市	三明市	泉州市	漳州市	南平市	龙岩市	宁德市
合　　计	**223271**	**54373**	**65495**	**5428**	**14112**	**33981**	**17484**	**12319**	**9120**	**10959**
农畜产品批发	6403	1303	706	121	1057	723	1058	647	306	482
谷物、豆及薯类批发	1920	328	84	69	201	176	356	421	84	201
种子、饲料批发	2034	645	253	19	171	135	329	143	154	185
棉、麻批发	106	77	6		15	3		5		
牲畜批发	575	37	60		173	92	80	30	17	86
其他农畜产品批发	1768	216	303	33	497	317	293	48	51	10
食品、饮料及烟草制品批发	36998	5790	6731	1033	2794	8335	6170	2482	1306	2357
米、面制品及食用油批发	4890	1003	424	313	327	1560	610	345	130	178
糕点、糖果及糖批发	919	144	95	24	49	213	234	72	74	14
果品、蔬菜批发	13386	514	741	341	1774	3555	4148	1047	436	830
肉、禽、蛋及水产品批发	3498	1243	519	41	118	413	257	133	64	710
盐及调味品批发	1171	227	257	74	37	158	41	369	8	
饮料及茶叶批发	6404	1459	1831	64	260	1400	505	299	288	298
烟草制品批发	1201	28	599	89		338	7	28	50	62
其他食品批发	5529	1172	2265	87	229	698	368	189	256	265
纺织、服装及日用品批发	28007	7534	10568	935	721	6094	1151	400	392	212
纺织品、针织品及原料批发	7434	1148	2472	158	207	3191	146	67	28	17
服装批发	6855	2367	2690	45	144	1286	228	8	39	48
鞋帽批发	3265	895	983	634		604	22	8	113	6
厨房卫生间用具及日用杂货批发	1700	431	745	27	59	109	96	136	54	43
化妆品及卫生用品批发	1940	556	726	24	94	276	179	60	20	5
其他日用品批发	6813	2137	2952	47	217	628	480	121	138	93
文化、体育用品及器材批发	8693	3299	3792	235	73	688	301	108	135	62
文具用品批发	2145	892	794	10	36	238	82	32	36	25
体育用品批发	634	172	324	6	8	69	33	2	17	3
图书批发	1060	714	49	18	9	126	93	36	15	
报刊批发	109	106	1			2				
音像制品及电子出版物批发	297	103	152			11	23		8	
首饰、工艺品及收藏品批发	3042	827	1778	180	16	177	16	37	11	
其他文化用品批发	1406	485	694	21	4	65	54	1	48	34
医药及医疗器材批发	8980	3394	1723	469	621	783	700	568	435	287
西药批发	2932	718	251	290	279	308	339	389	200	158
中药材及中成药批发	1841	770	129	6	110	316	228	97	99	86
医疗用品及器材批发	4207	1906	1343	173	232	159	133	82	136	43
矿产品、建材及化工产品批发	60412	11434	16130	1494	5223	8096	4366	4696	3758	5215
煤炭及制品批发	2403	497	283	33	382	278	77	200	565	88
石油及制品批发	4150	899	734	139	84	720	429	262	209	674
非金属矿及制品批发	1567	296	479		226	245	67	78	127	49
金属及金属矿批发	7244	1488	1802	54	1123	890	244	341	356	946
建材批发	22532	4554	8161	482	1383	3064	1159	1376	886	1467
化肥批发	8693	1079	97	357	825	1001	1306	1390	1170	1468
农药批发	2135	152	42	101	318	167	272	557	210	316
农用薄膜批发	182	31	20				25	88		18
其他化工产品批发	11506	2438	4512	328	882	1731	787	404	235	189
机械设备五金交电及电子产品批发	53469	16406	20775	716	2314	5436	2495	1932	2171	1224
农业机械批发	1217	249	36	34	139	242	209	230	28	50
汽车、摩托车及零配件批发	5764	1095	1632	124	392	1076	465	424	342	214
五金、交电批发	10707	2818	4587	284	542	1047	493	389	438	109
家用电器批发	4680	1922	1324	49	92	500	387	158	121	127
计算机、软件及辅助设备批发	5966	2833	2122	32	230	229	238	39	198	45
通讯及广播电视设备批发	2384	1046	577	44	79	407	111	38	76	6
其他机械设备及电子产品批发	22751	6443	10497	149	840	1935	592	654	968	673
贸易经纪与代理	4954	1542	470	254	279	1372	398	226	86	327
其他批发	15355	3671	4600	171	1030	2454	845	1260	531	793

2-85 设区市限额以下批发企业分行业销售总额

单位：万元

行业	全省	福州市	厦门市	莆田市	三明市	泉州市	漳州市	南平市	龙岩市	宁德市
合计	**13730783**	**3185428**	**5570441**	**307717**	**698481**	**2204290**	**561338**	**351184**	**446543**	**405363**
农畜产品批发	246802	69078	38997	1667	27838	25559	42474	12911	18293	9986
谷物、豆及薯类批发	69396	9089	4190	940	9687	4252	26780	5721	4586	4154
种子、饲料批发	98691	44837	11296	581	4875	7189	8922	4417	11875	4701
棉、麻批发	4074	1038	126		2097			813		
牲畜批发	10497	1056	250		4177	1282	995	1073	570	1096
其他农畜产品批发	64144	13059	23136	147	7002	12837	5777	888	1262	36
食品、饮料及烟草制品批发	2932381	206122	1979197	74783	61061	323085	133867	36402	37324	80541
米、面制品及食用油批发	210407	49949	31820	14083	14859	64359	20421	6201	3674	5042
糕点、糖果及糖批发	54865	6550	7824	605	1129	22360	10335	4072	1913	77
果品、蔬菜批发	265411	17192	37747	9743	28504	64156	68952	12596	9595	16926
肉、禽、蛋及水产品批发	136585	41605	29706	1745	3245	32278	4427	1773	936	20870
盐及调味品批发	28943	8625	9081	2571	1101	5470	813	989	295	
饮料及茶叶批发	197711	38679	66037	4023	6370	41365	16409	5234	7582	12013
烟草制品批发	1849430	472	1727270	38155		60351	91	63	4666	18361
其他食品批发	189029	43050	69712	3857	5852	32745	12421	5476	8663	7253
纺织、服装及日用品批发	1917979	436153	770131	40148	28325	572798	40573	10661	12037	7154
纺织品、针织品及原料批发	683125	74941	257791	2885	10507	328111	4205	2897	371	1417
服装批发	529169	137134	233451	1308	6564	140474	6718	26	2311	1183
鞋帽批发	299739	121975	89452	31959		52140	1670	85	1628	830
厨房卫生间用具及日用杂货批发	59538	19802	18476	1474	1185	7170	6647	2465	1208	1111
化妆品及卫生用品批发	50075	10557	13603	1301	2457	15140	4305	2166	385	160
其他日用品批发	296333	71745	157357	1220	7612	29763	17028	3022	6133	2453
文化、体育用品及器材批发	332769	124037	143616	6487	1617	37944	9443	3691	4343	1592
文具用品批发	77984	26719	30008	840	924	14499	2713	630	761	891
体育用品批发	25652	6869	15508	380	11	2114	298	32	360	81
图书批发	44176	30554	2409	468	333	4426	3907	2020	60	
报刊批发	1628	1598	12			18				
音像制品及电子出版物批发	12487	2245	8227			1741	243		31	
首饰、工艺品及收藏品批发	121343	40714	63088	4063	329	11189	178	1010	772	
其他文化用品批发	49499	15338	24364	736	21	3956	2105		2359	620
医药及医疗器材批发	386930	172998	66048	8844	32166	54907	15937	16413	11048	8570
西药批发	113699	29463	8404	8054	20657	22921	5911	10670	5147	2471
中药材及中成药批发	64903	16299	4660	96	3523	23477	7233	4143	2442	3030
医疗用品及器材批发	208328	127236	52983	694	7987	8509	2793	1600	3458	3069
矿产品、建材及化工产品批发	3989328	1092458	1177533	88738	347441	572531	167658	147663	219016	176291
煤炭及制品批发	194912	50099	9719	1114	37779	18487	7279	8292	60054	2090
石油及制品批发	275031	60168	92002	7640	4192	44879	16084	11240	10661	28165
非金属矿及制品批发	98061	22161	29660		13981	14140	3097	1912	12210	900
金属及金属矿批发	846047	386190	176572	2698	107908	70388	16254	20515	24064	41458
建材批发	1357814	354786	492382	46063	81455	206922	35011	39652	39760	61784
化肥批发	309716	25463	9310	6648	38823	71918	43434	34198	49688	30234
农药批发	95342	23623	3153	3314	11121	19585	6431	13629	9954	4532
农用薄膜批发	7040	1089	262				217	2656		2816
其他化工产品批发	805366	168879	364475	21261	52182	126213	39852	15567	12625	4313
机械设备五金交电及电子产品批发	2723750	780994	1113419	40447	142078	305860	88442	73285	104706	74519
农业机械批发	48349	12582	1480	644	5239	11636	3991	7756	1337	3685
汽车、摩托车及零配件批发	429947	79856	140887	6987	38283	69432	26584	21437	25380	21102
五金、交电批发	551974	167257	194204	19900	28474	80135	18012	15887	21326	6780
家用电器批发	181690	70857	49370	2247	2722	28090	12824	5383	5727	4471
计算机、软件及辅助设备批发	262460	108187	110360	346	12696	8614	8564	250	10393	3050
通讯及广播电视设备批发	118026	66867	23319	1570	3382	17974	2160	1103	1586	65
其他机械设备及电子产品批发	1131304	275388	593800	8753	51283	89979	16308	21470	38956	35366
贸易经纪与代理	301200	92190	28536	35291	6923	108880	9562	6021	2316	11481
其他批发	899644	211398	252965	11313	51032	202728	53382	44136	37460	35228

2-86　设区市限额以下批发企业分行业批发额

单位：万元

行　业	全省	福州市	厦门市	莆田市	三明市	泉州市	漳州市	南平市	龙岩市	宁德市
合　计	**13215035**	**3100860**	**5343271**	**286602**	**672154**	**2115047**	**541131**	**340125**	**421686**	**394160**
农畜产品批发	241103	68452	37393	1667	26304	25014	41634	12881	18083	9676
谷物、豆及薯类批发	68079	9089	3822	939	9682	4242	26086	5721	4526	3974
种子、饲料批发	98691	44837	11296	581	4875	7189	8922	4417	11875	4701
棉、麻批发	3284	1027	126		1318			813		
牲畜批发	10193	1055	250		4034	1282	995	1043	570	966
其他农畜产品批发	60856	12445	21899	147	6396	12302	5631	888	1112	36
食品、饮料及烟草制品批发	2860921	196883	1957014	59813	54690	313940	131900	34214	33003	79464
米、面制品及食用油批发	203367	49046	28410	13858	14173	63581	20186	5515	3653	4946
糕点、糖果及糖批发	52863	6001	7787	605	1081	22060	10226	3131	1896	77
果品、蔬菜批发	253020	15228	35730	9443	24386	62940	68758	12116	7807	16613
肉、禽、蛋及水产品批发	132060	39782	27991	1738	2806	31816	4419	1773	867	20870
盐及调味品批发	26936	8015	7907	2571	1089	5263	808	989	295	
饮料及茶叶批发	185488	37557	60830	3823	5704	38270	15145	5226	7247	11687
烟草制品批发	1833428	449	1726455	24607		59797	91	63	3904	18061
其他食品批发	173759	40806	61905	3168	5451	30214	12269	5403	7334	7210
纺织、服装及日用品批发	1851816	426569	736912	39883	25742	556168	38577	9938	11481	6546
纺织品、针织品及原料批发	661001	72739	249189	2885	10363	316985	4170	2897	357	1417
服装批发	512999	135119	223116	1303	6224	138142	5642	26	2243	1183
鞋帽批发	296430	121079	87619	31912		51807	1670	85	1428	830
厨房卫生间用具及日用杂货批发	54320	17327	17110	1341	827	6839	6331	2465	1193	887
化妆品及卫生用品批发	46414	10176	11875	1274	2263	13975	4139	2166	385	160
其他日用品批发	280654	70129	148004	1167	6065	28421	16625	2299	5875	2070
文化、体育用品及器材批发	308740	117759	129682	5642	1537	36597	8923	3607	3493	1500
文具用品批发	72358	25549	26128	840	872	14216	2669	630	621	834
体育用品批发	23211	5180	14950	358	11	2114	298	22	198	81
图书批发	41177	28762	2368	461	333	3750	3503	1945	55	
报刊批发	1628	1598	12			18				
音像制品及电子出版物批发	10883	2200	6808			1646	204		25	
首饰、工艺品及收藏品批发	115014	40027	58336	3250	300	11141	178	1010	772	
其他文化用品批发	44468	14445	21080	733	21	3711	2072		1822	585
医药及医疗器材批发	365884	169995	62609	8844	30247	46598	14819	15583	9046	8144
西药批发	104205	29428	7926	8054	19571	18017	5331	9851	3800	2227
中药材及中成药批发	59063	15723	4660	96	2690	20162	6953	4143	1788	2848
医疗用品及器材批发	202617	124843	50022	694	7987	8419	2535	1589	3458	3069
矿产品、建材及化工产品批发	3907595	1077497	1148327	84978	343931	555207	163625	144774	216607	172650
煤炭及制品批发	192615	49146	9647	1114	36963	18344	7027	8292	60041	2040
石油及制品批发	259008	57409	90082	7626	3176	42365	14735	9636	8970	25009
非金属矿及制品批发	96106	22035	28219		13971	13763	3097	1912	12210	900
金属及金属矿批发	841359	385012	174498	2698	107238	70058	15938	20425	24035	41458
建材批发	1307781	345787	472407	42317	80463	194232	33568	38457	39202	61348
化肥批发	309716	25463	9310	6648	38823	71918	43434	34198	49688	30234
农药批发	95342	23623	3153	3314	11121	19585	6431	13629	9954	4532
农用薄膜批发	7040	1089	262				217	2656		2816
其他化工产品批发	798628	167934	360751	21261	52176	124941	39178	15567	12507	4313
机械设备五金交电及电子产品批发	2553099	752594	1010138	39342	133586	292789	82653	70582	98259	73157
农业机械批发	45535	12044	1412	644	5239	9712	3723	7739	1337	3685
汽车、摩托车及零配件批发	406279	76240	131086	6987	35798	67426	23994	19755	24775	20219
五金、交电批发	517201	160827	171933	19008	27706	78073	17270	15269	20337	6780
家用电器批发	166684	67249	41839	2247	2446	26828	11986	5307	4783	3999
计算机、软件及辅助设备批发	235930	103922	92781	329	10026	8177	8052	232	9361	3050
通讯及广播电视设备批发	108807	64441	19514	1507	2816	16180	1815	1103	1367	65
其他机械设备及电子产品批发	1072662	267872	551574	8621	49556	86393	15814	21176	36298	35358
贸易经纪与代理	296980	90677	28114	35288	6923	106916	9562	5918	2243	11339
其他批发	828897	200434	233081	11144	49195	181819	49438	42629	29471	31684

2-87 设区市限额以下批发企业分行业零售额

单位：万元

行 业	全省	福州市	厦门市	莆田市	三明市	泉州市	漳州市	南平市	龙岩市	宁德市
合 计	**515748**	**84568**	**227171**	**21115**	**26327**	**89243**	**20207**	**11058**	**24856**	**11203**
农畜产品批发	5699	626	1604	1	1534	545	840	30	210	310
谷物、豆及薯类批发	1317		368	1	5	10	694		60	180
种子、饲料批发										
棉、麻批发	791	11			780					
牲畜批发	304	1			143			30		130
其他农畜产品批发	3288	614	1237		606	535	146		150	
食品、饮料及烟草制品批发	71461	9238	22182	14970	6371	9144	1967	2189	4322	1077
米、面制品及食用油批发	7041	904	3410	225	687	778	235	686	21	95
糕点、糖果及糖批发	2002	549	37		48	300	109	942	18	
果品、蔬菜批发	12391	1964	2017	300	4118	1217	194	480	1788	313
肉、禽、蛋及水产品批发	4525	1823	1715	7	439	463	8		69	
盐及调味品批发	2007	610	1174		12	207	5			
饮料及茶叶批发	12223	1122	5207	200	666	3096	1264	8	335	326
烟草制品批发	16002	23	815	13548		554			762	300
其他食品批发	15270	2244	7807	689	401	2531	152	73	1329	43
纺织、服装及日用品批发	66163	9584	33218	265	2584	16631	1996	722	556	608
纺织品、针织品及原料批发	22124	2202	8602		144	11127	35		14	
服装批发	16170	2014	10335	5	341	2333	1076		68	
鞋帽批发	3309	896	1833	48		332			200	
厨房卫生间用具及日用杂货批发	5219	2475	1366	132	358	331	316		16	225
化妆品及卫生用品批发	3662	381	1729	27	194	1165	166			
其他日用品批发	15680	1617	9354	53	1547	1343	404	722	258	383
文化、体育用品及器材批发	24029	6278	13933	844	80	1348	520	85	849	92
文具用品批发	5625	1171	3880		52	283	44		140	57
体育用品批发	2441	1689	558	22				10	162	
图书批发	2999	1792	41	6		676	404	75	4	
报刊批发										
音像制品及电子出版物批发	1604	45	1419			95	39		6	
首饰、工艺品及收藏品批发	6329	687	4752	813	29	48				
其他文化用品批发	5031	894	3284	3		246	33		537	35
医药及医疗器材批发	21046	3003	3439		1919	8309	1118	831	2002	426
西药批发	9494	35	478		1086	4904	580	820	1347	245
中药材及中成药批发	5841	576			833	3315	280		655	182
医疗用品及器材批发	5712	2393	2961			89	257	11		
矿产品、建材及化工产品批发	81733	14961	29206	3760	3510	17324	4032	2889	2409	3641
煤炭及制品批发	2297	953	72		815	142	252		13	50
石油及制品批发	16023	2759	1921	14	1017	2514	1349	1604	1692	3156
非金属矿及制品批发	1954	127	1441		10	377				
金属及金属矿批发	4688	1178	2074		670	330	316	90	29	
建材批发	50033	8999	19975	3746	992	12690	1442	1195	557	435
化肥批发										
农药批发										
农用薄膜批发										
其他化工产品批发	6738	945	3724		6	1272	674		118	
机械设备五金交电及电子产品批发	170651	28400	103281	1104	8492	13071	5790	2703	6447	1363
农业机械批发	2814	538	67			1924	268	17		
汽车、摩托车及零配件批发	23668	3617	9801		2485	2006	2591	1682	605	883
五金、交电批发	34772	6430	22271	892	768	2062	742	618	990	
家用电器批发	15006	3608	7532		275	1262	838	76	944	472
计算机、软件及辅助设备批发	26530	4265	17579	18	2670	437	512	18	1032	
通讯及广播电视设备批发	9219	2427	3805	63	566	1793	346		219	
其他机械设备及电子产品批发	58642	7517	42226	132	1728	3587	494	293	2658	8
贸易经纪与代理	4220	1514	422	3		1964		103	73	141
其他批发	70747	10964	19884	168	1837	20909	3945	1507	7989	3544

2-88　设区市限额以下零售企业分行业单位数

单位：个

行　　业	全省	福州市	厦门市	莆田市	三明市	泉州市	漳州市	南平市	龙岩市	宁德市
合　　计	**12629**	**3388**	**2623**	**363**	**595**	**2502**	**1116**	**727**	**719**	**596**
综合零售	992	236	83	48	40	309	106	75	57	38
百货零售	401	77	45	28	12	135	64	15	11	14
超级市场零售	198	60	12	9	10	39	14	13	27	14
其他综合零售	393	99	26	11	18	135	28	47	19	10
食品、饮料及烟草制品专门零售	1471	354	343	38	42	264	154	82	86	108
粮油零售	181	46	14	9	4	34	21	13	8	32
糕点、面包零售	95	23	10	4	3	32	9	5	2	7
果品、蔬菜零售	57	10	11	4	3	7	8	3	4	7
肉、禽、蛋及水产品零售	112	25	24	6	3	22	10	4	4	14
饮料及茶叶零售	564	118	150	8	16	104	62	30	51	25
烟草制品零售	76	12	23	2	2	8	9	11	2	7
其他食品零售	386	120	111	5	11	57	35	16	15	16
纺织、服装及日用品专门零售	1832	744	358	46	51	326	124	69	49	65
纺织品及针织品零售	170	61	44	5	4	34	6	2	4	10
服装零售	633	233	105	22	11	152	34	32	23	21
鞋帽零售	103	35	16	2	7	23	7	3	6	4
钟表、眼镜零售	112	36	12	6	5	27	8	9	4	5
化妆品及卫生用品零售	331	183	45	4	6	42	27	11	3	10
其他日用品零售	483	196	136	7	18	48	42	12	9	15
文化、体育用品及器材专门零售	822	237	257	14	18	157	58	28	35	18
文具用品零售	206	65	86	3	4	25	12	5	1	5
体育用品零售	92	26	26	2	2	21	4	5	3	3
图书零售	86	28	15	1	3	28	6	2	1	2
报刊零售	9	4			2	1	2			
音像制品及电子出版物零售	23	7	4		1	7	3		1	
珠宝首饰零售	155	32	22	7	3	48	12	9	21	1
工艺美术品及收藏品零售	142	42	65	1	1	11	12	5	3	2
照相器材零售	14	4	4		2	1	1		1	1
其他文化用品零售	95	29	35			15	6	2	4	4
医药及医疗器材专门零售	859	259	75	43	30	244	62	52	43	51
药品零售	667	179	48	39	20	217	43	43	39	39
医疗用品及器材零售	192	80	27	4	10	27	19	9	4	12
汽车摩托车燃料及零配件专门零售	1961	306	198	60	238	413	282	174	179	111
汽车零售	377	42	52	12	44	77	44	40	46	20
汽车零配件零售	271	61	87	10	17	46	16	18	8	8
摩托车及零配件零售	328	50	20	15	39	59	63	36	19	27
机动车燃料零售	985	153	39	23	138	231	159	80	106	56
家用电器及电子产品专门零售	2100	561	517	54	85	355	176	113	140	99
家用电器零售	506	135	76	17	22	84	57	40	43	32
计算机、软件及辅助设备零售	762	181	208	20	53	120	56	43	50	31
通信设备零售	374	94	62	11	7	86	36	18	35	25
其他电子产品零售	458	151	171	6	3	65	27	12	12	11
五金家具及室内装修材料专门零售	1715	426	518	33	64	292	113	100	99	70
五金零售	624	155	219	10	22	99	37	37	15	30
家具零售	433	102	112	14	28	69	29	21	44	14
涂料零售	82	31	23		1	16	6	1	1	3
其他室内装修材料零售	576	138	164	9	13	108	41	41	39	23
无店铺及其他零售	877	265	274	27	27	142	41	34	31	36

2-89 设区市限额以下零售企业分行业年末从业人员数

单位：人

行　　业	全省	福州市	厦门市	莆田市	三明市	泉州市	漳州市	南平市	龙岩市	宁德市
合　　计	**98134**	**24263**	**17476**	**3721**	**4098**	**22567**	**8021**	**5571**	**6990**	**5427**
综合零售	16146	3981	703	1198	534	5441	1688	725	1175	701
百货零售	6831	1188	388	816	174	2741	849	275	152	248
超级市场零售	4100	1366	130	85	221	642	423	194	721	318
其他综合零售	5215	1427	185	297	139	2058	416	256	302	135
食品、饮料及烟草制品专门零售	10858	2263	2172	379	285	2062	943	724	782	1248
粮油零售	1954	380	83	135	40	306	198	113	109	590
糕点、面包零售	800	208	78	27	39	212	65	80	11	80
果品、蔬菜零售	664	74	144	48	41	39	106	19	59	134
肉、禽、蛋及水产品零售	936	248	203	67	14	183	66	25	42	88
饮料及茶叶零售	3671	581	880	65	84	903	319	287	381	171
烟草制品零售	352	61	77	18	5	32	25	58	13	63
其他食品零售	2481	711	707	19	62	387	164	142	167	122
纺织、服装及日用品专门零售	12871	3956	2553	611	361	2730	651	659	587	763
纺织品及针织品零售	1357	395	408	31	33	279	27	11	29	144
服装零售	5725	1503	927	435	74	1450	199	435	307	395
鞋帽零售	882	225	129	17	92	180	90	26	90	33
钟表、眼镜零售	836	270	134	34	26	196	56	60	29	31
化妆品及卫生用品零售	1374	528	330	11	22	268	93	55	29	38
其他日用品零售	2697	1035	625	83	114	357	186	72	103	122
文化、体育用品及器材专门零售	5180	1502	1564	110	110	1016	303	188	269	118
文具用品零售	1167	384	509	10	18	121	60	32	3	30
体育用品零售	614	170	181	18	8	146	18	30	24	19
图书零售	713	204	103	26	31	257	58	5	18	11
报刊零售	65	21			25	12	7			
音像制品及电子出版物零售	127	22	30		3	58	11		3	
珠宝首饰零售	969	211	110	48	15	293	55	67	164	6
工艺美术品及收藏品零售	824	240	386	8	6	41	60	38	27	18
照相器材零售	142	58	53		4	4	8		4	11
其他文化用品零售	559	192	192			84	26	16	26	23
医药及医疗器材专门零售	6735	1958	823	204	299	1746	390	460	389	466
药品零售	5300	1290	607	178	238	1567	271	414	376	359
医疗用品及器材零售	1435	668	216	26	61	179	119	46	13	107
汽车摩托车燃料及零配件专门零售	13235	1922	1573	435	1299	3460	1736	1000	1232	578
汽车零售	3523	396	618	152	348	770	380	327	413	119
汽车零配件零售	1721	412	493	57	73	399	91	90	58	48
摩托车及零配件零售	2318	340	103	92	292	452	504	255	117	163
机动车燃料零售	5673	774	359	134	586	1839	761	328	644	248
家用电器及电子产品专门零售	15493	4079	3085	404	616	2887	1297	904	1476	745
家用电器零售	4060	1003	375	146	146	810	422	312	538	308
计算机、软件及辅助设备零售	5283	1333	1107	152	397	883	387	388	422	214
通信设备零售	3234	758	600	64	51	760	313	120	424	144
其他电子产品零售	2916	985	1003	42	22	434	175	84	92	79
五金家具及室内装修材料专门零售	11256	2824	3144	248	343	2069	763	613	799	453
五金零售	3591	897	1156	60	100	642	276	208	97	155
家具零售	3430	791	865	122	181	617	166	180	372	136
涂料零售	625	191	154		8	148	33	12	27	52
其他室内装修材料零售	3610	945	969	66	54	662	288	213	303	110
无店铺及其他零售	6360	1778	1859	132	251	1156	250	298	281	355

2-90　设区市限额以下零售企业分行业销售总额

单位：万元

行　业	全省	福州市	厦门市	莆田市	三明市	泉州市	漳州市	南平市	龙岩市	宁德市
合　计	**2291731**	**517093**	**333293**	**63607**	**112787**	**758738**	**135312**	**95856**	**180707**	**94339**
综合零售	280455	58106	22386	13960	8718	125411	15294	7614	18601	10365
百货零售	125523	10648	18134	8912	2221	68069	9031	2194	2752	3564
超级市场零售	80446	32348	2367	1282	2823	20560	2647	2389	10598	5431
其他综合零售	74486	15110	1885	3766	3674	36782	3616	3031	5252	1370
食品、饮料及烟草制品专门零售	193987	32130	28272	3285	5248	65139	10829	7399	26697	14988
粮油零售	23963	4330	1642	514	775	9362	1317	1106	1582	3336
糕点、面包零售	14248	2026	186	268	343	9069	260	269	626	1200
果品、蔬菜零售	10637	1162	1700	266	448	1521	2139	229	1141	2032
肉、禽、蛋及水产品零售	15668	2474	2055	486	183	6209	535	406	1735	1585
饮料及茶叶零售	71645	8986	6937	1353	1805	25764	3906	2968	17109	2817
烟草制品零售	7751	1326	661	173	161	1635	305	1007	659	1824
其他食品零售	50076	11827	15091	225	1533	11579	2366	1414	3845	2196
纺织、服装及日用品专门零售	223923	75981	25334	7598	6923	69310	9340	6402	13900	9137
纺织品及针织品零售	31346	13900	3509	267	1195	9467	309	106	1066	1526
服装零售	98232	28732	10440	6004	1583	32907	3031	4184	6924	4428
鞋帽零售	15967	4230	1548	49	1302	4806	982	202	2133	718
钟表、眼镜零售	15754	4230	1131	175	571	6764	858	697	793	536
化妆品及卫生用品零售	21440	8930	2065	68	352	7015	1240	516	541	713
其他日用品零售	41185	15959	6642	1035	1920	8351	2920	698	2443	1216
文化、体育用品及器材专门零售	109674	28929	25835	1899	1871	34721	4655	3026	7296	1443
文具用品零售	24941	7063	10738	214	296	4936	1095	252	83	265
体育用品零售	13145	3831	3810	467	29	3280	190	571	729	239
图书零售	11986	2344	1348	73	579	6149	883	44	300	266
报刊零售	504	204			147	87	67			
音像制品及电子出版物零售	3175	420	580		12	2018	124		23	
珠宝首饰零售	32316	7251	2093	1049	247	14402	749	1258	5179	89
工艺美术品及收藏品零售	9893	2797	3623	96	56	905	1009	673	523	212
照相器材零售	2248	592	853		506	24	68		24	182
其他文化用品零售	11467	4429	2791			2922	472	228	435	190
医药及医疗器材专门零售	152927	40588	9801	3424	5477	68213	4636	5496	7646	7647
药品零售	118180	21170	6285	3069	4647	62676	2846	4898	6866	5724
医疗用品及器材零售	34747	19418	3516	355	830	5537	1790	598	781	1923
汽车摩托车燃料及零配件专门零售	507857	88629	60989	15345	49735	158279	51539	27160	35197	20983
汽车零售	147551	40593	21557	4029	9231	32696	11470	8382	15546	4047
汽车零配件零售	43591	9316	11021	2560	1879	12905	1650	2373	1224	662
摩托车及零配件零售	97332	13609	9339	4333	12314	20598	15220	8146	6103	7669
机动车燃料零售	219383	25111	19072	4422	26311	92079	23199	8259	12324	8605
家用电器及电子产品专门零售	352957	85299	50443	10892	18480	97534	20728	19352	37717	12511
家用电器零售	102872	23356	6568	4867	5718	27131	8839	8124	12025	6245
计算机、软件及辅助设备零售	119885	23571	19258	4380	11439	31890	6012	7932	12297	3107
通信设备零售	72453	16928	5723	830	860	29500	3121	2031	11466	1995
其他电子产品零售	57748	21444	18895	816	463	9013	2757	1266	1929	1164
五金家具及室内装修材料专门零售	304978	65024	70783	4336	11156	88581	14332	14687	25263	10815
五金零售	99767	22524	25936	1562	3357	31622	4187	4571	2289	3718
家具零售	85594	19922	11143	1723	5471	22120	4349	5063	13108	2695
涂料零售	14345	5008	2802		146	3851	741	186	445	1167
其他室内装修材料零售	105272	17570	30902	1050	2182	30989	5055	4867	9421	3235
无店铺及其他零售	164974	42407	39451	2869	5179	51550	3959	4720	8390	6449

2-91 设区市限额以下零售企业分行业批发额

单位：万元

行　　业	全省	福州市	厦门市	莆田市	三明市	泉州市	漳州市	南平市	龙岩市	宁德市
合　　计	**93755**	**22635**	**17438**	**2937**	**1857**	**36713**	**3845**	**2092**	**2541**	**3697**
综合零售	17622	2887	1542	1701	143	8376	1669	362	721	221
百货零售	9354	567	1427	1063	42	4971	1285			
超级市场零售	980	702				160		108		10
其他综合零售	7288	1618	116	638	101	3245	385	254	721	211
食品、饮料及烟草制品专门零售	8714	1121	303	180	163	4684	586	226	51	1400
粮油零售	1266			62	33	555	63	43	46	465
糕点、面包零售	14		14							
果品、蔬菜零售	346	64	15			22	155			90
肉、禽、蛋及水产品零售	246		13	109		124				
饮料及茶叶零售	3188	167	204		70	2279	139	144	2	184
烟草制品零售	532	15	8			3				506
其他食品零售	3122	875	49	9	61	1702	229	39	4	155
纺织、服装及日用品专门零售	8459	2977	1069	108	69	2981	91	16	118	1031
纺织品及针织品零售	3589	1919	29	19		1389				233
服装零售	2535	437	109	46		1253				691
鞋帽零售	342		148			73		14		107
钟表、眼镜零售	126	126								
化妆品及卫生用品零售	441	31	273		63	71		2		
其他日用品零售	1426	465	510	43	5	195	91		118	
文化、体育用品及器材专门零售	3584	1646	645	47	2	564	213	182	177	109
文具用品零售	786	304	304	1	2	133			3	40
体育用品零售	249		101			20		11	49	69
图书零售	529	27				332	170			
报刊零售										
音像制品及电子出版物零售	38					30	8			
珠宝首饰零售	1008	944				29	35			
工艺美术品及收藏品零售	465	72	156	46		20		171		
照相器材零售	34	34								
其他文化用品零售	475	266	85						125	
医药及医疗器材专门零售	5802	4082	142	72	162	1227	80		12	25
药品零售	2001	674		72	162	976	80		12	25
医疗用品及器材零售	3801	3408	142			251				
汽车摩托车燃料及零配件专门零售	12131	2562	2277	330	699	4289	697	314	964	
汽车零售	3681	639	499		355	1187	362		639	
汽车零配件零售	2456	718	1077	330	23	128	56	125		
摩托车及零配件零售	1892	361			290	717	11	189	325	
机动车燃料零售	4102	845	702		30	2257	268			
家用电器及电子产品专门零售	10848	2309	1146	279	357	5271	213	435	226	614
家用电器零售	2686	454	168		114	1080	91	73	112	595
计算机、软件及辅助设备零售	3921	902	393	63	145	2119	93	118	89	
通信设备零售	1246	169		6	98	695	15	244		19
其他电子产品零售	2995	784	585	210		1377	14		25	
五金家具及室内装修材料专门零售	17245	2154	9490	150	197	4271	163	533	152	134
五金零售	5631	1077	1794	102	193	2066	57	179	133	30
家具零售	924	175	196	40	4	293		174	14	29
涂料零售	336	100	198			38				
其他室内装修材料零售	10354	802	7302	8		1874	106	181	5	76
无店铺及其他零售	9351	2898	822	72	67	5051	134	25	120	162

2-92　设区市限额以下零售企业分行业零售额

单位：万元

行　业	全省	福州市	厦门市	莆田市	三明市	泉州市	漳州市	南平市	龙岩市	宁德市
合　计	**2197977**	**494458**	**315855**	**60670**	**110929**	**722025**	**131467**	**93764**	**178166**	**90642**
综合零售	262832	55219	20843	12259	8575	117035	13625	7253	17880	10144
百货零售	116169	10081	16707	7849	2178	63098	7746	2194	2752	3564
超级市场零售	79466	31646	2367	1282	2823	20400	2647	2281	10598	5421
其他综合零售	67198	13492	1769	3128	3574	33537	3231	2777	4531	1158
食品、饮料及烟草制品专门零售	185274	31009	27969	3105	5085	60455	10243	7174	26646	13588
粮油零售	22697	4330	1642	452	742	8807	1255	1062	1536	2871
糕点、面包零售	14234	2026	172	268	343	9069	260	269	626	1200
果品、蔬菜零售	10291	1097	1685	266	448	1499	1984	229	1141	1942
肉、禽、蛋及水产品零售	15422	2474	2041	377	183	6085	535	406	1735	1585
饮料及茶叶零售	68457	8819	6734	1353	1736	23486	3767	2824	17107	2632
烟草制品零售	7219	1311	653	173	161	1632	305	1007	659	1318
其他食品零售	46955	10952	15042	217	1472	9877	2137	1376	3841	2041
纺织、服装及日用品专门零售	215464	73004	24264	7490	6854	66329	9249	6386	13782	8106
纺织品及针织品零售	27757	11982	3480	248	1195	8078	309	106	1066	1293
服装零售	95697	28296	10331	5958	1583	31654	3031	4184	6924	3737
鞋帽零售	15625	1230	1399	19	1302	1733	982	188	2133	611
钟表、眼镜零售	15628	4104	1131	175	571	6764	858	697	793	536
化妆品及卫生用品零售	20999	8899	1791	68	289	6944	1240	514	541	713
其他日用品零售	39758	15495	6132	992	1915	8156	2830	698	2325	1216
文化、体育用品及器材专门零售	106090	27284	25190	1853	1869	34156	4442	2844	7119	1335
文具用品零售	24155	6760	10434	213	294	4803	1095	252	80	225
体育用品零售	12896	3831	3709	467	29	3260	190	561	680	171
图书零售	11456	2318	1348	73	579	5817	712	44	300	266
报刊零售	504	204			147	87	67			
音像制品及电子出版物零售	3138	420	580		12	1988	116		23	
珠宝首饰零售	31308	6307	2093	1049	247	14373	714	1258	5179	89
工艺美术品及收藏品零售	9428	2725	3468	50	56	885	1009	502	523	212
照相器材零售	2214	558	853		506	24	68		24	182
其他文化用品零售	10991	4163	2706			2922	472	228	310	190
医药及医疗器材专门零售	147125	36505	9659	3352	5314	66986	4556	5496	7634	7622
药品零售	116179	20496	6285	2997	4485	61700	2766	4898	6854	5699
医疗用品及器材零售	30946	16010	3374	355	830	5286	1790	598	781	1923
汽车摩托车燃料及零配件专门零售	495726	86067	58712	15015	49037	153990	50842	26846	34233	20983
汽车零售	143870	39954	21058	4029	8876	31510	11107	8382	14907	4047
汽车零配件零售	41134	8598	9945	2231	1856	12777	1594	2248	1224	662
摩托车及零配件零售	95440	13249	9339	4333	12024	19881	15209	7958	5778	7669
机动车燃料零售	215281	24266	18370	4422	26281	89822	22932	8259	12324	8605
家用电器及电子产品专门零售	342110	82991	49297	10614	18124	92264	20516	18916	37491	11897
家用电器零售	100186	22901	6400	4867	5605	26051	8748	8050	11913	5650
计算机、软件及辅助设备零售	115964	22670	18865	4317	11294	29772	5918	7814	12208	3107
通信设备零售	71208	16760	5723	824	763	28805	3106	1787	11466	1976
其他电子产品零售	54752	20660	18309	606	463	7636	2744	1266	1904	1164
五金家具及室内装修材料专门零售	287733	62870	61293	4186	10959	84311	14169	14154	25111	10681
五金零售	94136	21447	24142	1460	3164	29556	4130	4392	2156	3688
家具零售	84670	19747	10948	1683	5467	21827	4349	4889	13094	2666
涂料零售	14009	4908	2604		146	3813	741	186	445	1167
其他室内装修材料零售	94918	16768	23600	1043	2182	29115	4949	4687	9416	3160
无店铺及其他零售	155623	39510	38629	2797	5112	46499	3825	4695	8270	6287

2-93 设区市批发和零售企业分类商品销售总额

单位：万元

行 业	全省	福州市	厦门市	莆田市	三明市	泉州市	漳州市	南平市	龙岩市	宁德市
合 计	**73456421**	**16891750**	**34157229**	**1529953**	**3254850**	**9006628**	**3404374**	**1592032**	**2289427**	**1330178**
食品、饮料、烟酒类	10927563	2297372	4594964	321700	334559	1394539	768280	445122	383688	387339
粮油类	1454107	549286	540380	7630	49807	125048	66394	52839	40438	22285
肉禽蛋类	397627	111744	201301	4404	13722	18258	9438	20479	10181	8101
其他食品类	2603807	558895	1203454	54434	90428	337640	186671	57905	48343	66038
饮料类	980646	477674	313615	4629	13413	77193	22761	22343	25552	23467
烟酒类	5491376	599774	2336214	250605	167190	836400	483015	291557	259174	267447
服装、鞋帽、针纺织品类	8760770	1696022	4893383	414274	70121	1527318	42867	38885	55348	22552
服装类	4040570	844296	2383363	45395	39308	646635	17609	22238	31131	10596
鞋帽类	2636824	635658	1244390	362243	11820	349237	9340	12513	8880	2743
针、纺织品类	2083376	216068	1265630	6636	18993	531446	15918	4133	15338	9213
化妆品类	167676	69371	36605	2233	7671	34482	5523	2479	5789	3525
金银珠宝类	361881	220763	82300	4791	3586	36688	2327	1529	9783	115
日用品类	2515686	382959	1772465	11448	27748	187124	64788	23579	26286	19288
#洗涤用品类	306782	105501	76189	4464	9495	53563	36713	8365	6423	6070
儿童玩具类	54445	13677	24995	1119	1921	9098	1129	488	1046	972
五金、电料类	865544	194643	433924	31066	30168	109046	18193	13314	18250	16941
体育、娱乐用品类	167786	37252	100023	1085	2060	12507	9439	756	3460	1203
书报杂志类	355323	295099	26604	2239	4137	19726	4281	2141	248	849
电子出版物及音像制品类	74184	34328	16980	1307	1046	14575	1515	168	281	3985
家用电器和音像器材类	1943124	883521	480399	54359	50670	206615	92986	56002	76991	41582
中西药品类	2106089	991152	340313	43512	94807	252108	121794	84438	84737	93228
#西药	1471223	710897	238802	31744	77269	131566	78918	63047	71052	67928
中草药及中成药	206607	27815	33493	3782	12703	40132	37089	19674	9793	22127
文化办公用品类	1208309	522464	506839	4927	33306	65398	27946	14355	26126	6948
家俱类	398487	154190	109037	2372	10426	46506	46261	10456	15561	3679
通讯器材类	1068708	255251	635753	4886	6387	116071	13611	7129	22032	7587
煤炭及制品类	1228708	418441	241703	1704	147267	68083	14844	24186	304848	7633
木材及制品类	1106821	60998	916630	10540	17330	19855	40726	17842	20274	2627
石油及制品类	6555364	1431856	1469364	237363	299669	1493668	721878	256930	345933	298703
化工材料及制品类	5906732	779447	3670244	61166	339299	637788	138521	130624	98272	51372
#化肥类	846506	309409	124174	9414	135389	63554	51819	60879	55134	36735
金属材料类	9679657	1635949	5338582	105786	995637	656980	489679	166396	197481	93169
建筑及装潢材料类	3511681	836292	1818190	71400	109619	328938	86441	30947	118317	111538
机电产品及设备类	4115126	885704	2513415	30526	131018	296975	64436	62611	96471	33969
#农机类	69842	8263	35725	424	5208	2775	3443	6448	2391	5166
汽车类	4282671	1377570	1341005	79112	107941	816977	159122	119370	223235	58341
种子饲料类	409908	234838	125406	1378	5064	7934	10027	5052	17371	2839
棉麻类	47547	4230	6633	5	22275	13290	258	815	35	6
其他类	5691076	1192039	2686470	30774	403043	643440	458631	76908	138612	61160

2-94 设区市批发和零售企业分类商品批发额

单位：万元

行 业	全省	福州市	厦门市	莆田市	三明市	泉州市	漳州市	南平市	龙岩市	宁德市
合 计	**59034579**	**11847455**	**31101416**	**1080856**	**2696152**	**6185975**	**2599915**	**1097607**	**1539932**	**885271**
食品、饮料、烟酒类	9256819	1639753	4225841	281416	254757	1140466	707070	372387	302193	332938
粮油类	1176727	403069	501727	2570	35800	87941	56692	45901	31214	11813
肉禽蛋类	182365	26949	128821	1043	6602	4207	4119	2833	1753	6039
其他食品类	1973572	324792	1033723	45754	58852	228896	168815	38113	22818	51809
饮料类	736702	388453	286584	1351	4213	25670	9418	8998	2902	9114
烟酒类	5187454	496490	2274985	230698	149290	793752	468027	276541	243506	254165
服装、鞋帽、针纺织品类	7874352	1337352	4657443	381256	41007	1357730	24871	30254	35814	8626
服装类	3470396	595924	2224225	36848	23963	544127	6529	16518	18133	4131
鞋帽类	2467168	572119	1200961	341540	4993	324817	5999	11223	4976	541
针、纺织品类	1936788	169309	1232258	2868	12051	488785	12344	2514	12705	3954
化妆品类	42041	12789	13722	287	1505	10065	2503	647	129	394
金银珠宝类	170239	151800	12791	291		4337	287		729	5
日用品类	2072047	188709	1684012	4180	6059	115079	45866	11810	8889	7442
#洗涤用品类	132724	20089	50587	1323	492	26399	28263	4383	433	755
儿童玩具类	30404	4776	22248	220	169	2653	81	10	183	65
五金、电料类	698357	154450	385182	27450	24532	63230	11800	8716	13062	9935
体育、娱乐用品类	104197	27092	63940	358	16	1813	8407	69	2155	348
书报杂志类	188772	157495	20229	241	1141	4457	2991	1945	55	219
电子出版物及音像制品类	45214	21012	12260	100	330	6775	1164	17	129	3427
家用电器和音像器材类	992979	503509	296051	14897	17840	57060	53184	10351	28739	11348
中西药品类	1598238	814731	232873	38052	80324	163486	110290	55081	65671	37730
#西药	1117005	582372	154723	27774	67669	83534	73960	41297	56790	28887
中草药及中成药	129389	18042	20964	3130	8937	19972	32531	12921	5738	7155
文化办公用品类	791502	352212	378510	1947	11297	22188	9546	1980	10049	3773
家俱类	211502	51049	93273	650	4546	15215	41562	3122	998	1086
通讯器材类	779288	141012	557701	1143	4522	56825	5499	4540	4972	3075
煤炭及制品类	1192863	401277	236549	1704	146452	59233	14246	21159	304694	7549
木材及制品类	1106410	60998	916630	10540	16919	19855	40726	17842	20274	2627
石油及制品类	2802947	651599	905579	59669	63484	620295	280311	46233	85907	89871
化工材料及制品类	5906329	779447	3670244	61166	339235	637448	138521	130624	98272	51372
#化肥类	846506	309409	124174	9414	135389	63554	51819	60879	55134	36735
金属材料类	9679657	1635949	5338582	105786	995637	656980	489679	166396	197481	93169
建筑及装潢材料类	3105749	652212	1749780	35564	103314	267443	77919	24005	91434	104079
机电产品及设备类	3678754	727746	2411597	14886	112814	209981	39493	53864	83508	24864
#农机类	69842	8263	35725	424	5208	2775	3443	6448	2391	5166
汽车类	1047033	184586	534157	12587	46839	97706	36391	59170	45175	30424
种子饲料类	409908	234838	125406	1378	5064	7934	10027	5052	17371	2839
棉麻类	45058	3843	5582		21467	13143	205	813		5
其他类	5234324	961994	2573484	25309	397054	577233	447359	71531	122233	58127

2-95 设区市批发和零售企业分类商品零售额

单位：万元

行　　业	全省	福州市	厦门市	莆田市	三明市	泉州市	漳州市	南平市	龙岩市	宁德市
合　　计	**14421843**	**5044295**	**3055813**	**449097**	**558699**	**2820653**	**804459**	**494425**	**749494**	**444907**
食品、饮料、烟酒类	1670744	657620	369123	40285	79802	254073	61211	72735	81494	54400
粮油类	277380	146217	38653	5060	14007	37107	9702	6938	9224	10473
肉禽蛋类	215262	84795	72480	3361	7120	14051	5320	17645	8428	2063
其他食品类	630235	234102	169731	8680	31576	108744	17857	19791	25525	14229
饮料类	243944	89221	27031	3277	9200	51523	13343	13346	22650	14353
烟酒类	303922	103284	61228	19906	17900	42649	14989	15016	15668	13283
服装、鞋帽、针纺织品类	886418	358670	235940	33018	29114	169589	17996	8630	19535	13927
服装类	570173	248372	159139	8547	15345	102507	11080	5720	12998	6465
鞋帽类	169656	63538	43429	20703	6827	24420	3341	1290	3904	2203
针、纺织品类	146589	46760	33372	3768	6942	42661	3575	1620	2632	5259
化妆品类	125635	56581	22883	1946	6166	24416	3020	1832	5660	3131
金银珠宝类	191642	68963	69509	4499	3586	32351	2041	1529	9054	110
日用品类	443639	194250	88452	7269	21690	72045	18922	11769	17397	11846
#洗涤用品类	174058	85412	25601	3141	9003	27164	8450	3982	5990	5315
儿童玩具类	24041	8902	2747	899	1752	6445	1048	478	863	907
五金、电料类	167187	40193	48742	3616	5636	45816	6393	4597	5188	7006
体育、娱乐用品类	63589	10160	36083	726	2044	10694	1032	688	1305	856
书报杂志类	166551	137604	6376	1998	2996	15269	1290	196	192	631
电子出版物及音像制品类	28970	13316	4720	1207	716	7800	351	151	152	558
家用电器和音像器材类	950145	380012	184348	39462	32830	149555	39802	45651	48252	30234
中西药品类	507852	176421	107441	5461	14483	88622	11504	29357	19066	55498
#西药	354218	128525	84079	3970	9600	48033	4958	21750	14263	39042
中草药及中成药	77218	9772	12530	652	3766	20160	4558	6753	4055	14972
文化办公用品类	416807	170251	128329	2981	22008	43209	18401	12375	16078	3176
家俱类	186984	103141	15764	1722	5880	31291	4698	7334	14563	2593
通讯器材类	289419	114239	78052	3743	1865	59246	8113	2590	17060	4512
煤炭及制品类	35846	17164	5154		815	8850	598	3027	154	83
木材及制品类	411				411					
石油及制品类	3752418	780256	563785	177694	236185	873374	441567	210698	260026	208832
化工材料及制品类	404				64	340				
#化肥类										
金属材料类										
建筑及装潢材料类	405932	184080	68411	35836	6305	61495	8522	6942	26883	7459
机电产品及设备类	436372	157958	101818	15640	18204	86994	24943	8748	12963	9105
#农机类										
汽车类	3235638	1192984	806848	66525	61102	719271	122731	60200	178060	27917
种子饲料类										
棉麻类	2490	387	1051	5	808	147	53	2	35	1
其他类	456752	230045	112986	5465	5988	66207	11272	5377	16379	3034

2-96　设区市批发企业分类商品销售总额

单位：万元

行　业	全省	福州市	厦门市	莆田市	三明市	泉州市	漳州市	南平市	龙岩市	宁德市
合　计	**58894349**	**11806504**	**31205226**	**1110895**	**2664084**	**6159525**	**2537417**	**1060900**	**1516218**	**833581**
食品、饮料、烟酒类	9389526	1653029	4288958	296123	259761	1146799	718036	375079	314950	336792
粮油类	1192429	407549	506753	2626	35833	89111	58818	46662	32780	12296
肉禽蛋类	164654	27988	109195	972	7202	4252	4091	2950	1810	6194
其他食品类	2058260	325848	1098230	46674	62891	231655	172705	39175	27946	53137
饮料类	754724	394393	292374	1546	4508	26914	12326	9302	3435	9926
烟酒类	5219458	497251	2282406	244305	149327	794867	470096	276990	248979	255239
服装、鞋帽、针纺织品类	7955871	1354529	4678555	398486	41700	1378265	27760	30314	36387	9877
服装类	3502931	612192	2234804	36826	24444	546826	8398	16528	18364	4549
鞋帽类	2486947	573536	1201261	358785	5066	324805	6390	11220	5087	796
针、纺织品类	1965994	168801	1242491	2874	12191	506633	12972	2565	12935	4532
化妆品类	44798	13215	14586	317	1417	11110	2685	644	286	538
金银珠宝类	170253	151166	12657	1058		4354	264		750	5
日用品类	2108199	195353	1701363	4352	7708	117587	49408	12555	11235	8638
#洗涤用品类	138129	20666	51896	1392	535	27088	29390	4754	737	1672
儿童玩具类	31092	4788	22592	247	165	2803	189	32	206	70
五金、电料类	716711	150992	400114	28571	26019	63108	13012	9343	15077	10474
体育、娱乐用品类	102317	27608	60914	380	125	1850	8452	83	2465	442
书报杂志类	322212	285874	25092	314	354	4955	3255	2019	115	235
电子出版物及音像制品类	54534	26655	15465	101	329	7206	1191	18	143	3427
家用电器和音像器材类	1002048	494931	308624	19905	16555	53953	55915	9574	33292	9299
中西药品类	1509595	751245	198636	37477	86964	174455	112281	51590	67242	29705
#西药	1022510	518825	120247	27220	72623	89450	74991	38627	57840	22687
中草药及中成药	131144	17248	18732	3111	10620	24852	33215	12101	6017	5249
文化办公用品类	865248	393509	408830	1824	12178	22478	9897	1979	10397	4156
家俱类	210818	51599	92437	578	4542	14789	41598	3213	1004	1058
通讯器材类	794883	145461	555556	1215	5055	71143	6074	4327	2983	3069
煤炭及制品类	1213936	410194	239758	1704	147206	66831	14579	21359	304707	7599
木材及制品类	1104124	59828	916562	10540	17330	18767	40412	17842	20262	2582
石油及制品类	2037533	471839	696710	21328	13381	570430	191863	15574	14092	42315
化工材料及制品类	5885296	774145	3669551	59143	339140	630053	137130	130189	96167	49778
#化肥类	830438	305386	124137	8273	135317	57758	50695	60444	53029	35398
金属材料类	9677773	1635404	5338390	105786	995545	656070	489637	166385	197465	93093
建筑及装潢材料类	3214468	669986	1771994	69967	104768	278659	79833	24830	108185	106246
机电产品及设备类	3723880	711688	2464221	15109	113315	215978	38895	54072	85737	24866
#农机类	69050	7850	35725	381	5056	2741	3443	6323	2369	5163
汽车类	1026106	150866	608954	10282	45562	43360	37282	52836	48671	28294
种子饲料类	409443	234540	125406	1374	5064	7780	10027	5044	17370	2839
棉麻类	46602	3525	6633		22268	13144	214	813		5
其他类	5308175	989323	2605261	24961	397800	586403	447717	71220	127240	58250

2-97 设区市批发企业分类商品批发额

单位：万元

行业	全省	福州市	厦门市	莆田市	三明市	泉州市	漳州市	南平市	龙岩市	宁德市
合计	**57508526**	**11392652**	**30667455**	**1029612**	**2629864**	**5978474**	**2498896**	**1044089**	**1451714**	**815769**
食品、饮料、烟酒类	9215086	1634490	4203564	281164	252432	1131721	705658	371913	302018	332126
粮油类	1174180	402625	501724	2570	35098	87031	56628	45805	31209	11491
肉禽蛋类	159498	26926	106939	971	6589	4073	3396	2827	1753	6025
其他食品类	1965333	322927	1033585	45583	58382	223985	168516	37979	22689	51687
饮料类	732950	385972	286506	1351	3768	25232	9296	8963	2881	8983
烟酒类	5183123	496040	2274810	230690	148596	791401	467822	276339	243485	253940
服装、鞋帽、针纺织品类	7854079	1329896	4648915	380769	40958	1354070	24871	30241	35781	8578
服装类	3463016	594578	2220121	36802	23961	542291	6529	16518	18107	4110
鞋帽类	2457874	568062	1197780	341099	4985	323244	5999	11209	4969	528
针、纺织品类	1933189	167256	1231014	2868	12012	488536	12344	2514	12705	3940
化妆品类	41533	12700	13650	287	1329	9976	2457	631	129	375
金银珠宝类	167341	150850	10960	245		4300	252		729	5
日用品类	2068230	187031	1683367	4174	5986	114048	45687	11804	8885	7248
#洗涤用品类	131646	19659	50569	1323	430	25919	28185	4381	433	747
儿童玩具类	30269	4701	22239	220	165	2630	65	10	183	55
五金、电料类	684949	145644	383192	27272	24354	61376	11736	8616	12874	9885
体育、娱乐用品类	100458	27054	60319	358	15	1795	8407	58	2138	313
书报杂志类	187456	157468	20229	241	333	4140	2826	1945	55	219
电子出版物及音像制品类	44546	20474	12260	100	329	6660	1151	17	129	3427
家用电器和音像器材类	926173	454968	292027	14828	15875	52316	53105	9353	25045	8656
中西药品类	1450364	736423	185518	37248	80162	162044	110186	46720	65069	26994
#西药	982515	508509	110953	27049	67607	82457	73904	34702	56388	20948
中草药及中成药	119615	17009	17460	3053	8850	19687	32505	11156	5537	4359
文化办公用品类	771091	345875	369461	1801	9451	20503	9206	1862	9203	3727
家俱类	209111	50789	92402	578	4542	14314	41562	2882	984	1058
通讯器材类	761664	134701	550448	1137	4522	55486	5477	4327	2502	3065
煤炭及制品类	1190420	399552	236549	1704	146390	58577	14246	21159	304694	7549
木材及制品类	1103713	59828	916562	10540	16919	18767	40412	17842	20262	2582
石油及制品类	1926347	461881	672270	15361	11745	512838	187198	13570	12326	39159
化工材料及制品类	5885058	774145	3669551	59143	339140	629816	137130	130189	96167	49778
#化肥类	830438	305386	124137	8273	135317	57758	50695	60444	53029	35398
金属材料类	9677773	1635404	5338390	105786	995545	656070	489637	166385	197465	93093
建筑及装潢材料类	3085775	643260	1742107	35558	103314	264422	77819	23788	91429	104079
机电产品及设备类	3632504	686642	2410443	14745	111995	208907	38105	53649	83161	24858
#农机类	69050	7850	35725	381	5056	2741	3443	6323	2369	5163
汽车类	843107	145763	452273	10282	40972	40262	34248	50073	41082	28152
种子饲料类	409443	234540	125406	1374	5064	7780	10027	5044	17370	2839
棉麻类	44508	3293	5582		21467	13143	205	813		5
其他类	5227799	959983	2572009	24919	397025	575146	447287	71210	122219	58001

2-98　设区市批发企业分类商品零售额

单位：万元

行　业	全省	福州市	厦门市	莆田市	三明市	泉州市	漳州市	南平市	龙岩市	宁德市
合　计	**1385823**	**413851**	**537771**	**81282**	**34221**	**181051**	**38521**	**16810**	**64504**	**17812**
食品、饮料、烟酒类	174440	18539	85394	14959	7329	15078	12378	3165	12932	4666
粮油类	18248	4924	5028	57	735	2080	2191	857	1571	805
肉禽蛋类	5156	1062	2256	1	613	180	694	123	57	169
其他食品类	92927	2921	64645	1091	4509	7670	4189	1196	5257	1450
饮料类	21774	8421	5868	195	741	1682	3031	340	554	943
烟酒类	36335	1211	7596	13615	731	3466	2273	650	5493	1299
服装、鞋帽、针纺织品类	101792	24633	29640	17717	742	24195	2889	73	605	1299
服装类	39915	17614	14683	24	483	4536	1869	10	258	439
鞋帽类	29073	5474	3481	17687	80	1562	392	11	118	269
针、纺织品类	32804	1545	11476	6	179	18097	628	52	230	591
化妆品类	3264	515	936	30	88	1134	228	13	157	163
金银珠宝类	2913	316	1697	813		54	12		21	
日用品类	39970	8322	17996	178	1722	3540	3722	751	2350	1390
#洗涤用品类	6483	1007	1326	69	105	1170	1205	374	304	925
儿童玩具类	823	87	353	27		174	123	22	23	15
五金、电料类	31762	5348	16923	1299	1665	1732	1276	727	2203	589
体育、娱乐用品类	1859	553	594	22	110	55	44	25	327	129
书报杂志类	134756	128406	4863	73	20	815	430	74	59	16
电子出版物及音像制品类	9988	6181	3205	1		546	40	1	14	
家用电器和音像器材类	75876	39963	16597	5078	680	1637	2810	221	8247	643
中西药品类	59231	14822	13117	230	6802	12411	2094	4870	2173	2710
#西药	39995	10316	9294	171	5016	6994	1087	3925	1452	1740
中草药及中成药	11528	239	1271	59	1770	5166	710	945	480	890
文化办公用品类	94158	47634	39369	23	2727	1974	691	117	1194	429
家俱类	1708	811	35			475	35	331	20	
通讯器材类	33219	10760	5108	78	533	15657	597		481	4
煤炭及制品类	23516	10643	3209		815	8253	333	200	13	50
木材及制品类	411				411					
石油及制品类	111187	9959	24440	5967	1636	57592	4666	2005	1766	3156
化工材料及制品类	238					238				
#化肥类										
金属材料类										
建筑及装潢材料类	128693	26727	29887	34410	1455	14237	2014	1041	16756	2168
机电产品及设备类	91376	25045	53778	364	1320	7071	790	423	2577	8
#农机类										
汽车类	183000	5102	156680		4590	3098	3035	2763	7589	143
种子饲料类										
棉麻类	2094	232	1051		801	1	9			
其他类	80375	29341	33253	42	775	11257	429	10	5020	249

2-99 设区市零售企业分类商品销售总额

单位：万元

行　业	全省	福州市	厦门市	莆田市	三明市	泉州市	漳州市	南平市	龙岩市	宁德市
合　计	**14562073**	**5085246**	**2952003**	**419058**	**590766**	**2847103**	**866957**	**531133**	**773209**	**496598**
食品、饮料、烟酒类	1538037	644343	306006	25577	74798	247740	50245	70044	68738	50547
粮油类	261679	141737	33628	5004	13974	35937	7576	6177	7658	9989
肉禽蛋类	232973	83756	92106	3432	6520	14006	5348	17528	8370	1908
其他食品类	545547	233047	105224	7760	27537	105985	13966	18730	20397	12901
饮料类	225921	83281	21241	3083	8905	50278	10435	13041	22116	13541
烟酒类	271917	102523	53808	6300	17863	41533	12920	14567	10196	12209
服装、鞋帽、针纺织品类	804899	341494	214828	15788	28421	149053	15107	8571	18962	12675
服装类	537639	232105	148559	8569	14864	99808	9211	5710	12766	6047
鞋帽类	149877	62122	43129	3458	6755	24432	2950	1293	3793	1947
针、纺织品类	117383	47268	23139	3762	6802	24813	2946	1568	2403	4682
化妆品类	122879	56156	22019	1917	6253	23372	2837	1835	5503	2987
金银珠宝类	191628	69597	69643	3732	3586	32334	2063	1529	9033	110
日用品类	407487	187606	71101	7097	20041	69537	15379	11025	15051	10650
#洗涤用品类	168652	84835	24293	3072	8960	26475	7323	3611	5686	4398
儿童玩具类	23352	8889	2403	872	1756	6295	940	456	840	902
五金、电料类	148833	43651	33809	2495	4148	45938	5181	3971	3173	6467
体育、娱乐用品类	65468	9645	39109	704	1935	10657	988	674	995	762
书报杂志类	33111	9225	1512	1925	3783	14771	1025	122	133	614
电子出版物及音像制品类	19650	7673	1515	1206	717	7370	324	150	138	558
家用电器和音像器材类	941076	388589	171775	34453	34115	152663	37071	46427	43699	32283
中西药品类	596494	239907	141678	6035	7843	77653	9513	32848	17495	63523
#西药	448712	192072	118555	4524	4646	42116	3926	24420	13213	45241
中草药及中成药	75464	10567	14762	671	2083	15279	3874	7573	3776	16878
文化办公用品类	343061	128955	98009	3103	21127	42920	18049	12375	15730	2792
家俱类	187668	102591	16600	1794	5884	31717	4663	7243	14557	2621
通讯器材类	273825	109790	80197	3671	1332	44928	7537	2803	19049	4518
煤炭及制品类	14772	8247	1945		61	1252	265	2827	141	33
木材及制品类	2697	1170	68			1088	314		12	45
石油及制品类	4517831	960016	772654	216035	286288	923238	530015	241356	331841	256388
化工材料及制品类	21437	5302	693	2023	159	7734	1391	435	2105	1595
#化肥类	16068	4023	37	1141	72	5796	1123	435	2105	1337
金属材料类	1884	545	191		93	910	42	12	16	76
建筑及装潢材料类	297213	166306	46197	1433	4850	50278	6608	6117	10133	5292
机电产品及设备类	391247	174017	49194	15418	17703	80997	25541	8539	10734	9104
#农机类	793	414		42	152	34		125	23	3
汽车类	3256565	1226704	732051	68829	62379	773617	121840	66534	174565	30047
种子饲料类	466	298		4		154		8	2	
棉麻类	946	705		5	7	146	45	2	35	1
其他类	382902	202716	81208	5813	5243	57037	10915	5688	11372	2910

2-100　设区市零售企业分类商品批发额

单位：万元

行　业	全省	福州市	厦门市	莆田市	三明市	泉州市	漳州市	南平市	龙岩市	宁德市
合　计	**1526053**	**454802**	**433961**	**51244**	**66288**	**207501**	**101019**	**53518**	**88218**	**69502**
食品、饮料、烟酒类	41734	5263	22277	252	2325	8745	1411	474	176	813
粮油类	2547	444	3	0	703	910	65	96	5	322
肉禽蛋类	22867	23	21883	71	13	135	722	6		14
其他食品类	8239	1866	138	171	470	4912	298	134	129	121
饮料类	3751	2481	78	1	445	438	122	35	21	131
烟酒类	4331	450	175	9	694	2351	204	202	21	225
服装、鞋帽、针纺织品类	20273	7456	8528	487	49	3659		14	32	48
服装类	7380	1346	4103	46	2	1837			26	21
鞋帽类	9294	4058	3181	441	8	1574		14	6	13
针、纺织品类	3599	2053	1243		40	249				14
化妆品类	508	90	72		176	89	46	17		19
金银珠宝类	2899	950	1831	46		37	35			
日用品类	3817	1678	645	6	73	1032	179	6	4	194
#洗涤用品类	1078	430	18		62	480	78	2		7
儿童玩具类	135	74	9		4	23	15			10
五金、电料类	13407	8806	1990	178	177	1854	64	100	187	50
体育、娱乐用品类	3739	38	3620		1	18		11	17	35
书报杂志类	1316	27			808	316	165			
电子出版物及音像制品类	668	538			1	115	13			
家用电器和音像器材类	66806	48541	4024	69	1965	4744	79	998	3694	2693
中西药品类	147873	78308	47354	804	162	1442	104	8361	602	10735
#西药	134489	73863	43769	725	62	1077	56	6595	402	7939
中草药及中成药	9774	1034	3503	78	87	286	26	1765	201	2796
文化办公用品类	20411	6337	9049	146	1846	1685	340	118	846	46
家俱类	2392	260	872	72	4	901		239	14	29
通讯器材类	17624	6311	7253	6		1339	21	213	2470	10
煤炭及制品类	2443	1726			61	656				
木材及制品类	2697	1170	68			1088	314		12	45
石油及制品类	876600	189719	233309	44308	51739	107456	93113	32663	73582	50712
化工材料及制品类	21270	5302	693	2023	95	7632	1391	435	2105	1595
#化肥类	16068	4023	37	1141	72	5796	1123	435	2105	1337
金属材料类	1884	545	191		93	910	42	12	16	76
建筑及装潢材料类	19975	8952	7673	7		3021	100	217	5	
机电产品及设备类	46251	41104	1154	142	819	1074	1388	215	348	6
#农机类	793	414		42	152	34		125	23	3
汽车类	203927	38823	81883	2304	5867	57444	2143	9097	4093	2272
种子饲料类	466	298		4		154		8	2	
棉麻类	550	550								
其他类	6525	2011	1475	390	29	2087	72	321	14	125

2-101 设区市零售企业分类商品零售额

单位：万元

行　业	全省	福州市	厦门市	莆田市	三明市	泉州市	漳州市	南平市	龙岩市	宁德市
合　计	**13036020**	**4630444**	**2518043**	**367814**	**524478**	**2639602**	**765938**	**477615**	**684991**	**427096**
食品、饮料、烟酒类	1496303	639081	283729	25326	72474	238995	48833	69570	68562	49734
粮油类	259132	141293	33625	5003	13271	35026	7511	6081	7653	9667
肉禽蛋类	210107	83733	70223	3360	6507	13871	4626	17522	8370	1893
其他食品类	537308	231181	105086	7589	27067	101074	13668	18596	20269	12780
饮料类	222170	80800	21163	3082	8460	49841	10313	13006	22095	13410
烟酒类	267587	102073	53632	6291	17169	39182	12716	14365	10175	11984
服装、鞋帽、针纺织品类	784626	334038	206300	15301	28372	145394	15107	8557	18929	12627
服装类	530258	230758	144456	8523	14863	97972	9211	5710	12740	6026
鞋帽类	140584	58064	39948	3016	6747	22858	2950	1279	3787	1934
针、纺织品类	113784	45215	21896	3762	6763	24564	2946	1568	2403	4668
化妆品类	122371	56066	21948	1917	6078	23283	2792	1818	5503	2968
金银珠宝类	188729	68647	67812	3686	3586	32297	2029	1529	9033	110
日用品类	403669	185928	70456	7091	19968	68506	15200	11019	15047	10455
#洗涤用品类	167575	84405	24275	3072	8898	25994	7245	3609	5686	4390
儿童玩具类	23218	8815	2394	872	1752	6272	925	456	840	892
五金、电料类	135426	34845	31819	2317	3971	44083	5117	3870	2985	6417
体育、娱乐用品类	61729	9607	35489	704	1934	10639	988	663	978	727
书报杂志类	31796	9198	1512	1925	2976	14455	860	122	133	614
电子出版物及音像制品类	18982	7134	1515	1206	716	7254	311	150	138	558
家用电器和音像器材类	874270	340049	167751	34385	32151	147918	36991	45429	40005	29591
中西药品类	448621	161599	94323	5231	7681	76211	9410	24487	16893	52788
#西药	314223	118209	74786	3799	4584	41039	3870	17824	12811	37302
中草药及中成药	65690	9533	11259	594	1996	14994	3848	5808	3576	14082
文化办公用品类	322649	122618	88960	2958	19282	41235	17710	12257	14884	2747
家俱类	185277	102330	15728	1722	5880	30815	4663	7003	14543	2593
通讯器材类	256201	103479	72944	3665	1332	43588	7516	2590	16579	4508
煤炭及制品类	12330	6522	1945			597	265	2827	141	33
木材及制品类										
石油及制品类	3641231	770298	539345	171727	234549	815782	436902	208693	258260	205676
化工材料及制品类	166				64	102				
#化肥类										
金属材料类										
建筑及装潢材料类	277238	157353	38524	1426	4850	47258	6508	5900	10127	5292
机电产品及设备类	344996	132913	48040	15276	16884	79923	24152	8324	10386	9098
#农机类										
汽车类	3052638	1187882	650168	66525	56512	716173	119697	57437	170471	27774
种子饲料类										
棉麻类	396	155		5	7	146	45	2	35	1
其他类	376377	200704	79733	5423	5214	54950	10843	5367	11358	2785

2-102　设区市限额以上批发和零售企业分类商品销售总额

单位：万元

行　业	全省	福州市	厦门市	莆田市	三明市	泉州市	漳州市	南平市	龙岩市	宁德市
合　计	**57433907**	**13189229**	**28253494**	**1158629**	**2443583**	**6043600**	**2707725**	**1144993**	**1662178**	**830477**
食品、饮料、烟酒类	7553340	2015701	2554191	240271	245688	938374	590554	390445	301503	276614
粮油类	1150175	462556	504637	3787	29514	43067	24099	42644	29781	10091
肉禽蛋类	325020	89688	181969	3249	6280	11019	5611	17169	7129	2907
其他食品类	1820159	453734	1031646	24838	42449	116832	84826	33901	19654	12280
饮料类	806071	444957	276377	2552	7239	36750	8990	13721	4740	10746
烟酒类	3451914	564765	559563	205845	160207	730706	467029	283009	240200	240590
服装、鞋帽、针纺织品类	6974020	1291231	4295252	339388	45511	902251	17880	31064	40444	10998
服装类	3261407	652780	2100625	16046	29897	410042	4865	17769	23352	6031
鞋帽类	2277551	496238	1146485	321515	8740	282632	3410	11793	5401	1337
针、纺织品类	1435062	142213	1048142	1827	6874	209577	9606	1502	11691	3630
化妆品类	112215	54037	28425	1149	5698	12803	3211	1155	4357	1382
金银珠宝类	298968	206897	64135	2585	3143	17258	1153	243	3554	
日用品类	2017858	281215	1552473	4083	16082	94568	39438	13099	8835	8065
#洗涤用品类	250484	94497	64421	2145	8479	36521	30998	4965	4145	4313
儿童玩具类	36761	9029	18106	625	1693	4917	775	395	492	729
五金、电料类	437248	77055	284216	18697	6422	39710	8409	249	585	1906
体育、娱乐用品类	117885	24750	76203	405	1845	6097	6796	238	1041	510
书报杂志类	304087	268595	22808	831	3033	8027	236	77	129	351
电子出版物及音像制品类	23455	17152	1858	573	198	3102	158	140		275
家用电器和音像器材类	1526023	744719	398839	39119	37925	126868	63126	35743	55129	24554
中西药品类	1692120	832948	311971	31749	62597	139355	104088	63892	67850	77672
#西药	1287484	670562	230503	24149	52067	68713	71265	49645	60161	60418
中草药及中成药	134376	6154	30924	1136	9110	15264	32802	14247	7509	17230
文化办公用品类	799383	408846	336793	1966	9609	20720	11528	4533	4830	559
家俱类	262391	120357	85178	86	5358	12185	32855	4691	1682	
通讯器材类	771069	122007	582719	2351	593	48234	3985	3514	6310	1356
煤炭及制品类	981783	369025	221193		103070	19340	6595	16545	242199	3816
木材及制品类	1009273	41103	901030	7827	5938	2609	36437	3344	10624	362
石油及制品类	5976580	1321069	1336120	225536	262589	1338995	682003	234363	318437	257469
化工材料及制品类	4731849	583785	3301976	20458	234666	438433	53242	61818	21912	15560
#化肥类	547421	263615	113552	146	92630	10957	14474	29157	10652	12238
金属材料类	8682344	1148148	5156849	101743	884181	566386	471417	138709	161848	53064
建筑及装潢材料类	2140063	503924	1294118	30723	35371	94033	45732	4694	90619	40848
机电产品及设备类	2707805	549895	1866276	12475	55670	123690	23569	22027	45864	8340
#农机类	11148	3016	8086		20	3			23	
汽车类	3699607	1257196	1164961	66473	56068	740437	116894	87429	181450	28699
种子饲料类	313724	188722	114903		52	3739	1206		5091	12
棉麻类	38822	59	6187		19942	12635				
其他类	4261996	760795	2294823	10141	342335	333754	387212	26983	87887	18068

2-103 设区市限额以上批发和零售企业分类商品批发额

单位：万元

行 业	全省	福州市	厦门市	莆田市	三明市	泉州市	漳州市	南平市	龙岩市	宁德市
合 计	**45725789**	**8723960**	**25740707**	**791318**	**2022141**	**4034215**	**2054939**	**755390**	**1115706**	**487414**
食品、饮料、烟酒类	6266091	1424657	2241089	220806	181764	808559	548185	331685	265896	243450
粮油类	938587	333498	478601	0	17978	24181	17753	38303	24540	3732
肉禽蛋类	125826	9102	113679	71	13	510	715	6		1730
其他食品类	1334532	242583	882727	19383	18484	67562	72402	17978	7367	6045
饮料类	634700	366752	257292	1	433	5827		4379	17	
烟酒类	3232446	472723	508789	201350	144856	710479	457315	271019	233973	231943
服装、鞋帽、针纺织品类	6313573	995644	4098569	315423	22635	808088	9663	27839	32410	3302
服装类	2823572	441336	1961100	12633	17456	354353	317	16365	17548	2465
鞋帽类	2141743	443639	1108382	302791	3534	266421	1619	11046	4312	
针、纺织品类	1348258	110669	1029086		1645	187315	7728	428	10550	837
化妆品类	16817	7390	7289		113	305	1706	15		
金银珠宝类	152149	144913	7228			8				
日用品类	1697878	115399	1488460		281	59388	28077	5115	371	786
#洗涤用品类	98826	14203	41328		62	17451	24062	1721		
儿童玩具类	18388	2301	15821		4	263				
五金、电料类	396625	61901	276517	17823	5751	26591	7995		47	
体育、娱乐用品类	71497	18690	44597		1	935	6406		868	
书报杂志类	153858	135403	17616		808	32				
电子出版物及音像制品类	7863	6956	906		1					
家用电器和音像器材类	750911	406027	240023	9293	12574	20479	36613	804	22999	2100
中西药品类	1345977	691894	215099	29591	55262	126840	97690	40821	58572	30209
#西药	1014593	554011	149309	22236	46414	63637	67887	31885	53772	25441
中草药及中成药	91676	2744	20432	964	7444	11799	29803	8935	4801	4754
文化办公用品类	540134	264626	264609	146	1703	7483	939		629	
家俱类	163749	37773	80374		4518	5903	32143	2407	632	
通讯器材类	590227	39606	519895			24883		3363	2481	
煤炭及制品类	960532	353187	218516		103070	19124	6595	14025	242199	3816
木材及制品类	1009273	41103	901030	7827	5938	2609	36437	3344	10624	362
石油及制品类	2500662	576565	804781	53606	57551	568587	265164	35581	74291	64537
化工材料及制品类	4731849	583785	3301976	20458	234666	438433	53242	61818	21912	15560
#化肥类	547421	263615	113552	146	92630	10957	14474	29157	10652	12238
金属材料类	8682344	1148148	5156849	101743	884181	566386	471417	138709	161848	53064
建筑及装潢材料类	1913892	354684	1275178		33649	86148	45554	4694	73742	40243
机电产品及设备类	2437292	417340	1824614	1698	48709	67903	8811	20762	40501	6954
#农机类	11148	3016	8086		20	3			23	
汽车类	689096	117226	404297	4973	10685	68353	16204	40703	20483	6172
种子饲料类	313724	188722	114903		52	3739	1206		5091	12
棉麻类	37682		5136		19913	12633				
其他类	3982095	592322	2231159	7932	338317	310808	380893	23707	80110	16848

2-104　设区市限额以上批发和零售企业分类商品零售额

单位：万元

行　业	全省	福州市	厦门市	莆田市	三明市	泉州市	漳州市	南平市	龙岩市	宁德市
合　计	**11708119**	**4465270**	**2512787**	**367311**	**421443**	**2009384**	**652786**	**389603**	**546472**	**343063**
食品、饮料、烟酒类	1287249	591043	313102	19465	63924	129815	42369	58760	35606	33164
粮油类	211588	129058	26036	3787	11536	18886	6346	4341	5241	6359
肉禽蛋类	199194	80586	68290	3177	6267	10509	4896	17163	7129	1177
其他食品类	485628	211151	148918	5455	23965	49270	12424	15923	12287	6235
饮料类	171371	78206	19084	2552	6805	30923	8990	9343	4722	10746
烟酒类	219468	92043	50773	4495	15352	20227	9714	11990	6227	8647
服装、鞋帽、针纺织品类	660447	295587	196684	23965	22877	94163	8217	3225	8035	7695
服装类	437834	211444	139525	3414	12441	55690	4548	1404	5804	3565
鞋帽类	135809	52599	38103	18724	5207	16211	1791	747	1089	1337
针、纺织品类	86804	31544	19056	1827	5229	22262	1879	1074	1141	2793
化妆品类	95398	46647	21136	1149	5585	12498	1505	1140	4357	1382
金银珠宝类	146819	61985	56907	2585	3143	17250	1153	243	3554	
日用品类	319981	165816	64013	4083	15801	35180	11361	7984	8464	7279
#洗涤用品类	151658	80294	23094	2145	8418	19070	6936	3244	4145	4313
儿童玩具类	18373	6729	2285	625	1690	4654	775	395	492	729
五金、电料类	40623	15153	7699	875	671	13119	414	249	538	1906
体育、娱乐用品类	46388	6060	31605	405	1844	5162	391	238	173	510
书报杂志类	150228	133193	5192	831	2225	7995	236	77	129	351
电子出版物及音像制品类	15592	10196	952	573	197	3102	158	140		275
家用电器和音像器材类	775112	338692	158817	29827	25351	106389	26514	34939	32130	22454
中西药品类	346143	141054	96872	2158	7335	12515	6397	23072	9277	47463
#西药	272891	116551	81194	1913	5652	5076	3378	17760	6389	34977
中草药及中成药	42701	3411	10492	172	1666	3464	2999	5311	2708	12476
文化办公用品类	259248	144221	72184	1820	7906	13236	10590	4533	4201	559
家俱类	98642	82584	4804	86	841	6282	711	2284	1050	
通讯器材类	180842	82401	62824	2351	593	23351	3985	151	3830	1356
煤炭及制品类	21251	15838	2678			216		2520		
木材及制品类										
石油及制品类	3475917	744504	531338	171930	205038	770408	416839	198782	244145	192932
化工材料及制品类										
#化肥类										
金属材料类										
建筑及装潢材料类	226172	149240	18940	30723	1722	7886	178		16878	605
机电产品及设备类	270513	132555	41662	10777	6961	55787	14758	1264	5363	1386
#农机类										
汽车类	3010510	1139970	760665	61500	45382	672084	100690	46727	160967	22527
种子饲料类										
棉麻类	1140	59	1051		29	1				
其他类	279902	168473	63665	2209	4017	22946	6319	3276	7777	1220

2-105 设区市限额以上批发企业分类商品销售总额

单位：万元

行 业	全省	福州市	厦门市	莆田市	三明市	泉州市	漳州市	南平市	龙岩市	宁德市
合 计	**45163566**	**8621076**	**25634785**	**803178**	**1965604**	**3955235**	**1976080**	**709716**	**1069675**	**428218**
食品、饮料、烟酒类	6322663	1430597	2280931	220734	179695	807501	555632	331456	270927	245191
粮油类	945647	335401	481375		17286	24451	19065	38214	25556	4299
肉禽蛋类	103920	9100	91809			524	679			1807
其他食品类	1388279	241433	935627	19383	18185	65386	75538	17961	8561	6207
饮料类	646564	372275	260904		6	6626	1897	4350		507
烟酒类	3238254	472389	511216	201350	144218	710515	458453	270931	236810	232371
服装、鞋帽、针纺织品类	6349307	1006024	4098573	332614	22586	814989	10503	27839	32410	3769
服装类	2838814	454422	1963352	12633	17455	353639	766	16365	17548	2635
鞋帽类	2154163	441027	1105344	319982	3526	267037	1765	11046	4312	126
针、纺织品类	1356329	110575	1029877		1606	194313	7973	428	10550	1008
化妆品类	16876	7326	7289			312	1875			74
金银珠宝类	150304	144907	5397							
日用品类	1709242	119274	1492387		214	59334	30704	5113	367	1849
#洗涤用品类	100695	14259	41328			17488	25062	1721		838
儿童玩具类	18434	2253	15821			275	86			
五金、电料类	388666	53419	276346	18429	5750	26336	8080		47	259
体育、娱乐用品类	68030	18654	41122			937	6406		868	43
书报杂志类	284578	262098	22436			27				16
电子出版物及音像制品类	13277	11985	1292							
家用电器和音像器材类	744445	392767	244247	14337	11206	18230	38173		25485	
中西药品类	1245620	631872	179707	29088	60145	129631	98858	36463	58153	21704
#西药	911592	490505	114813	21731	50176	64589	68639	28574	53523	19043
中草药及中成药	88951	2238	18172	966	8550	13638	30219	7889	4631	2648
文化办公用品类	586926	302297	276376		11	7326	790			127
家俱类	162956	37690	79731		4518	5902	32143	2341	632	
通讯器材类	593848	39458	512815			38202		3363	10	
煤炭及制品类	969392	361160	219249		103009	19340	6595	14025	242199	3816
木材及制品类	1007792	39936	901030	7827	5938	2609	36122	3344	10624	362
石油及制品类	1728206	395309	594766	15252	6454	522914	175658	3319	710	13825
化工材料及制品类	4724338	581837	3301378	20153	234666	435083	53242	61818	20603	15560
#化肥类	542498	261984	113552		92630	9121	14474	29157	9343	12238
金属材料类	8681753	1148135	5156849	101743	884124	565864	471417	138709	161848	53064
建筑及装潢材料类	1983271	365006	1283860	30663	33649	88945	45732	4694	89873	40848
机电产品及设备类	2423236	395053	1830819	1698	48109	70234	7486	20673	42210	6954
#农机类	11072	2966	8086		20					
汽车类	651700	82499	470389	2989	7226	12900	14479	33142	24176	3900
种子饲料类	313656	188669	114903		52	3723	1206		5091	12
棉麻类	38755		6187		19935	12633				
其他类	4004730	605105	2236709	7651	338317	312263	380978	23419	83442	16848

2-106　设区市限额以上批发企业分类商品批发额

单位：万元

行　业	全省	福州市	厦门市	莆田市	三明市	泉州市	漳州市	南平市	龙岩市	宁德市
合　计	**44293491**	**8291793**	**25324185**	**743011**	**1957710**	**3863427**	**1957765**	**703964**	**1030028**	**421609**
食品、饮料、烟酒类	6233769	1420917	2219220	220734	179604	805064	547470	331456	265854	243450
粮油类	937424	333144	478601		17285	24160	17753	38214	24535	3732
肉禽蛋类	103143	9094	91809			510				1730
其他食品类	1329826	241433	882727	19383	18095	64418	72402	17961	7362	6045
饮料类	632222	364861	257292		6	5713		4350		
烟酒类	3231154	472386	508789	201350	144218	710264	457315	270931	233958	231943
服装、鞋帽、针纺织品类	6298756	990591	4090337	314982	22586	807046	9663	27839	32410	3302
服装类	2817747	440422	1957128	12633	17455	353415	317	16365	17548	2465
鞋帽类	2134107	439595	1105325	302349	3526	266336	1619	11046	4312	
针、纺织品类	1346902	110575	1027884		1606	187295	7728	428	10550	837
化妆品类	16626	7326	7289			305	1706			
金银珠宝类	150304	144907	5397							
日用品类	1696759	114472	1488460		214	59270	28077	5113	367	786
#洗涤用品类	98389	13843	41328			17436	24062	1721		
儿童玩具类	18337	2253	15821			263				
五金、电料类	387537	53419	276171	17823	5750	26332	7995		47	
体育、娱乐用品类	67984	18654	41122			935	6406		868	
书报杂志类	153043	135403	17616			25				
电子出版物及音像制品类	7862	6956	906							
家用电器和音像器材类	689079	358066	236594	9293	10842	18230	36612		19442	
中西药品类	1203659	617668	167826	28858	55262	126449	97667	32460	57982	19488
#西药	881224	480294	105539	21560	46414	63367	67877	25290	53380	17503
中草药及中成药	82731	2238	16929	908	7444	11679	29790	7170	4602	1971
文化办公用品类	523371	258944	256390		4	7321	711			
家俱类	162956	37690	79731		4518	5902	32143	2341	632	
通讯器材类	574589	33689	512736			24792		3363	10	
煤炭及制品类	958745	351461	218516		103009	19124	6595	14025	242199	3816
木材及制品类	1007792	39936	901030	7827	5938	2609	36122	3344	10624	362
石油及制品类	1634453	388293	572982	9298	5842	468222	172362	2918	710	13825
化工材料及制品类	4724338	581837	3301378	20153	234666	435083	53242	61818	20603	15560
#化肥类	542498	261984	113552		92630	9121	14474	29157	9343	12238
金属材料类	8681753	1148135	5156849	101743	884124	565864	471417	138709	161848	53064
建筑及装潢材料类	1906018	347388	1275178		33649	85570	45554	4694	73742	40243
机电产品及设备类	2393538	376600	1823754	1698	48109	67826	7447	20673	40478	6954
#农机类	11072	2966	8086		20					
汽车类	490749	79867	323506	2989	5312	11890	14479	31794	17011	3900
种子饲料类	313656	188669	114903		52	3723	1206		5091	12
棉麻类	37682		5136		19913	12633				
其他类	3978474	590905	2231159	7614	338317	309212	380891	23419	80110	16848

2-107 设区市限额以上批发企业分类商品零售额

单位：万元

行　业	全省	福州市	厦门市	莆田市	三明市	泉州市	漳州市	南平市	龙岩市	宁德市
合　计	**870075**	**329283**	**310600**	**60167**	**7894**	**91808**	**18315**	**5752**	**39647**	**6609**
食品、饮料、烟酒类	88895	9680	61711		91	2437	8162		5073	1741
粮油类	8223	2257	2774		1	291	1312		1022	567
肉禽蛋类	777	6				15	679			77
其他食品类	58454	0	52899		90	968	3136		1199	162
饮料类	14342	7414	3612			913	1897			507
烟酒类	7099	3	2427			251	1139		2852	428
服装、鞋帽、针纺织品类	50551	15432	8236	17632		7943	840			466
服装类	21067	14000	6224			224	449			169
鞋帽类	20056	1432	19	17632		701	146			126
针、纺织品类	9428		1993			7019	245			171
化妆品类	250					8	169			74
金银珠宝类										
日用品类	12482	4802	3927			64	2627			1063
#洗涤用品类	2306	416				52	1000			838
儿童玩具类	97					12	86			
五金、电料类	1129		175	606		4	85			259
体育、娱乐用品类	46		0			2	1			43
书报杂志类	131535	126696	4821			2				16
电子出版物及音像制品类	5416	5029	386							
家用电器和音像器材类	55366	34700	7653	5045	365		1561		6043	
中西药品类	41961	14204	11881	230	4883	3182	1191	4003	171	2216
#西药	30368	10211	9273	171	3761	1222	763	3284	143	1540
中草药及中成药	6220		1244	59	1106	1959	428	719	29	676
文化办公用品类	63555	43353	19986		7	4	78			127
家俱类										
通讯器材类	19259	5769	78			13411				
煤炭及制品类	10647	9699	733			216				
木材及制品类										
石油及制品类	93753	7016	21783	5954	612	54692	3295	401		
化工材料及制品类										
#化肥类										
金属材料类										
建筑及装潢材料类	77252	17618	8681	30663		3375	178		16131	605
机电产品及设备类	29698	18453	7064			2408	40		1733	
#农机类										
汽车类	160952	2632	146883		1915	1010		1348	7164	
种子饲料类										
棉麻类	1072		1051		22					
其他类	26257	14200	5550	37		3051	87		3332	

2-108　设区市限额以上零售企业分类商品销售总额

单位：万元

行　业	全省	福州市	厦门市	莆田市	三明市	泉州市	漳州市	南平市	龙岩市	宁德市
合　计	**12270341**	**4568153**	**2618710**	**355452**	**477980**	**2088365**	**731645**	**435277**	**592503**	**402259**
食品、饮料、烟酒类	1230676	585104	273260	19537	65993	130874	34922	58989	30575	31424
粮油类	204528	127156	23262	3787	12228	18616	5033	4430	4224	5792
肉禽蛋类	221101	80588	90159	3249	6280	10495	4932	17169	7129	1100
其他食品类	431880	212301	96019	5455	24264	51447	9288	15941	11093	6073
饮料类	159507	72682	15473	2552	7233	30124	7093	9371	4740	10239
烟酒类	213661	92376	48347	4495	15989	20191	8575	12078	3390	8219
服装、鞋帽、针纺织品类	624713	285208	196679	6773	22925	87262	7377	3225	8035	7229
服装类	422593	198358	137273	3414	12442	56403	4099	1404	5804	3396
鞋帽类	123388	55212	41141	1533	5214	15596	1645	747	1089	1211
针、纺织品类	78733	31638	18265	1827	5269	15264	1633	1074	1141	2622
化妆品类	95339	46711	21136	1149	5698	12491	1336	1155	4357	1308
金银珠宝类	148664	61990	58738	2585	3143	17258	1153	243	3554	
日用品类	308617	161941	60087	4083	15868	35234	8734	7986	8468	6216
#洗涤用品类	149790	80238	23094	2145	8479	19033	5936	3244	4145	3476
儿童玩具类	18327	6776	2285	625	1693	4642	690	395	492	729
五金、电料类	48582	23635	7870	268	672	13374	329	249	538	1647
体育、娱乐用品类	49855	6096	35080	405	1845	5160	390	238	173	467
书报杂志类	19509	6497	372	831	3033	8000	236	77	129	335
电子出版物及音像制品类	10178	5167	566	573	198	3102	158	140		275
家用电器和音像器材类	781579	351953	154593	24782	26719	108638	24954	35743	29644	24554
中西药品类	446500	201075	132264	2661	2452	9724	5230	27429	9696	55968
#西药	375892	180057	115690	2418	1891	4124	2626	21072	6639	41376
中草药及中成药	45426	3916	12752	170	561	1625	2584	6358	2878	14583
文化办公用品类	212457	106549	60416	1966	9599	13394	10739	4533	4830	432
家俱类	99435	82667	5447	86	841	6283	711	2350	1050	
通讯器材类	177221	82549	69905	2351	593	10032	3985	151	6300	1356
煤炭及制品类	12391	7865	1945		61			2520		
木材及制品类	1481	1167					314			
石油及制品类	4248374	925760	741354	210285	256135	816081	506345	231044	317727	243644
化工材料及制品类	7511	1948	598	305		3350			1309	
#化肥类	4923	1632		146		1836			1309	
金属材料类	591	13			57	521				
建筑及装潢材料类	156793	138918	10259	59	1722	5088			746	
机电产品及设备类	284570	154842	35457	10777	7561	53456	16083	1354	3653	1386
#农机类	76	50				3			23	
汽车类	3047906	1174697	694573	63484	48841	727537	102415	54287	157274	24799
种子饲料类	69	53				16				
棉麻类	67	59			7	1				
其他类	257266	155690	58115	2490	4017	21491	6235	3564	4445	1220

2-109 设区市限额以上零售企业分类商品批发额

单位：万元

行 业	全省	福州市	厦门市	莆田市	三明市	泉州市	漳州市	南平市	龙岩市	宁德市
合 计	**1432298**	**432167**	**416523**	**48307**	**64431**	**170788**	**97174**	**51426**	**85678**	**65806**
食品、饮料、烟酒类	32322	3740	21869	72	2160	3495	715	229	42	
粮油类	1163	355		0	693	21		89	5	
肉禽蛋类	22683	8	21869	71	13		715	6		
其他食品类	4706	1150			389	3145		18	5	
饮料类	2478	1890		1	427	114		29	17	
烟酒类	1292	337			637	215		88	15	
服装、鞋帽、针纺织品类	14817	5053	8232	441	49	1043				
服装类	5825	914	3972		2	937				
鞋帽类	7636	4044	3057	441	8	85				
针、纺织品类	1356	94	1202		40	20				
化妆品类	192	64			113	0		15		
金银珠宝类	1844	5	1831			8				
日用品类	1119	927			67	118		2	4	
#洗涤用品类	437	360			62	15				
儿童玩具类	51	48			4					
五金、电料类	9088	8482	346		1	259				
体育、娱乐用品类	3513	37	3475		1					
书报杂志类	815				808	8				
电子出版物及音像制品类	1				1					
家用电器和音像器材类	61832	47961	3429		1732	2249	1	804	3557	2100
中西药品类	142318	74226	47272	733		391	24	8361	590	10721
#西药	133369	73717	43769	676		270	11	6595	392	7938
中草药及中成药	8945	505	3503	56		121	13	1765	199	2783
文化办公用品类	16764	5682	8219	146	1699	162	227	0	629	
家具类	792	83	643			1		66		
通讯器材类	15638	5917	7159			91			2470	
煤炭及制品类	1787	1726			61					
木材及制品类	1481	1167					314			
石油及制品类	866209	188271	231799	44308	51709	100365	92801	32663	73582	50712
化工材料及制品类	7511	1948	598	305		3350			1309	
#化肥类	4923	1632		146		1836			1309	
金属材料类	591	13			57	521				
建筑及装潢材料类	7873	7296				577				
机电产品及设备类	43754	40741	859		600	77	1365	90	23	
#农机类	76	50				3			23	
汽车类	198348	37359	80791	1984	5374	56463	1725	8909	3472	2272
种子饲料类	69	53				16				
棉麻类										
其他类	3621	1416		318		1596	2	288		

2-110　设区市限额以上零售企业分类商品零售额

单位：万元

行　业	全省	福州市	厦门市	莆田市	三明市	泉州市	漳州市	南平市	龙岩市	宁德市
合　计	**10838044**	**4135986**	**2202187**	**307144**	**413549**	**1917577**	**634471**	**383851**	**506825**	**336453**
食品、饮料、烟酒类	1198354	581364	251390	19465	63833	127379	34206	58760	30533	31424
粮油类	203364	126801	23262	3787	11535	18595	5033	4341	4219	5792
肉禽蛋类	198418	80580	68290	3177	6267	10495	4217	17163	7129	1100
其他食品类	427174	211151	96019	5455	23875	48302	9288	15923	11088	6073
饮料类	157029	70792	15473	2552	6805	30011	7093	9343	4722	10239
烟酒类	212369	92040	48347	4495	15352	19976	8575	11990	3375	8219
服装、鞋帽、针纺织品类	609896	280155	188448	6332	22877	86219	7377	3225	8035	7229
服装类	416767	197444	133301	3414	12441	55466	4099	1404	5804	3396
鞋帽类	115752	51167	38084	1092	5207	15511	1645	747	1089	1211
针、纺织品类	77377	31544	17063	1827	5229	15243	1633	1074	1141	2622
化妆品类	95148	46647	21136	1149	5585	12491	1336	1140	4357	1308
金银珠宝类	146819	61985	56907	2585	3143	17250	1153	243	3554	
日用品类	307498	161014	60087	4083	15801	35116	8734	7984	8464	6216
#洗涤用品类	149352	79878	23094	2145	8418	19018	5936	3244	4145	3476
儿童玩具类	18275	6729	2285	625	1690	4642	690	395	492	729
五金、电料类	39494	15153	7524	268	671	13115	329	249	538	1647
体育、娱乐用品类	46342	6060	31605	405	1844	5160	390	238	173	467
书报杂志类	18694	6497	372	831	2225	7993	236	77	129	335
电子出版物及音像制品类	10177	5167	566	573	197	3102	158	140		275
家用电器和音像器材类	719746	303992	151164	24782	24986	106389	24953	34939	26087	22454
中西药品类	304182	126849	84991	1928	2452	9334	5207	19069	9106	45247
#西药	242523	106340	71921	1742	1891	3854	2615	14476	6247	33437
中草药及中成药	36481	3411	9248	114	561	1505	2571	4592	2680	11800
文化办公用品类	195693	100868	52197	1820	7900	13232	10512	4533	4201	432
家俱类	98642	82584	4804	86	841	6282	711	2284	1050	
通讯器材类	161583	76632	62745	2351	593	9940	3985	151	3830	1356
煤炭及制品类	10604	6139	1945					2520		
木材及制品类										
石油及制品类	3382164	737489	509555	165977	204426	715716	413544	198382	244145	192932
化工材料及制品类										
#化肥类										
金属材料类										
建筑及装潢材料类	148919	131622	10259	59	1722	4511			746	
机电产品及设备类	240816	114101	34598	10777	6961	53379	14719	1264	3631	1386
#农机类										
汽车类	2849559	1137338	613782	61500	43468	671074	100690	45379	153802	22527
种子饲料类										
棉麻类	67	59			7	1				
其他类	253645	154273	58115	2172	4017	19895	6232	3276	4445	1220

2-111 设区市限额以下批发和零售企业分类商品销售总额

单位：万元

行业	全省	福州市	厦门市	莆田市	三明市	泉州市	漳州市	南平市	龙岩市	宁德市
合计	**16022514**	**3702521**	**5903735**	**371324**	**811267**	**2963028**	**696650**	**447039**	**627249**	**499701**
食品、饮料、烟酒类	3374223	281672	2040773	81429	88871	456164	177727	54677	82185	110725
粮油类	303933	86730	35743	3843	20293	81981	42296	10195	10658	12195
肉禽蛋类	72607	22055	19332	1155	7442	7239	3827	3310	3052	5194
其他食品类	783648	105161	171809	29596	47979	220808	101846	24003	28689	53758
饮料类	174574	32717	37238	2076	6174	40443	13771	8622	20812	12721
烟酒类	2039461	35009	1776651	44760	6982	105694	15987	8547	18974	26857
服装、鞋帽、针纺织品类	1786750	404791	598131	74886	24610	625067	24987	7820	14904	11555
服装类	779163	191516	282738	29348	9411	236592	12744	4469	7779	4565
鞋帽类	359273	139420	97904	40728	3080	66605	5930	720	3479	1406
针、纺织品类	648314	73855	217488	4810	12119	321870	6312	2631	3647	5583
化妆品类	55461	15334	8180	1085	1973	21678	2311	1324	1433	2143
金银珠宝类	62913	13865	18166	2206	443	19431	1174	1286	6229	115
日用品类	497828	101744	219991	7365	11666	92557	25350	10481	17451	11223
#洗涤用品类	56297	11004	11767	2319	1015	17042	5715	3400	2278	1756
儿童玩具类	17684	4648	6889	494	228	4181	353	93	554	243
五金、电料类	428296	117589	149708	12369	23746	69336	9784	13064	17665	15036
体育、娱乐用品类	49900	12502	23820	680	215	6410	2643	518	2419	694
书报杂志类	51237	26504	3796	1408	1104	11699	4045	2064	119	498
电子出版物及音像制品类	50729	17175	15123	734	848	11473	1357	28	281	3710
家用电器和音像器材类	417101	138802	81560	15239	12745	79747	29859	20259	21862	17028
中西药品类	413970	158205	28343	11764	32210	112753	17706	20546	16887	15556
#西药	183739	40335	8300	7595	25202	62853	7652	13401	10891	7510
中草药及中成药	72231	21660	2570	2646	3593	24868	4287	5427	2284	4897
文化办公用品类	408926	113617	170046	2961	23697	44678	16418	9822	21297	6390
家俱类	136096	33833	23859	2285	5068	34321	13406	5765	13880	3679
通讯器材类	297639	133244	53034	2535	5794	67837	9626	3616	15722	6231
煤炭及制品类	246925	49417	20509	1704	44197	48743	8249	7641	62649	3816
木材及制品类	97548	19895	15601	2713	11392	17247	4290	14498	9650	2265
石油及制品类	578785	110787	133245	11827	37080	154674	39875	22567	27496	41234
化工材料及制品类	1174884	195662	368268	40708	104633	199355	85279	68806	76360	35813
#化肥类	299085	45794	10621	9268	42759	52597	37344	31722	44482	24498
金属材料类	997313	487801	181733	4042	111456	90594	18262	27688	35632	40105
建筑及装潢材料类	1371618	332368	524072	40677	74247	234904	40708	26253	27698	70690
机电产品及设备类	1407321	335809	647140	18051	75348	173285	40866	40585	50608	25629
#农机类	58694	5247	27639	424	5189	2771	3443	6448	2369	5166
汽车类	583064	120374	176043	12639	51873	76539	42228	31940	41786	29641
种子饲料类	96184	46116	10503	1378	5012	4195	8821	5052	12280	2828
棉麻类	8725	4171	446	5	2333	656	258	815	35	6
其他类	1429080	431244	391647	20633	60708	309686	71419	49925	50725	43093

2-112　设区市限额以下批发和零售企业分类商品批发额

单位：万元

行　业	全省	福州市	厦门市	莆田市	三明市	泉州市	漳州市	南平市	龙岩市	宁德市
合　计	**13308790**	**3123495**	**5360709**	**289538**	**674011**	**2151760**	**544976**	**342217**	**424227**	**397857**
食品、饮料、烟酒类	2990728	215095	1984752	60610	72993	331907	158884	40702	36297	89488
粮油类	238140	69570	23126	2570	17822	63760	38939	7598	6674	8081
肉禽蛋类	56539	17846	15143	971	6589	3698	3403	2827	1753	4309
其他食品类	639040	82210	150996	26371	40368	161334	96412	20135	15451	45763
饮料类	102001	21702	29292	1351	3780	19843	9418	4619	2885	9114
烟酒类	1955008	23767	1766196	29348	4434	83272	10712	5522	9534	22222
服装、鞋帽、针纺织品类	1560779	341708	558874	65833	18372	549641	15208	2415	3404	5323
服装类	646824	154588	263124	24215	6506	189775	6212	153	585	1666
鞋帽类	325425	128480	92579	38750	1459	58396	4380	177	664	541
针、纺织品类	588530	58640	203171	2868	10406	301470	4616	2085	2156	3117
化妆品类	25224	5399	6433	287	1392	9760	797	633	129	394
金银珠宝类	18091	6887	5563	291		4329	287		729	5
日用品类	374169	73310	195552	4180	5777	55691	17789	6695	8518	6657
#洗涤用品类	33897	5886	9260	1323	430	8948	4201	2662	433	755
儿童玩具类	12016	2475	6427	220	165	2390	81	10	183	65
五金、电料类	301732	92549	108665	9628	18781	36639	3805	8716	13014	9935
体育、娱乐用品类	32700	8402	19342	358	15	878	2002	69	1287	348
书报杂志类	34914	22093	2613	241	333	4424	2991	1945	55	219
电子出版物及音像制品类	37351	14056	11355	100	329	6775	1164	17	129	3427
家用电器和音像器材类	242068	97482	56028	5604	5266	36581	16571	9547	5740	9248
中西药品类	252261	122837	17774	8461	25062	36647	12599	14261	7099	7521
#西药	102412	28361	5414	5538	21255	19897	6072	9412	3018	3445
中草药及中成药	37714	15299	532	2166	1493	8173	2728	3986	937	2400
文化办公用品类	251368	87587	113901	1801	9594	14705	8607	1980	9420	3773
家俱类	47754	13276	12899	650	29	9313	9419	715	367	1086
通讯器材类	189061	101406	37806	1143	4522	31942	5499	1177	2492	3075
煤炭及制品类	232331	48090	18033	1704	43381	40109	7651	7134	62495	3733
木材及制品类	97137	19895	15601	2713	10980	17247	4290	14498	9650	2265
石油及制品类	302284	75035	100798	6063	5933	51708	15147	10652	11616	25334
化工材料及制品类	1174480	195662	368268	40708	104569	199015	85279	68806	76360	35813
#化肥类	299085	45794	10621	9268	42759	52597	37344	31722	44482	24498
金属材料类	997313	487801	181733	4042	111456	90594	18262	27688	35632	40105
建筑及装潢材料类	1191858	297528	474601	35564	69665	181295	32365	19311	17693	63836
机电产品及设备类	1241462	310406	586984	13188	64105	142078	30682	33101	43008	17910
#农机类	58694	5247	27639	424	5189	2771	3443	6448	2369	5166
汽车类	357937	67360	129860	7613	36154	29352	20187	18467	24692	24252
种子饲料类	96184	46116	10503	1378	5012	4195	8821	5052	12280	2828
棉麻类	7376	3843	446		1554	510	205	813		5
其他类	1252229	369672	342326	17377	58737	266425	66466	47824	42123	41279

2-113 设区市限额以下批发和零售企业分类商品零售额

单位：万元

行　业	全省	福州市	厦门市	莆田市	三明市	泉州市	漳州市	南平市	龙岩市	宁德市
合　计	**2713724**	**579026**	**543026**	**81785**	**137256**	**811269**	**151673**	**104822**	**203022**	**101845**
食品、饮料、烟酒类	383495	66576	56022	20819	15878	124258	18842	13975	45888	21236
粮油类	65793	17159	12618	1273	2471	18221	3357	2597	3984	4114
肉禽蛋类	16068	4209	4190	184	854	3542	424	482	1299	886
其他食品类	144608	22952	20813	3225	7611	59474	5433	3868	13238	7995
饮料类	72573	11015	7947	726	2395	20600	4354	4003	17927	3607
烟酒类	84454	11241	10455	15412	2548	22422	5275	3025	9440	4636
服装、鞋帽、针纺织品类	225971	63083	39256	9053	6237	75426	9779	5405	11500	6231
服装类	132339	36928	19614	5133	2905	46818	6532	4316	7194	2900
鞋帽类	33848	10939	5326	1979	1621	8209	1551	543	2815	865
针、纺织品类	59784	15216	14317	1941	1712	20400	1696	546	1491	2466
化妆品类	30238	9935	1748	798	580	11918	1515	691	1303	1750
金银珠宝类	44823	6978	12602	1914	443	15102	887	1286	5500	110
日用品类	123659	28434	24439	3186	5889	36866	7561	3785	8933	4567
#洗涤用品类	22400	5118	2507	996	585	8094	1514	739	1845	1002
儿童玩具类	5668	2173	462	274	63	1792	273	83	371	178
五金、电料类	126564	25040	41043	2741	4965	32697	5979	4348	4651	5100
体育、娱乐用品类	17200	4100	4478	321	200	5532	641	450	1132	346
书报杂志类	16323	4411	1183	1167	771	7275	1054	119	63	280
电子出版物及音像制品类	13378	3120	3768	634	519	4699	193	11	152	283
家用电器和音像器材类	175033	41320	25532	9635	7479	43166	13288	10712	16121	7780
中西药品类	161709	35367	10568	3302	7148	76107	5107	6285	9789	8036
#西药	81327	11974	2886	2057	3948	42956	1580	3989	7873	4065
中草药及中成药	34517	6362	2038	480	2100	16696	1559	1441	1347	2496
文化办公用品类	157558	26031	56145	1160	14102	29973	7811	7842	11877	2617
家俱类	88342	20557	10960	1635	5039	25009	3987	5050	13513	2593
通讯器材类	108578	31838	15228	1392	1272	35895	4128	2439	13230	3156
煤炭及制品类	14595	1327	2476		815	8634	598	507	154	83
木材及制品类	411				411					
石油及制品类	276500	35752	32447	5764	31147	102966	24728	11916	15881	15900
化工材料及制品类	404				64	340				
#化肥类										
金属材料类										
建筑及装潢材料类	179760	34840	49471	5113	4582	53609	8344	6942	10005	6854
机电产品及设备类	165858	25403	60156	4863	11243	31207	10185	7484	7600	7719
#农机类										
汽车类	225127	53015	46183	5025	15720	47187	22041	13473	17094	5390
种子饲料类										
棉麻类	1350	328		5	780	146	53	2	35	1
其他类	176851	61572	49321	3256	1971	43260	4953	2102	8602	1814

2-114　设区市限额以下批发企业分类商品销售总额

单位：万元

行　业	全省	福州市	厦门市	莆田市	三明市	泉州市	漳州市	南平市	龙岩市	宁德市
合　计	**13730783**	**3185428**	**5570441**	**307717**	**698481**	**2204290**	**561338**	**351184**	**446543**	**405363**
食品、饮料、烟酒类	3066862	222432	2008027	75389	80066	339299	162404	43623	44022	91601
粮油类	246782	72149	25378	2626	18547	64660	39753	8448	7223	7997
肉禽蛋类	60734	18888	17386	972	7202	3728	3411	2950	1810	4387
其他食品类	669981	84415	162604	27291	44707	166269	97168	21214	19385	46930
饮料类	108160	22118	31470	1546	4502	20289	10429	4952	3435	9419
烟酒类	1981205	24862	1771190	42954	5109	84352	11642	6059	12169	22868
服装、鞋帽、针纺织品类	1606565	348505	579982	65871	19114	563276	17257	2474	3977	6108
服装类	664117	157770	271452	24194	6989	193187	7632	163	817	1914
鞋帽类	332783	132510	95916	38804	1540	57769	4626	174	775	670
针、纺织品类	609665	58226	212614	2874	10585	312320	4999	2137	2385	3524
化妆品类	27922	5889	7297	317	1417	10797	810	644	286	464
金银珠宝类	19949	6259	7260	1058		4354	264		750	5
日用品类	398958	76079	208976	4352	7493	58254	18704	7442	10868	6790
#洗涤用品类	37435	6406	10568	1392	535	9601	4328	3033	737	835
儿童玩具类	12658	2535	6771	247	165	2528	103	32	206	70
五金、电料类	328045	97573	123768	10142	20269	36772	4933	9343	15030	10215
体育、娱乐用品类	34287	8954	19791	380	125	912	2045	83	1597	399
书报杂志类	37634	23776	2656	314	354	4928	3255	2019	115	219
电子出版物及音像制品类	41257	14670	14173	101	329	7206	1191	18	143	3427
家用电器和音像器材类	257604	102165	64377	5568	5349	35722	17742	9574	7807	9299
中西药品类	263975	119373	18929	8390	26819	44825	13423	15128	9088	8001
#西药	110918	28320	5435	5489	22447	24861	6352	10053	4317	3645
中草药及中成药	42193	15010	559	2145	2070	11214	2997	4212	1386	2601
文化办公用品类	278322	91212	132454	1824	12168	15152	9108	1979	10397	4029
家俱类	47862	13910	12706	578	25	8887	9455	872	373	1058
通讯器材类	201035	106003	42742	1215	5055	32941	6074	964	2973	3069
煤炭及制品类	244544	49034	20509	1704	44197	47491	7984	7334	62508	3783
木材及制品类	96332	19891	15533	2713	11392	16159	4290	14498	9638	2220
石油及制品类	309327	76530	101945	6076	6927	47516	16206	12255	13382	28490
化工材料及制品类	1160958	192309	368173	38990	104474	194971	83888	68371	75564	34218
#化肥类	287939	43403	10584	8273	42687	48637	36221	31287	43686	23160
金属材料类	996020	487269	181541	4042	111420	90205	18221	27676	35616	40029
建筑及装潢材料类	1231198	304980	488134	39304	71119	189714	34101	20135	18312	65398
机电产品及设备类	1300644	316634	633403	13410	65206	145744	31409	33400	43527	17912
#农机类	57978	4883	27639	381	5037	2741	3443	6323	2369	5163
汽车类	374406	68367	138565	7293	38336	30460	22803	19693	24495	24394
种子饲料类	95787	45871	10503	1374	5012	4057	8821	5044	12279	2828
棉麻类	7847	3525	446		2333	511	214	813		5
其他类	1303444	384218	368553	17310	59483	274140	66739	47801	43798	41403

2-115 设区市限额以下批发企业分类商品批发额

单位：万元

行　业	全省	福州市	厦门市	莆田市	三明市	泉州市	漳州市	南平市	龙岩市	宁德市
合　计	**13215035**	**3100860**	**5343271**	**286602**	**672154**	**2115047**	**541131**	**340125**	**421686**	**394160**
食品、饮料、烟酒类	2981317	213573	1984344	60431	72828	326657	158188	40458	36163	88676
粮油类	236757	69482	23123	2570	17812	62871	38875	7591	6674	7759
肉禽蛋类	56356	17832	15129	971	6589	3563	3396	2827	1753	4295
其他食品类	635508	81494	150858	26200	40288	159567	96114	20018	15327	45642
饮料类	100728	21111	29213	1351	3762	19519	9296	4613	2881	8983
烟酒类	1951969	23654	1766021	29340	4378	81137	10508	5408	9528	21997
服装、鞋帽、针纺织品类	1555324	339305	558579	65787	18372	547025	15208	2402	3372	5275
服装类	645269	154156	262993	24169	6506	188876	6212	153	559	1645
鞋帽类	323767	128467	92455	38750	1459	56908	4380	163	657	528
针、纺织品类	586288	56681	203131	2868	10406	301241	4616	2085	2156	3103
化妆品类	24907	5374	6361	287	1329	9671	751	631	129	375
金银珠宝类	17037	5943	5563	245		4300	252		729	5
日用品类	371471	72559	194907	4174	5772	54778	17610	6691	8518	6462
#洗涤用品类	33257	5816	9242	1323	430	8483	4123	2660	433	747
儿童玩具类	11933	2448	6418	220	165	2367	65	10	183	55
五金、电料类	297412	92225	107021	9449	18604	35043	3742	8616	12827	9885
体育、娱乐用品类	32474	8401	19197	358	15	860	2002	58	1270	313
书报杂志类	34413	22066	2613	241	333	4116	2826	1945	55	219
电子出版物及音像制品类	36685	13518	11355	100	329	6660	1151	17	129	3427
家用电器和音像器材类	237094	96902	55433	5535	5033	34086	16493	9353	5603	8656
中西药品类	246705	118755	17692	8390	24900	35595	12519	14261	7087	7507
#西药	101291	28215	5414	5489	21192	19090	6027	9412	3008	3444
中草药及中成药	36884	14771	532	2145	1406	8008	2715	3986	935	2387
文化办公用品类	247720	86931	113071	1801	9447	13182	8495	1862	9203	3727
家俱类	46155	13099	12671	578	25	8412	9419	541	353	1058
通讯器材类	187075	101012	37712	1137	4522	30694	5477	964	2492	3065
煤炭及制品类	231675	48090	18033	1704	43381	39453	7651	7134	62495	3733
木材及制品类	95921	19891	15533	2713	10980	16159	4290	14498	9638	2220
石油及制品类	291893	73587	99288	6063	5903	44616	14835	10652	11616	25334
化工材料及制品类	1160720	192309	368173	38990	104474	194733	83888	68371	75564	34218
#化肥类	287939	43403	10584	8273	42687	48637	36221	31287	43686	23160
金属材料类	996020	487269	181541	4042	111420	90205	18221	27676	35616	40029
建筑及装潢材料类	1179757	295872	466928	35558	69665	178852	32265	19094	17688	63836
机电产品及设备类	1238966	310042	586689	13046	63886	141081	30658	32976	42683	17904
#农机类	57978	4883	27639	381	5037	2741	3443	6323	2369	5163
汽车类	352358	65896	128767	7293	35660	28371	19768	18279	24070	24252
种子饲料类	95787	45871	10503	1374	5012	4057	8821	5044	12279	2828
棉麻类	6826	3293	446		1554	510	205	813		5
其他类	1249326	369077	340850	17305	58708	265934	66397	47791	42109	41154

2-116　设区市限额以下批发企业分类商品零售额

单位：万元

行　业	全省	福州市	厦门市	莆田市	三明市	泉州市	漳州市	南平市	龙岩市	宁德市
合　计	**515748**	**84568**	**227171**	**21115**	**26327**	**89243**	**20207**	**11058**	**24856**	**11203**
食品、饮料、烟酒类	85545	8859	23683	14959	7238	12642	4215	3165	7859	2926
粮油类	10025	2667	2255	57	734	1789	878	857	550	238
肉禽蛋类	4379	1056	2256	1	613	165	15	123	57	92
其他食品类	34473	2921	11746	1091	4419	6702	1053	1196	4058	1288
饮料类	7432	1007	2256	195	741	770	1134	340	554	436
烟酒类	29236	1209	5169	13615	731	3216	1135	650	2641	871
服装、鞋帽、针纺织品类	51241	9200	21404	84	742	16252	2049	73	605	833
服装类	18848	3614	8459	24	483	4312	1420	10	258	270
鞋帽类	9016	4042	3462	54	80	861	246	11	118	142
针、纺织品类	23377	1545	9483	6	179	11079	383	52	230	420
化妆品类	3014	515	936	30	88	1126	59	13	157	90
金银珠宝类	2913	316	1697	813		54	12		21	
日用品类	27487	3520	14069	178	1722	3476	1094	751	2350	328
#洗涤用品类	4178	591	1326	69	105	1118	205	374	304	87
儿童玩具类	725	87	353	27		162	38	22	23	15
五金、电料类	30632	5348	16747	693	1665	1729	1191	727	2203	330
体育、娱乐用品类	1813	553	594	22	110	52	44	25	327	86
书报杂志类	3221	1710	43	73	20	813	430	74	59	
电子出版物及音像制品类	4572	1152	2818	1		546	40	1	14	
家用电器和音像器材类	20510	5263	8944	33	315	1637	1250	221	2204	643
中西药品类	17270	618	1236		1919	9230	904	867	2002	495
#西药	9627	105	21		1255	5771	325	641	1309	200
中草药及中成药	5309	239	28		664	3206	281	226	451	214
文化办公用品类	30602	4281	19383	23	2720	1970	613	117	1194	302
家俱类	1708	811	35			475	35	331	20	
通讯器材类	13960	4991	5030	78	533	2247	597		481	4
煤炭及制品类	12869	944	2476		815	8038	333	200	13	50
木材及制品类	411				411					
石油及制品类	17434	2943	2657	14	1024	2900	1370	1604	1766	3156
化工材料及制品类	238					238				
#化肥类										
金属材料类										
建筑及装潢材料类	51441	9109	21206	3746	1455	10862	1836	1041	624	1562
机电产品及设备类	61678	6592	46714	364	1320	4663	751	423	844	8
#农机类										
汽车类	22048	2471	9798		2675	2088	3035	1415	425	143
种子饲料类										
棉麻类	1021	232			780	1	9			
其他类	54118	15141	27703	5	775	8205	343	10	1688	249

2-117 设区市限额以下零售企业分类商品销售总额

单位：万元

行　业	全省	福州市	厦门市	莆田市	三明市	泉州市	漳州市	南平市	龙岩市	宁德市
合　计	**2291731**	**517093**	**333294**	**63607**	**112787**	**758738**	**135312**	**95856**	**180707**	**94339**
食品、饮料、烟酒类	307361	59240	32747	6040	8806	116866	15323	11055	38162	19123
粮油类	57151	14581	10366	1216	1746	17320	2543	1747	3434	4197
肉禽蛋类	11873	3168	1947	183	241	3511	416	359	1241	807
其他食品类	113667	20746	9205	2305	3273	54539	4678	2789	9305	6828
饮料类	66414	10599	5768	530	1672	20154	3342	3670	17377	3302
烟酒类	58256	10147	5461	1805	1874	21342	4345	2489	6805	3989
服装、鞋帽、针纺织品类	180185	56286	18149	9015	5496	61791	7730	5346	10927	5447
服装类	115046	33746	11287	5155	2422	43405	5113	4306	6962	2651
鞋帽类	26489	6910	1988	1925	1541	8836	1305	546	2704	736
针、纺织品类	38650	15630	4874	1935	1533	9549	1313	494	1261	2060
化妆品类	27539	9445	884	768	556	10881	1501	680	1146	1679
金银珠宝类	42964	7607	10905	1147	443	15077	910	1286	5479	110
日用品类	98870	25665	11015	3014	4172	34303	6645	3039	6583	4433
#洗涤用品类	18863	4597	1199	927	481	7442	1387	367	1541	922
儿童玩具类	5026	2113	118	247	63	1653	250	61	348	173
五金、电料类	100251	20016	25940	2227	3476	32564	4851	3721	2635	4821
体育、娱乐用品类	15613	3548	4029	299	90	5497	598	436	822	295
书报杂志类	13602	2728	1141	1094	751	6771	789	46	4	280
电子出版物及音像制品类	9472	2505	950	633	519	4268	166	10	138	283
家用电器和音像器材类	159497	36637	17182	9671	7397	44025	12117	10685	14055	7729
中西药品类	149995	38832	9414	3374	5391	67929	4283	5418	7799	7555
#西药	72821	12015	2865	2106	2755	37992	1300	3348	6574	3866
中草药及中成药	30038	6651	2010	501	1523	13654	1290	1215	898	2296
文化办公用品类	130604	22405	37592	1137	11529	29527	7311	7843	10900	2360
家俱类	88234	19924	11153	1707	5043	25434	3952	4893	13507	2621
通讯器材类	96604	27242	10292	1320	739	34896	3552	2652	12749	3162
煤炭及制品类	2381	383				1252	265	307	141	33
木材及制品类	1216	3	68			1088			12	45
石油及制品类	269458	34257	31300	5751	30153	107157	23670	10312	14114	12744
化工材料及制品类	13926	3354	95	1718	159	4384	1391	435	796	1595
#化肥类	11145	2391	37	995	72	3960	1123	435	796	1337
金属材料类	1293	532	191		36	389	42	12	16	76
建筑及装潢材料类	140420	27388	35938	1373	3128	45190	6608	6117	9386	5292
机电产品及设备类	106677	19175	13737	4641	10142	27541	9457	7185	7081	7717
#农机类	717	364		42	152	31		125		3
汽车类	208659	52007	37479	5345	13538	46080	19425	12247	17291	5247
种子饲料类	397	245		4		138		8	2	
棉麻类	878	646		5		145	45	2	35	1
其他类	125636	47026	23094	3323	1225	35546	4680	2124	6927	1690

2-118　设区市限额以下零售企业分类商品批发额

单位：万元

行　业	全省	福州市	厦门市	莆田市	三明市	泉州市	漳州市	南平市	龙岩市	宁德市
合　计	**93755**	**22635**	**17438**	**2937**	**1857**	**36713**	**3845**	**2092**	**2541**	**3697**
食品、饮料、烟酒类	9411	1523	408	180	165	5250	696	244	134	813
粮油类	1383	89	3		10	889	65	7		322
肉禽蛋类	184	15	13			135	7			14
其他食品类	3532	715	138	171	81	1767	298	117	124	121
饮料类	1274	591	78		18	324	122	7	4	131
烟酒类	3039	114	175	9	57	2136	204	114	6	225
服装、鞋帽、针纺织品类	5455	2404	296	46		2616		14	32	48
服装类	1555	432	131	46		899			26	21
鞋帽类	1658	13	124			1488		14	6	13
针、纺织品类	2242	1959	41			229				14
化妆品类	316	25	72		63	89	46	2		19
金银珠宝类	1054	944		46		29	35			
日用品类	2699	751	645	6	5	914	179	4		194
#洗涤用品类	640	70	18			465	78	2		7
儿童玩具类	83	27	9			23	15			10
五金、电料类	4320	324	1644	178	176	1596	64	100	187	50
体育、娱乐用品类	226	1	145			18		11	17	35
书报杂志类	501	27				309	165			
电子出版物及音像制品类	667	538				115	13			
家用电器和音像器材类	4974	580	595	69	232	2495	79	194	137	593
中西药品类	5556	4082	82	72	162	1052	80		12	14
#西药	1120	146		49	62	807	45		10	1
中草药及中成药	829	528		21	87	165	13		2	13
文化办公用品类	3648	655	830		147	1523	112	118	217	46
家俱类	1599	178	229	72	4	901		174	14	29
通讯器材类	1986	394	94	6		1248	21	213		10
煤炭及制品类	656					656				
木材及制品类	1216	3	68			1088			12	45
石油及制品类	10391	1448	1510		30	7092	312			
化工材料及制品类	13760	3354	95	1718	95	4282	1391	435	796	1595
#化肥类	11145	2391	37	995	72	3960	1123	435	796	1337
金属材料类	1293	532	191		36	389	42	12	16	76
建筑及装潢材料类	12101	1656	7673	7		2444	100	217	5	
机电产品及设备类	2497	364	295	142	219	998	24	125	325	6
#农机类	717	364		42	152	31		125		3
汽车类	5579	1464	1093	320	494	981	419	189	622	
种子饲料类	397	245		4		138		8	2	
棉麻类	550	550								
其他类	2903	595	1475	72	29	491	69	33	14	125

2-119 设区市限额以下零售企业分类商品零售额

单位：万元

行 业	全省	福州市	厦门市	莆田市	三明市	泉州市	漳州市	南平市	龙岩市	宁德市
合 计	**2197977**	**494458**	**315855**	**60670**	**110929**	**722025**	**131467**	**93764**	**178166**	**90642**
食品、饮料、烟酒类	297949	57717	32339	5860	8641	111616	14627	10810	38029	18311
粮油类	55768	14492	10363	1216	1736	16431	2478	1740	3434	3876
肉禽蛋类	11689	3153	1933	183	241	3377	409	359	1241	793
其他食品类	110134	20031	9067	2134	3192	52772	4380	2673	9181	6706
饮料类	65141	10008	5690	530	1654	19830	3220	3664	17373	3171
烟酒类	55218	10033	5286	1797	1817	19206	4140	2375	6799	3765
服装、鞋帽、针纺织品类	174730	53883	17853	8969	5496	59175	7730	5332	10895	5399
服装类	113491	33315	11155	5109	2422	42506	5113	4306	6936	2630
鞋帽类	24831	6897	1864	1925	1541	7348	1305	532	2697	723
针、纺织品类	36408	13671	4833	1935	1533	9321	1313	494	1261	2046
化妆品类	27223	9420	812	768	492	10792	1456	678	1146	1660
金银珠宝类	41910	6662	10905	1101	443	15047	875	1286	5479	110
日用品类	96171	24914	10370	3008	4167	33390	6466	3035	6583	4239
#洗涤用品类	18223	4527	1181	927	481	6976	1309	365	1541	914
儿童玩具类	4943	2086	110	247	63	1630	235	61	348	163
五金、电料类	95931	19692	24296	2049	3300	30968	4788	3621	2448	4771
体育、娱乐用品类	15387	3547	3884	299	90	5479	598	425	805	260
书报杂志类	13102	2701	1141	1094	751	6462	624	46	4	280
电子出版物及音像制品类	8806	1967	950	633	519	4152	153	10	138	283
家用电器和音像器材类	154523	36057	16587	9602	7164	41530	12038	10490	13918	7137
中西药品类	144439	34749	9332	3302	5229	66877	4203	5418	7787	7541
#西药	71700	11869	2865	2057	2693	37185	1255	3348	6564	3864
中草药及中成药	29209	6122	2010	480	1436	13489	1277	1215	896	2283
文化办公用品类	126956	21750	36763	1137	11382	28003	7198	7725	10683	2315
家俱类	86634	19746	10924	1635	5039	24533	3952	4719	13493	2593
通讯器材类	94617	26848	10199	1314	739	33648	3531	2439	12749	3152
煤炭及制品类	1725	383				597	265	307	141	33
木材及制品类										
石油及制品类	259067	32809	29790	5751	30123	100066	23358	10312	14114	12744
化工材料及制品类	166				64	102				
#化肥类										
金属材料类										
建筑及装潢材料类	128319	25731	28265	1367	3128	42747	6508	5900	9381	5292
机电产品及设备类	104180	18811	13442	4499	9923	26544	9434	7060	6756	7711
#农机类										
汽车类	203079	50544	36386	5025	13044	45099	19007	12058	16669	5247
种子饲料类										
棉麻类	329	96		5		145	45	2	35	1
其他类	122732	46431	21619	3251	1196	35055	4611	2092	6913	1565

2-120　批发和零售企业分登记注册类型资产负债状况

单位：万元

注册登记类型	固定资产原价	本年折旧	资产总计	负债合计	所有者权益	实收资本
合　计	**4678823**	**317232**	**37346615**	**21938954**	**15407662**	**10641160**
内资企业	**4234341**	**270786**	**34074675**	**19827704**	**14246971**	**9811643**
国有企业	834815	47643	5634700	2227636	3407063	1218500
集体企业	168922	8578	665301	409998	255303	171662
股份合作企业	34348	2596	148952	76331	72622	66925
联营企业	18530	1022	281079	214138	66941	37028
国有联营企业	11854	531	69111	43073	26038	19148
集体联营企业	1704	112	5076	1976	3100	2863
国有与集体联营企业	2243	162	175554	145325	30230	8366
其他联营企业	2729	218	31337	23764	7573	6651
有限责任公司	842275	51855	8268242	5624655	2643588	2136048
国有独资公司	51218	3144	862592	569302	293290	129136
其他有限责任公司	791057	48711	7405650	5055352	2350298	2006911
股份有限公司	500231	23482	4403802	2568466	1835335	891279
私营企业	1796847	132364	14394415	8592057	5802358	5135051
私营独资企业	319276	23962	1145345	601644	543700	461212
私营合伙企业	114158	8572	516441	264587	251854	226011
私营有限责任公司	1295274	94385	12217752	7440144	4777608	4271080
私营股份有限公司	68139	5446	514878	285682	229196	176748
其他企业	38373	3245	278184	114424	163760	155151
港、澳、台商投资企业	**186300**	**10210**	**1471452**	**972974**	**498478**	**337124**
合资经营企业	80756	5037	584841	386926	197915	155002
合作经营企业	621	25	11086	7809	3277	3222
独资经营企业	103364	5047	863269	568123	295146	175480
投资股份有限公司	1559	101	12256	10116	2140	3420
外商投资企业	**258182**	**36236**	**1800489**	**1138276**	**662213**	**492393**
中外合资经营企业	173112	25688	1188707	766386	422321	257663
中外合作经营企业	2930	292	16267	7330	8937	5238
外资企业	79280	9846	507493	295648	211845	212775
外商投资股份有限公司	2861	410	88023	68912	19110	16717

2-121 批发企业分登记注册类型资产负债状况

单位：万元

注册登记类型	固定资产原价	本年折旧	资产总计	负债合计	所有者权益	
						实收资本
合计	**3272999**	**217635**	**31413850**	**18512577**	**12901273**	**8528404**
内资企业	**3021422**	**193126**	**28829801**	**16838605**	**11991196**	**7908221**
国有企业	735654	42489	5319769	2060737	3259032	1106310
集体企业	111090	5331	542031	350750	191282	122065
股份合作企业	24797	1925	111411	58539	52872	48512
联营企业	13188	652	266108	208542	57567	30775
国有联营企业	8439	293	58498	39536	18963	15151
集体联营企业	1006	52	3479	1400	2079	2020
国有与集体联营企业	2203	160	175369	145305	30065	8201
其他联营企业	1541	147	28762	22301	6460	5403
有限责任公司	558487	36747	6753175	4627311	2125864	1702854
国有独资公司	48434	3131	856406	561540	294866	125998
其他有限责任公司	510053	33616	5896769	4065770	1830998	1576857
股份有限公司	385773	18186	3977785	2365432	1612354	751077
私营企业	1173128	86111	11647518	7087033	4560485	4019455
私营独资企业	151136	10795	703339	397194	306145	263938
私营合伙企业	69333	5002	391589	216599	174990	158214
私营有限责任公司	909406	66591	10136072	6241612	3894460	3462122
私营股份有限公司	43253	3722	416518	231628	184890	135181
其他企业	19305	1686	212003	80263	131740	127172
港、澳、台商投资企业	**100744**	**5355**	**1255901**	**870621**	**385280**	**216639**
合资经营企业	10462	1021	411145	317114	94031	48909
合作经营企业	491	24	9211	6597	2614	2722
独资经营企业	88484	4226	823782	537135	286646	161761
投资股份有限公司	1307	84	11764	9775	1989	3247
外商投资企业	**150833**	**19154**	**1328148**	**803351**	**524798**	**403544**
中外合资经营企业	114319	10955	932236	591918	340318	233736
中外合作经营企业	623	64	4711	1695	3017	3690
外资企业	33682	7820	349156	183559	165597	150993
外商投资股份有限公司	2209	314	42046	26179	15867	15125

2-122　零售企业分登记注册类型资产负债状况

单位：万元

注册登记类型	固定资产原　价	本年折旧	资产总计	负债合计	所有者权益	
						实收资本
合　计	**1405824**	**99598**	**5932765**	**3426377**	**2506388**	**2112756**
内资企业	**1212919**	**77660**	**5244873**	**2989099**	**2255775**	**1903421**
国有企业	99162	5154	314930	166899	148031	112190
集体企业	57832	3248	123270	59248	64022	49597
股份合作企业	9551	671	37541	17792	19749	18413
联营企业	5342	370	14971	5596	9375	6252
国有联营企业	3415	238	10613	3537	7076	3997
集体联营企业	698	60	1597	576	1021	843
国有与集体联营企业	40	2	185	20	165	165
其他联营企业	1188	71	2575	1463	1113	1248
有限责任公司	283789	15108	1515068	997344	517723	433193
国有独资公司	2784	13	6186	7762	-1576	3139
其他有限责任公司	281005	15095	1508882	989582	519300	430055
股份有限公司	114458	5296	426016	203035	222982	140201
私营企业	623719	46254	2746897	1505024	1241873	1115596
私营独资企业	168140	13167	442006	204450	237555	197274
私营合伙企业	44825	3570	124852	47988	76864	67796
私营有限责任公司	385868	27794	2081680	1198532	883148	808958
私营股份有限公司	24886	1723	98359	54054	44305	41568
其他企业	19068	1559	66181	34161	32020	27979
港、澳、台商投资企业	**85556**	**4855**	**215551**	**102353**	**113198**	**120485**
合资经营企业	70295	4016	173696	69812	103883	106093
合作经营企业	130	1	1875	1212	663	500
独资经营企业	14879	822	39487	30988	8500	13720
投资股份有限公司	251	17	493	341	152	173
外商投资企业	**107349**	**17082**	**472341**	**334925**	**137416**	**88849**
中外合资经营企业	58793	14733	256471	174468	82004	23928
中外合作经营企业	2307	228	11556	5636	5920	1548
外资企业	45598	2025	158337	112088	46249	61782
外商投资股份有限公司	651	96	45977	42734	3243	1592

2-123 批发企业分行业资产负债状况

单位：万元

行业	固定资产原价	本年折旧	资产总计	负债合计	所有者权益	
						实收资本
合计	**3272999**	**217635**	**31413850**	**18512577**	**12901273**	**8528404**
农畜产品批发	84148	5782	643792	450742	193050	152203
谷物、豆及薯类批发	44855	3134	346608	274418	72190	42585
种子、饲料批发	24354	1657	194826	115940	78886	77726
棉、麻批发	2710	64	10586	5402	5184	4947
牲畜批发	4704	336	7114	2946	4168	4039
其他农畜产品批发	7527	592	84658	52036	32623	22904
食品、饮料及烟草制品批发	586336	36168	3895482	1346022	2549460	700875
米、面制品及食用油批发	107390	4730	535339	359830	175509	136201
糕点、糖果及糖批发	9254	716	51891	31150	20741	17828
果品、蔬菜批发	67782	3197	271918	146663	125255	101712
肉、禽、蛋及水产品批发	42430	2493	179409	93679	85730	71613
盐及调味品批发	14665	1345	38583	19090	19493	13990
饮料及茶叶批发	56019	3819	420648	229765	190883	192175
烟草制品批发	248822	17003	1981528	198278	1783250	43270
其他食品批发	39975	2865	416165	267567	148598	124086
纺织、服装及日用品批发	336411	20353	3961214	2549701	1411513	1079448
纺织品、针织品及原料批发	95099	5022	708208	408067	300141	245139
服装批发	75142	5225	1417400	970701	446699	406668
鞋帽批发	69285	4844	1000815	628606	372208	194824
厨房卫生间用具及日用杂货批发	7691	496	47014	23403	23611	24771
化妆品及卫生用品批发	9171	747	46252	23752	22500	23898
其他日用品批发	80023	4019	741526	495172	246354	184148
文化、体育用品及器材批发	169368	9876	842038	513258	328780	290079
文具用品批发	11318	763	77959	39372	38587	34713
体育用品批发	2020	144	23890	17799	6090	7778
图书批发	118115	6105	297686	142329	155357	130806
报刊批发	156	7	717	669	47	206
音像制品及电子出版物批发	860	105	13139	5145	7994	6967
首饰、工艺品及收藏品批发	26562	1894	149015	72978	76037	68814
其他文化用品批发	10336	857	279633	234966	44667	40795
医药及医疗器材批发	127518	7890	856145	591499	264646	243300
西药批发	48833	4563	575894	428352	147542	137287
中药材及中成药批发	15229	1011	119572	75674	43898	38993
医疗用品及器材批发	63456	2316	160679	87472	73207	67020
矿产品、建材及化工产品批发	1284510	78714	14367041	8808914	5558127	4142374
煤炭及制品批发	33825	2150	425883	280604	145279	125383
石油及制品批发	381499	25864	2435007	1037555	1397452	1166803
非金属矿及制品批发	15438	1226	140568	88270	52299	43669
金属及金属矿批发	336107	17398	5906845	3933396	1973449	1157054
建材批发	283783	17890	2847863	1788454	1059409	956041
化肥批发	79953	3872	449252	326380	122873	90792
农药批发	10641	760	154540	121988	32552	37914
农用薄膜批发	2439	105	12329	3328	9000	8996
其他化工产品批发	140826	9448	1994754	1228940	765814	555722
机械设备五金交电及电子产品批发	367533	38644	4026307	2563811	1462496	1218784
农业机械批发	8689	584	32019	17638	14381	12553
汽车、摩托车及零配件批发	63179	4950	546173	337537	208636	164653
五金、交电批发	60420	5125	708250	476457	231793	206430
家用电器批发	31932	2048	364404	247899	116505	106830
计算机、软件及辅助设备批发	18277	2089	249662	152939	96723	101401
通讯及广播电视设备批发	25120	1860	298640	166183	132457	114672
其他机械设备及电子产品批发	159916	21987	1827159	1165158	662001	512246
贸易经纪与代理	65080	3894	557463	354829	202634	163568
其他批发	252096	16313	2264369	1333803	930567	537775

2-124　零售企业分行业资产负债状况

单位：万元

行　业	固定资产原　价	本年折旧	资产总计	负债合计	所有者权益	实收资本
合　计	**1405824**	**99598**	**5932765**	**3426377**	**2506388**	**2112756**
综合零售	409595	26439	1265962	807300	458662	309425
百货零售	199404	8017	584610	378950	205661	132896
超级市场零售	154815	15205	553942	352457	201485	127766
其他综合零售	55376	3217	127410	75893	51517	48763
食品、饮料及烟草制品专门零售	101905	6515	291011	118111	172899	136382
粮油零售	15290	1076	37343	20550	16793	16751
糕点、面包零售	6774	458	12818	3839	8979	6069
果品、蔬菜零售	6438	303	10204	5580	4624	4430
肉、禽、蛋及水产品零售	15027	1329	58581	29599	28983	17320
饮料及茶叶零售	32696	2291	76896	25374	51522	48596
烟草制品零售	3892	294	29347	5198	24149	11463
其他食品零售	21788	764	65821	27971	37849	31754
纺织、服装及日用品专门零售	62801	4867	273619	137845	135774	130681
纺织品及针织品零售	9040	725	28809	13013	15796	14295
服装零售	31163	2356	146897	77452	69445	64394
鞋帽零售	4370	422	17946	10915	7031	8687
钟表、眼镜零售	4625	451	15570	9094	6476	6483
化妆品及卫生用品零售	3883	274	13886	6046	7840	6744
其他日用品零售	9720	639	50512	21325	29187	30079
文化、体育用品及器材专门零售	26416	2065	164448	71214	93234	86171
文具用品零售	3056	258	19076	9738	9338	9182
体育用品零售	1445	128	9692	4627	5065	5284
图书零售	6248	455	25250	12243	13007	13093
报刊零售	140	11	303	122	180	163
音像制品及电子出版物零售	900	105	7279	3245	4034	4443
珠宝首饰零售	7901	744	51746	17073	34674	27384
工艺美术品及收藏品零售	2307	171	19529	8041	11488	11686
照相器材零售	2388	61	8292	4685	3608	3021
其他文化用品零售	2031	131	23281	11440	11841	11915
医药及医疗器材专门零售	68870	3483	313496	212768	100727	81945
药品零售	62542	3084	285480	198777	86704	69072
医疗用品及器材零售	6327	399	28015	13992	14024	12873
汽车摩托车燃料及零配件零售	427731	34808	2030552	1183975	846578	729579
汽车零售	198905	14077	1392576	939615	452961	413711
汽车零配件零售	15211	1090	103553	56147	47406	42456
摩托车及零配件零售	22097	1539	112665	66900	45765	43645
机动车燃料零售	191517	18102	421758	121312	300446	229767
家用电器及电子产品专门零售	93029	6642	731693	468627	263067	234302
家用电器零售	45496	2733	462278	341804	120474	93723
计算机、软件及辅助设备零售	19999	1625	128807	63153	65654	66398
通信设备零售	16246	1444	76933	33544	43389	39899
其他电子产品零售	11287	840	63676	30126	33550	34282
五金家具及室内装修材料零售	79272	6216	365242	193745	171497	168845
五金零售	19745	1513	106325	54047	52278	44514
家具零售	29587	2359	103364	47521	55843	47587
涂料零售	2675	202	8714	2988	5726	5296
其他室内装修材料零售	27266	2142	146840	89189	57651	71449
无店铺及其他零售	136206	8563	496742	232793	263950	235426

2-125 批发和零售企业分地区资产负债状况

单位：万元

地　　区	固定资产原　　价	本年折旧	资产总计	负债合计	所有者权益	
						实收资本
批发和零售业	**4678823**	**317232**	**37346616**	**21938955**	**15407662**	**10641160**
福州市	1420480	91780	10039943	5979918	4060025	3048644
厦门市	1260848	93029	16602425	10427330	6175095	3853084
莆田市	136657	8571	860466	461525	398940	230238
三明市	234815	17458	1621575	844380	777195	509943
泉州市	872594	57769	4377760	2219239	2158521	1709312
漳州市	206167	13303	1463613	804184	659429	497238
南平市	201440	11049	731239	363537	367702	232314
龙岩市	189911	13396	1019379	508034	511345	347888
宁德市	155911	10877	630218	330808	299409	212500
批发业	**3272999**	**217635**	**31413850**	**18512577**	**12901273**	**8528404**
福州市	974039	57086	8076313	4772422	3303892	2491146
厦门市	997272	74365	15123978	9535220	5588757	3339219
莆田市	94764	6487	673687	358418	315268	162293
三明市	174613	13032	1430005	752263	677742	421179
泉州市	541697	34211	3162785	1538730	1624055	1245708
漳州市	115930	8062	1159882	653183	506699	351261
南平市	141892	7685	552681	272957	279723	147816
龙岩市	121762	8111	776222	399476	376746	223189
宁德市	111029	8595	458299	229908	228391	146594
零售业	**1405824**	**99598**	**5932766**	**3426378**	**2506388**	**2112756**
福州市	446440	34694	1963630	1207496	756134	557498
厦门市	263576	18664	1478447	892109	586338	513865
莆田市	41893	2083	186779	103107	83672	67945
三明市	60202	4426	191570	92117	99453	88764
泉州市	330897	23558	1214975	680509	534466	463604
漳州市	90237	5241	303731	151001	152730	145977
南平市	59548	3364	178558	90580	87978	84498
龙岩市	68148	5286	243157	108558	134600	124698
宁德市	44882	2282	171919	100900	71019	65906

2-126　批发和零售企业分登记注册类型损益分配状况

单位：万元

注册登记类型	主营业务收　　入	主营业务成　　本	主营业务税金及附加	营业利润	利润总额	工资福利
合　　计	**67298533**	**60933046**	**328112**	**2280868**	**3567004**	**1204442**
内资企业	**60389601**	**54920417**	**322408**	**1924792**	**3130074**	**1049390**
国有企业	8975631	7884704	46715	673350	610930	154534
集体企业	1069375	913136	35104	37381	82367	35346
股份合作企业	288675	248463	2520	14324	23515	10475
联营企业	614883	579758	1632	14838	23834	5672
国有联营企业	273822	258013	1165	6492	10116	3198
集体联营企业	9733	8001	72	527	1603	409
国有与集体联营企业	262750	250443	224	6790	8763	1151
其他联营企业	68577	63301	171	1029	3353	913
有限责任公司	15346939	14349186	40585	241545	429925	205339
国有独资公司	1302336	1260567	3126	28067	35337	9670
其他有限责任公司	14044603	13088618	37460	213478	394588	195669
股份有限公司	7355484	6885939	35062	149119	309320	81389
私营企业	26317855	23707733	153396	771825	1610393	542052
私营独资企业	2198256	1786073	34435	159224	309124	81181
私营合伙企业	1056086	921258	10878	48805	103213	31104
私营有限责任公司	22167065	20211586	101775	527830	1122587	407235
私营股份有限公司	896449	788817	6309	35966	75469	22532
其他企业	420759	351498	7394	22409	39790	14583
港、澳、台商投资企业	**2286486**	**1918413**	**1715**	**119983**	**146746**	**43895**
合资经营企业	1263143	1094241	389	33856	45347	22249
合作经营企业	22739	20263	17	535	918	719
独资经营企业	968268	775131	795	85396	99354	20317
投资股份有限公司	32336	28779	515	197	1128	610
外商投资企业	**4622446**	**4094216**	**3989**	**236093**	**290184**	**111157**
中外合资经营企业	3623640	3231098	2100	217359	223331	61918
中外合作经营企业	35452	32589	28	1422	1773	707
外资企业	825907	707378	1316	11092	55912	44924
外商投资股份有限公司	137446	123151	544	6221	9168	3609

2-127 批发企业分登记注册类型损益分配状况

单位：万元

注册登记类型	主营业务收入	主营业务成本	主营业务税金及附加	营业利润	利润总额	工资福利
合计	**56884245**	**51858322**	**251637**	**1919741**	**2961396**	**839984**
内资企业	**51089829**	**46823843**	**247075**	**1583251**	**2554527**	**732715**
国有企业	8370735	7343372	44469	661297	587935	137030
集体企业	893523	773969	32589	26439	58661	21859
股份合作企业	194374	166022	1826	10666	17033	6826
联营企业	547277	518379	1280	12274	19953	4544
国有联营企业	214754	203485	944	4421	7410	2508
集体联营企业	7103	6039	25	309	1039	214
国有与集体联营企业	261959	249796	212	6714	8631	1131
其他联营企业	63461	59059	99	830	2873	691
有限责任公司	12715199	11998430	28886	170104	339058	132895
国有独资公司	1301037	1259511	3104	28044	35245	9526
其他有限责任公司	11414162	10738919	25782	142060	303813	123369
股份有限公司	6591136	6200007	32068	126309	279959	67301
私营企业	21518222	19599956	103887	563730	1230336	355110
私营独资企业	1348662	1123680	16576	80603	171178	38514
私营合伙企业	853787	765144	6123	30778	70011	19147
私营有限责任公司	18604789	17079785	76509	425399	928538	283222
私营股份有限公司	710984	631347	4679	26950	60610	14227
其他企业	259364	223709	2071	12433	21592	7151
港、澳、台商投资企业	**2108826**	**1754017**	**1490**	**122820**	**145914**	**35679**
合资经营企业	1142239	980171	317	34832	43963	16440
合作经营企业	16780	15026	16	469	858	528
独资经营企业	918446	730780	654	87364	100188	18201
投资股份有限公司	31360	28040	502	155	904	509
外商投资企业	**3685590**	**3280463**	**3071**	**213670**	**260955**	**71590**
中外合资经营企业	3070422	2750797	1520	202627	207230	36734
中外合作经营企业	1682	1407	7	15	268	71
外资企业	535384	461017	1050	7419	47040	32932
外商投资股份有限公司	78103	67241	495	3609	6418	1853

2-128　零售企业分登记注册类型损益分配状况

单位：万元

注册登记类型	主营业务收入	主营业务成本	主营业务税金及附加	营业利润	利润总额	工资福利
合　计	**10414288**	**9074724**	**76476**	**361127**	**605607**	**364458**
内资企业	**9299772**	**8096574**	**75333**	**341541**	**575546**	**316675**
国有企业	604896	541333	2247	12053	22995	17504
集体企业	175852	139167	2514	10943	23706	13487
股份合作企业	94301	82442	694	3658	6482	3650
联营企业	67606	61379	352	2565	3881	1128
国有联营企业	59069	54528	221	2072	2706	690
集体联营企业	2631	1962	47	218	563	194
国有与集体联营企业	791	647	12	76	132	20
其他联营企业	5116	4242	72	199	481	223
有限责任公司	2631741	2350756	11700	71442	90867	72444
国有独资公司	1299	1056	21	23	93	145
其他有限责任公司	2630441	2349700	11678	71418	90774	72300
股份有限公司	764348	685932	2994	22810	29361	14088
私营企业	4799633	4107777	49509	208095	380057	186943
私营独资企业	849593	662393	17859	78621	137947	42667
私营合伙企业	202299	156114	4755	18028	33202	11957
私营有限责任公司	3562275	3131801	25266	102431	194049	124013
私营股份有限公司	185465	157470	1630	9015	14859	8305
其他企业	161395	127789	5324	9976	18198	7432
港、澳、台商投资企业	**177660**	**164396**	**225**	**-2837**	**832**	**8216**
合资经营企业	120904	114070	71	-976	1383	5809
合作经营企业	5959	5237	1	65	60	191
独资经营企业	49822	44351	140	-1969	-835	2116
投资股份有限公司	975	739	13	43	224	101
外商投资企业	**936855**	**813754**	**918**	**22423**	**29229**	**39567**
中外合资经营企业	553218	480301	581	14732	16101	25184
中外合作经营企业	33770	31182	21	1407	1505	636
外资企业	290523	246361	267	3672	8872	11992
外商投资股份有限公司	59344	55910	49	2612	2750	1756

2-129 批发企业分行业损益分配状况

单位：万元

行业	主营业务收入	主营业务成本	主营业务税金及附加	营业利润	利润总额	工资福利
合计	**56884245**	**51858322**	**251637**	**1919741**	**2961396**	**839984**
农畜产品批发	651353	598543	2325	6918	38938	12886
谷物、豆及薯类批发	222180	207638	604	-4324	12623	4040
种子、饲料批发	308620	283206	749	7150	14870	5046
棉、麻批发	20992	19993	59	-209	193	156
牲畜批发	10162	7506	283	1298	2499	1149
其他农畜产品批发	89398	80200	630	3004	8753	2495
食品、饮料及烟草制品批发	7645806	6561466	54131	672521	736157	152769
米、面制品及食用油批发	863127	800511	2792	9134	29395	13334
糕点、糖果及糖批发	86668	74567	707	3968	9292	2287
果品、蔬菜批发	512575	448066	2926	26991	48485	18026
肉、禽、蛋及水产品批发	410459	366151	4615	14054	29483	7866
盐及调味品批发	89317	68650	414	2967	6033	4874
饮料及茶叶批发	927516	821985	6514	18010	40889	24376
烟草制品批发	4076677	3364851	33793	586423	543138	66571
其他食品批发	679467	616686	2370	10975	29443	15437
纺织、服装及日用品批发	9149298	8284002	23347	272526	431899	114447
纺织品、针织品及原料批发	1618850	1457575	10521	67790	117143	23481
服装批发	3501163	3272076	5654	69249	112021	29798
鞋帽批发	2333421	2078508	2926	92231	117558	26151
厨房卫生间用具及日用杂货批发	68213	56516	508	2561	8871	3597
化妆品及卫生用品批发	104836	85575	807	4185	10730	5061
其他日用品批发	1522814	1333753	2930	36511	65575	26358
文化、体育用品及器材批发	928651	810090	3531	16982	52157	35730
文具用品批发	101852	89383	624	3793	10837	4042
体育用品批发	39182	35566	294	327	2652	1230
图书批发	256290	206435	819	7604	11883	16215
报刊批发	1625	1177	61	115	387	175
音像制品及电子出版物批发	17581	15187	91	839	1939	819
首饰、工艺品及收藏品批发	315492	278644	1192	1607	17457	9145
其他文化用品批发	196629	183698	452	2696	7002	4104
医药及医疗器材批发	1456999	1309435	5416	40432	80795	33314
西药批发	1088521	1006791	3105	19064	29806	18787
中药材及中成药批发	159899	142854	944	4512	12548	5130
医疗用品及器材批发	208580	159790	1368	16856	38441	9397
矿产品、建材及化工产品批发	25981152	24266032	117971	571033	911369	250981
煤炭及制品批发	986175	903146	4265	14368	40177	7305
石油及制品批发	5300849	4853944	6013	223435	216558	51831
非金属矿及制品批发	282659	255843	1543	6254	16527	4673
金属及金属矿批发	10418889	9933335	47947	145703	243978	74333
建材批发	3879259	3535381	14309	85900	199890	52684
化肥批发	950035	837177	31016	22951	46373	15750
农药批发	136173	115313	936	5480	12375	3572
农用薄膜批发	6805	5395	115	597	1297	295
其他化工产品批发	4020308	3826497	11829	66344	134196	40540
机械设备五金交电及电子产品批发	6218981	5575168	26139	186266	458779	165640
农业机械批发	50565	40008	635	3859	7412	1868
汽车、摩托车及零配件批发	916413	832733	3638	23651	51857	16800
五金、交电批发	905531	796255	6497	30613	78366	26100
家用电器批发	674351	606891	2537	12228	30909	19185
计算机、软件及辅助设备批发	613036	562412	1873	12332	35407	15393
通讯及广播电视设备批发	565750	528377	1436	14855	23945	8504
其他机械设备及电子产品批发	2493336	2208493	9523	88728	230884	77791
贸易经纪与代理	1138087	1060369	4402	23976	48570	13131
其他批发	3713918	3393219	14374	129088	202733	61086

2-130　零售企业分行业损益分配状况

单位：万元

行　业	主营业务收　入	主营业务成　本	主营业务税金及附加	营业利润	利润总额	工资福利
合　计	**10414288**	**9074724**	**76476**	**361127**	**605607**	**364458**
综合零售	2225098	1850885	21018	86379	122451	105742
百货零售	685181	549013	8316	39915	61675	28253
超级市场零售	1311635	1114263	10255	37663	44941	65730
其他综合零售	228282	187608	2447	8801	15835	11759
食品、饮料及烟草制品专门零售	446305	352473	7974	34996	58566	23362
粮油零售	29557	22901	508	1967	5372	2106
糕点、面包零售	24638	18638	394	4492	4721	2111
果品、蔬菜零售	10598	8381	97	909	2088	934
肉、禽、蛋及水产品零售	103992	92595	481	2912	5165	4086
饮料及茶叶零售	125574	89766	2017	9573	19952	7276
烟草制品零售	90488	71284	417	12252	13245	3303
其他食品零售	61458	48907	4061	2893	8023	3545
纺织、服装及日用品专门零售	371217	284757	5652	21802	56430	28418
纺织品及针织品零售	40689	32779	510	2879	6184	2412
服装零售	200541	156193	2707	10951	26468	14525
鞋帽零售	37443	30718	504	1749	4193	1962
钟表、眼镜零售	23584	15647	542	1137	3171	2789
化妆品及卫生用品零售	22018	16118	705	1987	5096	2498
其他日用品零售	46942	33302	683	3099	11318	4233
文化、体育用品及器材专门零售	203779	163312	3942	11064	25201	12210
文具用品零售	25889	20625	377	1512	4330	2336
体育用品零售	13859	10392	165	614	2289	1098
图书零售	23277	18105	243	1236	3339	1872
报刊零售	488	311	13	35	159	70
音像制品及电子出版物零售	6221	4945	215	338	952	292
珠宝首饰零售	81839	65743	2399	6008	8892	3145
工艺美术品及收藏品零售	14895	10710	91	1103	3167	1329
照相器材零售	10300	9403	33	-453	-159	493
其他文化用品零售	27012	23078	407	672	2232	1574
医药及医疗器材专门零售	537374	471268	4695	18831	37087	19785
药品零售	493720	436529	4263	16510	30039	17233
医疗用品及器材零售	43654	34739	433	2321	7048	2552
汽车摩托车燃料及零配件零售	4373278	3996851	14648	97357	126343	79553
汽车零售	2846828	2644631	4872	44039	40518	46808
汽车零配件零售	140431	121319	1290	3047	7849	3809
摩托车及零配件零售	205030	173355	1966	10027	18117	6091
机动车燃料零售	1180990	1057546	6519	40245	59859	22844
家用电器及电子产品专门零售	1261977	1108227	8003	50615	85091	52190
家用电器零售	797874	721309	3439	24887	31120	26119
计算机、软件及辅助设备零售	254927	215246	2350	13491	26803	11927
通信设备零售	138729	114398	1488	8482	16207	9142
其他电子产品零售	70448	57274	726	3756	10962	5002
五金家具及室内装修材料零售	527412	438817	6756	26131	58770	22867
五金零售	128920	104707	1640	9012	19323	7085
家具零售	223996	191660	2679	9625	20873	6921
涂料零售	15405	12799	348	695	1934	1149
其他室内装修材料零售	159091	129651	2089	6799	16640	7713
无店铺及其他零售	467848	408134	3788	13952	35669	20332

2-131 批发和零售企业分地区损益分配状况

单位：万元

地　　区	主营业务收　　入	主营业务成　　本	主营业务税金及附加	营业利润	工资福利
批发和零售业	**67298533**	**60933046**	**328112**	**2280868**	**1204442**
福州市	18248098	16536151	97488	602871	317855
厦门市	30006426	28036346	59441	499427	432324
莆田市	1233005	1018916	17431	105729	31082
三明市	2685458	2362126	26115	101055	54213
泉州市	8033414	6779052	94013	600100	181276
漳州市	2757596	2495086	6806	95572	55197
南平市	1304384	1127630	6722	68012	45281
龙岩市	1928251	1674125	12004	114200	49414
宁德市	1101901	903615	8091	93902	37801
批发业	**56884245**	**51858322**	**251637**	**1919741**	**839984**
福州市	14240042	13004321	73320	467459	203458
厦门市	27842989	26104716	52202	480841	341794
莆田市	1011490	823570	15263	99298	22758
三明市	2352299	2082981	20655	87449	41014
泉州市	5879605	4975163	65988	468979	105931
漳州市	2306880	2100106	4768	86094	35901
南平市	1000305	864898	4695	55520	33206
龙岩市	1456041	1265989	8241	92451	30055
宁德市	794593	636579	6507	81651	25866
零售业	**10414288**	**9074724**	**76476**	**361127**	**364458**
福州市	4008056	3531830	24169	135412	114396
厦门市	2163436	1931629	7240	18586	90529
莆田市	221515	195346	2169	6431	8324
三明市	333159	279145	5460	13607	13199
泉州市	2153810	1803889	28026	131121	75345
漳州市	450715	394980	2038	9478	19297
南平市	304079	262732	2027	12492	12074
龙岩市	472209	408136	3763	21750	19359
宁德市	307307	267036	1585	12251	11935

2-132　限额以上批发和零售企业分登记注册类型主要财务指标

单位：万元

注册登记类型	流动资产	存货	固定资产原价	累计折旧	本年折旧	资产总计
合　计	**17570284**	**3710973**	**2634691**	**792488**	**161885**	**24138418**
内资企业	15908943	3248027	2293336	711437	126389	21629241
国有企业	2571129	393834	612742	223154	35319	3821398
集体企业	251548	103279	49053	10759	1020	299825
股份合作企业	54410	17423	13288	6471	870	75496
联营企业	222975	42094	11829	6359	443	240523
国有联营企业	41883	9977	10019	5405	280	49144
集体联营企业						
国有与集体联营企业	164103	28969	961	563	105	173609
其他联营企业	16990	3148	848	391	58	17769
有限责任公司	4507032	1011472	589567	172029	31070	5882327
国有独资公司	489639	220603	35530	11775	2496	787512
其他有限责任公司	4017393	790869	554037	160254	28574	5094815
股份有限公司	2379090	647783	454100	148973	19657	4180622
私营企业	5824908	1020494	556832	141582	37448	6990798
私营独资企业	206444	36442	14179	3929	1082	232308
私营合伙企业	129029	25292	9370	3400	965	148248
私营有限责任公司	5296686	917299	516177	130463	34494	6372706
私营股份有限公司	192749	41461	17105	3791	907	237536
其他企业	97850	11649	5925	2111	562	138253
港、澳、台商投资企业	816522	218485	116271	21692	7539	1048950
合资经营企业	386893	99999	74393	13196	4399	495853
合作经营企业	7171	2413	362	106	2	8439
独资经营企业	419554	115646	41310	8266	3123	540692
投资股份有限公司	2903	427	207	124	15	3967
外商投资企业	844820	244461	225084	59359	27957	1460226
中外合资经营企业	518292	183689	164010	40905	24798	1059603
中外合作经营企业	7448	5382	2154	524	214	10530
外资企业	250674	45225	58201	17637	2840	320277
外商投资股份有限公司	68406	10164	719	293	105	69817

2-132 续表 1 单位：万元

注册登记类型	负债合计	所有者权益	实收资本	主营业务收入	主营业务成本	主营业务附加
合　计	**15011269**	**9127149**	**5383634**	**52384665**	**48370842**	**148646**
内资企业	**13403544**	**8225698**	**4783357**	**45941214**	**42719836**	**144834**
国有企业	1550098	2271300	890688	6944196	6026896	20351
集体企业	225448	74377	34299	626881	556913	27569
股份合作企业	45372	30125	27405	175009	163399	278
联营企业	187509	53013	22060	544012	520946	502
国有联营企业	30193	18952	12454	238259	229116	294
集体联营企业						
国有与集体联营企业	144750	28860	7000	260062	248234	184
其他联营企业	12567	5202	2606	45690	43597	25
有限责任公司	4151098	1731230	1235296	13472687	12728002	23541
国有独资公司	525273	262239	104691	1285768	1247756	2877
其他有限责任公司	3625824	1468991	1130606	12186919	11480247	20664
股份有限公司	2459483	1721139	775232	7083465	6695776	32065
私营企业	4736691	2254107	1714299	16874439	15830614	36766
私营独资企业	167395	64913	57228	520081	480949	1836
私营合伙企业	79513	68735	52946	467128	443534	1177
私营有限责任公司	4349129	2023577	1556048	15370981	14424395	32785
私营股份有限公司	140654	96882	48077	516250	481736	968
其他企业	47846	90408	84076	220526	197291	3763
港、澳、台商投资企业	**704751**	**344199**	**219178**	**2074895**	**1759903**	**805**
合资经营企业	345430	150423	124285	1174302	1026661	203
合作经营企业	6592	1847	1500	18279	16308	13
独资经营企业	348112	192580	92917	862796	698314	283
投资股份有限公司	4617	-650	477	19518	18620	306
外商投资企业	**902974**	**557252**	**381100**	**4368557**	**3891103**	**3007**
中外合资经营企业	652569	407034	236689	3577700	3190980	1989
中外合作经营企业	4913	5617	1250	32970	30733	2
外资企业	182783	137494	138087	650995	570482	971
外商投资股份有限公司	62710	7107	5074	106892	98908	45

2-132　续表 2

单位：万元

注册登记类型	主营业务利润	其他业务利润	营业费用	管理费用	营业利润	利润总额
合　计	**3834784**	**305912**	**1651407**	**902433**	**1450428**	**1538047**
内资企业	**3046740**	**219559**	**1248045**	**781333**	**1119207**	**1194534**
国有企业	886092	24108	137419	243921	523885	476722
集体企业	42399	2478	18842	14374	8902	10336
股份合作企业	11282	91	3886	3151	3827	3929
联营企业	22488	1705	7272	5973	11344	13597
国有联营企业	8775	1416	2817	2535	4300	4802
集体联营企业						
国有与集体联营企业	11644	3	3136	2411	6657	8332
其他联营企业	2069	286	1319	1027	387	464
有限责任公司	710469	92747	401301	188763	183170	198521
国有独资公司	31382	26033	18624	12755	27429	31835
其他有限责任公司	679087	66714	382677	176008	155741	166686
股份有限公司	355483	44542	177528	64860	131802	272896
私营企业	999055	53419	492704	255483	251598	214612
私营独资企业	36323	6914	19371	9519	12149	7215
私营合伙企业	22480	261	9649	5935	4952	4534
私营有限责任公司	906843	41392	447946	232654	220737	190096
私营股份有限公司	33408	4852	15739	7375	13760	12768
其他企业	19472	470	9093	4808	4677	3921
港、澳、台商投资企业	**314097**	**27116**	**200283**	**39464**	**94603**	**101638**
合资经营企业	147439	388	110340	11210	21693	24651
合作经营企业	1958	20	619	600	422	417
独资经营企业	164108	26654	88578	27096	73140	77893
投资股份有限公司	592	54	747	558	-652	-1323
外商投资企业	**473947**	**59237**	**203079**	**81636**	**236619**	**241876**
中外合资经营企业	384231	17909	135849	39130	219102	218902
中外合作经营企业	2235	1336	1304	697	1298	1299
外资企业	79542	34272	57645	39870	12897	18295
外商投资股份有限公司	7939	5721	8281	1939	3322	3382

2-132 续表 3 单位：万元

注册登记类型	应交所得税	劳动失业保险费	应付工资	应付福利费	应交增值税	平均从业人员数(个)
合 计	**317583**	**16840**	**607394**	**38461**	**554761**	**212484**
内资企业	**240245**	**15088**	**488897**	**33860**	**421132**	**174378**
国有企业	136626	7196	116986	5387	133487	27246
集体企业	1628	397	9515	607	3679	4377
股份合作企业	674	113	3016	282	1654	1227
联营企业	2981	185	2858	289	4966	792
国有联营企业	991	81	1692	130	2982	552
集体联营企业						
国有与集体联营企业	1936	99	876	118	1446	138
其他联营企业	54	5	290	41	538	102
有限责任公司	28074	2256	125689	9033	101192	49165
国有独资公司	158	53	7768	552	8416	1177
其他有限责任公司	27916	2203	117921	8481	92776	47988
股份有限公司	30117	1386	65889	6875	37270	13566
私营企业	39669	3511	161740	11170	136777	76405
私营独资企业	1415	147	8390	258	3823	4766
私营合伙企业	932	87	3427	321	4591	2100
私营有限责任公司	35502	3145	143131	10220	125823	67068
私营股份有限公司	1820	133	6792	371	2540	2471
其他企业	477	45	3205	217	2108	1600
港、澳、台商投资企业	**20374**	**310**	**34887**	**1219**	**38224**	**9405**
合资经营企业	4430	172	18657	731	22776	6405
合作经营企业	48	1	611	4	80	217
独资经营企业	15894	137	15370	484	14812	2695
投资股份有限公司	1		250	1	556	88
外商投资企业	**56964**	**1442**	**83609**	**3382**	**95405**	**28701**
中外合资经营企业	53880	1001	58075	2043	61424	20033
中外合作经营企业	271		557	3	174	111
外资企业	2641	400	22694	1323	11208	7589
外商投资股份有限公司	172	42	2283	14	22599	968

2-133　限额以上批发企业分登记注册类型主要财务指标

单位：万元

注册登记类型	流动资产	存货	固定资产原价	累计折旧	本年折旧	资产总计
合　计	**14792128**	**3015066**	**1777938**	**580642**	**103607**	**20172907**
内资企业	**13536047**	**2636458**	**1618466**	**548700**	**89013**	**18320888**
国有企业	2437452	364472	548578	204562	32223	3607831
集体企业	236139	98986	33586	6356	428	269364
股份合作企业	36789	9597	9638	5523	649	54280
联营企业	216881	40644	8589	4899	247	230970
国有联营企业	36399	8594	7196	4135	101	40430
集体联营企业						
国有与集体联营企业	164103	28969	961	563	105	173609
其他联营企业	16379	3081	432	200	42	16931
有限责任公司	3649501	802822	367390	124983	20064	4699847
国有独资公司	489262	220553	35360	11739	2490	786885
其他有限责任公司	3160239	582269	332031	113244	17574	3912962
股份有限公司	2181014	628734	353184	123307	15156	3801682
私营企业	4695816	684830	294933	78293	20052	5539027
私营独资企业	134828	13131	2313	761	260	145542
私营合伙企业	115992	18203	4652	1444	501	131068
私营有限责任公司	4290117	625233	284347	75118	18896	5081909
私营股份有限公司	154879	28264	3621	970	394	180509
其他企业	82456	6374	2569	777	193	117887
港、澳、台商投资企业	**729636**	**203574**	**35823**	**9292**	**3277**	**851227**
合资经营企业	318138	94026	5368	2025	510	327033
合作经营企业	5321	1629	232	1	1	6564
独资经营企业	403274	107492	30016	7142	2751	513664
投资股份有限公司	2903	427	207	124	15	3967
外商投资企业	**526446**	**175035**	**123649**	**22651**	**11317**	**1000792**
中外合资经营企业	357212	150104	109596	17449	10466	809854
中外合作经营企业						
外资企业	145214	21686	13953	5144	840	166874
外商投资股份有限公司	24021	3245	100	58	12	24065

2-133 续表 1 单位：万元

注册登记类型	负债合计	所有者权益	实收资本	主营业务收入	主营业务成本	主营业务附加
合　计	**12446277**	**7726630**	**4319601**	**44152762**	**40974405**	**116938**
内资企业	**11265546**	**7055342**	**3906833**	**38811346**	**36292847**	**113999**
国有企业	1421381	2186450	836855	6386188	5519326	19233
集体企业	211627	57737	24226	560900	501373	27107
股份合作企业	33476	20804	18451	108818	101848	176
联营企业	184742	46227	18377	483791	464505	337
国有联营企业	27786	12644	9267	181134	175605	131
集体联营企业						
国有与集体联营企业	144750	28860	7000	260062	248234	184
其他联营企业	12207	4724	2110	42596	40667	22
有限责任公司	3315864	1383983	973580	11076970	10570921	15901
国有独资公司	524861	262024	104441	1284768	1246902	2872
其他有限责任公司	2791003	1121959	869139	9792201	9324019	13029
股份有限公司	2280067	1521615	657839	6358311	6040294	30018
私营企业	3782326	1756701	1299206	13703453	12971129	21102
私营独资企业	108290	37251	38102	287845	273910	240
私营合伙企业	70114	60954	47888	417025	401347	127
私营有限责任公司	3502891	1579018	1180537	12619006	11935122	20148
私营股份有限公司	101031	79477	32678	379577	360750	586
其他企业	36062	81825	78300	132916	123452	126
港、澳、台商投资企业	**608432**	**242795**	**111587**	**1902668**	**1599453**	**704**
合资经营企业	277776	49256	20396	1054926	913916	155
合作经营企业	5380	1183	1000	12320	11071	12
独资经营企业	320658	193006	89715	815905	655846	232
投资股份有限公司	4617	-650	477	19518	18620	306
外商投资企业	**572299**	**428493**	**301181**	**3438748**	**3082105**	**2235**
中外合资经营企业	479882	329972	217779	3027305	2712435	1493
中外合作经营企业						
外资企业	72365	94509	79769	363370	326286	740
外商投资股份有限公司	20053	4012	3633	48073	43385	2

2-133　续表 2

单位：万元

注册登记类型	主营业务利润	其他业务利润	营业费用	管理费用	营业利润	利润总额
合计	**3040272**	**202170**	**1178525**	**697445**	**1269133**	**1362449**
内资企业	**2383441**	**149264**	**886756**	**606567**	**957204**	**1045749**
国有企业	837996	19227	107912	231674	514548	462836
集体企业	32420	2073	14702	10535	6716	8259
股份合作企业	6794	79	2171	1791	2654	2906
联营企业	18874	1688	6399	5154	9508	11330
国有联营企业	5323	1415	2012	1785	2459	2541
集体联营企业						
国有与集体联营企业	11644	3	3136	2411	6657	8332
其他联营企业	1908	269	1251	958	391	457
有限责任公司	482272	55549	259830	133628	124971	147076
国有独资公司	31241	26033	18519	12728	27421	31825
其他有限责任公司	451031	29516	241311	120900	97550	115251
股份有限公司	288022	43643	146418	50344	112798	251675
私营企业	707724	26925	346078	171249	183107	159512
私营独资企业	13716	368	8357	3203	1584	996
私营合伙企业	15601	118	6724	4541	2747	2870
私营有限责任公司	660304	23635	323650	159839	169535	147002
私营股份有限公司	18103	2804	7348	3666	9241	8644
其他企业	9338	80	3246	2192	2903	2156
港、澳、台商投资企业	**302420**	**25750**	**189358**	**34202**	**97220**	**102166**
合资经营企业	140855	289	105313	7803	22670	23447
合作经营企业	1236	20	295	304	357	357
独资经营企业	159736	25388	83004	25537	74845	79686
投资股份有限公司	592	54	747	558	-652	-1323
外商投资企业	**354411**	**27156**	**102410**	**56676**	**214709**	**214534**
中外合资经营企业	313381	8622	82150	28892	204677	203651
中外合作经营企业						
外资企业	36343	18535	16585	27627	9268	10119
外商投资股份有限公司	4687		3676	158	764	764

2-133 续表 3

单位：万元

登记注册类型	应交所得税	劳动失业保险费	应付工资	应付福利费	应交增值税	平均从业人员数（个）
合　计	**282990**	**11963**	**403469**	**25306**	**411892**	**113066**
内资企业	**212453**	**10858**	**329124**	**22579**	**319150**	**92056**
国有企业	133834	6769	105197	4629	126434	21702
集体企业	1337	176	6239	353	2868	2124
股份合作企业	384	36	1620	141	508	631
联营企业	2499	175	2293	222	2992	531
国有联营企业	510	73	1175	84	1028	318
集体联营企业						
国有与集体联营企业	1936	99	876	118	1446	138
其他联营企业	52	3	242	19	518	75
有限责任公司	17642	1224	73232	5159	68775	23747
国有独资公司	157	52	7683	552	8413	1148
其他有限责任公司	17485	1173	65549	4607	60362	22599
股份有限公司	27374	880	55096	5792	26106	9160
私营企业	29037	1578	84157	6169	90153	33665
私营独资企业	446	23	1618	74	1433	691
私营合伙企业	752	54	1639	176	3821	694
私营有限责任公司	26359	1465	78663	5758	83078	31269
私营股份有限公司	1481	37	2238	161	1822	1011
其他企业	346	19	1291	116	1315	496
港、澳、台商投资企业	**20258**	**201**	**28103**	**757**	**36550**	**7332**
合资经营企业	4325	108	13293	524	21423	5372
合作经营企业	38		424		14	131
独资经营企业	15894	93	14136	233	14558	1741
投资股份有限公司	1		250	1	556	88
外商投资企业	**50280**	**905**	**46242**	**1970**	**56192**	**13678**
中外合资经营企业	49162	733	34456	837	48724	10835
中外合作经营企业						
外资企业	1111	164	11207	1119	3833	2612
外商投资股份有限公司	7	8	579	14	3635	231

2-134 限额以上零售企业分登记注册类型主要财务指标

单位：万元

登记注册类型	流动资产	存货	固定资产原价	累计折旧	本年折旧	资产总计
合计	**2778156**	**695906**	**856753**	**211846**	**58278**	**3965510**
内资企业	**2372896**	**611569**	**674870**	**162738**	**37376**	**3308353**
国有企业	133677	29362	64164	18592	3097	213567
集体企业	15410	4294	15467	4403	592	30461
股份合作企业	17620	7826	3650	948	221	21216
联营企业	6095	1450	3240	1461	196	9553
国有联营企业	5484	1383	2823	1269	179	8715
集体联营企业						
国有与集体联营企业						
其他联营企业	611	67	417	191	17	838
有限责任公司	857531	208650	222177	47046	11006	1182480
国有独资公司	377	50	171	36	6	627
其他有限责任公司	857154	208600	222006	47010	11000	1181853
股份有限公司	198076	19050	100916	25666	4501	378940
私营企业	1129093	335664	261899	63289	17396	1451770
私营独资企业	71617	23311	11866	3168	822	86767
私营合伙企业	13037	7089	4718	1955	464	17179
私营有限责任公司	1006570	292066	231831	55345	15598	1290797
私营股份有限公司	37870	13197	13485	2821	513	57027
其他企业	15394	5274	3357	1333	369	20366
港、澳、台商投资企业	**86886**	**14911**	**80449**	**12400**	**4262**	**197723**
合资经营企业	68756	5974	69025	11171	3889	168820
合作经营企业	1850	784	130	105	1	1875
独资经营企业	16280	8154	11293	1124	372	27028
投资股份有限公司						
外商投资企业	**318374**	**69426**	**101435**	**36708**	**16640**	**459434**
中外合资经营企业	161080	33585	54414	23456	14333	249749
中外合作经营企业	7448	5382	2154	524	214	10530
外资企业	105460	23539	44249	12493	2000	153403
外商投资股份有限公司	44386	6920	619	235	93	45753

2-134 续表 1

单位:万元

登记注册类型	负债合计	所有者权益	实收资本	主营业务收入	主营业务成本	主营业务附加
合　计	**2564992**	**1400519**	**1064033**	**8231903**	**7396437**	**31707**
内资企业	**2137998**	**1170356**	**876524**	**7129868**	**6426990**	**30835**
国有企业	128717	84850	53834	558008	507570	1118
集体企业	13820	16640	10073	65981	55540	462
股份合作企业	11895	9321	8954	66191	61552	102
联营企业	2767	6786	3683	60221	56441	166
国有联营企业	2407	6308	3187	57126	53511	163
集体联营企业						
国有与集体联营企业						
其他联营企业	360	478	496	3095	2930	3
有限责任公司	835233	347247	261716	2395717	2157082	7640
国有独资公司	412	215	250	999	854	5
其他有限责任公司	834821	347032	261466	2394718	2156227	7636
股份有限公司	179416	199523	117394	725154	655482	2046
私营企业	954364	497406	415094	3170987	2859485	15664
私营独资企业	59105	27662	19125	232236	207039	1596
私营合伙企业	9398	7781	5058	50103	42187	1050
私营有限责任公司	846238	444559	375511	2751975	2489273	12636
私营股份有限公司	39623	17405	15399	136673	120986	382
其他企业	11783	8583	5776	87610	73839	3637
港、澳、台商投资企业	**96319**	**101404**	**107591**	**172227**	**160450**	**100**
合资经营企业	67653	101167	103889	119377	112745	48
合作经营企业	1212	663	500	5959	5237	1
独资经营企业	27454	-426	3202	46891	42468	52
投资股份有限公司						
外商投资企业	**330675**	**128759**	**79919**	**929809**	**808998**	**772**
中外合资经营企业	172687	77061	18909	550395	478546	496
中外合作经营企业	4913	5617	1250	32970	30733	2
外资企业	110418	42985	58319	287625	244195	231
外商投资股份有限公司	42658	3095	1441	58819	55523	43

2-134 续表 2

单位：万元

登记注册类型	主营业务利润	其他业务利润	营业费用	管理费用	营业利润	利润总额
合计	**794512**	**103742**	**472882**	**204988**	**181295**	**175598**
内资企业	**663298**	**70296**	**361289**	**174766**	**162002**	**148784**
国有企业	48096	4881	29508	12247	9338	13886
集体企业	9979	405	4140	3838	2186	2077
股份合作企业	4488	12	1714	1360	1174	1023
联营企业	3614	17	873	819	1837	2268
国有联营企业	3452	1	805	750	1841	2261
集体联营企业						
国有与集体联营企业						
其他联营企业	162	17	68	69	-4	7
有限责任公司	228197	37199	141471	55135	58199	51446
国有独资公司	141		105	27	8	11
其他有限责任公司	228056	37199	141366	55108	58190	51435
股份有限公司	67460	898	31110	14517	19004	21221
私营企业	291331	26494	146626	84234	68492	55100
私营独资企业	22607	6547	11014	6317	10566	6218
私营合伙企业	6879	143	2925	1394	2205	1664
私营有限责任公司	246540	17757	124297	72815	51202	43095
私营股份有限公司	15305	2048	8391	3709	4519	4123
其他企业	10134	391	5847	2616	1774	1765
港、澳、台商投资企业	**11677**	**1366**	**10924**	**5262**	**-2617**	**-529**
合资经营企业	6584	99	5027	3407	-977	1204
合作经营企业	722	1	324	296	65	60
独资经营企业	4372	1266	5574	1559	-1705	-1792
投资股份有限公司						
外商投资企业	**119536**	**32081**	**100669**	**24960**	**21910**	**27342**
中外合资经营企业	70850	9287	53700	10238	14425	15251
中外合作经营企业	2235	1336	1304	697	1298	1299
外资企业	43199	15737	41060	12243	3629	8175
外商投资股份有限公司	3252	5721	4605	1781	2558	2618

2-134 续表 3

单位：万元

登记注册类型	应交所得税	劳动失业保险费	应付工资	应付福利费	应交增值税	平均从业人员数(个)
合　计	**34593**	**4876**	**203925**	**13155**	**142869**	**99418**
内资企业	**27792**	**4230**	**159773**	**11281**	**101982**	**82322**
国有企业	2792	427	11789	759	7053	5544
集体企业	291	222	3275	254	812	2253
股份合作企业	290	77	1397	141	1146	596
联营企业	482	10	565	67	1974	261
国有联营企业	480	8	517	46	1954	234
集体联营企业						
国有与集体联营企业						
其他联营企业	1	2	48	21	20	27
有限责任公司	10431	1031	52457	3874	32417	25418
国有独资公司	1	1	85		3	29
其他有限责任公司	10431	1030	52372	3874	32414	25389
股份有限公司	2743	506	10794	1083	11164	4406
私营企业	10633	1933	77582	5001	46624	42740
私营独资企业	970	124	6772	184	2391	4075
私营合伙企业	180	33	1788	146	770	1406
私营有限责任公司	9143	1679	64468	4462	42746	35799
私营股份有限公司	339	96	4554	211	718	1460
其他企业	132	25	1915	101	793	1104
港、澳、台商投资企业	**116**	**109**	**6784**	**462**	**1674**	**2073**
合资经营企业	105	64	5363	207	1353	1033
合作经营企业	11	1	187	4	66	86
独资经营企业		44	1234	251	255	954
投资股份有限公司						
外商投资企业	**6684**	**537**	**37368**	**1412**	**39213**	**15023**
中外合资经营企业	4718	267	23619	1205	12700	9198
中外合作经营企业	271	0	557	3	174	111
外资企业	1530	235	11487	204	7375	4977
外商投资股份有限公司	165	34	1704		18964	737

2-135　限额以上批发企业分行业主要财务指标

单位：万元

行　业	流动资产	存　货	固定资产原　价	累计折旧	本年折旧	资产总计
合　计	**14792128**	**3015066**	**1777938**	**580642**	**103607**	**20172907**
农畜产品批发	338944	212315	32778	10289	2398	391272
谷物、豆及薯类批发	211386	173788	20706	6671	1753	241673
种子、饲料批发	87699	35569	10900	3159	613	105295
棉、麻批发	6771	74	125	32	14	7213
牲畜批发						
其他农畜产品批发	33088	2885	1047	427	19	37093
食品、饮料及烟草制品批发	1733074	330962	378314	142873	21715	2250253
米、面制品及食用油批发	265224	84828	49266	17422	1420	329847
糕点、糖果及糖批发	12866	3652	4363	982	233	16834
果品、蔬菜批发	63423	3511	29533	5448	191	108477
肉、禽、蛋及水产品批发	64314	16815	13087	5116	769	85485
盐及调味品批发	14566	1794	10473	4554	955	24415
饮料及茶叶批发	151363	53293	27835	12032	1604	230263
烟草制品批发	965163	123542	227205	91713	15501	1193425
其他食品批发	196155	43527	16554	5606	1042	261507
纺织、服装及日用品批发	1966173	321710	111496	33452	7538	2401820
纺织品、针织品及原料批发	237694	43968	12898	4196	1138	264452
服装批发	772839	90807	33582	8780	2326	905804
鞋帽批发	582595	89397	43847	14249	2834	821229
厨房卫生间用具及日用杂货批发	4846	1327	480	29	9	5298
化妆品及卫生用品批发	11769	4792	1036	244	79	12757
其他日用品批发	356431	91419	19652	5956	1152	392281
文化、体育用品及器材批发	310175	66423	129808	46352	6744	437802
文具用品批发	12981	1982	663	153	51	15048
体育用品批发	3089	1268	59	4	4	3664
图书批发	168479	37110	110503	41314	5578	268932
报刊批发						
音像制品及电子出版物批发	4801	1164	68	42	7	4827
首饰、工艺品及收藏品批发	36320	9388	13080	3333	684	50987
其他文化用品批发	84505	15512	5436	1507	421	94343
医药及医疗器材批发	485325	77766	42051	13944	3428	562028
西药批发	436847	68625	34361	11357	3010	495280
中药材及中成药批发	41948	7660	6695	2195	319	59377
医疗用品及器材批发	6531	1481	996	392	100	7372
矿产品、建材及化工产品批发	6904126	1444674	807895	243431	42229	10394843
煤炭及制品批发	262123	57766	13559	3933	531	284842
石油及制品批发	612795	164972	318542	104300	19943	2010785
非金属矿及制品批发	71734	14609	5288	1215	393	88896
金属及金属矿批发	3819881	789151	276439	87006	12822	5247570
建材批发	1002194	149117	83675	23178	4448	1189158
化肥批发	269021	110742	29794	4446	306	301225
农药批发	12696	3025	1694	916	119	30766
农用薄膜批发						
其他化工产品批发	853682	155293	78905	18437	3665	1241601
机械设备五金交电及电子产品批发	1518332	379044	105109	31413	10223	1766522
农业机械批发	3267	713	231	91	14	3567
汽车、摩托车及零配件批发	234142	45306	23760	5210	1675	276990
五金、交电批发	126044	25764	5713	1863	426	139766
家用电器批发	199501	74032	9640	2708	544	211355
计算机、软件及辅助设备批发	69457	21268	3156	1049	334	76141
通讯及广播电视设备批发	133249	33398	14475	4509	815	180695
其他机械设备及电子产品批发	752674	178564	48135	15983	6415	878008
贸易经纪与代理	240223	15889	22493	6606	818	272692
其他批发	1295756	166284	147993	52282	8513	1695676

2-135 续表 1 单位：万元

行业	负债合计	所有者权益	实收资本	主营业务收入	主营业务成本	主营业务附加
合计	**12446277**	**7726630**	**4319601**	**44152762**	**40974405**	**116938**
农畜产品批发	315419	75853	45997	412542	392540	248
谷物、豆及薯类批发	208353	33320	14379	153103	146679	93
种子、饲料批发	79393	25902	25219	215820	203968	79
棉、麻批发	4630	2583	2950	17330	16902	22
牲畜批发						
其他农畜产品批发	23044	14049	3450	26289	24991	55
食品、饮料及烟草制品批发	859695	1390557	291093	5015348	4217266	20461
米、面制品及食用油批发	239308	90539	69368	659136	628170	336
糕点、糖果及糖批发	9926	6907	5257	33657	30946	33
果品、蔬菜批发	59507	48970	25815	259005	243097	202
肉、禽、蛋及水产品批发	47593	37892	24751	278940	262713	2285
盐及调味品批发	11920	12494	7916	62713	48048	172
饮料及茶叶批发	154759	75504	78263	738812	669448	4427
烟草制品批发	155056	1038369	34530	2478991	1865686	12191
其他食品批发	181626	79881	45193	504095	469158	816
纺织、服装及日用品批发	1620411	781409	471772	7315290	6728864	3310
纺织品、针织品及原料批发	178193	86259	63898	970212	921392	423
服装批发	635752	270052	225770	2990726	2835344	1721
鞋帽批发	510043	311186	134842	2042158	1820495	671
厨房卫生间用具及日用杂货批发	3061	2237	1300	13067	9904	2
化妆品及卫生用品批发	8765	3991	5508	57428	48618	63
其他日用品批发	284596	107685	40453	1241699	1093111	429
文化、体育用品及器材批发	236193	201609	164010	614605	544473	572
文具用品批发	7975	7073	5904	28322	27219	18
体育用品批发	3166	498	600	15346	14775	3
图书批发	129330	139602	114882	216261	174377	329
报刊批发						
音像制品及电子出版物批发	955	3872	3718	6408	6048	0
首饰、工艺品及收藏品批发	27355	23632	16691	196536	177093	132
其他文化用品批发	67411	26932	22216	151732	144962	90
医药及医疗器材批发	437022	125006	107242	1102313	1031999	1955
西药批发	387195	108085	96329	984365	923931	1710
中药材及中成药批发	44673	14703	9258	98834	92340	172
医疗用品及器材批发	5153	2218	1655	19115	15728	74
矿产品、建材及化工产品批发	6509224	3885619	2603689	22287151	21140771	78916
煤炭及制品批发	215900	68942	55340	798790	750265	1776
石油及制品批发	823401	1187384	1010608	5036178	4665025	4280
非金属矿及制品批发	64383	24513	15387	191253	180429	92
金属及金属矿批发	3582946	1664625	879451	9658459	9254703	38062
建材批发	796830	392328	303779	2598349	2441810	1918
化肥批发	238942	62284	37053	673472	615440	27269
农药批发	14215	16551	19801	51091	48294	47
农用薄膜批发						
其他化工产品批发	772608	468993	282271	3279559	3184805	5473
机械设备五金交电及电子产品批发	1249168	517354	305045	3705633	3449968	6499
农业机械批发	2669	898	500	3994	3827	0
汽车、摩托车及零配件批发	198526	78465	49617	519719	490465	544
五金、交电批发	99678	40089	16951	395447	366896	1861
家用电器批发	176376	34979	25727	507680	468634	1032
计算机、软件及辅助设备批发	55662	20479	17529	372081	357541	270
通讯及广播电视设备批发	101350	79345	56631	456212	437905	419
其他机械设备及电子产品批发	614908	263100	138091	1450500	1324701	2374
贸易经纪与代理	206555	66137	43014	843799	811619	321
其他批发	1012591	683085	287740	2856081	2656905	4656

2-135 续表 2 单位：万元

行　　业	主营业务利　润	其他业务利　润	营业费用	管理费用	营业利润	利润总额
合　　计	**3040272**	**202170**	**1178525**	**697445**	**1269133**	**1362449**
农畜产品批发	19767	544	12894	6780	-2714	8192
谷物、豆及薯类批发	6345	450	6097	2999	-5584	5037
种子、饲料批发	11773	94	6453	3013	2768	2990
棉、麻批发	406	0	172	115	-357	-342
牲畜批发						
其他农畜产品批发	1243		171	653	459	508
食品、饮料及烟草制品批发	772653	10460	122775	181565	486192	497543
米、面制品及食用油批发	25662	2364	18075	9527	1063	3105
糕点、糖果及糖批发	2678	60	1480	849	264	483
果品、蔬菜批发	15707	494	8504	4085	11365	3082
肉、禽、蛋及水产品批发	13942	807	5325	2873	4804	4539
盐及调味品批发	14494	140	8573	4238	1789	1561
饮料及茶叶批发	64937	1450	40221	14294	8099	10092
烟草制品批发	601114	3851	21241	138268	454426	471152
其他食品批发	34120	1295	19356	7430	4382	3529
纺织、服装及日用品批发	581547	33965	332290	97997	170388	173282
纺织品、针织品及原料批发	47701	339	20271	12349	13910	14084
服装批发	152759	3185	79472	36802	41524	43132
鞋帽批发	221021	26158	117174	36406	83893	85510
厨房卫生间用具及日用杂货批发	3161	175	1774	629	876	879
化妆品及卫生用品批发	8747	561	6169	1540	1407	1173
其他日用品批发	148159	3548	107429	10271	28779	28505
文化、体育用品及器材批发	69446	5594	35386	29055	8819	8962
文具用品批发	1085	53	431	488	235	300
体育用品批发	569		444	181	-89	-82
图书批发	41555	3114	20418	18781	5804	5631
报刊批发						
音像制品及电子出版物批发	360	37	156	166	14	13
首饰、工艺品及收藏品批发	19174	427	10179	7134	1526	1922
其他文化用品批发	6704	1963	3757	2306	1328	1178
医药及医疗器材批发	68234	1645	25521	22629	13784	15554
西药批发	58604	1473	21231	19148	12411	12291
中药材及中成药批发	6317	130	2114	2588	1125	2963
医疗用品及器材批发	3313	42	2176	893	248	300
矿产品、建材及化工产品批发	1057120	99438	470121	202891	420013	456619
煤炭及制品批发	46091	367	34988	5893	3838	8837
石油及制品批发	366547	24363	113266	59316	214570	190421
非金属矿及制品批发	10733	1	4891	2655	2326	2735
金属及金属矿批发	357517	28949	164550	62935	118223	167584
建材批发	153860	1063	77351	32636	35963	34357
化肥批发	30763	1691	17171	6206	5240	5825
农药批发	2750	70	1362	484	1005	691
农用薄膜批发						
其他化工产品批发	88859	42934	56542	32768	38849	46169
机械设备五金交电及电子产品批发	246111	22413	112292	74393	82725	96817
农业机械批发	166		28	120	27	27
汽车、摩托车及零配件批发	28081	1454	9164	11996	4418	4722
五金、交电批发	25937	441	15267	9029	7784	7403
家用电器批发	37621	615	28733	5987	3443	3558
计算机、软件及辅助设备批发	13470	1062	8816	8158	2699	1919
通讯及广播电视设备批发	17888	10332	10662	6072	8214	6461
其他机械设备及电子产品批发	122948	8510	39622	33032	56141	72727
贸易经纪与代理	30872	672	14883	6849	10108	10030
其他批发	194521	27440	52363	75284	79819	95450

2-135 续表 3　　　　单位：万元

行　　业	应交所得税	劳动失业保险费	应付工资	应付福利费	应交增值税	平均从业人员数（个）
合　计	**282990**	**11963**	**403469**	**25306**	**411892**	**113066**
农畜产品批发	667	127	3430	286	522	1671
谷物、豆及薯类批发	101	32	1412	90	39	1065
种子、饲料批发	467	94	1658	158	436	428
棉、麻批发	2	0	19	3	48	16
牲畜批发						
其他农畜产品批发	98	0	340	35		162
食品、饮料及烟草制品批发	117991	5814	90282	3422	121161	21137
米、面制品及食用油批发	449	251	4915	412	2926	1786
糕点、糖果及糖批发	100	3	417	5	127	128
果品、蔬菜批发	659	28	3106	84	363	874
肉、禽、蛋及水产品批发	671	11	2174	48	1397	729
盐及调味品批发	539	402	3046	448	2542	750
饮料及茶叶批发	1566	282	13395	719	8564	5214
烟草制品批发	113189	4770	57067	1225	101538	9796
其他食品批发	819	68	6163	482	3703	1860
纺织、服装及日用品批发	28431	683	56515	3273	51549	18106
纺织品、针织品及原料批发	1575	81	5131	1190	3490	1672
服装批发	4909	192	15270	1256	11941	4995
鞋帽批发	16362	141	19355	498	14061	4264
厨房卫生间用具及日用杂货批发	125	13	594	31	52	191
化妆品及卫生用品批发	149	15	1964	45	1329	1190
其他日用品批发	5312	241	14201	254	20676	5794
文化、体育用品及器材批发	1541	99	18677	671	4958	5834
文具用品批发	92	15	216	31	81	88
体育用品批发	2	1	57	1	24	20
图书批发	900	27	13752	396	3505	4135
报刊批发						
音像制品及电子出版物批发	10	1	37		19	24
首饰、工艺品及收藏品批发	300	40	3086	139	77	960
其他文化用品批发	238	17	1529	104	1253	607
医药及医疗器材批发	2499	327	15579	976	9305	6766
西药批发	2235	265	13156	828	7730	5688
中药材及中成药批发	154	39	1627	102	942	819
医疗用品及器材批发	110	23	795	45	633	259
矿产品、建材及化工产品批发	95025	1938	135179	10177	152310	34972
煤炭及制品批发	1277	131	2365	104	7552	906
石油及制品批发	52443	752	42591	1741	60607	12520
非金属矿及制品批发	332	64	1138	724	451	369
金属及金属矿批发	26522	445	56111	5239	34704	10601
建材批发	7489	223	11756	810	29043	4456
化肥批发	1027	22	4145	105	1860	1727
农药批发	10	87	438	14	138	184
农用薄膜批发						
其他化工产品批发	5925	214	16635	1441	17956	4209
机械设备五金交电及电子产品批发	17312	1127	47691	3957	37381	15161
农业机械批发	12	0	15	2	12	20
汽车、摩托车及零配件批发	958	227	5674	351	3209	2445
五金、交电批发	1477	40	6439	469	7130	1447
家用电器批发	1207	172	10770	481	3928	4426
计算机、软件及辅助设备批发	333	132	4059	250	5226	1554
通讯及广播电视设备批发	1855	32	3827	442	2264	1034
其他机械设备及电子产品批发	11469	524	16907	1962	15612	4235
贸易经纪与代理	970	259	4447	126	4127	1116
其他批发	18557	1590	31670	2417	30579	8303

2-136　限额以上零售企业分行业主要财务指标

单位：万元

行　业	流动资产	存　货	固定资产原　价	累计折旧	本年折旧	资产总计
合　计	**2778156**	**695906**	**856753**	**211846**	**58278**	**3965510**
综合零售	643275	158673	323936	81234	20891	1060076
百货零售	268803	33237	162827	29164	5846	485098
超级市场零售	333674	111912	137898	44058	13854	509023
其他综合零售	40798	13525	23211	8013	1191	65956
食品、饮料及烟草制品专门零售	67290	17601	43145	9947	2333	116923
粮油零售	4208	2142	2339	656	330	5989
糕点、面包零售	2019	492	2415	545	174	4518
果品、蔬菜零售	31	29	4	1		34
肉、禽、蛋及水产品零售	29406	1207	10811	3101	999	45183
饮料及茶叶零售	7031	3378	13099	2333	590	20425
烟草制品零售	17659	7280	2086	490	162	21389
其他食品零售	6936	3073	12390	2822	78	19386
纺织、服装及日用品专门零售	66091	21985	10885	3224	814	79555
纺织品及针织品零售	5283	982	1300	358	108	6272
服装零售	47904	16476	6690	1519	453	57433
鞋帽零售	2204	412	303	101	74	2633
钟表、眼镜零售	4447	1947	1565	895	142	5587
化妆品及卫生用品零售	283	94	50	35		298
其他日用品零售	5971	2075	977	316	37	7331
文化、体育用品及器材专门零售	44471	26171	6735	2375	489	54113
文具用品零售	1484	360	332	97	12	2100
体育用品零售	924	225	15	7		935
图书零售	8396	3673	3628	1346	251	12115
报刊零售						
音像制品及电子出版物零售	1972	10	6	4	1	4467
珠宝首饰零售	23760	18299	1650	767	187	25079
工艺美术品及收藏品零售	1398	30	40	9	3	1429
照相器材零售	2839	1419	706	22	12	4051
其他文化用品零售	3698	2154	359	122	25	3937
医药及医疗器材专门零售	169220	34396	40484	9865	1187	218175
药品零售	164242	32101	39842	9628	1146	212793
医疗用品及器材零售	4977	2296	642	238	41	5382
汽车摩托车燃料及零配件零售	1120994	310079	287005	75778	24605	1545368
汽车零售	966860	270804	165427	43148	12046	1204322
汽车零配件零售	37220	10465	3432	1070	241	43696
摩托车及零配件零售	40413	17658	5515	1453	336	46292
机动车燃料零售	76501	11152	112631	30108	11982	251059
家用电器及电子产品专门零售	419670	93746	30602	7067	1706	463250
家用电器零售	351454	72888	23077	4462	1044	385565
计算机、软件及辅助设备零售	40077	9340	4695	1561	293	45758
通信设备零售	22346	8547	2606	948	324	25607
其他电子产品零售	5793	2971	225	97	46	6320
五金家具及室内装修材料零售	79938	18612	20328	5426	1284	116442
五金零售	22876	7098	3318	661	136	26499
家具零售	20590	5332	7914	2532	691	35274
涂料零售	350	232	140	37	19	453
其他室内装修材料零售	36121	5950	8956	2197	438	54215
无店铺及其他零售	167207	14645	93634	16930	4968	311608

2-136 续表 1

单位：万元

行业	负债合计	所有者权益	实收资本	主营业务收入	主营业务成本	主营业务附加
合计	**2564992**	**1400519**	**1064033**	**8231903**	**7396437**	**31707**
综合零售	720335	339741	210762	1964170	1650786	15376
百货零售	336983	148115	85140	571949	462063	5704
超级市场零售	334320	174703	104746	1234469	1054357	8766
其他综合零售	49033	16923	20876	157753	134366	906
食品、饮料及烟草制品专门零售	46916	70007	31178	256979	211512	3163
粮油零售	3427	2563	1290	5203	4630	6
糕点、面包零售	920	3598	998	10442	8853	8
果品、蔬菜零售	13	22	10	521	498	
肉、禽、蛋及水产品零售	25121	20062	8588	88705	81484	99
饮料及茶叶零售	4426	15999	13727	54967	40415	442
烟草制品零售	3008	18381	5024	82730	65409	251
其他食品零售	10002	9384	1540	14412	10223	2358
纺织、服装及日用品专门零售	54489	25066	23980	156838	128359	1043
纺织品及针织品零售	4333	1939	1639	10292	8422	45
服装零售	40020	17413	15438	106815	88053	727
鞋帽零售	2522	112	1788	22238	20055	58
钟表、眼镜零售	3849	1738	1601	8797	5254	172
化妆品及卫生用品零售	118	180	150	1169	1006	4
其他日用品零售	3648	3684	3365	7527	5568	36
文化、体育用品及器材专门零售	21272	32841	25981	99327	83427	1927
文具用品零售	737	1363	1072	2461	1757	18
体育用品零售	486	449	510	1110	929	3
图书零售	5052	7063	6612	11861	9739	23
报刊零售						
音像制品及电子出版物零售	1873	2594	2989	3044	2766	96
珠宝首饰零售	6810	18270	11829	50129	41320	1523
工艺美术品及收藏品零售	1776	-347	500	5630	3999	3
照相器材零售	2275	1776	1250	8327	7800	13
其他文化用品零售	2263	1673	1219	16766	15117	248
医药及医疗器材专门零售	168177	49999	33942	389401	357974	730
药品零售	163672	49121	33184	379617	349369	702
医疗用品及器材零售	4505	878	758	9784	8606	28
汽车摩托车燃料及零配件零售	961492	583877	478473	3885468	3607252	5516
汽车零售	841225	363097	321747	2707478	2524620	3210
汽车零配件零售	21219	22477	18336	99514	88133	548
摩托车及零配件零售	31110	15182	12662	111534	102339	192
机动车燃料零售	67938	183121	125728	966942	892160	1566
家用电器及电子产品专门零售	357663	105588	77866	929326	855157	2060
家用电器零售	311908	73658	50904	697565	644501	1554
计算机、软件及辅助设备零售	27821	17937	15894	142045	130048	343
通信设备零售	15428	10180	8903	72827	65519	115
其他电子产品零售	2507	3813	2166	16889	15088	48
五金家具及室内装修材料零售	76514	39927	45311	238517	215622	1028
五金零售	14579	11921	7511	34486	30911	178
家具零售	21721	13553	9271	141891	131024	706
涂料零售	86	367	100	2254	1956	3
其他室内装修材料零售	40128	14086	28428	59886	51731	141
无店铺及其他零售	158135	153474	136541	311878	286349	864

2-136　续表 2　　单位：万元

行　业	主营业务利　润	其他业务利　润	营业费用	管理费用	营业利润	利润总额
合　计	**794512**	**103742**	**472882**	**204988**	**181295**	**175598**
综合零售	297805	51525	208021	62217	63154	72660
百货零售	104340	15527	56437	23513	29997	39953
超级市场零售	170984	33308	133979	33876	31221	30639
其他综合零售	22481	2690	17606	4828	1936	2069
食品、饮料及烟草制品专门零售	41362	959	14216	11418	16105	16760
粮油零售	566	124	128	556	-98	54
糕点、面包零售	1582	8	687	220	682	682
果品、蔬菜零售	23		16	2	5	5
肉、禽、蛋及水产品零售	7117	441	3436	2378	1379	1868
饮料及茶叶零售	13173	29	6369	4454	2425	2532
烟草制品零售	17071	173	2645	3091	11490	11589
其他食品零售	1830	185	936	717	223	31
纺织、服装及日用品专门零售	27442	1595	18100	8080	2629	4253
纺织品及针织品零售	1830	78	989	340	541	534
服装零售	18035	1250	11563	5423	1830	3478
鞋帽零售	2124	24	1744	656	206	210
钟表、眼镜零售	3370	243	2520	1281	-338	-340
化妆品及卫生用品零售	159		129	15	9	8
其他日用品零售	1923		1155	366	381	363
文化、体育用品及器材专门零售	13909	530	5468	4138	3779	3549
文具用品零售	685	28	331	185	201	205
体育用品零售	177	3	118	73	-10	-8
图书零售	2099	221	828	790	621	503
报刊零售						
音像制品及电子出版物零售	183			96	86	86
珠宝首饰零售	7286	176	2116	2478	2407	2341
工艺美术品及收藏品零售	1629		643	151	801	802
照相器材零售	514	29	833	140	-505	-505
其他文化用品零售	1337	72	600	227	178	125
医药及医疗器材专门零售	30217	1364	14287	10181	4885	6017
药品零售	29067	1308	13813	9768	4940	6100
医疗用品及器材零售	1150	56	474	413	-54	-83
汽车摩托车燃料及零配件零售	265205	9397	126854	68819	62893	48641
汽车零售	172741	7202	72623	55457	37531	22990
汽车零配件零售	10833	1114	9196	1714	616	1007
摩托车及零配件零售	9004	-15	3929	2256	2381	2292
机动车燃料零售	72628	1096	41106	9392	22365	22353
家用电器及电子产品专门零售	72045	35735	62268	22304	21078	15673
家用电器零售	51435	32595	52436	14457	15611	11098
计算机、软件及辅助设备零售	11655	1415	4914	4484	3335	2540
通信设备零售	7203	1613	4503	2636	1382	1256
其他电子产品零售	1752	113	416	728	751	779
五金家具及室内装修材料零售	21865	2192	10537	8453	3371	2407
五金零售	3397	262	1156	1365	1038	896
家具零售	10161	76	2228	3995	3334	3043
涂料零售	295		165	108	19	19
其他室内装修材料零售	8012	1854	6988	2986	-1021	-1551
无店铺及其他零售	24663	446	13131	9377	3401	5638

2-136 续表 3　　单位：万元

行　　业	应交所得税	劳动失业保险费	应付工资	应付福利费	应交增值税	平均从业人员数（个）
合　　计	**34593**	**4876**	**203925**	**13155**	**142869**	**99418**
综合零售	16965	1831	81026	4043	53334	44853
百货零售	7963	675	18280	1213	17929	8539
超级市场零售	8252	829	57745	2631	32114	32701
其他综合零售	750	327	5002	200	3290	3613
食品、饮料及烟草制品专门零售	2029	134	8025	555	4153	4004
粮油零售	2	8	246	5	44	79
糕点、面包零售	33		806	120	30	606
果品、蔬菜零售			4			5
肉、禽、蛋及水产品零售	34	32	2531	231	678	1405
饮料及茶叶零售	136	15	1640	53	1083	933
烟草制品零售	1817	67	2616	144	1930	850
其他食品零售	8	12	181	1	387	126
纺织、服装及日用品专门零售	753	197	9316	770	2499	4085
纺织品及针织品零售	20	5	542	57	157	290
服装零售	559	124	6046	605	1383	2359
鞋帽零售	31	11	583	14	269	288
钟表、眼镜零售	105	30	1554	9	609	793
化妆品及卫生用品零售	1	0	72	6	17	46
其他日用品零售	37	26	518	79	63	309
文化、体育用品及器材专门零售	578	106	3577	213	1585	1627
文具用品零售	47	26	292	76	55	118
体育用品零售	0	11	64		29	50
图书零售	182	14	634	43	75	270
报刊零售						
音像制品及电子出版物零售	7	2	53	2	12	26
珠宝首饰零售	322	43	1525	69	1220	637
工艺美术品及收藏品零售	9	4	103		9	55
照相器材零售	0	2	311		84	138
其他文化用品零售	12	4	595	24	102	333
医药及医疗器材专门零售	942	424	8692	652	8218	4286
药品零售	924	420	8476	621	7935	4147
医疗用品及器材零售	18	4	216	31	283	139
汽车摩托车燃料及零配件零售	8466	1226	53792	4543	36538	22308
汽车零售	6058	868	38774	3105	21545	15103
汽车零配件零售	212	64	1155	82	944	571
摩托车及零配件零售	272	72	2043	127	1080	1201
机动车燃料零售	1926	221	11820	1230	12968	5433
家用电器及电子产品专门零售	2777	709	26591	1571	31780	13221
家用电器零售	2004	448	18913	1121	29148	9019
计算机、软件及辅助设备零售	421	198	3544	299	1649	1712
通信设备零售	163	40	3684	141	671	2251
其他电子产品零售	190	23	451	10	312	239
五金家具及室内装修材料零售	896	91	3581	261	1796	1750
五金零售	215	15	710	59	274	367
家具零售	629	24	1026	66	385	531
涂料零售	3		81	7	29	65
其他室内装修材料零售	50	52	1764	129	1108	787
无店铺及其他零售	1188	160	9325	547	2967	3284

2-137　限额以上批发和零售企业分地区主要财务指标

单位：万元

地　区	流动资产	存　货	固定资产原　价	累计折旧	本年折旧	资产总计
批发和零售业	**17570284**	**3710973**	**2634691**	**792488**	**161885**	**24138418**
福州市	4087513	1012902	934007	281876	62059	6266741
厦门市	8783369	1811808	850106	241169	49472	11581525
莆田市	369449	92250	63125	15444	3866	531246
三明市	834246	95773	112307	40837	7238	990311
泉州市	1772128	367629	326352	104252	18821	2552599
漳州市	715304	98935	103896	32948	6080	892723
南平市	294501	79333	89723	29296	5237	388888
龙岩市	488834	114487	100552	29653	6043	647032
宁德市	224942	37856	54623	17013	3069	287352
批发业	**14792128**	**3015066**	**1777938**	**580642**	**103607**	**20172907**
福州市	3045365	782421	603106	195299	35778	4736833
厦门市	8070598	1638621	645682	195926	36482	10573696
莆田市	305418	74670	42797	10991	2808	441033
三明市	754126	74145	83762	33256	5393	875838
泉州市	1235747	206440	185167	65901	10189	1849063
漳州市	618251	69020	48540	21083	3266	711949
南平市	231476	60248	68331	23315	3690	300086
龙岩市	380806	86096	67824	23232	3937	497268
宁德市	150342	23404	32729	11640	2065	187141
零售业	**2778156**	**695906**	**856753**	**211846**	**58278**	**3965510**
福州市	1042148	230481	330902	86577	26282	1529907
厦门市	712771	173187	204424	45243	12990	1007829
莆田市	64031	17580	20328	4453	1058	90213
三明市	80119	21628	28545	7581	1845	114473
泉州市	536381	161188	141185	38351	8632	703536
漳州市	97053	29915	55356	11865	2814	180774
南平市	63025	19085	21392	5981	1547	88803
龙岩市	108028	28391	32728	6421	2106	149765
宁德市	74600	14452	21894	5373	1004	100211

2-137 续表 1 单位：万元

地　区	负债合计	所有者权益		主营业务收　入	主营业务成　本	主营业务附　加
			实收资本			
批发和零售业	**15011269**	**9127149**	**5383634**	**52384665**	**48370842**	**148646**
福州市	3870427	2396313	1496987	14827005	13591264	64073
厦门市	7709513	3872012	2170344	24715160	23243601	50751
莆田市	291511	239736	87079	873121	729065	2312
三明市	541457	448854	216713	1956661	1802826	4416
泉州市	1333319	1219279	928559	5120904	4580071	13473
漳州市	541951	350772	213814	2094831	1944120	3095
南平市	200518	188371	68163	872215	770485	2116
龙岩市	358687	288346	142168	1322413	1193790	4939
宁德市	163886	123466	59808	602356	515621	3471
批发业	**12446277**	**7726630**	**4319601**	**44152762**	**40974405**	**116938**
福州市	2837373	1899460	1185048	11312339	10448316	48810
厦门市	7067463	3506233	1906780	22851585	21562301	45251
莆田市	238973	202060	58749	712512	582692	1208
三明市	474905	400933	174577	1726833	1598083	3100
泉州市	877700	971363	707693	3705709	3314543	7649
漳州市	432928	279021	140420	1772333	1648021	2267
南平市	146652	153434	33055	660280	581187	1486
龙岩市	274239	223029	82722	1023648	920257	4134
宁德市	96043	91098	30557	387524	319004	3033
零售业	**2564992**	**1400519**	**1064033**	**8231903**	**7396437**	**31707**
福州市	1033054	496853	311939	3514666	3142948	15263
厦门市	642050	365779	263565	1863575	1681301	5500
莆田市	52537	37676	28331	160609	146373	1104
三明市	66552	47921	42136	229828	204742	1316
泉州市	455619	247917	220866	1415195	1265528	5823
漳州市	109023	71751	73393	322498	296099	829
南平市	53866	34936	35108	211935	189297	631
龙岩市	84448	65317	59446	298766	273532	805
宁德市	67842	32369	29251	214832	196617	438

2-137　续表 2　　单位：万元

地　区	主营业务利　润	其他业务利　润	营业费用	管理费用	营业利润	利润总额
批发和零售业	**3834784**	**305912**	**1651407**	**902433**	**1450428**	**1538047**
福州市	1149796	74523	512824	248779	439936	537488
厦门市	1418200	167979	779214	316726	421464	487447
莆田市	141675	28430	52266	34598	80857	82751
三明市	149420	4669	45889	51479	47421	65525
泉州市	521170	16908	146449	106773	271528	163510
漳州市	147617	4032	41306	35441	65743	67815
南平市	100294	2983	26328	40328	32879	40961
龙岩市	123684	4003	29806	42333	50490	46360
宁德市	82928	2385	17325	25976	40111	46190
批发业	**3040272**	**202170**	**1178525**	**697445**	**1269133**	**1362449**
福州市	799133	29213	307691	167981	344052	451439
厦门市	1241763	131130	656609	263175	393399	450302
莆田市	128542	26424	44654	29964	79120	80940
三明市	125650	2112	32055	44927	42864	61272
泉州市	381043	8845	73636	74361	234840	131171
漳州市	122045	912	24158	27004	63733	65881
南平市	77638	1443	15520	33901	27966	36223
龙岩市	99256	1345	16925	34872	46039	42315
宁德市	65201	747	7279	21261	37120	42907
零售业	**794512**	**103742**	**472882**	**204988**	**181295**	**175598**
福州市	350663	45311	205134	80798	95884	86049
厦门市	176437	36849	122606	53552	28065	37145
莆田市	13132	2006	7612	4635	1737	1811
三明市	23771	2557	13834	6552	4557	4254
泉州市	140127	8063	72813	32412	36688	32339
漳州市	25572	3120	17148	8437	2010	1934
南平市	22656	1540	10808	6427	4913	4738
龙岩市	24428	2658	12881	7461	4451	4045
宁德市	17727	1638	10046	4715	2991	3283

2-137 续表 3　　单位：万元

地　区	应交所得税	劳动失业保险费	应付工资	应付福利费	应交增值税	平均从业人员数（个）
批发和零售业	**317583**	**16840**	**607394**	**38461**	**554761**	**212484**
福州市	97441	4192	186640	9824	160950	65763
厦门市	92049	3186	226790	16455	201048	68120
莆田市	18940	475	18699	936	12380	5186
三明市	15978	1083	26383	1537	26583	10155
泉州市	46437	2322	65166	5805	63349	28238
漳州市	17650	785	22819	1084	29694	10865
南平市	8466	2334	22769	1115	19638	8213
龙岩市	12071	2184	23882	1228	23479	10208
宁德市	8550	279	14247	478	17641	5736
批发业	**282990**	**11963**	**403469**	**25306**	**411892**	**113066**
福州市	80699	2305	110200	5266	110409	33896
厦门市	83581	2182	170792	13426	150506	44995
莆田市	18636	323	14593	659	10503	2137
三明市	14836	870	19382	1053	19929	4938
泉州市	40877	1341	32416	3113	47322	10337
漳州市	17213	586	13794	388	24174	5134
南平市	8003	2273	17522	839	16240	4364
龙岩市	11361	1970	16011	426	18188	4837
宁德市	7785	113	8759	137	14620	2428
零售业	**34593**	**4876**	**203925**	**13155**	**142869**	**99418**
福州市	16742	1887	76439	4558	50542	31867
厦门市	8468	1004	55998	3029	50541	23125
莆田市	305	152	4106	277	1877	3049
三明市	1143	213	7001	484	6653	5217
泉州市	5560	981	32750	2692	16027	17901
漳州市	437	199	9024	696	5520	5731
南平市	463	61	5247	277	3397	3849
龙岩市	710	214	7871	802	5291	5371
宁德市	765	166	5488	341	3021	3308

2-138 限额以下批发和零售企业分登记注册类型主要财务指标

单位：万元

登记注册类型	固定资产原价	本年折旧	资产总计	负债合计	所有者权益	实收资本	营业收入
合计	**2044132**	**155348**	**13208198**	**6927685**	**6280513**	**5257526**	**14977281**
内资企业	**1941005**	**144397**	**12445433**	**6424160**	**6021273**	**5028286**	**14500825**
国有企业	222074	12324	1813302	677538	1135764	327812	2039892
集体企业	119869	7558	365476	184550	180926	137363	447113
股份合作企业	21060	1726	73456	30959	42497	39519	114274
联营企业	6701	579	40556	26629	13928	14967	71144
国有联营企业	1835	251	19967	12880	7087	6693	35691
集体联营企业	1704	112	5076	1976	3100	2863	9860
国有与集体联营企业	1282	57	1945	575	1370	1366	2689
其他联营企业	1881	160	13568	11197	2371	4045	22904
有限责任公司	252708	20785	2385915	1473557	912358	900751	1882107
国有独资公司	15688	648	75080	44029	31051	24446	17457
其他有限责任公司	237020	20137	2310835	1429528	881307	876306	1864651
股份有限公司	46131	3825	223180	108983	114196	116047	272908
私营企业	1240015	94916	7403618	3855366	3548251	3420752	9472612
私营独资企业	305097	22880	913036	434249	478787	403984	1681770
私营合伙企业	104788	7607	368193	185074	183119	173064	594002
私营有限责任公司	779096	59891	5845046	3091015	2754031	2715032	6816216
私营股份有限公司	51034	4539	277342	145028	132314	128671	380625
其他企业	32448	2683	139931	66578	73353	71075	200774
港、澳、台商投资企业	**70029**	**2671**	**422502**	**268223**	**154279**	**117946**	**212706**
合资经营企业	6363	638	88988	41496	47492	30717	89273
合作经营企业	259	23	2647	1217	1430	1722	4468
独资经营企业	62054	1925	322577	220011	102566	82564	106141
投资股份有限公司	1352	86	8289	5499	2790	2943	12823
外商投资企业	**33099**	**8279**	**340263**	**235302**	**104961**	**111294**	**263750**
中外合资经营企业	9102	890	129105	113817	15288	20975	46353
中外合作经营企业	776	78	5737	2418	3320	3988	2544
外资企业	21078	7006	187216	112865	74351	74687	184299
外商投资股份有限公司	2142	305	18205	6202	12003	11643	30555

2-138 续表 单位：万元

登记注册类型	主营业务收入	主营业务成本	主营业务税金及附加	费用合计	营业利润	从业人员年平均数(人)	工资福利
合计	**14913868**	**12562205**	**179467**	**1423935**	**830440**	**301237**	**558587**
内资企业	**14448387**	**12200581**	**177574**	**1330766**	**805585**	**293820**	**526632.7**
国有企业	2031435	1857808	26364	101216	149465	15101	32161
集体企业	442494	356223	7535	55801	28479	18139	25225
股份合作企业	113666	85064	2242	11608	10497	4139	7177
联营企业	70871	58812	1129	7032	3494	1067	2525
国有联营企业	35563	28898	872	3329	2193	386	1376
集体联营企业	9733	8001	72	1142	527	297	409
国有与集体联营企业	2688	2210	40	289	133	67	157
其他联营企业	22887	19704	146	2272	641	317	583
有限责任公司	1874253	1621184	17044	186871	58376	42060	70617
国有独资公司	16568	12812	249	3873	638	749	1351
其他有限责任公司	1857684	1608372	16795	182998	57738	41311	69267
股份有限公司	272019	190163	2997	20569	17316	4963	8625
私营企业	9443416	7877120	116630	927251	520227	202299	369143
私营独资企业	1678175	1305124	32599	162165	147075	41611	72534
私营合伙企业	588958	477724	9700	59107	43853	15917	27356
私营有限责任公司	6796084	5787191	68991	650774	307093	135885	253885
私营股份有限公司	380200	307081	5341	55205	22205	8886	15368
其他企业	200233	154207	3632	20418	17732	6052	11161
港、澳、台商投资企业	**211591**	**158511**	**910**	**37768**	**25380**	**3566**	**7788**
合资经营企业	88841	67580	186	8741	12162	1471	2862
合作经营企业	4460	3955	4	413	113	47	105
独资经营企业	105472	76817	511	27012	12256	1921	4463
投资股份有限公司	12818	10158	209	1602	849	127	359
外商投资企业	**253889**	**203113**	**982**	**55401**	**-526**	**3851**	**24167**
中外合资经营企业	45940	40118	111	6455	-1743	798	1800
中外合作经营企业	2482	1856	27	371	124	99	148
外资企业	174912	136897	345	45671	-1805	2594	20907
外商投资股份有限公司	30555	24243	499	2904	2899	360	1312

2-139　限额以下批发企业分登记注册类型主要财务指标

单位：万元

登记注册类型	固定资产原价	本年折旧	资产总计	负债合计	所有者权益	实收资本	营业收入
合　计	**1495061**	**114028**	**11240943**	**6066300**	**5174643**	**4208803**	**12781932**
内资企业	**1402956**	**104113**	**10508913**	**5573059**	**4935854**	**4001389**	**12318458**
国有企业	187076	10266	1711939	639356	1072583	269456	1991906
集体企业	77504	4902	272667	139122	133545	97840	335584
股份合作企业	15159	1276	57131	25063	32068	30060	86050
联营企业	4599	405	35139	23800	11339	12399	63741
国有联营企业	1243	192	18069	11750	6319	5884	33748
集体联营企业	1006	52	3479	1400	2079	2020	7229
国有与集体联营企业	1242	55	1760	555	1205	1201	1899
其他联营企业	1109	105	11831	10095	1736	3293	20865
有限责任公司	191097	16683	2053328	1311446	741882	729274	1643934
国有独资公司	13075	641	69522	36679	32843	21557	17157
其他有限责任公司	178022	16042	1983807	1274768	709039	707717	1626777
股份有限公司	32589	3030	176103	85365	90738	93239	233378
私营企业	878195	66059	6108491	3304707	2803784	2720249	7837229
私营独资企业	148823	10535	557798	288904	268894	225836	1062043
私营合伙企业	64682	4500	260520	146484	114036	110326	441472
私营有限责任公司	625059	47695	5054163	2738722	2315442	2281585	6002032
私营股份有限公司	39632	3328	236010	130597	105413	102502	331681
其他企业	16737	1493	94116	44201	49916	48872	126635
港、澳、台商投资企业	**64921**	**2078**	**404674**	**262189**	**142485**	**105052**	**206813**
合资经营企业	5094	511	84112	39337	44775	28513	87328
合作经营企业	259	23	2647	1217	1430	1722	4468
独资经营企业	58468	1475	310118	216477	93641	72046	103174
投资股份有限公司	1101	69	7797	5158	2639	2771	11843
外商投资企业	**27184**	**7836**	**327356**	**231052**	**96304**	**102363**	**256661**
中外合资经营企业	4722	490	122382	112036	10345	15956	43488
中外合作经营企业	623	64	4711	1695	3017	3690	1743
外资企业	19729	6980	182282	111194	71088	71224	181400
外商投资股份有限公司	2110	302	17981	6126	11855	11492	30030

2-139 续表 单位：万元

登记注册类型	主营业务收入	主营业务成　本	主营业务税金及附加	费用合计	营业利润	从业人员年平均数（人）	工资福利
合　计	**12731483**	**10883917**	**134698**	**1148943**	**650608**	**211475**	**411209**
内资企业	**12278483**	**10530996**	**133076**	**1059157**	**626047**	**205173**	**381012**
国有企业	1984547	1824046	25236	90479	146749	11395	27205
集体企业	332623	272596	5482	39774	19722	10492	15267
股份合作企业	85556	64174	1651	8099	8012	2934	5066
联营企业	63485	53874	943	6108	2766	789	2029
国有联营企业	33620	27880	813	3100	1962	334	1249
集体联营企业	7103	6039	25	792	309	172	214
国有与集体联营企业	1897	1562	28	233	57	59	136
其他联营企业	20865	18392	78	1982	438	224	430
有限责任公司	1638229	1427509	12985	155910	45133	32819	54505
国有独资公司	16268	12610	232	3806	623	698	1291
其他有限责任公司	1621961	1414899	12753	152104	44510	32121	53214
股份有限公司	232825	159713	2050	15741	13510	3627	6413
私营企业	7814769	6628827	82785	731632	380624	140047	264784
私营独资企业	1060817	849771	16336	94995	79020	20035	36822
私营合伙企业	436762	363797	5996	41732	28031	9604	17332
私营有限责任公司	5985783	5144663	56361	546169	255864	103713	198801
私营股份有限公司	331407	270596	4093	48735	17709	6695	11829
其他企业	126448	100257	1945	11415	9530	3070	5744
港、澳、台商投资企业	**206158**	**154564**	**786**	**35871**	**25601**	**2880**	**6818**
合资经营企业	87314	66256	163	8314	12162	1232	2623
合作经营企业	4460	3955	4	413	113	47	105
独资经营企业	102541	74934	423	25723	12520	1519	3832
投资股份有限公司	11843	9419	196	1421	806	82	258
外商投资企业	**246843**	**198357**	**836**	**53915**	**-1039**	**3422**	**23379**
中外合资经营企业	43117	38363	27	5790	-2050	587	1441
中外合作经营企业	1682	1407	7	283	15	43	71
外资企业	172014	134731	310	45017	-1849	2466	20606
外商投资股份有限公司	30030	23857	493	2825	2845	326	1261

2-140 限额以下零售企业分登记注册类型主要财务指标

单位：万元

登记注册类型	固定资产原价	本年折旧	资产总计	负债合计	所有者权益		营业收入
						实收资本	
合 计	**549071**	**41320**	**1967255**	**861385**	**1105870**	**1048723**	**2195349**
内资企业	**538049**	**40284**	**1936520**	**851101**	**1085419**	**1026898**	**2182367**
国有企业	34998	2058	101363	38182	63181	58356	47985
集体企业	42364	2656	92809	45428	47382	39524	111529
股份合作企业	5900	450	16325	5897	10429	9459	28224
联营企业	2102	175	5418	2829	2589	2569	7403
国有联营企业	592	59	1898	1131	768	809	1943
集体联营企业	698	60	1597	576	1021	843	2631
国有与集体联营企业	40	2	185	20	165	165	791
其他联营企业	772	55	1737	1102	635	752	2039
有限责任公司	61612	4103	332587	162111	170476	171477	238174
国有独资公司	2613	7	5558	7350	-1792	2889	300
其他有限责任公司	58998	4095	327029	154761	172268	168588	237874
股份有限公司	13542	795	47077	23619	23458	22808	39530
私营企业	361820	28858	1295127	550660	744467	700503	1635384
私营独资企业	156275	12345	355239	145346	209893	178149	619727
私营合伙企业	40107	3106	107673	38590	69084	62738	152530
私营有限责任公司	154037	12196	790883	352293	438590	433447	814183
私营股份有限公司	11402	1210	41332	14431	26901	26169	48944
其他企业	15711	1191	45814	22377	23437	22203	74139
港、澳、台商投资企业	**5107**	**594**	**17828**	**6034**	**11794**	**12895**	**5893**
合资经营企业	1270	127	4876	2159	2717	2204	1945
合作经营企业							
独资经营企业	3586	450	12459	3534	8926	10518	2968
投资股份有限公司	251	17	493	341	152	173	980
外商投资企业	**5914**	**443**	**12907**	**4250**	**8657**	**8930**	**7089**
中外合资经营企业	4380	400	6723	1781	4942	5018	2865
中外合作经营企业	153	14	1026	723	303	298	801
外资企业	1349	25	4934	1671	3264	3463	2898
外商投资股份有限公司	32	3	224	76	148	151	525

2-140 续表 单位：万元

登记注册类型	主营业务收入	主营业务成本	主营业务税金及附加	费用合计	营业利润	从业人员年平均数（人）	工资福利
合　计	**2182384**	**1678287**	**44768**	**274992**	**179832**	**89762**	**147379**
内资企业	**2169905**	**1669584**	**44498**	**271608**	**179539**	**88647**	**145620**
国有企业	46888	33762	1128	10737	2716	3706	4956
集体企业	109872	83628	2053	16027	8757	7647	9958
股份合作企业	28110	20890	592	3510	2485	1205	2112
联营企业	7386	4938	186	924	728	278	495
国有联营企业	1943	1017	59	229	231	52	127
集体联营企业	2631	1962	47	349	218	125	194
国有与集体联营企业	791	647	12	56	76	8	20
其他联营企业	2022	1312	69	290	203	93	154
有限责任公司	236023	193675	4059	30961	13243	9241	16113
国有独资公司	300	202	17	67	15	51	60
其他有限责任公司	235723	193473	4042	30894	13228	9190	16053
股份有限公司	39194	30450	948	4828	3806	1336	2211
私营企业	1628647	1248293	33845	195620	139603	62252	104359
私营独资企业	617357	455354	16263	67171	68055	21576	35712
私营合伙企业	152196	113927	3705	17375	15823	6313	10024
私营有限责任公司	810301	642528	12630	104605	51229	32172	55084
私营股份有限公司	48793	36484	1248	6470	4496	2191	3540
其他企业	73785	53950	1687	9003	8202	2982	5416
港、澳、台商投资企业	**5433**	**3947**	**125**	**1897**	**-220**	**686**	**970**
合资经营企业	1528	1325	23	427	0	239	238
合作经营企业							
独资经营企业	2931	1883	89	1289	-263	402	631
投资股份有限公司	975	739	13	181	43	45	101
外商投资企业	**7047**	**4756**	**146**	**1486**	**514**	**429**	**788**
中外合资经营企业	2823	1755	85	666	307	211	359
中外合作经营企业	801	449	20	88	109	56	76
外资企业	2898	2166	36	654	44	128	301
外商投资股份有限公司	525	386	6	78	54	34	52

2-141　限额以下批发企业分行业主要财务指标

单位：万元

行　业	固定资产原　价	本年折旧	资产总计	负债合计	所有者权益	实收资本	营业收入
合　计	**1495061**	**114028**	**11240943**	**6066300**	**5174643**	**4208803**	**12781932**
农畜产品批发	51370	3384	252519	135322	117197	106205	240872
谷物、豆及薯类批发	24148	1380	104936	66065	38870	28206	70095
种子、饲料批发	13454	1044	89532	36547	52985	52508	92949
棉、麻批发	2584	50	3373	772	2601	1997	3668
牲畜批发	4704	336	7114	2946	4168	4039	10162
其他农畜产品批发	6480	574	47566	28992	18574	19455	63998
食品、饮料及烟草制品批发	208022	14453	1645229	486327	1158903	409781	2633790
米、面制品及食用油批发	58124	3310	205492	120522	84970	66832	204749
糕点、糖果及糖批发	4892	483	35058	21224	13834	12571	53150
果品、蔬菜批发	38249	3006	163441	87156	76284	75897	254399
肉、禽、蛋及水产品批发	29343	1724	93924	46085	47838	46862	131685
盐及调味品批发	4192	390	14168	7170	6998	6075	26705
饮料及茶叶批发	28184	2215	190386	75006	115380	113912	189329
烟草制品批发	21617	1502	788103	43222	744881	8740	1597792
其他食品批发	23421	1823	154659	85941	68717	78893	175981
纺织、服装及日用品批发	224915	12814	1559394	929290	630104	607676	1837152
纺织品、针织品及原料批发	82201	3884	443756	229874	213882	181241	648898
服装批发	41560	2900	511597	334949	176647	180898	510966
鞋帽批发	25439	2010	179586	118563	61023	59982	291999
厨房卫生间用具及日用杂货批发	7211	487	41716	20342	21374	23471	55424
化妆品及卫生用品批发	8135	668	33495	14987	18508	18390	47460
其他日用品批发	60371	2866	349244	210575	138669	143695	282406
文化、体育用品及器材批发	39560	3132	404237	277066	127171	126068	314568
文具用品批发	10656	713	62911	31397	31514	28809	73701
体育用品批发	1961	140	20225	14633	5592	7178	23846
图书批发	7612	527	28754	12999	15755	15924	40097
报刊批发	156	7	717	669	47	206	1625
音像制品及电子出版物批发	792	98	8312	4189	4123	3249	11188
首饰、工艺品及收藏品批发	13482	1210	98028	45623	52406	52124	119044
其他文化用品批发	4900	436	185290	167555	17735	18579	45067
医药及医疗器材批发	85466	4462	294117	154477	139640	136059	356123
西药批发	14473	1554	80614	41157	39457	40959	104778
中药材及中成药批发	8533	692	60196	31001	29195	29735	61251
医疗用品及器材批发	62460	2216	153307	82319	70988	65365	190094
矿产品、建材及化工产品批发	476615	36486	3972198	2299690	1672508	1538684	3709720
煤炭及制品批发	20266	1618	141041	64705	76337	70043	187544
石油及制品批发	62957	5921	424222	214154	210068	156195	266422
非金属矿及制品批发	10150	833	51672	23887	27786	28281	91555
金属及金属矿批发	59668	4576	659275	350450	308825	277603	763683
建材批发	200108	13442	1658705	991624	667081	652262	1287646
化肥批发	50159	3566	148027	87438	60589	53740	278054
农药批发	8947	642	123774	107773	16001	18113	85614
农用薄膜批发	2439	105	12329	3328	9000	8996	6885
其他化工产品批发	61921	5783	753153	456331	296822	273452	742318
机械设备五金交电及电子产品批发	262424	28421	2259785	1314643	945142	913740	2534801
农业机械批发	8459	570	28452	14970	13483	12053	46660
汽车、摩托车及零配件批发	39419	3275	269183	139011	130171	115037	397255
五金、交电批发	54708	4700	568484	376779	191705	189479	511485
家用电器批发	22292	1505	153048	71522	81526	81103	167312
计算机、软件及辅助设备批发	15121	1755	173521	97277	76244	83872	242806
通讯及广播电视设备批发	10645	1045	117945	64833	53112	58041	109890
其他机械设备及电子产品批发	111781	15573	949152	550251	398901	374155	1059394
贸易经纪与代理	42587	3076	284771	148273	136498	120554	294857
其他批发	104103	7800	568693	321212	247481	250036	860048

2-141 续表

单位：万元

行业	主营业务收入	主营业务成本	主营业务税金及附加	费用合计	营业利润	从业人员年平均数(人)	工资福利
合计	**12731483**	**10883917**	**134698**	**1148943**	**650608**	**211475**	**411209**
农畜产品批发	238811	206002	2077	22583	9633	5592	9170
谷物、豆及薯类批发	69078	60959	511	7485	1261	1772	2538
种子、饲料批发	92801	79238	670	7153	4382	1863	3230
棉、麻批发	3662	3090	37	457	148	87	134
牲畜批发	10162	7506	283	1331	1298	522	1149
其他农畜产品批发	63109	55209	576	6156	2544	1348	2120
食品、饮料及烟草制品批发	2630458	2344200	33669	160614	186330	32003	59065
米、面制品及食用油批发	203992	172341	2456	21116	8071	4608	8007
糕点、糖果及糖批发	53011	43620	675	5045	3705	875	1865
果品、蔬菜批发	253570	204969	2724	30555	15625	10367	14836
肉、禽、蛋及水产品批发	131519	103438	2329	16272	9250	2924	5644
盐及调味品批发	26603	20602	243	3539	1178	1131	1380
饮料及茶叶批发	188705	152537	2088	23174	9910	6069	10263
烟草制品批发	1597686	1499165	21601	40433	131997	945	8279
其他食品批发	175372	147528	1554	20481	6593	5084	8792
纺织、服装及日用品批发	1834008	1555138	20038	178230	102138	26596	54659
纺织品、针织品及原料批发	648639	536183	10099	50087	53881	7400	17160
服装批发	510437	436732	3933	46389	27725	6431	13272
鞋帽批发	291263	258013	2255	37307	8337	3051	6299
厨房卫生间用具及日用杂货批发	55147	46612	506	6544	1685	1564	2972
化妆品及卫生用品批发	47408	36957	744	7055	2778	1808	3052
其他日用品批发	281115	240642	2501	30846	7732	6342	11903
文化、体育用品及器材批发	314046	265618	2959	37889	8163	8087	16382
文具用品批发	73530	62164	606	7420	3558	2038	3796
体育用品批发	23836	20791	292	2373	416	580	1173
图书批发	40029	32058	489	5644	1800	1036	2067
报刊批发	1625	1177	61	313	115	109	175
音像制品及电子出版物批发	11173	9139	91	1134	824	299	781
首饰、工艺品及收藏品批发	118956	101552	1060	16224	81	2796	5921
其他文化用品批发	44896	38737	361	4781	1368	1229	2470
医药及医疗器材批发	354686	277436	3461	60032	26647	8728	16760
西药批发	104156	82860	1395	12575	6653	2864	4803
中药材及中成药批发	61065	50514	772	7591	3387	1839	3400
医疗用品及器材批发	189465	144062	1294	39866	16607	4025	8557
矿产品、建材及化工产品批发	3694001	3125261	39055	321119	151020	55665	105625
煤炭及制品批发	187385	152881	2489	21419	10530	2311	4836
石油及制品批发	264671	188919	1734	19085	8866	4005	7499
非金属矿及制品批发	91406	75414	1451	10908	3929	1441	2810
金属及金属矿批发	760430	678632	9886	46254	27480	6550	12983
建材批发	1280910	1093571	12390	120447	49938	20130	40118
化肥批发	276564	221737	3747	26757	17712	8283	11500
农药批发	85082	67019	889	12810	4475	1930	3121
农用薄膜批发	6805	5395	115	698	597	206	295
其他化工产品批发	740750	641692	6356	62742	27495	10809	22464
机械设备五金交电及电子产品批发	2513348	2125200	19640	279972	103541	56082	113992
农业机械批发	46571	36181	634	4079	3833	1140	1851
汽车、摩托车及零配件批发	396694	342268	3095	28855	19233	5358	10775
五金、交电批发	510084	429358	4636	50593	22829	10129	19191
家用电器批发	166671	138258	1505	19967	8785	8780	7934
计算机、软件及辅助设备批发	240955	204871	1603	27108	9633	5736	11084
通讯及广播电视设备批发	109539	90473	1017	11513	6641	2244	4235
其他机械设备及电子产品批发	1042836	883792	7149	137858	32588	22695	58922
贸易经纪与代理	294288	248750	4081	26019	13868	4181	8557
其他批发	857837	736313	9718	62485	49269	14541	26999

2-142　限额以下零售企业分行业主要财务指标

单位：万元

行　业	固定资产原　价	本年折旧	资产总计	负债合计	所有者权益		营业收入
						实收资本	
合　计	**549071**	**41320**	**1967255**	**861385**	**1105870**	**1048723**	**2195349**
综合零售	85660	5548	205885	86964	118921	98664	263833
百货零售	36577	2171	99512	41966	57546	47756	115014
超级市场零售	16918	1351	44919	18137	26782	23021	77227
其他综合零售	32165	2026	61454	26860	34593	27887	71592
食品、饮料及烟草制品专门零售	58761	4182	174087	71195	102892	105204	190970
粮油零售	12950	746	31354	17124	14230	15460	24517
糕点、面包零售	4359	284	8301	2919	5382	5071	14312
果品、蔬菜零售	6434	303	10170	5568	4602	4420	10286
肉、禽、蛋及水产品零售	4216	330	13398	4477	8921	8732	15381
饮料及茶叶零售	19598	1701	56471	20947	35524	34868	71062
烟草制品零售	1806	131	7958	2190	5768	6439	7758
其他食品零售	9398	686	46435	17970	28465	30214	47654
纺织、服装及日用品专门零售	51916	4053	194065	83356	110709	106701	216055
纺织品及针织品零售	7740	616	22537	8680	13857	12656	30655
服装零售	24472	1903	89464	37433	52032	48956	94440
鞋帽零售	4067	348	15312	8393	6919	6899	15356
钟表、眼镜零售	3060	309	9983	5245	4738	4883	14835
化妆品及卫生用品零售	3834	274	13588	5928	7660	6594	20949
其他日用品零售	8743	602	43180	17677	25503	26714	39821
文化、体育用品及器材专门零售	19680	1576	110336	49942	60393	60191	105094
文具用品零售	2724	246	16977	9001	7976	8110	23524
体育用品零售	1431	128	8757	4141	4616	4774	12796
图书零售	2621	205	13135	7192	5944	6482	11522
报刊零售	140	11	303	122	180	163	490
音像制品及电子出版物零售	894	104	2812	1371	1441	1454	3193
珠宝首饰零售	6251	558	26667	10263	16404	15555	31713
工艺美术品及收藏品零售	2267	169	18099	6265	11834	11186	9492
照相器材零售	1682	49	4241	2410	1831	1771	2036
其他文化用品零售	1673	107	19344	9177	10168	10696	10328
医药及医疗器材专门零售	28386	2296	95321	44592	50729	48003	148368
药品零售	22701	1938	72687	35105	37582	35888	114426
医疗用品及器材零售	5685	358	22633	9487	13146	12116	33943
汽车摩托车燃料及零配件零售	140726	10203	485184	222483	262701	251107	488962
汽车零售	33479	2031	188255	98390	89864	91965	139616
汽车零配件零售	11780	848	59857	34928	24929	24120	41107
摩托车及零配件零售	16582	1204	66373	35790	30584	30983	93725
机动车燃料零售	78886	6120	170699	53375	117325	104039	214515
家用电器及电子产品专门零售	62426	4935	268443	110964	157479	156435	335656
家用电器零售	22420	1689	76712	29896	46816	42819	100574
计算机、软件及辅助设备零售	15304	1331	83049	35332	47717	50505	114379
通信设备零售	13640	1121	51326	18117	33209	30996	66506
其他电子产品零售	11062	794	57356	27619	29737	32116	54196
五金家具及室内装修材料零售	58944	4932	248801	117231	131570	123534	289721
五金零售	16428	1377	79826	39469	40357	37002	94812
家具零售	21672	1668	68089	25800	42290	38316	82274
涂料零售	2535	183	8261	2902	5358	5196	13164
其他室内装修材料零售	18309	1704	92625	49060	43565	43020	99470
无店铺及其他零售	42573	3595	185134	74658	110476	98885	156690

2-142 续表 单位：万元

行　业	主营业务收入	主营业务成本	主营业务税金及附加	费用合计	营业利润	从业人员年平均数（人）	工资福利
合　计	**2182384**	**1678287**	**44768**	**274992**	**179832**	**89762**	**147379**
综合零售	260928	200099	5642	32671	23225	14829	20673
百货零售	113232	86951	2611	15091	9918	6167	8760
超级市场零售	77166	59906	1489	8304	6442	3805	5354
其他综合零售	70529	53242	1542	9277	6865	4857	6558
食品、饮料及烟草制品专门零售	189326	140962	4811	27486	18891	9163	14783
粮油零售	24355	18271	501	3955	2065	1212	1855
糕点、面包零售	14196	9786	386	2096	3810	706	1185
果品、蔬菜零售	10078	7883	97	1394	904	591	930
肉、禽、蛋及水产品零售	15287	11111	382	1909	1532	790	1323
饮料及茶叶零售	70607	49351	1575	11709	7147	3344	5582
烟草制品零售	7758	5875	166	989	762	341	543
其他食品零售	47047	38684	1703	5434	2670	2179	3363
纺织、服装及日用品专门零售	214380	156398	4609	34301	19174	12074	18333
纺织品及针织品零售	30397	24357	465	3536	2339	1236	1813
服装零售	93726	68140	1980	14699	9121	5380	7874
鞋帽零售	15206	10663	446	2476	1543	839	1364
钟表、眼镜零售	14787	10392	370	2110	1474	821	1226
化妆品及卫生用品零售	20849	15113	701	3322	1979	1311	2420
其他日用品零售	39416	27734	648	8159	2718	2487	3636
文化、体育用品及器材专门零售	104453	79885	2016	15543	7285	4831	8420
文具用品零售	23429	18868	359	2967	1311	1103	1968
体育用品零售	12749	9463	162	1725	624	575	1034
图书零售	11416	8366	220	2309	614	685	1195
报刊零售	488	311	13	130	35	53	70
音像制品及电子出版物零售	3177	2180	120	621	251	144	237
珠宝首饰零售	31710	24422	875	3097	3601	928	1552
工艺美术品及收藏品零售	9265	6711	88	2258	303	698	1226
照相器材零售	1973	1603	20	348	52	116	182
其他文化用品零售	10247	7961	159	2089	494	529	956
医药及医疗器材专门零售	147974	113294	3965	18231	13946	6315	10441
药品零售	114103	87161	3560	13245	11570	5007	8136
医疗用品及器材零售	33870	26133	405	4986	2376	1308	2305
汽车摩托车燃料及零配件零售	487810	389599	9132	48147	34464	12058	21217
汽车零售	139350	120011	1663	12076	6508	2885	4930
汽车零配件零售	40917	33186	742	4665	2430	1527	2572
摩托车及零配件零售	93496	71017	1774	8547	7646	2220	3922
机动车燃料零售	214047	165386	4953	22859	17879	5426	9794
家用电器及电子产品专门零售	332651	253071	5943	43440	29537	14164	24028
家用电器零售	100308	76807	1885	11392	9276	3649	6085
计算机、软件及辅助设备零售	112881	85199	2007	15240	10156	4880	8084
通信设备零售	65902	48879	1373	8890	7100	2983	5318
其他电子产品零售	53559	42186	678	7920	3005	2652	4542
五金家具及室内装修材料零售	288895	223195	5728	34783	22761	10499	19025
五金零售	94434	73797	1462	10738	7974	3430	6315
家具零售	82105	60636	1973	11584	6291	3267	5829
涂料零售	13151	10843	345	1392	676	596	1062
其他室内装修材料零售	99205	77920	1948	11069	7820	3206	5820
无店铺及其他零售	155969	121785	2924	20390	10551	5829	10460

2-143　限额以下批发和零售企业分地区主要财务指标

单位：万元

地　　区	固定资产原　　价	本年折旧	资产总计	负债合计	所有者权益	实收资本	营业收入
批发和零售业	**2044132**	**155348**	**13208198**	**6927685**	**6280513**	**5257526**	**14977281**
福州市	486472	29721	3773203	2109491	1663712	1551657	3434600
厦门市	410742	43557	5020899	2717816	2303083	1682740	5321496
莆田市	73532	4705	329219	170015	159204	143159	363535
三明市	122508	10221	631264	302922	328341	293230	731887
泉州市	546242	38948	1825161	885920	939242	780753	2918147
漳州市	102271	7223	570890	262233	308657	283424	664844
南平市	111717	5812	342350	163019	179331	164151	435035
龙岩市	89359	7354	372347	149348	223000	205720	607420
宁德市	101288	7808	342866	166923	175943	152693	500317
批发业	**1495061**	**114028**	**11240943**	**6066300**	**5174643**	**4208803**	**12781932**
福州市	370934	21309	3339480	1935049	1404432	1306097	2939019
厦门市	351590	37883	4550281	2467757	2082524	1432440	5017398
莆田市	51968	3680	232653	119445	113209	103544	301095
三明市	90851	7639	554167	277357	276809	246602	628032
泉州市	356530	24021	1313722	661030	652692	538015	2176418
漳州市	67390	4796	447933	220255	227678	210840	535859
南平市	73561	3995	252595	126306	126289	114761	342539
龙岩市	53938	4174	278955	125238	153717	140468	433860
宁德市	78300	6531	271158	133865	137293	116038	407713
零售业	**549071**	**41320**	**1967255**	**861385**	**1105870**	**1048723**	**2195349**
福州市	115539	8412	433723	174442	259281	245560	495581
厦门市	59152	5674	470618	250059	220559	250300	304099
莆田市	21564	1025	96565	50570	45996	39615	62440
三明市	31657	2581	77097	25565	51532	46628	103855
泉州市	189712	14927	511439	224890	286549	242738	741729
漳州市	34881	2427	122957	41978	80979	72584	128986
南平市	38157	1817	89755	36713	53042	49390	92497
龙岩市	35421	3179	93393	24110	69283	65252	173560
宁德市	22988	1277	71708	33058	38650	36655	92605

2-143 续表　　　　单位：万元

地　　区	主营业务收入	主营业务成　　本	主营业务税金及附加	费用合计	营业利润	从业人员年平均数(人)	工资福利
批发和零售业	**14913868**	**12562205**	**179467**	**1423935**	**830440**	**558587**	**301237**
福州市	3421094	2944887	33415	324668	162935	121391	72920
厦门市	5291266	4792744	8691	490481	77963	189079	78580
莆田市	359884	289851	15119	29758	24872	11447	8101
三明市	728797	559300	21699	95258	53635	26294	16499
泉州市	2912510	2198981	80540	265824	328572	110304	57337
漳州市	662765	550966	3711	74969	29829	31295	21801
南平市	432170	357146	4606	34075	35133	21397	16121
龙岩市	605837	480335	7065	56737	63710	24304	15768
宁德市	499545	387993	4620	52167	53791	23076	14110
批发业	**12731483**	**10883917**	**134698**	**1148943**	**650608**	**411209**	**211475**
福州市	2927703	2556005	24509	267644	123408	87992	50672
厦门市	4991404	4542415	6951	433867	87442	157577	62756
莆田市	298978	240878	14054	23487	20178	7506	4770
三明市	625466	484898	17555	79912	44585	20579	12662
泉州市	2173896	1660620	58338	186569	234139	70402	36130
漳州市	534547	452085	2501	55095	22362	21719	14953
南平市	340026	283711	3209	24855	27554	14846	11100
龙岩市	432394	345731	4107	37408	46412	13617	8991
宁德市	407069	317575	3473	40107	44531	16970	9441
零售业	**2182384**	**1678287**	**44768**	**274992**	**179832**	**147379**	**89762**
福州市	493390	388882	8906	57024	39527	33399	22248
厦门市	299862	250329	1740	56615	-9479	31502	15824
莆田市	60906	48973	1065	6271	4694	3941	3331
三明市	103331	74403	4144	15346	9050	5714	3837
泉州市	738614	538361	22202	79255	94433	39903	21207
漳州市	128217	98882	1210	19874	7468	9576	6848
南平市	92144	73435	1397	9220	7580	6551	5021
龙岩市	173444	134604	2958	19329	17299	10687	6777
宁德市	92476	70419	1147	12060	9260	6107	4669

2-144　各市、县批发和零售企业年末从业人员数

单位：人

地　　区	从业人员	按规模分		按行业分	
		限额以上	限额以下	批发业	零售业
全　　省	**535382**	**213977**	**321405**	**330118**	**205264**
福州市	**136023**	**57387**	**78636**	**78906**	**57117**
鼓楼区	60462	30865	29597	36287	24175
台江区	21849	5456	16393	16046	5803
仓山区	8363	3879	4484	2639	5724
马尾区	5378	2713	2665	4121	1257
晋安区	20125	9407	10718	12339	7786
闽侯县	1676	755	921	902	774
连江县	2224	884	1340	682	1542
罗源县	1891	395	1496	1053	838
闽清县	1331	338	993	609	722
永泰县	1520	244	1276	562	958
平潭县	1945	698	1247	454	1491
福清市	6161	960	5201	1958	4203
长乐市	3098	793	2305	1254	1844
厦门市	**153346**	**70375**	**82971**	**110818**	**42528**
思明区	93569	44765	48804	66508	27061
海沧区	3933	1195	2738	3128	805
湖里区	42661	19206	23455	34194	8467
集美区	5678	2114	3564	2761	2917
同安区	5719	2945	2774	3218	2501
翔安区	1786	150	1636	1009	777
莆田市	**14913**	**5764**	**9149**	**7593**	**7320**
城厢区	6048	2788	3260	3178	2870
涵江区	2154	340	1814	1361	793
荔城区	3549	1875	1674	1827	1722
秀屿区	1191	65	1126	387	804
仙游县	1971	696	1275	840	1131
三明市	**29434**	**11224**	**18210**	**19002**	**10432**
梅列区	9346	4817	4529	5395	3951
三元区	3319	1032	2287	2414	905
明溪县	589	217	372	491	98
清流县	700	305	395	369	331
宁化县	1774	780	994	1169	605
大田县	1656	569	1087	939	717
尤溪县	2206	427	1779	1607	599
沙县	2768	664	2104	1814	954
将乐县	1109	341	768	759	350
泰宁县	1348	428	920	855	493
建宁县	810	427	383	473	337
永安市	3809	1217	2592	2717	1092
泉州市	**84039**	**27491**	**56548**	**44458**	**39581**
鲤城区	13209	6742	6467	5773	7436
丰泽区	15011	7319	7692	7746	7265
洛江区	1065	242	823	805	260
泉港区	2806	630	2176	1272	1534
惠安县	4726	980	3746	2034	2692
安溪县	6301	853	5448	2794	3507
永春县	6545	1097	5448	4349	2196
德化县	1409	624	785	605	804
石狮市	8634	1885	6749	4760	3874
晋江市	16021	4675	11346	10071	5950
南安市	8312	2444	5868	4249	4063

2-144 续表

单位：人

地区	从业人员	按规模分		按行业分	
		限额以上	限额以下	批发业	零售业
漳州市	**38308**	**12803**	**25505**	**23452**	**14856**
芗城区	16813	7721	9092	10808	6005
龙文区	2348	1067	1281	1264	1084
云霄县	2092	565	1527	791	1301
漳浦县	2989	749	2240	1120	1869
诏安县	1048	155	893	592	456
长泰县	1193	84	1109	812	381
东山县	1237	525	712	600	637
南靖县	1080	386	694	719	361
平和县	5168	757	4411	3840	1328
华安县	507	42	465	275	232
龙海市	3833	752	3081	2631	1202
南平市	**27024**	**9134**	**17890**	**16580**	**10444**
延平区	**11990**	**5564**	**6426**	**7238**	**4752**
顺昌县	1301	318	983	807	494
浦城县	1224	160	1064	614	610
光泽县	445	59	386	280	165
松溪县	966		966	832	134
政和县	674	48	626	479	195
邵武市	2312	1124	1188	1246	1066
武夷山市	1301	294	1007	502	799
建瓯市	4779	1074	3705	3377	1402
建阳市	2032	493	1539	1205	827
龙岩市	**29252**	**13142**	**16110**	**15857**	**13395**
新罗区	15947	9000	6947	9102	6845
长汀县	4266	1079	3187	1722	2544
永定县	2861	1401	1460	1665	1196
上杭县	1641	527	1114	970	671
武平县	1924	402	1522	906	1018
连城县	1121	353	768	716	405
漳平市	1492	380	1112	776	716
宁德市	**23043**	**6657**	**16386**	**13452**	**9591**
蕉城区	7916	3408	4508	3584	4332
霞浦县	3137	1341	1796	1679	1458
古田县	2574	281	2293	1817	757
屏南县	513		513	284	229
寿宁县	1023	33	990	559	464
周宁县	366	37	329	158	208
柘荣县	529		529	404	125
福安市	4707	1070	3637	3460	1247
福鼎市	2278	487	1791	1507	771

2-145　各市、县批发和零售企业销售总额

单位：万元

地　区	销售总额	按规模分		按行业分	
		限额以上	限额以下	批发业	零售业
全　省	**73456421**	**57433907**	**16022514**	**58894349**	**14562072**
福州市	**16891750**	**13189229**	**3702521**	**11806504**	**5085246**
鼓楼区	8775353	7483189	1292164	6344550	2430803
台江区	1624153	981936	642218	1369771	254382
仓山区	1047667	890532	157136	158277	889390
马尾区	906272	807707	98565	709869	196403
晋安区	3585852	2518287	1067566	2609864	975988
闽侯县	91003	67202	23801	70836	20168
连江县	120051	95644	24407	86042	34009
罗源县	22115	6441	15674	12562	9553
闽清县	27042	5580	21462	15163	11879
永泰县	39503	11385	28118	13467	26036
平潭县	27195	11619	15576	6701	20493
福清市	357376	140403	216973	191687	165689
长乐市	268167	169305	98862	217716	50452
厦门市	**34157229**	**28253494**	**5903735**	**31205226**	**2952003**
思明区	23182720	19080841	4101880	21324753	1857968
海沧区	709286	604344	104941	603985	105301
湖里区	8680654	7264704	1415950	7952289	728364
集美区	910684	758817	151867	780263	130421
同安区	630017	534769	95248	512525	117493
翔安区	43868	10019	33849	31412	12456
莆田市	**1529953**	**1158629**	**371324**	**1110895**	**419058**
城厢区	582951	433943	149008	462935	120016
涵江区	135428	51517	83910	106110	29317
荔城区	680712	640582	40130	448136	232576
秀屿区	69653	2984	66669	49951	19702
仙游县	61209	29603	31606	43762	17447
三明市	**3254850**	**2443583**	**811267**	**2664084**	**590766**
梅列区	1949907	1711859	238048	1557339	392568
三元区	417718	301598	116120	388243	29476
明溪县	35097	9763	25334	29727	5371
清流县	25419	9400	16019	15613	9806
宁化县	68654	31087	37567	51209	17445
大田县	73813	32544	41270	56878	16935
尤溪县	86191	34639	51552	65349	20843
沙县	129842	67583	62259	102866	26976
将乐县	124265	100524	23741	115454	8812
泰宁县	52582	10037	42544	38047	14535
建宁县	27728	13617	14111	20126	7602
永安市	263634	120932	142702	223235	40398
泉州市	**9006628**	**6043600**	**2963028**	**6159525**	**2847103**
鲤城区	1708786	1498881	209905	586951	1121835
丰泽区	2397475	2091660	305815	1897762	499713
洛江区	77231	48810	28421	72576	4655
泉港区	295707	188609	107097	218460	77247
惠安县	285955	129152	156803	159922	126033
安溪县	292737	81329	211408	190807	101930
永春县	191638	69710	121928	134176	57461
德化县	81318	51468	29850	52878	28440
石狮市	1155616	400581	755035	915704	239912
晋江市	1957791	1154585	803205	1567839	389951
南安市	562375	328815	233560	362450	199925

2-145 续表 单位：万元

地区	销售总额	按规模分		按行业分	
		限额以上	限额以下	批发业	零售业
漳州市	**3404374**	**2707725**	**696650**	**2537417**	**866957**
芗城区	2365764	2086642	279123	1736659	629106
龙文区	189738	149241	40497	98668	91070
云霄县	41681	14402	27279	13518	28163
漳浦县	48269	10587	37682	21510	26759
诏安县	16523	1414	15109	9557	6966
长泰县	76042	51316	24726	69488	6554
东山县	175019	159628	15391	162492	12527
南靖县	84698	54853	29845	69874	14825
平和县	110668	14605	96063	85953	24715
华安县	15977		15977	12974	3002
龙海市	279995	165038	114957	256725	23270
南平市	**1592032**	**1144993**	**447039**	**1060900**	**531133**
延平区	868748	707092	161656	497602	371145
顺昌县	57097	29071	28026	48137	8960
浦城县	40244	11329	28915	26606	13639
光泽县	12493	3754	8740	9798	2696
松溪县	29180		29180	27478	1702
政和县	13893	2539	11354	9225	4668
邵武市	178115	134858	43257	117682	60433
武夷山市	31036	14336	16700	16255	14780
建瓯市	265661	184100	81561	231758	33903
建阳市	95567	57915	37652	76360	19208
龙岩市	**2289427**	**1662178**	**627249**	**1516218**	**773209**
新罗区	1573434	1319495	253939	994199	579234
长汀县	165665	84668	80997	108649	57016
永定县	139465	74177	65287	103541	35924
上杭县	107912	71081	36831	91928	15984
武平县	92161	19275	72886	45105	47056
连城县	83154	41734	41420	73175	9979
漳平市	127637	51748	75889	99621	28016
宁德市	**1330178**	**830477**	**499701**	**833581**	**496598**
蕉城区	621608	519734	101874	309780	311828
霞浦县	129481	58775	70705	84458	45023
古田县	66489	14449	52040	53593	12896
屏南县	7666		7666	4223	3443
寿宁县	41368	9151	32217	33525	7843
周宁县	12966	7204	5762	10013	2953
柘荣县	11667		11667	9516	2151
福安市	313665	152564	161101	223891	89774
福鼎市	125270	68601	56669	104583	20687

2-146　各市、县批发和零售企业批发额

单位：万元

地　区	批发额	按规模分		按行业分	
		限额以上	限额以下	批发业	零售业
全　省	**59034578**	**45725789**	**13308790**	**57508526**	**1526052**
福州市	**11847455**	**8723960**	**3123495**	**11392652**	**454802**
鼓楼区	6323079	5181040	1142039	6047657	275422
台江区	1338761	763998	574763	1333982	4779
仓山区	248511	126762	121750	154057	94455
马尾区	706966	632813	74153	706794	172
晋安区	2618131	1658774	959357	2553081	65050
闽侯县	69732	57433	12299	68406	1326
连江县	86969	77717	9252	85866	1103
罗源县	13108	788	12320	11979	1130
闽清县	12976		12976	12773	203
永泰县	13781	1079	12702	12457	1325
平潭县	6716		6716	6624	91
福清市	199013	89350	109663	190129	8884
长乐市	209712	134206	75506	208849	863
厦门市	**31101416**	**25740707**	**5360709**	**30667455**	**433961**
思明区	21349780	17488321	3861459	21020829	328951
海沧区	632501	531842	100659	601865	30635
湖里区	7801665	6586401	1215264	7755532	46133
集美区	764602	675172	89429	760383	4218
同安区	522973	452674	70299	499230	23744
翔安区	29896	6297	23599	29617	279
莆田市	**1080856**	**791318**	**289538**	**1029612**	**51244**
城厢区	472951	341876	131075	458690	14261
涵江区	100893	33307	67586	99642	1251
荔城区	431149	397552	33597	397562	33587
秀屿区	35947	733	35214	34700	1246
仙游县	39917	17850	22067	39017	900
三明市	**2696152**	**2022141**	**674011**	**2629864**	**66288**
梅列区	1602820	1393422	209398	1542871	59949
三元区	389176	281465	107710	386231	2945
明溪县	25429	7167	18262	25429	
清流县	15052	6940	8112	15052	
宁化县	50883	24331	26552	50655	228
大田县	56501	25060	31441	56434	67
尤溪县	65819	29908	35911	64909	910
沙县	103866	51604	52262	101975	1891
将乐县	115249	96422	18826	115249	
泰宁县	37995	5288	32707	37995	
建宁县	19985	9655	10330	19752	234
永安市	213378	90879	122499	213313	65
泉州市	**6185975**	**4034215**	**2151760**	**5978474**	**207501**
鲤城区	714504	578919	135585	560963	153540
丰泽区	1896859	1665140	231718	1886746	10112
洛江区	72647	45793	26855	72542	105
泉港区	199550	154626	44925	196528	3022
惠安县	159286	70667	88619	158043	1244
安溪县	176481	53501	122980	163694	12788
永春县	132768	43498	89270	130967	1801
德化县	56014	36404	19610	52566	3448
石狮市	895989	294104	601885	888837	7152
晋江市	1560301	916899	643403	1549452	10849
南安市	321575	174665	146910	318136	3439

2-146 续表 单位：万元

地　区	批发额	按规模分		按行业分	
		限额以上	限额以下	批发业	零售业
漳州市	**2599915**	**2054939**	**544976**	**2498896**	**101019**
芗城区	1809562	1576811	232751	1712101	97461
龙文区	98064	63332	34732	98064	
云霄县	12917		12917	12663	254
漳浦县	21366		21366	20156	1210
诏安县	9197	50	9147	9147	50
长泰县	69195	50680	18515	69195	
东山县	161532	153314	8219	161455	77
南靖县	69629	53070	16559	69171	458
平和县	83776	3798	79978	83531	246
华安县	12639		12639	12639	
龙海市	252037	153884	98153	250774	1263
南平市	**1097607**	**755390**	**342217**	**1044089**	**53518**
延平区	534002	407929	126073	494047	39955
顺昌县	47027	24289	22739	47007	20
浦城县	26149	8457	17692	26149	
光泽县	9546	3006	6540	9489	57
松溪县	24664		24664	24624	40
政和县	10309	1109	9200	9200	1109
邵武市	126936	94513	32423	115392	11544
武夷山市	15706	9089	6617	15562	144
建瓯市	228976	160266	68711	228613	364
建阳市	74291	46733	27558	74007	285
龙岩市	**1539932**	**1115706**	**424227**	**1451714**	**88218**
新罗区	1039376	822078	217298	955416	83960
长汀县	97035	67833	29202	95234	1800
永定县	103897	62957	40940	102587	1309
上杭县	88657	65600	23057	88330	326
武平县	42531	16171	26360	42067	464
连城县	68491	37896	30595	68491	
漳平市	99947	43172	56775	99588	359
宁德市	**885271**	**487414**	**397857**	**815769**	**69502**
蕉城区	358968	284802	74166	306746	52222
霞浦县	79837	29892	49945	79189	648
古田县	51164	10667	40497	50447	718
屏南县	3842		3842	3822	20
寿宁县	33476	9151	24325	32212	1264
周宁县	10152	7204	2948	9953	198
柘荣县	9080		9080	8986	94
福安市	236601	84763	151838	223625	12976
福鼎市	102151	60935	41216	100789	1362

2-147　各市、县批发和零售企业零售额

单位：万元

地　　区	零售额	按规模分		按行业分	
		限额以上	限额以下	批发业	零售业
全　　省	**14421843**	**11708119**	**2713724**	**1385823**	**13036020**
福州市	**5044295**	**4465270**	**579026**	**413851**	**4630444**
鼓楼区	2452274	2302149	150125	296893	2155381
台江区	285392	217938	67455	35789	249603
仓山区	799156	763770	35386	4221	794936
马尾区	199307	174894	24412	3076	196231
晋安区	967721	859513	108208	56783	910938
闽侯县	21272	9769	11503	2430	18842
连江县	33082	17927	15155	175	32906
罗源县	9007	5653	3354	583	8423
闽清县	14066	5580	8486	2390	11677
永泰县	25722	10306	15416	1011	24712
平潭县	20479	11619	8860	77	20402
福清市	158363	51053	107310	1557	156806
长乐市	58456	35099	23356	8867	49589
厦门市	**3055813**	**2512787**	**543026**	**537771**	**2518043**
思明区	1832941	1592520	240421	303924	1529017
海沧区	76785	72503	4283	2119	74666
湖里区	878989	678303	200686	196758	682231
集美区	146082	83645	62438	19880	126203
同安区	107044	82095	24949	13295	93749
翔安区	13972	3722	10250	1795	12177
莆田市	**449097**	**367311**	**81785**	**81282**	**367814**
城厢区	110000	92067	17933	4245	105755
涵江区	34535	18210	16325	6468	28067
荔城区	249563	243031	6533	50574	198990
秀屿区	33707	2251	31455	15251	18456
仙游县	21292	11753	9539	4745	16548
三明市	**558699**	**421443**	**137256**	**34221**	**524478**
梅列区	347088	318438	28650	14468	332619
三元区	28543	20133	8410	2012	26531
明溪县	9669	2596	7072	4298	5371
清流县	10367	2460	7907	561	9806
宁化县	17771	6756	11016	554	17217
大田县	17312	7484	9829	444	16868
尤溪县	20372	4731	15641	439	19933
沙县	25976	15979	9997	891	25085
将乐县	9017	4102	4915	205	8812
泰宁县	14587	4749	9837	52	14535
建宁县	7742	3962	3781	374	7368
永安市	50256	30053	20202	9922	40333
泉州市	**2820653**	**2009384**	**811269**	**181051**	**2639602**
鲤城区	994282	919962	74320	25987	968295
丰泽区	500616	426519	74097	11016	489601
洛江区	4584	3017	1567	34	4550
泉港区	96156	33984	62173	21932	74225
惠安县	126669	58485	68184	1879	124789
安溪县	116256	27828	88428	27114	89142
永春县	58869	26212	32658	3209	55660
德化县	25304	15065	10240	312	24992
石狮市	259627	106477	153150	26867	232760
晋江市	397489	237687	159803	18387	379102
南安市	240800	154150	86650	44314	196486

2-147 续表 单位：万元

地区	零售额	按规模分		按行业分	
		限额以上	限额以下	批发业	零售业
漳州市	**804459**	**652786**	**151673**	**38521**	**765938**
芗城区	556202	509830	46372	24557	531645
龙文区	91674	85909	5765	604	91070
云霄县	28764	14402	14362	855	27909
漳浦县	26903	10587	16316	1354	25548
诏安县	7326	1364	5962	410	6916
长泰县	6848	636	6212	293	6554
东山县	13487	6314	7173	1037	12450
南靖县	15069	1784	13285	702	14366
平和县	26892	10807	16085	2423	24469
华安县	3337		3337	335	3002
龙海市	27958	11154	16804	5951	22007
南平市	**494425**	**389603**	**104822**	**16810**	**477615**
延平区	334745	299163	35583	3555	331190
顺昌县	10069	4782	5287	1130	8940
浦城县	14095	2872	11223	457	13639
光泽县	2948	748	2200	309	2639
松溪县	4516		4516	2854	1662
政和县	3584	1430	2154	25	3559
邵武市	51178	40345	10833	2290	48889
武夷山市	15330	5247	10083	694	14636
建瓯市	36684	23834	12850	3145	33539
建阳市	21276	11182	10094	2353	18923
龙岩市	**749494**	**546472**	**203022**	**64504**	**684991**
新罗区	534057	497417	36641	38783	495274
长汀县	68630	16835	51795	13414	55216
永定县	35568	11221	24348	954	34615
上杭县	19255	5481	13774	3598	15657
武平县	49631	3104	46527	3038	46592
连城县	14663	3838	10825	4684	9979
漳平市	27691	8577	19114	34	27657
宁德市	**444907**	**343063**	**101845**	**17812**	**427096**
蕉城区	262640	234932	27708	3034	259605
霞浦县	49644	28884	20760	5269	44375
古田县	15324	3781	11543	3146	12179
屏南县	3825		3825	401	3423
寿宁县	7892		7892	1313	6579
周宁县	2814		2814	60	2754
柘荣县	2587		2587	530	2057
福安市	77064	67800	9263	266	76798
福鼎市	23119	7666	15453	3794	19325

2-148　设区市限额以上连锁批发零售和餐饮企业经营情况

地　区	年　末 企业数 （个）	年末企业 门店数 （个）	年　末 营业面积 （平方米）	年　末 从业人员 （人）	商　品 购进总额 （万元）	商　品 销售总额 （万元）	商　品 零售额
全　省	**129**	**2588**	**2426215**	**54225**	**3155730**	**5269088**	**4441768**
福州市	25	698	692313	20869	965627	1798070	1332942
厦门市	43	782	534409	15603	840675	978522	850577
莆田市	4	56	138052	945	49440	225722	181413
三明市	10	139	220621	1930	82702	306811	254416
泉州市	16	266	190236	4505	195204	728361	721651
漳州市	15	278	334293	4645	527195	510490	412319
南平市	6	152	155658	1409	225292	237246	204584
龙岩市	4	129	133466	2844	230352	235934	235933
宁德市	6	88	27167	1475	39243	247933	247933

2-149 限额以上连锁批发零售和餐饮企业经营情况

项目	年末企业数(个)	年末企业门店数(个)	直营店	加盟店	年末营业面积(平方米)	年末从业人员(人)
合计	**129**	**2588**	**2330**	**258**	**2426215**	**54225**
按登记注册类型分						
内资企业	108	1623	1402	221	1314968	33443
国有企业	13	315	221	94	120203	3201
集体企业	2	7	7		4012	183
股份制合作企业						
联营企业	1	2	2		5831	128
有限责任公司	31	356	347	9	477352	14706
股份有限公司	12	293	291	2	386321	2646
私营企业	47	635	519	116	317843	12436
其他企业	2	15	15		3406	143
港澳台商投资企业	4	157	123	34	36479	2801
外商投资企业	17	808	805	3	1074768	17981
按行业分						
批发业	5	107	107		102518	5158
零售业	110	2166	1986	180	2217228	36806
餐饮业	14	315	237	78	106469	12261

2-149 续表

项目	商品购进总额(万元)	#统一配送购进额	#自有配送总额	商品销售总额(营业收入)(万元)	商品零售额
合计	**3155730**	**2424122**	**1308027**	**5269088**	**4441768**
按登记注册类型分					
内资企业	1754836	1212538	460791	2693493	2052827
国有企业	110912	86104	41636	670836	648089
集体企业	3437	3437	1812	3801	3801
股份制合作企业					
联营企业	85017	85017	85017	89818	13675
有限责任公司	898990	442432	132200	1003981	539762
股份有限公司	310944	291985	118866	448160	399846
私营企业	343702	303563	81260	474526	445283
其他企业	1834			2371	2371
港澳台商投资企业	10411	10411	778	57583	57583
外商投资企业	1390483	1201173	846458	2518012	2331358
按行业分					
批发业	415882	108563	108563	381009	162160
零售业	2717059	2292770	1187292	4632560	4024090
餐饮业	22789	22789	12172	255518	255518

2-150　设区市限额以上连锁批发零售和餐饮企业法人单位数

单位：个

项　目	合　计	福州市	厦门市	莆田市	三明市	泉州市	漳州市	南平市	龙岩市	宁德市
合　计	**129**	**25**	**43**	**4**	**10**	**16**	**15**	**6**	**4**	**6**
按登记注册类型分										
内资企业	108	19	35	3	9	14	14	5	3	6
国有企业	13	2	4		1				1	5
集体企业	2		1				1			
股份制合作企业										
联营企业	1		1							
有限责任公司	31	6	8	1	3	5	5	1	2	
股份有限公司	12	1	2	1	2	1	3	2		
私营企业	47	10	19		3	8	5	1		1
其他企业	2			1				1		
港澳台商投资企业	4	2	2							
外商投资企业	17	4	6	1	1	2	1	1	1	
按行业分										
批发业	5	1	3				1			
零售业	110	18	33	4	10	15	14	6	4	6
百货商店	4		1		1	1	1			
超级市场	21	2	5	1	2	3	6		2	
专业商店	59	10	15	3	7	5	6	5	2	6
专卖店	20	5	8			5	1	1		
便利店	5		4			1				
仓储会员店										
家居建材店	1	1								
其他										
餐饮业	14	6	7			1				
正餐	7	4	2			1				
快餐	5	2	3							
其他餐饮业	2		2							

2-151 设区市限额以上连锁批发零售和餐饮企业拥有门店数

单位：个

项　目	合计	福州市	厦门市	莆田市	三明市	泉州市	漳州市	南平市	龙岩市	宁德市
合　计	**2588**	**698**	**782**	**56**	**139**	**266**	**278**	**152**	**129**	**88**
按登记注册类型分										
内资企业	1623	420	575	22	81	145	176	59	57	88
国有企业	315	48	133		17				33	84
集体企业	7		5				2			
股份制合作企业										
联营企业	2		2							
有限责任公司	356	157	71	6	13	43	39	3	24	
股份有限公司	293	33	36	13	36	60	73	42		
私营企业	635	182	328		15	42	62	2		4
其他企业	15			3				12		
港澳台商投资企业	157	119	38							
外商投资企业	808	159	169	34	58	121	102	93	72	
按行业分										
批发业	107	72	18				17			
零售业	2166	437	641	56	139	263	261	152	129	88
百货商店	23		10		4	2	7			
超级市场	201	50	42	3	11	27	44		24	
专业商店	1395	253	309	53	124	138	193	132	105	88
专卖店	443	132	183			91	17	20		
便利店	102		97			5				
仓储会员店										
家居建材店	2	2								
其他										
餐饮业	315	189	123			3				
正餐	147	116	28			3				
快餐	164	73	91							
其他餐饮业	4		4							

2-152　设区市限额以上连锁批发零售和餐饮企业营业面积

单位：平方米

项　　目	合计	福州市	厦门市	莆田市	三明市	泉州市	漳州市	南平市	龙岩市	宁德市
合　　计	**2426215**	**692313**	**534409**	**138052**	**220621**	**190236**	**334293**	**155658**	**133466**	**27167**
按登记注册类型分										
内资企业	1314968	293531	318715	43443	120937	136067	276293	34939	63876	27167
国有企业	120203	36790	12246		940				46016	24211
集体企业	4012		1412				2600			
股份制合作企业										
联营企业	5831		5831							
有限责任公司	477352	193453	57802	15294	43467	72379	70864	6233	17860	
股份有限公司	386321	17497	139184	26033	49790	3000	126501	24316		
私营企业	317843	45791	102240		26740	60688	76328	3100		2956
其他企业	3406			2116				1290		
港澳台商投资企业	36479	18530	17949							
外商投资企业	1074768	380252	197745	94609	99684	54169	58000	120719	69590	
按行业分										
批发业	102518	70000	11496				21022			
零售业	2217228	566421	473436	138052	220621	189136	313271	155658	133466	27167
百货商店	71720		4600		16600	26900	23620			
超级市场	419885	152945	45419	2116	25720	93038	82787		17860	
专业商店	1455858	268790	360233	135936	178301	9419	205852	154554	115606	27167
专卖店	243638	130567	54076			56879	1012	1104		
便利店	12008		9108			2900				
仓储会员店										
家居建材店	14119	14119								
其他										
餐饮业	106469	55892	49477			1100				
正餐	34622	22612	10910			1100				
快餐	70797	33280	37517							
其他餐饮业	1050		1050							

2-153 设区市限额以上连锁批发零售和餐饮企业年末从业人员数

单位：个

项目	合计	福州市	厦门市	莆田市	三明市	泉州市	漳州市	南平市	龙岩市	宁德市
合计	**54225**	**20869**	**15603**	**945**	**1930**	**4505**	**4645**	**1409**	**2844**	**1475**
按登记注册类型分										
内资企业	33443	10935	8494	492	1337	3639	4433	525	2113	1475
国有企业	3201	743	724		70				280	1384
集体企业	183		95				88			
股份制合作企业										
联营企业	128		128							
有限责任公司	14706	6254	1776	291	480	1239	2695	138	1833	
股份有限公司	2646	326	437	102	245	775	507	254		
私营企业	12436	3612	5334		542	1625	1143	89		91
其他企业	143			99				44		
港澳台商投资企业	2801	1511	1290							
外商投资企业	17981	8423	5819	453	593	866	212	884	731	
按行业分										
批发业	5158	3614	284				1260			
零售业	36806	11137	9227	945	1930	4454	3385	1409	2844	1475
百货商店	1975		48		316	758	853			
超级市场	13318	6341	1758	99	519	1473	1295		1833	
专业商店	13782	1688	4788	846	1095	393	1167	1319	1011	1475
专卖店	6881	2999	1952			1770	70	90		
便利店	741		681			60				
仓储会员店										
家居建材店	109	109								
其他										
餐饮业	12261	6118	6092			51				
正餐	3781	3067	663			51				
快餐	7992	3051	4941							
其他餐饮业	488		488							

2-154　设区市限额以上连锁批发零售和餐饮企业商品购进总额

单位：万元

项　目	合计	福州市	厦门市	莆田市	三明市	泉州市	漳州市	南平市	龙岩市	宁德市
合　计	**3155730**	**965627**	**840675**	**49440**	**82702**	**195204**	**527195**	**225292**	**230352**	**39243**
按登记注册类型分										
内资企业	1754836	621831	483959	49440	82702	157167	213199	35982	71313	39243
国有企业	110912		32938		5118				34631	38225
集体企业	3437		1812				1624			
股份制合作企业										
联营企业	85017		85017							
有限责任公司	898990	565882	88220	16558	52745	41120	90311	7470	36682	
股份有限公司	310944		59010	31889	12552	81546	106988	18959		
私营企业	343703	55949	216962		12287	34500	14276	8711		1018
其他企业	1834			993				842		
港澳台商投资企业	10411	9633	778							
外商投资企业	1390483	334163	355938			38037	313996	189310	159039	
按行业分										
批发业	415882	273530	97764				44587			
零售业	2717059	670191	742029	49440	82702	195204	482607	225292	230351	39243
百货商店	58304		1759		24895	17332	14320			
超级市场	471973	324054	45468	993	11744	35395	17639		36682	
专业商店	1626148	36866	589327	48448	46064	1429	445811	225292	193669	39243
专卖店	532067	299664	90757			136808	4838			
便利店	18959		14719			4241				
仓储会员店										
家居建材店	9607	9607								
其他										
餐饮业	22789	21907	882							
正餐	1658	880	778							
快餐	21131	21027	104							
其他餐饮业										

2-155 设区市限额以上连锁批发零售企业销售额和餐饮企业营业收入

单位：万元

项　目	合计	福州市	厦门市	莆田市	三明市	泉州市	漳州市	南平市	龙岩市	宁德市
合　计	**5269088**	**1798071**	**978522**	**225721**	**306811**	**728361**	**510490**	**237246**	**235933**	**247933**
按登记注册类型分										
内资企业	2693493	1171264	551520	54302	122094	237461	196494	35530	76894	247933
国有企业	670836	328230	58304		5661				34630	244011
集体企业	3801		1833				1968			
股份制合作企业										
联营企业	89818		89818							
有限责任公司	1003981	604339	107909	18309	60777	105980	57623	6780	42264	
股份有限公司	448160	66852	76046	34521	41721	87499	122561	18959		
私营企业	474526	171843	217610		13935	43981	14342	8892		3922
其他企业	2371			1472				899		
港澳台商投资企业	57583	30560	27024							
外商投资企业	2518011	596247	399978	171419	184717	490900	313996	201716	159039	
按行业分										
批发业	381009	265414	103458				12138			
零售业	4632560	1361334	791382	225722	306811	727847	498352	237246	235933	247933
百货商店	71104		1649		29330	22944	17181			
超级市场	533089	305842	54505	1472	13276	97840	17889		42264	
专业商店	3384837	688202	613720	224250	264204	456259	459355	237246	193669	247933
专卖店	615219	357904	105678			147709	3928			
便利店	18925		15830			3096				
仓储会员店										
家居建材店	9386	9386								
其他										
餐饮业	255518	171322	83682			514				
正餐	121254	115006	5735			514				
快餐	129408	56317	73091							
其他餐饮业	4856		4856							

2-156 设区市限额以上连锁批发零售和餐饮企业商品零售额

单位：万元

项　目	合计	福州市	厦门市	莆田市	三明市	泉州市	漳州市	南平市	龙岩市	宁德市
合　计	**4441768**	**1332942**	**850577**	**181413**	**254416**	**721651**	**412319**	**204584**	**235933**	**247933**
按登记注册类型分										
内资企业	2052827	706135	429754	40755	109072	232335	174418	35530	76894	247933
国有企业	648089	310444	53343		5661				34630	244011
集体企业	3801		1833				1968			
股份制合作企业										
联营企业	13674		13674							
有限责任公司	539762	160883	102358	18309	49606	101939	57623	6780	42264	
股份有限公司	399846	66852	59837	20974	39870	87499	105854	18959		
私营企业	445283	167956	198708		13935	42896	8973	8892		3922
其他企业	2372			1472				899		
港澳台商投资企业	57583	30560	27024							
外商投资企业	2331358	596247	393800	140658	145344	489316	237901	169053	159038	
按行业分										
批发业	162160	131725	18297				12138			
零售业	4024090	1029895	748598	181413	254416	721137	400181	204584	235933	247933
百货商店	68044				27919	22944	17181			
超级市场	527683	305842	54505	1472	13276	97805	12519		42264	
专业商店	3106569	670416	573993	179941	213221	456259	366553	204584	193669	247933
专卖店	297369	48137	104270			141034	3928			
便利店	18925		15830			3096				
仓储会员店										
家居建材店	5500	5500								
其他										
餐饮业	255518	171322	83682			514				
正餐	121254	115005	5735			514				
快餐	129408	56317	73091							
其他餐饮业	4856		4856							

2-157 亿元以上商品交易市场基本情况

项 目	年末市场数(个)	年末摊位数(个)	年末营业面积(平方米)	成交额(万元)
合 计	**153**	**62821**	**3159271**	**10703371**
按经营环境分				
露天式	9	1785	82518	260457
封闭式	129	53621	2873989	9787075
其他	15	7415	202764	655839
按营业状态分				
常年营业	151	62321	3148991	10677497
季节性营业	2	500	10280	25874
其他				
按经营方式分				
批发(或以批发为主)	65	28593	1859517	7344225
零售(或以零售为主)	88	34228	1299754	3359146
按市场类别分				
综合市场	60	31765	849917	2415709
生产资料综合市场				
工业消费品市场	6	6332	244998	194223
农产品综合市场	44	19856	324331	1308267
其他综合市场	10	5577	280588	913219
专业市场	93	31056	2309354	8287662
生产资料市场	11	2896	549436	2147636
农产品市场	39	9359	626048	2414300
食品饮料烟酒市场	5	5795	115100	258944
纺织品服装鞋贸市场	14	7311	311338	1290363
日用品及文化用品市场	3	840	194601	125909
黄金、珠宝、玉器等首饰市场	4	1543	23900	743870
电器、通讯器材、电子设备市场	2	1113	46000	171961
药材药品及医疗器材市场				
家具、五金及装饰材料市场	8	1613	353848	598050
汽车、摩托车、及零配件时常	5	425	86070	439977
花、鸟、鱼、虫市场	1	87	1013	42152
旧货市场	1	74	2000	54500

2-158　设区市亿元以上商品交易市场基本情况

项　　目	全省	福州市	厦门市	莆田市	三明市
年末市场数(个)	153	57	18	11	8
批发(或以批发为主)	65	22	7	7	2
零售(或以零售为主)	88	35	11	4	6
年末摊位数(个)	62821	16828	6512	4213	4694
批发(或以批发为主)	28593	6045	1908	2696	123
零售(或以零售为主)	34228	10783	4604	1517	4571
年末营业面积(平方米)	3159271	1284999	400097	278569	110810
批发(或以批发为主)	1859517	543861	181009	255059	23510
零售(或以零售为主)	1299754	741138	219088	23510	87300
成交额(万元)	10703371	5871715	1036593	624401	186096
批发(或以批发为主)	7344225	3974471	569750	552649	34385
零售(或以零售为主)	3359146	1897244	466843	71752	151711

2-158　续表

项　　目	泉州市	漳州市	南平市	龙岩市	宁德市
年末市场数(个)	24	10	9	7	9
批发(或以批发为主)	12	6	3	4	2
零售(或以零售为主)	12	4	6	3	7
年末摊位数(个)	14487	3802	2048	6721	3516
批发(或以批发为主)	9684	2637	268	4854	378
零售(或以零售为主)	4803	1165	1780	1867	3138
年末营业面积(平方米)	561628	282580	66048	100336	74204
批发(或以批发为主)	468650	253280	46362	54786	33000
零售(或以零售为主)	92978	29300	19686	45550	41204
成交额(万元)	1639423	533074	192050	298385	321634
批发(或以批发为主)	1344228	415357	75935	238539	138911
零售(或以零售为主)	295195	117717	116115	59846	182723

2-159 批发和零售企业主要指标

(2004年、2008年)

指 标	2008年	2004年	2008年比2004年增长(%)
一 、批发和零售企业法人单位数(个)	**39342**	**24608**	**59.9**
批发业	25440	14846	71.4
限上	2246	1816	23.7
限下	23194	13030	78.0
零售业	13902	9762	42.4
限上	1273	1067	19.3
限下	12629	8695	45.2
二、批发和零售企业年末从业人员(人)	**535382**	**354119**	**51.2**
批发业	330118	198566	66.3
限上	106847	70780	51.0
限下	223271	127786	74.7
零售业	205264	155553	32.0
限上	107130	73454	45.8
限下	98134	82099	19.5
三、批发和零售企业商品销售总额(万元)	**73456421**	**34896339**	**110.5**
批发业	58894349	29813174	97.5
限上	45163566	25554738	76.7
限下	13730783	4258436	222.4
零售业	14562072	5083165	186.5
限上	12270341	4172541	194.1
限下	2291731	910624	151.7
四、批发和零售企业商品批发额（万元）	**59034578**	**29240467**	**101.9**
批发业	57508526	28496908	101.8
限上	44293491	24553636	80.4
限下	13215035	3943272	235.1
零售业	1526052	743559	105.2
限上	1432298	627824	128.1
限下	93755	115735	-19.0
零售额	14421843	5655872	155.0
批发业	1385823	1316266	5.3
限上	870075	1001101	-13.1
限下	515748	315164	63.6
零售业	13036020	4339607	200.4
限上	10838044	3544718	205.8
限下	2197977	794889	176.5
五、限额以上批发和零售业企业(万元)			
实收资本	5383634	3130277	72.0
主营业务收入	52384665	27152003	92.9
主营业务利润	3834784	1567149	144.7
利润总额	1538047	530730	189.8
六、限额以下批发和零售业企业(万元)			
实收资本	5257526	2701162	94.6
主营业务收入	14913868	4840580	208.1
营业利润	830440	25621	3141.2

第3篇

住宿和餐饮企业生产经营及财务状况

3-1　住宿和餐饮企业分登记注册类型经营情况

登记注册类型	企业数（个）	年末从业人数（人）	营业额（万元）			
				客房收入	餐费收入	商品销售收入
合　计	**3521**	**160002**	**1725602**	**438300**	**1173033**	**38950**
内资企业	**3299**	**122459**	**1216306**	**313801**	**818488**	**30737**
国有企业	234	17375	160348	66578	82023	1038
集体企业	206	3749	33588	12960	18215	635
股份合作企业	25	1286	13374	3662	8317	508
联营企业	17	2098	30072	13818	13733	21
国有联营企业	9	1750	26246	11952	11839	
集体联营企业	2	9	157	155		
国有与集体联营企业	1	32	190	52	138	
其他联营企业	5	307	3477	1660	1756	21
有限责任公司	249	18238	167067	49207	104357	2445
国有独资公司	5	537	5067	2435	2081	21
其他有限责任公司	244	17701	162001	46773	102276	2423
股份有限公司	39	3513	30566	10991	16925	548
私营企业	2390	72210	747616	146826	553801	25128
私营独资企业	1351	27428	280189	53706	215076	6144
私营合伙企业	366	12570	110223	24227	75883	7610
私营有限责任公司	612	29211	337391	63883	249258	10658
私营股份有限公司	61	3001	19814	5010	13584	717
其他企业	139	3990	33677	9761	21120	417
港、澳、台商投资企业	**110**	**17258**	**227766**	**52008**	**164370**	**3577**
合资经营企业	27	5059	46576	19694	22766	371
合作经营企业	5	1130	22046	6714	13353	688
独资经营企业	73	10335	149156	21672	123740	1323
投资股份有限公司	5	734	9991	3930	4511	1195
外商投资企业	**112**	**20285**	**281530**	**72491**	**190174**	**4637**
中外合资经营企业	34	6231	89052	34402	49390	1230
中外合作经营企业	7	1864	24197	11536	10930	359
外资企业	65	11526	155283	18986	124933	3047
外商投资股份有限公司	6	664	12997	7568	4923	1

3-2 住宿企业分登记注册类型经营情况

登记注册类型	企业数（个）	年末从业人数（人）	营业额（万元）			
				客房收入	餐费收入	商品销售收入
合　计	**1689**	**88937**	**868398**	**412540**	**377200**	**17424**
内资企业	**1573**	**66679**	**585298**	**291753**	**239354**	**12332**
国有企业	201	14627	137547	64123	62269	649
集体企业	157	2631	23579	11986	9637	397
股份合作企业	15	1057	11847	3629	6865	508
联营企业	13	2025	29670	13818	13336	21
国有联营企业	7	1712	26074	11952	11667	
集体联营企业	2	8	157	155		
国有与集体联营企业	1	32	190	52	138	
其他联营企业	3	273	3248	1660	1531	21
有限责任公司	130	11024	94022	45524	37725	1528
国有独资公司	4	535	5062	2430	2081	21
其他有限责任公司	126	10489	88960	43094	35644	1506
股份有限公司	26	2609	24207	10653	11800	548
私营企业	975	30908	248462	132965	92833	8564
私营独资企业	543	9301	79982	50035	26306	1106
私营合伙企业	149	6420	47857	21149	21352	3182
私营有限责任公司	257	13291	109891	57251	39913	3810
私营股份有限公司	26	1896	10732	4530	5262	465
其他企业	56	1798	15965	9055	4890	119
港、澳、台商投资企业	**57**	**11241**	**121307**	**49265**	**63748**	**1702**
合资经营企业	22	4757	44554	19017	21661	369
合作经营企业	3	950	19183	6714	10490	688
独资经营企业	31	5001	50608	19627	28687	602
投资股份有限公司	1	533	6963	3908	2909	42
外商投资企业	**59**	**11017**	**161793**	**71523**	**74099**	**3390**
中外合资经营企业	23	5250	78411	34178	39333	1020
中外合作经营企业	7	1864	24197	11536	10930	359
外资企业	25	3384	47808	18241	20534	2009
外商投资股份有限公司	4	519	11377	7568	3303	1

3-3　餐饮企业分登记注册类型经营情况

登记注册类型	企业数(个)	年末从业人数(人)	营业额(万元)	客房收入	餐费收入	商品销售收入
合　计	**1832**	**71065**	**857204**	**25760**	**795832**	**21526**
内资企业	**1726**	**55780**	**631009**	**22049**	**579134**	**18404**
国有企业	33	2748	22801	2455	19755	388
集体企业	49	1118	10009	973	8578	238
股份合作企业	10	229	1527	33	1452	
联营企业	4	73	402		397	
国有联营企业	2	38	172		172	
集体联营企业		1				
国有与集体联营企业						
其他联营企业	2	34	230		225	
有限责任公司	119	7214	73045	3684	66632	917
国有独资公司	1	2	5	5		
其他有限责任公司	118	7212	73040	3679	66632	917
股份有限公司	13	904	6360	338	5125	
私营企业	1415	41302	499154	13861	460968	16565
私营独资企业	808	18127	200207	3672	188770	5037
私营合伙企业	217	6150	62366	3078	54531	4428
私营有限责任公司	355	15920	227500	6632	209345	6847
私营股份有限公司	35	1105	9082	480	8321	252
其他企业	83	2192	17712	705	16229	297
港、澳、台商投资企业	**53**	**6017**	**106459**	**2743**	**100622**	**1875**
合资经营企业	5	302	2021	677	1105	2
合作经营企业	2	180	2863		2863	
独资经营企业	42	5334	98548	2045	95052	721
投资股份有限公司	4	201	3028	22	1602	1153
外商投资企业	**53**	**9268**	**119736**	**968**	**116076**	**1247**
中外合资经营企业	11	981	10641	224	10057	210
中外合作经营企业						
外资企业	40	8142	107475	745	104399	1038
外商投资股份有限公司	2	145	1620		1620	

3-4 住宿和餐饮企业分行业经营情况

项 目	企业数（个）	年末从业人数（人）	营业额（万元）			
				客房收入	餐费收入	商品销售收入
住宿和餐饮业	**3521**	**160002**	**1725602**	**438300**	**1173033**	**38950**
住宿业	**1689**	**88937**	**868398**	**412540**	**377200**	**17424**
按住宿行业中类分						
旅游饭店	661	69626	712949	307685	334574	15830
一般旅馆	916	17303	140068	93894	39255	1523
其他住宿服务	112	2008	15382	10961	3371	70
按星级分组						
五星	19	9323	145447	60439	71652	1168
四星	80	19743	215155	89701	104113	4618
三星	209	23641	220242	89825	109129	7096
二星	126	5701	45118	19861	20730	1366
一星	22	328	1670	1456	198	4
其他	1233	30201	240767	151259	71378	3173
餐饮业	**1832**	**71065**	**857204**	**25760**	**795832**	**21526**
按餐饮行业中类分						
正餐服务	1415	54867	648591	23613	598769	15345
快餐服务	190	11701	166020	451	163885	564
饮料及冷饮服务	110	1451	9199	239	7930	167
其他餐饮服务	117	3046	33394	1458	25248	5452

3-5　住宿和餐饮企业分地区经营情况

地　区	企业数（个）	年末从业人数（人）	营业额（万元）			
				客房收入	餐费收入	商品销售收入
住宿和餐饮业	**3521**	**160002**	**1725602**	**438300**	**1173033**	**38950**
福州市	903	44053	586684	109229	453549	8571
厦门市	627	40348	481754	123198	331687	3543
莆田市	76	4679	37687	10056	25649	971
三明市	276	7503	67013	23140	42194	835
泉州市	593	31689	293417	91932	156497	18775
漳州市	249	7299	57555	18579	35296	1027
南平市	307	9958	69855	27879	37103	1686
龙岩市	304	8009	74578	15947	56829	470
宁德市	186	6464	57058	18342	34228	3073
住宿业	**1689**	**88937**	**868398**	**412540**	**377200**	**17424**
福州市	411	21469	226773	104429	108102	2404
厦门市	257	19814	242491	121946	97758	1460
莆田市	29	2167	18467	7403	10042	241
三明市	148	4489	36526	22059	13043	614
泉州市	323	22093	201321	84421	87825	9752
漳州市	136	4350	32220	16896	12317	682
南平市	201	6437	43173	25101	15279	433
龙岩市	74	3313	26838	13353	12018	304
宁德市	110	4805	40588	16933	20817	1534
餐饮业	**1832**	**71065**	**857204**	**25760**	**795832**	**21526**
福州市	492	22584	359911	4800	345447	6167
厦门市	370	20534	239263	1252	233929	2083
莆田市	47	2512	19220	2653	15607	731
三明市	128	3014	30487	1081	29151	221
泉州市	270	9596	92096	7511	68672	9023
漳州市	113	2949	25336	1684	22979	344
南平市	106	3521	26682	2778	21824	1254
龙岩市	230	4696	47739	2594	44811	165
宁德市	76	1659	16470	1409	13411	1539

3-6 限额以上住宿和餐饮企业分登记注册类型经营情况

登记注册类型	企业数（个）	年末从业人数（人）	营业额（万元）			
				客房收入	餐费收入	商品销售收入
合　计	**961**	**117495**	**1413766**	**331226**	**982227**	**33527**
内资企业	**821**	**81851**	**914834**	**209660**	**634946**	**25442**
国有企业	111	14584	144412	56721	77423	830
集体企业	23	1662	19565	5300	12530	474
股份合作企业	10	1064	11726	2966	7397	481
联营企业	6	1922	29098	13456	13138	11
国有联营企业	5	1676	26015	11914	11645	
集体联营企业						
国有与集体联营企业						
其他联营企业	1	246	3082	1542	1493	11
有限责任公司	119	15084	150817	43758	95045	2069
国有独资公司	2	500	4895	2263	2081	21
其他有限责任公司	117	14584	145922	41495	92964	2047
股份有限公司	19	2865	26935	10002	15128	518
私营企业	510	42532	511856	72617	400785	20873
私营独资企业	204	11704	139133	9902	123086	3041
私营合伙企业	78	7646	75841	12691	54801	6855
私营有限责任公司	205	21030	280706	46526	211338	10321
私营股份有限公司	23	2152	16177	3498	11560	656
其他企业	23	2138	20427	4840	13502	189
港、澳、台商投资企业	**74**	**16496**	**223842**	**50929**	**161649**	**3473**
合资经营企业	24	4995	46331	19633	22582	371
合作经营企业	4	1086	21708	6714	13015	688
独资经营企业	43	9701	145950	20653	121676	1219
投资股份有限公司	3	714	9855	3930	4375	1195
外商投资企业	**66**	**19148**	**275090**	**70637**	**185632**	**4612**
中外合资经营企业	27	5982	87728	33608	48860	1230
中外合作经营企业	5	1826	24094	11515	10848	359
外资企业	30	10724	150728	18280	121119	3023
外商投资股份有限公司	4	616	12539	7235	4806	

3-7　限额以上住宿企业分登记注册类型经营情况

登记注册类型	企业数（个）	年末从业人数（人）	营业额（万元）	客房收入	餐费收入	商品销售收入
合　计	**456**	**70115**	**740953**	**312827**	**355139**	**15990**
内资企业	**373**	**48594**	**461667**	**194616**	**218494**	**10915**
国有企业	90	12070	122974	54520	58674	445
集体企业	13	1004	14170	4878	7694	342
股份合作企业	7	923	10890	2963	6606	481
联营企业	6	1922	29098	13456	13138	11
国有联营企业	5	1676	26015	11914	11645	
集体联营企业						
国有与集体联营企业						
其他联营企业	1	246	3082	1542	1493	11
有限责任公司	65	9410	87433	40331	36645	1421
国有独资公司	2	500	4895	2263	2081	21
其他有限责任公司	63	8910	82538	38068	34564	1399
股份有限公司	15	2308	22988	9689	11575	518
私营企业	171	19812	163997	64409	80251	7699
私营独资企业	44	3656	30325	8520	19609	547
私营合伙企业	31	4530	34710	11109	19157	3009
私营有限责任公司	85	10057	89735	41364	36561	3693
私营股份有限公司	11	1569	9227	3416	4924	450
其他企业	6	1145	10118	4370	3912	
港、澳、台商投资企业	**45**	**10909**	**120148**	**48488**	**63367**	**1702**
合资经营企业	20	4711	44403	18956	21570	369
合作经营企业	3	950	19183	6714	10490	688
独资经营企业	21	4715	49600	18910	28397	602
投资股份有限公司	1	533	6963	3908	2909	42
外商投资企业	**38**	**10612**	**159138**	**69723**	**73278**	**3373**
中外合资经营企业	19	5165	77239	33384	38955	1020
中外合作经营企业	5	1826	24094	11515	10848	359
外资企业	12	3150	46885	17589	20290	1993
外商投资股份有限公司	2	471	10919	7235	3186	

3-8 限额以上餐饮企业分登记注册类型经营情况

登记注册类型	企业数（个）	年末从业人数（人）	营业额（万元）			
				客房收入	餐费收入	商品销售收入
合　计	**505**	**47380**	**672813**	**18399**	**627088**	**17537**
内资企业	**448**	**33257**	**453167**	**15044**	**416452**	**14527**
国有企业	21	2514	21438	2201	18749	385
集体企业	10	658	5395	422	4836	132
股份合作企业	3	141	836	3	791	
联营企业						
国有联营企业						
集体联营企业						
国有与集体联营企业						
其他联营企业						
有限责任公司	54	5674	63384	3427	58400	648
国有独资公司						
其他有限责任公司	54	5674	63384	3427	58400	648
股份有限公司	4	557	3947	313	3553	
私营企业	339	22720	347859	8208	320534	13174
私营独资企业	160	8048	108808	1382	103477	2494
私营合伙企业	47	3116	41131	1582	35644	3846
私营有限责任公司	120	10973	190971	5162	174777	6628
私营股份有限公司	12	583	6950	82	6636	206
其他企业	17	993	10309	470	9590	189
港、澳、台商投资企业	**29**	**5587**	**103694**	**2441**	**98282**	**1771**
合资经营企业	4	284	1928	677	1012	2
合作经营企业	1	136	2525		2525	
独资经营企业	22	4986	96350	1743	93279	617
投资股份有限公司	2	181	2892	22	1466	1153
外商投资企业	**28**	**8536**	**115952**	**914**	**112354**	**1239**
中外合资经营企业	8	817	10489	224	9905	210
中外合作经营企业						
外资企业	18	7574	103843	691	100829	1030
外商投资股份有限公司	2	145	1620		1620	

3-9 限额以上住宿和餐饮企业分行业经营情况

项目	企业数(个)	年末从业人数(人)	营业额(万元)			
				客房收入	餐费收入	商品销售收入
住宿和餐饮业	**961**	**117495**	**1413766**	**331226**	**982227**	**33527**
住宿业	**456**	**70115**	**740953**	**312827**	**355139**	**15990**
按住宿行业中类分						
旅游饭店	375	63038	670517	277422	324643	15419
一般旅馆	76	6587	65505	32871	28408	568
其他住宿服务	5	490	4932	2534	2088	2
按星级分组						
五星	19	9323	145447	60439	71652	1168
四星	80	19743	215155	89701	104113	4618
三星	176	22542	211823	84730	106462	7014
二星	58	4050	34906	12492	18324	1296
一星	1	15	201	109	89	3
其他	122	14442	133421	65355	54499	1892
餐饮业	**505**	**47380**	**672813**	**18399**	**627088**	**17537**
按餐饮行业中类分						
正餐服务	469	36779	506455	17216	468253	12607
快餐服务	17	8936	143769	215	142368	113
饮料及冷饮服务	3	99	663		562	32
其他餐饮服务	16	1566	21926	968	15905	4786

3-10 限额以上住宿和餐饮企业分地区经营情况

地区	企业数（个）	年末从业人数（人）	营业额（万元）	客房收入	餐费收入	商品销售收入
住宿和餐饮业	**961**	**117495**	**1413766**	**331226**	**982227**	**33527**
福州市	244	33378	514798	85480	409508	6945
厦门市	193	32878	430246	111583	294437	3194
莆田市	28	3403	31153	8398	21230	608
三明市	88	4103	43178	10251	31513	716
泉州市	187	24531	230453	63990	125546	17120
漳州市	48	4560	39275	11382	25030	623
南平市	76	6142	47654	18142	25422	1252
龙岩市	52	4233	37172	11752	23848	311
宁德市	45	4267	39838	10248	25695	2758
住宿业	**456**	**70115**	**740953**	**312827**	**355139**	**15990**
福州市	112	17475	201394	82561	105703	2234
厦门市	89	17070	228300	111155	95261	1347
莆田市	12	1792	16822	6362	9559	136
三明市	27	2147	22043	9517	11249	593
泉州市	106	18667	168951	57956	83922	9193
漳州市	21	2908	23078	9966	10680	464
南平市	41	4024	29155	15828	10988	304
龙岩市	23	2609	21597	9983	10287	234
宁德市	25	3423	29612	9499	17490	1485
餐饮业	**505**	**47380**	**672813**	**18399**	**627088**	**17537**
福州市	132	15903	313404	2919	303804	4711
厦门市	104	15808	201946	428	199176	1847
莆田市	16	1611	14331	2036	11671	473
三明市	61	1956	21135	735	20265	123
泉州市	81	5864	61501	6034	41623	7927
漳州市	27	1652	16196	1416	14350	158
南平市	35	2118	18499	2314	14434	948
龙岩市	29	1624	15575	1769	13561	77
宁德市	20	844	10226	749	8205	1273

3-11　限额以下住宿和餐饮企业分登记注册类型经营情况

登记注册类型	企业数（个）	年末从业人数（人）	营业额（万元）			
				客房收入	餐费收入	商品销售收入
合　计	**2560**	**42507**	**311836**	**107074**	**190806**	**5423**
内资企业	**2478**	**40608**	**301472**	**104141**	**183542**	**5295**
国有企业	123	2791	15936	9857	4600	208
集体企业	183	2087	14023	7660	5685	161
股份合作企业	15	222	1648	696	920	27
联营企业	11	176	974	362	595	10
国有联营企业	4	74	231	38	194	
集体联营企业	2	9	157	155		
国有与集体联营企业	1	32	190	52	138	
其他联营企业	4	61	395	118	263	10
有限责任公司	130	3154	16250	5449	9312	376
国有独资公司	3	37	172	172		
其他有限责任公司	127	3117	16079	5278	9312	376
股份有限公司	20	648	3631	989	1797	30
私营企业	1880	29678	235760	74209	153016	4255
私营独资企业	1147	15724	141056	43804	91990	3103
私营合伙企业	288	4924	34382	11536	21082	755
私营有限责任公司	407	8181	56685	17357	37920	337
私营股份有限公司	38	849	3637	1512	2024	61
其他企业	116	1852	13250	4921	7618	228
港、澳、台商投资企业	**36**	**762**	**3924**	**1079**	**2721**	**104**
合资经营企业	3	64	245	61	184	
合作经营企业	1	44	338		338	
独资经营企业	30	634	3206	1019	2064	104
投资股份有限公司	2	20	136		136	
外商投资企业	**46**	**1137**	**6440**	**1854**	**4542**	**25**
中外合资经营企业	7	249	1324	794	530	
中外合作经营企业	2	38	103	21	82	
外资企业	35	802	4555	706	3814	24
外商投资股份有限公司	2	48	458	333	117	1

3-12 限额以下住宿企业分登记注册类型经营情况

登记注册类型	企业数（个）	年末从业人数（人）	营业额（万元）			
				客房收入	餐费收入	商品销售收入
合　计	**1233**	**18822**	**127445**	**99713**	**22061**	**1434**
内资企业	**1200**	**18085**	**123631**	**97137**	**20860**	**1417**
国有企业	111	2557	14573	9603	3595	204
集体企业	144	1627	9409	7108	1943	55
股份合作企业	8	134	957	666	259	27
联营企业	7	103	572	362	198	10
国有联营企业	2	36	59	38	22	
集体联营企业	2	8	157	155		
国有与集体联营企业	1	32	190	52	138	
其他联营企业	2	27	166	118	38	10
有限责任公司	65	1614	6589	5193	1080	107
国有独资公司	2	35	167	167		
其他有限责任公司	63	1579	6422	5026	1080	107
股份有限公司	11	301	1219	964	225	30
私营企业	804	11096	84465	68556	12582	865
私营独资企业	499	5645	49657	41515	6697	559
私营合伙企业	118	1890	13147	10040	2195	173
私营有限责任公司	172	3234	20156	15887	3352	117
私营股份有限公司	15	327	1505	1114	338	15
其他企业	50	653	5847	4685	978	119
港、澳、台商投资企业	**12**	**332**	**1159**	**777**	**381**	
合资经营企业	2	46	151	61	91	
合作经营企业						
独资经营企业	10	286	1008	717	290	
投资股份有限公司						
外商投资企业	**21**	**405**	**2655**	**1800**	**821**	**17**
中外合资经营企业	4	85	1172	794	378	
中外合作经营企业	2	38	103	21	82	
外资企业	13	234	923	652	244	16
外商投资股份有限公司	2	48	458	333	117	1

3-13　限额以下餐饮企业分登记注册类型经营情况

登记注册类型	企业数（个）	年末从业人数（人）	营业额（万元）			
				客房收入	餐费收入	商品销售收入
合　计	**1327**	**23685**	**184391**	**7361**	**168744**	**3989**
内资企业	**1278**	**22523**	**177842**	**7005**	**162682**	**3877**
国有企业	12	234	1363	254	1006	3
集体企业	39	460	4614	551	3742	106
股份合作企业	7	88	691	30	661	
联营企业	4	73	402		397	
国有联营企业	2	38	172		172	
集体联营企业		1				
国有与集体联营企业						
其他联营企业	2	34	230		225	
有限责任公司	65	1540	9661	257	8232	269
国有独资公司	1	2	5	5		
其他有限责任公司	64	1538	9656	252	8232	269
股份有限公司	9	347	2413	25	1572	
私营企业	1076	18582	151295	5653	140434	3391
私营独资企业	648	10079	91399	2290	85293	2543
私营合伙企业	170	3034	21235	1496	18887	582
私营有限责任公司	235	4947	36529	1470	34568	219
私营股份有限公司	23	522	2132	398	1685	46
其他企业	66	1199	7403	235	6639	108
港、澳、台商投资企业	**24**	**430**	**2765**	**302**	**2340**	**104**
合资经营企业	1	18	93		93	
合作经营企业	1	44	338		338	
独资经营企业	20	348	2198	302	1773	104
投资股份有限公司	2	20	136		136	
外商投资企业	**25**	**732**	**3784**	**54**	**3722**	**8**
中外合资经营企业	3	164	152		152	
中外合作经营企业						
外资企业	22	568	3632	54	3570	8
外商投资股份有限公司						

3-14 限额以下住宿和餐饮企业分行业经营情况

项　　目	企业数(个)	年末从业人数(人)	营业额(万元)			
				客房收入	餐费收入	商品销售收入
住宿和餐饮业	**2560**	**42507**	**311836**	**107074**	**190806**	**5423**
住宿业	**1233**	**18822**	**127445**	**99713**	**22061**	**1434**
按住宿行业中类分						
旅游饭店	286	6588	42432	30263	9931	411
一般旅馆	840	10716	74563	61023	10847	955
其他住宿服务	107	1518	10450	8427	1283	68
按星级分组						
五星						
四星						
三星	33	1099	8420	5095	2667	82
二星	68	1651	10212	7368	2407	70
一星	21	313	1468	1347	109	1
其他	1111	15759	107345	85904	16879	1281
餐饮业	**1327**	**23685**	**184391**	**7361**	**168744**	**3989**
按餐饮行业中类分						
正餐服务	946	18088	142136	6397	130516	2738
快餐服务	173	2765	22251	236	21517	451
饮料及冷饮服务	107	1352	8536	239	7368	135
其他餐饮服务	101	1480	11468	490	9343	666

3-15　限额以下住宿和餐饮企业分地区经营情况

地　　区	企业数（个）	年末从业人数（人）	营业额（万元）			
				客房收入	餐费收入	商品销售收入
住宿和餐饮业	**2560**	**42507**	**311836**	**107074**	**190806**	**5423**
福州市	659	10675	71886	23749	44041	1626
厦门市	434	7470	51508	11614	37251	349
莆田市	48	1276	6534	1658	4419	363
三明市	188	3400	23836	12889	10681	119
泉州市	406	7158	62965	27942	30952	1654
漳州市	201	2739	18281	7197	10267	404
南平市	231	3816	22201	9737	11681	434
龙岩市	252	3776	37405	4195	32981	158
宁德市	141	2197	17220	8094	8533	316
住宿业	**1233**	**18822**	**127445**	**99713**	**22061**	**1434**
福州市	299	3994	25379	21868	2398	170
厦门市	168	2744	14191	10791	2497	113
莆田市	17	375	1645	1041	482	105
三明市	121	2342	14483	12543	1794	21
泉州市	217	3426	32370	26465	3903	559
漳州市	115	1442	9141	6930	1638	218
南平市	160	2413	14018	9273	4291	129
龙岩市	51	704	5241	3370	1731	70
宁德市	85	1382	10976	7434	3327	49
餐饮业	**1327**	**23685**	**184391**	**7361**	**168744**	**3989**
福州市	360	6681	46508	1881	41643	1456
厦门市	266	4726	37317	824	34754	236
莆田市	31	901	4889	616	3937	258
三明市	67	1058	9353	346	8887	98
泉州市	189	3732	30595	1477	27049	1096
漳州市	86	1297	9139	268	8629	186
南平市	71	1403	8183	464	7390	306
龙岩市	201	3072	32164	825	31250	88
宁德市	56	815	6244	661	5206	266

3-16 住宿和餐饮企业分登记注册类型主要财务指标

单位：万元

登记注册类型	资产总计	负债合计	所有者权益	固定资产	本年折旧
合　计	**2756915**	**1530888**	**1226028**	**1971998**	**99909**
内资企业	**1719026**	**795008**	**924018**	**1173673**	**59990**
国有企业	451669	209949	241720	357313	13238
集体企业	45559	19345	26214	37911	1907
股份合作企业	15181	5773	9407	13709	507
联营企业	73271	20389	52882	58747	2457
国有联营企业	71745	20101	51644	56967	2320
集体联营企业	91	3	88	75	7
国有与集体联营企业	100	17	83	83	8
其他联营企业	1336	268	1068	1622	121
有限责任公司	298478	161855	136623	200637	9815
国有独资公司	16545	1961	14584	20165	515
其他有限责任公司	281933	159894	122039	180473	9300
股份有限公司	77286	36224	41063	54350	2436
私营企业	723800	322552	401248	425695	28204
私营独资企业	234467	87343	147125	154627	10365
私营合伙企业	85897	31174	54723	47323	4383
私营有限责任公司	370114	186262	183852	199778	12341
私营股份有限公司	33322	17773	15549	23967	1115
其他企业	33783	18922	14861	25312	1429
港、澳、台商投资企业	**464632**	**350163**	**114469**	**294834**	**15165**
合资经营企业	130372	93417	36956	98772	3470
合作经营企业	16685	11975	4709	11799	598
独资经营企业	290793	219668	71125	163870	9036
投资股份有限公司	26782	25103	1679	20392	2061
外商投资企业	**573257**	**385717**	**187540**	**503491**	**24754**
中外合资经营企业	236803	159081	77723	203602	9805
中外合作经营企业	49441	42323	7118	65553	1527
外资企业	254781	150429	104352	189696	11595
外商投资股份有限公司	32232	33884	-1652	44640	1827

3-16　续表

单位：万元

登记注册类型	主营业务收入	主营业务成本	主营业务税金及附加	营业利润	工资福利
合　计	**1709985**	**765298**	**95851**	**102975**	**273478**
内资企业	**1203593**	**585158**	**68972**	**97216**	**191370**
国有企业	154827	55563	7810	2454	34985
集体企业	34396	16824	1828	2964	5839
股份合作企业	13440	6562	961	1203	1742
联营企业	30130	8731	1915	843	5890
国有联营企业	26247	7635	1708	633	5062
集体联营企业	157	9	1	1	11
国有与集体联营企业	190	78	10	10	38
其他联营企业	3536	1008	196	198	780
有限责任公司	168413	70081	10034	3997	30904
国有独资公司	5067	1411	285	241	1020
其他有限责任公司	163347	68670	9749	3755	29884
股份有限公司	32060	12797	1996	-163	5334
私营企业	736950	398998	42721	82838	100442
私营独资企业	274613	163182	14868	30686	38866
私营合伙企业	108708	62519	6890	11632	16624
私营有限责任公司	333801	163032	19807	40145	41198
私营股份有限公司	19827	10265	1157	375	3754
其他企业	33378	15603	1706	3081	6235
港、澳、台商投资企业	**227426**	**92785**	**12108**	**496**	**36492**
合资经营企业	46293	13094	3118	-1416	11731
合作经营企业	21790	6621	1153	2047	2595
独资经营企业	149352	69734	7283	-199	20426
投资股份有限公司	9992	3336	554	65	1740
外商投资企业	**278966**	**87354**	**14771**	**5262**	**45617**
中外合资经营企业	89013	26367	4678	-3576	16383
中外合作经营企业	24564	5732	1210	-2014	5005
外资企业	152393	53103	8210	7518	22459
外商投资股份有限公司	12996	2152	674	3335	1770

3-17 住宿和餐饮企业分行业主要财务指标

单位：万元

项目	资产总计	负债合计	所有者权益	固定资产	本年折旧
住宿和餐饮业	**2756915**	**1530888**	**1226028**	**1971998**	**99909**
住宿业	**2160073**	**1245695**	**914378**	**1638010**	**76324**
按住宿行业中类分					
旅游饭店	1857324	1084685	772639	1437993	63603
一般旅馆	267233	146020	121213	174582	11380
其他住宿服务	35516	14990	20526	25434	1341
餐饮业	**596842**	**285193**	**311649**	**333988**	**23585**
按餐饮行业中类分					
正餐服务	460013	199701	260311	233693	16247
快餐服务	91463	63556	27907	74896	5296
饮料及冷饮服务	7902	2910	4992	3602	454
其他餐饮服务	37465	19026	18439	21797	1588

3-17 续表

单位：万元

项目	主营业务收入	主营业务成本	主营业务税金及附加	营业利润	工资福利
住宿和餐饮业	**1709985**	**765298**	**95851**	**102975**	**273478**
住宿业	**862091**	**309146**	**49714**	**28336**	**164677**
按住宿行业中类分					
旅游饭店	713292	244929	41421	13792	135406
一般旅馆	132384	57000	7562	12185	26265
其他住宿服务	16415	7217	732	2359	3006
餐饮业	**847894**	**456152**	**46137**	**74639**	**108801**
按餐饮行业中类分					
正餐服务	640194	363726	35651	62616	82444
快餐服务	165089	68568	8475	8286	18730
饮料及冷饮服务	9198	4177	677	784	2057
其他餐饮服务	33413	19681	1334	2953	5570

3-18　住宿和餐饮企业分地区主要财务指标

单位：万元

地　　区	资产总计	负债合计	所有者权益	固定资产原价	本年折旧
住宿和餐饮业	**2756915**	**1530888**	**1226028**	**1971998**	**99909**
福州市	744584	403601	340984	534372	24015
厦门市	813804	557007	256797	608111	31870
莆田市	76549	32057	44492	55258	2713
三明市	128038	53041	74997	78387	4617
泉州市	476134	224445	251689	313215	16308
漳州市	131234	71717	59517	92710	3506
南平市	189250	93979	95271	147972	8303
龙岩市	102908	37419	65489	75485	4635
宁德市	94414	57621	36793	66487	3941
住宿业	**2160073**	**1245695**	**914378**	**1638010**	**76324**
福州市	561090	303300	257790	439723	16849
厦门市	667130	473192	193938	525017	26311
莆田市	52727	27753	24975	42904	1785
三明市	93928	42768	51160	64308	3484
泉州市	390030	189588	200442	252945	12283
漳州市	103023	57884	45138	77642	2694
南平市	152693	78012	74681	122911	6889
龙岩市	65159	25276	39883	52741	2604
宁德市	74295	47923	26372	59819	3426
餐饮业	**596842**	**285193**	**311649**	**333988**	**23585**
福州市	183495	100301	83194	94649	7167
厦门市	146674	83815	62859	83094	5559
莆田市	23822	4305	19517	12354	928
三明市	34110	10273	23837	14079	1133
泉州市	86105	34858	51247	60271	4026
漳州市	28212	13833	14379	15068	812
南平市	36557	15967	20590	25061	1414
龙岩市	37749	12143	25606	22744	2031
宁德市	20119	9698	10421	6669	516

3-18 续表 单位：万元

地 区	主营业务收入	主营业务成本	主营业务税金及附加	营业利润	工资福利
住宿和餐饮业	**1709985**	**765298**	**96302**	**102975**	**273478**
福州市	579297	261318	32021	55233	80141
厦门市	473186	172798	26192	-5717	87317
莆田市	37493	18258	2712	2634	5835
三明市	65765	35255	3828	5397	9625
泉州市	296489	143266	19306	30991	45874
漳州市	57321	29098	3218	1160	10769
南平市	68497	33762	3242	3003	13293
龙岩市	74678	41049	3009	6388	11263
宁德市	57259	30492	2775	3888	9361
住宿业	**862091**	**309146**	**49864**	**28336**	**164677**
福州市	222069	74331	13129	13501	43377
厦门市	241133	59200	13214	-10283	52372
莆田市	18327	7273	1335	791	2911
三明市	35464	17238	1986	3005	5971
泉州市	203704	89014	13487	17559	31688
漳州市	31688	13273	1701	-419	7145
南平市	42195	17599	1953	628	9069
龙岩市	26674	10567	1098	964	4865
宁德市	40838	20651	1962	2592	7278
餐饮业	**847894**	**456152**	**46438**	**74639**	**108801**
福州市	357228	186987	18892	41732	36765
厦门市	232054	113598	12979	4565	34944
莆田市	19166	10986	1378	1843	2924
三明市	30301	18018	1842	2393	3654
泉州市	92786	54252	5819	13433	14186
漳州市	25634	15825	1517	1578	3624
南平市	26301	16163	1289	2375	4223
龙岩市	48004	30483	1911	5424	6398
宁德市	16421	9841	812	1296	2083

3-19　住宿企业分登记注册类型主要财务指标

单位：万元

登记注册类型	资产总计	负债合计	所有者权益	固定资产	本年折旧
合　计	**2160073**	**1245695**	**914378**	**1638010**	**76324**
内资企业	**1295571**	**627082**	**668489**	**957972**	**43769**
国有企业	425485	198154	227331	342165	12384
集体企业	37352	17248	20104	30712	1577
股份合作企业	13379	4960	8419	12455	456
联营企业	57905	16389	41517	57253	2386
国有联营企业	56812	16118	40694	55623	2264
集体联营企业	91	3	88	75	7
国有与集体联营企业	100	17	83	83	8
其他联营企业	903	251	652	1473	107
有限责任公司	233114	132243	100871	172669	7849
国有独资公司	16494	1940	14554	20155	515
其他有限责任公司	216620	130303	86317	152514	7334
股份有限公司	72272	33906	38366	53247	2303
私营企业	432187	209740	222447	269977	15916
私营独资企业	122346	48961	73385	89909	5613
私营合伙企业	49836	18571	31265	25384	2161
私营有限责任公司	237778	128843	108935	134574	7270
私营股份有限公司	22228	13365	8863	20110	871
其他企业	23877	14443	9434	19494	899
港、澳、台商投资企业	**381235**	**286123**	**95112**	**241289**	**12631**
合资经营企业	121342	88643	32700	92784	3215
合作经营企业	15095	10922	4173	10446	533
独资经营企业	224496	168646	55850	119735	6941
投资股份有限公司	20302	17912	2390	18326	1941
外商投资企业	**483268**	**332490**	**150778**	**438749**	**19925**
中外合资经营企业	213386	147202	66185	189569	9041
中外合作经营企业	49441	42323	7118	65553	1527
外资企业	188799	109560	79239	139169	7542
外商投资股份有限公司	31642	33405	-1764	44458	1815

3-19 续表

单位：万元

登记注册类型	主营业务收入	主营业务成本	主营业务税金及附加	营业利润	工资福利
合　计	**862091**	**309146**	**49714**	**28336**	**164677**
内资企业	**580639**	**230046**	**33877**	**29511**	**109821**
国有企业	132344	42648	6927	2052	30669
集体企业	23498	11100	1203	1791	3727
股份合作企业	11904	5590	867	1014	1532
联营企业	29633	8575	1891	1143	5843
国有联营企业	26075	7557	1702	1004	5033
集体联营企业	157	9	1	1	11
国有与集体联营企业	190	78	10	10	38
其他联营企业	3211	930	178	128	761
有限责任公司	96237	31867	5876	1227	19767
国有独资公司	5062	1409	285	241	1017
其他有限责任公司	91175	30457	5591	986	18750
股份有限公司	25699	9161	1629	576	4058
私营企业	245696	116224	14823	20211	40961
私营独资企业	74398	39555	4193	10383	12512
私营合伙企业	47295	25441	3038	5134	7552
私营有限责任公司	113343	46018	6959	4544	18429
私营股份有限公司	10660	5210	633	151	2468
其他企业	15629	4882	660	1496	3264
港、澳、台商投资企业	**121021**	**37285**	**7172**	**-2347**	**24725**
合资经营企业	44275	12377	2966	-1147	11325
合作经营企业	18928	4920	1065	1685	2160
独资经营企业	50855	18490	2785	-2657	9871
投资股份有限公司	6963	1499	356	-228	1369
外商投资企业	**160431**	**41815**	**8665**	**1172**	**30131**
中外合资经营企业	78372	21327	4335	-3721	14312
中外合作经营企业	24564	5732	1210	-2014	5005
外资企业	46119	13097	2534	3666	9335
外商投资股份有限公司	11376	1659	587	3242	1480

3-20　餐饮企业分登记注册类型主要财务指标

单位：万元

登记注册类型	资产总计	负债合计	所有者权益	固定资产	本年折旧
合　计	**596842**	**285193**	**311649**	**333988**	**23585**
内资企业	**423456**	**167926**	**255530**	**215701**	**16222**
国有企业	26184	11795	14389	15148	854
集体企业	8207	2097	6110	7198	330
股份合作企业	1802	813	989	1254	51
联营企业	15366	4001	11365	1494	71
国有联营企业	14933	3983	10950	1345	56
集体联营企业					
国有与集体联营企业					
其他联营企业	433	17	415	150	14
有限责任公司	65364	29612	35752	27968	1966
国有独资公司	51	21	30	10	
其他有限责任公司	65313	29591	35722	27958	1966
股份有限公司	5014	2318	2696	1104	133
私营企业	291613	112812	178801	155718	12288
私营独资企业	112122	38381	73740	64719	4752
私营合伙企业	36061	12604	23458	21939	2222
私营有限责任公司	132336	57419	74917	65204	5070
私营股份有限公司	11094	4408	6686	3856	244
其他企业	9906	4479	5427	5818	530
港、澳、台商投资企业	**83397**	**64040**	**19357**	**53545**	**2534**
合资经营企业	9030	4774	4256	5989	254
合作经营企业	1590	1053	537	1354	65
独资经营企业	66297	51022	15275	44136	2095
投资股份有限公司	6480	7191	-711	2067	120
外商投资企业	**89989**	**53227**	**36763**	**64742**	**4829**
中外合资经营企业	23417	11879	11538	14033	764
中外合作经营企业					
外资企业	65982	40869	25113	50527	4053
外商投资股份有限公司	590	479	112	182	12

3-20 续表

单位：万元

登记注册类型	主营业务收入	主营业务成本	主营业务税金及附加	营业利润	工资福利
合　计	**847894**	**456152**	**46137**	**74639**	**108801**
内资企业	**622954**	**355112**	**35095**	**67705**	**81549**
国有企业	22484	12916	883	402	4316
集体企业	10898	5724	625	1173	2111
股份合作企业	1537	972	94	189	210
联营企业	497	156	24	-300	48
国有联营企业	172	78	6	-370	29
集体联营企业					
国有与集体联营企业					
其他联营企业	325	78	18	70	19
有限责任公司	72176	38214	4157	2770	11137
国有独资公司	5	2			2
其他有限责任公司	72171	38212	4157	2769	11134
股份有限公司	6360	3636	367	-739	1277
私营企业	491254	282774	27899	62627	59480
私营独资企业	200215	123626	10675	20303	26354
私营合伙企业	61414	37078	3852	6499	9072
私营有限责任公司	220458	117014	12848	35601	22769
私营股份有限公司	9168	5055	525	224	1286
其他企业	17749	10721	1046	1585	2971
港、澳、台商投资企业	**106405**	**55500**	**4936**	**2843**	**11767**
合资经营企业	2018	717	152	-270	405
合作经营企业	2862	1702	88	362	435
独资经营企业	98497	51244	4498	2458	10555
投资股份有限公司	3029	1837	198	293	372
外商投资企业	**118535**	**45540**	**6106**	**4091**	**15485**
中外合资经营企业	10641	5041	343	145	2071
中外合作经营企业					
外资企业	106274	40006	5676	3852	13125
外商投资股份有限公司	1620	493	88	93	290

3-21　限额以上住宿和餐饮企业分登记注册类型主要财务指标

单位：万元

登记注册类型	流动资产	存货	固定资产原价	累计折旧	本年折旧
合　计	**630771**	**56685**	**1676053**	**534808**	**79479**
内资企业	**376943**	**35254**	**904090**	**249527**	**40728**
国有企业	88619	4849	322524	85098	11613
集体企业	6552	648	16780	6358	656
股份合作企业	3498	382	11944	3191	414
联营企业	15140	1531	57010	18451	2362
国有联营企业	14840	1443	55591	17477	2261
集体联营企业					
国有与集体联营企业					
其他联营企业	300	89	1419	974	101
有限责任公司	77559	7709	179323	65256	8479
国有独资公司	3261	128	19449	8701	513
其他有限责任公司	74298	7581	159874	56555	7967
股份有限公司	17270	1444	50631	11583	2120
私营企业	161978	18071	250029	56672	14382
私营独资企业	27790	4890	61462	13051	3323
私营合伙企业	19312	2813	18636	5397	1802
私营有限责任公司	109159	9882	150836	34419	8378
私营股份有限公司	5717	486	19095	3805	879
其他企业	6328	620	15849	2920	701
港、澳、台商投资企业	**126387**	**8846**	**279282**	**113650**	**14641**
合资经营企业	44835	1926	96953	36537	3387
合作经营企业	6536	1530	11799	7204	598
独资经营企业	63145	5057	150208	63617	8603
投资股份有限公司	11870	333	20322	6292	2052
外商投资企业	**127441**	**12585**	**492681**	**171631**	**24110**
中外合资经营企业	62336	4126	202202	62470	9746
中外合作经营企业	10259	1763	64940	38866	1475
外资企业	51855	6002	181332	51722	11107
外商投资股份有限公司	2992	695	44206	18573	1783

3-21 续表 1

单位：万元

登记注册类型	资产总计	负债合计	所有者权益	实收资本	主营业务收入
合　　计	**2177408**	**1287370**	**890038**	**1006003**	**1410192**
内资企业	**1274530**	**620451**	**654079**	**552907**	**914210**
国有企业	395727	182756	212971	173589	139032
集体企业	20342	12671	7671	7153	20210
股份合作企业	12579	4755	7824	7787	11726
联营企业	56060	14845	41215	15957	29061
国有联营企业	55271	14606	40665	15857	26015
集体联营企业					
国有与集体联营企业					
其他联营企业	788	239	550	100	3046
有限责任公司	252679	142716	109963	120160	152919
国有独资公司	15549	1871	13678	8070	4895
其他有限责任公司	237131	140845	96286	112090	148024
股份有限公司	68835	32579	36256	33119	28468
私营企业	447695	216034	231661	188645	512206
私营独资企业	91467	40554	50913	43641	138463
私营合伙企业	46947	18518	28430	27382	74206
私营有限责任公司	283116	140559	142557	108278	283438
私营股份有限公司	26164	16403	9761	9344	16099
其他企业	20614	14095	6519	6498	20589
港、澳、台商投资企业	**375626**	**301406**	**74220**	**225761**	**223461**
合资经营企业	127977	93071	34906	98451	46048
合作经营企业	16605	11775	4830	13909	21453
独资经营企业	204350	171458	32892	105801	146105
投资股份有限公司	26694	25102	1592	7600	9856
外商投资企业	**527252**	**365513**	**161739**	**227335**	**272520**
中外合资经营企业	233491	158201	75290	114170	87689
中外合作经营企业	45110	41879	3231	25006	24462
外资企业	217579	131792	85787	71064	147838
外商投资股份有限公司	31072	33641	-2568	17096	12532

3-21　续表 2　　单位：万元

登记注册类型	主营业务成　本	主营业务税金及附加	主营业务利　润	其他业务利　润	营业费用	管理费用
合　计	**603508**	**81117**	**722020**	**11106**	**410013**	**229710**
内资企业	**428336**	**54770**	**427405**	**6721**	**238039**	**126166**
国有企业	49017	7129	82562	3055	50646	31973
集体企业	9438	1119	9077	135	5121	3585
股份合作企业	5729	798	5199	15	2008	1867
联营企业	8372	1874	18815	109	11666	5405
国有联营企业	7524	1700	16791	109	10436	4768
集体联营企业						
国有与集体联营企业						
其他联营企业	848	174	2024		1230	637
有限责任公司	62968	9243	79985	1644	48815	25361
国有独资公司	1297	275	3323	141	1768	1289
其他有限责任公司	61671	8968	76662	1503	47047	24072
股份有限公司	11052	1762	15524	310	10115	4382
私营企业	272897	31657	205707	1434	104235	49450
私营独资企业	82099	8532	46774	608	26643	12637
私营合伙企业	43838	5200	25111	106	14806	4512
私营有限责任公司	138853	16992	127746	708	58099	30156
私营股份有限公司	8107	933	6076	12	4687	2146
其他企业	8863	1189	10537	18	5435	4143
港、澳、台商投资企业	**91050**	**11902**	**120045**	**1502**	**79090**	**36168**
合资经营企业	13030	3102	29915	579	15616	14298
合作经营企业	6477	1153	13823	216	6427	5117
独资经营企业	68267	7099	70274	707	52528	15302
投资股份有限公司	3275	548	6033		4519	1451
外商投资企业	**84122**	**14445**	**174570**	**2884**	**92883**	**67376**
中外合资经营企业	25909	4621	57158	917	24480	29048
中外合作经营企业	5684	1204	17574	172	10236	7700
外资企业	50628	7979	89849	1782	53306	27655
外商投资股份有限公司	1901	641	9990	14	4861	2973

3-21 续表 3 单位：万元

登记注册类型	营业利润	利润总额	应交所得税	劳动失业保险费	应付工资	应付福利费
合　计	**62688**	**66909**	**21831**	**2954**	**201855**	**14869**
内资企业	**57046**	**63828**	**17353**	**1713**	**129205**	**8320**
国有企业	950	457	812	528	28152	2601
集体企业	626	789	179	84	2949	212
股份合作企业	999	985	144	27	1402	67
联营企业	1125	1171	242	88	5299	432
国有联营企业	1004	1012	223	16	4583	432
集体联营企业						
国有与集体联营企业						
其他联营企业	121	158	20	72	716	
有限责任公司	3221	3114	1908	262	25640	1642
国有独资公司	224	187	19	4	945	33
其他有限责任公司	2997	2927	1889	258	24695	1609
股份有限公司	460	563	235	74	4072	114
私营企业	48942	55976	13748	641	58338	2995
私营独资企业	7501	6860	1354	174	16505	1070
私营合伙企业	5430	5607	1067	56	9547	475
私营有限责任公司	36224	43682	11196	376	29567	1273
私营股份有限公司	-214	-173	132	35	2718	178
其他企业	723	774	85	9	3354	257
港、澳、台商投资企业	**584**	**-744**	**2093**	**455**	**32751**	**2634**
合资经营企业	-1322	-1411	276	245	10671	959
合作经营企业	2155	2925	225	30	2180	322
独资经营企业	-305	-1827	1577	169	18338	1237
投资股份有限公司	56	-431	15	12	1563	117
外商投资企业	**5058**	**3826**	**2385**	**787**	**39899**	**3915**
中外合资经营企业	-4158	-4972	863	145	14903	1294
中外合作经营企业	-1775	-2024	133	35	4445	499
外资企业	7549	7378	1369	586	18898	2122
外商投资股份有限公司	3442	3443	20	21	1653	

3-22　限额以上住宿和餐饮企业分行业主要财务指标

单位：万元

项　目	流动资产	存　货	固定资产原价	累计折旧	本年折旧
住宿和餐饮业	**630771**	**56685**	**1676053**	**534808**	**79479**
住宿业	**474621**	**34794**	**1441913**	**458828**	**63905**
按住宿行业中类分					
旅游饭店	430065	32426	1355031	430347	58507
一般旅馆	43471	2263	72076	24915	4847
其他住宿服务	1085	106	14805	3566	551
餐饮业	**156150**	**21891**	**234140**	**75980**	**15574**
按餐饮行业中类分					
正餐服务	129820	16145	152499	44537	9965
快餐服务	14516	4840	63323	25071	4373
饮料及冷饮服务	381	129	329	199	52
其他餐饮服务	11433	776	17989	6173	1184

3-22　续表 1

单位：万元

项　目	资产总计	负债合计	所有者权益	实收资本	主营业务收　入
住宿和餐饮业	**2177408**	**1287370**	**890038**	**1006003**	**1410192**
住宿业	**1776322**	**1071491**	**704831**	**831240**	**739127**
按住宿行业中类分					
旅游饭店	1656150	983779	672371	779177	670665
一般旅馆	107017	78203	28815	48422	63534
其他住宿服务	13155	9509	3645	3642	4928
餐饮业	**401086**	**215879**	**185207**	**174763**	**671065**
按餐饮行业中类分					
正餐服务	300519	146349	154170	137558	505960
快餐服务	72628	54492	18136	19801	142538
饮料及冷饮服务	597	347	250	250	644
其他餐饮服务	27342	14690	12652	17153	21923

3-22 续表 2

单位：万元

项 目	主营业务成本	主营业务税金及附加	主营业务利润	其他业务利润	营业费用	管理费用
住宿和餐饮业	**603508**	**81117**	**722020**	**11106**	**410013**	**229710**
住宿业	**249372**	**43998**	**444150**	**9724**	**243040**	**173705**
按住宿行业中类分						
旅游饭店	225731	39404	405112	8437	217426	161028
一般旅馆	21768	4359	36949	1288	24242	12081
其他住宿服务	1873	236	2089		1371	596
餐饮业	**354136**	**37119**	**277871**	**1382**	**166973**	**56005**
按餐饮行业中类分						
正餐服务	286673	28831	188524	915	99799	42439
快餐服务	53707	7447	81377	445	62682	11943
饮料及冷饮服务	228	29	388	19	21	357
其他餐饮服务	13528	812	7583	4	4472	1267

3-22 续表 3

单位：万元

项 目	营业利润	利润总额	应交所得税	劳动失业保险费	应付工资	应付福利费
住宿和餐饮业	**62688**	**66909**	**21831**	**2954**	**201855**	**14869**
住宿业	**11137**	**10247**	**6558**	**1836**	**129118**	**11142**
按住宿行业中类分						
旅游饭店	9051	8528	5846	1648	116912	10025
一般旅馆	1591	1188	671	177	11446	1029
其他住宿服务	495	530	40	10	760	88
餐饮业	**51551**	**56662**	**15273**	**1118**	**72737**	**3728**
按餐饮行业中类分						
正餐服务	44144	51361	13806	575	55131	2499
快餐服务	5730	3678	1196	503	14549	1139
饮料及冷饮服务	28	28	8	2	108	4
其他餐饮服务	1649	1595	263	38	2949	86

3-23　限额以上住宿和餐饮企业分地区主要财务指标

单位：万元

地　区	流动资产	存　货	固定资产原　价	累计折旧	本年折旧
住宿和餐饮业	**630771**	**56685**	**1676053**	**534808**	**79479**
福州市	166924	14308	469197	169058	20340
厦门市	188945	15974	575289	189773	29005
莆田市	14274	3072	40287	14036	2103
三明市	32263	2612	47912	11018	2413
泉州市	136352	13703	261595	81319	12663
漳州市	20695	1694	76226	17575	2342
南平市	36787	2554	101696	29168	5183
龙岩市	16511	1449	55349	11597	2743
宁德市	18019	1318	48502	11263	2687
住宿业	**474621**	**34794**	**1441913**	**458828**	**63905**
福州市	121447	7763	397874	147902	14865
厦门市	144790	9345	506790	163229	25037
莆田市	8429	1115	33398	11526	1498
三明市	19531	1068	37950	9110	1675
泉州市	118381	10754	220398	67885	9959
漳州市	13812	1245	66946	15036	1946
南平市	26696	1866	83687	23984	4229
龙岩市	9857	697	48917	9532	2255
宁德市	11678	942	45952	10623	2441
餐饮业	**156150**	**21891**	**234140**	**75980**	**15574**
福州市	45478	6545	71323	21156	5475
厦门市	44155	6629	68499	26545	3969
莆田市	5845	1957	6890	2510	605
三明市	12732	1545	9962	1908	738
泉州市	17971	2949	41197	13434	2703
漳州市	6883	450	9280	2538	396
南平市	10091	688	18009	5184	954
龙岩市	6654	752	6431	2065	488
宁德市	6341	376	2550	641	246

3-23 续表 1

单位：万元

地　　区	资产总计	负债合计	所有者权益	实收资本	主营业务收　　入
住宿和餐饮业	**2177408**	**1287370**	**890038**	**1006003**	**1410192**
福州市	612697	343835	268862	327649	507666
厦门市	679064	484015	195049	269364	429373
莆田市	49454	23770	25683	20583	30981
三明市	90329	41383	48946	45913	42359
泉州市	379510	196497	183013	192703	237810
漳州市	94653	51084	43569	43329	38674
南平市	129634	70390	59244	57955	46783
龙岩市	74433	29381	45053	28633	36872
宁德市	67635	47015	20620	19874	39674
住宿业	**1776322**	**1071491**	**704831**	**831240**	**739127**
福州市	480316	258972	221344	281777	197125
厦门市	568625	422553	146071	225127	226711
莆田市	37740	21224	16517	15089	16654
三明市	64252	32925	31326	32698	21264
泉州市	326234	171740	154494	158640	175439
漳州市	79841	43087	36754	36729	22544
南平市	103929	58671	45258	45416	28442
龙岩市	59128	23677	35451	19638	21449
宁德市	56258	38642	17615	16127	29499
餐饮业	**401086**	**215879**	**185207**	**174763**	**671065**
福州市	132381	84864	47517	45872	310541
厦门市	110440	61462	48978	44237	202662
莆田市	11713	2547	9167	5494	14327
三明市	26077	8457	17620	13215	21095
泉州市	53276	24757	28519	34063	62371
漳州市	14813	7997	6816	6601	16130
南平市	25705	11719	13986	12539	18341
龙岩市	15305	5703	9602	8995	15423
宁德市	11377	8373	3004	3747	10175

3-23 续表 2

单位：万元

地 区	主营业务成本	主营业务税金及附加	主营业务利润	其他业务利润	营业费用	管理费用
住宿和餐饮业	**603508**	**81117**	**722020**	**11106**	**410013**	**229710**
福州市	225864	28331	250885	5291	134510	70339
厦门市	152802	23468	252937	2905	164907	84015
莆田市	14963	2337	13617	36	7521	4347
三明市	23606	2228	16525	494	9659	5195
泉州市	110639	15974	111761	969	51643	36145
漳州市	18614	2408	17652	310	9584	7415
南平市	19880	2357	24624	699	12530	9844
龙岩市	16812	1707	18353	252	9345	7339
宁德市	20328	2307	15666	150	10315	5071
住宿业	**249372**	**43998**	**444150**	**9724**	**243040**	**173705**
福州市	64510	11835	120058	4295	65574	43964
厦门市	54813	12489	159409	3156	93606	69021
莆田市	6489	1242	8990		5110	2891
三明市	10112	1164	9988	456	5743	3427
泉州市	73900	11910	89567	783	41467	31834
漳州市	8553	1312	12679	309	7188	5431
南平市	9240	1480	17801	493	9294	8056
龙岩市	7678	877	12894	198	6582	5245
宁德市	14079	1690	12763	34	8476	3836
餐饮业	**354136**	**37119**	**277871**	**1382**	**166973**	**56005**
福州市	161354	16496	130827	995	68935	26375
厦门市	97990	10979	93528	-250	71301	14994
莆田市	8474	1095	4627	36	2411	1456
三明市	13495	1064	6537	38	3916	1767
泉州市	36738	4064	22193	186	10176	4310
漳州市	10061	1096	4973	1	2396	1984
南平市	10641	877	6823	207	3235	1789
龙岩市	9134	830	5459	54	2763	2095
宁德市	6249	618	2903	116	1839	1235

3-23 续表 3

单位：万元

地　　区	营业利润	利润总额	应交所得税	劳动失业保险费	应付工资	应付福利费
住宿和餐饮业	**62688**	**66909**	**21831**	**2954**	**201855**	**14869**
福州市	45243	50099	13367	1175	60370	5229
厦门市	-3885	-4911	4158	532	71222	4409
莆田市	1552	1584	421	59	4277	129
三明市	681	1028	220	163	5345	410
泉州市	17553	19077	2749	544	33444	2368
漳州市	-132	-231	365	109	6531	1040
南平市	993	-188	126	123	8667	501
龙岩市	591	430	168	168	5843	405
宁德市	91	23	257	82	6155	377
住宿业	**11137**	**10247**	**6558**	**1836**	**129118**	**11142**
福州市	9963	7154	2180	598	34538	3729
厦门市	-9459	-8675	1687	242	44671	3305
莆田市	608	686	246	33	2469	36
三明市	44	364	107	162	3132	285
泉州市	11157	13402	2033	456	24829	1957
漳州市	-691	-794	39	78	4525	846
南平市	-567	-1728	41	109	6055	381
龙岩市	74	-208	18	84	3805	276
宁德市	7	46	206	75	5095	328
餐饮业	**51551**	**56662**	**15273**	**1118**	**72737**	**3728**
福州市	35280	42944	11187	577	25832	1500
厦门市	5574	3764	2470	290	26552	1104
莆田市	944	898	175	26	1808	93
三明市	636	664	113	1	2214	125
泉州市	6396	5675	716	88	8615	411
漳州市	559	563	326	31	2006	194
南平市	1560	1540	86	14	2612	120
龙岩市	518	638	150	84	2038	130
宁德市	83	-24	52	6	1060	49

3-24　限额以上住宿企业分登记注册类型主要财务指标

单位：万元

登记注册类型	流动资产	存　货	固定资产原　价	累计折旧	本年折旧
合　计	**474621**	**34794**	**1441913**	**458828**	**63905**
内资企业	**266313**	**20789**	**782864**	**216571**	**32206**
国有企业	77898	4337	308880	80385	10854
集体企业	4139	218	12887	5406	595
股份合作企业	3459	374	11700	3146	403
联营企业	15140	1531	57010	18451	2362
国有联营企业	14840	1443	55591	17477	2261
集体联营企业					
国有与集体联营企业					
其他联营企业	300	89	1419	974	101
有限责任公司	57215	4023	157601	58891	6997
国有独资公司	3261	128	19449	8701	513
其他有限责任公司	53954	3895	138152	50190	6484
股份有限公司	16334	1233	50403	11501	2082
私营企业	88665	8824	170751	36770	8368
私营独资企业	10738	1442	35905	7138	1590
私营合伙企业	11417	1667	10446	2618	846
私营有限责任公司	63096	5466	106788	23733	5147
私营股份有限公司	3414	249	17612	3281	784
其他企业	3464	249	13633	2021	546
港、澳、台商投资企业	**108375**	**6504**	**230082**	**95322**	**12358**
合资经营企业	41928	1784	91001	34743	3140
合作经营企业	6380	1489	10446	7039	533
独资经营企业	52988	3083	110311	48333	6745
投资股份有限公司	7080	148	18326	5208	1941
外商投资企业	**99933**	**7502**	**428967**	**146936**	**19340**
中外合资经营企业	53200	3591	188467	57554	8993
中外合作经营企业	10259	1763	64940	38866	1475
外资企业	33955	1526	131535	32068	7102
外商投资股份有限公司	2519	622	44024	18448	1770

3-24 续表 1 单位：万元

登记注册类型	资产总计	负债合计	所有者权益	实收资本	主营业务收入
合　计	**1776322**	**1071491**	**704831**	**831240**	**739127**
内资企业	**1026782**	**513421**	**513361**	**447345**	**461508**
国有企业	372237	172267	199970	161840	117921
集体企业	14925	11085	3839	5713	13971
股份合作企业	12285	4725	7560	7564	10890
联营企业	56060	14845	41215	15957	29061
国有联营企业	55271	14606	40665	15857	26015
集体联营企业					
国有与集体联营企业					
其他联营企业	788	239	550	100	3046
有限责任公司	202825	116912	85912	97758	89778
国有独资公司	15549	1871	13678	8070	4895
其他有限责任公司	187276	115041	72235	89688	84883
股份有限公司	67748	32555	35193	32111	24521
私营企业	284364	149284	135080	121790	165119
私营独资企业	45528	21249	24280	23069	29388
私营合伙企业	30661	12418	18242	16582	34254
私营有限责任公司	188771	102752	86019	74521	92310
私营股份有限公司	19405	12866	6539	7618	9168
其他企业	16340	11748	4592	4613	10247
港、澳、台商投资企业	**305285**	**240372**	**64913**	**185903**	**119850**
合资经营企业	119086	88380	30706	92222	44123
合作经营企业	15095	10922	4173	10949	18928
独资经营企业	150802	123158	27644	77632	49835
投资股份有限公司	20302	17912	2390	5100	6963
外商投资企业	**444255**	**317698**	**126557**	**197992**	**157769**
中外合资经营企业	211482	146837	64645	97426	77200
中外合作经营企业	45110	41879	3231	25006	24462
外资企业	157181	95820	61361	58787	45196
外商投资股份有限公司	30482	33162	-2680	16773	10912

3-24　续表 2　　单位：万元

登记注册类型	主营业务成　本	主营业务税金及附加	主营业务利　润	其他业务利　润	营业费用	管理费用
合　计	**249372**	**43998**	**444150**	**9724**	**243040**	**173705**
内资企业	**171960**	**28339**	**259441**	**6060**	**153441**	**89042**
国有企业	36825	6306	74465	2803	44728	29957
集体企业	6239	759	6566	135	3639	2665
股份合作企业	5185	741	4964	15	1946	1777
联营企业	8372	1874	18815	109	11666	5405
国有联营企业	7524	1700	16791	109	10436	4768
集体联营企业						
国有与集体联营企业						
其他联营企业	848	174	2024		1230	637
有限责任公司	29396	5561	54676	1615	30896	21096
国有独资公司	1297	275	3323	141	1768	1289
其他有限责任公司	28099	5286	51353	1474	29128	19808
股份有限公司	8631	1570	14321	310	9313	3937
私营企业	75047	11054	78128	1085	47552	20875
私营独资企业	14904	2146	12338	402	7836	3026
私营合伙企业	18629	2388	13236	106	7547	2602
私营有限责任公司	37168	5985	49249	564	29553	13896
私营股份有限公司	4345	535	3305	12	2616	1352
其他企业	2266	475	7507	-11	3702	3329
港、澳、台商投资企业	**36888**	**7112**	**76010**	**1287**	**44735**	**30107**
合资经营企业	12372	2955	28797	576	14897	13645
合作经营企业	4920	1065	12944	216	6135	5020
独资经营企业	18097	2736	29162	494	19683	10096
投资股份有限公司	1499	356	5108		4021	1346
外商投资企业	**40524**	**8547**	**108698**	**2377**	**44863**	**54557**
中外合资经营企业	20971	4286	51943	917	20583	28126
中外合作经营企业	5684	1204	17574	172	10236	7700
外资企业	12461	2503	30232	1275	10020	15857
外商投资股份有限公司	1408	554	8950	14	4025	2874

3-24 续表 3

单位：万元

登记注册类型	营业利润	利润总额	应交所得税	劳动失业保险费	应付工资	应付福利费
合　计	**11137**	**10247**	**6558**	**1836**	**129118**	**11142**
内资企业	**12368**	**11495**	**4246**	**1179**	**80337**	**6156**
国有企业	683	91	777	502	24491	2300
集体企业	328	501	124	37	1547	115
股份合作企业	934	959	119	24	1303	65
联营企业	1125	1171	242	88	5299	432
国有联营企业	1004	1012	223	16	4583	432
集体联营企业						
国有与集体联营企业						
其他联营企业	121	158	20	72	716	
有限责任公司	1150	1172	945	159	16666	1315
国有独资公司	224	187	19	4	945	33
其他有限责任公司	926	985	926	155	15722	1282
股份有限公司	419	518	222	73	3642	109
私营企业	7467	6849	1781	291	25368	1663
私营独资企业	1492	1372	371	30	4983	526
私营合伙企业	2899	3045	593	38	4837	247
私营有限责任公司	3155	2516	752	201	13546	749
私营股份有限公司	-79	-84	65	21	2002	141
其他企业	261	234	36	6	2022	157
港、澳、台商投资企业	**-2221**	**-1190**	**1130**	**338**	**22540**	**1756**
合资经营企业	-1059	-1189	252	231	10339	920
合作经营企业	1685	2455	207	23	1880	280
独资经营企业	-2618	-2234	670	76	9070	439
投资股份有限公司	-228	-222		9	1251	117
外商投资企业	**990**	**-58**	**1182**	**319**	**26242**	**3230**
中外合资经营企业	-4420	-5162	672	144	12922	1293
中外合作经营企业	-1775	-2024	133	35	4445	499
外资企业	3836	3790	368	121	7511	1438
外商投资股份有限公司	3348	3338	9	20	1363	

3-25　限额以上餐饮企业分登记注册类型主要财务指标

单位：万元

登记注册类型	流动资产	存　货	固定资产原　价	累计折旧	本年折旧
合　计	**156150**	**21891**	**234140**	**75980**	**15574**
内资企业	**110630**	**14465**	**121226**	**32956**	**8522**
国有企业	10721	513	13644	4712	759
集体企业	2413	429	3893	952	60
股份合作企业	39	8	244	45	12
联营企业					
国有联营企业					
集体联营企业					
国有与集体联营企业					
其他联营企业					
有限责任公司	20344	3686	21722	6365	1482
国有独资公司					
其他有限责任公司	20344	3686	21722	6365	1482
股份有限公司	936	211	228	82	38
私营企业	73313	9247	79278	19902	6014
私营独资企业	17052	3448	25557	5913	1733
私营合伙企业	7895	1146	8189	2778	956
私营有限责任公司	46063	4416	44048	10686	3231
私营股份有限公司	2304	237	1484	524	94
其他企业	2864	372	2215	899	156
港、澳、台商投资企业	**18012**	**2342**	**49200**	**18329**	**2282**
合资经营企业	2907	142	5953	1795	248
合作经营企业	157	41	1354	166	65
独资经营企业	10157	1974	39898	15284	1859
投资股份有限公司	4791	185	1996	1084	110
外商投资企业	**27509**	**5083**	**63714**	**24695**	**4770**
中外合资经营企业	9136	534	13735	4916	753
中外合作经营企业					
外资企业	17900	4476	49797	19655	4005
外商投资股份有限公司	473	73	182	125	12

3-25 续表 1

单位：万元

登记注册类型	资产总计	负债合计	所有者权益	实收资本	主营业务收入
合　计	**401086**	**215879**	**185207**	**174763**	**671065**
内资企业	**247748**	**107030**	**140718**	**105562**	**452702**
国有企业	23490	10489	13001	11748	21111
集体企业	5417	1586	3831	1441	6239
股份合作企业	294	30	264	223	836
联营企业					
国有联营企业					
集体联营企业					
国有与集体联营企业					
其他联营企业					
有限责任公司	49855	25804	24051	22402	63140
国有独资公司					
其他有限责任公司	49855	25804	24051	22402	63140
股份有限公司	1088	25	1063	1008	3947
私营企业	163331	66750	96581	66855	347087
私营独资企业	45939	19306	26633	20572	109075
私营合伙企业	16287	6099	10188	10800	39953
私营有限责任公司	94345	37808	56538	33757	191128
私营股份有限公司	6760	3537	3222	1727	6931
其他企业	4274	2347	1927	1885	10342
港、澳、台商投资企业	**70341**	**61034**	**9307**	**39858**	**103612**
合资经营企业	8891	4690	4201	6230	1925
合作经营企业	1510	853	657	2960	2525
独资经营企业	53548	48300	5248	28168	96270
投资股份有限公司	6392	7190	-798	2500	2893
外商投资企业	**82997**	**47815**	**35182**	**29343**	**114751**
中外合资经营企业	22009	11364	10645	16744	10489
中外合作经营企业					
外资企业	60398	35973	24425	12277	102642
外商投资股份有限公司	590	479	112	322	1620

3-25 续表 2

单位：万元

登记注册类型	主营业务成本	主营业务税金及附加	主营业务利润	其他业务利润	营业费用	管理费用
合计	**354136**	**37119**	**277871**	**1382**	**166973**	**56005**
内资企业	**256375**	**26431**	**167964**	**661**	**84598**	**37124**
国有企业	12192	823	8097	253	5918	2016
集体企业	3199	360	2512		1482	921
股份合作企业	545	56	235		62	89
联营企业						
国有联营企业						
集体联营企业						
国有与集体联营企业						
其他联营企业						
有限责任公司	33572	3682	25309	29	17919	4265
国有独资公司						
其他有限责任公司	33572	3682	25309	29	17919	4265
股份有限公司	2421	192	1204		803	445
私营企业	197851	20603	127578	349	56683	28575
私营独资企业	67195	6386	34436	206	18807	9611
私营合伙企业	25209	2812	11875		7259	1910
私营有限责任公司	101684	11007	78497	143	28546	16260
私营股份有限公司	3762	398	2770		2071	794
其他企业	6597	715	3030	29	1733	814
港、澳、台商投资企业	**54162**	**4790**	**44034**	**216**	**34355**	**6061**
合资经营企业	659	147	1118	3	719	653
合作经营企业	1558	88	879		292	97
独资经营企业	50170	4363	41112	213	32845	5206
投资股份有限公司	1776	192	925		499	105
外商投资企业	**43598**	**5898**	**65872**	**506**	**48020**	**12819**
中外合资经营企业	4938	335	5216		3897	922
中外合作经营企业						
外资企业	38167	5476	59617	507	43286	11798
外商投资股份有限公司	493	88	1039		837	99

3-25 续表 3 单位：万元

登记注册类型	营业利润	利润总额	应交所得税	劳动失业保险费	应付工资	应付福利费
合　计	**51551**	**56662**	**15273**	**1118**	**72737**	**3728**
内资企业	**44678**	**52333**	**13107**	**534**	**48868**	**2164**
国有企业	267	366	35	26	3661	301
集体企业	298	288	55	47	1402	98
股份合作企业	65	26	25	3	99	1
联营企业						
国有联营企业						
集体联营企业						
国有与集体联营企业						
其他联营企业						
有限责任公司	2071	1942	963	103	8974	327
国有独资公司						
其他有限责任公司	2071	1942	963	103	8974	327
股份有限公司	41	45	13	2	431	5
私营企业	41475	49127	11968	351	32970	1332
私营独资企业	6009	5488	983	144	11522	544
私营合伙企业	2532	2562	474	18	4711	228
私营有限责任公司	33069	41166	10444	175	16021	524
私营股份有限公司	-135	-90	67	14	716	37
其他企业	462	539	49	3	1332	100
港、澳、台商投资企业	**2805**	**446**	**963**	**116**	**10212**	**879**
合资经营企业	-263	-222	24	14	333	39
合作经营企业	471	471	18	7	300	42
独资经营企业	2313	407	907	93	9268	798
投资股份有限公司	284	-209	15	3	311	
外商投资企业	**4068**	**3884**	**1203**	**468**	**13657**	**685**
中外合资经营企业	262	190	192	1	1981	1
中外合作经营企业						
外资企业	3713	3588	1001	465	11387	685
外商投资股份有限公司	93	106	11	1	290	

3-26　限额以下住宿和餐饮企业分登记注册类型主要财务指标

单位：万元

登记注册类型	固定资产原　价	本年折旧	资产总计	负债合计	所有者权益	
						实收资本
合　计	**295945**	**20431**	**579508**	**243518**	**335990**	**329657**
内资企业	**269583**	**19263**	**444496**	**174557**	**269940**	**259044**
国有企业	34789	1625	55942	27194	28749	23921
集体企业	21131	1251	25217	6674	18544	16990
股份合作企业	1765	92	2602	1018	1584	1472
联营企业	1737	95	17212	5545	11667	12120
国有联营企业	1377	59	16474	5495	10979	11515
集体联营企业	75	7	91	3	88	14
国有与集体联营企业	83	8	100	17	83	83
其他联营企业	203	20	547	30	518	509
有限责任公司	21314	1336	45799	19139	26660	31376
国有独资公司	716	2	997	90	907	880
其他有限责任公司	20598	1333	44802	19049	25753	30496
股份有限公司	3719	316	8451	3644	4807	5484
私营企业	175666	13822	276105	106518	169587	159663
私营独资企业	93165	7042	143000	46788	96212	84276
私营合伙企业	28687	2581	38950	12657	26293	23998
私营有限责任公司	48942	3962	86998	45702	41295	47172
私营股份有限公司	4872	237	7158	1370	5788	4217
其他企业	9463	727	13169	4826	8343	8019
港、澳、台商投资企业	**15552**	**524**	**89006**	**48758**	**40249**	**40381**
合资经营企业	1819	82	2396	346	2050	2077
合作经营企业			80	200	-121	59
独资经营企业	13662	432	86443	48210	38233	38151
投资股份有限公司	71	10	88	1	87	94
外商投资企业	**10810**	**644**	**46005**	**20204**	**25801**	**30232**
中外合资经营企业	1399	58	3312	880	2433	3947
中外合作经营企业	613	53	4331	444	3887	4515
外资企业	8363	488	37202	18637	18566	20878
外商投资股份有限公司	434	45	1159	243	916	892

3-26 续表 单位：万元

登记注册类型	营业收入	主营业务收入	主营业务成本	主营业务税金及附加	费用合计	营业利润	工资福利
合　计	**303044**	**299794**	**161790**	**14734**	**85617**	**40287**	**56754**
内资企业	**292624**	**289383**	**156823**	**14202**	**80757**	**40171**	**53846**
国有企业	16286	15795	6547	682	7432	1504	4233
集体企业	14486	14186	7386	710	3832	2338	2678
股份合作企业	1715	1715	832	164	514	204	273
联营企业	1069	1069	359	41	813	-282	160
国有联营企业	231	231	112	8	482	-370	47
集体联营企业	157	157	9	1	8	1	11
国有与集体联营企业	190	190	78	10	91	10	38
其他联营企业	490	490	160	22	231	77	64
有限责任公司	16060	15495	7113	791	7513	776	3622
国有独资公司	172	172	115	10	30	17	42
其他有限责任公司	15889	15323	6999	781	7483	758	3580
股份有限公司	3621	3591	1745	235	2239	-624	1148
私营企业	226489	224744	126101	11064	55350	33896	39108
私营独资企业	136796	136150	81083	6336	26753	23185	21291
私营合伙企业	34884	34502	18681	1690	7618	6202	6602
私营有限责任公司	51070	50364	24179	2814	20303	3921	10358
私营股份有限公司	3739	3729	2158	224	676	589	858
其他企业	12898	12789	6741	516	3064	2358	2624
港、澳、台商投资企业	**3966**	**3965**	**1735**	**206**	**2115**	**-88**	**1106**
合资经营企业	245	245	63	16	260	-95	101
合作经营企业	338	338	144		286	-108	93
独资经营企业	3248	3247	1467	184	1510	105	852
投资股份有限公司	136	136	61	6	59	9	60
外商投资企业	**6453**	**6446**	**3232**	**326**	**2745**	**204**	**1802**
中外合资经营企业	1324	1324	458	57	228	582	186
中外合作经营企业	103	103	48	6	288	-239	60
外资企业	4555	4555	2475	231	1943	-32	1439
外商投资股份有限公司	472	464	251	33	287	-107	117

3-27　限额以下住宿和餐饮企业分行业主要财务指标

单位：万元

项　　目	固定资产原　　价	本年折旧	资产总计	负债合计	所有者权益	实收资本
住宿和餐饮业	**295945**	**20431**	**579508**	**243518**	**335990**	**329657**
住宿业	**196097**	**12420**	**383751**	**174204**	**209548**	**203285**
按住宿行业中类分						
旅游饭店	82962	5096	201174	100905	100269	96401
一般旅馆	102506	6533	160216	67818	92398	89932
其他住宿服务	10629	790	22362	5481	16881	16951
餐饮业	**99848**	**8011**	**195756**	**69314**	**126442**	**126372**
按餐饮行业中类分						
正餐服务	81194	6282	159494	53352	106141	104598
快餐服务	11573	923	18835	9064	9771	10590
饮料及冷饮服务	3273	402	7305	2563	4742	5137
其他餐饮服务	3808	404	10123	4335	5787	6047

3-27　续表

单位：万元

项　　目	营业收入	主营业务收　　入	主营业务成　　本	主营业务税金及附加	费用合计	营业利润	工资福利
住宿和餐饮业	**303044**	**299794**	**161790**	**14734**	**85617**	**40287**	**56754**
住宿业	**124823**	**122964**	**59774**	**5716**	**40811**	**17199**	**24417**
按住宿行业中类分							
旅游饭店	43045	42627	19199	2017	16691	4741	8469
一般旅馆	69991	68850	35232	3203	20169	10594	13790
其他住宿服务	11787	11487	5344	496	3951	1864	2158
餐饮业	**178221**	**176829**	**102016**	**9018**	**44806**	**23088**	**32337**
按餐饮行业中类分							
正餐服务	135441	134234	77053	6821	34132	18472	24814
快餐服务	22564	22551	14861	1027	3861	2556	3043
饮料及冷饮服务	8584	8554	3949	648	3276	756	1945
其他餐饮服务	11632	11490	6153	521	3537	1304	2535

3-28 限额以下住宿和餐饮企业分地区主要财务指标

单位：万元

地 区	固定资产原 价	本年折旧	资产总计	负债合计	所有者权益	
						实收资本
住宿和餐饮业	**295945**	**20431**	**579508**	**243518**	**335990**	**329657**
福州市	65175	3676	131887	59765	72122	73380
厦门市	32823	2865	134740	72992	61748	71678
莆田市	14971	610	27095	8287	18808	17642
三明市	30475	2204	37709	11659	26051	20678
泉州市	51620	3646	96625	27949	68676	59365
漳州市	16483	1164	36581	20633	15948	18873
南平市	46276	3120	59616	23589	36027	32872
龙岩市	20137	1893	28475	8039	20436	18917
宁德市	17985	1254	26779	10606	16174	16252
住宿业	**196097**	**12420**	**383751**	**174204**	**209548**	**203285**
福州市	41849	1984	80774	44328	36446	38125
厦门市	18228	1274	98505	50638	47867	49160
莆田市	9506	286	14987	6529	8458	7997
三明市	26358	1810	29676	9842	19834	15655
泉州市	32546	2323	63796	17848	45948	40280
漳州市	10696	748	23182	14797	8385	11474
南平市	39224	2660	48764	19341	29423	26150
龙岩市	3824	350	6031	1599	4432	4626
宁德市	13866	984	18037	9280	8757	9817
餐饮业	**99848**	**8011**	**195756**	**69314**	**126442**	**126372**
福州市	23326	1692	51114	15437	35677	35254
厦门市	14595	1590	36235	22353	13881	22518
莆田市	5464	324	12109	1758	10350	9645
三明市	4117	395	8033	1816	6217	5023
泉州市	19074	1322	32829	10100	22729	19085
漳州市	5788	416	13399	5835	7564	7399
南平市	7052	460	10852	4248	6604	6722
龙岩市	16313	1543	22444	6440	16004	14290
宁德市	4119	270	8742	1326	7417	6435

3-28　续表　　　　单位：万元

地　区	营业收入	主营业务收　入	主营业务成　本	主营业务税金及附加	费用合计	营业利润	工资福利
住宿和餐饮业	**303044**	**299794**	**161790**	**14734**	**85617**	**40287**	**56754**
福州市	72144	71631	35455	3608	24817	9989	14542
厦门市	44845	43813	19996	2644	23960	-1832	11685
莆田市	6673	6512	3296	356	1693	1081	1429
三明市	23537	23406	11649	1591	5501	4717	3870
泉州市	59015	58679	32627	3258	9131	13438	10062
漳州市	19038	18647	10484	755	5824	1291	3198
南平市	22044	21714	13882	875	5021	2010	4124
龙岩市	37920	37806	24237	1206	6687	5797	5015
宁德市	17829	17585	10164	442	2983	3797	2829
住宿业	**124823**	**122964**	**59774**	**5716**	**40811**	**17199**	**24417**
福州市	25355	24944	9822	1247	10755	3538	5110
厦门市	14595	14422	4388	723	10267	-824	4397
莆田市	1693	1673	784	92	628	182	406
三明市	14309	14200	7126	816	3348	2960	2554
泉州市	28559	28265	15114	1544	5102	6402	4903
漳州市	9493	9143	4720	371	3684	272	1774
南平市	13991	13754	8360	463	3776	1194	2634
龙岩市	5285	5225	2888	210	1361	890	784
宁德市	11545	11339	6573	252	1890	2585	1855
餐饮业	**178221**	**176829**	**102016**	**9018**	**44806**	**23088**	**32337**
福州市	46789	46687	25633	2361	14062	6452	9433
厦门市	30251	29391	15609	1921	13693	-1008	7289
莆田市	4980	4839	2511	264	1066	899	1022
三明市	9228	9206	4523	775	2153	1756	1315
泉州市	30456	30414	17513	1714	4029	7036	5160
漳州市	9545	9504	5765	384	2140	1019	1424
南平市	8053	7961	5522	412	1246	815	1491
龙岩市	32635	32581	21349	996	5325	4906	4230
宁德市	6284	6246	3591	190	1094	1212	974

3-29 限额以下住宿企业分登记注册类型主要财务指标

单位：万元

登记注册类型	固定资产原价	本年折旧	资产总计	负债合计	所有者权益	
						实收资本
合　计	**196097**	**12420**	**383751**	**174204**	**209548**	**203285**
内资企业	**175108**	**11563**	**268789**	**113661**	**155128**	**147556**
国有企业	33285	1530	53248	25887	27361	22881
集体企业	17826	981	22427	6163	16265	15269
股份合作企业	755	53	1094	235	859	822
联营企业	243	24	1846	1544	302	220
国有联营企业	32	3	1540	1511	29	15
集体联营企业	75	7	91	3	88	14
国有与集体联营企业	83	8	100	17	83	83
其他联营企业	54	6	115	12	103	109
有限责任公司	15068	852	30289	15331	14959	18212
国有独资公司	706	2	945	69	876	850
其他有限责任公司	14362	850	29344	15262	14082	17362
股份有限公司	2843	221	4525	1352	3173	2781
私营企业	99227	7548	147823	60456	87367	82840
私营独资企业	54004	4023	76817	27713	49105	42270
私营合伙企业	14938	1315	19175	6152	13023	11790
私营有限责任公司	27786	2123	49007	26091	22916	26804
私营股份有限公司	2499	87	2823	499	2324	1975
其他企业	5860	353	7537	2694	4842	4532
港、澳、台商投资企业	**11207**	**272**	**75950**	**45751**	**30199**	**29588**
合资经营企业	1783	76	2256	262	1994	1994
合作经营企业						
独资经营企业	9424	196	73694	45489	28205	27594
投资股份有限公司						
外商投资企业	**9782**	**585**	**39013**	**14792**	**24221**	**26141**
中外合资经营企业	1101	47	1904	364	1540	1806
中外合作经营企业	613	53	4331	444	3887	4515
外资企业	7634	440	31618	13741	17878	18928
外商投资股份有限公司	434	45	1159	243	916	892

3-29　续表　　　　单位：万元

登记注册类型	营业收入	主营业务收入	主营业务成本	主营业务税金及附加	费用合计	营业利润	工资福利
合　计	**124823**	**122964**	**59774**	**5716**	**40811**	**17199**	**24417**
内资企业	**120982**	**119131**	**58086**	**5538**	**38835**	**17143**	**23328**
国有企业	14851	14423	5823	622	6971	1369	3878
集体企业	9819	9526	4860	445	2872	1463	2065
股份合作企业	1014	1014	405	126	406	80	164
联营企业	572	572	203	17	196	18	112
国有联营企业	59	59	33	2	24		18
集体联营企业	157	157	9	1	8	1	11
国有与集体联营企业	190	190	78	10	91	10	38
其他联营企业	166	166	82	4	73	7	45
有限责任公司	6580	6459	2470	315	3696	77	1786
国有独资公司	167	167	113	10	27	17	39
其他有限责任公司	6413	6292	2358	305	3669	60	1746
股份有限公司	1208	1178	530	60	430	157	307
私营企业	81556	80577	41178	3769	22896	12744	13930
私营独资企业	45375	45011	24652	2047	9425	8891	7002
私营合伙企业	13351	13041	6812	650	3190	2235	2469
私营有限责任公司	21338	21034	8850	974	9943	1388	4135
私营股份有限公司	1492	1492	865	98	338	230	325
其他企业	5382	5382	2617	185	1369	1235	1085
港、澳、台商投资企业	**1171**	**1171**	**398**	**60**	**843**	**-126**	**429**
合资经营企业	151	151	5	11	223	-88	67
合作经营企业							
独资经营企业	1020	1020	393	49	620	-39	362
投资股份有限公司							
外商投资企业	**2669**	**2662**	**1290**	**119**	**1133**	**182**	**660**
中外合资经营企业	1172	1172	356	49	69	698	97
中外合作经营企业	103	103	48	6	288	-239	60
外资企业	923	923	636	31	489	-171	386
外商投资股份有限公司	472	464	251	33	287	-107	117

3-30 限额以下餐饮企业分登记注册类型主要财务指标

单位：万元

登记注册类型	固定资产原价	本年折旧	资产总计	负债合计	所有者权益	实收资本
合计	**99848**	**8011**	**195756**	**69314**	**126442**	**126372**
内资企业	**94476**	**7700**	**175708**	**60896**	**114812**	**111488**
国有企业	1503	95	2694	1307	1388	1041
集体企业	3305	270	2790	511	2279	1721
股份合作企业	1010	39	1508	783	725	650
联营企业	1494	71	15366	4001	11365	11900
国有联营企业	1345	56	14933	3983	10950	11500
集体联营企业						
国有与集体联营企业						
其他联营企业	150	14	433	17	415	400
有限责任公司	6246	483	15509	3808	11701	13164
国有独资公司	10		51	21	30	30
其他有限责任公司	6236	483	15458	3787	11671	13134
股份有限公司	875	95	3926	2293	1634	2703
私营企业	76440	6274	128282	46062	82220	76823
私营独资企业	39162	3019	66183	19076	47107	42005
私营合伙企业	13749	1266	19775	6504	13270	12208
私营有限责任公司	21156	1840	37990	19611	18379	20368
私营股份有限公司	2373	150	4334	871	3464	2242
其他企业	3603	374	5632	2132	3501	3487
港、澳、台商投资企业	**4345**	**252**	**13056**	**3007**	**10049**	**10792**
合资经营企业	36	7	139	84	56	83
合作经营企业			80	200	-121	59
独资经营企业	4238	236	12749	2722	10028	10557
投资股份有限公司	71	10	88	1	87	94
外商投资企业	**1028**	**59**	**6992**	**5412**	**1581**	**4091**
中外合资经营企业	298	11	1408	516	893	2141
中外合作经营企业						
外资企业	730	48	5584	4896	688	1950
外商投资股份有限公司						

3-30　续表

单位：万元

登记注册类型	营业收入	主营业务收入	主营业务成本	主营业务税金及附加	费用合计	营业利润	工资福利
合　计	**178221**	**176829**	**102016**	**9018**	**44806**	**23088**	**32337**
内资企业	**171642**	**170252**	**98737**	**8664**	**41922**	**23028**	**30518**
国有企业	1435	1372	724	60	461	135	355
集体企业	4667	4659	2526	265	960	875	612
股份合作企业	701	701	427	38	108	124	109
联营企业	497	497	156	24	616	-300	48
国有联营企业	172	172	78	6	458	-370	29
集体联营企业							
国有与集体联营企业							
其他联营企业	325	325	78	18	159	70	19
有限责任公司	9480	9036	4643	476	3817	699	1836
国有独资公司	5	5	2		2		2
其他有限责任公司	9475	9031	4641	476	3815	698	1833
股份有限公司	2413	2413	1215	175	1809	-780	841
私营企业	144934	144167	84923	7295	32454	21153	25178
私营独资企业	91422	91139	56431	4289	17328	14294	14289
私营合伙企业	21533	21461	11869	1040	4429	3967	4133
私营有限责任公司	29732	29330	15329	1840	10360	2532	6223
私营股份有限公司	2247	2237	1293	127	338	360	533
其他企业	7516	7407	4124	331	1695	1123	1539
港、澳、台商投资企业	**2795**	**2794**	**1337**	**146**	**1272**	**38**	**677**
合资经营企业	93	93	58	5	37	-7	34
合作经营企业	338	338	144		286	-108	93
独资经营企业	2228	2227	1074	135	889	144	490
投资股份有限公司	136	136	61	6	59	9	60
外商投资企业	**3784**	**3784**	**1942**	**208**	**1613**	**23**	**1143**
中外合资经营企业	152	152	103	8	158	-117	90
中外合作经营企业							
外资企业	3632	3632	1839	200	1454	139	1053
外商投资股份有限公司							

3-31 按规模分住宿和餐饮企业分登记注册类型设施状况

登记注册类型	限额以上			限额以下		
	客房数（间）	床位数（个）	餐位数（位）	客房数（间）	床位数（个）	餐位数（位）
合　计	**65576**	**109345**	**552716**	**80471**	**141771**	**209365**
内资企业	**47724**	**80766**	**443323**	**78899**	**138951**	**200733**
国有企业	11833	20724	60204	13398	25052	6246
集体企业	1186	2058	4710	4749	8729	10315
股份合作企业	726	1319	3560	314	487	1119
联营企业	1373	2110	3246	175	368	1260
国有联营企业	1197	1808	2336	70	100	620
集体联营企业				16	26	
国有与集体联营企业				43	86	300
其他联营企业	176	302	910	46	156	340
有限责任公司	9960	16975	45093	6020	8914	9612
国有独资公司	322	588	1020	91	178	30
其他有限责任公司	9638	16387	44073	5929	8736	9582
股份有限公司	2241	3859	8458	675	1188	2166
私营企业	19636	32481	310780	52269	91577	160984
私营独资企业	3647	6208	70747	23920	39255	97988
私营合伙企业	3392	5372	27802	4648	8044	24517
私营有限责任公司	11392	18943	205402	23065	42972	33403
私营股份有限公司	1205	1958	6829	636	1306	5076
其他企业	769	1240	7272	1299	2636	9031
港、澳、台商投资企业	**8796**	**14102**	**63006**	**727**	**1308**	**3463**
合资经营企业	3836	6353	9642	110	201	584
合作经营企业	641	1004	1606			275
独资经营企业	3869	6025	50932	617	1107	2487
投资股份有限公司	450	720	826			117
外商投资企业	**9056**	**14477**	**46387**	**845**	**1512**	**5169**
中外合资经营企业	4880	7540	15475	136	235	710
中外合作经营企业	1334	2127	2026	25	60	400
外资企业	2338	3904	27912	547	1002	3981
外商投资股份有限公司	504	906	974	137	215	78

3-32 住宿和餐饮企业分登记注册类型设施状况

登记注册类型	限额以上			限额以下		
	客房数(间)	床位数(个)	餐位数(位)	客房数(间)	床位数(个)	餐位数(位)
合　计	**134213**	**230953**	**239613**	**11834**	**20163**	**522468**
内资企业	**116243**	**201922**	**190670**	**10380**	**17795**	**453386**
国有企业	24332	44202	44725	899	1574	21725
集体企业	5445	9912	10011	490	875	5014
股份合作企业	1004	1755	3179	36	51	1500
联营企业	1548	2478	3616			890
国有联营企业	1267	1908	2406			550
集体联营企业	16	26				
国有与集体联营企业	43	86	300			
其他联营企业	222	458	910			340
有限责任公司	14722	23877	28767	1258	2012	25938
国有独资公司	413	766	1020			30
其他有限责任公司	14309	23111	27747	1258	2012	25908
股份有限公司	2540	4501	8151	376	546	2473
私营企业	64715	111563	89023	7190	12495	382741
私营独资企业	25090	40725	33374	2477	4738	135361
私营合伙企业	6822	11258	14316	1218	2158	38003
私营有限责任公司	31205	56692	36512	3252	5223	202293
私营股份有限公司	1598	2888	4821	243	376	7084
其他企业	1937	3634	3198	131	242	13105
港、澳、台商投资企业	**8451**	**13751**	**25409**	**1072**	**1659**	**41060**
合资经营企业	3706	6164	9166	240	390	1060
合作经营企业	641	1004	994			887
独资经营企业	3754	6043	14649	732	1089	38770
投资股份有限公司	350	540	600	100	180	343
外商投资企业	**9519**	**15280**	**23534**	**382**	**709**	**28022**
中外合资经营企业	4937	7628	12979	79	147	3206
中外合作经营企业	1359	2187	2426			
外资企业	2582	4344	7651	303	562	24242
外商投资股份有限公司	641	1121	478			574

3-33 限额以上住宿和餐饮企业分登记注册类型设施状况

登记注册类型	限额以上			限额以下		
	客房数(间)	床位数(个)	餐位数(位)	客房数(间)	床位数(个)	餐位数(位)
合　计	**58740**	**98119**	**186965**	**6836**	**11226**	**365751**
内资企业	**42059**	**71484**	**140438**	**5665**	**9282**	**302885**
国有企业	11132	19520	39756	701	1204	20448
集体企业	963	1667	2350	223	391	2360
股份合作企业	705	1298	2960	21	21	600
联营企业	1373	2110	3246			
国有联营企业	1197	1808	2336			
集体联营企业						
国有与集体联营企业						
其他联营企业	176	302	910			
有限责任公司	8915	15306	25170	1045	1669	19923
国有独资公司	322	588	1020			
其他有限责任公司	8593	14718	24150	1045	1669	19923
股份有限公司	1904	3393	7271	337	466	1187
私营企业	16399	27129	57810	3237	5352	252970
私营独资企业	2948	4989	14628	699	1219	56119
私营合伙企业	2889	4478	10946	503	894	16856
私营有限责任公司	9469	15855	29085	1923	3088	176317
私营股份有限公司	1093	1807	3151	112	151	3678
其他企业	668	1061	1875	101	179	5397
港、澳、台商投资企业	**7981**	**12817**	**24191**	**815**	**1285**	**38815**
合资经营企业	3596	5963	8646	240	390	996
合作经营企业	641	1004	994			612
独资经营企业	3394	5310	13951	475	715	36981
投资股份有限公司	350	540	600	100	180	226
外商投资企业	**8700**	**13818**	**22336**	**356**	**659**	**24051**
中外合资经营企业	4801	7393	12919	79	147	2556
中外合作经营企业	1334	2127	2026			
外资企业	2061	3392	6991	277	512	20921
外商投资股份有限公司	504	906	400			574

3-34　限额以下住宿和餐饮企业分登记注册类型设施状况

登记注册类型	限额以上			限额以下		
	客房数(间)	床位数(个)	餐位数(位)	客房数(间)	床位数(个)	餐位数(位)
合　计	**75473**	**132834**	**52648**	**4998**	**8937**	**156717**
内资企业	**74184**	**130438**	**50232**	**4715**	**8513**	**150501**
国有企业	13200	24682	4969	198	370	1277
集体企业	4482	8245	7661	267	484	2654
股份合作企业	299	457	219	15	30	900
联营企业	175	368	370			890
国有联营企业	70	100	70			550
集体联营企业	16	26				
国有与集体联营企业	43	86	300			
其他联营企业	46	156				340
有限责任公司	5807	8571	3597	213	343	6015
国有独资公司	91	178				30
其他有限责任公司	5716	8393	3597	213	343	5985
股份有限公司	636	1108	880	39	80	1286
私营企业	48316	84434	31213	3953	7143	129771
私营独资企业	22142	35736	18746	1778	3519	79242
私营合伙企业	3933	6780	3370	715	1264	21147
私营有限责任公司	21736	40837	7427	1329	2135	25976
私营股份有限公司	505	1081	1670	131	225	3406
其他企业	1269	2573	1323	30	63	7708
港、澳、台商投资企业	**470**	**934**	**1218**	**257**	**374**	**2245**
合资经营企业	110	201	520			64
合作经营企业						275
独资经营企业	360	733	698	257	374	1789
投资股份有限公司						117
外商投资企业	**819**	**1462**	**1198**	**26**	**50**	**3971**
中外合资经营企业	136	235	60			650
中外合作经营企业	25	60	400			
外资企业	521	952	660	26	50	3321
外商投资股份有限公司	137	215	78			

3-35 按规模分住宿和餐饮企业分行业设施状况

项目	限额以上			限额以下		
	客房数(间)	床位数(个)	餐位数(位)	客房数(间)	床位数(个)	餐位数(位)
住宿和餐饮业	**65576**	**109345**	**552716**	**80471**	**141771**	**209365**
住宿业	**58740**	**98119**	**186965**	**75473**	**132834**	**52648**
按住宿行业中类分						
旅游饭店	50624	84334	163393	22266	35585	19880
一般旅馆	7429	12517	22454	49725	91066	26850
其他住宿服务	687	1268	1118	3482	6183	5918
按星级分组						
五星	5994	8913	20899			
四星	14152	23123	49186			
三星	20074	35184	65869	4178	6150	8255
二星	4187	7412	16692	4604	8476	8935
一星	9	15	54	584	956	500
其他	14324	23472	34265	66107	117252	34958
餐饮业	**6836**	**11226**	**365751**	**4998**	**8937**	**156717**
按餐饮行业中类分						
正餐服务	6437	10511	331892	4410	7844	130695
快餐服务	77	141	27846	279	538	12191
饮料及冷饮服务			226	43	73	5282
其他餐饮服务	322	574	5787	266	482	8549

3-36　按规模分住宿和餐饮企业分地区设施状况

地　区	限额以上			限额以下		
	客房数(间)	床位数(个)	餐位数(位)	客房数(间)	床位数(个)	餐位数(位)
住宿和餐饮业	**65576**	**109345**	**552716**	**80471**	**141771**	**209365**
福州市	15748	26452	119353	20124	35809	57143
厦门市	15824	25553	104505	21926	40827	28084
莆田市	2065	3247	138263	3730	4987	5220
三明市	2919	5259	31029	4813	9006	13114
泉州市	13887	22586	79107	14423	22353	39840
漳州市	3173	5314	20285	3936	7199	12197
南平市	6189	11042	24591	6727	12848	23005
龙岩市	3154	5338	17799	2222	4060	23187
宁德市	2617	4554	17784	2570	4682	7575
住宿业	**58740**	**98119**	**186965**	**75473**	**132834**	**52648**
福州市	15038	25309	47029	18989	33727	4493
厦门市	15614	25186	35161	21599	40318	4873
莆田市	1345	2120	7150	2876	3693	1975
三明市	2554	4618	11104	4601	8644	4291
泉州市	11862	19364	46744	13864	21366	18475
漳州市	2286	3878	9208	3617	6555	3034
南平市	5159	9246	11869	6210	11910	10316
龙岩市	2493	4191	7931	1371	2354	2196
宁德市	2389	4207	10769	2346	4267	2995
餐饮业	**6836**	**11226**	**365751**	**4998**	**8937**	**156717**
福州市	710	1143	72324	1135	2082	52650
厦门市	210	367	69344	327	509	23211
莆田市	720	1127	131113	854	1294	3245
三明市	365	641	19925	212	362	8823
泉州市	2025	3222	32363	559	987	21365
漳州市	887	1436	11077	319	644	9163
南平市	1030	1796	12722	517	938	12689
龙岩市	661	1147	9868	851	1706	20991
宁德市	228	347	7015	224	415	4580

3-37 各市、县住宿和餐饮企业年末从业人员数

单位：人

地　　区	从业人员	按规模分		按行业分	
		限额以上	限额以下	住宿业	餐饮业
全　　省	**160002**	**117495**	**42507**	**88937**	**71065**
福州市	**44053**	**33378**	**10675**	**21469**	**22584**
鼓楼区	24604	21205	3399	11303	13301
台江区	3047	2204	843	1360	1687
仓山区	1095	543	552	234	861
马尾区	615	500	115	367	248
晋安区	4261	2673	1588	2269	1992
闽侯县	351	162	189	273	78
连江县	1488	841	647	762	726
罗源县	595	475	120	395	200
闽清县	255	212	43	217	38
永泰县	666	542	124	506	160
平潭县	960	589	371	456	504
福清市	4161	2530	1631	2269	1892
长乐市	1955	902	1053	1058	897
厦门市	**40348**	**32878**	**7470**	**19814**	**20534**
思明区	28705	24321	4384	13446	15259
海沧区	1483	1239	244	916	567
湖里区	6611	4829	1782	4020	2591
集美区	1713	1289	424	462	1251
同安区	1188	860	328	587	601
翔安区	648	340	308	383	265
莆田市	**4679**	**3403**	**1276**	**2167**	**2512**
城厢区	3149	2367	782	1273	1876
涵江区	729	560	169	435	294
荔城区	161	92	69	12	149
秀屿区	116	65	51	116	
仙游县	524	319	205	331	193
三明市	**7503**	**4103**	**3400**	**4489**	**3014**
梅列区	2243	1559	684	1110	1133
三元区	441	249	192	256	185
明溪县	122	76	46	96	26
清流县	159	82	77	109	50
宁化县	316	179	137	101	215
大田县	352	274	78	78	274
尤溪县	486	335	151	167	319
沙县	588	281	307	279	309
将乐县	244	153	91	209	35
泰宁县	1866	399	1467	1633	233
建宁县	73	69	4	73	
永安市	613	447	166	378	235
泉州市	**31689**	**24531**	**7158**	**22093**	**9596**
鲤城区	3620	2422	1198	2829	791
丰泽区	7429	6125	1304	5293	2136
洛江区	243	125	118	13	230
泉港区	809	624	185	219	590
惠安县	1750	1510	240	1459	291
安溪县	1437	989	448	1062	375
永春县	632	338	294	445	187
德化县	940	837	103	625	315
石狮市	4569	3084	1485	2547	2022
晋江市	7197	5837	1360	5448	1749
南安市	3063	2640	423	2153	910

3-37　续表　　　　单位：人

地　区	从业人员	按规模分		按行业分	
		限额以上	限额以下	住宿业	餐饮业
漳州市	**7299**	**4560**	**2739**	**4350**	**2949**
芗城区	2901	2106	795	2052	849
龙文区	74		74	51	23
云霄县	968	447	521	654	314
漳浦县	970	677	293	263	707
诏安县	270	91	179	227	43
长泰县	164	52	112	33	131
东山县	608	253	355	489	119
南靖县	206	179	27	100	106
平和县	181	120	61	135	46
华安县	119	56	63	19	100
龙海市	838	579	259	327	511
南平市	**9958**	**6142**	**3816**	**6437**	**3521**
延平区	2357	1283	1074	1242	1115
顺昌县	221	78	143	171	50
浦城县	374	155	219	233	141
光泽县	153	105	48	112	41
松溪县	78		78	71	7
政和县	99		99	64	35
邵武市	821	631	190	440	381
武夷山市	4390	2832	1558	3715	675
建瓯市	927	619	308	343	584
建阳市	538	439	99	46	492
龙岩市	**8009**	**4233**	**3776**	**3313**	**4696**
新罗区	3424	2654	770	1924	1500
长汀县	994	471	523	465	529
永定县	648	186	462	153	495
上杭县	440	206	234	240	200
武平县	875	107	768	189	686
连城县	1105	324	781	245	860
漳平市	523	285	238	97	426
宁德市	**6464**	**4267**	**2197**	**4805**	**1659**
蕉城区	1938	1504	434	1222	716
霞浦县	766	544	222	639	127
古田县	249		249	152	97
屏南县	328	240	88	292	36
寿宁县	160	40	120	94	66
周宁县	145	89	56	145	
柘荣县	68		68	68	
福安市	1508	786	722	1246	262
福鼎市	1302	1064	238	947	355

3-38 各市、县住宿和餐饮企业营业收入

单位：万元

地区	营业收入	按规模分		按行业分	
		限额以上	限额以下	住宿业	餐饮业
全省	**1725602**	**1413766**	**311836**	**868398**	**857204**
福州市	**586684**	**514798**	**71886**	**226773**	**359911**
鼓楼区	421729	396361	25369	146822	274907
台江区	31603	26377	5226	15468	16135
仓山区	8416	6116	2300	812	7604
马尾区	4153	3674	480	2362	1792
晋安区	31133	22289	8844	12680	18453
闽侯县	1927	884	1043	1283	644
连江县	11346	8311	3036	4399	6948
罗源县	4652	4617	36	2341	2312
闽清县	1830	1659	171	1671	159
永泰县	6323	5301	1021	4636	1686
平潭县	6758	4398	2360	3286	3472
福清市	39378	24067	15311	20766	18612
长乐市	17437	10746	6691	10248	7189
厦门市	**481754**	**430246**	**51508**	**242491**	**239263**
思明区	347043	318709	28334	168870	178173
海沧区	14844	14113	731	9331	5513
湖里区	89506	72049	17457	53736	35770
集美区	16712	15589	1122	3530	13182
同安区	9258	7556	1703	4281	4978
翔安区	4391	2230	2161	2744	1647
莆田市	**37687**	**31153**	**6534**	**18467**	**19220**
城厢区	25861	22699	3162	12162	13699
涵江区	7492	6298	1194	4269	3223
荔城区	880	579	300	78	802
秀屿区	993	611	382	993	
仙游县	2462	965	1497	965	1497
三明市	**67013**	**43178**	**23836**	**36526**	**30487**
梅列区	19788	15756	4033	10076	9713
三元区	4059	2112	1947	2428	1631
明溪县	1030	688	342	894	137
清流县	1753	895	858	1164	588
宁化县	5347	3813	1534	1871	3476
大田县	2555	2098	457	457	2098
尤溪县	6306	5020	1286	1353	4953
沙县	3800	2545	1255	2029	1771
将乐县	1908	1559	349	1741	166
泰宁县	13994	3463	10531	10344	3650
建宁县	463	436	28	463	
永安市	6010	4793	1217	3706	2304
泉州市	**293417**	**230453**	**62965**	**201321**	**92096**
鲤城区	40389	30167	10222	35931	4458
丰泽区	62954	56567	6387	45171	17783
洛江区	620	120	500		620
泉港区	7611	5884	1727	1138	6473
惠安县	14028	11859	2170	11131	2897
安溪县	11223	7519	3704	8885	2337
永春县	4524	2595	1929	3048	1476
德化县	6514	5428	1087	3870	2645
石狮市	53702	41468	12234	28704	24998
晋江市	68681	47957	20725	46590	22091
南安市	23172	20890	2282	16853	6318

3-38　续表

单位：万元

地　区	营业收入	按规模分		按行业分	
		限额以上	限额以下	住宿业	餐饮业
漳州市	**57555**	**39275**	**18281**	**32220**	**25336**
芗城区	26902	21369	5534	17875	9027
龙文区	301		301	301	
云霄县	6480	3001	3479	4335	2145
漳浦县	5929	3765	2165	1275	4654
诏安县	1274	604	670	1161	113
长泰县	2350	877	1472	595	1754
东山县	3784	2071	1713	2386	1398
南靖县	1750	1542	207	1040	709
平和县	1302	758	544	1020	281
华安县	1002	513	489	121	881
龙海市	6482	4775	1707	2109	4372
南平市	**69855**	**47654**	**22201**	**43173**	**26682**
延平区	17115	11046	6069	8790	8325
顺昌县	1444	532	913	1171	274
浦城县	2697	1550	1147	2009	688
光泽县	1026	820	206	848	177
松溪县	526		526	485	41
政和县	598		598	348	250
邵武市	4196	3258	938	1654	2543
武夷山市	29492	20020	9472	25483	4009
建瓯市	6982	5351	1631	2170	4813
建阳市	5779	5077	701	217	5562
龙岩市	**74578**	**37172**	**37405**	**26838**	**47739**
新罗区	28836	25246	3590	15668	13169
长汀县	6459	2431	4028	2536	3923
永定县	6367	1814	4553	1104	5263
上杭县	4877	2239	2638	2393	2484
武平县	9731	816	8915	2386	7345
连城县	14408	2433	11975	2181	12227
漳平市	3899	2193	1707	570	3329
宁德市	**57058**	**39838**	**17220**	**40588**	**16470**
蕉城区	18834	14878	3956	10826	8008
霞浦县	7787	6386	1402	6065	1723
古田县	1706		1706	766	940
屏南县	2722	2203	520	2553	169
寿宁县	1641	225	1416	1043	598
周宁县	1033	717	316	1033	
柘荣县	646		646	646	
福安市	9852	4035	5817	7598	2254
福鼎市	12838	11395	1442	10059	2779

3-39 各市、县住宿和餐饮企业餐费收入

单位：万元

地　　区	餐费收入	按规模分		按行业分	
		限额以上	限额以下	住宿业	餐饮业
全　　省	**1173033**	**982227**	**190806**	**377200**	**795832**
福州市	**453549**	**409508**	**44041**	**108102**	**345447**
鼓楼区	338581	324098	14483	71312	267269
台江区	20778	18703	2075	4796	15982
仓山区	5140	3655	1485	73	5067
马尾区	2816	2660	156	1462	1354
晋安区	22555	16708	5848	4989	17566
闽侯县	982	432	550	543	439
连江县	8916	7347	1569	2330	6586
罗源县	4203	4187	16	2051	2153
闽清县	1068	909	159	909	159
永泰县	3337	2493	844	1801	1536
平潭县	4599	3097	1502	1802	2797
福清市	28236	16984	11252	10711	17525
长乐市	12340	8237	4103	5323	7017
厦门市	**331687**	**294437**	**37251**	**97758**	**233929**
思明区	242021	223605	18416	67314	174707
海沧区	7894	7415	479	2395	5498
湖里区	58662	43990	14673	23528	35134
集美区	14581	13808	774	1894	12687
同安区	5597	4229	1367	938	4659
翔安区	2933	1390	1543	1690	1243
莆田市	**25649**	**21230**	**4419**	**10042**	**15607**
城厢区	16769	15092	1677	6197	10572
涵江区	5577	4705	873	2692	2885
荔城区	680	515	166	18	662
秀屿区	473	258	215	473	
仙游县	2149	661	1488	661	1488
三明市	**42194**	**31513**	**10681**	**13043**	**29151**
梅列区	14004	11236	2768	5063	8941
三元区	2240	1624	616	624	1615
明溪县	396	385	11	259	137
清流县	1128	611	517	558	570
宁化县	3884	2840	1045	593	3291
大田县	2043	2043			2043
尤溪县	4973	4505	468	20	4953
沙县	2569	1699	870	830	1739
将乐县	1102	937	165	982	120
泰宁县	5707	2346	3361	2173	3534
建宁县	231	223	8	231	
永安市	3918	3066	852	1709	2209
泉州市	**156497**	**125546**	**30952**	**87825**	**68672**
鲤城区	20463	17587	2877	16544	3920
丰泽区	36895	33778	3117	22122	14773
洛江区	413	41	372		413
泉港区	3556	2273	1283	455	3101
惠安县	9375	8169	1206	6796	2578
安溪县	6969	5360	1609	5132	1837
永春县	2549	1319	1231	1268	1281
德化县	3447	3072	375	1407	2041
石狮市	27387	20091	7297	9572	17816
晋江市	33793	22976	10817	17413	16380
南安市	11650	10881	769	7117	4533

3-39 续表

单位：万元

地 区	餐费收入	按规模分		按行业分	
		限额以上	限额以下	住宿业	餐饮业
漳州市	**35296**	**25030**	**10267**	**12317**	**22979**
芗城区	15648	13579	2069	6621	9027
龙文区	35		35	35	
云霄县	3793	1534	2259	1770	2022
漳浦县	4058	2452	1606	628	3430
诏安县	694	320	374	581	113
长泰县	1610	731	879	4	1606
东山县	2094	1093	1002	851	1243
南靖县	846	723	124	241	605
平和县	865	432	433	584	281
华安县	758	406	352		758
龙海市	4896	3761	1135	1002	3894
南平市	**37103**	**25422**	**11681**	**15279**	**21824**
延平区	10706	7326	3381	2743	7963
顺昌县	599	267	332	366	233
浦城县	1464	741	723	911	553
光泽县	600	465	136	465	136
松溪县	401		401	360	41
政和县	255		255	5	250
邵武市	2334	1619	715	553	1781
武夷山市	12610	8347	4263	8877	3732
建瓯市	4665	3701	964	940	3725
建阳市	3470	2958	512	60	3410
龙岩市	**56829**	**23848**	**32981**	**12018**	**44811**
新罗区	17971	15600	2371	6221	11749
长汀县	4821	1546	3275	1175	3646
永定县	5949	1671	4278	703	5246
上杭县	3718	1587	2131	1658	2060
武平县	8310	558	7753	1055	7255
连城县	12962	1243	11719	979	11983
漳平市	3099	1643	1455	226	2873
宁德市	34228	25695	8533	20817	13411
蕉城区	10072	7783	2289	4091	5981
霞浦县	5994	5430	565	4440	1554
古田县	842		842	163	680
屏南县	1151	918	233	1029	122
寿宁县	914	125	789	472	442
周宁县	465	345	120	465	
柘荣县	308		308	308	
福安市	5679	3192	2486	3825	1853
福鼎市	8803	7902	901	6024	2779

3-40 住宿和餐饮企业主要指标

(2004年、2008年)

指 标	2008年	2004年	2008年比2004年增长(%)
一 、住宿和餐饮企业法人单位数(个)	**3521**	**2335**	**50.8**
住宿业	1689	1282	31.7
限上	456	368	23.9
限下	1233	914	34.9
餐饮业	1832	1053	74.0
限上	505	247	104.5
限下	1327	806	64.6
二、住宿和餐饮企业年末从业人员(人)	**160002**	**113699**	**40.7**
住宿业	88937	71647	24.1
限上	70115	48251	45.3
限下	18822	23396	-19.6
餐饮业	71065	42052	69.0
限上	47380	26723	77.3
限下	23685	15329	54.5
三、住宿和餐饮企业营业额(万元)	**1725602**	**832741**	**107.2**
住宿业	868398	503823	72.4
限上	740953	387220	91.4
限下	127445	116603	9.3
餐饮业	857204	328917	160.6
限上	672813	263600	155.2
限下	184391	65317	182.3
#住宿和餐饮企业餐费收入(万元)	1173033	523585	124.0
住宿业	377200	213689	76.5
限上	355139	168114	111.2
限下	22061	45575	-51.6
餐饮业	795832	309896	156.8
限上	627088	253507	147.4
限下	168744	56389	199.3
#住宿和餐饮企业商品销售额(万元)	38950	19458	100.2
住宿业	17424	11910	46.3
限上	15990	9173	74.3
限下	1434	2737	-47.6
餐饮业	21526	7548	185.2
限上	17537	5006	250.3
限下	3989	2542	56.9
四、限额以上住宿和餐饮业企业(万元)			
实收资本	1006003	552348	82.1
主营业务收入	1410192	649339	117.2
主营业务利润	722020	318125	127.0
营业利润	62688	-3963	
五、限额以下住宿和餐饮业企业(万元)			
实收资本	329657	281750	17.0
主营业务收入	299794	176832	69.5
营业利润	40287	-6031	

第 4 篇

房地产业生产经营及财务状况

4-1　房地产业企业个数

单位：个

项　　目	企业个数	房地产开发	物业管理	中介服务	其他房地产
合　　计	**7545**	**3268**	**1837**	**971**	**1469**
按登记注册类型分					
内资企业	6612	2540	1726	948	1398
国有企业	773	221	122	35	395
集体企业	494	58	87	16	333
股份合作企业	49	12	24	6	7
国有联营企业	13	5	2	1	5
集体联营企业	14	4	4	1	5
国有与集体联营企业	5	1	2		2
其他联营企业	7	3	2	1	1
国有独资有限责任公司	57	37	6	2	12
其他有限责任公司	1508	791	410	143	164
股份有限公司	222	85	78	18	41
私营企业	3321	1312	922	695	392
其他企业	149	11	67	30	41
港、澳、台商投资企业	657	529	75	16	37
合资经营企业(港或澳、台资)	142	114	15	2	11
合作经营企业(港或澳、台资)	30	25	3	1	1
港、澳、台商独资经营企业	464	372	57	12	23
港、澳、台商投资股份有限公司	21	18		1	2
外商投资企业	276	199	36	7	34
中外合资经营企业	69	53	7	3	6
中外合作经营企业	17	9	2		6
外资企业	178	131	25	3	19
外商投资股份有限公司	12	6	2	1	3
按控股情况分					
#国有控股	1061	349	217	47	448
其他	6484	2919	1620	924	1021
按资质等级分					
一级	58	25	33		
二级	197	133	64		
三级	1628	767	861		
四级	646	646			
暂定	1193	1193			
其他	1383	504	879		
按隶属关系分					
中央	34	7	15	4	8
省	168	54	49	21	44
设区市	1266	323	449	205	289
县(区、市)	1274	287	329	151	507
其他	4803	2597	995	590	621
按市县分					
福州市	1831	638	625	259	309
鼓楼区	739	227	245	150	117
台江区	285	72	118	35	60

4-1 续表 1

单位：个

项　目	企业个数	房地产开发	物业管理	中介服务	其他房地产
仓山区	136	42	59	17	18
马尾区	66	29	17	8	12
晋安区	214	53	116	34	11
闽侯县	57	37	12	2	6
连江县	106	33	13	2	58
罗源县	16	10	2	1	3
闽清县	23	4	3	1	15
永泰县	17	11	3		3
平潭县	27	20	7		
福清市	97	77	11	6	3
长乐市	48	23	19	3	3
厦门市	1678	589	403	420	266
思明区	1117	376	262	337	142
海沧区	86	29	17	15	25
湖里区	270	89	86	53	42
集美区	102	41	16	9	36
同安区	86	41	21	3	21
翔安区	17	13	1	3	
莆田市	264	173	59	8	24
城厢区	92	49	27	6	10
涵江区	49	33	12	1	3
荔城区	52	40	11	1	
秀屿区	17	9	3		5
仙游县	54	42	6		6
三明市	466	230	83	34	119
梅列区	101	42	31	9	19
三元区	67	35	11		21
明溪县	20	11	3		6
清流县	16	10	2	2	2
宁化县	26	12	4	5	5
大田县	17	11	1	2	3
尤溪县	31	11	5	3	12
沙　县	41	25	7	5	4
将乐县	24	8	1	1	14
泰宁县	27	19	2	2	4
建宁县	21	10		1	10
永安市	75	36	16	4	19
泉州市	1071	526	259	92	194
鲤城区	125	48	26	12	39
丰泽区	313	124	98	56	35
洛江区	46	20	11		15
泉港区	66	49	14	3	
惠安县	96	46	21	1	28
安溪县	42	24	14	1	3
永春县	43	16	20	1	6

4-1　续表 2　　　　单位：个

项　　目	企业个数	房地产开发	物业管理	中介服务	其他房地产
德化县	34	17	5	3	9
石狮市	72	50	13	2	7
晋江市	144	59	33	12	40
南安市	90	73	4	1	12
漳州市	801	400	140	37	224
芗城区	303	118	77	25	83
龙文区	70	29	12	3	26
云霄县	27	24	2	1	
漳浦县	52	33	11	1	7
诏安县	17	14	2	1	
长泰县	31	29	2		
东山县	96	46	3	4	43
南靖县	22	20			2
平和县	16	12	2		2
华安县	17	12	2		3
龙海市	150	63	27	2	58
南平市	613	277	120	39	177
延平区	156	59	48	10	39
顺昌县	65	12	6	1	46
浦城县	21	11	1	1	8
光泽县	16	6	7	2	1
松溪县	21	14	1	3	3
政和县	12	7		1	4
邵武市	67	30	8	3	26
武夷山市	146	90	33	13	10
建瓯市	40	26	8	2	4
建阳市	69	22	8	3	36
龙岩市	390	208	74	24	84
新罗区	232	120	38	12	62
长汀县	24	13	10		1
永定县	16	10	4		2
上杭县	29	16	4	4	5
武平县	23	13	5	4	1
连城县	20	17	3		
漳平市	46	19	10	4	13
宁德市	431	227	74	58	72
蕉城区	153	79	41	19	14
霞浦县	52	26	9	9	8
古田县	41	20	4	1	16
屏南县	13	10	1	1	1
寿宁县	21	6	4	3	8
周宁县	10	5		2	3
柘荣县	9	5	2	1	1
福安市	46	34	5	7	
福鼎市	86	42	8	15	21

4-2 房地产业企业年末从业人数

单位：人

项　目	年末从业人数	房地产开发	物业管理	中介服务	其他房地产
合　计	**165857**	**61730**	**75783**	**9957**	**18387**
按登记注册类型分					
内资企业	142927	47280	68501	9401	17745
国有企业	20852	5091	8803	949	6009
集体企业	7407	815	2461	128	4003
股份合作企业	1665	136	1302	32	195
国有联营企业	520	87	383	4	46
集体联营企业	178	69	73	3	33
国有与集体联营企业	101	17	25		59
其他联营企业	161	22	109	25	5
国有独资有限责任公司	3015	1115	1714	48	138
其他有限责任公司	39533	15876	19767	1723	2167
股份有限公司	4392	1487	2128	138	639
私营企业	62842	22270	30678	6164	3730
其他企业	2261	295	1058	187	721
港、澳、台商投资企业	15621	10284	4560	370	407
合资经营企业(港或澳、台资)	4400	2550	1481	189	180
合作经营企业(港或澳、台资)	495	397	45	50	3
港、澳、台商独资经营企业	10441	7083	3034	108	216
港、澳、台商投资股份有限公司	285	254		23	8
外商投资企业	7309	4166	2722	186	235
中外合资经营企业	1903	1212	566	78	47
中外合作经营企业	156	65	22		69
外资企业	5064	2802	2103	46	113
外商投资股份有限公司	186	87	31	62	6
按控股情况分					
#国有控股	32888	7593	17581	1117	6597
其他	132969	54137	58202	8840	11790
按资质等级分					
一级	7690	1090	6600		
二级	17071	5570	11501		
三级	56748	18274	38474		
四级	9787	9787			
暂定	20031	20031			
其他	26186	6978	19208		
按隶属关系分					
中央	990	179	645	65	101
省	6214	1072	3616	360	1166
设区市	41626	6757	27820	3068	3981
县(区、市)	22786	5622	9563	1155	6446
其他	94241	48100	34139	5309	6693
按市县分					
福州市	50379	15096	27913	2274	5096
鼓楼区	20024	4092	12713	1435	1784
台江区	10833	2313	6090	305	2125

4-2 续表 1

单位：人

项 目	年末从业人数	房地产开发	物业管理	中介服务	其他房地产
仓山区	4587	1417	2816	81	273
马尾区	2171	796	1195	81	99
晋安区	5339	1483	3473	266	117
闽侯县	1242	862	299	6	75
连江县	1544	734	349	25	436
罗源县	396	259	103	4	30
闽清县	194	94	20	5	75
永泰县	268	236	27		5
平潭县	766	673	93		
福清市	2103	1695	353	26	29
长乐市	912	442	382	40	48
厦门市	50146	12012	30308	5079	2747
思明区	33628	6902	20840	4453	1433
海沧区	2898	873	1771	83	171
湖里区	8330	1429	6036	474	391
集美区	3732	2224	990	42	476
同安区	1349	474	589	10	276
翔安区	209	110	82	17	
莆田市	4790	3442	985	88	275
城厢区	1916	1189	544	80	103
涵江区	542	372	123	5	42
荔城区	1256	1013	240	3	
秀屿区	224	155	23		46
仙游县	852	713	55		84
三明市	7343	3434	2447	483	979
梅列区	1650	566	736	195	153
三元区	689	341	130		218
明溪县	187	125	46		16
清流县	172	126	22	12	12
宁化县	406	319	45	18	24
大田县	317	264	37	10	6
尤溪县	1214	176	769	160	109
沙　县	687	459	176	24	28
将乐县	233	147	5	3	78
泰宁县	308	185	63	11	49
建宁县	363	324		2	37
永安市	1117	402	418	48	249
泉州市	19142	9956	5728	815	2643
鲤城区	2540	1232	817	114	377
丰泽区	6019	2389	2680	553	397
洛江区	933	695	116		122
泉港区	641	477	150	14	
惠安县	2271	872	380	15	1004
安溪县	737	436	251	10	40
永春县	413	233	139	6	35

4-2 续表 2 单位：人

项　目	年末从业人数				
		房地产开发	物业管理	中介服务	其他房地产
德化县	426	255	53	12	106
石狮市	1315	1056	200	6	53
晋江市	2436	1181	834	69	352
南安市	1411	1130	108	16	157
漳州市	12024	5910	3639	366	2109
芗城区	5336	1765	2448	275	848
龙文区	1026	461	316	31	218
云霄县	394	353	31	10	
漳浦县	720	488	82	1	149
诏安县	331	311	17	3	
长泰县	485	388	97		
东山县	1157	600	54	12	491
南靖县	163	154			9
平和县	189	152	27		10
华安县	208	167	34		7
龙海市	2015	1071	533	34	377
南平市	8042	4181	1894	335	1632
延平区	2959	1061	1228	108	562
顺昌县	590	231	117	2	240
浦城县	358	186	8	5	159
光泽县	190	148	22	13	7
松溪县	173	131	6	19	17
政和县	129	85		2	42
邵武市	960	466	117	31	346
武夷山市	1350	992	208	119	31
建瓯市	711	587	83	17	24
建阳市	622	294	105	19	204
龙岩市	6055	3413	1556	233	853
新罗区	3790	1972	990	148	680
长汀县	280	213	65		2
永定县	245	112	119		14
上杭县	449	264	63	53	69
武平县	295	223	47	13	12
连城县	311	236	75		
漳平市	685	393	197	19	76
宁德市	7936	4286	1313	284	2053
蕉城区	2277	1275	641	80	281
霞浦县	956	535	207	59	155
古田县	1264	348	55	2	859
屏南县	193	158	8	5	22
寿宁县	204	89	25	3	87
周宁县	88	56		8	24
柘荣县	137	81	13	12	31
福安市	1185	1040	85	60	
福鼎市	1632	704	279	55	594

4-3 房地产业固定资产原价

单位：万元

项目	固定资产原价	房地产开发	物业管理	中介服务	其他房地产
合计	**2105667**	**1054920**	**336979**	**107423**	**606345**
按登记注册类型分					
内资企业	1469144	698915	162178	94763	513288
国有企业	432085	187576	38359	26558	179592
集体企业	121072	6304	18172	2426	94169
股份合作企业	7046	2657	2053	121	2216
国有联营企业	3669	1442	90	1	2137
集体联营企业	750	310	154		286
国有与集体联营企业	654	146	4		504
其他联营企业	263	119	24	4	116
国有独资有限责任公司	132830	107791	1463	5344	18233
其他有限责任公司	292078	181563	27604	6272	76638
股份有限公司	54698	15676	16265	1091	21666
私营企业	392992	191439	46665	51640	103248
其他企业	31007	3892	11324	1307	14484
港、澳、台商投资企业	489362	272186	147527	10071	59579
合资经营企业(港或澳、台资)	84867	69914	1427	432	13094
合作经营企业(港或澳、台资)	65659	54490	6859	65	4245
港、澳、台商独资经营企业	334551	143642	139241	9537	42131
港、澳、台商投资股份有限公司	4286	4140		37	109
外商投资企业	147161	83820	27274	2589	33478
中外合资经营企业	43221	22075	19483	98	1564
中外合作经营企业	2583	1304	128		1151
外资企业	98354	59012	7502	2358	29481
外商投资股份有限公司	3003	1428	161	133	1282
按控股情况分					
#国有控股	650280	345060	44988	32782	227450
其他	1455387	709860	291991	74641	378895
按资质等级分					
一级	50842	41779	9064		
二级	124297	111985	12313		
三级	308465	253339	55127		
四级	209121	209121			
暂定	260443	260443			
其他	438731	178255	260476		
按隶属关系分					
中央	58654	30548	14893	5347	7865
省	115593	47093	13315	6468	48718
设区市	501971	251447	56078	53406	141040
县(区、市)	334945	95052	50009	6456	183430
其他	1094504	630780	202684	35747	225293
按市县分					
福州市	500612	218631	80806	20520	180655
鼓楼区	174618	87727	24480	9897	52513
台江区	84364	45443	9303	3797	25822

4-3 续表 1

单位：万元

项　　目	固定资产原　　价	房地产开发	物业管理	中介服务	其他房地产
仓山区	58033	16881	13297	661	27194
马尾区	33777	12782	945	5417	14633
晋安区	45271	22208	2283	454	20327
闽侯县	11075	7860	585	15	2615
连江县	30221	5180	228	50	24763
罗源县	1593	985	257	62	290
闽清县	6591	275			6316
永泰县	805	669	23		113
平潭县	2828	2557	272		
福清市	45723	14439	25755	21	5508
长乐市	5713	1625	3379	147	562
厦门市	750360	397201	121562	70132	161465
思明区	425308	210640	101288	60843	52537
海沧区	88593	67572	784	3081	17156
湖里区	115845	34948	14731	5409	60757
集美区	71852	43667	4320	62	23804
同安区	44396	36608	416	161	7211
翔安区	4366	3767	23	576	
莆田市	49643	31760	5771	80	12032
城厢区	16347	8640	170	77	7461
涵江区	4894	4319	116	4	455
荔城区	7060	7027	32		
秀屿区	7902	2392	5084		427
仙游县	13440	9382	368		3690
三明市	62245	32920	3236	2020	24068
梅列区	20602	12275	718	744	6865
三元区	5840	2485	381		2974
明溪县	662	257	32		373
清流县	792	238	156	52	346
宁化县	5373	4872	58	47	396
大田县	2351	1986	13	6	346
尤溪县	2884	583	305	125	1871
沙　县	8349	3571	31	20	4726
将乐县	1738	349	20	12	1358
泰宁县	3426	1198	706	589	934
建宁县	826	411		3	413
永安市	9402	4696	817	423	3466
泉州市	349157	153923	108535	6539	80161
鲤城区	59671	32943	20877	409	5441
丰泽区	88184	42840	18083	4440	22821
洛江区	5054	3154	60		1840
泉港区	15191	13594	1554	43	
惠安县	21749	13032	3310	51	5356
安溪县	9177	8373	711	23	70
永春县	4539	1171	3028	155	186

4-3　续表 2　　单位：万元

项　　目	固定资产原　　价	房地产开发	物业管理	中介服务	其他房地产
德化县	6193	4836	83	81	1193
石狮市	25620	14287	8321	101	2912
晋江市	105189	12578	52112	1201	39297
南安市	8592	7116	397	35	1045
漳州市	180585	123375	4156	883	52170
芗城区	57422	25200	2214	722	29287
龙文区	13445	6969	272	61	6144
云霄县	2414	2391	20	3	
漳浦县	3666	1882	834		950
诏安县	1030	998	27	5	
长泰县	3661	3658	2		
东山县	10548	1910	13	28	8598
南靖县	986	970			15
平和县	212	183	30		
华安县	729	171	410		148
龙海市	86472	79044	336	65	7028
南平市	101544	30402	9655	6159	55328
延平区	23760	10018	4547	2277	6919
顺昌县	24310	609	530		23172
浦城县	4599	1671	25	25	2879
光泽县	810	595	103	79	33
松溪县	441	289	13	68	71
政和县	518	199		3	316
邵武市	11384	1232	309	125	9719
武夷山市	17560	10889	3724	2525	422
建瓯市	5987	4205	118	1050	614
建阳市	12173	696	287	8	11183
龙岩市	62615	32231	1326	291	28768
新罗区	49373	23448	598	73	25254
长汀县	2079	1675	372		33
永定县	2363	275	28		2060
上杭县	3652	3262	12	13	364
武平县	513	454	7	44	8
连城县	651	634	17		
漳平市	3984	2483	292	160	1049
宁德市	48907	34476	1932	799	11700
蕉城区	20584	14551	608	262	5163
霞浦县	3032	1191	46	147	1648
古田县	3915	751	53		3111
屏南县	292	291	2		
寿宁县	760	124	61		576
周宁县	41	24		9	8
柘荣县	724	453	28	10	234
福安市	10679	9304	1043	333	
福鼎市	8880	7788	93	39	960

4-4 房地产业营业收入

单位：万元

项目	营业收入	房地产开发	物业管理	中介服务	其他房地产
合计	**8802613**	**8038163**	**336947**	**98226**	**329277**
按登记注册类型分					
内资企业	6504155	5818945	290156	90078	304977
国有企业	931174	735679	41469	16446	137579
集体企业	132763	90696	17290	872	23905
股份合作企业	12510	6540	4640	101	1229
国有联营企业	44079	42289	1193	31	566
集体联营企业	1105	761	142	5	197
国有与集体联营企业	627	173	58		396
其他联营企业	1356	391	456	44	465
国有独资有限责任公司	263545	249242	11454	1618	1231
其他有限责任公司	2326988	2186020	75912	17063	47994
股份有限公司	190338	162073	9264	774	18227
私营企业	2557873	2313720	123881	52184	68088
其他企业	41797	31363	4396	939	5100
港、澳、台商投资企业	1673311	1622183	32150	4994	13985
合资经营企业(港或澳、台资)	460518	448617	7506	1348	3047
合作经营企业(港或澳、台资)	38586	37442	250	501	392
港、澳、台商独资经营企业	1156431	1118480	24394	3048	10510
港、澳、台商投资股份有限公司	17777	17645		97	36
外商投资企业	625147	597035	14642	3154	10316
中外合资经营企业	136830	128432	3634	1541	3224
中外合作经营企业	8861	7900	58		903
外资企业	476324	459545	10203	418	6158
外商投资股份有限公司	3132	1159	747	1196	31
按控股情况分					
#国有控股	1472645	1226147	81001	20036	145461
其他	7329969	6812017	255946	78190	183816
按资质等级分					
一级	244163	221004	23158		
二级	1469640	1428758	40882		
三级	2468905	2322652	146253		
四级	1215632	1215632			
暂定	2019257	2019257			
其他	957514	830860	126653		
按隶属关系分					
中央	17353	9954	4482	1662	1255
省	211656	88328	22039	4076	97214
设区市	1715620	1511814	114179	40345	49282
县(区、市)	781703	660371	39295	7482	74555
其他	6076282	5767696	156952	44662	106972
按市县分					
福州市	2393078	2196964	117497	19042	59577
鼓楼区	648442	553573	51532	12175	31163
台江区	445139	396016	29378	2866	16879

4-4　续表 1　　单位：万元

项　目	营业收入	房地产开发	物业管理	中介服务	其他房地产
仓山区	181458	163641	14506	275	3035
马尾区	129772	122226	4725	1392	1429
晋安区	218558	204060	10919	1657	1922
闽侯县	137964	136097	1196	45	626
连江县	145656	141644	705	110	3197
罗源县	64616	64034	392	12	179
闽清县	6055	5683	54	30	289
永泰县	15514	15474	34		6
平潭县	80850	80406	444		
福清市	291692	288416	2764	60	452
长乐市	27362	25694	847	420	401
厦门市	2526534	2291167	122979	57347	55041
思明区	1532648	1382662	84033	50345	15608
海沧区	290381	282386	5235	511	2248
湖里区	424349	374200	27697	5114	17338
集美区	179513	170184	3631	80	5620
同安区	88110	70371	2246	1265	14228
翔安区	11534	11366	137	31	
莆田市	344644	336531	2451	350	5313
城厢区	80480	77037	1010	345	2088
涵江区	30922	30677	216	5	24
荔城区	177485	177002	484		
秀屿区	7898	7725	122		51
仙游县	47859	44091	619		3150
三明市	300519	278788	11417	3555	6760
梅列区	48742	43158	3184	1143	1257
三元区	45516	44712	253		551
明溪县	21755	21573	68		114
清流县	3912	3294	350	228	40
宁化县	11834	11491	132	80	131
大田县	10863	10675	73	13	102
尤溪县	22275	16845	3966	957	507
沙　县	60074	58436	299	197	1143
将乐县	12565	12039	13	8	505
泰宁县	9213	6335	1086	720	1072
建宁县	11365	11218		23	124
永安市	42407	39012	1994	186	1215
泉州市	1395135	1270946	52021	8129	64038
鲤城区	97705	89175	5112	979	2439
丰泽区	521419	491520	14008	5551	10340
洛江区	49648	47789	118		1740
泉港区	31350	28873	2248	230	
惠安县	102337	81410	3783	48	17096
安溪县	77615	74941	2387	122	165
永春县	27700	25437	1809	256	199

4-4 续表 2

单位：万元

项　目	营业收入	房地产开发	物业管理	中介服务	其他房地产
德化县	21642	20645	94	16	888
石狮市	78440	74800	2817	81	741
晋江市	325768	276800	18093	769	30105
南安市	61512	59556	1552	78	326
漳州市	731176	607887	12568	2001	108720
芗城区	241778	218758	8610	1601	12810
龙文区	100847	95949	1247	148	3504
云霄县	17789	17456	304	29	
漳浦县	50183	48224	322		1637
诏安县	14360	14291	56	13	
长泰县	42413	42248	165		
东山县	25708	24560	100	20	1028
南靖县	13938	13935			4
平和县	11724	11680	44		
华安县	8495	8021	466		8
龙海市	203941	112765	1255	191	89730
南平市	406236	374661	7947	4295	19334
延平区	113827	103194	5759	2478	2395
顺昌县	28597	19796	284		8518
浦城县	24192	23450	21	50	671
光泽县	8496	8347	27	101	22
松溪县	4210	3886	76	180	68
政和县	5889	5705		3	181
邵武市	77312	71228	508	260	5317
武夷山市	50861	48803	959	864	236
建瓯市	59748	59280	75	306	87
建阳市	33105	30973	240	52	1841
龙岩市	419139	408168	4297	700	5975
新罗区	268434	262123	2071	390	3850
长汀县	56575	56355	208		12
永定县	13850	13171	554		125
上杭县	11077	10687	72	75	244
武平县	10490	10263	102	76	50
连城县	19578	19446	132		
漳平市	39134	36124	1157	159	1694
宁德市	286152	273053	5772	2808	4520
蕉城区	123511	121253	1355	324	580
霞浦县	22231	18105	1299	1501	1326
古田县	26879	25300	512		1067
屏南县	3699	3678	7	14	
寿宁县	7515	7404	52		59
周宁县	6540	6482		13	45
柘荣县	9091	8882	55	55	99
福安市	46270	43456	2096	718	
福鼎市	40416	38493	396	184	1343

4-5　房地产开发企业个数和从业人数

单位：个、人

项　　目	企业数	年末从业人数
合　　计	**3268**	**61730**
按登记注册类型分		
内资企业	2540	47280
国有企业	221	5091
集体企业	58	815
股份合作企业	12	136
国有联营企业	5	87
集体联营企业	4	69
国有与集体联营企业	1	17
其他联营企业	3	22
国有独资有限责任公司	37	1115
其他有限责任公司	791	15876
股份有限公司	85	1487
私营企业	1312	22270
其他企业	11	295
港、澳、台商投资企业	529	10284
合资经营企业(港或澳、台资)	114	2550
合作经营企业(港或澳、台资)	25	397
港、澳、台商独资经营企业	372	7083
港、澳、台商投资股份有限公司	18	254
外商投资企业	199	4166
中外合资经营企业	53	1212
中外合作经营企业	9	65
外资企业	131	2802
外商投资股份有限公司	6	87
按控股情况分		
#国有控股	349	7593
其他	2919	54137
按资质等级分		
一级	25	1090
二级	133	5570
三级	767	18274
四级	646	9787
暂定	1193	20031
其他	504	6978
按隶属关系分		
中央	7	179
省	54	1072
设区市	323	6757
县(区、市)	287	5622
其他	2597	48100
按市县分		
福州市	638	15096
鼓楼区	227	4092
台江区	72	2313

4-5 续表 1

单位：个、人

项　目	企业数	年末从业人数
仓山区	42	1417
马尾区	29	796
晋安区	53	1483
闽侯县	37	862
连江县	33	734
罗源县	10	259
闽清县	4	94
永泰县	11	236
平潭县	20	673
福清市	77	1695
长乐市	23	442
厦门市	589	12012
思明区	376	6902
海沧区	29	873
湖里区	89	1429
集美区	41	2224
同安区	41	474
翔安区	13	110
莆田市	173	3442
城厢区	49	1189
涵江区	33	372
荔城区	40	1013
秀屿区	9	155
仙游县	42	713
三明市	230	3434
梅列区	42	566
三元区	35	341
明溪县	11	125
清流县	10	126
宁化县	12	319
大田县	11	264
尤溪县	11	176
沙　县	25	459
将乐县	8	147
泰宁县	19	185
建宁县	10	324
永安市	36	402
泉州市	526	9956
鲤城区	48	1232
丰泽区	124	2389
洛江区	20	695
泉港区	49	477
惠安县	46	872
安溪县	24	436
永春县	16	233

4-5　续表 2　　单位：个、人

项　　目	企业数	年末从业人数
德化县	17	255
石狮市	50	1056
晋江市	59	1181
南安市	73	1130
漳州市	400	5910
芗城区	118	1765
龙文区	29	461
云霄县	24	353
漳浦县	33	488
诏安县	14	311
长泰县	29	388
东山县	46	600
南靖县	20	154
平和县	12	152
华安县	12	167
龙海市	63	1071
南平市	277	4181
延平区	59	1061
顺昌县	12	231
浦城县	11	186
光泽县	6	148
松溪县	14	131
政和县	7	85
邵武市	30	466
武夷山市	90	992
建瓯市	26	587
建阳市	22	294
龙岩市	208	3413
新罗区	120	1972
长汀县	13	213
永定县	10	112
上杭县	16	264
武平县	13	223
连城县	17	236
漳平市	19	393
宁德市	227	4286
蕉城区	79	1275
霞浦县	26	535
古田县	20	348
屏南县	10	158
寿宁县	6	89
周宁县	5	56
柘荣县	5	81
福安市	34	1040
福鼎市	42	704

4-6 房地产开发计划总投资、完成投资和新增固定资产

单位：万元

项 目	计划总投资	自开始建设累计完成投资	本年完成投资	土地开发投资额	本年新增固定资产
合 计	**53464818**	**33456074**	**11290921**	**399303**	**3754791**
按登记注册类型分					
内资企业	41865648	25374834	8946986	352013	2935629
国有企业	7078325	3988990	1696001	23855	537629
集体企业	728909	449615	254651	3855	71268
股份合作企业	171096	53793	15412	4474	55
国有联营企业	130000	77927	19491		
集体联营企业	69740	35317	5321	498	1871
国有与集体联营企业					
其他联营企业					
国有独资有限责任公司	1810269	1481174	509045	23165	253941
其他有限责任公司	14619099	8838176	2998448	149437	844430
股份有限公司	836433	403121	168673	2237	36141
私营企业	16356877	10002807	3272941	144342	1186878
其他企业	64900	43914	7003	150	3416
港、澳、台商投资企业	9005898	6142065	1735227	37153	665015
合资经营企业(港或澳、台资)	2410789	1718849	462298	18242	211999
合作经营企业(港或澳、台资)	283644	119420	45005	807	13627
港、澳、台商独资经营企业	5997539	4033274	1089967	10540	439389
港、澳、台商投资股份有限公司	313926	270522	137957	7564	
外商投资企业	2593272	1939175	608708	10137	154147
中外合资经营企业	653817	449271	172539	5811	27605
中外合作经营企业	20000	8500			2115
外资企业	1886441	1450058	408723	4044	124427
外商投资股份有限公司	33014	31346	27446	282	
按控股情况分					
#国有控股	10158031	6262067	2444921	47266	905047
其他	43306787	27194007	8846000	352037	2849744
按资质等级分					
一级	2203545	1793825	641566	476	303405
二级	9015073	5583674	1607191	17985	393103
三级	12806769	8455463	2922152	111306	1202552
四级	6154220	3957007	1215992	20208	705154
暂定	17221064	10114955	3773773	214518	776791
其他	6064147	3551150	1130247	34810	373786
按隶属关系分					
中央	150623	71652	20371	7850	51957
省	1031760	508426	213391	15534	9954
设区市	11281552	6746867	2433494	16234	908013
县(区、市)	3945705	2497035	1044724	54330	281684
其他	37055178	23632094	7578941	305355	2503183
按市县分					
福州市	15245628	10332747	3136079	63925	678775
鼓楼区	4416728	2898671	848483	19043	242339

4-6　续表 1　　单位：万元

项　目	计划总投资	自开始建设累计完成投资	本年完成投资	土地开发投资额	本年新增固定资产
台江区	3110798	2040335	434365	782	50600
仓山区	2173900	1431398	669297	300	62579
马尾区	454060	309103	129825	81	1
晋安区	1953102	1441614	325039	2148	64719
闽侯县	795103	488120	162754	12061	47801
连江县	505523	379489	147792	1267	57314
罗源县	208354	114974	40963	1271	41516
闽清县	45000	20319	6652	830	14319
永泰县	95283	51999	19828		4936
平潭县	176145	135469	39904		24745
福清市	892855	705783	206267	24792	27416
长乐市	418777	315473	104910	1350	40490
厦门市	15264323	9546009	3270160	2548	1177765
思明区	7681517	4731410	1355314	12	783163
海沧区	2030120	1310903	377892		157671
湖里区	3303421	2089553	664628	514	129775
集美区	1214080	863354	596595	2022	47551
同安区	686071	345711	136176		27980
翔安区	349114	205078	139555		31625
莆田市	3255359	1644378	630773	18121	183186
城厢区	1361236	575415	223578	3795	81249
涵江区	289035	191649	57854	6100	19304
荔城区	1048158	659174	226724	1129	54703
秀屿区	74816	45877	13831	5532	6717
仙游县	482114	172263	108786	1565	21213
三明市	2150246	1454355	665870	68340	162355
梅列区	508549	297200	114546	1590	36330
三元区	168580	95021	46928	21672	2820
明溪县	43300	42260	20101		
清流县	85002	26244	14820	4354	1930
宁化县	142810	107914	72273	19970	11850
大田县	171543	86957	42722	17597	2457
尤溪县	215254	135561	66805	803	5938
沙　县	338618	262545	120651	550	62897
将乐县	38991	57037	21732	150	5616
泰宁县	53450	38367	16860	110	11665
建宁县	33916	32475	15333	1040	7992
永安市	350233	272774	113099	504	12860
泉州市	7013028	4309779	1348713	99054	435291
鲤城区	676653	407798	116561	4683	24940
丰泽区	1634385	1173627	370384	14169	56862
洛江区	312850	184220	73695	1654	151
泉港区	261421	140609	18301	3897	35621
惠安县	430502	219968	95844	4477	34166
安溪县	466453	314942	85133	415	27246
永春县	102806	83865	27384	557	5928

4-6 续表 2

单位：万元

项 目	计划总投资	自开始建设累计完成投资	本年完成投资	土地开发投资额	本年新增固定资产
德化县	128094	104143	32684	351	12960
石狮市	636788	436926	121880	3943	22457
晋江市	1599879	861169	279317	50460	69075
南安市	763197	382512	127530	14448	145885
漳州市	5019569	2723145	1120375	61297	390274
芗城区	1651578	928093	393825	7043	135476
龙文区	1031216	493375	219882	29319	59692
云霄县	126060	62212	35559	2559	1085
漳浦县	160622	118915	38652	2568	7093
诏安县	140994	83964	21081	1150	13716
长泰县	464623	188261	87881	13207	53629
东山县	84141	53563	38536	616	16238
南靖县	30401	22052	6668	326	6288
平和县	77289	32792	11127		6342
华安县	50027	27046	15055	562	10136
龙海市	1202618	712872	252109	3947	80579
南平市	1947958	1167651	391628	50703	235008
延平区	575462	375418	108820	11521	60109
顺昌县	54207	46083	19756		16541
浦城县	141906	106455	30320	197	27706
光泽县	29842	17225	7413	2188	7110
松溪县	72443	36277	20625	8857	19376
政和县	26326	19475	6311	1231	3145
邵武市	273990	163549	63308	4360	33629
武夷山市	308778	145280	52727	10917	22337
建瓯市	291246	158246	34872	10866	33828
建阳市	173758	99643	47476	566	11227
龙岩市	1862124	1212888	401362	21924	284380
新罗区	1197661	805658	231146	11657	185054
长汀县	136973	108922	44075	8342	43641
永定县	41580	31979	12069		11675
上杭县	78803	38745	24790	473	6973
武平县	58889	30761	21304	450	5115
连城县	111635	67395	18110	80	12677
漳平市	236583	129428	49868	922	19245
宁德市	1706583	1065122	325961	13391	207757
蕉城区	829167	398015	95964	4589	67858
霞浦县	228680	173898	66802	40	66298
古田县	98114	82166	29226	10	11554
屏南县	39010	15011	9590	2215	935
寿宁县	12600	11188	4712		7608
周宁县	17866	9650	5807		286
柘荣县	19289	7760	5325		
福安市	250502	176350	53811	1614	9925
福鼎市	211355	191084	54724	4923	43293

4-7　房地产开发按构成分的投资

单位：万元

项　　目	本年完成投　　资	按构成分				
		建筑工程	安装工程	设备工器具购置	其他费用	土地购置费
合　　计	**11290921**	**7128713**	**345376**	**79072**	**3737760**	**2994035**
按登记注册类型分						
内资企业	8946986	5427308	269328	71456	3178894	2528083
国有企业	1696001	953808	23872	4169	714152	578906
集体企业	254651	128012	30195	3600	92844	37603
股份合作企业	15412	12065	117		3230	1621
国有联营企业	19491	16734	2553		204	
集体联营企业	5321	4044	73	9	1195	61
国有与集体联营企业						
其他联营企业						
国有独资有限责任公司	509045	262644	33429	18635	194337	152957
其他有限责任公司	2998448	1808707	78852	18592	1092297	898862
股份有限公司	168673	94660	6078	410	67525	53534
私营企业	3272941	2140151	93639	26041	1013110	804539
其他企业	7003	6483	520			
港、澳、台商投资企业	1735227	1219302	55224	6675	454026	377580
合资经营企业(港或澳、台资)	462298	361315	11072	1092	88819	63280
合作经营企业(港或澳、台资)	45005	30761	3864	742	9638	7503
港、澳、台商独资经营企业	1089967	705068	39659	4591	340649	302063
港、澳、台商投资股份有限公司	137957	122158	629	250	14920	4734
外商投资企业	608708	482103	20824	941	104840	88372
中外合资经营企业	172539	146131	8579	321	17508	10149
中外合作经营企业						
外资企业	408723	335632	12245	510	60336	52724
外商投资股份有限公司	27446	340		110	26996	25499
按控股情况分						
#国有控股	2444921	1366210	62093	22980	993638	808798
其他	8846000	5762503	283283	56092	2744122	2185237
按资质等级分						
一级	641566	448434	4462	7281	181389	153881
二级	1607191	1276736	52971	7612	269872	208064
三级	2922152	1955102	108820	26934	831296	588852
四级	1215992	872039	50001	9926	284026	173691
暂定	3773773	1982397	95634	23523	1672219	1397186
其他	1130247	594005	33488	3796	498958	472361
按隶属关系分						
中央	20371	4745	1350	182	14094	13696
省	213391	95892	6505		110994	99351
设区市	2433494	1398016	86927	21615	926936	780873
县(区、市)	1044724	686446	33225	7317	317736	169344
其他	7578941	4943614	217369	49958	2368000	1930771
按市县分						
福州市	3136079	2133196	145323	17440	840120	653667
鼓楼区	848483	623153	27522	3037	194771	133345
台江区	434365	306788	38211	1177	88189	75927

4-7 续表 1　　　　单位：万元

项　目	本年完成投　资	按构成分				
		建筑工程	安装工程	设备工器具购置	其他费用	土地购置费
仓山区	669297	358991	24279	1562	284465	242355
马尾区	129825	115547	1020	176	13082	11068
晋安区	325039	243077	35380	5838	40744	5100
闽侯县	162754	76616	1610	825	83703	71707
连江县	147792	76174	4968	2055	64595	57900
罗源县	40963	25375	655	327	14606	11544
闽清县	6652	3102	300		3250	3250
永泰县	19828	14265	669	130	4764	4419
平潭县	39904	39134	257	150	363	
福清市	206267	172583	8802	250	24632	15619
长乐市	104910	78391	1650	1913	22956	21433
厦门市	3270160	1725980	85039	26670	1432471	1290082
思明区	1355314	867532	64310	23166	400306	315735
海沧区	377892	166740	4079	253	206820	196674
湖里区	664628	411201	5808	464	247155	221112
集美区	596595	147654	4747	2400	441794	427083
同安区	136176	80233	5093	208	50642	44030
翔安区	139555	52620	1002	179	85754	85448
莆田市	630773	448870	4380	11259	166264	127213
城厢区	223578	184206	45	1354	37973	25955
涵江区	57854	36324	385	738	20407	13872
荔城区	226724	179303	3243	7517	36661	26380
秀屿区	13831	11084	607	1275	865	
仙游县	108786	37953	100	375	70358	61006
三明市	665870	484332	804	1335	179399	125700
梅列区	114546	90835	276		23435	10730
三元区	46928	30949		180	15799	12163
明溪县	20101	19241			860	810
清流县	14820	9729		98	4993	4238
宁化县	72273	31224			41049	22226
大田县	42722	33487		560	8675	3570
尤溪县	66805	56614			10191	9865
沙　县	120651	96863			23788	18935
将乐县	21732	19134	126	112	2360	740
泰宁县	16860	5700			11160	10061
建宁县	15333	12118	402	100	2713	1890
永安市	113099	78438		285	34376	30472
泉州市	1348713	881031	58019	9633	400030	263830
鲤城区	116561	77295	9549	650	29067	6005
丰泽区	370384	256710	10938	900	101836	67306
洛江区	73695	53801	860	26	19008	2410
泉港区	18301	13201	2527	2	2571	1420
惠安县	95844	64610	5110	1001	25123	11920
安溪县	85133	53855	4301	12	26965	21805
永春县	27384	14293	496	100	12495	9070

4-7　续表 2　　　　单位：万元

项　　目	本年完成投资	按构成分				
		建筑工程	安装工程	设备工器具购置	其他费用	土地购置费
德化县	32684	11265	68		21351	12360
石狮市	121880	76691	10012	817	34360	21265
晋江市	279317	148703	13429	5760	111425	101829
南安市	127530	110607	729	365	15829	8440
漳州市	1120375	703345	12167	4915	399948	303635
芗城区	393825	267900	493	1805	123627	95257
龙文区	219882	134966	861		84055	57753
云霄县	35559	17058	350		18151	15741
漳浦县	38652	32590	2400	75	3587	1630
诏安县	21081	9751	779		10551	7893
长泰县	87881	60568	1402	248	25663	13362
东山县	38536	22197	374		15965	13859
南靖县	6668	5957	22		689	640
平和县	11127	5709			5418	5418
华安县	15055	8966	1530		4559	3621
龙海市	252109	137683	3956	2787	107683	88461
南平市	391628	243820	18299	2219	127290	96211
延平区	108820	79744	10041	930	18105	7977
顺昌县	19756	14271		132	5353	1840
浦城县	30320	13993	1096	20	15211	14720
光泽县	7413	5300	120	20	1973	1776
松溪县	20625	9824	287	57	10457	6314
政和县	6311	2801			3510	3460
邵武市	63308	46667	157		16484	15228
武夷山市	52727	38790	3556	10	10371	4952
建瓯市	34872	14824	2446	1050	16552	12228
建阳市	47476	17606	596		29274	27716
龙岩市	401362	271593	11146	3661	114962	81654
新罗区	231146	154874	6235	2959	67078	50321
长汀县	44075	40012	586		3477	1578
永定县	12069	9708	219	378	1764	360
上杭县	24790	22973	486	156	1175	221
武平县	21304	5652	1297		14355	13316
连城县	18110	10915	625	25	6545	5638
漳平市	49868	27459	1698	143	20568	10220
宁德市	325961	236546	10199	1940	77276	52043
蕉城区	95964	73021	5917	842	16184	3990
霞浦县	66802	35887	1071	540	29304	27127
古田县	29226	18048	311	72	10795	8219
屏南县	9590	4767	25	200	4598	3570
寿宁县	4712	4712				
周宁县	5807	2530			3277	3277
柘荣县	5325	5122			203	
福安市	53811	48132	1666		4013	1689
福鼎市	54724	44327	1209	286	8902	4171

4-8 房地产开发按工程用途分的投资

单位：万元

项目	本年完成投资	按用途分							
		住宅	#90平方米以下	#140平方米以上	#经济适用房	#别墅、高档公寓	办公楼	商业营业用房	其他
合计	**11290921**	**7E+06**	**2371872**	**2050580**	**298515**	**461774**	**247388**	**808708**	**2875541**
按登记注册类型分									
内资企业	8946986	6E+06	2002266	1437714	295732	199337	196992	630621	2366057
国有企业	1696001	1E+06	436026	235873	158937	8154	62364	154468	399637
集体企业	254651	205198	131386	13524	19600	50		7429	42024
股份合作企业	15412	10643	5	2069		1358		1354	3415
国有联营企业	19491	14951		6631				992	3548
集体联营企业	5321	3479	72	931				510	1332
国有与集体联营企业									
其他联营企业									
国有独资有限责任公司	509045	331009	201105	13058	60671	30	47623	18939	111474
其他有限责任公司	2998448	2E+06	487031	580980	25955	84276	43275	187082	1006012
股份有限公司	168673	95724	14463	39808	4391	17662	2515	10313	60121
私营企业	3272941	2E+06	730398	543945	26178	87219	41205	249524	738153
其他企业	7003	6642	1780	895		588	10	10	341
港、澳、台商投资企业	1735227	1E+06	274135	446169	2297	185970	40634	122701	397273
合资经营企业(港或澳、台资)	462298	291912	61892	118466	2297	51504	28521	35875	105990
合作经营企业(港或澳、台资)	45005	28422	4320	13693		3092	995	5477	10111
港、澳、台商独资经营企业	1089967	730349	186921	266079		103984	11098	78179	270341
港、澳、台商投资股份有限公司	137957	123936	21002	47931		27390	20	3170	10831
外商投资企业	608708	431349	95471	166697	486	76467	9762	55386	112211
中外合资经营企业	172539	107590	39693	41461		15863	578	15500	48871
中外合作经营企业									
外资企业	408723	323759	55778	125236	486	60604	9184	39886	35894
外商投资股份有限公司	27446								27446
按控股情况分									
#国有控股	2444921	2E+06	679359	280982	227634	8284	134068	186937	581124
其他	8846000	6E+06	1692513	1769598	70881	453490	113320	621771	2294417
按资质等级分									
一级	641566	439020	129344	84874		1380	17059	111514	73973
二级	1607191	1E+06	586118	286931	141678	76194	26199	92479	203403
三级	2922152	2E+06	557130	526563	54826	120062	88153	197337	644413
四级	1215992	784389	216073	283968	4658	91576	47293	92743	291567
暂定	3773773	2E+06	661599	562414	84383	97613	31547	252249	1387679
其他	1130247	756218	221608	305830	12970	74949	37137	62386	274506
按隶属关系分									
中央	20371	243	143					111	20017
省	213391	87711	46281	10415	3521	5052	3230	7860	114590
设区市	2433494	2E+06	684955	372855	181667	15658	140613	191714	451049
县(区、市)	1044724	636930	249608	155994	38095	850	28961	62930	315903
其他	7578941	5E+06	1390885	1511316	75232	440214	74584	546093	1973982
按市县分									
福州市	3136079	2E+06	925866	651238	135377	128735	28085	158889	709254
鼓楼区	848483	650599	267269	209679	62347	29953	15971	30137	151776
台江区	434365	250824	90343	57618		5200	9594	52577	121370

4-8　续表 1　　　　单位：万元

项　目	本年完成投资	按用途分							
		住宅	#90平方米以下	#140平方米以上	#经济适用房	#别墅、高档公寓	办公楼	商业营业用房	其他
仓山区	669297	468366	304101	52377	41873	8046	100	17213	183618
马尾区	129825	97660	56485	31533	3305	8654	140	8317	23708
晋安区	325039	302138	128731	80679	19600	40554	33	11125	11743
闽侯县	162754	68654	13961	41536		34128		3995	90105
连江县	147792	67777	11820	25211		1880	105	9471	70439
罗源县	40963	27712	4418	3591			1128	96	12027
闽清县	6652	4747	1179					1002	903
永泰县	19828	12557	4693	570				1735	5536
平潭县	39904	34184	100	12243				5218	502
福清市	206267	165216	27100	82672		320	14	15445	25592
长乐市	104910	89417	15666	53529	8252		1000	2558	11935
厦门市	3270160	2106927	615326	707663	57179	97275	180017	265913	717303
思明区	1355314	815251	210997	324652	47093	61982	68344	175413	296306
海沧区	377892	292372	125671	31359		211	24894	14658	45968
湖里区	664628	319873	79867	188474		32396	64521	31568	248666
集美区	596595	497693	116986	130807	5368	1004	371	20776	77755
同安区	136176	98765	32117	21515		79	182	15523	21706
翔安区	139555	82973	49688	10856	4718	1603	21705	7975	26902
莆田市	630773	384268	143188	107844	1503	4340	8875	65470	172160
城厢区	223578	157086	59928	37830		3845	3533	16222	46737
涵江区	57854	41529	11488	11178			4896	5942	5487
荔城区	226724	141892	66498	39634	736		241	38902	45689
秀屿区	13831	11239	1085	8013				1674	918
仙游县	108786	32522	4189	11189	767	495	205	2730	73329
三明市	665870	363047	88810	48209	29865	19228	3030	64223	235570
梅列区	114546	82084	22587	22575	3230	10248	380	8415	23667
三元区	46928	10276	6674	16	4025		630	234	35788
明溪县	20101	19050	1781	2542					1051
清流县	14820	5957			270		742	792	7329
宁化县	72273	23175	12005		7709		275	9007	39816
大田县	42722	11887	1564	855				3253	27582
尤溪县	66805	60679	3000	4073	1296			210	5916
沙　县	120651	58767	12210				371	18780	42733
将乐县	21732	12564	2439	2905				7074	2094
泰宁县	16860	4350			350	3780		1910	10600
建宁县	15333	12420	3885					1283	1630
永安市	113099	61838	22665	15243	12985	5200	632	13265	37364
泉州市	1348713	859509	179826	304764	22519	136377	13106	116416	359682
鲤城区	116561	82880	22101	33912	7814	15923		7484	26197
丰泽区	370384	250022	38383	135184	8847	94521	284	26348	93730
洛江区	73695	66156	15759	14517	3391	17675	493	2970	4076
泉港区	18301	12825	6446	4710	447		2	2890	2584
惠安县	95844	71875	15031	9394		3533	915	9291	13763
安溪县	85133	54618	17749	8579		333	4211	9208	17096
永春县	27384	14608	2721	2916				2511	10265

4-8 续表 2

单位：万元

项目	本年完成投资	按用途分							
		住宅	#90平方米以下	#140平方米以上	#经济适用房	#别墅、高档公寓	办公楼	商业营业用房	其他
德化县	32684	23013	2230	1832	600			4487	5184
石狮市	121880	70089	12554	15658			4461	13638	33692
晋江市	279317	134944	32950	58531	1420	840	2630	20246	121497
南安市	127530	78479	13902	19531		3552	110	17343	31598
漳州市	1120375	666756	227687	107194	33108	33784	2907	57835	392877
芗城区	393825	237495	100521	55903	22958		1956	26090	128284
龙文区	219882	136349	40224	3373	7292	8920		3646	79887
云霄县	35559	29090	200	4056	659	4379		100	6369
漳浦县	38652	25039	4586	4069		659		4797	8816
诏安县	21081	6053	2663	201		90		1152	13876
长泰县	87881	42796	23815	10930	2179	8839	580	2998	41507
东山县	38536	31679	8705	4334		300		5790	1067
南靖县	6668	4729	1275	60			31	145	1763
平和县	11127	10585	1651	1293			15	91	436
华安县	15055	10702	2201	150	20			4219	134
龙海市	252109	132239	41846	22825		10597	325	8807	110738
南平市	391628	287915	58684	39583	4538	10772	1537	26424	75752
延平区	108820	80982	15095	20443	943	2169	334	7756	19748
顺昌县	19756	14574	1954					1873	3309
浦城县	30320	18573	1680	3384				2926	8821
光泽县	7413	4373	923	51			200	305	2535
松溪县	20625	10794	136	2239				2177	7654
政和县	6311	4937	2205	945			500	785	89
邵武市	63308	41812	4871	1077			10	2606	18880
武夷山市	52727	46162	14907	7248	2783	7403		4642	1923
建瓯市	34872	20163	2021	2503	382	1200	294	2548	11867
建阳市	47476	45545	14892	1693	430		199	806	926
龙岩市	401362	213337	72361	37687	10049	12426	8315	28986	150724
新罗区	231146	109626	43830	19427	8630	5963	4818	14787	101915
长汀县	44075	36610	12983	7062		1970		5514	1951
永定县	12069	8424	616	4452			299	1392	1954
上杭县	24790	18656	3456	3992		1422	1345	2217	2572
武平县	21304	5060	2574	291	108		1379	423	14442
连城县	18110	10563	4288	2093	961			931	6616
漳平市	49868	24398	4614	370	350	3071	474	3722	21274
宁德市	325961	237674	60124	46398	4377	18837	1516	24552	62219
蕉城区	95964	77436	22107	10931	971	3223	17	6232	12279
霞浦县	66802	33867	4093	5883		553	874	2186	29875
古田县	29226	25717	9222					2184	1325
屏南县	9590	4285	1382	100	105			587	4718
寿宁县	4712	3430	1695	1435			70	1212	
周宁县	5807	1928					200	206	3473
柘荣县	5325	5155	2431	382				170	
福安市	53811	41712	9507	9254			238	8147	3714
福鼎市	54724	44144	9687	18413	3301	15061	117	3628	6835

4-9　房地产开发土地购置、土地开发

单位：平方米、万元

项　目	本年完成开发土地面积	待开发土地面积	本年购置土地面积	本年土地成交价款
合　计	**4752065**	**15245057**	**10762372**	**2677960**
按登记注册类型分				
内资企业	3157384	8316922	8029344	2219088
国有企业	585468	686803	2084269	525573
集体企业	300	46680	1015	76
股份合作企业				
国有联营企业				
集体联营企业	5855	1410	43000	22970
国有与集体联营企业				
其他联营企业				
国有独资有限责任公司	45619	15928	402590	105239
其他有限责任公司	642649	3109195	2827250	797442
股份有限公司	69340	278096	100052	11630
私营企业	1788613	4178810	2571168	756158
其他企业	19540			
港、澳、台商投资企业	1116320	6380533	1923879	388553
合资经营企业(港或澳、台资)	855919	4218549	1047562	84996
合作经营企业(港或澳、台资)		11400		
港、澳、台商独资经营企业	203763	2144524	876317	303557
港、澳、台商投资股份有限公司	56638	6060		
外商投资企业	478361	547602	809149	70319
中外合资经营企业	460807	241261	656666	7880
中外合作经营企业				
外资企业	15000	245286	149929	62157
外商投资股份有限公司	2554	61055	2554	282
按控股情况分				
#国有控股	647684	1258344	3050380	766612
其他	4104381	13986713	7711992	1911348
按资质等级分				
一级			118097	93200
二级	229710	439061	341591	159815
三级	1172980	2519385	1735439	438641
四级	739276	866725	1641770	106020
暂定	1907233	8137297	5083982	1351686
其他	702866	3282589	1841493	528598
按隶属关系分				
中央	20000	140000	98000	14386
省	17397	497075	208398	43807
设区市	149300	1950911	1583462	858104
县(区、市)	744286	833975	1583731	118408
其他	3821082	11823096	7288781	1643255
按市县分				
福州市	521105	2380481	1059751	460072
鼓楼区	201891	1614132	118808	113792
台江区			37333	68500

4-9 续表 1 单位：平方米、万元

项 目	本年完成开发土地面积	待开发土地面积	本年购置土地面积	本年土地成交价款
仓山区	123514	116680	425287	184600
马尾区	24068		114133	10958
晋安区				
闽侯县	18500	507746		
连江县	88151		88151	33900
罗源县			70380	11000
闽清县	10725	57000	57000	8724
永泰县		11352	12432	2715
平潭县				
福清市				
长乐市	54256	73571	136227	25883
厦门市		271557	1574630	1268305
思明区		44757	524725	416405
海沧区			215268	183400
湖里区		78177	377448	142270
集美区		94623	309332	409300
同安区		54000	68697	43930
翔安区			79160	73000
莆田市	690415	1117302	603794	111148
城厢区	385908	252341		
涵江区	107850	110249	17653	4800
荔城区	151955	415586	77708	32700
秀屿区	19764			
仙游县	24938	339126	508433	73648
三明市	213440	773579	1084233	160854
梅列区	9462		159542	62470
三元区		231502	227425	16373
明溪县			4133	810
清流县	5321		121114	2796
宁化县	8004		251442	21066
大田县	64753	202723	200	23
尤溪县	3278	39616	34430	6215
沙 县	104722	206815	108181	15763
将乐县	1900		1900	605
泰宁县	800	50631	51431	10061
建宁县	6400	12659	19389	1890
永安市	8800	29633	105046	22782
泉州市	598063	1453022	603094	123679
鲤城区		51247	8667	1300
丰泽区	119257	281205	74243	14181
洛江区	21604	47854	24485	1521
泉港区	26437	125656	39552	2274
惠安县	21784		86698	37628
安溪县	66275			
永春县	33816	23894	44870	11650

4-9　续表 2

单位：平方米、万元

项　目	本年完成开发土地面积	待开发土地面积	本年购置土地面积	本年土地成交价款
德化县	2171	1946		
石狮市	74435	275062	10000	3500
晋江市	47521	384754	272617	48605
南安市	184763	261404	41962	3020
漳州市	1854156	7523455	4689980	336128
芗城区	494908	879249	1306364	70731
龙文区	533333	1633240	938223	66616
云霄县	24673	809836	56037	15022
漳浦县	26719	289999	9675	1630
诏安县	1079	323826	116173	7893
长泰县	715015	1751576	1207761	32259
东山县		8144	104681	14303
南靖县	29517	37102	37862	1005
平和县		48300	78300	5418
华安县	28912	26434	48772	3621
龙海市		1715749	786132	117630
南平市	441369	1099846	538491	101396
延平区	175100	121582	19746	7113
顺昌县				
浦城县		107174	38006	8220
光泽县	25394	35558	33314	1776
松溪县	5328	5328	15501	3908
政和县	18235	3383	7054	3460
邵武市			126122	17725
武夷山市	48690	494591	96018	22162
建瓯市	112919	208866	72018	9316
建阳市	55703	123364	130712	27716
龙岩市	226982	369800	407803	69481
新罗区	106781	133703	118352	44107
长汀县	6303	11600	12612	1578
永定县				
上杭县	10351	17032	1274	105
武平县	16204	138848	88630	6081
连城县	24507	61214	35180	5630
漳平市	62836	7403	151755	11980
宁德市	206535	256015	200596	46897
蕉城区	116036	213344	34277	3632
霞浦县	11797		62000	27127
古田县	2731		16902	4873
屏南县			68751	3530
寿宁县				
周宁县			5573	2445
柘荣县				
福安市	2808	12206	2808	1119
福鼎市	73163	30465	10285	4171

4-10 房地产开发

项目	本年资金来源合计	上年末结余资金	本年资金来源小计	国内贷款	银行贷款	非银行金融机构贷款
合计	**18904515**	**4639215**	**14265300**	**3135641**	**3052194**	**83447**
按登记注册类型分						
内资企业	14442669	3606672	10835997	2243948	2164851	79097
国有企业	2541922	587296	1954626	350484	340250	10234
集体企业	293284	86186	207098	400	400	
股份合作企业	26323	10280	16043	4600	4600	
国有联营企业	52460	36732	15728	5000	5000	
集体联营企业	5799	860	4939			
国有与集体联营企业	1300	1250	50			
其他联营企业						
国有独资有限责任公司	736410	126253	610157	229620	229620	
其他有限责任公司	5084728	1401546	3683182	701974	656654	45320
股份有限公司	282514	119821	162693	59757	57048	2709
私营企业	5399554	1235494	4164060	890613	869779	20834
其他企业	18375	954	17421	1500	1500	
港、澳、台商投资企业	3461254	897152	2564102	655228	652678	2550
合资经营企业(港或澳、台资)	914360	345446	568914	112245	109745	2500
合作经营企业(港或澳、台资)	104829	19975	84854	45400	45400	
港、澳、台商独资经营企业	2298804	528336	1770468	486483	486433	50
港、澳、台商投资股份有限公司	143261	3395	139866	11100	11100	
外商投资企业	1000592	135391	865201	236465	234665	1800
中外合资经营企业	273747	37220	236527	49070	47270	1800
中外合作经营企业	1076	970	106			
外资企业	720511	92775	627736	187395	187395	
外商投资股份有限公司	5258	4426	832			
按控股情况分						
#国有控股	3804860	889630	2915230	681713	670879	10834
其他	15099655	3749585	11350070	2453928	2381315	72613
按资质等级分						
一级	1215331	271744	943587	408885	408051	834
二级	2886542	653947	2232595	596664	586659	10005
三级	4589595	1129231	3460364	646755	626327	20428
四级	2273321	765213	1508108	323096	312296	10800
暂定	5989931	1305392	4684539	836587	800410	36177
其他	1949795	513688	1436107	323654	318451	5203
按隶属关系分						
中央	48779	20265	28514	10500	10500	
省	294539	28298	266241	85249	85249	
设区市	3990972	957440	3033532	715809	698510	17299
县(区、市)	1404955	417845	987110	160454	147122	13332
其他	13165270	3215367	9949903	2163629	2110813	52816
按市县分						
福州市	5367202	1098713	4268489	1054111	1037561	16550
鼓楼区	2169639	559066	1610573	538569	538069	500
台江区	580970	106251	474719	130135	127085	3050

资金来源

单位：万元

利用外资	外商直接投资	自筹资金	自有资金	其他资金来源	#定金及预收款	#个人按揭贷款	本年各项应付未付款合计	工程款
410187	**395350**	**4255030**	**2987461**	**6464442**	**3078938**	**2412807**	**952100**	**392253**
144176	143176	3687744	2615539	4760129	2273694	1629613	715341	317540
1000		618795	440288	984347	591475	185934	234581	53422
		142376	51748	64322	22776	4739	13455	12756
		8888	6535	2555	1928	627	662	647
				10728	8396	2332		
		4475	857	464			1814	
				50				
		155142	76383	225395	91901	78013	2495	324
		1356715	926688	1624493	618188	634024	201004	102440
		65382	44013	37554	13136	16579	30636	25865
143176	143176	1331671	1065727	1798600	916818	704820	229354	120746
		4300	3300	11621	9076	2545	1340	1340
225365	211528	422494	301060	1261015	563370	610997	135752	57874
39038	35447	110743	61658	306888	140058	127629	25300	11471
12	12	18406	4253	21036	12628	8408	10950	164
182395	172149	211693	154267	889897	397207	455435	99210	46239
3920	3920	81652	80882	43194	13477	19525	292	
40646	40646	144792	70862	443298	241874	172197	101007	16839
2433	2433	68787	11061	116237	59818	55401	15416	5242
		106	106					
38213	38213	75217	59113	326911	181906	116796	63303	11597
		682	582	150	150		22288	
1000		926183	571794	1306334	728542	307997	264380	75099
409187	395350	3328847	2415667	5158108	2350396	2104810	687720	317154
		191836	187457	342866	162572	157754	58090	37650
3847	3847	336775	214140	1295309	778814	398835	207012	26769
8726	7726	1138050	797978	1666833	693614	676546	277631	141603
4662	2528	368497	258926	811853	382206	337897	98303	43664
354520	342817	1713928	1160740	1779504	886054	624284	256741	114591
38432	38432	505944	368220	568077	175678	217491	54323	27976
		15156	300	2858	1880	977	52	
3847	3847	108312	30500	68833	21795	12564	4097	1627
		854277	597918	1463446	783903	383178	291820	100604
1950	950	384481	151586	440225	168556	122424	85590	24498
404390	390553	2892804	2207157	4489080	2102804	1893664	570541	265524
116257	116257	940695	578629	2157426	1213751	700864	249972	104957
3847	3847	190601	154888	877556	603217	206369	75895	26060
76	76	118377	93695	226131	102451	55077	66202	18510

4-10 续表 1

项目	本年资金来源合计	上年末结余资金	本年资金来源小计	国内贷款	银行贷款	非银行金融机构贷款
仓山区	810507	110285	700222	159971	146971	13000
马尾区	197681	33672	164009	22800	22800	
晋安区	471406	34854	436552	62200	62200	
闽侯县	224674	20748	203926	42200	42200	
连江县	292391	127871	164520	9900	9900	
罗源县	51668	20306	31362			
闽清县	7932	1199	6733	3500	3500	
永泰县	20455	2377	18078	3000	3000	
平潭县	53380	3752	49628	214	214	
福清市	294593	17499	277094	61622	61622	
长乐市	191906	60833	131073	20000	20000	
厦门市	5980327	2191601	3788726	882299	873212	9087
思明区	3286827	1529102	1757725	567080	561877	5203
海沧区	552944	147793	405151	54634	54634	
湖里区	1012383	303572	708811	173744	172910	834
集美区	691896	115920	575976	35591	35591	
同安区	253832	58248	195584	47250	44200	3050
翔安区	182445	36966	145479	4000	4000	
莆田市	852388	132519	719869	140510	138010	2500
城厢区	280689	35628	245061	46180	46180	
涵江区	78732	11321	67411	5960	5960	
荔城区	347833	75680	272153	76870	74370	2500
秀屿区	18534		18534	1300	1300	
仙游县	126600	9890	116710	10200	10200	
三明市	738366	59814	678552	63794	63794	
梅列区	140606	14149	126457	8300	8300	
三元区	53349	2906	50443			
明溪县	16705	1055	15650	1000	1000	
清流县	28745	4765	23980	1550	1550	
宁化县	73292	907	72385	8100	8100	
大田县	43482	2274	41208	13000	13000	
尤溪县	65257	1084	64173	600	600	
沙　县	141727	22288	119439	14650	14650	
将乐县	18576		18576	1200	1200	
泰宁县	19750	58	19692	1820	1820	
建宁县	15267	1218	14049	850	850	
永安市	121610	9110	112500	12724	12724	
泉州市	2670302	664626	2005676	482487	452986	29501
鲤城区	259849	73282	186567	44339	38589	5750
丰泽区	998468	248721	749747	221744	212085	9659
洛江区	107121	17537	89584	22282	22282	
泉港区	36712	7194	29518	1008		1008
惠安县	130343	28430	101913	15660	14450	1210
安溪县	109020	10560	98460	6275	6275	
永春县	41747	13571	28176	7200	7200	
德化县	52897	1621	51276	13350	12750	600

单位：万元

利用外资	外商直接投资	自筹资金	自有资金	其他资金来源	#定金及预收款	#个人按揭贷款	本年各项应付未付款合计	工程款
110000	110000	143231	24615	287020	181080	77862	34635	33935
		17695	1510	123514	62448	61066	2172	2172
		179232	119424	195120	77944	105235	4079	2879
		97502	55763	64224	30271	21862	17132	11854
334	334	34448	21337	119838	36508	49730	21351	
		11103	11103	20259	4255	16004		
		3129	3129	104	46	58	10	10
		4735	3235	10343	4936	4129	1120	1120
		18620	8620	30794	14849	13906	3508	2600
2000	2000	77213	42451	136259	64001	56290	23868	5817
		44809	38859	66264	31745	33276		
190540	185308	1134408	857129	1581479	603373	601994	248035	62061
43622	38390	269510	187626	877513	318858	342440	76815	43144
		66682	13500	283835	105472	154537	5725	5724
1042	1042	352053	284700	181972	93186	32266	146373	4457
145876	145876	261777	254389	132732	58062	40807	16363	6542
		80967	35995	67367	27570	27894	2746	2181
		103419	80919	38060	225	4050	13	13
456	456	303426	259205	275477	151405	100734	47087	35658
		106135	92385	92746	55343	16292	22173	21070
456	456	38357	29870	22638	14474	7032	5225	5222
		75627	63060	119656	60700	58708	13935	7830
		8238	8238	8996	4353	4643		
		75069	65652	31441	16535	14059	5754	1536
		355557	241219	259201	10009	142633	46785	25655
		35484	16487	82673	1244	43562	3629	3624
		42724	41449	7719	3945	1404	406	376
		8653	8653	5997		3857	3486	2251
		21070	20783	1360			710	487
		55730	3589	8555	717	5878	636	500
		20451	20451	7757	125	3930	2800	2800
		43667	36018	19906	1501	13656	2709	1763
		55725	55635	49064	1374	27574	16850	502
		3570	3570	13806	323	7527	3168	3168
		11990	11990	5882		3591	3820	3680
		8651	4170	4548	560	1890	116	116
		47842	18424	51934	220	29764	8455	6388
30832	28728	568365	416643	923992	553925	302056	211108	90780
1000		73484	55664	67744	35226	26891	26136	1936
6332	6332	173542	135186	348129	230467	90660	71367	25849
		36438	5659	30864	19424	11440	10103	5111
2358	2358	8018	7018	18134	6852	9253	2133	1239
851	851	12472	6407	72930	27578	30985	27819	16141
1868	1868	51775	29795	38542	18484	17573	7597	4787
		9569	6769	11407	6300	5020	2555	1053
		19097	17067	18829	8365	5213	598	440

4-10 续表 2

项　目	本年资金来源合计	上年末结余资金	本年资金来源小计	国内贷款	银行贷款	非银行金融机构贷款
石狮市	173949	40657	133292	42400	40900	1500
晋江市	581318	209514	371804	58154	52180	5974
南安市	178878	13539	165339	50075	46275	3800
漳州市	1561471	199711	1361760	252641	248518	4123
芗城区	517230	80343	436887	99528	96323	3205
龙文区	301900	22784	279116	41720	41720	
云霄县	38165	1625	36540	735	735	
漳浦县	67961	19018	48943	8188	8188	
诏安县	30331	1767	28564	2982	2982	
长泰县	136603	15882	120721	22500	22500	
东山县	30941	1765	29176	2208	1980	228
南靖县	12728	2337	10391			
平和县	19254	827	18427	3200	3200	
华安县	19530	528	19002	4340	4340	
龙海市	386828	52835	333993	67240	66550	690
南平市	549451	83479	465972	63455	63009	446
延平区	145446	21323	124123	13420	13120	300
顺昌县	25711	4600	21111	3400	3400	
浦城县	35876	513	35363	7200	7200	
光泽县	10327	126	10201	3150	3150	
松溪县	32918	4842	28076	3905	3905	
政和县	6311		6311	46		46
邵武市	87308	14483	72825	9000	9000	
武夷山市	89607	17166	72441	14190	14190	
建瓯市	62807	17824	44983	5194	5094	100
建阳市	53140	2602	50538	3950	3950	
龙岩市	664546	117712	546834	114474	97189	17285
新罗区	412196	83602	328594	83479	66534	16945
长汀县	67452	6504	60948	8600	8600	
永定县	22331	3047	19284	1900	1900	
上杭县	25008	4840	20168	7605	7605	
武平县	31228	6346	24882	3220	3180	40
连城县	34536	2663	31873	320	320	
漳平市	71795	10710	61085	9350	9050	300
宁德市	520462	91040	429422	81870	77915	3955
蕉城区	171199	20815	150384	40373	38983	1390
霞浦县	105047	16612	88435	17267	16082	1185
古田县	44067	7343	36724	350		350
屏南县	12736	356	12380	250	250	
寿宁县	6078	413	5665	600	600	
周宁县	6875	491	6384	400	400	
柘荣县	5325		5325	550	550	
福安市	73928	8706	65222	19900	18900	1000
福鼎市	95207	36304	58903	2180	2150	30

单位：万元

利用外资	外商直接投资	自筹资金	自有资金	其他资金来源	#定金及预收款	#个人按揭贷款	本年各项应付未付款合计	工程款
18423	17319	34282	30594	38187	18569	19618	17820	12004
		82997	71157	230653	150941	75579	12342	8014
		66691	51327	48573	31719	9824	32638	14206
54968	50124	545936	331632	508215	225371	219902	87975	39073
5495	2385	138049	115092	193815	96484	77553	19505	15270
28450	26950	112149	61240	96797	33766	42903	29523	2658
14800	14800	14889	3848	6116	2917	3199	234	
945	945	6799	5299	33011	14506	18505	1660	486
		15342	2948	10240	5256	4545	5448	48
1044	1044	78853	28846	18324	6959	7571	230	100
4000	4000	6655	5609	16313	6997	8276	11372	7965
		2527	2527	7864	3279	4260	3200	3200
		6671	820	8556	1516	7030	1520	1520
		9031	1583	5631	1840	3170	777	570
234		154971	103820	111548	51851	42890	14506	7256
978	978	165537	114234	236002	97567	107509	17881	5202
		28829	23499	81874	32662	45238	445	305
		3057	2257	14654	6173	8481	768	418
		19800	19800	8363	5544	2819		
500	500	3475	2590	3076	1820	1256	825	325
		10917	7927	13254	5934	7320	323	
		6265	6265					
		26710	21490	37115	19471	15666	1077	200
		15511	6943	42740	10614	8298	10396	2040
478	478	18273	2093	21038	9517	10381	2161	1359
		32700	21370	13888	5832	8050	1886	555
16135	13478	118570	88280	297655	125611	124652	27244	18815
16135	13478	57850	46968	171130	70897	62946	17039	14111
		6546	4446	45802	17421	25781	146	146
		1490	1395	15894	8978	3886	1218	1218
		581	200	11982	4524	5593	6645	2047
		12742	2949	8920	4149	3961	380	380
		12797	9634	18756	7285	11471	123	63
		26564	22688	25171	12357	11014	1693	850
21	21	122536	100490	224995	97926	112463	16013	10052
		27507	25246	82504	35142	45702	3715	2153
		35928	34515	35240	13535	17819	4855	765
		8355	8015	28019	16353	11160	150	150
		10485	4910	1645	1105	540		
		2300	2300	2765	2378	387		
		4790	2948	1194	542	652	200	200
		4005		770	770			
21	21	9014	7227	36287	18484	17773	5100	5077
		20152	15329	36571	9617	18430	1993	1707

4-11 房地产开发按用途分的商品房屋施工面积

单位：平方米

项　　目	商品房屋施工面积	住宅	#90平方米以下	#140平方米以上	#经济适用房	#别墅、高档公寓	办公楼	商业营业用房	其他
合　　计	**114597202**	**86477116**	**24272241**	**23966109**	**3175016**	**4774787**	**3526390**	**9363197**	**15230499**
按登记注册类型分									
内资企业	89506340	66855360	20033591	16362668	3162762	2796892	2874486	7242157	12534337
国有企业	17619508	12113360	5093300	2071710	1729176	266317	918199	1029122	3558827
集体企业	1602926	1489583	511205	349537	96596	855		58282	55061
股份合作企业	63048	49447	1268	21729		9863		6447	7154
国有联营企业	305921	227876		88787				20593	57452
集体联营企业	111562	97781	162	17982				12446	1335
国有与集体联营企业									
其他联营企业									
国有独资有限责任公司	4972442	2682872	1848843	200445	597133	654	993426	497381	798763
其他有限责任公司	28363152	21205996	5343538	6330533	425010	1065567	285914	2179375	4691867
股份有限公司	1559474	1287058	233035	323541	57605	54403	51330	93528	127558
私营企业	34770566	27586414	6976379	6944271	257242	1387841	621993	3335872	3226287
其他企业	137741	114973	25861	14133		11392	3624	9111	10033
港澳台商投资企业	18653141	14521366	2913087	5315881	8793	1225692	500738	1627822	2003215
合资经营企业(港或澳、台资)	5043658	3626942	723620	1564060	8793	300575	286088	506983	623645
合作经营企业(港或澳、台资)	318500	179250	43505	87125		8175	10545	61428	67277
港澳台商独资经营企业	12736499	10189300	2072464	3411987		872576	203904	1040392	1302903
港澳台商投资股份有限公司	554484	525874	73498	252709		44366	201	19019	9390
外商投资企业	6437721	5100390	1325563	2287560	3461	752203	151166	493218	692947
中外合资经营企业	1628405	1253713	386472	437649		67333	23499	124883	226310
中外合作经营企业	22562	14392	13072	1320				2422	5748
外资企业	4786754	3832285	926019	1848591	3461	684870	127667	365913	460889
外商投资股份有限公司									
按控股情况分									
#国有控股	25437483	16848677	7294186	2843482	2403295	270015	2060874	1673845	4854087
其他	89159719	69628439	16978055	21122627	771721	4504772	1465516	7689352	10376412
按资质等级分									
一级	5538255	3514873	1348527	1219376		8260	815057	422561	785764
二级	17568208	14147369	5720773	3326683	1428632	937464	315466	1101026	2004347
三级	34483731	26738729	6495699	6910656	573408	1320723	895766	2746607	4102629
四级	14356107	10107657	2533911	3880610	186273	948999	651557	1137332	2459561
暂定	30890930	23806501	6184771	6416887	710710	1181445	498831	3301653	3283945
其他	11759971	8161987	1988560	2211897	275993	377896	349713	654018	2594253
按隶属关系分									
中央	374465	119573	48049					26342	228550
省	1294224	968944	583852	76397	83334	23955	43111	130521	151648
设区市	25036639	16756420	7065992	3886463	1794062	258006	2080679	1375345	4824195
县(区、市)	9904338	7617863	2222699	1940890	475294	177938	220263	1081228	984984
其他	77987536	61014316	14351649	18062359	822326	4314888	1182337	6749761	9041122
按市县分									
福州市	25203891	21550194	7187149	7283759	972357	1224293	281774	1454765	1917158
鼓楼区	7602904	6495012	2264524	1835719	465294	307197	201150	383213	523529
台江区	3282538	2500492	862313	1031191		49928	61466	284222	436358

4-11　续表 1　　　　单位：平方米

项　目	商品房屋施工面积	住宅	#90平方米以下	#140平方米以上	#经济适用房	#别墅、高档公寓	办公楼	商业营业用房	其他
仓山区	3691559	3360386	1740717	994460	329500	139283	9150	96240	225783
马尾区	1389709	1130967	665422	378728	17461	119631	985	142566	115191
晋安区	1664577	1496062	501695	289663	96596	143641	1000	89179	78336
闽侯县	1091752	1020495	281550	528903		439469		54930	16327
连江县	1675321	1386178	253757	472353		18708	1788	153173	134182
罗源县	549905	461483	59736	96273			1540	17164	69718
闽清县	129392	96513	39055					18770	14109
永泰县	147417	118639	42063	5136				16152	12626
平潭县	976522	935342	910	304930				34471	6709
福清市	2200964	1937267	290985	1000577		6436	110	102624	160963
长乐市	801331	611358	184422	345826	63506		4585	62061	123327
厦门市	34478774	21266895	6166049	6548454	863612	799959	2617389	2155887	8438603
思明区	16106583	9498949	3215097	3699389	620425	494727	1417504	1217607	3972523
海沧区	5024766	3835526	856982	568568		5792	64809	240701	883730
湖里区	7473674	3417016	1067017	1295555		230635	1059585	377516	2619557
集美区	3100969	2416169	548069	512695	30700	40928	5459	139024	540317
同安区	1791883	1433588	272613	323983		1202		133487	224808
翔安区	980899	665647	206271	118264	212487	26675	70032	47552	197668
莆田市	6475741	4703615	1758542	1377765	8600	92995	65083	1116581	590462
城厢区	2418408	1848206	867761	472537		88405	56377	249785	264040
涵江区	539283	416604	134502	140870			4820	76461	41398
荔城区	2585854	1649854	675805	507701			1766	680861	253373
秀屿区	194327	139432	30014	53035				46993	7902
仙游县	737869	649519	50460	203622	8600	4590	2120	62481	23749
三明市	5374060	4168781	899500	628670	337833	240403	71295	728547	405437
梅列区	1445276	1139036	290876	264689	68709	140833	12033	169153	125054
三元区	226730	202056	89759	373	50132		3886	5094	15694
明溪县	147290	130996	13605	20632			326	9972	5996
清流县	99047	64888	4500		5600		15050	15824	3285
宁化县	360233	200029	70514		24800		11650	148554	
大田县	216098	150068	39117	7339				37438	28592
尤溪县	446340	402772	5000	65430				19284	24284
沙　县	818885	576712	48099				23900	107195	111078
将乐县	267347	208507	35270	35865				51199	7641
泰宁县	129784	90758	443	15350	5420	33916		34752	4274
建宁县	150918	126706	22377					18434	5778
永安市	1066112	876253	279940	218992	183172	65654	4450	111648	73761
泉州市	16947049	13315176	2533880	4277415	396153	1344189	170697	1548000	1913176
鲤城区	1262766	1042145	258835	398947	83144	30271		64271	156350
丰泽区	3611349	2866197	517204	1430304	167082	1009183	14965	221527	508660
洛江区	444582	373046	110527	85778	30136	74707	2449	46037	23050
泉港区	751896	589618	221040	101282	94718		2060	107892	52326
惠安县	1682122	1381013	313636	348177		50072	25209	167521	108379
安溪县	1140352	914848	113972	30339		31079	10372	123918	91214
永春县	288484	220470	65442	34192				48116	19898
德化县	555617	424464	66062	24641	3234			56984	74169

4-11 续表 2 单位：平方米

项 目	商品房屋施工面积	住宅	#90平方米以下	#140平方米以上	#经济适用房	#别墅、高档公寓	办公楼	商业营业用房	其他
石狮市	1466702	930429	272733	177059			98485	64623	373165
晋江市	2843181	2245730	383020	893232	17839	33796	8385	347850	241216
南安市	2899998	2327216	211409	753464		115081	8772	299261	264749
漳州市	11152915	9339900	2812546	1485926	309233	399295	62950	864047	886018
芗城区	4348607	3663187	1262100	789570	208281		57518	338592	289310
龙文区	2242776	1890036	331488	36992	33000	105018		179378	173362
云霄县	186421	185943	1425	66559	9915	59770		478	
漳浦县	575733	437413	86346	16119		6030		101634	36686
诏安县	480661	252427	83645	16550		4037		26606	201628
长泰县	670972	643236	359328	169057	54537	111617	1200	21522	5014
东山县	468636	391699	105810	66038		859		60379	16558
南靖县	126698	118087	20269	2600			198	1087	7326
平和县	93768	85168	25816	12199			2621	2505	3474
华安县	171949	115276	17115	900	3500			53328	3345
龙海市	1786694	1557428	519204	309342		111964	1413	78538	149315
南平市	4433597	3725341	711100	574042	80560	210642	64175	388611	255470
延平区	1434281	1099663	263757	201642	36150	3591	30817	165056	138745
顺昌县	325588	286637	29217					25498	13453
浦城县	244843	218749	17655	7172				11963	14131
光泽县	81771	76759	18171	1711			1052	1400	2560
松溪县	165063	143875	940	47649				16116	5072
政和县	106799	85800	6392	2350			2233	10105	8661
邵武市	666529	580327	26848	47228			1400	44012	40790
武夷山市	466283	427776	232297	79383	12254	91295		31050	7457
建瓯市	495601	428700	38927	152472	12156	113743	11590	41158	14153
建阳市	446839	377055	76896	34435	20000	2013	17083	42253	10448
龙岩市	5623243	4234297	1236665	836838	119174	278329	166867	631429	590650
新罗区	3277272	2455253	827170	541765	69597	203715	68826	308176	445017
长汀县	433038	343411	99547	59068		11000		70079	19548
永定县	245465	194664	14380	74025			4577	27463	18761
上杭县	432290	321383	49009	60928		26450	21588	41752	47567
武平县	206163	112282	57337	3888	6061		60385	15352	18144
连城县	320329	283172	105988	53917	36307			32287	4870
漳平市	708686	524132	83234	43247	7209	37164	11491	136320	36743
宁德市	4907932	4172917	966810	953240	87494	184682	26160	475330	233525
蕉城区	1693616	1429296	364599	279943	74203	14567	1400	142399	120521
霞浦县	718181	633381	36417	139608		16137	14164	44588	26048
古田县	442882	374363	191882					47824	20695
屏南县	134747	96010	51108	2280	6821			31996	6741
寿宁县	48360	40346	3240	16778			1559	6455	
周宁县	41176	32922					2100	4240	1914
柘荣县	105300	104550	57710	5200				750	
福安市	967384	828168	129912	251661			4920	103364	30932
福鼎市	756286	633881	131942	257770	6470	153978	2017	93714	26674

4-12　房地产开发按用途分商品的房屋新开工面积

单位：平方米

项　　目	商品房屋新开工面积	住宅	#90平方米以下	#140平方米以上	#经济适用房	#别墅、高档公寓	办公楼	商业营业用房	其他
合　　计	**27977439**	**22212929**	**7512077**	**5343318**	**1113522**	**874907**	**452978**	**2191322**	**3120210**
按登记注册类型分									
内资企业	21921970	17459027	6280654	3310630	1104729	531428	359016	1596188	2507739
国有企业	3461242	2475725	1120614	423986	739514	7997	184145	188065	613307
集体企业	611460	547855	153201	162795		855		30931	32674
股份合作企业	35149	29337		15668		9863		1773	4039
国有联营企业									
集体联营企业	59985	52032	162	3153				6989	964
国有与集体联营企业									
其他联营企业									
国有独资有限责任公司	572748	485064	268492	16411	157946			10249	77435
其他有限责任公司	6961559	5680108	2050941	1193908	48523	269113	63756	433677	784018
股份有限公司	659017	504958	157798	170309	57605	27777	40070	62739	51250
私营企业	9509108	7648731	2520015	1320710	101141	215823	67421	852654	940302
其他企业	51702	35217	9431	3690			3624	9111	3750
港澳台商投资企业	3902270	3113064	845739	1149101	8793	220409	31694	372378	385134
合资经营企业(港或澳、台资)	1229990	846510	250529	294477	8793	92433	31408	221903	130169
合作经营企业(港或澳、台资)	15002	10021		2561				1286	3695
港澳台商独资经营企业	2538569	2148646	564562	805904		127976	85	146511	243327
港澳台商投资股份有限公司	118709	107887	30648	46159			201	2678	7943
外商投资企业	2153199	1640838	385684	883587		123070	62268	222756	227337
中外合资经营企业	109050	63636	9488	22548				27238	18176
中外合作经营企业									
外资企业	2044149	1577202	376196	861039		123070	62268	195518	209161
外商投资股份有限公司									
按控股情况分									
#国有控股	4689149	3430367	1581556	494960	974446	7997	267380	238226	753176
其他	23288290	18782562	5930521	4848358	139076	866910	185598	1953096	2367034
按资质等级分									
一级	815123	694828	204738	273434				56786	63509
二级	3723896	2884904	1090546	803394	468565	202642	232555	242184	364253
三级	9450793	7818848	2374738	1792804	155655	279437	66782	777660	787503
四级	2499689	1922481	807650	646977	72240	144707	4441	151224	421543
暂定	9995253	7897479	2681474	1555385	353556	153921	102435	920005	1075334
其他	1492685	994389	352931	271324	63506	94200	46765	43463	408068
按隶属关系分									
中央									
省	595866	396686	291852	5633			31408	77353	90419
设区市	4830896	3647742	1643392	902779	623607	95689	234292	221697	727165
县(区、市)	3145173	2361799	877181	453254	300234	4037	42845	235645	504884
其他	19405504	15806702	4699652	3981652	189681	775181	144433	1656627	1797742
按市县分									
福州市	5307314	4350273	1596061	1741247	262015	242023	81875	420708	454458
鼓楼区	1459842	1232672	500339	388719	181048	97605	31609	88994	106567
台江区	648973	342799	19465	300446			50156	127415	128603

4-12 续表 1 单位：平方米

项目	商品房屋新开工面积	住宅	#90平方米以下	#140平方米以上	#经济适用房	#别墅、高档公寓	办公楼	商业营业用房	其他
仓山区	868662	814566	284443	351804		44593		25451	28645
马尾区	401411	323505	231551	55932	17461	13479		69755	8151
晋安区	164090	141280	41403	38284		4000		1510	21300
闽侯县	533910	476035	248288	127022		68338		43132	14743
连江县	102795	91549	9738	22426		11008		2391	8855
罗源县	180868	151723	35100	44188				10549	18596
闽清县	58934	40725	26001					6100	12109
永泰县	110382	81604	38465	1720				16152	12626
平潭县	199217	182456	910	157346				16761	
福清市	265028	231767	32100	142026		3000	110	6141	27010
长乐市	313202	239592	128258	111334	63506			6357	67253
厦门市	4368914	2892351	933465	876904	139860	155082	233649	128976	1113938
思明区	1540652	1212796	509492	431871	139860	128762	4753	63617	259486
海沧区	406479	324687	66895	49450				5514	76278
湖里区	1544595	670097	160999	236156		25465	182131	43189	649178
集美区	546761	440703	139825	136172				7649	98409
同安区	279356	240233	56254	23255				9007	30116
翔安区	51071	3835				855	46765		471
莆田市	2359984	1829802	936532	494838	8600	46860	8284	309331	212567
城厢区	814611	684028	483706	135736		42270	4893	44368	81322
涵江区	238141	168334	60086	75289				50050	19757
荔城区	954885	683689	345838	197523			1766	166803	102627
秀屿区	104333	76103	21014	45915				25605	2625
仙游县	248014	217648	25888	40375	8600	4590	1625	22505	6236
三明市	1718961	1302585	381848	166985	138989	15600	4964	232217	179195
梅列区	373977	332982	105073	88689	52425	15600		10478	30517
三元区	66625	62055	53270		37172			1426	3144
明溪县	56000	52810	4250	10040					3190
清流县	28200	17000	4500				2700	7500	1000
宁化县	212991	146949	65255		24800			66042	
大田县	205002	140970	39117	7339				35992	28040
尤溪县	35317	34717						600	
沙　县	361319	230687	32093					58615	72017
将乐县	20260	16484	320	5780					3776
泰宁县	9420	8820			5420			600	
建宁县	44320	39156	15364					4873	291
永安市	305530	219955	62606	55137	19172		2264	46091	37220
泉州市	4799653	3963305	987096	952469	278596	256626	8527	357163	470658
鲤城区	663827	585948	114339	217565	83144			22490	55389
丰泽区	1046327	870770	302080	382408	162082	222392		69582	105975
洛江区	67837	58099	30097		30136		315	7544	1879
泉港区	105856	83880	63388	4609				16374	5602
惠安县	672572	517180	91834	69192		34234	3624	92396	59372
安溪县	379133	324026	69797	6887			3053	34690	17364
永春县	116278	98099	40722	9560				12151	6028
德化县	252752	209524	47267	15106	3234			11751	31477

4-12　续表 2　　单位：平方米

项　　目	商品房屋新开工面积	住宅	#90平方米以下	#140平方米以上	#经济适用房	#别墅、高档公寓	办公楼	商业营业用房	其他
石狮市	459728	384761	86954	98387			85	8950	65932
晋江市	356199	279498	71191	51167				22516	54185
南安市	679144	551520	69427	97588			1450	58719	67455
漳州市	3997032	3438620	1193787	467670	109844	51407	49665	255189	253558
芗城区	2034130	1711248	552298	325171	64657		48267	136079	138536
龙文区	517720	448999	81308	10272				21698	47023
云霄县	89316	88838		5000	9915	5000		478	
漳浦县	162632	117779	28443	10089				25329	19524
诏安县	25004	23744	9361	4841		4037		843	417
长泰县	267924	261012	221400	20100	31772	13826	1200	5550	162
东山县	228457	196430	47973	29936				22465	9562
南靖县	45814	43312	20269				198	1087	1217
平和县	24396	24156	4378	1384				240	
华安县	140949	115276	17115	900	3500			22328	3345
龙海市	460690	407826	211242	59977		28544		19092	33772
南平市	1556437	1358964	337736	152033	58793	28500	10284	113956	73233
延平区	353923	284359	87184	67913	30000	3591	693	37048	31823
顺昌县	110630	106773	21190					2485	1372
浦城县	183209	163274	17155	4672				11779	8156
光泽县	45781	43411	11571	1711				370	2000
松溪县	137418	125524	940	33441				8290	3604
政和县	63396	50125	6392	2350			2233	4854	6184
邵武市	231699	212581	8803	8815				10866	8252
武夷山市	148714	137650	119081	1479	8793	15049		11064	
建瓯市	130381	94938	20014	14069		9860	7358	23043	5042
建阳市	151286	140329	45406	17583	20000			4157	6800
龙岩市	2216380	1660964	738744	250182	110355	67609	55010	235516	264890
新罗区	1148410	836267	455798	140901	60778	37378	41519	98583	172041
长汀县	179060	145486	54274	6711		300		20804	12770
永定县	46820	39750		11296				2010	5060
上杭县	247338	186261	46384	44787		26450	8031	20613	32433
武平县	115037	81583	54277	560	6061		4838	14102	14514
连城县	132673	120861	73159	19056	36307			9960	1852
漳平市	347042	250756	54852	26871	7209	3481	622	69444	26220
宁德市	1652764	1416065	406808	240990	6470	11200	720	138266	97713
蕉城区	699076	584204	197094	116202				54921	59951
霞浦县	289358	281106	27056	53959				8252	
古田县	141208	112794	61528					18127	10287
屏南县	127656	88919	46144	2280				31996	6741
寿宁县	22032	20018	3240	16778				2014	
周宁县	14750	11396						1440	1914
柘荣县	25300	24550	17710	5200				750	
福安市	231040	214328	12187	20781				11436	5276
福鼎市	102344	78750	41849	25790	6470	11200	720	9330	13544

4-13 房地产开发按用途分的商品房屋竣工面积

单位：平方米

项 目	商品房屋竣工面积	住宅	#90平方米以下	#140平方米以上	#经济适用房	#别墅、高档公寓	办公楼	商业营业用房	其他
合 计	**19061506**	**14228355**	**2429438**	**4585359**	**214453**	**830521**	**976415**	**1749769**	**2106967**
按登记注册类型分									
内资企业	14926601	11053978	1872780	3365625	214453	545060	757603	1385922	1729098
国有企业	2981236	2208187	466234	641236	94351	155060	10026	230573	532450
集体企业	444294	406911	135346	56597				25883	11500
股份合作企业									
国有联营企业									
集体联营企业	14578	8714		6198				5457	407
国有与集体联营企业									
其他联营企业									
国有独资有限责任公司	1121636	339687	99945	108319	94718		535118	72931	173900
其他有限责任公司	4545502	3400783	450462	1220713		203962	101879	430302	612538
股份有限公司	181370	145221	69000	23832		7700	11260	16632	8257
私营企业	5612212	4520202	635363	1300887	25384	166946	99320	604144	388546
其他企业	25773	24273	16430	7843		11392			1500
港、澳、台商投资企业	3330186	2535105	416076	896046		172263	200582	302564	291935
合资经营企业(港或澳、台资)	965547	580658	101726	165427		29165	177400	84418	123071
合作经营企业(港或澳、台资)	79743	37911	5175	32736		5175	10545	15731	15556
港、澳、台商独资经营企业	2284896	1916536	309175	697883		137923	12637	202415	153308
港、澳、台商投资股份有限公司									
外商投资企业	804719	639272	140582	323688		113198	18230	61283	85934
中外合资经营企业	40936	30255	1657			5000		6369	4312
中外合作经营企业	22562	14392	13072	1320				2422	5748
外资企业	741221	594625	125853	322368		108198	18230	52492	75874
外商投资股份有限公司									
按控股情况分									
#国有控股	4742089	2980347	611046	831468	189069	156675	591909	332944	836889
其他	14319417	11248008	1818392	3753891	25384	673846	384506	1416825	1270078
按资质等级分									
一级	1156206	429008	105071	255721			535118	22369	169711
二级	2109578	1811177	469237	561393		153134	5289	138897	154215
三级	5933162	4937960	680857	1361216	87163	286165	100991	520318	373893
四级	3633134	2619468	415349	1020875	108433	192610	223805	383815	406046
暂定	4043739	3011272	544794	784236	18857	51135	64447	581258	386762
其他	2185687	1419470	214130	601918		147477	46765	103112	616340
按隶属关系分									
中央	320483	91683	20159					3972	224828
省	24480	12546	10420	2126			11260	674	
设区市	4476893	2875553	564220	1146992	74203	120948	622188	333701	645451
县(区、市)	1744456	1196097	266362	247250	114866	53921	169040	188845	190474
其他	12495194	10052476	1568277	3188991	25384	655652	173927	1222577	1046214
按市县分									
福州市	3291524	2946823	678157	1126920		277257	21805	117640	205256
鼓楼区	818526	719267	128169	394458		98839	21805	26600	50854
台江区	331584	301967	218740	66535				3577	26040

4-13　续表 1　　　　单位：平方米

项　　目	商品房屋竣工面积	住宅	#90平方米以下	#140平方米以上	#经济适用房	#别墅、高档公寓	办公楼	商业营业用房	其他
仓山区	302667	279023	114987	20801		54678		1005	22639
马尾区									
晋安区	316628	282463	66177	64238				15153	19012
闽侯县	191740	191740	12000	132060		112740			
连江县	314575	256295	60363	40845		7700		35421	22859
罗源县	215814	193845	5177	44735				2539	19430
闽清县	70458	55788	13054					12670	2000
永泰县	43291	43291	3598	3416					
平潭县	180497	171167		64107				2926	6404
福清市	212398	207324	23369	128900		3300		5074	
长乐市	293346	244653	32523	166825				12675	36018
厦门市	6250425	3679807	656551	1530373		318376	795409	556030	1219179
思明区	3705565	2116480	373343	1042080		150859	582954	416938	589193
海沧区	1039951	683249	122042	85207		1292		41824	314878
湖里区	776685	442562	88588	247121		142277	165690	36233	132200
集美区	272547	236635	22477	88434		23948		12510	23402
同安区	254729	199821	50101	67531				27723	27185
翔安区	200948	1060					46765	20802	132321
莆田市	1024485	759255	71445	368019		1300	9355	177016	78859
城厢区	442314	328761	51930	151392		1300	4535	62368	46650
涵江区	95516	80642	6522	20805			4820	7841	2213
荔城区	284563	180312	1623	114075				75262	28989
秀屿区	49769	36496	9000	27496				12673	600
仙游县	152323	133044	2370	54251				18872	407
三明市	1040052	803968	76241	39961	25384	15850	33495	135738	66851
梅列区	238434	184413	39536	2289	12424	5000	7340	27365	19316
三元区	22836	21422	21049	373	12960		221	480	713
明溪县									
清流县	12750	8400					3350	1000	
宁化县	53870	30000						23870	
大田县	14064	11386						1786	892
尤溪县	34000	30900						3100	
沙　县	373491	278445	9919				22584	38456	34006
将乐县	50339	37660	3023	9394				7753	4926
泰宁县	81864	62272	443	10850		10850		15318	4274
建宁县	42830	38100						4730	
永安市	115574	100970	2271	17055				11880	2724
泉州市	2331020	1789719	188844	680717	94718	100865	66580	268570	206151
鲤城区	79194	62937	2789	26271		26271		6523	9734
丰泽区	190689	168806		104541		39001	2677	10513	8693
洛江区									
泉港区	350276	272635	56773	65518	94718			54202	23439
惠安县	143217	105793	45394	19603		9380	13981	21943	1500
安溪县	138211	115815	3671	4754			3110	14155	5131
永春县									
德化县	80944	69574	500	9535				4439	6931

4-13 续表 2　　　　单位：平方米

项　目	商品房屋竣工面积	住宅	#90平方米以下	#140平方米以上	#经济适用房	#别墅、高档公寓	办公楼	商业营业用房	其他
石狮市	148517	58222	12350	37786			39812	6397	44086
晋江市	300592	254006	35000	53268		13230		35631	10955
南安市	899380	681931	32367	359441		12983	7000	114767	95682
漳州市	1787447	1509093	332856	243229	13327	18389	2819	179956	95579
芗城区	653683	571531	129165	135315				34939	47213
龙文区	196456	120927	51333		13327			50052	25477
云霄县	10000	10000	1425	6394					
漳浦县	83669	70963	2034	14583		6030		11546	1160
诏安县	94983	93517	21748	6637		2137		1466	
长泰县	143745	132476	19745	13668		9363		10710	559
东山县	114410	99999	28133	24098		859		12339	2072
南靖县	44182	42868					198		1116
平和县	32799	29138	12816	2084			2621	240	800
华安县	61388	21538	17115					39850	
龙海市	352132	316136	49342	40450				18814	17182
南平市	1072071	914049	147338	111773		34708	16760	83228	58034
延平区	275659	220228	71777	18620			11476	24371	19584
顺昌县	111054	102211	2064					4979	3864
浦城县	87175	71782		700				8995	6398
光泽县	37885	35373	2091				1052	900	560
松溪县	52591	47064						3909	1618
政和县	9890	7052						361	2477
邵武市	168720	139711	2346	10219				15144	13865
武夷山市	92742	80071	49108	30963		20333		12513	158
建瓯市	190978	167934	16024	46299		12362	4232	9896	8916
建阳市	45377	42623	3928	4972		2013		2160	594
龙岩市	1305795	983512	185143	258360		47639	25958	149990	146335
新罗区	776250	578436	110895	207659		47639	20446	58453	118915
长汀县	126907	104477	38769	13932				18746	3684
永定县	77036	61959	6653	21975				11830	3247
上杭县	55855	40294	777	4809			1647	8831	5083
武平县	31731	27751	1000	2440				800	3180
连城县	76700	63070	15425					11709	1921
漳平市	161316	107525	11624	7545			3865	39621	10305
宁德市	958687	842129	92863	226007	81024	16137	4234	81601	30723
蕉城区	428578	387230	56240	106233	74203		1400	22847	17101
霞浦县	190264	151346	1025	51898		16137	1275	29249	8394
古田县	62734	57926	16576					3380	1428
屏南县	7091	7091	4964		6821				
寿宁县	26328	20328					1559	4441	
周宁县	2826	2826							
柘荣县									
福安市	38914	31897	1238	16197				7017	
福鼎市	201952	183485	12820	51679				14667	3800

4-14　房地产开发按用途分的商品房销售面积

单位：平方米

项　　目	商品房销售面积	住宅	#90平方米以下	#140平方米以上	#经济适用房	#别墅、高档公寓	办公楼	商业营业用房	其他
合　　计	**16256665**	**12500005**	**3353808**	**3437380**	**838130**	**621832**	**665180**	**943176**	**2148304**
按登记注册类型分									
内资企业	13132250	9795384	2701932	2547568	815482	353093	639533	710103	1987230
国有企业	1447007	888106	364680	189094	244669	88768	1792	53245	503864
集体企业	174117	157913	47129	47762				9621	6583
股份合作企业	11558	11558							
国有联营企业	14711	9119		1570				5592	
集体联营企业	1598	1598	722	763					
国有与集体联营企业	305								305
其他联营企业	66								66
国有独资有限责任公司	1090580	511340	294074	13775	375652		542684	31503	5053
其他有限责任公司	4937690	3418501	852445	1071546	84519	88422	5878	222203	1291108
股份有限公司	287179	268301	48672	76764	19400	1025		12504	6374
私营企业	5133627	4498299	1093294	1138686	91242	168315	89179	375435	170714
其他企业	33812	30649	916	7608		6563			3163
港澳台商投资企业	2115928	1800148	432888	497958	19187	134985	21186	154511	140083
合资经营企业(港或澳、台资)	482189	451704	135704	146342	19187	45664	2333	12216	15936
合作经营企业(港或澳、台资)	42055	39739	1510	742				2036	280
港澳台商独资经营企业	1510940	1230295	273068	339885		85660	18853	137925	123867
港澳台商投资股份有限公司	80744	78410	22606	10989		3661		2334	
外商投资企业	1008487	904473	218988	391854	3461	133754	4461	78562	20991
中外合资经营企业	272475	256370	89836	80016		15203		10897	5208
中外合作经营企业									
外资企业	735875	648103	129152	311838	3461	118551	4461	67665	15646
外商投资股份有限公司	137								137
按控股情况分									
#国有控股	2910682	1748905	741056	257695	620860	114192	544476	99638	517663
其他	13345983	10751100	2612752	3179685	217270	507640	120704	843538	1630641
按资质等级分									
一级	514089	284442	52235	125465		6105	203567	23781	2299
二级	2316896	1856688	863667	417012	404870	56447	170	65283	394755
三级	6045738	4243691	1025797	1082762	278708	154336	395587	316262	1090198
四级	1978421	1625067	427457	453057	106988	137858	21421	127595	204338
暂定	4349521	3767721	841098	1120165	47564	229726	32367	369528	179905
其他	1052000	722396	143554	238919		37360	12068	40727	276809
按隶属关系分									
中央	13416	12830	1635					128	458
省	123655	115813	89972	5573	8601	1687		3965	3877
设区市	3132056	1932499	815003	412914	499182	37548	546125	88264	565168
县(区、市)	1522183	1220699	256298	413532	112538	84726	1279	93402	206803
其他	11465355	9218164	2190900	2605361	217809	497871	117776	757417	1371998
按市县分									
福州市	3706633	3414405	1130392	1050187	373844	140742	29604	154842	107782
鼓楼区	937064	824705	377118	251997	120501	65086	27458	40523	44378
台江区	347060	298606	174886	74334			1365	27370	19719

4-14 续表 1　　　　单位：平方米

项　目	商品房销售面积	住宅	#90平方米以下	#140平方米以上	#经济适用房	#别墅、高档公寓	办公楼	商业营业用房	其他
仓山区	571347	552944	282953	57308	252804	2821		13759	4644
马尾区	222674	191854	70467	59803		7345		26583	4237
晋安区	226700	214357	85418	33057	539	9934		6844	5499
闽侯县	156158	152531	36733	50600		54994		3627	
连江县	283748	275882	11800	88319				6874	992
罗源县	87954	80859	5179	8735			781	781	5533
闽清县	1928	1928	1676						
永泰县	72398	59128	23216	1157				8182	5088
平潭县	280406	278834	910	157523				1572	
福清市	413319	393617	60036	184379		562		15567	4135
长乐市	105877	89160		82975				3160	13557
厦门市	3894664	1502053	274179	548758		61997	562451	92222	1737938
思明区	2419111	788685	118315	428486		52035	554535	49496	1026395
海沧区	208240	181822	39044	30408		822		19039	7379
湖里区	844273	173037	16934	56647		6955	7916	10163	653157
集美区	119236	66579	6673	5730		2185		4311	48346
同安区	301638	291930	93213	27487				7047	2661
翔安区	2166							2166	
莆田市	894656	760208	255292	222247	270	9126	4852	104586	25010
城厢区	195729	185382	51132	63271		3539	32	3187	7128
涵江区	82716	75449	15465	27612		1814	4820	2074	373
荔城区	417583	320857	156919	63466		1685		80382	16344
秀屿区	35742	32353	7031	15578				3389	
仙游县	162886	146167	24745	52320	270	2088		15554	1165
三明市	794946	723469	165830	48865	98682	9061	1560	54563	15354
梅列区	148323	139442	25021	20090	4024	3339		7749	1132
三元区	33799	32103	13455	178	10678		1410	286	
明溪县	34378	28445	5433	8443				3820	2113
清流县	15423	14423						1000	
宁化县	25498	16978						8520	
大田县	36646	34858	4184					810	978
尤溪县	25467	21275						4192	
沙　县	183279	167356	8167					9354	6569
将乐县	29754	25226	5713	4894			150	3314	1064
泰宁县	14876	10020	448	1918		1918		2855	2001
建宁县	27707	21206	584					6501	
永安市	219796	212137	102825	13342	83980	3804		6162	1497
泉州市	2578782	2199227	433211	794847	105112	165345	43806	203127	132622
鲤城区	211606	197857	99873	67942		33580		9260	4489
丰泽区	618928	560925	110613	183426	10394	69114	3056	45172	9775
洛江区	115610	109386	13891	31079		24615		4130	2094
泉港区	188345	169951	25256	15452	94718			17118	1276
惠安县	265157	238407	49401	69435		36403		26123	627
安溪县	171697	154823	7879	4163		1404		16260	614
永春县	57397	52588	5069	7857				4611	198
德化县	59687	50025	1467	2000				6246	3416

4-14　续表 2　　　　单位：平方米

项　目	商品房销售面积	住宅	#90平方米以下	#140平方米以上	#经济适用房	#别墅、高档公寓	办公楼	商业营业用房	其他
石狮市	272822	125932	42216	41331			40039	4440	102411
晋江市	349788	295105	35869	233743		229	541	51870	2272
南安市	267745	244228	41677	138419			170	17897	5450
漳州市	1763787	1596831	527636	297990	131749	53847	179	114218	52559
芗城区	611068	555170	266263	122151	116406		179	31071	24648
龙文区	283914	257616	51217	35513		11274		17094	9204
云霄县	50296	50296	2681	16354		7953			
漳浦县	144150	124548	17623	7558		1600		11300	8302
诏安县	61014	55805	25691	1762				5209	
长泰县	105558	95817	45611	18447	15343	5285		7099	2642
东山县	123648	111428	24901	30909		859		11141	1079
南靖县	64134	59959	8900	2600				53	4122
平和县	16574	13704	6696	700				2070	800
华安县	57177	47975	7967					9202	
龙海市	246254	224513	70086	61996		26876		19979	1762
南平市	1097557	1000862	211425	195319	32251	129985	11645	68062	16988
延平区	227695	219415	71422	22900			1878	6295	107
顺昌县	55974	53132	3228					2384	458
浦城县	45040	39001	580	700				2513	3526
光泽县	39176	36384	9262	143			1052	1740	
松溪县	73245	70560	854	12427				1943	742
政和县	17333	13994						3219	120
邵武市	229442	211029	12682	12922				10737	7676
武夷山市	178773	166452	93889	60578	31654	49658		12298	23
建瓯市	135251	119846	6411	82143	597	80107		11069	4336
建阳市	95628	71049	13097	3506		220	8715	15864	
龙岩市	841216	692059	213222	109035	28130	22895	6209	84361	58587
新罗区	389658	299606	148148	54866	26520	13810	6209	42517	41326
长汀县	148550	123686	18334	27873		7994		22034	2830
永定县	18431	15500	2554	3540				929	2002
上杭县	77334	72154	1915	11608				2511	2669
武平县	55252	47429	16380	2519				1852	5971
连城县	58467	54234	14051	5803	1610			3683	550
漳平市	93524	79450	11840	2826		1091		10835	3239
宁德市	684424	610891	142621	170132	68092	28834	4874	67195	1464
蕉城区	246235	224710	46479	41794	68092		1960	19263	302
霞浦县	59495	53291	6847	11785		2282		6204	
古田县	74149	67761	37754					5307	1081
屏南县	15194	14118	9168					1076	
寿宁县	7759	4471		4471			814	2474	
周宁县	26194	21294		14000			2100	2800	
柘荣县	8889	8889	1220						
福安市	164006	138275	20989	52036				25731	
福鼎市	82503	78082	20164	46046		26552		4340	81

4-15 房地产开发按用途分的商品房销售额

单位：万元

项目	商品房销售额	住宅	#90平方米以下	#140平方米以上	#经济适用房	#别墅、高档公寓	办公楼	商业营业用房	其他
合计	**7126128**	**5622613**	**1341458**	**1950441**	**193833**	**456049**	**358234**	**783078**	**362203**
按登记注册类型分									
内资企业	5215038	4034132	1015545	1303590	187249	196632	330448	535613	314845
国有企业	479262	371694	136312	75663	61811	25912	1286	38845	67437
集体企业	56437	42897	17006	11049				11901	1639
股份合作企业	925	925							
国有联营企业	10091	5506		1402				4585	
集体联营企业	464	464	159	269					
国有与集体联营企业	50								50
其他联营企业	15								15
国有独资有限责任公司	434464	129959	87282	4354	86682		290951	12570	984
其他有限责任公司	2039597	1669176	357108	624456	15381	90250	2567	177930	189924
股份有限公司	114512	102959	14970	41142	4143	825		8804	2749
私营企业	2070299	1702384	402500	541603	19232	76046	35644	280978	51293
其他企业	8922	8168	208	3652		3599			754
港澳台商投资企业	1366873	1130514	242933	415496	5851	153001	25061	171997	39301
合资经营企业(港或澳、台资)	328969	301171	83638	138393	5851	72292	2075	18990	6733
合作经营企业(港或澳、台资)	30606	28548	1254	386				1917	141
港澳台商独资经营企业	971316	766672	147838	264265		73413	22986	149231	32427
港澳台商投资股份有限公司	35982	34123	10203	12452		7296		1859	
外商投资企业	544217	457967	82980	231355	733	106416	2725	75468	8057
中外合资经营企业	158658	148549	48409	54094		9500		7379	2730
中外合作经营企业									
外资企业	385497	309418	34571	177261	733	96916	2725	68089	5265
外商投资股份有限公司	62								62
按控股情况分									
#国有控股	1142445	716185	270927	127659	148634	53161	292237	62391	71632
其他	5983683	4906428	1070531	1822782	45199	402888	65997	720687	290571
按资质等级分									
一级	338799	250860	45123	109145		10939	60050	26911	978
二级	1089924	956852	355161	291066	110473	65761	82	75905	57085
三级	2217873	1546108	352588	502213	64857	121897	243135	275559	153071
四级	905814	753456	174901	259555	8380	93642	15516	92177	44665
暂定	1823160	1485482	324306	502863	10123	109284	19275	271106	47297
其他	750558	629855	89379	285599		54526	20176	41420	59107
按隶属关系分									
中央	4288	4090	515					93	105
省	72057	66642	56025	3671	3096	2438		4027	1388
设区市	1519293	1050111	314748	361817	137448	52649	293913	78436	96833
县(区、市)	463753	384685	90571	141237	7949	14320	198	47834	31036
其他	5066737	4117085	879599	1443716	45340	386642	64123	652688	232841
按市县分									
福州市	2044541	1790644	561569	614966	114363	116966	22054	190531	41312
鼓楼区	683503	574612	229775	194844	38696	62079	21354	70484	17053
台江区	243389	191638	87595	71431			247	42017	9487

4-15　续表 1　　　　单位：万元

项　　目	商品房销售额								
		住宅	#90平方米以下	#140平方米以上	#经济适用房	#别墅、高档公寓	办公楼	商业营业用房	其他
仓山区	255476	232248	94849	34621	75526	1669		21826	1402
马尾区	132984	124336	40905	45747		6033		7110	1538
晋安区	174950	162022	54157	25784	141	12506		10049	2879
闽侯县	72587	71050	15736	31050		34615		1537	
连江县	115249	108911	9846	36978				6149	189
罗源县	30164	26915	1966	3206			453	1364	1432
闽清县	632	632	578						
永泰县	30136	16973	6808	321				12153	1010
平潭县	78120	77386	225	43198				734	
福清市	153015	141219	19129	66504		64		10608	1188
长乐市	74336	62702		61282				6500	5134
厦门市	2046956	1342910	188352	594312		103048	320443	133109	250494
思明区	1338475	795807	80698	466343		76077	311871	77936	152861
海沧区	162888	131885	27453	22278		926		29175	1828
湖里区	301984	191542	18852	75560		17844	8572	14416	87454
集美区	54959	42979	4071	10723		8201		4336	7644
同安区	187655	180697	57278	19408				6251	707
翔安区	995							995	
莆田市	304793	242702	77184	79817	11	3571	1111	55199	5781
城厢区	86630	79948	17426	35031		2137	77	4119	2486
涵江区	22157	19696	5054	8307		417	1034	1197	230
荔城区	144620	102167	49790	20820		580		39641	2812
秀屿区	8566	6162	703	4540				2404	
仙游县	42820	34729	4211	11119	11	437		7838	253
三明市	286906	239873	43860	21264	17132	3601	499	43591	2943
梅列区	80278	70861	10782	9825	692	1261		9160	257
三元区	5479	4606	2339	73	1200		473	400	
明溪县	11307	8525	1684	2662				2563	219
清流县	3257	2857						400	
宁化县	9713	5288						4425	
大田县	15774	14569	2460					1052	153
尤溪县	6958	5237						1721	
沙　县	70877	56300	2855					13195	1382
将乐县	9446	7057	1566	1343			26	2252	111
泰宁县	5935	2717	286	489		489		2998	220
建宁县	6163	4172	234					1991	
永安市	61719	57684	21654	6872	15240	1851		3434	601
泉州市	1029914	844185	150575	376965	8862	141410	7300	147066	31363
鲤城区	113080	103599	41338	44086		30997		7561	1920
丰泽区	350164	304436	45780	156207	3653	80755	1796	35476	8456
洛江区	50372	45016	4316	10881		15782		4786	570
泉港区	28229	18933	4843	2511	5209			8918	378
惠安县	65488	52790	9413	8039		13035		12514	184
安溪县	64792	41394	2314	1256		796		23304	94
永春县	19248	15435	1480	2562				3751	62
德化县	16813	12326	443	607				2926	1561

4-15 续表 2

单位：万元

项　目	商品房销售额	住宅	#90平方米以下	#140平方米以上	#经济适用房	#别墅、高档公寓	办公楼	商业营业用房	其他
石狮市	74726	46662	13512	16740			5065	8577	14422
晋江市	148328	125667	15973	99459		45	357	20749	1555
南安市	98674	77927	11163	34617			82	18504	2161
漳州市	561318	475689	143971	117160	28360	36015	83	73961	11585
芗城区	219263	184449	71355	46416	26060		83	29000	5731
龙文区	84055	73493	16996	13016		4363		8903	1659
云霄县	12155	12155	668	3292		2112			
漳浦县	34849	26476	3352	1862		444		6412	1961
诏安县	13786	10710	5141	363				3076	
长泰县	29782	24279	11279	6296	2300	4220		4942	561
东山县	26921	19984	4748	5782		300		6758	179
南靖县	11719	10782	1645	702				13	924
平和县	4470	3524	1858	140				786	160
华安县	11022	8079	1426					2943	
龙海市	113296	101758	25503	39291		24576		11128	410
南平市	322692	278891	61013	48865	7206	27548	3325	37431	3045
延平区	80044	76336	22888	9807			670	3004	34
顺昌县	15372	13956	807					1311	105
浦城县	12241	8433	187	180				2866	942
光泽县	9841	8647	1715	40			300	894	
松溪县	14409	13432	99	1765				832	145
政和县	6652	3654						2977	21
邵武市	73794	65196	4115	4521				7498	1100
武夷山市	51418	46842	25503	18353	7074	14931		4569	7
建瓯市	31746	23461	2072	13142	132	12530		7594	691
建阳市	27175	18934	3627	1057		87	2355	5886	
龙岩市	282565	207273	63663	40003	5947	8146	1880	57953	15459
新罗区	155185	109170	47850	25281	5650	6155	1880	33034	11101
长汀县	49622	35135	4948	7987		1663		13727	760
永定县	5705	4128	608	1002				949	628
上杭县	18942	16961	310	2822				1519	462
武平县	14075	11293	3973	591				1187	1595
连城县	16806	14623	3560	1947	297			2036	147
漳平市	22230	15963	2414	373		328		5501	766
宁德市	246443	200446	51271	57089	11952	15744	1539	44237	221
蕉城区	88254	73540	18446	12920	11952		745	13902	67
霞浦县	23091	18341	2548	3577		783		4750	
古田县	23796	19140	10688					4528	128
屏南县	3836	3686	2388					150	
寿宁县	2482	661		661			164	1657	
周宁县	9774	8274		6000			630	870	
柘荣县	2400	2400	333						
福安市	55766	41557	7832	14334				14209	
福鼎市	37044	32847	9036	19597		14961		4171	26

4-16　房地产开发按用途分的商品房空置面积

单位：平方米

项　　目	商品房空置面积	住宅	#90平方米以下	#140平方米以上	#经济适用房	#别墅、高档公寓	办公楼	商业营业用房	其他
合　　计	**4063898**	**1669676**	**291681**	**472638**	**11793**	**164497**	**403689**	**1320426**	**670107**
按登记注册类型分									
内资企业	2880280	1190667	249614	248701	9330	57448	328066	871025	490522
国有企业	235174	75823	6938	10851			8380	85950	65021
集体企业	19912	7623	4555	3068			1500	5356	5433
股份合作企业									
国有联营企业	10249	878		340				9371	
集体联营企业									
国有与集体联营企业	510								510
其他联营企业	512								512
国有独资有限责任公司	343589	87240	77235		8203		224696	3826	27827
其他有限责任公司	704339	279793	36098	56156		817	77198	223555	123793
股份有限公司	52533	39577	23282	11886				12524	432
私营企业	1500824	689309	101352	158123	1127	46360	16292	528229	266994
其他企业	12638	10424	154	8277		10271		2214	
港、澳、台商投资企业	847521	332163	26724	127734	2463	95202	46965	332515	135878
合资经营企业(港或澳、台资)	197638	87572	12033	54009		43997	13981	59821	36264
合作经营企业(港或澳、台资)	19777	466					690	2524	16097
港、澳、台商独资经营企业	622725	242535	14691	73725	2463	51205	32294	264554	83342
港、澳、台商投资股份有限公司	7381	1590						5616	175
外商投资企业	336097	146846	15343	96203		11847	28658	116886	43707
中外合资经营企业	105742	64518	4331	52172		958	5225	27152	8847
中外合作经营企业	5055	2918		2917				1670	467
外资企业	184139	71558	11012	33262		10889	23314	61002	28265
外商投资股份有限公司	41161	7852		7852			119	27062	6128
按控股情况分									
#国有控股	680990	170593	85155	14305	8203		288216	109669	112512
其他	3382908	1499083	206526	458333	3590	164497	115473	1210757	557595
按资质等级分	**381044**	**89821**	**75617**	**7080**		**7485**	**238100**	**39094**	**14029**
一级	375315	156984	5803	105938		18143	4499	117000	96832
二级	1551299	678342	101856	215250	1127	98303	46574	568385	257998
三级	580604	314668	61823	69329	2463	13563	19182	148512	98242
四级	989144	391555	32165	70862	8203	21641	31942	405913	159734
暂定	186492	38306	14417	4179		5362	63392	41522	43272
其他									
按隶属关系分									
中央	15973	10335	558					2232	3406
省	27117	2357					14665	8299	1796
设区市	639535	144877	79257	20559		12498	286520	105748	102390
县(区、市)	359579	191604	18194	28026	8203		3934	116089	47952
其他	3021694	1320503	193672	424053	3590	151999	98570	1088058	514563
按市县分									
福州市	647803	280083	43710	110735		61937	57006	206296	104418
鼓楼区	208872	47981	8073	17427		17756	30208	67414	63269
台江区	115211	18366	11584	140			4068	74367	18410

4-16 续表 1

单位：平方米

项目	商品房空置面积	住宅	#90平方米以下	#140平方米以上	#经济适用房	#别墅、高档公寓	办公楼	商业营业用房	其他
仓山区	34547	8219		1406		1736	1974	14426	9928
马尾区	113061	65088	12788	51016			20756	21261	5956
晋安区	14408	12810	2435						1598
闽侯县	45357	43804		36428		42445		1553	
连江县	33624	13322						20105	197
罗源县	17611	9552	8020	428				2999	5060
闽清县									
永泰县	3805	3805							
平潭县	14669	14669							
福清市	46638	42467	810	3890				4171	
长乐市									
厦门市	708788	180102	76984	14628		557	299032	125334	104320
思明区	538423	157186	76123	8748			239769	81163	60305
海沧区	28269	4946	774	804				5421	17902
湖里区	34554	9768	87	3489		557	1278	14666	8842
集美区	20606						11220	1164	8222
同安区	39216	8022		1407				22145	9049
翔安区	47720	180		180			46765	775	
莆田市	274346	125879	10497	51346		8773	6891	89566	52010
城厢区	139749	67594	10497	27691		291	4480	34803	32872
涵江区	52246	24655		15510		8482	700	17634	9257
荔城区	58862	25308		3900			1711	21962	9881
秀屿区	13297	1633						11664	
仙游县	10192	6689		4245				3503	
三明市	205201	97778	8721	13522	1127	7758	7390	66597	33436
梅列区	20751	2122	76	1506			269	16116	2244
三元区	11892	7134	6440	194	1127		221	2189	2348
明溪县	16531	1831		1831			6900	5557	2243
清流县									
宁化县	37680	25680						12000	
大田县	7351	3406						3223	722
尤溪县	19775	19145						480	150
沙　县	41232	5108						15535	20589
将乐县	13337	8102	1762	2233				2129	3106
泰宁县	28492	19412	443	7758		7758		7046	2034
建宁县	8160	5838						2322	
永安市									
泉州市	866098	354780	41568	109571	2463	56095	9348	371023	130947
鲤城区	88188	48523	1901	36633		36633	666	4967	34032
丰泽区	72132	19328	5925	8269		6136	127	11250	41427
洛江区	37816	2000						34518	1298
泉港区	223829	88130	8368	12612			616	115732	19351
惠安县	90829	59902	24086	12702		326	2750	26014	2163
安溪县	75634	53261		13798				19807	2566
永春县									
德化县									

4-16 续表 2

单位：平方米

项目	商品房空置面积	住宅	#90平方米以下	#140平方米以上	#经济适用房	#别墅、高档公寓	办公楼	商业营业用房	其他
石狮市	46784	20549		1249		13000		13300	12935
晋江市	170212	28840		6805	2463		690	129354	11328
南安市	60674	34247	1288	17503			4499	16081	5847
漳州市	476648	207004	27314	65335		5388	9901	196702	63041
芗城区	189270	71517	4033	43163			6899	66921	43933
龙文区	40505	17654		423				20201	2650
云霄县	2030	2030							
漳浦县	56065	17105	273	4430		4430		30259	8701
诏安县	4316	4055	1274			958		261	
长泰县	13223	12101	73	708				1058	64
东山县	30917	16196	3431	1922				14173	548
南靖县	4351	651						866	2834
平和县	36040	32684	5111	1384				3356	
华安县	24071	9148	9148					14923	
龙海市	75860	23863	3971	13305			3002	11681	1311
南平市	348680	205382	38543	33745		17541	6546	98816	37936
延平区	123579	31638	9280	2268			5544	62214	24183
顺昌县	19712	13693	429					2613	3406
浦城县									
光泽县	224							224	
松溪县	11010	9542							1468
政和县	28778	25746						3032	
邵武市	17913	10231		3053				1980	5702
武夷山市	55483	44864	23434	12979		17541		10126	493
建瓯市	90533	69668	5400	15445				18181	2684
建阳市	1448						1002	446	
龙岩市	325571	118053	14319	43070	8203	6448	6176	70573	130769
新罗区	212325	68597	5652	43070		6448	6176	37826	99726
长汀县	19448	16015	4110					1787	1646
永定县	11270	5238						3335	2697
上杭县	10247	1332	369					4443	4472
武平县	4473	3855						339	279
连城县	28811	21784	4188		8203			6224	803
漳平市	38997	1232						16619	21146
宁德市	210763	100615	30025	30686			1399	95519	13230
蕉城区	149278	63449	24506	12376			1399	76329	8101
霞浦县	15311	6921	174	3562				8020	370
古田县	2921								2921
屏南县									
寿宁县									
周宁县	4000	2800							1200
柘荣县									
福安市	22174	15360	5084	8264				6814	
福鼎市	17079	12085	261	6484				4356	638

4-17 房地产开发按用途分的出租房屋面积

单位：平方米

项目	商品房出租面积	住宅	#90平方米以下	#140平方米以上	#经济适用房	#别墅、高档公寓	办公楼	商业营业用房	其他
合计	**4389899**	**545283**	**131714**	**116877**	**119**	**31468**	**721653**	**1715334**	**1407629**
按登记注册类型分									
内资企业	2978147	342141	112863	58530	119	6569	655443	977246	1003317
国有企业	876883	136856	23403	20104			10046	591600	138381
集体企业	10208	4660						5548	
股份合作企业									
国有联营企业									
集体联营企业									
国有与集体联营企业									
其他联营企业									
国有独资有限责任公司	1359844	23315	21421	1294			579633	48112	708784
其他有限责任公司	418686	155281	63512	20480	119	6287	41717	142919	78769
股份有限公司	65415	1698	1698				5960	44497	13260
私营企业	247111	20331	2829	16652		282	18087	144570	64123
其他企业									
港、澳、台商投资企业	1320403	191547	14040	56558		24899	62675	665150	401031
合资经营企业(港或澳、台资)	155348	21582	232	18918			13579	114014	6173
合作经营企业(港或澳、台资)	393434	5105		5105		5105	12438	20736	355155
港、澳、台商独资经营企业	758619	151935	13808	32535		19794	36658	530400	39626
港、澳、台商投资股份有限公司	13002	12925							77
外商投资企业	91349	11595	4811	1789			3535	72938	3281
中外合资经营企业	10667						943	9724	
中外合作经营企业	9634	9400	4811	684				188	46
外资企业	71048	2195		1105			2592	63026	3235
外商投资股份有限公司									
按控股情况分									
#国有控股	2420882	237635	99391	21398			622054	653155	908038
其他	1969017	307648	32323	95479	119	31468	99599	1062179	499591
按资质等级分									
一级	361555	8304	5514	1196			212831	135458	4962
二级	471008	28357	1919				3091	59889	379671
三级	1464793	166343	39110	20374			414254	814553	69643
四级	568190	275312	73766	70092	119	31186	35348	98027	159503
暂定	1341283	40425	2829	16652		282	9341	512752	778765
其他	183070	26542	8576	8563			46788	94655	15085
按隶属关系分									
中央	142	38	38					104	
省	14337						10192	4145	
设区市	1806778	215854	67341	35936	119	6287	616619	125696	848609
县(区、市)	727790	94790	31272	17888			4200	580419	48381
其他	1840852	234601	33063	63053		25181	90642	1004970	510639
按市县分									
福州市	470235	39088	14732				67976	336360	26811
鼓楼区	219960	14698	622				20629	163616	21017
台江区	169142						22008	147134	

4-17　续表 1　　　　单位：平方米

项　目	商品房出租面积	住宅	#90平方米以下	#140平方米以上	#经济适用房	#别墅、高档公寓	办公楼	商业营业用房	其他
仓山区	13204	4500						4910	3794
马尾区	44909	7890	2110				25339	11680	
晋安区									
闽侯县	14000	12000	12000						2000
连江县	9020							9020	
罗源县									
闽清县									
永泰县									
平潭县									
福清市									
长乐市									
厦门市	1820985	443508	98049	116877	119	31468	565023	287256	525198
思明区	1474150	332030	85467	78574	119	31186	554218	215057	372845
海沧区	77319	76786	7593	19262				533	
湖里区	175636	33371	4989	18854		282	10305	3861	128099
集美区	33168	850					500	7882	24236
同安区	55752	311		187				55423	18
翔安区	4660	160						4500	
莆田市	119773	3998					11731	101521	2523
城厢区	47421						9305	38116	
涵江区	25285	3998					2426	16338	2523
荔城区	47067							47067	
秀屿区									
仙游县									
三明市	12145							12145	
梅列区									
三元区									
明溪县									
清流县									
宁化县	4770							4770	
大田县									
尤溪县									
沙　县									
将乐县	437							437	
泰宁县	6638							6638	
建宁县									
永安市	300							300	
泉州市	967020	8575	2294				23536	848423	86486
鲤城区	108029	4583	2294				19936	54542	28968
丰泽区	52728							47363	5365
洛江区	10356							10356	
泉港区	25707	1692						24015	
惠安县	41284						3600	37684	
安溪县	16000							16000	
永春县									
德化县	20730							7480	13250

4-17 续表 2 单位：平方米

项目	商品房出租面积	住宅	#90平方米以下	#140平方米以上	#经济适用房	#别墅、高档公寓	办公楼	商业营业用房	其他
石狮市	633807	2300						599752	31755
晋江市	58379							51231	7148
南安市									
漳州市	812666	33518	221				5874	37351	735923
芗城区	48957	9521	221				5874	26639	6923
龙文区	1100	1100							
云霄县	23600								23600
漳浦县									
诏安县	5577							177	5400
长泰县									
东山县									
南靖县									
平和县									
华安县									
龙海市	733432	22897						10535	700000
南平市	32437	178						31007	1252
延平区	17350							17298	52
顺昌县									
浦城县									
光泽县	3066							3066	
松溪县									
政和县									
邵武市									
武夷山市	10621	178						10443	
建瓯市									
建阳市	1400							200	1200
龙岩市	127062	16148	16148				40732	40746	29436
新罗区	86576	260	260				39897	37076	9343
长汀县	15888	15888	15888						
永定县	1242							1242	
上杭县									
武平县	387							387	
连城县									
漳平市	22969						835	2041	20093
宁德市	27576	270	270				6781	20525	
蕉城区	17268							17268	
霞浦县									
古田县									
屏南县	270	270	270						
寿宁县									
周宁县									
柘荣县									
福安市									
福鼎市	10038						6781	3257	

4-18 房地产开发资产情况

单位：万元

项目	资产总计	固定资产累计折旧	本年折旧	负债合计	所有者权益合计
合计	**54495254**	**277045**	**61962**	**39572042**	**14923212**
按登记注册类型分					
内资企业	38632665	172267	43469	27929844	10702821
国有企业	8602163	41749	7264	6499844	2102320
集体企业	339468	1951	646	270692	68776
股份合作企业	148186	1257	148	90129	58057
国有联营企业	159129	413	75	109854	49276
集体联营企业	37445	54	34	33523	3921
国有与集体联营企业	6349	145	1	6345	5
其他联营企业	14911	61	11	4823	10088
国有独资有限责任公司	2030041	12500	3121	1501351	528690
其他有限责任公司	13233039	51913	13944	9608731	3624308
股份有限公司	905016	5422	1098	555035	349981
私营企业	12987108	55223	16799	9137870	3849238
其他企业	169810	1579	329	111649	58162
港、澳、台商投资企业	12296473	73503	14464	9155250	3141224
合资经营企业(港或澳、台资)	3183822	13710	3067	2316367	867455
合作经营企业(港或澳、台资)	465277	7689	1573	375053	90224
港、澳、台商独资经营企业	8385770	51418	9674	6285864	2099906
港、澳、台商投资股份有限公司	261605	687	150	177966	83639
外商投资企业	3566115	31275	4029	2486948	1079168
中外合资经营企业	930484	6999	684	720775	209710
中外合作经营企业	63803	905	74	31931	31872
外资企业	2457201	22842	3160	1669778	787423
外商投资股份有限公司	114628	529	112	64464	50163
按控股情况分					
#国有控股	12614427	68143	12858	9419095	3195332
其他	41880827	208902	49104	30152947	11727880
按资质等级分					
一级	3446838	15147	2471	2761128	685710
二级	8344792	35092	7586	6113087	2231705
三级	12684403	77445	15881	9409904	3274500
四级	8368651	61532	11032	6115468	2253183
暂定	14742866	51384	14942	10145914	4596952
其他	6907704	36444	10051	5026542	1881162
按隶属关系分					
中央	252836	3818	1220	178855	73981
省	971581	12221	1539	695754	275827
设区市	12749938	52611	9554	9492498	3257440
县(区、市)	4160981	17857	5466	3031784	1129197
其他	36359917	190539	44184	26173150	10186767
按市县分					
福州市	15713415	73555	13498	12702574	3010841
鼓楼区	4853110	25269	5496	3801905	1051205
台江区	3306413	17297	1895	2715605	590808

4-18 续表 1

单位：万元

项　目	资产总计	固定资产累计折旧	本年折旧	负债合计	所有者权益合计
仓山区	1861797	5036	1335	1716392	145405
马尾区	981618	4967	600	774141	207477
晋安区	1882849	9536	1410	1527697	355152
闽侯县	485824	2788	463	337025	148799
连江县	436227	1317	409	381332	54895
罗源县	89571	210	125	53717	35854
闽清县	30584	42	23	19166	11418
永泰县	41716	210	92	19229	22487
平潭县	219842	797	291	170183	49659
福清市	1123055	5643	1232	863463	259592
长乐市	400810	443	128	322720	78090
厦门市	21003357	96507	20977	15241819	5761538
思明区	11022342	54018	10483	7785708	3236635
海沧区	2118662	10164	3404	1592085	526577
湖里区	4743375	13013	3147	3615246	1128129
集美区	1700835	14347	2157	1204457	496379
同安区	1021925	4352	1483	704760	317166
翔安区	396217	613	304	339564	56653
莆田市	1872068	8350	2286	1302987	569081
城厢区	583669	2851	839	437073	146596
涵江区	162591	1196	150	78369	84223
荔城区	678417	1634	573	533688	144729
秀屿区	83707	856	165	28994	54714
仙游县	363683	1814	559	224863	138819
三明市	1206108	8041	2520	843091	363017
梅列区	261599	3168	454	190517	71082
三元区	118620	492	93	79687	38934
明溪县	22411	146	51	15376	7035
清流县	34384	66	46	12782	21602
宁化县	79513	1356	715	62440	17073
大田县	104864	529	222	85002	19862
尤溪县	68008	63	19	42777	25231
沙　县	204889	1263	544	137888	67002
将乐县	36388	108	44	27237	9151
泰宁县	33114	225	45	18548	14565
建宁县	17771	45	32	9054	8717
永安市	224548	581	254	161785	62763
泉州市	7095247	50096	13140	4478034	2617214
鲤城区	812822	10774	3510	592235	220587
丰泽区	2810896	18453	4154	1724516	1086380
洛江区	256259	797	260	214784	41475
泉港区	169638	2936	472	89424	80214
惠安县	352505	3400	937	242552	109953
安溪县	298071	2947	870	181566	116505
永春县	66970	350	207	42843	24127
德化县	89732	855	61	41737	47996

4-18　续表 2　　单位：万元

项　　目	资产总计	固定资产累计折旧	本年折旧	负债合计	所有者权益合计
石狮市	620025	3129	1085	398296	221729
晋江市	1025939	4774	976	570505	455435
南安市	592390	1683	608	379577	212813
漳州市	3544731	20451	3769	2385312	1159419
芗城区	1355907	7319	1193	971563	384344
龙文区	622652	1904	539	449147	173506
云霄县	79277	466	65	41536	37741
漳浦县	186128	422	116	122916	63212
诏安县	92141	336	103	50429	41712
长泰县	231192	540	269	150255	80936
东山县	119810	839	104	70543	49267
南靖县	22480	124	29	13828	8653
平和县	45044	46	25	22284	22759
华安县	29492	31	13	14347	15145
龙海市	760609	8426	1313	478463	282145
南平市	1324664	4674	1282	808555	516109
延平区	442751	1979	462	288708	154043
顺昌县	47611	117	45	23860	23752
浦城县	72015	218	99	56910	15106
光泽县	19957	38	22	13265	6693
松溪县	41271	65	15	20654	20617
政和县	15678	76	16	8813	6865
邵武市	178638	328	107	132380	46258
武夷山市	236640	1242	320	120971	115670
建瓯市	162757	350	129	87490	75267
建阳市	107346	261	66	55506	51840
龙岩市	1324846	6858	2210	818852	505995
新罗区	891750	5198	1228	557924	333825
长汀县	78554	401	199	54801	23753
永定县	29098	110	37	13588	15510
上杭县	63690	464	221	37859	25831
武平县	75042	99	78	29284	45758
连城县	69637	134	61	32532	37105
漳平市	117075	452	387	92863	24212
宁德市	1410818	8514	2282	990819	419999
蕉城区	550301	3326	1096	395031	155270
霞浦县	176607	311	114	120445	56162
古田县	80538	117	33	57415	23122
屏南县	32060	127	23	21268	10792
寿宁县	10856	15	10	6786	4070
周宁县	15634	20	11	11304	4330
柘荣县	12462	61	26	5558	6905
福安市	205659	2901	418	132874	72785
福鼎市	326701	1637	550	240139	86562

4-19 房地产开发资本情况

单位：万元

项　目	实收资本合计	国家资本	集体资本	法人资本	个人资本	港澳台商资本	外商资本
合　计	**10419778**	**1391379**	**89381**	**3215069**	**2829509**	**1931600**	**962840**
按登记注册类型分							
内资企业	7065039	1308230	78822	2716818	2697424	19649	244095
国有企业	1255990	905268	800	340005	9917		
集体企业	36245	1883	23436	7439	3488		
股份合作企业	57080	6300	830	17100	32850		
国有联营企业	26650	3500		23150			
集体联营企业	4600		4560	40			
国有与集体联营企业	1500	1500					
其他联营企业	5400			1800	3600		
国有独资有限责任公司	320765	257957	3490	58800	518		
其他有限责任公司	2287144	100539	32540	1197968	939579	1517	15000
股份有限公司	286962	24969	2550	135652	115694	8098	
私营企业	2765291	6314	10617	930404	1578826	10035	229095
其他企业	17413			4460	12953		
港、澳、台商投资企业	2491840	68505	3401	376185	97513	1748581	197656
合资经营企业(港或澳、台资)	786549	62959		287937	47669	330831	57154
合作经营企业(港或澳、台资)	86648	3512	310	7137	5147	61792	8751
港、澳、台商独资经营企业	1545515	2034		76740	44597	1291494	130650
港、澳、台商投资股份有限公司	73128		3091	4372	100	64464	1102
外商投资企业	862898	14644	7158	122065	34572	163370	521089
中外合资经营企业	196165	11459	7158	67010	19425	41180	49934
中外合作经营企业	22565	3185				2813	16567
外资企业	612432			55055	5689	103378	448310
外商投资股份有限公司	31737				9458	16000	6279
按控股情况分							
#国有控股	1914795	1235364	6000	636427	36323	681	
其他	8504983	156015	83381	2578641	2793186	1930919	962840
按资质等级分							
一级	499276	235903		63760	50000	146863	2750
二级	1296041	338600	7385	414202	254525	96527	184802
三级	2367792	268116	29138	783234	778950	358807	149547
四级	1545531	195151	23523	296274	297619	563362	169603
暂定	3317160	108519	23975	1122786	1085236	564208	412436
其他	1393978	245090	5359	534814	363178	201834	43703
按隶属关系分							
中央	34420	12754		21666			
省	290471	40415	7958	130070	79496	16759	15773
设区市	1898269	1043155	11960	681396	121596	39040	1121
县(区、市)	772066	188362	27203	263212	246824	13426	33040
其他	7424552	106692	42261	2118724	2381593	1862375	912906
按市县分							
福州市	2773051	97422	40339	782088	725018	772764	355420
鼓楼区	1172440	41109	13014	319121	268230	416895	114071
台江区	469050	22431	1000	140387	54850	90802	159580

4-19　续表 1　　　　单位：万元

项　　目	实收资本合计						
		国家资本	集体资本	法人资本	个人资本	港澳台商资本	外商资本
仓山区	118476	8801	2472	43923	19571	35392	8318
马尾区	178614	16113		82780	29739	48953	1029
晋安区	271968	3369	4752	84052	94571	71018	14206
闽侯县	118857	800		53872	25598	24622	13965
连江县	40980	3000	581	4238	26002	1500	5659
罗源县	30888			2370	28518		
闽清县	6101				6101		
永泰县	19152			3872	10882		4398
平潭县	31743	22	2000	2100	12975	14646	
福清市	271480		16521	37728	115416	68937	32878
长乐市	43303	1777		7645	32566		1315
厦门市	3457165	1024696	23002	1027060	452472	590649	339285
思明区	1882956	545802	16180	455322	289530	514852	61269
海沧区	291528	59441		176908	27671	27508	
湖里区	594339	247762		222888	65348	25532	32808
集美区	422709	85000	2304	47581	41017	13579	233228
同安区	210053	74391	3968	89331	23206	7177	11980
翔安区	55580	12300	550	35030	5700	2000	
莆田市	392089	23147	1379	110099	208641	26560	22263
城厢区	116313	2590	219	38131	48533	12548	14292
涵江区	46451	1224	400	13070	25393	2609	3755
荔城区	117654	11077		32581	63925	5855	4216
秀屿区	28736	2600		1000	19588	5548	
仙游县	82935	5656	760	25317	51202		
三明市	245124	21721	50	43193	153179	23312	3669
梅列区	73107	7937	50	7683	42760	11008	3669
三元区	30661	800		5214	19046	5601	
明溪县	5130	100		200	4830		
清流县	8856	200		2000	6656		
宁化县	13210	5126		662	7422		
大田县	6711			1661	5050		
尤溪县	13876	808		2400	5252	5416	
沙　县	32515	1050		4215	27250		
将乐县	5947			352	5308	287	
泰宁县	10216	200			9016	1000	
建宁县	5863			1436	4427		
永安市	39033	5500		17371	16162		
泉州市	1611519	94570	20146	623622	450122	268454	154604
鲤城区	154328	42200	4150	41143	34109	19019	13708
丰泽区	591355	10457	800	219181	148202	134148	78567
洛江区	39629	1174	3998	1750	23912	488	8306
泉港区	66102	21532		9821	26320	3647	4783
惠安县	77997		490	48551	15125	9627	4205
安溪县	73322	188		26930	27527	18677	
永春县	21161			1000	20161		

4-19 续表 2　　单位：万元

项　　目	实收资本合计	国家资本	集体资本	法人资本	个人资本	港澳台商资本	外商资本
德化县	22434	1760	360	8694	11620		
石狮市	152655		455	51790	26210	51766	22434
晋江市	250251		8265	157561	43703	25519	15204
南安市	162287	17260	1628	57202	73234	5564	7399
漳州市	876462	37460	1200	359898	277035	140633	60235
芗城区	302495	17210		89253	104206	69149	22677
龙文区	119934	902		59446	42346	17240	
云霄县	36123	1200		7771	9620	532	17000
漳浦县	58034			31130	15646	4138	7120
诏安县	36879	2883		7392	23600	521	2483
长泰县	70798	6595	1000	41912	9094	11710	487
东山县	47084	6591	200	3895	16114	13140	7144
南靖县	7394	1080		580	5734		
平和县	13116			7020	5599	497	
华安县	12870			2700	10170		
龙海市	171736	1000		108799	34906	23706	3324
南平市	360274	47122	585	95945	162792	44529	9301
延平区	90103	29081	485	13962	28879	17695	
顺昌县	16957			2100	8904	3953	2000
浦城县	9254	28		9226			
光泽县	4788				3334	870	584
松溪县	17172			1980	15192		
政和县	4400	200			4200		
邵武市	41709	800	100	5200	31139	2629	1841
武夷山市	91283	210		51491	21397	15979	2206
建瓯市	60690	16600		8850	31837	3403	
建阳市	23920	203		3137	17910		2670
龙岩市	365283	18964	2680	63792	243448	30714	5685
新罗区	241542	13204	965	18784	175569	28404	4616
长汀县	16088	260	830	12598	2400		
永定县	10040				7730	2310	
上杭县	19980	200		138	18573		1069
武平县	40375	3000		20000	17375		
连城县	17441	1100	885	4300	11156		
漳平市	19817	1200		7972	10645		
宁德市	338811	26277		109370	156801	33986	12377
蕉城区	110445	11949		24248	64785	5310	4153
霞浦县	53060	200		41137	8733	2460	530
古田县	21861	203		800	20031	827	
屏南县	7658	208		1000	6450		
寿宁县	3431	331		3100			
周宁县	3273			2188	1085		
柘荣县	2687	787			1900		
福安市	53965	2598		23044	22727		5597
福鼎市	82430	10000		13853	31091	25389	2097

4-20　房地产开发经营情况

单位：万元

项　　目	主营业务收　　入	土地转让收　　入	商品房屋销售收入	房屋出租收　　入	其他收入	主营业务成　　本	主营业务税金及附加
合　　计	**8004340**	**71602**	**7507568**	**69011**	**356159**	**5455144**	**641954**
按登记注册类型分							
内资企业	5801767	27813	5399254	41925	332775	4031986	462652
国有企业	727855	3074	658310	22732	43739	447487	63739
集体企业	90290		29787	344	60160	81355	4925
股份合作企业	6508		6508			4709	504
国有联营企业	42261		42256		6	21848	6426
集体联营企业	761		761			609	4
国有与集体联营企业	173		60		113	129	8
其他联营企业	391		391			1265	-48
国有独资有限责任公司	248888	20961	217064	6867	3996	172478	22307
其他有限责任公司	2182594	149	2104248	6839	71358	1491050	178830
股份有限公司	161835	169	85162	2133	74371	135284	7755
私营企业	2308869	3460	2223389	3010	79010	1653033	176408
其他企业	31342		31320		23	22739	1795
港、澳、台商投资企业	1606828	6621	1568663	20489	11055	1012999	131036
合资经营企业(港或澳、台资)	447213	1430	434782	10066	935	294781	32914
合作经营企业(港或澳、台资)	35279		33700	1538	41	25418	2724
港、澳、台商独资经营企业	1106705	5191	1082722	8713	10079	681827	93842
港、澳、台商投资股份有限公司	17632		17460	172		10973	1555
外商投资企业	595745	37168	539651	6597	12329	410159	48266
中外合资经营企业	127665	9694	112495	358	5117	87433	6526
中外合作经营企业	7898		7740	90	68	2134	655
外资企业	459024	27474	418258	6149	7144	319999	40982
外商投资股份有限公司	1159		1159			594	103
按控股情况分							
#国有控股	1217291	24035	1110379	33078	49799	749432	117196
其他	6787049	47567	6397189	35933	306360	4705712	524758
按资质等级分							
一级	219925		209981	3690	6254	130091	17419
二级	1425170	27094	1319454	5898	72724	1013261	95253
三级	2316280	2361	2191001	15968	106950	1649913	190688
四级	1203938	3969	1160232	21000	18736	758288	111075
暂定	2011144	33246	1939481	13326	25091	1379021	160105
其他	827884	4932	687420	9128	126404	524570	67414
按隶属关系分							
中央	9951		5957	3456	538	6374	994
省	87694		84677	1856	1161	53274	5241
设区市	1503283	14850	1344147	25167	119119	974601	127360
县(区、市)	659302	9353	562789	12310	74850	475467	53157
其他	5744109	47398	5509999	26222	160490	3945428	455202
按市县分							
福州市	2189835	560	2108912	11505	68858	1546441	153376
鼓楼区	552047		540593	7153	4302	357388	36168
台江区	392250		388598	1665	1987	270992	29168

4-20 续表 1-1 单位：万元

项目	主营业务收入	土地转让收入	商品房屋销售收入	房屋出租收入	其他收入	主营业务成本	主营业务税金及附加
仓山区	163308		102503	263	60542	129407	11805
马尾区	122093		119703	2355	35	80057	6440
晋安区	203290		203135		155	152833	13779
闽侯县	136086		136081	5		92046	15356
连江县	141613		141231	63	318	104614	9946
罗源县	64034		64034			53711	4041
闽清县	5683		5683			4629	409
永泰县	15474		15474			9515	819
平潭县	80406		80406			61614	4535
福清市	287873	560	285792		1520	209894	18899
长乐市	25679		25679			19742	2012
厦门市	2272018	12	1992380	39936	239690	1403515	185967
思明区	1374896	12	1264774	16418	93692	867199	105709
海沧区	275877		267400	6166	2311	155285	21825
湖里区	373901		271144	15614	87143	217671	34490
集美区	168095		112222	1181	54692	111633	13870
同安区	68329		67264	501	564	43636	9315
翔安区	10921		9576	56	1288	8092	758
莆田市	336352	5640	330267	250	195	247558	30803
城厢区	76995	210	76592	115	78	58901	8108
涵江区	30677		30472	98	107	21395	3029
荔城区	176880	5430	171412	37		130019	15724
秀屿区	7710		7710			4920	745
仙游县	44091		44081		9	32323	3197
三明市	277834	217	255250	115	22253	215203	23607
梅列区	42823		42823			31981	4474
三元区	44702		23918	12	20773	40709	2522
明溪县	21495		21495			15698	1300
清流县	3270		3270			1751	469
宁化县	11491		10714	69	709	8408	1242
大田县	10565		10565			8934	834
尤溪县	16518		16518			13765	1212
沙　县	58436		58436			40518	4822
将乐县	12039	217	11601		222	10131	1051
泰宁县	6335		6178	20	137	4383	463
建宁县	11218		11218			8462	896
永安市	38943		38515	14	413	30465	4323
泉州市	1267387	26911	1226774	9230	4471	836026	115457
鲤城区	88658	704	85622	1789	544	63134	6566
丰泽区	491437	24588	464381	2066	402	330827	38477
洛江区	47789		47759	31		29188	3995
泉港区	28820		28540	280		16345	10929
惠安县	80399		79921	404	73	51503	7717
安溪县	74941		74737	12	193	49826	7495
永春县	25367		25336		31	17844	1935
德化县	20645		20468	156	21	12039	2562

4-20　续表 1-2　　　　单位：万元

项　目	主营业务收入	土地转让收入	商品房屋销售收入	房屋出租收入	其他收入	主营业务成本	主营业务税金及附加
石狮市	73164		69404	3511	249	34221	7817
晋江市	276701	1619	274100	982		192076	21712
南安市	59466		56507		2959	39024	6252
漳州市	607074	31846	559363	5184	10681	440809	54293
芗城区	218365	5469	208277	550	4069	161695	21672
龙文区	95811	1430	94336	45		72265	6613
云霄县	17270	416	13726	148	2980	12109	1515
漳浦县	48224		48126		98	33399	3985
诏安县	14281	10	13118	34	1120	10146	906
长泰县	42247	9694	31711		842	33143	3404
东山县	24515		22993		1522	18611	1595
南靖县	13925		13925			11183	844
平和县	11670		11670			5726	925
华安县	8021		8015		7	5943	599
龙海市	112745	14827	93467	4408	44	76589	12234
南平市	373001	4579	365901	322	2199	271124	24861
延平区	103137		102950	175	12	71824	8320
顺昌县	19786		19786			15754	1219
浦城县	23431		23431			17633	1770
光泽县	8347		8296	50		5857	566
松溪县	2564		2564			1110	426
政和县	5705		5699		6	4534	316
邵武市	71215		71215			51966	2839
武夷山市	48803	2798	44659	66	1280	33869	3199
建瓯市	59094	1781	56413		900	45791	3953
建阳市	30919		30889	30		22787	2253
龙岩市	408008	1635	401428	1729	3216	297062	33221
新罗区	262009		258989	1586	1434	195173	18742
长汀县	56355		56345	10		37363	7949
永定县	13171	1024	12144	3		7979	988
上杭县	10666	25	10622		19	8101	942
武平县	10263		8494	5	1763	6772	539
连城县	19439	10	19429			15506	1339
漳平市	36106	576	35406	124		26167	2721
宁德市	272831	202	267293	740	4596	197405	20371
蕉城区	121105	11	120297	106	691	82951	9701
霞浦县	18102		18102			14741	1215
古田县	25287		25287			19778	2276
屏南县	3625	30	3594			2830	71
寿宁县	7404		7113		291	6674	145
周宁县	6482		6482			5232	482
柘荣县	8882	12	8870			7979	492
福安市	43456		39894		3562	32209	2870
福鼎市	38489	149	37653	634	53	25012	3120

4-20 续表 2-1

单位：万元

项目	主营业务利润	其他业务收入	其他业务利润	销售费用	管理费用	财务费用	营业利润	投资收益
合计	**1701741**	**33824**	**44920**	**205518**	**481557**	**156838**	**1108249**	**83901**
按登记注册类型分								
内资企业	1162332	17178	21498	144814	344199	113945	725670	83568
国有企业	187465	7824	6763	29163	72617	18339	103272	33753
集体企业	3384	406	488	626	4000	-72	-57	4
股份合作企业	1186	32	32	110	911	243	64	
国有联营企业	13372	27	26	616	1317	2737	9344	
集体联营企业	143			5	340	579	-776	
国有与集体联营企业	36				69	-2	-32	
其他联营企业	-869			44	27	3	-899	1485
国有独资有限责任公司	48540	354	7701	5563	13594	9123	33525	23680
其他有限责任公司	458120	3426	3069	54611	108711	39501	312961	20424
股份有限公司	16917	238	-1147	1879	11783	6554	-2567	3827
私营企业	428039	4851	4566	51389	129108	36853	266645	396
其他企业	6000	20		809	1722	87	4191	
港、澳、台商投资企业	419750	15356	21878	43044	98585	32140	310903	102
合资经营企业(港或澳、台资)	108191	1404	1573	11327	20982	7223	81559	12
合作经营企业(港或澳、台资)	5920	2164	2437	1217	3775	364	4217	
港、澳、台商独资经营企业	301624	11775	17841	29412	71449	23706	224310	90
港、澳、台商投资股份有限公司	4015	13	27	1089	2378	847	817	
外商投资企业	119659	1290	1544	17661	38773	10753	71676	232
中外合资经营企业	29024	767	599	4682	10037	3419	16168	
中外合作经营企业	4943	2	-6	167	1718	190	3029	
外资企业	85263	521	946	12780	26348	7052	52811	232
外商投资股份有限公司	429		4	32	671	93	-331	
按控股情况分								
#国有控股	309855	8856	15199	40808	102283	35362	187409	73854
其他	1391886	24968	29721	164710	379274	121475	920840	10048
按资质等级分								
一级	59430	1080	16	12984	30906	28698	-158	36280
二级	285169	3588	10501	31487	65866	14324	215480	12082
三级	424516	6372	7202	51180	128603	40458	262641	5684
四级	291098	11694	12257	43479	79633	8216	215504	20028
暂定	423759	8113	13081	48258	124289	48656	263895	2975
其他	217769	2977	1863	18131	52260	16486	150887	6852
按隶属关系分								
中央	2370	2	63	212	2266	351	-184	
省	27990	634	466	1189	10469	4481	13506	-947
设区市	354694	8530	14986	46629	98282	29832	241566	71671
县(区、市)	116851	1069	1258	13844	31400	12477	74215	3836
其他	1199837	23588	28148	143644	339140	109698	779147	9341
按市县分								
福州市	424102	7129	6380	65915	126642	27473	276367	-1190
鼓楼区	137645	1526	2044	20847	40548	5116	94025	-564
台江区	82120	3766	2841	9970	16748	9214	58999	658

4-20　续表 2-2　　单位：万元

项　目	主营业务利润	其他业务收入	其他业务利润	销售费用	管理费用	财务费用	营业利润	投资收益
仓山区	14496	333	717	7600	16030	3576	-4393	
马尾区	32796	133	23	2800	8423	3472	20924	-1285
晋安区	28327	770	63	8351	18287	179	9923	
闽侯县	24425	12	9	4259	6460	996	16979	
连江县	24969	31	65	2084	3882	686	20467	
罗源县	5702			580	1070	146	4485	
闽清县	613		72	31	427	304	-46	
永泰县	5056		18	84	837	137	4100	
平潭县	12580			1678	2696	672	9212	
福清市	53218	543	515	5862	8884	2133	42717	1
长乐市	2156	15	12	1769	2350	843	-1025	
厦门市	610975	19149	32886	71563	160971	45451	437438	84570
思明区	360450	7766	15586	41539	99014	27430	249590	68224
海沧区	89042	6509	4197	9726	19639	3882	69718	3948
湖里区	110308	299	8609	11432	21957	10799	86161	10672
集美区	36812	2089	2140	5780	10508	-890	29333	1345
同安区	12339	2041	1931	3039	6377	3033	4860	372
翔安区	2024	445	424	47	3476	1197	-2224	9
莆田市	53185	179	167	4823	18696	5305	29334	25
城厢区	8112	42	87	1874	5777	918	1504	
涵江区	6143			110	1823	709	3611	
荔城区	28923	122	110	2230	6706	1595	20716	
秀屿区	1878	15	15	167	1130	494	269	
仙游县	8129		-45	442	3260	1590	3234	25
三明市	34666	954	1275	4358	15421	5417	15102	305
梅列区	5757	335	619	611	4638	488	1251	304
三元区	1136	10	134	336	1326	272	-328	
明溪县	4197	78	78	300	568	55	3652	
清流县	887	24		163	533	261	94	
宁化县	1799			42	477	305	1016	
大田县	639	111	46	158	487	27	171	
尤溪县	1339	327	327	203	530	211	925	1
沙　县	12019			1077	2316	739	8965	
将乐县	747			110	301	-4	450	
泰宁县	1231			258	772	194	266	
建宁县	1662			199	627	434	601	
永安市	3253	69	71	901	2847	2436	-1960	
泉州市	290099	3559	3307	25806	64319	49352	179735	203
鲤城区	14896	517	451	4062	8625	5764	958	
丰泽区	112981	83	-258	9152	20440	16929	75353	203
洛江区	13950		3	657	3621	5158	5175	
泉港区	717	53	188	829	2529	567	-2191	
惠安县	19341	1011	1205	1837	4829	3425	12292	
安溪县	16388			1232	2483	2361	11543	
永春县	5140	71	39	448	727	106	4345	
德化县	5819			226	971	824	4023	

4-20 续表 2-3

单位：万元

项　　目	主营业务利　　润	其他业务收　　入	其他业务利　　润	销售费用	管理费用	财务费用	营业利润	投资收益
石狮市	28670	1636	1558	2456	6961	3323	19945	
晋江市	60232	99	48	2681	8918	7358	44005	
南安市	11965	90	73	2225	4215	3536	4287	
漳州市	97784	812	785	14189	37793	8230	52546	-222
芗城区	30258	392	-172	4741	14458	1936	13692	-221
龙文区	14670	138	86	2262	5295	1914	7548	
云霄县	3486	186	214	160	1392	68	2239	
漳浦县	9608		3	1231	2151	705	6755	
诏安县	2850	10	54	380	965	166	1774	
长泰县	4449	1	1	1251	3382	391	676	
东山县	4012	45	52	296	2482	584	998	
南靖县	1774	9	9	125	388	104	1291	
平和县	4837	10	-1	181	498	273	4066	
华安县	1386		8	94	548	478	368	
龙海市	20455	20	530	3468	6234	1613	13138	-1
南平市	70474	1659	-219	6542	21346	5526	43384	94
延平区	20207	57	40	2786	5788	1213	13246	6
顺昌县	2501	9	2	313	714	203	1587	
浦城县	3899	19	19	129	2285	56	1576	
光泽县	1905			20	352	438	1115	
松溪县	879	1323		149	685	34	160	
政和县	644		2	211	360	200	85	
邵武市	15263	12		1147	2037	492	12734	
武夷山市	10923			811	4427	503	5994	88
建瓯市	8812	185	-382	539	2896	1086	4447	
建阳市	5443	54	101	437	1802	1303	2439	
龙岩市	72243	160	120	5483	17451	5482	49430	114
新罗区	44467	114	109	3627	12169	2107	30300	114
长汀县	10573		-19	470	1238	2179	7137	
永定县	4102	1	1	101	390	271	3441	
上杭县	1494	21	21	128	1038	173	305	
武平县	2876			75	551	134	2191	
连城县	2546	7	6	47	666	138	1748	
漳平市	6185	17	3	1033	1399	479	4309	
宁德市	48214	221	219	6841	18919	4602	24912	3
蕉城区	26468	148	326	1986	7302	2550	16942	
霞浦县	1550	3	60	595	2079	287	-756	1
古田县	2836	13	13	396	1096	127	1626	
屏南县	505	54	53	219	403	-6	161	
寿宁县	565			21	385	42	138	
周宁县	750			19	244	214	292	
柘荣县	376		-352	36	211	-3	-185	2
福安市	5909	1	1	2468	3242	640	2028	
福鼎市	9256	4	119	1102	3958	750	4667	

4-20　续表 3-1　　单位：万元

项　目	营业外收　入	营业外支　出	利润总额	应　交所得税	劳动、失业保险费	住房公积金及住房补贴	本年应付工资总额	本年应付福利费总额
合　计	**18537**	**61725**	**1158729**	**231335**	**11695**	**13536**	**227163**	**18580**
按登记注册类型分								
内资企业	15155	35084	799560	165628	8791	12514	167470	14266
国有企业	3973	3553	199508	19098	2979	11034	35227	2820
集体企业	221	506	-592	1260	74	84	2167	174
股份合作企业	1	187	1036	204	12	6	387	33
国有联营企业	518	78	9568	2758	49	37	538	62
集体联营企业			-776		4		133	10
国有与集体联营企业			-32	1	2	3	38	3
其他联营企业	27	11	-883	4			18	1
国有独资有限责任公司	174	785	32518	6146	283	167	6697	265
其他有限责任公司	5011	15528	308617	65018	3069	682	46118	4320
股份有限公司	231	-4024	-764	3208	333	200	15052	927
私营企业	4975	18373	247363	66766	1941	297	60216	5534
其他企业	22	86	3997	1166	45	5	880	118
港、澳、台商投资企业	2700	22299	294867	51628	2394	885	42768	2846
合资经营企业(港或澳、台资)	342	5797	76592	8829	556	423	10551	783
合作经营企业(港或澳、台资)	181	249	4155	913	66	17	1221	75
港、澳、台商独资经营企业	2174	16080	213434	41499	1729	430	30205	1911
港、澳、台商投资股份有限公司	2	173	686	388	43	16	792	77
外商投资企业	683	4342	64301	14078	509	137	16924	1469
中外合资经营企业	211	2022	12781	1551	185	6	4938	439
中外合作经营企业	29	54	3004	529	39	22	1157	38
外资企业	283	2246	48708	11950	283	103	10600	942
外商投资股份有限公司	160	20	-191	49	2	6	229	50
按控股情况分								
#国有控股	5344	887	290319	35515	3643	11586	58684	4154
其他	13193	60838	868409	195820	8052	1949	168479	14426
按资质等级分								
一级	369	-1496	5083	4115	956	754	21652	1171
二级	3073	13820	217416	31983	1206	9375	29185	2436
三级	4462	13270	316926	66158	2552	1085	57823	4957
四级	2266	13242	214403	38272	2381	1086	37825	2961
暂定	5155	15014	252956	62704	3082	486	57672	5327
其他	3213	7876	151945	28104	1517	751	23007	1729
按隶属关系分								
中央	572	30	610	216	71	54	1051	79
省	367	-3354	10233	765	288	149	14368	789
设区市	4221	10401	333229	42114	2927	11165	46887	3323
县(区、市)	1892	4378	74131	15727	837	782	14735	1596
其他	11486	50271	740526	172512	7573	1386	150122	12793
按市县分								
福州市	5166	11903	333355	55122	3692	998	61785	4731
鼓楼区	1955	8561	76832	12662	1032	398	14558	982
台江区	2108	2937	128983	11852	432	163	8686	903
仓山区	469	1074	-4313	6212	250	182	5408	472

4-20 续表 3-2 单位：万元

项　　目	营业外收　入	营业外支　出	利润总额	应　交所得税	劳动、失业保险费	住房公积金及住房补贴	本年应付工资总额	本年应付福利费总额
马尾区	64	-3078	22394	1744	177	111	13841	815
晋安区	402	938	13539	4338	1540	96	5122	528
闽侯县	28	156	16851	2763	122	16	3863	181
连江县	36	354	20270	4482	11		1803	174
罗源县		12	4306	1203	40	23	839	93
闽清县	3	42	-85	25			264	18
永泰县	11	34	3609	204	4		516	68
平潭县		229	9039	822	4		1119	62
福清市	76	396	43191	7226	48		3945	304
长乐市	15	249	-1259	1589	30	10	1823	133
厦门市	7713	25097	457603	72257	4695	11775	71503	4634
思明区	5133	20883	262163	35309	2567	9935	39287	2648
海沧区	1000	1740	72915	11322	432	470	9518	418
湖里区	874	994	89704	19457	766	900	12258	802
集美区	193	601	30177	4058	598	176	5494	433
同安区	157	791	4599	1910	266	213	3837	227
翔安区	356	87	-1955	200	67	81	1109	106
莆田市	837	3169	27014	11751	609	51	8428	714
城厢区	117	1149	-187	2018	167	29	2815	210
涵江区	6	56	3561	1208	179	2	776	125
荔城区	703	1811	19022	7480	129	15	2795	215
秀屿区		103	166	361	119	1	570	66
仙游县	10	49	4452	685	14	5	1472	98
三明市	196	963	16023	7113	196	40	7896	783
梅列区	87	459	1190	2236	48	14	2034	180
三元区	16	-10	-712	425	15	3	736	69
明溪县	9	21	3641	82	3		244	29
清流县		11	616	10	2	7	305	31
宁化县		35	981	248	1	1	737	103
大田县		16	143	17	36	5	483	49
尤溪县	8	62	895	272	15	3	251	49
沙　县	1	137	8828	2332	20	3	994	79
将乐县		24	426	454	9		270	36
泰宁县		88	299	1	2		399	43
建宁县		7	659	160			485	48
永安市	76	114	-943	877	46	4	959	67
泉州市	3518	6075	178325	38203	1124	184	32079	3370
鲤城区	202	801	369	3301	119	46	3723	487
丰泽区	285	3339	74161	13185	497	34	8988	849
洛江区		170	5001	2624	33		1671	114
泉港区	154	213	-1753	642	59	32	1287	169
惠安县	1152	205	13444	2201	126		2446	272
安溪县		14	10589	980	42	5	1321	174
永春县		38	4297	765	8	1	1406	52
德化县	3	37	3999	706	27	18	680	78

4-20　续表 3-3　　　　单位：万元

项　　目	营业外收　入	营业外支　出	利润总额	应　交所得税	劳动、失业保险费	住房公积金及住房补贴	本年应付工资总额	本年应付福利费总额
石狮市	68	362	19699	3757	33	2	3158	371
晋江市	1641	559	44561	8390	118	14	4435	501
南安市	13	338	3959	1653	61	33	2964	304
漳州市	548	6017	47905	15156	546	299	16858	1609
芗城区	351	3742	11501	5966	302	176	5542	513
龙文区	11	369	5167	2157	59	31	1517	240
云霄县	30	69	2340	522	19		752	103
漳浦县	1	72	7122	1449	13		1018	54
诏安县	4	113	1668	360	7	3	643	83
长泰县	51	99	1632	426	17	3	1414	94
东山县	52	342	528	562	23	17	1074	138
南靖县	3	624	840	429	6		329	26
平和县	7	10	4063	309	5	1	348	11
华安县		18	350	43			294	39
龙海市	37	559	12696	2933	96	68	3928	308
南平市	123	1822	35764	9537	220	50	9969	982
延平区	48	472	10265	3150	120	33	3146	281
顺昌县		229	935	500			531	66
浦城县		46	1534	619	2	10	500	49
光泽县		27	1088	275	9		341	18
松溪县		21	-2659	85			248	35
政和县		9	127	51			292	41
邵武市	4	545	12193	1323	53		1101	163
武夷山市	60	246	5672	1681	27	4	1964	190
建瓯市	8	128	4264	1093	10	3	1253	92
建阳市	4	99	2344	759			593	48
龙岩市	78	4695	39460	16265	440	79	8400	658
新罗区	14	3634	26677	12848	300	67	4814	297
长汀县	13	611	6525	1059			429	36
永定县	31	233	3239	1216	3	1	241	4
上杭县	1	37	-1416	114	6	1	634	48
武平县	1	68	1693	68	55	6	709	96
连城县		10	1738	430	3		587	66
漳平市	18	102	1004	530	74	5	988	110
宁德市	360	1984	23278	5931	174	61	10246	1099
蕉城区	78	835	16233	2407	53	35	3678	408
霞浦县		280	-1036	731	19	8	1110	119
古田县	21	114	1529	897	5	3	658	19
屏南县	1	17	144	20	20	4	219	38
寿宁县		17	121	49			201	28
周宁县		4	288	39			298	19
柘荣县	44	16	-156	147	4	3	135	18
福安市	189	353	1808	486	41	6	2301	228
福鼎市	27	348	4348	1156	33	3	1645	222

4-21　房地产物业管理企业人员情况

项　　目	企业数（个）	从业人员年平均人数（人）	职工工资和福利费（万元）
合　　计	**1837**	**70184**	**135592**
按登记注册类型分			
内资企业	1726	63154	118460
国有企业	122	8233	17839
集体企业	87	2382	5439
股份合作企业	24	1297	2267
联营企业	10	279	933
国有联营企业	2	85	637
集体联营企业	4	73	98
国有与集体联营企业	2	17	29
其他联营企业	2	104	169
有限责任公司	416	20113	40124
国有独资公司	6	1673	5563
其他有限责任公司	410	18440	34561
股份有限公司	78	2302	3308
私营企业	922	27564	47121
私营独资企业	114	1614	2423
私营合伙企业	45	1009	2002
私营有限责任公司	714	22283	37732
私营股份有限公司	49	2658	4964
其他企业	67	984	1430
港、澳、台商投资企业	75	4533	11426
合资经营企业(港或澳、台资)	15	1638	4294
合作经营企业(港或澳、台资)	3	44	91
港、澳、台商独资经营企业	57	2851	7042
港、澳、台商投资股份有限公司			
外商投资企业	36	2497	5706
中外合资经营企业	7	593	1072
中外合作经营企业	2	17	30
外资企业	25	1856	4467
外商投资股份有限公司	2	31	137
按控股情况分			
国有控股	217	16062	35725
集体控股	101	3585	8333
私人控股	1017	29995	51687
港澳台商控股	69	4340	11139
外商控股	23	2120	4539
其他	410	14082	24169
按资质等级分			
一级	33	5820	12522
二级	64	9443	19010
三级	861	37085	68697
其他	879	17836	35363
按隶属关系分			
中央	15	599	1565
省	49	3616	9861
设区市	449	25628	51131
县(区、市)	329	9077	14052
街道	49	1447	2450
镇	17	201	309
乡			
居委会	28	351	454
村委会	34	199	453
其他	867	29066	55319

4-21　续表

项　　目	企业数（个）	从业人员年平均人数（人）	职工工资和福利费（万元）
按市县分			
福州市	625	25962	51353
鼓楼区	245	11811	25172
台江区	118	5822	14291
仓山区	59	2250	4100
马尾区	17	1228	2188
晋安区	116	3193	3606
闽侯县	12	385	370
连江县	13	321	374
罗源县	2	103	198
闽清县	3	20	22
永泰县	3	21	21
平潭县	7	72	97
福清市	11	353	572
长乐市	19	383	342
厦门市	403	28131	56870
思明区	262	19204	38912
海沧区	17	1844	3128
湖里区	86	5661	12776
集美区	16	875	1117
同安区	21	465	769
翔安区	1	82	168
莆田市	59	770	1181
城厢区	27	396	629
涵江区	12	120	191
荔城区	11	183	239
秀屿区	3	12	17
仙游县	6	59	106
三明市	83	2563	5434
梅列区	31	750	1425
三元区	11	119	138
明溪县	3	45	45
清流县	2	22	73
宁化县	4	44	81
大田县	1	37	41
尤溪县	5	858	2526
沙　县	7	175	177
将乐县	1	5	6
泰宁县	2	83	150
建宁县			
永安市	16	425	772
泉州市	259	4890	9390
鲤城区	26	475	909
丰泽区	98	2387	4137
洛江区	11	101	82
泉港区	14	116	302
惠安县	21	343	687

4-21 续表 2

项　　目	企业数 (个)	从业人员 年平均人数 (人)	职工工资 和福利费 (万元)
安溪县	14	176	409
永春县	20	123	351
德化县	5	48	58
石狮市	13	198	518
晋江市	33	798	1766
南安市	4	125	171
漳州市	140	3191	4682
芗城区	77	2180	3022
龙文区	12	257	601
云霄县	2	23	41
漳浦县	11	67	72
诏安县	2	17	28
长泰县	2	46	75
东山县	3	48	44
南靖县			
平和县	2	21	17
华安县	2	34	62
龙海市	27	498	720
南平市	120	1931	3018
延平区	48	1243	2230
顺昌县	6	117	102
浦城县	1	8	11
光泽县	7	19	10
松溪县	1	6	6
政和县			
邵武市	8	126	233
武夷山市	33	239	290
建瓯市	8	73	33
建阳市	8	100	103
龙岩市	74	1487	2118
新罗区	38	989	1389
长汀县	10	63	61
永定县	4	122	128
上杭县	4	40	30
武平县	5	40	47
连城县	3	60	71
漳平市	10	173	392
宁德市	74	1259	1545
蕉城区	41	581	723
霞浦县	9	208	366
古田县	4	65	35
屏南县	1	8	8
寿宁县	4	24	24
周宁县			
柘荣县	2	12	16
福安市	5	91	160
福鼎市	8	270	214

4-22　房地产物业管理资本情况

单位：万元

项　目	所有者权益合计	实收资本						
			国家资本	集体资本	法人资本	个人资本	港澳台资本	外商资本
合　计	**491555**	**426135**	**29345**	**15751**	**116900**	**127008**	**123953**	**13177**
按登记注册类型分								
内资企业	307476	276120	29270	15697	104785	124451	1903	14
国有企业	47498	27855	20167	423	6142	1123		
集体企业	19972	11882	200	9231	1869	582		
股份合作企业	3895	3161		214	1996	951		
联营企业	1006	645	45	105	200	195	100	
国有联营企业	542	245			50	195		
集体联营企业	148	150		100	50			
国有与集体联营企业	56	150	45	5	100			
其他联营企业	259	100					100	
有限责任公司	70487	69757	3268	1485	47778	17016	210	
国有独资公司	2425	1650	600		1050			
其他有限责任公司	68062	68107	2668	1485	46728	17016	210	
股份有限公司	21944	18872	30	2758	8223	7859	2	
私营企业	135006	136199	1460	1225	36040	95869	1591	14
私营独资企业	7363	6843			3057	3786		
私营合伙企业	5903	5426		300	1059	3937	130	
私营有限责任公司	113625	116042	80	725	29538	84230	1461	9
私营股份有限公司	8115	7887	1380	200	2386	3916		5
其他企业	7669	7749	4100	256	2537	856		
港、澳、台商投资企业	158389	122793		54	8609	2010	111321	800
合资经营企业(港或澳、台资)	9275	8650			5626	1300	1724	
合作经营企业(港或澳、台资)	5194	3795			75		3720	
港、澳、台商独资经营企业	143920	110348		54	2908	710	105876	800
港、澳、台商投资股份有限公司								
外商投资企业	25690	27222	75		3506	548	10730	12363
中外合资经营企业	9241	9189	75		3238		427	5450
中外合作经营企业	185	390				48		342
外资企业	16009	17410			248	500	10090	6571
外商投资股份有限公司	255	233			20		213	
按控股情况分								
国有控股	62362	39479	22373	1161	13658	2256		30
集体控股	27893	17216	291	9755	5158	2012		
私人控股	158564	161067	1390	1320	52895	102559	1697	1206
港澳台商控股	161361	126304	90	54	4386	468	120799	507
外商控股	13701	14843			3766	586	462	10029
其他	67674	67226	5201	3461	37037	19127	995	1405
按资质等级分								
一级	15935	10617	525	100	7545	2437	10	
二级	24030	21937	580	900	12686	7168	298	305
三级	128614	119659	11931	3995	41019	47870	11493	3352
其他	322976	273921	16310	10756	55649	69534	112152	9521
按隶属关系分								
中央	9553	4076	390	1080	2598	7		
省	15039	12162	1176	226	4106	2002	4653	
设区市	127230	121702	10027	3238	46057	34824	20002	7554
县(区、市)	99380	58914	13006	2624	9894	12270	20255	866
街道	12603	8924	671	3409	1115	3271	107	350

4-22 续表 1　　　　单位：万元

项　　目	所有者权益合计	实收资本	国家资本	集体资本	法人资本	个人资本	港澳台资本	外商资本
镇	3731	1698	1200	136	58	304		
乡								
居委会	4927	5037		436	3528	1073		
村委会	5931	5723	241	1996	1558	1901	27	
其他	213162	207901	2635	2606	47986	71356	78910	4408
按市县分								
福州市	182665	143143	6126	7463	42530	37929	46716	2379
鼓楼区	46960	48720	1828	2559	11147	15396	15976	1814
台江区	42589	39723	864	2109	20525	6973	8852	400
仓山区	18167	15572		2085	3090	8608	1625	165
马尾区	5766	6248	1250	130	1000	3762	106	
晋安区	10431	8880	231	534	6196	1808	112	
闽侯县	738	713		8	150	500	55	
连江县	2004	1979	76		50	110	1743	
罗源县	87	100			100			
闽清县	42	56			53	3		
永泰县	28	27				27		
平潭县	370	330			120	210		
福清市	52482	18679				433	18246	
长乐市	3004	2116	1878	38	100	100		
厦门市	118496	105401	9071	4525	23688	34418	29916	3784
思明区	83322	77673	6937	2925	15425	22483	26385	3518
海沧区	2037	2450	500	50	400	1500		
湖里区	25276	19138	1534	430	6618	9610	681	265
集美区	5792	4754		1000	758	146	2850	
同安区	1859	1336	100	120	437	679		
翔安区	211	50			50			
莆田市	8588	8207	4660	351	1232	1818		146
城厢区	2155	2220		300	909	1011		
涵江区	650	609			152	311		146
荔城区	317	311			101	210		
秀屿区	5146	4746	4660			86		
仙游县	321	321		51	70	200		
三明市	8330	7759	834	374	1787	4765		
梅列区	1856	1885	504	184	392	805		
三元区	830	831	300	55	219	258		
明溪县	63	63		3		60		
清流县	320	272			222	50		
宁化县	104	104				104		
大田县	45	50				50		
尤溪县	272	196				196		
沙　县	2431	2513		29	100	2384		
将乐县	3	3				3		
泰宁县	1000	1000			500	500		
建宁县								
永安市	1404	843	30	103	355	355		
泉州市	135616	128725	5944	2584	35824	31603	47103	5668
鲤城区	9740	9368	30	150	3358	410		5420
丰泽区	30031	27687		230	15606	7354	4498	
洛江区	8007	7998			7575	175		248

4-22 续表 2 单位：万元

项 目	所有者权益合计	实收资本	国家资本	集体资本	法人资本	个人资本	港澳台资本	外商资本
泉港区	4623	3996	3055		337	604		
惠安县	2884	2828			1815	883	130	
安溪县	516	277	31		60	186		
永春县	3337	3105	241	25	1047	1765	27	
德化县	485	485		80	8	396		
石狮市	7046	5364		250	1060	184	3870	
晋江市	68241	66910	2588	1849	4402	19494	38578	
南安市	707	707			556	152		
漳州市	18487	15119	428	205	6694	7723	68	1
芗城区	15022	11860	347	205	5419	5879	10	1
龙文区	799	797			368	371	58	
云霄县	144	50				50		
漳浦县	834	834				834		
诏安县	55	55				55		
长泰县	56	50				50		
东山县	57	50				50		
南靖县								
平和县	101	100				100		
华安县	195	125			50	75		
龙海市	1225	1198	81		858	259		
南平市	9940	8778	1863	137	2335	3192	51	1200
延平区	5575	4609	1665	123	1005	1765	51	
顺昌县	251	250	50	3	100	97		
浦城县								
光泽县	99	96	38	11		46		
松溪县								
政和县								
邵武市	750	750	50		80	620		
武夷山市	2784	2570	10		1050	310		1200
建瓯市	197	195	50			145		
建阳市	285	309			100	209		
龙岩市	4771	4897	60	58	1029	3650	100	
新罗区	3271	3464	50	50	500	2764	100	
长汀县	470	287		8	219	60		
永定县	171	310	10			300		
上杭县	185	157				157		
武平县	140	150				150		
连城县	152	150			100	50		
漳平市	383	379			210	169		
宁德市	4662	4106	359	55	1781	1911		
蕉城区	1671	1798	304		746	748		
霞浦县	668	665				665		
古田县	215	201			50	151		
屏南县	50	50				50		
寿宁县	70	70		55	5	10		
周宁县								
柘荣县	60	60	30			30		
福安市	1754	1040	25		980	35		
福鼎市	173	222				222		

4-23 房地产物业管理经营情况

单位：万元

项目	营业收入	主营业务收入	营业成本	主营业务成本	营业利润	主营业务利润	营业税金及附加	营业、管理、财务费用合计	税金
合计	**336947**	**327823**	**169864**	**162469**	**29029**	**144232**	**20510**	**132182**	**3100**
按登记注册类型分									
内资企业	290156	281538	145939	139324	25850	125551	16534	115407	2641
国有企业	41469	39496	19464	17916	4291	17986	2393	16027	501
集体企业	17290	16964	9206	8748	1298	7268	952	12280	178
股份合作企业	4640	4600	2859	2839	476	1467	253	1085	19
联营企业	1850	1850	976	976	271	756	117	487	2
国有联营企业	1193	1193	661	661	184	456	76	271	2
集体联营企业	142	142	42	42	14	95	5	83	
国有与集体联营企业	58	58	2	2	-1	52	3	53	
其他联营企业	456	456	270	270	73	153	33	80	
有限责任公司	87366	83404	46364	43397	5218	32956	4787	33449	798
国有独资公司	11454	11454	8896	8780	455	1967	599	1590	2
其他有限责任公司	75912	71950	37468	34617	4763	30989	4188	31860	796
股份有限公司	9264	9108	4976	4911	1561	3608	575	3344	160
私营企业	123881	121751	59918	58362	11993	59662	7162	47511	933
私营独资企业	7556	7468	3750	3639	1489	3540	371	2059	89
私营合伙企业	6098	5941	2614	2614	1187	2964	379	1833	49
私营有限责任公司	98853	97305	46591	45248	8104	48249	5760	39574	735
私营股份有限公司	11374	11038	6963	6861	1213	4909	652	4045	60
其他企业	4396	4366	2178	2174	743	1846	294	1224	50
港、澳、台商投资企业	32150	32035	16213	15651	2121	12957	3214	11671	314
合资经营企业(港或澳、台资)	7506	7503	4463	4463	876	2683	358	1821	18
合作经营企业(港或澳、台资)	250	250			45	225	25	180	3
港、澳、台商独资经营企业	24394	24282	11749	11189	1200	10050	2831	9670	293
港、澳、台商投资股份有限公司									
外商投资企业	14642	14249	7712	7494	1059	5724	762	5104	145
中外合资经营企业	3634	3343	2146	1950	281	1037	170	993	48
中外合作经营企业	58	58	7	4	6	54	6	48	7
外资企业	10203	10101	5258	5239	400	4258	516	4058	88
外商投资股份有限公司	747	747	302	302	372	375	70	4	1
按控股情况分									
国有控股	81001	77540	43413	41603	6477	29535	4550	33486	779
集体控股	23872	23274	13307	12628	2393	9404	1348	7580	227
私人控股	136720	134557	65205	62717	14081	64644	7931	51572	1139
港澳台商控股	31245	31118	16443	15668	1545	11745	3204	11323	293
外商控股	11653	11287	5518	5517	886	5152	621	4327	130
其他	52456	50047	25978	24336	3647	23752	2856	23894	532
按资质等级分									
一级	23158	22336	11843	11777	1166	9123	1419	8519	119
二级	40882	39506	23771	22854	4089	13772	2213	11960	328
三级	146253	141978	73949	69997	7180	65404	7800	62072	1139
其他	126653	124003	60301	57840	16595	55933	9078	49631	1514
按隶属关系分									
中央	4482	4175	1971	1654	599	2342	209	2302	155
省	22039	21699	14883	14522	570	5482	1316	11530	24
设区市	114179	111402	60430	59238	6665	44080	6917	42444	768
县(区、市)	39295	38102	21261	20171	2750	14247	2584	13604	847
街道	7709	7470	3570	3569	999	3516	436	2641	77

4-23 续表 1

单位：万元

项 目	营业收入	主营业务收入	营业成本	主营业务成本	营业利润	主营业务利润	营业税金及附加	营业、管理、财务费用合计	税金
镇	1513	1513	759	759	79	450	155	583	96
乡									
居委会	1454	1454	814	812	209	464	78	301	20
村委会	2291	2291	778	778	997	1352	103	382	62
其他	143986	139719	65399	60966	16163	72300	8714	58395	1051
按市县分									
福州市	117497	114588	68772	65945	5404	38981	7377	45386	908
鼓楼区	51532	51025	26449	25761	2202	20964	3620	20361	301
台江区	29378	27956	18791	17609	2223	8433	1545	12939	172
仓山区	14506	13959	9821	9724	649	3435	799	3491	78
马尾区	4725	4675	3614	3340	-224	811	154	1479	100
晋安区	10919	10682	6355	6025	492	3598	523	4518	170
闽侯县	1196	1192	939	855	139	164	94	153	34
连江县	705	701	323	321	-57	290	22	385	1
罗源县	392	354	302	293	-12	42	19	84	
闽清县	54	54	26	26	16	27	1	11	
永泰县	34	34	8	8	2	25	1	23	0
平潭县	444	444	129	129	176	290	25	114	6
福清市	2764	2764	1848	1848	-245	432	483	1034	6
长乐市	847	748	167	6	42	470	90	795	41
厦门市	122979	118750	53294	49805	3412	62718	7301	61158	706
思明区	84033	80850	31252	30047	2746	48378	4934	46135	441
海沧区	5235	4644	3839	3283	-495	525	280	1331	79
湖里区	27697	27284	13778	12910	1664	11986	1544	10924	82
集美区	3631	3611	3344	2628	-640	721	227	1668	92
同安区	2246	2246	848	848	246	1089	308	959	11
翔安区	137	116	232	90	-110	19	7	142	
莆田市	2451	2448	1104	1093	-185	1207	113	1294	25
城厢区	1010	1010	276	276	-125	688	46	822	22
涵江区	216	216	121	120	36	80	16	44	
荔城区	484	481	383	380	-171	75	30	248	1
秀屿区	122	122	44	44	54	76	2	21	2
仙游县	619	619	280	272	20	289	20	159	0
三明市	11417	11210	3793	3751	1777	6755	718	5347	122
梅列区	3184	3160	1414	1396	744	1576	191	849	73
三元区	253	253	49	49	12	203	11	182	
明溪县	68	68	12	12	4	52	4	48	0
清流县	350	350	165	165	145	172	14	28	1
宁化县	132	132	9	9	17	115	8	98	3
大田县	73	68	56	56	-1	8	4	46	0
尤溪县	3966	3924	628	628	472	3100	196	2670	8
沙 县	299	299	201	201	-78	87	12	210	0
将乐县	13	13			3	12	1	9	
泰宁县	1086	1086	619	619	242	285	181	253	23
建宁县									
永安市	1994	1859	641	617	217	1145	97	955	13
泉州市	52021	51222	28350	28199	14140	20081	3690	8312	968
鲤城区	5112	4820	2546	2539	794	1933	348	1244	71
丰泽区	14008	13645	8997	8855	4135	5124	902	2596	155
洛江区	118	118	107	107	-38	3	11	60	5

4-23 续表 2

单位：万元

项目	营业收入	主营业务收入	营业成本	主营业务成本	营业利润	主营业务利润	营业税金及附加	营业、管理、财务费用合计	税金
泉港区	2248	2248	1063	1063	661	1003	181	346	1
惠安县	3783	3659	2056	2056	1023	1347	256	442	93
安溪县	2387	2387	1223	1223	417	586	149	583	440
永春县	1809	1809	563	563	819	1097	89	281	51
德化县	94	94	43	43	11	45	5	35	0
石狮市	2817	2817	1492	1492	617	1121	204	509	21
晋江市	18093	18075	9706	9706	5117	6954	1415	1932	130
南安市	1552	1551	554	553	585	869	129	284	2
漳州市	12568	12077	6316	6020	1545	5491	596	4168	248
芗城区	8610	8610	3850	3849	1126	4336	425	3224	192
龙文区	1247	1247	860	860	59	345	42	286	5
云霄县	304	7	195	3	104	3	20	42	1
漳浦县	322	322	151	129	58	164	29	106	24
诏安县	56	56	35	35	1	19	1	19	
长泰县	165	165	75	75	9	85	5	75	1
东山县	100	100	52	52	1	45	3	44	
南靖县									
平和县	44	44	21	21	5	23	1	18	
华安县	466	402	246	246	137	139	17	60	21
龙海市	1255	1125	831	749	45	333	53	295	4
南平市	7947	7798	4083	3718	1315	3724	285	2473	81
延平区	5759	5706	3115	2832	870	2648	226	1767	50
顺昌县	284	284	170	170	13	34	8	21	0
浦城县	21	21	4	4	5	17	1	11	
光泽县	27	27	18	18	4	8	1	10	0
松溪县	76	76	16	16	30	52	8	22	
政和县									
邵武市	508	418	160	81	88	330	8	256	15
武夷山市	959	959	386	386	282	552	21	326	16
建瓯市	75	69	49	46	12	21	2	9	
建阳市	240	240	167	167	11	61	12	52	0
龙岩市	4297	3972	1939	1724	270	1962	230	2041	15
新罗区	2071	2069	723	702	30	1233	135	1220	11
长汀县	208	182	120	98	33	82	6	84	
永定县	554	538	365	353	-22	158	28	180	
上杭县	72	72	41	41	-10	35	4	39	
武平县	102	102	46	46	33	53	3	20	1
连城县	132	132	52	52	31	77	3	47	
漳平市	1157	877	591	432	176	323	51	450	4
宁德市	5772	5759	2214	2214	1352	3314	201	2004	27
蕉城区	1355	1348	522	522	14	779	47	773	8
霞浦县	1299	1299	76	76	489	1184	39	695	16
古田县	512	507	373	373	57	112	22	59	
屏南县	7	7	2	2	-7	5	0	12	
寿宁县	52	52	3	3	14	45	3	31	
周宁县									
柘荣县	55	55	18	18	6	35	2	29	0
福安市	2096	2096	1085	1085	771	937	74	166	
福鼎市	396	396	136	136	8	217	14	239	3

4-24　房地产物业管理情况

单位：万平方米

项　　目	在管物业占地面积	在管房屋建筑面积	#住宅	#办公用房	#商业营业用房	#厂房
合　　计	**25957.2**	**27214.3**	**19780.3**	**1865.1**	**1811.8**	**969.6**
按登记注册类型分						
内资企业	24684.2	25270.5	18189.8	1791.8	1718.5	817.3
国有企业	14743.0	2542.5	1472.8	121.0	159.2	401.5
集体企业	229.6	282.4	179.3	46.1	18.0	25.1
股份合作企业	62.7	333.2	192.0	3.4	4.8	
联营企业	35.9	64.3	34.3	2.0	4.2	0.0
国有联营企业	0.0	16.1	15.0		1.1	
集体联营企业	0.7	18.5	14.1	1.9	2.1	
国有与集体联营企业	5.0	1.8	0.9	0.0	0.8	
其他联营企业	30.1	27.9	4.3	0.1	0.2	0.0
有限责任公司	4156.2	9026.2	7077.4	419.9	370.4	254.4
国有独资公司	213.0	55.7	37.3	13.0	1.7	3.7
其他有限责任公司	3943.2	8970.6	7040.1	406.9	368.7	250.7
股份有限公司	358.2	727.3	638.5	42.0	15.2	0.3
私营企业	4325.0	11044.8	7599.4	1103.4	982.0	134.7
私营独资企业	331.1	545.9	403.4	22.3	35.0	12.6
私营合伙企业	81.7	241.8	187.5	20.6	27.9	0.3
私营有限责任公司	3637.8	9119.5	6577.4	942.0	383.8	115.8
私营股份有限公司	274.3	1137.6	431.2	118.5	535.4	6.1
其他企业	773.7	1249.8	996.2	53.9	164.7	1.2
港、澳、台商投资企业	984.7	1484.2	1303.1	42.9	59.4	67.5
合资经营企业(港或澳、台资)	583.7	1136.9	1107.9	17.1	11.2	
合作经营企业(港或澳、台资)	2.6	5.8	3.7	0.9	1.1	
港、澳、台商独资经营企业	398.4	341.5	191.5	25.0	47.1	67.5
港、澳、台商投资股份有限公司						
外商投资企业	288.3	459.6	287.5	30.4	33.9	84.8
中外合资经营企业	62.8	79.1	34.7	7.4	22.6	2.8
中外合作经营企业	0.3	1.8	1.1	0.6	0.1	
外资企业	216.9	304.8	251.6	18.9	11.1	11.7
外商投资股份有限公司	8.3	73.8		3.5		70.3
按控股情况分						
国有控股	15893.3	5739.0	3576.5	341.1	264.2	474.2
集体控股	343.9	554.6	330.0	104.8	48.7	29.8
私人控股	4651.8	11941.3	8845.0	650.4	1084.1	163.7
港澳台商控股	884.8	820.3	613.0	37.8	58.4	70.3
外商控股	217.1	367.0	240.5	14.1	24.8	78.9
其他	3966.3	7792.1	6175.3	716.9	331.6	152.7
按资质等级分						
一级	1337.8	2241.1	1832.4	157.0	55.4	34.3
二级	858.5	2450.3	2032.5	86.0	130.9	118.4
三级	19621.6	16022.0	11726.6	1354.1	635.9	487.9
其他	4139.3	6500.9	4188.9	268.0	989.7	329.0
按隶属关系分						
中央	29.3	82.3	52.5	12.6	7.3	9.3
省	528.6	437.8	337.8	57.7	12.3	14.8
设区市	4573.7	9338.2	7515.9	397.2	290.5	346.5
县(区、市)	5750.9	3984.0	2467.5	201.3	245.3	160.9
街道	88.0	374.6	239.9	51.5	40.6	3.6

4-24 续表 1

单位：万平方米

项　　目	在管物业占地面积	在管房屋建筑面积	#住宅	#办公用房	#商业营业用房	#厂房
镇	100.2	109.0	56.9	1.1	43.2	6.4
乡						
居委会	586.1	955.2	793.7	12.5	146.5	0.3
村委会	12.3	38.8	27.7	0.3	3.6	4.2
其他	14288.1	11894.4	8288.4	1130.8	1022.6	423.4
按市县分						
福州市	3557.1	6136.2	4118.8	872.1	255.2	169.1
鼓楼区	2122.4	3387.2	2163.7	766.7	100.2	14.7
台江区	584.9	1224.2	935.2	44.2	78.6	0.1
仓山区	67.1	264.2	112.6	1.5	10.5	6.8
马尾区	109.5	214.0	183.6	12.0	8.3	7.0
晋安区	452.4	644.3	396.1	41.8	49.2	136.8
闽侯县	98.5	132.1	99.2	0.9	1.8	
连江县	24.9	47.2	18.6	3.0	1.8	2.2
罗源县	6.2	113.1	112.8		0.3	
闽清县						
永泰县	10.2	32.3	29.5	0.6	1.6	
平潭县	14.0	31.6	28.2	0.9	1.9	
福清市	9.4	24.7	21.6	0.3	0.2	
长乐市	57.4	21.2	17.9	0.1	1.0	1.6
厦门市	6865.0	5571.4	3258.2	469.7	372.1	528.0
思明区	2766.4	4018.9	2415.6	402.7	231.4	217.3
海沧区	3636.2	454.8	171.5	4.6	52.1	59.8
湖里区	365.2	905.9	531.7	54.7	57.2	242.2
集美区	14.8	51.3	40.2	4.4		6.7
同安区	62.4	102.5	74.1	3.3	18.5	2.0
翔安区	20.0	38.0	25.0		13.0	
莆田市	63.6	380.4	147.1	2.4	17.5	0.1
城厢区	43.8	205.4	90.8	2.1	15.1	
涵江区	10.4	31.6	30.6	0.2	0.6	
荔城区	7.1	16.1	15.9		0.2	
秀屿区	0.3	0.3			0.1	0.1
仙游县	1.9	127.1	9.7	0.1	1.6	
三明市	844.6	1199.8	680.9	54.6	40.5	9.9
梅列区	60.1	108.4	46.6	13.7	10.1	5.8
三元区	2.7	8.5	6.0	1.1	1.1	0.3
明溪县	11.9	16.4	8.7		2.9	
清流县	10.8	8.2	5.8	1.5	0.9	
宁化县	19.5	51.7	31.6	5.9	11.6	
大田县	1.4	13.7	12.6		1.1	
尤溪县	23.9	179.5	155.3	17.5	5.6	1.1
沙　县	40.0	56.7	53.7	0.3	2.6	0.2
将乐县	1.6	20.8	19.6		1.3	
泰宁县	603.1	560.0	271.0	10.0		
建宁县						
永安市	69.6	175.9	70.0	4.7	3.3	2.6
泉州市	2639.1	3419.1	2784.0	61.7	367.7	151.7
鲤城区	60.5	125.5	63.2	4.0	45.8	
丰泽区	2185.6	2467.7	2198.5	18.4	161.3	60.5
洛江区	19.1	32.5	19.8	0.4	11.8	

4-24　续表 2　　　　单位：万平方米

项　　目	在管物业占地面积	在管房屋建筑面积	#住宅	#办公用房	#商业营业用房	#厂房
泉港区	72.7	41.2	34.0	1.4	5.8	
惠安县	81.5	303.8	257.6	2.0	44.3	
安溪县	50.1	50.9	39.8		2.4	
永春县	8.3	29.0	19.9	0.3	3.3	4.2
德化县	2.2	7.2	6.9	0.0	0.2	
石狮市	41.3	55.0	24.3	12.6	3.2	14.1
晋江市	104.5	286.4	107.5	22.8	82.2	73.0
南安市	13.4	19.9	12.5		7.4	
漳州市	1690.9	8036.5	7731.1	155.4	83.3	30.6
芗城区	1498.6	7665.3	7413.5	145.2	57.6	17.8
龙文区	42.3	93.8	76.7	2.1	12.4	2.6
云霄县	0.5	3.6	3.2		0.4	
漳浦县	3.8	6.8	5.8	0.2	0.9	
诏安县	6.3	7.1	7.0		0.2	
长泰县	3.0	62.3	62.3			
东山县	1.3	8.5	8.0		0.6	
南靖县						
平和县	38.0	78.0	76.1	0.5	1.0	
华安县	39.2	15.2	4.6	1.7	0.4	4.0
龙海市	57.9	95.8	73.9	5.7	9.9	6.1
南平市	423.1	832.0	452.0	44.8	69.1	37.0
延平区	324.4	684.3	338.8	38.4	57.0	35.9
顺昌县	2.5	10.5	10.0	0.5		
浦城县	0.7	1.4	1.2		0.2	
光泽县	1.4	2.0	2.0			
松溪县						
政和县						
邵武市	12.1	6.0	3.9	0.5	0.5	1.0
武夷山市	51.7	44.2	41.9	0.8	1.5	
建瓯市	16.4	47.9	38.3	1.2	8.3	
建阳市	13.9	35.7	15.8	3.4	1.7	0.1
龙岩市	9650.1	714.1	307.6	115.5	81.1	42.6
新罗区	308.5	361.6	168.6	102.1	57.7	19.9
长汀县	10.3	9.8	8.1	0.2	0.9	0.6
永定县	24.1	11.6	7.4	1.1	1.0	
上杭县	8.9	20.8	16.2	0.2	2.4	
武平县	801.7	184.9	16.5	0.5	1.3	16.6
连城县	27.9	28.6	22.8	0.2	5.6	
漳平市	8468.8	96.8	67.9	11.2	12.2	5.5
宁德市	223.7	924.8	300.7	89.0	525.2	0.5
蕉城区	47.3	109.4	87.8	2.5	17.0	
霞浦县	24.3	52.3	37.2	1.3	8.5	
古田县	73.2	35.5	31.8	3.2		0.5
屏南县		1.9				
寿宁县	2.0	16.8	16.5	0.2	0.2	
周宁县						
柘荣县	5.0	29.9	29.3		0.6	
福安市	25.8	628.4	52.9	81.0	494.5	
福鼎市	46.3	50.6	45.1	0.9	4.5	

4-25 房地产中介服务企业人员情况

项　　目	企业数（个）	从业人员年平均人数（人）	职工工资和福利费（万元）
合　　计	**971**	**9663**	**27591**
按登记注册类型分			
内资企业	948	9071	25108
国有企业	35	883	3057
集体企业	16	102	247
股份合作企业	6	34	43
联营企业	3	31	50
国有联营企业	1	4	12
集体联营企业	1	2	2
国有与集体联营企业			
其他联营企业	1	25	36
有限责任公司	145	1795	5914
国有独资公司	2	41	680
其他有限责任公司	143	1754	5234
股份有限公司	18	129	223
私营企业	695	5924	15199
私营独资企业	124	544	1021
私营合伙企业	31	179	326
私营有限责任公司	518	4972	13477
私营股份有限公司	22	229	376
其他企业	30	173	375
港、澳、台商投资企业	16	401	1315
合资经营企业(港或澳、台资)	2	189	687
合作经营企业(港或澳、台资)	1	50	217
港、澳、台商独资经营企业	12	139	357
港、澳、台商投资股份有限公司	1	23	55
外商投资企业	7	191	1168
中外合资经营企业	3	78	786
中外合作经营企业			
外资企业	3	37	53
外商投资股份有限公司	1	76	330
按控股情况分			
国有控股	47	1055	4510
集体控股	18	94	207
私人控股	698	6394	15921
港澳台商控股	15	425	1336
外商控股	5	89	361
其他	188	1606	5256
按隶属关系分			
中央	4	48	700
省	21	292	940
设区市	205	2966	10029
县(区、市)	151	1038	2302
街道	16	87	210
镇	1	7	
乡			
居委会	7	24	43
村委会	1	6	21
其他	565	5195	13347

4-25　续表 1

项　　目	企业数 (个)	从业人员 年平均人数 (人)	职工工资 和福利费 (万元)
按市县分			
福州市	259	2164	5263
鼓楼区	150	1451	3580
台江区	35	296	1087
仓山区	17	57	68
马尾区	8	81	189
晋安区	34	187	171
闽侯县	2	6	9
连江县	2	10	
罗源县	1	5	9
闽清县	1	5	12
永泰县			
平潭县			
福清市	6	26	34
长乐市	3	40	103
厦门市	420	5100	17110
思明区	337	4504	15208
海沧区	15	80	134
湖里区	53	455	1682
集美区	9	33	49
同安区	3	10	17
翔安区	3	18	20
莆田市	8	60	44
城厢区	6	55	33
涵江区	1	5	11
荔城区	1		
秀屿区			
仙游县			
三明市	34	534	1311
梅列区	9	203	389
三元区			
明溪县			
清流县	2	14	33
宁化县	5	16	33
大田县	2	4	6
尤溪县	3	168	613
沙　县	5	28	38
将乐县	1	3	4
泰宁县	2	47	127
建宁县	1	3	7
永安市	4	48	63
泉州市	92	740	1924
鲤城区	12	74	292
丰泽区	56	519	1305
洛江区			
泉港区	3	14	41
惠安县	1	15	30

4-25 续表 2

项 目	企业数 (个)	从业人员 年平均人数 (人)	职工工资 和福利费 (万元)
安溪县	1	10	8
永春县	1	6	21
德化县	3	10	6
石狮市	2	9	16
晋江市	12	67	165
南安市	1	16	42
漳州市	37	333	631
芗城区	25	255	468
龙文区	3	31	75
云霄县	1	8	10
漳浦县	1		
诏安县	1	3	5
长泰县			
东山县	4	9	10
南靖县			
平和县			
华安县			
龙海市	2	27	64
南平市	39	246	507
延平区	10	67	208
顺昌县	1		
浦城县	1	5	6
光泽县	2	16	48
松溪县	3	19	23
政和县	1	2	1
邵武市	3	31	76
武夷山市	13	70	110
建瓯市	2	17	17
建阳市	3	19	19
龙岩市	24	204	207
新罗区	12	126	124
长汀县			
永定县			
上杭县	4	46	40
武平县	4	13	18
连城县			
漳平市	4	19	26
宁德市	58	282	594
蕉城区	19	58	113
霞浦县	9	68	238
古田县	1		
屏南县	1	5	12
寿宁县	3		
周宁县	2	8	4
柘荣县	1	12	27
福安市	7	72	124
福鼎市	15	59	76

4-26　房地产中介服务资本情况

单位：万元

项　　目	所有者权益合计	实收资本						
			国家资本	集体资本	法人资本	个人资本	港澳台资本	外商资本
合　　计	**289185**	**197484**	**36468**	**2136**	**44294**	**98549**	**13801**	**2236**
按登记注册类型分								
内资企业	275212	181862	36468	2136	43518	98505	1235	
国有企业	33216	19982	18989	100	885	8		
集体企业	1656	1386	65	921	200	200		
股份合作企业	202	216	10			206		
联营企业	1402	1537			1433	104		
国有联营企业	1374	1433			1433			
集体联营企业		4				4		
国有与集体联营企业								
其他联营企业	28	100				100		
有限责任公司	99896	33029	16774		4879	11376		
国有独资公司	75061	16718	16718					
其他有限责任公司	24835	16311	56		4879	11376		
股份有限公司	1128	1339		33	217	1089		
私营企业	135802	122400	50	1052	35692	84376	1230	
私营独资企业	5289	5469			1710	3759		
私营合伙企业	3017	3498			1909	1588		
私营有限责任公司	124230	110240	50	1052	30687	78221	230	
私营股份有限公司	3267	3194			1386	808	1000	
其他企业	1909	1974	580	30	213	1146	5	
港、澳、台商投资企业	12758	13069			184	45	12124	716
合资经营企业(港或澳、台资)	1917	501				6	194	301
合作经营企业(港或澳、台资)	901	110			72	39		
港、澳、台商独资经营企业	9827	12345					11930	415
港、澳、台商投资股份有限公司	113	113			113			
外商投资企业	1215	2553			592		442	1520
中外合资经营企业	536	508			292		42	175
中外合作经营企业								
外资企业	1729	1745					400	1345
外商投资股份有限公司	-1050	300			300			
按控股情况分								
国有控股	111061	38631	35833	100	2490	178	30	
集体控股	1516	1150	65	964	100	20		
私人控股	130320	116902		1049	22694	91929	1230	
港澳台商控股	13476	12048			184	45	11404	415
外商控股	-40	3066			300		1120	1646
其他	32852	25688	570	23	18526	6378	17	175
按隶属关系分								
中央	76441	18154	16718	3	1433			
省	3025	5225	340		550	958	2961	415
设区市	69996	45865	12261	922	5055	18105	8240	1282
县(区、市)	15556	13174	2158	168	5270	5579		
街道	775	619		98	100	416	5	
镇	300	300			300			
乡								
居委会	107	190			12	178		
村委会	850	850	850					
其他	122136	113108	4142	945	31575	73313	2595	539

4-26 续表 1　　单位：万元

项　　目	所有者权益合计	实收资本	国家资本	集体资本	法人资本	个人资本	港澳台资本	外商资本
按市县分								
福州市	42364	44980	4084	1174	10620	19142	8276	1685
鼓楼区	26793	31329	3153	100	9748	8771	7871	1685
台江区	3551	1957	425	100	108	924	400	
仓山区	2328	2298			85	2208	5	
马尾区	6772	6490	37	20	48	6385		
晋安区	1651	1651	30	300	581	740		
闽侯县	3	3				3		
连江县	50	50				50		
罗源县	50	40				40		
闽清县	650	650		650				
永泰县								
平潭县								
福清市	17	13		3		10		
长乐市	499	499	439		50	10		
厦门市	207670	118122	29315	821	18364	63562	5509	551
思明区	193495	104925	27815	788	13739	59970	2224	389
海沧区	3938	3893			2594	1299		
湖里区	8168	7215	1500	3	921	1689	2940	162
集美区	145	228		30	110	88		
同安区	407	358				13	345	
翔安区	1517	1503			1000	503		
莆田市	1116	1089		99	100	890		
城厢区	991	989		99		890		
涵江区	125	100			100			
荔城区								
秀屿区								
仙游县								
三明市	4669	4464		5	1708	2751		
梅列区	1689	1394			1160	234		
三元区								
明溪县								
清流县	53	53				53		
宁化县	102	102				102		
大田县	11	10				10		
尤溪县	240	238				238		
沙　县	322	323			10	313		
将乐县	3	2				2		
泰宁县	700	700				700		
建宁县	3							
永安市	1547	1643		5	538	1100		
泉州市	15797	13438	1209		4093	8136		
鲤城区	1048	575				575		
丰泽区	10525	9002	359		2573	6071		
洛江区								
泉港区	60	60				60		
惠安县	65	65				65		

4-26　续表 2　　单位：万元

项　目	所有者权益合计	实收资本	国家资本	集体资本	法人资本	个人资本	港澳台资本	外商资本
安溪县	16	8				8		
永春县	850	850	850					
德化县	650	650				650		
石狮市	307	210				210		
晋江市	2194	1967			1520	447		
南安市	83	50				50		
漳州市	9764	9583	65		8290	1228		
芗城区	9354	9180			8177	1003		
龙文区	243	243	50		113	80		
云霄县	3	3				3		
漳浦县								
诏安县	21	20				20		
长泰县								
东山县	43	37	15			22		
南靖县								
平和县								
华安县								
龙海市	100	100				100		
南平市	4613	2783	1781	20	537	445		
延平区	461	451	400			51		
顺昌县								
浦城县								
光泽县	41	41	41					
松溪县	30	30				30		
政和县	3	3				3		
邵武市	173	170		20		150		
武夷山市	2765	948	340		537	71		
建瓯市	1080	1080	1000			80		
建阳市	60	60				60		
龙岩市	891	755		18	50	673	15	
新罗区	716	605			10	580	15	
长汀县								
永定县								
上杭县	40	40			20	20		
武平县	41	41		18	10	13		
连城县								
漳平市	95	70			10	60		
宁德市	2301	2271	14		534	1723		
蕉城区	466	522	14		278	230		
霞浦县	298	290			193	97		
古田县								
屏南县	3	3				3		
寿宁县								
周宁县	6	6			3	3		
柘荣县	10	10				10		
福安市	429	320			60	260		
福鼎市	1090	1120				1120		

4-27 房地产中介服务经营情况

单位：万元

项目	营业收入	主营业务收入	营业成本	主营业务成本	营业利润	主营业务利润	营业税金及附加	营业、管理、财务费用合计	税金
合计	**98226**	**95674**	**31727**	**31251**	**10502**	**57877**	**5310**	**51429**	**856**
按登记注册类型分									
内资企业	90078	87526	29997	29521	10254	51951	4818	45747	806
国有企业	16446	15689	6761	6552	4495	8429	765	4961	206
集体企业	872	756	139	90	373	626	43	318	9
股份合作企业	101	101	36	36	22	60	5	43	0
联营企业	79	79	14	14	-3	61	5	65	1
国有联营企业	31	31			6	29	2	25	1
集体联营企业	5	5			0	5	0	4	
国有与集体联营企业									
其他联营企业	44	44	14	14	-8	28	2	36	
有限责任公司	18681	18009	5434	5351	3622	11641	967	8824	128
国有独资公司	1618	1618			89	1618		1529	
其他有限责任公司	17063	16390	5434	5351	3533	10022	967	7295	128
股份有限公司	774	774	208	202	47	435	45	441	10
私营企业	52184	51183	17066	16950	1841	30162	2916	30409	439
私营独资企业	3842	3829	1562	1557	664	1988	282	1357	76
私营合伙企业	1622	1622	318	318	30	966	96	1192	23
私营有限责任公司	46200	45223	14979	14870	1139	27040	2509	27576	323
私营股份有限公司	520	509	207	205	8	167	29	285	16
其他企业	939	936	339	325	-143	537	73	685	14
港、澳、台商投资企业	4994	4994	1453	1453	-74	3237	303	3315	48
合资经营企业(港或澳、台资)	1348	1348	0	0	-406	1274	74	1680	
合作经营企业(港或澳、台资)	501	501			170	473	28	303	1
港、澳、台商独资经营企业	3048	3048	1384	1384	158	1465	199	1310	46
港、澳、台商投资股份有限公司	97	97	69	69	3	25	2	23	1
外商投资企业	3154	3154	277	277	323	2689	189	2366	1
中外合资经营企业	1541	1541	277	277	165	1186	78	1021	
中外合作经营企业									
外资企业	418	418			101	374	44	273	
外商投资股份有限公司	1196	1196			57	1129	66	1072	1
按控股情况分									
国有控股	20036	19040	7277	7000	4752	11138	961	7586	212
集体控股	923	822	158	102	435	673	50	288	6
私人控股	57096	56075	18087	17975	3236	33721	3122	32852	498
港澳台商控股	4970	4970	1410	1410	-65	3295	265	3363	46
外商控股	1637	1637	43	43	148	1445	149	1297	3
其他	13564	13130	4752	4721	1995	7604	764	6043	90
按隶属关系分									
中央	1662	1662			95	1659	3	1566	1
省	4076	4075	814	792	373	2932	259	2614	50
设区市	40345	39306	12239	11975	7652	24253	2169	18864	363
县(区、市)	7482	6990	2673	2511	1268	3782	546	3066	104
街道	537	537	260	252	103	251	34	159	2
镇	68	68	63	63	5	5	14		
乡									
居委会	135	124	63	63	1	50	11	62	5
村委会	256	256	35	35	157	201	20	44	3
其他	43666	42658	15581	15560	850	24743	2255	25054	328

4-27　续表 1　　　　单位：万元

项　　目	营业收入	主营业务收入	营业成本	主营业务成本	营业利润	主营业务利润	营业税金及附加	营业、管理、财务费用合计	税金
按市县分									
福州市	19042	18676	6080	5977	1795	10714	1118	9873	96
鼓楼区	12175	11818	3562	3491	886	7603	743	7034	69
台江区	2866	2857	1491	1482	345	965	180	807	11
仓山区	275	275	117	115	54	140	20	89	3
马尾区	1392	1392	281	281	206	1231	77	804	10
晋安区	1657	1657	500	478	97	238	88	809	2
闽侯县	45	45	39	39	5	6	1	1	1
连江县	110	110	67	67	10	42	1	32	
罗源县	12	12	1	1	0	10	1	10	
闽清县	30	30	19	19	6	11		5	
永泰县									
平潭县									
福清市	60	60	1	1	-24	52	7	76	1
长乐市	420	420	2	2	210	417	2	207	
厦门市	57347	55186	16535	16186	2730	35722	3034	35490	351
思明区	50345	48123	14277	14068	1606	31502	2619	32271	320
海沧区	511	511	81	81	27	388	42	293	0
湖里区	5114	4876	977	888	1075	3669	311	2781	29
集美区	80	80	68	16	4	58	4	58	1
同安区	1265	1265	1129	1129	4	80	57	76	1
翔安区	31	31	3	3	14	26	2	12	
莆田市	350	350	257	257	19	79	13	61	1
城厢区	345	345	257	257	28	75	13	47	1
涵江区	5	5			-9	4	0	13	
荔城区									
秀屿区									
仙游县									
三明市	3555	3555	1484	1484	831	1912	169	1423	38
梅列区	1143	1143	780	780	201	293	70	242	9
三元区									
明溪县									
清流县	228	228	53	53	157	172	3	30	1
宁化县	80	80	18	18	15	58	5	43	1
大田县	13	13	7	7	-1	6	0	7	0
尤溪县	957	957	153	153	106	756	48	651	1
沙　县	197	197	56	56	81	140	12	49	1
将乐县	8	8	1	1	2	7	0	5	
泰宁县	720	720	359	359	235	342	19	289	25
建宁县	23	23	11	11	3	11	1	7	
永安市	186	186	49	49	31	127	10	101	
泉州市	8129	8129	3599	3589	2282	3862	559	1803	316
鲤城区	979	979	159	159	111	742	78	631	60
丰泽区	5551	5551	2836	2826	1465	2277	371	987	224
洛江区									
泉港区	230	230	83	83	129	131	16	2	
惠安县	48	48	34	34	9	10	4	1	

4-27 续表 2 单位：万元

项 目	营业收入	主营业务收入	营业成本	主营业务成本	营业利润	主营业务利润	营业税金及附加	营业、管理、财务费用合计	税金
安溪县	122	122	70	70	20	4	6	22	22
永春县	256	256	35	35	157	201	20	44	3
德化县	16	16	4	4	-1	10	2	11	
石狮市	81	81	13	13	43	61	7	18	2
晋江市	769	769	297	297	344	421	51	88	5
南安市	78	78	68	68	5	5	4	0	
漳州市	2001	1997	857	855	361	1037	106	677	7
芗城区	1601	1601	659	659	312	849	92	537	5
龙文区	148	148	98	98	10	47	3	37	1
云霄县	29	29	13	13	4	14	2	11	
漳浦县									
诏安县	13	13			1	12	1	11	0
长泰县									
东山县	20	17	10	8	0	8	1	9	1
南靖县									
平和县									
华安县									
龙海市	191	191	77	77	34	106	8	73	
南平市	4295	4294	1972	1972	1520	2148	175	635	25
延平区	2478	2478	1110	1110	990	1305	64	315	12
顺昌县									
浦城县	50	50	11	11	24	39	1	15	
光泽县	101	101	11	11	22	86	4	64	
松溪县	180	180	66	66	58	81	33	23	
政和县	3	3	2	2	1	1	0	0	
邵武市	260	260	119	119	41	126	15	88	4
武夷山市	864	864	474	474	226	338	52	117	8
建瓯市	306	306	141	141	154	161	4	7	
建阳市	52	52	39	39	4	10	3	6	1
龙岩市	700	700	250	250	103	407	43	308	10
新罗区	390	390	132	132	-28	235	23	262	9
长汀县									
永定县									
上杭县	75	75	49	49	19	20	7	4	
武平县	76	76	28	28	38	45	3	7	0
连城县									
漳平市	159	159	42	42	73	107	10	34	1
宁德市	2808	2788	693	682	861	1996	93	1160	13
蕉城区	324	304	182	182	9	113	9	126	2
霞浦县	1501	1501	36	36	643	1421	44	778	8
古田县									
屏南县	14	14	5		2		2		
寿宁县									
周宁县	13	13	8	2	0	5	0	5	
柘荣县	55	55	15	15	9	39	2	30	1
福安市	718	718	410	410	148	281	27	133	
福鼎市	184	184	38	38	49	139	8	89	2

4-28　房地产中介服务情况

项　　目	房屋代理销售			房屋代理出租		
	成交合同面积(平方米)	成交合同数(个)	成交合同金额(万元)	成交合同面积(平方米)	成交合同数(个)	成交合同金额(万元)
合　　计	**2428904**	**14349**	**3662684**	**2329184**	**27717**	**371253**
按登记注册类型分						
内资企业	2028674	13442	3429225	1430510	27680	369485
国有企业	3225	35	2370	57090	322	1132
集体企业	560	3	59			
股份合作企业	18430	136	4156	3500	44	2
联营企业	293	4	103	802	35	34
国有联营企业				635	2	31
集体联营企业	293	4	103	167	33	3
国有与集体联营企业						
其他联营企业						
有限责任公司	270863	3547	32485	78544	1185	8696
国有独资公司						
其他有限责任公司	270863	3547	32485	78544	1185	8696
股份有限公司	23151	410	3268	20432	252	110
私营企业	1700844	9166	3368342	1251702	25504	353178
私营独资企业	182114	720	858872	361089	2907	146455
私营合伙企业	40299	177	9898	24201	122	592
私营有限责任公司	1465834	8200	2496617	856387	22420	206106
私营股份有限公司	12597	69	2955	10025	55	26
其他企业	11308	141	18443	18440	338	6334
港、澳、台商投资企业	324991	55	178389	898174	30	268
合资经营企业(港或澳、台资)	321462	22	176804			
合作经营企业(港或澳、台资)						
港、澳、台商独资经营企业	2194	10	1243	898174	30	268
港、澳、台商投资股份有限公司	1335	23	342			
外商投资企业	75239	852	55070	500	7	1500
中外合资经营企业						
中外合作经营企业						
外资企业	157	3	114	500	7	1500
外商投资股份有限公司	75082	849	54956			
按控股情况分						
国有控股	22911	210	10680	57725	324	1162
集体控股	790	5	94	1300	12	4
私人控股	1821239	11616	3383540	1148459	25219	344715
港澳台商控股	324991	55	178389			
外商控股	75239	852	55070	898674	37	1768
其他	183734	1611	34911	223026	2125	23604
按隶属关系分						
中央				635	2	31
省	80620	896	55936	903778	153	299
设区市	775699	5006	162584	325350	2646	14917
县(区、市)	132691	415	112990	210906	1042	40689
街道	8596	120	4496	7763	182	19
镇						
乡						
居委会	8	8	5000	4204	164	2035
村委会						
其他	1431290	7904	3321678	876548	23528	313264

4-28 续表 1

项　　目	房屋代理销售			房屋代理出租		
	成交合同面积（平方米）	成交合同数（个）	成交合同金额（万元）	成交合同面积（平方米）	成交合同数（个）	成交合同金额（万元）
按市县分						
福州市	499656	2269	639183	1348826	17643	274844
鼓楼区	434876	1888	613215	1231233	16833	261498
台江区	42420	164	12653	25609	203	3060
仓山区	4478	66	1636	6190	113	5
马尾区	440	5	8	10385	130	79
晋安区	11502	98	6483	67940	261	10160
闽侯县				1300	12	1
连江县	1200	10	300	2400	20	14
罗源县	2400	20	4156			
闽清县						
永泰县						
平潭县						
福清市				480	48	1
长乐市	2340	18	732	3289	23	26
厦门市	1464248	7920	2923726	720170	7520	82626
思明区	1318188	6870	658656	545042	4219	39467
海沧区	39543	249	640	7017	71	2292
湖里区	104073	777	2263184	164538	3190	37707
集美区	250	14	3	3573	40	3160
同安区	2194	10	1243			
翔安区						
莆田市	1080	10	329	1122	12	15
城厢区	1080	10	329	1122	12	15
涵江区						
荔城区						
秀屿区						
仙游县						
三明市	135196	2244	11027	9357	87	136
梅列区	107287	2011	2861	1200	15	1
三元区						
明溪县						
清流县	3508	18	430	2320	24	70
宁化县	1015	7	264	1250	8	50
大田县	902	8	152	700	6	0
尤溪县	3249	30	1137			
沙　县	3505	36	624	2347	20	9
将乐县	3100	30	620	1350	12	5
泰宁县	8400	56	3750			
建宁县						
永安市	4230	48	1189	190	2	2
泉州市	136214	553	32152	177552	1650	13222
鲤城区	90000	106	4500			
丰泽区	23092	252	20746	147275	1444	12571
洛江区						
泉港区	500	2	5		5	500
惠安县						

4-28　续表 2

项　　目	房屋代理销售			房屋代理出租		
	成交合同面积（平方米）	成交合同数（个）	成交合同金额（万元）	成交合同面积（平方米）	成交合同数（个）	成交合同金额（万元）
安溪县						
永春县						
德化县	2185	18	359	324	3	0
石狮市	8695	60	4055			
晋江市	11742	115	2487	29953	198	151
南安市						
漳州市	36060	328	12525	28829	284	151
芗城区	32335	285	11865	28739	283	150
龙文区	2235	29	492	90	1	0
云霄县						
漳浦县						
诏安县	70	2	13			
长泰县						
东山县	1420	12	155			
南靖县						
平和县						
华安县						
龙海市						
南平市	44017	341	11924	15630	206	16
延平区	6600	27	2406	12330	164	15
顺昌县						
浦城县	1400	10	800			
光泽县						
松溪县						
政和县						
邵武市	4200	22	56	3300	42	1
武夷山市	27000	250	7250			
建瓯市						
建阳市	4817	32	1412			
龙岩市	21628	194	5086	15673	188	39
新罗区	9800	97	2964	14173	174	35
长汀县						
永定县						
上杭县						
武平县	6845	43	1022	200	2	0
连城县						
漳平市	4983	54	1101	1300	12	4
宁德市	90805	490	26732	12025	127	203
蕉城区	14295	133	4463	6695	64	158
霞浦县	55900	278	17601	900	15	8
古田县						
屏南县	1980	6	18	1000	10	3
寿宁县						
周宁县						
柘荣县						
福安市	3100	12	1320	2800	35	22
福鼎市	15530	61	3330	630	3	13

4-29 其他房地产企业人员情况

项　目	企业数（个）	从业人员年平均人数（人）	职工工资和福利费（万元）
合　计	**1469**	**15659**	**44233**
按登记注册类型分			
内资企业	1398	15025	40336
国有企业	395	4872	11794
集体企业	333	3396	5209
股份合作企业	7	195	391
联营企业	13	137	250
国有联营企业	5	45	81
集体联营企业	5	32	48
国有与集体联营企业	2	55	113
其他联营企业	1	5	8
有限责任公司	176	1905	12305
国有独资公司	12	93	330
其他有限责任公司	164	1812	11975
股份有限公司	41	700	1214
私营企业	392	3225	7853
私营独资企业	55	560	1245
私营合伙企业	10	63	825
私营有限责任公司	312	2497	5546
私营股份有限公司	15	105	238
其他企业	41	595	1320
港、澳、台商投资企业	37	381	1335
合资经营企业(港或澳、台资)	11	178	491
合作经营企业(港或澳、台资)	1	3	17
港、澳、台商独资经营企业	23	197	825
港、澳、台商投资股份有限公司	2	3	3
外商投资企业	34	253	2562
中外合资经营企业	6	66	1760
中外合作经营企业	6	72	321
外资企业	19	109	461
外商投资股份有限公司	3	6	20
按控股情况分			
国有控股	448	5402	13032
集体控股	321	3028	4846
私人控股	456	4277	8917
港澳台商控股	32	359	4368
外商控股	21	143	2051
其他	191	2450	11020
按隶属关系分			
中央	8	101	228
省	44	1148	4864
设区市	289	3511	10199
县(区、市)	507	5253	15899
街道	33	411	1065
镇	32	286	652
乡	7	31	44
居委会	7	15	23
村委会	22	140	846
其他	520	4763	10414

4-29　续表 1

项　　目	企业数 (个)	从业人员 年平均人数 (人)	职工工资 和福利费 (万元)
按市县分			
福州市	309	4817	20868
鼓楼区	117	1593	11884
台江区	60	2064	6776
仓山区	18	256	495
马尾区	12	98	281
晋安区	11	175	619
闽侯县	6	79	110
连江县	58	369	433
罗源县	3	30	31
闽清县	15	70	59
永泰县	3	4	4
平潭县			
福清市	3	29	102
长乐市	3	50	74
厦门市	266	2626	7355
思明区	142	1273	4028
海沧区	25	169	684
湖里区	42	367	1186
集美区	36	445	935
同安区	21	372	522
翔安区			
莆田市	24	248	381
城厢区	10	87	234
涵江区	3	13	7
荔城区			
秀屿区	5	44	14
仙游县	6	104	125
三明市	119	907	1494
梅列区	19	131	221
三元区	21	180	196
明溪县	6	16	27
清流县	2	12	25
宁化县	5	25	39
大田县	3	6	16
尤溪县	12	109	279
沙　县	4	28	63
将乐县	14	78	138
泰宁县	4	57	110
建宁县	10	39	49
永安市	19	226	333
泉州市	194	1932	4348
鲤城区	39	259	365
丰泽区	35	377	987
洛江区	15	59	144
泉港区			
惠安县	28	710	1607

4-29 续表 2

项　目	企业数(个)	从业人员年平均人数(人)	职工工资和福利费(万元)
安溪县	3	5	9
永春县	6	20	51
德化县	9	71	105
石狮市	7	57	119
晋江市	40	344	912
南安市	12	30	49
漳州市	224	1365	4212
芗城区	83	708	1197
龙文区	26	160	357
云霄县			
漳浦县	7	136	204
诏安县			
长泰县			
东山县	43	134	133
南靖县	2	3	2
平和县	2		
华安县	3	7	4
龙海市	58	217	2315
南平市	177	1445	2705
延平区	39	389	668
顺昌县	46	232	891
浦城县	8	160	98
光泽县	1	7	17
松溪县	3	18	34
政和县	4	42	84
邵武市	26	341	517
武夷山市	10	17	26
建瓯市	4	19	19
建阳市	36	220	353
龙岩市	84	844	1448
新罗区	62	694	1101
长汀县	1	2	3
永定县	2	14	17
上杭县	5	45	151
武平县	1	12	22
连城县			
漳平市	13	77	154
宁德市	72	1475	1423
蕉城区	14	247	297
霞浦县	8	155	264
古田县	16	771	456
屏南县	1		
寿宁县	8	57	38
周宁县	3	14	10
柘荣县	1	31	38
福安市			
福鼎市	21	200	321

4-30　其他房地产资本情况

单位：万元

项　　目	所有者权益合计	实收资本						
			国家资本	集体资本	法人资本	个人资本	港澳台资本	外商资本
合　　计	**1063627**	**1038607**	**174883**	**125005**	**312737**	**290788**	**70895**	**64299**
按登记注册类型分								
内资企业	907344	830662	172555	122780	230118	274810	50	30348
国有企业	345797	273621	138846	9631	95883	462		28800
集体企业	30846	86378	1624	75036	8494	1188		37
股份合作企业	23140	10197	334	9555	164	143		
联营企业	16570	16043	6264	752	9027			
国有联营企业	4863	4864	4764		100			
集体联营企业	1313	785		752	32			
国有与集体联营企业	10045	10045	1500		8545			
其他联营企业	350	350			350			
有限责任公司	148895	127859	21186	3886	54965	47822		
国有独资公司	19696	17521	17136	85	300			
其他有限责任公司	129200	110338	4050	3801	54665	47822		
股份有限公司	48540	46290	3352	12379	8280	22280		
私营企业	278607	255562	800	5600	47306	201807	50	
私营独资企业	8141	8894			3045	5799	50	
私营合伙企业	68097	63070			460	62610		
私营有限责任公司	180267	167905	800	5600	35945	125560		
私营股份有限公司	22103	15694			7856	7838		
其他企业	14948	14712	150	5941	6000	1109		1512
港、澳、台商投资企业	86525	91221	415	975	11188	7986	67819	2839
合资经营企业(港或澳、台资)	25990	22812	415	975	4893	4650	11879	
合作经营企业(港或澳、台资)	2846	3700			2494		1206	
港、澳、台商独资经营企业	57072	64092			3800	3336	54117	2839
港、澳、台商投资股份有限公司	618	618					618	
外商投资企业	69758	116724	1914	1250	71431	7992	3026	31112
中外合资经营企业	18840	66612	1914		54997	3116		6585
中外合作经营企业	3804	4856			615	4124	117	
外资企业	46263	44404		1250	15537	682	2908	24027
外商投资股份有限公司	852	852			282	70		500
按控股情况分								
国有控股	416234	392692	170029	20917	168579	2875	1492	28800
集体控股	18883	75563	1585	60790	11207	1739	242	
私人控股	289627	261314	528	6077	67634	186393	419	264
港澳台商控股	79045	80550		508	2532	7785	68196	1530
外商控股	54452	52670		1250	18324	3252	526	29318
其他	205386	175818	2741	35463	44461	88744	20	4387
按隶属关系分								
中央	4624	12099	6535	5000	278		286	
省	352593	255825	32913	11167	100773	72103	10069	28800
设区市	151149	252987	40341	28066	116663	27523	27183	13213
县(区、市)	180243	156021	68041	19649	20960	36473	3584	7314
街道	19640	19856	2432	16130	800	494		
镇	18803	17691	618	3032	11808	1003	1230	
乡	886	458		408	50			
居委会	1980	1923		1653		270		
村委会	7648	6852		5588	620	644		
其他	326062	314895	24004	34312	60786	152279	28543	14972

4-30 续表 1 单位：万元

项目	所有者权益合计	实收资本						
			国家资本	集体资本	法人资本	个人资本	港澳台资本	外商资本
按市县分								
福州市	320398	328682	55122	47753	83640	104474	24009	13686
鼓楼区	187003	214579	30605	11224	45495	93788	22838	10628
台江区	46718	39131	4337	24067	6097	2586	500	1546
仓山区	31232	32904	1586	4305	26960	53		
马尾区	21539	16679	13789	847		1800	242	
晋安区	9066	5773	50	5160	562			
闽侯县	1827	1827		315				1512
连江县	16060	12612	1533	126	4311	6214	428	
罗源县	159	139	79	30	30			
闽清县	3341	1820	1355	246	185	33		
永泰县	101	100	100					
平潭县								
福清市	1403	1403		1403				
长乐市	1951	1716	1687	30				
厦门市	179920	297560	30616	24493	99127	95697	33172	14454
思明区	51686	170649	12830	19375	76692	48902	7876	4975
海沧区	20893	24737	2000	400	3688	9274	6057	3318
湖里区	64274	60229	7411	250	15375	14846	17747	4600
集美区	24200	24322	8221	3819	3192	6036	1493	1562
同安区	18867	17624	155	650	180	16639		
翔安区								
莆田市	20357	20483	1500	6706	5058	7219		
城厢区	10974	11212		6253	4768	191		
涵江区	479	473		63	290	120		
荔城区								
秀屿区	2270	2270		390		1880		
仙游县	6634	6528	1500			5028		
三明市	27489	30831	13460	5890	3489	5117	2876	
梅列区	4269	4440	3442	488	450	60		
三元区	6116	10682	8014	538	125	2005		
明溪县	453	382	129	242		10		
清流县	349	349	30	319				
宁化县	357	353		308		45		
大田县	228	226		78		148		
尤溪县	1268	710	104	422	2	183		
沙　县	4615	4659	30	1653		100	2876	
将乐县	1231	1095	486	515		94		
泰宁县	1598	1587		387	600	600		
建宁县	481	388	113	200	75			
永安市	6524	5961	1111	741	2237	1872		
泉州市	180326	139964	20172	26233	45422	38711	3378	6048
鲤城区	10620	7721	1739	412	3255	2314		
丰泽区	73330	50536	10800	8127	14915	11046	100	5548
洛江区	25168	24555		9815	9660	5080		
泉港区								
惠安县	4337	4337			2985	1352		

4-30　续表 2　　　　单位：万元

项　目	所有者权益合计	实收资本						
			国家资本	集体资本	法人资本	个人资本	港澳台资本	外商资本
安溪县	31	5			5			
永春县	1652	1634	10			1624		
德化县	1920	1040	590		350	100		
石狮市	3610	3610			600	1010	1500	500
晋江市	58922	45790	7032	7193	13652	16135	1778	
南安市	736	736		685		51		
漳州市	277238	157800	18282	4779	68285	28905	7460	30090
芗城区	53615	34163	3683	3939	6576	17201	2764	
龙文区	10103	9440	1821	395	1136	698	4695	695
云霄县								
漳浦县	975	975				975		
诏安县								
长泰县								
东山县	6117	4643	2382	171	638	857		595
南靖县	24	18	18					
平和县								
华安县	147	147		147				
龙海市	206258	108415	10379	127	59935	9174		28800
南平市	27238	30177	18001	6369	1246	4540		21
延平区	9206	5889	3399	971	609	910		
顺昌县	10753	10665	6279	1682	337	2346		21
浦城县	2264	2264	1859	405				
光泽县	33	33	33					
松溪县	151	72	65	7				
政和县	155	107	107					
邵武市	5747	4472	2553	705		1214		
武夷山市	397	330	10		300	20		
建瓯市	619	618	5	613				
建阳市	-2087	5727	3691	1986		50		
龙岩市	20956	22452	10416	1636	4928	5473		
新罗区	17559	19558	9866	1227	4328	4138		
长汀县	41	40			40			
永定县	2060	1560	500			1060		
上杭县	580	580			560	20		
武平县	75	75				75		
连城县								
漳平市	641	639	50	409		180		
宁德市	9707	10656	7315	1146	1542	653		
蕉城区	2676	4435	4375	10	45	5		
霞浦县	894	739	625	115				
古田县	1923	1490	770	620		100		
屏南县								
寿宁县	408	400	400					
周宁县	20	20	20					
柘荣县	280	280	280					
福安市								
福鼎市	3506	3293	846	402	1497	548		

4-31 其他房地产经营情况

单位：万元

项目	营业收入	主营业务收入	营业成本	主营业务成本	营业利润	主营业务利润	营业税金及附加	营业、管理、财务费用合计	税金
合计	**329277**	**317768**	**160975**	**153008**	**73983**	**140977**	**21711**	**81077**	**5595**
按登记注册类型分									
内资企业	304977	294497	151639	144042	67185	128325	19954	72774	4070
国有企业	137579	133329	51610	49177	46866	72654	10908	29593	1523
集体企业	23905	21309	9849	8062	3087	11299	1321	9799	381
股份合作企业	1229	1229	550	550	211	652	34	1337	32
联营企业	1625	1625	812	812	268	742	38	517	18
国有联营企业	566	566	12	12	289	543	11	254	15
集体联营企业	197	197	89	89	27	96	13	78	2
国有与集体联营企业	396	396	282	282	-49	104	10	152	1
其他联营企业	465	465	429	429			3	33	
有限责任公司	49225	46303	34185	31927	2192	12162	2140	12931	562
国有独资公司	1231	1158	428	350	46	746	63	718	61
其他有限责任公司	47994	45146	33758	31576	2146	11416	2078	12212	500
股份有限公司	18227	17836	12662	12305	2887	4071	1357	2184	106
私营企业	68088	67905	39974	39221	10582	24119	3795	14761	1354
私营独资企业	10966	10932	6250	6250	2239	3786	896	1592	337
私营合伙企业	1725	1725	1279	1279	13	375	68	495	44
私营有限责任公司	53472	53324	31081	30328	8218	19606	2642	12391	964
私营股份有限公司	1924	1924	1364	1364	112	352	189	283	9
其他企业	5100	4961	1998	1990	1093	2626	362	1654	96
港、澳、台商投资企业	13985	13079	4203	4115	4273	8095	912	4693	1387
合资经营企业(港或澳、台资)	3047	3013	1113	1111	382	1787	116	1437	211
合作经营企业(港或澳、台资)	392	392			160	328	63	169	3
港、澳、台商独资经营企业	10510	9638	3066	2981	3729	5969	732	3079	1167
港、澳、台商投资股份有限公司	36	36	24	24	2	11	1	9	6
外商投资企业	10316	10192	5133	4852	2526	4557	845	3610	137
中外合资经营企业	3224	3205	2092	2083	6	891	247	941	14
中外合作经营企业	903	822	282	200	149	586	36	616	0
外资企业	6158	6134	2727	2568	2374	3052	561	2021	121
外商投资股份有限公司	31	31	32		-3	29	2	32	2
按控股情况分									
国有控股	145461	141056	54923	52269	47370	76360	11522	32934	1652
集体控股	21459	18871	8320	7041	2946	10677	1067	9638	338
私人控股	89672	89339	53385	51445	14364	31687	5132	19181	1368
港澳台商控股	20635	19763	10526	10440	4565	8656	710	5113	1282
外商控股	8973	8931	4528	4515	2628	3686	730	2414	124
其他	43077	39808	29293	27298	2110	9911	2550	11797	831
按隶属关系分									
中央	1255	1226	596	399	-351	623	70	1364	118
省	97214	96740	35839	35509	40099	52021	9219	12405	546
设区市	49282	43942	21070	18741	9777	21757	2876	17252	2026
县(区、市)	74555	69821	40813	37719	11488	28527	2382	22240	1137
街道	3134	2752	1217	973	368	1326	182	1022	39
镇	8631	8631	5059	4937	1568	2883	777	1337	500
乡	111	111	30	30	-5	75	7	79	
居委会	949	949	586	586	204	286	78	82	0
村委会	3896	3759	1504	1480	741	2786	421	1263	3
其他	90252	89837	54262	52633	10094	30693	5701	24033	1226

4-31　续表 1

单位：万元

项　　目	营业收入	主营业务收入	营业成本	主营业务成本	营业利润	主营业务利润	营业税金及附加	营业、管理、财务费用合计	税金
按市县分									
福州市	59577	56448	33419	30578	3796	22401	3461	20984	1095
鼓楼区	31163	30716	18782	18619	1227	10202	1911	10212	444
台江区	16879	14420	10307	7823	1535	6002	463	5115	154
仓山区	3035	3028	1448	1441	-236	1378	210	1643	259
马尾区	1429	1429	221	221	226	1002	205	908	168
晋安区	1922	1793	415	415	177	1281	226	1104	1
闽侯县	626	626	421	421	63	132	74	71	3
连江县	3197	3109	1471	1283	469	1592	301	1375	44
罗源县	179	179	79	79	11	6	6	79	7
闽清县	289	289	177	177	10	108	4	108	3
永泰县	6	6	2	2		4		4	0
平潭县									
福清市	452	452	95	95	14	295	63	271	11
长乐市	401	401	1	1	300	400	0	94	3
厦门市	55041	51493	26171	23790	7034	22660	3374	22360	2040
思明区	15608	13623	2485	2485	1744	10025	845	10984	237
海沧区	2248	1989	801	682	147	951	76	1104	155
湖里区	17338	16042	7910	7698	3751	6984	861	5537	1325
集美区	5620	5611	4251	2201	-28	2409	378	3377	289
同安区	14228	14228	10724	10724	1420	2291	1213	1359	35
翔安区									
莆田市	5313	5229	3378	2861	763	1991	177	1067	23
城厢区	2088	2018	1132	615	376	858	99	509	7
涵江区	24	23	14	14	-29	9	0	9	0
荔城区									
秀屿区	51	51	38	38	0	10	3	74	11
仙游县	3150	3137	2194	2194	416	1115	75	476	5
三明市	6760	6618	2195	2105	1101	3924	504	3088	102
梅列区	1257	1247	168	85	355	1016	64	662	45
三元区	551	551	184	184	23	332	32	309	18
明溪县	114	114	5	5	37	102	8	65	1
清流县	40	40	1	1	-2	40		41	
宁化县	131	131	59	59	11	64	7	53	2
大田县	102	102	5	5	21	96	1	75	2
尤溪县	507	482	103	103	36	355	24	344	1
沙　县	1143	1141	732	732	190	324	84	137	
将乐县	505	499	168	168	82	319	12	243	9
泰宁县	1072	1072	341	341	212	518	214	418	13
建宁县	124	124	65	65	-8	50	9	59	
永安市	1215	1115	365	359	144	708	50	684	12
泉州市	64038	63954	40087	40056	15526	20379	3256	7850	1368
鲤城区	2439	2439	1460	1449	494	838	152	544	29
丰泽区	10340	10340	6867	6867	2214	2856	618	2411	135
洛江区	1740	1740	382	382	742	1198	17	599	49
泉港区									
惠安县	17096	17096	10898	10898	2865	4507	1691	1691	879

4-31 续表 2

单位：万元

项　　目	营业收入	主营业务收入	营业成本	主营业务成本	营业利润	主营业务利润	营业税金及附加	营业、管理、财务费用合计	税金
安溪县	165	165	104	104	24	6	16	20	20
永春县	199	199	95	95	81	95	8	15	1
德化县	888	872	434	434	136	312	61	282	13
石狮市	741	741	373	373	185	282	65	117	14
晋江市	30105	30037	19355	19336	8661	10104	597	2130	218
南安市	326	326	119	119	125	181	31	41	11
漳州市	108720	105852	42891	41708	42732	55013	9784	12961	468
芗城区	12810	10267	7345	6301	1359	3652	376	3735	295
龙文区	3504	3504	2536	2536	588	1268	271	856	62
云霄县									
漳浦县	1637	1637	800	800	189	592	245	403	11
诏安县									
长泰县									
东山县	1028	998	562	554	47	405	39	380	15
南靖县	4	4			0	4	0	4	0
平和县									
华安县	8	8	4	4		4		4	
龙海市	89730	89434	31645	31514	40549	49088	8854	7581	84
南平市	19334	17890	9002	8210	2491	8526	625	6872	105
延平区	2395	2371	389	382	502	1749	184	1303	24
顺昌县	8518	8415	3282	3255	828	4379	341	3604	18
浦城县	671	671	319	319	217	336	17	108	
光泽县	22	22	2	2	2	20		19	1
松溪县	68	68	9	9	10	58	1	48	1
政和县	181	181	163	127	1	15	3	11	1
邵武市	5317	5315	3827	3827	498	1466	23	993	16
武夷山市	236	236	168	168	31	54	14	34	0
建瓯市	87	87	75	75	5	11	1	7	
建阳市	1841	524	770	47	397	439	41	746	45
龙岩市	5975	5825	1856	1725	58	3722	409	3722	290
新罗区	3850	3712	420	298	-199	3144	270	3386	284
长汀县	12		10		0	2		4	
永定县	125	125	95	95	6	28	2	22	
上杭县	244	244	159	159	32	115	24	68	
武平县	50	50	36	36	4	12	2	8	2
连城县									
漳平市	1694	1694	1138	1138	214	420	112	235	4
宁德市	4520	4459	1975	1975	482	2362	121	2173	104
蕉城区	580	580	181	181	23	380	19	441	23
霞浦县	1326	1326	150	150	462	1145	31	683	14
古田县	1067	1042	937	937	-139	71	32	381	52
屏南县									
寿宁县	59	59	19	19		40	0	40	0
周宁县	45	45	18	18	8	21	5	13	
柘荣县	99	99	16	16	9	79	4	70	2
福安市									
福鼎市	1343	1308	653	653	119	626	29	546	14

4-32　房地产开发企业主要指标

(2004年、2008年)

指　标	2008年	2004年	2008年比2004年增长(%)
企业个数(个)	**3268**	**2689**	**21.5**
本年完成投资额(万元)	**11290921**	**5075183**	**122.5**
按构成分			
建筑工程	7128713	3162763	125.4
安装工程	345376	210788	63.8
设备工器具设备	79072	32643	142.2
其他费用	3737760	1668989	124.0
#土地购置费	2994035	1218067	145.8
按工程用途分			
住宅	7359284	3329132	121.1
办公楼	247388	106709	131.8
商业营业用房	808708	520208	55.5
其他	2875541	1119134	156.9
按隶属关系分			
中央	20371	11068	84.1
地方	11270550	5064115	122.6
#省	213391	140446	51.9
房屋建筑面积(平方米)			
施工面积	114597202	56666542	102.2
#住宅	86477116	44831177	92.9
本年竣工面积	19061506	17378274	9.7
#住宅	14228355	14309931	-0.6
本年新开工面积	27977439	18068999	54.8
#住宅	22212929	14344501	54.9
商品房销售			
商品房销售面积(平方米)	16256665	15181612	7.1
#住宅	12500005	13190992	-5.2
商品房销售额(万元)	7126128	3932046	81.2
#住宅	5622613	3076767	82.7
年末空置面积(平方米)	**4063898**	**4585759**	**-11.4**
#空置1-3年	1667898	2039869	-18.2
空置3年以上	769758	656892	17.2
财务指标(万元)			
资产总计	54495254	20976403	159.8
负债合计	39572042	14752979	168.2
实收资本	10419778	5432057	91.8
主营业务收入	8004340	4502330	77.8
主营业务成本	5455144	3457735	57.8
主营业务税金及附加	641954	262219	144.8
主营业务利润	1701741	676988	151.4
利润总额	1158729	345387	235.5

第 5 篇

其他服务业企业财务指标

5-1 按行业(小类)分组的

行业	法人单位(个)	资产		
		固定资产原价	本年折旧	所有者权益合计
总　计	**27205**	**16104273**	**1473354**	**25210124**
信息传输、计算机服务和软件业	**4786**	**10283404**	**1088189**	**5829363**
电信和其他信息传输服务业	652	9858955	1037365	5082094
电信	199	7770209	871217	3590697
固定电信服务	45	3932339	301061	1580022
移动电信服务	53	3725423	558465	1940035
其他电信服务	101	112447	11691	70640
互联网信息服务	400	1958543	148137	1419287
广播电视传输服务	48	128613	17904	70833
有线广播电视传输服务	43	125384	17628	67975
无线广播电视传输服务	5	3229	276	2858
卫星传输服务	5	1591	107	1277
计算机服务业	3100	175954	23296	253433
计算机系统服务	425	29688	2413	102577
数据处理	23	6654	877	9368
计算机维修	100	1214	174	3743
其他计算机服务	2552	138398	19832	137744
软件业	1034	248495	27528	493836
公共软件服务	869	224130	25229	435174
基础软件服务	289	35108	7051	114693
应用软件服务	580	189022	18178	320482
其他软件服务	165	24364	2299	58661
租赁和商务服务业	**11456**	**2914889**	**210363**	**16167134**
租赁业	835	215303	19000	198247
机械设备租赁	814	214359	18919	196089
汽车租赁	577	64731	7044	68438
农业机械租赁	6	399	41	193
建筑工程机械与设备租赁	124	120360	9380	71626
计算机及通讯设备租赁	9	1038	104	830
其他机械与设备租赁	98	27831	2350	55003
文化及日用品出租	21	944	81	2159
图书及音像制品出租	1	1	0	1
其他文化及日用品出租	20	943	81	2158
商务服务业	10621	2699585	191364	15968887
企业管理服务	2009	1914101	134234	13964527

其他服务业企业财务指标

单位：万元

负　债						
实收资本	国家资本	集体资本	法人资本	个人资本	港澳台资本	外商资本
12352014	**6059282**	**236409**	**2187987**	**2820017**	**689410**	**358908**
1595306	**484447**	**9349**	**203195**	**339274**	**436186**	**122855**
1043041	468886	1811	35702	37409	408039	91195
908111	457612	219	21049	11778	327578	89875
99524	95860	24	2690	900	50	
740969	311175		9065	3326	327528	89875
67618	50577	195	9294	7553		
116209	118	20	9344	24962	80461	1304
17691	11156	1572	4384	563		16
15377	8994	1572	4374	422		16
2314	2162		10	142		
1030			925	105		
235163	4511	2797	47294	165009	11452	4100
90789	784	515	21294	54574	10375	3247
8219	3170		1055	3991		3
4600	100	1	917	3480	101	
131555	457	2282	24027	102963	976	850
317101	11050	4741	120200	136856	16695	27559
267759	10498	4641	85596	124325	15607	27093
68943	2650	970	22592	35733	2493	4505
198816	7848	3671	63004	88593	13114	22587
49342	552	100	34604	12531	1089	467
8596545	**5075546**	**154128**	**1514282**	**1641850**	**92834**	**117905**
164823	25724	2171	63014	68587	365	4961
162544	25694	2107	62714	67145	365	4518
65511	1083	1736	21347	38770	50	2525
187				187		
48897	2747		33182	12940		28
880			520	360		
47069	21865	371	7665	14889	315	1965
2279	30	64	300	1442		443
1				1		
2278	30	64	300	1441		443
8431722	5049822	151957	1451267	1573263	92469	112944
6886121	4685698	119314	951525	1004228	37880	87477

5-1 续表 1-1

行业	法人单位(个)	资产		
		固定资产原价	本年折旧	所有者权益合计
企业管理机构	363	237967	16679	2159481
投资与资产管理	1134	1445500	103968	10892642
其他企业管理服务	512	230634	13588	912404
法律服务	311	12592	1421	23556
律师及相关的法律服务	289	12087	1302	19941
公证服务	4	168	90	251
其他法律服务	18	337	28	3364
咨询与调查	2834	96065	9964	733760
会计、审计及税务服务	648	20159	2361	37044
市场调查	43	1636	180	3730
社会经济咨询	957	29088	2136	172803
其他专业咨询	1186	45182	5286	520183
广告业	2601	102704	10704	281833
知识产权服务	95	1742	329	3920
职业中介服务	448	21750	1913	60807
市场管理	217	59981	4445	81014
旅行社	776	191489	10389	325040
其他商务服务	1330	299162	17965	494432
会议及展览服务	242	174907	6811	200307
包装服务	36	1243	125	3352
保安服务	85	16300	2791	13666
办公服务	176	7528	734	17373
其他未列明的商务服务	791	99184	7504	259734
科学研究、技术服务和地质勘查业	**2676**	**1113623**	**34390**	**1246751**
研究与试验发展	260	33911	2892	72456
自然科学研究与试验发展	37	815	74	4464
工程和技术研究与试验发展	93	14429	1527	15773
农业科学研究与试验发展	86	14189	833	47713
医学研究与试验发展	41	3872	428	4460
社会人文科学研究与试验发展	3	605	30	46
专业技术服务业	2416	1079712	31498	1174295
气象服务	48	2658	198	3239
地震服务				
海洋服务	4	978	110	1315
测绘服务	113	8838	928	9592
技术检测	222	35429	3297	41609
环境监测	25	877	107	3507

单位：万元

负　债						
实收资本						
	国家资本	集体资本	法人资本	个人资本	港澳台资本	外商资本
590802	383048	24056	55240	118456	8550	1452
5799907	4075435	62056	790523	772991	14380	84522
495413	227216	33201	105761	112781	14950	1503
12074	308	669	4781	6140	174	1
8334	49	458	1661	5990	174	1
269	159		60	50		
3471	100	211	3060	100		
663990	91900	2756	299061	211034	35457	23783
27313	2509	63	5607	19057	76	1
3192	151	213	1240	1589		
213295	70795	564	47380	84634	4087	5835
420190	18446	1916	244835	105754	31294	17947
228390	8551	3102	64555	149495	1658	1029
4105	685	10	1002	2090	308	10
39387	14554	2055	8222	14541	11	4
45569	7355	8439	13630	14905	1180	60
299433	167578	4887	51538	65409	10009	14
252653	73192	10727	56954	105422	5793	566
54990	25572	4194	13803	11324	98	
4275	830	66	1779	1368	231	
7511	1158	2418	1777	2158		
10242	3230	946	2790	2934	75	267
175636	42402	3102	36806	87639	5389	298
596072	**131383**	**12280**	**165337**	**261174**	**8961**	**16938**
68964	21578	537	19999	17933	5235	3683
5481			2295	3186		
15239	1594	19	3797	9358	300	171
43332	19771	518	11349	3246	4935	3512
4853	213		2507	2133		
60			50	10		
527108	109805	11742	145338	243241	3725	13255
2599	1828	131	500	140		
1160	1050			50	60	
7395	861	569	1098	4833	35	
25499	2464	1882	10415	10427		311
3444	2500	45	200	699		

5-1 续表 1-2

行业	法人单位(个)	资产		
		固定资产原价	本年折旧	所有者权益合计
工程技术与规划管理	1368	950880	20194	922186
工程管理服务	608	818538	9810	648831
工程勘察设计	697	113813	9018	247810
规划管理	63	18529	1365	25546
其他专业技术服务	636	80053	6663	192848
科技交流和推广服务业	606	107082	9708	207946
技术推广服务	399	62570	5014	128706
科技中介服务	85	14930	2140	17899
其他科技服务	122	29582	2554	61341
地质勘查业	57	6719	600	11670
矿产地质勘查	22	2736	217	4618
能源矿产地质勘查	4	604	60	448
固体矿产地质勘查	13	1892	139	2884
其他矿产地质勘查	5	240	18	1286
基础地质勘查	10	1820	149	4121
地质勘查技术服务	25	2163	234	2931
水利、环境和公共设施管理业	**829**	**579570**	**32927**	**684475**
水利管理业	119	62138	4438	56304
防洪管理	10	1464	150	2453
水资源管理	78	56501	3940	45641
水库管理	58	39526	2893	27041
调水、引水管理	11	10748	506	11095
其他水资源管理	9	6227	542	7505
其他水利管理	31	4173	347	8211
环境管理业	213	286186	13320	247806
自然保护	10	3079	294	1446
自然保护区管理	4	172	32	250
野生动植物保护	2	2132	200	322
其他自然保护	4	775	61	874
环境治理	203	283108	13026	246360
城市市容管理	16	365	57	1232
城市环境卫生管理	61	14517	1147	50931
水污染治理	48	244723	10564	154020
危险废物治理	7	6506	567	9659
其他环境治理	71	16997	692	30520
公共设施管理业	497	231246	15169	380364
市政公共设施管理	80	39543	1562	149571
城市绿化管理	173	13002	1310	35890

单位：万元

负　债						
实收资本	国家资本	集体资本	法人资本	个人资本	港澳台资本	外商资本
323501	92492	7712	100789	116921	2386	3200
153735	53656	3999	48069	46437	1294	280
157588	36028	3456	46528	68566	92	2919
12178	2808	258	6192	1918	1001	2
163510	8610	1403	32338	110172	1244	9744
196991	37089	3474	28084	103761	20642	3942
140266	11875	1458	21721	81066	20287	3860
15945	10527	118	1994	2974	250	82
40781	14687	1899	4369	19722	105	
9794	3086	194	3282	3233		
4405	1389	106	501	2410		
400			280	120		
2785	1379	106	200	1100		
1221	10		21	1190		
2605	811		1624	170		
2783	885	89	1157	653		
494872	**174257**	**37287**	**111215**	**94305**	**49717**	**28092**
47334	28651	3534	8446	5177		1526
2438	2409		29			
36847	20542	2754	7873	4152		1526
18792	15911	2636	227	15		3
10588	3036	118	5646	264		1524
7468	1594		2000	3873		
8048	5701	780	543	1024		
211614	72706	19862	42063	38755	38030	199
2081	200	150	1356	220	155	
250		150	100			
1356	100		1256			
475	100			220	155	
209533	72505	19712	40707	38535	37875	199
692		3	130	559		
40247	636	18714	4045	14307	2546	
133912	70869		18471	10642	33730	199
5930			3682	2248		
28752	1000	995	14379	10779	1599	
235925	72900	13892	60707	50373	11687	26366
45845	27288	445	15733	2379		
30639	2851	2448	8945	16127	261	7

5-1 续表 1-3

行业	法人单位(个)	资产		
		固定资产原价	本年折旧	所有者权益合计
游览景区管理	244	178701	12296	194904
风景名胜区管理	82	97900	5273	94015
公园管理	16	27054	2014	9804
其他游览景区管理	146	53747	5009	91085
居民服务和其他服务业	**3153**	**247198**	**23522**	**301371**
居民服务业	1524	136560	13385	157445
家庭服务	100	2589	223	3073
托儿所	12	208	18	132
洗染服务	61	7018	748	6555
理发及美容保健服务	392	21476	2820	22085
洗浴服务	402	44277	4220	47770
婚姻服务	70	1165	116	1291
殡葬服务	93	39956	3740	54166
摄影扩印服务	152	6562	509	7027
其他居民服务	242	13309	992	15347
其他服务业	1629	110638	10137	143926
修理与维护	1053	54552	5808	77081
汽车、摩托车维护与保养	766	50427	5313	68263
办公设备维修	43	811	94	2396
家用电器修理	177	1660	186	4516
其他日用品修理	67	1654	215	1906
清洁服务	292	9938	1063	19479
建筑物清洁服务	36	2390	250	5956
其他清洁服务	256	7549	813	13524
其他未列明的服务	284	46149	3267	47365
教育	**1263**	**163057**	**19082**	**106184**
教育	1263	163057	19082	106184
学前教育	267	14030	1263	11527
初等教育	24	3360	466	8527
中等教育	40	50207	7493	8213
初中教育	8	13000	1315	1953
高中教育	3	5264	348	4156
中等专业教育	4	627	91	495
职业中学教育	7	2476	110	3638
技工学校教育	12	871	66	821
其他中等教育	6	27969	5563	-2850

单位：万元

负　债						
实收资本	国家资本	集体资本	法人资本	个人资本	港澳台资本	外商资本
159440	42761	10999	36029	31867	11426	26360
62486	27771	5290	7706	20852	375	492
8972	520	2000	5587	864		
87983	14470	3709	22735	10151	11051	25868
269923	**25881**	**10381**	**55887**	**156757**	**14406**	**6611**
132252	7972	3284	27852	77801	10094	5250
2780	136	64	392	2188		0
147				147		
5418			517	4506		394
18865	385	248	2182	14077	1908	65
48180	853	329	9641	28494	6032	2833
1519		53	263	1039	63	101
35885	5245	1282	9735	16573	1850	1200
6748	146	159	2744	3086	211	402
12710	1208	1148	2379	7690	30	255
137671	17909	7097	28035	78957	4313	1361
74831	5765	2479	19114	43271	2969	1233
64964	5275	2260	16352	38113	1769	1195
2413		6	1230	1177		
5188	34	157	666	3129	1200	2
2267	457	56	867	852		36
17304	3164	630	2282	10511	589	128
5931	3000	10	345	2471		105
11373	164	620	1937	8040	589	23
45536	8979	3989	6639	25175	755	
116558	**5891**	**3048**	**26856**	**76247**	**3472**	**1044**
116558	5891	3048	26856	76247	3472	1044
12168	20	305	1527	8727	1522	67
4488		100	2784	1454	150	
27753		26	4320	22189	1000	218
786			33	535		218
5000			3550	450	1000	
619			589	30		
3543		26	100	3417		
938			38	900		
16867			10	16857		

5-1 续表 1-4

行 业	法人单位(个)	资 产		
		固定资产原价	本年折旧	所有者权益合计
高等教育	8	20961	1675	7989
普通高等教育	3	20733	1636	7844
成人高等教育	5	229	39	145
其他教育	924	74499	8186	69928
职业技能培训	809	68119	7658	61024
特殊教育	3	11	4	30
其他未列明的教育	112	6369	524	8873
卫生、社会保障和社会福利业	**1056**	**149586**	**11672**	**121421**
卫生	1019	141297	10856	111754
医院	159	115457	8513	85159
综合医院	79	35258	2979	33726
中医医院	7	4313	332	2355
中西医结合医院	19	57472	3479	33726
民族医院				
专科医院	50	14529	1412	12511
疗养院	4	3885	311	2841
卫生院及社区医疗活动	101	5061	370	4715
门诊部医疗活动	697	19260	1826	19436
计划生育技术服务活动	4			
妇幼保健活动	4	274	21	407
专科疾病防治活动	10	136	19	304
疾病预防控制及防疫活动	13	199	19	494
其他卫生活动	31	910	88	1238
社会保障业	4	256	28	364
社会保障业	4	256	28	364
社会福利业	33	8033	788	9303
提供住宿的社会福利	28	6769	683	8883
干部休养所	5	10	2	65
收养收容服务	23	6759	681	8818
不提供住宿的社会福利	5	1265	106	420
文化、体育和娱乐业	**70**	**119172**	**6919**	**178934**
新闻出版业	70	119172	6919	178934
新闻业	7	141	16	255
出版业	63	119030	6903	178679
图书出版	11	22313	731	78297

单位：万元

负债						
实收资本						
	国家资本	集体资本	法人资本	个人资本	港澳台资本	外商资本
7232			120	7112		
7020			20	7000		
212			100	112		
64918	5871	2617	18105	36765	800	760
56344	4638	2604	16678	31436	784	203
30				30		
8544	1233	13	1427	5299	16	557
120051	**26235**	**2119**	**20833**	**42501**	**309**	**28055**
110491	20220	2059	18558	41348	251	28055
85491	18793	219	14029	24460	182	27807
27116	5395	204	3030	18362	124	
2355		10	1729	575		41
42076	11900	5	108	2297		27766
12326			9082	3186	58	
1618	1498		80	40		
4244	686	1239	426	1843	50	
18038	634	580	3380	13178	19	247
708	6		500	202		
273	100		98	75		
522		19	10	493		
1215		3	115	1097		0
370	60	35		275		
370	60	35		275		
9190	5956	25	2274	878	58	
8845	5611	25	2274	878	58	
100				100		
8745	5611	25	2274	778	58	
345	345					
46087	**35850**	**157**	**8241**	**1840**		
46087	35850	157	8241	1840		
612	27		500	85		
45475	35823	157	7741	1755		
6538	5463		1065	10		

5-1 续表 1-5

行　　业	法人单位(个)	资　　产		
		固定资产原价	本年折旧	所有者权益合计
报纸出版	21	94312	6038	95330
期刊出版	17	1311	68	2751
音像制品出版	3	292	17	813
电子出版物出版	7	383	9	1307
其他出版	4	420	40	181
广播、电视、电影和音像业	162	183665	12375	108827
广播	2	93115	5652	45353
电视	31	61753	4780	39640
电影	98	27140	1842	22165
电影制作与发行	16	4149	207	4099
电影放映	82	22992	1635	18066
音像制作	31	1657	102	1668
文化艺术业	158	18537	834	21385
文艺创作与表演	53	1900	241	2503
艺术表演场馆	6	5673	117	5103
图书馆与档案馆	2	10	2	50
图书馆				
档案馆	2	10	2	50
文物及文化保护	2	6	1	151
博物馆	8	8167	309	7285
烈士陵园、纪念馆	1			
群众文化活动	18	139	23	339
文化艺术经纪代理	29	759	69	3499
其他文化艺术	39	1883	73	2456
体育	55	41675	6037	32827
体育组织	15	8248	398	4714
体育场馆	26	33029	5622	27210
其他体育	14	397	17	904
娱乐业	878	176098	16736	191837
室内娱乐活动	605	95201	11601	94189
游乐园	25	10933	611	15967
休闲健身娱乐活动	184	42899	2844	58432
其他娱乐活动	64	27065	1681	23249

单位：万元

负　债						
实收资本	国家资本	集体资本	法人资本	个人资本	港澳台资本	外商资本
35075	28895	30	6150			
1461	965	127	116	254		
800	500		300			
1322			50	1272		
279			60	219		
79289	53594	750	18620	5850	475	
33733	33733					
28396	10998	147	15267	1510	475	
14167	8762	603	1641	3161		
3511	2146		204	1160		
10657	6616	603	1437	2001		
2992	101		1713	1178		
13589	1628	159	2552	3429	500	5321
2389	108	80	396	1306	500	
831	631		100	100		
50			50			
50			50			
150	100		50			
5661				340		5321
353		47		306		
2242			1333	909		
1913	789	33	623	468		
17394	3223	80	7453	2908	2320	1410
3581	220		2842	119	400	
13279	3003	75	4566	2305	1920	1410
534		5	45	484		
199543	1174	3004	22150	86890	59589	26736
93819	24	590	15939	61649	11701	3915
15180	15		143	8194	6553	274
67301	1035	2179	1917	8349	38398	15423
23243	100	235	4151	8698	2937	7123

5-1 续表 2-1

行业	损益及分配			
	营业收入	主营业务收入	营业成本	主营业务成本
总计	**10924393**	**10774740**	**5546791**	**5377208**
信息传输、计算机服务和软件业	**4890113**	**4826454**	**2319867**	**2275373**
电信和其他信息传输服务业	3898463	3844137	1798651	1762848
电信	3165109	3119897	1420717	1400151
固定电信服务	998938	990707	573343	569421
移动电信服务	2060037	2028977	772365	757770
其他电信服务	106135	100213	75009	72960
互联网信息服务	673939	666647	340840	327053
广播电视传输服务	57866	56044	36566	35116
有线广播电视传输服务	56306	54524	35895	34549
无线广播电视传输服务	1560	1520	672	567
卫星传输服务	1549	1549	528	528
计算机服务业	371863	368489	201436	197487
计算机系统服务	143443	142450	94111	93651
数据处理	6056	6049	883	875
计算机维修	7725	7525	5067	5049
其他计算机服务	214638	212466	101376	97913
软件业	619788	613828	319781	315039
公共软件服务	542665	537015	274258	269766
基础软件服务	154077	153318	93242	92728
应用软件服务	388588	383696	181015	177038
其他软件服务	77122	76813	45523	45273
租赁和商务服务业	**3398897**	**3337346**	**1823354**	**1730980**
租赁业	165548	160070	91372	90791
机械设备租赁	164114	158635	90614	90083
汽车租赁	96707	96117	64036	63631
农业机械租赁	461	461	339	339
建筑工程机械与设备租赁	49005	44740	17867	17827
计算机及通讯设备租赁	402	402	87	87
其他机械与设备租赁	17538	16916	8285	8199
文化及日用品出租	1435	1435	758	708
图书及音像制品出租	2	2	1	1
其他文化及日用品出租	1433	1433	757	707
商务服务业	3233349	3177277	1731982	1640189
企业管理服务	1414838	1375705	553746	548334

单位：万元

营业税金及附加		费用合计	营业利润	职工工资和福利费	本年应交增值税	全部从业人员年平均人数（人）
	主营业务税金及附加					
363272	**358223**	**2768501**	**2540118**	**1270960**	**54510**	**431681**
144119	**142846**	**1252834**	**1111319**	**376407**	**21474**	**88452**
116331	115549	999915	913881	236901	1013	42899
95229	94702	676891	889820	180010	431	35651
32410	32197	221294	114855	75765	41	9183
58972	58665	439555	763131	71851	173	16579
3847	3840	16042	11833	32394	217	9889
19520	19295	310502	14925	49240	497	5148
1529	1499	11986	8695	7361	58	2036
1469	1439	11185	8562	6987	57	1867
60	60	801	133	373	0	169
54	54	536	441	290	28	64
13801	13540	74518	86220	46614	3634	22154
3609	3589	24098	22479	15419	1754	5607
294	294	3937	954	540	119	319
221	216	2159	397	1398	169	743
9677	9442	44324	62390	29257	1592	15485
13987	13757	178401	111218	92893	16827	23399
12181	11999	162906	96616	81703	15324	20544
2582	2549	35498	23103	21861	7199	5311
9599	9450	127408	73512	59843	8125	15233
1806	1758	15495	14603	11190	1503	2855
102714	**100189**	**815202**	**969998**	**385380**	**12928**	**155042**
5940	5813	36864	28503	16552	860	6297
5858	5731	36238	28374	16292	854	6169
3003	2964	16752	13044	10104	343	3753
14	14	64	44	46	3	20
2072	2012	14277	10990	3570	257	1213
14	14	280	21	100	2	70
756	727	4865	4275	2472	250	1113
82	82	626	129	260	6	128
0	0	1		1		1
82	82	625	129	259	6	127
96774	94376	778338	941495	368827	12068	148745
35187	33451	354600	685072	105546	7677	30797

5-1 续表 2-2

行业	损益及分配			
	营业收入	主营业务收入	营业成本	主营业务成本
企业管理机构	239063	229517	126504	125470
投资与资产管理	955750	932741	297393	294802
其他企业管理服务	220025	213446	129849	128062
法律服务	63952	63809	88843	15504
律师及相关的法律服务	60530	60388	87649	14310
公证服务	1492	1492	545	545
其他法律服务	1930	1930	649	648
咨询与调查	289616	288290	134326	129944
会计、审计及税务服务	71282	70735	29958	29174
市场调查	3209	3208	1313	1032
社会经济咨询	71698	71397	23895	23534
其他专业咨询	143428	142951	79160	76204
广告业	418849	415886	250485	247630
知识产权服务	14240	14125	7938	7934
职业中介服务	136701	136289	100116	99380
市场管理	45310	44520	18831	18590
旅行社	546592	544791	403129	400526
其他商务服务	303251	293863	174568	172347
会议及展览服务	51925	45551	32756	32458
包装服务	5170	5147	2704	2699
保安服务	61489	60719	25777	24616
办公服务	19176	18915	11100	10912
其他未列明的商务服务	165491	163531	102231	101663
科学研究、技术服务和地质勘查业	**1082333**	**1074515**	**584825**	**568485**
研究与试验发展	54188	53492	39013	38183
自然科学研究与试验发展	2427	2427	1378	1378
工程和技术研究与试验发展	33162	32988	26261	26034
农业科学研究与试验发展	14774	14259	8856	8856
医学研究与试验发展	2745	2739	1781	1180
社会人文科学研究与试验发展	1080	1080	736	736
专业技术服务业	838434	833567	421578	408050
气象服务	5700	5638	2593	2510
地震服务				
海洋服务	1896	1806	1495	1136
测绘服务	18773	18773	8436	8350
技术检测	53670	51392	24516	24333
环境监测	2269	2236	839	827

单位：万元

<table>
<tr><th colspan="4"></th><th rowspan="3">职工工资
和福利费</th><th rowspan="3">本年应交
增 值 税</th><th rowspan="3">全部从业人员
年平均人数
(人)</th></tr>
<tr><th rowspan="2">营业税金
及附加</th><th></th><th rowspan="2">费用合计</th><th rowspan="2">营业利润</th></tr>
<tr><th>主营业务税
金及附加</th></tr>
<tr><td>9462</td><td>8473</td><td>66258</td><td>65253</td><td>28936</td><td>3773</td><td>8375</td></tr>
<tr><td>20464</td><td>19887</td><td>219324</td><td>479324</td><td>44282</td><td>1377</td><td>12979</td></tr>
<tr><td>5262</td><td>5091</td><td>69018</td><td>140496</td><td>32329</td><td>2526</td><td>9443</td></tr>
<tr><td>3845</td><td>3832</td><td>25056</td><td>19043</td><td>11833</td><td>325</td><td>4370</td></tr>
<tr><td>3655</td><td>3642</td><td>23403</td><td>18658</td><td>11045</td><td>325</td><td>4119</td></tr>
<tr><td>81</td><td>81</td><td>631</td><td>235</td><td>284</td><td></td><td>51</td></tr>
<tr><td>109</td><td>109</td><td>1023</td><td>150</td><td>504</td><td></td><td>200</td></tr>
<tr><td>13130</td><td>13062</td><td>114767</td><td>46703</td><td>62119</td><td>914</td><td>24041</td></tr>
<tr><td>3795</td><td>3768</td><td>28616</td><td>9950</td><td>21751</td><td>59</td><td>7913</td></tr>
<tr><td>149</td><td>149</td><td>1408</td><td>357</td><td>746</td><td>1</td><td>288</td></tr>
<tr><td>2698</td><td>2678</td><td>30602</td><td>17774</td><td>14476</td><td>258</td><td>5706</td></tr>
<tr><td>6488</td><td>6467</td><td>54140</td><td>18622</td><td>25146</td><td>596</td><td>10134</td></tr>
<tr><td>20145</td><td>19935</td><td>84347</td><td>66404</td><td>47894</td><td>1154</td><td>20056</td></tr>
<tr><td>495</td><td>494</td><td>4943</td><td>883</td><td>2722</td><td>32</td><td>864</td></tr>
<tr><td>2426</td><td>2382</td><td>28912</td><td>8508</td><td>37854</td><td>596</td><td>21807</td></tr>
<tr><td>2162</td><td>2039</td><td>12382</td><td>11811</td><td>6798</td><td>108</td><td>3498</td></tr>
<tr><td>9262</td><td>9208</td><td>74473</td><td>62581</td><td>36135</td><td>287</td><td>13733</td></tr>
<tr><td>10124</td><td>9974</td><td>78857</td><td>40491</td><td>57927</td><td>978</td><td>29579</td></tr>
<tr><td>1658</td><td>1610</td><td>12060</td><td>5978</td><td>5068</td><td>49</td><td>2013</td></tr>
<tr><td>269</td><td>263</td><td>793</td><td>1399</td><td>709</td><td>46</td><td>352</td></tr>
<tr><td>1841</td><td>1817</td><td>27518</td><td>6994</td><td>30774</td><td>190</td><td>18258</td></tr>
<tr><td>740</td><td>727</td><td>3942</td><td>3529</td><td>2808</td><td>175</td><td>1413</td></tr>
<tr><td>5616</td><td>5556</td><td>34545</td><td>22592</td><td>18568</td><td>518</td><td>7543</td></tr>
<tr><td>45726</td><td>45379</td><td>272561</td><td>198316</td><td>212244</td><td>4740</td><td>61537</td></tr>
<tr><td>1243</td><td>1225</td><td>8784</td><td>5543</td><td>7248</td><td>348</td><td>2882</td></tr>
<tr><td>45</td><td>45</td><td>370</td><td>637</td><td>254</td><td>19</td><td>125</td></tr>
<tr><td>696</td><td>678</td><td>4573</td><td>1904</td><td>4546</td><td>213</td><td>1484</td></tr>
<tr><td>338</td><td>338</td><td>1998</td><td>3687</td><td>1390</td><td>85</td><td>835</td></tr>
<tr><td>114</td><td>114</td><td>1729</td><td></td><td>805</td><td>32</td><td>352</td></tr>
<tr><td>51</td><td>51</td><td>115</td><td>193</td><td>253</td><td></td><td>86</td></tr>
<tr><td>37425</td><td>37188</td><td>236056</td><td>161606</td><td>185684</td><td>2568</td><td>52171</td></tr>
<tr><td>201</td><td>198</td><td>1303</td><td>1643</td><td>951</td><td>3</td><td>435</td></tr>
<tr><td></td><td></td><td></td><td></td><td></td><td></td><td></td></tr>
<tr><td>66</td><td>66</td><td>480</td><td>85</td><td>374</td><td>1</td><td>260</td></tr>
<tr><td>1054</td><td>1027</td><td>6144</td><td>3361</td><td>5304</td><td>11</td><td>1750</td></tr>
<tr><td>2437</td><td>2415</td><td>12674</td><td>12271</td><td>10797</td><td>377</td><td>4330</td></tr>
<tr><td>136</td><td>136</td><td>639</td><td>656</td><td>524</td><td>4</td><td>226</td></tr>
</table>

5-1 续表 2-3

行业	损益及分配			
	营业收入	主营业务收入	营业成本	主营业务成本
工程技术与规划管理	631676	629717	306405	299720
工程管理服务	249336	248846	98406	96765
工程勘察设计	358982	357681	195247	190357
规划管理	23358	23190	12752	12598
其他专业技术服务	124450	124006	77294	71174
科技交流和推广服务业	159978	157781	102735	100755
技术推广服务	113144	112593	71048	70507
科技中介服务	15476	15448	9858	8674
其他科技服务	31358	29740	21829	21574
地质勘查业	29734	29674	21500	21497
矿产地质勘查	8282	8279	6140	6140
能源矿产地质勘查	3336	3336	2779	2779
固体矿产地质勘查	3803	3801	2516	2516
其他矿产地质勘查	1142	1142	845	845
基础地质勘查	14153	14107	10451	10451
地质勘查技术服务	7300	7288	4909	4906
水利、环境和公共设施管理业	**257886**	**255746**	**148993**	**145987**
水利管理业	19221	18597	11331	10354
防洪管理	409	409	156	156
水资源管理	14142	13518	9627	8649
水库管理	5473	5294	3328	2823
调水、引水管理	6757	6313	5217	4748
其他水资源管理	1912	1912	1082	1079
其他水利管理	4669	4669	1548	1548
环境管理业	72489	72316	43849	43527
自然保护	1735	1735	794	787
自然保护区管理	925	925	663	663
野生动植物保护	371	371	123	116
其他自然保护	439	439	8	8
环境治理	70753	70581	43054	42739
城市市容管理	2279	2279	1227	1227
城市环境卫生管理	11366	11303	5279	5236
水污染治理	42019	41930	29181	29033
危险废物治理	4810	4810	2755	2755
其他环境治理	10280	10260	4613	4489
公共设施管理业	166176	164833	93813	92107
市政公共设施管理	56571	56570	36062	36026
城市绿化管理	40295	39635	27889	27518

单位：万元

营业税金及附加		费用合计	营业利润	职工工资和福利费	本年应交增值税	全部从业人员年平均人数(人)
	主营业务税金及附加					
29672	29548	184717	122823	144579	1727	36832
10385	10365	93769	51373	54040	1065	17709
18136	18032	85691	67165	86859	662	17944
1151	1151	5257	4285	3680	0	1179
3860	3799	30099	20766	23155	445	8338
5541	5450	23588	28552	15262	1825	6484
4057	4038	15705	22541	10148	1594	4309
685	619	2707	2231	1787	124	651
799	794	5176	3780	3327	106	1524
1516	1516	4133	2615	4050	19	1457
267	267	1201	714	1245	17	458
54	54	303	201	265		131
193	193	787	345	859	3	286
20	20	112	169	121	15	41
846	846	1653	1176	1523		541
403	403	1279	725	1282	2	458
9240	**9133**	**64867**	**37376**	**39465**	**6036**	**16290**
466	465	5300	2544	3672	247	1545
26	26	168	59	99		40
241	241	3829	850	2851	209	1242
64	64	2078	162	1813	148	871
135	135	906	524	500	57	201
42	42	845	164	537	4	170
199	199	1303	1635	723	39	263
1815	1809	15977	11349	11919	183	4775
56	56	789	104	272	10	115
14	14	108	141	54	10	41
22	22	392		110	0	48
20	20	289	122	108		26
1759	1753	15189	11245	11647	173	4660
74	74	419	559	243		119
369	369	3431	2290	3793	35	2135
754	748	7209	5064	4961	115	1328
16	16	1263	902	663		262
547	546	2867	2431	1988	22	816
6959	6859	43590	23483	23875	5852	9970
2234	2229	12558	5829	5265	5234	1926
1353	1338	5206	5809	5795	91	2436

5-1 续表 2-4

行业	损益及分配			
	营业收入	主营业务收入	营业成本	主营业务成本
游览景区管理	69310	68628	29862	28563
风景名胜区管理	41470	41021	18349	17802
公园管理	3032	3030	1541	800
其他游览景区管理	24808	24577	9973	9961
居民服务和其他服务业	**440789**	**438200**	**225656**	**219865**
居民服务业	238421	237796	117218	113640
家庭服务	6087	6048	2043	1912
托儿所	536	536	210	210
洗染服务	10631	10611	6535	6370
理发及美容保健服务	54129	54030	24329	23043
洗浴服务	82867	82785	35124	34443
婚姻服务	2111	2106	697	697
殡葬服务	43568	43404	25758	25558
摄影扩印服务	11521	11504	4756	4093
其他居民服务	26972	26773	17766	17316
其他服务业	202368	200404	108439	106224
修理与维护	140592	139030	82219	80765
汽车、摩托车维护与保养	122162	120703	71644	70254
办公设备维修	3536	3462	2032	2027
家用电器修理	9474	9449	5440	5384
其他日用品修理	5420	5418	3104	3100
清洁服务	30012	29867	12841	12390
建筑物清洁服务	7677	7667	4057	3854
其他清洁服务	22335	22199	8784	8536
其他未列明的服务	31764	31507	13378	13069
教育	**185560**	**182885**	**92321**	**90618**
教育	185560	182885	92321	90618
学前教育	18139	17894	8260	8164
初等教育	5704	5703	2551	2551
中等教育	15160	15027	10344	10194
初中教育	3837	3837	1106	1106
高中教育	3195	3195	944	944
中等专业教育	1477	1477	833	683
职业中学教育	1497	1407	844	844
技工学校教育	749	706	411	411
其他中等教育	4405	4405	6207	6207

单位：万元

营业税金及附加	主营业务税金及附加	费用合计	营业利润	职工工资和福利费	本年应交增值税	全部从业人员年平均人数（人）
3372	3292	25827	11844	12814	528	5608
1846	1770	15847	6198	6881	139	2711
115	113	1789	329	789	28	561
1411	1409	8191	5318	5144	360	2336
16858	**16593**	**118403**	**87057**	**90548**	**4461**	**45754**
9953	9811	64638	51552	48161	694	24521
221	221	1890	2063	1373	5	774
19	19	153	154	172		100
416	403	2422	1418	2848	107	1410
2772	2763	13170	15823	11263	207	5585
4261	4196	25536	18957	18653	136	9978
123	123	1410		1083	5	475
798	786	9437	8023	4845	7	1923
582	560	3953	2967	2322	39	1280
761	740	6668	2268	5602	189	2996
6905	6782	53765	35505	42386	3767	21233
3937	3845	30757	25082	24489	2580	11807
3360	3281	24581	23760	19734	2258	9521
94	93	1261	178	828	54	451
289	278	2943	924	2401	114	1211
194	193	1973	220	1526	153	624
1353	1343	11544	4751	10616	808	5866
357	354	1564	1895	2145	4	1408
997	989	9980	2855	8471	804	4458
1615	1594	11464	5672	7282	379	3560
8238	**7990**	**55008**	**34676**	**48928**	**1076**	**20779**
8238	7990	55008	34676	48928	1076	20779
582	578	6491	2759	7313	251	4089
176	176	1156	1822	1852		652
101	101	9233		8464	1	2415
14	14	3381		1883		786
		1964	287	1565		323
1	1	559	86	361		143
9	9	596		845		351
59	59	187	92	293		160
18	18	2546	193	3517	1	652

5-1 续表 2-5

行业	损益及分配			
	营业收入	主营业务收入	营业成本	主营业务成本
高等教育	9814	9814	4690	4690
普通高等教育	8801	8801	3865	3865
成人高等教育	1013	1013	824	824
其他教育	136743	134447	66476	65019
职业技能培训	129110	126951	64088	62663
特殊教育	102	102		
其他未列明的教育	7531	7394	2388	2356
卫生、社会保障和社会福利业	**136910**	**135752**	**87864**	**86105**
卫生	133505	132430	85907	84205
医院	82131	82083	59584	58017
综合医院	46884	46861	30839	29722
中医医院	3013	3003	962	961
中西医结合医院	5714	5714	9143	9143
民族医院				
专科医院	20545	20530	13721	13272
疗养院	5975	5975	4919	4919
卫生院及社区医疗活动	11437	10946	5815	5773
门诊部医疗活动	36845	36312	19325	19231
计划生育技术服务活动				
妇幼保健活动	234	233	48	48
专科疾病防治活动	536	536	291	291
疾病预防控制及防疫活动	506	506	152	152
其他卫生活动	1816	1814	693	693
社会保障业	583	583	371	371
社会保障业	583	583	371	371
社会福利业	2822	2739	1585	1529
提供住宿的社会福利	1024	991	346	296
干部休养所	20	20	14	14
收养收容服务	1004	971	332	282
不提供住宿的社会福利	1799	1749	1239	1233
文化、体育和娱乐业	**531905**	**523844**	**263912**	**259795**
新闻出版业	158645	156683	86402	85916
新闻业	204	204	119	119
出版业	158441	156479	86283	85797
图书出版	23786	23517	16022	15863

单位：万元

营业税金及附加	主营业务税金及附加	费用合计	营业利润	职工工资和福利费	本年应交增值税	全部从业人员年平均人数（人）
11	11	3789	1325	2101		498
2	2	3584	1349	1856		402
8	8	205		245		96
7369	7125	34339	28787	29198	825	13125
7032	6796	30434	27522	27053	785	12054
3	0	90	11	30		26
334	329	3816	1254	2116	39	1045
3415	**3383**	**34337**	**12589**	**28758**	**844**	**11525**
3374	3342	33420	12182	28243	844	11525
1622	1622	21566	1288	17323	684	6379
779	779	11201	5413	8518	280	3487
42	42	904	1097	1079	0	320
74	74	4498		2682	2	802
673	673	4069	2673	4157	322	1583
55	55	895	107	888	81	187
309	309	2583	2352	2573	45	1020
1336	1305	8209	7801	7713	103	3722
1	1	209		119		87
16	16	136	94	80	2	50
19	19	257	77	146	1	85
70	70	460	594	290	9	182
12	12	108	91	58		32
12	12	108	91	58		32
29	29	809	407	458		292
4	4	619	84	400		260
0	0	5		11		9
4	4	614	84	389		251
25	25	190	323	58		32
32963	**32710**	**155289**	**88697**	**89230**	**2684**	**26557**
6654	6647	57428	14441	30325	1839	3745
3	3	56	32	57	3	29
6651	6644	57372	14409	30268	1836	3716
125	125	6406	1559	5067	1096	533

5-1 续表 2-6

行业	损益及分配			
	营业收入	主营业务收入	营业成本	主营业务成本
报纸出版	128704	127035	67024	66707
期刊出版	3846	3823	1922	1912
音像制品出版	303	303	159	159
电子出版物出版	1428	1428	882	882
其他出版	373	373	275	275
广播、电视、电影和音像业	80200	77098	42627	42259
广播	34038	34038	20091	20091
电视	22528	20817	12577	12500
电影	20292	18969	9001	8778
电影制作与发行	3095	2709	1443	1431
电影放映	17197	16260	7558	7347
音像制作	3342	3275	958	890
文化艺术业	13065	12910	4972	4953
文艺创作与表演	6092	6092	3787	3772
艺术表演场馆	696	569	112	112
图书馆与档案馆	8	8	4	4
图书馆				
档案馆	8	8	4	4
文物及文化保护	55	55	31	31
博物馆	3676	3664	113	110
烈士陵园、纪念馆				
群众文化活动	239	239	88	88
文化艺术经纪代理	1042	1042	362	362
其他文化艺术	1258	1242	475	474
体育	15376	15328	12160	12123
体育组织	1081	1069	393	393
体育场馆	13625	13589	11402	11365
其他体育	670	670	365	365
娱乐业	264620	261825	117751	114544
室内娱乐活动	220193	217981	99242	96567
游乐园	2554	2536	1234	1234
休闲健身娱乐活动	29155	28678	11996	11527
其他娱乐活动	12719	12630	5279	5217

单位：万元

营业税金及附加	主营业务税金及附加	费用合计	营业利润	职工工资和福利费	本年应交增值税	全部从业人员年平均人数（人）
6320	6320	48922	12279	24016	414	2836
113	111	1639	176	947	293	183
4	4	204	35	58	22	19
77	77	68	402	110	3	103
13	7	133		70	9	42
3528	3403	29620	4997	13710	79	3964
1439	1439	12120	396	5683		1150
1111	1070	6907	1942	3696	14	902
833	749	8624	2434	3706	65	1614
89	61	1259	380	825		362
744	688	7365	2053	2881	65	1252
147	147	1969	226	625	0	298
414	406	4849	2941	3810	33	1792
150	149	1270	901	2447	4	1166
31	24	634		197	6	67
0	0	1	2	1		2
0	0	1	2	1		2
3	3	6	19	27		28
102	101	1875	1506	445	7	142
19	19	132	0	87		60
42	42	400	239	256	7	146
68	68	532	355	349	9	181
185	184	2906	100	2463	77	659
57	56	538	93	377	23	233
104	104	2150		1910	35	323
24	24	218	63	177	20	103
22182	22070	60487	66217	38923	655	20361
18976	18922	43031	60467	29635	537	15455
116	114	1221		850	20	399
2327	2276	11547	3713	5829	74	3157
763	758	4688	2047	2609	25	1350

5-2 按地区分组的其他

地 区	法人单位(个)	资 产		
		固定资产原价	本年折旧	所有者权益合计
全 省	**27205**	**16104273**	**1473354**	**25210124**
福州市	**8300**	**5058158**	**565394**	**11589105**
鼓楼区	4315	3862054	439199	9779685
台江区	927	176513	14564	401857
仓山区	297	75599	6871	54747
马尾区	289	190577	17422	300445
晋安区	802	540889	71787	889935
闽侯县	212	30097	2055	26599
连江县	150	11155	1270	14602
罗源县	42	17306	872	4893
闽清县	68	27151	2246	9127
永泰县	325	28131	1995	27751
平潭县	57	10819	844	6685
福清市	351	64428	4270	45789
长乐市	465	23441	1999	26992
厦门市	**6990**	**2468282**	**196877**	**5473071**
思明区	5075	1878222	148342	3951810
海沧区	271	335609	15800	807950
湖里区	960	109506	11540	514128
集美区	363	87337	16538	71504
同安区	216	44931	2507	109914
翔安区	105	12678	2150	17764
莆田市	**655**	**474032**	**47555**	**281745**
城厢区	302	193256	27750	233355
涵江区	143	24215	2318	16889
荔城区	91	235194	16620	7823
秀屿区	36	12375	261	16832
仙游县	83	8991	606	6847
三明市	**1426**	**704763**	**71651**	**661213**
梅列区	359	291506	32115	232383
三元区	167	243881	24506	15825
明溪县	62	3072	324	11537
清流县	48	10699	887	17024
宁化县	70	5415	485	6490
大田县	103	8264	745	24742
尤溪县	112	20908	1505	13034
沙县	147	19453	2353	92928
将乐县	58	11112	1143	26721
泰宁县	77	44202	2982	95068
建宁县	41	5821	652	4537
永安市	182	40431	3953	120926
泉州市	**3379**	**4009563**	**324052**	**3311149**
鲤城区	458	1861985	139027	1391670
丰泽区	968	1774483	146247	1144814
洛江区	88	10581	454	77313
泉港区	172	27489	2736	43535
惠安县	258	57164	5933	54443

服务业企业财务指标

单位：万元

负　债						
实收资本	国家资本	集体资本	法人资本	个人资本	港澳台资本	外商资本
12352014	**6059282**	**236409**	**2187987**	**2820017**	**689410**	**358908**
5222864	**2566750**	**83779**	**1024653**	**1133936**	**344488**	**69259**
3937532	1946877	52783	826426	732909	327510	51027
295310	143750	1404	50670	97446	1248	792
42184	971	10429	6792	23132	5	856
185310	10785	3031	87738	70051	7039	6666
611379	438958	8294	29973	130718	938	2499
24645	5389	2539	1962	8803	140	5812
11668	2261	386	1815	7057	150	
4528	2150	164	1137	1072		5
9094	210	909	609	7368		
26480	2734	2292	3235	17844	375	
6675		621	1056	4948	50	
41830	12506	327	6817	18973	1640	1567
26230	160	601	6426	13615	5393	35
3437360	**1525223**	**68585**	**676998**	**879029**	**120486**	**167039**
2106115	776775	44841	398061	671381	98009	117048
710184	636051	1102	25876	18765	210	28179
487233	89733	21272	225206	123978	20813	6231
71871	10164	600	19273	41039	411	384
46352	6071	571	3031	20564	943	15172
15606	6430	199	5550	3302	100	24
260405	**142500**	**9964**	**57603**	**49339**	**913**	**86**
215409	124370	7295	48735	34307	668	34
16436	10978	263	1226	3928	1	39
7175	621	110	803	5642		
14411	4024	37	5945	4238	154	13
6975	2508	2259	894	1224	90	
394599	**220726**	**13153**	**41438**	**90323**	**2141**	**26818**
137308	104310	4466	6234	22198		100
13001	3126	192	2687	6995	1	
8145	6259	15	457	1399	15	
6960	2351	40	110	2959	1500	
6309	503	674	30	3532	560	1010
13843	8548	365	1573	3278		80
9949	3260	915	531	5243		
33560	13149	2025	4817	13562		8
26022	10935	39	12338	2710		
67732	28771	350	1933	11060		25618
3828	1513	330	248	1682	55	
67942	38001	3742	10481	15707	10	2
1140144	**550717**	**35291**	**192887**	**318583**	**37567**	**5100**
74621	9864	5736	16014	42290	685	32
566301	385238	6448	69817	94805	7580	2413
67858	57275	2879	1084	5771		850
39629	19442	1104	8508	9285	1250	40
48842	3738	3661	20048	21366	30	

5-2 续表 1-1

地 区	法人单位(个)	资 产		
		固定资产原 价	本年折旧	所有者权益合计
安溪县	173	18634	2246	24535
永春县	123	20353	1348	33488
德化县	59	4933	1037	3123
石狮市	244	43891	5550	47033
晋江市	544	107972	9491	378362
南安市	292	82079	9982	112834
漳州市	**2149**	**982424**	**81437**	**960269**
芗城区	817	840705	66250	712964
龙文区	132	26578	2785	8780
云霄县	129	19883	2093	18550
漳浦县	220	33575	3417	44059
诏安县	68	2800	303	24583
长泰县	89	3705	428	24524
东山县	136	4568	587	17434
南靖县	105	15649	1551	31091
平和县	65	4448	692	6138
华安县	40	1422	305	6672
龙海市	348	29091	3027	65476
南平市	**1698**	**831250**	**60338**	**725978**
延平区	538	628821	50785	445697
顺昌县	96	7672	667	6227
浦城县	84	19708	748	54482
光泽县	58	41225	175	19110
松溪县	60	3774	287	8297
政和县	38	3809	302	3866
邵武市	156	19736	1075	22298
武夷山市	406	92846	4613	102997
建瓯市	118	4174	400	9811
建阳市	144	9486	1287	53192
龙岩市	**1276**	**861028**	**63598**	**1188747**
新罗区	564	744374	50863	825525
长汀县	158	11788	1359	11762
永定县	131	13574	1216	33922
上杭县	118	14312	1026	197378
武平县	108	16888	3273	58988
连城县	93	39501	3204	43100
漳平市	104	20590	2657	18072
宁德市	**1332**	**714773**	**62453**	**1018847**
蕉城区	455	596468	51878	901685
霞浦县	174	26481	3200	33874
古田县	152	21757	792	26299
屏南县	56	12660	404	3998
寿宁县	55	2829	415	2959
周宁县	40	8597	174	11901
柘荣县	36	3444	481	2730
福安市	177	25798	3639	13332
福鼎市	187	16740	1471	22070

单位：万元

负　债						
实收资本	国家资本	集体资本	法人资本	个人资本	港澳台资本	外商资本
18376		1360	6775	10153	40	49
20345	7402	1963	2579	8339	63	
2821	600	1030	830	361		
38092	3909	1255	12962	16941	3020	4
165684	60534	2709	31689	54356	14872	1524
97574	2716	7147	22580	54916	10027	189
471369	**312243**	**6411**	**54333**	**89555**	**8382**	**445**
259783	182432	780	21882	54243	8	438
7768	2180	176	564	4636	212	
16076	7089	145	2897	5804	140	1
37537	18761	520	12102	6153		1
17070	14869	131	354	879	835	3
22552	19257	338	2010	845	100	2
14222	5949	89	4340	1239	2605	
26872	20757	2872	407	2335	500	
5960	1416	6	687	3242	610	
5163	4047	5	217	893		
58367	35487	1350	8873	9286	3372	
551505	**184908**	**9124**	**44305**	**132140**	**91497**	**89531**
348976	103425	2799	13784	53663	86887	88419
5437	504	288	382	3082	1178	4
47862	6900	928	2423	37611		
14084	11269	285	932	1038		560
3035	2148	326	32	530		
598	50		455	93		
18233	1447	438	9343	6705	300	
83252	42848	2976	13854	19905	3132	537
6369	741	329	585	4704		10
23659	15577	755	2516	4809		1
616645	**381393**	**7739**	**62619**	**81612**	**83026**	**256**
469304	303817	3905	35579	44152	81638	212
11566	410	207	1897	8112	938	3
21494	11880	361	6294	2960		
24498	16859	1001	4001	2637		
35352	27671	146	2064	5472		
36798	14496	251	12059	9951		41
17633	6259	1868	727	8329	450	
257124	**174823**	**2365**	**33150**	**45502**	**910**	**374**
177492	140591	386	19616	15677	848	374
28070	12889	707	7549	6925		
10798	5973	749	786	3290		
2472	113		347	2013		
2872	536	60	1744	532		
9319	8883		186	250		
2662	1882		50	730		
6354	112	313	1307	4559	62	
17086	3845	149	1564	11527		

5-2 续表 2-1

地区	损益及分配			
	营业收入	主营业务收入	营业成本	主营业务成本
全省	**10924393**	**10774740**	**5546791**	**5377208**
福州市	**3698962**	**3634433**	**1771037**	**1733872**
鼓楼区	2625469	2579097	1228143	1212939
台江区	203849	191088	112602	110668
仓山区	66453	65953	40500	40223
马尾区	297446	295531	128846	126085
晋安区	313707	312136	150569	148600
闽侯县	28064	28064	16529	16332
连江县	12160	12065	6215	6157
罗源县	4105	4055	3374	2272
闽清县	7081	6984	5155	5072
永泰县	35506	35375	17936	17864
平潭县	3055	3054	1419	1419
福清市	59469	58530	37082	23660
长乐市	42599	42501	22667	22583
厦门市	**2421702**	**2389516**	**1342228**	**1328040**
思明区	2053764	2025364	1119466	1110107
海沧区	60148	60057	34725	34720
湖里区	184365	181675	95902	92740
集美区	62577	62253	49008	48944
同安区	31636	31332	17663	17627
翔安区	29212	28835	25466	23903
莆田市	**256996**	**251532**	**198555**	**123689**
城厢区	112952	108814	138949	65855
涵江区	8677	8152	4639	3883
荔城区	126173	125461	49258	48637
秀屿区	4305	4266	3490	3258
仙游县	4889	4839	2220	2056
三明市	**450575**	**443842**	**192355**	**189468**
梅列区	139360	137646	59879	59233
三元区	63777	63123	39243	39113
明溪县	10135	10135	2839	2753
清流县	4558	4518	1457	1457
宁化县	9054	9054	4233	4233
大田县	9608	9473	3864	3857
尤溪县	12655	12655	4389	4389
沙县	20132	19691	7274	7034
将乐县	4984	4874	1004	1004
泰宁县	28755	28725	7647	7632
建宁县	5891	5891	2420	2420
永安市	141666	138058	58106	56344
泉州市	**2394475**	**2375551**	**1189836**	**1161167**
鲤城区	675006	668103	341261	328463
丰泽区	1022599	1015746	472656	464920
洛江区	9423	9381	4494	4487
泉港区	34850	34416	18707	18633
惠安县	73653	73603	32485	31785

单位：万元

营业税金及附加	主营业务税金及附加	费用合计	营业利润	职工工资和福利费	本年应交增值税	全部从业人员年平均人数（人）
363272	**358223**	**2768501**	**2540118**	**1270960**	**54510**	**431681**
117836	**115985**	**931990**	**1071432**	**443719**	**21419**	**142409**
79613	78430	683292	798617	278370	14531	78051
8007	7724	55130	35231	57740	1731	19839
1901	1848	9781	16339	12941	166	5286
7908	7869	87639	74954	38584	2656	9259
10659	10491	46713	108721	29454	1343	13821
679	678	9890	1462	4639	16	2930
451	443	2584	2889	2556	7	1582
183	183	1017	92	1259	19	703
289	289	1344	277	1234	14	734
3026	3026	6290	8243	3535		1675
154	154	878	604	747		654
2762	2668	18639	14823	6516	873	4065
2204	2183	8795	9182	6144	63	3810
74228	**73698**	**675107**	**355325**	**363002**	**17050**	**114300**
59893	59599	547755	322871	270778	9366	83606
2549	2530	33089	6551	15487	363	3637
8326	8181	69381	16756	51605	5202	16349
1337	1290	15051	2060	18300	329	6154
1727	1705	6836	5321	5112	298	3080
395	394	2995	1767	1720	1493	1474
8832	**8738**	**52254**	**57987**	**17883**	**552**	**7664**
4585	4568	20702	8382	10639	79	3729
350	314	2480	1754	2173	18	1266
3682	3682	25523	47730	3296	124	1553
90	69	1700	-738	699	65	452
125	106	1850	858	1075	266	664
23581	**22927**	**114183**	**120646**	**70011**	**3177**	**23013**
4886	4881	42955	31576	16906	229	5736
2386	2381	15879	6267	10681	62	2851
1259	1213	3015	3179	2710	81	758
92	92	1845	1208	1515	0	592
466	466	2069	2287	1467	23	599
230	225	2240	3300	1911	133	998
376	376	3750	4427	3028	36	904
1137	843	5635	6393	5057	110	1545
357	353	2807	893	1317		525
3498	3474	9775	8052	7229	12	2186
531	526	1383	1643	818	62	361
8364	8097	22829	51421	17373	2430	5958
83822	**82930**	**605051**	**534602**	**175497**	**9801**	**51531**
20414	20174	301333	24275	46293	623	5518
31407	31170	212011	309008	50713	4369	16826
175	174	3221	1537	1306	11	680
1510	1510	6690	7625	5520	618	1772
4061	3798	18176	20040	17051	399	5592

5-2 续表 2-2

地 区	损益及分配			
	营业收入	主营业务收入	营业成本	主营业务成本
安溪县	41051	41051	20800	20799
永春县	25249	24757	16013	15482
德化县	8643	8617	4201	4184
石狮市	86284	86219	42193	42140
晋江市	229091	228221	143790	142988
南安市	188627	185435	93236	87287
漳州市	**512940**	**507651**	**225313**	**222011**
芗城区	375893	373313	159012	158115
龙文区	36733	36072	18224	17595
云霄县	11114	10855	6024	5576
漳浦县	23487	23294	12813	12756
诏安县	2150	2148	1155	1155
长泰县	11839	11505	5229	4743
东山县	7620	7369	3335	3145
南靖县	8414	7843	5066	4944
平和县	7299	7163	3066	2957
华安县	2166	2166	1118	1118
龙海市	26225	25924	10273	9909
南平市	**333702**	**328128**	**183177**	**180870**
延平区	195155	190767	113045	111492
顺昌县	7002	6817	4356	4269
浦城县	19213	19213	7047	7047
光泽县	2469	2456	1019	1019
松溪县	4406	4315	2594	2552
政和县	1968	1894	1119	1109
邵武市	15272	15153	7991	7949
武夷山市	71543	71498	35002	34998
建瓯市	6001	5894	3919	3887
建阳市	10674	10121	7085	6548
龙岩市	**435478**	**430079**	**218890**	**214551**
新罗区	293914	290122	159205	156656
长汀县	26114	25771	7599	7332
永定县	11205	10787	6142	6104
上杭县	9176	8779	4462	4034
武平县	28458	28377	10335	10313
连城县	37088	36991	21554	20826
漳平市	29525	29252	9594	9288
宁德市	**419562**	**414008**	**225400**	**223538**
蕉城区	258421	254684	136380	134828
霞浦县	42600	42484	27923	27898
古田县	7523	7459	3632	3613
屏南县	7759	7444	2933	2797
寿宁县	5990	5990	4008	4008
周宁县	1468	1458	977	971
柘荣县	6763	6634	3718	3613
福安市	69146	69146	37540	37540
福鼎市	19893	18710	8288	8270

单位：万元

营业税金及附加	主营业务税金及附加	费用合计	营业利润	职工工资和福利费	本年应交增值税	全部从业人员年平均人数（人）
3170	3170	3698	13390	2474	2703	1428
857	780	1797	6563	3629	123	1614
502	502	1333	2608	1900	84	597
4217	4216	16090	23843	12999	69	4865
8992	8991	20852	55834	24337	801	9043
8519	8446	19851	69881	9275		3596
16609	**16366**	**124695**	**158308**	**49776**	**877**	**22610**
11195	11059	93422	123306	28188	170	10629
1061	1042	4905	12572	3695	143	1650
659	593	3421	1419	2372	63	1408
831	831	6967	2998	4265	259	2383
98	95	623	276	461	19	360
498	497	2528	3813	1325	56	815
152	152	2455	1687	1535		914
363	353	1973	1154	1782	23	1157
158	158	2015	2070	1087	3	559
277	277	319	452	247	71	181
1316	1308	6067	8564	4818	71	2554
10215	**9946**	**85925**	**46420**	**42918**	**1090**	**21160**
6750	6672	55760	11030	21441	306	8780
202	161	1023	1467	1490	12	708
354	354	3935	7908	2702	372	1163
87	82	1024	357	620		462
101	96	1275	437	663	63	427
78	77	418	294	491	0	329
574	570	3727	3112	3335	26	2421
1663	1542	15465	19814	7956	307	4287
165	164	691	1155	1913	1	1306
241	230	2608	847	2307	3	1277
15512	**15414**	**85350**	**109991**	**55661**	**252**	**24383**
10469	10407	62184	53743	35996	142	14792
294	291	3074	15275	3621	2	1786
443	415	5226	251	2532	10	1519
297	294	2333	2155	1933	9	1288
2294	2294	6216	9646	3330	27	1470
1309	1309	1477	13396	5128	52	1853
407	405	4841	15525	3120	11	1675
12637	**12219**	**93946**	**85407**	**52493**	**294**	**24611**
8006	7599	65490	46162	23770	51	8674
499	498	6939	7224	8455	12	4579
304	304	2392	1209	2392	19	1689
220	215	781	4063	2704	91	1001
180	180	802	1001	708		577
75	75	244	178	406	3	300
339	334	1528	1177	969	112	475
2252	2252	9211	20143	8287	6	4668
763	763	6561	4250	4803		2648

5-3 按登记注册类型分组的

登记注册类型	法人单位(个)	资产		
		固定资产原价	本年折旧	所有者权益合计
合　计	**27205**	**16104273**	**1473354**	**25210124**
内资企业	**26542**	**11107063**	**804335**	**21668607**
国有企业	1760	4478721	250258	9244699
集体企业	1051	150390	13826	528364
股份合作企业	313	35901	3492	59953
联营企业	110	25682	2166	224563
国有联营企业	37	5163	377	203176
集体联营企业	35	4459	461	5766
国有与集体联营企业	10	6769	511	3850
其他联营企业	28	9291	816	11773
有限责任公司	3323	1957639	167933	5488724
国有独资公司	148	405082	13528	3624460
其他有限责任公司	3175	1552557	154405	1864264
股份有限公司	674	3079888	223924	2260696
私营企业	17505	1235868	126067	2826733
私营独资企业	5274	306381	37152	330056
私营合伙企业	2027	179469	17510	219457
私营有限责任公司	9616	682261	65089	2137265
私营股份有限公司	588	67758	6316	139955
其他企业	1806	142974	16670	1034874
港、澳、台商投资企业	**336**	**1115406**	**93677**	**891360**
合资经营企业(港或澳、台资)	82	189842	11204	152647
合作经营企业(港或澳、台资)	14	10356	539	8052
港、澳、台商独资经营企业	219	556880	45739	534083
港、澳、台商投资股份有限公司	21	358328	36195	196578
外商投资企业	**327**	**3881804**	**575342**	**2650158**
中外合资经营企业	80	88227	9417	114388
中外合作经营企业	10	11150	674	11435
外资企业	216	1783111	409767	1123788
外商投资股份有限公司	21	1999316	155484	1400547

其他服务业企业财务指标

单位：万元

负　债						
实收资本						
	国家资本	集体资本	法人资本	个人资本	港澳台资本	外商资本
12352014	**6059282**	**236409**	**2187987**	**2820017**	**689410**	**358908**
10907854	**5701342**	**233673**	**2129963**	**2790646**	**27496**	**24735**
3674682	3322490	29561	297599	24470	30	532
142559	5456	110212	18199	8606	41	47
63666	1388	7677	7420	46672	510	
224092	19324	5742	196868	2157		
201495	19149	173	181515	658		
8325	147	5435	2376	368		
3180			2809	371		
11092	28	135	10169	761		
3376643	2172427	35908	687006	471992	8336	974
2295087	2066579	1059	225465	1735	250	
1081556	105849	34849	461541	470257	8086	974
842824	162066	21790	344816	303019	1111	10021
2403083	15615	15064	538803	1803526	17057	13020
302377	2301	2018	60643	234481	2667	266
189191	9551	1189	43070	122919	343	12120
1796193	2712	9681	410272	1365626	7847	56
115322	1051	2176	24818	80499	6200	578
180305	2576	7719	39252	130204	412	141
732441	**33293**	**2556**	**33526**	**19851**	**638651**	**4564**
133571	32525	1975	16483	8707	72695	1185
9161	765	413	2426	300	4504	753
477065	4	119	11222	10107	452990	2625
112644		50	3395	737	108462	
711719	**324647**	**180**	**24498**	**9521**	**23263**	**329609**
83329	14563		14420	7664	1459	45223
13494	102		2466		2163	8763
522791	309982		5203	1737	19601	186269
92104		180	2410	121	40	89354

5-3 续表

登记注册类型	损益及分配			
	营业收入	主营业务收入	营业成本	主营业务成本
合　计	**10924393**	**10774740**	**5546791**	**5377208**
内资企业	**8154311.1**	**8041233**	**4409168**	**4268756**
国有企业	2106712	2078761	1119953	1103924
集体企业	231196	210950	113752	111475
股份合作企业	72069	71762	41335	41081
联营企业	67889	67420	33441	32246
国有联营企业	29613	29236	15863	15646
集体联营企业	12795	12725	7071	6771
国有与集体联营企业	17539	17525	5252	5252
其他联营企业	7942	7934	5254	4577
有限责任公司	1603905	1586231	802500	787414
国有独资公司	219202	216991	61493	61189
其他有限责任公司	1384703	1369240	741007	726226
股份有限公司	1166280	1141676	648597	641269
私营企业	2734061	2714549	1490168	1465262
私营独资企业	584398	579282	298481	288877
私营合伙企业	326890	324340	150755	147137
私营有限责任公司	1675991	1666395	961786	952418
私营股份有限公司	146783	144532	79146	76830
其他企业	172199	169885	159422	86084
港、澳、台商投资企业	**417852.3**	**412532**	**217256**	**211506**
合资经营企业(港或澳、台资)	80132	80028	47986	46541
合作经营企业(港或澳、台资)	4818	4735	2055	2054
港、澳、台商独资经营企业	177515	173865	100633	97418
港、澳、台商投资股份有限公司	155388	153905	66582	65492
外商投资企业	**2352229.4**	**2320974**	**920368**	**896946**
中外合资经营企业	100784	100242	75219	74765
中外合作经营企业	7647	7645	2638	2637
外资企业	1537768	1514307	496710	486507
外商投资股份有限公司	706031	698782	345801	333037

单位：万元

营业税金及附加	主营业务税金及附加	费用合计	营业利润	职工工资和福利费	本年应交增值税	全部从业人员年平均人数（人）
363272	**358223**	**2768501**	**2540118**	**1270960**	**54510**	**431681**
284783	**280295**	**1993144**	**1757765**	**1117039**	**48550**	**400476**
56975	56345	527990	534561	251737	9822	61080
13355	13066	52449	37014	45487	1439	23655
2740	2707	12497	15680	14490	479	6932
4005	4004	23496	8071	11389	74	2824
2255	2254	9371	2301	2845	2	837
554	554	2392	3050	2685	24	691
952	952	9949	1386	4784	0	947
244	244	1785	1334	1075	47	349
57104	55556	342220	396972	193662	6010	65148
3473	3039	57022	120550	14561	133	3347
53632	52517	285199	276421	179101	5877	61801
36004	35693	331373	204541	128969	7525	31359
106943	105549	652542	508458	431626	21718	192569
26594	26069	113527	153968	88923	3291	44782
14019	13933	73691	91201	48592	1186	23091
59989	59326	434003	231286	272301	16038	115601
6340	6221	31322	32003	21810	1204	9095
7658	7373	50578	52469	39679	1481	16909
12151	**11993**	**101569**	**90515**	**38491**	**1787**	**11578**
2381	2381	20708	9789	13075	985	3594
146	145	995	1572	477		177
5147	5002	47485	27523	18990	745	5873
4477	4465	32381	51631	5948	56	1934
66338	**65935**	**673788**	**691838**	**115431**	**4174**	**19627**
2237	2237	23575	172	18254	3218	3327
247	247	2832	2082	953	28	375
44225	44070	330755	653844	55244	881	14270
19629	19382	316626	35740	40979	47	1655

5-4 按开业时间、从业人员

项目	法人单位（个）	资产		
		固定资产原价	本年折旧	所有者权益合计
合计	**27205**	**16104273**	**1473354**	**25210124**
按开业时间分				
1949年以前	12	112811	6679	85744
1950-1977年	437	173903	8994	568433
1978-1911年	878	327828	23270	1212045
1992-1995年	974	2411931	173791	3356962
1996-2000年	3122	5002963	621769	9330586
2001-2004年	6889	6854809	530592	6667790
2005年	3104	462858	39492	1081784
2006年	3677	270188	26919	1143167
2007年	3929	243008	24039	1201774
2008年	4183	243976	17808	561839
按从业人员组距分				
7人以下	15415	823738	48816	3133097
8-19 人	7174	844695	69682	2697102
20-49 人	3305	1321703	103825	6622131
50-99 人	812	729319	48296	1956896
100-199 人	289	552697	43781	3682063
200-499 人	131	3697739	221890	2620915
500-999 人	53	3842395	375498	1755912
1000人以上	26	4291987	561566	2742008
按资产总计组距分				
50万元以下	13338	197097	21403	841517
50-100万元	4857	172275	21051	272503
100-500万元	5817	698023	70966	1027965
500-1000万元	1260	334625	32599	566330
1000-5000万元	1257	707372	59226	1572967
5000万元以上	676	13994882	1268108	20928843
按全年营业收入组距分				
50万元以下	15126	558361	33398	3430663
50-100万元	3907	429105	24329	837557
100-500万元	6098	1074760	89798	3265608
500-1000万元	1012	452520	36934	1979798
1000-5000万元	846	1142119	101867	2313125
5000万元以上	216	12447409	1187029	13383373

分组的其他服务业企业财务指标

单位：万元

负债						
实收资本	国家资本	集体资本	法人资本	个人资本	港澳台资本	外商资本
12352014	**6059282**	**236409**	**2187987**	**2820017**	**689410**	**358908**
21081	9376	2	11663	40		
131700	84469	33558	7180	6490		3
722803	569865	11981	63172	55268	4115	18403
1399766	984062	25563	147353	167759	52156	22874
3293805	1982938	44511	443126	520170	185067	117993
3091983	1152050	41265	694579	832501	316525	55062
1113437	613607	13234	175243	253322	53048	4983
889698	104877	25769	295427	423059	22829	17738
1109075	437074	26208	210768	324499	31367	79159
578667	120966	14318	139476	236911	24303	42693
2620995	847440	46092	639793	997656	71731	18282
2156679	666690	61150	479242	781022	51561	117014
3467112	1907440	78614	674258	710154	76793	19854
1286866	879851	36431	164678	153443	27043	25420
903690	572952	3401	148371	80893	89777	8296
373327	105430	9059	52334	70623	90460	45421
580579	137372	1100	21772	20719	281947	117670
962766	942106	561	7540	5509	100	6950
433849	66474	8964	117226	231721	4150	5313
280185	16162	8945	62137	187679	3333	1929
904613	109543	34416	201331	518822	26668	13834
533295	54523	34113	143592	256811	27895	16363
1325292	205979	56083	370756	593843	59859	38772
8874780	5606602	93888	1292945	1031142	567506	282697
2220395	557593	54775	516482	987803	75965	27777
683511	265167	15460	126019	238303	33152	5410
2440281	825218	53396	578245	794531	69620	119271
1223362	749558	49525	198091	198378	21859	5950
1747200	767759	25168	478596	379577	32916	63184
4037266	2893987	38086	290554	221425	455898	137315

5-4 续表 1

项　目	损益及分配			
	营业收入	主营业务收　入	营业成本	主营业务成　本
合　计	**10924393**	**10774740**	**5546791**	**5377208**
按开业时间分				
1949年以前	70440	70300	55077	55074
1950-1977年	172462	166076	83665	82323
1978-1911年	478358	474867	296808	293380
1992-1995年	1115605	1100567	578235	563215
1996-2000年	3585234	3527046	1465827	1444304
2001-2004年	3349280	3318765	1817531	1788513
2005年	602210	598750	329486	323096
2006年	767161	740411	438404	432326
2007年	513780	510182	343391	260101
2008年	269864	267777	138367	134877
按从业人员组距分				
7人以下	716529	709683	431849	350776
8~19 人	1237760	1225470	667345	654705
20~49 人	1920298	1871789	988427	966459
50~99 人	1061263	1043529	634810	625983
100~199 人	825004	821399	359155	349930
200~499 人	1527690	1504976	849951	829815
500~999 人	1603865	1590228	761469	755127
1000人以上	2031985	2007665	853785	844413
按资产总计组距分				
50万元以下	560795	555866	335109	256281
50-100万元	489726	485454	246755	237089
100-500万元	1479557	1463714	809555	792819
500-1000万元	616594	596107	331967	327560
1000-5000万元	1145967	1135837	653459	636962
5000万元以上	6631754	6537762	3169947	3126496
按全年营业收入组距分				
50万元以下	230555	228123	97218	94842
50-100万元	275513	271952	195095	119861
100-500万元	1356788	1342598	668362	646807
500-1000万元	695096	684697	355703	346993
1000-5000万元	1700362	1670253	979758	958364
5000万元以上	6666079	6577117	3250655	3210341

单位：万元

营业税金及附加	主营业务税金及附加	费用合计	营业利润	职工工资和福利费	本年应交增值税	全部从业人员年平均人数（人）
363272	**358223**	**2768501**	**2540118**	**1270960**	**54510**	**431681**
2122	2122	14293	5328	15216	354	1706
5661	5478	46984	36802	40162	656	8958
16259	15897	118038	179804	83678	5171	24811
38014	37511	426164	126808	98634	2795	19691
107161	105914	877873	1155112	255624	14813	81682
110610	108903	797336	620967	421878	15601	139088
21671	21334	139954	117374	98477	5377	39114
30291	29905	151530	137415	114115	3220	46863
20123	19926	124659	109611	89396	5268	40162
11361	11235	71672	50898	53780	1256	29606
29396	28781	177017	161222	101743	5142	54392
48045	47365	305474	242971	175593	7945	79420
69713	67869	506897	427847	247430	10776	94740
38690	38574	229757	194789	151610	8600	51683
25283	25087	215178	234791	118732	5509	37410
42273	41156	525828	236434	185244	7100	36867
50744	50542	348472	378608	131588	4344	33883
59127	58850	459878	663457	159022	5095	43286
25969	25400	175657	103220	142744	3406	80288
22341	21776	133653	95840	98500	3199	49587
63789	62802	370169	258024	260228	11530	118022
26078	25879	147994	99262	114626	3702	45195
44601	44258	275180	188026	179102	10093	54698
180495	178108	1665849	1795746	475761	22580	83891
11592	11317	150545	-1230	112124	2394	68637
12923	12618	108160	40818	76810	2369	40932
65221	63684	428955	261167	284279	11961	126278
27947	27575	169925	148801	113254	3789	42580
66642	66085	376921	309904	231882	11271	72891
178947	176945	1533996	1780657	452612	22726	80363

5-5 按地区分组的其他服务业企业主要财务指标

(2004年、2008年)

单位：万元

地区	法人单位		固定资产原价		实收资本	
	2008年	2004年	2008年	2004年	2008年	2004年
全省	**27205**	**15961**	**16104273**	**3667484**	**12352014**	**6279238**
福州市	8300	4393	5058158	1290114	5222864	2607645
厦门市	6990	3694	2468282	892544	3437360	1868946
莆田市	655	270	474032	63378	260405	55098
三明市	1426	882	704763	79451	394599	190893
泉州市	3379	1970	4009563	286460	1140144	568785
漳州市	2149	698	982424	154429	471369	353236
南平市	1698	1298	831250	359167	551505	182834
龙岩市	1276	589	861028	441014	616645	329949
宁德市	1332	2167	714773	100927	257124	121852

5-5 续表

地区	营业收入		全部从业人员年平均人数(人)	
	2008年	2004年	2008年	2004年
全省	**10924393**	**2349150**	**431681**	**230132**
福州市	3698962	999322	142409	76369
厦门市	2421702	743823	114300	71115
莆田市	256996	21882	7664	4133
三明市	450575	64154	23013	9758
泉州市	2394475	218494	51531	22289
漳州市	512940	90560	22610	11431
南平市	333702	98781	21160	15862
龙岩市	435478	56280	24383	7311
宁德市	419562	55855	24611	11864

5-6　按行业(大类)分组的其他服务业企业主要财务指标

(2004年、2008年)　　单位：万元

行　业	法人单位		固定资产原价	
	2008年	2004年	2008年	2004年
合　计	**27205**	**15961**	**16104273**	**3667484**
信息传输、计算机服务和软件业	**4786**	**1742**	**10283404**	**114443**
电信和其他信息传输服务业	652	302	9858955	54957
计算机服务业	3100	1002	175954	26406
软件业	1034	438	248495	33080
租赁和商务服务业	**11456**	**5513**	**2914889**	**1929649**
租赁业	835	164	215303	56733
商务服务业	10621	5349	2699585	1872916
科学研究、技术服务和地质勘查业	**3339**	**1737**	**1227424**	**708477**
研究与试验发展	260	132	33911	4535
专业技术服务业	2416	1272	1079712	683418
科技交流和推广服务业	606	296	107082	13852
地质勘查业	57	37	6719	6672
水利、环境和公共设施管理业	**829**	**526**	**579570**	**265823**
水利管理业	119	111	62138	97426
环境管理业	213	94	286186	26711
公共设施管理业	497	321	231246	141686
居民服务和其他服务业	**3153**	**1812**	**247198**	**152705**
居民服务业	1524	926	136560	86217
其他服务业	1629	886	110638	66488
教育	**1263**	**1051**	**163057**	**103635**
教育	1263	1051	163057	103635
卫生、社会保障和社会福利业	**1056**	**2796**	**149586**	**45333**
卫生	1019	2747	141297	43812
社会保障业	4	7	256	4
社会福利业	33	42	8033	1517
文化、体育和娱乐业	**1323**	**784**	**539146**	**347419**
新闻出版业	70	45	119172	68956
广播、电视、电影和音像业	162	160	183665	119112
文化艺术业	158	90	18537	4374
体育	55	32	41675	2790
娱乐业	878	457	176098	152187

5-6 续表

单位：万元

行业	实收资本		营业收入		全部从业人员年平均人数（人）	
	2008年	2004年	2008年	2004年	2008年	2004年
合 计	**12352014**	**6279238**	**10924393**	**2349150**	**431681**	**230132**
信息传输、计算机服务和软件业	**1595306**	**191400**	**4890113**	**177335**	**88452**	**17769**
电信和其他信息传输服务业	1043041	22226	3898463	23875	42899	3254
计算机服务业	235163	40111	371863	50603	22154	6494
软件业	317101	129063	619788	102857	23399	8021
租赁和商务服务业	**8596545**	**4410689**	**3398897**	**1199584**	**155042**	**83166**
租赁业	164823	61132	165548	19467	6297	1739
商务服务业	8431722	4349557	3233349	1180117	148745	81427
科学研究、技术服务和地质勘查业	**802857**	**774155**	**1082333**	**346484**	**62994**	**38029**
研究与试验发展	68964	28234	54188	5914	2882	1155
专业技术服务业	527108	669494	838434	290614	52171	29991
科技交流和推广服务业	196991	66491	159978	34534	6484	5264
地质勘查业	9794	9936	29734	15422	1457	1619
水利、环境和公共设施管理业	**494872**	**287428**	**257886**	**124770**	**16290**	**14373**
水利管理业	47334	87055	19221	17126	1545	2349
环境管理业	211614	41562	72489	8735	4775	1361
公共设施管理业	235925	158811	166176	98909	9970	10663
居民服务和其他服务业	**269923**	**228055**	**440789**	**194638**	**45754**	**30273**
居民服务业	132252	107183	238421	65165	24521	14229
其他服务业	137671	120872	202368	129473	21233	16044
教育	**116558**	**77382**	**185560**	**59842**	**20779**	**16292**
教育	116558	77382	185560	59842	20779	16292
卫生、社会保障和社会福利业	**120051**	**46928**	**136910**	**46609**	**11849**	**10703**
卫生	110491	42105	133505	45379	11525	10378
社会保障业	370	3772	583	329	32	48
社会福利业	9190	1051	2822	901	292	277
文化、体育和娱乐业	**355902**	**263201**	**531905**	**199888**	**30521**	**19527**
新闻出版业	46087	42322	158645	114615	3745	3814
广播、电视、电影和音像业	79289	29926	80200	23283	3964	3662
文化艺术业	13589	4654	13065	3012	1792	986
体育	17394	8182	15376	2335	659	417
娱乐业	199543	178117	264620	56643	20361	10648

第6篇

行政、事业、社团及其他财务指标

6-1 按地区分组的

地 区	行政事业单位数(个)	固定资产原 价	本年收入合 计	#财政拨款	#事业收入	#经营收入
全 省	**28298**	**17486097**	**15931434**	**8270341**	**3621843**	**683483**
福州市	**4787**	**4404745**	**4181496**	**2405778**	**1198170**	**212576**
鼓楼区	1095	1361044	1527092	794585	514987	68779
台江区	432	383447	625928	376589	189244	50746
仓山区	282	470433	302570	153980	100503	7252
马尾区	169	118313	99064	77151	10530	472
晋安区	273	291181	264983	134043	106237	16405
闽侯县	275	796454	565465	382952	136787	10684
连江县	284	147554	110787	77297	23099	2848
罗源县	174	62835	77733	34867	5045	1367
闽清县	215	55775	69199	39156	13292	1465
永泰县	379	76971	69279	47164	14343	2062
平潭县	294	78025	66545	40092	7518	13626
福清市	647	401103	258860	153060	38425	34258
长乐市	268	161609	143992	94843	38161	2612
厦门市	**1541**	**2685433**	**2359248**	**1427882**	**586465**	**97258**
思明区	666	1485447	1443220	852747	370142	67163
海沧区	152	59852	121412	70774	4204	10423
湖里区	140	210130	206749	124117	62009	2133
集美区	178	624815	318128	185410	101190	4014
同安区	235	243710	185850	125292	38401	13502
翔安区	170	61479	83889	69542	10521	24
莆田市	**1778**	**906579**	**634863**	**384556**	**145345**	**57598**
城厢区	545	284734	196888	107417	38892	33396
涵江区	249	147559	91888	58055	20704	1649
荔城区	243	199003	136542	78238	41760	4627
秀屿区	182	106029	88786	68376	13050	3269
仙游县	559	169254	120759	72470	30939	14657
三明市	**3057**	**1937907**	**2765931**	**547166**	**234802**	**50780**
梅列区	398	889254	142515	84720	46665	2431
三元区	224	104401	115105	78368	22736	7697
明溪县	207	31692	32050	22725	3328	3869
清流县	237	64782	46369	32441	9762	196
宁化县	275	174354	57067	35443	14737	1787
大田县	229	67660	63892	38091	14328	7268
尤溪县	315	68161	99427	66026	19940	3735
沙县	250	108599	74319	45612	11093	6571
将乐县	239	43445	41397	22754	12674	186
泰宁县	163	78659	37572	18466	12758	67
建宁县	188	103374	1904999	19087	11286	4852
永安市	332	203528	151220	83431	55497	12123
泉州市	**4510**	**3172960**	**2143221**	**1213912**	**585323**	**65763**
鲤城区	400	231513	254805	110210	124753	3928
丰泽区	437	702517	380326	175763	133162	30090
洛江区	143	214750	57957	27185	23935	168
泉港区	223	72611	74753	52888	8539	1979
惠安县	545	458945	198560	110829	64517	3437

行政事业单位财务指标

单位：万元

本年支出合计	#工资福利支出	#商品和服务支出	#取暖费(降温费)	#劳务费	#差旅费
12809429	**4200932**	**3961350**	**14681**	**161262**	**136654**
3709392	**1037375**	**1175011**	**2316**	**43792**	**44423**
1341546	299497	547538	367	14468	19970
640137	145812	93158	169	2547	4075
279617	96082	76660	800	4288	3030
96958	34585	30045	21	5931	1053
223482	68806	92930	64	2826	2821
416686	126643	100645	364	4298	6011
107730	36931	37954	64	1009	1069
49085	22188	10177	43	549	395
68359	23713	18885	33	551	679
63505	25355	16702	46	598	851
57603	28082	17820	91	358	1289
219625	79578	75659	200	5185	1490
145058	50103	56838	55	1186	1690
2245499	**630661**	**698569**	**3533**	**20010**	**17744**
1439095	346254	461631	1613	12995	11606
76858	25093	17533	169	214	398
175975	63542	64107	184	2391	1734
303459	99031	94611	645	2474	2949
164181	63841	37892	644	882	518
85931	32901	22795	280	1053	539
594715	**217179**	**200961**	**448**	**8338**	**6886**
189478	63019	61457	117	2950	2344
86856	33529	27907	54	1092	1124
126386	42029	49889	59	1732	1058
80084	29782	25229	133	1374	1330
111910	48820	36480	86	1189	1029
823406	**323928**	**232113**	**1389**	**9617**	**10975**
132561	47571	57780	117	1832	1575
91643	27166	16555	30	769	756
28578	14242	7303	18	1216	351
45286	16628	13979	39	615	825
56150	27734	18966	267	669	1434
61050	30573	21761	121	1349	834
97315	41632	25051	293	608	1518
72018	26811	16360	91	295	553
37699	16512	13049	58	101	594
22629	16489	3848	28	198	525
31485	16393	7906	194	575	738
146993	42178	29556	133	1389	1275
1960452	**746049**	**579197**	**3107**	**20262**	**12990**
233670	69552	85577	208	1482	1308
347026	95236	93226	84	4571	3044
54209	29442	12219	20	344	467
62216	26529	15335	173	567	305
187316	102537	44931	590	1584	1001

6-1 续表 1-1

地 区	行政事业单位数(个)	固定资产原价	本年收入合计	#财政拨款	#事业收入	#经营收入
安溪县	542	210857	198983	128082	35309	13588
永春县	397	111896	121443	90705	20988	1498
德化县	320	77043	89016	55830	16208	238
石狮市	274	183944	134461	75610	27243	1160
晋江市	556	604303	412736	253054	76798	6061
南安市	673	304582	220182	133756	53872	3618
漳州市	**3897**	**1161102**	**1233364**	**755677**	**268192**	**76424**
芗城区	627	395824	403995	215269	133815	11893
龙文区	272	28953	79144	66170	4293	687
云霄县	287	65789	78961	48113	12081	6684
漳浦县	341	95508	103913	71282	25010	5266
诏安县	407	71581	60087	40169	10912	5441
长泰县	201	45256	56016	38667	6492	5560
东山县	270	44457	49931	34658	5216	5780
南靖县	265	51809	84603	49169	12115	14796
平和县	377	76395	64851	45394	5209	9677
华安县	204	28809	38761	27990	3484	1971
龙海市	646	256722	213102	118797	49567	8671
南平市	**3614**	**890797**	**821005**	**489572**	**183694**	**54196**
延平区	690	285767	216743	123062	42101	35584
顺昌县	368	69532	50943	28907	6800	7796
浦城县	411	60763	71366	43852	20465	1259
光泽县	205	32938	45920	35667	7705	476
松溪县	301	38309	35118	21179	5108	2590
政和县	275	35575	38793	24867	8965	1038
邵武市	296	92580	104591	53270	28682	2070
武夷山市	285	78956	75110	40200	16447	546
建瓯市	445	116794	92877	58298	26902	2307
建阳市	338	79584	89545	60270	20520	530
龙岩市	**2427**	**1457007**	**1017453**	**572423**	**232380**	**43114**
新罗区	544	461099	388931	222616	115564	13554
长汀县	367	88584	144870	51220	21600	145
永定县	398	103592	129398	88444	19084	3200
上杭县	311	86935	134380	88940	27197	569
武平县	316	74450	66526	42450	8164	7078
连城县	253	83718	65571	38454	10871	7216
漳平市	238	558629	87777	40299	29901	11353
宁德市	**2687**	**869569**	**774855**	**473375**	**187472**	**25774**
蕉城区	632	193142	200945	121137	57857	3601
霞浦县	240	197400	89338	45853	21067	1085
古田县	373	69159	65878	47554	15003	675
屏南县	235	93891	35761	23388	5895	372
寿宁县	226	46606	44079	29697	2858	4580
周宁县	184	37062	38579	22796	6543	5748
柘荣县	235	33640	28556	20043	6972	548
福安市	254	90953	140506	81329	37424	2774
福鼎市	308	107716	131213	81577	33854	6392

单位：万元

本年支出合　计	#工资福利支　出	#商品和服务支出	#取暖费(降温费)	#劳务费	#差旅费
173183	78423	55090	1330	950	1611
122672	35927	29305	236	2281	581
67061	28955	20939	48	384	572
132695	53528	43491	260	2612	1034
375565	146376	119144	68	4048	1693
204840	79544	59939	90	1440	1374
1133902	**335210**	**341984**	**1121**	**30098**	**12098**
384638	101410	130796	191	8504	3791
73483	11555	9202	33	168	479
72625	25295	22052	92	547	725
98113	38419	26032	149	912	1218
62485	20791	24959	162	11148	819
52075	17315	11700	41	352	614
48298	17060	14939	68	1859	579
65857	20172	17685	83	1016	669
58923	22026	14360	31	643	1062
37406	12257	10942	55	879	534
179998	48910	59317	217	4069	1607
754888	**316721**	**206751**	**528**	**6321**	**7481**
202801	74462	63471	71	1440	3119
52798	29256	9955	36	234	362
67074	31283	17063	25	732	716
41877	12610	12977	15	293	237
33174	16582	8924	6	290	258
33632	17985	7355	22	299	357
96777	30598	26521	82	1140	653
65024	34199	17817	31	782	607
84066	39862	22120	207	769	609
77666	29885	20549	33	342	562
874902	**308926**	**286358**	**1145**	**11596**	**11571**
348967	109058	125927	189	4080	4212
81012	37476	30018	224	737	2004
116865	37472	29402	190	572	1091
126330	37097	36965	205	3879	1446
58602	27214	15333	94	432	860
48002	27113	9425	42	264	706
95125	33496	39290	200	1632	1252
712275	**284884**	**240406**	**1094**	**11228**	**12487**
192969	66595	68891	170	1770	3352
89194	31675	30591	99	1304	3205
64308	25383	23280	76	313	702
35631	15010	9062	14	254	413
34536	17075	11304	44	1021	605
30231	12907	7126	53	317	474
28114	10275	12733	39	1469	609
117238	59690	30683	459	2305	1554
120055	46274	46737	141	2477	1572

6-1 续表 2-1

地 区	#出国费	#工会经费	#福利费	#对个人和家庭的补助	#抚恤金
全 省	**10705**	**63323**	**114927**	**1418403**	**44894**
福州市	**4323**	**11641**	**30267**	**395472**	**10525**
鼓楼区	2854	4087	7590	135682	3207
台江区	209	973	3446	35347	1005
仓山区	265	1226	4386	38265	1555
马尾区	21	827	551	11632	127
晋安区	299	754	1811	22518	441
闽侯县	544	1291	4410	68960	1011
连江县	41	310	953	11202	387
罗源县	5	211	181	3551	112
闽清县	28	191	305	16970	429
永泰县	9	393	377	10702	465
平潭县	5	141	640	5128	624
福清市	5	736	4032	24903	759
长乐市	38	503	1586	10610	404
厦门市	**2917**	**21425**	**13479**	**224499**	**3645**
思明区	2441	13253	6582	138010	2459
海沧区	1	616	470	5640	73
湖里区	132	1489	2452	15275	240
集美区	273	1738	2176	36329	345
同安区	16	3094	1257	19595	402
翔安区	54	1234	542	9651	127
莆田市	**411**	**2305**	**6240**	**64001**	**2843**
城厢区	158	736	1619	14294	573
涵江区	56	467	611	12283	857
荔城区	38	519	1587	15708	627
秀屿区	26	235	1075	6180	204
仙游县	133	348	1348	15536	584
三明市	**393**	**3482**	**7874**	**129328**	**4339**
梅列区	96	744	463	13827	571
三元区	29	332	577	7306	300
明溪县	6	157	305	4736	211
清流县	10	160	339	11053	516
宁化县		197	1141	3772	276
大田县	11	246	897	5359	290
尤溪县	207	331	524	20029	490
沙县	16	191	830	12605	444
将乐县		247	723	2948	393
泰宁县	1	115	247	1600	96
建宁县	7	282	661	2100	271
永安市	12	481	1168	43995	481
泉州市	**1257**	**9720**	**14825**	**163958**	**7217**
鲤城区	143	2674	701	22820	987
丰泽区	326	1070	2160	35481	842
洛江区	40	137	100	3526	235
泉港区		100	476	2973	79
惠安县	69	2062	3481	17746	2117

单位：万元

#生活补助	#救济费	#助学金	#退职(役)费	经营支出	经营税金	全部从业人员年平均人数(人)
87746	**32925**	**117328**	**18765**	**510369**	**31555**	**1046987**
19534	**8028**	**46543**	**3666**	**157479**	**10516**	**224216**
3861	1010	6496	676	65641	3431	56972
5158	121	2654	621	44327	4733	21401
694	2100	9375	358	5980	209	18597
229	516	520	208	243	22	7438
1265	86	694	203	14244	1441	14841
1331	12	22260	235	7846	122	24715
2439	62	482	143	1967	148	11062
678	20	242	12	1274	32	6679
477	313	170	104	1193	21	8564
771	1318	404	216	492	2	8400
391	2137	178	89	9175	9	10605
1436	69	2535	711	3283	119	22293
803	265	532	91	1815	228	12649
4488	**1758**	**20169**	**5794**	**68311**	**8614**	**100670**
2568	1055	14304	5039	49299	7490	57776
110	9	357	208	3134	372	3610
165	308	384	33	1393	158	8892
337	242	5008	49	2435	385	15608
471	28	105	418	12017	210	9362
837	116	12	48	34		5422
6729	**2706**	**5958**	**1441**	**42499**	**1733**	**74075**
1387	1449	1668	391	26685	942	18221
1665	177	575	160	934	104	11308
817	220	888	377	3964	603	13749
1540	442	516	74	2601	44	11766
1320	418	2312	440	8316	41	19031
5068	**2087**	**5961**	**1190**	**37066**	**1106**	**92535**
404	315	925	199	1470	143	11439
196	20	1717	186	6507	287	6752
115	189	189	12	2133	4	3845
848	126	302	0	83	2	5463
800	64	673	88	1378	46	8805
1105	132	484	122	3361	194	10139
19	248	7	6	2408	32	11296
309	35	496	27	6629	68	8170
134	135	252	143	51	10	5484
295	369	211	38	25		4406
467	430	24	12	3562	144	5109
376	24	680	355	9459	177	11627
13006	**5234**	**15013**	**2327**	**68368**	**5034**	**165142**
583	99	1100	111	3143	381	14939
422	451	5681	170	33963	3555	20660
762	44	525	64	65	8	4604
830	125	51	15	1310	9	7539
3388	626	1648	197	2124	318	21658

6-1 续表 2-2

地 区	#出国费	#工会经费	#福利费	#对个人和家庭的补助	#抚恤金
安溪县	84	239	2645	17205	1059
永春县	133	302	866	21160	400
德化县	28	224	267	4450	163
石狮市	150	982	1108	6133	234
晋江市	260	1705	1778	18242	534
南安市	24	225	1246	14223	568
漳州市	**624**	**4762**	**19375**	**167835**	**4382**
芗城区	374	1500	5391	44421	1335
龙文区	2	101	710	3909	24
云霄县	22	406	344	11192	219
漳浦县	38	357	1178	20305	94
诏安县	5	503	943	11556	197
长泰县	20	94	1608	6291	153
东山县	25	417	1158	8142	465
南靖县	7	500	2956	12269	772
平和县	17	172	777	14084	555
华安县	5	129	342	9350	124
龙海市	110	584	3969	26317	445
南平市	**156**	**2151**	**5327**	**97810**	**3604**
延平区	78	652	2412	19660	806
顺昌县	10	66	206	4377	414
浦城县	8	203	349	8408	500
光泽县	12	183	90	6350	153
松溪县	3	48	113	4292	187
政和县	7	115	188	2974	207
邵武市	18	324	745	26261	247
武夷山市	2	74	241	6567	390
建瓯市	15	282	497	8788	383
建阳市	4	205	486	10133	316
龙岩市	**442**	**3251**	**9289**	**83534**	**5804**
新罗区	222	1283	1881	37895	2328
长汀县	50	663	1942	7582	151
永定县	62	265	1792	8096	701
上杭县	30	617	1827	14674	687
武平县	6	122	529	3373	240
连城县	7	175	509	3889	510
漳平市	65	125	808	8026	1188
宁德市	**181**	**4587**	**8251**	**91965**	**2534**
蕉城区	127	1117	1384	29724	570
霞浦县		674	2719	16694	145
古田县	7	273	390	8408	173
屏南县	19	222	615	4108	177
寿宁县	4	176	635	3713	117
周宁县	5	98	200	2817	165
柘荣县	1	165	262	4204	268
福安市	15	1046	574	10152	520
福鼎市	4	816	1472	12145	399

单位：万元

				经营支出	经营税金	全部从业人员年平均人数（人）
#生活补助	#救济费	#助学金	#退职(役)费			
1767	227	1413	628	16062	218	20291
1224	1068	980	518	4090	105	10257
190	59	578	34	172	107	8329
335	274	630	93	620	45	9944
1887	2185	1923	113	3440	198	23656
1620	78	486	383	3379	90	23265
14321	**6135**	**7400**	**438**	**52222**	**2232**	**113451**
1507	245	3679	39	5661	1129	25668
38		9	4	147	80	3385
2378	463	244	70	3396	119	9344
2192	102	385	29	4179	512	15412
1869	416	130	99	4830	7	9451
949	250	234	30	4993	80	5541
227	931	154	32	1411	46	6561
1039	1491	817	10	14544	28	7920
1839	161	195	9	5823	67	10050
708	79	186	8	2659	1	4563
1577	1997	1368	108	4579	164	15556
5831	**3468**	**4930**	**1658**	**39981**	**543**	**93616**
1112	47	1346	284	24813	201	20208
333	40	117	105	7754	124	7285
666	61	595	204	776	48	10080
596	690	234	118	289	18	4915
481	5	267	65	2745	19	5211
204	74	73	164	577	12	6319
211	2107	115	245	554	62	10189
320	28	532	127	747	18	8000
244	220	514	94	1360	22	12341
1664	198	1138	251	367	19	9068
11731	**1682**	**6081**	**1172**	**27837**	**753**	**92318**
1599	722	1948	368	9330	389	26116
346	38	1147	65	22	38	12001
686	50	1198	224	1766	16	13275
6543	23	736	323	254	2	11715
367	174	724	72	6376	25	9288
1781	616	230	89	778	53	10501
409	59	97	31	9312	230	9422
7038	**1829**	**5272**	**1079**	**16605**	**1025**	**90964**
1413	42	1786	415	2487	356	19355
704	91	374	62	586	56	11630
1043	49	226	66	437	75	10022
394	1135	294	88	294	29	5518
342	38	356	88	924	10	7069
374	79	78	150	5410	379	4949
1053	98	264	4	278	11	4305
824	185	1215	155	638	25	14689
891	113	680	50	5553	84	13427

6-2 按行业(小类)分组的

行 业	行政事业单位数(个)	固定资产原 价	本年收入合 计	#财政拨款	#事业收入	#经营收入
合 计	**28298**	**17486097**	**15931434**	**8270341**	**3621843**	**683483**
交通运输、仓储和邮政业	**163**	**829744**	**147417**	**99718**	**23326**	**1415**
道路运输业	144	785216	136598	93339	19030	1360
公路旅客运输	1		2			2
道路货物运输	1	229	195	181	5	
道路运输辅助活动	142	784988	136401	93158	19025	1359
客运汽车站	1	50	4		2	2
公路管理与养护	134	783686	134090	92871	17105	1354
其他道路运输辅助活动	7	1252	2307	287	1919	3
城市公共交通业	1					
其他城市公共交通	1					
水上运输业	8	3863	1190	252	830	52
水上运输辅助活动	8	3863	1190	252	830	52
其他水上运输辅助活动	8	3863	1190	252	830	52
航空运输业	1	23733	6104	4368	1702	
航空运输辅助活动	1	23733	6104	4368	1702	
空中交通管理	1	23733	6104	4368	1702	
装卸搬运和其他运输服务业	1	29	154	141	13	
运输代理服务	1	29	154	141	13	
仓储业	7	16322	3333	1590	1741	2
谷物、棉花等农产品仓储	5	13085	2470	1245	1223	2
谷物、棉花等农产品仓储	5	13085	2470	1245	1223	2
其他仓储	2	3237	863	345	518	
邮政业	1	580	38	28	10	
国家邮政	1	580	38	28	10	
信息传输、计算机服务和软件业	**91**	**64277**	**27547**	**8541**	**14708**	**2478**
电信和其他信息传输服务业	78	59755	26225	7419	14660	2327
电信	1	80	33			
其他电信服务	1	80	33			
互联网信息服务	7	1079	1204	392	683	63
广播电视传输服务	70	58596	24989	7027	13977	2264
有线广播电视传输服务	54	37426	19326	1948	13844	2220
无线广播电视传输服务	16	21170	5662	5079	133	44
计算机服务业	11	1363	1288	1088	49	151
计算机系统服务	5	151	142	142		
数据处理	3	570	820	622	47	151
计算机维修	1	643	300	300		
其他计算机服务	2		26	24	2	
软件业	2	3159	34	34		
公共软件服务	2	3159	34	34		
应用软件服务	2	3159	34	34		
金融业	**12**	**78004**	**20520**	**15005**	**10**	**1025**
银行业	12	78004	20520	15005	10	1025
中央银行	10	67427	20336	15005	10	1000
商业银行	1	188	160			
其他银行	1	10389	24			24

行政事业单位财务指标

单位：万元

本年支出合计	#工资福利支出	#商品和服务支出	#取暖费(降温费)	#劳务费	#差旅费
12809429	**4200932**	**3961350**	**14681**	**161262**	**136654**
131370	**20572**	**19427**	**90**	**486**	**652**
122316	17957	13649	67	451	403
2	1	0		0	0
207	130	39		0	1
122107	17826	13610	67	450	401
2	2				
120708	16849	13315	64	448	381
1398	975	295	3	2	20
6	5	1			
6	5	1			
913	547	172	4	4	14
913	547	172	4	4	14
913	547	172	4	4	14
5578	1039	4282	16	9	203
5578	1039	4282	16	9	203
5578	1039	4282	16	9	203
253	197	54	0		4
253	197	54	0		4
2059	582	1269	4	22	29
1198	246	843	1	2	17
1198	246	843	1	2	17
861	336	426	3	20	12
246	246				
246	246				
27230	**8030**	**13254**	**29**	**775**	**287**
26177	7555	13059	28	772	280
33	27				
33	27				
1074	247	485	0	6	7
25070	7281	12574	28	767	273
19328	5624	9441	24	747	166
5742	1658	3133	4	20	107
1022	453	192	0	3	7
145	102	34	0	2	2
592	194	43	0	0	5
259	139	113			
25	19	3		0	0
31	22	2			0
31	22	2			0
31	22	2			0
32215	**9090**	**8674**	**12**	**146**	**579**
32215	9090	8674	12	146	579
32171	9054	8667	11	145	579
19	15	3			
25	21	4	1	1	

6-2 续表 1-1

行　业	行政事业单位数(个)	固定资产原　价	本年收入合　计	#财政拨款	#事业收入	#经营收入
证券业	1	27	17	17		
证券投资	1	27	17	17		
保险业	18	1931	22384	6705	198	
人寿保险	4	803	166	68	98	
非人寿保险	8	285	21754	6294	36	
保险辅助服务	6	843	464	343	64	
其他金融活动	8	949	1491	165	1282	
金融信托与管理	2	74	36		36	
财务公司	1	77	149	149		
邮政储蓄	1	255	1125		1125	
其他未列明的金融活动	4	543	181	16	121	
房地产业	**101**	**18408**	**19436**	**3919**	**6664**	**7788**
房地产业	101	18408	19436	3919	6664	7788
物业管理	3	31	233	203	19	
房地产中介服务	10	1999	669	121	475	43
其他房地产活动	88	16379	18535	3595	6170	7746
租赁和商务服务业	**1321**	**263916**	**291061**	**118674**	**57712**	**99886**
租赁业	1	424	2881	2571		310
机械设备租赁	1	424	2881	2571		310
建筑工程机械与设备租赁	1	424	2881	2571		310
商务服务业	1320	263491	288181	116103	57712	99576
企业管理服务	566	155896	190056	82997	13432	87238
企业管理机构	142	32070	23478	7948	6546	7728
投资与资产管理	92	56276	93868	57771	948	33941
其他企业管理服务	332	67550	72710	17279	5938	45569
法律服务	192	9382	12341	3108	6192	2625
律师及相关的法律服务	105	2387	4841	1530	1305	1915
公证服务	63	4617	5411	1301	3317	602
其他法律服务	24	2378	2089	278	1570	108
咨询与调查	234	29075	33431	15537	12744	1399
会计、审计及税务服务	73	3743	8181	5785	1058	209
市场调查	40	3617	3897	3267	513	
社会经济咨询	93	5602	4763	2203	2103	114
其他专业咨询	28	16114	16591	4282	9070	1076
广告业	5	3364	3484	109	36	3325
知识产权服务	7	392	822	49	130	20
职业中介服务	147	21930	24749	9253	11811	2113
市场管理	97	32459	13911	2351	8740	1276
旅行社	5	225	970	122	3	846
其他商务服务	67	10768	8417	2577	4625	734
会议及展览服务	3	6061	419	290	67	
保安服务	1	423	346		344	2
办公服务	24	995	2171	386	1570	203
其他未列明的商务服务	39	3289	5481	1901	2644	529

单位：万元

本年支出合计	#工资福利支出	#商品和服务支出			
			#取暖费(降温费)	#劳务费	#差旅费
17	14	3	0		0
17	14	3	0		0
22114	522	283	1	6	15
198	113	46	0	2	3
20706	178	87	0	1	6
1210	231	149	0	3	6
814	472	285	37	15	4
42	20	19	0		0
157	58	91		15	0
438	365	37	37		
176	28	139	0	0	3
12837	**4778**	**4400**	**15**	**277**	**250**
12837	4778	4400	15	277	250
150	73	69			0
530	302	188	0	1	8
12158	4403	4144	15	276	241
158252	**49986**	**48605**	**243**	**2797**	**2486**
2879	68	1			0
2879	68	1			0
2879	68	1			0
155373	49918	48604	243	2797	2486
78327	23677	21162	99	1151	736
15585	6395	4466	23	41	214
28734	2599	9242	22	485	149
34009	14684	7454	54	625	373
10911	4362	3813	29	135	265
4529	1604	1250	3	29	121
4544	1785	1980	22	80	108
1838	973	584	5	25	36
23598	8979	8055	15	589	682
7470	3997	2212	7	156	136
3680	1529	1572	3	210	113
4079	1570	1861	3	204	86
8368	1883	2410	2	19	347
1192	251	538	1		3
744	158	514	0	11	6
20637	4546	8268	64	494	587
13292	5882	3300	33	312	88
217	110	25			2
6455	1952	2930	3	106	117
476	212	205	1	5	2
400	181	154	1	12	13
1591	411	902	1	11	9
3989	1148	1668	1	79	94

6-2 续表 1-2

行　业	行政事业单位数（个）	固定资产原价	本年收入合计	#财政拨款	#事业收入	#经营收入
科学研究、技术服务和地质勘查业	**1951**	**362514**	**419239**	**223152**	**88148**	**75063**
研究与试验发展	193	72681	80539	58269	14181	1816
自然科学研究与试验发展	19	24441	26463	18766	4598	579
工程和技术研究与试验发展	16	2891	2959	1832	671	170
农业科学研究与试验发展	106	32592	33285	27136	2718	841
医学研究与试验发展	13	6950	5059	4231	378	166
社会人文科学研究与试验发展	39	5807	12773	6304	5816	61
专业技术服务业	941	214235	240513	113660	63592	44539
气象服务	91	36270	20880	11882	475	4235
地震服务	56	15966	9722	6755	486	1135
海洋服务	9	5727	6065	2969	1570	17
测绘服务	36	4088	7906	2952	2170	2176
技术检测	194	46283	49050	22745	15131	8714
环境监测	76	28395	27038	18953	1106	3511
工程技术与规划管理	397	45706	71128	25392	18781	23390
工程管理服务	150	20595	33993	11222	12385	8738
工程勘察设计	59	15944	19351	6463	2943	9442
规划管理	188	9168	17784	7707	3454	5211
其他专业技术服务	82	31799	48725	22012	23873	1362
科技交流和推广服务业	772	52209	47952	30900	5586	6173
技术推广服务	584	32796	32670	20739	3462	4972
科技中介服务	133	6451	8182	6121	1548	213
其他科技服务	55	12962	7100	4040	576	988
地质勘查业	45	23389	50234	20323	4789	22535
矿产地质勘查	11	7497	11211	6801	990	3258
能源矿产地质勘查	3	5482	9028	4902	841	3258
固体矿产地质勘查	5	1306	1743	1568	57	
其他矿产地质勘查	3	709	440	331	92	
基础地质勘查	15	5080	6617	2216	53	1954
地质勘查技术服务	19	10813	32406	11307	3746	17324
水利、环境和公共设施管理业	**626**	**510582**	**170668**	**102552**	**26742**	**21633**
水利管理业	393	384741	48611	19150	6364	20704
防洪管理	56	65794	8831	5422	824	2302
水资源管理	153	283506	31201	7486	4137	17942
水库管理	104	198270	20266	4269	1947	12665
调水、引水管理	27	81665	8235	1191	1882	4923
其他水资源管理	22	3571	2700	2026	309	354
其他水利管理	184	35442	8579	6242	1403	460
环境管理业	233	125840	122058	83402	20377	929
自然保护	74	9111	8196	6324	442	44
自然保护区管理	40	6395	5397	4041	220	37
野生动植物保护	14	2080	2172	1892	133	7
其他自然保护	20	636	628	391	89	
环境治理	159	116729	113861	77078	19936	885
城市市容管理	30	11226	10309	9034	639	255
城市环境卫生管理	108	62168	89697	61110	14500	230

单位：万元

本年支出合计	#工资福利支出	#商品和服务支出	#取暖费(降温费)	#劳务费	#差旅费
344974	**100569**	**108967**	**398**	**6472**	**8466**
64183	18824	17585	130	1437	1619
18028	4994	5850	53	401	445
2474	774	663	0	11	35
31240	8284	6917	69	485	598
4481	1550	1064	6	141	77
7960	3221	3091	2	400	465
203468	58104	68814	166	3494	4916
16878	5255	5074	10	89	470
8678	2035	2225	5	151	244
5835	1364	1953	5	177	219
6716	2101	2486	2	160	121
40951	12061	14419	45	516	781
19457	7458	8061	5	186	228
62321	18537	16425	44	921	1552
30393	6660	6565	13	167	419
16217	5946	4592	13	575	448
15712	5931	5268	18	179	685
42632	9292	18170	49	1294	1301
43459	16227	9809	58	490	649
29917	12788	6705	42	339	479
7446	1707	1312	4	69	71
6097	1732	1791	12	82	99
33864	7414	12759	44	1050	1281
9162	2322	1900	5	16	119
7046	1667	1256	3	6	33
1726	505	541	2	5	66
390	150	103	1	5	20
5566	1200	715	1	13	45
19136	3892	10144	38	1022	1116
169944	**55044**	**54982**	**212**	**2387**	**1020**
41760	16261	10985	97	210	546
8442	3581	1990	18	27	116
25021	9552	6695	67	128	232
13836	6862	3941	25	61	144
8007	1979	1473	9	43	38
3178	711	1280	34	24	50
8298	3128	2301	12	56	198
128183	38784	43998	115	2177	474
6204	2351	1627	7	658	97
3741	1480	1054	4	631	46
1847	636	377	1	23	38
616	236	196	1	4	13
121980	36432	42371	108	1519	378
10322	3658	5217	10	163	90
100214	30461	32587	87	1347	185

6-2 续表 1-3

行　业	行政事业单位数(个)	固定资产原　价	本年收入合　计	#财政拨款	#事业收入	#经营收入
水污染治理	7	39609	7714	4601	1157	263
危险废物治理	1	536	556		556	
其他环境治理	13	3191	5585	2333	3084	137
公共设施管理业	212	144891	174303	122742	21062	18207
市政公共设施管理	63	46350	96239	81588	5763	5404
城市绿化管理	58	14435	26644	22203	2941	722
游览景区管理	91	84107	51420	18951	12358	12081
风景名胜区管理	46	45021	28543	8041	8941	4342
公园管理	37	35979	22170	10546	3415	7400
其他游览景区管理	8	3107	707	364	1	339
居民服务和其他服务业	**121**	**51041**	**38913**	**5486**	**17651**	**6857**
居民服务业	102	42831	35512	4091	17182	5564
托儿所	5	121	258	108	76	0
理发及美容保健服务	1	43	14		14	
洗浴服务	1	66	36	20	8	
殡葬服务	71	36052	27265	3598	16305	5176
其他居民服务	24	6550	7939	366	778	387
其他服务业	19	8210	3400	1395	470	1294
修理与维护	2	270	469	184		285
汽车、摩托车维护与保养	2	270	469	184		285
清洁服务	4	661	622	281	39	275
其他清洁服务	4	661	622	281	39	275
其他未列明的服务	13	7279	2309	930	430	735
教育	**7162**	**6499887**	**3626559**	**2342149**	**952367**	**40532**
教育	7162	6499887	3626559	2342149	952367	40532
学前教育	525	103205	79736	38268	27641	2222
初等教育	3858	1323304	951841	817516	60443	3785
中等教育	2004	2376807	1352401	904196	320273	19721
初中教育	1316	1021573	642719	481439	85448	11067
高中教育	357	886396	430768	259017	136800	5536
中等专业教育	98	196226	114338	65588	43152	309
职业中学教育	123	205127	114994	70625	35923	2354
技工学校教育	40	47634	33837	17166	15233	186
其他中等教育	70	19851	15745	10360	3718	270
高等教育	175	2479573	1109964	497291	511182	7215
普通高等教育	76	2356958	1052959	474349	481672	7112
成人高等教育	99	122615	57005	22942	29510	103
其他教育	600	216998	132618	84878	32828	7589
职业技能培训	295	115658	66663	38273	20131	4297
特殊教育	54	26400	14513	12250	1015	210
其他未列明的教育	251	74940	51442	34355	11683	3082
卫生、社会保障和社会福利业	**2053**	**2109945**	**2359502**	**249144**	**1789525**	**221810**
卫生	2053	2109945	2359502	249144	1789525	221810
医院	310	1623075	1845628	99890	1510102	172676
综合医院	176	1274986	1449217	67423	1201747	146179

单位：万元

本年支出合计	#工资福利支出	#商品和服务支出	#取暖费(降温费)	#劳务费	#差旅费
4042	1009	2199	11		14
423	58	364		4	1
6978	1246	2004	0	6	88
138757	25092	26296	80	4541	680
77511	7539	10105	43	2436	180
21472	5786	8085	22	1981	105
39774	11766	8106	15	124	395
23061	4865	3939	11	102	221
16102	6582	3899	4	23	149
611	320	269	0	0	25
36106	**8778**	**12390**	**101**	**209**	**145**
33602	7859	11748	97	208	109
255	171	47	0	1	1
14	9	1			1
36	9	7			
25171	4971	6935	94	207	98
8125	2700	4758	3	0	9
2504	919	642	3	1	36
422	130	28	1		2
422	130	28	1		2
333	137	126	1		3
333	137	126	1		3
1749	652	488	2	1	31
3565846	**1633859**	**733582**	**5567**	**55259**	**32611**
3565846	1633859	733582	5567	55259	32611
75573	43781	17675	194	1230	458
917841	559298	131013	2135	8909	3959
1278349	670444	267371	1986	22876	7991
604369	352505	111356	1009	9303	3260
413381	215196	93584	707	9440	2653
106063	38454	28670	102	1474	941
106321	45732	22433	130	1579	713
32794	12489	7694	27	830	248
15422	6068	3633	11	251	176
1174996	312587	281369	1073	19854	18656
1120201	299411	260519	610	18169	17933
54794	13176	20851	463	1685	723
119087	47749	36155	180	2389	1546
60740	24591	18138	80	1497	915
13481	6439	2388	37	96	71
44866	16719	15630	63	796	560
2170376	**595335**	**1252325**	**1407**	**13997**	**5752**
2170376	595335	1252325	1407	13997	5752
1707648	440017	1033923	839	7906	2872
1345885	341820	817194	722	4814	2154

6-2 续表 1-4

行业	行政事业单位数（个）	固定资产原价	本年收入合计	#财政拨款	#事业收入	#经营收入
中医医院	57	117161	145834	11175	119587	12714
中西医结合医院	9	63079	52746	4496	41811	6435
专科医院	50	156002	190977	13372	145342	6542
疗养院	18	11847	6854	3424	1615	807
卫生院及社区医疗活动	952	249640	274406	58332	151211	37699
门诊部医疗活动	77	9738	13071	4417	5394	2426
计划生育技术服务活动	430	24901	28991	21407	4588	133
妇幼保健活动	81	78933	84719	11387	65811	6029
专科疾病防治活动	19	8721	13188	3618	9146	350
疾病预防控制及防疫活动	104	79134	73159	40841	27737	1660
其他卫生活动	80	35802	26339	9253	15534	837
社会保障业	385	40866	180468	73514	54702	401
社会保障业	385	40866	180468	73514	54702	401
社会福利业	235	40289	39804	33515	2649	1344
提供住宿的社会福利	174	34025	33874	28890	2195	1235
干部休养所	68	7433	22322	20708	253	596
收养收容服务	106	26593	11552	8182	1942	640
不提供住宿的社会福利	61	6263	5931	4625	454	109
文化、体育和娱乐业	**997**	**679758**	**361663**	**99610**	**186853**	**37839**
新闻出版业	118	98201	72182	6418	33865	28831
新闻业	39	3005	6712	3416	2130	632
出版业	79	95196	65470	3002	31735	28198
图书出版	6	23518	12615	170	1	11880
报纸出版	34	70581	49415	1284	31542	14877
期刊出版	34	702	2720	879	145	1436
音像制品出版	1	237	599	560	33	6
其他出版	4	158	122	109	13	
广播、电视、电影和音像业	184	437160	208438	34621	142377	6286
广播	31	130465	122997	21248	90299	815
电视	91	280152	80821	11989	50902	3961
电影	59	26101	4502	1324	1176	1456
电影制作与发行	8	1999	997	380	39	333
电影放映	51	24102	3506	943	1137	1122
音像制作	3	442	117	61		54
文化艺术业	695	144397	81044	58572	10611	2722
文艺创作与表演	95	13537	17844	12226	3213	520
艺术表演场馆	15	9733	6605	2875	3040	98
图书馆与档案馆	148	42584	17169	14512	1020	313
图书馆	79	37065	11966	10155	652	292
档案馆	69	5518	5203	4357	369	21
文物及文化保护	48	3926	5926	4833	459	96
博物馆	74	28252	11820	9831	845	176
烈士陵园、纪念馆	25	13791	3207	2273	85	16
群众文化活动	226	29490	14483	8480	1784	1397
文化艺术经纪代理	1	72	149	57		22
其他文化艺术	63	3013	3841	3485	165	85

单位：万元

本年支出合计	#工资福利支出	#商品和服务支出	#取暖费(降温费)	#劳务费	#差旅费
136990	42898	81888	44	928	204
49661	11487	32262	40	1554	72
169399	41465	100952	16	353	396
5712	2346	1628	17	258	46
255457	96343	107807	396	3745	1104
12710	4292	5676	40	78	74
24669	8681	11085	31	254	552
71627	18088	46730	42	742	244
11015	3210	6432	5	18	34
65136	17816	31634	39	1088	680
22114	6889	9038	15	168	191
165714	27084	11281	29	274	526
165714	27084	11281	29	274	526
37138	10154	6571	44	253	216
31857	8761	3930	38	241	168
21796	4403	1365	9	182	77
10061	4359	2565	29	58	91
5282	1393	2641	6	13	48
338226	**89913**	**125647**	**280**	**9164**	**3020**
59667	11660	14426	16	3825	614
5113	1704	1631	2	352	178
54553	9956	12795	14	3473	436
4887	1450	1496	2	315	94
46556	7731	9902	9	3094	262
2589	612	1093	3	7	36
392	77	291		58	40
130	87	13	0	0	4
206165	51686	90143	139	4055	1536
122491	27801	60141	83	2455	816
79106	21720	28981	50	1500	673
4356	2057	998	5	101	45
649	375	163	2	80	8
3707	1682	836	4	21	37
212	108	23			2
72395	26567	21079	125	1284	870
17178	7960	4391	27	460	285
5602	2119	2505	16	128	50
16506	5553	3721	30	114	138
11957	3433	2503	25	49	84
4549	2120	1218	5	66	55
4636	1346	964	11	24	48
9899	3066	3385	8	115	100
2331	813	909	4	27	43
12576	4385	3619	21	341	135
99	15	40	0		2
3567	1309	1547	7	75	69

6-2 续表 1-5

行业	行政事业单位数(个)	固定资产原价	本年收入合计	#财政拨款	#事业收入	#经营收入
体育	88	85069	37727	26502	8395	691
体育组织	32	17564	25679	20104	4104	109
体育场馆	21	64173	8304	3744	3913	536
其他体育	35	3332	3744	2654	379	47
娱乐业	30	16670	17463	6876	9714	148
室内娱乐活动	10	2420	2470	1853	466	113
游乐园	4	428	132	52	80	
休闲健身娱乐活动	5	8058	780	535	151	
其他娱乐活动	11	5765	14081	4436	9017	35
公共管理和社会组织	**12723**	**5687331**	**7975253**	**4732358**	**360134**	**146365**
中国共产党机关	880	144562	248091	175810	1401	152
中国共产党机关	880	144562	248091	175810	1401	152
国家机构	10493	5347918	7562175	4447222	347750	137563
国家权力机构	165	79689	93071	75015	2106	1752
国家行政机构	9930	4906263	7160056	4110886	318868	133932
综合事务管理机构	2429	1534583	1353726	1021641	66208	22416
对外事务管理机构	134	36176	34250	27888	2324	983
公共安全管理机构	537	659321	2225743	486227	13522	1433
社会事务管理机构	2111	831769	1103075	805785	95082	52315
经济事务管理机构	2533	921006	1177876	834290	81504	36628
政府事务管理机构	1096	423051	739005	607558	32680	11541
行政监督检查机构	1090	500357	526381	327498	27549	8616
人民法院和人民检察院	191	293356	198821	175977	12743	165
人民法院	95	161325	113509	100575	5907	163
人民检察院	96	132031	85312	75401	6836	2
其他国家机构	207	68609	110227	85344	14033	1713
人民政协和民主党派	191	32441	38872	34167	60	2130
人民政协	88	27719	29876	26041	49	2128
民主党派	103	4722	8996	8126	11	2
群众团体、社会团体和宗教组织	890	105787	109923	68712	8426	2252
群众团体	415	64490	62372	31493	4191	278
工会	107	39720	30623	4903	2691	60
妇联	76	8508	6970	6374	59	34
共青团	68	3072	7096	6097	187	11
其他群众团体	164	13191	17683	14120	1254	173
社会团体	454	39415	46777	36700	4208	1973
专业性团体	226	21488	25576	19422	1916	1751
行业性团体	100	9267	11648	9357	1255	147
其他社会团体	128	8660	9553	7921	1037	76
宗教组织	21	1882	774	519	27	
基层群众自治组织	269	56623	16192	6447	2498	4269
社区自治组织	197	32155	10909	4399	1295	2897
村民自治组织	72	24468	5283	2048	1203	1372

单位：万元

本年支出合计	#工资福利支出	#商品和服务支出	#取暖费(降温费)	#劳务费	#差旅费
32076	12911	11708	13	1293	1346
23151	9429	8000	4	1138	1232
5511	2197	2294	6	112	49
3415	1285	1413	3	43	65
16887	1705	14435	18	61	70
2170	641	1017	16	15	8
150	60	67	0		0
684	255	358			2
13883	749	12992	2	46	59
5408539	**1547027**	**1508237**	**6106**	**62851**	**78533**
185507	56077	69405	160	2344	4038
185507	56077	69405	160	2344	4038
5069571	1448214	1383863	5742	58593	71821
83921	27844	30758	50	1357	2196
4699125	1321487	1255227	5430	53695	62630
1174135	411333	368233	1993	12182	19981
26225	8557	10718	50	238	614
540537	216015	180248	867	11165	8698
937420	200605	227079	607	10685	10741
918724	228479	236280	1017	11564	11223
719993	104438	130985	376	4572	5773
382091	152061	101685	522	3290	5601
189590	76839	62001	214	2127	4866
106622	42281	37710	125	1492	2764
82968	34558	24292	89	635	2103
96935	22044	35877	48	1413	2129
34495	12397	13774	22	189	918
25502	9121	10180	18	125	707
8993	3277	3595	4	64	211
103347	24995	38114	163	1512	1620
59886	11934	20230	34	805	784
31200	3845	6667	19	107	148
6611	2283	2337	3	66	132
6169	1838	3386	4	507	193
15907	3967	7841	9	125	311
42717	12618	17715	126	707	832
23532	6233	10805	93	558	499
11325	3832	4656	5	58	180
7860	2553	2254	28	92	154
744	444	169	3		4
15619	5344	3080	19	214	136
10867	4374	2393	9	154	39
4752	970	686	10	60	97

6-2 续表 2-1

行业	#出国费	#工会经费	#福利费	#对个人和家庭的补助	#抚恤金
合计	**10705**	**63323**	**114927**	**1418403**	**44894**
交通运输、仓储和邮政业		**309**	**1006**	**10734**	**366**
道路运输业		235	602	10265	351
公路旅客运输				1	
道路货物运输		1		37	
道路运输辅助活动		233	602	10228	351
客运汽车站					
公路管理与养护		218	600	10116	343
其他道路运输辅助活动		15	2	112	8
城市公共交通业					
其他城市公共交通					
水上运输业		6	24	106	14
水上运输辅助活动		6	24	106	14
其他水上运输辅助活动		6	24	106	14
航空运输业		49	344	254	
航空运输辅助活动		49	344	254	
空中交通管理		49	344	254	
装卸搬运和其他运输服务业				2	1
运输代理服务				2	1
仓储业		19	37	106	
谷物、棉花等农产品仓储		10	20	9	
谷物、棉花等农产品仓储		10	20	9	
其他仓储		8	17	97	
邮政业					
国家邮政					
信息传输、计算机服务和软件业	**2**	**101**	**340**	**1237**	**22**
电信和其他信息传输服务业		91	336	1061	19
电信					
其他电信服务					
互联网信息服务		1		73	1
广播电视传输服务		90	336	988	18
有线广播电视传输服务		66	292	502	8
无线广播电视传输服务		24	44	486	10
计算机服务业	2	10	4	171	3
计算机系统服务	2			6	
数据处理		6	3	158	3
计算机维修		4	1	7	
其他计算机服务					
软件业				5	
公共软件服务				5	
应用软件服务				5	
金融业	**19**	**378**	**828**	**1141**	**15**
银行业	19	378	828	1141	15
中央银行	19	378	824	1141	15
商业银行			3		
其他银行		1	2		

单位：万元

				经营支出	经营税金	全部从业人员年平均人数(人)
#生活补助	#救济费	#助学金	#退职(役)费			
87746	**32925**	**117328**	**18765**	**510369**	**31555**	**1046987**
550	**18**	**13**	**5**	**1038**	**116**	**7645**
537	18	11	5	971	30	6798
1				1		1
6						42
530	18	11	5	970	30	6755
				2		2
528	18	11	5	968	30	6478
3						275
						1
						1
1		1		41	13	245
1		1		41	13	245
1		1		41	13	245
4					58	278
4					58	278
4					58	278
		1				54
		1				54
8				25	15	156
6				25	1	78
6				25	1	78
2					13	78
						113
						113
22			**8**	**795**	**369**	**2283**
11			6	645	356	2110
						9
						9
				68	46	64
11			6	577	310	2037
8			6	545	310	1642
3			1	32		395
11			2	151	13	130
						32
11			2	151	13	78
						11
						9
						43
						43
						43
29			**4**	**13130**	**33**	**2015**
29			4	13130	33	2015
29			4	13128	33	2004
						4
				2		7

6-2 续表 2-2

行业	#出国费	#工会经费	#福利费	#对个人和家庭的补助	#抚恤金
证券业				1	
证券投资				1	
保险业		6	16	20497	1
人寿保险		2	2	28	1
非人寿保险		2	5	20440	
保险辅助服务		2	10	28	
其他金融活动		9	30	49	
金融信托与管理			1	3	
财务公司		1	24	8	
邮政储蓄				37	
其他未列明的金融活动		7	5	1	
房地产业		**63**	**246**	**526**	**34**
房地产业		63	246	526	34
物业管理			2	7	
房地产中介服务		3	8	28	
其他房地产活动		60	235	492	34
租赁和商务服务业	67	1033	1667	9943	307
租赁业				10	
机械设备租赁				10	
建筑工程机械与设备租赁				10	
商务服务业	67	1033	1667	9934	307
企业管理服务	33	420	678	4870	242
企业管理机构	2	80	236	1246	107
投资与资产管理	3	41	65	374	22
其他企业管理服务	28	299	377	3251	113
法律服务	11	67	134	391	1
律师及相关的法律服务	0	37	54	116	1
公证服务	5	20	68	201	
其他法律服务	6	11	12	75	
咨询与调查	3	344	204	1656	22
会计、审计及税务服务		304	111	438	6
市场调查		9	17	345	2
社会经济咨询		18	39	468	9
其他专业咨询	3	14	37	406	5
广告业		4	28	15	3
知识产权服务		2	3	5	
职业中介服务	5	102	262	2065	6
市场管理	11	59	320	614	30
旅行社		1		35	
其他商务服务	5	33	38	283	2
会议及展览服务		1		30	
保安服务		2	1	40	1
办公服务		4	13	27	
其他未列明的商务服务	5	27	24	187	1

单位：万元

#生活补助	#救济费	#助学金	#退职(役)费	经营支出	经营税金	全部从业人员年平均人数(人)
						3
						3
		2				170
		2				28
						68
						74
						55
						7
						20
						13
						15
101	**3**		**2**	**6558**	**555**	**1536**
101	3		2	6558	555	1536
1						20
1			2	2	4	106
100	3			6557	551	1410
614	42	55	90	72067	3358	17501
				310	0	16
				310	0	16
				310	0	16
614	42	55	90	71757	3358	17485
238	18	39	80	60452	1041	8761
146	14	2	27	4132	294	2041
14	2	37		18016	240	834
78	2		53	38304	507	5886
17	3	2		1563	630	1373
13	1			981	242	560
4	2	2		568	156	458
				15	232	355
289	4	1	3	6662	652	2521
21	2			298	24	893
12	1		1			410
14	2	1	2	37	157	682
241				6328	472	536
2				972	218	75
				27	1	78
39	15	10		1030	183	1491
30		4	6	522	367	2470
				32	3	34
1	1			498	264	682
					7	63
						72
				79	1	162
1	1			419	256	385

6-2 续表 2-3

行业	#出国费	#工会经费	#福利费	#对个人和家庭的补助	#抚恤金
科学研究、技术服务和地质勘查业	**413**	**1214**	**3495**	**39874**	**1719**
研究与试验发展	109	233	652	11568	488
自然科学研究与试验发展	48	37	298	2740	157
工程和技术研究与试验发展	4	9	18	907	12
农业科学研究与试验发展	23	122	268	5330	251
医学研究与试验发展	9	35	21	1428	49
社会人文科学研究与试验发展	24	29	47	1162	19
专业技术服务业	247	693	1818	16625	650
气象服务	8	63	41	2257	87
地震服务		42	36	1467	43
海洋服务	6	2	21	610	203
测绘服务	14	21	109	593	7
技术检测	18	194	516	2508	43
环境监测	3	68	82	1889	51
工程技术与规划管理	31	235	860	3832	180
工程管理服务	2	61	291	1170	56
工程勘察设计	29	120	278	1108	80
规划管理		55	292	1554	45
其他专业技术服务	166	68	152	3469	37
科技交流和推广服务业	17	162	519	3530	125
技术推广服务	6	117	430	2456	102
科技中介服务	8	29	56	621	10
其他科技服务	4	16	33	453	14
地质勘查业	39	126	507	8151	456
矿产地质勘查	4	37	186	3258	252
能源矿产地质勘查		21	99	2642	233
固体矿产地质勘查		15	84	561	13
其他矿产地质勘查	4	2	3	56	5
基础地质勘查		6	4	1677	102
地质勘查技术服务	35	83	317	3216	103
水利、环境和公共设施管理业	**25**	**1032**	**1658**	**9774**	**497**
水利管理业	2	144	520	2628	181
防洪管理		19	102	565	53
水资源管理	2	87	326	1353	85
水库管理	2	55	148	847	48
调水、引水管理		24	112	321	20
其他水资源管理		8	66	185	17
其他水利管理		38	92	711	44
环境管理业	23	888	1138	7146	316
自然保护	2	27	42	313	27
自然保护区管理	2	16	22	176	4
野生动植物保护		6	10	107	24
其他自然保护		5	10	30	
环境治理	21	862	1096	6833	288
城市市容管理	11	148	174	552	7
城市环境卫生管理	10	629	884	5754	273

单位：万元

				经营支出	经营税金	全部从业人员年平均人数（人）
#生活补助	#救济费	#助学金	#退职(役)费			
1469	**261**	**599**	**882**	**52714**	**4518**	**28734**
319	2	532	204	1256	173	4681
55	2	522	2	389	83	860
1			10	167	32	189
241			193	523	49	2547
16		10		119	2	436
6				58	7	649
730	9	55	376	29541	3128	14504
63	2		60	3339	261	1414
32			2	715	71	519
9			106	17	23	223
4			4	1472	130	554
17	1		156	6028	837	3406
49				3140	100	1256
489	6	52	21	13954	1415	5549
283	2	38	14	7238	335	1853
127		14	0	4601	561	1718
79	4	0	6	2116	519	1978
67		2	28	876	290	1583
350	7	4	70	2595	80	6609
309	4	3	55	2343	54	4963
15	2	1	0	125	22	655
26			15	128	4	991
70	244	9	232	19321	1137	2940
8		1	85	2859	195	1048
7		1	85	2859	190	873
						126
1					5	49
42	240			1717	114	498
20	4	9	147	14746	828	1394
278	**7**		**198**	**15525**	**428**	**19721**
156	5		86	14910	391	5723
32			69	1044	118	952
80	3		9	13567	263	3534
57	0		7	9715	120	2580
20	3		2	3715	143	754
3				137		200
44	2		9	298	10	1237
122	1		112	616	37	13998
6			1	39	2	793
2			1	17	1	503
4				22	1	186
						104
115	1		111	576	35	13205
4			0	254		1337
110	1		107	231	8	11122

6-2 续表 2-4

行业	#出国费	#工会经费	#福利费	#对个人和家庭的补助	#抚恤金
水污染治理		61	10	263	
危险废物治理				1	
其他环境治理		23	29	263	9
公共设施管理业	23	501	935	5998	349
市政公共设施管理	16	188	185	2982	275
城市绿化管理		127	119	862	34
游览景区管理	7	186	630	2155	41
风景名胜区管理	5	99	194	1255	24
公园管理	3	85	420	894	16
其他游览景区管理		3	16	6	
居民服务和其他服务业		**78**	**346**	**1350**	**18**
居民服务业		67	292	1220	11
托儿所		2	4	12	
理发及美容保健服务					
洗浴服务				20	1
殡葬服务		59	286	682	9
其他居民服务		5	1	506	
其他服务业		11	54	129	7
修理与维护		1	4	7	5
汽车、摩托车维护与保养		1	4	7	5
清洁服务		2	9	5	
其他清洁服务		2	9	5	
其他未列明的服务		8	41	117	2
教育	**3078**	**20325**	**42358**	**527652**	**11991**
教育	3078	20325	42358	527652	11991
学前教育	21	629	1279	6668	112
初等教育	66	7067	9094	149368	5349
中等教育	332	8236	17682	174546	4010
初中教育	107	4570	7067	76066	1893
高中教育	124	2403	5980	46055	1582
中等专业教育	76	610	1886	24190	190
职业中学教育	12	437	1907	18344	218
技工学校教育	12	149	633	7158	81
其他中等教育	1	68	209	2732	45
高等教育	2385	3647	12978	179903	2077
普通高等教育	2378	3247	12705	174656	1992
成人高等教育	6	400	273	5247	85
其他教育	276	746	1325	17167	444
职业技能培训	231	346	891	8970	267
特殊教育	11	120	117	1749	18
其他未列明的教育	34	280	317	6447	158
卫生、社会保障和社会福利业	**399**	**9091**	**11634**	**95531**	**2903**
卫生	399	9091	11634	95531	2903
医院	361	6982	7484	67849	1588
综合医院	197	6002	5901	53518	1044

单位：万元

				经营支出	经营税金	全部从业人员年平均人数（人）
#生活补助	#救济费	#助学金	#退职(役)费			
1				29		262
						27
1			4	63	27	457
194	96	14	63	8863	829	7898
95	15		45	4252	177	2331
42			18	653	49	2096
57	81	13		3958	603	3471
11	81	9		2598	294	1471
46		4		1159	308	1880
				201	2	120
49	**1**	**6**	**1**	**2905**	**160**	**2280**
40	1	3	1	1955	59	2001
2		2		10		77
						2
					2	7
38	1		1	1822	50	1407
1		1		123	8	508
9	1	3		950	101	279
3				205	6	32
3				205	6	32
3	1	1		233	17	98
3	1	1		233	17	98
4		2		513	78	149
23333	**1384**	**113066**	**4683**	**36425**	**788**	**441697**
23333	1384	113066	4683	36425	788	441697
339	22	94	113	1144	19	15185
10039	278	5926	2893	3391	29	173225
9754	929	39668	1279	15972	202	187441
5401	406	10156	793	11319	20	101288
3157	131	4469	250	1673	105	59778
456	1	12539	160	504	23	9392
400	171	9222	38	2332		12340
182	219	2872	14	108	14	2897
159	1	411	25	37	40	1746
1762	53	65445	244	4353	86	54110
1706	33	63778	121	4274	83	50796
56	20	1667	124	79	4	3314
1440	102	1934	153	11566	452	11736
513	25	1467	36	8594	374	5975
103	5	275	5	210		1561
824	72	192	113	2761	78	4200
2058	**259**	**150**	**733**	**148847**	**2208**	**126611**
2058	259	150	733	148847	2208	126611
647	87	91	176	119993	2117	80871
395	44	88	120	96992	2054	63032

6-2 续表 2-5

行业	#出国费	#工会经费	#福利费	#对个人和家庭的补助	#抚恤金
中医医院	89	418	842	5325	130
中西医结合医院	1	151	224	1387	82
专科医院	74	383	389	6650	132
疗养院		29	130	970	200
卫生院及社区医疗活动	13	1066	2584	14863	568
门诊部医疗活动	0	33	102	788	20
计划生育技术服务活动	3	95	511	1928	11
妇幼保健活动		391	372	2293	463
专科疾病防治活动		63	78	672	29
疾病预防控制及防疫活动	20	297	433	6223	207
其他卫生活动	1	163	69	915	17
社会保障业	52	243	293	101763	170
社会保障业	52	243	293	101763	170
社会福利业	4	149	234	13867	786
提供住宿的社会福利	4	116	197	13087	548
干部休养所	0	37	63	11108	497
收养收容服务	4	79	134	1979	51
不提供住宿的社会福利		33	37	780	238
文化、体育和娱乐业	**159**	**1217**	**1803**	**17587**	**406**
新闻出版业	13	151	337	1523	54
新闻业	4	32	84	273	2
出版业	9	119	253	1250	52
图书出版		28	17	58	34
报纸出版	9	79	221	1081	18
期刊出版		11	16	72	
音像制品出版		1		24	
其他出版		0	0	16	
广播、电视、电影和音像业	75	665	914	7715	97
广播	64	416	217	4746	46
电视	12	219	618	2585	28
电影	0	29	79	381	23
电影制作与发行		3	10	90	3
电影放映	0	26	69	290	20
音像制作		0	0	4	
文化艺术业	71	401	552	8350	255
文艺创作与表演	38	83	168	2836	100
艺术表演场馆		33	47	676	13
图书馆与档案馆	1	122	110	1797	45
图书馆	1	87	48	1238	23
档案馆	0	35	62	559	22
文物及文化保护	2	29	18	448	15
博物馆	25	60	45	995	13
烈士陵园、纪念馆		13	20	153	2
群众文化活动	4	48	118	987	48
文化艺术经纪代理		1	4	22	
其他文化艺术	1	12	22	436	19

单位：万元

				经营支出	经营税金	全部从业人员年平均人数(人)
#生活补助	#救济费	#助学金	#退职(役)费			
133	12		41	11086	35	8669
23			2	5851		2042
90	30	3	13	5543	20	6558
5				521	8	570
814	75	15	498	23481	41	28959
71	3			498	11	1214
238	81	10	3	148		3499
87	5	0	9	3392	3	4990
7	0		11	42	0	841
175	7	33	36	1183	1	4529
20	1		0	110	35	1708
990	49	5	19	108	21	3490
990	49	5	19	108	21	3490
368	752	74	86	368	73	2497
317	557	1	80	292	44	2143
131	14	0	69	67	7	572
186	543	1	11	225	37	1571
51	195	72	6	76	29	354
392	**13**	**7**	**230**	**34290**	**6850**	**23243**
24	1	0	2	27911	2716	2432
14	0		2	665	92	407
11	1	0		27246	2624	2025
	0			7332	47	197
8		0		19065	2544	1568
1				843	33	210
				6		22
1	1					28
110	3	2	92	3635	3722	12129
10	2		33	255	1339	4549
84	1	1	22	2689	2144	6706
16	0	0	37	646	234	835
0		0		170	19	144
16	0		37	476	215	691
				45	5	39
258	8	5	136	2744	413	8682
72	7	5	132	262	59	2876
9	0			34	197	495
56	0	0	0	79	63	1767
27	0	0		73	53	1159
29			0	6	11	608
34				55	2	384
5				845	3	1006
1			0	9	1	286
63	0		4	1311	80	1447
0				22	1	6
18				126	7	415

6-2 续表 2-6

行　业	#出国费	#工会经费	#福利费	#对个人和家庭的补助	#抚恤金
体育	77	113	1218	2666	35
体育组织	77	74	916	1933	29
体育场馆		22	278	374	6
其他体育		17	25	359	
娱乐业		35	34	408	5
室内娱乐活动		2	17	330	4
游乐园		0		8	1
休闲健身娱乐活动		28	5	45	1
其他娱乐活动		4	13	26	
公共管理和社会组织	**6387**	**27428**	**46788**	**557808**	**25271**
中国共产党机关	360	857	1512	15572	561
中国共产党机关	360	857	1512	15572	561
国家机构	5711	23791	43765	526836	24017
国家权力机构	377	486	630	11105	423
国家行政机构	4652	21723	40893	488053	23096
综合事务管理机构	1662	6774	14081	114144	5609
对外事务管理机构	478	208	225	2766	86
公共安全管理机构	271	2044	5642	44215	1462
社会事务管理机构	435	2820	5290	143978	9965
经济事务管理机构	984	3565	7051	95308	3048
政府事务管理机构	628	1809	3260	49674	1487
行政监督检查机构	193	4504	5345	37968	1439
人民法院和人民检察院	333	1123	1791	18303	356
人民法院	120	613	1039	9872	141
人民检察院	214	509	752	8431	215
其他国家机构	348	459	451	9375	142
人民政协和民主党派	129	213	243	4715	181
人民政协	105	144	215	3201	123
民主党派	24	69	28	1514	57
群众团体、社会团体和宗教组织	173	2508	796	9767	495
群众团体	112	2104	270	3746	208
工会	20	1644	103	901	16
妇联	20	43	25	986	163
共青团		47	20	338	
其他群众团体	72	370	121	1520	29
社会团体	62	402	526	5944	275
专业性团体	35	305	182	2690	95
行业性团体	13	43	297	2108	116
其他社会团体	14	54	48	1147	65
宗教组织		2		77	12
基层群众自治组织	14	59	472	918	18
社区自治组织	5	14	248	626	8
村民自治组织	10	45	224	292	10

单位：万元

				经营支出	经营税金	全部从业人员年平均人数（人）
#生活补助	#救济费	#助学金	#退职(役)费			
161		275	166	779	343	2678
112		132	160	102	68	1671
47		8		632	275	658
2		135	6	45		349
				58	51	400
				43	26	173
						18
					1	65
				15	24	144
57138	**30042**	**3064**	**11595**	**115901**	**10857**	**356530**
722	82	48	147	1596	5	12517
722	82	48	147	1596	5	12517
54912	29707	2723	11323	110565	10563	328994
707	749	29	95	201		6570
53216	28770	2655	11071	108807	10183	300728
11459	3744	727	2629	18365	776	98343
84	58	4	6	1062	27	1889
4876	703	105	823	1225	50	48499
28097	19320	768	4808	51385	5340	39112
3546	316	869	1535	24817	2936	58821
3095	2623	132	594	9253	237	24430
2058	2006	50	677	2701	819	29634
854	115	22	117	479	78	17277
240	77	6	73	477	77	9840
614	37	16	43	2	1	7437
136	73	16	41	1078	302	4419
87	8	3	75	255		2695
71	6	3	73	255		1970
16	2	1	3			725
1252	148	213	35	2084	118	8424
454	99	134	28	61	56	3454
83	31	27	19	8	35	1503
208	1	23	2	2		515
4	1	39	4	5		436
160	66	44	3	47	20	1000
795	49	70	7	2023	62	4729
164	19	57	3	1816	45	1745
573	6	3	4	125	17	2111
58	25	10		82	0	873
3		10				241
165	97	77	15	1400	172	3900
96	69	62	14	780	121	3146
69	28	15	1	620	51	754

6-3 按地区分组的社团

地 区	社团及其他单位数（个）	固定资产原 价	本年收入合 计	#捐赠收入
全 省	**32275**	**4281233**	**1461516**	**192153**
福州市	**6584**	**1386410**	**405069**	**35292**
鼓楼区	811	367517	89791	13489
台江区	307	17902	37135	546
仓山区	562	115857	36623	1041
马尾区	270	60468	14467	2272
晋安区	487	106668	34473	1730
闽侯县	489	48220	28247	1571
连江县	805	92700	21289	3827
罗源县	298	17912	48706	923
闽清县	556	29066	7486	556
永泰县	346	10973	5593	578
平潭县	629	38512	6836	1984
福清市	671	416019	54463	4033
长乐市	353	64596	19961	2742
厦门市	**1253**	**202924**	**126561**	**32019**
思明区	521	36463	61427	24242
海沧区	89	24863	5375	293
湖里区	152	37859	21580	135
集美区	70	21329	13611	5231
同安区	245	43285	16057	1954
翔安区	176	39125	8511	164
莆田市	**1755**	**211216**	**55591**	**13146**
城厢区	247	15939	10660	1483
涵江区	583	74130	12178	4036
荔城区	194	34509	9582	1112
秀屿区	300	54144	11865	4777
仙游县	431	32494	11306	1738
三明市	**3555**	**262636**	**136496**	**10256**
梅列区	229	13124	7625	970
三元区	164	23515	10011	276
明溪县	256	6963	3884	953
清流县	191	17908	5244	517
宁化县	271	19531	5944	949
大田县	340	18689	7872	418
尤溪县	471	43302	38978	1459
沙县	387	36851	10537	645
将乐县	273	13167	7138	849
泰宁县	217	8023	21980	375
建宁县	280	15206	3786	875
永安市	476	46356	13496	1969
泉州市	**5141**	**890328**	**304556**	**48363**
鲤城区	467	43090	18342	2749
丰泽区	148	71315	18209	701
洛江区	121	7834	5149	496
泉港区	386	43581	10789	2509
惠安县	570	62654	21213	5501

及其他单位财务指标

计量单位：亿元

#会费收入	#提供服务收入	#政府补助收入	本年费用合计	#业务活动成本	#人员费用
48902	**429935**	**309701**	**1410575**	**709046**	**246589**
15416	**168831**	**45080**	**508656**	**247835**	**63803**
5913	36728	5599	220827	123910	15447
1527	19600	6240	33580	15802	8296
3098	23625	2329	38887	17812	8279
150	8297	875	9807	4391	1910
732	18682	2087	31881	9869	3316
1440	4943	8734	36623	14571	4251
844	10215	2545	21954	12659	4023
238	827	1290	30733	4124	1612
99	1747	1630	6063	2597	785
93	1003	2454	5416	2330	1300
110	1375	2324	6234	1580	860
765	37022	5071	51968	33116	11962
408	4767	3906	14683	5075	1761
6895	**37003**	**20708**	**115462**	**67177**	**17002**
4925	14336	6217	50485	33496	4383
165	1554	989	6407	3094	1582
1021	8870	2506	19565	10700	4290
348	2659	4345	14524	9464	2426
353	4704	4394	14878	7394	3295
84	4880	2259	9603	3029	1027
1482	**11021**	**15481**	**50670**	**20875**	**8459**
1129	1640	2053	10239	5317	2840
192	3372	1534	11728	4554	1561
44	2127	4105	7447	2907	1020
95	914	3791	12115	3093	915
22	2967	3998	9141	5005	2125
3567	**31736**	**29016**	**90414**	**42056**	**18719**
1274	2174	1055	6805	4570	1621
273	4719	791	5497	2877	1510
164	1067	589	3412	2059	1037
122	513	1270	4845	974	275
56	1024	2048	7166	2611	1180
133	1670	3050	4812	2219	893
324	10741	11340	22636	12074	5907
420	2274	1618	8831	3533	822
130	643	1140	6749	3286	1475
128	563	1411	3457	305	129
220	1992	550	3861	2342	1047
322	4359	4153	12344	5206	2824
10858	**82400**	**79998**	**289817**	**166758**	**71141**
1651	6574	4771	20732	11699	6770
693	12020	1419	16719	7302	1792
125	552	3377	3636	1228	117
163	4597	1549	6719	4737	1997
878	1571	6768	19218	12951	7120

6-3 续表 1-1

地 区	社团及其他单位数(个)	固定资产原 价	本年收入合 计	#捐赠收入
安溪县	1056	90721	47434	5307
永春县	415	52622	18949	2304
德化县	299	21383	5979	1035
石狮市	408	47189	31882	7410
晋江市	777	201009	81424	12882
南安市	494	248932	45187	7468
漳州市	**3305**	**403172**	**131723**	**18533**
芗城区	508	34300	21540	1407
龙文区	106	23939	6571	478
云霄县	266	37810	12041	5160
漳浦县	529	46377	12600	724
诏安县	280	69669	11501	559
长泰县	125	14106	9181	90
东山县	151	21858	5554	735
南靖县	331	22761	11530	2439
平和县	435	36876	6355	761
华安县	126	11529	3833	408
龙海市	448	83948	31016	5773
南平市	**3652**	**201108**	**92777**	**7938**
延平区	693	39657	17896	2502
顺昌县	266	22661	6614	555
浦城县	436	17106	8753	900
光泽县	201	4983	2922	163
松溪县	183	9565	5983	687
政和县	201	8463	5443	151
邵武市	333	19923	8525	793
武夷山市	230	19047	6656	299
建瓯市	569	36697	17450	1380
建阳市	540	23006	12533	508
龙岩市	**3207**	**196890**	**104550**	**11319**
新罗区	624	82575	31809	6129
长汀县	476	24922	13215	1021
永定县	415	14836	11154	898
上杭县	718	17892	16590	1673
武平县	404	14599	9720	295
连城县	301	15473	8043	185
漳平市	269	26594	14020	1118
宁德市	**3823**	**526550**	**104195**	**15287**
蕉城区	744	70273	26544	3415
霞浦县	443	62665	23040	815
古田县	652	33360	11402	918
屏南县	232	10873	4759	514
寿宁县	238	7707	2168	333
周宁县	221	11189	6226	985
柘荣县	187	13257	3459	248
福安市	733	39172	10804	3737
福鼎市	373	278054	15795	4322

计量单位：亿元

#会费收入	#提供服务收入	#政府补助收入	本年费用合　计	#业务活动成本	
					#人员费用
1703	10875	22584	62077	38005	17544
310	3496	4037	15625	7784	2798
116	788	2836	3838	2069	859
1250	10349	8936	25087	16582	8530
3441	23848	15024	65297	36949	14171
528	7730	8697	50868	27454	9444
2222	**28529**	**29901**	**99682**	**44816**	**17409**
743	9177	2012	17497	10754	5453
48	801	607	5829	3781	2248
61	2040	3183	6849	3118	1912
329	4643	3785	11712	5250	1411
121	3399	3021	12405	6375	1266
151	1031	3762	4186	2299	722
103	103	1701	4236	635	110
144	1075	3241	7756	4168	1271
98	765	1265	6464	2928	1332
26	306	2105	2181	782	243
400	5191	5221	20567	4728	1441
2720	**27510**	**22041**	**83527**	**40032**	**14623**
1267	5340	3487	15206	6380	2953
118	1851	1414	6331	3402	1580
153	2868	1686	8078	4853	2836
247	410	1163	2882	1104	566
159	1833	2103	5216	3009	736
43	228	2796	4082	1783	610
237	2738	1772	8053	4223	786
258	2332	1621	5843	1892	758
165	6773	2303	16250	8485	1742
73	3138	3695	11586	4902	2058
2930	**18927**	**30207**	**82507**	**33855**	**13579**
1611	3246	8141	21526	6696	1590
151	2109	1377	12222	19	8
525	3009	3962	7352	4185	1730
327	2605	8254	15313	2625	1146
174	3881	3560	6853	4595	2509
25	228	1402	6529	6351	3548
118	3850	3510	12713	9384	3047
2811	**23978**	**37269**	**89841**	**45641**	**21853**
761	11179	7257	22001	13560	8298
176	3084	6094	22553	7344	3400
99	2538	5883	8015	4361	1895
107	429	3061	4428	3058	2014
1	1310	381	1893	1252	438
1013	341	3482	4632	1719	774
44	718	1717	3458	1043	353
170	823	4378	8564	7015	3026
442	3557	5017	14298	6289	1655

6-3 续表 2-1

地 区	#日常费用	#固定资产折旧	#税费	#管理费用
全 省	**164094**	**110057**	**13575**	**529816**
福州市	**37786**	**46064**	**5444**	**200306**
鼓楼区	10882	19565	1680	90338
台江区	1763	1812	647	17422
仓山区	2937	4102	665	17523
马尾区	1286	293	159	3802
晋安区	2825	661	1539	15978
闽侯县	1172	6402	82	13761
连江县	2638	3124	20	6844
罗源县	792	501	2	3175
闽清县	583	166	60	1865
永泰县	323	140	13	2656
平潭县	546	63	7	4041
福清市	10436	8330	495	14908
长乐市	1601	907	76	7993
厦门市	**16735**	**2184**	**1019**	**36372**
思明区	8581	546	343	10800
海沧区	1067	41	1	2649
湖里区	2890	661	545	7726
集美区	862	275	77	3913
同安区	1774	321	47	4883
翔安区	1561	341	7	6401
莆田市	**6070**	**1515**	**168**	**21459**
城厢区	777	190	13	1032
涵江区	1184	326	53	6868
荔城区	1334	115	21	3914
秀屿区	976	528	2	6882
仙游县	1799	355	80	2763
三明市	**11144**	**7428**	**707**	**42788**
梅列区	1671	260	340	1726
三元区	520	588	132	2004
明溪县	497	261	0	1237
清流县	271	7		2629
宁化县	980	278	24	4108
大田县	716	230	9	2464
尤溪县	2472	2812	23	10561
沙县	610	1415	26	4437
将乐县	1319	328	27	2689
泰宁县	124	17	2	3007
建宁县	912	324	29	1332
永安市	1052	911	95	6595
泉州市	**47767**	**28392**	**5182**	**92022**
鲤城区	3100	1312	106	3699
丰泽区	1673	986	457	8343
洛江区	148	65	1	1697
泉港区	1893	494	50	1852
惠安县	3697	1990	40	5790

计量单位：亿元

#人员费用	#日常费用	#固定资产折旧	#税费	净资产变动额	全部从业人员年平均人数（人）
221787	**158453**	**87863**	**7802**	**359904**	**318701**
81817	**56302**	**28543**	**3094**	**187258**	**77112**
37060	21679	11015	1468	139226	10536
8205	7076	392	269	7254	4184
6280	6226	3656	340	1917	6509
2280	1139	187	5	2188	2628
7184	6547	1264	470	13181	5959
2397	1389	5484	20	1532	4270
3390	1887	1119	56	2305	6903
959	650	67	1	0	2677
835	651	235	14	4644	4025
1809	494	173	24	-1	2287
1763	1300	788	80	6153	6284
6214	4932	2628	138	7941	14920
3441	2332	1536	208	919	5930
13576	**14115**	**2576**	**328**	**57854**	**19458**
2953	5684	398	84	8196	6936
757	1071	222	1	4394	1362
4313	2263	473	83	33493	4112
1325	1359	238	18	311	1117
1961	1234	275	125	5757	3431
2267	2504	970	18	5704	2500
8099	**6339**	**5330**	**72**	**13333**	**21947**
479	313	43	12	1006	3353
2352	3153	732	27	6735	6250
1612	1170	952	21	755	3199
2102	1032	3373	7	4061	5485
1555	671	230	5	777	3660
20641	**13609**	**6757**	**212**	**7799**	**27156**
657	672	303	7	638	1572
1178	329	167	15	807	1629
797	268	121	0		1509
1084	662	882		484	1373
2079	1229	600	48	284	1744
945	938	441	50	223	2259
4919	4223	1400	17	1199	4610
1747	1749	521	19	2347	3299
1078	843	703	1	870	1615
1977	428	341	32	19	1540
491	362	452	2	132	1454
3689	1904	827	19	796	4552
41933	**24510**	**16985**	**3663**	**28267**	**62040**
1088	1323	1169	46	2820	4554
4136	3403	298	55	2246	2795
557	612	339		352	893
946	628	202	3	120	3521
3640	1527	505	5	4956	5824

6-3 续表 2-2

地区	#日常费用	#固定资产折旧	#税费	#管理费用
安溪县	9943	5868	3806	22338
永春县	2439	1838	88	2667
德化县	879	129	23	1307
石狮市	5173	1270	244	6371
晋江市	12303	4050	172	22371
南安市	6519	10392	196	15589
漳州市	**14672**	**8874**	**353**	**45570**
芗城区	3898	813	182	5426
龙文区	724	737	68	1880
云霄县	859	248	9	3268
漳浦县	2527	512	8	4992
诏安县	1514	3441	13	5973
长泰县	498	985	1	1501
东山县	271	71	4	2975
南靖县	1771	270	29	2827
平和县	498	799	3	3467
华安县	92	428		830
龙海市	2022	571	37	12429
南平市	**11249**	**4156**	**255**	**29542**
延平区	1814	644	160	6310
顺昌县	812	696	8	2176
浦城县	1177	610	9	2096
光泽县	394	37		1681
松溪县	1609	363	16	1351
政和县	523	25	22	1634
邵武市	1580	439	25	2428
武夷山市	389	232	3	3206
建瓯市	2265	942	6	5309
建阳市	687	169	6	3353
龙岩市	**9173**	**4968**	**348**	**32244**
新罗区	3105	702	258	8884
长汀县	10	1		12068
永定县	1265	180	22	1503
上杭县	679	106	10	5399
武平县	857	561	49	1787
连城县	974	1110	2	134
漳平市	2284	2308	8	2470
宁德市	**9499**	**6477**	**99**	**29513**
蕉城区	2149	579	8	4283
霞浦县	1220	853	15	10681
古田县	780	536	59	2739
屏南县	251	142		843
寿宁县	168	372		607
周宁县	493	218	3	1037
柘荣县	191	102		1524
福安市	3237	376	0	1276
福鼎市	1010	3299	14	6524

计量单位：亿元

				净资产变动额	全部从业人员年平均人数（人）
#人员费用	#日常费用	#固定资产折旧	#税费		
9092	4201	5623	3194	1065	10937
1369	816	210	12	858	3814
799	317	61	5	609	2106
3163	2134	894	21	3470	3559
8472	6977	3883	315	11603	16390
8673	2573	3802	6	169	7647
14365	**16543**	**12839**	**214**	**39062**	**29725**
2441	1913	750	75	1170	4401
981	469	406	5	1375	1478
939	1181	986	23	20411	2715
1768	1109	1917	18	8022	4276
1437	1278	3183	1	1875	2330
594	351	403	14	18	1957
983	1133	746		1502	1356
1128	828	671	12	957	2455
1111	1218	1034	1	138	4047
502	224	74		194	758
2481	6840	2670	65	3399	3952
13472	**8828**	**3776**	**127**	**7988**	**28007**
3160	1645	985	31	562	4789
1195	502	300	41	132	2457
1032	675	198	2	325	2962
639	754	201	10	817	922
459	539	203	9	172	1668
751	529	287	17	275	1742
1021	898	238	11	5003	2405
1693	741	528	1	445	2276
2050	1653	729	3	609	5343
1473	894	108	3	-351	3443
13440	**11882**	**4188**	**3**	**11382**	**24749**
3321	2626	2160	37	8323	4601
5371	5609	980	2		4637
757	430	38	10	972	3113
2017	1459	634	1	88	4503
923	610	153	5	1593	3303
63	46	7	2		2392
989	1103	216	0	405	2200
14444	**6326**	**6868**	**34**	**6962**	**28507**
2436	1187	324	2	2579	5726
4862	1033	4636	3	117	5095
1441	768	290	26	1887	4004
504	203	62	0	244	1426
278	164	136	0	327	1408
431	397	124		1341	1183
600	295	495		53	1361
518	634	38	1	12	2883
3375	1645	763	2	402	5421

6-4 按行业(小类)分组的

行　业	社团及其他单位数(个)	固定资产原　价	本年收入合　计	#捐赠收入
合　计	**32275**	**4281233**	**1461516**	**192153**
交通运输、仓储和邮政业	**6**	**161**	**197**	
道路运输业	3	147	86	
道路运输辅助活动	3	147	86	
客运汽车站	1	70	70	
其他道路运输辅助活动	2	77	16	
城市公共交通业	1	1	23	
其他城市公共交通	1	1	23	
水上运输业	1	12		
水上货物运输	1	12		
内河货物运输	1	12		
仓储业	1		88	
其他仓储	1		88	
信息传输、计算机服务和软件业	**6**	**130**	**90**	
电信和其他信息传输服务业	2	18	27	
互联网信息服务	1	18	23	
广播电视传输服务	1		4	
有线广播电视传输服务	1		4	
计算机服务业	3	106	55	
数据处理	1	60	15	
数据处理	1	60	15	
其他计算机服务	2	46	40	
软件业	1	6	8	
其他软件服务	1	6	8	
金融业	**15**	**3023**	**849**	**4**
银行业	2	45	284	
商业银行	2	45	284	
其他金融活动	13	2978	565	4
金融信托与管理	1	1	31	
其他未列明的金融活动	12	2976	534	4
房地产业	**2**	**40**	**2**	
房地产业	2	40	2	
物业管理	2	40	2	
租赁和商务服务业	605	374899	67664	128
租赁业	3	2383	1062	
机械设备租赁	2	2333	862	
汽车租赁	1	15	5	
其他机械与设备租赁	1	2318	857	
文化及日用品出租	1	50	200	
其他文化及日用品出租	1	50	200	
商务服务业	602	372516	66602	128
企业管理服务	375	358824	45970	71
企业管理机构	51	304202	21315	18
投资与资产管理	10	2905	2819	
其他企业管理服务	314	51717	21836	53

社团及其他单位财务指标

#会费收入	#提供服务收入	#政府补助收入	本年费用合计	#业务活动成本	#人员费用
48902	**429935**	**309701**	**1410575**	**709046**	**246589**
	111	**70**	**129**	**14**	**13**
		70	96		
		70	96		
		70	70		
			26		
	23		16		
	23		16		
			3		
			3		
			3		
	88		14	14	13
	88		14	14	13
2	**78**	**10**	**84**	**47**	**25**
	23	4	24	21	6
	23		23	20	6
		4	2	1	
		4	2	1	
2	47	6	52	21	16
1	13	1	13	13	10
1	13	1	13	13	10
1	34	5	39	8	6
	8		8	5	3
	8		8	5	3
28	**544**	**125**	**900**	**665**	**277**
21	251		71	71	30
21	251		71	71	30
7	293	125	829	594	247
	31		5	5	2
7	263	125	824	589	246
	1		**2**	**1**	**1**
	1		2	1	1
	1		2	1	1
426	33601	4260	199432	105517	13527
100	962		529	490	74
	862		374	335	54
	5		5	5	4
	857		369	330	50
100	100		155	155	20
100	100		155	155	20
326	32639	4260	198903	105027	13454
227	19877	2693	180823	94501	9440
182	16829	406	167857	91225	8210
	206	1572	1399	187	37
45	2842	715	11568	3090	1193

6-4 续表 1-1

行业	社团及其他单位数(个)	固定资产原价	本年收入合计	#捐赠收入
法律服务	110	1631	12190	
律师及相关的法律服务	101	1503	11580	
公证服务	1	80	126	
其他法律服务	8	48	484	
咨询与调查	43	2618	1932	18
会计、审计及税务服务	10	240	442	
社会经济咨询	10	1945	982	
其他专业咨询	23	433	509	18
知识产权服务	2	5	28	
职业中介服务	11	400	357	
市场管理	28	1192	552	25
旅行社	4	123	54	12
其他商务服务	29	7723	5519	2
会议及展览服务	4	240	639	
保安服务	4	6984	4579	
办公服务	3	34	24	
其他未列明的商务服务	18	466	278	2
科学研究、技术服务和地质勘查业	**156**	**8287**	**5531**	**39**
研究与试验发展	45	940	880	17
自然科学研究与试验发展	4	4	109	5
工程和技术研究与试验发展	1			
农业科学研究与试验发展	27	711	569	6
医学研究与试验发展	6	77	60	
社会人文科学研究与试验发展	7	148	143	6
专业技术服务业	38	1739	1967	
气象服务	1	41	116	
地震服务	1	18	27	
海洋服务	1	20	78	
测绘服务	2	20	68	
技术检测	10	625	380	
工程技术与规划管理	13	595	1003	
工程管理服务	9	556	601	
工程勘察设计	3	7	75	
规划管理	1	32	328	
其他专业技术服务	10	420	295	
其他专业技术服务	10	420	295	
科技交流和推广服务业	71	782	1112	22
技术推广服务	45	394	571	13
科技中介服务	17	317	444	2
其他科技服务	9	71	98	6
地质勘查业	2	4826	1572	
地质勘查技术服务	2	4826	1572	
水利、环境和公共设施管理业	**59**	**8970**	**6903**	**1019**
水利管理业	12	1643	1032	
防洪管理	3	106	31	
水资源管理	4	1371	39	
水库管理	2	519	17	
调水、引水管理	2	852	22	

#会费收入	#提供服务收入	#政府补助收入	本年费用合　计	#业务活动成本	#人员费用
2	6713	231	9960	7455	2305
2	6104	231	9410	7237	2136
	126		130	57	48
	484		420	161	122
65	1780	62	1973	918	304
	440	2	433	340	206
7	960	15	1114	313	18
58	379	45	427	266	80
		5	25	4	1
4	166	2	291	112	71
20	429	34	439	283	156
	41		31	27	18
9	3634	1233	5361	1728	1158
	19	5	587	356	18
	3370	1209	4462	1227	1072
	23		22	7	4
9	223	20	291	137	64
171	**2603**	**589**	**5017**	**3336**	**1261**
38	532	181	947	671	255
7	97		110	60	18
			2	2	
31	373	143	598	492	152
	59	0	60	5	3
1	2	37	176	112	83
39	1405	203	1537	876	507
	116		82	68	8
		15	34	18	8
		78	77		
	68		35	23	3
	296		360	305	129
30	693	95	627	249	184
30	293	95	492	191	146
	73		36	33	26
	328		99	25	12
9	232	15	323	213	175
9	232	15	323	213	175
94	472	205	1005	650	253
39	144	183	429	306	154
30	265	19	426	287	88
25	63	3	151	57	11
	193		1527	1139	247
	193		1527	1139	247
38	**1458**	**2051**	**5436**	**3173**	**1281**
5	49	966	1064	113	39
	12	19	30	21	5
5	12	20	73	57	14
	8	7	44	32	2
5	4	13	29	25	12

6-4 续表 1-2

行　　业	社团及其他单位数(个)	固定资产原　价	本年收入合　计	#捐赠收入
其他水利管理	5	166	962	
环境管理业	22	137	1190	64
自然保护	9	16	107	55
自然保护区管理	1	3	3	
野生动植物保护	4	13	83	54
其他自然保护	4		22	1
环境治理	13	122	1083	9
城市市容管理	1	5	15	
城市环境卫生管理	10	107	226	9
水污染治理	1	2	5	
其他环境治理	1	7	837	
公共设施管理业	25	7190	4682	955
市政公共设施管理	6	1222	1032	
城市绿化管理	2	120	10	
游览景区管理	17	5848	3640	955
风景名胜区管理	12	5111	3403	917
公园管理	2	398	218	37
其他游览景区管理	3	339	19	
居民服务和其他服务业	**108**	**10049**	**6782**	**71**
居民服务业	97	9818	6645	66
家庭服务	2	115	103	50
托儿所	14	282	389	
理发及美容保健服务	6	63	199	
洗浴服务	3	130	130	
婚姻服务	6	16	139	
殡葬服务	14	7276	4192	
摄影扩印服务	1	3	21	
其他居民服务	51	1934	1473	16
其他服务业	11	231	137	5
修理与维护	3	111	50	
汽车、摩托车维护与保养	1	105	22	
家用电器修理	2	6	28	
清洁服务	1	3	5	4
其他清洁服务	1	3	5	4
其他未列明的服务	7	117	83	1
教育	**2316**	**543360**	**192126**	**1956**
教育	2316	543360	192126	1956
学前教育	1715	83216	56628	353
初等教育	102	31910	14984	204
中等教育	130	341956	70473	1253
初中教育	48	122684	36793	1113
高中教育	25	159130	11762	
中等专业教育	9	25765	9069	76
职业中学教育	23	22190	9479	64
技工学校教育	12	7423	1014	
其他中等教育	13	4763	2358	

#会费收入	#提供服务收入	#政府补助收入	本年费用合计	#业务活动成本	#人员费用
	25	927	961	35	20
33	953	78	1065	939	359
21	2	29	101	54	8
		3	3	3	
3		26	77	49	6
19	2		21	3	2
11	951	49	964	884	351
	14	1	9	7	6
11	100	48	224	149	125
			6	3	1
	837		725	725	218
	456	1008	3307	2121	883
	8	278	726	416	278
		10	10	8	4
	449	719	2571	1698	602
	386	599	2509	1688	599
	60	120	47	8	2
	3		15	2	1
68	**4984**	**308**	**6038**	**3739**	**1267**
54	4903	288	5920	3651	1217
	3	50	108	58	47
	177	3	347	201	100
38	130		180	136	71
	129	1	306	219	57
	121		149	117	45
6	3692		3397	1944	480
	21		10	5	
11	631	233	1425	972	416
14	81	20	118	89	50
	50		41	28	21
	22		21	9	7
	28		20	18	14
	2		5	5	4
	2		5	5	4
14	30	20	72	56	25
2187	**141686**	**7358**	**201500**	**123590**	**62339**
2187	141686	7358	201500	123590	62339
769	42299	547	52753	31598	18909
244	11163	303	15942	10789	5379
1065	52719	420	72025	47640	26247
100	27190	120	37213	27113	14442
481	8488	292	11693	7567	4681
93	6439		10253	6911	3674
228	7964	7	9283	3721	2294
	484		1156	694	336
163	2154	1	2427	1635	820

6-4 续表 1-3

行　业	社团及其他单位数(个)	固定资产原　价	本年收入合　计	#捐赠收入
高等教育	14	48503	15274	4
普通高等教育	7	44914	13593	
成人高等教育	7	3589	1681	4
其他教育	355	37776	34767	141
职业技能培训	257	33988	20967	28
特殊教育	15	982	10355	79
其他未列明的教育	83	2806	3445	35
卫生、社会保障和社会福利业	**1871**	**75005**	**68788**	**6375**
卫生	1429	51689	57298	60
医院	76	25234	20527	
综合医院	33	13119	11416	
中医医院	2	56	50	
中西医结合医院	4	2553	1347	
专科医院	32	9393	6958	
疗养院	5	113	756	
卫生院及社区医疗活动	361	7334	11456	7
门诊部医疗活动	947	17668	18576	36
计划生育技术服务活动	13	739	383	2
妇幼保健活动	3	213	390	
专科疾病防治活动	8	256	5235	
疾病预防控制及防疫活动	4	58	331	
其他卫生活动	17	188	402	15
社会保障业	8	716	85	7
社会保障业	8	716	85	7
社会福利业	434	22600	11405	6308
提供住宿的社会福利	131	13843	3924	1250
干部休养所	1		1	
收养收容服务	130	13843	3923	1250
不提供住宿的社会福利	303	8757	7482	5058
文化、体育和娱乐业	**376**	**23767**	**9672**	**1971**
新闻出版业	9	587	1130	3
新闻业	1		47	
出版业	8	587	1084	3
期刊出版	2	396	787	
其他出版	6	191	297	3
广播、电视、电影和音像业	6	3018	1141	
电视	2	2833	875	
电影	2	139	205	
电影放映	2	139	205	
音像制作	2	47	61	
音像制作	2	47	61	
文化艺术业	249	18852	5915	1587
文艺创作与表演	47	2098	2355	157
艺术表演场馆	1	200	10	
图书馆与档案馆	2	11	20	
档案馆	2	11	20	

#会费收入	#提供服务收入	#政府补助收入	本年费用合计	#业务活动成本	#人员费用
	9208	622	23749	17761	2699
	7711	527	22063	16628	2197
	1497	95	1687	1132	501
110	26298	5466	37031	15803	9106
88	19377	512	19090	9747	4795
0	5312	4888	14113	3391	2703
22	1610	66	3828	2664	1609
1872	**43602**	**3037**	**61268**	**43046**	**17786**
1327	41129	2063	51577	36549	16411
	13767	176	20159	14519	6317
	8297		11085	8576	3654
	50		55	32	25
	360		1307	645	557
	4315	176	6940	4578	2006
	745		773	688	75
532	9202	470	8596	6418	3188
788	12028	883	18003	11884	5440
	182	179	322	194	151
	321	69	371	150	65
	5196	19	3621	3029	1103
	59	262	178	166	56
7	374	5	326	190	92
	70	8	110	79	15
	70	8	110	79	15
544	2403	966	9582	6417	1360
8	1139	741	3886	2372	762
		1	1		
8	1139	740	3885	2372	762
537	1263	225	5696	4046	598
171	**4355**	**1268**	**8666**	**5671**	**2987**
	739	280	1070	746	275
		47	47	39	26
	739	234	1024	707	249
	690	97	750	549	165
	49	136	274	158	84
	80	200	1160	890	514
	14		887	733	382
	5	200	208	116	113
	5	200	208	116	113
	61		65	41	19
	61		65	41	19
77	2986	397	5065	3028	1831
14	1767	122	1996	1418	996
		10	9	9	4
	4		19	6	5
	4		19	6	5

6-4 续表 1-4

行　业	社团及其他单位数(个)	固定资产原　价	本年收入合　计	#捐赠收入
文物及文化保护	55	7409	1261	959
博物馆	8	3041	537	160
烈士陵园、纪念馆	8	622	382	32
群众文化活动	117	5411	1243	266
文化艺术经纪代理	3	30	37	12
其他文化艺术	8	29	71	1
体育	77	785	1033	375
体育组织	68	513	908	375
体育场馆	2	152	12	
其他体育	7	120	113	
娱乐业	35	524	453	6
室内娱乐活动	14	44	75	1
休闲健身娱乐活动	13	252	273	
其他娱乐活动	8	229	105	5
公共管理和社会组织	**26755**	**3233545**	**1102913**	**180590**
中国共产党机关	4	141	56	
中国共产党机关	4	141	56	
国家机构	129	9625	11168	785
国家权力机构	4	121	16	
国家行政机构	122	7669	10786	785
综合事务管理机构	31	1134	2726	154
对外事务管理机构	5	298	201	10
公共安全管理机构	2	238	100	29
社会事务管理机构	29	1175	1858	551
经济事务管理机构	27	1976	2270	3
政府事务管理机构	11	2116	3203	
行政监督检查机构	17	731	428	38
其他国家机构	3	1835	366	
人民政协和民主党派	16	554	530	1
人民政协	1	500	480	
民主党派	15	54	50	1
群众团体、社会团体和宗教组织	10431	1195115	348826	147503
群众团体	499	26455	31236	2548
工会	160	15857	24045	114
妇联	17	1391	1053	7
共青团	17	953	471	2
其他群众团体	305	8253	5668	2425
社会团体	5597	132817	210726	75505
专业性团体	2020	27595	50018	11512
行业性团体	1822	22597	61481	6161
其他社会团体	1755	82625	99227	57833
宗教组织	4335	1035843	106864	69450
基层群众自治组织	16175	2028110	742333	32301
社区自治组织	1714	259790	89511	3405
村民自治组织	14461	1768321	652822	28896

#会费收入	#提供服务收入	#政府补助收入	本年费用合计	#业务活动成本	#人员费用
10	39	49	1110	417	105
15	275	82	417	161	32
6	39	15	98	43	10
24	780	120	1326	930	652
	25		30	7	1
8	58		60	39	25
73	186	347	986	738	257
69	143	284	879	660	219
1		11	12	10	4
3	43	52	95	68	35
22	364	44	385	269	110
6	67	2	67	55	17
16	202	42	254	165	66
	96		65	50	27
43939	**196913**	**290625**	**922102**	**420247**	**145824**
6		30	112	36	10
6		30	112	36	10
326	1995	4704	10065	5804	2424
	8	6	30	17	8
326	1987	4350	9778	5617	2377
131	39	1935	2751	1902	1336
		130	83	42	13
		71	84	19	
44	269	315	890	694	156
65	1380	685	2409	1548	541
8	129	1119	3055	1226	264
78	170	96	507	186	67
		347	257	170	39
8	481	37	210	131	85
	480		156	93	71
8	1	37	54	38	14
38205	51001	44632	285344	165971	50110
5703	2020	9033	22558	11493	4491
4578	1479	6540	16426	7951	2811
257	60	599	984	738	513
21	6	395	487	242	143
847	475	1500	4661	2561	1024
29931	35185	33343	161733	99512	26095
8948	13644	11269	42053	23783	8040
14248	13363	5537	38259	21830	5957
6735	8178	16538	81421	53899	12098
2571	13797	2255	101054	54967	19525
5394	143436	241223	626371	248305	93195
846	24640	25849	79493	31302	12481
4548	118796	215374	546878	217003	80714

6-4 续表 2-1

行业	#日常费用	#固定资产折旧	#税费	#管理费用
合计	**164094**	**110057**	**13575**	**529816**
交通运输、仓储和邮政业			**1**	**48**
道路运输业				29
道路运输辅助活动				29
客运汽车站				3
其他道路运输辅助活动				26
城市公共交通业				16
其他城市公共交通				16
水上运输业				3
水上货物运输				3
内河货物运输				3
仓储业			1	
其他仓储			1	
信息传输、计算机服务和软件业	**12**	**8**	**1**	**35**
电信和其他信息传输服务业	8	7		3
互联网信息服务	7	7		3
广播电视传输服务	1			
有线广播电视传输服务	1			
计算机服务业	4	1	1	29
数据处理	3		1	
数据处理	3		1	
其他计算机服务	1	1	0	29
软件业	0	1	1	3
其他软件服务	0	1	1	3
金融业	**115**	**234**	**36**	**202**
银行业	37	5		0
商业银行	37	5		0
其他金融活动	79	229	36	202
金融信托与管理	2	1		
其他未列明的金融活动	77	229	36	202
房地产业				**1**
房地产业				1
物业管理				1
租赁和商务服务业	4972	19550	1230	86424
租赁业	253	65	99	39
机械设备租赁	123	60	99	39
汽车租赁	1	0		
其他机械与设备租赁	122	59	99	39
文化及日用品出租	130	5		
其他文化及日用品出租	130	5		
商务服务业	4720	19485	1131	86384
企业管理服务	744	19328	382	80273
企业管理机构	68	18678	94	73428
投资与资产管理	132	15	2	764
其他企业管理服务	544	636	286	6082

#人员费用	#日常费用	#固定资产折旧	#税费	净资产变动额	全部从业人员年平均人数（人）
221787	**158453**	**87863**	**7802**	**359904**	**318701**
29	**17**	**2**		**74**	**36**
18	8	2			12
18	8	2			12
2					1
17	8	2			11
8	9				7
8	9				7
3					5
3					5
3					5
				74	12
				74	12
28	**2**	**2**	**2**		**142**
3					111
3					6
					105
					105
24	2	2	2		26
					8
					8
24	2	2	2		18
2		1			5
2		1			5
82	**81**	**27**			**102**
					12
					12
82	81	27			90
					12
82	81	27			78
1					**5**
1					5
1					5
35602	19540	12081	1875	134500	8054
				45	29
					27
					2
					25
				45	2
				45	2
35602	19540	12081	1875	134455	8025
33213	17417	11537	1253	134111	3555
30559	15803	9991	1044	88914	1744
240	303	46	23	70	91
2413	1311	1501	187	45128	1720

6-4 续表 2-2

行　业	#日常费用	#固定资产折旧	#税费	#管理费用
法律服务	3561	78	687	2157
律师及相关的法律服务	3545	77	655	1826
公证服务	2		7	73
其他法律服务	14		25	259
咨询与调查	148	17	35	970
会计、审计及税务服务	70	10	24	93
社会经济咨询	10	1	5	722
其他专业咨询	68	5	6	155
知识产权服务	1		2	22
职业中介服务	24	1	4	176
市场管理	57	45	19	123
旅行社	4	4		4
其他商务服务	181	12	2	2660
会议及展览服务	3	6		230
保安服务	140			2272
办公服务	1	2	1	13
其他未列明的商务服务	37	4	1	144
科学研究、技术服务和地质勘查业	**1004**	**393**	**164**	**1564**
研究与试验发展	224	53	12	258
自然科学研究与试验发展	6	1	5	50
工程和技术研究与试验发展	2			
农业科学研究与试验发展	188	50	6	92
医学研究与试验发展	1	1		52
社会人文科学研究与试验发展	26	2		65
专业技术服务业	186	78	78	603
气象服务	39	7	13	14
地震服务	10			
海洋服务				77
测绘服务	19	1		12
技术检测	109	37	28	44
工程技术与规划管理	7	15	18	360
工程管理服务	7	9	18	284
工程勘察设计		7		3
规划管理				73
其他专业技术服务	2	18	19	96
其他专业技术服务	2	18	19	96
科技交流和推广服务业	223	21	20	322
技术推广服务	75	17	7	100
科技中介服务	135	2	10	129
其他科技服务	13	3	3	93
地质勘查业	371	241	54	381
地质勘查技术服务	371	241	54	381
水利、环境和公共设施管理业	**692**	**345**	**114**	**1147**
水利管理业	23	52		90
防洪管理	12	5		9
水资源管理	7	36		16
水库管理	5	25		12
调水、引水管理	2	11		4

				净资产变动额	全部从业人员年平均人数（人）
#人员费用	#日常费用	#固定资产折旧	#税费		
778	803	40	209	144	1077
670	646	33	160	162	958
21	12	5	36	-30	14
87	145	2	13	11	105
363	266	188	124	108	322
17	69		2		126
296	121	182	116	15	77
50	76	6	7	93	119
16	6				10
60	21	20			64
77	33	11	2	1	262
3	1				16
1094	994	285	287	91	2719
230					116
757	953	279	283	12	2449
10	3				14
96	38	6	4	79	140
622	**657**	**178**	**51**	**209**	**1453**
87	131	24	4	120	353
7	38	0		-33	29
					4
44	26	17	4	136	173
21	20	6		18	36
16	48	1			111
279	228	27	36	75	439
1	13				11
					2
55	20	2			12
8	2	1	1	5	10
18	23	2	2	70	116
153	161	11	32		141
125	152	3			119
2	1	0			9
25	8	8	32		13
45	10	10	0		147
45	10	10	0		147
163	116	20	11	14	550
64	22	4		23	361
36	68	13	11	-9	86
64	26	2			103
92	181	108			111
92	181	108			111
414	**540**	**177**	**2**	**970**	**588**
30	55	5		126	68
5	2	3			13
9	7	1		126	25
4	7	1			8
4				126	17

6-4 续表 2-3

行业	#日常费用	#固定资产折旧	#税费	#管理费用
其他水利管理	4	11		65
环境管理业	350	4	83	90
自然保护	26	1		11
自然保护区管理	2			
野生动植物保护	23	1		5
其他自然保护				6
环境治理	324	3	83	79
城市市容管理	1			2
城市环境卫生管理	16	2		74
水污染治理	1	1	1	3
其他环境治理	307		82	
公共设施管理业	320	290	32	967
市政公共设施管理	24			172
城市绿化管理	2	3		3
游览景区管理	294	288	32	793
风景名胜区管理	290	286	32	756
公园管理	4	1		24
其他游览景区管理		1		13
居民服务和其他服务业	**1020**	**435**	**225**	**1709**
居民服务业	998	429	222	1682
家庭服务	9	3		50
托儿所	71	25		137
理发及美容保健服务	19	6	6	3
洗浴服务	37	5	120	1
婚姻服务	59	3	6	32
殡葬服务	542	317	66	1093
摄影扩印服务	3		2	5
其他居民服务	258	70	22	362
其他服务业	22	6	3	26
修理与维护	2	1	2	13
汽车、摩托车维护与保养				11
家用电器修理	2	1	2	2
清洁服务	1			
其他清洁服务	1			
其他未列明的服务	20	6	1	13
教育	**32266**	**19025**	**1496**	**70853**
教育	32266	19025	1496	70853
学前教育	8004	2446	341	19037
初等教育	4005	699	12	4747
中等教育	11569	5579	490	21816
初中教育	7028	3744	377	9537
高中教育	1262	650	45	3993
中等专业教育	1984	410	49	2386
职业中学教育	875	506	6	4684
技工学校教育	239	117	2	460
其他中等教育	181	154	12	755

				净资产变动额	全部从业人员年平均人数（人）
#人员费用	#日常费用	#固定资产折旧	#税费		
17	46	1			30
69	20	1		10	243
4	7			8	83
					2
3	3			8	75
2	4				6
64	13	1		2	160
1	1				5
61	12	1		2	138
2	1				2
					15
315	466	171	2	834	277
85	42	45		754	102
2	1				5
229	423	126	2	79	170
216	421	106	2	79	156
4	2	16			6
9	1	3			8
683	**587**	**28**	**35**	**608**	**1911**
670	585	27	34	576	1795
40	8	2		0	5
114	15	3	2	18	136
			1		35
				380	804
9	23			3	26
341	443	9		131	265
4		1			2
162	95	12	32	44	522
14	1	2	1	31	116
8				2	27
6					18
2				2	9
				1	4
				1	4
6	1	2	1	28	85
31894	**25828**	**9465**	**421**	**15984**	**43953**
31894	25828	9465	421	15984	43953
10631	5460	1667	101	3104	21370
2054	1559	975	66	171	4639
8903	7212	4319	57	8380	11632
5489	2900	693	5	10123	5977
811	929	1899	46	-121	2246
561	576	1095	4	-1401	1201
1380	2598	513	1	-180	1456
298	44	72	1		259
364	166	47	2	-41	493

6-4 续表 2-4

行 业				
	#日常费用	#固定资产折旧	#税费	#管理费用
高等教育	5990	8643	31	5101
普通高等教育	5584	8426	24	4748
成人高等教育	406	218	8	353
其他教育	2698	1657	621	20153
职业技能培训	2127	1486	189	8472
特殊教育	226	95	342	10697
其他未列明的教育	345	76	91	984
卫生、社会保障和社会福利业	**10732**	**4032**	**510**	**13862**
卫生	8442	3589	506	11485
医院	3410	1469	147	4929
综合医院	2245	904	72	2237
中医医院	3	1	3	
中西医结合医院	35	30	2	662
专科医院	1086	522	65	2009
疗养院	40	13	4	21
卫生院及社区医疗活动	1380	632	65	1572
门诊部医疗活动	3375	887	289	3915
计划生育技术服务活动	24	14	3	121
妇幼保健活动	69	16		221
专科疾病防治活动	20	561		592
疾病预防控制及防疫活动	80			7
其他卫生活动	84	11	3	128
社会保障业	62	2		9
社会保障业	62	2		9
社会福利业	2228	442	4	2368
提供住宿的社会福利	1284	232	2	1419
干部休养所				1
收养收容服务	1284	232	2	1418
不提供住宿的社会福利	944	210	2	949
文化、体育和娱乐业	**1646**	**500**	**77**	**2119**
新闻出版业	412	37	10	295
新闻业	13			8
出版业	399	37	10	288
期刊出版	356	29		172
其他出版	43	8	10	116
广播、电视、电影和音像业	252	97	20	233
电视	233	92	19	153
电影	2		1	56
电影放映	2		1	56
音像制作	18	5		24
音像制作	18	5		24
文化艺术业	545	330	30	1271
文艺创作与表演	178	75	5	519
艺术表演场馆	1	4		1
图书馆与档案馆				7
档案馆				7

				净资产变动额	全部从业人员年平均人数（人）
#人员费用	#日常费用	#固定资产折旧	#税费		
2013	1736	1074	17	2439	1463
1904	1499	1067	17	2314	1287
109	237	7	1	125	176
8294	9860	1430	180	1890	4849
2791	3947	1332	50	1796	3686
5016	5576	3	99	-10	252
487	337	95	31	104	911
5603	**3772**	**1713**	**358**	**6947**	**11454**
4811	2944	1171	323	3108	8797
1640	1057	485	118	1951	2990
1000	309	262	28	267	1643
					28
15	54	36		105	272
614	686	184	90	1443	986
10	8	2		137	61
980	421	81	12	162	1828
1947	1224	483	172	348	3465
56	54	11		12	76
45	124	25	17	30	61
66	13	82	2	602	262
5	2	0			24
72	51	3	2	3	91
6	3				31
6	3				31
786	825	542	35	3840	2626
398	461	389	34	3040	822
	1				3
398	460	389	34	3040	819
388	364	153	1	800	1804
1010	**673**	**312**	**33**	**2131**	**3833**
91	173	5		128	69
6	2				4
85	172	5		128	65
47	125			105	29
37	47	5		23	36
81	115	16	3		181
71	67	13	3		104
	35	3			59
	35	3			59
11	13				18
11	13				18
644	311	264	18	1981	3004
359	94	40	17	28	1126
					4
6	1				5
6	1				5

6-4 续表 2-5

行业	#日常费用	#固定资产折旧	#税费	#管理费用
文物及文化保护	74	187		133
博物馆	111	2	7	257
烈士陵园、纪念馆	15	17	1	55
群众文化活动	156	44	17	255
文化艺术经纪代理		1		24
其他文化艺术	11	1	1	21
体育	307	22	11	206
体育组织	277	15	11	198
体育场馆	3	3		2
其他体育	26	4		7
娱乐业	130	15	6	114
室内娱乐活动	28	7	1	12
休闲健身娱乐活动	91	4	4	87
其他娱乐活动	11	4	2	15
公共管理和社会组织	**111635**	**65535**	**9721**	**351854**
中国共产党机关	5	5	15	65
中国共产党机关	5	5	15	65
国家机构	2259	189	204	3993
国家权力机构	4	4		5
国家行政机构	2150	185	204	3901
综合事务管理机构	133	39	57	761
对外事务管理机构	9	19		20
公共安全管理机构	19			65
社会事务管理机构	218	20	18	191
经济事务管理机构	795	71	119	738
政府事务管理机构	926	1		1827
行政监督检查机构	51	35	10	300
其他国家机构	106			87
人民政协和民主党派	32	3	8	73
人民政协	13	1	8	64
民主党派	20	1		9
群众团体、社会团体和宗教组织	41918	22886	2903	92530
群众团体	3498	343	79	7328
工会	2353	105	50	5300
妇联	157	28		221
共青团	52	23	1	131
其他群众团体	937	187	28	1677
社会团体	26120	4418	2737	48584
专业性团体	7508	774	444	13103
行业性团体	6846	554	311	12439
其他社会团体	11766	3091	1983	23041
宗教组织	12301	18125	88	36618
基层群众自治组织	67421	42453	6590	255194
社区自治组织	9428	3466	986	35374
村民自治组织	57993	38987	5604	219819

				净资产变动额	全部从业人员年平均人数（人）
#人员费用	#日常费用	#固定资产折旧	#税费		
58	62	4	2	16	345
18	66	173		1645	48
21	20	13			60
152	55	34		293	1360
17	7				12
13	6	1		1	44
135	36	17	9	-4	412
133	31	15	9	-6	383
1	1				4
1	4	2		1	25
60	38	11	3	26	167
7	3	2	1	2	48
47	29	7	2	24	74
7	7	2			45
145820	**106755**	**63877**	**5007**	**198501**	**247170**
36	23	6			22
36	23	6			22
1541	2131	185	41	720	1514
1	1	3		8	46
1516	2077	172	41	712	1449
491	212	36	13	297	341
10	8	2	1	10	22
40	10	14		8	20
117	39	15	14	270	254
415	241	74	8	98	407
301	1525	0		-2	285
143	41	31	6	31	120
24	53	10			19
51	17		4		75
43	17		4		5
7	1				70
33156	34821	16135	2062	84611	83574
2902	3586	354	234	3018	6493
2035	2860	140	213	2253	4185
131	80	9		43	160
75	30	1	1		73
661	616	204	21	722	2075
18613	19605	4298	1701	60749	40791
5921	4947	890	193	4976	15987
5132	4829	811	113	43136	12418
7559	9828	2597	1395	12637	12386
11641	11631	11483	126	20844	36290
111037	69763	47551	2920	113150	161985
17273	11686	2963	240	14620	19929
93764	58077	44589	2680	98530	142056

6-5 按行业(大类)分组的行政事业

(2004年、

项目	单位数(个)		固定资产原价	
	2008年	2004年	2008年	2004年
合计	**60573**	**54141**	**21767330**	**11170333**
交通运输、仓储和邮政业	**169**	**180**	**829905**	**243281**
道路运输业	147	155	785364	217320
城市公共交通业	2		1	
水上运输业	9	10	3875	3710
航空运输业	1		23733	
装卸搬运和其他运输服务业	1		29	
仓储业	8	15	16322	22251
邮政业	1		580	
信息传输、计算机服务和软件业	**97**	**128**	**64407**	**49694**
电信和其他信息传输服务业	80	109	59773	48273
计算机服务业	14	15	1469	1119
软件业	3	4	3165	302
金融业	**54**	**39**	**83934**	**87692**
银行业	14	34	78049	87634
证券业	1		27	
保险业	18	1	1931	36
其他金融活动	21	4	3926	22
房地产业	**103**	**62**	**18448**	**6422**
房地产业	103	62	18448	6422
租赁和商务服务业	**1926**	**1605**	**638814**	**198784**
租赁业	4	3	2807	1317
商务服务业	1922	1602	636007	197467
科学研究、技术服务和地质勘查业	**2107**	**2407**	**370801**	**203134**
研究与试验发展	238	203	73621	43358
专业技术服务业	979	1141	215973	110429
科技交流和推广服务业	843	1024	52992	33922
地质勘查业	47	39	28215	15425
水利、环境和公共设施管理业	**897**	**975**	**664443**	**417254**
水利管理业	405	446	386384	278611
环境管理业	255	304	125977	59701
公共设施管理业	237	225	152081	78942
居民服务和其他服务业	**229**	**166**	**61090**	**34290**
居民服务业	199	133	52650	29951
其他服务业	30	33	8441	4339
教育	**9478**	**8888**	**7043246**	**3561075**
卫生、社会保障和社会福利业	**4544**	**3225**	**2266104**	**1129504**
卫生	3482	2471	2161634	1072178
社会保障业	393	402	41582	27343
社会福利业	669	352	62889	29983
文化、体育和娱乐业	**1491**	**1414**	**805264**	**393257**
新闻出版业	127	121	98788	46364
广播、电视、电影和音像业	190	269	440178	221981
文化艺术业	944	873	163248	88503
体育	165	98	85855	26165
娱乐业	65	53	17195	10243
公共管理和社会组织	**39478**	**35052**	**8920875**	**4845947**
中国共产党机关	884	950	144703	72670
国家机构	10622	9872	5357542	3059695
人民政协和民主党派	207	203	32995	18523
群众团体、社会团体和宗教组织	11321	7500	1300902	396189
基层群众自治组织	16444	16527	2084733	1298870

单位社团及其他财务主要指标

2008年)

单位：万元

本年收入合计		本年支出合计		全部从业人员年平均人数（人）	
2008年	2004年	2008年	2004年	2008年	2004年
17392950	7529460	14220004	7331827	1365688	1214994
147615	97570	131499	90933	7681	8676
136684	80392	122412	78669	6810	7903
23		22		8	
1190	1801	916	2044	250	351
6104		5578		278	
154		253		54	
3421	15377	2072	10219	168	422
38		246		113	
27637	25928	27313	27463	2425	3319
26252	25392	26201	26836	2221	3224
1343	379	1074	411	156	67
42	158	38	216	48	28
45260	28987	56060	110695	2345	3027
20804	28828	32286	110545	2027	3000
17		17		3	
22384	81	22114	71	170	17
2056	78	1642	80	145	10
19438	4801	12839	4873	1541	803
19438	4801	12839	4873	1541	803
358725	121434	357685	111886	25555	17272
3943	426	3408	318	45	84
354783	121008	354276	111568	25510	17188
424769	201900	349991	187521	30187	30300
81419	32493	65130	31325	5034	4874
242480	111872	205005	101986	14943	13414
49065	36798	44465	34442	7159	8683
51806	20737	35391	19769	3051	3329
351874	174349	314136	183702	28207	28615
49643	37857	42825	34648	5791	6429
123247	55848	129248	55277	14241	15132
178985	80644	142064	93777	8175	7054
45694	23040	42144	19885	4191	2549
42157	19306	39522	16807	3796	2125
3538	3734	2622	3078	395	424
3818685	1930593	3767346	1886920	485650	456454
2648562	1337895	2434496	1222312	144052	117807
2416799	1258766	2221953	1149107	135408	110919
180553	53492	165823	48773	3521	3883
51210	25638	46720	24431	5123	3005
426525	235283	395855	233285	30154	26258
73313	38694	60737	37342	2501	2038
209578	129530	207324	130313	12310	11623
86959	43819	77460	42779	11686	9589
38760	19197	33063	18142	3090	2506
17916	4043	17272	4709	567	502
9078165	3347680	6330642	3252352	603700	519914
248147	84985	185619	84153	12539	12879
7573342	2695180	5079637	2636753	330508	298770
39402	18646	34705	18541	2770	2327
458749	163110	388691	147685	91998	58767
758525	385760	641990	365220	165885	147171

6-6 按地区分组的行政事业单位社团及其他财务主要指标

(2004年、2008年)

单位：万元

地 区	单位数(个)		固定资产原价		本年收入合计	
	2008年	2004年	2008年	2004年	2008年	2004年
全 省	**60573**	**54141**	**21767330**	**11170333**	**17392950**	**7529460**
福州市	11371	9308	5791155	3003500	4586565	2187120
厦门市	2794	2223	2888357	1408902	2485808	1104612
莆田市	3533	2783	1117795	653903	690453	353028
三明市	6612	5772	2200543	656790	2902427	525179
泉州市	9651	8472	4063288	2341233	2447777	1353987
漳州市	7202	7989	1564274	945796	1365086	559728
南平市	7266	6671	1091905	740934	913781	495109
龙岩市	5634	5383	1653896	825791	1122003	530859
宁德市	6510	5540	1396118	593484	879050	419839

6-6 续表

单位：万元

地 区	本年支出(费用)合计		全部从业人员年平均人数(人)	
	2008年	2004年	2008年	2004年
全 省	**14220004**	**7331827**	**1365688**	**1214994**
福州市	4218048	2109055	301328	273332
厦门市	2360961	1086970	120128	79888
莆田市	645384	349779	96022	81371
三明市	913819	515363	119691	110416
泉州市	2250268	1287590	227182	190317
漳州市	1233584	564327	143176	144872
南平市	838415	471777	121623	114434
龙岩市	957409	527658	117067	106811
宁德市	802116	419308	119471	113553

附录

主要指标解释

主要指标解释

一、交通运输、仓储、邮政业

（一）公路运输业

汽车：指在公路运输管理部门登记注册的从事公路运输的营业性运输汽车。车辆的客位和吨位数为标记客位、吨位。

公路客运量：指公路运输企业及由其组织的其他单位在一定时期内实际运送的旅客人数。计算方法：不论乘车路程远近和票价的多少，以客票为依据，“人”为计量单位；不足购票年龄的免票儿童不计算客运量。

公路旅客周转量：指在报告期内实际运送的旅客人数与其相应的旅客运送距离的乘积。计算公式为：

旅客周转量=Σ(运送的每位旅客×该旅客出发站与到达站间距离)

公路货运量：指在一定时期内由各种公路运输工具实际运送到目的地并卸完的货物重量。包括集装箱的运量(集装箱自重与所运货物重量之和)。

公路货物周转量：指一定时期内由各种公路运输工具实际完成运送过程的货物总运输量。计算公式为：

货物周转量=Σ(每批货物重量×该批货物的运送距离)

（二）水路运输业

机动船：指在交通水上航运管理部门登记注册并从事水上客、货运输活动的营业性船舶(含我国企业拥有的悬挂外国旗的船舶)，包括机动驳和挂桨船。非运输船舶及水上养殖业、渔业生产船舶不填报。

机动船净载重量：也称定额载重量，指船舶用于载运货物的定额吨位数。

净载重量=总载重量-燃物料-淡水等给养-船舶常数

(船舶常数：指船舶在运营中，污水沟残留的污水、压水舱中残留的压舱水和船壳寄生物等。)

机动船载客量：指船舶用于载运旅客的载客定额数。不包括船员自用的铺位。

驳船：指在交通水上航运管理部门登记注册并从事水上客、货运输活动的营业性非机动船舶，不包括非运输船舶和水上养殖业、渔业生产船舶。

水路客运量：指水运企业及由其组织的其他单位在一定时期内实际运送的旅客人数。

水路旅客周转量：指水运企业和由其组织的其他单位在一定时期内实际运送的每位旅客乘以航行里程的旅客总运输量。

水路货运量：指在一定时期内由各种水运工具实际运送的货物数量，包括内河、江海、远洋货运量。其中集装箱的货运量(万吨)为集装箱自重与所运货物重量之和。

国际标准集装箱运量：指将运载的不同箱型规格的国际集装箱(含空箱和重箱)，折合为20英尺的标准箱统计。计量单位：TEU

标准箱的折算系数为：

45英尺箱=2.25TEU

40英尺箱=2TEU

35英尺箱=1.75TEU

45英尺箱=2.25TEU

20英尺箱=1TEU

10英尺箱=0.5TEU

水路货物周转量：指一定时期内由各种水路运输工具实际完成运送过程的货物总运输量。计算公式：

货物周转量=Σ(每批货物重量×该批货物的运送距离)

（三）港口生产业

码头长度：指港口用于靠泊船舶，进行货物装卸和上下旅客地段的长度。包括固定和浮动的各种形式码头的长度。但不包括各种护岸和自然岸坡的长度。

泊位数：设有系靠泊装置，可供靠泊船舶的数量。供停泊一艘船舶所备的位置，称为一个泊位。可分码头泊位和浮筒泊位。

港口货物吞吐量：指经由水路运进、运出港区范围并在码头(浮筒)上经装卸的货物数量。包括邮件及办理托运手续的行李、包裹，以及补给运输船舶的燃、物料和淡水。

（四）装卸业

装卸量：指在报告期内，企业实际完成货物装卸工作的货物总重量。

（五）民航运输生产业

飞机：指在我国登记注册的各商业航空运输飞行企业和通用航空企业报告期末实有的、持有有效适航证书的全部飞机数量。

通用航空飞机：指用于从事经营性收费的通用航空飞行活动的飞机。

运输飞机座位数：指运输用飞机实际安装的座位数。

机场旅客吞吐量：指在报告期内，在民用机场(包括地方和军民合用机场，不含香港、澳门地区机场)进出航空港的旅客人数。其中，成人和儿童各按一人次计算，婴儿不计人次。

机场货邮吞吐量：指报告期内，在民用机场(包括地方和军民合用机场，不含香港、澳门地区机场)货物和邮件的进出航空港数量，以重量为计量单位。其中，货物包括外交信袋和快件。

民航客运量：指运输飞行企业所载运的旅客人数。成人和儿童各按一人计算，婴儿因不占座位不计人数。一个航班的旅客运量表现为飞机沿途各机场旅客的始发运量之和。其中，机场始发运量是指客票确定的以本机场为起点，始发乘机的旅客。统计时，每一特定航班(同一航班)的每一旅客只应计算一次，不能按航段重复计算，唯一例外的是，对既有国内航段、又有国际航段的同一航班上的旅客，应同时统计为一个国内旅客和一个国际旅客。不定期航班运送的旅客则每一特定航班只计算一次，既使是既有国内航段飞行也有国际航段飞行的也只计算一次。

民航旅客周转量：指航空运输企业所完成的旅客运输工作量。计算公式：

旅客周转量(人公里)=Σ[航段旅客运输量(人)×航段距离(公里)]

民航货物(邮件)运量：指运输飞行所载运的货物(邮件)重量，包括外交信袋和快件。统计方法与旅客运量一致。

民航货物(邮件)周转量：指航空运输企业所完成的货物(邮件)运输工作量。计算公式：

货物(邮件)周转量(吨公里)=Σ[航段货邮运输量(吨)×航段距离(公里)]

（六）城市公共交通业

公共汽(电)车：指公交企业(单位)及非公交企业(单位)用于城市公共交通运营业务的全部车辆数。包括：公共汽车、电车、轨道交通(地铁、轻轨、有轨)车辆等，轨道运输车辆每节车厢按一辆统计。不包括出租客运汽车。

出租汽车：指报告期末，企业已经领取出租汽车专业牌照的运营车辆，包括技术完好的、在修的、长期行驶的以及拟报废尚未经上级机关批准的车辆。

城市交通客运量：指报告期内，所有从事公交运营的企业(单位)实际运送乘客的总人次，包括付费乘客和不付费的乘客人次。不包括出租汽车客运人次。付费客运量计算方法：普通乘客依据售出普通客票张数计算人次，单程客票每张计算 1 人次，往返客票每张计算 2 人次；无人售票和可用 IC 卡付费的运营车辆，以实收金额折算乘客人次；团体包车按实际载客人数计算，单程运送每人计算 1 人次，往返运送每人计算 2 人次，如实际载客人数不易计算时，亦可按车辆客位数计算；旅游客票不论到达几个旅游点，一张客票只计算 1 人次，购往返票的按 2 人次计算；月(季)票乘客人次等于月(季)票张数乘以每张月(季)票月(季)乘车次数。每张月(季)票月(季)乘车次数由近期客流调查资料确定。无客流调查资料的城市月票乘车次数按 90 人次计算，季票乘车次数按 270 人次计算。

（七）电信业

局用交换机容量：指安装在本地电信运营企业内用于接续本地固定电话的电话交换机容量，有倍增设备按倍增后的数量计数。包括现用和备用的人工或自动交换机(含远端模块)的全部容量，接入网设备容量。

固定电话用户：指在电信运营商营业网点办理开户登记手续并已接入固定电话网上，按固定电话业务进行经营管理的全部电话用户。包括普通电话用户、公共电话用户、窄带综合业务数字网(N-ISDN)用户、智能网专用接入终端用户等。

住宅电话用户：指私人付费或安装在居民住宅并按照私人或住宅电话用户登记注册和收费的各类电话用户。包括私人付费、单位付费和按规定免费安装的住宅电话用户。

移动交换机容量：指移动电话交换机根据一定话务模型和交换机处理能力计算出来的最大同时服务用户的数量。

移动电话用户：指通过移动电话交换机进入移动电话网，占用移动电话号码的各类电话用户。包括签约用户和智能网预付费用户。一个移动电话号码统计为一户。

增值电信业务服务：指企业在通信行业管理部门登记注册，并且办理了经营许可证，从事的其他电信服务活动。目前主要包括以下的各类服务：1.在线数据处理与交易处理业务；2.国内多方通信服务业务；3.国内因特网虚拟专用网业务；4.因特网数据中心业务；5.存储转发类业务；6.呼叫中心业务；7.因特网接入服务业务；8.信息服务业务；9.其他业务(通信行业主管部门批准的属于此类的其他新业务)。

因特网接入服务：指利用接入服务器和相应的软硬件资源建立业务节点，并利用公用电信基础设施将业务节点与因特网骨干网相连接，为各类用户提供接入因特网的服务。用户可以利用公用电话网或其他接入手段连接到其业务节点，并通过该点接入因特网。

信息服务：指通过信息采集、开发、处理和信息平台的建设，通过固定网、移动网或因特网等公众通信网络直接向终端用户提供语音信息服务(声讯服务)或在线信息和数据检索等信息服务的业务。

（八）主要财务指标

资产总计：指企业拥有或控制的能以货币计量的经济资源，包括各种财产、债权和其他权利。资产按其流动性(即资产的变现能力和支付能力)划分为：流动资产、长期投资、固定资产、无形资产、递延资产和其他资产。

负债合计：指企业所承担的能以货币计量，将以资产或劳务偿付的债务，偿还形式包括货币、资产或提供劳务。

营业收入合计：指企业经营业务所取得的收入总额，包括主营业务收入和其他业务收入。

主营业务收入：指企业主要经营业务方面实现的收入。

主营业务成本：指企业主要经营业务过程所发生的实际成本。

主营业务税金及附加：指企业主要经营业务过程要缴纳的税金及附加。

费用合计(营业费用、管理费用、财务费用)：指企业主要经营业务过程所发生"营业费用"或"经营费用"、"管理费用"和"财务费用"的合计数。

利润总额：指企业在生产经营过程中各种收入扣除各种耗费后的盈余，反映企业在报告期内实现的亏盈总额，包括营业利润、补贴收入、投资净收益和营业外收支净额。

从业人员劳动报酬：指在报告期内支付给本单位从业人员的全部劳动报酬，包括工资、奖金、津贴及各种福利费补助。

二、批发和零售业

商品销售额：指对本单位以外的单位和个人出售的商品金额（包括售给本单位消费用的商品，含增值税），本指标反映批发和零售业在国内市场上销售商品以及出口商品的总量。

商品销售包括：（1）售给城乡居民和社会集团消费用的商品；（2）售给农业、工业、建筑业、运输邮电业、服务业、公用事业等国民经济各行业用于生产、经营用的商品，包括售予批发和零售业作为转卖或加工后转卖的商品；（3）对国（境）外直接出口的商品。

商品销售不包括：（1）未通过买卖行为付出的商品，如随机构变动移交给其他企业单位的商品、借出的商品、归还受其他单位委托代保管的商品、付出的加工原料和赠送给其他单位的样品等；（2）经本单位介绍，由买卖双方直接结算，本单位只收取手续费的业务；（3）购货退回的商品；（4）商品损耗和损失；（5）出售本单位自用的废旧物资。

批发额：指售给国民经济各行业用于生产、经营用的商品金额。

零售额：指售给城乡居民用于生活消费和社会集团用于公共消费的商品金额。

亿元以上商品交易市场：指年成交额在亿元及以上的商品交易市场。商品交易市场是指经有关部门和组织批准设立，有固定场所、设施，有经营管理部门和监管人员，若干市场经营者入内，常年或实际开业三个月以上，集中、公开、独立地进行生活消费品、生产资料等现货商品交易以及提供相关服务的交易场所，包括各类消费品市场、生产资料市场等。

年末营业面积：指市场经营场地、仓库等营业用建筑面积，不包括为市场经营提供服务的办公室和附设的旅馆、招待所、餐馆、停车场等的面积，按年末实际面积统计。

总摊位数（市场摊位容量）：指市场内设立的摊位总数。

年末出租摊位数：指该市场年末实际出租的摊位数。

成交额：指该市场所有摊位的全年商品交易额之合计。

连锁总店（总部）：负责连锁企业资源（商号、商誉、经营模式、服务标准、管理模式等等）的开发、配置、控制或使用等功能的企业核心管理机构。连锁经营是指经营同类商品或服务，使用统一商号的若干店铺，在同一总店（总部）的管理下，采取统一采购或特许经营等方式,实现规模效益的组织形式，包括直营连锁、特许连锁和自愿连锁三种形式。

直营连锁：是指连锁店铺由连锁公司全资或控股开设，在总部的直接控制下，开展统一经营的连锁经营形式。

三、住宿和餐饮业

营业额：指住宿和餐饮业单位在经营活动中因提供服务或销售商品等取得的全部收入，包括：客房收入、餐费收入、商品销售额（含增值税）和其他收入。不包括法人企业附营的其他行业产业活动单位的餐费收入、商品销售收入等各项收入。

客房收入：指住宿和餐饮业单位在经营活动中因提供住宿服务取得的收入。不包括法人企业附营的其他行业产业活动单位的客房收入。

餐费收入：指住宿和餐饮业单位因为顾客提供就餐服务取得的收入。包括：经烹饪、调制加工后出售的各种食品，如主食、炒菜、凉拌菜等的收入。不包括法人企业附营的其他行业产业活动单位的餐费收入。

商品销售额：指住宿和餐饮业单位出售商品的销售总额（含增值税）。不包括法人企业附营的其他行业产业活动单位的商品销售额。

其他收入：指营业额中除客房收入、餐费收入、商品销售额（含增值税）以外的其他收入。

床位数：指住宿和餐饮业法人企业（产业活动单位）供应旅客使用的床位数，不包括临时加的床位和单位内部工作人员使用的床位。该指标按年内正常情况下的实有数统计。

餐位数：指住宿和餐饮业法人企业（产业活动单位）为顾客提供就餐服务时，正常可同时容纳就餐人员的餐位数量，不包括临时加的餐位。该指标按年内正常情况下的实有数统计。

四、房地产开发

计划总投资：指房地产开发企业(单位)在建的房屋建设工程或正在开发的土地开发工程，按照总体设计规定的内容全部建成计划(或按设计概算或预算)需要的总投资。

自开始建设至本年底累计完成投资：指房地产开发企业(单位)在建的房屋建设工程或正在开发的土地开发工程从开始建设到本期止累计完成的全部投资。其计算范围原则上应与“计划总投资”指标包括的工程内容相一致。

本年完成投资：指从本年 1 月 1 日起至本年最后一天止完成的全部用于房屋建设工程、土地开发工程的投资额以及公益性建筑和土地购置费等的投资。

土地开发投资额：指房地产开发企业完成的前期工程投资，即路通、水通、电通、场地平整等(也称七通一平)所完成的投资。一般指生地开发成熟地的投资。在旧城区(老区拆迁)的开发中，如果有统一的规划，如政府有关部门批准的小区建设的前期工程中，有场地平整，原有建筑物、构筑物拆除，供水供电工程等工作量也可计算。未进行开发工程、只进行单纯的土地交易活动不作为土地开发投资统计。土地开发投资额在房屋用途分组中能分摊的部分就分摊，不能分摊的全部计入其他。

其他费用：指在固定资产建造和购置过程中发生的，除建筑安装工程和设备、工器具购置投资完成额以外的费用，不指经营中财务上的其他费用。包括土地出让金、大市政费、四源费（煤、热、自来水、污水）、不可预见费、旧房屋购置，基本畜禽支出，林木支出，退耕退牧还林还草、土壤改良、城市绿化，办公生活用家具、器具购置，建设单位管理费，土地征用、购置及迁移补偿费，政府收费，勘察设计费，研究实验费，可行性研究费，临时设施费，施工机械转移费，设备检验费，负荷联合试车费，土地占用、使用费，建设期应付利息，包干结余，企业债券发行费，合同公证费及工程质量监测费，国外借款手续费及承诺费，汇兑损益，调整器材调拨价格折价，坏帐损失，固定资产亏损及损失等。

土地购置费：指房地产开发企业通过各种方式取得土地使用权而支付的费用。土地购置费包括：（1）通过划拨方式取得的土地使用权所支付的土地补偿费、附着物和青苗补偿费、安置补偿费及土地征收管理费等；（2）通过出让方式取得土地使用权所支付的出让金；（3）通过“招、拍、挂”方式取得土地使用权所支付的资金。以划拨和“招拍挂”方式取得土地所支付的资金在房地产项目竣工后计入新增固定资产，以出让方式取得土地所有权所支付的出让金不计入新增固定资产。土地购置费按当期实际发生额计入投资。土地购置费为分期付款的，应分期计入房地产开发投资。

本年新增固定资产：指在报告期已经完成建造和开发过程并交付使用的房屋和土地开发面积的价值。指房地产开发公司进行开发经营活动的最终成果，即为社会提供的固定资产，而且是在报告期内新增加的。不是反映房地产开发企业本身固定资产的增加。

本年完成开发土地面积：指报告期内对土地进行开发并已完成“七通一平”等前期开发工程，具备进行房屋建筑物施工或出让条件的土地面积。

本年购置土地面积：指在本年内通过各种方式获得土地使用权的土地面积。

本年土地成交价款：指进行土地使用权交易活动的最终金额。在土地一级市场，是指土地最后的划拨款、“招拍挂”价格和出让价；在土地二级市场是指土地转让、出租、抵押等最后确定的合同价格。土地成交价款与土地购置面积同口径，可以计算土地的平均购置价格。

本年资金来源小计：指房地产开发企业(单位)实际拨入的，用于房地产开发的各种货币资金。包括国内贷款、利用外资、自筹资金和其他资金。

国内贷款：指报告期房地产开发企业(单位)向银行及非银行金融机构借入的用于房地产开发与经营的各种国内借款，包括银行利用自有资金及吸收的存款发放的贷款、上级主管部门拨入的国内贷款、国家专项贷款(包括煤代油贷款、劳改煤矿专项贷款等)，地方财政专项资金安排的贷款、国内储备贷款、周转贷款等。

利用外资：指报告期收到的用于房地产开发与经营的境外资金(包括外国及港澳台地区)，包括外商直接投资、对外借款(外国政府贷款、国际金融组织贷款、出口信贷、外国银行商业贷款、对外发行债券和股票)及外商其他投资(包括补偿贸易和加工装配由外商提供的设备价款、国际租赁)。不包括我国自有外汇资金(包括国家外汇、地方外汇、留成外汇、调剂外汇和中国银行自有资金发行的外汇贷款等)。各类外资按报告期的外汇牌价(中间价)折成人民币“万元”计算。

自有资金：指凡属于房地产企业(单位)所有者权益范围内所包括的资金，是按财务制度规定归企业支配的各种自有资金。包括企业折旧资金、资本金、资本公积金、企业盈余公积金及其他自有资金，也包括通过发行股票筹集的资金。

定金及预收款：定金是为使甲乙双方按约定签订正式经济合同，实现房屋交易，根据有关规定由购房者或单位在报告期交纳的押金。预收款是甲乙双方签订购销房屋合同后，在报告期由购房者或单位交付的首付款及各种手续费(包括其中的外汇)。

房屋施工面积：指报告期内施工的全部房屋（包括地下室、半地下室以及配套房屋）建筑面积。包括本期新开工的面积和上年开工跨入本期继续施工的房屋面积，以及上期已停建在本期恢复施工的房屋面积。本期竣工和本期施工后又停建缓建的房屋面积仍包括在施工面积中，多层建筑应填各层建筑面积之和。

商品房销售面积：指报告期内出售商品房屋的合同总面积(即双方签署的正式买卖合同中所确定的建筑面积)。由现房销售建筑面积和期房销售建筑面积两部分组成。

商品房销售额：指报告期内出售商品房屋的合同总价款(即双方签署的正式买卖合同中所确定的合同总价)。该指标与商品房销售面积同口径，由现房销售额和期房销售额两部分组成。

空置面积：指报告期末已竣工的可供销售或出租的商品房屋建筑面积中，尚未销售或出租的商品房屋建筑面积，包括以前年度竣工和本期竣工的房屋面积，但不包括报告期已竣工的拆迁还建、统建代建、公共配套建筑、房地产公司自用及周转房等不可销售或出租的房屋面积。

资产总计：指企业拥有或控制的能以货币计量的经济资源，包括各种财产、债权和其他权利。资产按其流动性（即资产的变现能力和支付能力）划分为：流动资产、长期投资、固定资产、无形资产、递延资产和其他资产。根据会计“资产负债表”中“资产总计”项的年末数填列。

负债合计：指企业所承担的能以货币计量，将以资产或劳务偿付的债务，偿还形式包括货币、资产或提供劳务。负债一般按偿还期长短分为流动负债和长期负债。根据会计“资产负债表”中“负债合计”的年末数填列。

所有者权益合计：指企业投资人对企业净资产的所有权。所有者权益等于企业总资产减去负债后的余额，一般包括实收资本（或股本）、资本公积、盈余公积和未分配利润等四部分。根据“资产负债表”中的“所有者权益合计”项的年末数填列。

实收资本：指企业实际收到投资者投入的资本(或股本)，包括货币、实物、无形资产等各种形式的投入。企业实收资本按照投资主体可分为国家资本、集体资本、法人资本、个人资本、港澳台资本和外商资本六种。根据会计“资产负债表”中的“实收资本”项填列。实收资本中如有以外币形式投入的资本，需折合成人民币填写。企业实收资本等于国家资本、集体资本、法人资本、个人资本、港澳台资本与外商资本之和。

主营业务收入：指房地产开发企业（单位）从事对外转

让、销售商品房屋、代建工程结算和出租开发产品等日常主要业务活动所得到的收入总额。根据会计“利润表”中对应指标计算填列。执行 2006 年会计准则的企业，如果未设置该项用“营业收入”年末数代替填列。

土地转让收入：指房地产开发企业（单位）按国家规定在报告期转让已经开发的土地和未经开发的土地所得到的收入。根据会计“利润表”和相关核算资料计算填列。

商品房屋销售收入：指房地产开发企业（单位）在报告期售出商品房屋的收入，一次收款的，一次性全部计入销售收入，按合同规定分期收款的，可按合同规定的时间分次计入收入。根据会计“利润表”和相关核算资料计算填列。

房屋出租收入：指房地产开发企业（单位）在报告期内，在不改变现有财产所有权关系的条件下，将企业的全部或部分房屋出租给其他单位或个人使用所得到的租金收入。根据会计“利润表”和相关核算资料计算填列。

其他收入：指房地产开发企业（单位）在报告期内从事除以上收入外的其他业务活动所得到的收入，包括配套设施销售收入、代建工程结算收入等。根据会计“利润表”和相关核算资料计算填列。

主营业务成本：指企业从事主要业务活动发生的实际成本。房地产企业成本主要包括：土地转让成本、商品房销售成本、配套设施销售成本、代建工程结算成本、出租产品经营成本等。根据会计“利润表”中对应指标计算填列。未执行 2001 年《企业会计制度》的企业，用“产品销售费用”代替。执行 2006 年会计准则的企业，如果未设置该项用“营业成本”年末数代替。

主营业务税金及附加：指企业因从事生产经营活动按税法规定缴纳的应从经营收入中抵扣的税金和附加，包括营业税、消费税、城市维护建设税、教育附加等。根据会计“利润表”中对应指标年末数填列。未执行 2001 年《企业会计制度》的企业，用“产品销售税金及附加” 的年末数代替。

销售费用：指企业在从事主要经营业务过程中所发生的各项销售费用，包括转让、销售、结算和出租开发产品等。根据“利润表”中对应项目的“年末数”填列。未执行 2001 年《企业会计制度》的企业，用“产品销售费用”的年末数代替。

管理费用：指企业行政管理部门为组织和管理企业生产经营活动而发生的各项费用，根据“利润表”中“管理费用”项的年末数填列。

利润总额：指企业在生产经营过程中各种收入扣除各种耗费后的盈余，反映企业在报告期内实现的亏盈总额，包括营业利润、补贴收入、投资净收益和营业外收支净额。根据会计“利润表”中的对应指标的年末数填列。

五、其他服务业

存货：指企业在日常生产经营过程中持有以备销售，或者仍然处在生产过程，或者在生产或提供劳务过程中将消耗的材料或物资等，包括各类材料、商品、在产品、半成品、产成品等。存货根据会计“资产负债表”中“存货”项目填列。其中：“年初存货”根据会计“资产负债表”中“存货”项的年初数填列；“年末存货”根据会计“资产负债表”中“存货”项的期末数填列。

固定资产原价：固定资产指使用期超过一年的房屋及建筑物、机器、机械、运输工具以及其他与生产经营有关的设备、器具、工具等。不属于生产经营主要设备的物品，单位价值在 2000 元以上，并且使用期超过两年的也包括在内。固定资产原价是指企业在购置、自行建造、安装、改建、扩建、技术改造某项固定资产时所支出的全部支出总额。未执行 2006 年《企业会计准则》的企业，根据会计“资产负债表”中“固定资产原价”项目的期末数填列。执行 2006 年《企业会计准则》的企业，根据会计“资产负债表”中“固定资产（净值）”项的期末数加上“累计折旧”和“固定资产减值准备” 期末余额后的金额填列。或根据“资产负债表附表”中的“固定资产原价”项目的期末数填列。

固定资产折旧：指对固定资产由于磨损和损耗而转移到产品中去的那一部分价值的补偿。一般根据固定资产原价（选用双倍余额递减法计提折旧的企业，为固定资产帐面净值）和确定的折旧率计算。 “本年折旧”：指企业在报告期内提取的固定资产折旧合计数。根据会计核算中《资产减值准备、投资及固定资产情况表》内“当年计提的固定资产折旧总额”项本年增加数填列。

所有者权益合计：所有者权益是指所有者在企业资产中享有的经济利益，它等于企业资产减去负债后的余额。包括实收资本（或股本）、资本公积、盈余公积和未分配利润等。根据“资产负债表”中的“所有者权益合计”项的期末数填列。

实收资本：指投资者按照企业章程，或合同、协议的约定，实际投入企业的资本。企业实收资本按照投资主体划分为国家资本、集体资本、法人资本、个人资本、港澳台资本和外商资本六种。根据“资产负债表”中的“实收资本”项的期末数填列。实收资本中如有以外币形式投入的资本，需折合成人民币形式填写。

国家资本：指有权代表国家投资的政府部门或机构以国有资产投入企业形成的资本。不论企业的资本是哪个政府部门或机构投入的，只要是以国家资金进行投资的，均作为国家资本。根据会计“实收资本”科目期末余额计算填列。

集体资本：指劳动群众集体所有的资产实际投人企业形成的资本。根据会计“实收资本”科目期末余额计算填列。

法人资本：指我国具有法人资格的单位以其依法可以支配的资产投入企业形成的资本。可根据会计“实收资本”科目期末余额计算填列。

个人资本：指我国公民以其合法财产投入企业形成的资本。根据会计“实收资本”科目期末余额计算填列。

港澳台资本：指我国香港、澳门和台湾地区投资者将所有的资产实际投入企业形成的资本。根据会计“实收资本”科目期末余额计算填列。

外商资本：指外国投资者（不包括我国香港、澳门和台湾地区投资者）将所有的资产实际投入企业形成的资本。根据会计“实收资本”科目期末余额计算填列。

营业收入：指企业（单位）在报告期内从事销售商品、提供劳务及转让资产使用权等日常活动中所形成的总收入，包括主营业务收入和其他业务收入。根据会计“利润表”中对应指标本年累计数计算填列。

主营业务收入：指企业经营主要业务活动所取得的收入总额。根据会计“利润表”中“主营业务收入”项的本期累计数填报。执行2006年《企业会计准则》的企业，此项以营业收入代替填报。

营业成本：指企业（单位）在报告期内从事销售商品、提供劳务等日常活动发生的各种耗费。包括主营业务成本和其他业务成本。根据会计“利润表”中对应指标本年累计数计算填列。

主营业务成本：指企业经营主要业务发生的实际成本。根据会计“利润表”中对应指标计算填列。执行2006年《企业会计准则》的企业，该项以营业成本代替填列。

营业税金及附加：指企业与营业收入有关的，应由各项经营业务负担的税金及附加。根据会计“利润表”中“营业税金及附加”的本年累计数填列。

主营业务税金及附加：指企业经营主要业务应负担的营业税、消费税、城市维护建设税、资源税、土地增值税、教育费附加。根据会计“利润表”中对应指标“本年累计数”填列。执行2006年《企业会计准则》的企业，此项以营业税金及附加代替填报。

主营业务利润：指企业经营主要业务实现的利润。根据会计“利润表”中对应指标本年累计数填列。计算公式为：

主营业务利润=主营业务收入－主营业务成本－主营业务税金及附加

执行2006年《企业会计准则》的企业，该项以营业利润发生额代替填列。

其他业务利润：指企业经营除主要业务以外的其它业务实现的利润。根据会计“利润表”中对应指标的本年累计数填列。执行2006年《企业会计准则》的企业，该项填0。

营业费用、管理费用和财务费用合计：指企业报告期内营业费用、管理费用、财务费用三项费用的合计。

营业费用：指企业在经营主要业务过程中发生的各项费用，根据“利润表”中对应项目的“本年累计数”填列。

管理费用：指企业行政管理部门和企业的董事会为组织和管理企业生产经营活动而发生的各项费用，根据“利润表”中“管理费用”项的“本年累计数”填列。

财务费用：指企业为筹集生产经营所需资金等发生的费用，包括利息净支出、汇兑净损失（已减汇兑收益）、以及相关的手续费等，根据会计“利润表”中“财务费用”项的“本年累计数”填列。

税金：指企业按照规定从管理费用中支付的房产税、印花税、车船使用税和土地使用税。本指标根据“管理费用”科目中相关项目归纳填列。

利息支出：指企业短期借款利息、长期借款利息、应付票据利息、票据贴现利息、应付债券利息、长期应付引进国外设备款利息等利息支出（除资本化的利息外）减去银行存款等的利息收入后的净额。根据会计“财务费用明细资料”中的利息支出项目填列。

营业利润：指企业从事生产经营活动所取得的利润。根据会计“利润表”中对应指标的“本年累计数”填列。未执行2006年《企业会计准则》的企业，计算公式为：营业利润=主营业务收入－主营业务成本－主营业务税金及附加＋其他业务利润－营业费用－管理费用－财务费用。执行2006年《企业会计准则》的企业，计算公式为：营业利润=营业收入－营业成本－营业税金及附加－营业费用－管理费用－财务费用－资产减值损失＋公允价值变动收益＋投资收益。

职工工资和福利费：职工工资和福利费包括职工工资总额和职工福利费两部分，是企业为获得职工提供服务而给予的各种形式的报酬以及其他相关支出。

工资总额是指企业在报告期内支付给本单位全部职工的劳动报酬，包括工资、奖金、津贴和补贴，反映的是报告期的发生额。根据会计“应付工资”科目的本期贷方累计发生额填报，或根据企业成本 费用明细表中“工资”项本期累计发生额填报。应付工资总额不包括企业用净利润、福利基金支付的工资、奖励、福利等费用。

职工福利费是指企业在报告期内根据国家有关规定开支的各项福利支出，包括企业为职工提存的基本养老保险基金、基本医疗保险费、失业保险费、工伤保险费、生育保险费、住房公积金、补充养老保险费和补充医疗保险费，以及从成本费用中列支的集体福利补贴、职工生活困难补助、房租补贴、上下班交通补贴、冬季取暖费，以及按规定发生的其他职工福利支出，它反映企业在报告期实际发生的各项福利费用。根据企业成本和费用明细表中“福利费”项本期累计发生额填报。职工福利费不包括企业用净利润、福利基金支付的工资、奖励、福利等费用。

本年应交增值税：指企业按税法规定，从事货物销售或提供加工、修理修配劳务等增加货物价值的活动本期应交纳的税金。指企业在报告期应交增值税额。

计算公式为：

本年应交增值税=销项税额－（进项税额－进项税额转出）－出口抵减内销产品应纳税额－减免税款＋出口退税

根据企业会计“应交增值税明细表”计算填列。

全部从业人员年平均人数：指企业单位年内各月平均拥有的人数，

其计算公式为：

$$全部从业人员年平均人数=\frac{1月平均人数+2月平均人数+\cdots+12月平均人数}{12}$$

$$月平均人数=\frac{月初从业人员数+月末从业人员数}{2}$$

以下三个指标限执行2006年《企业会计准则》企业填写：

资产减值损失：是指企业各项资产发生的减值损失。根据“利润表”中的“资产减值损失”填列。

公允价值变动收益：指企业应当计入当期损益的资产或负债公允价值变动收益。根据“利润表”中的“公允价值变动收益”填列，如为损失以“－”号记。

投资收益：指企业以各种方式对外投资所取得的收益或发生的损失。根据“利润表”中的“投资收益”项填列。若为投资损失，应在本项目金额前加“－”号。

六、行政事业社团及其他

（一）行政事业单位

固定资产原价：指使用年限在一年以上，单位价值在规定标准以上，并在使用过程中基本保持原来物质形态的资产。包括：房屋和建筑物、专用设备、一般设备、文物和陈列品、图书、其他固定资产等。根据“资产负债表”中的“固定资产原值”科目中的年末数填报。

本年收入合计：指行政事业单位从各种渠道获得的收入。包括：财政拨款、行政单位预算外资金收入、上级补助收入、事业收入、事业单位经营收入、附属单位缴款和其他收入。根据行政事业单位“收入支出决算总表”中的“本年收入合计”科目填报。

财政拨款：指单位本年度实际收到的本级财政拨款，含一般预算拨款和基金预算拨款。根据行政事业单位“收入支出决算总表”中的“财政拨款”项目填报。

事业收入：指事业单位开展专业业务活动及辅助活动取得的收入。根据“收入支出总表”中的“事业收入”项目填报。

经营收入：填报行政事业单位在专业业务活动及辅助活动之外开展非独立核算经营活动取得的收入。根据行政事业单位“收入支出决算总表”中的“经营收入”科目填报。

本年支出合计：指行政事业单位在业务活动中发生的各项资产耗费和损失等支出情况。根据行政事业单位“收入支出决算总表”中的“本年支出合计”科目填报。

工资福利支出：指单位支付给在职职工和临时聘用人员的各种劳动报酬，以及为上述人员缴纳的各项社会保险费等。包括：基本工资、津贴补贴、奖金、社会保障缴费及上述科目未包括的人员支出。根据“支出决算明细表”中的“工资福利支出”的对应项填报。

商品和服务支出：指单位在开展业务活动中购买商品和劳务的支出。包括：办公费、印刷费、水电费、邮电费、取暖费、交通费、差旅费、会议费、培训费、招待费、福利费、劳务费、就业补助费、租赁费、物业管理费、维修费、专用材料费、办公设备购置费、专用设备购置费、交通工具购置费、图书资料购置费及上述科目未包括的日常公用支出。根据“支出决算明细表”中的“商品和服务支出”的对应项填报。

取暖费（降温费）：指单位取暖用燃料费、热力费、炉具购置费、锅炉临时工工资、节煤奖以及由单位统一支付的在职职工和离退休人员宿舍取暖费等。根据“支出决算明细表”中的“商品和服务支出”的对应项填报。

劳务费：指支付给单位和个人的劳务费用。包括：翻译费、咨询费和手续费等。根据“支出决算明细表”中的“商品和服务支出”的对应项填报。

差旅费：指单位工作人员出差的住宿费、伙食补助费、杂费、干部及大中专学生调遣费、调干家属旅费补助等。根据“支出决算明细表”中的“商品和服务支出”的对应项填报。

出国费：指单位工作人员出国的住宿费、旅费、伙食补助费、杂费等支出。根据“支出决算明细表”中的“商品和服务支出”的对应项填报。

工会经费：指按职工工资总额（扣除按规定标准发放的住房补贴）的2%计提并拨交给工会使用的经费。根据“支出决算明细表”中的“商品和服务支出”的对应项填报。

福利费：指单位按国家规定提取的福利费。根据“支出决算明细表”中的“商品和服务支出”的对应项填报。

对个人和家庭的补助：指政府对个人和家庭的无偿性补助支出。包括：离休费、退休费、退职（役）费、抚恤和生活补助、医疗费、住房补贴、助学金及上述科目未包括的对个人和家庭的补助支出等。根据“支出决算明细表”中的“对个人和家庭的补助” 的对应项填报。

抚恤金：指按规定支付给烈士家属、牺牲病故人员家属的一次性和定期抚恤金，革命残疾人员的抚恤金，离退休人员等其他人员的各项抚恤金。根据“支出决算明细表”中的“对个人和家庭的补助”的对应项填报。

生活补助：指按规定支付给优抚对象、退伍军人的生活补助费，行政事业单位职工和家属生活补助，因公负伤等住院治疗、住疗养院期间的伙食补助费，长期赡养人员补助费等。根据“支出决算明细表”中的“对个人和家庭的补助”的对应项填报。

救济费：指按规定开支的城乡贫困人员、灾民、归侨、外侨及其他人员的生活救济费。包括：城市居民最低生活保障费，随同资源枯竭矿山破产但未参加养老保险统筹的矿山所属集体企业退休人员按最低生活保障标准发放的生活费，农村五保供养对象、贫困户、麻风病人的生活救济费，精简退职老弱残职工救济费，福利、救助机构发生的收养费以及救助支出等。实物形式的救济也在此科目反映。根据“支出决算明细表”中的“对个人和家庭的补助”的对应项填报。

助学金：指支付给各类学校学生助学金、奖学金、学生贷款贴息、出国留学（实习）人员生活费，青少年业余体校学员伙食补助费和生活费补贴，以及按协议由我方负担或享受我方奖学金的来华留学生、进修生生活费等。根据“支出决算明细表”中的“对个人和家庭的补助”的对应项填报。

退职（役）费：指行政事业单位退职人员的生活补贴，一次性支付给职工或军官、军队无军籍退职职工、运动员的退职补助，一次性支付给军官、文职干部、士官、义务兵的退役费，按月支付给自主择业的军队转业干部的退役金等。根据“支出决算明细表”中的“对个人和家庭的补助”的对应项填报。

经营支出：填报行政事业单位在专业业务活动及辅助活

动之外开展非独立核算经营活动发生的支出。根据行政事业单位“收入支出决算总表”中的“经营支出”项目填报。

经营税金：指事业单位提供劳务或销售产品应负担的税金及附加。包括：营业税、城市维护建设税、资源税和教育费附加。根据实际情况计算填列。

（二）社团及其他单位

固定资产原价：指使用年限在一年以上，单位价值在规定标准以上，并在使用过程中基本保持原来物质形态的资产。包括：房屋和建筑物、专用设备、一般设备、文物和陈列品、图书、其他固定资产等。根据“资产负债表”中的“固定资产原值”年末数填报。

本年收入合计：指民间非营利组织从各种渠道获得的收入。包括：捐赠收入、会费收入、提供服务收入、政府补助收入、商品销售收入、投资收益和其他收入。根据会计“业务活动表”中“收入合计”科目的发生额填报。

捐赠收入：指因接受赠送带来的资金流入。根据会计“业务活动表”中“捐赠收入”科目的发生额填报。

会费收入：指民间非营利组织根据章程等的规定向会员收取的会费收入。根据会计“业务活动表”中“会费收入”科目的发生额填报。

提供服务收入：指民间非营利组织根据章程等的规定向其服务对象提供服务取得的收入总额。根据会计“业务活动表”中“提供服务收入”科目的发生额填报。

政府补助收入：指民间非营利组织接受政府拨款或者政府机构给予的补助而取得的收入总额。根据会计“业务活动表”中“政府补助收入”科目的发生额填报。

本年费用合计：指民间非营利组织为完成各种目标所发生的费用。包括：业务活动成本、管理费用、筹资费用和其他费用。根据会计“业务活动表”中“费用合计”科目的发生额填报。

业务活动成本：指民间非营利组织为了实现其业务活动目标、开展其项目活动或者提供服务所发生的费用。根据会计“费用明细表”中“业务活动成本”科目的发生额填报。

人员费用：根据会计“费用明细表”中“业务活动成本”科目下对应的指标本年累计数填报。

日常费用：根据会计“费用明细表”中“业务活动成本”科目下对应的指标本年累计数填报。

固定资产折旧：根据会计“费用明细表”中“业务活动成本”科目下对应的指标本年累计数填报。

税费：根据会计“费用明细表”中“业务活动成本”科目下对应的指标本年累计数填报。

管理费用：指民间非营利组织为组织和管理其业务活动所发生的各项费用总额。根据“费用明细表”中“管理费用”科目的发生额填报。

人员费用：根据会计“费用明细表”中“管理费用”科目下对应的指标本年累计数填报。

日常费用：根据会计“费用明细表”中“管理费用”科目下对应的指标本年累计数填报。

固定资产折旧：根据会计“费用明细表”中“管理费用”科目下对应的指标本年累计数填报。

税费：根据会计“费用明细表”中“管理费用”科目下对应的指标本年累计数填报。

净资产变动额：根据会计“业务活动表”中“净资产变动额”科目下对应的指标本年累计数填报。

福建经济普查年鉴

Fujian Economic Census Yearbook

2008

综合卷

福建省人民政府第二次全国
经济普查领导小组办公室 编
福建省统计局

中国统计出版社
China Statistics Press

(京)新登字041号

图书在版编目（CIP）数据

福建经济普查年鉴. 2008/福建省人民政府第二次全国经济普查领导小组办公室，福建省统计局编
—北京：中国统计出版社，2010.8
ISBN 978-7-5037-5984-0

I.①福… II.①福… ②福… III.①经济－普查－福建省-2008-年鉴 IV.①F127.45-54

中国版本图书馆CIP数据核字（2010）第134733号

福建经济普查年鉴—2008（综合卷）

作　　者/福建省人民政府第二次全国经济普查领导小组办公室　福建省统计局
责任编辑/马　平
装帧设计/黄俊杰　李雪燕
出版发行/中国统计出版社
通信地址/北京市西城区月坛南街57号
邮政编码/100826
办公地址/北京市丰台区西三环南路甲6号
网　　址/www.stats.gov.cn/tjshujia
电　　话/邮购（010）63376907　书店（010）68783172
印　　刷/河北天普润印刷厂
经　　销/新华书店
开　　本/880×1230毫米　1/16
字　　数/1250千字
印　　张/39.75
版　　别/2010年8月第1版
版　　次/2010年8月第1次印刷
书　　号/ISBN 978-7-5037-5984-0/F・2926
定　　价/750.00元（全三册 附光盘）

本书附同版光盘一张，内容以纸质图书为准。

编辑说明

国务院决定在2008年12月31日进行的第二次全国经济普查，是继第一次全国经济普查四年之后的一项重大国情国力调查。根据国务院统一部署，福建省开展了全国第二次经济普查。第二次全国经济普查时期资料为2008年度，普查对象是在我国境内从事第二产业和第三产业的全部法人单位、产业活动单位和个体经营户，以及有第二、三产业产业活动单位的第一产业法人。法人单位和产业活动单位采用全面调查方式，个体经营户进行全面清查 。

在国务院经济普查办公室和福建省委、省政府的领导下，经有关部门的密切配合和全省普查工作人员的共同努力，福建省第二次经济普查按照全国统一部署，结合福建省实际，精心组织，认真实施，取得了重大成果。《福建经济普查年鉴—2008》是此次普查系列成果之一，是一套全面反映福建省第二、三产业发展现状的大型综合资料书。

《福建经济普查年鉴—2008》把全省第二、三产业的23万多个法人单位、29万多个产业活动单位的基本信息及主要数据汇总加工于一套，从不同侧面、不同角度展示全省第二、三产业法人单位和产业活动单位的发展规模、结构及生产经营和效益状况等信息。各级党政领导、经济管理人员、大中专院校、科研机构和社会公众可以据此全面了解和掌握福建省第二、三产业的单位数量及其组织形式、经济成分构成、规模结构以及生产经营状况和地区分布、行业分布等情况。它真实、客观地反映福建省的省情省力，对研究制定福建省“十二五”国民经济和社会发展规划，优化产业结构，改进宏观调控，开拓新的就业渠道，转变经济发展方式，推进现代化建设进程，提高人民生活水平，建设海峡西岸经济区，全面建设小康社会具有极高的参考价值。

《经济普查年鉴—2008》全套书分为三卷，即综合卷、第二产业卷、第三产业卷，共计十四篇。为了便于历史对比，表式结构基本以2004年为基础，参照2008年第二次全国经济普查综合资料汇编表相应适当增减表式及指标、分组；分地区、分市县表按照行政区划码顺序编制；每篇目都相应编制2008与2004年主要指标对比情况表；统计分组按照惯例，组距采用含下限不含上限的归并原则；价值量绝对值指标以整数万元

为单位，不含小数点；表中“空格”表示该项统计指标数据不详或无该项数据；“#”表示其中项；全书的数据均未包括金门县和连江县的马祖列岛；本书综合卷与第二、三产业卷取数口径不同，数据略有差异；“福建省第二次经济普查主要数据公报”第一号、第二号、第三号中的数据为初步统计数，与本书出入时应以本书为准。由于编辑时间仓促，书中不足之处，敬请指正。

《福建经济普查年鉴—2008》编辑部

2010年5月

综合卷 目录

第一篇 综合

第二篇 企业

第三篇　事业、机关、社团及民办非企业

第 1 篇

综　合

1-1 按机构类型、行业(门类)分组的法人单位数、产业活动单位数及从业人数

单位：个、人

行业	代码	法人单位					产业活动单位	
		单位数	单产业法人	多产业法人	从业人员数	女性	单位数	多产业法人所属的产业单位数
总计		**232604**	**215390**	**17214**	**9543335**	**3601966**	**298999**	**83609**
按机构类型划分								
企业		159716	155046	4670	8045186	3040658	185622	30576
事业单位		24792	22826	1966	792107	358473	40294	17468
机关		8005	5926	2079	283082	61516	12948	7022
社会团体		10268	10035	233	88542	24730	13756	3721
民办非企业单位		4259	4222	37	79337	47681	4222	
基金会		52	50	2	342	100	61	11
居委会		2040	1584	456	24749	12567	2257	673
村委会		14850	7195	7655	150444	26400	15650	8455
其他组织机构		8622	8506	116	79546	29841	24189	15683
按行业门类划分								
第一产业		**31**		**31**	**5699**	**2486**	**361**	**361**
农、林、牧、渔业	A	31		31	5699	2486	361	361
第二产业		**76254**	**75407**	**847**	**6336800**	**2373503**	**78366**	**2959**
采矿业	B	2466	2437	29	134144	15740	2549	112
制造业	C	61934	61413	521	4431613	2146190	62388	975
电力、燃气及水的生产和供应业	D	5870	5740	130	135044	34849	6604	864
建筑业	E	5984	5817	167	1635999	176724	6825	1008
第三产业		**156319**	**139983**	**16336**	**3200836**	**1225977**	**220272**	**80289**
交通运输、仓储和邮政业	F	5763	5508	255	297263	61640	8295	2787
信息传输、计算机服务和软件业	G	4949	4859	90	95709	36803	6374	1515
批发和零售业	H	42037	39957	2080	535776	237649	53171	13214
住宿和餐饮业	I	3695	3561	134	161126	94154	4697	1136
金融业	J	1164	827	337	154164	76327	6977	6150
房地产业	K	7727	7257	470	169186	55603	9464	2207
租赁和商务服务业	L	13888	13557	331	197196	68138	16127	2570
科学研究、技术服务和地质勘查业	M	6279	6073	206	100576	26167	8053	1980
水利、环境和公共设施管理业	N	1953	1867	86	48149	17571	2470	603
居民服务和其他服务业	O	3433	3310	123	53481	22692	4302	992
教育	P	11401	10365	1036	516787	256776	17082	6717
卫生、社会保障和社会福利业	Q	5970	5600	370	161525	91035	18489	12889
文化、体育和娱乐业	R	3128	3016	112	63971	27057	4342	1326
公共管理和社会组织	S	44932	34226	10706	645927	154365	60429	26203
国际组织	T							

1-2 按行业(小类)分组的法人单位数、产业活动单位数及从业人数

单位：个、人

行业	代码	法人单位					产业活动单位	
		单位数	单产业法人	多产业法人	从业人员数	女性	单位数	多产业法人所属的产业单位数
总计		**232604**	**215390**	**17214**	**9543335**	**3601966**	**298999**	**83609**
农、林、牧、渔业	A	**31**		**31**	**5699**	**2486**	**361**	**361**
采矿业	B	**2466**	**2437**	**29**	**134144**	**15740**	**2549**	**112**
煤炭开采和洗选业	06	280	273	7	57628	3945	300	27
烟煤和无烟煤的开采洗选	061	272	265	7	57501	3916	292	27
烟煤和无烟煤的开采洗选	0610	272	265	7	57501	3916	292	27
褐煤的开采洗选	062							
褐煤的开采洗选	0620							
其他煤炭采选	069	8	8		127	29	8	
其他煤炭采选	0690	8	8		127	29	8	
石油和天然气开采业	07	1	1		8	2	1	
天然原油和天然气开采	071							
天然原油和天然气开采	0710							
与石油和天然气开采有关的服务活动	079	1	1		8	2	1	
与石油和天然气开采有关的服务活动	0790	1	1		8	2	1	
黑色金属矿采选业	08	244	240	4	17677	2097	245	5
铁矿采选	081	215	212	3	16714	1943	216	4
铁矿采选	0810	215	212	3	16714	1943	216	4
其他黑色金属矿采选	089	29	28	1	963	154	29	1
其他黑色金属矿采选	0890	29	28	1	963	154	29	1
有色金属矿采选业	09	278	277	1	12450	2005	285	8
常用有色金属矿采选	091	206	205	1	7452	1147	206	1
铜矿采选	0911	13	13		240	44	13	
铅锌矿采选	0912	177	177		6969	1071	177	
镍钴矿采选	0913							
锡矿采选	0914	3	3		103	15	3	
锑矿采选	0915							
铝矿采选	0916	5	4	1	52	8	5	1
镁矿采选	0917							
其他常用有色金属矿采选	0919	8	8		88	9	8	
贵金属矿采选	092	29	29		2844	461	35	6
金矿采选	0921	26	26		2717	429	32	6
银矿采选	0922	3	3		127	32	3	
其他贵金属矿采选	0929							
稀有稀土金属矿采选	093	43	43		2154	397	44	1
钨钼矿采选	0931	29	29		1769	300	29	
稀土金属矿采选	0932	6	6		83	9	6	
放射性金属矿采选	0933	1	1		8		1	
其他稀有金属矿采选	0939	7	7		294	88	8	1
非金属矿采选业	10	1641	1624	17	46156	7654	1695	71
土砂石开采	101	1455	1440	15	34672	4423	1490	50
石灰石、石膏开采	1011	218	213	5	7435	752	235	22
建筑装饰用石开采	1012	596	590	6	13051	1427	600	10
耐火土石开采	1013	89	89		2923	381	89	
粘土及其他土砂石开采	1019	552	548	4	11263	1863	566	18
化学矿采选	102	13	13		736	72	13	
化学矿采选	1020	13	13		736	72	13	
采盐	103	23	23		6708	2596	41	18
采盐	1030	23	23		6708	2596	41	18

1-2 续表 1

单位：个、人

行 业	代码	法人单位					产业活动单位	
		单位数	单产业法 人	多产业法 人	从 业 人员数	女 性	单位数	多产业法人所属的产业单位数
石棉及其他非金属矿采选	109	150	148	2	4040	563	151	3
石棉、云母矿采选	1091	1	1		8	4	1	
石墨、滑石采选	1092	21	20	1	782	152	22	2
宝石、玉石开采	1093	3	3		42	7	3	
其他非金属矿采选	1099	125	124	1	3208	400	125	1
其他采矿业	11	22	22		225	37	23	1
其他采矿业	110	22	22		225	37	23	1
其他采矿业	1100	22	22		225	37	23	1
制造业	**C**	**61934**	**61413**	**521**	**4431613**	**2146190**	**62388**	**975**
农副食品加工业	13	3079	3047	32	156511	83926	3125	78
谷物磨制	131	342	338	4	8972	1849	362	24
谷物磨制	1310	342	338	4	8972	1849	362	24
饲料加工	132	349	348	1	12873	3571	353	5
饲料加工	1320	349	348	1	12873	3571	353	5
植物油加工	133	121	118	3	7727	1890	119	1
食用植物油加工	1331	114	111	3	7430	1778	112	1
非食用植物油加工	1332	7	7		297	112	7	
制糖	134	17	16	1	2067	816	19	3
制糖	1340	17	16	1	2067	816	19	3
屠宰及肉类加工	135	326	317	9	18588	9670	339	22
畜禽屠宰	1351	154	148	6	12021	5890	167	19
肉制品及副产品加工	1352	172	169	3	6567	3780	172	3
水产品加工	136	935	928	7	58591	36244	942	14
水产品冷冻加工	1361	558	553	5	34920	20988	565	12
鱼糜制品及水产品干腌制加工	1362	220	219	1	18387	12809	221	2
水产饲料制造	1363	51	50	1	1980	450	50	
鱼油提取及制品的制造	1364	8	8		115	42	8	
其他水产品加工	1369	98	98		3189	1955	98	
蔬菜、水果和坚果加工	137	651	648	3	34411	22299	652	4
蔬菜、水果和坚果加工	1370	651	648	3	34411	22299	652	4
其他农副食品加工	139	338	334	4	13282	7587	339	5
淀粉及淀粉制品的制造	1391	53	52	1	1634	734	53	1
豆制品制造	1392	104	103	1	3554	2124	105	2
蛋品加工	1393	19	19		1589	1144	19	
其他未列明的农副食品加工	1399	162	160	2	6505	3585	162	2
食品制造业	14	1841	1787	54	109964	62455	1880	93
焙烤食品制造	141	362	330	32	25389	15023	379	49
糕点、面包制造	1411	192	162	30	8103	4621	208	46
饼干及其他焙烤食品制造	1419	170	168	2	17286	10402	171	3
糖果、巧克力及蜜饯制造	142	354	353	1	25614	14124	353	
糖果、巧克力制造	1421	191	191		15653	8732	191	
蜜饯制作	1422	163	162	1	9961	5392	162	
方便食品制造	143	204	202	2	11449	6175	205	3
米、面制品制造	1431	137	136	1	5734	3161	138	2
速冻食品制造	1432	38	37	1	2152	1242	38	1
方便面及其他方便食品制造	1439	29	29		3563	1772	29	
液体乳及乳制品制造	144	25	23	2	2305	965	25	2
液体乳及乳制品制造	1440	25	23	2	2305	965	25	2

1-2 续表 2

单位：个、人

行 业	代码	法人单位					产业活动单位	
		单位数	单产业法人	多产业法人	从业人员数	女性	单位数	多产业法人所属的产业单位数
罐头制造	145	368	365	3	26529	17955	377	12
肉、禽类罐头制造	1451	16	16		1902	1239	18	2
水产品罐头制造	1452	15	15		1220	889	15	
蔬菜、水果罐头制造	1453	287	284	3	22329	15264	294	10
其他罐头食品制造	1459	50	50		1078	563	50	
调味品、发酵制品制造	146	237	228	9	9624	4103	241	13
味精制造	1461	31	28	3	2780	1055	31	3
酱油、食醋及类似制品的制造	1462	119	115	4	3957	1683	120	5
其他调味品、发酵制品制造	1469	87	85	2	2887	1365	90	5
其他食品制造	149	291	286	5	9054	4110	300	14
营养、保健食品制造	1491	68	66	2	1234	577	70	4
冷冻饮品及食用冰制造	1492	83	83		2203	781	85	2
盐加工	1493	9	9		845	493	9	
食品及饲料添加剂制造	1494	63	63		2396	905	64	1
其他未列明的食品制造	1499	68	65	3	2376	1354	72	7
饮料制造业	15	2459	2429	30	92720	43006	2474	45
酒精制造	151	4	4		78	45	4	
酒精制造	1510	4	4		78	45	4	
酒的制造	152	266	260	6	15459	6635	266	6
白酒制造	1521	71	71		2844	1414	71	
啤酒制造	1522	33	33		9513	3911	33	
黄酒制造	1523	96	92	4	1880	851	95	3
葡萄酒制造	1524	8	8		208	40	8	
其他酒制造	1529	58	56	2	1014	419	59	3
软饮料制造	153	402	393	9	25931	9658	407	14
碳酸饮料制造	1531	31	30	1	4435	1215	31	1
瓶(罐)装饮用水制造	1532	238	231	7	5220	2374	240	9
果菜汁及果菜汁饮料制造	1533	54	53	1	4071	1989	55	2
含乳饮料和植物蛋白饮料制造	1534	19	19		8087	3173	19	
固体饮料制造	1535	12	12		749	355	12	
茶饮料及其他软饮料制造	1539	48	48		3369	552	50	2
精制茶加工	154	1787	1772	15	51252	26668	1797	25
精制茶加工	1540	1787	1772	15	51252	26668	1797	25
烟草制品业	16	7	7		4585	2004	9	2
烟叶复烤	161	3	3		1419	693	5	2
烟叶复烤	1610	3	3		1419	693	5	2
卷烟制造	162	3	3		3159	1310	3	
卷烟制造	1620	3	3		3159	1310	3	
其他烟草制品加工	169	1	1		7	1	1	
其他烟草制品加工	1690	1	1		7	1	1	
纺织业	17	2965	2944	21	287272	177833	2975	31
棉、化纤纺织及印染精加工	171	875	872	3	130045	77097	876	4
棉、化纤纺织加工	1711	660	658	2	95260	64007	662	4
棉、化纤印染精加工	1712	215	214	1	34785	13090	214	
毛纺织和染整精加工	172	42	42		3142	1754	42	
毛条加工	1721	1	1		218	82	1	
毛纺织	1722	24	24		1826	1108	24	
毛染整精加工	1723	17	17		1098	564	17	
麻纺织	173	8	8		134	75	8	
麻纺织	1730	8	8		134	75	8	

1-2 续表 3 单位：个、人

行业	代码	法人单位					产业活动单位	
		单位数	单产业法人	多产业法人	从业人员数	女性	单位数	多产业法人所属的产业单位数
丝绢纺织及精加工	174	36	36		1522	820	36	
缫丝加工	1741	2	2		16	7	2	
绢纺和丝织加工	1742	17	17		994	559	17	
丝印染精加工	1743	17	17		512	254	17	
纺织制成品制造	175	647	643	4	43745	25683	650	7
棉及化纤制品制造	1751	162	161	1	14547	9328	163	2
毛制品制造	1752	5	5		160	109	5	
麻制品制造	1753	7	7		118	82	7	
丝制品制造	1754	14	14		565	395	14	
绳、索、缆的制造	1755	55	55		2376	1458	55	
纺织带和帘子布制造	1756	133	132	1	7499	3456	134	2
无纺布制造	1757	103	102	1	8729	4389	103	1
其他纺织制成品制造	1759	168	167	1	9751	6466	169	2
针织品、编织品及其制品制造	176	1357	1343	14	108684	72404	1363	20
棉、化纤针织品及编织品制造	1761	827	819	8	52143	33441	831	12
毛针织品及编织品制造	1762	274	271	3	40380	29063	273	2
丝针织品及编织品制造	1763	116	114	2	6713	4166	119	5
其他针织品及编织品制造	1769	140	139	1	9418	5734	140	1
纺织服装、鞋、帽制造业	18	4955	4913	42	522233	325875	4959	46
纺织服装制造	181	4537	4495	42	477095	298982	4541	46
纺织服装制造	1810	4537	4495	42	477095	298982	4541	46
纺织面料鞋的制造	182	393	393		43471	25580	393	
纺织面料鞋的制造	1820	393	393		43471	25580	393	
制帽	183	25	25		1667	1313	25	
制帽	1830	25	25		1667	1313	25	
皮革、毛皮、羽毛(绒)及其制品业	19	3143	3131	12	619456	362899	3142	11
皮革鞣制加工	191	173	173		14689	5437	174	1
皮革鞣制加工	1910	173	173		14689	5437	174	1
皮革制品制造	192	2908	2896	12	602089	355887	2906	10
皮鞋制造	1921	2092	2086	6	498601	289896	2091	5
皮革服装制造	1922	18	18		2180	1411	18	
皮箱、包(袋)制造	1923	610	605	5	87418	56214	608	3
皮手套及皮装饰制品制造	1924	37	36	1	7200	5234	38	2
其他皮革制品制造	1929	151	151		6690	3132	151	
毛皮鞣制及制品加工	193	14	14		791	382	14	
毛皮鞣制加工	1931	3	3		230	70	3	
毛皮服装加工	1932	4	4		225	117	4	
其他毛皮制品加工	1939	7	7		336	195	7	
羽毛(绒)加工及制品制造	194	48	48		1887	1193	48	
羽毛(绒)加工	1941	35	35		1022	632	35	
羽毛(绒)制品加工	1942	13	13		865	561	13	
木材加工及木、竹、藤、棕、草制品业	20	3637	3601	36	159253	72951	3692	91
锯材、木片加工	201	754	748	6	17739	6126	771	23
锯材加工	2011	540	536	4	13021	4448	550	14
木片加工	2012	214	212	2	4718	1678	221	9
人造板制造	202	956	945	11	62504	26403	962	17
胶合板制造	2021	476	471	5	28526	12707	481	10
纤维板制造	2022	45	44	1	6205	1792	44	
刨花板制造	2023	34	34		2001	635	34	
其他人造板、材制造	2029	401	396	5	25772	11269	403	7

1-2 续表 4

单位：个、人

行业	代码	法人单位					产业活动单位	
		单位数	单产业法人	多产业法人	从业人员数	女性	单位数	多产业法人所属的产业单位数
木制品制造	203	757	751	6	33148	15348	761	10
建筑用木料及木材组件加工	2031	238	235	3	9998	4046	238	3
木容器制造	2032	160	159	1	4363	1842	161	2
软木制品及其他木制品制造	2039	359	357	2	18787	9460	362	5
竹、藤、棕、草制品制造	204	1170	1157	13	45862	25074	1198	41
竹、藤、棕、草制品制造	2040	1170	1157	13	45862	25074	1198	41
家具制造业	21	1176	1165	11	74025	27680	1187	22
木质家具制造	211	744	735	9	37128	12970	749	14
木质家具制造	2110	744	735	9	37128	12970	749	14
竹、藤家具制造	212	51	51		1690	819	52	1
竹、藤家具制造	2120	51	51		1690	819	52	1
金属家具制造	213	214	214		26168	9809	215	1
金属家具制造	2130	214	214		26168	9809	215	1
塑料家具制造	214	24	24		1454	725	24	
塑料家具制造	2140	24	24		1454	725	24	
其他家具制造	219	143	141	2	7585	3357	147	6
其他家具制造	2190	143	141	2	7585	3357	147	6
造纸及纸制品业	22	2263	2250	13	119602	49814	2273	23
纸浆制造	221	30	29	1	3187	989	31	2
纸浆制造	2210	30	29	1	3187	989	31	2
造纸	222	561	555	6	34571	12967	564	9
机制纸及纸板制造	2221	380	375	5	29722	10850	383	8
手工纸制造	2222	33	33		733	368	33	
加工纸制造	2223	148	147	1	4116	1749	148	1
纸制品制造	223	1672	1666	6	81844	35858	1678	12
纸和纸板容器的制造	2231	1087	1082	5	56962	23037	1087	5
其他纸制品制造	2239	585	584	1	24882	12821	591	7
印刷业和记录媒介的复制	23	1820	1801	19	53798	23420	1839	38
印刷	231	1700	1683	17	48613	21612	1715	32
书、报、刊印刷	2311	470	466	4	15272	6781	472	6
本册印制	2312	242	239	3	4575	2285	244	5
包装装潢及其他印刷	2319	988	978	10	28766	12546	999	21
装订及其他印刷服务活动	232	114	112	2	4622	1489	118	6
装订及其他印刷服务活动	2320	114	112	2	4622	1489	118	6
记录媒介的复制	233	6	6		563	319	6	
记录媒介的复制	2330	6	6		563	319	6	
文教体育用品制造业	24	686	686		78887	43909	687	1
文化用品制造	241	148	148		10224	5953	148	
文具制造	2411	92	92		7949	4587	92	
笔的制造	2412	20	20		737	392	20	
教学用模型及教具制造	2413	12	12		616	401	12	
墨水、墨汁制造	2414	3	3		15	3	3	
其他文化用品制造	2419	21	21		907	570	21	
体育用品制造	242	313	313		49913	25917	314	1
球类制造	2421	42	42		7414	5763	42	
体育器材及配件制造	2422	122	122		20205	10295	122	
训练健身器材制造	2423	58	58		12424	4062	58	
运动防护用具制造	2424	19	19		3299	2089	19	
其他体育用品制造	2429	72	72		6571	3708	73	1

1-2 续表 5

单位：个、人

行 业	代码	法人单位					产业活动单位	
		单位数	单产业法人	多产业法人	从业人员数	女性	单位数	多产业法人所属的产业单位数
乐器制造	243	20	20		2087	1013	20	
中乐器制造	2431	7	7		558	322	7	
西乐器制造	2432	9	9		691	295	9	
电子乐器制造	2433	1	1		788	386	1	
其他乐器及零件制造	2439	3	3		50	10	3	
玩具制造	244	196	196		15412	10110	196	
玩具制造	2440	196	196		15412	10110	196	
游艺器材及娱乐用品制造	245	9	9		1251	916	9	
露天游乐场所游乐设备制造	2451							
游艺用品及室内游艺器材制造	2452	9	9		1251	916	9	
石油加工、炼焦及核燃料加工业	25	89	89		5858	1668	90	1
精炼石油产品的制造	251	83	83		5314	1549	84	1
原油加工及石油制品制造	2511	75	75		4965	1491	76	1
人造原油生产	2512	8	8		349	58	8	
炼焦	252	6	6		544	119	6	
炼焦	2520	6	6		544	119	6	
核燃料加工	253							
核燃料加工	2530							
化学原料及化学制品制造业	26	2324	2300	24	102360	34404	2342	42
基础化学原料制造	261	273	268	5	17951	4529	277	9
无机酸制造	2611	37	35	2	2892	706	39	4
无机碱制造	2612	16	16		5007	1307	16	
无机盐制造	2613	65	64	1	3945	1093	65	1
有机化学原料制造	2614	69	69		3090	758	69	
其他基础化学原料制造	2619	86	84	2	3017	665	88	4
肥料制造	262	219	216	3	13789	4086	219	3
氮肥制造	2621	25	23	2	8937	2700	24	1
磷肥制造	2622	11	11		1018	239	11	
钾肥制造	2623	2	2		87	13	2	
复混肥料制造	2624	76	76		1945	603	76	
有机肥料及微生物肥料制造	2625	88	87	1	1483	472	89	2
其他肥料制造	2629	17	17		319	59	17	
农药制造	263	38	37	1	2042	716	38	1
化学农药制造	2631	28	27	1	1818	652	28	1
生物化学农药及微生物农药制造	2632	10	10		224	64	10	
涂料、油墨、颜料及类似产品制造	264	549	543	6	15128	4144	557	14
涂料制造	2641	414	411	3	11220	3041	420	9
油墨及类似产品制造	2642	44	42	2	1286	396	45	3
颜料制造	2643	35	34	1	965	251	36	2
染料制造	2644	17	17		626	157	17	
密封用填料及类似品制造	2645	39	39		1031	299	39	
合成材料制造	265	170	168	2	9940	3028	172	4
初级形态的塑料及合成树脂制造	2651	105	105		5519	1739	105	
合成橡胶制造	2652	27	27		541	152	27	
合成纤维单(聚合)体的制造	2653	11	11		2834	965	11	
其他合成材料制造	2659	27	25	2	1046	172	29	4
专用化学产品制造	266	661	659	2	24473	7885	663	4
化学试剂和助剂制造	2661	161	160	1	4824	1477	161	1

1-2 续表 6

单位：个、人

行业	代码	法人单位					产业活动单位	
		单位数	单产业法人	多产业法人	从业人员数	女性	单位数	多产业法人所属的产业单位数
专项化学用品制造	2662	103	103		2589	728	103	
林产化学产品制造	2663	217	217		7094	1965	219	2
炸药及火工产品制造	2664	32	32		4739	2314	32	
信息化学品制造	2665	20	19	1	2336	597	20	1
环境污染处理专用药剂材料制造	2666	19	19		313	92	19	
动物胶制造	2667	6	6		61	12	6	
其他专用化学产品制造	2669	103	103		2517	700	103	
日用化学产品制造	267	414	409	5	19037	10016	416	7
肥皂及合成洗涤剂制造	2671	69	69		1716	815	69	
化妆品制造	2672	77	77		5152	3148	78	1
口腔清洁用品制造	2673	9	9		210	117	9	
香料、香精制造	2674	96	92	4	3849	1392	96	4
其他日用化学产品制造	2679	163	162	1	8110	4544	164	2
医药制造业	27	306	302	4	23155	11591	307	5
化学药品原药制造	271	26	26		3108	1015	27	1
化学药品原药制造	2710	26	26		3108	1015	27	1
化学药品制剂制造	272	50	50		5949	3459	50	
化学药品制剂制造	2720	50	50		5949	3459	50	
中药饮片加工	273	25	23	2	806	363	25	2
中药饮片加工	2730	25	23	2	806	363	25	2
中成药制造	274	68	68		6466	3695	68	
中成药制造	2740	68	68		6466	3695	68	
兽用药品制造	275	17	17		1599	550	17	
兽用药品制造	2750	17	17		1599	550	17	
生物、生化制品的制造	276	78	77	1	3664	1506	78	1
生物、生化制品的制造	2760	78	77	1	3664	1506	78	1
卫生材料及医药用品制造	277	42	41	1	1563	1003	42	1
卫生材料及医药用品制造	2770	42	41	1	1563	1003	42	1
化学纤维制造业	28	130	129	1	21336	8037	130	1
纤维素纤维原料及纤维制造	281	23	23		1403	552	23	
化纤浆粕制造	2811	5	5		544	154	5	
人造纤维(纤维素纤维)制造	2812	18	18		859	398	18	
合成纤维制造	282	107	106	1	19933	7485	107	1
锦纶纤维制造	2821	22	22		3463	1404	22	
涤纶纤维制造	2822	57	57		12980	4691	57	
腈纶纤维制造	2823	1	1		70	26	1	
维纶纤维制造	2824							
其他合成纤维制造	2829	27	26	1	3420	1364	27	1
橡胶制品业	29	830	825	5	83267	37819	832	7
轮胎制造	291	66	65	1	15257	4403	67	2
车辆、飞机及工程机械轮胎制造	2911	30	29	1	14438	4186	31	2
力车胎制造	2912	4	4		141	60	4	
轮胎翻新加工	2913	32	32		678	157	32	
橡胶板、管、带的制造	292	68	68		1491	464	68	
橡胶板、管、带的制造	2920	68	68		1491	464	68	
橡胶零件制造	293	118	118		7337	3097	119	1
橡胶零件制造	2930	118	118		7337	3097	119	1
再生橡胶制造	294	30	30		1402	528	30	
再生橡胶制造	2940	30	30		1402	528	30	

1-2 续表 7 单位：个、人

行业	代码	法人单位					产业活动单位	
		单位数	单产业法人	多产业法人	从业人员数	女性	单位数	多产业法人所属的产业单位数
日用及医用橡胶制品制造	295	54	54		2400	1288	54	
日用及医用橡胶制品制造	2950	54	54		2400	1288	54	
橡胶靴鞋制造	296	343	342	1	47206	24650	342	
橡胶靴鞋制造	2960	343	342	1	47206	24650	342	
其他橡胶制品制造	299	151	148	3	8174	3389	152	4
其他橡胶制品制造	2990	151	148	3	8174	3389	152	4
塑料制品业	30	3545	3525	20	209402	101086	3554	29
塑料薄膜制造	301	354	353	1	21026	10014	354	1
塑料薄膜制造	3010	354	353	1	21026	10014	354	1
塑料板、管、型材的制造	302	271	268	3	13920	4890	269	1
塑料板、管、型材的制造	3020	271	268	3	13920	4890	269	1
塑料丝、绳及编织品的制造	303	228	224	4	8319	4395	230	6
塑料丝、绳及编织品的制造	3030	228	224	4	8319	4395	230	6
泡沫塑料制造	304	281	279	2	9390	3381	284	5
泡沫塑料制造	3040	281	279	2	9390	3381	284	5
塑料人造革、合成革制造	305	103	103		9504	3218	103	
塑料人造革、合成革制造	3050	103	103		9504	3218	103	
塑料包装箱及容器制造	306	270	269	1	7485	3264	271	2
塑料包装箱及容器制造	3060	270	269	1	7485	3264	271	2
塑料零件制造	307	224	223	1	13393	6417	224	1
塑料零件制造	3070	224	223	1	13393	6417	224	1
日用塑料制造	308	1075	1071	4	89934	47655	1076	5
塑料鞋制造	3081	586	585	1	56607	31961	586	1
日用塑料杂品制造	3082	489	486	3	33327	15694	490	4
其他塑料制品制造	309	739	735	4	36431	17852	743	8
其他塑料制品制造	3090	739	735	4	36431	17852	743	8
非金属矿物制品业	31	8100	8052	48	401292	131130	8180	128
水泥、石灰和石膏的制造	311	464	460	4	36273	9726	469	9
水泥制造	3111	328	325	3	33377	9058	331	6
石灰和石膏制造	3112	136	135	1	2896	668	138	3
水泥及石膏制品制造	312	569	564	5	21740	3883	573	9
水泥制品制造	3121	403	399	4	17412	3043	404	5
砼结构构件制造	3122	43	43		1035	225	44	1
石棉水泥制品制造	3123	20	20		544	144	20	
轻质建筑材料制造	3124	55	54	1	1475	281	55	1
其他水泥制品制造	3129	48	48		1274	190	50	2
砖瓦、石材及其他建筑材料制造	313	5786	5758	28	245117	68722	5851	93
粘土砖瓦及建筑砌块制造	3131	1544	1540	4	42192	14523	1553	13
建筑陶瓷制品制造	3132	411	408	3	49473	21158	411	3
建筑用石加工	3133	3578	3559	19	146076	31920	3631	72
防水建筑材料制造	3134	40	39	1	533	135	41	2
隔热和隔音材料制造	3135	18	18		687	221	18	
其他建筑材料制造	3139	195	194	1	6156	765	197	3
玻璃及玻璃制品制造	314	280	280		17972	6002	281	1
平板玻璃制造	3141	31	31		3663	616	31	
技术玻璃制品制造	3142	45	45		4007	878	45	
光学玻璃制造	3143	20	20		2535	1522	20	
玻璃仪器制造	3144	4	4		242	45	4	
日用玻璃制品及玻璃包装容器制造	3145	56	56		2416	1226	57	1

1-2 续表 8

单位：个、人

行　　业	代码	法人单位					产业活动单位	
		单位数	单产业法　人	多产业法　人	从　业人员数	女　性	单位数	多产业法人所属的产业单位数
玻璃保温容器制造	3146	2	2		31	11	2	
玻璃纤维及制品制造	3147	18	18		1140	324	18	
玻璃纤维增强塑料制品制造	3148	39	39		1472	591	39	
其他玻璃制品制造	3149	65	65		2466	789	65	
陶瓷制品制造	315	752	744	8	72059	40198	755	11
卫生陶瓷制品制造	3151	32	32		1545	362	32	
特种陶瓷制品制造	3152	153	152	1	8620	5092	157	5
日用陶瓷制品制造	3153	174	168	6	20034	11424	173	5
园林、陈设艺术及其他陶瓷制品制造	3159	393	392	1	41860	23320	393	1
耐火材料制品制造	316	81	80	1	2463	889	80	
石棉制品制造	3161	15	15		315	64	15	
云母制品制造	3162	3	3		68	10	3	
耐火陶瓷制品及其他耐火材料制造	3169	63	62	1	2080	815	62	
石墨及其他非金属矿物制品制造	319	168	166	2	5668	1710	171	5
石墨及碳素制品制造	3191	34	34		1101	312	34	
其他非金属矿物制品制造	3199	134	132	2	4567	1398	137	5
黑色金属冶炼及压延加工业	32	429	425	4	52444	11446	431	6
炼铁	321	46	46		4771	1320	47	1
炼铁	3210	46	46		4771	1320	47	1
炼钢	322	34	34		6952	1163	34	
炼钢	3220	34	34		6952	1163	34	
钢压延加工	323	277	274	3	36526	8006	278	4
钢压延加工	3230	277	274	3	36526	8006	278	4
铁合金冶炼	324	72	71	1	4195	957	72	1
铁合金冶炼	3240	72	71	1	4195	957	72	1
有色金属冶炼及压延加工业	33	344	339	5	30050	7873	345	6
常用有色金属冶炼	331	63	62	1	2098	462	62	
铜冶炼	3311	12	12		439	89	12	
铅锌冶炼	3312	8	8		705	116	8	
镍钴冶炼	3313	5	5		129	16	5	
锡冶炼	3314	2	2		32	11	2	
锑冶炼	3315							
铝冶炼	3316	22	21	1	621	169	21	
镁冶炼	3317							
其他常用有色金属冶炼	3319	14	14		172	61	14	
贵金属冶炼	332	9	8	1	2923	658	11	3
金冶炼	3321	7	6	1	2921	658	9	3
银冶炼	3322	2	2		2		2	
其他贵金属冶炼	3329							
稀有稀土金属冶炼	333	33	33		2279	460	33	
钨钼冶炼	3331	15	15		1656	239	15	
稀土金属冶炼	3332	13	13		519	216	13	
其他稀有金属冶炼	3339	5	5		104	5	5	
有色金属合金制造	334	55	55		3660	871	55	
有色金属合金制造	3340	55	55		3660	871	55	
有色金属压延加工	335	184	181	3	19090	5422	184	3
常用有色金属压延加工	3351	172	169	3	18162	5207	172	3
贵金属压延加工	3352	3	3		43	15	3	
稀有稀土金属压延加工	3353	9	9		885	200	9	

1-2 续表 9 单位：个、人

行业	代码	法人单位 单位数	单产业法人	多产业法人	从业人员数	女性	产业活动单位 单位数	多产业法人所属的产业单位数
金属制品业	34	2859	2838	21	119570	42216	2881	43
结构性金属制品制造	341	984	974	10	30188	8897	995	21
金属结构制造	3411	709	704	5	23662	7351	716	12
金属门窗制造	3412	275	270	5	6526	1546	279	9
金属工具制造	342	310	306	4	10562	3875	313	7
切削工具制造	3421	73	71	2	3102	1181	74	3
手工具制造	3422	34	33	1	1151	393	34	1
农用及园林用金属工具制造	3423	21	21		660	299	21	
刀剪及类似日用金属工具制造	3424	47	47		1440	659	47	
其他金属工具制造	3429	135	134	1	4209	1343	137	3
集装箱及金属包装容器制造	343	125	125		9557	3276	125	
集装箱制造	3431	9	9		1794	155	9	
金属压力容器制造	3432	17	17		988	259	17	
金属包装容器制造	3433	99	99		6775	2862	99	
金属丝绳及其制品的制造	344	82	80	2	3594	1699	82	2
金属丝绳及其制品的制造	3440	82	80	2	3594	1699	82	2
建筑、安全用金属制品制造	345	426	424	2	25798	9497	430	6
建筑、家具用金属配件制造	3451	202	202		8851	3864	203	1
建筑装饰及水暖管道零件制造	3452	126	125	1	13097	4547	128	3
安全、消防用金属制品制造	3453	62	61	1	2544	723	63	2
其他建筑、安全用金属制品制造	3459	36	36		1306	363	36	
金属表面处理及热处理加工	346	202	201	1	6184	2235	203	2
金属表面处理及热处理加工	3460	202	201	1	6184	2235	203	2
搪瓷制品制造	347	28	28		1220	434	29	1
工业生产配套用搪瓷制品制造	3471	3	3		63	14	3	
搪瓷卫生洁具制造	3472	17	17		980	326	18	1
搪瓷日用品及其他搪瓷制品制造	3479	8	8		177	94	8	
不锈钢及类似日用金属制品制造	348	334	332	2	17287	6628	336	4
金属制厨房调理及卫生器具制造	3481	49	48	1	1656	493	48	
金属制厨用器皿及餐具制造	3482	58	58		5955	2459	59	1
其他日用金属制品制造	3489	227	226	1	9676	3676	229	3
其他金属制品制造	349	368	368		15180	5675	368	
铸币及贵金属制实验室用品制造	3491	1	1		37	17	1	
其他未列明的金属制品制造	3499	367	367		15143	5658	367	
通用设备制造业	35	2961	2934	27	131420	34802	2980	46
锅炉及原动机制造	351	72	72		4131	1139	72	
锅炉及辅助设备制造	3511	28	28		848	146	28	
内燃机及配件制造	3512	30	30		2758	885	30	
汽轮机及辅机制造	3513	2	2		67	9	2	
水轮机及辅机制造	3514	8	8		407	78	8	
其他原动机制造	3519	4	4		51	21	4	
金属加工机械制造	352	383	380	3	11343	2445	385	5
金属切削机床制造	3521	44	44		2540	568	44	
金属成形机床制造	3522	33	33		1589	326	33	
铸造机械制造	3523	123	123		2387	448	123	
金属切割及焊接设备制造	3524	26	25	1	488	116	26	1
机床附件制造	3525	30	30		1484	374	31	1
其他金属加工机械制造	3529	127	125	2	2855	613	128	3

1-2 续表 10

单位：个、人

行业	代码	法人单位 单位数	单产业法人	多产业法人	从业人员数	女性	产业活动单位 单位数	多产业法人所属的产业单位数
起重运输设备制造	353	107	105	2	7655	1267	108	3
起重运输设备制造	3530	107	105	2	7655	1267	108	3
泵、阀门、压缩机及类似机械的制造	354	551	540	11	37776	12143	551	11
泵及真空设备制造	3541	76	76		4374	1695	76	
气体压缩机械制造	3542	37	37		3270	890	37	
阀门和旋塞的制造	3543	375	364	11	27163	8747	375	11
液压和气压动力机械及元件制造	3544	63	63		2969	811	63	
轴承、齿轮、传动和驱动部件的制造	355	197	197		12982	4024	197	
轴承制造	3551	102	102		7813	2814	102	
齿轮、传动和驱动部件制造	3552	95	95		5169	1210	95	
烘炉、熔炉及电炉制造	356	9	9		136	37	9	
烘炉、熔炉及电炉制造	3560	9	9		136	37	9	
风机、衡器、包装设备等通用设备制造	357	308	306	2	13605	3443	308	2
风机、风扇制造	3571	32	32		894	246	32	
气体、液体分离及纯净设备制造	3572	41	41		1233	288	41	
制冷、空调设备制造	3573	42	42		1861	362	42	
风动和电动工具制造	3574	17	17		1758	559	17	
喷枪及类似器具制造	3575	6	6		126	29	6	
包装专用设备制造	3576	45	45		1247	331	45	
衡器制造	3577	25	24	1	901	305	26	2
其他通用设备制造	3579	100	99	1	5585	1323	99	
通用零部件制造及机械修理	358	728	725	3	21194	5355	738	13
金属密封件制造	3581	23	23		635	174	23	
紧固件、弹簧制造	3582	196	195	1	7252	2013	196	1
机械零部件加工及设备修理	3583	387	385	2	9104	1971	395	10
其他通用零部件制造	3589	122	122		4203	1197	124	2
金属铸、锻加工	359	606	600	6	22598	4949	612	12
钢铁铸件制造	3591	550	544	6	20872	4521	556	12
锻件及粉末冶金制品制造	3592	56	56		1726	428	56	
专用设备制造业	36	2085	2071	14	88263	23183	2095	24
矿山、冶金、建筑专用设备制造	361	331	328	3	21765	3620	332	4
采矿、采石设备制造	3611	68	66	2	2351	499	66	
石油钻采专用设备制造	3612	4	4		146	56	4	
建筑工程用机械制造	3613	142	141	1	12479	1994	144	3
建筑材料生产专用机械制造	3614	100	100		6080	950	101	1
冶金专用设备制造	3615	17	17		709	121	17	
化工、木材、非金属加工专用设备制造	362	738	736	2	25144	7030	742	6
炼油、化工生产专用设备制造	3621	14	14		756	194	14	
橡胶加工专用设备制造	3622	23	23		1370	254	23	
塑料加工专用设备制造	3623	42	42		986	226	42	
木材加工机械制造	3624	38	38		744	159	38	
模具制造	3625	599	597	2	20984	6138	602	5
其他非金属加工专用设备制造	3629	22	22		304	59	23	1
食品、饮料、烟草及饲料生产专用设备制造	363	69	68	1	1532	334	69	1
食品、饮料、烟草工业专用设备制造	3631	39	39		1019	235	39	
农副食品加工专用设备制造	3632	28	27	1	471	85	28	1
饲料生产专用设备制造	3633	2	2		42	14	2	
印刷、制药、日化生产专用设备制造	364	122	120	2	5854	1625	121	1
制浆和造纸专用设备制造	3641	25	24	1	2144	303	24	
印刷专用设备制造	3642	24	24		1212	335	24	

1-2 续表 11

单位：个、人

行 业	代码	法人单位					产业活动单位	
		单位数	单产业法人	多产业法人	从业人员数	女性	单位数	多产业法人所属的产业单位数
日用化工专用设备制造	3643	16	16		248	53	16	
制药专用设备制造	3644	2	2		47	13	2	
照明器具生产专用设备制造	3645	26	26		1463	661	26	
玻璃、陶瓷和搪瓷制品生产专用设备制造	3646	9	9		246	66	9	
其他日用品生产专用设备制造	3649	20	19	1	494	194	20	1
纺织、服装和皮革工业专用设备制造	365	171	171		8592	2227	172	1
纺织专用设备制造	3651	113	113		6890	1811	113	
皮革、毛皮及其制品加工专用设备制造	3652	10	10		443	105	10	
缝纫机械制造	3653	32	32		869	196	32	
其他服装加工专用设备制造	3659	16	16		390	115	17	1
电子和电工机械专用设备制造	366	146	146		4558	1558	147	1
电工机械专用设备制造	3661	55	55		1347	357	55	
电子工业专用设备制造	3662	89	89		2091	812	90	1
武器弹药制造	3663	1	1		1081	356	1	
航空、航天及其他专用设备制造	3669	1	1		39	33	1	
农、林、牧、渔专用机械制造	367	160	159	1	6067	1431	161	2
拖拉机制造	3671	19	19		2096	497	19	
机械化农业及园艺机具制造	3672	35	35		1739	491	35	
营林及木竹采伐机械制造	3673	3	3		43	8	3	
畜牧机械制造	3674	3	3		21	9	3	
渔业机械制造	3675	5	5		48	12	5	
农林牧渔机械配件制造	3676	31	31		907	183	31	
其他农林牧渔业机械制造及机械修理	3679	64	63	1	1213	231	65	2
医疗仪器设备及器械制造	368	97	96	1	4766	2727	98	2
医疗诊断、监护及治疗设备制造	3681	14	13	1	223	116	14	1
口腔科用设备及器具制造	3682	20	20		517	189	20	
实验室及医用消毒设备和器具的制造	3683							
医疗、外科及兽医用器械制造	3684	12	12		916	587	12	
机械治疗及病房护理设备制造	3685	3	3		80	43	3	
假肢、人工器官及植(介)入器械制造	3686	18	18		1124	709	19	1
其他医疗设备及器械制造	3689	30	30		1906	1083	30	
环保、社会公共安全及其他专用设备制造	369	251	247	4	9985	2631	253	6
环境污染防治专用设备制造	3691	95	92	3	5646	1576	96	4
地质勘查专用设备制造	3692	1	1		31		1	
邮政专用机械及器材制造	3693	1	1		9	4	1	
商业、饮食、服务业专用设备制造	3694	5	5		37	11	6	1
社会公共安全设备及器材制造	3695	41	40	1	1415	451	40	
交通安全及管制专用设备制造	3696	8	8		127	19	9	1
水资源专用机械制造	3697	15	15		251	95	15	
其他专用设备制造	3699	85	85		2469	475	85	
交通运输设备制造业	37	2203	2181	22	147404	40837	2246	65
铁路运输设备制造	371	12	12		537	174	12	
铁路机车车辆及动车组制造	3711	2	2		15	2	2	
工矿有轨专用车辆制造	3712							
铁路机车车辆配件制造	3713	3	3		134	52	3	
铁路专用设备及器材、配件制造	3714	3	3		290	92	3	
其他铁路设备制造及设备修理	3719	4	4		98	28	4	
汽车制造	372	1574	1559	15	98535	27414	1607	48
汽车整车制造	3721	23	23		9844	1033	23	

1-2 续表 12 单位：个、人

行业	代码	法人单位					产业活动单位	
		单位数	单产业法人	多产业法人	从业人员数	女性	单位数	多产业法人所属的产业单位数
改装汽车制造	3722	17	16	1	1230	163	17	1
电车制造	3723	3	3		158	46	3	
汽车车身、挂车的制造	3724	11	11		1136	104	11	
汽车零部件及配件制造	3725	937	930	7	75847	24181	950	20
汽车修理	3726	583	576	7	10320	1887	603	27
摩托车制造	373	221	218	3	15835	7347	224	6
摩托车整车制造	3731	4	4		1243	331	4	
摩托车零部件及配件制造	3732	217	214	3	14592	7016	220	6
自行车制造	374	30	30		2378	574	30	
脚踏自行车及残疾人座车制造	3741	16	16		2157	486	16	
助动自行车制造	3742	14	14		221	88	14	
船舶及浮动装置制造	375	335	331	4	24083	4122	342	11
金属船舶制造	3751	98	97	1	9526	1588	101	4
非金属船舶制造	3752	33	33		693	160	33	
娱乐船和运动船的建造和修理	3753	17	16	1	1951	449	18	2
船用配套设备制造	3754	21	21		1082	157	21	
船舶修理及拆船	3755	165	163	2	10776	1735	168	5
航标器材及其他浮动装置的制造	3759	1	1		55	33	1	
航空航天器制造	376	9	9		5500	1069	9	
飞机制造及修理	3761	8	8		5495	1069	8	
航天器制造	3762							
其他飞行器制造	3769	1	1		5		1	
交通器材及其他交通运输设备制造	379	22	22		536	137	22	
潜水及水下救捞装备制造	3791							
交通管理用金属标志及设施制造	3792	10	10		182	34	10	
其他交通运输设备制造	3799	12	12		354	103	12	
电气机械及器材制造业	39	2168	2146	22	176433	79827	2182	36
电机制造	391	700	695	5	37604	13253	704	9
发电机及发电机组制造	3911	213	211	2	18315	6167	214	3
电动机制造	3912	445	442	3	16843	5613	447	5
微电机及其他电机制造	3919	42	42		2446	1473	43	1
输配电及控制设备制造	392	531	522	9	33726	15415	538	16
变压器、整流器和电感器制造	3921	97	96	1	9296	5685	98	2
电容器及其配套设备制造	3922	15	15		386	174	16	1
配电开关控制设备制造	3923	178	172	6	12133	3926	180	8
电力电子元器件制造	3924	182	180	2	9403	4686	184	4
其他输配电及控制设备制造	3929	59	59		2508	944	60	1
电线、电缆、光缆及电工器材制造	393	216	215	1	13412	6991	216	1
电线电缆制造	3931	156	155	1	11711	6443	156	1
光纤、光缆制造	3932	4	4		107	36	4	
绝缘制品制造	3933	26	26		1133	350	26	
其他电工器材制造	3939	30	30		461	162	30	
电池制造	394	140	139	1	20665	8985	140	1
电池制造	3940	140	139	1	20665	8985	140	1
家用电力器具制造	395	158	155	3	24281	8269	160	5
家用制冷电器具制造	3951	6	6		113	59	6	
家用空气调节器制造	3952	10	10		564	243	10	
家用通风电器具制造	3953	6	6		605	200	6	
家用厨房电器具制造	3954	33	32	1	13061	4049	33	1

1-2 续表 13 单位：个、人

行业	代码	法人单位：单位数	法人单位：单产业法人	法人单位：多产业法人	法人单位：从业人员数	法人单位：女性	产业活动单位：单位数	产业活动单位：多产业法人所属的产业单位数
家用清洁卫生电器具制造	3955	12	12		863	425	12	
家用美容、保健电器具制造	3956	49	48	1	5169	1816	51	3
家用电力器具专用配件制造	3957	17	17		1810	621	17	
其他家用电力器具制造	3959	25	24	1	2096	856	25	1
非电力家用器具制造	396	48	46	2	3801	1480	49	3
燃气、太阳能及类似能源的器具制造	3961	43	41	2	3681	1439	44	3
其他非电力家用器具制造	3969	5	5		120	41	5	
照明器具制造	397	297	296	1	41188	24742	297	1
电光源制造	3971	99	99		25949	15699	99	
照明灯具制造	3972	146	146		10114	6141	146	
灯用电器附件及其他照明器具制造	3979	52	51	1	5125	2902	52	1
其他电气机械及器材制造	399	78	78		1756	692	78	
车辆专用照明及电气信号设备装置制造	3991	10	10		404	221	10	
其他未列明的电气机械制造	3999	68	68		1352	471	68	
通信设备、计算机及其他电子设备制造业	40	1343	1334	9	228470	125110	1351	17
通信设备制造	401	184	182	2	20367	10067	183	1
通信传输设备制造	4011	39	39		2155	808	39	
通信交换设备制造	4012	10	10		1056	306	10	
通信终端设备制造	4013	38	37	1	4360	2695	38	1
移动通信及终端设备制造	4014	55	54	1	9721	5098	54	
其他通信设备制造	4019	42	42		3075	1160	42	
雷达及配套设备制造	402	3	3		161	71	3	
雷达及配套设备制造	4020	3	3		161	71	3	
广播电视设备制造	403	41	40	1	3620	1937	42	2
广播电视节目制作及发射设备制造	4031	3	3		74	43	3	
广播电视接收设备及器材制造	4032	22	22		2853	1624	22	
应用电视设备及其他广播电视设备制造	4039	16	15	1	693	270	17	2
电子计算机制造	404	122	121	1	48304	20917	126	5
电子计算机整机制造	4041	22	22		8905	1706	22	
计算机网络设备制造	4042	22	22		4388	1187	23	1
电子计算机外部设备制造	4043	78	77	1	35011	18024	81	4
电子器件制造	405	247	245	2	47731	23101	248	3
电子真空器件制造	4051	7	6	1	4542	2600	6	
半导体分立器件制造	4052	25	25		2760	776	26	1
集成电路制造	4053	35	35		8115	3117	35	
光电子器件及其他电子器件制造	4059	180	179	1	32314	16608	181	2
电子元件制造	406	480	480		76494	51383	482	2
电子元件及组件制造	4061	420	420		67341	46056	422	2
印制电路板制造	4062	60	60		9153	5327	60	
家用视听设备制造	407	83	82	1	22507	13461	83	1
家用影视设备制造	4071	39	38	1	14615	7521	39	1
家用音响设备制造	4072	44	44		7892	5940	44	
其他电子设备制造	409	183	181	2	9286	4173	184	3
其他电子设备制造	4090	183	181	2	9286	4173	184	3
仪器仪表及文化、办公用机械制造业	41	639	637	2	67416	39913	639	2
通用仪器仪表制造	411	150	150		7183	3131	150	
工业自动控制系统装置制造	4111	44	44		1636	462	44	
电工仪器仪表制造	4112	52	52		2287	1100	52	
绘图、计算及测量仪器制造	4113	7	7		160	84	7	

1-2 续表 14

单位：个、人

行业	代码	法人单位					产业活动单位	
		单位数	单产业法人	多产业法人	从业人员数	女性	单位数	多产业法人所属的产业单位数
实验分析仪器制造	4114	16	16		1242	611	16	
试验机制造	4115	2	2		49	9	2	
供应用仪表及其他通用仪器制造	4119	29	29		1809	865	29	
专用仪器仪表制造	412	73	73		3304	1212	74	1
环境监测专用仪器仪表制造	4121	6	6		261	112	6	
汽车及其他用计数仪表制造	4122	9	9		438	35	9	
导航、气象及海洋专用仪器制造	4123	3	3		37	9	3	
农林牧渔专用仪器仪表制造	4124	3	3		50	24	3	
地质勘探和地震专用仪器制造	4125	1	1		1		1	
教学专用仪器制造	4126	5	5		32	11	5	
核子及核辐射测量仪器制造	4127	1	1		6	2	1	
电子测量仪器制造	4128	13	13		382	120	13	
其他专用仪器制造	4129	32	32		2097	899	33	1
钟表与计时仪器制造	413	167	166	1	14973	9053	167	1
钟表与计时仪器制造	4130	167	166	1	14973	9053	167	1
光学仪器及眼镜制造	414	174	174		22903	13195	174	
光学仪器制造	4141	57	57		3975	1770	57	
眼镜制造	4142	117	117		18928	11425	117	
文化、办公用机械制造	415	58	57	1	16556	12204	57	
电影机械制造	4151	1	1		9	4	1	
幻灯及投影设备制造	4152	4	4		175	106	4	
照相机及器材制造	4153	12	12		3443	2608	12	
复印和胶印设备制造	4154	4	4		788	328	4	
计算器及货币专用设备制造	4155	30	29	1	12066	9136	29	
其他文化、办公用机械制造	4159	7	7		75	22	7	
其他仪器仪表的制造及修理	419	17	17		2497	1118	17	
其他仪器仪表的制造及修理	4190	17	17		2497	1118	17	
工艺品及其他制造业	42	3392	3370	22	262510	138674	3402	32
工艺美术品制造	421	2526	2509	17	186181	92516	2531	22
雕塑工艺品制造	4211	765	757	8	36233	16064	769	12
金属工艺品制造	4212	279	278	1	33931	15942	279	1
漆器工艺品制造	4213	117	115	2	7024	3886	117	2
花画工艺品制造	4214	91	90	1	6505	4522	91	1
天然植物纤维编织工艺品制造	4215	184	184		13936	7940	184	
抽纱刺绣工艺品制造	4216	110	109	1	2802	1945	110	1
地毯、挂毯制造	4217	6	6		648	448	6	
珠宝首饰及有关物品的制造	4218	115	114	1	5413	3525	116	2
其他工艺美术品制造	4219	859	856	3	79689	38244	859	3
日用杂品制造	422	590	589	1	63163	40087	592	3
制镜及类似品加工	4221	16	16		478	210	16	
鬃毛加工、制刷及清扫工具的制造	4222	12	12		1120	609	12	
其他日用杂品制造	4229	562	561	1	61565	39268	564	3
煤制品制造	423	47	47		392	74	48	1
煤制品制造	4230	47	47		392	74	48	1
核辐射加工	424	1	1		13	4	1	
核辐射加工	4240	1	1		13	4	1	
其他未列明的制造业	429	228	224	4	12761	5993	230	6
其他未列明的制造业	4290	228	224	4	12761	5993	230	6

1-2 续表 15

单位：个、人

行 业	代码	法人单位					产业活动单位	
		单位数	单产业法人	多产业法人	从业人员数	女性	单位数	多产业法人所属的产业单位数
废弃资源和废旧材料回收加工业	43	156	155	1	2657	802	159	4
金属废料和碎屑的加工处理	431	63	62	1	1209	295	65	3
金属废料和碎屑的加工处理	4310	63	62	1	1209	295	65	3
非金属废料和碎屑的加工处理	432	93	93		1448	507	94	1
非金属废料和碎屑的加工处理	4320	93	93		1448	507	94	1
电力、燃气及水的生产和供应业	**D**	**5870**	**5740**	**130**	**135044**	**34849**	**6604**	**864**
电力、热力的生产和供应业	44	5030	4908	122	113355	27498	5720	812
电力生产	441	4873	4784	89	71095	15752	5216	432
火力发电	4411	29	29		7676	1653	29	
水力发电	4412	4827	4738	89	62578	13926	5170	432
核力发电	4413	2	2		206	51	2	
其他能源发电	4419	15	15		635	122	15	
电力供应	442	143	110	33	41408	11518	489	379
电力供应	4420	143	110	33	41408	11518	489	379
热力生产和供应	443	14	14		852	228	15	1
热力生产和供应	4430	14	14		852	228	15	1
燃气生产和供应业	45	45	43	2	2236	644	47	4
燃气生产和供应业	450	45	43	2	2236	644	47	4
燃气生产和供应业	4500	45	43	2	2236	644	47	4
水的生产和供应业	46	795	789	6	19453	6707	837	48
自来水的生产和供应	461	743	737	6	18446	6472	784	47
自来水的生产和供应	4610	743	737	6	18446	6472	784	47
污水处理及其再生利用	462	42	42		919	208	43	1
污水处理及其再生利用	4620	42	42		919	208	43	1
其他水的处理、利用与分配	469	10	10		88	27	10	
其他水的处理、利用与分配	4690	10	10		88	27	10	
建筑业	**E**	**5984**	**5817**	**167**	**1635999**	**176724**	**6825**	**1008**
房屋和土木工程建筑业	47	2487	2369	118	1219010	133267	3105	736
房屋工程建筑	471	1519	1435	84	1005088	109125	1934	499
房屋工程建筑	4710	1519	1435	84	1005088	109125	1934	499
土木工程建筑	472	968	934	34	213922	24142	1171	237
铁路、道路、隧道和桥梁工程建筑	4721	401	379	22	138548	12628	546	167
水利和港口工程建筑	4722	95	90	5	26638	3394	121	31
工矿工程建筑	4723	57	57		15915	2684	60	3
架线和管道工程建筑	4724	141	137	4	15554	1879	156	19
其他土木工程建筑	4729	274	271	3	17267	3557	288	17
建筑安装业	48	1030	1008	22	92579	13951	1153	145
建筑安装业	480	1030	1008	22	92579	13951	1153	145
建筑安装业	4800	1030	1008	22	92579	13951	1153	145
建筑装饰业	49	1524	1503	21	66301	10129	1583	80
建筑装饰业	490	1524	1503	21	66301	10129	1583	80
建筑装饰业	4900	1524	1503	21	66301	10129	1583	80
其他建筑业	50	943	937	6	258109	19377	984	47
工程准备	501	350	348	2	102314	8121	365	17
工程准备	5010	350	348	2	102314	8121	365	17
提供施工设备服务	502	113	112	1	31400	2573	119	7
提供施工设备服务	5020	113	112	1	31400	2573	119	7
其他未列明的建筑活动	509	480	477	3	124395	8683	500	23
其他未列明的建筑活动	5090	480	477	3	124395	8683	500	23

1-2 续表 16 单位：个、人

行业	代码	法人单位					产业活动单位	
		单位数	单产业法人	多产业法人	从业人员数	女性	单位数	多产业法人所属的产业单位数
交通运输、仓储和邮政业	F	**5763**	**5508**	**255**	**297263**	**61640**	**8295**	**2787**
铁路运输业	51	15	15		2355	413	15	
铁路旅客运输	511	2	2		404	32	2	
铁路旅客运输	5110	2	2		404	32	2	
铁路货物运输	512	5	5		1749	320	5	
铁路货物运输	5120	5	5		1749	320	5	
铁路运输辅助活动	513	8	8		202	61	8	
客运火车站	5131							
货运火车站	5132	2	2		16	5	2	
其他铁路运输辅助活动	5139	6	6		186	56	6	
道路运输业	52	2341	2217	124	133284	22511	3056	839
公路旅客运输	521	349	314	35	36851	10286	480	166
公路旅客运输	5210	349	314	35	36851	10286	480	166
道路货物运输	522	1557	1504	53	77547	7743	1687	183
道路货物运输	5220	1557	1504	53	77547	7743	1687	183
道路运输辅助活动	523	435	399	36	18886	4482	889	490
客运汽车站	5231	66	65	1	3853	615	115	50
公路管理与养护	5232	235	206	29	11981	3184	579	373
其他道路运输辅助活动	5239	134	128	6	3052	683	195	67
城市公共交通业	53	211	200	11	33051	6221	232	32
公共电汽车客运	531	79	72	7	20359	4938	89	17
公共电汽车客运	5310	79	72	7	20359	4938	89	17
轨道交通	532							
轨道交通	5320							
出租车客运	533	100	98	2	9600	560	109	11
出租车客运	5330	100	98	2	9600	560	109	11
城市轮渡	534	5	5		255	43	5	
城市轮渡	5340	5	5		255	43	5	
其他城市公共交通	539	27	25	2	2837	680	29	4
其他城市公共交通	5390	27	25	2	2837	680	29	4
水上运输业	54	890	867	23	37139	4379	921	54
水上旅客运输	541	50	47	3	2775	735	54	7
远洋旅客运输	5411							
沿海旅客运输	5412	31	29	2	1657	429	33	4
内河旅客运输	5413	19	18	1	1118	306	21	3
水上货物运输	542	697	686	11	24996	2030	704	18
远洋货物运输	5421	34	33	1	3000	288	37	4
沿海货物运输	5422	598	589	9	20675	1393	600	11
内河货物运输	5423	65	64	1	1321	349	67	3
水上运输辅助活动	543	143	134	9	9368	1614	163	29
客运港口	5431	10	10		166	31	15	5
货运港口	5432	54	50	4	7286	1258	61	11
其他水上运输辅助活动	5439	79	74	5	1916	325	87	13
航空运输业	55	33	31	2	10695	4000	42	11
航空客货运输	551	9	9		6548	2247	13	4
航空旅客运输	5511	1	1		7	2	4	3
航空货物运输	5512	8	8		6541	2245	9	1
通用航空服务	552	3	3		567	366	6	3
通用航空服务	5520	3	3		567	366	6	3

1-2 续表 17

单位：个、人

行 业	代码	法人单位					产业活动单位	
		单位数	单产业法 人	多产业法 人	从 业人员数	女 性	单位数	多产业法人所属的产业单位数
航空运输辅助活动	553	21	19	2	3580	1387	23	4
机场	5531	4	3	1	1786	648	4	1
空中交通管理	5532	1	1		279	43	1	
其他航空运输辅助活动	5539	16	15	1	1515	696	18	3
管道运输业	56	2	1	1	62	22	2	1
管道运输业	560	2	1	1	62	22	2	1
管道运输业	5600	2	1	1	62	22	2	1
装卸搬运和其他运输服务业	57	1680	1615	65	43859	11841	1809	194
装卸搬运	571	273	268	5	15604	2095	287	19
装卸搬运	5710	273	268	5	15604	2095	287	19
运输代理服务	572	1407	1347	60	28255	9746	1522	175
运输代理服务	5720	1407	1347	60	28255	9746	1522	175
仓储业	58	439	426	13	10691	2587	565	139
谷物、棉花等农产品仓储	581	100	96	4	2370	623	175	79
谷物、棉花等农产品仓储	5810	100	96	4	2370	623	175	79
其他仓储	589	339	330	9	8321	1964	390	60
其他仓储	5890	339	330	9	8321	1964	390	60
邮政业	59	152	136	16	26127	9666	1653	1517
国家邮政	591	14	4	10	22775	8963	1484	1480
国家邮政	5910	14	4	10	22775	8963	1484	1480
其他寄递服务	599	138	132	6	3352	703	169	37
其他寄递服务	5990	138	132	6	3352	703	169	37
信息传输、计算机服务和软件业	**G**	**4949**	**4859**	**90**	**95709**	**36803**	**6374**	**1515**
电信和其他信息传输服务业	60	789	726	63	46910	20828	2179	1453
电信	601	201	161	40	36738	17358	1111	950
固定电信服务	6011	45	30	15	9411	2675	362	332
移动电信服务	6012	54	35	19	16815	9189	623	588
其他电信服务	6019	102	96	6	10512	5494	126	30
互联网信息服务	602	413	399	14	5477	2018	443	44
互联网信息服务	6020	413	399	14	5477	2018	443	44
广播电视传输服务	603	170	161	9	4620	1428	620	459
有线广播电视传输服务	6031	148	139	9	4024	1259	591	452
无线广播电视传输服务	6032	22	22		596	169	29	7
卫星传输服务	604	5	5		75	24	5	
卫星传输服务	6040	5	5		75	24	5	
计算机服务业	61	3123	3107	16	23175	8681	3146	39
计算机系统服务	611	437	433	4	5945	1892	440	7
计算机系统服务	6110	437	433	4	5945	1892	440	7
数据处理	612	27	26	1	411	141	30	4
数据处理	6120	27	26	1	411	141	30	4
计算机维修	613	101	98	3	778	215	103	5
计算机维修	6130	101	98	3	778	215	103	5
其他计算机服务	619	2558	2550	8	16041	6433	2573	23
其他计算机服务	6190	2558	2550	8	16041	6433	2573	23
软件业	62	1037	1026	11	25624	7294	1049	23
公共软件服务	621	871	861	10	22841	6597	882	21
基础软件服务	6211	289	285	4	5799	1428	294	9
应用软件服务	6212	582	576	6	17042	5169	588	12
其他软件服务	629	166	165	1	2783	697	167	2
其他软件服务	6290	166	165	1	2783	697	167	2

1-2 续表 18 单位：个、人

行业	代码	法人单位					产业活动单位	
		单位数	单产业法人	多产业法人	从业人员数	女性	单位数	多产业法人所属的产业单位数
批发和零售业	H	**42037**	**39957**	**2080**	**535776**	**237649**	**53171**	**13214**
批发业	63	27266	26205	1061	330373	131765	31462	5257
农畜产品批发	631	719	683	36	8078	2942	835	152
谷物、豆及薯类批发	6311	154	133	21	2981	1147	227	94
种子、饲料批发	6312	347	342	5	2453	812	378	36
棉、麻批发	6313	15	13	2	122	54	18	5
牲畜批发	6314	49	46	3	592	180	49	3
其他农畜产品批发	6319	154	149	5	1930	749	163	14
食品、饮料及烟草制品批发	632	3127	2993	134	63594	25355	3449	456
米、面制品及食用油批发	6321	443	413	30	6720	2580	523	110
糕点、糖果及糖批发	6322	117	113	4	1057	433	122	9
果品、蔬菜批发	6323	625	610	15	14268	7196	659	49
肉、禽、蛋及水产品批发	6324	363	353	10	4298	1226	387	34
盐及调味品批发	6325	105	97	8	1925	731	145	48
饮料及茶叶批发	6326	731	697	34	12493	6074	785	88
烟草制品批发	6327	81	68	13	15327	3829	134	66
其他食品批发	6329	662	642	20	7506	3286	694	52
纺织、服装及日用品批发	633	3561	3459	102	45494	23164	3763	304
纺织品、针织品及原料批发	6331	862	850	12	9092	3903	890	40
服装批发	6332	870	834	36	12068	6558	913	79
鞋帽批发	6333	418	409	9	7309	3479	427	18
厨房、卫生间用具及日用杂货批发	6334	221	214	7	1891	840	231	17
化妆品及卫生用品批发	6335	250	243	7	2485	1374	260	17
其他日用品批发	6339	940	909	31	12649	7010	1042	133
文化、体育用品及器材批发	634	1175	1142	33	14547	7320	1211	69
文具用品批发	6341	321	311	10	2239	1003	326	15
体育用品批发	6342	91	87	4	651	311	95	8
图书批发	6343	112	106	6	5192	2874	126	20
报刊批发	6344	5	5		109	42	6	1
音像制品及电子出版物批发	6345	29	29		322	148	30	1
首饰、工艺品及收藏品批发	6346	412	406	6	3989	2064	415	9
其他文化用品批发	6349	205	198	7	2045	878	213	15
医药及医疗器材批发	635	751	703	48	15653	7212	794	91
西药批发	6351	213	183	30	8534	4113	241	58
中药材及中成药批发	6352	107	95	12	2666	1223	111	16
医疗用品及器材批发	6353	431	425	6	4453	1876	442	17
矿产品、建材及化工产品批发	636	8140	7705	435	86280	29212	11106	3401
煤炭及制品批发	6361	285	282	3	3254	929	288	6
石油及制品批发	6362	476	435	41	7405	2099	551	116
非金属矿及制品批发	6363	212	210	2	1931	627	214	4
金属及金属矿批发	6364	1181	1163	18	17913	6150	1201	38
建材批发	6365	3265	3219	46	27053	9644	3351	132
化肥批发	6366	753	502	251	10289	3103	2846	2344
农药批发	6367	287	239	48	2335	719	912	673
农用薄膜批发	6368	12	11	1	182	47	19	8
其他化工产品批发	6369	1669	1644	25	15918	5894	1724	80
机械设备、五金交电及电子产品批发	637	7137	6925	212	68642	26494	7417	492
农业机械批发	6371	166	154	12	1246	412	186	32
汽车、摩托车及零配件批发	6372	716	695	21	8207	2646	739	44

1-2 续表 19

单位：个、人

行 业	代码	法人单位					产业活动单位	
		单位数	单产业法人	多产业法人	从业人员数	女性	单位数	多产业法人所属的产业单位数
五金、交电批发	6373	1547	1497	50	12254	4784	1614	117
家用电器批发	6374	545	529	16	8886	4267	557	28
计算机、软件及辅助设备批发	6375	722	667	55	7488	2857	766	99
通讯及广播电视设备批发	6376	282	265	17	3451	1677	311	46
其他机械设备及电子产品批发	6379	3159	3118	41	27110	9851	3244	126
贸易经纪与代理	638	595	588	7	6102	2327	602	14
贸易经纪与代理	6380	595	588	7	6102	2327	602	14
其他批发	639	2061	2007	54	21983	7739	2285	278
再生物资回收与批发	6391	696	668	28	5977	1759	860	192
其他未列明的批发	6399	1365	1339	26	16006	5980	1425	86
零售业	65	14771	13752	1019	205403	105884	21709	7957
综合零售	651	1382	1099	283	62320	38182	2830	1731
百货零售	6511	507	436	71	16193	9460	942	506
超级市场零售	6512	399	337	62	37140	24812	675	338
其他综合零售	6519	476	326	150	8987	3910	1213	887
食品、饮料及烟草制品专门零售	652	1667	1546	121	14985	7608	2701	1155
粮油零售	6521	208	192	16	2032	874	355	163
糕点、面包零售	6522	100	88	12	1340	870	337	249
果品、蔬菜零售	6523	69	62	7	676	335	87	25
肉、禽、蛋及水产品零售	6524	145	134	11	2348	883	297	163
饮料及茶叶零售	6525	635	602	33	4785	2539	763	161
烟草制品零售	6526	92	78	14	1184	688	266	188
其他食品零售	6529	418	390	28	2620	1419	596	206
纺织、服装及日用品专门零售	653	2003	1846	157	17205	10749	2955	1109
纺织品及针织品零售	6531	187	169	18	1704	909	409	240
服装零售	6532	682	607	75	8269	5525	1043	436
鞋帽零售	6533	118	102	16	1179	780	187	85
钟表、眼镜零售	6534	121	101	20	1629	993	223	122
化妆品及卫生用品零售	6535	360	355	5	1420	1038	375	20
其他日用品零售	6539	535	512	23	3004	1504	718	206
文化、体育用品及器材专门零售	654	893	835	58	6872	3713	1190	355
文具用品零售	6541	218	208	10	1286	597	283	75
体育用品零售	6542	98	90	8	668	315	125	35
图书零售	6543	92	85	7	977	565	215	130
报刊零售	6544	9	9		65	38	18	9
音像制品及电子出版物零售	6545	24	22	2	153	56	31	9
珠宝首饰零售	6546	173	162	11	1657	1130	195	33
工艺美术品及收藏品零售	6547	155	146	9	891	428	170	24
照相器材零售	6548	18	13	5	282	191	23	10
其他文化用品零售	6549	106	100	6	893	393	130	30
医药及医疗器材专门零售	655	935	862	73	10973	6665	1671	809
药品零售	6551	728	662	66	9432	5942	1447	785
医疗用品及器材零售	6552	207	200	7	1541	723	224	24
汽车、摩托车、燃料及零配件专门零售	656	2601	2496	105	40974	16406	3793	1297
汽车零售	6561	743	723	20	18697	6686	778	55
汽车零配件零售	6562	291	286	5	2445	828	318	32
摩托车及零配件零售	6563	408	372	36	3531	1090	500	128
机动车燃料零售	6564	1159	1115	44	16301	7802	2197	1082

1-2 续表 20 单位：个、人

行业	代码	法人单位					产业活动单位	
		单位数	单产业法人	多产业法人	从业人员数	女性	单位数	多产业法人所属的产业单位数
家用电器及电子产品专门零售	657	2395	2259	136	29307	13905	2899	640
家用电器零售	6571	630	595	35	13658	6921	808	213
计算机、软件及辅助设备零售	6572	845	802	43	7056	2491	965	163
通信设备零售	6573	413	374	39	5444	3373	581	207
其他电子产品零售	6579	507	488	19	3149	1120	545	57
五金、家具及室内装修材料专门零售	658	1892	1846	46	12997	5321	2166	320
五金零售	6581	678	665	13	3970	1412	852	187
家具零售	6582	471	455	16	3956	1934	521	66
涂料零售	6583	90	85	5	690	232	103	18
其他室内装修材料零售	6589	653	641	12	4381	1743	690	49
无店铺及其他零售	659	1003	963	40	9770	3335	1504	541
流动货摊零售	6591	2	2		9	2	4	2
邮购及电子销售	6592	6	5	1	162	127	6	1
生活用燃料零售	6593	178	153	25	3025	901	596	443
花卉零售	6594	84	80	4	683	285	98	18
旧货零售	6595	12	11	1	88	32	13	2
其他未列明的零售	6599	721	712	9	5803	1988	787	75
住宿和餐饮业	**I**	**3695**	**3561**	**134**	**161126**	**94154**	**4697**	**1136**
住宿业	66	1792	1743	49	88986	52257	1947	204
旅游饭店	661	724	698	26	69629	40475	750	52
旅游饭店	6610	724	698	26	69629	40475	750	52
一般旅馆	662	949	928	21	17322	10619	1057	129
一般旅馆	6620	949	928	21	17322	10619	1057	129
其他住宿服务	669	119	117	2	2035	1163	140	23
其他住宿服务	6690	119	117	2	2035	1163	140	23
餐饮业	67	1903	1818	85	72140	41897	2750	932
正餐服务	671	1474	1422	52	55914	31842	1832	410
正餐服务	6710	1474	1422	52	55914	31842	1832	410
快餐服务	672	194	180	14	11715	7458	498	318
快餐服务	6720	194	180	14	11715	7458	498	318
饮料及冷饮服务	673	116	106	10	1465	887	138	32
饮料及冷饮服务	6730	116	106	10	1465	887	138	32
其他餐饮服务	679	119	110	9	3046	1710	282	172
其他餐饮服务	6790	119	110	9	3046	1710	282	172
金融业	**J**	**1164**	**827**	**337**	**154164**	**76327**	**6977**	**6150**
银行业	68	203	41	162	98814	46801	4157	4116
中央银行	681	19	7	12	4043	1226	101	94
中央银行	6810	19	7	12	4043	1226	101	94
商业银行	682	172	27	145	94043	45304	4019	3992
商业银行	6820	172	27	145	94043	45304	4019	3992
其他银行	689	12	7	5	728	271	37	30
其他银行	6890	12	7	5	728	271	37	30
证券业	69	36	30	6	3654	1483	110	80
证券市场管理	691	1	1		6	2	1	
证券市场管理	6910	1	1		6	2	1	
证券经纪与交易	692	13	8	5	3282	1340	81	73
证券经纪与交易	6920	13	8	5	3282	1340	81	73
证券投资	693	16	15	1	279	118	20	5
证券投资	6930	16	15	1	279	118	20	5

1-2 续表 21

单位：个、人

行业	代码	法人单位 单位数	单产业法人	多产业法人	从业人员数	女性	产业活动单位 单位数	多产业法人所属的产业单位数
证券分析与咨询	694	6	6		87	23	8	2
证券分析与咨询	6940	6	6		87	23	8	2
保险业	70	315	167	148	42218	24347	1489	1322
人寿保险	701	95	34	61	26231	16300	754	720
人寿保险	7010	95	34	61	26231	16300	754	720
非人寿保险	702	140	62	78	14336	7091	629	567
非人寿保险	7020	140	62	78	14336	7091	629	567
保险辅助服务	703	80	71	9	1651	956	106	35
保险辅助服务	7030	80	71	9	1651	956	106	35
其他金融活动	71	610	589	21	9478	3696	1221	632
金融信托与管理	711	42	40	2	523	165	50	10
金融信托与管理	7110	42	40	2	523	165	50	10
金融租赁	712	8	8		79	27	8	
金融租赁	7120	8	8		79	27	8	
财务公司	713	15	15		84	45	15	
财务公司	7130	15	15		84	45	15	
邮政储蓄	714	10	3	7	3747	1668	578	575
邮政储蓄	7140	10	3	7	3747	1668	578	575
典当	715	119	118	1	1116	431	120	2
典当	7150	119	118	1	1116	431	120	2
其他未列明的金融活动	719	416	405	11	3929	1360	450	45
其他未列明的金融活动	7190	416	405	11	3929	1360	450	45
房地产业	**K**	**7727**	**7257**	**470**	**169186**	**55603**	**9464**	**2207**
房地产业	72	7727	7257	470	169186	55603	9464	2207
房地产开发经营	721	3270	3244	26	62987	20411	3332	88
房地产开发经营	7210	3270	3244	26	62987	20411	3332	88
物业管理	722	1869	1594	275	75959	23865	2995	1401
物业管理	7220	1869	1594	275	75959	23865	2995	1401
房地产中介服务	723	995	895	100	10161	4349	1217	322
房地产中介服务	7230	995	895	100	10161	4349	1217	322
其他房地产活动	729	1593	1524	69	20079	6978	1920	396
其他房地产活动	7290	1593	1524	69	20079	6978	1920	396
租赁和商务服务业	**L**	**13888**	**13557**	**331**	**197196**	**68138**	**16127**	**2570**
租赁业	73	847	834	13	7107	1605	864	30
机械设备租赁	731	825	812	13	6966	1549	842	30
汽车租赁	7311	585	573	12	4450	938	597	24
农业机械租赁	7312	6	6		30	9	6	
建筑工程机械与设备租赁	7313	126	125	1	1290	267	128	3
计算机及通讯设备租赁	7314	9	9		87	38	9	
其他机械与设备租赁	7319	99	99		1109	297	102	3
文化及日用品出租	732	22	22		141	56	22	
图书及音像制品出租	7321	1	1		1		1	
其他文化及日用品出租	7329	21	21		140	56	21	
商务服务业	74	13041	12723	318	190089	66533	15263	2540
企业管理服务	741	3182	3083	99	50263	17485	4512	1429
企业管理机构	7411	583	544	39	13601	4564	1111	567
投资与资产管理	7412	1285	1267	18	16630	5359	1342	75
其他企业管理服务	7419	1314	1272	42	20032	7562	2059	787

1-2 续表 22

单位：个、人

行　业	代码	法人单位					产业活动单位	
		单位数	单产业法　人	多产业法　人	从　业人员数	女　性	单位数	多产业法人所属的产业单位数
法律服务	742	660	654	6	7084	2126	868	214
律师及相关的法律服务	7421	526	522	4	5875	1653	667	145
公证服务	7422	74	73	1	538	247	84	11
其他法律服务	7429	60	59	1	671	226	117	58
咨询与调查	743	3220	3174	46	30461	13868	3435	261
会计、审计及税务服务	7431	764	751	13	9425	4432	878	127
市场调查	7432	102	102		681	283	112	10
社会经济咨询	7433	1096	1086	10	8662	4416	1156	70
其他专业咨询	7439	1258	1235	23	11693	4737	1289	54
广告业	744	2610	2575	35	21347	7927	2647	72
广告业	7440	2610	2575	35	21347	7927	2647	72
知识产权服务	745	107	107		1101	432	109	2
知识产权服务	7450	107	107		1101	432	109	2
职业中介服务	746	639	625	14	26808	9858	710	85
职业中介服务	7460	639	625	14	26808	9858	710	85
市场管理	747	369	349	20	6905	2376	503	154
市场管理	7470	369	349	20	6905	2376	503	154
旅行社	748	788	725	63	10348	5289	903	178
旅行社	7480	788	725	63	10348	5289	903	178
其他商务服务	749	1466	1431	35	35772	7172	1576	145
会议及展览服务	7491	253	248	5	2227	1064	266	18
包装服务	7492	36	36		442	299	37	1
保安服务	7493	93	85	8	22386	1425	119	34
办公服务	7494	213	207	6	1800	782	226	19
其他未列明的商务服务	7499	871	855	16	8917	3602	928	73
科学研究、技术服务和地质勘查业	**M**	**6279**	**6073**	**206**	**100576**	**26167**	**8053**	**1980**
研究与试验发展	75	566	554	12	8624	2802	672	118
自然科学研究与试验发展	751	64	62	2	1055	418	70	8
自然科学研究与试验发展	7510	64	62	2	1055	418	70	8
工程和技术研究与试验发展	752	119	118	1	1872	497	124	6
工程和技术研究与试验发展	7520	119	118	1	1872	497	124	6
农业科学研究与试验发展	753	259	253	6	3915	1209	343	90
农业科学研究与试验发展	7530	259	253	6	3915	1209	343	90
医学研究与试验发展	754	64	62	2	914	409	68	6
医学研究与试验发展	7540	64	62	2	914	409	68	6
社会人文科学研究与试验发展	755	60	59	1	868	269	67	8
社会人文科学研究与试验发展	7550	60	59	1	868	269	67	8
专业技术服务业	76	3704	3603	101	70765	17953	4316	713
气象服务	761	148	141	7	1946	576	159	18
气象服务	7610	148	141	7	1946	576	159	18
地震服务	762	62	60	2	527	143	68	8
地震服务	7620	62	60	2	527	143	68	8
海洋服务	763	16	16		521	70	22	6
海洋服务	7630	16	16		521	70	22	6
测绘服务	764	164	158	6	2327	554	180	22
测绘服务	7640	164	158	6	2327	554	180	22
技术检测	765	485	479	6	8329	2611	546	67
技术检测	7650	485	479	6	8329	2611	546	67

1-2 续表 23

单位：个、人

行 业	代码	法人单位					产业活动单位	
		单位数	单产业法人	多产业法人	从业人员数	女性	单位数	多产业法人所属的产业单位数
环境监测	766	131	121	10	1660	548	146	25
环境监测	7660	131	121	10	1660	548	146	25
工程技术与规划管理	767	1934	1875	59	44479	10365	2382	507
工程管理服务	7671	800	776	24	20468	4313	858	82
工程勘察设计	7672	778	750	28	20369	5194	824	74
规划管理	7673	356	349	7	3642	858	700	351
其他专业技术服务	769	764	753	11	10976	3086	813	60
其他专业技术服务	7690	764	753	11	10976	3086	813	60
科技交流和推广服务业	77	1897	1809	88	16374	4309	2943	1134
技术推广服务	771	1374	1295	79	11766	2983	2297	1002
技术推广服务	7710	1374	1295	79	11766	2983	2297	1002
科技中介服务	772	306	301	5	1766	530	364	63
科技中介服务	7720	306	301	5	1766	530	364	63
其他科技服务	779	217	213	4	2842	796	282	69
其他科技服务	7790	217	213	4	2842	796	282	69
地质勘查业	78	112	107	5	4813	1103	122	15
矿产地质勘查	781	38	36	2	1662	331	40	4
能源矿产地质勘查	7811	11	9	2	1149	233	12	3
固体矿产地质勘查	7812	19	19		423	67	20	1
其他矿产地质勘查	7819	8	8		90	31	8	
基础地质勘查	782	27	25	2	1073	263	31	6
基础地质勘查	7820	27	25	2	1073	263	31	6
地质勘查技术服务	783	47	46	1	2078	509	51	5
地质勘查技术服务	7830	47	46	1	2078	509	51	5
水利、环境和公共设施管理业	**N**	**1953**	**1867**	**86**	**48149**	**17571**	**2470**	**603**
水利管理业	79	638	607	31	8094	1829	872	265
防洪管理	791	85	82	3	1073	225	102	20
防洪管理	7910	85	82	3	1073	225	102	20
水资源管理	792	275	256	19	5159	1183	348	92
水库管理	7921	184	168	16	3657	852	224	56
调水、引水管理	7922	50	50		1039	211	69	19
其他水资源管理	7929	41	38	3	463	120	55	17
其他水利管理	799	278	269	9	1862	421	422	153
其他水利管理	7990	278	269	9	1862	421	422	153
环境管理业	80	529	500	29	19400	8683	701	201
自然保护	801	132	117	15	1124	293	196	79
自然保护区管理	8011	59	53	6	599	131	85	32
野生动植物保护	8012	33	32	1	353	130	38	6
其他自然保护	8019	40	32	8	172	32	73	41
环境治理	802	397	383	14	18276	8390	505	122
城市市容管理	8021	50	49	1	1372	363	75	26
城市环境卫生管理	8022	186	181	5	13551	6913	245	64
水污染治理	8023	57	53	4	1650	508	65	12
危险废物治理	8024	8	6	2	281	44	11	5
其他环境治理	8029	96	94	2	1422	562	109	15
公共设施管理业	81	786	760	26	20655	7059	897	137
市政公共设施管理	811	157	150	7	4760	1171	189	39
市政公共设施管理	8110	157	150	7	4760	1171	189	39

1-2 续表 24

单位：个、人

行业	代码	法人单位					产业活动单位	
		单位数	单产业法人	多产业法人	从业人员数	女性	单位数	多产业法人所属的产业单位数
城市绿化管理	812	248	246	2	5389	2287	279	33
城市绿化管理	8120	248	246	2	5389	2287	279	33
游览景区管理	813	381	364	17	10506	3601	429	65
风景名胜区管理	8131	162	153	9	5352	1633	182	29
公园管理	8132	57	52	5	2447	1152	73	21
其他游览景区管理	8139	162	159	3	2707	816	174	15
居民服务和其他服务业	**O**	**3433**	**3310**	**123**	**53481**	**22692**	**4302**	**992**
居民服务业	82	1756	1671	85	29144	15467	2503	832
家庭服务	821	102	93	9	874	507	115	22
家庭服务	8210	102	93	9	874	507	115	22
托儿所	822	31	31		324	287	35	4
托儿所	8220	31	31		324	287	35	4
洗染服务	823	61	54	7	1465	874	93	39
洗染服务	8230	61	54	7	1465	874	93	39
理发及美容保健服务	824	400	362	38	5894	3683	523	161
理发及美容保健服务	8240	400	362	38	5894	3683	523	161
洗浴服务	825	407	400	7	10534	5974	423	23
洗浴服务	8250	407	400	7	10534	5974	423	23
婚姻服务	826	82	82		520	320	84	2
婚姻服务	8260	82	82		520	320	84	2
殡葬服务	827	189	183	6	3754	919	528	345
殡葬服务	8270	189	183	6	3754	919	528	345
摄影扩印服务	828	153	146	7	1433	792	183	37
摄影扩印服务	8280	153	146	7	1433	792	183	37
其他居民服务	829	331	320	11	4346	2111	519	199
其他居民服务	8290	331	320	11	4346	2111	519	199
其他服务业	83	1677	1639	38	24337	7225	1799	160
修理与维护	831	1063	1036	27	12485	2665	1133	97
汽车、摩托车维护与保养	8311	773	755	18	10052	1975	814	59
办公设备维修	8312	43	40	3	470	135	49	9
家用电器修理	8313	180	178	2	1288	334	194	16
其他日用品修理	8319	67	63	4	675	221	76	13
清洁服务	832	298	292	6	6616	3102	316	24
建筑物清洁服务	8321	36	35	1	1418	438	39	4
其他清洁服务	8329	262	257	5	5198	2664	277	20
其他未列明的服务	839	316	311	5	5236	1458	350	39
其他未列明的服务	8390	316	311	5	5236	1458	350	39
教育	**P**	**11401**	**10365**	**1036**	**516787**	**256776**	**17082**	**6717**
教育	84	11401	10365	1036	516787	256776	17082	6717
学前教育	841	2606	2560	46	42108	37091	3677	1117
学前教育	8410	2606	2560	46	42108	37091	3677	1117
初等教育	842	4311	3611	700	182163	97556	8635	5024
初等教育	8420	4311	3611	700	182163	97556	8635	5024
中等教育	843	2221	2018	203	204354	83555	2255	237
初中教育	8431	1395	1266	129	109804	43361	1403	137
高中教育	8432	389	334	55	63412	26645	389	55
中等专业教育	8433	115	108	7	10940	5143	117	9
职业中学教育	8434	158	149	9	14037	5897	163	14
技工学校教育	8435	65	63	2	3210	1189	73	10
其他中等教育	8439	99	98	1	2951	1320	110	12

1-2 续表 25

单位：个、人

行 业	代码	法人单位					产业活动单位	
		单位数	单产业法人	多产业法人	从业人员数	女性	单位数	多产业法人所属的产业单位数
高等教育	844	216	190	26	56761	26624	291	101
普通高等教育	8441	87	69	18	53066	24869	147	78
成人高等教育	8442	129	121	8	3695	1755	144	23
其他教育	849	2047	1986	61	31401	11950	2224	238
职业技能培训	8491	1445	1402	43	22862	7821	1547	145
特殊教育	8492	76	74	2	2019	1260	78	4
其他未列明的教育	8499	526	510	16	6520	2869	599	89
卫生、社会保障和社会福利业	**Q**	**5970**	**5600**	**370**	**161525**	**91035**	**18489**	**12889**
卫生	85	4737	4385	352	151935	86941	15458	11073
医院	851	557	470	87	93271	56731	595	125
综合医院	8511	292	244	48	69961	42635	314	70
中医医院	8512	68	45	23	9679	5783	73	28
中西医结合医院	8513	33	28	5	3153	1940	35	7
民族医院	8514						1	1
专科医院	8515	135	124	11	9654	5860	139	15
疗养院	8516	29	29		824	513	33	4
卫生院及社区医疗活动	852	1447	1223	224	32153	15602	3643	2420
卫生院及社区医疗活动	8520	1447	1223	224	32153	15602	3643	2420
门诊部医疗活动	853	1760	1746	14	9023	4339	9725	7979
门诊部医疗活动	8530	1760	1746	14	9023	4339	9725	7979
计划生育技术服务活动	854	571	565	6	4394	2753	880	315
计划生育技术服务活动	8540	571	565	6	4394	2753	880	315
妇幼保健活动	855	92	85	7	5174	3928	101	16
妇幼保健活动	8550	92	85	7	5174	3928	101	16
专科疾病防治活动	856	41	39	2	1171	674	43	4
专科疾病防治活动	8560	41	39	2	1171	674	43	4
疾病预防控制及防疫活动	857	131	121	10	4711	1989	160	39
疾病预防控制及防疫活动	8570	131	121	10	4711	1989	160	39
其他卫生活动	859	138	136	2	2038	925	311	175
其他卫生活动	8590	138	136	2	2038	925	311	175
社会保障业	86	454	451	3	3804	1851	651	200
社会保障业	860	454	451	3	3804	1851	651	200
社会保障业	8600	454	451	3	3804	1851	651	200
社会福利业	87	779	764	15	5786	2243	2380	1616
提供住宿的社会福利	871	360	351	9	3420	1845	481	130
干部休养所	8711	83	79	4	746	313	89	10
收养收容服务	8712	277	272	5	2674	1532	392	120
不提供住宿的社会福利	872	419	413	6	2366	398	1899	1486
不提供住宿的社会福利	8720	419	413	6	2366	398	1899	1486
文化、体育和娱乐业	**R**	**3128**	**3016**	**112**	**63971**	**27057**	**4342**	**1326**
新闻出版业	88	224	216	8	6405	2322	254	38
新闻业	881	59	58	1	479	150	68	10
新闻业	8810	59	58	1	479	150	68	10
出版业	882	165	158	7	5926	2172	186	28
图书出版	8821	18	18		742	275	19	1
报纸出版	8822	58	51	7	4448	1603	64	13

1-2 续表 26

单位：个、人

行业	代码	法人单位					产业活动单位	
		单位数	单产业法人	多产业法人	从业人员数	女性	单位数	多产业法人所属的产业单位数
期刊出版	8823	64	64		490	198	76	12
音像制品出版	8824	4	4		42	18	4	
电子出版物出版	8825	7	7		81	33	7	
其他出版	8829	14	14		123	45	16	2
广播、电视、电影和音像业	89	406	370	36	17041	5871	743	373
广播	891	38	32	6	5760	2344	114	82
广播	8910	38	32	6	5760	2344	114	82
电视	892	170	145	25	8313	2595	416	271
电视	8920	170	145	25	8313	2595	416	271
电影	893	161	156	5	2565	799	172	16
电影制作与发行	8931	25	23	2	507	155	26	3
电影放映	8932	136	133	3	2058	644	146	13
音像制作	894	37	37		403	133	41	4
音像制作	8940	37	37		403	133	41	4
文化艺术业	90	1296	1261	35	14778	6104	1999	738
文艺创作与表演	901	205	202	3	5394	2444	218	16
文艺创作与表演	9010	205	202	3	5394	2444	218	16
艺术表演场馆	902	25	24	1	645	278	27	3
艺术表演场馆	9020	25	24	1	645	278	27	3
图书馆与档案馆	903	185	179	6	1889	1122	207	28
图书馆	9031	84	79	5	1175	755	94	15
档案馆	9032	101	100	1	714	367	113	13
文物及文化保护	904	116	115	1	854	206	159	44
文物及文化保护	9040	116	115	1	854	206	159	44
博物馆	905	102	97	5	1247	537	108	11
博物馆	9050	102	97	5	1247	537	108	11
烈士陵园、纪念馆	906	41	40	1	354	151	65	25
烈士陵园、纪念馆	9060	41	40	1	354	151	65	25
群众文化活动	907	471	458	13	3489	1047	1052	594
群众文化活动	9070	471	458	13	3489	1047	1052	594
文化艺术经纪代理	908	33	32	1	185	65	35	3
文化艺术经纪代理	9080	33	32	1	185	65	35	3
其他文化艺术	909	118	114	4	721	254	128	14
其他文化艺术	9090	118	114	4	721	254	128	14
体育	91	244	234	10	3957	1387	261	27
体育组织	911	130	124	6	2432	805	135	11
体育组织	9110	130	124	6	2432	805	135	11
体育场馆	912	53	49	4	1027	391	58	9
体育场馆	9120	53	49	4	1027	391	58	9
其他体育	919	61	61		498	191	68	7
其他体育	9190	61	61		498	191	68	7
娱乐业	92	958	935	23	21790	11373	1085	150
室内娱乐活动	921	635	622	13	15910	8400	717	95
室内娱乐活动	9210	635	622	13	15910	8400	717	95
游乐园	922	29	29		629	301	31	2
游乐园	9220	29	29		629	301	31	2
休闲健身娱乐活动	923	209	201	8	3649	1933	227	26
休闲健身娱乐活动	9230	209	201	8	3649	1933	227	26
其他娱乐活动	929	85	83	2	1602	739	110	27
其他娱乐活动	9290	85	83	2	1602	739	110	27

1-2 续表 27

单位：个、人

行　业	代码	法人单位					产业活动单位	
		单位数	单产业法人	多产业法人	从业人员数	女性	单位数	多产业法人所属的产业单位数
公共管理和社会组织	S	**44932**	**34226**	**10706**	**645927**	**154365**	**60429**	**26203**
中国共产党机关	93	1032	938	94	13041	2615	1102	164
中国共产党机关	930	1032	938	94	13041	2615	1102	164
中国共产党机关	9300	1032	938	94	13041	2615	1102	164
国家机构	94	13193	10958	2235	341165	79211	22900	11942
国家权力机构	941	232	197	35	6701	1381	308	111
国家权力机构	9410	232	197	35	6701	1381	308	111
国家行政机构	942	12492	10365	2127	312278	71963	21857	11492
综合事务管理机构	9421	2913	1964	949	101399	24900	4393	2429
对外事务管理机构	9422	166	153	13	1895	531	189	36
公共安全管理机构	9423	640	471	169	50028	7050	2315	1844
社会事务管理机构	9424	2723	2416	307	40103	11196	4801	2385
经济事务管理机构	9425	3179	2786	393	60710	14754	5815	3029
政府事务管理机构	9426	1350	1159	191	25331	6299	2038	879
行政监督检查机构	9427	1521	1416	105	32812	7233	2306	890
人民法院和人民检察院	943	195	136	59	17400	4480	334	198
人民法院	9431	97	44	53	9986	2747	230	186
人民检察院	9432	98	92	6	7414	1733	104	12
其他国家机构	949	274	260	14	4786	1387	401	141
其他国家机构	9490	274	260	14	4786	1387	401	141
人民政协和民主党派	95	239	229	10	2909	739	265	36
人民政协	951	101	92	9	2025	413	127	35
人民政协	9510	101	92	9	2025	413	127	35
民主党派	952	138	137	1	884	326	138	1
民主党派	9520	138	137	1	884	326	138	1
群众团体、社会团体和宗教组织	96	13841	13574	267	117252	34364	19257	5683
群众团体	961	1094	1046	48	14537	5372	2172	1126
工会	9611	317	299	18	9569	3672	470	171
妇联	9612	105	97	8	784	640	168	71
共青团	9613	90	81	9	524	205	154	73
其他群众团体	9619	582	569	13	3660	855	1380	811
社会团体	962	8246	8087	159	62340	14884	10039	1952
专业性团体	9621	3209	3159	50	23805	5796	3834	675
行业性团体	9622	2599	2537	62	19861	4310	2919	382
其他社会团体	9629	2438	2391	47	18674	4778	3286	895
宗教组织	963	4501	4441	60	40375	14108	7046	2605
宗教组织	9630	4501	4441	60	40375	14108	7046	2605
基层群众自治组织	97	16627	8527	8100	171560	37436	16905	8378
社区自治组织	971	1963	1510	453	23704	12032	2037	527
社区自治组织	9710	1963	1510	453	23704	12032	2037	527
村民自治组织	972	14664	7017	7647	147856	25404	14868	7851
村民自治组织	9720	14664	7017	7647	147856	25404	14868	7851
国际组织	T							
国际组织	98							
国际组织	980							
国际组织	9800							

1-3 按地区分组的法人单位数、产业活动单位数及从业人数

单位：个、人

地区	法人单位					产业活动单位	
	单位数	单产业法人	多产业法人	从业人员数	女性	单位数	多产业法人所属的产业单位数
全省	**232604**	**215390**	**17214**	**9543335**	**3601966**	**298999**	**83609**
福州市	**48267**	**44861**	**3406**	**2144823**	**758385**	**61498**	**16637**
鼓楼区	13091	12490	601	551817	175701	15953	3463
台江区	5347	5184	163	164388	55236	6243	1059
仓山区	4212	3995	217	183011	84556	5033	1038
马尾区	2013	1904	109	119491	45997	2247	343
晋安区	5032	4867	165	242182	83182	5715	848
闽侯县	2792	2519	273	171078	57705	3696	1177
连江县	2464	2340	124	96640	36902	3287	947
罗源县	1004	780	224	40737	12223	1589	809
闽清县	1632	1381	251	59927	21965	2513	1132
永泰县	1882	1725	157	59767	16938	2446	721
平潭县	1827	1593	234	77360	11684	2788	1195
福清市	3843	3274	569	224507	88171	5729	2455
长乐市	3128	2809	319	153918	68125	4259	1450
厦门市	**36261**	**34630**	**1631**	**1717087**	**626811**	**41949**	**7319**
思明区	17667	16512	1155	664592	201013	21688	5176
海沧区	2233	2160	73	123185	48559	2412	252
湖里区	8774	8645	129	442084	163361	9305	660
集美区	3243	3186	57	255402	107706	3451	265
同安区	2878	2794	84	147293	69101	3262	468
翔安区	1466	1333	133	84531	37071	1831	498
莆田市	**9083**	**8510**	**573**	**467134**	**218417**	**12431**	**3921**
城厢区	2179	2049	130	89553	39802	2781	732
涵江区	2368	2314	54	138979	75039	2983	669
荔城区	1466	1309	157	109236	51239	2195	886
秀屿区	1068	986	82	50351	19311	1726	740
仙游县	2002	1852	150	79015	33026	2746	894
三明市	**18779**	**16918**	**1861**	**505716**	**174992**	**24669**	**7751**
梅列区	2637	2466	171	83069	32185	2950	484
三元区	1691	1589	102	48687	14003	1970	381
明溪县	1066	1024	42	17248	5489	1292	268
清流县	919	769	150	19790	6854	1318	549
宁化县	1171	929	242	29574	11157	1737	808
大田县	1639	1553	86	43941	12712	2284	731
尤溪县	2131	1805	326	52250	20908	3101	1296
沙县	1719	1505	214	47066	16184	2417	912
将乐县	1291	1196	95	25091	8655	1597	401
泰宁县	995	859	136	23936	9087	1398	539
建宁县	1055	920	135	23979	7537	1447	527
永安市	2465	2303	162	91085	30221	3158	855
泉州市	**44496**	**41569**	**2927**	**2526891**	**1039986**	**55686**	**14117**
鲤城区	4201	4043	158	227118	96364	5043	1000
丰泽区	4983	4799	184	211759	90872	5425	626
洛江区	1476	1411	65	73121	32176	1630	219
泉港区	1833	1680	153	61570	22597	2250	570
惠安县	4183	3792	391	341834	121021	5328	1536
安溪县	4187	3821	366	194075	60382	6167	2346

1-3 续表 单位：个、人

地 区	法人单位					产业活动单位	
	单位数	单产业法人	多产业法人	从业人员数	女性	单位数	多产业法人所属的产业单位数
永春县	2584	2248	336	107271	39937	3795	1547
德化县	1794	1579	215	85785	37947	2339	760
石狮市	3967	3936	31	218328	101650	4198	262
晋江市	9488	9018	470	720976	330465	11708	2690
南安市	5800	5242	558	285054	106575	7803	2561
漳州市	**24051**	**23019**	**1032**	**734581**	**280283**	**29254**	**6235**
芗城区	5516	5334	182	193793	64929	6044	710
龙文区	1512	1497	15	49464	19800	1575	78
云霄县	1599	1568	31	35618	13590	2004	436
漳浦县	2789	2465	324	77900	35683	4027	1562
诏安县	1439	1358	81	41685	19014	2046	688
长泰县	1478	1369	109	44966	17450	1872	503
东山县	1345	1286	59	33034	16085	1542	256
南靖县	1672	1649	23	44351	19042	1906	257
平和县	1621	1542	79	38729	16656	2195	653
华安县	763	709	54	15516	5314	1037	328
龙海市	4317	4242	75	159525	52720	5006	764
南平市	**19888**	**18110**	**1778**	**466488**	**184115**	**25809**	**7699**
延平区	4758	4437	321	138053	54090	5704	1267
顺昌县	1500	1327	173	29727	11535	1908	581
浦城县	1708	1429	279	34550	12295	2196	767
光泽县	950	887	63	21119	9652	1324	437
松溪县	1087	970	117	21635	7725	1566	596
政和县	984	871	113	18511	6778	1330	459
邵武市	1937	1838	99	52827	20853	2563	725
武夷山市	2470	2325	145	43336	18245	2856	531
建瓯市	2349	1988	361	59792	25319	3875	1887
建阳市	2145	2038	107	46938	17623	2487	449
龙岩市	**15383**	**13366**	**2017**	**545310**	**174445**	**23574**	**10208**
新罗区	4765	4628	137	206256	62938	5801	1173
长汀县	1863	1469	394	68330	33098	3566	2097
永定县	2219	1870	349	56775	15243	3519	1649
上杭县	2007	1638	369	89786	18675	2993	1355
武平县	1765	1489	276	44088	14781	3019	1530
连城县	1347	1083	264	42973	17180	2198	1115
漳平市	1417	1189	228	37102	12530	2478	1289
宁德市	**16396**	**14407**	**1989**	**435305**	**144532**	**24129**	**9722**
蕉城区	3498	3141	357	98211	31120	4849	1708
霞浦县	1536	1243	293	55818	20453	2540	1297
古田县	2285	1869	416	37967	13020	3714	1845
屏南县	861	699	162	17824	6943	1241	542
寿宁县	1100	846	254	22826	5699	1820	974
周宁县	791	663	128	13633	4636	1091	428
柘荣县	746	711	35	14309	4975	996	285
福安市	3194	3136	58	103827	32477	4054	918
福鼎市	2385	2099	286	70890	25209	3824	1725
省外						**468**	**468**

1-4 按登记注册类型分组的法人单位数、产业活动单位数及从业人数

单位：个、人

登记注册类型	代码	法人单位 单位数	法人单位 单产业法人	法人单位 多产业法人	法人单位 从业人员数	法人单位 女性	产业活动单位 单位数	产业活动单位 多产业法人所属的产业单位数
总　计		**232604**	**215390**	**17214**	**9543335**	**3601966**	**298999**	**83609**
内资	**100**	**220202**	**203231**	**16971**	**7352109**	**2452155**	**284642**	**81411**
国有	110	39245	34811	4434	1570499	531583	64158	29347
集体	120	9373	8474	899	256114	79324	17364	8890
股份合作	130	2282	2173	109	130533	44935	3848	1675
联营企业	140	705	676	29	50800	11980	977	301
国有联营	141	178	168	10	12415	3785	230	62
集体联营	142	258	251	7	6417	1478	376	125
国有与集体联营	143	71	65	6	4562	1762	95	30
其他联营	149	198	192	6	27406	4955	276	84
有限责任公司	150	17633	16949	684	1269464	343528	20031	3082
国有独资公司	151	400	359	41	58849	13670	573	214
其他有限责任公司	159	17233	16590	643	1210615	329858	19458	2868
股份有限公司	160	3233	2914	319	360391	121963	6517	3603
私营企业	170	111140	109056	2084	3323522	1198233	117325	8269
私营独资	171	31607	31275	332	538914	222630	33467	2192
私营合伙	172	13488	13369	119	253211	93767	13860	491
私营有限责任公司	173	62030	60504	1526	2344347	831889	65560	5056
私营股份有限公司	174	4015	3908	107	187050	49947	4438	530
其他	190	36591	28178	8413	390786	120609	54422	26244
港、澳、台商投资	**200**	**7650**	**7530**	**120**	**1323658**	**696307**	**8238**	**708**
合资经营	210	1449	1411	38	312017	140471	1665	254
合作经营	220	133	130	3	15347	8497	140	10
独资经营	230	5864	5789	75	981022	539663	6153	364
股份有限公司	240	204	200	4	15272	7676	280	80
外商投资	**300**	**4752**	**4629**	**123**	**867568**	**453504**	**6119**	**1490**
中外合资经营	310	1247	1203	44	222893	99494	1928	725
中外合作经营	320	111	106	5	10884	4531	119	13
外资企业	330	3228	3166	62	614488	341095	3830	664
外商投资股份有限公司	340	166	154	12	19303	8384	242	88

1-5 按开业(成立)时间分组的法人单位数、产业活动单位数及从业人数

单位：个、人

开业(成立)时间	法人单位					产业活动单位	
	单位数	单产业法人	多产业法人	从业人员数	女性	单位数	多产业法人所属的产业单位数
总计	**232604**	**215390**	**17214**	**9543335**	**3601966**	**298999**	**83609**
1949年以前	2701	2220	481	196086	88789	4087	1867
1950-1952年	2337	1645	692	164176	43536	4091	2446
1953-1957年	2627	1914	713	260127	57690	4090	2176
1958-1962年	3692	2497	1195	217237	58348	5073	2576
1963-1965年	1008	790	218	89820	16804	1545	755
1966-1970年	1473	1235	238	48981	15678	3103	1868
1971-1975年	1844	1513	331	99868	26585	3456	1943
1976-1980年	4974	3988	986	207924	58280	8389	4401
1981-1985年	15823	10822	5001	384700	104869	21950	11128
1986-1990年	9743	8635	1108	451879	193429	15435	6800
1991-1995年	16938	15957	981	1182722	510360	22815	6858
1996-2000年	33222	31585	1637	1765318	715578	43858	12273
2001-2004年	54279	52295	1984	2400876	937325	66172	13877
2005年	17815	17431	384	604336	207466	20525	3094
2006年	20559	20103	456	606886	223465	24093	3990
2007年	21237	20935	302	486919	193625	24650	3715
2008年	20150	19955	195	353673	145250	23213	3258
其他不详	2182	1870	312	21807	4889	2454	584

1-6 按地区、单位类别分组的

地区	法人单位		企业法人		事业法人		机关法人		社团法人	
	单位数	从业人数	单位数	从业人数	单位数	从业人数	单位数	从业人数	单位数	从业人数
全　省	**232604**	**9543335**	**159716**	**8045186**	**24792**	**792107**	**8005**	**283082**	**10268**	**88542**
福州市	**48267**	**2144823**	**34492**	**1811193**	**3857**	**175792**	**1241**	**54732**	**1540**	**17872**
鼓楼区	13091	551817	10389	468876	915	47505	244	14834	650	7636
台江区	5347	164388	4463	138627	285	15895	109	4034	147	687
仓山区	4212	183011	3288	157256	205	14376	71	3470	38	302
马尾区	2013	119491	1419	107305	172	5161	66	3099	40	126
晋安区	5032	242182	4045	218510	213	10500	88	4759	67	479
闽侯县	2792	171078	1788	138149	231	22804	75	3384	77	948
连江县	2464	96640	1183	77442	298	8730	85	2889	68	1619
罗源县	1004	40737	498	31221	110	4396	77	2256	34	176
闽清县	1632	59927	820	47064	160	6085	73	2460	37	163
永泰县	1882	59767	1138	48865	280	6178	91	2044	58	569
平潭县	1827	77360	842	59513	234	6831	80	3025	193	1542
福清市	3843	224507	2489	186146	546	18025	96	4873	32	1911
长乐市	3128	153918	2130	132219	208	9306	86	3605	99	1714
厦门市	**36261**	**1717087**	**32670**	**1580687**	**1050**	**72907**	**465**	**27590**	**788**	**11229**
思明区	17665	664592	15974	590601	446	39530	191	17649	548	7018
海沧区	2230	123185	1979	118066	100	2504	52	1172	27	96
湖里区	8779	442084	8383	425732	108	6191	47	2660	31	3093
集美区	3244	255402	2873	235202	120	13853	64	2357	36	251
同安区	2878	147293	2357	134690	168	6883	63	2343	106	518
翔安区	1465	84531	1104	76396	108	3946	48	1409	40	253
莆田市	**9083**	**467134**	**5191**	**364592**	**1450**	**56705**	**472**	**17451**	**267**	**6219**
城厢区	2179	89553	1305	67238	407	13388	168	4970	92	781
涵江区	2368	138979	1391	119318	258	8896	76	3034	61	1583
荔城区	1466	109236	1005	91557	166	10251	68	3118	35	953
秀屿区	1068	50351	525	32060	128	9133	84	2914	54	1653
仙游县	2002	79015	965	54419	491	15037	76	3415	25	1249
三明市	**18779**	**505716**	**10425**	**377384**	**2944**	**67796**	**1101**	**28151**	**1298**	**7570**
梅列区	2637	83069	1767	68769	402	7463	155	4441	210	1000
三元区	1691	48687	1176	39903	199	5417	83	1564	73	415
明溪县	1066	17248	365	10693	246	3037	93	1365	130	664
清流县	919	19790	397	12488	223	3706	81	2090	63	329
宁化县	1171	29574	599	18694	186	6183	88	2625	28	136
大田县	1639	43941	895	30562	235	7694	92	2993	107	410
尤溪县	2131	52250	1185	35631	348	8623	78	2977	159	1626
沙县	1719	47066	1046	35334	182	5908	66	2360	153	1028
将乐县	1291	25091	622	17278	276	4423	81	1612	86	433
泰宁县	995	23936	488	17428	142	2902	78	1637	60	250
建宁县	1055	23979	412	16758	223	3798	117	1618	35	430
永安市	2465	91085	1473	73846	282	8642	89	2869	194	849
泉州市	**44496**	**2526891**	**33003**	**2273673**	**4138**	**127279**	**1024**	**41457**	**1798**	**16245**
鲤城区	4201	227118	3097	204552	339	11401	132	4662	331	3030
丰泽区	4983	211759	4003	182227	375	16311	118	4603	122	816
洛江区	1476	73121	1005	66276	219	2868	76	1255	58	185
泉港区	1833	61570	1190	49974	175	5693	68	1995	141	931
惠安县	4183	341834	2901	311648	503	17324	90	4764	48	373

法人单位数及从业人数

单位：个、人

民办非企业		基金会		居委会		村委会		其他组织机构	
单位数	从业人数	单位数	从业人数	单位数	从业人数	单位数	从业人数	单位数	从业人数
4259	**79337**	**52**	**342**	**2040**	**24749**	**14850**	**150444**	**8622**	**79546**
1531	**27025**	**19**	**110**	**435**	**5650**	**2544**	**29770**	**2608**	**22679**
281	4468	14	76	82	1093	19	430	497	6899
127	2451			82	1109	4	60	130	1525
143	2984			67	464	135	1622	265	2537
117	1414			12	156	69	1242	118	988
267	3315	1	1	61	880	125	1512	165	2226
61	1180	2	27	9	71	340	2976	209	1539
116	1620	1	5	21	227	261	1774	431	2334
24	295			6	87	188	1987	67	319
9	244			21	152	273	3081	239	678
6	51			10	59	254	1806	45	195
122	2020			13	146	190	2843	153	1440
186	5945	1	1	30	540	442	6889	21	177
72	1038			21	666	244	3548	268	1822
439	**11841**	**10**	**67**	**249**	**4329**	**234**	**2500**	**356**	**5937**
205	4582	9	65	100	1802	2	12	190	3333
28	676			9	151	24	467	11	53
94	2550			43	891	2	19	71	948
62	2358	1	2	30	596	28	292	30	491
35	1010			33	309	93	687	23	853
15	665			34	580	85	1023	31	259
195	**4476**	**2**	**25**	**85**	**1256**	**897**	**9287**	**524**	**7123**
37	623			16	410	104	1600	50	543
59	1096	1	20	24	203	175	1371	323	3458
26	856			15	275	115	1660	36	566
11	155			2	28	203	2272	61	2136
62	1746	1	5	28	340	300	2384	54	420
271	**3528**	**1**	**2**	**156**	**1219**	**1762**	**14600**	**821**	**5466**
31	382			25	358	26	292	21	364
64	664			26	196	52	406	18	122
51	294			7	35	89	540	85	620
				7	24	111	957	37	196
6	198			12	60	210	1374	42	304
14	260			8	35	263	1777	25	210
10	250			11	78	250	2408	90	657
29	380			9	71	173	1474	61	511
				6	42	142	987	78	316
3	49	1	2	6	25	126	1178	91	465
4	42			7	31	92	724	165	578
59	1009			32	264	228	2483	108	1123
694	**15775**	**12**	**115**	**386**	**6784**	**2139**	**30025**	**1302**	**15538**
153	2157	1	14	86	932	2	21	60	349
130	3688			76	1563	2	2	157	2549
20	1734			18	171	67	589	13	43
52	757			6	102	94	1394	107	724
31	508			9	199	290	3580	311	3438

1-6 续表

地区	法人单位		企业法人		事业法人		机关法人		社团法人	
	单位数	从业人数	单位数	从业人数	单位数	从业人数	单位数	从业人数	单位数	从业人数
安溪县	4187	194075	2510	160175	368	14473	132	4769	432	5587
永春县	2584	107271	1591	91719	417	8768	85	2640	119	818
德化县	1794	85785	1069	74496	298	5907	85	2468	63	777
石狮市	3967	218328	3241	203552	204	7168	56	2630	142	1018
晋江市	9488	720976	7963	676698	547	17880	91	7150	258	1561
南安市	5800	285054	4433	252356	693	19486	91	4521	84	1149
漳州市	**24051**	**734581**	**15509**	**580721**	**3572**	**86303**	**1079**	**31071**	**920**	**4151**
芗城区	5516	193793	4095	160917	599	20213	185	7233	281	1032
龙文区	1512	49464	1131	44413	186	2223	72	1158	40	123
云霄县	1599	35618	928	22305	256	7473	98	2462	41	135
漳浦县	2789	77900	1833	56851	229	11078	111	4507	62	411
诏安县	1439	41685	632	28545	389	6977	83	2498	76	764
长泰县	1478	44966	1018	37005	221	3922	80	1749	61	166
东山县	1345	33034	765	24166	290	5264	77	1715	83	465
南靖县	1672	44351	889	33510	338	5999	74	2098	95	296
平和县	1621	38729	660	24000	372	8121	117	2370	54	230
华安县	763	15516	427	10153	132	2743	66	1677	34	81
龙海市	4317	159525	3131	138856	560	12290	116	3604	93	448
南平市	**19888**	**466488**	**11039**	**334686**	**3275**	**71174**	**978**	**26654**	**1443**	**8551**
延平区	4758	138053	3083	110747	597	14985	191	6219	347	1477
顺昌县	1500	29727	734	19066	348	5312	73	2123	102	1151
浦城县	1708	34550	800	21442	331	7503	107	2664	63	229
光泽县	950	21119	475	15334	182	3403	70	1413	98	250
松溪县	1087	21635	548	14035	190	3827	101	1817	64	228
政和县	984	18511	375	9843	255	4378	81	2124	59	249
邵武市	1937	52827	1118	38491	282	8036	90	2856	170	1327
武夷山市	2470	43336	1587	31296	357	6349	87	2134	180	728
建瓯市	2349	59792	1285	41497	362	9813	91	2759	201	2128
建阳市	2145	46938	1034	32935	371	7568	87	2545	159	784
龙岩市	**15383**	**545310**	**8669**	**417344**	**2131**	**67132**	**694**	**28693**	**1423**	**10312**
新罗区	4765	206256	3268	170174	490	19089	170	8616	400	4344
长汀县	1863	68330	984	51206	262	8535	104	3218	156	843
永定县	2219	56775	1095	38434	539	10725	102	3631	113	1376
上杭县	2007	89786	869	72795	237	8147	80	3779	329	1600
武平县	1765	44088	881	30291	265	7139	82	2791	268	1414
连城县	1347	42973	751	29302	175	7412	80	3471	66	450
漳平市	1417	37102	821	25142	163	6085	76	3187	91	285
宁德市	**16396**	**435305**	**8718**	**304906**	**2375**	**67019**	**951**	**27283**	**791**	**6393**
蕉城区	3498	98211	1825	71366	549	14142	259	6770	245	818
霞浦县	1536	55818	805	39381	190	8332	77	2992	78	1533
古田县	2285	37967	1220	23509	295	7514	89	2720	60	192
屏南县	861	17824	331	10209	189	4035	81	1824	30	141
寿宁县	1100	22826	433	13308	239	5257	87	2234	75	177
周宁县	791	13633	228	5395	243	3887	82	1525	39	1681
柘荣县	746	14309	277	8576	155	2837	95	1476	84	350
福安市	3194	103827	2061	82027	189	10088	92	4756	80	351
福鼎市	2385	70890	1538	51135	326	10927	89	2986	100	1150

单位：个、人

民办非企业		基金会		居委会		村委会		其他组织机构	
单位数	从业人数	单位数	从业人数	单位数	从业人数	单位数	从业人数	单位数	从业人数
25	365	6	46	21	151	476	5414	217	3095
15	92	1	31	14	166	223	2411	119	626
23	299			11	66	191	1184	54	588
119	1329	2	19	23	598	108	1161	72	853
99	3997	1	1	91	2455	298	8454	140	2780
27	849	1	4	31	381	388	5815	52	493
332	**6609**			**236**	**2042**	**1668**	**17800**	**735**	**5884**
80	2074			71	456	86	757	119	1111
24	946			8	35	42	432	9	134
33	651			16	316	163	1560	64	716
108	897			22	239	279	3127	145	790
8	281			17	201	219	1922	15	497
7	31			8	35	58	1773	25	285
2	18			16	148	61	867	51	391
13	327			20	164	183	1706	60	251
39	843			16	136	240	2149	123	880
2	22			6	34	92	785	4	21
16	519			36	278	245	2722	120	808
379	**4288**	**4**	**5**	**215**	**894**	**1657**	**15171**	**898**	**5065**
88	856			70	294	249	2179	133	1296
23	500			14	64	130	1117	76	394
29	207			11	64	286	2043	81	398
5	40	1	1	5	31	86	536	28	111
42	365			6	24	102	1179	34	160
35	238			5	22	131	1395	43	262
48	541	2	2	38	153	136	1045	53	376
44	732			16	49	117	1469	82	579
39	280	1	2	28	105	227	2488	115	720
26	529			22	88	193	1720	253	769
227	**2793**	**3**	**17**	**120**	**1232**	**1788**	**15492**	**328**	**2295**
50	586	1	8	46	505	284	2065	56	869
23	590	1	2	8	166	290	3559	35	211
21	325	1	7	18	193	261	1785	69	299
58	470			12	90	333	2555	89	350
35	388			3	40	214	1875	17	150
4	55			8	58	232	2013	31	212
36	379			25	180	174	1640	31	204
191	**3002**	**1**	**1**	**158**	**1343**	**2161**	**15799**	**1050**	**9559**
54	843			32	288	280	2516	254	1468
11	401			23	234	296	2307	56	638
38	243			12	92	279	2711	292	986
9	114			5	42	153	1143	63	316
29	155			3	24	200	1205	34	466
2	16			7	67	141	679	49	383
13	193	1	1	5	48	113	818	3	10
13	463			43	334	446	2853	270	2955
22	574			28	214	253	1567	29	2337

1-7 按行业(大类)、地区分组的

行业	代码	法人单位数	从业人数	福州市		厦门市	
				单位数	从业人数	单位数	从业人数
总计		**232604**	**9543335**	**48267**	**2144823**	**36261**	**1717087**
农、林、牧、渔业	A	**31**	**5699**				
采矿业	B	**2466**	**134144**	**240**	**7534**	**17**	**344**
煤炭开采和洗选业	06	280	57628	1	10		
石油和天然气开采业	07	1	8	1	8		
黑色金属矿采选业	08	244	17677				
有色金属矿采选业	09	278	12450	5	325		
非金属矿采选业	10	1641	46156	233	7191	17	344
其他采矿业	11	22	225				
制造业	C	**61934**	**4431613**	**10078**	**745745**	**8406**	**709773**
农副食品加工业	13	3079	156511	728	38428	211	15965
食品制造业	14	1841	109964	322	14510	200	11838
饮料制造业	15	2459	92720	268	9204	78	14225
烟草制品业	16	7	4585	2	22	1	1195
纺织业	17	2965	287272	887	72307	280	23651
纺织服装、鞋、帽制造业	18	4955	522233	459	49174	610	63644
皮革、毛皮、羽毛(绒)及其制品业	19	3143	619456	134	68008	155	35151
木材加工及木、竹、藤、棕、草制品业	20	3637	159253	335	14855	113	3342
家具制造业	21	1176	74025	238	19280	159	12564
造纸及纸制品业	22	2263	119602	335	11831	398	17969
印刷业和记录媒介的复制	23	1820	53798	349	12619	363	13692
文教体育用品制造业	24	686	78887	65	7412	164	34170
石油加工、炼焦及核燃料加工业	25	89	5858	17	1055	16	287
化学原料及化学制品制造业	26	2324	102360	340	12717	387	14978
医药制造业	27	306	23155	85	7114	55	5464
化学纤维制造业	28	130	21336	33	6387	19	1824
橡胶制品业	29	830	83267	93	4666	185	21367
塑料制品业	30	3545	209402	920	67437	731	43725
非金属矿物制品业	31	8100	401292	1104	59730	490	24904
黑色金属冶炼及压延加工业	32	429	52444	59	13260	46	2101
有色金属冶炼及压延加工业	33	344	30050	45	3977	61	6845
金属制品业	34	2859	119570	423	14456	858	44612
通用设备制造业	35	2961	131420	546	22919	436	21370
专用设备制造业	36	2085	88263	356	16562	548	20000
交通运输设备制造业	37	2203	147404	446	44144	210	29404
电气机械及器材制造业	39	2168	176433	395	30895	470	58174
通信设备、计算机及其他电子设备制造业	40	1343	228470	293	62524	487	114810
仪器仪表及文化、办公用机械制造业	41	639	67416	139	11947	189	21777
工艺品及其他制造业	42	3392	262510	640	47775	478	30604
废弃资源和废旧材料回收加工业	43	156	2657	22	530	8	121
电力、燃气及水的生产和供应业	D	**5870**	**135044**	**529**	**27990**	**47**	**3144**
电力、热力的生产和供应业	44	5030	113355	382	23080	27	1276
燃气生产和供应业	45	45	2236	16	1010		
水的生产和供应业	46	795	19453	131	3900	20	1868
建筑业	E	**5984**	**1635999**	**1532**	**543249**	**1463**	**427827**
房屋和土木工程建筑业	47	2487	1219010	545	450791	327	174427
建筑安装业	48	1030	92579	328	38733	323	18759
建筑装饰业	49	1524	66301	444	24123	478	23611
其他建筑业	50	943	258109	215	29602	335	211030
交通运输、仓储和邮政业	F	**5763**	**297263**	**1553**	**66245**	**1426**	**68660**
铁路运输业	51	15	2355	3	408	2	130
道路运输业	52	2341	133284	459	23809	241	10183
城市公共交通业	53	211	33051	44	8532	29	13285
水上运输业	54	890	37139	605	14507	72	8304
航空运输业	55	33	10695	13	1848	13	7986

法人单位数及从业人数

单位：个、人

莆田市		三明市		泉州市		漳州市	
单位数	从业人数	单位数	从业人数	单位数	从业人数	单位数	从业人数
9083	**467134**	**18779**	**505716**	**44496**	**2526891**	**24051**	**734581**
		11	**353**			**4**	**4550**
38	**2834**	**607**	**28427**	**403**	**29646**	**168**	**5732**
1	15	70	12065	21	7485	1	62
		105	3586	46	9952	3	112
		127	4828	21	880	9	141
37	2819	304	7942	315	11329	154	5414
		1	6			1	3
2700	**262042**	**3387**	**182252**	**19683**	**1718054**	**6994**	**333296**
159	10236	170	5459	360	17070	782	38239
64	3525	101	3969	366	35510	420	24806
37	4274	112	3423	843	31580	217	6712
		1	158				
97	5186	223	23394	1147	128471	130	10310
229	29574	98	5129	2935	326485	309	21695
404	88301	13	698	2201	410757	178	10735
66	3162	772	38187	209	7046	296	8441
95	4346	45	1309	177	10125	292	19116
104	6710	129	10917	697	41262	325	15936
76	2218	82	1370	525	17258	192	3318
30	5164	12	337	216	15895	118	11095
2	15	5	199	21	3881	13	183
71	3722	290	18978	394	18113	296	9914
13	652	27	1520	32	2064	24	1756
5	384	4	286	59	11829	4	163
73	11067	22	1079	353	41538	35	740
175	17092	71	2524	1026	56288	353	11597
222	6682	520	21028	3310	219616	927	22823
6	388	35	15475	58	7065	58	6238
16	506	18	1417	73	5138	48	1325
95	5730	63	1691	708	28847	445	16975
68	2307	303	10046	855	44634	284	12633
74	3499	75	4467	598	27512	159	4102
51	4018	72	3262	579	22228	262	10802
28	1297	38	1956	219	17772	203	25921
77	14215	15	1630	241	19254	127	10294
59	14070	9	475	73	4522	126	10908
276	13370	53	1735	1359	145394	355	16109
28	332	9	134	49	900	16	410
136	**4640**	**1226**	**19662**	**785**	**20140**	**593**	**12910**
99	2852	1146	17976	674	15718	508	11027
1	323	6	263	10	427	7	117
36	1465	74	1423	101	3995	78	1766
175	**49232**	**393**	**53515**	**898**	**251829**	**568**	**115866**
94	46083	233	43411	437	223303	266	104720
17	1125	39	4461	135	12467	73	5917
50	1580	54	1110	203	9266	129	2543
14	444	67	4533	123	6793	100	2686
156	**8221**	**392**	**18772**	**742**	**62711**	**566**	**20133**
		1	22	1	15		
88	3783	304	12644	380	42482	322	12702
15	1294	17	1866	25	1564	22	738
19	514	7	94	79	6986	42	993
1	4			3	498		

1-7 续表 1

行业	代码	法人单位数	从业人数	福州市		厦门市	
				单位数	从业人数	单位数	从业人数
管道运输业	56	2	62			1	28
装卸搬运和其他运输服务业	57	1680	43859	273	7340	932	23167
仓储业	58	439	10691	108	3226	102	3033
邮政业	59	152	26127	48	6575	34	2544
信息传输、计算机服务和软件业	**G**	**4949**	**95709**	**1227**	**36641**	**1261**	**24320**
电信和其他信息传输服务业	60	789	46910	247	18500	206	7099
计算机服务业	61	3123	23175	703	6767	438	4723
软件业	62	1037	25624	277	11374	617	12498
批发和零售业	**H**	**42037**	**535776**	**10853**	**136235**	**12329**	**153346**
批发业	63	27266	330373	6872	79029	9463	110818
零售业	65	14771	205403	3981	57206	2866	42528
住宿和餐饮业	**I**	**3695**	**161126**	**939**	**45110**	**641**	**40381**
住宿业	66	1792	88986	430	21472	263	19847
餐饮业	67	1903	72140	509	23638	378	20534
金融业	**J**	**1164**	**154164**	**194**	**63498**	**164**	**18305**
银行业	68	203	98814	40	43492	28	12394
证券业	69	36	3654	3	2749	13	679
保险业	70	315	42218	79	15119	38	3949
其他金融活动	71	610	9478	72	2138	85	1283
房地产业	**K**	**7727**	**169186**	**1856**	**50767**	**1680**	**50157**
房地产业	72	7727	169186	1856	50767	1680	50157
租赁和商务服务业	**L**	**13888**	**197196**	**3950**	**56738**	**3232**	**47199**
租赁业	73	847	7107	179	1341	238	1970
商务服务业	74	13041	190089	3771	55397	2994	45229
科学研究、技术服务和地质勘查业	**M**	**6279**	**100576**	**1359**	**36673**	**982**	**20707**
研究与试验发展	75	566	8624	207	4824	66	928
专业技术服务业	76	3704	70765	858	26161	752	17602
科技交流和推广服务业	77	1897	16374	271	3896	153	1671
地质勘查业	78	112	4813	23	1792	11	506
水利、环境和公共设施管理业	**N**	**1953**	**48149**	**333**	**9710**	**168**	**8802**
水利管理业	79	638	8094	102	1455	11	291
环境管理业	80	529	19400	94	3360	63	4539
公共设施管理业	81	786	20655	137	4895	94	3972
居民服务和其他服务业	**O**	**3433**	**53481**	**1037**	**17232**	**937**	**13723**
居民服务业	82	1756	29144	587	9434	423	6515
其他服务业	83	1677	24337	450	7798	514	7208
教育	**P**	**11401**	**516787**	**2680**	**115392**	**765**	**48931**
教育	84	11401	516787	2680	115392	765	48931
卫生、社会保障和社会福利业	**Q**	**5970**	**161525**	**2177**	**40371**	**233**	**18326**
卫生	85	4737	151935	1783	37234	186	17494
社会保障业	86	454	3804	57	672	10	236
社会福利业	87	779	5786	337	2465	37	596
文化、体育和娱乐业	**R**	**3128**	**63971**	**755**	**19870**	**342**	**10215**
新闻出版业	88	224	6405	110	3117	24	1384
广播、电视、电影和音像业	89	406	17041	72	6024	35	1566
文化艺术业	90	1296	14778	241	4020	99	1942
体育	91	244	3957	52	1524	35	802
娱乐业	92	958	21790	280	5185	149	4521
公共管理和社会组织	**S**	**44932**	**645927**	**6975**	**125823**	**2168**	**52927**
中国共产党机关	93	1032	13041	91	1463	63	898
国家机构	94	13193	341165	2026	68433	790	33186
人民政协和民主党派	95	239	2909	42	583	17	264
群众团体、社会团体和宗教组织	96	13841	117252	1954	21048	839	11906
基层群众自治组织	97	16627	171560	2862	34296	459	6673
国际组织	**T**						

单位：个、人

莆田市		三明市		泉州市		漳州市	
单位数	从业人数	单位数	从业人数	单位数	从业人数	单位数	从业人数
				1	34		
18	982	34	1629	153	3869	94	2207
11	320	27	512	72	1529	71	898
4	1324	2	2005	28	5734	15	2595
146	**2530**	**251**	**4663**	**615**	**9289**	**516**	**5698**
21	1829	47	3107	80	4938	46	3366
118	641	191	1425	486	3386	441	2048
7	60	13	131	49	965	29	284
1058	**14981**	**2358**	**29607**	**6004**	**84140**	**3548**	**38310**
619	7654	1645	19175	3115	44542	2155	23454
439	7327	713	10432	2889	39598	1393	14856
83	**4679**	**280**	**7503**	**608**	**31700**	**290**	**7299**
32	2167	148	4489	332	22094	158	4350
51	2512	132	3014	276	9606	132	2949
57	**6903**	**130**	**10394**	**148**	**12734**	**89**	**12047**
15	4327	26	6734	25	8128	18	7323
1	6	5	100	6	56	1	1
30	2038	23	2884	43	3905	33	3913
11	532	76	676	74	645	37	810
270	**4903**	**487**	**7873**	**1088**	**19294**	**836**	**12773**
270	4903	487	7873	1088	19294	836	12773
339	**3128**	**813**	**11792**	**1518**	**22760**	**1271**	**11698**
17	188	59	393	137	1738	61	281
322	2940	754	11399	1381	21022	1210	11417
196	**2500**	**748**	**7910**	**634**	**9742**	**663**	**5930**
12	156	41	337	66	756	38	413
125	1701	365	4331	402	6690	382	4333
55	440	324	2811	156	1833	235	1078
4	203	18	431	10	463	8	106
90	**1901**	**194**	**4309**	**223**	**5904**	**281**	**5338**
24	861	70	798	63	1363	123	1579
15	348	57	2282	66	1977	69	2126
51	692	67	1229	94	2564	89	1633
62	**1030**	**153**	**2185**	**489**	**8067**	**264**	**3276**
33	552	69	1135	237	4086	132	2249
29	478	84	1050	252	3981	132	1027
788	**40511**	**772**	**38867**	**2460**	**98283**	**1486**	**54417**
788	40511	772	38867	2460	98283	1486	54417
217	**10121**	**520**	**11400**	**727**	**23629**	**514**	**14641**
155	9513	405	10709	637	22855	379	13801
34	361	58	359	40	336	71	501
28	247	57	332	50	438	64	339
133	**3496**	**248**	**2961**	**436**	**9643**	**300**	**5112**
13	146	7	123	19	963	10	172
12	1136	29	772	52	2050	61	1737
79	1803	126	795	172	2018	130	1247
4	39	24	112	38	569	28	324
25	372	62	1159	155	4043	71	1632
2439	**43482**	**5809**	**63271**	**7035**	**109326**	**5100**	**65555**
76	913	162	1600	125	1607	165	2228
728	21075	1861	35295	1918	50249	1712	36275
20	180	30	285	47	554	22	304
643	11164	1849	10413	2472	21452	1322	7232
972	10150	1907	15678	2473	35464	1879	19516

1-7 续表 2

单位：个、人

行　业	代码	南平市		龙岩市		宁德市	
		单位数	从业人数	单位数	从业人数	单位数	从业人数
总　计		**19888**	**466488**	**15383**	**545310**	**16396**	**435305**
农、林、牧、渔业	A	**7**	**436**	**3**	**106**	**6**	**254**
采矿业	B	**257**	**7454**	**630**	**50181**	**106**	**1992**
煤炭开采和洗选业	06	7	942	178	37045	1	4
石油和天然气开采业	07						
黑色金属矿采选业	08	12	402	76	3538	2	87
有色金属矿采选业	09	61	2763	46	3031	9	482
非金属矿采选业	10	165	3254	323	6470	93	1393
其他采矿业	11	12	93	7	97	1	26
制造业	C	**4299**	**185800**	**2649**	**152963**	**3738**	**141688**
农副食品加工业	13	223	11960	151	6336	295	12818
食品制造业	14	209	7875	64	3538	95	4393
饮料制造业	15	443	9802	153	4654	308	8846
烟草制品业	16	1	1004	2	2206		
纺织业	17	110	11216	68	12050	23	687
纺织服装、鞋、帽制造业	18	151	6514	116	17622	48	2396
皮革、毛皮、羽毛(绒)及其制品业	19	14	716	17	3225	27	1865
木材加工及木、竹、藤、棕、草制品业	20	1353	62094	297	14093	196	8033
家具制造业	21	73	2833	54	3214	43	1238
造纸及纸制品业	22	107	6704	89	5740	79	2533
印刷业和记录媒介的复制	23	87	1264	88	1466	58	593
文教体育用品制造业	24	26	933	15	2481	40	1400
石油加工、炼焦及核燃料加工业	25	6	61	6	146	3	31
化学原料及化学制品制造业	26	303	12818	164	8956	79	2164
医药制造业	27	37	2391	18	796	15	1398
化学纤维制造业	28	2	58	2	216	2	189
橡胶制品业	29	26	1381	27	765	16	664
塑料制品业	30	86	2171	56	2155	127	6413
非金属矿物制品业	31	304	9115	561	24513	662	12881
黑色金属冶炼及压延加工业	32	16	1442	42	3049	109	3426
有色金属冶炼及压延加工业	33	21	5582	34	3820	28	1440
金属制品业	34	93	2034	70	1792	104	3433
通用设备制造业	35	126	3703	129	4674	214	9134
专用设备制造业	36	101	2904	108	7638	66	1579
交通运输设备制造业	37	84	3928	136	5797	363	23821
电气机械及器材制造业	39	108	9489	64	4006	643	26923
通信设备、计算机及其他电子设备制造业	40	24	812	56	4138	23	793
仪器仪表及文化、办公用机械制造业	41	24	2106	6	367	14	1244
工艺品及其他制造业	42	125	2737	51	3450	55	1336
废弃资源和废旧材料回收加工业	43	16	153	5	60	3	17
电力、燃气及水的生产和供应业	D	**731**	**14685**	**1051**	**15213**	**772**	**16660**
电力、热力的生产和供应业	44	666	13235	982	14134	546	14057
燃气生产和供应业	45	1	8	3	76	1	12
水的生产和供应业	46	64	1442	66	1003	225	2591
建筑业	E	**401**	**36023**	**322**	**105166**	**232**	**53292**
房屋和土木工程建筑业	47	243	26535	205	100501	137	49239
建筑安装业	48	61	7586	33	2553	21	978
建筑装饰业	49	64	1229	68	1564	34	1275
其他建筑业	50	33	673	16	548	40	1800
交通运输、仓储和邮政业	F	**403**	**16037**	**283**	**13024**	**242**	**23460**
铁路运输业	51	4	1120	4	660		
道路运输业	52	237	6529	196	9650	114	11502
城市公共交通业	53	26	1812	11	1027	22	2933
水上运输业	54	17	296	3	12	46	5433
航空运输业	55	1	288	2	71		

1-7 续表 3

单位：个、人

行 业	代码	南平市		龙岩市		宁德市	
		单位数	从业人数	单位数	从业人数	单位数	从业人数
管道运输业	56						
装卸搬运和其他运输服务业	57	85	2767	49	591	42	1307
仓储业	58	21	554	16	294	11	325
邮政业	59	12	2671	2	719	7	1960
信息传输、计算机服务和软件业	G	**330**	**4541**	**280**	**3821**	**323**	**4206**
电信和其他信息传输服务业	60	37	2840	50	2478	55	2753
计算机服务业	61	279	1632	220	1253	247	1300
软件业	62	14	69	10	90	21	153
批发和零售业	H	**2286**	**27065**	**1857**	**29033**	**1744**	**23059**
批发业	63	1319	16611	1039	15638	1039	13452
零售业	65	967	10454	818	13395	705	9607
住宿和餐饮业	I	**352**	**9970**	**310**	**8009**	**192**	**6475**
住宿业	66	242	6449	75	3313	112	4805
餐饮业	67	110	3521	235	4696	80	1670
金融业	J	**221**	**10594**	**79**	**11892**	**82**	**7797**
银行业	68	19	6303	15	5159	17	4954
证券业	69	3	48	3	12	1	3
保险业	70	25	2777	23	6211	21	1422
其他金融活动	71	174	1466	38	510	43	1418
房地产业	K	**655**	**8806**	**395**	**6173**	**460**	**8440**
房地产业	72	655	8806	395	6173	460	8440
租赁和商务服务业	L	**1069**	**9713**	**702**	**18242**	**994**	**15926**
租赁业	73	30	151	25	147	101	898
商务服务业	74	1039	9562	677	18095	893	15028
科学研究、技术服务和地质勘查业	M	**861**	**7778**	**377**	**5310**	**459**	**4026**
研究与试验发展	75	46	402	27	257	63	551
专业技术服务业	76	349	3965	231	3487	240	2495
科技交流和推广服务业	77	443	2974	109	778	151	893
地质勘查业	78	23	437	10	788	5	87
水利、环境和公共设施管理业	N	**320**	**6032**	**167**	**2758**	**177**	**3395**
水利管理业	79	85	505	84	440	76	802
环境管理业	80	93	1823	32	1232	40	1713
公共设施管理业	81	142	3704	51	1086	61	880
居民服务和其他服务业	O	**191**	**2589**	**167**	**2732**	**133**	**2647**
居民服务业	82	97	1572	125	2160	53	1441
其他服务业	83	94	1017	42	572	80	1206
教育	P	**913**	**39492**	**864**	**40470**	**673**	**40424**
教育	84	913	39492	864	40470	673	40424
卫生、社会保障和社会福利业	Q	**752**	**15179**	**428**	**14193**	**402**	**13665**
卫生	85	607	14204	283	13235	302	12890
社会保障业	86	65	463	63	430	56	446
社会福利业	87	80	512	82	528	44	329
文化、体育和娱乐业	R	**363**	**3609**	**261**	**4053**	**290**	**5012**
新闻出版业	88	15	114	9	175	17	211
广播、电视、电影和音像业	89	76	1742	28	769	41	1245
文化艺术业	90	188	942	110	972	151	1039
体育	91	30	116	15	233	18	238
娱乐业	92	54	695	99	1904	63	2279
公共管理和社会组织	S	**5477**	**60685**	**4558**	**61971**	**5371**	**62887**
中国共产党机关	93	125	1397	108	1414	117	1521
国家机构	94	1661	32302	950	32722	1547	31628
人民政协和民主党派	95	28	243	13	220	20	276
群众团体、社会团体和宗教组织	96	1800	10725	1584	10952	1378	12360
基层群众自治组织	97	1863	16018	1903	16663	2309	17102
国际组织	T						

1-8　按行业(大类)、开业(成立)

行　业	代 码	法人单位数	从业人数	1949年以前	
				单位数	从业人数
总　计		**232604**	**9543335**	**2701**	**196086**
农、林、牧、渔业	A	**31**	**5699**		
采矿业	B	**2466**	**134144**	**1**	**16**
煤炭开采和洗选业	06	280	57628		
石油和天然气开采业	07	1	8		
黑色金属矿采选业	08	244	17677		
有色金属矿采选业	09	278	12450		
非金属矿采选业	10	1641	46156	1	16
其他采矿业	11	22	225		
制造业	C	**61934**	**4431613**	**23**	**2637**
农副食品加工业	13	3079	156511	2	16
食品制造业	14	1841	109964	1	50
饮料制造业	15	2459	92720	1	25
烟草制品业	16	7	4585		
纺织业	17	2965	287272	1	40
纺织服装、鞋、帽制造业	18	4955	522233		
皮革、毛皮、羽毛(绒)及其制品业	19	3143	619456	1	38
木材加工及木、竹、藤、棕、草制品业	20	3637	159253		
家具制造业	21	1176	74025		
造纸及纸制品业	22	2263	119602	2	4
印刷业和记录媒介的复制	23	1820	53798	7	922
文教体育用品制造业	24	686	78887		
石油加工、炼焦及核燃料加工业	25	89	5858		
化学原料及化学制品制造业	26	2324	102360		
医药制造业	27	306	23155		
化学纤维制造业	28	130	21336		
橡胶制品业	29	830	83267	1	20
塑料制品业	30	3545	209402	1	2
非金属矿物制品业	31	8100	401292	3	41
黑色金属冶炼及压延加工业	32	429	52444		
有色金属冶炼及压延加工业	33	344	30050		
金属制品业	34	2859	119570		
通用设备制造业	35	2961	131420	1	6
专用设备制造业	36	2085	88263		
交通运输设备制造业	37	2203	147404	2	1473
电气机械及器材制造业	39	2168	176433		
通信设备、计算机及其他电子设备制造业	40	1343	228470		
仪器仪表及文化、办公用机械制造业	41	639	67416		
工艺品及其他制造业	42	3392	262510		
废弃资源和废旧材料回收加工业	43	156	2657		
电力、燃气及水的生产和供应业	D	**5870**	**135044**	**8**	**3266**
电力、热力的生产和供应业	44	5030	113355	7	3163
燃气生产和供应业	45	45	2236		
水的生产和供应业	46	795	19453	1	103
建筑业	E	**5984**	**1635999**	**1**	**51**
房屋和土木工程建筑业	47	2487	1219010		
建筑安装业	48	1030	92579		
建筑装饰业	49	1524	66301		
其他建筑业	50	943	258109	1	51
交通运输、仓储和邮政业	F	**5763**	**297263**	**8**	**1648**
铁路运输业	51	15	2355		
道路运输业	52	2341	133284	3	316
城市公共交通业	53	211	33051		
水上运输业	54	890	37139	1	5
航空运输业	55	33	10695		

时间分组的法人单位数及从业人数

单位：个、人

1950-1977年		1978-1991年		1992-1995年		1996-2000年	
单位数	从业人数	单位数	从业人数	单位数	从业人数	单位数	从业人数
13796	**902751**	**31479**	**1116550**	**15184**	**1088133**	**33222**	**1765318**
16	**5286**	**7**	**301**			**2**	**34**
47	**16327**	**128**	**7783**	**180**	**8282**	**337**	**16741**
12	7793	27	3849	23	2528	21	4334
2	1109	15	677	13	429	29	3189
2	154	7	250	10	473	36	2948
31	7271	78	2982	133	4843	246	6240
		1	25	1	9	5	30
587	**67778**	**2868**	**334416**	**5453**	**689773**	**10513**	**997121**
45	2166	167	7014	273	24963	638	42349
30	2724	101	4060	187	17378	382	34384
31	1753	133	10265	187	11861	433	22276
3	3151					2	1162
16	611	118	19660	276	45665	591	72858
9	347	165	32438	325	73242	652	84856
9	1328	136	76675	336	92440	551	174048
32	436	129	4569	152	8893	407	19163
14	473	35	6509	67	7142	171	19011
23	1103	140	6530	220	24184	461	32350
44	1917	158	3660	183	8564	367	13916
4	117	41	9032	84	23049	104	13172
		2	7	10	270	13	384
34	9795	98	8873	175	8063	404	20653
7	1661	17	2206	26	2364	51	5541
		7	1787	11	933	26	4702
7	260	37	8291	72	14124	161	24063
14	904	159	15494	296	28903	581	47267
53	4394	472	22734	1300	85995	1683	96732
4	11843	18	1496	29	3956	73	7137
4	3650	13	2807	36	5892	48	5311
21	461	97	12743	171	12378	398	23230
46	5495	160	9157	191	16837	464	30319
40	6892	64	3754	118	9848	276	15872
34	2694	118	10357	172	34349	352	30075
28	2684	57	9174	112	23126	286	34572
5	286	43	20896	103	53901	190	34146
13	362	33	7594	65	16268	91	16441
17	271	149	16614	272	35130	643	70793
		1	20	4	55	14	338
274	**15752**	**703**	**19585**	**422**	**11846**	**1029**	**32720**
248	12098	570	13528	354	10095	891	29535
		3	857	3	95	8	176
26	3654	130	5200	65	1656	130	3009
218	**380494**	**262**	**180719**	**476**	**163864**	**966**	**236271**
195	370061	166	154222	184	122301	288	158527
12	8640	30	3984	73	12536	234	31305
4	130	43	8721	173	17956	323	20382
7	1663	23	13792	46	11071	121	26057
193	**33798**	**264**	**22346**	**308**	**18259**	**827**	**73815**
1	132	2	145			6	1031
75	16748	129	8821	173	8821	393	33263
19	4426	15	1772	16	1081	42	3697
37	3723	42	1807	32	3849	98	9347
		1	6320	2	546	4	64

1-8 续表 1

行业	代码	法人单位数	从业人数	1949年以前	
				单位数	从业人数
管道运输业	56	2	62		
装卸搬运和其他运输服务业	57	1680	43859	3	20
仓储业	58	439	10691		
邮政业	59	152	26127	1	1307
信息传输、计算机服务和软件业	**G**	**4949**	**95709**	**2**	**98**
电信和其他信息传输服务业	60	789	46910	1	94
计算机服务业	61	3123	23175	1	4
软件业	62	1037	25624		
批发和零售业	**H**	**42037**	**535776**	**9**	**329**
批发业	63	27266	330373	7	229
零售业	65	14771	205403	2	100
住宿和餐饮业	**I**	**3695**	**161126**	**2**	**13**
住宿业	66	1792	88986	1	3
餐饮业	67	1903	72140	1	10
金融业	**J**	**1164**	**154164**	**6**	**4037**
银行业	68	203	98814	5	3877
证券业	69	36	3654		
保险业	70	315	42218	1	160
其他金融活动	71	610	9478		
房地产业	**K**	**7727**	**169186**	**5**	**96**
房地产业	72	7727	169186	5	96
租赁和商务服务业	**L**	**13888**	**197196**	**6**	**446**
租赁业	73	847	7107		
商务服务业	74	13041	190089	6	446
科学研究、技术服务和地质勘查业	**M**	**6279**	**100576**	**9**	**268**
研究与试验发展	75	566	8624		
专业技术服务业	76	3704	70765	6	247
科技交流和推广服务业	77	1897	16374	3	21
地质勘查业	78	112	4813		
水利、环境和公共设施管理业	**N**	**1953**	**48149**	**4**	**743**
水利管理业	79	638	8094	1	15
环境管理业	80	529	19400		
公共设施管理业	81	786	20655	3	728
居民服务和其他服务业	**O**	**3433**	**53481**	**4**	**39**
居民服务业	82	1756	29144	4	39
其他服务业	83	1677	24337		
教育	**P**	**11401**	**516787**	**1449**	**103855**
教育	84	11401	516787	1449	103855
卫生、社会保障和社会福利业	**Q**	**5970**	**161525**	**76**	**39589**
卫生	85	4737	151935	72	39520
社会保障业	86	454	3804		
社会福利业	87	779	5786	4	69
文化、体育和娱乐业	**R**	**3128**	**63971**	**35**	**2016**
新闻出版业	88	224	6405	7	1307
广播、电视、电影和音像业	89	406	17041	4	69
文化艺术业	90	1296	14778	23	636
体育	91	244	3957	1	4
娱乐业	92	958	21790		
公共管理和社会组织	**S**	**44932**	**645927**	**1053**	**36939**
中国共产党机关	93	1032	13041	64	1409
国家机构	94	13193	341165	231	28697
人民政协和民主党派	95	239	2909	2	37
群众团体、社会团体和宗教组织	96	13841	117252	568	5029
基层群众自治组织	97	16627	171560	188	1767
国际组织	**T**				

单位：个、人

1950-1977年		1978-1991年		1992-1995年		1996-2000年	
单位数	从业人数	单位数	从业人数	单位数	从业人数	单位数	从业人数
29	2067	40	2536	57	2891	181	7764
31	965	34	944	26	753	81	2025
1	5737	1	1	2	318	22	16624
31	**648**	**47**	**2457**	**78**	**1627**	**409**	**23991**
31	648	38	1006	47	879	99	16632
		8	107	16	345	220	2792
		1	1344	15	403	90	4567
1067	**25525**	**1141**	**31508**	**1552**	**25968**	**5987**	**95298**
631	14498	695	26026	992	19288	3785	59348
436	11027	446	5482	560	6680	2202	35950
61	**4487**	**194**	**10199**	**207**	**18658**	**566**	**30685**
49	3799	158	9544	130	7696	315	17659
12	688	36	655	77	10962	251	13026
11	**6603**	**80**	**58514**	**26**	**4184**	**115**	**25859**
10	6600	58	56494	8	3756	38	11107
		4	966	3	318	9	2213
		6	904	9	59	38	12320
1	3	12	150	6	51	30	219
329	**5912**	**440**	**7410**	**789**	**23312**	**1421**	**42611**
329	5912	440	7410	789	23312	1421	42611
261	**5857**	**984**	**21417**	**720**	**11010**	**1934**	**34149**
5	37	11	156	10	62	59	1603
256	5820	973	21261	710	10948	1875	32546
393	**12800**	**1234**	**18112**	**426**	**7355**	**746**	**15952**
66	2516	120	1941	24	186	75	1294
158	6549	580	10822	264	6088	456	12319
150	1807	505	3754	131	847	201	1942
19	1928	29	1595	7	234	14	397
193	**6619**	**450**	**12115**	**143**	**4720**	**306**	**7497**
152	3149	226	2316	54	504	80	738
17	1364	118	7215	36	2681	92	2654
24	2106	106	2584	53	1535	134	4105
60	**918**	**149**	**2295**	**136**	**2663**	**443**	**7553**
42	607	81	1436	85	1671	229	3603
18	311	68	859	51	992	214	3950
2624	**139770**	**1992**	**98918**	**777**	**37418**	**1200**	**39115**
2624	139770	1992	98918	777	37418	1200	39115
1554	**54408**	**1389**	**26652**	**503**	**5516**	**621**	**9241**
1452	53510	930	23274	306	4070	450	7709
2	4	90	959	128	860	83	889
100	894	369	2419	69	586	88	643
335	**6210**	**638**	**11658**	**207**	**4451**	**452**	**9782**
20	258	60	1970	25	585	39	1063
70	1271	112	4105	29	1225	80	3820
220	3647	392	3415	91	1298	171	1937
21	936	46	1004	17	342	38	482
4	98	28	1164	45	1001	124	2480
5542	**113559**	**18509**	**250145**	**2781**	**49227**	**5348**	**66883**
189	3113	391	4378	38	461	157	1605
1544	71110	4229	109528	1036	35117	1976	33056
50	941	106	1279	15	111	39	313
873	7206	3393	31844	1278	9462	2468	23934
2886	31189	10390	103116	414	4076	708	7975

1-8 续表 2-1

行业	代码	2001-2004年		2005年	
		单位数	从业人数	单位数	从业人数
总计		**54279**	**2400876**	**17815**	**604336**
农、林、牧、渔业	A	**4**	**48**		
采矿业	B	**699**	**43431**	**305**	**20022**
煤炭开采和洗选业	06	87	22739	65	13566
石油和天然气开采业	07				
黑色金属矿采选业	08	62	5995	33	1504
有色金属矿采选业	09	83	4131	32	1134
非金属矿采选业	10	466	10546	173	3785
其他采矿业	11	1	20	2	33
制造业	C	**18233**	**1329201**	**5539**	**276944**
农副食品加工业	13	843	43317	248	10139
食品制造业	14	512	31290	146	5899
饮料制造业	15	694	22200	196	6777
烟草制品业	16	1	257		
纺织业	17	941	93276	257	14153
纺织服装、鞋、帽制造业	18	1539	170165	497	38140
皮革、毛皮、羽毛(绒)及其制品业	19	1014	181303	293	32997
木材加工及木、竹、藤、棕、草制品业	20	1162	57275	401	18979
家具制造业	21	326	20708	134	5235
造纸及纸制品业	22	651	28933	203	6935
印刷业和记录媒介的复制	23	563	15344	161	2877
文教体育用品制造业	24	193	18699	69	4672
石油加工、炼焦及核燃料加工业	25	27	1963	9	192
化学原料及化学制品制造业	26	693	30485	211	5729
医药制造业	27	84	8186	30	814
化学纤维制造业	28	49	10743	11	1165
橡胶制品业	29	243	21597	71	3608
塑料制品业	30	1165	68198	347	16137
非金属矿物制品业	31	2105	108787	576	23714
黑色金属冶炼及压延加工业	32	122	18245	26	3954
有色金属冶炼及压延加工业	33	101	6011	29	1452
金属制品业	34	832	35620	272	8916
通用设备制造业	35	859	33909	271	11134
专用设备制造业	36	656	29955	207	5476
交通运输设备制造业	37	588	34668	198	10963
电气机械及器材制造业	39	659	61899	190	11349
通信设备、计算机及其他电子设备制造	40	358	75889	123	7515
仪器仪表及文化、办公用机械制造业	41	189	17861	62	2644
工艺品及其他制造业	42	1006	81292	289	15287
废弃资源和废旧材料回收加工业	43	58	1126	12	92
电力、燃气及水的生产和供应业	D	**2092**	**31112**	**523**	**8911**
电力、热力的生产和供应业	44	1915	27090	459	7583
燃气生产和供应业	45	17	907	2	28
水的生产和供应业	46	160	3115	62	1300
建筑业	E	**1542**	**364203**	**587**	**126951**
房屋和土木工程建筑业	47	643	245105	265	76565
建筑安装业	48	309	26370	74	4135
建筑装饰业	49	326	11258	133	2519
其他建筑业	50	264	81470	115	43732
交通运输、仓储和邮政业	F	**1581**	**74982**	**597**	**22413**
铁路运输业	51	4	414		
道路运输业	52	649	37939	220	7025
城市公共交通业	53	45	8519	12	5923
水上运输业	54	240	7364	102	3025
航空运输业	55	18	3678	2	9

单位：个、人

2006年		2007年		2008年		其他(不详)	
单位数	从业人数	单位数	从业人数	单位数	从业人数	单位数	从业人数
20559	**606886**	**21237**	**486919**	**20150**	**353673**	**2182**	**21807**
1	**15**	**1**	**15**				
287	**10869**	**243**	**5750**	**233**	**4847**	**6**	**76**
12	1439	20	1145	13	235		
				1	8		
22	3166	26	675	41	918	1	15
45	1721	38	1149	25	490		
205	4496	157	2760	146	3156	5	61
3	47	2	21	7	40		
6490	**292563**	**6200**	**256465**	**5486**	**182883**	**542**	**1832**
264	8418	301	10788	264	7231	34	110
164	4830	172	4989	136	4340	10	20
267	6041	254	5991	254	5498	9	33
				1	15		
270	19085	251	13132	182	8618	62	174
636	46800	615	42939	491	33220	26	86
268	28331	275	21460	184	10700	76	136
514	20860	478	16947	350	12062	12	69
142	5569	161	5990	114	3355	12	33
198	9226	173	4700	178	5614	14	23
143	2950	103	2125	86	1477	5	46
61	4570	71	2535	53	3016	6	25
9	93	8	2222	11	727		
235	6193	234	7769	218	4708	22	92
30	1102	30	603	29	672	2	6
13	1210	5	270	7	525	1	1
71	5432	85	3590	78	2276	4	6
364	14668	322	9895	279	7840	17	94
718	23787	578	19735	557	15087	55	286
32	2761	36	1512	85	1530	4	10
42	2373	31	1483	35	1061	5	10
352	9578	352	11078	319	5437	45	129
330	8702	314	8040	295	7742	30	79
239	5826	251	6704	223	3915	11	21
222	9187	218	6528	283	7031	16	79
293	15230	280	9967	244	8380	19	52
165	10914	178	16057	165	8797	13	69
71	2899	67	2330	46	967	2	50
360	15609	333	16706	296	10719	27	89
17	319	24	380	23	323	3	4
332	**5129**	**297**	**4745**	**175**	**1912**	**15**	**66**
278	4726	207	4200	91	1285	10	52
3	78	4	35	5	60		
51	325	86	510	79	567	5	14
650	**109851**	**611**	**53458**	**602**	**19439**	**69**	**698**
256	45939	251	33156	200	12647	39	487
110	2184	95	2134	90	1282	3	9
155	1925	162	1685	194	1701	11	24
129	59803	103	16483	118	3809	16	178
688	**23340**	**726**	**15520**	**544**	**10949**	**27**	**193**
		2	633				
259	10119	248	7054	178	3134	14	44
24	5746	15	567	23	1320		
104	1855	153	3440	80	2719	1	5
4	45	1	1	1	32		

1-8 续表 2-2

行　业	代码	2001-2004年		2005年	
		单位数	从业人数	单位数	从业人数
管道运输业	56	1	28		
装卸搬运和其他运输服务业	57	475	12841	215	5452
仓储业	58	118	3583	27	766
邮政业	59	31	616	19	213
信息传输、计算机服务和软件业	**G**	**1383**	**32642**	**654**	**6428**
电信和其他信息传输服务业	60	191	15652	91	1583
计算机服务业	61	894	6935	437	2868
软件业	62	298	10055	126	1977
批发和零售业	**H**	**11293**	**161927**	**4153**	**47231**
批发业	63	7362	91912	2712	30131
零售业	65	3931	70015	1441	17100
住宿和餐饮业	**I**	**857**	**37046**	**337**	**14100**
住宿业	66	391	20170	167	10119
餐饮业	67	466	16876	170	3981
金融业	**J**	**231**	**18797**	**91**	**5275**
银行业	68	9	1371	7	903
证券业	69	6	36	1	16
保险业	70	89	15884	32	3333
其他金融活动	71	127	1506	51	1023
房地产业	**K**	**1947**	**44343**	**666**	**14709**
房地产业	72	1947	44343	666	14709
租赁和商务服务业	**L**	**3142**	**62870**	**1310**	**15436**
租赁业	73	129	1510	93	653
商务服务业	74	3013	61360	1217	14783
科学研究、技术服务和地质勘查业	**M**	**1492**	**24710**	**471**	**6715**
研究与试验发展	75	93	973	37	368
专业技术服务业	76	982	19026	328	5388
科技交流和推广服务业	77	403	4353	99	893
地质勘查业	78	14	358	7	66
水利、环境和公共设施管理业	**N**	**396**	**8179**	**110**	**3357**
水利管理业	79	75	980	16	113
环境管理业	80	128	3179	39	1281
公共设施管理业	81	193	4020	55	1963
居民服务和其他服务业	**O**	**884**	**15181**	**359**	**4846**
居民服务业	82	452	8140	171	2816
其他服务业	83	432	7041	188	2030
教育	**P**	**1532**	**58106**	**553**	**12456**
教育	84	1532	58106	553	12456
卫生、社会保障和社会福利业	**Q**	**726**	**12142**	**271**	**4115**
卫生	85	584	10858	248	3970
社会保障业	86	81	708	8	50
社会福利业	87	61	576	15	95
文化、体育和娱乐业	**R**	**526**	**12725**	**198**	**3602**
新闻出版业	88	37	518	12	113
广播、电视、电影和音像业	89	41	5253	12	288
文化艺术业	90	203	2029	51	677
体育	91	49	677	14	198
娱乐业	92	196	4248	109	2326
公共管理和社会组织	**S**	**5719**	**69231**	**1091**	**10825**
中国共产党机关	93	123	1365	12	38
国家机构	94	2414	38448	351	5555
人民政协和民主党派	95	16	135		
群众团体、社会团体和宗教组织	96	2192	16332	648	4159
基层群众自治组织	97	974	12951	80	1073
国际组织	**T**				

单位：个、人

2006年		2007年		2008年		其他(不详)	
单位数	从业人数	单位数	从业人数	单位数	从业人数	单位数	从业人数
1	34						
234	4725	238	2792	202	2704	6	67
44	621	40	329	32	628	6	77
18	195	29	704	28	412		
886	**15730**	**813**	**7307**	**642**	**4769**	**4**	**12**
103	8070	97	1592	89	744	2	10
613	4166	537	3411	395	2545	2	2
170	3494	179	2304	158	1480		
5083	**50663**	**5705**	**52378**	**5960**	**44618**	**87**	**331**
3363	31007	3771	31127	3886	26611	62	196
1720	19656	1934	21251	2074	18007	25	135
430	**13063**	**504**	**15401**	**528**	**17382**	**9**	**92**
179	5669	198	6714	197	7526	7	87
251	7394	306	8687	331	9856	2	5
161	**14771**	**164**	**5862**	**273**	**10231**	**6**	**31**
52	11475	9	1985	7	1246		
1	6	3	11	8	86	1	2
34	2659	43	2860	63	4039		
74	631	109	1006	195	4860	5	29
766	**13212**	**807**	**11949**	**449**	**4833**	**108**	**799**
766	13212	807	11949	449	4833	108	799
1532	**13257**	**1823**	**16224**	**2148**	**16432**	**28**	**98**
143	957	176	1114	221	1015		
1389	12300	1647	15110	1927	15417	28	98
474	**5776**	**476**	**4316**	**549**	**4525**	**9**	**47**
38	408	45	314	65	601	3	23
309	4443	284	2947	334	2929	3	7
121	861	139	986	142	893	3	17
6	64	8	69	8	102		
94	**1404**	**124**	**1328**	**124**	**1986**	**9**	**201**
10	166	9	55	15	58		
27	198	30	304	40	522	2	2
57	1040	85	969	69	1406	7	199
421	**6301**	**490**	**8233**	**483**	**5442**	**4**	**10**
198	3807	234	3993	259	3029	1	3
223	2494	256	4240	224	2413	3	7
475	**11159**	**421**	**9723**	**374**	**6218**	**4**	**49**
475	11159	421	9723	374	6218	4	49
356	**3986**	**243**	**2925**	**229**	**2937**	**2**	**14**
307	3652	201	2651	187	2721		
25	142	22	128	14	58	1	6
24	192	20	146	28	158	1	8
242	**4307**	**254**	**5179**	**233**	**3965**	**8**	**76**
15	513	5	51	3	26	1	1
18	241	21	464	18	301	1	4
49	590	49	225	46	323	1	1
22	103	23	139	13	72		
138	2860	156	4300	153	3243	5	70
1191	**11490**	**1335**	**10141**	**1118**	**10305**	**1245**	**17182**
14	178	5	24	6	9	33	461
381	4640	331	2925	223	2051	477	10038
5	70	3	9	1	1	2	13
621	4594	939	6728	859	7958	2	6
170	2008	57	455	29	286	731	6664

1-9 按地区、开业(成立)时间分组的法人单位数及从业人数

单位：个、人

地区	法人单位数	从业人数	1949年以前		1950-1977年		1978-1991年	
			单位数	从业人数	单位数	从业人数	单位数	从业人数
全省	**232604**	**9543335**	**2701**	**196086**	**13796**	**902751**	**31479**	**1116550**
福州市	**48267**	**2144823**	**419**	**43174**	**3409**	**296220**	**5592**	**292106**
鼓楼区	13091	551817	45	9240	328	102142	1022	85544
台江区	5347	164388	27	5161	170	17396	295	11257
仓山区	4212	183011	48	3889	159	9936	465	17569
马尾区	2013	119491	18	1916	68	7739	249	16788
晋安区	5032	242182	14	803	93	45160	327	40319
闽侯县	2792	171078	36	8113	183	8698	431	18893
连江县	2464	96640	18	2058	326	24520	641	16639
罗源县	1004	40737	5	535	291	6595	161	4201
闽清县	1632	59927	18	1155	393	10416	354	5867
永泰县	1882	59767	14	1296	414	17344	332	4857
平潭县	1827	77360	55	1791	266	15621	376	23959
福清市	3843	224507	101	4773	492	19224	476	24568
长乐市	3128	153918	20	2444	226	11429	463	21645
厦门市	**36261**	**1717087**	**83**	**29796**	**369**	**52028**	**1406**	**208529**
思明区	17665	664592	48	23976	172	34217	624	83016
海沧区	2230	123185	10	447	18	1972	50	6769
湖里区	8779	442084	3	341	22	3961	214	49610
集美区	3244	255402	9	2309	45	3134	166	47863
同安区	2878	147293	12	2493	82	7631	250	17708
翔安区	1465	84531	1	230	30	1113	102	3563
莆田市	**9083**	**467134**	**212**	**15107**	**673**	**30920**	**1569**	**79729**
城厢区	2179	89553	11	741	63	7159	371	17550
涵江区	2368	138979	98	2773	81	3355	471	29116
荔城区	1466	109236	17	4707	73	5898	172	17284
秀屿区	1068	50351	17	1517	60	5554	160	4646
仙游县	2002	79015	69	5369	396	8954	395	11133
三明市	**18779**	**505716**	**122**	**10825**	**1275**	**73749**	**4107**	**74864**
梅列区	2637	83069	7	713	66	17237	402	11153
三元区	1691	48687	3	164	59	9993	242	4390
明溪县	1066	17248	15	1000	138	1872	253	2453
清流县	919	19790	6	634	96	3092	277	4442
宁化县	1171	29574	7	749	99	4240	344	5420
大田县	1639	43941	6	746	123	5864	414	8538
尤溪县	2131	52250	13	1375	188	3864	465	8760
沙县	1719	47066	10	1194	78	4641	324	6629
将乐县	1291	25091	14	866	105	2915	327	4201
泰宁县	995	23936	11	431	83	1687	259	3987
建宁县	1055	23979	18	777	107	2264	335	3887
永安市	2465	91085	12	2176	133	16080	465	11004
泉州市	**44496**	**2526891**	**714**	**33640**	**2030**	**202043**	**4457**	**190391**
鲤城区	4201	227118	43	6163	156	25798	313	10987
丰泽区	4983	211759	9	1658	59	10948	188	15028
洛江区	1476	73121	22	516	42	2448	84	2833
泉港区	1833	61570	27	735	115	4541	178	2989
惠安县	4183	341834	65	2929	271	82551	415	15892

1-9 续表 1 单位：个、人

地 区	法人单位数	从业人数	1949年以前		1950-1977年		1978-1991年	
			单位数	从业人数	单位数	从业人数	单位数	从业人数
安溪县	4187	194075	39	2755	257	22637	944	32022
永春县	2584	107271	110	3516	327	12682	412	8980
德化县	1794	85785	23	1457	125	6360	223	5358
石狮市	3967	218328	44	1242	58	2924	272	19654
晋江市	9488	720976	164	5731	295	13700	795	54950
南安市	5800	285054	168	6938	325	17454	633	21698
漳州市	**24051**	**734581**	**363**	**17566**	**1711**	**70340**	**3664**	**86547**
芗城区	5516	193793	49	3304	204	20413	588	29356
龙文区	1512	49464	4	66	23	494	29	1038
云霄县	1599	35618	6	279	101	5022	325	6364
漳浦县	2789	77900	15	2172	184	13420	483	9989
诏安县	1439	41685	50	1912	216	4008	398	6847
长泰县	1478	44966	13	1073	90	2402	194	4297
东山县	1345	33034	46	1621	144	3292	252	5215
南靖县	1672	44351	29	1451	180	4464	355	5238
平和县	1621	38729	93	3110	281	7353	272	3273
华安县	763	15516	4	295	92	2628	162	2674
龙海市	4317	159525	54	2283	196	6844	606	12256
南平市	**19888**	**466488**	**249**	**16891**	**1886**	**55509**	**3906**	**63889**
延平区	4758	138053	34	2559	254	16404	756	19065
顺昌县	1500	29727	21	1330	163	3921	419	5418
浦城县	1708	34550	25	2355	358	5829	406	4459
光泽县	950	21119	4	371	92	2576	215	2688
松溪县	1087	21635	15	1352	89	2110	221	3075
政和县	984	18511	6	914	89	2565	284	3126
邵武市	1937	52827	57	2024	229	7540	391	5546
武夷山市	2470	43336	12	861	129	3386	311	4566
建瓯市	2349	59792	46	2777	197	6440	417	7166
建阳市	2145	46938	29	2348	286	4738	486	8780
龙岩市	**15383**	**545310**	**355**	**17687**	**1189**	**59065**	**2907**	**57248**
新罗区	4765	206256	53	4456	244	26391	464	15601
长汀县	1863	68330	43	1405	190	6616	465	8635
永定县	2219	56775	130	2714	194	5470	476	8780
上杭县	2007	89786	47	3677	181	4834	517	7282
武平县	1765	44088	43	1958	149	4182	337	5218
连城县	1347	42973	21	1483	145	6823	326	5590
漳平市	1417	37102	18	1994	86	4749	322	6142
宁德市	**16396**	**435305**	**184**	**11400**	**1254**	**62877**	**3871**	**63247**
蕉城区	3498	98211	39	1403	172	16731	702	14207
霞浦县	1536	55818	17	1923	112	5436	468	8832
古田县	2285	37967	23	1155	206	8178	576	6552
屏南县	861	17824	8	170	139	3058	270	3131
寿宁县	1100	22826	18	1301	115	3335	353	4354
周宁县	791	13633	21	778	115	3156	198	2248
柘荣县	746	14309	6	308	74	2668	260	2723
福安市	3194	103827	33	2394	166	11544	673	11481
福鼎市	2385	70890	19	1968	155	8771	371	9719

1-9 续表 2-1

单位：个、人

地　区	1992-1995年		1996-2000年		2001-2004年		2005年	
	单位数	从业人数	单位数	从业人数	单位数	从业人数	单位数	从业人数
全　省	**15184**	**1088133**	**33222**	**1765318**	**54279**	**2400876**	**17815**	**604336**
福州市	**3284**	**246055**	**6873**	**360336**	**10783**	**516318**	**3880**	**114428**
鼓楼区	901	44243	1855	102534	3185	131088	1234	22991
台江区	253	14447	670	17632	1342	39629	525	7700
仓山区	309	27210	637	41078	1082	51307	358	11925
马尾区	148	18987	369	21009	503	32449	159	6901
晋安区	294	24957	792	45784	1187	49249	465	10579
闽侯县	202	22355	413	31351	560	36216	161	11192
连江县	165	7312	298	10051	343	24008	137	2181
罗源县	58	3099	102	3839	201	13607	47	1635
闽清县	109	4195	231	16545	258	14286	92	3360
永泰县	85	2675	233	8320	330	12270	94	5178
平潭县	114	2715	262	4636	300	11884	98	9364
福清市	366	54949	467	24976	789	57431	296	15347
长乐市	280	18911	544	32581	703	42894	214	6075
厦门市	**1712**	**235439**	**5195**	**320431**	**10027**	**426843**	**3788**	**124799**
思明区	803	63910	2705	125390	4948	150358	1780	71616
海沧区	101	19234	270	27401	591	33342	199	11865
湖里区	323	54339	1204	77604	2639	150864	1101	21854
集美区	200	66915	439	40198	812	43440	317	9286
同安区	188	16752	432	31304	698	32529	231	5626
翔安区	97	14289	145	18534	339	16310	160	4552
莆田市	**662**	**62554**	**1248**	**71186**	**1819**	**109186**	**564**	**26125**
城厢区	174	9674	321	16831	459	18482	130	5801
涵江区	202	25522	352	23934	447	33251	161	5046
荔城区	92	11326	178	15054	352	24035	110	9833
秀屿区	85	8562	157	8044	255	9783	53	1274
仙游县	109	7470	240	7323	306	23635	110	4171
三明市	**1148**	**33219**	**2335**	**64649**	**3993**	**119548**	**1218**	**32313**
梅列区	160	3353	406	14787	741	19506	191	4180
三元区	108	2552	265	10353	462	13069	108	3139
明溪县	48	884	102	1503	184	3707	51	964
清流县	54	827	69	1193	129	2362	63	1108
宁化县	66	2080	113	1931	193	5096	74	2202
大田县	115	4181	174	3387	284	8765	126	4144
尤溪县	118	2419	261	4725	447	15614	163	5259
沙县	124	6590	257	6070	356	11088	99	2267
将乐县	74	1580	115	2947	278	5242	78	1124
泰宁县	45	1047	121	2379	188	5455	58	1757
建宁县	56	630	136	2990	157	7056	54	1126
永安市	180	7076	316	12384	574	22588	153	5043
泉州市	**3688**	**339884**	**8153**	**597228**	**11970**	**695773**	**3243**	**151415**
鲤城区	239	17247	731	54562	1265	64875	320	15568
丰泽区	307	22946	851	49245	1526	66920	504	14350
洛江区	47	10192	315	19314	405	23050	116	3308
泉港区	85	4317	353	11120	479	19815	190	6719
惠安县	471	39941	944	71657	994	65280	240	24393

1-9 续表 2-2

单位：个、人

地 区	1992-1995年		1996-2000年		2001-2004年		2005年	
	单位数	从业人数	单位数	从业人数	单位数	从业人数	单位数	从业人数
安溪县	454	19689	925	39647	821	47187	177	9321
永春县	195	7472	371	16965	433	21843	159	10591
德化县	115	15033	294	22083	387	19496	100	4799
石狮市	322	48298	611	40500	1106	57692	375	14108
晋江市	960	115547	1592	195971	3063	232274	724	35567
南安市	493	39202	1166	76164	1491	77341	338	12691
漳州市	**1625**	**62573**	**3393**	**138650**	**4948**	**184385**	**1779**	**48599**
芗城区	277	18259	825	51562	1381	36892	490	13680
龙文区	68	5889	412	17029	298	11437	117	3357
云霄县	93	1926	205	2775	254	7368	101	2711
漳浦县	165	5335	360	10670	606	18398	198	5082
诏安县	85	3007	140	2905	205	9755	73	2066
长泰县	97	4023	164	5770	318	11418	119	5479
东山县	132	4733	162	4566	233	6667	76	2111
南靖县	112	2541	248	5493	328	14356	87	2615
平和县	130	1463	198	5936	205	4711	62	1004
华安县	33	1597	83	1637	168	2111	83	1018
龙海市	433	13800	596	30307	952	61272	373	9476
南平市	**1208**	**34571**	**2216**	**59802**	**4538**	**124930**	**1241**	**31885**
延平区	372	17919	684	19963	1147	35302	368	9040
顺昌县	126	2088	172	3323	291	6808	76	2365
浦城县	63	1628	123	2785	408	9498	95	2042
光泽县	65	816	59	6283	242	3927	52	1012
松溪县	60	1100	91	1694	226	6258	88	1680
政和县	91	1296	140	2078	182	4542	48	936
邵武市	74	1681	187	6024	377	16855	108	2948
武夷山市	127	2822	297	5340	671	12207	162	4311
建瓯市	116	3159	269	7561	556	18481	137	4077
建阳市	114	2062	194	4751	438	11052	107	3474
龙岩市	**891**	**47998**	**1797**	**79188**	**3133**	**134432**	**1098**	**43817**
新罗区	292	18265	707	39060	1142	63622	362	9602
长汀县	86	1315	178	4812	306	15553	124	3360
永定县	173	3943	228	4217	375	8225	203	15300
上杭县	115	17235	184	20489	378	19075	92	6577
武平县	71	1724	223	4076	347	10816	86	2711
连城县	80	2811	143	3921	307	10633	112	2760
漳平市	74	2705	134	2613	278	6508	119	3507
宁德市	**966**	**25840**	**2012**	**73848**	**3068**	**89461**	**1004**	**30955**
蕉城区	179	5990	529	21944	691	19817	274	7119
霞浦县	80	2877	123	10305	217	9194	74	6970
古田县	215	3046	322	5946	379	6423	117	1588
屏南县	28	714	56	1365	173	4956	35	1384
寿宁县	35	453	95	1243	193	3940	73	1309
周宁县	38	360	75	809	102	3451	25	344
柘荣县	41	627	87	2179	131	2798	51	1122
福安市	128	5641	358	17549	687	24035	204	7124
福鼎市	222	6132	367	12508	495	14847	151	3995

1-9 续表 3-1

单位：个、人

地 区	2006年		2007年		2008年		其他(不详)	
	单位数	从业人数	单位数	从业人数	单位数	从业人数	单位数	从业人数
全 省	**20559**	**606886**	**21237**	**486919**	**20150**	**353673**	**2182**	**21807**
福州市	**4295**	**120462**	**4579**	**90961**	**4679**	**58499**	**474**	**6264**
鼓楼区	1381	19204	1426	17362	1678	16561	36	908
台江区	535	26673	668	17729	829	5811	33	953
仓山区	334	8557	347	7280	471	4174	2	86
马尾区	179	5928	184	5128	131	2612	5	34
晋安区	558	9142	616	7916	642	8064	44	209
闽侯县	240	12145	246	13665	188	6304	132	2146
连江县	142	3944	217	3233	142	2450	35	244
罗源县	49	3555	44	929	41	2701	5	41
闽清县	69	1879	56	1280	48	924	4	20
永泰县	133	2536	134	3435	105	1814	8	42
平潭县	115	3298	161	2951	80	1141		
福清市	306	12524	283	6478	191	3360	76	877
长乐市	254	11077	197	3575	133	2583	94	704
厦门市	**4552**	**150792**	**4747**	**102467**	**4324**	**64967**	**58**	**996**
思明区	2074	57154	2279	31015	2221	23721	11	219
海沧区	322	11667	347	6740	320	3707	2	41
湖里区	1247	46704	1133	28594	892	8198	1	15
集美区	359	11793	483	18930	395	11200	19	334
同安区	330	13124	315	5886	337	14099	3	141
翔安区	220	10350	190	11302	159	4042	22	246
莆田市	**692**	**24700**	**765**	**26555**	**804**	**20169**	**75**	**903**
城厢区	171	4106	206	4670	261	4394	12	145
涵江区	196	4443	182	7512	169	3975	9	52
荔城区	131	8188	158	7158	148	5235	35	518
秀屿区	77	3500	93	3826	106	3553	5	92
仙游县	117	4463	126	3389	120	3012	14	96
三明市	**1482**	**35734**	**1481**	**29468**	**1540**	**30512**	**78**	**835**
梅列区	214	3155	208	3322	235	5570	7	93
三元区	152	2032	137	1329	142	1574	13	92
明溪县	103	1948	88	1188	84	1729		
清流县	80	2163	71	1744	70	2188	4	37
宁化县	93	3239	96	2388	82	2211	4	18
大田县	141	2695	147	3085	107	2521	2	15
尤溪县	173	4253	124	2630	170	3188	9	163
沙县	118	3003	139	2957	204	2518	10	109
将乐县	99	2595	91	1930	107	1653	3	38
泰宁县	86	2368	74	2618	63	2131	7	76
建宁县	58	1774	67	1805	63	1620	4	50
永安市	165	6509	239	4472	213	3609	15	144
泉州市	**3517**	**133587**	**3518**	**108326**	**2661**	**69231**	**545**	**5373**
鲤城区	368	13996	401	9897	339	7489	26	536
丰泽区	489	11326	568	10899	476	8411	6	28
洛江区	140	3188	173	4497	106	3681	26	94
泉港区	159	3691	146	6271	78	1069	23	303
惠安县	280	15255	232	13259	222	10065	49	612

1-9 续表 3-2

单位：个、人

地 区	2006年		2007年		2008年		其他(不详)	
	单位数	从业人数	单位数	从业人数	单位数	从业人数	单位数	从业人数
安溪县	198	11245	198	5648	130	3281	44	643
永春县	190	12163	188	7090	189	5744	10	225
德化县	118	4329	130	3245	93	2013	186	1612
石狮市	527	16248	403	11332	229	6005	20	325
晋江市	659	27968	696	25125	509	13660	31	483
南安市	389	14178	383	11063	290	7813	124	512
漳州市	**2170**	**47032**	**2119**	**43909**	**1902**	**33577**	**377**	**1403**
芗城区	660	7467	575	7879	437	4743	30	238
龙文区	173	3815	200	2972	171	3246	17	121
云霄县	125	3078	133	2673	131	2912	125	510
漳浦县	273	4342	206	5635	171	2663	128	194
诏安县	75	3758	109	4364	86	3054	2	9
长泰县	137	3078	148	4457	184	2906	14	63
东山县	102	2189	95	1608	85	956	18	76
南靖县	102	3359	111	2194	111	2586	9	54
平和县	94	3957	119	3363	153	4471	14	88
华安县	41	1989	51	1034	32	517	14	16
龙海市	388	10000	372	7730	341	5523	6	34
南平市	**1482**	**29877**	**1500**	**27031**	**1528**	**20672**	**134**	**1431**
延平区	361	6387	305	5404	473	5984	4	26
顺昌县	93	2050	77	1201	54	1047	8	176
浦城县	92	2769	74	2189	62	985	2	11
光泽县	75	1286	97	1647	47	506	2	7
松溪县	90	1355	68	1246	79	963	60	802
政和县	58	1780	44	765	34	460	8	49
邵武市	156	4249	206	3588	143	2302	9	70
武夷山市	237	2838	257	3045	254	3785	13	175
建瓯市	172	3207	198	4470	217	2363	24	91
建阳市	148	3956	174	3476	165	2277	4	24
龙岩市	**1108**	**37886**	**1299**	**36053**	**1326**	**28549**	**280**	**3387**
新罗区	391	10748	395	7061	461	8392	254	3058
长汀县	140	8392	174	10387	155	7775	2	80
永定县	161	3947	151	2676	117	1448	11	55
上杭县	110	4718	223	4048	155	1811	5	40
武平县	112	4625	118	3755	278	5011	1	12
连城县	78	3448	80	3750	52	1745	3	9
漳平市	116	2008	158	4376	108	2367	4	133
宁德市	**1261**	**26816**	**1229**	**22149**	**1386**	**27497**	**161**	**1215**
蕉城区	305	3619	295	3997	306	3148	6	236
霞浦县	109	3095	123	2877	209	4296	4	13
古田县	130	2124	156	1465	143	1418	18	72
屏南县	55	1253	59	1402	35	375	3	16
寿宁县	57	980	49	467	96	5207	16	237
周宁县	57	1084	39	438	27	416	94	549
柘荣县	35	782	28	467	26	627	7	8
福安市	314	8203	303	7283	321	8526	7	47
福鼎市	199	5676	177	3753	223	3484	6	37

1-10 按地区、学历、技术

地　　区	法人单位数	从业人数		按学历分组		
			女　性	研究生及以上	大学本科	大学专科
全　　省	**232604**	**9543335**	**3601966**	**70758**	**863647**	**1311674**
福州市	**48267**	**2144823**	**758385**	**26883**	**262284**	**339744**
鼓楼区	13091	551817	175701	13203	119376	127236
台江区	5347	164388	55236	1944	26979	36644
仓山区	4212	183011	84556	2672	20281	26419
马尾区	2013	119491	45997	1061	16495	19127
晋安区	5032	242182	83182	1572	20519	34248
闽侯县	2792	171078	57705	4965	14762	17421
连江县	2464	96640	36902	150	6009	11714
罗源县	1004	40737	12223	83	2331	4867
闽清县	1632	59927	21965	89	3796	6878
永泰县	1882	59767	16938	77	3533	6627
平潭县	1827	77360	11684	33	3997	9861
福清市	3843	224507	88171	779	15807	23930
长乐市	3128	153918	68125	255	8399	14772
厦门市	**36261**	**1717087**	**626811**	**21054**	**182094**	**234467**
思明区	17667	664592	201013	12337	93438	107917
海沧区	2233	123185	48559	1047	11679	15258
湖里区	8774	442084	163361	2820	43037	59660
集美区	3243	255402	107706	3946	18925	26151
同安区	2878	147293	69101	401	8461	15125
翔安区	1466	84531	37071	503	6554	10356
莆田市	**9083**	**467134**	**218417**	**2197**	**43070**	**63785**
城厢区	2179	89553	39802	794	13435	16006
涵江区	2368	138979	75039	185	7187	13260
荔城区	1466	109236	51239	330	9009	14557
秀屿区	1068	50351	19311	525	5031	7710
仙游县	2002	79015	33026	363	8408	12252
三明市	**18779**	**505716**	**174992**	**1537**	**46173**	**81125**
梅列区	2637	83069	32185	471	11542	16656
三元区	1691	48687	14003	294	4650	7309
明溪县	1066	17248	5489	23	1530	3029
清流县	919	19790	6854	70	1674	3754
宁化县	1171	29574	11157	89	3003	5051
大田县	1639	43941	12712	57	3384	6337
尤溪县	2131	52250	20908	65	3747	7157
沙县	1719	47066	16184	190	3921	7505
将乐县	1291	25091	8655	21	2082	3840
泰宁县	995	23936	9087	75	1951	4021
建宁县	1055	23979	7537	42	1746	4492
永安市	2465	91085	30221	140	6943	11974
泉州市	**44496**	**2526891**	**1039986**	**11270**	**138599**	**248578**
鲤城区	4201	227118	96364	1278	18875	27852
丰泽区	4983	211759	90872	3128	24352	35260
洛江区	1476	73121	32176	648	4463	7079
泉港区	1833	61570	22597	176	4976	8757
惠安县	4183	341834	121021	199	12430	26125

分组的法人单位数及从业人数

单位：个、人

高中	初中及以下	按技术职称分组			按技术等级分组			
		高级技术职称	中级技术职称	初级技术职称	高级技师	技师	高级工	中级工
2686344	**4610912**	**147805**	**502907**	**724439**	**28784**	**79450**	**178771**	**316564**
605221	**910691**	**43368**	**127297**	**182084**	**8714**	**21949**	**48093**	**73986**
128654	163348	18335	46229	53080	2297	5530	14450	13507
48911	49910	3742	10570	13083	616	1417	2984	3739
58233	75406	3961	9615	13240	965	2263	3605	7054
40449	42359	1774	6553	9999	750	1637	3180	5156
77757	108086	3510	12440	21966	1347	3602	6519	14676
49243	84687	4843	10052	14081	691	2036	3859	6784
27387	51380	890	4390	8154	141	534	1520	2917
10817	22639	410	1494	3198	69	194	762	1153
18594	30570	620	2965	7762	240	511	2035	3459
16927	32603	639	3411	5264	130	267	1019	1683
20464	43005	674	3154	5928	69	114	977	1193
64062	119929	2801	10913	16334	993	2616	4689	7603
43723	86769	1169	5511	9995	406	1228	2494	5062
438935	**840537**	**28630**	**73689**	**107597**	**5245**	**14505**	**20757**	**51443**
163949	286951	13766	38714	47811	1846	5260	9487	20717
37948	57253	1368	5113	8169	557	1510	1133	3860
107731	228836	3712	13816	23591	1488	4626	4438	14145
67139	139241	7862	8716	15089	934	1778	2939	7697
38251	85055	1225	4536	8175	218	913	1857	3769
23917	43201	697	2794	4762	202	418	903	1255
131496	**226586**	**8411**	**30334**	**40916**	**1525**	**4726**	**8120**	**15593**
23328	35990	2566	7886	9104	313	1104	2247	3083
37180	81167	1213	4486	7624	501	912	1662	4676
30684	54656	1828	5946	8899	268	1178	2206	3700
13008	24077	1105	4089	5637	124	461	456	954
27296	30696	1699	7927	9652	319	1071	1549	3180
168582	**208299**	**8740**	**40890**	**49466**	**1437**	**4173**	**16878**	**25071**
26854	27546	2005	7758	8853	389	1037	3556	7478
18035	18399	1228	3985	4247	205	572	2757	3120
5659	7007	198	1232	1707	31	86	426	597
6384	7908	305	1926	2209	26	71	487	544
10305	11126	485	2710	3043	24	187	965	1209
12744	21419	654	3552	4786	53	168	1074	1485
14647	26634	917	4317	5474	53	180	1047	1535
16786	18664	700	3876	4347	110	556	1900	2557
6911	12237	306	2154	2633	44	136	772	729
8097	9792	234	1532	2138	38	112	586	891
9338	8361	358	1977	2412	102	288	577	1133
32822	39206	1350	5871	7617	362	780	2731	3793
659635	**1468809**	**22661**	**76918**	**134568**	**6400**	**18143**	**37886**	**76510**
65570	113543	2819	8400	12612	468	1309	3609	7096
57556	91463	4663	13065	18062	834	2842	5077	8642
14137	46794	832	3066	5620	344	623	1333	2506
19473	28188	877	3449	4930	222	535	1342	3029
66925	236155	1441	6796	15070	624	2002	5118	6954

1-10 续表

地　区	法人单位数	从业人数		按学历分组		
			女 性	研究生及以上	大学本科	大学专科
安溪县	4187	194075	60382	1855	11630	20892
永春县	2584	107271	39937	95	5640	9571
德化县	1794	85785	37947	77	4667	7934
石狮市	3967	218328	101650	1400	11139	24454
晋江市	9488	720976	330465	1503	25601	53063
南安市	5800	285054	106575	911	14826	27591
漳州市	**24051**	**734581**	**280283**	**3383**	**60259**	**113535**
芗城区	5516	193793	64929	1469	20637	35616
龙文区	1512	49464	19800	193	3780	8417
云霄县	1599	35618	13590	75	2573	6608
漳浦县	2789	77900	35683	325	4858	11245
诏安县	1439	41685	19014	54	2293	6138
长泰县	1478	44966	17450	129	2517	4919
东山县	1345	33034	16085	59	1813	4853
南靖县	1672	44351	19042	92	3981	6566
平和县	1621	38729	16656	40	2535	6101
华安县	763	15516	5314	28	1647	2979
龙海市	4317	159525	52720	919	13625	20093
南平市	**19888**	**466488**	**184115**	**1693**	**45316**	**78375**
延平区	4758	138053	54090	714	16608	28458
顺昌县	1500	29727	11535	54	2861	4509
浦城县	1708	34550	12295	43	2658	4930
光泽县	950	21119	9652	30	1569	2993
松溪县	1087	21635	7725	38	2015	3905
政和县	984	18511	6778	23	2274	3213
邵武市	1937	52827	20853	203	4415	7850
武夷山市	2470	43336	18245	431	3968	7466
建瓯市	2349	59792	25319	78	4832	8449
建阳市	2145	46938	17623	79	4116	6602
龙岩市	**15383**	**545310**	**174445**	**1374**	**45126**	**80571**
新罗区	4765	206256	62938	702	20753	35836
长汀县	1863	68330	33098	82	3841	8128
永定县	2219	56775	15243	72	4550	8039
上杭县	2007	89786	18675	261	6151	9539
武平县	1765	44088	14781	154	3447	5927
连城县	1347	42973	17180	54	3349	6487
漳平市	1417	37102	12530	49	3035	6615
宁德市	**16396**	**435305**	**144532**	**1367**	**40726**	**71494**
蕉城区	3498	98211	31120	442	14205	18788
霞浦县	1536	55818	20453	76	3062	6770
古田县	2285	37967	13020	35	3281	5869
屏南县	861	17824	6943	109	1859	3836
寿宁县	1100	22826	5699	31	1883	3892
周宁县	791	13633	4636	62	1918	3453
柘荣县	746	14309	4975	18	1313	2600
福安市	3194	103827	32477	501	7945	15899
福鼎市	2385	70890	25209	93	5260	10387

单位：个、人

		按技术职称分组			按技术等级分组			
高中	初中及以下	高级技术职称	中级技术职称	初级技术职称	高级技师	技师	高级工	中级工
60717	98981	1137	4955	9289	235	558	2336	5732
33412	58553	1016	4070	7832	108	336	1529	2961
26685	46422	718	3327	5859	274	396	1271	2499
67117	114218	1898	5726	8995	590	1432	2186	4220
175002	465807	4771	14144	28778	1858	5452	9943	24692
73041	168685	2489	9920	17521	843	2658	4142	8179
223399	**334005**	**10588**	**44744**	**63654**	**1933**	**5145**	**15156**	**23422**
61249	74822	3492	12367	16442	625	1245	3598	6183
13764	23310	512	2634	3497	239	1061	1123	1811
12411	13951	584	3088	4029	37	183	705	1140
21258	40214	1013	4720	6157	42	419	1090	1601
14717	18483	452	2615	5000	161	209	1953	1552
11007	26394	489	1821	2587	69	239	624	900
9837	16472	424	2073	3046	38	104	962	1699
15960	17752	607	2879	3885	152	235	857	1058
14767	15286	604	3398	3981	52	242	1034	1601
4767	6095	230	1354	2162	14	120	536	1209
43662	81226	2181	7795	12868	504	1088	2674	4668
151113	**189991**	**8853**	**38253**	**45424**	**1210**	**3907**	**12151**	**17136**
42592	49681	2891	12024	13490	462	1846	3400	5788
9261	13042	578	2523	3301	33	241	973	1274
13076	13843	598	2924	4189	62	111	937	835
6827	9700	301	1336	1928	20	62	452	424
6166	9511	417	1684	1893	56	150	740	895
6158	6843	393	1912	2139	19	71	617	649
19627	20732	1089	4591	5103	141	401	1117	1861
13506	17965	862	3401	4228	99	406	1284	2127
18350	28083	1011	4837	4521	227	293	1335	1692
15550	20591	713	3021	4632	91	326	1296	1591
166207	**252032**	**9271**	**40224**	**58818**	**1331**	**4369**	**11759**	**18550**
66029	82936	4190	15307	26016	654	1695	4717	8117
18437	37842	834	3754	5078	91	344	1238	1819
17992	26122	941	4537	5595	66	222	1075	2045
22775	51060	1272	6101	9412	367	1507	1974	2464
13684	20876	634	3335	4153	34	167	611	819
14328	18755	718	3573	4601	52	220	990	1736
12962	14441	682	3617	3963	67	214	1154	1550
141756	**179962**	**7283**	**30558**	**41912**	**989**	**2533**	**7971**	**14853**
31706	33070	1831	8638	11296	331	625	1630	4614
17023	28887	806	3657	6402	47	212	1376	3074
12551	16231	945	3503	3551	91	225	672	832
5348	6672	421	1876	1886	58	146	410	842
7735	9285	380	2067	2053	74	127	422	609
3614	4586	521	1449	1534	37	124	383	470
5193	5185	205	1036	1528	18	91	275	409
33628	45854	1307	4236	6496	219	662	1527	2070
24958	30192	867	4096	7166	114	321	1276	1933

1-11 按行业(小类)、学历、技术

行业	代码	法人单位数	从业人数	女性	按学历分组 研究生及以上	大学本科	大学专科
总计		**232604**	**9543335**	**3601966**	**70758**	**863647**	**1311674**
农、林、牧、渔业	A	**31**	**5699**	**2486**	**1**	**65**	**327**
农业	01	10	4635	2208	1	36	160
谷物及其他作物的种植	011	4	91	35			7
谷物的种植	0111	4	91	35			7
薯类的种植	0112						
油料的种植	0113						
豆类的种植	0114						
棉花的种植	0115						
麻类的种植	0116						
糖料的种植	0117						
烟草的种植	0118						
其他作物的种植	0119						
蔬菜、园艺作物的种植	012	1	84	34	1		1
蔬菜的种植	0121	1	84	34	1		1
花卉的种植	0122						
其他园艺作物的种植	0123						
水果、坚果、饮料和香料作物的种植	013	5	4460	2139		36	152
水果、坚果的种植	0131	4	4435	2134		36	149
茶及其他饮料作物的种植	0132	1	25	5			3
香料作物的种植	0133						
中药材的种植	014						
中药材的种植	0140						
林业	02	10	754	187		23	98
林木的培育和种植	021	10	754	187		23	98
育种和育苗	0211	2	134	18		5	16
造林	0212	2	152	28		3	7
林木的抚育和管理	0213	6	468	141		15	75
木材和竹材的采运	022						
木材的采运	0221						
竹材的采运	0222						
林产品的采集	023						
林产品的采集	0230						
畜牧业	03	8	217	72		6	61
牲畜的饲养	031	1	26	11			3
牲畜的饲养	0310	1	26	11			3
猪的饲养	032	4	64	33			23
猪的饲养	0320	4	64	33			23
家禽的饲养	033	2	61	15		2	5
家禽的饲养	0330	2	61	15		2	5
狩猎和捕捉动物	034						
狩猎和捕捉动物	0340						
其他畜牧业	039	1	66	13		4	30
其他畜牧业	0390	1	66	13		4	30
渔业	04	1	55	17			6
海洋渔业	041						
海水养殖	0411						
海洋捕捞	0412						
内陆渔业	042	1	55	17			6
内陆养殖	0421	1	55	17			6
内陆捕捞	0422						

分组的法人单位数及从业人数

单位：个、人

高中	初中及以下	按技术职称分组 高级技术职称	中级技术职称	初级技术职称	按技术等级分组 高级技师	技师	高级工	中级工
2686344	**4610912**	**147805**	**502907**	**724439**	**28784**	**79450**	**178771**	**316564**
769	**4537**	**13**	**86**	**64**	**2**	**7**	**194**	**177**
390	4048		5	13				24
37	47		1	4				1
37	47		1	4				1
82			2	2				23
82			2	2				23
271	4001		2	7				
261	3989		2	7				
10	12							
268	365	8	59	41		7	194	152
268	365	8	59	41		7	194	152
31	82	3	12	14				4
63	79		6	6		1	21	28
174	204	5	41	21		6	173	120
63	87	5	17	4	2			
12	11							
12	11							
15	26		8	2	2			
15	26		8	2	2			
14	40		4	2				
14	40		4	2				
22	10	5	5					
22	10	5	5					
30	19		3	6				
30	19		3	6				
30	19		3	6				

1-11 续表 1

行　　业	代 码	法　人 单位数	从业人数		按学历分组		
				女 性	研究生 及以上	大学本科	大学专科
农、林、牧、渔服务业	05	2	38	2			2
农业服务业	051	1	17	1			1
灌溉服务	0511						
农产品初加工服务	0512						
其他农业服务	0519	1	17	1			1
林业服务业	052	1	21	1			1
林业服务业	0520	1	21	1			1
畜牧服务业	053						
兽医服务	0531						
其他畜牧服务	0539						
渔业服务业	054						
渔业服务业	0540						
采矿业	**B**	**2466**	**134144**	**15740**	**156**	**2347**	**5839**
煤炭开采和洗选业	06	280	57628	3945	3	998	2318
烟煤和无烟煤的开采洗选	061	272	57501	3916	3	998	2296
烟煤和无烟煤的开采洗选	0610	272	57501	3916	3	998	2296
褐煤的开采洗选	062						
褐煤的开采洗选	0620						
其他煤炭采选	069	8	127	29			22
其他煤炭采选	0690	8	127	29			22
石油和天然气开采业	07	1	8	2		8	
天然原油和天然气开采	071						
天然原油和天然气开采	0710						
与石油和天然气开采有关的服务活动	079	1	8	2		8	
与石油和天然气开采有关的服务活动	0790	1	8	2		8	
黑色金属矿采选业	08	244	17677	2097	8	349	835
铁矿采选	081	215	16714	1943	7	338	804
铁矿采选	0810	215	16714	1943	7	338	804
其他黑色金属矿采选	089	29	963	154	1	11	31
其他黑色金属矿采选	0890	29	963	154	1	11	31
有色金属矿采选业	09	278	12450	2005	17	450	1005
常用有色金属矿采选	091	206	7452	1147	4	166	484
铜矿采选	0911	13	240	44		3	22
铅锌矿采选	0912	177	6969	1071	3	149	435
镍钴矿采选	0913						
锡矿采选	0914	3	103	15		1	10
锑矿采选	0915						
铝矿采选	0916	5	52	8	1	7	4
镁矿采选	0917						
其他常用有色金属矿采选	0919	8	88	9		6	13
贵金属矿采选	092	29	2844	461	9	143	320
金矿采选	0921	26	2717	429	9	131	309
银矿采选	0922	3	127	32		12	11
其他贵金属矿采选	0929						
稀有稀土金属矿采选	093	43	2154	397	4	141	201
钨钼矿采选	0931	29	1769	300	4	126	179
稀土金属矿采选	0932	6	83	9		2	5
放射性金属矿采选	0933	1	8				
其他稀有金属矿采选	0939	7	294	88		13	17

单位：个、人

		按技术职称分组			按技术等级分组			
高中	初中及以下	高级技术职称	中级技术职称	初级技术职称	高级技师	技师	高级工	中级工
18	18		2					1
2	14		1					
2	14		1					
16	4		1					1
16	4		1					1
36094	**89708**	**535**	**2399**	**4722**	**226**	**494**	**1200**	**3347**
13339	40970	219	1197	2276	93	215	809	1982
13296	40908	219	1197	2275	93	215	809	1982
13296	40908	219	1197	2275	93	215	809	1982
43	62			1				
43	62			1				
5983	10502	90	342	504	7	42	58	110
5756	9809	84	316	466	7	42	56	107
5756	9809	84	316	466	7	42	56	107
227	693	6	26	38			2	3
227	693	6	26	38			2	3
3617	7361	123	406	626	27	101	121	260
2332	4466	52	183	305	24	77	83	157
115	100		6	5				1
2127	4255	49	168	290	24	75	74	156
19	73		3			1	1	
21	19	3	2	4				
50	19		4	6		1	8	
762	1610	39	139	214	3	14	12	50
713	1555	39	122	198	3	14	12	45
49	55		17	16				5
523	1285	32	84	107		10	26	53
388	1072	27	73	74		7	26	52
35	41			3				
	8							
100	164	5	11	30		3		1

1-11 续表 2

行业	代码	法人单位数	从业人数		按学历分组		
				女性	研究生及以上	大学本科	大学专科
非金属矿采选业	10	1641	46156	7654	126	538	1667
土砂石开采	101	1455	34672	4423	122	423	1276
石灰石、石膏开采	1011	218	7435	752		54	184
建筑装饰用石开采	1012	596	13051	1427	116	186	420
耐火土石开采	1013	89	2923	381	2	18	118
粘土及其他土砂石开采	1019	552	11263	1863	4	165	554
化学矿采选	102	13	736	72	1	15	21
化学矿采选	1020	13	736	72	1	15	21
采盐	103	23	6708	2596		39	172
采盐	1030	23	6708	2596		39	172
石棉及其他非金属矿采选	109	150	4040	563	3	61	198
石棉、云母矿采选	1091	1	8	4			1
石墨、滑石采选	1092	21	782	152		26	77
宝石、玉石开采	1093	3	42	7			1
其他非金属矿采选	1099	125	3208	400	3	35	119
其他采矿业	11	22	225	37	2	4	14
其他采矿业	110	22	225	37	2	4	14
其他采矿业	1100	22	225	37	2	4	14
制造业	**C**	**61934**	**4431613**	**2146190**	**11722**	**150891**	**328979**
农副食品加工业	13	3079	156511	83926	352	4583	11352
谷物磨制	131	342	8972	1849	14	195	699
谷物磨制	1310	342	8972	1849	14	195	699
饲料加工	132	349	12873	3571	90	842	1452
饲料加工	1320	349	12873	3571	90	842	1452
植物油加工	133	121	7727	1890	18	336	836
食用植物油加工	1331	114	7430	1778	18	330	819
非食用植物油加工	1332	7	297	112		6	17
制糖	134	17	2067	816	3	54	177
制糖	1340	17	2067	816	3	54	177
屠宰及肉类加工	135	326	18588	9670	37	520	1376
畜禽屠宰	1351	154	12021	5890	15	299	732
肉制品及副产品加工	1352	172	6567	3780	22	221	644
水产品加工	136	935	58591	36244	91	1411	3655
水产品冷冻加工	1361	558	34920	20988	59	716	2107
鱼糜制品及水产品干腌制加工	1362	220	18387	12809	20	384	969
水产饲料制造	1363	51	1980	450	5	221	387
鱼油提取及制品的制造	1364	8	115	42	1	5	8
其他水产品加工	1369	98	3189	1955	6	85	184
蔬菜、水果和坚果加工	137	651	34411	22299	70	812	1993
蔬菜、水果和坚果加工	1370	651	34411	22299	70	812	1993
其他农副食品加工	139	338	13282	7587	29	413	1164
淀粉及淀粉制品的制造	1391	53	1634	734		45	126
豆制品制造	1392	104	3554	2124		22	160
蛋品加工	1393	19	1589	1144	2	33	135
其他未列明的农副食品加工	1399	162	6505	3585	27	313	743
食品制造业	14	1841	109964	62455	304	3419	9035
焙烤食品制造	141	362	25389	15023	31	733	2223
糕点、面包制造	1411	192	8103	4621	4	387	1034
饼干及其他焙烤食品制造	1419	170	17286	10402	27	346	1189

单位：个、人

		按技术职称分组			按技术等级分组			
高中	初中及以下	高级技术职称	中级技术职称	初级技术职称	高级技师	技师	高级工	中级工
13070	30755	103	453	1310	99	134	210	993
8476	24375	79	341	1009	13	103	175	679
1625	5572	24	61	223		1	22	179
2910	9419	18	79	298	2	32	62	151
693	2092	8	34	99		2	2	39
3248	7292	29	167	389	11	68	89	310
139	560	10	8	15	10	2		3
139	560	10	8	15	10	2		3
3044	3453		31	101		1	1	1
3044	3453		31	101		1	1	1
1411	2367	14	73	185	76	28	34	310
3	4							
223	456	4	16	39	5	3	13	17
7	34		1					1
1178	1873	10	56	146	71	25	21	292
85	120		1	6		2	2	2
85	120		1	6		2	2	2
85	120		1	6		2	2	2
1227390	**2712631**	**22930**	**68680**	**142203**	**12428**	**34493**	**57236**	**132813**
38798	101426	744	2100	4770	335	870	1430	2599
2066	5998	19	140	334	4	31	37	142
2066	5998	19	140	334	4	31	37	142
3240	7249	153	356	803	61	83	182	369
3240	7249	153	356	803	61	83	182	369
2194	4343	46	120	204	20	55	60	119
2169	4094	43	110	184	17	45	55	112
25	249	3	10	20	3	10	5	7
496	1337	12	53	86	5	43		1
496	1337	12	53	86	5	43		1
5311	11344	81	241	492	23	115	70	284
3307	7668	41	109	233	6	70	33	155
2004	3676	40	132	259	17	45	37	129
14301	39133	251	612	1484	145	300	862	1209
7543	24495	122	376	1009	74	178	688	898
5525	11489	88	154	303	61	83	106	200
490	877	26	54	85	7	9	25	36
26	75							
717	2197	15	28	87	3	30	43	75
7409	24127	124	381	1082	57	182	171	324
7409	24127	124	381	1082	57	182	171	324
3781	7895	58	197	285	20	61	48	151
459	1004	3	18	36	4	8	3	4
820	2552	9	16	32		2	4	45
753	666	1	43	58			1	21
1749	3673	45	120	159	16	51	40	81
31593	65613	794	1703	3558	288	632	997	2599
6669	15733	372	349	653	53	135	203	771
2670	4008	44	197	312	26	45	27	194
3999	11725	328	152	341	27	90	176	577

1-11 续表 3

行业	代码	法人单位数	从业人数	女性	按学历分组 研究生及以上	大学本科	大学专科
糖果、巧克力及蜜饯制造	142	354	25614	14124	71	621	1812
糖果、巧克力制造	1421	191	15653	8732	45	321	1158
蜜饯制作	1422	163	9961	5392	26	300	654
方便食品制造	143	204	11449	6175	27	420	1210
米、面制品制造	1431	137	5734	3161	6	87	336
速冻食品制造	1432	38	2152	1242	17	104	288
方便面及其他方便食品制造	1439	29	3563	1772	4	229	586
液体乳及乳制品制造	144	25	2305	965	4	100	240
液体乳及乳制品制造	1440	25	2305	965	4	100	240
罐头制造	145	368	26529	17955	37	673	1547
肉、禽类罐头制造	1451	16	1902	1239	1	82	108
水产品罐头制造	1452	15	1220	889		7	38
蔬菜、水果罐头制造	1453	287	22329	15264	32	558	1329
其他罐头食品制造	1459	50	1078	563	4	26	72
调味品、发酵制品制造	146	237	9624	4103	63	378	893
味精制造	1461	31	2780	1055	41	155	231
酱油、食醋及类似制品的制造	1462	119	3957	1683	4	104	364
其他调味品、发酵制品制造	1469	87	2887	1365	18	119	298
其他食品制造	149	291	9054	4110	71	494	1110
营养、保健食品制造	1491	68	1234	577	11	88	236
冷冻饮品及食用冰制造	1492	83	2203	781	3	90	260
盐加工	1493	9	845	493		17	71
食品及饲料添加剂制造	1494	63	2396	905	45	206	289
其他未列明的食品制造	1499	68	2376	1354	12	93	254
饮料制造业	15	2459	92720	43006	287	3227	8983
酒精制造	151	4	78	45		2	22
酒精制造	1510	4	78	45		2	22
酒的制造	152	266	15459	6635	36	742	1745
白酒制造	1521	71	2844	1414		55	194
啤酒制造	1522	33	9513	3911	29	610	1209
黄酒制造	1523	96	1880	851	3	45	209
葡萄酒制造	1524	8	208	40		4	21
其他酒制造	1529	58	1014	419	4	28	112
软饮料制造	153	402	25931	9658	104	1433	3979
碳酸饮料制造	1531	31	4435	1215	17	328	944
瓶(罐)装饮用水制造	1532	238	5220	2374	17	179	564
果菜汁及果菜汁饮料制造	1533	54	4071	1989	36	416	670
含乳饮料和植物蛋白饮料制造	1534	19	8087	3173	7	232	1112
固体饮料制造	1535	12	749	355	14	119	187
茶饮料及其他软饮料制造	1539	48	3369	552	13	159	502
精制茶加工	154	1787	51252	26668	147	1050	3237
精制茶加工	1540	1787	51252	26668	147	1050	3237
烟草制品业	16	7	4585	2004	35	799	773
烟叶复烤	161	3	1419	693	3	112	156
烟叶复烤	1610	3	1419	693	3	112	156
卷烟制造	162	3	3159	1310	32	687	616
卷烟制造	1620	3	3159	1310	32	687	616
其他烟草制品加工	169	1	7	1			1
其他烟草制品加工	1690	1	7	1			1
纺织业	17	2965	287272	177833	418	5409	17429
棉、化纤纺织及印染精加工	171	875	130045	77097	259	2734	9154
棉、化纤纺织加工	1711	660	95260	64007	188	1857	6187
棉、化纤印染精加工	1712	215	34785	13090	71	877	2967

单位：个、人

		按技术职称分组			按技术等级分组			
高中	初中及以下	高级技术职称	中级技术职称	初级技术职称	高级技师	技师	高级工	中级工
8297	14813	104	322	879	60	134	260	420
5558	8571	56	147	577	33	67	185	291
2739	6242	48	175	302	27	67	75	129
2863	6929	32	102	351	7	18	48	165
1261	4044	12	38	87	5	14	27	61
633	1110	18	37	159		1	18	25
969	1775	2	27	105	2	3	3	79
1115	846	16	58	49		3	7	7
1115	846	16	58	49		3	7	7
6190	18082	82	326	821	47	80	141	591
309	1402	5	14	116	1	5	5	22
637	538		8	31		1	3	22
4976	15434	70	284	610	46	71	119	517
268	708	7	20	64		3	14	30
3480	4810	105	261	341	52	85	168	306
1136	1217	53	89	141	34	63	79	118
1181	2304	26	110	110	5	13	52	66
1163	1289	26	62	90	13	9	37	122
2979	4400	83	285	464	69	177	170	339
507	392	25	51	96	1	12	7	38
643	1207	9	57	83	54	128	100	165
247	510	2	9	16				
857	999	43	116	208	13	28	53	111
725	1292	4	52	61	1	9	10	25
28796	51427	463	1481	2749	259	592	807	1689
7	47		6			3		
7	47		6			3		
4861	8075	90	385	717	62	115	222	365
1026	1569	15	66	109	8	19	67	112
2955	4710	33	200	467	36	60	121	162
545	1078	33	63	77	10	23	15	36
29	154		7	7	1	2	3	
306	564	9	49	57	7	11	16	55
9424	10991	108	333	461	61	128	194	392
1730	1416	49	98	105	34	46	78	163
1671	2789	23	87	138	9	31	24	66
1430	1519	19	84	137	2	19	25	68
3527	3209	5	17	15	4	11	50	66
274	155		4	20		3	1	12
792	1903	12	43	46	12	18	16	17
14504	32314	265	757	1571	136	346	391	932
14504	32314	265	757	1571	136	346	391	932
835	2143	42	428	376	12	73	288	1009
251	897	20	40	22	3	12	21	136
251	897	20	40	22	3	12	21	136
578	1246	22	388	354	9	61	267	873
578	1246	22	388	354	9	61	267	873
6								
6								
75518	188498	2402	2946	6426	526	1723	3182	9658
36827	81071	2014	1584	3132	316	1037	1907	5145
25706	61322	1817	964	1985	169	620	1135	4200
11121	19749	197	620	1147	147	417	772	945

1-11 续表 4

行业	代码	法人单位数	从业人数	女性	按学历分组 研究生及以上	大学本科	大学专科
毛纺织和染整精加工	172	42	3142	1754	9	63	160
毛条加工	1721	1	218	82		5	15
毛纺织	1722	24	1826	1108	3	20	71
毛染整精加工	1723	17	1098	564	6	38	74
麻纺织	173	8	134	75		6	16
麻纺织	1730	8	134	75		6	16
丝绢纺织及精加工	174	36	1522	820	1	25	110
缫丝加工	1741	2	16	7			
绢纺和丝织加工	1742	17	994	559	1	17	52
丝印染精加工	1743	17	512	254		8	58
纺织制成品制造	175	647	43745	25683	57	988	2624
棉及化纤制品制造	1751	162	14547	9328	26	340	706
毛制品制造	1752	5	160	109		2	8
麻制品制造	1753	7	118	82		1	11
丝制品制造	1754	14	565	395	2	12	34
绳、索、缆的制造	1755	55	2376	1458	11	63	158
纺织带和帘子布制造	1756	133	7499	3456	3	105	473
无纺布制造	1757	103	8729	4389	10	198	709
其他纺织制成品制造	1759	168	9751	6466	5	267	525
针织品、编织品及其制品制造	176	1357	108684	72404	92	1593	5365
棉、化纤针织品及编织品制造	1761	827	52143	33441	65	758	2693
毛针织品及编织品制造	1762	274	40380	29063	4	380	1631
丝针织品及编织品制造	1763	116	6743	4166	12	140	401
其他针织品及编织品制造	1769	140	9418	5734	11	315	640
纺织服装、鞋、帽制造业	18	4955	522233	325875	1113	11142	33058
纺织服装制造	181	4537	477095	298982	1104	10599	30778
纺织服装制造	1810	4537	477095	298982	1104	10599	30778
纺织面料鞋的制造	182	393	43471	25580	9	519	2204
纺织面料鞋的制造	1820	393	43471	25580	9	519	2204
制帽	183	25	1667	1313		24	76
制帽	1830	25	1667	1313		24	76
皮革、毛皮、羽毛(绒)及其制品业	19	3143	619456	362899	602	9845	29942
皮革鞣制加工	191	173	14689	5437	39	479	1201
皮革鞣制加工	1910	173	14689	5437	39	479	1201
皮革制品制造	192	2908	602089	355887	563	9330	28575
皮鞋制造	1921	2092	498601	289896	452	7614	23312
皮革服装制造	1922	18	2180	1411	5	45	112
皮箱、包(袋)制造	1923	610	87418	56214	98	1402	4199
皮手套及皮装饰制品制造	1924	37	7200	5234	3	57	271
其他皮革制品制造	1929	151	6690	3132	5	212	681
毛皮鞣制及制品加工	193	14	791	382		9	50
毛皮鞣制加工	1931	3	230	70			8
毛皮服装加工	1932	4	225	117		8	26
其他毛皮制品加工	1939	7	336	195		1	16
羽毛(绒)加工及制品制造	194	48	1887	1193		27	116
羽毛(绒)加工	1941	35	1022	632		3	14
羽毛(绒)制品加工	1942	13	865	561		24	102

单位：个、人

		按技术职称分组			按技术等级分组			
高中	初中及以下	高级技术职称	中级技术职称	初级技术职称	高级技师	技师	高级工	中级工
898	2012	12	48	172	5	20	21	60
102	96		5	12		2	3	11
446	1286	6	19	125				4
350	630	6	24	35	5	18	18	45
15	97			5				1
15	97			5				1
401	985	1	12	38		20		40
7	9	1						
259	665		8	25		17		37
135	311		4	13		3		3
12263	27813	161	453	1006	66	211	414	1633
4651	8824	46	132	417	19	101	62	378
31	119					1		
26	80		2	4		2		2
144	373	6	22	24	2	3	5	10
483	1661	27	34	19	5	17	3	12
1897	5021	29	65	164	13	25	65	234
2610	5202	27	55	158	24	51	262	725
2421	6533	26	143	220	3	11	17	272
25114	76520	214	849	2073	139	435	840	2779
13131	35496	73	411	889	44	237	266	855
7427	30938	40	225	557	15	59	315	1164
2054	4136	47	106	270	48	81	174	450
2502	5950	54	107	357	32	58	85	310
130319	346601	1236	4684	13160	737	3001	5252	14613
121274	313340	1170	4495	12531	700	2846	5077	14129
121274	313340	1170	4495	12531	700	2846	5077	14129
8730	32009	65	178	589	37	151	173	455
8730	32009	65	178	589	37	151	173	455
315	1252	1	11	40		4	2	29
315	1252	1	11	40		4	2	29
138739	440328	833	4116	10058	799	2726	4952	13718
3671	9299	59	151	460	30	137	132	440
3671	9299	59	151	460	30	137	132	440
134317	429304	761	3935	9457	768	2587	4820	13244
112325	354898	623	2806	7816	684	2124	3609	10969
434	1584	2	22	34		1	14	23
17742	63977	103	886	1337	60	356	842	1915
1920	4949	6	38	70	7	11	251	107
1896	3896	27	183	200	17	95	104	230
145	587	13	22	102				2
13	209							
92	99	3	2					
40	279	10	20	102				2
606	1138		8	39	1	2		32
283	722		1	19	1	2		10
323	416		7	20				22

1-11 续表 5

行业	代码	法人单位数	从业人数		按学历分组		
				女性	研究生及以上	大学本科	大学专科
木材加工及木、竹、藤、棕、草制品业	20	3637	159253	72951	94	1660	6520
锯材、木片加工	201	754	17739	6126	8	120	559
锯材加工	2011	540	13021	4448	7	85	391
木片加工	2012	214	4718	1678	1	35	168
人造板制造	202	956	62504	26403	35	729	2916
胶合板制造	2021	476	28526	12707		137	1038
纤维板制造	2022	45	6205	1792	22	304	655
刨花板制造	2023	34	2001	635	8	65	202
其他人造板、材制造	2029	401	25772	11269	5	223	1021
木制品制造	203	757	33148	15348	17	372	1343
建筑用木料及木材组件加工	2031	238	9998	4046	5	144	403
木容器制造	2032	160	4363	1842		19	171
软木制品及其他木制品制造	2039	359	18787	9460	12	209	769
竹、藤、棕、草制品制造	204	1170	45862	25074	34	439	1702
竹、藤、棕、草制品制造	2040	1170	45862	25074	34	439	1702
家具制造业	21	1176	74025	27680	131	1767	4765
木质家具制造	211	744	37128	12970	69	782	2502
木质家具制造	2110	744	37128	12970	69	782	2502
竹、藤家具制造	212	51	1690	819		17	99
竹、藤家具制造	2120	51	1690	819		17	99
金属家具制造	213	214	26168	9809	21	667	1609
金属家具制造	2130	214	26168	9809	21	667	1609
塑料家具制造	214	24	1454	725	9	97	120
塑料家具制造	2140	24	1454	725	9	97	120
其他家具制造	219	143	7585	3357	32	204	435
其他家具制造	2190	143	7585	3357	32	204	435
造纸及纸制品业	22	2263	119602	49814	196	2879	9983
纸浆制造	221	30	3187	989	5	83	362
纸浆制造	2210	30	3187	989	5	83	362
造纸	222	561	34571	12967	65	877	3065
机制纸及纸板制造	2221	380	29722	10850	54	749	2730
手工纸制造	2222	33	733	368		5	25
加工纸制造	2223	148	4116	1749	11	123	310
纸制品制造	223	1672	81844	35858	126	1919	6556
纸和纸板容器的制造	2231	1087	56962	23037	69	1197	4479
其他纸制品制造	2239	585	24882	12821	57	722	2077
印刷业和记录媒介的复制	23	1820	53798	23420	65	1670	4933
印刷	231	1700	48613	21612	54	1386	4394
书、报、刊印刷	2311	470	15272	6781	20	442	1541
本册印制	2312	242	4575	2285	9	142	372
包装装潢及其他印刷	2319	988	28766	12546	25	802	2481
装订及其他印刷服务活动	232	114	4622	1489	8	258	483
装订及其他印刷服务活动	2320	114	4622	1489	8	258	483
记录媒介的复制	233	6	563	319	3	26	56
记录媒介的复制	2330	6	563	319	3	26	56
文教体育用品制造业	24	686	78887	43909	294	2076	5103
文化用品制造	241	148	10224	5953	10	255	611
文具制造	2411	92	7949	4587	2	154	447
笔的制造	2412	20	737	392	6	20	60

单位：个、人

		按技术职称分组			按技术等级分组			
高中	初中及以下	高级技术职称	中级技术职称	初级技术职称	高级技师	技师	高级工	中级工
44699	106280	390	1737	4439	204	700	1689	3279
4724	12328	19	142	344	17	59	131	307
3465	9073	11	90	258	13	30	67	200
1259	3255	8	52	86	4	29	64	107
18953	39871	177	758	1783	79	234	698	1132
8305	19046	37	223	567	18	69	157	437
2337	2887	50	201	475	10	29	354	97
795	931	39	41	77	24	31	40	127
7516	17007	51	293	664	27	105	147	471
8220	23196	71	287	864	33	102	208	700
2477	6969	9	61	154	4	36	92	184
1094	3079	6	23	122		4	2	54
4649	13148	56	203	588	29	62	114	462
12802	30885	123	550	1448	75	305	652	1140
12802	30885	123	550	1448	75	305	652	1140
20496	46866	189	786	1836	184	497	1417	2237
10009	23766	101	423	886	84	294	697	1177
10009	23766	101	423	886	84	294	697	1177
380	1194	3	18	70	1	13	17	43
380	1194	3	18	70	1	13	17	43
7862	16009	70	286	677	93	174	668	870
7862	16009	70	286	677	93	174	668	870
289	939		6	19				36
289	939		6	19				36
1956	4958	15	53	184	6	16	35	111
1956	4958	15	53	184	6	16	35	111
35715	70829	414	1778	3910	251	793	1843	4330
1577	1160	19	150	273	5	20	126	451
1577	1160	19	150	273	5	20	126	451
10671	19893	81	537	1148	43	313	590	1552
9213	16976	72	446	940	29	253	539	1388
154	549		2	10				1
1304	2368	9	89	198	14	60	51	163
23467	49776	314	1091	2489	203	460	1127	2327
16360	34857	243	782	1756	168	332	759	1631
7107	14919	71	309	733	35	128	368	696
19085	28045	248	1057	2143	124	537	1180	2032
16923	25856	211	870	1829	106	417	847	1770
5773	7496	84	328	652	36	157	564	877
1850	2202	18	71	166	5	61	47	166
9300	16158	109	471	1011	65	199	236	727
1988	1885	17	150	222	16	112	303	229
1988	1885	17	150	222	16	112	303	229
174	304	20	37	92	2	8	30	33
174	304	20	37	92	2	8	30	33
19455	51959	188	634	1938	207	298	384	1324
2448	6900	49	95	225	24	63	45	115
1930	5416	44	78	160	20	53	34	84
185	466	3	5	19	3	2		8

1-11 续表 6

行业	代码	法人单位数	从业人数		按学历分组		
				女性	研究生及以上	大学本科	大学专科
教学用模型及教具制造	2413	12	616	401	1	26	32
墨水、墨汁制造	2414	3	15	3			
其他文化用品制造	2419	21	907	570	1	55	72
体育用品制造	242	313	49913	25917	269	1484	3297
球类制造	2421	42	7414	5763	3	49	329
体育器材及配件制造	2422	122	20205	10295	113	611	1524
训练健身器材制造	2423	58	12424	4062	38	495	1001
运动防护用具制造	2424	19	3299	2089	3	38	109
其他体育用品制造	2429	72	6571	3708	112	291	334
乐器制造	243	20	2087	1013	2	24	145
中乐器制造	2431	7	558	322	2	4	96
西乐器制造	2432	9	691	295		11	31
电子乐器制造	2433	1	788	386		8	16
其他乐器及零件制造	2439	3	50	10		1	2
玩具制造	244	196	15412	10110	10	288	954
玩具制造	2440	196	15412	10110	10	288	954
游艺器材及娱乐用品制造	245	9	1251	916	3	25	96
露天游乐场所游乐设备制造	2451						
游艺用品及室内游艺器材制造	2452	9	1251	916	3	25	96
石油加工、炼焦及核燃料加工业	25	89	5858	1668	44	589	948
精炼石油产品的制造	251	83	5314	1549	43	580	834
原油加工及石油制品制造	2511	75	4965	1491	36	560	787
人造原油生产	2512	8	349	58	7	20	47
炼焦	252	6	544	119	1	9	114
炼焦	2520	6	544	119	1	9	114
核燃料加工	253						
核燃料加工	2530						
化学原料及化学制品制造业	26	2324	102360	34404	483	4959	11031
基础化学原料制造	261	273	17951	4529	37	686	1834
无机酸制造	2611	37	2892	706	6	101	399
无机碱制造	2612	16	5007	1307	2	179	375
无机盐制造	2613	65	3945	1093	7	116	422
有机化学原料制造	2614	69	3090	758	13	123	349
其他基础化学原料制造	2619	86	3017	665	9	167	289
肥料制造	262	219	13789	4086	16	521	1448
氮肥制造	2621	25	8937	2700	2	364	1023
磷肥制造	2622	11	1018	239	1	23	54
钾肥制造	2623	2	87	13		1	8
复混肥料制造	2624	76	1945	603	5	80	176
有机肥料及微生物肥料制造	2625	88	1483	472	5	45	156
其他肥料制造	2629	17	319	59	3	8	31
农药制造	263	38	2042	716	10	140	282
化学农药制造	2631	28	1818	652	3	104	208
生物化学农药及微生物农药制造	2632	10	224	64	7	36	74
涂料、油墨、颜料及类似产品制造	264	549	15128	4144	90	1005	1880
涂料制造	2641	414	11220	3041	76	813	1356
油墨及类似产品制造	2642	44	1286	396	8	93	198
颜料制造	2643	35	965	251	1	50	162
染料制造	2644	17	626	157	3	29	44
密封用填料及类似品制造	2645	39	1031	299	2	20	120

单位：个、人

		按技术职称分组			按技术等级分组			
高中	初中及以下	高级技术职称	中级技术职称	初级技术职称	高级技师	技师	高级工	中级工
115	442	1	9	33	1	2	11	20
12	3		1					
206	573	1	2	13		6		3
12304	32559	95	303	1201	45	141	209	802
1079	5954	1	17	44	3	10	9	43
3918	14039	46	127	189	24	48	101	253
3457	7433	25	119	477	7	53	75	420
1233	1916	1	3	416		4	1	3
2617	3217	22	37	75	11	26	23	83
658	1258	5	7	22	2	2	6	17
229	227		1	4				1
242	407	5	6	18	2	2	6	16
158	606							
29	18							
3762	10398	38	224	471	136	92	124	386
3762	10398	38	224	471	136	92	124	386
283	844	1	5	19				4
283	844	1	5	19				4
2349	1928	106	304	389	27	104	411	836
2106	1751	101	289	356	25	98	364	743
1891	1691	81	257	328	23	98	364	740
215	60	20	32	28	2			3
243	177	5	15	33	2	6	47	93
243	177	5	15	33	2	6	47	93
34880	51007	939	2958	4789	416	710	2132	3955
7622	7772	151	471	874	63	99	256	550
1386	1000	34	91	251	16	20	57	115
1679	2772	32	99	156		16	84	237
1569	1831	25	61	141	4	14	31	43
1975	630	26	109	191	31	15	9	29
1013	1539	34	111	135	12	34	75	126
5510	6294	114	538	846	43	88	972	1226
3910	3638	68	418	613	30	53	917	1078
462	478	4	31	97		5	12	53
40	38		1	4				2
634	1050	17	58	89	7	5	29	50
392	885	20	24	42	6	22	12	34
72	205	5	6	1		3	2	9
1185	425	36	136	172	5	6	26	52
1105	398	24	115	142		3	18	26
80	27	12	21	30	5	3	8	26
4591	7562	192	471	722	76	157	211	391
3481	5494	160	413	614	57	124	172	292
351	636	13	21	32	2	8	6	19
294	458	7	17	31	7	5	16	28
195	355	4	3	11	4	9	6	9
270	619	8	17	34	6	11	11	43

1-11 续表 7

行业	代码	法人单位数	从业人数		按学历分组		
				女性	研究生及以上	大学本科	大学专科
合成材料制造	265	170	9940	3028	97	712	1262
初级形态的塑料及合成树脂制造	2651	105	5519	1739	75	384	710
合成橡胶制造	2652	27	541	152	2	25	66
合成纤维单(聚合)体的制造	2653	11	2834	965	12	172	308
其他合成材料制造	2659	27	1046	172	8	131	178
专用化学产品制造	266	661	24473	7885	184	1196	2508
化学试剂和助剂制造	2661	161	4824	1477	31	228	540
专项化学用品制造	2662	103	2589	728	27	191	367
林产化学产品制造	2663	217	7094	1965	45	257	690
炸药及火工产品制造	2664	32	4739	2314	6	99	229
信息化学品制造	2665	20	2336	597	43	260	257
环境污染处理专用药剂材料制造	2666	19	313	92	3	34	47
动物胶制造	2667	6	61	12		4	13
其他专用化学产品制造	2669	103	2517	700	29	123	365
日用化学产品制造	267	414	19037	10016	49	699	1817
肥皂及合成洗涤剂制造	2671	69	1716	815	7	79	210
化妆品制造	2672	77	5152	3148	7	225	640
口腔清洁用品制造	2673	9	210	117		18	23
香料、香精制造	2674	96	3849	1392	12	116	347
其他日用化学产品制造	2679	163	8110	4544	23	261	597
医药制造业	27	306	23155	11591	428	2871	4474
化学药品原药制造	271	26	3108	1015	31	455	467
化学药品原药制造	2710	26	3108	1015	31	455	467
化学药品制剂制造	272	50	5949	3459	73	558	1050
化学药品制剂制造	2720	50	5949	3459	73	558	1050
中药饮片加工	273	25	806	363	22	86	185
中药饮片加工	2730	25	806	363	22	86	185
中成药制造	274	68	6466	3695	61	670	1193
中成药制造	2740	68	6466	3695	61	670	1193
兽用药品制造	275	17	1599	550	35	251	336
兽用药品制造	2750	17	1599	550	35	251	336
生物、生化制品的制造	276	78	3664	1506	201	784	751
生物、生化制品的制造	2760	78	3664	1506	201	784	751
卫生材料及医药用品制造	277	42	1563	1003	5	67	492
卫生材料及医药用品制造	2770	42	1563	1003	5	67	492
化学纤维制造业	28	130	21336	8037	52	808	2031
纤维素纤维原料及纤维制造	281	23	1403	552	3	13	77
化纤浆粕制造	2811	5	544	154	3	5	31
人造纤维(纤维素纤维)制造	2812	18	859	398		8	46
合成纤维制造	282	107	19933	7485	49	795	1954
锦纶纤维制造	2821	22	3463	1404	12	111	411
涤纶纤维制造	2822	57	12980	4691	35	606	1340
腈纶纤维制造	2823	1	70	26			5
维纶纤维制造	2824						
其他合成纤维制造	2829	27	3420	1364	2	78	198
橡胶制品业	29	830	83267	37819	98	1931	7373
轮胎制造	291	66	15257	4403	15	586	2123
车辆、飞机及工程机械轮胎制造	2911	30	14438	4186	15	573	2015
力车胎制造	2912	4	141	60		5	18
轮胎翻新加工	2913	32	678	157		8	90

单位：个、人

		按技术职称分组			按技术等级分组			
高中	初中及以下	高级技术职称	中级技术职称	初级技术职称	高级技师	技师	高级工	中级工
4005	3864	140	446	629	132	117	243	855
1848	2502	39	183	233	13	91	66	134
213	235	6	12	17	11	4	4	5
1494	848	37	135	197	104	16	160	687
450	279	58	116	182	4	6	13	29
7162	13423	211	598	1020	72	165	316	629
1372	2653	37	89	106	25	45	56	105
756	1248	26	73	91	8	9	28	53
2424	3678	51	164	329	20	40	86	238
1219	3186	16	138	279		2	42	76
622	1154	60	41	87	13	36	55	92
87	142	7	18	13				2
23	21							
659	1341	14	75	115	6	33	49	63
4805	11667	95	298	526	25	78	108	252
499	921	10	24	38	4	15	3	27
1314	2966	12	76	104	5	11	16	53
67	102	3	9	16		4	6	8
893	2481	30	72	107	10	38	58	77
2032	5197	40	117	261	6	10	25	87
8519	6863	479	1471	2562	135	301	536	1537
1356	799	50	174	265	5	8	77	195
1356	799	50	174	265	5	8	77	195
2349	1919	97	443	789	35	100	148	578
2349	1919	97	443	789	35	100	148	578
303	210	28	61	75	18	28	30	74
303	210	28	61	75	18	28	30	74
2416	2126	138	379	618	31	76	165	468
2416	2126	138	379	618	31	76	165	468
544	433	44	163	409	16	9	82	112
544	433	44	163	409	16	9	82	112
997	931	102	225	324	25	70	24	59
997	931	102	225	324	25	70	24	59
554	445	20	26	82	5	10	10	51
554	445	20	26	82	5	10	10	51
7129	11316	93	372	920	219	510	900	665
482	828	2	12	21		6	4	12
338	167	2	7	12			1	4
144	661		5	9		6	3	8
6647	10488	91	360	899	219	504	896	653
1350	1579	27	103	202	42	96	161	324
4603	6396	51	202	523	173	404	715	207
35	30			1				
659	2483	13	55	173	4	4	20	122
22989	50876	353	1189	3076	158	388	562	1303
6082	6451	164	433	1184	16	34	23	67
5878	5957	164	420	1156	11	27	23	67
21	97							
183	397		13	28	5	7		

1-11 续表 8

行业	代码	法人单位数	从业人数		按学历分组		
				女性	研究生及以上	大学本科	大学专科
橡胶板、管、带的制造	292	68	1491	464	4	63	203
橡胶板、管、带的制造	2920	68	1491	464	4	63	203
橡胶零件制造	293	118	7337	3097	10	181	859
橡胶零件制造	2930	118	7337	3097	10	181	859
再生橡胶制造	294	30	1402	528	7	52	107
再生橡胶制造	2940	30	1402	528	7	52	107
日用及医用橡胶制品制造	295	54	2400	1288	7	23	111
日用及医用橡胶制品制造	2950	54	2400	1288	7	23	111
橡胶靴鞋制造	296	343	47206	24650	44	760	3171
橡胶靴鞋制造	2960	343	47206	24650	44	760	3171
其他橡胶制品制造	299	151	8174	3389	11	266	799
其他橡胶制品制造	2990	151	8174	3389	11	266	799
塑料制品业	30	3545	209402	101086	410	5053	14496
塑料薄膜制造	301	354	21026	10014	46	650	1610
塑料薄膜制造	3010	354	21026	10014	46	650	1610
塑料板、管、型材的制造	302	271	13920	4890	141	891	1512
塑料板、管、型材的制造	3020	271	13920	4890	141	891	1512
塑料丝、绳及编织品的制造	303	228	8319	4395	1	59	375
塑料丝、绳及编织品的制造	3030	228	8319	4395	1	59	375
泡沫塑料制造	304	281	9390	3381	12	216	757
泡沫塑料制造	3040	281	9390	3381	12	216	757
塑料人造革、合成革制造	305	103	9504	3218	10	271	737
塑料人造革、合成革制造	3050	103	9504	3218	10	271	737
塑料包装箱及容器制造	306	270	7485	3264	11	173	665
塑料包装箱及容器制造	3060	270	7485	3264	11	173	665
塑料零件制造	307	224	13393	6417	23	295	974
塑料零件制造	3070	224	13393	6417	23	295	974
日用塑料制造	308	1075	89934	47655	65	1533	5266
塑料鞋制造	3081	586	56607	31961	32	734	2975
日用塑料杂品制造	3082	489	33327	15694	33	799	2291
其他塑料制品制造	309	739	36431	17852	101	965	2600
其他塑料制品制造	3090	739	36431	17852	101	965	2600
非金属矿物制品业	31	8100	401292	131130	969	7237	21659
水泥、石灰和石膏的制造	311	464	36273	9726	21	865	2943
水泥制造	3111	328	33377	9058	21	831	2839
石灰和石膏制造	3112	136	2896	668		34	104
水泥及石膏制品制造	312	569	21740	3883	47	748	1916
水泥制品制造	3121	403	17412	3043	41	624	1565
砼结构构件制造	3122	43	1035	225		18	74
石棉水泥制品制造	3123	20	544	144		20	39
轻质建筑材料制造	3124	55	1475	281	3	55	153
其他水泥制品制造	3129	48	1274	190	3	31	85
砖瓦、石材及其他建筑材料制造	313	5786	245117	68722	751	3535	10882
粘土砖瓦及建筑砌块制造	3131	1544	42192	14523	20	178	944
建筑陶瓷制品制造	3132	411	49473	21158	79	815	2561
建筑用石加工	3133	3578	146076	31920	612	2336	6903
防水建筑材料制造	3134	40	533	135	1	12	40
隔热和隔音材料制造	3135	18	687	221	1	31	72
其他建筑材料制造	3139	195	6156	765	38	163	362

单位：个、人

		按技术职称分组			按技术等级分组			
高中	初中及以下	高级技术职称	中级技术职称	初级技术职称	高级技师	技师	高级工	中级工
604	617	3	57	127	3	20	33	35
604	617	3	57	127	3	20	33	35
2091	4196	41	175	193	14	33	69	109
2091	4196	41	175	193	14	33	69	109
225	1011	25	37	62	12	39	28	52
225	1011	25	37	62	12	39	28	52
470	1789	3	30	67	2	6	16	32
470	1789	3	30	67	2	6	16	32
11084	32147	94	312	1297	101	222	360	956
11084	32147	94	312	1297	101	222	360	956
2433	4665	23	145	146	10	34	33	52
2433	4665	23	145	146	10	34	33	52
61855	127588	986	2720	5973	502	2160	2607	5752
6039	12681	88	281	551	20	770	93	376
6039	12681	88	281	551	20	770	93	376
4240	7136	164	563	715	149	456	323	561
4240	7136	164	563	715	149	456	323	561
2251	5633	23	111	255	11	31	70	179
2251	5633	23	111	255	11	31	70	179
2819	5586	52	100	217	26	28	103	258
2819	5586	52	100	217	26	28	103	258
2994	5492	81	137	284	37	72	140	302
2994	5492	81	137	284	37	72	140	302
2249	4387	51	167	291	23	88	90	214
2249	4387	51	167	291	23	88	90	214
4909	7192	68	151	358	35	101	99	222
4909	7192	68	151	358	35	101	99	222
25582	57488	300	778	2098	102	401	1287	2875
16460	36406	76	481	1371	58	230	954	2132
9122	21082	224	297	727	44	171	333	743
10772	21993	159	432	1204	99	213	402	765
10772	21993	159	432	1204	99	213	402	765
99724	271703	1611	4655	10477	832	2352	2995	8639
12773	19671	327	1139	2067	115	385	418	1432
12021	17665	319	1108	2004	113	369	391	1314
752	2006	8	31	63	2	16	27	118
6949	12080	243	588	976	71	127	155	413
5628	9554	203	505	783	55	103	124	319
417	526	14	31	86	9	3	15	35
141	344		8	16			2	18
395	869	14	22	43		6	1	25
368	787	12	22	48	7	15	13	16
49097	180852	664	1845	4961	293	1261	1476	3953
7652	33398	46	258	573	24	134	176	588
10186	35832	249	639	2021	130	345	492	1470
29775	106450	317	820	2036	119	729	720	1726
163	317		10	14		5	12	9
293	290	7	34	145	11	17	34	69
1028	4565	45	84	172	9	31	42	91

1-11 续表 9

行　业	代 码	法人单位数	从业人数		按学历分组		
				女 性	研究生及以上	大学本科	大学专科
玻璃及玻璃制品制造	314	280	17972	6002	60	1054	1845
平板玻璃制造	3141	31	3663	616	8	258	332
技术玻璃制品制造	3142	45	4007	878	35	394	456
光学玻璃制造	3143	20	2535	1522	11	114	272
玻璃仪器制造	3144	4	242	45	1	7	14
日用玻璃制品及玻璃包装容器制造	3145	56	2416	1226	2	101	280
玻璃保温容器制造	3146	2	31	11			1
玻璃纤维及制品制造	3147	18	1140	324		34	150
玻璃纤维增强塑料制品制造	3148	39	1472	591	2	46	124
其他玻璃制品制造	3149	65	2466	789	1	100	216
陶瓷制品制造	315	752	72059	40198	67	799	3365
卫生陶瓷制品制造	3151	32	1545	362	3	58	131
特种陶瓷制品制造	3152	153	8620	5092	38	88	351
日用陶瓷制品制造	3153	174	20034	11424	16	151	1068
园林、陈设艺术及其他陶瓷制品制造	3159	393	41860	23320	10	502	1815
耐火材料制品制造	316	81	2463	889	1	40	132
石棉制品制造	3161	15	315	64		4	22
云母制品制造	3162	3	68	10			
耐火陶瓷制品及其他耐火材料制造	3169	63	2080	815	1	36	110
石墨及其他非金属矿物制品制造	319	168	5668	1710	22	196	576
石墨及碳素制品制造	3191	34	1101	312	2	34	59
其他非金属矿物制品制造	3199	134	4567	1398	20	162	517
黑色金属冶炼及压延加工业	32	429	52444	11446	150	2813	4220
炼铁	321	46	4771	1320	10	383	192
炼铁	3210	46	4771	1320	10	383	192
炼钢	322	34	6952	1163	13	217	451
炼钢	3220	34	6952	1163	13	217	451
钢压延加工	323	277	36526	8006	123	2125	3292
钢压延加工	3230	277	36526	8006	123	2125	3292
铁合金冶炼	324	72	4195	957	4	88	285
铁合金冶炼	3240	72	4195	957	4	88	285
有色金属冶炼及压延加工业	33	344	30050	7873	329	2523	3474
常用有色金属冶炼	331	63	2098	462		50	184
铜冶炼	3311	12	439	89		11	50
铅锌冶炼	3312	8	705	116		10	23
镍钴冶炼	3313	5	129	16			3
锡冶炼	3314	2	32	11			1
锑冶炼	3315						
铝冶炼	3316	22	621	169		17	78
镁冶炼	3317						
其他常用有色金属冶炼	3319	14	172	61		12	29
贵金属冶炼	332	9	2923	658	176	759	355
金冶炼	3321	7	2921	658	176	759	355
银冶炼	3322	2	2				
其他贵金属冶炼	3329						
稀有稀土金属冶炼	333	33	2279	460	23	238	182
钨钼冶炼	3331	15	1656	239	21	220	128
稀土金属冶炼	3332	13	519	216	2	16	51
其他稀有金属冶炼	3339	5	104	5	2	2	3

单位：个、人

		按技术职称分组			按技术等级分组			
高中	初中及以下	高级技术职称	中级技术职称	初级技术职称	高级技师	技师	高级工	中级工
6827	8186	140	477	1190	86	216	375	1028
1177	1888	30	123	571	3	61	77	114
2049	1073	37	81	96	30	41	97	202
1003	1135	10	101	306	8	17	33	195
60	160	3	21	41	4	31	13	17
748	1285	28	36	48	13	13	5	29
9	21							
335	621	13	29	49	16	31	85	233
482	818	10	36	35	4	12	47	172
964	1185	9	50	44	8	10	18	66
21706	46122	180	445	1014	250	305	446	1546
544	809	9	10	27	3	20	6	26
1837	6306	41	61	153	26	32	40	167
5670	13129	44	134	254	142	102	175	581
13655	25878	86	240	580	79	151	225	772
827	1463	14	24	62	1	3	22	143
49	240	1	4	10		1	4	4
7	61			7				4
771	1162	13	20	45	1	2	18	135
1545	3329	43	137	207	16	55	103	124
320	686	4	17	18	6	5	10	18
1225	2643	39	120	189	10	50	93	106
19427	25834	521	1500	2755	143	587	1784	5666
1615	2571	24	80	168	6	48	87	260
1615	2571	24	80	168	6	48	87	260
3128	3143	62	152	394	50	110	174	311
3128	3143	62	152	394	50	110	174	311
13157	17829	428	1221	2063	73	393	1477	4957
13157	17829	428	1221	2063	73	393	1477	4957
1527	2291	7	47	130	14	36	46	138
1527	2291	7	47	130	14	36	46	138
8992	14732	396	1542	2223	244	587	467	1415
485	1379	9	24	27	3	5	9	23
126	252	1	2	3				
153	519		6	3				
10	116							
1	30						1	1
167	359	6	15	19	3	2	7	19
28	103	2	1	2		3	1	3
824	809	137	404	452	92	135	115	194
823	808	137	404	452	92	135	115	194
1	1							
1060	776	25	122	215	5	11	10	58
766	521	17	112	200	4	10	6	47
240	210	5	8	15	1	1	4	11
54	45	3	2					

1-11 续表 10

行业	代码	法人单位数	从业人数	女性	按学历分组 研究生及以上	大学本科	大学专科
有色金属合金制造	334	55	3660	871	42	247	599
有色金属合金制造	3340	55	3660	871	42	247	599
有色金属压延加工	335	184	19090	5422	88	1229	2154
常用有色金属压延加工	3351	172	18162	5207	65	1129	2026
贵金属压延加工	3352	3	43	15		3	5
稀有稀土金属压延加工	3353	9	885	200	23	97	123
金属制品业	34	2859	119570	42216	315	4766	12112
结构性金属制品制造	341	984	30188	8897	68	1239	2968
金属结构制造	3411	709	23662	7351	44	992	2363
金属门窗制造	3412	275	6526	1546	24	247	605
金属工具制造	342	310	10562	3875	31	323	899
切削工具制造	3421	73	3102	1181	22	135	242
手工具制造	3422	34	1151	393		18	55
农用及园林用金属工具制造	3423	21	660	299		2	32
刀剪及类似日用金属工具制造	3424	47	1440	659		29	104
其他金属工具制造	3429	135	4209	1343	9	139	466
集装箱及金属包装容器制造	343	125	9557	3276	29	588	1148
集装箱制造	3431	9	1794	155	2	287	209
金属压力容器制造	3432	17	988	259	5	51	129
金属包装容器制造	3433	99	6775	2862	22	250	810
金属丝绳及其制品的制造	344	82	3594	1699	12	87	247
金属丝绳及其制品的制造	3440	82	3594	1699	12	87	247
建筑、安全用金属制品制造	345	426	25798	9497	72	1536	3460
建筑、家具用金属配件制造	3451	202	8851	3864	23	304	609
建筑装饰及水暖管道零件制造	3452	126	13097	4547	31	1104	2490
安全、消防用金属制品制造	3453	62	2544	723	15	87	289
其他建筑、安全用金属制品制造	3459	36	1306	363	3	41	72
金属表面处理及热处理加工	346	202	6184	2235	41	209	533
金属表面处理及热处理加工	3460	202	6184	2235	41	209	533
搪瓷制品制造	347	28	1220	434	15	41	148
工业生产配套用搪瓷制品制造	3471	3	63	14		2	6
搪瓷卫生洁具制造	3472	17	980	326	15	37	122
搪瓷日用品及其他搪瓷制品制造	3479	8	177	94		2	20
不锈钢及类似日用金属制品制造	348	334	17287	6628	21	402	1511
金属制厨房调理及卫生器具制造	3481	49	1656	493	3	38	164
金属制厨用器皿及餐具制造	3482	58	5955	2459	5	115	673
其他日用金属制品制造	3489	227	9676	3676	13	249	674
其他金属制品制造	349	368	15180	5675	26	341	1198
铸币及贵金属制实验室用品制造	3491	1	37	17			3
其他未列明的金属制品制造	3499	367	15143	5658	26	341	1195
通用设备制造业	35	2961	131420	34802	424	5366	13390
锅炉及原动机制造	351	72	4131	1139	4	160	448
锅炉及辅助设备制造	3511	28	848	146	2	53	173
内燃机及配件制造	3512	30	2758	885	2	80	222
汽轮机及辅机制造	3513	2	67	9		2	7
水轮机及辅机制造	3514	8	407	78		23	45
其他原动机制造	3519	4	51	21		2	1

单位：个、人

		按技术职称分组			按技术等级分组			
高中	初中及以下	高级技术职称	中级技术职称	初级技术职称	高级技师	技师	高级工	中级工
1080	1692	51	358	327	6	14	82	158
1080	1692	51	358	327	6	14	82	158
5543	10076	174	634	1202	138	422	251	982
5090	9852	166	594	1119	136	422	251	976
7	28							
446	196	8	40	83	2			6
37565	64812	949	2954	4825	750	1797	2007	4661
9208	16705	249	1012	1500	124	410	569	1668
6978	13285	184	816	1198	101	330	436	1422
2230	3420	65	196	302	23	80	133	246
3679	5630	92	146	332	57	115	181	340
1195	1508	24	58	100	13	27	31	78
356	722	2	7	15			4	5
235	391	2	6	19		5	7	14
635	672	15	10	65	9	10	53	91
1258	2337	49	65	133	35	73	86	152
3604	4188	59	201	781	28	93	104	440
763	533	10	86	503				299
316	487	18	34	43		6	11	12
2525	3168	31	81	235	28	87	93	129
1158	2090	10	34	113	6	21	24	63
1158	2090	10	34	113	6	21	24	63
7321	13409	378	865	854	431	818	659	1080
2810	5105	27	132	267	30	116	107	265
3502	5970	313	608	410	385	642	478	609
697	1456	25	82	147	14	52	57	188
312	878	13	43	30	2	8	17	18
1527	3874	56	211	289	31	48	116	208
1527	3874	56	211	289	31	48	116	208
240	776	14	40	66	6	28	38	58
21	34	2	10	3			3	1
166	640	9	21	52	3	22	32	45
53	102	3	9	11	3	6	3	12
5705	9648	35	185	411	21	96	108	340
423	1028	3	18	67	2		17	25
2052	3110	7	55	98	5	23	35	31
3230	5510	25	112	246	14	73	56	284
5123	8492	56	260	479	46	168	208	464
	34							
5123	8458	56	260	479	46	168	208	464
44344	67896	1138	3588	6209	636	1718	3307	6784
1768	1751	55	193	220	37	58	99	194
374	246	34	46	35	11	16	28	35
1210	1244	15	100	135	23	31	48	109
29	29				3	3	2	
137	202	6	43	44		5	14	50
18	30		4	6		3	7	

1-11 续表 11

行业	代码	法人单位数	从业人数		按学历分组		
				女性	研究生及以上	大学本科	大学专科
金属加工机械制造	352	383	11343	2445	54	445	1454
金属切削机床制造	3521	44	2540	568	7	84	291
金属成形机床制造	3522	33	1589	326	11	115	260
铸造机械制造	3523	123	2387	448	14	58	254
金属切割及焊接设备制造	3524	26	488	116	3	29	60
机床附件制造	3525	30	1484	374	4	29	227
其他金属加工机械制造	3529	127	2855	613	15	130	362
起重运输设备制造	353	107	7655	1267	81	1330	1564
起重运输设备制造	3530	107	7655	1267	81	1330	1564
泵、阀门、压缩机及类似机械的制造	354	551	37776	12143	159	1123	3043
泵及真空设备制造	3541	76	4374	1695	25	221	502
气体压缩机械制造	3542	37	3270	890		72	222
阀门和旋塞的制造	3543	375	27163	8747	127	678	1961
液压和气压动力机械及元件制造	3544	63	2969	811	7	152	358
轴承、齿轮、传动和驱动部件的制造	355	197	12982	4024	31	446	1159
轴承制造	3551	102	7813	2814	25	308	682
齿轮、传动和驱动部件制造	3552	95	5169	1210	6	138	477
烘炉、熔炉及电炉制造	356	9	136	37		1	15
烘炉、熔炉及电炉制造	3560	9	136	37		1	15
风机、衡器、包装设备等通用设备制造	357	308	13605	3443	51	865	2201
风机、风扇制造	3571	32	894	246		26	122
气体、液体分离及纯净设备制造	3572	41	1233	288	3	49	108
制冷、空调设备制造	3573	42	1861	362	8	157	332
风动和电动工具制造	3574	17	1758	559		46	154
喷枪及类似器具制造	3575	6	126	29		7	18
包装专用设备制造	3576	45	1247	331	12	55	150
衡器制造	3577	25	901	305	2	110	201
其他通用设备制造	3579	100	5585	1323	26	415	1116
通用零部件制造及机械修理	358	728	21194	5355	38	577	2025
金属密封件制造	3581	23	635	174	1	14	58
紧固件、弹簧制造	3582	196	7252	2013	10	171	732
机械零部件加工及设备修理	3583	387	9104	1971	19	258	802
其他通用零部件制造	3589	122	4203	1197	8	134	433
金属铸、锻加工	359	606	22598	4949	6	419	1481
钢铁铸件制造	3591	550	20872	4521	6	358	1346
锻件及粉末冶金制品制造	3592	56	1726	428		61	135
专用设备制造业	36	2085	88263	23183	501	5300	11293
矿山、冶金、建筑专用设备制造	361	331	21765	3620	112	1289	2508
采矿、采石设备制造	3611	68	2351	499	4	65	194
石油钻采专用设备制造	3612	4	146	56		2	5
建筑工程用机械制造	3613	142	12479	1994	84	825	1202
建筑材料生产专用机械制造	3614	100	6080	950	23	359	1009
冶金专用设备制造	3615	17	709	121	1	38	98
化工、木材、非金属加工专用设备制造	362	738	25144	7030	68	1015	3331
炼油、化工生产专用设备制造	3621	14	756	194	1	14	54
橡胶加工专用设备制造	3622	23	1370	254	4	55	164
塑料加工专用设备制造	3623	42	986	226		42	80
木材加工机械制造	3624	38	744	159		11	92
模具制造	3625	599	20984	6138	63	889	2902
其他非金属加工专用设备制造	3629	22	304	59		4	39

单位：个、人

		按技术职称分组			按技术等级分组			
高中	初中及以下	高级技术职称	中级技术职称	初级技术职称	高级技师	技师	高级工	中级工
4495	4895	130	411	573	57	202	384	498
1346	812	21	131	166	6	35	194	83
662	541	21	74	136	5	21	67	166
679	1382	15	48	73	10	41	36	85
228	168	5	9	23		2	1	10
558	666	21	48	31	21	33	35	39
1022	1326	47	101	144	15	70	51	115
2661	2019	111	559	753	73	143	339	834
2661	2019	111	559	753	73	143	339	834
10812	22639	159	522	1067	92	267	491	1224
1295	2331	29	84	152	11	42	90	186
455	2521	5	30	55	1	4	4	12
7850	16547	92	320	658	57	188	317	785
1212	1240	33	88	202	23	33	80	241
5420	5926	109	386	515	54	140	906	1514
3399	3399	64	226	261	23	48	697	887
2021	2527	45	160	254	31	92	209	627
32	88		6	12				2
32	88		6	12				2
5145	5343	182	513	1037	120	321	323	731
317	429	20	48	93	6	20	30	76
358	715	7	15	26	6	10	21	27
583	781	33	131	142	22	57	58	55
964	594	7	13	39	1	9	6	17
40	61		5	2				
478	552	10	31	48	4	11	11	23
311	277	37	63	69	24	74	4	33
2094	1934	68	207	618	57	140	193	500
7125	11429	195	519	1242	120	228	363	1043
177	385	2	7	24	1	5	17	30
2065	4274	49	148	377	30	63	87	340
3204	4821	109	271	652	65	107	194	511
1679	1949	35	93	189	24	53	65	162
6886	13806	197	479	790	83	359	402	744
6211	12951	184	430	738	74	343	313	668
675	855	13	49	52	9	16	89	76
31049	40120	971	3323	4795	622	2000	3251	5556
7982	9874	274	960	1149	177	739	833	1582
879	1209	30	83	112	5	60	57	176
19	120	1	3	5		4		2
4921	5447	148	472	584	54	427	458	894
1805	2884	83	376	412	118	233	302	462
358	214	12	26	36		15	16	48
8964	11766	175	659	1095	194	713	1047	1993
394	293	10	28	32	2	23	123	100
685	462	24	69	75	30	66	218	189
341	523	1	17	38	2	3	5	29
255	386	12	30	53	6	21	53	33
7167	9963	127	503	888	153	592	641	1631
122	139	1	12	9	1	8	7	11

1-11 续表 12

行　　业	代 码	法　人 单位数	从业人数	女 性	按学历分组 研究生 及以上	大学本科	大学专科
食品、饮料、烟草及饲料生产专用设备制造	363	69	1532	334	4	94	186
食品、饮料、烟草工业专用设备制造	3631	39	1019	235	3	65	124
农副食品加工专用设备制造	3632	28	471	85	1	29	61
饲料生产专用设备制造	3633	2	42	14			1
印刷、制药、日化生产专用设备制造	364	122	5854	1625	12	290	861
制浆和造纸专用设备制造	3641	25	2144	303	4	69	169
印刷专用设备制造	3642	24	1212	335	3	118	420
日用化工专用设备制造	3643	16	248	53		16	28
制药专用设备制造	3644	2	47	13		2	3
照明器具生产专用设备制造	3645	26	1463	661	2	63	192
玻璃、陶瓷和搪瓷制品生产专用设备制造	3646	9	246	66		6	10
其他日用品生产专用设备制造	3649	20	494	194	3	16	39
纺织、服装和皮革工业专用设备制造	365	171	8592	2227	49	353	1005
纺织专用设备制造	3651	113	6890	1811	44	288	842
皮革、毛皮及其制品加工专用设备制造	3652	10	443	105	3	14	44
缝纫机械制造	3653	32	869	196	2	44	95
其他服装加工专用设备制造	3659	16	390	115		7	24
电子和电工机械专用设备制造	366	146	4558	1558	49	310	695
电工机械专用设备制造	3661	55	1347	357	2	74	174
电子工业专用设备制造	3662	89	2091	812	44	204	399
武器弹药制造	3663	1	1081	356	1	27	120
航空、航天及其他专用设备制造	3669	1	39	33	2	5	2
农、林、牧、渔专用机械制造	367	160	6067	1431	1	131	509
拖拉机制造	3671	19	2096	497		62	198
机械化农业及园艺机具制造	3672	35	1739	491		28	140
营林及木竹采伐机械制造	3673	3	43	8			1
畜牧机械制造	3674	3	21	9		2	2
渔业机械制造	3675	5	48	12		2	8
农林牧渔机械配件制造	3676	31	907	183		12	60
其他农林牧渔业机械制造及机械修理	3679	64	1213	231	1	25	100
医疗仪器设备及器械制造	368	97	4766	2727	44	392	534
医疗诊断、监护及治疗设备制造	3681	14	223	116	4	16	38
口腔科用设备及器具制造	3682	20	517	189	7	64	148
实验室及医用消毒设备和器具的制造	3683						
医疗、外科及兽医用器械制造	3684	12	916	587	13	55	57
机械治疗及病房护理设备制造	3685	3	80	43		3	18
假肢、人工器官及植(介)入器械制造	3686	18	1124	709	10	115	91
其他医疗设备及器械制造	3689	30	1906	1083	10	139	182
环保、社会公共安全及其他专用设备制造	369	251	9985	2631	162	1426	1664
环境污染防治专用设备制造	3691	95	5646	1576	128	1039	981
地质勘查专用设备制造	3692	1	31				31
邮政专用机械及器材制造	3693	1	9	4		2	2
商业、饮食、服务业专用设备制造	3694	5	37	11		6	9
社会公共安全设备及器材制造	3695	41	1415	451	1	101	295
交通安全及管制专用设备制造	3696	8	127	19	2	30	31
水资源专用机械制造	3697	15	251	95	2	26	58
其他专用设备制造	3699	85	2469	475	29	222	257

单位：个、人

		按技术职称分组			按技术等级分组			
高中	初中及以下	高级技术职称	中级技术职称	初级技术职称	高级技师	技师	高级工	中级工
520	728	19	67	103	11	23	22	65
334	493	17	50	70	11	15	18	59
154	226	2	17	32		8	4	6
32	9			1				
1335	3356	27	116	169	20	45	73	169
345	1557	4	15	32	2	14	7	11
375	296	7	49	67	2	6	9	105
88	116	2	9	5	1		9	16
12	30		3	1				
292	914	4	19	45		4	3	17
100	130	5	6	1	2	4	12	4
123	313	5	15	18	13	17	33	16
2694	4491	78	343	378	44	87	354	661
2243	3473	70	307	323	39	66	333	612
123	259	2	17	21		9	17	13
244	484	3	9	20	3	5	2	5
84	275	3	10	14	2	7	2	31
2068	1436	81	243	315	30	75	391	158
418	679	15	56	68	6	17	22	67
740	704	56	139	175	22	46	88	74
908	25	6	48	71	2	12	281	17
2	28	4		1				
2357	3069	24	136	246	23	54	199	251
655	1181	8	41	97	3	8	79	69
769	802	6	39	79	6	8	95	65
1	41							
9	8							
16	22	1	3	1		2		3
422	413	1	31	25	9	16	20	84
485	602	8	22	44	5	20	5	30
1810	1986	44	107	150	21	34	86	79
89	76	1	3	7				1
223	75	10	23	35	5	8	6	24
432	359	7	24	36	9	5	12	16
9	50		1					
660	248	9	15	21	3	7	42	4
397	1178	17	41	51	4	14	26	34
3319	3414	249	692	1190	102	230	246	598
1907	1591	166	506	943	64	172	162	352
5								
4	18		1				6	
511	507	29	30	49	10	5	9	22
46	18	12	16	13	13	11	10	13
110	55	5	15	14	3	4	1	9
736	1225	37	124	171	12	38	58	202

1-11 续表 13

行业	代码	法人单位数	从业人数	女性	按学历分组 研究生及以上	大学本科	大学专科
交通运输设备制造业	37	2203	147404	40837	520	7981	15789
铁路运输设备制造	371	12	537	174		13	48
铁路机车车辆及动车组制造	3711	2	15	2		1	
工矿有轨专用车辆制造	3712						
铁路机车车辆配件制造	3713	3	134	52		2	9
铁路专用设备及器材、配件制造	3714	3	290	92		10	29
其他铁路设备制造及设备修理	3719	4	98	28			10
汽车制造	372	1574	98535	27414	412	5041	10009
汽车整车制造	3721	23	9844	1033	156	1766	1338
改装汽车制造	3722	17	1230	163	5	78	253
电车制造	3723	3	158	46		12	28
汽车车身、挂车的制造	3724	11	1136	104	11	103	141
汽车零部件及配件制造	3725	937	75847	24181	212	2851	7136
汽车修理	3726	583	10320	1887	28	231	1113
摩托车制造	373	221	15835	7347	15	456	1193
摩托车整车制造	3731	4	1243	331	1	77	190
摩托车零部件及配件制造	3732	217	14592	7016	14	379	1003
自行车制造	374	30	2378	574	11	118	258
脚踏自行车及残疾人座车制造	3741	16	2157	486	6	104	233
助动自行车制造	3742	14	221	88	5	14	25
船舶及浮动装置制造	375	335	24083	4122	52	1389	3102
金属船舶制造	3751	98	9526	1588	26	644	1238
非金属船舶制造	3752	33	693	160		7	52
娱乐船和运动船的建造和修理	3753	17	1951	449	4	83	121
船用配套设备制造	3754	21	1082	157	1	31	466
船舶修理及拆船	3755	165	10776	1735	21	624	1220
航标器材及其他浮动装置的制造	3759	1	55	33			5
航空航天器制造	376	9	5500	1069	30	943	1117
飞机制造及修理	3761	8	5495	1069	30	943	1117
航天器制造	3762						
其他飞行器制造	3769	1	5				
交通器材及其他交通运输设备制造	379	22	536	137		21	62
潜水及水下救捞装备制造	3791						
交通管理用金属标志及设施制造	3792	10	182	34		9	21
其他交通运输设备制造	3799	12	354	103		12	41
电气机械及器材制造业	39	2168	176433	79827	687	12723	17447
电机制造	391	700	37604	13253	151	1966	4715
发电机及发电机组制造	3911	213	18315	6167	109	1297	2914
电动机制造	3912	445	16843	5613	39	588	1634
微电机及其他电机制造	3919	42	2446	1473	3	81	167
输配电及控制设备制造	392	531	33726	15415	235	2967	4488
变压器、整流器和电感器制造	3921	97	9296	5685	30	371	991
电容器及其配套设备制造	3922	15	386	174		11	51
配电开关控制设备制造	3923	178	12133	3926	145	1879	1955
电力电子元器件制造	3924	182	9403	4686	46	534	1051
其他输配电及控制设备制造	3929	59	2508	944	14	172	440
电线、电缆、光缆及电工器材制造	393	216	13412	6991	44	521	1114
电线电缆制造	3931	156	11711	6443	23	416	916
光纤、光缆制造	3932	4	107	36		3	4
绝缘制品制造	3933	26	1133	350	14	59	112
其他电工器材制造	3939	30	461	162	7	43	82

单位：个、人

		按技术职称分组			按技术等级分组			
高中	初中及以下	高级技术职称	中级技术职称	初级技术职称	高级技师	技师	高级工	中级工
49768	73346	1235	4357	8972	641	2063	3316	6923
219	257		4	17		5	32	32
1	13			1				
96	27		2	10		4	32	31
70	181							
52	36		2	6		1		1
35403	47670	836	3001	5590	498	1529	2045	4388
4096	2488	99	846	1565	24	113	243	840
564	330	9	33	81	8	22	40	20
54	64	1	15	8			10	13
470	411	23	71	59	13	35	74	136
26428	39220	419	1203	2955	332	1041	1147	2065
3791	5157	285	833	922	121	318	531	1314
5188	8983	56	239	589	37	145	289	491
654	321	10	23	74	6	11	20	10
4534	8662	46	216	515	31	134	269	481
712	1279	5	69	136	4	11	35	85
643	1171	5	66	123	4	11	26	76
69	108		3	13			9	9
7410	12130	334	1007	2099	97	368	909	1895
3438	4180	124	468	1026	35	151	274	1145
185	449	18	18	30	2	7	32	22
350	1393	5	33	52	2	3	34	29
251	333	5	32	43	4	12	22	58
3170	5741	182	456	946	54	195	547	641
16	34			2				
697	2713	2	33	519	3	1		
692	2713	2	33	519	3	1		
5								
139	314	2	4	22	2	4	6	32
50	102	2	2	7		2	4	31
89	212		2	15	2	2	2	1
52352	93224	1326	3606	7189	621	1509	2517	4738
12130	18642	493	787	1490	114	344	497	894
6081	7914	215	548	1013	60	200	331	614
5358	9224	270	193	409	49	106	144	226
691	1504	8	46	68	5	38	22	54
12090	13946	415	1395	2612	249	493	796	1400
3596	4308	77	239	888	82	132	282	363
124	200	5	16	20	2	5	15	23
4732	3422	194	867	1303	121	267	339	715
2764	5008	50	129	253	25	54	42	97
874	1008	89	144	148	19	35	118	202
3508	8225	80	358	324	27	176	399	522
2910	7446	73	323	281	25	165	370	500
13	87	1	3	2	1			
410	538	3	9	12			4	1
175	154	3	23	29	1	11	25	21

1-11 续表 14

行　业	代码	法人单位数	从业人数	女性	按学历分组 研究生及以上	大学本科	大学专科
电池制造	394	140	20665	8985	43	1049	2042
电池制造	3940	140	20665	8985	43	1049	2042
家用电力器具制造	395	158	24281	8269	107	4632	1999
家用制冷电器具制造	3951	6	113	59		11	12
家用空气调节器制造	3952	10	564	243	72	157	78
家用通风电器具制造	3953	6	605	200		3	40
家用厨房电器具制造	3954	33	13061	4049	9	3845	564
家用清洁卫生电器具制造	3955	12	863	425	1	41	240
家用美容、保健电器具制造	3956	49	5169	1816	14	297	540
家用电力器具专用配件制造	3957	17	1810	621	2	26	95
其他家用电力器具制造	3959	25	2096	856	9	252	430
非电力家用器具制造	396	48	3801	1480	10	122	237
燃气、太阳能及类似能源的器具制造	3961	43	3681	1439	10	119	228
其他非电力家用器具制造	3969	5	120	41		3	9
照明器具制造	397	297	41188	24742	91	1344	2540
电光源制造	3971	99	25949	15699	38	824	1424
照明灯具制造	3972	146	10114	6141	41	375	804
灯用电器附件及其他照明器具制造	3979	52	5125	2902	12	145	312
其他电气机械及器材制造	399	78	1756	692	6	122	312
车辆专用照明及电气信号设备装置制造	3991	10	404	221		23	45
其他未列明的电气机械制造	3999	68	1352	471	6	99	267
通信设备、计算机及其他电子设备制造业	40	1343	228470	125110	1662	27886	25560
通信设备制造	401	184	20367	10067	354	3266	4141
通信传输设备制造	4011	39	2155	808	50	373	657
通信交换设备制造	4012	10	1056	306	23	363	295
通信终端设备制造	4013	38	4360	2695	32	370	597
移动通信及终端设备制造	4014	55	9721	5098	221	1624	1946
其他通信设备制造	4019	42	3075	1160	28	536	646
雷达及配套设备制造	402	3	161	71		18	33
雷达及配套设备制造	4020	3	161	71		18	33
广播电视设备制造	403	41	3620	1937	29	328	524
广播电视节目制作及发射设备制造	4031	3	74	43		12	13
广播电视接收设备及器材制造	4032	22	2853	1624	18	138	290
应用电视设备及其他广播电视设备制造	4039	16	693	270	11	178	221
电子计算机制造	404	122	48304	20917	383	12030	4617
电子计算机整机制造	4041	22	8905	1706	12	6344	368
计算机网络设备制造	4042	22	4388	1187	215	2060	973
电子计算机外部设备制造	4043	78	35011	18024	156	3626	3276
电子器件制造	405	247	47731	23101	394	4318	4987
电子真空器件制造	4051	7	4542	2600	2	343	161
半导体分立器件制造	4052	25	2760	776	28	259	370
集成电路制造	4053	35	8115	3117	75	416	872
光电子器件及其他电子器件制造	4059	180	32314	16608	289	3300	3584
电子元件制造	406	480	76494	51383	224	3507	6487
电子元件及组件制造	4061	420	67341	46056	203	2997	5281
印制电路板制造	4062	60	9153	5327	21	510	1206
家用视听设备制造	407	83	22507	13461	88	2433	2746
家用影视设备制造	4071	39	14615	7521	77	2012	2245
家用音响设备制造	4072	44	7892	5940	11	421	501

单位：个、人

		按技术职称分组			按技术等级分组			
高中	初中及以下	高级技术职称	中级技术职称	初级技术职称	高级技师	技师	高级工	中级工
7207	10324	77	235	475	68	141	347	777
7207	10324	77	235	475	68	141	347	777
7592	9951	135	314	1189	68	181	188	435
60	30	1	3	6	1	1	3	2
189	68	20	21	25	50	10	20	10
256	306	3	15	31	1	36	14	68
2976	5667	9	158	904	3	5	54	179
304	277	3	13	8			2	8
2549	1769	86	72	165	11	113	54	115
545	1142	5	10	4	2		7	7
713	692	8	22	46		16	34	46
437	2995	15	92	266	1	4	41	56
391	2933	15	89	259	1	4	39	53
46	62		3	7			2	3
8617	28596	92	354	757	88	154	192	550
5072	18591	34	185	405	30	65	64	253
2406	6488	32	123	260	53	69	90	201
1139	3517	26	46	92	5	20	38	96
771	545	19	71	76	6	16	57	104
221	115	6	13	34	1	4	8	6
550	430	13	58	42	5	12	49	98
75733	97629	2483	5765	12373	1229	2485	2913	5630
5728	6878	428	1094	1528	171	540	571	1042
613	462	54	154	257	22	164	157	137
236	139	9	15	3	1	4	8	15
1688	1673	34	104	192	17	29	63	97
2295	3635	282	636	717	124	321	295	617
896	969	49	185	359	7	22	48	176
58	52	1	32	41		9	13	20
58	52	1	32	41		9	13	20
1174	1565	40	106	105	12	32	56	63
29	20	2	5	7			6	5
1001	1406	9	41	40	9	24	31	58
144	139	29	60	58	3	8	19	
14535	16739	954	1752	3353	620	791	1007	1554
1558	623	28	129	221	18	69	89	102
1087	53	55	260	613	26	36	29	19
11890	16063	871	1363	2519	576	686	889	1433
18945	19087	297	659	1657	157	247	560	1514
3126	910	1	13	16			21	51
539	1564	14	40	99	4	27	24	27
1659	5093	61	210	613	24	33	83	521
13621	11520	221	396	929	129	187	432	915
25664	40612	437	1187	2522	159	616	529	1043
22426	36434	405	963	2180	127	504	473	894
3238	4178	32	224	342	32	112	56	149
7329	9911	165	502	1740	51	150	75	286
5280	5001	135	431	1525	50	145	67	277
2049	4910	30	71	215	1	5	8	9

1-11 续表 15

行业	代码	法人单位数	从业人数	女性	按学历分组 研究生及以上	大学本科	大学专科
其他电子设备制造	409	183	9286	4173	190	1986	2025
其他电子设备制造	4090	183	9286	4173	190	1986	2025
仪器仪表及文化、办公用机械制造业	41	639	67416	39913	366	3392	5593
通用仪器仪表制造	411	150	7183	3131	69	1011	1160
工业自动控制系统装置制造	4111	44	1636	462	33	256	375
电工仪器仪表制造	4112	52	2287	1100	17	306	359
绘图、计算及测量仪器制造	4113	7	160	84		5	13
实验分析仪器制造	4114	16	1242	611	3	97	84
试验机制造	4115	2	49	9		23	17
供应用仪表及其他通用仪器制造	4119	29	1809	865	16	324	312
专用仪器仪表制造	412	73	3304	1212	99	386	487
环境监测专用仪器仪表制造	4121	6	261	112	23	90	73
汽车及其他用计数仪表制造	4122	9	438	35		19	64
导航、气象及海洋专用仪器制造	4123	3	37	9	1	14	16
农林牧渔专用仪器仪表制造	4124	3	50	24	3	5	11
地质勘探和地震专用仪器制造	4125	1	1				
教学专用仪器制造	4126	5	32	11		7	10
核子及核辐射测量仪器制造	4127	1	6	2	3	2	1
电子测量仪器制造	4128	13	382	120	4	30	73
其他专用仪器制造	4129	32	2097	899	65	219	239
钟表与计时仪器制造	413	167	14973	9053	56	491	1101
钟表与计时仪器制造	4130	167	14973	9053	56	491	1101
光学仪器及眼镜制造	414	174	22903	13195	56	642	1517
光学仪器制造	4141	57	3975	1770	42	318	533
眼镜制造	4142	117	18928	11425	14	324	984
文化、办公用机械制造	415	58	16556	12204	20	663	1095
电影机械制造	4151	1	9	4		1	3
幻灯及投影设备制造	4152	4	175	106		49	28
照相机及器材制造	4153	12	3443	2608	8	121	270
复印和胶印设备制造	4154	4	788	328	2	40	111
计算器及货币专用设备制造	4155	30	12066	9136	10	442	679
其他文化、办公用机械制造	4159	7	75	22		10	4
其他仪器仪表的制造及修理	419	17	2497	1118	66	199	233
其他仪器仪表的制造及修理	4190	17	2497	1118	66	199	233
工艺品及其他制造业	42	3392	262510	138674	392	6165	16019
工艺美术品制造	421	2526	186181	92516	204	3944	10891
雕塑工艺品制造	4211	765	36233	16064	50	618	2093
金属工艺品制造	4212	279	33931	15942	43	579	1766
漆器工艺品制造	4213	117	7024	3886	4	200	541
花画工艺品制造	4214	91	6505	4522	4	157	464
天然植物纤维编织工艺品制造	4215	184	13936	7940	6	128	703
抽纱刺绣工艺品制造	4216	110	2802	1945	3	72	196
地毯、挂毯制造	4217	6	648	448		5	14
珠宝首饰及有关物品的制造	4218	115	5413	3525	4	117	348
其他工艺美术品制造	4219	859	79689	38244	90	2068	4766
日用杂品制造	422	590	63163	40087	86	1310	3379
制镜及类似品加工	4221	16	478	210		9	19
鬃毛加工、制刷及清扫工具的制造	4222	12	1120	609		86	22
其他日用杂品制造	4229	562	61565	39268	86	1215	3338

单位：个、人

		按技术职称分组			按技术等级分组			
高中	初中及以下	高级技术职称	中级技术职称	初级技术职称	高级技师	技师	高级工	中级工
2300	2785	161	433	1427	59	100	102	108
2300	2785	161	433	1427	59	100	102	108
20535	37530	488	1222	2239	430	608	1038	1734
1782	3161	138	380	604	50	66	66	282
481	491	51	105	146	36	33	21	176
654	951	35	120	193	5	8	24	26
46	96	1	1	1			2	3
209	849	11	37	135	2	10	8	49
9		8	13	5				
383	774	32	104	124	7	15	11	28
1198	1134	77	135	120	15	41	21	48
52	23	33	57	44	5	15	2	22
52	303	1	2	5				
6		4	6	4		4		
9	22	2	6	4				
1								
6	9		4	6			2	4
		3	3					
122	153	24	29	29	9	16	12	13
950	624	10	28	28	1	6	5	9
4734	8591	72	273	473	61	103	147	280
4734	8591	72	273	473	61	103	147	280
6409	14279	119	240	485	41	57	134	252
1423	1659	100	165	287	29	40	77	101
4986	12620	19	75	198	12	17	57	151
4790	9988	81	185	547	263	341	670	871
5								
55	43	1	8	29	1	2	12	28
972	2072	5	16	78	3	23	21	39
429	206	12	14	14	8	6	10	15
3298	7637	62	145	415	250	308	625	786
31	30	1	2	11	1	2	2	3
1622	377	1	9	10				1
1622	377	1	9	10				1
65361	174573	903	3665	6968	897	2152	3056	7899
46562	124580	643	2435	4981	738	1750	2363	6150
8249	25223	152	531	814	112	457	612	1053
10744	20799	56	273	623	74	223	356	1077
2553	3726	74	136	195	109	237	104	273
1419	4461	65	149	298	7	25	20	62
4188	8911	48	193	505	9	140	179	406
805	1726	9	20	47	7	8	35	61
50	579		1	4				
1494	3450	14	47	83	27	26	132	111
17060	55705	225	1085	2412	393	634	925	3107
14307	44081	153	627	1199	101	297	505	1293
131	319	1	2	2				5
268	744			4			5	14
13908	43018	152	625	1193	101	297	500	1274

1-11 续表 16

行业	代码	法人单位数	从业人数	女性	按学历分组 研究生及以上	大学本科	大学专科
煤制品制造	423	47	392	74		16	15
煤制品制造	4230	47	392	74		16	15
核辐射加工	424	1	13	4			3
核辐射加工	4240	1	13	4			3
其他未列明的制造业	429	228	12761	5993	102	895	1731
其他未列明的制造业	4290	228	12761	5993	102	895	1731
废弃资源和废旧材料回收加工业	43	156	2657	802	1	52	194
金属废料和碎屑的加工处理	431	63	1209	295		25	101
金属废料和碎屑的加工处理	4310	63	1209	295		25	101
非金属废料和碎屑的加工处理	432	93	1448	507	1	27	93
非金属废料和碎屑的加工处理	4320	93	1448	507	1	27	93
电力、燃气及水的生产和供应业	**D**	**5870**	**135044**	**34849**	**991**	**14431**	**22631**
电力、热力的生产和供应业	44	5030	113355	27498	871	12857	19265
电力生产	441	4873	71095	15752	275	4983	10109
火力发电	4411	29	7676	1653	66	2015	1898
水力发电	4412	4827	62578	13926	187	2691	7951
核力发电	4413	2	206	51	11	152	33
其他能源发电	4419	15	635	122	11	125	227
电力供应	442	143	41408	11518	592	7773	9022
电力供应	4420	143	41408	11518	592	7773	9022
热力生产和供应	443	14	852	228	4	101	134
热力生产和供应	4430	14	852	228	4	101	134
燃气生产和供应业	45	45	2236	644	28	268	440
燃气生产和供应业	450	45	2236	644	28	268	440
燃气生产和供应业	4500	45	2236	644	28	268	440
水的生产和供应业	46	795	19453	6707	92	1306	2926
自来水的生产和供应	461	743	18446	6472	84	1122	2707
自来水的生产和供应	4610	743	18446	6472	84	1122	2707
污水处理及其再生利用	462	42	919	208	6	179	205
污水处理及其再生利用	4620	42	919	208	6	179	205
其他水的处理、利用与分配	469	10	88	27	2	5	14
其他水的处理、利用与分配	4690	10	88	27	2	5	14
建筑业	**E**	**5984**	**1635999**	**176724**	**2329**	**62395**	**153261**
房屋和土木工程建筑业	47	2487	1219010	133267	1318	43290	115512
房屋工程建筑	471	1519	1005088	109125	762	31034	89862
房屋工程建筑	4710	1519	1005088	109125	762	31034	89862
土木工程建筑	472	968	213922	24142	556	12256	25650
铁路、道路、隧道和桥梁工程建筑	4721	401	138548	12628	284	7370	15380
水利和港口工程建筑	4722	95	26638	3394	28	1130	3949
工矿工程建筑	4723	57	15915	2684	78	1476	2315
架线和管道工程建筑	4724	141	15554	1879	111	1469	2196
其他土木工程建筑	4729	274	17267	3557	55	811	1810
建筑安装业	48	1030	92579	13951	398	7841	15676
建筑安装业	480	1030	92579	13951	398	7841	15676
建筑安装业	4800	1030	92579	13951	398	7841	15676
建筑装饰业	49	1524	66301	10129	218	4753	10524
建筑装饰业	490	1524	66301	10129	218	4753	10524
建筑装饰业	4900	1524	66301	10129	218	4753	10524

单位：个、人

		按技术职称分组			按技术等级分组			
高中	初中及以下	高级技术职称	中级技术职称	初级技术职称	高级技师	技师	高级工	中级工
156	205	1	9	14	5			10
156	205	1	9	14	5			10
7	3			1				
7	3			1				
4329	5704	106	594	773	53	105	188	446
4329	5704	106	594	773	53	105	188	446
771	1639	10	39	106		20	16	33
365	718	5	14	51		19	14	27
365	718	5	14	51		19	14	27
406	921	5	25	55		1	2	6
406	921	5	25	55		1	2	6
51403	**45588**	**2103**	**8396**	**18620**	**700**	**3548**	**15733**	**9034**
42356	38006	1803	7397	16824	605	3396	14959	7436
27615	28113	797	3825	8126	271	1144	3545	4834
2502	1195	169	667	1348	50	267	1000	775
24927	26822	560	3079	6701	216	871	2528	4034
9	1	56	46	31		1		
177	95	12	33	46	5	5	17	25
14439	9582	988	3545	8656	334	2242	11388	2551
14439	9582	988	3545	8656	334	2242	11388	2551
302	311	18	27	42		10	26	51
302	311	18	27	42		10	26	51
953	547	74	79	79	9	33	69	141
953	547	74	79	79	9	33	69	141
953	547	74	79	79	9	33	69	141
8094	7035	226	920	1717	86	119	705	1457
7810	6723	206	850	1664	81	108	676	1431
7810	6723	206	850	1664	81	108	676	1431
262	267	18	65	49	5	11	29	26
262	267	18	65	49	5	11	29	26
22	45	2	5	4				
22	45	2	5	4				
376732	**1041282**	**17738**	**70507**	**134756**	**6862**	**21504**	**44564**	**93930**
291807	767083	12301	49798	106902	5511	16819	34736	70959
234956	648474	6081	37845	88826	4397	13525	27069	58680
234956	648474	6081	37845	88826	4397	13525	27069	58680
56851	118609	6220	11953	18076	1114	3294	7667	12279
33106	82408	1757	7334	11084	860	2195	4185	7699
7663	13868	259	1584	2350	48	258	1506	1949
5100	6946	296	972	1555	107	337	626	572
6393	5385	232	1011	1858	30	231	975	1186
4589	10002	3676	1052	1229	69	273	375	873
28935	39729	1416	6543	9695	579	2025	3843	5495
28935	39729	1416	6543	9695	579	2025	3843	5495
28935	39729	1416	6543	9695	579	2025	3843	5495
18889	31917	984	4805	6889	390	1022	1640	4032
18889	31917	984	4805	6889	390	1022	1640	4032
18889	31917	984	4805	6889	390	1022	1640	4032

1-11 续表 17

行 业	代 码	法 人 单位数	从业人数	女 性	按学历分组 研究生及以上	大学本科	大学专科
其他建筑业	50	943	258109	19377	395	6511	11549
工程准备	501	350	102314	8121	155	1567	2649
工程准备	5010	350	102314	8121	155	1567	2649
提供施工设备服务	502	113	31400	2573	20	196	516
提供施工设备服务	5020	113	31400	2573	20	196	516
其他未列明的建筑活动	509	480	124395	8683	220	4748	8384
其他未列明的建筑活动	5090	480	124395	8683	220	4748	8384
交通运输、仓储和邮政业	**F**	**5763**	**297263**	**61640**	**941**	**21582**	**44746**
铁路运输业	51	15	2355	413	7	185	461
铁路旅客运输	511	2	404	32		7	38
铁路旅客运输	5110	2	404	32		7	38
铁路货物运输	512	5	1749	320	7	174	406
铁路货物运输	5120	5	1749	320	7	174	406
铁路运输辅助活动	513	8	202	61		4	17
客运火车站	5131						
货运火车站	5132	2	16	5			1
其他铁路运输辅助活动	5139	6	186	56		4	16
道路运输业	52	2341	133284	22511	271	5048	15533
公路旅客运输	521	349	36851	10286	174	1798	5159
公路旅客运输	5210	349	36851	10286	174	1798	5159
道路货物运输	522	1557	77547	7743	33	1429	6145
道路货物运输	5220	1557	77547	7743	33	1429	6145
道路运输辅助活动	523	435	18886	4482	64	1821	4229
客运汽车站	5231	66	3853	615		56	432
公路管理与养护	5232	235	11981	3184	48	1592	3281
其他道路运输辅助活动	5239	134	3052	683	16	173	516
城市公共交通业	53	211	33051	6221	5	3157	2459
公共电汽车客运	531	79	20359	4938	2	2725	1934
公共电汽车客运	5310	79	20359	4938	2	2725	1934
轨道交通	532						
轨道交通	5320						
出租车客运	533	100	9600	560	3	41	237
出租车客运	5330	100	9600	560	3	41	237
城市轮渡	534	5	255	43		6	33
城市轮渡	5340	5	255	43		6	33
其他城市公共交通	539	27	2837	680		385	255
其他城市公共交通	5390	27	2837	680		385	255
水上运输业	54	890	37139	4379	156	2438	5080
水上旅客运输	541	50	2775	735	39	123	449
远洋旅客运输	5411						
沿海旅客运输	5412	31	1657	429	39	93	183
内河旅客运输	5413	19	1118	306		30	266
水上货物运输	542	697	24996	2030	39	1087	2641
远洋货物运输	5421	34	3000	288	15	394	507
沿海货物运输	5422	598	20675	1393	20	610	1942
内河货物运输	5423	65	1321	349	4	83	192
水上运输辅助活动	543	143	9368	1614	78	1228	1990
客运港口	5431	10	166	31	4	4	32
货运港口	5432	54	7286	1258	57	990	1433
其他水上运输辅助活动	5439	79	1916	325	17	234	525

单位：个、人

		按技术职称分组			按技术等级分组			
高中	初中及以下	高级技术职称	中级技术职称	初级技术职称	高级技师	技师	高级工	中级工
37101	202553	3037	9361	11270	382	1638	4345	13444
13701	84242	2072	5690	3954	115	242	1065	5764
13701	84242	2072	5690	3954	115	242	1065	5764
1737	28931	48	285	494	17	53	732	1295
1737	28931	48	285	494	17	53	732	1295
21663	89380	917	3386	6822	250	1343	2548	6385
21663	89380	917	3386	6822	250	1343	2548	6385
118026	**111968**	**1701**	**9588**	**16748**	**277**	**1450**	**6998**	**14006**
830	872	17	161	645	4	43	193	453
359			14	22		8		
359			14	22		8		
376	786	14	138	620	4	35	192	443
376	786	14	138	620	4	35	192	443
95	86	3	9	3			1	10
4	11							
91	75	3	9	3			1	10
52084	60348	728	3280	6729	131	934	3507	5829
15452	14268	364	1065	1764	72	479	978	1522
15452	14268	364	1065	1764	72	479	978	1522
30191	39749	190	1135	4011	51	374	565	2545
30191	39749	190	1135	4011	51	374	565	2545
6441	6331	174	1080	954	8	81	1964	1762
1533	1832	9	153	131		30	28	45
3965	3095	149	707	644	6	37	1750	1588
943	1404	16	220	179	2	14	186	129
16755	10675	17	399	825	8	54	919	1597
7996	7702	6	296	424	4	33	736	1194
7996	7702	6	296	424	4	33	736	1194
7463	1856	6	45	316	4	17	151	193
7463	1856	6	45	316	4	17	151	193
159	57		1	3		2		
159	57		1	3		2		
1137	1060	5	57	82		2	32	210
1137	1060	5	57	82		2	32	210
12679	16786	436	2274	2865	67	181	478	889
980	1184	40	122	123	2	2	68	111
675	667	38	116	108	1	2	68	109
305	517	2	6	15	1			2
8751	12478	302	1637	2007	41	131	237	416
1367	717	38	726	446	6	2	35	2
7086	11017	256	850	1457	33	128	202	279
298	744	8	61	104	2	1		135
2948	3124	94	515	735	24	48	173	362
54	72			2	2	6	2	
2208	2598	70	458	604	13	28	81	217
686	454	24	57	129	9	14	90	145

1-11 续表 18

行　业	代 码	法 人 单位数	从业人数		按学历分组		
				女 性	研究生 及以上	大学本科	大学专科
航空运输业	55	33	10695	4000	150	2916	2807
航空客货运输	551	9	6548	2247	115	2199	1787
航空旅客运输	5511	1	7	2			7
航空货物运输	5512	8	6541	2245	115	2199	1780
通用航空服务	552	3	567	366	3	78	152
通用航空服务	5520	3	567	366	3	78	152
航空运输辅助活动	553	21	3580	1387	32	639	868
机场	5531	4	1786	648	12	265	417
空中交通管理	5532	1	279	43	6	116	80
其他航空运输辅助活动	5539	16	1515	696	14	258	371
管道运输业	56	2	62	22		19	19
管道运输业	560	2	62	22		19	19
管道运输业	5600	2	62	22		19	19
装卸搬运和其他运输服务业	57	1680	43859	11841	256	5151	10860
装卸搬运	571	273	15604	2095	25	451	1718
装卸搬运	5710	273	15604	2095	25	451	1718
运输代理服务	572	1407	28255	9746	231	4700	9142
运输代理服务	5720	1407	28255	9746	231	4700	9142
仓储业	58	439	10691	2587	46	768	2186
谷物、棉花等农产品仓储	581	100	2370	623	18	193	477
谷物、棉花等农产品仓储	5810	100	2370	623	18	193	477
其他仓储	589	339	8321	1964	28	575	1709
其他仓储	5890	339	8321	1964	28	575	1709
邮政业	59	152	26127	9666	50	1900	5341
国家邮政	591	14	22775	8963	30	1631	4643
国家邮政	5910	14	22775	8963	30	1631	4643
其他寄递服务	599	138	3352	703	20	269	698
其他寄递服务	5990	138	3352	703	20	269	698
信息传输、计算机服务和软件业	**G**	**4949**	**95709**	**36803**	**2241**	**29176**	**30052**
电信和其他信息传输服务业	60	789	46910	20828	736	12605	15787
电信	601	201	36738	17358	557	10469	12416
固定电信服务	6011	45	9411	2675	219	3423	2583
移动电信服务	6012	54	16815	9189	266	4837	6107
其他电信服务	6019	102	10512	5494	72	2209	3726
互联网信息服务	602	413	5477	2018	143	1224	1979
互联网信息服务	6020	413	5477	2018	143	1224	1979
广播电视传输服务	603	170	4620	1428	34	879	1376
有线广播电视传输服务	6031	148	4024	1259	31	729	1196
无线广播电视传输服务	6032	22	596	169	3	150	180
卫星传输服务	604	5	75	24	2	33	16
卫星传输服务	6040	5	75	24	2	33	16
计算机服务业	61	3123	23175	8681	328	4041	5412
计算机系统服务	611	437	5945	1892	171	2404	2139
计算机系统服务	6110	437	5945	1892	171	2404	2139
数据处理	612	27	411	141	17	194	139
数据处理	6120	27	411	141	17	194	139
计算机维修	613	101	778	215	23	180	333
计算机维修	6130	101	778	215	23	180	333

单位：个、人

		按技术职称分组			按技术等级分组			
高中	初中及以下	高级技术职称	中级技术职称	初级技术职称	高级技师	技师	高级工	中级工
4011	811	91	1287	1496		13	77	82
2425	22	66	573	1153				19
2425	22	66	573	1153				19
243	91	1	32	68				
243	91	1	32	68				
1343	698	24	682	275		13	77	63
719	373	11	150	155		13	18	63
61	16	4	92	84			55	
563	309	9	440	36			4	
22	2							
22	2							
22	2							
13655	13937	296	1386	2162	43	154	331	650
4818	8592	61	243	337	2	38	117	229
4818	8592	61	243	337	2	38	117	229
8837	5345	235	1143	1825	41	116	214	421
8837	5345	235	1143	1825	41	116	214	421
4273	3418	82	398	774	9	29	147	229
1104	578	11	131	339	1	6	60	129
1104	578	11	131	339	1	6	60	129
3169	2840	71	267	435	8	23	87	100
3169	2840	71	267	435	8	23	87	100
13717	5119	34	403	1252	15	42	1346	4277
12671	3800	29	363	1184	14	42	1266	4194
12671	3800	29	363	1184	14	42	1266	4194
1046	1319	5	40	68	1		80	83
1046	1319	5	40	68	1		80	83
25605	**8635**	**2090**	**7676**	**13248**	**908**	**1499**	**1760**	**3422**
14566	3216	611	3573	6969	163	306	735	2072
11259	2037	445	2918	6179	136	199	379	1718
2373	813	156	1348	3011	11	10	19	132
4837	768	199	1287	2630	50	57	176	408
4049	456	90	283	538	75	132	184	1178
1570	561	71	208	255	19	56	22	71
1570	561	71	208	255	19	56	22	71
1713	618	95	436	529	8	50	334	282
1494	574	72	344	429	8	22	249	252
219	44	23	92	100		28	85	30
24			11	6		1		1
24			11	6		1		1
8484	4910	426	1162	1401	165	325	299	525
1055	176	172	551	683	68	137	133	193
1055	176	172	551	683	68	137	133	193
56	5	25	86	56	1	1	3	2
56	5	25	86	56	1	1	3	2
220	22	19	53	44	19	20	14	14
220	22	19	53	44	19	20	14	14

1-11 续表 19

行业	代码	法人单位数	从业人数		按学历分组		
				女性	研究生及以上	大学本科	大学专科
其他计算机服务	619	2558	16041	6433	117	1263	2801
其他计算机服务	6190	2558	16041	6433	117	1263	2801
软件业	62	1037	25624	7294	1177	12530	8853
公共软件服务	621	871	22841	6597	1083	11378	7691
基础软件服务	6211	289	5799	1428	301	2880	1841
应用软件服务	6212	582	17042	5169	782	8498	5850
其他软件服务	629	166	2783	697	94	1152	1162
其他软件服务	6290	166	2783	697	94	1152	1162
批发和零售业	**H**	**42037**	**535776**	**237649**	**4165**	**57235**	**121774**
批发业	63	27266	330373	131765	3390	44417	84014
农畜产品批发	631	719	8078	2942	44	565	1295
谷物、豆及薯类批发	6311	154	2981	1147	15	112	403
种子、饲料批发	6312	347	2453	812	22	331	527
棉、麻批发	6313	15	122	54		8	26
牲畜批发	6314	49	592	180	4	13	42
其他农畜产品批发	6319	154	1930	749	3	101	297
食品、饮料及烟草制品批发	632	3127	63594	25355	456	5537	13065
米、面制品及食用油批发	6321	443	6720	2580	15	352	1204
糕点、糖果及糖批发	6322	117	1057	433	16	83	247
果品、蔬菜批发	6323	625	14268	7196	37	371	1227
肉、禽、蛋及水产品批发	6324	363	4298	1226	46	238	598
盐及调味品批发	6325	105	1925	731	5	137	347
饮料及茶叶批发	6326	731	12493	6074	102	1155	2454
烟草制品批发	6327	81	15327	3829	185	2444	5117
其他食品批发	6329	662	7506	3286	50	757	1871
纺织、服装及日用品批发	633	3561	45494	23164	416	7615	14650
纺织品、针织品及原料批发	6331	862	9092	3903	68	893	2135
服装批发	6332	870	12068	6558	149	2333	3566
鞋帽批发	6333	418	7309	3479	102	1920	2353
厨房、卫生间用具及日用杂货批发	6334	221	1891	840	5	157	366
化妆品及卫生用品批发	6335	250	2485	1374	10	231	636
其他日用品批发	6339	940	12649	7010	82	2081	5594
文化、体育用品及器材批发	634	1175	14547	7320	86	1838	4345
文具用品批发	6341	321	2239	1003	14	250	666
体育用品批发	6342	91	651	311	4	73	193
图书批发	6343	112	5192	2874	22	365	1505
报刊批发	6344	5	109	42	6	37	17
音像制品及电子出版物批发	6345	29	322	148	1	51	84
首饰、工艺品及收藏品批发	6346	412	3989	2064	28	702	1203
其他文化用品批发	6349	205	2045	878	11	360	677
医药及医疗器材批发	635	751	15653	7212	171	2205	4594
西药批发	6351	213	8534	4113	76	1063	2126
中药材及中成药批发	6352	107	2666	1223	17	281	762
医疗用品及器材批发	6353	431	4453	1876	78	861	1706
矿产品、建材及化工产品批发	636	8140	86280	29212	1066	11856	18980
煤炭及制品批发	6361	285	3254	929	16	286	646
石油及制品批发	6362	476	7405	2099	73	859	1433
非金属矿及制品批发	6363	212	1931	627	24	277	472
金属及金属矿批发	6364	1181	17913	6150	356	4472	4016

单位：个、人

		按技术职称分组			按技术等级分组			
高中	初中及以下	高级技术职称	中级技术职称	初级技术职称	高级技师	技师	高级工	中级工
7153	4707	210	472	618	77	167	149	316
7153	4707	210	472	618	77	167	149	316
2555	509	1053	2941	4878	580	868	726	825
2229	460	962	2469	4459	568	840	710	795
650	127	252	677	1794	30	47	66	50
1579	333	710	1792	2665	538	793	644	745
326	49	91	472	419	12	28	16	30
326	49	91	472	419	12	28	16	30
207029	**145573**	**4781**	**19213**	**32646**	**1653**	**3669**	**5884**	**12994**
120510	78042	3175	13079	20464	884	1881	4077	7269
3056	3118	93	378	799	29	39	225	549
1390	1061	28	94	509	21	12	177	484
867	706	50	201	155	6	14	17	34
68	20	4	10	13				4
167	366	1	15	11		5		
564	965	10	58	111	2	8	31	27
23039	21497	300	1696	3255	107	393	1310	2381
3020	2129	11	201	463	6	38	47	147
403	308	4	34	51	1	4	2	9
4029	8604	74	191	339	11	39	22	72
1415	2001	21	122	181	14	32	52	82
696	740	3	59	131	5	3	5	14
4377	4405	71	308	654	39	223	221	303
6279	1302	66	548	1027		28	891	1643
2820	2008	50	233	409	31	26	70	111
14693	8120	276	1215	1665	65	155	212	428
3219	2777	61	267	366	14	18	53	110
4160	1860	57	319	421	10	38	62	91
2189	745	56	253	324	12	16	46	32
896	467	8	41	77	4	15	3	27
1151	457	17	58	113	13	25	6	66
3078	1814	77	277	364	12	43	42	102
6056	2222	131	560	805	17	85	861	967
903	406	19	78	100	1	10	16	26
259	122	5	15	39	7	19		15
2626	674	44	241	266			822	868
48	1	3	8	32				2
129	57	12	22	17			12	9
1408	648	25	99	209	3	45	4	21
683	314	23	97	142	6	11	7	26
6648	2035	252	1150	2556	47	77	79	175
4015	1254	154	524	1738	29	41	44	99
1150	456	25	366	586	6	12	13	37
1483	325	73	260	232	12	24	22	39
31862	22516	870	3435	5687	219	379	572	1120
1365	941	48	153	207	13	7	25	52
2766	2274	116	392	405	26	36	56	152
752	406	26	55	114	6	7	25	39
5273	3796	241	790	1755	34	33	85	149

1-11 续表 20

行　业	代码	法人单位数	从业人数	女性	按学历分组 研究生及以上	大学本科	大学专科
建材批发	6365	3265	27053	9644	378	3362	6937
化肥批发	6366	753	10289	3103	11	225	911
农药批发	6367	287	2335	719	11	91	370
农用薄膜批发	6368	12	182	47		5	29
其他化工产品批发	6369	1669	15918	5894	197	2279	4166
机械设备、五金交电及电子产品批发	637	7137	68642	26494	838	10837	20490
农业机械批发	6371	166	1246	412	2	46	196
汽车、摩托车及零配件批发	6372	716	8207	2646	50	787	2240
五金、交电批发	6373	1547	12254	4784	70	1481	3106
家用电器批发	6374	545	8886	4267	141	1207	2301
计算机、软件及辅助设备批发	6375	722	7488	2857	62	1646	3165
通讯及广播电视设备批发	6376	282	3451	1677	33	632	1042
其他机械设备及电子产品批发	6379	3159	27110	9851	480	5038	8440
贸易经纪与代理	638	595	6102	2327	63	1172	1892
贸易经纪与代理	6380	595	6102	2327	63	1172	1892
其他批发	639	2061	21983	7739	250	2792	4703
再生物资回收与批发	6391	696	5977	1759	11	118	528
其他未列明的批发	6399	1365	16006	5980	239	2674	4175
零售业	65	14771	205403	105884	775	12818	37760
综合零售	651	1382	62320	38182	23	2576	7693
百货零售	6511	507	16193	9460	6	1049	2485
超级市场零售	6512	399	37140	24812	13	1317	4570
其他综合零售	6519	476	8987	3910	4	210	638
食品、饮料及烟草制品专门零售	652	1667	14985	7608	43	527	2046
粮油零售	6521	208	2032	874		34	234
糕点、面包零售	6522	100	1340	870	1	26	84
果品、蔬菜零售	6523	69	676	335	2	12	49
肉、禽、蛋及水产品零售	6524	145	2348	883	8	78	203
饮料及茶叶零售	6525	635	4785	2539	22	209	724
烟草制品零售	6526	92	1184	688		54	315
其他食品零售	6529	418	2620	1419	10	114	437
纺织、服装及日用品专门零售	653	2003	17205	10749	63	854	3085
纺织品及针织品零售	6531	187	1704	909	7	92	196
服装零售	6532	682	8269	5525	15	313	1337
鞋帽零售	6533	118	1179	780	13	61	178
钟表、眼镜零售	6534	121	1629	993	10	84	379
化妆品及卫生用品零售	6535	360	1420	1038	8	130	386
其他日用品零售	6539	535	3004	1504	10	174	609
文化、体育用品及器材专门零售	654	893	6872	3713	62	522	1491
文具用品零售	6541	218	1286	597	8	78	248
体育用品零售	6542	98	668	315	4	54	104
图书零售	6543	92	977	565	7	76	278
报刊零售	6544	9	65	38		17	16
音像制品及电子出版物零售	6545	24	153	56	2	9	26
珠宝首饰零售	6546	173	1657	1130	4	67	248
工艺美术品及收藏品零售	6547	155	891	428	2	76	244
照相器材零售	6548	18	282	191		24	90
其他文化用品零售	6549	106	893	393	35	121	237

单位：个、人

		按技术职称分组			按技术等级分组			
高中	初中及以下	高级技术职称	中级技术职称	初级技术职称	高级技师	技师	高级工	中级工
9784	6592	235	1038	1433	79	179	224	396
4851	4291	44	223	529	11	18	21	74
936	927	25	89	178	6	17	24	34
69	79	2	6	14	1	1	1	1
6066	3210	133	689	1052	43	81	111	223
25577	10900	864	3249	4031	321	664	644	1225
597	405	8	57	65	7	7	10	21
3289	1841	141	391	477	58	174	146	284
4949	2648	117	469	589	35	83	83	157
3788	1449	71	314	504	45	42	61	97
2147	468	104	387	483	33	41	86	157
1153	591	33	156	188	16	49	22	28
9654	3498	390	1475	1725	127	268	236	481
1853	1122	146	379	306	21	20	30	30
1853	1122	146	379	306	21	20	30	30
7726	6512	243	1017	1360	58	69	144	394
2127	3193	16	101	192	7	4	13	47
5599	3319	227	916	1168	51	65	131	347
86519	67531	1606	6134	12182	769	1788	1807	5725
23214	28814	209	727	1838	41	153	250	336
7096	5557	68	234	406	9	42	63	32
11967	19273	137	451	1159	29	107	181	279
4151	3984	4	42	273	3	4	6	25
6371	5998	73	338	668	40	146	91	250
991	773	8	42	95	3	6	20	14
504	725	16	78	110	8	18	15	115
234	379		10	23			3	3
884	1175	6	23	100	3	1	1	1
2063	1767	37	116	152	18	109	30	77
593	222	2	31	87	2	1	3	13
1102	957	4	38	101	6	11	19	27
8456	4747	104	369	597	33	123	114	207
761	648	2	33	57			3	17
4288	2316	25	101	310	12	57	12	57
560	367	2	10	21	1	3		2
933	223	56	154	88	11	25	87	91
633	263	8	32	39	3	25	3	7
1281	930	11	39	82	6	13	9	33
3205	1592	43	163	224	20	58	76	104
659	293	5	22	44	3	2	12	11
306	200	2	13	19	2	6	5	1
449	167	9	33	28		1	29	31
20	12	1	2	5				
72	44	5	7	9				1
806	532	5	23	44	11	13	18	27
381	188	12	44	28		3	5	2
117	51	2	4	7	2	3	2	3
395	105	2	15	40	2	30	5	28

1-11 续表 21

行业	代码	法人单位数	从业人数	女性	按学历分组 研究生及以上	大学本科	大学专科
医药及医疗器材专门零售	655	935	10973	6665	60	912	2814
药品零售	6551	728	9432	5942	46	705	2329
医疗用品及器材零售	6552	207	1541	723	14	207	485
汽车、摩托车、燃料及零配件专门零售	656	2601	40974	16406	156	2878	8495
汽车零售	6561	743	18697	6686	108	1985	5807
汽车零配件零售	6562	291	2445	828	9	127	573
摩托车及零配件零售	6563	408	3531	1090	2	63	339
机动车燃料零售	6564	1159	16301	7802	37	703	1776
家用电器及电子产品专门零售	657	2395	29307	13905	248	2951	7765
家用电器零售	6571	630	13658	6921	99	1185	2912
计算机、软件及辅助设备零售	6572	845	7056	2491	77	1048	2653
通信设备零售	6573	413	5444	3373	46	356	1207
其他电子产品零售	6579	507	3149	1120	26	362	993
五金、家具及室内装修材料专门零售	658	1892	12997	5321	52	720	2230
五金零售	6581	678	3970	1412	17	170	645
家具零售	6582	471	3956	1934	9	167	588
涂料零售	6583	90	690	232		20	119
其他室内装修材料零售	6589	653	4381	1743	26	363	878
无店铺及其他零售	659	1003	9770	3335	68	878	2141
流动货摊零售	6591	2	9	2			2
邮购及电子销售	6592	6	162	127		5	23
生活用燃料零售	6593	178	3025	901	9	160	333
花卉零售	6594	84	683	285	12	37	62
旧货零售	6595	12	88	32			7
其他未列明的零售	6599	721	5803	1988	47	676	1714
住宿和餐饮业	**I**	**3695**	**161126**	**94154**	**927**	**7536**	**19277**
住宿业	66	1792	88986	52257	243	3751	11926
旅游饭店	661	724	69629	40475	204	3171	9717
旅游饭店	6610	724	69629	40475	204	3171	9717
一般旅馆	662	949	17322	10619	29	483	1963
一般旅馆	6620	949	17322	10619	29	483	1963
其他住宿服务	669	119	2035	1163	10	97	246
其他住宿服务	6690	119	2035	1163	10	97	246
餐饮业	67	1903	72140	41897	684	3785	7351
正餐服务	671	1474	55914	31842	639	1929	5128
正餐服务	6710	1474	55914	31842	639	1929	5128
快餐服务	672	194	11715	7458	32	1740	1894
快餐服务	6720	194	11715	7458	32	1740	1894
饮料及冷饮服务	673	116	1465	887	9	40	123
饮料及冷饮服务	6730	116	1465	887	9	40	123
其他餐饮服务	679	119	3046	1710	4	76	206
其他餐饮服务	6790	119	3046	1710	4	76	206
金融业	**J**	**1164**	**154164**	**76327**	**3597**	**52848**	**52053**
银行业	68	203	98814	46801	2827	40419	33044
中央银行	681	19	4043	1226	101	1727	1164
中央银行	6810	19	4043	1226	101	1727	1164
商业银行	682	172	94043	45304	2682	38348	31673
商业银行	6820	172	94043	45304	2682	38348	31673
其他银行	689	12	728	271	44	344	207
其他银行	6890	12	728	271	44	344	207

单位：个、人

		按技术职称分组			按技术等级分组			
高中	初中及以下	高级技术职称	中级技术职称	初级技术职称	高级技师	技师	高级工	中级工
5426	1761	155	716	2236	22	90	61	172
4806	1546	122	641	2111	15	83	48	138
620	215	33	75	125	7	7	13	34
17912	11533	474	1793	2543	334	738	839	2134
7312	3485	417	1226	1566	312	678	709	1213
1069	667	23	76	107	10	24	54	62
1696	1431	7	78	184	6	29	34	72
7835	5950	27	413	686	6	7	42	787
12431	5912	341	1288	2866	191	247	261	2013
5896	3566	131	513	2033	60	44	70	1720
2629	649	140	549	462	100	129	102	183
2639	1196	35	113	164	15	44	55	61
1267	501	35	113	207	16	30	34	49
5537	4458	65	264	443	23	55	47	176
1782	1356	17	75	148	6	6	14	31
1657	1535	12	71	116	2	28	11	75
265	286	7	9	13	2	3	6	17
1833	1281	29	109	166	13	18	16	53
3967	2716	142	476	767	65	178	68	333
4	3							
115	19		3	1				
1202	1321	36	142	191	3	85	15	210
289	283	11	40	31	6	14	7	13
50	31			2				
2307	1059	95	291	542	56	79	46	110
63842	**69544**	**1129**	**3209**	**6011**	**877**	**1823**	**2793**	**4518**
37188	35878	432	1708	3833	312	774	1708	2754
29400	27137	360	1444	3416	298	678	1484	2354
29400	27137	360	1444	3416	298	678	1484	2354
7065	7782	70	246	385	13	92	202	374
7065	7782	70	246	385	13	92	202	374
723	959	2	18	32	1	4	22	26
723	959	2	18	32	1	4	22	26
26654	33666	697	1501	2178	565	1049	1085	1764
19227	28991	600	1341	1928	515	933	1013	1676
19227	28991	600	1341	1928	515	933	1013	1676
5733	2316	89	114	169	20	27	18	17
5733	2316	89	114	169	20	27	18	17
726	567	2	10	38	20	20	2	11
726	567	2	10	38	20	20	2	11
968	1792	6	36	43	10	69	52	60
968	1792	6	36	43	10	69	52	60
37037	**8629**	**2186**	**25503**	**28136**	**86**	**509**	**635**	**912**
17875	4649	1805	22891	24971	53	337	351	212
720	331	100	1922	1179		16	152	73
720	331	100	1922	1179		16	152	73
17026	4314	1658	20668	23555	50	321	193	139
17026	4314	1658	20668	23555	50	321	193	139
129	4	47	301	237	3		6	
129	4	47	301	237	3		6	

1-11 续表 22

行 业	代 码	法人单位数	从业人数		按学历分组		
				女 性	研究生及以上	大学本科	大学专科
证券业	69	36	3654	1483	343	2090	964
证券市场管理	691	1	6	2		3	3
证券市场管理	6910	1	6	2		3	3
证券经纪与交易	692	13	3282	1340	306	1903	853
证券经纪与交易	6920	13	3282	1340	306	1903	853
证券投资	693	16	279	118	25	150	76
证券投资	6930	16	279	118	25	150	76
证券分析与咨询	694	6	87	23	12	34	32
证券分析与咨询	6940	6	87	23	12	34	32
保险业	70	315	42218	24347	312	8648	14669
人寿保险	701	95	26231	16300	129	4307	8135
人寿保险	7010	95	26231	16300	129	4307	8135
非人寿保险	702	140	14336	7091	176	4037	5896
非人寿保险	7020	140	14336	7091	176	4037	5896
保险辅助服务	703	80	1651	956	7	304	638
保险辅助服务	7030	80	1651	956	7	304	638
其他金融活动	71	610	9478	3696	115	1691	3376
金融信托与管理	711	42	523	165	15	132	187
金融信托与管理	7110	42	523	165	15	132	187
金融租赁	712	8	79	27	7	28	19
金融租赁	7120	8	79	27	7	28	19
财务公司	713	15	84	45	1	22	29
财务公司	7130	15	84	45	1	22	29
邮政储蓄	714	10	3747	1668	25	606	1507
邮政储蓄	7140	10	3747	1668	25	606	1507
典当	715	119	1116	431	15	171	386
典当	7150	119	1116	431	15	171	386
其他未列明的金融活动	719	416	3929	1360	52	732	1248
其他未列明的金融活动	7190	416	3929	1360	52	732	1248
房地产业	**K**	**7727**	**169186**	**55603**	**1363**	**21150**	**40345**
房地产业	72	7727	169186	55603	1363	21150	40345
房地产开发经营	721	3270	62987	20411	967	14145	22393
房地产开发经营	7210	3270	62987	20411	967	14145	22393
物业管理	722	1869	75959	23865	147	3418	9708
物业管理	7220	1869	75959	23865	147	3418	9708
房地产中介服务	723	995	10161	4349	134	1744	3991
房地产中介服务	7230	995	10161	4349	134	1744	3991
其他房地产活动	729	1593	20079	6978	115	1843	4253
其他房地产活动	7290	1593	20079	6978	115	1843	4253
租赁和商务服务业	**L**	**13888**	**197196**	**68138**	**3192**	**33206**	**54371**
租赁业	73	847	7107	1605	28	407	1182
机械设备租赁	731	825	6966	1549	26	378	1155
汽车租赁	7311	585	4450	938	12	157	639
农业机械租赁	7312	6	30	9			4
建筑工程机械与设备租赁	7313	126	1290	267	4	104	256
计算机及通讯设备租赁	7314	9	87	38	3	16	34
其他机械与设备租赁	7319	99	1109	297	7	101	222
文化及日用品出租	732	22	141	56	2	29	27
图书及音像制品出租	7321	1	1				
其他文化及日用品出租	7329	21	140	56	2	29	27

单位：个、人

		按技术职称分组			按技术等级分组			
高中	初中及以下	高级技术职称	中级技术职称	初级技术职称	高级技师	技师	高级工	中级工
225	32	34	429	361	1		3	4
192	28	30	402	284	1		1	1
192	28	30	402	284	1		1	1
24	4	4	24	75			1	1
24	4	4	24	75			1	1
9			3	2			1	2
9			3	2			1	2
15259	3330	199	1517	2018	16	135	78	95
10777	2883	61	557	660	3	3	34	34
10777	2883	61	557	660	3	3	34	34
3857	370	127	904	1136	12	44	39	55
3857	370	127	904	1136	12	44	39	55
625	77	11	56	222	1	88	5	6
625	77	11	56	222	1	88	5	6
3678	618	148	666	786	16	37	203	601
144	45	15	105	76	1	2	4	20
144	45	15	105	76	1	2	4	20
11	14	12	13	8	2	4	3	13
11	14	12	13	8	2	4	3	13
26	6	2	32	13			3	2
26	6	2	32	13			3	2
1580	29	29	176	377		11	157	521
1580	29	29	176	377		11	157	521
445	99	28	94	79	3	1	10	18
445	99	28	94	79	3	1	10	18
1472	425	62	246	233	10	19	26	27
1472	425	62	246	233	10	19	26	27
60084	**46244**	**3407**	**16088**	**14774**	**574**	**1388**	**2052**	**4359**
60084	46244	3407	16088	14774	574	1388	2052	4359
19025	6457	2397	11246	8907	351	850	953	1563
19025	6457	2397	11246	8907	351	850	953	1563
29666	33020	551	2887	3716	145	434	652	2078
29666	33020	551	2887	3716	145	434	652	2078
3345	947	160	649	556	21	19	62	138
3345	947	160	649	556	21	19	62	138
8048	5820	299	1306	1595	57	85	385	580
8048	5820	299	1306	1595	57	85	385	580
60001	**46426**	**4272**	**14385**	**17893**	**503**	**848**	**2454**	**3428**
2992	2498	77	232	354	28	24	49	118
2935	2472	75	228	350	28	24	49	118
2032	1610	54	129	228	20	3	24	80
12	14							
460	466	17	69	80	8	21	18	26
30	4	1	4	2				6
401	378	3	26	40			7	6
57	26	2	4	4				
1								
56	26	2	4	4				

1-11 续表 23

行 业	代 码	法 人 单位数	从业人数	女 性	按学历分组 研究生 及以上	大学本科	大学专科
商务服务业	74	13041	190089	66533	3164	32799	53189
企业管理服务	741	3182	50263	17485	1049	9094	12785
企业管理机构	7411	583	13601	4564	278	2463	3145
投资与资产管理	7412	1285	16630	5359	578	4429	5304
其他企业管理服务	7419	1314	20032	7562	193	2202	4336
法律服务	742	660	7084	2126	495	3740	1880
律师及相关的法律服务	7421	526	5875	1653	473	3264	1443
公证服务	7422	74	538	247	16	285	145
其他法律服务	7429	60	671	226	6	191	292
咨询与调查	743	3220	30461	13868	897	8737	12189
会计、审计及税务服务	7431	764	9425	4432	274	3327	3824
市场调查	7432	102	681	283	12	230	289
社会经济咨询	7433	1096	8662	4416	280	1906	3616
其他专业咨询	7439	1258	11693	4737	331	3274	4460
广告业	744	2610	21347	7927	264	4189	7703
广告业	7440	2610	21347	7927	264	4189	7703
知识产权服务	745	107	1101	432	54	442	385
知识产权服务	7450	107	1101	432	54	442	385
职业中介服务	746	639	26808	9858	107	2424	7454
职业中介服务	7460	639	26808	9858	107	2424	7454
市场管理	747	369	6905	2376	27	398	1075
市场管理	7470	369	6905	2376	27	398	1075
旅行社	748	788	10348	5289	99	1281	3527
旅行社	7480	788	10348	5289	99	1281	3527
其他商务服务	749	1466	35772	7172	172	2494	6191
会议及展览服务	7491	253	2227	1064	42	504	777
包装服务	7492	36	442	299	9	27	54
保安服务	7493	93	22386	1425		249	2276
办公服务	7494	213	1800	782	14	246	442
其他未列明的商务服务	7499	871	8917	3602	107	1468	2642
科学研究、技术服务和地质勘查业	**M**	**6279**	**100576**	**26167**	**3947**	**31999**	**31650**
研究与试验发展	75	566	8624	2802	986	2709	1877
自然科学研究与试验发展	751	64	1055	418	296	441	161
自然科学研究与试验发展	7510	64	1055	418	296	441	161
工程和技术研究与试验发展	752	119	1872	497	106	462	385
工程和技术研究与试验发展	7520	119	1872	497	106	462	385
农业科学研究与试验发展	753	259	3915	1209	324	1074	914
农业科学研究与试验发展	7530	259	3915	1209	324	1074	914
医学研究与试验发展	754	64	914	409	112	281	253
医学研究与试验发展	7540	64	914	409	112	281	253
社会人文科学研究与试验发展	755	60	868	269	148	451	164
社会人文科学研究与试验发展	7550	60	868	269	148	451	164
专业技术服务业	76	3704	70765	17953	2426	24591	23196
气象服务	761	148	1946	576	63	630	687
气象服务	7610	148	1946	576	63	630	687
地震服务	762	62	527	143	33	236	145
地震服务	7620	62	527	143	33	236	145

单位：个、人

		按技术职称分组			按技术等级分组			
高中	初中及以下	高级技术职称	中级技术职称	初级技术职称	高级技师	技师	高级工	中级工
57009	43928	4195	14153	17539	475	824	2405	3310
14612	12723	1415	5029	4264	132	264	1128	1267
4956	2759	379	1560	1176	18	95	385	457
4362	1957	705	2239	1754	41	54	207	191
5294	8007	331	1230	1334	73	115	536	619
879	90	155	667	635	6	6	57	67
635	60	119	451	410	5	6	22	28
81	11	17	90	107			8	19
163	19	19	126	118	1		27	20
6983	1655	1641	4699	3426	158	171	310	342
1682	318	658	2457	1456	63	44	52	106
130	20	14	95	106	4	3	27	8
2379	481	353	654	682	46	63	80	72
2792	836	616	1493	1182	45	61	151	156
6486	2705	294	1058	1248	82	179	185	299
6486	2705	294	1058	1248	82	179	185	299
183	37	33	62	26		1	3	2
183	37	33	62	26		1	3	2
8012	8811	274	1311	5511	6	16	152	410
8012	8811	274	1311	5511	6	16	152	410
2821	2584	43	137	208	18	17	254	426
2821	2584	43	137	208	18	17	254	426
4348	1093	91	433	1131	14	15	69	144
4348	1093	91	433	1131	14	15	69	144
12685	14230	249	757	1090	59	155	247	353
575	329	32	97	108	8	52	32	24
106	246	13	16	13	7	12	2	7
8317	11544	23	126	383	1	11	48	46
650	448	14	87	106	5	36	102	110
3037	1663	167	431	480	38	44	63	166
22954	**10026**	**10167**	**21480**	**18484**	**575**	**1459**	**4516**	**3328**
1885	1167	1224	1728	1227	64	214	501	293
120	37	202	254	180	3	2	48	37
120	37	202	254	180	3	2	48	37
608	311	145	245	186	5	14	28	41
608	311	145	245	186	5	14	28	41
864	739	535	819	602	35	157	346	180
864	739	535	819	602	35	157	346	180
209	59	136	196	145	21	39	54	21
209	59	136	196	145	21	39	54	21
84	21	206	214	114		2	25	14
84	21	206	214	114		2	25	14
15378	5174	7325	15918	13731	382	896	2575	2219
474	92	166	517	763	1	10	23	11
474	92	166	517	763	1	10	23	11
85	28	38	107	108	1		14	16
85	28	38	107	108	1		14	16

1-11 续表 24

行　　业	代码	法　人单位数	从业人数	女　性	按学历分组 研究生及以上	大学本科	大学专科
海洋服务	763	16	521	70	57	171	135
海洋服务	7630	16	521	70	57	171	135
测绘服务	764	164	2327	554	55	505	864
测绘服务	7640	164	2327	554	55	505	864
技术检测	765	485	8329	2611	231	2208	2165
技术检测	7650	485	8329	2611	231	2208	2165
环境监测	766	131	1660	548	57	660	448
环境监测	7660	131	1660	548	57	660	448
工程技术与规划管理	767	1934	44479	10365	1454	17296	15097
工程管理服务	7671	800	20468	4313	468	7268	8303
工程勘察设计	7672	778	20369	5194	892	8758	5521
规划管理	7673	356	3642	858	94	1270	1273
其他专业技术服务	769	764	10976	3086	476	2885	3655
其他专业技术服务	7690	764	10976	3086	476	2885	3655
科技交流和推广服务业	77	1897	16374	4309	445	3292	5336
技术推广服务	771	1374	11766	2983	347	2255	3948
技术推广服务	7710	1374	11766	2983	347	2255	3948
科技中介服务	772	306	1766	530	47	449	553
科技中介服务	7720	306	1766	530	47	449	553
其他科技服务	779	217	2842	796	51	588	835
其他科技服务	7790	217	2842	796	51	588	835
地质勘查业	78	112	4813	1103	90	1407	1241
矿产地质勘查	781	38	1662	331	25	361	379
能源矿产地质勘查	7811	11	1149	233	2	239	226
固体矿产地质勘查	7812	19	423	67	23	110	116
其他矿产地质勘查	7819	8	90	31		12	37
基础地质勘查	782	27	1073	263	26	320	312
基础地质勘查	7820	27	1073	263	26	320	312
地质勘查技术服务	783	47	2078	509	39	726	550
地质勘查技术服务	7830	47	2078	509	39	726	550
水利、环境和公共设施管理业	**N**	**1953**	**48149**	**17571**	**239**	**4808**	**8093**
水利管理业	79	638	8094	1829	59	907	1899
防洪管理	791	85	1073	225	1	115	234
防洪管理	7910	85	1073	225	1	115	234
水资源管理	792	275	5159	1183	12	445	1058
水库管理	7921	184	3657	852	2	238	695
调水、引水管理	7922	50	1039	211	5	107	221
其他水资源管理	7929	41	463	120	5	100	142
其他水利管理	799	278	1862	421	46	347	607
其他水利管理	7990	278	1862	421	46	347	607
环境管理业	80	529	19400	8683	83	1417	2299
自然保护	801	132	1124	293	16	232	360
自然保护区管理	8011	59	599	131	2	102	184
野生动植物保护	8012	33	353	130	7	101	111
其他自然保护	8019	40	172	32	7	29	65
环境治理	802	397	18276	8390	67	1185	1939
城市市容管理	8021	50	1372	363	14	151	363
城市环境卫生管理	8022	186	13551	6913	13	385	714
水污染治理	8023	57	1650	508	19	330	408
危险废物治理	8024	8	281	44	3	59	53
其他环境治理	8029	96	1422	562	18	260	401

单位：个、人

		按技术职称分组			按技术等级分组			
高中	初中及以下	高级技术职称	中级技术职称	初级技术职称	高级技师	技师	高级工	中级工
92	66	54	99	98		5	39	60
92	66	54	99	98		5	39	60
708	195	117	405	395	11	31	67	113
708	195	117	405	395	11	31	67	113
2930	795	766	1437	1304	39	150	480	316
2930	795	766	1437	1304	39	150	480	316
411	84	248	334	290	2	17	159	79
411	84	248	334	290	2	17	159	79
7698	2934	5265	11609	9241	245	505	1421	1357
3264	1165	2230	6032	4322	126	215	454	544
3616	1582	2737	4814	4200	110	257	789	591
818	187	298	763	719	9	33	178	222
2980	980	671	1410	1532	83	178	372	267
2980	980	671	1410	1532	83	178	372	267
4305	2996	1045	2855	2502	107	254	713	454
3240	1976	846	2205	1962	87	225	546	314
3240	1976	846	2205	1962	87	225	546	314
469	248	91	295	252	11	16	84	59
469	248	91	295	252	11	16	84	59
596	772	108	355	288	9	13	83	81
596	772	108	355	288	9	13	83	81
1386	689	573	979	1024	22	95	727	362
535	362	171	319	328	5	28	353	212
383	299	91	214	224	1	16	316	187
118	56	78	87	88	4	9	29	23
34	7	2	18	16		3	8	2
295	120	143	262	249	3	24	160	38
295	120	143	262	249	3	24	160	38
556	207	259	398	447	14	43	214	112
556	207	259	398	447	14	43	214	112
13830	**21179**	**851**	**2717**	**3298**	**117**	**408**	**4572**	**3476**
2903	2326	272	921	1108	32	153	1521	1077
367	356	42	84	125	1	32	282	151
367	356	42	84	125	1	32	282	151
1929	1715	127	499	714	9	98	943	780
1425	1297	76	340	487	4	61	710	621
370	336	22	98	161	3	19	196	120
134	82	29	61	66	2	18	37	39
607	255	103	338	269	22	23	296	146
607	255	103	338	269	22	23	296	146
4558	11043	245	641	938	35	53	1018	1149
354	162	64	143	164	1	5	101	57
214	97	28	92	110	1	3	44	30
86	48	27	34	28		1	45	20
54	17	9	17	26		1	12	7
4204	10881	181	498	774	34	48	917	1092
394	450	32	28	44		3	100	111
2776	9663	51	138	246	7	10	619	700
681	212	64	183	233	22	23	154	241
59	107	2	6	18		1		1
294	449	32	143	233	5	11	44	39

1-11 续表 25

行 业	代 码	法 人 单位数	从业人数		按学历分组		
				女 性	研究生及以上	大学本科	大学专科
公共设施管理业	81	786	20655	7059	97	2484	3895
市政公共设施管理	811	157	4760	1171	24	811	1048
市政公共设施管理	8110	157	4760	1171	24	811	1048
城市绿化管理	812	248	5389	2287	15	516	989
城市绿化管理	8120	248	5389	2287	15	516	989
游览景区管理	813	381	10506	3601	58	1157	1858
风景名胜区管理	8131	162	5352	1633	15	693	1015
公园管理	8132	57	2447	1152	14	240	323
其他游览景区管理	8139	162	2707	816	29	224	520
居民服务和其他服务业	**O**	**3433**	**53481**	**22692**	**139**	**2240**	**7218**
居民服务业	82	1756	29144	15467	71	938	3494
家庭服务	821	102	874	507	3	49	136
家庭服务	8210	102	874	507	3	49	136
托儿所	822	31	324	287		16	81
托儿所	8220	31	324	287		16	81
洗染服务	823	61	1465	874	4	15	137
洗染服务	8230	61	1465	874	4	15	137
理发及美容保健服务	824	400	5894	3683	26	171	541
理发及美容保健服务	8240	400	5894	3683	26	171	541
洗浴服务	825	407	10534	5974	16	162	1016
洗浴服务	8250	407	10534	5974	16	162	1016
婚姻服务	826	82	520	320	5	66	220
婚姻服务	8260	82	520	320	5	66	220
殡葬服务	827	189	3754	919	7	167	522
殡葬服务	8270	189	3754	919	7	167	522
摄影扩印服务	828	153	1433	792	5	95	343
摄影扩印服务	8280	153	1433	792	5	95	343
其他居民服务	829	331	4346	2111	5	197	498
其他居民服务	8290	331	4346	2111	5	197	498
其他服务业	83	1677	24337	7225	68	1302	3724
修理与维护	831	1063	12485	2665	16	474	1844
汽车、摩托车维护与保养	8311	773	10052	1975	13	305	1182
办公设备维修	8312	43	470	135	2	41	196
家用电器修理	8313	180	1288	334	1	63	264
其他日用品修理	8319	67	675	221		65	202
清洁服务	832	298	6616	3102	31	440	964
建筑物清洁服务	8321	36	1418	438	28	198	328
其他清洁服务	8329	262	5198	2664	3	242	636
其他未列明的服务	839	316	5236	1458	21	388	916
其他未列明的服务	8390	316	5236	1458	21	388	916
教育	**P**	**11401**	**516787**	**256776**	**21608**	**187907**	**180089**
教育	84	11401	516787	256776	21608	187907	180089
学前教育	841	2606	42108	37091	84	3576	13210
学前教育	8410	2606	42108	37091	84	3576	13210
初等教育	842	4311	182163	97556	797	23372	98440
初等教育	8420	4311	182163	97556	797	23372	98440
中等教育	843	2221	204354	83555	3877	127310	53769
初中教育	8431	1395	109804	43361	1822	63928	34567

单位：个、人

		按技术职称分组			按技术等级分组			
高中	初中及以下	高级技术职称	中级技术职称	初级技术职称	高级技师	技师	高级工	中级工
6369	7810	334	1155	1252	50	202	2033	1250
1302	1575	82	376	387	11	50	660	444
1302	1575	82	376	387	11	50	660	444
1445	2424	100	382	400	31	85	460	346
1445	2424	100	382	400	31	85	460	346
3622	3811	152	397	465	8	67	913	460
1817	1812	77	216	187	2	23	331	166
735	1135	51	129	185		34	534	251
1070	864	24	52	93	6	10	48	43
21848	**22036**	**652**	**1758**	**2511**	**420**	**1748**	**1127**	**2197**
12310	12331	252	612	1102	216	1215	392	828
363	323	3	11	39			3	14
363	323	3	11	39			3	14
176	51	12	8	25			9	2
176	51	12	8	25			9	2
553	756	2	14	10	8	11	15	27
553	756	2	14	10	8	11	15	27
2597	2559	146	270	363	111	397	156	310
2597	2559	146	270	363	111	397	156	310
4555	4785	24	100	312	82	714	36	202
4555	4785	24	100	312	82	714	36	202
199	30	5	9	13	4	2	3	4
199	30	5	9	13	4	2	3	4
1556	1502	34	87	147	4	12	132	181
1556	1502	34	87	147	4	12	132	181
652	338	16	32	27	4	11	9	35
652	338	16	32	27	4	11	9	35
1659	1987	10	81	166	3	68	29	53
1659	1987	10	81	166	3	68	29	53
9538	9705	400	1146	1409	204	533	735	1369
5491	4660	347	922	1057	174	466	609	1157
4443	4109	300	810	883	155	420	519	1013
160	71	3	26	61	1	12	28	41
610	350	31	64	84	10	18	57	77
278	130	13	22	29	8	16	5	26
1651	3530	23	79	120	9	17	59	86
276	588	2	9	15	6			3
1375	2942	21	70	105	3	17	59	83
2396	1515	30	145	232	21	50	67	126
2396	1515	30	145	232	21	50	67	126
101528	**25655**	**48955**	**166432**	**167683**	**1263**	**1502**	**5549**	**4734**
101528	25655	48955	166432	167683	1263	1502	5549	4734
17643	7595	534	4432	5430	53	103	319	458
17643	7595	534	4432	5430	53	103	319	458
55379	4175	5924	75005	74464	355	96	335	543
55379	4175	5924	75005	74464	355	96	335	543
13441	5957	28084	66978	71497	549	678	2253	2182
6605	2882	11853	37854	42123	293	157	592	924

1-11 续表 26

行　　业	代 码	法 人单位数	从业人数	女 性	按学历分组：研究生及以上	大学本科	大学专科
高中教育	8432	389	63412	26645	1168	46021	11445
中等专业教育	8433	115	10940	5143	361	6294	2386
职业中学教育	8434	158	14037	5897	318	8328	3351
技工学校教育	8435	65	3210	1189	71	1594	923
其他中等教育	8439	99	2951	1320	137	1145	1097
高等教育	844	216	56761	26624	15932	25081	6008
普通高等教育	8441	87	53066	24869	15456	22947	5443
成人高等教育	8442	129	3695	1755	476	2134	565
其他教育	849	2047	31401	11950	918	8568	8662
职业技能培训	8491	1445	22862	7821	709	5101	5756
特殊教育	8492	76	2019	1260	10	492	987
其他未列明的教育	8499	526	6520	2869	199	2975	1919
卫生、社会保障和社会福利业	Q	**5970**	**161525**	**91035**	**3648**	**29613**	**42431**
卫生	85	4737	151935	86941	3605	28237	40002
医院	851	557	93271	56731	3208	21441	24569
综合医院	8511	292	69961	42635	2624	16689	18438
中医医院	8512	68	9679	5783	168	1845	2235
中西医结合医院	8513	33	3153	1940	78	789	805
民族医院	8514						
专科医院	8515	135	9654	5860	337	2010	2920
疗养院	8516	29	824	513	1	108	171
卫生院及社区医疗活动	852	1447	32153	15602	63	2257	7685
卫生院及社区医疗活动	8520	1447	32153	15602	63	2257	7685
门诊部医疗活动	853	1760	9023	4339	97	1372	2431
门诊部医疗活动	8530	1760	9023	4339	97	1372	2431
计划生育技术服务活动	854	571	4394	2753	5	382	1844
计划生育技术服务活动	8540	571	4394	2753	5	382	1844
妇幼保健活动	855	92	5174	3928	64	883	1341
妇幼保健活动	8550	92	5174	3928	64	883	1341
专科疾病防治活动	856	41	1171	674	13	262	268
专科疾病防治活动	8560	41	1171	674	13	262	268
疾病预防控制及防疫活动	857	131	4711	1989	109	1170	1260
疾病预防控制及防疫活动	8570	131	4711	1989	109	1170	1260
其他卫生活动	859	138	2038	925	46	470	604
其他卫生活动	8590	138	2038	925	46	470	604
社会保障业	86	454	3804	1851	32	1034	1581
社会保障业	860	454	3804	1851	32	1034	1581
社会保障业	8600	454	3804	1851	32	1034	1581
社会福利业	87	779	5786	2243	11	342	848
提供住宿的社会福利	871	360	3420	1845	9	246	615
干部休养所	8711	83	746	313		103	201
收养收容服务	8712	277	2674	1532	9	143	414
不提供住宿的社会福利	872	419	2366	398	2	96	233
不提供住宿的社会福利	8720	419	2366	398	2	96	233
文化、体育和娱乐业	R	**3128**	**63971**	**27057**	**768**	**11777**	**13938**
新闻出版业	88	224	6405	2322	287	3039	1485
新闻业	881	59	479	150	19	189	198
新闻业	8810	59	479	150	19	189	198

单位：个、人

		按技术职称分组			按技术等级分组			
高中	初中及以下	高级技术职称	中级技术职称	初级技术职称	高级技师	技师	高级工	中级工
3053	1725	11326	20212	21691	100	122	577	514
1377	522	1692	2838	2658	82	76	330	250
1494	546	1841	4404	3908	32	219	399	249
438	184	468	705	794	41	100	286	211
474	98	904	965	323	1	4	69	34
5101	4639	11965	15303	12732	153	329	1822	722
4746	4474	11274	14303	11935	152	321	1756	670
355	165	691	1000	797	1	8	66	52
9964	3289	2448	4714	3560	153	296	820	829
8538	2758	1435	2713	2263	130	261	548	651
425	105	162	650	623	10	1	30	29
1001	426	851	1351	674	13	34	242	149
65802	**20031**	**11966**	**27635**	**63156**	**496**	**934**	**4147**	**4203**
63137	16954	11801	26820	62189	459	888	3465	3677
34441	9612	9289	18443	38965	196	541	2007	1900
25356	6854	7275	14324	28974	87	304	1506	1408
4033	1398	788	1726	4128	40	18	174	181
1121	360	331	621	1517	1	33	67	57
3502	885	873	1680	4067	68	179	200	211
429	115	22	92	279		7	60	43
17421	4727	714	3958	15332	157	167	642	845
17421	4727	714	3958	15332	157	167	642	845
3866	1257	446	1122	1891	88	137	91	134
3866	1257	446	1122	1891	88	137	91	134
1902	261	111	646	1004	8	4	237	439
1902	261	111	646	1004	8	4	237	439
2519	367	425	1021	2322	2	7	74	69
2519	367	425	1021	2322	2	7	74	69
510	118	98	167	504	1	9	89	69
510	118	98	167	504	1	9	89	69
1792	380	618	1183	1558	1	15	267	153
1792	380	618	1183	1558	1	15	267	153
686	232	100	280	613	6	8	58	68
686	232	100	280	613	6	8	58	68
976	181	97	669	636	6	12	282	285
976	181	97	669	636	6	12	282	285
976	181	97	669	636	6	12	282	285
1689	2896	68	146	331	31	34	400	241
1285	1265	65	112	279	31	34	336	194
313	129	22	27	38		9	108	68
972	1136	43	85	241	31	25	228	126
404	1631	3	34	52			64	47
404	1631	3	34	52			64	47
21825	**15663**	**2055**	**5930**	**7372**	**183**	**610**	**2292**	**2053**
1285	309	569	1056	1167	15	66	306	195
70	3	16	66	92	13	1	12	18
70	3	16	66	92	13	1	12	18

1-11 续表 27

行业	代码	法人单位数	从业人数		按学历分组		
				女性	研究生及以上	大学本科	大学专科
出版业	882	165	5926	2172	268	2850	1287
图书出版	8821	18	742	275	74	318	131
报纸出版	8822	58	4448	1603	145	2203	951
期刊出版	8823	64	490	198	30	256	135
音像制品出版	8824	4	42	18	4	9	17
电子出版物出版	8825	7	81	33	10	37	27
其他出版	8829	14	123	45	5	27	26
广播、电视、电影和音像业	89	406	17041	5871	231	4984	4864
广播	891	38	5760	2344	127	2725	1846
广播	8910	38	5760	2344	127	2725	1846
电视	892	170	8313	2595	72	1990	2392
电视	8920	170	8313	2595	72	1990	2392
电影	893	161	2565	799	24	199	450
电影制作与发行	8931	25	507	155	14	84	142
电影放映	8932	136	2058	644	10	115	308
音像制作	894	37	403	133	8	70	176
音像制作	8940	37	403	133	8	70	176
文化艺术业	90	1296	14778	6104	139	2128	3522
文艺创作与表演	901	205	5394	2444	22	295	805
文艺创作与表演	9010	205	5394	2444	22	295	805
艺术表演场馆	902	25	645	278	5	134	142
艺术表演场馆	9020	25	645	278	5	134	142
图书馆与档案馆	903	185	1889	1122	22	603	767
图书馆	9031	84	1175	755	13	371	463
档案馆	9032	101	714	367	9	232	304
文物及文化保护	904	116	854	206	9	141	189
文物及文化保护	9040	116	854	206	9	141	189
博物馆	905	102	1247	537	43	304	375
博物馆	9050	102	1247	537	43	304	375
烈士陵园、纪念馆	906	41	354	151	1	65	114
烈士陵园、纪念馆	9060	41	354	151	1	65	114
群众文化活动	907	471	3489	1047	16	364	731
群众文化活动	9070	471	3489	1047	16	364	731
文化艺术经纪代理	908	33	185	65	4	28	64
文化艺术经纪代理	9080	33	185	65	4	28	64
其他文化艺术	909	118	721	254	17	194	335
其他文化艺术	9090	118	721	254	17	194	335
体育	91	244	3957	1387	25	931	1193
体育组织	911	130	2432	805	17	653	718
体育组织	9110	130	2432	805	17	653	718
体育场馆	912	53	1027	391	5	169	270
体育场馆	9120	53	1027	391	5	169	270
其他体育	919	61	498	191	3	109	205
其他体育	9190	61	498	191	3	109	205
娱乐业	92	958	21790	11373	86	695	2874
室内娱乐活动	921	635	15910	8400	48	298	1925
室内娱乐活动	9210	635	15910	8400	48	298	1925
游乐园	922	29	629	301	3	28	68
游乐园	9220	29	629	301	3	28	68

单位：个、人

		按技术职称分组			按技术等级分组			
高中	初中及以下	高级技术职称	中级技术职称	初级技术职称	高级技师	技师	高级工	中级工
1215	306	553	990	1075	2	65	294	177
188	31	158	184	83		3	47	21
919	230	300	702	933	2	61	232	149
52	17	80	75	35		1	15	5
10	2	5	13	9				
7		8	12	14				
39	26	2	4	1				2
4909	2053	678	1987	2973	26	193	1274	1017
773	289	429	963	1286	8	34	294	168
773	289	429	963	1286	8	34	294	168
2913	946	213	735	1396	4	88	622	598
2913	946	213	735	1396	4	88	622	598
1112	780	30	272	281	11	70	353	249
147	120	18	122	83	2	17	89	41
965	660	12	150	198	9	53	264	208
111	38	6	17	10	3	1	5	2
111	38	6	17	10	3	1	5	2
4446	4543	588	2203	2382	10	34	429	467
2235	2037	160	916	913	1	3	33	80
2235	2037	160	916	913	1	3	33	80
251	113	65	155	88		1	47	28
251	113	65	155	88		1	47	28
435	62	102	476	555	4	12	117	82
276	52	75	336	384	3	9	84	56
159	10	27	140	171	1	3	33	26
201	314	30	88	107	3	7	19	24
201	314	30	88	107	3	7	19	24
330	195	83	174	230	1	3	59	100
330	195	83	174	230	1	3	59	100
106	68	14	36	40			27	16
106	68	14	36	40			27	16
681	1697	86	293	381		5	103	100
681	1697	86	293	381		5	103	100
58	31	1	5	3			1	
58	31	1	5	3			1	
149	26	47	60	65	1	3	23	37
149	26	47	60	65	1	3	23	37
1174	634	115	368	359	83	103	136	139
727	317	75	238	193	78	87	80	92
727	317	75	238	193	78	87	80	92
330	253	11	37	52	2	10	38	34
330	253	11	37	52	2	10	38	34
117	64	29	93	114	3	6	18	13
117	64	29	93	114	3	6	18	13
10011	8124	105	316	491	49	214	147	235
7409	6230	58	162	338	30	105	92	108
7409	6230	58	162	338	30	105	92	108
244	286	11	21	30		1	9	17
244	286	11	21	30		1	9	17

1-11 续表 28

行业	代码	法人单位数	从业人数	女性	按学历分组 研究生及以上	大学本科	大学专科
休闲健身娱乐活动	923	209	3649	1933	19	306	569
休闲健身娱乐活动	9230	209	3649	1933	19	306	569
其他娱乐活动	929	85	1602	739	16	63	312
其他娱乐活动	9290	85	1602	739	16	63	312
公共管理和社会组织	**S**	**44932**	**645927**	**154365**	**8784**	**142441**	**154600**
中国共产党机关	93	1032	13041	2615	544	6124	3943
中国共产党机关	930	1032	13041	2615	544	6124	3943
中国共产党机关	9300	1032	13041	2615	544	6124	3943
国家机构	94	13193	341165	79211	5946	115002	119112
国家权力机构	941	232	6701	1381	170	2380	2299
国家权力机构	9410	232	6701	1381	170	2380	2299
国家行政机构	942	12492	312278	71963	4944	100328	112152
综合事务管理机构	9421	2913	101399	24900	1597	31399	36833
对外事务管理机构	9422	166	1895	531	64	778	538
公共安全管理机构	9423	640	50028	7050	449	16996	20703
社会事务管理机构	9424	2723	40103	11196	695	12390	13639
经济事务管理机构	9425	3179	60710	14754	1015	18115	20840
政府事务管理机构	9426	1350	25331	6299	528	8067	8475
行政监督检查机构	9427	1521	32812	7233	596	12583	11124
人民法院和人民检察院	943	195	17400	4480	648	10543	3506
人民法院	9431	97	9986	2747	393	5974	1995
人民检察院	9432	98	7414	1733	255	4569	1511
其他国家机构	949	274	4786	1387	184	1751	1155
其他国家机构	9490	274	4786	1387	184	1751	1155
人民政协和民主党派	95	239	2909	739	91	1224	952
人民政协	951	101	2025	413	62	753	706
人民政协	9510	101	2025	413	62	753	706
民主党派	952	138	884	326	29	471	246
民主党派	9520	138	884	326	29	471	246
群众团体、社会团体和宗教组织	96	13841	117252	34364	2078	18034	19566
群众团体	961	1094	14537	5372	472	4556	3204
工会	9611	317	9569	3672	356	3283	2001
妇联	9612	105	784	640	18	323	273
共青团	9613	90	524	205	31	346	104
其他群众团体	9619	582	3660	855	67	604	826
社会团体	962	8246	62340	14884	1454	12873	14475
专业性团体	9621	3209	23805	5796	940	6695	6897
行业性团体	9622	2599	19861	4310	321	3406	4156
其他社会团体	9629	2438	18674	4778	193	2772	3422
宗教组织	963	4501	40375	14108	152	605	1887
宗教组织	9630	4501	40375	14108	152	605	1887
基层群众自治组织	97	16627	171560	37436	125	2057	11027
社区自治组织	971	1963	23704	12032	21	885	4365
社区自治组织	9710	1963	23704	12032	21	885	4365
村民自治组织	972	14664	147856	25404	104	1172	6662
村民自治组织	9720	14664	147856	25404	104	1172	6662
国际组织	**T**						
国际组织	98						
国际组织	980						
国际组织	9800						

单位：个、人

高中	初中及以下	按技术职称分组			按技术等级分组			
		高级技术职称	中级技术职称	初级技术职称	高级技师	技师	高级工	中级工
1554	1201	31	112	87	19	105	39	103
1554	1201	31	112	87	19	105	39	103
804	407	5	21	36		3	7	7
804	407	5	21	36		3	7	7
174545	**165557**	**10274**	**31225**	**32114**	**634**	**1557**	**15065**	**13633**
1961	469	125	258	287	15	36	592	324
1961	469	125	258	287	15	36	592	324
1961	469	125	258	287	15	36	592	324
77054	24051	6271	23361	23351	364	1096	12803	11390
1455	397	56	222	252	3	14	236	163
1455	397	56	222	252	3	14	236	163
72386	22468	5946	22493	22515	347	1033	11908	10652
24043	7527	1131	6597	8099	167	320	2655	3244
372	143	17	116	148	5	9	72	32
9370	2510	561	1311	1138	9	52	529	571
9891	3488	1158	3577	3468	52	152	2162	1866
15736	5004	1682	6453	5555	58	258	3461	2519
6428	1833	566	2020	1938	13	118	1469	1261
6546	1963	831	2419	2169	43	124	1560	1159
2057	646	125	239	197	5	16	335	321
1267	357	88	165	172	3	4	152	167
790	289	37	74	25	2	12	183	154
1156	540	144	407	387	9	33	324	254
1156	540	144	407	387	9	33	324	254
478	164	66	119	49	4	11	168	98
376	128	8	27	26		7	144	79
376	128	8	27	26		7	144	79
102	36	58	92	23	4	4	24	19
102	36	58	92	23	4	4	24	19
31529	46045	3632	6482	4964	205	296	1341	1470
3817	2488	451	895	968	13	108	492	841
2822	1107	422	790	871	13	101	420	771
107	63		12	11			14	17
38	5	2	8	13			8	11
850	1313	27	85	73		7	50	42
18860	14678	3075	5436	3606	179	169	773	529
5796	3477	1996	3240	1975	129	97	398	200
6723	5255	617	1550	1178	37	39	187	160
6341	5946	462	646	453	13	33	188	169
8852	28879	106	151	390	13	19	76	100
8852	28879	106	151	390	13	19	76	100
63523	94828	180	1005	3463	46	118	161	351
11087	7346	42	228	530	9	10	34	67
11087	7346	42	228	530	9	10	34	67
52436	87482	138	777	2933	37	108	127	284
52436	87482	138	777	2933	37	108	127	284

1-12 按登记注册类型、学历、技术分组的

登记注册类型	代码	法人单位数	从业人数		研究生及以上	大学本科
				女性		
总计		**232604**	**9543335**	**3601966**	**70758**	**863647**
内资	**100**	**220202**	**7352109**	**2452155**	**62704**	**748410**
国有	110	39245	1570499	531583	34154	404688
集体	120	9373	256114	79324	2404	12033
股份合作	130	2282	130533	44935	677	6938
联营企业	140	705	50800	11980	311	6368
国有联营	141	178	12415	3785	72	1645
集体联营	142	258	6417	1478	105	751
国有与集体联营	143	71	4562	1762	26	815
其他联营	149	198	27406	4955	108	3157
有限责任公司	150	17633	1269464	343528	4451	76051
国有独资公司	151	400	58849	13670	351	8268
其他有限责任公司	159	17233	1210615	329858	4100	67783
股份有限公司	160	3233	360391	121963	4606	59754
私营企业	170	111140	3323522	1198233	11723	149300
私营独资	171	31607	538914	222630	1303	16326
私营合伙	172	13488	253211	93767	1237	9909
私营有限责任公司	173	62030	2344347	831889	8776	115894
私营股份有限公司	174	4015	187050	49947	407	7171
其他	190	36591	390786	120609	4378	33278
港、澳、台商投资	**200**	**7650**	**1323658**	**696307**	**3461**	**55040**
合资经营	210	1449	312017	140471	890	19968
合作经营	220	133	15347	8497	59	1037
独资经营	230	5864	981022	539663	2411	32574
股份有限公司	240	204	15272	7676	101	1461
外商投资	**300**	**4752**	**867568**	**453504**	**4593**	**60197**
中外合资经营	310	1247	222893	99494	1804	19412
中外合作经营	320	111	10884	4531	63	1051
外资企业	330	3228	614488	341095	2501	37337
外商投资股份有限公司	340	166	19303	8384	225	2397

法人单位数及从业人数

单位：个、人

按学历分组			按技术职称分组			按技术等级分组			
大学专科	高中	初中及以下	高级技术职称	中级技术职称	初级技术职称	高级技师	技师	高级工	中级工
1311674	**2686344**	**4610912**	**147805**	**502907**	**724439**	**28784**	**79450**	**178771**	**316564**
1113503	**2086422**	**3341070**	**135540**	**467975**	**651390**	**22391**	**63105**	**153166**	**257159**
441431	411202	279024	75663	252101	289245	3213	9859	59542	57733
26250	86648	128779	3512	12636	26440	345	1088	3484	7653
15003	32870	75045	1302	5831	11535	342	836	2596	4041
6875	11987	25259	808	2291	4808	74	276	992	992
2276	4531	3891	211	683	1217	66	199	809	287
756	1637	3168	125	250	1063	6	21	70	235
1059	1409	1253	330	540	858	1	32	66	268
2784	4410	16947	142	818	1670	1	24	47	202
150191	358223	680548	11213	49384	87225	5083	14588	31399	69844
8152	17849	24229	986	3545	4616	182	437	3454	6749
142039	340374	656319	10227	45839	82609	4901	14151	27945	63095
69167	101525	125339	4275	28455	41004	670	2957	6021	12979
356364	960336	1845799	32196	102680	171138	12072	32462	47181	101171
46068	164085	311132	8378	14216	19083	1388	4292	5066	12113
20575	73244	148246	1881	5791	11139	589	1908	2409	5157
270705	673883	1275089	20564	76796	129469	9484	24021	36356	77848
19016	49124	111332	1373	5877	11447	611	2241	3350	6053
48222	123631	181277	6571	14597	19995	592	1039	1951	2746
112856	**349500**	**802801**	**5931**	**18060**	**39132**	**3450**	**8807**	**14915**	**35443**
31685	88665	170809	1610	5851	13839	731	2166	3334	10424
2288	3987	7976	107	446	843	50	104	323	453
76762	251388	617887	4015	11429	23993	2623	6489	11159	24315
2121	5460	6129	199	334	457	46	48	99	251
85315	**250422**	**467041**	**6334**	**16872**	**33917**	**2943**	**7538**	**10690**	**23962**
24744	65592	111341	1684	6169	12448	825	2343	3173	7982
1622	3007	5141	66	448	487	25	97	372	278
55627	175615	343408	4336	9591	20078	2036	4980	6610	15305
3322	6208	7151	248	664	904	57	118	535	397

1-13 按登记注册类型

登记注册类型	代码	单位数（个）	#有计算机的单位数	#有网站的单位数
总　计		**232604**	**135736**	**19616**
内资	**100**	**220202**	**125813**	**16745**
国有	110	39245	26223	3870
集体	120	9373	3946	261
股份合作	130	2282	1261	182
联营企业	140	705	405	53
国有联营	141	178	124	19
集体联营	142	258	118	11
国有与集体联营	143	71	46	5
其他联营	149	198	117	18
有限责任公司	150	17633	12891	2107
国有独资公司	151	400	283	55
其他有限责任公司	159	17233	12608	2052
股份有限公司	160	3233	2115	384
私营企业	170	111140	69765	9146
私营独资	171	31607	15984	1195
私营合伙	172	13488	5812	513
私营有限责任公司	173	62030	45303	7088
私营股份有限公司	174	4015	2666	350
其他	190	36591	9207	742
港、澳、台商投资	**200**	**7650**	**6140**	**1696**
合资经营	210	1449	1183	404
合作经营	220	133	97	24
独资经营	230	5864	4745	1237
股份有限公司	240	204	115	31
外商投资	**300**	**4752**	**3783**	**1175**
中外合资经营	310	1247	992	360
中外合作经营	320	111	82	22
外资企业	330	3228	2586	766
外商投资股份有限公司	340	166	123	27

分组的单位信息化情况

#有电子商务采购的单位数	#有电子商务销售的单位数	年末在用计算机数(台)	年末拥有网站数(个)	全年电子商务采购金额(万元)	全年电子商务销售金额(万元)
3300	**1901**	**1994706**	**24634**	**7759310**	**12212729**
2780	**1535**	**1716106**	**21187**	**3715618**	**4266438**
747	63	875294	5185	2618026	2183364
46	22	22826	318	2856	2953
43	17	14925	232	4322	5521
10	4	9045	55	180	7874
3	1	2862	19	141	257
2		1062	12	36	
3	2	990	6	1	
2	1	4131	18	2	7616
292	209	141976	2614	316005	825992
9	4	11106	94	179296	562605
283	205	130870	2520	136709	263387
63	37	110502	508	112738	307729
1490	1163	474432	11299	653694	923370
287	234	147770	1598	16164	42527
95	63	46811	642	13220	20730
1059	832	264316	8644	591979	806478
49	34	15535	415	32331	53635
89	20	67106	976	7796	9635
292	**210**	**129264**	**2041**	**291711**	**508242**
65	49	33665	469	82813	191230
2	3	2478	45	13496	16582
221	156	89278	1488	185111	289530
4	2	3843	39	10291	10900
228	**156**	**149336**	**1406**	**3751982**	**7438049**
59	57	44300	439	281798	953437
4	2	2923	24	1123	433
159	94	96447	911	3463629	6477941
6	3	5666	32	5431	6237

1-14 按行业(中类)

行业	代码	单位数(个)	#有计算机的单位数	#有网站的单位数
总计		**232604**	**135736**	**19616**
农、林、牧、渔业	A	**31**		
采矿业	B	**2466**	**1056**	**40**
煤炭开采和洗选业	06	280	222	9
烟煤和无烟煤的开采洗选	061	272	219	9
褐煤的开采洗选	062			
其他煤炭采选	069	8	3	
石油和天然气开采业	07	1		
天然原油和天然气开采	071			
与石油和天然气开采有关的服务活动	079	1		
黑色金属矿采选业	08	244	164	5
铁矿采选	081	215	146	4
其他黑色金属矿采选	089	29	18	1
有色金属矿采选业	09	278	168	4
常用有色金属矿采选	091	206	121	1
贵金属矿采选	092	29	21	2
稀有稀土金属矿采选	093	43	26	1
非金属矿采选业	10	1641	499	22
土砂石开采	101	1455	430	19
化学矿采选	102	13	8	
采盐	103	23	13	1
石棉及其他非金属矿采选	109	150	48	2
其他采矿业	11	22	3	
其他采矿业	110	22	3	
制造业	C	**61934**	**38833**	**7021**
农副食品加工业	13	3079	1530	336
谷物磨制	131	342	145	15
饲料加工	132	349	183	50
植物油加工	133	121	63	14
制糖	134	17	4	
屠宰及肉类加工	135	326	179	28
水产品加工	136	935	483	112
蔬菜、水果和坚果加工	137	651	309	86
其他农副食品加工	139	338	164	31
食品制造业	14	1841	981	234
焙烤食品制造	141	362	208	49
糖果、巧克力及蜜饯制造	142	354	197	44
方便食品制造	143	204	104	22
液体乳及乳制品制造	144	25	18	4
罐头制造	145	368	184	48
调味品、发酵制品制造	146	237	120	32
其他食品制造	149	291	150	35
饮料制造业	15	2459	1283	225
酒精制造	151	4	2	
酒的制造	152	266	112	25
软饮料制造	153	402	202	38
精制茶加工	154	1787	967	162
烟草制品业	16	7	5	2
烟叶复烤	161	3	3	

分组的单位信息化情况

#有电子商务采购的单位数	#有电子商务销售的单位数	年末在用计算机数(台)	年末拥有网站数(个)	全年电子商务采购金额(万元)	全年电子商务销售金额(万元)
3300	**1901**	**1994706**	**24634**	**7759310**	**12212729**
12	**3**	**5304**	**57**	**1303**	**2245**
5	1	2669	17	36	2
5	1	2666	17	36	2
		3			
3	2	729	6	1239	2243
3	2	670	5	1239	2243
		59	1		
1		701	6	24	
		295	1		
		201	1		
1		205	1	24	
3		1202	28	4	
2		984	25	1	
		29			
		84	1		
1		105	2	3	
		3			
		3			
1325	**1147**	**390784**	**8494**	**4595868**	**9248952**
44	40	9978	395	55266	96279
3	2	724	18	148	1208
5	2	1257	74	16275	21848
2	3	775	15	35	264
1		162		13	
	2	1360	30		183
14	10	2983	133	18182	32829
13	20	1872	91	20492	39877
6	1	845	34	121	70
43	32	7737	290	44113	94223
13	9	2008	61	20746	26429
9	7	1448	47	10308	10897
6	2	991	27	9523	3698
2	1	451	4	721	597
4	5	1277	62	45	30148
3	2	648	42	195	196
6	6	914	47	2574	22260
31	61	8027	286	19691	55317
		10			
3	4	1810	35	17083	28519
6	3	3029	45	784	196
22	54	3178	206	1824	26603
1	2	2338	3	179034	569733
	1	404			7394

1-14 续表 1

行业	代码	单位数(个)	#有计算机的单位数	#有网站的单位数
卷烟制造	162	3	2	2
其他烟草制品加工	169	1		
纺织业	17	2965	2019	332
棉、化纤纺织及印染精加工	171	875	640	107
毛纺织和染整精加工	172	42	32	4
麻纺织	173	8	6	1
丝绢纺织及精加工	174	36	25	5
纺织制成品制造	175	647	455	91
针织品、编织品及其制品制造	176	1357	861	124
纺织服装、鞋、帽制造业	18	4955	3590	426
纺织服装制造	181	4537	3297	400
纺织面料鞋的制造	182	393	277	21
制帽	183	25	16	5
皮革、毛皮、羽毛(绒)及其制品业	19	3143	2330	333
皮革鞣制加工	191	173	148	21
皮革制品制造	192	2908	2144	310
毛皮鞣制及制品加工	193	14	11	
羽毛(绒)加工及制品制造	194	48	27	2
木材加工及木、竹、藤、棕、草制品业	20	3637	1647	157
锯材、木片加工	201	754	224	8
人造板制造	202	956	606	57
木制品制造	203	757	388	50
竹、藤、棕、草制品制造	204	1170	429	42
家具制造业	21	1176	672	143
木质家具制造	211	744	409	69
竹、藤家具制造	212	51	21	6
金属家具制造	213	214	136	40
塑料家具制造	214	24	15	3
其他家具制造	219	143	91	25
造纸及纸制品业	22	2263	1517	196
纸浆制造	221	30	14	4
造纸	222	561	359	41
纸制品制造	223	1672	1144	151
印刷业和记录媒介的复制	23	1820	1278	136
印刷	231	1700	1206	124
装订及其他印刷服务活动	232	114	66	10
记录媒介的复制	233	6	6	2
文教体育用品制造业	24	686	489	112
文化用品制造	241	148	112	27
体育用品制造	242	313	227	54
乐器制造	243	20	11	5
玩具制造	244	196	130	25
游艺器材及娱乐用品制造	245	9	9	1
石油加工、炼焦及核燃料加工业	25	89	47	17
精炼石油产品的制造	251	83	44	16
炼焦	252	6	3	1
核燃料加工	253			
化学原料及化学制品制造业	26	2324	1494	328
基础化学原料制造	261	273	197	34

#有电子商务采购的单位数	#有电子商务销售的单位数	年末在用计算机数(台)	年末拥有网站数(个)	全年电子商务采购金额(万元)	全年电子商务销售金额(万元)
1	1	1934	3	179034	562339
50	41	15741	406	23455	39523
12	8	6326	116	2516	3446
2		231	5	23	
		23	1		
1		95	5	1	
18	16	3618	114	8875	21506
17	17	5448	165	12040	14571
66	52	27190	498	55592	105197
61	49	25407	469	51981	100692
4	2	1675	22	3608	4500
1	1	108	7	3	6
76	47	28591	405	15590	20447
5	1	897	26	751	160
71	45	27361	377	14839	20281
		84			
	1	249	2		6
67	65	5101	197	8259	24591
3		443	12	17	
8	9	1806	62	4025	5444
11	12	1491	69	1242	9570
45	44	1361	54	2975	9578
16	18	5602	164	26080	42130
10	6	2681	81	539	656
	1	77	6		257
5	9	2025	43	25369	40753
	1	125	4		292
1	1	694	30	172	172
49	35	9546	228	19988	31229
1		237	4	5	
9	6	2212	44	11643	18905
39	29	7097	180	8339	12325
29	24	6484	176	3850	5763
28	23	5962	164	3848	5759
1	1	434	10	2	4
		88	2		
20	18	7563	126	4431	17014
7	8	858	29	1586	2386
8	4	5139	62	1310	11332
		193	7		
4	6	1302	27	1533	3296
1		71	1	3	
4	2	1011	26	13047	14450
4	2	974	25	13047	14450
		37	1		
50	43	10830	371	15982	23151
6	5	1268	39	33	1115

1-14 续表 2

行　业	代码	单位数(个)	#有计算机的单位数	#有网站的单位数
肥料制造	262	219	102	13
农药制造	263	38	21	9
涂料、油墨、颜料及类似产品制造	264	549	354	84
合成材料制造	265	170	121	28
专用化学产品制造	266	661	423	91
日用化学产品制造	267	414	276	69
医药制造业	27	306	212	92
化学药品原药制造	271	26	14	8
化学药品制剂制造	272	50	40	22
中药饮片加工	273	25	20	6
中成药制造	274	68	48	19
兽用药品制造	275	17	13	6
生物、生化制品的制造	276	78	48	23
卫生材料及医药用品制造	277	42	29	8
化学纤维制造业	28	130	106	28
纤维素纤维原料及纤维制造	281	23	18	
合成纤维制造	282	107	88	28
橡胶制品业	29	830	615	109
轮胎制造	291	66	42	9
橡胶板、管、带的制造	292	68	40	8
橡胶零件制造	293	118	84	24
再生橡胶制造	294	30	20	3
日用及医用橡胶制品制造	295	54	43	6
橡胶靴鞋制造	296	343	281	41
其他橡胶制品制造	299	151	105	18
塑料制品业	30	3545	2458	442
塑料薄膜制造	301	354	212	35
塑料板、管、型材的制造	302	271	189	48
塑料丝、绳及编织品的制造	303	228	138	19
泡沫塑料制造	304	281	189	23
塑料人造革、合成革制造	305	103	68	15
塑料包装箱及容器制造	306	270	190	28
塑料零件制造	307	224	166	26
日用塑料制造	308	1075	793	148
其他塑料制品制造	309	739	513	100
非金属矿物制品业	31	8100	3985	556
水泥、石灰和石膏的制造	311	464	318	18
水泥及石膏制品制造	312	569	257	33
砖瓦、石材及其他建筑材料制造	313	5786	2578	340
玻璃及玻璃制品制造	314	280	181	42
陶瓷制品制造	315	752	535	99
耐火材料制品制造	316	81	34	7
石墨及其他非金属矿物制品制造	319	168	82	17
黑色金属冶炼及压延加工业	32	429	270	48
炼铁	321	46	32	
炼钢	322	34	24	6
钢压延加工	323	277	156	35
铁合金冶炼	324	72	58	7
有色金属冶炼及压延加工业	33	344	243	65

		年末在用计算机数(台)	年末拥有网站数(个)	全年电子商务采购金额(万元)	全年电子商务销售金额(万元)
#有电子商务采购的单位数	#有电子商务销售的单位数				
2	1	934	16	270	350
2	2	177	10	1819	2742
8	5	1839	94	3336	4445
7	4	1482	31	249	171
11	15	2859	103	2305	3648
14	11	2271	78	7970	10680
12	10	5075	109	8683	14749
1		626	8	1	
3	4	1338	30	658	4027
1	1	271	7	13	37
1		1325	20	0	
1	1	223	7	7873	10286
4	3	1141	28	138	399
1	1	151	9	1	0
4	6	1899	34	826	8973
		51			
4	6	1848	34	826	8973
16	17	5609	137	5041	5438
1	1	879	25	1	61
		142	10		
6	5	926	30	1770	2752
2	2	101	4	437	108
1	2	163	6	249	227
2	3	2384	44	1006	106
4	4	1014	18	1578	2185
79	62	17403	514	37306	73577
6	2	1973	44	1339	2323
9	7	1831	58	6667	9648
5	3	408	20	5221	8006
3		739	27	6	
1	1	513	17	3	1628
6	5	782	30	2205	2508
5	4	1594	31	2461	8157
23	26	5736	173	16655	34693
21	14	3827	114	2749	6614
102	90	19589	641	39185	69305
1		2378	22	70	
3	1	2012	38	6	24
46	39	9777	385	18302	39495
11	10	2421	52	7682	9052
36	35	2478	119	9608	15147
		116	8		
5	5	407	17	3517	5586
9	6	3698	53	232	712
1		182		1	
		364	6		
5	5	2857	40	224	711
3	1	295	7	7	1
16	14	5519	101	107115	99832

1-14 续表 3

行业	代码	单位数（个）	#有计算机的单位数	#有网站的单位数
常用有色金属冶炼	331	63	38	2
贵金属冶炼	332	9	6	2
稀有稀土金属冶炼	333	33	25	5
有色金属合金制造	334	55	39	13
有色金属压延加工	335	184	135	43
金属制品业	34	2859	1855	336
结构性金属制品制造	341	984	625	102
金属工具制造	342	310	197	35
集装箱及金属包装容器制造	343	125	89	20
金属丝绳及其制品的制造	344	82	54	12
建筑、安全用金属制品制造	345	426	270	52
金属表面处理及热处理加工	346	202	129	15
搪瓷制品制造	347	28	16	1
不锈钢及类似日用金属制品制造	348	334	226	59
其他金属制品制造	349	368	249	40
通用设备制造业	35	2961	1915	401
锅炉及原动机制造	351	72	46	15
金属加工机械制造	352	383	222	49
起重运输设备制造	353	107	77	22
泵、阀门、压缩机及类似机械的制造	354	551	328	102
轴承、齿轮、传动和驱动部件的制造	355	197	144	34
烘炉、熔炉及电炉制造	356	9	5	1
风机、衡器、包装设备等通用设备制造	357	308	220	58
通用零部件制造及机械修理	358	728	473	72
金属铸、锻加工	359	606	400	48
专用设备制造业	36	2085	1430	334
矿山、冶金、建筑专用设备制造	361	331	223	66
化工、木材、非金属加工专用设备制造	362	738	557	93
食品、饮料、烟草及饲料生产专用设备制造	363	69	49	16
印刷、制药、日化生产专用设备制造	364	122	76	23
纺织、服装和皮革工业专用设备制造	365	171	121	30
电子和电工机械专用设备制造	366	146	93	26
农、林、牧、渔专用机械制造	367	160	85	13
医疗仪器设备及器械制造	368	97	68	14
环保、社会公共安全及其他专用设备制造	369	251	158	53
交通运输设备制造业	37	2203	1434	268
铁路运输设备制造	371	12	7	1
汽车制造	372	1574	1041	193
摩托车制造	373	221	145	28
自行车制造	374	30	21	5
船舶及浮动装置制造	375	335	203	34
航空航天器制造	376	9	6	1
交通器材及其他交通运输设备制造	379	22	11	6
电气机械及器材制造业	39	2168	1671	409
电机制造	391	700	621	111
输配电及控制设备制造	392	531	388	107
电线、电缆、光缆及电工器材制造	393	216	159	45
电池制造	394	140	106	34
家用电力器具制造	395	158	113	32

#有电子商务采购的单位数	#有电子商务销售的单位数	年末在用计算机数(台)	年末拥有网站数(个)	全年电子商务采购金额(万元)	全年电子商务销售金额(万元)
		166	3		
2	1	1090	5	366	
1		463	5	2	
2	1	540	13	374	470
11	12	3260	75	106374	99362
58	45	14034	409	42558	54893
16	13	3773	132	3214	3107
9	10	1128	42	560	2051
3	1	1210	20	204	200
		292	13		
12	10	3787	69	29966	42368
3	2	618	15	7604	6255
		89	1		
6	4	1844	66	501	395
9	5	1293	51	509	517
71	57	16360	466	44355	110502
3	2	438	15	71	61
10	8	1457	54	6383	9507
6	3	3081	23	9361	9731
18	17	3415	118	11155	41812
6	7	1338	46	12029	37183
2		23	1	9	
10	4	2809	74	2389	3432
8	10	2453	82	178	2885
8	6	1346	53	2781	5890
53	42	15840	410	71265	18095
12	10	3706	91	6546	10050
15	10	4753	102	651	1254
3	2	240	17	166	78
3	1	777	26	6	38
4	6	988	34	61	403
4	2	890	27	236	185
1	1	431	13	540	740
1		1097	16	25	
10	10	2958	84	63034	5347
49	33	20007	304	50748	70254
		54	1		
34	26	14252	221	21832	50565
9	6	1214	29	17958	19489
		362	5		
6	1	2538	37	10959	200
		1518	1		
		69	10		
85	87	25070	502	148818	544434
23	30	5565	154	27800	83067
29	24	7735	124	86264	217272
6	5	1995	45	211	2049
10	7	2404	37	1438	1272
3	4	2517	42	1127	66805

1-14 续表 4

行业	代码	单位数(个)	#有计算机的单位数	#有网站的单位数
非电力家用器具制造	396	48	28	8
照明器具制造	397	297	203	61
其他电气机械及器材制造	399	78	53	11
通信设备、计算机及其他电子设备制造业	40	1343	998	380
通信设备制造	401	184	133	66
雷达及配套设备制造	402	3	3	
广播电视设备制造	403	41	33	15
电子计算机制造	404	122	92	44
电子器件制造	405	247	189	75
电子元件制造	406	480	350	119
家用视听设备制造	407	83	66	25
其他电子设备制造	409	183	132	36
仪器仪表及文化、办公用机械制造业	41	639	467	190
通用仪器仪表制造	411	150	115	51
专用仪器仪表制造	412	73	46	23
钟表与计时仪器制造	413	167	120	41
光学仪器及眼镜制造	414	174	133	51
文化、办公用机械制造	415	58	41	21
其他仪器仪表的制造及修理	419	17	12	3
工艺品及其他制造业	42	3392	2208	377
工艺美术品制造	421	2526	1625	268
日用杂品制造	422	590	434	85
煤制品制造	423	47	8	1
核辐射加工	424	1	1	1
其他未列明的制造业	429	228	140	22
废弃资源和废旧材料回收加工业	43	156	84	9
金属废料和碎屑的加工处理	431	63	32	1
非金属废料和碎屑的加工处理	432	93	52	8
电力、燃气及水的生产和供应业	D	**5870**	**1621**	**122**
电力、热力的生产和供应业	44	5030	1337	92
电力生产	441	4873	1222	79
电力供应	442	143	103	12
热力生产和供应	443	14	12	1
燃气生产和供应业	45	45	25	5
燃气生产和供应业	450	45	25	5
水的生产和供应业	46	795	259	25
自来水的生产和供应	461	743	236	23
污水处理及其再生利用	462	42	23	2
其他水的处理、利用与分配	469	10		
建筑业	E	**5984**	**4547**	**551**
房屋和土木工程建筑业	47	2487	1886	172
房屋工程建筑	471	1519	1208	113
土木工程建筑	472	968	678	59
建筑安装业	48	1030	850	147
建筑安装业	480	1030	850	147
建筑装饰业	49	1524	1199	182
建筑装饰业	490	1524	1199	182
其他建筑业	50	943	612	50
工程准备	501	350	213	11

#有电子商务采购的单位数	#有电子商务销售的单位数	年末在用计算机数(台)	年末拥有网站数(个)	全年电子商务采购金额(万元)	全年电子商务销售金额(万元)
2	2	514	8	1432	2877
11	13	4016	77	30527	162988
1	2	324	15	20	8104
92	80	68274	499	3478712	6922973
15	11	8553	101	9758	314383
		52			
	1	781	19		1103
13	14	29933	55	2972287	4172388
12	15	9873	96	7021	1536129
32	21	9454	146	85944	281686
8	9	4805	39	394433	585169
12	9	4823	43	9270	32116
30	33	10525	234	6691	20915
10	9	2108	65	2323	5228
1	2	1294	25	150	330
6	12	1573	46	1084	11862
9	5	2937	59	2073	2947
4	4	1807	36	1061	397
	1	806	3		150
101	84	15912	501	69957	95254
85	72	10646	376	67162	89301
13	11	3404	97	2680	5821
		28	1		
		5	1		
3	1	1829	26	115	132
2	1	231	9	1	1
		85	1		
2	1	146	8	1	1
26	**12**	**30959**	**158**	**12949**	**1588**
18	10	27179	121	12825	1582
11	10	10649	102	8484	1582
7		16346	18	4342	
		184	1		
1		650	5	100	
1		650	5	100	
7	2	3130	32	24	6
7	2	2965	30	24	6
		165	2		
97	**19**	**52269**	**609**	**2768**	**5021**
35	2	27510	181	529	33
21	2	17561	120	233	33
14		9949	61	297	
22	10	11883	179	2014	4812
22	10	11883	179	2014	4812
28	5	8532	188	198	169
28	5	8532	188	198	169
12	2	4344	61	27	7
6	1	1022	11	9	0

1-14 续表 5

行　业	代码	单位数(个)	#有计算机的单位数	#有网站的单位数
提供施工设备服务	502	113	68	8
其他未列明的建筑活动	509	480	331	31
交通运输、仓储和邮政业	**F**	**5763**	**3291**	**394**
铁路运输业	51	15	11	3
铁路旅客运输	511	2	2	
铁路货物运输	512	5	5	2
铁路运输辅助活动	513	8	4	1
道路运输业	52	2341	1355	104
公路旅客运输	521	349	195	15
道路货物运输	522	1557	919	72
道路运输辅助活动	523	435	241	17
城市公共交通业	53	211	122	10
公共电汽车客运	531	79	54	6
轨道交通	532			
出租车客运	533	100	55	2
城市轮渡	534	5	1	1
其他城市公共交通	539	27	12	1
水上运输业	54	890	259	32
水上旅客运输	541	50	22	2
水上货物运输	542	697	154	18
水上运输辅助活动	543	143	83	12
航空运输业	55	33	25	6
航空客货运输	551	9	8	3
通用航空服务	552	3	1	1
航空运输辅助活动	553	21	16	2
管道运输业	56	2		
管道运输业	560	2		
装卸搬运和其他运输服务业	57	1680	1184	199
装卸搬运	571	273	92	6
运输代理服务	572	1407	1092	193
仓储业	58	439	244	24
谷物、棉花等农产品仓储	581	100	58	1
其他仓储	589	339	186	23
邮政业	59	152	91	16
国家邮政	591	14	11	2
其他寄递服务	599	138	80	14
信息传输、计算机服务和软件业	**G**	**4949**	**4026**	**699**
电信和其他信息传输服务业	60	789	598	105
电信	601	201	155	26
互联网信息服务	602	413	325	75
广播电视传输服务	603	170	115	3
卫星传输服务	604	5	3	1
计算机服务业	61	3123	2626	295
计算机系统服务	611	437	339	91
数据处理	612	27	18	5
计算机维修	613	101	76	10
其他计算机服务	619	2558	2193	189
软件业	62	1037	802	299
公共软件服务	621	871	674	250

#有电子商务采购的单位数	#有电子商务销售的单位数	年末在用计算机数（台）	年末拥有网站数（个）	全年电子商务采购金额（万元）	全年电子商务销售金额（万元）
2		359	9	5	
4	1	2963	41	13	7
56	**14**	**45632**	**516**	**1045**	**8244**
1		326	3	9	
		51			
1		269	2	9	
		6	1		
12	6	13017	116	234	145
2		4569	18	66	
6	3	4748	73	136	111
4	3	3700	25	32	34
		802	10		
		570	6		
		170	2		
		12	1		
		50	1		
20	2	4364	43	336	
		175	2		
15	2	1440	18	65	
5		2749	23	271	
1	1	3529	6	17	7616
	1	2344	3		7616
		88	1		
1		1097	2	17	
19	4	13925	297	445	478
1		910	10		
18	4	13015	287	444	478
2		2222	25	2	
		378	1		
2		1844	24	2	
1	1	7447	16	2	5
		6805	2		
1	1	642	14	2	5
110	**78**	**222737**	**1166**	**15554**	**36014**
16	13	54421	214	5280	8492
6	1	39644	80	4865	10
9	12	12836	129	408	8482
1		1895	4	8	
		46	1		
59	29	144612	471	2877	4047
16	8	4802	159	2210	2858
		391	6		
6	5	398	10	62	466
37	16	139021	296	605	724
35	36	23704	481	7398	23475
30	33	20511	396	7264	23438

1-14 续表 6

行　业	代码	单位数（个）	#有计算机的单位数	#有网站的单位数
其他软件服务	629	166	128	49
批发和零售业	**H**	**42037**	**28514**	**3721**
批发业	63	27266	19248	2798
农畜产品批发	631	719	342	31
食品、饮料及烟草制品批发	632	3127	1941	245
纺织、服装及日用品批发	633	3561	2742	456
文化、体育用品及器材批发	634	1175	920	160
医药及医疗器材批发	635	751	593	89
矿产品、建材及化工产品批发	636	8140	5547	698
机械设备、五金交电及电子产品批发	637	7137	5451	847
贸易经纪与代理	638	595	386	65
其他批发	639	2061	1326	207
零售业	65	14771	9266	923
综合零售	651	1382	862	80
食品、饮料及烟草制品专门零售	652	1667	857	67
纺织、服装及日用品专门零售	653	2003	1075	91
文化、体育用品及器材专门零售	654	893	602	79
医药及医疗器材专门零售	655	935	653	42
汽车、摩托车、燃料及零配件专门零售	656	2601	1645	161
家用电器及电子产品专门零售	657	2395	1759	232
五金、家具及室内装修材料专门零售	658	1892	1186	95
无店铺及其他零售	659	1003	627	76
住宿和餐饮业	**I**	**3695**	**2524**	**339**
住宿业	66	1792	1324	250
旅游饭店	661	724	583	180
一般旅馆	662	949	664	62
其他住宿服务	669	119	77	8
餐饮业	67	1903	1200	89
正餐服务	671	1474	932	77
快餐服务	672	194	128	3
饮料及冷饮服务	673	116	72	5
其他餐饮服务	679	119	68	4
金融业	**J**	**1164**	**814**	**147**
银行业	68	203	172	20
中央银行	681	19	18	2
商业银行	682	172	143	18
其他银行	689	12	11	
证券业	69	36	20	8
证券市场管理	691	1		
证券经纪与交易	692	13	9	5
证券投资	693	16	7	1
证券分析与咨询	694	6	4	2
保险业	70	315	255	69
人寿保险	701	95	78	28
非人寿保险	702	140	111	25
保险辅助服务	703	80	66	16
其他金融活动	71	610	367	50
金融信托与管理	711	42	31	5
金融租赁	712	8	7	2

#有电子商务采购的单位数	#有电子商务销售的单位数	年末在用计算机数（台）	年末拥有网站数（个）	全年电子商务采购金额（万元）	全年电子商务销售金额（万元）
5	3	3193	85	133	37
577	**469**	**157728**	**4534**	**2844272**	**2618110**
417	352	106903	3397	2697067	2522734
8	3	1150	35	6927	32
43	41	18276	337	2240709	1940217
70	60	17059	583	81135	112271
24	25	6227	191	25519	19411
15	15	5385	111	3937	38132
72	68	23627	805	53656	93912
153	112	26333	1021	164032	116012
4	5	2304	71	357	871
28	23	6542	243	120795	201875
160	117	50825	1137	147205	95377
14	8	9711	97	101076	20826
10	10	2139	73	577	209
18	17	5333	132	328	506
9	5	1674	93	615	629
5	5	3100	75	689	49132
23	9	11785	191	28285	15917
54	44	11491	281	12983	4390
14	8	2879	105	164	104
13	11	2713	90	2490	3663
56	**38**	**22881**	**450**	**423**	**2795**
38	31	17017	356	249	2618
22	26	13796	250	234	2585
13	5	2880	98	13	33
3		341	8	2	
18	7	5864	94	174	176
12	4	4817	82	149	72
2		591	3	1	
2		141	5	3	
2	3	315	4	22	104
33	**9**	**108074**	**174**	**35950**	**243212**
20	5	72582	33	9125	161969
4		7471	2	126	
16	5	63925	31	8999	161969
		1186			
		15151	11		
		13768	8		
		1340	1		
		43	2		
8	3	17378	79	26815	81240
4		8758	28	1035	
4	3	7880	34	25780	81240
		740	17		
5	1	2963	51	10	2
		159	5		
		64	2		

1-14 续表 7

行　业	代码	单位数(个)	#有计算机的单位数	#有网站的单位数
财务公司	713	15	9	
邮政储蓄	714	10	8	
典当	715	119	78	12
其他未列明的金融活动	719	416	234	31
房地产业	K	**7727**	**5077**	**570**
房地产业	72	7727	5077	570
房地产开发经营	721	3270	2578	331
物业管理	722	1869	1143	87
房地产中介服务	723	995	680	102
其他房地产活动	729	1593	676	50
租赁和商务服务业	L	**13888**	**8827**	**1178**
租赁业	73	847	494	36
机械设备租赁	731	825	478	35
文化及日用品出租	732	22	16	1
商务服务业	74	13041	8333	1142
企业管理服务	741	3182	1551	165
法律服务	742	660	463	48
咨询与调查	743	3220	2197	304
广告业	744	2610	1959	252
知识产权服务	745	107	86	28
职业中介服务	746	639	412	82
市场管理	747	369	165	11
旅行社	748	788	570	93
其他商务服务	749	1466	930	159
科学研究、技术服务和地质勘查业	M	**6279**	**3933**	**466**
研究与试验发展	75	566	321	57
自然科学研究与试验发展	751	64	36	5
工程和技术研究与试验发展	752	119	78	13
农业科学研究与试验发展	753	259	129	22
医学研究与试验发展	754	64	37	5
社会人文科学研究与试验发展	755	60	41	12
专业技术服务业	76	3704	2601	288
气象服务	761	148	115	27
地震服务	762	62	51	7
海洋服务	763	16	10	1
测绘服务	764	164	121	10
技术检测	765	485	311	34
环境监测	766	131	86	8
工程技术与规划管理	767	1934	1399	124
其他专业技术服务	769	764	508	77
科技交流和推广服务业	77	1897	933	110
技术推广服务	771	1374	672	61
科技中介服务	772	306	142	25
其他科技服务	779	217	119	24
地质勘查业	78	112	78	11
矿产地质勘查	781	38	24	4
基础地质勘查	782	27	21	2
地质勘查技术服务	783	47	33	5
水利、环境和公共设施管理业	N	**1953**	**973**	**98**

#有电子商务采购的单位数	#有电子商务销售的单位数	年末在用计算机数（台）	年末拥有网站数（个）	全年电子商务采购金额（万元）	全年电子商务销售金额（万元）
		88			
1		1077		3	
1	1	395	12	2	2
3		1180	32	5	
67	**18**	**33608**	**665**	**9163**	**15996**
67	18	33608	665	9163	15996
35	10	20122	372	6405	4803
15	2	6277	123	42	2
9	2	3815	114	92	10
8	4	3394	56	2623	11181
107	**43**	**56038**	**1448**	**5680**	**16107**
5	1	1699	44	7	3
5	1	1663	43	7	3
		36	1		
102	42	54339	1404	5673	16104
18	7	12916	208	220	719
7		3273	54	7	
28	11	14319	393	5154	14758
21	8	10485	297	51	27
2		559	33	2	
5		2772	94	20	
1		921	20	3	
6	4	3580	120	149	424
14	12	5514	185	69	176
79	**12**	**44119**	**561**	**3893**	**2991**
8	2	3716	69	129	4
1	1	406	6	1	3
4	1	597	16	45	1
1		1303	28	1	
		712	5		
2		698	14	82	
55	6	33853	350	2204	1376
9	1	1555	32	261	
2		540	7	5	
		129	1		
4		1324	10	45	
3		3268	38	12	
1		1133	11	2	
26	4	19960	168	1305	156
10	1	5944	83	574	1220
14	4	4658	129	1560	1611
7	1	3114	69	27	6
4	1	587	30	11	2
3	2	957	30	1522	1604
2		1892	13		
1		330	4		
1		402	3		
		1160	6		
15	**2**	**6546**	**104**	**42**	**5**

1-14 续表 8

行　业	代码	单位数(个)	#有计算机的单位数	#有网站的单位数
水利管理业	79	638	268	12
防洪管理	791	85	43	1
水资源管理	792	275	121	6
其他水利管理	799	278	104	5
环境管理业	80	529	308	35
自然保护	801	132	68	5
环境治理	802	397	240	30
公共设施管理业	81	786	397	51
市政公共设施管理	811	157	102	10
城市绿化管理	812	248	139	15
游览景区管理	813	381	156	26
居民服务和其他服务业	**O**	**3433**	**1906**	**165**
居民服务业	82	1756	969	83
家庭服务	821	102	50	8
托儿所	822	31	12	1
洗染服务	823	61	32	2
理发及美容保健服务	824	400	231	21
洗浴服务	825	407	260	15
婚姻服务	826	82	47	10
殡葬服务	827	189	94	3
摄影扩印服务	828	153	115	12
其他居民服务	829	331	128	11
其他服务业	83	1677	937	82
修理与维护	831	1063	626	46
清洁服务	832	298	144	16
其他未列明的服务	839	316	167	20
教育	**P**	**11401**	**8039**	**1415**
教育	84	11401	8039	1415
学前教育	841	2606	1150	119
初等教育	842	4311	3481	400
中等教育	843	2221	1939	550
高等教育	844	216	163	80
其他教育	849	2047	1306	266
卫生、社会保障和社会福利业	**Q**	**5970**	**2935**	**291**
卫生	85	4737	2388	248
医院	851	557	453	109
卫生院及社区医疗活动	852	1447	958	50
门诊部医疗活动	853	1760	359	31
计划生育技术服务活动	854	571	330	10
妇幼保健活动	855	92	80	10
专科疾病防治活动	856	41	26	7
疾病预防控制及防疫活动	857	131	106	15
其他卫生活动	859	138	76	16
社会保障业	86	454	353	28
社会保障业	860	454	353	28
社会福利业	87	779	194	15
提供住宿的社会福利	871	360	134	11
不提供住宿的社会福利	872	419	60	4
文化、体育和娱乐业	**R**	**3128**	**1638**	**256**

#有电子商务采购的单位数	#有电子商务销售的单位数	年末在用计算机数（台）	年末拥有网站数（个）	全年电子商务采购金额（万元）	全年电子商务销售金额（万元）
2		1499	14	11	
2		251	1	11	
		795	7		
		453	6		
7	1	2058	36	7	5
1		322	5	4	
6	1	1736	31	3	5
6	1	2989	54	24	
2		1230	12	22	
1		670	16	1	
3	1	1089	26	2	
38	**9**	**6139**	**208**	**248**	**350**
13	4	3222	92	52	135
		89	8		
		20	1		
		73	3		
2	1	649	22	1	
		680	15		
		351	12		
3		405	3	6	
5	3	464	15	42	135
3		491	13	3	
25	5	2917	116	196	214
15	4	1949	51	158	172
5		401	21	6	
5	1	567	44	32	43
201	**7**	**487242**	**2033**	**6044**	**149**
201	7	487242	2033	6044	149
20		8677	122	104	
88	1	144190	457	1063	1
53	2	208863	649	1338	123
5		102380	489	223	
35	4	23132	316	3316	25
99	**6**	**54750**	**366**	**216295**	**9719**
85	6	50880	316	216241	9719
47	5	35182	134	209869	9718
14		6596	81	184	
8		1443	36	43	
3		1112	12	2	
4		2450	11	5928	
2		404	7	83	
5	1	2753	19	13	1
2		940	16	119	
8		3224	35	27	
8		3224	35	27	
6		646	15	27	
3		435	11	21	
3		211	4	6	
33	**1**	**23240**	**322**	**1087**	**52**

1-14 续表 9

行　业	代码	单位数(个)	#有计算机的单位数	#有网站的单位数
新闻出版业	88	224	163	44
新闻业	881	59	42	4
出版业	882	165	121	40
广播、电视、电影和音像业	89	406	240	39
广播	891	38	24	3
电视	892	170	110	16
电影	893	161	79	10
音像制作	894	37	27	10
文化艺术业	90	1296	583	109
文艺创作与表演	901	205	86	14
艺术表演场馆	902	25	10	2
图书馆与档案馆	903	185	144	44
文物及文化保护	904	116	37	9
博物馆	905	102	63	14
烈士陵园、纪念馆	906	41	16	6
群众文化活动	907	471	142	8
文化艺术经纪代理	908	33	18	2
其他文化艺术	909	118	67	10
体育	91	244	102	12
体育组织	911	130	46	6
体育场馆	912	53	27	4
其他体育	919	61	29	2
娱乐业	92	958	550	52
室内娱乐活动	921	635	404	25
游乐园	922	29	15	1
休闲健身娱乐活动	923	209	95	20
其他娱乐活动	929	85	36	6
公共管理和社会组织	**S**	**44932**	**17182**	**2143**
中国共产党机关	93	1032	809	92
中国共产党机关	930	1032	809	92
国家机构	94	13193	9063	1516
国家权力机构	941	232	152	22
国家行政机构	942	12492	8553	1390
人民法院和人民检察院	943	195	181	82
其他国家机构	949	274	177	22
人民政协和民主党派	95	239	178	31
人民政协	951	101	87	16
民主党派	952	138	91	15
群众团体、社会团体和宗教组织	96	13841	3050	338
群众团体	961	1094	534	71
社会团体	962	8246	2143	256
宗教组织	963	4501	373	11
基层群众自治组织	97	16627	4082	166
社区自治组织	971	1963	1139	94
村民自治组织	972	14664	2943	72
国际组织	**T**			
国际组织	98			
国际组织	980			

		年末在用计算机数(台)	年末拥有网站数(个)	全年电子商务采购金额(万元)	全年电子商务销售金额(万元)
#有电子商务采购的单位数	#有电子商务销售的单位数				
5	1	5532	51	67	52
		413	8		
5	1	5119	43	67	52
3		7635	67	4	
		3764	15		
1		3285	16	2	
1		414	19	1	
1		172	17	2	
14		4599	136	721	
2		372	26	4	
1		58	2		
7		2147	53	633	
		240	9		
1		616	15		
		105	6		
3		717	9	84	
		47	5		
		297	11		
3		665	14	282	
2		421	6	182	
1		140	6	100	
		104	2		
8		4809	54	14	
4		4054	25	12	
1		54	1	1	
3		505	21	1	
		196	7		
369	**14**	**246656**	**2769**	**6727**	**1179**
33		9826	120	398	
33		9826	120	398	
267	8	213603	1976	5296	161
6		3730	24	117	
247	7	190299	1833	4736	138
9	1	16425	95	353	23
5		3149	24	91	
11		1960	37	54	
6		1374	22	43	
5		586	15	12	
36	4	11141	373	959	1016
14	1	3366	78	906	1010
20	2	7119	282	53	6
2	1	656	13	1	0
22	2	10126	263	19	2
9	1	4329	133	5	1
13	1	5797	130	14	2

1-15 按地区分组的单位信息化情况

地　区	法人单位数（个）	年末在用计算机数（台）	年末拥有网站数（个）	全年电子商务采购金额（万元）	全年电子商务销售金额（万元）
全　省	**232604**	**1168501**	**19030**	**7529177**	**12205522**
福州市	**48267**	**307908**	**4083**	**921158**	**815586**
鼓楼区	13091	147427	1511	170418	217234
台江区	5347	26434	440	58407	62101
仓山区	4212	23220	542	31600	51952
马尾区	2013	25981	266	198696	267287
晋安区	5032	26668	443	296854	54558
闽侯县	2792	10284	186	14105	19555
连江县	2464	6292	63	1192	1584
罗源县	1004	1688	39	295	186
闽清县	1632	2368	40	10379	14908
永泰县	1882	2178	32	109	2023
平潭县	1827	1510	9		
福清市	3843	24900	307	127427	102479
长乐市	3128	8958	205	11677	21720
厦门市	**36261**	**331533**	**6824**	**5492907**	**9833765**
思明区	17667	140923	3530	1830722	2033034
海沧区	2233	25515	410	264396	834951
湖里区	8774	99091	1862	3267084	5047656
集美区	3243	37587	592	96846	295209
同安区	2878	18299	213	20192	57948
翔安区	1466	10118	217	13667	1564967
莆田市	**9083**	**35952**	**661**	**179529**	**185241**
城厢区	2179	11573	150	100791	94125
涵江区	2368	8649	190	77364	86189
荔城区	1466	9049	130	586	2108
秀屿区	1068	2744	53	54	270
仙游县	2002	3937	138	734	2550
三明市	**18779**	**51281**	**471**	**131829**	**392638**
梅列区	2637	17296	121	120655	316584
三元区	1691	5889	66	607	14971
明溪县	1066	1555	21	10	
清流县	919	1365	10		
宁化县	1171	2435	37	25	
大田县	1639	2951	26	84	
尤溪县	2131	3847	11	80	15635
沙县	1719	3592	69	7809	8812
将乐县	1291	2452	27	63	8434
泰宁县	995	2526	15	635	680
建宁县	1055	1096	10	1329	3635
永安市	2465	6277	58	532	23887
泉州市	**44496**	**195863**	**3863**	**508741**	**489408**
鲤城区	4201	30653	536	7276	11709
丰泽区	4983	41187	753	257559	60508
洛江区	1476	5981	141	10200	39675
泉港区	1833	5309	96	7167	6249
惠安县	4183	13958	247	15122	18016

1-15 续表

地 区	法人单位数(个)	年末在用计算机数(台)	年末拥有网站数(个)	全年电子商务采购金额(万元)	全年电子商务销售金额(万元)
安溪县	4187	10088	281	4938	16905
永春县	2584	3552	65	3519	3981
德化县	1794	4230	116	3890	7344
石狮市	3967	12171	179	270	385
晋江市	9488	53226	946	99978	168680
南安市	5800	15508	503	98823	155954
漳州市	**24051**	**83627**	**1317**	**74351**	**250173**
芗城区	5516	37613	347	16368	61998
龙文区	1512	6974	175	31990	54455
云霄县	1599	2620	94	130	129
漳浦县	2789	4418	120	9207	9453
诏安县	1439	2122	35		547
长泰县	1478	3461	92	2603	2925
东山县	1345	2583	40	254	827
南靖县	1672	4561	59	734	1830
平和县	1621	2402	25	85	12
华安县	763	1548	9	116	151
龙海市	4317	15325	321	12865	117847
南平市	**19888**	**56176**	**742**	**20871**	**30621**
延平区	4758	26589	258	6689	2237
顺昌县	1500	2657	26	1807	4050
浦城县	1708	1284	21	7881	10622
光泽县	950	1573	34		254
松溪县	1087	807	11		
政和县	984	1513	12	159	577
邵武市	1937	5955	52	670	6047
武夷山市	2470	5913	121	1329	2599
建瓯市	2349	3709	172	1798	3707
建阳市	2145	6176	35	537	528
龙岩市	**15383**	**59758**	**466**	**116159**	**82251**
新罗区	4765	36442	313	110799	71355
长汀县	1863	4815	15	13	3
永定县	2219	3797	32	1167	4107
上杭县	2007	5053	65	3378	4000
武平县	1765	3134	14	64	7
连城县	1347	2192	9	453	2779
漳平市	1417	4325	18	285	
宁德市	**16396**	**46403**	**603**	**83634**	**125840**
蕉城区	3498	19781	103	22316	3651
霞浦县	1536	4815	26	73	74
古田县	2285	2059	32	5894	1141
屏南县	861	1282	27	330	3185
寿宁县	1100	959	5	6	
周宁县	791	1587	9	15	
柘荣县	746	1434	14	6488	6223
福安市	3194	10875	248	43343	102386
福鼎市	2385	3611	139	5170	9180

1-16 按行业（大类）分组的个体经营户情况

行　业	代码	个体经营户数（户）	有营业执照或税务登记证	从业人员数（人）	有营业执照或税务登记证
总　计		**2095878**	**986377**	**7108722**	**3655571**
采矿业	B	**7607**	**2257**	**70004**	**23910**
煤炭开采和洗选业	06	2121	35	26647	692
石油和天然气开采业	07				
黑色金属矿采选业	08	97	27	803	330
有色金属矿采选业	09	44	27	631	508
非金属矿采选业	10	5108	2017	39946	21100
其他采矿业	11	237	151	1977	1280
制造业	C	**245856**	**70588**	**1531408**	**566772**
农副食品加工业	13	44931	6796	179415	34124
食品制造业	14	14788	4621	62397	20563
饮料制造业	15	24204	4526	174769	43886
烟草制品业	16	15246	4651	57039	18828
纺织业	17	8903	3509	78224	35008
纺织服装、鞋、帽制造业	18	19575	7204	192504	80878
皮革、毛皮、羽毛(绒)及其制品业	19	4665	1566	73457	29259
木材加工及木、竹、藤、棕、草制品业	20	17475	4622	132262	56318
家具制造业	21	6070	1577	29627	11066
造纸及纸制品业	22	7045	865	36396	8436
印刷业和记录媒介的复制	23	1213	650	7960	4439
文教体育用品制造业	24	399	103	2985	1311
石油加工、炼焦及核燃料加工业	25				
化学原料及化学制品制造业	26	2214	364	10951	2588
医药制造业	27	26	8	99	33
化学纤维制造业	28	70	33	455	200
橡胶制品业	29	354	130	4117	1446
塑料制品业	30	3965	1528	32424	13615
非金属矿物制品业	31	18464	7941	164734	85536
黑色金属冶炼及压延加工业	32	357	92	1556	505
有色金属冶炼及压延加工业	33	187	88	629	288
金属制品业	34	25092	9968	115436	55823
通用设备制造业	35	2892	1481	14566	8375
专用设备制造业	36	2733	1285	14752	7542
交通运输设备制造业	37	2741	1161	14352	6956
电气机械及器材制造业	39	718	299	6305	2793
通信设备、计算机及其他电子设备制造业	40	313	138	3925	1822
仪器仪表及文化、办公用机械制造业	41	284	157	2585	1696
工艺品及其他制造业	42	17825	4398	104983	29583
废弃资源和废旧材料回收加工业	43	3107	827	12504	3855
电力、燃气及水的生产和供应业	D	**696**	**375**	**2917**	**1767**
电力、热力的生产和供应业	44	496	329	2294	1576
燃气生产和供应业	45	28	17	91	66
水的生产和供应业	46	172	29	532	125
建筑业	E	**161808**	**22323**	**685506**	**134587**
房屋和土木工程建筑业	47	95480	11215	446332	80289
建筑安装业	48	12753	3482	49874	17186
建筑装饰业	49	45933	6352	158266	30665
其他建筑业	50	7642	1274	31034	6447
交通运输、仓储和邮政业	F	**337544**	**220632**	**672034**	**478587**
铁路运输业	51	170	121	284	190
道路运输业	52	258602	175524	534269	390512

1-16 续表

行 业	代码	个体经营户数(户)	有营业执照或税务登记证	从业人员数(人)	有营业执照或税务登记证
城市公共交通业	53	68701	40849	104295	70562
水上运输业	54	2748	1823	10942	8197
航空运输业	55				
管道运输业	56				
装卸搬运和其他运输服务业	57	5345	1790	15739	6464
仓储业	58	1927	492	6214	2447
邮政业	59	51	33	291	215
信息传输、计算机服务和软件业	G	**3780**	**2415**	**13513**	**9879**
电信和其他信息传输服务业	60	1032	640	3414	2454
计算机服务业	61	2618	1708	9573	7122
软件业	62	130	67	526	303
批发和零售业	H	**867800**	**482953**	**2655536**	**1633952**
批发业	63	75424	41523	294883	168418
零售业	65	792376	441430	2360653	1465534
住宿和餐饮业	I	**127806**	**72929**	**576834**	**390786**
住宿业	66	9916	4366	44809	24632
餐饮业	67	117890	68563	532025	366154
金融业	J	**68**	**28**	**227**	**125**
银行业	68				
证券业	69				
保险业	70				
其他金融活动	71	68	28	227	125
房地产业	K	**90437**	**2674**	**143996**	**10423**
房地产业	72	90437	2674	143996	10423
租赁和商务服务业	L	**21974**	**7602**	**66251**	**25334**
租赁业	73	5838	2607	15180	7366
商务服务业	74	16136	4995	51071	17968
科学研究、技术服务和地质勘查业	M	**181**	**89**	**795**	**450**
研究与试验发展	75	11	8	47	41
专业技术服务业	76	131	65	642	357
科技交流和推广服务业	77	39	16	106	52
地质勘查业	78				
水利、环境和公共设施管理业	N	**226**	**37**	**663**	**262**
水利管理业	79				
环境管理业	80	226	37	663	262
公共设施管理业	81				
居民服务和其他服务业	O	**185934**	**74142**	**528233**	**271972**
居民服务业	82	96860	40886	309556	167954
其他服务业	83	89074	33256	218677	104018
教育	P	**5341**	**2760**	**27778**	**15940**
教育	84	5341	2760	27778	15940
卫生、社会保障和社会福利业	Q	**22604**	**17101**	**58848**	**46658**
卫生	85	22574	17089	58710	46617
社会保障业	86	6	4	17	8
社会福利业	87	24	8	121	33
文化、体育和娱乐业	R	**16216**	**7472**	**74179**	**44167**
新闻出版业	88	19	10	67	43
广播、电视、电影和音像业	89	287	118	952	416
文化艺术业	90	981	276	10182	5167
体育	91	109	58	421	267
娱乐业	92	14820	7010	62557	38274

1-17 按地区分组个体经营户情况

地　区	个体经营户数(户)	有营业执照或税务登记证	从业人员数(人)	有营业执照或税务登记证
全　省	**2095878**	**986377**	**7108722**	**3655571**
福州市	**368288**	**194219**	**1464372**	**859339**
鼓楼区	33185	28645	159262	140763
台江区	40389	25925	187583	135187
仓山区	28407	25384	140225	129544
马尾区	7010	4415	21911	15504
晋安区	59482	28299	222435	150923
闽侯县	47585	9207	186417	38718
连江县	20696	10854	71122	36937
罗源县	11705	6472	48075	25162
闽清县	12115	5941	36926	21150
永泰县	16663	7365	75080	28432
平潭县	13666	6878	50607	24783
福清市	42951	18813	149372	57020
长乐市	34434	16021	115357	55216
厦门市	**216589**	**79260**	**447886**	**207449**
思明区	87834	25845	160472	70542
海沧区	18136	5621	44741	16993
湖里区	28323	17436	67431	44827
集美区	32443	12640	93314	38468
同安区	30694	10638	49466	23035
翔安区	19159	7080	32462	13584
莆田市	**116524**	**39780**	**322673**	**126514**
城厢区	21546	8222	58772	24530
涵江区	25589	7800	81950	34197
荔城区	20814	6959	61621	23408
秀屿区	21723	6331	56340	16885
仙游县	26852	10468	63990	27494
三明市	**143153**	**73131**	**481169**	**266777**
梅列区	11075	5409	46000	24280
三元区	10675	4377	41955	21241
明溪县	6780	4474	19813	14326
清流县	7620	4505	21721	12775
宁化县	12923	6626	38188	19909
大田县	15738	7930	52561	27720
尤溪县	19354	9582	58842	31329
沙县	12977	4931	52256	25912
将乐县	8903	4910	28662	16154
泰宁县	8062	4735	25824	17083
建宁县	9354	5426	26925	14936
永安市	19692	10226	68422	41112
泉州市	**482050**	**268533**	**1970684**	**1127657**
鲤城区	24256	11443	93865	46840
丰泽区	25832	10526	69035	31903
洛江区	8458	4632	25476	10937
泉港区	22581	20494	173764	156778
惠安县	50385	33945	225271	155039

1-17 续表

地 区	个体经营户数(户)	有营业执照或税务登记证	从业人员数(人)	有营业执照或税务登记证
安溪县	50315	33230	215281	133464
永春县	32862	12734	150426	57378
德化县	18819	6181	76165	24154
石狮市	54042	39241	208200	151550
晋江市	115808	39924	401772	113425
南安市	78692	56183	331429	246189
漳州市	**251893**	**95282**	**871271**	**336574**
芗城区	31384	17719	130542	76693
龙文区	8627	3530	30703	15879
云霄县	14661	6146	48343	20443
漳浦县	33989	10531	117114	36689
诏安县	25925	7552	86473	22583
长泰县	13302	5240	43875	15588
东山县	13336	5658	47260	20011
南靖县	25492	10905	89514	38241
平和县	20245	5581	64848	19262
华安县	11345	2568	39574	6988
龙海市	53587	19852	173025	64197
南平市	**137830**	**74066**	**400057**	**231041**
延平区	23280	11781	70235	43980
顺昌县	11726	5042	33644	16884
浦城县	13585	7883	35011	20780
光泽县	6989	3619	17880	9870
松溪县	6037	3321	21059	10948
政和县	7379	4754	18807	12361
邵武市	18316	10735	46931	29763
武夷山市	13012	5831	52922	23143
建瓯市	21045	11680	62353	36190
建阳市	16461	9420	41215	27122
龙岩市	**228174**	**91633**	**720878**	**302900**
新罗区	43670	20066	125794	67551
长汀县	32105	18968	103379	57628
永定县	39435	11268	109233	31441
上杭县	32050	13515	103175	45074
武平县	26380	9344	100134	36584
连城县	26907	8771	94457	35519
漳平市	27627	9701	84706	29103
宁德市	**151377**	**70473**	**429732**	**197320**
蕉城区	19938	11914	53689	34815
霞浦县	27598	11081	78987	29170
古田县	20290	7986	61942	24668
屏南县	6588	4133	17661	10792
寿宁县	9298	6926	21569	16607
周宁县	6127	5630	14317	13558
柘荣县	4233	3057	10295	6936
福安市	28288	6503	85513	21703
福鼎市	29017	13243	85759	39071

1-18 按登记注册类型分组的单位数及从业人数

(2004年、2008年)

单位：个、人

登记注册类型	代码	2008年 法人单位数	2008年 单产业法人	2008年 法人单位从业人员数	2008年 产业活动单位数	2004年 法人单位数	2004年 单产业法人	2004年 法人单位从业人员数	2004年 产业活动单位数
总　计		**232604**	**215390**	**9543335**	**298999**	**166043**	**154099**	**6758010**	**217764**
内资	**100**	**220202**	**203231**	**7352109**	**284642**	**154724**	**142942**	**4892017**	**205873**
国有	110	39245	34811	1570499	64158	36123	32095	1411608	60415
集体	120	9373	8474	256114	17364	13723	12460	342132	23316
股份合作	130	2282	2173	130533	3848	2447	2358	151231	2775
联营企业	140	705	676	50800	977	958	917	41726	1185
国有联营	141	178	168	12415	230	202	189	11111	293
集体联营	142	258	251	6417	376	403	393	11521	442
国有与集体联营	143	71	65	4562	95	92	87	4414	123
其他联营	149	198	192	27406	276	261	248	14680	327
有限责任公司	150	17633	16949	1269464	20031	10420	9803	690300	12143
国有独资公司	151	400	359	58849	573	360	319	55591	507
其他有限责任公司	159	17233	16590	1210615	19458	10060	9484	634709	11636
股份有限公司	160	3233	2914	360391	6517	1555	1371	224503	4029
私营企业	170	111140	109056	3323522	117325	62204	60496	1785625	65956
私营独资	171	31607	31275	538914	33467	15684	15502	281552	16268
私营合伙	172	13488	13369	253211	13860	7689	7626	152059	7894
私营有限责任公司	173	62030	60504	2344347	65560	36308	34936	1271337	39035
私营股份有限公司	174	4015	3908	187050	4438	2523	2432	80677	2759
其他	190	36591	28178	390786	54422	27294	23442	244892	36054
港、澳、台商投资	**200**	**7650**	**7530**	**1323658**	**8238**	**7017**	**6932**	**1176343**	**7307**
合资经营	210	1449	1411	312017	1665	1415	1394	293920	1523
合作经营	220	133	130	15347	140	137	134	18207	140
独资经营	230	5864	5789	981022	6153	5413	5353	854571	5590
股份有限公司	240	204	200	15272	280	52	51	9645	54
外商投资	**300**	**4752**	**4629**	**867568**	**6119**	**4302**	**4225**	**689650**	**4584**
中外合资经营	310	1247	1203	222893	1928	1279	1251	198498	1373
中外合作经营	320	111	106	10884	119	159	156	13389	170
外资企业	330	3228	3166	614488	3830	2784	2742	465711	2947
外商投资股份有限公司	340	166	154	19303	242	80	76	12052	94

1-19 按地区分组的单位数及从业人数

(2004年、2008年) 单位：个、人

地区	2008年				2004年			
	法人单位数	单产业法人	法人单位从业人员数	产业活动单位数	法人单位数	单产业法人	法人单位从业人员数	产业活动单位数
全　省	**232604**	**215390**	**9543335**	**298999**	**166043**	**154099**	**6758010**	**217764**
福州市	**48267**	**44861**	**2144823**	**61498**	**31857**	**29265**	**1461334**	**41726**
鼓楼区	13091	12490	551817	15953	8688	8244	359129	9976
台江区	5347	5184	164388	6243	3150	2995	113168	3715
仓山区	4212	3995	183011	5033	2789	2661	141839	3319
马尾区	2013	1904	119491	2247	1229	1166	109683	1474
晋安区	5032	4867	242182	5715	2715	2625	162263	3077
闽侯县	2792	2519	171078	3694	1847	1744	87741	2398
连江县	2464	2340	96640	3287	1185	865	71222	2143
罗源县	1004	780	40737	1589	859	693	28269	1345
闽清县	1632	1381	59927	2513	1473	1293	47256	2264
永泰县	1882	1725	59767	2446	1224	1102	33514	1877
平潭县	1827	1593	77360	2788	1156	1100	32627	1598
福清市	3843	3274	224507	5729	3034	2520	167735	4923
长乐市	3128	2809	153918	4259	2508	2257	106888	3617
厦门市	**36261**	**34630**	**1717087**	**41949**	**22939**	**21434**	**1130366**	**27135**
思明区	17667	16512	664592	21677	11515	10554	388092	13874
海沧区	2233	2160	123185	2412	1082	1020	67154	1246
湖里区	8774	8645	442084	9303	6206	5977	345682	6855
集美区	3243	3186	255402	3451	1758	1702	186992	2020
同安区	2878	2794	147293	3259	1666	1595	104213	2065
翔安区	1466	1333	84531	1831	712	586	38233	1075
莆田市	**9083**	**8510**	**467134**	**12431**	**5613**	**5232**	**328457**	**8853**
城厢区	2179	2049	89553	2781	1300	1152	67004	1859
涵江区	2368	2314	138979	2983	1251	1187	91214	1973
荔城区	1466	1309	109236	2195	971	896	71831	1523
秀屿区	1068	986	50351	1726	584	543	35499	1268
仙游县	2002	1852	79015	2746	1507	1454	62909	2230
三明市	**18779**	**16918**	**505716**	**24669**	**13237**	**11970**	**368215**	**18004**
梅列区	2637	2466	83069	2950	1900	1770	65827	2131
三元区	1691	1589	48687	1970	1333	1227	46018	1659

1-19 续表 1 单位：个、人

地区	2008年				2004年			
	法人单位数	单产业法人	法人单位从业人员数	产业活动单位数	法人单位数	单产业法人	法人单位从业人员数	产业活动单位数
明溪县	1066	1024	17248	1292	709	671	11486	912
清流县	919	769	19790	1318	662	554	15404	997
宁化县	1171	929	29574	1737	719	475	18741	1261
大田县	1639	1553	43941	2284	1068	1005	32288	1481
尤溪县	2131	1805	52250	3101	1481	1387	36876	2069
沙县	1719	1505	47066	2417	1285	1105	34884	1847
将乐县	1291	1196	25091	1597	993	980	17239	1089
泰宁县	995	859	23936	1398	697	653	12953	938
建宁县	1055	920	23979	1447	663	582	12602	1151
永安市	2465	2303	91085	3158	1727	1561	63897	2469
泉州市	**44496**	**41569**	**2526891**	**55686**	**38339**	**35927**	**1970212**	**46530**
鲤城区	4201	4043	227118	5043	3978	3777	193154	4572
丰泽区	4983	4799	211759	5425	4118	3944	207454	4600
洛江区	1476	1411	73121	1630	1074	985	55349	1261
泉港区	1833	1680	61570	2250	1187	1055	37831	1438
惠安县	4183	3792	341834	5328	3451	3005	225782	4507
安溪县	4187	3821	194075	6167	3312	3022	96884	4137
永春县	2584	2248	107271	3795	2521	2354	71689	3241
德化县	1794	1579	85785	2339	1645	1573	85610	2072
石狮市	3967	3936	218328	4198	3569	3472	176301	4013
晋江市	9488	9018	720976	11708	8723	8317	602832	10492
南安市	5800	5242	285054	7803	4761	4423	217326	6197
漳州市	**24051**	**23019**	**734581**	**29254**	**16360**	**15574**	**508378**	**21219**
芗城区	5516	5334	193793	6044	3676	3461	134284	4391
龙文区	1512	1497	49464	1575	867	850	33815	931
云霄县	1599	1568	35618	2004	1040	985	22611	1302
漳浦县	2789	2465	77900	4027	1964	1872	55479	2660
诏安县	1439	1358	41685	2046	1207	1155	29562	1588
长泰县	1478	1369	44966	1872	838	763	27089	1138
东山县	1345	1286	33034	1542	934	901	30400	1120
南靖县	1672	1649	44351	1906	1463	1409	35499	2142
平和县	1621	1542	38729	2195	1310	1230	27534	2014
华安县	763	709	15516	1037	497	452	10264	767
龙海市	4317	4242	159525	5006	2564	2496	101841	3166

1-19 续表 2

单位：个、人

地 区	2008年				2004年			
	法 人单位数	单产业法 人	法人单位从业人员数	产业活动单位数	法 人单位数	单产业法 人	法人单位从业人员数	产业活动单位数
南平市	**19888**	**18110**	**466488**	**25809**	**14591**	**13392**	**366635**	**20153**
延平区	4758	4437	138053	5704	3700	3381	115510	4705
顺昌县	1500	1327	29727	1908	1286	1062	27234	1898
浦城县	1708	1429	34550	2196	1482	1432	28935	1966
光泽县	950	887	21119	1324	715	668	18099	1016
松溪县	1087	970	21635	1566	656	581	14545	1061
政和县	984	871	18511	1330	754	729	14974	952
邵武市	1937	1838	52827	2563	1333	1245	40792	1941
武夷山市	2470	2325	43336	2856	1510	1438	29419	1857
建瓯市	2349	1988	59792	3875	1627	1498	44406	2664
建阳市	2145	2038	46938	2487	1528	1358	32721	2093
龙岩市	**15383**	**13366**	**545310**	**23574**	**10657**	**9908**	**331049**	**15154**
新罗区	4765	4628	206256	5801	3366	3166	131979	4119
长汀县	1863	1469	68330	3566	1308	1204	42042	2061
永定县	2219	1870	56775	3519	1447	1331	30742	2114
上杭县	2007	1638	89786	2993	1486	1420	51526	2133
武平县	1765	1489	44088	3019	1114	1002	23385	1717
连城县	1347	1083	42973	2198	924	880	25741	1241
漳平市	1417	1189	37102	2478	1012	905	25634	1769
宁德市	**16396**	**14407**	**435305**	**24129**	**12450**	**11397**	**293364**	**18882**
蕉城区	3498	3141	98211	4849	2496	2362	63656	3066
霞浦县	1536	1243	55818	2540	1345	1250	32857	2408
古田县	2285	1869	37967	3714	1826	1421	32935	3284
屏南县	861	699	17824	1241	646	589	12967	946
寿宁县	1100	846	22826	1820	974	892	14817	1399
周宁县	791	663	13633	1091	710	658	12076	1027
柘荣县	746	711	14309	996	618	569	11672	887
福安市	3194	3136	103827	4054	1937	1875	63085	2855
福鼎市	2385	2099	70890	3824	1898	1781	49299	3010
省外				**468**				**108**

1-20 按行业(大类)分组的

(2004年、

行业	代码	2008年 法人单位数	单产业法人
总计		**232604**	**215390**
农、林、牧、渔业	A	**31**	
采矿业	B	**2466**	**2437**
煤炭开采和洗选业	06	280	273
石油和天然气开采业	07	1	1
黑色金属矿采选业	08	244	240
有色金属矿采选业	09	278	277
非金属矿采选业	10	1641	1624
其他采矿业	11	22	22
制造业	C	**61934**	**61413**
农副食品加工业	13	3079	3047
食品制造业	14	1841	1787
饮料制造业	15	2459	2429
烟草制品业	16	7	7
纺织业	17	2965	2944
纺织服装、鞋、帽制造业	18	4955	4913
皮革、毛皮、羽毛(绒)及其制品业	19	3143	3131
木材加工及木、竹、藤、棕、草制品业	20	3637	3601
家具制造业	21	1176	1165
造纸及纸制品业	22	2263	2250
印刷业和记录媒介的复制	23	1820	1801
文教体育用品制造业	24	686	686
石油加工、炼焦及核燃料加工业	25	89	89
化学原料及化学制品制造业	26	2324	2300
医药制造业	27	306	302
化学纤维制造业	28	130	129
橡胶制品业	29	830	825
塑料制品业	30	3545	3525
非金属矿物制品业	31	8100	8052
黑色金属冶炼及压延加工业	32	429	425
有色金属冶炼及压延加工业	33	344	339
金属制品业	34	2859	2838
通用设备制造业	35	2961	2934
专用设备制造业	36	2085	2071
交通运输设备制造业	37	2203	2181
电气机械及器材制造业	39	2168	2146
通信设备、计算机及其他电子设备制造业	40	1343	1334
仪器仪表及文化、办公用机械制造业	41	639	637
工艺品及其他制造业	42	3392	3370
废弃资源和废旧材料回收加工业	43	156	155
电力、燃气及水的生产和供应业	D	**5870**	**5740**
电力、热力的生产和供应业	44	5030	4908
燃气生产和供应业	45	45	43
水的生产和供应业	46	795	789
建筑业	E	**5984**	**5817**
房屋和土木工程建筑业	47	2487	2369
建筑安装业	48	1030	1008
建筑装饰业	49	1524	1503
其他建筑业	50	943	937
交通运输、仓储和邮政业	F	**5763**	**5508**
铁路运输业	51	15	15
道路运输业	52	2341	2217
城市公共交通业	53	211	200
水上运输业	54	890	867
航空运输业	55	33	31
管道运输业	56	2	1

单位数及从业人数

2008年)

单位：个、人

法人单位从业人员数	产业活动单位数	2004年 法人单位数	单产业法人	法人单位从业人员数	产业活动单位数
9543335	**298999**	**166043**	**154099**	**6758010**	**217764**
5699	**361**				**256**
134144	**2549**	**1683**	**1652**	**90318**	**1785**
57628	300	225	212	38641	273
8	1				
17677	245	153	150	7978	154
12450	285	140	138	7341	145
46156	1695	1152	1139	36139	1198
225	23	13	13	219	15
4431613	**62388**	**47735**	**47235**	**3563520**	**48426**
156511	3125	2230	2209	114684	2322
109964	1880	1537	1496	92496	1578
92720	2474	1525	1498	43501	1547
4585	9	7	7	3455	7
287272	2975	2584	2560	262844	2629
522233	4959	4351	4300	424104	4368
619456	3142	2894	2884	514198	2896
159253	3692	2726	2701	105619	2765
74025	1187	805	785	64741	819
119602	2273	2000	1986	98355	2017
53798	1839	1479	1454	43522	1503
78887	687	533	531	64159	535
5858	90	71	71	4003	73
102360	2342	1828	1803	83423	1854
23155	307	220	217	20090	221
21336	130	121	120	14257	121
83267	832	766	761	89179	768
209402	3554	2805	2790	164845	2822
401292	8180	6421	6372	336676	6552
52444	431	505	499	41994	507
30050	345	296	294	21387	299
119570	2881	1637	1615	75388	1667
131420	2980	2056	2025	90325	2090
88263	2095	1289	1276	59753	1302
147404	2246	1532	1510	88085	1590
176433	2182	1342	1325	136956	1353
228470	1351	876	875	172390	880
67416	639	495	488	60757	503
262510	3402	2701	2680	270486	2734
2657	159	103	103	1848	104
135044	**6604**	**4435**	**4329**	**126726**	**5144**
113355	5720	3926	3824	108120	4598
2236	47	24	23	1901	27
19453	837	485	482	16705	519
1635999	**6825**	**3497**	**3287**	**633974**	**4026**
1219010	3105	1227	1080	475571	1614
92579	1153	630	604	57199	696
66301	1583	1160	1133	40721	1206
258109	984	480	470	60483	510
297263	**8295**	**2946**	**2738**	**197680**	**5010**
2355	15				24
133284	3056	1446	1335	88588	2108
33051	232	146	137	27509	190
37139	921	367	343	27429	414
10695	42	26	23	7595	40
62	2				

1-20 续表

行业	代码	2008年	
		法人单位数	单产业法人
装卸搬运和其他运输服务业	57	1680	1615
仓储业	58	439	426
邮政业	59	152	136
信息传输、计算机服务和软件业	**G**	**4949**	**4859**
电信和其他信息传输服务业	60	789	726
计算机服务业	61	3123	3107
软件业	62	1037	1026
批发和零售业	**H**	**42037**	**39957**
批发业	63	27266	26205
零售业	65	14771	13752
住宿和餐饮业	**I**	**3695**	**3561**
住宿业	66	1792	1743
餐饮业	67	1903	1818
金融业	**J**	**1164**	**827**
银行业	68	203	41
证券业	69	36	30
保险业	70	315	167
其他金融活动	71	610	589
房地产业	**K**	**7727**	**7257**
房地产业	72	7727	7257
租赁和商务服务业	**L**	**13888**	**13557**
租赁业	73	847	834
商务服务业	74	13041	12723
科学研究、技术服务和地质勘查业	**M**	**6279**	**6073**
研究与试验发展	75	566	554
专业技术服务业	76	3704	3603
科技交流和推广服务业	77	1897	1809
地质勘查业	78	112	107
水利、环境和公共设施管理业	**N**	**1953**	**1867**
水利管理业	79	638	607
环境管理业	80	529	500
公共设施管理业	81	786	760
居民服务和其他服务业	**O**	**3433**	**3310**
居民服务业	82	1756	1671
其他服务业	83	1677	1639
教育	**P**	**11401**	**10365**
教育	84	11401	10365
卫生、社会保障和社会福利业	**Q**	**5970**	**5600**
卫生	85	4737	4385
社会保障业	86	454	451
社会福利业	87	779	764
文化、体育和娱乐业	**R**	**3128**	**3016**
新闻出版业	88	224	216
广播、电视、电影和音像业	89	406	370
文化艺术业	90	1296	1261
体育	91	244	234
娱乐业	92	958	935
公共管理和社会组织	**S**	**44932**	**34226**
中国共产党机关	93	1032	938
国家机构	94	13193	10958
人民政协和民主党派	95	239	229
群众团体、社会团体和宗教组织	96	13841	13574
基层群众自治组织	97	16627	8527
国际组织	**T**		
国际组织	98		

单位：个、人

法人单位从业人员数	产业活动单位数	2004年 法人单位数	单产业法人	法人单位从业人员数	产业活动单位数
43859	1809	701	659	23230	798
10691	565	210	203	6830	252
26127	1653	50	38	16499	1184
95709	**6374**	**1998**	**1952**	**48491**	**2575**
46910	2179	493	466	33056	1051
23175	3146	1043	1034	7107	1057
25624	1049	462	452	8328	467
535776	**53171**	**24614**	**22357**	**348821**	**36245**
330373	31462	14850	13743	207413	18738
205403	21709	9764	8614	141408	17507
161126	**4697**	**2340**	**2190**	**114262**	**3098**
88986	1947	1284	1203	73441	1515
72140	2750	1056	987	40821	1583
154164	**6977**	**818**	**439**	**115648**	**5863**
98814	4157	515	210	78745	4839
3654	110	29	19	2517	57
42218	1489	117	57	32764	717
9478	1221	157	153	1622	250
169186	**9464**	**4981**	**4674**	**113410**	**5883**
169186	9464	4981	4674	113410	5883
197196	**16127**	**7488**	**7222**	**104738**	**8642**
7107	864	174	162	1960	202
190089	15263	7314	7060	102778	8440
100576	**8053**	**4410**	**4227**	**70557**	**5694**
8624	672	369	358	6290	417
70765	4316	2510	2429	44890	3009
16374	2943	1449	1371	14363	2143
4813	122	82	69	5014	125
48149	**2470**	**1597**	**1500**	**42568**	**1976**
8094	872	587	565	8129	771
19400	701	421	380	16638	553
20655	897	589	555	17801	652
53481	**4302**	**2077**	**1962**	**34083**	**2587**
29144	2503	1104	1039	17414	1468
24337	1799	973	923	16669	1119
516787	**17082**	**10361**	**9421**	**466633**	**17866**
516787	17082	10361	9421	466633	17866
161525	**18489**	**6114**	**5831**	**126107**	**10869**
151935	15458	5295	5020	119742	8661
3804	651	418	415	3132	467
5786	2380	401	396	3233	1741
63971	**4342**	**2342**	**2249**	**45525**	**3117**
6405	254	174	164	5843	203
17041	743	465	428	14493	815
14778	1999	1018	991	10676	1310
3957	261	149	145	2975	168
21790	1085	536	521	11538	621
645927	**60429**	**36607**	**30834**	**514949**	**48702**
13041	1102	979	919	12672	1024
341165	22900	10341	8517	294358	17709
2909	265	207	205	2310	218
117252	19257	8545	8324	62986	13065
171560	16905	16535	12869	142623	16686

第2篇

企　业

2-1 按行业（大类）、营业状态

行业	代码	企业法人单位数	营业	停业	筹建	当年关闭
总计		**159716**	**137547**	**9596**	**8672**	**2334**
农、林、牧、渔业	A	**24**	**24**			
农业	01	8	8			
林业	02	7	7			
畜牧业	03	8	8			
渔业	04	1	1			
农、林、牧、渔服务业	05					
采矿业	B	**2466**	**2020**	**212**	**171**	**43**
煤炭开采和洗选业	06	280	258	4	13	3
石油和天然气开采业	07	1			1	
黑色金属矿采选业	08	244	200	16	21	3
有色金属矿采选业	09	278	181	42	45	5
非金属矿采选业	10	1641	1371	143	88	31
其他采矿业	11	22	10	7	3	1
制造业	C	**61933**	**53234**	**3215**	**3923**	**999**
农副食品加工业	13	3079	2518	252	225	61
食品制造业	14	1841	1517	157	109	41
饮料制造业	15	2459	2164	156	85	33
烟草制品业	16	7	5	1	1	
纺织业	17	2965	2575	137	165	59
纺织服装、鞋、帽制造业	18	4955	4303	244	272	109
皮革、毛皮、羽毛(绒)及其制品业	19	3143	2752	132	194	45
木材加工及木、竹、藤、棕、草制品业	20	3637	3155	227	142	91
家具制造业	21	1176	946	64	126	29
造纸及纸制品业	22	2263	2000	102	106	30
印刷业和记录媒介的复制	23	1819	1689	65	27	24
文教体育用品制造业	24	686	585	33	58	8
石油加工、炼焦及核燃料加工业	25	89	67	1	16	4
化学原料及化学制品制造业	26	2324	1941	148	171	41
医药制造业	27	306	232	21	43	5
化学纤维制造业	28	130	118	3	6	
橡胶制品业	29	830	739	39	38	8
塑料制品业	30	3545	3180	145	165	36
非金属矿物制品业	31	8100	7148	375	346	140
黑色金属冶炼及压延加工业	32	429	311	20	88	6
有色金属冶炼及压延加工业	33	344	277	25	30	7
金属制品业	34	2859	2349	151	287	34
通用设备制造业	35	2961	2559	130	206	35
专用设备制造业	36	2085	1779	95	171	23
交通运输设备制造业	37	2203	1869	89	197	28
电气机械及器材制造业	39	2168	1851	99	192	6
通信设备、计算机及其他电子设备制造业	40	1343	1091	67	157	16
仪器仪表及文化、办公用机械制造业	41	639	536	38	48	11
工艺品及其他制造业	42	3392	2862	182	234	66
废弃资源和废旧材料回收加工业	43	156	116	17	18	3
电力、燃气及水的生产和供应业	D	**5765**	**5449**	**98**	**147**	**26**
电力、热力的生产和供应业	44	4945	4702	86	99	23
燃气生产和供应业	45	45	40		3	1
水的生产和供应业	46	775	707	12	45	2
建筑业	E	**5983**	**4975**	**494**	**336**	**73**
房屋和土木工程建筑业	47	2486	2051	212	141	34
建筑安装业	48	1030	913	64	34	7
建筑装饰业	49	1524	1292	108	82	21
其他建筑业	50	943	719	110	79	11

分组的企业法人单位数及从业人数

单位：个、人

当年破产	其　他	从业人数	营业	停业	筹建	当年关闭	当年破产	其他
152	**1415**	**8045186**	**7857897**	**68563**	**59197**	**27613**	**4087**	**27829**
		5276	**5276**					
		4584	4584					
		420	420					
		217	217					
		55	55					
5	**15**	**134144**	**128238**	**2649**	**2569**	**276**	**91**	**321**
	2	57628	56592	161	809	64		2
		8			8			
	4	17677	16957	167	276	30		247
4	1	12450	10893	815	663	6	71	2
	8	46156	43655	1468	789	174		70
1		225	141	38	24	2	20	
99	**463**	**4431497**	**4329145**	**29052**	**29798**	**22957**	**3308**	**17237**
5	18	156511	152426	1825	1576	241	21	422
4	13	109964	107748	721	1188	219	23	65
4	17	92720	90664	727	413	394	10	512
		4585	4563	7	15			
7	22	287272	281938	1842	773	1688	607	424
6	21	522233	508003	2692	2203	4869	302	4164
5	15	619456	611975	1667	871	4093	690	160
10	12	159253	154221	2169	1223	1416	80	144
1	10	74025	71723	728	632	401	1	540
3	22	119602	116993	783	695	351	4	776
2	12	53682	52365	341	291	276	8	401
	2	78887	78036	154	587	13		97
	1	5858	5399	4	401	51		3
7	16	102360	98059	1061	1326	1004	53	857
1	4	23155	22232	178	601	69	38	37
1	2	21336	21047	7	83		45	154
2	4	83267	82073	351	410	223	159	51
4	15	209402	206119	923	1152	678	63	467
12	79	401292	387847	4516	3209	2854	514	2352
	4	52444	51393	206	607	146		92
1	4	30050	29158	484	292	91	1	24
2	36	119570	116119	906	1671	419	2	453
9	22	131420	125777	1049	1473	448	17	2656
1	16	88263	86359	568	922	183	1	230
5	15	147404	144000	580	2312	274	25	213
1	19	176433	174383	574	1209	50	1	216
1	11	228470	224479	2096	1085	341	1	468
	6	67416	66501	266	303	55		291
5	43	262510	255141	1537	2205	2059	642	926
	2	2657	2404	90	70	51		42
1	**44**	**133672**	**131077**	**452**	**1491**	**109**	**1**	**542**
1	34	112194	110159	427	1127	85	1	395
	1	2236	2221		13	1		1
	9	19242	18697	25	351	23		146
3	**102**	**1635992**	**1623800**	**7588**	**2856**	**334**	**4**	**1410**
2	46	1219003	1210564	5931	1558	218	2	730
	12	92579	91551	709	253	14		52
	21	66301	65129	531	367	36		238
1	23	258109	256556	417	678	66	2	390

2-1 续表

行　业	代码	企业法人单位数	营　业	停　业	筹　建	当年关闭
交通运输、仓储和邮政业	F	**5372**	**4727**	**273**	**250**	**73**
铁路运输业	51	15	12	2		
道路运输业	52	2084	1835	111	85	34
城市公共交通业	53	208	195	6	4	1
水上运输业	54	858	774	42	35	5
航空运输业	55	30	26	1	1	1
管道运输业	56	2	2			
装卸搬运和其他运输服务业	57	1625	1462	68	62	17
仓储业	58	413	300	33	59	14
邮政业	59	137	121	10	4	1
信息传输、计算机服务和软件业	G	**4371**	**3972**	**173**	**149**	**36**
电信和其他信息传输服务业	60	604	535	32	24	6
计算机服务业	61	2749	2572	71	67	24
软件业	62	1018	865	70	58	6
批发和零售业	H	**42032**	**36645**	**2565**	**1883**	**627**
批发业	63	27262	23439	1804	1394	405
零售业	65	14770	13206	761	489	222
住宿和餐饮业	I	**3379**	**3105**	**106**	**109**	**50**
住宿业	66	1645	1488	59	62	30
餐饮业	67	1734	1617	47	47	20
金融业	J	**1064**	**917**	**54**	**68**	**16**
银行业	68	173	173			
证券业	69	35	30	2	2	1
保险业	70	293	285	2	3	3
其他金融活动	71	563	429	50	63	12
房地产业	K	**7301**	**5784**	**957**	**324**	**116**
房地产业	72	7301	5784	957	324	116
租赁和商务服务业	L	**10729**	**8749**	**863**	**786**	**148**
租赁业	73	794	660	60	50	11
商务服务业	74	9935	8089	803	736	137
科学研究、技术服务和地质勘查业	M	**3115**	**2581**	**248**	**205**	**34**
研究与试验发展	75	246	153	43	36	7
专业技术服务业	76	2273	1999	129	98	18
科技交流和推广服务业	77	542	391	70	63	8
地质勘查业	78	54	38	6	8	1
水利、环境和公共设施管理业	N	**789**	**559**	**88**	**118**	**12**
水利管理业	79	99	74	18	7	
环境管理业	80	206	162	10	32	
公共设施管理业	81	484	323	60	79	12
居民服务和其他服务业	O	**2910**	**2604**	**134**	**109**	**39**
居民服务业	82	1366	1240	52	47	15
其他服务业	83	1544	1364	82	62	24
教育	P	**767**	**675**	**40**	**22**	**18**
教育	84	767	675	40	22	18
卫生、社会保障和社会福利业	Q	**593**	**558**	**12**	**11**	**7**
卫生	85	574	549	8	7	7
社会保障业	86	3	3			
社会福利业	87	16	6	4	4	
文化、体育和娱乐业	R	**1123**	**969**	**64**	**61**	**17**
新闻出版业	88	36	32		2	
广播、电视、电影和音像业	89	127	102	15	5	
文化艺术业	90	123	87	18	13	3
体育	91	48	41	4	3	
娱乐业	92	789	707	27	38	14

单位：个、人

当年破产	其 他	从业人数	营业	停业	筹建	当年关闭	当年破产	其他
4	**45**	**285314**	**280320**	**2047**	**2075**	**239**	**29**	**604**
	1	2355	2221	2				132
1	18	124555	122319	971	903	124	1	237
	2	32870	32827	22	17	2		2
	2	35780	34969	480	292	24		15
	1	10397	10386	2	1	1		7
		62	62					
2	14	43014	42165	353	339	59	26	72
1	6	10357	9564	169	505	28	2	89
	1	25924	25807	48	18	1		50
	41	**89770**	**87978**	**628**	**814**	**101**		**249**
	7	43726	43415	172	96	14		29
	15	20745	20069	192	331	74		79
	19	25299	24494	264	387	13		141
20	**292**	**535667**	**512295**	**11410**	**8240**	**2010**	**143**	**1569**
12	208	330298	313960	7888	6217	1126	61	1046
8	84	205369	198335	3522	2023	884	82	523
2	**7**	**150139**	**147542**	**707**	**1570**	**216**	**30**	**74**
	6	83272	81601	355	1140	114		62
2	1	66867	65941	352	430	102	30	12
1	**8**	**148977**	**148403**	**146**	**333**	**37**	**2**	**56**
		94225	94225					
		3651	3636	4	7	4		
		41966	41930	4	20	12		
1	8	9135	8612	138	306	21	2	56
3	**117**	**163171**	**151338**	**7014**	**2252**	**383**	**367**	**1817**
3	117	163171	151338	7014	2252	383	367	1817
9	**174**	**162959**	**152448**	**3695**	**3629**	**435**	**76**	**2676**
1	12	6480	5898	261	213	52	7	49
8	162	156479	146550	3434	3416	383	69	2627
3	**44**	**60713**	**57793**	**1002**	**1279**	**116**	**12**	**511**
	7	2940	2516	137	239	20		28
1	28	50162	48526	565	587	62	10	412
2	8	6356	5564	280	407	33	2	70
	1	1255	1187	20	46	1		1
	12	**17520**	**15203**	**1026**	**1033**	**76**		**182**
		1000	862	101	37			
	2	4901	4452	53	292			104
	10	11619	9889	872	704	76		78
2	**22**	**45318**	**43996**	**471**	**523**	**138**	**24**	**166**
2	10	23374	22689	236	245	62	24	118
	12	21944	21307	235	278	76		48
	12	**12676**	**12121**	**202**	**102**	**60**		**191**
	12	12676	12121	202	102	60		191
	5	**8260**	**8001**	**48**	**116**	**54**		**41**
	3	8129	7915	32	99	54		29
		20	20					
	2	111	66	16	17			12
	12	**24121**	**22923**	**426**	**517**	**72**		**183**
	2	1051	1026		6			19
	5	2434	2196	81	101			56
	2	1106	892	110	60	4		40
		615	581	22	12			
	3	18915	18228	213	338	68		68

2-2 按地区、营业状态分组的

地　区	企业法人单位数	营　业	停　业	筹　建	当年关闭
全　省	**159716**	**137547**	**9596**	**8672**	**2334**
福州市	**34492**	**29230**	**2346**	**1901**	**602**
鼓楼区	10389	8610	961	642	56
台江区	4463	3507	365	280	242
仓山区	3288	2966	121	156	29
马尾区	1419	1099	146	65	46
晋安区	4045	3516	224	189	55
闽侯县	1788	1545	77	116	24
连江县	1183	930	72	149	24
罗源县	498	409	33	45	3
闽清县	820	762	38	15	2
永泰县	1138	1037	46	27	21
平潭县	842	792	39	5	6
福清市	2489	2267	86	92	36
长乐市	2130	1790	138	120	58
厦门市	**32670**	**29611**	**1357**	**1381**	**83**
思明区	15976	14760	572	583	17
海沧区	1982	1550	121	224	9
湖里区	8378	7718	316	293	7
集美区	2872	2594	113	111	16
同安区	2357	2039	167	106	22
翔安区	1105	950	68	64	12
莆田市	**5191**	**4425**	**261**	**391**	**70**
城厢区	1305	1104	60	99	18
涵江区	1391	1178	84	92	29
荔城区	1005	891	34	62	13
秀屿区	525	419	47	48	6
仙游县	965	833	36	90	4
三明市	**10425**	**9359**	**526**	**409**	**90**
梅列区	1767	1549	112	90	14
三元区	1176	1060	67	43	2
明溪县	365	332	12	17	4
清流县	397	355	11	22	8
宁化县	599	575	12	8	4
大田县	895	798	64	24	2
尤溪县	1185	1056	72	36	17
沙县	1046	926	39	70	9
将乐县	622	573	12	31	3
泰宁县	488	445	22	8	12
建宁县	412	368	24	11	7
永安市	1473	1322	79	49	8
泉州市	**33003**	**29399**	**1442**	**1338**	**370**
鲤城区	3097	2820	68	157	6
丰泽区	4003	3571	217	108	56
洛江区	1005	609	80	270	15
泉港区	1190	955	146	48	38
惠安县	2901	2401	131	154	34

企业法人单位数及从业人数

单位：个、人

当年破产	其 他	从业人数	营业	停业	筹建	当年关闭	当年破产	其他
152	**1415**	**8045186**	**7857897**	**68563**	**59197**	**27613**	**4087**	**27829**
30	**383**	**1811193**	**1770730**	**16958**	**13629**	**5564**	**272**	**4040**
1	119	468876	459621	4779	3144	316	20	996
7	62	138627	134677	1935	1220	326	17	452
2	14	157256	154605	1253	898	268	64	168
	63	107305	105296	882	710	178		239
3	58	218510	213637	1837	1038	1158	11	829
3	23	138149	133500	750	1995	1381	12	511
	8	77442	75520	407	1214	228		73
	8	31221	29199	568	1242	28		184
	3	47064	46676	154	182	19		33
3	4	48865	47204	819	336	396	18	92
		59513	58665	710	56	82		
3	5	186146	183001	1449	1019	533	54	90
8	16	132219	129129	1415	575	651	76	373
4	**234**	**1580687**	**1561140**	**6602**	**7524**	**459**	**313**	**4649**
2	42	590601	585708	1846	2458	111	309	169
	78	118066	114444	1796	1099	122		605
	44	425732	422158	1188	1897	18		471
2	36	235202	233432	742	784	60	4	180
	23	134690	129944	751	674	130		3191
	11	76396	75454	279	612	18		33
5	**39**	**364592**	**353967**	**4971**	**2973**	**2214**	**20**	**447**
3	21	67238	64955	484	941	633	16	209
2	6	119318	116878	1422	524	402	4	88
	5	91557	87614	2318	497	1106		22
	5	32060	31018	470	445	54		73
	2	54419	53502	277	566	19		55
7	**34**	**377384**	**367756**	**4093**	**4471**	**691**	**33**	**340**
1	1	68769	67745	486	483	53	1	1
1	3	39903	39039	379	466	5	3	11
		10693	10219	112	202	160		
1		12488	12233	27	216	11	1	
		18694	18346	193	109	46		
2	5	30562	29056	627	830	4	7	38
	4	35631	34339	647	490	135		20
	2	35334	34246	360	627	78		23
1	2	17278	16667	213	349	21	18	10
	1	17428	17080	140	91	108		9
	2	16758	16148	380	165	29		36
1	14	73846	72638	529	443	41	3	192
28	**426**	**2273673**	**2217662**	**16744**	**10318**	**11789**	**2336**	**14824**
1	45	204552	200218	354	932	1961	2	1085
4	47	182227	173146	2755	990	3181	38	2117
1	30	66276	65079	215	787	30	1	164
	3	49974	45304	3059	864	729		18
1	180	311648	300153	2394	3014	310	30	5747

2-2 续表

地　区	企业法人单位数	营　业	停　业	筹　建	当年关闭
安溪县	2510	2470	3	1	
永春县	1591	1440	78	47	18
德化县	1069	978	36	40	3
石狮市	3241	3169	36	18	8
晋江市	7963	7339	396	171	32
南安市	4433	3647	251	324	160
漳州市	**15509**	**11579**	**1627**	**1723**	**448**
芗城区	4095	3530	283	173	79
龙文区	1131	866	105	138	20
云霄县	928	669	39	207	5
漳浦县	1833	1190	252	298	55
诏安县	632	471	63	59	32
长泰县	1018	786	61	161	7
东山县	765	556	105	101	2
南靖县	889	757	73	49	10
平和县	660	558	35	27	40
华安县	427	372	23	27	4
龙海市	3131	1824	588	483	194
南平市	**11039**	**8551**	**1304**	**701**	**341**
延平区	3083	2499	278	192	80
顺昌县	734	572	103	15	34
浦城县	800	774	17	5	1
光泽县	475	387	44	32	9
松溪县	548	359	95	34	34
政和县	375	347	17	4	5
邵武市	1118	837	117	98	40
武夷山市	1587	898	466	120	84
建瓯市	1285	1078	77	93	29
建阳市	1034	800	90	108	25
龙岩市	**8669**	**7923**	**283**	**256**	**138**
新罗区	3268	2972	125	103	43
长汀县	984	915	22	23	18
永定县	1095	951	51	54	23
上杭县	869	778	46	26	15
武平县	881	828	12	14	16
连城县	751	735	6	2	5
漳平市	821	744	21	34	18
宁德市	**8718**	**7470**	**450**	**572**	**192**
蕉城区	1825	1471	159	157	33
霞浦县	805	644	51	101	7
古田县	1220	1094	55	36	31
屏南县	331	308	8	13	1
寿宁县	433	344	27	44	10
周宁县	228	200	8	13	4
柘荣县	277	263	2	7	1
福安市	2061	1955	43	60	2
福鼎市	1538	1191	97	141	103

单位：个、人

当年破产	其 他	从业人数	营业	停业	筹建	当年关闭	当年破产	其他
	36	160175	159097	196	25			857
4	4	91719	88687	1031	445	1363	107	86
2	10	74496	73053	333	288	46	331	445
	10	203552	201526	274	161	1110		481
3	22	676698	672622	2359	767	390	105	455
12	39	252356	238777	3774	2045	2669	1722	3369
25	**107**	**580721**	**562099**	**6287**	**8956**	**2166**	**453**	**760**
8	22	160917	157871	1534	740	538	27	207
	2	44413	42649	475	1033	219		37
	8	22305	20948	160	1088	27		82
8	30	56851	54193	808	1153	517	8	172
6	1	28545	27203	304	505	120	408	5
	3	37005	35359	490	955	135		66
1		24166	22864	578	717	3	4	
		33510	32653	329	457	71		
		24000	23340	234	208	218		
1		10153	9953	80	110	5	5	
1	41	138856	135066	1295	1990	313	1	191
36	**106**	**334686**	**321440**	**6572**	**4303**	**1245**	**172**	**954**
5	29	110747	107299	1352	1569	186	46	295
3	7	19066	18248	406	69	305	3	35
	3	21442	21067	279	49	1		46
1	2	15334	14937	150	214	10	1	22
16	10	14035	12816	565	212	222	83	137
	2	9843	9652	126	45	11		9
1	25	38491	36950	791	470	43	25	212
4	15	31296	28728	1837	558	106	4	63
4	4	41497	39846	717	534	298	8	94
2	9	32935	31897	349	583	63	2	41
7	**62**	**417344**	**406960**	**3003**	**3007**	**2806**	**111**	**1457**
1	24	170174	166658	922	1197	1069	25	303
	6	51206	49172	752	291	827		164
3	13	38434	37097	769	280	211	49	28
1	3	72795	72015	250	404	86	30	10
2	9	30291	28869	95	428	93	7	799
	3	29302	28775	63	8	394		62
	4	25142	24374	152	399	126		91
10	**24**	**304906**	**296143**	**3333**	**4016**	**679**	**377**	**358**
1	4	71366	69110	1039	1069	95	1	52
1	1	39381	38494	517	297	60	8	5
2	2	23509	22851	222	275	148	1	12
	1	10209	9912	115	107	3		72
2	6	13308	12814	125	231	44	1	93
	3	5395	5177	33	135	19		31
	4	8576	8461	29	15	15		56
	1	82027	80356	417	1235	7		12
4	2	51135	48968	836	652	288	366	25

2-3 按登记注册类型、营业状态

登记注册类型	代码	企业法人单位数	营业	停业	筹建
总计		**159716**	**137547**	**9596**	**8672**
内资企业	**100**	**147401**	**126823**	**9064**	**7836**
国有企业	110	5367	4380	632	105
集体企业	120	7288	6236	753	68
股份合作企业	130	2126	1864	125	94
联营企业	140	602	518	46	16
国有联营企业	141	162	141	10	6
集体联营企业	142	222	192	20	2
国有与集体联营企业	143	61	51	5	3
其他联营企业	149	157	134	11	5
有限责任公司	150	17409	15116	845	1186
国有独资公司	151	389	316	29	31
其他有限责任公司	159	17020	14800	816	1155
股份有限公司	160	3155	2657	222	225
私营企业	170	107607	93085	6085	5941
私营独资企业	171	29594	25543	1932	1115
私营合伙企业	172	12533	11115	629	529
私营有限责任公司	173	61533	53061	3309	4011
私营股份有限公司	174	3947	3366	215	286
其他企业	190	3847	2967	356	201
港、澳、台商投资企业	**200**	**7604**	**6660**	**333**	**471**
合资经营企业(港或澳、台资)	210	1442	1279	57	86
合作经营企业(港或澳、台资)	220	131	113	6	10
港、澳、台商独资经营企业	230	5829	5130	261	321
港、澳、台商投资股份有限公司	240	202	138	9	54
外商投资企业	**300**	**4711**	**4064**	**199**	**365**
中外合资经营企业	310	1241	1084	49	91
中外合作经营企业	320	104	85	10	6
外资企业	330	3203	2761	130	251
外商投资股份有限公司	340	163	134	10	17

分组的企业法人数及从业人数

单位：个、人

当年关闭	当年破产	其　他	从业人数	营　业	停　业	筹　建	当年关闭	当年破产	其　他
2334	**152**	**1415**	**8045186**	**7857897**	**68563**	**59197**	**27613**	**4087**	**27829**
2200	**140**	**1338**	**5859685**	**5699694**	**61853**	**51395**	**19720**	**2781**	**24242**
72	18	160	522333	507925	9315	1723	611	436	2323
134	12	85	210076	200326	5544	572	1902	41	1691
19	3	21	125860	122555	1330	1191	339	32	413
10	3	9	48392	47271	489	165	234	177	56
2	1	2	12021	11391	350	73	48	150	9
5	2	1	5678	5384	91	9	160	27	7
1		1	4228	4143	22	56	1		6
2		5	26465	26353	26	27	25		34
130	4	128	1264842	1246654	6465	9245	859	64	1555
4		9	58630	57906	265	295	65		99
126	4	119	1206212	1188748	6200	8950	794	64	1456
26	5	20	358452	353962	1553	2290	332	111	204
1709	87	700	3272452	3171839	35761	35093	15028	1839	12892
742	51	211	514414	486735	12155	6135	6062	315	3012
181	11	68	236038	224497	5062	3868	1547	338	726
741	23	388	2336173	2279369	17037	22572	7187	1183	8825
45	2	33	185827	181238	1507	2518	232	3	329
100	8	215	57278	49162	1396	1116	415	81	5108
86	**9**	**45**	**1322189**	**1305828**	**4793**	**3666**	**3979**	**1128**	**2795**
10	1	9	311781	308613	1985	444	491	38	210
1		1	15241	15099	37	101	1		3
75	7	35	979910	967036	2736	2984	3487	1085	2582
	1		15257	15080	35	137		5	
48	**3**	**32**	**863312**	**852375**	**1917**	**4136**	**3914**	**178**	**792**
9		8	222780	219969	432	1868	174		337
3			10592	8540	60	44	1948		
36	3	22	610667	604711	1394	2142	1792	178	450
		2	19273	19155	31	82			5

2-4 按行业（大类）、开业时间

行业	代码	1949年以前		1950-1977年		1978-1991年	
		企业法人单位数	从业人数	企业法人单位数	从业人数	企业法人单位数	从业人数
总计		**67**	**10750**	**3043**	**563876**	**6564**	**691519**
农、林、牧、渔业	A			**11**	**5003**	**5**	**161**
农业	01			5	4547	1	12
林业	02			5	401	1	7
畜牧业	03					3	142
渔业	04			1	55		
农、林、牧、渔服务业	05						
采矿业	B	**1**	**16**	**47**	**16327**	**128**	**7783**
煤炭开采和洗选业	06			12	7793	27	3849
石油和天然气开采业	07						
黑色金属矿采选业	08			2	1109	15	677
有色金属矿采选业	09			2	154	7	250
非金属矿采选业	10	1	16	31	7271	78	2982
其他采矿业	11					1	25
制造业	C	**23**	**2637**	**586**	**67662**	**2868**	**334416**
农副食品加工业	13	2	16	45	2166	167	7014
食品制造业	14	1	50	30	2724	101	4060
饮料制造业	15	1	25	31	1753	133	10265
烟草制品业	16			3	3151		
纺织业	17	1	40	16	611	118	19660
纺织服装、鞋、帽制造业	18			9	347	165	32438
皮革、毛皮、羽毛(绒)及其制品业	19	1	38	9	1328	136	76675
木材加工及木、竹、藤、棕、草制品业	20			32	436	129	4569
家具制造业	21			14	473	35	6509
造纸及纸制品业	22	2	4	23	1103	140	6530
印刷业和记录媒介的复制	23	7	922	43	1801	158	3660
文教体育用品制造业	24			4	117	41	9032
石油加工、炼焦及核燃料加工业	25					2	7
化学原料及化学制品制造业	26			34	9795	98	8873
医药制造业	27			7	1661	17	2206
化学纤维制造业	28					7	1787
橡胶制品业	29	1	20	7	260	37	8291
塑料制品业	30	1	2	14	904	159	15494
非金属矿物制品业	31	3	41	53	4394	472	22734
黑色金属冶炼及压延加工业	32			4	11843	18	1496
有色金属冶炼及压延加工业	33			4	3650	13	2807
金属制品业	34			21	461	97	12743
通用设备制造业	35	1	6	46	5495	160	9157
专用设备制造业	36			40	6892	64	3754
交通运输设备制造业	37	2	1473	34	2694	118	10357
电气机械及器材制造业	39			28	2684	57	9174
通信设备、计算机及其他电子设备制造业	40			5	286	43	20896
仪器仪表及文化、办公用机械制造业	41			13	362	33	7594
工艺品及其他制造业	42			17	271	149	16614
废弃资源和废旧材料回收加工业	43					1	20
电力、燃气及水的生产和供应业	D	**8**	**3266**	**267**	**15600**	**688**	**19355**
电力、热力的生产和供应业	44	7	3163	241	11946	557	13322
燃气生产和供应业	45					3	857
水的生产和供应业	46	1	103	26	3654	128	5176
建筑业	E	**1**	**51**	**218**	**380494**	**262**	**180719**
房屋和土木工程建筑业	47			195	370061	166	154222
建筑安装业	48			12	8640	30	3984
建筑装饰业	49			4	130	43	8721
其他建筑业	50	1	51	7	1663	23	13792

分组的企业法人单位数及从业人数

单位：个、人

1992-1995年		1996-2000年		2001-2004年		2005年		2006年	
企业法人单位数	从业人数	企业法人单位数	从业人数	企业法人单位数	从业人数	企业法人单位数	从业人数	企业法人单位数	从业人数
10094	**978217**	**24325**	**1622728**	**44432**	**2234215**	**15495**	**573602**	**18111**	**576211**
		2	**34**	**4**	**48**			**1**	**15**
				2	25				
				1	12				
		2	34	1	11			1	15
180	**8282**	**337**	**16741**	**699**	**43431**	**305**	**20022**	**287**	**10869**
23	2528	21	4334	87	22739	65	13566	12	1439
13	429	29	3189	62	5995	33	1504	22	3166
10	473	36	2948	83	4131	32	1134	45	1721
133	4843	246	6240	466	10546	173	3785	205	4496
1	9	5	30	1	20	2	33	3	47
5453	**689773**	**10513**	**997121**	**18233**	**1329201**	**5539**	**276944**	**6490**	**292563**
273	24963	638	42349	843	43317	248	10139	264	8418
187	17378	382	34384	512	31290	146	5899	164	4830
187	11861	433	22276	694	22200	196	6777	267	6041
		2	1162	1	257				
276	45665	591	72858	941	93276	257	14153	270	19085
325	73242	652	84856	1539	170165	497	38140	636	46800
336	92440	551	174048	1014	181303	293	32997	268	28331
152	8893	407	19163	1162	57275	401	18979	514	20860
67	7142	171	19011	326	20708	134	5235	142	5569
220	24184	461	32350	651	28933	203	6935	198	9226
183	8564	367	13916	563	15344	161	2877	143	2950
84	23049	104	13172	193	18699	69	4672	61	4570
10	270	13	384	27	1963	9	192	9	93
175	8063	404	20653	693	30485	211	5729	235	6193
26	2364	51	5541	84	8186	30	814	30	1102
11	933	26	4702	49	10743	11	1165	13	1210
72	14124	161	24063	243	21597	71	3608	71	5432
296	28903	581	47267	1165	68198	347	16137	364	14668
1300	85995	1683	96732	2105	108787	576	23714	718	23787
29	3956	73	7137	122	18245	26	3954	32	2761
36	5892	48	5311	101	6011	29	1452	42	2373
171	12378	398	23230	832	35620	272	8916	352	9578
191	16837	464	30319	859	33909	271	11134	330	8702
118	9848	276	15872	656	29955	207	5476	239	5826
172	34349	352	30075	588	34668	198	10963	222	9187
112	23126	286	34572	659	61899	190	11349	293	15230
103	53901	190	34146	358	75889	123	7515	165	10914
65	16268	91	16441	189	17861	62	2644	71	2899
272	35130	643	70793	1006	81292	289	15287	360	15609
4	55	14	338	58	1126	12	92	17	319
410	**11592**	**1012**	**32548**	**2059**	**30825**	**516**	**8773**	**330**	**5113**
347	9919	877	29390	1886	26823	452	7445	278	4726
3	95	8	176	17	907	2	28	3	78
60	1578	127	2982	156	3095	62	1300	49	309
476	**163864**	**966**	**236271**	**1542**	**364203**	**587**	**126951**	**649**	**109844**
184	122301	288	158527	643	245105	265	76565	255	45932
73	12536	234	31305	309	26370	74	4135	110	2184
173	17956	323	20382	326	11258	133	2519	155	1925
46	11071	121	26057	264	81470	115	43732	129	59803

2-4 续表 1

行业	代码	1949年以前		1950-1977年		1978-1991年	
		企业法人单位数	从业人数	企业法人单位数	从业人数	企业法人单位数	从业人数
交通运输、仓储和邮政业	F	**6**	**1421**	**159**	**31875**	**217**	**20895**
铁路运输业	51			1	132	2	145
道路运输业	52	1	89	48	15047	95	7750
城市公共交通业	53			18	4311	15	1772
水上运输业	54	1	5	36	3700	37	1732
航空运输业	55					1	6320
管道运输业	56						
装卸搬运和其他运输服务业	57	3	20	29	2067	35	2258
仓储业	58			26	881	31	917
邮政业	59	1	1307	1	5737	1	1
信息传输、计算机服务和软件业	G	**2**	**98**			**5**	**1394**
电信和其他信息传输服务业	60	1	94			2	41
计算机服务业	61	1	4			2	9
软件业	62					1	1344
批发和零售业	H	**9**	**329**	**1063**	**25450**	**1141**	**31508**
批发业	63	7	229	627	14423	695	26026
零售业	65	2	100	436	11027	446	5482
住宿和餐饮业	I	**1**	**3**	**44**	**2663**	**166**	**9295**
住宿业	66	1	3	33	1991	133	8667
餐饮业	67			11	672	33	628
金融业	J	**3**	**2273**	**7**	**5922**	**63**	**57722**
银行业	68	2	2113	6	5919	50	55784
证券业	69					3	963
保险业	70	1	160			4	875
其他金融活动	71			1	3	6	100
房地产业	K	**4**	**95**	**316**	**5710**	**358**	**6324**
房地产业	72	4	95	316	5710	358	6324
租赁和商务服务业	L	**4**	**431**	**124**	**3556**	**285**	**13694**
租赁业	73			5	37	11	156
商务服务业	74	4	431	119	3519	274	13538
科学研究、技术服务和地质勘查业	M	**1**	**74**	**22**	**2236**	**108**	**4012**
研究与试验发展	75			2	19	5	40
专业技术服务业	76	1	74	13	2060	71	3410
科技交流和推广服务业	77			6	51	24	285
地质勘查业	78			1	106	8	277
水利、环境和公共设施管理业	N			**20**	**124**	**37**	**619**
水利管理业	79			20	124	24	205
环境管理业	80					3	43
公共设施管理业	81					10	371
居民服务和其他服务业	O	**1**	**5**	**41**	**571**	**92**	**1212**
居民服务业	82	1	5	29	345	30	457
其他服务业	83			12	226	62	755
教育	P			**1**	**1**	**13**	**248**
教育	84			1	1	13	248
卫生、社会保障和社会福利业	Q	**1**	**2**	**105**	**478**	**93**	**772**
卫生	85	1	2	105	478	92	765
社会保障业	86						
社会福利业	87					1	7
文化、体育和娱乐业	R	**2**	**49**	**12**	**204**	**35**	**1390**
新闻出版业	88			1	29	3	125
广播、电视、电影和音像业	89	2	49	11	175	17	392
文化艺术业	90					6	78
体育	91					1	4
娱乐业	92					8	791

单位：个、人

1992－1995年		1996－2000年		2001－2004年		2005年		2006年	
企业法人单位数	从业人数	企业法人单位数	从业人数	企业法人单位数	从业人数	企业法人单位数	从业人数	企业法人单位数	从业人数
214	**14442**	**780**	**72391**	**1525**	**73466**	**567**	**21662**	**667**	**23152**
		6	1031	4	414				
90	5642	364	32107	625	37480	205	6630	248	10007
15	1016	41	3696	45	8519	12	5923	24	5746
28	3361	96	9223	227	6885	98	2885	104	1855
2	546	3	58	16	3386	2	9	4	45
				1	28			1	34
54	2836	177	7727	466	12696	209	5318	226	4671
23	723	74	1940	112	3485	26	761	44	621
2	318	19	16609	29	573	15	136	16	173
36	**1130**	**362**	**23499**	**1266**	**31346**	**570**	**5908**	**787**	**15037**
8	404	77	16397	171	15026	81	1531	88	7972
13	323	202	2668	802	6396	364	2405	531	3587
15	403	83	4434	293	9924	125	1972	168	3478
1552	**25968**	**5986**	**95264**	**11293**	**161927**	**4153**	**47231**	**5083**	**50663**
992	19288	3785	59348	7362	91912	2712	30131	3363	31007
560	6680	2201	35916	3931	70015	1441	17100	1720	19656
195	**18051**	**527**	**29368**	**801**	**34820**	**314**	**13455**	**392**	**11742**
125	7525	298	17325	366	19468	158	9656	162	4996
70	10526	229	12043	435	15352	156	3799	230	6746
16	**4117**	**97**	**24733**	**208**	**18391**	**86**	**5243**	**156**	**14593**
7	3747	31	10071	5	1137	6	896	50	11327
3	318	9	2213	6	36	1	16	1	6
1	8	34	12271	85	15828	32	3333	33	2641
5	44	23	178	112	1390	47	998	72	619
753	**22932**	**1349**	**41131**	**1854**	**43005**	**639**	**14308**	**735**	**12522**
753	22932	1349	41131	1854	43005	639	14308	735	12522
411	**8220**	**1319**	**26880**	**2467**	**53729**	**1130**	**14046**	**1386**	**12198**
8	38	55	1315	124	1439	86	610	135	884
403	8182	1264	25565	2343	52290	1044	13436	1251	11314
159	**5243**	**354**	**11603**	**936**	**19812**	**346**	**5590**	**374**	**4881**
11	113	37	940	58	612	25	203	28	331
116	4589	251	9448	750	16595	269	4844	266	3961
29	351	60	1103	118	2301	46	482	76	555
3	190	6	112	10	304	6	61	4	34
36	**788**	**117**	**4134**	**234**	**6026**	**84**	**2912**	**62**	**901**
9	129	7	62	16	276	7	52	6	114
4	52	34	771	65	2366	29	956	16	172
23	607	76	3301	153	3384	48	1904	40	615
108	**2080**	**352**	**6153**	**756**	**13135**	**318**	**4346**	**371**	**5784**
64	1369	165	2705	361	6597	138	2457	161	3413
44	711	187	3448	395	6538	180	1889	210	2371
21	**457**	**84**	**1456**	**223**	**3789**	**148**	**2420**	**103**	**1867**
21	457	84	1456	223	3789	148	2420	103	1867
24	**130**	**34**	**276**	**95**	**2111**	**68**	**1083**	**73**	**1341**
24	130	32	262	89	2054	67	1080	70	1322
				2	16			1	4
		2	14	4	41	1	3	2	15
50	**1148**	**134**	**3125**	**237**	**4950**	**125**	**2708**	**165**	**3126**
2	42	7	352	6	81	2	34	10	354
5	13	19	584	22	302	9	261	12	141
4	103	6	91	27	309	14	136	19	118
3	22	5	87	11	267	8	104	7	33
36	968	97	2011	171	3991	92	2173	117	2480

2-4 续表 2

单位：个、人

行业	代码	2007年		2008年		其他(不详)	
		企业法人单位数	从业人数	企业法人单位数	从业人数	企业法人单位数	从业人数
总　计		**18740**	**460158**	**17925**	**329386**	**920**	**4524**
农、林、牧、渔业	A	**1**	**15**				
农业	01						
林业	02						
畜牧业	03	1	15				
渔业	04						
农、林、牧、渔服务业	05						
采矿业	B	**243**	**5750**	**233**	**4847**	**6**	**76**
煤炭开采和洗选业	06	20	1145	13	235		
石油和天然气开采业	07			1	8		
黑色金属矿采选业	08	26	675	41	918	1	15
有色金属矿采选业	09	38	1149	25	490		
非金属矿采选业	10	157	2760	146	3156	5	61
其他采矿业	11	2	21	7	40		
制造业	C	**6200**	**256465**	**5486**	**182883**	**542**	**1832**
农副食品加工业	13	301	10788	264	7231	34	110
食品制造业	14	172	4989	136	4340	10	20
饮料制造业	15	254	5991	254	5498	9	33
烟草制品业	16			1	15		
纺织业	17	251	13132	182	8618	62	174
纺织服装、鞋、帽制造业	18	615	42939	491	33220	26	86
皮革、毛皮、羽毛(绒)及其制品业	19	275	21460	184	10700	76	136
木材加工及木、竹、藤、棕、草制品业	20	478	16947	350	12062	12	69
家具制造业	21	161	5990	114	3355	12	33
造纸及纸制品业	22	173	4700	178	5614	14	23
印刷业和记录媒介的复制	23	103	2125	86	1477	5	46
文教体育用品制造业	24	71	2535	53	3016	6	25
石油加工、炼焦及核燃料加工业	25	8	2222	11	727		
化学原料及化学制品制造业	26	234	7769	218	4708	22	92
医药制造业	27	30	603	29	672	2	6
化学纤维制造业	28	5	270	7	525	1	1
橡胶制品业	29	85	3590	78	2276	4	6
塑料制品业	30	322	9895	279	7840	17	94
非金属矿物制品业	31	578	19735	557	15087	55	286
黑色金属冶炼及压延加工业	32	36	1512	85	1530	4	10
有色金属冶炼及压延加工业	33	31	1483	35	1061	5	10
金属制品业	34	352	11078	319	5437	45	129
通用设备制造业	35	314	8040	295	7742	30	79
专用设备制造业	36	251	6704	223	3915	11	21
交通运输设备制造业	37	218	6528	283	7031	16	79
电气机械及器材制造业	39	280	9967	244	8380	19	52
通信设备、计算机及其他电子设备制造业	40	178	16057	165	8797	13	69
仪器仪表及文化、办公用机械制造业	41	67	2330	46	967	2	50
工艺品及其他制造业	42	333	16706	296	10719	27	89
废弃资源和废旧材料回收加工业	43	24	380	23	323	3	4
电力、燃气及水的生产和供应业	D	**291**	**4683**	**169**	**1851**	**15**	**66**
电力、热力的生产和供应业	44	203	4153	87	1255	10	52
燃气生产和供应业	45	4	35	5	60		
水的生产和供应业	46	84	495	77	536	5	14
建筑业	E	**611**	**53458**	**602**	**19439**	**69**	**698**
房屋和土木工程建筑业	47	251	33156	200	12647	39	487
建筑安装业	48	95	2134	90	1282	3	9
建筑装饰业	49	162	1685	194	1701	11	24
其他建筑业	50	103	16483	118	3809	16	178

2-4 续表 3

单位：个、人

行 业	代码	2007年		2008年		其他(不详)	
		企业法人单位数	从业人数	企业法人单位数	从业人数	企业法人单位数	从业人数
交通运输、仓储和邮政业	F	**696**	**15170**	**514**	**10647**	**27**	**193**
铁路运输业	51	2	633				
道路运输业	52	233	6801	161	2958	14	44
城市公共交通业	53	15	567	23	1320		
水上运输业	54	151	3414	79	2715	1	5
航空运输业	55	1	1	1	32		
管道运输业	56						
装卸搬运和其他运输服务业	57	226	2722	194	2632	6	67
仓储业	58	40	329	31	623	6	77
邮政业	59	28	703	25	367		
信息传输、计算机服务和软件业	G	**744**	**6877**	**595**	**4469**	**4**	**12**
电信和其他信息传输服务业	60	91	1554	83	697	2	10
计算机服务业	61	476	3033	356	2318	2	2
软件业	62	177	2290	156	1454		
批发和零售业	H	**5705**	**52378**	**5960**	**44618**	**87**	**331**
批发业	63	3771	31127	3886	26611	62	196
零售业	65	1934	21251	2074	18007	25	135
住宿和餐饮业	I	**463**	**14819**	**467**	**15831**	**9**	**92**
住宿业	66	182	6535	180	7019	7	87
餐饮业	67	281	8284	287	8812	2	5
金融业	J	**161**	**5842**	**262**	**10111**	**5**	**30**
银行业	68	9	1985	7	1246		
证券业	69	3	11	8	86	1	2
保险业	70	42	2852	61	3998		
其他金融活动	71	107	994	186	4781	4	28
房地产业	K	**773**	**11767**	**415**	**4591**	**105**	**786**
房地产业	72	773	11767	415	4591	105	786
租赁和商务服务业	L	**1625**	**14770**	**1952**	**15344**	**26**	**91**
租赁业	73	164	1057	206	944		
商务服务业	74	1461	13713	1746	14400	26	91
科学研究、技术服务和地质勘查业	M	**368**	**3479**	**441**	**3749**	**6**	**34**
研究与试验发展	75	32	185	46	476	2	21
专业技术服务业	76	243	2537	291	2642	2	2
科技交流和推广服务业	77	85	688	96	529	2	11
地质勘查业	78	8	69	8	102		
水利、环境和公共设施管理业	N	**97**	**904**	**94**	**912**	**8**	**200**
水利管理业	79	4	21	6	17		
环境管理业	80	23	174	30	365	2	2
公共设施管理业	81	70	709	58	530	6	198
居民服务和其他服务业	O	**444**	**7709**	**424**	**4316**	**3**	**7**
居民服务业	82	204	3616	213	2410		
其他服务业	83	240	4093	211	1906	3	7
教育	P	**89**	**1398**	**84**	**1039**	**1**	**1**
教育	84	89	1398	84	1039	1	1
卫生、社会保障和社会福利业	Q	**52**	**788**	**48**	**1279**		
卫生	85	49	772	45	1264		
社会保障业	86						
社会福利业	87	3	16	3	15		
文化、体育和娱乐业	R	**177**	**3886**	**179**	**3460**	**7**	**75**
新闻出版业	88	2	13	2	20	1	1
广播、电视、电影和音像业	89	15	313	14	200	1	4
文化艺术业	90	20	84	27	187		
体育	91	7	42	6	56		
娱乐业	92	133	3434	130	2997	5	70

2-5 按地区、开业时间分组的

地　区	1949年以前		1950-1977年		1978-1991年		1992-1995年	
	企业法人单位数	从业人数	企业法人单位数	从业人数	企业法人单位数	从业人数	企业法人单位数	从业人数
全　省	**67**	**10750**	**3043**	**563876**	**6564**	**691519**	**10094**	**978217**
福州市	**18**	**2695**	**806**	**216487**	**1651**	**206290**	**2386**	**224486**
鼓楼区	5	713	112	86065	358	63506	671	39113
台江区	4	144	100	12122	111	7257	199	12706
仓山区	3	306	64	4949	211	10555	261	25401
马尾区	1	1422	26	5274	80	13425	104	17199
晋安区	1	4	44	41983	152	34170	246	23808
闽侯县	1	5	55	2045	89	12606	150	21363
连江县			59	20196	103	10898	76	5510
罗源县			26	1631	45	1901	37	2713
闽清县	1	94	62	5236	75	1127	65	3682
永泰县	2	7	130	12531	149	2312	56	2286
平潭县			34	10905	42	18493	32	1029
福清市			44	7029	97	15360	281	52325
长乐市			50	6521	139	14680	208	17351
厦门市	**6**	**1358**	**132**	**39099**	**680**	**184553**	**1485**	**223237**
思明区	6	1358	69	27693	330	72199	677	58934
海沧区			8	1774	25	6220	86	18550
湖里区			10	2213	151	46298	302	53281
集美区			15	1356	75	44113	176	62992
同安区			22	5797	75	14139	160	15778
翔安区			8	266	24	1584	84	13702
莆田市	**5**	**2142**	**96**	**12930**	**259**	**52319**	**373**	**52406**
城厢区	1	28	18	4056	52	8324	70	7646
涵江区	1	24	18	1194	82	22113	130	22729
荔城区	1	1307	14	3537	28	14257	66	9994
秀屿区	1	8	20	2405	20	2113	49	6480
仙游县	1	775	26	1738	77	5512	58	5557
三明市	**4**	**833**	**280**	**46349**	**549**	**22753**	**623**	**24900**
梅列区	1	51	22	14561	63	5361	87	2348
三元区			29	8512	60	1469	73	1960
明溪县	1	3	22	585	22	525	14	409
清流县			13	854	24	1463	20	390
宁化县			13	768	33	874	20	1533
大田县			31	3228	59	1732	74	3061
尤溪县			33	506	56	1138	59	1517
沙县	1	507	31	2832	56	1985	85	5752
将乐县	1	272	28	904	26	1259	25	1059
泰宁县			5	136	23	978	21	790
建宁县			13	132	39	1352	12	270
永安市			40	13331	88	4617	133	5811
泉州市	**17**	**2326**	**473**	**151717**	**1408**	**127537**	**2847**	**319074**
鲤城区	1	296	55	22895	122	7092	180	16565
丰泽区	2	1185	20	6170	97	10356	233	20306
洛江区			7	1227	9	1022	43	9806
泉港区	1	25	18	2170	27	1100	53	3446
惠安县	5	94	72	74892	105	9898	302	36911

企业法人单位数及从业人数

单位：个、人

1996-2000年		2001-2004年		2005年		2006年	
企业法人单位数	从业人数	企业法人单位数	从业人数	企业法人单位数	从业人数	企业法人单位数	从业人数
24325	**1622728**	**44432**	**2234215**	**15495**	**573602**	**18111**	**576211**
5058	**324335**	**8910**	**475336**	**3324**	**107060**	**3729**	**112555**
1429	91399	2657	119061	1085	21022	1226	17041
543	15160	1121	35223	470	6970	493	26203
525	38365	895	47632	310	11250	299	8126
248	19281	417	30990	126	6510	149	5727
531	40075	1011	45637	408	9945	469	7727
296	30039	457	30851	137	10731	202	10730
170	7332	260	22908	104	1857	99	3526
71	3145	160	13223	34	1534	46	3519
173	16002	210	13710	79	3264	58	1832
154	7563	247	11730	70	4962	107	2430
111	2700	214	10257	81	8992	105	3217
389	22670	676	53113	255	14500	273	11968
418	30604	585	41001	165	5523	203	10509
4756	**306742**	**9120**	**401478**	**3526**	**119299**	**4266**	**145236**
2439	118705	4503	136162	1666	69878	1962	54824
255	27023	490	31700	183	11641	293	11036
1147	73534	2531	147885	1056	20678	1204	45828
403	39190	732	40682	290	7548	335	11168
372	30292	622	31159	204	5231	293	12746
140	17998	242	13890	127	4323	179	9634
781	**60983**	**1201**	**92648**	**437**	**24223**	**586**	**23507**
180	14960	323	14230	99	5520	144	3822
230	21883	326	31381	117	4584	167	4226
142	14001	231	19209	91	9230	114	7986
83	4935	83	6106	37	915	60	3183
146	5204	238	21722	93	3974	101	4290
1463	**56079**	**3013**	**108574**	**984**	**29776**	**1201**	**33324**
278	13575	579	17906	157	3556	182	2860
209	9697	361	10994	87	2937	129	1770
40	1151	98	3189	32	799	41	1571
29	846	93	2119	39	975	61	2098
64	1284	158	4690	64	1997	84	3148
91	2667	219	8192	99	3982	115	2581
174	3792	383	14478	139	5076	136	3887
177	5150	272	9675	79	1861	103	2802
49	2263	183	4686	72	1102	88	2534
79	2060	139	5066	45	1661	71	2245
56	2558	91	6521	42	1041	53	1756
217	11036	437	21058	129	4789	138	6072
6290	**562457**	**10270**	**666577**	**2902**	**146451**	**3122**	**127367**
542	52200	998	61345	276	14847	308	13220
626	42322	1248	60724	418	13394	435	10515
142	17798	319	22387	99	3034	125	3091
202	8297	380	18077	164	6511	133	3253
706	65971	814	62106	214	23968	253	14837

2-5 续表 1

地 区	1949年以前		1950-1977年		1978-1991年		1992-1995年	
	企业法人单位数	从业人数	企业法人单位数	从业人数	企业法人单位数	从业人数	企业法人单位数	从业人数
安溪县	1	25	72	17424	187	17631	346	16575
永春县	2	521	73	7805	112	5108	115	6206
德化县	1	16	23	3778	46	3328	83	14574
石狮市			15	1080	98	16335	228	45636
晋江市	3	68	44	3896	450	43039	863	112416
南安市	1	96	74	10380	155	12628	401	36633
漳州市	**3**	**499**	**424**	**30143**	**703**	**38431**	**951**	**51863**
芗城区	1	3	84	14580	174	18203	171	16583
龙文区			8	195	16	776	62	5641
云霄县			28	508	50	1692	47	1081
漳浦县			43	6869	61	2807	101	3679
诏安县			28	578	38	1581	39	1952
长泰县			27	632	28	1361	56	3572
东山县			49	1542	85	2453	71	4036
南靖县	2	496	23	657	38	1693	63	1852
平和县			38	1623	28	809	26	414
华安县			8	225	26	951	23	1515
龙海市			88	2734	159	6105	292	11538
南平市	**6**	**137**	**398**	**19593**	**601**	**24363**	**551**	**23593**
延平区	1	14	70	9911	177	12145	213	14400
顺昌县	3	12	70	1650	72	1621	65	1059
浦城县	1	8	44	713	33	579	22	1067
光泽县			16	728	24	290	26	407
松溪县			24	725	21	758	22	510
政和县			17	206	19	307	25	545
邵武市			44	2890	89	1320	45	1002
武夷山市			21	274	47	706	48	1872
建瓯市			40	1410	60	2374	51	2114
建阳市	1	103	52	1086	59	4263	34	617
龙岩市	**4**	**636**	**195**	**22745**	**377**	**19234**	**456**	**40808**
新罗区	1	6	57	15787	113	9206	206	16652
长汀县			23	784	42	1750	31	557
永定县			28	722	58	2979	63	2700
上杭县	1	603	37	507	55	2023	58	16095
武平县	1	15	22	1110	31	1059	33	1022
连城县	1	12	16	1375	40	1043	29	1774
漳平市			12	2460	38	1174	36	2008
宁德市	**4**	**124**	**239**	**24813**	**336**	**16039**	**422**	**17850**
蕉城区	1	58	49	9778	64	5184	79	4564
霞浦县	1	51	28	1367	40	1253	31	1883
古田县	2	15	58	3221	86	1608	72	1365
屏南县			13	232	17	178	5	197
寿宁县			24	484	13	730	6	95
周宁县			11	627	12	290	10	186
柘荣县			7	1047	13	214	14	249
福安市			22	5697	52	3102	46	4173
福鼎市			27	2360	39	3480	159	5138

单位：个、人

1996-2000年		2001-2004年		2005年		2006年	
企业法人单位数	从业人数	企业法人单位数	从业人数	企业法人单位数	从业人数	企业法人单位数	从业人数
660	35503	683	45143	147	9049	153	10831
278	15779	369	21271	143	10493	171	12032
234	20930	293	18687	91	4550	99	3656
496	38301	1007	56028	353	13885	471	15485
1423	192639	2798	226168	671	34214	602	26699
981	72717	1361	74641	326	12506	372	13748
2229	**125251**	**3810**	**169538**	**1545**	**46522**	**1940**	**44016**
607	48432	1106	31233	435	13211	602	6967
181	14303	250	10783	107	3242	149	3478
114	1886	175	6322	86	2501	114	2822
269	9212	484	17385	173	4895	234	3966
76	2177	143	9272	60	1903	67	3722
108	5290	274	10776	102	5392	115	2830
88	3619	138	5816	62	2047	94	2142
158	4779	251	13681	79	2543	92	3319
82	5309	120	4165	50	936	74	3330
64	1336	142	1818	41	840	36	1970
482	28908	727	58287	350	9012	363	9470
1384	**52452**	**3318**	**113756**	**1004**	**29839**	**1215**	**27847**
467	17713	873	31880	301	8464	298	5753
105	2794	183	5738	56	2214	75	1835
78	2410	348	9207	80	1802	77	2652
38	6175	157	3615	47	948	57	1228
58	1513	160	5662	60	1503	72	1235
56	1384	114	3672	37	893	49	1720
121	5402	304	15872	90	2760	136	4157
202	4780	485	11219	124	3955	197	2576
159	6139	388	16691	113	3880	138	2939
100	4142	306	10200	96	3420	116	3752
1184	**69872**	**2549**	**126753**	**937**	**41391**	**952**	**36652**
492	34869	974	61479	316	8622	339	10251
111	4101	253	14560	104	3230	125	8280
109	2443	268	7484	184	14408	144	3779
117	19667	302	18218	64	6422	80	4599
153	3211	271	9244	77	2663	92	4438
105	3464	270	10216	95	2685	70	3363
97	2117	211	5552	97	3361	102	1942
1180	**64557**	**2241**	**79555**	**836**	**29041**	**1100**	**25707**
227	17963	431	17430	215	6473	251	3128
84	9637	149	8426	70	6954	97	2921
213	5290	284	5770	96	1324	114	2081
27	981	111	4433	30	1291	49	1225
49	931	130	3458	52	1213	39	855
28	638	62	1687	18	326	42	1025
57	1768	77	2480	37	1022	22	731
234	16320	619	23122	192	6679	305	8163
261	11029	378	12749	126	3759	181	5578

2-5 续表 2 单位：个、人

地　区	2007年		2008年		其他(不详)	
	企业法人单位数	从业人数	企业法人单位数	从业人数	企业法人单位数	从业人数
全　省	**18740**	**460158**	**17925**	**329386**	**920**	**4524**
福州市	**4124**	**85937**	**4239**	**54613**	**247**	**1399**
鼓楼区	1280	15478	1545	15317	21	161
台江区	637	17403	785	5439		
仓山区	309	6960	410	3633	1	79
马尾区	160	4929	103	2514	5	34
晋安区	562	7424	578	7535	43	202
闽侯县	227	13517	158	6001	16	261
连江县	169	2841	125	2311	18	63
罗源县	40	871	36	2659	3	25
闽清县	50	1196	46	920	1	1
永泰县	120	3238	96	1782	7	24
平潭县	152	2873	71	1047		
福清市	248	5830	171	3091	55	260
长乐市	170	3377	115	2364	77	289
厦门市	**4528**	**98119**	**4166**	**61467**	**5**	**99**
思明区	2186	29406	2135	21372	3	70
海沧区	331	6508	310	3613	1	1
湖里区	1104	28077	873	7938		
集美区	463	17361	382	10764	1	28
同安区	293	5747	316	13801		
翔安区	151	11020	150	3979		
莆田市	**674**	**24872**	**730**	**18217**	**49**	**345**
城厢区	178	4437	238	4193	2	22
涵江区	159	7301	156	3864	5	19
荔城区	148	6741	139	5073	31	222
秀屿区	79	3534	92	2365	1	16
仙游县	110	2859	105	2722	10	66
三明市	**1127**	**26796**	**1151**	**27678**	**30**	**322**
梅列区	180	3176	211	5282	7	93
三元区	116	1192	108	1347	4	25
明溪县	35	873	60	1588		
清流县	59	1671	59	2072		
宁化县	88	2251	75	2149		
大田县	112	2726	95	2393		
尤溪县	95	2380	108	2832	2	25
沙县	114	2730	125	2032	3	8
将乐县	83	1898	64	1263	3	38
泰宁县	59	2562	46	1930		
建宁县	53	1522	52	1568	1	38
永安市	133	3815	148	3222	10	95
泉州市	**3097**	**103639**	**2370**	**65519**	**207**	**1009**
鲤城区	293	8824	308	7206	14	62
丰泽区	493	9837	425	7390	6	28
洛江区	145	4266	92	3577	24	68
泉港区	135	6033	70	995	7	67
惠安县	217	13094	203	9713	10	164

2-5 续表 3

单位：个、人

地 区	2007年		2008年		其他(不详)	
	企业法人单位数	从业人数	企业法人单位数	从业人数	企业法人单位数	从业人数
安溪县	163	5339	98	2655		
永春县	166	6842	158	5580	4	82
德化县	117	3114	82	1863		
石狮市	365	10968	204	5807	4	27
晋江市	635	24454	455	13044	19	61
南安市	368	10868	275	7689	119	450
漳州市	**1902**	**41781**	**1728**	**32035**	**274**	**642**
芗城区	518	7319	390	4361	7	25
龙文区	181	2749	161	3137	16	109
云霄县	120	2479	120	2833	74	181
漳浦县	185	5259	159	2609	124	170
诏安县	102	4337	79	3023		
长泰县	134	4320	163	2791	11	41
东山县	83	1544	80	915	15	52
南靖县	93	2066	85	2403	5	21
平和县	99	3217	138	4176	5	21
华安县	44	992	29	490	14	16
龙海市	343	7499	324	5297	3	6
南平市	**1217**	**24877**	**1299**	**17965**	**46**	**264**
延平区	255	5063	424	5378	4	26
顺昌县	56	1106	48	1022	1	15
浦城县	64	2062	53	942		
光泽县	69	1450	40	487	1	6
松溪县	55	1188	72	912	4	29
政和县	33	724	24	392	1	
邵武市	170	3214	111	1810	8	64
武夷山市	218	2658	238	3197	7	59
建瓯市	162	4078	155	1813	19	59
建阳市	135	3334	134	2012	1	6
龙岩市	**1030**	**33780**	**967**	**25305**	**18**	**168**
新罗区	350	6468	418	6830	2	4
长汀县	154	10220	140	7651	1	73
永定县	127	2501	106	1376	8	42
上杭县	84	3138	67	1492	4	31
武平县	95	3478	106	4051		
连城县	75	3653	48	1709	2	8
漳平市	145	4322	82	2196	1	10
宁德市	**1041**	**20357**	**1275**	**26587**	**44**	**276**
蕉城区	239	3758	266	2921	3	109
霞浦县	101	2669	201	4216	3	4
古田县	140	1364	141	1414	14	57
屏南县	49	1335	30	337		
寿宁县	28	353	81	5138	11	51
周宁县	24	372	19	225	2	19
柘荣县	23	450	21	609	6	6
福安市	282	6436	309	8335		
福鼎市	155	3620	207	3392	5	30

2-6 按登记注册类型、开业时间

登记注册类型	代码	1949年以前		1950-1977年	
		企业法人单位数	从业人数	企业法人单位数	从业人数
总　计		**67**	**10750**	**3043**	**563876**
内资企业	**100**	**64**	**10662**	**3035**	**561858**
国有企业	110	26	4566	962	197996
集体企业	120	10	136	1459	52289
股份合作企业	130			38	15827
联营企业	140	1	1025	19	1730
国有联营企业	141			1	607
集体联营企业	142			10	909
国有与集体联营企业	143	1	1025	5	184
其他联营企业	149			3	30
有限责任公司	150	4	1815	114	178583
国有独资公司	151			19	28411
其他有限责任公司	159	4	1815	95	150172
股份有限公司	160	4	2764	49	39650
私营企业	170	16	325	273	75095
私营独资企业	171	5	73	115	1274
私营合伙企业	172	4	90	71	2441
私营有限责任公司	173	4	77	73	48704
私营股份有限公司	174	3	85	14	22676
其他企业	190	3	31	121	688
港、澳、台商投资企业	**200**	**3**	**88**	**8**	**2018**
合资经营企业(港或澳、台资)	210			5	1983
合作经营企业(港或澳、台资)	220			1	7
港、澳、台商独资经营企业	230	2	66	1	5
港、澳、台商投资股份有限公司	240	1	22	1	23
外商投资企业	**300**				
中外合资经营企业	310				
中外合作经营企业	320				
外资企业	330				
外商投资股份有限公司	340				

分组的企业法人单位数及从业人数

单位：个、人

1978-1991年		1992-1995年		1996-2000年		2001-2004年	
企业法人单位数	从业人数	企业法人单位数	从业人数	企业法人单位数	从业人数	企业法人单位数	从业人数
6564	**691519**	**10094**	**978217**	**24325**	**1622728**	**44432**	**2234215**
5910	**453437**	**7940**	**514397**	**22115**	**1157783**	**40928**	**1588964**
1173	113032	717	32790	1006	87098	778	46857
1779	56364	1283	37665	1190	31059	823	18194
139	8007	289	23100	437	26467	484	20390
82	11141	86	9906	148	6373	124	13861
20	2989	18	1991	51	3610	31	1390
37	543	31	331	51	945	49	805
6	252	12	492	14	734	11	1176
19	7357	25	7092	32	1084	33	10490
265	73406	690	115892	2790	239336	5056	329832
25	1827	31	3821	110	7201	87	11322
240	71579	659	112071	2680	232135	4969	318510
102	68595	159	36832	507	76198	947	87152
2143	120159	4530	254299	15524	681645	31810	1058366
965	17947	1657	38100	4354	85626	8642	158786
477	11501	672	16682	1706	35512	3574	70709
635	87347	2049	180120	8916	528236	18523	789031
66	3364	152	19397	548	32271	1071	39840
227	2733	186	3913	513	9607	906	14312
452	**135636**	**1470**	**296768**	**1391**	**276740**	**2057**	**382651**
89	31663	369	94599	308	72819	311	75420
21	5675	40	6365	32	1811	12	861
337	96772	1042	194299	1028	197936	1689	300711
5	1526	19	1505	23	4174	45	5659
202	**102446**	**684**	**167052**	**819**	**188205**	**1447**	**262600**
59	30210	204	44542	253	45338	364	64403
13	1862	30	3685	26	3987	16	674
124	69369	440	113937	520	134595	1027	193450
6	1005	10	4888	20	4285	40	4073

2-6 续表

登记注册类型	代码	2005年	
		企业法人单位数	从业人数
总　　计		**15495**	**573602**
内资企业	**100**	**14598**	**459236**
国有企业	110	187	11756
集体企业	120	185	5898
股份合作企业	130	144	4116
联营企业	140	38	2139
国有联营企业	141	15	700
集体联营企业	142	8	1156
国有与集体联营企业	143	4	168
其他联营企业	149	11	115
有限责任公司	150	1803	113309
国有独资公司	151	24	1019
其他有限责任公司	159	1779	112290
股份有限公司	160	273	17226
私营企业	170	11603	299097
私营独资企业	171	3021	46188
私营合伙企业	172	1290	20271
私营有限责任公司	173	6875	204542
私营股份有限公司	174	417	28096
其他企业	190	365	5695
港、澳、台商投资企业	**200**	**519**	**65305**
合资经营企业(港或澳、台资)	210	87	10984
合作经营企业(港或澳、台资)	220	2	28
港、澳、台商独资经营企业	230	415	53489
港、澳、台商投资股份有限公司	240	15	804
外商投资企业	**300**	**378**	**49061**
中外合资经营企业	310	77	9344
中外合作经营企业	320	7	301
外资企业	330	273	37614
外商投资股份有限公司	340	21	1802

单位：个、人

2006年		2007年		2008年		其他(不详)	
企业法人单位数	从业人数	企业法人单位数	从业人数	企业法人单位数	从业人数	企业法人单位数	从业人数
18111	**576211**	**18740**	**460158**	**17925**	**329386**	**920**	**4524**
17031	**460433**	**17778**	**369333**	**17198**	**279442**	**804**	**4140**
174	10285	187	10782	154	7143	3	28
192	4694	209	2463	149	1260	9	54
187	18533	187	5423	215	3824	6	173
46	1365	37	639	20	211	1	2
13	482	8	181	5	71		
14	576	14	346	8	67		
4	162	4	35				
15	145	11	77	7	73	1	2
2084	110774	2308	53850	2164	47414	131	631
26	3380	24	528	41	1058	2	63
2058	107394	2284	53322	2123	46356	129	568
333	11020	352	10565	404	8287	25	163
13577	297382	13991	279597	13559	203489	581	2998
3605	67509	3683	52740	3410	45512	137	659
1498	26919	1604	27420	1567	24178	70	315
7950	190664	8164	178849	8017	126849	327	1754
524	12290	540	20588	565	6950	47	270
438	6380	507	6014	533	7814	48	91
610	**74094**	**568**	**54293**	**440**	**34335**	**86**	**261**
102	12418	84	6552	66	5291	21	52
9	144	4	95	8	253	2	2
481	61163	462	47242	347	28062	25	165
18	369	18	404	19	729	38	42
470	**41684**	**394**	**36532**	**287**	**15609**	**30**	**123**
122	10023	92	14774	60	4069	10	77
2	37	3	14	7	32		
328	29939	274	21470	197	10247	20	46
18	1685	25	274	23	1261		

2-7 按地区、登记注册类型分组的

地区	企业法人		内资		国有	
	单位数	从业人数	单位数	从业人数	单位数	从业人数
全省	**159716**	**8045186**	**147401**	**5859685**	**5367**	**522333**
福州市	**34492**	**1811193**	**32037**	**1379724**	**1354**	**211045**
鼓楼区	10389	468876	9864	420274	628	126555
台江区	4463	138627	4325	126441	141	14992
仓山区	3288	157256	2951	95123	62	4260
马尾区	1419	107305	1158	50756	48	4679
晋安区	4045	218510	3784	169760	174	44016
闽侯县	1788	138149	1509	76235	43	4275
连江县	1183	77442	1101	54999	39	1439
罗源县	498	31221	460	24929	23	1028
闽清县	820	47064	782	42196	36	1428
永泰县	1138	48865	1122	47599	46	1367
平潭县	842	59513	830	58796	37	2168
福清市	2489	186146	2130	96810	29	1533
长乐市	2130	132219	2021	115806	48	3305
厦门市	**32670**	**1580687**	**29493**	**1072112**	**780**	**78314**
思明区	15976	590601	15087	527503	502	52025
海沧区	1982	118066	1635	51110	58	7296
湖里区	8378	425732	7497	279983	126	10070
集美区	2872	235202	2378	107441	35	3000
同安区	2357	134690	1937	69165	38	4139
翔安区	1105	76396	959	36910	21	1784
莆田市	**5191**	**364592**	**4690**	**234525**	**189**	**17127**
城厢区	1305	67238	1242	60475	64	7129
涵江区	1391	119318	1156	48054	36	1017
荔城区	1005	91557	935	65864	23	4456
秀屿区	525	32060	482	22198	36	3368
仙游县	965	54419	875	37934	30	1157
三明市	**10425**	**377384**	**10170**	**356169**	**419**	**32225**
梅列区	1767	68769	1745	66024	94	7784
三元区	1176	39903	1150	38230	48	8149
明溪县	365	10693	354	10219	30	1032
清流县	397	12488	376	10665	21	631
宁化县	599	18694	580	17579	18	840
大田县	895	30562	860	27009	32	1581
尤溪县	1185	35631	1156	32442	24	820
沙县	1046	35334	1022	33145	27	682
将乐县	622	17278	599	16042	25	857
泰宁县	488	17428	482	16515	16	1014
建宁县	412	16758	406	16495	33	670
永安市	1473	73846	1440	71804	51	8165
泉州市	**33003**	**2273673**	**29388**	**1441926**	**613**	**60522**
鲤城区	3097	204552	2711	106883	98	25938
丰泽区	4003	182227	3557	109008	89	12789
洛江区	1005	66276	844	30202	21	508
泉港区	1190	49974	1109	34902	44	4069
惠安县	2901	311648	2560	233091	61	3600

企业法人单位数及从业人数

单位：个、人

集体		股份合作		联营企业			
						国有联营	
单位数	从业人数	单位数	从业人数	单位数	从业人数	单位数	从业人数
7288	**210076**	**2126**	**125860**	**602**	**48392**	**162**	**12021**
1974	**62958**	**272**	**22691**	**144**	**8046**	**43**	**4875**
361	17296	62	1644	31	3730	12	2805
279	8480	33	723	13	156	5	112
407	9709	21	728	12	218	1	6
78	2687	7	113	8	157	5	68
178	6021	19	1155	12	334	4	107
124	3094	22	974	7	163	2	50
99	2215	8	1088	10	151	2	42
46	2149	13	408				
114	4755	15	465	4	821	1	766
83	1203	16	10208	6	88	2	12
45	1125	4	201	5	78	2	30
71	2200	31	3573	10	988	4	820
89	2024	21	1411	26	1162	3	57
454	**29592**	**115**	**3541**	**137**	**27695**	**49**	**3164**
259	20549	57	1618	83	9191	27	1770
16	642	5	45	5	679	4	555
41	2954	27	1379	26	17285	10	607
34	993	7	166	10	263	4	186
64	3797			7	223	2	23
40	657	19	333	6	54	2	23
275	**7893**	**133**	**6447**	**33**	**1344**	**2**	**22**
46	958	45	2090	9	105	1	6
72	1892	41	1775	8	739		
31	967	28	1654	2	57		
41	1382	3	315	1	6		
85	2694	16	613	13	437	1	16
794	**21305**	**130**	**4259**	**47**	**1716**	**13**	**1154**
116	3175	17	1315	11	411	4	281
106	2121	11	252	6	67	1	19
27	370	5	220				
30	632	11	232				
28	434	12	317				
99	3416	12	406	14	700	3	635
65	930	9	77	4	213	2	155
95	2500	11	292	1	93		
42	1806	5	46				
14	303	7	367	1	23		
21	133	2	123				
151	5485	28	612	10	209	3	64
1031	**34245**	**747**	**59679**	**83**	**4365**	**18**	**1104**
73	1462	62	3336	8	168	3	45
53	1408	81	3513	11	1442	2	59
12	181	18	370	1	8		
35	1105	17	2208	5	240	1	19
74	2780	247	21161	7	291	1	32

2-7 续表 1-1

地区	企业法人		内资		国有	
	单位数	从业人数	单位数	从业人数	单位数	从业人数
安溪县	2510	160175	2393	127491	105	4795
永春县	1591	91719	1451	71408	63	2590
德化县	1069	74496	1021	63697	23	941
石狮市	3241	203552	2810	115798	41	1090
晋江市	7963	676698	6774	342704	33	2439
南安市	4433	252356	4158	206742	35	1763
漳州市	**15509**	**580721**	**13925**	**406904**	**776**	**35433**
芗城区	4095	160917	3880	138533	217	12713
龙文区	1131	44413	1000	30541	39	2025
云霄县	928	22305	861	17061	48	839
漳浦县	1833	56851	1509	32085	82	7654
诏安县	632	28545	543	17845	40	754
长泰县	1018	37005	850	19988	40	853
东山县	765	24166	696	17941	80	2988
南靖县	889	33510	789	17022	32	1561
平和县	660	24000	603	19598	30	1574
华安县	427	10153	412	8497	29	1025
龙海市	3131	138856	2782	87793	139	3447
南平市	**11039**	**334686**	**10724**	**306399**	**580**	**27709**
延平区	3083	110747	3016	101117	135	15383
顺昌县	734	19066	707	16068	66	518
浦城县	800	21442	787	19552	39	964
光泽县	475	15334	451	14568	35	817
松溪县	548	14035	541	13283	30	763
政和县	375	9843	367	9257	16	483
邵武市	1118	38491	1080	34279	76	4047
武夷山市	1587	31296	1530	28245	72	1927
建瓯市	1285	41497	1254	40045	41	1531
建阳市	1034	32935	991	29985	70	1276
龙岩市	**8669**	**417344**	**8386**	**371694**	**288**	**23048**
新罗区	3268	170174	3186	156456	132	11736
长汀县	984	51206	903	30874	22	1112
永定县	1095	38434	1059	35503	26	3512
上杭县	869	72795	847	70989	33	1873
武平县	881	30291	873	29199	28	919
连城县	751	29302	737	26513	24	1675
漳平市	821	25142	781	22160	23	2221
宁德市	**8718**	**304906**	**8588**	**290232**	**368**	**36910**
蕉城区	1825	71366	1779	67740	125	17288
霞浦县	805	39381	790	38248	38	3958
古田县	1220	23509	1204	22111	43	2131
屏南县	331	10209	317	8824	27	1441
寿宁县	433	13308	431	12827	25	1586
周宁县	228	5395	224	5095	19	661
柘荣县	277	8576	276	8526	17	410
福安市	2061	82027	2043	77454	35	7336
福鼎市	1538	51135	1524	49407	39	2099

单位：个、人

集体		股份合作		联营企业			
						国有联营	
单位数	从业人数	单位数	从业人数	单位数	从业人数	单位数	从业人数
320	7419	110	14420	9	94	1	3
215	5404	14	241	7	175	2	93
56	854	25	1155	7	460	1	150
45	7450	12	1301	11	515	5	413
68	2999	117	10112	10	345		
80	3183	44	1862	7	627	2	290
913	**15990**	**288**	**8754**	**46**	**527**	**11**	**150**
175	3763	118	2821	14	237	4	77
27	483	26	969	1	17		
51	854	11	312	4	46		
55	719	56	1541	3	18		
62	1762	4	708	4	43	1	4
54	797	10	326	1	2		
92	1480	8	191	2	24	2	24
61	1170	22	829	1	4	1	4
55	672	12	395	4	19	1	3
33	613	4	48	2	24		
248	3677	17	614	10	93	2	38
792	**13013**	**196**	**5678**	**34**	**1616**	**13**	**1207**
200	4042	44	1323	11	691	5	658
134	1331	15	658	4	524	3	522
41	556	8	319	2	11	1	5
40	485	9	150	1	1	1	1
20	260	18	450	1	32		
19	362	11	186	3	62		
115	2054	8	301	3	39		
54	489	23	186	5	52	2	17
79	2160	45	974	2	87	1	4
90	1274	15	1131	2	117		
552	**16623**	**115**	**5622**	**47**	**1284**	**8**	**169**
195	9226	37	2425	18	672	3	85
57	1626	20	999	3	35		
76	1573	6	274	8	118	1	1
57	441	13	480	8	157	2	27
58	1803	20	463				
46	710	8	332	3	164		
63	1244	11	649	7	138	2	56
503	**8457**	**130**	**9189**	**31**	**1799**	**5**	**176**
64	1073	25	1094	9	1177	3	28
47	1706	15	3026	6	220		
232	2247	9	944	1	57	1	57
15	143	9	183				
20	435	11	271				
22	736	6	188	2	94		
5	123	5	1111	1	17		
37	604	22	746	4	26		
61	1390	28	1626	8	208	1	91

2-7 续表 2-1

地 区	集体联营		国有与集体联营		其他联营		有限责任公司	
	单位数	从业人数	单位数	从业人数	单位数	从业人数	单位数	从业人数
全 省	**222**	**5678**	**61**	**4228**	**157**	**26465**	**17409**	**1264842**
福州市	**50**	**815**	**16**	**539**	**35**	**1817**	**3394**	**281883**
鼓楼区	6	43	5	224	8	658	1147	70573
台江区	4	18	1	17	3	9	314	28173
仓山区	7	83	4	129			176	7238
马尾区	2	31	1	58			209	13240
晋安区	4	151			4	76	320	23674
闽侯县	2	90	1	2	2	21	91	4519
连江县	5	96	2	8	1	5	507	34992
罗源县							28	1308
闽清县	3	55					96	13228
永泰县	3	68			1	8	55	5751
平潭县	2	38			1	10	41	9094
福清市	5	68	1	100			280	37968
长乐市	7	74	1	1	15	1030	130	32125
厦门市	**33**	**604**	**12**	**1460**	**43**	**22467**	**5905**	**326948**
思明区	23	245	7	1030	26	6146	3025	169832
海沧区			1	124			228	12197
湖里区	5	329	3	163	8	16186	1939	90163
集美区					6	77	218	27211
同安区	2	19	1	143	2	38	310	14674
翔安区	3	11			1	20	185	12871
莆田市	**20**	**708**	**3**	**67**	**8**	**547**	**1210**	**100294**
城厢区	5	74	1	6	2	19	350	19227
涵江区	5	554			3	185	281	23066
荔城区			1	55	1	2	282	33774
秀屿区			1	6			91	6488
仙游县	10	80			2	341	206	17739
三明市	**13**	**252**	**2**	**152**	**19**	**158**	**888**	**63663**
梅列区	2	103			5	27	213	21036
三元区	3	41			2	7	198	8525
明溪县							36	1569
清流县							35	2027
宁化县							12	495
大田县	3	9			8	56	50	2692
尤溪县	1	38			1	20	55	2442
沙县			1	93			79	6644
将乐县							17	875
泰宁县					1	23	41	1645
建宁县							19	1428
永安市	4	61	1	59	2	25	133	14285
泉州市	**33**	**939**	**13**	**1693**	**19**	**629**	**2190**	**234941**
鲤城区	3	31			2	92	295	19581
丰泽区	3	62	2	1030	4	291	552	17885
洛江区					1	8	80	3757
泉港区	4	221					145	9893
惠安县	1	27	4	60	1	172	178	79955

单位：个、人

国有独资公司		其他有限责任公司		股份有限公司		私营企业	
单位数	从业人数	单位数	从业人数	单位数	从业人数	单位数	从业人数
389	**58630**	**17020**	**1206212**	**3155**	**358452**	**107607**	**3272452**
93	**18315**	**3301**	**263568**	**753**	**106608**	**23047**	**676317**
49	2071	1098	68502	298	46498	7072	151931
8	9329	306	18844	85	10286	3354	62677
3	20	173	7218	41	4364	2147	67858
7	316	202	12924	38	6119	720	23404
8	4200	312	19474	75	6599	2910	86830
2	13	89	4506	28	4871	1108	57083
6	1013	501	33979	4	3710	386	10771
1	116	27	1192	19	1950	319	17885
2	20	94	13208	27	623	464	20605
2	34	53	5717	27	2714	669	25450
3	79	38	9015	13	11438	663	34560
1	16	279	37952	47	2738	1626	46824
1	1088	129	31037	51	4698	1609	70439
54	**8147**	**5851**	**318801**	**422**	**58616**	**21315**	**542336**
37	3058	2988	166774	252	38458	10768	233679
2	1214	226	10983	26	4064	1281	25950
6	878	1933	89285	84	9353	5157	147417
7	646	211	26565	27	3628	2011	71788
2	2351	308	12323	6	2099	1492	44096
		185	12871	27	1014	606	19406
26	**931**	**1184**	**99363**	**178**	**11090**	**2474**	**85986**
8	169	342	19058	68	5254	606	24640
		281	23066	29	845	640	17855
7	572	275	33202	17	1905	509	22606
5	154	86	6334	14	1388	280	8833
6	36	200	17703	50	1698	439	12052
41	**19830**	**847**	**43833**	**205**	**18753**	**7451**	**209122**
8	11870	205	9166	38	4710	1233	25677
1	2973	197	5552	35	1912	732	17086
3	33	33	1536	10	482	231	6426
1	9	34	2018	4	37	275	7106
1	35	11	460	5	402	493	14911
4	1743	46	949	19	450	619	17589
2	62	53	2380	17	308	917	26168
5	189	74	6455	19	3400	776	19417
1	84	16	791	11	294	476	11989
3	51	38	1594	9	357	383	12579
2	250	17	1178	6	271	316	13791
10	2531	123	11754	32	6130	1000	36383
40	**3823**	**2150**	**231118**	**584**	**58376**	**23162**	**967394**
5	449	290	19132	85	4950	2055	50808
6	292	546	17593	140	10172	2476	59395
3	26	77	3731	22	816	676	24412
9	349	136	9544	36	1656	799	15089
2	42	176	79913	61	17336	1683	100669

2-7 续表 2-2

地区	集体联营		国有与集体联营		其他联营		有限责任公司	
	单位数	从业人数	单位数	从业人数	单位数	从业人数	单位数	从业人数
安溪县	5	64			3	27	93	34223
永春县	4	77			1	5	40	5546
德化县	2	46	3	259	1	5	60	5690
石狮市	1	3	2	88	3	11	250	21592
晋江市	6	76	2	256	2	13	195	19861
南安市	4	332			1	5	302	16958
漳州市	**24**	**249**	**5**	**79**	**6**	**49**	**1164**	**91254**
芗城区	6	65	2	52	2	43	326	48638
龙文区	1	17					75	4871
云霄县	2	20	2	26			148	4059
漳浦县	3	18					167	5882
诏安县	2	38			1	1	86	4642
长泰县					1	2	56	2320
东山县							63	2235
南靖县							29	652
平和县	3	16					53	2573
华安县	2	24					51	2204
龙海市	5	51	1	1	2	3	110	13178
南平市	**12**	**162**	**2**	**11**	**7**	**236**	**875**	**46991**
延平区	4	14	1	7	1	12	358	15040
顺昌县	1	2					34	1261
浦城县	1	6					31	2536
光泽县							23	6158
松溪县	1	32					8	686
政和县	2	54			1	8	20	1021
邵武市	2	35	1	4			111	4559
武夷山市	1	19			2	16	155	7987
建瓯市					1	83	83	5449
建阳市					2	117	52	2294
龙岩市	**20**	**549**	**4**	**86**	**15**	**480**	**770**	**51212**
新罗区	7	252	3	54	5	281	380	12966
长汀县	2	32			1	3	79	6581
永定县	5	76			2	41	118	16346
上杭县	2	27			4	103	44	4482
武平县							57	4843
连城县	2	132	1	32			18	666
漳平市	2	30			3	52	74	5328
宁德市	**17**	**1400**	**4**	**141**	**5**	**82**	**1013**	**67656**
蕉城区	2	1047	1	31	3	71	390	22877
霞浦县	6	220					51	9586
古田县							69	3395
屏南县							20	1027
寿宁县							49	4042
周宁县	1	86			1	8	26	1074
柘荣县			1	17			39	1661
福安市	4	26					59	4196
福鼎市	4	21	2	93	1	3	310	19798

单位：个、人

国有独资公司		其他有限责任公司		股份有限公司		私营企业	
单位数	从业人数	单位数	从业人数	单位数	从业人数	单位数	从业人数
4	130	89	34093	43	4925	1590	58474
2	2370	38	3176	21	1492	1055	55079
1	15	59	5675	30	4784	813	49580
3	21	247	21571	33	2375	2316	79372
2	36	193	19825	77	8091	6142	296139
3	93	299	16865	36	1779	3557	178377
40	**1773**	**1124**	**89481**	**361**	**26543**	**10021**	**225715**
5	544	321	48094	132	13823	2822	55856
3	812	72	4059	34	635	777	21370
1	21	147	4038	32	1301	524	9390
4	73	163	5809	29	339	1009	15014
5	45	81	4597	15	1502	327	8370
2	14	54	2306	23	1003	655	14595
4	24	59	2211	22	1057	421	9931
4	37	25	615	7	52	632	12716
		53	2573	32	4620	401	9593
4	18	47	2186	17	2044	256	2445
8	185	102	12993	18	167	2197	66435
39	**1661**	**836**	**45330**	**346**	**27009**	**7619**	**181718**
14	366	344	14674	122	18454	2102	45478
6	341	28	920	18	1230	417	10423
2	242	29	2294	11	591	648	14527
2	71	21	6087	3	21	334	6906
1	1	7	685	8	112	443	10777
		20	1021	7	209	278	6828
3	178	108	4381	38	1749	719	21156
7	101	148	7886	87	2656	1026	14436
1	49	82	5400	33	1800	924	27525
3	312	49	1982	19	187	728	23662
32	**3648**	**738**	**47564**	**162**	**40339**	**6258**	**230933**
19	883	361	12083	82	35124	2273	83627
2	16	77	6565	20	1212	642	18215
3	426	115	15920	13	90	790	13423
2	54	42	4428	12	2110	659	61252
3	869	54	3974	12	275	693	20637
1	25	17	641	14	1233	620	21648
2	1375	72	3953	9	295	581	12131
24	**502**	**989**	**67154**	**144**	**11118**	**6260**	**152931**
11	242	379	22635	42	5734	1086	18206
1	6	50	9580	13	770	616	18907
1	7	68	3388	8	531	790	12493
		20	1027	7	140	231	5849
4	23	45	4019	12	223	304	5146
1	9	25	1065	8	122	139	2199
2	22	37	1639	5	201	203	4998
1	16	58	4180	39	3199	1833	61202
3	177	307	19621	10	198	1058	23931

2-7 续表 3-1

地区	私营独资		私营合伙		私营有限责任公司	
	单位数	从业人数	单位数	从业人数	单位数	从业人数
全省	**29594**	**514414**	**12533**	**236038**	**61533**	**2336173**
福州市	**5640**	**84534**	**2766**	**48088**	**13882**	**493438**
鼓楼区	1017	9584	358	4183	5464	130452
台江区	598	14142	199	1868	2462	45588
仓山区	531	8594	155	2191	1398	53959
马尾区	157	2276	53	932	487	18877
晋安区	637	9144	224	2613	1941	66871
闽侯县	450	9492	108	2209	513	41797
连江县	201	3072	155	3348	22	3882
罗源县	48	1589	92	1804	170	13980
闽清县	140	2141	175	2793	130	15407
永泰县	405	4930	127	2784	119	16595
平潭县	114	1269	497	7615	36	8214
福清市	788	9430	326	8018	448	26116
长乐市	554	8871	297	7730	692	51700
厦门市	**1997**	**43195**	**1010**	**12820**	**17669**	**462711**
思明区	1007	20250	570	6403	8804	197134
海沧区	100	1363	57	651	1079	23340
湖里区	388	7617	202	2455	4441	127164
集美区	132	6939	50	1056	1807	63449
同安区	228	3932	72	1295	1184	38270
翔安区	142	3094	59	960	354	13354
莆田市	**1042**	**21105**	**524**	**13664**	**816**	**49505**
城厢区	162	2176	80	1331	336	20666
涵江区	331	6580	161	4817	130	6284
荔城区	250	6943	99	2140	147	13169
秀屿区	84	1285	83	2231	103	4969
仙游县	215	4121	101	3145	100	4417
三明市	**1869**	**27591**	**1701**	**28023**	**3517**	**145895**
梅列区	171	2146	85	867	905	22118
三元区	204	1793	81	942	396	13803
明溪县	88	1589	53	1150	79	3583
清流县	101	1125	61	1058	103	4707
宁化县	209	3493	143	3024	111	7355
大田县	120	1511	207	2803	263	12644
尤溪县	242	3148	317	5699	336	16771
沙县	184	2641	207	3206	361	13120
将乐县	154	2823	181	2502	109	5539
泰宁县	113	2613	118	1909	146	7930
建宁县	131	2163	91	2271	82	9124
永安市	152	2546	157	2592	626	29201
泉州市	**8954**	**209327**	**1818**	**57285**	**11674**	**644276**
鲤城区	928	10954	89	1651	981	37283
丰泽区	808	12630	123	1740	1453	42018
洛江区	149	2437	15	650	500	19903
泉港区	503	7447	73	1794	203	5169
惠安县	910	25572	131	4779	590	55264

单位：个、人

私营股份有限公司		其他		港澳台商投资		港澳台商合资经营	
单位数	从业人数	单位数	从业人数	单位数	从业人数	单位数	从业人数
3947	**185827**	**3847**	**57278**	**7604**	**1322189**	**1442**	**311781**
759	**50257**	**1099**	**10176**	**1353**	**210035**	**355**	**74620**
233	7712	265	2047	294	20137	96	13370
95	1079	106	954	82	9977	19	6438
63	3114	85	748	207	37855	43	13533
23	1319	50	357	128	17501	38	4833
108	8202	96	1131	169	15619	40	3290
37	3585	86	1256	131	30723	22	12894
8	469	48	633	44	4593	11	1027
9	512	12	201	22	2939	7	623
19	264	26	271	9	1138	5	595
18	1141	220	818	7	331	2	141
16	17462	22	132	3	269		
64	3260	36	986	195	58531	53	12169
66	2138	47	642	62	10422	19	5707
639	**23610**	**365**	**5070**	**1783**	**260686**	**307**	**64482**
387	9892	141	2151	491	30125	97	7799
45	596	16	237	151	31627	33	9321
126	10181	97	1362	472	73744	90	25664
22	344	36	392	291	58027	38	6352
8	599	20	137	291	42033	33	5888
51	1998	55	791	87	25130	16	9458
92	**1712**	**198**	**4344**	**320**	**78360**	**58**	**19534**
28	467	54	1072	41	4421	8	349
18	174	49	865	171	52301	23	13897
13	354	43	445	46	10276	12	2167
10	348	16	418	17	3177	6	1978
23	369	36	1544	45	8185	9	1143
364	**7613**	**236**	**5126**	**170**	**14751**	**63**	**5413**
72	546	23	1916	10	685	4	97
51	548	14	118	17	1261	7	907
11	104	15	120	5	267	1	35
10	216			17	1528	5	303
30	1039	12	180	16	1047	4	205
29	631	15	175	25	3143	9	488
22	550	65	1484	24	2784	11	1790
24	450	14	117	8	923	4	572
32	1125	23	175	18	1005	6	133
6	127	11	227	3	443	1	210
12	233	9	79	5	247	1	23
65	2044	35	535	22	1418	10	650
716	**56506**	**978**	**22404**	**2434**	**585227**	**327**	**86854**
57	920	35	640	273	66711	24	4020
92	3007	155	2404	315	54324	24	2555
12	1422	14	150	118	27961	13	3109
20	679	28	642	48	6978	7	468
52	15054	249	7299	205	48483	41	10917

2-7 续表 3-2

地区	私营独资		私营合伙		私营有限责任公司	
	单位数	从业人数	单位数	从业人数	单位数	从业人数
安溪县	1034	30771	275	6173	244	17864
永春县	524	18200	209	7261	289	28388
德化县	224	5026	152	2887	406	39345
石狮市	745	15862	126	3476	1349	57211
晋江市	1805	43704	462	18628	3702	222932
南安市	1324	36724	163	8246	1957	118899
漳州市	**2876**	**29271**	**837**	**11191**	**6016**	**177627**
芗城区	356	3117	89	743	2280	50433
龙文区	166	2728	31	641	557	17374
云霄县	297	2488	21	333	199	6164
漳浦县	538	5771	162	2344	251	6241
诏安县	72	1164	111	1450	134	5648
长泰县	355	3690	54	1367	227	8034
东山县	115	1291	18	112	281	8469
南靖县	242	2010	141	1629	241	9003
平和县	185	3463	42	916	154	4736
华安县	102	661	81	553	60	1150
龙海市	448	2888	87	1103	1632	60375
南平市	**3060**	**39697**	**1023**	**16049**	**3201**	**120259**
延平区	614	6957	278	3388	1105	33506
顺昌县	152	1650	77	1311	169	7292
浦城县	486	6402	38	809	118	7199
光泽县	121	1801	56	957	151	3974
松溪县	270	4302	88	1330	76	4862
政和县	110	1820	102	1746	57	2824
邵武市	197	2302	57	1065	434	17333
武夷山市	505	3808	70	691	402	9479
建瓯市	319	5690	180	3382	363	17147
建阳市	286	4965	77	1370	326	16643
龙岩市	**2014**	**30019**	**1347**	**24834**	**2674**	**155947**
新罗区	346	3883	181	2590	1687	76301
长汀县	299	5262	212	3988	117	8637
永定县	314	3067	217	2376	248	7869
上杭县	288	4537	173	3158	180	37648
武平县	349	5454	202	6679	137	8410
连城县	228	5373	211	3866	120	10713
漳平市	190	2443	151	2177	185	6369
宁德市	**2142**	**29675**	**1507**	**24084**	**2084**	**86515**
蕉城区	356	3974	247	2814	452	11157
霞浦县	142	3475	173	4357	285	10425
古田县	360	3630	277	3527	141	4959
屏南县	105	1019	39	487	76	3937
寿宁县	167	1974	77	1191	49	1848
周宁县	77	728	14	240	46	1148
柘荣县	68	924	36	827	83	2633
福安市	414	8004	444	7825	589	35742
福鼎市	453	5947	200	2816	363	14666

单位：个、人

私营股份有限公司		其他		港澳台商投资		港澳台商合资经营	
单位数	从业人数	单位数	从业人数	单位数	从业人数	单位数	从业人数
37	3666	123	3141	61	17737	23	9061
33	1230	36	881	109	16511	9	1029
31	2322	7	233	24	7774	8	1786
96	2823	102	2103	281	62913	29	6695
173	10875	132	2718	803	237692	114	40267
113	14508	97	2193	197	38143	35	6947
292	**7626**	**356**	**2688**	**1105**	**118586**	**223**	**44601**
97	1563	76	682	150	16306	39	6816
23	627	21	171	86	6766	25	3382
7	405	43	260	47	3751	2	292
58	658	108	918	242	15103	36	2395
10	108	5	64	66	7793	9	675
19	1504	11	92	110	9966	16	963
7	59	8	35	39	3292	8	532
8	74	5	38	76	13783	20	6636
20	478	16	152	49	4180	3	173
13	81	20	94	11	759	2	127
30	2069	43	182	229	36887	63	22610
335	**5713**	**282**	**2665**	**183**	**14667**	**50**	**7200**
105	1627	44	706	35	3363	14	2119
19	170	19	123	22	2298	9	1523
6	117	7	48	5	532	1	65
6	174	6	30	13	592	3	180
9	283	13	203	5	607		
9	438	13	106	2	106		
31	456	10	374	21	2744	6	1543
49	458	108	512	39	2201	9	1292
62	1306	47	519	17	903	3	89
39	684	15	44	24	1321	5	389
223	**20133**	**194**	**2633**	**196**	**32281**	**39**	**5446**
59	853	69	680	48	7689	18	3153
14	328	60	1094	67	18103	2	213
11	111	22	167	26	1862	6	525
18	15909	21	194	15	1124	7	553
5	94	5	259	5	957	2	603
61	1696	4	85	6	1218	1	68
55	1142	13	154	29	1328	3	331
527	**12657**	**139**	**2172**	**60**	**7596**	**20**	**3631**
31	261	38	291	23	1060	8	416
16	650	4	75	7	457	3	185
12	377	52	313	9	1126	1	10
11	406	8	41	4	760	1	339
11	133	10	1124				
2	83	2	21	1	35		
16	614	1	5	1	50		
386	9631	14	145	8	2463	5	1995
42	502	10	157	7	1645	2	686

2-7 续表 4-1

地区	港澳台商合作经营		港澳台商独资经营		港澳台商投资股份有限公司		外商投资	
	单位数	从业人数	单位数	从业人数	单位数	从业人数	单位数	从业人数
全　省	**131**	**15241**	**5829**	**979910**	**202**	**15257**	**4711**	**863312**
福州市	**26**	**1134**	**931**	**132662**	**41**	**1619**	**1102**	**221434**
鼓楼区	12	233	172	6365	14	169	231	28465
台江区	2	37	59	3491	2	11	56	2209
仓山区	2	143	159	23989	3	190	130	24278
马尾区	1	8	86	12613	3	47	133	39048
晋安区	3	44	116	12121	10	164	92	33131
闽侯县	2	218	106	17581	1	30	148	31191
连江县			33	3566			38	17850
罗源县			13	2298	2	18	16	3353
闽清县	1	300	3	243			29	3730
永泰县			4	160	1	30	9	935
平潭县			2	99	1	170	9	448
福清市	1	30	139	45761	2	571	164	30805
长乐市	2	121	39	4375	2	219	47	5991
厦门市	**40**	**2111**	**1405**	**191039**	**31**	**3054**	**1394**	**247889**
思明区	27	964	356	20193	11	1169	398	32973
海沧区	3	728	113	20172	2	1406	196	35329
湖里区	6	229	362	47589	14	262	409	72005
集美区	3	96	247	51403	3	176	203	69734
同安区	1	94	257	36051			129	23492
翔安区			70	15631	1	41	59	14356
莆田市	**8**	**676**	**253**	**57441**	**1**	**709**	**181**	**51707**
城厢区	3	21	30	4051			22	2342
涵江区	1	41	147	38363			64	18963
荔城区			33	7400	1	709	24	15417
秀屿区			11	1199			26	6685
仙游县	4	614	32	6428			45	8300
三明市	**2**	**462**	**101**	**8802**	**4**	**74**	**85**	**6464**
梅列区	1	110	5	478			12	2060
三元区			9	343	1	11	9	412
明溪县			4	232			6	207
清流县			12	1225			4	295
宁化县			12	842			3	68
大田县			15	2645	1	10	10	410
尤溪县			13	994			5	405
沙县			4	351			16	1266
将乐县			11	842	1	30	5	231
泰宁县			1	210	1	23	3	470
建宁县			4	224			1	16
永安市	1	352	11	416			11	624
泉州市	**37**	**9853**	**2010**	**481519**	**60**	**7001**	**1181**	**246520**
鲤城区	3	406	239	61383	7	902	113	30958
丰泽区	6	509	279	51036	6	224	131	18895
洛江区			105	24852			43	8113
泉港区	3	26	37	6316	1	168	33	8094
惠安县	3	2510	152	34246	9	810	136	30074

单位：个、人

中外合资经营		中外合作经营		外资		外商投资股份有限公司	
单位数	从业人数	单位数	从业人数	单位数	从业人数	单位数	从业人数
1241	**222780**	**104**	**10592**	**3203**	**610667**	**163**	**19273**
349	**71591**	**31**	**2877**	**683**	**142095**	**39**	**4871**
69	14105	9	1356	135	11759	18	1245
16	587	3	86	33	1439	4	97
40	8608	2	616	87	14484	1	570
50	13543	6	181	75	25214	2	110
28	3055	1	24	62	29976	1	76
42	14889	2	61	99	15335	5	906
13	2743			23	15094	2	13
8	2827			6	243	2	283
8	1932	3	186	17	1507	1	105
4	172	1	70	4	693		
4	232	1	77	4	139		
50	6103	1	88	112	23884	1	730
17	2795	2	132	26	2328	2	736
348	**48360**	**26**	**3205**	**990**	**194376**	**30**	**1948**
98	6984	13	2393	271	22205	16	1391
49	9596	1	1	140	25235	6	497
101	15759	10	699	292	55501	6	46
49	10753	2	112	150	58855	2	14
28	2850			101	20642		
23	2418			36	11938		
43	**23708**	**5**	**343**	**128**	**27144**	**5**	**512**
5	862	1	103	16	1377		
9	8596	2	193	51	10166	2	8
9	9156			15	6261		
7	3510	1	18	16	2657	2	500
13	1584	1	29	30	6683	1	4
37	**3130**	**2**	**218**	**37**	**2917**	**9**	**199**
8	1132			4	928		
4	351			3	36	2	25
4	132			2	75		
1	21			3	274		
				3	68		
4	278			4	100	2	32
3	334			2	71		
6	580	2	218	5	415	3	53
2	165			3	66		
				2	420	1	50
1	16						
4	121			6	464	1	39
240	**46341**	**20**	**2900**	**866**	**189515**	**55**	**7764**
21	1741	5	1967	85	26633	2	617
23	2426	1	1	100	15939	7	529
9	1255	1	95	31	6760	2	3
8	3512			24	4551	1	31
50	11227	1	30	80	17887	5	930

2-7 续表 4-2

地区	港澳台商合作经营		港澳台商独资经营		港澳台商投资股份有限公司		外商投资	
	单位数	从业人数	单位数	从业人数	单位数	从业人数	单位数	从业人数
安溪县	1	25	34	8590	3	61	56	14947
永春县	3	129	94	15298	3	55	31	3800
德化县	1	7	15	5981			24	3025
石狮市	5	667	238	54975	9	576	150	24841
晋江市	9	5409	664	188040	16	3976	386	96302
南安市	3	165	153	30802	6	229	78	7471
漳州市	**13**	**481**	**820**	**72948**	**49**	**556**	**479**	**55231**
芗城区	2	2	108	9485	1	3	65	6078
龙文区			59	3357	2	27	45	7106
云霄县			44	3447	1	12	20	1493
漳浦县	5	83	161	12358	40	267	82	9663
诏安县			57	7118			23	2907
长泰县			92	8992	2	11	58	7051
东山县	2	48	28	2704	1	8	30	2933
南靖县			56	7147			24	2705
平和县	2	143	43	3808	1	56	8	222
华安县	1	18	8	614			4	897
龙海市	1	187	164	13918	1	172	120	14176
南平市	**2**	**149**	**121**	**6613**	**10**	**705**	**132**	**13620**
延平区	1	13	19	848	1	383	32	6267
顺昌县	1	136	11	631	1	8	5	700
浦城县			4	467			8	1358
光泽县			9	393	1	19	11	174
松溪县			5	607			2	145
政和县			2	106			6	480
邵武市			12	1092	3	109	17	1468
武夷山市			28	793	2	116	18	850
建瓯市			13	794	1	20	14	549
建阳市			18	882	1	50	19	1629
龙岩市	**2**	**364**	**151**	**25017**	**4**	**1454**	**87**	**13369**
新罗区			29	3121	1	1415	34	6029
长汀县			64	17867	1	23	14	2229
永定县			20	1337			10	1069
上杭县			7	558	1	13	7	682
武平县			3	354			3	135
连城县			5	1150			8	1571
漳平市	2	364	23	630	1	3	11	1654
宁德市	**1**	**11**	**37**	**3869**	**2**	**85**	**70**	**7078**
蕉城区			15	644			23	2566
霞浦县			4	272			8	676
古田县			8	1116			7	272
屏南县			3	421			10	625
寿宁县							2	481
周宁县					1	35	3	265
柘荣县					1	50		
福安市	1	11	2	457			10	2110
福鼎市			5	959			7	83

单位：个、人

中外合资经营		中外合作经营		外资		外商投资股份有限公司	
单位数	从业人数	单位数	从业人数	单位数	从业人数	单位数	从业人数
22	7996	2	86	31	6805	1	60
5	276			25	3456	1	68
5	752	2	15	16	2255	1	3
14	2946	2	94	115	21579	19	222
64	10809	6	612	301	79588	15	5293
19	3401			58	4062	1	8
113	**14476**	**11**	**254**	**344**	**38645**	**11**	**1856**
18	2151			45	3682	2	245
16	3135			29	3971		
1	29			18	974	1	490
12	532	7	71	59	8974	4	86
9	492	1	2	13	2413		
10	1762			48	5289		
3	100	3	181	24	2652		
7	805			16	1680	1	220
1	54			7	168		
				2	83	2	814
36	5416			83	8759	1	1
45	**5888**	**3**	**51**	**78**	**6129**	**6**	**1552**
16	3881			12	846	4	1540
3	124			2	576		
2	566			5	785	1	7
4	66			7	108		
				2	145		
3	197			3	283		
5	361	2	32	9	1070	1	5
5	229			13	621		
4	136	1	19	9	394		
3	328			16	1301		
33	**4345**	**3**	**712**	**44**	**7743**	**7**	**569**
17	1744	1	1	14	3747	2	537
		1	5	11	2221	2	3
3	299			6	756	1	14
5	615			2	67		
1	1			1	125	1	9
3	944			5	627		
4	742	1	706	5	200	1	6
33	**4941**	**3**	**32**	**33**	**2103**	**1**	**2**
6	1172	2	22	15	1372		
3	326			4	348	1	2
1	60	1	10	5	202		
8	552			2	73		
2	481						
1	175			2	90		
9	2107			1	3		
3	68			4	15		

2-8 按行业（中类）、登记注册

行业	代码	资产总额	内资			
				国有	集体	股份合作
总　计		**507859441**	**410293731**	**83639884**	**4280103**	**12202543**
农、林、牧、渔业	**A**	**22431**	**22431**	**15166**	**61**	
农业	01	7146	7146	6645		
谷物及其他作物的种植	011	1328	1328	827		
蔬菜、园艺作物的种植	012	280	280	280		
水果、坚果、饮料和香料作物的种植	013	5539	5539	5538		
中药材的种植	014					
林业	02	9205	9205	4439	61	
林木的培育和种植	021	9205	9205	4439	61	
木材和竹材的采运	022					
林产品的采集	023					
畜牧业	03	5976	5976	3979		
牲畜的饲养	031	156	156			
猪的饲养	032	4581	4581	2947		
家禽的饲养	033	1133	1133	1033		
狩猎和捕捉动物	034					
其他畜牧业	039	107	107			
渔业	04	103	103	103		
海洋渔业	041					
内陆渔业	042	103	103	103		
农、林、牧、渔服务业	05					
农业服务业	051					
林业服务业	052					
畜牧服务业	053					
渔业服务业	054					
采矿业	**B**	**2685506**	**2540343**	**309983**	**172521**	**281646**
煤炭开采和洗选业	06	806530	779397	148047	89257	2920
烟煤和无烟煤的开采洗选	061	805208	778075	148047	88657	2920
褐煤的开采洗选	062					
其他煤炭采选	069	1322	1322		600	
石油和天然气开采业	07	1010	1010	1010		
天然原油和天然气开采	071					
与石油和天然气开采有关的服务活动	079	1010	1010	1010		
黑色金属矿采选业	08	724371	711664	88325	21308	262986
铁矿采选	081	704919	692213	77367	21308	262986
其他黑色金属矿采选	089	19452	19452	10958		
有色金属矿采选业	09	512771	464629	6182	13014	8760
常用有色金属矿采选	091	252077	204639	1322	12430	6390
贵金属矿采选	092	69488	69488	1443	55	370
稀有稀土金属矿采选	093	191206	190502	3417	528	2000
非金属矿采选业	10	638321	581139	66359	48733	6620
土砂石开采	101	483456	452438	19881	43680	5403
化学矿采选	102	19679	4861			
采盐	103	51367	51367	45861	4326	
石棉及其他非金属矿采选	109	83819	72473	617	728	1217
其他采矿业	11	2504	2504	60	210	360
其他采矿业	110	2504	2504	60	210	360
制造业	**C**	**109264114**	**51039089**	**2249374**	**869234**	**934420**
农副食品加工业	13	4404876	2617313	60507	20704	15153
谷物磨制	131	343718	303030	8822	815	6195

类型分组的企业资产总额

单位：万元

联营企业	国有联营	集体联营	国有与集体联营	其他联营	有限责任公司	国有独资公司	其他有限责任公司	股份有限公司	私营企业
6006351	**2262620**	**151328**	**2458808**	**1133594**	**65173609**	**13578273**	**51595336**	**164711763**	**73089401**
					4706		**4706**	**100**	**2398**
									501
									501
									0
					4706		4706		
					4706		4706		
								100	1897
									156
									1634
								100	
									107
41906	**27798**	**3036**	**10666**	**406**	**425381**	**155798**	**269583**	**226556**	**1063570**
4224	3454	770			256453	126854	129599	127954	150543
4224	3454	770			256453	126854	129599	127954	149821
									722
535	227	215		93	49342		49342	93749	194795
308		215		93	49283		49283	93717	186619
227	227				59		59	32	8176
34783	24117		10666		35978		35978	1795	364119
16958	16958				11744		11744	1795	154000
10666			10666		18929		18929		38025
7159	7159				5305		5305		172094
2365		2052		313	83592	28944	54647	3058	352414
671		358		313	79194	28944	50250	1608	285445
685		685			2952		2952	2	1223
									1180
1009		1009			1446		1446	1448	64566
					17		17		1699
					17		17		1699
139018	**35385**	**18527**	**26994**	**58112**	**11502113**	**2186432**	**9315681**	**6988165**	**28103736**
2520	120	931	1455	14	728622	453	728169	182731	1595024
1455			1455		91061	453	90608	96	194049

2-8 续表 1-1

行　业	代码	资产总额	内资	国有	集体	股份合作
饲料加工	132	546778	417245	3820	6663	964
植物油加工	133	672847	278289	535	337	100
制糖	134	69177	69177	1859	34	
屠宰及肉类加工	135	547450	444493	16550	3496	1540
水产品加工	136	1311304	651228	27599	5532	3900
蔬菜、水果和坚果加工	137	667386	311352	1322	3354	1482
其他农副食品加工	139	246217	142499		473	972
食品制造业	14	2268932	1458296	97752	9540	14744
焙烤食品制造	141	349579	189115	436	236	2496
糖果、巧克力及蜜饯制造	142	468524	326193	294	1188	32
方便食品制造	143	221306	109248	2597	1750	474
液体乳及乳制品制造	144	69127	45939			55
罐头制造	145	628537	450177	72229	2823	6151
调味品、发酵制品制造	146	288903	161285	14332	760	1220
其他食品制造	149	242956	176341	7864	2782	4316
饮料制造业	15	2183488	935800	27564	20752	16306
酒精制造	151	1809	1809			
酒的制造	152	608342	233564	18943	598	3771
软饮料制造	153	908460	161997	252	7565	662
精制茶加工	154	664877	538430	8369	12590	11874
烟草制品业	16	1181537	1181537	591844		
烟叶复烤	161	102329	102329			
卷烟制造	162	1079164	1079164	591800		
其他烟草制品加工	169	44	44	44		
纺织业	17	7127566	3435693	3320	14810	13625
棉、化纤纺织及印染精加工	171	4229431	2042150	309	6253	550
毛纺织和染整精加工	172	51407	7705	99		374
麻纺织	173	5324	2899		1093	
丝绢纺织及精加工	174	80152	20667			
纺织制成品制造	175	1015072	396687	1079	1780	6286
针织品、编织品及其制品制造	176	1746180	965586	1833	5685	6416
纺织服装、鞋、帽制造业	18	6196191	2131042	8427	12259	37952
纺织服装制造	181	5914202	1990525	8427	10042	25433
纺织面料鞋的制造	182	268797	137895		2019	12519
制帽	183	13192	2621		198	
皮革、毛皮、羽毛(绒)及其制品业	19	5827942	1816799	2346	84629	14565
皮革鞣制加工	191	426143	108177	316	107	4667
皮革制品制造	192	5325161	1656855		82993	9898
毛皮鞣制及制品加工	193	14841	13957		47	
羽毛(绒)加工及制品制造	194	61798	37810	2030	1482	
木材加工及木、竹、藤、棕、草制品业	20	2049849	1638557	5042	36045	7663
锯材、木片加工	201	164423	155288	1932	4704	271
人造板制造	202	1113251	950126	298	19245	1211
木制品制造	203	403643	233888	2487	2419	1154
竹、藤、棕、草制品制造	204	368532	299255	326	9678	5028
家具制造业	21	1239506	509040	4216	3494	7715
木质家具制造	211	603060	304800	622	2612	7695
竹、藤家具制造	212	20333	17639			
金属家具制造	213	461718	135925	2593	882	20
塑料家具制造	214	44006	8211			
其他家具制造	219	110388	42465	1002		

单位：万元

联营企业	国有联营	集体联营	国有与集体联营	其他联营	有限责任公司	国有独资公司	其他有限责任公司	股份有限公司	私营企业
					38206		38206	118239	249353
					43582		43582	3268	230293
					90		90	48091	19103
134	120			14	222738		222738	657	198236
550		550			208896		208896	10230	389706
					85860		85860	1027	217799
381		381			38188		38188	1125	96485
1477	1472	5			247151	751	246401	181985	899584
					97681		97681	336	85192
					7420		7420		315600
					37823	751	37072	680	65859
					8681		8681	20659	16543
					44023		44023	69007	255571
5		5			28817		28817	45580	69799
1472	1472				22707		22707	45723	91019
205		139		66	114817	70	114747	94306	654884
					1139		1139		670
					24694		24694	86307	99139
					29680		29680	3361	120126
205		139		66	59305	70	59235	4638	434948
					563949	487364	76586	25743	
					76586		76586	25743	
					487364	487364			
21269				21269	578792		578792	320750	2477624
13140				13140	414832		414832	310307	1296455
					995		995		6237
					343		343		1463
								828	19839
					40133		40133	1044	346120
8129				8129	122488		122488	8572	807510
2444		273	464	1707	414451	11877	402575	176385	1467908
2444		273	464	1707	394313	11877	382436	175739	1364602
					20138		20138	646	100883
									2423
9515		173	1500	7842	250263	85	250178	7751	1437778
2450				2450	316		316	350	99658
1673		173	1500		249517	85	249432	7401	1295794
					115		115		13795
5392				5392	315		315		28531
1148		496	99	553	236189		236189	123943	1222062
191		123		68	19985		19985	7086	119246
540		241	99	200	182509		182509	115077	629292
132		132			17049		17049	646	209677
285				285	16645		16645	1134	263847
2545		11	1239	1295	54472		54472	4792	427521
11		11			48512		48512	1779	239859
									17639
1239			1239		4705		4705	2763	123415
1295				1295	662		662		6254
					593		593	250	40355

2-8 续表 1-2

行　业	代码	资产总额	内资			
				国有	集体	股份合作
造纸及纸制品业	22	3831723	2428327	6452	43737	117006
纸浆制造	221	193775	191651	300	914	
造纸	222	1660137	1280062	636	25780	34144
纸制品制造	223	1977811	956615	5516	17043	82862
印刷业和记录媒介的复制	23	1058262	836458	107685	23882	9191
印刷	231	965697	766823	81593	22568	9004
装订及其他印刷服务活动	232	54360	45795	26055	1283	186
记录媒介的复制	233	38206	23839	37	31	
文教体育用品制造业	24	1018572	205704	1783	3871	714
文化用品制造	241	128922	34539	150	1202	88
体育用品制造	242	661604	121562	483	178	500
乐器制造	243	29172	2853		194	110
玩具制造	244	186499	34899	1150		17
游艺器材及娱乐用品制造	245	12376	11851		2298	
石油加工、炼焦及核燃料加工业	25	3939023	136593		297	253
精炼石油产品的制造	251	3877715	75285		297	253
炼焦	252	61308	61308			
核燃料加工	253					
化学原料及化学制品制造业	26	4611768	2314741	257923	25156	16499
基础化学原料制造	261	876450	703231	214936	6317	2927
肥料制造	262	457221	344497	3753	2154	5303
农药制造	263	122534	64453		25	
涂料、油墨、颜料及类似产品制造	264	460259	287034	2734	2665	4324
合成材料制造	265	1293866	247738	116	404	1453
专用化学产品制造	266	963611	439013	36385	11439	745
日用化学产品制造	267	437827	228776		2153	1747
医药制造业	27	1394130	883628	55112	8459	95482
化学药品原药制造	271	310255	218955	331		
化学药品制剂制造	272	370884	231881	51671		
中药饮片加工	273	32075	31070		20	
中成药制造	274	363650	218141	2938	8419	95047
兽用药品制造	275	71607	23099			435
生物、生化制品的制造	276	215741	136697			
卫生材料及医药用品制造	277	29918	23784	172	20	
化学纤维制造业	28	2736958	486962		2316	12532
纤维素纤维原料及纤维制造	281	61872	21751		2316	
合成纤维制造	282	2675087	465211			12532
橡胶制品业	29	2108246	523819	2714	4837	45349
轮胎制造	291	1015578	86124		151	30747
橡胶板、管、带的制造	292	33480	24116		123	281
橡胶零件制造	293	115005	39415		408	1684
再生橡胶制造	294	38965	38550		180	7163
日用及医用橡胶制品制造	295	31549	15484		988	
橡胶靴鞋制造	296	660122	230111	2714	2134	5214
其他橡胶制品制造	299	213548	90019		853	261
塑料制品业	30	4020962	1712555	27139	28930	8231
塑料薄膜制造	301	574946	111932		1728	3479

单位：万元

联营企业	国有联营	集体联营	国有与集体联营	其他联营	有限责任公司	国有独资公司	其他有限责任公司	股份有限公司	私营企业
7663	533	567	5126	1437	528160	1622	526538	630576	1092045
					175392		175392		15044
5043			4915	128	224417		224417	618398	370764
2620	533	567	211	1309	128351	1622	126729	12178	706237
733	311	290		132	162437	18	162419	7539	522712
733	311	290		132	136483	18	136465	7432	507081
					2368		2368	107	15445
					23586		23586		186
129				129	24108		24108	928	172819
129				129	2068		2068	300	30542
					14862		14862	153	105234
					1195		1195		1354
					5984		5984	476	26135
									9553
12469	5719		6750		52740		52740	30	69546
12469	5719		6750		31934		31934	30	29044
					20806		20806		40502
3848	2099	1439		311	570843	212839	358004	309041	1088407
					111356		111356	147545	220150
1850	1850				181429	133373	48055	66860	83094
					3970		3970	37309	23149
					75306		75306	9145	191813
					96001	79128	16874	1459	107363
1233		1233			58864	338	58526	27465	302254
765	248	206		311	43917		43917	19258	160584
					185328		185328	268027	248318
					20049		20049	196181	2395
					99258		99258	16248	43143
					9097		9097	5354	15258
					31838		31838	23983	55915
					15254		15254	167	7243
					7746		7746	25904	103048
					2086		2086	190	21316
					104051		104051	743	367320
					3891		3891		15545
					100161		100161	743	351776
					75134		75134	2365	392778
					1063		1063		54002
					4138		4138		19514
					1897		1897	773	34654
								435	30692
					330		330	18	14122
					50944		50944	889	168005
					16762		16762	250	71788
9335	9178	158			380117		380117	16339	1233846
					6238		6238	150	100320

2-8 续表 1-3

行业	代码	资产总额	内资			
				国有	集体	股份合作
塑料板、管、型材的制造	302	421239	131926	1317	3648	
塑料丝、绳及编织品的制造	303	108726	72476		1521	150
泡沫塑料制造	304	217527	126005		2470	1481
塑料人造革、合成革制造	305	489456	286836			72
塑料包装箱及容器制造	306	154967	99947		920	508
塑料零件制造	307	270503	151411		687	1148
日用塑料制造	308	1103402	490889	11792	17313	938
其他塑料制品制造	309	680196	241133	14029	644	455
非金属矿物制品业	31	8962268	5610431	57080	250325	284685
水泥、石灰和石膏的制造	311	1677621	1246378	34295	128123	70992
水泥及石膏制品制造	312	754193	518722	6308	4738	2081
砖瓦、石材及其他建筑材料制造	313	4166046	3071136	12900	57702	201609
玻璃及玻璃制品制造	314	1558375	197750	10	274	2318
陶瓷制品制造	315	505843	368963	2197	1798	7410
耐火材料制品制造	316	91638	87677		56943	180
石墨及其他非金属矿物制品制造	319	208552	119805	1369	747	95
黑色金属冶炼及压延加工业	32	5290425	3313281	4911	100592	20114
炼铁	321	274670	179575	4897	3002	6809
炼钢	322	964684	603471		71	
钢压延加工	323	3790985	2287098	13	95331	1885
铁合金冶炼	324	260086	243137		2188	11420
有色金属冶炼及压延加工业	33	3658306	2736976	246897	3898	140
常用有色金属冶炼	331	119586	47406			
贵金属冶炼	332	1706992	1706992			
稀有稀土金属冶炼	333	161725	161725		338	
有色金属合金制造	334	236418	44757		253	
有色金属压延加工	335	1433584	776096	246897	3307	140
金属制品业	34	3052589	1375075	1892	21303	25712
结构性金属制品制造	341	900132	578485	310	5726	14507
金属工具制造	342	227240	94976	275	880	1560
集装箱及金属包装容器制造	343	543096	123669	60	2110	5596
金属丝绳及其制品的制造	344	80734	38165		805	1764
建筑、安全用金属制品制造	345	568340	193991	1201	7169	986
金属表面处理及热处理加工	346	127335	77917		1167	116
搪瓷制品制造	347	33900	8959		65	
不锈钢及类似日用金属制品制造	348	324010	113320		531	96
其他金属制品制造	349	247801	145593	45	2850	1088
通用设备制造业	35	3564599	2343929	141277	47487	14158
锅炉及原动机制造	351	116560	108568	1108	2330	
金属加工机械制造	352	329060	212957	7123	4292	144
起重运输设备制造	353	529499	109089	32456	236	703
泵、阀门、压缩机及类似机械的制造	354	819410	663692	36655	6905	9398
轴承、齿轮、传动和驱动部件的制造	355	430591	285470	55452	2731	
烘炉、熔炉及电炉制造	356	1299	631			
风机、衡器、包装设备等通用设备制造	357	434135	272742	50	4150	843
通用零部件制造及机械修理	358	462475	288045	1806	10995	579
金属铸、锻加工	359	441571	402736	6628	15849	2492
专用设备制造业	36	3474608	2271224	67872	7593	28725
矿山、冶金、建筑专用设备制造	361	1246892	952279	12092	2970	10082

单位：万元

联营企业					有限责任公司			股份有限公司	私营企业
	国有联营	集体联营	国有与集体联营	其他联营		国有独资公司	其他有限责任公司		
					35485		35485	169	87893
					4824		4824	2154	63291
					35729		35729	36	86176
					171313		171313	800	114594
43		43			21073		21073	703	76134
9178	9178				19058		19058		121224
					38685		38685	8277	411583
115		115			47711		47711	4050	172630
33222	15626	7830	3951	5815	853103	3371	849732	368955	3715315
13557	1484	6566	1762	3746	312132		312132	187034	499918
12354	10991	350		1013	165279	3371	161908	49042	276694
7265	3151	869	2189	1056	245751		245751	44285	2473642
					21015		21015	1089	157657
					46606		46606	86426	223647
46		46			4917		4917	79	24774
					57403		57403	1000	58984
					2287550	1385578	901972	1	899776
					34958		34958		129571
					378355		378355		225045
					1745714	1385578	360137	1	444154
					128522		128522		101006
3013			3013		411977		411977	1732965	337992
					17178		17178	120	30088
3013			3013		69808		69808	1634097	75
					57593		57593	82190	21604
					16802		16802	398	27304
					250595		250595	16160	258922
4196	23	3561	429	183	347204		347204	10928	958252
23	23				247768		247768	6103	301810
1463		1463			13854		13854	806	76042
					16554		16554		99308
					4148		4148	203	31215
2098		2098			27027		27027	760	153258
					14197		14197	2041	60312
					165		165		8223
612			429	183	12008		12008	784	98595
					11485		11485	232	129490
4872		30	876	3967	364616		364616	117033	1649513
1074				1074	16412		16412	29350	58295
					63729		63729	871	136584
					16388		16388	165	59141
					42355		42355	323	567138
1420				1420	50981		50981	79970	94917
									631
30		30			88324		88324	3522	175144
1206			876	330	21289		21289	2479	248264
1143				1143	65137		65137	353	309399
562		150	412		266009		266009	956886	938907
					103131		103131	498097	325445

2-8 续表 1-4

行业	代码	资产总额	内资			
				国有	集体	股份合作
化工、木材、非金属加工专用设备制造	362	515823	343263		1001	731
食品、饮料、烟草及饲料生产专用设备制造	363	36217	28498	274	339	36
印刷、制药、日化生产专用设备制造	364	118215	53306	5	181	
纺织、服装和皮革工业专用设备制造	365	306113	112520	7837	82	
电子和电工机械专用设备制造	366	139484	118825	37538	173	1008
农、林、牧、渔专用机械制造	367	98727	91666	6391	1901	10791
医疗仪器设备及器械制造	368	115947	44319	1553	261	4834
环保、社会公共安全及其他专用设备制造	369	897190	526548	2182	685	1242
交通运输设备制造业	37	5745349	2741392	324975	15943	38039
铁路运输设备制造	371	8368	8368	5992	984	
汽车制造	372	3460159	1120234	26814	10003	26879
摩托车制造	373	297276	159769		1170	9124
自行车制造	374	26599	4825	216	541	
船舶及浮动装置制造	375	1661823	1442738	291953	3246	2036
航空航天器制造	376	283543				
交通器材及其他交通运输设备制造	379	7582	5460			
电气机械及器材制造业	39	5100575	2313248	98231	46367	28266
电机制造	391	1109986	727688	5560	194	970
输配电及控制设备制造	392	1261056	483477	3535	34292	7603
电线、电缆、光缆及电工器材制造	393	508987	393379		6694	461
电池制造	394	692686	229602			16448
家用电力器具制造	395	504240	125067	7578	1707	1995
非电力家用器具制造	396	94566	31851			
照明器具制造	397	883567	302398	81558	1724	87
其他电气机械及器材制造	399	45488	19786		1756	703
通信设备、计算机及其他电子设备制造业	40	9426230	1642275	40133	6588	29488
通信设备制造	401	886644	195873	3508	177	1691
雷达及配套设备制造	402	5060	5060	2968		
广播电视设备制造	403	59311	47959		279	453
电子计算机制造	404	3573524	349592			30
电子器件制造	405	1929019	414222	20880	728	185
电子元件制造	406	1581089	460945	5035	527	27129
家用视听设备制造	407	1110526	85596		632	
其他电子设备制造	409	281057	83029	7742	4246	
仪器仪表及文化、办公用机械制造业	41	1143423	353710	2278	3164	3810
通用仪器仪表制造	411	154726	83801	2249	909	1233
专用仪器仪表制造	412	134160	83056		301	174
钟表与计时仪器制造	413	228469	119830		467	1663
光学仪器及眼镜制造	414	333910	48303	29	1402	
文化、办公用机械制造	415	253119	14309			740
其他仪器仪表的制造及修理	419	39039	4412		85	
工艺品及其他制造业	42	2568677	1026986	3845	20403	28302
工艺美术品制造	421	1565447	735665	1823	18696	26829
日用杂品制造	422	724186	169727		1066	1467
煤制品制造	423	10432	10432	664	332	7
核辐射加工	424	773	773			
其他未列明的制造业	429	267839	110390	1358	310	
废弃资源和废旧材料回收加工业	43	77534	57702	160	1857	
金属废料和碎屑的加工处理	431	32610	27850		1492	
非金属废料和碎屑的加工处理	432	44924	29852	160	365	

单位：万元

联营企业	国有联营	集体联营	国有与集体联营	其他联营	有限责任公司	国有独资公司	其他有限责任公司	股份有限公司	私营企业
					84098		84098	69872	185418
					4297		4297	395	22756
					15561		15561	3534	34026
					6759		6759	35767	62076
					9165		9165		69956
412			412		8671		8671	2349	60979
					886		886	3897	32887
150		150			33442		33442	342975	145365
408		236		172	462109	1139	460970	635029	1258511
									1392
214		214			246478		246478	30525	773984
					27979		27979	7856	113602
					1991		1991		2078
194		22		172	184972	1139	183833	596648	362704
					689		689		4752
1785	203	35	1201	346	517612	81266	436346	329336	1290245
					104326	2078	102248	27304	589209
1643	203	35	1201	204	126398		126398	83995	225719
					82028		82028	190973	112865
					74316	57895	16421	26432	112346
					11648		11648	156	101984
142				142	1741		1741		29967
					113364	21293	92071	255	104840
					3792		3792	222	13314
557	101	456			554015		554015	394676	610491
456		456			37833		37833		148061
									2092
					2420		2420		44806
					37426		37426	283415	27778
					228121		228121	422	163886
101	101				188099		188099	100827	138595
					48343		48343	5670	30951
					11774		11774	4341	54322
482			482		48757		48757	80376	212315
					15683		15683	19472	43792
					350		350	60905	20404
					10272		10272		107185
					13899		13899		32122
482			482		7893		7893		5144
					659		659		3667
14164		1748		12416	83788		83788	5346	843749
14164		1748		12416	73570		73570	4920	580144
					6066		6066	256	159918
									9429
					773		773		
					3380		3380	170	94258
460				460	33750		33750	2660	18495
460				460	16169		16169	1874	7855
					17581		17581	785	10641

2-8 续表 1-5

行 业	代码	资产总额				
			内资	国有	集体	股份合作
电力、燃气及水的生产和供应业	D	**21823394**	**18311052**	**7983566**	**329865**	**99843**
电力、热力的生产和供应业	44	19458675	16167340	6810674	242794	97539
电力生产	441	12577169	9308674	1137346	184752	91269
电力供应	442	6701834	6679165	5665548	57490	6271
热力生产和供应	443	179671	179501	7780	551	
燃气生产和供应业	45	695883	619008	581881		825
燃气生产和供应业	450	695883	619008	581881		825
水的生产和供应业	46	1668837	1524704	591011	87071	1479
自来水的生产和供应	461	1543289	1419063	558047	77806	1324
污水处理及其再生利用	462	123622	103715	32965	9177	155
其他水的处理、利用与分配	469	1926	1926		89	
建筑业	E	**15661088**	**15297498**	**2924305**	**319060**	**161418**
房屋和土木工程建筑业	47	11822487	11662028	2446241	269102	142276
房屋工程建筑	471	7891324	7746075	1688559	224916	128961
土木工程建筑	472	3931162	3915953	757681	44186	13315
建筑安装业	48	1937863	1823162	89506	30531	11509
建筑安装业	480	1937863	1823162	89506	30531	11509
建筑装饰业	49	811495	732252	17751	12601	5078
建筑装饰业	490	811495	732252	17751	12601	5078
其他建筑业	50	1089243	1080056	370807	6826	2554
工程准备	501	392436	390581	67856	2413	
提供施工设备服务	502	65246	59583	40	1246	61
其他未列明的建筑活动	509	631561	629893	302911	3168	2493
交通运输、仓储和邮政业	F	**17604232**	**15246342**	**7322029**	**104307**	**100167**
铁路运输业	51	591359	591359	589981	207	
铁路旅客运输	511	14080	14080	13802		
铁路货物运输	512	576323	576323	576180		
铁路运输辅助活动	513	956	956		207	
道路运输业	52	5451418	5343122	2932751	58895	18066
公路旅客运输	521	773968	772906	339045	13011	3994
道路货物运输	522	1367190	1333094	87666	35274	11278
道路运输辅助活动	523	3310259	3237122	2506040	10611	2794
城市公共交通业	53	279761	263632	101626	7930	4719
公共电汽车客运	531	206743	195049	79667	2952	870
轨道交通	532					
出租车客运	533	49832	46172	3627	4796	3654
城市轮渡	534	7635	7635	7522	113	
其他城市公共交通	539	15552	14777	10811	70	195
水上运输业	54	4797070	4246672	1730399	23152	31559
水上旅客运输	541	110405	103810	31195	402	1080
水上货物运输	542	2110064	2096606	319913	22579	30062
水上运输辅助活动	543	2576601	2046256	1379291	172	417
航空运输业	55	1770943	1767228	658662		
航空客货运输	551	1384123	1384123	447890		
通用航空服务	552	7613	7613	6703		
航空运输辅助活动	553	379208	375493	204069		
管道运输业	56	4103	4103			
管道运输业	560	4103	4103			

单位：万元

联营企业	国有联营	集体联营	国有与集体联营	其他联营	有限责任公司	国有独资公司	其他有限责任公司	股份有限公司	私营企业
1396574	**1345013**	**18260**	**30083**	**3219**	**5502217**	**1620497**	**3881720**	**710496**	**2266048**
1393086	1345013	15889	28969	3216	4849014	1075191	3773823	610528	2147654
1188042	1163080	15889	5884	3190	4136061	939947	3196113	422391	2133262
176276	176250			26	684536	135243	549292	75764	12781
28768	5683		23085		28417		28417	112374	1611
					26503	5095	21408	226	6124
					26503	5095	21408	226	6124
3488		2371	1114	3	626701	540212	86489	99742	112270
3488		2371	1114	3	615049	538504	76546	99164	61304
					11652	1709	9943	499	49269
								80	1697
130676	**15458**	**36524**	**275**	**78419**	**4981289**	**159740**	**4821549**	**1790371**	**4891912**
122204	9578	35730	65	76831	3547174	97143	3450031	1536772	3506583
99679	9578	13205	65	76831	2659515	38814	2620700	420318	2503719
22526		22526			887659	58328	829330	1116454	1002864
5320	4758	35		527	972558	33717	938841	225606	487791
5320	4758	35		527	972558	33717	938841	225606	487791
1975	622	563	210	581	150438		150438	14845	525978
1975	622	563	210	581	150438		150438	14845	525978
1177	500	197		480	311120	28880	282240	13148	371561
147		147			185579		185579	452	133011
					21635		21635	8228	28270
1030	500	50		480	103906	28880	75026	4468	210280
1013152	**61131**	**13624**	**671**	**937726**	**2779694**	**1242376**	**1537319**	**1298583**	**2519079**
									1172
									278
									144
									750
56541	50682	3547	337	1974	877492	463186	414306	314965	1048810
3358	2781	240	337		121580	879	120702	189073	100472
1916	1916				203599	2000	201599	48832	913909
51267	45986	3307		1974	552313	460308	92005	77060	34429
3150				3150	110143	61821	48322	6936	28647
3150				3150	99042	61567	37475	5507	3701
					10043	100	9943	631	23102
					1058	154	904	799	1844
13299	4382	8917			759553	220587	538967	667462	983800
					59454	527	58927	726	4458
13299	4382	8917			395782	4832	390949	376449	907880
					304317	215228	89090	290288	71462
930374				930374	37389		37389	139161	1642
930374				930374	5130		5130		729
								900	10
					32260		32260	138261	904
					3890		3890		213
					3890		3890		213

2-8 续表 1-6

行业	代码	资产总额	内资	国有	集体	股份合作
装卸搬运和其他运输服务业	57	2860572	1804496	357995	9871	44881
装卸搬运	571	1056563	262488	78530	8951	14797
运输代理服务	572	1804010	1542008	279466	921	30084
仓储业	58	1369635	746359	484128	4252	932
谷物、棉花等农产品仓储	581	462814	462814	392286	471	385
其他仓储	589	906821	283545	91842	3781	548
邮政业	59	479372	479372	466487		10
国家邮政	591	446493	446493	446325		
其他寄递服务	599	32879	32879	20162		10
信息传输、计算机服务和软件业	**G**	**7950015**	**4198153**	**1212993**	**1822**	**18149**
电信和其他信息传输服务业	60	6563640	3060678	1166792	475	398
电信	601	4434752	2875245	1055477	84	
互联网信息服务	602	1993290	49835		273	398
广播电视传输服务	603	133844	133844	111264	119	
卫星传输服务	604	1754	1754	51		
计算机服务业	61	408744	374084	26323	633	1372
计算机系统服务	611	174460	158137	2252	291	290
数据处理	612	11319	11319	7809		
计算机维修	613	6254	6254			289
其他计算机服务	619	216712	198375	16262	343	793
软件业	62	977631	763391	19878	714	16379
公共软件服务	621	868017	655755	19125	714	16379
其他软件服务	629	109614	107636	752		
批发和零售业	**H**	**38115577**	**34794695**	**6297669**	**669323**	**148955**
批发业	63	32122283	29538234	5988864	542049	111414
农畜产品批发	631	645278	604491	192772	12738	2303
食品、饮料及烟草制品批发	632	4600488	4518835	2997314	10276	6878
纺织、服装及日用品批发	633	3961314	3192314	268579	17739	11763
文化、体育用品及器材批发	634	842867	760921	39728	7198	887
医药及医疗器材批发	635	856399	792064	103918	2493	3983
矿产品、建材及化工产品批发	636	14367598	13340875	1301974	395623	45570
机械设备、五金交电及电子产品批发	637	4026507	3649596	265842	75352	34685
贸易经纪与代理	638	557463	537851	97249	1546	3010
其他批发	639	2264369	2141287	721490	19084	2336
零售业	65	5993294	5256461	308806	127273	37541
综合零售	651	1268245	943458	55204	74714	1913
食品、饮料及烟草制品专门零售	652	288331	273829	50725	11766	2722
纺织、服装及日用品专门零售	653	273619	260572	6299	8906	642
文化、体育用品及器材专门零售	654	164656	161113	8248	5764	1606
医药及医疗器材专门零售	655	313496	312282	69233	1653	2151
汽车、摩托车、燃料及零配件专门零售	656	2090809	1967325	81786	8402	22850
家用电器及电子产品专门零售	657	732076	654479	9950	2786	1223
五金、家具及室内装修材料专门零售	658	365320	350698	8900	6057	1895
无店铺及其他零售	659	496742	332706	18461	7226	2541
住宿和餐饮业	**I**	**2615778**	**1589728**	**356566**	**42328**	**15028**
住宿业	66	2063528	1202729	331171	34931	13379
旅游饭店	661	1736108	938028	297466	17185	12285
一般旅馆	662	296463	235246	30990	14299	1094
其他住宿服务	669	30957	29454	2714	3446	

单位：万元

联营企业					有限责任公司			股份有限公司	私营企业
	国有联营	集体联营	国有与集体联营	其他联营		国有独资公司	其他有限责任公司		
2492	1002	160		1331	868374	441106	427268	148826	337026
1200				1200	48138		48138	75501	34980
1292	1002	160		131	820236	441106	379130	73325	302046
7296	5065	1000	334	897	120900	55676	65224	19935	108202
					49637	49555	82	15120	4808
7296	5065	1000	334	897	71263	6122	65142	4816	103394
					1953		1953	1298	9568
					168		168		
					1786		1786	1298	9568
15482	**226**	**8980**		**6276**	**596778**	**16550**	**580228**	**1561274**	**777215**
3915	226			3689	401388	16500	384888	1443156	44032
14				14	366981	12266	354715	1435342	17279
1982				1982	12580		12580	7814	26487
1919	226			1693	20177	4234	15943		214
					1650		1650		53
5085		3001		2085	43102		43102	13922	277191
2384		299		2085	9987		9987	13699	128334
					510		510	12	2988
					764		764	23	5160
2702		2702			31842		31842	188	140709
6482		5979		503	152288	50	152238	104197	455992
6482		5979		503	147157	50	147107	52090	408320
					5131		5131	52106	47673
281079	**69111**	**5076**	**175554**	**31337**	**8274849**	**863133**	**7411716**	**4412887**	**14431569**
266108	58498	3479	175369	28762	6759781	856947	5902834	3977785	11680230
555	489	16		50	195867	167841	28026	1395	196663
21609	20251		1208	150	590844	146850	443994	41547	836089
11018	1059	29		9930	828936		828936	159200	1877603
					472530	19107	453423	2661	237407
5548	5500	48			283893	8166	275728	44492	335889
51330	22783	1538	12637	14372	3228074	503756	2724318	3260893	4936424
12155	7750	1848	453	2104	780825	1459	779367	266816	2184992
192	192				183432	9422	174010	10442	237523
163701	474		161071	2156	195379	347	195032	190340	837641
14971	10613	1597	185	2575	1515068	6186	1508882	435102	2751339
335		265		70	291107		291107	134273	365269
969	399	206		364	38451	230	38222	4635	160302
587		211		376	38686	389	38297	4598	196043
436	5	431			37135		37135	5558	100142
1550	838	162	120	431	36909	627	36282	115479	81943
9030	7724	35	65	1206	570328	4811	565517	151882	1113863
181		168		13	265053	88	264965	6482	362118
236		119		117	66710	42	66668	2105	252840
1646	1646				170689		170689	10091	118818
60085	**58665**	**91**	**100**	**1230**	**286933**	**16545**	**270387**	**77276**	**731482**
57905	56812	91	100	903	222757	16494	206263	72272	458246
57233	56344			888	190549	15694	174855	70393	285104
673	467	91	100	15	26481	800	25681	1879	155588
					5726		5726		17553

2-8 续表 1-7

行　业	代码	资产总额	内资	国有	集体	股份合作
餐饮业	67	552250	386999	25396	7397	1649
正餐服务	671	418466	346950	25396	7004	1349
快餐服务	672	90921	19715		32	300
饮料及冷饮服务	673	6615	6123			
其他餐饮服务	679	36249	14211		362	
金融业	**J**	**200119244**	**193806298**	**27865623**	**705844**	**10196508**
银行业	68	183495612	177411823	24982451	705789	10151834
中央银行	681	134163	134163	134163		
商业银行	682	175727456	169643666	24132027	705789	10151834
其他银行	689	7633993	7633993	716260		
证券业	69	2160960	2160960	581186		20
证券市场管理	691	352	352			
证券经纪与交易	692	2042323	2042323	541933		20
证券投资	693	111967	111967	39253		
证券分析与咨询	694	6318	6318			
保险业	70	4903260	4759175	209153	30	52
人寿保险	701	3996448	3921314	195669		
非人寿保险	702	890527	822213	13456		
保险辅助服务	703	16285	15647	28	30	52
其他金融活动	71	9559412	9474341	2092832	24	44602
金融信托与管理	711	234436	234436	140314		130
金融租赁	712	84134	15964	1607		
财务公司	713	3632	3632	1763		
邮政储蓄	714	8188254	8188254	1870094		
典当	715	170265	170265	7532		52
其他未列明的金融活动	719	878691	861789	71522	24	44420
房地产业	**K**	**59189624**	**42559200**	**10546766**	**565218**	**186111**
房地产业	72	59189624	42559200	10546766	565218	186111
房地产开发经营	721	54460644	38750521	8759583	339468	146306
物业管理	722	941308	559055	105054	41723	5327
房地产中介服务	723	598110	559511	66939	4953	218
其他房地产活动	729	3189562	2690114	1615191	179075	34261
租赁和商务服务业	**L**	**26823451**	**25631587**	**13731916**	**407060**	**34695**
租赁业	73	482241	470899	61680	1265	1141
机械设备租赁	731	479304	468868	60476	1211	1141
文化及日用品出租	732	2937	2031	1204	53	
商务服务业	74	26341210	25160688	13670236	405795	33554
企业管理服务	741	22824222	21840141	12798931	187508	19526
法律服务	742	24489	24489	453	394	82
咨询与调查	743	1397034	1236527	146674	5011	1213
广告业	744	423383	421186	22677	2505	4658
知识产权服务	745	13147	12032	807		14
职业中介服务	746	100638	100559	58030	4105	1768
市场管理	747	309340	303186	25417	176971	884
旅行社	748	470401	460301	200711	3359	4738
其他商务服务	749	778556	762268	416537	25944	672
科学研究、技术服务和地质勘查业	**M**	**3316241**	**3207160**	**2179871**	**31271**	**7251**
研究与试验发展	75	104694	87558	35102	377	272
自然科学研究与试验发展	751	4582	4582			56

单位：万元

联营企业	国有联营	集体联营	国有与集体联营	其他联营	有限责任公司	国有独资公司	其他有限责任公司	股份有限公司	私营企业
2180	1853			327	64176	51	64125	5004	273237
2180	1853			327	58079		58079	5004	240856
					2301		2301		16741
					663		663		5350
					3133	51	3082		10289
2337862	**177127**	**50**	**2160685**		**7190162**	**376721**	**6813442**	**144868617**	**631690**
2160540			2160540		282423		282423	139128636	150
2160540			2160540		282423		282423	132211053	
								6917583	150
					198905		198905	1375187	5662
					352		352		
					157385		157385	1342602	383
					35174		35174	32585	4955
					5993		5993		325
170050	170000	50			8595	3331	5263	4297339	71756
50		50			877		877	3723377	1341
170000	170000				4161	3331	830	569802	64794
					3556		3556	4161	5621
7272	7127		145		6700241	373389	6326851	67454	554122
					24609		24609	18656	50727
					13724		13724		634
578	578				7		7		1285
					6318160	326729	5991431		
6548	6548				52852		52852	22862	75982
145			145		290889	46660	244229	25937	425494
266347	**165168**	**40685**	**44895**	**15599**	**16086471**	**2298191**	**13788280**	**1040127**	**13673716**
266347	165168	40685	44895	15599	16086471	2298191	13788280	1040127	13673716
216246	157541	37445	6349	14911	15299864	2030041	13269823	903194	12916051
2109	1384	195	137	393	154501	10681	143819	31410	211093
1966	1884	5		77	261810	224876	36934	2404	219971
46026	4358	3040	38409	218	370296	32593	337704	103119	326601
296959	**284802**	**3625**	**7821**	**711**	**6914691**	**4586877**	**2327815**	**1392960**	**2760328**
29				29	235927		235927	4179	165220
					235912		235912	4125	164574
29				29	15		15	55	647
296930	284802	3625	7821	682	6678764	4586877	2091888	1388780	2595108
259351	249643	1886	7821		5834977	4182395	1652582	917252	1765001
					72		72		22393
549		397		152	542390	390313	152077	266093	271400
196	196				125204	3259	121945	15864	243588
					7128		7128	75	3937
1071	1071				15313	619	14694	1308	18763
436	436				25581	1000	24581	1705	65552
3788	2425	1220		144	30566	6008	24558	157967	55982
31539	31031	122		386	97534	3282	94251	28516	148493
6543	**3702**	**1291**	**1064**	**486**	**306870**	**10356**	**296514**	**143287**	**498330**
1183	110	1073			16059		16059	823	33041
					225		225	229	4070

2-8 续表 1-8

行　　业	代码	资产总额	内资	国有	集体	股份合作
工程和技术研究与试验发展	752	31249	30173	7708	128	153
农业科学研究与试验发展	753	55378	41020	26725	248	25
医学研究与试验发展	754	13441	11738	668		38
社会人文科学研究与试验发展	755	45	45			
专业技术服务业	76	2803073	2775226	2083301	28300	5770
气象服务	761	3218	3218	2164	494	43
地震服务	762					
海洋服务	763	1937	1937	1002		
测绘服务	764	11691	11691	1804	2204	
技术检测	765	61558	60241	24613	2002	727
环境监测	766	4211	4211	40	518	16
工程技术与规划管理	767	2438476	2425660	2014543	14845	4500
其他专业技术服务	769	281982	268268	39134	8236	484
科技交流和推广服务业	77	390409	326311	55000	2436	901
技术推广服务	771	259986	198063	20961	1774	452
科技中介服务	772	29578	28522	18558	610	83
其他科技服务	779	100846	99726	15481	52	366
地质勘查业	78	18065	18065	6468	159	309
矿产地质勘查	781	8341	8341	4576	67	
基础地质勘查	782	4569	4569	195		20
地质勘查技术服务	783	5156	5156	1697	91	289
水利、环境和公共设施管理业	**N**	**1169811**	**966596**	**443777**	**35998**	**5237**
水利管理业	79	51737	48935	18790	2750	
防洪管理	791	2745	2745	1052		
水资源管理	792	46962	44161	17249	2734	
其他水利管理	799	2030	2030	490	16	
环境管理业	80	410474	251445	68023	1056	
自然保护	801	7289	7118	1144	200	
环境治理	802	403185	244327	66879	856	
公共设施管理业	81	707601	666216	356964	32192	5237
市政公共设施管理	811	331062	331062	269884	2413	
城市绿化管理	812	51033	50773	7975	1672	1137
游览景区管理	813	325506	284382	79106	28107	4100
居民服务和其他服务业	**O**	**495995**	**472367**	**85267**	**13261**	**6608**
居民服务业	82	246139	227388	42273	4362	1876
家庭服务	821	2545	2545	134	44	
托儿所	822	88	88			
洗染服务	823	10310	9106	52		200
理发及美容保健服务	824	25663	24290	782	666	216
洗浴服务	825	57866	48034	1435	288	9
婚姻服务	826	1806	1548			
殡葬服务	827	106929	101698	35804	970	1270
摄影扩印服务	828	11355	10746	726	188	70
其他居民服务	829	29577	29333	3340	2207	111
其他服务业	83	249856	244979	42994	8899	4732
修理与维护	831	122440	118154	9971	4407	3530
清洁服务	832	28565	28228	7047	213	187
其他未列明的服务	839	98852	98598	25976	4280	1015

单位：万元

联营企业	国有联营	集体联营	国有与集体联营	其他联营	有限责任公司	国有独资公司	其他有限责任公司	股份有限公司	私营企业
					13804		13804		8294
1183	110	1073			1859		1859	342	10024
					126		126	252	10654
					45		45		
1671		121	1064	486	231079	6832	224247	67866	337026
					287		287	212	
					296		296		639
					3334	624	2710	57	3995
13		13			13668	378	13290	1113	17623
					3027	2527	500		608
1553		13	1064	476	105874	3303	102572	55268	218772
105		95		10	104594		104594	11216	95389
3690	3592	98			53576		53576	74599	124335
3601	3592	9			26627		26627	34068	109352
89		89			1050		1050	5008	3076
					25899		25899	35522	11907
					6156	3524	2632		3927
					549		549		2258
					4097	3524	573		177
					1509		1509		1493
1494	**1280**	**214**			**144975**	**42261**	**102713**	**128693**	**198645**
					11881	1320	10561		15286
					1693	350	1343		
					9828	970	8859		14122
					360		360		1165
					27223	950	26273	71657	79645
					369		369		5405
					26854	950	25904	71657	74240
1494	1280	214			105870	39992	65879	57035	103714
					49809	32314	17495	300	8551
451	237	214			12936	51	12885	1715	23656
1043	1043				43126	7627	35499	55020	71507
1366	**5**	**1287**		**74**	**54787**	**2030**	**52757**	**53152**	**246522**
1154		1154			36428	2025	34403	7379	129568
312		312			595		595	67	1383
					1		1		87
					799		799	57	7989
7		7			962		962	619	19593
8		8			3746		3746	2792	37980
					39		39		1495
					26944	2025	24919	3415	32519
827		827			264		264	52	8446
					3079		3079	378	20077
212	5	133		74	18359	5	18354	45772	116954
133		133			12596		12596	2135	80071
1				1	2410	5	2405	178	17780
78	5			73	3353		3353	43459	19104

2-8 续表 1-9

行业	代码	资产总额	内资			
				国有	集体	股份合作
教育	**P**	**130879**	**126110**	**13336**	**6695**	**3147**
教育	84	130879	126110	13336	6695	3147
学前教育	841	6332	4687	374		
初等教育	842	358	358			
中等教育	843	5663	5663		53	
高等教育	844	125	125			
其他教育	849	118401	115277	12961	6642	3147
卫生、社会保障和社会福利业	**Q**	**241965**	**100636**	**5643**	**3196**	**636**
卫生	85	229725	90118	5550	2859	636
医院	851	197751	58506	3180	757	450
卫生院及社区医疗活动	852	6503	6503	1522	1527	30
门诊部医疗活动	853	17923	17661	734	553	156
计划生育技术服务活动	854	72	72			
妇幼保健活动	855	313	313	6		
专科疾病防治活动	856	387	387	108		
疾病预防控制及防疫活动	857	5095	5095		2	
其他卫生活动	859	1682	1582		20	
社会保障业	86	249	249	49		
社会保障业	860	249	249	49		
社会福利业	87	11991	10269	44	337	
提供住宿的社会福利	871	10690	9925		37	
不提供住宿的社会福利	872	1301	344	44	300	
文化、体育和娱乐业	**R**	**630098**	**384446**	**96035**	**3041**	**2725**
新闻出版业	88	30048	30048	11394	42	56
新闻业	881	412	412		10	
出版业	882	29636	29636	11394	32	56
广播、电视、电影和音像业	89	122224	117735	37660	656	6
广播	891	2511	2511	2511		
电视	892	86004	81515	21355	47	
电影	893	30228	30228	13784	258	
音像制作	894	3480	3480	10	352	6
文化艺术业	90	21441	13656	5596	127	3
文艺创作与表演	901	3248	3248	190	19	
艺术表演场馆	902	213	213	13		
图书馆与档案馆	903	81	81			
文物及文化保护	904	54	54			
博物馆	905	8558	774			
烈士陵园、纪念馆	906					
群众文化活动	907	455	455		93	
文化艺术经纪代理	908	1794	1794			3
其他文化艺术	909	7039	7039	5393	15	
体育	91	52356	45153	27211	547	
体育组织	911	8544	6847	376		
体育场馆	912	42431	36926	26775	287	
其他体育	919	1380	1380	60	259	
娱乐业	92	404029	177853	14176	1669	2660
室内娱乐活动	921	132679	114400	34	993	2460
游乐园	922	71121	13968	11780		
休闲健身娱乐活动	923	152342	27316	2362	358	200
其他娱乐活动	929	47887	22169		319	

单位：万元

联营企业	国有联营	集体联营	国有与集体联营	其他联营	有限责任公司	国有独资公司	其他有限责任公司	股份有限公司	私营企业
43		**43**			**19666**	**2**	**19664**	**6432**	**69364**
43		43			19666	2	19664	6432	69364
					763		763		3190
									353
					57		57	200	5315
									25
43		43			18846	2	18844	6232	60480
170	**155**	**15**			**14579**	**54**	**14525**	**3924**	**63161**
170	155	15			14573	54	14519	3824	53201
					13562		13562	3824	32741
15		15							2304
155	155				953		953		10980
									307
									279
					3		3		5090
					54	54			1501
								100	100
								100	100
					6		6		9860
					6		6		9860
17596	**17596**				**87449**	**711**	**86739**	**8866**	**160638**
16313	16313				361		361		1845
									402
16313	16313				361		361		1443
					59957		59957	1007	18280
					56452		56452	87	3575
					3503		3503	783	11731
					2		2	137	2974
					2495	100	2395	33	5032
					1693		1693		1097
					100	100			100
									81
									54
									724
									362
					550		550		1242
					153		153	33	1371
					8136	611	7525		9261
					6209	611	5598		262
					1927		1927		7937
									1061
1283	1283				16501		16501	7827	126222
1283	1283				12029		12029	2055	91906
					284		284		1731
					1702		1702	620	21654
					2486		2486	5152	10931

2-8 续表 2-1

行业	代码	私营独资	私营合伙	私营有限责任公司	私营股份有限公司	其他
总计		**5622432**	**3577661**	**60478021**	**3411287**	**1190078**
农、林、牧、渔业	**A**			**2142**	**256**	
农业	01			501		
谷物及其他作物的种植	011			501		
蔬菜、园艺作物的种植	012					
水果、坚果、饮料和香料作物的种植	013					
中药材的种植	014					
林业	02					
林木的培育和种植	021					
木材和竹材的采运	022					
林产品的采集	023					
畜牧业	03			1641	256	
牲畜的饲养	031			156		
猪的饲养	032			1378	256	
家禽的饲养	033					
狩猎和捕捉动物	034					
其他畜牧业	039			107		
渔业	04					
海洋渔业	041					
内陆渔业	042					
农、林、牧、渔服务业	05					
农业服务业	051					
林业服务业	052					
畜牧服务业	053					
渔业服务业	054					
采矿业	**B**	**134316**	**136970**	**762009**	**30274**	**18782**
煤炭开采和洗选业	06	639	5039	141907	2958	
烟煤和无烟煤的开采洗选	061	419	5022	141423	2958	
褐煤的开采洗选	062					
其他煤炭采选	069	220	17	485		
石油和天然气开采业	07					
天然原油和天然气开采	071					
与石油和天然气开采有关的服务活动	079					
黑色金属矿采选业	08	11916	20740	157049	5091	625
铁矿采选	081	10582	18376	153941	3721	625
其他黑色金属矿采选	089	1334	2364	3108	1370	
有色金属矿采选业	09	11728	19537	320345	12508	
常用有色金属矿采选	091	9969	12326	119784	11921	
贵金属矿采选	092	791	3693	33320	220	
稀有稀土金属矿采选	093	968	3518	167241	367	
非金属矿采选业	10	109304	90685	142708	9717	17999
土砂石开采	101	74212	83291	120350	7594	16556
化学矿采选	102	684		539		
采盐	103	1180				
石棉及其他非金属矿采选	109	33229	7394	21820	2124	1443
其他采矿业	11	730	969			158
其他采矿业	110	730	969			158
制造业	**C**	**2828661**	**1209458**	**23051830**	**1013786**	**253031**
农副食品加工业	13	162571	58157	1322109	52188	12053
谷物磨制	131	39362	7062	146350	1275	539

单位：万元

港澳台商投资	港澳台商合资经营	港澳台商合作经营	港澳台商独资经营	港澳台商投资股份有限公司	外商投资	中外合资经营	中外合作经营	外资	外商投资股份有限公司
49373280	**12999879**	**1217573**	**33103769**	**2052058**	**48192430**	**18787740**	**518161**	**25285764**	**3600766**
98366	**45319**	**12470**	**40577**		**46797**	**31577**		**14337**	**884**
23986			23986		3147	3147			
23986			23986		3147	3147			
10922	10291		631		1784			1784	
10922	10291		631		1784			1784	
33079	20196		12884		15062	13958		1104	
33079	20196		12884		14358	13254		1104	
					704	704			
30378	14832	12470	3076		26804	14471		11449	884
12391	9315		3076		18627	6295		11449	884
14818	2348	12470							
3170	3170				8177	8177			
29062741	**7548549**	**206941**	**19838613**	**1468638**	**29162283**	**11592497**	**241062**	**16458562**	**870163**
1121356	427271	6653	536075	151357	666207	249821	10485	404902	1000
21984	2989		18995		18704	18704			

2-8 续表 2-2

行业	代码	私营独资	私营合伙	私营有限责任公司	私营股份有限公司	其他
饲料加工	132	40525	8237	198446	2145	
植物油加工	133	5449	1551	223293		175
制糖	134	68		19034		
屠宰及肉类加工	135	9891	6445	180480	1421	1141
水产品加工	136	30049	18747	296606	44304	4816
蔬菜、水果和坚果加工	137	26664	9512	180233	1391	508
其他农副食品加工	139	10563	6603	77667	1652	4874
食品制造业	14	86922	23236	738561	50865	6063
焙烤食品制造	141	9231	1745	72068	2148	2737
糖果、巧克力及蜜饯制造	142	19905	4147	291040	508	1659
方便食品制造	143	8716	1813	54710	620	64
液体乳及乳制品制造	144			14333	2210	
罐头制造	145	31031	7755	173785	42999	374
调味品、发酵制品制造	146	7006	3291	59393	110	772
其他食品制造	149	11033	4484	73233	2270	458
饮料制造业	15	197738	54632	389815	12698	6966
酒精制造	151	10	100	560		
酒的制造	152	14652	3293	80255	940	113
软饮料制造	153	16452	6839	93128	3707	352
精制茶加工	154	166625	44400	215873	8051	6501
烟草制品业	16					
烟叶复烤	161					
卷烟制造	162					
其他烟草制品加工	169					
纺织业	17	166852	86650	2180858	43263	5503
棉、化纤纺织及印染精加工	171	33435	38489	1210490	14042	304
毛纺织和染整精加工	172	1274	2109	2286	568	
麻纺织	173			1463		
丝绢纺织及精加工	174	1232	32	17746	828	
纺织制成品制造	175	35633	6369	297141	6977	246
针织品、编织品及其制品制造	176	95278	39651	651733	20849	4953
纺织服装、鞋、帽制造业	18	246897	61851	1089342	69818	11216
纺织服装制造	181	227781	42175	1028361	66287	9526
纺织面料鞋的制造	182	17808	19668	59876	3531	1690
制帽	183	1309	9	1105		
皮革、毛皮、羽毛(绒)及其制品业	19	141605	53235	1183342	59596	9952
皮革鞣制加工	191	4751	2618	90009	2280	313
皮革制品制造	192	134455	49387	1054635	57316	9579
毛皮鞣制及制品加工	193	1206		12588		
羽毛(绒)加工及制品制造	194	1192	1230	26109		60
木材加工及木、竹、藤、棕、草制品业	20	170151	69078	961989	20844	6465
锯材、木片加工	201	25881	15182	76365	1819	1874
人造板制造	202	44772	19570	551797	13152	1954
木制品制造	203	33685	14241	160509	1243	325
竹、藤、棕、草制品制造	204	65813	20086	173318	4629	2313
家具制造业	21	52283	21892	341405	11941	4286
木质家具制造	211	33697	16364	182978	6821	3712
竹、藤家具制造	212	1537	1862	13320	920	
金属家具制造	213	8676	1905	109607	3228	309
塑料家具制造	214	737	231	4940	346	
其他家具制造	219	7636	1531	30561	627	265

单位：万元

港澳台商投　资	港澳台商合资经营	港澳台商合作经营	港澳台商独资经营	港澳台商投资股份有限公司	外商投资	中外合资经营	中外合作经营	外资	外商投资股份有限公司
107390	80018	2183	25189		22143	1499		20644	
188034	80361		3203	104470	206524	37442		169082	
88376	4724		51839	31813	14581		25	14556	
460072	217751	3291	223957	15074	200003	105950	10376	83177	500
177782	38573	1180	138029		178252	78161	84	100007	
77719	2855		74864		25999	8064		17435	500
445531	105425	162	304991	34953	365105	132565		187065	45475
85622	30695		54927		74843	809		49954	24080
105704	27773		43413	34517	36627	8208		27994	425
76321	6801	162	69113	246	35737	18464		17273	
3267	2115		1152		19921				19921
99562	33027		66535		78798	51271		27528	
42587	810		41586	190	85032	30382		54650	
32467	4203		28265		34147	23431		9666	1050
612393	429892	1678	178944	1879	635295	93544		539403	2349
99305	98148		1158		275473	3316		272156	
476192	326124		150068		270271	87421		182850	
36896	5620	1678	27719	1879	89552	2807		84396	2349
2642961	195565	8439	2411272	27685	1048912	129979	5353	900564	13017
1474795	99998	3384	1345339	26075	712486	119989	2671	576908	12919
33711	6156		27555		9991			9991	
1239			1239		1187			1187	
58788			58788		697			697	
437459	32325		403524	1611	180925	2455		178470	
636968	57087	5055	574826		143626	7535	2682	133311	98
3073969	244014	17607	2713350	98997	991180	43905	2617	937884	6774
2974624	197905	17607	2660115	98997	949053	41572	2617	898090	6774
94879	45647		49232		36023	2334		33689	
4466	463		4004		6105			6105	
2567931	378971		2183929	5031	1443212	179018	7370	1170008	86817
148243	62425		85818		169723	32497	1332	66038	69856
2416128	316546		2094551	5031	1252177	146194	6038	1082984	16961
885			885						
2675			2675		21312	327		20986	
200053	56206	518	142850	479	211240	143077	9650	57393	1120
5622	2279		3343		3514	145		3369	
51371	17789		33323	259	111754	106297		4337	1120
93600	19105		74276	220	76155	29572	9650	36933	
49461	17035	518	31908		19816	7062		12754	
487022	118817	120	368049	37	243443	63146		177299	2999
196082	39976		156106		102178	20000		79179	2999
691	572		119		2003			2003	
241483	78260		163223		84310	42442		41868	
35795			35795						
12971	9	120	12806	37	54952	704		54248	

2-8 续表 2-3

行业	代码	私营独资	私营合伙	私营有限责任公司	私营股份有限公司	其他
造纸及纸制品业	22	82964	58720	883804	66558	2688
纸浆制造	221	728	599	13217	500	
造纸	222	17650	29241	280367	43507	880
纸制品制造	223	64586	28880	590220	22550	1808
印刷业和记录媒介的复制	23	54334	13849	444014	10515	2280
印刷	231	50488	13318	433480	9795	1929
装订及其他印刷服务活动	232	3846	531	10349	720	351
记录媒介的复制	233			186		
文教体育用品制造业	24	23035	5315	143587	883	1352
文化用品制造	241	6603	408	23280	250	62
体育用品制造	242	10427	1157	93540	111	152
乐器制造	243	584		714	57	
玩具制造	244	5421	3750	16499	465	1138
游艺器材及娱乐用品制造	245			9553		
石油加工、炼焦及核燃料加工业	25	1929	70	60726	6820	1259
精炼石油产品的制造	251	1693	70	20460	6820	1259
炼焦	252	236		40266		
核燃料加工	253					
化学原料及化学制品制造业	26	94589	37883	935433	20501	43024
基础化学原料制造	261	6960	1809	208704	2677	
肥料制造	262	2735	5691	73253	1415	55
农药制造	263	500		22580	69	
涂料、油墨、颜料及类似产品制造	264	16774	8155	165558	1326	1047
合成材料制造	265	4012	7322	94431	1598	40943
专用化学产品制造	266	32628	12595	247539	9492	628
日用化学产品制造	267	30981	2311	123367	3924	351
医药制造业	27	10474	5487	222312	10044	22903
化学药品原药制造	271	141		2254		
化学药品制剂制造	272		451	42034	658	21561
中药饮片加工	273	3812		11447		1341
中成药制造	274	4023	2010	45223	4660	
兽用药品制造	275	200	12	7031		
生物、生化制品的制造	276	390	3014	94960	4684	
卫生材料及医药用品制造	277	1909		19365	42	
化学纤维制造业	28	5279	17208	343983	850	
纤维素纤维原料及纤维制造	281	160		14665	720	
合成纤维制造	282	5119	17208	329318	130	
橡胶制品业	29	58539	12004	303959	18277	642
轮胎制造	291	18861	1120	34021		161
橡胶板、管、带的制造	292	4185	516	14737	76	60
橡胶零件制造	293	5227	827	26278	2322	
再生橡胶制造	294	2448	572	27673		80
日用及医用橡胶制品制造	295	2886	1690	8574	973	26
橡胶靴鞋制造	296	21281	7007	126980	12736	210
其他橡胶制品制造	299	3651	271	65696	2170	105
塑料制品业	30	137678	48123	1030984	17062	8618
塑料薄膜制造	301	10817	3967	82885	2651	18

单位：万元

港澳台商投资	港澳台商合资经营	港澳台商合作经营	港澳台商独资经营	港澳台商投资股份有限公司	外商投资	中外合资经营	中外合作经营	外资	外商投资股份有限公司
801590	359266	2483	439841		601806	300291	1891	299624	
2124	2124								
262802	111724	790	150288		117274	89223	1891	26160	
536665	245419	1693	289553		484532	211069		273464	
137624	55843		71516	10264	84181	28977		55204	
118083	53737		54082	10264	80791	28977		51814	
5175	2106		3068		3391			3391	
14366			14366						
446687	64292	10023	369414	2958	366182	28350		337832	
53322	699		49665	2958	41061	10107		30954	
269192	40709		228483		270850	6075		264774	
7791			7791		18528			18528	
115944	22883	10023	83037		35656	12167		23489	
438			438		87			87	
41516	2587		38929		3760914	3737742		23172	
41516	2587		38929		3760914	3737742		23172	
785605	233092	11938	539082	1494	1511422	721135	6094	591046	193147
76818	12608		64210		96401	14228		82173	
101942	73282		28660		10782	2493		7337	951
56900	5786		49875	1239	1181			1181	
95430	15630		79800		77795	9752	250	67793	
146480	30773	11938	103769		899648	607452		292196	
196542	74111		122431		328057	67075	5604	63181	192196
111493	20902		90336	255	97559	20134	240	77185	
265033	128226		136808		245469	127664	3422	114383	
56105	42445		13660		35195	27827	2702	4667	
31635	15307		16328		107368	26000		81368	
415			415		590			590	
127284	64362		62922		18225	10623		7602	
					48508	30238		18271	
44400	5105		39295		34644	32806		1838	
5196	1007		4188		939	171	720	48	
1846485	388833		949183	508469	403512	16879	786	385847	
32768	3503		29265		7353			7353	
1813717	385330		919918	508469	396159	16879	786	378494	
793271	65495		718324	9452	791156	541332		249824	
392045			392045		537409	534967		2443	
9254			9254		110			110	
46198			46198		29392	3400		25992	
					414			414	
15808			15808		257			257	
297805	65495		222858	9452	132205	2544		129662	
32161			32161		91368	422		90945	
1385079	359737	22062	992550	10729	923329	205371	2066	657602	58290
181276	35847	1603	143826		281737	47396		234341	

2-8 续表 2-4

行业	代码					
		私营独资	私营合伙	私营有限责任公司	私营股份有限公司	其他
塑料板、管、型材的制造	302	11456	1574	73886	976	3415
塑料丝、绳及编织品的制造	303	11345	2438	47338	2171	536
泡沫塑料制造	304	11528	5285	67708	1656	112
塑料人造革、合成革制造	305	5434	917	108243		56
塑料包装箱及容器制造	306	16941	2276	55703	1215	566
塑料零件制造	307	7624	2509	109361	1729	117
日用塑料制造	308	43605	23791	340358	3830	2300
其他塑料制品制造	309	18928	5366	145503	2834	1498
非金属矿物制品业	31	428787	274480	2890215	121833	47746
水泥、石灰和石膏的制造	311	15815	44460	429758	9885	326
水泥及石膏制品制造	312	22980	7310	244648	1756	2227
砖瓦、石材及其他建筑材料制造	313	343932	205668	1830622	93419	27982
玻璃及玻璃制品制造	314	5964	2642	148033	1018	15389
陶瓷制品制造	315	30959	9140	171442	12107	879
耐火材料制品制造	316	2214	2933	19577	50	738
石墨及其他非金属矿物制品制造	319	6922	2328	46135	3599	206
黑色金属冶炼及压延加工业	32	22086	13724	848380	15586	338
炼铁	321	3446	190	122269	3666	338
炼钢	322	642	1173	223230		
钢压延加工	323	8495	9331	421695	4634	
铁合金冶炼	324	9503	3030	81187	7286	
有色金属冶炼及压延加工业	33	22478	4437	300864	10213	95
常用有色金属冶炼	331	1953	732	22951	4452	20
贵金属冶炼	332	75				
稀有稀土金属冶炼	333	8211	800	10859	1734	
有色金属合金制造	334	2000	137	25001	165	
有色金属压延加工	335	10239	2768	242054	3862	75
金属制品业	34	96572	30602	818730	12348	5588
结构性金属制品制造	341	28353	10715	256570	6172	2238
金属工具制造	342	8502	2033	64857	650	96
集装箱及金属包装容器制造	343	9105	2050	88082	70	42
金属丝绳及其制品的制造	344	2953	69	28193		30
建筑、安全用金属制品制造	345	18652	6970	126654	982	1494
金属表面处理及热处理加工	346	9058	1135	50023	96	84
搪瓷制品制造	347	726	340	7158		505
不锈钢及类似日用金属制品制造	348	10583	2097	83823	2093	696
其他金属制品制造	349	8640	5194	113370	2286	404
通用设备制造业	35	168352	55013	1205755	220393	4973
锅炉及原动机制造	351	3567	1219	53262	247	
金属加工机械制造	352	12263	2590	119732	1999	214
起重运输设备制造	353	4241	2651	51207	1043	
泵、阀门、压缩机及类似机械的制造	354	75310	5124	327591	159113	917
轴承、齿轮、传动和驱动部件的制造	355	12026	3426	54964	24501	
烘炉、熔炉及电炉制造	356	162		469		
风机、衡器、包装设备等通用设备制造	357	8346	4256	143899	18643	680
通用零部件制造及机械修理	358	21616	9446	211454	5747	1427
金属铸、锻加工	359	30821	26301	243176	9101	1735
专用设备制造业	36	72911	36109	792022	37865	4671
矿山、冶金、建筑专用设备制造	361	14862	9898	293610	7075	463

单位：万元

港澳台商投资	港澳台商合资经营	港澳台商合作经营	港澳台商独资经营	港澳台商投资股份有限公司	外商投资	中外合资经营	中外合作经营	外资	外商投资股份有限公司
121310	51418	246	69646		168003	59022	1865	50189	56928
28789	797		27991		7462	2046		5416	
73246	4500		68745		18277	1440		16459	377
163393	50031		113362		39227			39227	
28518	12661	679	15178		26501	11557		14945	
42481	7673	282	24353	10174	76611	29806		46805	
424381	79556	9152	335673		188132	44715	201	142231	985
321685	117254	10101	193775	555	117378	9390		107989	
2109439	836845		712017	560577	1242399	225552	25699	856741	134408
172261	105164		67097		258982	7533		123973	127477
178914	62908		116005		56558	38811		17471	276
659067	312328		346165	574	435844	161023	5030	263512	6279
970264	327528		82733	560003	390361	3657		386703	
98645	22370		76275		38236	12878	668	24313	376
3961			3961						
26328	6547		19781		62419	1650	20000	40769	
360463	261020	2275	97168		1616681	1020479		596202	
80305	80305				14789			14789	
61223	61223				299991	261641		38350	
218302	119492	2275	96535		1285585	742523		543062	
633			633		16316	16316			
565024	161804		403220		356306	207993		148314	
57549	57549				14632			14632	
430	430				191232	93824		97408	
507046	103826		403220		150443	114169		36274	
764455	225437	9631	523740	5646	913060	178257	4172	714861	15771
193293	55518	930	131699	5146	128355	55643		60000	12712
44810	9624		35185		87455	5328		79741	2386
209528	78570	6982	123977		209898	40676		168722	500
26712	20964		5748		15857	2382	1499	11975	
94040	1956	374	91710		280309	10961		269175	173
16145	6744		8901	500	33273	4957		28317	
251	251				24691	23455		1235	
106080	1072	1346	103662		104610	34565	2673	67372	
73596	50738		22858		28613	288		28324	
414169	94639	325	310643	8563	806501	97727	148415	557703	2656
3006	2160		846		4986			4986	
28468	4914	325	23230		87635			86315	1320
16614	2342		14273		403796	4989	148415	250392	
84893	11106		65295	8492	70825	33113		37712	
100650	38603		62047		44471	6348		36908	1216
					668			668	
67188	18842		48346		94205	34084		60002	120
94910	10886		83953	71	79520	7721		71799	
18441	5786		12655		20394	11473		8921	
521429	186747		334182	500	681955	73683		562670	45602
81332	14155		67177		213281	22096		145681	45505

2-8 续表 2-5

行　业	代码	私营独资	私营合伙	私营有限责任公司	私营股份有限公司	其他
化工、木材、非金属加工专用设备制造	362	28703	11074	142350	3291	2143
食品、饮料、烟草及饲料生产专用设备制造	363	2818	538	19226	174	402
印刷、制药、日化生产专用设备制造	364	1083	685	31897	362	
纺织、服装和皮革工业专用设备制造	365	3386	1655	56251	784	
电子和电工机械专用设备制造	366	8114	5880	53570	2393	985
农、林、牧、渔专用机械制造	367	8712	2406	44525	5335	171
医疗仪器设备及器械制造	368	202	26	15000	17658	
环保、社会公共安全及其他专用设备制造	369	5032	3949	135592	792	507
交通运输设备制造业	37	78238	34075	1117355	28844	6378
铁路运输设备制造	371			1392		
汽车制造	372	52403	19384	688030	14167	5337
摩托车制造	373	14720	3217	92998	2667	38
自行车制造	374	195	29	1855		
船舶及浮动装置制造	375	10920	10838	328936	12011	985
航空航天器制造	376					
交通器材及其他交通运输设备制造	379		607	4145		19
电气机械及器材制造业	39	58304	45470	1140489	45982	1406
电机制造	391	30428	25191	502635	30955	125
输配电及控制设备制造	392	6943	2705	214570	1502	293
电线、电缆、光缆及电工器材制造	393	5150	1619	103927	2168	358
电池制造	394	2603	10755	96078	2910	60
家用电力器具制造	395	2082	1492	91555	6854	
非电力家用器具制造	396	731	144	29077	15	
照明器具制造	397	9265	3013	91085	1478	570
其他电气机械及器材制造	399	1101	550	11563	100	
通信设备、计算机及其他电子设备制造业	40	27616	38114	508837	35924	6328
通信设备制造	401	3740	79	132888	11355	4148
雷达及配套设备制造	402	96		1996		
广播电视设备制造	403	560		44246		
电子计算机制造	404	699		22264	4815	943
电子器件制造	405	2306	34488	126248	845	
电子元件制造	406	13875	2719	103833	18167	634
家用视听设备制造	407	86	122	30743		
其他电子设备制造	409	6254	707	46620	742	603
仪器仪表及文化、办公用机械制造业	41	11618	1935	196427	2335	2529
通用仪器仪表制造	411	1531	776	40924	561	463
专用仪器仪表制造	412	2431	600	17343	30	923
钟表与计时仪器制造	413	6829		100275	81	243
光学仪器及眼镜制造	414	602	517	29530	1473	850
文化、办公用机械制造	415	215	42	4737	150	50
其他仪器仪表的制造及修理	419	10		3617	40	
工艺品及其他制造业	42	141535	45378	647771	9065	27389
工艺美术品制造	421	119381	22737	430749	7277	15521
日用杂品制造	422	16003	20268	122083	1565	955
煤制品制造	423	1269	562	7436	164	
核辐射加工	424					
其他未列明的制造业	429	4883	1812	87503	60	10914
废弃资源和废旧材料回收加工业	43	6327	2730	8764	675	321
金属废料和碎屑的加工处理	431	1679	246	5576	355	
非金属废料和碎屑的加工处理	432	4648	2484	3188	320	321

单位：万元

港澳台商投资	港澳台商合资经营	港澳台商合作经营	港澳台商独资经营	港澳台商投资股份有限公司	外商投资	中外合资经营	中外合作经营	外资	外商投资股份有限公司
122138	31475		90164	500	50422	20167		30255	
4435	3044		1391		3283	784		2499	
47030	18118		28912		17879			17879	
127311	12590		114721		66283	951		65332	
20263	14599		5664		396			299	97
1481	1361		121		5581			5581	
17430			17430		54198	3676		50522	
100009	91406		8603		270633	26010		244623	
1166134	662038	224	479028	24844	1837823	912257	3115	751047	171404
826965	397503	224	404395	24844	1512959	827821	3115	682003	20
60950	10065		50885		76558	47717		28842	
5754	1191		4562		16020	628		15392	
19186			19186		199899	6929		21587	171384
253280	253280				30264	28261		2003	
					2123	902		1221	
1379479	471192		907307	980	1407848	822780		545024	40045
188168	95840		92328		194130	140863		53266	
218821	13258		205563		558758	368480		190278	
58700	12911		45790		56907	257		56651	
303708	81179		222530		159376	123362		36015	
318629	262041		56588		60544	10505		48727	1312
60097	2085		58012		2618			2618	
230514	3878		225656	980	350654	179314		132608	38733
841			841		24861			24861	
2648736	854800		1793626	310	5135219	1155246		3979828	146
382590	229063		153527		308181	176176		132005	
9842			9842		1511	968		397	146
885402	20344		865058		2338530	164167		2174364	
166822	26345		140476		1347976	500775		847200	
566795	50970		515515	310	553349	72006		481344	
609373	527389		81983		415558	185208		230350	
27913	689		27225		170114	55946		114168	
433623	59752		371569	2303	356090	35036	6999	314054	
56873	30792		23779	2303	14052	1474		12579	
6483	5508		974		44621	5587		39034	
100276	18548		81728		8363	1439		6924	
146932	3933		142999		138675	25394		113282	
121799	971		120829		117012	1144	6999	108869	
1261			1261		33367			33367	
1025855	101617	112802	810304	1132	515836	120692	2929	343069	49146
515195	77797	3314	432952	1132	314588	117852	2894	187430	6411
363801	19148	1185	343468		190658	1840	35	146048	42734
146859	4672	108303	33884		10591	1000		9591	
19832	19127		705						
4760	4055		705						
15072	15072								

2-8 续表 2-6

行业	代码	私营独资	私营合伙	私营有限责任公司	私营股份有限公司	其他
电力、燃气及水的生产和供应业	D	**152930**	**455269**	**1548801**	**109048**	**22443**
电力、热力的生产和供应业	44	145777	450209	1446841	104827	16052
电力生产	441	140572	447732	1443171	101787	15553
电力供应	442	4807	2477	2457	3040	499
热力生产和供应	443	399		1213		
燃气生产和供应业	45	1073	280	4722	50	3450
燃气生产和供应业	450	1073	280	4722	50	3450
水的生产和供应业	46	6081	4779	97238	4171	2941
自来水的生产和供应	461	4425	4764	47944	4171	2881
污水处理及其再生利用	462			49269		
其他水的处理、利用与分配	469	1656	15	26		60
建筑业	E	**221851**	**120023**	**4169622**	**380416**	**98468**
房屋和土木工程建筑业	47	137578	87789	2994787	286429	91677
房屋工程建筑	471	98543	34411	2136930	233835	20407
土木工程建筑	472	39034	53378	857857	52594	71269
建筑安装业	48	21161	10787	434147	21696	341
建筑安装业	480	21161	10787	434147	21696	341
建筑装饰业	49	19857	11018	437485	57618	3587
建筑装饰业	490	19857	11018	437485	57618	3587
其他建筑业	50	43257	10429	303202	14673	2863
工程准备	501	10588	5488	114919	2017	1124
提供施工设备服务	502	4400	748	22155	967	104
其他未列明的建筑活动	509	28269	4193	166128	11689	1636
交通运输、仓储和邮政业	F	**262192**	**628530**	**1557985**	**70371**	**109331**
铁路运输业	51		600	572		
铁路旅客运输	511			278		
铁路货物运输	512			144		
铁路运输辅助活动	513		600	150		
道路运输业	52	190285	80669	752001	25856	35602
公路旅客运输	521	26860	13336	57098	3178	2372
道路货物运输	522	159662	60032	673349	20866	30621
道路运输辅助活动	523	3763	7301	21554	1811	2609
城市公共交通业	53	2295	849	18061	7441	481
公共电汽车客运	531	381	287	2381	652	161
轨道交通	532					
出租车客运	533	1914	305	14094	6788	320
城市轮渡	534					
其他城市公共交通	539		257	1587		
水上运输业	54	17538	507037	440500	18726	37446
水上旅客运输	541	283	526	3000	650	6494
水上货物运输	542	11896	504292	375916	15776	30642
水上运输辅助活动	543	5360	2219	61584	2300	310
航空运输业	55			1642		
航空客货运输	551			729		
通用航空服务	552			10		
航空运输辅助活动	553			904		
管道运输业	56			213		
管道运输业	560			213		

单位：万元

港澳台商投资	港澳台商合资经营	港澳台商合作经营	港澳台商独资经营	港澳台商投资股份有限公司	外商投资	中外合资经营	中外合作经营	外资	外商投资股份有限公司
665084	**90464**	**467278**	**105888**	**1454**	**2847258**	**317605**	**31900**	**2027270**	**470483**
590833	68154	451778	69447	1454	2700502	231226	8287	1990506	470483
581632	68154	443798	68226	1454	2686863	217757	8287	1990336	470483
9200		7980	1220		13469	13469			
					170			170	
37927	1486		36441		38948	37785		1162	
37927	1486		36441		38948	37785		1162	
36324	20824	15500			107809	48594	23613	35602	
36324	20824	15500			87902	48594	23613	15695	
					19907			19907	
230466	**182970**	**5982**	**40306**	**1209**	**133123**	**45700**	**2824**	**59850**	**24750**
109691	107752		1939		50767	11992	2426	24312	12038
107752	107752				37497	11992	2426	23079	
1939			1939		13270			1232	12038
38475	5677	5856	26942		76226	28509		35006	12712
38475	5677	5856	26942		76226	28509		35006	12712
73326	63322	126	9878		5917	5199	397	320	
73326	63322	126	9878		5917	5199	397	320	
8975	6219		1547	1209	213			213	
1856	556		1300						
5663	5663								
1456			247	1209	213			213	
1112532	**978423**	**6126**	**115198**	**12785**	**1245358**	**704813**	**88379**	**450397**	**1770**
23772	18215	1950	3607		84524	4508	72797	7218	
214		214			849		849		
20201	16594		3607		13895	4508	2169	7218	
3358	1621	1737			69780		69780		
2029	1314	715			14100	2407	11693		
					11693		11693		
1254	1254				2407	2407			
775	60	715							
270436	254305		9385	6747	279962	266870	383	11109	1600
6595	6595								
7381			635	6747	6077	3983		494	1600
256459	247709		8750		273886	262888	383	10615	
					3715	210	3505		
					3715	210	3505		

2-8 续表 2-7

行业	代码	私营独资	私营合伙	私营有限责任公司	私营股份有限公司	其他
装卸搬运和其他运输服务业	57	40333	18684	261769	16240	35030
装卸搬运	571	3066	3100	27553	1260	392
运输代理服务	572	37267	15584	234215	14980	34639
仓储业	58	8995	20503	76893	1810	714
谷物、棉花等农产品仓储	581	500		4308		107
其他仓储	589	8495	20503	72585	1810	607
邮政业	59	2746	188	6336	298	56
国家邮政	591					
其他寄递服务	599	2746	188	6336	298	56
信息传输、计算机服务和软件业	**G**	**98115**	**29396**	**605134**	**44570**	**14440**
电信和其他信息传输服务业	60	4147	2346	33298	4241	523
电信	601	320	415	13164	3381	69
互联网信息服务	602	3793	1899	19935	860	302
广播电视传输服务	603	35	32	147		152
卫星传输服务	604			53		
计算机服务业	61	89432	23416	160847	3496	6455
计算机系统服务	611	2384	4247	119835	1867	900
数据处理	612	70	1	2917		
计算机维修	613	482	921	3391	366	18
其他计算机服务	619	86496	18246	34704	1263	5537
软件业	62	4535	3635	410989	36833	7462
公共软件服务	621	3957	2706	368201	33457	5487
其他软件服务	629	579	929	42789	3376	1975
批发和零售业	**H**	**1148156**	**517041**	**12251495**	**514878**	**278366**
批发业	63	703923	392189	10167600	416518	212003
农畜产品批发	631	14916	6818	169390	5539	2200
食品、饮料及烟草制品批发	632	74867	38188	681802	41232	14278
纺织、服装及日用品批发	633	136089	114994	1512202	114318	17478
文化、体育用品及器材批发	634	19244	8456	196595	13112	510
医药及医疗器材批发	635	26566	4664	277862	26798	11849
矿产品、建材及化工产品批发	636	263120	109741	4477054	86508	120987
机械设备、五金交电及电子产品批发	637	113736	68099	1915187	87971	28928
贸易经纪与代理	638	21435	16183	191322	8583	4458
其他批发	639	33952	25046	746187	32457	11316
零售业	65	444233	124852	2083895	98359	66363
综合零售	651	50350	27774	264149	22996	20644
食品、饮料及烟草制品专门零售	652	33509	7738	115138	3917	4259
纺织、服装及日用品专门零售	653	47073	6398	140624	1949	4812
文化、体育用品及器材专门零售	654	21289	3164	72977	2712	2224
医药及医疗器材专门零售	655	21441	6191	51355	2956	3364
汽车、摩托车、燃料及零配件专门零售	656	129640	35615	928756	19852	9185
家用电器及电子产品专门零售	657	74060	14306	260458	13294	6686
五金、家具及室内装修材料专门零售	658	46615	13969	165756	26500	11955
无店铺及其他零售	659	20255	9697	84681	4185	3235
住宿和餐饮业	**I**	**223149**	**76435**	**400805**	**31093**	**20030**
住宿业	66	117657	46085	272601	21903	12068
旅游饭店	661	63093	28234	182613	11166	7812
一般旅馆	662	51159	16569	87089	771	4242
其他住宿服务	669	3406	1282	2900	9966	14

单位：万元

港澳台商投　资	港澳台商合资经营	港澳台商合作经营	港澳台商独资经营	港澳台商投资股份有限公司	外商投资	中外合资经营	中外合作经营	外资	外商投资股份有限公司
750530	694699	71	49721	6039	305547	283304		22233	10
617955	617955				176120	161107		15013	
132575	76744	71	49721	6039	129427	122197		7219	10
65765	9890	3390	52486		557511	147513		409837	160
65765	9890	3390	52486		557511	147513		409837	160
576622	**37517**		**321555**	**217550**	**3175240**	**45063**	**3739**	**1169839**	**1956599**
515118			297754	217364	2987844	25901		1006480	1955463
413131			297754	115377	1146376	25901		1005093	115382
101987				101987	1841468			1387	1840081
10459			10273	186	24201	3156		20533	513
10236			10236		6087	2527		3547	13
223			38	186	18114	628		16986	500
51045	37517		13528		163195	16006	3739	142826	623
49426	36655		12772		162836	15949	3739	142670	478
1619	863		756		358	57		156	145
1471452	**584841**	**11086**	**863269**	**12256**	**1849430**	**1237648**	**16267**	**507493**	**88023**
1255901	411145	9211	823782	11764	1328148	932236	4711	349156	42046
30067			30067		10720	82	205	10268	166
13184	1495		11553	135	68470	6303		62167	
695412	361077	464	330770	3100	73588	10283		55802	7503
66066	3384		62682		15881	956		1761	13164
59042	355	6564	52123		5293	4455		839	
255362	28273	681	225870	539	771361	718404	2555	48904	1498
126029	10744	1440	108420	5424	250882	146683	41	89454	14704
186			186		19426	11462	1910	1325	4729
10554	5818	62	2109	2566	112528	33609		78636	282
215551	173696	1875	39487	493	521282	305412	11556	158337	45977
17881	1455		16076	350	306905	186086		120806	13
3097	302		2732	62	11405	607	800	9998	
11661	5678		5908	75	1386	0	210	1155	21
2888	2237		650		655	10		605	40
6			1	5	1208	1208			
16884	12444		4440		106601	83634	10530	12437	
4442	251		4191		73156	29699		519	42938
2299			2299		12323	50	16	12257	
156393	151328	1875	3190		7643	4118		561	2965
458292	**130372**	**18219**	**282919**	**26782**	**567759**	**236598**	**45352**	**253577**	**32232**
382769	121342	16629	224496	20302	478030	213386	45352	187651	31642
331622	108227	16629	206766		466458	211540	45352	178873	30692
51147	13115		17730	20302	10070	1846		7775	450
					1502			1003	499

2-8 续表 2-8

行业	代码	私营独资	私营合伙	私营有限责任公司	私营股份有限公司	其他
餐饮业	67	105492	30350	128204	9190	7962
正餐服务	671	90610	23679	117768	8799	7084
快餐服务	672	10280	1799	4490	172	341
饮料及冷饮服务	673	1932	654	2714	51	110
其他餐饮服务	679	2670	4218	3232	169	427
金融业	**J**	**15671**	**18035**	**455808**	**142176**	**9994**
银行业	68			150		
中央银行	681					
商业银行	682					
其他银行	689			150		
证券业	69	335	275	5053		
证券市场管理	691					
证券经纪与交易	692	325		58		
证券投资	693		268	4687		
证券分析与咨询	694	10	7	308		
保险业	70	366	121	6888	64382	2200
人寿保险	701	285		156	900	
非人寿保险	702			1361	63433	
保险辅助服务	703	81	121	5371	48	2200
其他金融活动	71	14971	17639	443717	77795	7794
金融信托与管理	711	261	7999	24070	18398	
金融租赁	712		121	513		
财务公司	713		100	1185		
邮政储蓄	714					
典当	715	2728	1041	63714	8500	4437
其他未列明的金融活动	719	11982	8379	354237	50897	3357
房地产业	**K**	**161872**	**133842**	**12478125**	**899877**	**194444**
房地产业	72	161872	133842	12478125	899877	194444
房地产开发经营	721	115521	119718	11801267	879546	169810
物业管理	722	16656	6475	175053	12910	7837
房地产中介服务	723	16328	6533	194596	2514	1252
其他房地产活动	729	13368	1116	307210	4907	15546
租赁和商务服务业	**L**	**166205**	**131913**	**2353380**	**108829**	**92979**
租赁业	73	15977	13650	131675	3918	1458
机械设备租赁	731	15950	13650	131056	3918	1430
文化及日用品出租	732	28		619		28
商务服务业	74	150228	118263	2221705	104911	91521
企业管理服务	741	80525	75680	1593246	15550	57596
法律服务	742	1265	16275	4853		1096
咨询与调查	743	23101	7678	213010	27611	3198
广告业	744	24536	6574	193748	18730	6495
知识产权服务	745	96	407	3434		70
职业中介服务	746	2109	1434	14376	843	202
市场管理	747	2507	3339	26168	33538	6641
旅行社	748	6577	2313	41703	5390	3190
其他商务服务	749	9512	4563	131168	3250	13034
科学研究、技术服务和地质勘查业	**M**	**34500**	**11470**	**426431**	**25930**	**33736**
研究与试验发展	75	4108	321	27345	1267	702
自然科学研究与试验发展	751	777	85	3191	17	2

单位：万元

港澳台商投资	港澳台商合资经营	港澳台商合作经营	港澳台商独资经营	港澳台商投资股份有限公司	外商投资	中外合资经营	中外合作经营	外资	外商投资股份有限公司
75523	9030	1590	58423	6480	89729	23212		65926	590
44768	8876	1590	33590	711	26748	7996		18162	590
24495			24495		46711	676		46035	
35				35	458			458	
6225	154		338	5733	15812	14541		1272	
2215622	**54614**		**2161008**		**4097324**	**3272881**		**793021**	**31422**
2140913			2140913		3942876	3154121		788755	
2140913			2140913		3942876	3154121		788755	
3091	386		2706		140994	105306		4266	31422
386	386				74748	54777		3706	16265
2698			2698		65616	50529		560	14528
8			8		630			0	630
71617	54228		17389		13454	13454			
68169	54228		13941						
3448			3448		13454	13454			
12716891	**3071803**	**476841**	**8895611**	**272636**	**3913533**	**1125003**	**74291**	**2596010**	**118228**
12716891	3071803	476841	8895611	272636	3913533	1125003	74291	2596010	118228
12135378	3022727	465277	8385770	261605	3574745	933294	63803	2462521	115128
336929	13798	7471	315659		45325	20441	73	24524	287
32090	2516	850	28698	27	6508	1280		5096	133
212494	32762	3244	165483	11005	286955	169988	10416	103870	2681
343312	**63563**	**3106**	**244956**	**31687**	**848552**	**12230**		**832194**	**4128**
906			906		10436			10436	
					10436			10436	
906			906						
342406	63563	3106	244050	31687	838116	12230		821758	4128
205428	4490	3106	191507	6326	778654	1296		777141	217
113654	53891		39746	20018	46853	8810		38041	3
820			820		1377	1373		3	
749	749				366	355		11	
					79	73		5	
1010			1010		5144			5144	
10101			10101						
10645	4434		868	5343	5644	323		1412	3908
47051	**37604**	**1350**	**7953**	**144**	**62030**	**9435**		**52400**	**195**
6035	4149		1887		11101	4515		6587	

2-8 续表 2-9

行业	代码	私营独资	私营合伙	私营有限责任公司	私营股份有限公司	其他
工程和技术研究与试验发展	752	1787	124	5317	1066	85
农业科学研究与试验发展	753	1430	63	8357	174	615
医学研究与试验发展	754	114	49	10480	10	
社会人文科学研究与试验发展	755					
专业技术服务业	76	27070	8595	279395	21967	20214
气象服务	761					18
地震服务	762					
海洋服务	763			639		
测绘服务	764	181	15	3281	518	298
技术检测	765	3135	775	13372	341	482
环境监测	766	175		433		
工程技术与规划管理	767	10836	6698	191436	9803	10305
其他专业技术服务	769	12743	1108	70234	11305	9111
科技交流和推广服务业	77	2890	2273	117435	1736	11774
技术推广服务	771	2603	2141	103008	1601	1227
科技中介服务	772	82		2943	51	48
其他科技服务	779	206	132	11485	84	10499
地质勘查业	78	431	281	2255	960	1046
矿产地质勘查	781	241	45	1972		890
基础地质勘查	782	100		77		80
地质勘查技术服务	783	90	236	207	960	76
水利、环境和公共设施管理业	**N**	**25883**	**35511**	**127552**	**9699**	**7779**
水利管理业	79	454		14742	90	228
防洪管理	791					
水资源管理	792			14122		228
其他水利管理	799	454		621	90	
环境管理业	80	5305	6642	65020	2678	3841
自然保护	801		5312	92		
环境治理	802	5305	1329	64928	2678	3841
公共设施管理业	81	20124	28870	47790	6931	3710
市政公共设施管理	811	690		5592	2269	105
城市绿化管理	812	1088	3988	16888	1693	1231
游览景区管理	813	18347	24882	25309	2969	2374
居民服务和其他服务业	**O**	**65824**	**22516**	**149802**	**8380**	**11405**
居民服务业	82	38045	15615	71541	4366	4349
家庭服务	821	261	214	889	18	10
托儿所	822		30	57		
洗染服务	823	1548	554	5159	728	10
理发及美容保健服务	824	11013	3764	4715	101	1446
洗浴服务	825	13317	7959	16045	658	1776
婚姻服务	826	309	117	1058	10	14
殡葬服务	827	6336	1508	22845	1830	776
摄影扩印服务	828	3358	812	3621	656	175
其他居民服务	829	1903	657	17152	365	141
其他服务业	83	27779	6901	78261	4014	7056
修理与维护	831	24501	5312	46725	3534	5310
清洁服务	832	2268	397	14894	220	412
其他未列明的服务	839	1010	1192	16642	260	1334

单位：万元

港澳台商投资	港澳台商合资经营	港澳台商合作经营	港澳台商独资经营	港澳台商投资股份有限公司	外商投资	中外合资经营	中外合作经营	外资	外商投资股份有限公司
343			343		734	639		95	
5042	3498		1544		9316	3869		5447	
651	651				1052	7		1045	
10212	7206	150	2712	144	17634	3793		13662	180
31			31		1286	986		300	
7572	7023	150	255	144	5244	2636		2429	180
2610	183		2427		11104	171		10933	
30804	26249	1200	3354		33294	1127		32152	15
28649	25795	500	2354		33273	1127		32131	15
1034	334	700			21			21	
1120	120		1000						
169706	**146616**		**17931**	**5159**	**33510**	**11519**		**20925**	**1066**
					2802	2802			
					2802	2802			
150947	142227		4069	4651	8082	7351		731	
170			170						
150776	142227		3899	4651	8082	7351		731	
18759	4389		13862	508	22626	1366		20194	1066
					260			260	
18759	4389		13862	508	22366	1366		19934	1066
10265	**4554**	**443**	**3837**	**1432**	**13363**	**1359**	**5232**	**5947**	**825**
7874	4344		2749	782	10877	1261	5232	3573	812
					1204			392	812
1369			588	782	3			3	
6207	4344		1863		3625	1261		2365	
55			55		204			204	
					5232		5232		
243			243		365			365	
					244			244	
2391	210	443	1088	650	2486	98		2375	13
1999	210	443	696	650	2287	98		2189	
138			138		199			186	13
254			254						

2-8 续表 2-10

行业	代码					
		私营独资	私营合伙	私营有限责任公司	私营股份有限公司	其他
教育	P	**13292**	**9033**	**35736**	**11303**	**7428**
教育	84	13292	9033	35736	11303	7428
学前教育	841	1307	749	955	180	359
初等教育	842	203	99	18	33	5
中等教育	843	253			5062	38
高等教育	844		25			100
其他教育	849	11529	8161	34762	6028	6926
卫生、社会保障和社会福利业	Q	**23087**	**12616**	**26400**	**1058**	**9328**
卫生	85	23087	7011	22044	1058	9307
医院	851	12867	5631	13228	1015	3993
卫生院及社区医疗活动	852	1824	253	227		1105
门诊部医疗活动	853	7199	893	2888		4131
计划生育技术服务活动	854					72
妇幼保健活动	855	307				
专科疾病防治活动	856	185		94		
疾病预防控制及防疫活动	857	77		4969	43	
其他卫生活动	859	627	235	638		7
社会保障业	86			100		
社会保障业	860			100		
社会福利业	87		5605	4255		21
提供住宿的社会福利	871		5605	4255		21
不提供住宿的社会福利	872					
文化、体育和娱乐业	R	**46727**	**29602**	**74966**	**9343**	**8096**
新闻出版业	88	44	247	1554		38
新闻业	881		35	367		
出版业	882	44	212	1187		38
广播、电视、电影和音像业	89	372	202	16366	1340	170
广播	891					
电视	892			2325	1250	1
电影	893	293	20	11418		170
音像制作	894	79	182	2623	90	
文化艺术业	90	1288	816	2890	38	372
文艺创作与表演	901	739	250	108		249
艺术表演场馆	902			100		
图书馆与档案馆	903			81		
文物及文化保护	904			54		
博物馆	905		500	187	38	49
烈士陵园、纪念馆	906					
群众文化活动	907		3	359		
文化艺术经纪代理	908	453		789		
其他文化艺术	909	96	63	1212		74
体育	91	871		8334	56	
体育组织	911	50		212		
体育场馆	912	291		7646		
其他体育	919	530		475	56	
娱乐业	92	44153	28336	45823	7910	7516
室内娱乐活动	921	39477	24814	22223	5391	3640
游乐园	922	386	1118	227		175
休闲健身娱乐活动	923	3500	1514	15939	701	420
其他娱乐活动	929	790	890	7433	1818	3282

单位：万元

港澳台商投资	港澳台商合资经营	港澳台商合作经营	港澳台商独资经营	港澳台商投资股份有限公司	外商投资	中外合资经营	中外合作经营	外资	外商投资股份有限公司
1649		**109**	**1540**		**3120**	**3120**			
1649		109	1540		3120	3120			
1645		109	1537						
4			4		3120	3120			
4060		**957**	**3003**	**100**	**137269**	**136242**	**262**	**765**	
3103			3003	100	136504	136242	262		
3003			3003		136242	136242			
					262		262		
100				100					
957		957			765			765	
					765			765	
957		957							
189169	**22671**	**6666**	**159607**	**225**	**56483**	**4451**	**8854**	**43178**	
4489	4489								
4489	4489								
					7785		7123	662	
					7785		7123	662	
6640		6340	300		562			562	
1697		1697							
4943		4643	300		562			562	
178040	18182	326	159307	225	48136	4451	1732	41954	
10220	1841		8153	225	8060	2921	1732	3408	
57043			57043		110			110	
104556	15229		89328		20470	1443		19026	
6221	1112	326	4783		19497	87		19410	

2-9 按行业（中类）、登记注册

行业	代码	营业收入	内资			
				国有	集体	股份合作
总计		**292327555**	**198449478**	**27180685**	**4354257**	**3810494**
农、林、牧、渔业	A	**28112**	**28112**	**19425**	**46**	
农业	01	13900	13900	13639		
谷物及其他作物的种植	011	249	249	44		
蔬菜、园艺作物的种植	012	146	146	146		
水果、坚果、饮料和香料作物的种植	013	13505	13505	13449		
中药材的种植	014					
林业	02	4913	4913	4006	46	
林木的培育和种植	021	4913	4913	4006	46	
木材和竹材的采运	022					
林产品的采集	023					
畜牧业	03	9190	9190	1671		
牲畜的饲养	031	213	213			
猪的饲养	032	5689	5689	313		
家禽的饲养	033	2413	2413	1358		
狩猎和捕捉动物	034					
其他畜牧业	039	875	875			
渔业	04	109	109	109		
海洋渔业	041					
内陆渔业	042	109	109	109		
农、林、牧、渔服务业	05					
农业服务业	051					
林业服务业	052					
畜牧服务业	053					
渔业服务业	054					
采矿业	B	**3911288**	**3753927**	**208875**	**465451**	**746705**
煤炭开采和洗选业	06	1207690	1206348	122918	290369	6061
烟煤和无烟煤的开采洗选	061	1204519	1203177	122918	290369	6061
褐煤的开采洗选	062					
其他煤炭采选	069	3171	3171			
石油和天然气开采业	07					
天然原油和天然气开采	071					
与石油和天然气开采有关的服务活动	079					
黑色金属矿采选业	08	1276914	1262647	50881	61442	725707
铁矿采选	081	1260203	1245936	43310	61442	725707
其他黑色金属矿采选	089	16711	16711	7571		
有色金属矿采选业	09	505027	459086	10155	23292	7295
常用有色金属矿采选	091	321238	275704	7570	21643	6809
贵金属矿采选	092	85253	85253	2073		
稀有稀土金属矿采选	093	98535	98129	512	1649	486
非金属矿采选业	10	919238	823427	24873	90135	7642
土砂石开采	101	682804	666699	14187	85679	7079
化学矿采选	102	22173	10310			
采盐	103	12877	12877	10314	2562	
石棉及其他非金属矿采选	109	201384	133542	373	1894	563
其他采矿业	11	2419	2419	47	212	
其他采矿业	110	2419	2419	47	212	
制造业	C	**145670053**	**69232196**	**2011506**	**1555014**	**1572754**
农副食品加工业	13	7908921	4907592	43857	58072	33189
谷物磨制	131	802903	705921	9631	1654	17725

类型分组的企业全年营业收入

单位：万元

联营企业					有限责任公司			股份有限公司	私营企业
	国有联营	集体联营	国有与集体联营	其他联营		国有独资公司	其他有限责任公司		
2618879	1126413	145340	411015	936112	46268067	5511225	40756843	24718879	88355007
					861		861	1055	6725
									261
									205
									56
					861		861		
					861		861		
								1055	6464
									213
									5376
								1055	
									875
67491	26251	36363	3879	999	613776	118949	494827	152637	1480076
10699	8187	2512			360196	101911	258285	120613	295492
10699	8187	2512			360196	101911	258285	120613	292321
									3171
995	152	480		362	95104		95104	28676	299186
842		480		362	95104		95104	28661	290213
152	152							15	8973
21790	17911		3879		49346		49346	958	346250
13935	13935				9663		9663	958	215126
3879			3879		35854		35854		43448
3977	3977				3829		3829		87676
34007		33370		637	109130	17038	92092	2390	537282
1300		663		637	104768	17038	87731	2122	434084
521		521			2670		2670		7120
32186		32186			1692		1692	268	96079
									1865
									1865
244844	43699	38596	84033	78516	14952025	2760251	12191774	4740655	43807476
3039	86	1103	1803	48	1334325	43	1334282	168231	3243086
1803			1803		169187	43	169145	435	504335

2-9 续表 1-1

行业	代码	营业收入				
			内资			
				国有	集体	股份合作
饲料加工	132	1239245	975902	776	24234	3535
植物油加工	133	1663689	642917	1359	242	120
制糖	134	28463	28463		211	
屠宰及肉类加工	135	690305	552952	12401	13233	3811
水产品加工	136	2214994	1218748	19472	9248	4498
蔬菜、水果和坚果加工	137	965142	585230	218	8207	3031
其他农副食品加工	139	304181	197460		1042	469
食品制造业	14	3601185	2347306	64551	20087	54643
焙烤食品制造	141	718820	352562	206	687	2403
糖果、巧克力及蜜饯制造	142	716167	527371		2285	80
方便食品制造	143	409785	195903	303	5521	481
液体乳及乳制品制造	144	132926	121717			276
罐头制造	145	1019446	746095	40855	5026	25627
调味品、发酵制品制造	146	313779	164663	5828	1354	1173
其他食品制造	149	290261	238994	17359	5215	24604
饮料制造业	15	2822085	1351411	15591	48345	24399
酒精制造	151	4054	4054			
酒的制造	152	617490	245916	12401	445	1267
软饮料制造	153	1158923	193969	320	8825	1017
精制茶加工	154	1041619	907473	2871	39075	22115
烟草制品业	16	1427601	1427601	779586		
烟叶复烤	161	23432	23432			
卷烟制造	162	1404170	1404170	779586		
其他烟草制品加工	169					
纺织业	17	8245354	4667000	5040	39105	50863
棉、化纤纺织及印染精加工	171	4874053	2914318		11672	1048
毛纺织和染整精加工	172	78673	8797			446
麻纺织	173	4412	2235		186	
丝绢纺织及精加工	174	53979	9935			
纺织制成品制造	175	1242527	572844	2391	1753	20054
针织品、编织品及其制品制造	176	1991710	1158872	2650	25494	29316
纺织服装、鞋、帽制造业	18	9512372	3344745	5011	12087	68091
纺织服装制造	181	8899523	3078245	5011	7855	39509
纺织面料鞋的制造	182	601823	263973		3845	28583
制帽	183	11026	2528		388	
皮革、毛皮、羽毛(绒)及其制品业	19	11093397	3873638	437	162632	58689
皮革鞣制加工	191	681574	193349		533	29039
皮革制品制造	192	10285482	3571468	12	159687	29650
毛皮鞣制及制品加工	193	17704	16939			
羽毛(绒)加工及制品制造	194	108637	91882	425	2412	
木材加工及木、竹、藤、棕、草制品业	20	3199361	2734474	3840	76229	12349
锯材、木片加工	201	291769	282583	2780	8069	699
人造板制造	202	1705464	1511273	835	40831	941
木制品制造	203	547477	374090		4811	1995
竹、藤、棕、草制品制造	204	654651	566528	224	22518	8714
家具制造业	21	1723433	835693	1168	6972	11521
木质家具制造	211	783384	466806	306	6079	11451
竹、藤家具制造	212	21932	18141			
金属家具制造	213	705934	261952	662	894	70
塑料家具制造	214	36973	11917			
其他家具制造	219	175209	76877	200		

单位：万元

联营企业	国有联营	集体联营	国有与集体联营	其他联营	有限责任公司	国有独资公司	其他有限责任公司	股份有限公司	私营企业
					152080		152080	138964	656314
					206102		206102	7684	427050
					82		82	11412	16758
134	86			48	205599		205599	385	310668
560		560			358492		358492	8554	805891
					193167		193167	200	379907
543		543			49617		49617	599	142164
11		11			466033	83	465951	128155	1606971
					177210		177210	50	171017
					16349		16349		505478
					76800	83	76718	1151	111413
					12576		12576	48643	60223
					76816		76816	28466	568859
11		11			68151		68151	14933	72241
					38131		38131	34913	117741
807		491		316	177738	430	177308	87768	986787
					3428		3428		626
					34569		34569	82108	114911
					39009		39009	2469	141811
807		491		316	100732	430	100302	3191	729439
					641694	624584	17111	6321	
					17111		17111	6321	
					624584	624584			
13694				13694	856040		856040	199639	3492809
9225				9225	666424		666424	177339	2048057
					1738		1738		6614
					380		380		1669
								186	9749
					69791		69791	2108	475922
4469				4469	117708		117708	20006	950799
2415		566	499	1351	670973	8001	662973	200641	2360251
2415		566	499	1351	637163	8001	629162	200225	2165408
					33810		33810	415	192703
									2140
22643		478	1870	20295	542285	140	542145	12100	3058677
488				488	376		376	67	161944
2348		478	1870		539861	140	539721	12033	2812677
					280		280		16659
19807				19807	1768		1768		67398
2779		1629	186	963	270542		270542	63380	2296313
243		38		205	12014		12014	1181	254732
1690		1324	186	180	196889		196889	60461	1207274
267		267			28165		28165	427	338029
578				578	33474		33474	1311	496278
8205		163	1619	6423	114007		114007	4042	685354
163		163			106284		106284	1666	337209
									18141
1619			1619		5551		5551	2057	250958
6423				6423	913		913		4581
					1259		1259	319	74464

2-9 续表 1-2

行业	代码	营业收入	内资	国有	集体	股份合作
造纸及纸制品业	22	3899694	2532584	1535	96291	113427
纸浆制造	221	114725	107904	100	3580	
造纸	222	1476030	1098569	416	51557	56565
纸制品制造	223	2308939	1326111	1019	41154	56862
印刷业和记录媒介的复制	23	1102039	910273	82826	35091	12323
印刷	231	1031188	857503	53586	33352	12055
装订及其他印刷服务活动	232	55091	50262	29151	1697	268
记录媒介的复制	233	15760	2508	89	42	
文教体育用品制造业	24	1379199	320719	763	2171	1260
文化用品制造	241	200170	62411	82	962	200
体育用品制造	242	914304	164006	382	618	600
乐器制造	243	26514	4348		86	73
玩具制造	244	226270	79401	300		387
游艺器材及娱乐用品制造	245	11942	10552		506	
石油加工、炼焦及核燃料加工业	25	1997521	236753		427	342
精炼石油产品的制造	251	1946790	186022		427	342
炼焦	252	50730	50730			
核燃料加工	253					
化学原料及化学制品制造业	26	5751964	3075826	271485	62668	22762
基础化学原料制造	261	1025671	840540	233159	23327	1211
肥料制造	262	534797	388310	5139	5151	11122
农药制造	263	105545	94996		11	
涂料、油墨、颜料及类似产品制造	264	754476	554961	7033	5303	4306
合成材料制造	265	1813364	295105	28	697	1610
专用化学产品制造	266	1092259	606342	26127	24755	1172
日用化学产品制造	267	425852	295572		3424	3341
医药制造业	27	1003172	674112	19558	1143	35753
化学药品原药制造	271	192938	153657	135		
化学药品制剂制造	272	298515	222415	18175		
中药饮片加工	273	30361	29512		90	
中成药制造	274	251660	129643	1000	1000	32649
兽用药品制造	275	54436	15852			3104
生物、生化制品的制造	276	136640	92470			
卫生材料及医药用品制造	277	38622	30563	248	53	
化学纤维制造业	28	2312447	587163		5091	25115
纤维素纤维原料及纤维制造	281	48587	23082		5091	
合成纤维制造	282	2263860	564081			25115
橡胶制品业	29	2500980	626651		6514	34630
轮胎制造	291	1101927	51660		340	12231
橡胶板、管、带的制造	292	50825	40189		223	380
橡胶零件制造	293	121445	43195		698	6131
再生橡胶制造	294	50940	50824		250	7769
日用及医用橡胶制品制造	295	42456	22987		312	
橡胶靴鞋制造	296	974115	342089		3682	7958
其他橡胶制品制造	299	159273	75707		1009	161
塑料制品业	30	5873259	2790125	4472	88745	19514
塑料薄膜制造	301	930159	191370		3431	8886

单位：万元

联营企业	国有联营	集体联营	国有与集体联营	其他联营	有限责任公司	国有独资公司	其他有限责任公司	股份有限公司	私营企业
10379	2091	643	6577	1068	508692	2270	506422	267692	1530308
					79956		79956		24268
6403			6173	230	206024		206024	257024	519707
3977	2091	643	404	838	222712	2270	220442	10668	986333
1200	272	752		177	155571	6	155565	14181	605480
1200	272	752		177	152201	6	152196	13865	588364
					1141		1141	315	16966
					2229		2229		149
499				499	41080		41080	1264	272811
499				499	6225		6225	6	54362
					16906		16906	0	144929
					477		477		3713
					17472		17472	1258	59761
									10047
36239	15209		21030		58713		58713	30	141002
36239	15209		21030		44065		44065	30	104920
					14648		14648		36082
2711	2170	513		28	700059	163396	536663	315739	1647046
					108534		108534	100367	373944
2017	2017				186433	111145	75288	74274	103908
					2079		2079	71578	21327
					160178		160178	17938	358301
					90825	51920	38905	1125	150387
300		300			80990	332	80659	20067	452468
394	153	213		28	71021		71021	30391	186711
					197926		197926	157080	261316
					19669		19669	127355	6498
					131048		131048	2882	70310
					14395		14395	144	13548
					20621		20621	18305	56069
					7334		7334	457	4956
					2271		2271	7832	82367
					2589		2589	105	27568
					112435		112435		444522
					5506		5506		12485
					106929		106929		432036
					94621		94621	3541	486258
					417		417		38325
					3056		3056		36530
					2598		2598	746	33022
								630	42010
					334		334	470	21675
					51217		51217	1445	277495
					36999		36999	250	37202
4935	4399	536			551912		551912	28323	2066847
					19614		19614	400	159028

2-9 续表 1-3

行业	代码	营业收入	内资	国有	集体	股份合作
塑料板、管、型材的制造	302	730993	268793		9708	
塑料丝、绳及编织品的制造	303	200659	160367		8778	76
泡沫塑料制造	304	266928	155987		5542	2091
塑料人造革、合成革制造	305	537427	298971			278
塑料包装箱及容器制造	306	185292	149975		2842	769
塑料零件制造	307	346251	223441		1623	4993
日用塑料制造	308	1860281	1028676	4465	55469	1701
其他塑料制品制造	309	815270	312545	7	1351	720
非金属矿物制品业	31	11012340	8078209	50647	380699	560041
水泥、石灰和石膏的制造	311	1563514	1254225	30196	200188	53553
水泥及石膏制品制造	312	897675	602671	12373	6441	3104
砖瓦、石材及其他建筑材料制造	313	6597519	5128457	4608	122837	488250
玻璃及玻璃制品制造	314	742898	153768	368	389	3168
陶瓷制品制造	315	936479	722263	281	2205	11324
耐火材料制品制造	316	100500	94070		46619	480
石墨及其他非金属矿物制品制造	319	173756	122756	2820	2021	162
黑色金属冶炼及压延加工业	32	7385255	4313813	8129	111281	25076
炼铁	321	426481	302725	8129	1702	16280
炼钢	322	804606	466820		336	
钢压延加工	323	5901278	3318810		105464	483
铁合金冶炼	324	252891	225459		3780	8313
有色金属冶炼及压延加工业	33	3336983	2333833	246002	3331	237
常用有色金属冶炼	331	153959	103663			
贵金属冶炼	332	495926	495926			
稀有稀土金属冶炼	333	330401	330401		684	
有色金属合金制造	334	250914	63825		389	
有色金属压延加工	335	2105782	1340017	246002	2258	237
金属制品业	34	3962953	1792772	1487	60159	42660
结构性金属制品制造	341	1020420	587983	25	11553	25451
金属工具制造	342	342670	166423	250	1348	1979
集装箱及金属包装容器制造	343	840469	176907	438	4032	6874
金属丝绳及其制品的制造	344	131316	80181		3238	5089
建筑、安全用金属制品制造	345	760602	290395	588	21606	472
金属表面处理及热处理加工	346	147417	107614		831	335
搪瓷制品制造	347	23695	4891		48	
不锈钢及类似日用金属制品制造	348	330517	137875		1490	
其他金属制品制造	349	365848	240503	187	16013	2460
通用设备制造业	35	4779462	3481807	156387	127820	46415
锅炉及原动机制造	351	122675	116291	648	4530	
金属加工机械制造	352	298767	234798	8230	51478	345
起重运输设备制造	353	524715	100721	23674	325	775
泵、阀门、压缩机及类似机械的制造	354	1135185	932268	31103	14495	38992
轴承、齿轮、传动和驱动部件的制造	355	512876	295439	78282	2322	
烘炉、熔炉及电炉制造	356	1254	814			
风机、衡器、包装设备等通用设备制造	357	803667	612257	378	13227	2412
通用零部件制造及机械修理	358	526855	386830	1558	16044	721
金属铸、锻加工	359	853467	802389	12515	25400	3169
专用设备制造业	36	3494647	2222736	31419	10031	70358
矿山、冶金、建筑专用设备制造	361	1620501	1090913	3391	4666	24631

单位：万元

联营企业	国有联营	集体联营	国有与集体联营	其他联营	有限责任公司	国有独资公司	其他有限责任公司	股份有限公司	私营企业
					90674		90674	161	155579
					21054		21054	10877	119090
					23116		23116	106	125104
					176401		176401	330	121539
281		281			28842		28842	263	116109
4399	4399				18838		18838		193395
					130663		130663	12433	816412
255		255			42711		42711	3753	260591
65355	18739	25005	9263	12349	990484	6840	983644	374518	5580404
38502	1588	22986	2649	11279	173589		173589	127863	629516
14808	14409	240		159	171496	6840	164656	66912	321990
11766	2741	1499	6615	911	496366		496366	99399	3865388
					24585		24585	414	99150
					98553		98553	79089	528065
280		280			4839		4839	397	40709
					21057		21057	445	95586
					2933043	1869973	1063070	164	1235672
					78830		78830		197335
					427276		427276		39208
					2384963	1869973	514990	164	827737
					41973		41973		171393
37788			37788		497222		497222	607368	941741
					32129		32129	13	71402
37788			37788		43976		43976	414083	80
					91994		91994	188197	49526
					26557		26557	426	36454
					302567		302567	4649	784280
5495	268	4733	332	162	265985		265985	9808	1395948
268	268				86215		86215	2323	455789
4295		4295			47256		47256	989	110216
					20089		20089		145386
					19444		19444	460	51766
438		438			30395		30395	1990	231885
					28385		28385	2588	75392
					421		421		3942
495			332	162	20827		20827	1167	113264
					12953		12953	292	208309
10459		266	1489	8705	617280		617280	66118	2449141
1630				1630	15990		15990	26944	66549
					48860		48860	1569	123892
					13160		13160	842	61946
					64525		64525	322	781645
3713				3713	33533		33533	31666	145925
									814
266		266			290421		290421	1764	300274
1802			1489	313	20486		20486	2607	342496
3049				3049	130305		130305	405	625600
412		25	387		237511		237511	786327	1080490
					85461		85461	559668	412602

2-9 续表 1-4

行业	代码	营业收入	内资			
				国有	集体	股份合作
化工、木材、非金属加工专用设备制造	362	514675	339536		1403	1343
食品、饮料、烟草及饲料生产专用设备制造	363	38539	33794	17	489	351
印刷、制药、日化生产专用设备制造	364	102655	51390	1	111	
纺织、服装和皮革工业专用设备制造	365	232716	86993	1709	86	
电子和电工机械专用设备制造	366	96596	80985	22031	42	613
农、林、牧、渔专用机械制造	367	157155	137864	2679	2047	11239
医疗仪器设备及器械制造	368	183315	58449	816	749	30309
环保、社会公共安全及其他专用设备制造	369	548496	342811	776	437	1871
交通运输设备制造业	37	6491678	2996908	172204	37383	70566
铁路运输设备制造	371	8335	8335	5866	1559	
汽车制造	372	4160031	1627603	8503	16514	45783
摩托车制造	373	440435	288265		994	22336
自行车制造	374	42478	12099		231	
船舶及浮动装置制造	375	1169495	1055103	157834	18085	2448
航空航天器制造	376	663828				
交通器材及其他交通运输设备制造	379	7076	5504			
电气机械及器材制造业	39	7145637	3111977	10895	56632	44154
电机制造	391	1686245	958787	481	209	673
输配电及控制设备制造	392	1600362	579982	3836	41198	9827
电线、电缆、光缆及电工器材制造	393	830971	705463		3424	619
电池制造	394	1044771	330407			31475
家用电力器具制造	395	750177	174903	1473	2211	526
非电力家用器具制造	396	109432	39224			
照明器具制造	397	1062508	287946	5105	6175	55
其他电气机械及器材制造	399	61170	35264		3414	979
通信设备、计算机及其他电子设备制造业	40	16909551	1490214	24953	2529	30527
通信设备制造	401	1044493	148586	60	239	1490
雷达及配套设备制造	402	922	922	821		
广播电视设备制造	403	129214	97159		376	2151
电子计算机制造	404	8837941	246508			51
电子器件制造	405	2975797	327144	10557	90	12
电子元件制造	406	1927102	452010	2154	975	26823
家用视听设备制造	407	1695558	108976		538	
其他电子设备制造	409	298525	108910	11361	311	
仪器仪表及文化、办公用机械制造业	41	1523478	364696	713	5021	5789
通用仪器仪表制造	411	176524	99143	713	502	2641
专用仪器仪表制造	412	145114	33681		313	377
钟表与计时仪器制造	413	378192	152444		2156	2013
光学仪器及眼镜制造	414	291633	56995		2011	
文化、办公用机械制造	415	486859	16853			758
其他仪器仪表的制造及修理	419	45155	5580		40	
工艺品及其他制造业	42	4193203	1741847	8238	31352	98062
工艺美术品制造	421	2808026	1381028	7543	28287	97684
日用杂品制造	422	1157221	258667		1561	354
煤制品制造	423	6825	6825	30	781	25
核辐射加工	424	247	247			
其他未列明的制造业	429	220884	95079	665	723	
废弃资源和废旧材料回收加工业	43	80882	59719	714	7108	
金属废料和碎屑的加工处理	431	36723	25613		3198	
非金属废料和碎屑的加工处理	432	44159	34106	714	3910	

单位：万元

联营企业	国有联营	集体联营	国有与集体联营	其他联营	有限责任公司	国有独资公司	其他有限责任公司	股份有限公司	私营企业
					79434		79434	37262	217093
					705		705	718	30844
					11094		11094	1557	38628
					8108		8108	12446	64645
					16251		16251		41267
387			387		12906		12906	7838	100607
					1716		1716	785	24073
25		25			21838		21838	166054	150732
496		310		186	554473	2400	552073	496344	1659444
									911
218		218			336314		336314	45895	1170568
					53043		53043	7385	204446
					9325		9325		2543
278		92		186	154982	2400	152582	443065	276337
					808		808		4639
1500	308	39	626	527	528726	82089	446638	503660	1964341
					73307	2513	70794	24484	859583
1469	308	39	626	496	129689		129689	84950	308002
					141879		141879	388094	170957
					85762	48040	37722	4956	207896
					8783		8783	611	161299
31				31	899		899		38294
					80456	31536	48921	128	195826
					7952		7952	436	22483
274	158	116			551001		551001	199940	675002
116		116			35003		35003		108658
									101
					3052		3052		91580
					82777		82777	127068	36577
					161375		161375	42	155068
158	158				206017		206017	54962	159668
					56233		56233	15333	36872
					6545		6545	2535	86478
565			565		64743		64743	28629	257165
					21788		21788	16796	56151
					159		159	11833	20301
					16056		16056		131830
					13856		13856		40774
565			565		12062		12062		3393
					823		823		4717
12416		1218		11197	203019		203019	7926	1346841
12416		1218		11197	190263		190263	7746	1008618
					8962		8962	159	246287
									5990
					247		247		
					3547		3547	21	85947
531				531	13894		13894	1729	35449
531				531	6878		6878	1446	13560
					7016		7016	282	21890

2-9 续表 1-5

行　业	代码	营业收入	内资	国有	集体	股份合作
电力、燃气及水的生产和供应业	D	**10246864**	**8676139**	**5147841**	**194319**	**42145**
电力、热力的生产和供应业	44	9762104	8308962	5004704	159913	39415
电力生产	441	3629291	2193917	270831	78628	36231
电力供应	442	6082791	6065237	4732723	80789	3184
热力生产和供应	443	50023	49808	1149	496	
燃气生产和供应业	45	140614	72786	39734		1376
燃气生产和供应业	450	140614	72786	39734		1376
水的生产和供应业	46	344147	294391	103404	34406	1354
自来水的生产和供应	461	313538	266455	98928	27867	1054
污水处理及其再生利用	462	29697	27024	4476	6523	300
其他水的处理、利用与分配	469	912	912		16	
建筑业	E	**20034438**	**19669106**	**3360764**	**418497**	**344839**
房屋和土木工程建筑业	47	16408772	16231744	2930171	349313	311938
房屋工程建筑	471	12922379	12755332	2187037	321692	298245
土木工程建筑	472	3486393	3476412	743134	27621	13693
建筑安装业	48	1618469	1556537	78518	33334	20211
建筑安装业	480	1618469	1556537	78518	33334	20211
建筑装饰业	49	830377	707836	35221	12316	3060
建筑装饰业	490	830377	707836	35221	12316	3060
其他建筑业	50	1176820	1172989	316855	23533	9631
工程准备	501	340792	339877	51836	1942	
提供施工设备服务	502	88780	86063	28	15261	71
其他未列明的建筑活动	509	747248	747050	264991	6330	9560
交通运输、仓储和邮政业	F	**9268711**	**8687824**	**2146606**	**206968**	**75063**
铁路运输业	51	56702	56702	53420	1037	
铁路旅客运输	511	14345	14345	13802		
铁路货物运输	512	40008	40008	39619		
铁路运输辅助活动	513	2349	2349		1037	
道路运输业	52	3932455	3872500	928902	136112	41080
公路旅客运输	521	779930	779562	292152	25391	7476
道路货物运输	522	2384220	2338550	83222	94484	32217
道路运输辅助活动	523	768305	754388	553528	16237	1388
城市公共交通业	53	319512	308094	119057	8445	7734
公共电汽车客运	531	200810	191949	102723	4054	835
轨道交通	532					
出租车客运	533	95821	94791	1724	3856	6580
城市轮渡	534	1460	1460	1419	41	
其他城市公共交通	539	21421	19893	13192	494	319
水上运输业	54	1585398	1519053	258906	42359	18655
水上旅客运输	541	54468	51680	5473	1209	1385
水上货物运输	542	1106732	1101402	207186	40876	16653
水上运输辅助活动	543	424198	365970	46247	274	617
航空运输业	55	785095	783311	50555		
航空客货运输	551	690705	690705	7209		
通用航空服务	552	8434	8434	7173		
航空运输辅助活动	553	85955	84171	36173		
管道运输业	56	2672	2672			
管道运输业	560	2672	2672			

单位：万元

联营企业					有限责任公司			股份有限公司	私营企业
	国有联营	集体联营	国有与集体联营	其他联营		国有独资公司	其他有限责任公司		
659153	**641048**	**4331**	**12374**	**1399**	**1965920**	**550544**	**1415375**	**189003**	**468991**
657797	641048	3009	12374	1365	1853587	485965	1367621	154666	432565
369635	363239	3009	2022	1365	953008	227573	725435	55599	424463
274117	274117				879962	258393	621569	88694	4974
14045	3692		10353		20617		20617	10374	3128
					26847	792	26055	290	4178
					26847	792	26055	290	4178
1356		1322		35	85487	63787	21700	34047	32248
1356		1322		35	81712	63787	17925	34027	19435
					3775		3775		11951
								20	862
158462	**29004**	**37569**	**667**	**91223**	**6991963**	**129406**	**6862557**	**1154951**	**7154444**
144055	22626	37467	7	83956	5690272	79540	5610731	1000323	5758083
139130	22626	32542	7	83956	4459214	12316	4446897	807640	4517888
4925		4925			1231058	67224	1163834	192683	1240195
5678	4507	60		1111	827100	47785	779315	130666	458988
5678	4507	60		1111	827100	47785	779315	130666	458988
1992	1171		660	162	136706		136706	14597	493783
1992	1171		660	162	136706		136706	14597	493783
6737	700	42		5995	337886	2081	335805	9364	443591
42		42			127242		127242	102	154547
					37814		37814	192	32583
6695	700			5995	172829	2081	170749	9070	256461
699000	**8413**	**6487**	**288**	**683811**	**1541469**	**133451**	**1408018**	**806232**	**3127286**
									2245
									543
									390
									1312
7997	3306	2712	288	1691	519174	19380	499794	273633	1931577
1323	562	473	288		110426	1283	109143	184635	152663
2744	2744				309351	5274	304077	54081	1735077
3930		2240		1691	99397	12823	86574	34917	43837
3500				3500	123631	26558	97073	10819	34421
3500				3500	64143	26198	37945	8901	7468
					58275		58275	488	23707
					1213	360	853	1430	3246
6484	2994	3490			262544	6850	255695	394835	514989
					23205	852	22353	11126	5073
6484	2994	3490			227943	3323	224621	95430	490957
					11396	2675	8721	288279	18959
677973				677973	9299		9299	44543	941
677973				677973	4674		4674		849
								1259	2
					4625		4625	43284	89
					2621		2621		51
					2621		2621		51

2-9 续表 1-6

行　业	代码	营业收入	内资	国有	集体	股份合作
装卸搬运和其他运输服务业	57	1722217	1371530	160180	12806	7054
装卸搬运	571	199758	112145	20615	11925	545
运输代理服务	572	1522459	1259385	139565	882	6509
仓储业	58	560043	469346	294407	6210	536
谷物、棉花等农产品仓储	581	277057	277057	197154	101	89
其他仓储	589	282986	192289	97253	6109	447
邮政业	59	304617	304617	281178		4
国家邮政	591	270528	270528	270320		
其他寄递服务	599	34090	34090	10859		4
信息传输、计算机服务和软件业	**G**	**4784630**	**2281627**	**544443**	**2925**	**9580**
电信和其他信息传输服务业	60	3837515	1502227	516450	1177	90
电信	601	3119417	1408728	473798	230	
互联网信息服务	602	663774	39175		111	90
广播电视传输服务	603	52775	52775	42595	837	
卫星传输服务	604	1549	1549	56		
计算机服务业	61	339214	335543	13973	806	1804
计算机系统服务	611	141912	141002	6137	396	376
数据处理	612	6078	6078	4337		
计算机维修	613	7158	7158			62
其他计算机服务	619	184067	181306	3499	410	1367
软件业	62	607901	443857	14021	942	7686
公共软件服务	621	532017	371064	13674	942	7686
其他软件服务	629	75884	72794	347		
批发和零售业	**H**	**70368937**	**61575300**	**9765053**	**1073867**	**290296**
批发业	63	57430823	51637648	8756957	896697	195995
农畜产品批发	631	651818	594932	168219	7403	5773
食品、饮料及烟草制品批发	632	8126798	7973189	5052936	20045	20444
纺织、服装及日用品批发	633	9149648	7361572	426167	28599	44716
文化、体育用品及器材批发	634	929671	865676	51022	8124	2646
医药及医疗器材批发	635	1457742	1394045	229559	3568	5666
矿产品、建材及化工产品批发	636	26029912	23114692	1520269	700158	73469
机械设备、五金交电及电子产品批发	637	6229806	5585351	473798	94541	35521
贸易经纪与代理	638	1139706	1125823	255416	1561	2294
其他批发	639	3715723	3622369	579570	32698	5467
零售业	65	12938114	9937652	1008096	177170	94301
综合零售	651	2234018	1567951	48477	99045	4210
食品、饮料及烟草制品专门零售	652	445027	440732	80115	22812	6312
纺织、服装及日用品专门零售	653	372363	346503	5578	12104	2093
文化、体育用品及器材专门零售	654	203859	196012	6769	7389	2359
医药及医疗器材专门零售	655	537502	536078	113483	3536	3867
汽车、摩托车、燃料及零配件专门零售	656	6882011	4769596	714607	14976	65525
家用电器及电子产品专门零售	657	1265236	1161626	17483	3519	2699
五金、家具及室内装修材料专门零售	658	530015	514803	6724	6476	3791
无店铺及其他零售	659	468082	404350	14860	7313	3446
住宿和餐饮业	**I**	**1597605**	**1098075**	**131709**	**33248**	**13290**
住宿业	66	812913	532931	110009	23311	11904
旅游饭店	661	672893	407676	93152	13531	10890
一般旅馆	662	125647	111162	15425	8393	1014
其他住宿服务	669	14374	14094	1432	1387	

单位：万元

联营企业	国有联营	集体联营	国有与集体联营	其他联营	有限责任公司	国有独资公司	其他有限责任公司	股份有限公司	私营企业
938	541	284		112	538829	31950	506880	45576	580300
					43543		43543	6874	28457
938	541	284		112	495286	31950	463337	38702	551843
2108	1573			536	82788	48713	34074	34511	44303
					45477	45462	15	29642	4368
2108	1573			536	37310	3251	34059	4869	39935
					2583		2583	2316	18460
					208		208		
					2375		2375	2316	18460
11537	**53**	**6205**		**5280**	**414386**	**7566**	**406820**	**725531**	**563622**
2542	53			2490	282493	7559	274934	660359	38571
8				8	263729	6075	257654	656716	14207
1132				1132	10168		10168	3644	23835
1402	53			1350	7112	1484	5628		520
					1483		1483		9
2804		14		2790	15899		15899	11407	283348
2803		14		2790	8555		8555	11148	111557
					234		234	36	1471
					795		795	25	6136
0		0			6315		6315	198	164185
6192		6192			115994	7	115987	53765	241703
6192		6192			110305	7	110298	21990	206729
					5690		5690	31775	34974
619442	**278169**	**9745**	**262750**	**68777**	**15375097**	**1313567**	**14061530**	**7568148**	**26460743**
551836	219101	7115	261959	63661	12742458	1312268	11430191	6591561	21642020
3388	1048	1800		540	110811	58527	52285	1234	294557
76181	75739		388	55	926895	121981	804913	117132	1741061
19951	63	2		19885	2283065		2283065	177515	4361822
					313001	607	312394	7057	482530
9562	9176	386			503593	10828	492765	90198	536513
193939	122127	3710	38739	29364	6281095	1092938	5188157	5412503	8799462
12489	8427	1216	704	2142	1128800	620	1128181	361716	3447594
72	72				514591	26164	488427	30080	318873
236254	2449		222129	11675	680608	603	680005	394128	1659609
67606	59069	2631	791	5116	2632639	1299	2631339	976587	4818723
683		618		65	484158		484158	116653	729638
942	855	61		27	69493	67	69426	13818	238088
749		302		448	42468	6	42462	4336	273213
296	24	272			57472		57472	3053	115683
3884	1539	683	337	1325	66318	999	65319	197528	140069
53198	49425	123	454	3196	1162367	32	1162335	624483	2113363
331		277		54	499953	154	499799	7533	617816
298		295		3	61687	41	61646	1860	420941
7226	7226				188723		188723	7325	169914
29890	**26247**	**157**	**190**	**3296**	**161407**	**5067**	**156340**	**32048**	**671802**
29633	26075	157	190	3211	92076	5062	87014	25699	230592
28139	24964			3176	73908	5051	68857	24937	155748
1494	1111	157	190	36	16684	11	16673	763	65075
					1484		1484		9770

2-9 续表 1-7

行　业	代码	营业收入	内资	国有	集体	股份合作
餐饮业	67	784692	565144	21700	9937	1387
正餐服务	671	582022	512957	21700	9086	978
快餐服务	672	163447	24576		356	409
饮料及冷饮服务	673	7883	7451			
其他餐饮服务	679	31340	20161		495	
金融业	J	**12213805**	**11765114**	**1647624**	**82358**	**652521**
银行业	68	8559395	8242476	1370727	82281	649367
中央银行	681	8943	8943	8943		
商业银行	682	8125987	7809068	1319675	82281	649367
其他银行	689	424465	424465	42109		
证券业	69	231164	231164	82542		
证券市场管理	691	27	27			
证券经纪与交易	692	214794	214794	78861		
证券投资	693	15422	15422	3681		
证券分析与咨询	694	921	921			
保险业	70	3225527	3099499	122554	55	624
人寿保险	701	1972054	1897673	89953		
非人寿保险	702	1230697	1179652	32557		
保险辅助服务	703	22776	22175	44	55	624
其他金融活动	71	197720	191975	71802	21	2529
金融信托与管理	711	41886	41886	33639		149
金融租赁	712	2399	199	35		
财务公司	713	756	756	13		
邮政储蓄	714	56718	56718	34428		
典当	715	24091	24091	918		250
其他未列明的金融活动	719	71871	68326	2770	21	2130
房地产业	K	**8740047**	**6460431**	**912180**	**128699**	**9207**
房地产业	72	8740047	6460431	912180	128699	9207
房地产开发经营	721	8009325	5806752	727855	90290	3748
物业管理	722	319296	273039	41619	16512	4375
房地产中介服务	723	91658	83510	12405	756	101
其他房地产活动	729	319769	297130	130301	21142	982
租赁和商务服务业	L	**3283234**	**3207106**	**844188**	**134790**	**26530**
租赁业	73	158348	156441	1285	473	462
机械设备租赁	731	156925	155853	1226	421	462
文化及日用品出租	732	1423	589	59	52	
商务服务业	74	3124886	3050665	842903	134317	26068
企业管理服务	741	1410306	1367068	486732	63779	2232
法律服务	742	33777	33777	762	1202	157
咨询与调查	743	273803	261192	17987	3338	829
广告业	744	393056	388396	12264	1284	7801
知识产权服务	745	14036	7452	709		99
职业中介服务	746	132323	132236	72579	6667	8937
市场管理	747	45093	45084	5990	5106	228
旅行社	748	537565	537222	189703	8273	4614
其他商务服务	749	284927	278239	56177	44669	1172
科学研究、技术服务和地质勘查业	M	**994193**	**916362**	**308427**	**28538**	**8919**
研究与试验发展	75	47570	44697	7776	423	1110
自然科学研究与试验发展	751	2484	2484			973

单位：万元

联营企业					有限责任公司			股份有限公司	私营企业
	国有联营	集体联营	国有与集体联营	其他联营		国有独资公司	其他有限责任公司		
257	172			85	69330	5	69325	6348	441211
257	172			85	61057		61057	6348	399795
					2777		2777		20850
					670		670		6517
					4827	5	4822		14049
29627	**936**	**10**	**28682**		**513941**	**19229**	**494712**	**8760374**	**71496**
28526			28526		408656		408656	5702764	155
28526			28526		408656		408656	5320563	
								382201	155
					26541		26541	120996	1085
					27		27		
					19585		19585	115656	692
					6198		6198	5340	204
					732		732		189
10		10			29191	5702	23489	2930847	13678
10		10			11680		11680	1794540	1489
					12864	5702	7161	1131023	3208
					4648		4648	5284	8981
1092	936		156		49552	13527	36025	5768	56578
					1707		1707	108	6284
					72		72		92
4	4				112		112		626
					22290	13428	8862		
931	931				7099		7099	3051	11030
156			156		18271	99	18172	2609	38546
47140	**44052**	**1105**	**627**	**1356**	**2584338**	**263399**	**2320939**	**189259**	**2547040**
47140	44052	1105	627	1356	2584338	263399	2320939	189259	2547040
43586	42261	761	173	391	2434565	248888	2185677	161835	2313530
1850	1193	142	58	456	83679	11454	72225	8795	112136
79	31	5		44	18671	1618	17052	789	50069
1625	566	197	396	465	47422	1438	45984	17840	71306
31771	**13647**	**1927**	**15262**	**935**	**816768**	**198203**	**618565**	**287965**	**1033751**
47				47	33704		33704	2972	116164
					33675		33675	2917	115891
47				47	30		30	54	273
31724	13647	1927	15262	888	783064	198203	584861	284993	917587
18297	1917	1119	15262		479640	183666	295974	88201	225375
					275		275		29273
272		272		0	80328	1126	79202	9040	145778
320	320				86719	1244	85475	16672	259256
					2302		2302	69	4230
1660	1660				10249	2069	8179	653	30909
					12415	25	12390	918	17350
7441	6887	239		315	55919	7706	48214	151752	114400
3734	2862	298		573	55217	2367	52849	17688	91016
4235	**381**	**1103**	**2263**	**487**	**207068**	**6830**	**200239**	**59394**	**276736**
690	54	636			23538		23538	238	10278
					231		231	95	1178

2-9 续表 1-8

行业	代码	营业收入				
			内资			
				国有	集体	股份合作
工程和技术研究与试验发展	752	31517	30824	3909	262	111
农业科学研究与试验发展	753	11313	10053	3847	161	24
医学研究与试验发展	754	2257	1336	19		1
社会人文科学研究与试验发展	755					
专业技术服务业	76	775058	760139	283716	24293	5208
气象服务	761	5608	5608	4317	746	90
地震服务	762					
海洋服务	763	1806	1806	293		
测绘服务	764	16025	16025	2495	2091	
技术检测	765	50568	49317	21561	2433	648
环境监测	766	2209	2209	98	1221	22
工程技术与规划管理	767	579544	569070	226323	13767	3767
其他专业技术服务	769	119300	116105	28628	4035	679
科技交流和推广服务业	77	152312	92274	7996	3728	2161
技术推广服务	771	109880	51249	2668	2929	1671
科技中介服务	772	13247	12231	4738	475	115
其他科技服务	779	29185	28793	589	324	376
地质勘查业	78	19252	19252	8939	93	440
矿产地质勘查	781	7774	7774	5678	67	
基础地质勘查	782	6526	6526	657		65
地质勘查技术服务	783	4952	4952	2605	27	375
水利、环境和公共设施管理业	**N**	**247576**	**208004**	**67355**	**6678**	**920**
水利管理业	79	12557	11231	3769	1150	
防洪管理	791	259	259	187		
水资源管理	792	8389	7063	2754	1017	
其他水利管理	799	3909	3909	828	133	
环境管理业	80	71363	43521	7582	1641	
自然保护	801	1323	1227	124	500	
环境治理	802	70040	42293	7458	1141	
公共设施管理业	81	163656	153252	56004	3886	920
市政公共设施管理	811	56177	56177	41558	681	
城市绿化管理	812	39172	38816	7384	1310	51
游览景区管理	813	68307	58259	7063	1895	869
居民服务和其他服务业	**O**	**405172**	**390165**	**22229**	**10571**	**5154**
居民服务业	82	217833	205096	9444	3717	2029
家庭服务	821	5757	5757	46	93	
托儿所	822	339	339			
洗染服务	823	10379	9220	11		100
理发及美容保健服务	824	47180	45776	120	494	866
洗浴服务	825	78300	72257	421	306	161
婚姻服务	826	2080	1900			
殡葬服务	827	37944	34527	7778	537	361
摄影扩印服务	828	10403	9904	155	311	57
其他居民服务	829	25449	25416	914	1976	484
其他服务业	83	187340	185068	12785	6854	3125
修理与维护	831	131688	130028	8236	4510	1663
清洁服务	832	26772	26160	586	162	459
其他未列明的服务	839	28880	28880	3963	2181	1003

单位：万元

联营企业					有限责任公司			股份有限公司	私营企业
	国有联营	集体联营	国有与集体联营	其他联营		国有独资公司	其他有限责任公司		
					20153		20153		6298
690	54	636			3154		3154		1630
					0		0	144	1172
2886		135	2263	487	156210	3400	152811	42189	231960
					331		331	88	20
					548		548		965
					3519	267	3251	217	7091
40		40			7919	366	7553	2397	12696
					326		326		541
2700		50	2263	387	119746	2766	116980	38860	153450
145		45		100	23822		23822	627	57198
659	327	332			21726		21726	16967	30691
422	327	95			9110		9110	10890	20369
237		237			527		527	1865	4223
					12089		12089	4212	6099
					5594	3430	2164		3806
					81		81		1733
					4597	3430	1167		1057
					915		915		1016
556	**175**	**381**			**36371**	**3891**	**32481**	**27392**	**64055**
					2926	395	2531		3350
					72	72			
					2293	323	1970		964
					561		561		2387
					3571	130	3441	2676	24796
					237		237		367
					3334	130	3204	2676	24429
556	175	381			29874	3366	26509	24716	35909
					6817	668	6149	311	6706
436	55	381			11645	26	11619	1362	16009
120	120				11412	2671	8741	23042	13193
1372	**55**	**1284**		**33**	**35945**	**707**	**35238**	**9637**	**292795**
1076		1076			20205	707	19498	2738	160709
862		862			2152		2152	83	2506
					4		4		336
					878		878	19	8177
63		63			991		991	218	40895
16		16			3195		3195	1203	65084
					62		62		1833
					11701	707	10994	387	12968
136		136			342		342	154	8512
					881		881	674	20399
296	55	208		33	15740		15740	6898	132086
208		208			10673		10673	2888	96066
					2340		2340	163	22005
88	55			33	2726		2726	3848	14015

2-9 续表 1-9

行　业	代码	营业收入	内资	国有	集体	股份合作
教育	P	**120792**	**119891**	**5475**	**6668**	**4671**
教育	84	120792	119891	5475	6668	4671
学前教育	841	5178	4475	171		
初等教育	842	1083	1083			
中等教育	843	2419	2419		45	
高等教育	844	61	61			
其他教育	849	112051	111852	5304	6623	4671
卫生、社会保障和社会福利业	Q	**93710**	**87223**	**4464**	**3547**	**740**
卫生	85	91310	85723	4311	2712	740
医院	851	58325	53043	2221	731	405
卫生院及社区医疗活动	852	7027	7027	1171	1247	142
门诊部医疗活动	853	23574	23269	800	725	193
计划生育技术服务活动	854	71	71			
妇幼保健活动	855	200	200	3		
专科疾病防治活动	856	501	501	117		
疾病预防控制及防疫活动	857	477	477		3	
其他卫生活动	859	1135	1135		8	
社会保障业	86	545	545	114		
社会保障业	860	545	545	114		
社会福利业	87	1855	955	40	835	
提供住宿的社会福利	871	115	115		35	
不提供住宿的社会福利	872	1740	840	40	800	
文化、体育和娱乐业	R	**318389**	**292878**	**32521**	**2074**	**7161**
新闻出版业	88	24679	24679	7117	416	419
新闻业	881	193	193		36	
出版业	882	24486	24486	7117	380	419
广播、电视、电影和音像业	89	38880	38880	14925	604	63
广播	891	1327	1327	1327		
电视	892	20382	20381	10258	84	
电影	893	13925	13925	3280	29	
音像制作	894	3247	3247	60	490	63
文化艺术业	90	9040	5649	176	284	8
文艺创作与表演	901	2956	2956	33	147	
艺术表演场馆	902	229	229	6		
图书馆与档案馆	903	8	8			
文物及文化保护	904	20	20			
博物馆	905	3573	182			
烈士陵园、纪念馆	906					
群众文化活动	907	203	203		91	
文化艺术经纪代理	908	1032	1032			8
其他文化艺术	909	1018	1018	137	45	
体育	91	15502	14695	9092	132	
体育组织	911	1063	774	38		
体育场馆	912	13770	13251	9031	71	
其他体育	919	670	670	23	60	
娱乐业	92	230288	208975	1212	639	6671
室内娱乐活动	921	189274	184125	241	472	6621
游乐园	922	3605	1612	714		
休闲健身娱乐活动	923	26100	15579	257	118	50
其他娱乐活动	929	11308	7660		49	

单位：万元

联营企业	国有联营	集体联营	国有与集体联营	其他联营	有限责任公司	国有独资公司	其他有限责任公司	股份有限公司	私营企业
39		**39**			**20399**		**20399**	**5569**	**72250**
39		39			20399		20399	5569	72250
					392		392		3505
									1076
					123		123	263	1935
									18
39		39			19885		19885	5306	65716
284	**248**	**36**			**1827**	**47**	**1779**	**2867**	**68552**
284	248	36			1798	47	1750	2447	68521
					1437		1437	2447	45110
36		36							3426
248	248				297		297		17870
									197
									384
					17		17		457
					47	47			1077
								420	11
								420	11
					29		29		20
					29		29		20
14036	**14036**				**34509**	**118**	**34390**	**6164**	**187167**
13987	13987				1429		1429		1110
									157
13987	13987				1429		1429		953
					13136		13136	208	9318
					8476		8476	29	1534
					4660		4660	100	5230
					1		1	79	2553
					801	51	750	67	3804
					461		461		1970
					51	51			172
									8
									20
									80
									112
					133		133		891
					155		155	67	552
					1203	67	1136		4269
					550	67	483		187
					653		653		3497
									586
49	49				17940		17940	5888	168667
49	49				15248		15248	5486	149527
					245		245		603
					1192		1192	214	13091
					1254		1254	189	5446

2-9 续表 2-1

行业	代码	私营独资	私营合伙	私营有限责任公司	私营股份有限公司	其他
总计		**8473590**	**4113641**	**71831983**	**3935794**	**1143209**
农、林、牧、渔业	A	**56**		**5633**	**1036**	
农业	01	56		205		
谷物及其他作物的种植	011			205		
蔬菜、园艺作物的种植	012					
水果、坚果、饮料和香料作物的种植	013	56				
中药材的种植	014					
林业	02					
林木的培育和种植	021					
木材和竹材的采运	022					
林产品的采集	023					
畜牧业	03			5428	1036	
牲畜的饲养	031			213		
猪的饲养	032			4340	1036	
家禽的饲养	033					
狩猎和捕捉动物	034					
其他畜牧业	039			875		
渔业	04					
海洋渔业	041					
内陆渔业	042					
农、林、牧、渔服务业	05					
农业服务业	051					
林业服务业	052					
畜牧服务业	053					
渔业服务业	054					
采矿业	B	**150439**	**152982**	**1144310**	**32344**	**18917**
煤炭开采和洗选业	06	1470	6838	282521	4663	
烟煤和无烟煤的开采洗选	061	1191	5996	280471	4663	
褐煤的开采洗选	062					
其他煤炭采选	069	279	842	2050		
石油和天然气开采业	07					
天然原油和天然气开采	071					
与石油和天然气开采有关的服务活动	079					
黑色金属矿采选业	08	11366	14196	268491	5133	655
铁矿采选	081	9774	12448	263354	4637	655
其他黑色金属矿采选	089	1592	1747	5137	496	
有色金属矿采选业	09	14279	19342	304419	8210	
常用有色金属矿采选	091	12218	11741	183197	7971	
贵金属矿采选	092	1891	6020	35338	200	
稀有稀土金属矿采选	093	171	1582	85884	40	
非金属矿采选业	10	122365	111700	288880	14338	17968
土砂石开采	101	99424	103562	220864	10235	17480
化学矿采选	102	675		6444		
采盐	103					
石棉及其他非金属矿采选	109	22266	8138	61572	4103	488
其他采矿业	11	959	906			295
其他采矿业	110	959	906			295
制造业	C	**4486731**	**1796055**	**35962529**	**1562161**	**347922**
农副食品加工业	13	342272	106398	2729470	64946	23793
谷物磨制	131	86922	17212	396174	4028	1150

单位：万元

港澳台商投资	港澳台商合资经营	港澳台商合作经营	港澳台商独资经营	港澳台商投资股份有限公司	外商投资	中外合资经营	中外合作经营	外资	外商投资股份有限公司
46235353	**13061532**	**617564**	**31120022**	**1436235**	**47642725**	**18774541**	**471725**	**26609350**	**1787109**
128172	**83540**	**9048**	**35583**		**29189**	**23383**		**5486**	**319**
					1342	1342			
					1342	1342			
10447	10033		414		3821			3821	
10447	10033		414		3821			3821	
41433	10614		30820		4508	4508			
41433	10614		30820		4101	4101			
					407	407			
76291	62894	9048	4350		19519	17534		1666	319
5831	1482		4350		10274	8289		1666	319
11862	2815	9048							
58598	58598				9245	9245			
40499494	**10656571**	**231565**	**28416797**	**1194561**	**35938363**	**12353882**	**365037**	**22615529**	**603915**
1477912	579478	9686	539635	349113	1523417	605090	3146	914576	605
29164	2935		26229		67819	67819			

2-9 续表 2-2

行业	代码	私营独资	私营合伙	私营有限责任公司	私营股份有限公司	其他
饲料加工	132	101258	19239	534107	1711	
植物油加工	133	14271	1300	411480		359
制糖	134	250		16508		
屠宰及肉类加工	135	16644	8278	282810	2935	6723
水产品加工	136	67173	27748	665723	45247	12033
蔬菜、水果和坚果加工	137	38737	19822	314447	6902	500
其他农副食品加工	139	17019	12800	108222	4123	3027
食品制造业	14	161560	34443	1320993	89976	6854
焙烤食品制造	141	17208	4036	145684	4089	988
糖果、巧克力及蜜饯制造	142	38507	4557	461531	884	3179
方便食品制造	143	12041	2812	96068	492	236
液体乳及乳制品制造	144			58773	1450	
罐头制造	145	63663	16729	407276	81190	447
调味品、发酵制品制造	146	8107	2723	61270	140	973
其他食品制造	149	22034	3585	90391	1732	1031
饮料制造业	15	278333	70225	624395	13834	9975
酒精制造	151	14	350	262		
酒的制造	152	13002	4083	96784	1042	215
软饮料制造	153	21562	6292	112164	1794	518
精制茶加工	154	243756	59500	415185	10999	9242
烟草制品业	16					
烟叶复烤	161					
卷烟制造	162					
其他烟草制品加工	169					
纺织业	17	209623	147689	3084408	51089	9810
棉、化纤纺织及印染精加工	171	46941	73111	1902502	25503	554
毛纺织和染整精加工	172	2037	1462	2417	698	
麻纺织	173			1669		
丝绢纺织及精加工	174	1470	473	6796	1010	
纺织制成品制造	175	40623	15275	413081	6944	825
针织品、编织品及其制品制造	176	118552	57369	757944	16935	8431
纺织服装、鞋、帽制造业	18	318144	122966	1818294	100847	25277
纺织服装制造	181	289842	61251	1722924	91391	20659
纺织面料鞋的制造	182	27460	61554	94233	9456	4617
制帽	183	842	162	1136		
皮革、毛皮、羽毛(绒)及其制品业	19	256076	50684	2523081	228836	16176
皮革鞣制加工	191	4907	3202	151573	2262	903
皮革制品制造	192	248548	46706	2290849	226574	15201
毛皮鞣制及制品加工	193	562		16097		
羽毛(绒)加工及制品制造	194	2059	777	64563		72
木材加工及木、竹、藤、棕、草制品业	20	329889	151397	1779723	35303	9044
锯材、木片加工	201	54692	38990	158077	2974	2865
人造板制造	202	81888	52371	1047414	25601	2351
木制品制造	203	68266	19317	248279	2168	397
竹、藤、棕、草制品制造	204	125043	40720	325954	4561	3432
家具制造业	21	84502	22953	558687	19212	4424
木质家具制造	211	58957	18500	254206	5547	3648
竹、藤家具制造	212	3692	2322	11995	132	
金属家具制造	213	12683	737	226600	10939	141
塑料家具制造	214	1106	422	2596	457	
其他家具制造	219	8064	972	63290	2138	635

单位：万元

港澳台商投资	港澳台商合资经营	港澳台商合作经营	港澳台商独资经营	港澳台商投资股份有限公司	外商投资	中外合资经营	中外合作经营	外资	外商投资股份有限公司
202002	157570	7840	36592		61341	1740		59602	
287796	98250		435	189111	732976	137588		595388	
126850	9049		53822	63978	10503		49	10454	
623785	258062	1830	267870	96023	372461	228723	2997	140311	430
149357	51450	16	97891		230555	150216	100	80238	
58959	2162		56796		47763	19005		28583	175
812568	203847	156	528161	80404	441312	101279		306430	33604
225502	94694		130808		140757	368		112954	27436
134247	19800		34946	79501	54550	10962		43177	410
164652	2920	156	161085	491	49230	7016		42213	
5951	5189		762		5258				5258
180157	75265		104893		93194	58847		34347	
66906	178		66317	411	82210	14717		67493	
35153	5802		29350		16114	9368		6246	500
659496	529834	1073	127038	1552	811178	162058		645165	3955
93373	93217		156		278201	901		277300	
525696	422844		102853		439258	159650		279609	
40427	13773	1073	24029	1552	93718	1507		88256	3955
2630550	225714	6329	2383949	14557	947804	112176	8763	816742	10122
1449205	119958	1043	1315160	13044	510530	81158	2248	417492	9633
44899	447		44452		24977			24977	
134			134		2043			2043	
43580			43580		464			464	
399611	46411		351687	1513	270072	11631		258441	
693121	58898	5286	628936		139718	19387	6516	113326	490
4815712	478662	77732	4127985	131334	1351915	79285	3740	1259237	9653
4538836	371543	77732	3958227	131334	1282443	78731	3740	1190319	9653
274168	106525		167643		63683	554		63129	
2709	594		2115		5789			5789	
4512031	784840		3714756	12435	2707728	361824	48977	2198543	98385
216851	71353		145498		271373	45765	894	139865	84849
4292755	713488		3566832	12435	2421260	311050	48083	2048592	13535
766			766						
1660			1660		15095	5009		10087	
214554	81445	1079	131324	706	250334	158752	25864	64312	1407
6348	2086		4262		2838	234		2604	
67170	27964		38729	476	127022	121954		3661	1407
90145	35187		54728	230	83242	23601	25864	33778	
50892	16208	1079	33605		37231	12963		24268	
593391	165663	261	427270	198	294348	114226		175495	4627
253623	31418		222205		62955	10169		48159	4627
1141	1096		45		2650			2650	
289970	133070		156900		154013	103562		50451	
25056			25056						
23602	80	261	23064	198	74731	496		74235	

2-9 续表 2-3

行业	代码	私营独资	私营合伙	私营有限责任公司	私营股份有限公司	其他
造纸及纸制品业	22	127348	76876	1251736	74348	4262
纸浆制造	221	944	1080	21774	471	
造纸	222	27823	32029	413610	46246	873
纸制品制造	223	98581	43767	816353	27631	3388
印刷业和记录媒介的复制	23	76780	16111	493343	19246	3603
印刷	231	70789	15787	483372	18416	2880
装订及其他印刷服务活动	232	5992	324	9821	830	723
记录媒介的复制	233			149		
文教体育用品制造业	24	25763	5581	240177	1291	871
文化用品制造	241	4614	601	48760	387	75
体育用品制造	242	11654	1468	131631	175	572
乐器制造	243	684		2730	299	
玩具制造	244	8811	3512	47009	430	224
游艺器材及娱乐用品制造	245			10047		
石油加工、炼焦及核燃料加工业	25	2412	268	138187	135	
精炼石油产品的制造	251	1991	268	102525	135	
炼焦	252	421		35662		
核燃料加工	253					
化学原料及化学制品制造业	26	145517	53617	1421388	26523	53356
基础化学原料制造	261	7249	2184	356653	7857	
肥料制造	262	3130	2341	96551	1887	266
农药制造	263	400		20792	135	
涂料、油墨、颜料及类似产品制造	264	32068	11024	313010	2200	1903
合成材料制造	265	13597	4687	130574	1529	50434
专用化学产品制造	266	53816	23220	365030	10402	461
日用化学产品制造	267	35257	10162	138778	2513	291
医药制造业	27	3721	1843	247606	8145	1336
化学药品原药制造	271	141		6358		
化学药品制剂制造	272		747	69201	362	
中药饮片加工	273	642		12906		1336
中成药制造	274	280	300	54026	1462	
兽用药品制造	275	403	487	4067		
生物、生化制品的制造	276	579	309	75222	6258	
卫生材料及医药用品制造	277	1677		25827	63	
化学纤维制造业	28	3708	44282	395782	750	
纤维素纤维原料及纤维制造	281	624		11376	485	
合成纤维制造	282	3084	44282	384406	265	
橡胶制品业	29	53943	17001	381728	33586	1087
轮胎制造	291	4314	2260	31750		347
橡胶板、管、带的制造	292	2895	907	32621	107	
橡胶零件制造	293	3966	713	27205	1138	
再生橡胶制造	294	2127	360	39523		165
日用及医用橡胶制品制造	295	4573	2400	13828	874	197
橡胶靴鞋制造	296	30454	9907	207869	29265	293
其他橡胶制品制造	299	5613	455	28932	2202	85
塑料制品业	30	238995	91505	1707757	28591	25377
塑料薄膜制造	301	19574	5559	130070	3825	11

单位：万元

港澳台商投资	港澳台商合资经营	港澳台商合作经营	港澳台商独资经营	港澳台商投资股份有限公司	外商投资	中外合资经营	中外合作经营	外资	外商投资股份有限公司
835965	325300	6581	504084		531145	270030	429	260686	
6820	6820								
241413	83796	2343	155273		136049	116957	429	18663	
587732	234683	4238	348810		395096	153073		242023	
133203	67773		65166	264	58563	29002		29561	
118269	67024		50982	264	55415	29002		26413	
1682	749		933		3148			3148	
13251			13251						
635074	127546	12318	493591	1618	423407	19711		403696	
70980	481		68981	1519	66779	1349		65430	
432466	111849		320518	99	317832	13538		304295	
5353			5353		16813			16813	
124938	15217	12318	97403		21930	4824		17106	
1337			1337		52			52	
132259	5059		127200		1628509	1599176		29333	
132259	5059		127200		1628509	1599176		29333	
867407	309941	22977	534120	369	1808731	1180272	10595	540150	77714
62570	16282		46288		122562	48658		73904	
125858	97491		28367		20629	6488		13681	460
9226	9029		197		1323			1323	
123202	32257		90946		76312	2990	855	72467	
196071	59417	22977	113678		1322188	1040469		281719	
273406	78153		195253		212511	72670	9740	52847	77255
77074	17314		59392	369	53206	8996		44210	
174963	84284		90678		154098	62355	1243	90500	
18588	18588				20693	19901	790	2	
10506	4658		5848		65595	113		65482	
251			251		598			598	
105184	58956		46229		16834	10609		6225	
					38584	25773		12811	
33078	1560		31518		11092	5757		5335	
7356	523		6833		703	203	453	47	
1635490	431018		789791	414681	89794	17118	408	72268	
15438	942		14496		10067			10067	
1620052	430076		775295	414681	79727	17118	408	62201	
1151758	154315		995419	2024	722572	475737		246835	
585967			585967		464301	463702		598	
10637			10637						
33657			33657		44594	7125		37468	
					116			116	
19251			19251		217			217	
479019	154315		322679	2024	153007	4497		148511	
23229			23229		60337	413		59925	
1647469	422667	14198	1203312	7292	1435666	316121	4201	985872	129472
268487	18537	702	249248		470301	13330		456971	

2-9 续表 2-4

行业	代码	私营独资	私营合伙	私营有限责任公司	私营股份有限公司	其他
塑料板、管、型材的制造	302	11030	2950	140485	1114	12671
塑料丝、绳及编织品的制造	303	29158	6267	78538	5127	492
泡沫塑料制造	304	15013	15486	90702	3903	27
塑料人造革、合成革制造	305	4477	642	116420		423
塑料包装箱及容器制造	306	28565	3500	80248	3797	869
塑料零件制造	307	7925	11484	171715	2271	193
日用塑料制造	308	90613	37980	683318	4500	7533
其他塑料制品制造	309	32640	7637	216260	4054	3157
非金属矿物制品业	31	737480	400136	4218387	224401	76060
水泥、石灰和石膏的制造	311	31666	24256	556489	17105	817
水泥及石膏制品制造	312	30204	8890	280885	2011	5547
砖瓦、石材及其他建筑材料制造	313	597757	336118	2767035	164478	39843
玻璃及玻璃制品制造	314	8344	2372	88108	325	25695
陶瓷制品制造	315	50022	18420	430309	29314	2747
耐火材料制品制造	316	7316	4205	29068	120	746
石墨及其他非金属矿物制品制造	319	12172	5874	66492	11048	666
黑色金属冶炼及压延加工业	32	19074	24817	1162809	28972	449
炼铁	321	3996	290	176925	16124	449
炼钢	322	1246	628	37333		
钢压延加工	323	8602	14068	802701	2366	
铁合金冶炼	324	5230	9831	145849	10482	
有色金属冶炼及压延加工业	33	48813	6995	865498	20436	145
常用有色金属冶炼	331	3119	4978	55643	7662	120
贵金属冶炼	332	80				
稀有稀土金属冶炼	333	30229	300	17939	1058	
有色金属合金制造	334	887	7	35088	472	
有色金属压延加工	335	14498	1710	756827	11245	25
金属制品业	34	146433	54300	1181589	13627	11230
结构性金属制品制造	341	41732	25980	383689	4388	6359
金属工具制造	342	12828	4579	92051	758	91
集装箱及金属包装容器制造	343	8677	1940	134618	150	89
金属丝绳及其制品的制造	344	5999	152	45615		185
建筑、安全用金属制品制造	345	33348	9842	186258	2437	3022
金属表面处理及热处理加工	346	18205	1738	55294	155	84
搪瓷制品制造	347	602	340	3001		479
不锈钢及类似日用金属制品制造	348	10791	3526	94657	4290	632
其他金属制品制造	349	14251	6203	186406	1449	290
通用设备制造业	35	247100	68530	1845800	287712	8188
锅炉及原动机制造	351	3053	631	62607	258	
金属加工机械制造	352	14867	3248	103317	2459	423
起重运输设备制造	353	3534	1008	56431	974	
泵、阀门、压缩机及类似机械的制造	354	106733	6428	455171	213313	1186
轴承、齿轮、传动和驱动部件的制造	355	11895	4291	89651	40089	
烘炉、熔炉及电炉制造	356	255		560		
风机、衡器、包装设备等通用设备制造	357	10067	6174	273183	10850	3516
通用零部件制造及机械修理	358	31875	13344	292281	4996	1116
金属铸、锻加工	359	64821	33406	512600	14773	1947
专用设备制造业	36	97828	36314	894165	52182	6189
矿山、冶金、建筑专用设备制造	361	20703	16277	364761	10861	495

单位：万元

港澳台商投资	港澳台商合资经营	港澳台商合作经营	港澳台商独资经营	港澳台商投资股份有限公司	外商投资	中外合资经营	中外合作经营	外资	外商投资股份有限公司
120126	36950	407	82769		342074	149566	3949	60297	128263
32835	716		32119		7458	1602		5856	
100847	7970		92877		10094	2323		7413	358
177005	65877		111128		61451			61451	
19057	8878	457	9722		16260	9009		7251	
53111	10109	549	35876	6576	69700	15520		54180	
526117	141011	1332	383774		305489	97697	252	206690	850
349885	132618	10752	205799	715	152840	27075		125765	
1908508	840433		937813	130262	1025624	384588	7856	576788	56392
207826	124415		83411		101463	6701		49513	45249
235985	73662		162323		59020	46475		12227	318
896050	402696		492935	419	573012	293293	4804	264909	10006
381594	190040		61711	129844	207537	6122		201415	
143047	29981		113066		71169	29627	3052	37671	819
6431			6431						
37576	19639		17937		13423	2370		11054	
759774	547257	1380	211138		2311668	1544756		766912	
107319	107319				16438			16438	
90529	90529				247257	203488		43769	
561880	349409	1380	211091		2020588	1313883		706705	
47			47		27385	27385			
602458	179453		423004		400692	211513		189179	
17289	17289				33008			33008	
262	262				186826	117187		69639	
584907	161903		423004		180858	94325		86532	
915509	322819	2335	579123	11232	1254671	332244	7737	909794	4897
225775	87614	217	126966	10977	206662	116677		87451	2534
50000	5731		44269		126247	14866		109447	1934
274408	126081		148327		389153	124818		263908	428
17354	10007		7347		33782	5035	1839	26908	
132740	1255	5	131480		337467	15651		321816	
16220	9521		6444	255	23583	4440		19143	
75	75				18729	14694		4035	
94887	1278	2113	91496		97756	34852	5898	57006	
104051	81257		22794		21293	1212		20081	
558983	120027	1648	408456	28852	738672	89414	221467	419201	8590
3868	2838		1030		2516			2516	
46559	7366	1648	37546		17410			12230	5180
13973	1514		12459		410021	1747	221467	186807	
122855	16043		78382	28430	80063	36790		43273	
178177	47135		131042		39260	13233		22868	3160
					439			439	
99197	20722		78475		92214	10095		81869	250
70565	12784		57359	422	69460	11888		57572	
23789	11626		12163		27289	15661		11627	
415562	95230		320167	165	856350	96008		737048	23294
98441	12000		86441		431147	26963		380929	23255

2-9 续表 2-5

行业	代码	私营独资	私营合伙	私营有限责任公司	私营股份有限公司	其他
化工、木材、非金属加工专用设备制造	362	32698	9447	171842	3107	3002
食品、饮料、烟草及饲料生产专用设备制造	363	3463	719	26290	372	671
印刷、制药、日化生产专用设备制造	364	2717	1507	33996	408	
纺织、服装和皮革工业专用设备制造	365	5975	2293	55159	1218	
电子和电工机械专用设备制造	366	8192	1594	30183	1298	782
农、林、牧、渔专用机械制造	367	17382	3181	62980	17064	161
医疗仪器设备及器械制造	368	263	50	6963	16797	
环保、社会公共安全及其他专用设备制造	369	6436	1246	141993	1057	1078
交通运输设备制造业	37	113987	48334	1463865	33258	5999
铁路运输设备制造	371			911		
汽车制造	372	76321	30105	1047824	16319	3808
摩托车制造	373	25264	5867	166608	6707	61
自行车制造	374	644	163	1735		
船舶及浮动装置制造	375	11758	11661	242688	10232	2074
航空航天器制造	376					
交通器材及其他交通运输设备制造	379		539	4100		56
电气机械及器材制造业	39	72535	49402	1793979	48425	2070
电机制造	391	41177	24935	758829	34642	50
输配电及控制设备制造	392	10747	5629	289318	2307	1013
电线、电缆、光缆及电工器材制造	393	4181	1846	162209	2721	490
电池制造	394	3155	7218	195524	2001	318
家用电力器具制造	395	2303	2249	152333	4414	
非电力家用器具制造	396	312	441	37391	150	
照明器具制造	397	9209	5306	179248	2064	200
其他电气机械及器材制造	399	1451	1778	19127	127	
通信设备、计算机及其他电子设备制造业	40	30199	9738	602651	32415	5988
通信设备制造	401	2869	125	92298	13366	3021
雷达及配套设备制造	402	101				
广播电视设备制造	403	389		91191		
电子计算机制造	404	978		31443	4156	35
电子器件制造	405	1681	2626	149683	1079	
电子元件制造	406	17734	5664	122815	13456	1253
家用视听设备制造	407	60	320	36492		
其他电子设备制造	409	6387	1003	78730	358	1680
仪器仪表及文化、办公用机械制造业	41	13617	2618	238289	2642	2071
通用仪器仪表制造	411	2910	1253	51299	689	552
专用仪器仪表制造	412	834	238	19228	0	700
钟表与计时仪器制造	413	8019		123599	212	389
光学仪器及眼镜制造	414	1202	1080	36938	1555	355
文化、办公用机械制造	415	577	47	2614	156	75
其他仪器仪表的制造及修理	419	75		4612	30	
工艺品及其他制造业	42	288372	74543	963535	20391	33994
工艺美术品制造	421	252303	51062	687699	17555	28473
日用杂品制造	422	24535	18848	200507	2396	1345
煤制品制造	423	2176	762	2792	260	
核辐射加工	424					
其他未列明的制造业	429	9357	3872	72538	180	4177
废弃资源和废旧材料回收加工业	43	12708	6490	15208	1043	294
金属废料和碎屑的加工处理	431	2784	439	9743	593	
非金属废料和碎屑的加工处理	432	9924	6051	5465	450	294

单位：万元

港澳台商投资	港澳台商合资经营	港澳台商合作经营	港澳台商独资经营	港澳台商投资股份有限公司	外商投资	中外合资经营	中外合作经营	外资	外商投资股份有限公司
119063	23329		95569	165	56076	30175		25901	
1488	1019		469		3257	544		2713	
41148	17668		23479		10118			10118	
96556	5928		90628		49167	367		48799	
15361	12576		2785		249			210	39
716	501		215		18575			18575	
13466			13466		111400	22916		88484	
29322	22207		7115		176363	15043		161319	
1682767	1223267	239	456162	3100	1812003	1090421	1063	638259	82261
953942	559534	239	391069	3100	1578486	1013158	1063	564265	
56976	17384		39592		95195	52878		42317	
7712	3050		4663		22667	2317		20350	
20838			20838		93554	983		10311	82261
643299	643299				20529	20232		298	
					1572	852		720	
2120683	859204		1259521	1958	1912977	1191773		716229	4975
377012	163749		213263		350446	278963		71483	
264322	23420		240902		756059	514319		241739	
43621	1738		41883		81887	296		81591	
518690	217060		301630		195674	160356		35318	
512724	445178		67546		62550	19910		42548	92
70208	1536		68672						
333551	6523		325070	1958	441011	217929		218199	4883
555			555		25351			25351	
6134036	1148699		4985219	119	9285301	1488160		7796948	193
422995	239430		183566		472911	347846		125065	
30883			30883		1171	820		159	193
3862130	6476		3855654		4729304	238432		4490872	
142610	37250		105360		2506043	419534		2086509	
752197	47510		704568	119	722895	56607		666289	
881233	816153		65080		705349	357790		347559	
41988	1880		40108		147627	67132		80495	
741016	83167		656330	1519	417766	30632	16995	370139	
62110	42793		17798	1519	15271	1010		14262	
6871	5462		1409		104562	9448		95113	
214244	22623		191621		11505	1093		10412	
126426	12289		114136		108213	17712		90501	
331184			331184		138822	1369	16995	120458	
181			181		39394			39394	
1709236	243474	73575	1391379	808	742121	230163	2554	455633	53771
933253	204108	8815	719523	808	493745	221697	2384	242574	27090
662845	29642	4632	628571		235708	8411	170	200446	26681
113137	9724	60128	43285		12668	55		12613	
21163	16155		5008						
11111	6102		5008						
10052	10052								

2-9 续表 2-6

行业	代码	私营独资	私营合伙	私营有限责任公司	私营股份有限公司	其他
电力、燃气及水的生产和供应业	D	**61940**	**137138**	**241653**	**28260**	**8768**
电力、热力的生产和供应业	44	55560	134322	216654	26029	6317
电力生产	441	54460	133080	212412	24512	5523
电力供应	442	959	1242	1257	1517	794
热力生产和供应	443	142		2986		
燃气生产和供应业	45	1405	770	1628	375	362
燃气生产和供应业	450	1405	770	1628	375	362
水的生产和供应业	46	4975	2046	23371	1856	2089
自来水的生产和供应	461	4174	2017	11388	1856	2075
污水处理及其再生利用	462			11951		
其他水的处理、利用与分配	469	802	29	32		14
建筑业	E	**239848**	**179682**	**5793867**	**941047**	**85186**
房屋和土木工程建筑业	47	117145	140069	4636905	863964	47590
房屋工程建筑	471	73895	74421	3747850	621722	24487
土木工程建筑	472	43250	65648	889055	242241	23103
建筑安装业	48	31710	16333	395673	15271	2041
建筑安装业	480	31710	16333	395673	15271	2041
建筑装饰业	49	19963	10347	415860	47613	10161
建筑装饰业	490	19963	10347	415860	47613	10161
其他建筑业	50	71029	12933	345429	14200	25394
工程准备	501	28307	6399	119271	570	4166
提供施工设备服务	502	6606	598	24185	1193	114
其他未列明的建筑活动	509	36117	5936	201972	12437	21114
交通运输、仓储和邮政业	F	**503792**	**414904**	**2116206**	**92384**	**85200**
铁路运输业	51		750	1495		
铁路旅客运输	511			543		
铁路货物运输	512			390		
铁路运输辅助活动	513		750	562		
道路运输业	52	384038	171808	1344199	31532	34025
公路旅客运输	521	25178	38034	86458	2993	5496
道路货物运输	522	354734	126127	1227697	26519	27374
道路运输辅助活动	523	4126	7647	30044	2020	1155
城市公共交通业	53	3274	2865	26983	1299	487
公共电汽车客运	531	818	728	5435	487	326
轨道交通	532					
出租车客运	533	2456	665	19774	812	161
城市轮渡	534					
其他城市公共交通	539		1472	1774		
水上运输业	54	21380	198914	260994	33702	20281
水上旅客运输	541	402	584	1237	2850	4209
水上货物运输	542	13490	197057	253340	27069	15873
水上运输辅助活动	543	7488	1272	6417	3783	200
航空运输业	55			941		
航空客货运输	551			849		
通用航空服务	552			2		
航空运输辅助活动	553			89		
管道运输业	56			51		
管道运输业	560			51		

单位：万元

港澳台商投资	港澳台商合资经营	港澳台商合作经营	港澳台商独资经营	港澳台商投资股份有限公司	外商投资	中外合资经营	中外合作经营	外资	外商投资股份有限公司
316172	**19624**	**284650**	**11410**	**488**	**1254553**	**137676**	**4265**	**845522**	**267091**
302337	9347	283076	9426	488	1150805	44135	1056	838522	267091
298326	9347	279539	8952	488	1137047	30592	1056	838308	267091
4011		3537	474		13543	13543			
					215			215	
2292	308		1984		65536	64922		614	
2292	308		1984		65536	64922		614	
11543	9969	1574			38213	28618	3208	6386	
11543	9969	1574			35540	28618	3208	3714	
					2673			2673	
288713	**255620**	**1678**	**31367**	**49**	**76619**	**21033**	**3831**	**40944**	**10811**
133367	131861		1505		43661	5590	3610	26186	8276
131861	131861				35186	5590	3610	25987	
1505			1505		8476			199	8276
29813	5193	1597	23023		32120	14975		14610	2534
29813	5193	1597	23023		32120	14975		14610	2534
121852	115833	80	5939		689	468	221		
121852	115833	80	5939		689	468	221		
3682	2733		900	49	149			149	
915	15		900						
2718	2718								
49				49	149			149	
310432	**195501**	**4938**	**97056**	**12938**	**270455**	**157368**	**23899**	**88670**	**519**
13697	11402	2102	193		46259	5095	10960	30204	
18		18			351		351		
9615	9422		193		36055	5095	757	30204	
4064	1980	2084			9853		9853		
2145	756	1388			9274	413	8861		
					8861		8861		
617	617				413	413			
1527	139	1388							
31341	27899		3040	402	35004	29337	2294	2947	426
2788	2788								
1572			1170	402	3758	1260		2073	426
26982	25111		1871		31246	28078	2294	875	
					1784		1784		
					1784		1784		

2-9 续表 2-7

行业	代码	私营独资	私营合伙	私营有限责任公司	私营股份有限公司	其他
装卸搬运和其他运输服务业	57	85105	27966	446038	21190	25847
装卸搬运	571	10641	6130	9735	1951	186
运输代理服务	572	74464	21836	436303	19239	25661
仓储业	58	6194	12374	21976	3760	4484
谷物、棉花等农产品仓储	581	320		4048		227
其他仓储	589	5874	12374	17928	3760	4257
邮政业	59	3802	228	13530	901	76
国家邮政	591					
其他寄递服务	599	3802	228	13530	901	76
信息传输、计算机服务和软件业	G	**122891**	**34670**	**367005**	**39057**	**9602**
电信和其他信息传输服务业	60	3030	2237	31682	1622	544
电信	601	270	599	11805	1532	42
互联网信息服务	602	2478	1422	19845	90	195
广播电视传输服务	603	282	216	23		308
卫星传输服务	604			9		
计算机服务业	61	116681	30062	132521	4085	5503
计算机系统服务	611	4226	4601	100111	2619	29
数据处理	612	187	6	1278		
计算机维修	613	868	560	4399	310	140
其他计算机服务	619	111400	24895	26734	1157	5334
软件业	62	3180	2371	202802	33349	3555
公共软件服务	621	2465	2038	172139	30087	3547
其他软件服务	629	715	333	30663	3263	8
批发和零售业	H	**2209533**	**1057575**	**22297027**	**896608**	**422654**
批发业	63	1350464	854775	18725638	711143	260125
农畜产品批发	631	34301	13517	242963	3776	3547
食品、饮料及烟草制品批发	632	175552	99832	1405645	60031	18496
纺织、服装及日用品批发	633	308344	257642	3635367	160470	19738
文化、体育用品及器材批发	634	32881	12886	404937	31826	1295
医药及医疗器材批发	635	35233	7626	463510	30143	15388
矿产品、建材及化工产品批发	636	411791	277489	7904755	205427	133798
机械设备、五金交电及电子产品批发	637	219146	106631	2989529	132289	30892
贸易经纪与代理	638	26400	14645	269044	8785	2934
其他批发	639	106815	64508	1409889	78396	34037
零售业	65	859070	202800	3571389	185465	162529
综合零售	651	108837	52041	502298	66462	85088
食品、饮料及烟草制品专门零售	652	65043	11794	158421	2829	9154
纺织、服装及日用品专门零售	653	74535	9556	186270	2851	5962
文化、体育用品及器材专门零售	654	35405	4860	72031	3387	2990
医药及医疗器材专门零售	655	44223	13491	77345	5009	7394
汽车、摩托车、燃料及零配件专门零售	656	260677	54532	1759728	38427	21077
家用电器及电子产品专门零售	657	129036	19606	443859	25316	12292
五金、家具及室内装修材料专门零售	658	96300	27113	282097	15430	13026
无店铺及其他零售	659	45012	9808	89339	25755	5546
住宿和餐饮业	I	**255639**	**94884**	**302322**	**18957**	**24681**
住宿业	66	71001	39750	109516	10325	9707
旅游饭店	661	33473	28100	86896	7278	7372
一般旅馆	662	34348	9999	20034	694	2315
其他住宿服务	669	3180	1651	2586	2353	20

单位：万元

港澳台商投资	港澳台商合资经营	港澳台商合作经营	港澳台商独资经营	港澳台商投资股份有限公司	外商投资	中外合资经营	中外合作经营	外资	外商投资股份有限公司
243306	154612	140	76019	12536	107381	72641		34740	
61411	61411				26202	23142		3059	
181895	93201	140	76019	12536	81179	49499		31680	
19943	832	1308	17803		70754	49882		20779	93
19943	832	1308	17803		70754	49882		20779	93
298640	**23709**		**126771**	**148160**	**2204363**	**82405**	**117**	**1426891**	**694950**
267364			119341	148024	2067924	20632		1352762	694530
254300			119341	134960	1456389	20632		1352347	83410
13064				13064	611535			416	611119
288			151	137	3383	773		2253	357
137			137		772	556		177	40
150			14	137	2611	218		2076	317
30988	23709		7279		133056	61000	117	71876	63
28354	23398		4956		132599	60976	117	71444	62
2634	311		2322		457	24		432	1
2286493	**1263150**	**22739**	**968268**	**32336**	**6507145**	**5508339**	**35452**	**825907**	**137446**
2108833	1142246	16780	918446	31360	3684342	3069174	1682	535384	78103
49951			49951		6936	69	1105	5727	35
39039	2665		35500	873	114570	39401		75169	
1614544	1047547	1663	557320	8014	173532	36326		131431	5775
31957	1488		30468		32038	304		2650	29084
58842	1785	12320	44737		4854	3158		1697	
111535	43156	181	67549	648	2803686	2752078	548	45501	5558
169661	32354	2607	124451	10249	474795	204362	12	243364	27057
490			490		13394	206	17	3180	9991
32815	13250	10	7978	11577	60539	33271		26666	603
177660	120904	5959	49822	975	2822802	2439165	33770	290523	59344
7517	50		6971	496	658551	452080		206462	9
396	79		278	39	3899	48	480	3371	
23233	12413		10555	265	2626	5	125	2470	27
6742	6651		91		1106	48		688	370
274			99	175	1150	1150			
76164	50906		25257		2036251	1943433	32970	59848	
5716			5716		97895	41755		2242	53897
162			162		15050	186	196	14668	
57457	50805	5959	693		6275	460		774	5042
222551	**46293**	**21790**	**144476**	**9992**	**276980**	**89011**	**23265**	**151708**	**12996**
121021	44275	18928	50855	6963	158962	78372	23265	45949	11376
109429	39968	18928	50534		155788	77141	23265	44791	10591
11592	4307		322	6963	2894	1231		1158	504
					280			0	280

2-9 续表 2-8

行　业	代码	私营独资	私营合伙	私营有限责任公司	私营股份有限公司	其他
餐饮业	67	184638	55134	192805	8633	14975
正餐服务	671	162555	45889	183583	7768	13736
快餐服务	672	13611	2103	4928	207	185
饮料及冷饮服务	673	3023	1322	2064	108	264
其他餐饮服务	679	5449	5821	2230	549	790
金融业	**J**	**4657**	**3294**	**55012**	**8533**	**7173**
银行业	68			155		
中央银行	681					
商业银行	682					
其他银行	689			155		
证券业	69	435	104	547		
证券市场管理	691					
证券经纪与交易	692	425		268		
证券投资	693		97	107		
证券分析与咨询	694	10	7	173		
保险业	70	910	296	8779	3694	2540
人寿保险	701	458		172	859	
非人寿保险	702			497	2711	
保险辅助服务	703	452	296	8109	123	2540
其他金融活动	71	3312	2895	45531	4839	4633
金融信托与管理	711	197	58	5313	716	
金融租赁	712		7	85		
财务公司	713			626		
邮政储蓄	714					
典当	715	956	1012	7682	1381	812
其他未列明的金融活动	719	2160	1819	31826	2742	3822
房地产业	**K**	**48919**	**16121**	**2270684**	**211316**	**42569**
房地产业	72	48919	16121	2270684	211316	42569
房地产开发经营	721	26986	8046	2079378	199120	31342
物业管理	722	6932	4780	89422	11002	4074
房地产中介服务	723	2830	1570	45156	513	640
其他房地产活动	729	12170	1725	56728	682	6512
租赁和商务服务业	**L**	**110986**	**96019**	**775650**	**51097**	**31343**
租赁业	73	16738	17519	78375	3531	1334
机械设备租赁	731	16695	17519	78146	3531	1261
文化及日用品出租	732	43		229		74
商务服务业	74	94248	78500	697275	47566	30009
企业管理服务	741	15304	24130	182895	3046	2811
法律服务	742	2067	25557	1649		2108
咨询与调查	743	10281	6965	118292	10240	3622
广告业	744	36861	7836	194663	19895	4081
知识产权服务	745	48	862	3320		43
职业中介服务	746	3851	1248	23647	2164	581
市场管理	747	3806	771	11262	1511	3077
旅行社	748	13707	5311	88132	7250	5120
其他商务服务	749	8324	5819	73416	3458	8566
科学研究、技术服务和地质勘查业	**M**	**28459**	**11693**	**216723**	**19862**	**23047**
研究与试验发展	75	3992	267	5610	410	644
自然科学研究与试验发展	751	384	16	778	0	7

单位：万元

港澳台商投资	港澳台商合资经营	港澳台商合作经营	港澳台商独资经营	港澳台商投资股份有限公司	外商投资	中外合资经营	中外合作经营	外资	外商投资股份有限公司
101530	2018	2862	93621	3029	118018	10639		105759	1620
52559	1608	2862	46431	1657	16506	4439		10447	1620
45165			45165		93706	107		93600	
7				7	424			424	
3798	410		2025	1364	7381	6093		1288	
101728	**3615**		**98112**		**346964**	**248162**		**46634**	**52168**
93610			93610		223309	180673		42636	
93610			93610		223309	180673		42636	
5879	1377		4502		120149	63982		3998	52168
1377	1377				73004	56430		2686	13888
4457			4457		46589	7552		1312	37724
45			45		556			0	556
2238	2238		0		3506	3506			
2199	2199		0						
39	39		0		3506	3506			
1656788	**459076**	**36422**	**1143518**	**17772**	**622828**	**135754**	**8602**	**475340**	**3132**
1656788	459076	36422	1143518	17772	622828	135754	8602	475340	3132
1606828	447213	35279	1106705	17632	595745	127665	7898	459024	1159
32037	7503	250	24284		14219	3343	58	10071	747
4994	1348	501	3048	97	3154	1541		418	1196
12930	3013	392	9482	43	9709	3205	646	5826	31
58491	**11528**	**1578**	**27567**	**17819**	**17637**	**4722**		**10656**	**2260**
835			835		1072			1072	
					1072			1072	
835			835						
57656	11528	1578	26732	17819	16565	4722		9584	2260
39806	651	1578	23201	14376	3432	241		3155	37
6392	4487		1905	0	6219	43		6176	
746			746		3915	3892		23	
6138	6138				446	421		25	
					87	87		0	
0			0		9			9	
342			342						
4232	252		538	3442	2456	37		196	2223
14088	**9370**	**950**	**3565**	**202**	**63743**	**4565**		**59002**	**177**
1780	1008		772		1094	285		809	

2-9 续表 2-9

行业	代码	私营独资	私营合伙	私营有限责任公司	私营股份有限公司	其他
工程和技术研究与试验发展	752	2100	201	3611	385	90
农业科学研究与试验发展	753	1447	49	109	25	546
医学研究与试验发展	754	60	1	1112		
社会人文科学研究与试验发展	755					
专业技术服务业	76	20568	9713	183117	18562	13677
气象服务	761		20			15
地震服务	762					
海洋服务	763			965		
测绘服务	764	32	9	6671	380	612
技术检测	765	3039	588	8860	209	1622
环境监测	766	249		292		
工程技术与规划管理	767	14520	7527	121239	10163	10457
其他专业技术服务	769	2728	1570	45090	7810	971
科技交流和推广服务业	77	2546	1350	25948	847	8346
技术推广服务	771	2162	1237	16232	739	3191
科技中介服务	772	210		4008	5	51
其他科技服务	779	174	113	5709	103	5104
地质勘查业	78	1354	362	2048	42	380
矿产地质勘查	781	171	18	1544		216
基础地质勘查	782	970		87		150
地质勘查技术服务	783	213	344	417	42	14
水利、环境和公共设施管理业	**N**	**9710**	**5917**	**40634**	**7794**	**4677**
水利管理业	79	1769		1445	136	35
防洪管理	791					
水资源管理	792			964		35
其他水利管理	799	1769		482	136	
环境管理业	80	3597	1237	15095	4868	3255
自然保护	801		343	23		
环境治理	802	3597	893	15071	4868	3255
公共设施管理业	81	4344	4681	24095	2790	1387
市政公共设施管理	811	344		4961	1401	103
城市绿化管理	812	1197	2102	12116	595	618
游览景区管理	813	2803	2579	7018	794	666
居民服务和其他服务业	**O**	**110777**	**38137**	**134293**	**9589**	**12462**
居民服务业	82	67684	28329	61001	3695	5177
家庭服务	821	495	452	1529	30	15
托儿所	822		26	310		
洗染服务	823	2105	583	4014	1475	35
理发及美容保健服务	824	25909	5688	8721	577	2130
洗浴服务	825	30273	17584	16255	972	1872
婚姻服务	826	174	59	1595	5	5
殡葬服务	827	1431	1075	10177	285	795
摄影扩印服务	828	4335	1257	2725	195	237
其他居民服务	829	2962	1606	15675	157	89
其他服务业	83	43093	9807	73292	5894	7285
修理与维护	831	38049	8149	44420	5449	5784
清洁服务	832	3323	731	17644	306	445
其他未列明的服务	839	1720	928	11228	139	1056

单位：万元

港澳台商投资	港澳台商合资经营	港澳台商合作经营	港澳台商独资经营	港澳台商投资股份有限公司	外商投资	中外合资经营	中外合作经营	外资	外商投资股份有限公司
510			510		183	183		0	
350	89		262		909	101		808	
919	919				2	2			
8677	6243	350	1882	202	6242	4260		1809	174
84			84		1167	789		378	
6480	5753	350	175	202	3994	3368		453	174
2114	490		1623		1081	102		979	
3631	2120	600	911		56407	20		56384	3
2273	1387		886		56357	20		56334	3
966	366	600			50			50	
392	367		25						
30045	**27453**		**1759**	**833**	**9527**	**2240**		**7006**	**282**
					1326	1326			
					1326	1326			
26940	26129		749	63	903	875		28	
96			96						
26844	26129		653	63	903	875		28	
3105	1324		1011	770	7299	40		6978	282
					356			356	
3105	1324		1011	770	6943	40		6622	282
6877	**1241**	**104**	**4497**	**1035**	**8131**	**958**	**3417**	**2711**	**1044**
5031	1183		3636	213	7705	838	3417	2410	1040
					1159			119	1040
1383			1171	213	21			21	
3420	1183		2237		2624	838		1786	
28			28		152			152	
					3417		3417		
200			200		300			300	
					33			33	
1846	59	104	861	822	425	120		301	4
1414	59	104	429	822	245	120		125	
433			433		180			176	4

2-9 续表 2-10

行业	代码	私营独资	私营合伙	私营有限责任公司	私营股份有限公司	其他
教育	P	**20145**	**16363**	**28667**	**7074**	**4820**
教育	84	20145	16363	28667	7074	4820
学前教育	841	2753	276	204	273	407
初等教育	842	909	121	14	32	8
中等教育	843	316			1619	53
高等教育	844		18			43
其他教育	849	16167	15949	28450	5150	4309
卫生、社会保障和社会福利业	Q	**35634**	**10734**	**19812**	**2372**	**4942**
卫生	85	35634	10734	19781	2372	4910
医院	851	23461	6928	12373	2349	694
卫生院及社区医疗活动	852	2365	341	720		1006
门诊部医疗活动	853	9150	3371	5349		3137
计划生育技术服务活动	854					71
妇幼保健活动	855	197				
专科疾病防治活动	856	340		45		
疾病预防控制及防疫活动	857	13		421	24	
其他卫生活动	859	108	95	873		3
社会保障业	86			11		
社会保障业	860			11		
社会福利业	87			20		31
提供住宿的社会福利	871			20		31
不提供住宿的社会福利	872					
文化、体育和娱乐业	R	**73436**	**47472**	**59957**	**6302**	**9246**
新闻出版业	88	152	209	748		201
新闻业	881		64	93		
出版业	882	152	145	655		201
广播、电视、电影和音像业	89	531	405	8050	331	626
广播	891					
电视	892			1223	312	
电影	893	492	30	4708		626
音像制作	894	39	375	2120	20	
文化艺术业	90	884	1490	1411	18	510
文艺创作与表演	901	458	1351	161		345
艺术表演场馆	902			172		
图书馆与档案馆	903			8		
文物及文化保护	904			20		
博物馆	905			62	18	102
烈士陵园、纪念馆	906					
群众文化活动	907		3	109		
文化艺术经纪代理	908	357		533		
其他文化艺术	909	69	137	346		63
体育	91	461		3790	18	
体育组织	911	54		132		
体育场馆	912	283		3214		
其他体育	919	124		444	18	
娱乐业	92	71408	45368	45956	5935	7910
室内娱乐活动	921	65210	42532	36886	4899	6481
游乐园	922	132	279	192		50
休闲健身娱乐活动	923	5191	1455	6311	134	656
其他娱乐活动	929	875	1101	2567	903	722

单位：万元

港澳台商投资	港澳台商合资经营	港澳台商合作经营	港澳台商独资经营	港澳台商投资股份有限公司	外商投资	中外合资经营	中外合作经营	外资	外商投资股份有限公司
719		**172**	**547**		**182**	**182**			
719		172	547		182	182			
703		172	530						
17			17		182	182			
3094		**900**	**2194**		**3392**	**3087**	**305**		
2194			2194		3392	3087	305		
2194			2194		3087	3087			
					305		305		
900		900							
900		900							
12856	**5239**	**1031**	**6534**	**52**	**12655**	**1775**	**3535**	**7345**	
0	0								
0	0								
					3391		3267	124	
					3391		3267	124	
803		649	153		5			5	
289		289							
514		361	153		5			5	
12053	5239	382	6381	52	9259	1775	268	7217	
3268	2450		766	52	1881	714	268	899	
1972			1972		22			22	
5599	2405		3194		4923	765		4158	
1215	383	382	450		2434	296		2138	

2-10 按地区、学历、技术分组的

地　区	企业法人单位数	从业人数	按学历分组			
			研究生及以上	大学本科	大学专科	高中
全　省	**159716**	**8045186**	**33468**	**468317**	**894016**	**2298357**
福州市	**34492**	**1811193**	**12224**	**165233**	**255846**	**524149**
鼓楼区	10389	468876	7808	86147	106706	112197
台江区	4463	138627	649	18310	30185	42334
仓山区	3288	157256	854	10637	20355	53007
马尾区	1419	107305	792	12881	16176	38044
晋安区	4045	218510	921	13861	27402	71803
闽侯县	1788	138149	356	4752	10759	42889
连江县	1183	77442	76	2569	6200	22652
罗源县	498	31221	31	556	2124	8305
闽清县	820	47064	58	1174	3552	14843
永泰县	1138	48865	57	1034	3292	13738
平潭县	842	59513	10	1334	5519	14642
福清市	2489	186146	424	7730	14310	52656
长乐市	2130	132219	188	4248	9266	37039
厦门市	**32670**	**1580687**	**11002**	**134998**	**203076**	**411504**
思明区	15976	590601	6300	66749	91476	150636
海沧区	1982	118066	907	9659	13955	36905
湖里区	8378	425732	2279	38229	55547	103207
集美区	2872	235202	861	11506	22290	63825
同安区	2357	134690	267	4688	11348	34937
翔安区	1105	76396	388	4167	8460	21994
莆田市	**5191**	**364592**	**646**	**14778**	**35071**	**106377**
城厢区	1305	67238	241	5630	10074	18170
涵江区	1391	119318	107	2642	8115	32225
荔城区	1005	91557	124	3826	9667	26061
秀屿区	525	32060	58	1333	2807	9173
仙游县	965	54419	116	1347	4408	20748
三明市	**10425**	**377384**	**512**	**15578**	**41083**	**133792**
梅列区	1767	68769	198	6386	12200	23777
三元区	1176	39903	33	1910	4854	16005
明溪县	365	10693	9	331	1018	3794
清流县	397	12488	4	285	964	4427
宁化县	599	18694	8	358	1315	7128
大田县	895	30562	21	477	1971	8944
尤溪县	1185	35631	8	502	1968	9419
沙县	1046	35334	116	1245	3808	13790
将乐县	622	17278	9	484	1446	4720
泰宁县	488	17428	31	622	2084	6391
建宁县	412	16758	21	605	2061	7015
永安市	1473	73846	54	2373	7394	28382
泉州市	**33003**	**2273673**	**6312**	**67244**	**177255**	**599263**
鲤城区	3097	204552	598	10143	21490	61020
丰泽区	4003	182227	1081	13322	27916	51865
洛江区	1005	66276	177	2095	5053	12870
泉港区	1190	49974	106	2201	5144	16665
惠安县	2901	311648	170	5298	18398	59437

企业法人单位数及从业人数

单位：个、人

初　中 及以下	按技术职称分组 高　　级 技术职称	中　　级 技术职称	初　　级 技术职称	按技术等级分组 高级技师	技师	高级工	中级工
4351028	**68696**	**255786**	**440860**	**25839**	**73846**	**139826**	**283174**
853741	**21867**	**77685**	**119054**	**7693**	**20064**	**38651**	**67027**
156018	10249	33735	39523	1927	4840	10967	11482
47149	1476	6351	8024	535	1211	2050	3041
72403	1436	5491	8842	909	2091	3023	6617
39412	1503	5386	8009	745	1572	2752	4832
104523	2204	9533	18182	1261	3419	5757	14140
79393	1158	3507	7036	600	1821	2990	6074
45945	457	1720	4332	124	462	1072	2457
20205	170	453	1167	42	158	526	864
27437	357	1694	4527	100	483	1731	3181
30744	263	1236	3004	74	247	843	1500
38008	269	879	2147	14	70	693	899
111026	1658	4864	8519	962	2484	4012	7189
81478	667	2836	5742	400	1206	2235	4751
820107	**18157**	**53990**	**83760**	**5082**	**13938**	**17749**	**48523**
275440	8019	29199	36933	1771	4896	7873	19448
56640	1064	4237	7061	545	1493	1066	3787
226470	2771	11742	20801	1442	4500	3950	13284
136720	5174	4675	10911	914	1738	2451	7246
83450	708	2505	5213	209	897	1554	3561
41387	421	1632	2841	201	414	855	1197
207720	**2433**	**10337**	**17528**	**1299**	**4472**	**6097**	**13045**
33123	928	3953	4527	269	1052	1537	2317
76229	446	1519	4066	443	857	1299	4267
51879	482	2497	4569	216	1108	1663	3145
18689	223	782	1370	121	445	337	633
27800	354	1586	2996	250	1010	1261	2683
186419	**2930**	**15751**	**26154**	**1246**	**3696**	**12062**	**21759**
26208	973	5096	6659	360	922	2794	7137
17101	456	2032	2787	179	533	2272	2807
5541	58	322	634	26	62	227	458
6808	51	345	714	25	67	311	438
9885	48	493	977	22	165	548	881
19149	103	871	1678	50	128	670	987
23734	132	853	1766	37	105	468	1066
16375	263	1333	2411	98	520	1361	2234
10619	132	507	1224	40	121	495	561
8300	107	533	1179	31	106	360	783
7056	127	694	1439	96	279	330	989
35643	480	2672	4686	282	688	2226	3418
1423599	**11763**	**40668**	**85999**	**5916**	**17224**	**33857**	**72947**
111301	1050	4882	8330	442	1228	3065	6713
88043	2298	7910	12211	769	2651	4040	7898
46081	455	1869	3960	334	617	1264	2369
25858	462	1752	2281	198	530	1242	2736
228345	640	3299	10092	624	1993	5076	6843

2-10 续表

地区	企业法人单位数	从业人数	按学历分组			
			研究生及以上	大学本科	大学专科	高中
安溪县	2510	160175	1234	4628	10833	52145
永春县	1591	91719	25	1446	5096	28916
德化县	1069	74496	27	1070	4422	23845
石狮市	3241	203552	1189	6768	20125	63552
晋江市	7963	676698	1200	14785	41084	164068
南安市	4433	252356	505	5488	17694	64880
漳州市	**15509**	**580721**	**952**	**27326**	**65054**	**179636**
芗城区	4095	160917	360	10140	26039	54281
龙文区	1131	44413	104	2351	6773	12724
云霄县	928	22305	25	528	2332	7988
漳浦县	1833	56851	61	1039	4512	14562
诏安县	632	28545	9	352	1719	10322
长泰县	1018	37005	101	1083	2714	8675
东山县	765	24166	16	465	1901	7172
南靖县	889	33510	57	1538	3161	12937
平和县	660	24000	13	330	1550	9597
华安县	427	10153	3	403	1057	3225
龙海市	3131	138856	203	9097	13296	38153
南平市	**11039**	**334686**	**709**	**15135**	**40048**	**112487**
延平区	3083	110747	386	8841	20852	35725
顺昌县	734	19066	5	365	1509	6072
浦城县	800	21442	17	468	1405	8039
光泽县	475	15334	20	322	917	5292
松溪县	548	14035	20	453	1535	4115
政和县	375	9843	3	256	864	3412
邵武市	1118	38491	71	1211	3500	14879
武夷山市	1587	31296	121	1420	3699	10114
建瓯市	1285	41497	37	880	3102	13427
建阳市	1034	32935	29	919	2665	11412
龙岩市	**8669**	**417344**	**586**	**15226**	**43019**	**126560**
新罗区	3268	170174	264	9425	25979	56016
长汀县	984	51206	19	650	3035	13207
永定县	1095	38434	30	953	2573	11557
上杭县	869	72795	226	2324	5104	17437
武平县	881	30291	10	622	1800	9319
连城县	751	29302	16	536	2044	9752
漳平市	821	25142	21	716	2484	9272
宁德市	**8718**	**304906**	**525**	**12799**	**33564**	**104589**
蕉城区	1825	71366	151	6438	11412	25337
霞浦县	805	39381	37	535	2174	11665
古田县	1220	23509	12	445	1918	8396
屏南县	331	10209	8	249	1405	3397
寿宁县	433	13308	12	229	950	4403
周宁县	228	5395	13	182	554	1418
柘荣县	277	8576	6	126	740	3556
福安市	2061	82027	239	3320	9923	27490
福鼎市	1538	51135	47	1275	4488	18927

单位：个、人

	按技术职称分组			按技术等级分组			
初中及以下	高级技术职称	中级技术职称	初级技术职称	高级技师	技师	高级工	中级工
91335	313	1904	5733	129	475	2047	5482
56236	272	1401	3703	93	295	1054	2629
45132	252	1139	2988	264	380	1055	2304
111918	1231	3640	5653	435	1342	1756	3918
455561	3732	8568	21717	1798	5234	9524	24304
163789	1058	4304	9331	830	2479	3734	7751
307753	**3620**	**18617**	**31714**	**1674**	**4789**	**9929**	**18493**
70097	1212	7335	11132	565	1143	2182	5048
22461	344	2029	2679	234	1052	982	1689
11432	143	621	1120	32	172	375	679
36677	141	899	1833	30	392	513	975
16143	56	649	1202	154	171	1514	1180
24432	158	527	1115	65	215	398	754
14612	92	625	1374	23	96	559	1081
15817	191	888	1475	62	220	496	732
12510	83	602	926	29	214	687	1192
5465	51	417	1135	13	108	311	1024
78107	1149	4025	7723	467	1006	1912	4139
166307	**2658**	**13285**	**22605**	**1007**	**3440**	**7685**	**13602**
44943	1151	6735	9710	403	1696	2519	5183
11115	104	600	1395	26	217	541	989
11513	60	524	1191	19	80	513	524
8783	48	292	813	11	45	259	298
7912	74	390	796	49	129	436	715
5308	71	362	520	11	52	284	416
18830	302	1300	2503	131	344	662	1514
15942	335	1315	2118	86	367	819	1570
24051	272	904	1782	188	218	729	1107
17910	241	863	1777	83	292	923	1286
231953	**3151**	**15935**	**35412**	**1140**	**4064**	**8337**	**15922**
78490	1880	9053	20003	589	1595	3390	7314
34295	110	794	1887	51	316	919	1531
23321	140	930	2096	27	198	696	1707
47704	619	2742	6469	365	1477	1587	2198
18540	79	612	1484	16	121	286	557
16954	138	816	1782	48	183	655	1431
12649	185	988	1691	44	174	804	1184
153429	**2117**	**9518**	**18634**	**782**	**2159**	**5459**	**11856**
28028	609	4161	6344	319	557	1031	3994
24970	226	1023	3450	38	191	1017	2607
12738	176	776	1087	33	195	388	497
5150	65	416	799	51	133	249	700
7714	43	219	427	59	88	286	361
3228	63	217	289	13	105	249	284
4148	24	171	482	7	80	159	207
41055	662	1387	2739	156	523	1175	1750
26398	249	1148	3017	106	287	905	1456

2-11 按行业（中类）、学历、技术

行业	代码	企业法人单位数	从业人数	按学历分组		
				研究生及以上	大学本科	大学专科
总计		**159716**	**8045186**	**33468**	**468317**	**894016**
农、林、牧、渔业	A	**24**	**5276**	**1**	**59**	**295**
农业	01	8	4584	1	36	159
谷物及其他作物的种植	011	2	40			6
蔬菜、园艺作物的种植	012	1	84	1		1
水果、坚果、饮料和香料作物的种植	013	5	4460		36	152
中药材的种植	014					
林业	02	7	420		17	69
林木的培育和种植	021	7	420		17	69
木材和竹材的采运	022					
林产品的采集	023					
畜牧业	03	8	217		6	61
牲畜的饲养	031	1	26			3
猪的饲养	032	4	64			23
家禽的饲养	033	2	61		2	5
狩猎和捕捉动物	034					
其他畜牧业	039	1	66		4	30
渔业	04	1	55			6
海洋渔业	041					
内陆渔业	042	1	55			6
农、林、牧、渔服务业	05					
农业服务业	051					
林业服务业	052					
畜牧服务业	053					
渔业服务业	054					
采矿业	B	**2466**	**134144**	**156**	**2347**	**5839**
煤炭开采和洗选业	06	280	57628	3	998	2318
烟煤和无烟煤的开采洗选	061	272	57501	3	998	2296
褐煤的开采洗选	062					
其他煤炭采选	069	8	127			22
石油和天然气开采业	07	1	8		8	
天然原油和天然气开采	071					
与石油和天然气开采有关的服务活动	079	1	8		8	
黑色金属矿采选业	08	244	17677	8	349	835
铁矿采选	081	215	16714	7	338	804
其他黑色金属矿采选	089	29	963	1	11	31
有色金属矿采选业	09	278	12450	17	450	1005
常用有色金属矿采选	091	206	7452	4	166	484
贵金属矿采选	092	29	2844	9	143	320
稀有稀土金属矿采选	093	43	2154	4	141	201
非金属矿采选业	10	1641	46156	126	538	1667
土砂石开采	101	1455	34672	122	423	1276
化学矿采选	102	13	736	1	15	21
采盐	103	23	6708		39	172
石棉及其他非金属矿采选	109	150	4040	3	61	198
其他采矿业	11	22	225	2	4	14
其他采矿业	110	22	225	2	4	14
制造业	C	**61933**	**4431497**	**11721**	**150878**	**328960**
农副食品加工业	13	3079	156511	352	4583	11352
谷物磨制	131	342	8972	14	195	699

分组的企业法人单位数及从业人数

单位：个、人

		按技术职称分组			按技术等级分组			
高中	初 中 及以下	高 级 技术职称	中 级 技术职称	初 级 技术职称	高级技师	技师	高级工	中级工
2298357	**4351028**	**68696**	**255786**	**440860**	**25839**	**73846**	**139826**	**283174**
609	**4312**	**12**	**63**	**51**	**2**	**6**	**69**	**57**
365	4023		4	13				23
12	22			4				
82			2	2				23
271	4001		2	7				
151	183	7	39	28		6	69	34
151	183	7	39	28		6	69	34
63	87	5	17	4	2			
12	11							
15	26		8	2	2			
14	40		4	2				
22	10	5	5					
30	19		3	6				
30	19		3	6				
36094	**89708**	**535**	**2399**	**4722**	**226**	**494**	**1200**	**3347**
13339	40970	219	1197	2276	93	215	809	1982
13296	40908	219	1197	2275	93	215	809	1982
43	62			1				
5983	10502	90	342	504	7	42	58	110
5756	9809	84	316	466	7	42	56	107
227	693	6	26	38			2	3
3617	7361	123	406	626	27	101	121	260
2332	4466	52	183	305	24	77	83	157
762	1610	39	139	214	3	14	12	50
523	1285	32	84	107		10	26	53
13070	30755	103	453	1310	99	134	210	993
8476	24375	79	341	1009	13	103	175	679
139	560	10	8	15	10	2		3
3044	3453		31	101		1	1	1
1411	2367	14	73	185	76	28	34	310
85	120		1	6		2	2	2
85	120		1	6		2	2	2
1227324	**2712614**	**22930**	**68680**	**142203**	**12428**	**34493**	**57183**	**132802**
38798	101426	744	2100	4770	335	870	1430	2599
2066	5998	19	140	334	4	31	37	142

2-11 续表 1

行业	代码	企业法人单位数	从业人数	按学历分组		
				研究生及以上	大学本科	大学专科
饲料加工	132	349	12873	90	842	1452
植物油加工	133	121	7727	18	336	836
制糖	134	17	2067	3	54	177
屠宰及肉类加工	135	326	18588	37	520	1376
水产品加工	136	935	58591	91	1411	3655
蔬菜、水果和坚果加工	137	651	34411	70	812	1993
其他农副食品加工	139	338	13282	29	413	1164
食品制造业	14	1841	109964	304	3419	9035
焙烤食品制造	141	362	25389	31	733	2223
糖果、巧克力及蜜饯制造	142	354	25614	71	621	1812
方便食品制造	143	204	11449	27	420	1210
液体乳及乳制品制造	144	25	2305	4	100	240
罐头制造	145	368	26529	37	673	1547
调味品、发酵制品制造	146	237	9624	63	378	893
其他食品制造	149	291	9054	71	494	1110
饮料制造业	15	2459	92720	287	3227	8983
酒精制造	151	4	78		2	22
酒的制造	152	266	15459	36	742	1745
软饮料制造	153	402	25931	104	1433	3979
精制茶加工	154	1787	51252	147	1050	3237
烟草制品业	16	7	4585	35	799	773
烟叶复烤	161	3	1419	3	112	156
卷烟制造	162	3	3159	32	687	616
其他烟草制品加工	169	1	7			1
纺织业	17	2965	287272	418	5409	17429
棉、化纤纺织及印染精加工	171	875	130045	259	2734	9154
毛纺织和染整精加工	172	42	3142	9	63	160
麻纺织	173	8	134		6	16
丝绢纺织及精加工	174	36	1522	1	25	110
纺织制成品制造	175	647	43745	57	988	2624
针织品、编织品及其制品制造	176	1357	108684	92	1593	5365
纺织服装、鞋、帽制造业	18	4955	522233	1113	11142	33058
纺织服装制造	181	4537	477095	1104	10599	30778
纺织面料鞋的制造	182	393	43471	9	519	2204
制帽	183	25	1667		24	76
皮革、毛皮、羽毛(绒)及其制品业	19	3143	619456	602	9845	29942
皮革鞣制加工	191	173	14689	39	479	1201
皮革制品制造	192	2908	602089	563	9330	28575
毛皮鞣制及制品加工	193	14	791		9	50
羽毛(绒)加工及制品制造	194	48	1887		27	116
木材加工及木、竹、藤、棕、草制品业	20	3637	159253	94	1660	6520
锯材、木片加工	201	754	17739	8	120	559
人造板制造	202	956	62504	35	729	2916
木制品制造	203	757	33148	17	372	1343
竹、藤、棕、草制品制造	204	1170	45862	34	439	1702
家具制造业	21	1176	74025	131	1767	4765
木质家具制造	211	744	37128	69	782	2502
竹、藤家具制造	212	51	1690		17	99
金属家具制造	213	214	26168	21	667	1609
塑料家具制造	214	24	1454	9	97	120
其他家具制造	219	143	7585	32	204	435

单位：个、人

		按技术职称分组			按技术等级分组			
高中	初中及以下	高级技术职称	中级技术职称	初级技术职称	高级技师	技师	高级工	中级工
3240	7249	153	356	803	61	83	182	369
2194	4343	46	120	204	20	55	60	119
496	1337	12	53	86	5	43		1
5311	11344	81	241	492	23	115	70	284
14301	39133	251	612	1484	145	300	862	1209
7409	24127	124	381	1082	57	182	171	324
3781	7895	58	197	285	20	61	48	151
31593	65613	794	1703	3558	288	632	997	2599
6669	15733	372	349	653	53	135	203	771
8297	14813	104	322	879	60	134	260	420
2863	6929	32	102	351	7	18	48	165
1115	846	16	58	49		3	7	7
6190	18082	82	326	821	47	80	141	591
3480	4810	105	261	341	52	85	168	306
2979	4400	83	285	464	69	177	170	339
28796	51427	463	1481	2749	259	592	807	1689
7	47		6			3		
4861	8075	90	385	717	62	115	222	365
9424	10991	108	333	461	61	128	194	392
14504	32314	265	757	1571	136	346	391	932
835	2143	42	428	376	12	73	288	1009
251	897	20	40	22	3	12	21	136
578	1246	22	388	354	9	61	267	873
6								
75518	188498	2402	2946	6426	526	1723	3182	9658
36827	81071	2014	1584	3132	316	1037	1907	5145
898	2012	12	48	172	5	20	21	60
15	97			5				1
401	985	1	12	38		20		40
12263	27813	161	453	1006	66	211	414	1633
25114	76520	214	849	2073	139	435	840	2779
130319	346601	1236	4684	13160	737	3001	5252	14613
121274	313340	1170	4495	12531	700	2846	5077	14129
8730	32009	65	178	589	37	151	173	455
315	1252	1	11	40		4	2	29
138739	440328	833	4116	10058	799	2726	4952	13718
3671	9299	59	151	460	30	137	132	440
134317	429304	761	3935	9457	768	2587	4820	13244
145	587	13	22	102				2
606	1138		8	39	1	2		32
44699	106280	390	1737	4439	204	700	1689	3279
4724	12328	19	142	344	17	59	131	307
18953	39871	177	758	1783	79	234	698	1132
8220	23196	71	287	864	33	102	208	700
12802	30885	123	550	1448	75	305	652	1140
20496	46866	189	786	1836	184	497	1417	2237
10009	23766	101	423	886	84	294	697	1177
380	1194	3	18	70	1	13	17	43
7862	16009	70	286	677	93	174	668	870
289	939		6	19				36
1956	4958	15	53	184	6	16	35	111

2-11 续表 2

行业	代码	企业法人单位数	从业人数	按学历分组		
				研究生及以上	大学本科	大学专科
造纸及纸制品业	22	2263	119602	196	2879	9983
纸浆制造	221	30	3187	5	83	362
造纸	222	561	34571	65	877	3065
纸制品制造	223	1672	81844	126	1919	6556
印刷业和记录媒介的复制	23	1819	53682	64	1657	4914
印刷	231	1699	48497	53	1373	4375
装订及其他印刷服务活动	232	114	4622	8	258	483
记录媒介的复制	233	6	563	3	26	56
文教体育用品制造业	24	686	78887	294	2076	5103
文化用品制造	241	148	10224	10	255	611
体育用品制造	242	313	49913	269	1484	3297
乐器制造	243	20	2087	2	24	145
玩具制造	244	196	15412	10	288	954
游艺器材及娱乐用品制造	245	9	1251	3	25	96
石油加工、炼焦及核燃料加工业	25	89	5858	44	589	948
精炼石油产品的制造	251	83	5314	43	580	834
炼焦	252	6	544	1	9	114
核燃料加工	253					
化学原料及化学制品制造业	26	2324	102360	483	4959	11031
基础化学原料制造	261	273	17951	37	686	1834
肥料制造	262	219	13789	16	521	1448
农药制造	263	38	2042	10	140	282
涂料、油墨、颜料及类似产品制造	264	549	15128	90	1005	1880
合成材料制造	265	170	9940	97	712	1262
专用化学产品制造	266	661	24473	184	1196	2508
日用化学产品制造	267	414	19037	49	699	1817
医药制造业	27	306	23155	428	2871	4474
化学药品原药制造	271	26	3108	31	455	467
化学药品制剂制造	272	50	5949	73	558	1050
中药饮片加工	273	25	806	22	86	185
中成药制造	274	68	6466	61	670	1193
兽用药品制造	275	17	1599	35	251	336
生物、生化制品的制造	276	78	3664	201	784	751
卫生材料及医药用品制造	277	42	1563	5	67	492
化学纤维制造业	28	130	21336	52	808	2031
纤维素纤维原料及纤维制造	281	23	1403	3	13	77
合成纤维制造	282	107	19933	49	795	1954
橡胶制品业	29	830	83267	98	1931	7373
轮胎制造	291	66	15257	15	586	2123
橡胶板、管、带的制造	292	68	1491	4	63	203
橡胶零件制造	293	118	7337	10	181	859
再生橡胶制造	294	30	1402	7	52	107
日用及医用橡胶制品制造	295	54	2400	7	23	111
橡胶靴鞋制造	296	343	47206	44	760	3171
其他橡胶制品制造	299	151	8174	11	266	799
塑料制品业	30	3545	209402	410	5053	14496
塑料薄膜制造	301	354	21026	46	650	1610

单位：个、人

高中	初中及以下	按技术职称分组 高级技术职称	中级技术职称	初级技术职称	按技术等级分组 高级技师	技师	高级工	中级工
35715	70829	414	1778	3910	251	793	1843	4330
1577	1160	19	150	273	5	20	126	451
10671	19893	81	537	1148	43	313	590	1552
23467	49776	314	1091	2489	203	460	1127	2327
19019	28028	248	1057	2143	124	537	1127	2021
16857	25839	211	870	1829	106	417	794	1759
1988	1885	17	150	222	16	112	303	229
174	304	20	37	92	2	8	30	33
19455	51959	188	634	1938	207	298	384	1324
2448	6900	49	95	225	24	63	45	115
12304	32559	95	303	1201	45	141	209	802
658	1258	5	7	22	2	2	6	17
3762	10398	38	224	471	136	92	124	386
283	844	1	5	19				4
2349	1928	106	304	389	27	104	411	836
2106	1751	101	289	356	25	98	364	743
243	177	5	15	33	2	6	47	93
34880	51007	939	2958	4789	416	710	2132	3955
7622	7772	151	471	874	63	99	256	550
5510	6294	114	538	846	43	88	972	1226
1185	425	36	136	172	5	6	26	52
4591	7562	192	471	722	76	157	211	391
4005	3864	140	446	629	132	117	243	855
7162	13423	211	598	1020	72	165	316	629
4805	11667	95	298	526	25	78	108	252
8519	6863	479	1471	2562	135	301	536	1537
1356	799	50	174	265	5	8	77	195
2349	1919	97	443	789	35	100	148	578
303	210	28	61	75	18	28	30	74
2416	2126	138	379	618	31	76	165	468
544	433	44	163	409	16	9	82	112
997	931	102	225	324	25	70	24	59
554	445	20	26	82	5	10	10	51
7129	11316	93	372	920	219	510	900	665
482	828	2	12	21		6	4	12
6647	10488	91	360	899	219	504	896	653
22989	50876	353	1189	3076	158	388	562	1303
6082	6451	164	433	1184	16	34	23	67
604	617	3	57	127	3	20	33	35
2091	4196	41	175	193	14	33	69	109
225	1011	25	37	62	12	39	28	52
470	1789	3	30	67	2	6	16	32
11084	32147	94	312	1297	101	222	360	956
2433	4665	23	145	146	10	34	33	52
61855	127588	986	2720	5973	502	2160	2607	5752
6039	12681	88	281	551	20	770	93	376

2-11 续表 3

行 业	代码	企业法人单位数	从业人数	按学历分组		
				研究生及以上	大学本科	大学专科
塑料板、管、型材的制造	302	271	13920	141	891	1512
塑料丝、绳及编织品的制造	303	228	8319	1	59	375
泡沫塑料制造	304	281	9390	12	216	757
塑料人造革、合成革制造	305	103	9504	10	271	737
塑料包装箱及容器制造	306	270	7485	11	173	665
塑料零件制造	307	224	13393	23	295	974
日用塑料制造	308	1075	89934	65	1533	5266
其他塑料制品制造	309	739	36431	101	965	2600
非金属矿物制品业	31	8100	401292	969	7237	21659
水泥、石灰和石膏的制造	311	464	36273	21	865	2943
水泥及石膏制品制造	312	569	21740	47	748	1916
砖瓦、石材及其他建筑材料制造	313	5786	245117	751	3535	10882
玻璃及玻璃制品制造	314	280	17972	60	1054	1845
陶瓷制品制造	315	752	72059	67	799	3365
耐火材料制品制造	316	81	2463	1	40	132
石墨及其他非金属矿物制品制造	319	168	5668	22	196	576
黑色金属冶炼及压延加工业	32	429	52444	150	2813	4220
炼铁	321	46	4771	10	383	192
炼钢	322	34	6952	13	217	451
钢压延加工	323	277	36526	123	2125	3292
铁合金冶炼	324	72	4195	4	88	285
有色金属冶炼及压延加工业	33	344	30050	329	2523	3474
常用有色金属冶炼	331	63	2098		50	184
贵金属冶炼	332	9	2923	176	759	355
稀有稀土金属冶炼	333	33	2279	23	238	182
有色金属合金制造	334	55	3660	42	247	599
有色金属压延加工	335	184	19090	88	1229	2154
金属制品业	34	2859	119570	315	4766	12112
结构性金属制品制造	341	984	30188	68	1239	2968
金属工具制造	342	310	10562	31	323	899
集装箱及金属包装容器制造	343	125	9557	29	588	1148
金属丝绳及其制品的制造	344	82	3594	12	87	247
建筑、安全用金属制品制造	345	426	25798	72	1536	3460
金属表面处理及热处理加工	346	202	6184	41	209	533
搪瓷制品制造	347	28	1220	15	41	148
不锈钢及类似日用金属制品制造	348	334	17287	21	402	1511
其他金属制品制造	349	368	15180	26	341	1198
通用设备制造业	35	2961	131420	424	5366	13390
锅炉及原动机制造	351	72	4131	4	160	448
金属加工机械制造	352	383	11343	54	445	1454
起重运输设备制造	353	107	7655	81	1330	1564
泵、阀门、压缩机及类似机械的制造	354	551	37776	159	1123	3043
轴承、齿轮、传动和驱动部件的制造	355	197	12982	31	446	1159
烘炉、熔炉及电炉制造	356	9	136		1	15
风机、衡器、包装设备等通用设备制造	357	308	13605	51	865	2201
通用零部件制造及机械修理	358	728	21194	38	577	2025
金属铸、锻加工	359	606	22598	6	419	1481
专用设备制造业	36	2085	88263	501	5300	11293
矿山、冶金、建筑专用设备制造	361	331	21765	112	1289	2508

单位：个、人

高中	初 中 及以下	按技术职称分组 高 级 技术职称	中 级 技术职称	初 级 技术职称	按技术等级分组 高级技师	技师	高级工	中级工
4240	7136	164	563	715	149	456	323	561
2251	5633	23	111	255	11	31	70	179
2819	5586	52	100	217	26	28	103	258
2994	5492	81	137	284	37	72	140	302
2249	4387	51	167	291	23	88	90	214
4909	7192	68	151	358	35	101	99	222
25582	57488	300	778	2098	102	401	1287	2875
10772	21993	159	432	1204	99	213	402	765
99724	271703	1611	4655	10477	832	2352	2995	8639
12773	19671	327	1139	2067	115	385	418	1432
6949	12080	243	588	976	71	127	155	413
49097	180852	664	1845	4961	293	1261	1476	3953
6827	8186	140	477	1190	86	216	375	1028
21706	46122	180	445	1014	250	305	446	1546
827	1463	14	24	62	1	3	22	143
1545	3329	43	137	207	16	55	103	124
19427	25834	521	1500	2755	143	587	1784	5666
1615	2571	24	80	168	6	48	87	260
3128	3143	62	152	394	50	110	174	311
13157	17829	428	1221	2063	73	393	1477	4957
1527	2291	7	47	130	14	36	46	138
8992	14732	396	1542	2223	244	587	467	1415
485	1379	9	24	27	3	5	9	23
824	809	137	404	452	92	135	115	194
1060	776	25	122	215	5	11	10	58
1080	1692	51	358	327	6	14	82	158
5543	10076	174	634	1202	138	422	251	982
37565	64812	949	2954	4825	750	1797	2007	4661
9208	16705	249	1012	1500	124	410	569	1668
3679	5630	92	146	332	57	115	181	340
3604	4188	59	201	781	28	93	104	440
1158	2090	10	34	113	6	21	24	63
7321	13409	378	865	854	431	818	659	1080
1527	3874	56	211	289	31	48	116	208
240	776	14	40	66	6	28	38	58
5705	9648	35	185	411	21	96	108	340
5123	8492	56	260	479	46	168	208	464
44344	67896	1138	3588	6209	636	1718	3307	6784
1768	1751	55	193	220	37	58	99	194
4495	4895	130	411	573	57	202	384	498
2661	2019	111	559	753	73	143	339	834
10812	22639	159	522	1067	92	267	491	1224
5420	5926	109	386	515	54	140	906	1514
32	88		6	12				2
5145	5343	182	513	1037	120	321	323	731
7125	11429	195	519	1242	120	228	363	1043
6886	13806	197	479	790	83	359	402	744
31049	40120	971	3323	4795	622	2000	3251	5556
7982	9874	274	960	1149	177	739	833	1582

2-11 续表 4

行　　业	代码	企业法人单位数	从业人数	按学历分组		
				研究生及以上	大学本科	大学专科
化工、木材、非金属加工专用设备制造	362	738	25144	68	1015	3331
食品、饮料、烟草及饲料生产专用设备制造	363	69	1532	4	94	186
印刷、制药、日化生产专用设备制造	364	122	5854	12	290	861
纺织、服装和皮革工业专用设备制造	365	171	8592	49	353	1005
电子和电工机械专用设备制造	366	146	4558	49	310	695
农、林、牧、渔专用机械制造	367	160	6067	1	131	509
医疗仪器设备及器械制造	368	97	4766	44	392	534
环保、社会公共安全及其他专用设备制造	369	251	9985	162	1426	1664
交通运输设备制造业	37	2203	147404	520	7981	15789
铁路运输设备制造	371	12	537		13	48
汽车制造	372	1574	98535	412	5041	10009
摩托车制造	373	221	15835	15	456	1193
自行车制造	374	30	2378	11	118	258
船舶及浮动装置制造	375	335	24083	52	1389	3102
航空航天器制造	376	9	5500	30	943	1117
交通器材及其他交通运输设备制造	379	22	536		21	62
电气机械及器材制造业	39	2168	176433	687	12723	17447
电机制造	391	700	37604	151	1966	4715
输配电及控制设备制造	392	531	33726	235	2967	4488
电线、电缆、光缆及电工器材制造	393	216	13412	44	521	1114
电池制造	394	140	20665	43	1049	2042
家用电力器具制造	395	158	24281	107	4632	1999
非电力家用器具制造	396	48	3801	10	122	237
照明器具制造	397	297	41188	91	1344	2540
其他电气机械及器材制造	399	78	1756	6	122	312
通信设备、计算机及其他电子设备制造业	40	1343	228470	1662	27886	25560
通信设备制造	401	184	20367	354	3266	4141
雷达及配套设备制造	402	3	161		18	33
广播电视设备制造	403	41	3620	29	328	524
电子计算机制造	404	122	48304	383	12030	4617
电子器件制造	405	247	47731	394	4318	4987
电子元件制造	406	480	76494	224	3507	6487
家用视听设备制造	407	83	22507	88	2433	2746
其他电子设备制造	409	183	9286	190	1986	2025
仪器仪表及文化、办公用机械制造业	41	639	67416	366	3392	5593
通用仪器仪表制造	411	150	7183	69	1011	1160
专用仪器仪表制造	412	73	3304	99	386	487
钟表与计时仪器制造	413	167	14973	56	491	1101
光学仪器及眼镜制造	414	174	22903	56	642	1517
文化、办公用机械制造	415	58	16556	20	663	1095
其他仪器仪表的制造及修理	419	17	2497	66	199	233
工艺品及其他制造业	42	3392	262510	392	6165	16019
工艺美术品制造	421	2526	186181	204	3944	10891
日用杂品制造	422	590	63163	86	1310	3379
煤制品制造	423	47	392		16	15
核辐射加工	424	1	13			3
其他未列明的制造业	429	228	12761	102	895	1731
废弃资源和废旧材料回收加工业	43	156	2657	1	52	194
金属废料和碎屑的加工处理	431	63	1209		25	101
非金属废料和碎屑的加工处理	432	93	1448	1	27	93

单位：个、人

		按技术职称分组			按技术等级分组			
高中	初 中 及以下	高 级 技术职称	中 级 技术职称	初 级 技术职称	高级技师	技师	高级工	中级工
8964	11766	175	659	1095	194	713	1047	1993
520	728	19	67	103	11	23	22	65
1335	3356	27	116	169	20	45	73	169
2694	4491	78	343	378	44	87	354	661
2068	1436	81	243	315	30	75	391	158
2357	3069	24	136	246	23	54	199	251
1810	1986	44	107	150	21	34	86	79
3319	3414	249	692	1190	102	230	246	598
49768	73346	1235	4357	8972	641	2063	3316	6923
219	257		4	17		5	32	32
35403	47670	836	3001	5590	498	1529	2045	4388
5188	8983	56	239	589	37	145	289	491
712	1279	5	69	136	4	11	35	85
7410	12130	334	1007	2099	97	368	909	1895
697	2713	2	33	519	3	1		
139	314	2	4	22	2	4	6	32
52352	93224	1326	3606	7189	621	1509	2517	4738
12130	18642	493	787	1490	114	344	497	894
12090	13946	415	1395	2612	249	493	796	1400
3508	8225	80	358	324	27	176	399	522
7207	10324	77	235	475	68	141	347	777
7592	9951	135	314	1189	68	181	188	435
437	2995	15	92	266	1	4	41	56
8617	28596	92	354	757	88	154	192	550
771	545	19	71	76	6	16	57	104
75733	97629	2483	5765	12373	1229	2485	2913	5630
5728	6878	428	1094	1528	171	540	571	1042
58	52	1	32	41		9	13	20
1174	1565	40	106	105	12	32	56	63
14535	16739	954	1752	3353	620	791	1007	1554
18945	19087	297	659	1657	157	247	560	1514
25664	40612	437	1187	2522	159	616	529	1043
7329	9911	165	502	1740	51	150	75	286
2300	2785	161	433	1427	59	100	102	108
20535	37530	488	1222	2239	430	608	1038	1734
1782	3161	138	380	604	50	66	66	282
1198	1134	77	135	120	15	41	21	48
4734	8591	72	273	473	61	103	147	280
6409	14279	119	240	485	41	57	134	252
4790	9988	81	185	547	263	341	670	871
1622	377	1	9	10				1
65361	174573	903	3665	6968	897	2152	3056	7899
46562	124580	643	2435	4981	738	1750	2363	6150
14307	44081	153	627	1199	101	297	505	1293
156	205	1	9	14	5			10
7	3			1				
4329	5704	106	594	773	53	105	188	446
771	1639	10	39	106		20	16	33
365	718	5	14	51		19	14	27
406	921	5	25	55		1	2	6

2-11 续表 5

行业	代码	企业法人单位数	从业人数	按学历分组		
				研究生及以上	大学本科	大学专科
电力、燃气及水的生产和供应业	D	**5765**	**133672**	**979**	**14400**	**22491**
电力、热力的生产和供应业	44	4945	112194	859	12839	19161
电力生产	441	4790	70016	263	4967	10015
电力供应	442	141	41326	592	7771	9012
热力生产和供应	443	14	852	4	101	134
燃气生产和供应业	45	45	2236	28	268	440
燃气生产和供应业	450	45	2236	28	268	440
水的生产和供应业	46	775	19242	92	1293	2890
自来水的生产和供应	461	723	18235	84	1109	2671
污水处理及其再生利用	462	42	919	6	179	205
其他水的处理、利用与分配	469	10	88	2	5	14
建筑业	E	**5983**	**1635992**	**2329**	**62388**	**153261**
房屋和土木工程建筑业	47	2486	1219003	1318	43283	115512
房屋工程建筑	471	1519	1005088	762	31034	89862
土木工程建筑	472	967	213915	556	12249	25650
建筑安装业	48	1030	92579	398	7841	15676
建筑安装业	480	1030	92579	398	7841	15676
建筑装饰业	49	1524	66301	218	4753	10524
建筑装饰业	490	1524	66301	218	4753	10524
其他建筑业	50	943	258109	395	6511	11549
工程准备	501	350	102314	155	1567	2649
提供施工设备服务	502	113	31400	20	196	516
其他未列明的建筑活动	509	480	124395	220	4748	8384
交通运输、仓储和邮政业	F	**5372**	**285314**	**883**	**20422**	**42136**
铁路运输业	51	15	2355	7	185	461
铁路旅客运输	511	2	404		7	38
铁路货物运输	512	5	1749	7	174	406
铁路运输辅助活动	513	8	202		4	17
道路运输业	52	2084	124555	232	4200	13476
公路旅客运输	521	339	36527	174	1795	5148
道路货物运输	522	1512	76789	33	1421	6067
道路运输辅助活动	523	233	11239	25	984	2261
城市公共交通业	53	208	32870	5	3154	2443
公共电汽车客运	531	79	20359	2	2725	1934
轨道交通	532					
出租车客运	533	99	9535	3	41	232
城市轮渡	534	4	140		3	23
其他城市公共交通	539	26	2836		385	254
水上运输业	54	858	35780	155	2366	4915
水上旅客运输	541	48	2754	39	123	449
水上货物运输	542	681	24285	39	1061	2573
水上运输辅助活动	543	129	8741	77	1182	1893
航空运输业	55	30	10397	144	2800	2724
航空客货运输	551	9	6548	115	2199	1787
通用航空服务	552	3	567	3	78	152
航空运输辅助活动	553	18	3282	26	523	785
管道运输业	56	2	62		19	19
管道运输业	560	2	62		19	19

单位：个、人

		按技术职称分组			按技术等级分组			
高中	初　中 及以下	高　级 技术职称	中　级 技术职称	初　级 技术职称	高级技师	技师	高级工	中级工
50823	**44979**	**2098**	**8343**	**18499**	**697**	**3541**	**15682**	**8999**
41856	37479	1799	7360	16732	602	3389	14912	7417
27173	27598	793	3788	8034	268	1137	3498	4818
14381	9570	988	3545	8656	334	2242	11388	2548
302	311	18	27	42		10	26	51
953	547	74	79	79	9	33	69	141
953	547	74	79	79	9	33	69	141
8014	6953	225	904	1688	86	119	701	1441
7730	6641	205	834	1635	81	108	672	1415
262	267	18	65	49	5	11	29	26
22	45	2	5	4				
376732	**1041282**	**17738**	**70507**	**134749**	**6862**	**21504**	**44557**	**93930**
291807	767083	12301	49798	106895	5511	16819	34729	70959
234956	648474	6081	37845	88826	4397	13525	27069	58680
56851	118609	6220	11953	18069	1114	3294	7660	12279
28935	39729	1416	6543	9695	579	2025	3843	5495
28935	39729	1416	6543	9695	579	2025	3843	5495
18889	31917	984	4805	6889	390	1022	1640	4032
18889	31917	984	4805	6889	390	1022	1640	4032
37101	202553	3037	9361	11270	382	1638	4345	13444
13701	84242	2072	5690	3954	115	242	1065	5764
1737	28931	48	285	494	17	53	732	1295
21663	89380	917	3386	6822	250	1343	2548	6385
114013	**107860**	**1568**	**8933**	**16117**	**259**	**1335**	**5321**	**12319**
830	872	17	161	645	4	43	193	453
359			14	22		8		
376	786	14	138	620	4	35	192	443
95	86	3	9	3			1	10
49021	57626	625	2850	6331	121	907	2008	4452
15410	14000	364	1064	1763	66	470	978	1518
29829	39439	189	1098	3986	51	367	550	2526
3782	4187	72	688	582	4	70	480	408
16593	10675	17	399	825	8	54	919	1597
7996	7702	6	296	424	4	33	736	1194
7403	1856	6	45	316	4	17	151	193
57	57		1	3		2		
1137	1060	5	57	82		2	32	210
12360	15984	421	2186	2795	61	99	400	648
978	1165	40	121	114	2	2	68	111
8653	11959	287	1578	1982	35	49	227	307
2729	2860	94	487	699	24	48	105	230
3934	795	87	1195	1406		13	22	82
2425	22	66	573	1153				19
243	91	1	32	68				
1266	682	20	590	185		13	22	63
22	2							
22	2							

2-11 续表 6

行业	代码	企业法人单位数	从业人数	按学历分组		
				研究生及以上	大学本科	大学专科
装卸搬运和其他运输服务业	57	1625	43014	246	5069	10710
装卸搬运	571	259	15193	25	450	1713
运输代理服务	572	1366	27821	221	4619	8997
仓储业	58	413	10357	46	743	2092
谷物、棉花等农产品仓储	581	91	2256	18	187	433
其他仓储	589	322	8101	28	556	1659
邮政业	59	137	25924	48	1886	5296
国家邮政	591	13	22755	30	1621	4633
其他寄递服务	599	124	3169	18	265	663
信息传输、计算机服务和软件业	**G**	**4371**	**89770**	**2162**	**28339**	**28790**
电信和其他信息传输服务业	60	604	43726	721	12069	14986
电信	601	191	36592	555	10414	12374
互联网信息服务	602	369	5205	138	1167	1927
广播电视传输服务	603	39	1854	26	455	669
卫星传输服务	604	5	75	2	33	16
计算机服务业	61	2749	20745	309	3857	5043
计算机系统服务	611	417	5831	169	2362	2094
数据处理	612	22	323	13	138	121
计算机维修	613	96	729	21	171	305
其他计算机服务	619	2214	13862	106	1186	2523
软件业	62	1018	25299	1132	12413	8761
公共软件服务	621	858	22575	1040	11280	7628
其他软件服务	629	160	2724	92	1133	1133
批发和零售业	**H**	**42032**	**535667**	**4165**	**57223**	**121754**
批发业	63	27262	330298	3390	44413	83999
农畜产品批发	631	719	8078	44	565	1295
食品、饮料及烟草制品批发	632	3126	63578	456	5533	13063
纺织、服装及日用品批发	633	3560	45489	416	7615	14650
文化、体育用品及器材批发	634	1175	14547	86	1838	4345
医药及医疗器材批发	635	751	15653	171	2205	4594
矿产品、建材及化工产品批发	636	8139	86256	1066	11856	18975
机械设备、五金交电及电子产品批发	637	7137	68642	838	10837	20490
贸易经纪与代理	638	595	6102	63	1172	1892
其他批发	639	2060	21953	250	2792	4695
零售业	65	14770	205369	775	12810	37755
综合零售	651	1382	62320	23	2576	7693
食品、饮料及烟草制品专门零售	652	1666	14951	43	519	2041
纺织、服装及日用品专门零售	653	2003	17205	63	854	3085
文化、体育用品及器材专门零售	654	893	6872	62	522	1491
医药及医疗器材专门零售	655	935	10973	60	912	2814
汽车、摩托车、燃料及零配件专门零售	656	2601	40974	156	2878	8495
家用电器及电子产品专门零售	657	2395	29307	248	2951	7765
五金、家具及室内装修材料专门零售	658	1892	12997	52	720	2230
无店铺及其他零售	659	1003	9770	68	878	2141
住宿和餐饮业	**I**	**3379**	**150139**	**916**	**7259**	**18349**
住宿业	66	1645	83272	239	3582	11424
旅游饭店	661	676	65139	201	3028	9287
一般旅馆	662	867	16374	28	461	1910
其他住宿服务	669	102	1759	10	93	227

单位：个、人

		按技术职称分组			按技术等级分组			
高中	初 中 及以下	高 级 技术职称	中 级 技术职称	初 级 技术职称	高级技师	技师	高级工	中级工
13476	13513	288	1362	2135	41	150	326	626
4771	8234	61	243	337	2	38	117	229
8705	5279	227	1119	1798	39	112	209	397
4134	3342	79	378	728	9	27	107	189
1071	547	8	122	316	1	5	54	114
3063	2795	71	256	412	8	22	53	75
13643	5051	34	402	1252	15	42	1346	4272
12671	3800	29	363	1184	14	42	1266	4194
972	1251	5	39	68	1		80	78
23092	**7387**	**1969**	**7275**	**12767**	**899**	**1415**	**1454**	**3205**
13263	2687	545	3274	6649	162	257	472	1881
11228	2021	442	2914	6177	136	195	379	1718
1487	486	65	179	233	19	54	22	66
524	180	38	170	233	7	7	71	96
24			11	6		1		1
7335	4201	403	1091	1304	159	302	290	501
1031	175	169	537	670	63	134	132	189
47	4	15	58	25	1	1		1
210	22	18	51	43	19	20	14	14
6047	4000	201	445	566	76	147	144	297
2494	499	1021	2910	4814	578	856	692	823
2175	452	933	2447	4416	566	828	676	794
319	47	88	463	398	12	28	16	29
206971	**145554**	**4781**	**19208**	**32640**	**1653**	**3669**	**5875**	**12987**
120464	78032	3175	13077	20461	884	1881	4077	7267
3056	3118	93	378	799	29	39	225	549
23029	21497	300	1694	3254	107	393	1310	2379
14690	8118	276	1215	1665	65	155	212	428
6056	2222	131	560	805	17	85	861	967
6648	2035	252	1150	2556	47	77	79	175
31847	22512	870	3435	5687	219	379	572	1120
25577	10900	864	3249	4031	321	664	644	1225
1853	1122	146	379	306	21	20	30	30
7708	6508	243	1017	1358	58	69	144	394
86507	67522	1606	6131	12179	769	1788	1798	5720
23214	28814	209	727	1838	41	153	250	336
6359	5989	73	335	665	40	146	82	245
8456	4747	104	369	597	33	123	114	207
3205	1592	43	163	224	20	58	76	104
5426	1761	155	716	2236	22	90	61	172
17912	11533	474	1793	2543	334	738	839	2134
12431	5912	341	1288	2866	191	247	261	2013
5537	4458	65	264	443	23	55	47	176
3967	2716	142	476	767	65	178	68	333
59765	**63850**	**1051**	**3016**	**5718**	**744**	**1736**	**2123**	**3820**
34876	33151	409	1666	3772	282	763	1207	2298
27608	25015	357	1413	3371	268	673	1045	1948
6670	7305	51	236	369	13	86	160	336
598	831	1	17	32	1	4	2	14

2-11 续表 7

行业	代码	企业法人单位数	从业人数	按学历分组		
				研究生及以上	大学本科	大学专科
餐饮业	67	1734	66867	677	3677	6925
正餐服务	671	1348	51258	632	1827	4738
快餐服务	672	184	11604	32	1740	1882
饮料及冷饮服务	673	99	1185	9	35	106
其他餐饮服务	679	103	2820	4	75	199
金融业	**J**	**1064**	**148977**	**3493**	**50840**	**50406**
银行业	68	173	94225	2726	38517	31650
中央银行	681	1	37	2	23	10
商业银行	682	163	93561	2681	38205	31460
其他银行	689	9	627	43	289	180
证券业	69	35	3651	343	2089	963
证券市场管理	691	1	6		3	3
证券经纪与交易	692	13	3282	306	1903	853
证券投资	693	15	276	25	149	75
证券分析与咨询	694	6	87	12	34	32
保险业	70	293	41966	311	8585	14536
人寿保险	701	90	26170	129	4298	8095
非人寿保险	702	130	14227	176	4016	5831
保险辅助服务	703	73	1569	6	271	610
其他金融活动	71	563	9135	113	1649	3257
金融信托与管理	711	37	498	15	131	173
金融租赁	712	8	79	7	28	19
财务公司	713	13	62	1	2	27
邮政储蓄	714	8	3727	25	601	1497
典当	715	115	1087	15	171	380
其他未列明的金融活动	719	382	3682	50	716	1161
房地产业	**K**	**7301**	**163171**	**1331**	**20516**	**38946**
房地产业	72	7301	163171	1331	20516	38946
房地产开发经营	721	3269	62937	967	14130	22368
物业管理	722	1736	73350	135	3348	9406
房地产中介服务	723	909	9492	128	1630	3725
其他房地产活动	729	1387	17392	101	1408	3447
租赁和商务服务业	**L**	**10729**	**162959**	**2677**	**26079**	**44725**
租赁业	73	794	6480	22	391	1103
机械设备租赁	731	774	6344	20	362	1077
文化及日用品出租	732	20	136	2	29	26
商务服务业	74	9935	156479	2655	25688	43622
企业管理服务	741	1935	36625	972	7447	9750
法律服务	742	168	2618	282	1422	659
咨询与调查	743	2658	26070	811	7239	10434
广告业	744	2489	20229	248	3918	7346
知识产权服务	745	90	988	41	382	358
职业中介服务	746	404	24870	40	1800	6799
市场管理	747	192	3438	14	121	404
旅行社	748	743	9855	98	1234	3412
其他商务服务	749	1256	31786	149	2125	4460
科学研究、技术服务和地质勘查业	**M**	**3115**	**60713**	**2020**	**19431**	**19871**
研究与试验发展	75	246	2940	138	665	701
自然科学研究与试验发展	751	37	174	5	50	57

单位：个、人

		按技术职称分组			按技术等级分组			
高中	初　中 及以下	高　　级 技术职称	中　　级 技术职称	初　　级 技术职称	高级技师	技师	高级工	中级工
24889	30699	642	1350	1946	462	973	916	1522
17770	26291	545	1199	1699	438	863	848	1450
5691	2259	89	111	169	20	27	18	17
551	484	2	6	35		18	2	8
877	1665	6	34	43	4	65	48	47
36005	**8233**	**2072**	**23394**	**26666**	**85**	**488**	**462**	**824**
17017	4315	1705	20882	23573	53	321	199	139
1	1	3	20	8			1	
16905	4310	1657	20600	23366	50	321	193	139
111	4	45	262	199	3		5	
225	31	34	429	361	1		3	4
192	28	30	402	284	1		1	1
24	3	4	24	75			1	1
9			3	2			1	2
15207	3327	189	1468	1974	16	135	69	87
10768	2880	57	553	658	3	3	34	34
3834	370	124	876	1119	12	44	33	51
605	77	8	39	197	1	88	2	2
3556	560	144	615	758	15	32	191	594
140	39	15	104	73	1	2	4	18
11	14	12	13	8	2	4	3	13
26	6	1	13	12			3	2
1575	29	29	176	377		11	157	521
431	90	28	91	74	3	1	10	18
1373	382	59	218	214	9	14	14	22
57637	**44741**	**3301**	**15584**	**14284**	**552**	**1360**	**1726**	**3920**
57637	44741	3301	15584	14284	552	1360	1726	3920
19015	6457	2397	11246	8907	351	850	953	1563
28426	32035	533	2801	3599	130	420	584	1957
3117	892	133	560	502	17	19	46	110
7079	5357	238	977	1276	54	71	143	290
50391	**39087**	**3455**	**11446**	**14966**	**431**	**708**	**1038**	**2088**
2702	2262	76	223	347	26	24	44	116
2646	2239	74	219	343	26	24	44	116
56	23	2	4	4				
47689	36825	3379	11223	14619	405	684	994	1972
10563	7893	1200	3902	2997	120	185	475	760
225	30	53	193	169	1	2	4	4
6132	1454	1280	3807	2707	129	150	145	241
6122	2595	281	1003	1210	81	168	175	275
170	37	19	46	15		1	3	1
7537	8694	222	1128	5368	3	11	25	266
1360	1539	12	44	83	2	3	8	34
4083	1028	87	428	1094	11	14	61	137
11497	13555	225	672	976	58	150	98	254
13561	**5830**	**5462**	**12286**	**10314**	**408**	**908**	**1399**	**1582**
917	519	156	342	330	36	77	26	62
47	15	8	16	22	3	2		17

2-11 续表 8

行　业	代码	企业法人单位数	从业人数	按学历分组		
				研究生及以上	大学本科	大学专科
工程和技术研究与试验发展	752	90	1515	84	316	300
农业科学研究与试验发展	753	80	869	33	180	217
医学研究与试验发展	754	38	381	16	118	127
社会人文科学研究与试验发展	755	1	1		1	
专业技术服务业	76	2273	50162	1584	17050	17029
气象服务	761	48	469	8	82	183
地震服务	762					
海洋服务	763	4	276	34	93	78
测绘服务	764	103	1532	31	294	573
技术检测	765	211	4433	58	730	1009
环境监测	766	24	233	5	71	66
工程技术与规划管理	767	1285	34629	1239	13646	12120
其他专业技术服务	769	598	8590	209	2134	3000
科技交流和推广服务业	77	542	6356	262	1313	1830
技术推广服务	771	353	4148	211	764	1060
科技中介服务	772	75	699	34	170	205
其他科技服务	779	114	1509	17	379	565
地质勘查业	78	54	1255	36	403	311
矿产地质勘查	781	22	426	20	107	112
基础地质勘查	782	9	362	13	107	98
地质勘查技术服务	783	23	467	3	189	101
水利、环境和公共设施管理业	**N**	**789**	**17520**	**130**	**2102**	**3404**
水利管理业	79	99	1000	31	181	242
防洪管理	791	8	36		6	8
水资源管理	792	65	720	7	94	158
其他水利管理	799	26	244	24	81	76
环境管理业	80	206	4901	43	614	897
自然保护	801	9	128	7	9	50
环境治理	802	197	4773	36	605	847
公共设施管理业	81	484	11619	56	1307	2265
市政公共设施管理	811	74	1945	7	278	424
城市绿化管理	812	172	3179	12	315	690
游览景区管理	813	238	6495	37	714	1151
居民服务和其他服务业	**O**	**2910**	**45318**	**109**	**1751**	**6158**
居民服务业	82	1366	23374	53	633	2712
家庭服务	821	93	793	2	43	116
托儿所	822	3	26		7	4
洗染服务	823	57	1420	4	15	124
理发及美容保健服务	824	346	5246	23	163	478
洗浴服务	825	364	9334	14	124	947
婚姻服务	826	66	466		60	199
殡葬服务	827	81	1734	2	65	224
摄影扩印服务	828	140	1281	4	85	304
其他居民服务	829	216	3074	4	71	316
其他服务业	83	1544	21944	56	1118	3446
修理与维护	831	997	11818	15	434	1751
清洁服务	832	279	5985	30	427	947
其他未列明的服务	839	268	4141	11	257	748

单位：个、人

		按技术职称分组			按技术等级分组			
高中	初中及以下	高级技术职称	中级技术职称	初级技术职称	高级技师	技师	高级工	中级工
530	285	91	189	152	5	11	14	29
227	212	39	90	94	11	31	12	8
113	7	18	47	62	17	33		8
10840	3659	4833	11167	9259	314	646	1145	1348
164	32	19	77	118	1	6	5	2
47	24	26	46	52			16	44
486	148	71	271	277	2	7	33	55
1999	637	209	495	499	32	77	223	189
87	4	25	14	12	1	3	6	11
5665	1959	4094	9281	7322	211	405	664	833
2392	855	389	983	979	67	148	198	214
1451	1500	333	558	451	40	146	93	87
898	1215	247	269	270	33	135	50	42
208	82	41	95	72	2	10	37	26
345	203	45	194	109	5	1	6	19
353	152	140	219	274	18	39	135	85
100	87	65	83	96	4	9	57	40
111	33	44	68	81	2	5	40	12
142	32	31	68	97	12	25	38	33
5876	**6008**	**251**	**921**	**1084**	**91**	**173**	**437**	**624**
297	249	55	107	132	15	27	70	66
9	13	1	4	1			7	2
235	226	34	63	103	4	19	55	57
53	10	20	40	28	11	8	8	7
1421	1926	76	306	430	28	28	129	213
36	26	3	6	7				
1385	1900	73	300	423	28	28	129	213
4158	3833	120	508	522	48	118	238	345
671	565	26	117	130	11	40	34	46
985	1177	56	231	208	29	54	134	198
2502	2091	38	160	184	8	24	70	101
18705	**18595**	**525**	**1499**	**2108**	**359**	**1504**	**832**	**1818**
9868	10108	161	479	825	169	1039	182	560
333	299	3	10	36			1	12
10	5	2	1					
530	747	2	13	9	8	11	15	27
2259	2323	100	223	286	91	342	94	235
4147	4102	23	94	301	57	599	30	202
179	28	5	5	11	4	2		2
706	737	10	50	59	3	10	21	15
596	292	8	30	24	3	9	6	27
1108	1575	8	53	99	3	66	15	40
8837	8487	364	1020	1283	190	465	650	1258
5179	4439	323	837	973	169	409	582	1089
1516	3065	17	69	105	9	17	28	63
2142	983	24	114	205	12	39	40	106

2-11 续表 9

行业	代码	企业法人单位数	从业人数	按学历分组		
				研究生及以上	大学本科	大学专科
教育	P	**767**	**12676**	**133**	**1353**	**2613**
教育	84	767	12676	133	1353	2613
学前教育	841	60	1030	3	85	304
初等教育	842	7	100		14	35
中等教育	843	12	271	12	124	103
高等教育	844	2	18		12	4
其他教育	849	686	11257	118	1118	2167
卫生、社会保障和社会福利业	Q	**593**	**8260**	**85**	**1408**	**2263**
卫生	85	574	8129	85	1397	2230
医院	851	103	4683	57	748	1289
卫生院及社区医疗活动	852	66	692	1	74	203
门诊部医疗活动	853	357	2394	24	550	656
计划生育技术服务活动	854	1	9			7
妇幼保健活动	855	2	71		4	20
专科疾病防治活动	856	7	43		8	17
疾病预防控制及防疫活动	857	11	83	1	7	16
其他卫生活动	859	27	154	2	6	22
社会保障业	86	3	20		1	9
社会保障业	860	3	20		1	9
社会福利业	87	16	111		10	24
提供住宿的社会福利	871	11	84		8	19
不提供住宿的社会福利	872	5	27		2	5
文化、体育和娱乐业	R	**1123**	**24121**	**178**	**1522**	**3755**
新闻出版业	88	36	1051	43	322	306
新闻业	881	4	25		3	12
出版业	882	32	1026	43	319	294
广播、电视、电影和音像业	89	127	2434	60	457	659
广播	891	1	126		1	18
电视	892	30	985	29	320	247
电影	893	66	983	23	72	231
音像制作	894	30	340	8	64	163
文化艺术业	90	123	1106	11	122	275
文艺创作与表演	901	37	477		16	61
艺术表演场馆	902	4	62	4	2	9
图书馆与档案馆	903	1	2			
文物及文化保护	904	1	12		2	3
博物馆	905	7	139	3	22	29
烈士陵园、纪念馆	906					
群众文化活动	907	10	59		7	18
文化艺术经纪代理	908	28	146	3	26	61
其他文化艺术	909	35	209	1	47	94
体育	91	48	615	1	48	144
体育组织	911	10	150		5	20
体育场馆	912	24	361	1	33	86
其他体育	919	14	104		10	38
娱乐业	92	789	18915	63	573	2371
室内娱乐活动	921	546	13947	42	260	1558
游乐园	922	22	561	3	21	52
休闲健身娱乐活动	923	163	3195	14	264	518
其他娱乐活动	929	58	1212	4	28	243

单位：个、人

		按技术职称分组			按技术等级分组			
高中	初　中 及以下	高　　级 技术职称	中　　级 技术职称	初　　级 技术职称	高级技师	技师	高级工	中级工
6590	**1987**	**242**	**697**	**714**	**26**	**158**	**204**	**389**
6590	1987	242	697	714	26	158	204	389
429	209	6	37	55		11	7	19
30	21	5	11	29	2			1
27	5	12	42	38		1		
2								
6102	1752	219	607	592	24	146	197	369
3484	**1020**	**512**	**1010**	**2474**	**57**	**130**	**68**	**131**
3441	976	511	1008	2468	57	130	68	131
2104	485	372	634	1786	27	83	57	87
269	145	8	101	212	4	21	2	9
874	290	119	253	413	25	24	9	35
2								
45	2	8	12	43				
16	2	2	2	3				
44	15	1	3	3		1		
87	37	1	3	8	1	1		
10			1	2				
10			1	2				
33	44	1	1	4				
21	36	1	1	2				
12	8			2				
10685	**7981**	**194**	**525**	**784**	**60**	**224**	**196**	**332**
335	45	54	70	93			5	26
10		1	1					3
325	45	53	69	93			5	23
845	413	34	164	193	7	27	73	84
35	72			11				
319	70	18	74	92	2	8	14	33
399	258	12	76	81	3	19	58	51
92	13	4	14	9	2		1	
346	352	11	30	60	1	1	1	13
152	248	1	6	17	1	1		2
14	33		2	1				
2								
7								
55	30		2	4				
17	17		6	5			1	2
39	17		3	1				
60	7	10	11	32				9
250	172	10	16	32	5	9	6	5
95	30		1				1	
133	108	5	12	25	2	4	3	2
22	34	5	3	7	3	5	2	3
8909	6999	85	245	406	47	187	111	204
6649	5438	45	111	287	28	105	82	97
219	266	11	18	27		1	2	16
1374	1025	27	106	58	19	78	26	90
667	270	2	10	34		3	1	1

2-12 按登记注册类型、学历、技术

登记注册类型	代码	企业法人单位数	从业人数	按学历分组		
				研究生及以上	大学本科	大学专科
总　计		**159716**	**8045186**	**33468**	**468317**	**894016**
内资企业	**100**	**147401**	**5859685**	**25494**	**353864**	**696722**
国有企业	110	5367	522333	3853	58445	92299
集体企业	120	7288	210076	863	5351	15091
股份合作企业	130	2126	125860	448	5865	13818
联营企业	140	602	48392	217	5451	6384
国有联营企业	141	162	12021	65	1533	2157
集体联营企业	142	222	5678	27	483	624
国有与集体联营企业	143	61	4228	25	668	969
其他联营企业	149	157	26465	100	2767	2634
有限责任公司	150	17409	1264842	4417	75585	149186
国有独资公司	151	389	58630	346	8171	8071
其他有限责任公司	159	17020	1206212	4071	67414	141115
股份有限公司	160	3155	358452	4505	59282	68807
私营企业	170	107607	3272452	10961	141048	344529
私营独资企业	171	29594	514414	1038	12863	40197
私营合伙企业	172	12533	236038	814	6371	16907
私营有限责任公司	173	61533	2336173	8710	114865	268773
私营股份有限公司	174	3947	185827	399	6949	18652
其他企业	190	3847	57278	230	2837	6608
港、澳、台商投资企业	**200**	**7604**	**1322189**	**3447**	**54864**	**112541**
合资经营企业(港或澳、台资)	210	1442	311781	881	19949	31638
合作经营企业(港或澳、台资)	220	131	15241	59	1021	2227
港、澳、台商独资经营企业	230	5829	979910	2406	32435	76561
港、澳、台商投资股份有限公司	240	202	15257	101	1459	2115
外商投资企业	**300**	**4711**	**863312**	**4527**	**59589**	**84753**
中外合资经营企业	310	1241	222780	1804	19408	24715
中外合作经营企业	320	104	10592	60	1021	1553
外资企业	330	3203	610667	2438	36772	55170
外商投资股份有限公司	340	163	19273	225	2388	3315

分组的企业法人单位数及从业人数

单位：个、人

高中	初　中 及以下	按技术职称分组 高　级 技术职称	中　级 技术职称	初　级 技术职称	按技术等级分组 高级技师	技师	高级工	中级工
2298357	**4351028**	**68696**	**255786**	**440860**	**25839**	**73846**	**139826**	**283174**
1700957	**3082648**	**56506**	**221077**	**368176**	**19501**	**57626**	**114592**	**224498**
174075	193661	7678	31154	46881	1366	5921	24204	28770
67768	121003	1018	5233	11106	259	932	2541	6582
31561	74168	966	5272	10360	218	768	2302	3923
11445	24895	666	2098	4366	73	275	979	974
4429	3837	203	669	1204	66	199	809	287
1524	3020	35	196	943	5	21	64	230
1329	1237	314	474	721	1	31	59	257
4163	16801	114	759	1498	1	24	47	200
356492	679162	11105	49069	87046	5068	14501	31345	69756
17819	24223	956	3460	4601	182	437	3449	6748
338673	654939	10149	45609	82445	4886	14064	27896	63008
100983	124875	4171	28272	40650	667	2926	6017	12964
941413	1834501	30390	98517	165561	11687	31845	46608	100361
154352	305964	7450	12288	16186	1204	4009	4864	11762
67483	144463	1249	4286	9304	452	1749	2194	4904
670815	1273010	20363	76248	128865	9422	23903	36205	77658
48763	111064	1328	5695	11206	609	2184	3345	6037
17220	30383	512	1462	2206	163	458	596	1168
349036	**802301**	**5898**	**17991**	**39035**	**3438**	**8801**	**14905**	**35424**
88573	170740	1607	5843	13827	731	2165	3334	10422
3970	7964	107	446	843	50	104	323	453
251035	617473	3985	11368	23908	2611	6484	11149	24298
5458	6124	199	334	457	46	48	99	251
248364	**466079**	**6292**	**16718**	**33649**	**2900**	**7419**	**10329**	**23252**
65541	111312	1684	6169	12448	825	2343	3173	7982
2924	5034	65	446	471	25	96	370	278
173700	342587	4298	9439	19827	1993	4862	6255	14595
6199	7146	245	664	903	57	118	531	397

2-13 按行业（中类）、从业人数组距分组的企业法人单位数

单位：个

行业	代码	企业法人单位数	7人及以下	8-19人	20-49人	50-99人	100-199人	200-499人	500-999人	1000人以上
总计		**159716**	**62799**	**42216**	**29728**	**11874**	**6495**	**4287**	**1371**	**946**
农、林、牧、渔业	**A**	**24**	**2**	**6**	**6**	**8**	**1**			**1**
农业	01	8	1	1	3	2				1
谷物及其他作物的种植	011	2	1		1					
蔬菜、园艺作物的种植	012	1				1				
水果、坚果、饮料和香料作物的种植	013	5		1	2	1				1
中药材的种植	014									
林业	02	7	1	1	1	3	1			
林木的培育和种植	021	7	1	1	1	3	1			
木材和竹材的采运	022									
林产品的采集	023									
畜牧业	03	8		4	2	2				
牲畜的饲养	031	1			1					
猪的饲养	032	4		3	1					
家禽的饲养	033	2		1		1				
狩猎和捕捉动物	034									
其他畜牧业	039	1				1				
渔业	04	1				1				
海洋渔业	041									
内陆渔业	042	1				1				
农、林、牧、渔服务业	05									
农业服务业	051									
林业服务业	052									
畜牧服务业	053									
渔业服务业	054									
采矿业	**B**	**2466**	**517**	**783**	**633**	**291**	**117**	**99**	**13**	**13**
煤炭开采和洗选业	06	280	22	11	32	81	52	69	6	7
烟煤和无烟煤的开采洗选	061	272	17	10	31	80	52	69	6	7
褐煤的开采洗选	062									
其他煤炭采选	069	8	5	1	1	1				
石油和天然气开采业	07	1		1						
天然原油和天然气开采	071									
与石油和天然气开采有关的服务活动	079	1		1						
黑色金属矿采选业	08	244	33	66	90	27	15	7	3	3
铁矿采选	081	215	29	56	78	25	15	6	3	3
其他黑色金属矿采选	089	29	4	10	12	2		1		
有色金属矿采选业	09	278	58	68	76	44	24	7	1	
常用有色金属矿采选	091	206	40	54	63	31	17	1		
贵金属矿采选	092	29	5	5	4	7	5	2	1	
稀有稀土金属矿采选	093	43	13	9	9	6	2	4		
非金属矿采选业	10	1641	393	631	430	139	26	16	3	3
土砂石开采	101	1455	345	565	394	121	17	12	1	
化学矿采选	102	13	2	5	2	3		1		
采盐	103	23	2	1	6	4	4	2	1	3
石棉及其他非金属矿采选	109	150	44	60	28	11	5	1	1	
其他采矿业	11	22	11	6	5					
其他采矿业	110	22	11	6	5					
制造业	**C**	**61933**	**11999**	**15507**	**17669**	**7879**	**4566**	**2983**	**822**	**508**
农副食品加工业	13	3079	799	841	760	325	209	102	36	7
谷物磨制	131	342	117	122	74	17	6	5		1

2-13 续表 1　　单位：个

行 业	代码	企业法人单位数	7人及以下	8-19人	20-49人	50-99人	100-199人	200-499人	500-999人	1000人以上
饲料加工	132	349	91	109	83	38	17	9	2	
植物油加工	133	121	39	34	23	5	12	6	1	1
制糖	134	17	7	5	2	1			2	
屠宰及肉类加工	135	326	94	106	78	22	15	6	2	3
水产品加工	136	935	194	215	253	119	89	46	18	1
蔬菜、水果和坚果加工	137	651	175	160	153	83	48	22	9	1
其他农副食品加工	139	338	82	90	94	40	22	8	2	
食品制造业	14	1841	513	477	435	171	122	91	22	10
焙烤食品制造	141	362	111	97	85	21	22	16	6	4
糖果、巧克力及蜜饯制造	142	354	89	92	75	44	22	25	4	3
方便食品制造	143	204	63	61	36	15	16	8	5	
液体乳及乳制品制造	144	25	2	5	6	5	3	4		
罐头制造	145	368	83	65	104	49	39	22	3	3
调味品、发酵制品制造	146	237	76	76	49	15	8	10	3	
其他食品制造	149	291	89	81	80	22	12	6	1	
饮料制造业	15	2459	619	830	627	241	91	39	6	6
酒精制造	151	4	1	1	2					
酒的制造	152	266	84	83	55	14	15	10	3	2
软饮料制造	153	402	118	130	84	34	20	11	1	4
精制茶加工	154	1787	416	616	486	193	56	18	2	
烟草制品业	16	7	1	1			1	1		3
烟叶复烤	161	3					1	1		1
卷烟制造	162	3		1						2
其他烟草制品加工	169	1	1							
纺织业	17	2965	408	612	859	465	297	221	65	38
棉、化纤纺织及印染精加工	171	875	90	161	208	152	109	101	27	27
毛纺织和染整精加工	172	42	2	8	17	7	2	5	1	
麻纺织	173	8	2	3	2	1				
丝绢纺织及精加工	174	36	7	9	11	4	4	1		
纺织制成品制造	175	647	115	155	182	88	59	39	5	4
针织品、编织品及其制品制造	176	1357	192	276	439	213	123	75	32	7
纺织服装、鞋、帽制造业	18	4955	653	677	1587	891	516	458	102	71
纺织服装制造	181	4537	589	614	1438	826	487	429	91	63
纺织面料鞋的制造	182	393	61	59	137	62	28	28	10	8
制帽	183	25	3	4	12	3	1	1	1	
皮革、毛皮、羽毛(绒)及其制品业	19	3143	360	277	813	600	465	373	125	130
皮革鞣制加工	191	173	15	27	63	30	22	10	5	1
皮革制品制造	192	2908	333	229	735	564	438	360	120	129
毛皮鞣制及制品加工	193	14	2	6	1	2	2	1		
羽毛(绒)加工及制品制造	194	48	10	15	14	4	3	2		
木材加工及木、竹、藤、棕、草制品业	20	3637	607	975	1101	603	265	73	9	4
锯材、木片加工	201	754	190	272	221	51	15	5		
人造板制造	202	956	88	144	264	286	134	36	3	1
木制品制造	203	757	158	201	235	98	46	13	4	2
竹、藤、棕、草制品制造	204	1170	171	358	381	168	70	19	2	1
家具制造业	21	1176	283	298	310	139	72	51	18	5
木质家具制造	211	744	176	199	206	87	39	26	10	1
竹、藤家具制造	212	51	13	12	15	8	2	1		
金属家具制造	213	214	56	37	39	31	25	16	7	3
塑料家具制造	214	24	6	3	9	1	2	3		
其他家具制造	219	143	32	47	41	12	4	5	1	1

2-13 续表 2

单位：个

行业	代码	企业法人单位数	7人及以下	8-19人	20-49人	50-99人	100-199人	200-499人	500-999人	1000人以上
造纸及纸制品业	22	2263	376	593	754	284	149	84	17	6
纸浆制造	221	30	8	3	11	3	1	2	1	1
造纸	222	561	93	116	188	93	45	19	5	2
纸制品制造	223	1672	275	474	555	188	103	63	11	3
印刷业和记录媒介的复制	23	1819	432	705	459	137	51	30	3	2
印刷	231	1699	398	656	436	128	50	28	3	
装订及其他印刷服务活动	232	114	34	46	23	7	1	1		2
记录媒介的复制	233	6		3		2		1		
文教体育用品制造业	24	686	122	116	174	108	77	60	20	9
文化用品制造	241	148	32	26	51	19	11	7	1	1
体育用品制造	242	313	52	49	71	48	33	40	12	8
乐器制造	243	20	2	7	4	3	1	2	1	
玩具制造	244	196	36	33	48	36	28	9	6	
游艺器材及娱乐用品制造	245	9		1		2	4	2		
石油加工、炼焦及核燃料加工业	25	89	32	32	13	5	3	2		2
精炼石油产品的制造	251	83	29	31	13	5	2	1		2
炼焦	252	6	3	1			1	1		
核燃料加工	253									
化学原料及化学制品制造业	26	2324	640	675	577	241	102	66	14	9
基础化学原料制造	261	273	52	59	75	57	15	9	3	3
肥料制造	262	219	58	76	48	12	7	15	1	2
农药制造	263	38	14	6	9	6	2		1	
涂料、油墨、颜料及类似产品制造	264	549	193	170	125	35	16	8	1	1
合成材料制造	265	170	45	41	42	22	12	7		1
专用化学产品制造	266	661	160	219	170	67	22	19	4	
日用化学产品制造	267	414	118	104	108	42	28	8	4	2
医药制造业	27	306	69	60	66	52	30	21	7	1
化学药品原药制造	271	26	8	5	2	5	3	2		1
化学药品制剂制造	272	50	8	8	6	10	9	7	2	
中药饮片加工	273	25	4	4	11	5	1			
中成药制造	274	68	12	7	14	18	9	5	3	
兽用药品制造	275	17	2	5	3	3	1	3		
生物、生化制品的制造	276	78	22	20	19	7	6	2	2	
卫生材料及医药用品制造	277	42	13	11	11	4	1	2		
化学纤维制造业	28	130	11	19	23	27	22	19	6	3
纤维素纤维原料及纤维制造	281	23	2	3	7	6	5			
合成纤维制造	282	107	9	16	16	21	17	19	6	3
橡胶制品业	29	830	129	199	237	96	66	74	17	12
轮胎制造	291	66	20	19	11	7	2	1	2	4
橡胶板、管、带的制造	292	68	20	28	15	2	3			
橡胶零件制造	293	118	29	32	30	13	3	9	1	1
再生橡胶制造	294	30	4	12	9	2		3		
日用及医用橡胶制品制造	295	54	3	20	17	11	1	1	1	
橡胶靴鞋制造	296	343	26	42	110	47	49	50	12	7
其他橡胶制品制造	299	151	27	46	45	14	8	10	1	
塑料制品业	30	3545	617	1057	1041	400	224	147	42	17
塑料薄膜制造	301	354	85	116	102	27	13	9		2

2-13 续表 3 单位：个

行 业	代码	企业法人单位数	7人及以下	8-19人	20-49人	50-99人	100-199人	200-499人	500-999人	1000人以上
塑料板、管、型材的制造	302	271	53	82	84	22	15	10	4	1
塑料丝、绳及编织品的制造	303	228	29	77	79	29	10	3	1	
泡沫塑料制造	304	281	36	102	88	38	14	3		
塑料人造革、合成革制造	305	103	18	10	25	12	26	12		
塑料包装箱及容器制造	306	270	50	100	79	32	6	3		
塑料零件制造	307	224	48	70	52	28	11	10	3	2
日用塑料制造	308	1075	146	241	349	139	91	75	25	9
其他塑料制品制造	309	739	152	259	183	73	38	22	9	3
非金属矿物制品业	31	8100	1164	2261	2833	950	535	285	58	14
水泥、石灰和石膏的制造	311	464	69	79	109	103	65	29	10	
水泥及石膏制品制造	312	569	158	184	121	49	42	12	2	1
砖瓦、石材及其他建筑材料制造	313	5786	744	1736	2195	601	316	166	23	5
玻璃及玻璃制品制造	314	280	68	70	68	37	19	10	6	2
陶瓷制品制造	315	752	72	117	260	133	82	66	16	6
耐火材料制品制造	316	81	21	27	28	3		1	1	
石墨及其他非金属矿物制品制造	319	168	32	48	52	24	11	1		
黑色金属冶炼及压延加工业	32	429	125	71	86	61	40	30	8	8
炼铁	321	46	7	8	10	9	5	6		1
炼钢	322	34	3	12	4	6	2	4	1	2
钢压延加工	323	277	107	37	53	26	24	19	6	5
铁合金冶炼	324	72	8	14	19	20	9	1	1	
有色金属冶炼及压延加工业	33	344	75	81	85	53	21	13	13	3
常用有色金属冶炼	331	63	21	15	13	12	1		1	
贵金属冶炼	332	9	3	1		1		3		1
稀有稀土金属冶炼	333	33	3	10	13	2	2	2	1	
有色金属合金制造	334	55	11	18	15	6	2	1	1	1
有色金属压延加工	335	184	37	37	44	32	16	7	10	1
金属制品业	34	2859	791	829	722	284	140	72	14	7
结构性金属制品制造	341	984	316	311	215	90	35	14	2	1
金属工具制造	342	310	79	101	73	34	15	8		
集装箱及金属包装容器制造	343	125	20	24	42	14	13	8	4	
金属丝绳及其制品的制造	344	82	21	17	22	11	9	1	1	
建筑、安全用金属制品制造	345	426	109	107	125	46	21	13	3	2
金属表面处理及热处理加工	346	202	60	56	49	25	9	3		
搪瓷制品制造	347	28	15	2	4	5	1		1	
不锈钢及类似日用金属制品制造	348	334	88	90	90	26	19	17	2	2
其他金属制品制造	349	368	83	121	102	33	18	8	1	2
通用设备制造业	35	2961	626	876	882	321	149	77	23	7
锅炉及原动机制造	351	72	14	18	20	12	4	3	1	
金属加工机械制造	352	383	113	128	85	30	19	7	1	
起重运输设备制造	353	107	14	29	32	19	7	3	2	1
泵、阀门、压缩机及类似机械的制造	354	551	69	121	239	53	36	19	10	4
轴承、齿轮、传动和驱动部件的制造	355	197	31	62	44	24	23	9	4	
烘炉、熔炉及电炉制造	356	9	3	4	1	1				
风机、衡器、包装设备等通用设备制造	357	308	71	107	67	36	15	7	4	1
通用零部件制造及机械修理	358	728	212	246	174	62	18	14	1	1
金属铸、锻加工	359	606	99	161	220	84	27	15		
专用设备制造业	36	2085	510	649	533	218	111	42	17	5
矿山、冶金、建筑专用设备制造	361	331	66	87	87	47	28	9	5	2

2-13 续表 4 单位：个

行业	代码	企业法人单位数	7人及以下	8-19人	20-49人	50-99人	100-199人	200-499人	500-999人	1000人以上
化工、木材、非金属加工专用设备制造	362	738	171	253	204	66	28	11	4	1
食品、饮料、烟草及饲料生产专用设备制造	363	69	11	35	17	4	2			
印刷、制药、日化生产专用设备制造	364	122	25	34	33	17	8	3	2	
纺织、服装和皮革工业专用设备制造	365	171	31	44	47	28	15	4	2	
电子和电工机械专用设备制造	366	146	50	43	34	12	5	1		1
农、林、牧、渔专用机械制造	367	160	47	50	37	16	5	2	3	
医疗仪器设备及器械制造	368	97	27	30	19	9	6	5	1	
环保、社会公共安全及其他专用设备制造	369	251	82	73	55	19	14	7		1
交通运输设备制造业	37	2203	482	615	581	221	153	102	29	20
铁路运输设备制造	371	12	2	1	4	4	1			
汽车制造	372	1574	324	489	408	146	106	71	16	14
摩托车制造	373	221	44	36	59	40	25	10	7	
自行车制造	374	30	9	7	7	1	3	2	1	
船舶及浮动装置制造	375	335	89	79	96	25	17	19	5	5
航空航天器制造	376	9	3	2	1	2				1
交通器材及其他交通运输设备制造	379	22	11	1	6	3	1			
电气机械及器材制造业	39	2168	477	575	544	245	155	117	30	25
电机制造	391	700	96	259	193	68	40	37	4	3
输配电及控制设备制造	392	531	132	107	133	78	43	25	12	1
电线、电缆、光缆及电工器材制造	393	216	59	57	52	28	5	10	3	2
电池制造	394	140	21	22	41	19	14	14	3	6
家用电力器具制造	395	158	46	43	33	13	11	8	1	3
非电力家用器具制造	396	48	20	12	8	2	3	1	1	1
照明器具制造	397	297	76	45	72	31	37	21	6	9
其他电气机械及器材制造	399	78	27	30	12	6	2	1		
通信设备、计算机及其他电子设备制造业	40	1343	291	240	306	178	133	107	45	43
通信设备制造	401	184	32	37	51	23	20	11	8	2
雷达及配套设备制造	402	3	1		1		1			
广播电视设备制造	403	41	11	6	9	6	3	5	1	
电子计算机制造	404	122	26	21	16	14	14	14	6	11
电子器件制造	405	247	58	42	58	30	21	17	10	11
电子元件制造	406	480	94	80	107	74	52	45	15	13
家用视听设备制造	407	83	17	8	17	15	9	8	4	5
其他电子设备制造	409	183	52	46	47	16	13	7	1	1
仪器仪表及文化、办公用机械制造业	41	639	123	137	164	89	61	39	15	11
通用仪器仪表制造	411	150	36	37	38	19	15	4	1	
专用仪器仪表制造	412	73	21	19	22	6	2	1	2	
钟表与计时仪器制造	413	167	15	35	50	32	18	11	5	1
光学仪器及眼镜制造	414	174	32	32	40	25	18	17	6	4
文化、办公用机械制造	415	58	16	8	9	6	7	6	1	5
其他仪器仪表的制造及修理	419	17	3	6	5	1	1			1
工艺品及其他制造业	42	3392	603	678	1061	467	306	186	61	30
工艺美术品制造	421	2526	412	495	835	364	224	133	43	20
日用杂品制造	422	590	84	102	174	85	76	46	14	9
煤制品制造	423	47	32	9	6					
核辐射加工	424	1		1						
其他未列明的制造业	429	228	75	71	46	18	6	7	4	1
废弃资源和废旧材料回收加工业	43	156	61	51	36	7		1		
金属废料和碎屑的加工处理	431	63	24	21	14	3		1		
非金属废料和碎屑的加工处理	432	93	37	30	22	4				

2-13 续表 5 单位：个

行 业	代码	企业法人单位数	7人及以下	8-19人	20-49人	50-99人	100-199人	200-499人	500-999人	1000人以上
电力、燃气及水的生产和供应业	D	**5765**	**3179**	**1678**	**539**	**173**	**80**	**82**	**25**	**9**
电力、热力的生产和供应业	44	4945	2752	1483	439	119	52	70	23	7
电力生产	441	4790	2716	1459	419	109	43	36	6	2
电力供应	442	141	34	21	16	9	6	33	17	5
热力生产和供应	443	14	2	3	4	1	3	1		
燃气生产和供应业	45	45	10	13	14	4	1	2	1	
燃气生产和供应业	450	45	10	13	14	4	1	2	1	
水的生产和供应业	46	775	417	182	86	50	27	10	1	2
自来水的生产和供应	461	723	400	165	74	45	26	10	1	2
污水处理及其再生利用	462	42	11	14	11	5	1			
其他水的处理、利用与分配	469	10	6	3	1					
建筑业	E	**5983**	**1751**	**1165**	**949**	**595**	**466**	**465**	**288**	**304**
房屋和土木工程建筑业	47	2486	521	338	319	267	254	321	242	224
房屋工程建筑	471	1519	268	173	163	153	149	235	194	184
土木工程建筑	472	967	253	165	156	114	105	86	48	40
建筑安装业	48	1030	266	258	204	126	90	50	21	15
建筑安装业	480	1030	266	258	204	126	90	50	21	15
建筑装饰业	49	1524	640	359	256	129	75	50	9	6
建筑装饰业	490	1524	640	359	256	129	75	50	9	6
其他建筑业	50	943	324	210	170	73	47	44	16	59
工程准备	501	350	124	70	66	30	12	16	8	24
提供施工设备服务	502	113	49	26	16	9	2	2	1	8
其他未列明的建筑活动	509	480	151	114	88	34	33	26	7	27
交通运输、仓储和邮政业	F	**5372**	**1683**	**1686**	**1097**	**434**	**241**	**145**	**53**	**33**
铁路运输业	51	15	5	3	2		2	1	2	
铁路旅客运输	511	2			1			1		
铁路货物运输	512	5	2				1		2	
铁路运输辅助活动	513	8	3	3	1		1			
道路运输业	52	2084	552	549	544	218	112	71	23	15
公路旅客运输	521	339	64	70	96	54	25	18	6	6
道路货物运输	522	1512	403	429	402	135	73	47	15	8
道路运输辅助活动	523	233	85	50	46	29	14	6	2	1
城市公共交通业	53	208	45	33	41	35	22	16	13	3
公共电汽车客运	531	79	10	5	19	13	8	12	11	1
轨道交通	532									
出租车客运	533	99	24	27	18	16	9	3		2
城市轮渡	534	4	2		1		1			
其他城市公共交通	539	26	9	1	3	6	4	1	2	
水上运输业	54	858	162	465	107	56	42	17	6	3
水上旅客运输	541	48	16	9	10	6	4	2	1	
水上货物运输	542	681	94	423	80	35	32	12	3	2
水上运输辅助活动	543	129	52	33	17	15	6	3	2	1
航空运输业	55	30	11	4	6	1	1	3	2	2
航空客货运输	551	9	2	3	2		1			1
通用航空服务	552	3	1		1				1	
航空运输辅助活动	553	18	8	1	3	1		3	1	1
管道运输业	56	2			2					
管道运输业	560	2			2					

2-13 续表 6

单位：个

行业	代码	企业法人单位数	7人及以下	8-19人	20-49人	50-99人	100-199人	200-499人	500-999人	1000人以上
装卸搬运和其他运输服务业	57	1625	684	489	285	86	45	29	5	2
装卸搬运	571	259	78	63	58	28	14	13	3	2
运输代理服务	572	1366	606	426	227	58	31	16	2	
仓储业	58	413	152	113	96	32	14	6		
谷物、棉花等农产品仓储	581	91	18	28	36	7	2			
其他仓储	589	322	134	85	60	25	12	6		
邮政业	59	137	72	30	14	6	3	2	2	8
国家邮政	591	13	1	2			1		1	8
其他寄递服务	599	124	71	28	14	6	2	2	1	
信息传输、计算机服务和软件业	**G**	**4371**	**2784**	**1032**	**364**	**91**	**46**	**25**	**20**	**9**
电信和其他信息传输服务业	60	604	318	137	68	34	11	12	17	7
电信	601	191	74	32	28	20	7	7	16	7
互联网信息服务	602	369	233	94	30	5	3	3	1	
广播电视传输服务	603	39	10	8	9	9	1	2		
卫星传输服务	604	5	1	3	1					
计算机服务业	61	2749	2009	587	128	15	7	3		
计算机系统服务	611	417	210	142	50	7	6	2		
数据处理	612	22	15	3	2	1	1			
计算机维修	613	96	65	24	6	1				
其他计算机服务	619	2214	1719	418	70	6		1		
软件业	62	1018	457	308	168	42	28	10	3	2
公共软件服务	621	858	375	260	149	36	24	9	3	2
其他软件服务	629	160	82	48	19	6	4	1		
批发和零售业	**H**	**42032**	**25691**	**11414**	**3519**	**897**	**321**	**136**	**38**	**16**
批发业	63	27262	16009	8075	2407	520	167	60	14	10
农畜产品批发	631	719	460	152	88	13	4	1	1	
食品、饮料及烟草制品批发	632	3126	1682	843	394	122	47	26	6	6
纺织、服装及日用品批发	633	3560	2053	1074	344	61	16	7	4	1
文化、体育用品及器材批发	634	1175	766	308	78	14	7	1		1
医药及医疗器材批发	635	751	315	235	126	47	23	5		
矿产品、建材及化工产品批发	636	8139	4789	2517	669	133	22	5	3	1
机械设备、五金交电及电子产品批发	637	7137	4358	2165	483	88	32	11		
贸易经纪与代理	638	595	365	175	39	10	6			
其他批发	639	2060	1221	606	186	32	10	4		1
零售业	65	14770	9682	3339	1112	377	154	76	24	6
综合零售	651	1382	527	298	317	128	58	38	12	4
食品、饮料及烟草制品专门零售	652	1666	1179	350	107	18	7	4	1	
纺织、服装及日用品专门零售	653	2003	1500	359	97	27	14	6		
文化、体育用品及器材专门零售	654	893	648	191	40	10	3	1		
医药及医疗器材专门零售	655	935	635	200	61	25	9	5		
汽车、摩托车、燃料及零配件专门零售	656	2601	1581	655	190	115	42	12	6	
家用电器及电子产品专门零售	657	2395	1570	606	157	36	11	10	3	2
五金、家具及室内装修材料专门零售	658	1892	1369	439	73	6	5			
无店铺及其他零售	659	1003	673	241	70	12	5		2	
住宿和餐饮业	**I**	**3379**	**878**	**994**	**813**	**358**	**199**	**113**	**20**	**4**
住宿业	66	1645	577	371	307	158	128	87	17	
旅游饭店	661	676	115	101	142	106	117	80	15	
一般旅馆	662	867	410	242	152	45	10	6	2	
其他住宿服务	669	102	52	28	13	7	1	1		

2-13 续表 7

单位：个

行 业	代码	企业法人单位数	7人及以下	8-19人	20-49人	50-99人	100-199人	200-499人	500-999人	1000人以上
餐饮业	67	1734	301	623	506	200	71	26	3	4
正餐服务	671	1348	191	441	439	188	65	21	2	1
快餐服务	672	184	36	102	30	7	3	2	1	3
饮料及冷饮服务	673	99	42	39	17	1				
其他餐饮服务	679	103	32	41	20	4	3	3		
金融业	**J**	**1064**	**396**	**232**	**117**	**64**	**90**	**93**	**44**	**28**
银行业	68	173	2	6	10	11	43	52	26	23
中央银行	681	1			1					
商业银行	682	163		6	8	7	41	52	26	23
其他银行	689	9	2		1	4	2			
证券业	69	35	15	7	6	2	2	1	1	1
证券市场管理	691	1	1							
证券经纪与交易	692	13	3	3	2	1	1	1	1	1
证券投资	693	15	9	2	2	1	1			
证券分析与咨询	694	6	2	2	2					
保险业	70	293	39	52	60	47	42	34	16	3
人寿保险	701	90	1	8	13	13	17	25	11	2
非人寿保险	702	130	8	20	36	31	20	9	5	1
保险辅助服务	703	73	30	24	11	3	5			
其他金融活动	71	563	340	167	41	4	3	6	1	1
金融信托与管理	711	37	15	17	3	1	1			
金融租赁	712	8	4	4						
财务公司	713	13	12		1					
邮政储蓄	714	8					1	6		1
典当	715	115	53	50	12					
其他未列明的金融活动	719	382	256	96	25	3	1		1	
房地产业	**K**	**7301**	**2859**	**2317**	**1450**	**450**	**152**	**53**	**16**	**4**
房地产业	72	7301	2859	2317	1450	450	152	53	16	4
房地产开发经营	721	3269	929	1304	799	203	27	5	1	1
物业管理	722	1736	487	496	409	184	99	43	15	3
房地产中介服务	723	909	596	196	86	23	7	1		
其他房地产活动	729	1387	847	321	156	40	19	4		
租赁和商务服务业	**L**	**10729**	**6822**	**2601**	**961**	**194**	**73**	**42**	**20**	**16**
租赁业	73	794	605	121	56	8	2	2		
机械设备租赁	731	774	589	119	54	8	2	2		
文化及日用品出租	732	20	16	2	2					
商务服务业	74	9935	6217	2480	905	186	71	40	20	16
企业管理服务	741	1935	1124	488	220	55	25	12	7	4
法律服务	742	168	40	89	34	5				
咨询与调查	743	2658	1785	578	244	40	5	4	1	1
广告业	744	2489	1676	651	134	22	4	2		
知识产权服务	745	90	58	20	11		1			
职业中介服务	746	404	272	73	32	11	3	4	4	5
市场管理	747	192	90	62	28	6	4	2		
旅行社	748	743	395	233	87	18	7	3		
其他商务服务	749	1256	777	286	115	29	22	13	8	6
科学研究、技术服务和地质勘查业	**M**	**3115**	**1452**	**893**	**522**	**157**	**58**	**31**	**2**	
研究与试验发展	75	246	159	57	20	6	3	1		
自然科学研究与试验发展	751	37	30	7						

2-13 续表 8 单位：个

行 业	代码	企业法人单位数	7人及以下	8-19人	20-49人	50-99人	100-199人	200-499人	500-999人	1000人以上
工程和技术研究与试验发展	752	90	48	27	9	4	1	1		
农业科学研究与试验发展	753	80	48	21	9	1	1			
医学研究与试验发展	754	38	32	2	2	1	1			
社会人文科学研究与试验发展	755	1	1							
专业技术服务业	76	2273	929	693	437	134	51	28	1	
气象服务	761	48	27	19	1		1			
地震服务	762									
海洋服务	763	4			1	2	1			
测绘服务	764	103	39	43	17	2	2			
技术检测	765	211	67	77	53	8	4	2		
环境监测	766	24	16	4	4					
工程技术与规划管理	767	1285	445	397	281	101	38	22	1	
其他专业技术服务	769	598	335	153	80	21	5	4		
科技交流和推广服务业	77	542	343	130	52	12	2	2	1	
技术推广服务	771	353	234	75	33	8	1	1	1	
科技中介服务	772	75	42	25	6	2				
其他科技服务	779	114	67	30	13	2	1	1		
地质勘查业	78	54	21	13	13	5	2			
矿产地质勘查	781	22	12	3	4	3				
基础地质勘查	782	9	3	2	2	1	1			
地质勘查技术服务	783	23	6	8	7	1	1			
水利、环境和公共设施管理业	**N**	**789**	**390**	**206**	**135**	**29**	**18**	**5**	**5**	**1**
水利管理业	79	99	61	22	13	3				
防洪管理	791	8	6	2						
水资源管理	792	65	39	15	8	3				
其他水利管理	799	26	16	5	5					
环境管理业	80	206	95	64	29	8	8		2	
自然保护	801	9	5	2	1	1				
环境治理	802	197	90	62	28	7	8		2	
公共设施管理业	81	484	234	120	93	18	10	5	3	1
市政公共设施管理	811	74	31	24	12	3	2	1	1	
城市绿化管理	812	172	88	41	33	6	2	1	1	
游览景区管理	813	238	115	55	48	9	6	3	1	1
居民服务和其他服务业	**O**	**2910**	**1313**	**1007**	**444**	**102**	**35**	**6**	**3**	
居民服务业	82	1366	575	460	235	74	19	2	1	
家庭服务	821	93	61	23	9					
托儿所	822	3	1	2						
洗染服务	823	57	23	16	10	5	2	1		
理发及美容保健服务	824	346	129	139	57	21				
洗浴服务	825	364	62	157	101	32	11		1	
婚姻服务	826	66	56	8	1		1			
殡葬服务	827	81	25	26	22	6	2			
摄影扩印服务	828	140	83	42	13	2				
其他居民服务	829	216	135	47	22	8	3	1		
其他服务业	83	1544	738	547	209	28	16	4	2	
修理与维护	831	997	431	394	156	12	4			
清洁服务	832	279	139	84	32	11	9	3	1	
其他未列明的服务	839	268	168	69	21	5	3	1	1	

2-13　续表 9　　　　单位：个

行　业	代码	企业法人单位数	7人及以下	8-19人	20-49人	50-99人	100-199人	200-499人	500-999人	1000人以上
教育	**P**	**767**	**315**	**231**	**166**	**49**	**5**	**1**		
教育	84	767	315	231	166	49	5	1		
学前教育	841	60	18	22	17	3				
初等教育	842	7	2	4	1					
中等教育	843	12	5	3	2	2				
高等教育	844	2		2						
其他教育	849	686	290	200	146	44	5	1		
卫生、社会保障和社会福利业	**Q**	**593**	**369**	**124**	**64**	**24**	**9**	**2**	**1**	
卫生	85	574	358	117	63	24	9	2	1	
医院	851	103	13	28	38	13	8	2	1	
卫生院及社区医疗活动	852	66	39	17	7	2	1			
门诊部医疗活动	853	357	273	60	16	8				
计划生育技术服务活动	854	1		1						
妇幼保健活动	855	2	1			1				
专科疾病防治活动	856	7	4	3						
疾病预防控制及防疫活动	857	11	7	3	1					
其他卫生活动	859	27	21	5	1					
社会保障业	86	3	1	2						
社会保障业	860	3	1	2						
社会福利业	87	16	10	5	1					
提供住宿的社会福利	871	11	6	4	1					
不提供住宿的社会福利	872	5	4	1						
文化、体育和娱乐业	**R**	**1123**	**399**	**340**	**280**	**79**	**18**	**6**	**1**	
新闻出版业	88	36	10	13	6	4	3			
新闻业	881	4	3	1						
出版业	882	32	7	12	6	4	3			
广播、电视、电影和音像业	89	127	52	41	24	7	2	1		
广播	891	1					1			
电视	892	30	13	7	4	4	1	1		
电影	893	66	23	25	16	2				
音像制作	894	30	16	9	4	1				
文化艺术业	90	123	84	24	13	2				
文艺创作与表演	901	37	21	7	8	1				
艺术表演场馆	902	4	1	1	2					
图书馆与档案馆	903	1	1							
文物及文化保护	904	1		1						
博物馆	905	7	3	2	1	1				
烈士陵园、纪念馆	906									
群众文化活动	907	10	7	2	1					
文化艺术经纪代理	908	28	23	5						
其他文化艺术	909	35	28	6	1					
体育	91	48	27	12	5	4				
体育组织	911	10	6	1	2	1				
体育场馆	912	24	13	6	2	3				
其他体育	919	14	8	5	1					
娱乐业	92	789	226	250	232	62	13	5	1	
室内娱乐活动	921	546	115	181	187	51	10	1	1	
游乐园	922	22	9	6	5	1		1		
休闲健身娱乐活动	923	163	79	45	27	7	3	2		
其他娱乐活动	929	58	23	18	13	3		1		

2-14 按地区、从业人数组距分组的企业法人单位数

单位：个

地区	企业法人单位数	7人及以下	8-19人	20-49人	50-99人	100-199人	200-499人	500-999人	1000人以上
全省	**159716**	**62799**	**42216**	**29728**	**11874**	**6495**	**4287**	**1371**	**946**
福州市	**34492**	**14724**	**9663**	**5456**	**2150**	**1227**	**753**	**278**	**241**
鼓楼区	10389	5350	2901	1271	409	219	128	50	61
台江区	4463	2700	1097	415	118	63	42	11	17
仓山区	3288	1023	963	705	300	157	95	29	16
马尾区	1419	552	314	227	124	93	66	26	17
晋安区	4045	1743	1195	584	233	142	77	40	31
闽侯县	1788	449	415	421	222	143	87	31	20
连江县	1183	435	335	224	106	44	22	10	7
罗源县	498	103	115	97	108	52	17	4	2
闽清县	820	267	221	166	63	54	33	10	6
永泰县	1138	575	316	139	56	22	15	5	10
平潭县	842	166	495	122	27	19	5	3	5
福清市	2489	771	708	529	195	114	109	40	23
长乐市	2130	590	588	556	189	105	57	19	26
厦门市	**32670**	**15256**	**8960**	**4462**	**1761**	**1047**	**708**	**263**	**213**
思明区	15976	8561	4339	1769	633	320	201	76	77
海沧区	1982	943	441	263	125	82	80	28	20
湖里区	8378	3496	2545	1307	454	274	181	62	59
集美区	2872	961	810	489	243	167	117	52	33
同安区	2357	849	589	438	217	133	87	30	14
翔安区	1105	446	236	196	89	71	42	15	10
莆田市	**5191**	**1632**	**1317**	**1119**	**473**	**308**	**206**	**79**	**57**
城厢区	1305	485	354	231	102	72	35	18	8
涵江区	1391	476	310	297	113	86	64	18	27
荔城区	1005	256	275	206	98	76	57	25	12
秀屿区	525	143	117	144	64	24	24	6	3
仙游县	965	272	261	241	96	50	26	12	7
三明市	**10425**	**3757**	**2962**	**2202**	**873**	**367**	**188**	**50**	**26**
梅列区	1767	813	541	233	91	41	25	17	6
三元区	1176	479	407	177	68	22	14	5	4
明溪县	365	112	79	123	37	12	1	1	
清流县	397	167	86	75	37	21	10	1	
宁化县	599	167	182	152	62	30	5		1
大田县	895	325	250	170	96	25	22	6	1
尤溪县	1185	424	310	266	116	47	18	4	
沙县	1046	360	308	220	91	38	25	2	2
将乐县	622	223	189	128	49	21	11	1	
泰宁县	488	91	144	162	55	23	13		
建宁县	412	154	95	90	47	20	2	3	1
永安市	1473	442	371	406	124	67	42	10	11
泉州市	**33003**	**8228**	**7689**	**9251**	**3639**	**2004**	**1473**	**431**	**288**
鲤城区	3097	1278	761	409	271	169	145	38	26
丰泽区	4003	1373	1153	832	285	185	119	35	21
洛江区	1005	461	134	171	97	67	53	15	7
泉港区	1190	461	326	210	86	60	30	14	3
惠安县	2901	420	507	1187	227	269	214	41	36

2-14 续表 单位：个

地 区	企业法人单位数	7人及以下	8-19人	20-49人	50-99人	100-199人	200-499人	500-999人	1000人以上
安溪县	2510	431	852	757	251	90	81	29	19
永春县	1591	449	237	387	364	74	57	17	6
德化县	1069	283	238	269	119	70	67	18	5
石狮市	3241	784	799	962	388	123	121	33	31
晋江市	7963	1482	1710	2385	1058	629	449	141	109
南安市	4433	806	972	1682	493	268	137	50	25
漳州市	**15509**	**7633**	**3638**	**2225**	**996**	**524**	**358**	**97**	**38**
芗城区	4095	2146	1101	472	181	84	63	29	19
龙文区	1131	473	275	198	78	59	37	9	2
云霄县	928	478	230	107	65	25	21	2	
漳浦县	1833	934	389	284	105	69	41	8	3
诏安县	632	236	145	97	79	44	24	6	1
长泰县	1018	388	309	160	80	41	28	11	1
东山县	765	393	152	117	50	23	25	5	
南靖县	889	394	207	141	86	41	15	2	3
平和县	660	259	144	145	64	33	12	2	1
华安县	427	245	101	44	19	10	5	2	1
龙海市	3131	1687	585	460	189	95	87	21	7
南平市	**11039**	**4986**	**2749**	**1872**	**809**	**387**	**176**	**39**	**21**
延平区	3083	1388	837	486	197	87	53	21	14
顺昌县	734	351	169	114	64	26	7	2	1
浦城县	800	324	242	123	66	29	14	2	
光泽县	475	189	139	104	25	14	3		1
松溪县	548	243	111	121	46	16	11		
政和县	375	122	119	77	40	11	6		
邵武市	1118	511	230	204	91	53	21	5	3
武夷山市	1587	946	327	202	57	27	22	5	1
建瓯市	1285	451	317	286	136	72	20	3	
建阳市	1034	461	258	155	87	52	19	1	1
龙岩市	**8669**	**3061**	**2679**	**1631**	**598**	**330**	**256**	**76**	**38**
新罗区	3268	1170	1058	565	249	107	69	29	21
长汀县	984	289	292	225	78	42	44	8	6
永定县	1095	491	329	131	45	35	58	5	1
上杭县	869	345	229	162	44	32	29	20	8
武平县	881	298	252	202	55	48	22	3	1
连城县	751	179	276	161	72	38	17	8	
漳平市	821	289	243	185	55	28	17	3	1
宁德市	**8718**	**3522**	**2559**	**1510**	**575**	**301**	**169**	**58**	**24**
蕉城区	1825	900	511	238	78	38	29	20	11
霞浦县	805	327	186	160	63	33	27	5	4
古田县	1220	644	299	178	61	24	11	3	
屏南县	331	156	72	46	32	18	5	2	
寿宁县	433	174	114	85	30	16	12	1	1
周宁县	228	75	95	31	15	10	2		
柘荣县	277	65	104	54	43	8	2	1	
福安市	2061	614	690	456	140	82	55	19	5
福鼎市	1538	567	488	262	113	72	26	7	3

2-15 按登记注册类型、从业人数组距分组的企业法人单位数

单位：个

登记注册类型	代码	企业法人单位数	7人及以下	8-19人	20-49人	50-99人	100-199人	200-499人	500-999人	1000人以上
总 计		**159716**	**62799**	**42216**	**29728**	**11874**	**6495**	**4287**	**1371**	**946**
内资企业	**100**	**147401**	**60707**	**40592**	**27428**	**9975**	**4717**	**2611**	**796**	**575**
国有企业	110	5367	1800	1278	1103	530	276	206	97	77
集体企业	120	7288	3254	1857	1417	463	179	89	15	14
股份合作企业	130	2126	675	533	485	166	138	93	27	9
联营企业	140	602	243	141	117	40	31	18	6	6
国有联营企业	141	162	57	38	32	13	8	9	4	1
集体联营企业	142	222	104	59	42	9	4	2	1	1
国有与集体联营企业	143	61	16	13	11	11	7	1	1	1
其他联营企业	149	157	66	31	32	7	12	6		3
有限责任公司	150	17409	6459	4660	3081	1390	839	608	195	177
国有独资公司	151	389	99	106	87	42	20	17	4	14
其他有限责任公司	159	17020	6360	4554	2994	1348	819	591	191	163
股份有限公司	160	3155	1095	816	556	236	153	134	96	69
私营企业	170	107607	45014	30447	20057	7013	3048	1447	358	223
私营独资企业	171	29594	13640	8463	5741	1333	294	96	16	11
私营合伙企业	172	12533	4812	4301	2592	584	180	54	5	5
私营有限责任公司	173	61533	25027	16545	10941	4820	2464	1231	317	188
私营股份有限公司	174	3947	1535	1138	783	276	110	66	20	19
其他企业	190	3847	2167	860	612	137	53	16	2	
港、澳、台商投资企业	**200**	**7604**	**1213**	**980**	**1427**	**1211**	**1149**	**1057**	**339**	**228**
合资经营企业(港或澳、台资)	210	1442	188	160	259	241	238	230	66	60
合作经营企业(港或澳、台资)	220	131	29	36	22	20	7	10	5	2
港、澳、台商独资经营企业	230	5829	916	743	1108	933	893	810	263	163
港、澳、台商投资股份有限公司	240	202	80	41	38	17	11	7	5	3
外商投资企业	**300**	**4711**	**879**	**644**	**873**	**688**	**629**	**619**	**236**	**143**
中外合资经营企业	310	1241	180	172	250	192	178	170	61	38
中外合作经营企业	320	104	29	24	20	11	10	5	3	2
外资企业	330	3203	608	420	578	471	434	430	161	101
外商投资股份有限公司	340	163	62	28	25	14	7	14	11	2

2-16　按行业（中类）、资产总计组距分组的企业法人单位数

单位：个

行　业	代码	企业法人单位数	50万元以下	50-100万元	100-500万元	500-1000万元	1000-5000万元	5000万元以上
总　计		**159716**	**41960**	**25856**	**51123**	**14735**	**17807**	**8235**
农、林、牧、渔业	**A**	**24**	**1**	**2**	**11**	**5**	**5**	
农业	01	8	1	1	3	2	1	
谷物及其他作物的种植	011	2				2		
蔬菜、园艺作物的种植	012	1			1			
水果、坚果、饮料和香料作物的种植	013	5	1	1	2		1	
中药材的种植	014							
林业	02	7		1	3	1	2	
林木的培育和种植	021	7		1	3	1	2	
木材和竹材的采运	022							
林产品的采集	023							
畜牧业	03	8			4	2	2	
牲畜的饲养	031	1			1			
猪的饲养	032	4			1	2	1	
家禽的饲养	033	2			1		1	
狩猎和捕捉动物	034							
其他畜牧业	039	1			1			
渔业	04	1			1			
海洋渔业	041							
内陆渔业	042	1			1			
农、林、牧、渔服务业	05							
农业服务业	051							
林业服务业	052							
畜牧服务业	053							
渔业服务业	054							
采矿业	**B**	**2466**	**473**	**283**	**992**	**319**	**325**	**74**
煤炭开采和洗选业	06	280	23	2	65	76	95	19
烟煤和无烟煤的开采洗选	061	272	20	1	62	75	95	19
褐煤的开采洗选	062							
其他煤炭采选	069	8	3	1	3	1		
石油和天然气开采业	07	1					1	
天然原油和天然气开采	071							
与石油和天然气开采有关的服务活动	079	1					1	
黑色金属矿采选业	08	244	17	20	93	37	56	21
铁矿采选	081	215	12	18	76	35	54	20
其他黑色金属矿采选	089	29	5	2	17	2	2	1
有色金属矿采选业	09	278	44	15	66	59	74	20
常用有色金属矿采选	091	206	31	10	53	49	53	10
贵金属矿采选	092	29	3	2	3	6	12	3
稀有稀土金属矿采选	093	43	10	3	10	4	9	7
非金属矿采选业	10	1641	379	245	758	146	99	14
土砂石开采	101	1455	332	224	695	116	81	7
化学矿采选	102	13	2	1	5	1	3	1
采盐	103	23	2	1	8	5	4	3
石棉及其他非金属矿采选	109	150	43	19	50	24	11	3
其他采矿业	11	22	10	1	10	1		
其他采矿业	110	22	10	1	10	1		
制造业	**C**	**61933**	**11599**	**8240**	**23496**	**7031**	**8379**	**3188**
农副食品加工业	13	3079	703	403	1059	325	421	168
谷物磨制	131	342	81	45	125	35	41	15

2-16 续表 1 单位：个

行业	代码	企业法人单位数	50万元以下	50-100万元	100-500万元	500-1000万元	1000-5000万元	5000万元以上
饲料加工	132	349	72	39	107	38	76	17
植物油加工	133	121	25	18	33	16	16	13
制糖	134	17	7	1	5		2	2
屠宰及肉类加工	135	326	107	49	110	22	23	15
水产品加工	136	935	172	93	352	104	143	71
蔬菜、水果和坚果加工	137	651	159	100	204	77	86	25
其他农副食品加工	139	338	80	58	123	33	34	10
食品制造业	14	1841	491	265	571	169	252	93
焙烤食品制造	141	362	121	65	104	27	33	12
糖果、巧克力及蜜饯制造	142	354	91	38	115	45	43	22
方便食品制造	143	204	59	29	62	18	28	8
液体乳及乳制品制造	144	25	2	3	4	5	7	4
罐头制造	145	368	91	46	103	30	71	27
调味品、发酵制品制造	146	237	62	44	79	13	27	12
其他食品制造	149	291	65	40	104	31	43	8
饮料制造业	15	2459	687	427	901	220	168	56
酒精制造	151	4	1		1	1	1	
酒的制造	152	266	82	36	85	15	33	15
软饮料制造	153	402	88	77	145	29	37	26
精制茶加工	154	1787	516	314	670	175	97	15
烟草制品业	16	7	2					5
烟叶复烤	161	3						3
卷烟制造	162	3	1					2
其他烟草制品加工	169	1	1					
纺织业	17	2965	359	273	1093	433	527	280
棉、化纤纺织及印染精加工	171	875	90	67	269	95	181	173
毛纺织和染整精加工	172	42	1	7	22	6	2	4
麻纺织	173	8	2		2		4	
丝绢纺织及精加工	174	36	6	3	14	5	6	2
纺织制成品制造	175	647	94	90	224	104	102	33
针织品、编织品及其制品制造	176	1357	166	106	562	223	232	68
纺织服装、鞋、帽制造业	18	4955	844	578	1955	660	730	188
纺织服装制造	181	4537	752	528	1780	617	681	179
纺织面料鞋的制造	182	393	87	46	165	41	45	9
制帽	183	25	5	4	10	2	4	
皮革、毛皮、羽毛(绒)及其制品业	19	3143	353	238	1255	469	599	229
皮革鞣制加工	191	173	11	5	74	22	42	19
皮革制品制造	192	2908	336	227	1158	437	541	209
毛皮鞣制及制品加工	193	14	2		6	2	4	
羽毛(绒)加工及制品制造	194	48	4	6	17	8	12	1
木材加工及木、竹、藤、棕、草制品业	20	3637	982	552	1357	390	307	49
锯材、木片加工	201	754	291	159	241	31	28	4
人造板制造	202	956	101	82	395	198	151	29
木制品制造	203	757	199	121	303	70	53	11
竹、藤、棕、草制品制造	204	1170	391	190	418	91	75	5
家具制造业	21	1176	272	147	424	146	138	49
木质家具制造	211	744	178	96	290	79	78	23
竹、藤家具制造	212	51	15	9	18	6	2	1
金属家具制造	213	214	38	22	60	31	42	21
塑料家具制造	214	24	2	1	8	8	3	2
其他家具制造	219	143	39	19	48	22	13	2

2-16 续表 2 单位：个

行 业	代码	企业法人单位数	50万元以下	50-100万元	100-500万元	500-1000万元	1000-5000万元	5000万元以上
造纸及纸制品业	22	2263	378	260	923	258	329	115
纸浆制造	221	30	9	3	8	3	4	3
造纸	222	561	91	53	211	70	92	44
纸制品制造	223	1672	278	204	704	185	233	68
印刷业和记录媒介的复制	23	1819	322	318	855	135	154	35
印刷	231	1699	290	298	803	132	145	31
装订及其他印刷服务活动	232	114	30	20	51	3	8	2
记录媒介的复制	233	6	2		1		1	2
文教体育用品制造业	24	686	108	57	252	89	138	42
文化用品制造	241	148	19	16	66	20	22	5
体育用品制造	242	313	46	26	95	39	81	26
乐器制造	243	20	2	5	6	2	3	2
玩具制造	244	196	41	9	83	26	28	9
游艺器材及娱乐用品制造	245	9		1	2	2	4	
石油加工、炼焦及核燃料加工业	25	89	20	10	27	8	11	13
精炼石油产品的制造	251	83	18	9	26	8	11	11
炼焦	252	6	2	1	1			2
核燃料加工	253							
化学原料及化学制品制造业	26	2324	498	284	732	289	382	139
基础化学原料制造	261	273	44	22	74	40	62	31
肥料制造	262	219	54	30	63	26	33	13
农药制造	263	38	9	3	6	6	11	3
涂料、油墨、颜料及类似产品制造	264	549	124	80	177	70	79	19
合成材料制造	265	170	31	16	49	16	35	23
专用化学产品制造	266	661	126	74	232	95	99	35
日用化学产品制造	267	414	110	59	131	36	63	15
医药制造业	27	306	49	33	63	33	67	61
化学药品原药制造	271	26	6	2	3	2	5	8
化学药品制剂制造	272	50	4	4	6	3	12	21
中药饮片加工	273	25	3	1	8	3	7	3
中成药制造	274	68	9	5	9	11	18	16
兽用药品制造	275	17	2		6		6	3
生物、生化制品的制造	276	78	15	13	17	10	14	9
卫生材料及医药用品制造	277	42	10	8	14	4	5	1
化学纤维制造业	28	130	9	4	21	11	38	47
纤维素纤维原料及纤维制造	281	23	2	1	4	1	12	3
合成纤维制造	282	107	7	3	17	10	26	44
橡胶制品业	29	830	85	118	324	112	132	59
轮胎制造	291	66	12	13	19	9	6	7
橡胶板、管、带的制造	292	68	13	14	27	6	7	1
橡胶零件制造	293	118	9	24	47	13	19	6
再生橡胶制造	294	30	7	5	9	5	1	3
日用及医用橡胶制品制造	295	54	4	6	32	7	4	1
橡胶靴鞋制造	296	343	24	25	127	62	74	31
其他橡胶制品制造	299	151	16	31	63	10	21	10
塑料制品业	30	3545	465	560	1501	409	448	162
塑料薄膜制造	301	354	57	65	155	30	29	18

2-16 续表 3

单位：个

行业	代码	企业法人单位数	50万元以下	50-100万元	100-500万元	500-1000万元	1000-5000万元	5000万元以上
塑料板、管、型材的制造	302	271	34	36	106	34	46	15
塑料丝、绳及编织品的制造	303	228	37	40	95	30	25	1
泡沫塑料制造	304	281	30	46	126	38	35	6
塑料人造革、合成革制造	305	103	13	9	21	12	17	31
塑料包装箱及容器制造	306	270	44	39	118	33	29	7
塑料零件制造	307	224	34	26	94	30	25	15
日用塑料制造	308	1075	113	170	478	126	147	41
其他塑料制品制造	309	739	103	129	308	76	95	28
非金属矿物制品业	31	8100	1405	1198	3506	788	931	272
水泥、石灰和石膏的制造	311	464	61	27	127	69	132	48
水泥及石膏制品制造	312	569	140	77	192	39	83	38
砖瓦、石材及其他建筑材料制造	313	5786	1008	854	2708	515	561	140
玻璃及玻璃制品制造	314	280	44	48	86	35	43	24
陶瓷制品制造	315	752	103	148	311	99	79	12
耐火材料制品制造	316	81	12	19	36	4	8	2
石墨及其他非金属矿物制品制造	319	168	37	25	46	27	25	8
黑色金属冶炼及压延加工业	32	429	108	26	87	52	82	74
炼铁	321	46	5	3	13	9	11	5
炼钢	322	34	5	5	8	1	7	8
钢压延加工	323	277	92	17	48	25	41	54
铁合金冶炼	324	72	6	1	18	17	23	7
有色金属冶炼及压延加工业	33	344	55	30	100	40	69	50
常用有色金属冶炼	331	63	17	4	16	8	14	4
贵金属冶炼	332	9	3	1			1	4
稀有稀土金属冶炼	333	33	7	1	8	3	9	5
有色金属合金制造	334	55	4	4	24	6	13	4
有色金属压延加工	335	184	24	20	52	23	32	33
金属制品业	34	2859	587	497	1021	299	341	114
结构性金属制品制造	341	984	195	197	376	91	98	27
金属工具制造	342	310	71	74	88	28	38	11
集装箱及金属包装容器制造	343	125	16	15	34	11	25	24
金属丝绳及其制品的制造	344	82	20	8	19	14	20	1
建筑、安全用金属制品制造	345	426	87	60	159	42	62	16
金属表面处理及热处理加工	346	202	52	35	59	26	25	5
搪瓷制品制造	347	28	9	2	10	2	3	2
不锈钢及类似日用金属制品制造	348	334	74	49	116	45	34	16
其他金属制品制造	349	368	63	57	160	40	36	12
通用设备制造业	35	2961	523	379	1167	365	408	119
锅炉及原动机制造	351	72	15	7	20	12	15	3
金属加工机械制造	352	383	91	57	135	42	45	13
起重运输设备制造	353	107	13	4	35	11	35	9
泵、阀门、压缩机及类似机械的制造	354	551	56	51	262	73	79	30
轴承、齿轮、传动和驱动部件的制造	355	197	19	27	72	27	40	12
烘炉、熔炉及电炉制造	356	9	4	2	2	1		
风机、衡器、包装设备等通用设备制造	357	308	64	41	107	33	42	21
通用零部件制造及机械修理	358	728	165	133	275	77	62	16
金属铸、锻加工	359	606	96	57	259	89	90	15
专用设备制造业	36	2085	393	324	767	216	280	105
矿山、冶金、建筑专用设备制造	361	331	41	28	119	50	65	28

2-16 续表 4 单位：个

行 业	代码	企业法人单位数	50万元以下	50-100万元	100-500万元	500-1000万元	1000-5000万元	5000万元以上
化工、木材、非金属加工专用设备制造	362	738	134	136	305	69	78	16
食品、饮料、烟草及饲料生产专用设备制造	363	69	13	14	29	5	7	1
印刷、制药、日化生产专用设备制造	364	122	22	13	45	19	15	8
纺织、服装和皮革工业专用设备制造	365	171	25	17	56	20	39	14
电子和电工机械专用设备制造	366	146	39	22	47	17	15	6
农、林、牧、渔专用机械制造	367	160	45	31	49	14	16	5
医疗仪器设备及器械制造	368	97	25	23	26	6	9	8
环保、社会公共安全及其他专用设备制造	369	251	49	40	91	16	36	19
交通运输设备制造业	37	2203	544	320	652	210	317	160
铁路运输设备制造	371	12	3		6		3	
汽车制造	372	1574	383	248	459	140	231	113
摩托车制造	373	221	58	27	64	23	39	10
自行车制造	374	30	8	1	9	4	7	1
船舶及浮动装置制造	375	335	83	43	107	37	35	30
航空航天器制造	376	9	2				1	6
交通器材及其他交通运输设备制造	379	22	7	1	7	6	1	
电气机械及器材制造业	39	2168	350	279	793	252	313	181
电机制造	391	700	76	105	325	62	79	53
输配电及控制设备制造	392	531	87	61	183	62	95	43
电线、电缆、光缆及电工器材制造	393	216	42	31	59	29	36	19
电池制造	394	140	16	8	45	23	23	25
家用电力器具制造	395	158	27	27	55	17	21	11
非电力家用器具制造	396	48	11	7	16	4	6	4
照明器具制造	397	297	68	26	83	48	47	25
其他电气机械及器材制造	399	78	23	14	27	7	6	1
通信设备、计算机及其他电子设备制造业	40	1343	193	145	374	172	269	190
通信设备制造	401	184	19	15	52	27	41	30
雷达及配套设备制造	402	3		1			2	
广播电视设备制造	403	41	6	5	12	8	7	3
电子计算机制造	404	122	15	15	22	11	29	30
电子器件制造	405	247	41	29	54	35	48	40
电子元件制造	406	480	65	48	151	61	101	54
家用视听设备制造	407	83	9	4	21	11	15	23
其他电子设备制造	409	183	38	28	62	19	26	10
仪器仪表及文化、办公用机械制造业	41	639	93	77	215	80	126	48
通用仪器仪表制造	411	150	21	22	49	19	33	6
专用仪器仪表制造	412	73	11	12	27	11	9	3
钟表与计时仪器制造	413	167	22	25	56	22	34	8
光学仪器及眼镜制造	414	174	24	12	64	21	35	18
文化、办公用机械制造	415	58	11	5	13	5	12	12
其他仪器仪表的制造及修理	419	17	4	1	6	2	3	1
工艺品及其他制造业	42	3392	665	419	1444	385	397	82
工艺美术品制造	421	2526	481	322	1114	282	280	47
日用杂品制造	422	590	89	49	241	88	96	27
煤制品制造	423	47	27	7	11	1		1
核辐射加工	424	1				1		
其他未列明的制造业	429	228	68	41	78	13	21	7
废弃资源和废旧材料回收加工业	43	156	56	19	57	16	5	3
金属废料和碎屑的加工处理	431	63	23	7	20	9	3	1
非金属废料和碎屑的加工处理	432	93	33	12	37	7	2	2

2-16 续表 5　　　　单位：个

行　　业	代码	企业法人单位数	50万元以下	50−100万元	100−500万元	500−1000万元	1000−5000万元	5000万元以上
电力、燃气及水的生产和供应业	D	**5765**	**1096**	**941**	**2448**	**459**	**485**	**336**
电力、热力的生产和供应业	44	4945	833	827	2229	404	374	278
电力生产	441	4790	811	821	2199	392	357	210
电力供应	442	141	21	5	27	10	16	62
热力生产和供应	443	14	1	1	3	2	1	6
燃气生产和供应业	45	45	6	5	12	5	8	9
燃气生产和供应业	450	45	6	5	12	5	8	9
水的生产和供应业	46	775	257	109	207	50	103	49
自来水的生产和供应	461	723	249	104	194	46	87	43
污水处理及其再生利用	462	42	5	2	10	4	15	6
其他水的处理、利用与分配	469	10	3	3	3		1	
建筑业	E	**5983**	**1163**	**828**	**1409**	**724**	**1315**	**544**
房屋和土木工程建筑业	47	2486	389	201	414	252	789	441
房屋工程建筑	471	1519	187	107	227	167	508	323
土木工程建筑	472	967	202	94	187	85	281	118
建筑安装业	48	1030	178	145	301	149	204	53
建筑安装业	480	1030	178	145	301	149	204	53
建筑装饰业	49	1524	409	308	383	220	185	19
建筑装饰业	490	1524	409	308	383	220	185	19
其他建筑业	50	943	187	174	311	103	137	31
工程准备	501	350	62	63	120	46	45	14
提供施工设备服务	502	113	28	28	33	5	15	4
其他未列明的建筑活动	509	480	97	83	158	52	77	13
交通运输、仓储和邮政业	F	**5372**	**1241**	**572**	**1559**	**808**	**877**	**315**
铁路运输业	51	15	6	1	3	1	1	3
铁路旅客运输	511	2			1			1
铁路货物运输	512	5	1	1			1	2
铁路运输辅助活动	513	8	5		2	1		
道路运输业	52	2084	389	254	772	289	291	89
公路旅客运输	521	339	37	30	135	50	62	25
道路货物运输	522	1512	278	198	573	218	200	45
道路运输辅助活动	523	233	74	26	64	21	29	19
城市公共交通业	53	208	31	16	78	29	40	14
公共电汽车客运	531	79	8	4	24	10	21	12
轨道交通	532							
出租车客运	533	99	14	8	45	16	15	1
城市轮渡	534	4	2		1			1
其他城市公共交通	539	26	7	4	8	3	4	
水上运输业	54	858	114	37	136	186	300	85
水上旅客运输	541	48	15	4	11	6	5	7
水上货物运输	542	681	55	25	94	174	277	56
水上运输辅助活动	543	129	44	8	31	6	18	22
航空运输业	55	30	6	1	8	4	2	9
航空客货运输	551	9			4	2	1	2
通用航空服务	552	3	1			1		1
航空运输辅助活动	553	18	5	1	4	1	1	6
管道运输业	56	2			1		1	
管道运输业	560	2			1		1	

2-16 续表 6

单位：个

行 业	代码	企业法人单位数	50万元以下	50-100万元	100-500万元	500-1000万元	1000-5000万元	5000万元以上
装卸搬运和其他运输服务业	57	1625	520	215	450	236	135	69
装卸搬运	571	259	119	40	54	15	16	15
运输代理服务	572	1366	401	175	396	221	119	54
仓储业	58	413	92	34	87	59	105	36
谷物、棉花等农产品仓储	581	91	10	4	20	14	26	17
其他仓储	589	322	82	30	67	45	79	19
邮政业	59	137	83	14	24	4	2	10
国家邮政	591	13	1		2		1	9
其他寄递服务	599	124	82	14	22	4	1	1
信息传输、计算机服务和软件业	G	4371	2168	929	859	159	154	102
电信和其他信息传输服务业	60	604	258	121	106	33	33	53
电信	601	191	61	24	37	13	11	45
互联网信息服务	602	369	187	92	64	15	7	4
广播电视传输服务	603	39	9	2	5	5	14	4
卫星传输服务	604	5	1	3			1	
计算机服务业	61	2749	1512	640	491	53	43	10
计算机系统服务	611	417	166	75	112	35	25	4
数据处理	612	22	11	4	4		2	1
计算机维修	613	96	59	16	19	2		
其他计算机服务	619	2214	1276	545	356	16	16	5
软件业	62	1018	398	168	262	73	78	39
公共软件服务	621	858	324	141	226	62	71	34
其他软件服务	629	160	74	27	36	11	7	5
批发和零售业	**H**	**42032**	**11850**	**9179**	**13399**	**3356**	**3243**	**1005**
批发业	63	27262	6243	5682	9276	2633	2618	810
农畜产品批发	631	719	214	129	216	68	73	19
食品、饮料及烟草制品批发	632	3126	879	699	988	242	230	88
纺织、服装及日用品批发	633	3560	744	705	1190	396	407	118
文化、体育用品及器材批发	634	1175	331	295	394	78	64	13
医药及医疗器材批发	635	751	104	174	258	75	106	34
矿产品、建材及化工产品批发	636	8139	1736	1376	2833	876	975	343
机械设备、五金交电及电子产品批发	637	7137	1537	1816	2551	610	507	116
贸易经纪与代理	638	595	153	69	194	74	80	25
其他批发	639	2060	545	419	652	214	176	54
零售业	65	14770	5607	3497	4123	723	625	195
综合零售	651	1382	378	217	533	116	96	42
食品、饮料及烟草制品专门零售	652	1666	793	396	374	62	35	6
纺织、服装及日用品专门零售	653	2003	1091	427	387	56	36	6
文化、体育用品及器材专门零售	654	893	366	236	222	43	23	3
医药及医疗器材专门零售	655	935	439	212	219	35	25	5
汽车、摩托车、燃料及零配件专门零售	656	2601	676	537	815	195	280	98
家用电器及电子产品专门零售	657	2395	810	699	702	112	54	18
五金、家具及室内装修材料专门零售	658	1892	691	557	538	59	41	6
无店铺及其他零售	659	1003	363	216	333	45	35	11
住宿和餐饮业	**I**	**3379**	**1005**	**602**	**1085**	**267**	**300**	**120**
住宿业	66	1645	472	205	485	167	213	103
旅游饭店	661	676	94	39	169	108	171	95
一般旅馆	662	867	327	150	297	49	37	7
其他住宿服务	669	102	51	16	19	10	5	1

2-16 续表 7 单位：个

行　　业	代码	企业法人单位数	50万元以下	50-100万元	100-500万元	500-1000万元	1000-5000万元	5000万元以上
餐饮业	67	1734	533	397	600	100	87	17
正餐服务	671	1348	370	321	474	92	82	9
快餐服务	672	184	56	31	86	5	1	5
饮料及冷饮服务	673	99	64	20	14	1		
其他餐饮服务	679	103	43	25	26	2	4	3
金融业	**J**	**1064**	**203**	**81**	**187**	**77**	**211**	**305**
银行业	68	173	3		2		6	162
中央银行	681	1						1
商业银行	682	163	3		1		6	153
其他银行	689	9			1			8
证券业	69	35	9	2	6	2	3	13
证券市场管理	691	1			1			
证券经纪与交易	692	13	2	1	3			7
证券投资	693	15	4	1	1	1	3	5
证券分析与咨询	694	6	3		1	1		1
保险业	70	293	51	38	82	26	44	52
人寿保险	701	90	10	13	19	6	14	28
非人寿保险	702	130	12	13	42	13	26	24
保险辅助服务	703	73	29	12	21	7	4	
其他金融活动	71	563	140	41	97	49	158	78
金融信托与管理	711	37	7	2	9	7	3	9
金融租赁	712	8			1	1	1	5
财务公司	713	13	4	1	4	4		
邮政储蓄	714	8					1	7
典当	715	115	17	4	8	10	74	2
其他未列明的金融活动	719	382	112	34	75	27	79	55
房地产业	**K**	**7301**	**1662**	**725**	**1211**	**517**	**1486**	**1700**
房地产业	72	7301	1662	725	1211	517	1486	1700
房地产开发经营	721	3269	229	13	133	236	1095	1563
物业管理	722	1736	570	445	468	118	106	29
房地产中介服务	723	909	516	123	159	31	61	19
其他房地产活动	729	1387	347	144	451	132	224	89
租赁和商务服务业	**L**	**10729**	**5191**	**1875**	**2170**	**486**	**604**	**403**
租赁业	73	794	349	166	201	35	31	12
机械设备租赁	731	774	337	161	200	34	30	12
文化及日用品出租	732	20	12	5	1	1	1	
商务服务业	74	9935	4842	1709	1969	451	573	391
企业管理服务	741	1935	625	144	351	175	334	306
法律服务	742	168	72	36	48	9	3	
咨询与调查	743	2658	1641	400	428	78	79	32
广告业	744	2489	1149	667	553	68	42	10
知识产权服务	745	90	59	15	12	3		1
职业中介服务	746	404	223	74	84	10	11	2
市场管理	747	192	61	24	58	23	21	5
旅行社	748	743	365	143	161	41	21	12
其他商务服务	749	1256	647	206	274	44	62	23
科学研究、技术服务和地质勘查业	**M**	**3115**	**1248**	**572**	**843**	**209**	**177**	**66**
研究与试验发展	75	246	121	43	49	16	14	3
自然科学研究与试验发展	751	37	21	9	4	2	1	

2-16　续表 8　　单位：个

行　　业	代码	企业法人单位数	50万元以下	50-100万元	100-500万元	500-1000万元	1000-5000万元	5000万元以上
工程和技术研究与试验发展	752	90	38	17	22	6	6	1
农业科学研究与试验发展	753	80	37	12	19	5	6	1
医学研究与试验发展	754	38	24	5	4	3	1	1
社会人文科学研究与试验发展	755	1	1					
专业技术服务业	76	2273	842	434	665	158	128	46
气象服务	761	48	30	7	10	1		
地震服务	762							
海洋服务	763	4		1	1	1	1	
测绘服务	764	103	55	18	25	4	1	
技术检测	765	211	63	43	82	11	10	2
环境监测	766	24	12	4	7		1	
工程技术与规划管理	767	1285	404	249	403	106	91	32
其他专业技术服务	769	598	278	112	137	35	24	12
科技交流和推广服务业	77	542	273	81	110	30	31	17
技术推广服务	771	353	182	47	74	19	20	11
科技中介服务	772	75	40	9	18	4	2	2
其他科技服务	779	114	51	25	18	7	9	4
地质勘查业	78	54	12	14	19	5	4	
矿产地质勘查	781	22	6	5	7	1	3	
基础地质勘查	782	9	3	2	2	1	1	
地质勘查技术服务	783	23	3	7	10	3		
水利、环境和公共设施管理业	**N**	**789**	**295**	**101**	**182**	**84**	**88**	**39**
水利管理业	79	99	43	22	18	6	7	3
防洪管理	791	8	3	2	1	1	1	
水资源管理	792	65	26	15	10	5	6	3
其他水利管理	799	26	14	5	7			
环境管理业	80	206	74	22	50	23	22	15
自然保护	801	9	2	1	4	1		1
环境治理	802	197	72	21	46	22	22	14
公共设施管理业	81	484	178	57	114	55	59	21
市政公共设施管理	811	74	25	7	19	6	12	5
城市绿化管理	812	172	68	29	46	12	17	
游览景区管理	813	238	85	21	49	37	30	16
居民服务和其他服务业	**O**	**2910**	**1640**	**530**	**573**	**88**	**68**	**11**
居民服务业	82	1366	768	236	275	42	37	8
家庭服务	821	93	80	8	5			
托儿所	822	3	2	1				
洗染服务	823	57	25	13	13	3	3	
理发及美容保健服务	824	346	208	64	65	9		
洗浴服务	825	364	156	66	116	17	9	
婚姻服务	826	66	51	9	6			
殡葬服务	827	81	23	8	15	8	21	6
摄影扩印服务	828	140	78	31	29	1	1	
其他居民服务	829	216	145	36	26	4	3	2
其他服务业	83	1544	872	294	298	46	31	3
修理与维护	831	997	538	197	212	29	21	
清洁服务	832	279	180	47	45	2	4	1
其他未列明的服务	839	268	154	50	41	15	6	2

2-16 续表 9 单位：个

行　　业	代码	企业法人单位数	50万元以下	50-100万元	100-500万元	500-1000万元	1000-5000万元	5000万元以上
教育	P	**767**	**355**	**135**	**229**	**32**	**12**	**4**
教育	84	767	355	135	229	32	12	4
学前教育	841	60	37	7	12	4		
初等教育	842	7	4	3				
中等教育	843	12	6	3	2			1
高等教育	844	2	1		1			
其他教育	849	686	307	122	214	28	12	3
卫生、社会保障和社会福利业	Q	**593**	**373**	**66**	**113**	**24**	**14**	**3**
卫生	85	574	363	66	109	22	12	2
医院	851	103	18	14	44	14	11	2
卫生院及社区医疗活动	852	66	40	7	17	2		
门诊部医疗活动	853	357	276	37	39	5		
计划生育技术服务活动	854	1		1				
妇幼保健活动	855	2	1		1			
专科疾病防治活动	856	7	4	1	2			
疾病预防控制及防疫活动	857	11	7	1	2		1	
其他卫生活动	859	27	17	5	4	1		
社会保障业	86	3	1		2			
社会保障业	860	3	1		2			
社会福利业	87	16	9		2	2	2	1
提供住宿的社会福利	871	11	6		1	1	2	1
不提供住宿的社会福利	872	5	3		1	1		
文化、体育和娱乐业	R	**1123**	**397**	**195**	**357**	**90**	**64**	**20**
新闻出版业	88	36	14	7	8	4	1	2
新闻业	881	4	2	1	1			
出版业	882	32	12	6	7	4	1	2
广播、电视、电影和音像业	89	127	42	18	33	15	15	4
广播	891	1					1	
电视	892	30	5	2	5	6	9	3
电影	893	66	20	11	22	7	5	1
音像制作	894	30	17	5	6	2		
文化艺术业	90	123	73	22	21	4	1	2
文艺创作与表演	901	37	25	6	4	1	1	
艺术表演场馆	902	4	2		2			
图书馆与档案馆	903	1		1				
文物及文化保护	904	1		1				
博物馆	905	7	3		1	2		1
烈士陵园、纪念馆	906							
群众文化活动	907	10	7	1	2			
文化艺术经纪代理	908	28	14	6	8			
其他文化艺术	909	35	22	7	4	1		1
体育	91	48	19	5	11	4	7	2
体育组织	911	10	4	1	2	1	1	1
体育场馆	912	24	8	1	6	2	6	1
其他体育	919	14	7	3	3	1		
娱乐业	92	789	249	143	284	63	40	10
室内娱乐活动	921	546	139	109	230	45	23	
游乐园	922	22	7	3	6	1	1	4
休闲健身娱乐活动	923	163	88	16	36	10	8	5
其他娱乐活动	929	58	15	15	12	7	8	1

2-17 按地区、资产总计组距分组的企业法人单位数

单位：个

地 区	企业法人单位数	50万元以下	50-100万元	100-500万元	500-1000万元	1000-5000万元	5000万元以上
全 省	**159716**	**41960**	**25856**	**51123**	**14735**	**17807**	**8235**
福州市	**34492**	**10221**	**6411**	**9474**	**2815**	**3649**	**1922**
鼓楼区	10389	3214	2178	2565	825	991	616
台江区	4463	1813	1054	977	217	270	132
仓山区	3288	826	725	939	267	342	189
马尾区	1419	384	154	339	109	244	189
晋安区	4045	1163	807	1118	352	404	201
闽侯县	1788	475	239	555	167	244	108
连江县	1183	460	134	355	83	101	50
罗源县	498	110	46	210	54	43	35
闽清县	820	204	191	258	57	85	25
永泰县	1138	591	174	256	44	55	18
平潭县	842	132	76	163	191	258	22
福清市	2489	415	420	939	187	330	198
长乐市	2130	434	213	800	262	282	139
厦门市	**32670**	**8660**	**5463**	**9821**	**2875**	**3829**	**2022**
思明区	15976	5200	2599	4351	1236	1676	914
海沧区	1982	473	335	528	163	257	226
湖里区	8378	1801	1408	2975	855	919	420
集美区	2872	507	515	924	265	435	226
同安区	2357	444	418	715	240	386	154
翔安区	1105	235	188	328	116	156	82
莆田市	**5191**	**1360**	**705**	**1478**	**560**	**734**	**354**
城厢区	1305	280	187	424	133	187	94
涵江区	1391	420	183	384	144	180	80
荔城区	1005	270	133	234	122	163	83
秀屿区	525	135	59	158	52	76	45
仙游县	965	255	143	278	109	128	52
三明市	**10425**	**2302**	**1686**	**3766**	**1087**	**1163**	**421**
梅列区	1767	352	334	549	201	222	109
三元区	1176	274	232	380	113	130	47
明溪县	365	88	39	162	28	37	11
清流县	397	107	58	126	47	46	13
宁化县	599	117	89	292	63	25	13
大田县	895	214	153	277	107	120	24
尤溪县	1185	281	181	453	120	121	29
沙县	1046	216	152	398	92	129	59
将乐县	622	140	101	248	46	74	13
泰宁县	488	55	45	240	72	62	14
建宁县	412	115	78	145	31	35	8
永安市	1473	343	224	496	167	162	81
泉州市	**33003**	**4976**	**3938**	**14026**	**3920**	**4365**	**1778**
鲤城区	3097	854	530	891	293	361	168
丰泽区	4003	788	707	1407	429	438	234
洛江区	1005	203	139	305	109	190	59
泉港区	1190	188	239	436	86	169	72
惠安县	2901	511	305	1284	251	427	123

2-17 续表 单位：个

地区	企业法人单位数	50万元以下	50-100万元	100-500万元	500-1000万元	1000-5000万元	5000万元以上
安溪县	2510	203	256	1501	239	236	75
永春县	1591	537	306	467	108	130	43
德化县	1069	172	204	423	113	125	32
石狮市	3241	277	365	1584	471	375	169
晋江市	7963	656	700	3674	1112	1261	560
南安市	4433	587	187	2054	709	653	243
漳州市	**15509**	**5144**	**2893**	**4178**	**1214**	**1412**	**668**
芗城区	4095	1077	1202	1025	271	316	204
龙文区	1131	334	190	278	101	144	84
云霄县	928	331	131	309	69	75	13
漳浦县	1833	842	247	460	109	133	42
诏安县	632	220	82	186	81	40	23
长泰县	1018	239	232	272	97	132	46
东山县	765	301	70	201	71	91	31
南靖县	889	208	169	290	99	87	36
平和县	660	176	100	267	56	45	16
华安县	427	139	67	146	23	33	19
龙海市	3131	1277	403	744	237	316	154
南平市	**11039**	**4421**	**1643**	**2834**	**850**	**953**	**338**
延平区	3083	1080	570	848	215	249	121
顺昌县	734	332	95	178	50	62	17
浦城县	800	280	141	265	44	54	16
光泽县	475	185	87	114	46	32	11
松溪县	548	269	66	136	33	38	6
政和县	375	144	49	117	30	27	8
邵武市	1118	397	163	283	107	122	46
武夷山市	1587	849	180	286	110	126	36
建瓯市	1285	464	174	355	126	130	36
建阳市	1034	421	118	252	89	113	41
龙岩市	**8669**	**1804**	**1595**	**3097**	**808**	**974**	**391**
新罗区	3268	544	617	1110	343	440	214
长汀县	984	228	164	412	77	72	31
永定县	1095	376	228	261	92	118	20
上杭县	869	238	162	270	63	88	48
武平县	881	120	155	434	72	88	12
连城县	751	103	156	323	74	70	25
漳平市	821	195	113	287	87	98	41
宁德市	**8718**	**3072**	**1522**	**2449**	**606**	**728**	**341**
蕉城区	1825	717	368	345	111	182	102
霞浦县	805	316	106	222	63	68	30
古田县	1220	574	209	319	57	41	20
屏南县	331	116	39	91	34	30	21
寿宁县	433	208	54	109	23	25	14
周宁县	228	93	33	53	10	27	12
柘荣县	277	54	43	116	21	35	8
福安市	2061	366	382	865	196	171	81
福鼎市	1538	628	288	329	91	149	53

2-18 按登记注册类型、资产总计组距分组的企业法人单位数

单位：个

登记注册类型	代码	企业法人单位数	50万元以下	50-100万元	100-500万元	500-1000万元	1000-5000万元	5000万元以上
总　计		**159716**	**41960**	**25856**	**51123**	**14735**	**17807**	**8235**
内资企业	**100**	**147401**	**41045**	**25417**	**48575**	**12809**	**13961**	**5594**
国有企业	110	5367	1083	475	1422	578	989	820
集体企业	120	7288	2605	1126	2513	508	427	109
股份合作企业	130	2126	497	319	768	204	217	121
联营企业	140	602	136	74	183	54	95	60
国有联营企业	141	162	15	15	41	20	39	32
集体联营企业	142	222	74	36	65	19	20	8
国有与集体联营企业	143	61	10	5	21	3	11	11
其他联营企业	149	157	37	18	56	12	25	9
有限责任公司	150	17409	3642	2378	4977	1926	2842	1644
国有独资公司	151	389	46	26	48	39	83	147
其他有限责任公司	159	17020	3596	2352	4929	1887	2759	1497
股份有限公司	160	3155	717	480	886	293	357	422
私营企业	170	107607	30382	19971	36833	9117	8924	2380
私营独资企业	171	29594	11978	5853	9808	1279	590	86
私营合伙企业	172	12533	3751	2427	4854	836	611	54
私营有限责任公司	173	61533	13727	10991	20673	6652	7346	2144
私营股份有限公司	174	3947	926	700	1498	350	377	96
其他企业	190	3847	1983	594	993	129	110	38
港、澳、台商投资企业	**200**	**7604**	**534**	**249**	**1597**	**1217**	**2403**	**1604**
合资经营企业(港或澳、台资)	210	1442	80	40	208	182	523	409
合作经营企业(港或澳、台资)	220	131	10	7	22	16	38	38
港、澳、台商独资经营企业	230	5829	379	184	1332	996	1821	1117
港、澳、台商投资股份有限公司	240	202	65	18	35	23	21	40
外商投资企业	**300**	**4711**	**381**	**190**	**951**	**709**	**1443**	**1037**
中外合资经营企业	310	1241	99	44	224	177	414	283
中外合作经营企业	320	104	16	1	15	18	36	18
外资企业	330	3203	240	137	660	489	972	705
外商投资股份有限公司	340	163	26	8	52	25	21	31

2-19 按行业（中类）、全年营业收入组距分组的企业法人单位数

单位：个

行业	代码	企业法人单位数	50万元以下	50-100万元	100-500万元	500-1000万元	1000-5000万元	5000万元以上
总计		**159716**	**51677**	**15201**	**55066**	**11498**	**17683**	**8591**
农、林、牧、渔业	**A**	**24**		**6**	**9**	**3**	**5**	**1**
农业	01	8		5	2			1
谷物及其他作物的种植	011	2		1	1			
蔬菜、园艺作物的种植	012	1			1			
水果、坚果、饮料和香料作物的种植	013	5		4				1
中药材的种植	014							
林业	02	7		1	3	2	1	
林木的培育和种植	021	7		1	3	2	1	
木材和竹材的采运	022							
林产品的采集	023							
畜牧业	03	8			3	1	4	
牲畜的饲养	031	1			1			
猪的饲养	032	4			2		2	
家禽的饲养	033	2					2	
狩猎和捕捉动物	034							
其他畜牧业	039	1				1		
渔业	04	1			1			
海洋渔业	041							
内陆渔业	042	1			1			
农、林、牧、渔服务业	05							
农业服务业	051							
林业服务业	052							
畜牧服务业	053							
渔业服务业	054							
采矿业	**B**	**2466**	**493**	**162**	**1191**	**115**	**357**	**148**
煤炭开采和洗选业	06	280	22	3	43	11	143	58
烟煤和无烟煤的开采洗选	061	272	20	2	41	8	143	58
褐煤的开采洗选	062							
其他煤炭采选	069	8	2	1	2	3		
石油和天然气开采业	07	1	1					
天然原油和天然气开采	071							
与石油和天然气开采有关的服务活动	079	1	1					
黑色金属矿采选业	08	244	36	6	107	17	48	30
铁矿采选	081	215	28	3	92	16	47	29
其他黑色金属矿采选	089	29	8	3	15	1	1	1
有色金属矿采选业	09	278	78	4	89	12	63	32
常用有色金属矿采选	091	206	53	4	71	9	46	23
贵金属矿采选	092	29	9		4		12	4
稀有稀土金属矿采选	093	43	16		14	3	5	5
非金属矿采选业	10	1641	341	148	947	74	103	28
土砂石开采	101	1455	290	131	865	62	89	18
化学矿采选	102	13	2	1	5	1	2	2
采盐	103	23	3	1	13	3	3	
石棉及其他非金属矿采选	109	150	46	15	64	8	9	8

2-19 续表 1 单位：个

行业	代码	企业法人单位数	50万元以下	50-100万元	100-500万元	500-1000万元	1000-5000万元	5000万元以上
其他采矿业	11	22	15	1	5	1		
其他采矿业	110	22	15	1	5	1		
制造业	**C**	**61933**	**11561**	**4539**	**27317**	**5197**	**8709**	**4610**
农副食品加工业	13	3079	758	186	1162	205	485	283
谷物磨制	131	342	77	21	120	22	70	32
饲料加工	132	349	85	11	115	23	65	50
植物油加工	133	121	31	10	44	5	12	19
制糖	134	17	6	4	2	3		2
屠宰及肉类加工	135	326	82	36	137	17	28	26
水产品加工	136	935	197	43	364	69	163	99
蔬菜、水果和坚果加工	137	651	193	35	239	35	105	44
其他农副食品加工	139	338	87	26	141	31	42	11
食品制造业	14	1841	518	184	675	106	203	155
焙烤食品制造	141	362	118	38	129	25	28	24
糖果、巧克力及蜜饯制造	142	354	87	48	121	26	40	32
方便食品制造	143	204	62	22	76	10	19	15
液体乳及乳制品制造	144	25	6	1	6	1	6	5
罐头制造	145	368	73	26	137	19	63	50
调味品、发酵制品制造	146	237	77	26	93	9	18	14
其他食品制造	149	291	95	23	113	16	29	15
饮料制造业	15	2459	569	236	1271	144	159	80
酒精制造	151	4	1		2		1	
酒的制造	152	266	98	29	86	18	16	19
软饮料制造	153	402	115	52	155	20	32	28
精制茶加工	154	1787	355	155	1028	106	110	33
烟草制品业	16	7	2					5
烟叶复烤	161	3						3
卷烟制造	162	3	1					2
其他烟草制品加工	169	1	1					
纺织业	17	2965	375	147	1215	368	541	319
棉、化纤纺织及印染精加工	171	875	90	42	289	81	195	178
毛纺织和染整精加工	172	42	2	3	27	3	4	3
麻纺织	173	8	3	1	2		2	
丝绢纺织及精加工	174	36	7	2	20	3	2	2
纺织制成品制造	175	647	105	44	276	67	110	45
针织品、编织品及其制品制造	176	1357	168	55	601	214	228	91
纺织服装、鞋、帽制造业	18	4955	740	296	2380	422	771	346
纺织服装制造	181	4537	670	268	2146	399	737	317
纺织面料鞋的制造	182	393	65	26	220	22	31	29
制帽	183	25	5	2	14	1	3	
皮革、毛皮、羽毛(绒)及其制品业	19	3143	353	117	1257	411	586	419
皮革鞣制加工	191	173	11	4	64	29	35	30
皮革制品制造	192	2908	336	108	1165	376	540	383
毛皮鞣制及制品加工	193	14	1	1	7	2	2	1
羽毛(绒)加工及制品制造	194	48	5	4	21	4	9	5

2-19 续表 2

单位：个

行　业	代码	企业法人单位数	50万元以下	50-100万元	100-500万元	500-1000万元	1000-5000万元	5000万元以上
木材加工及木、竹、藤、棕、草制品业	20	3637	662	327	1605	332	598	113
锯材、木片加工	201	754	176	87	410	23	51	7
人造板制造	202	956	99	37	276	145	329	70
木制品制造	203	757	153	77	334	80	96	17
竹、藤、棕、草制品制造	204	1170	234	126	585	84	122	19
家具制造业	21	1176	288	91	479	99	136	83
木质家具制造	211	744	180	50	332	60	85	37
竹、藤家具制造	212	51	15	3	25	5	2	1
金属家具制造	213	214	53	16	50	25	35	35
塑料家具制造	214	24	6	1	11	2	1	3
其他家具制造	219	143	34	21	61	7	13	7
造纸及纸制品业	22	2263	351	152	1066	191	348	155
纸浆制造	221	30	9		10	2	4	5
造纸	222	561	76	40	236	50	104	55
纸制品制造	223	1672	266	112	820	139	240	95
印刷业和记录媒介的复制	23	1819	322	240	952	129	135	41
印刷	231	1699	295	218	894	123	131	38
装订及其他印刷服务活动	232	114	26	21	57	5	3	2
记录媒介的复制	233	6	1	1	1	1	1	1
文教体育用品制造业	24	686	125	43	257	72	128	61
文化用品制造	241	148	25	16	61	20	21	5
体育用品制造	242	313	59	15	109	28	58	44
乐器制造	243	20	2	3	8	2	4	1
玩具制造	244	196	39	8	79	21	38	11
游艺器材及娱乐用品制造	245	9		1		1	7	
石油加工、炼焦及核燃料加工业	25	89	26	6	30	7	3	17
精炼石油产品的制造	251	83	25	5	28	7	3	15
炼焦	252	6	1	1	2			2
核燃料加工	253							
化学原料及化学制品制造业	26	2324	559	169	802	223	372	199
基础化学原料制造	261	273	54	14	64	26	71	44
肥料制造	262	219	72	12	72	15	26	22
农药制造	263	38	14	2	6	6	7	3
涂料、油墨、颜料及类似产品制造	264	549	137	49	208	47	69	39
合成材料制造	265	170	31	12	57	9	30	31
专用化学产品制造	266	661	131	42	244	85	116	43
日用化学产品制造	267	414	120	38	151	35	53	17
医药制造业	27	306	86	17	85	21	54	43
化学药品原药制造	271	26	10		4	1	5	6
化学药品制剂制造	272	50	9	3	12	3	11	12
中药饮片加工	273	25	4	4	6	4	5	2
中成药制造	274	68	15	2	15	7	18	11
兽用药品制造	275	17		1	9		4	3
生物、生化制品的制造	276	78	35	4	20	3	9	7
卫生材料及医药用品制造	277	42	13	3	19	3	2	2

2-19 续表 3 单位：个

行 业	代码	企业法人单位数	50万元以下	50-100万元	100-500万元	500-1000万元	1000-5000万元	5000万元以上
化学纤维制造业	28	130	13	3	23	17	19	55
纤维素纤维原料及纤维制造	281	23	2		6	5	5	5
合成纤维制造	282	107	11	3	17	12	14	50
橡胶制品业	29	830	114	57	381	79	127	72
轮胎制造	291	66	16	7	30	2	5	6
橡胶板、管、带的制造	292	68	19	3	32	7	5	2
橡胶零件制造	293	118	21	9	56	10	14	8
再生橡胶制造	294	30	4	4	15	3	1	3
日用及医用橡胶制品制造	295	54	2	5	37	3	6	1
橡胶靴鞋制造	296	343	28	18	141	39	75	42
其他橡胶制品制造	299	151	24	11	70	15	21	10
塑料制品业	30	3545	511	267	1661	348	500	258
塑料薄膜制造	301	354	59	27	176	32	38	22
塑料板、管、型材的制造	302	271	45	21	114	28	40	23
塑料丝、绳及编织品的制造	303	228	33	15	109	32	29	10
泡沫塑料制造	304	281	27	25	141	34	45	9
塑料人造革、合成革制造	305	103	18	4	30	3	16	32
塑料包装箱及容器制造	306	270	39	21	143	28	32	7
塑料零件制造	307	224	39	23	91	22	33	16
日用塑料制造	308	1075	128	57	521	89	176	104
其他塑料制品制造	309	739	123	74	336	80	91	35
非金属矿物制品业	31	8100	1141	572	4311	519	1103	454
水泥、石灰和石膏的制造	311	464	57	23	137	38	136	73
水泥及石膏制品制造	312	569	162	48	222	27	59	51
砖瓦、石材及其他建筑材料制造	313	5786	714	426	3338	343	711	254
玻璃及玻璃制品制造	314	280	67	21	106	28	39	19
陶瓷制品制造	315	752	97	39	386	60	125	45
耐火材料制品制造	316	81	11	3	54	4	6	3
石墨及其他非金属矿物制品制造	319	168	33	12	68	19	27	9
黑色金属冶炼及压延加工业	32	429	119	13	103	21	63	110
炼铁	321	46	5	2	16	1	9	13
炼钢	322	34	7	3	10	1	3	10
钢压延加工	323	277	99	6	62	12	25	73
铁合金冶炼	324	72	8	2	15	7	26	14
有色金属冶炼及压延加工业	33	344	72	9	111	30	54	68
常用有色金属冶炼	331	63	19		22	5	7	10
贵金属冶炼	332	9	3	1				5
稀有稀土金属冶炼	333	33	6		12	3	7	5
有色金属合金制造	334	55	11	2	19	6	11	6
有色金属压延加工	335	184	33	6	58	16	29	42
金属制品业	34	2859	710	246	1243	219	283	158
结构性金属制品制造	341	984	275	93	439	54	80	43
金属工具制造	342	310	78	39	121	21	38	13
集装箱及金属包装容器制造	343	125	23	6	43	9	20	24
金属丝绳及其制品的制造	344	82	17	4	24	11	17	9

2-19 续表 4

单位：个

行业	代码	企业法人单位数	50万元以下	50-100万元	100-500万元	500-1000万元	1000-5000万元	5000万元以上
建筑、安全用金属制品制造	345	426	92	33	192	43	40	26
金属表面处理及热处理加工	346	202	62	14	77	22	22	5
搪瓷制品制造	347	28	13	3	7	2	2	1
不锈钢及类似日用金属制品制造	348	334	78	28	153	22	30	23
其他金属制品制造	349	368	72	26	187	35	34	14
通用设备制造业	35	2961	569	202	1379	257	376	178
锅炉及原动机制造	351	72	17	5	22	7	16	5
金属加工机械制造	352	383	101	32	158	38	39	15
起重运输设备制造	353	107	14	1	48	9	25	10
泵、阀门、压缩机及类似机械的制造	354	551	59	20	319	44	62	47
轴承、齿轮、传动和驱动部件的制造	355	197	32	7	93	19	26	20
烘炉、熔炉及电炉制造	356	9	4	1	4			
风机、衡器、包装设备等通用设备制造	357	308	68	26	128	28	33	25
通用零部件制造及机械修理	358	728	194	67	334	45	67	21
金属铸、锻加工	359	606	80	43	273	67	108	35
专用设备制造业	36	2085	502	195	906	145	221	116
矿山、冶金、建筑专用设备制造	361	331	61	19	143	24	45	39
化工、木材、非金属加工专用设备制造	362	738	155	78	371	49	61	24
食品、饮料、烟草及饲料生产专用设备制造	363	69	15	7	38	4	4	1
印刷、制药、日化生产专用设备制造	364	122	31	11	42	12	23	3
纺织、服装和皮革工业专用设备制造	365	171	33	20	61	12	35	10
电子和电工机械专用设备制造	366	146	53	10	60	8	10	5
农、林、牧、渔专用机械制造	367	160	49	20	60	8	13	10
医疗仪器设备及器械制造	368	97	33	8	36	7	6	7
环保、社会公共安全及其他专用设备制造	369	251	72	22	95	21	24	17
交通运输设备制造业	37	2203	472	215	894	167	268	187
铁路运输设备制造	371	12	2	3	5	1		1
汽车制造	372	1574	322	171	651	119	189	122
摩托车制造	373	221	44	9	75	28	40	25
自行车制造	374	30	10	1	9	1	7	2
船舶及浮动装置制造	375	335	82	29	146	16	29	33
航空航天器制造	376	9	3		1	1		4
交通器材及其他交通运输设备制造	379	22	9	2	7	1	3	
电气机械及器材制造业	39	2168	446	173	892	139	302	216
电机制造	391	700	73	84	377	21	78	67
输配电及控制设备制造	392	531	113	35	198	53	85	47
电线、电缆、光缆及电工器材制造	393	216	62	10	74	15	35	20
电池制造	394	140	24	3	48	10	27	28
家用电力器具制造	395	158	45	14	60	6	18	15
非电力家用器具制造	396	48	22	4	11	4	2	5
照明器具制造	397	297	84	12	94	25	51	31
其他电气机械及器材制造	399	78	23	11	30	5	6	3
通信设备、计算机及其他电子设备制造业	40	1343	346	77	386	120	234	180
通信设备制造	401	184	42	5	67	13	31	26
雷达及配套设备制造	402	3	1		1	1		

2-19　续表 5　　　　单位：个

行　　业	代码	企业法人单位数	50万元以下	50-100万元	100-500万元	500-1000万元	1000-5000万元	5000万元以上
广播电视设备制造	403	41	11		12	5	7	6
电子计算机制造	404	122	28	6	23	6	29	30
电子器件制造	405	247	78	17	55	25	44	28
电子元件制造	406	480	109	29	150	48	86	58
家用视听设备制造	407	83	21	3	12	10	19	18
其他电子设备制造	409	183	56	17	66	12	18	14
仪器仪表及文化、办公用机械制造业	41	639	126	51	206	71	125	60
通用仪器仪表制造	411	150	33	16	49	13	32	7
专用仪器仪表制造	412	73	24	6	20	9	10	4
钟表与计时仪器制造	413	167	18	11	58	20	41	19
光学仪器及眼镜制造	414	174	32	14	60	21	31	16
文化、办公用机械制造	415	58	15	2	14	5	9	13
其他仪器仪表的制造及修理	419	17	4	2	5	3	2	1
工艺品及其他制造业	42	3392	637	233	1519	323	504	176
工艺美术品制造	421	2526	452	175	1172	246	357	124
日用杂品制造	422	590	90	33	240	56	128	43
煤制品制造	423	47	26	3	17		1	
核辐射加工	424	1			1			
其他未列明的制造业	429	228	69	22	89	21	18	9
废弃资源和废旧材料回收加工业	43	156	49	15	66	12	11	3
金属废料和碎屑的加工处理	431	63	22	3	25	5	6	2
非金属废料和碎屑的加工处理	432	93	27	12	41	7	5	1
电力、燃气及水的生产和供应业	**D**	**5765**	**2957**	**835**	**1473**	**164**	**209**	**127**
电力、热力的生产和供应业	44	4945	2523	760	1274	121	153	114
电力生产	441	4790	2496	757	1232	118	138	49
电力供应	442	141	25	3	38	2	11	62
热力生产和供应	443	14	2		4	1	4	3
燃气生产和供应业	45	45	7	1	22	7	3	5
燃气生产和供应业	450	45	7	1	22	7	3	5
水的生产和供应业	46	775	427	74	177	36	53	8
自来水的生产和供应	461	723	404	72	162	31	48	6
污水处理及其再生利用	462	42	15	2	13	5	5	2
其他水的处理、利用与分配	469	10	8		2			
建筑业	**E**	**5983**	**1899**	**494**	**1301**	**582**	**1023**	**684**
房屋和土木工程建筑业	47	2486	584	113	417	251	584	537
房屋工程建筑	471	1519	302	54	225	157	354	427
土木工程建筑	472	967	282	59	192	94	230	110
建筑安装业	48	1030	281	108	286	118	176	61
建筑安装业	480	1030	281	108	286	118	176	61
建筑装饰业	49	1524	670	183	375	128	135	33
建筑装饰业	490	1524	670	183	375	128	135	33
其他建筑业	50	943	364	90	223	85	128	53
工程准备	501	350	138	32	83	37	39	21
提供施工设备服务	502	113	60	15	17	2	14	5
其他未列明的建筑活动	509	480	166	43	123	46	75	27

2-19 续表 6 单位：个

行业	代码	企业法人单位数	50万元以下	50-100万元	100-500万元	500-1000万元	1000-5000万元	5000万元以上
交通运输、仓储和邮政业	F	**5372**	**1485**	**412**	**1750**	**626**	**783**	**316**
铁路运输业	51	15	4		3	4	1	3
铁路旅客运输	511	2				1		1
铁路货物运输	512	5	1		1		1	2
铁路运输辅助活动	513	8	3		2	3		
道路运输业	52	2084	472	153	655	281	385	138
公路旅客运输	521	339	55	28	108	41	77	30
道路货物运输	522	1512	332	96	497	221	274	92
道路运输辅助活动	523	233	85	29	50	19	34	16
城市公共交通业	53	208	38	13	79	29	34	15
公共电汽车客运	531	79	8	5	23	11	21	11
轨道交通	532							
出租车客运	533	99	19	7	48	15	7	3
城市轮渡	534	4	3				1	
其他城市公共交通	539	26	8	1	8	3	5	1
水上运输业	54	858	153	31	423	112	90	49
水上旅客运输	541	48	18	4	11	3	9	3
水上货物运输	542	681	79	17	382	96	68	39
水上运输辅助活动	543	129	56	10	30	13	13	7
航空运输业	55	30	7	4	5	1	6	7
航空客货运输	551	9		2	2	1	2	2
通用航空服务	552	3	1				1	1
航空运输辅助活动	553	18	6	2	3		3	4
管道运输业	56	2		1			1	
管道运输业	560	2		1			1	
装卸搬运和其他运输服务业	57	1625	594	166	431	155	206	73
装卸搬运	571	259	93	33	93	16	16	8
运输代理服务	572	1366	501	133	338	139	190	65
仓储业	58	413	145	29	123	39	57	20
谷物、棉花等农产品仓储	581	91	16	10	29	9	15	12
其他仓储	589	322	129	19	94	30	42	8
邮政业	59	137	72	15	31	5	3	11
国家邮政	591	13	1		2		1	9
其他寄递服务	599	124	71	15	29	5	2	2
信息传输、计算机服务和软件业	G	**4371**	**2489**	**756**	**826**	**125**	**102**	**73**
电信和其他信息传输服务业	60	604	340	78	89	27	29	41
电信	601	191	69	26	34	9	17	36
互联网信息服务	602	369	260	49	43	8	6	3
广播电视传输服务	603	39	9	1	12	10	5	2
卫星传输服务	604	5	2	2			1	
计算机服务业	61	2749	1570	552	539	55	26	7
计算机系统服务	611	417	231	48	88	26	18	6
数据处理	612	22	13	3	4	1	1	
计算机维修	613	96	65	11	19		1	
其他计算机服务	619	2214	1261	490	428	28	6	1

2-19　续表 7　　　　单位：个

行　业	代码	企业法人单位数	50万元以下	50-100万元	100-500万元	500-1000万元	1000-5000万元	5000万元以上
软件业	62	1018	579	126	198	43	47	25
公共软件服务	621	858	486	106	165	38	42	21
其他软件服务	629	160	93	20	33	5	5	4
批发和零售业	**H**	**42032**	**14318**	**4181**	**13640**	**3244**	**4810**	**1839**
批发业	63	27262	8611	2350	7987	2685	4147	1482
农畜产品批发	631	719	276	91	196	50	82	24
食品、饮料及烟草制品批发	632	3126	1067	270	925	304	412	148
纺织、服装及日用品批发	633	3560	1128	269	864	355	666	278
文化、体育用品及器材批发	634	1175	489	137	313	84	125	27
医药及医疗器材批发	635	751	166	86	223	86	131	59
矿产品、建材及化工产品批发	636	8139	2256	549	2421	829	1472	612
机械设备、五金交电及电子产品批发	637	7137	2308	736	2372	712	818	191
贸易经纪与代理	638	595	224	53	144	51	89	34
其他批发	639	2060	697	159	529	214	352	109
零售业	65	14770	5707	1831	5653	559	663	357
综合零售	651	1382	354	116	562	142	145	63
食品、饮料及烟草制品专门零售	652	1666	867	215	512	30	24	18
纺织、服装及日用品专门零售	653	2003	1091	269	564	43	26	10
文化、体育用品及器材专门零售	654	893	420	141	288	19	20	5
医药及医疗器材专门零售	655	935	351	137	377	34	27	9
汽车、摩托车、燃料及零配件专门零售	656	2601	517	276	1225	127	257	199
家用电器及电子产品专门零售	657	2395	942	311	937	81	93	31
五金、家具及室内装修材料专门零售	658	1892	743	263	802	37	36	11
无店铺及其他零售	659	1003	422	103	386	46	35	11
住宿和餐饮业	**I**	**3379**	**924**	**403**	**1456**	**275**	**278**	**43**
住宿业	66	1645	585	185	545	135	167	28
旅游饭店	661	676	130	36	233	99	152	26
一般旅馆	662	867	397	134	290	31	13	2
其他住宿服务	669	102	58	15	22	5	2	
餐饮业	67	1734	339	218	911	140	111	15
正餐服务	671	1348	219	153	735	130	101	10
快餐服务	672	184	33	32	107	6	1	5
饮料及冷饮服务	673	99	49	18	31	1		
其他餐饮服务	679	103	38	15	38	3	9	
金融业	**J**	**1064**	**361**	**95**	**216**	**53**	**123**	**216**
银行业	68	173	7	2	2	3	24	135
中央银行	681	1						1
商业银行	682	163	6	1	1	3	24	128
其他银行	689	9	1	1	1			6
证券业	69	35	11	3	9	2	5	5
证券市场管理	691	1	1					
证券经纪与交易	692	13	2		4	1	2	4
证券投资	693	15	5	3	2	1	3	1
证券分析与咨询	694	6	3		3			

2-19 续表 8 单位：个

行　　业	代码	企业法人单位数	50万元以下	50-100万元	100-500万元	500-1000万元	1000-5000万元	5000万元以上
保险业	70	293	51	20	58	22	71	71
人寿保险	701	90	9	2	13	6	22	38
非人寿保险	702	130	13	10	20	12	42	33
保险辅助服务	703	73	29	8	25	4	7	
其他金融活动	71	563	292	70	147	26	23	5
金融信托与管理	711	37	16	6	9	4	1	1
金融租赁	712	8	5	2			1	
财务公司	713	13	11		1	1		
邮政储蓄	714	8				1	5	2
典当	715	115	39	19	46	7	4	
其他未列明的金融活动	719	382	221	43	91	13	12	2
房地产业	**K**	**7301**	**4153**	**584**	**1224**	**325**	**614**	**401**
房地产业	72	7301	4153	584	1224	325	614	401
房地产开发经营	721	3269	1748	80	364	197	491	389
物业管理	722	1736	869	287	437	76	64	3
房地产中介服务	723	909	673	68	128	21	18	1
其他房地产活动	729	1387	863	149	295	31	41	8
租赁和商务服务业	**L**	**10729**	**6371**	**1397**	**2155**	**376**	**338**	**92**
租赁业	73	794	514	108	138	12	19	3
机械设备租赁	731	774	499	104	138	11	19	3
文化及日用品出租	732	20	15	4		1		
商务服务业	74	9935	5857	1289	2017	364	319	89
企业管理服务	741	1935	1141	217	367	75	84	51
法律服务	742	168	41	28	82	16	1	
咨询与调查	743	2658	1897	264	406	53	31	7
广告业	744	2489	1403	418	520	79	61	8
知识产权服务	745	90	55	16	16	1	1	1
职业中介服务	746	404	262	41	69	14	14	4
市场管理	747	192	96	30	45	9	11	1
旅行社	748	743	223	111	277	66	55	11
其他商务服务	749	1256	739	164	235	51	61	6
科学研究、技术服务和地质勘查业	**M**	**3115**	**1487**	**461**	**819**	**165**	**158**	**25**
研究与试验发展	75	246	168	24	36	12	5	1
自然科学研究与试验发展	751	37	28	3	5	1		
工程和技术研究与试验发展	752	90	50	11	18	7	3	1
农业科学研究与试验发展	753	80	56	8	12	2	2	
医学研究与试验发展	754	38	33	2	1	2		
社会人文科学研究与试验发展	755	1	1					
专业技术服务业	76	2273	964	365	664	130	130	20
气象服务	761	48	24	15	7	1	1	
地震服务	762							
海洋服务	763	4			2	2		
测绘服务	764	103	44	17	36	4	2	
技术检测	765	211	73	40	81	6	11	

2-19 续表 9 单位：个

行 业	代码	企业法人单位数	50万元以下	50-100万元	100-500万元	500-1000万元	1000-5000万元	5000万元以上
环境监测	766	24	13	6	3	2		
工程技术与规划管理	767	1285	463	206	408	94	98	16
其他专业技术服务	769	598	347	81	127	21	18	4
科技交流和推广服务业	77	542	336	64	101	20	17	4
技术推广服务	771	353	225	35	69	15	6	3
科技中介服务	772	75	44	9	14	3	5	
其他科技服务	779	114	67	20	18	2	6	1
地质勘查业	78	54	19	8	18	3	6	
矿产地质勘查	781	22	9	4	5	1	3	
基础地质勘查	782	9	1	2	3	1	2	
地质勘查技术服务	783	23	9	2	10	1	1	
水利、环境和公共设施管理业	**N**	**789**	**417**	**98**	**187**	**46**	**36**	**5**
水利管理业	79	99	65	11	15	5	3	
防洪管理	791	8	6	1	1			
水资源管理	792	65	46	4	10	3	2	
其他水利管理	799	26	13	6	4	2	1	
环境管理业	80	206	101	30	51	15	8	1
自然保护	801	9	4	2	2	1		
环境治理	802	197	97	28	49	14	8	1
公共设施管理业	81	484	251	57	121	26	25	4
市政公共设施管理	811	74	31	5	24	5	7	2
城市绿化管理	812	172	84	31	39	8	10	
游览景区管理	813	238	136	21	58	13	8	2
居民服务和其他服务业	**O**	**2910**	**1540**	**464**	**766**	**88**	**49**	**3**
居民服务业	82	1366	706	206	382	42	28	2
家庭服务	821	93	73	10	8	1	1	
托儿所	822	3	2		1			
洗染服务	823	57	24	10	17	4	2	
理发及美容保健服务	824	346	180	41	110	12	3	
洗浴服务	825	364	116	74	151	17	5	1
婚姻服务	826	66	57	3	6			
殡葬服务	827	81	26	13	24	5	12	1
摄影扩印服务	828	140	82	22	35	1		
其他居民服务	829	216	146	33	30	2	5	
其他服务业	83	1544	834	258	384	46	21	1
修理与维护	831	997	479	183	289	31	14	1
清洁服务	832	279	179	35	59	2	4	
其他未列明的服务	839	268	176	40	36	13	3	
教育	**P**	**767**	**356**	**132**	**240**	**22**	**15**	**2**
教育	84	767	356	132	240	22	15	2
学前教育	841	60	30	17	11	2		
初等教育	842	7	4		3			
中等教育	843	12	7	1	3		1	
高等教育	844	2	2					
其他教育	849	686	313	114	223	20	14	2

2-19 续表 10

单位：个

行　业	代码	企业法人单位数	50万元以下	50-100万元	100-500万元	500-1000万元	1000-5000万元	5000万元以上
卫生、社会保障和社会福利业	Q	**593**	**402**	**43**	**105**	**19**	**24**	
卫生	85	574	387	43	103	17	24	
医院	851	103	19	14	39	13	18	
卫生院及社区医疗活动	852	66	38	5	20	2	1	
门诊部医疗活动	853	357	293	20	37	2	5	
计划生育技术服务活动	854	1		1				
妇幼保健活动	855	2	1		1			
专科疾病防治活动	856	7	4	1	2			
疾病预防控制及防疫活动	857	11	9		2			
其他卫生活动	859	27	23	2	2			
社会保障业	86	3	1		2			
社会保障业	860	3	1		2			
社会福利业	87	16	14			2		
提供住宿的社会福利	871	11	11					
不提供住宿的社会福利	872	5	3			2		
文化、体育和娱乐业	R	**1123**	**464**	**139**	**391**	**73**	**50**	**6**
新闻出版业	88	36	13	5	12	1	4	1
新闻业	881	4	2	2				
出版业	882	32	11	3	12	1	4	1
广播、电视、电影和音像业	89	127	64	16	28	9	9	1
广播	891	1					1	
电视	892	30	13	3	5	4	4	1
电影	893	66	31	9	19	4	3	
音像制作	894	30	20	4	4	1	1	
文化艺术业	90	123	88	16	18		1	
文艺创作与表演	901	37	22	7	8			
艺术表演场馆	902	4	2	1	1			
图书馆与档案馆	903	1	1					
文物及文化保护	904	1	1					
博物馆	905	7	3	1	2		1	
烈士陵园、纪念馆	906							
群众文化活动	907	10	9		1			
文化艺术经纪代理	908	28	22	3	3			
其他文化艺术	909	35	28	4	3			
体育	91	48	28	6	12		1	1
体育组织	911	10	5	3	2			
体育场馆	912	24	12	3	7		1	1
其他体育	919	14	11		3			
娱乐业	92	789	271	96	321	63	35	3
室内娱乐活动	921	546	135	72	253	54	29	3
游乐园	922	22	9	5	7		1	
休闲健身娱乐活动	923	163	99	13	43	4	4	
其他娱乐活动	929	58	28	6	18	5	1	

2-20　按地区、全年营业收入组距分组的企业法人单位数

单位：个

地　区	企业法人单位数	50万元以下	50-100万元	100-500万元	500-1000万元	1000-5000万元	5000万元以上
全　省	**159716**	**51677**	**15201**	**55066**	**11498**	**17683**	**8591**
福州市	**34492**	**12911**	**3636**	**10434**	**2277**	**3350**	**1884**
鼓楼区	10389	5007	1177	2421	579	728	477
台江区	4463	2344	571	938	236	262	112
仓山区	3288	1057	302	1151	158	372	248
马尾区	1419	538	101	328	104	188	160
晋安区	4045	1292	461	1123	329	592	248
闽侯县	1788	346	155	768	147	265	107
连江县	1183	424	112	431	70	97	49
罗源县	498	135	45	144	26	123	25
闽清县	820	284	100	258	43	73	62
永泰县	1138	499	207	322	34	43	33
平潭县	842	203	62	420	97	41	19
福清市	2489	344	176	1246	210	320	193
长乐市	2130	438	167	884	244	246	151
厦门市	**32670**	**12910**	**2957**	**8596**	**2560**	**3814**	**1833**
思明区	15976	7443	1428	3638	1103	1576	788
海沧区	1982	883	158	423	136	216	166
湖里区	8378	2649	775	2525	822	1139	468
集美区	2872	811	262	859	303	428	209
同安区	2357	694	225	874	120	311	133
翔安区	1105	430	109	277	76	144	69
莆田市	**5191**	**1487**	**505**	**1660**	**473**	**594**	**472**
城厢区	1305	397	145	424	101	157	81
涵江区	1391	364	136	499	116	127	149
荔城区	1005	270	105	285	80	120	145
秀屿区	525	155	26	140	77	92	35
仙游县	965	301	93	312	99	98	62
三明市	**10425**	**2533**	**969**	**4261**	**856**	**1306**	**500**
梅列区	1767	515	181	576	147	215	133
三元区	1176	339	107	450	80	141	59
明溪县	365	65	28	157	47	61	7
清流县	397	106	43	151	33	50	14
宁化县	599	83	38	338	61	70	9
大田县	895	240	100	353	57	109	36
尤溪县	1185	311	176	452	93	125	28
沙县	1046	306	85	412	50	136	57
将乐县	622	172	52	288	31	58	21
泰宁县	488	48	17	284	47	78	14
建宁县	412	87	51	175	25	65	9
永安市	1473	261	91	625	185	198	113
泉州市	**33003**	**5160**	**2095**	**16559**	**2602**	**4394**	**2193**
鲤城区	3097	1071	408	905	195	332	186
丰泽区	4003	1030	395	1619	312	438	209
洛江区	1005	473	43	245	55	115	74
泉港区	1190	143	80	671	78	99	119
惠安县	2901	326	126	1606	81	436	326

2-20 续表

单位：个

地 区	企业法人单位数	50万元以下	50-100万元	100-500万元	500-1000万元	1000-5000万元	5000万元以上
安溪县	2510	16	25	2043	104	190	132
永春县	1591	303	97	906	70	126	89
德化县	1069	209	116	477	69	141	57
石狮市	3241	119	197	1961	209	601	154
晋江市	7963	809	519	3768	1001	1247	619
南安市	4433	661	89	2358	428	669	228
漳州市	**15509**	**6463**	**1813**	**4164**	**1017**	**1420**	**632**
芗城区	4095	1522	726	1097	270	305	175
龙文区	1131	388	146	291	88	146	72
云霄县	928	457	107	220	40	82	22
漳浦县	1833	888	208	501	65	132	39
诏安县	632	241	49	183	35	88	36
长泰县	1018	349	64	368	84	113	40
东山县	765	375	80	161	41	81	27
南靖县	889	295	93	277	96	89	39
平和县	660	169	87	210	76	101	17
华安县	427	212	51	109	9	27	19
龙海市	3131	1567	202	747	213	256	146
南平市	**11039**	**4779**	**1251**	**3086**	**651**	**987**	**285**
延平区	3083	1345	339	900	162	239	98
顺昌县	734	287	128	203	40	60	16
浦城县	800	230	105	303	58	90	14
光泽县	475	203	61	140	36	29	6
松溪县	548	253	66	144	43	38	4
政和县	375	85	79	149	34	24	4
邵武市	1118	454	87	297	62	171	47
武夷山市	1587	1013	152	258	68	80	16
建瓯市	1285	446	132	403	98	162	44
建阳市	1034	463	102	289	50	94	36
龙岩市	**8669**	**2514**	**878**	**3133**	**662**	**1056**	**426**
新罗区	3268	931	321	1115	254	413	234
长汀县	984	247	114	396	79	116	32
永定县	1095	449	103	317	69	122	35
上杭县	869	347	96	245	59	74	48
武平县	881	194	76	449	42	108	12
连城县	751	146	79	344	57	96	29
漳平市	821	200	89	267	102	127	36
宁德市	**8718**	**2920**	**1097**	**3173**	**400**	**762**	**366**
蕉城区	1825	775	281	510	68	113	78
霞浦县	805	278	82	250	73	90	32
古田县	1220	608	116	375	36	60	25
屏南县	331	123	65	82	9	40	12
寿宁县	433	162	52	138	26	42	13
周宁县	228	103	34	50	16	15	10
柘荣县	277	63	41	108	30	24	11
福安市	2061	339	256	1081	65	201	119
福鼎市	1538	469	170	579	77	177	66

2-21　按登记注册类型、全年营业收入组距分组的企业法人单位数

单位：个

登记注册类型	代码	企业法人单位数	50万元以下	50-100万元	100-500万元	500-1000万元	1000-5000万元	5000万元以上
总　计		**159716**	**51677**	**15201**	**55066**	**11498**	**17683**	**8591**
内资企业	**100**	**147401**	**49504**	**14801**	**52467**	**10128**	**14437**	**6064**
国有企业	110	5367	1786	522	1377	449	670	563
集体企业	120	7288	2915	893	2468	372	497	143
股份合作企业	130	2126	550	239	819	125	242	151
联营企业	140	602	186	57	193	35	74	57
国有联营企业	141	162	37	14	40	12	26	33
集体联营企业	142	222	86	27	84	9	11	5
国有与集体联营企业	143	61	13	2	22	5	10	9
其他联营企业	149	157	50	14	47	9	27	10
有限责任公司	150	17409	5546	1385	4812	1526	2589	1551
国有独资公司	151	389	122	22	92	34	64	55
其他有限责任公司	159	17020	5424	1363	4720	1492	2525	1496
股份有限公司	160	3155	1041	270	960	181	340	363
私营企业	170	107607	35671	11030	40523	7289	9880	3214
私营独资企业	171	29594	10136	3673	13636	976	1029	144
私营合伙企业	172	12533	4083	1560	5725	609	478	78
私营有限责任公司	173	61533	20239	5412	19551	5438	8015	2878
私营股份有限公司	174	3947	1213	385	1611	266	358	114
其他企业	190	3847	1809	405	1315	151	145	22
港、澳、台商投资企业	**200**	**7604**	**1292**	**267**	**1585**	**900**	**2051**	**1509**
合资经营企业(港或澳、台资)	210	1442	211	41	237	157	419	377
合作经营企业(港或澳、台资)	220	131	35	4	34	10	30	18
港、澳、台商独资经营企业	230	5829	964	213	1260	720	1583	1089
港、澳、台商投资股份有限公司	240	202	82	9	54	13	19	25
外商投资企业	**300**	**4711**	**881**	**133**	**1014**	**470**	**1195**	**1018**
中外合资经营企业	310	1241	214	31	235	138	314	309
中外合作经营企业	320	104	24	5	31	7	24	13
外资企业	330	3203	596	92	705	313	829	668
外商投资股份有限公司	340	163	47	5	43	12	28	28

2-22 按行业（大类）、地区分组的

行　业	代码	全省		福州市	
		单位数	从业人数	单位数	从业人数
总　计		**8183**	**974299**	**2098**	**347379**
农、林、牧、渔业	A	**15**	**5103**		
农业	01	6	4559		
林业	02	6	413		
畜牧业	03	2	76		
渔业	04	1	55		
农、林、牧、渔服务业	05				
采矿业	B	**85**	**35730**	**8**	**1123**
煤炭开采和洗选业	06	20	23218		
石油和天然气开采业	07	1	8	1	8
黑色金属矿采选业	08	8	2453		
有色金属矿采选业	09	13	882	1	5
非金属矿采选业	10	41	9156	6	1110
其他采矿业	11	2	13		
制造业	C	**943**	**149919**	**228**	**34864**
农副食品加工业	13	110	2689	26	763
食品制造业	14	48	4159	14	1054
饮料制造业	15	61	4698	7	743
烟草制品业	16	6	4570	1	7
纺织业	17	21	3576	4	60
纺织服装、鞋、帽制造业	18	22	3288	3	702
皮革、毛皮、羽毛(绒)及其制品业	19	11	195	2	6
木材加工及木、竹、藤、棕、草制品业	20	30	2588	4	779
家具制造业	21	14	232	7	176
造纸及纸制品业	22	27	7405	5	308
印刷业和记录媒介的复制	23	70	6399	22	4522
文教体育用品制造业	24	3	135		
石油加工、炼焦及核燃料加工业	25	6	2547	2	120
化学原料及化学制品制造业	26	59	14075	12	2978
医药制造业	27	13	2851	4	484
化学纤维制造业	28				
橡胶制品业	29	3	169		
塑料制品业	30	19	2433	6	1132
非金属矿物制品业	31	107	13321	20	4645
黑色金属冶炼及压延加工业	32	9	12719	2	710
有色金属冶炼及压延加工业	33	16	10431	1	535
金属制品业	34	20	1916	3	476
通用设备制造业	35	53	7774	14	1433
专用设备制造业	36	44	8303	9	1322
交通运输设备制造业	37	58	14738	16	5807
电气机械及器材制造业	39	41	6140	18	1754
通信设备、计算机及其他电子设备制造业	40	29	10793	10	3324
仪器仪表及文化、办公用机械制造业	41	10	763	5	696
工艺品及其他制造业	42	26	739	9	283
废弃资源和废旧材料回收加工业	43	7	273	2	45
电力、燃气及水的生产和供应业	D	**418**	**74429**	**57**	**22056**
电力、热力的生产和供应业	44	277	60210	34	18721
燃气生产和供应业	45	8	1311	4	764
水的生产和供应业	46	133	12908	19	2571
建筑业	E	**338**	**261864**	**98**	**143350**
房屋和土木工程建筑业	47	213	219806	55	117619
建筑安装业	48	40	23994	9	14465
建筑装饰业	49	23	1476	9	563
其他建筑业	50	62	16588	25	10703

国有控股企业法人单位数及从业人数

单位：个、人

厦门市		莆田市		三明市	
单位数	从业人数	单位数	从业人数	单位数	从业人数
1289	**171349**	**284**	**25694**	**684**	**86650**
				5	**267**
				2	96
				2	145
				1	26
		2	**1820**	**16**	**6211**
				7	5372
				3	80
				4	402
		2	1820	2	357
135	**36372**	**33**	**2264**	**72**	**30489**
8	436	9	195	6	97
4	1842	2	41		
4	344			1	6
1	1195			1	158
3	6	1	23		
1	30	2	1101	1	270
		2	31		
1	1			6	1302
		1	1		
4	327			2	3708
9	425	2	72	6	296
		1	20		
2	121			1	168
6	157	1	9	9	6581
3	1094				
2	11	1	158		
6	686	1	527	1	8
15	2170	1	16	10	1555
				2	11833
5	3248				
8	1263	1	10	2	68
7	2484			9	1515
7	3206			6	2647
15	6706	2	22	4	72
8	3441				
12	7096			3	182
3	41				
1	42	6	38	2	23
9	**2546**	**22**	**2969**	**56**	**8448**
4	910	10	1669	41	7205
		1	323	2	182
5	1636	11	977	13	1061
61	**34883**	**11**	**5445**	**25**	**13606**
28	29710	8	5402	14	11427
9	1229	1	6	6	1534
8	237			1	15
16	3707	2	37	4	630

2-22 续表 1

行　　业	代码	全省		福州市	
		单位数	从业人数	单位数	从业人数
交通运输、仓储和邮政业	F	**661**	**104611**	**145**	**29294**
铁路运输业	51	5	2237	1	367
道路运输业	52	215	31337	44	7089
城市公共交通业	53	67	20249	6	6361
水上运输业	54	64	6408	26	2812
航空运输业	55	11	3525	2	1437
管道运输业	56				
装卸搬运和其他运输服务业	57	138	12630	29	3153
仓储业	58	148	5064	34	1913
邮政业	59	13	23161	3	6162
信息传输、计算机服务和软件业	G	**131**	**29778**	**52**	**13794**
电信和其他信息传输服务业	60	84	27220	31	11822
计算机服务业	61	30	519	14	338
软件业	62	17	2039	7	1634
批发和零售业	H	**2040**	**78840**	**596**	**19844**
批发业	63	1456	55639	446	14827
零售业	65	584	23201	150	5017
住宿和餐饮业	I	**266**	**23301**	**57**	**6619**
住宿业	66	226	20224	49	6252
餐饮业	67	40	3077	8	367
金融业	J	**249**	**102381**	**54**	**47200**
银行业	68	84	73880	20	36817
证券业	69	9	3031	2	2724
保险业	70	109	21207	26	6121
其他金融活动	71	47	4263	6	1538
房地产业	K	**1009**	**32463**	**231**	**8882**
房地产业	72	1009	32463	231	8882
租赁和商务服务业	L	**1100**	**46988**	**297**	**9137**
租赁业	73	17	343	8	74
商务服务业	74	1083	46645	289	9063
科学研究、技术服务和地质勘查业	M	**485**	**16746**	**164**	**9025**
研究与试验发展	75	22	597	10	513
专业技术服务业	76	381	14209	127	7895
科技交流和推广服务业	77	67	1139	22	300
地质勘查业	78	15	801	5	317
水利、环境和公共设施管理业	N	**150**	**5279**	**20**	**442**
水利管理业	79	31	421	6	119
环境管理业	80	25	546	4	182
公共设施管理业	81	94	4312	10	141
居民服务和其他服务业	O	**111**	**2445**	**32**	**686**
居民服务业	82	58	1086	18	248
其他服务业	83	53	1359	14	438
教育	P	**51**	**1002**	**22**	**350**
教育	84	51	1002	22	350
卫生、社会保障和社会福利业	Q	**30**	**592**	**17**	**288**
卫生	85	25	570	16	283
社会保障业	86	1	8		
社会福利业	87	4	14	1	5
文化、体育和娱乐业	R	**101**	**2828**	**20**	**425**
新闻出版业	88	15	824	8	180
广播、电视、电影和音像业	89	48	1084	8	177
文化艺术业	90	9	81	3	43
体育	91	7	150		
娱乐业	92	22	689	1	25

单位：个、人

厦门市		莆田市		三明市	
单位数	从业人数	单位数	从业人数	单位数	从业人数
142	**22425**	**28**	**3967**	**51**	**7405**
1	123				
20	3042	5	919	25	3205
18	7402	7	809	8	1563
9	1600	2	146	2	4
6	1575				
60	6470	7	639	3	415
26	826	6	147	12	215
2	1387	1	1307	1	2003
19	**1966**	**6**	**944**	**7**	**2134**
7	1519	6	944	7	2134
6	125				
6	322				
296	**18129**	**71**	**2221**	**126**	**5270**
237	13058	35	983	98	3732
59	5071	36	1238	28	1538
63	**9538**	**3**	**125**	**17**	**812**
55	8006	3	125	15	780
8	1532			2	32
30	**12239**	**22**	**4545**	**28**	**6667**
11	9787	8	3202	9	5001
2	182			3	96
10	1766	12	861	10	1510
7	504	2	482	6	60
211	**13618**	**27**	**582**	**84**	**1181**
211	13618	27	582	84	1181
175	**13352**	**38**	**514**	**100**	**2669**
3	184	1	6	1	2
172	13168	37	508	99	2667
84	**3046**	**3**	**42**	**63**	**953**
6	37				
63	2312	3	42	54	851
12	542			9	102
3	155				
19	**1335**	**6**	**67**	**16**	**305**
1	17	1	9	5	68
3	164			1	29
15	1154	5	58	10	208
14	**582**	**6**	**75**	**5**	**67**
7	320	5	73		
7	262	1	2	5	67
7	**174**			**4**	**40**
7	174			4	40
2	**25**	**2**	**11**	**1**	**8**
2	25	1	8		
				1	8
		1	3		
22	**1119**	**4**	**103**	**8**	**118**
6	536				
10	279	3	61	5	71
2	3				
2	120			1	8
2	181	1	42	2	39

2-22 续表 2-1

行业	代码	泉州市		漳州市	
		单位数	从业人数	单位数	从业人数
总计		**1004**	**104732**	**1035**	**63350**
农、林、牧、渔业	A			**3**	**4392**
农业	01			2	4342
林业	02				
畜牧业	03			1	50
渔业	04				
农、林、牧、渔服务业	05				
采矿业	B	**15**	**5892**	**11**	**2514**
煤炭开采和洗选业	06	3	2748	1	62
石油和天然气开采业	07				
黑色金属矿采选业	08	2	759		
有色金属矿采选业	09	3	222	1	4
非金属矿采选业	10	7	2163	9	2448
其他采矿业	11				
制造业	C	**141**	**11965**	**166**	**7722**
农副食品加工业	13	14	463	26	369
食品制造业	14	6	852	15	321
饮料制造业	15	26	2449	9	419
烟草制品业	16				
纺织业	17	5	224	4	29
纺织服装、鞋、帽制造业	18	10	551	3	474
皮革、毛皮、羽毛(绒)及其制品业	19	2	45	4	32
木材加工及木、竹、藤、棕、草制品业	20	2	108	8	118
家具制造业	21	1	1	2	6
造纸及纸制品业	22	3	178	7	115
印刷业和记录媒介的复制	23	10	634	9	113
文教体育用品制造业	24			2	115
石油加工、炼焦及核燃料加工业	25	1	2138		
化学原料及化学制品制造业	26	6	1031	9	841
医药制造业	27	1	105	4	1165
化学纤维制造业	28				
橡胶制品业	29				
塑料制品业	30	1	25	3	10
非金属矿物制品业	31	21	1431	16	399
黑色金属冶炼及压延加工业	32			2	27
有色金属冶炼及压延加工业	33	1	72	2	11
金属制品业	34	1	41	2	19
通用设备制造业	35	10	395	10	1910
专用设备制造业	36	7	333	7	600
交通运输设备制造业	37	3	232	11	408
电气机械及器材制造业	39	3	140	3	10
通信设备、计算机及其他电子设备制造业	40	2	186	1	3
仪器仪表及文化、办公用机械制造业	41			2	26
工艺品及其他制造业	42	5	331	1	1
废弃资源和废旧材料回收加工业	43			4	181
电力、燃气及水的生产和供应业	D	**82**	**10300**	**47**	**6668**
电力、热力的生产和供应业	44	60	7957	30	5525
燃气生产和供应业	45	1	42		
水的生产和供应业	46	21	2301	17	1143
建筑业	E	**49**	**31636**	**37**	**14030**
房屋和土木工程建筑业	47	35	26360	27	12216
建筑安装业	48	6	4602	4	1691
建筑装饰业	49	2	266	2	86
其他建筑业	50	6	408	4	37

单位：个、人

南平市		龙岩市		宁德市	
单位数	从业人数	单位数	从业人数	单位数	从业人数
785	**52649**	**486**	**66883**	**518**	**55613**
4	**268**	**1**	**25**	**2**	**151**
		1	25	1	96
4	268				
				1	55
8	**828**	**21**	**17150**	**4**	**192**
1	516	8	14520		
		3	1614		
3	242	1	7		
3	66	8	1000	4	192
1	4	1	9		
79	**15617**	**45**	**7427**	**44**	**3199**
9	98	4	142	8	126
4	8	1	5	2	36
5	201	2	61	7	475
1	1004	2	2206		
3	3006	1	228		
2	160				
1	81				
6	161	3	119		
2	13	1	35		
3	2465	3	304		
2	66	5	139	5	132
9	1638	3	541	4	299
1	3				
		1	45		
9	1890	11	1082	4	133
		2	87	1	62
3	4221	4	2344		
2	36	1	3		
2	10			1	27
7	109	1	86		
2	65			5	1426
2	312			7	483
1	2				
2	21				
1	47				
46	**6549**	**42**	**5729**	**57**	**9164**
29	5441	33	5206	36	7576
17	1108	9	523	21	1588
28	**2992**	**15**	**1546**	**14**	**14376**
24	2658	11	1115	11	13299
1	5	2	415	2	47
1	309				
2	20	2	16	1	1030

2-22 续表 2-2

行业	代码	泉州市		漳州市	
		单位数	从业人数	单位数	从业人数
交通运输、仓储和邮政业	F	**79**	**14685**	**95**	**7430**
铁路运输业	51				
道路运输业	52	24	5677	45	3606
城市公共交通业	53	8	717	7	304
水上运输业	54	7	1080	13	583
航空运输业	55	1	442		
管道运输业	56				
装卸搬运和其他运输服务业	57	11	1230	13	280
仓储业	58	26	672	16	358
邮政业	59	2	4867	1	2299
信息传输、计算机服务和软件业	G	**11**	**4218**	**12**	**2807**
电信和其他信息传输服务业	60	7	4143	7	2776
计算机服务业	61	3	13	4	24
软件业	62	1	62	1	7
批发和零售业	H	**303**	**9754**	**262**	**6058**
批发业	63	176	6640	188	4531
零售业	65	127	3114	74	1527
住宿和餐饮业	I	**21**	**1288**	**29**	**812**
住宿业	66	18	1029	25	750
餐饮业	67	3	259	4	62
金融业	J	**23**	**7328**	**24**	**5681**
银行业	68	11	5509	5	3131
证券业	69				
保险业	70	11	1784	13	2073
其他金融活动	71	1	35	6	477
房地产业	K	**89**	**1627**	**129**	**2239**
房地产业	72	89	1627	129	2239
租赁和商务服务业	L	**102**	**3775**	**141**	**1567**
租赁业	73	1	27		
商务服务业	74	101	3748	141	1567
科学研究、技术服务和地质勘查业	M	**33**	**857**	**33**	**396**
研究与试验发展	75	3	17	3	30
专业技术服务业	76	22	615	25	343
科技交流和推广服务业	77	5	27	4	9
地质勘查业	78	3	198	1	14
水利、环境和公共设施管理业	N	**21**	**604**	**21**	**616**
水利管理业	79	4	49	4	73
环境管理业	80	5	70	6	63
公共设施管理业	81	12	485	11	480
居民服务和其他服务业	O	**17**	**255**	**15**	**232**
居民服务业	82	10	131	8	77
其他服务业	83	7	124	7	155
教育	P	**6**	**132**	**3**	**134**
教育	84	6	132	3	134
卫生、社会保障和社会福利业	Q	**2**	**5**		
卫生	85	1	4		
社会保障业	86				
社会福利业	87	1	1		
文化、体育和娱乐业	R	**10**	**411**	**7**	**52**
新闻出版业	88	1	108		
广播、电视、电影和音像业	89	1	11	5	44
文化艺术业	90	1	2		
体育	91			1	5
娱乐业	92	7	290	1	3

单位：个、人

南平市		龙岩市		宁德市	
单位数	从业人数	单位数	从业人数	单位数	从业人数
55	**6279**	**37**	**3625**	**29**	**9501**
2	1118	1	629		
23	650	18	1471	11	5678
6	1155	2	494	5	1444
1	1			4	182
		2	71		
9	357	2	29	4	57
13	448	11	214	4	271
1	2550	1	717	1	1869
9	**1266**	**8**	**1119**	**7**	**1530**
7	1254	7	1111	5	1517
1	5	1	8	1	6
1	7			1	7
157	**5493**	**96**	**6945**	**133**	**5126**
122	3987	72	5522	82	2359
35	1506	24	1423	51	2767
47	**1929**	**13**	**1365**	**16**	**813**
40	1557	7	995	14	730
7	372	6	370	2	83
21	**5067**	**24**	**8789**	**23**	**4865**
7	4088	6	3066	7	3279
2	29				
3	498	14	5447	10	1147
9	452	4	276	6	439
121	**1522**	**50**	**684**	**67**	**2128**
121	1522	50	684	67	2128
101	**1464**	**75**	**10942**	**71**	**3568**
		1	28	2	22
101	1464	74	10914	69	3546
54	**1202**	**23**	**607**	**28**	**618**
45	1037	18	537	24	577
6	48	5	70	4	41
3	117				
25	**1446**	**9**	**240**	**13**	**224**
3	31	3	14	4	41
5	18			1	20
17	1397	6	226	8	163
10	**382**	**9**	**149**	**3**	**17**
4	123	6	114		
6	259	3	35	3	17
4	**21**	**4**	**147**	**1**	**4**
4	21	4	147	1	4
3	**16**	**3**	**239**		
2	11	3	239		
1	5				
13	**308**	**11**	**155**	**6**	**137**
9	272	3	46	4	123
2	11	1	22		
		2	7	1	10
2	25	5	80	1	4

2-23 按行业（大类）、营业状态分组的

行业	代码	企业法人单位数	营业	停业	筹建
总计		**8183**	**6820**	**815**	**235**
农、林、牧、渔业	A	**15**	**15**		
农业	01	6	6		
林业	02	6	6		
畜牧业	03	2	2		
渔业	04	1	1		
农、林、牧、渔服务业	05				
采矿业	B	**85**	**69**	**7**	**6**
煤炭开采和洗选业	06	20	16		3
石油和天然气开采业	07	1			1
黑色金属矿采选业	08	8	8		
有色金属矿采选业	09	13	9	2	2
非金属矿采选业	10	41	35	4	
其他采矿业	11	2	1	1	
制造业	C	**943**	**721**	**125**	**32**
农副食品加工业	13	110	83	14	5
食品制造业	14	48	27	13	1
饮料制造业	15	61	50	5	1
烟草制品业	16	6	5	1	
纺织业	17	21	15	4	1
纺织服装、鞋、帽制造业	18	22	18	2	
皮革、毛皮、羽毛(绒)及其制品业	19	11	5	3	
木材加工及木、竹、藤、棕、草制品业	20	30	17	9	1
家具制造业	21	14	8	4	1
造纸及纸制品业	22	27	20	4	
印刷业和记录媒介的复制	23	70	62	5	
文教体育用品制造业	24	3	3		
石油加工、炼焦及核燃料加工业	25	6	5		
化学原料及化学制品制造业	26	59	47	6	
医药制造业	27	13	12	1	
化学纤维制造业	28				
橡胶制品业	29	3	1	1	1
塑料制品业	30	19	14	4	1
非金属矿物制品业	31	107	80	14	7
黑色金属冶炼及压延加工业	32	9	6	2	
有色金属冶炼及压延加工业	33	16	12	1	1
金属制品业	34	20	16	3	
通用设备制造业	35	53	45	3	
专用设备制造业	36	44	34	6	2
交通运输设备制造业	37	58	49	6	3
电气机械及器材制造业	39	41	33	6	
通信设备、计算机及其他电子设备制造业	40	29	24	3	
仪器仪表及文化、办公用机械制造业	41	10	8	1	
工艺品及其他制造业	42	26	16	3	7
废弃资源和废旧材料回收加工业	43	7	6	1	
电力、燃气及水的生产和供应业	D	**418**	**383**	**8**	**21**
电力、热力的生产和供应业	44	277	258	6	8
燃气生产和供应业	45	8	7		1
水的生产和供应业	46	133	118	2	12
建筑业	E	**338**	**268**	**39**	**18**
房屋和土木工程建筑业	47	213	161	30	12
建筑安装业	48	40	37	1	2
建筑装饰业	49	23	15	5	2
其他建筑业	50	62	55	3	2

国有控股企业法人单位数及从业人数

单位：个、人

当年关闭	当年破产	其他	从业人数	营业	停业	筹建	当年关闭	当年破产	其他
100	**19**	**194**	**974299**	**954531**	**12241**	**3149**	**980**	**586**	**2812**
			5103	**5103**					
			4559	4559					
			413	413					
			76	76					
			55	55					
3			**35730**	**34810**	**326**	**530**	**64**		
1			23218	22645		511	62		
			8			8			
			2453	2453					
			882	864	7	11			
2			9156	8839	315		2		
			13	9	4				
26	**14**	**25**	**149919**	**145939**	**2319**	**452**	**489**	**181**	**539**
3		5	2689	2358	77	14	10		230
3	1	3	4159	4072	66	1	2	4	14
3	1	1	4698	4567	19	1	106	1	4
			4570	4563	7				
		1	3576	3562	9	1			4
2			3288	3094	111		83		
2		1	195	177	10		3		5
	2	1	2588	2457	21	60		6	44
	1		232	207	9	15		1	
2		1	7405	7267	14		119		5
		3	6399	6294	24				81
			135	135					
1			2547	2511			36		
2	4		14075	14030	30		8	7	
			2851	2848	3				
			169	9	2	158			
			2433	2420	12	1			
3	1	2	13321	12662	266	106	109	150	28
		1	12719	12591	66				62
2			10431	10371	7	48	5		
1			1916	1906	9		1		
	3	2	7774	7749	12			11	2
	1	1	8303	8255	42	4		1	1
			14738	14665	42	31			
1		1	6140	6109	23		4		4
1		1	10793	9331	1409		3		50
		1	763	756	2				5
			739	718	9	12			
			273	255	18				
1		**5**	**74429**	**73811**	**66**	**473**	**1**		**78**
1		4	60210	59737	64	334	1		74
			1311	1308		3			
		1	12908	12766	2	136			4
1		**12**	**261864**	**257839**	**3775**	**175**	**1**		**74**
1		9	219806	215918	3731	98	1		58
			23994	23950		44			
		1	1476	1442	26	5			3
		2	16588	16529	18	28			13

2-23 续表

行　业	代码	企业法人单位数	营业	停业	筹建
交通运输、仓储和邮政业	F	**661**	**571**	**39**	**28**
铁路运输业	51	5	4		
道路运输业	52	215	181	14	11
城市公共交通业	53	67	63		2
水上运输业	54	64	47	13	2
航空运输业	55	11	10		
管道运输业	56				
装卸搬运和其他运输服务业	57	138	131	3	3
仓储业	58	148	122	9	10
邮政业	59	13	13		
信息传输、计算机服务和软件业	G	**131**	**124**	**6**	
电信和其他信息传输服务业	60	84	79	5	
计算机服务业	61	30	29	1	
软件业	62	17	16		
批发和零售业	H	**2040**	**1690**	**271**	**26**
批发业	63	1456	1184	210	23
零售业	65	584	506	61	3
住宿和餐饮业	I	**266**	**249**	**12**	**2**
住宿业	66	226	210	11	2
餐饮业	67	40	39	1	
金融业	J	**249**	**247**	**1**	**1**
银行业	68	84	84		
证券业	69	9	9		
保险业	70	109	108	1	
其他金融活动	71	47	46		1
房地产业	K	**1009**	**814**	**134**	**15**
房地产业	72	1009	814	134	15
租赁和商务服务业	L	**1100**	**867**	**117**	**46**
租赁业	73	17	14	3	
商务服务业	74	1083	853	114	46
科学研究、技术服务和地质勘查业	M	**485**	**435**	**25**	**12**
研究与试验发展	75	22	19	2	1
专业技术服务业	76	381	351	13	8
科技交流和推广服务业	77	67	51	10	2
地质勘查业	78	15	14		1
水利、环境和公共设施管理业	N	**150**	**114**	**11**	**21**
水利管理业	79	31	21	7	3
环境管理业	80	25	18	1	6
公共设施管理业	81	94	75	3	12
居民服务和其他服务业	O	**111**	**94**	**8**	**3**
居民服务业	82	58	51	2	1
其他服务业	83	53	43	6	2
教育	P	**51**	**45**	**3**	
教育	84	51	45	3	
卫生、社会保障和社会福利业	Q	**30**	**27**	**2**	
卫生	85	25	25		
社会保障业	86	1	1		
社会福利业	87	4	1	2	
文化、体育和娱乐业	R	**101**	**87**	**7**	**4**
新闻出版业	88	15	15		
广播、电视、电影和音像业	89	48	39	5	1
文化艺术业	90	9	6	1	2
体育	91	7	7		
娱乐业	92	22	20	1	1

单位：个、人

当年关闭	当年破产	其他	从业人数	营业	停业	筹建	当年关闭	当年破产	其他
7		**16**	**104611**	**103305**	**685**	**319**	**16**		**286**
		1	2237	2105					132
3		6	31337	30626	505	174	3		29
		2	20249	20233		14			2
1		1	6408	6287	91	8	8		14
		1	3525	3518					7
		1	12630	12515	70	29			16
3		4	5064	4860	19	94	5		86
			23161	23161					
1			**29778**	**29771**	**6**		**1**		
			27220	27215	5				
			519	518	1				
1			2039	2038			1		
27	**1**	**25**	**78840**	**75574**	**2480**	**192**	**211**	**2**	**381**
18	1	20	55639	53173	1940	161	71	2	292
9		5	23201	22401	540	31	140		89
2		**1**	**23301**	**23042**	**122**	**90**	**37**		**10**
2		1	20224	19968	119	90	37		10
			3077	3074	3				
			102381	**102371**	**3**	**7**			
			73880	73880					
			3031	3031					
			21207	21204	3				
			4263	4256		7			
9	**1**	**36**	**32463**	**29973**	**1298**	**205**	**36**	**363**	**588**
9	1	36	32463	29973	1298	205	36	363	588
17	**2**	**51**	**46988**	**45120**	**839**	**408**	**62**	**36**	**523**
			343	312	31				
17	2	51	46645	44808	808	408	62	36	523
3		**10**	**16746**	**16395**	**111**	**70**	**7**		**163**
			597	587	2	8			
1		8	14209	13945	50	50	3		161
2		2	1139	1070	59	4	4		2
			801	793		8			
2		**2**	**5279**	**4910**	**81**	**196**	**49**		**43**
			421	331	65	25			
			546	434	1	111			
2		2	4312	4145	15	60	49		43
1	**1**	**4**	**2445**	**2289**	**35**	**25**	**6**	**4**	**86**
	1	3	1086	962	24	18		4	78
1		1	1359	1327	11	7	6		8
		3	**1002**	**979**	**8**				**15**
		3	1002	979	8				15
		1	**592**	**583**	**8**				**1**
			570	570					
			8	8					
		1	14	5	8				1
		3	**2828**	**2717**	**79**	**7**			**25**
			824	824					
		3	1084	1013	45	1			25
			81	44	32	5			
			150	150					
			689	686	2	1			

2-24 按地区、营业状态分组的国有

地区	企业法人单位数	营业	停业	筹建	当年关闭	当年破产
全　省	**8183**	**6820**	**815**	**235**	**100**	**19**
福州市	**2098**	**1722**	**272**	**43**	**22**	**1**
鼓楼区	958	783	140	9	8	
台江区	232	175	39	5	8	
仓山区	111	97	6	7	1	
马尾区	111	90	16	1	1	
晋安区	247	215	17	6	3	1
闽侯县	66	60	4	1		
连江县	77	63	5	7		
罗源县	28	17	8	1		
闽清县	45	33	9	2	1	
永泰县	61	55	6			
平潭县	47	40	7			
福清市	52	46	3	3		
长乐市	63	48	12	1		
厦门市	**1289**	**1189**	**55**	**28**	**4**	
思明区	743	697	31	6	2	
海沧区	104	90	4	7		
湖里区	240	219	10	8		
集美区	90	80	5	5		
同安区	72	66	4	1	1	
翔安区	40	37	1	1	1	
莆田市	**284**	**219**	**24**	**29**	**4**	**2**
城厢区	105	91	6	5	1	1
涵江区	47	40	3	2		1
荔城区	35	24	4	6	1	
秀屿区	52	32	9	5	2	
仙游县	45	32	2	11		
三明市	**684**	**598**	**52**	**26**	**2**	**1**
梅列区	156	135	15	6		
三元区	78	68	6	3		
明溪县	42	39	3			
清流县	30	25	5			
宁化县	24	23	1			
大田县	51	41	6	4		
尤溪县	42	37	3	2		
沙县	52	44	1	5	1	
将乐县	37	34	1	1		
泰宁县	30	28		1		
建宁县	40	34	3	2		
永安市	102	90	8	2	1	1
泉州市	**1004**	**906**	**36**	**24**	**7**	**1**
鲤城区	148	134	2	1		
丰泽区	164	150	10	3	1	
洛江区	34	22	2	7	1	
泉港区	76	71	2	1	2	
惠安县	81	75	2	1		

控股企业法人单位数及从业人数

单位：个、人

其他	从业人数	营业	停业	筹建	当年关闭	当年破产	其他
194	**974299**	**954531**	**12241**	**3149**	**980**	**586**	**2812**
38	**347379**	**343232**	**2690**	**667**	**244**	**4**	**542**
18	201014	199613	986	131	34		250
5	39809	39478	231	27	17		56
	9419	9177	23	101	118		
3	10621	10473	125	7	6		10
5	55648	55202	300	32	62	4	48
1	11256	11172	35	5			44
2	2871	2729	58	60			24
2	1598	1234	236	30			98
	2390	2317	51	15	7		
	1523	1426	97				
	2864	2478	386				
	2930	2648	39	243			
2	5436	5285	123	16			12
13	**171349**	**169258**	**1597**	**318**	**87**		**89**
7	95123	94965	89	12	37		20
3	18167	16699	1408	50			10
3	20421	20060	69	233			59
	24839	24797	26	16			
	7898	7841	4	4	49		
	4901	4896	1	3	1		
6	**25694**	**22980**	**2175**	**424**	**35**	**8**	**72**
1	10301	10195	24	67	3	6	6
1	3210	2968	24	163		2	53
	6426	4368	2023	34	1		
4	3689	3491	86	68	31		13
	2068	1958	18	92			
5	**86650**	**85626**	**300**	**668**	**21**	**3**	**32**
	28058	27974	55	29			
1	14490	14358	104	24			4
	1488	1473	15				
	1444	1430	14				
	1686	1682	4				
	4305	3762	32	511			
	1988	1969	6	13			
1	7926	7862	4	47	3		10
1	1746	1714	26	2			4
1	1844	1829		6			9
1	1008	989	3	11			5
	20667	20584	37	25	18	3	
30	**104732**	**101428**	**2160**	**156**	**105**	**150**	**733**
11	36168	35894	31	1			242
	23439	21962	1441	18	18		
2	635	572	7	27	1		28
	7934	7893	6	30	5		
3	6231	6116	26	1			88

2-24 续表

地　区	企业法人单位数	营业	停业	筹建	当年关闭	当年破产
安溪县	156	149	3			
永春县	84	75	5	3		
德化县	45	37	2		1	1
石狮市	78	72	1	1	1	
晋江市	62	56	1	4		
南安市	76	65	6	3	1	
漳州市	**1035**	**773**	**159**	**37**	**26**	**8**
芗城区	304	246	31	4	9	6
龙文区	56	42	11	2	1	
云霄县	65	56	7	2		
漳浦县	105	77	17	4	1	
诏安县	54	41	8	3	1	
长泰县	54	42	6	5		
东山县	97	76	17	2	1	1
南靖县	44	31	8	3	2	
平和县	42	36	5		1	
华安县	37	34	3			
龙海市	177	92	46	12	10	1
南平市	**785**	**573**	**134**	**20**	**23**	**3**
延平区	208	162	25	8	4	
顺昌县	85	43	28		8	2
浦城县	47	42	4			
光泽县	43	33	7	1		
松溪县	42	27	11	2	1	
政和县	18	13	4		1	
邵武市	95	61	17	2	3	
武夷山市	110	80	21	5	3	
建瓯市	54	46	3	2	2	1
建阳市	83	66	14		1	
龙岩市	**486**	**418**	**31**	**11**	**2**	**1**
新罗区	223	187	18	2	2	
长汀县	37	33	2			
永定县	45	36	4	4		
上杭县	52	46	2	3		1
武平县	46	38	3	1		
连城县	46	44				
漳平市	37	34	2	1		
宁德市	**518**	**422**	**52**	**17**	**10**	**2**
蕉城区	181	139	29	6	4	
霞浦县	52	50	2			
古田县	55	42	8	2	1	1
屏南县	33	28	1	2	1	
寿宁县	39	32		1	1	
周宁县	25	18	4	2		
柘荣县	28	22	1	1		
福安市	52	50	1	1		
福鼎市	53	41	6	2	3	1

单位：个、人

其他	从业人数	营业	停业	筹建	当年关闭	当年破产	其他
4	6254	5945	196				113
1	5889	5762	109	17			1
4	2412	2168	16		16	150	62
3	6445	6342	5	16	65		17
1	4997	4781	1	39			176
1	4328	3993	322	7			6
32	**63350**	**61521**	**869**	**362**	**316**	**21**	**261**
8	35198	34649	282	35	113	16	103
	3902	3682	57	62	101		
	1623	1555	24	44			
6	7969	7872	50	14	4		29
1	1545	1474	47	12	7		5
1	1030	979	21	29			1
	3161	3062	89	4	2	4	
	1694	1535	30	66	63		
	1899	1887	11		1		
	1075	1072	3				
16	4254	3754	255	96	25	1	123
32	**52649**	**51126**	**866**	**131**	**95**	**7**	**424**
9	30442	29919	252	85	11		175
4	2302	2178	66		26	2	30
1	2027	1903	119				5
2	1086	1045	18	1			22
1	913	838	52	7	5		11
	535	515	19		1		
12	6547	6297	55	16	4		175
1	4084	3851	212	16	4		1
	2072	1990	28	6	43	5	
2	2641	2590	45		1		5
23	**66883**	**65375**	**871**	**168**	**55**	**30**	**384**
14	45322	44749	231	32	55		255
2	1699	1676	14				9
1	5860	5258	574	13			15
	4489	4383	5	71		30	
4	2685	2594	36	7			48
2	2686	2629					57
	4142	4086	11	45			
15	**55613**	**53985**	**713**	**255**	**22**	**363**	**275**
3	29096	28447	449	146	12		42
	4945	4941	4				
1	2988	2930	22	22	3		11
1	1538	1429	8	26	3		72
5	2026	1932		1	1		92
1	821	775	18	26			2
4	704	620	19	9			56
	9742	9581	156	5			
	3753	3330	37	20	3	363	

2-25 按行业（大类）、开业时间分组的国有控股企业法人单位数及从业人数

单位：个、人

行业	代码	1949年以前		1950-1977年		1978-1991年		1992-1995年	
		单位数	从业人数	单位数	从业人数	单位数	从业人数	单位数	从业人数
总计		**35**	**10177**	**1070**	**268359**	**1392**	**186400**	**977**	**94336**
农、林、牧、渔业	A			**11**	**5003**	**3**	**88**		
农业	01			5	4547	1	12		
林业	02			5	401				
畜牧业	03					2	76		
渔业	04			1	55				
农、林、牧、渔服务业	05								
采矿业	B			**24**	**14722**	**12**	**1564**	**8**	**1060**
煤炭开采和洗选业	06			7	6989	3	593		
石油和天然气开采业	07								
黑色金属矿采选业	08			2	1109	2	342	1	23
有色金属矿采选业	09					3	113		
非金属矿采选业	10			15	6624	4	516	6	1028
其他采矿业	11							1	9
制造业	C	**8**	**2357**	**204**	**41841**	**171**	**24084**	**117**	**27638**
农副食品加工业	13			27	865	24	354	11	264
食品制造业	14	1	50	17	2080	12	153	5	616
饮料制造业	15			13	391	8	2112	13	977
烟草制品业	16			3	3151				
纺织业	17			3	11	5	221	4	3066
纺织服装、鞋、帽制造业	18					5	301		
皮革、毛皮、羽毛(绒)及其制品业	19			4	12			1	81
木材加工及木、竹、藤、棕、草制品业	20			6	85	8	877	3	1246
家具制造业	21			2	80	1	2	4	88
造纸及纸制品业	22			7	345	9	476	5	6220
印刷业和记录媒介的复制	23	5	882	17	1294	13	769	7	1307
文教体育用品制造业	24			1	95	2	40		
石油加工、炼焦及核燃料加工业	25							2	160
化学原料及化学制品制造业	26			16	5574	6	1342	3	57
医药制造业	27			3	133			2	294
化学纤维制造业	28								
橡胶制品业	29					1	2		
塑料制品业	30			2	349	4	46	3	252
非金属矿物制品业	31	1	3	18	2769	14	1847	18	1753
黑色金属冶炼及压延加工业	32			3	11839	3	806	1	26
有色金属冶炼及压延加工业	33			2	3605	2	1404	3	1380
金属制品业	34					3	103	7	522
通用设备制造业	35			17	3284	9	1359	4	398
专用设备制造业	36			15	3449	3	39	6	2862
交通运输设备制造业	37	1	1422	13	1740	11	4033	6	4491
电气机械及器材制造业	39			7	328	10	387	5	1114
通信设备、计算机及其他电子设备制造业	40			5	286	8	7202	1	342
仪器仪表及文化、办公用机械制造业	41			3	76	2	23	2	90
工艺品及其他制造业	42					8	186	1	32
废弃资源和废旧材料回收加工业	43								
电力、燃气及水的生产和供应业	D	**7**	**3263**	**61**	**13655**	**104**	**13509**	**42**	**6588**
电力、热力的生产和供应业	44	6	3160	36	10008	61	8695	34	5700
燃气生产和供应业	45					3	857		
水的生产和供应业	46	1	103	25	3647	40	3957	8	888
建筑业	E			**36**	**136941**	**39**	**40711**	**49**	**26491**
房屋和土木工程建筑业	47			29	127522	22	37928	31	19678
建筑安装业	48			4	7873	4	629	6	1541
建筑装饰业	49					5	224	5	970
其他建筑业	50			3	1546	8	1930	7	4302

2-25 续表 1 单位：个、人

行 业	代码	1949年以前		1950-1977年		1978-1991年		1992-1995年	
		单位数	从业人数	单位数	从业人数	单位数	从业人数	单位数	从业人数
交通运输、仓储和邮政业	F	**2**	**1396**	**72**	**28382**	**84**	**5177**	**60**	**3622**
铁路运输业	51			1	132	1	123		
道路运输业	52	1	89	21	14064	25	1448	17	649
城市公共交通业	53			11	4049	11	1297	2	51
水上运输业	54			9	2583	10	727	7	673
航空运输业	55							2	546
管道运输业	56								
装卸搬运和其他运输服务业	57			5	943	14	987	19	1186
仓储业	58			24	874	23	595	12	205
邮政业	59	1	1307	1	5737			1	312
信息传输、计算机服务和软件业	G	**1**	**94**			**1**	**1344**	**8**	**366**
电信和其他信息传输服务业	60	1	94					4	310
计算机服务业	61							4	56
软件业	62					1	1344		
批发和零售业	H	**5**	**247**	**348**	**10943**	**443**	**23571**	**244**	**8167**
批发业	63	4	151	232	7195	353	21564	203	7866
零售业	65	1	96	116	3748	90	2007	41	301
住宿和餐饮业	I			**37**	**2372**	**58**	**6242**	**40**	**2202**
住宿业	66			29	1976	53	6016	36	1717
餐饮业	67			8	396	5	226	4	485
金融业	J	**3**	**2273**	**6**	**5919**	**46**	**55272**	**8**	**2322**
银行业	68	2	2113	6	5919	38	53757	4	2130
证券业	69					2	712	2	182
保险业	70	1	160			3	741		
其他金融活动	71					3	62	2	10
房地产业	K	**3**	**67**	**158**	**3313**	**168**	**3537**	**165**	**8512**
房地产业	72	3	67	158	3313	168	3537	165	8512
租赁和商务服务业	L	**4**	**431**	**67**	**2577**	**134**	**7341**	**129**	**3830**
租赁业	73			1	11	4	54	2	4
商务服务业	74	4	431	66	2566	130	7287	127	3826
科学研究、技术服务和地质勘查业	M			**17**	**2188**	**65**	**2583**	**75**	**2525**
研究与试验发展	75			1	6	1	1	4	58
专业技术服务业	76			11	2047	45	2167	56	2180
科技交流和推广服务业	77			4	29	13	163	13	101
地质勘查业	78			1	106	6	252	2	186
水利、环境和公共设施管理业	N			**3**	**20**	**13**	**208**	**14**	**499**
水利管理业	79			3	20	9	159	5	91
环境管理业	80					1	1		
公共设施管理业	81					3	48	9	408
居民服务和其他服务业	O			**9**	**140**	**20**	**318**	**6**	**113**
居民服务业	82			7	119	9	151	1	4
其他服务业	83			2	21	11	167	5	109
教育	P					**2**	**34**	**3**	**91**
教育	84					2	34	3	91
卫生、社会保障和社会福利业	Q			**5**	**139**	**9**	**269**	**2**	**8**
卫生	85			5	139	9	269	2	8
社会保障业	86								
社会福利业	87								
文化、体育和娱乐业	R	**2**	**49**	**12**	**204**	**20**	**548**	**7**	**302**
新闻出版业	88			1	29	3	125	2	42
广播、电视、电影和音像业	89	2	49	11	175	15	388	1	1
文化艺术业	90					1	32		
体育	91							1	3
娱乐业	92					1	3	3	256

2-25 续表 2-1

单位：个、人

行 业	代码	1996-2000年		2001-2004年		2005年	
		单位数	从业人数	单位数	从业人数	单位数	从业人数
总 计		**1699**	**179974**	**1504**	**139981**	**377**	**23939**
农、林、牧、渔业	A			**1**	**12**		
农业	01						
林业	02			1	12		
畜牧业	03						
渔业	04						
农、林、牧、渔服务业	05						
采矿业	B	**12**	**3769**	**15**	**13140**	**4**	**465**
煤炭开采和洗选业	06	3	2466	3	12143	2	453
石油和天然气开采业	07						
黑色金属矿采选业	08	1	505	1	466	1	8
有色金属矿采选业	09	5	658	1	35	1	4
非金属矿采选业	10	2	136	10	496		
其他采矿业	11	1	4				
制造业	C	**163**	**27783**	**132**	**12373**	**30**	**4147**
农副食品加工业	13	26	482	10	477	2	25
食品制造业	14	8	964	3	288		
饮料制造业	15	10	325	7	723	4	90
烟草制品业	16	2	1162	1	257		
纺织业	17	3	152	4	90		
纺织服装、鞋、帽制造业	18	4	326	8	2225	1	65
皮革、毛皮、羽毛(绒)及其制品业	19			3	42		
木材加工及木、竹、藤、棕、草制品业	20	6	109	2	144	1	22
家具制造业	21	2	26			1	1
造纸及纸制品业	22	2	66	3	256		
印刷业和记录媒介的复制	23	12	1731	11	287	3	71
文教体育用品制造业	24						
石油加工、炼焦及核燃料加工业	25	2	213	1	36		
化学原料及化学制品制造业	26	13	5670	8	555		
医药制造业	27	5	1372	2	1041	1	11
化学纤维制造业	28						
橡胶制品业	29			1	9		
塑料制品业	30	4	1663	2	68	1	25
非金属矿物制品业	31	14	2085	22	1556	3	2843
黑色金属冶炼及压延加工业	32			1	25	1	23
有色金属冶炼及压延加工业	33	3	2745	2	213	1	619
金属制品业	34	3	1213	5	63	2	15
通用设备制造业	35	14	2546	5	125	2	47
专用设备制造业	36	8	1498	6	295	1	92
交通运输设备制造业	37	8	739	8	2021	2	54
电气机械及器材制造业	39	5	724	8	678		
通信设备、计算机及其他电子设备制造业	40	4	1639	4	285	2	122
仪器仪表及文化、办公用机械制造业	41			2	569		
工艺品及其他制造业	42	2	185	1	10	2	22
废弃资源和废旧材料回收加工业	43	3	148	2	35		
电力、燃气及水的生产和供应业	D	**80**	**19369**	**65**	**9140**	**23**	**4353**
电力、热力的生产和供应业	44	53	17547	50	7303	15	3505
燃气生产和供应业	45	2	92	2	359		
水的生产和供应业	46	25	1730	13	1478	8	848
建筑业	E	**68**	**31699**	**74**	**19854**	**17**	**2635**
房屋和土木工程建筑业	47	41	17429	42	12789	14	2525
建筑安装业	48	11	9683	11	4168		
建筑装饰业	49	5	209	2	12	1	20
其他建筑业	50	11	4378	19	2885	2	90

2-25 续表 2-2 单位：个、人

行 业	代码	1996-2000年		2001-2004年		2005年	
		单位数	从业人数	单位数	从业人数	单位数	从业人数
交通运输、仓储和邮政业	F	**152**	**29791**	**140**	**21816**	**29**	**2837**
铁路运输业	51	1	986	1	367		
道路运输业	52	52	6726	51	6059	9	378
城市公共交通业	53	7	1250	7	6728	3	340
水上运输业	54	17	1312	12	644	2	177
航空运输业	55	1	19	7	2956	1	4
管道运输业	56						
装卸搬运和其他运输服务业	57	34	2631	31	3608	11	1892
仓储业	58	31	1172	31	1454	3	46
邮政业	59	9	15695				
信息传输、计算机服务和软件业	G	**42**	**7289**	**48**	**12677**	**10**	**354**
电信和其他信息传输服务业	60	33	7081	36	12122	5	282
计算机服务业	61	7	93	8	294	3	33
软件业	62	2	115	4	261	2	39
批发和零售业	H	**415**	**15738**	**300**	**9007**	**71**	**2164**
批发业	63	300	11601	185	3848	35	642
零售业	65	115	4137	115	5159	36	1522
住宿和餐饮业	I	**62**	**6016**	**32**	**4105**	**9**	**443**
住宿业	66	55	5359	26	3487	7	361
餐饮业	67	7	657	6	618	2	82
金融业	J	**53**	**18392**	**49**	**6116**	**14**	**1768**
银行业	68	20	6704	3	634	2	405
证券业	69	4	2115				
保险业	70	21	9474	31	5227	10	1349
其他金融活动	71	8	99	15	255	2	14
房地产业	K	**226**	**7841**	**142**	**5097**	**32**	**1503**
房地产业	72	226	7841	142	5097	32	1503
租赁和商务服务业	L	**239**	**4928**	**266**	**20101**	**79**	**1804**
租赁业	73	4	78	1	5		
商务服务业	74	235	4850	265	20096	79	1804
科学研究、技术服务和地质勘查业	M	**94**	**3505**	**138**	**4126**	**26**	**616**
研究与试验发展	75	8	468	3	27	1	8
专业技术服务业	76	70	2436	122	3804	23	549
科技交流和推广服务业	77	15	545	9	102	2	59
地质勘查业	78	1	56	4	193		
水利、环境和公共设施管理业	N	**34**	**2523**	**41**	**1150**	**10**	**150**
水利管理业	79	3	23	3	49	2	21
环境管理业	80	10	111	7	315	3	43
公共设施管理业	81	21	2389	31	786	5	86
居民服务和其他服务业	O	**24**	**534**	**26**	**616**	**7**	**175**
居民服务业	82	15	238	15	434	3	36
其他服务业	83	9	296	11	182	4	139
教育	P	**14**	**263**	**14**	**209**	**6**	**220**
教育	84	14	263	14	209	6	220
卫生、社会保障和社会福利业	Q	**3**	**9**	**3**	**18**	**4**	**121**
卫生	85	3	9	1	9	3	118
社会保障业	86			1	8		
社会福利业	87			1	1	1	3
文化、体育和娱乐业	R	**18**	**525**	**18**	**424**	**6**	**184**
新闻出版业	88	4	298	1	16	1	29
广播、电视、电影和音像业	89	4	100	8	173	2	140
文化艺术业	90			2	10	1	2
体育	91	1	8	3	125	1	10
娱乐业	92	9	119	4	100	1	3

2-25 续表 3-1 单位：个、人

行业	代码	2006年		2007年		2008年		其他(不详)	
		单位数	从业人数	单位数	从业人数	单位数	从业人数	单位数	从业人数
总　计		**355**	**29084**	**413**	**25779**	**347**	**16140**	**14**	**130**
农、林、牧、渔业	A								
农业	01								
林业	02								
畜牧业	03								
渔业	04								
农、林、牧、渔服务业	05								
采矿业	B	**3**	**379**	**5**	**565**	**2**	**66**		
煤炭开采和洗选业	06			1	516	1	58		
石油和天然气开采业	07					1	8		
黑色金属矿采选业	08								
有色金属矿采选业	09	1	40	2	32				
非金属矿采选业	10	2	339	2	17				
其他采矿业	11								
制造业	C	**40**	**4165**	**43**	**4458**	**29**	**1050**	**6**	**23**
农副食品加工业	13	2	9	7	212	1	1		
食品制造业	14	1	1			1	7		
饮料制造业	15	2	11	3	68	1	1		
烟草制品业	16								
纺织业	17			2	36				
纺织服装、鞋、帽制造业	18	3	350	1	21				
皮革、毛皮、羽毛(绒)及其制品业	19	1	15	2	45				
木材加工及木、竹、藤、棕、草制品业	20	1	27	2	18	1	60		
家具制造业	21			2	13	2	22		
造纸及纸制品业	22	1	42						
印刷业和记录媒介的复制	23	2	58						
文教体育用品制造业	24								
石油加工、炼焦及核燃料加工业	25			1	2138				
化学原料及化学制品制造业	26	6	93	5	734	2	50		
医药制造业	27								
化学纤维制造业	28								
橡胶制品业	29					1	158		
塑料制品业	30			2	29	1	1		
非金属矿物制品业	31	6	210	2	95	5	139	4	21
黑色金属冶炼及压延加工业	32								
有色金属冶炼及压延加工业	33	3	465						
金属制品业	34								
通用设备制造业	35	2	15						
专用设备制造业	36	2	25	2	42			1	1
交通运输设备制造业	37	3	43	1	38	5	157		
电气机械及器材制造业	39	1	2348	2	118	3	443		
通信设备、计算机及其他电子设备制造业	40	2	331	3	586				
仪器仪表及文化、办公用机械制造业	41			1	5				
工艺品及其他制造业	42	1	45	4	247	6	11	1	1
废弃资源和废旧材料回收加工业	43	1	77	1	13				
电力、燃气及水的生产和供应业	D	**11**	**1904**	**7**	**2110**	**17**	**533**	**1**	**5**
电力、热力的生产和供应业	44	9	1840	5	2051	8	401		
燃气生产和供应业	45					1	3		
水的生产和供应业	46	2	64	2	59	8	129	1	5
建筑业	E	**13**	**764**	**18**	**1217**	**24**	**1552**		
房屋和土木工程建筑业	47	8	586	12	931	14	418		
建筑安装业	48	2	36	1	56	1	8		
建筑装饰业	49	2	26			3	15		
其他建筑业	50	1	116	5	230	6	1111		

2-25　续表 3-2　　　　单位：个、人

行　业	代码	2006年		2007年		2008年		其他(不详)	
		单位数	从业人数	单位数	从业人数	单位数	从业人数	单位数	从业人数
交通运输、仓储和邮政业	F	**47**	**7123**	**45**	**2291**	**29**	**2175**	**1**	**1**
铁路运输业	51			1	629				
道路运输业	52	11	613	18	747	9	563	1	1
城市公共交通业	53	13	5195	6	365	7	974		
水上运输业	54	4	140	2	147	1	5		
航空运输业	55								
管道运输业	56								
装卸搬运和其他运输服务业	57	10	996	10	324	4	63		
仓储业	58	9	179	8	79	7	460		
邮政业	59					1	110		
信息传输、计算机服务和软件业	G	**11**	**7484**	**5**	**30**	**5**	**140**		
电信和其他信息传输服务业	60	4	7316			1	15		
计算机服务业	61	1	2	5	30	2	11		
软件业	62	6	166			2	114		
批发和零售业	H	**59**	**1369**	**98**	**7008**	**57**	**626**		
批发业	63	41	1001	61	1286	42	485		
零售业	65	18	368	37	5722	15	141		
住宿和餐饮业	I	**6**	**471**	**13**	**1043**	**9**	**407**		
住宿业	66	5	277	8	635	7	396		
餐饮业	67	1	194	5	408	2	11		
金融业	J	**13**	**1661**	**22**	**1802**	**35**	**6856**		
银行业	68	4	626	3	547	2	1045		
证券业	69					1	22		
保险业	70	6	992	16	1217	21	2047		
其他金融活动	71	3	43	3	38	11	3742		
房地产业	K	**44**	**976**	**35**	**816**	**31**	**715**	**5**	**86**
房地产业	72	44	976	35	816	31	715	5	86
租赁和商务服务业	L	**56**	**1336**	**68**	**3260**	**57**	**1365**	**1**	**15**
租赁业	73	1	5	2	172	2	14		
商务服务业	74	55	1331	66	3088	55	1351	1	15
科学研究、技术服务和地质勘查业	M	**17**	**452**	**27**	**580**	**26**	**171**		
研究与试验发展	75	1	8	3	21				
专业技术服务业	76	13	412	18	455	23	159		
科技交流和推广服务业	77	3	32	6	104	2	4		
地质勘查业	78					1	8		
水利、环境和公共设施管理业	N	**10**	**142**	**13**	**376**	**12**	**211**		
水利管理业	79	3	38	2	17	1	3		
环境管理业	80			2	64	2	12		
公共设施管理业	81	7	104	9	295	9	196		
居民服务和其他服务业	O	**9**	**344**	**5**	**172**	**5**	**33**		
居民服务业	82	2	28	3	66	3	10		
其他服务业	83	7	316	2	106	2	23		
教育	P	**7**	**161**	**2**	**12**	**3**	**12**		
教育	84	7	161	2	12	3	12		
卫生、社会保障和社会福利业	Q	**1**	**5**	**3**	**23**				
卫生	85			2	18				
社会保障业	86								
社会福利业	87	1	5	1	5				
文化、体育和娱乐业	R	**8**	**348**	**4**	**16**	**6**	**228**		
新闻出版业	88	3	285						
广播、电视、电影和音像业	89	1	38	1	8	3	12		
文化艺术业	90	2	11	2	4	1	22		
体育	91			1	4				
娱乐业	92	2	14			2	194		

2-26 按地区、开业时间分组的国有控股企业法人单位数及从业人数

单位：个、人

地区	1949年以前		1950-1977年		1978-1991年		1992-1995年	
	单位数	从业人数	单位数	从业人数	单位数	从业人数	单位数	从业人数
全　省	**35**	**10177**	**1070**	**268359**	**1392**	**186400**	**977**	**94336**
福州市	**9**	**2564**	**249**	**116245**	**411**	**77400**	**315**	**26176**
鼓楼区	4	639	54	65381	203	54981	185	12416
台江区	1	111	37	9064	51	5130	21	2480
仓山区	2	298	15	1635	12	496	16	809
马尾区	1	1422	7	2354	16	1871	13	1766
晋安区			18	31080	47	12167	46	2651
闽侯县			14	797	10	214	5	3599
连江县			23	1412	14	282	4	220
罗源县			8	368	7	459	3	117
闽清县	1	94	23	1302	7	77	4	31
永泰县			14	786	17	185	7	159
平潭县			16	1372	5	61	3	146
福清市			6	264	9	416	6	688
长乐市			14	430	13	1061	2	1094
厦门市	**5**	**1330**	**56**	**8937**	**183**	**39630**	**194**	**37687**
思明区	5	1330	32	4063	140	27770	110	14600
海沧区			4	1222	4	1720	20	5985
湖里区			3	387	24	2432	38	5095
集美区			7	470	8	7217	14	11327
同安区			10	2795	6	483	10	322
翔安区					1	8	2	358
莆田市	**2**	**2082**	**28**	**5761**	**47**	**7216**	**25**	**1860**
城厢区			9	1390	21	5613	9	1072
涵江区			6	208	9	482	5	38
荔城区	1	1307	4	2113	3	61	1	303
秀屿区			7	1951	5	628	4	98
仙游县	1	775	2	99	9	432	6	349
三明市	**2**	**779**	**90**	**37504**	**99**	**8694**	**71**	**6751**
梅列区			11	13256	26	3320	16	321
三元区			14	7446	5	168	9	145
明溪县			11	543	6	285	2	136
清流县			2	85	8	713	2	6
宁化县			8	622	7	610		
大田县			9	2490	8	289	6	177
尤溪县			4	219	4	258	7	52
沙县	1	507	5	1254	6	198	7	3969
将乐县	1	272	7	170	5	500	3	14
泰宁县			1	68	4	566	1	11
建宁县			2	72	6	233	2	10
永安市			16	11279	14	1554	16	1910
泉州市	**7**	**2123**	**152**	**38839**	**152**	**16270**	**87**	**5243**
鲤城区	1	296	29	21336	26	2183	17	1074
丰泽区	2	1185	7	4787	28	4415	13	567
洛江区			1	9	1	35	1	26
泉港区	1	25	4	1801	4	506	3	49
惠安县			26	2021	9	2247	3	321

2-26 续表 1

单位：个、人

地 区	1949年以前		1950–1977年		1978–1991年		1992–1995年	
	单位数	从业人数	单位数	从业人数	单位数	从业人数	单位数	从业人数
安溪县			22	1531	26	2253	19	803
永春县	2	521	20	3543	18	787	5	177
德化县			8	501	8	643	5	176
石狮市			6	78	21	2233	4	436
晋江市			8	736	4	454	6	1402
南安市	1	96	21	2496	7	514	11	212
漳州市	**2**	**488**	**196**	**24325**	**210**	**11730**	**105**	**2346**
芗城区	1	3	46	12672	63	6261	36	434
龙文区			4	166	3	250	5	479
云霄县			18	287	17	911	7	52
漳浦县			19	6492	19	428	4	41
诏安县			12	182	14	861	3	273
长泰县			14	454	5	20	4	28
东山县			25	1237	28	1078	14	102
南靖县	1	485	2	199	8	349	4	153
平和县			12	1223	7	241	2	4
华安县			1	52	9	732	6	72
龙海市			43	1361	37	599	20	708
南平市	**2**	**117**	**158**	**11670**	**129**	**8388**	**72**	**8912**
延平区	1	14	28	6277	33	5781	30	7819
顺昌县			36	262	14	831	10	164
浦城县			17	475	12	280	1	60
光泽县			7	540	7	25	4	10
松溪县			9	551	6	37	1	11
政和县			3	87	7	58	1	14
邵武市			23	2559	20	359	4	202
武夷山市			4	135	7	238	13	512
建瓯市			10	330	7	626	5	61
建阳市	1	103	21	454	16	153	3	59
龙岩市	**3**	**621**	**42**	**8834**	**83**	**9607**	**52**	**2395**
新罗区	1	6	26	5274	38	5417	23	595
长汀县			1	39	3	363	4	29
永定县			2	64	10	1849	4	748
上杭县	1	603	3	54	12	488	10	393
武平县			6	835	8	675	3	47
连城县	1	12	2	448	7	275	4	134
漳平市			2	2120	5	540	4	449
宁德市	**3**	**73**	**99**	**16244**	**78**	**7465**	**56**	**2966**
蕉城区	1	58	27	6581	20	3619	18	1946
霞浦县			8	737	14	909	4	78
古田县	2	15	17	1649	13	319	7	139
屏南县			5	81	4	51	2	44
寿宁县			11	226	4	189	1	3
周宁县			7	89	3	159	3	102
柘荣县			6	287	5	112	2	15
福安市			12	5301	12	1871	5	344
福鼎市			6	1293	3	236	14	295

2-26 续表 2-1

单位：个、人

地 区	1996-2000年		2001-2004年		2005年	
	单位数	从业人数	单位数	从业人数	单位数	从业人数
全 省	**1699**	**179974**	**1504**	**139981**	**377**	**23939**
福州市	**448**	**64669**	**355**	**37665**	**72**	**5793**
鼓楼区	216	45246	177	15013	28	1512
台江区	50	4012	34	11077	9	122
仓山区	16	3851	23	1665	5	397
马尾区	31	786	28	1769	6	239
晋安区	51	4911	38	3688	5	98
闽侯县	18	3116	10	675	4	2746
连江县	12	224	13	642	2	24
罗源县	4	154	3	205	1	140
闽清县	4	813	3	57		
永泰县	11	303	4	29	1	12
平潭县	9	236	2	33	4	427
福清市	9	195	11	976	4	43
长乐市	17	822	9	1836	3	33
厦门市	**256**	**28864**	**279**	**28128**	**84**	**5692**
思明区	140	15296	164	18052	44	3616
海沧区	23	4297	22	2956	6	851
湖里区	60	4094	65	5616	14	514
集美区	18	3026	14	683	8	291
同安区	8	435	11	310	5	42
翔安区	7	1716	3	511	7	378
莆田市	**50**	**2925**	**42**	**3335**	**15**	**299**
城厢区	12	904	27	764	6	63
涵江区	9	1052	8	1202	4	17
荔城区	8	627	1	878	1	22
秀屿区	12	184	4	485	2	39
仙游县	9	158	2	6	2	158
三明市	**142**	**17401**	**152**	**7980**	**33**	**1507**
梅列区	33	6390	43	2377	2	73
三元区	24	5317	14	1252	4	67
明溪县	5	104	13	358	2	13
清流县	4	109	6	167	3	67
宁化县	5	124	2	23	1	22
大田县	7	108	9	130	6	977
尤溪县	10	353	11	1005	2	32
沙县	13	938	10	726	1	18
将乐县	6	334	6	127	4	114
泰宁县	7	218	9	542		
建宁县	7	188	10	52	3	12
永安市	21	3218	19	1221	5	112
泉州市	**242**	**18016**	**177**	**13928**	**56**	**2497**
鲤城区	30	5886	27	4960	5	16
丰泽区	38	6057	31	4514	19	595
洛江区	16	246	9	289	1	16
泉港区	28	1611	14	581	6	208
惠安县	18	539	16	730	2	72

2-26 续表 2-2

单位：个、人

地区	1996-2000年		2001-2004年		2005年	
	单位数	从业人数	单位数	从业人数	单位数	从业人数
安溪县	37	688	25	547	9	151
永春县	19	416	10	302	2	28
德化县	13	445	5	528	1	8
石狮市	15	925	16	1017	6	1291
晋江市	15	618	15	371	2	16
南安市	13	585	9	89	3	96
漳州市	**213**	**12362**	**136**	**7200**	**35**	**746**
芗城区	53	8760	45	4430	13	471
龙文区	17	1763	14	982	1	60
云霄县	9	86	6	123	1	3
漳浦县	29	471	19	382	6	60
诏安县	11	142	8	50		
长泰县	11	182	4	146	3	12
东山县	16	149	6	536		
南靖县	12	221	5	58	4	55
平和县	8	111	8	57	1	42
华安县	12	114	2	53	1	2
龙海市	35	363	19	383	5	41
南平市	**137**	**10766**	**162**	**5663**	**36**	**2866**
延平区	47	5837	42	2152	7	858
顺昌县	9	123	11	192	5	730
浦城县	5	301	8	264		
光泽县	7	145	11	161	1	1
松溪县	4	83	13	142	6	72
政和县	1	10	4	303		
邵武市	13	1864	18	723	4	27
武夷山市	30	1761	27	785	6	369
建瓯市	10	439	11	461	2	16
建阳市	11	203	17	480	5	793
龙岩市	**102**	**11153**	**110**	**28092**	**25**	**1660**
新罗区	48	7376	49	23161	10	635
长汀县	9	192	9	366	2	14
永定县	8	745	11	2234	1	11
上杭县	10	2060	10	375	1	27
武平县	6	137	8	264	6	586
连城县	12	456	14	1310	2	11
漳平市	9	187	9	382	3	376
宁德市	**109**	**13818**	**91**	**7990**	**21**	**2879**
蕉城区	48	12099	30	2350	9	498
霞浦县	8	277	5	493	6	2325
古田县	6	61	9	803		
屏南县	9	344	7	942		
寿宁县	10	251	7	236	1	4
周宁县	4	136	5	297		
柘荣县	6	117	6	155	1	6
福安市	10	157	6	1378	2	30
福鼎市	8	376	16	1336	2	16

2-26 续表 3-1

单位：个、人

地　区	2006年		2007年		2008年		其他(不详)	
	单位数	从业人数	单位数	从业人数	单位数	从业人数	单位数	从业人数
全　省	**355**	**29084**	**413**	**25779**	**347**	**16140**	**14**	**130**
福州市	**72**	**9857**	**87**	**2963**	**77**	**3975**	**3**	**72**
鼓楼区	32	1179	35	1705	23	2885	1	57
台江区	11	7397	7	137	11	279		
仓山区	4	43	6	101	12	124		
马尾区	1	8	5	87	3	319		
晋安区	8	253	19	635	14	151	1	14
闽侯县	2	72	1	30	2	7		
连江县	3	23	5	40	1	4		
罗源县	1	60	1	95				
闽清县	1	1			2	15		
永泰县	1	4	3	22	3	23		
平潭县	4	477	2	63	2	49		
福清市	3	260	1	4	2	83	1	1
长乐市	1	80	2	44	2	36		
厦门市	**89**	**11581**	**82**	**6205**	**61**	**3295**		
思明区	41	4730	41	3403	26	2263		
海沧区	10	576	11	511	4	49		
湖里区	15	1259	9	565	12	459		
集美区	6	742	8	972	7	111		
同安区	9	3101	8	219	5	191		
翔安区	8	1173	5	535	7	222		
莆田市	**12**	**246**	**27**	**929**	**35**	**1026**	**1**	**15**
城厢区	3	151	9	157	9	187		
涵江区			2	35	4	176		
荔城区	2	30	5	558	8	512	1	15
秀屿区	5	35	7	160	6	109		
仙游县	2	30	4	19	8	42		
三明市	**30**	**1544**	**38**	**2776**	**26**	**1696**	**1**	**18**
梅列区	7	262	9	822	9	1237		
三元区	2	25	4	47	2	23		
明溪县	3	49						
清流县	1	270	4	27				
宁化县	1	285						
大田县	2	37	3	39	1	58		
尤溪县	3	59			1	10		
沙县			4	271	5	45		
将乐县	1	84	3	125	1	6		
泰宁县	2	58	3	91	3	290		
建宁县	5	325	2	96	3	20		
永安市	3	90	6	1258	1	7	1	18
泉州市	**47**	**1253**	**53**	**5659**	**30**	**903**	**1**	**1**
鲤城区	2	20	5	318	6	79		
丰泽区	8	423	12	362	6	534		
洛江区	1	6	2	2	2	6		
泉港区	7	169	7	2972	2	12		
惠安县	2	34	3	222	1	44	1	1

2-26 续表 3-2 单位：个、人

地 区	2006年		2007年		2008年		其他(不详)	
	单位数	从业人数	单位数	从业人数	单位数	从业人数	单位数	从业人数
安溪县	10	138	7	129	1	14		
永春县	1	8	3	72	4	35		
德化县	2	98	2	10	1	3		
石狮市	6	61	2	314	2	90		
晋江市	3	219	6	1152	3	29		
南安市	5	77	4	106	2	57		
漳州市	**47**	**1065**	**42**	**1315**	**45**	**1762**	**4**	**11**
芗城区	20	449	14	492	12	1225	1	1
龙文区	3	67	4	44	5	91		
云霄县	4	136			3	25		
漳浦县	2	9	3	34	2	50	2	2
诏安县	1	5	3	17	2	15		
长泰县	1	11	6	105	5	64	1	8
东山县	1	10	4	38	3	11		
南靖县	2	24	1	5	5	145		
平和县	1	170	2	31	1	20		
华安县	4	41	1	1	1	8		
龙海市	8	143	4	548	6	108		
南平市	**28**	**1599**	**31**	**1820**	**28**	**837**	**2**	**11**
延平区	6	277	7	962	7	465		
顺昌县								
浦城县	1	629	2	7	1	11		
光泽县	3	115	2	88	1	1		
松溪县			1	10	1	2	1	5
政和县	1	51	1	12				
邵武市	6	96	4	539	2	172	1	6
武夷山市	6	101	4	9	13	174		
建瓯市			6	127	3	12		
建阳市	5	330	4	66				
龙岩市	**15**	**864**	**32**	**2967**	**21**	**689**	**1**	**1**
新罗区	6	288	13	2125	9	445		
长汀县	2	48	3	476	4	172		
永定县			5	178	3	30	1	1
上杭县	3	448	1	31	1	10		
武平县	3	72	4	64	2	5		
连城县			2	13	2	27		
漳平市	1	8	4	80				
宁德市	**15**	**1075**	**21**	**1145**	**24**	**1957**	**1**	**1**
蕉城区	7	362	11	817	10	766		
霞浦县	4	44	3	82				
古田县					1	2		
屏南县	1	22	3	45	2	9		
寿宁县			1	10	3	1106	1	1
周宁县			1	12	2	26		
柘荣县			1	3	1	9		
福安市	2	643			3	18		
福鼎市	1	4	1	176	2	21		

2-27 按地区、学历、技术分组的国有

地 区	企业法人单位数	从业人数	按学历分组			
			研究生及以上	大学本科	大学专科	高中
全 省	**8183**	**974299**	**9200**	**133985**	**177336**	**304684**
福州市	**2098**	**347379**	**4960**	**62339**	**68105**	**91976**
鼓楼区	958	201014	4294	44422	44160	41788
台江区	232	39809	136	8311	10170	13893
仓山区	111	9419	153	1349	1805	3157
马尾区	111	10621	116	1493	2134	4082
晋安区	247	55648	108	3402	5441	18196
闽侯县	66	11256	52	876	1175	3591
连江县	77	2871	13	355	421	1202
罗源县	28	1598	13	116	344	635
闽清县	45	2390	14	429	473	955
永泰县	61	1523		68	230	684
平潭县	47	2864		76	393	1068
福清市	52	2930	28	793	533	806
长乐市	63	5436	33	649	826	1919
厦门市	**1289**	**171349**	**2694**	**28223**	**27470**	**43108**
思明区	743	95123	1756	18576	16116	21730
海沧区	104	18167	316	3344	2901	5663
湖里区	240	20421	356	3171	4690	6394
集美区	90	24839	218	2247	2251	5618
同安区	72	7898	13	350	596	1470
翔安区	40	4901	35	535	916	2233
莆田市	**284**	**25694**	**81**	**3378**	**4773**	**9427**
城厢区	105	10301	46	2181	2383	3324
涵江区	47	3210	2	277	581	1215
荔城区	35	6426	4	413	977	2296
秀屿区	52	3689	26	346	458	1593
仙游县	45	2068	3	161	374	999
三明市	**684**	**86650**	**195**	**7325**	**14098**	**36445**
梅列区	156	28058	99	3561	5520	10533
三元区	78	14490	12	1045	1766	7005
明溪县	42	1488		120	307	760
清流县	30	1444	2	132	261	726
宁化县	24	1686	2	130	345	742
大田县	51	4305	7	131	437	1118
尤溪县	42	1988	1	104	409	919
沙县	52	7926	29	536	1325	3627
将乐县	37	1746	6	206	325	600
泰宁县	30	1844	6	256	486	733
建宁县	40	1008		70	162	537
永安市	102	20667	31	1034	2755	9145
泉州市	**1004**	**104732**	**591**	**10664**	**15908**	**35476**
鲤城区	148	36168	53	2039	3376	13206
丰泽区	164	23439	278	4986	5666	7565
洛江区	34	635	35	171	145	151
泉港区	76	7934	57	967	1338	3772
惠安县	81	6231	1	321	939	1509

控股企业法人单位数及从业人数

单位：个、人

	按技术职称分组			按技术等级分组			
初中及以下	高级技术职称	中级技术职称	初级技术职称	高级技师	技师	高级工	中级工
349094	**13563**	**64615**	**98582**	**2541**	**9340**	**39901**	**52639**
119999	**6688**	**25082**	**33825**	**933**	**3466**	**13316**	**12294**
66350	4889	17111	21212	540	2107	6736	4863
7299	426	2502	3319	151	317	1158	1637
2955	258	812	1079	84	172	492	557
2796	229	836	1561	35	175	821	1107
28501	493	2073	2972	65	338	2037	2915
5562	40	590	1171	11	102	387	332
880	38	204	525	6	29	153	143
490	14	30	174	2	5	152	91
519	104	250	464	25	133	395	104
541	9	77	187	4	8	95	149
1327	16	57	229	2	9	307	56
770	105	192	375	5	21	243	190
2009	67	348	557	3	50	340	150
69854	**2375**	**10862**	**15440**	**468**	**1283**	**2892**	**7284**
36945	1458	6584	9983	238	749	1601	3665
5943	282	1399	1508	43	170	341	1352
5810	296	1731	1377	19	110	185	469
14505	227	645	1779	146	176	292	1365
5469	29	191	398	8	14	119	355
1182	83	312	395	14	64	354	78
8035	**283**	**2234**	**2707**	**64**	**394**	**611**	**1538**
2367	128	1593	1506	18	194	182	394
1135	5	126	172		2	5	10
2736	25	285	534	18	40	159	968
1266	103	118	126	8	36	35	15
531	22	112	369	20	122	230	151
28587	**1013**	**6089**	**9305**	**285**	**1189**	**7337**	**11504**
8345	407	2596	3264	12	214	1380	4893
4662	182	924	1211	19	77	1664	1692
301	6	141	172	4	4	141	192
323	11	57	144	2	13	213	172
467	13	120	260	2	25	238	216
2612	24	232	284	30	32	479	404
555	15	134	320	3	19	260	197
2409	95	516	884	19	306	918	1258
609	37	85	202	2	26	260	165
363	19	98	264	5	37	225	112
239	5	51	124	7	8	80	263
7702	199	1135	2176	180	428	1479	1940
42093	**1183**	**5461**	**9330**	**193**	**934**	**4530**	**5376**
17494	152	1415	2368	32	67	929	1842
4944	655	2220	3139	95	615	1367	1652
133	10	89	101	5	10	61	28
1800	144	425	506	9	67	421	906
3461	20	125	358	11	19	181	101

2-27 续表

地　　区	企业法人单位数	从业人数	按学历分组			
			研究生及以上	大学本科	大学专科	高中
安溪县	156	6254	115	417	894	2427
永春县	84	5889	5	340	687	1365
德化县	45	2412	2	211	468	790
石狮市	78	6445	16	448	934	1930
晋江市	62	4997	22	409	807	1513
南安市	76	4328	7	355	654	1248
漳州市	**1035**	**63350**	**186**	**5749**	**11647**	**19543**
芗城区	304	35198	120	3819	6956	9597
龙文区	56	3902	8	541	1084	1179
云霄县	65	1623	2	78	304	927
漳浦县	105	7969	7	217	729	1701
诏安县	54	1545	1	61	324	735
长泰县	54	1030	14	96	231	405
东山县	97	3161	1	118	474	1222
南靖县	44	1694	5	196	368	653
平和县	42	1899	1	62	326	907
华安县	37	1075	1	133	231	440
龙海市	177	4254	26	428	620	1777
南平市	**785**	**52649**	**135**	**5258**	**12572**	**19977**
延平区	208	30442	119	3923	8865	10073
顺昌县	85	2302	1	139	390	811
浦城县	47	2027	2	95	299	1056
光泽县	43	1086		106	187	519
松溪县	42	913		58	252	349
政和县	18	535		34	161	160
邵武市	95	6547	6	250	634	3349
武夷山市	110	4084	4	309	904	1690
建瓯市	54	2072		168	385	849
建阳市	83	2641	3	176	495	1121
龙岩市	**486**	**66883**	**221**	**5731**	**13270**	**24704**
新罗区	223	45322	37	3957	10273	17024
长汀县	37	1699	1	68	365	857
永定县	45	5860	7	310	528	1836
上杭县	52	4489	170	838	815	1305
武平县	46	2685		139	261	1058
连城县	46	2686		168	411	1278
漳平市	37	4142	6	251	617	1346
宁德市	**518**	**55613**	**137**	**5318**	**9493**	**24028**
蕉城区	181	29096	82	4252	5724	12045
霞浦县	52	4945	19	111	472	2435
古田县	55	2988	4	137	385	1335
屏南县	33	1538	5	57	595	583
寿宁县	39	2026	8	52	172	499
周宁县	25	821	2	57	168	290
柘荣县	28	704		33	143	354
福安市	52	9742	17	519	1419	4588
福鼎市	53	3753		100	415	1899

单位：个、人

	按技术职称分组			按技术等级分组			
初　中 及以下	高　级 技术职称	中　级 技术职称	初　级 技术职称	高级技师	技师	高级工	中级工
2401	32	138	493	8	5	257	187
3492	53	243	497	16	26	287	141
941	35	195	444	3	10	267	118
3117	29	284	487	6	37	90	83
2246	27	140	412	2	9	165	149
2064	26	187	525	6	69	505	169
26225	**413**	**3567**	**6531**	**89**	**660**	**3100**	**3152**
14706	242	2368	4123	29	198	787	1895
1090	25	317	229		3	41	70
312	11	47	186	3	33	133	60
5315	18	113	332	3	193	374	64
424	1	81	210	1	10	160	110
284	14	44	134	12	24	188	87
1346	22	103	286	5	30	247	416
472	13	98	174	16	35	235	118
603	1	56	169		66	474	86
270	6	88	213		29	135	113
1403	60	252	475	20	39	326	133
14707	**528**	**3721**	**6336**	**169**	**602**	**2842**	**3643**
7462	338	2723	4018	104	379	708	1920
961	26	139	333	2	33	363	449
575	10	80	285	1	43	315	144
274	2	51	147	2	11	169	103
254	7	54	76	3	30	129	25
180	2	23	80		7	131	51
2308	63	262	532	33	43	277	451
1177	23	185	287	11	26	251	258
670	7	81	202		3	233	166
846	50	123	376	13	27	266	76
22957	**688**	**4476**	**9798**	**130**	**448**	**2992**	**4330**
14031	446	3360	7362	28	116	1256	2657
408	4	43	187		7	331	163
3179	38	198	659	4	54	383	736
1361	145	457	645	89	129	258	225
1227	2	80	291		48	131	81
829	6	94	215		28	141	57
1922	47	244	439	9	66	492	411
16637	**392**	**3123**	**5310**	**210**	**364**	**2281**	**3518**
6993	208	2185	3255	171	127	517	2356
1908	31	101	313	4	12	331	279
1127	32	139	152	13	75	245	64
298	11	112	241	3		16	100
1295	2	62	115	4	29	169	65
304	30	67	78		12	148	37
174	1	35	76		10	72	59
3199	54	326	639	14	79	562	500
1339	23	96	441	1	20	221	58

2-28 按行业（大类）、学历、技术分组的

行　　业	代码	企业法人单位数	从业人数	按学历分组		
				研究生及以上	大学本科	大学专科
总　　计		**8183**	**974299**	**9200**	**133985**	**177336**
农、林、牧、渔业	A	**15**	**5103**	**1**	**55**	**259**
农业	01	6	4559	1	36	157
林业	02	6	413		17	69
畜牧业	03	2	76		2	27
渔业	04	1	55			6
农、林、牧、渔服务业	05					
采矿业	B	**85**	**35730**	**9**	**994**	**1892**
煤炭开采和洗选业	06	20	23218	1	613	1156
石油和天然气开采业	07	1	8		8	
黑色金属矿采选业	08	8	2453	1	168	248
有色金属矿采选业	09	13	882	2	58	97
非金属矿采选业	10	41	9156	5	147	390
其他采矿业	11	2	13			1
制造业	C	**943**	**149919**	**1133**	**14235**	**19814**
农副食品加工业	13	110	2689	11	88	270
食品制造业	14	48	4159	3	130	296
饮料制造业	15	61	4698	14	231	609
烟草制品业	16	6	4570	35	799	773
纺织业	17	21	3576	6	112	1675
纺织服装、鞋、帽制造业	18	22	3288	3	682	584
皮革、毛皮、羽毛(绒)及其制品业	19	11	195			16
木材加工及木、竹、藤、棕、草制品业	20	30	2588	18	244	347
家具制造业	21	14	232		10	10
造纸及纸制品业	22	27	7405	39	328	1554
印刷业和记录媒介的复制	23	70	6399	6	353	857
文教体育用品制造业	24	3	135	1		10
石油加工、炼焦及核燃料加工业	25	6	2547	25	488	594
化学原料及化学制品制造业	26	59	14075	34	688	1431
医药制造业	27	13	2851	32	370	461
化学纤维制造业	28					
橡胶制品业	29	3	169		3	16
塑料制品业	30	19	2433	4	147	481
非金属矿物制品业	31	107	13321	47	487	1089
黑色金属冶炼及压延加工业	32	9	12719	73	1353	1607
有色金属冶炼及压延加工业	33	16	10431	258	1717	1238
金属制品业	34	20	1916	14	232	273
通用设备制造业	35	53	7774	14	472	751
专用设备制造业	36	44	8303	72	666	798
交通运输设备制造业	37	58	14738	115	1952	2124
电气机械及器材制造业	39	41	6140	34	428	625
通信设备、计算机及其他电子设备制造业	40	29	10793	259	2093	1111
仪器仪表及文化、办公用机械制造业	41	10	763	16	124	89
工艺品及其他制造业	42	26	739		26	90
废弃资源和废旧材料回收加工业	43	7	273		12	35
电力、燃气及水的生产和供应业	D	**418**	**74429**	**779**	**11826**	**15934**
电力、热力的生产和供应业	44	277	60210	709	10666	13475
燃气生产和供应业	45	8	1311	21	180	227
水的生产和供应业	46	133	12908	49	980	2232
建筑业	E	**338**	**261864**	**681**	**14856**	**28037**
房屋和土木工程建筑业	47	213	219806	501	12271	23133
建筑安装业	48	40	23994	14	1231	2968
建筑装饰业	49	23	1476	7	211	255
其他建筑业	50	62	16588	159	1143	1681

国有控股企业法人单位数及从业人数

单位：个、人

高中	初中及以下	按技术职称分组			按技术等级分组			
		高级技术职称	中级技术职称	初级技术职称	高级技师	技师	高级工	中级工
304684	**349094**	**13563**	**64615**	**98582**	**2541**	**9340**	**39901**	**52639**
552	**4236**	**7**	**58**	**51**	**2**	**6**	**69**	**57**
360	4005		4	13				23
148	179	7	39	28		6	69	34
14	33		12	4	2			
30	19		3	6				
9974	**22861**	**207**	**1084**	**1706**	**77**	**177**	**677**	**1522**
4548	16900	121	749	1116	66	126	609	1353
871	1165	57	193	262	1	24	26	37
316	409	21	48	81	1	2	17	22
4231	4383	8	94	245	9	25	25	110
8	4			2				
52505	**62232**	**1848**	**7773**	**13383**	**600**	**2064**	**7330**	**15874**
880	1440	20	76	144		6	15	59
1169	2561	17	64	191	4	22	2	29
1451	2393	14	102	245	3	8	15	53
820	2143	42	428	376	12	73	288	1009
1224	559	2	17	22	1	9	9	10
825	1194	7	24	52	3	5	46	168
70	109	5	5	2	1			
1334	645	45	188	433	2	21	347	158
54	158	1	10	45			1	6
2928	2556	31	272	390	4	109	354	774
2847	2336	57	247	394	12	99	610	539
44	80	1	2	18	1	2	6	11
1077	363	69	231	281	13	51	369	735
7020	4902	159	618	780	138	60	1127	1649
876	1112	69	248	301	8	20	46	104
28	122		2					
861	940	1	51	128		15	132	100
3321	8377	100	489	738	21	99	163	682
4288	5398	279	790	1132	10	169	939	3551
2645	4573	260	916	1293	182	387	208	735
763	634	22	123	579	5	48	42	697
3648	2889	86	405	513	6	98	593	1094
3489	3278	136	462	628	26	229	1077	1041
5721	4826	142	1097	2455	55	317	697	2239
1962	3091	89	338	497	38	89	90	297
2493	4837	167	511	1648	47	119	134	101
280	254	8	21	34			7	13
245	378	14	27	37	8	8	12	20
142	84	5	9	27		1	1	
27620	**18270**	**1678**	**6169**	**13834**	**510**	**2985**	**14370**	**5737**
21196	14164	1467	5421	12480	452	2904	13734	4382
670	213	52	33	10		19	43	87
5754	3893	159	715	1344	58	62	593	1268
62061	**156229**	**2249**	**8147**	**13604**	**672**	**2268**	**8737**	**11036**
50833	133068	1598	6308	10213	573	1900	6247	8477
6165	13616	163	845	1668	34	139	981	1045
323	680	44	100	170	17	27	98	101
4740	8865	444	894	1553	48	202	1411	1413

2-28 续表

行　　业	代码	企业法人单位数	从业人数	按学历分组		
				研究生及以上	大学本科	大学专科
交通运输、仓储和邮政业	F	**661**	**104611**	**275**	**10714**	**19412**
铁路运输业	51	5	2237	7	182	440
道路运输业	52	215	31337	33	2470	6137
城市公共交通业	53	67	20249	2	2924	1918
水上运输业	54	64	6408	51	732	1214
航空运输业	55	11	3525	56	585	828
管道运输业	56					
装卸搬运和其他运输服务业	57	138	12630	64	1713	3057
仓储业	58	148	5064	29	443	1110
邮政业	59	13	23161	33	1665	4708
信息传输、计算机服务和软件业	G	**131**	**29778**	**528**	**9429**	**9744**
电信和其他信息传输服务业	60	84	27220	404	8083	9057
计算机服务业	61	30	519	26	200	185
软件业	62	17	2039	98	1146	502
批发和零售业	H	**2040**	**78840**	**864**	**11993**	**17899**
批发业	63	1456	55639	800	10451	14232
零售业	65	584	23201	64	1542	3667
住宿和餐饮业	I	**266**	**23301**	**50**	**1038**	**3365**
住宿业	66	226	20224	49	936	3078
餐饮业	67	40	3077	1	102	287
金融业	J	**249**	**102381**	**2928**	**40093**	**34351**
银行业	68	84	73880	2402	32452	24044
证券业	69	9	3031	285	1813	779
保险业	70	109	21207	187	5058	7834
其他金融活动	71	47	4263	54	770	1694
房地产业	K	**1009**	**32463**	**230**	**3624**	**6129**
房地产业	72	1009	32463	230	3624	6129
租赁和商务服务业	L	**1100**	**46988**	**721**	**7428**	**13148**
租赁业	73	17	343	3	32	46
商务服务业	74	1083	46645	718	7396	13102
科学研究、技术服务和地质勘查业	M	**485**	**16746**	**897**	**6105**	**4724**
研究与试验发展	75	22	597	34	84	103
专业技术服务业	76	381	14209	700	5410	4146
科技交流和推广服务业	77	67	1139	134	297	267
地质勘查业	78	15	801	29	314	208
水利、环境和公共设施管理业	N	**150**	**5279**	**23**	**675**	**1263**
水利管理业	79	31	421	6	86	108
环境管理业	80	25	546	7	116	192
公共设施管理业	81	94	4312	10	473	963
居民服务和其他服务业	O	**111**	**2445**	**5**	**153**	**468**
居民服务业	82	58	1086	3	40	139
其他服务业	83	53	1359	2	113	329
教育	P	**51**	**1002**	**15**	**160**	**171**
教育	84	51	1002	15	160	171
卫生、社会保障和社会福利业	Q	**30**	**592**	**1**	**50**	**162**
卫生	85	25	570	1	48	155
社会保障业	86	1	8			2
社会福利业	87	4	14		2	5
文化、体育和娱乐业	R	**101**	**2828**	**60**	**557**	**564**
新闻出版业	88	15	824	41	292	222
广播、电视、电影和音像业	89	48	1084	11	168	209
文化艺术业	90	9	81	4	15	38
体育	91	7	150	1	12	22
娱乐业	92	22	689	3	70	73

单位：个、人

		按技术职称分组			按技术等级分组			
高中	初中及以下	高级技术职称	中级技术职称	初级技术职称	高级技师	技师	高级工	中级工
44865	**29345**	**596**	**3996**	**5978**	**70**	**426**	**3221**	**8081**
753	855	15	157	638	4	43	192	449
12996	9701	314	969	1756	36	250	974	1599
7896	7509	8	82	276	4	39	513	1242
2370	2041	89	1009	640	8	29	118	161
1332	724	28	635	219				
4455	3341	72	531	757	2	15	13	242
2221	1261	37	224	474	1	8	71	134
12842	3913	33	389	1218	15	42	1340	4254
8678	**1399**	**328**	**2608**	**6621**	**138**	**164**	**403**	**1655**
8307	1369	275	2335	5303	137	164	403	1649
82	26	19	56	83				6
289	4	34	217	1235	1			
32712	**15372**	**825**	**4148**	**8010**	**107**	**289**	**2536**	**4770**
21023	9133	692	3287	6119	60	174	2357	3658
11689	6239	133	861	1891	47	115	179	1112
10547	**8301**	**158**	**534**	**840**	**60**	**201**	**634**	**978**
9606	6555	118	457	740	54	139	546	881
941	1746	40	77	100	6	62	88	97
21163	**3846**	**1675**	**19177**	**19721**	**59**	**281**	**319**	**679**
12363	2619	1462	17292	17561	53	265	131	114
154		30	392	346	1		1	1
6947	1181	131	1194	1360	4	2	21	32
1699	46	52	299	454	1	14	166	532
11335	**11145**	**522**	**2539**	**2631**	**65**	**105**	**326**	**839**
11335	11145	522	2539	2631	65	105	326	839
14559	**11132**	**1162**	**3972**	**7725**	**72**	**100**	**333**	**474**
102	160	4	13	24		2	2	4
14457	10972	1158	3959	7701	72	98	331	470
3719	**1301**	**2072**	**3663**	**3298**	**63**	**183**	**566**	**403**
264	112	49	81	56	1		7	
3036	917	1857	3297	2903	46	110	409	320
224	217	39	111	128	1	40	37	12
195	55	127	174	211	15	33	113	71
1727	**1591**	**51**	**301**	**387**	**16**	**33**	**181**	**197**
152	69	19	45	56	12	10	36	39
115	116	5	77	144		1	45	31
1460	1406	27	179	187	4	22	100	127
838	**981**	**28**	**91**	**149**	**20**	**23**	**62**	**106**
366	538	20	43	67	1	2	12	15
472	443	8	48	82	19	21	50	91
487	**169**	**51**	**82**	**101**	**7**	**16**	**55**	**98**
487	169	51	82	101	7	16	55	98
354	**25**	**41**	**110**	**276**		**5**	**6**	**8**
341	25	41	110	276		5	6	8
6								
7								
988	**659**	**65**	**163**	**267**	**3**	**14**	**76**	**125**
257	12	42	65	93			5	23
380	316	13	74	119	3	13	62	76
21	3		7	15				4
68	47	5	5	22		1	4	2
262	281	5	12	18			5	20

2-29 按行业（大类）、地区分组的集体控股企业法人单位数及从业人数

单位：个、人

行业	代码	全省		福州市		厦门市	
		单位数	从业人数	单位数	从业人数	单位数	从业人数
总计		**7334**	**281670**	**1910**	**86313**	**597**	**47255**
农、林、牧、渔业	A	**1**	**7**				
农业	01						
林业	02	1	7				
畜牧业	03						
渔业	04						
农、林、牧、渔服务业	05						
采矿业	B	**251**	**16553**	**12**	**869**	**2**	**177**
煤炭开采和洗选业	06	92	10015				
石油和天然气开采业	07						
黑色金属矿采选业	08	17	601				
有色金属矿采选业	09	17	720				
非金属矿采选业	10	124	5202	12	869	2	177
其他采矿业	11	1	15				
制造业	C	**1923**	**83389**	**656**	**20256**	**126**	**8079**
农副食品加工业	13	102	4110	28	1932	2	47
食品制造业	14	43	1523	9	155	4	367
饮料制造业	15	106	2762	49	800	4	502
烟草制品业	16	1	15	1	15		
纺织业	17	51	3280	26	1011	2	64
纺织服装、鞋、帽制造业	18	47	4049	15	433	4	60
皮革、毛皮、羽毛(绒)及其制品业	19	19	7119	9	313		
木材加工及木、竹、藤、棕、草制品业	20	109	2777	12	875	2	3
家具制造业	21	24	674	8	202	2	12
造纸及纸制品业	22	105	4503	26	924	2	73
印刷业和记录媒介的复制	23	148	2364	56	851	21	555
文教体育用品制造业	24	10	228	2	60		
石油加工、炼焦及核燃料加工业	25	5	52	3	42	1	8
化学原料及化学制品制造业	26	81	4329	22	899	4	72
医药制造业	27	9	631	3	293	2	235
化学纤维制造业	28	1	19	1	19		
橡胶制品业	29	21	788	8	181	1	15
塑料制品业	30	133	4179	94	2575	7	188
非金属矿物制品业	31	350	15180	60	1847	21	514
黑色金属冶炼及压延加工业	32	17	2863	5	140	1	4
有色金属冶炼及压延加工业	33	16	1158	4	74	1	45
金属制品业	34	80	2353	34	1047	11	352
通用设备制造业	35	119	3757	64	2159	4	518
专用设备制造业	36	56	1223	24	563	3	65
交通运输设备制造业	37	86	3058	29	869	3	439
电气机械及器材制造业	39	58	2513	25	663	8	829
通信设备、计算机及其他电子设备制造业	40	16	3167	3	45	5	2951
仪器仪表及文化、办公用机械制造业	41	24	912	9	318	2	24
工艺品及其他制造业	42	81	3730	27	951	7	113
废弃资源和废旧材料回收加工业	43	5	73			2	24
电力、燃气及水的生产和供应业	D	**1015**	**11104**	**144**	**1668**	**10**	**80**
电力、热力的生产和供应业	44	656	8157	103	1215	6	23
燃气生产和供应业	45	1	28				
水的生产和供应业	46	358	2919	41	453	4	57
建筑业	E	**332**	**88535**	**82**	**36986**	**47**	**31088**
房屋和土木工程建筑业	47	212	63788	52	34929	23	12594
建筑安装业	48	50	5966	14	1536	7	1010
建筑装饰业	49	31	1250	10	410	6	642
其他建筑业	50	39	17531	6	111	11	16842

2-29 续表 1

单位：个、人

行 业	代码	全省		福州市		厦门市	
		单位数	从业人数	单位数	从业人数	单位数	从业人数
交通运输、仓储和邮政业	F	**292**	**12044**	**90**	**2773**	**25**	**915**
铁路运输业	51	1	22				
道路运输业	52	138	6105	52	1255	7	317
城市公共交通业	53	22	1017	6	345	1	197
水上运输业	54	40	1470	13	536	3	33
航空运输业	55	2	314	1	26		
管道运输业	56						
装卸搬运和其他运输服务业	57	68	2607	9	411	9	305
仓储业	58	17	493	6	187	4	60
邮政业	59	4	16	3	13	1	3
信息传输、计算机服务和软件业	G	**48**	**936**	**21**	**501**	**12**	**223**
电信和其他信息传输服务业	60	12	260	4	78	3	107
计算机服务业	61	25	347	13	251	4	17
软件业	62	11	329	4	172	5	99
批发和零售业	H	**1737**	**26027**	**425**	**6408**	**159**	**1641**
批发业	63	1054	16192	220	4024	93	1099
零售业	65	683	9835	205	2384	66	542
住宿和餐饮业	I	**157**	**3761**	**40**	**966**	**21**	**514**
住宿业	66	125	3113	30	808	15	372
餐饮业	67	32	648	10	158	6	142
金融业	J	**51**	**7765**	**9**	**2253**	**2**	**956**
银行业	68	21	5262	5	1785	1	670
证券业	69	1	24				
保险业	70	21	2436	3	460	1	286
其他金融活动	71	8	43	1	8		
房地产业	K	**555**	**9107**	**141**	**3909**	**98**	**1490**
房地产业	72	555	9107	141	3909	98	1490
租赁和商务服务业	L	**514**	**14848**	**156**	**7763**	**46**	**606**
租赁业	73	16	126	10	105	1	5
商务服务业	74	498	14722	146	7658	45	601
科学研究、技术服务和地质勘查业	M	**164**	**2922**	**33**	**682**	**17**	**801**
研究与试验发展	75	10	108	2	13	1	3
专业技术服务业	76	113	2373	23	578	15	791
科技交流和推广服务业	77	40	434	8	91		
地质勘查业	78	1	7			1	7
水利、环境和公共设施管理业	N	**65**	**1554**	**10**	**133**	**2**	**229**
水利管理业	79	19	240	2	66		
环境管理业	80	8	274	4	39	1	181
公共设施管理业	81	38	1040	4	28	1	48
居民服务和其他服务业	O	**128**	**1605**	**50**	**609**	**22**	**287**
居民服务业	82	60	657	26	229	7	31
其他服务业	83	68	948	24	380	15	256
教育	P	**44**	**819**	**17**	**239**	**4**	**138**
教育	84	44	819	17	239	4	138
卫生、社会保障和社会福利业	Q	**25**	**332**	**10**	**153**	**1**	**24**
卫生	85	24	318	10	153	1	24
社会保障业	86						
社会福利业	87	1	14				
文化、体育和娱乐业	R	**32**	**362**	**14**	**145**	**3**	**7**
新闻出版业	88	2	24				
广播、电视、电影和音像业	89	7	92	4	12		
文化艺术业	90	9	58	5	30		
体育	91	5	67			1	1
娱乐业	92	9	121	5	103	2	6

2-29 续表 2-1 单位：个、人

行业	代码	莆田市		三明市		泉州市		漳州市	
		单位数	从业人数	单位数	从业人数	单位数	从业人数	单位数	从业人数
总 计		**333**	**14555**	**809**	**26253**	**899**	**40625**	**907**	**19207**
农、林、牧、渔业	A								
农业	01								
林业	02								
畜牧业	03								
渔业	04								
农、林、牧、渔服务业	05								
采矿业	B	**8**	**338**	**72**	**7031**	**24**	**897**	**12**	**196**
煤炭开采和洗选业	06			27	4553				
石油和天然气开采业	07								
黑色金属矿采选业	08			8	365	2	63		
有色金属矿采选业	09			8	519	1	6	2	13
非金属矿采选业	10	8	338	29	1594	21	828	10	183
其他采矿业	11								
制造业	C	**108**	**6876**	**181**	**9519**	**214**	**16923**	**292**	**7931**
农副食品加工业	13	11	463	10	499	19	507	20	534
食品制造业	14	2	74	3	39	2	215	15	466
饮料制造业	15	5	217	4	68	19	641	7	206
烟草制品业	16								
纺织业	17	2	56	6	467	7	1047	4	296
纺织服装、鞋、帽制造业	18	6	1367	3	71	13	1922	4	144
皮革、毛皮、羽毛(绒)及其制品业	19	3	189	2	47	3	6503	2	67
木材加工及木、竹、藤、棕、草制品业	20	1	3	21	475	10	354	12	81
家具制造业	21	1	14	1	40	4	168	1	42
造纸及纸制品业	22	8	482	9	579	7	596	39	1193
印刷业和记录媒介的复制	23	3	58	18	263	8	173	17	151
文教体育用品制造业	24	1	32	1	18	1	15	2	21
石油加工、炼焦及核燃料加工业	25								
化学原料及化学制品制造业	26	6	250	16	1532	9	295	8	113
医药制造业	27	1	12	1	40			1	35
化学纤维制造业	28								
橡胶制品业	29	3	294	2	36	4	198		
塑料制品业	30	8	796	1	30	2	309	18	225
非金属矿物制品业	31	17	526	40	2276	53	2142	71	2439
黑色金属冶炼及压延加工业	32			5	1969	2	186		
有色金属冶炼及压延加工业	33	1	14			3	119	4	33
金属制品业	34	1	28	6	228	4	81	13	433
通用设备制造业	35	1	18	16	437	6	119	11	152
专用设备制造业	36	3	78	3	46	8	282	6	21
交通运输设备制造业	37	2	53	8	209	4	160	16	364
电气机械及器材制造业	39	2	67	2	100	7	447	4	117
通信设备、计算机及其他电子设备制造业	40	1	68			4	79	3	24
仪器仪表及文化、办公用机械制造业	41	2	284	1	24	3	48	5	189
工艺品及其他制造业	42	15	1402	1	8	12	317	9	585
废弃资源和废旧材料回收加工业	43	2	31	1	18				
电力、燃气及水的生产和供应业	D	**41**	**591**	**155**	**1912**	**163**	**2411**	**60**	**667**
电力、热力的生产和供应业	44	32	385	117	1685	137	1675	47	503
燃气生产和供应业	45			1	28				
水的生产和供应业	46	9	206	37	199	26	736	13	164
建筑业	E	**16**	**2275**	**27**	**1579**	**54**	**8530**	**30**	**1935**
房屋和土木工程建筑业	47	9	1610	16	698	39	7790	21	1729
建筑安装业	48	2	602	5	775	5	279	5	169
建筑装饰业	49	5	63	3	47	2	52	1	12
其他建筑业	50			3	59	8	409	3	25

2-29 续表 2-2

单位：个、人

行业	代码	莆田市		三明市		泉州市		漳州市	
		单位数	从业人数	单位数	从业人数	单位数	从业人数	单位数	从业人数
交通运输、仓储和邮政业	F	**14**	**1025**	**21**	**656**	**17**	**1710**	**52**	**1930**
铁路运输业	51			1	22				
道路运输业	52	8	860	10	234	10	1196	25	1173
城市公共交通业	53			1	2	2	274	4	123
水上运输业	54	4	66	1	10	1	165	7	72
航空运输业	55								
管道运输业	56								
装卸搬运和其他运输服务业	57	2	99	7	383	4	75	10	321
仓储业	58			1	5			6	241
邮政业	59								
信息传输、计算机服务和软件业	G	**2**	**9**	**5**	**131**	**5**	**54**	**1**	**5**
电信和其他信息传输服务业	60			2	61	1	5	1	5
计算机服务业	61	2	9	2	48	3	13		
软件业	62			1	22	1	36		
批发和零售业	H	**82**	**1809**	**160**	**1981**	**229**	**4480**	**262**	**2820**
批发业	63	42	687	124	1741	105	1733	164	1683
零售业	65	40	1122	36	240	124	2747	98	1137
住宿和餐饮业	I	**8**	**637**	**18**	**247**	**24**	**1041**	**21**	**106**
住宿业	66	5	555	15	184	20	871	17	93
餐饮业	67	3	82	3	63	4	170	4	13
金融业	J	**1**	**263**	**6**	**630**	**15**	**1982**	**5**	**398**
银行业	68	1	263	3	547	4	579	2	296
证券业	69					1	24		
保险业	70			1	70	8	1371	3	102
其他金融活动	71			2	13	2	8		
房地产业	K	**17**	**233**	**64**	**683**	**47**	**816**	**49**	**608**
房地产业	72	17	233	64	683	47	816	49	608
租赁和商务服务业	L	**16**	**127**	**54**	**1131**	**53**	**1002**	**68**	**2192**
租赁业	73					2	5	1	3
商务服务业	74	16	127	54	1131	51	997	67	2189
科学研究、技术服务和地质勘查业	M	**6**	**110**	**22**	**281**	**22**	**344**	**21**	**205**
研究与试验发展	75			1	9	4	70	1	3
专业技术服务业	76	6	110	12	192	12	164	15	116
科技交流和推广服务业	77			9	80	6	110	5	86
地质勘查业	78								
水利、环境和公共设施管理业	N	**5**	**74**	**7**	**130**	**5**	**57**	**6**	**28**
水利管理业	79	1	18	2	90			2	6
环境管理业	80			2	20				
公共设施管理业	81	4	56	3	20	5	57	4	22
居民服务和其他服务业	O	**3**	**132**	**10**	**232**	**10**	**109**	**20**	**116**
居民服务业	82	1	80	5	177	6	55	13	58
其他服务业	83	2	52	5	55	4	54	7	58
教育	P	**2**	**35**	**4**	**97**	**8**	**191**	**3**	**26**
教育	84	2	35	4	97	8	191	3	26
卫生、社会保障和社会福利业	Q	**4**	**21**	**2**	**5**	**3**	**36**	**2**	**13**
卫生	85	4	21	2	5	3	36	2	13
社会保障业	86								
社会福利业	87								
文化、体育和娱乐业	R			**1**	**8**	**6**	**42**	**3**	**31**
新闻出版业	88					2	24		
广播、电视、电影和音像业	89					1	4		
文化艺术业	90					1	2	2	23
体育	91			1	8			1	8
娱乐业	92					2	12		

2-29 续表 3-1

单位：个、人

行业	代码	南平市		龙岩市		宁德市	
		单位数	从业人数	单位数	从业人数	单位数	从业人数
总计		**786**	**16584**	**529**	**18672**	**564**	**12206**
农、林、牧、渔业	A	**1**	**7**				
农业	01						
林业	02	1	7				
畜牧业	03						
渔业	04						
农、林、牧、渔服务业	05						
采矿业	B	**16**	**343**	**99**	**6558**	**6**	**144**
煤炭开采和洗选业	06			65	5462		
石油和天然气开采业	07						
黑色金属矿采选业	08	1	20	6	153		
有色金属矿采选业	09	1	23	5	159		
非金属矿采选业	10	14	300	22	769	6	144
其他采矿业	11			1	15		
制造业	C	**150**	**4115**	**127**	**7381**	**69**	**2309**
农副食品加工业	13	3	35	6	63	3	30
食品制造业	14	5	133	1	60	2	14
饮料制造业	15	5	161	3	26	10	141
烟草制品业	16						
纺织业	17	1	235	2	76	1	28
纺织服装、鞋、帽制造业	18			2	52		
皮革、毛皮、羽毛(绒)及其制品业	19						
木材加工及木、竹、藤、棕、草制品业	20	39	665	10	300	2	21
家具制造业	21	5	102	2	94		
造纸及纸制品业	22	9	541	5	115		
印刷业和记录媒介的复制	23	13	193	8	85	4	35
文教体育用品制造业	24	2	24			1	58
石油加工、炼焦及核燃料加工业	25	1	2				
化学原料及化学制品制造业	26	6	141	8	1011	2	16
医药制造业	27	1	16				
化学纤维制造业	28						
橡胶制品业	29	2	49			1	15
塑料制品业	30	1	8			2	48
非金属矿物制品业	31	12	192	65	4981	11	263
黑色金属冶炼及压延加工业	32			3	134	1	430
有色金属冶炼及压延加工业	33	3	873				
金属制品业	34	7	63	2	21	2	100
通用设备制造业	35	8	58	5	98	4	198
专用设备制造业	36	3	40	1	5	5	123
交通运输设备制造业	37	8	159	3	220	13	585
电气机械及器材制造业	39	7	225	1	40	2	25
通信设备、计算机及其他电子设备制造业	40						
仪器仪表及文化、办公用机械制造业	41	1	15			1	10
工艺品及其他制造业	42	8	185			2	169
废弃资源和废旧材料回收加工业	43						
电力、燃气及水的生产和供应业	D	**95**	**1182**	**91**	**791**	**256**	**1802**
电力、热力的生产和供应业	44	68	996	64	669	82	1006
燃气生产和供应业	45						
水的生产和供应业	46	27	186	27	122	174	796
建筑业	E	**54**	**2908**	**8**	**199**	**14**	**3035**
房屋和土木工程建筑业	47	35	1378	6	188	11	2872
建筑安装业	48	10	1442			2	153
建筑装饰业	49	3	18	1	6		
其他建筑业	50	6	70	1	5	1	10

2-29 续表 3-2 单位：个、人

行业	代码	南平市		龙岩市		宁德市	
		单位数	从业人数	单位数	从业人数	单位数	从业人数
交通运输、仓储和邮政业	F	**52**	**1536**	**9**	**211**	**12**	**1288**
铁路运输业	51						
道路运输业	52	16	269	7	190	3	611
城市公共交通业	53	7	71	1	5		
水上运输业	54	6	187			5	401
航空运输业	55	1	288				
管道运输业	56						
装卸搬运和其他运输服务业	57	22	721	1	16	4	276
仓储业	58						
邮政业	59						
信息传输、计算机服务和软件业	G			**1**	**9**	**1**	**4**
电信和其他信息传输服务业	60					1	4
计算机服务业	61			1	9		
软件业	62						
批发和零售业	H	**191**	**2392**	**101**	**1764**	**128**	**2732**
批发业	63	140	1953	75	1167	91	2105
零售业	65	51	439	26	597	37	627
住宿和餐饮业	I	**14**	**88**	**6**	**92**	**5**	**70**
住宿业	66	13	83	5	77	5	70
餐饮业	67	1	5	1	15		
金融业	J	**5**	**389**	**4**	**714**	**4**	**180**
银行业	68	2	361	2	689	1	72
证券业	69						
保险业	70	2	23	1	19	2	105
其他金融活动	71	1	5	1	6	1	3
房地产业	K	**81**	**790**	**42**	**399**	**16**	**179**
房地产业	72	81	790	42	399	16	179
租赁和商务服务业	L	**74**	**1536**	**19**	**217**	**28**	**274**
租赁业	73	1	5			1	3
商务服务业	74	73	1531	19	217	27	271
科学研究、技术服务和地质勘查业	M	**20**	**283**	**10**	**113**	**13**	**103**
研究与试验发展	75	1	10				
专业技术服务业	76	14	247	7	102	9	73
科技交流和推广服务业	77	5	26	3	11	4	30
地质勘查业	78						
水利、环境和公共设施管理业	N	**15**	**767**	**8**	**100**	**7**	**36**
水利管理业	79	2	17	5	14	5	29
环境管理业	80			1	34		
公共设施管理业	81	13	750	2	52	2	7
居民服务和其他服务业	O	**9**	**83**	**1**	**4**	**3**	**33**
居民服务业	82	2	27				
其他服务业	83	7	56	1	4	3	33
教育	P	**4**	**66**	**1**	**20**	**1**	**7**
教育	84	4	66	1	20	1	7
卫生、社会保障和社会福利业	Q	**2**	**15**	**1**	**65**		
卫生	85	1	1	1	65		
社会保障业	86						
社会福利业	87	1	14				
文化、体育和娱乐业	R	**3**	**84**	**1**	**35**	**1**	**10**
新闻出版业	88						
广播、电视、电影和音像业	89	1	66			1	10
文化艺术业	90	1	3				
体育	91	1	15	1	35		
娱乐业	92						

2-30 按行业（大类）、营业状态分组的

行业	代码	企业法人单位数	营业	停业	筹建
总计		**7334**	**6259**	**717**	**138**
农、林、牧、渔业	A	**1**	**1**		
农业	01				
林业	02	1	1		
畜牧业	03				
渔业	04				
农、林、牧、渔服务业	05				
采矿业	B	**251**	**220**	**21**	**5**
煤炭开采和洗选业	06	92	88	1	1
石油和天然气开采业	07				
黑色金属矿采选业	08	17	14	2	
有色金属矿采选业	09	17	14	1	1
非金属矿采选业	10	124	103	17	3
其他采矿业	11	1	1		
制造业	C	**1923**	**1591**	**219**	**25**
农副食品加工业	13	102	84	12	4
食品制造业	14	43	34	5	1
饮料制造业	15	106	95	8	1
烟草制品业	16	1			1
纺织业	17	51	38	8	1
纺织服装、鞋、帽制造业	18	47	34	9	1
皮革、毛皮、羽毛(绒)及其制品业	19	19	12	6	
木材加工及木、竹、藤、棕、草制品业	20	109	84	20	2
家具制造业	21	24	18	6	
造纸及纸制品业	22	105	92	9	
印刷业和记录媒介的复制	23	148	132	8	
文教体育用品制造业	24	10	10		
石油加工、炼焦及核燃料加工业	25	5	4		
化学原料及化学制品制造业	26	81	65	11	1
医药制造业	27	9	7	2	
化学纤维制造业	28	1	1		
橡胶制品业	29	21	19	2	
塑料制品业	30	133	114	16	
非金属矿物制品业	31	350	298	18	5
黑色金属冶炼及压延加工业	32	17	15	2	
有色金属冶炼及压延加工业	33	16	11	2	
金属制品业	34	80	55	16	
通用设备制造业	35	119	102	11	1
专用设备制造业	36	56	44	8	3
交通运输设备制造业	37	86	76	9	
电气机械及器材制造业	39	58	49	8	1
通信设备、计算机及其他电子设备制造业	40	16	13	3	
仪器仪表及文化、办公用机械制造业	41	24	18	4	
工艺品及其他制造业	42	81	62	16	3
废弃资源和废旧材料回收加工业	43	5	5		
电力、燃气及水的生产和供应业	D	**1015**	**983**	**15**	**12**
电力、热力的生产和供应业	44	656	634	14	5
燃气生产和供应业	45	1	1		
水的生产和供应业	46	358	348	1	7
建筑业	E	**332**	**266**	**42**	**9**
房屋和土木工程建筑业	47	212	169	25	6
建筑安装业	48	50	44	6	
建筑装饰业	49	31	27	4	
其他建筑业	50	39	26	7	3

集体控股企业法人单位数及从业人数

单位：个、人

当年关闭	当年破产	其他	从业人数	营业	停业	筹建	当年关闭	当年破产	其他
141	**10**	**69**	**2816707**	**2704017**	**6148**	**1542**	**2056**	**71**	**1452**
			7	7					
3	**1**	**1**	**16553**	**16120**	**244**	**124**	**63**	**1**	**1**
1		1	10015	9928	5	80	1		1
1			601	551	35		15		
	1		720	701	12	6		1	
1			5202	4925	192	38	47		
			15	15					
68	**4**	**16**	**83389**	**78289**	**1957**	**489**	**1702**	**54**	**898**
1		1	4110	3987	104	16	1		2
3			1523	1504	13	2	4		
2			2762	2663	82	9	8		
			15			15			
2		2	3280	2688	457	42	5		88
3			4049	3514	57	38	440		
1			7119	7017	100		2		
2	1		2777	2603	80	81	3	10	
			674	606	68				
4			4503	4423	33		47		
8			2364	2291	39		34		
			228	228					
1			52	50			2		
2		2	4329	3527	42	7	33		720
			631	621	10				
			19	19					
			788	767	21				
3			4179	4084	48		47		
24	1	4	15180	13792	203	173	950	23	39
			2863	2836	27				
2		1	1158	1037	38		82		1
3	1	5	2353	2252	57		3	1	40
5			3757	3672	49	4	32		
1			1223	1059	137	19	8		
	1		3058	2965	73			20	
			2513	2446	52	15			
			3167	3139	28				
1		1	912	865	38		1		8
			3730	3561	101	68			
			73	73					
4		**1**	**11104**	**10975**	**22**	**100**	**6**		**1**
3			8157	8055	21	78	3		
			28	28					
1		1	2919	2892	1	22	3		1
7	**1**	**7**	**88535**	**87925**	**359**	**114**	**94**	**1**	**42**
6	1	5	63788	63310	261	84	93	1	39
			5966	5911	55				
			1250	1224	26				
1		2	17531	17480	17	30	1		3

2-30 续表

行业	代码	企业法人单位数	营业	停业	筹建
交通运输、仓储和邮政业	F	**292**	**240**	**31**	**10**
铁路运输业	51	1	1		
道路运输业	52	138	117	10	9
城市公共交通业	53	22	21	1	
水上运输业	54	40	30	8	1
航空运输业	55	2	2		
管道运输业	56				
装卸搬运和其他运输服务业	57	68	53	10	
仓储业	58	17	13	1	
邮政业	59	4	3	1	
信息传输、计算机服务和软件业	G	**48**	**41**	**4**	**3**
电信和其他信息传输服务业	60	12	10	1	1
计算机服务业	61	25	21	2	2
软件业	62	11	10	1	
批发和零售业	H	**1737**	**1490**	**178**	**26**
批发业	63	1054	882	120	26
零售业	65	683	608	58	
住宿和餐饮业	I	**157**	**146**	**8**	
住宿业	66	125	120	5	
餐饮业	67	32	26	3	
金融业	J	**51**	**49**	**1**	**1**
银行业	68	21	21		
证券业	69	1	1		
保险业	70	21	21		
其他金融活动	71	8	6	1	1
房地产业	K	**555**	**415**	**97**	**15**
房地产业	72	555	415	97	15
租赁和商务服务业	L	**514**	**422**	**63**	**18**
租赁业	73	16	16		
商务服务业	74	498	406	63	18
科学研究、技术服务和地质勘查业	M	**164**	**143**	**13**	**4**
研究与试验发展	75	10	7	2	
专业技术服务业	76	113	105	5	1
科技交流和推广服务业	77	40	30	6	3
地质勘查业	78	1	1		
水利、环境和公共设施管理业	N	**65**	**49**	**14**	**2**
水利管理业	79	19	17	2	
环境管理业	80	8	8		
公共设施管理业	81	38	24	12	2
居民服务和其他服务业	O	**128**	**112**	**6**	**4**
居民服务业	82	60	51	4	2
其他服务业	83	68	61	2	2
教育	P	**44**	**40**	**2**	**1**
教育	84	44	40	2	1
卫生、社会保障和社会福利业	Q	**25**	**23**	**1**	**1**
卫生	85	24	22	1	1
社会保障业	86				
社会福利业	87	1	1		
文化、体育和娱乐业	R	**32**	**28**	**2**	**2**
新闻出版业	88	2	2		
广播、电视、电影和音像业	89	7	5	2	
文化艺术业	90	9	7		2
体育	91	5	5		
娱乐业	92	9	9		

单位：个、人

当年关闭	当年破产	其他	从业人数	营业	停业	筹建	当年关闭	当年破产	其他
9		**2**	**12044**	**11815**	**150**	**55**	**17**		**7**
			22	22					
1		1	6105	5997	57	43	3		5
			1017	1014	3				
1			1470	1420	37	12	1		
			314	314					
4		1	2607	2550	49		6		2
3			493	483	3		7		
			16	15	1				
			936	**919**	**8**	**9**			
			260	251	5	4			
			347	340	2	5			
			329	328	1				
28	**2**	**13**	**26027**	**24362**	**1056**	**405**	**117**	**7**	**80**
18	2	6	16192	14893	755	405	79	7	53
10		7	9835	9469	301		38		27
2		**1**	**3761**	**3709**	**38**		**2**		**12**
			3113	3081	32				
2		1	648	628	6		2		12
			7765	**7759**	**3**	**3**			
			5262	5262					
			24	24					
			2436	2436					
			43	37	3	3			
10	**1**	**17**	**9107**	**7539**	**1111**	**84**	**19**	**3**	**351**
10	1	17	9107	7539	1111	84	19	3	351
3	**1**	**7**	**14848**	**14320**	**398**	**94**	**5**	**5**	**26**
			126	126					
3	1	7	14722	14194	398	94	5	5	26
1		**3**	**2922**	**2785**	**74**	**25**	**10**		**28**
1			108	86	12		10		
		2	2373	2302	39	8			24
		1	434	390	23	17			4
			7	7					
			1554	**852**	**699**	**3**			
			240	234	6				
			274	274					
			1040	344	693	3			
5		**1**	**1605**	**1562**	**8**	**9**	**20**		**6**
3			657	638	5	3	11		
2		1	948	924	3	6	9		6
1			**819**	**799**	**14**	**5**	**1**		
1			819	799	14	5	1		
			332	**316**	**1**	**15**			
			318	302	1	15			
			14	14					
			362	**348**	**6**	**8**			
			24	24					
			92	86	6				
			58	50		8			
			67	67					
			121	121					

2-31 按地区、营业状态分组的

地 区	企业法人单位数	营业	停业	筹建	当年关闭
全 省	**7334**	**6259**	**717**	**138**	**141**
福州市	**1910**	**1610**	**202**	**36**	**40**
鼓楼区	392	309	70	10	
台江区	244	192	39	2	5
仓山区	343	311	20	6	4
马尾区	74	59	7	1	4
晋安区	188	159	17	2	9
闽侯县	92	86	4		1
连江县	105	88	6	9	2
罗源县	52	44	6	2	
闽清县	119	108	8	1	
永泰县	89	76	10	1	1
平潭县	40	33	5		2
福清市	85	79	3	1	2
长乐市	87	66	7	1	10
厦门市	**597**	**509**	**66**	**9**	**7**
思明区	347	300	39	2	3
海沧区	24	14	4	1	2
湖里区	64	53	8	2	1
集美区	52	45	5	2	
同安区	71	63	7	1	
翔安区	39	34	3	1	1
莆田市	**333**	**296**	**22**	**10**	**4**
城厢区	79	73	3	2	
涵江区	77	63	10	2	2
荔城区	41	38	1	1	1
秀屿区	39	32	4	3	
仙游县	97	90	4	2	1
三明市	**809**	**720**	**67**	**8**	**5**
梅列区	118	102	15	1	
三元区	101	86	11	1	
明溪县	24	24			
清流县	31	28	2		1
宁化县	20	18	1		1
大田县	102	88	11	1	
尤溪县	64	55	5		2
沙县	97	87	7	2	1
将乐县	45	43	1	1	
泰宁县	12	12			
建宁县	24	19	4	1	
永安市	171	158	10	1	
泉州市	**899**	**812**	**49**	**26**	**6**
鲤城区	101	94	5	1	
丰泽区	80	67	10	2	
洛江区	12	9	3		
泉港区	64	56	6	2	
惠安县	58	43	8	7	

集体控股企业法人单位数及从业人数

单位：个、人

当年破产	其他	从业人数	营业	停业	筹建	当年关闭	当年破产	其他
10	**69**	**281670**	**270401**	**6148**	**1542**	**2056**	**71**	**1452**
1	**21**	**86313**	**82630**	**2428**	**385**	**467**	**10**	**393**
	3	19771	19154	413	47			157
	6	7335	6571	689	6	5		64
	2	8722	8073	585	33	23		8
	3	2617	2575	18	1	13		10
	1	6799	6320	232	5	238		4
	1	3230	3190	28		2		10
		7477	7360	47	68	2		
		3025	2708	140	177			
	2	5188	5121	35	3			29
1		11690	11487	144	34	15	10	
		1229	1185	31		13		
		5749	5684	28	2	35		
	3	3481	3202	38	9	121		111
	6	**47255**	**46862**	**254**	**83**	**37**		**19**
	3	34675	34577	62	31	2		3
	3	989	902	36	4	31		16
		4682	4590	75	14	3		
		1453	1431	12	10			
		4662	4584	62	16			
		794	778	7	8	1		
	1	**14555**	**14035**	**196**	**51**	**244**		**29**
	1	3233	3181	15	8			29
		3527	3387	92	9	39		
		1846	1622	9	15	200		
		1328	1262	53	13			
		4621	4583	27	6	5		
1	**8**	**26253**	**25479**	**442**	**195**	**22**	**3**	**112**
		5407	5327	78	2			
1	2	1993	1789	64	130		3	7
		317	317					
		655	650	4		1		
		365	352	8		5		
	2	3464	3371	61	12			20
	2	1420	1389	14		13		4
		2698	2577	114	4	3		
		1855	1810	40	5			
		292	292					
		234	186	12	36			
	2	7553	7419	47	6			81
1	**5**	**40625**	**39329**	**583**	**431**	**210**	**5**	**67**
	1	4141	4108	22	7			4
	1	3056	2976	65	5			10
		176	169	7				
		2098	1784	273	41			
		5330	4993	74	263			

2-31 续表

地　区	企业法人单位数	营业	停业	筹建	当年关闭
安溪县	130	129			
永春县	206	191	10	2	2
德化县	52	48	1	1	1
石狮市	38	34	1	2	
晋江市	83	72	3	7	1
南安市	75	69	2	2	2
漳州市	**907**	**692**	**151**	**14**	**36**
芗城区	189	152	24	1	10
龙文区	32	23	6	2	
云霄县	39	37		1	
漳浦县	51	42	5	1	1
诏安县	62	49	8		4
长泰县	57	49	7		1
东山县	95	68	24	3	
南靖县	55	45	7		3
平和县	53	48	4		1
华安县	24	23	1		
龙海市	250	156	65	6	16
南平市	**786**	**625**	**117**	**13**	**20**
延平区	188	159	23	1	4
顺昌县	123	87	23	2	10
浦城县	47	44	1	1	1
光泽县	31	24	6		
松溪县	19	10	8	1	
政和县	22	22			
邵武市	113	81	21	1	2
武夷山市	63	37	22	2	2
建瓯市	86	78	4	3	1
建阳市	94	83	9	2	
龙岩市	**529**	**477**	**20**	**6**	**18**
新罗区	204	185	7	1	10
长汀县	64	60	2		2
永定县	71	58	9	2	
上杭县	35	34			1
武平县	53	45	1		4
连城县	43	43			
漳平市	59	52	1	3	1
宁德市	**564**	**518**	**23**	**16**	**5**
蕉城区	71	64	6	1	
霞浦县	54	47	5	1	
古田县	249	237	6	4	1
屏南县	16	11		5	
寿宁县	21	20			1
周宁县	19	18	1		
柘荣县	6	6			
福安市	44	42		2	
福鼎市	84	73	5	3	3

单位：个、人

当年破产	其他	从业人数	营业	停业	筹建	当年关闭	当年破产	其他
	1	4510	4498					12
1		5695	5465	49	59	117	5	
	1	1098	1077	3	6	10		2
	1	7356	7281	18	18			39
		3904	3816	69	18	1		
		3261	3162	3	14	82		
2	**12**	**19207**	**18146**	**807**	**53**	**122**	**21**	**58**
	2	5893	5541	270	1	64		17
	1	1374	1303	59	5			7
	1	992	968		20			4
1	1	760	725	10	5	1	1	18
1		1890	1793	58		19	20	
		843	822	20		1		
		1487	1327	150	10			
		1100	1066	31		3		
		697	679	17		1		
		546	540	6				
	7	3625	3382	186	12	33		12
3	**8**	**16584**	**15113**	**1187**	**117**	**135**	**6**	**26**
1		5554	5301	169	71	9	4	
1		1505	1293	92	5	114	1	
		681	671	5	4	1		
1		324	306	17			1	
		254	233	18	3			
		541	541					
	8	2295	2192	65	9	3		26
		1624	853	755	13	3		
		2437	2370	53	9	5		
		1369	1353	13	3			
2	**6**	**18672**	**16851**	**117**	**129**	**807**	**26**	**742**
	1	10850	9988	33	80	742		7
		1748	1673	39		36		
1	1	1552	1495	27	6		23	1
		678	654			24		
1	2	1742	1000	16		3	3	720
		828	828					
	2	1274	1213	2	43	2		14
	2	**12206**	**11956**	**134**	**98**	**12**		**6**
		2780	2719	48	13			
	1	1933	1900	26	2			5
	1	2207	2163	20	22	1		1
		123	95		28			
		896	895			1		
		790	787	3				
		931	931					
		651	628		23			
		1895	1838	37	10	10		

2-32 按行业（大类）、开业时间分组的集体控股企业法人单位数及从业人数

单位：个、人

行业	代码	1949年以前		1950-1977年		1978-1991年		1992-1995年	
		单位数	从业人数	单位数	从业人数	单位数	从业人数	单位数	从业人数
总　计		**8**	**129**	**1258**	**71987**	**1575**	**59732**	**1094**	**42666**
农、林、牧、渔业	A					**1**	**7**		
农业	01								
林业	02					1	7		
畜牧业	03								
渔业	04								
农、林、牧、渔服务业	05								
采矿业	B			**16**	**1121**	**50**	**4359**	**49**	**3002**
煤炭开采和洗选业	06			3	569	19	2651	16	1892
石油和天然气开采业	07								
黑色金属矿采选业	08					8	199	2	28
有色金属矿采选业	09			1	1	1	35	2	302
非金属矿采选业	10			12	551	22	1474	29	780
其他采矿业	11								
制造业	C	**2**	**31**	**218**	**7712**	**554**	**16910**	**416**	**23787**
农副食品加工业	13			8	158	26	664	15	522
食品制造业	14			6	390	10	138	7	147
饮料制造业	15			5	113	33	767	16	356
烟草制品业	16								
纺织业	17			9	450	12	1147	8	500
纺织服装、鞋、帽制造业	18			3	25	9	188	9	668
皮革、毛皮、羽毛(绒)及其制品业	19			2	69	3	169	4	6569
木材加工及木、竹、藤、棕、草制品业	20			15	204	36	720	10	90
家具制造业	21			8	335	9	149	4	96
造纸及纸制品业	22			9	637	34	1248	32	1331
印刷业和记录媒介的复制	23	1	25	17	362	56	741	27	629
文教体育用品制造业	24			2	21	6	143		
石油加工、炼焦及核燃料加工业	25								
化学原料及化学制品制造业	26			7	1001	27	1014	13	374
医药制造业	27			1	5	2	47	1	16
化学纤维制造业	28								
橡胶制品业	29			3	156	5	215	3	262
塑料制品业	30			7	420	42	811	38	944
非金属矿物制品业	31			17	409	98	3867	134	7015
黑色金属冶炼及压延加工业	32			1	4	5	487	3	286
有色金属冶炼及压延加工业	33			1	35	5	105	6	742
金属制品业	34			16	293	26	760	15	596
通用设备制造业	35	1	6	22	1000	36	1296	21	522
专用设备制造业	36			17	492	8	243	10	215
交通运输设备制造业	37			15	458	20	536	11	406
电气机械及器材制造业	39			10	431	14	447	10	402
通信设备、计算机及其他电子设备制造业	40					3	72	5	76
仪器仪表及文化、办公用机械制造业	41			6	58	8	355	3	163
工艺品及其他制造业	42			11	186	21	581	11	860
废弃资源和废旧材料回收加工业	43								
电力、燃气及水的生产和供应业	D			**107**	**1281**	**286**	**3535**	**103**	**1440**
电力、热力的生产和供应业	44			106	1274	220	2585	68	991
燃气生产和供应业	45								
水的生产和供应业	46			1	7	66	950	35	449
建筑业	E	**1**	**51**	**79**	**43531**	**69**	**22078**	**37**	**6197**
房屋和土木工程建筑业	47			71	42679	43	7633	20	4683
建筑安装业	48			5	709	13	2426	6	1022
建筑装饰业	49			2	116	6	626	2	38
其他建筑业	50	1	51	1	27	7	11393	9	454

2-32 续表 1

单位：个、人

行 业	代码	1949年以前		1950-1977年		1978-1991年		1992-1995年	
		单位数	从业人数	单位数	从业人数	单位数	从业人数	单位数	从业人数
交通运输、仓储和邮政业	F	**3**	**20**	**63**	**2962**	**59**	**3676**	**34**	**1370**
铁路运输业	51					1	22		
道路运输业	52			19	822	28	2247	15	709
城市公共交通业	53			5	187	2	291	8	283
水上运输业	54			20	1022	7	135	4	216
航空运输业	55								
管道运输业	56								
装卸搬运和其他运输服务业	57	3	20	17	924	14	716	5	101
仓储业	58			2	7	6	264	2	61
邮政业	59					1	1		
信息传输、计算机服务和软件业	G					**1**	**4**	**4**	**235**
电信和其他信息传输服务业	60							2	81
计算机服务业	61					1	4	1	148
软件业	62							1	6
批发和零售业	H	**1**	**24**	**558**	**12166**	**274**	**3038**	**192**	**2195**
批发业	63	1	24	318	6248	143	1560	130	1749
零售业	65			240	5918	131	1478	62	446
住宿和餐饮业	I	**1**	**3**	**3**	**21**	**31**	**420**	**29**	**564**
住宿业	66	1	3	2	6	28	415	26	451
餐饮业	67			1	15	3	5	3	113
金融业	J			**1**	**3**	**1**	**126**		
银行业	68					1	126		
证券业	69								
保险业	70								
其他金融活动	71			1	3				
房地产业	K			**137**	**1926**	**102**	**1238**	**90**	**1672**
房地产业	72			137	1926	102	1238	90	1672
租赁和商务服务业	L			**44**	**770**	**80**	**3508**	**83**	**1210**
租赁业	73			1	17	2	32	1	17
商务服务业	74			43	753	78	3476	82	1193
科学研究、技术服务和地质勘查业	M			**1**	**12**	**16**	**325**	**21**	**295**
研究与试验发展	75					1	10	2	12
专业技术服务业	76			1	12	9	230	14	241
科技交流和推广服务业	77					5	78	5	42
地质勘查业	78					1	7		
水利、环境和公共设施管理业	N			**6**	**86**	**10**	**102**	**6**	**101**
水利管理业	79			6	86	8	37		
环境管理业	80					1	17	1	19
公共设施管理业	81					1	48	5	82
居民服务和其他服务业	O			**18**	**269**	**27**	**219**	**17**	**458**
居民服务业	82			11	129	8	33	6	190
其他服务业	83			7	140	19	186	11	268
教育	P			**1**	**1**	**3**	**56**	**7**	**120**
教育	84			1	1	3	56	7	120
卫生、社会保障和社会福利业	Q			**6**	**126**	**5**	**99**	**4**	**8**
卫生	85			6	126	5	99	4	8
社会保障业	86								
社会福利业	87								
文化、体育和娱乐业	R					**6**	**32**	**2**	**12**
新闻出版业	88								
广播、电视、电影和音像业	89					1	2		
文化艺术业	90					4	28		
体育	91								
娱乐业	92					1	2	2	12

2-32 续表 2-1 单位：个、人

行业	代码	1996-2000年		2001-2004年		2005年	
		单位数	从业人数	单位数	从业人数	单位数	从业人数
总计		**1191**	**43747**	**1047**	**31374**	**270**	**10749**
农、林、牧、渔业	A						
农业	01						
林业	02						
畜牧业	03						
渔业	04						
农、林、牧、渔服务业	05						
采矿业	B	**44**	**3224**	**57**	**3293**	**18**	**1175**
煤炭开采和洗选业	06	12	1626	34	2673	6	526
石油和天然气开采业	07						
黑色金属矿采选业	08	2	215	1	23	3	121
有色金属矿采选业	09	3	60	6	272	2	31
非金属矿采选业	10	26	1308	16	325	7	497
其他采矿业	11	1	15				
制造业	C	**354**	**17954**	**187**	**10054**	**47**	**2020**
农副食品加工业	13	24	1500	13	557	4	477
食品制造业	14	9	109	6	346		
饮料制造业	15	20	483	12	721	4	72
烟草制品业	16						
纺织业	17	10	668	7	290	1	40
纺织服装、鞋、帽制造业	18	17	2882	6	96	1	70
皮革、毛皮、羽毛(绒)及其制品业	19	7	271	1	20	1	1
木材加工及木、竹、藤、棕、草制品业	20	21	1226	14	221	4	155
家具制造业	21	3	94				
造纸及纸制品业	22	19	894	5	252	3	22
印刷业和记录媒介的复制	23	27	383	10	99	3	20
文教体育用品制造业	24	2	64				
石油加工、炼焦及核燃料加工业	25	1	8			1	32
化学原料及化学制品制造业	26	16	355	9	801	1	13
医药制造业	27	1	224	3	328		
化学纤维制造业	28	1	19				
橡胶制品业	29	9	133	1	22		
塑料制品业	30	23	674	17	1145		
非金属矿物制品业	31	50	1787	22	872	6	254
黑色金属冶炼及压延加工业	32	4	217	3	1833		
有色金属冶炼及压延加工业	33			2	233		
金属制品业	34	14	377	6	197		
通用设备制造业	35	18	411	9	269	2	49
专用设备制造业	36	6	66	5	67	2	64
交通运输设备制造业	37	14	745	13	420	5	325
电气机械及器材制造业	39	10	476	7	615	3	92
通信设备、计算机及其他电子设备制造业	40	2	2501	2	73	2	68
仪器仪表及文化、办公用机械制造业	41	3	203	2	106		
工艺品及其他制造业	42	21	1160	9	422	4	266
废弃资源和废旧材料回收加工业	43	2	24	3	49		
电力、燃气及水的生产和供应业	D	**178**	**1929**	**145**	**1740**	**33**	**255**
电力、热力的生产和供应业	44	115	1251	89	1264	13	187
燃气生产和供应业	45			1	28		
水的生产和供应业	46	63	678	55	448	20	68
建筑业	E	**44**	**6033**	**52**	**4574**	**15**	**1803**
房屋和土木工程建筑业	47	17	820	32	2245	8	1623
建筑安装业	48	15	1274	6	421	2	44
建筑装饰业	49	7	305	6	60	1	50
其他建筑业	50	5	3634	8	1848	4	86

2-32 续表 2-2 单位：个、人

行 业	代码	1996-2000年		2001-2004年		2005年	
		单位数	从业人数	单位数	从业人数	单位数	从业人数
交通运输、仓储和邮政业	F	**43**	**1577**	**36**	**1405**	**16**	**325**
铁路运输业	51						
道路运输业	52	27	1056	17	677	10	286
城市公共交通业	53	3	42	2	12		
水上运输业	54			4	69	2	9
航空运输业	55	1	26	1	288		
管道运输业	56						
装卸搬运和其他运输服务业	57	9	345	9	350	3	23
仓储业	58	2	103	3	9		
邮政业	59	1	5			1	7
信息传输、计算机服务和软件业	G	**9**	**218**	**10**	**198**	**8**	**147**
电信和其他信息传输服务业	60	2	89	2	35	1	4
计算机服务业	61	4	40	5	61	4	33
软件业	62	3	89	3	102	3	110
批发和零售业	H	**246**	**2880**	**223**	**2347**	**56**	**860**
批发业	63	147	1964	152	1837	39	702
零售业	65	99	916	71	510	17	158
住宿和餐饮业	I	**46**	**1158**	**27**	**1130**	**4**	**112**
住宿业	66	39	1091	20	870	2	72
餐饮业	67	7	67	7	260	2	40
金融业	J	**6**	**1348**	**8**	**1793**	**1**	**40**
银行业	68	3	1213	1	445		
证券业	69						
保险业	70	3	135	6	1343	1	40
其他金融活动	71			1	5		
房地产业	K	**76**	**1706**	**85**	**1592**	**13**	**242**
房地产业	72	76	1706	85	1592	13	242
租赁和商务服务业	L	**72**	**4097**	**106**	**1678**	**30**	**2688**
租赁业	73	2	24	4	20	1	5
商务服务业	74	70	4073	102	1658	29	2683
科学研究、技术服务和地质勘查业	M	**31**	**928**	**52**	**848**	**18**	**245**
研究与试验发展	75	3	16	2	15		
专业技术服务业	76	19	852	41	654	15	234
科技交流和推广服务业	77	9	60	9	179	3	11
地质勘查业	78						
水利、环境和公共设施管理业	N	**9**	**255**	**18**	**207**	**2**	**668**
水利管理业	79	1	4	2	67		
环境管理业	80	3	199	1	4		
公共设施管理业	81	5	52	15	136	2	668
居民服务和其他服务业	O	**21**	**162**	**14**	**105**	**6**	**79**
居民服务业	82	12	97	7	26	3	32
其他服务业	83	9	65	7	79	3	47
教育	P	**6**	**177**	**15**	**252**	**1**	**16**
教育	84	6	177	15	252	1	16
卫生、社会保障和社会福利业	Q	**1**	**2**	**2**	**45**		
卫生	85	1	2	1	31		
社会保障业	86						
社会福利业	87			1	14		
文化、体育和娱乐业	R	**5**	**99**	**10**	**113**	**2**	**74**
新闻出版业	88	1	4	1	20		
广播、电视、电影和音像业	89			2	5	1	66
文化艺术业	90			3	22		
体育	91	3	58			1	8
娱乐业	92	1	37	4	66		

2-32 续表 3-1 单位：个、人

行业	代码	2006年		2007年		2008年		其他(不详)	
		单位数	从业人数	单位数	从业人数	单位数	从业人数	单位数	从业人数
总计		**306**	**12872**	**299**	**4690**	**274**	**3602**	**12**	**122**
农、林、牧、渔业	A								
农业	01								
林业	02								
畜牧业	03								
渔业	04								
农、林、牧、渔服务业	05								
采矿业	B	**5**	**181**	**6**	**114**	**6**	**84**		
煤炭开采和洗选业	06			2	78				
石油和天然气开采业	07								
黑色金属矿采选业	08			1	15				
有色金属矿采选业	09			2	19				
非金属矿采选业	10	5	181	1	2	6	84		
其他采矿业	11								
制造业	C	**61**	**2398**	**43**	**1336**	**39**	**1120**	**2**	**67**
农副食品加工业	13	3	17	5	98	4	117		
食品制造业	14	1	73	2	230	2	90		
饮料制造业	15	5	74	6	64	4	103	1	9
烟草制品业	16					1	15		
纺织业	17	2	20	2	165				
纺织服装、鞋、帽制造业	18	1	20	1	100				
皮革、毛皮、羽毛(绒)及其制品业	19					1	20		
木材加工及木、竹、藤、棕、草制品业	20	4	46	4	99	1	16		
家具制造业	21								
造纸及纸制品业	22	1	1			2	118		
印刷业和记录媒介的复制	23	4	84			3	21		
文教体育用品制造业	24								
石油加工、炼焦及核燃料加工业	25	2	10			1	2		
化学原料及化学制品制造业	26	4	524	2	226	2	21		
医药制造业	27	1	11						
化学纤维制造业	28								
橡胶制品业	29								
塑料制品业	30	3	117	3	68				
非金属矿物制品业	31	11	435	3	56	8	427	1	58
黑色金属冶炼及压延加工业	32	1	36						
有色金属冶炼及压延加工业	33	2	43						
金属制品业	34	2	120	1	10				
通用设备制造业	35	5	108	4	92	1	4		
专用设备制造业	36	3	15	3	45	2	16		
交通运输设备制造业	37	3	74	2	33	3	61		
电气机械及器材制造业	39	1	16	2	19	1	15		
通信设备、计算机及其他电子设备制造业	40	1	336			1	41		
仪器仪表及文化、办公用机械制造业	41			1	19	1	8		
工艺品及其他制造业	42	1	218	2	12	1	25		
废弃资源和废旧材料回收加工业	43								
电力、燃气及水的生产和供应业	D	**48**	**520**	**62**	**205**	**53**	**199**		
电力、热力的生产和供应业	44	26	457	12	79	7	69		
燃气生产和供应业	45								
水的生产和供应业	46	22	63	50	126	46	130		
建筑业	E	**9**	**3251**	**13**	**694**	**13**	**323**		
房屋和土木工程建筑业	47	6	3168	8	653	7	284		
建筑安装业	48	2	67			1	3		
建筑装饰业	49	1	16	4	33	2	6		
其他建筑业	50			1	8	3	30		

2-32　续表 3-2　　单位：个、人

行　业	代码	2006年		2007年		2008年		其他(不详)	
		单位数	从业人数	单位数	从业人数	单位数	从业人数	单位数	从业人数
交通运输、仓储和邮政业	F	**14**	**400**	**14**	**267**	**8**	**34**	**2**	**8**
铁路运输业	51								
道路运输业	52	7	87	7	186	6	27	2	8
城市公共交通业	53	1	197	1	5				
水上运输业	54			3	19				
航空运输业	55								
管道运输业	56								
装卸搬运和其他运输服务业	57	5	85	2	39	1	4		
仓储业	58	1	31	1	18				
邮政业	59					1	3		
信息传输、计算机服务和软件业	G	**4**	**52**	**6**	**48**	**6**	**34**		
电信和其他信息传输服务业	60	1	15	3	31	1	5		
计算机服务业	61	2	15	3	17	5	29		
软件业	62	1	22						
批发和零售业	H	**61**	**1262**	**58**	**450**	**66**	**800**	**2**	**5**
批发业	63	31	1054	41	351	50	698	2	5
零售业	65	30	208	17	99	16	102		
住宿和餐饮业	I	**5**	**179**	**7**	**123**	**4**	**51**		
住宿业	66	2	108	3	53	2	44		
餐饮业	67	3	71	4	70	2	7		
金融业	J	**18**	**3728**	**6**	**446**	**10**	**281**		
银行业	68	14	3138	1	268	1	72		
证券业	69					1	24		
保险业	70	1	572	3	167	7	179		
其他金融活动	71	3	18	2	11	1	6		
房地产业	K	**16**	**173**	**16**	**303**	**15**	**218**	**5**	**37**
房地产业	72	16	173	16	303	15	218	5	37
租赁和商务服务业	L	**31**	**304**	**39**	**336**	**28**	**252**	**1**	**5**
租赁业	73	2	8	2	2	1	1		
商务服务业	74	29	296	37	334	27	251	1	5
科学研究、技术服务和地质勘查业	M	**9**	**89**	**6**	**75**	**10**	**105**		
研究与试验发展	75	1	7			1	48		
专业技术服务业	76	6	64	4	50	4	36		
科技交流和推广服务业	77	2	18	2	25	5	21		
地质勘查业	78								
水利、环境和公共设施管理业	N	**4**	**50**	**7**	**42**	**3**	**43**		
水利管理业	79	2	46						
环境管理业	80	1	1			1	34		
公共设施管理业	81	1	3	7	42	2	9		
居民服务和其他服务业	O	**7**	**69**	**10**	**217**	**8**	**27**		
居民服务业	82	3	22	6	111	4	17		
其他服务业	83	4	47	4	106	4	10		
教育	P	**7**	**171**	**3**	**21**	**1**	**5**		
教育	84	7	171	3	21	1	5		
卫生、社会保障和社会福利业	Q	**5**	**34**	**1**	**3**	**1**	**15**		
卫生	85	5	34	1	3	1	15		
社会保障业	86								
社会福利业	87								
文化、体育和娱乐业	R	**2**	**11**	**2**	**10**	**3**	**11**		
新闻出版业	88								
广播、电视、电影和音像业	89	1	10			2	9		
文化艺术业	90			1	6	1	2		
体育	91	1	1						
娱乐业	92			1	4				

2-33 按地区、开业时间分组的集体控股企业法人单位数及从业人数

单位：个、人

地区	1949年以前		1950-1977年		1978-1991年		1992-1995年	
	单位数	从业人数	单位数	从业人数	单位数	从业人数	单位数	从业人数
全省	**8**	**129**	**1258**	**71987**	**1575**	**59732**	**1094**	**42666**
福州市	**2**	**31**	**300**	**36412**	**460**	**11494**	**322**	**8996**
鼓楼区			39	8906	79	1140	78	1900
台江区	2	31	45	2642	36	669	52	789
仓山区			28	1326	115	2887	76	2022
马尾区			14	808	21	820	4	77
晋安区			19	1397	47	1959	36	858
闽侯县			18	285	16	321	14	529
连江县			19	4359	27	778	10	300
罗源县			10	552	14	875	8	453
闽清县			33	3875	37	486	8	123
永泰县			23	10189	27	453	6	117
平潭县			10	390	7	59	7	280
福清市			18	482	14	477	15	440
长乐市			24	1201	20	570	8	1108
厦门市			**50**	**6899**	**96**	**18101**	**97**	**4666**
思明区			20	1744	60	17044	52	3826
海沧区			4	552	3	42	4	36
湖里区			3	887	8	340	13	324
集美区			5	457	8	406	7	120
同安区			12	3002	12	169	13	222
翔安区			6	257	5	100	8	138
莆田市	**1**	**24**	**52**	**3163**	**56**	**3227**	**36**	**2498**
城厢区			6	768	6	818	8	232
涵江区	1	24	10	938	21	1209	10	986
荔城区			7	202	5	163	4	163
秀屿区			12	416	3	542	3	99
仙游县			17	839	21	495	11	1018
三明市	**2**	**54**	**118**	**3654**	**195**	**7650**	**139**	**4307**
梅列区	1	51	8	109	20	1356	23	419
三元区			9	104	31	751	16	481
明溪县	1	3	7	22	7	79	1	20
清流县			7	59	6	165	5	170
宁化县			5	146	7	50	1	5
大田县			16	575	33	1219	21	1077
尤溪县			15	98	11	214	11	197
沙县			15	1207	22	724	18	161
将乐县			12	208	10	541	3	435
泰宁县			1	20	2	27	1	128
建宁县			7	26	4	34		
永安市			16	1080	42	2490	39	1214
泉州市			**178**	**9303**	**136**	**5063**	**111**	**10502**
鲤城区			24	1552	16	477	11	462
丰泽区			8	636	7	139	11	84
洛江区			3	88	1	4		
泉港区			4	60	4	103	7	197
惠安县			19	1292	6	1580	5	1301

2-33 续表 1 单位：个、人

地 区	1949年以前		1950-1977年		1978-1991年		1992-1995年	
	单位数	从业人数	单位数	从业人数	单位数	从业人数	单位数	从业人数
安溪县			18	395	15	310	29	698
永春县			39	667	46	1282	22	675
德化县			8	567	12	122	5	134
石狮市			4	81	6	128	3	6581
晋江市			24	2076	8	259	12	204
南安市			27	1889	15	659	6	166
漳州市	**1**	**11**	**196**	**3812**	**214**	**5231**	**151**	**2910**
芗城区			32	840	48	2506	23	326
龙文区			4	29	8	259	9	281
云霄县			4	25	5	165	5	169
漳浦县			21	334	9	115	1	23
诏安县			16	396	13	201	7	259
长泰县			10	140	15	431	8	47
东山县			24	305	35	568	14	153
南靖县	1	11	17	438	9	50	11	231
平和县			23	365	5	19	6	107
华安县			6	168	6	75	4	120
龙海市			39	772	61	842	63	1194
南平市	**2**	**9**	**163**	**2624**	**211**	**4300**	**102**	**2143**
延平区			27	363	57	1960	40	1389
顺昌县	2	9	30	271	35	394	13	113
浦城县			12	147	11	154	6	70
光泽县			8	165	9	79	4	26
松溪县			8	145	4	52	2	5
政和县			7	62	2	22	4	91
邵武市			15	260	39	731	14	160
武夷山市			8	38	11	141	6	83
建瓯市			20	732	18	481	4	65
建阳市			28	441	25	286	9	141
龙岩市			**93**	**1640**	**114**	**2782**	**95**	**5690**
新罗区			23	276	30	1132	42	3797
长汀县			18	687	16	522	7	207
永定县			12	106	10	194	21	980
上杭县			10	111	12	162	1	13
武平县			14	264	11	232	12	295
连城县			9	156	15	174	4	138
漳平市			7	40	20	366	8	260
宁德市			**108**	**4480**	**93**	**1884**	**41**	**954**
蕉城区			16	783	14	184	7	71
霞浦县			17	580	11	155	6	557
古田县			31	1055	39	581	16	59
屏南县			6	52	1	14		
寿宁县			13	258	3	477	1	11
周宁县			4	538	4	50	2	17
柘荣县			1	760				
福安市			5	145	6	123		
福鼎市			15	309	15	300	9	239

2-33 续表 2-1 单位：个、人

地区	1996-2000年		2001-2004年		2005年	
	单位数	从业人数	单位数	从业人数	单位数	从业人数
全省	**1191**	**43747**	**1047**	**31374**	**270**	**10749**
福州市	**318**	**11193**	**242**	**6942**	**56**	**4155**
鼓楼区	60	3353	69	2399	17	1493
台江区	44	1672	31	410	9	831
仓山区	66	1586	36	713		
马尾区	14	290	11	296	4	145
晋安区	33	920	24	810	8	580
闽侯县	23	764	9	191	3	604
连江县	15	1355	9	312	2	43
罗源县	2	7	7	632		
闽清县	17	168	12	191	2	43
永泰县	11	120	11	692	3	82
平潭县	7	270	4	146		
福清市	15	442	9	81	5	320
长乐市	11	246	10	69	3	14
厦门市	**124**	**10938**	**120**	**4511**	**27**	**334**
思明区	72	9382	89	1357	12	216
海沧区	6	271	4	63	1	1
湖里区	9	746	10	2040	5	74
集美区	11	149	5	134	3	8
同安区	18	320	9	893	3	15
翔安区	8	70	3	24	3	20
莆田市	**78**	**2387**	**52**	**2084**	**17**	**359**
城厢区	22	410	17	670	5	65
涵江区	18	205	10	126	1	2
荔城区	8	248	8	941	3	55
秀屿区	8	141	6	31	2	6
仙游县	22	1383	11	316	6	231
三明市	**131**	**3335**	**127**	**4549**	**26**	**690**
梅列区	22	582	27	2403	5	309
三元区	21	345	15	139	1	1
明溪县	1	130	7	63		
清流县	4	82	7	173	1	1
宁化县	1	15	6	149		
大田县	15	385	3	54	6	81
尤溪县	12	156	7	61		
沙县	19	193	13	225	2	77
将乐县	5	428	6	105	2	7
泰宁县	4	47	3	59		
建宁县	6	137	4	23	1	3
永安市	21	835	29	1095	8	211
泉州市	**160**	**6042**	**151**	**4659**	**32**	**1030**
鲤城区	11	352	19	1103	5	99
丰泽区	16	584	9	136	6	76
洛江区	2	3	2	4	2	38
泉港区	10	628	18	597	3	62
惠安县	12	598	5	175	1	43

2-33 续表 2-2 单位：个、人

地 区	1996-2000年		2001-2004年		2005年	
	单位数	从业人数	单位数	从业人数	单位数	从业人数
安溪县	39	2205	18	368	3	387
永春县	34	941	34	1097	8	240
德化县	9	69	12	170		
石狮市	9	252	6	181	1	47
晋江市	8	280	19	696	2	29
南安市	10	130	9	132	1	9
漳州市	**147**	**3350**	**94**	**2109**	**33**	**618**
芗城区	34	1064	25	811	10	171
龙文区	4	489	3	306		
云霄县	12	229	5	84	3	66
漳浦县	6	24	9	245	3	9
诏安县	10	404	11	365	1	3
长泰县	7	64	9	61	4	69
东山县	9	271	2	6	3	162
南靖县	9	302	3	20	1	15
平和县	8	124	4	23	1	12
华安县	2	7	3	9	1	19
龙海市	46	372	20	179	6	92
南平市	**95**	**2678**	**106**	**2527**	**28**	**1032**
延平区	24	1077	25	553	8	79
顺昌县	13	136	12	278	4	26
浦城县	4	89	6	67	1	10
光泽县	2	10	3	35	1	1
松溪县			3	26		
政和县	1	23	6	332		
邵武市	13	464	11	235	3	20
武夷山市	11	157	12	438	6	689
建瓯市	18	556	14	315	3	177
建阳市	9	166	14	248	2	30
龙岩市	**81**	**2864**	**79**	**2946**	**21**	**798**
新罗区	40	2109	45	2360	8	497
长汀县	8	157	5	59	6	73
永定县	11	106	9	130	2	10
上杭县	5	58	4	59		
武平县	7	151	2	7		
连城县	7	250	4	60	1	7
漳平市	3	33	10	271	4	211
宁德市	**57**	**960**	**76**	**1047**	**30**	**1733**
蕉城区	9	160	12	313	6	1199
霞浦县	7	60	7	67	1	325
古田县	19	104	29	119	12	42
屏南县	2	23	2	6		
寿宁县	1	50	1	10	1	70
周宁县	4	77	4	22		
柘荣县	2	38	1	45	1	16
福安市	3	81	7	88	6	44
福鼎市	10	367	13	377	3	37

2-33 续表 3-1 单位：个、人

地区	2006年		2007年		2008年		其他(不详)	
	单位数	从业人数	单位数	从业人数	单位数	从业人数	单位数	从业人数
全省	**306**	**12872**	**299**	**4690**	**274**	**3602**	**12**	**122**
福州市	**78**	**4900**	**70**	**1128**	**57**	**1033**	**5**	**29**
鼓楼区	15	202	16	142	18	222	1	14
台江区	9	72	11	179	5	40		
仓山区	4	53	8	86	10	49		
马尾区	2	30	2	142	1	8	1	1
晋安区	8	140	5	47	7	85	1	3
闽侯县	5	272	2	59	2	205		
连江县	5	58	11	107	7	165		
罗源县	4	244	5	85	2	177		
闽清县	6	231	2	20	2	51		
永泰县	5	24	2	11	1	2		
平潭县	4	26	1	58				
福清市	6	3483	1	18	1	4	1	2
长乐市	5	65	4	174	1	25	1	9
厦门市	**35**	**1285**	**25**	**269**	**23**	**252**		
思明区	17	855	13	94	12	157		
海沧区	1	11			1	13		
湖里区	9	172	4	65	3	34		
集美区	4	110	7	64	2	5		
同安区	2	17			2	24		
翔安区	2	120	1	46	3	19		
莆田市	**12**	**420**	**11**	**269**	**18**	**124**		
城厢区	3	91	5	143	7	36		
涵江区	2	19	2	5	2	13		
荔城区	2	24			4	50		
秀屿区			2	74	3	19		
仙游县	5	286	2	47	2	6		
三明市	**29**	**1527**	**22**	**183**	**19**	**298**	**1**	**6**
梅列区	8	144	2	16	2	18		
三元区	2	16	3	16	3	140		
明溪县								
清流县			1	5				
宁化县								
大田县	3	15	4	50	1	8		
尤溪县	5	675	2	14	1	5		
沙县	3	84	3	22	2	5		
将乐县	1	35	1	2	5	94		
泰宁县	1	11						
建宁县			1	7	1	4		
永安市	6	547	5	51	4	24	1	6
泉州市	**50**	**1841**	**41**	**1286**	**38**	**828**	**2**	**71**
鲤城区	5	24	6	35	4	37		
丰泽区	7	645	6	603	10	153		
洛江区			1	6	1	33		
泉港区	8	214	9	234	1	3		
惠安县	3	140	4	86	3	115		

2-33 续表 3-2 单位：个、人

地 区	2006年		2007年		2008年		其他(不详)	
	单位数	从业人数	单位数	从业人数	单位数	从业人数	单位数	从业人数
安溪县	3	54	2	16	3	77		
永春县	11	355	5	49	6	331	1	58
德化县	2	6	4	30				
石狮市	5	21			3	52	1	13
晋江市	3	332	2	15	5	13		
南安市	3	50	2	212	2	14		
漳州市	**23**	**622**	**25**	**320**	**21**	**218**	**2**	**6**
芗城区	6	60	9	97	1	17	1	1
龙文区			2	5	2	5		
云霄县	4	248			1	6		
漳浦县					1	5	1	5
诏安县	1	100	2	130	1	32		
长泰县	2	5	1	4	1	22		
东山县	2	2	2	4	4	16		
南靖县	2	14	1	9	1	10		
平和县	1	1	3	39	2	7		
华安县	1	126			1	22		
龙海市	4	66	5	32	6	76		
南平市	**24**	**662**	**29**	**275**	**24**	**324**	**2**	**10**
延平区	2	13	3	47	2	73		
顺昌县	5	194	5	64	4	20		
浦城县	2	26			5	118		
光泽县	2	5	2	3				
松溪县			1	23	1	3		
政和县	1	3			1	8		
邵武市	6	342	8	52	4	31		
武夷山市	2	32	5	32	1	6	1	8
建瓯市	2	27	2	28	4	54	1	2
建阳市	2	20	3	26	2	11		
龙岩市	**14**	**1309**	**17**	**442**	**15**	**201**		
新罗区	5	514	5	119	6	46		
长汀县	1	9	2	28	1	6		
永定县	2	15	3	8	1	3		
上杭县	1	237	1	8	1	30		
武平县	3	522	3	240	1	31		
连城县	1	6	2	37				
漳平市	1	6	1	2	5	85		
宁德市	**41**	**306**	**59**	**518**	**59**	**324**		
蕉城区	2	12	3	43	2	15		
霞浦县	2	4	2	183	1	2		
古田县	18	36	46	112	39	99		
屏南县					5	28		
寿宁县			1	20				
周宁县	1	86						
柘荣县					1	72		
福安市	10	88	2	6	5	76		
福鼎市	8	80	5	154	6	32		

2-34 按地区、学历、技术分组的

地区	企业法人单位数	从业人数	按学历分组			
			研究生及以上	大学本科	大学专科	高中
全省	**7334**	**281670**	**723**	**11361**	**26271**	**85006**
福州市	**1910**	**86313**	**319**	**3988**	**9150**	**24013**
鼓楼区	392	19771	219	2134	2957	4494
台江区	244	7335	16	316	859	2462
仓山区	343	8722	10	250	722	3463
马尾区	74	2617	4	116	259	972
晋安区	188	6799	26	432	875	2319
闽侯县	92	3230	6	54	168	901
连江县	105	7477	12	210	1328	2069
罗源县	52	3025	2	68	291	726
闽清县	119	5188	6	116	412	1833
永泰县	89	11690	3	114	567	2245
平潭县	40	1229		5	67	339
福清市	85	5749	7	112	361	1134
长乐市	87	3481	8	61	284	1056
厦门市	**597**	**47255**	**198**	**2390**	**3359**	**7016**
思明区	347	34675	130	1800	2384	4406
海沧区	24	989	9	122	87	172
湖里区	64	4682	19	210	458	1338
集美区	52	1453	1	44	86	323
同安区	71	4662	27	161	279	563
翔安区	39	794	12	53	65	214
莆田市	**333**	**14555**	**27**	**418**	**1296**	**4737**
城厢区	79	3233	16	233	591	992
涵江区	77	3527	10	44	173	772
荔城区	41	1846		19	127	398
秀屿区	39	1328		27	67	374
仙游县	97	4621	1	95	338	2201
三明市	**809**	**26253**	**17**	**957**	**2511**	**9155**
梅列区	118	5407	12	479	762	1572
三元区	101	1993	3	33	150	717
明溪县	24	317		2	40	105
清流县	31	655		11	57	264
宁化县	20	365		5	34	144
大田县	102	3464		11	122	1371
尤溪县	64	1420		21	100	458
沙县	97	2698		25	210	1165
将乐县	45	1855		27	100	384
泰宁县	12	292		39	83	106
建宁县	24	234		25	35	115
永安市	171	7553	2	279	818	2754
泉州市	**899**	**40625**	**107**	**1698**	**3673**	**16763**
鲤城区	101	4141	44	474	738	1306
丰泽区	80	3056	13	251	539	627
洛江区	12	176	4	7	17	44
泉港区	64	2098	3	78	235	518
惠安县	58	5330		163	326	1448

集体控股企业法人单位数及从业人数

单位：个、人

	按技术职称分组			按技术等级分组			
初　中 及以下	高　　级 技术职称	中　　级 技术职称	初　　级 技术职称	高级技师	技师	高级工	中级工
158309	**1890**	**9527**	**19431**	**478**	**1631**	**4902**	**10066**
48843	**754**	**3045**	**6639**	**155**	**435**	**1274**	**3116**
9967	322	852	911	22	57	224	322
3682	53	309	598	9	23	24	21
4277	81	289	605	23	89	147	507
1266	16	161	240	6	3	27	126
3147	98	329	752	66	106	256	318
2101	12	23	90	6	48	22	97
3858	24	153	447	10	43	70	300
1938	7	22	77	5	14	17	52
2821	49	502	1439		1	40	974
8761	37	180	509	1	14	22	57
818	2	9	31	2	3	6	4
4135	22	114	677	3	9	373	147
2072	31	102	263	2	25	46	191
34292	**342**	**1677**	**2478**	**66**	**307**	**644**	**1195**
25955	219	1224	1598	45	257	337	544
599	11	79	93	5	6	5	17
2657	50	190	402	14	21	267	544
999	20	49	83		3	4	14
3632	21	101	267		3	25	60
450	21	34	35	2	17	6	16
8077	**83**	**399**	**1249**	**41**	**132**	**193**	**222**
1401	44	101	155	25	60	138	103
2528	9	36	579	3	6	9	39
1302	1	17	53		5	2	6
860	10	70	46	10	49	13	21
1986	19	175	416	3	12	31	53
13613	**126**	**1065**	**1770**	**37**	**122**	**491**	**1123**
2582	59	346	387	4	22	203	476
1090	10	79	107	11	19	51	90
170	1	21	29	1	4	1	9
323	3	20	36	1		6	8
182	1	11	25		4	6	6
1960	4	88	289	2	14	19	93
841	3	79	160	1	3	11	47
1298	2	81	213	2	10	111	208
1344	6	80	80		6	11	75
64	1	4	10			4	4
59	7	21	36	2	4	28	44
3700	29	235	398	13	36	40	63
18384	**255**	**981**	**2522**	**92**	**210**	**1128**	**2027**
1579	62	208	376	8	13	211	296
1626	18	88	276	6	13	76	106
104		4	7		1	20	30
1264	6	70	105	5	41	25	70
3393	25	170	551	1	3	217	485

2-34 续表

地区	企业法人单位数	从业人数	按学历分组			
			研究生及以上	大学本科	大学专科	高中
安溪县	130	4510	26	108	298	1049
永春县	206	5695		150	439	2630
德化县	52	1098		62	77	403
石狮市	38	7356	1	126	379	6283
晋江市	83	3904	13	166	395	1201
南安市	75	3261	3	113	230	1254
漳州市	**907**	**19207**	**5**	**341**	**1708**	**7257**
芗城区	189	5893	4	174	652	2624
龙文区	32	1374		42	150	504
云霄县	39	992		28	133	316
漳浦县	51	760		3	52	307
诏安县	62	1890		5	88	710
长泰县	57	843	1	15	96	348
东山县	95	1487		5	65	425
南靖县	55	1100		13	124	392
平和县	53	697		1	20	351
华安县	24	546		21	114	219
龙海市	250	3625		34	214	1061
南平市	**786**	**16584**	**21**	**813**	**2111**	**5573**
延平区	188	5554	17	302	851	1651
顺昌县	123	1505	1	29	198	537
浦城县	47	681		10	47	367
光泽县	31	324			18	96
松溪县	19	254		7	50	103
政和县	22	541		6	47	193
邵武市	113	2295		69	267	896
武夷山市	63	1624		286	291	542
建瓯市	86	2437	3	86	225	738
建阳市	94	1369		18	117	450
龙岩市	**529**	**18672**	**14**	**396**	**1494**	**6029**
新罗区	204	10850	6	284	968	3329
长汀县	64	1748		27	65	553
永定县	71	1552		17	122	664
上杭县	35	678		44	113	241
武平县	53	1742		6	54	521
连城县	43	828	8	2	45	279
漳平市	59	1274		16	127	442
宁德市	**564**	**12206**	**15**	**360**	**969**	**4463**
蕉城区	71	2780		239	333	517
霞浦县	54	1933	5	23	91	1002
古田县	249	2207		14	101	920
屏南县	16	123			3	42
寿宁县	21	896	1	7	60	632
周宁县	19	790		7	99	163
柘荣县	6	931		9	60	228
福安市	44	651	1	8	66	241
福鼎市	84	1895	8	53	156	718

单位：个、人

	按技术职称分组			按技术等级分组			
初 中 及以下	高 级 技术职称	中 级 技术职称	初 级 技术职称	高级技师	技师	高级工	中级工
3029	9	41	81	3	10	16	152
2476	21	74	173	15	22	31	103
556	5	49	182	1	4	167	108
567	1	15	36	1	11	20	54
2129	84	185	408	43	83	335	580
1661	24	77	327	9	9	10	43
9896	**50**	**561**	**1295**	**11**	**65**	**137**	**433**
2439	34	273	543	4	29	78	174
678	2	19	48	3			5
515	1	32	142		11	6	38
398			9		1	3	2
1087		20	50			4	10
383	1	13	80	1		3	12
992	1	19	58			7	20
571	1	29	111		17	23	35
325		5	34		1		12
192	1	64	96	1		1	
2316	9	87	124	2	6	12	125
8066	**87**	**879**	**1274**	**19**	**189**	**524**	**920**
2733	49	466	410	8	120	230	432
740	5	52	173		1	32	34
257	1	10	53		2	11	17
210		4	13		2	1	2
94	3	55	24	3	7	22	28
295	1	34	29	3	11	35	74
1063	7	95	187	2	27	45	103
505	5	83	112		16	43	87
1385	5	35	177	3	2	58	97
784	11	45	96		1	47	46
10739	**92**	**630**	**1386**	**34**	**97**	**222**	**602**
6263	70	384	881	25	42	107	302
1103	5	50	79	3	17	23	59
749	2	30	117	3	14	36	88
280		70	145		5	7	16
1161	2	33	55		6	11	35
494	7	31	55	3	9	28	75
689	6	32	54		4	10	27
6399	**101**	**290**	**818**	**23**	**74**	**289**	**428**
1691	36	83	229	12	24	44	61
812	42	91	136		11	158	149
1172	5	17	72	1	16	12	88
78							1
196	2	8	70	4	5	30	50
521	1	9	30		6	27	45
634	6	42	171				
335	1	8	15	1	2	6	9
960	8	32	95	5	10	12	25

2-35 按行业（大类）、学历、技术分组的

行业	代码	企业法人单位数	从业人数	按学历分组	
				研究生及以上	大学本科
总计		**7334**	**281670**	**723**	**11361**
农、林、牧、渔业	A	**1**	**7**		
农业	01				
林业	02	1	7		
畜牧业	03				
渔业	04				
农、林、牧、渔服务业	05				
采矿业	B	**251**	**16553**		**143**
煤炭开采和洗选业	06	92	10015		108
石油和天然气开采业	07				
黑色金属矿采选业	08	17	601		3
有色金属矿采选业	09	17	720		4
非金属矿采选业	10	124	5202		28
其他采矿业	11	1	15		
制造业	C	**1923**	**83389**	**156**	**1970**
农副食品加工业	13	102	4110	13	67
食品制造业	14	43	1523	8	32
饮料制造业	15	106	2762	21	87
烟草制品业	16	1	15		
纺织业	17	51	3280	5	22
纺织服装、鞋、帽制造业	18	47	4049	1	32
皮革、毛皮、羽毛(绒)及其制品业	19	19	7119		96
木材加工及木、竹、藤、棕、草制品业	20	109	2777	3	44
家具制造业	21	24	674	1	2
造纸及纸制品业	22	105	4503	3	68
印刷业和记录媒介的复制	23	148	2364	11	50
文教体育用品制造业	24	10	228		2
石油加工、炼焦及核燃料加工业	25	5	52	2	5
化学原料及化学制品制造业	26	81	4329	1	140
医药制造业	27	9	631	27	204
化学纤维制造业	28	1	19		1
橡胶制品业	29	21	788		4
塑料制品业	30	133	4179		32
非金属矿物制品业	31	350	15180	19	186
黑色金属冶炼及压延加工业	32	17	2863	1	79
有色金属冶炼及压延加工业	33	16	1158		41
金属制品业	34	80	2353	3	47
通用设备制造业	35	119	3757	4	119
专用设备制造业	36	56	1223	3	21
交通运输设备制造业	37	86	3058	11	122
电气机械及器材制造业	39	58	2513	3	157
通信设备、计算机及其他电子设备制造业	40	16	3167	10	200
仪器仪表及文化、办公用机械制造业	41	24	912	6	47
工艺品及其他制造业	42	81	3730		57
废弃资源和废旧材料回收加工业	43	5	73		6
电力、燃气及水的生产和供应业	D	**1015**	**11104**	**21**	**280**
电力、热力的生产和供应业	44	656	8157	5	206
燃气生产和供应业	45	1	28		3
水的生产和供应业	46	358	2919	16	71
建筑业	E	**332**	**88535**	**78**	**2228**
房屋和土木工程建筑业	47	212	63788	52	1597
建筑安装业	48	50	5966	15	520
建筑装饰业	49	31	1250	11	69
其他建筑业	50	39	17531		42

集体控股企业法人单位数及从业人数

单位：个、人

			按技术职称分组			按技术等级分组			
大学专科	高中	初 中 及以下	高 级 技术职称	中 级 技术职称	初 级 技术职称	高级技师	技师	高级工	中级工
26271	**85006**	**158309**	**1890**	**9527**	**19431**	**478**	**1631**	**4902**	**10066**
	3	**4**							
	3	4							
618	**4237**	**11555**	**34**	**248**	**711**	**14**	**41**	**107**	**391**
426	2650	6831	27	169	522	13	39	73	289
36	231	331	1	7	5			4	3
25	203	488	3	10	28				4
131	1148	3895	3	62	156	1	2	30	95
	5	10							
5459	**29896**	**45908**	**355**	**1449**	**2979**	**175**	**610**	**1335**	**2886**
238	903	2889	8	51	105	3	15	20	49
47	267	1169		6	30			3	15
263	837	1554	16	32	109	6	16	12	78
	15								
95	720	2438		11	31		8	19	36
171	1009	2836	7	12	23	1	9	8	30
317	6239	467		4	10		3	7	15
71	712	1947	2	9	42	3	7	20	34
20	181	470		7	8				9
274	1325	2833	14	50	149	3	12	10	112
194	1082	1027	10	68	93	6	59	84	136
37	58	131		8	8			5	8
14	21	10	3	5	11	1			5
362	1587	2239	29	117	229	5	14	30	85
162	138	100	24	66	131	14	6	22	4
1	7	10		1			3		
68	256	460		9	25		1	4	20
148	1092	2907	15	55	100	4	17	28	211
813	4490	9672	42	270	511	21	79	133	534
164	1005	1614	8	52	163	3	5	74	336
57	466	594	6	48	34	3	31	40	90
130	671	1502	14	36	64	5	19	29	68
308	1301	2025	37	104	287	12	61	100	235
87	537	575	9	37	70	6	11	27	83
297	1144	1484	58	134	205	27	55	341	328
412	880	1061	18	85	173	26	69	166	258
395	1056	1506	15	88	225		66	10	4
101	303	455	6	21	30	5	5	3	11
202	1557	1914	13	53	104	21	39	139	87
11	37	19	1	10	9			1	5
862	**4697**	**5244**	**51**	**320**	**965**	**17**	**62**	**239**	**677**
630	3581	3735	24	248	768	10	33	182	594
13	12			2	3			2	
219	1104	1509	27	70	194	7	29	55	83
6601	**15950**	**63678**	**525**	**3641**	**8585**	**148**	**594**	**2335**	**4675**
5047	12955	44137	432	2660	7483	113	320	1785	3543
1232	1962	2237	59	813	880	10	197	448	533
144	234	792	25	97	124	24	20	34	102
178	799	16512	9	71	98	1	57	68	497

2-35 续表

行业	代码	企业法人单位数	从业人数	按学历分组	
				研究生及以上	大学本科
交通运输、仓储和邮政业	F	**292**	**12044**	**4**	**199**
铁路运输业	51	1	22		2
道路运输业	52	138	6105	1	63
城市公共交通业	53	22	1017		15
水上运输业	54	40	1470		11
航空运输业	55	2	314		59
管道运输业	56				
装卸搬运和其他运输服务业	57	68	2607	3	30
仓储业	58	17	493		18
邮政业	59	4	16		1
信息传输、计算机服务和软件业	G	**48**	**936**	**60**	**305**
电信和其他信息传输服务业	60	12	260	4	73
计算机服务业	61	25	347	33	73
软件业	62	11	329	23	159
批发和零售业	H	**1737**	**26027**	**104**	**1120**
批发业	63	1054	16192	91	798
零售业	65	683	9835	13	322
住宿和餐饮业	I	**157**	**3761**	**4**	**176**
住宿业	66	125	3113	2	165
餐饮业	67	32	648	2	11
金融业	J	**51**	**7765**	**132**	**2067**
银行业	68	21	5262	83	1476
证券业	69	1	24		14
保险业	70	21	2436	49	573
其他金融活动	71	8	43		4
房地产业	K	**555**	**9107**	**38**	**723**
房地产业	72	555	9107	38	723
租赁和商务服务业	L	**514**	**14848**	**47**	**866**
租赁业	73	16	126	1	9
商务服务业	74	498	14722	46	857
科学研究、技术服务和地质勘查业	M	**164**	**2922**	**65**	**764**
研究与试验发展	75	10	108		22
专业技术服务业	76	113	2373	60	691
科技交流和推广服务业	77	40	434	5	50
地质勘查业	78	1	7		1
水利、环境和公共设施管理业	N	**65**	**1554**	**4**	**287**
水利管理业	79	19	240	2	33
环境管理业	80	8	274	1	8
公共设施管理业	81	38	1040	1	246
居民服务和其他服务业	O	**128**	**1605**	**1**	**49**
居民服务业	82	60	657		11
其他服务业	83	68	948	1	38
教育	P	**44**	**819**	**6**	**106**
教育	84	44	819	6	106
卫生、社会保障和社会福利业	Q	**25**	**332**	**3**	**39**
卫生	85	24	318	3	38
社会保障业	86				
社会福利业	87	1	14		1
文化、体育和娱乐业	R	**32**	**362**		**39**
新闻出版业	88	2	24		3
广播、电视、电影和音像业	89	7	92		26
文化艺术业	90	9	58		2
体育	91	5	67		3
娱乐业	92	9	121		5

单位：个、人

			按技术职称分组			按技术等级分组			
大学专科	高中	初 中 及以下	高 级 技术职称	中 级 技术职称	初 级 技术职称	高级技师	技师	高级工	中级工
884	**4225**	**6732**	**53**	**225**	**468**	**17**	**36**	**272**	**283**
5	15		2	3	3			1	4
410	2510	3121	11	99	221	6	15	146	154
52	311	639	1	8	41				
62	448	949	35	64	101	8	4	71	57
97	123	35		28	43		13	18	63
185	627	1762	2	14	49		3	35	4
68	182	225	2	9	10	3	1	1	1
5	9	1							
261	**230**	**80**	**39**	**109**	**80**	**10**	**9**	**23**	**97**
89	77	17	16	18	34	5	5	8	75
78	129	34	10	29	12	4	2	9	1
94	24	29	13	62	34	1	2	6	21
2817	**11269**	**10717**	**115**	**629**	**1582**	**24**	**61**	**140**	**273**
1976	6949	6378	87	496	1088	17	38	117	213
841	4320	4339	28	133	494	7	23	23	60
480	**1382**	**1719**	**8**	**57**	**106**	**9**	**28**	**15**	**83**
451	1126	1369	4	38	92	2	24	8	65
29	256	350	4	19	14	7	4	7	18
2740	**1618**	**1208**	**29**	**992**	**1711**		**1**	**14**	**12**
1980	1191	532	25	955	1657		1	13	5
9	1								
741	405	668	3	35	49				
10	21	8	1	2	5			1	7
1472	**3769**	**3105**	**157**	**582**	**768**	**21**	**57**	**86**	**171**
1472	3769	3105	157	582	768	21	57	86	171
2196	**5284**	**6455**	**127**	**466**	**504**	**23**	**47**	**150**	**225**
21	60	35	3	8	6				3
2175	5224	6420	124	458	498	23	47	150	222
1086	**729**	**278**	**310**	**562**	**614**	**6**	**17**	**60**	**91**
23	29	34	3	13	1		1	1	
921	554	147	297	505	557	4	15	36	67
141	144	94	10	44	54	1	1	23	23
1	2	3			2	1			1
259	**496**	**508**	**36**	**68**	**76**	**2**	**15**	**60**	**57**
42	82	81	18	31	29	1	14	12	10
45	41	179	6	5	13	1		5	12
172	373	248	12	32	34		1	43	35
227	**568**	**760**	**12**	**81**	**111**	**7**	**40**	**63**	**119**
95	219	332		36	54		1	2	35
132	349	428	12	45	57	7	39	61	84
131	**405**	**171**	**19**	**55**	**37**	**2**	**1**	**1**	**16**
131	405	171	19	55	37	2	1	1	16
83	**115**	**92**	**11**	**33**	**126**	**1**	**12**	**1**	**8**
81	114	82	10	32	125	1	12	1	8
2	1	10	1	1	1				
95	**133**	**95**	**9**	**10**	**8**	**2**		**1**	**2**
9	6	6	8						
39	24	3	1	3	5				
15	22	19		6	3			1	2
6	9	49				2			
26	72	18		1					

2-36 按行业（大类）、地区分组的私人控股企业法人单位数及从业人数

单位：个、人

行业	代码	全省		福州市		厦门市	
		单位数	从业人数	单位数	从业人数	单位数	从业人数
总计		**111715**	**4324671**	**22130**	**866046**	**22838**	**798524**
农、林、牧、渔业	A	**7**	**155**				
农业	01	2	25				
林业	02						
畜牧业	03	5	130				
渔业	04						
农、林、牧、渔服务业	05						
采矿业	B	**1861**	**75478**	**156**	**3949**	**9**	**130**
煤炭开采和洗选业	06	162	24065	1	10		
石油和天然气开采业	07						
黑色金属矿采选业	08	202	14025				
有色金属矿采选业	09	219	9996	4	320		
非金属矿采选业	10	1259	27195	151	3619	9	130
其他采矿业	11	19	197				
制造业	C	**44891**	**2160390**	**6321**	**318101**	**5674**	**233991**
农副食品加工业	13	2247	104854	470	21250	144	11963
食品制造业	14	1384	72350	213	8211	142	5398
饮料制造业	15	1926	63235	160	4546	42	9557
烟草制品业	16						
纺织业	17	2028	146642	658	57632	183	9447
纺织服装、鞋、帽制造业	18	3273	204561	306	19988	427	26929
皮革、毛皮、羽毛(绒)及其制品业	19	2107	214445	55	2720	98	7782
木材加工及木、竹、藤、棕、草制品业	20	3108	135377	237	10535	79	1384
家具制造业	21	868	37606	154	5723	119	4090
造纸及纸制品业	22	1737	75182	222	6508	318	12452
印刷业和记录媒介的复制	23	1327	34678	207	5014	288	8641
文教体育用品制造业	24	396	21830	32	1695	82	6685
石油加工、炼焦及核燃料加工业	25	53	2639	7	677	8	106
化学原料及化学制品制造业	26	1719	59526	205	4118	254	7890
医药制造业	27	189	11377	44	3813	28	1071
化学纤维制造业	28	67	7214	22	3942	8	108
橡胶制品业	29	598	35388	59	1590	140	4745
塑料制品业	30	2569	103917	555	30760	537	14483
非金属矿物制品业	31	6320	280328	770	36730	321	8942
黑色金属冶炼及压延加工业	32	327	20651	37	7336	30	618
有色金属冶炼及压延加工业	33	250	11635	31	1149	42	907
金属制品业	34	2077	63895	254	7886	635	18578
通用设备制造业	35	2252	83466	311	10796	299	8589
专用设备制造业	36	1486	47783	221	7734	387	7807
交通运输设备制造业	37	1554	71308	214	8395	111	5556
电气机械及器材制造业	39	1630	82619	228	10169	303	21075
通信设备、计算机及其他电子设备制造业	40	763	41656	142	6352	254	16143
仪器仪表及文化、办公用机械制造业	41	346	17221	73	2751	80	2812
工艺品及其他制造业	42	2168	106959	417	29627	309	10136
废弃资源和废旧材料回收加工业	43	122	2048	17	454	6	97
电力、燃气及水的生产和供应业	D	**3788**	**39008**	**237**	**2927**	**20**	**348**
电力、热力的生产和供应业	44	3557	36268	192	2391	11	218
燃气生产和供应业	45	22	391	9	134		
水的生产和供应业	46	209	2349	36	402	9	130
建筑业	E	**4640**	**1251057**	**1105**	**345933**	**1153**	**353247**
房屋和土木工程建筑业	47	1866	919628	385	289259	240	131223
建筑安装业	48	813	57804	243	20102	272	15573
建筑装饰业	49	1233	52702	332	18392	376	17405
其他建筑业	50	728	220923	145	18180	265	189046

2-36 续表 1

单位：个、人

行 业	代码	全省		福州市		厦门市	
		单位数	从业人数	单位数	从业人数	单位数	从业人数
交通运输、仓储和邮政业	F	**3315**	**115499**	**985**	**24143**	**824**	**21894**
铁路运输业	51	4	63	2	41	1	7
道路运输业	52	1292	65260	224	11255	154	4585
城市公共交通业	53	87	9592	22	573	4	5343
水上运输业	54	659	19479	516	9470	31	1195
航空运输业	55	10	145	5	50	2	35
管道运输业	56	1	34				
装卸搬运和其他运输服务业	57	1002	16744	150	2238	569	8915
仓储业	58	164	1914	36	285	40	830
邮政业	59	96	2268	30	231	23	984
信息传输、计算机服务和软件业	G	**3342**	**37480**	**764**	**13061**	**939**	**14560**
电信和其他信息传输服务业	60	397	6300	127	2540	158	2852
计算机服务业	61	2223	15934	461	4097	348	3835
软件业	62	722	15246	176	6424	433	7873
批发和零售业	H	**30116**	**322667**	**7597**	**77899**	**8927**	**91577**
批发业	63	19492	193642	4850	43525	6812	66987
零售业	65	10624	129025	2747	34374	2115	24590
住宿和餐饮业	I	**2300**	**72173**	**537**	**15461**	**361**	**11784**
住宿业	66	980	33819	227	6438	126	3492
餐饮业	67	1320	38354	310	9023	235	8292
金融业	J	**493**	**9030**	**68**	**1662**	**75**	**1224**
银行业	68	3	1560				
证券业	69	15	489			8	456
保险业	70	80	3102	29	1302	14	278
其他金融活动	71	395	3879	39	360	53	490
房地产业	K	**4165**	**81039**	**757**	**19000**	**973**	**22468**
房地产业	72	4165	81039	757	19000	973	22468
租赁和商务服务业	L	**6919**	**67145**	**2021**	**18092**	**2236**	**21501**
租赁业	73	618	4979	113	810	180	1436
商务服务业	74	6301	62166	1908	17282	2056	20065
科学研究、技术服务和地质勘查业	M	**1870**	**27779**	**525**	**8955**	**630**	**9597**
研究与试验发展	75	142	1273	67	631	20	108
专业技术服务业	76	1390	23688	372	7471	508	8732
科技交流和推广服务业	77	309	2516	82	837	100	750
地质勘查业	78	29	302	4	16	2	7
水利、环境和公共设施管理业	N	**410**	**7464**	**80**	**1281**	**80**	**2297**
水利管理业	79	23	221	4	44	3	32
环境管理业	80	135	2881	37	349	35	1577
公共设施管理业	81	252	4362	39	888	42	688
居民服务和其他服务业	O	**2052**	**30951**	**559**	**9536**	**670**	**9164**
居民服务业	82	943	15954	293	4910	300	4385
其他服务业	83	1109	14997	266	4626	370	4779
教育	P	**518**	**8567**	**111**	**1592**	**101**	**1508**
教育	84	518	8567	111	1592	101	1508
卫生、社会保障和社会福利业	Q	**304**	**4840**	**110**	**1180**	**27**	**462**
卫生	85	296	4799	108	1165	26	460
社会保障业	86	1	4	1	4		
社会福利业	87	7	37	1	11	1	2
文化、体育和娱乐业	R	**724**	**13949**	**197**	**3274**	**139**	**2772**
新闻出版业	88	14	128	6	56	5	52
广播、电视、电影和音像业	89	53	744	18	296	12	169
文化艺术业	90	73	510	16	137	24	116
体育	91	25	250	5	14	9	46
娱乐业	92	559	12317	152	2771	89	2389

2-36 续表 2-1

单位：个、人

行业	代码	莆田市		三明市		泉州市		漳州市	
		单位数	从业人数	单位数	从业人数	单位数	从业人数	单位数	从业人数
总计		**3243**	**182554**	**8052**	**234937**	**23492**	**1210740**	**10301**	**321986**
农、林、牧、渔业	A			**4**	**54**				
农业	01			1	5				
林业	02								
畜牧业	03			3	49				
渔业	04								
农、林、牧、渔服务业	05								
采矿业	B	**18**	**525**	**464**	**13600**	**307**	**21170**	**125**	**2678**
煤炭开采和洗选业	06	1	15	33	1930	18	4737		
石油和天然气开采业	07								
黑色金属矿采选业	08			83	2832	38	8874	3	112
有色金属矿采选业	09			99	3370	14	532	5	114
非金属矿采选业	10	17	510	248	5462	237	7027	116	2449
其他采矿业	11			1	6			1	3
制造业	C	**1782**	**122690**	**2852**	**126053**	**14365**	**831856**	**4685**	**164044**
农副食品加工业	13	103	6580	130	3884	243	10283	571	24017
食品制造业	14	48	2897	87	3214	274	19967	310	19319
饮料制造业	15	21	257	90	2440	692	23406	154	3340
烟草制品业	16								
纺织业	17	66	3515	203	20924	718	40709	55	1849
纺织服装、鞋、帽制造业	18	144	14005	77	3038	1965	126622	145	3918
皮革、毛皮、羽毛(绒)及其制品业	19	294	36683	11	651	1537	161171	63	2238
木材加工及木、竹、藤、棕、草制品业	20	50	2661	698	33581	175	5938	220	5577
家具制造业	21	67	3280	35	1127	133	5466	220	12002
造纸及纸制品业	22	76	4575	109	6128	564	25750	217	9757
印刷业和记录媒介的复制	23	47	1519	49	740	430	14007	140	2689
文教体育用品制造业	24	17	1258	11	319	128	4159	58	3949
石油加工、炼焦及核燃料加工业	25	1	5	3	14	9	1500	12	181
化学原料及化学制品制造业	26	50	2476	247	10417	293	11419	202	5641
医药制造业	27	8	432	24	1443	21	1475	13	259
化学纤维制造业	28	3	38	4	286	23	2357	1	20
橡胶制品业	29	43	6110	18	1000	261	19191	20	328
塑料制品业	30	108	8920	60	2217	802	31276	258	5856
非金属矿物制品业	31	163	4814	427	15413	2609	164610	695	15728
黑色金属冶炼及压延加工业	32	4	79	26	1404	39	1568	40	4183
有色金属冶炼及压延加工业	33	11	399	17	1409	49	3909	32	850
金属制品业	34	60	1690	50	1299	557	19382	285	9402
通用设备制造业	35	44	1311	262	7770	711	34298	204	5445
专用设备制造业	36	44	1702	62	1640	441	17944	96	1884
交通运输设备制造业	37	33	2832	59	2961	452	16210	175	6709
电气机械及器材制造业	39	16	782	31	1420	152	8882	131	5799
通信设备、计算机及其他电子设备制造业	40	33	3409	6	179	161	8674	79	2918
仪器仪表及文化、办公用机械制造业	41	28	1331	6	168	46	2674	81	5094
工艺品及其他制造业	42	181	8884	42	851	836	48129	199	4964
废弃资源和废旧材料回收加工业	43	19	246	8	116	44	880	9	128
电力、燃气及水的生产和供应业	D	**49**	**469**	**940**	**8043**	**428**	**5554**	**378**	**3778**
电力、热力的生产和供应业	44	37	323	921	7889	390	4859	336	3364
燃气生产和供应业	45			2	44	5	102	3	65
水的生产和供应业	46	12	146	17	110	33	593	39	349
建筑业	E	**140**	**40979**	**326**	**37890**	**715**	**207501**	**441**	**99109**
房屋和土木工程建筑业	47	75	38592	197	31132	325	186998	198	90358
建筑安装业	48	12	493	27	2147	114	6593	54	3961
建筑装饰业	49	41	1487	49	1045	179	8485	107	2269
其他建筑业	50	12	407	53	3566	97	5425	82	2521

2-36 续表 2-2

单位：个、人

行业	代码	莆田市		三明市		泉州市		漳州市	
		单位数	从业人数	单位数	从业人数	单位数	从业人数	单位数	从业人数
交通运输、仓储和邮政业	F	**60**	**1818**	**214**	**6932**	**467**	**35810**	**294**	**6976**
铁路运输业	51					1	15		
道路运输业	52	35	988	177	5994	259	28852	176	5251
城市公共交通业	53	7	470	7	296	8	360	7	138
水上运输业	54	9	150	3	22	48	3808	11	115
航空运输业	55	1	4			2	56		
管道运输业	56					1	34		
装卸搬运和其他运输服务业	57	6	196	17	490	99	1575	52	1076
仓储业	58			10	130	32	458	36	114
邮政业	59	2	10			17	652	12	282
信息传输、计算机服务和软件业	G	**87**	**458**	**148**	**1099**	**365**	**2560**	**375**	**1994**
电信和其他信息传输服务业	60	8	63	9	104	15	172	20	158
计算机服务业	61	72	335	129	916	316	2077	329	1575
软件业	62	7	60	10	79	34	311	26	261
批发和零售业	H	**655**	**7676**	**1892**	**20516**	**4294**	**54729**	**2500**	**23837**
批发业	63	406	4066	1293	12291	2249	28334	1486	14218
零售业	65	249	3610	599	8225	2045	26395	1014	9619
住宿和餐饮业	I	**43**	**2520**	**216**	**5855**	**368**	**16981**	**163**	**3482**
住宿业	66	11	772	97	3126	187	10650	75	1242
餐饮业	67	32	1748	119	2729	181	6331	88	2240
金融业	J	**12**	**165**	**54**	**508**	**50**	**851**	**28**	**1819**
银行业	68							1	1547
证券业	69			2	4	2	17		
保险业	70	6	124	1	55	11	433	7	101
其他金融活动	71	6	41	51	449	37	401	20	171
房地产业	K	**162**	**2890**	**283**	**5185**	**641**	**10682**	**432**	**6325**
房地产业	72	162	2890	283	5185	641	10682	432	6325
租赁和商务服务业	L	**117**	**840**	**335**	**4587**	**713**	**7754**	**478**	**3342**
租赁业	73	11	137	44	263	97	1138	46	197
商务服务业	74	106	703	291	4324	616	6616	432	3145
科学研究、技术服务和地质勘查业	M	**33**	**414**	**108**	**1516**	**178**	**2926**	**113**	**1327**
研究与试验发展	75	1	15	7	43	20	263	6	30
专业技术服务业	76	26	351	66	1122	132	2443	86	1210
科技交流和推广服务业	77	6	48	26	248	24	178	20	81
地质勘查业	78			9	103	2	42	1	6
水利、环境和公共设施管理业	N	**11**	**152**	**19**	**218**	**59**	**1459**	**44**	**479**
水利管理业	79	1	2	4	57	2	24	5	50
环境管理业	80	1	2	4	30	27	541	10	91
公共设施管理业	81	9	148	11	131	30	894	29	338
居民服务和其他服务业	O	**27**	**337**	**82**	**1232**	**272**	**4451**	**135**	**1187**
居民服务业	82	11	204	23	491	109	2056	49	611
其他服务业	83	16	133	59	741	163	2395	86	576
教育	P	**17**	**268**	**53**	**687**	**81**	**1872**	**42**	**574**
教育	84	17	268	53	687	81	1872	42	574
卫生、社会保障和社会福利业	Q	**11**	**176**	**16**	**110**	**88**	**1950**	**16**	**130**
卫生	85	10	166	16	110	87	1948	16	130
社会保障业	86								
社会福利业	87	1	10			1	2		
文化、体育和娱乐业	R	**19**	**177**	**46**	**852**	**101**	**2634**	**52**	**905**
新闻出版业	88	1	12						
广播、电视、电影和音像业	89	1	15	2	20	5	61	2	94
文化艺术业	90	4	31			6	74	7	47
体育	91			3	12	2	99	2	17
娱乐业	92	13	119	41	820	88	2400	41	747

2-36 续表 3-1

单位：个、人

行　业	代码	南平市		龙岩市		宁德市	
		单位数	从业人数	单位数	从业人数	单位数	从业人数
总　计		**8244**	**225531**	**6342**	**269296**	**7073**	**215057**
农、林、牧、渔业	A			**2**	**81**	**1**	**20**
农业	01					1	20
林业	02						
畜牧业	03			2	81		
渔业	04						
农、林、牧、渔服务业	05						
采矿业	B	**217**	**5973**	**478**	**25905**	**87**	**1548**
煤炭开采和洗选业	06	5	421	103	16948	1	4
石油和天然气开采业	07						
黑色金属矿采选业	08	11	382	65	1738	2	87
有色金属矿采选业	09	53	2391	37	2832	7	437
非金属矿采选业	10	137	2690	268	4314	76	994
其他采矿业	11	11	89	5	73	1	26
制造业	C	**3664**	**142569**	**2059**	**93482**	**3489**	**127604**
农副食品加工业	13	192	10862	127	4357	267	11658
食品制造业	14	170	5821	50	3190	90	4333
饮料制造业	15	364	7852	120	3921	283	7916
烟草制品业	16						
纺织业	17	93	6670	33	5323	19	573
纺织服装、鞋、帽制造业	18	113	4587	57	4295	39	1179
皮革、毛皮、羽毛(绒)及其制品业	19	10	498	12	837	27	1865
木材加工及木、竹、藤、棕、草制品业	20	1215	56461	257	11805	177	7435
家具制造业	21	60	2172	43	2635	37	1111
造纸及纸制品业	22	85	3385	69	4134	77	2493
印刷业和记录媒介的复制	23	65	958	57	738	44	372
文教体育用品制造业	24	22	759	10	1706	36	1300
石油加工、炼焦及核燃料加工业	25	5	59	5	66	3	31
化学原料及化学制品制造业	26	262	9376	134	6358	72	1831
医药制造业	27	25	914	13	608	13	1362
化学纤维制造业	28	2	58	2	216	2	189
橡胶制品业	29	22	1277	23	580	12	567
塑料制品业	30	79	2050	48	2013	122	6342
非金属矿物制品业	31	264	5907	436	15858	635	12326
黑色金属冶炼及压延加工业	32	14	1097	32	1522	105	2844
有色金属冶炼及压延加工业	33	14	458	26	1114	28	1440
金属制品业	34	78	1757	62	1551	96	2350
通用设备制造业	35	110	2891	107	3900	204	8466
专用设备制造业	36	84	2361	90	5255	61	1456
交通运输设备制造业	37	68	3590	109	4023	333	21032
电气机械及器材制造业	39	92	6536	52	3071	625	24885
通信设备、计算机及其他电子设备制造业	40	18	258	47	2930	23	793
仪器仪表及文化、办公用机械制造业	41	19	1873	5	163	8	355
工艺品及其他制造业	42	106	2006	30	1279	48	1083
废弃资源和废旧材料回收加工业	43	13	76	3	34	3	17
电力、燃气及水的生产和供应业	D	**536**	**5848**	**799**	**7362**	**401**	**4679**
电力、热力的生产和供应业	44	518	5704	770	6994	382	4526
燃气生产和供应业	45	1	8	1	26	1	12
水的生产和供应业	46	17	136	28	342	18	141
建筑业	E	**280**	**29577**	**287**	**102771**	**193**	**34050**
房屋和土木工程建筑业	47	160	22171	181	98622	105	31273
建筑安装业	48	46	6081	28	2076	17	778
建筑装饰业	49	51	834	65	1546	33	1239
其他建筑业	50	23	491	13	527	38	760

2-36　续表 3-2　　单位：个、人

行　业	代码	南平市		龙岩市		宁德市	
		单位数	从业人数	单位数	从业人数	单位数	从业人数
交通运输、仓储和邮政业	F	**188**	**3423**	**128**	**3640**	**155**	**10863**
铁路运输业	51						
道路运输业	52	119	1911	84	2739	64	3685
城市公共交通业	53	13	586	3	383	16	1443
水上运输业	54	5	66	3	12	33	4641
航空运输业	55						
管道运输业	56						
装卸搬运和其他运输服务业	57	41	819	35	464	33	971
仓储业	58	4	22	2	40	4	35
邮政业	59	6	19	1	2	5	88
信息传输、计算机服务和软件业	G	**225**	**1334**	**184**	**1067**	**255**	**1347**
电信和其他信息传输服务业	60	13	123	20	164	27	124
计算机服务业	61	202	1160	157	859	209	1080
软件业	62	10	51	7	44	19	143
批发和零售业	H	**1668**	**16310**	**1306**	**17269**	**1277**	**12854**
批发业	63	920	9272	705	7399	771	7550
零售业	65	748	7038	601	9870	506	5304
住宿和餐饮业	I	**213**	**5525**	**264**	**5982**	**135**	**4583**
住宿业	66	135	3003	53	1979	69	3117
餐饮业	67	78	2522	211	4003	66	1466
金融业	J	**146**	**1662**	**25**	**196**	**35**	**943**
银行业	68	2	13				
证券业	69			2	9	1	3
保险业	70	8	767	2	34	2	8
其他金融活动	71	136	882	21	153	32	932
房地产业	K	**333**	**5091**	**267**	**4425**	**317**	**4973**
房地产业	72	333	5091	267	4425	317	4973
租赁和商务服务业	L	**381**	**3037**	**226**	**2135**	**412**	**5857**
租赁业	73	20	101	18	94	89	803
商务服务业	74	361	2936	208	2041	323	5054
科学研究、技术服务和地质勘查业	M	**139**	**1534**	**56**	**760**	**88**	**750**
研究与试验发展	75	16	152	1	2	4	29
专业技术服务业	76	84	1024	48	726	68	609
科技交流和推广服务业	77	30	239	5	23	16	112
地质勘查业	78	9	119	2	9		
水利、环境和公共设施管理业	N	**60**	**831**	**27**	**381**	**30**	**366**
水利管理业	79	3	3			1	9
环境管理业	80	7	86	8	150	6	55
公共设施管理业	81	50	742	19	231	23	302
居民服务和其他服务业	O	**103**	**1414**	**109**	**1534**	**95**	**2096**
居民服务业	82	48	958	80	1179	30	1160
其他服务业	83	55	456	29	355	65	936
教育	P	**25**	**514**	**54**	**1026**	**34**	**526**
教育	84	25	514	54	1026	34	526
卫生、社会保障和社会福利业	Q	**15**	**341**	**9**	**199**	**12**	**292**
卫生	85	12	329	9	199	12	292
社会保障业	86						
社会福利业	87	3	12				
文化、体育和娱乐业	R	**51**	**548**	**62**	**1081**	**57**	**1706**
新闻出版业	88			1	5	1	3
广播、电视、电影和音像业	89	5	13	3	24	5	52
文化艺术业	90	10	28	2	24	4	53
体育	91	2	15	1	5	1	42
娱乐业	92	34	492	55	1023	46	1556

2-37 按行业（大类）、营业状态分组的

行业	代码	企业法人单位数	营业	停业	筹建
总计		**111715**	**97057**	**6172**	**6200**
农、林、牧、渔业	A	**7**	**7**		
农业	01	2	2		
林业	02				
畜牧业	03	5	5		
渔业	04				
农、林、牧、渔服务业	05				
采矿业	B	**1861**	**1526**	**150**	**142**
煤炭开采和洗选业	06	162	150	2	8
石油和天然气开采业	07				
黑色金属矿采选业	08	202	167	12	20
有色金属矿采选业	09	219	142	30	39
非金属矿采选业	10	1259	1059	100	72
其他采矿业	11	19	8	6	3
制造业	C	**44891**	**38905**	**2239**	**2807**
农副食品加工业	13	2247	1850	168	169
食品制造业	14	1384	1154	112	82
饮料制造业	15	1926	1705	124	62
烟草制品业	16				
纺织业	17	2028	1752	92	129
纺织服装、鞋、帽制造业	18	3273	2848	169	178
皮革、毛皮、羽毛(绒)及其制品业	19	2107	1877	99	95
木材加工及木、竹、藤、棕、草制品业	20	3108	2725	170	115
家具制造业	21	868	700	43	97
造纸及纸制品业	22	1737	1536	77	90
印刷业和记录媒介的复制	23	1327	1243	46	18
文教体育用品制造业	24	396	327	26	37
石油加工、炼焦及核燃料加工业	25	53	39		12
化学原料及化学制品制造业	26	1719	1433	108	134
医药制造业	27	189	143	12	27
化学纤维制造业	28	67	63	2	2
橡胶制品业	29	598	535	31	22
塑料制品业	30	2569	2306	95	134
非金属矿物制品业	31	6320	5675	263	262
黑色金属冶炼及压延加工业	32	327	226	14	81
有色金属冶炼及压延加工业	33	250	206	18	20
金属制品业	34	2077	1733	107	203
通用设备制造业	35	2252	1949	101	163
专用设备制造业	36	1486	1288	60	117
交通运输设备制造业	37	1554	1333	59	135
电气机械及器材制造业	39	1630	1406	70	136
通信设备、计算机及其他电子设备制造业	40	763	611	35	99
仪器仪表及文化、办公用机械制造业	41	346	298	17	23
工艺品及其他制造业	42	2168	1852	107	153
废弃资源和废旧材料回收加工业	43	122	92	14	12
电力、燃气及水的生产和供应业	D	**3788**	**3600**	**62**	**88**
电力、热力的生产和供应业	44	3557	3395	57	72
燃气生产和供应业	45	22	18		2
水的生产和供应业	46	209	187	5	14
建筑业	E	**4640**	**3935**	**343**	**277**
房屋和土木工程建筑业	47	1866	1593	128	114
建筑安装业	48	813	724	47	30
建筑装饰业	49	1233	1065	77	67
其他建筑业	50	728	553	91	66

私人控股企业法人单位数及从业人数

单位：个、人

当年关闭	当年破产	其他	从业人数	营业	停业	筹建	当年关闭	当年破产	其他
1631	**80**	**575**	**4324671**	**4221706**	**37373**	**38741**	**15359**	**1980**	**9512**
			155	**155**					
			25	25					
			130	130					
34	**3**	**6**	**75478**	**72246**	**1388**	**1602**	**141**	**85**	**16**
1		1	24065	23921	4	138	1		1
2		1	14025	13641	127	241	15		1
5	2	1	9996	8732	582	609	6	65	2
25		3	27195	25835	641	590	117		12
1	1		197	117	34	24	2	20	
706	**48**	**186**	**2160390**	**2100931**	**18446**	**19834**	**12344**	**1651**	**7184**
48	4	8	104854	102275	1212	987	196	20	164
30	2	4	72350	70562	511	1051	190	18	18
25	2	8	63235	61893	530	272	272	8	260
40	3	12	146642	143930	904	583	903	175	147
63	2	13	204561	195968	1507	1282	2071	127	3606
29	4	3	214445	210260	1297	567	1609	689	23
85	5	8	135377	131338	1684	865	1379	58	53
22		6	37606	35853	633	455	221		444
19	1	14	75182	73167	604	594	169	1	647
14	1	5	34678	33953	241	198	227	7	52
5		1	21830	21469	141	178	10		32
2			2639	2237		389	13		
33	3	8	59526	56617	872	1047	850	46	94
4		3	11377	10678	95	500	68		36
			7214	7205	5	4			
7	2	1	35388	34569	275	162	222	159	1
25	4	5	103917	101729	651	927	477	63	70
94	5	21	280328	272847	3095	2331	1314	259	482
6			20651	19857	105	543	146		
3	1	2	11635	11150	250	212	4	1	18
19	1	14	63895	61908	605	1034	247	1	100
26	3	10	83466	81312	870	861	315	3	105
18		3	47783	46604	316	663	149		51
20	2	5	71308	69677	383	1022	181	3	42
5	1	12	82619	81156	412	854	46	1	150
12		6	41656	40320	187	663	207		279
7		1	17221	16863	117	177	22		42
42	2	12	106959	103684	884	1362	785	12	232
3		1	2048	1850	60	51	51		36
19		**19**	**39008**	**37766**	**325**	**653**	**100**		**164**
17		16	36268	35189	308	542	79		150
1		1	391	379		10	1		1
1		2	2349	2198	17	101	20		13
42	**1**	**42**	**1251057**	**1245410**	**2823**	**2375**	**188**	**2**	**259**
16		15	919628	916709	1454	1276	112		77
4		8	57804	56957	604	198	11		34
15		9	52702	51884	404	311	22		81
7	1	10	220923	219860	361	590	43	2	67

2-37 续表

行业	代码	企业法人单位数	营业	停业	筹建
交通运输、仓储和邮政业	F	**3315**	**2950**	**148**	**161**
铁路运输业	51	4	4		
道路运输业	52	1292	1143	66	56
城市公共交通业	53	87	80	4	2
水上运输业	54	659	620	17	19
航空运输业	55	10	8	1	
管道运输业	56	1	1		
装卸搬运和其他运输服务业	57	1002	907	36	46
仓储业	58	164	103	17	35
邮政业	59	96	84	7	3
信息传输、计算机服务和软件业	G	**3342**	**3052**	**125**	**105**
电信和其他信息传输服务业	60	397	351	22	13
计算机服务业	61	2223	2088	59	47
软件业	62	722	613	44	45
批发和零售业	H	**30116**	**26542**	**1601**	**1367**
批发业	63	19492	16963	1124	993
零售业	65	10624	9579	477	374
住宿和餐饮业	I	**2300**	**2122**	**55**	**81**
住宿业	66	980	886	24	43
餐饮业	67	1320	1236	31	38
金融业	J	**493**	**386**	**42**	**50**
银行业	68	3	3		
证券业	69	15	11	1	2
保险业	70	80	75	1	3
其他金融活动	71	395	297	40	45
房地产业	K	**4165**	**3274**	**551**	**231**
房地产业	72	4165	3274	551	231
租赁和商务服务业	L	**6919**	**5696**	**511**	**536**
租赁业	73	618	508	46	42
商务服务业	74	6301	5188	465	494
科学研究、技术服务和地质勘查业	M	**1870**	**1543**	**150**	**141**
研究与试验发展	75	142	93	20	23
专业技术服务业	76	1390	1216	85	66
科技交流和推广服务业	77	309	217	40	45
地质勘查业	78	29	17	5	7
水利、环境和公共设施管理业	N	**410**	**290**	**41**	**70**
水利管理业	79	23	12	7	4
环境管理业	80	135	111	5	19
公共设施管理业	81	252	167	29	47
居民服务和其他服务业	O	**2052**	**1853**	**84**	**80**
居民服务业	82	943	865	33	30
其他服务业	83	1109	988	51	50
教育	P	**518**	**462**	**27**	**17**
教育	84	518	462	27	17
卫生、社会保障和社会福利业	Q	**304**	**280**	**7**	**8**
卫生	85	296	277	6	5
社会保障业	86	1	1		
社会福利业	87	7	2	1	3
文化、体育和娱乐业	R	**724**	**634**	**36**	**39**
新闻出版业	88	14	11		1
广播、电视、电影和音像业	89	53	45	3	3
文化艺术业	90	73	51	13	7

单位：个、人

当年关闭	当年破产	其他	从业人数	营业	停业	筹建	当年关闭	当年破产	其他
41	**1**	**14**	**115499**	**113238**	**941**	**946**	**126**	**25**	**223**
			63	63					
20		7	65260	64262	360	423	68		147
1			9592	9583	4	3	2		
2		1	19479	19032	341	91	14		1
1			145	142	2		1		
			34	34					
8	1	4	16744	16298	141	233	24	25	23
8		1	1914	1630	82	184	16		2
1		1	2268	2194	11	12	1		50
30		**30**	**37480**	**36316**	**396**	**498**	**89**		**181**
5		6	6300	6127	87	61	7		18
20		9	15934	15463	164	184	70		53
5		15	15246	14726	145	253	12		110
455	**16**	**135**	**322667**	**309018**	**6121**	**5468**	**1397**	**131**	**532**
295	8	109	193642	184504	4003	3890	816	49	380
160	8	26	129025	124514	2118	1578	581	82	152
37	**2**	**3**	**72173**	**70425**	**412**	**1153**	**130**	**30**	**23**
24		3	33819	32772	102	849	73		23
13	2		38354	37653	310	304	57	30	
10	**1**	**4**	**9030**	**8657**	**95**	**246**	**25**	**2**	**5**
			1560	1560					
1			489	475	3	7	4		
1			3102	3075	1	20	6		
8	1	4	3879	3547	91	219	15	2	5
78	**1**	**30**	**81039**	**75839**	**3204**	**1453**	**256**	**1**	**286**
78	1	30	81039	75839	3204	1453	256	1	286
101	**4**	**71**	**67145**	**62550**	**1761**	**2265**	**271**	**22**	**276**
11	1	10	4979	4515	180	191	52	7	34
90	3	61	62166	58035	1581	2074	219	15	242
20	**2**	**14**	**27779**	**26232**	**535**	**850**	**49**	**11**	**102**
3		3	1273	1016	60	179	3		15
13	1	9	23688	22855	365	355	39	10	64
4	1	2	2516	2111	96	278	7	1	23
			302	250	14	38			
6		**3**	**7464**	**6828**	**153**	**462**	**13**		**8**
			221	200	9	12			
			2881	2723	47	111			
6		3	4362	3905	97	339	13		8
26	**1**	**8**	**30951**	**30072**	**338**	**406**	**78**	**20**	**37**
10	1	4	15954	15540	161	171	45	20	17
16		4	14997	14532	177	235	33		20
10		**2**	**8567**	**8192**	**153**	**75**	**44**		**103**
10		2	8567	8192	153	75	44		103
7		**2**	**4840**	**4659**	**31**	**81**	**54**		**15**
7		1	4799	4644	30	67	54		4
			4	4					
		1	37	11	1	14			11
9		**6**	**13949**	**13172**	**251**	**374**	**54**		**98**
		2	128	104		5			19
		2	744	607	11	95			31
2			510	413	60	34	3		

2-38 按地区、营业状态分组的

地　　区	企业法人单位数	营业	停业	筹建	当年关闭	当年破产
全　　省	**111715**	**97057**	**6172**	**6200**	**1631**	**80**
福州市	**22130**	**18923**	**1250**	**1302**	**438**	**21**
鼓楼区	6366	5350	494	434	33	1
台江区	3071	2406	204	214	208	7
仓山区	1967	1771	66	106	17	2
马尾区	726	557	77	28	24	
晋安区	2788	2455	135	123	32	1
闽侯县	1048	900	39	82	18	2
连江县	729	576	33	102	16	
罗源县	293	250	11	24	3	
闽清县	587	561	17	9		
永泰县	728	659	26	21	16	2
平潭县	695	665	22	4	4	
福清市	1734	1580	60	61	27	3
长乐市	1398	1193	66	94	40	3
厦门市	**22838**	**20822**	**906**	**956**	**35**	**3**
思明区	11963	11067	408	460	8	2
海沧区	1373	1070	92	150	7	
湖里区	5333	4975	176	160	3	
集美区	1904	1763	67	68	2	1
同安区	1644	1407	127	83	10	
翔安区	621	540	36	35	5	
莆田市	**3243**	**2779**	**140**	**266**	**41**	**3**
城厢区	823	687	35	77	12	2
涵江区	759	644	37	58	17	1
荔城区	732	661	21	42	6	
秀屿区	355	291	27	33	4	
仙游县	574	496	20	56	2	
三明市	**8052**	**7245**	**360**	**344**	**83**	**4**
梅列区	1420	1246	78	80	14	1
三元区	916	835	46	33	2	
明溪县	249	224	6	15	4	
清流县	298	268	4	18	7	1
宁化县	516	497	10	6	3	
大田县	648	587	39	18	2	1
尤溪县	921	818	53	33	15	
沙县	818	727	24	59	7	
将乐县	476	438	7	27	3	1
泰宁县	413	373	21	7	12	
建宁县	322	292	16	6	7	
永安市	1055	940	56	42	7	
泉州市	**23492**	**21158**	**1064**	**903**	**236**	**14**
鲤城区	2108	1947	39	101	4	1
丰泽区	2437	2206	124	71	22	2
洛江区	725	397	63	231	13	1
泉港区	854	674	114	31	33	
惠安县	1626	1433	73	88	17	

私人控股企业法人单位数及从业人数

单位：个、人

其他	从业人数	营业	停业	筹建	当年关闭	当年破产	其他
575	**4324671**	**4221706**	**37373**	**38741**	**15359**	**1980**	**9512**
196	**866046**	**844123**	**8106**	**8197**	**3642**	**247**	**1731**
54	172637	167581	2402	2048	242	20	344
32	64120	62189	636	927	275	17	76
5	68779	67529	490	550	101	64	45
40	33598	32766	413	212	63		144
42	94554	91777	911	730	456	2	678
7	65174	62622	485	694	1199	11	163
2	42118	40957	160	802	191		8
5	18343	17354	94	794	28		73
	35436	35323	54	59			
4	33263	32060	510	281	312	8	92
	53928	53612	202	45	69		
3	84362	82339	985	609	292	54	83
2	99734	98014	764	446	414	71	25
116	**798524**	**786770**	**3023**	**4623**	**195**	**310**	**3603**
18	364678	361109	1219	1897	66	309	78
54	33677	32411	274	630	91		271
19	225567	223852	679	979	4		53
3	82885	82074	252	509	6	1	43
17	56306	52275	470	393	23		3145
5	35411	35049	129	215	5		13
14	**182554**	**177795**	**1373**	**1937**	**1325**	**12**	**112**
10	42352	40834	215	706	506	10	81
2	37434	36593	446	216	157	2	20
2	53742	52457	242	399	633		11
	19654	19071	289	271	23		
	29372	28840	181	345	6		
16	**234937**	**228158**	**2716**	**3247**	**648**	**22**	**146**
1	31974	31148	337	434	53	1	1
	20858	20429	172	252	5		
	7824	7415	74	175	160		
	8434	8228	9	186	10	1	
	15201	14895	181	84	41		
1	17943	17375	288	272	4	2	2
2	27607	26542	451	476	122		16
1	22337	21542	220	490	72		13
	12052	11603	88	322	21	18	
	13704	13374	137	85	108		
1	14888	14394	364	70	29		31
10	42115	41213	395	401	23		83
117	**1210740**	**1183537**	**11048**	**6158**	**5903**	**996**	**3098**
16	61353	59822	173	581	15	2	760
12	68891	66131	801	615	1129	22	193
20	28869	27912	154	704	28	1	70
2	25942	22659	2250	496	526		11
15	195068	191518	1317	1649	195		389

2-38 续表

地区	企业法人单位数	营业	停业	筹建	当年关闭	当年破产
安溪县	1775	1759		1		
永春县	1061	973	51	29	7	1
德化县	850	781	28	38	1	1
石狮市	2359	2314	24	10	7	
晋江市	6258	5774	341	96	29	3
南安市	3439	2900	207	207	103	5
漳州市	**10301**	**7751**	**1055**	**1153**	**298**	**3**
芗城区	2906	2519	196	130	51	
龙文区	828	628	72	109	18	
云霄县	528	387	21	113	3	
漳浦县	1004	683	158	117	32	1
诏安县	414	301	42	48	21	2
长泰县	671	528	36	103	4	
东山县	452	316	54	81	1	
南靖县	647	562	42	40	3	
平和县	425	362	20	20	23	
华安县	253	211	16	24	2	
龙海市	2173	1254	398	368	140	
南平市	**8244**	**6471**	**856**	**592**	**255**	**20**
延平区	2398	1931	211	164	70	4
顺昌县	446	382	37	10	15	
浦城县	669	657	9	3		
光泽县	347	289	25	25	8	
松溪县	422	282	62	26	32	13
政和县	249	236	7	3	1	
邵武市	816	625	69	85	32	1
武夷山市	1104	627	316	99	54	
建瓯市	1031	860	64	79	25	
建阳市	762	582	56	98	18	2
龙岩市	**6342**	**5851**	**191**	**182**	**93**	**4**
新罗区	2381	2192	86	70	26	1
长汀县	670	632	13	16	9	
永定县	881	779	30	43	17	2
上杭县	542	476	36	17	12	
武平县	682	651	8	11	8	1
连城县	629	618	5	2	4	
漳平市	557	503	13	23	17	
宁德市	**7073**	**6057**	**350**	**502**	**152**	**8**
蕉城区	1363	1082	114	136	29	1
霞浦县	663	517	42	96	7	1
古田县	836	743	39	26	27	1
屏南县	252	243	4	5		
寿宁县	312	237	26	40	7	2
周宁县	160	142	3	10	3	
柘荣县	235	227	1	6	1	
福安市	1923	1829	40	52	1	
福鼎市	1329	1037	81	131	77	3

单位：个、人

其他	从业人数	营业	停业	筹建	当年关闭	当年破产	其他
15	111378	111069		25			284
	56944	55594	798	283	225	44	
1	59541	58795	270	272	20	181	3
4	95278	93542	195	75	1045		421
15	323313	320375	2075	282	320	105	156
17	184163	176120	3015	1176	2400	641	811
41	**321986**	**310778**	**3814**	**5851**	**1113**	**181**	**249**
10	94503	92729	835	542	314		83
1	28175	27084	286	660	115		30
4	12026	11203	95	647	19		62
13	18294	17171	555	469	74	1	24
	14073	13258	190	373	72	180	
	17803	16664	397	625	117		
	12606	11700	279	626	1		
	15536	15000	240	293	3		
	15392	14926	171	116	179		
	6004	5844	68	90	2		
13	87574	85199	698	1410	217		50
50	**225531**	**216943**	**3586**	**3534**	**949**	**143**	**376**
18	60732	58329	780	1299	164	42	118
2	12383	11998	170	51	161		3
	16215	16047	136	32			
	12995	12755	95	136	9		
7	10791	9927	305	167	214	74	104
2	7108	6962	93	43	1		9
4	26115	25137	524	388	31	25	10
8	21134	20004	635	415	71		9
3	32413	31032	602	448	242		89
6	25645	24752	246	555	56	2	34
21	**269296**	**264864**	**1404**	**1862**	**965**	**55**	**146**
6	93916	92372	570	693	232	25	24
	23481	22804	328	200	149		
10	27533	27094	131	218	54	26	10
1	63164	62640	183	283	53		5
3	23878	23543	43	203	54	4	31
	22688	22329	52	8	299		
1	14636	14082	97	257	124		76
4	**215057**	**208738**	**2303**	**3332**	**619**	**14**	**51**
1	33526	32100	498	834	83	1	10
	28220	27420	472	260	60	8	
	15713	15272	176	122	142	1	
	7506	7435	24	47			
	7517	7136	120	219	41	1	
2	3179	3018	12	102	18		29
	6751	6720	10	6	15		
1	69605	68185	253	1150	5		12
	43040	41452	738	592	255	3	

2-39 按行业（大类）、开业时间分组的私人控股企业法人单位数及从业人数

单位：个、人

行业	代码	1949年以前		1950-1977年		1978-1991年		1992-1995年	
		单位数	从业人数	单位数	从业人数	单位数	从业人数	单位数	从业人数
总　计		**14**	**208**	**376**	**216934**	**2352**	**198779**	**5116**	**379403**
农、林、牧、渔业	A					**1**	**66**		
农业	01								
林业	02								
畜牧业	03					1	66		
渔业	04								
农、林、牧、渔服务业	05								
采矿业	B	**1**	**16**	**6**	**476**	**51**	**1498**	**107**	**3823**
煤炭开采和洗选业	06			2	235	5	605	7	636
石油和天然气开采业	07								
黑色金属矿采选业	08					4	126	9	360
有色金属矿采选业	09			1	153	2	72	5	132
非金属矿采选业	10	1	16	3	88	39	670	86	2695
其他采矿业	11					1	25		
制造业	C	**8**	**167**	**107**	**14850**	**1385**	**70048**	**3067**	**226031**
农副食品加工业	13	2	16	7	1036	75	1583	157	13590
食品制造业	14			5	217	57	1267	115	9742
饮料制造业	15			11	862	78	2400	118	5431
烟草制品业	16								
纺织业	17	1	40	3	139	55	6262	140	19139
纺织服装、鞋、帽制造业	18			2	281	78	4970	167	23357
皮革、毛皮、羽毛(绒)及其制品业	19			2	1244	74	11061	205	23859
木材加工及木、竹、藤、棕、草制品业	20			6	108	64	2172	103	3804
家具制造业	21			2	56	16	408	33	1511
造纸及纸制品业	22			4	58	67	2879	129	9687
印刷业和记录媒介的复制	23			5	70	61	981	97	2733
文教体育用品制造业	24					7	440	22	595
石油加工、炼焦及核燃料加工业	25					1	6	3	26
化学原料及化学制品制造业	26			9	2810	42	3729	98	4791
医药制造业	27			2	740	7	432	12	1344
化学纤维制造业	28					2	98	4	243
橡胶制品业	29	1	20	1	28	23	1439	41	6990
塑料制品业	30	1	2	4	131	68	3052	144	7550
非金属矿物制品业	31	2	38	14	335	298	13096	882	48823
黑色金属冶炼及压延加工业	32					8	185	12	259
有色金属冶炼及压延加工业	33			1	10	2	29	19	1666
金属制品业	34			3	115	40	1650	83	4560
通用设备制造业	35			4	1165	82	3133	106	7151
专用设备制造业	36			5	2925	40	1564	61	3101
交通运输设备制造业	37	1	51	3	475	60	2403	92	5936
电气机械及器材制造业	39			8	1778	17	1999	54	6918
通信设备、计算机及其他电子设备制造业	40					8	355	29	2873
仪器仪表及文化、办公用机械制造业	41			4	228	3	58	16	1716
工艺品及其他制造业	42			2	39	51	2377	121	8581
废弃资源和废旧材料回收加工业	43					1	20	4	55
电力、燃气及水的生产和供应业	D	**1**	**3**	**82**	**523**	**245**	**1927**	**218**	**2197**
电力、热力的生产和供应业	44	1	3	82	523	235	1781	208	2111
燃气生产和供应业	45							1	2
水的生产和供应业	46					10	146	9	84
建筑业	E			**97**	**199931**	**141**	**114469**	**329**	**116424**
房屋和土木工程建筑业	47			94	199841	101	108661	120	88904
建筑安装业	48					8	622	48	9325
建筑装饰业	49					25	4718	136	12043
其他建筑业	50			3	90	7	468	25	6152

2-39 续表 1　　　　单位：个、人

行　业	代码	1949年以前		1950-1977年		1978-1991年		1992-1995年	
		单位数	从业人数	单位数	从业人数	单位数	从业人数	单位数	从业人数
交通运输、仓储和邮政业	F	**1**	**5**	**10**	**296**	**45**	**4078**	**69**	**5877**
铁路运输业	51								
道路运输业	52			4	91	25	3262	34	3054
城市公共交通业	53					2	184	2	485
水上运输业	54	1	5	2	12	13	433	14	1931
航空运输业	55								
管道运输业	56								
装卸搬运和其他运输服务业	57			4	193	5	199	15	357
仓储业	58							3	44
邮政业	59							1	6
信息传输、计算机服务和软件业	G	**1**	**4**			**1**	**30**	**15**	**426**
电信和其他信息传输服务业	60					1	30	1	5
计算机服务业	61	1	4					7	113
软件业	62							7	308
批发和零售业	H	**1**	**8**	**47**	**610**	**297**	**2915**	**843**	**11631**
批发业	63	1	8	29	413	131	1458	493	6973
零售业	65			18	197	166	1457	350	4658
住宿和餐饮业	I			**2**	**44**	**43**	**687**	**62**	**2382**
住宿业	66			1	5	23	325	28	1254
餐饮业	67			1	39	20	362	34	1128
金融业	J					**2**	**385**	**4**	**1692**
银行业	68							1	1547
证券业	69					1	251	1	136
保险业	70					1	134	1	8
其他金融活动	71							1	1
房地产业	K			**6**	**40**	**19**	**439**	**152**	**4272**
房地产业	72			6	40	19	439	152	4272
租赁和商务服务业	L			**5**	**62**	**44**	**881**	**121**	**1898**
租赁业	73					4	56	2	4
商务服务业	74			5	62	40	825	119	1894
科学研究、技术服务和地质勘查业	M			**1**	**1**	**18**	**482**	**39**	**1381**
研究与试验发展	75					2	26	5	43
专业技术服务业	76			1	1	11	418	29	1319
科技交流和推广服务业	77					4	20	4	15
地质勘查业	78					1	18	1	4
水利、环境和公共设施管理业	N					**1**	**25**	**6**	**100**
水利管理业	79								
环境管理业	80					1	25	3	33
公共设施管理业	81							3	67
居民服务和其他服务业	O	**1**	**5**	**5**	**79**	**32**	**552**	**52**	**835**
居民服务业	82	1	5	3	18	9	251	32	588
其他服务业	83			2	61	23	301	20	247
教育	P					**7**	**153**	**4**	**82**
教育	84					7	153	4	82
卫生、社会保障和社会福利业	Q			**8**	**22**	**16**	**86**	**13**	**104**
卫生	85			8	22	16	86	13	104
社会保障业	86								
社会福利业	87								
文化、体育和娱乐业	R					**4**	**58**	**15**	**248**
新闻出版业	88								
广播、电视、电影和音像业	89							2	9
文化艺术业	90					1	18	2	8
体育	91								
娱乐业	92					3	40	11	231

2-39 续表 2-1

单位：个、人

行业	代码	1996-2000年		2001-2004年		2005年	
		单位数	从业人数	单位数	从业人数	单位数	从业人数
总计		**16430**	**895677**	**32933**	**1322536**	**11911**	**394139**
农、林、牧、渔业	A	**2**	**34**	**2**	**25**		
农业	01			2	25		
林业	02						
畜牧业	03	2	34				
渔业	04						
农、林、牧、渔服务业	05						
采矿业	B	**223**	**8585**	**543**	**24668**	**252**	**17857**
煤炭开采和洗选业	06	6	242	48	7870	56	12547
石油和天然气开采业	07						
黑色金属矿采选业	08	21	2294	56	5391	29	1375
有色金属矿采选业	09	26	2132	68	3457	24	977
非金属矿采选业	10	167	3906	370	7930	141	2925
其他采矿业	11	3	11	1	20	2	33
制造业	C	**7528**	**533956**	**13784**	**687289**	**4327**	**162699**
农副食品加工业	13	438	29997	668	29749	198	7693
食品制造业	14	293	24824	391	19699	127	4466
饮料制造业	15	333	18447	577	17638	161	3986
烟草制品业	16						
纺织业	17	418	43288	674	47737	188	8491
纺织服装、鞋、帽制造业	18	441	38369	962	59736	348	14546
皮革、毛皮、羽毛(绒)及其制品业	19	379	62284	693	72057	206	15549
木材加工及木、竹、藤、棕、草制品业	20	322	14752	1027	51778	359	15954
家具制造业	21	118	9082	243	11191	113	4150
造纸及纸制品业	22	362	24065	544	20932	163	4274
印刷业和记录媒介的复制	23	285	10585	473	12507	134	2442
文教体育用品制造业	24	49	3290	131	8805	43	1528
石油加工、炼焦及核燃料加工业	25	6	101	17	1632	7	40
化学原料及化学制品制造业	26	299	9828	531	20941	168	4760
医药制造业	27	29	2621	54	3656	21	645
化学纤维制造业	28	15	2717	24	2674	6	136
橡胶制品业	29	101	9103	183	10282	59	2440
塑料制品业	30	413	27629	859	34115	284	9923
非金属矿物制品业	31	1357	74124	1704	79180	493	17589
黑色金属冶炼及压延加工业	32	44	4260	97	8661	22	2008
有色金属冶炼及压延加工业	33	38	2258	76	3983	26	733
金属制品业	34	270	11389	642	23551	213	5454
通用设备制造业	35	345	20936	713	25516	211	7702
专用设备制造业	36	196	9909	489	16722	160	3668
交通运输设备制造业	37	241	18943	439	21386	154	6961
电气机械及器材制造业	39	206	20996	518	26550	141	4316
通信设备、计算机及其他电子设备制造业	40	99	10561	209	14835	74	2252
仪器仪表及文化、办公用机械制造业	41	41	2839	124	7381	41	1603
工艺品及其他制造业	42	383	26647	679	33452	197	9303
废弃资源和废旧材料回收加工业	43	7	112	43	943	10	87
电力、燃气及水的生产和供应业	D	**657**	**8628**	**1633**	**17098**	**421**	**3609**
电力、热力的生产和供应业	44	625	8227	1549	15934	390	3266
燃气生产和供应业	45	3	28	9	208	2	28
水的生产和供应业	46	29	373	75	956	29	315
建筑业	E	**755**	**193767**	**1258**	**334926**	**479**	**120796**
房屋和土木工程建筑业	47	206	139607	517	227498	212	71816
建筑安装业	48	186	18596	260	20721	65	3719
建筑装饰业	49	283	18893	271	10576	106	1938
其他建筑业	50	80	16671	210	76131	96	43323

2-39 续表 2-2

单位：个、人

行业	代码	1996-2000年		2001-2004年		2005年	
		单位数	从业人数	单位数	从业人数	单位数	从业人数
交通运输、仓储和邮政业	F	**422**	**27919**	**1023**	**35442**	**386**	**14313**
铁路运输业	51	1	15	2	44		
道路运输业	52	204	20014	420	21751	142	4675
城市公共交通业	53	20	1234	29	1538	5	5445
水上运输业	54	66	2653	188	5122	80	2056
航空运输业	55			6	116	1	5
管道运输业	56						
装卸搬运和其他运输服务业	57	98	2929	302	5508	132	1787
仓储业	58	25	180	52	859	13	224
邮政业	59	8	894	24	504	13	121
信息传输、计算机服务和软件业	G	**236**	**6915**	**971**	**12053**	**441**	**4189**
电信和其他信息传输服务业	60	26	1169	101	1587	67	1155
计算机服务业	61	151	2170	663	4994	286	1810
软件业	62	59	3576	207	5472	88	1224
批发和零售业	H	**4234**	**59391**	**8620**	**113498**	**3199**	**32228**
批发业	63	2642	35021	5654	64228	2103	22330
零售业	65	1592	24370	2966	49270	1096	9898
住宿和餐饮业	I	**316**	**11524**	**579**	**20168**	**244**	**6771**
住宿业	66	149	6249	252	9812	119	3957
餐饮业	67	167	5275	327	10356	125	2814
金融业	J	**18**	**401**	**100**	**2299**	**57**	**1554**
银行业	68					1	3
证券业	69	3	40	3	19	1	16
保险业	70	4	313	26	1398	12	564
其他金融活动	71	11	48	71	882	43	971
房地产业	K	**729**	**20065**	**1229**	**25800**	**484**	**9880**
房地产业	72	729	20065	1229	25800	484	9880
租赁和商务服务业	L	**735**	**12869**	**1570**	**19106**	**798**	**7428**
租赁业	73	40	1135	97	1151	65	456
商务服务业	74	695	11734	1473	17955	733	6972
科学研究、技术服务和地质勘查业	M	**165**	**4255**	**569**	**10507**	**242**	**3636**
研究与试验发展	75	16	365	33	248	16	145
专业技术服务业	76	119	3504	464	9526	189	3120
科技交流和推广服务业	77	27	354	69	703	33	339
地质勘查业	78	3	32	3	30	4	32
水利、环境和公共设施管理业	N	**52**	**1046**	**134**	**3579**	**59**	**1389**
水利管理业	79	3	35	10	157	4	13
环境管理业	80	15	293	44	1807	22	279
公共设施管理业	81	34	718	80	1615	33	1097
居民服务和其他服务业	O	**230**	**4106**	**559**	**9209**	**244**	**3058**
居民服务业	82	98	1606	258	4662	111	1767
其他服务业	83	132	2500	301	4547	133	1291
教育	P	**49**	**905**	**145**	**2525**	**122**	**1814**
教育	84	49	905	145	2525	122	1814
卫生、社会保障和社会福利业	Q	**14**	**177**	**69**	**1432**	**57**	**896**
卫生	85	14	177	68	1431	57	896
社会保障业	86						
社会福利业	87			1	1		
文化、体育和娱乐业	R	**65**	**1134**	**145**	**2912**	**99**	**2022**
新闻出版业	88	1	5	2	21	1	5
广播、电视、电影和音像业	89	10	156	6	76	5	50
文化艺术业	90	4	62	12	111	10	87
体育	91			6	84	5	59
娱乐业	92	50	911	119	2620	78	1821

2-39 续表 3-1 单位：个、人

行业	代码	2006年		2007年		2008年		其他(不详)	
		单位数	从业人数	单位数	从业人数	单位数	从业人数	单位数	从业人数
总　计		**13751**	**377172**	**14376**	**308331**	**13835**	**228089**	**621**	**3403**
农、林、牧、渔业	A	**1**	**15**	**1**	**15**				
农业	01								
林业	02								
畜牧业	03	1	15	1	15				
渔业	04								
农、林、牧、渔服务业	05								
采矿业	B	**246**	**9373**	**210**	**4566**	**217**	**4578**	**5**	**38**
煤炭开采和洗选业	06	10	1207	16	546	12	177		
石油和天然气开采业	07								
黑色金属矿采选业	08	19	3071	24	503	39	890	1	15
有色金属矿采选业	09	38	1549	31	1053	24	471		
非金属矿采选业	10	176	3499	137	2443	135	3000	4	23
其他采矿业	11	3	47	2	21	7	40		
制造业	C	**5000**	**172346**	**4896**	**160804**	**4455**	**130849**	**334**	**1351**
农副食品加工业	13	211	6347	244	8836	221	5912	26	95
食品制造业	14	129	4021	141	4164	117	3931	9	19
饮料制造业	15	219	5067	210	4693	214	4692	5	19
烟草制品业	16								
纺织业	17	195	9982	170	6906	125	4489	59	169
纺织服装、鞋、帽制造业	18	430	20806	451	22906	378	19521	16	69
皮革、毛皮、羽毛(绒)及其制品业	19	185	10690	203	10251	148	7381	12	69
木材加工及木、竹、藤、棕、草制品业	20	472	20030	419	15174	327	11539	9	66
家具制造业	21	114	3717	128	4549	96	2920	5	22
造纸及纸制品业	22	156	5266	145	3568	156	4433	11	20
印刷业和记录媒介的复制	23	114	2267	91	1871	65	1180	2	42
文教体育用品制造业	24	51	3718	55	1697	35	1736	3	21
石油加工、炼焦及核燃料加工业	25	6	76	5	41	8	717		
化学原料及化学制品制造业	26	182	4141	189	4914	187	3547	14	65
医药制造业	27	23	955	17	343	24	641		
化学纤维制造业	28	8	829	2	62	6	455		
橡胶制品业	29	54	1811	68	1400	64	1871	3	4
塑料制品业	30	291	8624	249	6301	242	6513	14	77
非金属矿物制品业	31	587	18847	488	15926	455	12181	40	189
黑色金属冶炼及压延加工业	32	26	2282	33	1473	82	1514	3	9
有色金属冶炼及压延加工业	33	28	1140	28	824	30	987	2	5
金属制品业	34	262	5876	284	6917	260	4317	20	66
通用设备制造业	35	258	5730	261	6229	246	5832	26	72
专用设备制造业	36	173	3208	185	3958	171	2716	6	12
交通运输设备制造业	37	167	5977	166	4295	221	4826	10	55
电气机械及器材制造业	39	249	7755	232	7111	192	5161	13	35
通信设备、计算机及其他电子设备制造业	40	96	3412	115	3195	124	4110	9	63
仪器仪表及文化、办公用机械制造业	41	44	1478	42	1306	30	592	1	20
工艺品及其他制造业	42	256	8065	253	11533	213	6898	13	64
废弃资源和废旧材料回收加工业	43	14	229	22	361	18	237	3	4
电力、燃气及水的生产和供应业	D	**244**	**2302**	**195**	**1747**	**82**	**937**	**10**	**37**
电力、热力的生产和供应业	44	226	2164	170	1539	63	689	8	31
燃气生产和供应业	45	2	51	2	24	3	50		
水的生产和供应业	46	16	87	23	184	16	198	2	6
建筑业	E	**545**	**104760**	**489**	**50418**	**480**	**14871**	**67**	**695**
房屋和土木工程建筑业	47	218	41799	206	31189	153	9826	39	487
建筑安装业	48	88	1887	76	1813	79	1112	3	9
建筑装饰业	49	121	1646	121	1415	161	1452	9	21
其他建筑业	50	118	59428	86	16001	87	2481	16	178

2-39 续表 3-2

单位：个、人

行业	代码	2006年		2007年		2008年		其他(不详)	
		单位数	从业人数	单位数	从业人数	单位数	从业人数	单位数	从业人数
交通运输、仓储和邮政业	F	**455**	**10644**	**509**	**10264**	**379**	**6491**	**16**	**170**
铁路运输业	51			1	4				
道路运输业	52	170	6288	172	4645	114	1451	7	29
城市公共交通业	53	6	243	7	117	16	346		
水上运输业	54	88	1531	136	3111	71	2625		
航空运输业	55	3	24						
管道运输业	56	1	34						
装卸搬运和其他运输服务业	57	152	2249	150	1692	139	1764	5	66
仓储业	58	23	211	22	160	22	161	4	75
邮政业	59	12	64	21	535	17	144		
信息传输、计算机服务和软件业	G	**606**	**5210**	**616**	**5529**	**455**	**3124**		
电信和其他信息传输服务业	60	67	455	78	1345	56	554		
计算机服务业	61	430	2678	407	2590	278	1575		
软件业	62	109	2077	131	1594	121	995		
批发和零售业	H	**3929**	**35620**	**4336**	**33826**	**4543**	**32677**	**67**	**263**
批发业	63	2611	21503	2843	22178	2939	19393	46	137
零售业	65	1318	14117	1493	11648	1604	13284	21	126
住宿和餐饮业	I	**313**	**8539**	**365**	**10236**	**370**	**11740**	**6**	**82**
住宿业	66	126	3634	140	3729	138	4777	4	77
餐饮业	67	187	4905	225	6507	232	6963	2	5
金融业	J	**65**	**670**	**88**	**892**	**154**	**1107**	**5**	**30**
银行业	68					1	10		
证券业	69			2	10	3	15	1	2
保险业	70	14	216	10	215	12	254		
其他金融活动	71	51	454	76	667	138	828	4	28
房地产业	K	**544**	**8369**	**603**	**8473**	**321**	**3175**	**78**	**526**
房地产业	72	544	8369	603	8473	321	3175	78	526
租赁和商务服务业	L	**1013**	**7583**	**1175**	**8708**	**1443**	**8557**	**15**	**53**
租赁业	73	106	699	131	731	173	747		
商务服务业	74	907	6884	1044	7977	1270	7810	15	53
科学研究、技术服务和地质勘查业	M	**258**	**2907**	**255**	**2182**	**317**	**2394**	**6**	**34**
研究与试验发展	75	18	125	14	106	36	194	2	21
专业技术服务业	76	184	2367	179	1643	212	1788	2	2
科技交流和推广服务业	77	53	382	55	374	62	318	2	11
地质勘查业	78	3	33	7	59	7	94		
水利、环境和公共设施管理业	N	**32**	**460**	**59**	**337**	**62**	**480**	**5**	**48**
水利管理业	79			2	4	4	12		
环境管理业	80	11	130	18	99	21	215		
公共设施管理业	81	21	330	39	234	37	253	5	48
居民服务和其他服务业	O	**258**	**3865**	**345**	**6018**	**325**	**3222**	**1**	**2**
居民服务业	82	115	2491	155	2765	161	1801		
其他服务业	83	143	1374	190	3253	164	1421	1	2
教育	P	**65**	**1176**	**64**	**1020**	**62**	**892**		
教育	84	65	1176	64	1020	62	892		
卫生、社会保障和社会福利业	Q	**52**	**1143**	**40**	**557**	**35**	**423**		
卫生	85	50	1129	38	546	32	408		
社会保障业	86	1	4						
社会福利业	87	1	10	2	11	3	15		
文化、体育和娱乐业	R	**125**	**2190**	**130**	**2739**	**135**	**2572**	**6**	**74**
新闻出版业	88	6	64	2	13	2	20		
广播、电视、电影和音像业	89	9	92	13	208	7	149	1	4
文化艺术业	90	15	91	12	45	17	88		
体育	91	4	26	5	28	5	53		
娱乐业	92	91	1917	98	2445	104	2262	5	70

2-40 按地区、开业时间分组的私人控股企业法人单位数及从业人数

单位：个、人

地　区	1949年以前		1950-1977年		1978-1991年		1992-1995年	
	单位数	从业人数	单位数	从业人数	单位数	从业人数	单位数	从业人数
全　省	**14**	**208**	**376**	**216934**	**2352**	**198779**	**5116**	**379403**
福州市	**5**	**24**	**83**	**61029**	**388**	**54204**	**873**	**77189**
鼓楼区			4	11114	21	3019	186	11468
台江区	1	2	2	64	8	301	62	1971
仓山区	1	8	7	1662	45	2155	61	3271
马尾区			4	2102	13	743	31	3851
晋安区	1	4	3	8650	14	1337	88	12293
闽侯县	1	5	10	879	27	2941	49	3363
连江县			10	14383	42	8015	39	2612
罗源县			2	620	12	435	20	1237
闽清县			5	52	25	506	45	2851
永泰县	1	5	4	1334	36	1288	32	1920
平潭县			7	9122	23	18343	16	228
福清市			14	6172	53	6038	131	21934
长乐市			11	4875	69	9083	113	10190
厦门市			**17**	**22987**	**140**	**37162**	**603**	**48014**
思明区			10	21630	66	17267	335	26467
海沧区					4	373	24	860
湖里区			4	939	25	8027	92	8396
集美区			2	410	10	8201	50	3553
同安区					23	2191	65	4721
翔安区			1	8	12	1103	37	4017
莆田市	**2**	**36**	**11**	**3902**	**88**	**8613**	**160**	**20774**
城厢区	1	28	2	1885	17	1153	29	4740
涵江区					21	532	41	5523
荔城区			3	1222	13	5892	37	4541
秀屿区	1	8			7	190	28	4444
仙游县			6	795	30	846	25	1526
三明市			**49**	**4595**	**222**	**5437**	**357**	**11324**
梅列区			2	1192	14	367	44	1560
三元区			3	524	21	511	41	695
明溪县					7	115	9	226
清流县			3	705	9	579	12	155
宁化县					18	198	13	1236
大田县			6	163	16	217	38	1148
尤溪县			10	181	34	561	34	1101
沙县			5	345	22	938	57	1465
将乐县			8	496	8	112	17	602
泰宁县			3	48	16	362	17	611
建宁县			4	34	28	968	10	260
永安市			5	907	29	509	65	2265
泉州市	**4**	**86**	**79**	**102168**	**836**	**61500**	**1847**	**146652**
鲤城区			1	3	62	2821	104	6143
丰泽区			5	747	34	3364	121	8873
洛江区			2	1128	3	353	18	1355
泉港区			1	182	18	479	36	2662
惠安县	1	40	10	71293	37	1682	183	20800

2-40 续表 1

单位：个、人

地 区	1949年以前		1950-1977年		1978-1991年		1992-1995年	
	单位数	从业人数	单位数	从业人数	单位数	从业人数	单位数	从业人数
安溪县			16	15341	107	13458	261	10735
永春县			13	3190	40	2769	62	3016
德化县	1	16	6	2703	25	2562	66	11680
石狮市			2	838	44	3672	117	13106
晋江市	2	30	11	1049	358	23385	597	46117
南安市			12	5694	108	6955	282	22165
漳州市			**18**	**1835**	**176**	**11194**	**425**	**25039**
芗城区			3	1045	33	7773	56	10249
龙文区					3	78	28	3385
云霄县			4	164	20	135	19	149
漳浦县					21	665	55	718
诏安县					7	278	16	918
长泰县			3	38	5	609	24	1230
东山县					12	112	27	1532
南靖县			4	20	15	622	34	461
平和县			1	3	13	292	11	209
华安县					7	109	11	1304
龙海市			3	565	40	521	144	4884
南平市	**2**	**11**	**57**	**4272**	**210**	**8686**	**308**	**9544**
延平区			9	2383	78	2513	122	3900
顺昌县	1	3	4	1117	19	255	35	644
浦城县	1	8	12	59	10	145	14	447
光泽县			1	23	6	164	10	173
松溪县			5	20	8	270	16	415
政和县			5	30	6	112	16	379
邵武市			4	45	24	139	23	482
武夷山市			6	65	17	256	17	1106
建瓯市			9	343	29	1108	36	1685
建阳市			2	187	13	3724	19	313
龙岩市			**33**	**12106**	**143**	**5960**	**244**	**28456**
新罗区			7	10231	37	2538	115	11025
长汀县			3	54	19	437	15	201
永定县			10	511	32	743	30	352
上杭县			6	247	18	1272	32	15252
武平县					10	134	15	614
连城县			5	771	18	594	17	498
漳平市			2	292	9	242	20	514
宁德市	**1**	**51**	**29**	**4040**	**149**	**6023**	**299**	**12411**
蕉城区			5	2377	25	1329	41	1853
霞浦县	1	51	3	50	14	182	18	879
古田县			9	516	31	605	43	832
屏南县			1	88	10	73	3	153
寿宁县					4	38	3	23
周宁县					5	81	4	32
柘荣县					8	102	12	234
福安市			5	251	34	1108	41	3829
福鼎市			6	758	18	2505	134	4576

2-40 续表 2-1 单位：个、人

地区	1996-2000年		2001-2004年		2005年	
	单位数	从业人数	单位数	从业人数	单位数	从业人数
全省	**16430**	**895677**	**32933**	**1322536**	**11911**	**394139**
福州市	**3038**	**156199**	**6138**	**271096**	**2487**	**70605**
鼓楼区	792	25552	1691	79157	811	13198
台江区	323	5942	819	13612	370	5091
仓山区	293	17438	597	26892	228	6508
马尾区	113	6808	232	9445	78	3527
晋安区	330	21058	758	27752	316	7128
闽侯县	155	12854	280	18138	87	4883
连江县	105	4552	159	4526	77	1236
罗源县	39	2507	115	7028	22	1043
闽清县	133	13245	180	12787	69	2637
永泰县	113	6914	198	10521	60	4236
平潭县	85	1920	193	9742	69	8502
福清市	268	11261	495	18236	195	9086
长乐市	289	26148	421	33260	105	3530
厦门市	**3307**	**168038**	**6616**	**241139**	**2615**	**87945**
思明区	1807	74176	3467	93815	1303	57413
海沧区	152	8621	327	10625	135	4756
湖里区	755	37429	1713	95081	738	15037
集美区	264	22110	513	19732	205	4396
同安区	248	13040	452	14732	155	3483
翔安区	81	12662	144	7154	79	2860
莆田市	**455**	**34505**	**790**	**53396**	**306**	**17050**
城厢区	105	10676	208	10399	71	5048
涵江区	120	9059	194	12237	73	3354
荔城区	100	8420	179	13102	66	5421
秀屿区	55	4190	56	2681	27	747
仙游县	75	2160	153	14977	69	2480
三明市	**1052**	**30044**	**2479**	**86799**	**844**	**24441**
梅列区	205	5779	486	11668	142	3017
三元区	152	3799	311	9168	77	2356
明溪县	25	714	68	2404	27	726
清流县	20	401	75	1601	31	666
宁化县	53	1037	142	4109	60	1925
大田县	55	1379	173	5867	79	2692
尤溪县	126	2243	308	12179	123	4085
沙县	134	3385	234	7881	70	1560
将乐县	32	1143	149	4118	57	798
泰宁县	63	1532	116	3924	42	1435
建宁县	37	2151	71	6216	35	973
永安市	150	6481	346	17664	101	4208
泉州市	**4477**	**300130**	**7570**	**342102**	**2151**	**84268**
鲤城区	369	16280	703	19404	191	4998
丰泽区	393	16608	788	22175	250	6064
洛江区	86	6694	238	12037	76	1926
泉港区	132	3490	281	9253	129	4280
惠安县	406	36127	450	28909	119	14061

2-40 续表 2-2 单位：个、人

地 区	1996-2000年		2001-2004年		2005年	
	单位数	从业人数	单位数	从业人数	单位数	从业人数
安溪县	471	21867	519	28202	102	7264
永春县	200	12365	273	14428	104	7220
德化县	181	17476	240	13763	75	3734
石狮市	321	21623	762	27741	284	7525
晋江市	1112	89035	2211	108251	553	18068
南安市	806	58565	1105	57939	268	9128
漳州市	**1377**	**79590**	**2759**	**97260**	**1163**	**29428**
芗城区	398	32567	847	20233	349	9755
龙文区	122	7287	185	7668	78	2509
云霄县	59	781	107	3379	55	1773
漳浦县	144	2864	288	5229	109	2632
诏安县	38	815	92	4276	55	1211
长泰县	63	2224	201	5031	70	1864
东山县	44	2278	107	3807	48	1248
南靖县	107	2978	207	5011	64	1527
平和县	53	4845	86	2690	36	692
华安县	32	876	82	1052	32	712
龙海市	317	22075	557	38884	267	5505
南平市	**964**	**31761**	**2685**	**92981**	**838**	**22210**
延平区	353	8078	719	25804	261	6712
顺昌县	68	1543	138	4453	41	1323
浦城县	65	1629	319	7955	73	1674
光泽县	24	5813	130	3184	37	834
松溪县	52	1369	121	4624	50	1324
政和县	32	749	80	2685	30	790
邵武市	82	2733	244	12949	77	2321
武夷山市	109	2267	362	8549	92	2416
建瓯市	108	4353	329	14602	97	2655
建阳市	71	3227	243	8176	80	2161
龙岩市	**828**	**49716**	**1977**	**74307**	**778**	**35446**
新罗区	337	21570	737	24852	261	7038
长汀县	68	3248	199	8077	77	1926
永定县	73	1200	219	4363	170	13666
上杭县	71	16817	213	16370	50	5857
武平县	128	2832	208	8229	66	2003
连城县	79	2627	243	8215	89	2638
漳平市	72	1422	158	4201	65	2318
宁德市	**932**	**45694**	**1919**	**63456**	**729**	**22746**
蕉城区	143	4292	342	13053	170	3687
霞浦县	64	8966	127	4890	58	4018
古田县	172	4199	221	4444	78	1222
屏南县	13	559	94	3135	28	1247
寿宁县	29	445	99	2768	46	1005
周宁县	19	375	44	1095	17	321
柘荣县	45	1463	66	2240	35	1000
福安市	212	15242	597	21123	182	6582
福鼎市	235	10153	329	10708	115	3664

2-40 续表 3-1 单位：个、人

地 区	2006年		2007年		2008年		其他(不详)	
	单位数	从业人数	单位数	从业人数	单位数	从业人数	单位数	从业人数
全 省	**13751**	**377172**	**14376**	**308331**	**13835**	**228089**	**621**	**3403**
福州市	**2726**	**74438**	**3078**	**62258**	**3132**	**38137**	**182**	**867**
鼓楼区	874	11708	892	8793	1078	8550	17	78
台江区	378	17367	491	15832	617	3938		
仓山区	211	4158	226	3903	297	2705	1	79
马尾区	90	3464	98	2735	64	916	3	7
晋安区	363	5609	451	5277	435	5316	29	130
闽侯县	137	6530	173	10445	115	5026	14	110
连江县	71	2768	129	2219	87	1758	10	49
罗源县	26	2526	27	614	29	2321	1	12
闽清县	47	1396	45	1150	37	811	1	1
永泰县	88	2298	103	2988	87	1738	6	21
平潭县	92	2589	144	2512	66	970		
福清市	208	5183	194	3949	144	2353	32	150
长乐市	141	8842	105	1841	76	1735	68	230
厦门市	**3072**	**95331**	**3350**	**61007**	**3113**	**36802**	**5**	**99**
思明区	1538	40697	1719	20520	1715	12623	3	70
海沧区	212	2884	261	3239	257	2318	1	1
湖里区	770	33562	709	22170	527	4926		
集美区	239	8046	336	9737	284	6672	1	28
同安区	217	5540	242	4396	242	8203		
翔安区	96	4602	83	945	88	2060		
莆田市	**398**	**15602**	**474**	**15036**	**515**	**13318**	**44**	**322**
城厢区	106	2719	119	2442	163	3240	2	22
涵江区	102	2230	96	1885	108	2596	4	18
荔城区	88	6140	120	5508	99	3296	27	200
秀屿区	43	2481	64	2951	73	1946	1	16
仙游县	59	2032	75	2250	72	2240	10	66
三明市	**1017**	**26641**	**988**	**22137**	**1017**	**23259**	**27**	**260**
梅列区	161	2097	163	2269	196	3932	7	93
三元区	114	1638	102	1085	91	1057	4	25
明溪县	23	1286	31	780	59	1573		
清流县	53	1430	48	1555	47	1342		
宁化县	77	2649	83	2014	70	2033		
大田县	92	1851	98	2320	91	2306		
尤溪县	106	2693	86	2331	92	2208	2	25
沙县	89	2589	101	2335	103	1831	3	8
将乐县	79	2223	68	1387	55	1135	3	38
泰宁县	62	1842	54	2416	40	1534		
建宁县	45	1359	47	1401	45	1526		
永安市	116	4984	107	2244	128	2782	8	71
泉州市	**2304**	**69408**	**2316**	**63018**	**1747**	**40594**	**161**	**814**
鲤城区	215	3933	213	3808	239	3916	11	47
丰泽区	274	3930	304	4185	264	2927	4	18
洛江区	94	1634	118	2182	70	1498	20	62
泉港区	107	2543	95	2328	49	671	6	54
惠安县	156	8161	131	7887	126	5947	7	161

2-40 续表 3-2

单位：个、人

地 区	2006年		2007年		2008年		其他(不详)	
	单位数	从业人数	单位数	从业人数	单位数	从业人数	单位数	从业人数
安溪县	104	7875	124	4493	71	2143		
永春县	122	4547	128	5459	116	3926	3	24
德化县	83	3106	98	2705	75	1796		
石狮市	374	8675	292	8192	162	3905	1	1
晋江市	496	16012	535	13191	373	8152	10	23
南安市	279	8992	278	8588	202	5713	99	424
漳州市	**1446**	**26102**	**1483**	**27821**	**1349**	**23308**	**105**	**409**
芗城区	471	4759	427	5571	318	2533	4	18
龙文区	122	2938	145	1949	130	2255	15	106
云霄县	71	1380	88	2015	81	2144	24	106
漳浦县	138	2010	118	2299	110	1816	21	61
诏安县	55	1763	85	2603	66	2209		
长泰县	83	1371	95	3078	120	2340	7	18
东山县	75	1554	64	1328	65	708	10	39
南靖县	68	1487	77	1565	67	1845	4	20
平和县	52	2177	66	1378	104	3087	3	19
华安县	21	873	33	863	21	199	14	16
龙海市	290	5790	285	5172	267	4172	3	6
南平市	**1027**	**22819**	**1015**	**18899**	**1099**	**14151**	**39**	**197**
延平区	259	4824	221	2997	372	3495	4	26
顺昌县	63	1495	40	890	36	645	1	15
浦城县	72	1908	58	1582	45	808		
光泽县	49	1102	55	1231	34	465	1	6
松溪县	60	950	45	976	63	839	2	4
政和县	36	1384	23	607	20	372	1	
邵武市	116	3610	143	2282	96	1496	7	58
武夷山市	149	1871	170	1976	178	2603	4	25
建瓯市	125	2554	146	3557	134	1499	18	57
建阳市	98	3121	114	2801	121	1929	1	6
龙岩市	**783**	**25546**	**791**	**20889**	**748**	**16703**	**17**	**167**
新罗区	282	7767	276	3599	327	5292	2	4
长汀县	92	2861	107	4210	89	2394	1	73
永定县	137	3383	108	1972	95	1302	7	41
上杭县	53	3463	55	2785	40	1070	4	31
武平县	81	3631	80	2860	94	3575		
连城县	66	2990	67	2877	43	1470	2	8
漳平市	72	1451	98	2586	60	1600	1	10
宁德市	**978**	**21285**	**881**	**17266**	**1115**	**21817**	**41**	**268**
蕉城区	216	2190	187	2620	231	2016	3	109
霞浦县	88	2792	91	2249	196	4139	3	4
古田县	88	1586	89	1139	92	1119	13	51
屏南县	44	848	40	1118	19	285		
寿宁县	36	721	20	235	66	2233	9	49
周宁县	33	782	21	327	15	147	2	19
柘荣县	22	731	22	447	19	528	6	6
福安市	287	6962	275	6341	290	8167		
福鼎市	164	4673	136	2790	187	3183	5	30

2-41 按地区、学历、技术分组的

地 区	企业法人单位数	从业人数	按学历分组			
			研究生及以上	大学本科	大学专科	高中
全 省	**111715**	**4324671**	**13329**	**182177**	**437885**	**1218301**
福州市	**22130**	**866046**	**3601**	**57440**	**113512**	**248496**
鼓楼区	6366	172637	1696	24296	39816	42741
台江区	3071	64120	350	6963	13540	15963
仓山区	1967	68779	295	3756	9237	24244
马尾区	726	33598	258	4406	5545	11287
晋安区	2788	94554	461	6555	14335	29341
闽侯县	1048	65174	143	1842	4552	19131
连江县	729	42118	34	1461	3133	15244
罗源县	293	18343	11	218	1111	4535
闽清县	587	35436	38	586	2453	10942
永泰县	728	33263	53	787	2221	9829
平潭县	695	53928	10	1214	4922	12667
福清市	1734	84362	133	2444	6259	24140
长乐市	1398	99734	119	2912	6388	28432
厦门市	**22838**	**798524**	**4500**	**52373**	**99606**	**197796**
思明区	11963	364678	2918	32068	53382	90574
海沧区	1373	33677	185	1853	3799	9819
湖里区	5333	225567	843	11527	24560	51402
集美区	1904	82885	226	3122	7937	20306
同安区	1644	56306	119	2070	5596	16362
翔安区	621	35411	209	1733	4332	9333
莆田市	**3243**	**182554**	**334**	**6516**	**17145**	**53638**
城厢区	823	42352	131	2358	5565	10772
涵江区	759	37434	36	737	2380	11212
荔城区	732	53742	60	2042	5335	15286
秀屿区	355	19654	16	598	1520	5048
仙游县	574	29372	91	781	2345	11320
三明市	**8052**	**234937**	**246**	**6155**	**21377**	**78655**
梅列区	1420	31974	83	1886	5210	10919
三元区	916	20858	16	779	2722	7291
明溪县	249	7824	9	190	597	2662
清流县	298	8434	2	103	482	2877
宁化县	516	15201	6	210	833	5802
大田县	648	17943	13	266	1093	5368
尤溪县	921	27607	4	234	1133	6674
沙县	818	22337	46	593	2004	8020
将乐县	476	12052	3	199	852	3246
泰宁县	413	13704	23	256	1235	4904
建宁县	322	14888	21	476	1753	6111
永安市	1055	42115	20	963	3463	14781
泉州市	**23492**	**1210740**	**3222**	**28205**	**86433**	**319341**
鲤城区	2108	61353	295	3218	7811	19091
丰泽区	2437	68891	384	4136	10961	21778
洛江区	725	28869	74	1179	3112	7410
泉港区	854	25942	27	754	2174	7429
惠安县	1626	195068	128	2744	10631	35605

私人控股企业法人单位数及从业人数

单位：个、人

	按技术职称分组			按技术等级分组			
初中及以下	高级技术职称	中级技术职称	初级技术职称	高级技师	技师	高级工	中级工
2472979	**37655**	**134322**	**232781**	**15505**	**44223**	**67776**	**156765**
442997	**9108**	**34023**	**53149**	**3927**	**10064**	**16868**	**36540**
64088	3100	10434	11328	860	1560	2637	4493
27304	774	2831	3076	257	740	699	1194
31247	654	2596	3767	483	1002	1404	2941
12102	658	2386	2925	278	665	909	1967
43862	1272	5505	9821	993	2415	3052	8264
39506	646	2047	3698	329	913	1501	3455
22246	297	1047	2730	78	253	621	1503
12468	100	272	692	25	112	234	515
21417	200	921	2556	75	343	1251	1955
20373	212	926	2172	67	222	717	1251
35115	240	779	1824	9	54	364	738
51386	459	2305	4447	212	988	1883	4494
61883	496	1974	4113	261	797	1596	3770
444249	**11815**	**29120**	**42770**	**3017**	**8751**	**10418**	**30536**
185736	5371	17901	20053	1249	3275	5283	13501
18021	401	1341	2941	201	367	316	990
137235	1406	5664	11482	1092	3686	2694	10017
51294	4043	1812	3953	243	570	1079	3484
32159	381	1451	2570	120	632	747	1956
19804	213	951	1771	112	221	299	588
104921	**1511**	**5772**	**9890**	**696**	**2926**	**3356**	**7120**
23526	658	1854	2330	201	738	943	1662
23069	205	695	1823	93	262	320	1091
31019	303	1739	3145	123	860	1145	1756
12472	89	464	937	87	315	224	514
14835	256	1020	1655	192	751	724	2097
128504	**1615**	**7623**	**13594**	**880**	**2224**	**3916**	**8423**
13876	466	1893	2734	342	679	1183	1734
10050	248	967	1416	148	427	532	995
4366	51	144	395	21	52	83	253
4970	36	210	405	21	52	87	232
8350	32	334	622	18	130	277	620
11203	67	441	921	16	65	160	451
19562	92	526	1074	23	55	119	573
11674	125	643	1171	64	180	289	644
7752	85	285	871	37	71	204	287
7286	78	376	851	24	59	124	632
6527	112	585	1150	86	264	204	656
22888	223	1219	1984	80	190	654	1346
773539	**5946**	**23983**	**50459**	**3601**	**9914**	**17388**	**37748**
30938	608	1983	3546	251	677	842	1605
31632	1112	3649	5440	446	1312	1480	3176
17094	362	1477	3110	265	327	951	1708
15558	192	948	1087	121	304	541	1194
145960	430	2494	8259	521	1533	3742	4867

2-41 续表

地 区	企业法人单位数	从业人数	按学历分组			
			研究生及以上	大学本科	大学专科	高中
安溪县	1775	111378	1000	3452	7502	37578
永春县	1061	56944	17	740	3100	18566
德化县	850	59541	24	703	3225	19016
石狮市	2359	95278	453	2309	8051	26260
晋江市	6258	323313	396	5159	17290	80181
南安市	3439	184163	424	3811	12576	46427
漳州市	**10301**	**321986**	**407**	**11483**	**36175**	**100874**
芗城区	2906	94503	171	4953	14935	34536
龙文区	828	28175	49	1287	4200	7595
云霄县	528	12026	1	217	1103	3997
漳浦县	1004	18294	30	347	1862	5740
诏安县	414	14073	3	138	767	5133
长泰县	671	17803	48	513	1281	4841
东山县	452	12606	6	203	844	2822
南靖县	647	15536	12	438	1170	5284
平和县	425	15392	12	172	859	6237
华安县	253	6004	2	132	459	1782
龙海市	2173	87574	73	3083	8695	22907
南平市	**8244**	**225531**	**447**	**6811**	**19952**	**73389**
延平区	2398	60732	209	3140	8290	19244
顺昌县	446	12383	3	163	777	3751
浦城县	669	16215	6	219	707	5616
光泽县	347	12995	19	201	621	4317
松溪县	422	10791	18	292	1004	3110
政和县	249	7108	2	195	517	2365
邵武市	816	26115	59	836	2310	9435
武夷山市	1104	21134	93	610	1818	6256
建瓯市	1031	32413	18	493	2134	10720
建阳市	762	25645	20	662	1774	8575
龙岩市	**6342**	**269296**	**278**	**7010**	**23115**	**77461**
新罗区	2381	93916	172	3849	12214	28688
长汀县	670	23481	13	344	1720	6977
永定县	881	27533	16	481	1463	7980
上杭县	542	63164	54	1324	3814	14220
武平县	682	23878	8	343	1214	6911
连城县	629	22688	8	337	1447	7532
漳平市	557	14636	7	332	1243	5153
宁德市	**7073**	**215057**	**294**	**6184**	**20570**	**68651**
蕉城区	1363	33526	38	1542	4382	10169
霞浦县	663	28220	10	348	1434	7244
古田县	836	15713	5	235	984	5121
屏南县	252	7506	3	160	693	2461
寿宁县	312	7517	3	136	545	2428
周宁县	160	3179	8	91	194	689
柘荣县	235	6751	6	84	520	2900
福安市	1923	69605	189	2592	8231	22031
福鼎市	1329	43040	32	996	3587	15608

单位：个、人

初 中及以下	按技术职称分组 高 级技术职称	中 级技术职称	初 级技术职称	按技术等级分组 高级技师	技师	高级工	中级工
61846	191	1435	4318	78	340	1515	4166
34521	179	980	2763	48	183	471	1425
36573	200	723	2080	243	318	546	1728
58205	763	2248	2538	237	737	813	1618
220287	1033	4635	10400	671	2162	3585	9943
120925	876	3411	6918	720	2021	2902	6318
173047	**2400**	**11516**	**17809**	**1297**	**3272**	**4747**	**11114**
39908	770	4020	5664	501	721	1185	2674
15044	238	1355	2041	180	965	825	1275
6708	50	414	503	18	104	164	399
10315	53	373	718	15	144	101	604
8032	39	427	540	137	96	655	571
11120	81	387	726	36	142	115	267
8731	40	408	744	12	45	232	480
8632	123	539	573	23	114	145	327
8112	71	470	480	25	114	165	987
3629	34	223	739	4	12	117	837
52816	901	2900	5081	346	815	1043	2693
124932	**1722**	**7255**	**12572**	**705**	**2333**	**3838**	**8222**
29849	647	2960	4543	242	1027	1464	2723
7689	38	343	817	19	166	102	433
9667	36	255	441	12	31	131	233
7837	41	218	624	9	29	64	163
6367	59	237	591	43	89	272	631
4029	61	266	338	8	34	118	285
13475	218	879	1620	93	252	309	830
12357	241	821	1362	64	273	465	1104
19048	225	658	1110	161	195	367	797
14614	156	618	1126	54	237	546	1023
161432	**2093**	**9483**	**21251**	**884**	**3146**	**4542**	**9870**
48993	1169	4633	10337	471	1179	1783	3884
14427	82	500	1106	38	234	429	1030
17593	84	595	1040	17	113	196	772
43752	453	2127	5456	272	1331	1271	1890
15402	73	416	1017	16	59	142	426
13364	124	649	1290	45	144	452	1193
7901	108	563	1005	25	86	269	675
119358	**1445**	**5547**	**11287**	**498**	**1593**	**2703**	**7192**
17395	300	1734	2611	132	385	454	1492
19184	127	792	2683	31	154	522	1922
9368	136	557	728	19	97	113	312
4189	44	248	462	25	102	152	438
4405	35	121	155	50	54	79	192
2197	22	93	141	4	56	44	159
3241	16	94	171	7	70	86	141
36562	564	944	1993	133	430	585	1194
22817	201	964	2343	97	245	668	1342

2-42 按行业（大类）、学历、技术分组的

行业	代码	企业法人单位数	从业人数	按学历分组	
				研究生及以上	大学本科
总计		**111715**	**4324671**	**13329**	**182177**
农、林、牧、渔业	A	**7**	**155**		**4**
农业	01	2	25		
林业	02				
畜牧业	03	5	130		4
渔业	04				
农、林、牧、渔服务业	05				
采矿业	B	**1861**	**75478**	**142**	**1080**
煤炭开采和洗选业	06	162	24065	2	249
石油和天然气开采业	07				
黑色金属矿采选业	08	202	14025	6	170
有色金属矿采选业	09	219	9996	15	370
非金属矿采选业	10	1259	27195	117	287
其他采矿业	11	19	197	2	4
制造业	C	**44891**	**2160390**	**4877**	**52483**
农副食品加工业	13	2247	104854	196	2477
食品制造业	14	1384	72350	176	2002
饮料制造业	15	1926	63235	161	1497
烟草制品业	16				
纺织业	17	2028	146642	245	2895
纺织服装、鞋、帽制造业	18	3273	204561	331	3119
皮革、毛皮、羽毛(绒)及其制品业	19	2107	214445	139	2719
木材加工及木、竹、藤、棕、草制品业	20	3108	135377	48	1124
家具制造业	21	868	37606	88	802
造纸及纸制品业	22	1737	75182	66	1319
印刷业和记录媒介的复制	23	1327	34678	42	905
文教体育用品制造业	24	396	21830	60	685
石油加工、炼焦及核燃料加工业	25	53	2639	5	44
化学原料及化学制品制造业	26	1719	59526	246	2212
医药制造业	27	189	11377	230	1246
化学纤维制造业	28	67	7214	13	146
橡胶制品业	29	598	35388	28	785
塑料制品业	30	2569	103917	103	1936
非金属矿物制品业	31	6320	280328	759	4056
黑色金属冶炼及压延加工业	32	327	20651	52	626
有色金属冶炼及压延加工业	33	250	11635	22	363
金属制品业	34	2077	63895	156	2142
通用设备制造业	35	2252	83466	261	2559
专用设备制造业	36	1486	47783	276	2701
交通运输设备制造业	37	1554	71308	134	2317
电气机械及器材制造业	39	1630	82619	306	4013
通信设备、计算机及其他电子设备制造业	40	763	41656	406	3931
仪器仪表及文化、办公用机械制造业	41	346	17221	120	1195
工艺品及其他制造业	42	2168	106959	207	2642
废弃资源和废旧材料回收加工业	43	122	2048	1	25
电力、燃气及水的生产和供应业	D	**3788**	**39008**	**145**	**1266**
电力、热力的生产和供应业	44	3557	36268	120	1087
燃气生产和供应业	45	22	391	4	22
水的生产和供应业	46	209	2349	21	157
建筑业	E	**4640**	**1251057**	**1491**	**43106**
房屋和土木工程建筑业	47	1866	919628	743	28524
建筑安装业	48	813	57804	360	5660
建筑装饰业	49	1233	52702	164	3873
其他建筑业	50	728	220923	224	5049

私人控股企业法人单位数及从业人数

单位：个、人

大学专科	高中	初 中 及以下	按技术职称分组 高 级 技术职称	中 级 技术职称	初 级 技术职称	按技术等级分组 高级技师	技师	高级工	中级工
437885	**1218301**	**2472979**	**37655**	**134322**	**232781**	**15505**	**44223**	**67776**	**156765**
36	**50**	**65**	**5**	**5**					
2	5	18							
34	45	47	5	5					
2981	**20390**	**50885**	**260**	**963**	**2109**	**130**	**262**	**367**	**1357**
715	6109	16990	58	266	613	14	42	127	340
511	4729	8609	31	129	209	6	18	28	64
759	2817	6035	89	314	480	24	97	96	225
983	6663	19145	82	253	803	86	103	114	726
13	72	106		1	4		2	2	2
146790	**601945**	**1354295**	**11116**	**34400**	**67811**	**6094**	**17107**	**25834**	**59984**
6583	25766	69832	487	1259	2828	231	543	748	1614
5119	18927	46126	585	1083	2160	208	456	692	1885
5033	19994	36550	318	1012	1756	188	465	605	1237
7738	39469	96295	459	1593	3455	234	804	1351	4083
11291	52426	137394	614	2230	4871	376	1658	2104	5753
9429	49372	152786	465	1964	4546	311	1030	1925	4708
5205	37976	91024	273	1366	3614	159	578	1207	2833
2595	10695	23426	110	538	1069	134	344	651	1251
4702	21844	47251	238	952	2243	183	464	959	2301
2971	11882	18878	143	572	1237	78	256	307	1026
1597	6153	13335	56	314	1261	155	122	164	447
260	936	1394	7	21	48	6	43	34	82
6023	19299	31746	478	1481	2648	203	459	762	1587
2278	4275	3348	256	642	951	83	172	266	485
549	2195	4311	34	126	378	14	61	85	199
2628	9860	22087	109	427	1105	55	195	284	727
6950	31988	62940	389	1357	3107	232	693	1376	3500
13238	68054	194221	1117	2731	5878	623	1566	1826	4926
1526	8173	10274	161	436	810	93	297	433	878
1099	3301	6850	65	236	448	35	135	112	322
6158	21932	33507	431	1657	2763	284	919	1186	2509
7550	25818	47278	787	2220	3896	426	1190	1973	3527
6085	15967	22754	589	1986	2785	423	1087	1565	3210
6743	22919	39195	774	2250	3941	382	1012	1551	3080
8992	26051	43257	807	1740	3122	310	861	1471	2452
5545	11447	20327	580	1446	2190	224	529	548	1161
2025	5557	8324	198	579	823	67	153	149	450
6760	29142	68208	582	2168	3819	377	996	1486	3723
118	527	1377	4	14	59		19	14	28
4125	**15243**	**18229**	**258**	**1412**	**2874**	**116**	**369**	**745**	**2029**
3764	14285	17012	230	1326	2777	106	350	726	1976
64	157	144	7	14	22	3	3	8	17
297	801	1073	21	72	75	7	16	11	36
114345	**288722**	**803393**	**14556**	**57001**	**109878**	**5847**	**18365**	**32957**	**77242**
85621	225305	579435	10124	40071	87683	4778	14452	26355	58430
10667	18465	22652	1126	4545	6798	509	1619	2338	3742
8860	14761	25044	800	4165	5933	272	950	1452	3662
9197	30191	176262	2506	8220	9464	288	1344	2812	11408

2-42 续表

行 业	代码	企业法人单位数	从业人数	按学历分组	
				研究生及以上	大学本科
交通运输、仓储和邮政业	F	**3315**	**115499**	**315**	**3878**
铁路运输业	51	4	63		1
道路运输业	52	1292	65260	183	1166
城市公共交通业	53	87	9592	3	68
水上运输业	54	659	19479	27	693
航空运输业	55	10	145		17
管道运输业	56	1	34		8
装卸搬运和其他运输服务业	57	1002	16744	97	1670
仓储业	58	164	1914	4	81
邮政业	59	96	2268	1	174
信息传输、计算机服务和软件业	G	**3342**	**37480**	**1006**	**10951**
电信和其他信息传输服务业	60	397	6300	152	1352
计算机服务业	61	2223	15934	199	2642
软件业	62	722	15246	655	6957
批发和零售业	H	**30116**	**322667**	**2231**	**30287**
批发业	63	19492	193642	1768	22619
零售业	65	10624	129025	463	7668
住宿和餐饮业	I	**2300**	**72173**	**73**	**1592**
住宿业	66	980	33819	51	983
餐饮业	67	1320	38354	22	609
金融业	J	**493**	**9030**	**123**	**2013**
银行业	68	3	1560	3	404
证券业	69	15	489	49	207
保险业	70	80	3102	40	702
其他金融活动	71	395	3879	31	700
房地产业	K	**4165**	**81039**	**719**	**10928**
房地产业	72	4165	81039	719	10928
租赁和商务服务业	L	**6919**	**67145**	**1152**	**12382**
租赁业	73	618	4979	14	243
商务服务业	74	6301	62166	1138	12139
科学研究、技术服务和地质勘查业	M	**1870**	**27779**	**695**	**8276**
研究与试验发展	75	142	1273	56	324
专业技术服务业	76	1390	23688	578	7416
科技交流和推广服务业	77	309	2516	58	494
地质勘查业	78	29	302	3	42
水利、环境和公共设施管理业	N	**410**	**7464**	**63**	**714**
水利管理业	79	23	221	23	58
环境管理业	80	135	2881	22	249
公共设施管理业	81	252	4362	18	407
居民服务和其他服务业	O	**2052**	**30951**	**87**	**1130**
居民服务业	82	943	15954	38	447
其他服务业	83	1109	14997	49	683
教育	P	**518**	**8567**	**90**	**820**
教育	84	518	8567	90	820
卫生、社会保障和社会福利业	Q	**304**	**4840**	**53**	**818**
卫生	85	296	4799	53	811
社会保障业	86	1	4		
社会福利业	87	7	37		7
文化、体育和娱乐业	R	**724**	**13949**	**67**	**449**
新闻出版业	88	14	128		21
广播、电视、电影和音像业	89	53	744	42	120
文化艺术业	90	73	510	7	78
体育	91	25	250		22
娱乐业	92	559	12317	18	208

单位：个、人

			按技术职称分组			按技术等级分组			
大学专科	高中	初中及以下	高级技术职称	中级技术职称	初级技术职称	高级技师	技师	高级工	中级工
12441	**45540**	**53325**	**491**	**2605**	**5717**	**87**	**579**	**1072**	**2799**
10	37	15		1	4				
4895	24870	34146	166	1332	3213	33	418	641	2267
302	7309	1910	3	109	247	4	13	128	99
2144	6822	9793	204	632	1392	25	35	104	187
58	58	12		12	31			4	19
12	12	2							
4193	5154	5630	87	423	631	22	100	170	176
367	683	779	30	84	176	3	13	21	38
460	595	1038	1	12	23			4	13
11843	**9184**	**4496**	**1117**	**2669**	**3834**	**420**	**730**	**611**	**939**
2320	1810	666	117	334	440	14	70	57	148
3810	5802	3481	319	720	992	125	255	236	391
5713	1572	349	681	1615	2402	281	405	318	400
71713	**123833**	**94603**	**2886**	**10714**	**16311**	**1215**	**2726**	**2503**	**5061**
48042	71859	49354	1827	7015	10014	654	1366	1268	2723
23671	51974	45249	1059	3699	6297	561	1360	1235	2338
6634	**27691**	**36183**	**310**	**1242**	**2588**	**299**	**794**	**708**	**1651**
3766	13662	15357	121	631	1712	129	365	418	948
2868	14029	20826	189	611	876	170	429	290	703
3283	**3018**	**593**	**77**	**842**	**776**	**15**	**104**	**25**	**46**
570	524	59	2	495	374				
151	56	26	2	29	13			1	1
1284	963	113	6	99	163	2	88	4	4
1278	1475	395	67	219	226	13	16	20	41
22124	**28167**	**19101**	**1923**	**9289**	**8052**	**350**	**912**	**1027**	**2110**
22124	28167	19101	1923	9289	8052	350	912	1027	2110
21097	**20042**	**12472**	**1485**	**4932**	**4728**	**253**	**429**	**431**	**861**
829	2089	1804	64	176	293	22	11	32	105
20268	17953	10668	1421	4756	4435	231	418	399	756
9775	**6509**	**2524**	**2143**	**5459**	**4208**	**235**	**396**	**604**	**823**
329	393	171	61	146	138	17	20	17	52
8618	5300	1776	1971	5111	3909	197	358	553	714
767	693	504	107	186	147	19	12	19	45
61	123	73	4	16	14	2	6	15	12
1235	**2508**	**2944**	**126**	**416**	**395**	**72**	**113**	**103**	**181**
61	32	47	18	25	21	2	3	7	12
375	816	1419	42	143	125	26	21	24	27
799	1660	1478	66	248	249	44	89	72	142
4100	**12722**	**12912**	**379**	**1081**	**1546**	**263**	**979**	**554**	**1251**
1935	6518	7016	103	331	601	134	682	133	454
2165	6204	5896	276	750	945	129	297	421	797
1819	**4572**	**1266**	**140**	**484**	**490**	**15**	**121**	**117**	**240**
1819	4572	1266	140	484	490	15	121	117	240
1488	**1917**	**564**	**305**	**594**	**1124**	**49**	**97**	**38**	**58**
1473	1905	557	305	594	1123	49	97	38	58
2	2								
13	10	7			1				
2056	**6248**	**5129**	**78**	**214**	**340**	**45**	**140**	**80**	**133**
49	47	11	4	5					3
273	241	68	13	50	32	3	11	9	8
143	155	127	10	15	39	1	1		5
89	114	25	5	5	7	3	5	2	2
1502	5691	4898	46	139	262	38	123	69	115

2-43 按行业（大类）、地区分组的港澳台商控股企业法人单位数及从业人数

单位：个、人

行业	代码	全省		福州市		厦门市	
		单位数	从业人数	单位数	从业人数	单位数	从业人数
总计		**7044**	**1258004**	**1229**	**196945**	**1704**	**252147**
农、林、牧、渔业	A						
农业	01						
林业	02						
畜牧业	03						
渔业	04						
农、林、牧、渔服务业	05						
采矿业	B	**32**	**1212**	**5**	**203**		
煤炭开采和洗选业	06	1	80				
石油和天然气开采业	07						
黑色金属矿采选业	08	5	195				
有色金属矿采选业	09	9	471				
非金属矿采选业	10	17	466	5	203		
其他采矿业	11						
制造业	C	**5474**	**1169816**	**767**	**166750**	**1099**	**215203**
农副食品加工业	13	214	23271	60	7172	20	1360
食品制造业	14	109	18914	17	2503	15	1863
饮料制造业	15	83	6479	8	545	7	2569
烟草制品业	16						
纺织业	17	420	94464	38	7540	48	10477
纺织服装、鞋、帽制造业	18	860	212364	63	14990	97	23215
皮革、毛皮、羽毛(绒)及其制品业	19	573	230824	25	20560	30	9345
木材加工及木、竹、藤、棕、草制品业	20	119	9338	13	945	19	835
家具制造业	21	86	15973	18	2834	14	3409
造纸及纸制品业	22	152	19365	27	2602	37	3723
印刷业和记录媒介的复制	23	39	3528	9	888	15	1623
文教体育用品制造业	24	155	33247	13	4221	48	12009
石油加工、炼焦及核燃料加工业	25	7	356	3	210	3	41
化学原料及化学制品制造业	26	177	10709	25	1061	54	3189
医药制造业	27	32	4088	12	1128	9	2411
化学纤维制造业	28	45	12572	6	2366	7	1521
橡胶制品业	29	83	29609	7	1916	23	11388
塑料制品业	30	322	55017	92	19782	92	14522
非金属矿物制品业	31	296	41880	37	6225	55	5860
黑色金属冶炼及压延加工业	32	18	4543	3	156	6	693
有色金属冶炼及压延加工业	33	20	4162	4	2022	3	1376
金属制品业	34	210	22620	26	2289	75	10357
通用设备制造业	35	164	15595	43	4396	46	3635
专用设备制造业	36	159	16012	21	3727	55	3896
交通运输设备制造业	37	124	26994	49	11348	26	10134
电气机械及器材制造业	39	163	54974	32	7843	56	21079
通信设备、计算机及其他电子设备制造业	40	219	79824	45	23648	88	30684
仪器仪表及文化、办公用机械制造业	41	117	26950	19	3471	49	8761
工艺品及其他制造业	42	504	96038	52	10362	102	15228
废弃资源和废旧材料回收加工业	43	4	106				
电力、燃气及水的生产和供应业	D	**41**	**1639**	**2**	**91**	**2**	**49**
电力、热力的生产和供应业	44	31	1222	1	90	2	49
燃气生产和供应业	45	6	338				
水的生产和供应业	46	4	79	1	1		
建筑业	E	**62**	**17297**	**31**	**12015**	**15**	**4451**
房屋和土木工程建筑业	47	7	7463	4	7299	1	140
建筑安装业	48	14	1284	6	577	4	372
建筑装饰业	49	34	8275	18	4105	10	3939
其他建筑业	50	7	275	3	34		

2-43　续表 1

单位：个、人

行　业	代码	全省		福州市		厦门市	
		单位数	从业人数	单位数	从业人数	单位数	从业人数
交通运输、仓储和邮政业	F	**87**	**11447**	**10**	**609**	**64**	**9279**
铁路运输业	51						
道路运输业	52	10	873	2	54	2	62
城市公共交通业	53	1	177			1	177
水上运输业	54	7	179	2	117	4	49
航空运输业	55	1	6320			1	6320
管道运输业	56						
装卸搬运和其他运输服务业	57	53	3068	2	55	48	2362
仓储业	58	14	824	4	383	8	309
邮政业	59	1	6				
信息传输、计算机服务和软件业	G	**59**	**4129**	**18**	**1245**	**38**	**1419**
电信和其他信息传输服务业	60	8	2976	4	997	1	514
计算机服务业	61	11	166	6	72	5	94
软件业	62	40	987	8	176	32	811
批发和零售业	H	**294**	**12352**	**69**	**2463**	**177**	**8637**
批发业	63	231	9954	52	2045	147	6975
零售业	65	63	2398	17	418	30	1662
住宿和餐饮业	I	**105**	**16358**	**26**	**5072**	**34**	**5410**
住宿业	66	51	10402	12	2192	13	3059
餐饮业	67	54	5956	14	2880	21	2351
金融业	J	**17**	**891**	**5**	**260**	**7**	**456**
银行业	68	6	518	2	95	3	405
证券业	69						
保险业	70	7	332	2	153	1	22
其他金融活动	71	4	41	1	12	3	29
房地产业	K	**648**	**15576**	**217**	**6708**	**181**	**4356**
房地产业	72	648	15576	217	6708	181	4356
租赁和商务服务业	L	**86**	**2390**	**37**	**322**	**38**	**350**
租赁业	73	1	20			1	20
商务服务业	74	85	2370	37	322	37	330
科学研究、技术服务和地质勘查业	M	**40**	**1397**	**15**	**333**	**15**	**934**
研究与试验发展	75	5	147	2	34	2	108
专业技术服务业	76	19	911	6	76	10	807
科技交流和推广服务业	77	16	339	7	223	3	19
地质勘查业	78						
水利、环境和公共设施管理业	N	**23**	**860**	**5**	**201**	**4**	**565**
水利管理业	79	1	3	1	3		
环境管理业	80	5	573			2	551
公共设施管理业	81	17	284	4	198	2	14
居民服务和其他服务业	O	**31**	**1006**	**8**	**381**	**12**	**353**
居民服务业	82	21	797	6	371	8	271
其他服务业	83	10	209	2	10	4	82
教育	P	**6**	**142**	**2**	**6**	**4**	**136**
教育	84	6	142	2	6	4	136
卫生、社会保障和社会福利业	Q	**2**	**194**				
卫生	85	1	183				
社会保障业	86						
社会福利业	87	1	11				
文化、体育和娱乐业	R	**37**	**1298**	**12**	**286**	**14**	**549**
新闻出版业	88						
广播、电视、电影和音像业	89	1	1			1	1
文化艺术业	90						
体育	91	2	20	2	20		
娱乐业	92	34	1277	10	266	13	548

2-43 续表 2-1

单位：个、人

行业	代码	莆田市		三明市		泉州市		漳州市	
		单位数	从业人数	单位数	从业人数	单位数	从业人数	单位数	从业人数
总计		**287**	**74393**	**145**	**11932**	**2298**	**577949**	**1011**	**101917**
农、林、牧、渔业	A								
农业	01								
林业	02								
畜牧业	03								
渔业	04								
农、林、牧、渔服务业	05								
采矿业	B			**17**	**706**	**3**	**113**	**4**	**44**
煤炭开采和洗选业	06								
石油和天然气开采业	07								
黑色金属矿采选业	08			5	195				
有色金属矿采选业	09			8	371	1	100		
非金属矿采选业	10			4	140	2	13	4	44
其他采矿业	11								
制造业	C	**252**	**71653**	**99**	**10315**	**2131**	**568274**	**871**	**98960**
农副食品加工业	13	8	938	8	482	13	1899	89	9073
食品制造业	14	8	450	1	25	33	10619	29	3092
饮料制造业	15	2	147	8	747	15	601	20	834
烟草制品业	16								
纺织业	17	11	943	6	1802	256	63234	35	5154
纺织服装、鞋、帽制造业	18	25	8691	7	800	539	141796	83	12177
皮革、毛皮、羽毛(绒)及其制品业	19	46	25765			396	169089	73	3950
木材加工及木、竹、藤、棕、草制品业	20	2	59	24	1956	2	75	27	2258
家具制造业	21	2	532	3	26	13	3585	33	5189
造纸及纸制品业	22	5	543	4	360	46	8170	28	3690
印刷业和记录媒介的复制	23			1	9	12	689	1	22
文教体育用品制造业	24	6	3368			51	8617	32	4368
石油加工、炼焦及核燃料加工业	25					1	105		
化学原料及化学制品制造业	26	4	50	7	247	35	3240	42	2069
医药制造业	27	1	30			5	401	3	109
化学纤维制造业	28	2	346			28	8209	2	130
橡胶制品业	29	9	3447			33	12417	7	251
塑料制品业	30	24	3208	2	100	82	14446	27	2897
非金属矿物制品业	31	5	111	10	914	123	25689	53	2320
黑色金属冶炼及压延加工业	32					4	2155	3	202
有色金属冶炼及压延加工业	33	2	78	1	8	7	627	2	31
金属制品业	34	6	514	1	22	36	5522	63	2901
通用设备制造业	35	9	720	1	18	28	3228	31	2578
专用设备制造业	36	12	837	1	101	42	5975	20	661
交通运输设备制造业	37	4	394			16	1573	22	2237
电气机械及器材制造业	39	5	130	2	400	31	7246	29	17482
通信设备、计算机及其他电子设备制造业	40	23	9061	4	1213	30	7734	23	6412
仪器仪表及文化、办公用机械制造业	41	15	10512	2	283	11	978	17	2056
工艺品及其他制造业	42	16	779	6	802	243	60355	74	6716
废弃资源和废旧材料回收加工业	43							3	101
电力、燃气及水的生产和供应业	D	**1**	**52**	**6**	**185**	**6**	**566**	**7**	**161**
电力、热力的生产和供应业	44			4	166	2	269	6	144
燃气生产和供应业	45			1	9	3	281	1	17
水的生产和供应业	46	1	52	1	10	1	16		
建筑业	E					**9**	**654**	**2**	**25**
房屋和土木工程建筑业	47								
建筑安装业	48					3	295		
建筑装饰业	49					4	221	1	2
其他建筑业	50					2	138	1	23

2-43 续表 2-2 单位：个、人

行　　业	代码	莆田市		三明市		泉州市		漳州市	
		单位数	从业人数	单位数	从业人数	单位数	从业人数	单位数	从业人数
交通运输、仓储和邮政业	F	**2**	**132**			**5**	**1128**	**5**	**283**
铁路运输业	51								
道路运输业	52	1	30			2	709	2	2
城市公共交通业	53								
水上运输业	54					1	13		
航空运输业	55								
管道运输业	56								
装卸搬运和其他运输服务业	57					1	376	2	275
仓储业	58	1	102			1	30		
邮政业	59							1	6
信息传输、计算机服务和软件业	G	**1**	**709**	**1**	**373**				
电信和其他信息传输服务业	60	1	709	1	373				
计算机服务业	61								
软件业	62								
批发和零售业	H	**4**	**721**	**8**	**98**	**17**	**228**	**11**	**60**
批发业	63	3	595	7	92	11	92	7	47
零售业	65	1	126	1	6	6	136	4	13
住宿和餐饮业	I	**3**	**495**	**1**	**12**	**17**	**3264**	**13**	**779**
住宿业	66	2	463	1	12	10	2843	5	595
餐饮业	67	1	32			7	421	8	184
金融业	J	**2**	**39**			**1**	**18**	**2**	**118**
银行业	68					1	18		
证券业	69								
保险业	70	2	39					2	118
其他金融活动	71								
房地产业	K	**16**	**496**	**10**	**204**	**93**	**1831**	**82**	**1066**
房地产业	72	16	496	10	204	93	1831	82	1066
租赁和商务服务业	L					**4**	**1662**	**2**	**17**
租赁业	73								
商务服务业	74					4	1662	2	17
科学研究、技术服务和地质勘查业	M	**2**	**9**			**5**	**78**		
研究与试验发展	75					1	5		
专业技术服务业	76	1	5			2	23		
科技交流和推广服务业	77	1	4			2	50		
地质勘查业	78								
水利、环境和公共设施管理业	N	**2**	**5**	**2**	**9**	**2**	**7**	**4**	**28**
水利管理业	79								
环境管理业	80					1	1	1	1
公共设施管理业	81	2	5	2	9	1	6	3	27
居民服务和其他服务业	O					**5**	**126**	**3**	**97**
居民服务业	82					2	29	3	97
其他服务业	83					3	97		
教育	P								
教育	84								
卫生、社会保障和社会福利业	Q	**1**	**11**						
卫生	85								
社会保障业	86								
社会福利业	87	1	11						
文化、体育和娱乐业	R	**1**	**71**	**1**	**30**			**5**	**279**
新闻出版业	88								
广播、电视、电影和音像业	89								
文化艺术业	90								
体育	91								
娱乐业	92	1	71	1	30			5	279

2-43 续表 3-1

单位：个、人

行业	代码	南平市		龙岩市		宁德市	
		单位数	从业人数	单位数	从业人数	单位数	从业人数
总计		**154**	**9335**	**170**	**28716**	**46**	**4670**
农、林、牧、渔业	A						
农业	01						
林业	02						
畜牧业	03						
渔业	04						
农、林、牧、渔服务业	05						
采矿业	B	**1**	**48**	**1**	**80**	**1**	**18**
煤炭开采和洗选业	06			1	80		
石油和天然气开采业	07						
黑色金属矿采选业	08						
有色金属矿采选业	09						
非金属矿采选业	10	1	48			1	18
其他采矿业	11						
制造业	C	**91**	**6936**	**136**	**27609**	**28**	**4116**
农副食品加工业	13	5	457	5	1613	6	277
食品制造业	14	4	273	2	89		
饮料制造业	15	7	531	16	505		
烟草制品业	16						
纺织业	17	4	453	21	4815	1	46
纺织服装、鞋、帽制造业	18	15	830	27	9216	4	649
皮革、毛皮、羽毛(绒)及其制品业	19	1	2	2	2113		
木材加工及木、竹、藤、棕、草制品业	20	23	2273	6	649	3	288
家具制造业	21			2	346	1	52
造纸及纸制品业	22	3	186	1	61	1	30
印刷业和记录媒介的复制	23			1	297		
文教体育用品制造业	24	1	81	3	560	1	23
石油加工、炼焦及核燃料加工业	25						
化学原料及化学制品制造业	26	5	299	5	554		
医药制造业	27	2	9				
化学纤维制造业	28						
橡胶制品业	29	1	10	3	180		
塑料制品业	30	2	55	1	7		
非金属矿物制品业	31	4	81	7	661	2	19
黑色金属冶炼及压延加工业	32	1	160	1	1177		
有色金属冶炼及压延加工业	33			1	20		
金属制品业	34			1	163	2	852
通用设备制造业	35	2	343	3	412	1	265
专用设备制造业	36	3	354	5	461		
交通运输设备制造业	37	1	28	5	864	1	416
电气机械及器材制造业	39	1	31	5	400	2	363
通信设备、计算机及其他电子设备制造业	40			6	1072		
仪器仪表及文化、办公用机械制造业	41	2	87			2	802
工艺品及其他制造业	42	3	388	7	1374	1	34
废弃资源和废旧材料回收加工业	43	1	5				
电力、燃气及水的生产和供应业	D	**4**	**171**	**13**	**364**		
电力、热力的生产和供应业	44	4	171	12	333		
燃气生产和供应业	45			1	31		
水的生产和供应业	46						
建筑业	E	**4**	**144**	**1**	**8**		
房屋和土木工程建筑业	47	2	24				
建筑安装业	48	1	40				
建筑装饰业	49			1	8		
其他建筑业	50	1	80				

2-43 续表 3-2

单位：个、人

行 业	代码	南平市		龙岩市		宁德市	
		单位数	从业人数	单位数	从业人数	单位数	从业人数
交通运输、仓储和邮政业	F			**1**	**16**		
铁路运输业	51						
道路运输业	52			1	16		
城市公共交通业	53						
水上运输业	54						
航空运输业	55						
管道运输业	56						
装卸搬运和其他运输服务业	57						
仓储业	58						
邮政业	59						
信息传输、计算机服务和软件业	G	**1**	**383**				
电信和其他信息传输服务业	60	1	383				
计算机服务业	61						
软件业	62						
批发和零售业	H	**4**	**37**	**3**	**72**	**1**	**36**
批发业	63			3	72	1	36
零售业	65	4	37				
住宿和餐饮业	I	**6**	**888**	**3**	**169**	**2**	**269**
住宿业	66	4	812	2	157	2	269
餐饮业	67	2	76	1	12		
金融业	J						
银行业	68						
证券业	69						
保险业	70						
其他金融活动	71						
房地产业	K	**30**	**542**	**7**	**147**	**12**	**226**
房地产业	72	30	542	7	147	12	226
租赁和商务服务业	L	**2**	**26**	**1**	**8**	**2**	**5**
租赁业	73						
商务服务业	74	2	26	1	8	2	5
科学研究、技术服务和地质勘查业	M	**2**	**20**	**1**	**23**		
研究与试验发展	75						
专业技术服务业	76						
科技交流和推广服务业	77	2	20	1	23		
地质勘查业	78						
水利、环境和公共设施管理业	N	**2**	**8**	**2**	**37**		
水利管理业	79						
环境管理业	80			1	20		
公共设施管理业	81	2	8	1	17		
居民服务和其他服务业	O	**3**	**49**				
居民服务业	82	2	29				
其他服务业	83	1	20				
教育	P						
教育	84						
卫生、社会保障和社会福利业	Q			**1**	**183**		
卫生	85			1	183		
社会保障业	86						
社会福利业	87						
文化、体育和娱乐业	R	**4**	**83**				
新闻出版业	88						
广播、电视、电影和音像业	89						
文化艺术业	90						
体育	91						
娱乐业	92	4	83				

2-44 按行业（大类）、营业状态分组的

行业	代码	企业法人单位数	营业	停业	筹建
总计		**7044**	**6170**	**297**	**450**
农、林、牧、渔业	A				
农业	01				
林业	02				
畜牧业	03				
渔业	04				
农、林、牧、渔服务业	05				
采矿业	B	**32**	**25**	**3**	**4**
煤炭开采和洗选业	06	1			1
石油和天然气开采业	07				
黑色金属矿采选业	08	5	5		
有色金属矿采选业	09	9	7	2	
非金属矿采选业	10	17	13	1	3
其他采矿业	11				
制造业	C	**5474**	**4861**	**160**	**349**
农副食品加工业	13	214	180	18	15
食品制造业	14	109	92	6	9
饮料制造业	15	83	75	4	3
烟草制品业	16				
纺织业	17	420	387	10	13
纺织服装、鞋、帽制造业	18	860	777	26	30
皮革、毛皮、羽毛(绒)及其制品业	19	573	486	10	67
木材加工及木、竹、藤、棕、草制品业	20	119	108	4	7
家具制造业	21	86	72	3	8
造纸及纸制品业	22	152	144	1	5
印刷业和记录媒介的复制	23	39	36	1	2
文教体育用品制造业	24	155	143	2	9
石油加工、炼焦及核燃料加工业	25	7	7		
化学原料及化学制品制造业	26	177	156	7	12
医药制造业	27	32	22	2	7
化学纤维制造业	28	45	42		2
橡胶制品业	29	83	75	1	7
塑料制品业	30	322	307	4	8
非金属矿物制品业	31	296	261	16	11
黑色金属冶炼及压延加工业	32	18	18		
有色金属冶炼及压延加工业	33	20	17	2	1
金属制品业	34	210	179	5	21
通用设备制造业	35	164	154		8
专用设备制造业	36	159	144	2	11
交通运输设备制造业	37	124	107	1	14
电气机械及器材制造业	39	163	141	1	20
通信设备、计算机及其他电子设备制造业	40	219	187	9	20
仪器仪表及文化、办公用机械制造业	41	117	97	7	12
工艺品及其他制造业	42	504	445	18	25
废弃资源和废旧材料回收加工业	43	4	2		2
电力、燃气及水的生产和供应业	D	**41**	**38**	**1**	**1**
电力、热力的生产和供应业	44	31	29	1	
燃气生产和供应业	45	6	6		
水的生产和供应业	46	4	3		1
建筑业	E	**62**	**52**	**6**	**2**
房屋和土木工程建筑业	47	7	5	1	1
建筑安装业	48	14	13		
建筑装饰业	49	34	28	4	1
其他建筑业	50	7	6	1	

港澳台商控股企业法人单位数及从业人数

单位：个、人

当年关闭	当年破产	其他	从业人数	营业	停业	筹建	当年关闭	当年破产	其他
80	**9**	**38**	**1258004**	**1244056**	**3157**	**3445**	**3603**	**1131**	**2612**
			1212	**1027**	**92**	**93**			
			80			80			
			195	195					
			471	385	86				
			466	447	6	13			
71	**9**	**24**	**1169816**	**1159519**	**2148**	**2530**	**3576**	**1131**	**912**
1			23271	22908	279	74	10		
1		1	18914	18803	36	68	6		1
1			6479	6429	11	33	6		
8	1	1	94464	93221	272	49	487	420	15
22	1	4	212364	210234	420	258	1043	7	402
5		5	230824	230085	39	192	432		76
			9338	9250	34	54			
2		1	15973	15853	7	58	52		3
2			19365	19346	1	10	8		
			3528	3503	22	3			
1			33247	32902	4	340	1		
			356	356					
1		1	10709	10538	14	54	100		3
	1		4088	3994	29	27		38	
	1		12572	12462		65		45	
			29609	29575	2	32			
3			55017	54766	65	144	42		
2	3	3	41880	41228	124	55	132	51	290
			4543	4543					
			4162	3979	179	4			
3		2	22620	22251	14	184	103		68
2			15595	15418		85	92		
1		1	16012	15941	8	38	23		2
2			26994	26871	1	120	2		
		1	54974	54813	11	144			6
2		1	79824	79244	336	122	121		1
1			26950	26840	53	52	5		
11	2	3	96038	94068	187	257	911	570	45
			106	98		8			
1			**1639**	**1618**	**19**	**1**	**1**		
1			1222	1202	19		1		
			338	338					
			79	78		1			
		2	**17297**	**17274**	**12**	**6**			**5**
			7463	7458	1	4			
		1	1284	1281					3
		1	8275	8264	7	2			2
			275	271	4				

2-44 续表

行业	代码	企业法人单位数	营业	停业	筹建
交通运输、仓储和邮政业	F	**87**	**79**	**3**	**5**
铁路运输业	51				
道路运输业	52	10	8	2	
城市公共交通业	53	1	1		
水上运输业	54	7	5		2
航空运输业	55	1	1		
管道运输业	56				
装卸搬运和其他运输服务业	57	53	52	1	
仓储业	58	14	12		2
邮政业	59	1			1
信息传输、计算机服务和软件业	G	**59**	**46**	**7**	**4**
电信和其他信息传输服务业	60	8	7	1	
计算机服务业	61	11	6	2	2
软件业	62	40	33	4	2
批发和零售业	H	**294**	**235**	**17**	**35**
批发业	63	231	180	17	30
零售业	65	63	55		5
住宿和餐饮业	I	**105**	**94**	**5**	**4**
住宿业	66	51	47	3	1
餐饮业	67	54	47	2	3
金融业	J	**17**	**15**		**2**
银行业	68	6	6		
证券业	69				
保险业	70	7	7		
其他金融活动	71	4	2		2
房地产业	K	**648**	**563**	**65**	**16**
房地产业	72	648	563	65	16
租赁和商务服务业	L	**86**	**60**	**13**	**10**
租赁业	73	1	1		
商务服务业	74	85	59	13	10
科学研究、技术服务和地质勘查业	M	**40**	**31**	**2**	**6**
研究与试验发展	75	5	4		1
专业技术服务业	76	19	17	1	1
科技交流和推广服务业	77	16	10	1	4
地质勘查业	78				
水利、环境和公共设施管理业	N	**23**	**9**	**8**	**6**
水利管理业	79	1		1	
环境管理业	80	5	3	1	1
公共设施管理业	81	17	6	6	5
居民服务和其他服务业	O	**31**	**28**	**2**	
居民服务业	82	21	19	1	
其他服务业	83	10	9	1	
教育	P	6	4	1	1
教育	84	6	4	1	1
卫生、社会保障和社会福利业	Q	**2**	**2**		
卫生	85	1	1		
社会保障业	86				
社会福利业	87	1	1		
文化、体育和娱乐业	R	**37**	**28**	**4**	**5**
新闻出版业	88				
广播、电视、电影和音像业	89	1	1		
文化艺术业	90				
体育	91	2	1	1	
娱乐业	92	34	26	3	5

单位：个、人

当年关闭	当年破产	其他	从业人数	营业	停业	筹建	当年关闭	当年破产	其他
			11447	**11401**	**7**	**39**			
			873	867	6				
			177	177					
			179	155		24			
			6320	6320					
			3068	3067	1				
			824	815		9			
			6			6			
		2	**4129**	**3985**	**104**	**30**			**10**
			2976	2908	68				
		1	166	134	11	13			8
		1	987	943	25	17			2
3		**4**	**12352**	**12142**	**48**	**142**	**7**		**13**
2		2	9954	9769	48	127	6		4
1		2	2398	2373		15	1		9
2			**16358**	**16230**	**34**	**78**	**16**		
			10402	10324	22	56			
2			5956	5906	12	22	16		
			891	**877**		**14**			
			518	518					
			332	332					
			41	27		14			
2		**2**	**15576**	**14790**	**603**	**161**	**2**		**20**
2		2	15576	14790	603	161	2		20
1		**2**	**2390**	**705**	**38**	**39**	**1**		**1607**
			20	20					
1		2	2370	685	38	39	1		1607
		1	**1397**	**1291**	**7**	**72**			**27**
			147	142		5			
			911	906	3	2			
		1	339	243	4	65			27
			860	**652**	**30**	**178**			
			3		3				
			573	571	1	1			
			284	81	26	177			
		1	**1006**	**981**	**7**				**18**
		1	797	778	1				18
			209	203	6				
			142	136	1	5			
			142	136	1	5			
			194	**194**					
			183	183					
			11	11					
			1298	**1234**	**7**	**57**			
			1	1					
			20	16	4				
			1277	1217	3	57			

2-45 按地区、营业状态分组的港澳

地区	企业法人单位数	营业	停业	筹建	当年关闭	当年破产
全省	**7044**	**6170**	**297**	**450**	**80**	**9**
福州市	**1229**	**1076**	**80**	**54**	**10**	
鼓楼区	245	186	36	16	1	
台江区	80	72	4	4		
仓山区	190	185	3		1	
马尾区	113	92	7	11	2	
晋安区	157	143	8	4	2	
闽侯县	118	104	5	6	2	
连江县	41	36	3	2		
罗源县	21	15	3	3		
闽清县	8	8				
永泰县	6	5			1	
平潭县	4	3	1			
福清市	194	182	6	5	1	
长乐市	52	45	4	3		
厦门市	**1704**	**1561**	**49**	**74**	**8**	
思明区	482	434	22	21	1	
海沧区	142	121	3	16		
湖里区	455	425	11	16		
集美区	266	249	6	7	3	
同安区	286	266	5	9	4	
翔安区	73	66	2	5		
莆田市	**287**	**250**	**10**	**22**	**5**	
城厢区	40	34	3	1	2	
涵江区	152	133	5	13	1	
荔城区	40	36		2	2	
秀屿区	16	14	2			
仙游县	39	33		6		
三明市	**145**	**129**	**8**	**7**		**1**
梅列区	8	7		1		
三元区	16	15	1			
明溪县	6	5		1		
清流县	14	12		2		
宁化县	13	12		1		
大田县	25	23	1			1
尤溪县	20	16	4			
沙县	5	4		1		
将乐县	14	13	1			
泰宁县	3	3				
建宁县	3	2		1		
永安市	18	17	1			
泉州市	**2298**	**2114**	**49**	**97**	**18**	**7**
鲤城区	255	230	2	18		
丰泽区	289	263	12	3	8	1
洛江区	117	94	2	17	1	
泉港区	43	34	2	6	1	
惠安县	185	164		19		

台商控股企业法人单位数及从业人数

单位：个、人

其他	从业人数	营业	停业	筹建	当年关闭	当年破产	其他
38	**1258004**	**1244056**	**3157**	**3445**	**3603**	**1131**	**2612**
9	**196945**	**194930**	**647**	**734**	**501**		**133**
6	17685	17403	148	81	1		52
	9813	9771	20	22			
1	37189	37093	19		5		72
1	17279	17146	21	104	2		6
	15243	14925	59	12	247		
1	22906	22404	47	351	101		3
	5064	5050	6	8			
	3046	2909	36	101			
	838	838					
	299	259			40		
	337	269	68				
	57621	57256	214	46	105		
	9625	9607	9	9			
12	**252147**	**250914**	**506**	**615**	**18**		**94**
4	28374	28008	244	99	1		22
2	30226	30090	6	120			10
3	80097	79942	39	77			39
1	56147	55965	93	77	7		5
2	40522	40269	119	106	10		18
	16781	16640	5	136			
	74393	**73564**	**529**	**58**	**242**		
	4521	4286	126	1	108		
	50112	49632	397	32	51		
	9790	9703		4	83		
	2901	2895	6				
	7069	7048		21			
	11932	**11757**	**116**	**54**		**5**	
	607	604		3			
	1457	1454	3				
	297	277		20			
	1369	1361		8			
	940	933		7			
	3143	3067	71			5	
	1261	1232	29				
	546	540		6			
	873	861	12				
	443	443					
	212	202		10			
	784	783	1				
13	**577949**	**570759**	**798**	**808**	**2179**	**1088**	**2317**
5	65938	65638	86	160			54
2	53063	50176	62	41	1154	8	1622
3	27663	27625	3	31	1		3
	6713	6172	267	79	195		
2	46912	46223		338			351

2-45 续表

地　区	企业法人单位数	营业	停业	筹建	当年关闭	当年破产
安溪县	62	62				
永春县	106	92	3	6	5	
德化县	20	19				
石狮市	248	244	2	2		
晋江市	788	745	23	20		
南安市	185	167	3	6	3	6
漳州市	**1011**	**738**	**77**	**167**	**25**	**1**
芗城区	132	116	6	9	1	
龙文区	71	55	9	7		
云霄县	49	37		11	1	
漳浦县	227	135	17	74	1	
诏安县	63	49	4	4	5	1
长泰县	109	81	6	20	1	
东山县	39	31	4	4		
南靖县	62	52	7	3		
平和县	49	36	1	2	10	
华安县	10	8	1	1		
龙海市	200	138	22	32	6	
南平市	**154**	**117**	**17**	**14**	**5**	
延平区	26	22	4			
顺昌县	19	15	2	2		
浦城县	4	4				
光泽县	10	9	1			
松溪县	6	5		1		
政和县	1	1				
邵武市	19	13	4	2		
武夷山市	34	24	3	6	1	
建瓯市	14	11	1	2		
建阳市	21	13	2	1	4	
龙岩市	**170**	**147**	**3**	**12**	**8**	
新罗区	41	36	1	3	1	
长汀县	56	45		5	6	
永定县	23	21	1	1		
上杭县	14	12	1	1		
武平县	4	3			1	
连城县	6	6				
漳平市	26	24		2		
宁德市	**46**	**38**	**4**	**3**	**1**	
蕉城区	19	14	3	2		
霞浦县	6	5	1			
古田县	8	7			1	
屏南县	3	3				
寿宁县						
周宁县	1	1				
柘荣县						
福安市	2	2				
福鼎市	7	6		1		

单位：个、人

其他	从业人数	营业	停业	筹建	当年关闭	当年破产	其他
	16537	16537					
	16982	16238	3	11	730		
1	6485	6198					287
	60734	60700	21	13			
	239143	238878	143	122			
	37779	36374	213	13	99	1080	
3	**101917**	**100673**	**263**	**808**	**69**	**38**	**66**
	11047	11012	11	23	1		
	4258	4197	38	23			
	3836	3762		68	6		
	14268	14112	28	118	10		
	7742	7590	7	86	21	38	
1	10056	9821	43	114	15		63
	3299	3257	33	9			
	12547	12436	17	94			
	4132	4039	1	82	10		
	864	857	1	6			
2	29868	29590	84	185	6		3
1	**9335**	**8984**	**241**	**103**	**5**		**2**
	1470	1426	44				
	1048	1025	12	11			
	467	467					
	412	402	10				
	624	623		1			
	96	96					
	1400	1265	131	4			
	1772	1665	35	71	1		
	765	745	7	13			
1	1281	1270	2	3	4		2
	28716	**27832**	**38**	**258**	**588**		
	6652	6507	1	143	1		
	16420	15747		87	586		
	1809	1764	28	17			
	1072	1060	9	3			
	592	591			1		
	1218	1218					
	953	945		8			
	4670	**4643**	**19**	**7**	**1**		
	799	783	11	5			
	297	289	8				
	1116	1115			1		
	421	421					
	35	35					
	625	625					
	1377	1375		2			

2-46 按行业（大类）、开业时间分组的

行业	代码	1949年以前		1950-1977年	
		单位数	从业人数	单位数	从业人数
总计		**2**	**66**	**5**	**899**
农、林、牧、渔业	A				
农业	01				
林业	02				
畜牧业	03				
渔业	04				
农、林、牧、渔服务业	05				
采矿业	B				
煤炭开采和洗选业	06				
石油和天然气开采业	07				
黑色金属矿采选业	08				
有色金属矿采选业	09				
非金属矿采选业	10				
其他采矿业	11				
制造业	C	**1**	**38**	**4**	**888**
农副食品加工业	13				
食品制造业	14				
饮料制造业	15			1	366
烟草制品业	16				
纺织业	17				
纺织服装、鞋、帽制造业	18				
皮革、毛皮、羽毛(绒)及其制品业	19	1	38		
木材加工及木、竹、藤、棕、草制品业	20				
家具制造业	21				
造纸及纸制品业	22				
印刷业和记录媒介的复制	23				
文教体育用品制造业	24				
石油加工、炼焦及核燃料加工业	25				
化学原料及化学制品制造业	26			1	405
医药制造业	27				
化学纤维制造业	28				
橡胶制品业	29				
塑料制品业	30				
非金属矿物制品业	31				
黑色金属冶炼及压延加工业	32				
有色金属冶炼及压延加工业	33				
金属制品业	34			1	5
通用设备制造业	35				
专用设备制造业	36				
交通运输设备制造业	37				
电气机械及器材制造业	39			1	112
通信设备、计算机及其他电子设备制造业	40				
仪器仪表及文化、办公用机械制造业	41				
工艺品及其他制造业	42				
废弃资源和废旧材料回收加工业	43				
电力、燃气及水的生产和供应业	D				
电力、热力的生产和供应业	44				
燃气生产和供应业	45				
水的生产和供应业	46				
建筑业	E				
房屋和土木工程建筑业	47				
建筑安装业	48				
建筑装饰业	49				
其他建筑业	50				

港澳台商控股企业法人单位数及从业人数

单位：个、人

1978-1991年		1992-1995年		1996-2000年	
单位数	从业人数	单位数	从业人数	单位数	从业人数
420	**134238**	**1335**	**283502**	**1268**	**254572**
2	**69**	**2**	**43**	**4**	**174**
				2	126
		1	15	1	15
2	69	1	28	1	33
342	**121277**	**964**	**257765**	**1008**	**240647**
17	3093	50	6976	44	5101
4	1721	27	4682	22	3881
5	233	12	2583	16	1075
28	9316	78	19230	94	20120
42	19990	98	35551	105	30336
36	25041	86	48348	98	67015
5	494	21	1820	25	1940
2	480	15	2512	17	6528
10	1024	31	4817	31	3932
2	348	23	2272	5	293
21	7778	39	10064	36	8019
		1	18	1	9
6	490	31	1443	38	2021
4	1616	4	139	3	190
5	1689	6	660	7	1774
4	6095	14	4752	24	7915
24	5147	61	8899	57	11207
12	1756	94	16228	56	7685
1	3	3	332	8	871
2	1059	4	1448	2	83
13	4074	34	3975	37	5034
10	1254	26	3676	36	3668
2	395	23	2879	26	2280
7	2673	27	15739	18	2160
10	3398	18	9599	26	8673
15	8655	38	21124	36	6311
10	2230	29	10872	20	7031
45	11225	71	17127	119	25453
				1	42
		11	**474**	**13**	**321**
		9	406	11	267
				2	54
		2	68		
7	**3298**	**31**	**12616**	**10**	**762**
		3	7298	1	1
2	152	7	543	3	433
5	3146	20	4755	3	291
		1	20	3	37

2-46 续表 1

行业	代码	1949年以前		1950-1977年	
		单位数	从业人数	单位数	从业人数
交通运输、仓储和邮政业	F				
铁路运输业	51				
道路运输业	52				
城市公共交通业	53				
水上运输业	54				
航空运输业	55				
管道运输业	56				
装卸搬运和其他运输服务业	57				
仓储业	58				
邮政业	59				
信息传输、计算机服务和软件业	G				
电信和其他信息传输服务业	60				
计算机服务业	61				
软件业	62				
批发和零售业	H			**1**	**11**
批发业	63				
零售业	65			1	11
住宿和餐饮业	I				
住宿业	66				
餐饮业	67				
金融业	J				
银行业	68				
证券业	69				
保险业	70				
其他金融活动	71				
房地产业	K	**1**	**28**		
房地产业	72	1	28		
租赁和商务服务业	L				
租赁业	73				
商务服务业	74				
科学研究、技术服务和地质勘查业	M				
研究与试验发展	75				
专业技术服务业	76				
科技交流和推广服务业	77				
地质勘查业	78				
水利、环境和公共设施管理业	N				
水利管理业	79				
环境管理业	80				
公共设施管理业	81				
居民服务和其他服务业	O				
居民服务业	82				
其他服务业	83				
教育	P				
教育	84				
卫生、社会保障和社会福利业	Q				
卫生	85				
社会保障业	86				
社会福利业	87				
文化、体育和娱乐业	R				
新闻出版业	88				
广播、电视、电影和音像业	89				
文化艺术业	90				
体育	91				
娱乐业	92				

单位：个、人

1978-1991年		1992-1995年		1996-2000年	
单位数	从业人数	单位数	从业人数	单位数	从业人数
2	**6331**	**8**	**1192**	**8**	**782**
1	11	2	31		
		1	177		
1	6320				
		4	686	4	661
		1	298	4	121
		3	**30**	**5**	**2052**
		1	8	4	1979
		1	6		
		1	16	1	73
5	**140**	**20**	**974**	**33**	**1497**
2	7	14	740	23	1290
3	133	6	234	10	207
8	**1363**	**17**	**3782**	**20**	**3449**
6	1361	8	1480	12	2135
2	2	9	2302	8	1314
3	**405**	**1**	**37**	**1**	**18**
3	405	1	37	1	18
46	**862**	**228**	**5476**	**141**	**4006**
46	862	228	5476	141	4006
		15	**210**	**5**	**55**
		15	210	5	55
1	**73**	**5**	**205**	**2**	**480**
				1	5
1	73	3	27	1	475
		2	178		
		2	**14**	**3**	**19**
		2	14	3	19
1	**17**	**11**	**286**	**6**	**111**
		8	244	3	26
1	17	3	42	3	85
		4	**136**		
		4	136		
1	**183**			**1**	**11**
1	183				
				1	11
2	**220**	**13**	**262**	**8**	**188**
		1	1		
1	4	1	16		
1	216	11	245	8	188

2-46 续表 2-1

行　　业	代码	2001-2004年		2005年	
		单位数	从业人数	单位数	从业人数
总　　计		**1938**	**366068**	**468**	**61296**
农、林、牧、渔业	A				
农业	01				
林业	02				
畜牧业	03				
渔业	04				
农、林、牧、渔服务业	05				
采矿业	B	**14**	**625**	**1**	**42**
煤炭开采和洗选业	06				
石油和天然气开采业	07				
黑色金属矿采选业	08	1	38		
有色金属矿采选业	09	3	297	1	42
非金属矿采选业	10	10	290		
其他采矿业	11				
制造业	C	**1590**	**349224**	**374**	**56689**
农副食品加工业	13	50	4923	14	1110
食品制造业	14	32	7807	2	69
饮料制造业	15	22	1233	8	349
烟草制品业	16				
纺织业	17	112	27164	23	3248
纺织服装、鞋、帽制造业	18	315	67074	71	15810
皮革、毛皮、羽毛(绒)及其制品业	19	167	57077	48	10568
木材加工及木、竹、藤、棕、草制品业	20	35	2310	9	2003
家具制造业	21	30	4211	5	442
造纸及纸制品业	22	35	4667	18	2206
印刷业和记录媒介的复制	23	4	480		
文教体育用品制造业	24	29	4582	10	828
石油加工、炼焦及核燃料加工业	25	3	184	1	120
化学原料及化学制品制造业	26	53	3217	15	675
医药制造业	27	11	1972	1	1
化学纤维制造业	28	17	7071	5	1029
橡胶制品业	29	21	5763	4	704
塑料制品业	30	114	20110	16	2672
非金属矿物制品业	31	82	12145	5	882
黑色金属冶炼及压延加工业	32	4	1460	1	1730
有色金属冶炼及压延加工业	33	7	577		
金属制品业	34	57	6781	12	572
通用设备制造业	35	30	2063	16	1249
专用设备制造业	36	58	6569	13	1126
交通运输设备制造业	37	37	4454	5	255
电气机械及器材制造业	39	41	24673	22	4233
通信设备、计算机及其他电子设备制造业	40	60	36831	8	479
仪器仪表及文化、办公用机械制造业	41	20	4252	12	870
工艺品及其他制造业	42	144	29574	30	3459
废弃资源和废旧材料回收加工业	43				
电力、燃气及水的生产和供应业	D	**12**	**775**		
电力、热力的生产和供应业	44	10	527		
燃气生产和供应业	45	2	248		
水的生产和供应业	46				
建筑业	E	**4**	**324**	**2**	**2**
房屋和土木工程建筑业	47	1	140		
建筑安装业	48	2	156		
建筑装饰业	49			2	2
其他建筑业	50	1	28		

单位：个、人

2006年		2007年		2008年		其他(不详)	
单位数	从业人数	单位数	从业人数	单位数	从业人数	单位数	从业人数
584	**71531**	**522**	**52278**	**420**	**33169**	**82**	**385**
7	**240**	**1**	**3**	**1**	**16**		
1	80						
1	15			1	16		
3	102						
2	43	1	3				
461	**67014**	**381**	**48379**	**282**	**27784**	**67**	**111**
16	758	11	995	9	311	3	4
11	382	7	189	4	183		
6	85	4	205	9	350		
29	7450	32	4980	22	2952	2	4
101	17960	84	16228	44	9415		
48	12580	25	7932	16	2176	48	49
5	104	13	587	6	80		
9	1247	5	546	2	6	1	1
10	1366	8	733	9	620		
1	30	2	39	1	64	1	2
4	610	6	399	10	967		
		1	25				
11	592	13	1495	9	371		
2	4	5	154	1	8	1	4
3	215	1	64	1	70		
6	2597	7	1741	3	42		
22	4394	22	2146	5	433	1	9
20	1584	15	685	12	915		
1	147						
3	639	1	300	1	56		
22	1120	14	697	13	330	7	32
18	1525	16	1156	12	1004		
11	1272	12	952	13	536	1	3
9	812	6	88	14	811	1	2
14	1226	13	945	18	2115		
24	2646	23	2496	14	1281	1	1
12	1005	10	635	4	55		
42	4661	25	1967	28	2572		
1	3			2	61		
2	**37**	**2**	**31**			**1**	**1**
		1	22				
1	27	1	9				
1	10					1	1
3	**163**	**2**	**84**	**2**	**46**	**1**	**2**
		1	4	1	20		
2	53			1	26	1	2
1	110	1	80				

2-46 续表 2-2

行业	代码	2001-2004年		2005年	
		单位数	从业人数	单位数	从业人数
交通运输、仓储和邮政业	F	**21**	**1139**	**7**	**209**
铁路运输业	51				
道路运输业	52	1	5		
城市公共交通业	53				
水上运输业	54	1	112		
航空运输业	55				
管道运输业	56				
装卸搬运和其他运输服务业	57	13	728	6	203
仓储业	58	6	294	1	6
邮政业	59				
信息传输、计算机服务和软件业	G	**17**	**1456**	**8**	**68**
电信和其他信息传输服务业	60	1	897		
计算机服务业	61	1	8	1	5
软件业	62	15	551	7	63
批发和零售业	H	**59**	**5960**	**21**	**389**
批发业	63	54	5649	17	272
零售业	65	5	311	4	117
住宿和餐饮业	I	**22**	**2057**	**11**	**2364**
住宿业	66	8	1050	6	2102
餐饮业	67	14	1007	5	262
金融业	J	**1**	**58**		
银行业	68	1	58		
证券业	69				
保险业	70				
其他金融活动	71				
房地产业	K	**136**	**3098**	**34**	**777**
房地产业	72	136	3098	34	777
租赁和商务服务业	L	**22**	**289**	**6**	**30**
租赁业	73	1	20		
商务服务业	74	21	269	6	30
科学研究、技术服务和地质勘查业	M	**16**	**321**	**2**	**111**
研究与试验发展	75	3	137		
专业技术服务业	76	8	146	1	102
科技交流和推广服务业	77	5	38	1	9
地质勘查业	78				
水利、环境和公共设施管理业	N	**7**	**55**	**1**	**547**
水利管理业	79	1	3		
环境管理业	80	2	21	1	547
公共设施管理业	81	4	31		
居民服务和其他服务业	O	**9**	**373**		
居民服务业	82	8	347		
其他服务业	83	1	26		
教育	P	**1**	**1**		
教育	84	1	1		
卫生、社会保障和社会福利业	Q				
卫生	85				
社会保障业	86				
社会福利业	87				
文化、体育和娱乐业	R	**7**	**313**	**1**	**68**
新闻出版业	88				
广播、电视、电影和音像业	89				
文化艺术业	90				
体育	91				
娱乐业	92	7	313	1	68

单位：个、人

2006年		2007年		2008年		其他(不详)	
单位数	从业人数	单位数	从业人数	单位数	从业人数	单位数	从业人数
23	**1597**	**11**	**107**	**7**	**90**		
3	756	2	54	1	16		
2	16	1	5	3	46		
17	723	7	45	2	22		
1	102	1	3				
				1	6		
7	**232**	**9**	**138**	**10**	**153**		
2	92						
2	45	2	32	4	70		
3	95	7	106	6	83		
36	**634**	**55**	**1256**	**64**	**1491**		
29	460	43	1090	49	446		
7	174	12	166	15	1045		
6	**825**	**11**	**1210**	**10**	**1308**		
3	479	5	948	3	847		
3	346	6	262	7	461		
1	**9**	**2**	**131**	**8**	**233**		
		1	119	6	213		
1	9	1	12	2	20		
22	**550**	**24**	**558**	**5**	**101**	**11**	**120**
22	550	24	558	5	101	11	120
9	**40**	**12**	**79**	**17**	**1687**		
9	40	12	79	17	1687		
2	**40**	**5**	**74**	**7**	**93**		
		1	5				
2	40			3	48		
		4	69	4	45		
3	**30**	**3**	**36**	**2**	**8**	**2**	**151**
		1	4			1	1
3	30	2	32	2	8	1	150
1	**85**	**2**	**101**	**1**	**33**		
1	85	1	95				
		1	6	1	33		
				1	**5**		
				1	5		
1	**35**	**2**	**91**	**3**	**121**		
1	35	2	91	3	121		

2-47 按地区、开业时间分组的港澳台商控股企业法人单位数及从业人数

单位：个、人

地 区	1949年以前		1950-1977年		1978-1991年		1992-1995年	
	单位数	从业人数	单位数	从业人数	单位数	从业人数	单位数	从业人数
全 省	**2**	**66**	**5**	**899**	**420**	**134238**	**1335**	**283502**
福州市			**1**	**112**	**87**	**18886**	**367**	**67845**
鼓楼区					19	583	88	8342
台江区					4	1044	29	6471
仓山区			1	112	15	3755	57	12241
马尾区					8	591	22	2568
晋安区					22	3264	41	3695
闽侯县					4	1897	31	8098
连江县					2	899	6	1258
罗源县							5	902
闽清县					1	33	2	167
永泰县								
平潭县							2	223
福清市					7	3700	68	21839
长乐市					5	3120	16	2041
厦门市	**1**	**28**			**162**	**59503**	**310**	**62958**
思明区	1	28			34	5440	83	5145
海沧区					11	3635	18	4024
湖里区					53	23015	79	21988
集美区					33	18031	61	14363
同安区					30	9120	56	8772
翔安区					1	262	13	8666
莆田市					**25**	**14459**	**80**	**21195**
城厢区					4	646	14	775
涵江区					12	9436	44	15385
荔城区					5	1006	14	3576
秀屿区					1	590	5	1347
仙游县					3	2781	3	112
三明市			**1**	**366**	**3**	**128**	**18**	**1451**
梅列区								
三元区			1	366	1	26	5	627
明溪县								
清流县							1	59
宁化县							3	162
大田县							4	319
尤溪县							1	15
沙县							1	147
将乐县					2	102		
泰宁县							1	23
建宁县								
永安市							2	99
泉州市	**1**	**38**	**2**	**416**	**95**	**32407**	**376**	**114236**
鲤城区					7	977	24	7679
丰泽区					14	1452	45	7346
洛江区					2	87	20	7962
泉港区							2	12
惠安县			1	11	3	1902	23	8933

2-47 续表 1 单位：个、人

地 区	1949年以前		1950-1977年		1978-1991年		1992-1995年	
	单位数	从业人数	单位数	从业人数	单位数	从业人数	单位数	从业人数
安溪县					1	1000	5	3316
永春县			1	405	2	158	11	1108
德化县							1	1285
石狮市					13	7990	41	19557
晋江市	1	38			44	14733	157	44156
南安市					9	4108	47	12882
漳州市			**1**	**5**	**38**	**7888**	**147**	**13032**
芗城区					9	1261	29	3963
龙文区					1	124	12	623
云霄县					2	442	6	527
漳浦县					6	1075	20	1488
诏安县					2	113	7	325
长泰县					2	248	15	2044
东山县					4	529	7	585
南靖县					4	530	10	741
平和县					1	252	2	14
华安县							1	18
龙海市			1	5	7	3314	38	2704
南平市					**4**	**85**	**13**	**792**
延平区					2	41	4	268
顺昌县								
浦城县								
光泽县							4	144
松溪县								
政和县								
邵武市							2	146
武夷山市					1	18	1	6
建瓯市					1	26	1	218
建阳市							1	10
龙岩市					**2**	**341**	**14**	**1179**
新罗区							7	494
长汀县					1	183		
永定县					1	158	3	391
上杭县							2	159
武平县								
连城县							1	70
漳平市							1	65
宁德市					**4**	**541**	**10**	**814**
蕉城区					2	42	6	351
霞浦县							1	162
古田县					1	83	2	266
屏南县								
寿宁县								
周宁县							1	35
柘荣县								
福安市								
福鼎市					1	416		

2-47 续表 2-1 单位：个、人

地区	1996-2000年		2001-2004年		2005年	
	单位数	从业人数	单位数	从业人数	单位数	从业人数
全省	**1268**	**254572**	**1938**	**366068**	**468**	**61296**
福州市	**240**	**30168**	**292**	**58847**	**67**	**8049**
鼓楼区	45	2439	40	5113	13	182
台江区	12	233	18	1447	1	103
仓山区	40	6677	45	9020	11	2281
马尾区	20	3083	35	7639	9	1977
晋安区	40	4052	30	2834	6	260
闽侯县	27	4715	34	5415	3	193
连江县	9	507	16	1959	2	210
罗源县			7	1653	4	176
闽清县	4	515			1	123
永泰县	2	114	2	104		
平潭县	1	46				
福清市	32	6780	48	21145	12	1746
长乐市	8	1007	17	2518	5	798
厦门市	**291**	**41947**	**418**	**52058**	**97**	**6050**
思明区	72	4760	104	6169	32	2102
海沧区	24	7488	43	8659	11	912
湖里区	81	13476	117	16755	26	929
集美区	49	5844	58	9614	11	1208
同安区	59	9777	72	7862	15	730
翔安区	6	602	24	2999	2	169
莆田市	**41**	**13220**	**75**	**18503**	**13**	**1324**
城厢区	4	1192	9	1163	3	213
涵江区	25	9982	35	11793	7	485
荔城区	7	1813	9	2445	2	496
秀屿区	1	126	4	492		
仙游县	4	107	18	2610	1	130
三明市	**30**	**2755**	**39**	**3888**	**9**	**701**
梅列区	5	573	2	31		
三元区	2	95	3	157	2	163
明溪县	2	61	2	181		
清流县	1	254	1	11	1	100
宁化县	1	60	3	358		
大田县	6	724	9	1889	2	99
尤溪县	5	244	6	390	1	62
沙县			2	355		
将乐县	3	328	5	167	1	42
泰宁县	1	210			1	210
建宁县	1	30	1	172		
永安市	3	176	5	177	1	25
泉州市	**446**	**149003**	**764**	**177773**	**171**	**33396**
鲤城区	40	16396	90	20749	28	5846
丰泽区	43	13103	106	21927	23	2512
洛江区	17	7300	34	7035	9	717
泉港区	10	1467	19	4392	4	366
惠安县	37	12495	49	10953	19	4805

2-47 续表 2-2 单位：个、人

地 区	1996-2000年		2001-2004年		2005年	
	单位数	从业人数	单位数	从业人数	单位数	从业人数
安溪县	18	5455	27	5144	4	308
永春县	7	1146	26	4427	13	2022
德化县	8	1628	8	2932	3	640
石狮市	57	8316	76	17285	15	1265
晋江市	165	73186	280	75303	46	12815
南安市	44	8511	49	7626	7	2100
漳州市	**164**	**12379**	**245**	**42083**	**82**	**8586**
芗城区	24	2298	27	1197	14	1413
龙文区	15	1664	17	774	11	470
云霄县	10	391	12	1666	1	67
漳浦县	31	2525	55	6303	15	1203
诏安县	11	281	19	3495		
长泰县	15	1343	31	2792	12	2369
东山县	6	581	7	1004	6	446
南靖县	17	945	12	7667	3	844
平和县	2	131	6	1185	2	42
华安县	1	134	4	416		
龙海市	32	2086	55	15584	18	1732
南平市	**29**	**1362**	**53**	**3334**	**13**	**1528**
延平区	7	462	7	241	2	174
顺昌县	5	249	6	569	2	100
浦城县			3	358		
光泽县	3	141	3	127		
松溪县			4	527		
政和县	1	96				
邵武市	5	115	5	635	1	300
武夷山市	4	120	12	229	4	427
建瓯市	3	178	5	177	1	146
建阳市	1	1	8	471	3	381
龙岩市	**19**	**2275**	**41**	**9287**	**14**	**1405**
新罗区	7	1768	15	3293	1	11
长汀县	1	21	10	4834	4	722
永定县	6	99	8	614	2	208
上杭县	2	267	4	174	2	387
武平县			1	238	1	1
连城县			1	68		
漳平市	3	120	2	66	4	76
宁德市	**8**	**1463**	**11**	**295**	**2**	**257**
蕉城区	3	86	4	67	1	244
霞浦县			2	20	1	13
古田县	2	722	2	31		
屏南县			1	78		
寿宁县						
周宁县						
柘荣县						
福安市	2	625				
福鼎市	1	30	2	99		

2-47 续表 3-1　　　　单位：个、人

地区	2006年		2007年		2008年		其他(不详)	
	单位数	从业人数	单位数	从业人数	单位数	从业人数	单位数	从业人数
全　省	**584**	**71531**	**522**	**52278**	**420**	**33169**	**82**	**385**
福州市	**71**	**6195**	**49**	**4975**	**46**	**1627**	**9**	**241**
鼓楼区	13	524	12	395	14	96	1	11
台江区	5	193	4	107	7	215		
仓山区	11	984	7	2040	3	79		
马尾区	11	971	4	415	3	9	1	26
晋安区	5	365	6	174	6	591	1	8
闽侯县	7	1155	3	855	8	428	1	150
连江县	3	147	2	79	1	5		
罗源县	3	186	1	9	1	120		
闽清县								
永泰县	1	51	1	30				
平潭县	1	68						
福清市	10	1410	9	871	3	84	5	46
长乐市	1	141						
厦门市	**150**	**12957**	**140**	**8318**	**135**	**8328**		
思明区	39	921	60	1092	57	2717		
海沧区	18	4517	8	611	9	380		
湖里区	47	2213	29	1380	23	341		
集美区	18	1123	20	4069	16	1895		
同安区	18	1845	14	357	22	2059		
翔安区	10	2338	9	809	8	936		
莆田市	**26**	**2455**	**13**	**2601**	**14**	**636**		
城厢区	2	10	1	482	3	40		
涵江区	11	798	10	1811	8	422		
荔城区	2	452			1	2		
秀屿区	2	6	1	168	2	172		
仙游县	9	1189	1	140				
三明市	**16**	**717**	**14**	**588**	**15**	**1338**		
梅列区					1	3		
三元区	1	11	1	12				
明溪县	2	55						
清流县	1	246	3	60	6	639		
宁化县	1	81	3	223	2	56		
大田县	2	86	1	10	1	16		
尤溪县	5	156	1	6	1	388		
沙县	1	38			1	6		
将乐县	1	24	2	210				
泰宁县								
建宁县					1	10		
永安市	2	20	3	67	2	220		
泉州市	**196**	**35294**	**147**	**21121**	**91**	**14223**	**9**	**42**
鲤城区	32	7981	23	3800	11	2510		
丰泽区	29	2726	24	2233	5	1764		
洛江区	16	1289	9	1307	9	1963	1	3
泉港区	3	252	2	183	2	28	1	13
惠安县	19	3556	19	2834	15	1423		

2-47　续表 3-2

单位：个、人

地　区	2006年		2007年		2008年		其他(不详)	
	单位数	从业人数	单位数	从业人数	单位数	从业人数	单位数	从业人数
安溪县	6	1309	1	5				
永春县	22	6145	11	674	13	897		
德化县								
石狮市	20	4299	18	1415	6	594	2	13
晋江市	37	6516	34	8264	21	4123	3	9
南安市	12	1221	6	406	9	921	2	4
漳州市	**83**	**7435**	**114**	**7219**	**75**	**3214**	**62**	**76**
芗城区	9	255	12	526	8	134		
龙文区	2	45	8	142	5	416		
云霄县	5	260	6	146	5	333	2	4
漳浦县	11	283	20	1241	13	94	56	56
诏安县	7	1418	10	1515	7	595		
长泰县	9	313	14	889	9	46	2	12
东山县	3	39	4	111			2	4
南靖县	7	1495	7	282	2	43		
平和县	4	380	20	1456	12	672		
华安县	1	49	1	6	2	241		
龙海市	25	2898	12	905	12	640		
南平市	**14**	**534**	**14**	**1422**	**12**	**252**	**2**	**26**
延平区	1	10	3	274				
顺昌县	2	90	1	10	3	30		
浦城县			1	109				
光泽县								
松溪县	1	17	1	80				
政和县								
邵武市	1	25	3	157	2	22		
武夷山市	3	296	3	491	4	159	2	26
建瓯市	1	7			2	13		
建阳市	5	89	2	301	1	28		
龙岩市	**23**	**4743**	**29**	**6028**	**28**	**3458**		
新罗区	5	746	1	5	5	335		
长汀县	10	3568	18	4770	12	2322		
永定县	1	100	2	239				
上杭县	2	66			2	19		
武平县			1	68	1	285		
连城县	1	200	2	700	1	180		
漳平市	4	63	5	246	7	317		
宁德市	**5**	**1201**	**2**	**6**	**4**	**93**		
蕉城区			2	6	1	3		
霞浦县	1	56			1	46		
古田县					1	14		
屏南县	2	343						
寿宁县								
周宁县								
柘荣县								
福安市								
福鼎市	2	802			1	30		

2-48 按地区、学历、技术分组的

地区	企业法人单位数	从业人数	按学历分组			
			研究生及以上	大学本科	大学专科	高中
全省	**7044**	**1258004**	**3347**	**54008**	**108396**	**326628**
福州市	**1229**	**196945**	**573**	**10836**	**20720**	**55850**
鼓楼区	245	17685	121	1844	3498	5576
台江区	80	9813	31	726	1286	1756
仓山区	190	37189	85	1565	3479	9683
马尾区	113	17279	139	1637	2698	5967
晋安区	157	15243	47	916	1954	4954
闽侯县	118	22906	36	586	1807	6801
连江县	41	5064	4	191	505	862
罗源县	21	3046	1	96	138	433
闽清县	8	838		5	33	240
永泰县	6	299		9	23	112
平潭县	4	337		27	52	94
福清市	194	57621	93	2891	4386	16737
长乐市	52	9625	16	343	861	2635
厦门市	**1704**	**252147**	**1053**	**17923**	**29913**	**66249**
思明区	482	28374	338	3550	5061	8171
海沧区	142	30226	165	1801	2769	10357
湖里区	455	80097	308	8479	12688	18275
集美区	266	56147	148	2461	4867	14883
同安区	286	40522	55	1071	2892	10228
翔安区	73	16781	39	561	1636	4335
莆田市	**287**	**74393**	**63**	**1667**	**5595**	**20675**
城厢区	40	4521	8	158	337	1009
涵江区	152	50112	21	935	3498	13747
荔城区	40	9790	27	496	1378	3587
秀屿区	16	2901	2	18	97	636
仙游县	39	7069	5	60	285	1696
三明市	**145**	**11932**	**5**	**293**	**846**	**3586**
梅列区	8	607	1	111	248	234
三元区	16	1457	1	34	103	584
明溪县	6	297		15	16	93
清流县	14	1369		18	94	368
宁化县	13	940		5	53	250
大田县	25	3143		25	94	645
尤溪县	20	1261	2	23	52	356
沙县	5	546		6	27	90
将乐县	14	873		14	45	239
泰宁县	3	443			22	196
建宁县	3	212		20	12	155
永安市	18	784	1	22	80	376
泉州市	**2298**	**577949**	**1454**	**15686**	**41657**	**139464**
鲤城区	255	65938	123	2559	5669	16516
丰泽区	289	53063	165	1370	5224	13700
洛江区	117	27663	34	499	1223	4060
泉港区	43	6713	7	161	574	2086
惠安县	185	46912	27	784	2513	8399

港澳台商控股企业法人单位数及从业人数

单位：个、人

	按技术职称分组			按技术等级分组			
初中及以下	高级技术职称	中级技术职称	初级技术职称	高级技师	技师	高级工	中级工
765625	**5580**	**16944**	**36466**	**3283**	**8197**	**13394**	**32410**
108966	**1991**	**4440**	**7421**	**1128**	**2294**	**2628**	**5086**
6646	211	812	1114	41	188	207	375
6014	82	212	485	82	71	57	71
22377	181	489	733	144	405	377	890
6838	154	412	901	55	104	195	544
7372	100	296	724	39	262	160	129
13676	261	244	546	77	154	207	709
3502	39	113	240	2	12	33	70
2378	23	73	88		2	11	19
560	1	4	6		2	1	2
155		4					
164	1	14	29			5	30
33514	891	1510	2190	569	824	1191	1872
5770	47	257	365	119	270	184	375
137009	**1205**	**4308**	**9594**	**321**	**885**	**1275**	**3754**
11254	201	996	1301	72	172	185	886
15134	155	387	782	48	141	183	354
40347	381	1609	4115	103	232	204	762
33788	294	635	1907	34	127	117	835
26276	115	485	1184	20	140	429	603
10210	59	196	305	44	73	157	314
46393	**290**	**762**	**1551**	**333**	**535**	**838**	**2856**
3009	28	136	168	9	28	53	62
31911	182	432	1024	300	441	731	2661
4302	74	103	95	10	13	1	20
2148		43	108	6	29	25	30
5023	6	48	156	8	24	28	83
7202	**40**	**258**	**501**	**12**	**44**	**95**	**215**
13	16	64	82		1	12	27
735	7	33	23	1	5	20	17
173		3	3		1	2	
889		29	53	1	2	5	16
632	1	14	39	2	3	14	36
2379	5	28	109	1	4	5	17
828	4	19	26	1		6	11
423		3	3	1			2
575	4	31	54	1	16	19	32
225		7	45	2		3	29
25		10	30			3	14
305	3	17	34	2	12	6	14
379688	**1550**	**5250**	**12872**	**1279**	**3849**	**6860**	**17699**
41071	139	533	1363	104	362	665	1792
32604	181	792	1411	108	498	840	2218
21847	44	196	450	33	175	194	490
3885	58	123	171	24	46	132	338
35189	103	247	336	43	217	312	618

2-48 续表

地　区	企业法人单位数	从业人数	按学历分组			
			研究生及以上	大学本科	大学专科	高中
安溪县	62	16537	4	190	769	5138
永春县	106	16982	3	179	645	4927
德化县	20	6485		13	329	1912
石狮市	248	60734	474	2648	6881	18648
晋江市	788	239143	585	6680	15839	55422
南安市	185	37779	32	603	1991	8656
漳州市	**1011**	**101917**	**148**	**6390**	**6970**	**29941**
芗城区	132	11047	28	388	949	2784
龙文区	71	4258	23	193	560	1090
云霄县	49	3836	2	103	259	1354
漳浦县	227	14268	7	165	768	2902
诏安县	63	7742	5	113	331	2657
长泰县	109	10056	5	276	578	1729
东山县	39	3299	2	45	181	1493
南靖县	62	12547	36	753	1103	5720
平和县	49	4132		23	118	1502
华安县	10	864		64	136	158
龙海市	200	29868	40	4267	1987	8552
南平市	**154**	**9335**	**18**	**396**	**842**	**3179**
延平区	26	1470	11	250	292	520
顺昌县	19	1048		5	19	461
浦城县	4	467			2	197
光泽县	10	412		12	31	161
松溪县	6	624	2	9	17	108
政和县	1	96			4	10
邵武市	19	1400	1	17	83	454
武夷山市	34	1772	4	85	290	614
建瓯市	14	765		1	18	116
建阳市	21	1281		17	86	538
龙岩市	**170**	**28716**	**26**	**726**	**1331**	**6350**
新罗区	41	6652	14	547	559	1942
长汀县	56	16420	3	101	467	2733
永定县	23	1809	2	35	101	444
上杭县	14	1072	1	19	92	350
武平县	4	592		7	28	256
连城县	6	1218		2	24	176
漳平市	26	953	6	15	60	449
宁德市	**46**	**4670**	**7**	**91**	**522**	**1334**
蕉城区	19	799	2	16	78	273
霞浦县	6	297	2	5	12	25
古田县	8	1116	2	12	261	399
屏南县	3	421			21	64
寿宁县						
周宁县	1	35			2	10
柘荣县						
福安市	2	625		10	49	255
福鼎市	7	1377	1	48	99	308

单位：个、人

	按技术职称分组			按技术等级分组			
初中及以下	高级技术职称	中级技术职称	初级技术职称	高级技师	技师	高级工	中级工
10436	17	104	210	17	40	49	86
11228	16	90	225	6	40	233	892
4231	6	27	48	12	13	40	60
32083	227	690	1708	123	345	587	1744
160617	685	2214	6330	763	1996	3655	8921
26497	74	234	620	46	117	153	540
58468	**296**	**1276**	**3131**	**110**	**409**	**1237**	**1801**
6898	48	192	254	6	97	37	70
2392	30	158	103	31	39	51	124
2118	16	62	181			12	31
10426	6	91	305	5	16	8	166
4636	13	91	267	14	57	648	400
7468	31	49	105	3	32	29	150
1578	6	25	39		3	4	14
4935	45	178	463	15	52	85	221
2489	8	16	86	3	13	31	54
506	5	17	33	8	45	46	61
15022	88	397	1295	25	55	286	510
4900	**85**	**275**	**442**	**41**	**83**	**176**	**347**
397	36	106	143	29	29	46	58
563	2	2	9			1	1
268		1	18				7
208	2	9	2		3	15	5
488			15				3
82	1	2	2				3
845	7	21	66		12	24	90
779	28	95	118	6	26	36	74
630		4	14				11
640	9	35	55	6	13	54	95
20283	**96**	**303**	**809**	**39**	**68**	**203**	**485**
3590	62	147	365	32	38	79	237
13116	13	77	193	2	10	10	94
1227	9	50	123	2	10	72	93
610	4	17	69		2	27	20
301		2	17		2	1	11
1016		1	12			11	1
423	8	9	30	3	6	3	29
2716	**27**	**72**	**145**	**20**	**30**	**82**	**167**
430	7	19	38	1	1	2	23
253	4	4	5				
442		1	2				
336		15	32	13	22	69	109
23		2					2
311	10	20	60	5	5	10	30
921	6	11	8	1	2	1	3

2-49 按行业（大类）、学历、技术分组的

行业	代码	企业法人单位数	从业人数	按学历分组	
				研究生及以上	大学本科
总计		**7044**	**1258004**	**3347**	**54008**
农、林、牧、渔业	A				
农业	01				
林业	02				
畜牧业	03				
渔业	04				
农、林、牧、渔服务业	05				
采矿业	B	**32**	**1212**	**2**	**61**
煤炭开采和洗选业	06	1	80		26
石油和天然气开采业	07				
黑色金属矿采选业	08	5	195		3
有色金属矿采选业	09	9	471		9
非金属矿采选业	10	17	466	2	23
其他采矿业	11				
制造业	C	**5474**	**1169816**	**2493**	**40429**
农副食品加工业	13	214	23271	61	1145
食品制造业	14	109	18914	56	780
饮料制造业	15	83	6479	19	588
烟草制品业	16				
纺织业	17	420	94464	102	1655
纺织服装、鞋、帽制造业	18	860	212364	538	5792
皮革、毛皮、羽毛(绒)及其制品业	19	573	230824	338	3957
木材加工及木、竹、藤、棕、草制品业	20	119	9338	12	111
家具制造业	21	86	15973	20	452
造纸及纸制品业	22	152	19365	49	704
印刷业和记录媒介的复制	23	39	3528	1	100
文教体育用品制造业	24	155	33247	89	699
石油加工、炼焦及核燃料加工业	25	7	356	8	33
化学原料及化学制品制造业	26	177	10709	63	570
医药制造业	27	32	4088	66	595
化学纤维制造业	28	45	12572	28	524
橡胶制品业	29	83	29609	35	636
塑料制品业	30	322	55017	107	1494
非金属矿物制品业	31	296	41880	70	1330
黑色金属冶炼及压延加工业	32	18	4543	4	337
有色金属冶炼及压延加工业	33	20	4162	31	304
金属制品业	34	210	22620	60	757
通用设备制造业	35	164	15595	18	613
专用设备制造业	36	159	16012	78	877
交通运输设备制造业	37	124	26994	84	1730
电气机械及器材制造业	39	163	54974	129	5290
通信设备、计算机及其他电子设备制造业	40	219	79824	237	6047
仪器仪表及文化、办公用机械制造业	41	117	26950	67	1099
工艺品及其他制造业	42	504	96038	123	2203
废弃资源和废旧材料回收加工业	43	4	106		7
电力、燃气及水的生产和供应业	D	**41**	**1639**	**2**	**96**
电力、热力的生产和供应业	44	31	1222	2	63
燃气生产和供应业	45	6	338		25
水的生产和供应业	46	4	79		8
建筑业	E	**62**	**17297**	**36**	**669**
房屋和土木工程建筑业	47	7	7463	2	184
建筑安装业	48	14	1284	4	110
建筑装饰业	49	34	8275	27	345
其他建筑业	50	7	275	3	30

港澳台商控股企业法人单位数及从业人数

单位：个、人

			按技术职称分组			按技术等级分组			
大学专科	高中	初 中 及以下	高 级 技术职称	中 级 技术职称	初 级 技术职称	高级技师	技师	高级工	中级工
108396	**326628**	**765625**	**5580**	**16944**	**36466**	**3283**	**8197**	**13394**	**32410**
114	**394**	**641**	**21**	**47**	**105**	**3**	**1**	**6**	**25**
9	20	25	13	8	15				
16	84	92		7	19				4
32	120	310	7	21	28	1	1	5	3
57	170	214	1	11	43	2		1	18
86303	**300459**	**740132**	**4319**	**12152**	**29675**	**2975**	**7509**	**12606**	**30766**
2209	5896	13960	126	420	884	22	160	394	461
2353	6890	8835	98	326	698	38	79	174	391
944	1529	3399	39	94	202	19	20	52	155
4937	23484	64286	245	890	1841	188	607	1180	2837
15159	53160	137715	396	1493	4916	284	927	2239	6675
12022	45201	169306	179	1040	2869	344	1136	1506	6266
422	2232	6561	50	101	199	16	39	55	114
1136	3618	10747	44	77	151	10	36	79	164
1909	5380	11323	58	247	658	20	127	264	665
297	1128	2002	10	55	128	9	71	53	106
1956	6670	23833	103	236	504	43	121	167	517
62	158	95	4	9	19	3	7		10
1228	3176	5672	128	249	341	41	94	102	248
822	1396	1209	71	182	391	13	40	62	288
1302	4667	6051	38	201	417	196	436	796	438
2584	8221	18133	147	456	1477	7	82	117	144
3596	16581	33239	348	509	1431	110	282	541	926
3099	10900	26481	163	617	1541	111	371	488	1384
169	2428	1605	7	12	53	1	5	16	31
499	1506	1822	33	52	250	13	24	19	101
2360	6531	12912	93	233	568	27	100	105	397
1713	5695	7556	86	248	420	88	152	261	816
2203	5354	7500	122	459	717	97	254	399	802
3114	8142	13924	64	195	1197	50	262	293	428
3510	14880	31165	185	597	1771	72	215	405	964
8703	25411	39426	1103	1950	3521	672	1016	1291	2007
1908	7865	16011	189	324	712	317	356	725	980
6070	22323	65319	190	876	1789	164	490	823	2451
17	37	45		4	10				
299	**674**	**568**	**25**	**102**	**183**	**10**	**16**	**118**	**169**
207	559	391	10	72	133	8	7	101	121
71	84	158	7	13	33	2	9	12	33
21	31	19	8	17	17			5	15
1497	**3521**	**11574**	**172**	**696**	**1229**	**93**	**37**	**113**	**241**
520	601	6156	56	222	601			40	102
284	404	482	26	123	155	12	32	44	89
632	2379	4892	78	314	464	66	4	29	50
61	137	44	12	37	9	15	1		

2-49 续表

行业	代码	企业法人单位数	从业人数	按学历分组	
				研究生及以上	大学本科
交通运输、仓储和邮政业	F	**87**	**11447**	**140**	**2960**
铁路运输业	51				
道路运输业	52	10	873	1	23
城市公共交通业	53	1	177		
水上运输业	54	7	179	2	33
航空运输业	55	1	6320	88	2138
管道运输业	56				
装卸搬运和其他运输服务业	57	53	3068	47	703
仓储业	58	14	824	2	62
邮政业	59	1	6		1
信息传输、计算机服务和软件业	G	**59**	**4129**	**67**	**1244**
电信和其他信息传输服务业	60	8	2976	23	766
计算机服务业	61	11	166		64
软件业	62	40	987	44	414
批发和零售业	H	**294**	**12352**	**90**	**2361**
批发业	63	231	9954	78	2171
零售业	65	63	2398	12	190
住宿和餐饮业	I	**105**	**16358**	**77**	**1037**
住宿业	66	51	10402	44	559
餐饮业	67	54	5956	33	478
金融业	J	**17**	**891**	**79**	**436**
银行业	68	6	518	69	324
证券业	69				
保险业	70	7	332	4	96
其他金融活动	71	4	41	6	16
房地产业	K	**648**	**15576**	**211**	**3372**
房地产业	72	648	15576	211	3372
租赁和商务服务业	L	**86**	**2390**	**60**	**278**
租赁业	73	1	20		10
商务服务业	74	85	2370	60	268
科学研究、技术服务和地质勘查业	M	**40**	**1397**	**44**	**695**
研究与试验发展	75	5	147	5	66
专业技术服务业	76	19	911	18	528
科技交流和推广服务业	77	16	339	21	101
地质勘查业	78				
水利、环境和公共设施管理业	N	**23**	**860**	**25**	**154**
水利管理业	79	1	3		
环境管理业	80	5	573	4	87
公共设施管理业	81	17	284	21	67
居民服务和其他服务业	O	**31**	**1006**	**12**	**53**
居民服务业	82	21	797	11	46
其他服务业	83	10	209	1	7
教育	P	**6**	**142**		**11**
教育	84	6	142		11
卫生、社会保障和社会福利业	Q	**2**	**194**		**21**
卫生	85	1	183		21
社会保障业	86				
社会福利业	87	1	11		
文化、体育和娱乐业	R	**37**	**1298**	**9**	**131**
新闻出版业	88				
广播、电视、电影和音像业	89	1	1		1
文化艺术业	90				
体育	91	2	20		7
娱乐业	92	34	1277	9	123

单位：个、人

			按技术职称分组			按技术等级分组			
大学专科	高中	初 中 及以下	高 级 技术职称	中 级 技术职称	初 级 技术职称	高级技师	技师	高级工	中级工
2988	**3856**	**1503**	**126**	**684**	**1645**	**13**	**22**	**74**	**256**
47	126	676	6	4	12				
4	155	18		4	171			4	171
46	72	26	1	2	10	3			
1722	2372		59	520	1112				
977	923	418	57	141	310	8	17	61	74
190	205	365	3	13	30	2	5	9	11
2	3								
1487	**1131**	**200**	**100**	**279**	**449**	**8**	**29**	**7**	**45**
1006	1008	173	81	218	343				
69	32	1	3	7	6	2	2	1	6
412	91	26	16	54	100	6	27	6	39
5715	**2818**	**1368**	**39**	**184**	**344**	**13**	**23**	**59**	**117**
4987	1822	896	30	161	286	7	4	40	70
728	996	472	9	23	58	6	19	19	47
2810	**6561**	**5873**	**128**	**312**	**658**	**76**	**184**	**193**	**215**
1681	4191	3927	92	243	565	67	112	112	163
1129	2370	1946	36	69	93	9	72	81	52
266	**76**	**34**	**23**	**41**	**66**				**3**
100	10	15	3	29	52				
150	66	16	16	4	11				3
16		3	4	8	3				
4740	**4713**	**2540**	**406**	**1866**	**1492**	**69**	**174**	**162**	**356**
4740	4713	2540	406	1866	1492	69	174	162	356
1082	**846**	**124**	**47**	**78**	**190**	**1**		**1**	**2**
5	5								
1077	841	124	47	78	190	1		1	2
422	**175**	**61**	**115**	**323**	**197**	**15**	**34**	**4**	**4**
52	20	4	5	11	31	10	30		
210	119	36	98	301	159				3
160	36	21	12	11	7	5	4	4	1
214	**328**	**139**	**14**	**48**	**82**		**4**	**40**	**121**
	3								
115	268	99	14	46	81		4	35	120
99	57	40		2	1			5	1
136	**435**	**370**	**31**	**24**	**28**	**7**	**154**	**4**	**22**
104	365	271	26	13	16	7	153	2	17
32	70	99	5	11	12		1	2	5
53	**54**	**24**		**10**	**22**		**10**	**6**	**16**
53	54	24		10	22		10	6	16
41	**98**	**34**	**8**	**43**	**75**			**1**	**2**
39	95	28	8	43	73			1	2
2	3	6			2				
229	**489**	**440**	**6**	**55**	**26**				**50**
					1				
8	5			3					
221	484	440	6	52	25				50

2-50 按行业（大类）、地区分组的

行业	代码	福建省		福州市		厦门市		莆田市	
		单位数	从业人数	单位数	从业人数	单位数	从业人数	单位数	从业人数
总计		**3809**	**743512**	**845**	**183009**	**1168**	**220561**	**141**	**38647**
农、林、牧、渔业	A								
农业	01								
林业	02								
畜牧业	03								
渔业	04								
农、林、牧、渔服务业	05								
采矿业	B	**15**	**600**	**2**	**288**	**1**	**4**	**1**	**92**
煤炭开采和洗选业	06								
石油和天然气开采业	07								
黑色金属矿采选业	08	1	31						
有色金属矿采选业	09	2	53						
非金属矿采选业	10	12	516	2	288	1	4	1	92
其他采矿业	11								
制造业	C	**2793**	**687618**	**574**	**162213**	**735**	**200793**	**120**	**37631**
农副食品加工业	13	111	13959	43	4955	19	1656	6	1652
食品制造业	14	87	9309	16	1739	15	2026	2	28
饮料制造业	15	48	11129	8	1972	13	1153	2	3416
烟草制品业	16								
纺织业	17	140	29095	23	2662	22	2897	1	320
纺织服装、鞋、帽制造业	18	324	78097	24	10673	43	11652	13	2827
皮革、毛皮、羽毛(绒)及其制品业	19	216	147634	19	43546	19	17814	19	15724
木材加工及木、竹、藤、棕、草制品业	20	46	4108	9	609	2	829	3	155
家具制造业	21	55	10671	18	3887	16	4819	1	3
造纸及纸制品业	22	51	9002	10	773	12	1009	5	452
印刷业和记录媒介的复制	23	20	2271	6	413	11	1757		
文教体育用品制造业	24	79	22519	9	1228	26	15362	3	473
石油加工、炼焦及核燃料加工业	25	5	161			1	5		
化学原料及化学制品制造业	26	108	9246	28	3227	32	2708	4	91
医药制造业	27	26	2748	5	290	6	566	2	145
化学纤维制造业	28	9	1433			2	171		
橡胶制品业	29	51	14652	6	808	15	5107	4	633
塑料制品业	30	158	35963	43	10153	42	13005	5	3085
非金属矿物制品业	31	204	28073	47	5408	34	6659	6	303
黑色金属冶炼及压延加工业	32	28	10706	5	4813	7	756	1	158
有色金属冶炼及压延加工业	33	14	2099	1	53	7	1168		
金属制品业	34	134	22366	21	1375	53	12341	10	3274
通用设备制造业	35	84	12481	18	2624	42	5576		
专用设备制造业	36	99	10097	19	2118	49	3552	3	788
交通运输设备制造业	37	152	26162	65	16183	43	6283	6	446
电气机械及器材制造业	39	125	24248	40	7853	62	10893	2	272
通信设备、计算机及其他电子设备制造业	40	160	88434	49	28010	84	56960	7	964
仪器仪表及文化、办公用机械制造业	41	52	19279	10	4150	28	9629	3	1733
工艺品及其他制造业	42	207	41676	32	2691	30	4440	12	689
废弃资源和废旧材料回收加工业	43								
电力、燃气及水的生产和供应业	D	**50**	**2589**	**7**	**331**	**1**	**37**	**3**	**260**
电力、热力的生产和供应业	44	37	2128	2	92			3	260
燃气生产和供应业	45	2	82	2	82				
水的生产和供应业	46	11	379	3	157	1	37		
建筑业	E	**26**	**4095**	**13**	**2376**	**6**	**85**	**1**	**476**
房屋和土木工程建筑业	47	6	2083	3	1117			1	476
建筑安装业	48	10	1803	5	1095	3	45		
建筑装饰业	49	8	174	5	164	1	5		
其他建筑业	50	2	35			2	35		

外商控股企业法人单位数及从业人数

单位：个、人

三明市		泉州市		漳州市		南平市		龙岩市		宁德市	
单位数	从业人数	单位数	从业人数	单位数	从业人数	单位数	从业人数	单位数	从业人数	单位数	从业人数
54	**3058**	**994**	**227920**	**372**	**44287**	**114**	**11689**	**76**	**11312**	**45**	**3029**
4	**84**			**2**	**39**	**2**	**40**	**1**	**31**	**2**	**22**
								1	31		
2	53										
2	31			2	39	2	40			2	22
33	**2284**	**870**	**221148**	**316**	**41897**	**74**	**9520**	**54**	**10719**	**17**	**1413**
1	52	6	1762	27	3141	5	427	2	34	2	280
4	414	18	3282	23	1171	7	584	2	65		
2	52	4	2606	7	1556	8	283	3	68	1	23
2	31	73	18691	13	2652	2	731	4	1111		
7	913	195	44519	21	3753	7	527	11	2822	3	411
		143	67175	15	3250	1	125				
5	204	3	228	3	101	17	1106	3	838	1	38
1	17	5	321	12	1537	1	42	1	45		
		17	5156	5	682	1	70	1	860		
		2	36	1	65						
		22	2775	18	2616			1	65		
		2	74	1	2			1	80		
2	62	16	1034	16	662	6	1126	3	318	1	18
2	37	2	34	1	128	5	1381	2	147	1	20
		7	1262								
		22	7972	3	60					1	72
1	50	52	7634	14	1996	1	40				
3	358	97	13697	10	537	2	19	5	1092		
		5	3043	7	1600	1	185	1	66	1	85
		1	149	3	379	1	30	1	320		
1	43	18	1410	27	3727	1	85			3	111
		14	2074	8	2065			1	12	1	130
		17	1290	8	623			3	1726		
		20	1904	13	816			4	355	1	175
		8	632	9	2007	3	2331	1	260		
		10	1700	8	542	2	258				
		3	460	6	3151	1	106			1	50
2	51	88	30228	37	3078	2	64	4	435		
1	**15**	**13**	**335**	**6**	**831**	**6**	**319**	**6**	**161**	**7**	**300**
1	15	8	168	5	824	6	319	6	161	6	289
		5	167	1	7					1	11
1	**3**	**3**	**1122**			**1**	**2**	**1**	**31**		
		2	490								
		1	632					1	31		
1	3					1	2				

2-50 续表

行业	代码	福建省		福州市		厦门市		莆田市	
		单位数	从业人数	单位数	从业人数	单位数	从业人数	单位数	从业人数
交通运输、仓储和邮政业	F	**58**	**2986**	**13**	**1059**	**38**	**1820**		
铁路运输业	51								
道路运输业	52	3	135	2	26	1	109		
城市公共交通业	53	3	849	2	844	1	5		
水上运输业	54	7	296			6	286		
航空运输业	55								
管道运输业	56								
装卸搬运和其他运输服务业	57	21	714	3	7	18	707		
仓储业	58	24	992	6	182	12	713		
邮政业	59								
信息传输、计算机服务和软件业	G	**65**	**6142**	**15**	**1650**	**47**	**2816**		
电信和其他信息传输服务业	60	9	3268	3	117	4	1489		
计算机服务业	61	11	282	3	67	7	201		
软件业	62	45	2592	9	1466	36	1126		
批发和零售业	H	**307**	**15257**	**53**	**5376**	**186**	**6704**	**4**	**14**
批发业	63	246	5213	29	803	167	2779	1	2
零售业	65	61	10044	24	4573	19	3925	3	12
住宿和餐饮业	I	**75**	**10114**	**22**	**4057**	**28**	**3717**	**2**	**24**
住宿业	66	38	6434	8	1591	14	3229	2	24
餐饮业	67	37	3680	14	2466	14	488		
金融业	J	**19**	**2524**	**4**	**1837**	**9**	**244**		
银行业	68	8	238			7	219		
证券业	69								
保险业	70	9	2255	4	1837	1	1		
其他金融活动	71	2	31			1	24		
房地产业	K	**246**	**6236**	**83**	**1940**	**55**	**1849**	**10**	**150**
房地产业	72	246	6236	83	1940	55	1849	10	150
租赁和商务服务业	L	**76**	**1566**	**36**	**741**	**31**	**762**		
租赁业	73	4	17	2	7	2	10		
商务服务业	74	72	1549	34	734	29	752		
科学研究、技术服务和地质勘查业	M	**29**	**1077**	**9**	**878**	**16**	**167**		
研究与试验发展	75	7	296	3	272	3	19		
专业技术服务业	76	16	207	3	44	10	136		
科技交流和推广服务业	77	6	574	3	562	3	12		
地质勘查业	78								
水利、环境和公共设施管理业	N	**11**	**441**	**3**	**15**				
水利管理业	79								
环境管理业	80	2	19						
公共设施管理业	81	9	422	3	15				
居民服务和其他服务业	O	**20**	**754**	**7**	**102**	**8**	**342**		
居民服务业	82	16	715	5	78	6	327		
其他服务业	83	4	39	2	24	2	15		
教育	P	**1**	**66**						
教育	84	1	66						
卫生、社会保障和社会福利业	Q	**3**	**595**			**2**	**592**		
卫生	85	2	592			2	592		
社会保障业	86								
社会福利业	87	1	3						
文化、体育和娱乐业	R	**15**	**852**	**4**	**146**	**5**	**629**		
新闻出版业	88								
广播、电视、电影和音像业	89								
文化艺术业	90	2	95			2	95		
体育	91	1	3	1	3				
娱乐业	92	12	754	3	143	3	534		

单位：个、人

三明市		泉州市		漳州市		南平市		龙岩市		宁德市	
单位数	从业人数	单位数	从业人数	单位数	从业人数	单位数	从业人数	单位数	从业人数	单位数	从业人数
		2	**46**	**4**	**46**					**1**	**15**
				1	10						
		2	46	3	36					1	15
1	**14**					**1**	**865**			**1**	**797**
						1	865			1	797
1	14										
5	**102**	**38**	**2144**	**6**	**703**	**6**	**61**	**5**	**65**	**4**	**88**
1	2	31	1221	3	230	5	23	5	65	4	88
4	100	7	923	3	473	1	38				
1	**96**	**12**	**1729**	**2**	**63**	**4**	**279**	**3**	**143**	**1**	**6**
		8	1398	2	63	2	53	1	70	1	6
1	96	4	331			2	226	2	73		
1	**19**					**4**	**405**	**1**	**19**		
1	19										
						3	398	1	19		
						1	7				
4	**71**	**48**	**1312**	**22**	**322**	**11**	**158**	**4**	**77**	**9**	**357**
4	71	48	1312	22	322	11	158	4	77	9	357
		4	**44**	**3**	**4**	**2**	**15**				
		4	44	3	4	2	15				
1	**6**	**2**	**20**							**1**	**6**
		1	5								
1	6	1	15							1	6
1	**360**	**1**	**15**	**3**	**32**	**2**	**14**			**1**	**5**
				1	14					1	5
1	360	1	15	2	18	2	14				
1	**4**			**4**	**306**						
1	4			4	306						
								1	**66**		
								1	66		
				1	**3**						
				1	3						
		1	**5**	**3**	**41**	**1**	**11**			**1**	**20**
		1	5	3	41	1	11			1	20

2-51 按行业（大类）、营业状态分组的

行业	代码	企业法人单位数	营业	停业	筹建	当年关闭
总计		**3809**	**3329**	**142**	**270**	**39**
农、林、牧、渔业	A					
农业	01					
林业	02					
畜牧业	03					
渔业	04					
农、林、牧、渔服务业	05					
采矿业	B	**15**	**11**	**2**	**2**	
煤炭开采和洗选业	06					
石油和天然气开采业	07					
黑色金属矿采选业	08	1	1			
有色金属矿采选业	09	2	1		1	
非金属矿采选业	10	12	9	2	1	
其他采矿业	11					
制造业	C	**2793**	**2488**	**68**	**190**	**30**
农副食品加工业	13	111	93	4	12	2
食品制造业	14	87	73	5	9	
饮料制造业	15	48	39	3	6	
烟草制品业	16					
纺织业	17	140	128	3	7	1
纺织服装、鞋、帽制造业	18	324	286	8	20	9
皮革、毛皮、羽毛(绒)及其制品业	19	216	201	1	9	3
木材加工及木、竹、藤、棕、草制品业	20	46	41	1	2	2
家具制造业	21	55	45	1	5	3
造纸及纸制品业	22	51	47	2	2	
印刷业和记录媒介的复制	23	20	19			
文教体育用品制造业	24	79	70	2	5	1
石油加工、炼焦及核燃料加工业	25	5	4		1	
化学原料及化学制品制造业	26	108	99	1	8	
医药制造业	27	26	22	1	3	
化学纤维制造业	28	9	8			
橡胶制品业	29	51	47		4	
塑料制品业	30	158	146	3	7	1
非金属矿物制品业	31	204	193	4	5	1
黑色金属冶炼及压延加工业	32	28	26		1	
有色金属冶炼及压延加工业	33	14	12	1	1	
金属制品业	34	134	117	4	11	
通用设备制造业	35	84	79	2	3	
专用设备制造业	36	99	85	2	12	
交通运输设备制造业	37	152	133	4	12	2
电气机械及器材制造业	39	125	113	3	8	
通信设备、计算机及其他电子设备制造业	40	160	139	5	15	1
仪器仪表及文化、办公用机械制造业	41	52	46	1	5	
工艺品及其他制造业	42	207	177	7	17	4
废弃资源和废旧材料回收加工业	43					
电力、燃气及水的生产和供应业	D	**50**	**47**		**3**	
电力、热力的生产和供应业	44	37	37			
燃气生产和供应业	45	2	2			
水的生产和供应业	46	11	8		3	
建筑业	E	**26**	**21**	**1**	**3**	
房屋和土木工程建筑业	47	6	6			
建筑安装业	48	10	9		1	
建筑装饰业	49	8	4	1	2	
其他建筑业	50	2	2			

外商控股企业法人单位数及从业人数

单位：个、人

当年破产	其他	从业人数	营业	停业	筹建	当年关闭	当年破产	其他
3	**26**	**743512**	**734661**	**1277**	**3172**	**3787**	**172**	**443**
		600	**436**	**146**	**18**			
		31	31					
		53	45		8			
		516	360	146	10			
2	**15**	**687618**	**680132**	**712**	**2499**	**3727**	**170**	**378**
		13959	13713	7	237	2		
		9309	9274	8	27			
		11129	11061	13	55			
	1	29095	28829	25	40	200		1
1		78097	76562	286	338	801	110	
	2	147634	145582	1	48	2001		2
		4108	4081	5	15	7		
	1	10671	10514	1	20	126		10
		9002	8948	27	27			
	1	2271	2256					15
	1	22519	22433	5	15	1		65
		161	159		2			
		9246	9073	10	163			
		2748	2706	32	10			
	1	1433	1280					153
		14652	14642		10			
	1	35963	35848	44	10	60		1
	1	28073	27806	41	26	147		53
	1	10706	10695		10			1
		2099	2090	3	6			
	2	22366	22228	52	52			34
		12481	12360	6	115			
		10097	9993	4	100			
	1	26162	25218	9	844	87		4
	1	24248	24182	25	37			4
		88434	88184	64	176	10		
		19279	19215	8	56			
1	1	41676	41200	36	60	285	60	35
		2589	**2535**		**54**			
		2128	2128					
		82	82					
		379	325		54			
	1	**4095**	**4071**	**3**	**14**			**7**
		2083	2083					
		1803	1793		10			
	1	174	160	3	4			7
		35	35					

2-51 续表

行业	代码	企业法人单位数	营业	停业	筹建	当年关闭
交通运输、仓储和邮政业	F	**58**	**44**	**2**	**9**	
铁路运输业	51					
道路运输业	52	3	3			
城市公共交通业	53	3	3			
水上运输业	54	7	5		2	
航空运输业	55					
管道运输业	56					
装卸搬运和其他运输服务业	57	21	15	1	3	
仓储业	58	24	18	1	4	
邮政业	59					
信息传输、计算机服务和软件业	G	**65**	**54**	**5**	**6**	
电信和其他信息传输服务业	60	9	9			
计算机服务业	61	11	9	1	1	
软件业	62	45	36	4	5	
批发和零售业	H	**307**	**261**	**21**	**20**	**3**
批发业	63	246	208	16	18	2
零售业	65	61	53	5	2	1
住宿和餐饮业	I	**75**	**64**	**3**	**8**	
住宿业	66	38	27	3	8	
餐饮业	67	37	37			
金融业	J	**19**	**18**		**1**	
银行业	68	8	8			
证券业	69					
保险业	70	9	9			
其他金融活动	71	2	1		1	
房地产业	K	**246**	**210**	**28**	**3**	**4**
房地产业	72	246	210	28	3	4
租赁和商务服务业	L	**76**	**52**	**9**	**10**	**2**
租赁业	73	4	4			
商务服务业	74	72	48	9	10	2
科学研究、技术服务和地质勘查业	M	**29**	**22**	**2**	**5**	
研究与试验发展	75	7	5		2	
专业技术服务业	76	16	13	1	2	
科技交流和推广服务业	77	6	4	1	1	
地质勘查业	78					
水利、环境和公共设施管理业	N	**11**	**4**	**1**	**5**	
水利管理业	79					
环境管理业	80	2	1		1	
公共设施管理业	81	9	3	1	4	
居民服务和其他服务业	O	**20**	**19**		**1**	
居民服务业	82	16	16			
其他服务业	83	4	3		1	
教育	P	**1**	**1**			
教育	84	1	1			
卫生、社会保障和社会福利业	Q	**3**	**2**		**1**	
卫生	85	2	2			
社会保障业	86					
社会福利业	87	1			1	
文化、体育和娱乐业	R	**15**	**11**		**3**	
新闻出版业	88					
广播、电视、电影和音像业	89					
文化艺术业	90	2	2			
体育	91	1	1			
娱乐业	92	12	8		3	

单位：个、人

		从业人数						
当年破产	其他		营业	停业	筹建	当年关闭	当年破产	其他
1	**2**	**2986**	**2825**	**3**	**141**		**2**	**15**
		135	135					
		849	849					
		296	273		23			
	2	714	651	1	47			15
1		992	917	2	71		2	
		6142	**5998**	**55**	**89**			
		3268	3268					
		282	276	1	5			
		2592	2454	54	84			
	2	**15257**	**15073**	**82**	**81**	**7**		**14**
	2	5213	5067	62	67	3		14
		10044	10006	20	14	4		
		10114	**9971**	**37**	**106**			
		6434	6291	37	106			
		3680	3680					
		2524	**2517**		**7**			
		238	238					
		2255	2255					
		31	24		7			
	1	**6236**	**6021**	**169**	**13**	**32**		**1**
	1	6236	6021	169	13	32		1
	3	**1566**	**1447**	**59**	**34**	**21**		**5**
		17	17					
	3	1549	1430	59	34	21		5
		1077	**1034**	**4**	**39**			
		296	284		12			
		207	184	2	21			
		574	566	2	6			
	1	**441**	**386**	**7**	**45**			**3**
		19	14		5			
	1	422	372	7	40			3
		754	**744**		**10**			
		715	715					
		39	29		10			
		66	**66**					
		66	66					
		595	**592**		**3**			
		592	592					
		3			3			
	1	**852**	**813**		**19**			**20**
		95	95					
		3	3					
	1	754	715		19			20

2-52 按地区、营业状态分组的外商

地 区	企业法人单位数	营业	停业	筹建	当年关闭	当年破产
全 省	**3809**	**3329**	**142**	**270**	**39**	**3**
福州市	**845**	**742**	**41**	**50**	**7**	
鼓楼区	160	128	20	8		
台江区	35	27	4	4		
仓山区	117	108	1	6	2	
马尾区	103	96	2	5		
晋安区	81	74	2	3	2	
闽侯县	111	101	2	6	1	
连江县	29	25	1	2	1	
罗源县	9	6		3		
闽清县	23	23				
永泰县	5	4		1		
平潭县	7	7				
福清市	127	114	6	7		
长乐市	38	29	3	5	1	
厦门市	**1168**	**1039**	**42**	**72**	**5**	
思明区	328	298	11	17	1	
海沧区	170	129	6	28		
湖里区	325	296	15	12	1	
集美区	173	163	5	4	1	
同安区	125	112	3	7	2	
翔安区	47	41	2	4		
莆田市	**141**	**126**	**4**	**8**	**3**	
城厢区	17	12	1	3	1	
涵江区	52	50	1	1		
荔城区	20	18			2	
秀屿区	19	18		1		
仙游县	33	28	2	3		
三明市	**54**	**45**	**4**	**5**		
梅列区	7	5	2			
三元区	5	2	1	2		
明溪县	2	2				
清流县	3	3				
宁化县	1	1				
大田县	8	8				
尤溪县	5	5				
沙县	9	7	1	1		
将乐县	3	2		1		
泰宁县	3	3				
建宁县						
永安市	8	7		1		
泉州市	**994**	**904**	**23**	**48**	**11**	
鲤城区	98	87	2	5	1	
丰泽区	106	91	4	3	5	
洛江区	34	29	1	2		
泉港区	29	26		3		
惠安县	125	115		9	1	

控股企业法人单位数及从业人数

单位：个、人

其他	从业人数	营业	停业	筹建	当年关闭	当年破产	其他
26	**743512**	**734661**	**1277**	**3172**	**3787**	**172**	**443**
5	**183009**	**181108**	**358**	**1254**	**224**		**65**
4	11463	11326	81	44			12
	2288	2229	19	40			
	23896	23843	10	33	10		
	37150	36746	145	259			
	34214	34076	4	10	124		
1	19355	18487	8	747	60		53
	16269	16218	3	19	29		
	2815	2797		18			
	2434	2434					
	763	757		6			
	290	290					
	27646	27530	79	37			
	4426	4375	9	41	1		
10	**220561**	**219295**	**295**	**687**	**49**		**235**
1	23458	23279	105	70	3		1
7	30888	30436	17	224			211
1	66907	66647	54	183	10		13
	63079	62968	54	56	1		
1	22440	22192	59	144	35		10
	13789	13773	6	10			
	38647	**38078**	**287**	**93**	**189**		
	2019	1970	5	41	3		
	18766	18455	276	35			
	7605	7419			186		
	3215	3207		8			
	7042	7027	6	9			
	3058	**2997**	**36**	**25**			
	240	229	11				
	49	12	24	13			
	95	95					
	274	274					
	55	55					
	374	374					
	440	440					
	491	487	1	3			
	66	58		8			
	470	470					
	504	503		1			
8	**227920**	**224013**	**154**	**684**	**3014**		**55**
3	29866	27911	3	13	1936		3
3	15373	14526	37	19	744		47
2	7449	7409	32	3			5
	5471	5288		183			
	29285	29033		227	25		

2-52 续表

地区	企业法人单位数	营业	停业	筹建	当年关闭	当年破产
安溪县	48	48				
永春县	27	22		2	3	
德化县	18	18				
石狮市	120	116	4			
晋江市	337	309	9	18	1	
南安市	52	43	3	6		
漳州市	**372**	**274**	**18**	**70**	**5**	**3**
芗城区	40	31	1	7		1
龙文区	27	18	2	6	1	
云霄县	13	10		1	1	
漳浦县	69	49	5	14		
诏安县	21	19				2
长泰县	49	40	2	6	1	
东山县	27	18	3	6		
南靖县	17	17				
平和县	8	5	2		1	
华安县	4	4				
龙海市	97	63	3	30	1	
南平市	**114**	**93**	**7**	**12**	**2**	
延平区	26	25		1		
顺昌县	3	2	1			
浦城县	9	8	1			
光泽县	7	6		1		
松溪县	2	2				
政和县	6	6				
邵武市	17	11	1	4	1	
武夷山市	13	9	2	2		
建瓯市	13	10		3		
建阳市	18	14	2	1	1	
龙岩市	**76**	**68**	**3**	**1**	**3**	
新罗区	25	24	1			
长汀县	13	9	1	1	1	
永定县	10	9			1	
上杭县	6	6				
武平县	2	2				
连城县	9	8			1	
漳平市	11	10	1			
宁德市	**45**	**38**		**4**	**3**	
蕉城区	17	16		1		
霞浦县	7	6		1		
古田县	4	3		1		
屏南县	4	4				
寿宁县						
周宁县	3	3				
柘荣县						
福安市	5	4		1		
福鼎市	5	2			3	

单位：个、人

其他	从业人数	营业	停业	筹建	当年关闭	当年破产	其他
	14101	14101					
	3013	2717		6	290		
	2872	2872					
	21672	21651	21				
	92711	92516	23	153	19		
	6107	5989	38	80			
2	**44287**	**43659**	**88**	**336**	**9**	**172**	**23**
	3969	3925	3	39		2	
	4000	3963	9	25	3		
1	1392	1384		3	2		3
1	8926	8813	49	44			20
	2849	2679				170	
	6275	6201	2	70	2		
	2899	2839	18	42			
	1900	1900					
	209	205	3		1		
	897	897					
	10971	10853	4	113	1		
	11689	**11569**	**51**	**68**	**1**		
	5199	5192		7			
	605	589	16				
	1439	1432	7				
	121	110		11			
	145	145					
	480	480					
	1207	1187	4	16			
	613	585	21	7			
	509	484		25			
	1371	1365	3	2	1		
1	**11312**	**10940**	**8**	**1**	**298**		**65**
	3887	3886	1				
1	2621	2497	2	1	56		65
	1060	913			147		
	568	568					
	134	134					
	1579	1484			95		
	1463	1458	5				
	3029	**3002**		**24**	**3**		
	1394	1383		11			
	460	458		2			
	182	176		6			
	241	241					
	265	265					
	462	457		5			
	25	22			3		

2-53 按行业（大类）、开业时间分组的

行业	代码	1949年以前		1950-1977年	
		单位数	从业人数	单位数	从业人数
总计					
农、林、牧、渔业	A				
农业	01				
林业	02				
畜牧业	03				
渔业	04				
农、林、牧、渔服务业	05				
采矿业	B				
煤炭开采和洗选业	06				
石油和天然气开采业	07				
黑色金属矿采选业	08				
有色金属矿采选业	09				
非金属矿采选业	10				
其他采矿业	11				
制造业	C				
农副食品加工业	13				
食品制造业	14				
饮料制造业	15				
烟草制品业	16				
纺织业	17				
纺织服装、鞋、帽制造业	18				
皮革、毛皮、羽毛(绒)及其制品业	19				
木材加工及木、竹、藤、棕、草制品业	20				
家具制造业	21				
造纸及纸制品业	22				
印刷业和记录媒介的复制	23				
文教体育用品制造业	24				
石油加工、炼焦及核燃料加工业	25				
化学原料及化学制品制造业	26				
医药制造业	27				
化学纤维制造业	28				
橡胶制品业	29				
塑料制品业	30				
非金属矿物制品业	31				
黑色金属冶炼及压延加工业	32				
有色金属冶炼及压延加工业	33				
金属制品业	34				
通用设备制造业	35				
专用设备制造业	36				
交通运输设备制造业	37				
电气机械及器材制造业	39				
通信设备、计算机及其他电子设备制造业	40				
仪器仪表及文化、办公用机械制造业	41				
工艺品及其他制造业	42				
废弃资源和废旧材料回收加工业	43				
电力、燃气及水的生产和供应业	D				
电力、热力的生产和供应业	44				
燃气生产和供应业	45				
水的生产和供应业	46				
建筑业	E				
房屋和土木工程建筑业	47				
建筑安装业	48				
建筑装饰业	49				
其他建筑业	50				

外商控股企业法人单位数及从业人数

单位：个、人

1978-1991年		1992-1995年		1996-2000年	
单位数	从业人数	单位数	从业人数	单位数	从业人数
161	**82676**	**560**	**146727**	**656**	**160739**
2	**96**			**1**	**12**
2	96			1	12
128	**81432**	**399**	**137893**	**510**	**148558**
4	845	20	3017	37	4097
9	660	16	1761	19	3925
3	4629	11	2113	6	1131
6	1342	19	2359	29	7407
17	6537	26	12205	30	9963
18	33862	22	12777	40	43161
		6	1702	9	713
1	184	5	2161	9	2661
3	467	9	1904	13	2701
2	146	6	826	5	391
3	614	18	12198	10	1696
		1	43	1	31
5	1681	17	937	16	2264
2	107	4	527	7	976
				2	191
2	435	7	1854	13	6170
6	6095	25	10418	26	5118
7	831	42	8038	44	5852
		7	3000	7	1450
1	160	2	638	3	201
6	5916	18	2393	20	4133
4	1484	12	4704	13	803
4	1445	8	634	14	1744
2	285	25	7474	30	6249
4	2924	16	4943	20	3361
5	4194	24	29358	25	12480
6	4739	6	3257	16	6035
8	1850	27	6652	46	13654
1	**29**	**13**	**643**	**13**	**1140**
1	29	10	528	11	1042
		1	67		
		2	48	2	98
		9	**1558**	**4**	**1168**
		3	1472		
		3	35	3	1090
		3	51	1	78

2-53 续表 1

行　　业	代码	1949年以前		1950-1977年	
		单位数	从业人数	单位数	从业人数
交通运输、仓储和邮政业	F				
铁路运输业	51				
道路运输业	52				
城市公共交通业	53				
水上运输业	54				
航空运输业	55				
管道运输业	56				
装卸搬运和其他运输服务业	57				
仓储业	58				
邮政业	59				
信息传输、计算机服务和软件业	G				
电信和其他信息传输服务业	60				
计算机服务业	61				
软件业	62				
批发和零售业	H				
批发业	63				
零售业	65				
住宿和餐饮业	I				
住宿业	66				
餐饮业	67				
金融业	J				
银行业	68				
证券业	69				
保险业	70				
其他金融活动	71				
房地产业	K				
房地产业	72				
租赁和商务服务业	L				
租赁业	73				
商务服务业	74				
科学研究、技术服务和地质勘查业	M				
研究与试验发展	75				
专业技术服务业	76				
科技交流和推广服务业	77				
地质勘查业	78				
水利、环境和公共设施管理业	N				
水利管理业	79				
环境管理业	80				
公共设施管理业	81				
居民服务和其他服务业	O				
居民服务业	82				
其他服务业	83				
教育	P				
教育	84				
卫生、社会保障和社会福利业	Q				
卫生	85				
社会保障业	86				
社会福利业	87				
文化、体育和娱乐业	R				
新闻出版业	88				
广播、电视、电影和音像业	89				
文化艺术业	90				
体育	91				
娱乐业	92				

单位：个、人

1978-1991年		1992-1995年		1996-2000年	
单位数	从业人数	单位数	从业人数	单位数	从业人数
1	**2**	**7**	**279**	**7**	**1009**
				1	11
		1	5	2	844
		2	160		
1	2	4	114	4	154
		1	**1**	**8**	**3418**
				3	3128
		1	1	5	290
9	**241**	**14**	**177**	**31**	**1382**
7	198	10	110	25	528
2	43	4	67	6	854
1	**58**	**15**	**3610**	**8**	**1315**
1	58	12	1567	4	1151
		3	2043	4	164
4	**149**	**1**	**33**	**2**	**1180**
4	149	1	33	1	23
				1	1157
11	**164**	**88**	**2152**	**54**	**917**
11	164	88	2152	54	917
2	**12**	**2**	**6**	**8**	**496**
		1	5	1	1
2	12	1	1	7	495
1	**3**				
1	3				
		7	**213**	**4**	**60**
		6	199	4	60
		1	14		
				2	**20**
				1	17
				1	3
1	**490**	**4**	**162**	**4**	**64**
		1	81		
		1	3		
1	490	2	78	4	64

2-53 续表 2-1

行业	代码	2001-2004年		2005年	
		单位数	从业人数	单位数	从业人数
总计		**1193**	**236990**	**311**	**43164**
农、林、牧、渔业	A				
农业	01				
林业	02				
畜牧业	03				
渔业	04				
农、林、牧、渔服务业	05				
采矿业	B	**6**	**286**	**1**	**26**
煤炭开采和洗选业	06				
石油和天然气开采业	07				
黑色金属矿采选业	08	1	31		
有色金属矿采选业	09	1	45		
非金属矿采选业	10	4	210	1	26
其他采矿业	11				
制造业	C	**947**	**219635**	**229**	**35835**
农副食品加工业	13	26	4851	7	279
食品制造业	14	24	2150	6	522
饮料制造业	15	11	546	3	1789
烟草制品业	16				
纺织业	17	56	15212	13	1617
纺织服装、鞋、帽制造业	18	140	34923	34	5523
皮革、毛皮、羽毛(绒)及其制品业	19	90	47914	18	5495
木材加工及木、竹、藤、棕、草制品业	20	18	1002	4	259
家具制造业	21	24	4707	6	468
造纸及纸制品业	22	13	1581	3	176
印刷业和记录媒介的复制	23	5	810	1	64
文教体育用品制造业	24	24	5040	11	2133
石油加工、炼焦及核燃料加工业	25	2	85		
化学原料及化学制品制造业	26	43	3339	6	82
医药制造业	27	5	997	1	20
化学纤维制造业	28	4	945		
橡胶制品业	29	20	5029	1	1
塑料制品业	30	56	10078	14	2507
非金属矿物制品业	31	74	9779	8	729
黑色金属冶炼及压延加工业	32	8	5765	1	175
有色金属冶炼及压延加工业	33	4	691		
金属制品业	34	35	2751	15	2180
通用设备制造业	35	22	2905	10	1432
专用设备制造业	36	35	4819	6	266
交通运输设备制造业	37	44	5197	17	3050
电气机械及器材制造业	39	43	6957	8	1410
通信设备、计算机及其他电子设备制造业	40	43	22600	13	4085
仪器仪表及文化、办公用机械制造业	41	16	4708	1	16
工艺品及其他制造业	42	62	14254	22	1557
废弃资源和废旧材料回收加工业	43				
电力、燃气及水的生产和供应业	D	**15**	**353**	**3**	**88**
电力、热力的生产和供应业	44	11	210	1	40
燃气生产和供应业	45	1	15		
水的生产和供应业	46	3	128	2	48
建筑业	E	**5**	**1254**	**1**	**38**
房屋和土木工程建筑业	47	2	586		
建筑安装业	48	2	665		
建筑装饰业	49	1	3	1	38
其他建筑业	50				

单位：个、人

2006年		2007年		2008年		其他(不详)	
单位数	从业人数	单位数	从业人数	单位数	从业人数	单位数	从业人数
366	**33872**	**302**	**25627**	**236**	**13604**	**24**	**113**
2	**20**	**3**	**160**				
		1	8				
2	20	2	152				
253	**31122**	**177**	**23635**	**128**	**9409**	**22**	**99**
8	462	4	170	3	232	2	6
5	164	4	92	4	35		
6	385	5	523	2	10	1	3
7	666	3	160	7	332		
35	5342	25	1641	16	1962	1	1
14	3445	8	708	2	267	4	5
4	193	3	224	2	15		
1	89	3	118	4	278	2	5
7	2107	2	63	1	3		
1	34						
4	215	5	371	3	250	1	2
				1	2		
7	380	8	221	5	329	1	13
1	76	2	26	3	17	1	2
1	153	2	144				
4	877	2	280	1	4	1	2
18	1034	5	386	8	327		
11	1002	12	1551	6	291		
2	280	2	35	1	1		
2	58	1	345	1	6		
19	1784	13	2800	8	409		
14	813	5	165	3	172	1	3
12	491	13	476	6	220	1	2
12	1877	7	1263	12	748	3	19
15	3642	9	655	10	356		
22	3831	19	9113	9	2773		
3	220	2	266	1	8	1	30
18	1502	13	1839	9	362	2	6
1	**34**	**3**	**262**	**1**	**40**		
		2	239	1	40		
1	34	1	23				
1	**5**	**2**	**28**	**4**	**44**		
		1	25				
		1	3	1	10		
				2	4		
1	5			1	30		

2-53 续表 2-2

行业	代码	2001-2004年		2005年	
		单位数	从业人数	单位数	从业人数
交通运输、仓储和邮政业	F	**20**	**1090**	**3**	**252**
铁路运输业	51				
道路运输业	52	1	15		
城市公共交通业	53				
水上运输业	54	1	16	3	252
航空运输业	55				
管道运输业	56				
装卸搬运和其他运输服务业	57	10	410		
仓储业	58	8	649		
邮政业	59				
信息传输、计算机服务和软件业	G	**20**	**1885**	**7**	**87**
电信和其他信息传输服务业	60	1	36	2	19
计算机服务业	61	6	118	1	4
软件业	62	13	1731	4	64
批发和零售业	H	**53**	**5994**	**37**	**4186**
批发业	63	41	651	24	1784
零售业	65	12	5343	13	2402
住宿和餐饮业	I	**27**	**2470**	**7**	**2134**
住宿业	66	9	1427	5	2106
餐饮业	67	18	1043	2	28
金融业	J	**1**	**24**	**1**	**1**
银行业	68				
证券业	69				
保险业	70			1	1
其他金融活动	71	1	24		
房地产业	K	**60**	**2113**	**4**	**37**
房地产业	72	60	2113	4	37
租赁和商务服务业	L	**18**	**646**	**10**	**121**
租赁业	73	1	9	1	2
商务服务业	74	17	637	9	119
科学研究、技术服务和地质勘查业	M	**11**	**678**	**2**	**10**
研究与试验发展	75	4	99		
专业技术服务业	76	6	53	1	6
科技交流和推广服务业	77	1	526	1	4
地质勘查业	78				
水利、环境和公共设施管理业	N	**4**	**389**	**2**	**22**
水利管理业	79				
环境管理业	80	2	19		
公共设施管理业	81	2	370	2	22
居民服务和其他服务业	O	**3**	**73**	**2**	**241**
居民服务业	82	3	73	1	230
其他服务业	83			1	11
教育	P			**1**	**66**
教育	84			1	66
卫生、社会保障和社会福利业	Q				
卫生	85				
社会保障业	86				
社会福利业	87				
文化、体育和娱乐业	R	**3**	**100**	**1**	**20**
新闻出版业	88				
广播、电视、电影和音像业	89				
文化艺术业	90	1	14		
体育	91				
娱乐业	92	2	86	1	20

单位：个、人

2006年		2007年		2008年		其他(不详)	
单位数	从业人数	单位数	从业人数	单位数	从业人数	单位数	从业人数
10	**243**	**5**	**38**	**5**	**73**		
1	109						
		3	28				
5	72			4	72		
4	62	2	10	1	1		
10	**218**	**11**	**267**	**8**	**266**		
1	9	1	71	1	5		
1	18	1	8	2	134		
8	191	9	188	5	127		
49	**1241**	**64**	**598**	**50**	**1438**		
42	514	58	570	39	858		
7	727	6	28	11	580		
5	**120**	**5**	**99**	**6**	**302**	**1**	**6**
1	6	2	49	3	64	1	6
4	114	3	50	3	238		
1	**24**	**1**	**171**	**8**	**942**		
				2	33		
1	24	1	171	5	902		
				1	7		
16	**603**	**10**	**238**	**2**	**4**	**1**	**8**
16	603	10	238	2	4	1	8
8	**105**	**12**	**80**	**16**	**100**		
8	105	12	80	16	100		
8	**115**	**4**	**21**	**4**	**253**		
1	5	1	7	1	185		
6	80			3	68		
1	30	3	14				
2	**22**	**2**	**5**				
2	22	2	5				
		2	**14**	**2**	**153**		
		1	4	1	149		
		1	10	1	4		
				1	**575**		
				1	575		
		1	**11**	**1**	**5**		
		1	11	1	5		

2-54 按地区、开业时间分组的外商控股企业法人单位数及从业人数

单位：个、人

地区	1949年以前		1950-1977年		1978-1991年		1992-1995年	
	单位数	从业人数	单位数	从业人数	单位数	从业人数	单位数	从业人数
全省					**161**	**82676**	**560**	**146727**
福州市					**37**	**31757**	**172**	**36177**
鼓楼区					6	53	37	2717
台江区					1	5	6	193
仓山区					4	986	20	6487
马尾区					7	8867	19	8684
晋安区					9	15123	15	3700
闽侯县					2	1585	20	4527
连江县					1	490	5	891
罗源县								
闽清县							5	490
永泰县								
平潭县							3	148
福清市					5	4555	37	6691
长乐市					2	93	5	1649
厦门市					**57**	**28793**	**151**	**62900**
思明区					9	3637	37	3718
海沧区					3	450	17	7369
湖里区					29	12320	47	16637
集美区					12	10210	33	33255
同安区					4	2176	13	1733
翔安区							4	188
莆田市					**13**	**11463**	**25**	**4753**
城厢区					1	11	4	750
涵江区					7	10020	12	416
荔城区					1	715	5	1361
秀屿区					2	122	2	327
仙游县					2	595	2	1899
三明市					**1**	**38**	**3**	**329**
梅列区								
三元区								
明溪县								
清流县								
宁化县								
大田县							1	201
尤溪县								
沙县					1	38		
将乐县								
泰宁县								
建宁县								
永安市							2	128
泉州市					**40**	**8071**	**142**	**31255**
鲤城区					4	577	9	1007
丰泽区					6	685	17	2252
洛江区					2	543	3	443
泉港区							2	473
惠安县					2	321	11	2241

2-54 续表 1 单位：个、人

地区	1949年以前		1950-1977年		1978-1991年		1992-1995年	
	单位数	从业人数	单位数	从业人数	单位数	从业人数	单位数	从业人数
安溪县					2	6	7	544
永春县					1	61	3	182
德化县							4	1286
石狮市					3	2107	24	3617
晋江市					19	3686	56	18984
南安市					1	85	6	226
漳州市					**9**	**945**	**42**	**7034**
芗城区					1	2	8	1149
龙文区							5	730
云霄县							1	110
漳浦县							5	919
诏安县					1	126	3	71
长泰县							3	175
东山县					2	61	6	1652
南靖县					1	130	2	262
平和县								
华安县								
龙海市					4	626	9	1966
南平市					**4**	**1609**	**8**	**1356**
延平区					1	1496	3	783
顺昌县					1	29		
浦城县							1	490
光泽县							2	24
松溪县								
政和县								
邵武市					1			
武夷山市							2	59
建瓯市					1	84		
建阳市								
龙岩市							**11**	**2538**
新罗区							3	526
长汀县								
永定县							3	227
上杭县							2	149
武平县								
连城县							2	930
漳平市							1	706
宁德市							**6**	**385**
蕉城区							4	178
霞浦县							2	207
古田县								
屏南县								
寿宁县								
周宁县								
柘荣县								
福安市								
福鼎市								

2-54 续表 2-1 单位：个、人

地 区	1996-2000年		2001-2004年		2005年	
	单位数	从业人数	单位数	从业人数	单位数	从业人数
全 省	**656**	**160739**	**1193**	**236990**	**311**	**43164**
福州市	**163**	**36276**	**261**	**58609**	**59**	**8749**
鼓楼区	24	2876	44	2557	10	1504
台江区	8	1552	6	282	2	42
仓山区	26	7461	40	5742	12	1473
马尾区	21	7144	36	10402	3	235
晋安区	15	6633	28	7030	3	1147
闽侯县	28	5390	34	4384	10	756
连江县	5	400	11	14310	1	47
罗源县	1	93	5	2704		
闽清县	7	1148	7	544	2	132
永泰县			2	149	2	608
平潭县	2	94	2	48		
福清市	20	2911	35	9396	8	2263
长乐市	6	574	11	1061	6	542
厦门市	**174**	**35565**	**316**	**52371**	**85**	**9842**
思明区	39	3673	71	6730	29	1866
海沧区	30	5150	53	8430	17	4763
湖里区	53	10666	95	20779	16	1079
集美区	27	7075	52	8661	13	1104
同安区	20	6451	30	5771	8	838
翔安区	5	2550	15	2000	2	192
莆田市	**19**	**4078**	**37**	**10300**	**17**	**3458**
城厢区	1	408	6	425	1	6
涵江区	8	669	11	4515	3	232
荔城区	4	2048	1	372	6	2627
秀屿区	1	170	7	1998	1	37
仙游县	5	783	12	2990	6	556
三明市	**4**	**390**	**18**	**1143**	**8**	**641**
梅列区			3	42	1	90
三元区			1	24		
明溪县	1	50			1	45
清流县			1	149	1	100
宁化县						
大田县			5	113	2	60
尤溪县			1	21	1	306
沙县	2	288	2	89	1	23
将乐县			1	41	1	17
泰宁县			1	360		
建宁县						
永安市	1	52	3	304		
泉州市	**179**	**65968**	**386**	**92990**	**79**	**15746**
鲤城区	20	12053	45	12271	8	3127
丰泽区	12	2941	35	5809	12	2241
洛江区	8	3234	17	2497	1	132
泉港区	5	796	15	2813	5	1343
惠安县	33	9596	39	11299	9	2679

2-54 续表 2-2 单位：个、人

地区	1996-2000年		2001-2004年		2005年	
	单位数	从业人数	单位数	从业人数	单位数	从业人数
安溪县	8	3452	25	9398	4	396
永春县	5	495	4	675	7	769
德化县	4	410	8	967		
石狮市	14	4217	36	6771	12	2742
晋江市	57	26909	143	37238	19	2221
南安市	13	1865	19	3252	2	96
漳州市	**70**	**12947**	**95**	**12899**	**49**	**3968**
芗城区	10	1494	12	955	2	277
龙文区	5	2603	9	567	2	20
云霄县	1	80	2	640	1	2
漳浦县	12	2801	23	3402	7	670
诏安县	6	535	3	974	3	683
长泰县	6	1130	12	2558	7	968
东山县	5	247	4	344		
南靖县	4	288	5	704		
平和县	2	54	1	3		
华安县					2	83
龙海市	19	3715	24	2752	25	1265
南平市	**26**	**3678**	**42**	**3425**	**4**	**89**
延平区	7	1798	8	392		
顺昌县	1	560			1	16
浦城县	1	81	1	400	2	33
光泽县	2	66	2	20		
松溪县	1	59	1	86		
政和县	4	330	1	100		
邵武市	4	202	6	947		
武夷山市	1	50	8	497		
建瓯市	1	85	5	240	1	40
建阳市	4	447	10	743		
龙岩市	**11**	**604**	**23**	**4221**	**5**	**577**
新罗区	8	477	10	2642	1	66
长汀县	1	56	1	263		
永定县	1	5	1	14	2	490
上杭县			4	419		
武平县			1	125		
连城县	1	66	3	531	1	8
漳平市			3	227	1	13
宁德市	**10**	**1233**	**15**	**1032**	**5**	**94**
蕉城区	5	919	3	217	3	34
霞浦县	1	121	2	110	1	20
古田县			2	103		
屏南县			2	168	1	40
寿宁县						
周宁县	1	50	1	175		
柘荣县						
福安市	1	130	2	247		
福鼎市	2	13	3	12		

2-54 续表 3-1

单位：个、人

地区	2006年		2007年		2008年		其他(不详)	
	单位数	从业人数	单位数	从业人数	单位数	从业人数	单位数	从业人数
全 省	**366**	**33872**	**302**	**25627**	**236**	**13604**	**24**	**113**
福州市	**58**	**5994**	**49**	**3548**	**39**	**1842**	**7**	**57**
鼓楼区	11	599	13	291	15	866		
台江区	1	2	7	187	4	25		
仓山区	4	1503	6	200	5	44		
马尾区	5	490	6	770	6	558		
晋安区	7	498	3	81	1	2		
闽侯县	9	1402	6	1270	2	41		
连江县	4	113	1	2	1	16		
罗源县			2	8	1	10		
闽清县	2	120						
永泰县	1	6						
平潭县								
福清市	12	1151	4	412	2	245	4	22
长乐市	2	110	1	327	2	35	3	35
厦门市	**152**	**11589**	**133**	**12743**	**100**	**6758**		
思明区	53	1874	52	747	38	1213		
海沧区	25	2763	14	1265	11	698		
湖里区	33	3788	36	1183	16	455		
集美区	8	243	13	1536	15	995		
同安区	24	2075	8	198	18	3198		
翔安区	9	846	10	7814	2	199		
莆田市	**10**	**1329**	**15**	**3194**	**5**	**72**		
城厢区			3	414	1	5		
涵江区	3	316	6	2543	2	55		
荔城区	3	482						
秀屿区	2	393	4	168				
仙游县	2	138	2	69	2	12		
三明市	**11**	**396**	**4**	**57**	**5**	**64**		
梅列区	2	104	1	4				
三元区	1	10	1	2	2	13		
明溪县								
清流县					1	25		
宁化县	1	55						
大田县								
尤溪县	3	113						
沙县	1	3	1	43	1	7		
将乐县			1	8				
泰宁县	2	110						
建宁县								
永安市	1	1			1	19		
泉州市	**77**	**8863**	**50**	**2937**	**34**	**2057**	**7**	**33**
鲤城区	9	721	1	20	2	90		
丰泽区	11	1163	9	248	3	32	1	2
洛江区	1	2	2	598				
泉港区			1	44	1	2		
惠安县	10	1406	11	851	10	892		

2-54　续表 3-2　　单位：个、人

地　区	2006年		2007年		2008年		其他(不详)	
	单位数	从业人数	单位数	从业人数	单位数	从业人数	单位数	从业人数
安溪县	1	235			1	70		
永春县	5	532	1	180	1	119		
德化县	1	50	1	159				
石狮市	12	1241	13	229	6	748		
晋江市	23	3070	8	475	9	102	3	26
南安市	4	443	3	133	1	2	3	5
漳州市	**36**	**3616**	**31**	**1706**	**31**	**1155**	**9**	**17**
芗城区	2	54	2	12	3	26		
龙文区	1	8	2	65	2	4	1	3
云霄县	5	499	2	6	1	55		
漳浦县	8	435	4	573	5	121	5	5
诏安县	2	230	1	60	2	170		
长泰县	7	1056	6	172	8	216		
东山县	3	422	3	33	1	131	3	9
南靖县	1	24	2	172	2	320		
平和县	2	56			3	96		
华安县	2	814						
龙海市	3	18	9	613	4	16		
南平市	**12**	**423**	**9**	**705**	**9**	**404**		
延平区	2	54	2	295	3	381		
顺昌县								
浦城县	1	76	2	358	1	1		
光泽县			1	11				
松溪县								
政和县	1	50						
邵武市	3	47	1	4	2	7		
武夷山市			2	7				
建瓯市	2	17	1	30	2	13		
建阳市	3	179			1	2		
龙岩市	**6**	**1539**	**9**	**694**	**11**	**1139**		
新罗区					3	176		
长汀县	4	1265	2	231	5	806		
永定县	2	274	1	50				
上杭县								
武平县			1	9				
连城县			1	18	1	26		
漳平市			4	386	2	131		
宁德市	**4**	**123**	**2**	**43**	**2**	**113**	**1**	**6**
蕉城区	1	36	1	10				
霞浦县	1	2						
古田县					1	73	1	6
屏南县			1	33				
寿宁县								
周宁县					1	40		
柘荣县								
福安市	2	85						
福鼎市								

2-55 按地区、学历、技术分组的

地区	企业法人单位数	从业人数	按学历分组			
			研究生及以上	大学本科	大学专科	高中
全省	**3809**	**743512**	**3472**	**48057**	**69554**	**211233**
福州市	**845**	**183009**	**1136**	**14789**	**18552**	**60566**
鼓楼区	160	11463	246	3383	2346	3366
台江区	35	2288	13	462	738	784
仓山区	117	23896	268	2987	3311	9035
马尾区	103	37150	190	4233	4235	13982
晋安区	81	34214	150	1092	2353	12436
闽侯县	111	19355	101	1062	2305	7973
连江县	29	16269	3	212	506	2475
罗源县	9	2815	2	30	105	1206
闽清县	23	2434		26	115	634
永泰县	5	763	1	23	99	341
平潭县	7	290		4	52	142
福清市	127	27646	154	1159	2069	7510
长乐市	38	4426	8	116	318	682
厦门市	**1168**	**220561**	**1503**	**22090**	**22955**	**63956**
思明区	328	23458	506	3654	4465	7453
海沧区	170	30888	171	2218	3771	9562
湖里区	325	66907	477	11097	6060	16748
集美区	173	63079	230	3211	6283	20641
同安区	125	22440	50	749	1337	4965
翔安区	47	13789	69	1161	1039	4587
莆田市	**141**	**38647**	**69**	**1291**	**3550**	**9785**
城厢区	17	2019	9	84	160	208
涵江区	52	18766	31	539	1091	3387
荔城区	20	7605	10	253	1055	2253
秀屿区	19	3215	8	258	477	1037
仙游县	33	7042	11	157	767	2900
三明市	**54**	**3058**	**43**	**153**	**293**	**908**
梅列区	7	240	1	52	81	81
三元区	5	49	1	6	15	15
明溪县	2	95		1	3	11
清流县	3	274			7	53
宁化县	1	55			5	2
大田县	8	374	1	16	40	151
尤溪县	5	440			3	52
沙县	9	491	40	48	68	179
将乐县	3	66			1	10
泰宁县	3	470		6	45	215
建宁县						
永安市	8	504		24	25	139
泉州市	**994**	**227920**	**503**	**6159**	**17202**	**55688**
鲤城区	98	29866	38	1394	2624	8307
丰泽区	106	15373	27	380	2037	3183
洛江区	34	7449	10	196	434	811
泉港区	29	5471	9	180	602	2224
惠安县	125	29285	11	704	1870	5593

外商控股企业法人单位数及从业人数

单位：个、人

	按技术职称分组			按技术等级分组			
初　中 及以下	高　　级 技术职称	中　　级 技术职称	初　　级 技术职称	高级技师	技师	高级工	中级工
411196	**5275**	**13079**	**26905**	**2433**	**6171**	**8443**	**20269**
87966	**1153**	**4219**	**8992**	**720**	**1794**	**2274**	**5602**
2122	314	796	796	29	159	329	153
291	4	62	50	2	8	6	4
8295	148	698	2027	113	272	467	1406
14510	278	1142	1757	302	521	687	908
18183	81	494	2989	56	94	115	1923
7914	112	248	480	54	157	117	185
13073	18	77	72	6	95	172	362
1472	22	26	51	9	23	87	154
1659	1	8	32		3		112
299	1	6	6				5
92	1	10	18			6	45
16754	156	590	614	143	425	244	278
3302	17	62	100	6	37	44	67
110057	**1416**	**4347**	**8274**	**941**	**2105**	**1872**	**4206**
7380	209	691	1298	54	146	237	383
15166	190	875	1540	240	787	186	914
32525	342	1101	1701	136	313	381	925
32714	503	1409	2882	435	737	814	1276
15339	155	220	671	60	98	227	554
6933	17	51	182	16	24	27	154
23952	**133**	**522**	**944**	**111**	**306**	**753**	**914**
1558	11	25	25	5	3	3	5
13718	31	148	291	36	78	212	330
4034	37	163	386	44	155	315	324
1435	18	41	89	10	10	34	39
3207	36	145	153	16	60	189	216
1661	**43**	**143**	**168**	**11**	**35**	**47**	**171**
25	7	29	29		1	5	3
12	1	10	2				
80			1		1		
214		2	14				3
48			3				
166	3	22	23	1	1	3	5
385	1		1				92
156	30	54	86	10	20	33	52
55		2	1				
204		1	3		10	1	6
316	1	23	5		2	5	10
148368	**2146**	**2629**	**6150**	**482**	**1459**	**2770**	**7626**
17503	50	571	392	25	46	334	1061
9746	55	268	737	13	42	46	173
5998	28	85	253	29	89	33	74
2456	43	142	346	32	63	114	211
21107	35	124	227	46	196	248	364

2-55 续表

地　区	企业法人单位数	从业人数	按学历分组			
			研究生及以上	大学本科	大学专科	高中
安溪县	48	14101	24	248	654	3642
永春县	27	3013		24	131	799
德化县	18	2872	1	33	139	870
石狮市	120	21672	213	900	2585	6803
晋江市	337	92711	164	2017	5777	22331
南安市	52	6107	6	83	349	1125
漳州市	**372**	**44287**	**140**	**1916**	**3518**	**11532**
芗城区	40	3969	8	81	290	1129
龙文区	27	4000	22	161	399	1475
云霄县	13	1392	11	38	100	447
漳浦县	69	8926	4	133	452	1643
诏安县	21	2849		17	98	899
长泰县	49	6275	26	145	389	909
东山县	27	2899	6	56	219	939
南靖县	17	1900	3	79	245	655
平和县	8	209		5	20	65
华安县	4	897		45	74	413
龙海市	97	10971	60	1156	1232	2958
南平市	**114**	**11689**	**47**	**1109**	**2020**	**3641**
延平区	26	5199	28	885	1377	1491
顺昌县	3	605		6	13	102
浦城县	9	1439	9	110	246	500
光泽县	7	121			11	39
松溪县	2	145		3	5	105
政和县	6	480	1	5	26	146
邵武市	17	1207	2	18	128	440
武夷山市	13	613		41	64	178
建瓯市	13	509	4	25	58	124
建阳市	18	1371	3	16	92	516
龙岩市	**76**	**11312**	**13**	**267**	**882**	**4087**
新罗区	25	3887	7	149	388	2008
长汀县	13	2621		2	85	489
永定县	10	1060	5	47	203	440
上杭县	6	568		41	86	283
武平县	2	134	1	15	4	38
连城县	9	1579		4	38	332
漳平市	11	1463		9	78	497
宁德市	**45**	**3029**	**18**	**283**	**582**	**1070**
蕉城区	17	1394	13	224	404	437
霞浦县	7	460		5	45	189
古田县	4	182		2	24	52
屏南县	4	241		12	29	137
寿宁县						
周宁县	3	265	3	8	32	154
柘荣县						
福安市	5	462	2	30	35	99
福鼎市	5	25		2	13	2

单位：个、人

	按技术职称分组			按技术等级分组			
初 中 及以下	高 级 技术职称	中 级 技术职称	初 级 技术职称	高级技师	技师	高级工	中级工
9533	20	63	217	7	57	182	826
2059	1	10	15	8	21	21	45
1829	3	32	76	3	29	27	211
11171	79	158	296	32	136	142	289
62422	1809	1071	3337	270	762	1512	4158
4544	23	105	254	17	18	111	214
27181	**220**	**540**	**999**	**122**	**194**	**483**	**1167**
2461	8	44	39	2	20	38	14
1943	16	40	77	16	32	32	88
796	53	20	49	9			3
6694	14	49	105	1	18	7	22
1835	3	19	30	2	8	47	89
4806	29	19	45	12	16	63	234
1679	21	46	118	6	17	67	141
918	5	18	34	8	1	4	30
119		2	14				
365					3		
5565	71	283	488	66	79	225	546
4872	**52**	**329**	**744**	**25**	**60**	**129**	**225**
1418	29	136	165	7	35	45	18
484		7	18		2	15	22
574	10	133	311	5	3	56	123
71		2	12				5
32		7	8		3		
302		5	20				1
619	1	14	37	1	1	1	5
330		6	80		3		
298	7	8	34	3		6	13
744	5	11	59	9	13	6	38
6063	**59**	**195**	**398**	**3**	**175**	**47**	**207**
1335	55	126	146	2	159	10	17
2045		8	50			2	59
365		7	7	1	3	3	7
158	2	24	70		4	3	7
76							3
1205		20	101		2	23	105
879	2	10	24		7	6	9
1076	**53**	**155**	**236**	**18**	**43**	**68**	**151**
316	23	58	20	1	1	6	26
221	3	6	124		3	3	11
104	1	12	23		6	15	23
63	10	40	58	10	7	12	48
68	9	30		7	26	30	40
296	7	9	11			2	3
8							

2-56 按行业（大类）、学历、技术分组的

行业	代码	企业法人单位数	从业人数	按学历分组 研究生及以上	大学本科
总计		**3809**	**743512**	**3472**	**48057**
农、林、牧、渔业	A				
农业	01				
林业	02				
畜牧业	03				
渔业	04				
农、林、牧、渔服务业	05				
采矿业	B	**15**	**600**		**11**
煤炭开采和洗选业	06				
石油和天然气开采业	07				
黑色金属矿采选业	08	1	31		
有色金属矿采选业	09	2	53		2
非金属矿采选业	10	12	516		9
其他采矿业	11				
制造业	C	**2793**	**687618**	**2633**	**36910**
农副食品加工业	13	111	13959	48	594
食品制造业	14	87	9309	48	392
饮料制造业	15	48	11129	48	713
烟草制品业	16				
纺织业	17	140	29095	51	581
纺织服装、鞋、帽制造业	18	324	78097	227	1259
皮革、毛皮、羽毛(绒)及其制品业	19	216	147634	120	2849
木材加工及木、竹、藤、棕、草制品业	20	46	4108	5	65
家具制造业	21	55	10671	17	326
造纸及纸制品业	22	51	9002	37	385
印刷业和记录媒介的复制	23	20	2271	2	83
文教体育用品制造业	24	79	22519	142	670
石油加工、炼焦及核燃料加工业	25	5	161	3	13
化学原料及化学制品制造业	26	108	9246	86	801
医药制造业	27	26	2748	33	328
化学纤维制造业	28	9	1433	9	137
橡胶制品业	29	51	14652	34	469
塑料制品业	30	158	35963	172	1202
非金属矿物制品业	31	204	28073	46	773
黑色金属冶炼及压延加工业	32	28	10706	18	357
有色金属冶炼及压延加工业	33	14	2099	12	83
金属制品业	34	134	22366	70	1366
通用设备制造业	35	84	12481	109	1383
专用设备制造业	36	99	10097	50	818
交通运输设备制造业	37	152	26162	148	1685
电气机械及器材制造业	39	125	24248	193	2567
通信设备、计算机及其他电子设备制造业	40	160	88434	708	15259
仪器仪表及文化、办公用机械制造业	41	52	19279	141	746
工艺品及其他制造业	42	207	41676	56	1006
废弃资源和废旧材料回收加工业	43				
电力、燃气及水的生产和供应业	D	**50**	**2589**	**19**	**705**
电力、热力的生产和供应业	44	37	2128	14	614
燃气生产和供应业	45	2	82	3	30
水的生产和供应业	46	11	379	2	61
建筑业	E	**26**	**4095**	**8**	**549**
房屋和土木工程建筑业	47	6	2083	3	337
建筑安装业	48	10	1803	3	145
建筑装饰业	49	8	174		56
其他建筑业	50	2	35	2	11

外商控股企业法人单位数及从业人数

单位：个、人

			按技术职称分组			按技术等级分组			
大学专科	高中	初 中 及以下	高 级 技术职称	中 级 技术职称	初 级 技术职称	高级技师	技师	高级工	中级工
69554	**211233**	**411196**	**5275**	**13079**	**26905**	**2433**	**6171**	**8443**	**20269**
20	**130**	**439**	**2**	**13**	**19**	**1**	**3**	**36**	**20**
3	15	13		2	5				
4	5	42	2	5	5	1	1	3	5
13	110	384		6	9		2	33	15
57091	**192563**	**398421**	**4429**	**9717**	**21464**	**2058**	**5511**	**7507**	**17702**
1440	3220	8657	82	182	474	51	71	139	233
889	3248	4732	62	151	309	20	56	95	203
1708	3781	4879	28	130	332	35	46	73	99
2461	8094	17908	1651	289	721	93	268	575	2530
4713	18129	53769	168	706	2536	55	328	651	1449
7390	33782	103493	166	1040	2502	126	527	1433	2540
269	1092	2677	2	33	67	2	6	27	74
656	2734	6938	10	47	149	12	41	67	72
1171	2995	4414	59	189	304	24	50	168	292
221	612	1353	6	29	45	5	10	11	41
1425	6223	14059	23	66	136	8	45	34	335
10	121	14	23	37	27	4	2	7	3
1282	2752	4325	105	302	443	22	65	70	269
448	1090	849	39	236	474	9	18	117	214
178	250	859	21	44	125	9	10	19	28
1918	3963	8268	85	269	418	92	89	147	375
2683	9133	22773	164	597	895	126	1102	426	800
2135	7453	17666	138	313	1396	26	121	185	870
640	3142	6549	63	178	565	33	104	309	851
540	868	596	29	282	186	5	8	82	152
2651	6034	12245	357	763	608	400	642	550	729
2199	4259	4531	96	461	818	84	122	272	750
1464	4267	3498	79	201	306	48	237	134	204
2969	10172	11188	126	445	859	99	298	239	525
3296	6342	11850	149	640	1175	135	175	257	509
8994	33708	29765	557	1533	4484	258	664	887	2222
1201	5880	11311	68	216	496	25	54	89	195
2140	9219	29255	73	338	614	252	352	444	1138
597	**823**	**445**	**36**	**148**	**216**	**28**	**42**	**78**	**110**
490	712	298	28	115	183	16	35	54	91
23	12	14	3	13	6				1
84	99	133	5	20	27	12	7	24	18
608	**1690**	**1240**	**49**	**209**	**392**	**15**	**28**	**55**	**83**
375	478	890	35	152	305	15	25	36	52
162	1158	335	9	22	56		3	19	31
64	41	13	5	32	27				
7	13	2		3	4				

2-56 续表

行　业	代码	企业法人单位数	从业人数	按学历分组	
				研究生及以上	大学本科
交通运输、仓储和邮政业	**F**	**58**	**2986**	**23**	**450**
铁路运输业	51				
道路运输业	52	3	135	1	4
城市公共交通业	53	3	849		128
水上运输业	54	7	296	8	100
航空运输业	55				
管道运输业	56				
装卸搬运和其他运输服务业	57	21	714	7	130
仓储业	58	24	992	7	88
邮政业	59				
信息传输、计算机服务和软件业	**G**	**65**	**6142**	**209**	**2655**
电信和其他信息传输服务业	60	9	3268	70	828
计算机服务业	61	11	282	4	171
软件业	62	45	2592	135	1656
批发和零售业	**H**	**307**	**15257**	**202**	**2355**
批发业	63	246	5213	111	1484
零售业	65	61	10044	91	871
住宿和餐饮业	**I**	**75**	**10114**	**68**	**1727**
住宿业	66	38	6434	65	485
餐饮业	67	37	3680	3	1242
金融业	**J**	**19**	**2524**	**49**	**698**
银行业	68	8	238	38	160
证券业	69				
保险业	70	9	2255	10	520
其他金融活动	71	2	31	1	18
房地产业	**K**	**246**	**6236**	**72**	**831**
房地产业	72	246	6236	72	831
租赁和商务服务业	**L**	**76**	**1566**	**144**	**749**
租赁业	73	4	17		2
商务服务业	74	72	1549	144	747
科学研究、技术服务和地质勘查业	**M**	**29**	**1077**	**21**	**130**
研究与试验发展	75	7	296	5	26
专业技术服务业	76	16	207	14	73
科技交流和推广服务业	77	6	574	2	31
地质勘查业	78				
水利、环境和公共设施管理业	**N**	**11**	**441**		**14**
水利管理业	79				
环境管理业	80	2	19		5
公共设施管理业	81	9	422		9
居民服务和其他服务业	**O**	**20**	**754**		**4**
居民服务业	82	16	715		4
其他服务业	83	4	39		
教育	**P**	**1**	**66**		
教育	84	1	66		
卫生、社会保障和社会福利业	**Q**	**3**	**595**	**19**	**208**
卫生	85	2	592	19	208
社会保障业	86				
社会福利业	87	1	3		
文化、体育和娱乐业	**R**	**15**	**852**	**5**	**61**
新闻出版业	88				
广播、电视、电影和音像业	89				
文化艺术业	90	2	95		4
体育	91	1	3		
娱乐业	92	12	754	5	57

单位：个、人

			按技术职称分组			按技术等级分组			
大学专科	高中	初中及以下	高级技术职称	中级技术职称	初级技术职称	高级技师	技师	高级工	中级工
658	**1215**	**640**	**25**	**266**	**168**	**1**	**9**	**276**	**132**
13	22	95	1	4	2	1	2		
103	425	193		178	71			274	80
77	109	2	5	18	41			1	2
231	200	146	16	43	44		7	1	46
234	459	204	3	23	10				4
1818	**1349**	**111**	**186**	**667**	**875**	**260**	**339**	**333**	**342**
1103	1188	79	31	182	210	1	3	2	5
73	24	10		4	4		1	1	1
642	137	22	155	481	661	259	335	330	336
3437	**5782**	**3481**	**153**	**799**	**2241**	**17**	**20**	**49**	**1677**
1603	1375	640	73	400	325	5	8	11	24
1834	4407	2841	80	399	1916	12	12	38	1653
1666	**3529**	**3124**	**10**	**109**	**248**	**23**	**75**	**73**	**107**
1035	2529	2320	10	106	151	14	64	68	104
631	1000	804		3	97	9	11	5	3
1068	**648**	**61**	**4**	**31**	**25**	**1**			**1**
32	7	1	3	20	18				
1026	639	60	1	6	4	1			1
10	2			5	3				
1714	**1688**	**1931**	**151**	**690**	**576**	**22**	**38**	**31**	**90**
1714	1688	1931	151	690	576	22	38	31	90
391	**250**	**32**	**75**	**338**	**134**	**4**	**2**	**2**	
8	5	2		2	1				
383	245	30	75	336	133	4	2	2	
150	**208**	**568**	**129**	**53**	**77**	**2**	**104**		**3**
33	79	153	9	24	37	2	24		3
80	38	2	5	8	9				
37	91	413	115	21	31		80		
58	**232**	**137**			**1**			**1**	
9	5							1	
49	227	137			1				
59	**385**	**306**		**4**	**6**	**1**		**2**	**2**
56	362	293		4	5	1		2	2
3	23	13			1				
2	**60**	**4**							
2	60	4							
121	**176**	**71**	**25**	**27**	**435**				
120	174	71	25	27	435				
1	2								
96	**505**	**185**	**1**	**8**	**28**				
11	51	29		1	1				
		3							
85	454	153	1	7	27				

2-57 按行业（大类）、地区分组的

（2004年、

行业	代码	企业法人单位数		福州市	
		2008年	2004年	2008年	2004年
总计		**159716**	**105277**	**34492**	**21360**
农、林、牧、渔业	A	**24**			
农业	01	8			
林业	02	7			
畜牧业	03	8			
渔业	04	1			
农、林、牧、渔服务业	05				
采矿业	B	**2466**	**1683**	**240**	**188**
煤炭开采和洗选业	06	280	225	1	
石油和天然气开采业	07	1		1	
黑色金属矿采选业	08	244	153		
有色金属矿采选业	09	278	140	5	2
非金属矿采选业	10	1641	1152	233	185
其他采矿业	11	22	13		1
制造业	C	**61933**	**47735**	**10077**	**8016**
农副食品加工业	13	3079	2230	728	614
食品制造业	14	1841	1537	322	257
饮料制造业	15	2459	1525	268	240
烟草制品业	16	7	7	2	
纺织业	17	2965	2584	887	673
纺织服装、鞋、帽制造业	18	4955	4351	459	326
皮革、毛皮、羽毛(绒)及其制品业	19	3143	2894	134	118
木材加工及木、竹、藤、棕、草制品业	20	3637	2726	335	245
家具制造业	21	1176	805	238	175
造纸及纸制品业	22	2263	2000	335	295
印刷业和记录媒介的复制	23	1819	1479	348	319
文教体育用品制造业	24	686	533	65	67
石油加工、炼焦及核燃料加工业	25	89	71	17	10
化学原料及化学制品制造业	26	2324	1828	340	302
医药制造业	27	306	220	85	62
化学纤维制造业	28	130	121	33	34
橡胶制品业	29	830	766	93	82
塑料制品业	30	3545	2805	920	747
非金属矿物制品业	31	8100	6421	1104	860
黑色金属冶炼及压延加工业	32	429	505	59	97
有色金属冶炼及压延加工业	33	344	296	45	49
金属制品业	34	2859	1637	423	287
通用设备制造业	35	2961	2056	546	401
专用设备制造业	36	2085	1289	356	223
交通运输设备制造业	37	2203	1532	446	343
电气机械及器材制造业	39	2168	1342	395	351
通信设备、计算机及其他电子设备制造业	40	1343	876	293	238
仪器仪表及文化、办公用机械制造业	41	639	495	139	133
工艺品及其他制造业	42	3392	2701	640	454
废弃资源和废旧材料回收加工业	43	156	103	22	14
电力、燃气及水的生产和供应业	D	**5765**	**4428**	**512**	**413**
电力、热力的生产和供应业	44	4945	3920	375	303
燃气生产和供应业	45	45	24	16	9
水的生产和供应业	46	775	484	121	101
建筑业	E	**5983**	**3497**	**1531**	**908**
房屋和土木工程建筑业	47	2486	1227	544	293
建筑安装业	48	1030	630	328	190
建筑装饰业	49	1524	1160	444	340
其他建筑业	50	943	480	215	85

企业法人单位数及从业人数

2008年）　　　　　　　　　　　　　　　　　　单位：个、人

厦门市		莆田市		三明市		泉州市		漳州市	
2008年	2004年	2008年	2004年	2008年	2004年	2008年	2004年	2008年	2004年
32670	**20431**	**5191**	**2666**	**10425**	**6881**	**33003**	**28057**	**15509**	**8258**
				10				**3**	
				3				2	
				2					
				5				1	
17	**22**	**38**	**42**	**607**	**332**	**403**	**410**	**168**	**125**
		1		70	62	21	19	1	2
				105	56	46	39	3	
				127	46	21	17	9	4
17	22	37	37	304	167	315	335	154	116
			5	1	1			1	3
8406	**5939**	**2700**	**1554**	**3387**	**2581**	**19683**	**18552**	**6994**	**3922**
211	171	159	92	170	102	360	368	782	515
200	172	64	33	101	120	366	362	420	268
78	73	37	26	112	71	843	441	217	136
1	3			1	1				
280	238	97	81	223	183	1147	1167	130	102
610	402	229	119	98	60	2935	3161	309	127
155	106	404	167	13	8	2201	2369	178	74
113	91	66	31	772	577	209	152	296	206
159	135	95	25	45	37	177	159	292	140
398	298	104	79	129	147	697	700	325	211
363	316	76	35	82	64	525	439	192	111
164	109	30	12	12	12	216	220	118	48
16	16	2	1	5	5	21	22	13	5
387	347	71	58	290	214	394	338	296	194
55	56	13	12	27	10	32	22	24	19
19	15	5	3	4	4	59	63	4	1
185	104	73	54	22	12	353	456	35	20
731	570	175	124	71	58	1026	876	353	241
490	372	222	167	520	368	3310	3103	927	498
46	64	6	15	35	66	58	105	58	51
61	55	16	8	18	16	73	99	48	13
858	460	95	43	63	67	708	421	445	209
436	270	68	48	303	191	855	683	284	127
548	289	74	47	75	51	598	459	159	70
210	154	51	32	72	69	579	493	262	113
470	271	28	10	38	19	219	153	203	87
487	322	77	34	15	13	241	191	127	42
189	134	59	40	9	9	73	65	126	87
478	322	276	143	53	20	1359	1422	355	198
8	4	28	15	9	7	49	43	16	9
46	**36**	**132**	**80**	**1212**	**935**	**759**	**678**	**583**	**468**
26	22	96	64	1134	875	651	589	500	416
	2	1		6	3	10	2	7	5
20	12	35	16	72	57	98	87	76	47
1463	**1018**	**175**	**95**	**393**	**175**	**898**	**529**	**568**	**227**
327	168	94	46	233	77	437	212	266	109
323	236	17	9	39	27	135	60	73	34
478	384	50	37	54	43	203	184	129	66
335	230	14	3	67	28	123	73	100	18

2-57 续表 1

行　业	代码	企业法人单位数 2008年	2004年	福州市 2008年	2004年
交通运输、仓储和邮政业	F	**5372**	**2741**	**1459**	**623**
铁路运输业	51	15		3	
道路运输业	52	2084	1272	417	227
城市公共交通业	53	208	145	43	21
水上运输业	54	858	353	585	148
航空运输业	55	30	26	10	7
管道运输业	56	2			
装卸搬运和其他运输服务业	57	1625	701	256	132
仓储业	58	413	194	101	79
邮政业	59	137	50	44	9
信息传输、计算机服务和软件业	G	**4371**	**1772**	**1097**	**354**
电信和其他信息传输服务业	60	604	345	207	96
计算机服务业	61	2749	969	623	129
软件业	62	1018	458	267	129
批发和零售业	H	**42032**	**24613**	**10852**	**5611**
批发业	63	27262	14850	6871	3194
零售业	65	14770	9763	3981	2417
住宿和餐饮业	I	**3379**	**2304**	**819**	**567**
住宿业	66	1645	1256	381	252
餐饮业	67	1734	1048	438	315
金融业	J	**1064**	**751**	**170**	**125**
银行业	68	173	478	36	36
证券业	69	35	29	3	20
保险业	70	293	116	73	37
其他金融活动	71	563	128	58	32
房地产业	K	**7301**	**4866**	**1681**	**1288**
房地产业	72	7301	4866	1681	1288
租赁和商务服务业	L	**10729**	**5366**	**3280**	**1614**
租赁业	73	794	167	162	30
商务服务业	74	9935	5199	3118	1584
科学研究、技术服务和地质勘查业	M	**3115**	**1696**	**933**	**525**
研究与试验发展	75	246	124	114	45
专业技术服务业	76	2273	1249	650	379
科技交流和推广服务业	77	542	286	159	94
地质勘查业	78	54	37	10	7
水利、环境和公共设施管理业	N	**789**	**497**	**146**	**122**
水利管理业	79	99	71	14	9
环境管理业	80	206	96	58	33
公共设施管理业	81	484	330	74	80
居民服务和其他服务业	O	**2910**	**1790**	**846**	**487**
居民服务业	82	1366	892	446	246
其他服务业	83	1544	898	400	241
教育	P	**767**	**339**	**201**	**104**
教育	84	767	339	201	104
卫生、社会保障和社会福利业	Q	**593**	**514**	**333**	**202**
卫生	85	574	497	329	198
社会保障业	86	3	6	2	2
社会福利业	87	16	11	2	2
文化、体育和娱乐业	R	**1123**	**685**	**315**	**213**
新闻出版业	88	36	22	17	18
广播、电视、电影和音像业	89	127	129	36	47
文化艺术业	90	123	59	33	11
体育	91	48	30	13	10
娱乐业	92	789	445	216	127

单位：个、人

厦门市		莆田市		三明市		泉州市		漳州市	
2008年	2004年	2008年	2004年	2008年	2004年	2008年	2004年	2008年	2004年
1392	**750**	**144**	**77**	**355**	**147**	**698**	**482**	**521**	**232**
2				1		1			
234	250	79	48	271	91	359	280	286	134
29	25	15	7	17	7	23	27	22	13
72	42	19	16	7	7	77	76	38	27
13	10	1				3	5		1
1						1			
908	354	18	3	33	28	146	71	92	37
100	51	9	2	25	12	66	15	68	17
33	18	3	1	1	2	22	8	15	3
1240	**471**	**116**	**25**	**189**	**103**	**471**	**267**	**476**	**72**
200	97	16	9	19	21	30	39	35	13
426	116	93	15	158	75	396	186	413	47
614	258	7	1	12	7	45	42	28	12
12328	**7528**	**1058**	**409**	**2357**	**1562**	**6002**	**4353**	**3548**	**1882**
9463	5793	619	179	1644	1049	3113	1909	2155	1015
2865	1735	439	230	713	513	2889	2444	1393	867
607	**414**	**76**	**71**	**266**	**130**	**550**	**370**	**267**	**245**
252	175	31	42	136	103	308	193	143	129
355	239	45	29	130	27	242	177	124	116
161	**55**	**50**	**17**	**109**	**105**	**132**	**119**	**82**	**66**
26	23	12	11	19	86	21	78	15	50
13	4	1		5	2	5	1	1	
38	20	28	5	18	10	39	16	33	8
84	8	9	1	67	7	67	24	33	8
1668	**1150**	**258**	**130**	**454**	**222**	**1044**	**777**	**789**	**396**
1668	1150	258	130	454	222	1044	777	789	396
3055	**1582**	**235**	**70**	**546**	**243**	**1169**	**825**	**826**	**269**
231	57	15	2	55	1	122	23	60	11
2824	1525	220	68	491	242	1047	802	766	258
880	**456**	**62**	**20**	**223**	**136**	**308**	**183**	**208**	**115**
46	36	3	1	9	6	36	16	12	7
695	333	47	12	147	103	211	137	155	80
132	77	12	5	57	24	54	27	38	27
7	10		2	10	3	7	3	3	1
125	**91**	**30**	**20**	**51**	**32**	**102**	**65**	**93**	**34**
4	4	4	2	11	3	7	2	11	3
45	20	2	3	9	5	38	14	21	4
76	67	24	15	31	24	57	49	61	27
883	**672**	**46**	**22**	**115**	**97**	**399**	**226**	**215**	**90**
387	300	19	11	36	38	175	124	95	67
496	372	27	11	79	59	224	102	120	23
133	**71**	**24**	**5**	**72**	**17**	**119**	**59**	**57**	**28**
133	71	24	5	72	17	119	59	57	28
36	**31**	**19**	**5**	**19**	**23**	**112**	**64**	**24**	**29**
34	30	16	4	18	19	110	64	23	29
				1	2				
2	1	3	1		2	2		1	
230	**145**	**28**	**24**	**60**	**41**	**154**	**98**	**87**	**58**
12	2	1				4	2		
27	9	4	6	7	8	11	16	9	9
40	23	4	1		3	13	6	12	7
14	7			5	1	3	4	4	2
137	104	19	17	48	29	123	70	62	40

2-57 续表 2-1

行　业	代码	南平市		龙岩市	
		2008年	2004年	2008年	2004年
总　计		**11039**	**7383**	**8669**	**5093**
农、林、牧、渔业	A	**5**		**3**	
农业	01			1	
林业	02	5			
畜牧业	03			2	
渔业	04				
农、林、牧、渔服务业	05				
采矿业	B	**257**	**157**	**630**	**341**
煤炭开采和洗选业	06	7	11	178	131
石油和天然气开采业	07				
黑色金属矿采选业	08	12	6	76	51
有色金属矿采选业	09	61	33	46	31
非金属矿采选业	10	165	105	323	128
其他采矿业	11	12	2	7	
制造业	C	**4299**	**3077**	**2649**	**1643**
农副食品加工业	13	223	111	151	58
食品制造业	14	209	203	64	49
饮料制造业	15	443	243	153	75
烟草制品业	16	1	1	2	2
纺织业	17	110	78	68	47
纺织服装、鞋、帽制造业	18	151	72	116	68
皮革、毛皮、羽毛(绒)及其制品业	19	14	24	17	12
木材加工及木、竹、藤、棕、草制品业	20	1353	1062	297	223
家具制造业	21	73	62	54	41
造纸及纸制品业	22	107	104	89	105
印刷业和记录媒介的复制	23	87	68	88	75
文教体育用品制造业	24	26	22	15	2
石油加工、炼焦及核燃料加工业	25	6	4	6	8
化学原料及化学制品制造业	26	303	188	164	143
医药制造业	27	37	18	18	9
化学纤维制造业	28	2	1	2	
橡胶制品业	29	26	15	27	17
塑料制品业	30	86	78	56	41
非金属矿物制品业	31	304	194	561	320
黑色金属冶炼及压延加工业	32	16	20	42	45
有色金属冶炼及压延加工业	33	21	18	34	17
金属制品业	34	93	57	70	37
通用设备制造业	35	126	101	129	76
专用设备制造业	36	101	53	108	54
交通运输设备制造业	37	84	77	136	61
电气机械及器材制造业	39	108	81	64	24
通信设备、计算机及其他电子设备制造业	40	24	19	56	7
仪器仪表及文化、办公用机械制造业	41	24	17	6	2
工艺品及其他制造业	42	125	80	51	25
废弃资源和废旧材料回收加工业	43	16	6	5	
电力、燃气及水的生产和供应业	D	**725**	**528**	**1028**	**809**
电力、热力的生产和供应业	44	661	482	960	750
燃气生产和供应业	45	1		3	2
水的生产和供应业	46	63	46	65	57
建筑业	E	**401**	**261**	**322**	**164**
房屋和土木工程建筑业	47	243	152	205	100
建筑安装业	48	61	42	33	17
建筑装饰业	49	64	45	68	38
其他建筑业	50	33	22	16	9

单位：个、人

宁德市		企业法人从业人数		福州市		厦门市	
2008年	2004年	2008年	2004年	2008年	2004年	2008年	2004年
8718	**5148**	**8045186**	**5515538**	**1811193**	**1182306**	**1580687**	**1041957**
3		**5276**					
2		4584					
		420					
		217					
1		55					
106	**66**	**134144**	**90318**	**7534**	**5620**	**344**	**652**
1		57628	38641	10			
		8		8			
2	1	17677	7978				
9	7	12450	7341	325	266		
93	57	46156	36139	7191	5292	344	652
1	1	225	219		62		
3738	**2451**	**4431497**	**3563520**	**745629**	**620489**	**709773**	**618663**
295	199	156511	114684	38428	35514	15965	14918
95	73	109964	92496	14510	10621	11838	14414
308	220	92720	43501	9204	7390	14225	3932
		4585	3455	22		1195	1218
23	15	287272	262844	72307	50979	23651	28423
48	16	522233	424104	49174	41780	63644	45073
27	16	619456	514198	68008	63023	35151	32749
196	139	159253	105619	14855	11560	3342	5883
43	31	74025	64741	19280	14522	12564	15873
79	61	119602	98355	11831	12513	17969	14293
58	52	53682	43522	12503	11270	13692	12721
40	41	78887	64159	7412	8690	34170	29444
3		5858	4003	1055	149	287	333
79	44	102360	83423	12717	13827	14978	16233
15	12	23155	20090	7114	5590	5464	7063
2		21336	14257	6387	3267	1824	454
16	6	83267	89179	4666	18494	21367	15374
127	70	209402	164845	67437	56813	43725	39614
662	539	401292	336676	59730	46281	24904	28951
109	42	52444	41994	13260	7975	2101	2500
28	21	30050	21387	3977	3204	6845	4966
104	56	119570	75388	14456	9891	44612	28512
214	159	131420	90325	22919	17330	21370	17355
66	43	88263	59753	16562	12525	20000	12211
363	190	147404	88085	44144	28263	29404	18611
643	346	176433	136956	30895	31865	58174	48570
23	10	228470	172390	62524	48685	114810	93899
14	8	67416	60757	11947	8792	21777	21760
55	37	262510	270486	47775	39511	30604	43233
3	5	2657	1848	530	165	121	83
768	**481**	**133672**	**126584**	**27870**	**29303**	**3143**	**4403**
542	419	112194	107993	23027	24670	1275	2040
1	1	2236	1901	1010	893		627
225	61	19242	16690	3833	3740	1868	1736
232	**120**	**1635992**	**633974**	**543242**	**187312**	**427827**	**135718**
137	70	1219003	475571	450784	148660	174427	61029
21	15	92579	57199	38733	19378	18759	12049
34	23	66301	40721	24123	12574	23611	14129
40	12	258109	60483	29602	6700	211030	48511

2-57 续表 2-2

行　　业	代码	南平市		龙岩市	
		2008年	2004年	2008年	2004年
交通运输、仓储和邮政业	F	**345**	**196**	**248**	**102**
铁路运输业	51	4		4	
道路运输业	52	189	100	162	80
城市公共交通业	53	26	21	11	5
水上运输业	54	14	13	3	
航空运输业	55	1	2	2	1
管道运输业	56				
装卸搬运和其他运输服务业	57	81	48	49	6
仓储业	58	20	6	15	8
邮政业	59	10	6	2	2
信息传输、计算机服务和软件业	G	**274**	**228**	**235**	**90**
电信和其他信息传输服务业	60	23	35	39	5
计算机服务业	61	237	191	186	82
软件业	62	14	2	10	3
批发和零售业	H	**2286**	**1344**	**1857**	**1025**
批发业	63	1319	710	1039	569
零售业	65	967	634	818	456
住宿和餐饮业	I	**318**	**273**	**302**	**101**
住宿业	66	219	213	73	55
餐饮业	67	99	60	229	46
金融业	J	**211**	**93**	**75**	**118**
银行业	68	16	50	13	106
证券业	69	3	2	3	
保险业	70	23	7	23	7
其他金融活动	71	169	34	36	5
房地产业	K	**604**	**388**	**379**	**258**
房地产业	72	604	388	379	258
租赁和商务服务业	L	**662**	**359**	**407**	**200**
租赁业	73	28	23	25	15
商务服务业	74	634	336	382	185
科学研究、技术服务和地质勘查业	M	**245**	**129**	**116**	**72**
研究与试验发展	75	20	4	1	3
专业技术服务业	76	161	103	97	56
科技交流和推广服务业	77	50	14	16	10
地质勘查业	78	14	8	2	3
水利、环境和公共设施管理业	N	**113**	**58**	**74**	**57**
水利管理业	79	8	11	30	36
环境管理业	80	14	8	11	6
公共设施管理业	81	91	39	33	15
居民服务和其他服务业	O	**148**	**106**	**149**	**49**
居民服务业	82	65	66	110	21
其他服务业	83	83	40	39	28
教育	P	**45**	**9**	**77**	**25**
教育	84	45	9	77	25
卫生、社会保障和社会福利业	Q	**20**	**128**	**16**	**11**
卫生	85	15	123	16	9
社会保障业	86		2		
社会福利业	87	5	3		2
文化、体育和娱乐业	R	**81**	**49**	**102**	**28**
新闻出版业	88			1	
广播、电视、电影和音像业	89	17	11	6	14
文化艺术业	90	13	4	4	2
体育	91	3	2	4	4
娱乐业	92	48	32	87	8

单位：个、人

宁德市		企业法人从业人数					
				福州市		厦门市	
2008年	2004年	2008年	2004年	2008年	2004年	2008年	2004年
210	**132**	**285314**	**188237**	**63732**	**50336**	**68233**	**41059**
		2355		408		130	
87	62	124555	80028	22823	15870	10114	12346
22	19	32870	27434	8417	7023	13285	8109
43	24	35780	27052	13695	11444	8304	4345
		10397	7595	1550	1145	7986	5739
		62				28	
42	22	43014	23230	7123	6514	22829	8575
9	4	10357	6399	3171	3301	3018	1744
7	1	25924	16499	6545	5039	2539	201
273	**162**	**89770**	**44499**	**35116**	**29437**	**23978**	**9675**
35	30	43726	29374	17761	24859	6875	2879
217	128	20745	6819	6214	1464	4645	2177
21	4	25299	8306	11141	3114	12458	4619
1744	**899**	**535667**	**348793**	**136219**	**90271**	**153312**	**99582**
1039	432	330298	207413	79013	50468	110818	74781
705	467	205369	141380	57206	39803	42494	24801
174	**133**	**150139**	**113092**	**40611**	**33932**	**39516**	**28767**
102	94	83272	72490	20007	19608	19621	15894
72	39	66867	40602	20604	14324	19895	12873
74	**53**	**148977**	**112039**	**62309**	**32555**	**18014**	**14501**
15	38	94225	75308	42467	21947	12104	9448
1		3651	2517	2749	1980	679	347
18	6	41966	32747	15057	8077	3949	4494
40	9	9135	1467	2036	551	1282	212
424	**257**	**163171**	**111981**	**47959**	**41818**	**49908**	**29916**
424	257	163171	111981	47959	41818	49908	29916
549	**204**	**162959**	**81801**	**48606**	**28570**	**41651**	**26651**
96	5	6480	1862	1239	399	1925	798
453	199	156479	79939	47367	28171	39726	25853
140	**60**	**60713**	**35317**	**23996**	**14095**	**18050**	**10493**
5	6	2940	1088	1685	507	451	332
110	46	50162	29093	19550	11708	15913	8395
24	8	6356	3931	2422	1495	1462	1471
1		1255	1205	339	385	224	295
55	**18**	**17520**	**11690**	**2907**	**2842**	**4664**	**2717**
10	1	1000	692	246	155	49	93
8	3	4901	1342	873	318	2509	591
37	14	11619	9656	1788	2369	2106	2033
109	**41**	**45318**	**30161**	**14383**	**8043**	**12806**	**12788**
33	19	23374	14432	7363	4196	5987	4879
76	22	21944	15729	7020	3847	6819	7909
39	**21**	**12676**	**4677**	**2751**	**1571**	**2228**	**1028**
39	21	12676	4677	2751	1571	2228	1028
14	**21**	**8260**	**4005**	**2490**	**1338**	**1178**	**562**
13	21	8129	3935	2462	1314	1151	561
		20	38	12	15		
1		111	32	16	9	27	1
66	**29**	**24121**	**14850**	**5839**	**4774**	**6062**	**4782**
1		1051	806	258	734	596	70
10	9	2434	2544	778	1210	584	144
4	2	1106	408	356	98	299	147
2		615	412	122	74	197	199
49	18	18915	10680	4325	2658	4386	4222

2-57 续表 3-1

行　　业	代码	莆田市		三明市		泉州市	
		2008年	2004年	2008年	2004年	2008年	2004年
总　　计		**364592**	**244111**	**377384**	**254717**	**2273673**	**1771373**
农、林、牧、渔业	A			**332**			
农业	01			101			
林业	02			145			
畜牧业	03			86			
渔业	04						
农、林、牧、渔服务业	05						
采矿业	B	**2834**	**2941**	**28427**	**18807**	**29646**	**21544**
煤炭开采和洗选业	06	15		12065	9976	7485	8043
石油和天然气开采业	07						
黑色金属矿采选业	08			3586	2419	9952	2409
有色金属矿采选业	09			4828	2277	880	599
非金属矿采选业	10	2819	2892	7942	4125	11329	10493
其他采矿业	11		49	6	10		
制造业	C	**262042**	**180817**	**182252**	**139697**	**1718054**	**1443548**
农副食品加工业	13	10236	5696	5459	2047	17070	9201
食品制造业	14	3525	1866	3969	3843	35510	28571
饮料制造业	15	4274	3109	3423	1514	31580	11246
烟草制品业	16			158	180		
纺织业	17	5186	5578	23394	19007	128471	127680
纺织服装、鞋、帽制造业	18	29574	19814	5129	5354	326485	282316
皮革、毛皮、羽毛(绒)及其制品业	19	88301	69646	698	636	410757	333230
木材加工及木、竹、藤、棕、草制品业	20	3162	1206	38187	22868	7046	3967
家具制造业	21	4346	1568	1309	1520	10125	9574
造纸及纸制品业	22	6710	4767	10917	9046	41262	33742
印刷业和记录媒介的复制	23	2218	841	1370	1365	17258	12405
文教体育用品制造业	24	5164	1577	337	334	15895	15611
石油加工、炼焦及核燃料加工业	25	15	5	199	183	3881	2995
化学原料及化学制品制造业	26	3722	1912	18978	14715	18113	11545
医药制造业	27	652	435	1520	1070	2064	1278
化学纤维制造业	28	384	255	286	2991	11829	7179
橡胶制品业	29	11067	10048	1079	374	41538	42827
塑料制品业	30	17092	11218	2524	1755	56288	42392
非金属矿物制品业	31	6682	5088	21028	16503	219616	186768
黑色金属冶炼及压延加工业	32	388	287	15475	14288	7065	5855
有色金属冶炼及压延加工业	33	506	171	1417	767	5138	5454
金属制品业	34	5730	2008	1691	1400	28847	20305
通用设备制造业	35	2307	1261	10046	7317	44634	28554
专用设备制造业	36	3499	2531	4467	5020	27512	18046
交通运输设备制造业	37	4018	2442	3262	1582	22228	14394
电气机械及器材制造业	39	1297	505	1956	380	17772	13716
通信设备、计算机及其他电子设备制造业	40	14215	4793	1630	2405	19254	14091
仪器仪表及文化、办公用机械制造业	41	14070	13906	475	473	4522	3969
工艺品及其他制造业	42	13370	8115	1735	706	145394	155763
废弃资源和废旧材料回收加工业	43	332	169	134	54	900	874
电力、燃气及水的生产和供应业	D	**4561**	**3395**	**19418**	**18346**	**19919**	**15677**
电力、热力的生产和供应业	44	2836	2325	17757	16861	15521	12556
燃气生产和供应业	45	323		263	216	427	79
水的生产和供应业	46	1402	1070	1398	1269	3971	3042
建筑业	E	**49232**	**23692**	**53515**	**22846**	**251829**	**132654**
房屋和土木工程建筑业	47	46083	21526	43411	18559	223303	109158
建筑安装业	48	1125	593	4461	2463	12467	13766
建筑装饰业	49	1580	1538	1110	985	9266	7556
其他建筑业	50	444	35	4533	839	6793	2174

单位：个、人

漳州市		南平市		龙岩市		宁德市	
2008年	2004年	2008年	2004年	2008年	2004年	2008年	2004年
580721	**373748**	**334686**	**248977**	**417344**	**224496**	**304906**	**173853**
4392		**275**		**106**		**171**	
4342				25		116	
		275					
50				81			
						55	
5732	**6061**	**7454**	**6044**	**50181**	**27170**	**1992**	**1479**
62	29	942	1022	37045	19571	4	
112		402	452	3538	2654	87	44
141	158	2763	1579	3031	2155	482	307
5414	5814	3254	2954	6470	2790	1393	1127
3	60	93	37	97		26	1
333296	**244331**	**185800**	**134991**	**152963**	**93898**	**141688**	**87086**
38239	30490	11960	7142	6336	2365	12818	7311
24806	20903	7875	8848	3538	1132	4393	2298
6712	3875	9802	5864	4654	1916	8846	4655
		1004	134	2206	1923		
10310	11818	11216	9023	12050	9788	687	548
21695	12203	6514	4700	17622	11683	2396	1181
10735	12343	716	1038	3225	439	1865	1094
8441	4894	62094	39510	14093	9854	8033	5877
19116	16473	2833	1877	3214	2279	1238	1055
15936	9792	6704	7060	5740	5618	2533	1524
3318	1998	1264	1208	1466	1127	593	587
11095	6017	933	875	2481	63	1400	1548
183	192	61	41	146	105	31	
9914	7970	12818	9316	8956	6115	2164	1790
1756	1478	2391	1231	796	442	1398	1503
163	2	58	109	216		189	
740	405	1381	823	765	605	664	229
11597	7881	2171	2316	2155	1473	6413	1383
22823	15782	9115	6774	24513	18600	12881	11929
6238	3440	1442	1131	3049	2715	3426	3803
1325	275	5582	3631	3820	2143	1440	776
16975	9393	2034	1258	1792	1091	3433	1530
12633	7198	3703	2736	4674	2685	9134	5889
4102	2888	2904	2324	7638	3351	1579	857
10802	4341	3928	3493	5797	1772	23821	13187
25921	18653	9489	7590	4006	1982	26923	13695
10294	6807	812	526	4138	625	793	559
10908	9734	2106	1242	367	98	1244	783
16109	16939	2737	3067	3450	1909	1336	1243
410	147	153	104	60		17	252
12752	**12580**	**14429**	**13943**	**14951**	**13838**	**16629**	**15099**
10885	10913	12984	12528	13883	12943	14026	13157
117	64	8		76	18	12	4
1750	1603	1437	1415	992	877	2591	1938
115866	**38669**	**36023**	**27915**	**105166**	**45240**	**53292**	**19928**
104720	34895	26535	20943	100501	42961	49239	17840
5917	1918	7586	5102	2553	774	978	1156
2543	1161	1229	1064	1564	1078	1275	636
2686	695	673	806	548	427	1800	296

2-57 续表 3-2

行业	代码	莆田市		三明市		泉州市
		2008年	2004年	2008年	2004年	2008年
交通运输、仓储和邮政业	F	**7939**	**7309**	**17638**	**9195**	**61190**
铁路运输业	51			22		15
道路运输业	52	3559	4484	11591	3789	41459
城市公共交通业	53	1294	696	1866	1255	1498
水上运输业	54	514	927	94	59	6804
航空运输业	55	4				498
管道运输业	56					34
装卸搬运和其他运输服务业	57	982	44	1617	1907	3833
仓储业	58	269	95	445	173	1440
邮政业	59	1317	1063	2003	2012	5609
信息传输、计算机服务和软件业	G	**2278**	**171**	**3951**	**824**	**8085**
电信和其他信息传输服务业	60	1718	105	2672	289	4396
计算机服务业	61	500	61	1153	499	2765
软件业	62	60	5	126	36	924
批发和零售业	H	**14981**	**11605**	**29583**	**21330**	**84105**
批发业	63	7654	4313	19151	13580	44507
零售业	65	7327	7292	10432	7750	39598
住宿和餐饮业	I	**4479**	**4024**	**7326**	**4107**	**28938**
住宿业	66	2155	3180	4325	3266	20213
餐饮业	67	2324	844	3001	841	8725
金融业	J	**6664**	**5017**	**10029**	**8370**	**12133**
银行业	68	4111	4275	6518	5475	7640
证券业	69	6		100	107	53
保险业	70	2019	734	2823	2753	3835
其他金融活动	71	528	8	588	35	605
房地产业	K	**4729**	**2907**	**7555**	**4017**	**18887**
房地产业	72	4729	2907	7555	4017	18887
租赁和商务服务业	L	**1943**	**823**	**9126**	**2565**	**17542**
租赁业	73	153	21	359	3	1383
商务服务业	74	1790	802	8767	2562	16159
科学研究、技术服务和地质勘查业	M	**731**	**295**	**3174**	**1939**	**5473**
研究与试验发展	75	23	3	53	52	446
专业技术服务业	76	597	231	2407	1499	3981
科技交流和推广服务业	77	111	34	591	295	803
地质勘查业	78		27	123	93	243
水利、环境和公共设施管理业	N	**381**	**329**	**1120**	**376**	**2335**
水利管理业	79	47	25	215	28	93
环境管理业	80	25	45	123	46	709
公共设施管理业	81	309	259	782	302	1533
居民服务和其他服务业	O	**790**	**215**	**1700**	**1637**	**6468**
居民服务业	82	363	172	708	517	3242
其他服务业	83	427	43	992	1120	3226
教育	P	**357**	**109**	**1013**	**144**	**2676**
教育	84	357	109	1013	144	2676
卫生、社会保障和社会福利业	Q	**235**	**51**	**123**	**162**	**2436**
卫生	85	211	43	115	151	2433
社会保障业	86			8	8	
社会福利业	87	24	8		3	3
文化、体育和娱乐业	R	**416**	**411**	**1102**	**355**	**3957**
新闻出版业	88	12				177
广播、电视、电影和音像业	89	76	152	91	111	98
文化艺术业	90	31	4		15	171
体育	91			28	8	109
娱乐业	92	297	255	983	221	3402

单位：个、人

	漳州市		南平市		龙岩市		宁德市	
2004年	2008年	2004年	2008年	2004年	2008年	2004年	2008年	2004年
36621	**18659**	**14939**	**14185**	**11094**	**11522**	**6176**	**22216**	**11508**
			1120		660			
20123	11427	9496	4951	4475	8165	3458	10466	5987
4849	738	337	1812	2435	1027	929	2933	1801
6950	852	1444	276	774	12		5229	1109
302		2	288	347	71	60		
1732	2184	1089	2548	2312	591	118	1307	939
160	863	595	553	99	277	99	321	133
2505	2595	1976	2637	652	719	1512	1960	1539
1644	**5206**	**372**	**4086**	**1126**	**3341**	**550**	**3729**	**700**
440	3015	70	2632	358	2214	222	2443	152
828	1913	193	1385	762	1037	305	1133	530
376	278	109	69	6	90	23	153	18
50966	**38310**	**25383**	**27065**	**18341**	**29033**	**14514**	**23059**	**16801**
21574	23454	15365	16611	9096	15638	7999	13452	10237
29392	14856	10018	10454	9245	13395	6515	9607	6564
20100	**5772**	**5636**	**9351**	**7786**	**7869**	**3549**	**6277**	**5191**
14690	2955	3134	5999	6107	3302	2584	4695	4027
5410	2817	2502	3352	1679	4567	965	1582	1164
17453	**11306**	**9516**	**9710**	**9093**	**11441**	**9743**	**7371**	**5791**
12214	6630	6871	5458	5736	4720	4810	4577	4532
19	1		48	64	12		3	
5005	3913	2525	2756	3075	6211	4903	1403	1181
215	762	120	1448	218	498	30	1388	78
12571	**11968**	**6617**	**8388**	**5814**	**5872**	**4047**	**7905**	**4274**
12571	11968	6617	8388	5814	5872	4047	7905	4274
9389	**8509**	**3931**	**7105**	**5042**	**15323**	**2204**	**13154**	**2626**
284	264	40	144	187	147	71	866	59
9105	8245	3891	6961	4855	15176	2133	12288	2567
2344	**2482**	**1802**	**3270**	**2562**	**1925**	**964**	**1612**	**823**
110	68	22	182	14	2	19	30	29
2009	2070	1550	2492	2183	1780	801	1372	717
122	301	163	349	183	134	91	183	77
103	43	67	247	182	9	53	27	
1014	**1318**	**1117**	**3140**	**2440**	**936**	**339**	**719**	**516**
30	129	3	51	285	91	69	79	4
80	188	64	124	135	270	42	80	21
904	1001	1050	2965	2020	575	228	560	491
3016	**2267**	**988**	**2166**	**1498**	**2449**	**1092**	**2289**	**884**
1785	1320	829	1249	1004	1927	797	1215	253
1231	947	159	917	494	522	295	1074	631
596	**843**	**532**	**712**	**57**	**1515**	**284**	**581**	**356**
596	843	532	712	57	1515	284	581	356
560	**192**	**232**	**372**	**288**	**925**	**330**	**309**	**482**
560	189	232	341	269	925	323	302	482
				15				
	3		31	4		7	7	
1676	**1851**	**1042**	**1155**	**943**	**1826**	**558**	**1913**	**309**
2					5		3	
97	148	136	404	316	70	325	185	53
59	106	34	42	16	48	14	53	21
17	30	7	30	11	47	96	52	
1501	1567	865	679	600	1656	123	1620	235

第3篇

事业、机关、社团及民办非企业

3-1 按行业（小类）、学历、技术

行业	代码	事业法人单位数	从业人数	按学历分组		
				具有研究生及以上学历人员	具有大学本科学历人员	具有大专学历人员
合计		**24792**	**792107**	**26634**	**245435**	**254709**
农、林、牧、渔业	**A**	**6**	**402**		**6**	**31**
农业	01	2	51			1
谷物及其他作物的种植	011	2	51			1
谷物的种植	0111	2	51			1
林业	02	3	334		6	29
林木的培育和种植	021	3	334		6	29
造林	0212	1	57		3	4
林木的抚育和管理	0213	2	277		3	25
农、林、牧、渔服务业	05	1	17			1
农业服务业	051	1	17			1
其他农业服务	0519	1	17			1
制造业	**C**	**1**	**116**	**1**	**13**	**19**
印刷业和记录媒介的复制	23	1	116	1	13	19
印刷	231	1	116	1	13	19
书、报、刊印刷	2311	1	116	1	13	19
电力、燃气及水的生产和供应业	**D**	**23**	**577**		**15**	**82**
电力、热力的生产和供应业	44	18	456		2	54
电力生产	441	17	442		2	54
水力发电	4412	17	442		2	54
电力供应	442	1	14			
电力供应	4420	1	14			
水的生产和供应业	46	5	121		13	28
自来水的生产和供应	461	5	121		13	28
自来水的生产和供应	4610	5	121		13	28
交通运输、仓储和邮政业	**F**	**217**	**8907**	**43**	**984**	**2138**
道路运输业	52	182	7498	36	798	1871
公路旅客运输	521	2	246		2	3
公路旅客运输	5210	2	246		2	3
道路货物运输	522	4	69		4	20
道路货物运输	5220	4	69		4	20
道路运输辅助活动	523	176	7183	36	792	1848
客运汽车站	5231	2	6			
公路管理与养护	5232	158	6815	36	741	1664
其他道路运输辅助活动	5239	16	362		51	184
城市公共交通业	53	2	116		3	11
城市轮渡	534	1	115		3	10
城市轮渡	5340	1	115		3	10
其他城市公共交通	539	1	1			1
其他城市公共交通	5390	1	1			1
水上运输业	54	14	775	1	46	104
水上货物运输	542	1	152			7
沿海货物运输	5422	1	152			7
水上运输辅助活动	543	13	623	1	46	97
其他水上运输辅助活动	5439	13	623	1	46	97

分组的事业法人单位数及从业人数

单位：个、人

		按技术职称分组			按技术等级分组			
具有高中学历人员	具有初中及以下学历人员	具有高级技术职称人员	具有中级技术职称人员	具有初级技术职称人员	高级技师	技师	高级工	中级工
192111	**73218**	**66628**	**212787**	**244149**	**1730**	**3428**	**28765**	**23259**
144	**221**	**1**	**22**	**13**		**1**	**125**	**119**
25	25		1					1
25	25		1					1
25	25		1					1
117	182	1	20	13		1	125	118
117	182	1	20	13		1	125	118
14	36		5	3		1	20	20
103	146	1	15	10			105	98
2	14		1					
2	14		1					
2	14		1					
66	**17**						**53**	**11**
66	17						53	11
66	17						53	11
66	17						53	11
213	**267**	**1**	**32**	**63**		**3**	**40**	**27**
151	249		16	35		3	36	14
149	237		16	35		3	36	11
149	237		16	35		3	36	11
2	12							3
2	12							3
62	18	1	16	28			4	13
62	18	1	16	28			4	13
62	18	1	16	28			4	13
2973	**2769**	**84**	**481**	**476**	**4**	**85**	**1657**	**1586**
2477	2316	77	340	307	4	11	1491	1349
15	226		1	1				
15	226		1	1				
24	21						9	1
24	21						9	1
2438	2069	77	339	306	4	11	1482	1348
5	1							
2332	2042	77	327	271	4	11	1432	1320
101	26		12	35			50	28
102								
102								
102								
231	393		28	36		72	69	192
15	130					72	1	60
15	130					72	1	60
216	263		28	36			68	132
216	263		28	36			68	132

3-1 续表 1

行业	代码	事业法人单位数	从业人数	按学历分组		
				具有研究生及以上学历人员	具有大学本科学历人员	具有大专学历人员
航空运输业	55	1	279	6	116	80
航空运输辅助活动	553	1	279	6	116	80
空中交通管理	5532	1	279	6	116	80
装卸搬运和其他运输服务业	57	1	15		2	2
运输代理服务	572	1	15		2	2
运输代理服务	5720	1	15		2	2
仓储业	58	16	222		19	70
谷物、棉花等农产品仓储	581	9	114		6	44
谷物、棉花等农产品仓储	5810	9	114		6	44
其他仓储	589	7	108		13	26
其他仓储	5890	7	108		13	26
邮政业	59	1	2			
其他寄递服务	599	1	2			
其他寄递服务	5990	1	2			
信息传输、计算机服务和软件业	**G**	**157**	**3017**	**49**	**557**	**770**
电信和其他信息传输服务业	60	138	2814	13	460	715
电信	601	1	9			3
其他电信服务	6019	1	9			3
互联网信息服务	602	10	70	5	43	16
互联网信息服务	6020	10	70	5	43	16
广播电视传输服务	603	127	2735	8	417	696
有线广播电视传输服务	6031	108	2159	8	275	522
无线广播电视传输服务	6032	19	576		142	174
计算机服务业	61	17	160	6	90	54
计算机系统服务	611	10	58		24	31
计算机系统服务	6110	10	58		24	31
数据处理	612	3	78	4	56	13
数据处理	6120	3	78	4	56	13
计算机维修	613	1	11	2	4	5
计算机维修	6130	1	11	2	4	5
其他计算机服务	619	3	13		6	5
其他计算机服务	6190	3	13		6	5
软件业	62	2	43	30	7	1
公共软件服务	621	2	43	30	7	1
应用软件服务	6212	2	43	30	7	1
批发和零售业	**H**	**5**	**109**		**12**	**20**
批发业	63	4	75		4	15
食品、饮料及烟草制品批发	632	1	16		4	2
肉、禽、蛋及水产品批发	6324	1	16		4	2
纺织、服装及日用品批发	633	1	5			
纺织品、针织品及原料批发	6331	1	5			
矿产品、建材及化工产品批发	636	1	24			5
其他化工产品批发	6369	1	24			5
其他批发	639	1	30			8
其他未列明的批发	6399	1	30			8
零售业	65	1	34		8	5
食品、饮料及烟草制品专门零售	652	1	34		8	5
粮油零售	6521	1	34		8	5

单位：个、人

		按技术职称分组			按技术等级分组			
具有高中学历人员	具有初中及以下学历人员	具有高级技术职称人员	具有中级技术职称人员	具有初级技术职称人员	高级技师	技师	高级工	中级工
61	16	4	92	84			55	
61	16	4	92	84			55	
61	16	4	92	84			55	
9	2		1	3			2	5
9	2		1	3			2	5
9	2		1	3			2	5
92	41	3	20	46		2	40	40
33	31	3	9	23		1	6	15
33	31	3	9	23		1	6	15
59	10		11	23		1	34	25
59	10		11	23		1	34	25
1	1							
1	1							
1	1							
1201	**440**	**91**	**343**	**358**	**1**	**43**	**266**	**191**
1186	440	63	290	308	1	43	263	187
5	1							
5	1							
3	3	6	28	13				1
3	3	6	28	13				1
1178	436	57	262	295	1	43	263	186
961	393	34	171	196	1	15	178	156
217	43	23	91	99		28	85	30
10		11	38	43			3	4
3			7	8				3
3			7	8				3
5		10	28	31			3	1
5		10	28	31			3	1
		1	2	1				
		1	2	1				
2			1	3				
2			1	3				
5		17	15	7				
5		17	15	7				
5		17	15	7				
58	**19**		**5**	**6**			**9**	**7**
46	10		2	3				2
10			2	1				2
10			2	1				2
3	2							
3	2							
15	4							
15	4							
18	4			2				
18	4			2				
12	9		3	3			9	5
12	9		3	3			9	5
12	9		3	3			9	5

3-1 续表 2

行业	代码	事业法人单位数	从业人数	按学历分组		
				具有研究生及以上学历人员	具有大学本科学历人员	具有大专学历人员
住宿和餐饮业	**I**	**46**	**4016**	**3**	**169**	**404**
住宿业	66	39	2886		119	284
旅游饭店	661	18	2270		98	239
旅游饭店	6610	18	2270		98	239
一般旅馆	662	14	416		19	34
一般旅馆	6620	14	416		19	34
其他住宿服务	669	7	200		2	11
其他住宿服务	6690	7	200		2	11
餐饮业	67	7	1130	3	50	120
正餐服务	671	6	1119	3	50	120
正餐服务	6710	6	1119	3	50	120
其他餐饮服务	679	1	11			
其他餐饮服务	6790	1	11			
金融业	**J**	**41**	**1869**	**10**	**754**	**618**
银行业	68	8	1552	9	666	473
中央银行	681	5	1161	8	522	330
中央银行	6810	5	1161	8	522	330
商业银行	682	1	291		90	116
商业银行	6820	1	291		90	116
其他银行	689	2	100	1	54	27
其他银行	6890	2	100	1	54	27
证券业	69	1	3		1	1
证券投资	693	1	3		1	1
证券投资	6930	1	3		1	1
保险业	70	20	211		56	101
人寿保险	701	4	27		5	11
人寿保险	7010	4	27		5	11
非人寿保险	702	10	109		21	65
非人寿保险	7020	10	109		21	65
保险辅助服务	703	6	75		30	25
保险辅助服务	7030	6	75		30	25
其他金融活动	71	12	103	1	31	43
金融信托与管理	711	2	7		1	6
金融信托与管理	7110	2	7		1	6
财务公司	713	2	22		20	2
财务公司	7130	2	22		20	2
邮政储蓄	714	1	13		3	5
邮政储蓄	7140	1	13		3	5
其他未列明的金融活动	719	7	61	1	7	30
其他未列明的金融活动	7190	7	61	1	7	30

单位：个、人

		按技术职称分组			按技术等级分组			
具有高中学历人员	具有初中及以下学历人员	具有高级技术职称人员	具有中级技术职称人员	具有初级技术职称人员	高级技师	技师	高级工	中级工
1449	**1991**	**23**	**55**	**36**	**30**	**17**	**570**	**460**
1181	1302	21	36	29	30	9	496	442
920	1013	1	25	15	30	3	436	393
920	1013	1	25	15	30	3	436	393
184	179	19	10	14		6	42	38
184	179	19	10	14		6	42	38
77	110	1	1				18	11
77	110	1	1				18	11
268	689	2	19	7		8	74	18
261	685	2	19	7		8	74	18
261	685	2	19	7		8	74	18
7	4							
7	4							
391	**96**	**33**	**748**	**594**		**4**	**65**	**36**
318	86	20	656	535		4	48	22
216	85	18	578	361		4	47	22
216	85	18	578	361		4	47	22
84	1		39	136				
84	1		39	136				
18		2	39	38			1	
18		2	39	38			1	
	1							
	1							
	1							
51	3	10	49	44			9	8
8	3	4	4	2				
8	3	4	4	2				
23		3	28	17			6	4
23		3	28	17			6	4
20		3	17	25			3	4
20		3	17	25			3	4
22	6	3	43	15			8	6
			1	2				2
			1	2				2
		1	19	1				
		1	19	1				
5								
5								
17	6	2	23	12			8	4
17	6	2	23	12			8	4

3-1 续表 3

行业	代码	事业法人单位数	从业人数	按学历分组		
				具有研究生及以上学历人员	具有大学本科学历人员	具有大专学历人员
房地产业	K	**177**	**2310**	**11**	**382**	**817**
房地产业	72	177	2310	11	382	817
物业管理	722	10	85	1	16	19
物业管理	7220	10	85	1	16	19
房地产中介服务	723	22	270	2	36	95
房地产中介服务	7230	22	270	2	36	95
其他房地产活动	729	145	1955	8	330	703
其他房地产活动	7290	145	1955	8	330	703
租赁和商务服务业	L	**1757**	**20619**	**236**	**4208**	**5572**
租赁业	73	2	37		9	3
机械设备租赁	731	2	37		9	3
建筑工程机械与设备租赁	7313	1	16		4	3
其他机械与设备租赁	7319	1	21		5	
商务服务业	74	1755	20582	236	4199	5569
企业管理服务	741	762	10243	47	1312	2400
企业管理机构	7411	170	2697	8	377	829
投资与资产管理	7412	132	1099	13	277	374
其他企业管理服务	7419	460	6447	26	658	1197
法律服务	742	234	1464	25	597	487
律师及相关的法律服务	7421	133	600	15	236	215
公证服务	7422	70	487	9	261	135
其他法律服务	7429	31	377	1	100	137
咨询与调查	743	325	2722	61	1057	1023
会计、审计及税务服务	7431	99	1009	15	514	349
市场调查	7432	59	382	5	126	182
社会经济咨询	7433	121	761	33	236	291
其他专业咨询	7439	46	570	8	181	201
广告业	744	11	224	2	125	57
广告业	7440	11	224	2	125	57
知识产权服务	745	8	75	13	49	10
知识产权服务	7450	8	75	13	49	10
职业中介服务	746	191	1756	60	587	610
职业中介服务	7460	191	1756	60	587	610
市场管理	747	120	2915	12	271	626
市场管理	7470	120	2915	12	271	626
旅行社	748	13	177		19	44
旅行社	7480	13	177		19	44
其他商务服务	749	91	1006	16	182	312
会议及展览服务	7491	5	111		25	36
保安服务	7493	3	103			16
办公服务	7494	34	311	4	35	97
其他未列明的商务服务	7499	49	481	12	122	163
科学研究、技术服务和地质勘查业	M	**2802**	**36413**	**1888**	**11895**	**10857**
研究与试验发展	75	251	5138	825	1944	1044
自然科学研究与试验发展	751	21	836	286	360	98
自然科学研究与试验发展	7510	21	836	286	360	98

单位：个、人

		按技术职称分组			按技术等级分组			
具有高中学历人员	具有初中及以下学历人员	具有高级技术职称人员	具有中级技术职称人员	具有初级技术职称人员	高级技师	技师	高级工	中级工
812	**288**	**52**	**351**	**330**	**2**	**13**	**235**	**285**
812	288	52	351	330	2	13	235	285
38	11	6	10	7	1	1	8	12
38	11	6	10	7	1	1	8	12
103	34	2	48	32			16	28
103	34	2	48	32			16	28
671	243	44	293	291	1	12	211	245
671	243	44	293	291	1	12	211	245
5859	**4744**	**552**	**2143**	**2324**	**54**	**99**	**1361**	**1277**
22	3		4	3			5	2
22	3		4	3			5	2
6	3		2	3			5	2
16			2					
5837	4741	552	2139	2321	54	99	1356	1275
2880	3604	153	960	1154	10	60	637	503
1032	451	47	331	432	5	27	294	260
317	118	29	181	163	1	7	66	51
1531	3035	77	448	559	4	26	277	192
319	36	32	175	250			42	54
118	16	12	37	53			13	16
71	11	14	86	103			8	19
130	9	6	52	94			21	19
492	89	251	628	547	23	12	145	83
113	18	58	326	229	21	6	19	31
67	2	6	62	85		1	27	8
177	24	134	118	108	1	1	26	27
135	45	53	122	125	1	4	73	17
33	7	8	28	16		6	7	7
33	7	8	28	16		6	7	7
3		14	15	5				1
3		14	15	5				1
403	96	48	177	133	2	4	126	136
403	96	48	177	133	2	4	126	136
1261	745	28	91	116	16	14	246	392
1261	745	28	91	116	16	14	246	392
98	16	3	3	5	3	1	6	5
98	16	3	3	5	3	1	6	5
348	148	15	62	95		2	147	94
32	18	1		1			25	
45	42						25	9
144	31		11	8			63	58
127	57	14	51	86		2	34	27
8421	**3352**	**4514**	**8851**	**7824**	**153**	**526**	**3044**	**1699**
839	486	1022	1328	845	23	131	469	230
72	20	179	234	150			48	20
72	20	179	234	150			48	20

3-1 续表 4

行　业	代码	事业法人单位数	从业人数	按学历分组		
				具有研究生及以上学历人员	具有大学本科学历人员	具有大专学历人员
工程和技术研究与试验发展	752	23	282	22	142	63
工程和技术研究与试验发展	7520	23	282	22	142	63
农业科学研究与试验发展	753	138	2713	277	855	625
农业科学研究与试验发展	7530	138	2713	277	855	625
医学研究与试验发展	754	15	472	92	150	104
医学研究与试验发展	7540	15	472	92	150	104
社会人文科学研究与试验发展	755	54	835	148	437	154
社会人文科学研究与试验发展	7550	54	835	148	437	154
专业技术服务业	76	1296	19015	832	7107	5601
气象服务	761	98	1465	55	545	499
气象服务	7610	98	1465	55	545	499
地震服务	762	62	527	33	236	145
地震服务	7620	62	527	33	236	145
海洋服务	763	11	244	23	78	57
海洋服务	7630	11	244	23	78	57
测绘服务	764	54	726	24	196	263
测绘服务	7640	54	726	24	196	263
技术检测	765	252	3688	172	1424	1089
技术检测	7650	252	3688	172	1424	1089
环境监测	766	105	1406	52	580	373
环境监测	7660	105	1406	52	580	373
工程技术与规划管理	767	590	8874	210	3367	2635
工程管理服务	7671	192	2422	58	930	765
工程勘察设计	7672	100	3859	82	1535	913
规划管理	7673	298	2593	70	902	957
其他专业技术服务	769	124	2085	263	681	540
其他专业技术服务	7690	124	2085	263	681	540
科技交流和推广服务业	77	1198	8710	177	1844	3284
技术推广服务	771	928	6755	135	1423	2740
技术推广服务	7710	928	6755	135	1423	2740
科技中介服务	772	188	797	12	249	314
科技中介服务	7720	188	797	12	249	314
其他科技服务	779	82	1158	30	172	230
其他科技服务	7790	82	1158	30	172	230
地质勘查业	78	57	3550	54	1000	928
矿产地质勘查	781	16	1236	5	254	267
能源矿产地质勘查	7811	7	1057	2	208	215
固体矿产地质勘查	7812	6	130	3	39	30
其他矿产地质勘查	7819	3	49		7	22
基础地质勘查	782	18	711	13	213	214
基础地质勘查	7820	18	711	13	213	214
地质勘查技术服务	783	23	1603	36	533	447
地质勘查技术服务	7830	23	1603	36	533	447
水利、环境和公共设施管理业	**N**	**1042**	**29550**	**99**	**2612**	**4503**
水利管理业	79	501	6877	20	706	1618
防洪管理	791	70	984	1	103	215
防洪管理	7910	70	984	1	103	215

单位：个、人

		按技术职称分组			按技术等级分组			
具有高中学历人员	具有初中及以下学历人员	具有高级技术职称人员	具有中级技术职称人员	具有初级技术职称人员	高级技师	技师	高级工	中级工
47	8	54	56	34		3	14	12
47	8	54	56	34		3	14	12
555	401	472	686	470	22	124	334	171
555	401	472	686	470	22	124	334	171
87	39	113	140	77	1	2	48	13
87	39	113	140	77	1	2	48	13
78	18	204	212	114		2	25	14
78	18	204	212	114		2	25	14
4110	1365	2385	4529	4269	65	238	1377	838
306	60	146	432	644		4	18	9
306	60	146	432	644		4	18	9
85	28	38	107	108	1		14	16
85	28	38	107	108	1		14	16
44	42	28	53	46		5	23	16
44	42	28	53	46		5	23	16
199	44	46	130	109	9	23	34	55
199	44	46	130	109	9	23	34	55
872	131	528	910	778	7	68	249	117
872	131	528	910	778	7	68	249	117
324	77	223	319	276	1	14	153	68
324	77	223	319	276	1	14	153	68
1781	881	1100	2185	1787	33	97	727	509
442	227	289	586	444	2	10	138	123
815	514	603	1009	781	30	62	431	199
524	140	208	590	562	1	25	158	187
499	102	276	393	521	14	27	159	48
499	102	276	393	521	14	27	159	48
2441	964	674	2234	1960	61	101	606	354
2020	437	577	1901	1646	52	89	487	270
2020	437	577	1901	1646	52	89	487	270
196	26	45	186	162	8	4	45	32
196	26	45	186	162	8	4	45	32
225	501	52	147	152	1	8	74	52
225	501	52	147	152	1	8	74	52
1031	537	433	760	750	4	56	592	277
435	275	106	236	232	1	19	296	172
361	271	75	194	194	1	15	268	162
57	1	30	30	26		1	20	8
17	3	1	12	12		3	8	2
184	87	99	194	168	1	19	120	26
184	87	99	194	168	1	19	120	26
412	175	228	330	350	2	18	176	79
412	175	228	330	350	2	18	176	79
7571	**14765**	**582**	**1760**	**2174**	**26**	**231**	**4106**	**2840**
2527	2006	208	794	956	17	123	1446	1005
339	326	38	77	118	1	31	273	147
339	326	38	77	118	1	31	273	147

3-1 续表 5

行 业	代码	事业法人单位数	从业人数	按学历分组		
				具有研究生及以上学历人员	具有大学本科学历人员	具有大专学历人员
水资源管理	792	194	4351	5	343	884
水库管理	7921	126	3262	2	231	648
调水、引水管理	7922	38	837	2	65	165
其他水资源管理	7929	30	252	1	47	71
其他水利管理	799	237	1542	14	260	519
其他水利管理	7990	237	1542	14	260	519
环境管理业	80	282	14050	38	740	1320
自然保护	801	106	857	7	172	268
自然保护区管理	8011	55	555	2	100	162
野生动植物保护	8012	21	166	3	48	53
其他自然保护	8019	30	136	2	24	53
环境治理	802	176	13193	31	568	1052
城市市容管理	8021	33	1241	14	146	331
城市环境卫生管理	8022	112	11110	7	287	565
水污染治理	8023	8	270	1	52	69
危险废物治理	8024	1	29		3	1
其他环境治理	8029	22	543	9	80	86
公共设施管理业	81	259	8623	41	1166	1565
市政公共设施管理	811	75	2717	17	525	620
市政公共设施管理	8110	75	2717	17	525	620
城市绿化管理	812	70	2182	3	200	291
城市绿化管理	8120	70	2182	3	200	291
游览景区管理	813	114	3724	21	441	654
风景名胜区管理	8131	66	1743	8	225	348
公园管理	8132	39	1868	12	203	291
其他游览景区管理	8139	9	113	1	13	15
居民服务和其他服务业	**O**	**162**	**2775**	**11**	**276**	**427**
居民服务业	82	134	2360	5	183	357
托儿所	822	4	62		2	19
托儿所	8220	4	62		2	19
理发及美容保健服务	824	4	61		1	20
理发及美容保健服务	8240	4	61		1	20
洗浴服务	825	2	35			2
洗浴服务	8250	2	35			2
婚姻服务	826	6	21	1	5	13
婚姻服务	8260	6	21	1	5	13
殡葬服务	827	86	1639	3	96	250
殡葬服务	8270	86	1639	3	96	250
其他居民服务	829	32	542	1	79	53
其他居民服务	8290	32	542	1	79	53
其他服务业	83	28	415	6	93	70
修理与维护	831	3	47		4	13
汽车、摩托车维护与保养	8311	2	33		2	5
其他日用品修理	8319	1	14		2	8

单位：个、人

		按技术职称分组			按技术等级分组			
具有高中学历人员	具有初中及以下学历人员	具有高级技术职称人员	具有中级技术职称人员	具有初级技术职称人员	高级技师	技师	高级工	中级工
1661	1458	92	434	605	5	78	885	722
1236	1145	76	322	428	4	55	660	593
332	273	5	77	124		7	191	102
93	40	11	35	53	1	16	34	27
527	222	78	283	233	11	14	288	136
527	222	78	283	233	11	14	288	136
3041	8911	161	325	492	7	24	865	930
281	129	56	129	151	1	5	81	53
197	94	28	90	107	1	3	44	30
42	20	23	26	21		1	26	16
42	15	5	13	23		1	11	7
2760	8782	105	196	341	6	19	784	877
336	414	32	23	37		2	98	105
2253	7998	43	92	197	6	10	613	687
109	39	14	37	30		7	42	61
7	18	1	2	1				1
55	313	15	42	76			31	23
2003	3848	213	641	726	2	84	1795	905
584	971	56	254	255		10	626	398
584	971	56	254	255		10	626	398
444	1244	44	151	192	2	31	326	148
444	1244	44	151	192	2	31	326	148
975	1633	113	236	279		43	843	359
351	811	61	110	95		6	273	101
584	778	50	121	171		33	534	241
40	44	2	5	13		4	36	17
1131	**930**	**30**	**97**	**207**		**10**	**198**	**223**
1019	796	25	68	171		6	138	181
34	7		4	23			9	1
34	7		4	23			9	1
20	20		9	18		3		
20	20		9	18		3		
9	24		1				4	
9	24		1				4	
2								1
2								1
639	651	23	33	80		2	111	166
639	651	23	33	80		2	111	166
315	94	2	21	50		1	14	13
315	94	2	21	50		1	14	13
112	134	5	29	36		4	60	42
11	19		3	4			3	5
7	19		3	4			3	5
4								

3-1 续表 6

行业	代码	事业法人单位数	从业人数	按学历分组		
				具有研究生及以上学历人员	具有大学本科学历人员	具有大专学历人员
清洁服务	832	5	152	1	10	13
其他清洁服务	8329	5	152	1	10	13
其他未列明的服务	839	20	216	5	79	44
其他未列明的服务	8390	20	216	5	79	44
教育	**P**	**7525**	**436371**	**19086**	**168435**	**158732**
教育	84	7525	436371	19086	168435	158732
学前教育	841	498	14564	20	2355	6233
学前教育	8410	498	14564	20	2355	6233
初等教育	842	4147	174724	624	21597	95115
初等教育	8420	4147	174724	624	21597	95115
中等教育	843	1980	183650	3115	117209	48306
初中教育	8431	1305	99616	1422	58631	32210
高中教育	8432	345	58775	1109	43493	10349
中等专业教育	8433	95	9325	336	5534	1933
职业中学教育	8434	117	11498	155	7276	2528
技工学校教育	8435	40	2686	63	1410	710
其他中等教育	8439	78	1750	30	865	576
高等教育	844	181	51466	14880	22336	5397
普通高等教育	8441	67	48855	14611	20844	4926
成人高等教育	8442	114	2611	269	1492	471
其他教育	849	719	11967	447	4938	3681
职业技能培训	8491	338	5924	330	2441	1691
特殊教育	8492	57	1719	7	357	913
其他未列明的教育	8499	324	4324	110	2140	1077
卫生、社会保障和社会福利业	**Q**	**2908**	**136020**	**3455**	**25969**	**35807**
卫生	85	2219	129703	3415	24710	33620
医院	851	307	82614	3114	19630	21386
综合医院	8511	169	63666	2571	15673	16592
中医医院	8512	59	9325	168	1795	2130
中西医结合医院	8513	10	2066	55	488	513
专科医院	8515	50	7000	319	1606	2045
疗养院	8516	19	557	1	68	106
卫生院及社区医疗活动	852	956	29188	52	1878	6803
卫生院及社区医疗活动	8520	956	29188	52	1878	6803
门诊部医疗活动	853	88	1405	29	209	376
门诊部医疗活动	8530	88	1405	29	209	376
计划生育技术服务活动	854	559	4275	5	370	1793
计划生育技术服务活动	8540	559	4275	5	370	1793
妇幼保健活动	855	86	5046	63	866	1294
妇幼保健活动	8550	86	5046	63	866	1294
专科疾病防治活动	856	22	855	7	176	200
专科疾病防治活动	8560	22	855	7	176	200
疾病预防控制及防疫活动	857	114	4613	108	1161	1240
疾病预防控制及防疫活动	8570	114	4613	108	1161	1240

单位：个、人

		按技术职称分组			按技术等级分组			
具有高中学历人员	具有初中及以下学历人员	具有高级技术职称人员	具有中级技术职称人员	具有初级技术职称人员	高级技师	技师	高级工	中级工
55	73	4	10	14			31	20
55	73	4	10	14			31	20
46	42	1	16	18		4	26	17
46	42	1	16	18		4	26	17
75078	**15040**	**45076**	**158387**	**157669**	**948**	**1068**	**5001**	**3873**
75078	15040	45076	158387	157669	948	1068	5001	3873
3900	2056	368	3625	4027	19	14	247	298
3900	2056	368	3625	4027	19	14	247	298
54207	3181	5725	74318	73574	255	96	314	529
54207	3181	5725	74318	73574	255	96	314	529
10407	4613	25954	62870	66829	486	594	2144	2008
5203	2150	11045	35991	39578	256	144	581	914
2399	1425	10871	19143	20459	100	119	565	501
1047	475	1511	2444	2246	73	43	293	173
1188	351	1670	3913	3519	19	196	376	185
344	159	432	646	730	38	92	270	201
226	53	425	733	297			59	34
4517	4336	11315	14381	11151	152	301	1813	707
4250	4224	10795	13706	10565	151	295	1748	656
267	112	520	675	586	1	6	65	51
2047	854	1714	3193	2088	36	63	483	331
1001	461	832	1498	1013	22	43	227	166
354	88	133	610	551	10	1	30	29
692	305	749	1085	524	4	19	226	136
55756	**15033**	**10637**	**24707**	**56735**	**289**	**566**	**3901**	**3880**
53738	14220	10483	23939	55824	276	525	3228	3364
30011	8473	8461	16896	34985	117	374	1851	1741
22725	6105	6763	13395	26750	28	200	1373	1298
3880	1352	767	1655	3988	37	18	171	162
747	263	277	532	918		26	62	55
2380	650	647	1262	3149	52	128	187	189
279	103	7	52	180		2	58	37
16150	4305	622	3613	14589	133	109	627	797
16150	4305	622	3613	14589	133	109	627	797
582	209	96	216	503	12	10	51	34
582	209	96	216	503	12	10	51	34
1870	237	111	641	994	8	4	235	438
1870	237	111	641	994	8	4	235	438
2461	362	412	996	2256		5	74	69
2461	362	412	996	2256		5	74	69
378	94	75	146	356		2	68	64
378	94	75	146	356		2	68	64
1743	361	617	1180	1555	1	14	264	153
1743	361	617	1180	1555	1	14	264	153

3-1 续表 7

行业	代码	事业法人单位数	从业人数	按学历分组		
				具有研究生及以上学历人员	具有大学本科学历人员	具有大专学历人员
其他卫生活动	859	87	1707	37	420	528
其他卫生活动	8590	87	1707	37	420	528
社会保障业	86	438	3656	32	994	1548
社会保障业	860	438	3656	32	994	1548
社会保障业	8600	438	3656	32	994	1548
社会福利业	87	251	2661	8	265	639
提供住宿的社会福利	871	185	2295	6	196	522
干部休养所	8711	79	728		102	198
收养收容服务	8712	106	1567	6	94	324
不提供住宿的社会福利	872	66	366	2	69	117
不提供住宿的社会福利	8720	66	366	2	69	117
文化、体育和娱乐业	**R**	**1451**	**32158**	**549**	**9603**	**9078**
新闻出版业	88	177	5172	236	2582	1149
新闻业	881	51	440	17	177	183
新闻业	8810	51	440	17	177	183
出版业	882	126	4732	219	2405	966
图书出版	8821	13	629	59	271	104
报纸出版	8822	47	3602	124	1883	731
期刊出版	8823	56	415	27	223	111
音像制品出版	8824	2	30	4	5	13
其他出版	8829	8	56	5	23	7
广播、电视、电影和音像业	89	263	14356	171	4421	4145
广播	891	36	5632	127	2724	1826
广播	8910	36	5632	127	2724	1826
电视	892	138	7219	43	1581	2137
电视	8920	138	7219	43	1581	2137
电影	893	86	1466	1	110	175
电影制作与发行	8931	13	309	1	46	52
电影放映	8932	73	1157		64	123
音像制作	894	3	39		6	7
音像制作	8940	3	39		6	7
文化艺术业	90	869	9411	110	1767	2866
文艺创作与表演	901	104	3005	8	109	510
文艺创作与表演	9010	104	3005	8	109	510
艺术表演场馆	902	19	577	1	132	133
艺术表演场馆	9020	19	577	1	132	133
图书馆与档案馆	903	180	1867	22	598	759
图书馆	9031	83	1170	13	369	463
档案馆	9032	97	697	9	229	296
文物及文化保护	904	57	443	9	117	155
文物及文化保护	9040	57	443	9	117	155
博物馆	905	83	1037	38	274	324
博物馆	9050	83	1037	38	274	324
烈士陵园、纪念馆	906	30	315	1	65	113
烈士陵园、纪念馆	9060	30	315	1	65	113

单位：个、人

		按技术职称分组			按技术等级分组			
具有高中学历人员	具有初中及以下学历人员	具有高级技术职称人员	具有中级技术职称人员	具有初级技术职称人员	高级技师	技师	高级工	中级工
543	179	89	251	586	5	7	58	68
543	179	89	251	586	5	7	58	68
923	159	96	654	620	6	11	279	285
923	159	96	654	620	6	11	279	285
923	159	96	654	620	6	11	279	285
1095	654	58	114	291	7	30	394	231
961	610	56	95	261	7	30	335	190
307	121	22	27	38		9	108	68
654	489	34	68	223	7	21	227	122
134	44	2	19	30			59	41
134	44	2	19	30			59	41
9083	**3845**	**1772**	**5180**	**6325**	**118**	**355**	**2076**	**1694**
944	261	500	962	1007	15	66	301	169
60	3	11	62	90	13	1	12	15
60	3	11	62	90	13	1	12	15
884	258	489	900	917	2	65	289	154
174	21	140	153	66		3	47	21
656	208	273	659	810	2	61	227	126
44	10	69	72	32		1	15	5
6	2	5	12	8				
4	17	2	4	1				2
4008	1611	641	1803	2697	19	166	1193	929
738	217	429	963	1275	8	34	294	168
738	217	429	963	1275	8	34	294	168
2582	876	192	646	1231	2	80	608	565
2582	876	192	646	1231	2	80	608	565
680	500	18	191	190	8	51	287	194
108	102	10	81	60		14	70	31
572	398	8	110	130	8	37	217	163
8	18	2	3	1	1	1	4	2
8	18	2	3	1	1	1	4	2
3204	1464	529	2064	2278	9	31	423	446
1495	883	143	830	862		1	33	73
1495	883	143	830	862		1	33	73
233	78	65	153	87		1	47	28
233	78	65	153	87		1	47	28
427	61	102	474	554	4	12	116	80
274	51	75	335	383	3	9	83	54
153	10	27	139	171	1	3	33	26
116	46	18	75	107	3	7	19	24
116	46	18	75	107	3	7	19	24
251	150	81	168	226	1	2	57	100
251	150	81	168	226	1	2	57	100
94	42	14	36	39			27	15
94	42	14	36	39			27	15

3-1 续表 8

行业	代码	事业法人单位数	从业人数	按学历分组		
				具有研究生及以上学历人员	具有大学本科学历人员	具有大专学历人员
群众文化活动	907	325	1695	15	339	662
群众文化活动	9070	325	1695	15	339	662
文化艺术经纪代理	908	2	14			3
文化艺术经纪代理	9080	2	14			3
其他文化艺术	909	69	458	16	133	207
其他文化艺术	9090	69	458	16	133	207
体育	91	101	2703	23	766	808
体育组织	911	38	1700	16	539	474
体育组织	9110	38	1700	16	539	474
体育场馆	912	24	637	4	131	175
体育场馆	9120	24	637	4	131	175
其他体育	919	39	366	3	96	159
其他体育	9190	39	366	3	96	159
娱乐业	92	41	516	9	67	110
室内娱乐活动	921	12	234	6	22	47
室内娱乐活动	9210	12	234	6	22	47
游乐园	922	4	18		4	4
游乐园	9220	4	18		4	4
休闲健身娱乐活动	923	11	98		10	19
休闲健身娱乐活动	9230	11	98		10	19
其他娱乐活动	929	14	166	3	31	40
其他娱乐活动	9290	14	166	3	31	40
公共管理和社会组织	**S**	**6472**	**76878**	**1193**	**19545**	**24834**
中国共产党机关	93	83	551	48	240	152
中国共产党机关	930	83	551	48	240	152
中国共产党机关	9300	83	551	48	240	152
国家机构	94	6372	76162	1141	19264	24597
国家权力机构	941	16	151		32	61
国家权力机构	9410	16	151		32	61
国家行政机构	942	6179	73355	1069	18495	23897
综合事务管理机构	9421	856	9243	96	2552	3050
对外事务管理机构	9422	62	424	9	169	132
公共安全管理机构	9423	127	2533	114	764	696
社会事务管理机构	9424	1528	17908	211	4367	5541
经济事务管理机构	9425	1954	23040	293	5270	7677
政府事务管理机构	9426	643	7133	172	1929	2261
行政监督检查机构	9427	1009	13074	174	3444	4540
人民法院和人民检察院	943	1	175	14	85	60
人民法院	9431	1	175	14	85	60
其他国家机构	949	176	2481	58	652	579
其他国家机构	9490	176	2481	58	652	579
人民政协和民主党派	95	17	165	4	41	85
人民政协	951	11	87	4	17	43
人民政协	9510	11	87	4	17	43
民主党派	952	6	78		24	42
民主党派	9520	6	78		24	42

单位：个、人

		按技术职称分组			按技术等级分组			
具有高中学历人员	具有初中及以下学历人员	具有高级技术职称人员	具有中级技术职称人员	具有初级技术职称人员	高级技师	技师	高级工	中级工
497	182	80	278	369		5	101	98
497	182	80	278	369		5	101	98
7	4	1	2	2			1	
7	4	1	2	2			1	
84	18	25	48	32	1	3	22	28
84	18	25	48	32	1	3	22	28
709	397	90	295	286	73	91	126	126
435	236	62	180	152	73	84	75	84
435	236	62	180	152	73	84	75	84
195	132	4	25	27		6	35	32
195	132	4	25	27		6	35	32
79	29	24	90	107		1	16	10
79	29	24	90	107		1	16	10
218	112	12	56	57	2	1	33	24
104	55	12	46	48	2		10	10
104	55	12	46	48	2		10	10
5	5		2	2			4	
5	5		2	2			4	
40	29		1	5		1	13	8
40	29		1	5		1	13	8
69	23		7	2			6	6
69	23		7	2			6	6
21905	**9401**	**3180**	**9625**	**9015**	**105**	**407**	**6058**	**5051**
93	18	52	64	52		4	36	23
93	18	52	64	52		4	36	23
93	18	52	64	52		4	36	23
21780	9380	3123	9558	8963	105	401	6011	5023
47	11	2	13	18			10	3
47	11	2	13	18			10	3
21001	8893	3012	9232	8644	99	376	5755	4816
2349	1196	210	950	929	20	23	506	464
86	28	10	62	40	2	2	29	15
555	404	213	304	240	4	8	135	163
5240	2549	776	2215	2278	15	77	1336	1249
7004	2796	874	3276	3036	29	152	1931	1539
2139	632	309	1003	838	3	40	652	572
3628	1288	620	1422	1283	26	74	1166	814
11	5							
11	5							
721	471	109	313	301	6	25	246	204
721	471	109	313	301	6	25	246	204
32	3	5	3			2	11	5
22	1		2			2	10	3
22	1		2			2	10	3
10	2	5	1				1	2
10	2	5	1				1	2

3-2 按地区、学历、技术分组的

地　　区	事业法人单位数	从业人数	按学历分组			
			具有研究生及以上学历人员	具有大学本科学历人员	具有大专学历人员	具有高中学历人员
全　　省	**24792**	**792107**	**26634**	**245435**	**254709**	**192111**
福州市	**3857**	**175792**	**11181**	**61908**	**50337**	**36807**
鼓楼区	915	47505	3282	19478	11950	9327
台江区	285	15895	1158	5607	3800	3663
仓山区	205	14376	1449	6972	3466	1727
马尾区	172	5161	102	1647	1493	837
晋安区	213	10500	457	3932	3353	1936
闽侯县	231	22804	4417	8187	4795	3265
连江县	298	8730	8	2379	3474	1980
罗源县	110	4396	30	1082	1595	1209
闽清县	160	6085	16	1748	2124	1650
永泰县	280	6178	9	1678	2301	1773
平潭县	234	6831	12	1414	2247	2500
福清市	546	18025	214	4994	6360	4545
长乐市	208	9306	27	2790	3379	2395
厦门市	**1050**	**72907**	**7405**	**25499**	**15237**	**13017**
思明区	446	39530	4143	12304	7500	7273
海沧区	100	2504	76	1244	671	361
湖里区	108	6191	260	2480	1669	917
集美区	120	13853	2818	5530	2048	1728
同安区	168	6883	73	2432	2085	1729
翔安区	108	3946	35	1509	1264	1009
莆田市	**1450**	**56705**	**1192**	**18722**	**19909**	**13987**
城厢区	407	13388	415	4854	3992	3278
涵江区	258	8896	24	2661	3358	2317
荔城区	166	10251	101	3428	3495	2491
秀屿区	128	9133	433	2612	3675	2159
仙游县	491	15037	219	5167	5389	3742
三明市	**2944**	**67796**	**664**	**18660**	**24035**	**18288**
梅列区	402	7463	124	2497	2411	1748
三元区	199	5417	230	1795	1564	1193
明溪县	246	3037		643	1174	925
清流县	223	3706	57	784	1520	1076
宁化县	186	6183	67	1924	2264	1548
大田县	235	7694	5	1697	2862	2128
尤溪县	348	8623	43	2169	3092	2897
沙县	182	5908	55	1654	2191	1441
将乐县	276	4423	6	989	1664	1293
泰宁县	142	2902	16	709	1138	810
建宁县	223	3798	7	736	1365	1392
永安市	282	8642	54	3063	2790	1837
泉州市	**4138**	**127279**	**2875**	**45206**	**44563**	**25222**
鲤城区	339	11401	370	4927	3292	2062
丰泽区	375	16311	1521	6362	3551	3033
洛江区	219	2868	16	1069	1182	408
泉港区	175	5693	46	1725	2439	1274
惠安县	503	17324	25	5786	6220	2927

事业法人单位数及从业人数

单位：个、人

	按技术职称分组			按技术等级分组			
具有初中及以下学历人员	具有高级技术职称人员	具有中级技术职称人员	具有初级技术职称人员	高级技师	技师	高级工	中级工
73218	**66628**	**212787**	**244149**	**1730**	**3428**	**28765**	**23259**
15559	**18108**	**41451**	**53757**	**623**	**1139**	**7078**	**4710**
3468	6291	9342	11418	180	471	2702	1482
1667	1951	3643	4304	27	124	672	554
762	2272	3483	3636	25	83	460	213
1082	195	1010	1521	2	11	272	242
822	1157	2369	3325	44	147	561	341
2140	3561	6066	6360	71	160	670	478
889	304	2337	3479	5	31	322	316
480	209	887	1888	24	23	144	122
547	206	1048	2851	125	13	222	190
417	318	1924	2025	52	8	134	151
658	258	1665	2939	41	18	202	153
1912	966	5339	6217	27	43	519	287
715	420	2338	3794		7	198	181
11749	**8380**	**16017**	**19921**	**49**	**270**	**2079**	**1537**
8310	4621	7339	8615	35	231	1294	986
152	258	775	866	5	2	46	39
865	620	1409	2149	2	3	129	114
1729	2183	3526	3700	3	21	304	195
564	459	1879	2753	3	13	270	162
129	239	1089	1838	1		36	41
2895	**5180**	**17721**	**20294**	**85**	**117**	**1450**	**1846**
849	1479	3448	4107	32	30	518	582
536	655	2591	3040		13	185	241
736	1070	2872	3492	18	22	418	444
254	859	3062	3883	2	1	87	193
520	1117	5748	5772	33	51	242	386
6149	**4906**	**21290**	**19889**	**122**	**326**	**3616**	**2444**
683	807	1992	1816	10	87	592	271
635	717	1792	1265	20	33	431	272
295	107	781	961		19	165	106
269	160	1256	1369		2	129	83
380	367	1855	1794	1	9	276	208
1002	505	2363	2712	1	22	304	362
422	648	2753	2951	16	47	397	294
567	367	2242	1588	4	18	376	229
471	164	1537	1276	3	11	222	143
229	108	855	790		4	124	69
298	172	1130	854	2	6	175	89
898	784	2734	2513	65	68	425	318
9413	**8780**	**31359**	**42322**	**249**	**611**	**3022**	**2469**
750	1419	2894	3737	23	53	399	270
1844	1846	3814	4286	15	80	838	568
193	153	926	972	4	3	47	96
209	346	1541	2363	20	2	89	217
2366	732	3274	4471		8	20	66

3-2 续表

地　　区	事业法人单位数	从业人数	按学历分组			
			具有研究生及以上学历人员	具有大学本科学历人员	具有大专学历人员	具有高中学历人员
安溪县	368	14473	244	4157	6572	2835
永春县	417	8768	45	2830	3119	2164
德化县	298	5907	23	2157	2081	1397
石狮市	204	7168	171	2705	2423	1421
晋江市	547	17880	133	6749	6417	3471
南安市	693	19486	281	6739	7267	4230
漳州市	**3572**	**86303**	**1830**	**20111**	**30782**	**24367**
芗城区	599	20213	893	6566	5282	4168
龙文区	186	2223	23	570	878	474
云霄县	256	7473	9	1218	2782	2633
漳浦县	229	11078	180	2310	4528	3225
诏安县	389	6977	5	1170	2852	2329
长泰县	221	3922	8	872	1400	1285
东山县	290	5264	2	894	1989	1677
南靖县	338	5999	27	1545	2137	1738
平和县	372	8121	6	1292	3207	2938
华安县	132	2743	3	762	1094	753
龙海市	560	12290	674	2912	4633	3147
南平市	**3275**	**71174**	**552**	**18798**	**23789**	**21615**
延平区	597	14985	150	4619	4715	3930
顺昌县	348	5312	22	1277	1797	1786
浦城县	331	7503	12	1500	2267	3090
光泽县	182	3403	1	744	1346	920
松溪县	190	3827	9	894	1336	1035
政和县	255	4378	11	1241	1400	1435
邵武市	282	8036	61	2167	2548	2679
武夷山市	357	6349	239	1673	2256	1731
建瓯市	362	9813	19	2793	3642	2507
建阳市	371	7568	28	1890	2482	2502
龙岩市	**2131**	**67132**	**400**	**18723**	**22505**	**19666**
新罗区	490	19089	165	6698	5569	5296
长汀县	262	8535	45	2028	3216	2384
永定县	539	10725	12	2458	3514	3568
上杭县	237	8147	10	2499	2602	2280
武平县	265	7139	131	1916	2526	1864
连城县	175	7412	29	1768	2663	2468
漳平市	163	6085	8	1356	2415	1806
宁德市	**2375**	**67019**	**535**	**17808**	**23552**	**19142**
蕉城区	549	14142	149	4375	4449	3643
霞浦县	190	8332	17	1753	2924	2752
古田县	295	7514	11	2041	2744	2142
屏南县	189	4035	76	984	1520	1129
寿宁县	239	5257	10	980	1946	2012
周宁县	243	3887	17	711	1741	1184
柘荣县	155	2837	3	667	1060	782
福安市	189	10088	233	3375	3354	2535
福鼎市	326	10927	19	2922	3814	2963

单位：个、人

	按技术职称分组			按技术等级分组			
具有初中及以下学历人员	具有高级技术职称人员	具有中级技术职称人员	具有初级技术职称人员	高级技师	技师	高级工	中级工
665	669	2727	3187	39	47	180	171
610	679	2386	3812	7	21	385	253
249	377	1806	2563	10	8	152	120
448	559	1835	2801	97	48	348	181
1110	811	4957	6405	22	175	278	217
969	1189	5199	7725	12	166	286	310
9213	**6119**	**23472**	**28105**	**182**	**231**	**3887**	**3743**
3304	1970	4347	4593	25	54	1130	984
278	135	485	594	2	6	119	94
831	398	2263	2643	2	8	255	351
835	802	3509	3610	3	17	340	401
621	311	1804	3424	2	32	290	241
357	312	1151	1296	1	15	144	108
702	288	1322	1553	14	4	325	534
552	356	1797	2150	88	13	256	226
678	454	2565	2769	15	13	290	313
131	147	799	811	1	9	129	125
924	946	3430	4662	29	60	609	366
6420	**5242**	**21827**	**19662**	**129**	**277**	**3246**	**2549**
1571	1563	4771	3308	49	104	649	430
430	262	1588	1545	1	13	238	178
634	476	2161	2744	41	17	311	231
392	233	974	992	5	10	151	93
553	302	1148	932	5	19	240	118
291	282	1317	1428	2	14	185	128
581	604	2742	1968	3	10	329	260
450	472	1940	1853	2	22	392	390
852	631	3297	2442	15	45	483	463
666	417	1889	2450	6	23	268	258
5838	**5388**	**21034**	**19550**	**128**	**183**	**2575**	**1817**
1361	1920	5163	5097	52	69	1086	638
862	666	2608	2700	36	19	250	205
1173	716	3225	3067	11	11	253	245
756	597	2906	2437		12	265	174
702	525	2411	2245	13	33	245	192
484	527	2386	2281	2	5	195	126
500	437	2335	1723	14	34	281	237
5982	**4525**	**18616**	**20649**	**163**	**274**	**1812**	**2144**
1526	1036	3689	4227	7	48	424	442
886	505	2382	2657	3	14	292	374
576	723	2467	2210	50	17	219	257
326	306	1328	908	1	5	104	96
309	315	1716	1482	15	31	80	172
234	358	1095	1075	24	15	96	123
325	138	765	914	1	7	85	160
591	573	2442	3296	59	128	273	154
1209	571	2732	3880	3	9	239	366

3-3 按行业（小类）、学历、技术

行业	代码	机关法人单位数	从业人数	按学历分组		
				具有研究生及以上学历人员	具有大学本科学历人员	具有大专学历人员
总计		**8005**	**283082**	**5479**	**103987**	**99997**
金融业	**J**	**13**	**2845**	**91**	**1182**	**824**
银行业	68	13	2845	91	1182	824
中央银行	681	13	2845	91	1182	824
中央银行	6810	13	2845	91	1182	824
公共管理和社会组织	**S**	**7992**	**280237**	**5388**	**102805**	**99173**
中国共产党机关	93	949	12490	496	5884	3791
中国共产党机关	930	949	12490	496	5884	3791
中国共产党机关	9300	949	12490	496	5884	3791
国家机构	94	6821	265003	4805	95738	94515
国家权力机构	941	216	6550	170	2348	2238
国家权力机构	9410	216	6550	170	2348	2238
国家行政机构	942	6313	238923	3875	81833	88255
综合事务管理机构	9421	2057	92156	1501	28847	33783
对外事务管理机构	9422	104	1471	55	609	406
公共安全管理机构	9423	513	47495	335	16232	20007
社会事务管理机构	9424	1195	22195	484	8023	8098
经济事务管理机构	9425	1225	37670	722	12845	13163
政府事务管理机构	9426	707	18198	356	6138	6214
行政监督检查机构	9427	512	19738	422	9139	6584
人民法院和人民检察院	943	194	17225	634	10458	3446
人民法院	9431	96	9811	379	5889	1935
人民检察院	9432	98	7414	255	4569	1511
其他国家机构	949	98	2305	126	1099	576
其他国家机构	9490	98	2305	126	1099	576
人民政协和民主党派	95	222	2744	87	1183	867
人民政协	951	90	1938	58	736	663
人民政协	9510	90	1938	58	736	663
民主党派	952	132	806	29	447	204
民主党派	9520	132	806	29	447	204

分组的机关法人单位数及从业人数

单位：个、人

		按技术职称分组			按技术等级分组			
具有高中学历人员	具有初中及以下学历人员	具有高级技术职称人员	具有中级技术职称人员	具有初级技术职称人员	高级技师	技师	高级工	中级工
58091	**15528**	**3361**	**15437**	**15482**	**278**	**748**	**7609**	**6812**
503	**245**	**79**	**1324**	**810**		**12**	**104**	**51**
503	245	79	1324	810		12	104	51
503	245	79	1324	810		12	104	51
503	245	79	1324	810		12	104	51
57588	**15283**	**3282**	**14113**	**14672**	**278**	**736**	**7505**	**6761**
1868	451	73	194	235	15	32	556	301
1868	451	73	194	235	15	32	556	301
1868	451	73	194	235	15	32	556	301
55274	14671	3148	13803	14388	259	695	6792	6367
1408	386	54	209	234	3	14	226	160
1408	386	54	209	234	3	14	226	160
51385	13575	2934	13261	13871	248	657	6153	5836
21694	6331	921	5647	7170	147	297	2149	2780
286	115	7	54	108	3	7	43	17
8815	2106	348	1007	898	5	44	394	408
4651	939	382	1362	1190	37	75	826	617
8732	2208	808	3177	2519	29	106	1530	980
4289	1201	257	1017	1100	10	78	817	689
2918	675	211	997	886	17	50	394	345
2046	641	125	239	197	5	16	335	321
1256	352	88	165	172	3	4	152	167
790	289	37	74	25	2	12	183	154
435	69	35	94	86	3	8	78	50
435	69	35	94	86	3	8	78	50
446	161	61	116	49	4	9	157	93
354	127	8	25	26		5	134	76
354	127	8	25	26		5	134	76
92	34	53	91	23	4	4	23	17
92	34	53	91	23	4	4	23	17

3-4 按地区、学历、技术分组的

地　　区	机关法人单位数	从业人数	按学历分组			
			具有研究生及以上学历人员	具有大学本科学历人员	具有大专学历人员	具有高中学历人员
全　　省	**8005**	**283082**	**5479**	**103987**	**99997**	**58091**
福州市	**1241**	**54732**	**1943**	**21788**	**17260**	**10551**
鼓楼区	244	14834	1325	7567	3363	2094
台江区	109	4034	91	1889	1314	638
仓山区	71	3470	138	1432	1100	695
马尾区	66	3099	77	1496	900	377
晋安区	88	4759	95	1990	1610	619
闽侯县	75	3384	23	1226	962	950
连江县	85	2889	59	677	1257	709
罗源县	77	2256	17	614	968	547
闽清县	73	2460	11	679	972	632
永泰县	91	2044	9	652	756	488
平潭县	80	3025	11	699	1214	924
福清市	96	4873	64	1828	1532	1009
长乐市	86	3605	23	1039	1312	869
厦门市	**465**	**27590**	**1153**	**13618**	**7504**	**4147**
思明区	191	17649	824	8989	4761	2516
海沧区	52	1172	59	601	297	163
湖里区	47	2660	130	1509	665	295
集美区	64	2357	71	1080	646	409
同安区	63	2343	36	876	769	483
翔安区	48	1409	33	563	366	281
莆田市	**472**	**17451**	**278**	**6974**	**6100**	**3298**
城厢区	168	4970	105	2447	1406	715
涵江区	76	3034	30	1194	1100	601
荔城区	68	3118	94	1264	963	699
秀屿区	84	2914	32	1015	1046	635
仙游县	76	3415	17	1054	1585	648
三明市	**1101**	**28151**	**259**	**9673**	**11659**	**5337**
梅列区	155	4441	94	2116	1424	621
三元区	83	1564	23	758	541	173
明溪县	93	1365	10	492	584	228
清流县	81	2090	6	565	1160	289
宁化县	88	2625	12	608	1215	706
大田县	92	2993	25	1001	1216	645
尤溪县	78	2977	10	732	1337	729
沙县	66	2360	17	772	1048	438
将乐县	81	1612	6	557	598	371
泰宁县	78	1637	26	547	616	359
建宁县	117	1618	6	343	820	366
永安市	89	2869	24	1182	1100	412
泉州市	**1024**	**41457**	**737**	**16611**	**12341**	**8963**
鲤城区	132	4662	106	2401	1438	588
丰泽区	118	4603	248	2420	1241	561
洛江区	76	1255	25	569	445	181
泉港区	68	1995	16	821	731	313
惠安县	90	4764	4	965	623	2388

机关法人单位数及从业人数

单位：个、人

	按技术职称分组			按技术等级分组			
具有初中及以下学历人员	具有高级技术职称人员	具有中级技术职称人员	具有初级技术职称人员	高级技师	技师	高级工	中级工
15528	**3361**	**15437**	**15482**	**278**	**748**	**7609**	**6812**
3190	**655**	**2489**	**2635**	**61**	**205**	**1566**	**1355**
485	322	920	526	22	61	529	251
102	87	177	131	2	21	112	66
105	25	72	94		8	64	79
249	8	49	64		18	118	77
445	17	109	107		8	122	125
223	22	132	235	9	20	110	132
187	34	104	117	2	4	94	88
110	15	91	118		11	87	165
166	36	157	186	14	11	78	69
139	19	97	120	4	11	39	31
177	39	207	312	8	10	65	97
440	18	239	396		17	99	73
362	13	135	229		5	49	102
1168	**323**	**907**	**850**	**16**	**44**	**426**	**402**
559	117	526	623	10	27	242	189
52	9	19	19	3	13	4	20
61	175	192	46		1	28	19
151	9	90	64		3	107	119
179	12	66	68	3		33	41
166	1	14	30			12	14
801	**314**	**1272**	**1283**	**39**	**46**	**421**	**520**
297	43	294	242	5	3	144	117
109	31	124	149		1	82	103
98	179	412	301	33	34	122	98
186	23	209	277		8	31	105
111	38	233	314	1		42	97
1223	**461**	**2523**	**1737**	**31**	**81**	**903**	**641**
186	133	473	148	12	25	150	53
69	9	53	73		1	47	23
51	23	98	78		1	23	30
70	90	296	111	1	2	46	20
84	63	337	194	1	12	133	101
106	15	244	271	2	14	90	120
169	22	323	272		2	98	108
85	28	153	151	6	12	62	62
80	6	81	70		1	53	21
89	15	124	128	6	1	75	25
83	25	92	74	3		66	42
151	32	249	167		10	60	36
2805	**359**	**1625**	**1686**	**16**	**64**	**679**	**704**
129	44	140	71	1	11	73	71
133	97	475	316		10	105	91
35	10	41	15	5	1	10	24
114	32	80	76			11	31
784	11	115	330		1	22	42

3-4 续表

地　区	机关法人单位数	从业人数	按学历分组			
			具有研究生及以上学历人员	具有大学本科学历人员	具有大专学历人员	具有高中学历人员
安溪县	132	4769	89	1641	1481	1101
永春县	85	2640	15	1182	874	489
德化县	85	2468	22	1008	945	397
石狮市	56	2630	23	1158	865	468
晋江市	91	7150	128	2723	2264	1451
南安市	91	4521	61	1723	1434	1026
漳州市	**1079**	**31071**	**365**	**9718**	**12799**	**6359**
芗城区	185	7233	110	2886	2981	978
龙文区	72	1158	22	463	405	170
云霄县	98	2462	39	603	1084	593
漳浦县	111	4507	26	1234	1688	1170
诏安县	83	2498	38	635	1098	598
长泰县	80	1749	17	490	619	404
东山县	77	1715	26	400	734	402
南靖县	74	2098	6	672	920	354
平和县	117	2370	21	627	1010	611
华安县	66	1677	22	451	712	447
龙海市	116	3604	38	1257	1548	632
南平市	**978**	**26654**	**287**	**8670**	**10310**	**6020**
延平区	191	6219	129	2616	1940	1263
顺昌县	73	2123	15	603	896	487
浦城县	107	2664	7	630	1102	779
光泽县	70	1413	5	453	599	305
松溪县	101	1817	9	551	725	330
政和县	81	2124	8	664	763	597
邵武市	90	2856	67	701	1176	769
武夷山市	87	2134	24	619	944	436
建瓯市	91	2759	12	883	1169	577
建阳市	87	2545	11	950	996	477
龙岩市	**694**	**28693**	**232**	**9001**	**11598**	**6444**
新罗区	170	8616	137	3551	3063	1436
长汀县	104	3218	14	777	1349	954
永定县	102	3631	24	967	1532	923
上杭县	80	3779	22	1175	1515	835
武平县	82	2791	10	792	1226	618
连城县	80	3471	6	951	1481	845
漳平市	76	3187	19	788	1432	833
宁德市	**951**	**27283**	**225**	**7934**	**10426**	**6972**
蕉城区	259	6770	113	2866	2209	1295
霞浦县	77	2992	11	568	1315	945
古田县	89	2720	11	717	1003	738
屏南县	81	1824	24	566	772	401
寿宁县	87	2234	4	595	848	545
周宁县	82	1525	19	460	593	362
柘荣县	95	1476	9	441	668	305
福安市	92	4756	18	1010	1734	1572
福鼎市	89	2986	16	711	1284	809

单位：个、人

	按技术职称分组			按技术等级分组			
具有初中及以下学历人员	具有高级技术职称人员	具有中级技术职称人员	具有初级技术职称人员	高级技师	技师	高级工	中级工
457	29	157	215	4	20	60	54
80	31	175	135		5	75	65
96	30	79	133		2	56	53
116	17	49	47	1	8	35	35
584	39	206	217	5	5	117	134
277	19	108	131		1	115	104
1830	**257**	**1273**	**1686**	**19**	**67**	**1182**	**956**
278	85	250	149		19	252	121
98	3	32	32			19	26
143	12	101	123	2	1	34	64
389	32	227	467	1	6	233	217
129	16	53	83	4	3	141	113
219	13	87	56	1	4	76	28
153	15	78	87		4	69	72
146	14	56	107	2	1	93	93
101	13	74	133	3	14	49	72
45	20	101	144		3	89	56
129	34	214	305	6	12	127	94
1367	**291**	**1498**	**1545**	**23**	**100**	**1002**	**768**
271	59	284	193	1	35	210	139
122	15	111	122		3	93	44
146	36	214	208	1	12	108	80
51	15	52	108	3	5	35	33
202	12	75	69	1		54	46
92	34	181	103	4	4	145	105
143	62	245	354	2	25	99	66
111	16	63	108	2	5	63	115
118	33	200	154	9	2	94	99
111	9	73	126		9	101	41
1418	**293**	**2167**	**2329**	**48**	**65**	**778**	**694**
429	89	581	507	10	24	216	139
124	28	229	343	3	7	65	64
185	48	266	288	28	7	110	78
232	38	357	293		7	113	80
145	13	210	193	2	7	74	48
188	41	289	357	1	9	136	164
115	36	235	348	4	4	64	121
1726	**408**	**1683**	**1731**	**25**	**76**	**652**	**772**
287	82	558	494	4	13	149	165
153	46	160	211	2	6	64	84
251	31	201	181	8	11	64	75
61	27	85	75	6	7	50	46
242	22	115	99		8	56	71
91	96	115	134		3	34	57
53	21	67	52	1	4	28	41
422	61	236	346	4	11	78	127
166	22	146	139		13	129	106

3-5 按行业（小类）、学历、技术分组的

行业	代码	社团法人单位数	从业人数	按学历分组		
				具有研究生及以上学历人员	具有大学本科学历人员	具有大专学历人员
总计		**10268**	**88542**	**1966**	**17513**	**18357**
水利、环境和公共设施管理业	**N**	**11**	**89**		**41**	**33**
环境管理业	80	11	89		41	33
自然保护	801	11	89		41	33
野生动植物保护	8012	8	83		41	30
其他自然保护	8019	3	6			3
卫生、社会保障和社会福利业	**Q**	**62**	**230**		**19**	**68**
社会福利业	87	62	230		19	68
不提供住宿的社会福利	872	62	230		19	68
不提供住宿的社会福利	8720	62	230		19	68
文化、体育和娱乐业	**R**	**66**	**413**	**1**	**96**	**155**
体育	91	66	413	1	96	155
体育组织	911	66	413	1	96	155
体育组织	9110	66	413	1	96	155
公共管理和社会组织	**S**	**10129**	**87810**	**1965**	**17357**	**18101**
群众团体、社会团体和宗教组织	96	10129	87810	1965	17357	18101
群众团体	961	1094	14537	472	4556	3204
工会	9611	317	9569	356	3283	2001
妇联	9612	105	784	18	323	273
共青团	9613	90	524	31	346	104
其他群众团体	9619	582	3660	67	604	826
社会团体	962	7847	58287	1391	12461	13896
专业性团体	9621	3209	23805	940	6695	6897
行业性团体	9622	2599	19861	321	3406	4156
其他社会团体	9629	2039	14621	130	2360	2843
宗教组织	963	1188	14986	102	340	1001
宗教组织	9630	1188	14986	102	340	1001

社会团体法人单位数及从业人数

单位：个、人

		按技术职称分组			按技术等级分组			
具有高中学历人员	具有初中及以下学历人员	具有高级技术职称人员	具有中级技术职称人员	具有初级技术职称人员	高级技师	技师	高级工	中级工
25423	**25283**	**3572**	**6442**	**4865**	**198**	**294**	**1322**	**1438**
12	**3**	**3**	**2**	**2**			**1**	
12	3	3	2	2			1	
12	3	3	2	2			1	
9	3	2	2	1				
3		1		1			1	
71	**72**	**1**	**9**	**12**			**5**	**5**
71	72	1	9	12			5	5
71	72	1	9	12			5	5
71	72	1	9	12			5	5
139	**22**	**9**	**54**	**37**	**1**		**4**	**8**
139	22	9	54	37	1		4	8
139	22	9	54	37	1		4	8
139	22	9	54	37	1		4	8
25201	**25186**	**3559**	**6377**	**4814**	**197**	**294**	**1312**	**1425**
25201	25186	3559	6377	4814	197	294	1312	1425
3817	2488	451	895	968	13	108	492	841
2822	1107	422	790	871	13	101	420	771
107	63		12	11			14	17
38	5	2	8	13			8	11
850	1313	27	85	73		7	50	42
17512	13027	3034	5362	3533	176	168	771	519
5796	3477	1996	3240	1975	129	97	398	200
6723	5255	617	1550	1178	37	39	187	160
4993	4295	421	572	380	10	32	186	159
3872	9671	74	120	313	8	18	49	65
3872	9671	74	120	313	8	18	49	65

3-6 按地区、学历、技术分组的

地　区	社团法人单位数	从业人数	按学历分组			
			具有研究生及以上学历人员	具有大学本科学历人员	具有大专学历人员	具有高中学历人员
全　省	**10268**	**88542**	**1966**	**17513**	**18357**	**25423**
福州市	**1540**	**17872**	**554**	**4268**	**3488**	**4744**
鼓楼区	650	7636	434	3024	1832	980
台江区	147	687	12	275	244	133
仓山区	38	302	7	53	50	107
马尾区	40	126	1	43	33	39
晋安区	67	479	5	83	170	173
闽侯县	77	948	73	211	234	184
连江县	68	1619	2	73	170	301
罗源县	34	176	5	38	68	38
闽清县	37	163		30	59	57
永泰县	58	569	2	138	188	214
平潭县	193	1542		20	67	371
福清市	32	1911	4	87	131	1124
长乐市	99	1714	9	193	242	1023
厦门市	**788**	**11229**	**816**	**3644**	**2144**	**3205**
思明区	548	7018	738	3157	1598	1101
海沧区	27	96	2	24	35	13
湖里区	31	3093	62	263	226	1811
集美区	36	251	6	59	97	58
同安区	106	518	8	120	149	157
翔安区	40	253		21	39	65
莆田市	**267**	**6219**	**45**	**833**	**751**	**1347**
城厢区	92	781	22	306	207	156
涵江区	61	1583	21	401	272	342
荔城区	35	953	2	41	41	265
秀屿区	54	1653		40	71	217
仙游县	25	1249		45	160	367
三明市	**1298**	**7570**	**73**	**1206**	**2101**	**2163**
梅列区	210	1000	46	376	372	168
三元区	73	415	2	55	81	144
明溪县	130	664		38	95	169
清流县	63	329	3	25	66	83
宁化县	28	136		16	56	33
大田县	107	410		79	166	101
尤溪县	159	1626	4	191	520	459
沙县	153	1028	1	190	279	328
将乐县	86	433		45	87	181
泰宁县	60	250	1	44	74	74
建宁县	35	430	8	48	146	131
永安市	194	849	8	99	159	292
泉州市	**1798**	**16245**	**271**	**3021**	**3425**	**4625**
鲤城区	331	3030	166	677	662	867
丰泽区	122	816	27	355	340	90
洛江区	58	185		80	39	38
泉港区	141	931	5	30	73	221
惠安县	48	373		30	103	121

社会团体法人单位数及从业人数

单位：个、人

	按技术职称分组			按技术等级分组			
具有初中及以下学历人员	具有高级技术职称人员	具有中级技术职称人员	具有初级技术职称人员	高级技师	技师	高级工	中级工
25283	**3572**	**6442**	**4865**	**198**	**294**	**1322**	**1438**
4818	**1168**	**1634**	**1367**	**76**	**50**	**209**	**193**
1366	941	1060	602	65	27	135	109
23	35	62	29			12	8
85	9	13	3			2	2
10	2	4	3			1	1
48	8	12	10			3	1
246	33	93	120	5	6	28	36
1073	16	33	62	2	3	9	12
27		25	5	2		4	1
17	7	17	15		1	4	4
27	26	122	78				1
1084	1	13	15		1	3	10
565	32	62	321	2	12	3	3
247	58	118	104			5	5
1420	**681**	**884**	**763**	**35**	**96**	**370**	**729**
424	622	743	631	5	6	54	60
22		1					1
731	42	111	104	30	90	311	662
31	4	9	15			5	6
84	11	12	7				
128	2	8	6				
3243	**53**	**182**	**247**	**42**	**42**	**105**	**72**
90	28	68	72		1	12	21
547	17	78	145	41	38	89	41
604	1	10	10			1	2
1325		13	9	1		1	5
677	7	13	11		3	2	3
2027	**244**	**736**	**495**	**9**	**33**	**220**	**106**
38	46	115	48	5	3	16	5
133	5	10	15	1	2	3	
362	8	13	4		1	1	1
152	4	22	3			1	3
31		3	4			3	1
64	13	20	10		1	4	4
452	93	278	203		16	59	41
230	30	129	118	1	4	99	31
120	2	22	19	1	3	2	
57	3	16	17		1	21	10
97	20	31	3			3	
291	20	77	51	1	2	8	10
4903	**486**	**978**	**705**	**10**	**27**	**138**	**119**
658	164	253	182		4	63	23
4	30	66	90		1	8	5
28	2	7	11			3	2
602	2	4	4				44
119			2				

3-6 续表

地　　区	社团法人单位数	从业人数	按学历分组			
			具有研究生及以上学历人员	具有大学本科学历人员	具有大专学历人员	具有高中学历人员
安溪县	432	5587	51	480	763	1752
永春县	119	818	9	108	168	352
德化县	63	777		360	214	177
石狮市	142	1018		313	257	234
晋江市	258	1561	6	256	438	421
南安市	84	1149	7	332	368	352
漳州市	**920**	**4151**	**38**	**715**	**1217**	**1383**
芗城区	281	1032	14	315	314	287
龙文区	40	123		20	47	37
云霄县	41	135		19	30	38
漳浦县	62	411	6	54	78	144
诏安县	76	764	2	49	149	355
长泰县	61	166	3	32	65	46
东山县	83	465	12	48	134	153
南靖县	95	296	1	43	100	104
平和县	54	230		27	80	61
华安县	34	81		17	46	15
龙海市	93	448		91	174	143
南平市	**1443**	**8551**	**74**	**1441**	**1856**	**2512**
延平区	347	1477	34	284	313	320
顺昌县	102	1151	10	293	200	341
浦城县	63	229	3	33	44	76
光泽县	98	250	4	34	64	54
松溪县	64	228		32	96	75
政和县	59	249	1	70	78	76
邵武市	170	1327	2	226	393	399
武夷山市	180	728	2	131	221	239
建瓯市	201	2128	8	172	274	697
建阳市	159	784	10	166	173	235
龙岩市	**1423**	**10312**	**68**	**1330**	**1900**	**3921**
新罗区	400	4344	50	844	869	1612
长汀县	156	843	4	97	196	224
永定县	113	1376	6	103	245	704
上杭县	329	1600	2	79	110	658
武平县	268	1414	3	88	155	569
连城县	66	450	2	59	162	115
漳平市	91	285	1	60	163	39
宁德市	**791**	**6393**	**27**	**1055**	**1475**	**1523**
蕉城区	245	818	20	287	314	149
霞浦县	78	1533	1	33	101	217
古田县	60	192	1	41	45	52
屏南县	30	141		11	59	24
寿宁县	75	177		13	90	32
周宁县	39	1681	2	521	515	369
柘荣县	84	350		23	57	71
福安市	80	351		37	96	108
福鼎市	100	1150	3	89	198	501

单位：个、人

	按技术职称分组			按技术等级分组			
具有初中及以下学历人员	具有高级技术职称人员	具有中级技术职称人员	具有初级技术职称人员	高级技师	技师	高级工	中级工
2541	38	102	85		3	33	11
181	21	53	32	8	8	8	6
26	44	248	122		2	4	6
214	22	66	77	2	1	2	1
440	26	53	38		8	13	15
90	137	126	62			4	6
798	**119**	**245**	**191**	**4**	**7**	**53**	**54**
102	59	78	32		4	11	8
19		6	5			1	1
48	6	9					
129	8	13	11	2		3	
209	1	25	70			5	5
20	4	7	3	1		3	
118	17	45	17	1		8	12
48	6	5	17		1	11	4
62	2	6	5			3	18
3	1	7	3			1	1
40	15	44	28		2	7	5
2668	**425**	**940**	**553**	**13**	**20**	**139**	**89**
526	56	87	38		3	5	6
307	170	155	160	1	8	101	63
73	11	13	12			5	
94	4	8	3	1	1	3	
25	7	6	6	1		4	3
24	5	36	21	1		1	
307	96	200	158	1	1	10	3
135	1	9	10			1	6
977	46	338	51	6	6	8	5
200	29	88	94	2	1	1	3
3093	**341**	**669**	**451**	**3**	**6**	**54**	**53**
969	273	393	208	3	5	17	21
322	7	39	22		1	3	7
318	26	71	35			14	6
751	9	18	15			8	5
599	13	45	52			6	6
112	3	53	83			3	2
22	10	50	36			3	6
2313	**55**	**174**	**93**	**6**	**13**	**34**	**23**
48	22	84	38		1	20	10
1181	5	10	5	1		2	3
53	2	3	1		1	1	
47	2	3	4			4	
42		3	1				1
274	3	11			1	4	6
199		3					
110	6	18	13			1	1
359	15	39	31	5	10	2	2

3-7 按行业（小类）、学历、技术分组的

行业	代码	法人单位数	从业人数	按学历分组		
				具有研究生及以上学历人员	具有大学本科学历人员	具有大专学历人员
合计		**4259**	**79337**	**2309**	**19370**	**21952**
电力、燃气及水的生产和供应业	D	**14**	**79**		**1**	**5**
电力、热力的生产和供应业	44	12	64		1	1
电力生产	441	12	64		1	1
水力发电	4412	12	64		1	1
水的生产和供应业	46	2	15			4
自来水的生产和供应	461	2	15			4
自来水的生产和供应	4610	2	15			4
交通运输、仓储和邮政业	F	**25**	**350**	**2**	**6**	**62**
道路运输业	52	11	150			12
公路旅客运输	521	1	8			
公路旅客运输	5210	1	8			
道路货物运输	522	7	134			9
道路货物运输	5220	7	134			9
道路运输辅助活动	523	3	8			3
公路管理与养护	5232	2	3			2
其他道路运输辅助活动	5239	1	5			1
水上运输业	54	1	68		2	8
水上货物运输	542	1	68		2	8
沿海货物运输	5422	1	68		2	8
装卸搬运和其他运输服务业	57	7	28		2	13
装卸搬运	571	1	3			
装卸搬运	5710	1	3			
运输代理服务	572	6	25		2	13
运输代理服务	5720	6	25		2	13
仓储业	58	3	58			20
其他仓储	589	3	58			20
其他仓储	5890	3	58			20
邮政业	59	3	46	2	2	9
其他寄递服务	599	3	46	2	2	9
其他寄递服务	5990	3	46	2	2	9
信息传输、计算机服务和软件业	G	**111**	**759**	**16**	**40**	**126**
电信和其他信息传输服务业	60	10	77		5	20
电信	601	1	13		3	6
其他电信服务	6019	1	13		3	6
互联网信息服务	602	8	51			8
互联网信息服务	6020	8	51			8
广播电视传输服务	603	1	13		2	6
有线广播电视传输服务	6031	1	13		2	6
计算机服务业	61	97	643	5	25	93
其他计算机服务	619	97	643	5	25	93
其他计算机服务	6190	97	643	5	25	93
软件业	62	4	39	11	10	13
公共软件服务	621	1	20	11	8	1
应用软件服务	6212	1	20	11	8	1
其他软件服务	629	3	19		2	12
其他软件服务	6290	3	19		2	12
住宿和餐饮业	I	**44**	**648**		**11**	**51**
住宿业	66	20	164		2	9
旅游饭店	661	5	46		2	4
旅游饭店	6610	5	46		2	4
一般旅馆	662	15	118			5
一般旅馆	6620	15	118			5
餐饮业	67	24	484		9	42
正餐服务	671	20	434		9	38
正餐服务	6710	20	434		9	38
快餐服务	672	2	20			2
快餐服务	6720	2	20			2
其他餐饮服务	679	2	30			2
其他餐饮服务	6790	2	30			2

民办非企业法人单位数及从业人数

单位：个、人

		按技术职称分组			按技术等级分组			
具有高中学历人员	具有初中及以下学历人员	具有高级技术职称人员	具有中级技术职称人员	具有初级技术职称人员	高级技师	技师	高级工	中级工
23958	**11748**	**4157**	**8456**	**11702**	**365**	**520**	**519**	**710**
29	**44**		**9**	**9**			**7**	**1**
28	34		9	9			7	1
28	34		9	9			7	1
28	34		9	9			7	1
1	10							
1	10							
1	10							
145	**135**	**1**	**5**	**11**		**5**		**8**
93	45	1	3	7		5		4
8						4		4
8						4		4
83	42		2	6		1		
83	42		2	6		1		
2	3	1	1	1				
1		1	1					
1	3			1				
15	43							
15	43							
15	43							
10	3		1	4				4
	3							
	3							
10			1	4				4
10			1	4				4
16	22							
16	22							
16	22							
11	22		1					
11	22		1					
11	22		1					
378	**199**	**6**	**11**	**25**		**5**	**1**	**4**
30	22							
4								
4								
22	21							
22	21							
4	1							
4	1							
345	175	6	9	16		5	1	3
345	175	6	9	16		5	1	3
345	175	6	9	16		5	1	3
3	2		2	9				1
3	2		2	9				1
3	2		2	9				1
310	**276**	**3**	**20**	**45**	**7**	**15**	**14**	**42**
77	76			1				
15	25			1				
15	25			1				
62	51							
62	51							
233	200	3	20	44	7	15	14	42
223	164	3	20	44	7	15	14	42
223	164	3	20	44	7	15	14	42
2	16							
2	16							
8	20							
8	20							

3-7 续表 1

行业	代码	法人单位数	从业人数	按学历分组		
				具有研究生及以上学历人员	具有大学本科学历人员	具有大专学历人员
金融业	**J**	**7**	**37**		**7**	**10**
银行业	68	1	10		5	3
商业银行	682	1	10		5	3
商业银行	6820	1	10		5	3
其他金融活动	71	6	27		2	7
金融信托与管理	711	1	1			
金融信托与管理	7110	1	1			
其他未列明的金融活动	719	5	26		2	7
其他未列明的金融活动	7190	5	26		2	7
房地产业	**K**	**31**	**263**	**5**	**27**	**59**
房地产业	72	31	263	5	27	59
物业管理	722	14	143		3	24
物业管理	7220	14	143		3	24
房地产中介服务	723	10	37	2	5	15
房地产中介服务	7230	10	37	2	5	15
其他房地产活动	729	7	83	3	19	20
其他房地产活动	7290	7	83	3	19	20
租赁和商务服务业	**L**	**242**	**3614**	**43**	**597**	**1560**
租赁业	73	16	149		1	22
机械设备租赁	731	15	147		1	22
汽车租赁	7311	13	90		1	13
建筑工程机械与设备租赁	7313	1	32			3
其他机械与设备租赁	7319	1	25			6
文化及日用品出租	732	1	2			
其他文化及日用品出租	7329	1	2			
商务服务业	74	226	3465	43	596	1538
企业管理服务	741	29	327		32	67
企业管理机构	7411	2	9		4	
投资与资产管理	7412	4	57		21	23
其他企业管理服务	7419	23	261		7	44
法律服务	742	55	621	27	335	172
律师及相关的法律服务	7421	55	621	27	335	172
咨询与调查	743	51	344	7	106	136
会计、审计及税务服务	7431	8	64		12	25
市场调查	7432	1	3			1
社会经济咨询	7433	18	115		40	51
其他专业咨询	7439	24	162	7	54	59
广告业	744	22	137		22	62
广告业	7440	22	137		22	62
知识产权服务	745	2	6			2
知识产权服务	7450	2	6			2
职业中介服务	746	15	52		10	21
职业中介服务	7460	15	52		10	21
市场管理	747	11	108	1	1	7
市场管理	7470	11	108	1	1	7
旅行社	748	6	43	1	5	14
旅行社	7480	6	43	1	5	14
其他商务服务	749	35	1827	7	85	1057
会议及展览服务	7491	8	114	4	11	12
包装服务	7492	1	5			
保安服务	7493	1	1550		50	1000
办公服务	7494	3	11			1
其他未列明的商务服务	7499	22	147	3	24	44
科学研究、技术服务和地质勘查业	**M**	**128**	**946**	**22**	**170**	**219**
研究与试验发展	75	46	357	14	59	75
自然科学研究与试验发展	751	2	20	4	12	3
自然科学研究与试验发展	7510	2	20	4	12	3

单位：个、人

		按技术职称分组			按技术等级分组			
具有高中学历人员	具有初中及以下学历人员	具有高级技术职称人员	具有中级技术职称人员	具有初级技术职称人员	高级技师	技师	高级工	中级工
18	**2**	**1**	**5**	**7**		**3**	**1**	
2								
2								
2								
16	2	1	5	7		3	1	
1								
1								
15	2	1	5	7		3	1	
15	2	1	5	7		3	1	
76	**96**	**7**	**11**	**10**				**18**
76	96	7	11	10				18
39	77	2	9	5				18
39	77	2	9	5				18
15								
15								
22	19	5	2	5				
22	19	5	2	5				
830	**584**	**31**	**115**	**138**			**2**	**15**
70	56		2	2				
69	55		2	2				
53	23		2	2				
7	22							
9	10							
1	1							
1	1							
760	528	31	113	136			2	15
127	101	9	8	14				
5		2						
9	4		6	9				
113	97	7	2	5				
84	3	6	46	52				
84	3	6	46	52				
63	32	7	37	43				
25	2	2	27	20				
2								
9	15	1	3					
27	15	4	7	23				
49	4		5	7				6
49	4		5	7				6
4								
4								
19	2	1	3	4				6
19	2	1	3	4				6
26	73	1		5				
26	73	1		5				
20	3	1		1			2	2
20	3	1		1			2	2
368	310	6	14	10				1
27	60		5	9				1
2	3							
300	200							
2	8							
37	39	6	9	1				
240	**295**	**68**	**104**	**129**	**10**	**15**	**21**	**18**
88	121	30	39	34	5	6	6	1
1		7	3	3				
1		7	3	3				

3-7 续表 2

行　　业	代码	法　人单位数	从业人数	按学历分组		
				具有研究生及以上学历人员	具有大学本科学历人员	具有大专学历人员
工程和技术研究与试验发展	752	4	69		3	18
工程和技术研究与试验发展	7520	4	69		3	18
农业科学研究与试验发展	753	30	209	6	26	35
农业科学研究与试验发展	7530	30	209	6	26	35
医学研究与试验发展	754	7	41	4	7	12
医学研究与试验发展	7540	7	41	4	7	12
社会人文科学研究与试验发展	755	3	18		11	7
社会人文科学研究与试验发展	7550	3	18		11	7
专业技术服务业	76	28	245	4	37	91
气象服务	761	1	11		3	4
气象服务	7610	1	11		3	4
测绘服务	764	3	16		4	9
测绘服务	7640	3	16		4	9
技术检测	765	7	54		1	14
技术检测	7650	7	54		1	14
工程技术与规划管理	767	9	113	1	11	50
工程管理服务	7671	3	27	1	7	17
工程勘察设计	7672	5	81		1	31
规划管理	7673	1	5		3	2
其他专业技术服务	769	8	51	3	18	14
其他专业技术服务	7690	8	51	3	18	14
科技交流和推广服务业	77	53	336	4	70	51
技术推广服务	771	24	139	1	40	29
技术推广服务	7710	24	139	1	40	29
科技中介服务	772	22	165		17	12
科技中介服务	7720	22	165		17	12
其他科技服务	779	7	32	3	13	10
其他科技服务	7790	7	32	3	13	10
地质勘查业	78	1	8		4	2
地质勘查技术服务	783	1	8		4	2
地质勘查技术服务	7830	1	8		4	2
水利、环境和公共设施管理业	**N**	**28**	**115**	**1**	**6**	**26**
水利管理业	79	10	50		2	9
防洪管理	791	1	4			
防洪管理	7910	1	4			
水资源管理	792	2	20		2	6
水库管理	7921	1	5			
其他水资源管理	7929	1	15		2	6
其他水利管理	799	7	26			3
其他水利管理	7990	7	26			3
环境管理业	80	4	21	1	2	7
自然保护	801	1	1	1		
野生动植物保护	8012	1	1	1		
环境治理	802	3	20		2	7
城市环境卫生管理	8022	1	4			
其他环境治理	8029	2	16		2	7
公共设施管理业	81	14	44		2	10
市政公共设施管理	811	1	2		2	
市政公共设施管理	8110	1	2		2	
城市绿化管理	812	4	14			3
城市绿化管理	8120	4	14			3
游览景区管理	813	9	28			7
风景名胜区管理	8131	3	9			2
公园管理	8132	1	5			
其他游览景区管理	8139	5	14			5
居民服务和其他服务业	**O**	**91**	**1040**	**1**	**28**	**159**
居民服务业	82	75	826	1	24	144
家庭服务	821	4	24		1	3
家庭服务	8210	4	24		1	3

单位：个、人

		按技术职称分组			按技术等级分组			
具有高中学历人员	具有初中及以下学历人员	具有高级技术职称人员	具有中级技术职称人员	具有初级技术职称人员	高级技师	技师	高级工	中级工
30	18							
30	18							
52	90	18	27	25	2	2		1
52	90	18	27	25	2	2		1
5	13	5	9	6	3	4	6	
5	13	5	9	6	3	4	6	
79	34	9	32	38	2	7	8	15
4		1	8	1				
4		1	8	1				
3				1				
3				1				
19	20		1	6		5	4	10
19	20		1	6		5	4	10
41	10	7	11	20				1
2		1	3	16				
39	10	6	5	3				
			3	1				1
12	4	1	12	10	2	2	4	4
12	4	1	12	10	2	2	4	4
71	140	29	33	57	3	2	7	2
37	32	20	17	32	1		6	1
37	32	20	17	32	1		6	1
33	103	4	12	15		1	1	1
33	103	4	12	15		1	1	1
1	5	5	4	10	2	1		
1	5	5	4	10	2	1		
2								
2								
2								
54	**28**	**2**	**2**	**4**		**1**	**1**	**2**
24	15	1	2	4		1	1	2
3	1						1	1
3	1						1	1
9	3	1	1	3		1		1
2	3					1		
7		1	1	3				1
12	11		1	1				
12	11		1	1				
7	4	1						
		1						
		1						
7	4							
	4							
7								
23	9							
8	3							
8	3							
15	6							
3	4							
5								
7	2							
460	**392**	**27**	**56**	**52**	**6**	**53**	**18**	**23**
376	281	21	12	18	3	4	6	5
8	12							
8	12							

3-7 续表 3

行　　业	代码	法　人单位数	从业人数	按学历分组		
				具有研究生及以上学历人员	具有大学本科学历人员	具有大专学历人员
托儿所	822	18	208		7	53
托儿所	8220	18	208		7	53
理发及美容保健服务	824	9	81	1	1	3
理发及美容保健服务	8240	9	81	1	1	3
洗浴服务	825	6	174		1	6
洗浴服务	8250	6	174		1	6
婚姻服务	826	3	10			2
婚姻服务	8260	3	10			2
殡葬服务	827	8	124		1	20
殡葬服务	8270	8	124		1	20
摄影扩印服务	828	2	32			17
摄影扩印服务	8280	2	32			17
其他居民服务	829	25	173		13	40
其他居民服务	8290	25	173		13	40
其他服务业	83	16	214		4	15
修理与维护	831	11	140		4	14
汽车、摩托车维护与保养	8311	9	130		2	11
家用电器修理	8313	1	8		2	3
其他日用品修理	8319	1	2			
清洁服务	832	2	67			
其他清洁服务	8329	2	67			
其他未列明的服务	839	3	7			1
其他未列明的服务	8390	3	7			1
教育	**P**	**2647**	**60353**	**2140**	**16738**	**16576**
教育	84	2647	60353	2140	16738	16576
学前教育	841	1763	23461	57	1032	5951
学前教育	8410	1763	23461	57	1032	5951
初等教育	842	117	5574	17	1463	2512
初等教育	8420	117	5574	17	1463	2512
中等教育	843	207	19439	744	9503	5146
初中教育	8431	78	9395	393	4905	2131
高中教育	8432	41	4473	53	2407	1086
中等专业教育	8433	20	1615	25	760	453
职业中学教育	8434	39	2469	163	1017	807
技工学校教育	8435	17	457	5	172	186
其他中等教育	8439	12	1030	105	242	483
高等教育	844	26	4970	1047	2568	535
普通高等教育	8441	16	3935	840	1948	460
成人高等教育	8442	10	1035	207	620	75
其他教育	849	534	6909	275	2172	2432
职业技能培训	8491	396	5300	240	1530	1816
特殊教育	8492	14	261	3	127	49
其他未列明的教育	8499	124	1348	32	515	567
卫生、社会保障和社会福利业	**Q**	**762**	**9245**	**72**	**1486**	**2774**
卫生	85	686	8462	69	1445	2697
医院	851	100	4782	31	882	1551
综合医院	8511	45	3142	21	558	920
中医医院	8512	2	49		5	15
中西医结合医院	8513	6	305	5	62	101
专科医院	8515	41	1227	5	245	507
疗养院	8516	6	59		12	8
卫生院及社区医疗活动	852	180	1171	6	151	335
卫生院及社区医疗活动	8520	180	1171	6	151	335
门诊部医疗活动	853	378	2112	26	304	709
门诊部医疗活动	8530	378	2112	26	304	709
计划生育技术服务活动	854	1	7			3
计划生育技术服务活动	8540	1	7			3
妇幼保健活动	855	2	40	1	10	19
妇幼保健活动	8550	2	40	1	10	19

单位：个、人

		按技术职称分组			按技术等级分组			
具有高中学历人员	具有初中及以下学历人员	具有高级技术职称人员	具有中级技术职称人员	具有初级技术职称人员	高级技师	技师	高级工	中级工
111	37	10	1					1
111	37	10	1					1
59	17	11	5	11	3	4	3	3
59	17	11	5	11	3	4	3	3
54	113							
54	113							
8			4				3	1
8			4				3	1
68	35							
68	35							
8	7							
8	7							
60	60		2	7				
60	60		2	7				
84	111	6	44	34	3	49	12	18
81	41	6	44	32	3	49	12	18
78	39	6	44	32	3	49	12	18
3								
	2							
	67							
	67							
3	3			2				
3	3			2				
17269	**7630**	**3380**	**6733**	**8480**	**216**	**257**	**311**	**461**
17269	7630	3380	6733	8480	216	257	311	461
11674	4747	146	676	1113	34	76	60	141
11674	4747	146	676	1113	34	76	60	141
820	762	106	473	618	48		21	12
820	762	106	473	618	48		21	12
2769	1277	2057	3915	4409	63	81	98	174
1292	674	772	1744	2355	37	13	10	10
630	297	444	1036	1191		3	12	13
330	47	181	394	412	9	33	37	77
289	193	164	471	374	13	23	23	64
71	23	35	53	64	3	7	16	10
157	43	461	217	13	1	2		
540	280	630	871	1513	1	26	9	15
460	227	459	548	1302	1	26	8	14
80	53	171	323	211			1	1
1466	564	441	798	827	70	74	123	119
1225	489	341	571	646	61	70	117	115
65	17	29	40	72				
176	58	71	187	109	9	4	6	4
3577	**1336**	**591**	**1321**	**2697**	**122**	**155**	**137**	**110**
3363	888	584	1299	2678	98	151	137	107
1787	531	385	778	1795	50	75	89	47
1226	417	255	495	1257	42	54	83	45
22	7	1	6	18				
131	6	24	37	129	1	6	5	
375	95	105	231	385	7	14	1	2
33	6		9	6		1		
561	118	48	134	278	15	19	6	20
561	118	48	134	278	15	19	6	20
863	210	121	341	445	31	53	21	37
863	210	121	341	445	31	53	21	37
4			3	2				
4			3	2				
7	3	3	9	15	2	2		
7	3	3	9	15	2	2		

3-7 续表 4

行　业	代码	法人单位数	从业人数	按学历分组		
				具有研究生及以上学历人员	具有大学本科学历人员	具有大专学历人员
专科疾病防治活动	856	5	245	5	73	46
专科疾病防治活动	8560	5	245	5	73	46
疾病预防控制及防疫活动	857	3	8		1	1
疾病预防控制及防疫活动	8570	3	8		1	1
其他卫生活动	859	17	97		24	33
其他卫生活动	8590	17	97		24	33
社会保障业	86	4	20			8
社会保障业	860	4	20			8
社会保障业	8600	4	20			8
社会福利业	87	72	763	3	41	69
提供住宿的社会福利	871	63	691	3	40	62
收养收容服务	8712	63	691	3	40	62
不提供住宿的社会福利	872	9	72		1	7
不提供住宿的社会福利	8720	9	72		1	7
文化、体育和娱乐业	**R**	**129**	**1888**	**7**	**253**	**325**
新闻出版业	88	1	6			3
出版业	882	1	6			3
其他出版	8829	1	6			3
广播、电视、电影和音像业	89	6	177		97	37
广播	891	1	2			2
广播	8910	1	2			2
电视	892	1	99		87	3
电视	8920	1	99		87	3
电影	893	3	62		10	31
电影放映	8932	3	62		10	31
音像制作	894	1	14			1
音像制作	8940	1	14			1
文化艺术业	90	67	1226	7	120	209
文艺创作与表演	901	34	1077	4	91	152
文艺创作与表演	9010	34	1077	4	91	152
图书馆与档案馆	903	1	2			
档案馆	9032	1	2			
文物及文化保护	904	6	29		4	6
文物及文化保护	9040	6	29		4	6
博物馆	905	7	32	2	5	13
博物馆	9050	7	32	2	5	13
烈士陵园、纪念馆	906	2	7			
烈士陵园、纪念馆	9060	2	7			
群众文化活动	907	8	31		4	11
群众文化活动	9070	8	31		4	11
文化艺术经纪代理	908	1	3	1	2	
文化艺术经纪代理	9080	1	3	1	2	
其他文化艺术	909	8	45		14	27
其他文化艺术	9090	8	45		14	27
体育	91	18	107		12	32
体育组织	911	10	79		8	27
体育组织	9110	10	79		8	27
体育场馆	912	3	9		2	2
体育场馆	9120	3	9		2	2
其他体育	919	5	19		2	3
其他体育	9190	5	19		2	3
娱乐业	92	37	372		24	44
室内娱乐活动	921	15	192		1	14
室内娱乐活动	9210	15	192		1	14
游乐园	922	1	10			
游乐园	9220	1	10			
休闲健身娱乐活动	923	18	154		21	22
休闲健身娱乐活动	9230	18	154		21	22
其他娱乐活动	929	3	16		2	8
其他娱乐活动	9290	3	16		2	8

单位：个、人

		按技术职称分组			按技术等级分组			
具有高中学历人员	具有初中及以下学历人员	具有高级技术职称人员	具有中级技术职称人员	具有初级技术职称人员	高级技师	技师	高级工	中级工
103	18	19	15	133		2	20	3
103	18	19	15	133		2	20	3
5	1						1	
5	1						1	
33	7	8	19	10				
33	7	8	19	10				
3	9	1	1					
3	9	1	1					
3	9	1	1					
211	439	6	21	19	24	4		3
193	393	6	16	15	24	4		3
193	393	6	16	15	24	4		3
18	46		5	4				
18	46		5	4				
572	**731**	**40**	**64**	**95**	**4**	**11**	**6**	**8**
3								
3								
3								
30	13	3	20	79			4	1
9		3	15	73				
9		3	15	73				
12	9		5	6			4	1
12	9		5	6			4	1
9	4							
9	4							
344	546	28	37	11		2	2	2
312	518	13	29	9		1		2
312	518	13	29	9		1		2
2								
2								
11	8							
11	8							
7	5	2	4			1	2	
7	5	2	4			1	2	
2	5							
2	5							
7	9	1	3	2				
7	9	1	3	2				
3	1	12	1					
3	1	12	1					
41	22	5	2	1	4	3		
28	16	3	2	1	4	3		
28	16	3	2	1	4	3		
	5	2						
	5	2						
13	1							
13	1							
154	150	4	5	4		6		5
77	100							
77	100							
	10							
	10							
72	39	4	5	4		6		5
72	39	4	5	4		6		5
5	1							
5	1							

3-8 按地区、学历、技术分组的

地　　区	法　人 单位数	从业人数	按学历分组			
			具有研究生及以上学历人员	具有大学本科学历人员	具有大专学历人员	具有高中学历人员
全　　省	**4259**	**79337**	**2309**	**19370**	**21952**	**23958**
福州市	**1531**	**27025**	**623**	**6013**	**7126**	**8792**
鼓楼区	281	4468	128	1391	1499	1105
台江区	127	2451	17	585	623	854
仓山区	143	2984	190	974	775	619
马尾区	117	1414	78	355	297	476
晋安区	267	3315	45	421	1058	1182
闽侯县	61	1180	82	253	242	401
连江县	116	1620	2	280	412	552
罗源县	24	295		33	67	159
闽清县	9	244	2	115	31	64
永泰县	6	51		16	12	15
平潭县	122	2020		425	607	768
福清市	186	5945	71	1117	1286	2091
长乐市	72	1038	8	48	217	506
厦门市	**439**	**11841**	**548**	**3094**	**3833**	**2759**
思明区	205	4582	249	1454	1238	1029
海沧区	28	676	2	138	234	230
湖里区	94	2550	76	337	1012	710
集美区	62	2358	158	628	821	524
同安区	35	1010	16	254	399	176
翔安区	15	665	47	283	129	90
莆田市	**195**	**4476**	**11**	**1439**	**1173**	**1323**
城厢区	37	623		91	139	239
涵江区	59	1096	1	220	314	399
荔城区	26	856	6	384	209	169
秀屿区	11	155		4	34	101
仙游县	62	1746	4	740	477	415
三明市	**271**	**3528**	**17**	**639**	**820**	**1512**
梅列区	31	382	4	57	81	189
三元区	64	664	6	103	177	249
明溪县	51	294	3	8	32	163
清流县						
宁化县	6	198		62	89	32
大田县	14	260	4	94	35	102
尤溪县	10	250		142	70	30
沙县	29	380		26	71	199
将乐县						
泰宁县	3	49		20	12	17
建宁县	4	42			21	15
永安市	59	1009		127	232	516
泉州市	**694**	**15775**	**773**	**4142**	**4946**	**3839**
鲤城区	153	2157	34	644	723	492
丰泽区	130	3688	211	1356	1040	729
洛江区	20	1734	429	636	254	280
泉港区	52	757		166	196	265
惠安县	31	508		74	205	152

民办非企业法人单位数及从业人数

单位：个、人

具有初中及以下学历人员	按技术职称分组			按技术等级分组			
	具有高级技术职称人员	具有中级技术职称人员	具有初级技术职称人员	高级技师	技师	高级工	中级工
11748	**4157**	**8456**	**11702**	**365**	**520**	**519**	**710**
4471	**1037**	**2633**	**3588**	**110**	**218**	**252**	**312**
345	260	560	533	15	24	40	45
372	129	233	448	49	50	116	60
426	179	446	488	26	46	44	132
208	56	95	357	1	23		3
609	68	266	263	11	22	9	10
202	45	145	143	2	9	6	4
374	68	173	84		25	19	23
36	13	28	16		1	1	1
32	8	33	104				1
8	2	15	12				
220	80	285	423		4	5	11
1380	124	333	685	1	11	5	15
259	5	21	32	5	3	7	7
1607	**953**	**1500**	**1596**	**37**	**45**	**84**	**134**
612	309	695	678	9	16	15	24
72	37	80	217	4	2	17	12
415	74	284	341	5	10	10	30
227	471	345	290	17	16	42	68
165	29	60	69	2	1		
116	33	36	1				
530	**358**	**631**	**1032**	**58**	**29**	**16**	**40**
154	58	58	57	6	15	15	16
162	56	156	196	17	2		12
88	64	116	334	1	7	1	7
16		2	9				
110	180	299	436	34	5		5
540	**116**	**293**	**407**	**18**	**17**	**22**	**42**
51	11	42	94			1	5
129	37	72	51	5	3	3	11
88	2	10	9	3	3	6	
15			5				
25	13	32	79			2	7
8	19	63	81				6
84	8	9	4			1	
6	4	7	5			2	4
134	22	58	79	10	11	7	9
2075	**969**	**1723**	**2950**	**69**	**111**	**75**	**66**
264	129	206	249	2	6	4	2
352	325	645	965	35	96	56	26
135	212	219	648	1		6	10
130	31	48	183	1	3		
77	20	39	76				

3-8 续表

地区	法人单位数	从业人数	按学历分组			
			具有研究生及以上学历人员	具有大学本科学历人员	具有大专学历人员	具有高中学历人员
安溪县	25	365	5	40	103	145
永春县	15	92	1	14	19	46
德化县	23	299	1	38	105	130
石狮市	119	1329	10	99	464	479
晋江市	99	3997	30	725	1623	970
南安市	27	849	52	350	214	151
漳州市	**332**	**6609**	**176**	**1879**	**1733**	**2039**
芗城区	80	2074	79	567	639	623
龙文区	24	946	44	365	274	169
云霄县	33	651	1	186	208	134
漳浦县	108	897	49	171	121	452
诏安县	8	281		63	141	49
长泰县	7	31		1	4	15
东山县	2	18		2	1	11
南靖县	13	327	1	127	91	54
平和县	39	843		213	145	342
华安县	2	22			2	15
龙海市	16	519	2	184	107	175
南平市	**379**	**4288**	**55**	**800**	**958**	**1726**
延平区	88	856	8	72	222	374
顺昌县	23	500	2	292	35	101
浦城县	29	207		10	31	115
光泽县	5	40			14	26
松溪县	42	365		56	129	148
政和县	35	238		4	26	134
邵武市	48	541		52	102	287
武夷山市	44	732	43	94	179	253
建瓯市	39	280	1	56	68	117
建阳市	26	529	1	164	152	171
龙岩市	**227**	**2793**	**85**	**563**	**510**	**1010**
新罗区	50	586	84	78	83	170
长汀县	23	590		269	121	129
永定县	21	325		31	66	139
上杭县	58	470		59	84	223
武平县	35	388		8	108	206
连城县	4	55	1	21	6	20
漳平市	36	379		97	42	123
宁德市	**191**	**3002**	**21**	**801**	**853**	**958**
蕉城区	54	843	7	193	201	296
霞浦县	11	401	6	130	85	142
古田县	38	243		21	62	89
屏南县	9	114	1	35	42	30
寿宁县	29	155	5	60	8	48
周宁县	2	16			5	9
柘荣县	13	193		56	32	90
福安市	13	463		126	194	121
福鼎市	22	574	2	180	224	133

单位：个、人

	按技术职称分组			按技术等级分组			
具有初中及以下学历人员	具有高级技术职称人员	具有中级技术职称人员	具有初级技术职称人员	高级技师	技师	高级工	中级工
72		5	6			6	2
12	2	14	18				
25	12	35	33			1	12
277	12	63	240	4	3	1	3
649	150	292	312	26	3	1	10
82	76	157	220				1
782	**385**	**791**	**1109**	**36**	**18**	**24**	**26**
166	127	278	420	31	9	1	3
94	29	74	168	2	3	2	
122	23	81	87		2	1	2
104	29	55	139				6
28	64	62	133				
11	1	6	6	1			
4							
54	34	84	25				
143	49	122	63			3	2
5		1	3				
51	29	28	65	2	4	17	13
749	**122**	**403**	**493**	**23**	**48**	**35**	**64**
180	25	79	121	6	3	2	12
70	20	38	9	5			
51	1	5	23	1	2		
		10	8		1	1	
32	12	35	35				3
74			3				
100	11	40	91	4	19	12	17
163	31	37	51	1	8	9	32
38	7	75	28	6	15	10	
41	15	84	124			1	
625	**62**	**177**	**217**	**5**	**30**	**7**	**25**
171	12	14	49			2	3
71	23	55	76	1	1	1	1
89	8	42	54		6	2	6
104	4	36	9				3
66	3	19	18	3	2		
7	4	11		1	21	1	12
117	8		11			1	
369	**155**	**305**	**310**	**9**	**4**	**4**	**1**
146	76	124	148		2	2	1
38	24	69	46		1		
71	10	45	7		1		
6	21	30	24				
34		2					
2							
15	22	28	51	9		2	
22			2				
35	2	7	32				

3-9 按地区、学历、技术分组的

地　　区	居委会法人单位数	从业人数	按学历分组			
			具有研究生及以上学历人员	具有大学本科学历人员	具有大专学历人员	具有高中学历人员
全　　省	**2040**	**24749**	**24**	**1010**	**4583**	**11511**
福州市	**435**	**5650**	**2**	**164**	**854**	**3037**
鼓楼区	82	1093	1	78	237	639
台江区	82	1109		11	136	701
仓山区	67	464	1	4	103	323
马尾区	12	156			23	77
晋安区	61	880		25	147	427
闽侯县	9	71			13	42
连江县	21	227		1	23	74
罗源县	6	87			6	36
闽清县	21	152		30	16	73
永泰县	10	59		1	10	34
平潭县	13	146		1	21	102
福清市	30	540		9	70	329
长乐市	21	666		4	49	180
厦门市	**249**	**4329**	**17**	**273**	**1234**	**1663**
思明区	100	1802	1	140	729	645
海沧区	9	151		9	39	50
湖里区	43	891		63	273	449
集美区	30	596	16	43	118	266
同安区	33	309		18	57	150
翔安区	34	580			18	103
莆田市	**85**	**1256**	**1**	**56**	**109**	**616**
城厢区	16	410	1	52	70	142
涵江区	24	203			16	128
荔城区	15	275		1	5	157
秀屿区	2	28		3		16
仙游县	28	340			18	173
三明市	**156**	**1219**		**63**	**257**	**582**
梅列区	25	358		16	47	107
三元区	26	196		7	36	98
明溪县	7	35			12	19
清流县	7	24		1	3	16
宁化县	12	60		1	6	42
大田县	8	35		2	16	17
尤溪县	11	78		1	25	48
沙县	9	71		5	19	42
将乐县	6	42		2	11	29
泰宁县	6	25			2	22
建宁县	7	31			6	20
永安市	32	264		28	74	122
泉州市	**386**	**6784**	**3**	**308**	**1167**	**2677**
鲤城区	86	932		45	158	374
丰泽区	76	1563		119	503	618
洛江区	18	171		4	29	101
泉港区	6	102		3	17	38
惠安县	9	199		9	20	93

居委会法人单位数及从业人数

单位：个、人

	按技术职称分组			按技术等级分组			
具有初中及以下学历人员	具有高级技术职称人员	具有中级技术职称人员	具有初级技术职称人员	高级技师	技师	高级工	中级工
7621	**92**	**350**	**812**	**49**	**77**	**124**	**183**
1593	**14**	**28**	**74**	**2**	**49**	**53**	**39**
138	6	9	22				7
261	2		2				
33	2	1	1			1	1
56				1			
281		2				1	
16	1	1	2	1	6	1	1
129							
45							
33	3	7	41		1		
14							
22							
132		8	3		42	50	30
433			3				
1142	**2**	**40**	**160**	**3**		**2**	**21**
287		21	63	1			2
53			4				1
106		10	25	2		2	1
153	2	9	66				17
84			2				
459							
474		**10**	**13**		**2**	**7**	**13**
145		5	3		1	7	12
59			3				1
112							
9							
149		5	7		1		
317	**1**	**26**	**171**	**1**	**1**	**7**	**14**
188		4	27	1		1	1
55		1	36				2
4						4	2
4		1					
11							
			17				
4		3	17		1	2	6
5							
	1	3	20				
1			7				3
5			4				
40		14	43				
2629	**61**	**99**	**209**	**40**	**25**	**39**	**79**
355		3	13			1	
323	23	36	45				
37							
44	1						1
77							1

3-9 续表

地区	居委会法人单位数	从业人数	按学历分组			
			具有研究生及以上学历人员	具有大学本科学历人员	具有大专学历人员	具有高中学历人员
安溪县	21	151		5	24	83
永春县	14	166		7	33	85
德化县	11	66		8	17	28
石狮市	23	598	2	15	57	233
晋江市	91	2455		80	246	837
南安市	31	381	1	13	63	187
漳州市	**236**	**2042**		**59**	**336**	**1072**
芗城区	71	456		22	103	269
龙文区	8	35		6	6	16
云霄县	16	316		4	27	174
漳浦县	22	239		1	38	126
诏安县	17	201			49	106
长泰县	8	35			4	10
东山县	16	148			23	78
南靖县	20	164		18	29	69
平和县	16	136		1	14	91
华安县	6	34			2	21
龙海市	36	278		7	41	112
南平市	**215**	**894**	**1**	**38**	**266**	**431**
延平区	70	294	1	18	133	104
顺昌县	14	64			9	27
浦城县	11	64		1	6	45
光泽县	5	31		1	8	19
松溪县	6	24		1	2	17
政和县	5	22			11	11
邵武市	38	153		3	21	94
武夷山市	16	49		2	28	18
建瓯市	28	105		5	24	59
建阳市	22	88		7	24	37
龙岩市	**120**	**1232**		**34**	**183**	**716**
新罗区	46	505		20	81	278
长汀县	8	166		2	37	98
永定县	18	193		1	28	100
上杭县	12	90		7	8	67
武平县	3	40		1	3	30
连城县	8	58		1	8	41
漳平市	25	180		2	18	102
宁德市	**158**	**1343**		**15**	**177**	**717**
蕉城区	32	288		3	39	127
霞浦县	23	234		2	30	167
古田县	12	92		2	10	48
屏南县	5	42			4	14
寿宁县	3	24			2	11
周宁县	7	67			3	32
柘荣县	5	48			11	29
福安市	43	334		5	37	164
福鼎市	28	214		3	41	125

单位：个、人

	按技术职称分组			按技术等级分组			
具有初中及以下学历人员	具有高级技术职称人员	具有中级技术职称人员	具有初级技术职称人员	高级技师	技师	高级工	中级工
39							
41	1	6	20				
13							
291	35	40	105	40	25	38	77
1292		9	11				
117	1	5	15				
575	**7**	**56**	**80**	**3**		**9**	**8**
62			1				
7	1	3	1	1			
111	1	8	7	1		8	7
74		7	9				
46	1	11	36	1			1
21							
47			1				
48	4	26	20			1	
30		1					
11							
118			5				
158	**5**	**15**	**39**			**1**	**1**
38	1	5	16				
28	2	2					
12		1	3				
3			1				
4			1				
		1	1				
35			3				
1	1	4	4				
17	1	1	8			1	1
20		1	2				
299	**1**	**70**	**50**			**5**	**3**
126		56	26			4	2
29		5	4				
64			4				
8		1					
6							
8		1	6				
58	1	7	10			1	1
434	**1**	**6**	**16**			**1**	**5**
119	1	1					
35		3	5				3
32			4				1
24							
11							
32							
8			2			1	1
128		2	5				
45							

3-10 按地区、学历、技术分组的

地区	村委会法人单位数	从业人数	按学历分组			
			具有研究生及以上学历人员	具有大学本科学历人员	具有大专学历人员	具有高中学历人员
全省	**14850**	**150444**	**108**	**1257**	**7039**	**53126**
福州市	**2544**	**29770**	**19**	**179**	**1194**	**9627**
鼓楼区	19	430	1	14	49	154
台江区	4	60		2	10	41
仓山区	135	1622	2	12	124	798
马尾区	69	1242		5	74	353
晋安区	125	1512	5	20	162	629
闽侯县	340	2976	7	49	191	968
连江县	261	1774	1	15	82	672
罗源县	188	1987		1	16	455
闽清县	273	3081	2	9	80	909
永泰县	254	1806		1	33	592
平潭县	190	2843		4	56	846
福清市	442	6889	1	36	204	2238
长乐市	244	3548		11	113	972
厦门市	**234**	**2500**	**18**	**34**	**186**	**940**
思明区	2	12	1	2	4	3
海沧区	24	467	1		20	200
湖里区	2	19				3
集美区	28	292	15	21	40	115
同安区	93	687	1	1	51	302
翔安区	85	1023		10	71	317
莆田市	**897**	**9287**	**6**	**38**	**268**	**3386**
城厢区	104	1600		8	23	480
涵江区	175	1371		5	25	574
荔城区	115	1660		7	68	653
秀屿区	203	2272	2	12	48	619
仙游县	300	2384	4	6	104	1060
三明市	**1762**	**14600**	**4**	**81**	**531**	**5365**
梅列区	26	292		3	15	113
三元区	52	406		7	26	135
明溪县	89	540	1	5	24	179
清流县	111	957		6	26	461
宁化县	210	1374		23	78	697
大田县	263	1777	2	3	27	744
尤溪县	250	2408		9	116	946
沙县	173	1474		9	52	453
将乐县	142	987		3	26	287
泰宁县	126	1178	1	5	55	301
建宁县	92	724		3	11	234
永安市	228	2483		5	75	815
泉州市	**2139**	**30025**	**50**	**553**	**2356**	**10526**
鲤城区	2	21			6	13
丰泽区	2	2				2
洛江区	67	589	1	7	72	247
泉港区	94	1394	2	20	128	536
惠安县	290	3580		58	186	1051

村委会法人单位数及从业人数

单位：个、人

	按技术职称分组			按技术等级分组			
具有初中及以下学历人员	具有高级技术职称人员	具有中级技术职称人员	具有初级技术职称人员	高级技师	技师	高级工	中级工
88914	**156**	**843**	**3038**	**42**	**138**	**143**	**323**
18751	**33**	**196**	**421**	**5**	**36**	**45**	**77**
212	2	5	6				
7		3	3				
686	11	21	33		13		
810		1	6				
696		11	17			2	10
1761	9	63	69	1	10	42	36
1004	5	4	24	2	1		
1515		2		1	1		
2081	3	5	36		1		13
1180		5	16		1		
1937		12	15		1		12
4410	3	60	177	1	7	1	6
2452		4	19		1		
1322	**3**	**14**	**51**		**1**		**11**
2	2		1				
246		1	2				
16							11
101							
332			3		1		
625	1	13	45				
5589	**4**	**63**	**283**	**1**	**10**	**2**	**26**
1089	2		42				7
767		8	19		1		11
932	1	4	32		1		
1591		20	82		7		2
1210	1	31	108	1	1	2	6
8619	**12**	**67**	**377**	**2**	**12**	**18**	**31**
161	2	1	3				
238		8	2				2
331		5					
464		1	12				
576	1	2	53		1		3
1001		2	2		1		
1337		30	155		9	18	13
960	3	7	62		1		
671	1	1	19				4
816		1	17	1			
476	3	5	22	1			9
1588	2	4	30				
16540	**21**	**104**	**199**	**15**	**38**	**17**	**36**
2	1	5				3	13
	2						
262		4	11		2	2	4
708	2	5	23				
2285		2	6				

3-10 续表

地　　区	村委会法人单位数	从业人数	按学历分组			
			具有研究生及以上学历人员	具有大学本科学历人员	具有大专学历人员	具有高中学历人员
安溪县	476	5414	44	160	429	1824
永春县	223	2411		31	209	1144
德化县	191	1184		6	64	550
石狮市	108	1161		30	136	444
晋江市	298	8454	2	136	678	2668
南安市	388	5815	1	105	448	2047
漳州市	**1668**	**17800**	**5**	**104**	**807**	**6630**
芗城区	86	757	1	4	17	318
龙文区	42	432		5	31	133
云霄县	163	1560	1	6	67	531
漳浦县	279	3127	2	9	185	1295
诏安县	219	1922		9	94	717
长泰县	58	1773		1	16	457
东山县	61	867			38	294
南靖县	183	1706		2	70	655
平和县	240	2149		45	70	913
华安县	92	785		13	65	272
龙海市	245	2722	1	10	154	1045
南平市	**1657**	**15171**	**4**	**164**	**592**	**4668**
延平区	249	2179	1	41	99	473
顺昌县	130	1117		13	27	360
浦城县	286	2043		11	57	831
光泽县	86	536		14	41	186
松溪县	102	1179		15	47	383
政和县	131	1395		13	34	368
邵武市	136	1045	1	14	51	351
武夷山市	117	1469	2	14	69	516
建瓯市	227	2488		22	114	759
建阳市	193	1720		7	53	441
龙岩市	**1788**	**15492**	**1**	**45**	**612**	**7169**
新罗区	284	2065		9	80	923
长汀县	290	3559		4	158	1377
永定县	261	1785		5	52	908
上杭县	333	2555	1	6	94	1184
武平县	214	1875		11	101	1060
连城县	232	2013		7	98	1033
漳平市	174	1640		3	29	684
宁德市	**2161**	**15799**	**1**	**59**	**493**	**4815**
蕉城区	280	2516		8	102	576
霞浦县	296	2307	1	1	43	889
古田县	279	2711		8	51	795
屏南县	153	1143		10	27	314
寿宁县	200	1205		1	16	445
周宁县	141	679		5	15	185
柘荣县	113	818			32	356
福安市	446	2853		4	65	675
福鼎市	253	1567		22	142	580

单位：个、人

	按技术职称分组			按技术等级分组			
具有初中及以下学历人员	具有高级技术职称人员	具有中级技术职称人员	具有初级技术职称人员	高级技师	技师	高级工	中级工
2957	3	30	34	8	9	1	8
1027	4	23	86		6	2	6
564			2				
551	1	4	3			1	
4970		21	11	7	20	8	4
3214	8	10	23		1		1
10254	**28**	**146**	**458**	**4**	**16**	**44**	**62**
417		19	11		2		4
263		5	13				1
955	1	5	49			30	36
1636		3	61		2		
1102		4	11		3	1	2
1299		23	44		5	3	8
535	12		13			1	
979		8	68				1
1121	3	27	65	4		1	4
435	11	29	66			6	3
1512	1	23	57		4	2	3
9743	**35**	**82**	**284**	**7**	**7**	**11**	**36**
1565		2	38			2	13
717	2	3	47				
1144	1	2	6				
295	1		3			3	
734	5	25	43		2	1	10
980		1	44				
628	3	10	7		2		1
868	4	19	34	6	2		4
1593	18	17	40	1	1	5	6
1219	1	3	22				2
7665	**14**	**118**	**665**	**7**	**17**	**2**	**36**
1053	1	9	41			1	
2020		24	43				11
820		2	48				3
1270	3	32	155	2	9	1	4
703		35	158		4		16
875	5	14	84		2		1
924	5	2	136	5	2		1
10431	**6**	**53**	**300**	**1**	**1**	**4**	**8**
1830		1	10			1	1
1373		1	16	1			2
1857	3	11	46				1
792		13	74		1	3	
743		7	44				4
474	1	10	33				
430		2	27				
2109							
823	2	8	50				

3-11 按地区、学历、技术分组的

地区	其他组织机构法人单位数	从业人数	按学历分组			
			具有研究生及以上学历人员	具有大学本科学历人员	具有大专学历人员	具有高中学历人员
全省	**8622**	**79546**	**763**	**6650**	**10934**	**23690**
福州市	**2608**	**22679**	**337**	**2702**	**3587**	**7500**
鼓楼区	497	6899	224	1648	1564	2148
台江区	130	1525	17	300	332	547
仓山区	265	2537	31	197	446	957
马尾区	118	988	11	68	131	246
晋安区	165	2226	44	187	345	988
闽侯县	209	1539	7	84	214	542
连江县	431	2334	2	15	93	445
罗源县	67	319		7	23	68
闽清县	239	678		11	44	366
永泰县	45	195		13	35	73
平潭县	153	1440		100	130	311
福清市	21	177	1	6	36	70
长乐市	268	1822		66	194	739
厦门市	**356**	**5937**	**90**	**903**	**1241**	**1686**
思明区	190	3333	76	613	600	732
海沧区	11	53		4	7	26
湖里区	71	948	13	156	268	339
集美区	30	491	1	57	90	214
同安区	23	853		72	267	317
翔安区	31	259		1	9	58
莆田市	**524**	**7123**	**16**	**212**	**404**	**1158**
城厢区	50	543	10	47	95	148
涵江区	323	3458		46	60	594
荔城区	36	566	3	58	109	189
秀屿区	61	2136		12	29	88
仙游县	54	420	3	49	111	139
三明市	**821**	**5466**	**8**	**273**	**639**	**1543**
梅列区	21	364	5	91	106	131
三元区	18	122		15	30	38
明溪县	85	620		13	90	182
清流县	37	196		8	15	32
宁化县	42	304	2	11	28	119
大田县	25	210		31	44	63
尤溪县	90	657		1	29	119
沙县	61	511	1	20	37	95
将乐县	78	316		2	8	30
泰宁县	91	465		4	40	123
建宁县	165	578		11	62	165
永安市	108	1123		66	150	446
泉州市	**1302**	**15538**	**249**	**1496**	**2506**	**4479**
鲤城区	60	349	4	37	82	147
丰泽区	157	2549	40	418	669	658
洛江区	13	43		3	5	12
泉港区	107	724	1	10	29	161
惠安县	311	3438		210	370	756

其他组织机构法人单位数及从业人数

单位：个、人

具有初中及以下学历人员	按技术职称分组			按技术等级分组			
	具有高级技术职称人员	具有中级技术职称人员	具有初级技术职称人员	高级技师	技师	高级工	中级工
37509	**1131**	**2785**	**3523**	**281**	**398**	**463**	**665**
8553	**481**	**1167**	**1184**	**142**	**188**	**239**	**273**
1315	259	584	446	86	107	77	131
329	62	101	142	3	11	22	10
906	27	88	143	5	22	11	10
532	10	8	39	1	13	37	1
662	56	138	62	31	6	64	49
692	14	45	116	2	4	12	23
1779	6	19	56	6	8	4	21
221	3	8	4				
257		4	2	1	1		1
74	11	12	9			3	
899	27	93	77	6	10	9	11
64		8	16				
823	6	59	72	1	6		16
2017	**128**	**332**	**492**	**23**	**110**	**47**	**86**
1312	73	188	263	15	83	9	8
16							
172	30	68	125	7	22	8	24
129	19	60	43			30	46
197	6	14	60	1	1		5
191		2	1		4		3
5333	**69**	**118**	**236**	**1**	**8**	**22**	**31**
243	28	60	54	1	2	14	11
2758	8	10	6			7	
207	31	35	161		6	1	4
2007		1	7				16
118	2	12	8				
3003	**70**	**204**	**236**	**8**	**7**	**30**	**34**
31	33	35	58	1		2	6
39	4	17	18			1	3
335		3	21	2			
141		5					
144	6	20	16			5	15
72	5	20	17		2	4	5
508	3	14	29			5	1
358	1	3	13	1	1	1	1
276		3	5				
298	1	3				6	1
340	7	18	11		3	1	
461	10	63	48	4	1	5	2
6808	**218**	**361**	**498**	**85**	**43**	**59**	**90**
79	12	16	30		7	1	4
764	42	119	149	15	4	30	54
23			3			1	1
523	1	19		3			
2102	38	67	93				2

3-11 续表

地区	其他组织机构法人单位数	从业人数	按学历分组			
			具有研究生及以上学历人员	具有大学本科学历人员	具有大专学历人员	具有高中学历人员
安溪县	217	3095	188	519	681	817
永春县	119	626		18	48	201
德化县	54	588	4	20	86	161
石狮市	72	853	5	41	121	283
晋江市	140	2780	4	147	313	1115
南安市	52	493	3	73	102	168
漳州市	**735**	**5884**	**17**	**347**	**807**	**1913**
芗城区	119	1111	12	137	241	325
龙文区	9	134			3	41
云霄县	64	716		9	78	320
漳浦县	145	790	1	40	95	284
诏安县	15	497		15	36	241
长泰县	25	285		38	97	115
东山县	51	391	3	4	33	50
南靖县	60	251		36	58	49
平和县	123	880			25	214
华安县	4	21		1	1	19
龙海市	120	808	1	67	140	255
南平市	**898**	**5065**	**11**	**270**	**555**	**1653**
延平区	133	1296	5	117	184	403
顺昌县	76	394		18	36	87
浦城县	81	398	4	5	18	101
光泽县	28	111		1	4	25
松溪县	34	160		13	35	63
政和县	43	262		26	37	125
邵武市	53	376	1	41	58	168
武夷山市	82	579		15	70	199
建瓯市	115	720	1	21	56	207
建阳市	253	769		13	57	275
龙岩市	**328**	**2295**	**2**	**192**	**241**	**719**
新罗区	56	869	2	123	111	296
长汀县	35	211		14	14	64
永定县	69	299		25	29	93
上杭县	89	350		2	22	91
武平县	17	150		9	8	18
连城县	31	212		6	25	54
漳平市	31	204		13	32	103
宁德市	**1050**	**9559**	**33**	**255**	**954**	**3039**
蕉城区	254	1468	2	35	62	283
霞浦县	56	638	3	40	98	246
古田县	292	986		6	36	291
屏南县	63	316		4	7	39
寿宁县	34	466		5	32	239
周宁县	49	383	11	39	27	55
柘荣县	3	10				3
福安市	270	2955	11	68	496	963
福鼎市	29	2337	6	58	196	920

单位：个、人

	按技术职称分组			按技术等级分组			
具有初中及以下学历人员	具有高级技术职称人员	具有中级技术职称人员	具有初级技术职称人员	高级技师	技师	高级工	中级工
890	85	30	29	55	4	9	4
359	2	12	26		1	5	2
317	3	20	18		4	3	4
403	21	29	69	11	5	5	5
1201	13	38	67		7	2	8
147	1	11	14	1	11	3	6
2800	**53**	**144**	**311**	**11**	**17**	**28**	**80**
396	39	60	104	4	14	22	15
90			5				
309						2	1
370	1	7	27	6	2	1	2
205	3	7	41			2	10
35	1	20	67				2
301		3	1				
108	2	15	23				2
641		1	20	1	1	1	
345	7	31	23				48
2576	**75**	**203**	**243**	**8**	**15**	**32**	**27**
587	36	61	66	3	5	13	5
253	3	26	23				
270	13	4	2				
81							
49	5	5	11			5	
74	1	14	19	1	1	2	
108	11	54	19			5	
295	2	14	50	2	2		10
435	3	5	16	2	6	5	11
424	1	20	37		1	2	1
1141	**21**	**53**	**144**		**4**	**1**	
337	15	37	85		2	1	
119			3				
152	3	1	3				
235	2	9	34		2		
115	1	3	3				
127		3	8				
56			8				
5278	**16**	**203**	**179**	**3**	**6**	**5**	**44**
1086	5	20	35	1	4	3	1
251		9	12	2		1	1
653			15				1
266		1	2				
190		5					
251		1	3				
7							
1417	5	151	95				38
1157	6	16	17		2	1	3

3-12 按地区分组的事业、机关、社团和民办非企业法人单位数及从业人数

(2004年、2008年)

单位: 个、人

地区	2008年		2004年		2008年		2004年	
	事业法人单位数	从业人数	事业法人单位数	从业人数	机关法人单位数	从业人数	机关法人单位数	从业人数
全省	**24792**	**792107**	**22966**	**723529**	**8005**	**283082**	**7192**	**255407**
福州市	3857	175792	2839	153947	1241	54732	1145	53884
厦门市	1050	72907	932	53543	465	27590	368	16021
莆田市	1450	56705	1154	50819	472	17451	421	18430
三明市	2944	67796	2435	65021	1101	28151	947	28518
泉州市	4138	127279	4694	122054	1024	41457	941	33062
漳州市	3572	86303	3931	80414	1079	31071	1015	27801
南平市	3275	71174	2989	69710	978	26654	903	25534
龙岩市	2131	67132	2081	62734	694	28693	639	27164
宁德市	2375	67019	1911	65287	951	27283	813	24993

3-12 续表

单位: 个、人

地区	2008年		2004年		2008年		2004年	
	社会团体法人单位数	从业人数	社会团体法人单位数	从业人数	民办非企业法人单位数	从业人数	民办非企业法人单位数	从业人数
全省	**10268**	**88542**	**6185**	**48772**	**4259**	**79337**	**2439**	**35686**
福州市	1540	17872	1416	17290	1531	27025	727	12664
厦门市	788	11229	393	4773	439	11841	224	5725
莆田市	267	6219	226	1705	195	4476	226	1705
三明市	1298	7570	587	2543	271	3528	180	1304
泉州市	1798	16245	913	5665	694	15775	200	5895
漳州市	920	4151	828	4322	332	6609	72	1323
南平市	1443	8551	738	2530	379	4288	191	2467
龙岩市	1423	10312	591	2742	227	2793	98	1461
宁德市	791	6393	493	7202	191	3002	648	2778

附　录

主要指标解释

福建省第二次全国经济普查主要数据公报

主要指标解释

调查对象

一、法人单位

法人单位是指具备以下条件的单位：

(一)依法成立，有自己的名称、组织机构和场所，能够独立承担民事责任；

(二)独立拥有和使用（或授权使用）资产，承担负债，有权与其他单位签订合同；

(三)会计上独立核算，能够编制资产负债表。

法人单位包括企业法人、事业单位法人、机关法人、社会团体法人和其他法人。

二、产业活动单位

产业活动单位是指具备以下条件的单位：

（一）在一个场所从事一种或主要从事一种社会经济活动；

（二）相对独立组织生产经营或业务活动；

（三）能够掌握收入和支出等业务核算资料。

产业活动单位按以下具体办法认定：

（一）经过法定程序批准建立的、不能独立承担民事责任的单位，认定为产业活动单位。包括：由各级工商、编制、民政等登记主管机关核准登记、备案，或依据相关法律法规由各级行政主管部门批准建立的企业法人、机关法人、事业单位法人和社会团体法人的分支机构、派出机构或代表机构等。

（二）未经法定程序批准在法人内部建立的机构，符合本规定第九条的认定为产业活动单位。

法人单位、产业活动划分中的特殊情况处理：

（一）中国电信、中国移动、中国网通、中国联通、中国铁通、中国通信卫星等公司的省级分支机构视同法人单位，地（市）、县（市）级分支机构作为产业活动单位。

（二）中国人民银行、中国保险监督管理委员会、国家邮政局系统的省、地（市）级分支机构视同法人单位，县（市）级及以下分支机构作为产业活动单位。

（三）中国石油天然气集团公司、中国石油天然气股份公司、中国石油化工集团公司、中国石油化工股份公司下属的原为法人企业但重组后不具有法人资格的企业仍视为法人企业。

（四）不具有法人资格的发电厂、省级电力（供电）分公司视同法人单位，地（市）级、县（市）级供电局作为产业活动单位。

（五）不具有法人资格的城镇街道办事处视同法人单位。

三、单产业法人

指法人单位只位于一个场所并主要从事一种社会经济活动，称为单产业法人。单产业法人本身也是一个产业活动单位。

四、多产业法人

指法人单位从事多种经济活动，或者位于多个地点，称为多产业法人。多产业法人由两个或两个以上产业活动单位组成。

五、个体经营户

是指除农户外，生产资料归劳动者个人所有，以个体劳动为基础，劳动成果归劳动者个人占有和支配的一种经营单位。其中包括：

（一）按照《民法通则》和《城乡个体工商户管理暂行条例》规定登记注册的个体工商户和个人合伙企业。个体工商户是指公民在法律允许范围内，依法经核准登记，从事工业、商业、建筑业、运输业、餐饮业、服务业等活动的个体劳动者。个人合伙是依法经核准登记，指两个以上公民按照协议，各自提供资金、实物、技术等，合伙经营，共同劳动的一种经济组织。

（二）依据《民办非企业单位登记管理暂行条例》，经国务院民政部门和县级以上地方各级人民政府民政部门核准登记，领取《民办非企业单位（合伙）登记证书》或《民办非企业单位（个人）登记证书》的民办非企业单位。

（三）没有领取营业执照但从事个体经营活动的城镇、农村个体经营单位。但不包括农民家庭以辅助劳力或利用农闲时间进行的一些兼营性的工业、商业及其它活动。

各类分组

一、按单位类别分组

企业：包括(1)领取《企业法人营业执照》的各类企业；(2)外国公司常驻代表机构、办事机构；(3)个人独资企业、合伙企业；(4)由其他行政主管部门依据有关法律法规审批成立，且具备法人条件的企业；(5)未经有关部门批准、但实际从事生产经营活动的企业。

事业单位：指经机构编制部门批准成立和登记或备案，领取《事业单位法人证书》，取得法人资格的单位；还包括由其他行政主管部门依据有关法律法规审批成立，且具备法人条件的事业单位。

机关：包括国家权力机关、国家行政机关、国家司法机关、政党机关、政协组织、人民解放军、武警部队和其他机关。

社会团体：包括由中央机构编制管理部门直接管理其机关机构编制的群众团体，还包括经各级民政部门核准登记，领取《社会团体法人证书》的各类社会团体。

民办非企业单位：包括经各级民政部门核准登记，领取《民办非企业单位（法人）登记证书》的民办非企业单位。

其他组织机构：指除企业法人、事业单位法人、机关法人、社会团体法人和民办非企业法人以外的其他符合法人条件的单位。

二、按行业类别分组

依据《国民经济行业分类》（GB/T4754-2002）的分类标准划分。

三、按登记注册类型分组

依据《关于划分企业登记注册类型的规定》的分类标准划分，以在工商行政管理机关登记注册的各类企业为划分对象，其他经济组织参照执行。

工商行政管理部门对企业(单位)登记注册的类型分为以下各种：

国有企业：指企业全部资产归国家所有，并按《中华人民共和国企业法人登记管理条例》规定登记注册的非公司制的经济组织。不包括有限责任公司中的国有独资公司。

集体企业：指企业资产归集体所有，并按《中华人民共和国企业法人登记管理条例》规定登记注册的经济组织。

股份合作企业：指以合作制为基础，由企业职工共同出资入股，吸收一定比例的社会资产投资组建，实行自主经营，自负盈亏，共同劳动，民主管理，按劳分配与按股分红相结合的一种集体经济组织。

两个及两个以上相同或不同所有制性质的企业法人或事业单位法人，按自愿、平等、互利的原则，共同投资组成的经济组织称为联营企业。联营企业包括国有联营企业、集体联营企业、国有与集体联营企业和其他联营企业。

国有联营企业：指所有联营单位均为国有。

集体联营企业：指所有联营单位均为集体。

国有与集体联营企业：指联营单位既有国有也有集体。

其他联营企业：指上述三种联营企业之外的其他联营形式的企业。

根据《中华人民共和国公司登记管理条例》规定登记注册，由两个以上，五十个以下的股东共同出资，每个股东以其所认缴的出资额对公司承担有限责任，公司以其全部资产对其债务承担责任的经济组织称为有限责任公司。有限责任公司分为国有独资公司以及其他有限责任公司。

国有独资公司：指国家授权的投资机构或者国家授权的部门单独投资设立的有限责任公司。

其他有限责任公司：是国有独资公司以外的其他有限责任公司。

股份有限公司：指根据《中华人民共和国公司登记管理条例》规定登记注册，其全部注册资本由等额股份构成并通过发行股票筹集资本，股东以其认购的股份对公司承担有限责任，公司以其全部资产对其债务承担责任的经济组织。

由自然人投资设立或由自然人控股，以雇佣劳动为基础的营利性经济组织称为私营企业。包括按照《公司法》、《合伙企业法》、《私营企业暂行条例》以及《个人独资企业法》规定登记注册的私营独资企业、私营有限责任公司、私营股份有限公司、私营合伙企业和个人独资企业。

私营独资企业：指按《私营企业暂行条例》的规定，由一名自然人投资经营，以雇佣劳动为基础，投资者对企业债务承担无限责任的企业。

个人独资企业：指按《个人独资企业法》、《个人独资企业登记管理办法》的规定，由一个自然人投资，财产为投资人个人所有，投资人以其个人财产对企业债务承担无限责任的经营实体。个人独资企业填表时归入私营独资企业。

私营合伙企业：指按《合伙企业法》或《私营企业暂行条例》的规定，由两个以上自然人按照协议共同投资、共同经营、共负盈亏，以雇佣劳动为基础，对债务承担无限责任的企业。

私营有限责任公司：指按《公司法》、《私营企业暂行条例》的规定，由两个以上自然人投资或由单个自然人控股的有限责任公司。

私营股份有限公司：指按《公司法》的规定，由五个以上自然人投资，或由单个自然人控股的股份有限公司。

其他企业：指上述第(1)条至第(7)条之外的其他内资经济组织。

合资经营企业(港或澳、台资)：指港澳台地区投资者与内地的企业依照《中华人民共和国中外合资经营企业法》及有关法律的规定，按合同规定的比例投资设立，分享利润和分担风险的企业。

合作经营企业(港或澳、台资)：指港澳台地区投资者与内地企业依照《中华人民共和国中外合作经营企业法》及有关法律的规定，依照合作合同的约定进行投资或提供条件设立，分配利润、分担风险和亏损的企业。

港澳台商独资经营企业：指依照《中华人民共和国外资企业法》及有关法律的规定，在内地设立的由港澳台地区投资者在内地全额投资设立的企业。

港澳台商投资股份有限公司：指根据国家有关规定，经外经贸部批准设立，并且其中港、澳、台商的股本占公司注册资本的比例达25%以上的股份有限公司。凡其中港、澳、台商的股本占公司注册资本的比例小于25%的，属于内资中的股份有限公司。

中外合资经营企业：指外国企业或外国人与中国内地企业依照《中华人民共和国中外合资经营企业法》及有关法律的规定，按合同规定的比例投资设立，分享利润和分担风险的企业。

中外合作经营企业：指外国企业或外国人与中国内地企业依照《中华人民共和国中外合作经营企业法》及有关法律的规定，依照合作合同的约定进行投资或提供条件设立，分配利润、分担风险和亏损的企业。

外资企业：指依照《中华人民共和国外资企业法》及有关法律的规定，在中国内地设立的由外国投资者全额投资设立的企业。

外商投资股份有限公司：指根据国家有关规定，经外经贸部批准设立，并且其中外资的股本占公司注册资本的比例达25%以上的股份有限公司。凡其中外资股本占公司注册资本的比例小于25%的，属于内资中的股份有限公司。

四、按控股情况分组

国有控股：包括（1）在企业的全部实收资本中，国有经济成分的出资人拥有的实收资本（股本）所占企业全部实收资本（股本）的比例大于50%的国有绝对控股；（2）国有经济成分的出资人拥有的实收资本（股本）所占比例虽未大于50%，但相对大于其他任何一方经济成分的出资人所占比例的国有相对控股；或者虽不大于其他经济成分，但根据协议规定拥有企业实际控制权的国有协议控股。

投资双方各占50%，且未明确由谁绝对控股的企业，若其中一方为国有经济成分的，一律按国有控股处理。

集体控股：包括（1）在企业的全部实收资本中，集体经济成分的出资人拥有的实收资本（股本）所占企业全部实收资本（股本）的比例大于50%的集体绝对控股；（2）集体经济成分的出资人拥有的实收资本（股本）所占比例虽未大于50%，但相对大于其他任何一方经济成分的出资人所占比例的集体相对控股；或者虽不大于其他经济成分，但根据协议规定拥有企业实际控制权的集体协议控股。

私人控股：包括（1）在企业的全部实收资本中，私人经济成分的出资人拥有的实收资本（股本）所占企业全部实收资本（股本）的比例大于50%的私人绝对控股；（2）私人经济成分的出资人拥有的实收资本（股本）所占比例虽未大于50%，但相对大于其他任何一方经济成分的出资人所占比例的私人相对控股；或者虽不大于其他经济成分，但根据协议规定拥有企业实际控制权的私人协议控股。

港澳台商控股：包括（1）在企业的全部实收资本中，港澳台商经济成分的出资人拥有的实收资本（股本）所占企业全部实收资本（股本）的比例大于50%的港澳台商绝对控股。（2）港澳台商经济成分的出资人拥有的实收资本（股本）所占比例虽未大于50%，但相对大于其他任何一方经济成分的出资人所占比例的港澳台商相对控股；或者虽不大于其他经济成分，但根据协议规定拥有企业实际控制权的港澳台商协议控股。

外商控股：包括（1）在企业的全部实收资本中，外商经济成分的出资人拥有的实收资本（股本）所占企业全部实收资本（股本）的比例大于50%的外商绝对控股；（2）外商经济成分的出资人拥有的实收资本（股本）所占比例虽未大于50%，但相对大于其他任何一方经济成分的出资人所占比例的外商相对控股；或者虽不大于其他经济成分，但根据协议规定拥有企业实际控制权的外商协议控股。

其他：除上述五类以外的企业控股情况。

五、按隶属关系分组

指本单位隶属于哪一级行政管理单位，按照国家标准《单位隶属关系代码》(GB/T12404-1997)分为：中央、省、市(地区)、县、街道、镇、乡、居民委员会、村民委员和其他。

六、按营业状态分组

营业：指全年正常开业的企业和季节性生产开工三个月以上的企业，包括部分投产的新建企业。临时性停产和季节性停产的企业视为营业。

停业(歇业)：指由于某种原因已处于停产状态，待条件改变后将恢复生产经营的企业。

筹建：一般指企业未经工商部门登记开业，正在进行生产经营前的筹建工作。如研究和论证建设、投产或经营方案，办理征地拆迁，订购设备材料，进行基建等。有些三资企业虽经工商部门登记，但未正常投产开业，仍属于筹建。有些行业的企业，由于行业管理或其他政策性管理的需要必须经过一定时间的试营业才能正式开业，这些处于试营业状态的单位也属于筹建。

当年关闭：指当年因某种原因终止经营的企业，包括关闭、注销、吊销的企业，但不包括破产企业。

当年破产：指当年依照《破产法》或相关法律、法规宣布破产的企业。

其他：指上述以外的其他企业。

七、按学历分组

具有研究生及以上学历人员：指接受的最高一级教育为硕士研究生、博士研究生并取得毕业证书的人员，不包括肄业、在读或辍学人员。

具有大学本科学历人员：指接受的最高一级教育为大学本科并取得毕业证书的人员，不包括肄业、在读或辍学人员。

具有大专学历人员：指接受的最高一级教育为大学专科并取得毕业证书的人员，不包括肄业、在读或辍学人员。

具有高中学历人员：指接受的最高一级教育为普通高中、职业高中、成人高中，并取得毕业证书的人员。包括等同于高中学历的中等专业学校、成人中专的人员。不包括肄业、在读或辍学的人员。

具有初中及以下学历人员：指接受的最高一级教育为初中、技工学校、相当于初中及以下的人员。

八、按专业技术职称分组

具有高级技术职称人员：指具有国家规定的高级专业技术职称资格或受聘高级技术职务的人员。包括高级工程师(含一级飞行员、高级船长)，农业推广研究员、高级农艺师，正副研究员，正副主任医师，正副教授、高级讲师、中学高级教师，高级经济师，高级会计师，高级统计师，正副译审，正副研究馆员，正副编审、高级记者、主任记者、高级编辑、主任编辑，一、二级律师、公证员，播音指导、主任播音员，高级工艺美术师，国家级教练、高级教练，一、二级艺术人员，高级政工师。

具有中级技术职称人员：指具有国家规定的中级专业技术职称资格或受聘中级技术职务的人员。包括工程师(含二级飞行员、船长、大副)，农艺师，助理研究员，主治医师，讲师、中学一级教师、小学高级教师，经济师，会计师，统计师，翻译，馆员，编辑、记者、一级校对，三级律师、公证员，一级播音员，工艺美术师，一级教练，三级艺术人员，政工师。

具有初级技术职称人员：指具有国家规定的初级专业技术职称资格或受聘初级技术职务的人员。包括助理工程师、技术员(含三、四级飞行员、二、三副)，助理农艺师、农业技术员，研究实习员、实验员，医(护)师(士)，助教、中学二、三级教师、小学一、二、三级教师，助理经济师、经济员、助理会计师、会计员，助理统计师、统计员，助理翻译，助理馆员、管理员，助理编辑记者、二、三级校对，四级律师、公证员助理，二、三级播音员，助理工艺美术师、美术员，二、三级教练，四级艺术人员，助理政工师、政工员。

九、按技术等级分组

高级技师：指持有国家劳动保障部门颁发的《职业资格证书》(包括《技术等级证书》、《技师合格证书》、《高级技师合格证书》)职业资格一级(高级技师)证书的人员。

技师：指持有国家劳动保障部门颁发的《职业资格证书》(包括《技术等级证书》、《技师合格证书》、《高级技师合格证书》)职业资格二级(技师)证书的人员。

高级工：指持有国家劳动保障部门颁发的《职业资格证书》(包括《技术等级证书》、《技师合格证书》、《高级技师合格证书》)职业资格三级(高级工)证书的人员。

中级工：指持有国家劳动保障部门颁发的《职业资格证书》(包括《技术等级证书》、《技师合格证书》、《高级技师合格证书》)职业资格四级(中级工)证书的人员。

注：综合卷数据不包含在我省境内的军队、武警和铁路等部门的数据。

福建省第二次全国经济普查主要数据公报

（第一号）

福建省人民政府第二次全国经济普查领导小组办公室
福建省统计局
国家统计局福建调查总队
2010 年 2 月 9 日

为了全面掌握我国第二产业和第三产业[1]的发展规模及布局，了解我国产业组织、产业结构、产业技术的现状以及各生产要素的构成，摸清我国各类企业和单位能源消耗的基本情况，建立健全覆盖国民经济各行业的基本单位名录库、基础信息数据库和统计电子地理信息系统，为加强和改善宏观调控，科学制定中长期发展规划，提供科学准确的统计信息支持，我国于 2008 年进行了第二次全国经济普查。这次普查的标准时点为 2008 年 12 月 31 日，时期资料为 2008 年度。我省第二次全国经济普查对象为全省行政区划内（不含金门、马祖，下同）从事第二产业和第三产业的全部法人单位、产业活动单位和个体经营户[2]。普查主要内容包括单位基本属性、从业人员、财务状况、生产经营情况、生产能力、能源消耗、科技活动情况等。

经过全省各地和有关部门及全体普查人员近两年的共同努力，全省经济普查的登记填报及数据审核汇总工作基本完成。福建省人民政府第二次全国经济普查领导小组办公室采取分层随机等距整群抽样方法，对 9 个设区市的 16 个县（市、区）的数据质量进行了抽查，共抽查 32 个普查区的 1682 个法人单位和产业活动单位（抽查比例为 5.1‰），个体经营户 2577 个（抽查比例为 1.3‰）。抽查汇总结果，数据填报综合差错率为 2.3‰，数据质量达到预期目标要求。

根据《全国经济普查条例》的规定和国务院第二次全国经济普查领导小组办公室的要求，福建省人民政府第二次全国经济普查领导小组办公室、福建省统计局和国家统计局福建调查总队将陆续向社会发布经济普查公报。现将第一号公报发布如下：

一、单位基本情况

2008 年末，全省共有从事第二、三产业的法人单位 23.26 万个,与 2004 年末（第一次全国经济普查，下同）相比,增加 6.66 万个,增长 40.1%；产业活动单位 29.90 万个，增加 8.12 万个,增长 37.3%；有证照的个体经营户 98.64 万户，增加 39.59 万户,增长 67.0%。

表 1　单位数与有证照的个体经营户数

项　　目	单位数(万个)	比　重(%)
一、法人单位	23.26	100.0
企业法人	15.97	68.7
机关、事业法人	3.28	14.1
社会团体和其他法人	4.01	17.2
二、产业活动单位*	29.90	100.0

续表

项　　目	单位数(万个)	比　重(%)
第二产业	7.84	26.1
第三产业	22.03	73.6
三、有证照的个体经营户	98.64	100.0
第二产业	9.56	9.7
第三产业	89.08	90.3

*产业活动单位中包括第二、三产业法人兼营的第一产业活动单位。

2008 年末，全省共有企业法人单位 15.97 万个，与 2004 年末相比，增加 5.44 万个，增长 51.7%。其中，国有企业 0.54 万个，增加 0.04 万个，增长 7.6%；集体企业 0.73 万个，减少 0.35 万个，下降 32.2%；股份合作企业 0.21 万个，减少 0.02 万个，下降 9.7%；联营企业、有限责任公司和股份有限公司共 2.12 万个，增加 0.84 万个，增长 64.9%；私营企业 10.76 万个，增加 4.65 万个，增长 76.1%；其他内资企业 0.38 万个，增加 0.19 万个，增长 94.4%；港、澳、台商投资企业 0.76 万个，增加 0.06 万个，增长 8.8%；外商投资企业 0.47 万个，增加 0.04 万个，增长 10.1%（详见表 2）。

表 2　按登记注册类型分组的企业法人单位

登记注册类型	单位数(万个)	比重(%)	登记注册类型	单位数（万个）	比重(%)
合　计	15.97	100	其他联营企业	0.02	0.1
内资企业	14.74	92.3	有限责任公司	1.74	10.9
国有企业	0.54	3.4	国有独资公司	0.04	0.2
集体企业	0.73	4.6	其他有限责任公司	1.7	10.7
股份合作企业	0.21	1.3	股份有限公司	0.32	2
联营企业	0.06	0.4	私营企业	10.76	67.4
国有联营企业	0.02	0.1	其他企业	0.38	2.4
集体联营企业	0.02	0.1	港、澳、台商投资企业	0.76	4.8
国有与集体联营企业	0.01	…	外商投资企业	0.47	3

第二、三产业单位半数以上集中于福州、泉州、厦门。福州、泉州、厦门拥有法人单位 12.91 万个，占 55.5%；拥有产业活动单位 15.91 万个，占 53.2%。

第二、三产业法人单位数名列前 4 位的设区市依次是：福州、泉州、厦门、漳州。

有证照的个体经营户较多的前 4 位设区市是：泉州、福州、漳州和龙岩。我省单位与有证照个体经营户的地区分布详见表 3。

表 3　单位与有证照个体经营户的地区分布

地　区	法人单位		产业活动单位		有证照的个体经营户	
	数量(万个)	比重(%)	数量(万个)	比重(%)	数量(万个)	比重(%)
合　计	23.26	100.0	29.90	100.0	98.64	100.0
福　州	4.83	20.8	6.15	20.6	19.42	19.7
厦　门	3.63	15.6	4.19	14.0	7.93	8.0
莆　田	0.91	3.9	1.24	4.2	3.98	4.0
三　明	1.88	8.1	2.47	8.3	7.31	7.4
泉　州	4.45	19.1	5.57	18.6	26.85	27.2
漳　州	2.41	10.3	2.93	9.8	9.53	9.8
南　平	1.99	8.6	2.58	8.6	7.41	7.5
龙　岩	1.54	6.6	2.36	7.9	9.16	9.3
宁　德	1.64	7.0	2.41	8.1	7.05	7.1

在产业活动单位中，从事制造业的单位 6.24 万个，占 20.9%；批发和零售业 5.32 万个，占 17.8%；教育 1.71 万个，占 5.7%；公共管理和社会组织 6.04 万个，占 20.2%。以上四个行业合计占 64.6%（详见表 4）。

表 4　产业活动单位的行业分布

行　　业	单位数（万个）	比　重(%)	行　　业	单位数（万个）	比　重(%)
合　　计	29.9	100	金融业	0.7	2.3
农、林、牧、渔业*	0.04	0.1	房地产业	0.95	3.2
采矿业	0.25	0.9	租赁和商务服务业	1.61	5.4
制造业	6.24	20.9	科学研究、技术服务和地质勘查业	0.81	2.7
电力、燃气及水的生产和供应业	0.66	2.2	水利、环境和公共设施管理业	0.25	0.8
建筑业	0.68	2.3	居民服务和其他服务业	0.43	1.4
交通运输、仓储和邮政业	0.83	2.8	教育	1.71	5.7
信息传输、计算机服务和软件业	0.64	2.1	卫生、社会保障和社会福利业	1.85	6.2
批发和零售业	5.32	17.8	文化、体育和娱乐业	0.43	1.5
住宿和餐饮业	0.47	1.6	公共管理和社会组织	6.04	20.2

*此处的农、林、牧、渔业为第二、三产业法人兼营的第一产业活动单位。

有证照的个体经营户较为集中的五个行业是：工业 7.32 万户，占有证照的个体经营户总数的 7.4%；交通运输业 22.06 万户，占 22.4%；批发和零售业 48.30 万户，占 49.0%；住宿和餐饮业 7.29 万户，占 7.4%；居民服务和其他服务业 7.41 万户，占 7.5%（详见表 5）。

表 5　有证照个体经营户的行业分布

行　　业	单位数（万个）	比　重(%)	行　　业	单位数（万个）	比　重(%)
合　　计	98.64	100			
工业*	7.32	7.4	租赁和商务服务业	0.76	0.8
建筑业	2.23	2.3	科学研究、技术服务和地质勘查业	0.01	…
交通运输业	22.06	22.4	水利、环境和公共设施管理业	0	0
信息传输、计算机服务和软件业	0.24	0.2	居民服务和其他服务业	7.41	7.5
批发和零售业	48.3	49	教育	0.28	0.3
住宿和餐饮业	7.29	7.4	卫生和社会福利业	1.71	1.7
金融业	0	0	文化、体育和娱乐业	0.75	0.8
房地产业	0.27	0.3	其他（农业）	0	0

*包括采矿业、制造业和电力、燃气及水的生产和供应业。

二、从业人员

2008 年末，全省第二、三产业单位和有证照的个体经营户从业人员[3]数为 1319.90 万人,与 2004 年末相比,增加 494.22 万人,增长 59.9%。其中，第二产业的从业人员为 706.30 万人，增加 228.59 万人,增长 47.9%;第三产业的从业人员为 613.03 万人，增加 265.05 万人,增长 76.2%。在从业人员中，单位从业人员 954.34 万人，占 72.3%；有证照的个体经营户从业人员 365.56 万人，占 27.7%。在单位从业人员中，女性 360.20 万人，占 37.8%。

在单位从业人员中，制造业 443.11 万人，占 46.4%；建筑业 163.57 万人，占 17.1%；公共管理和社会组织 64.59 万人，占 6.8%；批发和零售业 53.60 万人，占 5.6%；教育 51.68 万人，占 5.4%（详见表 6）。

表 6 单位从业人员的行业分布

行　业	从业人员(万人)	比重(%)	行　业	从业人员(万人)	比重(%)
合　计	954.34	100	金融业	15.42	1.6
农、林、牧、渔业	0.57	0.1	房地产业	16.99	1.8
采矿业	13.41	1.4	租赁和商务服务业	19.72	2.1
制造业	443.11	46.4	科学研究、技术服务和地质勘查业	10.06	1.1
电力、燃气及水的生产和供应业	13.5	1.4	水利、环境和公共设施管理业	4.81	0.5
建筑业	163.57	17.1	居民服务和其他服务业	5.35	0.6
交通运输、仓储和邮政业	29.73	3.1	教育	51.68	5.4
信息传输、计算机服务和软件业	9.57	1	卫生、社会保障和社会福利业	16.15	1.7
批发和零售业	53.6	5.6	文化、体育和娱乐业	6.4	0.7
住宿和餐饮业	16.11	1.7	公共管理和社会组织	64.59	6.8

在单位从业人员中，具有研究生及以上、大学本科、专科、高中、初中及以下学历的人员分别占 0.7%、9.0%、13.7%、28.1%和 48.3%。在具有技术职称的人员中，具有高级、中级、初级技术职称的人员分别占 10.7%、36.6%和 52.7%。在具有技术等级资格证书的人员中，具有高级技师、技师、高级工、中级工资格证书的人员分别占 4.8%、13.2%、29.6%和 52.4%（详见表 7）。

表 7 单位从业人员学历、职称、技术等级情况

项　目	从业人员(万人)	比　重(%)	项　目	从业人员(万人)	比　重(%)
一、从业人员合计	954.34	100			
具有研究生及以上学历者	7.08	0.7	具有中级技术职称者	50.29	36.6
具有大学本科学历者	86.36	9	具有初级技术职称者	72.44	52.7
具有大专学历者	131.17	13.7	三、具有技术等级证书人员合计	60.36	100
具有高中学历者	268.64	28.1	高级技师	2.88	4.8
具有初中及以下学历者	461.09	48.3	技师	7.95	13.2
二、具有技术职称的人员合计	137.52	100	高级工	17.88	29.6
具有高级技术职称者	14.78	10.7	中级工	31.66	52.4

三、企业资产总额

2008 年末，全省第二、三产业企业法人单位资产总额为 51699.38 亿元,比 2004 年末增加 28017.99 亿元,增长 118.3%。其中,国有企业资产总额 8817.16 亿元,比 2004 年末增加 3069.00 亿元,增长 53.4%；集体企业资产总额 441.53 亿元,减少 590.76 亿元,下降 57.2%；股份合作企业资产总额 1238.25 亿元,增加 1060.74 亿元,增长 597.6%；私营企业资产总额 7366.08 亿元,增加 4874.80 亿元,增长 195.7 %；港、澳、台商投资企业资产总额 4939.04 亿元,增加 2305.34 亿元,增长 87.5%；外商投资企业资产总额 4821.57 亿元,增加 2364.57 亿元,增长 96.2%（详见表 8）。

表 8　按登记注册类型分组的企业资产总额

登记注册类型	资产总额（亿元）	比　重(%)	登记注册类型	资产总额（亿元）	比　重(%)
合　　计	51699.38	100	其他联营企业	114.61	0.2
内资企业	41938.77	81.1	有限责任公司	6689.31	12.9
国有企业	8817.16	17.1	国有独资公司	1422.92	2.8
集体企业	441.53	0.9	其他有限责任公司	5266.39	10.2
股份合作企业	1238.25	2.4	股份有限公司	16475	31.9
联营企业	604.9	1.2	私营企业	7366.08	14.2
国有联营企业	227.6	0.4	其他企业	306.54	0.6
集体联营企业	16.78	…	港、澳、台商投资企业	4939.04	9.6
国有与集体联营企业	245.91	0.5	外商投资企业	4821.57	9.3

四、企业实收资本

2008 年末，全省第二、三产业企业法人单位（不含行政事业单位和个体经营户）的实收资本[4]总额为 9315.78 亿元，比 2004 年末增加 4293.56 亿元,增长 85.5%。在全部企业法人的实收资本总额中，国家资本 1753.86 亿元，集体资本 174.99 亿元，法人资本 2060.81 亿元，个人资本 2854.62 亿元，港澳台资本 1288.39 亿元，外商资本 1183.11 亿元。

注释:

[1] 三次产业的划分:

第一产业是指农、林、牧、渔业。

第二产业是指采矿业，制造业，电力、燃气及水的生产和供应业，建筑业。

第三产业是指除第一、二产业以外的其他行业，具体包括：交通运输、仓储和邮政业，信息传输、计算机服务和软件业，批发和零售业，住宿和餐饮业，金融业，房地产业，租赁和商务服务业，科学研究、技术服务和地质勘查业，水利、环境和公共设施管理业，居民服务和其他服务业，教育，卫生、社会保障和社会福利业，文化、体育和娱乐业，公共管理和社会组织，国际组织。本次普查未包括国际组织。

[2] 单位的划分:

法人单位是指具备以下条件的单位:

(1) 依法成立，有自己的名称、组织机构和场所，能够独立承担民事责任;

(2) 独立拥有和使用 (或授权使用) 资产，承担负债，有权与其他单位签订合同;

(3) 会计上独立核算，能够编制资产负债表。

法人单位包括企业法人、事业单位法人、机关法人、社会团体法人和其他法人。

产业活动单位是指具备以下条件的单位:

(1) 在一个场所从事一种或主要从事一种社会经济活动;

(2) 相对独立组织生产经营或业务活动;

(3) 能够掌握收入和支出等业务核算资料。

有证照的个体经营户是指除农户外，生产资料归劳动者个人所有，以个体劳动为基础，劳动成果归劳动者个人占有和支配的一种经营单位。其中包括:

(1) 按照《民法通则》和《城乡个体工商户管理暂行条例》规定经各级工商行政管理机关登记注册、领取《营业执照》的个体工商户。具体是指公民在法律允许范围内，依法经核准登记，从事工业、商业、建筑业、运输业、餐饮业、服务业等活动的个体劳动者。

(2) 依据《民办非企业单位登记管理暂行条例》，经国务院民政部门和县级以上地方各级人民政府民政部门核准登记、领取《民办非企业单位(合伙)登记证书》或《民办非企业单位(个人)登记证书》的民办非企业单位。

[3] 从业人员：是指 2008 年 12 月 31 日在第二、三产业单位和有证照的个体经营户在岗的从业人员。未包括上述范围之外的从业人员。

单位从业人员是指在本单位工作并取得劳动报酬或收入的年末实有人员数。期末从业人员包括在各单位工作的外方人员和港澳台方工作人员、兼职人员、再就业的离退休人员、借用的外单位人员和第二职业者。但不包括离开本单位仍保留劳动关系的职工。

[4] 实收资本：是指投资者按照企业章程，或合同、协议的约定，实际投入企业的资本。企业实收资本按照投资主体划分为国家资本、集体资本、法人资本、个人资本、港澳台资本和外商资本六种。

[5] 表中的合计数和部分计算数据因小数取舍而产生的误差，均未作机械调整。

注：本公报数据不包含在我省行政区划内的军队、武警和铁路等部门的数据。

福建省第二次全国经济普查主要数据公报
（第二号）

福建省人民政府第二次全国经济普查领导小组办公室
福建省统计局
国家统计局福建调查总队
2010 年 2 月 9 日

根据第二次全国经济普查结果，现将我省第二产业的主要数据公布如下：

一、工业

（一）企业单位数和从业人员

2008 年末，全省共有工业企业法人单位 6.54 万个，从业人员 486.83 万人，分别比 2004 年末增长 31.3% 和 33.6%。工业有证照的个体经营户 7.32 万户，从业人员 59.24 万人，分别比 2004 年末增长 83.9%和 67.7%。

在工业企业法人单位中，国有企业及国有独资公司 0.08 万个，占 1.2%；集体企业 0.32 万个，占 4.9%；私营企业 4.49 万个，占 68.7%；港、澳、台商投资企业 0.57 万个，占 8.7%；外商投资企业 0.33 万个，占 5.0%；其余类型企业 0.75 万个，占 11.5%。

在工业企业法人单位从业人员中，国有企业及国有独资公司占 2.7%，集体企业占 1.9%，私营企业占 39.8%，港、澳、台商投资企业占 26.9%、外商投资企业占 16.7%，其余类型企业占 12.0%（详见表 1）。

表 1　按登记注册类型分组的工业企业法人单位和从业人员

登记注册类型	企业法人（万个）	从业人员（万人）	登记注册类型	企业法人（万个）	从业人员（万人）
合　计	6.54	486.83	其他联营企业	0.01	0.28
内资企业	5.64	274.41	有限责任公司	0.45	40.86
国有企业	0.07	9.74	国有独资公司	0.01	3.35
集体企业	0.32	9.16	其他有限责任公司	0.44	37.5
股份合作企业	0.11	6.96	股份有限公司	0.08	10.44
联营企业	0.02	1.22	私营企业	4.49	193.58
国有联营企业	…	0.56	其他企业	0.11	2.44
集体联营企业	0.01	0.21	港、澳、台商投资企业	0.57	130.97
国有与集体联营企业	…	0.17	外商投资企业	0.33	81.45

在工业企业法人单位中，采矿业 0.23 万个，制造业 5.74 万个，电力、燃气及水的生产和供应业 0.57 万个，分别占 3.5%、87.8%和 8.7 %。

在工业企业法人单位的从业人员中，采矿业占 2.7%，制造业占 94.5%，电力、燃气及水的生产和供应业占 2.8%。在工业行业大类中，皮革毛皮羽毛(绒)及其制品业、纺织服装鞋帽制造业、非金属矿物制品业从业人员数位居前三位，分别占 12.9%、10.7%和 9.2%（详见表 2）。

表 2　工业企业法人单位和从业人员的行业分布

行　业	企业法人（万个）	从业人员（万人）	行　业	企业法人（万个）	从业人员（万人）
合　计	6.54	486.83	化学原料及化学制品制造业	0.21	10.49
采矿业	0.23	13.18	医药制造业	0.03	2.44
煤炭开采和洗选业	0.03	5.73	化学纤维制造业	0.01	2.21
石油和天然气开采业			橡胶制品业	0.08	9
黑色金属矿采选业	0.02	1.68	塑料制品业	0.34	22
有色金属矿采选业	0.02	1.24	非金属矿物制品业	0.76	44.74
非金属矿采选业	0.15	4.52	黑色金属冶炼及压延加工业	0.03	5.65
其他采矿业	…	0.02	有色金属冶炼及压延加工业	0.03	3.42
制造业	5.74	460.14	金属制品业	0.26	12.75
农副食品加工业	0.27	15.7	通用设备制造业	0.27	14
食品制造业	0.16	11.2	专用设备制造业	0.19	9.07
饮料制造业	0.23	9.03	交通运输设备制造业	0.2	15.17
烟草制品业	…	0.41	电气机械及器材制造业	0.2	18.94
纺织业	0.28	29.12	通信设备、计算机及其他电子设备制造业	0.12	24.96
纺织服装、鞋、帽制造业	0.47	51.9	仪器仪表及文化、办公用机械制造业	0.06	7
皮革、毛皮、羽毛(绒)及其制品业	0.29	62.8	工艺品及其他制造业	0.31	27.41
木材加工及木、竹、藤、棕、草制品业	0.34	15.87	废弃资源和废旧材料回收加工业	0.01	0.26
家具制造业	0.11	7.86	电力、燃气及水的生产和供应业	0.57	13.48
造纸及纸制品业	0.21	12.38	电力、热力的生产和供应业	0.49	11.1
印刷业和记录媒介的复制	0.18	5.47	燃气生产和供应业	…	0.23
文教体育用品制造业	0.06	8.27	水的生产和供应业	0.07	2.15
石油加工、炼焦及核燃料加工业	0.01	0.61			

（二）主要工业产品产量

2008 年规模以上工业企业[1]主要产品产量见表 3。

表 3　规模以上工业企业主要产品产量

产品名称	计量单位	产　量	产品名称	计量单位	产　量
原煤	万吨	2306.07	水泥	万吨	4593.36
原盐	万吨	35.35	平板玻璃	万标准箱	1637.82
配混合饲料	万吨	322.28	生铁	万吨	525.71
成品糖	万吨	7.22	粗钢	万吨	727.28
罐头	万吨	162.28	钢材	万吨	1078.02
卷烟	亿支	750.49	金属切削机床	台	5726
纱	万吨	142.48	汽车	辆	95098
布	亿米	31.12	其中:轿车	辆	27889
服装	亿件	26.53	民用钢质船	载重吨	518337
皮革鞋靴	亿双	12.13	微型计算机设备	万台	647.32
人造板	万立方米	734.57	彩色电视机	万台	620.81
机制纸和纸板	万吨	359.29	照相机	万台	360.35
原油加工量	万吨	307.27	发电量	亿千瓦小时	1085.38
化学纤维	万吨	169.78	其中:火电	亿千瓦小时	745.76

（三）资产负债和所有者权益

2008 年末，工业企业法人单位资产合计 13378.57 亿元，比 2004 年末增长 92.9%；负债合计 6959.02 亿元，比 2004 年末增长 99.7%；所有者权益合计[2]6419.55 亿元，比 2004 年末增长 85.9%（详见表 4）。

工业企业法人单位资产负债率为 52.0%，其中采矿业为 41.7%，制造业为 50.5%，电力、燃气及水的生产和供应业为 60.9%。

表 4　工业企业法人单位资产负债和所有者权益的行业分布

行　业	资产合计（亿元）	负债合计（亿元）	所有者权益合计（亿元）	行　业	资产合计（亿元）	负债合计（亿元）	所有者权益合计(亿元)
合　计	13378.57	6959.02	6419.55	化学原料及化学制品制造业	461.66	238.90	222.74
采矿业	268.51	112.08	156.42	医药制造业	139.41	67.19	72.22
煤炭开采和洗选业	80.76	35.24	45.52	化学纤维制造业	273.70	127.38	146.32
石油和天然气开采业	0.00	0.00	0.00	橡胶制品业	210.83	102.27	108.55
黑色金属矿采选业	72.43	25.22	47.22	塑料制品业	402.29	191.78	210.51
有色金属矿采选业	51.28	25.70	25.57	非金属矿物制品业	897.46	403.10	494.35
非金属矿采选业	63.79	25.82	37.97	黑色金属冶炼及压延加工业	529.07	351.38	177.70
其他采矿业	0.25	0.10	0.15	有色金属冶炼及压延加工业	365.83	131.56	234.27
制造业	10923.42	5515.62	5407.76	金属制品业	305.13	143.37	161.76
农副食品加工业	440.43	244.33	196.10	通用设备制造业	356.46	182.67	173.79
食品制造业	226.88	105.30	121.59	专用设备制造业	347.46	187.50	159.96
饮料制造业	218.43	95.66	122.77	交通运输设备制造业	574.32	317.19	257.13
烟草制品业	118.15	24.62	93.54	电气机械及器材制造业	510.06	271.38	238.67
纺织业	712.98	308.09	404.89	通信设备、计算机及其他电子设备制造业	943.37	616.79	326.58
纺织服装、鞋、帽制造业	614.25	261.11	353.14	仪器仪表及文化、办公用机械制造业	114.33	46.82	67.53
皮革、毛皮、羽毛(绒)及其制品业	583.05	258.19	324.85	工艺品及其他制造业	256.84	114.35	142.49
木材加工及木、竹、藤、棕、草制品业	204.43	97.73	106.70	废弃资源和废旧材料回收加工业	7.75	3.66	4.09
家具制造业	123.95	60.39	63.57	电力、燃气及水的生产和供应业	2186.67	1331.32	855.35
造纸及纸制品业	383.17	182.09	201.09	电力、热力的生产和供应业	1949.11	1212.73	736.38
印刷业和记录媒介的复制	106.03	46.23	59.80	燃气生产和供应业	69.59	48.42	21.17
文教体育用品制造业	101.85	47.89	53.95	水的生产和供应业	167.97	70.17	97.80
石油加工、炼焦及核燃料加工业	393.83	286.72	107.12				

（四）主营业务收入和利润总额

2008 年，工业企业法人单位主营业务收入 15982.03 亿元，比 2004 年增长 119.3%。其中，采矿业占 2.4%，制造业占 91.2%，电力、燃气及水的生产和供应业占 6.4%。主营业务收入超过 500 亿元的行业有 12 个，比 2004 年增加 10 个行业。按从大到小依次为：通信设备计算机及其他电子设备制造业、皮革毛皮羽毛(绒)及其制品业、非金属矿物制品业、电力热力的生产和供应业、纺织服装鞋帽制造业、纺织业、农副食品加工业、黑色金属冶炼及压延加工业、电气机械及器材制造业、交通运输设备制造业、塑料制品业、化学原料及化学制品制造业。

工业企业法人单位利润总额1113.85亿元，比2004年增长160.7%。其中，采矿业占5.8%，制造业占91.5%，电力、燃气及水的生产和供应业占2.7%。利润总额超过30亿元的行业有13个，比2004年增加9个行业。按从大到小依次为：非金属矿物制品业、通信设备计算机及其他电子设备制造业、皮革毛皮羽毛(绒)及其制品业、纺织服装鞋帽制造业、电气机械及器材制造业、纺织业、农副食品加工业、有色金属冶炼及压延加工业、交通运输设备制造业、通用设备制造业、饮料制造业、塑料制品业、工艺品及其他制造业（详见表5）。

表5 工业企业法人单位主营业务收入和利润总额的行业分布

行业	主营业务收入（亿元）	利润总额（亿元）	行业	主营业务收入（亿元）	利润总额（亿元）
合计	15982.03	1113.85			
采矿业	390.82	64.39	化学原料及化学制品制造业	574.49	25.38
煤炭开采和洗选业	120.76	17.06	医药制造业	100.22	11.21
石油和天然气开采业	0.00	0.00	化学纤维制造业	231.24	8.01
黑色金属矿采选业	127.69	28.25	橡胶制品业	250.03	16.33
有色金属矿采选业	50.42	7.47	塑料制品业	587.04	33.76
非金属矿采选业	91.71	11.53	非金属矿物制品业	1100.76	107.52
其他采矿业	0.24	0.09	黑色金属冶炼及压延加工业	738.53	24.49
制造业	14565.40	1019.11	有色金属冶炼及压延加工业	333.70	42.52
农副食品加工业	790.65	43.60	金属制品业	396.09	26.51
食品制造业	360.12	26.93	通用设备制造业	477.76	35.73
饮料制造业	282.05	33.86	专用设备制造业	349.33	29.34
烟草制品业	142.76	26.78	交通运输设备制造业	649.52	42.25
纺织业	824.54	49.95	电气机械及器材制造业	714.56	59.82
纺织服装、鞋、帽制造业	951.57	83.15	通信设备、计算机及其他电子设备制造业	1691.64	91.47
皮革毛皮羽毛(绒)及制品业	1111.30	90.68	仪器仪表及文化、办公用机械制造业	152.31	7.77
木材加工及木竹藤棕草制品业	319.10	21.18	工艺品及其他制造业	418.08	32.06
家具制造业	172.31	8.06	废弃资源和废旧材料回收加工业	8.09	0.69
造纸及纸制品业	389.71	29.37	电力、燃气及水的生产和供应业	1025.51	30.35
印刷业和记录媒介的复制	110.26	10.11	电力、热力的生产和供应业	976.89	25.60
文教体育用品制造业	137.90	5.86	燃气生产和供应业	14.06	0.65
石油加工、炼焦及核燃料加工业	199.75	-5.30	水的生产和供应业	34.56	4.10

2008年，工业企业法人单位主营业务收入占全省比重前五位的设区市是：泉州占29.3%、福州占20.2%、厦门占19.8%、漳州占8.0%和三明占5.8%。工业企业利润总额中，超过50亿元的设区市是：泉州、福州、厦门、龙岩、漳州。

（五）企业科技活动

2008年末，在规模以上工业企业中开展科技活动[3]的企业有1511个，占8.9%；开展研究与试验发展（R&D）活动的企业有998个，占5.9%。在大中型企业中，开展科技活动的企业所占比重为31.6%，开展研究与试验发展（R&D）活动的企业所占比重为22.4%。

2008年规模以上工业企业有科技活动人员8.50万人，2004-2008年间的平均增长速度为18.6%；企业投入的科技活动经费内部支出为166.99亿元，四年间的平均增长速度为25.8%。

在企业投入的科技活动经费中，代表企业自主创新能力的研究与试验发展（R&D）经费较快增长，2008年为83.83亿元，2004-2008年间的平均增长速度为23.5%；研究与试验发展（R&D）经费的投入强度[4]为0.57%。2008年大中型工业企业投入研究与试验发展经费64.72亿元，投入强度为0.73%。

分行业看，2008年研究与试验发展经费投入超过3亿元的行业有7个：纺织业，化学原料及化学制品制造业，有色金属冶炼及压延加工业，专用设备制造业，交通运输设备制造业，电气机械及器材制造业，通信设备、计算机及其他电子设备制造业。投入强度在1%以上的行业有6个：医药制造业，有色金属冶炼及压延加工业，专用设备制造业，电气机械及器材制造业，通信设备、计算机及其他电子设备制造业，仪器仪表及文化、办公用机械制造业（详见表6）。

表6 规模以上工业企业研究与试验发展经费投入的行业分布

行业	经费投入（亿元）	投入强度（%）	行业	经费投入（亿元）	投入强度（%）
合计	83.83	0.57	化学原料及化学制品制造业	4.21	0.77
采矿业	0.50	0.14	医药制造业	2.15	2.21
煤炭开采和洗选业	0.06	0.05	化学纤维制造业	1.79	0.78
石油和天然气开采业	0.00	0.00	橡胶制品业	1.33	0.57
黑色金属矿采选业	0.38	0.31	塑料制品业	2.08	0.40
有色金属矿采选业	…	0.01	非金属矿物制品业	2.85	0.30
非金属矿采选业	0.06	0.10	黑色金属冶炼及压延加工业	2.09	0.28
制造业	81.97	0.61	有色金属冶炼及压延加工业	3.91	1.19
农副食品加工业	2.86	0.38	金属制品业	2.08	0.60
食品制造业	2.40	0.71	通用设备制造业	2.47	0.58
饮料制造业	1.83	0.77	专用设备制造业	5.60	1.78
烟草制造业	0.23	0.16	交通运输设备制造业	4.65	0.76
纺织业	3.69	0.48	电气机械及器材制造业	8.82	1.30
纺织服装、鞋、帽制造业	1.01	0.12	通信设备、计算机及其他电子设备制造业	17.80	1.06
皮革、毛皮、羽毛（绒）及其制品业	2.14	0.20	仪器仪表及文化、办公用机械制造业	1.63	1.14
木材加工及木、竹、藤、棕、草制品业	0.40	0.15	工艺品及其他制造业	0.94	0.26
家具制造业	0.38	0.24	废弃资源和废旧材料回收加工业	0.00	0.00
造纸及纸制品业	1.64	0.47	电力、燃气及水的生产和供应业	1.36	0.14
印刷业和记录媒介的复制	0.09	0.12	电力、热力的生产和供应业	1.34	0.14
文教体育用品制造业	0.64	0.51	燃气生产和供应业	0.00	0.00
石油加工、炼焦及核燃料加工业	0.25	0.13	水的生产和供应业	0.02	0.06

分地区看，研究与试验发展经费投入超过10亿元的设区市有3个：福州市、厦门市、泉州市。

2008年规模以上工业企业实现新产品[5]产值1777.69亿元，新产品产值占规模以上工业总产值的比重为11.7%。2008年规模以上工业企业专利申请量为3249件，其中发明专利申请901件；发明专利申请所占比重为27.7%，比2004年提高4.8个百分点。

二、建筑业

（一）企业单位数和从业人员

2008年末，全省共有建筑业法人企业单位5973个，从业人员163.44万人；建筑业有证照的个体经营户 2.23 万户，从业人员 13.46 万人。

建筑业企业法人单位中，国有企业及国有独资公司 227 个，占 3.8%；集体企业 219 个，占 3.7%；私营企业 3790 个，占 63.5%；港、澳、台商投资企业 59 个，占 1.0%；外商投资企业 26 个，占 0.4%；其余类型企业 1652 个，占 27.7%。

建筑业企业法人单位从业人员中，国有企业及国有独资公司 18.88 万人，占 11.6%；集体企业 4.48 万人，占 2.7%；私营企业 67.32 万人，占 41.2%；港、澳、台商投资企业 1.71 万人，占 1.0%；外商投资企业 0.42 万人，占 0.3%；其余类型企业 70.63 万人，占 43.3%（详见表 7）。

表 7 按登记注册类型分组的建筑业企业法人单位和从业人员

登记注册类型	企业法人（个）	从业人员（万人）	登记注册类型	企业法人（个）	从业人员（万人）
合　计	5973	163.44	其他联营企业	8	1.6
内资企业	5888	161.3	有限责任公司	1249	58.32
国有企业	208	18.24	国有独资公司	19	0.64
集体企业	219	4.48	其他有限责任公司	1230	57.67
股份合作企业	60	2.33	股份有限公司	210	8.04
联营企业	29	2.05	私营企业	3790	67.32
国有联营企业	5	0.22	其他内资企业	123	0.52
集体联营企业	13	0.22	港、澳、台商投资企业	59	1.71
国有与集体联营企业	3	0.01	外商投资企业	26	0.42

建筑业企业法人单位中，房屋和土木工程建筑业占 41.5%；建筑安装业占 17.2%；建筑装饰业占 25.5%；其他建筑业占 15.8%。

建筑业企业法人单位从业人员中，房屋和土木工程建筑业占 74.6%；建筑安装业占 5.7%；建筑装饰业占 4.1%；其他建筑业占 15.7%（详见表 8）。

表 8 建筑业企业法人单位和从业人员的行业分布

行　业	合　计		资质内企业		资质外企业	
	企业法人（个）	从业人员（万人）	企业法人（个）	从业人员（万人）	企业法人（个）	从业人员（万人）
合　计	5973	163.44	2398	153.90	3575	9.54
房屋和土木工程建筑业	2480	121.86	1254	116.89	1226	4.97
建筑安装业	1028	9.25	376	7.83	652	1.42
建筑装饰业	1524	6.63	491	5.23	1033	1.40
其他建筑业	941	25.70	277	23.96	664	1.74

（二）建筑业总产值

2008 年，建筑业企业法人单位的建筑业总产值 2081.33 亿元。其中，资质内企业[6] 完成 1921.26 亿元，资质外企业完成 160.07 亿元。

在建筑业企业法人单位的建筑业总产值中，房屋和土木工程建筑业占 82.5%；建筑安装业占 7.6%；建筑装饰业占 4.1%；其他建筑业占 5.7%（详见表 9）。

表 9　建筑业企业法人单位建筑业总产值的行业分布

行　　业	合　计（亿元）	资质内企业	资质外企业
合　　计	2081.33	1921.26	160.07
房屋和土木工程建筑业	1718.12	1623.41	94.71
建筑安装业	158.17	137.14	21.03
建筑装饰业	85.85	70.9	14.95
其他建筑业	119.20	89.81	29.39

（三）房屋建筑面积及竣工价值

2008 年，总承包和专业承包建筑业企业[7]房屋建筑施工面积 20028.29 万平方米，房屋建筑竣工面积 7637.76 万平方米，竣工价值 755.59 亿元。按用途分的房屋建筑完成情况详见表 10。

表 10　总承包和专业承包建筑业企业房屋建筑完成情况

项　　目	房屋建筑竣工面积(万平方米)	房屋建筑竣工价值(亿元)	项　　目	房屋建筑竣工面积(万平方米)	房屋建筑竣工价值(亿元)
合　　计	7637.76	755.59	居民服务业用房	57.94	6.25
厂房、仓库	1951.89	158.27	教育用房	242	26.32
住宅	4370.06	453.38	文化、体育用房	69.88	7.76
办公用房	538.11	55.35	卫生医疗用房	48.48	5.6
批发和零售用房	116.38	17.86	科研用房	15.47	1.89
住宿和餐饮用房	83.81	8.87	其他用房	143.75	14.04

（四）资产负债和所有者权益

2008 年末，总承包和专业承包建筑业企业的资产合计为 1253.10 亿元，负债合计为 750.27 亿元，企业所有者权益合计为 502.83 亿元，资产负债率为 59.9%（详见表 11）。

表 11　总承包和专业承包建筑业企业资产负债和所有者权益行业分布

行　　业	资产合计（亿元）	负债合计（亿元）	所有者权益合计（亿元）
合　　计	1253.10	750.27	502.83
房屋和土木工程建筑业	983.58	588.62	394.96
建筑安装业	164.48	111.82	52.66
建筑装饰业	63.45	23.56	39.89
其他建筑业	41.58	26.27	15.32

（五）工程结算收入和利润总额

2008 年，全省总承包和专业承包建筑业企业法人单位工程结算收入 1775.25 亿元，其中，房屋和土木工程建筑业占 86.2%，建筑安装业占 7.8%，建筑装饰业占 3.8%，其他建筑业占 2.3%；利润总额 51.92 亿元，其中，房屋和土木工程建筑业占 74.9%，建筑安装业占 15.3%，建筑装饰业占 7.5%，其他建筑业占 2.3%（详见表 12）。

表 12 总承包和专业承包建筑业企业工程结算收入和利润总额

行　　业	工程结算收入（亿元）	利润总额（亿元）
合　　计	1775.25	51.92
房屋和土木工程建筑业	1529.84	38.91
建筑安装业	137.96	7.93
建筑装饰业	67.18	3.89
其他建筑业	40.27	1.19

注释:

[1]规模以上工业企业：是指全部年主营业务收入 500 万元及以上的法人工业企业。

[2]所有者权益合计：是指所有者在企业资产中享有的经济利益，即企业资产减去负债后的余额。所有者权益包括实收资本（或股本）、资本公积、盈余公积和未分配利润等。

[3]开展科技活动的企业：是指有组织地开展科研和技术开发活动，并有相应经费支出的企业。

[4]研究与试验发展经费投入强度：是指研究与试验发展经费支出与主营业务收入之比。

[5]新产品：是指采用新技术原理、新设计构思研制生产的全新产品，或在结构、材质、工艺等某一方面比原有产品有明显改进，从而显著提高了产品性能或扩大了使用功能的产品。包括经政府有关部门认定并在有效期内的新产品，也包括企业自行开发研制，但尚未经政府有关部门认定、投产一年之内的新产品。

[6]资质内建筑业企业：是指依据建设部《建筑业企业资质管理规定》（中华人民共和国建设部令 2001 年第 87 号）及《建筑业企业资质等级标准》（建[2001]82 号），已经领取《建筑业企业资质证书》的企业。资质外建筑业企业指虽然没有领取《建筑业企业资质证书》，但实际从事建筑生产经营活动建筑业企业。

[7]总承包和专业承包企业：总承包企业是指具有施工总承包资质，可以对工程实行施工总承包或者对主体工程实行施工承包的建筑业企业。专业承包企业是指具有专业承包资质，可以承接总承包企业分包的专业工程或者建设单位按照规定发包的专业工程的建筑业企业。不包括资质以外的建筑业企业和个体经营户。

[8]表中的合计数和部分计算数据因小数取舍而产生的误差，均未作机械调整。

福建省第二次全国经济普查主要数据公报

（第三号）

福建省人民政府第二次全国经济普查领导小组办公室

福建省统计局

国家统计局福建调查总队

2010 年 2 月 9 日

根据第二次全国经济普查结果，现将我省第三产业的主要数据公布如下：

一、交通运输、仓储和邮政业

（一）单位数和从业人员

2008 年末，全省共有交通运输、仓储和邮政业企业法人单位 5372 个，比 2004 年末增加 2631 个；从业人员 28.53 万人，比 2004 年末增加 9.71 万人。交通运输、仓储和邮政业的行政事业法人单位 205 个，比 2004 年末增加 25 个；从业人员 7513 人，比 2004 年末减少 1163 人。

在交通运输、仓储和邮政业企业法人单位中，交通运输业[1]占 89.7%，仓储业占 7.7%，邮政业占 2.6%；在企业法人单位从业人员中，交通运输业占 87.3%，仓储业占 3.6%，邮政业占 9.1%（详见表 1）。

表 1　交通运输、仓储和邮政业企业法人单位和从业人员

行　　业	企业法人单位（个）	从业人员（万人）	行　　业	企业法人单位（个）	从业人员（万人）
合　　计	5372	28.53	航空运输业	30	1.04
铁路运输业	15	0.24	管道运输业	2	0.01
道路运输业	2084	12.46	装卸搬运和其他运输服务业	1625	4.3
城市公共交通业	208	3.29	仓储业	413	1.04
水上运输业	858	3.58	邮政业	137	2.59

（二）资产总计、营业收入和营业利润

2008 年末，交通运输、仓储和邮政业企业法人单位资产总计 1763.01 亿元，比 2004 年末增长 83.2%。在资产总计中，交通运输业、仓储业和邮政业分别占 89.5%、7.8%和 2.7%。

2008 年，交通运输、仓储和邮政业企业法人单位营业收入 951.59 亿元，比 2004 年增长 1.7 倍。在营业收入中，交通运输业、仓储业和邮政业分别占 90.3%、6.3%和 3.4%。

2008 年，交通运输、仓储和邮政业企业法人单位营业利润 173.89 亿元，比 2004 年增长 2.6 倍。在营业利润中，交通运输业、仓储业和邮政业分别占 96.7%、3.7%和-0.4%（详见表 2）。

表 2 交通运输、仓储和邮政业企业法人单位资产总计、营业收入和营业利润

行　业	资产总计（亿元）	营业收入（亿元）	营业利润（亿元）
合　计	1763.01	951.59	173.89
铁路运输业	59.14	5.88	0.78
道路运输业	545.59	399.03	107.72
城市公共交通业	28.06	32.13	3.48
水上运输业	479.84	163.62	35.70
航空运输业	177.09	79.69	2.87
管道运输业	0.41	0.27	0.10
装卸搬运和其他运输服务业	287.06	179.09	17.47
仓储业	137.84	59.51	6.50
邮政业	47.98	32.37	-0.74

二、批发和零售业

（一）企业单位数和从业人员

2008 年末，全省共有批发和零售业企业法人单位 3.93 万个，从业人员 53.51 万人，分别比 2004 年末增长 59.8%和 53.4%。

在批发和零售业企业法人单位中，批发业 2.54 万个，零售业 1.39 万个，分别占 64.7%和 35.3%。

在批发和零售业企业法人单位从业人员中，批发业占 61.6 %，零售业占 38.4%（详见表 3）。

表 3　批发和零售业企业法人单位数和从业人员

项　目	法人单位（个）	从业人员（万人）	项　目	法人单位（个）	从业人员（万人）
合　计	39342	53.51			
批发业	25440	32.99	零售业	13902	20.53
农畜产品批发	634	0.8	综合零售	1291	6.23
食品、饮料及烟草制品批发	2881	6.34	食品、饮料及烟草制品专门零售	1527	1.5
纺织、服装及日用品批发	3387	4.55	纺织、服装及日用品专门零售	1886	1.72
文化、体育用品及器材批发	1123	1.45	文化、体育用品及器材专门零售	853	0.69
医药及医疗器材批发	724	1.56	医药及医疗器材专门零售	909	1.1
矿产品、建材及化工产品批发	7542	8.62	汽车、摩托车、燃料及零配件专门零售	2478	4.09
机械设备、五金交电及电子产品批发	6741	6.86	家用电器及电子产品专门零售	2252	2.93
贸易经纪与代理	499	0.61	五金、家具及室内装修材料专门零售	1767	1.3
其他批发	1909	2.19	无店铺及其他零售	939	0.98

在批发和零售业企业法人单位中，国有企业 0.13 万个，占 3.2 %，集体企业 0.17 万个，占 4.2%，私营企业 2.85 万个，占 72.5%，港、澳、台商投资企业 0.03 万个，占 0.7%，外商投资企业 0.04 万个，占 1.0%。

在批发和零售业企业法人单位从业人员中，国有企业占 8.9%，集体企业占 4.6%，私营企业占 55.6%，

港、澳、台商投资企业占 2.5%，外商投资企业占 4.9%（详见表 4）。

表 4　按登记注册类型分组的批发和零售业企业法人单位数和从业人员

登记注册类型	法人单位（个）	就业人员（万人）	登记注册类型	法人单位（个）	就业人员（万人）
合　计	39342	53.51	有限责任公司	5054	9.04
内资企业	38665	49.53	股份有限公司	657	1.99
国有企业	1277	4.75	私营企业	28508	29.75
集体企业	1670	2.44	其他内资企业	961	0.82
股份合作企业	392	0.55	港、澳、台商投资企业	291	1.35
联营企业	146	0.19	外商投资企业	386	2.64

（二）资产总计

2008 年末，批发和零售业企业法人单位资产总计 3734.66 亿元，比 2004 年末增长 1.22 倍。

表 5　批发和零售业企业法人单位资产总计

项　目	资产总计（亿元）	项　目	资产总计（亿元）
合　计	3734.66		
批发业	3141.39	零售业	593.28
农畜产品批发	64.38	综合零售	126.6
食品、饮料及烟草制品批发	389.55	食品、饮料及烟草制品专门零售	29.1
纺织、服装及日用品批发	396.12	纺织、服装及日用品专门零售	27.36
文化、体育用品及器材批发	84.2	文化、体育用品及器材专门零售	16.44
医药及医疗器材批发	85.61	医药及医疗器材专门零售	31.35
矿产品、建材及化工产品批发	1436.7	汽车、摩托车、燃料及零配件专门零售	203.06
机械设备、五金交电及电子产品批发	402.63	家用电器及电子产品专门零售	73.17
贸易经纪与代理	55.75	五金、家具及室内装修材料专门零售	36.52
其他批发	226.44	无店铺及其他零售	49.67

（三）主营业务收入

2008 年，批发和零售业企业法人单位主营业务收入 6729.85 亿元，比 2004 年增长 1.10 倍。其中，批发业 5688.42 亿元，零售业 1041.43 亿元，分别比 2004 年增长 1.08 倍和 1.24 倍。

表 6　批发和零售业企业法人单位主营业务收入

项　目	主营业务收入（亿元）	项　目	主营业务收入（亿元）
合　计	86729.5		
批发业	5688.42	零售业	1041.43
农畜产品批发	65.14	综合零售	222.51
食品、饮料及烟草制品批发	764.58	食品、饮料及烟草制品专门零售	44.63
纺织、服装及日用品批发	914.93	纺织、服装及日用品专门零售	37.12
文化、体育用品及器材批发	92.87	文化、体育用品及器材专门零售	20.38
医药及医疗器材批发	145.7	医药及医疗器材专门零售	53.74
矿产品、建材及化工产品批发	2598.12	汽车、摩托车、燃料及零配件专门零售	437.33
机械设备、五金交电及电子产品批发	621.9	家用电器及电子产品专门零售	126.2
贸易经纪与代理	113.81	五金、家具及室内装修材料专门零售	52.74
其他批发	371.39	无店铺及其他零售	46.78

三、住宿和餐饮业

（一）企业单位数和从业人员

2008 年末，全省共有住宿和餐饮业企业法人单位 3521 个，从业人员 16.00 万人，分别比 2004 年末增长 50.5 %和 40.0%。

在住宿和餐饮业企业法人单位中，住宿业 1689 个，餐饮业 1832 个，分别占 48.0%和 52.0%。在住宿和餐饮企业法人单位从业人员中，住宿业占 55.6%，餐饮业占 44.4%（详见表 7）。

表 7 住宿和餐饮业企业法人单位数和从业人员

项目	法人单位（个）	从业人员（万人）	项目	法人单位（个）	从业人员（万人）
合计	3521	16	餐饮业	1832	7.11
住宿业	1689	8.89	正餐服务	1415	5.49
旅游饭店	661	6.96	快餐服务	190	1.17
一般旅馆	916	1.73	饮料及冷饮服务	110	0.15
其他住宿服务	112	0.2	其他餐饮服务	117	0.3

在住宿和餐饮业企业法人单位中，国有企业 234 个，占 6.6%，集体企业 206 个，占 5.9 %，私营企业 2390 个，占 67.9%，港、澳、台商投资企业 110 个，占 3.1%，外商投资企业 112 个，占 3.2%。

在住宿和餐饮业企业法人单位从业人员中，国有企业占 10.9%，集体企业占 2.3%，私营企业占 45.1%，港、澳、台商投资企业占 10.8%，外商投资企业占 12.7%（详见表 8）。

表 8 按登记注册类型分组的住宿和餐饮业企业法人单位数和从业人员

登记注册类型	法人单位（个）	就业人员（万人）	登记注册类型	法人单位（个）	就业人员（万人）
合计	3521	16	有限责任公司	249	1.82
内资企业	3299	12.25	股份有限公司	39	0.35
国有企业	234	1.74	私营企业	2390	7.22
集体企业	206	0.37	其他内资企业	139	0.4
股份合作企业	25	0.13	港、澳、台商投资企业	110	1.73
联营企业	17	0.21	外商投资企业	112	2.03

（二）资产总计

2008 年末，住宿和餐饮业企业法人单位资产总计为 275.69 亿元，比 2004 年末增长 61.5%。

表 9 住宿和餐饮业企业法人单位资产总计

项目	资产总计（亿元）	项目	资产总计（亿元）
合计	275.69	餐饮业	59.68
住宿业	216.01	正餐服务	46
旅游饭店	185.73	快餐服务	9.15
一般旅馆	26.72	饮料及冷饮服务	0.79
其他住宿服务	3.55	其他餐饮服务	3.75

（三）主营业务收入

2008 年，住宿和餐饮业企业法人单位主营业务收入 171.00 亿元，比 2004 年增长 1.07 倍。其中，住宿业 86.21 亿元，餐饮业 84.79 亿元，分别比 2004 年增长 74.6%和 1.57 倍。

表 10　住宿和餐饮业企业法人单位主营业务收入

项　　目	主营业务收入（亿元）	项　　目	主营业务收入（亿元）
合　　计	171	餐饮业	84.79
住宿业	86.21	正餐服务	64.02
旅游饭店	71.33	快餐服务	16.51
一般旅馆	13.24	饮料及冷饮服务	0.92
其他住宿服务	1.64	其他餐饮服务	3.34

四、房地产业

（一）企业单位数

2008 年末，全省共有房地产业企业 7725 个，比 2004 年末增加 2859 个。其中，房地产开发业 3268 个，物业管理企业 1869 个，中介服务业 995 个，其他房地产 1593 个，分别比 2004 年末增加 579 个、801 个、462 个和 1017 个。

表 11　房地产业企业单位地区分布

地　区	房地产业企业个数（个）	房地产开发	物业管理	中介服务	其它房地产
总　计	7725	3268	1869	995	1593
福　州	1856	638	641	261	316
厦　门	1679	589	404	420	266
莆　田	269	173	62	9	25
三　明	487	230	84	37	136
泉　州	1088	526	263	95	204
漳　州	836	400	140	41	255
南　平	655	277	127	46	205
龙　岩	395	208	74	25	88
宁　德	460	227	74	61	98

（二）从业人员

2008 年末，全省房地产业企业的从业人员合计 16.80 万人，比 2004 年末增加 5.60 万人。其中，房地产开发业 6.17 万人，物业管理企业 7.60 万人，中介服务业 1.02 万人，其他房地产 2.01 万人，分别比 2004 年末增加 0.69 万人、3.34 万人、0.40 万人和 1.17 万人。

表 12　房地产业企业单位从业人员地区分布

地　区	房地产业年末从业人员（万人）	房地产开发	物业管理	中介服务	其它房地产
总　计	16.80	6.17	7.60	1.02	2.01
福　州	5.06	1.51	2.80	0.23	0.52
厦　门	5.02	1.20	3.03	0.51	0.27
莆　田	0.49	0.34	0.10	0.01	0.03
三　明	0.76	0.34	0.25	0.05	0.12
泉　州	1.93	1.00	0.58	0.09	0.27
漳　州	1.26	0.59	0.36	0.04	0.27
南　平	0.83	0.42	0.19	0.04	0.19
龙　岩	0.61	0.34	0.16	0.02	0.09
宁　德	0.84	0.43	0.13	0.03	0.24

（三）主营业务收入、实收资本和营业利润

2008 年，全省房地产企业的主营业务收入 874.56 亿元，比 2004 年增加 402.37 亿元。其中，房地产开发业 800.43 亿元，物业管理企业 32.78 亿元，中介服务业 9.57 亿元，其他房地产 31.78 亿元，分别比 2004 年增加 350.20 亿元、21.21 亿元、6.67 亿元、24.29 亿元。实收资本 1208.20 亿元，其中，房地产开发业 1041.98 亿元，物业管理企业 42.61 亿元，中介服务业 19.75 亿元，其他房地产 103.86 亿元。营业利润 122.17 亿元。其中，房地产开发业 110.82 亿元，物业管理企业 2.90 亿元，中介服务业 1.05 亿元，其他房地产 7.40 亿元。

表 13　房地产业企业主营业务收入地区分布

地　区	房地产业主营业务收入（亿元）	房地产开发	物业管理	中介服务	其它房地产
总　计	874.56	800.43	32.78	9.57	31.78
福　州	237.95	218.98	11.46	1.87	5.64
厦　门	249.74	227.2	11.87	5.52	5.15
莆　田	34.44	33.64	0.24	0.03	0.52
三　明	29.92	27.78	1.12	0.36	0.66
泉　州	139.07	126.74	5.12	0.81	6.40
漳　州	72.70	60.71	1.21	0.20	10.59
南　平	40.30	37.3	0.78	0.43	1.79
龙　岩	41.85	40.8	0.40	0.07	0.58
宁　德	28.58	27.28	0.58	0.28	0.45

五、其他第三产业

（一）单位数和从业人员

2008 年末，全省共有从事其他第三产业[2]的法人单位数 9.71 万个，比 2004 年末增加 2.32 万个。从业人员 203.75 万人，比 2004 年末增加 46.79 万人。其中，企业法人单位 2.55 万个，从业人员 57.03 万人，行政事业及其他非企业单位 7.16 万个，从业人员 146.72 万人（详见表 14）。

表 14　其他第三产业法人单位和从业人员

行　　业	法人单位(个)		从业人员（万人）	
	企　业	行政事业及其他	企　业	行政事业及其他
合　　计	2.55	7.16	57.03	146.72
信息传输、计算机服务和软件业	0.44	0.06	8.98	0.59
金融业	0.11	0.01	14.90	0.52
租赁和商务服务业	1.07	0.32	16.30	3.42
科学研究、技术服务和地质勘查业	0.31	0.32	6.07	3.99
水利、环境和公共设施管理业	0.08	0.12	1.75	3.06
居民服务和其他服务业	0.29	0.05	4.53	0.82
教育	0.08	1.06	1.27	50.41
卫生、社会保障和社会福利业	0.06	0.54	0.83	15.33
文化、体育和娱乐业	0.11	0.20	2.41	3.99
公共管理和社会组织	0.00	4.49	0.00	64.59

（二）企业法人单位的资产总计、营业收入和营业利润

2008 年，其他第三产业企业法人单位资产总计 24087.77 亿元，营业收入 2765.42 亿元，营业利润 489.05 亿元。在资产总计中，金融业、信息传输及计算机服务和软件业、租赁和商务服务业所占比重分别是 83.1%、3.3%和 11.1%，三个行业合计占 97.5%。营业收入中，金融业、信息传输及计算机服务和软件业、租赁和商务服务业所占比重分别是 60.3%、17.7%和 12.4%，三个行业合计占 90.4%。营业利润中，上述三个行业分别占 22.7%、47.9%和 20.0%，合计占 90.6%（详见表 15）。

表 15　其他第三产业企业法人单位营业收入和营业利润

行　　业	资产总计（亿元）	营业收入（亿元）	营业利润（亿元）
合　　计	24087.77	2765.42	489.05
信息传输、计算机服务和软件业	795.00	489.01	111.13
金融业	20011.92	1668.92	234.03
租赁和商务服务业	2682.35	343.84	97.96
科学研究、技术服务和地质勘查业	331.62	108.25	19.84
水利、环境和公共设施管理业	116.98	25.79	3.74
居民服务和其他服务业	49.60	44.16	8.74
教育	13.09	18.57	3.47
卫生、社会保障和社会福利业	24.20	13.69	1.27
文化、体育和娱乐业	63.01	53.19	8.87

（三）行政事业和其他非企业法人单位的资产、收入和支出（或费用）

2008 年末，其他第三产业中的行政事业单位和其他非企业法人单位固定资产原价 2091.90 亿元，全年收入合计 1722.59 亿元，全年支出（或费用）合计 1407.57 亿元（详见表 16）。

表 16　行政事业和其他非企业法人单位固定资产、收入和支出

行　　业	固定资产原价（亿元）	本年收入合计（亿元）	本年支出（或费用）合计（亿元）
合　　计	2091.90	1722.59	1407.57
信息传输、计算机服务和软件业	6.44	2.76	2.73
金融业	8.39	4.53	5.61
租赁和商务服务业	63.88	35.87	35.77
科学研究、技术服务和地质勘查业	37.08	42.48	35.00
水利、环境和公共设施管理业	66.44	35.19	31.41
居民服务和其他服务业	6.11	4.57	4.21
教育	704.32	381.87	376.73
卫生、社会保障和社会福利业	226.61	264.86	243.45
文化、体育和娱乐业	80.53	42.65	39.59
公共管理和社会组织	892.09	907.82	633.06

注释:

[1] 交通运输业：包括铁路运输业、道路运输业、城市公共交通业、水上运输业、航空运输业、管道运输业、装卸搬运和其他运输服务业。

[2] 其他第三产业：包括信息传输、计算机服务和软件业；金融业；租赁和商务服务业；科学研究、技术服务和地质勘查业；水利、环境和公共设施管理业；居民服务和其他服务业；教育；卫生、社会保障和社会福利业；文化、体育和娱乐业；公共管理和社会组织。

[3] 表中的合计数和部分计算数据因小数取舍而产生的误差，均未作机械调整。